Peter Gauch / Hubert Stöckli
(Herausgeber)

Kommentar zur SIA-Norm 118
Allgemeine Bedingungen für Bauarbeiten
(Ausgabe 2013)

Kommentar zur SIA-Norm 118

Allgemeine Bedingungen für Bauarbeiten (Ausgabe 2013)

Zweite, überarbeitete, ergänzte und erweiterte Auflage

Herausgegeben von

Prof. Dr. iur. Dr. h.c. Peter Gauch
Prof. Dr. iur. Hubert Stöckli

Kommentiert von

Dr. iur. Anton Egli
Dr. iur. Roland Hürlimann
Dr. iur. Patrick Middendorf
Dr. iur. Valentin Monn
PD Dr. iur. Peter Reetz
Dr. iur. Nadja Schwery
Prof. Dr. iur. Hubert Stöckli

Teils in Fortführung der Texte von

Prof. Dr. iur. Dr. h.c. Peter Gauch
Dr. iur. h.c., dipl. Ing. ETH Duri Prader †
Prof. Dr. iur. Rainer Schumacher

Schriftleitung
Dr. iur. Nadja Schwery, Rechtsanwältin, LL.M., und Shirin Grünig, Rechtsanwältin
Institut für Schweizerisches und Internationales Baurecht der Universität Freiburg Schweiz

Englische Übersetzung der SIA-Norm 118
Hal Wyner, MLaw, Zürich, und Daniela Gmünder Perrig, Rechtsanwältin, LL.M., St. Gallen

Schulthess § 2017

Zitiervorschlag:

AUTOR(IN/EN), Kommentar zur SIA-Norm 118, 2. Aufl., Zürich 2017, Art. .../Rz. ...

z.B. GAUCH/PRADER/SCHWERY, Kommentar zur SIA-Norm 118, 2. Aufl., Zürich 2017, Art. 115/Rz. 19.2

Die SIA-Norm 118 wurde mit der Genehmigung des Schweizerischen Ingenieur- und Architektenvereins (SIA) abgedruckt. Die im Anhang dieses Kommentars enthaltene englische Übersetzung der Norm (S. 989 ff.) wurde vom Institut für Schweizerisches und Internationales Baurecht veranlasst.

Wo nicht anders erwähnt, wird auf den Stand der Gesetzgebung, der Rechtsprechung und des SIA-Normenwerks am 31. Mai 2016 abgestellt.

Bibliografische Information der Deutschen Nationalbibliothek
Die Deutsche Nationalbibliothek verzeichnet diese Publikation in der Deutschen Nationalbibliografie; detaillierte bibliografische Daten sind im Internet über http://dnb.d-nb.de abrufbar.

ISBN 978-3-7255-5929-9 (Print)
ISBN 978-3-7255-7658-6 (PrintPlu§)

www.schulthess.com

Vorwort

Allgemeine Geschäftsbedingungen, die für eine Vielzahl von Verträgen vorformuliert werden, prägen die Verträge der Wirtschaft in hohem Masse. So verhält es sich auch für die Verträge, die im Zusammenhang mit grösseren und kleineren Bauvorhaben abgeschlossen werden. Für *Bauwerkverträge* ist namentlich *die SIA-Norm 118* («Allgemeine Bedingungen für Bauarbeiten») einschlägig, die der Schweizerische Ingenieur- und Architektenverein (SIA) in drei Sprachen (deutsch, französisch und italienisch) herausgibt. Diese Norm mit ihren Allgemeinen Bedingungen für den Abschluss und den Inhalt von Bauwerkverträgen «ist für das Schweizerische Bauwesen von massgebender Bedeutung und wie kaum ein anderes AGB-Werk verbreitet und bekannt» (Bundesgerichtsentscheid 4P.209/2001 vom 4. Dezember 2001 E. 3a). In der Vertragspraxis wird die SIA-Norm 118 von den Parteien der Bauwerkverträge überaus häufig (sei es ganz oder sei es teilweise) für anwendbar erklärt, womit sie für die betreffenden Parteien entsprechende Geltung erlangt. Davon abgesehen bildet die SIA-Norm 118 nicht selten auch die Grundlage für andere Allgemeine Geschäftsbedingungen, die sich an ihr abweichend oder übereinstimmend orientieren.

Das Bundesgericht hält zwar periodisch fest, dass es die Vertragsnormen des SIA nicht als «regelbildende Übung» anerkenne (BGE 118 II 295/296 E. 2a; BGer 4A_393/2007 vom 3. Dezember 2007 E. 2.1), wobei aber für die SIA-Norm 118 doch feststeht, dass sie *die Praxis des Bauwerkvertrags stark beeinflusst hat und beeinflusst.* Diesen Einfluss verdankt sie nicht nur ihrem Praxisbezug, sondern auch dem Umstand, dass das gesetzliche Werkvertragsrecht (Art. 363 ff. OR) kaum spezifisch auf das Bauen Rücksicht nimmt. Dazu kommt, dass die SIA-Norm 118 eine jahrzehntelange Geschichte hat, in deren Lauf sie mehrfach revidiert wurde. Die aktuelle Fassung der Norm aus dem Jahr 2013 basiert im Wesentlichen auf der Normausgabe 1977/91, die ihrerseits nur minim von der grundlegend überarbeiteten Ausgabe 1977 abwich.

Mit Rücksicht auf die weite Verbreitung, welche die SIA-Norm 118 gefunden hat, entstand schon vor vielen Jahren der Wunsch nach einer wissenschaftlichen und unabhängigen Kommentierung ihrer zahlreichen Bestimmungen. Von 1991 bis 2009 erschien deshalb *die erste Auflage* des vorliegenden Kommentars, aufgeteilt in drei Teilbände. Dieser erste Kommentar stiess auf reges Interesse und fand weitherum eine positive Aufnahme. Die Fortentwicklung des privaten Bauvertragsrechts sowie die letzte Teilrevision der SIA-Norm 118 legten es nun aber nahe, die Erstauflage zu überarbeiten, um den Kommentar so auf den neuesten Stand zu bringen. In seiner *zweiten, überarbeiteten, ergänzten und erweiterten Auflage,* die jetzt in diesem Buch als Gesamtband erscheint, befasst sich der Kommentar *mit der aktuellen SIA-Norm 118 (Ausgabe 2013)* in deutscher Sprache. Den kommentierten Normbestimmungen der aktuellen Ausgabe 2013 angefügt ist der jeweils entsprechende Text der vorangegangenen Normausgabe 1977/91. Im Umfang der Übereinstimmung erläutert der jetzige Kommentar zugleich die Bestimmungen der vorangegangenen Ausgabe.

An der Erarbeitung der zweiten Auflage waren *mehrere Autoren* beteiligt. Das Ergebnis ist ein fundierter Kommentar, der auch die Lehre und die Rechtsprechung verarbeitet und sich nicht nur, aber auch an die Baupraktiker richtet. Wie es der Kommentierung Allgemeiner Geschäftsbedingungen eigen ist, enthält der Kommentar eine «einheitliche» Auslegung der Normbestimmungen. Vorbehalten bleibt somit stets die Möglichkeit, dass im Einzelfall eine individuelle, auf den konkreten Vertrag bezogene Interpretation zu einem anderen Auslegungsergebnis führt.

Der *Text der SIA-Norm 118* wurde im vorliegenden Buch mit Zustimmung des Schweizerischen Ingenieur- und Architektenvereins (SIA) abgedruckt. Der SIA knüpfte an sein Einverständnis keinerlei Auflagen oder Vorgaben; er äusserte sich weder zum Inhalt des Kommentars, noch wurde er dazu befragt. Der Kommentar gibt denn auch ausschliesslich die Meinung der jeweiligen Autoren wieder.

Die zweite Auflage des Kommentars wäre nicht möglich gewesen ohne die Mitwirkung zahlreicher Personen, denen wir *zu grossem Dank verpflichtet* sind. Vorab und vor allem danken wir Dr. iur. Anton Egli, Dr. iur. Roland Hürlimann, Dr. iur. Patrick Middendorf, Dr. iur. Valentin Monn, PD Dr. iur. Peter Reetz und Dr. iur. Nadja Schwery für ihre sorgfältigen Autorenbeiträge; dies verbunden mit unserem Dank für die intensive Zusammenarbeit. Danken möchten wir sodann Dr. iur. Nadja Schwery und RA Shirin Grünig, die für die anspruchsvolle Schriftleitung und die aufwendige Schlussredaktion verantwortlich zeichneten. Sie konnten ihrerseits auf die verdankenswerte Mitwirkung von Dr. iur. Roger Andres, Dr. iur. Hedwig Dubler, RA Anna Scheidegger, Patrick Schurtenberger (MLaw Freiburg/Paris II) und weiteren Mitarbeiterinnen und Mitarbeitern zählen, die im Lauf der Kommentararbeit am Freiburger Lehrstuhl für Zivil- und Handelsrecht oder am Institut für Baurecht tätig waren. Dankbar sind wir aber auch Alfredo Mendieta für die Gestaltung des Buchumschlags, Dr. phil. Christine Stöckli-Harte für das Lektorat von Teilen des Kommentars sowie den diplomierten Baumeistern Jörg Bucher (Bern) und Ernst Meyer (Heimenschwand), die in Einzelfragen wertvolle Hinweise gaben. Die englische Übersetzung der SIA-Norm 118 verdanken wir Hal Wyner (MLaw) und ausserdem RA Daniela Gmünder Perrig, welche die Übersetzung lektorierte. Unseren Dank richten wir zudem an Barbara Fritschi, Ulrich Gaebler und Jürg Strebel, die unser komplexes Publikationsvorhaben verlagsseitig betreuten. Herzlichen Dank schulden wir schliesslich unserem Freund Prof. Dr. iur. Rainer Schumacher, der seine Beiträge zur ersten Auflage für die Zweitauflage des Kommentars grosszügig zur Verfügung stellte. In ehrendem Andenken bewahren wir den im September 2008 verstorbenen Tunnelbauer dipl. Ing. ETH und Dr. iur. h.c. Duri Prader, der wesentlichen Anteil an der ersten Auflage hatte.

Freiburg, im November 2016 — Peter Gauch und Hubert Stöckli

Autorenverzeichnis für die 2. Auflage

Anton Egli
Dr. iur., Rechtsanwalt, Wirtschaftsmediator IRP-HSG, Luzern/Sempach
Vb. Art. 3 – 22, Art. 3 – 6, Art. 8 – 14, Art. 18 – 20, Art. 22, Vb. Art. 84 – 91, Art. 84 – 91

Roland Hürlimann
Dr. iur., Rechtsanwalt, LL.M., Zürich
Art. 1 – 2, Art. 15 – 17, Art. 23 – 37, Vb. Art. 28 – 32, Vb. Art. 33 – 36

Patrick Middendorf
Dr. iur., Rechtsanwalt, Zürich
Art. 99 – 113, Vb. Art. 103 – 113

Valentin Monn
Dr. iur., Fürsprecher, Gerichtsschreiber am Schweizerischen Bundesgericht, Lausanne
Vb. Art. 141 – 156, Art. 141 – 156, Vb. Art. 144 – 148, Vb. Art. 153 – 156

Peter Reetz
PD Dr. iur., Rechtsanwalt, Fachanwalt SAV Bau- und Immobilienrecht, Küsnacht ZH
Art. 92 – 98

Nadja Schwery
Dr. iur., Rechtsanwältin, LL.M., Brig/Oxford
Art. 114 – 140

Hubert Stöckli
Prof. Dr. iur., MCL, ordentlicher Professor an der Universität Freiburg Schweiz, Direktor des Instituts für Schweizerisches und Internationales Baurecht, Freiburg
Einleitung, Präambel, Art. 7, Art. 21, Vb. Art. 38 – 83, Art. 38 – 83, Vb. Art. 58 – 61, Vb. Art. 62 – 63, Vb. Art. 64 – 68, Vb. Art. 157 – 164, Art. 157 – 190, Vb. Art. 159 – 163, Vb. Art. 165 – 171, Vb. Art. 169 – 171, Vb. Art. 172 – 177, Vb. Art. 178 – 179, Vb. Art. 183 – 190, Vb. Art. 187 – 189

*Die Autorin und die Autoren dieser 2. Auflage sind, soweit ihr Kommentar auf Texten aufbaut, die für die Vorauflage von einem anderen Autor geschrieben wurden, in der Kopfzeile mit einem Stern gekennzeichnet (z.B. Schumacher/*Monn). Sie haben den jeweiligen Text der Erstauflage frei bearbeitet und ergänzt.*

Autorenverzeichnis für die 1. Auflage

ANTON EGLI
Dr. iur., Rechtsanwalt, Wirtschaftsmediator IRP-HSG, Luzern/Sempach

Vb. Art. 3 – 22, Art. 3 – 6, Art. 8 – 14, Art. 18 – 20, Art. 22, Vb. Art. 84 – 91, Art. 84 – 91

PETER GAUCH
Prof. Dr. iur. Dr. h.c., Professor em. der Universität Freiburg Schweiz und ehem. Gastprofessor an der Universität Luzern, Freiburg

Einleitung, Vb. Art. 38 – 83, Art. 38 – 61, Vb. Art. 58 – 61, Vb. Art. 114 – 115 (mit Duri Prader), Art. 114 – 140 (mit Duri Prader), Vb. Art. 123 – 128 (mit Duri Prader), Vb. Art. 157 – 164, Art. 157 – 190, Vb. Art. 159 – 163, Vb. Art. 165 – 171, Vb. Art. 169 – 171, Vb. Art. 172 – 177, Vb. Art. 178 – 179, Vb. Art. 183 – 190, Vb. Art. 187 – 189

ROLAND HÜRLIMANN
Dr. iur., Rechtsanwalt, LL.M., Zürich

Art. 1 – 2, Art. 15 – 17, Art. 23 – 37, Vb. Art. 28 – 32, Vb. Art. 33 – 36

DURI PRADER†
Dr. iur. h.c., dipl. Ing. ETH

Vb. Art. 62 – 63, Art. 62 – 83, Vb. Art. 64 – 65, Vb. Art. 66 – 82, Vb. Art. 68 – 73, Vb. Art. 114 – 115 (mit Peter Gauch), Art. 114 – 140 (mit Peter Gauch), Vb. Art. 123 – 128 (mit Peter Gauch)

RAINER SCHUMACHER
Prof. Dr. iur., Rechtsanwalt, Kirchdorf

Vb. Art. 92 – 140, Vb. Art. 92 – 98, Art. 92 – 113, Vb. Art. 103 – 113, Vb. Art. 141 – 156, Art. 141 – 156, Vb. Art. 144 – 148, Vb. Art. 153 – 156

HUBERT STÖCKLI
Prof. Dr. iur., MCL, ordentlicher Professor an der Universität Freiburg Schweiz, Direktor des Instituts für Schweizerisches und Internationales Baurecht, Freiburg

Einleitung, Präambel, Art. 7, Art. 21

Inhaltsübersicht

Inhaltsverzeichnis

Literaturverzeichnis

AEPLI VIKTOR, Garantien und Bürgschaften – das Allgemeine und das Bauspezifische, in: Institut für Schweizerisches und Internationales Baurecht (Hrsg.), Schweizerische Baurechtstagung 2005, Freiburg 2005, S. 89 – 114 (zit.: AEPLI, Garantien und Bürgschaften).

AEPLI VIKTOR, Zur Haftung der Mitglieder einer einfachen Gesellschaft, in: BR/DC 2/1999, S. 42 – 45 (zit.: AEPLI, Zur Haftung der Mitglieder einer einfachen Gesellschaft).

AEPLI VIKTOR, Zürcher Kommentar zum schweizerischen Zivilgesetzbuch, Bd. V/1h/1, Das Erlöschen der Obligationen (Art. 114 – 126 OR), 3. Aufl., Zürich 1991 (zit.: AEPLI, Zürcher Kommentar).

AESCHIMANN LISA, Rundgang durch Art. 8 UWG, in: Jusletter vom 1. September 2014 (zit.: AESCHIMANN, Art. 8 UWG).

ALTHAUS STEFAN, Analyse der Preisfortschreibung in Theorie und Praxis, in: BauR 2a/2012, S. 359 – 379 (zit.: ALTHAUS, Preisfortschreibung).

AMMANN RENATO, Das Fundrecht des Schweizerischen Zivilgesetzbuchs, Diss. Zürich, Zürich 1960 (zit.: AMMANN, Das Fundrecht).

ANDRES ROGER, Die Normen der Arbeitssicherheit, System und Kritik am Beispiel des Bauens, Diss. Freiburg, Zürich 2016 (zit.: ANDRES, Arbeitssicherheit).

BASS ANDREAS, Verschieben von Einheitspreisen in eine Pauschalpreisposition, in: BR/DC Sonderheft Vergaberecht 2004, S. 23 – 24 (zit.: BASS, Verschieben von Einheitspreisen).

BAUDENBACHER CARL/GLÖCKNER JOCHEN, Kommentar zu Art. 7 UWG, in: Baudenbacher Carl (Hrsg.), Lauterkeitsrecht, Kommentar zum Gesetz gegen den unlauteren Wettbewerb, Basel 2001 (zit.: BAUDENBACHER/GLÖCKNER, UWG-Kommentar).

BECKER HERMANN, Berner Kommentar zum schweizerischen Privatrecht, Bd. VI/1, Allgemeine Bestimmungen (Art. 1 – 183 OR), 2. Aufl., Bern 1945 (zit.: BECKER, Berner Kommentar).

BERGAMIN CHRISTOF, Unterbrechung der Verjährung durch Klage, Eine Untersuchung unter Mitberücksichtigung anderer Unterbrechungsgründe, Diss. Freiburg, Zürich 2016 (zit.: BERGAMIN, Unterbrechung der Verjährung).

BERGER BERNHARD, Kommentar zu Art. 17 ZPO, Berner Kommentar zum schweizerischen Privatrecht, Bd. I, Schweizerische Zivilprozessordnung (Art. 1 – 149 ZPO), Bern 2013 (zit.: BERGER, Berner Kommentar).

BEYELER MARTIN, Der Geltungsanspruch des Vergaberechts, Probleme und Lösungsansätze im Anwendungsbereich und im Verhältnis zum Vertragsrecht, Habil. Bern, Zürich 2012 (zit.: BEYELER, Der Geltungsanspruch).

BEYELER MARTIN, Umgelagert, gemischt und offeriert – Thesen zur Preisspekulation, in: Institut für Schweizerisches und Internationales Baurecht (Hrsg.), Schweizerische Baurechtstagung 2011, Freiburg 2010, S. 125 – 162 (zit.: BEYELER, Umgelagert, gemischt und offeriert).

BIEGER ALAIN, Die Mängelrüge im Vertragsrecht, Diss. Freiburg, Zürich 2009 (zit.: BIEGER, Die Mängelrüge).

BIERI URBAN, Die Deliktshaftung des Werkunternehmers gegenüber dem Besteller für mangelhafte Werke, Diss. Freiburg, Beromünster 1993 (zit.: BIERI, Die Deliktshaftung des Werkunternehmers).

BLUMER MATHIAS, Bauführung: Arbeitsvorbereitung, Baustellen-Organisation und -Betriebsführung, 2. Aufl., Dietikon 1988 (zit.: BLUMER, Bauführung).

BRÄNDLI ROGER, Die Nachbesserung im Werkvertrag, Eine Gesamtdarstellung unter Berücksichtigung der SIA-Norm 118, Diss. St. Gallen, Zürich 2007 (zit.: BRÄNDLI, Die Nachbesserung).

BRINER HANS, Fachnormen, in: Münch Peter/Karlen Peter/Geiser Thomas (Hrsg.), Handbücher für die Anwaltspraxis, Bd. IV, Beraten und Prozessieren in Bausachen, Basel/München 1998, S. 121 – 148 (zit.: BRINER, Fachnormen).

BRINER HANS, Das Baugrundrisiko, in: Koller Alfred (Hrsg.), Bau- und Bauprozessrecht, Ausgewählte Fragen, St. Gallen 1996, S. 225 – 264 (zit.: BRINER, Das Baugrundrisiko).

BRUNNER HANS-ULRICH, Wesen und Unwesen der Bauwesenversicherung, in: BR/DC 3/2016, S. 129 – 135 (zit.: BRUNNER, Bauwesenversicherung).

BRUNNER HANS-ULRICH, Die Anwendung deliktsrechtlicher Regeln auf die Vertragshaftung, Diss. Freiburg, Freiburg 1991 (zit.: BRUNNER, Die Anwendung deliktsrechtlicher Regeln).

BUCHER EUGEN, Berner Kommentar zum schweizerischen Privatrecht, Bd. I/2/2, Die natürlichen Personen (Art. 27 ZGB), 3. Aufl., Bern 1993 (zit.: BUCHER EUGEN, Berner Kommentar).

BUCHER JÖRG/HENNINGER ANTON, Kalkulation und Teuerungsabrechnung nach der SIA-Norm 118, in: Institut für Schweizerisches und Internationales Baurecht (Hrsg.), Schweizerische Baurechtstagung 2007, Freiburg 2007, S. 161 – 218 (zit.: BUCHER JÖRG/HENNINGER, Kalkulation und Teuerungsabrechnung).

BÜHLER ALFRED, Von der Beweislast im Bauprozess, in: Koller Alfred (Hrsg.), Aktuelle Probleme des privaten und öffentlichen Baurechts, St. Gallen 1994, S. 289 – 338 (zit.: BÜHLER ALFRED, Von der Beweislast).

BÜHLER THEODOR, Zürcher Kommentar zum schweizerischen Zivilgesetzbuch, Bd. V/2d, Der Werkvertrag (Art. 363 – 379 OR), 3. Aufl., Zürich 1998 (zit.: BÜHLER THEODOR, Zürcher Kommentar).

von Büren Roland/Marbach Eugen/Ducrey Patrik, Immaterialgüter- und Wettbewerbsrecht, 3. Aufl., Bern 2008 (zit.: von Büren/Marbach/Ducrey, Immaterialgüter- und Wettbewerbsrecht).

Carron Benoît/Tüscher Eduard, Le renchérissement des coûts de construction, in: Institut für Schweizerisches und Internationales Baurecht (Hrsg.), Journeés suisses du droit de la construction 2013, Freiburg 2012, S. 153 – 176 (zit.: Carron Benoît/Tüscher, Le renchérissement).

Carron Blaise/Kraus Daniel/Krüsi Melanie/Férolles Yann, Das Urheberrecht der Planer, Ein Leitfaden für Architekten, Ingenieure und Baurechtsspezialisten zum Urheberrecht und zu weiteren Immaterialgüterrechten, Zürich 2014 (zit.: Carron Blaise/Kraus/Krüsi/Férolles, Das Urheberrecht der Planer).

Celli Alessandro L./Hyzik Michael, Kommentar zu Art. 2 und 4 DesG, in: Staub Roger/Celli Alessandro L. (Hrsg.), Designrecht, Kommentar zum Bundesgesetz über den Schutz von Design, Zürich 2003 (zit.: Celli/Hyzik, DesG-Kommentar).

Cerutti Romeo, Der Untervertrag, Diss. Freiburg, Freiburg 1990 (zit.: Cerutti, Der Untervertrag).

Chaix François, Kommentar zu Art. 363 – 379 OR, in: Thévenoz Luc/Werro Franz (Hrsg.), Commentaire romand, Code des obligations I (Art. 1 – 529 CO), 2. Aufl., Basel 2012 (zit.: Chaix, Commentaire romand).

Couchepin Gaspard, La clause pénale, Etude générale de l'institution et de quelques applications pratiques en droit de la construction, Diss. Freiburg, Zürich 2008 (zit.: Couchepin, La clause pénale).

Denzler Beat, Allgemeine Geschäftsbedingungen der öffentlichen Hand – Grenzen des Kleingedruckten, in: Institut für Schweizerisches und Internationales Baurecht (Hrsg.), Schweizerische Baurechtstagung 2007, Freiburg 2007, S. 233 – 256 (zit.: Denzler, AGB der öffentlichen Hand).

Denzler Beat/Hochstrasser Michael, Die Haftung für die Planung, in: Stöckli Hubert/Siegenthaler Thomas (Hrsg.), Die Planerverträge, Verträge mit Architekten und Ingenieuren, Zürich 2013, S. 381 – 452 (zit.: Denzler/Hochstrasser, Die Haftung für die Planung).

Dohm Jürgen, Les garanties bancaires dans le domaine de la construction, in: BR/DC 1/1981, S. 3 – 8 (zit.: Dohm, Les garanties bancaires).

Duve Helmuth/Richter Ralf, Die übliche Vergütung nach § 632 BGB – Was ist das?, in: BauR 6/2013, S. 831 – 838 (zit.: Duve/Richter, Die übliche Vergütung).

Duve Helmuth/Richter Ralf, Mischkalkulation – Ein bauwirtschaftlicher Ansatz zur Begriffsdefinition, in: BauR 11/2009, S. 1655 – 1660 (zit.: Duve/Richter, Mischkalkulation).

EGLI ANTON, Das Streiterledigungsmodell nach der VSS-Empfehlung 641 510 (1998), in: bau aktuell 6/2010, S. 241 – 247 (zit.: EGLI, Das Streiterledigungsmodell).

EGLI ANTON, Schlichtung von Baustreitigkeiten nach der VSS-Empfehlung 641 510 und Mediation, in: von Sinner Alex/Zirkler Michael (Hrsg.), Hinter den Kulissen der Mediation, Kontexte, Perspektiven und Praxis der Konfliktbearbeitung, Bern/Stuttgart/Wien 2005, S. 270 – 285 (zit.: EGLI, Schlichtung von Baustreitigkeiten).

EGLI ANTON, Probleme von und mit Baukonsortien, in: Seminar für Schweizerisches Baurecht (Hrsg.), Baurechtstagung 1989, Freiburg 1989, S. 27 – 60 (zit.: EGLI, Baukonsortien).

EGLI ANTON/STÖCKLI HUBERT, Das Planerhonorar, in: Stöckli Hubert/Siegenthaler Thomas (Hrsg.), Die Planerverträge, Verträge mit Architekten und Ingenieuren, Zürich 2013, S. 307 – 380 (zit.: EGLI, Baukonsortien).

FELLMANN WALTER, Produktesicherheitsgesetz – neue Pflichten der Baubeteiligten, in: Institut für Schweizerisches und Internationales Baurecht (Hrsg.), Schweizerische Baurechtstagung 2013, Freiburg 2012, S. 103 – 121 (zit.: FELLMANN, Produktesicherheitsgesetz).

FELLMANN WALTER, Fehlerhaftes Leistungsverzeichnis, in: Koller Alfred (Hrsg.), SIA-Norm 118, St. Galler Baurechtstagung 2000, St. Gallen 2000, S. 91 – 118 (zit.: FELLMANN, Fehlerhaftes Leistungsverzeichnis).

FELLMANN WALTER/KOTTMANN ANDREA, Schweizerisches Haftpflichtrecht, Bd. I: Allgemeiner Teil sowie Haftung aus Verschulden und Persönlichkeitsverletzung, gewöhnliche Kausalhaftungen des OR, ZGB und PrHG, Bern 2012 (zit.: FELLMANN/KOTTMANN, Schweizerisches Haftpflichtrecht, Bd. I).

FELLMANN WALTER/MÜLLER KARIN, Berner Kommentar zum schweizerischen Privatrecht, Bd. VI/2/8, Die einfache Gesellschaft (Art. 530 – 544 OR), Bern 2006 (zit.: FELLMANN/MÜLLER KARIN, Berner Kommentar).

FISCHER WILLI, Barrückbehalt und Garantiescheine, Bemerkungen zum Artikel 181 der SIA-Norm 118, in: Schweizer Ingenieur und Architekt 29/1990, S. 833 (zit.: FISCHER, Barrückbehalt und Garantiescheine).

FRANZ BIRGIT, Nachtragskalkulation in Zukunft – Das Ende der Preisfortschreibung!?, in: BauR 2a/2012, S. 380 – 395 (zit.: FRANZ, Nachkalkulation).

FREI NINA J., Kommentar zu Art. 16 ZPO, in: Spühler Karl/Tenchio Luca/Infanger Dominik (Hrsg.), Basler Kommentar, Schweizerische Zivilprozessordnung, 2. Aufl., Basel 2013 (zit.: FREI, Basler Kommentar).

FRITSCHE CHRISTOPH/BÖSCH PETER/WIPF THOMAS, Zürcher Planungs- und Baurecht, Planungsrecht, Verfahren und Rechtsschutz, Bd. 1, 5. Aufl., Zürich 2011 (zit.: FRITSCHE/BÖSCH/WIPF, Zürcher Planungs- und Baurecht).

FÜEG REGINA, Brandschutzvorschriften der VKF: Private Regeln oder unmittelbar anwendbarer Erlass eines interkantonalen Organs?, in: BR/DC 2/2013, S. 70 – 71 (zit.: FÜEG, Brandschutzvorschriften der VKF).

FUHRER STEPHAN, Versicherung von Bauschäden – System und Praxisfragen, in: Institut für Schweizerisches und Internationales Baurecht (Hrsg.), Schweizerische Baurechtstagung 2005, Freiburg 2005, S. 169 – 203 (zit.: FUHRER, Versicherung von Bauschäden).

FÜLLEMANN DANIEL, Kommentar zu Art. 17 ZPO, in: Brunner Alexander/Gasser Dominik/Schwander Ivo (Hrsg.), Schweizerische Zivilprozessordnung, Kommentar, 2. Aufl., Zürich 2016 (zit.: FÜLLEMANN, DIKE-ZPO).

GALLI PETER/MOSER ANDRÉ/LANG ELISABETH/STEINER MARC, Praxis des öffentlichen Beschaffungsrechts, Eine systematische Darstellung der Rechtsprechung des Bundes und der Kantone, 3. Aufl., Zürich 2013 (zit.: GALLI/MOSER/LANG/STEINER, Praxis des öffentlichen Beschaffungsrechts).

GAUCH PETER, Kein Nachbesserungsrecht des Bestellers bei übermässigen Nachbesserungskosten, in: BR/DC 5/2013, S. 245 – 247 (zit.: GAUCH, Übermässige Nachbesserungskosten).

GAUCH PETER, Der Werkvertrag, 5. Aufl., Zürich 2011 (zit.: GWERKV).

GAUCH PETER, Zuschlag und Verfügung, Ein Beitrag zum öffentlichen Vergaberecht, in: Hänni Peter (Hrsg.), Mensch und Staat/L'homme et l'Etat, Festgabe der Rechtswissenschaftlichen Fakultät der Universität Freiburg für Thomas Fleiner zum 65. Geburtstag, Freiburg 2003, S. 595 – 618 (zit.: GAUCH, Zuschlag und Verfügung).

GAUCH PETER, Fristen und Termine – Die Bauzeit im Werkvertrag, in: Seminar für Schweizerisches Baurecht (Hrsg.), Baurechtstagung 1995, Bd. I, Freiburg 1995, S. 1 – 25 (zit.: GAUCH, Fristen und Termine).

GAUCH PETER, Zur SIA-Norm 118, Ausgabe 1977/1991, in: BR/DC 2/1992, S. 46 – 49 (zit.: GAUCH, Zur SIA-Norm 118).

GAUCH PETER, Sanierung, Reparatur und Umbau – Vertragsrechtliche Probleme, in: Seminar für Schweizerisches Baurecht (Hrsg.), Baurechtstagung 1991, Bd. I, Freiburg 1991, S. 2 – 28 (zit.: GAUCH, Sanierung, Reparatur und Umbau).

GAUCH PETER, Der Rücktritt des Bestellers vom Werkvertrag – Gedanken zu Art. 377 des Schweizerischen Obligationenrechts, in: Löffelmann Peter/Korbion Hermann (Hrsg.), Festschrift für Horst Locher zum 65. Geburtstag, Düsseldorf 1990, S. 35 – 51 (zit.: GAUCH, Der Rücktritt des Bestellers).

GAUCH PETER, Deliktshaftung der Baubeteiligten, in: Seminar für Schweizerisches Baurecht (Hrsg.), Baurechtstagung 1989, Gesamtveranstaltungen, Freiburg 1989, S. 1 – 24 (zit.: GAUCH, Deliktshaftung).

GAUCH PETER, Der aussergerichtliche Vergleich, in: Forstmoser Peter/Tercier Pierre/ Zäch Roger (Hrsg.), Innominatverträge, Festgabe zum 60. Geburtstag von Walter R. Schluep, Zürich 1988, S. 3 – 24 (zit.: GAUCH, Der aussergerichtliche Vergleich).

GAUCH PETER, Zwei Entscheide des Bundesgerichts zur SIA-Norm 118, in: recht 1/1985, S. 30 – 35 (zit.: GAUCH, Zwei Entscheide).

GAUCH PETER, Probleme von und mit Subunternehmern – Ein Beitrag zum privaten Baurecht, in: Forstmoser Peter/Schluep Walter R. (Hrsg.), Freiheit und Verantwortung im Recht, Festschrift zum 60. Geburtstag von Arthur Meier-Hayoz, Bern 1982, S. 151 – 178 (zit.: GAUCH, Probleme von und mit Subunternehmern).

GAUCH PETER, Ein Bauwerk – Mehrere Unternehmer, in: ZBJV 1982, S. 65 – 89 (zit.: GAUCH, Ein Bauwerk – Mehrere Unternehmer).

GAUCH PETER, Die Submission im Bauwesen – Privatrechtliche Aspekte, in: Universität Freiburg (Hrsg.), Mensch und Umwelt/L'homme dans son environnement, Festgabe zum Schweizerischen Juristentag 1980, Freiburg 1980, S. 191 – 242 (zit.: GAUCH, Die Submission im Bauwesen).

GAUCH PETER, Vorgeformte Baubedingungen, in: BR/DC 1/1979, S. 4 – 8 (zit.: GAUCH, Vorgeformte Baubedingungen).

GAUCH PETER, Von der revidierten SIA-Norm 118, «Allgemeine Bedingungen für Bauarbeiten» Ausgabe 1977, in: Schnyder Bernhard/Gauch Peter (Hrsg.), Gedächtnisschrift Peter Jäggi, Freiburg 1977, S. 203 – 237 (zit.: GAUCH, Gedächtnisschrift).

GAUCH PETER/MIDDENDORF PATRICK, Von den Planerverträgen, von ihrer Qualifikation und dem SIA-Normenwerk für Planerleistungen, in: Stöckli Hubert/Siegenthaler Thomas (Hrsg.), Die Planerverträge, Verträge mit Architekten und Ingenieuren, Zürich 2013, S. 1 – 56 (zit.: GAUCH/MIDDENDORF, Von den Planerverträgen).

GAUCH PETER/SCHLUEP WALTER R./EMMENEGGER SUSAN, Schweizerisches Obligationenrecht, Allgemeiner Teil, Bd. II, 10. Aufl., Zürich 2014 (zit.: GAUCH/SCHLUEP/EMMENEGGER, OR AT).

GAUCH PETER/SCHLUEP WALTER R./SCHMID JÖRG, Schweizerisches Obligationenrecht, Allgemeiner Teil, Bd. I, 10. Aufl., Zürich 2014 (zit.: GAUCH/SCHLUEP/SCHMID, OR AT).

GAUCH PETER/SWEET JUSTIN, Deliktshaftung für reinen Vermögenschaden, in: Forstmoser Peter/Giger Hans/Heini Anton/Schluep Walter R. (Hrsg.), Festschrift für Max Keller zum 65. Geburtstag, Zürich 1989, S. 117 – 140 (zit.: GAUCH/SWEET, Deliktshaftung für reinen Vermögensschaden).

GAUTSCHI GEORG, Berner Kommentar zum schweizerischen Privatrecht, Bd. VI/2/3, Der Werkvertrag (Art. 363 – 379 OR), 2. Aufl., Bern 1967 (zit.: GAUTSCHI, Berner Kommentar).

Gebert Manuela, Stolpersteine im Beschaffungsablauf, Erkennen und Vermeiden, in: Stöckli Hubert/Zufferey Jean-Baptiste (Hrsg.), Aktuelles Vergaberecht 2010/Marchés publics 2010, Zürich 2010, S. 343 – 376 (zit.: Gebert, Stolpersteine im Beschaffungsablauf).

Gebhardt Daniel, Die Planergemeinschaft, in: Stöckli Hubert/Siegenthaler Thomas (Hrsg.), Die Planerverträge, Verträge mit Architekten und Ingenieuren, Zürich 2013, S. 701 – 748 (zit.: Gebhardt, Die Planergemeinschaft).

Geisseler Robert, Fragen der zivilrechtlichen Haftung für Bauunfälle, in: BR/DC 2/1986, S. 27 – 32 (zit.: Geisseler, Haftung für Bauunfälle).

Geisseler Robert, Fragen der zivilrechtlichen Haftung für Bauunfälle (Fortsetzung), in: BR/DC 3/1986, S. 52 – 57 (zit.: Geisseler, Haftung für Bauunfälle [Fortsetzung]).

Göksu Tarkan, Kommentar zu Art. 679a, 684 und 704 ZGB, in: Breitschmid Peter/Jungo Alexandra (Hrsg.), Handkommentar zum Schweizer Privatrecht, Sachenrecht (Art. 641 – 977 ZGB), 3. Aufl., Zürich 2016 (zit.: Göksu, Handkommentar Privatrecht).

Göksu Tarkan, Kommentar zu Art. 41 – 61 OR, in: Gauch Peter/Aepli Viktor/Stöckli Hubert (Hrsg.), Präjudizienbuch OR, 9. Aufl., Zürich 2016 (zit.: Göksu, Präjudizienbuch).

Göksu Tarkan, Kommentar zu Art. 16 ZPO, in: Brunner Alexander/Gasser Dominik/Schwander Ivo (Hrsg.), Schweizerische Zivilprozessordnung, Kommentar, 2. Aufl., Zürich 2016 (zit.: Göksu, DIKE-ZPO).

Gross Erich J., Das «Wagnis» in der Kündigungsvergütung, in: BauR 4/2007, S. 631 – 636 (zit.: Gross, Das Wagnis in der Kündigungsvergütung).

Güngerich Andreas/Walpen Adrian, Kommentar zu Art. 14 ZPO, Berner Kommentar zum schweizerischen Privatrecht, Bd. I, Schweizerische Zivilprozessordnung (Art. 1 – 149 ZPO), Bern 2013 (zit.: Güngerich/Walpen, Berner Kommentar).

Handschin Lukas/Vonzun Reto, Zürcher Kommentar zum schweizerischen Zivilrecht, Bd. V/4a, Die einfache Gesellschaft (Art. 530 – 551 OR), 4. Aufl., Zürich 2009 (zit.: Handschin/Vonzun, Zürcher Kommentar).

Hänni Peter/Schmid Jörg, Bauimmissionen – ein Problem des öffentlichen und des privaten Rechts, in: Institut für Schweizerisches und Internationales Baurecht (Hrsg.), Baurechtstagung 1997, Bd. I, Freiburg 1997, S. 52 – 86 (zit.: Hänni/Schmid, Bauimmissionen).

Hauser Robert/Schweri Erhard/Lieber Viktor, GOG, Kommentar zum zürcherischen Gesetz über die Gerichts- und Behördenorganisation im Zivil- und Strafprozess, Zürich 2012 (zit.: Hauser/Schweri/Lieber, GOG).

HEDINGER MARTIN/HOSTETTLER YANNICK SEAN, Kommentar zu Art. 17 ZPO, in: Sutter-Somm Thomas/Hasenböhler Franz/Leuenberger Christoph (Hrsg.), Kommentar zur Schweizerischen Zivilprozessordnung (ZPO), 3. Aufl., Zürich 2016 (zit.: HEDINGER/HOSTETTLER, ZPO Kommentar).

HEINRICH MARTIN, Die Einwirkung der VOB auf den BGB-Bauvertrag im Bereich des Mängelrechts, in: BauR 3/1982, S. 224 – 235 (zit.: HEINRICH, BGB-Bauvertrag).

HENNINGER ANTON, Die Anzeige- und Abmahnungspflichten des Unternehmers, in: Institut für Schweizerisches und Internationales Baurecht (Hrsg.), Schweizerische Baurechtstagung 2009, Freiburg 2008, S. 63 – 102 (zit.: HENNINGER, Die Anzeige- und Abmahnungspflichten des Unternehmers).

HENNINGER ANTON, Bauverzögerung und ihre Folgen, in: Institut für Schweizerisches und Internationales Baurecht (Hrsg.), Schweizerische Baurechtstagung 2005, Freiburg 2005, S. 237 – 268 (zit.: HENNINGER, Bauverzögerungen und ihre Folgen).

HEPPERLE ERWIN, Bauversicherungen, in: Lendi Martin/Nef Urs Ch./Trümpy Daniel (Hrsg.), Das private Baurecht der Schweiz, Beiträge für die Praxis, Zürich 1995, S. 199 – 214 (zit.: HEPPERLE, Bauversicherungen).

HONAUER NIKLAUS, Die Mehrwertsteuer: Merkpunkte für die Baubranche, in: Institut für Schweizerisches und Internationales Baurecht (Hrsg.), Schweizerische Baurechtstagung 2009, Freiburg 2008, S. 181 – 197 (zit.: HONAUER, Mehrwertsteuer).

HUBER FELIX/SCHWENDENER NIKLAUS, Der Generalunternehmervertrag des Verbands Schweizerischer Generalunternehmer, Wegleitung zu den allgemeinen Vertragsbedingungen des VSGU, 2. Aufl., Zürich 2005 (zit.: HUBER/SCHWENDENER, Der Generalunternehmervertrag).

HUNKELER DANIEL, Wirkungen der Konkurseröffnung auf zweiseitige Verträge, insbesondere auf Werkverträge (ausgewählte Einzelfragen), in: BR/DC 2/2002, S. 55 – 62 (zit.: HUNKELER, Wirkungen der Konkurseröffnung).

HÜRLIMANN ROLAND, Der Planer als Sachverständiger, in: Stöckli Hubert/Siegenthaler Thomas (Hrsg.), Die Planerverträge, Verträge mit Architekten und Ingenieuren, Zürich 2013, S. 609 – 700 (zit.: HÜRLIMANN, Der Planer als Sachverständiger).

HÜRLIMANN ROLAND, Bau-Expertisen – Nutzen, Risiken und die Verantwortung des Experten, in: Institut für Schweizerisches und Internationales Baurecht (Hrsg.), Schweizerische Baurechtstagung 2011, Freiburg 2010, S. 197 – 220 (zit.: HÜRLIMANN, Bau-Expertisen).

HÜRLIMANN ROLAND, Bonus und Malus in Bauverträgen, in: Institut für Schweizerisches und Internationales Baurecht (Hrsg.), Schweizerische Baurechtstagung 2009, Freiburg 2008, S. 199 – 220 (zit.: HÜRLIMANN, Bonus und Malus in Bauverträgen).

HÜRLIMANN ROLAND, Streiterledigung bei Grossprojekten, in: Anwaltsrevue 4/2007, S. 148 – 150 (zit.: HÜRLIMANN, Streiterledigung bei Grossprojekten).

HÜRLIMANN ROLAND, Werkabnahme gemäss SIA-Norm 118 und die Mängelhaftung, in: Institut für Schweizerisches und Internationales Baurecht (Hrsg.), Schweizerische Baurechtstagung 2007, Freiburg 2007, S. 139 – 159 (zit.: HÜRLIMANN, Werkabnahme gemäss SIA-Norm 118).

HÜRLIMANN ROLAND, Koordination komplexer Bauverträge – was die Praxis lehrt, in: Institut für Schweizerisches und Internationales Baurecht (Hrsg.), Schweizerische Baurechtstagung 2005, Freiburg 2005, S. 205 – 219 (zit.: HÜRLIMANN, Koordination komplexer Bauverträge).

HÜRLIMANN ROLAND, Ansprüche des Unternehmers aus Bauablaufstörungen des Bauherrn, in: Tercier Pierre/Amstutz Marc/Koller Alfred/Schmid Jörg/Stöckli Hubert (Hrsg.), Gauchs Welt, Recht, Vertragsrecht und Baurecht, Festschrift für Peter Gauch zum 65. Geburtstag, Zürich 2004, S. 815 – 840 (zit.: HÜRLIMANN, Bauablaufstörungen).

HÜRLIMANN ROLAND, Nachtragsmanagement für Unternehmer und Bauherren, in: Institut für Schweizerisches und Internationales Baurecht (Hrsg.), Schweizerische Baurechtstagung 2003, Freiburg 2003, S. 81 – 107 (zit.: HÜRLIMANN, Nachtragsmanagement).

HÜRLIMANN ROLAND, Die SIA-Norm 118 – Lücken und Tücken, in: Institut für Schweizerisches und Internationales Baurecht (Hrsg.), Schweizerische Baurechtstagung 2001, Freiburg 2001, S. 47 – 68 (zit.: HÜRLIMANN, Die SIA-Norm 118 – Lücken und Tücken).

HÜRLIMANN ROLAND, Mediation bei Infrastrukturvorhaben, in: Schweizer Ingenieur und Architekt 41/1999, S. 898 – 899 (zit.: HÜRLIMANN, Mediation bei Infrastrukturvorhaben).

HÜRLIMANN ROLAND, Organisation und Finanzierung der Bauausführung, in: Münch Peter/Karlen Peter/Geiser Thomas (Hrsg.), Handbücher für die Anwaltspraxis, Bd. IV, Beraten und Prozessieren in Bausachen, Basel/München 1998, S. 435 – 488 (zit.: HÜRLIMANN, Organisation und Finanzierung der Bauausführung).

HÜRLIMANN ROLAND, Unternehmervarianten – Risiken und Problembereiche, in: BR/DC 1/1996, S. 3 – 10 (zit.: HÜRLIMANN, Unternehmervarianten).

HÜRLIMANN ROLAND, Bemerkungen zum Gerüstbauvertrag, in: BR/DC 3/1989, S. 73 – 75 (zit.: HÜRLIMANN, Bermerkungen zum Gerüstbauvertrag).

HÜRLIMANN ROLAND/HANDSCHIN LUKAS, VU-Dokumentation Recht, in: Schweizerische Bauwirtschaftskonferenz (Hrsg.), VU-Handbuch, Kompetenzen vernetzen: virtuelle Unternehmen in der Bauwirtschaft, Zürich 1998 (zit.: HÜRLIMANN/HANDSCHIN, VU-Dokumentation Recht).

HÜRLIMANN ROLAND/HEER HANS, Preise, Leistungsverzeichnis und Kalkulation, in: Institut für Schweizerisches und Internationales Baurecht (Hrsg.), Schweizerische Baurechtstagung 1999, Bd. II, Freiburg 1999, S. 1 – 25 (zit.: HÜRLIMANN/HEER, Preise, Leistungsverzeichnis und Kalkulation).

HÜRLIMANN ROLAND/SIEGENTHALER THOMAS, Kommentar zu Art. 363 – 379 OR, in: Huguenin Claire/Müller-Chen Markus (Hrsg.), Handkommentar zum Schweizer Privatrecht, Vertragsverhältnisse Teil 2: Arbeitsvertrag, Werkvertrag, Auftrag, GoA, Bürgschaft (Art. 319 – 529 OR), 3. Aufl., Zürich 2016 (zit.: HÜRLIMANN/SIEGENTHALER, Handkommentar Privatrecht).

HÜRLIMANN ROLAND/SIEGENTHALER THOMAS, Das Werkvertragsrecht in den Entscheiden des Bundesgerichts in den Jahren 2008 – 2011, in: Jusletter vom 6. Februar 2012 (zit.: HÜRLIMANN/SIEGENTHALER, Entscheide des Bundesgerichts).

HÜRLIMANN-KAUP BETTINA, Die privatrechtliche Gefälligkeit und ihre Rechtsfolgen, Diss. Freiburg, Freiburg 1999 (zit.: HÜRLIMANN-KAUP, Die privatrechtliche Gefälligkeit).

INGENSTAU HEINZ/KORBION HERMANN/LEUPERTZ STEFAN/VON WIETERSHEIM MARK (Hrsg.), VOB Teile A und B, Kommentar, 19. Aufl., Köln 2015 (zit.: INGENSTAU/KORBION/BEARBEITER, VOB).

JÄGGI PETER/GAUCH PETER/HARTMANN STEPHAN, Zürcher Kommentar zum schweizerischen Zivilrecht, Bd. V/1b, Auslegung, Ergänzung und Anpassung der Verträge; Simulation (Art. 18 OR), 4. Aufl., Zürich 2014 (zit.: JÄGGI/GAUCH/HARTMANN, Zürcher Kommentar).

JUNGO MARIANNE, Droits et obligations du propriétaire en cas de fouilles archéologiques, in: BR/DC 4/1990, S. 87 – 93 (zit.: JUNGO, Droits et obligations du propriétaire).

KBOB, Leitfaden zur Verrechnung von Preisänderungen, Ausgabe 2012, Bern 2013 (zit.: KBOB, Leitfaden zur Verrechnung von Preisänderungen).

KESSLER MARTIN A., Kommentar zu Art. 58 OR, in: Honsell Heinrich/Vogt Nedim Peter/Wiegand Wolfgang (Hrsg.), Basler Kommentar, OR I (Art. 1 – 529 OR), 6. Aufl., Basel 2015 (zit.: KESSLER, Basler Kommentar).

KNIFFKA ROLF, Ist die VOB/B eine sichere Grundlage für Nachträge?, in: BauR 3/2012, S. 411 – 420 (zit.: KNIFFKA, Nachträge).

KOLLER ALFRED, Schweizerisches Werkvertragsrecht, Zürich 2015 (zit.: KOLLER ALFRED, Werkvertragsrecht).

KOLLER ALFRED, Unverhältnismässige Überschreitung eines Ungefährpreises beim Werkvertrag (Art. 375 OR), in: AJP 2/2015, S. 303 – 315 (zit.: KOLLER ALFRED, Unverhältnismässige Überschreitung).

KOLLER ALFRED, Durchbrechung des Festpreischarakters von Pauschalpreisverträgen, in: AJP 6/2014, S. 764 – 772 (zit.: KOLLER ALFRED, Pauschalpreisverträge).

KOLLER ALFRED, Schweizerisches Obligationenrecht, Allgemeiner Teil, Handbuch des allgemeinen Schuldrechts ohne Deliktsrecht, 3. Aufl., Bern 2009 (zit.: KOLLER ALFRED, OR AT).

KOLLER ALFRED, Berner Kommentar zum schweizerischen Privatrecht, Bd. VI/2/3/1, Der Werkvertrag (Art. 363 – 366 OR), Bern 1998 (zit.: KOLLER ALFRED, Berner Kommentar).

KOLLER ALFRED, Das Nachbesserungsrecht im Werkvertrag, 2. Aufl., Zürich 1995 (zit.: KOLLER ALFRED, Das Nachbesserungsrecht).

KOLLER ALFRED, Der gute und der böse Glaube im allgemeinen Schuldrecht, Auslegung und systematische Erfassung der Gutglaubensvorschriften im allgemeinen Teil des OR, Habil. Freiburg, Freiburg 1984 (zit.: KOLLER ALFRED, Der gute und der böse Glaube).

KOLLER ALFRED, Werkvertragliche Mängelrechte und Abtretung der Werklohnforderung, in: BR/DC 4/1984, S. 63 – 68 (zit.: KOLLER ALFRED, Werkvertragliche Mängelrechte).

KOLLER JO, Der «Untergang des Werkes» nach Art. 376 OR, Diss. Freiburg, Winterthur 1983 (zit.: KOLLER JO, Untergang).

KOLLER JÜRG, Genugtuung aus Vertragsverletzung, Diss. Freiburg, Zürich 2003 (zit.: KOLLER JÜRG, Genugtuung aus Vertragsverletzung).

KRAMER ERNST A./PROBST THOMAS/PERRIG ROMAN, Schweizerisches Recht der Allgemeinen Geschäftsbedingungen, Bern 2016 (zit.: KRAMER/PROBST/PERRIG, AGB-Recht).

KRAMER ERNST A./SCHMIDLIN BRUNO, Berner Kommentar zum schweizerischen Privatrecht, Bd. VI/1/1, Allgemeine Bestimmungen (Art. 1 – 18 OR), Bern 1986 (zit.: KRAMER/SCHMIDLIN, Berner Kommentar).

KRAUSKOPF FRÉDÉRIC, Die Kündigung von Bauverträgen und die Folgen, in: Institut für Schweizerisches und Internationales Baurecht (Hrsg.), Schweizerische Baurechtstagung 2007, Freiburg 2007, S. 29 – 66 (zit.: KRAUSKOPF, Die Kündigung von Bauverträgen).

KREJCI HEINZ, Die Bedeutung der Regeln der Technik im Bauvertragsrecht, in: Rechberger Walter H./Welser Rudolf (Hrsg.), Festschrift für Winfried Kralik zum 65. Geburtstag, Verfahrensrecht – Privatrecht, Wien 1986, S. 435 – 450 (zit.: KREJCI, Die Bedeutung der Regeln der Technik).

KUHN MORITZ W., Privatversicherungsrecht, Unter Mitberücksichtigung des Haftpflicht- und des Aufsichtsrechts, 3. Aufl., Zürich 2010 (zit.: KUHN, Privatversicherungsrecht).

KUMMER MAX, Kommentar zu Art. 8 – 10 ZGB, Berner Kommentar zum schweizerischen Privatrecht, Bd. I/1, Einleitung (Art. 1 – 10 ZGB), Bern 1966 (zit.: KUMMER, Berner Kommentar).

LAUBE PHILIPP, Für ein Leistungsverweigerungsrecht bei übermässigen Nachbesserungskosten, in: BR/DC 3/2013, S. 110 – 112 (zit.: LAUBE, Leistungsverweigerungsrecht bei übermässigen Nachbesserungskosten).

LAUBE PHILIPP, Die Tragung der Nachbesserungskosten im Bauwerkvertrag, Diss. St. Gallen, Zürich 2011 (zit.: LAUBE, Die Tragung der Nachbesserungskosten).

LEHMANN LORENZ, Risiko Altlasten: was abzuklären ist und was in die Verträge gehört, in: Institut für Schweizerisches und Internationales Baurecht (Hrsg.), Schweizerische Baurechtstagung 2009, Freiburg 2008, S. 103 – 117 (zit.: LEHMANN, Altlasten).

LEHMANN LORENZ/ROTHWEILER HEINZ, Gesundheitsgefährdende Stoffe, Volle Verantwortung für Bauunternehmer, in: immobilia 11/2008, S. 34 – 35 (zit.: LEHMANN/ROTHWEILER, Gesundheitsgefährdende Stoffe).

LENZLINGER GADIENT ANNETTE, Mängel- und Sicherungsrechte des Bauherrn im Werkvertrag, Ein Vergleich zwischen dem Schweizerischen Obligationenrecht und der Norm 118 (1977/1991) des Schweizerischen Ingenieur- und Architektenvereins, Diss. Zürich, Zürich 1994 (zit.: LENZLINGER GADIENT, Mängel- und Sicherungsrechte des Bauherrn).

LEU CHRISTIAN, Kommentar zu Art. 157 ZPO, in: Brunner Alexander/Gasser Dominik/Schwander Ivo (Hrsg.), Schweizerische Zivilprozessordnung, Kommentar, 2. Aufl., Zürich 2016 (zit.: LEU, DIKE-ZPO).

LEUENBERGER CHRISTOPH, Dienstleistungsverträge, in: ZSR II/1987, S. 1 – 92 (zit.: LEUENBERGER, Dienstleistungsverträge).

LIVER PETER, Das Eigentum, in: Meier-Hayoz Arthur (Hrsg.), Schweizerisches Privatrecht, ZGB, Bd. V/1, Sachenrecht, Basel/Stuttgart 1977, S. 1 – 401 (zit.: LIVER, Das Eigentum).

LOCHER CHRISTOPH, Die Bauleitung, in: Stöckli Hubert/Siegenthaler Thomas (Hrsg.), Die Planerverträge, Verträge mit Architekten und Ingenieuren, Zürich 2013, S. 453 – 506 (zit.: LOCHER CHRISTOPH, Die Bauleitung).

LOCHER HORST, Der Gerüstvertrag, in: Lenz Wolfgang (Hrsg.), Festschrift für Konrad Gelzer zum 75. Geburtstag, Düsseldorf 1991, S. 347 – 356 (zit.: LOCHER HORST, Der Gerüstvertrag).

LOCHER HORST, AGB-Gesetz und Subunternehmerverträge, in: NJW 44/1979, S. 2235 – 2238 (zit.: LOCHER HORST, AGB-Gesetz).

LOCHER THOMAS, Wirkungen des Zuschlags auf den Vertrag im Vergaberecht, Eine verwaltungsrechtliche Einordnung, Diss. Bern, Bern 2013 (zit.: LOCHER THOMAS, Wirkungen des Zuschlags).

LÖW SIMON, Wie sicher sind geologische Prognosen?, in: Schweizer Ingenieur und Architekt 23/1998, S. 434 – 438 (zit.: LÖW, Geologische Prognosen).

LUTZ DANIELA, Angebotspreis: Kalkulationsfreiheit und die Schranken, in: Stöckli Hubert/Zufferey Jean-Baptiste (Hrsg.), Aktuelles Vergaberecht 2014/Marchés publics 2014, Zürich 2014, S. 281 – 302 (zit.: LUTZ, Angebotspreis).

MEIER ISAAK, Das Beweismass – ein aktuelles Problem des schweizerischen Zivilprozessrechts, in: BJM 2/1989, S. 57 – 78 (zit.: MEIER, Das Beweismass).

MEIER-HAYOZ ARTHUR/FORSTMOSER PETER, Schweizerisches Gesellschaftsrecht, mit Einbezug des künftigen Rechnungslegungsrechts und der Aktienrechtsreform, 11. Aufl., Bern 2012 (zit.: MEIER-HAYOZ/FORSTMOSER, Schweizerisches Gesellschaftsrecht).

MERZ HANS, Die privatrechtliche Rechtsprechung des Bundesgerichts im Jahr 1984, in: ZBJV 1986, S. 153 – 185 (zit.: MERZ, Die privatrechtliche Rechtsprechung).

MERZ HANS, Kommentar zu Art. 2 ZGB, Berner Kommentar zum schweizerischen Privatrecht, Bd. I/1, Einleitung (Art. 1 – 10 ZGB), Bern 1966 (zit.: MERZ, Berner Kommentar).

MESSERLI BEAT, Aufklärungspflichten im privaten Baurecht – Thesen und Beispiele, in: Anwaltsrevue 6 – 7/2008, S. 259 – 264 (zit.: MESSERLI, Aufklärungspflichten).

MIDDENDORF PATRICK, Nachwirkende Vertragspflichten, Diss. Freiburg, Freiburg 2002 (zit.: MIDDENDORF, Vertragspflichten).

MIDDENDORF PATRICK/GROB BEATRICE, Kommentar zu Art. 2 ZGB, in: Breitschmid Peter/Jungo Alexandra (Hrsg.), Handkommentar zum Schweizer Privatrecht, Personen- und Familienrecht, Partnerschaftsgesetz (Art. 1 – 456 ZGB), 3. Aufl., Zürich 2016 (zit.: MIDDENDORF/GROB, Handkommentar Privatrecht).

MONN VALENTIN, Die Verhandlungsabrede, Begründung, Inhalt und Durchsetzung von Verhandlungspflichten, Diss. Freiburg, Zürich 2010 (zit.: MONN, Die Verhandlungsabrede).

MÜLLER HEINRICH A., Kommentar zu Art. 175 ZPO, in: Brunner Alexander/Gasser Dominik/Schwander Ivo (Hrsg.), Schweizerische Zivilprozessordnung, Kommentar, 2. Aufl., Zürich 2016 (zit.: MÜLLER HEINRICH A., DIKE-ZPO).

MÜLLER KARIN, Das Recht der Arbeitsgemeinschaft im Wandel?, in: BR/DC 1/2004, S. 4 – 10 (zit.: MÜLLER KARIN, Arbeitsgemeinschaft).

NICKLISCH FRITZ, Rechtsfragen des Subunternehmervertrags bei Bau- und Anlagenprojekten im In- und Auslandsgeschäft, in: NJW 40/1985, S. 2361 – 2370 (zit.: NICKLISCH, Rechtsfragen des Subunternehmervertrags).

NIGGLI MARCEL A./HAGENSTEIN NADINE, Kommentar zu Art. 162 StGB, in: Niggli Marcel A./Wiprächtiger Hans (Hrsg.), Basler Kommentar, Strafrecht II (Art. 111 – 392 StGB), 3. Aufl., Basel 2013 (zit.: NIGGLI/HAGENSTEIN, Basler Kommentar).

NIQUILLE-EBERLE MARTHA, Probleme rund um die Ersatzvornahme, insbesondere die Bevorschussung der Kosten, in: Koller Alfred (Hrsg.), Neue und alte Fragen zum privaten Baurecht, St. Galler Baurechtstagung 2004, St. Gallen 2004, S. 63 – 116 (zit.: NIQUILLE-EBERLE, Probleme rund um die Ersatzvornahme).

OTT WALTER, Der Architekt als Hilfsperson des Bauherrn, Gedanken zum Problem der sachkundigen Hilfsperson, in: SJZ 19/1978, S. 285 – 290 (zit.: OTT, Der Architekt als Hilfsperson des Bauherrn).

PASQUIER BRUNO, Die Schätzung nach gerichtlichem Ermessen – unmittelbare und sinngemässe Anwendung des Art. 42 Abs. 2 OR, Diss. Freiburg, Zürich 2014 (zit.: PASQUIER, Die Schätzung nach gerichtlichem Ermessen).

PEDRAZZINI FRANCO, Les nouvelles dispositions de la KBOB concernant les prestations de mandataire, in: Institut für Schweizerisches und Internationales Baurecht (Hrsg.), Journées suisses du droit de la construction 2007, Freiburg 2007, S. 181 – 232 (zit.: PEDRAZZINI FRANCO, KBOB).

PEDRAZZINI MARIO M., Werkvertrag, Verlagsvertrag, Lizenzvertrag, in: Vischer Frank (Hrsg.), Schweizerisches Privatrecht, OR, Bd. VII/1, Besondere Vertragsverhältnisse, Basel/Stuttgart 1977, S. 495 – 646 (zit.: PEDRAZZINI MARIO, SPR VII/1).

PESTALOZZI CHRISTOPH M./HETTICH PETER, Kommentar zu Art. 544 OR, in: Honsell Heinrich/Vogt Nedim Peter/Watter Rolf (Hrsg.), Basler Kommentar, OR II (Art. 530 – 964 OR, Art. 1 – 6 SchlT AG, Art. 1 – 11 ÜBest GmbH), 4. Aufl., Basel 2012 (zit.: PESTALOZZI/HETTICH, Basler Kommentar).

PFIFFNER ENZO, Zum Artikel 181 SIA-Norm 118, Dauer der Solidarbürgschaften, in: Schweizer Bauwirtschaft vom 11. Januar 1991, S. 10 – 11 (zit.: PFIFFNER, Zum Art. 181 SIA-Norm 118).

PICHONNAZ PASCAL, Le temps qui passe en droit privé de la construction – Réflexions en matière de demeure, de délai d'avis et de prescription des droits de garantie, in: Institut für Schweizerisches und Internationales Baurecht (Hrsg.), Journées suisses du droit de la construction 2013, Freiburg 2012, S. 63 – 92 (zit.: PICHONNAZ, Le temps qui passe).

PICHONNAZ PASCAL, Rabais, escompte et compte pro rata, in: BR/DC 3/2007, S. 100 – 106 (zit.: PICHONNAZ, Rabais).

PONT PHILIPPE, Les distances de sécurité incendie entre bâtiments, in: BR/DC 1/2011, S. 20 – 21 (zit.: PONT, Les distances de sécurité).

QUACK FRIEDRICH, Zur Zweckmässigkeit (oder Unzweckmässigkeit) eines verbreiteten Gestaltungsmittels für Bauverträge. Ansatzpunkte für Verbesserungen, in: BauR 1/1992, S. 18 – 22 (zit.: QUACK, Gestaltungsmittel für Bauverträge).

RECHSTEINER PETER, Widerruf/Rückzug der Abmahnung durch den Unternehmer im Werkvertrag, in: Jusletter vom 13. Juni 2005 (zit.: RECHSTEINER, Abmahnung im Werkvertrag).

REETZ PETER, Der Baugrund – Grund vieler Konflikte, in: Institut für Schweizerisches und Internationales Baurecht (Hrsg.), Schweizerische Baurechtstagung 2015, Freiburg 2015, S. 59 – 74 (zit.: REETZ, Der Baugrund).

REETZ PETER, Neue Akzente im Zusammenhang mit der vorsorglichen Beweisführung gemäss Art. 158 ZPO, in: BR/DC 3/2014, S. 139 – 141 (zit.: REETZ, Vorsorgliche Beweisführung).

REETZ PETER, Schneller, Schneller! – Baubeschleunigung und ihre Kosten, in: Institut für Schweizerisches und Internationales Baurecht (Hrsg.), Schweizerische Baurechtstagung 2013, Freiburg 2012, S. 33 – 70 (zit.: REETZ, Baubeschleunigung).

REETZ PETER, Der neue Bauprozess – Tiefenbohrungen in der ZPO, in: Institut für Schweizerisches und Internationales Baurecht (Hrsg.), Schweizerische Baurechtstagung 2011, Freiburg 2010, S. 65 – 82 (zit.: REETZ, Der neue Bauprozess).

REETZ PETER, Der Bauprozess: er steht und fällt mit dem Beweis, in: Institut für Schweizerisches und Internationales Baurecht (Hrsg.), Schweizerische Baurechtstagung 2009, Freiburg 2008, S. 119 – 154 (zit.: REETZ, Der Bauprozess: er steht und fällt mit dem Beweis).

REETZ PETER, Neue Rätsel um das Bauhandwerkerpfandrecht, in: Institut für Schweizerisches und Internationales Baurecht (Hrsg.), Schweizerische Baurechtstagung 2007, Freiburg 2007, S. 219 – 232 (zit.: REETZ, Bauhandwerkerpfandrecht).

REHBINDER MANFRED/STÖCKLI JEAN-FRITZ, Berner Kommentar zum schweizerischen Privatrecht, Bd. VI/2/2/2, Der Arbeitsvertrag (Art. 331 – 355 und Art. 361 – 362 OR), 2. Aufl., Bern 2014 (zit.: REHBINDER/STÖCKLI JEAN-FRITZ, Berner Kommentar).

REICHELT KLAUS-UDO, Abschied vom technischen Standard anerkannte Regel der Technik, in: BauR 9/2007, S. 1483 – 1490 (zit.: REICHELT, Abschied vom technischen Standard anerkannte Regel).

REY HEINZ/STREBEL LORENZ, Kommentar zu Art. 679a und 702 ZGB, in: Honsell Heinrich/Vogt Nedim Peter/Geiser Thomas (Hrsg.), Basler Kommentar, Zivilgesetzbuch II (Art. 457 – 977 ZGB, Art. 1 – 61 SchlT ZGB), 5. Aufl., Basel 2015 (zit.: REY/STREBEL, Basler Kommentar).

RIEDO CHRISTOF/RIEDO DONAT, Strafbare Falschbeurkundung bei Rechnungsstellung, in: BR/DC 1/2013, S. 10 – 14 (zit.: RIEDO CHRISTOF/RIEDO DONAT, Falschbeurkundung bei Rechnungsstellung).

RIKLIN FRANZ, Die strafrechtliche Verantwortung des Planers, in: Stöckli Hubert/Siegenthaler Thomas (Hrsg.), Die Planerverträge, Verträge mit Architekten und Ingenieuren, Zürich 2013, S. 949 – 986 (zit.: RIKLIN, Die strafrechtliche Verantwortung des Planers).

RIKLIN FRANZ, Die Visierung inhaltlich falscher Unternehmerrechnungen durch den bauleitenden Architekten als Falschbeurkundung, in: BR/DC 3/1993, S. 69 – 71 (zit.: RIKLIN, Falsche Unternehmerrechnungen).

RIKLIN FRANZ, Zur Urkundenqualität von Regierapporten (Tagesrapporten), in: BR/DC 2/1992, S. 32 – 34 (zit.: RIKLIN, Urkundenqualität von Regierapporten).

RIKLIN FRANZ, Die strafrechtlichen Risiken beim Bauen, in: Seminar für Schweizerisches Baurecht (Hrsg.), Baurechtstagung 1987, Bd. II, Freiburg 1987, S. 1 – 39 (zit.: RIKLIN, Die strafrechtlichen Risiken beim Bauen).

RÜEGG ERICH, Von der Haftung des Grundstückverkäufers für «Bauherren-Altlasten», in: BR/DC 3/2006, S. 108 – 114 (zit.: RÜEGG, Haftung für Bauherren-Altlasten).

SAXER RAINER, Der Subunternehmer und sein Vertrag, Diss. Freiburg, Zürich 1999 (zit.: SAXER, Der Subunternehmer).

SBV, Grundlagen der Vorkalkulation, Zürich 2016 (zit.: SBV, Vorkalkulation).

SCHÄR ULRICH, Geologie in der Baupraxis, Möglichkeiten und Grenzen geologisch-geotechnischer Prognosen, Dietikon 1992 (zit.: SCHÄR, Geologie).

SCHENKER FRANZ, Gedanken zur «relativen» Minderungsmethode, in: Tercier Pierre/Hürlimann Roland (Hrsg.), In Sachen Baurecht, Zum 50. Geburtstag von Peter Gauch, Freiburg 1989, S. 89 – 99 (zit.: SCHENKER, Gedanken zur «relativen» Minderungsmethode).

SCHENKER FRANZ, Die Voraussetzungen und die Folgen des Schuldnerverzugs im Schweizerischen Obligationenrecht, Übersicht, Würdigung und Kritik, Diss. Freiburg, Freiburg 1988 (zit.: SCHENKER, Schuldnerverzug).

SCHERLER STEFAN, Der Wettbewerb nach der SIA-Ordnung 142, in: Stöckli Hubert/Siegenthaler Thomas (Hrsg.), Die Planerverträge, Verträge mit Architekten und Ingenieuren, Zürich 2013, S. 123 – 163 (zit.: SCHERLER, Der Wettbewerb nach der SIA-Ordnung 142).

SCHERRER ERWIN, Nebenunternehmer beim Bauen, Diss. Freiburg, Freiburg 1994 (zit.: SCHERRER, Nebenunternehmer).

SCHLUEP CLAUDE/WENGER BERGER SYBILLE, Das geistige Eigentum des Planers, in: Stöckli Hubert/Siegenthaler Thomas (Hrsg.), Die Planerverträge, Verträge mit Architekten und Ingenieuren, Zürich 2013, S. 881 – 911 (zit.: SCHLUEP/WENGER BERGER, Das geistige Eigentum der Planer).

SCHMID JÖRG/HÜRLIMANN-KAUP BETTINA, Sachenrecht, 3. Aufl., Zürich 2009 (zit.: SCHMID/HÜRLIMANN-KAUP, Sachenrecht).

SCHMID JÖRG/STÖCKLI HUBERT/KRAUSKOPF FRÉDÉRIC, Schweizerisches Obligationenrecht, Besonderer Teil, 2. Aufl., Zürich 2016 (zit.: SCHMID/STÖCKLI/KRAUSKOPF, OR BT).

SCHNYDER BERNHARD, Das Hammerschlags- oder Leiterrecht – Bundesrecht oder kantonales Recht?, in: Universität Freiburg (Hrsg.), Mensch und Umwelt/L'homme dans son environnement, Festgabe zum Schweizerischen Juristentag 1980, Freiburg 1980, S. 265 – 279 (zit.: SCHNYDER, Das Hammerschlags- oder Leiterrecht).

SCHÖNENBERGER WILHELM/JÄGGI PETER, Zürcher Kommentar zum schweizerischen Zivilgesetzbuch, Bd. V/1a, Allgemeine Einleitung (Art. 1 – 17 OR), 3. Aufl., Zürich 1973 (zit.: SCHÖNENBERGER/JÄGGI, Zürcher Kommentar).

SCHUMACHER RAINER, Kommentar zu Art. 837 ZGB, in: Breitschmid Peter/Jungo Alexandra (Hrsg.), Handkommentar zum Schweizer Privatrecht, Sachenrecht (Art. 641–977 ZGB), 3. Aufl., Zürich 2016 (zit.: SCHUMACHER, Handkommentar Privatrecht).

SCHUMACHER RAINER, Begriff des Verwaltungsvermögens (Art. 839 Abs. 4–6 ZGB), in: BR/DC 4/2012, S. 232–236 (zit.: SCHUMACHER, Begriff des Verwaltungsvermögens).

SCHUMACHER RAINER, Das Bauhandwerkerpfandrecht, Ergänzungsband zur 3. Aufl., Zürich 2011 (zit.: SCHUMACHER, Ergänzungsband).

SCHUMACHER RAINER, Sicheres Bauen und sichere Bauwerke, Wer haftet? Alle!, Zürich 2010 (zit.: SCHUMACHER, Sicheres Bauen).

SCHUMACHER RAINER, Ausmasse und Regierapporte: ein effizientes Beweissicherungssystem, in: BR/DC 1/2009, S. 28–36 (zit.: SCHUMACHER, Ausmasse und Regierapporte).

SCHUMACHER RAINER, Das Bauhandwerkerpfandrecht, systematischer Aufbau, 3. Aufl., Zürich 2008 (zit.: SCHUMACHER, Das Bauhandwerkerpfandrecht).

SCHUMACHER RAINER, Arbeitssicherheit und Gesundheitsschutz bei Bauarbeiten, in: BR/DC 4/2005, S. 200–202 (zit.: SCHUMACHER, Arbeitssicherheit und Gesundheitsschutz).

SCHUMACHER RAINER, Vertragsgestaltung, Systemtechnik für die Praxis, Zürich 2004 (zit.: SCHUMACHER, Vertragsgestaltung).

SCHUMACHER RAINER, Die Vergütung im Bauwerkvertrag, Grundvergütung – Mehrvergütung, Freiburg 1998 (zit.: SCHUMACHER, Die Vergütung).

SCHUMACHER RAINER, Vertragsgestaltung für grosse Infrastrukturbauten: Sicht eines Praktikers, in: BR/DC 1/1997, S. 3–12 (zit.: SCHUMACHER, Vertragsgestaltung für grosse Infrastrukturbauten).

SCHUMACHER RAINER, Der Staat als Auftraggeber, in: Seminar für Schweizerisches Baurecht (Hrsg.), Baurechtstagung 1991, Bd. I, Freiburg 1991, S. 47–89 (zit.: SCHUMACHER, Der Staat).

SCHUMACHER RAINER, Beweisprobleme im Bauprozess, in: Aargauerischer Juristenverein (Hrsg.), Festschrift für Dr. Kurt Eichenberger, Aarau 1990, S. 157–210 (zit.: SCHUMACHER, Beweisprobleme).

SCHUMACHER RAINER, Wie lange hat die Solidarbürgschaft gemäss Art. 181 SIA-Norm 118 zu dauern?, in: BR/DC 4/1990, S. 106–109 (zit.: SCHUMACHER, Solidarbürgschaft gemäss Art. 181).

SCHUMACHER RAINER, Das Risiko beim Bauen, ausgewählte Risiken, 1. Teil: Untergang und Beschädigung des Werkes, in: Seminar für Schweizerisches Baurecht (Hrsg.), Baurechtstagung 1983, Bd. I, Freiburg 1983, S. 47–81 (zit.: SCHUMACHER, Untergang und Beschädigung des Werkes).

SCHUMACHER RAINER, Bauen mit einem Generalunternehmer, in: BR/DC 3/1983, S. 43 – 49 (zit.: SCHUMACHER, Bauen mit einem Generalunternehmer).

SCHUMACHER RAINER/RÜEGG ERICH, Die Haftung des Grundstückverkäufers, in: Koller Alfred (Hrsg.), Der Grundstückkauf, 2. Aufl., Bern 2001, S. 175 – 292 (zit.: SCHUMACHER/RÜEGG, Haftung des Grundstückverkäufers).

SCHWAGER RUDOLF, Die Vollmacht des Architekten, in: Gauch Peter/Tercier Pierre (Hrsg.), Das Architektenrecht/Le droit de l'architecte, 3. Aufl., Freiburg 1995, S. 253 – 294 (zit.: SCHWAGER, Architektenrecht 1995).

SCHWAGER RUDOLF/MONN VALENTIN, Die Vollmacht des Planers, in: Stöckli Hubert/Siegenthaler Thomas (Hrsg.), Die Planerverträge, Verträge mit Architekten und Ingenieuren, Zürich 2013, S. 209 – 270 (zit.: SCHWAGER/MONN, Die Vollmacht des Planers).

SCHWANDER IVO, Kommentar zu Art. 723 und 724 ZGB, in: Honsell Heinrich/Vogt Nedim Peter/Geiser Thomas (Hrsg.), Basler Kommentar, Zivilgesetzbuch II (Art. 457 – 977 ZGB, Art. 1 – 61 SchlT ZGB), 5. Aufl., Basel 2015 (zit.: SCHWANDER, Basler Kommentar).

SIEGENTHALER THOMAS, Kommentar zu Art. 363 – 379, in: Gauch Peter/Aepli Viktor/Stöckli Hubert (Hrsg.), Präjudizienbuch OR, 9. Aufl., Zürich 2016 (zit.: SIEGENTHALER, Präjudizienbuch).

SIEGENTHALER THOMAS, Bestellungsänderung bei Pauschalpreisen – die Tücke der Lücke, in: BR/DC 3/2015, S. 148 – 149 (zit.: SIEGENTHALER, Bestellungsänderung bei Pauschalpreisen).

SIEGENTHALER THOMAS, Die Kosteninformation, in: Stöckli Hubert/Siegenthaler Thomas (Hrsg.), Die Planerverträge, Verträge mit Architekten und Ingenieuren, Zürich 2013, S. 507 – 558 (zit.: SIEGENTHALER, Die Kosteninformation).

SIEGENTHALER THOMAS, Mangelhafte Leistungsverzeichnisse – und wer dafür haftet, in: Institut für Schweizerisches und Internationales Baurecht (Hrsg.), Schweizerische Baurechtstagung 2011, Freiburg 2010, S. 163 – 183 (zit.: SIEGENTHALER, Mangelhafte Leistungsverzeichnisse).

SIEGENTHALER THOMAS/STÖCKLI HUBERT, Grenzen des Rücktrittsrechts beim Herstellungsverzug, in: BR/DC 6/2015, S. 328 – 330 (zit.: SIEGENTHALER/STÖCKLI, Herstellungsverzug).

SIEGENTHALER THOMAS/STÖCKLI HUBERT, «Ist die SIA-Norm 118 gerichtsnotorisch?» – Eine Umfrage bei Zivilgerichten, in: BR/DC 1/2008, S. 37 – 40 (zit.: SIEGENTHALER/STÖCKLI, Ist die SIA-Norm 118 gerichtsnotorisch?).

SPICHER ROLAND, Die Bauplatz-Versicherung: Paketlösung für grosse Bauvorhaben, in: BR/DC 2/2013, S. 49 – 55 (zit.: SPICHER, Die Bauplatz-Versicherung).

SPIESS HANS-RUDOLF, Bauablaufstörungen im schweizerischen Werkvertragsrecht, in: recht 4/2012, S. 116 – 123 (zit.: SPIESS, Bauablaufstörungen).

Spiess Hans-Rudolf/Huser Marie-Theres, Stämpflis Handkommentar SHK, Norm SIA 118, Allgemeine Bedingungen für Bauarbeiten, herausgegeben durch den Schweizerischen Ingenieur- und Architektenverein, Bern 2014 (zit.: Spiess/Huser, Handkommentar).

Spiro Karl, Die Haftung für Erfüllungsgehilfen, Bern 1984 (zit.: Spiro, Die Haftung für Erfüllungsgehilfen).

Spühler Karl/Dolge Annette/Gehri Myriam, Schweizerisches Zivilprozessrecht und Grundzüge des internationalen Zivilprozessrechts, 9. Aufl., Bern 2010 (zit.: Spühler/Dolge/Gehri, Zivilprozessrecht).

Staehelin Adrian, Zürcher Kommentar zum schweizerischen Zivilrecht, Bd. V/2c, Der Arbeitsvertrag (Art. 330b – 355, Art. 361 – 362 OR), 4. Aufl., Zürich 2014 (zit.: Staehelin, Zürcher Kommentar).

Staehelin Adrian/Staehelin Daniel/Grolimund Pascal, Zivilprozessrecht, 2. Aufl., Zürich 2013 (zit.: Staehelin Adrian/Staehelin Daniel/Grolimund, ZPO).

Stauber Demian, Die Rechtsfolgen des Gläubigerverzugs, Diss. Bern, Bern 2009 (zit.: Stauber, Die Rechtsfolgen).

von Steiger Werner, Gesellschaftsrecht, in: von Steiger Werner (Hrsg.), Schweizerisches Privatrecht, OR, Bd. VIII/1, Handelsrecht, Basel 1976, S. 215 – 683 (zit.: von Steiger, Gesellschaftsrecht).

Steinauer Paul-Henri, La mise à contribution du fonds voisin lors de travaux de construction, in: BR/DC 2/1990, S. 31 – 37 (zit.: Steinauer, La mise à contribution du fonds voisin).

Stierli Bruno, Die Architektenvollmacht, Diss. Freiburg, Freiburg 1988 (zit.: Stierli, Die Architektenvollmacht).

Stöckli Hubert, Was ist mit der Vergütung los – ein Arbeitspapier, in: Institut für Schweizerisches und Internationales Baurecht (Hrsg.), Schweizerische Baurechtstagung 2015, Freiburg 2015, S. 1 – 26 (zit.: Stöckli, Was ist mit der Vergütung los).

Stöckli Hubert, Die «Suva-Klausel» und ihre Auslegung, in: HAVE 4/2013, S. 373 – 375 (zit.: Stöckli, Suva-Klausel).

Stöckli Hubert, Toleranzgrenze bei «Überschreitung des Kostenansatzes» (Art. 375 OR): Zwei Faustregeln und ihre Relativierung, in: BR/DC 4/2011, S. 190 – 191 (zit.: Stöckli, Überschreitung des Kostenansatzes).

Stöckli Hubert, Der neue Art. 8 UWG – offene Inhaltskontrolle, aber nicht für alle, in: BR/DC 4/2011, S. 184 – 188 (zit.: Stöckli, Der neue Art. 8 UWG).

Stöckli Hubert, Versicherungen beim Bauen – und was die AVB sagen, in: Institut für Schweizerisches und Internationales Baurecht (Hrsg.), Schweizerische Baurechtstagung 2011, Freiburg 2010, S. 1 – 35 (zit.: Stöckli, Versicherungen beim Bauen).

Stöckli Hubert, Stockwerkeigentum ab Plan, in: Institut für Schweizerisches und Internationales Baurecht (Hrsg.), Schweizerische Baurechtstagung 2009, Freiburg 2008, S. 1 – 20 (zit.: Stöckli, Stockwerkeigentum ab Plan).

Stöckli Hubert, Das Synallagma im Vertragsrecht, Begründung, Abwicklung, Störungen, Habil. Freiburg, Zürich 2008 (zit.: Stöckli, Das Synallagma).

Stöckli Hubert, Private Baunormung – ein Streifzug, in: Institut für Schweizerisches und Internationales Baurecht (Hrsg.), Schweizerische Baurechtstagung 2005, Freiburg 2005, S. 1 – 32 (zit.: Stöckli, Private Baunormung).

Stöckli Hubert/Beyeler Martin, Das Vergaberecht der Schweiz, Überblick, Erlasse, Rechtsprechung, 9. Aufl., Zürich 2014 (zit.: Stöckli/Beyeler, Vergaberecht).

Stöckli Hubert/Schwery Nadja, Werkverträge, insbesondere Bauwerkverträge, in: Kronke Herbert/Melis Werner/Kuhn Hans (Hrsg.), Handbuch Internationales Wirtschaftsrecht, 2. Aufl., Köln/Wien/Zürich 2016, S. 239 – 265 (zit.: Stöckli/Schwery, Werkverträge).

Stoffel Marco S., Die Submission nach schweizerischem Baurecht, Diss. Freiburg, Winterthur 1981 (zit.: Stoffel, Die Submission).

Taormina Andrea, Innenansprüche in der einfachen Gesellschaft und deren Durchsetzung, Diss. Freiburg, Freiburg 2003 (zit.: Taormina, Innenansprüche in der einfachen Gesellschaft).

Tausky Robert, Die Rechtsnatur der Verträge über die Planung von Bauwerken, Diss. Zürich, Zürich 1991 (zit.: Tausky, Verträge über die Planung von Bauwerken).

Tercier Pierre, Pour les Commissions de conciliation («Dispute Boards»), in: Bohnet François/Wessner Pierre (Hrsg.), Mélanges en l'honneur de François Knoepfler, Basel/München 2005, S. 337 – 354 (zit.: Tercier, Commissions de conciliation).

Tercier Pierre, L'extinction prématurée du contrat, in: Gauch Peter/Tercier Pierre (Hrsg.), Das Architektenrecht/Le droit de l'architecte, 3. Aufl., Freiburg 1995, S. 361 – 404 (zit.: Tercier, L'extinction prématurée du contrat).

Tercier Pierre, La protection contre les nuisances liées à des travaux de construction, in: BR/DC 4/1987, S. 82 – 84 (zit.: Tercier, La protection contre les nuisances).

Tercier Pierre/Favre Pascal G. (Hrsg.), Les contrats spéciaux, 4. Aufl., Zürich 2009 (zit.: Tercier/Favre/Bearbeiter, Les contrats spéciaux).

Thévenoz Luc, La location de services dans le bâtiment, in: BR/DC 3/1994, S. 68 – 73 (zit.: Thévenoz, La location de services).

Thouvenin Florent, Kommentar zu Art. 8 UWG, in: Hilty Reto M./Arpagaus Reto (Hrsg.), Basler Kommentar, Bundesgesetz über den unlauteren Wettbewerb (UWG), Basel 2013 (zit.: Thouvenin, Basler Kommentar).

TRACHSEL HERIBERT, Zum absichtlichen (arglistigen) Verschweigen von Mängeln, in: BR/DC 3/2015, S. 135 – 142 (zit.: TRACHSEL, Verschweigen von Mängeln).

TRACHSEL HERIBERT, Die Verantwortlichkeit des Bestellers bei Werkmängeln, Die Alleinverantwortlichkeit (Art. 369 OR) und die geteilte Gewährleistung, Diss. St. Gallen, Bern/Stuttgart/Wien 2000 (zit.: TRACHSEL, Werkmängel).

TRECHSEL STEFAN/JEAN-RICHARD-DIT-BRESSEL MARC, Kommentar zu Art. 162 StGB, in: Trechsel Stefan/Pieth Mark (Hrsg.), Schweizerisches Strafgesetzbuch, Praxiskommentar, 2. Aufl., Zürich 2013 (zit.: TRECHSEL/JEAN-RICHARD-DIT-BRESSEL, Praxiskommentar).

TRÜMPY DANIEL, Die Abnahme des Bauwerks nach der SIA-Norm 118, in: Koller Alfred (Hrsg.), SIA-Norm 118, St. Galler Baurechtstagung 2000, St. Gallen 2000, S. 47 – 74 (zit.: TRÜMPY, Die Abnahme).

TRÜMPY DANIEL/HÜRLIMANN ROLAND, Die Betriebshaftpflichtversicherung für das Baugewerbe, in: BR/DC 3/1999, S. 83 – 90 (zit.: TRÜMPY/HÜRLIMANN, Die Betriebshaftpflichtversicherung für das Baugewerbe).

TRÜMPY-JÄGER EVELINE, Vorzeitige Beendigung von Bauwerkverträgen, in: Lendi Martin/Trümpy Daniel (Hrsg.), Schwerpunkte im Bauvertragsrecht, mit Tafeln zum schweizerischen Bauvertragsrecht, Zürich 1989, S. 47 – 68 (zit.: TRÜMPY-JÄGER, Vorzeitige Beendigung von Bauwerkverträgen).

VON TUHR ANDREAS/ESCHER ARNOLD, Allgemeiner Teil des Schweizerischen Obligationenrechts, Bd. II, 3. Aufl., Zürich 1974 (zit.: VON TUHR/ESCHER, OR II).

TUOR PETER/SCHNYDER BERNHARD/SCHMID JÖRG/JUNGO ALEXANDRA, Das Schweizerische Zivilgesetzbuch, 14. Aufl., Zürich 2015 (zit.: TUOR/SCHNYDER/BEARBEITER, Das Schweizerische Zivilgesetzbuch).

TÜSCHER EDUARD/BUCHER JÖRG, KBOB-Empfehlungen zum Umgang mit Umlagerungen von Kosten: zwei Standpunkte, in: BR/DC 2/2016, S. 73 – 78 (zit.: TÜSCHER/BUCHER JÖRG, Umlagerungen von Kosten).

VYGEN KLAUS/JOUSSEN EDGAR/LANG ANDREAS/RASCH DIRK, Bauverzögerung und Leistungsänderung, Rechtliche und baubetriebliche Probleme und ihre Lösungen, 7. Aufl., Köln 2015 (zit.: VYGEN/JOUSSEN/LANG/RASCH, Bauverzögerung und Leistungsänderung).

WÄGER FABIAN, Das Minderungsrecht infolge Vertragsverletzung, Diss. Freiburg, Zürich 2010 (zit.: WÄGER, Das Minderungsrecht).

WALTER HANS P., Kommentar zu Art. 8 ZGB, Berner Kommentar zum schweizerischen Privatrecht, Bd. I/1, Einleitung (Art. 1 – 9 ZGB), Bern 2012 (zit.: WALTER, Berner Kommentar).

WATTER ROLF, Kommentar zu Art. 33 und 34 OR, in: Honsell Heinrich/Vogt Nedim Peter/Wiegand Wolfgang (Hrsg.), Basler Kommentar, OR I (Art. 1 – 529 OR), 6. Aufl., Basel 2015 (zit.: WATTER, Basler Kommentar).

WEBER ROLF H., Berner Kommentar zum schweizerischen Privatrecht, Bd. VI/1/4, Die Erfüllung der Obligation (Art. 68 – 96 OR), 2. Aufl., Bern 2005 (zit.: WEBER, Berner Kommentar).

WEIBEL THOMAS/WALZ CLAUDIA, Kommentar zu Art. 168 ZPO, in: Sutter-Somm Thomas/Hasenböhler Franz/Leuenberger Christoph (Hrsg.), Kommentar zur Schweizerischen Zivilprozessordnung (ZPO), 3. Aufl., Zürich 2016 (zit.: WEIBEL/WALZ, ZPO Kommentar).

WERNER ULRICH/PASTOR WALTER, Der Bauprozess, 15. Aufl., Köln 2015 (zit.: WERNER/PASTOR, Der Bauprozess).

WERZ JEAN-CLAUDE, Die Haftpflichtversicherung des Planers, in: Stöckli Hubert/Siegenthaler Thomas (Hrsg.), Die Planerverträge, Verträge mit Architekten und Ingenieuren, Zürich 2013, S. 823 – 880 (zit.: WERZ, Die Haftpflichtversicherung des Planers).

WERZ JEAN-CLAUDE, Delay in Construction Contracts, A comparative study of legal issues under Swiss and Anglo-American law, Diss. Freiburg, Freiburg 1994 (zit.: WERZ, Delay in Construction Contracts).

WIDMER CHRISTIAN, Die massgeblichen Leistungen im Generalunternehmer-Vertrag, in: Lendi Martin/Nef Urs Ch./Trümpy Daniel (Hrsg.), Das private Baurecht der Schweiz: Beiträge für die Praxis, Zürich 1995, S. 119 – 136 (zit.: WIDMER, Generalunternehmer-Vertrag).

WIEGAND WOLFGANG, Kommentar zu Art. 100 OR, in: Honsell Heinrich/Vogt Nedim Peter/Wiegand Wolfgang (Hrsg.), Basler Kommentar, OR I (Art. 1 – 529 OR), 6. Aufl., Basel 2015 (zit.: WIEGAND, Basler Kommentar).

ZÄCH ROGER/KÜNZLER ADRIAN, Berner Kommentar zum schweizerischen Privatrecht, Bd. VI/1/2/2, Die Stellvertretung (Art. 32 – 40 OR), 2. Aufl., Bern 2014 (zit.: ZÄCH/KÜNZLER, Berner Kommentar).

ZELLWEGER-GUTKNECHT CORINNE/BUCHER EUGEN, Kommentar zu Art. 3 OR, in: Honsell Heinrich/Vogt Nedim Peter/Wiegand Wolfgang (Hrsg.), Basler Kommentar, OR I (Art. 1 – 529 OR), 6. Aufl., Basel 2015 (zit.: ZELLWEGER-GUTKNECHT/BUCHER EUGEN, Basler Kommentar).

ZELTNER URS, Die Mitwirkung des Bauherrn bei der Erstellung des Bauwerkes, Diss. Freiburg, Freiburg 1993 (zit.: ZELTNER, Die Mitwirkung des Bauherrn).

ZINDEL GAUDENZ G./PULVER URS/SCHOTT BERTRAND G., Kommentar zu Art. 363 – 379 OR, in: Honsell Heinrich/Vogt Nedim Peter/Wiegand Wolfgang (Hrsg.), Basler Kommentar, OR I (Art. 1 – 529 OR), 6. Aufl., Basel 2015 (zit.: ZINDEL/PULVER/SCHOTT, Basler Kommentar).

Normenverzeichnis

Dieses Verzeichnis enthält in alphabetischer Ordnung jene Publikationen aus dem SIA-Normenwerk, auf die im Kommentar verwiesen wird. Die einzelnen Verweise finden sich nicht hier, sondern im Gesetzes- und Normenregister (S. 1071 ff.).

aSIA-118	SIA-Norm 118, Ausgabe 1977/91
aSIA-118 (1962)	SIA-Norm 118, Ausgabe 1962
aSIA-Ordnung 103	SIA-Ordnung 103, Ausgabe 2003
SIA-Empfehlung 430	Entsorgung von Bauabfällen, Ausgabe 1993
SIA-Empfehlung 431	Entwässerung von Baustellen, Ausgabe 1997
SIA-Empfehlung 451	Informatik, Datenformate für Leistungsverzeichnisse, Ausgabe 1992
SIA-Merkblatt 2014	CAD-Layerorganisation, Ausgabe 1996
SIA-Merkblatt 2020	Sicherheitsleistungen des Unternehmers im Werkvertrag, Ausgabe 2001
SIA-Merkblatt 2035	CAD Datenaustausch, Strategische Aspekte, Ausgabe 2009
SIA-Merkblatt 2036	CAD Datenaustausch, Organisatorische Aspekte, Ausgabe 2009
SIA-Norm 112	Modell Bauplanung, Ausgabe 2014
SIA-Norm 117	Ausschreibung und Vergebung von Arbeiten und Lieferungen bei Bauarbeiten (Submissionsverfahren), Ausgabe 1972, zurückgezogen
SIA-Norm 118	Allgemeine Bedingungen für Bauarbeiten, Ausgabe 2013
SIA-Norm 118/198	Allgemeine Bedingungen für Untertagbau, Ausgabe 2007
SIA-Norm 118/222	Allgemeine Bedingungen für Gerüstbau, Ausgabe 2012
SIA-Norm 118/241	Allgemeine Bedingungen für Schreinerarbeiten, Ausgabe 2015
SIA-Norm 118/262	Allgemeine Bedingungen für Betonbau, Ausgabe 2004
SIA-Norm 118/263	Allgemeine Bedingungen für Stahlbau, Ausgabe 2004
SIA-Norm 118/265	Allgemeine Bedingungen für Holzbau, Ausgabe 2004
SIA-Norm 118/266	Allgemeine Bedingungen für Mauerwerk, Ausgabe 2004
SIA-Norm 118/267	Allgemeine Bedingungen für geotechnische Arbeiten, Ausgabe 2004
SIA-Norm 118/370	Allgemeine Bedingungen für Aufzüge, Fahrtreppen und Fahrsteige, Ausgabe 2007

SIA-Norm 122	Preisänderungen infolge Teuerung: Verfahren mit der Gleitpreisformel, Ausgabe 2012
SIA-Norm 123	Preisänderungen infolge Teuerung: Verfahren mit Produktionskostenindex (PKI mit NPK-Kostenmodellen), Ausgabe 2013
SIA-Norm 124	Preisänderungen infolge Teuerung: Verfahren mit Mengennachweis, Ausgabe 2013
SIA-Norm 126	Preisänderungen infolge Teuerung bei Planerleistungen, Ausgabe 2014
SIA-Norm 198	Untertagbau, Ausgabe 2004
SIA-Norm 199	Erfassen des Gebirges im Untertagbau, Ausgabe 2015
SIA-Norm 262	Betonbau, Ausgabe 2013
SIA-Norm 400	Planbearbeitung im Hochbau, Ausgabe 2000
SIA-Ordnung 102	Ordnung für Leistungen und Honorare der Architektinnen und Architekten, Ausgabe 2014
SIA-Ordnung 103	Ordnung für Leistungen und Honorare der Bauingenieurinnen und Bauingenieure, Ausgabe 2014
SIA-Ordnung 105	Ordnung für Leistungen und Honorare der Landschaftsarchitektinnen und Landschaftsarchitekten, Ausgabe 2014
SIA-Ordnung 106	Ordnung für Leistungen und Honorare der Geologinnen und Geologen, Ausgabe 2007
SIA-Ordnung 108	Ordnung für Leistungen und Honorare der Ingenieurinnen und Ingenieure der Bereiche Gebäudetechnik, Maschinenbau und Elektrotechnik, Ausgabe 2014
SIA-Ordnung 121	Verrechnung der Preisänderungen mit dem Objekt-Index-Verfahren (OIV), Ausgabe 2003
SIA-Ordnung 142	Ordnung für Architektur- und Ingenieurwettbewerbe, Ausgabe 2009
SIA-Ordnung 152	Ordnung für Architekturwettbewerbe, Ausgabe 1993, ersetzt durch die SIA-Ordnung 142
SIA-Ordnung 153	Ordnung für Bauingenieurwettbewerbe, Ausgabe 1991, ersetzt durch die SIA-Ordnung 142
SIA-Richtlinie 150	Richtlinie für das Verfahren vor einem Schiedsgericht, Ausgabe 1977
SIA-Wegleitung r73/2	Wegleitung zur Erarbeitung von Allgemeinen Bedingungen Bau ABB, Ausgabe 2009

Abkürzungsverzeichnis

a.M.	anderer Meinung
ABB	Allgemeine Bedingungen Bau
Abs.	Absatz
aBV	alte Bundesverfassung der Schweizerischen Eidgenossenschaft vom 29. Mai 1874 in der Fassung vom 20. April 1999
AG	Aktiengesellschaft; Kanton Aargau
AGB	Allgemeine Geschäftsbedingungen
AGVE	Aargauische Gerichts- und Verwaltungsentscheide (Aarau)
AHV	Alters- und Hinterlassenenversicherung
AJP	Aktuelle Juristische Praxis (Zürich)
AltlV	Verordnung vom 26. August 1998 über die Sanierung von belasteten Standorten (Altlasten-Verordnung; SR 814.680)
ALV	Arbeitslosenversicherung
Anm.	Anmerkung(en)
Anwaltsrevue	Das Praxismagazin des schweizerischen Anwaltsverbandes (Bern)
AppGer	Appellationsgericht
ArG	Bundesgesetz vom 13. März 1964 über die Arbeit in Industrie, Gewerbe und Handel (Arbeitsgesetz; SR 822.11)
ARGE	Arbeitsgemeinschaft
Art.	Artikel
aSIA-118	SIA-Norm 118, Ausgabe 1977/91
aSIA-118 (1962)	SIA-Norm 118, Ausgabe 1962
ASTAG	Schweizerischer Nutzfahrzeugverband
AT	Allgemeiner Teil
Aufl.	Auflage
AVB	Allgemeine Versicherungsbedingungen; Mustervertrag von «Entwicklung Schweiz»
AVEG	Bundesgesetz vom 28. September 1956 über die Allgemeinverbindlicherklärung von Gesamtarbeitsverträgen (SR 221.215.311)
AVG	Bundesgesetz vom 6. Oktober 1989 über die Arbeitsvermittlung und den Personalverleih (Arbeitsvermittlungsgesetz; SR 823.11)
AVIG	Bundesgesetz vom 25. Juni 1982 über die obligatorische Arbeitslosenversicherung und die Insolvenzentschädigung (Arbeitslosenversicherungsgesetz; SR 837.0)

bau aktuell	Fachzeitschrift für Baurecht, Baubetriebswirtschaft und Baumanagement (Wien)
BauAV	Verordnung vom 29. Juni 2005 über die Sicherheit und den Gesundheitsschutz der Arbeitnehmerinnen und Arbeitnehmer bei Bauarbeiten (Bauarbeitenverordnung; SR 832.311.141)
BauR	Zeitschrift für das gesamte öffentliche und zivile Baurecht (Düsseldorf)
Bd.	Band
BezGer	Bezirksgericht
BGB	Bürgerliches Gesetzbuch (Deutschland)
BGBB	Bundesgesetz vom 4. Oktober 1991 über das bäuerliche Bodenrecht (SR 211.412.11)
BGE	Entscheidungen des Schweizerischen Bundesgerichts (in der amtlichen Sammlung publiziert)
BGer	Entscheidungen des Schweizerischen Bundesgerichts (in der amtlichen Sammlung nicht publiziert)
BGH	Bundesgerichtshof (Deutschland)
BGHZ	Entscheidungen des (deutschen) Bundesgerichtshofs in Zivilsachen
BGSA	Bundesgesetz vom 17. Juni 2005 über Massnahmen zur Bekämpfung der Schwarzarbeit (Bundesgesetz gegen die Schwarzarbeit; SR 822.41)
Bil. Abk. CH – EG	Abkommen zwischen der Schweizerischen Eidgenossenschaft und der Europäischen Gemeinschaft vom 21. Juni 1999 über bestimmte Aspekte des öffentlichen Beschaffungswesens (SR 0.172.052.68)
BJM	Basler Juristische Mitteilungen (Basel)
BKP	Baukostenplan
BPUK	Schweizerische Bau-, Planungs- und Umweltdirektoren-Konferenz
BR/DC	Zeitschrift für Baurecht und Vergabewesen/Revue du droit de la construction et des marchés publics (Zürich)
BRK	Eidgenössische Rekurskommission für das öffentliche Beschaffungswesen (bis 2006)
BS	Kanton Basel-Stadt
bspw.	beispielsweise
BT	Besonderer Teil
BVG	Bundesgesetz vom 25. Juni 1982 über die berufliche Alters-, Hinterlassenen- und Invalidenvorsorge (SR 831.40)
BVGer	Entscheidungen des Schweizerischen Bundesverwaltungsgerichts (in der amtlichen Sammlung nicht publiziert)

bzw.	beziehungsweise
CAD	computer-aided design (= rechnerunterstützte Konstruktion)
CEN	Comité Européen de Normalisation (= Europäisches Komitee für Normung)
CH	Schweizerische Eidgenossenschaft
CHF	Schweizer Franken
cm	Zentimeter
CO	Code des obligations (= OR)
CRB	Schweizerische Zentralstelle für Baurationalisierung, gegründet unter dem Namen «Centre Suisse d'études pour la Rationalisation du Bâtiment»
d.h.	das heisst
ders.	derselbe
DesG	Bundesgesetz vom 5. Oktober 2001 über den Schutz von Design (Designgesetz; SR 232.12)
Diss.	Dissertation
E.	Erwägung(en)
eBKP-H	Baukostenplan Hochbau
EDV	elektronische Datenverarbeitung
EG	Europäische Gemeinschaft(en)
Einl.	Einleitung
EKAS	Eidgenössische Koordinationskommission für Arbeitssicherheit
EKG	Elementkostenberechnung
EMPA	Eidgenössische Materialprüfungs- und Forschungsanstalt
EntsG	Bundesgesetz vom 8. Oktober 1999 über die flankierenden Massnahmen bei entsandten Arbeitnehmerinnen und Arbeitnehmern und über die Kontrolle der in Normalarbeitsverträgen vorgesehenen Mindestlöhne (Entsendegesetz; SR 823.20)
EO	Erwerbsersatzordnung nach dem EOG
EOG	Bundesgesetz vom 25. September 1952 über den Erwerbsersatz für Dienstleistende und bei Mutterschaft (Erwerbsersatzgesetz; SR 834.1)
etc.	et cetera
EUR	Euro
Extraits	Entscheide des Kantonsgerichts Freiburg, veröffentlicht in: «Extraits des principaux arrêts du Tribunal cantonal et de décisions du Conseil d'Etat du canton de Fribourg» (bis 1991)
f./ff.	folgende/fortfolgende

FAR	flexibler Altersrücktritt
FF	Federführung
FIDIC	Fédération internationale des ingenieurs-conseils (= internationaler Dachverband beratender Ingenieure im Bauwesen)
Fn.	Fussnote
FR	Kanton Freiburg
Fr.	Schweizer Franken
GAV	Gesamtarbeitsvertrag
GBV	Grundbuchverordnung vom 23. September 2011 (SR 211.432.1)
GE	Kanton Genf
ggf.	gegebenenfalls
gl.M.	gleicher Meinung
GmbH	Gesellschaft mit beschränkter Haftung
GoA	Geschäftsführung ohne Auftrag
GOG-ZH	Gesetz vom 10. Mai 2010 über die Gerichts- und Behördenorganisation im Zivil- und Strafprozess (Zürich, LS 211.1)
GPA	Übereinkommen vom 15. April 1994 über das öffentliche Beschaffungswesen (SR 0.632.231.422)
GPF	Gleitpreisformel
GR	Kanton Graubünden
GSchG	Bundesgesetz vom 24. Januar 1991 über den Schutz der Gewässer (Gewässerschutzgesetz; SR 814.20)
GU	Generalunternehmer
GVP SG	St. Gallische Gerichts- und Verwaltungspraxis (St. Gallen)
GWerkV	Gauch Peter, Der Werkvertrag, 5. Aufl., Zürich 2011
Habil.	Habilitationsschrift
HAVE	Haftung und Versicherung (Zürich)
HEV	Hauseigentümerverband
HGer	Entscheidungen des Handelsgerichts
HMA	Genfer Akte des Haager Abkommens vom 2. Juli 1999 über die internationale Eintragung gewerblicher Muster und Modelle (SR 0.232.121.4)
Hrsg.	Herausgeber
i.d.R.	in der Regel
i.e.S.	im engeren Sinne
i.S.v.	im Sinne von

i.V.m.	in Verbindung mit
immobilia	Verbandsorgan des Schweizerischen Verbands der Immobilienwirtschaft SVIT Schweiz (Zürich)
inkl.	inklusive
IPB	Interessensgemeinschaft privater, professioneller Bauherren
IPRG	Bundesgesetz vom 18. Dezember 1987 über das Internationale Privatrecht (SR 291)
IV	Invalidenversicherung
IVHB	Interkantonale Vereinbarung über die Harmonisierung der Baubegriffe
JU	Kanton Jura
JuS	Juristische Schulung (München)
Jusletter	juristische Online-Zeitschrift, abrufbar unter www.jusletter.ch
KassGer	Entscheidungen des Kassationsgerichts
KBOB	Koordinationskonferenz der Bau- und Liegenschaftsorgane der öffentlichen Bauherren
KBOB-Dok. 08	KBOB Dokument Nr. 08 «Bestimmungen zum Vergabeverfahren von Werkleistungen, Teil A (offen/selektiv)»
KBOB-Dok. 30	KBOB Dokument Nr. 30 «Planervertrag»
KBOB-Dok. 34	KBOB Dokument Nr. 34 «Werkvertrag»
KBOB-Dok. 38	KBOB Dokument Nr. 38 «Generalunternehmervertrag Hochbau»
KG	Bundesgesetz vom 6. Oktober 1995 über Kartelle und andere Wettbewerbsbeschränkungen (Kartellgesetz; SR 251)
KGer	Entscheidungen des Kantonsgerichts
KGTG	Bundesgesetz vom 20. Juni 2003 über den internationalen Kulturgütertransfer (Kulturgütertransfergesetz; SR 444.1)
KL	kaufmännische Leitung
KSG	Konkordat vom 27. März 1969 über die Schiedsgerichtsbarkeit (nicht mehr in Kraft)
KUVG	Bundesgesetz vom 13. Juni 1911 über die Kranken- und Unfallversicherung (nicht mehr in Kraft)
kWh	Kilowattstunde
LE	Leistungseinheit
LGVE	Luzerner Gerichts- und Verwaltungsentscheide (Luzern)
LHO	Leistungs- und Honorarordnungen des SIA
LIK	Landesindex für Konsumentenpreise

lit.	litera
LMV	Landesmantelvertrag für das Schweizerische Bauhauptgewerbe
LRV	Luftreinhalte-Verordnung vom 16. Dezember 1985 (SR 814.318.142.1)
LS	Loseblattsammlung (Zürich)
LSV	Lärmschutz-Verordnung vom 15. Dezember 1986 (SR 814.41)
LU	Kanton Luzern
LugÜ	Übereinkommen vom 30. Oktober 2007 über die gerichtliche Zuständigkeit und die Anerkennung und Vollstreckung von Entscheidungen in Zivil- und Handelssachen (Lugano-Übereinkommen; SR 0.275.12)
m	Meter
m.w.H.	mit weiteren Hinweisen
Mio.	Million(en)
MNV	Mengennachweisverfahren
MWST	Mehrwertsteuer
MWSTG	Bundesgesetz vom 12. Juni 2009 über die Mehrwertsteuer (Mehrwertsteuergesetz; SR 641.20)
N	Note(n)
NJW	Neue juristische Wochenschrift (München/Frankfurt am Main)
NPK	Normpositionen-Katalog der CRB
Nr.	Nummer
NT	Normtext der SIA-Norm 118
NZBau	Neue Zeitschrift für Baurecht und Vergaberecht (München/Frankfurt am Main)
OGer	Entscheidungen des Obergerichts
OR	Bundesgesetz vom 30. März 1911 betreffend die Ergänzung des Schweizerischen Zivilgesetzbuches (Fünfter Teil: Obligationenrecht; SR 220)
OW	Kanton Obwalden
PatG	Bundesgesetz vom 25. Juni 1954 über die Erfindungspatente (Patentgesetz; SR 232.14)
PBG-ZH	Planungs- und Baugesetz vom 7. September 1975 (Zürich, LS 700.1)
PGA	Preisindex Gesamtangebot (bis 1993: Grosshandelspreisindex)
PKG	Die Praxis des Kantonsgerichts Graubünden (Chur)
PKI	Produktionskosten-Index
PKM oder PKMS	Projekt-Kommunikations-Management-System
Pra	Die Praxis des Schweizerischen Bundesgerichts (Basel)

PrHG	Bundesgesetz vom 18. Juni 1993 über die Produktehaftpflicht (Produktehaftpflichtgesetz; SR 221.112.944)
PrSG	Bundesgesetz vom 12. Juni 2009 über die Produktesicherheit (SR 930.11)
PS	Pferdestärke
PublG	Bundesgesetz vom 18. Juni 2004 über die Sammlungen des Bundesrechts und das Bundesblatt (Publikationsgesetz; SR 170.512)
QM	Qualitätsmanagement (= umfassend für Qualitätssicherung)
recht	Zeitschrift für juristische Weiterbildung und Praxis (Bern)
resp.	respektive
RJJ	Revue jurassienne de jurisprudence (Porrentruy)
RPG	Bundesgesetz vom 22. Juni 1979 über die Raumplanung (Raumplanungsgesetz; SR 700)
Rz.	Randziffer
S.	Seite(n)
s.	siehe
SBB	Schweizerische Bundesbahnen
SBV	Schweizerischer Baumeisterverband
SchKG	Bundesgesetz vom 11. April 1889 über Schuldbetreibung und Konkurs (SR 281.1)
SchlT	Schlusstitel
Semjud	La semaine judiciaire (Genf)
SEV	Schweizerischer Eisenbahn- und Verkehrspersonal-Verband
SG	Kanton St. Gallen
SGV	Schweizerischer Gewerbeverband
SHK	Stämpflis Handkommentar
SIA	Schweizerischer Ingenieur- und Architektenverein
SJZ	Schweizerische Juristen-Zeitung (Zürich)
SO	Kanton Solothurn
SOG	Solothurnische Gerichtspraxis (Solothurn)
sog.	sogenannt(e)
SPR	Schweizerisches Privatrecht (Basel/Stuttgart)
SR	Systematische Sammlung des Bundesrechts
SSV	Signalisationsverordnung vom 5. September 1979 (SR 741.21)
StGB	Schweizerisches Strafgesetzbuch vom 21. Dezember 1937 (SR 311.0)
SU	Subunternehmer

Suva	Schweizerische Unfallversicherungsanstalt
SVG	Strassenverkehrsgesetz vom 19. Dezember 1958 (SR 741.01)
SVIT	Schweizerischer Verband der Immobilienwirtschaft
SVV	Schweizerischer Versicherungsverband
SWISSMEM	Verband der Schweizer Maschinen-, Elektro- und Metallindustrie
SZS	Stahlbau Zentrum Schweiz
SZW	Schweizerische Zeitung für Wirtschafts- und Finanzmarktrecht (Zürich)
tec21	Schweizerische Fachzeitschrift für Architektur, Ingenieurwesen und Umwelt (Zürich)
TG	Kanton Thurgau
TL	technische Leitung
TU	Totalunternehmer
u.a.	unter anderem
u.dgl.	und dergleichen
u.U.	unter Umständen
ÜBest	Übergangsbestimmung(en)
URG	Bundesgesetz vom 9. Oktober 1992 über das Urheberrecht und verwandte Schutzrechte (Urheberrechtsgesetz; SR 231.1)
USG	Bundesgesetz vom 7. Oktober 1983 über den Umweltschutz (Umweltschutzgesetz; SR 814.01)
usw.	und so weiter
UVEK	Eidgenössisches Departement für Umwelt, Verkehr, Energie und Kommunikation
UVG	Bundesgesetz vom 20. März 1981 über die Unfallversicherung (SR 832.20)
UVV	Verordnung vom 20. Dezember 1982 über die Unfallversicherung (SR 832.202)
UWG	Bundesgesetz vom 19. Dezember 1986 gegen den unlauteren Wettbewerb (SR 241)
Vb.	Vorbemerkung(en)
VGer	Entscheidungen des Verwaltungsgerichts
vgl.	vergleiche
VKF	Vereinigung kantonaler Feuerversicherungen
VöB	Verordnung vom 11. Dezember 1995 über das öffentliche Beschaffungswesen (SR 172.056.11)

VOB	Vergabe- und Vertragsordnung für Bauleistungen (Deutschland)
VOB/B	VOB Teil B, Allgemeine Vertragsbedingungen für die Ausführung von Bauleistungen (Deutschland)
Voraufl.	Vorauflage
Vorbem.	Vorbemerkung(en)
VPB	Verwaltungspraxis der Bundesbehörden
VRV	Verkehrsregelnverordnung vom 13. November 1962 (SR 741.11)
VS	Kanton Wallis
VSGU	Verband Schweizerischer Generalunternehmer
VSM	Verein Schweizerischer Maschinen-Industrieller (seit 2007 SWISS-MEM)
VSS	Schweizerischer Verband der Strassen- und Verkehrsfachleute
VTS	Verordnung vom 19. Juni 1995 über die technischen Anforderungen an Strassenfahrzeuge (SR 741.41)
VU	virtuelle Unternehmung
VUV	Verordnung vom 19. Dezember 1983 über die Verhütung von Unfällen und Berufskrankheiten (Verordnung über die Unfallverhütung; SR 832.30)
VVEA	Verordnung vom 4. Dezember 2015 über die Vermeidung und die Entsorgung von Abfällen (Abfallverordnung; SR 814.600)
VVG	Bundesgesetz vom 2. April 1908 über den Versicherungsvertrag (Versicherungsvertragsgesetz; SR 221.229.1)
VWBG	Bundesgesetz vom 20. März 1970 über die Verbesserung der Wohnverhältnisse in Berggebieten (SR 844)
z.B.	zum Beispiel
z.T.	zum Teil
ZBJV	Zeitschrift des Bernischen Juristenvereins (Bern)
ZG	Kanton Zug
ZGB	Schweizerisches Zivilgesetzbuch vom 10. Dezember 1907 (SR 210)
ZH	Kanton Zürich
Ziff.	Ziffer
zit.	zitiert
ZPO	Schweizerische Zivilprozessordnung vom 19. Dezember 2008 (Zivilprozessordnung; SR 272)
ZR	Blätter für Zürcherische Rechtsprechung (Zürich)
ZSR	Zeitschrift für Schweizerisches Recht (Basel)
ZWR	Zeitschrift für Walliser Rechtsprechung (Sitten)

Glossar

Nachfolgend werden ausgewählte Begriffe erläutert, die im Kommentar verwendet werden. Die Erläuterungen sind zwar stark verkürzt, bieten aber doch einen ersten Anhaltspunkt und werden bei der Kommentierung der einzelnen Artikel vertieft. Sofern bei den Begriffen ohne nähere Angabe auf Artikel verwiesen wird, sind Artikel der SIA-Norm 118 gemeint.

Abmahnung: Vertragspflicht des →Unternehmers, dem →Bauherrn bestimmt, klar und deutlich mitzuteilen, weshalb eine dem Unternehmer erteilte Weisung fehlerhaft ist und die Gefahr eines →Werkmangels oder sonstige Nachteile nach sich ziehen könnte (vgl. Art. 25/Rz. 25.3).

Allgemeine Geschäftsbedingungen (AGB): Vertragsbestimmungen, die im Hinblick auf eine Vielzahl gleichgelagerter Verträge von einer Vertragspartei oder (wie z.B. die SIA-Norm 118) von dritter Seite vorformuliert wurden.

Allgemeine Vertragsbedingungen (AVB): →Allgemeine Geschäftsbedingungen (AGB).

Anzeige: Vertragspflicht des →Unternehmers, dem →Bauherrn «Verhältnisse, die eine gehörige oder rechtzeitige Ausführung des Werkes gefährden», ohne Verzug anzuzeigen (Art. 25 Abs. 1).

Auftrag (einfacher Auftrag): Ein im Obligationenrecht speziell geregelter Vertrag (Nominatvertrag; Art. 394 ff. OR). Auftrag ist namentlich der Planervertrag, der lediglich die →Bauleitung zum Gegenstand hat. Auftrag ist zudem der Bauherrenberatungsvertrag und nach BGE 134 III 361 der Vertrag über die Erstellung eines Kostenvoranschlags.

Auslegung des Vertrags: Tätigkeit, durch die der (ausdrücklich oder stillschweigend) vereinbarte Inhalt eines Vertrags ermittelt wird. Die Auslegung obliegt im Streitfall dem Gericht. Für die Qualifikation eines Vertrags ist die von den Parteien gewählte Bezeichnung für sich alleine genommen nicht ausschlaggebend (Art. 18 Abs. 1 OR); auch wenn die Parteien ihren Vertrag z.B. als «Auftrag» bezeichnen, führt dies deshalb nicht zwingend zur Anwendbarkeit der entsprechenden gesetzlichen Bestimmungen (der Art. 394 ff. OR über den einfachen →Auftrag). Weist ihr «Auftrag» die gesetzlichen Merkmale eines →Werkvertrags (im Sinne des Art. 363 OR) auf, führt dies zur Anwendung des Werkvertragsrechts.

Bauarbeiten: Arbeiten, durch die ein «ganzes Bauwerk (Hoch- oder Tiefbauten)» oder nur ein «Teil eines Bauwerkes (z.B. Maurer- oder Gipserarbeit, sanitäre Installationen)» erstellt wird (Art. 1 Abs. 1). Dabei kann es sich auch um Ausbesserungs-, Ausbau- oder Rückbauarbeiten handeln. Von den Bauarbeiten zu unterscheiden sind die Planerleistungen, wie sie typischerweise von →Planern erbracht werden. Dazu gehören neben der eigentlichen Planung insbesondere das Erstellen von Kostenvoranschlägen und die →Bauleitung.

Bauherr: → Besteller.

Bauleitung: Der Ausdruck ist mehrdeutig. Die SIA-Norm 118 (z.B. in Art. 33 ff.) verwendet ihn zur Bezeichnung eines bauleitenden Architekten oder Ingenieurs, den der → Bauherr auf der Grundlage eines Planervertrags beigezogen hat. Diese Bauleitung, die für den Bauherrn handelt, ist zu unterscheiden von den Arbeitnehmern des Bauherrn, vor allem aber auch vom Baustellenchef und vom Bauführer des → Unternehmers (Art. 36). Als Tätigkeit verstanden, umfasst die Bauleitung die für die Umsetzung eines vorhandenen Bauprojekts (bis und mit Abschlussphase) erforderlichen Architektur- und Ingenieurleistungen (vgl. Art. 4.52 SIA-Ordnung 102 sowie Art. 4.3.52 SIA-Ordnung 103).

Baustelleneinrichtungen: «Einrichtungen, die der → Unternehmer für die vertragsgemässe Ausführung seiner Arbeit benötigt, wie z.B. Fahrnisbauten, Gerüste, Einwandungen, Abschrankungen, Maschinen, Fahrzeuge, Geräte (ohne Handwerkzeug), Zufahrten und Plätze, provisorische Verbindungswege, Leitungen aller Art» (Art. 123). In der Praxis werden diese Einrichtungen oft auch als «Baustelleninstallationen», «Bauinstallationen» oder schlicht als «Installationen» bezeichnet.

Bauunternehmer: → Werkunternehmer, der → Bauarbeiten ausführt.

Bauwerk: Das Wort hat einen Doppelsinn. Bald steht es für das vom einzelnen → Bauunternehmer geschuldete oder ausgeführte → Werk, z.B. für eine Heizungsanlage oder für einen Maueranstrich. Bald bezeichnet es ein Gesamtwerk (eine Baute), von dem der einzelne Bauunternehmer nur einen Teil (ein Teilwerk) ausführt.

Bauwerkvertrag: → Werkvertrag, der sich auf die entgeltliche Leistung von → Bauarbeiten richtet.

Besteller (im Werkvertragsrecht): Diejenige Partei eines → Werkvertrags, für die der → Unternehmer ein → Werk herzustellen hat (Art. 363 OR). Nach der Ausdrucksweise der SIA-Norm 118 handelt es sich um den «Bauherrn». In der Umgangssprache jedoch bezeichnet der Ausdruck «Bauherr» den Herrn des gesamten Baugeschehens, von dem das Bauvorhaben ausgeht, also nicht auch einen Unternehmer, der übernommene Arbeiten an einen → Subunternehmer weitervergibt; umgangssprachlich ist einzig der Erstbesteller «Bauherr». Zur Anwendung der SIA-Norm 118 auf den Subunternehmervertrag vgl. Einl./Rz. 12.

Bevollmächtigung (Ermächtigung): Willenserklärung, mit welcher der Vollmachtgeber gegenüber dem Bevollmächtigten erklärt, dieser sei befugt, ihn gegenüber andern zu vertreten. Durch die Bevollmächtigung, die ein einseitiges → Rechtsgeschäft ist, wird dem Vertreter eine → Vollmacht zur Stellvertretung erteilt.

Beweisen: Tätigkeit, die darauf abzielt, ein Gericht von der Richtigkeit oder Unrichtigkeit (Wahrheit oder Unwahrheit) «rechtserheblicher, streitiger Tatsachen» (Art. 150 Abs. 1 ZPO) zu überzeugen.

Beweislast: Regelt die Folgen der Beweislosigkeit für den Fall, dass im Prozess weder die Richtigkeit noch die Unrichtigkeit rechtserheblicher, streitiger Tatsachen →bewiesen ist. In diesem Fall entscheidet das Gericht zum Nachteil derjenigen Partei, die für den betreffenden Sachverhalt die Beweislast trägt. Für die Verteilung der Beweislast gilt grundsätzlich Art. 8 ZGB. Danach «hat derjenige das Vorhandensein einer behaupteten Tatsache zu beweisen, der aus ihr Rechte ableitet». Gesetz oder Vereinbarung können die Beweislast jedoch anders verteilen (so etwa Art. 97 Abs. 1 OR, wonach das Verschulden vermutet wird, oder Art. 174 Abs. 3 für die Frage, ob ein behaupteter Mangel wirklich eine Vertragsabweichung darstelle).

culpa in contrahendo (c.i.c.): Verstösst eine Partei im Rahmen von Vertragsverhandlungen gegen das Gebot des Handelns nach Treu und Glauben (Art. 2 Abs. 1 ZGB), haftet sie bei Vorliegen der weiteren Voraussetzungen der anderen Partei für den daraus entstandenen →Schaden. Diese «Culpa-Haftung» greift auch, wenn der Vertrag nicht zum Abschluss gelangt.

dispositive Gesetzesbestimmungen: Bestimmungen des Gesetzes, von denen die Parteien durch Vereinbarung abweichen können (anders als bei →zwingenden Gesetzesbestimmungen). Zur Hauptsache dienen sie der Vertragsergänzung (→Ergänzung des Vertrags).

einfache Gesellschaft: «Vertragsmässige Verbindung von zwei oder mehreren Personen zur Erreichung eines gemeinsamen Zweckes mit gemeinsamen Kräften oder Mitteln», die nicht die gesetzlichen Merkmale einer anderen Gesellschaft (z.B. Kollektivgesellschaft oder Aktiengesellschaft) erfüllt (Art. 530 Abs. 1 und 2 OR). Einfache Gesellschaft in diesem Sinne ist etwa die Arbeitsgemeinschaft (ARGE; Art. 28 Abs. 2).

Einheitspreis: «Bestimmt die Vergütung für eine einzelne Leistung, die im Leistungsverzeichnis [...] als separate Position vorgesehen ist. Er wird je Mengeneinheit festgesetzt [...]» (Art. 39 Abs. 1).

Einrederecht: Besteht und erschöpft sich in der Befugnis, die Erfüllung eines an sich bestehenden Anspruchs aus einem besonderen Grund (z.B. infolge Verjährung) zu verweigern (sei es dauernd oder vorübergehend). Ausgeübt wird das Einrederecht durch eine Erklärung, die man als Einrede bezeichnet. Von der Einrede zu unterscheiden ist die Einwendung (z.B. Einwendung der verspäteten Mängelrüge). Mit ihr wird der Bestand eines Rechts bestritten, und zwar durch die Behauptung einer Tatsache, aus der sich ergibt, dass dieses Recht überhaupt nicht entstanden oder aber untergegangen ist. Gesetz und Umgangssprache halten sich aber nicht immer an die Unterscheidung und gebrauchen das Wort «Einrede» häufig auch (oder nur) in der Bedeutung von «Einwendung».

Erfüllungsinteresse: Besagt im vertraglichen Schadenersatzrecht, dass der geschädigte Vertragspartner vermögensmässig so zu stellen ist, wie wenn der Vertrag nicht verletzt, sondern richtig erfüllt worden wäre. In diesem Sinne wird gesagt, der Geschädigte habe Anspruch auf Ersatz des Erfüllungsinteresses (ihm sei das Erfüllungsinteresse zu ersetzen). Das Erfüllungsinteresse wird auch als positives Vertragsinteresse bezeichnet.

Ergänzung des Vertrags: Dient der Ausfüllung einer Vertragslücke. Eine solche liegt vor, wenn eine Rechtsfrage, die das Vertragsverhältnis betrifft, weder durch eine →zwingende Gesetzesbestimmung noch durch Parteivereinbarung geregelt ist. Allenfalls findet sich dann eine einschlägige →dispositive Gesetzesbestimmung, mit der die Lücke gefüllt werden kann. Enthält das Gesetz auch keine dispositive Bestimmung, ergänzt das Gericht den Vertrag grundsätzlich nach Massgabe des →hypothetischen Parteiwillens. Nach diesem Kriterium kommt es darauf an, was die Parteien als vernünftige und redliche Vertragspartner vereinbart hätten, hätten sie den nicht geregelten Punkt in Betracht gezogen.

Ersatzvornahme: Recht des →Bestellers, →Bauarbeiten «auf Gefahr und Kosten des →Unternehmers einem Dritten [zu] übertragen» (Art. 366 Abs. 2 OR). Für die Mängelhaftung sieht Art. 169 Abs. 1 Ziff. 1 vor, dass der Bauherr «die Verbesserung statt durch den Unternehmer auch durch einen Dritten ausführen lassen oder sie selbst vornehmen [kann], beides auf Kosten des Unternehmers», wenn der Unternehmer den Mangel nicht innerhalb der vom Bauherrn angesetzten Frist behebt.

«ex nunc» und «ex tunc»: Auflösung des Vertrags «ex nunc» bedeutet, dass der Vertrag nur für die Zukunft aufgelöst wird, sodass die Parteien nicht verpflichtet sind, bis zur Auflösung erhaltene Vertragsleistungen zurückzuerstatten (→Kündigung des Vertrags). Wird der Vertrag dagegen «ex tunc» aufgehoben, sind die Parteien zur Rückleistung verpflichtet (→Rücktritt vom Vertrag). Die vorzeitige Beendigung des →Werkvertrags nach Art. 184 ist eine Kündigung, obschon im Titel zu diesem Artikel von einem «Rücktrittsrecht» die Rede ist.

externe Vollmacht: →Vollmacht.

Festpreis: Kann ein →Einheitspreis, ein →Globalpreis oder ein →Pauschalpreis sein. Der Festpreis ist abzugrenzen vom →Regiepreis. Das Merkmal des Festpreises besteht darin, dass es für die →Vergütung nicht auf den Aufwand des →Unternehmers ankommt.

Forderung: Klagbares Recht des Gläubigers auf Leistung. Ihr Gegenstück bildet die →Schuld. Das Verhältnis zwischen Gläubiger und Schuldner wird als Obligation bezeichnet.

Generalunternehmer (GU): →Bauunternehmer, der die Errichtung einer (meist grösseren) Baute übernimmt. Der →Bauherr überträgt die →Bauarbeiten nicht durch mehrere →Werkverträge an verschiedene →Nebenunternehmer, sondern mittels eines einzigen

Werkvertrags an den Generalunternehmer. Dieser schuldet das Gesamtresultat, wobei er die auszuführenden Arbeiten entweder selbst ausführt oder sie (ganz oder teilweise) an → Subunternehmer vergibt.

Gestaltungsrecht: Durch Gesetz oder Vertrag geschaffene Befugnis des Berechtigten, die Rechtsstellung eines andern durch eine einseitige Erklärung (also ohne Mitwirkung des andern) zu verändern (z.B. Bestellungsänderung nach Art. 84 Abs. 1, → Kündigung und → Rücktritt).

Globalpreis: «Besteht in einem festen Geldbetrag; für die geschuldete Vergütung wird nicht auf die Menge abgestellt» (Art. 40 Abs. 1). Vom ansonsten gleich gelagerten → Pauschalpreis unterscheidet er sich dadurch, dass die Bestimmungen über die Teuerungsabrechnung gelten (Art. 40 Abs. 3).

guter Glaube: Fehlen eines Unrechtsbewusstseins trotz eines Rechtsmangels. Art. 3 ZGB enthält darüber zwei allgemeine Bestimmungen. Nach seinem Abs. 1 ist, «wo das Gesetz eine Rechtswirkung an den guten Glauben einer Person geknüpft hat, [...] dessen Dasein zu vermuten». Und nach Abs. 2 ist «nicht berechtigt, sich auf den guten Glauben zu berufen», «wer bei der Aufmerksamkeit, wie sie nach den Umständen von ihm verlangt werden darf, nicht gutgläubig sein konnte».

hypothetischer Parteiwille: → Ergänzung des Vertrags.

Installationen: → Baustelleneinrichtungen.

interne Vollmacht: → Vollmacht.

Kündigung des Vertrags: Führt (bei gegebenen Voraussetzungen) zur Auflösung des Vertrags. Die Auflösung erfolgt → «ex nunc», was bedeutet, dass die bis zur Vertragsauflösung erhaltenen Leistungen von keiner Partei zurückzuerstatten sind. Dadurch unterscheidet sich die Kündigung vom → Rücktritt.

Mangel: → Werkmangel.

Mängelrechte: Leidet ein → Werk an einem → Werkmangel, verfügt der → Besteller grundsätzlich über verschiedene Mängelrechte (→ Minderungsrecht, → Nachbesserungsrecht [einschliesslich → Ersatzvornahme], → Wandelungsrecht [→ Rücktritt] sowie → Recht auf Ersatz des Mangelfolgeschadens).

Minderungsrecht: → Gestaltungsrecht des → Bestellers, bei einem → Werkmangel die geschuldete → Vergütung entsprechend dem Minderwert des mangelhaften → Werks herabzusetzen.

Nachbesserungsrecht: → Gestaltungsrecht des → Bestellers, bei einem → Werkmangel vom → Unternehmer die Beseitigung des Mangels zu verlangen.

Nebenunternehmer: →Unternehmer, die aufgrund eines je eigenen →Werkvertrags mit dem →Bauherrn für das gleiche Gesamtwerk arbeiten, bezeichnet die SIA-Norm 118 als Nebenunternehmer (Art. 30 Abs. 1). Das vom Nebenunternehmer geschuldete →Werk ist im Verhältnis zum Gesamtwerk ein Teilwerk (das vom in sich geschlossenen →Werkteil nach Art. 157 Abs. 1 zu unterscheiden ist).

Pauschalpreis: «Besteht in einem festen Geldbetrag; für die geschuldete Vergütung wird nicht auf die Menge abgestellt» (Art. 41 Abs. 1 i.V.m. Art. 40 Abs. 1). Vom ansonsten gleich gelagerten →Globalpreis unterscheidet er sich dadurch, dass die Bestimmungen über die Teuerungsabrechnung nicht anzuwenden sind (Art. 41 Abs. 1).

Planer: Selbständige Fachleute der Bauwirtschaft, die planen, leiten, prüfen, überwachen und/oder koordinieren, nicht aber selber bauen. Darunter fallen namentlich Architektinnen und Architekten sowie Ingenieure und Ingenieurinnen.

Recht auf Ersatz des Mangelfolgeschadens: Recht des →Bestellers auf Ersatz des →Schadens, der «wegen eines Mangels [...] entstanden» ist (Art. 171 Abs. 1). Dieses Recht tritt kumulativ zu den übrigen Mängelrechten (→Minderungsrecht, →Nachbesserungsrecht [einschliesslich →Ersatzvornahme] und →Wandelungsrecht [→Rücktritt]) hinzu, setzt aber anders als diese voraus, dass den →Unternehmer ein Verschulden oder eine Hilfspersonenhaftung trifft.

Rechtsgeschäft: Willenserklärung, die darauf gerichtet ist, eine dem erklärten Willen entsprechende Rechtsfolge eintreten zu lassen. Während ein einseitiges Rechtsgeschäft (z.B. die →Bevollmächtigung, die →Kündigung oder der →Rücktritt) in der Willenserklärung nur einer Partei besteht, setzt sich ein zweiseitiges Rechtsgeschäft (z.B. ein →Werkvertrag) aus den übereinstimmenden Willenserklärungen der beteiligten Parteien zusammen (Art. 1 OR).

Regiepreis: Preisart, bei der sich die →Vergütung nach dem Aufwand des →Unternehmers richtet (Art. 48), was ihn vom →Festpreis unterscheidet.

Rücktritt vom Vertrag: Führt (bei gegebenen Voraussetzungen) zur Auflösung des Vertrags. Die Auflösung erfolgt →«ex tunc», was bedeutet, dass die bis zur Vertragsauflösung erhaltenen Leistungen von den Parteien zurückzuerstatten sind. Dadurch unterscheidet sich der Rücktritt von der →Kündigung. Bisweilen (z.B. in Art. 377 OR und in Art. 184 Abs. 1) wird das Wort «Rücktritt» aber auch im Sinne von «Kündigung» verwendet.

Schaden: Unfreiwillige Verminderung des Reinvermögens. Er kann in einer Verminderung der Aktiven, in einer Vermehrung der Passiven oder in entgangenem Gewinn («lucrum cessans») bestehen und entspricht der Differenz zwischen dem gegenwärtigen Vermögensstand und dem Stand, den das Vermögen des Geschädigten ohne das schädigende Ereignis hätte (Differenztheorie). Der so definierte Schaden ist zum einen vom normativen Schaden, zum andern von der seelischen Unbill zu unterscheiden. Beim normativen Schaden (z.B. Haushaltsschaden) wird vom Erfordernis der Verminderung des Reinvermögens abgesehen. Die seelische Unbill zieht keine Ersatzfolgen, sondern allenfalls die Pflicht nach sich, dem Verletzten eine Genugtuung zu leisten.

Schuld: Einklagbare Pflicht des Schuldners zur Leistung. Ihr Gegenstück bildet die →Forderung. Das Verhältnis zwischen Schuldner und Gläubiger wird als Obligation bezeichnet.

Subunternehmer (SU): «Subunternehmer ist, wer auf Grund eines Werkvertrages mit dem →Unternehmer einzelne oder alle der von diesem übernommenen Arbeiten auszuführen hat» (Art. 29 Abs. 1). Der Vertragspartner des Subunternehmers ist meist ein →Generalunternehmer oder ein →Totalunternehmer, der in einem Werkvertragsverhältnis mit dem Erstbesteller steht.

tatsächliche Vermutung: Wahrscheinlichkeitsfolgerung, die auf der Lebenserfahrung beruht und von Bekanntem auf Unbekanntes schliessen lässt. Wer sie entkräften will, hat (anders als bei einer gesetzlichen Vermutung, welche die →Beweislast umkehrt) nicht das Gegenteil zu beweisen, sondern nur (aber immerhin) Sachverhalte nachzuweisen, die beim Gericht Zweifel an der Richtigkeit des Vermuteten begründen. Eine tatsächliche Vermutung wird z.B. durch den unterzeichneten Regierapport begründet und geht dahin, dass die Angaben im Rapport richtig sind.

Totalunternehmer (TU): Wie →Generalunternehmer, wobei der Totalunternehmer zusätzlich die für die Projektierung und die Realisierung des Bauvorhabens erforderlichen Planungsleistungen (namentlich die Projektierungsarbeiten) übernimmt.

Unternehmer (im Werkvertragsrecht): Diejenige Partei eines →Werkvertrags, die sich gegenüber dem →Besteller zur Herstellung eines →Werks verpflichtet. In der SIA-Norm 118 ist damit ein →Bauunternehmer gemeint, dessen werkvertragliche Leistung in der Ausführung von →Bauarbeiten, sei es mit oder ohne Lieferung von Material, besteht.

Vergütung: Leistung, die der →Besteller dem →Unternehmer für die Herstellung des →Werks schuldet (Art. 363 OR). Je nach Vertragsabrede bemisst sie sich nach einem →Festpreis oder nach Aufwand (→Regiepreis), wobei die Parteien für verschiedene Leistungen auch unterschiedliche Preisarten festlegen können.

Vollmacht des Stellvertreters (Art. 32 OR): Durch →Bevollmächtigung erteilte Vertretungsmacht eines Vertreters. Ihr Umfang beurteilt sich nach dem Inhalt der Bevollmächtigung (Art. 33 Abs. 2 OR), soweit sich aus dem Gesetz nicht etwas anderes ergibt. Wird die Ermächtigung vom Vollmachtgeber einem Dritten mitgeteilt (Kundgabe der Vollmacht nach aussen), so kommt Art. 33 Abs. 3 OR zur Anwendung. Das bedeutet: Dem Dritten gegenüber beurteilen sich Bestand und Umfang der Vollmacht nach Massgabe der erfolgten Kundgabe, sofern der Dritte gutgläubig ist und nach den Umständen gutgläubig sein kann (Art. 3 Abs. 2 ZGB; →guter Glaube). Die nach aussen kundgegebene Vollmacht, auf die sich der Gutglaubensschutz des Dritten stützt, wird auch als «externe» Vollmacht bezeichnet; dies im Unterschied zur «internen» Vollmacht des Vertreters, die auf einer Bevollmächtigung durch den Vollmachtgeber beruht. Geht die interne Vollmacht weiter als deren Kundgabe nach aussen, so stellt sich die Frage des Gutglaubensschutzes nicht. Massgebend ist dann die intern erteilte, nicht die nach aussen kundgegebene Vollmacht.

Wandelungsrecht: →Gestaltungsrecht des →Bestellers, bei einem →Werkmangel den →Werkvertrag durch →Rücktritt aufzulösen. Bei Werken auf Grund und Boden des Bestellers äussert sich die Rückgabepflicht des Bestellers im Recht des →Unternehmers, das Werk (soweit es ausgeführt wurde) aus dem Grundstück zu entfernen und mitzunehmen, was davon übrig bleibt.

Werkteil: Teil eines →Werkes, das ein →Unternehmer im →Werkvertrag schuldet. Demgegenüber besteht das Teilwerk, das ein →Nebenunternehmer herzustellen hat, im ganzen Werk, das der betreffende Nebenunternehmer schuldet.

Werk: Die «Herstellung eines Werkes» (Art. 363 OR), die der →Werkunternehmer schuldet, ist die Leistung von Arbeit, durch die der Werkunternehmer einen bestimmten Arbeitserfolg (z.B. ein mängelfreies Werk) zu bewirken hat. Dieses «Werk» ist begrifflich zu unterscheiden vom «Werk», für das der Eigentümer nach Art. 58 OR haftet (Werkeigentümerhaftung).

Werkmangel: Abweichung des →Werks vom Vertrag. Dem Werk fehlt entweder eine zugesicherte Eigenschaft oder eine Eigenschaft, die zwar nicht zugesichert wurde, aber die vom Besteller nach Treu und Glauben erwartet werden durfte. Ein Werkmangel begründet die →Mängelrechte des →Bestellers und löst die Mängelhaftung des →Unternehmers aus.

Werkunternehmer: →Unternehmer eines →Werkvertrags.

Werkvertrag: Ein im Obligationenrecht speziell geregelter Vertrag (Nominatvertrag; Art. 363 ff. OR). Durch ihn «verpflichtet sich der →Unternehmer zur Herstellung eines Werkes und der Besteller zur Leistung einer Vergütung» (Art. 363 OR). Die SIA-Norm 118 ist mit dem →Bauwerkvertrag befasst; auch er ist ein Werkvertrag im Sinne des Gesetzes.

zwingende Gesetzesbestimmungen: «Unabänderliche Vorschriften» des Gesetzes (Art. 19 Abs. 2 OR), die jegliche Parteiabrede, die ihnen zuwiderläuft, verdrängen. Von diesen Gesetzesbestimmungen können die Parteien also (anders als von →dispositiven Gesetzesbestimmungen) durch Vereinbarung nicht abweichen.

Einleitung

Dieses Buch enthält eine ausführliche Kommentierung der aktuellen SIA-Norm 118 (Ausgabe 2013) in ihrer deutschsprachigen Version. Der jetzt in der zweiten Auflage und als Gesamtband vorliegende Kommentar zur SIA-Norm 118 erläutert alle Bestimmungen («Bedingungen») der aktuellen Norm. In den Kommentar eingeflossen sind auch Texte aus der ersten Kommentarauflage, die zwischen 1991 und 2009 in damals noch drei Teilbänden erschien; diese Texte wurden für die Kommentierung der aktuellen Norm indes überarbeitet, angepasst, ergänzt und erweitert. In der nachfolgenden Einleitung finden sich zum einen Bemerkungen zur SIA-Norm 118 im Allgemeinen (Einl./Rz. 2 ff.), zum anderen Hinweise auf Eigenheiten dieses Kommentars (Einl./Rz. 45 ff.). Soweit darin auf Artikel ohne nähere Bezeichnung verwiesen wird (z.B. «Art. 8»), sind damit Artikel der SIA-Norm 118 (Ausgabe 2013) gemeint. 1

A. Die SIA-Norm 118[1]

1. Ein privates Regelwerk für Bauwerkverträge

1. Die SIA-Norm 118 (Ausgabe 2013) enthält ihrer eigenen Überschrift zufolge **«Allgemeine Bedingungen für Bauarbeiten»,** die sich auf den Bauwerkvertrag beziehen und die auf die Artikel 1 – 190 der Norm verteilt sind.[2] An der Erarbeitung der Norm wirkten Vertreter des Schweizerischen Ingenieur- und Architektenvereins (des SIA)[3], massgebender Unternehmerverbände und professioneller Bauherren, aber auch Vertreter öffentlicher Bauherrschaften des Bundes und der Kantone mit.[4] Obschon in dieser Weise also auch die öffentliche Hand an der Ausarbeitung der SIA-Norm 118 beteiligt war, handelt es sich dabei nicht um einen behördlichen Erlass, sondern um ein **privates Regelwerk**[5], das vom SIA herausgegeben wird.[6] Dieses private Regelwerk hat freilich eine lange Geschichte: So erschienen im Jahre 1912 «Allgemeine Bedingungen für die Ausführung von Tiefbauarbeiten», die der SIA schon damals «im Einvernehmen mit den Behör- 2

---

1 Eingehend auch GWerkV Rz. 261 ff.; Tercier/Favre/Carron Benoît, Les contrats spéciaux, Rz. 4187 ff.

2 Die Nummerierung der Artikel ist im Vergleich zur vorangegangenen Normausgabe 1977/91 unverändert, wobei aber die Art. 69 – 82, die das Mengennachweisverfahren geregelt hatten (Art. 69 – 82/Rz. 1), im Zuge der letzten Teilrevision aufgehoben wurden und so die heute aktuelle Norm nicht länger 190 Artikel aufweist.

3 Die Federführung lag beim SIA, also einem Verband der Planer, obschon die SIA-Norm 118 bekanntlich nicht für Planerverträge, sondern für Bauwerkverträge konzipiert wurde; gleich verhält es sich hinsichtlich der ABB-Normenreihe (z.B. SIA-Norm 118/262). Daneben veröffentlicht der SIA aber auch Vertragsnormen, die auf Planerverträge zugeschnitten sind, namentlich die SIA-Ordnungen 102 und 103.

4 Siehe dazu die Präambel zur SIA-Norm 118, wo die öffentlichen Stellen und die Verbände, die sich an der Schaffung der Norm aus den Jahren 1977/91 und deren Überarbeitung in den Jahren 2006 – 2012 beteiligt hatten, namentlich aufgeführt werden.

5 BGE 117 IV 165/168 E. 2c.

6 GWerkV Rz. 262 und 264.

den und mit dem Schweiz. Baumeisterverbande» veröffentlichte. 1933 folgten «Allgemeine Bedingungen für die Ausführung von Hochbauarbeiten», im Jahre 1946 dann «Allgemeine Bedingungen für Bauarbeiten», die sowohl auf Hoch- als auch auf Tiefbauarbeiten anwendbar waren und 1962 in einer revidierten Version aufgelegt wurden. Die aktuelle Fassung aus dem Jahr 2013 beruht grösstenteils[7] auf der Normausgabe 1977/91, die ihrerseits nur minim von der seinerzeit grundlegend neu konzipierten Ausgabe 1977 abwich. An der Ausgestaltung der Ausgabe 1977 hatten der Bauingenieur Duri Prader sowie die Professoren Peter Jäggi und Peter Gauch wesentlichen Anteil.

3 2. Gegenstand der SIA-Norm 118 ist der **Bauwerkvertrag.**[8] In der Norm selber wird dieser Ausdruck allerdings nicht verwendet. Sie spricht immer nur vom «Werkvertrag», meint damit aber stets den Bauwerkvertrag: den Werkvertrag «über Bauarbeiten», wie es ihre Präambel ausdrückt.

4 a) Der Bauwerkvertrag ist eine *Erscheinungsform des Werkvertrags,* mit dem das gesetzliche Obligationenrecht sich in seinen Art. 363 ff. OR speziell befasst. Das besondere Merkmal des Bauwerkvertrags besteht darin, dass er sich auf die entgeltliche Ausführung von *Bau*arbeiten richtet. Darauf weist die Norm schon in ihrem ersten Artikel hin, wo sie festhält: «Wer eine Bauarbeit ausführt, erstellt ein Werk im Sinne von Art. 363 des Schweizerischen Obligationenrechtes» (Art. 1 Abs. 1). Der Bauunternehmer ist verpflichtet, die dem Bauherrn versprochene Bauarbeit auszuführen. Doch schuldet der Unternehmer aus dem Werkvertrag nicht nur die Arbeit als solche. Mangels anderer Vereinbarung ist er auch verpflichtet, die für die Ausführung des Werks erforderlichen Materialien beizustellen (vgl. Art. 10). Vor allem aber schuldet der Unternehmer dem Bauherrn die Leistung von Arbeit mit einem bestimmten Arbeitsergebnis; in diesem Sinne ist seine Leistungspflicht erfolgsbezogen (Art. 1/Rz. 3 und 4.1 ff.). Das durch den Vertrag bestimmte Arbeitsergebnis (der Arbeitserfolg) gehört mit zum Gegenstand der vom Unternehmer geschuldeten Leistung.[9] Es bildet das *Werk* (Art. 363 OR; Art. 1 Abs. 1 SIA-Norm 118), das der Unternehmer mit den vertraglich geforderten Eigenschaften (also mängelfrei; Art. 166/Rz. 2.1) herzustellen und abzuliefern hat.

---

7 Die Änderungen, die mit der Ausgabe 2013 vorgenommen wurden (dazu Präambel/Rz. 14), sind eher marginal, wenn man von den bedeutenden Änderungen im Bereich der Teuerungsabrechnung absieht (vgl. Art. 69–82/Rz. 1).

8 Obwohl die Norm für Bauwerkverträge vorgesehen ist, wird sie bisweilen auch bei anderen Werkverträgen als Vertragsbestandteil vereinbart, was nicht unproblematisch ist, wie folgende Passage aus einem Gerichtsurteil illustriert: «In der Praxis kommt es […] vor, dass die SIA-Norm 118 für andere Verträge als für Bauverträge übernommen wird. Eine solche Übernahme ist nicht von vorne herein unwirksam. Da die Norm jedoch in derartigen Fällen für einen Vertrag verwendet wird, auf den sie nach ihrem Regelungsgegenstand nicht zugeschnitten ist, kommen die übernommenen Bestimmungen nur sinngemäss zur Anwendung. Zudem können einzelne Bestimmungen der zweckwidrig verwendeten Norm für das konkrete Vertragsverhältnis so unpassend sein, dass deren Geltung an der Ungewöhnlichkeitsregel scheitern muss […]» (HGer SG HG.2009.30 vom 24. August 2010 E. III/1). Vgl. dazu auch GWerkV Rz. 275.

9 GWerkV Rz. 18.

b) Nach ihrer Präambel ist die SIA-Norm 118 «für alle Bauarbeiten anwendbar» (Präambel/Rz. 12).[10] Sie ist also für jeglichen Bauwerkvertrag anwendbar, unabhängig von der Art der Bauarbeiten, die auszuführen sind. Insbesondere macht es keinen Unterschied, ob das vom konkreten Unternehmer geschuldete Werk «ein ganzes Bauwerk (Hoch- oder Tiefbaute) oder nur Teil eines Bauwerkes (z.B. Maurer- oder Gipserarbeit, sanitäre Installationen)» (Art. 1 Abs. 1) ist oder ob das geschuldete Werk z.B. im «Ergebnis einer Ausbesserungs-, Umbau- oder Rückbauarbeit» (Art. 1 Abs. 2) besteht. Auf einzelne Bauwerkverträge passt die Norm allerdings besser als auf andere. So ist die Norm in ihrer Ausführlichkeit eher auf Bauwerkverträge über grössere Bauarbeiten als auf Verträge über Arbeiten von geringerer Bedeutung zugeschnitten.[11] Und ausserdem ist sie eher auf eine Organisation angelegt, nach der die Projektierung zur Hauptsache vom Bauherrn (bzw. von einem bauseits beigezogenen Planer) erbracht wird, der dann auf dieser Grundlage die erforderlichen Bauleistungen ausschreibt (Einl./Rz. 16). Gleichwohl kann die Norm auch für Verträge mit Totalunternehmern (TU)[12] herangezogen werden, wobei aber zu bedenken ist, dass die Mitwirkungspflichten des Bauherrn in einem solchen Vertrag deutlich weniger weit reichen als bei jener klassischen Arbeitsteilung zwischen Bauherr und Unternehmer, von der die SIA-Norm 118 als Normalfall ausgeht. Spezielle Fragen, die sich aus der für einen TU-Vertrag typischen Form der Arbeitsteilung ergeben, sind durch Vertragsabreden zu regeln, die der SIA-Norm 118 vorgehen. 5

c) Zu den vielfältigen *anderen Verträgen,* die im Zusammenhang mit Bauprojekten abgeschlossen werden, jedoch keine Bauwerkverträge sind, finden sich in der Norm keine Regeln. So etwa regelt sie weder den Planervertrag mit einer Architektin oder einem In- 6

10 GWerkV Rz. 271 ff.

11 GWerkV Rz. 273. Die «Vertragsbedingungen» im Mustervertrag des Schweizerischen Hauseigentümerverbands aus dem Jahr 2009 sind sehr kurz gehalten und finden auf einer einzigen Seite Platz. Mit Bezug auf die Rügefristen machen diese Bedingungen deutliche Anleihen bei Art. 173 der SIA-Norm 118. Was die beeindruckende Kürze der Bedingungen angeht, ist zu beachten, dass lückenfüllend das Gesetz anwendbar ist und zudem gerade bei kleineren Bauvorhaben häufig der Unternehmer seine eigenen AGB in die Verhandlungen einbringt, die alsdann – ihre rechtsgeschäftliche Übernahme vorausgesetzt (vgl. auch Einl./Rz. 24) – für die Parteien verbindlich sind.

12 Der Generalunternehmervertrag (GU-Vertrag; Vorbem. Art. 28 – 32/Rz. 29) wird in der Norm nur beiläufig (in Art. 33 Abs. 4), der Totalunternehmervertrag (TU-Vertrag; Vorbem. Art. 28 – 32/Rz. 30) überhaupt nicht mehr erwähnt. Anzumerken ist: Im Einzelfall ist der Inhalt eines Vertrags durch Auslegung zu ermitteln, ohne dass die blosse Bezeichnung (z.B. als «GU-» oder als «TU-Vertrag») allein ausschlaggebend wäre. Typisierend aber (zum Folgenden BGE 114 II 53/54 E. 2) handelt es sich bei einem GU-Vertrag um einen Werkvertrag, durch den der Unternehmer die Errichtung einer grösseren Baute übernimmt, deren Ausführung ein Bauherr sonst mehreren Unternehmern («Nebenunternehmern») in verschiedenen Werkverträgen überträgt. Im Unterschied zum Generalunternehmer leistet der Totalunternehmer auch die Planungsarbeiten für die vom Bauherrn bestellte Baute (siehe BGer 4A_99/2015 vom 21. Juli 2015 E. 4.1), wobei auch sein Vertrag als Werkvertrag zu qualifizieren ist (BGer 4A_471/2010 vom 2. Dezember 2010 E. 4.3.1). Der Ausdruck «Generalübernehmer» bezeichnet in Deutschland den Unternehmer, der selber keine Bauleistungen erbringt, sondern alle Arbeiten an Subunternehmer weitervergibt (Ingenstau/Korbion, VOB, Anhang 2/Rz. 194). Während diese Terminologie in der Schweiz nicht verwendet wird, ist es auch hierzulande möglich, dass ein Unternehmer sämtliche Arbeiten an Subunternehmer auslagert, die alsdann als seine Hilfspersonen (Art. 101 OR) gelten.

genieur, durch den der Bauherr eine oder mehrere Personen mit der Projektierung des Bauvorhabens betraut und/oder als Bauleitung einsetzt (Art. 33); noch enthält sie Regeln für den (internen) Konsortialvertrag, worin sich mehrere Bauunternehmer zu einer Arbeitsgemeinschaft zusammenschliessen (vgl. dazu Art. 28/Rz. 6.1 ff.).

7 – Auf die *Verträge mit Planern* (namentlich Architekten und Ingenieuren) zugeschnitten sind vorab die Leistungs- und Honorarordnungen (LHO) des SIA, die zum einen die Vergütung von Planerleistungen regeln und zum anderen einen Leistungsbeschrieb und weitere Vertragsbedingungen (etwa zur Haftung, zur Verjährung und zur vorzeitigen Vertragsbeendigung) enthalten.[13] Die zugehörigen Vertragsformulare, die der SIA zurzeit auf seiner Website zur Verfügung stellt, lehnen sich zwar an die SIA-Ordnungen an, enthalten aber auch Regeln, die sich so in den SIA-Ordnungen nicht finden.[14] Praktisch bedeutsam ist aber auch der standardisierte KBOB-Planervertrag[15], der aus einer Vertragsurkunde und Allgemeinen Vertragsbedingungen besteht und für die Anwendung durch öffentliche Auftraggeberinnen geschaffen wurde.

8 – *Konsortialverträge von Unternehmern* (sogenannte Arbeitsgemeinschafts-Verträge) sind in der Regel einfache Gesellschaften, woran Art. 28 der Norm erinnert. Auf solche Konsortialverträge kommen dementsprechend die gesetzlichen Bestimmungen der Art. 530 ff. OR über die einfache Gesellschaft zur Anwendung (Art. 2/Rz. 3), soweit der Gesellschaftsvertrag keine gültig vereinbarte Regeln enthält (Art. 28/Rz. 7.1 ff.).[16] Eine SIA-Norm mit vorformulierten Vertragsbestimmungen gibt es diesbezüglich nicht, wohl aber einen einschlägigen Mustervertrag des Schweizerischen Baumeisterverbands (SBV). Die in der Praxis vereinbarten Konsortialverträge sind bald von grösserer, bald von geringerer Regelungsdichte. Jedenfalls aber regeln sie lediglich das Vertragsverhältnis zwischen den am Vertrag beteiligten Unternehmern, während das externe Verhältnis zum Bauherrn Gegenstand der mit dem Bauherrn bestehenden Vertragsbeziehung ist. Zu diesem Aussenverhältnis gehört bei der einfachen Gesellschaft unter anderem die (externe) Solidarhaftung der Konsortialpartner (vgl. Art. 544 Abs. 3 OR), die zwar im Vertrag mit dem Bauherrn, nicht aber im Konsortialvertrag wegbedungen werden kann, auch nicht durch eine Abrede über die (internen) Haftungsquoten (Art. 28/Rz. 10.2).

---

13 Von besonderer Bedeutung für das Bauen sind die SIA-Ordnungen 102 (Architekturleistungen), 103 (Bauingenieurleistungen) sowie 108 (u.a. Gebäudetechnik); sie alle wurden im Jahr 2014 revidiert.

14 Vgl. etwa die Klausel im «Planer-/Bauleitungsvertrag», in der es um die Haftung des Beauftragten und deren Beschränkung geht (Ziff. 8.2).

15 KBOB-Dok. 30.

16 Handelt es sich um ein Konsortium mit nur natürlichen Gesellschaftern, so ist möglich, dass die Arbeitsgemeinschaft im Einzelfall gar keine einfache Gesellschaft (Art. 530 OR), sondern eine Kollektivgesellschaft ist (vgl. GWerkV Rz. 259), weil sie unter einer gemeinsamen Firma ein nach kaufmännischer Art geführtes Gewerbe betreibt (Art. 552 OR) oder sich in das Handelsregister eintragen liess (Art. 553 OR). In diesem Ausnahmefall kommen anstelle der gesetzlichen Bestimmungen über die einfache Gesellschaft (Art. 530 ff. OR) jene über die Kollektivgesellschaft (Art. 552 ff. OR) zur Anwendung.

3. Die **Parteien des Bauwerkvertrags** werden in der SIA-Norm 118 als «Bauherr» und als «Unternehmer» bezeichnet. Damit übernimmt die Norm den in der Baubranche für Bauwerkverträge üblichen Sprachgebrauch. Das gesetzliche Werkvertragsrecht hingegen ist nicht auf den Bauwerkvertrag beschränkt und spricht deshalb in Art. 363 OR vom «Besteller», meint damit aber auch den Bauherrn, der in einem Bauwerkvertrag der Besteller des Werks ist. 9

a) Der «Bauherr» kann ein *privater, aber auch ein öffentlicher Bauherr* sein. Die SIA-Norm 118 ist auch auf Verträge der öffentlichen Hand anwendbar. Was allerdings die Bestimmungen der Norm über den Abschluss des Vertrags anbetrifft, so gehen vergaberechtliche Vorschriften des öffentlichen Rechts den Regeln der SIA-Norm 118 vor, was die Norm in Art. 4 Abs. 4 explizit festhält. Auf den erwähnten Vorrang der vergaberechtlichen Vorschriften macht die vorliegende Kommentierung zwar punktuell aufmerksam, ohne aber das Vergaberecht vertieft zu behandeln: Hierfür sei auf die einschlägige Spezialliteratur verwiesen (Art. 4/Rz. 8).[17] 10

b) Der *«Unternehmer»* ist der Vertragspartner des Bauherrn; er ist nach der Terminologie des Gesetzes jene Partei, die sich zur «Herstellung eines Werkes» verpflichtet (Art. 363 OR). Die Norm spricht von der «Ausführung einer Bauarbeit» (Art. 2 Abs. 1), womit sie beschreibt, worin die Herstellung eines Werks im Sinne der Norm besteht. Häufig (wenn auch längst nicht immer)[18] sind für ein Gesamtwerk mehrere Werkunternehmer tätig, die mit dem Bauherrn je einen eigenen Werkvertrag abgeschlossen haben. Die Norm bezeichnet sie als Nebenunternehmer (Art. 30/Rz. 1) und überbindet dem Bauherrn unter anderem die Aufgabe, die Arbeiten der Nebenunternehmer zweckmässig zu koordinieren (Vorbem. Art. 28 – 32/Rz. 15; Art. 30/Rz. 9). 11

Nicht selten überträgt der Unternehmer die von ihm übernommenen Bauarbeiten teilweise oder vollständig auf einen oder mehrere *Subunternehmer* (Art. 29). Auf den Subunternehmervertrag[19] passen die Parteibezeichnungen der Norm («Bauherr»/«Unternehmer») nicht genau. Deshalb müssen sie – wenn die Norm in den Subunternehmervertrag übernommen wird (vgl. Art. 29 Abs. 4) – sinngemäss übertragen werden. Als «Bauherr» im Sinne der Norm gilt alsdann der Hauptunternehmer (Art. 29/Rz. 3), als «Unternehmer» der Subunternehmer.[20] Entsprechend verhält es sich für einen Bauwerkvertrag, der unter Einbezug der SIA-Norm 118 zwischen dem Subunternehmer und einem Subsubunternehmer (Vorbem. Art. 28 – 32/Rz. 14) abgeschlossen wird. 12

c) Die *Bauleitung*, die vom Bauherrn vor allem bei grösseren Bauvorhaben eingesetzt wird, ist keine Partei des zwischen dem Bauherrn und seinem Unternehmer abgeschlossenen Werkvertrags, sondern die Vertreterin des Bauherrn. Angesichts der markanten 13

---

17 Dazu gehört auch die Zeitschrift Baurecht/Droit de la construction, die regelmässig und ausführlich über Entwicklungen im öffentlichen Vergaberecht und die einschlägige Rechtsprechung in Bund und Kantonen orientiert.

18 Zu denken ist hier vor allem an die Fälle, in denen die Arbeiten gesamthaft einem General- oder einem Totalunternehmer übertragen werden (Vorbem. 28 – 32/Rz. 29 f.).

19 Vgl. GWerkV Rz. 137 ff.

20 GWerkV Rz. 274.

Bedeutung, die dieser Funktion im Praktischen zukommt, finden sich in der Norm gleichwohl vielfältige Bezüge auf die Bauleitung (Einl./Rz. 17 ff.).

14 4. Die SIA-Norm 118 enthält «*Allgemeine* Bedingungen für Bauarbeiten», nimmt für sich aber nicht in Anspruch, den jeweiligen Bauwerkvertrag abschliessend zu regeln. In der Praxis umfassen Bauwerkverträge denn auch **weitere Bestandteile,** so z.B. eine Vertragsurkunde, durch das Bauobjekt bedingte Besondere Bestimmungen, ein vom Unternehmer ausgefülltes Leistungsverzeichnis, diverse Pläne und zusätzliche Normen des SIA oder anderer Fachverbände (siehe Art. 21 Abs. 1). Nun kommt es aber häufig vor, dass die verschiedenen (und oft sehr zahlreichen) Vertragsabreden der Parteien nicht ausreichend aufeinander abgestimmt werden. Dies kann zu Widersprüchen innerhalb des Vertrags führen. Für solche Fälle enthält Art. 21, der mit Art. 7 zusammenhängt (Art. 7/Rz. 34.6), eine *vertragliche Widerspruchsregel,* die durch Art. 22 Abs. 4 ergänzt wird. Diese Regel unterscheidet verschiedene Vertragsbestandteile und begründet zwischen ihnen eine Rangordnung, nach der sich Widersprüche in der Weise lösen, dass Bestimmungen im formell höheren Rang den formell tiefer eingestuften Vertragsbestimmungen vorgehen (Art. 21/Rz. 1 und 5.12). Die SIA-Norm 118 selber wird in dieser Rangfolge ebenfalls aufgeführt. Nach der ihr eigenen Widerspruchsregel (Art. 21 Abs. 1) geht sie den einen Bestandteilen vor, anderen Bestandteilen (namentlich der Vertragsurkunde, den Besonderen Bestimmungen, dem Leistungsverzeichnis und den Plänen) geht sie nach. Eingehend erläutert werden Art. 21 und dessen Bedeutung in Art. 21/Rz. 5.1 ff. des vorliegenden Kommentars.

2. Zu drei Grundannahmen der SIA-Norm 118

15 Die SIA-Norm 118 hat einen sehr weiten Anwendungsbereich, beruht aber auf bestimmten Grundannahmen. *Drei Grundannahmen* stehen dabei im Vordergrund: Sie betreffen die Projektierungsarbeiten, den Einsatz einer Bauleitung und das anwendbare Recht.

16 1. Erstens werden nach der Vorstellung der Norm die **Projektierungsarbeiten zur Hauptsache vom Bauherrn** (bzw. von sachverständigen Hilfspersonen des Bauherrn) geleistet: Danach entwickelt der Bauherr zunächst ein «hinreichend klares Projekt» (Art. 5 Abs. 1; Art. 5/Rz. 2.1 f.), um in der Folge dessen Ausführung auszuschreiben (Art. 2/Rz. 6.11; Vorbem. Art. 3 – 22/Rz. 18 f.; Art. 4/Rz. 7.1; Art. 6/Rz. 9.2; Art. 56/Rz. 2.5). Die Anwendbarkeit der Norm ist allerdings nicht auf Fälle beschränkt, in denen der Bauherr die Projektierungsarbeiten selber leistet. Vielmehr verhält es sich so, dass der Bauherr völlig frei ist zu entscheiden, wo er welche Planungsleistungen ansiedeln will. So ist es aus Sicht der Norm durchaus möglich, dass der Bauherr dem Unternehmer die «Ausführung einer Bauarbeit» unter Einschluss sämtlicher Planungsarbeiten überträgt[21]; ein solcher

21 Nicht selten verhält es sich so, dass der Bauherr die Projektierung nur bis zu einem bestimmten Stand vorantreibt, um dann deren Fortführung auf den Unternehmer zu übertragen, der in der Folge auch gleich die Planer zu «übernehmen» hat. In diesen Fällen ist jeweils vertraglich zu klären, in welcher Weise der Unternehmer für die schon bauherrenseitig geleisteten Projektierungsarbeiten haftet.

Totalunternehmer-Vertrag ist zwar für den Anwendungsbereich der Norm ein atypischer Fall, was jedoch nicht ausschliesst, sie auch auf solche Verträge anzuwenden (vgl. Einl./Rz. 5). Ebenso verhält es sich, wenn der Bauherr auf die in der Norm vorgesehene Ausschreibung der Bauarbeiten verzichtet und nur ausgewählte oder auch nur einen einzigen Unternehmer einlädt, ihm eine Offerte zu stellen (siehe Art. 4 Abs. 3).[22]

2. Zweitens geht die Norm davon aus, dass der Bauherr in der Regel eine **sachverständige Bauleitung** (z.B. eine Architektin)[23] einsetzt, die für ihn handelt (Art. 33 ff.) und die insbesondere die «Beschaffung der Pläne, die Aufsicht über die Ausführung der Arbeiten sowie die Prüfung der Rechnungen und des Werkes» (Art. 34 Abs. 1) zu besorgen hat.[24] 17

a) Mit Rücksicht auf die zentrale Bedeutung, die der Bauleitung im Bauablauf zukommt, 18 widmet ihr die Norm einen eigenen Abschnitt (Art. 33 ff.), wo namentlich ihre vielfältigen Zuständigkeiten umschrieben und dem Unternehmer kundgegeben werden (Art. 33 Abs. 2). Zudem spricht die Norm in zahlreichen Bestimmungen, in denen es etwa um Weisungen an den Unternehmer (Art. 44 Abs. 3), Anzeigen des Unternehmers (z.B. Art. 25 und Art. 30 Abs. 5) oder eine umfassende Überwachungsbefugnis (Art. 34 Abs. 2) geht, nicht vom «Bauherrn», sondern lediglich von der «Bauleitung». Das heisst aber nicht, dass die Bauleitung dadurch zur Partei des Bauwerkvertrags würde. Vielmehr wird sie in den betreffenden Bestimmungen lediglich als Vertreterin des Bauherrn erwähnt. Einzig der Bauherr ist Vertragspartner des Unternehmers, nicht auch die Bauleitung, die für ihn handelt. Soweit es um die vertragliche Beziehung geht, ist die Norm demnach so zu lesen, als stünde anstelle von «Bauleitung» das Wort «Bauherr» (vgl. Art. 33 Abs. 3; Art. 33/Rz. 17.1).[25]

b) Ob und in welchem Umfang die Bauleitung tatsächlich ermächtigt ist, den Bauherrn 19 gegenüber dem Unternehmer zu vertreten, ergibt sich ausschliesslich aus dem Verhältnis zwischen der Bauleitung und dem Bauherrn[26], nicht aus der SIA-Norm 118 (Art. 33/Rz. 3.5).[27] Die Regel, die sich in Art. 33 Abs. 2 der Norm findet, enthält denn auch nicht eine Ermächtigung der Bauleitung, sondern bewirkt die externe Kundgabe einer internen Vollmacht (Art. 33/Rz. 3.1), die wie kundgegeben bestehen kann oder nicht. Diese Kund-

22 Entsprechende Pflichten können sich aber aus dem öffentlichen Vergaberecht ergeben, das hierfür Schwellenwerte definiert, deren Höhe unter anderem je nach Art der zu beschaffenden Leistung variiert.

23 Zur Qualifikation dieses Vertrags durch das Bundesgericht siehe grundlegend BGE 109 II 462/464 ff. E. 3; auch etwa BGE 127 III 543/545 E. 2a; kritisch Gauch/Middendorf, Von den Planerverträgen, Rz. 1.27 ff.

24 Ausführlich Locher Christoph, Die Bauleitung, Rz. 9.1 ff.

25 GWerkV Rz. 278.

26 Beschränken sich der Bauherr und sein bauleitender Planer darauf, eine Leistungs- und Honorarordnung des SIA zu übernehmen, gilt zunächst, was in der vereinbarten Honorarordnung zur Vertretung steht. In der SIA-Ordnung 102 sieht Art. 1.2.31 vor, dass «Inhalt und Umfang der Vertretungsbefugnisse des Beauftragten […] sich nach dem Vertrag» richten. Und: «Im Zweifelsfall hat der Beauftragte die Weisungen des Auftraggebers einzuholen für alle rechtsgeschäftlichen Vorkehren sowie für Anordnungen, die terminlich, qualitativ oder finanziell wesentlich sind» (Art. 1.2.32 SIA-Ordnung 102). Im Übrigen ist Art. 396 Abs. 2 OR zu beachten, nach dem im «Auftrage auch die Ermächtigung zu den Rechtshandlungen enthalten [ist], die zu dessen Ausführung gehören».

27 Eingehend zu den Bestimmungen über die Vollmacht der Bauleitung GWerkV Rz. 297 ff.; Schwager/Monn, Die Vollmacht des Planers, Rz. 5.68 ff.

gabe ist eine einseitige Mitteilung des Bauherrn, deren Wirksamkeit zwar die Übernahme der betreffenden Bestimmung durch den Bauherrn, jedoch keine Zustimmung durch den Unternehmer voraussetzt. Praktische Bedeutung erlangt die Mitteilung dann, wenn die kundgegebene Vollmacht nach Bestand und Umfang weiter reicht als die Ermächtigung, die der Bauherr seiner Bauleitung intern eingeräumt hat. Alsdann kann der gutgläubige Unternehmer sie dem Bauherrn entgegenhalten.[28]

20 c) Setzt der Bauherr eine Bauleitung ein, ist dies allerdings nicht einzig unter dem Gesichtspunkt des Stellvertretungsrechts bedeutsam:

21 – So hat der Bauherr für seine Bauleitung *nach Massgabe des Art. 101 OR* (Hilfspersonenhaftung) einzustehen, wenn sie den Unternehmer in Ausübung ihrer Verrichtungen geschädigt hat. Zudem hat sich der Bauherr den *Sachverstand seiner Bauleitung* anrechnen zu lassen, wie diese Beispiele zeigen: Soweit der tatsächliche oder nach den Umständen zu erwartende Sachverstand reicht, hat der Unternehmer etwa Pläne, Baugrund und bestehende Bausubstanz nicht zu prüfen, sondern darf sich grundsätzlich auf die sachverständigen Angaben verlassen (Art. 25 Abs. 3). Und seine Mängelhaftung entfällt, wenn den vertragswidrigen Zustand des Werks «ausschliesslich der Bauherr oder eine Hilfsperson des Bauherrn (z.B. die Bauleitung) verschuldet hat (Selbstverschulden, Art. 369 OR)» (Art. 166 Abs. 4).

22 – Allerdings enthebt allein die «*Aufsicht, die der Bauherr durch die Bauleitung ausüben lässt,* [...] den Unternehmer nicht der gesetzlichen Pflicht (Art. 365 Abs. 3 OR), Verhältnisse, die eine gehörige oder rechtzeitige Ausführung des Werkes gefährden, der Bauleitung ohne Verzug anzuzeigen» (Art. 25 Abs. 1, siehe auch Art. 34 Abs. 2). Der Unternehmer kann sich auch bei unzureichender Bauaufsicht nicht darauf berufen, den Bauherrn treffe insoweit ein Selbstverschulden (Art. 166/Rz. 15.4).

23 3. Drittens wurde die SIA-Norm 118 für die Übernahme in solche Werkverträge verfasst, die **schweizerischem Recht** unterstehen, indem sie sich in vielfältiger Weise an Konzepte anlehnt, die sich zur Hauptsache im gesetzlichen Werkvertragsrecht (Art. 363 ff. OR) finden. Wird sie von den Parteien in einen Werkvertrag mit Auslandsberührung übernommen, so ist zu klären, welches (Vertrags-)Recht im Streitfall auf den Werkvertrag anwendbar sein soll.[29] Sicher empfiehlt es sich, diese Frage durch Vereinbarung zu regeln und dabei schweizerisches Recht zu wählen (vgl. Art. 116 IPRG). Kommt ausländisches Recht auf den Vertrag zur Anwendung, besteht sonst keine Gewähr dafür, dass ein mit dem Streit befasstes Gericht die in den Vertrag übernommene SIA-Norm 118 vor dem Hintergrund des schweizerischen Rechts anwenden und auslegen wird.

---

28 Zur Kundgabeklausel in Art. 33 Abs. 2 der SIA-Norm 118 eingehend Schwager/Monn, Die Vollmacht des Planers, Rz. 5.68 ff.

29 Vgl. Zindel/Pulver/Schott, Basler Kommentar, N 32 ff. Vor Art. 363–379 OR.

3. Zur Rechtsnatur der SIA-Norm 118

1. Ihrer Rechtsnatur nach handelt es sich bei den «Allgemeinen Bedingungen für Bauarbeiten», welche die SIA-Norm 118 enthält, um nichts Weiteres als **Allgemeine Geschäftsbedingungen** (AGB), die vor allem den Abschluss und den Inhalt des Bauwerkvertrags regeln. Diese Abschluss- und Inhaltsbestimmungen[30] haben keine allgemeine Verbindlichkeit im Sinne eines Gesetzes oder einer Verordnung[31], sondern gelten (wenn überhaupt) immer nur zwischen konkreten Parteien, von denen sie rechtsgeschäftlich übernommen wurden. Daran ändert auch die Passage ganz am Schluss der Norm (im Schlussverbal) nichts, die Norm sei «gültig ab 1. Januar 2013»; das bedeutet lediglich, dass diese Ausgabe die ab dem 1. Januar 2013 aktuelle Fassung der Norm enthält, während es den Parteien aber unbenommen bleibt, sich für ihren Werkvertrag weiterhin mit der Ausgabe 1977/91 oder einer noch früheren Ausgabe zu behelfen. Im Einzelnen ist beizufügen: 24

a) Die *Inhaltsbestimmungen*, aus denen die Norm zur Hauptsache besteht, umschreiben den Inhalt des abgeschlossenen Bauwerkvertrags, den sie zwar nicht umfassend (siehe Einl./Rz. 14), aber doch in verschiedener Hinsicht festlegen. Ihre Übernahme geschieht durch ausdrückliche oder stillschweigende Abrede[32], wonach die SIA-Norm 118 mit den betreffenden Bestimmungen als Vertragsbestandteil gelten soll. Dementsprechend besagt auch die Präambel: «Soweit die Norm Rechte und Pflichten der Vertragsparteien umschreibt, wird sie dadurch rechtsverbindlich, dass die Parteien sie als Bestandteil ihres Vertrages bezeichnen» (dazu Präambel/Rz. 8). 25

b) Bei zahlreichen Inhaltsbestimmungen der Norm findet sich der Zusatz «Wenn nichts anderes vereinbart ist, […]» (z.B. Art. 67). Rechtliche Bedeutung kommt dem Zusatz allerdings keine zu. Zunächst steht fest, dass die Parteien frei sind, sämtliche Inhaltsbestimmungen der Norm zu übernehmen oder sich auf eine Teilübernahme zu beschränken, also nur einen Teil der SIA-Norm 118 (z.B. die Regeln über die Mängelhaftung) in ihren Werkvertrag zu übernehmen.[33] Fest steht aber auch, dass die Parteien von den Bestimmungen der SIA-Norm 118 abweichen können, also nicht in irgendeiner Weise gezwungen sind, deren Bestimmungen *telquel* zu übernehmen. In diesem Sinne gilt jede Bestimmung ohnehin nur insoweit, als die Parteien erstens die SIA-Norm 118 übernommen und zweitens nicht etwas vereinbart haben, was von den Bestimmungen der Norm abweicht. Die Wirksamkeit abweichender Abreden hängt indessen davon ab, dass sie entweder 26

30 Zu dieser Unterscheidung GWerkV Rz. 266 f.

31 BGE 117 IV 165/168 E. 2c.

32 Siehe z.B BGer 4A_47/2015 vom 2. Juni 2015 E. 5.1. Zur Übernahme durch stillschweigenden Verweis vgl. Schönenberger/Jäggi, Zürcher Kommentar, N 455 zu Art. 1 OR. Für eine stillschweigende Übernahme der SIA-Norm 118 mag im Einzelfall der Umstand sprechen, dass die betreffenden Parteien in laufenden Geschäftsbeziehungen stehen und entsprechende Bauwerkverträge immer unter Verweis auf die SIA-Norm 118 abgeschlossen haben (Gauch/Schluep/Schmid, OR AT, Rz. 1128a).

33 GWerkV Rz. 284.

individuell oder aber in einem Vertragsbestandteil getroffen werden, welcher der SIA-Norm 118 vorgeht, weil die anwendbare Widerspruchsregel ihm einen höheren Rang zuweist als der SIA-Norm 118 (Art. 21 Abs. 1; Einl./Rz. 14; Art. 21/Rz. 5.1 ff.).

27 c) Die *Abschlussbestimmungen* der Norm (Art. 3 – 22)[34] regeln die Anbahnung und den Abschluss des Werkvertrags, also nicht den Inhalt des abgeschlossenen Vertrags (Vorbem. Art. 3 – 22/Rz. 1). Dementsprechend fällt eine Übernahme dieser Bestimmungen in den Vertrag (als Vertragsbestandteil) ausser Betracht. Vorbehalten bleiben die Art. 21 und Art. 22 Abs. 4, die den Umgang mit widersprüchlichen Regeln im abgeschlossenen Werkvertrag regeln. Was die Geltung der reinen Abschlussbestimmungen angeht, ist wie folgt zu unterscheiden: Sie binden den Bauherrn (Art. 16/Rz. 2.2), der die Bauarbeiten ausschreibt (Art. 4 Abs. 1) oder sonstwie zur Offertstellung einlädt (Art. 4 Abs. 3; Einl./Rz. 16), schon dann, wenn er sie gegenüber den eingeladenen Unternehmern einseitig für anwendbar und verbindlich erklärt. Für den Unternehmer werden sie erst dadurch verbindlich, dass er den vom Bauherrn einseitig für anwendbar erklärten Bestimmungen (vor allem durch die vorbehaltlose Einreichung seines Angebots) zustimmt (Art. 16/Rz. 2.1)[35]. Bringt er einen Vorbehalt an, ist er im Umfang seines Vorbehalts an die bauherrenseitigen Bedingungen nicht gebunden. Zu beachten ist aber, dass ein Vorbehalt zum Ausschluss vom Submissionsverfahren führen kann, dies namentlich dann, wenn das Verfahren dem öffentlichen Vergaberecht untersteht.

28 d) Besonders gelagert ist die Frage nach der *Gerichtsnotorietät der SIA-Norm 118.* Sie stellt sich dann, wenn ein Gericht mit einem Streit befasst ist, in dem es auch um Bestimmungen der SIA-Norm 118 geht, und zu entscheiden hat, ob diese Bestimmungen von der Partei, die sich auf sie beruft, bewiesen werden müssen oder aber gerichtsnotorisch[36] und damit nach Art. 151 ZPO nicht beweisbedürftig sind. Angesichts des auch vom Bundesgericht anerkannten hohen Verbreitungs- und Bekanntheitsgrads der SIA-Norm 118 liegt zwar die Annahme nahe, dass sie auch den Gerichten hinlänglich bekannt und damit gerichtsnotorisch ist.[37] Und doch wird die Frage der Notorietät der SIA-Norm 118 nicht von allen Gerichten bejaht.[38] So wird sich die vorsichtige Partei in ihrer Rechtsschrift nicht bloss auf Bestimmungen der SIA-Norm 118 berufen, sondern dem Gericht gerade ein Exemplar der SIA-Norm 118, mindestens aber die relevanten Bestimmungen einreichen.

---

34 Vgl. den Überblick bei Gauch, Gedächtnisschrift, S. 212 ff.; GWerkV Rz. 295 ff.

35 GWerkV Rz. 296 und 484.

36 Zum Begriff siehe BGE 135 III 88/89 f. E. 4.1.

37 Hinsichtlich technischer Normen verneint das Bundesgericht deren Gerichtsnotorietät, siehe BGer 4A_428/2007 vom 2. Dezember 2008 E. 3.1.

38 Das Tessiner Tribunale d'appello (AppGer) verneinte die Frage im Urteil 12.2012.143 vom 14. April 2014, das KGer GR bejahte sie mit Urteil ZK2 11 4 vom 16. August 2011. Vgl. zum Tessiner Urteil Siegenthaler, Urteilsanmerkung, in: BR/DC 2014, S. 309 f., Nr. 623; auch Siegenthaler/Stöckli, Ist die SIA-Norm 118 gerichtsnotorisch?, S. 37 ff.; weiter Chaix, Commentaire romand, N 9 Einl. Art. 363 – 379 OR; Zindel/Pulver/Schott, Basler Kommentar, N 22 Vor Art. 363 – 379 OR.

2. Allgemeine Geschäftsbedingungen unterliegen gewissen **Schranken,** die ihrer Vertragsgültigkeit allenfalls entgegenstehen.[39] Eine erste Schranke besteht schon darin, dass AGB, die gegen zwingendes Recht verstossen, nach Art. 19/20 OR nichtig sind, also gar nie gültig werden. Soweit ersichtlich, enthält die SIA-Norm 118 allerdings keine Bestimmungen, die *zwingendes Recht* verletzten. Bedeutsamer sind drei weitere Schranken: 29

a) Zunächst haben *individuelle Abreden*[40] schlechthin Vorrang vor Allgemeinen Geschäftsbedingungen, welche die Parteien (meist durch Globalübernahme; dazu Einl./Rz. 31) in ihren Vertrag übernommen haben[41], ohne dass es darauf ankommen würde, in welchem Vertragsbestandteil sich die Abrede findet.[42] Dieser Grundsatz kommt dann zum Tragen, wenn die Auslegung im Streitfall ergibt, dass sich die individuelle Abrede und eine Normbestimmung widersprechen; alsdann gilt die individuelle Abrede der Parteien, nicht die AGB-Klausel, die von den Parteien gar nicht gewollt ist. 30

b) Zu denken ist weiter an die *Ungewöhnlichkeitsregel.* Deren Anwendung setzt voraus, dass die SIA-Norm 118 durch «Globalübernahme» (Übernahme durch Globalerklärung) in den Werkvertrag integriert wurde. Eine Globalübernahme besteht darin, dass eine («schwache oder unerfahrene»[43]) Partei der Geltung der Norm zustimmt, ohne dass sie deren Inhalt zur Kenntnis genommen, überlegt und verstanden hat.[44] Die SIA-Norm 118 wird zwar grundsätzlich auch durch eine solche Globalübernahme zum Vertragsinhalt, wobei aber ihren Bestimmungen nach Massgabe der Ungewöhnlichkeitsregel die Wirksamkeit zu versagen ist, insoweit sie sich als «überraschend oder geschäftsfremd»[45] erweisen.[46] Praktisch kommt die Ungewöhnlichkeitsregel allerdings nur selten zum Tragen. In einem konkreten Anwendungsfall schloss das Bundesgericht auf die Unverbindlich- 31

39 GWerkV Rz. 286f.

40 Zum Begriff der Individualabrede siehe Kramer/Probst/Perrig, AGB-Recht, Rz. 82ff.; zum deutschen Recht, an dem sich das schweizerische Recht in diesem Punkt orientiert, Ingenstau/Korbion/Sienz, VOB, Anhang 4/Rz. 27ff.

41 BGE 135 III 225/228 E. 1.4; 125 III 263/266f. E. 4b/bb; BGer 4A_106/2015 vom 27. Juli 2015 E. 5.1.

42 GWerkV Rz. 196, 286, 288 und 316; Gauch/Schluep/Schmid, OR AT, Rz. 1131; Jäggi/Gauch/Hartmann, Zürcher Kommentar, N 527 zu Art. 18 OR; Tercier/Favre/Carron Benoît, Les contrats spéciaux, Rz. 4194.

43 BGer 4C.282/2003 vom 15. Dezember 2003 E. 3.1. Siehe auch BGer B 160/06 vom 7. November 2007 E. 5.2.1, aber auch BGE 109 II 452/457 E. 5a: «Als schwächere Partei muss [...] auch diejenige gelten, welche unabhängig von ihrer wirtschaftlichen Leistungsfähigkeit oder anderen Umständen, die sie als stärkere Partei erscheinen lassen, gezwungen ist, allgemeine Geschäftsbedingungen als Vertragsbestandteil zu akzeptieren, weil sie andernfalls kaum einen Vertragspartner findet»; vgl. Kramer/Probst/Perrig, AGB-Recht, Rz. 177 (namentlich zu den fehlenden Ausweichmöglichkeiten, die diese Autoren als «eines der Kernprobleme bei der Übernahme von AGB» bezeichnen). Allerdings setzt nicht die Globalübernahme voraus, dass die übernehmende Partei schwächer oder unerfahren ist; vorausgesetzt ist diese «Schwächelage» vielmehr für die Anwendung der Ungewöhnlichkeitsregel, die bei der Globalübernahme anknüpft.

44 Dazu Gauch/Schluep/Schmid, OR AT, Rz. 1128cf.; Kramer/Probst/Perrig, AGB-Recht, Rz. 88.

45 Kramer/Probst/Perrig, AGB-Recht, Rz. 173.

46 Ausführlich zu den Voraussetzungen und zur Tragweite der Ungewöhnlichkeitsregel siehe z.B. BGE 138 III 411/412 E. 3.1; BGer 4A_187/2007 vom 9. Mai 2008 E. 5.1; Gauch/Schluep/Schmid, OR AT, Rz. 1136ff.; Jäggi/Gauch/Hartmann, Zürcher Kommentar, N 530 zu Art. 18 OR; Kramer/Probst/Perrig, AGB-Recht, Rz. 173ff.

keit der Art. 154 Abs. 3 und Art. 155 Abs. 1[47], da diese Bestimmungen für einen «branchenfremden, ‹einmaligen› Bauherrn»[48] ungewöhnlich seien (Art. 44/Rz. 18; Vorbem. Art. 84–91/Rz. 41 und 115; Art. 84/Rz. 1.8)[49].

32 c) Zu erwähnen ist schliesslich *Art. 8 UWG* in seiner Fassung aus dem Jahre 2011, nach dem unlauter (und damit widerrechtlich, siehe Art. 2 UWG) handelt, «wer allgemeine Geschäftsbedingungen verwendet, die in Treu und Glauben verletzender Weise zum Nachteil der Konsumentinnen und Konsumenten ein erhebliches und ungerechtfertigtes Missverhältnis zwischen den vertraglichen Rechten und den vertraglichen Pflichten vorsehen».[50] Mit dieser Bestimmung sind etliche Anwendungsschwierigkeiten verbunden, die ihrer Durchschlagskraft abträglich sind. Dazu gehört auch, dass ihre Anwendung auf die SIA-Norm 118 dem insoweit klaren Wortlaut nach voraussetzt, dass am Bauwerkvertrag, in den die Norm übernommen wurde, eine Konsumentin oder ein Konsument beteiligt ist. Die Frage, ob ein Einmalbauherr als Konsument im Sinne des Art. 8 UWG gilt, ist umstritten, richtigerweise aber zu bejahen[51] mit der Folge, dass die SIA-Norm 118 wie andere AGB, die allenfalls Eingang in Bauwerkverträge finden, gegebenenfalls unter Art. 8 UWG fallen.

4. Zur Auslegung der SIA-Norm 118

33 Die Auslegung der Normbestimmungen **obliegt im Streitfall dem Gericht,** das mit dem Streit befasst ist. Die Auslegung im vorliegenden Kommentar hat lediglich den Charakter einer privaten Meinungsäusserung. Ausserdem ist Folgendes hervorzuheben:[52]

34 1. Der Kommentar beschränkt sich notgedrungen auf eine allgemeine, *einheitliche Auslegung* der Normbestimmungen, die keine Rücksicht nimmt auf die konkreten Umstände des Einzelfalls. Dies ist deshalb zu betonen, weil nach schweizerischer Auffassung Allgemeine Geschäftsbedingungen, die Bestandteil eines konkreten Einzelvertrags bilden, grundsätzlich **«individuell», nicht «einheitlich» auszulegen** sind.[53] Das aber bedeutet,

---

47 Entsprechende Aussagen lassen sich nach geltendem Recht nur immer für den Einzelfall machen, weshalb der Schluss, dass die hier erwähnten Bestimmungen zumindest im Falle einer Globalübernahme überhaupt nie Geltung erlangen, nicht angeht.

48 BGE 109 II 452/459 E. 5c.

49 Vgl. dazu auch BGer 4A_538/2011 vom 9. März 2012 E. 2 = BR/DC 2012, S. 59, Nr. 168; HGer ZH vom 29. Mai 1985 E. 2 = ZR 1985, S. 253 f., Nr. 103.

50 Zur Inhaltskontrolle nach Art. 8 UWG einlässlich Gauch/Schluep/Schmid, OR AT, Rz. 1150 ff.

51 Siehe Stöckli, Der neue Art. 8 UWG, S. 184 ff.; auch Gauch/Schluep/Schmid, OR AT, Rz. 1152b; Kramer/Probst/Perrig, AGB-Recht, Rz. 502.

52 Siehe auch GWerkV Rz. 291 ff.

53 Vgl. GWerkV Rz. 291; Gauch/Schluep/Schmid, OR AT, Rz. 1240 ff.; Gauch, Gedächtnisschrift, S. 236 f.; Kramer/Schmidlin, Berner Kommentar, N 218 zu Art. 1 OR und N 60 zu Art. 18 OR; Schönenberger/Jäggi, Zürcher Kommentar, N 490 zu Art. 1 OR; Jäggi/Gauch/Hartmann, Zürcher Kommentar, N 515 ff. zu Art. 18 OR, zur Rechtslage in Deutschland N 514.

dass bei der Auslegung von AGB-förmigen Vertragsabreden auf die konkreten Umstände des Einzelfalls abzustellen ist, zu denen namentlich der abgeschlossene Werkvertrag mit all seinen Bestandteilen gehört.[54] Liegen die Dinge so, dass die vertragsschliessenden Parteien der strittigen AGB-Bestimmung in tatsächlicher Willensübereinstimmung einen anderen Sinn beilegten als den Sinn, den eine einheitliche Auslegung ihr beilegen möchte, gibt es offensichtlich keinen Grund, die Parteien im Nachhinein auf letzteren Sinn zu behaften. Fehlt es im konkreten Fall an einem tatsächlich übereinstimmenden Parteiverständnis der strittigen AGB-Abrede, ist die Abrede nach Treu und Glauben und damit «normativ» auszulegen, wobei auch hier die systematischen Bezüge zu den übrigen Vertragsbestandteilen und weitere Umstände des konkreten Einzelfalls in Rechnung gestellt werden müssen, der Sinn der AGB-Abrede also wiederum nicht «einheitlich» zu ermitteln ist. Das Gesagte hindert freilich nicht daran, als ergänzendes Auslegungsmittel unter anderem auch den Umstand beizuziehen, dass die Allgemeinen Bedingungen für eine Vielzahl von Verträgen vorformuliert wurden, sofern dieser Umstand den Parteien bei Vertragsabschluss bekannt war.[55] Zudem sind Gesetzesbestimmungen, die in Allgemeinen Geschäftsbedingungen lediglich wiederholt werden, mangels anderer Anhaltspunkte im Sinne des Gesetzes zu interpretieren.[56] Und schliesslich wird der Grundsatz der individuellen Auslegung durchbrochen, wenn es um die Frage geht, ob die Verwendung Allgemeiner Geschäftsbedingungen den Unlauterkeitstatbestand des Art. 8 UWG erfülle.[57]

2. Zu den Regeln, denen eine individuelle Auslegung von AGB folgt, gehört auch die **Unklarheitsregel** (Art. 44/Rz. 18; Vorbem. Art. 84–91/Rz. 41 und 115; Art. 84/Rz. 1.8). Sie 35
besagt, dass Allgemeine Geschäftsbedingungen im Zweifel gegen jene Partei auszulegen sind, die sie verfasst oder zur Verwendung vorgeschlagen hat.[58] Grundsätzlich gilt diese Regel auch für die Auslegung der SIA-Norm 118, deren Verwendung von einer Partei

---

54 Auf diesen Standpunkt stellte sich auch das Bundesgericht in seinem Urteil BGer 4A_124/2014 vom 7. Juli 2014, in dem es sich zur Auslegungsfrage im Zusammenhang mit den FIDIC-Bedingungen äussern musste, die ihrer Funktion und ihrer Rechtsnatur nach kaum anders gelagert sind als die SIA-Norm 118. Die einschlägige Urteilspassage lautet wie folgt: «[...] Cette jurisprudence peut être appliquée mutatis mutandis pour décider du caractère impératif ou non de la procédure du DAB instituée par la FIDIC. Les conditions générales établies par cette association s'apparentent, il est vrai, à des règles de droit, ce qui pourra justifier, le cas échéant, d'en objectiver l'interprétation et de prendre en considération l'opinion émise par leur auteur quant au sens des mots qui y figurent. Cependant, comme elles ont été édictées par une personne morale de droit privé, c'est le juge chargé de les appliquer qui aura le dernier mot et qui, dans la mesure du possible, devra en faire une interprétation individualisée en fonction des circonstances de la cause en litige. En cela, elles sont comparables, s'agissant du droit interne, à la norme SIA-118 élaborée par la Société suisse des ingénieurs et des architectes [...]» (E. 3.4.1).

55 Vgl. Jäggi/Gauch/Hartmann, Zürcher Kommentar, N 515 zu Art. 18 OR; Gauch/Schluep/Schmid, OR AT, Rz. 1242.

56 Gauch/Schluep/Schmid, OR AT, Rz. 1241.

57 Vgl. Jäggi/Gauch/Hartmann, Zürcher Kommentar, N 518 zu Art. 18 OR.

58 Vgl. BGE 115 II 264/268f. E. 5a mit weiteren Verweisen; Jäggi/Gauch/Hartmann, Zürcher Kommentar, N 498 zu Art. 18 OR; Kramer/Schmidlin, Berner Kommentar, N 109 zu Art. 1 OR; Schönenberger/Jäggi, Zürcher Kommentar, N 489 zu Art. 1 OR.

vorgeschlagen wurde. Für die SIA-Norm 118 hat sie indes eine nur beschränkte Bedeutung.[59] Sie kommt nicht zur Anwendung:

36 – wenn beide Vertragsparteien der Baubranche angehören oder zumindest branchenkundig und im Umgang mit der Norm vertraut sind;

37 – wenn ein privater Bauherr, der die Verwendung der Norm einem branchenkundigen Unternehmer vorgeschlagen hat, selber branchenkundig ist oder doch branchenkundig vertreten wird;

38 – wenn für beide Parteien von vornherein feststand, dass der Werkvertrag unter Verwendung der SIA-Norm 118 abgeschlossen würde, sodass es nur vom Gang der Vertragsverhandlungen (allenfalls vom Zufall) abhing, wer die Verwendung der Norm als Erster vorschlug[60];

39 – soweit die SIA-Norm 118 von den Parteien durchberaten (nicht nur einseitig verlesen und gegebenenfalls erläutert) wurde[61].

40 3. Da die SIA-Norm 118 kein Gesetz (und auch keine Verordnung) ist, unterliegt ihre Auslegung **anderen Regeln als das Gesetz.** Insbesondere hat die Entstehungsgeschichte der Norm[62] keinen Einfluss auf deren Auslegung. Das Auslegungsergebnis kann daher abweichen von dem, was die Verfasser der Norm sich gedacht und was sie gewollt haben. Dementsprechend sieht der Kommentar davon ab, für die Analyse auch auf Protokolle der Normierungsgremien abzustellen. In einem jüngeren Urteil führte das Bundesgericht zwar aus, es sei bei der Auslegung von FIDIC-Bedingungen, die rechtlich gleichgelagert sind wie die SIA-Norm 118, allenfalls auch auf die «opinion émise par leur auteur quant au sens des mots qui y figurent»[63] abzustellen. Dem ist indes entgegenzuhalten, dass dem Verständnis, das die privaten Verfasser Allgemeiner Geschäftsbedingungen (also nicht die Parteien, die sie verwenden) gehabt haben mögen, keinerlei rechtliche Bedeutung zukommt. Ohnehin ist es kaum möglich, deren Verständnis stichhaltig nachzuweisen, was aber nicht der Grund dafür ist, ihm keine Beachtung zu schenken. Der Grund liegt vielmehr darin, dass Allgemeine Geschäftsbedingungen nicht darauf angelegt sind, dem Willen ihrer Verfasser zum Durchbruch zu verhelfen, was sie von staatlichen, demokratisch legitimierten Erlassen unterscheidet.

41 4. Für die Auslegung relevant aber ist der **Wortlaut der Normbestimmungen,** der sogar das primäre Auslegungsmittel ist. Der SIA legt die Norm derzeit in deutscher, in französischer und in italienischer Sprache auf.[64] Hingewiesen sei hier auf drei Punkte:

---

59 Vgl. dazu und zum Folgenden GWerkV Rz. 202 und 294; Jäggi/Gauch/Hartmann, Zürcher Kommentar, N 502 zu Art. 18 OR.

60 Gauch/Schluep/Schmid, OR AT, Rz. 1234.

61 Vgl. BGE 99 II 290/292 f. E. 5.

62 Zu den Revisionsarbeiten, die zur Ausgabe 1977 geführt haben, vgl. Gauch, Gedächtnisschrift, S. 204 f.

63 BGer 4A_124/2014 vom 7. Juli 2014 E. 3.4.1.

64 Die englische Übersetzung der Norm, die sich auf S. 989 ff. dieses Kommentars findet, wird hier nicht zu den Sprachversionen gezählt, weil der SIA sie noch nicht in sein Normenwerk integriert hat. Im Übrigen ist zur englischen Version anzumerken: Die SIA-Norm 118 ist natürlich nicht das einzige Regelwerk, das Allgemeine

a) Die drei Sprachversionen sind *rechtlich unabhängig voneinander.* Massgebend für die jeweils beteiligten Vertragsparteien ist stets nur jene Sprachversion, die von den Parteien in den Vertrag übernommen wurde. Im *Auslegungsstreit* mag es zwar informativ sein, sich in einer anderen Sprachversion umzusehen, um eine Auslegungsfrage in der vertraglich relevanten Version zu klären. Ein allfälliger Erkenntnisgewinn lässt sich allerdings rechtlich nicht durch einen Verweis auf die andere Sprachversion stützen, auch nicht mit der Behauptung, die andere Sprachversion würde den Sinn der strittigen Regel «richtig» wiedergeben. So verhält es sich jedenfalls dann, wenn nur die eine Sprachversion und nicht auch die andere in den Vertrag übernommen wurde – was der Regelfall ist, von dem es wohl kaum Ausnahmen gibt. Die andere Sprachversion hat damit (mangels Übernahme) keinerlei Rechtsgeltung. Mit den verschiedenen Sprachversionen der SIA-Norm 118 verhält es sich also gänzlich *anders* als mit den Gesetzestexten des Bundes. Nicht nur werden diese Texte gleichzeitig in den Amtssprachen Deutsch, Französisch und Italienisch veröffentlicht, sie sind auch in gleicher Weise verbindlich (Art. 14 Abs. 1 PublG). Das schliesst nicht aus, dass sie nicht übereinstimmen, sich also widersprechen, weshalb dann (anders als bei der SIA-Norm 118) «auf dem Wege der Auslegung der Sinn zu ermitteln [ist], woraus sich erst ergibt, welche Version ihn am klarsten ausdrückt»[65]. 42

b) Sind die Parteien sich zwar einig, *dass* sie die SIA-Norm 118 in ihren Werkvertrag übernommen haben, uneins aber darin, *welche Sprachversion* der Norm für ihren Vertrag verbindlich ist, ist jede Partei dafür beweisbelastet, dass die SIA-Norm 118 gerade in der von ihr geltend gemachten Sprachversion übernommen wurde (Art. 8 ZGB). Dabei spielt die Vermutung, dass die SIA-Norm 118 in jener Sprachversion gilt, in der auch die Ausschreibungsunterlagen verfasst wurden (siehe Art. 7/Rz. 30).[66] 43

c) Was den vorliegenden *Kommentar* anbelangt, so stellt er auf den deutschen Wortlaut der Normbestimmungen ab; massgebend für die Kommentierung ist also der deutsche Text der Normausgabe 2013 unter Einschluss der darin enthaltenen Querverweise. 44

B. Der Kommentar

1. Auf einige **Eigenheiten** dieses Kommentars wurde schon im Vorwort und im ersten Teil dieser Einleitung verwiesen. Erinnert sei hier an die folgenden: 45

Geschäftsbedingungen enthält, die auf Bauwerkverträge zugeschnitten sind und in englischer Sprache vorliegen. Bedeutsamer sind namentlich die verschiedenen FIDIC-Verträge, von denen das Red Book der Funktion nach der SIA-Norm 118 entspricht, indem es für jene Fälle konzipiert wurde, in denen die Planungshoheit und -verantwortung beim Bauherrn liegt. Rechtlich sind auch die FIDIC-Bedingungen nicht etwa Einheitsrecht, sondern lediglich Allgemeine Geschäftsbedingungen, die der rechtsgeschäftlichen Übernahme bedürfen, damit sie für den Werkvertrag relevant sind. Zu den FIDIC-Bedingungen und weiteren Aspekten international gelagerter Bauwerkverträge siehe z.B. Stöckli/Schwery, Werkverträge, insbesondere Rz. 452 ff.

65 BGE 140 II 495/500 E. 2.3.1; vgl. auch Tuor/Schnyder/Schmid, Das Schweizerische Zivilgesetzbuch, § 5 Rz. 16 f.

66 Vgl. GWerkV Rz. 285; Jäggi/Gauch/Hartmann, Zürcher Kommentar, N 383 zu Art. 18 OR.

46 – Der Kommentar bezieht sich auf die *Bestimmungen der SIA-Norm 118 in ihrer aktuellen Ausgabe 2013* (siehe Einl./Rz. 2). Deren Kommentierung dient aber zugleich auch als Erläuterung zur vorangegangenen Normausgabe 1977/91, soweit die darin enthaltenen Bedingungen mit jenen der aktuellen Normausgabe übereinstimmen. Die Übereinstimmung reicht sehr weit, da die mit der jüngsten Teilrevision verbundenen Änderungen ihrem Umfang und ihrer Bedeutung nach doch recht überblickbar sind, wenn man von den Änderungen im Bereich der Teuerungsabrechnung absieht.

47 – In diesem Kommentar wird die Norm *«einheitlich», nicht «individuell» ausgelegt* (siehe Einl./Rz. 34). Eine solche Auslegung läuft zwar dem Schweizer Recht insofern zuwider, als nach schweizerischer Rechtsauffassung auch Allgemeine Geschäftsbedingungen in Verträgen – gleich wie andere Vertragsabreden – grundsätzlich unter Berücksichtigung der konkreten Umstände des jeweiligen Einzelfalls und in diesem Sinne «individuell» auszulegen sind. Diese Eigenart des Kommentars aber ergibt sich zwangsläufig schon daraus, dass sich die möglichen Einzelfälle und die damit verbundenen («konkreten») Umstände naturgemäss in einer für jeglichen Kommentator unüberschaubar grossen Vielfalt ergeben.

48 – Die Auslegung, die sich in diesem Kommentar findet, ist auch *keine «historische» Auslegung* in der Weise, dass sich die Kommentatoren Protokolle oder andere Dokumente aus dem Fundus jener Gremien, welche die SIA-Norm 118 gestaltet haben, zunutze gemacht oder Mitglieder jener Gremien zu Auslegungsproblemen befragt hätten (siehe Einl./Rz. 40). Während diese Mitglieder eine bestimmte Auffassung davon haben werden, was die Bestimmungen, an deren Ausarbeitung sie mitgewirkt haben, bedeuten, ist es nicht Aufgabe dieses Kommentars, diese Auffassungen zu ermitteln. Das erklärt sich damit, dass es sich bei der SIA-Norm 118 um Allgemeine Geschäftsbedingungen handelt (Einl./Rz. 24), deren Funktion – auch hier anders als Gesetze – nicht darin besteht, dem Willen ihrer Verfasser zum Durchbruch zu verhelfen.

49 – Die Kommentierung bezieht sich auf die *deutsche Version der Ausgabe 2013,* ohne dass sie Anleihen bei der französischen oder italienischen Version macht (siehe Einl./Rz. 41 ff.). Damit trägt sie dem Umstand Rechnung, dass für die jeweiligen Vertragsparteien nur jene Sprachversion massgebend ist, in der die Parteien die Norm für ihren Vertrag als anwendbar erklärt haben, während andere Versionen für sie von vornherein keine Bedeutung erlangen (Einl./Rz. 42).

50 – Wo diese Einleitung und die kommentierenden Anmerkungen *auf einen Artikel ohne nähere Bezeichnung* verweisen (z.B. «Art. 8»), ist damit der entsprechende Artikel der SIA-Norm 118 (Ausgabe 2013) gemeint. Ist der verwiesene Artikel Teil eines Gesetzes oder einer anderen Vertragsnorm, wird dies mit einem entsprechenden Zusatz kenntlich gemacht (z.B. «Art. 363 OR» oder «Art. 4.52 SIA-Ordnung 102»).

51 2. Was den **Aufbau** der Kommentierung anbelangt, sind die folgenden Punkte hervorzuheben:

52 – Die Kommentierung ist artikelweise aufgebaut, sodass jede Bestimmung der Norm erläutert wird, und dies in der Weise, dass hinter ausgewählte Wörter einer Normbe-

stimmung, die nach einem Kommentar rufen, eine *hochgestellte Zahl* gesetzt wurde, die mit der zugehörigen Anmerkung im Kommentartext korrespondiert. Den kommentierten Normbestimmungen der aktuellen Ausgabe 2013 angefügt ist der jeweils entsprechende Text der vorangegangenen Normausgabe 1977/91.

- Der Kommentartext selber enthält nicht nur Erläuterungen zur jeweiligen Norm- 53
bestimmung, sondern namentlich auch *Querverweise* auf andere Stellen im Kommentar, zu denen ein innerer Zusammenhang besteht.

3. Im Kommentar finden sich **zahlreiche Verweise auf Lehre und Rechtsprechung,** mit 54
denen er sich teils berichtend, teils zustimmend, teils kritisch auseinandersetzt. Diese Verweise sind ein unabdingbares Element eines Kommentars, der auch einen wissenschaftlichen Anspruch einlösen will. Sie schaffen die unter dem Gesichtspunkt der Wissenschaftlichkeit gebotene Transparenz und gestatten es dem Leser, die auf die angeführten Quellen gestützten Erläuterungen kritisch nachzuprüfen.

4. Die **Namen der** für die jeweilige Kommentierung zuständigen **Bearbeiterin und Be-** 55
arbeiter finden sich jeweils in der Kopfzeile. Wo vor einem Namen eines Bearbeiters/einer Bearbeiterin ein Sternzeichen (*) steht, wird damit angezeigt, dass ihr Kommentar auf Texten aufbaut, die für die Vorauflage von einem anderen Bearbeiter geschrieben wurden (z.B. «Schumacher/*Monn»). Die wissenschaftliche Verantwortung für den Inhalt der jeweiligen Kommentierung liegt in allen Fällen bei der Bearbeiterin und den Bearbeitern der hier vorliegenden zweiten Kommentarauflage.

Präambel [1]

Die Norm SIA 118 (1977/1991) wurde vom Schweizerischen Ingenieur- und Architektenverein unter Mitwirkung

- des Schweizerischen Baumeisterverbandes,
- des Schweizerischen Gewerbeverbandes,
- der Schweizerischen Zentralstelle für Stahlbau,
- der Vereinigung Schweizerischer Strassenfachleute,
- öffentlicher Bauherrschaften, insbesondere der Schweizerischen Baudirektoren-Konferenz,

erarbeitet.[2]

Sie wurde von 2006 bis 2012 vom Schweizerischen Ingenieur- und Architektenverein überarbeitet unter Mitwirkung

- des Schweizerischen Baumeisterverbandes SBV,
- des Schweizerischen Gewerbeverbandes SGV,
- des Stahlbau Zentrums Schweiz SZS,
- des Schweizerischen Verbandes der Strassen- und Verkehrsfachleute VSS,
- der SBB AG,
- der Koordinationskonferenz der Bau- und Liegenschaftsorgane der öffentlichen Bauherren KBOB,
- der Schweizerischen Bau-, Planungs- und Umweltdirektoren-Konferenz BPUK,
- der Interessengemeinschaft privater, professioneller Bauherren IPB,
- des Verbandes Schweizerischer Generalunternehmer VSGU.[3]

Inhalt und Zweck der Norm

Die Norm enthält Regeln betreffend Abschluss, Inhalt und Abwicklung von Verträgen über Bauarbeiten[4]. Sie klärt die in diesen Verträgen gebräuchlichen Begriffe[5], bietet eine Übersicht über die einschlägigen Rechtsfragen und zeigt, gestützt auf praktische Erfahrung[6], wie diese gelöst werden können, in angemessener Berücksichtigung der beidseitigen Interessen[7]. Soweit die Norm Rechte und Pflichten der

Vertragsparteien umschreibt, wird sie dadurch rechtsverbindlich, dass die Parteien sie als Bestandteil ihres Vertrages bezeichnen.[8] Regeln, die schon von Gesetzes wegen gelten, sind in der Norm durch Hinweise auf die anzuwendenden Gesetzesbestimmungen gekennzeichnet.[9]

Die Norm soll den Abschluss und die Gestaltung der Verträge erleichtern.[10] Auch soll sie bewirken, dass im Bauwesen möglichst einheitliche Vertragsbedingungen[11] verwendet werden. Dadurch trägt sie zur Förderung des wirtschaftlichen Bauens bei.

Die Norm ist für alle Bauarbeiten anwendbar.[12] Technische Bestimmungen für die Ausführung der Bauwerke werden durch Normen der Fachverbände festgelegt.[13]

Die wesentlichsten Änderungen gegenüber der Norm SIA 118 (1977/1991)[14]

- Viele sprachliche Anpassungen (z.B. «Rückbau» statt «Abbruch», «separat» statt «besonders» usw.),
- Klarstellungen hinsichtlich des öffentlichen Vergaberechts,
- das Mengennachweisverfahren wurde als «Leitverfahren» bei Preisänderungen durch die indexierten Verfahren abgelöst. Die Art. 69–82 wurden daher gestrichen (die Nummerierung wurde jedoch belassen),
- die Norm verwendet konsequent den Begriff «Rügefrist» statt «Garantiefrist». Damit wurde tatsächlich nur die Fussnote aus dem Jahr 1991 in den Text eingefügt,
- wenn nichts anderes vereinbart ist, so gilt bei einer Preisangabe die MWST als nicht eingerechnet (eine eigentliche Usanz im Baugewerbe, die jedoch bislang nicht klar definiert war),
- Gerichtsstandsregeln gemäss neuer Zivilprozessordnung,
- Klarstellung, dass Prüfungs- und Belastungsproben nicht als Abnahme gelten, sofern dies nicht vereinbart ist,
- die Rückbehaltshöhen (5 % und 10 %) wurden in der Summe an die Teuerung seit 1977 angepasst.

Anmerkung 1

1 Auf den Titel *Präambel* folgen eine Liste der (privaten und staatlichen) Organisationen, die an der Schaffung der SIA-Norm 118 beteiligt waren, Ausführungen zu Inhalt und

Zweck der Norm und einige Hinweise auf Änderungen, welche die jüngste Revision der Norm hervorgebracht hat. Diese Angaben haben keinen normativen Gehalt und sind nicht dazu konzipiert, Inhalt von Werkverträgen zu werden. Die Präambel der SIA-Norm 118 ist auch nicht darauf angelegt, zur Auslegung der SIA-Norm 118 oder zu ihrer Ergänzung herangezogen zu werden (zu dieser Funktion von Präambeln allgemein SCHUMACHER, Vertragsgestaltung, Rz. 1493). Immerhin hält sie fest, dass die Regeln der Norm einen Umgang mit Rechtsfragen begünstigen wollen, bei dem die beidseitigen Interessen der Vertragsparteien, die offensichtlich nicht stets gleichgerichtet sind, angemessen berücksichtigt werden.

Anmerkung 2

Die Federführung der Arbeiten lag damals beim Schweizerischen Ingenieur- und Architekten-Verein (SIA), dessen Delegiertenversammlung die Norm mit Beschluss vom 26. Juni 1976 «in Kraft setzte». In der Kommission wirkten auch öffentliche Bauherrschaften mit, während die privaten Bauherren in der Kommission augenscheinlich nicht vertreten waren. 2

Anmerkung 3

Erneut lag die Projektleitung beim SIA. Die Delegiertenversammlung genehmigte die Änderungen am 10. November 2012. Gültigkeit erlangte die revidierte SIA-Norm 118 am 1. Januar 2013. Die vorliegende Norm ist das (sicherlich nur vorläufig) letzte Regelwerk in einer ganzen Reihe von Vertragsnormen des SIA, an deren Anfang – soweit ersichtlich – die «Normalien für die Ausführung von Bauarbeiten» standen, die der SIA «im Einvernehmen mit Behörden und mit dem Schweiz. Baumeisterverbande» im Jahr 1912 publiziert hatte. Der hier noch erwähnte Verband Schweizerische Generalunternehmer firmiert seit 2015 als «Entwicklung Schweiz»; unverändert wird von dieser Organisation ein GU/TU-Mustervertrag herausgegeben, der bis anhin als VSGU-Vertrag angesprochen werden konnte. 3

Anmerkung 4

Siehe dazu Einl./Rz. 3 ff. 4

Anmerkung 5

Vgl. das Anwendungsbeispiel in BGer 4A_580/2012 vom 18. Februar 2013 E. 5.2.1, wonach «Inhalt und Zweck der Norm nach ihrer Präambel unter anderem [ist], die in den von ihr bestimmten Verträgen gebräuchlichen Begriffe zu klären». 5

Anmerkung 6

So finden sich in der SIA-Norm 118 neben vertragsrelevanten Bestimmungen denn auch zahlreiche praktische Hinweise und Ratschläge, die gar nicht dafür gedacht und auch nicht geeignet sind, in Verträge übernommen zu werden. 6

Anmerkung 7

7 Die SIA-Norm 118 wird in der Präambel als ausgewogen qualifiziert, indem dort steht, dass sie die «beidseitigen Interessen» angemessen berücksichtige. Den Ruf, einigermassen ausgewogen zu sein, hat sie auch in weiten Kreisen der Baubeteiligten. Allerdings ist es nicht möglich, ihre Ausgewogenheit anhand präziser Kriterien nachzuweisen. Zu kurz würde es auch greifen, wenn die Abänderungen der gesetzlichen (dispositiven) Ordnung, die sich in der SIA-Norm 118 finden, gegeneinander aufgerechnet würden, da die Norm nicht nur vom Gesetzesrecht abweicht (z.B. hinsichtlich der Modalitäten der Mängelrüge [dazu Art. 367–370 OR] und der Fälligkeit der Vergütungsforderung [dazu Art. 372 Abs. 1 OR]), sondern sie auch in vielfacher Hinsicht ergänzt und für die Bauvertragspraxis ertüchtigt. So ist denn die Frage, ob die Norm ausgewogen sei, mit Blick auf das Gesamtbild, das die Norm mit all ihren Regeln abgibt, zu entscheiden (GWerkV Rz. 270). Ein Weiteres: Die Ausgewogenheit ist zwar ein Gebot der Vertragsfairness, was aber die Parteien nicht daran hindert, im konkreten Fall von der Norm abzuweichen. Denn die Norm ist in allen ihren Teilen der Abänderung durch die Parteien zugänglich. Wenn dadurch ein unausgewogener Vertrag geschaffen wird, bedeutet das somit noch keineswegs, dass der Vertrag deshalb ungültig wäre.

Anmerkung 8

8 Die Geltung der SIA-Norm 118 für den konkreten Werkvertrag setzt voraus, dass die Parteien dies entsprechend vereinbart haben (vgl. Art. 2/Rz. 9.1). Der Umstand allein, dass sie in der Schweizer Bauvertragspraxis weit verbreitet ist, verhilft ihr in keinem Fall zu Vertragsgeltung.

Anmerkung 9

9 Die SIA-Norm 118 verweist an zahlreichen Stellen auf gesetzliche Bestimmungen, wobei diese Verweise vor allem dem Obligationenrecht (OR), teilweise aber auch dem Zivilgesetzbuch (ZGB) gelten. Auszüge aus diesen beiden Gesetzen finden sich im Anhang der Norm. Dazu kommen die Regeln, die bloss wiederholen, was schon von Gesetzes wegen gilt. Sie sind mangels anderer Anhaltspunkte im Sinne des Gesetzes auszulegen (siehe Einl./Rz. 34). Vom Gesetz abzuweichen ist aber, wenn die Norm zwar die gesetzliche Bestimmung erwähnt, sie dann aber mit einer eigenen Rechtsfolge verknüpft. Ein Beispiel ist Art. 184, wo in Abs. 1 auf Art. 377 OR verwiesen, in Abs. 2 dann aber die Abzugsmethode – und nicht die der gesetzlichen Bestimmung eigene Additionsmethode (siehe Art. 184/Rz. 10.1; offengelassen für Art. 377 OR in BGer 4A_96/2014 vom 2. September 2014 E. 4.1) – normiert wird.

Anmerkung 10

10 Diese Wirkung kann die SIA-Norm 118 selbstverständlich auch dann entfalten, wenn sich die Parteien im konkreten Fall bei der Vertragsanbahnung und -gestaltung lediglich von ihrem Gehalt inspirieren lassen, ohne sie aber zu übernehmen. Zum Vertragsinhalt wird die Norm aber erst durch die Übernahme in den Vertrag, was eine entsprechende Willenseinigung der Parteien voraussetzt. Diese Übernahme kann sich zwar auf Teile der

Norm beschränken (beispielsweise auf die Bestimmungen über die Abnahme des Werks und die Haftung für Mängel: Art. 157 ff.). Doch ist bei Teilübernahmen zu bedenken, dass die Norm ein Regelwerk darstellt, das zahlreiche Querbezüge aufweist, weshalb eine bloss partielle Verwendung unbeabsichtigte Folgen haben kann. Für ein Anwendungsbeispiel, in dem die Abrede «Es gelten die normalen Garantiebedingungen nach SIA 118 [...]» subjektiv so auszulegen war, dass die Abrede nicht auch die Verjährungsregel des Art. 180 umfasste, siehe BGer 4A_235/2008 vom 23. Juli 2008 E. 4.

Anmerkung 11

Dieses Ziel ist spätestens seit dem Aufkommen der Allgemeinen Bedingungen Bau (ABB) gefährdet, die für die einzelnen Fachlose spezifische Regeln vorsehen, die z.T. von der SIA-Norm 118 abweichen (Einl./Rz. 2, Fn. 3). Dazu kommen neue Vertragsnormen des SIA zu Fragen der Teuerungsabrechnung (SIA-Ordnung 121 sowie SIA-Normen 122, 123 und 124), aber auch etwa die Musterverträge öffentlicher Auftraggeberinnen, unter ihnen auch der KBOB, die zwar die SIA-Norm 118 zum Vertragsbestandteil erklären, um dann aber in «Allgemeinen Vertragsbedingungen» z.B. für Bestellungsänderungen Regeln aufzustellen, die von der SIA-Norm 118 abweichen. Von einer durchgängigen Vereinheitlichung der Vertragsbedingungen kann also keine Rede sein, was aber auch damit zu tun hat, dass die SIA-Norm 118 nicht auf alle Bauwerkverträge gleich gut passt und deshalb Abänderungen geboten sein können. Zudem stand es den Vertragsparteien schon immer frei, sich vertraglich auf Regeln zu verständigen, die von der Norm abweichen. Im einen wie im anderen Fall hat man Abweichungen sorgfältig auf ihre rechtliche Tragweite zu prüfen, da die Regeln der SIA-Norm 118 in vielfachen Bezügen zueinander stehen. 11

Anmerkung 12

Dass die «Norm [...] anwendbar» ist, bedingt, dass die Parteien sie in den konkreten Vertrag übernehmen (Präambel/Rz. 8); es gibt keinen Fall, in dem die SIA-Norm 118 ohne Weiteres (einfach so) anwendbar wäre. Das ist hier denn auch gar nicht gemeint. Vielmehr will die Präambel betonen, dass die SIA-Norm 118 für Bauverträge unabhängig davon geeignet ist, welcher Art die Bauarbeiten sind, die zur Ausführung stehen. Das trifft in vielen Fällen zu, aber nicht immer. So vermag die SIA-Norm 118 die Regelungsbedürfnisse etwa bei Totalunternehmerverträgen (Vorbem. Art. 28 – 32/Rz. 30) nicht in ausreichendem Mass zu befriedigen (siehe aber Art. 2/Rz. 6.10 f.). Ein weiteres Beispiel betrifft die vorzeitige Vertragsbeendigung: Nach Art. 184 ist der Bauherr zwar berechtigt, den Vertrag einseitig aufzulösen, schuldet dem Unternehmer aber Schadenersatz, was auch den Ersatz entgangenen Gewinns einschliesst (Art. 184/Rz. 4.1). Demgegenüber ist es bei TU-Verträgen meist zweckmässiger, anstelle des einseitigen Rücktrittsrechts (oder auch zusätzlich dazu) eine stufenweise Auslösung der Arbeiten zu vereinbaren (siehe auch Tercier/Favre/Carron Benoît, Les contrats spéciaux, Rz. 4288). Auch auf den Untertagbau passt die SIA-Norm 118 nicht in allen Teilen, was auch erklärt, dass es in Form der SIA-Norm 118/198 für diesen Bereich besonders umfangreiche Allgemeine Bedingungen Bau gibt. Was kleinere Bauvorhaben anbelangt, so fehlt es hier an einem Normenwerk, das ähnlich gut eingeführt und bewährt ist wie die SIA-Norm 118. Das erklärt, weshalb 12 die Norm auch hier regelmässig zur Anwendung kommt; doch ist offensichtlich, dass viele Regeln der Norm kaum zum Tragen kommen, da sie doch eher auf grössere Bauprojekte zugeschnitten ist (vgl. auch GWerkV Rz. 273; Tercier/Favre/Carron Benoît, Les contrats spéciaux, Rz. 4190).

Anmerkung 13

13 Die SIA-Norm 118 enthält bloss vertragliche Bestimmungen und organisatorische Hinweise, nicht auch technische Regeln. Soweit die technischen Normen die Regeln der Baukunde wiedergeben – wofür nach der Gerichtspraxis eine tatsächliche Vermutung spricht (BGer 4A_428/2007 vom 2. Dezember 2008 E. 3.1) –, hat der Unternehmer sie in Erfüllung seiner vertraglichen Sorgfaltspflicht auch dann einzuhalten, wenn der Vertrag sie nicht ausdrücklich aufführt (siehe Art. 7/Rz. 31.3; Tercier/Favre/Carron Benoît, Les contrats spéciaux, Rz. 4198 und 4476).

Anmerkung 14

14 Diese Liste hat keinerlei normativen Gehalt, sondern will bloss den Zugang zu den «wesentlichsten Änderungen» ebnen, die bei der letzten Revisionsrunde (2013) vorgenommen wurden. Doch belegt sie, dass die meisten Änderungen alles andere als weitreichend waren, sondern sich auf Einzelpunkte bezogen. Weitreichend sind nur die Änderungen, die sich im Bereich der Teuerungsabrechnung dadurch ergeben haben, dass die Bestimmungen über das Verfahren mit Mengennachweis nicht länger in der SIA-Norm 118 figurieren. Womöglich wurden diese Bestimmungen entfernt, weil dieses spezifische Berechnungsverfahren in der Praxis keine grosse Bedeutung hat. Und doch ist der Entscheid wenig sachgerecht, da die SIA-Norm 118 in Art. 65 Abs. 2 unverändert auf dieses Verfahren verweist für alle Fälle, in denen die Parteien es unterliessen, sich vertraglich auf ein anderes Verfahren zu verständigen (Art. 65/Rz. 14). Vor diesem Hintergrund ist es denn auch nicht verständlich, dass in der Liste ausgeführt wird, das Mengennachweisverfahren sei als «Leitverfahren» bei Preisänderungen durch Indexverfahren abgelöst worden. Sicherlich stehen Indexverfahren in der Baupraxis ganz im Vordergrund, doch hat die SIA-Norm 118 diese Entwicklung gerade nicht nachvollzogen.

1 Der Werkvertrag im Allgemeinen

1 1 Grundbegriffe

1 11 Werk

Art. 1

[1] Wer[1] eine Bauarbeit[2] ausführt[3], erstellt ein Werk[4] im Sinne von Art. 363 des Schweizerischen Obligationenrechtes (OR)[5]; entweder ist sein Werk ein ganzes Bauwerk[6] (Hoch- oder Tiefbauten[7]) oder nur Teil eines Bauwerkes[8] (z.B. Maurer- oder Gipserarbeit, sanitäre Installationen[9]).

[2] Werk ist auch das Ergebnis einer Ausbesserungs-, Umbau- oder Rückbauarbeit[10].

Art. 1 (1977/91)

[1] Wer eine Bauarbeit ausführt, erstellt ein Werk im Sinne von Art. 363 des Schweizerischen Obligationenrechtes (OR); entweder ist sein Werk ein ganzes Bauwerk (Hoch- oder Tiefbauten) oder nur Teil eines Bauwerkes (z.B. Maurer- oder Gipserarbeit, sanitäre Installationen).

[2] Werk ist auch das Ergebnis einer Ausbesserungs-, Umbau- oder Abbrucharbeit.

Anmerkung 1

Gemeint ist jedermann, der im Sinne der Norm als Unternehmer tätig ist (vgl. im Einzel- 1
nen Art. 2/Rz. 6.1 ff.).

Anmerkung 2

Die «Bauarbeit» beinhaltet die körperliche Gestaltung einer Baute oder eines Bauteils 2
(GWerkV Rz. 206), welche im Regelfall mit dem Erdboden verbunden ist. Die «Bauarbeit» dient stets der Errichtung eines (körperlichen) Bauwerks oder eines Bauwerkteils (GWerkV Rz. 25 und 206). Sie kommt in verschiedenen Erscheinungsformen vor. In der Baupraxis unterschieden wird üblicherweise nach Bauwerksteilen und nach Arbeitsgattungen/Gewerken (z.B. nach BKP/NPK-Positionen, vgl. dazu Art. 8/Rz. 6.1 ff.) wie etwa Erd-, Maurer-, Dachdecker- oder Malerarbeiten, Installationen von Heizungs- oder Belüftungsanlagen, das Verlegen elektrischer Leitungen, das Anschlagen von Fenstern, Küchenbauarbeiten, aber auch Rückbauarbeiten etc. Das Gesagte schliesst nicht aus, dass die (körperliche) Bauarbeit auch intellektuelle (immaterielle) Aspekte beinhaltet wie etwa das Erstellen von Plänen, welche für die Ausführung benötigt werden (vgl. BGE 119 II 426/428 E. 2b; 119 II 40/45 E. 2d; 109 II 462/465 E. 3c; GWerkV Rz. 49 ff.; vgl. zu den Plänen und Baustofflisten: Art. 100 f.). Insbesondere beim Totalunternehmervertrag (Vorbem. Art. 28 – 32/Rz. 30) ist der Unternehmer nicht nur mit der Ausführung, sondern darüber hinaus auch mit Aufgaben der Planung (häufig nach den Teilleistungskatalogen der SIA-Ordnungen 102 oder 103) betraut. Die blosse Planertätigkeit stellt für sich

allein indessen nie eine Bauarbeit dar. Beratungen und Empfehlungen, welche der Unternehmer bei der Anbahnung des Werkvertrags oder nach Abschluss des Werkvertrags gegenüber dem Besteller abgibt, gehören zu den Grundlagen des Werkvertrags; ein separater Beratungsvertrag ist in der Regel nicht anzunehmen (vgl. BGer 4A_535/2014 vom 29. April 2015 E. 3.4; 4C.200/2006 vom 20. September 2006 E. 2.2).

Anmerkung 3

3 Die «Ausführung einer Bauarbeit» meint die Herstellung und Ablieferung des versprochenen Werks (GWerkV Rz. 9). Gegenstand des Werkvertrags ist nicht nur die Herstellung, also die Ausführung der Bauarbeit als solche (BGE 98 II 299/302 E. 4a), sondern auch das *Ergebnis* der «Ausführung», nämlich der vereinbarte und geschuldete Arbeitserfolg (BGE 115 II 50/53 f. E. 1b; 109 II 34/36 E. 3a). Die unternehmerische Verpflichtung ist daher erfolgsbezogen (vgl. Art. 8/Rz. 4.2; GWerkV Rz. 18 ff.; Koller Alfred, Berner Kommentar, N 67 ff. zu Art. 363 OR). Dieser Arbeitserfolg bildet zusammen mit der ausgeführten Arbeit das Werk im Sinne der SIA-Norm 118.

Anmerkung 4

4.1 Als «Werk» gilt grundsätzlich jeder als geschuldet vereinbarte *Erfolg der Tätigkeit* eines Unternehmers. Das Werk im Sinne des Werkvertragsrechts beinhaltet nicht nur die Arbeitsleistung; vielmehr gehört darüber hinaus stets ein bestimmter Arbeitserfolg zur geschuldeten Leistung (vgl. Art. 1/Rz. 3).

4.2 Sowohl körperliche wie auch unkörperliche Erfolge einer Tätigkeit können Gegenstand eines Werkvertrags sein. Die Art der Tätigkeit ist demgegenüber nicht massgebend: Zum Werkbegriff gehören intellektuelle oder physische Leistungen, ungeachtet dessen, ob diese dauerhaft oder nicht dauerhaft, schwierig oder leicht sind (BGE 130 III 458/461 E. 4).

4.3 Nach der Rechtsprechung gelten unter anderem auch folgende Leistungen als «Werke»: Erstellung von Bauplänen (BGE 119 II 426/428 E. 2b; 114 II 53/55 E. 2b; 109 II 462/465 E. 3c), Erstellung einer Landvermessung (BGE 109 II 34/38 E. 3c), Erstellung eines technischen Gutachtens (BGE 127 III 328/330 E. 2c; Hürlimann, Der Planer als Sachverständiger, Rz. 13.24 f.). Die Erstellung von Kostenvoranschlägen ist vom Bundesgericht in der Vergangenheit ebenfalls als werkvertragliche Leistung qualifiziert worden (BGE 114 II 53/55 E. 2b; 109 II 462/465 E. 3c; BGE 127 III 543/545 E. 2a). In BGE 134 III 361/363 ff. E. 5 f. geht das Bundesgericht von einem Auftragsverhältnis aus, ohne sich mit der früheren Rechtsprechung auseinanderzusetzen (vgl. Gauch/Middendorf, Von den Planerverträgen, Rz. 1.34).

Anmerkung 5

5.1 Die Norm verweist bezüglich des Werkbegriffs auf das Gesetz. Insofern ist bei Auslegungsschwierigkeiten in erster Linie auf Lehre und Rechtsprechung zum gesetzlichen Werkvertragsrecht (zu Art. 363 – 379 OR) abzustellen (GWerkV Rz. 201; Gauch/Schluep/Schmid, OR AT, Rz. 1209; BGE 108 II 149/151 ff. E. 2). Zum gesetzlichen Werkbegriff vgl. GWerkV Rz. 6ff.; Koller Alfred, Berner Kommentar, N 62ff. zu Art. 363 OR; Bühler Theodor, Zürcher Kommentar, N 44ff. zu Art. 363 OR; Hürlimann/Siegenthaler, Handkommentar Privatrecht, N 2 zu Art. 363 OR; Zindel/Pulver/Schott, Basler Kommentar, N 1ff. Vor Art. 363 – 379 OR sowie N 10ff. zu Art. 363 OR.

Der hier verwendete Werkbegriff ist zu unterscheiden von jenem nach Art. 58 OR (Werk- 5.2
eigentümerhaftung; dazu Vorbem. Art. 103 – 113/Rz. 12), wo unter «Werk» ein stabiler, mit der Erde direkt oder indirekt verbundener, künstlich hergestellter oder angeordneter Gegenstand verstanden wird (BGE 130 III 736/740 E. 1.1; 121 III 448/449 E. 2a; BGer 4A_235/2009 vom 13. Oktober 2009 E. 3.1; Kessler, Basler Kommentar, N 12 zu Art. 58 OR; Göksu, Präjudizienbuch, N 6 zu Art. 58 OR).

Anmerkung 6

«Ein ganzes Bauwerk» umschreibt hier ein aus verschiedenen Einzelwerken bestehendes 6
Gesamtwerk, das einem einzelnen Bauunternehmer zur Ausführung (sprich: Herstellung und Ablieferung) übertragen wird. Die Terminologie innerhalb der SIA-Norm 118 ist uneinheitlich. Vereinzelt wird «Bauwerk» als Synonym für das vom Bauunternehmer geschuldete Bauwerk bezeichnet, unabhängig davon, ob die betreffende Werkleistung von einem oder von mehreren Unternehmern zu einem Gesamtbauwerk zusammenzufügen ist (GWerkV Rz. 209).

Anmerkung 7

Die SIA-Norm 118 unterscheidet grundsätzlich nicht zwischen Hoch- und Tiefbauten. 7
Immerhin enthalten Art. 9 Abs. 1 oder etwa Art. 135 Bestimmungen, die sich vorrangig und/oder ausschliesslich mit Hochbauten befassen.

Anmerkung 8

Das Werk, zu dessen Herstellung und Ablieferung sich der Unternehmer verpflichtet hat, 8
kann auch Teil eines (grösseren) Bauwerks sein, zu dessen Errichtung weitere Unternehmer beitragen. Zum Begriff des Neben- oder Teilunternehmers vgl. Art. 30/Rz. 1. Ob der Unternehmer ein Gesamt- oder bloss ein Teilwerk schuldet, bestimmt sich anhand der mit dem Besteller getroffenen Vereinbarung (vgl. Vorbem. Art. 28 – 32/Rz. 10 und 15).

Anmerkung 9

Dafür wird auch der Begriff «Ausbaugewerbe» verwendet. Für die Abgrenzung zum Bau- 9
hauptgewerbe wird in der Praxis auf den Landesmantelvertrag für das schweizerische Bauhauptgewerbe (LMV) abgestellt, der auf das Kriterium «Gepräge Bauhauptgewerbe» abstellt, um den betrieblichen Geltungsbereich zu umreissen. Nach diesem Kriterium gelten die dem LMV unterstehenden und dort abschliessend aufgeführten Arbeitsgattungen als Bauhauptgewerbe, während die übrigen Gattungen zum Ausbaugewerbe gezählt werden (siehe auch Art. 65/Rz. 7 und 9).

Anmerkung 10

10.1 Absatz 2 stellt klar, dass nicht allein die Neuherstellung einer Sache vom Werkbegriff erfasst wird, sondern auch das Ergebnis von Arbeiten an einer vorhandenen Sache (GWerkV Rz. 28; Koller Alfred, Berner Kommentar, N 91 zu Art. 363 OR), namentlich indem ihre Eigenschaften durch Vergrösserung, Verbesserung, Renovation oder in anderer Weise (z.B. durch Rückbau) verändert werden (BGE 130 III 458/461 E. 4).

10.2 Die im Rahmen der Revision 2013 angepasste Aufzählung («Ausbesserungs-, Umbau- oder *Rückbau*arbeiten») hat bloss terminologische Bedeutung, da heute statt von Abbruch meist von Rückbau die Rede ist. Als weitere werkvertragliche Bauleistungen gelten etwa auch Montage-, Reparatur-, Erneuerungs-, Verpackungs- oder Reinigungsarbeiten (BGE 130 III 458/461 E. 4; 113 II 421/421 E. 1; GWerkV Rz. 28 f. mit weiteren Beispielen).

1 12 Werkvertrag

Art. 2

[1] Die entgeltliche [1] Ausführung einer Bauarbeit [2] für einen anderen [3], den Bauherrn [4], erfolgt auf Grund eines Werkvertrages [5]. Der Bauherr ist Besteller, der Ausführende ist Unternehmer [6] im Sinne des Art. 363 OR [7].

[2] Die Bestimmungen der Art. 363–379 OR sind auf den Vertrag anzuwenden [8], soweit nicht die Vertragsparteien durch Übernahme [9] dieser Norm [10] oder durch andere Abreden [11] etwas Abweichendes vereinbaren [12].

Art. 2 (1977/91)

[1] Die entgeltliche Ausführung einer Bauarbeit für einen andern, den Bauherrn, erfolgt auf Grund eines Werkvertrages. Der Bauherr ist Besteller, der Ausführende ist Unternehmer im Sinne des Art. 363 OR.

[2] Die Bestimmungen der Art. 363–379 OR sind auf den Vertrag anzuwenden, soweit nicht die Vertragspartner durch Übernahme dieser Norm oder durch andere Abreden rechtsgültig etwas Abweichendes vereinbaren.

Anmerkung 1

1.1 Die Entgeltlichkeit ist ein gesetzliches Merkmal des Werkvertrags, wobei zwischen der Leistung des Bestellers (Werklohn) und der Gegenleistung des Unternehmers (Herstellung des Werks) ein Austauschverhältnis bestehen muss (BGE 127 III 519/523 E. 2b; 122 III 10/14 E. 3). Ergibt die Auslegung des Vertrags, dass ein Unternehmer die Herstellung eines Werks unentgeltlich übernommen hat, liegt ein werkvertragsähnlicher Innominatkontrakt vor (GWerkV Rz. 115; Koller Alfred, Berner Kommentar, N 51 zu Art. 363 OR; Zindel/Pulver/Schott, Basler Kommentar, N 6 zu Art. 363 OR). Zur Rechtslage, wenn sich ein Unternehmer zur unentgeltlichen Herstellung eines Werks verpflichtet hat, vgl. GWerkV Rz. 115 und 318.

Der Unternehmer trägt im Regelfall die *Beweislast,* wenn streitig ist, ob und in welcher Höhe eine Vergütung vereinbart wurde (BGE 127 III 519/522 E. 2a; BGer 4C.374/2004 vom 13. April 2005 E. 4.1; GWERKV Rz. 112 und 1013 ff.). Wenn die geschuldete Herstellung des Werks nach den Umständen nur gegen eine Vergütung zu erwarten war, wovon bei einer rechtsgültigen Übernahme der SIA-Norm 118 ausgegangen werden kann, besteht eine natürliche (widerlegbare) Vermutung, dass stillschweigend Entgeltlichkeit vereinbart wurde (vgl. KUMMER, Berner Kommentar, N 363 ff. zu Art. 8 ZGB; GWERKV Rz. 111b f.; SPIESS/HUSER, Handkommentar, N 35 zu Art. 2). Entgeltlichkeit ist die Regel, wenn die Geschäfts- oder Dienstleistung «berufsmässig» erbracht wird, unabhängig davon, ob die SIA-Norm 118 vereinbart wurde (BGer 4C.261/2005 vom 9. Dezember 2005 E. 2.1). Die Einzelheiten der Vergütungspflicht werden in den Art. 38 ff. geregelt. 1.2

Anmerkung 2

Zur «Ausführung einer Bauarbeit» vgl. Art. 1/Rz. 2 und 3. 2

Anmerkung 3

Der Unternehmer ist regelmässig «für einen anderen» tätig. Auch in der Baupraxis gilt, dass niemand mit sich selbst einen Vertrag abschliessen kann (GAUCH/SCHLUEP/SCHMID, OR AT, Rz. 300). Verbreitet sind allerdings (Subunternehmer-)Werkverträge, bei denen eine Arbeitsgemeinschaft im Sinne von Art. 530 ff. OR (vgl. Art. 28/Rz. 7.1 ff.), bestehend aus mehreren Unternehmern, mit einem der Gesellschafter einen Subunternehmervertrag über einzelne Arbeiten abschliesst (Vorbem. Art. 28 – 32/Rz. 6). Es handelt sich dabei um Leistungen der Gesellschafter aus sogenannten Drittgeschäften, in casu aus Werkvertrag. Diese Leistungen hängen zwar weder unmittelbar mit der Förderungspflicht des Art. 530 Abs. 1 OR noch mit der Beitragspflicht des Art. 531 Abs. 1 OR zusammen, werden aber dennoch oft vom Gesellschaftsverhältnis überlagert (eingehender dazu FELLMANN/MÜLLER KARIN, Berner Kommentar, N 22 ff. zu Art. 531 OR). 3

Anmerkung 4

Der «Bauherr» ist der Besteller eines Bauwerks. Der Ausdruck Bauherr ist indessen mehrdeutig. In der Fachsprache wird unter diesem Terminus ausschliesslich der «Herr des gesamten Baugeschehens» verstanden, von dem das Bauvorhaben ausgeht (vgl. GWERKV Rz. 208). Ein Unternehmer, der im eigenen Namen Werkvertragsarbeiten an Subunternehmer (Art. 29) weitervergibt, ist nach diesem Sprachgebrauch kein Bauherr (zur Terminologie vgl. auch Art. 29/Rz. 2 f.). Anders jedoch ist der Sprachgebrauch der Norm, die jeden Besteller (unabhängig welcher Vergabestufe) eines Bauwerks im Sinne von Art. 363 OR als Bauherrn bezeichnet (BGer 4A_580/2012 vom 18. Februar 2013 E. 5.2.1). Im Einzelnen: 4.1

a) Bauherr im Sinne der Norm kann auch ein General- oder Totalunternehmer (vgl. Art. 33 Abs. 4; Vorbem. Art. 28 – 32/Rz. 28 ff.) sein, der Arbeiten, die er dem Hauptbesteller schuldet, seinerseits an Dritte (Subunternehmer) weitervergibt (vgl. zu diesen Begriffen GWERKV Rz. 222 ff. und 233 ff.). Wer in einem Vertrag, in den die SIA-Norm 118 integriert wurde, als Bauherr bezeichnet wird, ist auch Besteller (BGer 4A_580/2012 vom 4.2

18. Februar 2013 E. 5.2.1). Kommt die SIA-Norm 118 auf den Subunternehmervertrag zur Anwendung, müssen die Parteibezeichnungen («Bauherr»/«Unternehmer») sinngemäss den tatsächlichen Gegebenheiten angepasst werden.

4.3 b) Bauherr im Sinne der Norm können natürliche oder juristische Personen (z.B. eine Immobilienaktiengesellschaft, eine Bank oder eine Versicherung), aber auch eine rechtsfähige Personengesellschaft (Kollektiv- oder Kommanditgesellschaft) oder ein sogenanntes Bauherrenkonsortium sein, das sich als einfache Gesellschaft im Sinne von Art. 530 ff. OR konstituiert.

4.4 c) Bauherr im Sinne der Norm kann auch eine Person des öffentlichen Rechts sein (BGE 124 III 337/338 ff. E. 6; 119 Ia 424 ff.; 116 Ib 367 ff.; 114 II 335 ff.). Dass ein Gemeinwesen (der Bund, ein Kanton, eine Gemeinde oder sonstige Einrichtungen [z.B. eine Stiftung]) als öffentlicher Bauherr beteiligt ist, ändert nichts an der privatrechtlichen Natur des betreffenden Vertrags (vgl. Art. 2/Rz. 8.4; GWerkV Rz. 211 ff.; Schumacher, Der Staat, S. 59; ders., Vertragsgestaltung für grosse Infrastrukturbauten, S. 4; ders., Vertragsgestaltung, Rz. 1750 ff.).

4.5 d) Bauherr im Sinne der SIA-Norm 118 kann schliesslich auch ein Privater («Einmalbauherr») sein, der unter Umständen und je nach Auslegung als Konsument im Sinne von Art. 8 UWG gilt (Aeschimann, Art. 8 UWG, Rz. 9; Stöckli, Der neue Art. 8 UWG, S. 186 ff.). Von Bedeutung ist das für die Frage, ob Allgemeine Geschäftsbedingungen, die in einem Bauwerkvertrag verwendet werden, im Licht des Art. 8 UWG beurteilt werden können oder ob dafür lediglich die allgemeinen Behelfe (vor allem die Ungewöhnlichkeitsregel) zur Verfügung stehen.

Anmerkung 5

5 Die Bestimmung geht zutreffend davon aus, dass «die entgeltliche Ausführung einer Bauarbeit» in aller Regel aufgrund eines Werkvertrags im Sinne der Art. 363–379 OR erfolgt. Unerwähnt bleibt, dass die entgeltliche Ausführung einer Bauarbeit im Einzelfall aufgrund der besonderen Umstände auch Gegenstand eines anderen gesetzlichen Vertragstypus (z.B. Gegenstand eines Einzelarbeitsvertrags im Sinne der Art. 319 ff. OR) sein kann oder als Innominatkontrakt (z.B. wenn der Werkvertrag auf Dauer angelegt ist) qualifiziert werden muss (allgemein zu den werkvertragsähnlichen Innominatkontrakten GWerkV Rz. 317). Die Qualifikation eines Vertragsverhältnisses richtet sich nach dem vereinbarten Vertragsinhalt (vgl. Jäggi/Gauch/Hartmann, Zürcher Kommentar, N 232 und 241 zu Art. 18 OR; GWerkV Rz. 12). Die rechtliche Qualifikation eines Vertrags ist dem Parteiwillen entzogen (BGE 99 II 313 ff.; 84 II 493/496 f. E. 2; Becker, Berner Kommentar, N 26 zu Art. 18 OR; Kramer/Schmidlin, Berner Kommentar, N 84 zu Art. 18 OR; Jäggi/Gauch/Hartmann, Zürcher Kommentar, N 241 zu Art. 18 OR). Vor diesem Hintergrund ist der subsidiäre Verweis (in Abs. 2) auf die Bestimmungen der Art. 363–379 OR zu relativieren: Diese Bestimmungen finden nur insoweit Beachtung, als nicht andere gesetzliche Vorschriften zur Anwendung kommen und soweit dem Vertrag überhaupt schweizerisches Werkvertragsrecht zugrunde liegt. Oder anders gesagt: Die SIA-Norm 118 kann auch vertraglich übernommen werden und anwendbar sein, ohne dass Art. 363–379 OR ergänzend Anwendung finden.

Anmerkung 6

a) «Unternehmer» im Sinne der Norm ist jedermann, der sich zur entgeltlichen Ausführung und Ablieferung einer Bauarbeit verpflichtet, sofern er nicht in der Stellung eines abhängigen Arbeitnehmers tätig wird. Dass ein Unternehmer die Herstellung und Ablieferung eines Werks gewerbsmässig übernimmt, spielt weder für das Vorliegen eines Werkvertrags im Sinne der gesetzlichen Bestimmungen noch für die Übernahme der SIA-Norm 118 eine Rolle (vgl. GWerkV Rz. 11). Zu ergänzen bleibt: 6.1

- Unternehmer im Sinne der Norm kann auch ein Mieter sein, der sich gegenüber seinem Vermieter zum Ausbau der Mietsache verpflichtet (vgl. GWerkV Rz. 11), bzw. ein Stockwerkeigentümer, der seine Stockwerkeinheit umbauen möchte, oder ein öffentliches Gas- und Wasserwerk, das sich in einem privaten Werkvertrag mit dem Bauherrn zur Erstellung eines Wasseranschlusses verpflichtet hat (vgl. GWerkV Rz. 207 unter Hinweis auf AppGer BS vom 19. August 1976 = BJM 1977, S. 67 f. = BR/DC 1980, S. 29, Nr. 12). 6.2
- Unternehmer im Sinne der Norm können natürliche oder juristische Personen, aber auch eine rechtsfähige Personengesellschaft (Kollektiv- oder Kommanditgesellschaft) sein. In der Baupraxis verbreitet ist zudem der Zusammenschluss von mehreren Personen zu einer Arbeitsgemeinschaft (ARGE), zuweilen auch Konsortium genannt (im Sinne einer einfachen Gesellschaft der Art. 530 ff. OR; vgl. Art. 28/Rz. 2). 6.3

b) Unternehmer im Sinne der Norm kommen in verschiedenen Erscheinungsformen vor (siehe auch Vorbem. Art. 28–32/Rz. 1 ff.): 6.4

- Der Unternehmer kann Teil-, General- oder Totalunternehmer sein (vgl. GWerkV Rz. 217 ff.). Teilunternehmer sind nach der Terminologie der Norm Nebenunternehmer (vgl. Art. 30). 6.5
- Ein Architekt oder Ingenieur kann, soweit er nicht in seiner angestammten Funktion tätig ist, sondern die entgeltliche Ausführung von Bauarbeiten übernommen hat, ebenfalls ein Unternehmer im Sinne der Norm sein (vgl. GWerkV Rz. 207 und 240 ff.). 6.6
- Zum Unternehmerkonsortium (Arbeitsgemeinschaft) siehe Art. 28, ferner vgl. die Ausführungen bei GWerkV Rz. 243 ff. 6.7
- Unternehmer im Sinne der Norm ist zunächst der Vertragspartner des Bauherrn. Insoweit ist die SIA-Norm 118, was die Bezeichnung der Vertragspartner betrifft, nicht auf *Subunternehmerverträge* zugeschnitten (Art. 2/Rz. 4.1; GWerkV Rz. 274). Da aber der Subunternehmer unbestrittenermassen ein Werkunternehmer im Sinne der Art. 363 ff. OR ist, kann die SIA-Norm 118 auch in einem Subunternehmervertrag gültig vereinbart werden. Alsdann müssen die Bezeichnungen («Bauherr»/«Unternehmer») sinngemäss den tatsächlichen Gegebenheiten angepasst werden. Der Subunternehmer ist alsdann der «Unternehmer» im Sinne der Norm (vgl. Art. 29); der Arbeiten und Lieferungen bestellende (Haupt-)Unternehmer gilt für die Verhältnisse zum Subunternehmer als «Bauherr» (vgl. auch Art. 2/Rz. 4.2). Zum Subunternehmervertrag vgl. Vorbem. Art. 28–32/Rz. 10; Art. 29. 6.8

6.9 c) Die SIA-Norm 118 passt auf einzelne Arten des Bauwerkvertrags besser als auf andere (GWerkV Rz. 272). Im Einzelnen:

6.10 – Die Aussage, dass die SIA-Norm 118 eher auf Verträge mit Einzelunternehmern (Nebenunternehmer nach Art. 30) zugeschnitten sei als auf *Verträge mit General- oder Totalunternehmern,* ist aus historischer Sicht nachvollziehbar, da die Bautätigkeit mit einem General- oder einem Totalunternehmer bei der grossen Revision Anfang der 1970er-Jahre in der Tat noch nicht die heutige Verbreitung hatte. Immerhin enthält bereits die aSIA-118 verschiedene Bestimmungen, die sich explizit mit dem Verhältnis eines (General- oder Total-)Unternehmers zum Subunternehmer befassen (vgl. Art. 29). Auf General- und Totalunternehmerverträge kommen heute die Bestimmungen der SIA-Norm 118 regelmässig zur Anwendung, wenn auch zuweilen nur nachrangig zum SIA-Formularvertrag Nr. 1025 oder zu den Allgemeinen Vertragsbedingungen von «Entwicklung Schweiz», dem vormaligen Verband Schweizerischer Generalunternehmer (VSGU). Die gewählte Rangreihenfolge (Vorrang dieser Bestimmungen gegenüber der SIA-Norm 118) erklärt sich allerdings weniger aus dem Umstand, dass die SIA-Norm 118 nicht passen würde (a.M. Huber/Schwendener, Der Generalunternehmervertrag, Rz. 59 ff.), als vielmehr aus dem Bestreben, die Rechtsposition des Generalunternehmers zu stärken. Auch auf den Totalunternehmer-Werkvertrag kann die SIA-Norm 118 integral, zuweilen auch nur in Bezug auf einzelne Kapitel (z.B. Kapitel 6 «Abnahme des Werkes und Haftung für Mängel») für anwendbar erklärt werden. Ob die unbesehene Übernahme der SIA-Norm 118 auf TU-Verträge im Einzelfall passt, hängt massgeblich davon ab, in welchem Planungsstand und mit welchem Detaillierungsgrad der Bauherr dem Totalunternehmer das Projekt übertragen will.

6.11 – Die SIA-Norm 118 basiert auf der Grundannahme (Einl./Rz. 16), dass der Bauherr ein ausführungsreifes (in der Regel baubewilligtes) Projekt (Art. 5 Abs. 1) und Ausschreibungsunterlagen mit detailliertem Leistungsverzeichnis (Art. 8) vorlegt (Hürlimann, Die SIA-Norm 118 – Lücken und Tücken, S. 54 f.). Von daher lässt sich sagen, dass die SIA-Norm 118 jedenfalls auf den «klassischen» Totalunternehmer-Vertrag, bei welchem der Totalunternehmer verpflichtet wird, ein eigenes Projekt aufgrund einer noch unfertigen Vorstellung des Bauherrn oder aufgrund blosser Skizzen zu realisieren, nicht ideal zugeschnitten ist (auch Präambel/Rz. 12) und die Übernahme von Kapiteln oder einzelnen Bestimmungen aus der SIA-118 daher einer sorgfältigen Vertragsgestaltung bedarf.

6.12 – Von einer unbesehenen, integralen Übernahme der SIA-Norm 118 abzuraten ist insbesondere, wenn der Bauherr auf eine konventionelle Ausschreibung (mit ausführungsbereitem Projekt und detailliertem Leistungsbeschrieb) verzichtet und stattdessen funktional ausschreibt, indem er den Vertragsinhalt ergebnisorientiert anhand eines Anforderungskatalogs oder bestimmter Leistungswerte definiert. Die Realisierung von Bauvorhaben, die auf einer Ausschreibung mit funktionalem Leistungsbeschrieb basieren, lässt sich in aller Regel nicht ohne Schwierigkeiten mit den Bestimmungen der SIA-Norm 118 kombinieren. Schwierigkeiten können sich namentlich dann ergeben, wenn der Bauherr mit der funktionalen Leistungsbeschreibung nicht nur die Pauschalierung der Vergütung bezweckt, sondern mit dem vereinbarten Fixpreis (pauschal oder global) zugleich die Erbringung sämtlicher zur Projektrealisierung erforderlichen Leistungen verlangt. Dies geschieht häufig in Form einer Komplettheits- oder Vollständigkeitsklausel, worin der Unternehmer zur Ausführung sämtlicher Leistungen verpflichtet werden soll, ungeachtet dessen, ob diese in der Ausschreibung beschrieben waren oder nicht (GWerkV Rz. 909; Hürlimann, Die SIA-Norm 118 – Lücken und Tücken, S. 54; Schumacher, Die Vergütung, Rz. 136). Vgl. auch Vorbem. Art. 3 – 22/Rz. 24 f.

Anmerkung 7

Vgl. Art. 1/Rz. 5.1. 7

Anmerkung 8

a) Der Verweis auf «die Bestimmungen der Art. 363 – 379 OR» ist in mehrfacher Hinsicht 8.1
unvollständig und missverständlich:

- Zum einen können (mangels vorrangiger Vertragsklauseln) auch andere gesetzliche 8.2
  Bestimmungen (z.B. jene aus dem Allgemeinen Teil des OR) anwendbar sein, also nicht nur (oder gerade nicht) die Bestimmungen von Art. 363 – 379 OR (vgl. dazu Art. 2/Rz. 5).
- Zum andern lässt der Verweis unerwähnt, dass die Bestimmungen der Norm mangels 8.3
  anderer Anhaltspunkte auch dann nach dem Sinngehalt der gesetzlichen Bestimmungen auszulegen sind, wenn diese lediglich eine Gesetzesbestimmung wiederholen (GWerkV Rz. 292 i.V.m. Rz. 201 mit Verweis auf Tercier, Urteilsanmerkung, in: BR/DC 1983, S. 55, Nr. 38).

b) Die gesetzlichen Bestimmungen finden auch dann Anwendung, wenn das Gemein- 8.4
wesen (der Bund, ein Kanton oder eine Gemeinde) als öffentlicher Bauherr am Werkvertrag beteiligt ist (vgl. Art. 2/Rz. 4.4). Ein öffentlicher Bauherr bleibt wie ein Privater an die rechtsgültig übernommenen werkvertraglichen Bestimmungen gebunden, soweit sich aus öffentlich-rechtlichen Vorschriften nicht etwas anderes ergibt (vgl. BGE 124 III 337/338 ff. E. 6; 116 Ib 367 ff.; 114 II 335 ff.; 108 II 305 ff. = BR/DC 1983, S. 30 ff.; GWerkV Rz. 211).

Anmerkung 9

Die «Übernahme» besteht in der (ausdrücklichen oder konkludenten) *Abrede unter den* 9.1
Vertragspartnern, dass die SIA-Norm 118 ganz oder z.T. als Inhalt des Vertrags gelten soll (BGer 4C.261/2005 vom 9. Dezember 2005 E. 2.3; BGer 4C.282/2003 vom 15. Dezember 2003 E. 3.1). Ein Anhaltspunkt für eine stillschweigende Übernahme besteht darin, dass Bauherr und Unternehmer bereits bei früheren Geschäftsbeziehungen gleichartige Werkverträge mit denselben Allgemeinen Geschäftsbedingungen (SIA-Norm 118) abgeschlossen haben und dem Bauherrn die SIA-Norm 118 bekannt ist (BGer 4C.261/2005 vom 9. Dezember 2005 E. 2.4). Erfolgt die Abrede durch blossen Verweis (vgl. BGE 119 II

443/445 E. 1; 108 II 416/418 f. E. 1a; 94 II 197/202 E. 6 f.; GWerkV Rz. 194 und 284), so handelt es sich um eine allenfalls unverbindliche Globalübernahme (Übernahme durch Globalerklärung), «soweit eine Partei den Inhalt der SIA-Norm nicht zur Kenntnis nimmt, nicht überlegt oder nicht versteht» (vgl. BGE 135 III 1/6 ff. E. 2; 119 II 443/445 f. E. 1a; 108 II 416/418 E. 1b; 93 II 211/316 E. 3b; 64 II 355/357 E. 2; BGer 4C.282/2003 vom 15. Dezember 2003 E. 3.1; ferner GWerkV Rz. 194). Dies trifft etwa dann zu, wenn in der Vertragsurkunde (siehe Art. 20/Rz. 2.1 ff.) lediglich auf die SIA-Norm 118 verwiesen wird, ohne dass eine Partei in zumutbarer Weise Gelegenheit hatte, sich vom Inhalt der Norm Kenntnis zu verschaffen (BGE 77 II 154/156 E. 4). Auf diese (Schutz-)Regel, welche sich generell bei AGB herausgebildet hat, wird sich der Bauherr bei fraglicher Anwendbarkeit der SIA-Norm 118 aber wohl in den wenigsten Fällen berufen können, wenn man die einfache Verfügbarkeit der Norm berücksichtigt (Stöckli, Private Baunormung, S. 5).

9.2 a) In Ausnahmefällen kann es vorkommen, dass einzelne Bestimmungen der SIA-Norm 118 trotz Übernahme keine Geltung erlangen, etwa dann, wenn eine (übernommene) Vertragsklausel ungewöhnlich ist. Die *Ungewöhnlichkeitsregel* besagt nach der Rechtsprechung, dass einer global übernommenen (nicht individuell ausgehandelten) Vertragsklausel dann die Wirksamkeit versagt bleibt, wenn eine global zustimmende Partei nicht damit gerechnet hat und aus ihrer Sicht zur Zeit des Vertragsabschlusses vernünftigerweise auch nicht mit einer solchen Klausel rechnen musste (GWerkV Rz. 197 und 286; Gauch/Schluep/Schmid, OR AT, Rz. 1136 ff.; Kramer/Probst/Perrig, AGB-Recht, Rz. 173 ff.). So hat das Bundesgericht in BGE 109 II 452/457 ff. E. 5 entschieden, dass ein unerfahrener Bauherr, der erstmals baute («Branchenfremder»), im konkreten Fall nicht damit rechnen musste, dass die Prüfung der Schlussabrechnung durch die Bauleitung nach Massgabe von Art. 154 Abs. 3 eine Genehmigungsfiktion begründet (zur Genehmigungsfiktion Art. 154/Rz. 25.1 ff.; zu deren Ungewöhnlichkeit Art. 34/Rz. 6.2 und Art. 154/Rz. 24.4). In BGer 4A_538/2011 vom 9. März 2012 E. 2.4 konnte das Bundesgericht offenlassen, ob sich ein Bauherr auf die Ungewöhnlichkeit von Art. 154 Abs. 3 berufen kann, wenn der Werkvertrag vom beauftragten Architekten abgeschlossen wurde. Aus dem Prozessverhalten des Unternehmers ergab sich, dass dieser selbst die Bedeutung des Prüfungsbescheids (Genehmigungsfiktion) nicht erfasst hatte.

9.3 b) In der Schweiz fehlt es an einem Gesetz, welches eine generell-abstrakte Inhaltskontrolle gewährleistet. Immerhin sind vorformulierte Bestimmungen und damit auch die SIA-Norm 118 zusätzlich unter dem Gesichtspunkt des Bundesgesetzes gegen den unlauteren Wettbewerb (UWG) zu prüfen (vgl. Thouvenin, Basler Kommentar, N 60 ff. zu Art. 8 UWG). So handelt nach dem 2011 revidierten Art. 8 UWG unlauter, wer «missbräuchliche Geschäftsbedingungen» verwendet; der Tatbestand besteht darin, dass jemand «allgemeine Geschäftsbedingungen verwendet, die in Treu und Glauben verletzender Weise zum Nachteil der Konsumentinnen und Konsumenten ein erhebliches und ungerechtfertigtes Missverhältnis zwischen den vertraglichen Rechten und den vertraglichen Pflichten vorsehen». Die Tragweite der revidierten Bestimmung ist beschränkt, da sie höchstens auf Verträge mit Einmalbauherren (Art. 2/Rz. 4.5) anwendbar ist, in welche die SIA-Norm 118 übernommen wurde. Zu Art. 8 UWG und seiner Bedeutung für den Umgang mit der SIA-Norm 118 vgl. Einl./Rz. 32.

c) Zu beachten ist ferner das Kartellgesetz (KG): Nach Art. 7 Abs. 2 lit. c KG ist es einer marktbeherrschenden Unternehmung untersagt, von Bewerbern auf der Marktgegenseite «unangemessene Preise oder sonstige unangemessene Geschäftsbedingungen» zu erzwingen. Das Kriterium der Unangemessenheit erlaubt eine relativ umfassende Inhaltskontrolle, allerdings nur in Fällen, in denen die Vertragsgestaltung durch eine marktbeherrschende Partei veranlasst wurde. Zumindest im Bereich der grossen Infrastruktur-Projekte sind auch Bund und Kantone als marktmächtig einzustufen (Denzler, AGB der öffentlichen Hand, S. 233 ff.). 9.4

Anmerkung 10

Die Vertragspartner können die SIA-Norm 118 *ganz* (d.h. Art. 1 – 190) oder nur *teilweise* übernehmen (z.B. bloss die Regeln über die Mängelhaftung). Möglich und zulässig ist es auch, dass die Parteien neben oder anstelle der SIA-Norm 118 «die übrigen Normen des SIA» (vgl. Art. 21 Abs. 1 Lemma 3 Ziff. 5 lit. b) sowie die «Normen anderer Fachverbände» (vgl. Art. 21 Abs. 1 Lemma 3 Ziff. 5 lit. c) übernehmen. Ein verbindlicher Verweis setzt im Regelfall allerdings voraus, dass auf diese sogenannten «weiteren Normen» im Werkvertrag explizit verwiesen wird. 10.1

Zur SIA-Norm 118 tritt seit 2004 eine neue Normenreihe, die sogenannten *ABB* «Allgemeinen Bedingungen Bau» (Einl./Rz. 2, Fn. 3), darunter die Allgemeinen Bedingungen für Untertagbau (SIA-Norm 118/198), für Betonbau (SIA-Norm 118/262), für Stahlbau (SIA-Norm 118/263), für Holzbau (SIA-Norm 118/265), für Mauerwerk (SIA-Norm 118/266) oder für geotechnische Arbeiten (SIA-Norm 118/267). Diese neuen Normenreihen bedürfen zu ihrer Verbindlichkeit ebenfalls der vertraglichen Übernahme (vgl. Art. 2/Rz. 9.1; explizit Stöckli, Private Baunormung, S. 14 f.), zumindest soweit die Normen nicht schon deswegen Gültigkeit haben, weil sie den anerkannten Stand der Technik reflektieren (GWerkV Rz. 850). Eine umfassende Übersicht zu wichtigen Einzelpunkten, die vor einer Übernahme der ABB zu bedenken sind, findet sich bei Stöckli, Private Baunormung, S. 18 ff. 10.2

Anmerkung 11

«Andere Abreden» sind vertragliche Abmachungen ausserhalb der SIA-Norm 118. Generell gilt, dass abweichende *individuelle* Abreden den Allgemeinen Geschäftsbedingungen, somit auch der SIA-Norm 118, in jedem Fall vorgehen (vgl. BGE 123 III 35/44 E. 2c/bb; 93 II 317/325 f. E. 4b; BGer 4C.420/2006 vom 3. August 2007 E. 4; GWerkV Rz. 196, 286 und 288; Gauch/Schluep/Schmid, OR AT, Rz. 1131; Tercier/Favre/Carron Benoît, Les contrats spéciaux, Rz. 4194). Selbstverständlich können die Vertragspartner in den Schranken der Rechtsordnung (Art. 19 und 20 OR) auch «andere Abreden» treffen bzw. auf solche verweisen. In der Baupraxis haben denn auch verschiedene Berufsverbände (z.B. «Entwicklung Schweiz» und weitere) oder Interessengruppen (z.B. der Hauseigentümerverband HEV oder etwa die IPB Interessengemeinschaft Professioneller Bauherren und weitere) die Gelegenheit benutzt, um auf der Basis der SIA-Norm 118 für ihre Mit- 11.1

glieder standardisierte vorrangige Geschäftsbedingungen zu verfassen. Zur Rangordnung der Vertragsbestandteile und zu den Widerspruchsregeln vgl. Art. 7 Abs. 3 sowie Art. 21 f.

11.2 Bei Werkverträgen mit der öffentlichen Hand werden häufig die KBOB-Mustervorlagen verwendet, welche die «Koordinationskonferenz der Bau- und Liegenschaftsorgane der öffentlichen Bauherren» zur Verfügung stellt. Integrierender Bestandteil des Modell-Werkvertrags der KBOB sind unter anderem die SIA-Norm 118 sowie die spezifizierenden Allgemeinen Bedingungen Bau (ABB) der SIA. Eine Übersicht der verfügbaren Mustervorlagen «entlang des Beschaffungsablaufs» findet sich auf www.kbob.admin.ch.

Anmerkung 12

12 Gemeint sind rechtsgültige Abweichungen vom Gesetz, auch wenn bei der Revision 2013 das Wort «rechtsgültig» gestrichen wurde. Rechtsgültig können abweichende Vereinbarungen nur in den Schranken der Rechtsordnung getroffen werden (vgl. Art. 19 f. OR). Die Mehrzahl der gesetzlichen Bestimmungen, welche mangels besonderer Abrede auf bauwerkvertragliche Vertragsverhältnisse zur Anwendung kommen, namentlich auf die gesetzliche Haftungsordnung nach Werkvertragsrecht, enthält jedoch nachgiebiges (dispositives), das heisst nicht zwingendes Recht (OGer ZH vom 20. Juni 1975 E. 4b = ZR 1975, S. 232, Nr. 75 bezüglich der Mängelhaftung des Unternehmers), weshalb «Abweichendes» in der Regel rechtsgültig vereinbart werden kann.

1 2 Abschluss des Werkvertrages

Vorbemerkungen zu Art. 3 – 22

1 a) Die Art. 3 – 22 regeln das Zustandekommen des Bauwerkvertrags. Es handelt sich um *Abschlussbestimmungen* (GWerkV Rz. 267 und 295 ff.). Zur Verbindlichkeit der Abschlussbestimmungen für den Bauherrn und die Unternehmer vgl. Einl./Rz. 27 und GWerkV Rz. 295 ff. und 482 ff. Zu beachten ist aber Art. 4 Abs. 4.

2 Die SIA-Norm 118 unterscheidet zwei Hauptetappen für das Zustandekommen des Vertrags: Die Anbahnung des Vertrags in Form des Ausschreibungsverfahrens (Art. 3 Abs. 2 und Art. 4 – 18) und den Abschluss des Werkvertrags (Art. 3 Abs. 1 und 3 sowie Art. 19 – 22). Die Ergänzungen und Abänderungen des Vertrags sind in Art. 27 und Art. 84 – 91 geregelt.

3 b) Die Art. 3 – 22 enthalten Einzelregeln zur Ausschreibung, insbesondere über deren Vorbereitung (Art. 4 – 6) und über die Informationen, die der Bauherr den anbietenden Unternehmern, namentlich in Bezug auf die Beschreibung der von ihnen zu erbringenden Leistungen, zu vermitteln hat (Art. 7 – 14). Art. 7 Abs. 3, Art. 21 und Art. 22 Abs. 4 enthalten Widerspruchsregeln.

4 Zu wichtigen Aspekten dieses Verfahrensabschnitts enthält die Norm keine Angaben. So zum Verhalten des ausschreibenden Bauherrn und des anbietenden Unternehmers in

der Phase der Verhandlungen (vgl. GWerkV Rz. 434 ff.), zu den Vergaberegeln, Zuschlagskriterien, zum Abbruch und Wiederholung der Ausschreibung.

Auch im OR wird das Submissionsverhältnis nicht besonders geregelt (GWerkV Rz. 476). 5

c) Zahlreiche *Verhaltensregeln* in diesem vorvertraglichen Verhältnis ergeben sich aber aus dem Gebot des Handelns *nach Treu und Glauben* gemäss Art. 2 ZGB (GWerkV Rz. 474 ff., 434 ff. und 494). Verstösst eine Verhandlungspartei gegen dieses Gebot, so kann sie der anderen für den dadurch entstehenden Schaden aus «culpa in contrahendo» haftbar werden (GWerkV Rz. 435 ff.). Weitere Verhaltensregeln ergeben sich aus dem Bundesgesetz gegen den unlauteren Wettbewerb (UWG) und aus dem Kartellgesetz (KG). Demnach hat der Bauherr: 6

- alle anbietenden Unternehmer rechts- und chancengleich zu behandeln (GWerkV Rz. 474); 7
- ernsthaft mit den anbietenden Unternehmern zu verhandeln (GWerkV Rz. 492 und 442); 8
- die bekannt gegebenen Vergaberegeln einzuhalten (GWerkV Rz. 494); 9
- von der Berücksichtigung eines ausschreibungswidrigen Angebots abzusehen (GWerkV Rz. 494); 10
- eine ausgeschriebene Arbeit nicht ohne sachlich vernünftigen Grund an einen Nicht-Submittenden zu vergeben (GWerkV Rz. 494; vgl. auch Art. 24); 11
- Offerten, Pläne, Berechnungen, Projekt- und Ausführungsvarianten nicht unbefugt zu verwenden (GWerkV Rz. 441 und 499). 12

Dem Unternehmer ist untersagt: 13

- verdeckte Preisabsprachen zu treffen (GWerkV Rz. 450); 14
- Schmiergeld zu zahlen oder andere Vergünstigungen zu leisten (GWerkV Rz. 436 und 450); 15
- den Bauherrn zum Vertragsbruch zu verleiten, um selber den Werkvertrag abschliessen zu können (GWerkV Rz. 450). 16

Auch der Unternehmer hat mit dem Bauherrn ernsthaft zu verhandeln (GWerkV Rz. 442). 17

d) Das *Ausschreibungs-* und damit – nach Vertragsabschluss – das *Vertragsmodell,* das der SIA-Norm 118 zugrunde liegt, geht von einem Dreiecksverhältnis zwischen dem Bauherrn, seiner Bauleitung und dem Unternehmer aus (vgl. Einl./Rz. 17 ff.). Die Aufgaben (und damit die Verantwortlichkeiten) werden auf den Bauherrn mit seinen Planern und die einzelnen Unternehmer verteilt. Das *Vertragsmodell* ist durch folgende *Merkmale* gekennzeichnet: 18

- Der Bauherr klärt die örtlichen Gegebenheiten ab und erstellt ein weitgehend «ausführungsreifes» Projekt (Art. 5 und Art. 100; vgl. Einl./Rz. 16 sowie Art. 5/Rz. 2.1 f.). Er schreibt dementsprechend die Bauarbeiten aus (Art. 4 und Art. 6 – 14), vergibt sie (Art. 19 und Art. 22), leitet, koordiniert und überwacht die Erstellung des Bauwerks 19 durch die verschiedenen Unternehmer (Art. 34 und Art. 99 f.), prüft und genehmigt deren Rechnungen (Art. 144 ff. und Art. 154) und nimmt die fertiggestellten Arbeiten ab (Art. 157 ff.). In aller Regel zieht der Bauherr Planer (Architekten und/oder Ingenieure) als seine Hilfspersonen (Art. 101 OR) für die ihm von der Norm zugedachten Arbeiten bei, es sei denn, er selbst sei (ausnahmsweise) hinreichend sachverständig und habe genügend Zeit, alle ihm durch die Norm zugewiesenen Aufgaben wahrzunehmen (vgl. dazu Art 8/Rz. 1.4).

20 – Entsprechend der herkömmlichen und verbreiteten Vorgehensweise beim Bauen geht die SIA-Norm 118 davon aus, dass der Bauherr für die einzelnen Leistungen bzw. Arbeitsgattungen, wie sie im Baukostenplan (BKP) der Schweizerischen Zentralstelle für Baurationalisierung (CRB = Centre suisse d'études pour la rationalisation de la construction) aufgelistet werden, mit den Unternehmern separate Werkverträge abschliesst. Gauch bezeichnet den einzelnen Unternehmer als Teilunternehmer (GWerkV Rz. 218), die SIA-Norm 118 bezeichnet ihn als Nebenunternehmer (Art. 30). Der Vertrag wird auch als «Werkvertrag für Einzelleistungen» (so in der Vertragsurkunde der KBOB) bezeichnet. Dieses Einzelleistungsmodell liegt der SIA-Norm 118 zugrunde, was in einzelnen Bestimmungen zum Ausdruck kommt (so in Art. 30 f., Art. 34 Abs. 3, Art. 53, Art. 96 Abs. 1, Art. 116 Abs. 3 usw.; auch Schumacher, Die Vergütung, Rz. 51 und 67; Siegenthaler, Mangelhafte Leistungsverzeichnisse, S. 167 ff.; siehe auch Art. 8/Rz. 8.1 ff.).

21 – Ein weiteres Merkmal dieses Vertragsmodells besteht darin, dass der Bauherr die vom Unternehmer zu erbringenden Leistungen – in Art. 12 wird im Zusammenhang mit der Baubeschreibung von einem Pflichtenheft gesprochen – detailliert, vollständig und klar in den Ausschreibungsunterlagen zu beschreiben hat (Schumacher, Die Vergütung, Rz. 51 und 67). Die Leistungsbeschreibung ist «der Kern und damit der Hauptinhalt des Bauwerkvertrages» (Schumacher, Die Vergütung, Rz. 116). Die Norm sieht dafür das Leistungsverzeichnis (Art. 8) oder die Baubeschreibung (Art. 12) und die Pläne, bei grösseren Bauwerken die Besonderen Bestimmungen vor (Art. 7 Abs. 2 Ziff. 2). Die Leistungen des Unternehmers können aber auch in anderen Bestandteilen der Ausschreibung umschrieben werden (vgl. Art. 7). Aufgrund solcher Ausschreibungsunterlagen sollen die Unternehmer erkennen können, mit welchem Aufwand an Personal, Material, Inventar, Fremdleistungen (Art. 18/Rz. 5.2; Vorbem. Art. 84 – 91/Rz. 78) und Zeit (ein teures und nicht leicht abschätzbares Element) sowie mit welchen Erschwernissen und Risiken sie rechnen müssen, um dementsprechend ihre anzubietenden Preise kalkulieren zu können (vgl. Vorbem. Art. 84 – 91/ Rz. 53 ff.). Diese Elemente zur Bestimmung der Selbstkosten werden als «kostenbildende Faktoren» bezeichnet (GWerkV Rz. 1095; vgl. dazu auch Art. 6/Rz. 9.1 f. und 13.1 ff.). Solche Ausschreibungsunterlagen sollen ferner verhindern, dass bei der Ausführung zwischen den Parteien Streit über Art und Umfang der Leistungen und über deren Vergütung entsteht.

22 e) Der Vertrag für Einzelleistungen unterscheidet sich vom Generalunternehmervertrag, der in Art. 33 Abs. 4 nur beiläufig erwähnt wird, und vom Totalunternehmervertrag, den

die SIA-Norm 118 überhaupt nicht anspricht (vgl. Einl./Rz. 5, Fn. 12). Zum Generalunternehmervertrag vgl. GWerkV Rz. 222 ff.; zum Totalunternehmervertrag vgl. GWerkV Rz. 233 ff. Das heisst aber nicht, dass die SIA-Norm 118 nicht auch in General- und Totalunternehmerverträgen für anwendbar erklärt werden kann (vgl. Einl./Rz. 5 und 16; Art. 2/Rz. 6.9 ff.; Huber/Schwendener, Der Generalunternehmervertrag, Rz. 58 ff.).

Auf den Totalunternehmervertrag ist die SIA-Norm 118 allerdings nicht zugeschnitten. Sie enthält nur rudimentäre Aussagen zur Planung. Vor allem enthält sie keinen den SIA-Ordnungen entsprechenden Beschrieb der Planerleistungen. 23

f) Der Bauherr ist natürlich frei, vom Ausschreibungs- und Vertragsmodell der SIA-Norm 118 abzuweichen. Dies geschieht namentlich in Bezug auf die von der Norm verlangte detaillierte Leistungsbeschreibung. Vor allem dann, wenn der Bauherr einen Pauschal- oder Globalpreisvertrag abschliessen will, beschreibt er die Leistung mitunter nur *funktional* (vgl. dazu GWerkV Rz. 382, Fn. 12 sowie Rz. 810b und 905a; Schumacher, Die Vergütung, Rz. 55; ders., Vertragsgestaltung, Rz. 700 ff.). Anzutreffen ist aber auch eine kombiniert «funktional-detaillierte» Leistungsbeschreibung (GWerkV Rz. 382, Fn. 12 und Rz. 908; Schumacher, Die Vergütung, Rz. 60 ff.; ders., Vertragsgestaltung, Rz. 729 ff.), bei welcher der Bauherr ein Leistungsverzeichnis im Sinne von Art. 8 mit Elementen der funktionalen Leistungsbeschreibung kombiniert. Zu den damit verbundenen schwierigen Auslegungsfragen und zu «vergessenen» Leistungsteilen vgl. GWerkV Rz. 908. 24

Nicht selten werden funktionale oder kombiniert funktional-detaillierte Leistungsbeschreibungen mit einer Vollständigkeitsklausel versehen. Damit will sich der Bauherr gegen Einwände des Unternehmers, die Leistung sei nicht vollständig beschrieben, schützen und gleichzeitig damit den angebotenen Preis absichern. Vgl. dazu GWerkV Rz. 909 ff.; Schumacher, Die Vergütung, Rz. 60 und 136. 25

1 21 Arten des Abschlusses

Art. 3

[1] Der Werkvertrag kann [1] schriftlich [2], mündlich [3] oder durch entsprechendes Handeln (z.B. Art. 19 Abs. 3) [4] abgeschlossen werden (Art. 1 OR).

[2] Für grössere Bauarbeiten empfiehlt [5] sich folgendes Vorgehen: Der Bauherr schreibt die Arbeit aus (Art. 4 ff.), worauf die Unternehmer ihre Angebote (Offerten) einreichen (Art. 15). Der Bauherr prüft die Angebote (Art. 18). Will er ein Angebot annehmen, so erklärt er die Annahme, indem er die Vergabe der Arbeit mitteilt (Art. 19).

[3] Der Bauherr kann [6] sich durch die Bauleitung (Art. 33–35) vertreten lassen.

Art. 3 (1977/91)

[1] Der Werkvertrag kann schriftlich, mündlich oder durch entsprechendes Handeln (z.B. Art. 19 Abs. 3) abgeschlossen werden (Art. 1 OR).

[2] Für grössere Bauarbeiten empfiehlt sich folgendes Vorgehen: Der Bauherr schreibt die Arbeit aus (Art. 4 ff.), worauf die Unternehmer ihre Angebote (Offerten) einreichen (Art. 15). Der Bauherr prüft die Angebote (Art. 18). Will er ein Angebot annehmen, so erklärt er die Annahme, indem er die Vergebung der Arbeit mitteilt (Art. 19).

[3] Der Bauherr kann sich durch die Bauleitung (Art. 33 ff.) vertreten lassen.

Anmerkung 1

1 Art. 3 Abs. 1 sagt in allgemeiner Weise, in welcher Form ein Vertrag abgeschlossen werden kann. Er enthält *keine Formvorschrift*, von der er die Gültigkeit des Vertrags abhängig machen würde (Art. 16 OR). Es handelt sich somit bloss um eine Hinweisbestimmung (vgl. dazu GWerkV Rz. 289). Geht dem Vertragsabschluss ein Ausschreibungsverfahren voraus, so finden sich Einzelregelungen für den Vertragsabschluss in Art. 19 – 22. Auch diese enthalten keine Formvorschriften (vgl. Art. 19/Rz. 2.4 und 4; Art. 20/Rz. 14). Wollen die Parteien den abgeschlossenen Vertrag später ergänzen oder ändern, so ist Art. 27 zu beachten, der auch dafür grundsätzlich von einer Formfreiheit ausgeht. Dasselbe gilt für Bestellungsänderungen (vgl. Vorbem. Art. 84 – 91/Rz. 3 ff.; Art. 84/Rz. 2.3 und 3.1 f.). Anders ist es nur, wenn die Parteien für den Vertragsabschluss oder für die Änderung des Vertrags eine besondere Form vorbehalten (Art. 16 OR). Dazu einlässlich GWerkV Rz. 413 ff. Eine für den Abschluss des Werkvertrags vorbehaltene Form bezieht sich nicht auf eine spätere Vertragsänderung (GWerkV Rz. 770).

Anmerkung 2

2.1 Vereinbaren die Parteien ohne nähere Bezeichnung die *Schriftform*, so gelten die gesetzlichen (aber widerlegbaren) Vermutungen, dass erstens die Parteien vor Erfüllung der Form nicht verpflichtet sein wollen (Art. 16 Abs. 1 OR) und dass zweitens die vereinbarte Schriftform als «einfache Schriftlichkeit» im Sinne der Art. 13 – 15 OR zu verstehen ist (GWerkV Rz. 415). Letzteres bedeutet, dass die Willenserklärung in Schriftform erfolgt und die entsprechende Urkunde von den Parteien zu unterzeichnen ist. Zur Übermittlung der Willenserklärungen per Fax oder E-Mail vgl. GWerkV Rz. 415 und Art. 27/Rz. 7.

2.2 *Auf* den vereinbarten *Formvorbehalt kann* allerdings konkludent (stillschweigend) *verzichtet* werden. Die Parteien können jedoch einen vereinbarten Formvorbehalt «jederzeit und in irgendeiner Form wieder aufheben». Insbesondere können die Parteien durch blosses konkludentes Handeln nachträglich auf die vorbehaltene Form verzichten. Das kann auch dadurch geschehen, dass die Parteien – ob bewusst oder unbewusst – sich über eigene Formabreden hinwegsetzen (Schumacher, Ausmasse und Regierapporte, S. 36 mit zahlreichen Verweisungen). Siehe auch BGE 105 II 75/78 E. 1; BGer 4D_75/2011 vom 9. Dezember 2011 E. 3.5 und 3.6.1/2 sowie die Beispiele in den Vorbem. Art. 84 – 91/Rz. 5 f.

Anmerkung 3

Es empfiehlt sich selbst für kleine Bauvorhaben nicht, den Werkvertrag mündlich abzuschliessen, weil es beiden Parteien im Nachhinein schwerfallen dürfte, die Tatsache des Vertragsabschlusses und den vereinbarten Inhalt des Vertrags, namentlich was die Qualität, den Umfang der Leistungen und die Vergütung anbetrifft, zu beweisen. Selbstverständlich ist auch der mündlich abgeschlossene Werkvertrag rechtsverbindlich. 3

Anmerkung 4

Gemeint ist hier ein Vertragsabschluss durch *konkludentes/schlüssiges* Verhalten. Es besteht darin, dass der Erklärende seinen Geschäftswillen dadurch kundgibt, dass er ihn gegenüber dem Erklärungsempfänger betätigt (Gauch/Schluep/Schmid, OR AT, Rz. 190 ff.). So, wenn der Unternehmer mit der Ausführung der Arbeit im gegenseitigen Einvernehmen beginnt (Art. 19 Abs. 3). Vgl. auch OGer LU vom 24. September 1974 = LGVE 1974 I Nr. 193 S. 220 f. 4.1

Bei einem konkludenten Vertragsabschluss besteht das Risiko, die übereinstimmende, gegenseitige Willensäusserung der Parteien (den Konsens) nachweisen zu können. Das unter Art. 3/Rz. 3 Gesagte gilt analog. Dieses Risiko wird entschärft, wenn dem schlüssigen Verhalten ein Ausschreibungsverfahren gemäss Art. 4 ff. vorausgegangen ist. Zur stillschweigenden Annahme einer Unternehmerofferte siehe BGer 4D_76/2010 vom 5. Oktober 2010. 4.2

Anmerkung 5

Die SIA-Norm 118 schreibt das Ausschreibungsverfahren nicht vor, sondern empfiehlt es nur. Deshalb erübrigt sich auch der Versuch, «grössere» Bauarbeiten von anderen abzugrenzen. 5

Anmerkung 6

Die Aussage von Abs. 3 bezieht sich gemäss dem Titel, unter dem Art. 3 steht, auf den «Abschluss des Vertrages». Wenn gesagt wird (zur Hinweisbestimmung vgl. GWerkV Rz. 289), der Bauherr könne sich für den Abschluss des Werkvertrags durch die Bauleitung vertreten lassen, so wird damit keine entsprechende Ermächtigung (Art. 33 Abs. 3 OR) kundgegeben. Will sich der Bauherr für den Abschluss des Vertrags durch den Projektverfasser oder durch die künftige Bauleitung *vertreten lassen*, hat er sie dazu zu ermächtigen (vgl. Art. 19/Rz. 2.5). Siehe dazu die Vorbem. Art. 33 – 36/Rz. 5 ff.; Art. 33/Rz. 3.1 ff. und 8; Gauch/Schluep/Schmid, OR AT, Rz. 1328 ff. Für die Phase vor dem Abschluss des Werkvertrags gibt die Norm (anders für die Phasen nach Abschluss) keine Vollmacht der Bauleitung kund. Für die Vollmacht des Projektverfassers bzw. der künftigen Bauleitung in dieser vorvertraglichen Phase gelten demnach die allgemeinen Bestimmungen von Art. 32 ff. OR. Zieht der Bauherr für das Ausschreibungsverfahren Planer bei – wozu ein nicht baukundiger Bauherr faktisch gezwungen ist, wenn er die SIA-Norm 118 für das Ausschreibungsverfahren anwendbar erklärt –, so heisst das nicht, dass diese zum Abschluss des Werkvertrags ermächtigt sind (vgl. Art. 33/Rz. 11.1). Auch die Tatsache, dass der Planer namens des Bauherrn mit den Unternehmern im Hinblick 6 auf den Vertragsabschluss Verhandlungen führt und er die Vertragsurkunde ausfertigt, bedeutet noch keine Kundgabe einer Vollmacht zum Vertragsabschluss (GWerkV Rz. 400; Schwager/Monn, Die Vollmacht des Planers, Rz. 5.66 und 5.85). Zur Vollmacht der Bauleitung für Bestellungsänderungen nach Abschluss des Vertrags vgl. Art. 84/ Rz. 1.3 ff.

1 22 Ausschreibung im Allgemeinen[1]

1 221 Begriff, Arten und Verfahren

Art. 4

[1] Durch die Ausschreibung richtet der Bauherr gleichzeitig[2] an mehrere[3] Unternehmer die Einladung[4], ihm auf Grund bestimmter Unterlagen (Art. 7 ff.)[5] ein Angebot (Art. 15) für die Ausführung einer Bauarbeit einzureichen.

[2] Er kann die Ausschreibung auch öffentlich (durch Publikation)[6] vornehmen.

[3] Richtet sich die Einladung an einen einzigen Unternehmer, so sind die Bestimmungen dieser Norm über die Ausschreibung sinngemäss anzuwenden.[7]

[4] Ist der Bauherr dem öffentlichen Vergaberecht[8] unterstellt, gilt dieses[9].[10]

Art. 4 (1977/91)

[1] Durch die Ausschreibung richtet der Bauherr gleichzeitig an mehrere Unternehmer die Einladung, ihm auf Grund bestimmter Unterlagen (Art. 7 ff.) ein Angebot (Art. 15) für die Ausführung einer Bauarbeit einzureichen (Einladung zur Submission).

[2] Er kann die Ausschreibung auch öffentlich (durch Publikation) vornehmen.

[3] Mit dem Submissionsverfahren befasst sich im Einzelnen die Norm SIA 117, mit dem Submissionswettbewerb die Ordnung SIA 153. Ist der Bauherr ein Gemeinwesen (Bund, Kanton, Gemeinde oder eine andere Person des öffentlichen Rechtes), so gelten für das Submissionsverfahren die einschlägigen Erlasse (Submissionsordnungen), auf welche der Bauherr in den Ausschreibungsunterlagen hinweist.

[4] Richtet sich die Einladung an einen einzigen Unternehmer, so sind die Bestimmungen dieser Norm über die Ausschreibung sinngemäss anzuwenden.

Anmerkung 1

1.1 Die nachfolgenden Regeln erfassen alle Arten von Ausschreibungen, unabhängig davon, ob sich die Einladung zur Einreichung eines Angebots richtet:

1.2 – an einen einzigen Unternehmer (Abs. 3);

1.3 – an mehrere bestimmte Unternehmer (Abs. 1), auch Einladungsverfahren genannt;

– an eine unbestimmte Vielzahl allenfalls interessierter Unternehmer (Abs. 2), auch offenes Verfahren genannt. 1.4

Zur Ausschreibung (Submission) eingehend GWerkV Rz. 456 ff. und Gauch/Schluep/Schmid, OR AT, Rz. 1056a ff.; zum öffentlichen Vergaberecht siehe Art. 4/Rz. 8 und 9.1 f. 1.5

Anmerkung 2

Damit soll erreicht werden, dass alle Anbieter chancengleich behandelt werden. Vgl. Vorbem. Art. 3 – 22/Rz. 3 ff. 2

Anmerkung 3

Der Zweck des aufwendigen Verfahrens besteht darin, einen Wettbewerb zu veranstalten, durch den der Bauherr zu einem möglichst «geeigneten» und «günstigen» Vertragspartner kommt (GWerkV Rz. 456). 3

Anmerkung 4

Die *Einladung stellt keinen Antrag* zum Abschluss eines Vertrags gemäss Art. 3 Abs. 1 OR dar. Mit der Einladung erklärt der Bauherr lediglich «seine grundsätzliche Bereitschaft zum Vertragsabschluss» (GWerkV Rz. 458). Damit tritt er mit den eingeladenen Unternehmern in ein besonderes Rechtsverhältnis: das Verhandlungs- bzw. Submissionsverhältnis. Es verpflichtet die Parteien zu einem Verhalten nach Treu und Glauben (vgl. Vorbem. Art. 3 – 22/Rz. 3 ff.; GWerkV Rz. 434 ff. und 471 ff.; Gauch/Schluep/Schmid, OR AT, Rz. 963 ff.). 4

Anmerkung 5

Welche Unterlagen dazu gehören, wird – wie sich aus dem Verweis ergibt – in den Art. 7 – 14 festgelegt. Zu den Folgen mangelhafter Ausschreibungsunterlagen vgl. Art. 6/Rz. 10.1 ff. 5

Anmerkung 6

Wie der private Bauherr die Ausschreibung öffentlich macht, bleibt ihm überlassen. 6

Anmerkung 7

Da die SIA-Norm 118 darauf angelegt ist, dass mehrere Unternehmer zur Angebotseinreichung eingeladen werden, dürfte es schwierig sein, bei einer Einladung (zur Offerteinreichung) eines einzigen Unternehmers die Bestimmungen über das Ausschreibungsverfahren auch nur sinngemäss anzuwenden. 7.1

Die SIA-Norm 118 enthält keine Bestimmung für den Fall, dass der Bauherr mit dem Einzelunternehmer Verhandlungen aufnimmt, ohne ihn zur Offerteingabe eingeladen zu haben. 7.2

Erklärt der Bauherr in seiner Einladung zur Offerteinreichung die SIA-Norm 118 ohne Einschränkung (vgl. Vorbem. Art. 3 – 22/Rz. 24 f.) für anwendbar, so bedeutet dies, dass er sich an die Regeln über das Ausschreibungsverfahren (Art. 3 – 22) zu halten und bei Nichteinhaltung die entsprechenden Nachteile (Art. 6/Rz. 10.1 ff.) zu tragen hat. 7.3

Anmerkung 8

8 Vgl. dazu: Stöckli/Beyeler, Vergaberecht, passim; Beyeler, Der Geltungsanspruch, passim; Galli/Moser/Lang/Steiner, Praxis des öffentlichen Beschaffungsrechts, passim; GWerkV Rz. 456, 477 ff. und 485 ff.

Anmerkung 9

9.1 Damit stellt die Norm klar, dass das *öffentliche Vergaberecht* der SIA-Norm 118 immer dann vorgeht, wenn es eigene Regeln über die Ausschreibung enthält.

9.2 Zum Zusammenspiel zwischen dem öffentlichen Vergaberecht und dem privaten Vertragsrecht siehe GWerkV Rz. 473 ff. und 485 ff.; Gauch/Schluep/Schmid, OR AT, Rz. 1067 ff.; Beyeler, Der Geltungsanspruch, passim. Hierzu bestehen zwei Theorien: Nach der sogenannten Zweistufentheorie unterstehen alle Rechtshandlungen ab Verfahrenseinleitung bis zum Zuschlag ausschliesslich dem Vergaberecht, hernach exklusiv dem Vertragsrecht (Beyeler, Der Geltungsanspruch, Rz. 2407 ff., 2411, 2418 ff. und S. 1626; Locher Thomas, Wirkungen des Zuschlags, S. 90). Nach der Zweischichtentheorie bestehen öffentliches Vergaberecht und jenes Recht, «welches das im konkreten Fall zu vergebende, abzuschliessende und auszuführende Geschäft reguliert» (meistens also das private Vertragsrecht), gleichzeitig parallel nebeneinander (Beyeler, Der Geltungsanspruch, Rz. 2407 ff., Rz. 2410, Fn. 2180 f. und S. 1626 f.).

Anmerkung 10

10 Der in der aSIA-118 enthaltene Verweis auf die «Norm SIA 117» ist im neuen Text nicht mehr zu finden, da der SIA diese Norm per 1. Januar 2002 ersatzlos aus dem Normenwerk entfernt hat (siehe die Mitteilung in: tec21, 2002/6, S. 34). Auch auf die «Ordnung SIA 153» wird im neuen Normtext nicht länger verwiesen: Der SIA ersetzte am 12. Juni 1998 die Ordnung 152 für Architekturwettbewerbe und die Ordnung 153 für Bauingenieurwettbewerbe durch die SIA-Ordnung 142 für Architektur- und Ingenieurwettbewerbe. Letztere wurde im Jahre 2009 revidiert. Vgl. dazu Scherler, Der Wettbewerb nach der SIA-Ordnung 142, S. 123 ff.

1 222 Vorbereitung[1]

Art. 5

[1] Die Ausschreibung setzt ein hinreichend klares Projekt[2] voraus[3].

[2] Vor der Ausschreibung ermittelt[4] der Bauherr die örtlichen Gegebenheiten[5], insbesondere[6] die Beschaffenheit des Baugrundes[7] und der bestehenden Bausubstanz[8], entsprechend den Anforderungen der auszuführenden Arbeit[9]; er hält das Ergebnis vollumfänglich[10] in den Ausschreibungsunterlagen fest (Art. 7)[11], unter Hinweis[12] auf erkannte[13] Vorschriften[14] und Gefahren[15]. Zur Prüfungspflicht des Unternehmers siehe Art. 25 Abs. 3[16].

[3] Zu den örtlichen Gegebenheiten, die der Bauherr zu ermitteln hat[17], gehören auch[18] benachbarte Bauwerke, Verkehrs- und weitere Anlagen[19], belastetes Bodenmaterial[20] und Altlasten[21], Grundwasservorkommen und Quellen sowie ober- und unterirdische Leitungen (wie z.B. für Stark- und Schwachstrom, Gas[22] und Wasser, Erdölprodukte), insofern sie die auszuführende Arbeit behindern oder durch diese[23] gefährdet werden könnten.

Art. 5 (1977/91)

[1] Die Ausschreibung setzt ein hinreichend klares Projekt voraus.

[2] Vor der Ausschreibung ermittelt der Bauherr die örtlichen Gegebenheiten, insbesondere die Beschaffenheit des Baugrundes, entsprechend den Anforderungen der auszuführenden Arbeit; er hält das Ergebnis vollumfänglich in den Ausschreibungsunterlagen fest (Art. 7), unter Hinweis auf erkannte Vorschriften und Gefahren. Zur Prüfungspflicht des Unternehmers siehe Art. 25 Abs. 3.

[3] Zu den örtlichen Gegebenheiten, die der Bauherr abklärt, gehören auch benachbarte Bauwerke, Verkehrs- und weitere Anlagen, Grundwasservorkommen und Quellen sowie ober- und unterirdische Leitungen (wie z.B. für Stark- und Schwachstrom, Gas und Wasser, Erdölprodukte), insofern sie die auszuführende Arbeit behindern oder durch diese gefährdet werden könnten.

Anmerkung 1

1 Zur Vorbereitung der Ausschreibung gehören gemäss der Norm *ein «Projekt»* (Abs. 1) und die Ermittlung der örtlichen Gegebenheiten (Abs. 2 und 3, wobei Abs. 3 eine Präzisierung und Ergänzung zu Abs. 2 darstellt). In den meisten Fällen wird der Ausarbeitung des Projekts die Ermittlung der örtlichen Gegebenheiten, insbesondere der Beschaffenheit des Baugrunds und gegebenenfalls der bestehenden Bausubstanz, vorausgehen, weil die Ergebnisse dieser Ermittlung die Art und Weise des Projekts wenn nicht bestimmen, so doch beeinflussen. Wenn das (hinreichend klare) Projekt an erster Stelle genannt wird, so soll damit die Bedeutung des «Projekts» für die Vorbereitung der Ausschreibung herausgestrichen werden.

Anmerkung 2

2.1 Das «Projekt», das im Hinblick auf die Ausschreibung ausgearbeitet werden soll, soll *«hinreichend klar»* sein. Die Norm legt den Detaillierungsgrad des Projekts nicht weiter fest. Aus dem Vertragsmodell, das der SIA-Norm 118 zugrunde liegt (vgl. Vorbem. Art. 3–22/Rz. 18 ff.), und aus Art. 6–12 ergibt sich, dass das «Projekt» ziemlich ausgereift sein sollte. Gemäss den SIA-Ordnungen 102, 103 und 108 erstellt der Planer entsprechende *Ausschreibungspläne.* Diese werden auf der Basis der Bauprojektpläne und Detailstudien erstellt und mit Werk- und Detailplänen ergänzt, «soweit sie für die Ausschreibung notwendig sind» (Art. 4.41 der SIA-Ordnungen 102 und 108 sowie Art. 4.3.41 der SIA-Ordnung 103). Im Zeitpunkt der Ausschreibung ist die Planung in vielen Fällen indes längst nicht abgeschlossen. Die für die Realisierung des Bauwerks erforderlichen *Ausführungspläne* werden gemäss den SIA-Ordnungen erst nach Abschluss des Ausschreibungsverfahrens erstellt (siehe dazu auch Art. 8/Rz. 8.8). Zu den Ausführungsplänen siehe Art. 100/Rz. 1.1 ff.

2.2 Hinreichend klar ist das Projekt, wenn es den örtlichen Gegebenheiten Rechnung trägt, die Vorgaben des Bauherrn bezüglich Art, Zweck, Gestaltung und Eigenschaften des zu erstellenden Werks erfüllt und den Bauherrn bzw. seine Planer in Stand setzt, die Ausschreibungsunterlagen gemäss Art. 6 Abs. 2 und Art. 7 ff. auszuarbeiten. Letztlich soll das Projekt einen solchen Reifegrad aufweisen, dass der Unternehmer seinen Aufwand abschätzen und den zu offerierenden Preis kalkulieren kann.

Anmerkung 3

3.1 Obwohl als Feststellung formuliert, handelt es sich nicht um eine blosse Empfehlung. Indem und insoweit (vgl. Vorbem. Art. 3–22/Rz. 24 f.) der Bauherr in der Ausschreibung die SIA-Norm 118 für anwendbar erklärt, sichert er dem offerierenden Unternehmer zu (wie u.a. aus Art. 5 Abs. 2 und 3 deutlich wird), dass er die in der Norm ihm zugeteilten Aufgaben wahrgenommen hat bzw. wahrnehmen wird. Ist der Bauherr selber sachverständig, sachverständig vertreten oder beraten, so kann sich der Unternehmer nach dem Grundsatz von Treu und Glauben *auf diese Aufgabenteilung verlassen*. Dies gilt allerdings nur soweit, als dieses Vertrauen des Unternehmers berechtigt ist und nicht in vorrangigen Ausschreibungsunterlagen (Art. 7) zerstört wird oder der Unternehmer ohne Nachprüfung erkennen kann, dass der Bauherr gar nicht sachverständig oder sachverständig vertreten oder beraten ist. Vgl. Art. 25/Rz. 15.1 ff. und GWerkV Rz. 1976 f.

3.2 Erfüllt der Bauherr die Versprechen nicht oder nur unzulänglich, so hat er die sich für ihn ergebenden Nachteile (z.B. Kostenüberschreitungen zufolge unterlassener Baugrundabklärungen oder Baumängel zufolge mangelhafter Leistungsbeschreibungen; vgl. Art. 6/Rz. 10.1 ff.) zu tragen und kann bei gegebenen Voraussetzungen gemäss Art. 58 Abs. 2 dem Unternehmer eine zusätzliche Vergütung schulden (Siegenthaler, Mangelhafte Leistungsverzeichnisse, S. 169 f., 173 ff. und 178 ff.) oder aus culpa in contrahendo schadenersatzpflichtig werden (GWerkV Rz. 440).

Anmerkung 4

4 Die Planung eines hinreichend klaren Projekts setzt voraus, dass der Bauherr zunächst die örtlichen Gegebenheiten, wie sie in Art. 5 Abs. 2 und 3 umschrieben werden, ermittelt. Die Ermittlungen gehen in zwei Richtungen: Einerseits ist zu klären, welches Bauwerk auf welche Art und Weise aufgrund der örtlichen Gegebenheiten erstellt werden kann; andererseits ist zu eruieren, welche Auswirkungen das Bauwerk auf diese örtlichen Gegebenheiten hat. Vergleiche dazu auch Art. 5/Rz. 7.1 ff. und 9.1 ff.

Anmerkung 5

5 Was darunter nebst der Beschaffenheit des Baugrunds (vgl. Art. 5/Rz. 7.1 ff.) und der Bausubstanz (Art. 5/Rz. 8) zu verstehen ist, wird in Abs. 3 beispielhaft aufgeführt.

Anmerkung 6

6 Damit wird angezeigt, dass die Aufzählung in Art. 5 Abs. 2 und 3 nicht abschliessend ist. Abs. 2 handelt vom Baugrund und von der bestehenden Bausubstanz, Abs. 3 nennt weitere Aspekte örtlicher Gegebenheiten. Überhaupt sind Abs. 2 und 3 nach dem Zweck der

Bestimmung als Ganzes zu verstehen. Dies in dem Sinne, dass der Hinweis in Abs. 3, wonach örtliche Gegebenheiten insofern zu berücksichtigen sind, «als sie die auszuführende Arbeit behindern oder durch diese gefährdet werden könnten», auch für die Ermittlung des Baugrunds und der Bausubstanz (Abs. 2) zu beachten ist, und der in Abs. 2 geforderte «Hinweis auf erkannte Vorschriften und Gefahren» auch für die in Abs. 3 aufgeführten Arten örtlicher Gegebenheiten gilt.

Anmerkung 7

Zum *Baugrund,* dessen Beschaffenheit zu ermitteln ist, zählt in erster Linie der Grund und Boden, auf dem der Unternehmer das Bauwerk erstellen soll. Dem Baugrund gleichzusetzen sind aber auch vorbestehende Bauten und Anlagen (zum Begriff Art. 5/Rz. 8 und 19), an denen Anbauten vorgenommen werden sollen (Art. 1/Rz. 8) sowie der gesamte (projektrelevante) Untergrund, insbesondere im Hinblick auf allfällige Belastungen mit Abfällen oder Schadstoffen (Art. 5/Rz. 20 und 21.1 ff.). Zum Baugrund vgl. auch SPIESS/HUSER, Handkommentar, N 42 ff. zu Art. 5. Die entsprechenden Ermittlungen (dazu einlässlich Art. 5/Rz. 9.1 ff. sowie SPIESS/HUSER, Handkommentar, N 58 ff. zu Art. 5) sind deshalb wichtig, weil von der Beschaffenheit des Baugrunds abhängt, ob überhaupt und in welcher Art und nach welchem Verfahren (Bauvorgang) das Bauwerk erstellt werden kann. Die Natur setzt der Baugrundabklärung und der Erstellung der Ausschreibungsunterlagen aber Grenzen. Dies zum einen dadurch, dass trotz Einsatzes der verschiedenen Methoden der Baugrunderkundung und des ganzen Erfahrungspotenzials «ein grosser Teil der aus baulicher Perspektive massgebenden Fragen zur Geologie nur ungenau und generell beantwortet werden kann» (SCHÄR, Geologie, S. 110 und 155; Löw, Geologische Prognosen, S. 435 ff.; BRINER, Das Baugrundrisiko, S. 241 ff.); zum andern dadurch, dass durch bauliche Eingriffe in den Untergrund eine Wechselwirkung zwischen dem Baugrund und dem Bauwerk zustande kommt, deren Einschätzung namentlich in Bezug auf die Bebaubarkeit des Untergrunds, die Wasserhaltung, Verformung des Untergrunds, Schadstoffbelastungen usw. mit grossen Unsicherheiten verbunden ist (dazu einlässlich SCHÄR, Geologie, S. 110 ff.; vgl. auch SCHUMACHER, Die Vergütung, Rz. 73). Zur Abklärung gesundheitsgefährdender Stoffe siehe Art. 5/Rz. 15.4. Zum belasteten Bodenmaterial vgl. Art.5/Rz. 20, zu den Altlasten Art. 5/Rz. 21.1 ff. 7.1

Bezüglich der Untertagbauten vgl. SIA-Norm 199 («Erfassen des Gebirges im Untertagbau»), SIA-Norm 198 («Untertagbau – Ausführung») und SIA-Norm 118/198 («Allgemeine Bedingungen für Untertagbau»). 7.2

Zu mangelhaften Angaben in der Ausschreibung über den Baugrund vgl. Art. 58 Abs. 2. Zur Prüfungspflicht des Unternehmers vgl. Art. 5/Rz. 16. Zu weiteren Rechtsfolgen mangelhafter Angaben vgl. Art. 6/Rz. 10.1 ff. 7.3

Zum Fall, dass der Bauherr die Haftung für seine Angaben über den Baugrund wegbedingen will, vgl. Art. 5/Rz. 15.10. 7.4

Anmerkung 8

8 Unter *Bausubstanz* ist der Zustand und die Zusammensetzung vorbestehender Bauten zu verstehen. Deren Ermittlung ist von Bedeutung im Hinblick auf deren Rückbau und/oder Bearbeitung (Neu-, An- oder Umbau), geht es doch darum, abzuklären, welcher Aufwand und welche Gefahren für Mensch und Umwelt damit verbunden sind (Einsturz- und/oder Unfallgefahr oder Gesundheitsschädigung wie z.B. bei asbesthaltigen Bauelementen). Zu den verschiedenen Richtlinien, Merkblättern und Checklisten der Suva vgl. ANDRES, Arbeitssicherheit, Rz. 23, 155 und 462; SCHUMACHER, Sicheres Bauen, Rz. 9, 49 ff., 60 [Asbest], 121, 174 ff. und 267 ff.

Anmerkung 9

9.1 Diese *Ermittlungen der örtlichen Gegebenheiten* sind so weit und so vertieft vorzunehmen, dass der Bauherr (Projektverfasser) erkennen kann, welche Arbeiten aufgrund der örtlichen und baugrund- sowie bausubstanzbedingten Verhältnisse notwendig sind und entsprechend in der Ausschreibung (gemäss Art. 6 Abs. 2) beschrieben werden müssen.

9.2 In Anbetracht der Unsicherheiten des Baugrunds (Art. 5/Rz. 7.1) stellt sich oft die schwierige Frage, wie viel an Baugrunduntersuchungen notwendig sind. Dabei kann die Vorsicht der Planer leicht in Konflikt mit der Sparsamkeit des Bauherrn geraten und Letztere (mit nachfolgenden, unliebsamen Kostenüberschreitungen) Oberhand gewinnen.

9.3 Während es grundsätzlich zur Aufgabe des Unternehmers gehört, die Mittel zu bestimmen, die für die bestellten Arbeitsleistungen erforderlich sind (Art. 8/Rz. 4.2 und 8.10; Art. 9/Rz. 4.2), kann es angezeigt sein, dass der Bauherr bei anspruchsvollen und schwierigen Baugrundverhältnissen dem Unternehmer in den Ausschreibungsunterlagen Vorgaben zum Einsatz der Mittel (Personal, Material, Geräte, Maschinen) und zum Bauvorgang (vgl. Art. 7/Rz. 16) macht.

9.4 Diese Abklärungen und Überlegungen fliessen ein in die Besonderen Bestimmungen, die Leistungsbeschreibung und die Pläne (Art. 7 Abs. 2 Ziff. 2 – 4). Sie sollen den Unternehmer in die Lage versetzen, dass er die an die Erstellung des Bauwerks gestellten Anforderungen erkennen, die Art der Ausführung und den Arbeitsvorgang festlegen (soweit er dies selber tun kann), die mit der Arbeitsausführung verbundenen Gefahren (Art. 5/Rz. 15.1 ff.) und sonstigen Risiken und seinen Aufwand für die Erstellung des Werks abschätzen, die dafür zu offerierende Vergütung kalkulieren und dem Bauherrn allenfalls eigene Vorschläge, Konstruktionen und Ausführungsarten (vgl. Art. 167) unterbreiten kann.

Anmerkung 10

10 Aus den unter Art. 5/Rz. 8 genannten Gründen ist in der Ausschreibung bekanntzugeben, welche Abklärungen der Bauherr getroffen hat (selbst wenn sie allenfalls nur unvollständig sein sollten). Ferner hat er die *Ergebnisse* seiner Abklärungen vollumfänglich bekannt zu geben. Es ist aber nicht erforderlich, dass er sämtliche Abklärungen bis in jedes Detail in den Ausschreibungsunterlagen bekannt gibt, weil ein Übermass an Informationen die Sicht auf das Wesentliche verstellen kann.

Anmerkung 11

Falls die Unterlagen zu umfangreich sind, erstellt der Bauherr einen Auszug und legt ihn mit einem Verzeichnis der weiteren Unterlagen, die bei ihm eingesehen werden können, den Ausschreibungsunterlagen bei (Art. 7 Abs. 1). Zu den Unterlagen, die beim Bauherrn eingesehen werden können, zählen häufig die Materialproben und Bohrkerne. 11

Anmerkung 12

Umfang und Grenzen der Pflicht des ausschreibenden Bauherrn, *auf erkannte* (Art. 5/Rz. 13.1 f.) Vorschriften (Art. 5/Rz. 14) und Gefahren (Art. 5/Rz. 15.1 ff.) hinzuweisen, ergeben sich aus der allgemeinen Pflicht zu einem Verhalten nach Treu und Glauben (Art. 2 ZGB). Vgl. dazu GAUCH/SCHLUEP/SCHMID, OR AT, Rz. 956 ff. sowie GWERKV Rz. 434 ff., 440 und 1321. Da gesetzliche Vorschriften und die anerkannten Regeln der Baukunde als bekannt vorausgesetzt werden können (GWERKV Rz. 1930 und 840 ff., insbesondere Rz. 846) und die Gefahren beim Bauen vielfältig sind, kann es nicht allein Sache des Bauherrn (Art. 5/Rz. 15.2) sein, in den Ausschreibungsunterlagen auf alle bestehenden Vorschriften und möglichen Gefahren hinzuweisen. Die Norm grenzt die Hinweispflicht auf «erkannte» Vorschriften und Gefahren ein. Wie weit die Hinweispflicht des Bauherrn in den Ausschreibungsunterlagen zu gehen hat, kann nur im Einzelfall beurteilt werden. Die relevanten Gesichtspunkte sind: Welche Vorschriften und Gefahren sind für die vertragsgemässe (rechtzeitige, mängelfreie und gesetzeskonforme) Erstellung des Bauwerks und damit für die Kalkulation des Angebots massgebend? Bei welchen Vorschriften und Gefahren muss der Bauherr davon ausgehen, dass der Unternehmer sie nicht oder zu wenig kennt (was vor allem bei lokalen Vorschriften der Fall sein kann) bzw. nur schwer erkennen kann (GWERKV Rz. 1321 f.; Art. 5/Rz. 14)? Eine besondere Hinweispflicht auf Gefahren besteht, wenn der Bauherr vom Ausschreibungs- und Vertragsmodell der SIA-Norm 118 abweicht (Vorbem. Art. 3–22/Rz. 18 ff. und 24 f.). 12

Anmerkung 13

Damit sind aber nicht nur jene erheblichen Vorschriften und Gefahren (Art. 5/Rz. 12) gemeint, die der Bauherr tatsächlich erkannt hat, sondern auch jene, die er oder seine sachverständigen Vertreter bei der gebotenen Sorgfalt *hätten erkennen können*. Dies ergibt sich aus dem Zweck dieser Bestimmung. Unterbleibt in den Ausschreibungsunterlagen ein solcher Verweis und wird deswegen die Ausführung einer zu festen Preisen übernommenen Bauleistung nach Vertragsabschluss durch Mehrkosten erschwert, so hat der Unternehmer bei Verschulden des Bauherrn (Art. 58/Rz. 8.4 und 8.6; zur Sorgfaltspflicht der Planer vgl. DENZLER/HOCHSTRASSER, Die Haftung für die Planung, Rz. 8.53 ff., 58.57 ff. und 8.72 sowie SIEGENTHALER, Mangelhafte Leistungsverzeichnisse, S. 169 f. und 178 ff.) gemäss Art. 58 Abs. 2 Anspruch auf eine zusätzliche Vergütung und auf eine Anpassung der vertraglichen Fristen, wenn dies nicht gar eine Bestellungsänderung erforderlich macht (Art. 84/Rz. 1.2). Anders verhält es sich in Bezug auf die Gefahren des Baugrunds nur, wenn der Unternehmer im Vertrag ein bestimmtes Risiko übernommen hat. So enthält die SIA-Norm 118/198 («Allgemeine Bedingungen für Untertagbau») in Ziff. 8.7 eine Zuordnung von Risiken an den Bauherrn bzw. Unternehmer. 13.1

13.2 Fehlen in der Ausschreibung Hinweise auf die Vorschriften und Gefahren in Bezug auf den Baugrund oder die bestehende Bausubstanz, so wird das Verschulden des Bauherrn unter den Voraussetzungen von Art. 58 Abs. 2 fingiert (Art. 58/Rz. 13.1 ff.). Allenfalls ist der Unternehmer unter den Voraussetzungen von Art. 59 Abs. 2 berechtigt, den Vertrag aufzulösen (Gestaltungsrecht). Vgl. Art. 6/Rz. 10.3. Zur vorvertraglichen Aufklärungspflicht des Unternehmers vgl. GWerkV Rz. 437, 1950 f. und 2024.

Anmerkung 14

14 Die *Vorschriften* können öffentlich-rechtlicher Natur sein, z.B. Vorschriften zum Gewässer- und Umweltschutz oder die Regeln des Unfallversicherungsgesetzes und gestützt darauf erlassene Vorschriften über die Arbeitssicherheit und den Gesundheitsschutz (Art. 104/Rz. 2; vgl. Andres, Arbeitssicherheit, Rz. 245 ff.). Zu erwähnen sind vor allem auch die Bauarbeitenverordnung (BauAV; vgl. dazu Schumacher, Sicheres Bauen, Rz. 267 ff. und 323 ff.), baupolizeiliche Vorschriften und Auflagen der Baubewilligung. Einschlägige Vorschriften können sich auch aus den anerkannten Regeln der Technik ergeben, namentlich aus den technischen Normen (GWerkV Rz. 842 ff.; Briner, Fachnormen, Rz. 4.56). Siehe dazu auch Art. 5/Rz. 15.1 ff.

Anmerkung 15

15.1 Die *Gefahren und Risiken,* die von den örtlichen Gegebenheiten und insbesondere vom Baugrund und von einer allenfalls bestehenden Bausubstanz ausgehen, können auf die Erstellung des Bauwerks (und zwar während oder nach der Erstellung; Art. 111 Abs. 2 und Art. 188), auf das Eigentum des Bauherrn oder Dritter (Art. 103, Art. 106, Art. 107, Art. 110 und Art. 112), auf die am Bauwerk Beschäftigten (Art. 103 f.) und auf die Baustelleneinrichtungen einwirken. Alsdann gilt es, diese Gefahren bereits bei der Ausarbeitung des Projekts zu ermitteln, deren Ausmass abzuschätzen und geeignete Abwehr- und Schutzmassnahmen vorzusehen. Im Einzelnen ist Folgendes zu beachten:

15.2 a) Die SIA-Norm 118 und die BauAV messen insbesondere der *Sicherheit der am Bauwerk Beschäftigten* grosse Bedeutung zu (Art. 103 ff. SIA-Norm 118 und Art. 3 BauAV). Dabei stellt sich die Frage, wer die Gefahren zu ermitteln und die Schutz- und Sicherungsmassnahmen zu planen und anzuordnen hat. Während Art. 3 Abs. 1 BauAV keine Normadressaten nennt, verlangt Art. 104, dass *sowohl der Unternehmer wie auch die Bauleitung* (d.h. der Bauherr, Art. 104/Rz. 5.1 f.) verpflichtet sind, die Sicherheit der am Bauwerk Beschäftigten zu gewährleisten. Wenn in Art. 104 gesagt wird, dass für die Arbeitssicherheit schon bei der Projektierung und – wie in der neuesten Revision ergänzt wurde – bei der *Vertragsgestaltung* auf die Sicherheit Rücksicht zu nehmen sei, heisst dies, dass es – entsprechend der grundsätzlichen Aufgabenteilung der SIA-Norm 118 (Vorbem. Art. 3–22/Rz. 18 ff.) – bei der Vorbereitung der Ausschreibung Aufgabe des Bauherrn ist, die Gefahren zu ermitteln und entsprechende Sicherungsmassnahmen zu planen (richtigerweise müsste daher in Art. 5 Abs. 2 zumindest auf Art. 104 verwiesen werden). In Art. 1.2.51 SIA-Ordnungen 102 und 103 wird betreffend Arbeitssicherheit festgehalten, dass der Beauftragte die Sicherheit der am Bauwerk Beschäftigten zu gewährleisten habe, und dabei auf Art. 104 SIA-Norm 118 verwiesen. Dass die Arbeitssicherheit aber auch bei der Projektierung, der Vertragsgestaltung und der Festlegung des Bauvorgangs zu berücksichtigen ist, wird nicht erwähnt. Dass die SIA-Norm 118 und die Honorarordnungen nicht übereinstimmen, ist als Mangel zu bezeichnen.

Nach SPIESS/HUSER, Handkommentar, N 36 f. zu Art. 5 (mit Hinweisen zu den detaillierten Angaben in der Ausschreibung), ist jedenfalls die Untersuchung der Schadstoffbelastungen im Boden Aufgabe des Bauherrn. Nachdem Art. 3 Abs. 1 BauAV sehr generell verlangt, dass Bauarbeiten so geplant werden müssen, dass das Risiko von Berufsunfällen, Berufskrankheiten oder Gesundheitsbeeinträchtigungen möglichst klein ist und die notwendigen Sicherheitsmassnahmen, namentlich bei der Verwendung der Arbeitsmittel (siehe dazu auch Art. 5/Rz. 15.4) eingehalten werden können, gilt diese Vorschrift für alle beteiligten Planer und selbst auch für die Unternehmer, soweit sie planen (Ausführungs- und Detailpläne erstellen oder Projekt- oder Herstellungsvarianten vorschlagen; vgl. SCHUMACHER, Sicheres Bauen, Rz. 344). Dasselbe gilt für den Bauherrn, wenn er in der Ausschreibung den Bauvorgang (Art. 104/Rz. 12.1 ff.) und die Arbeitsabläufe (Art. 104/Rz. 13) festlegt. Selbstverständlich kann der Bauherr die Ermittlung der Gefahren und die Planung der entsprechenden Massnahmen auch dem Unternehmer übertragen, hat dies aber in der Ausschreibung klar bekannt zu geben. Für SCHUMACHER, Sicheres Bauen, Rz. 345 und 351, ist Art. 104 Satz 2 diesbezüglich zu unbestimmt, weshalb im Einzelfall aufgrund der konkreten Arbeitsteilung zu entscheiden sei, wer die Gefahren zu ermitteln und die Schutzmassnahmen zu planen habe. In jedem Falle ist dem Unternehmer in der Ausschreibung klar mitzuteilen, wenn er die Gefahren selber zu ermitteln und Schutzmassnahmen zu bezeichnen hat. Es ist ja durchaus möglich, dass der Unternehmer diesbezüglich über die besseren Kenntnisse und grössere Erfahrung verfügt als der Bauherr und dessen Projektverfasser. 15.3

b) Eine besonders zu beachtende Regel enthält Art. 3 Abs. 1bis BauAV, wonach der Unternehmer bei Verdacht auf «*besonders gesundheitsgefährdende Stoffe*» wie Asbest oder polychlorierte Biphenyle die Gefahren zu ermitteln und die erforderlichen Massnahmen zu planen hat. Dies alles entbindet indes den Bauherrn nicht davon, in seiner Vorbereitung der Ausschreibung bei Verdacht auf das Vorhandensein besonders gesundheitsgefährdender Stoffe eine entsprechende Ermittlung der Gefahren und Schutzmassnahmen anzuordnen. Denn Art. 5 geht weiter als die BauAV und verlangt, dass der Bauherr «*alle* Gefahren und nicht nur die Gefahren, die von gesundheitsgefährdenden Stoffen ausgehen, zu ermitteln und in der Ausschreibung über sie zu informieren» hat (SCHUMACHER, Sicheres Bauen, Rz. 347). Vgl. dazu auch LEHMANN/ROTHWEILER, Gesundheitsgefährdende Stoffe, S. 34 ff.; Art. 5/Rz. 20; Art. 121/Rz. 2.1 ff. 15.4

c) Zusätzlich hat der Unternehmer gemäss Art. 3 Abs. 2 BauAV vor Vertragsabschluss zu prüfen und zu planen, welche Schutzmassnahmen «bei der Ausführung *seiner Arbeiten*», namentlich in Bezug auf den Einsatz seiner Arbeitsmittel notwendig sind (SCHUMACHER, Sicheres Bauen, Rz. 352). Besser ist es jedoch, wenn der Unternehmer diese Prüfung vor Einreichung seines Angebots vornimmt, damit er die entsprechenden Kosten in seine Offerte einkalkulieren kann (SCHUMACHER, Sicheres Bauen, Rz. 353 f.). Zudem enthält Art. 3 Abs. 2 BauAV für Schutzmassnahmen, die von mehreren Unternehmern benutzt werden, separate Regeln (SCHUMACHER, Sicheres Bauen, Rz. 351 ff. und 356 ff.). 15.5

15.6 d) Der Hinweis in der Ausschreibung auf die Risiken der örtlichen Gegebenheiten ist auch bei einer detaillierten Leistungsbeschreibung anhand eines Leistungsverzeichnisses dann notwendig, wenn:

15.7 – einzelne Positionen im Leistungsverzeichnis eine beschränkte Vollständigkeitsklausel (GWerkV Rz. 909 ff.) enthalten (z.B. «alle Aufwendungen, auch die nicht im Leistungsverzeichnis aufgezählten Leistungen, sind einzurechnen»);

15.8 – der Bauvorgang vom Bauherrn in der Ausschreibung nicht vorgegeben, sondern dem Unternehmer überlassen wird (z.B. «gemäss Vorschlag des Unternehmers»);

15.9 – der Bauherr daran interessiert ist, dass die Unternehmer sich eigene Gedanken darüber machen, wie das Bauwerk noch auf andere Art und Weise als ausgeschrieben und allenfalls kostengünstiger erstellt werden könnte und er deswegen die Einreichung von Varianten gemäss Art. 15 Abs. 3 wünscht.

15.10 e) Von besonderer Wichtigkeit sind Hinweise auf Risiken örtlicher Gegebenheiten, wenn der Bauherr vom Ausschreibungs- und Vertragsmodell der SIA-Norm 118 (Vorbem. Art. 3 – 22/Rz. 18 ff.) abweicht und er Leistungen nicht detailliert, sondern nur funktional beschreibt. Hat er die örtlichen Gegebenheiten nicht abgeklärt, so hat er – wenn er die SIA-Norm 118 für anwendbar erklärt – aufgrund von Art. 21 Abs. 3 i.V.m. Art. 33 Abs. 4 – bereits im Text der der Ausschreibung beigelegten vorgesehenen Vertragsurkunde darauf hinzuweisen, dass der Unternehmer (in Abweichung zu Art. 5 Abs. 2 und 3) die örtlichen Gegebenheiten (und andere nach der SIA-Norm 118 der Bauleitung bzw. dem Bauherrn zugewiesene Aufgaben) selber abzuklären bzw. auszuführen hat. Siehe dazu und zum Fall, dass der Hinweis statt in der Vertragsurkunde in den «Besonderen Bestimmungen» aufgeführt wird, Art. 21/Rz. 20.1 ff.

15.11 f) Macht der Bauherr in der Ausschreibung Hinweise zu Baugrund und -substanz, indem er z.B. der Ausschreibung ein geologisches Gutachten oder ein Altlastengutachten beilegt oder darauf verweist, will er aber eine Haftung dafür nicht übernehmen, so hat er gleichzeitig unzweideutig darauf hinzuweisen, dass sich der Unternehmer auf diese Angaben nicht verlassen dürfe (GWerkV Rz. 1097 ff.; Art. 25/Rz. 17.2 f.). Geschieht dies nicht, ist die Wegbedingung der Haftung wirkungslos.

Anmerkung 16

16 Aus diesem Verweis ergibt sich, dass sich der Unternehmer auf diese Unterlagen grundsätzlich ohne Nachprüfung verlassen kann, wenn der Bauherr sachverständig ist oder durch einen Sachverständigen vertreten oder beraten ist (Art. 25 Abs. 3; GWerkV Rz. 1088).

Anmerkung 17

17 Schon nach der Fassung der aSIA-118 gehörte es zur Pflicht des Bauherrn, vor der Ausschreibung die örtlichen Gegebenheiten zu ermitteln bzw. abzuklären (Art. 5/Rz. 4). Die Änderung ist rein redaktioneller Natur.

Anmerkung 18

Damit weist die Norm darauf hin, dass die nachfolgende Aufzählung nicht vollständig ist. 18

Anmerkung 19

Unter «weiteren Anlagen» sind in Anlehnung an Art. 22 Abs. 1 RPG «künstlich geschaffene und auf Dauer angelegte Einrichtungen zu verstehen, die in bestimmter fester Beziehung zum Erdboden stehen» (BGE 123 II 256/259 E. 3). Dazu zählen auch weitere ortsfeste Einrichtungen wie Terrainveränderungen (Art. 7 Abs. 7 USG). 19

Anmerkung 20

Unter «*Bodenmaterial*» ist der gesamte projektrelevante Untergrund, insbesondere der Bodenaushub zu verstehen (vgl. dazu Art. 5/Rz. 7.1 ff. und Art. 121 sowie SPIESS/HUSER, Handkommentar, N 36 zu Art. 5); nicht einschlägig ist demnach die umweltrechtliche Legaldefinition in Art. 7 Abs. 4bis USG, wonach unter «Boden» lediglich die oberste, unversiegelte Erdschicht, in der Pflanzen wachsen können, gemeint ist. «Belastet» ist das Bodenmaterial dann, wenn es Abfälle und Schadstoffe enthält, die für Menschen und Umwelt eine Gefährdung darstellen. Obwohl (im Gegensatz zu Art. 121) hier nicht erwähnt, ist das Rückbaumaterial (wie z.B. asbesthaltige Bauelemente) dem Bodenmaterial gleichzustellen. Vgl. auch Art. 121/Rz. 2.1 ff. 20

Anmerkung 21

Unter «*Altlasten*» sind mehrere Sachverhalte zu verstehen: 21.1

a) Altlasten im Sinne von Art. 2 Abs. 3 der Altlasten-Verordnung (AltlV): Dabei handelt es sich um belastete Standorte, die sanierungsbedürftig sind, das heisst, «wenn sie zu schädlichen oder lästigen Einwirkungen führen oder wenn die konkrete Gefahr besteht, dass solche Einwirkungen entstehen» (Art. 2 Abs. 2 AltlV). Ein ausdrücklicher Hinweis auf eine Kontaminierung des Bodenmaterials ist dann nicht notwendig, wenn sich aus den ganzen Vertragsumständen klar und eindeutig ergibt (z.B. der Hinweis im Leistungsverzeichnis: «Boden unterhalb einer teerhaltigen Asphaltschicht»), dass eine solche vorliegt (BGH VII ZR 67/11 vom 22.12.2011 E. 16 ff. = NZBau 2012, S. 103 f.). 21.2

b) Sogenannte «Bauherren-Altlasten»: Dabei handelt es sich um belastete Standorte, die nicht sanierungsbedürftig sind, «aber im Rahmen von Bauvorhaben zu Mehrkosten für die Entsorgung des Aushubmaterials führen». Dazu und zur entsprechenden Haftungsbestimmung in Art. 31c USG siehe RÜEGG, Haftung für Bauherren-Altlasten, S. 108 ff., sowie LEHMANN, Altlasten, S. 103 ff. 21.3

c) Altlasten im weiteren Sinne: Im Hinblick auf auszuschreibende Rückbau-, Umbau- und Renovationsarbeiten hat der Bauherr den Zustand der bestehenden Bauten und allfällige noch vorhandene Pläne und statische Berechnungen daraufhin zu prüfen, bzw. prüfen zu lassen, ob sie für den vorgesehenen Rück-, An- und Umbau taugen und keine Planungs- und/oder Ausführungsfehler aufweisen. Zur Abgrenzung zwischen Altlasten, belasteten Standorten und schadstoffhaltiger Bausubstanz vgl. auch BGer 1C_178/2009 vom 4. November 2009 (= auszugsweise in BGE 136 II 142 ff.). 21.4

Anmerkung 22

22 Dazu zählt auch das Erdgas, das im Untertagbau nicht zu unterschätzen ist (Schär, Geologie, S. 43 f.). Vgl. auch Art. 105/Rz. 2.

Anmerkung 23

23 Vgl. dazu Art. 5/Rz. 4.

1 223 Inhalt[1]

Art. 6

[1] In der Ausschreibung[2] gibt der Bauherr den Unternehmern die Anforderungen bekannt, die er an das Angebot stellt, wie z.B. Eingabefrist[3], Stichtag für die Kostengrundlage[4], Dauer der Verbindlichkeit des Angebotes[5], verlangte Beilagen wie Bauprogramm[6], Pläne für die Baustelleneinrichtungen[7] und dergleichen (Art. 7).[8]

[2] Der Bauherr vermittelt den Adressaten alle Angaben, die erforderlich sind, damit sie sich über den Inhalt des beabsichtigten Vertrages Klarheit verschaffen können[9,10], insbesondere über Art[11], Umfang[12] und Besonderheit[13] der Bauarbeit sowie über die Art der zu vereinbarenden Preise[14]. Pauschalpreise werden als solche bezeichnet (Art. 41 Abs. 3).[15]

Art. 6 (1977/91)

[1] In der Ausschreibung gibt der Bauherr den Unternehmern die Anforderungen bekannt, die er an das Angebot stellt (z.B. Eingabefrist, Stichtag für die Kostengrundlage, Dauer der Verbindlichkeit des Angebotes, verlangte Beilagen wie Bauprogramm, Pläne für die Baustelleneinrichtungen und dergleichen).

[2] Der Bauherr vermittelt den Adressaten alle Angaben, die erforderlich sind, damit sie sich über den Inhalt des beabsichtigten Vertrages Klarheit verschaffen können, insbesondere über Art, Umfang und Besonderheit der Bauarbeit sowie über die Art der zu vereinbarenden Preise. Pauschalpreise werden ausdrücklich als solche bezeichnet (Art. 41 Abs. 3).

Anmerkung 1

1.1 Art. 6 umschreibt, welche Informationen der Bauherr in der Ausschreibung den Unternehmern zu vermitteln hat. Sein Abs. 1 nennt die formellen Anforderungen, die der Bauherr an das Angebot stellt. Es handelt sich dabei um Verfahrensregeln oder Ausschreibungsbedingungen (GWerkV Rz. 459 und 477 ff.). Weitere Verfahrensregeln finden sich in Art. 15–22.

1.2 Art. 6 Abs. 2 bezeichnet die Angaben, die der Bauherr über den Inhalt des beabsichtigten Vertrags, insbesondere über die ausgeschriebenen Bauarbeiten, zu machen hat. Siehe dazu Art. 5/Rz. 3.1.

Anmerkung 2

Gemeint sind damit sowohl die Einladung zur Offerteinreichung als auch die Ausschreibungsunterlagen. 2

Anmerkung 3

Zur Festsetzung der *Eingabefrist* enthielt Art. 2 Abs. 2 der im Jahre 2003 vom SIA zurückgezogenen SIA-Norm 117 folgende Bestimmung: «Die Eingabefrist ist für alle Bewerber einheitlich so festzusetzen, dass ihnen genügend Zeit zur gründlichen Prüfung der Unterlagen sowie zum Studium und zur Ausarbeitung ihrer Angebote bleibt. Wird die Eingabefrist verlängert, so ist dies allen Bewerbern rechtzeitig mitzuteilen.» Diese Aussage ist im Hinblick auf die chancengleiche Behandlung nach wie vor richtig. Zur Eingabefrist vgl. auch Art. 17/Rz. 4.2 ff. 3.1

Verlangt der Bauherr von den Unternehmern auch planerische Leistungen (Vorbem. Art. 3–22/Rz. 18 ff.) oder verlangt er vom Unternehmer die Überprüfung bauseitiger Angaben (Art. 8/Rz. 8.4), so sollte dies bei der Ansetzung der Eingabefrist entsprechend berücksichtigt werden (GWerkV Rz. 1086). Geschieht dies nicht und ist die Frist zu knapp bemessen, so kann sich eine Erklärung des Bauherrn, auf die sachverständigen Angaben sei kein Verlass, als unwirksam erweisen (GWerkV Rz. 1097 ff.). 3.2

Anmerkung 4

Der Stichtag (Tag der Einreichung des Angebots; Art. 62/Rz. 4.1) ist massgeblich für die Teuerungsabrechnung und die Nachtragspreisbildung (Art. 62/Rz. 20.1). 4

Anmerkung 5

Die SIA-Norm 118 sieht vor, dass der Bauherr in der Ausschreibung die Dauer der Verbindlichkeit des Angebots vorgibt. Durch die vorbehaltlose Einreichung des Angebots macht der Unternehmer eine in den Ausschreibungsbedingungen enthaltene Bindefrist zum Bestandteil seines Angebots (Gauch, Die Submission im Bauwesen, S. 214). 5.1

Da die Einladung zur Offerteinreichung noch keinen Antrag zum Vertragsabschluss darstellt (Gauch/Schluep/Schmid, OR AT, Rz. 369), ist es dem Unternehmer unbenommen, in der Beilage zu seinem Angebot eine (verbindliche) Bindefrist festzulegen (Art. 15 Abs. 3). Die Norm enthält keine Aussage über die Bemessung der Bindefrist. Gibt der Bauherr eine zu kurze Frist an, so besteht die Gefahr, dass dem Unternehmer zu wenig Zeit für die Einreichung des Angebots (Art. 6/Rz. 3.1 f.) und dem Bauherrn zu wenig Zeit für die Prüfung der Angebote bleibt. Will der Bauherr die Bindefrist erstrecken, so hat er dafür die Zustimmung des Unternehmers einzuholen. Gibt er eine sehr lange Bindefrist vor, so kann sich die Frage stellen, ob sie übermässig im Sinne von Art. 27 Abs. 2 ZGB und damit widerrechtlich ist (Gauch/Schluep/Schmid, OR AT, Rz. 661 ff.). 5.2

Für den Fall, dass der Bauherr die Bindefrist in den Ausschreibungsunterlagen nicht festlegt, gilt Art. 17. Zur rechtlichen Tragweite der Bindewirkung vgl. Art. 17/Rz. 2.1 ff. 5.3

Anmerkung 6

6 Zum Begriff und zur Bedeutung vgl. Art. 93 und Art. 21 Abs. 3.

Anmerkung 7

7 Vgl. Art. 124 Abs. 2.

Anmerkung 8

8 So kann der Bauherr schon im Ausschreibungsverfahren vom Unternehmer die Beibringung von Ausführungsplänen, Spezialplänen, Studien und Werkzeichnungen, die gemäss der Norm durch die Bauleitung zu beschaffen wären, verlangen (Art. 101). Siehe dazu auch Art. 21 Abs. 3 i.V.m. Art. 33 Abs. 4.

Anmerkung 9

9.1 Damit umschreibt die Norm, auf was es bei der Ausarbeitung der Ausschreibungsunterlagen und bei der Ausschreibung ankommt: Die Angaben über den Inhalt des beabsichtigten Vertrags sollen so sein, dass ein anbietender Unternehmer nach der Lektüre dieser Unterlagen weiss, welche Leistungen der Bauherr von ihm verlangt und mit welchen Erschwernissen er zu rechnen hat.

9.2 Deswegen verlangt die Norm eine detaillierte, vollständige, übersichtliche und klare Leistungsbeschreibung (Art. 8 und Art. 12). Dadurch soll sich der Unternehmer im Hinblick auf die Kalkulation seiner Preise über die kostenbildenden Faktoren, die für die Herstellung des Werks bedeutsam sind (GWerkV Rz. 1088 und 1095), ein klares Bild machen können. Das Erfordernis der Klarheit der Ausschreibungsunterlagen wird in der Norm wiederholt betont. So in Art. 12, Art. 16 und Art. 40 Abs. 2. Art. 8 Abs. 1 verlangt eine übersichtliche Beschreibung der einzelnen Leistungen. Zum Ausschreibungs- und Vertragsmodell der Norm vgl. Vorbem. Art. 3 – 22/Rz. 18 ff. und Einl./Rz. 16 ff.

Anmerkung 10

10.1 Entsprechen die Ausschreibungsunterlagen nicht diesen Anforderungen (wie sie im Einzelnen in Art. 5 – 14 umschrieben werden) oder/und weicht der Bauherr vom Ausschreibungsmodell ab (Vorbem. Art. 3 – 22/Rz. 24 f.), ohne diese Abweichungen klar zum Ausdruck zu bringen, können die Folgen (bei gegebenen Voraussetzungen) für die Vertragsparteien und insbesondere für den Bauherrn ebenso schwerwiegend wie vielfältig sein und sich gar kumulieren, nämlich:

10.2 a) Der Vertrag ist *einseitig unverbindlich* (Art. 23 OR), weil der Bauherr oder seine Hilfsperson (Art. 101 OR) mit mangelhaften Ausschreibungsunterlagen den Unternehmer absichtlich getäuscht hat (Art. 28 OR) oder der durch mangelhafte Ausschreibungsunterlagen hervorgerufene Irrtum beim Unternehmer die Qualität eines Grundlagenirrtums (Art. 24 Abs. 1 Ziff. 4 OR; vgl. auch Art. 31 OR) hat (GWerkV Rz. 390 f.).

10.3 b) Der Vertrag wird *vorzeitig aufgelöst,* wenn ausserordentliche Umstände im Sinne von Art. 59 eintreten, die aufgrund fehlender oder der Wirklichkeit widersprechender, sachverständiger Angaben in der Ausschreibung (GWerkV Rz. 1088 und 1095 ff.) im Zeitpunkt der Kalkulation des Angebots oder des Vertragsabschlusses nicht vorausgesehen werden konnten (GWerkV Rz. 1046ff., insbesondere Rz. 1088ff.). In diesem Falle kann der Unternehmer beim Gericht die Auflösung des Vertrags verlangen (Art. 59/Rz. 9.1ff.).

c) Der Unternehmer hat Anspruch auf eine *zusätzliche Vergütung* aus verschiedenen Gründen und aufgrund unterschiedlicher Rechtstitel, namentlich wenn: 10.4

- die zu einem Festpreis vereinbarte Arbeitsleistung aus Gründen, die der Bauherr verschuldet hat (oder die ihm nach Massgabe des Art. 101 OR anzurechnen sind), erschwert wurde (Art. 58/Rz. 6.3 und 8.1ff.). Bei falschen «sachverständigen» Angaben über den Baugrund oder bestehende Bausubstanz wird das Verschulden fingiert (Art. 58/Rz. 13.1ff.). Bezüglich Baustelleneinrichtungen vgl. Art. 124/Rz. 16; 10.5
- ausserordentliche Umstände gemäss Art. 59 die Fertigstellung hindern oder übermässig erschweren; 10.6
- mangelhafte Ausschreibungsunterlagen den Bauherrn zwingen, seine Bestellung zu ändern und Mehrkosten daraus resultieren (Art. 84ff.); 10.7
- mangelhafte Ausschreibungsunterlagen zusätzliche Kosten für Planänderungen und für die Bauleitung (inkl. Abrechnungswesen) verursachen; 10.8
- das Werk Baumängel aufweist, die auf eine mangelhafte Leistungsbeschreibung und/oder Pläne des Bauherrn zurückzuführen sind (zum Selbst- oder Mitverschulden siehe Art. 166/Rz. 14 und 15.1ff.; GWerkV Rz. 1912ff. und 2049ff.; Fellmann, Fehlerhaftes Leistungsverzeichnis, S. 105ff.); 10.9
- mangelhafte Ausschreibungsunterlagen Verzögerungen beim Bauen zur Folge haben und Mehrvergütungen für längere Arbeitszeit, längeres Vorhalten der Baustelleneinrichtungen, Teuerung, Beschleunigungsmassnahmen (Art. 95 Abs. 3) und Schadenersatz wegen Fristüberschreitung (Art. 97) nach sich ziehen. 10.10

d) Im Übrigen kann der Bauherr dem Unternehmer wegen mangelhafter Angaben in den Ausschreibungsunterlagen wegen *Verletzung vorvertraglicher Treuepflichten* (GWerkV Rz. 440, 1103, 1105f. und 1116) schadenersatzpflichtig werden, was allerdings voraussetzt, dass ihn ein Verschulden oder eine Haftung aus Art. 101 OR trifft. 10.11

Zur Sorgfalt bei der Erstellung des Leistungsverzeichnisses vgl. auch Siegenthaler, Mangelhafte Leistungsverzeichnisse, S. 173ff. 10.12

Anmerkung 11

Damit wird angegeben, was für eine Arbeitsgattung ausgeschrieben wird. Die verschiedenen infrage kommenden Arbeitsgattungen werden im Baukostenplan (BKP) der CRB aufgelistet. Bei diesem handelt es sich um ein Instrument der Kostenplanung und Kostenverfolgung, nicht der Leistungsbeschreibung. Vgl. aber Vorbem. Art. 84–91/Rz. 51ff. Zur Beschreibung der Leistungen siehe Art. 8/Rz. 1.1ff. und Art. 12. 11

Anmerkung 12

Damit werden die Dimensionen (Breite, Höhe, Tiefe) der zu errichtenden Baute, in der Regel anhand der Pläne und Mengen der Teilleistungen im Leistungsverzeichnis (Art. 8/Rz. 4.1f.), beschrieben. 12

Anmerkung 13

13.1 Darunter sind verschiedene Angaben zu verstehen, z.B.:

13.2 – über den gewünschten Bauvorgang (vgl. Art. 7/Rz. 16; Art. 8/Rz. 9.1);

13.3 – welche Baustelleneinrichtungen (Art. 123) der Unternehmer für die Durchführung der Arbeiten benötigt bzw. beizustellen hat;

13.4 – mit welchen Erschwernissen und Risiken der Bauarbeiten zu rechnen ist (Art. 5/Rz. 12 und 13.1 f.);

13.5 – welche Schutz- und Fürsorgemassnahmen der Unternehmer zu treffen hat (Art. 103 ff.). Vgl. dazu Art. 5/Rz. 15.1 ff.

13.6 Vgl. dazu auch Art. 8/Rz. 8.1 und 12.2.

Anmerkung 14

14 Siehe Art. 38–43, Art. 48–54 und Art. 56. Die Preisart hat Einfluss auf die Bestimmung des Angebotspreises. Sie stellt die Vergleichbarkeit der Offerten sicher und schafft rechtzeitig Klarheit darüber, wie die Leistungen vergütet werden sollen.

Anmerkung 15

15 In der Revision 2013 wurde die Vorschrift, dass Pauschalpreise «ausdrücklich» als solche zu bezeichnen seien, gestrichen. Nachdem jedoch der Verweis auf Art. 41 Abs. 3, wo sich diese Formulierung noch immer findet (Art. 41/Rz. 7 und 9.1 ff.), bestehen blieb, ist die Streichung nicht von Bedeutung. Mit dem Hinweis auf die «Ausdrücklichkeit» will man klarstellen, dass beim Pauschalpreis (entgegen den Grundregeln von Art. 64 ff., wonach die Preise grundsätzlich an die Teuerung angepasst werden) keine Anpassung an die Teuerung erfolgt. In einem Streitfalle wird auszulegen sein, ob ein Pauschal- oder Globalpreis vereinbart wurde (Art. 41/Rz. 9.2).

1 23 Ausschreibungsunterlagen[1]

1 231 Bestandteile und Rangordnung[2]

Art. 7

[1] Der Bauherr legt die Angaben nach Art. 6[3] in den Ausschreibungsunterlagen[4] nieder. Er übergibt[5] die Unterlagen den Adressaten[6]; sind die Unterlagen zu umfangreich, so übergibt er einen Auszug mit einem Verzeichnis der weiteren Unterlagen, die bei ihm eingesehen werden können.[7]

[2] Die Ausschreibungsunterlagen umfassen folgende Bestandteile[8]:

1. Text der vorgesehenen Vertragsurkunde[9], worin der Hauptinhalt des vorgesehenen Vertrages[10] unter Einschluss der Vertretungsverhältnisse aufseiten

des Bauherrn[11] umschrieben und auf die übrigen Ausschreibungsunterlagen (Ziff. 2ff.) verwiesen wird[12],

2. **die durch das Bauobjekt bedingten, besonderen Bestimmungen[13]; es sind dies Bestimmungen, die sich namentlich[14] ergeben aus der Lage des Bauobjektes, der Beschaffenheit des Baugrundes[15], dem gewünschten Bauvorgang[16], den speziellen Anforderungen an die Qualität, an die Organisation und an die Arbeitsabläufe (Qualitätsmanagement)[17] und aus der Zweckbestimmung des Werkes[18]; ferner z.B. Angaben über die örtlichen Gegebenheiten (Art. 5)[19], den Baubeginn[20] und die einzuhaltenden Fristen[21], soweit sie nicht in der Vertragsurkunde enthalten sind[22], sowie Angaben über die zur Verfügung stehenden Grundstücke und Rechte (Art. 13) und über die Zu- und Ableitungen (Art. 14),**
3. **Leistungsverzeichnis (Art. 8)[23] oder Baubeschreibung (Art. 12),**
4. **Pläne[24],**
5. **Verzeichnis[25] der nicht durch das Bauobjekt bedingten, allgemeinen Bestimmungen[26], die für das Angebot[27] und den abzuschliessenden Vertrag[28] gelten sollen. Als solche kommen insbesondere[29] in Betracht:**
   a) **Die Norm SIA 118 «Allgemeine Bedingungen für Bauarbeiten»[30],**
   b) **die übrigen Normen des SIA[31],**
   c) **die Normen anderer Fachverbände[32].**

3 Soweit zwischen diesen Unterlagen[33] ein Widerspruch besteht, bestimmt sich ihr Rang nach der Einordnung in die vorstehenden Ziff. 1–5[34]; insbesondere hat das Leistungsverzeichnis bzw. die Baubeschreibung Vorrang vor den Plänen[35].

Art. 7 (1977/91)

1 Der Bauherr legt die Angaben nach Art. 6 in den Ausschreibungsunterlagen nieder. Er übergibt die Unterlagen den Adressaten; sind die Unterlagen zu umfangreich, so übergibt er einen Auszug mit einem Verzeichnis der weiteren Unterlagen, die bei ihm eingesehen werden können.

2 Die Ausschreibungsunterlagen umfassen folgende Bestandteile:

1. Text der vorgesehenen Vertragsurkunde (z.B. auch ein Standardformular in der Art von Formular SIA Nr. 1023), worin der Hauptinhalt des vorgesehenen Vertrages unter Einschluss der Vertretungsverhältnisse auf seiten des Bauherrn umschrieben und auf die übrigen Ausschreibungsunterlagen (Ziff. 2ff.) verwiesen wird.
2. Die durch das Bauobjekt bedingten, besonderen Bestimmungen; es sind dies Bestimmungen, die sich namentlich ergeben aus der Lage des Bauobjektes, der Beschaffenheit des Baugrundes, dem gewünschten Bauvorgang und der Zweckbestimmung des Werkes; ferner z.B. Angaben über die örtlichen Gegebenheiten (Art. 5), den Baubeginn und die einzuhaltenden Fristen,

soweit sie nicht in der Vertragsurkunde enthalten sind, sowie Angaben über die zur Verfügung stehenden Grundstücke und Rechte (Art. 13) und über die Zu- und Ableitungen (Art. 14)

3. Leistungsverzeichnis (Art. 8) oder Baubeschreibung (Art. 12)
4. Pläne
5. Verzeichnis der nicht durch das Bauobjekt bedingten, allgemeinen Bestimmungen, die für das Angebot und den abzuschliessenden Vertrag gelten sollen. Als solche kommen insbesondere in Betracht:
   a) Die Norm SIA 118 «Allgemeine Bedingungen für Bauarbeiten»
   b) Die übrigen Normen des SIA und die im Einvernehmen mit dem SIA aufgestellten Normen anderer Fachverbände
   c) Die weiteren Normen anderer Fachverbände.

³ Soweit zwischen diesen Unterlagen ein Widerspruch besteht, bestimmt sich ihr Rang nach der Einordnung in die vorstehenden Ziff. 1–5; insbesondere hat das Leistungsverzeichnis bzw. die Baubeschreibung Vorrang vor den Plänen. Vergleiche aber Art. 144 Abs. 5 und Art. 172 Abs. 1.

Anmerkung 1

1 Aus den Ausschreibungsunterlagen soll der Unternehmer auf die an sein Angebot gestellten Anforderungen (Art. 6 Abs. 1) und auf den «Inhalt des beabsichtigten Vertrages» (Art. 6 Abs. 2) schliessen können. Diese Angaben sind in mindestens dreifacher Hinsicht bedeutsam: Erstens bilden sie die Grundlage, auf welcher der Unternehmer sein Angebot ausarbeitet und den Preis der verlangten Bauarbeit kalkuliert. Zweitens übernimmt der Unternehmer diese Angaben in sein Angebot, soweit er nichts Abweichendes offeriert. Und drittens werden sie zum Bestandteil des Vertrags, wenn der Bauherr das Angebot des Unternehmers, das die Angaben enthält, annimmt.

Anmerkung 2

2.1 Die Bestimmung enthält eine *Widerspruchsregel* für den Fall, dass die Ausschreibungsunterlagen in sich widersprüchlich sind. Eingehend zu dieser Regel Art. 7/Rz. 34.1 ff.

2.2 Die Rangordnung, die sie schafft, greift lediglich bei Widersprüchen unter den rangierten Bestandteilen der Ausschreibungsunterlagen; sie entbindet den Unternehmer nicht davon, sich durch die Analyse sämtlicher Bestandteile darüber klar zu werden, worin die ausgeschriebene Arbeit besteht, weshalb er sich z.B. nicht darauf berufen kann, dass er nur das «Offertformular» habe zur Kenntnis nehmen müssen (BGE 109 II 333/337 E. 3c).

Anmerkung 3

3 Gemeint sind die Bedingungen des Ausschreibungsverfahrens sowie die Angaben zum Inhalt des beabsichtigten Vertrags. Ein Bauherr, der dem öffentlichen Vergaberecht untersteht, hat die einschlägigen Vorgaben einzuhalten (Art. 4/Rz. 9.1 f.). So finden sich etwa in Anhang 5 zur VöB für Vergaben auf Bundesebene detaillierte Angaben darüber, welchen Mindestinhalt Ausschreibungsunterlagen aufweisen müssen.

Anmerkung 4

Verbreitet werden Ausschreibungsunterlagen in Papierform ausgefertigt, immer häufiger aber auch elektronisch zugänglich gemacht. Indes hat der Unternehmer auch mündliche Angaben des Bauherrn zu beachten. Für die jeweiligen Angaben ist im Streitfall derjenige beweispflichtig, der sich darauf beruft (Art. 8 ZGB). 4

Anmerkung 5

Der Bauherr bestimmt die Modalitäten der Übergabe. Etwa kann er bestimmen, dass interessierte Unternehmer für die Ausschreibungsunterlagen eine Gebühr zu entrichten, die Unterlagen von einer Website herunterzuladen oder vorgängig eine Vertraulichkeitserklärung zu unterschreiben haben. 5

Anmerkung 6

Mit den Adressaten sind die Unternehmer gemeint, die der Bauherr zur Offertstellung einlädt. Sonderfälle vorbehalten, ist der Unternehmer, der die Ausschreibungsunterlagen entgegennimmt, nicht verpflichtet, anschliessend auch tatsächlich ein Angebot zu machen. Hat er dem Bauherrn aber ein Angebot in Aussicht gestellt, ist er gehalten, dem Bauherrn einen nachträglichen Verzicht auf die Offertstellung anzuzeigen, wenn der Bauherr nach den Umständen (z.B. in Fällen, in denen nur sehr wenige Unternehmer für die Arbeit überhaupt infrage kommen) darauf vertrauen durfte, dass ihm eine Offerte des Unternehmers zugehen würde. 6

Anmerkung 7

Ob die Ausschreibungsunterlagen dem Unternehmer übergeben werden, entscheidet allein der Bauherr, der auch bei geringem Umfang von einer Übergabe absehen kann. Der Unternehmer hat keinen Anspruch darauf, dass ihm die Unterlagen ausgehändigt werden. Immerhin hat der Bauherr Unterlagen, die dem Unternehmer nicht übergeben werden, in einem «Verzeichnis der weiteren Unterlagen» aufzuführen. Die dort aufgeführten Unterlagen hat sich der Unternehmer indes nur dann entgegenhalten zu lassen (Art. 16), wenn der Bauherr ihm das Verzeichnis übergeben und ihm Gelegenheit gegeben hat, diese weiteren Unterlagen in zumutbarer Weise einzusehen. Entsprechend verhält es sich hinsichtlich einer allfälligen Frist, die der Bauherr für die Einsicht ansetzt (vgl. Art. 16/Rz. 5.5); die Einsichtsfrist muss so bemessen sein, dass der Unternehmer sich über den Inhalt der Unterlagen Klarheit verschaffen kann. 7

Anmerkung 8

Die SIA-Norm 118 geht nachfolgend von einem *typisierten Aufbau* der Ausschreibungs- 8.1
unterlagen aus, der praktisch erprobt ist. Es empfiehlt sich, diesen Aufbau zu übernehmen und die Bestandteile nach dem Vorbild der SIA-Norm 118 zu benennen. Denn die Norm greift hier – und auch sonst (in Art. 21) – auf diesen typisierten Aufbau zurück. Rechtlich ist der Bauherr aber nicht verpflichtet, diesen Aufbau zu wählen. Er darf – als Herr der Ausschreibung – die Bestandteile der Ausschreibungsunterlagen und die Rang-

ordnung, in der diese Bestandteile zueinander stehen sollen, frei bestimmen und dabei auch von der SIA-Norm 118 abweichen.

8.2 Die Norm selber enthält eine Liste der Hauptbestandteile, die allerdings nur ihrer Formulierung nach abschliessend ist, in der Sache nicht: Zum einen sind die einzelnen Bestandteile so offen umschrieben, dass die Gestaltungsmöglichkeiten des Bauherrn kaum eingeschränkt werden. Zum andern verweist die Liste in Art. 7 Abs. 2 Ziff. 5 auf ein «Verzeichnis der nicht durch das Bauobjekt bedingten, allgemeinen Bestimmungen», in das der Bauherr beliebige Bedingungswerke aufnehmen kann, die alsdann zum Bestandteil der Ausschreibungsunterlagen werden.

Anmerkung 9

9 Die Vertragsurkunde (gelegentlich auch Vertragsmantel genannt) ist ihrer äusseren Form nach ein Schriftstück. Was Inhalt der Urkunde ist, definiert die SIA-Norm 118 bloss im Sinne einer Ordnungsvorschrift. Es handelt sich dabei um jenen Bestandteil der Ausschreibungsunterlagen, in dem der «Hauptinhalt des vorgesehenen Vertrages [...] umschrieben und auf die übrigen Ausschreibungsunterlagen (Ziff. 2 ff.) verwiesen wird» (Art. 7 Abs. 2 Ziff. 1). Letzteres wird bestätigt durch Art. 20 Abs. 1, der im Übrigen einen etwas anderen Wortlaut hat (vgl. Art. 20/Rz. 5). Zum Begriff der Vertragsurkunde allgemein SCHUMACHER, Vertragsgestaltung, Rz. 432.

Anmerkung 10

10.1 Zum «Hauptinhalt» des anvisierten Werkvertrags gehören neben den Vertretungsverhältnissen, die ausdrücklich erwähnt werden, vor allem die Leistungspflicht des Unternehmers und die Vergütungspflicht des Bauherrn. Davon können in der Ausschreibungsphase indes nur die bauherrenseitigen Vertretungsverhältnisse und die Leistungspflicht des Unternehmers umschrieben werden, während sich die Vergütungspflicht des Bauherrn in Abhängigkeit von den eingegangenen Offerten bestimmt. Schon in dieser Phase aber ist es möglich, die Preisarten festzulegen und andere vergütungswirksame Modalitäten anzusprechen. Zu denken ist etwa an Rabatt und Skonto, aber auch an sogenannte Bauabzüge (z.B. für den Baustrom, für die Bauversicherung, für die Baureinigung oder die Bauschäden) und Zahlungsfristen, soweit diesbezüglich von der SIA-Norm 118 abgewichen werden soll (Art. 190). Vgl. in diesem Zusammenhang auch die in Art. 21 Abs. 3 enthaltene Auflistung von «Abreden, welche nach dieser Norm [der SIA-Norm 118] in der Vertragsurkunde zu treffen sind» (zur rechtlichen Bedeutung dieser Regel siehe Art. 21/Rz. 20.1 ff.).

10.2 In der Vertragsurkunde ist auf die übrigen Ausschreibungsunterlagen zu verweisen. Der Verweis orientiert den Unternehmer über die weiteren Bestandteile, die er über die Vertragsurkunde hinaus zu beachten hat, und umreisst damit die Verhandlungsgrundlage. Wie erwähnt (Art. 7/Rz. 4), macht der Bauherr aber unter Umständen weitere Angaben, die in diesem Verzeichnis nicht vermerkt sind. Im Streitfall hat jene Partei, die sich auf diese Angaben beruft, den entsprechenden Beweis zu führen (Art. 7/Rz. 4). Im Übrigen steht es dem Bauherrn frei, in der Vertragsurkunde irgendwelche Abreden aufzuführen.

So geht die SIA-Norm 118 selber davon aus, dass die Fristen unter Umständen in der Vertragsurkunde geregelt werden (Art. 7 Abs. 2 Ziff. 2). Umgekehrt braucht der Bauherr selbst wesentliche Vertragspunkte nicht in der Vertragsurkunde unterzubringen, sondern kann sie an anderer Stelle (z.B. im Leistungsverzeichnis) regeln.

Anmerkung 11

Gemeint sind die Vertretungsverhältnisse, soweit sie für den konkreten Vertrag von Belang sind. Es geht also vor allem um die Bauleitung. Dazu Art. 33 SIA-Norm 118 und Art. 33 Abs. 3 OR. Die unternehmerseitigen Vertretungsverhältnisse können in den Ausschreibungsunterlagen nicht umschrieben werden, was sich von selbst versteht. Üblicherweise aber hat der Unternehmer die Vertragsurkunde, die er in sein Angebot übernimmt, entsprechend zu ergänzen, unter Einschluss der Vertretungsverhältnisse in einer allfälligen Arbeitsgemeinschaft (vgl. Art. 28 Abs. 3). 11

Anmerkung 12

Damit wird die tatsächliche (widerlegbare) Vermutung begründet, dass die Ausschreibungsunterlagen keine weiteren Bestandteile aufweisen. Vgl. auch Art. 7/Rz. 10.2. 12

Anmerkung 13

Die «Besonderen Bestimmungen» sind zu unterscheiden von den «nicht durch das Bauobjekt bedingten, allgemeinen Bestimmungen», auf die sich Art. 7 Abs. 2 Ziff. 5 bezieht (Art. 7/Rz. 26) und die ihnen im Widerspruchsfall rangmässig nachgehen. Bei den Besonderen Bestimmungen handelt es sich um Bestimmungen, die *objektbedingt,* mithin nicht allgemeiner Art sind. Sie enthalten gewöhnlich Angaben zum konkreten Projekt, die eine Vielzahl von Positionen betreffen, sich also nicht einzelnen Leistungspositionen zuordnen lassen. Die Besonderen Bestimmungen sollten möglichst sachlogisch strukturiert werden, was sich z.B. durch eine Verwendung des NPK-Kapitels 102 bewerkstelligen lässt. 13.1

Zwar ist es nicht zwingend, die Besonderen Bestimmungen in einem einzigen Dokument zusammenzuführen. Doch müssen, wenn mit mehreren Dokumenten gearbeitet wird, die Querbezüge sorgfältig überprüft und Widersprüche möglichst vermieden werden. Zudem sollten die Dokumente, die Besondere Bestimmungen enthalten, ausdrücklich entsprechend bezeichnet werden. Zu bedenken ist schliesslich, dass die Widerspruchsregel (Art. 7 Abs. 3) bei Widersprüchen unter gleichrangigen Bestandteilen der Ausschreibung nicht greift (Art. 7/Rz. 34.5). Deshalb empfiehlt es sich, sie in dieser Hinsicht zu ergänzen und spezifisch zu regeln, was bei Widersprüchen zwischen Dokumenten, die dem gleichen Vertragsbestandteil zugehören, gelten soll. Ein Beispiel findet sich in KBOB-Verträgen: «Besteht ein Vertragsbestandteil aus mehreren Dokumenten, geht bei Widersprüchen das zeitlich jüngere Dokument dem älteren vor» (Ziff. 2.2 KBOB-Dok. 38). 13.2

Objektbedingte Bestimmungen finden sich auch im Leistungsverzeichnis, wo die «einzelnen Leistungen, aus denen sich die ausgeschriebene Bauarbeit zusammensetzt» (Art. 8 Abs. 1), aufgeführt werden. Diese Bestimmungen gehen – im Widerspruchsfall – den in einem entsprechend gekennzeichneten Vertragsdokument enthaltenen Besonderen Be- 13.3

stimmungen nach, da sie formell zum Leistungsverzeichnis gehören und es für die Rangordnung auf die formelle Zugehörigkeit ankommt (Art. 21/Rz. 5.12).

Anmerkung 14

14 Der Bauherr ist frei, in diesem Bestandteil der Ausschreibungsunterlagen (den Besonderen Bestimmungen) irgendwelche Bestimmungen vorzusehen. Der nachfolgende Katalog führt bloss typische Beispiele auf. Weder sind alle Punkte zwingend aufzunehmen, noch ist die Aufzählung abschliessend. Praktisch ist es sogar der Regelfall, dass die Besonderen Bestimmungen weitere Punkte enthalten, die in der beispielhaften Aufzählung nicht enthalten sind. Solche Punkte ergeben sich z.T. aus der SIA-Norm 118 selber. Beispielsweise schreibt Art. 189 Abs. 3 dem Bauherrn vor, dass in den Ausschreibungsunterlagen mitzuteilen sei, ob und «welche Versicherungen er mit Bezug auf das Werk» abschliesst (vgl. Art. 189/Rz. 16.1 f. und 17). Diese Mitteilung gehört sachlich in die Besonderen Bestimmungen.

Anmerkung 15

15 Zur Ermittlung der Beschaffenheit des Baugrunds und der Bausubstanz siehe Art. 5 Abs. 2; zur Überprüfung der entsprechenden Angaben Art. 25 Abs. 3; zu den Auswirkungen mangelhafter Angaben bei Festpreisen Art. 58 Abs. 2. Mit der letzten Teilrevision wurde verschiedentlich dort, wo die SIA-Norm 118 vom Baugrund spricht, ein Hinweis auf die bestehende Bausubstanz eingefügt (z.B. Art. 58 Abs. 2). Dass diese Ergänzung hier fehlt, ist ein redaktionelles Versehen, rechtlich aber nicht bedeutsam, da die Aufzählung in Art. 7 Abs. 2 Ziff. 2 ohnehin nicht abschliessend ist (Art. 7/Rz. 14).

Anmerkung 16

16 Dazu gehört namentlich die Reihenfolge der Arbeiten (Art. 104/Rz. 13), gegebenenfalls aber auch die Baumethode (Art. 84/Rz. 6.2).

Anmerkung 17

17 Neu erwähnt die Bestimmung die «speziellen Anforderungen an die Qualität, an die Organisation und an die Arbeitsabläufe (Qualitätsmanagement)». Etwa kann der Bauherr hier vorgeben, dass der Unternehmer mit seiner Offerte den Nachweis eines zertifizierten QM-Managements erbringen muss. Siehe Spiess/Huser, Handkommentar, N 25 zu Art. 7.

Anmerkung 18

18 Gemeint ist der vorausgesetzte Gebrauch, auf den sich Art. 166 Abs. 2 bezieht. Dieser Bestimmung zufolge kann ein Mangel auch darin liegen, dass das Werk zum vorausgesetzten Gebrauch nicht tauglich ist. Siehe Art. 166/Rz. 9.

Anmerkung 19

19 Zu den örtlichen Gegebenheiten siehe auch Art. 5 Abs. 2, wonach der Bauherr diese Gegebenheiten vorgängig zu ermitteln und das «Ergebnis vollumfänglich in den Ausschrei-

bungsunterlagen» festzuhalten hat, und Art. 16, nach dem der Unternehmer mit der Einreichung des Angebotes unter anderem bezeugt, dass er die «offensichtlichen oder durch Besichtigung erkennbaren besonderen Ortsverhältnisse berücksichtigt hat».

Anmerkung 20

Zu den Rechtsbehelfen, über die der Bauherr verfügt, wenn der Unternehmer das Werk 20
nicht rechtzeitig beginnt, siehe Art. 366 Abs. 1 OR. Die SIA-Norm 118 enthält dazu keine eigene Regel (vgl. Art. 183/Rz. 5).

Anmerkung 21

Siehe Art. 92 ff. Anzugeben sind allerdings nicht nur die «Spätestensfristen» (Art. 92/ 21
Rz. 7), sondern auch andere Fristen und Termine, die in den Vertrag einfliessen sollen, z.B. das Vorhalten der Baustelleneinrichtung betreffend.

Anmerkung 22

Soll das Bauprogramm, aus dem sich der Zeitplan des Unternehmers ergibt, verbindlich 22
sein, muss dies nach Art. 93 Abs. 2 in der Vertragsurkunde festgehalten werden (Art. 21/ Rz. 20.1 ff.).

Anmerkung 23

In Art. 8, auf den sich Art. 7 Abs. 2 Ziff. 3 bezieht, ist unter anderem vorgesehen, dass das 23
Leistungsverzeichnis «auf das Bestehen allfälliger objektbedingter Bestimmungen» verweist, die bei der Ausführung der im Leistungsverzeichnis beschriebenen Leistungen zu beachten sind (vgl. Art. 8/Rz. 13). Sie müssen mit den Besonderen Bestimmungen koordiniert werden, da im Widerspruchsfall die Angaben im Leistungsverzeichnis den Besonderen Bestimmungen zu weichen haben (Art. 7/Rz. 13.3). Häufig aber verhält es sich so, dass die Angaben im Leistungsverzeichnis zu den Besonderen Bestimmungen komplementär sind, indem sie diese präzisieren oder fehlende Angaben ergänzen.

Anmerkung 24

Gemeint sind die Ausschreibungspläne, mit denen der Bauherr den Adressaten der Aus- 24
schreibung in zeichnerischer Form Angaben über «Art, Umfang und Besonderheit der Bauarbeit» (Art. 6 Abs. 2) vermittelt. Der SIA-Ordnung 102 zufolge handelt es sich dabei um «Werk- und Detailpläne in geeignetem Massstab, soweit sie für die Ausschreibungen notwendig sind» (Art. 4.41 SIA-Ordnung 102). Die Ausschreibungspläne unterscheiden sich von den Ausführungsplänen (Art. 100) vor allem dadurch, dass die Ausführungspläne einen höheren Konkretisierungsgrad aufweisen (vgl. Art. 100/Rz. 1.4). Dem Bauherrn bleibt es aber unbenommen, schon mit den Ausschreibungsplänen einen hohen Konkretisierungsgrad anzustreben, dies «insbesondere im Hinblick auf Pauschal- oder Globalvergaben» (Art. 4.41 SIA-Ordnung 102). Entsprechend findet sich in Art. 40 Abs. 2 der Ratschlag, «Globalpreise […] nur auf Grund vollständiger und klarer Unterlagen (detaillierte Baubeschreibung, Pläne und dergleichen)» zu vereinbaren (für den Pauschalpreis siehe den Verweis in Art. 41 Abs. 2).

Anmerkung 25

25 Dieses Verzeichnis ist so anzulegen, dass für den Unternehmer klar erkennbar ist, welche Normen für sein Angebot und den abzuschliessenden Vertrag gelten sollen. Wird das Verzeichnis in der Vertragsurkunde angelegt, heisst das nicht, dass die verwiesenen Normen damit den Rang der Vertragsurkunde annehmen würden. Häufig aber wird ein solches Verzeichnis gar nicht erstellt. Hinweise auf die allgemeinen Bestimmungen finden sich dann allenfalls in den Besonderen Bestimmungen und/oder im Leistungsverzeichnis, was so lange unproblematisch ist, als darob keine Widersprüche begründet werden. Werden Allgemeine Vertragsbedingungen vom Bauherrn überhaupt nirgends zum Bestandteil der Ausschreibungsunterlagen erklärt, sind sie gänzlich unbeachtlich.

Anmerkung 26

26 Sie stehen im Gegensatz zu den «durch das Bauobjekt bedingten, besonderen Bestimmungen» (Art. 7 Abs. 2 Ziff. 2; vgl. Art. 7/Rz. 13.1), die (rangmässig) auf die Vertragsurkunde folgen. Gemeint sind nicht nur technische Normen, sondern auch Normen, die Vertragsbedingungen (gelegentlich auch als organisatorische Bedingungen bezeichnet) enthalten und etwa das Ausmass und die Vergütung betreffen.

Anmerkung 27

27 Siehe Art. 6 Abs. 1.

Anmerkung 28

28 Die vom Bauherrn bezeichneten Vertragsnormen werden – wie die übrigen Teile der Ausschreibungsunterlagen auch – erst dadurch Vertragsbestandteil, dass der Bauherr eine Offerte, in die sie vom Unternehmer übernommen wurden, annimmt.

Anmerkung 29

29 Die Auflistung ist nach dem klaren Wortlaut («insbesondere») nicht abschliessend. Vielmehr ist sie ein offener Katalog möglicher Bestimmungen, welche die Wahlfreiheit des Bauherrn in keiner Weise beschränken. In der Praxis kommt es vor, dass den Ausschreibungsunterlagen zufolge «sämtliche Normen des SIA und der übrigen Fachverbände» gelten sollen. Diese bauherrenseitige Anordnung mag damit zu tun haben, dass man nichts Wesentliches übersehen will. Indes ist eine solch weit gefasste Anordnung problematisch, da sie in keiner Weise zur Klärung dessen beiträgt, was der Unternehmer bei der Ausarbeitung seiner Offerte zu berücksichtigen hat. Zudem schafft sie keine tragfähige Verhandlungsgrundlage, da sie nicht spezifiziert, was gelten soll, und ihr Informationsgehalt zu gering ist. Es fragt sich sogar, ob die Anordnung – wenn sie in den Werkvertrag einfliesst – überhaupt gültig ist. Soweit die Anordnung auch Allgemeine Geschäftsbedingungen erfasst, besteht für die Gegenseite keine Möglichkeit, sich von deren Inhalt in zumutbarer Weise Kenntnis zu verschaffen, weshalb solchen Bedingungen trotz formeller Übernahme die Gültigkeit versagt bleibt (vgl. Gauch/Schluep/Schmid, OR AT, Rz. 1134; auch Gauch, Vorgeformte Baubedingungen, S. 7). Zudem lässt sich unter Umständen argumentieren, es handle sich bei dieser Anordnung bloss um eine Floskel, der

gar keine rechtliche Wirkung zukomme mit der Folge, dass sich etwa die Mängelhaftung des Unternehmers – andere Abreden der Parteien vorbehalten – nach Gesetz, nicht nach den Bestimmungen der SIA-Norm 118 richtet.

Anmerkung 30

Es empfiehlt sich, die anwendbare Version der SIA-Norm 118 mit der entsprechenden 30
Jahreszahl zu bezeichnen (etwa «SIA-Norm 118 [2013]» oder «SIA-Norm 118 [1977/1991]») und überdies klarzustellen, ob die deutsche, die französische, die italienische oder allenfalls eine nicht vom SIA herausgegebene andere Sprachfassung (z.B. die englische Übersetzung im Anhang) gemeint ist. Fehlt diese Angabe, ist im Streitfall durch Auslegung zu ermitteln, welche Version zwischen den Parteien gelten soll. Dabei ist zu vermuten, dass die aktuellste Version in jener Sprache, in der auch die Ausschreibung verfasst wurde, anwendbar sein soll (vgl. auch Einl./43; Jäggi/Gauch/Hartmann, Zürcher Kommentar, N 383 zu Art. 18 OR; Zindel/Pulver/Schott, Basler Kommentar, N 22 Vor Art. 363–379 OR).

Anmerkung 31

In Betracht kommen namentlich die *Allgemeinen Bedingungen Bau* (ABB), die auch (aber 31.1
nicht nur; vgl. Art. 7/Rz. 32) vom SIA herausgegeben werden. Sie sind nach Arbeitsgattungen aufgestellt und enthalten vertragliche Bedingungen, die für den Einsatz im Zusammenspiel mit der technischen Norm gedacht sind, die in der entsprechenden Arbeitsgattung gilt. Z.B. handelt es sich bei den «Allgemeinen Bedingungen für Betonbau» (SIA-Norm 118/262) um «Allgemeine Vertragsbedingungen zu den Normen SIA 262 Betonbau [und] SIA 264 Stahl-Beton-Verbundbau» (siehe Titelblatt), also zu technischen Normen. Rechtlich handelt es sich bei diesen Vertragsbedingungen (wie bei der SIA-Norm 118) um Allgemeine Geschäftsbedingungen (Einl./Rz. 24). Nach dem weitgehend standardisierten Vorwort in den vom SIA geschaffenen ABB sind die ABB auf die SIA-Norm 118 abgestimmt und enthalten ergänzende und/oder in seltenen Fällen abweichende Regeln für die einzelnen Arbeitsgattungen. Die ABB werden in der Praxis unterschiedlich beurteilt (vgl. Stöckli, Private Baunormung, S. 11 ff.). Sicher ist, dass auch ABB nicht automatisch, sondern nur dann gelten, wenn sie von den Parteien in den Vertrag übernommen wurden. Hinsichtlich der Regeln, die in Widerspruch zur SIA-Norm 118 stehen, empfehlen die ABB selber, in die Vertragsurkunde folgenden Passus aufzunehmen: «Regeln der Norm SIA 118/xxx gehen Regeln der Norm SIA 118 insoweit vor, als sie diese ausdrücklich ersetzen» (zit. nach Ziff. 0.2 SIA-Norm 118/198). Diese Rangordnung, die sich in den ABB selber findet, ist zwar insofern systemwidrig, als sonst das Speziellere dem Allgemeineren vorgeht (Gauch, Vorgeformte Baubedingungen, S. 8). Ihr Zweck besteht denn auch lediglich darin zu verhindern, dass unbeabsichtigte, ungewollte Abweichungen von der SIA-Norm 118 rechtlich zum Tragen kommen. Dass der frühere Verweis auf die «im Einvernehmen mit dem SIA aufgestellten Normen anderer Fachverbände» in der aktuellen Norm nicht länger vorkommt, ist eine willkommene Klärung, da das Erfordernis des «Einvernehmens» nicht fassbar war.

31.2 Zu den übrigen Normen des SIA, die für Bauwerkverträge bedeutsam sind, gehören auch die Normen, die sich mit «Preisänderungen infolge Teuerung» befassen (Vorbem. Art. 62–63/Rz. 6), so etwa die SIA-Norm 123 über das «Verfahren mit Produktionskostenindex (PKI mit NPK-Kostenmodellen)». Auch diese Normen bedürfen der rechtsgeschäftlichen Übernahme in den Vertrag, damit sie Gültigkeit erlangen (siehe auch Ziff. 0.1.2 SIA-Norm 123). Das lässt sich durch eine entsprechende Vorgabe im Leistungsverzeichnis, aber auch durch die hier vorgesehene Aufnahme ins Verzeichnis der nicht durch das Bauobjekt bedingten, allgemeinen Bestimmungen bewerkstelligen. Werden sie nicht übernommen, sind sie unbeachtlich, woran auch Art. 65 Abs. 2 nichts ändert, der ausdrücklich auf «das Verfahren mit dem Produktionskostenindex (PKI)» verweist (Art. 65/Rz. 8.1 f.). Selbstredend vermag die Aufnahme ins Verzeichnis eine allfällige Ungewöhnlichkeit einer Regel nicht zu heilen, weshalb die in Vertragsnormen enthaltenen Abreden noch immer mittels der Ungewöhnlichkeitsregel angreifbar sind, wenn sie denn ungewöhnlich sind. Das gilt entsprechend für alle weiteren Rechtsmängel, die solchen Abreden anhaften können.

31.3 Bei den «übrigen Normen des SIA» stösst man aber auch auf die technischen Normen dieses Verbands. Werden sie von einem Bauherrn in das Verzeichnis aufgenommen, stellt sich die Frage, welche Bedeutung diesen Normen für die konkrete Ausschreibung zukommt. Finden sich keine Anhaltspunkte, die das Gegenteil nahelegen, hat der Unternehmer sein Angebot auf der Grundlage der anerkannten Regeln der Technik auszuarbeiten. Klaffen die technischen Normen, die sich im Verzeichnis finden, und die anerkannten Regeln der Technik auseinander, gehen bei dieser Auslegung die anerkannten Regeln der Technik vor (GWerkV Rz. 852). Wird in der Folge auch im Werkvertrag auf technische Normen verwiesen, ist mangels anderer Anhaltspunkte davon auszugehen, dass damit nicht der geschuldete Stand der Technik fixiert wird, sondern vielmehr technische Weiterentwicklungen miterfasst werden (so Zindel/Pulver/Schott, Basler Kommentar, N 9 zu Art. 364 OR).

Anmerkung 32

32 Soweit ABB nicht vom SIA, sondern von anderen Fachverbänden wie beispielsweise der Vereinigung Schweizerischer Strassenfachleute (VSS) herausgegeben werden (etwa die Allgemeinen Bedingungen für die Ausführung von geologischen und geotechnischen Erkundungsbohrungen, SN 507 608), zählen sie zu den Normen weiterer Fachverbände, die im Widerspruchsfall den SIA-Normen weichen.

Anmerkung 33

33 Gemeint sind die in Art. 7 Abs. 2 ausdrücklich aufgeführten Dokumente, soweit der Bauherr sie den Ausschreibungsunterlagen beigefügt hat. Weitere Bestandteile, die sich nicht einordnen lassen, sind vom Unternehmer zwar auch zu beachten. Doch werden sie von der Widerspruchsregel nicht erfasst, wenn der Bauherr die Regel nicht entsprechend modifiziert hat. Alsdann können Widersprüche zwischen solchen Unterlagen und den in der SIA-Norm 118 aufgeführten Unterlagen nicht nach dieser Regel aufgelöst werden. Gege-

benenfalls gilt deshalb weder die eine noch die andere der beiden widersprüchlichen Angaben.

Anmerkung 34

Diese *Widerspruchsregel* ist eine Kollisionsnorm (Schumacher, Vertragsgestaltung, Rz. 852) für den Fall, dass die Ausschreibungsunterlagen in sich widersprüchlich sind, also Angaben enthalten, die einander widersprechen. Die Regel ist rechtlich beachtlich, soweit der Bauherr (schon für die Ausschreibungsphase!) die SIA-Norm 118 für anwendbar erklärt und die Widerspruchsregel nicht modifiziert hat. Sie betrifft lediglich die Ausschreibungsunterlagen und kommt z.B. dann zum Tragen, wenn zwischen Bauherr und Unternehmer streitig wird, welche bauseitigen Angaben (etwa zum Baugrund) bei der Ausarbeitung der Offerte zu berücksichtigen waren. Vertiefend ist Folgendes anzufügen: 34.1

a) Die Anwendung der Widerspruchsregel setzt voraus, dass überhaupt ein *inhaltlicher Widerspruch* vorliegt (BGE 109 II 333/337 E. 3c; BGer 4C.256/2004 vom 28. Februar 2005 E. 4; allgemein Jäggi/Gauch/Hartmann, Zürcher Kommentar, N 475 ff. zu Art. 18 OR). Ein Widerspruch liegt vor, wenn sich mindestens zwei Angaben, die der Bauherr in den Ausschreibungsunterlagen macht, ihrer richtig verstandenen Bedeutung nach gegenseitig ausschliessen, sodass nur die eine oder die andere Angabe Bestand haben kann, nicht beide. Ein Widerspruch ist nicht leichthin, sondern erst dann anzunehmen, wenn die Bedeutung der im Streit stehenden Angaben unter Ausschöpfung aller Auslegungsmittel erforscht wurde und diese Auslegung eine Unvereinbarkeit ergibt, die sich nicht überbrücken lässt. Sind verschiedene Bedeutungen ernsthaft vertretbar, ist im Zweifel jene Bedeutung zu wählen, nach der sich die scheinbar widersprüchlichen Angaben harmonisieren und Widersprüche vermeiden lassen (Jäggi/Gauch/Hartmann, Zürcher Kommentar, N 475 zu Art. 18 OR; auch GWerkV Rz. 302 und 305 f.). Bei der Auslegung kommt im Sinn einer tatsächlichen Vermutung namentlich die Erfahrungsregel zum Tragen, dass speziellere Angaben den allgemeineren Angaben vorgehen. Hervorgehoben sei hier aber vor allem die Regel, dass eine reine «Buchstabenauslegung» (siehe Jäggi/Gauch/Hartmann, Zürcher Kommentar, N 470 zu Art. 18 OR; Gauch/Schluep/Schmid, OR AT, Rz. 1228; siehe auch Spiess/Huser, Handkommentar, N 30 zu Art. 8) unzulässig ist: Als Auslegungsmittel steht der Wortlaut zwar im Vordergrund, doch darf man sich mit dem Wortlaut allein nicht begnügen. Ausschlaggebend ist im Streitfall, in dem die Parteien die Angaben nicht übereinstimmend verstehen, vielmehr, wie der Unternehmer die Angaben nach Treu und Glauben in ihrer Gesamtheit, also namentlich auch unter Berücksichtigung systematischer Bezüge, verstehen durfte und musste. Lässt die Auslegung aber nur den Schluss zu, dass ein Widerspruch vorliegt, greift alsdann die Widerspruchsregel. Dieser Regel zufolge ist der Widerspruch nach einem formellen Kriterium aufzulösen, indem die Angabe im Bestandteil, den die SIA-Norm 118 höher rangiert, eine Angabe, die ihr widerspricht, sich aber in einem rangmässig tieferen Bestandteil findet, verdrängt. Alsdann ist allein auf die höherrangige Angabe abzustellen, während die tieferrangige Angabe unbeachtlich ist, soweit der Widerspruch reicht. 34.2

34.3 b) Nicht selten werden in Ausschreibungsunterlagen *eigenhändig redigierte Widerspruchsregeln* aufgestellt, die von jener der SIA-Norm 118 abweichen. Etwa werden zusätzliche Bestandteile aufgenommen, oder es wird die Rangordnung verändert. Dies ist dem ausschreibenden Bauherrn zwar unbenommen, da ohnehin er die Regeln bestimmt, welche die Ausschreibungsphase beherrschen. Doch führt dies zur Frage, wie der Widerspruch zwischen der einen Widerspruchsregel und der anderen aufzulösen ist. Sie beantwortet sich regelmässig damit, dass individuelle Angaben den vorformulierten vorgehen und entsprechend die Widerspruchsregel der SIA-Norm 118 hier nur insoweit anwendbar ist, als sie nicht von der individuell formulierten Widerspruchsregel verdrängt wird. Dies ergibt sich aus einem AGB-rechtlichen Grundsatz (statt vieler BGE 125 III 263/266 f. E. 4b/bb; 123 III 35/44 E. 2c/bb), der auf Ausschreibungsunterlagen analog anzuwenden ist. Eigenhändig ist auch eine Widerspruchsregel, die darin besteht, dass bei Widersprüchen die «Auslegung des Bauherrn verbindlich» ist. Diese Regel ist jedoch unwirksam, soweit sich der Unternehmer, der sich ihr unterzieht, der Willkür des Bauherrn ausliefert und sich damit übermässig bindet (Art. 27 Abs. 2 ZGB; Gauch/Schluep/Schmid, OR AT, Rz. 1239; siehe auch Spiess/Huser, Handkommentar, N 41 f. zu Art. 7). Zulässig aber wäre eine Regel, nach der im Fall eines Widerspruchs ein neutraler Dritter in Ausübung seines sachgemässen Ermessens für die Parteien verbindlich zu bestimmen hat, wie der Widerspruch aufzulösen ist.

34.4 c) Erkennt der Unternehmer bei der Ausarbeitung seiner Offerte einen Widerspruch in den Ausschreibungsunterlagen, stellt sich die Frage, ob er dem Bauherrn davon *Anzeige* zu machen hat. Dies kann sich nach Massgabe von Treu und Glauben so ergeben, was im konkreten Einzelfall zu bestimmen (BGE 116 II 431/434 E. 3a; BGer 4A_316/2008 vom 3. Oktober 2008 E. 2.1), zumindest aber dann regelmässig zu bejahen ist, wenn der ausschreibende Bauherr weder über eigenen noch ihm zuzurechnenden Sachverstand verfügt. Man mag die Frage einer Anzeigepflicht auch im Licht des Art. 16 prüfen. Dieser Bestimmung zufolge bekundet der Unternehmer mit der Einreichung seines Angebots unter anderem, dass «er seine Preise auf Grund der ihm klaren Ausschreibungsunterlagen» festgelegt hat (vgl. Art. 16/Rz. 5.1 ff.). Fest steht, dass die SIA-Norm 118 damit zulasten des Unternehmers eine Erklärung vermutet. Diese Erklärung hat indes lediglich die Bedeutung, dass der Unternehmer mit den Bedingungen einverstanden ist, soweit er in seinem Angebot nichts anderes vorsieht. Zwar spricht die SIA-Norm 118 ausdrücklich davon, dass er «seine Preise auf Grund der ihm klaren Ausschreibungsunterlagen» festgelegt hat, was aber nur insoweit gilt, als die Unterlagen überhaupt klar sind. Dies ist bei Widersprüchen gerade nicht der Fall. Bestehende Widersprüche werden mit Offerteinreichung nicht einfach unbeachtlich. Vielmehr bleiben sie bestehen und sind nunmehr nach Massgabe der Widerspruchsregel aufzulösen, wenn Streit darüber entsteht, wie die Angaben des Bauherrn zu verstehen waren.

34.5 d) Die Widerspruchsregel, welche die SIA-Norm 118 für die Ausschreibungsphase aufstellt, erfasst *nicht alle denkbaren Widerspruchsfälle*. Denn es gibt Fälle, in denen die Rangordnung der Bestandteile bedeutungslos ist. Nicht erfasst wird namentlich der Fall, da sich innerhalb eines Bestandteiles widersprüchliche Angaben finden (z.B. innerhalb der

Besonderen Bestimmungen). Mangels einer Regel kommt in diesem Fall weder die eine noch die andere der sich widersprechenden Angaben zum Tragen (vgl. JÄGGI/GAUCH/HARTMANN, Zürcher Kommentar, N 475 zu Art. 18 OR; GWERKV Rz. 301). Natürlich aber kann der ausschreibende Bauherr selber eine ergänzende Regel vorformulieren, die auf diese Fälle zugeschnitten ist, und etwa bestimmen, dass innerhalb des gleichen Vertragsbestandteils (und soweit überhaupt feststellbar) auf die zeitliche Priorität («neuer vor älter») oder den Detaillierungsgrad (SPIESS/HUSER, Handkommentar, N 25 zu Art. 21) abzustellen sei (vgl. SCHUMACHER, Vertragsgestaltung, Rz. 855).

e) Die SIA-Norm 118 stellt nicht nur hier, sondern auch *in Art. 21* eine Widerspruchs- 34.6
regel auf (Art. 21/Rz. 5.1 ff.). Die Regel des Art. 21 nimmt zwar Bezug auf Art. 7, hat aber einen anderen Anwendungsbereich (Art. 21/Rz. 5.15). Während sich nach Art. 7 klärt, welche Angaben des Bauherrn der Unternehmer in der Offertphase (bei der Ausarbeitung seiner Offerte und der Kalkulation seiner Angebotspreise) in Anschlag zu bringen hat, geht es bei Art. 21 um den Fall, da sich in den Bestandteilen des nunmehr abgeschlossenen Werkvertrags Abreden finden, die unvereinbar sind, also einander widersprechen. Wie Art. 7 operiert aber auch Art. 21 mit einer formellen Rangordnung der verschiedenen Bestandteile, um festzuhalten, welche Abrede der anderen vorgeht (Art. 7/Rz. 34.2; Art. 21/Rz. 5.12). Zu beachten ist, dass dieser formelle Vorrang nur insoweit zum Tragen kommt, als überhaupt ein Widerspruch besteht (Art. 7/Rz. 34.2; Art. 21/Rz. 5.8).

Anmerkung 35

Dabei handelt es sich lediglich um einen Hinweis, während sich der Vorrang des Leis- 35
tungsverzeichnisses bzw. der Baubeschreibung gegenüber den Plänen für die Zwecke der Widerspruchsregel schon aus ihrer Einordnung in Art. 7 Abs. 2 ergibt. Dies wird hier lediglich deshalb wiederholt, weil die Funktion von Leistungsverzeichnis (bzw. Baubeschreibung) und Plänen insofern identisch ist, als mit ihnen die Leistungen, die der Unternehmer offerieren soll, je mit verschiedenartigen Mitteln beschrieben werden und sie deshalb für Widersprüche besonders anfällig sind. Für den Fall, dass Globalpreise vereinbart werden, kehrt Art. 40 Abs. 2 (und Art. 41 Abs. 2 für Pauschalpreise) die Rangordnung zwischen Leistungsverzeichnis und Plänen um, indem er die Pläne dem Leistungsverzeichnis vorgehen lässt. Diese Umkehrung bezieht sich allerdings nur auf die Mengen (Art. 21/Rz. 16 und Art. 40/Rz. 7.3), nicht auch auf weitere Angaben (vor allem zur Materialqualität). Weshalb aber die Umkehrung? Sie hat ihren Grund darin, dass das Leistungsverzeichnis lediglich die «voraussichtlichen Mengen» beschreibt (Art. 8 Abs. 2), die geschuldeten Mengen also gerade nicht verbindlich festlegt. Soweit sich den Plänen abweichende Mengenangaben entnehmen lassen, wird ein Widerspruch begründet, der für Global- und Pauschalpreise im Sinne jener Angaben gelöst wird, die der Unternehmer den Plänen entnehmen kann. Zum Global- oder Pauschalpreis geschuldet sind alsdann die Mengen, die sich anhand der Pläne ermitteln lassen. Sie sind – im Unterschied zu den Angaben im Leistungsverzeichnis – verbindlich. Auf das tatsächliche Ausmass (vgl. Art. 141) kommt es hier sowieso nicht an, da sich die dem Unternehmer zustehende Vergütung bei diesen Preisarten gerade nicht nach den geleisteten Mengen richtet.

1 232 Leistungsverzeichnis

Art. 8

[1] Ein Leistungsverzeichnis[1] ist vorzusehen für Einheitspreisverträge (Art. 42 Abs. 2)[2]. Es führt[3] die einzelnen Leistungen[4], aus denen sich die ausgeschriebene Bauarbeit zusammensetzt[5,6], übersichtlich[7] und vollständig[8] auf.

[2] Das Verzeichnis beschreibt[9] jede Leistung[10] unter Angabe von Materialqualitäten[11] und voraussichtlichen Mengen[12]; es verweist auf das Bestehen allfälliger objektbedingter Bestimmungen[13] für ihre Ausführung (Art. 7 Abs. 2 Ziff. 2). Art. 86 Abs. 4[14] ist zu beachten.

[3] Das Verzeichnis gibt an, nach welcher Preisart (Art. 38–42)[15] die Vergütung des Unternehmers für die einzelnen Leistungen zu berechnen ist[16]. Es ist so einzurichten, dass der Unternehmer nur noch die von ihm angebotenen Preise anzugeben hat[17] und hierfür das Leistungsverzeichnis verwenden kann[18].

[4] Positionen, die nur auf Weisung der Bauleitung ausgeführt werden dürfen, sind Eventualpositionen[19]. Eventualpositionen, die bei der Ermittlung der Angebotssumme zu berücksichtigen sind[20], sind speziell zu bezeichnen[21].

Art. 8 (1977/91)

[1] Ein Leistungsverzeichnis ist vorzusehen für Einheitspreisverträge (Art. 42 Abs. 2). Es führt die einzelnen Leistungen, aus denen sich die ausgeschriebene Bauarbeit zusammensetzt, übersichtlich und vollständig auf.

[2] Das Verzeichnis beschreibt jede Leistung unter Angabe von Materialqualitäten und voraussichtlichen Mengen; es verweist auf das Bestehen allfälliger objektbedingter Bestimmungen für ihre Ausführung (Art. 7 Abs. 2 Ziff. 2). Art. 86 Abs. 4 ist zu beachten. Für Eventualpositionen gilt Art. 102.

[3] Das Verzeichnis gibt an, nach welcher Preisart (Art. 38 ff.) die Vergütung des Unternehmers für die einzelnen Leistungen zu berechnen ist. Es ist so einzurichten, dass der Unternehmer nur noch die von ihm angebotenen Preise anzugeben hat und hierfür das Leistungsverzeichnis verwenden kann.

Anmerkung 1

1.1 In den Ausschreibungsunterlagen hat der Bauherr die vom Unternehmer zu erbringenden Leistungen zu beschreiben (Art. 7 Abs. 2). Dies geschieht beim Einheitspreisvertrag (Art. 42 Abs. 2) anhand des sogenannten Leistungsverzeichnisses (Art. 8), beim Gesamtpreisvertrag (Art. 42 Abs. 2) anhand der Baubeschreibung (Art. 12).

1.2 Die Beschreibung der Leistungen erfolgt nach Arbeitsgattungen (Art. 6/Rz. 11) anhand des entsprechenden NPK-Kapitels (Art. 8/Rz. 6.1 ff.). Danach werden die einzelnen Leistungen gedanklich in Mengeneinheiten (Laufmeter, Quadratmeter, Kubikmeter, Kilogramm, Stückzahl usw.) aufgeteilt (Art. 39/Rz. 4; GWerkV Rz. 917). Im Übrigen sind für die Leistungsbeschreibung die allgemeinen Bestimmungen von Art. 6 Abs. 2 zu beachten.

Ein nicht sachkundiger Bauherr ist ausserstande, ein Leistungsverzeichnis, wie es die SIA-Norm 118 verlangt, zu erstellen; nicht völlig zu Unrecht bezeichnet FELLMANN (Fehlerhaftes Leistungsverzeichnis, S. 101) das Leistungsverzeichnis für Laien als ein «Buch mit sieben Siegeln». Dafür muss er einen erfahrenen Planer beiziehen. Dies gilt auch für die Erstellung einer Baubeschreibung gemäss Art. 12. In den SIA-Ordnungen 102 und 108 wird das Erstellen eines Leistungsverzeichnisses nicht als Pflichtleistung aufgeführt. Lediglich in der SIA-Ordnung 103 (Art. 4.3.41) wird das Ausarbeiten des Leistungsverzeichnisses mit Vorausmassen bzw. des Baubeschriebs als Grundleistung erwähnt, ohne jedoch die Anforderungen an die Erstellung desselben gemäss SIA-Norm 118 im Einzelnen oder auch bloss durch Verweis anzuführen (SIEGENTHALER, Mangelhafte Leistungsverzeichnisse, S. 171 f.). Diese fehlende Übereinstimmung der SIA-Honorarordnungen mit der SIA-Norm 118 und unter den SIA-Ordnungen selbst ist als klarer Mangel des Normenschaffens zu bezeichnen. 1.3

Zur Frage, ob die Erstellung eines Leistungsverzeichnisses dem Auftrags- oder Werkvertragsrecht untersteht, vgl. SIEGENTHALER, Mangelhafte Leistungsverzeichnisse, S. 137. 1.4

Anmerkung 2

Selbstverständlich ist es dem Bauherrn unbenommen, die Leistungen auch dann anhand eines Leistungsverzeichnisses zu beschreiben, wenn er einen Gesamtpreisvertrag (Art. 42 Abs. 2) abschliessen will (Art. 12/Rz. 2). Möglich ist auch, dass die Parteien im Verlaufe der Vertragsverhandlungen von einem Einheitspreisvertrag auf einen Gesamtpreisvertrag «umsteigen» und aufgrund einer Einheitspreisofferte einen Pauschal- oder Globalpreis vereinbaren. Dazu und zur Beweislast GWERKV Rz. 932 f. Aufgrund der Privatautonomie stellt dies keine Zweckentfremdung dar (so aber SIEGENTHALER, Mangelhafte Leistungsverzeichnisse, S. 177). Zwar schiebt der Bauherr damit den Nachteil der Mehrmengen dem Unternehmer zu, verliert aber allenfalls den Vorteil von Mindermengen. Allerdings können damit Auslegungsprobleme verbunden sein (SIEGENTHALER, Mangelhafte Leistungsverzeichnisse, S. 177, Fn. 78). 2

Anmerkung 3

Es genügt aber nicht, dass der Bauherr im Leistungsverzeichnis bloss die einzelnen Leistungen, aus denen sich die ausgeschriebene Bauarbeit zusammensetzt, auflistet. Gleichzeitig sind die in Art. 8 Abs. 2 genannten Informationen den Unternehmern zu vermitteln. Vgl. auch Art. 8/Rz. 9.1 ff. 3

Anmerkung 4

Für jede einzelne Leistung wird eine «separate Position» vorgesehen (Art. 39 Abs. 1), die mit einer Nummer versehen wird. 4.1

Unter der *Leistung*, die zu beschreiben ist, ist die Herstellung des Werks zu verstehen. Beschrieben wird somit eine Arbeit mit einem bestimmten Arbeitserfolg (GWERKV Rz. 18), z.B. das Einbringen eines Kubikmeters Beton, einer Tonne Asphaltbelag, eines Laufmeters Kunststoffrohr, nicht aber der zu erwartende Aufwand (Art. 39/Rz. 4). Die Summe 4.2

dieser Einzelpositionen ergibt dann das Werk (ein Mehrfamilienhaus, ein Tunnel, eine Gartenmauer, eine Heizungsanlage). Mit welchem Aufwand und welchen Mitteln der Unternehmer die geforderte Leistung zu erbringen hat (Anzahl der Arbeitskräfte, Art und Umfang der einzelnen technischen Mittel wie Maschinen, Geräte, Werkzeuge, weitere Hilfsmittel sowie der Zeitbedarf), wird meistens nicht vorgegeben, sondern ist grundsätzlich Sache des Unternehmers (Art. 364 Abs. 3 OR). Die Beschreibung lautet beispielsweise: «Abholzen von Obstbäumen, Höhe ca. 8 m, Stammdurchmesser bis zu 60 cm, inkl. zersägen und entsorgen.» Zur Beschreibung vgl. Art. 8/Rz. 9.1 ff.

Anmerkung 5

5.1 Das Kriterium für *die Aufgliederung der Gesamtleistung* sind die verschiedenen Einzelarbeiten. Der Detaillierungsgrad der Beschreibung der einzelnen Leistungen ist je nach Art und Umfang der auszuschreibenden Bauarbeit grösser oder kleiner. So werden etwa Baumeisterarbeiten grob unterteilt in Baustelleneinrichtung, Aushub, Kanalisationsleitungen, Beton- und Stahlbetonarbeiten, Maurerarbeit usw., die ihrerseits wiederum in Unter-Teilleistungen aufgegliedert werden. Je umfangreicher und anspruchsvoller eine auszuschreibende Bauarbeit ist, desto detaillierter erfolgt die Leistungsbeschreibung. Kleinere Bauarbeiten oder Teilleistungen können aber auch in einer einzelnen Position mit einem Preis ausgeschrieben werden, wenn der Unternehmer erkennen kann, was alles unter der ausgeschriebenen Leistung zu verstehen ist (GWerkV Rz. 916). Nicht selten enthalten Leistungsbeschreibungen Elemente der Pauschalierung der Leistung, indem beispielsweise gesagt wird, dass im Preis einer einzelnen Leistung bestimmte einzeln aufgeführte Leistungen «inbegriffen» seien. Solche Regeln enthält selbst die SIA-Norm 118. So besagt Art. 39 Abs. 2, dass in einem Einheitspreis die Vergütung des ordentlichen Unterhalts bis zur Abnahme inbegriffen ist und dass mangels anderweitiger Vereinbarungen auch alle Nebenleistungen wie Hilfsarbeiten, Transporte, Aufbewahrung, Unterhalt und Bewachung der Geräte, Maschinen und dergleichen im einzelnen Einheitspreis inbegriffen sind. Wenn für Baustelleneinrichtungen im Leistungsverzeichnis separate Positionen vorgesehen werden, so gelten zahlreiche in Art. 103 und Art. 123 aufgeführte Leistungen als inbegriffen. Strittig kann sein, ob sogenannte Bauhilfsmassnahmen (vgl. Ziff. 17.1 ff. SIA-Norm 118/198 [«Allgemeine Bedingungen für Untertagbau»]) zu den Baustelleneinrichtungen gehören oder nicht. Siehe dazu Spiess/Huser, Handkommentar, N 26 zu Art. 8 und N 14 zu Art. 9. In jedem Fall ist darauf zu achten, dass die Leistungsbeschreibung den Anforderungen von Art. 6 Abs. 2 und Art. 8 entspricht.

5.2 Auch bei einer Leistungsbeschreibung anhand eines Leistungsverzeichnisses ist es dem Bauherrn erlaubt, auf die in der Norm geforderte detaillierte Beschreibung zu verzichten. Dazu und zur funktionalen oder kombiniert funktional-detaillierten Leistungsbeschreibung vgl. Vorbem. Art. 3 – 22/Rz. 24 f.

Anmerkung 6

In der Regel stützt sich der Bauherr bzw. sein Projektverfasser bei der Erstellung des Leistungsverzeichnisses auf vorformulierte und standardisierte Ausschreibungstexte, *Normpositionen-Katalog (NPK)* genannt. Dazu ist Folgendes auszuführen: 6.1

a) Der Normpositionen-Katalog ist eine Arbeitsgrundlage für die standardisierte *Beschreibung* und *Quantifizierung* der Bauleistungen der verschiedenen Arbeitsgattungen in den Positionen des Leistungsverzeichnisses (Art. 8). Er wird von der CRB (Schweizerische Zentralstelle für Baurationalisierung) herausgegeben. Inhaltlich zeichnet für den Hochbau, die Haustechnik und den Untertagbau die CRB, für den Tiefbau der VSS (Schweizerischer Verband der Strassen- und Verkehrsfachleute) verantwortlich. Die Normpositionen sind seit 1990 im «NPK Bau» zusammengefasst, der dem Bauablauf entlang für jede Arbeitsgattung ein Kapitel enthält. Die einzelnen Kapitel sind einheitlich formuliert und systematisch strukturiert. Der NPK bildet die Basis für den elektronischen Datenaustausch innerhalb der schweizerischen Bauwirtschaft. Der Vertrieb des NPK Bau erfolgt mehrheitlich auf elektronischen Datenträgern durch EDV-Anbieter, deren Software durch die CRB zertifiziert worden ist; doch ist der NPK bei der CRB auch in Papierform erhältlich. Der Aufbau der einzelnen Leistungspositionen dient gleichzeitig als Arbeitsmittel für die Kostenplanung, die Kostenüberwachung und die Bauabrechnung. 6.2

b) Der Normpositionen-Katalog wird periodisch überarbeitet. Für Bauwerke, die sich über mehrere Jahre hinziehen, empfiehlt es sich, bei der Redaktion des Leistungsverzeichnisses das Ausgabejahr bzw. Erscheinungsjahr mit dem Datum einer allfälligen Nachführung (bei Datenträgern mit «Versionsjahr» bezeichnet) anzugeben. Damit kommt man späteren Diskussionen über den Inhalt allenfalls unterschiedlich redigierter Leistungspositionen zuvor. 6.3

c) Während der Normpositionen-Katalog die Erstellung von Leistungsverzeichnissen erleichtert, ist es doch am Projektverfasser, im Einzelfall zu prüfen, ob und welche Positionen des NPK für das konkret auszuschreibende Bauvorhaben bzw. Leistungsverzeichnis erforderlich sind. Die Übernahme des NPK wird dadurch erleichtert, dass verschiedene Softwarefirmen auf den NPK abgestützte Devisierungsprogramme anbieten, aufgrund derer die einzelnen Positionen sehr einfach übernommen werden können. «In dieser Erleichterung liegt aber gleichzeitig eine grosse *Gefahr*, denn dadurch werden in der Regel zu viele Positionen ins LV aufgenommen. In diesem Fall verkommt das Verzeichnis zu einem unübersichtlichen, aufgeblähten Preiskatalog, und der zu kalkulierende Leistungsumfang ist für den Unternehmer nicht (mehr) erkennbar» (Hürlimann/Heer, Preise, Leistungsverzeichnis und Kalkulation, S. 12). 6.4

d) Der Normpositionen-Katalog mit seinen Leistungsbeschreibungen hat *keinen rechtssatzähnlichen Charakter*; er gilt überhaupt nur und nur insoweit, als er in den konkreten Vertrag übernommen wird (BGE 118 II 295/296 E. 2a; BGer 4A_106/2015 vom 27. Juli 2015 E. 5.1; Hürlimann/Heer, Preise, Leistungsverzeichnis und Kalkulation, S. 10). Wird z.B. nicht der ganze Positionstext des NPK in das Leistungsverzeichnis aufgenommen, so sind die nicht übernommenen Textteile nicht Inhalt des Vertrags. Die EDV-Pro- 6.5

gramme erlauben den Ausdruck eines *«Kurzleistungsverzeichnisses»*. Dabei werden von den Standardtexten nur die ersten beiden Zeilen ausgedruckt. Mit dem Verweis, dass der Volltext gemäss NPK massgeblich sei, wird der vollständige Positionstext zum Vertragsinhalt erklärt. Damit erfolgt eine Globalübernahme, bei der es sich fragt, ob der übrige, nicht wiedergegebene Positionstext überhaupt rechtsgültig vereinbart worden ist (GAUCH/SCHLUEP/SCHMID, OR AT, Rz. 1124 und 1128b ff.). Aus diesem Grunde ist die Verwendung des Kurzleistungsverzeichnisses in der Ausschreibung und in der Ausfertigung des Vertrags nicht zu empfehlen.

6.6 e) Der Normpositionen-Katalog unterscheidet verschiedene Arten von Leistungspositionen:

6.7 – *Geschlossene Positionen:* Dabei handelt es sich um vorformulierte, standardisierte Leistungsbeschriebe, die der ausschreibende Bauherr bzw. sein Planer technisch gar nicht abändern kann. CRB als Herausgeberin des NPK untersagt dies dem Anwender ausdrücklich. Deswegen werden sie als «geschlossene Positionen» bezeichnet. Die entsprechenden Programme sind so ausgestaltet, dass eine Änderung dieser Positionen gar nicht möglich ist. Der Unternehmer darf sich daher darauf verlassen, dass geschlossene Positionen eines Leistungsverzeichnisses unverändert sind. Der NPK besteht denn auch zum grössten Teil aus geschlossenen Positionen. Deswegen wird der Ausschreibende bei der Erstellung des Leistungsverzeichnisses auch nicht darauf aufmerksam gemacht, dass er auf objektbedingte Bestimmungen in den «Besonderen Bestimmungen» der Ausschreibung verweisen müsse, wie dies Art. 8 Abs. 2 verlangt (Art. 8/Rz. 13). Wird er sich dessen aber bewusst, so wird er für den Verweis auf objektbestimmte Bestimmungen eine «R-Position» (Art. 8/Rz. 6.8) einfügen oder eine offene Position (Art. 8/Rz. 6.9) verwenden oder den Verweis in das Einleitungskapitel aufnehmen müssen.

6.8 – *R-Positionen:* Dabei handelt es sich um Leistungspositionen, in denen der ausschreibende Bauherr bzw. sein Planer die zu erbringende Leistung individuell und frei beschreibt, indem er entweder eine NPK-Position abändert oder völlig neu formuliert (vgl. SBV, Vorkalkulation, Ziff. 18.2 f.). Der NPK sieht dafür an einigen Stellen sogenannte Reservefenster vor. Das heisst aber nicht, dass der Ausschreibende nur in diesen Reservefenstern R-Positionen einfügen darf. Wenn immer er aber eine solche Position einfügt, hat er sie mit einem R zu bezeichnen, damit der offerierende Unternehmer erkennt, dass es sich nicht um eine standardisierte NPK-Position handelt (vgl. HÜRLIMANN/HEER, Preise, Leistungsverzeichnis und Kalkulation, S. 10 f.).

6.9 – *Offene Positionen:* Die offenen Positionen folgen dem Nummerierungsraster der einzelnen NPK-Kapitel. Sie lassen Raum für eine individuelle Ergänzung des Texts, sei es durch den Bauherrn, sei es durch den Unternehmer. Offene Positionen weisen häufig die Masseinheit LE auf (Art. 8/Rz. 6.14).

6.10 – *Eventualpositionen* (Art. 8 Abs. 4 und Art. 102): Art. 8 Abs. 4 und Art. 102 sagen nicht, wie diese Positionen zu bezeichnen sind. Das Programm des NPK sieht keine Positionen mit der Bezeichnung «eventuell» vor. Die SIA-Empfehlung 451 («Informatik, Datenformate für Leistungsverzeichnisse») sieht für Eventualpositionen zwar verschiedene Codes («Mengenarten») wie J, K, L, O bzw. Q, R, S vor. Da diese sich aber aus sich heraus nicht erklären, sie weitgehend auch unbekannt sind, müssen sich Ausschreibende anderweitig behelfen: Sie können Eventualpositionen als R-Positionen ausschreiben und als «eventuell» kennzeichnen, in offene Positionen einsetzen oder Mengen und Einheitspreis (so SPIESS/HUSER, Handkommentar, N 18 zu Art. 8) und zusätzlich den multiplizierten Betrag (so HÜRLIMANN/HEER, Preise, Leistungsverzeichnis und Kalkulation, S. 12) in Klammern setzen.

Eventualpositionen können den Unternehmer zur Spekulation verleiten (GWERKV Rz. 1034). Vgl. dazu Art. 8/Rz. 20.2 und Vorbem. Art. 84–91/Rz. 98 ff. 6.11

- *«Per-Positionen»:* Sie sind in Leistungsverzeichnissen häufig anzutreffen. In der SIA-Norm 118 findet sich dieser Begriff allerdings nicht. Dabei handelt es sich um Positionen, bei denen der Ersteller des Leistungsverzeichnisses anstelle eines Vorausmasses einfach die Präposition «Per» einsetzt. Sie enthalten somit keine Mengenangabe. Die Gründe, weshalb der Ersteller eines Leistungsverzeichnisses Per-Positionen aussetzt, erschliessen sich dem Unternehmer oftmals nicht und können vielseitig sein: Dementsprechend handelt es sich bei einer Per-Position um eine blosse Preisanfrage als Option für eine spätere Bestellungsänderung (Ziff. 2.2.13 SIA-Empfehlung 451; GWERKV Rz. 931, Fn. 711); eine Alternativposition, die eine andere Position ersetzen soll (Art. 102/Rz. 1.4 und 6.7), was sich aus der Leistungsbeschreibung ergeben sollte; oder um eine Position, bei der die Mengen zur Zeit der Ausschreibung aus bautechnischen Gründen noch nicht bestimmbar sind (Art. 86 Abs. 4). 6.12

  Per-Positionen können den Unternehmer zur Spekulation verleiten, weil sie bei der Ermittlung der Angebotssumme, die in der Praxis bei der Bewertung des Angebots häufig im Vordergrund steht, nicht berücksichtigt werden (so auch SPIESS/HUSER, Handkommentar, N 7 zu Art. 86; vgl. auch Vorbem. Art. 84–91/Rz. 98 ff.). 6.13

- *«LE»:* Der NPK sieht für einzelne Leistungspositionen die Mengeneinheit «LE» (d.h. Leistungseinheit) vor. Verwendet der Bauherr in der Ausschreibung diese Mengeneinheit, so ist – um den Anforderungen der Norm zu genügen – in der Leistungsbeschreibung genau anzugeben, was unter der LE (Leistungseinheit) zu verstehen ist (so LE = m2 × Monat oder LE = Anzahl × Monat, LE = global). So auch Ziff. 2.2.16 SIA-Empfehlung 451. 6.14

f) Was schliesslich die Platzierung von *Ausmassvorschriften* anbelangt, ist anzumerken: 6.15

- Im Hinblick auf die Umsetzung der vom CEN (Europäischen Komitee für Normung) herausgegebenen europäischen Normen in die schweizerischen Normen überarbeitet der SIA seit 2004 zusammen mit weiteren Fachverbänden und der öffentlichen Verwaltung die Normen (STÖCKLI, Private Baunormung, S. 11 f.). Bis heute hat der SIA zahlreiche Allgemeine Bedingungen Bau (ABB) für verschiedene Arbeitsgattungen erlassen (siehe dazu Einl./Rz. 2, Fn. 3; Art. 2/Rz. 10.2; Art. 7/Rz. 31.1). Die Revision verfolgt entsprechend den Prinzipien des CEN zwei Ziele: Zum einen sollen die bisherigen Normen mit den europäischen Normen, den Eurocodes, verträglich gemacht und gleichzeitig die landesspezifischen Besonderheiten der Schweiz berücksichtigt werden. Zum andern sollen die rechtsgeschäftlichen und organisatorischen Bestim- 6.16

mungen wie Vergütungs- und Ausmassvorschriften von den technischen Normen (anerkannten Regeln der Baukunde) klar getrennt werden. Dazu einlässlich STÖCKLI, Private Baunormung, S. 10ff.

6.17 – Gleichzeitig wurde und wird der Normpositionen-Katalog permanent überarbeitet. Vor allem werden die Ausmassvorschriften neu geregelt. Die wesentlichen Ausmassvorschriften werden in den neuen ABB aufgeführt. Sie erhalten somit (bei Übernahme der ABB) auch Vertragsgeltung für den Fall, dass die Leistungsbeschreibung nicht anhand der NPK erfolgt. Für Erschwernisse bei der Ausführung (wie für klein gegliederte Bauteile, enge Platzverhältnisse, Behinderung bei der Verlegung von Leitungen in Gräben durch Grabenspriessungen) werden im NPK entsprechende separate Positionen ausgesetzt. Damit will man der bisherigen unzulänglichen Praxis begegnen, Erschwernisse bei der Ausführung durch Zuschläge bei den Ausmassen vergüten zu lassen, was mitunter zu unerwarteten Mengenerhöhungen geführt hat (siehe dazu SIA-Wegleitung r73/2 zur Erarbeitung von ABB, abrufbar unter www.sia.ch).

6.18 – Wenn Ausmassvorschriften sowohl in ABB als auch im NPK enthalten sind, ist jedenfalls darauf zu achten, dass keine Widersprüche entstehen, weil nach der Rangordnung der Vertragsbestandteile (Art. 21 Abs. 1) das Angebot des Unternehmers mit dem Leistungsverzeichnis den ABB vorgeht.

Anmerkung 7

7 An der erforderlichen Übersichtlichkeit des Leistungsverzeichnisses fehlt es, wenn der Projektverfasser Positionen, die nicht einschlägig sind, Positionen mit allgemeinen Aussagen, die schon in anderen Vertragsbestandteilen enthalten sind, oder dieselben Positionen wiederholt im Leistungsverzeichnis aufführt, ohne ausreichenden Grund Positionstexte abändert (also «R»-Positionen schafft, vgl. Art. 8/Rz. 6.8) und/oder sie nicht dort platziert, wo sie hingehören, wiederholt auf SIA-Normen verweist, die schon in anderen Ausschreibungsbestandteilen aufgeführt werden usw. Kurzum, das Leistungsverzeichnis soll so strukturiert werden, dass der Unternehmer ihm ohne zusätzliche Abklärungen entnehmen kann, welche kostenrelevanten Faktoren er berücksichtigen muss (vgl. Art. 6/Rz. 9.1f.).

Anmerkung 8

8.1 Die *einzelnen Leistungen,* aus denen sich die ausgeschriebene Bauarbeit zusammensetzt, sind vollständig aufzuführen bzw. zu beschreiben, wie dies aus dem ersten Halbsatz von Abs. 2 hervorgeht. Der Bauherr hat somit alles aufzuführen, was zu einer einzelnen Leistung gehört. Beizufügen ist:

8.2 a) Was unter einer vollständigen Leistungsbeschreibung zu verstehen ist, wird in Art. 8 Abs. 1–3 näher ausgeführt. Immer sind aber zudem die allgemeinen Erfordernisse der Beschreibung gemäss Art. 6 Abs. 2 zu beachten. Das heisst, dass die Beschreibung so vollständig sein muss, dass sich der Unternehmer über den Inhalt des beabsichtigten Vertrags Klarheit verschaffen kann und er «nur noch die von ihm angebotenen Preise anzugeben hat» (Abs. 3). Letzteres bedeutet allerdings nicht, dass der Unternehmer alle übrigen Ausschreibungsunterlagen ausser Acht lassen darf (SIEGENTHALER, Mangelhafte Leistungsverzeichnisse, S. 167).

Wird eine Leistung «pauschaliert» (Art. 8/Rz. 5.1), so ist die Pauschalierung klar zum Ausdruck zu bringen. 8.3

b) Der *Unternehmer muss nicht überprüfen*, ob die Leistungsbeschreibung vollständig und inhaltlich richtig ist und die in den verschiedenen Positionen beschriebenen Leistungen zum gewünschten Arbeitsergebnis führen werden (GWERKV Rz. 1975; SIEGENTHALER, Mangelhafte Leistungsverzeichnisse, S. 169; SCHUMACHER, Die Vergütung, Rz. 114 und 478; DERS., Vertragsgestaltung, Rz. 698). Dies gilt allerdings nur dann, wenn der Bauherr selber sachverständig oder sachverständig vertreten oder beraten ist (OGer ZH LB130065 vom 4. Juli 2014 E. C/3.2). Ist dies nicht der Fall, muss der Unternehmer die Angaben prüfen. Eine Überprüfungspflicht besteht ferner dann, wenn der Bauherr in der Ausschreibung vom Unternehmer die Überprüfung der sachverständigen Angaben verlangt und nicht zuletzt dies dem Unternehmer innerhalb der Eingabefrist zumutbar ist (Art. 15/Rz. 5.5; Art. 25/Rz. 14.3; GWERKV Rz. 1099; SCHUMACHER, Die Vergütung, Rz. 132; DERS., Vertragsgestaltung, Rz. 723). Zu weiteren Ausnahmen Art. 13/Rz. 6.1 und Art. 16/Rz. 6.2; vgl. weiter GWERKV Rz. 1976. Hat der Unternehmer aber begründeten Anlass zur Vermutung, dass Angaben in den Ausschreibungsunterlagen (namentlich bezüglich Baumethode und Bauverfahren) unrichtig oder unklar sein könnten, so hat er vom Bauherr nähere Auskünfte zu verlangen oder gegebenenfalls einen Vorbehalt anzubringen (HÜRLIMANN/HEER, Preise, Leistungsverzeichnis und Kalkulation, S. 19; FELLMANN, Fehlerhaftes Leistungsverzeichnis, S. 103). Für den Fall, dass der Unternehmer in den Vertragsverhandlungen erkennt, dass eine Detailumschreibung des Bauherrn ungewollt lückenhaft ist, vgl. GWERKV Rz. 437. Zur Anzeige- und Abmahnungspflicht des Unternehmers vgl. auch Art. 25, insbesondere Art. 25/Rz. 15.1 ff. und 21 ff. 8.4

c) Die hier geforderte Detaillierung und Vollständigkeit bezieht sich auf die zu erbringenden Leistungen, aus denen sich die ausgeschriebene Bauarbeit zusammensetzt, nicht auf die voraussichtlichen Mengen. Zu Letzteren vgl. Art. 8/Rz. 12.1 ff. Die genannten Erfordernisse können und müssen nicht in allen Fällen eingehalten werden, 8.5

- weil die Unsicherheit über den bei der Arbeitsausführung anzutreffenden Baugrund und über die Wechselwirkung zwischen Baugrund und dem zu erstellenden Bauwerk eine detaillierte und vollständige Leistungsbeschreibung oft gar nicht zulässt (Art. 5/Rz. 7.1). Soweit Behinderungen und Erschwernisse bei der Arbeitsausführung und die dagegen zu treffenden Massnahmen voraussehbar sind, können sie im Leistungsverzeichnis in Eventualpositionen (Art. 8 Abs. 4) oder ohne Mengenangabe (Art. 86 Abs. 4) ausgesetzt werden. Diesen Besonderheiten trägt die SIA-Norm 118/198 («Allgemeine Bedingungen für Untertagbau») in Ziff. 8.3, 8.6 und 8.7 Rechnung (vgl. auch Art. 58 Abs. 2). 8.6
- weil die Planung im Zeitpunkt der Ausschreibung meistens noch nicht abgeschlossen ist. Nach den SIA-Ordnungen 102, 103 und 108 liegen in diesem Zeitpunkt die Ausschreibungspläne (Art. 5/Rz. 2.1; Art. 7/Rz. 24) vor. Diese basieren auf den Plänen des 8.7

Bauprojekts mit den zugehörigen Werk- und Detailplänen (Art. 5/Rz. 2.1 f.). Die für die Realisierung des Bauwerks erforderlichen Ausführungspläne (Art. 100) werden erst nach Abschluss des Ausschreibungsverfahrens erstellt. Es gibt zudem Leistungen, die in der Ausschreibung keine Darstellung finden: so die Dimensionierung der Armierung, Sicherungsmassnahmen z.B. gegen Niederbrüche, Wasserandrang, Felssicherung, Spriessung im Grabenbau usw.

8.8 Gemäss den SIA-Ordnungen 102 (Art. 4.51), 103 (Art. 4.3.51) und 108 (Art. 4.51) werden eine ganze Reihe von definitiven Berechnungen sowie Konstruktions-, Werk- und Detailplänen erst in der Realisierungsphase erstellt (Art. 5/Rz. 2.1). Diese beinhalten oftmals eine Änderung der Unternehmerleistungen (also Bestellungsänderungen) und der ausgeschriebenen Mengen, die letztlich beim Bauherrn zu Buche schlagen. Zur entsprechenden Informationspflicht der Planer vgl. SIEGENTHALER, Mangelhafte Leistungsverzeichnisse, S. 176 ff.; DERS., Die Kosteninformation, Rz. 1028 ff. und 1035 ff.

8.9 Zum Detaillierungsgrad der Ausschreibung vgl. auch SPIESS/HUSER, Handkommentar, N 20 ff. zu Art. 5.

8.10 – weil der Bauherr bzw. seine Planer eine Leistungsbeschreibung bewusst offenhalten (sie also nicht detailliert und vollständig beschreiben), um die Unternehmer einzuladen, insbesondere in Bezug auf Konstruktionsweisen und Arbeitsverfahren, die ohnehin im primären Kompetenzbereich der Unternehmer liegen (Art. 8/Rz. 4.2), oder in Bezug auf Materialien eigene Vorschläge für die Optimierung des Projekts in technischer oder preislicher Art zu unterbreiten (vgl. SIEGENTHALER, Mangelhafte Leistungsverzeichnisse, S. 173 und 175, und die von ihm angeführten Beispiele). Damit diesbezüglich bei den offerierenden Unternehmern nicht Unsicherheiten über die erwartete Leistung aufkommen und sie nicht zu Spekulationen verleitet werden, ist in der Leistungsbeschreibung klarzustellen, was der Bauherr mit der offenen Beschreibung bezweckt. So indem er z.B. Alternativpositionen aussetzt (Art. 102/Rz. 1.4 und 6.7) oder – wenn es ihm primär um «preiswirksame Optimierungen» geht – indem er Per-Positionen (Art. 8/Rz. 6.12) aussetzt.

8.11 d) Vollständigkeitsklauseln (GWERKV Rz. 909) trifft man auch in Einheitspreisverträgen an, sei es als generelle Bedingung (was allerdings systemwidrig ist) oder sei es nur in Bezug auf einzelne Positionen (Vorbem. Art. 3 – 22/Rz. 24 f.).

Anmerkung 9

9.1 Zur Beschreibung der einzelnen Arbeitsleistungen (Art. 8/Rz. 4.1 f.) gehört die Angabe über Art, Umfang und Besonderheit der Bauarbeit gemäss Art. 6 Abs. 2. Beschrieben wird oft auch die Art und Weise, wie die Arbeit zu verrichten ist (z.B. Aushub oder Einfüllung maschinell oder von Hand; Wärmedämmung lose verlegen; Platten satt gestossen). Vorgaben über den gewünschten Bauvorgang (Art. 7/Rz. 16) finden sich allenfalls auch in den Besonderen Bestimmungen (Art. 7/Rz. 13.1 ff.).

9.2 Die Beschreibung erfolgt im Text der einzelnen Position des Leistungsverzeichnisses und/oder durch Verweis auf objektbedingte Bestimmungen (Art. 8 Abs. 2; vgl. dazu

Art. 8/Rz. 13) oder genau bezeichnete Pläne. Mit den Leistungsbeschreibungen gibt der Bauherr im vorvertraglichen Verfahren bekannt, welche Leistungen er bei Auftragserteilung erwartet. Soweit er sachverständig oder sachverständig vertreten ist, muss er sich auf seinen Angaben behaften lassen (vgl. Art. 8/Rz. 8.4; GWerkV Rz. 1095). Kommt es zum Vertragsabschluss, so sind die Leistungsbeschreibungen rechtlich als Weisungen im Sinne von Art. 369 OR zu qualifizieren (GWerkV Rz. 1928 und 1932; Fellmann, Fehlerhaftes Leistungsverzeichnis, S. 98; Hürlimann/Heer, Preise, Leistungsverzeichnis und Kalkulation, S. 15; so ausdrücklich auch in Art. 10 Abs. 2). Anders ist es nur, wenn und soweit einem Unternehmer in der Leistungsbeschreibung in Bezug auf Konstruktion, Material, Arbeitsverfahren, Reihenfolge der Arbeiten etc. Freiheiten eingeräumt werden (Art. 8/Rz. 8.10). Im Einzelfall ist dies durch Auslegung zu ermitteln.

Enthält ein Leistungsverzeichnis neben überwiegend detaillierten Leistungsbeschreibungen in einzelnen Positionen aber eine funktionale Leistungsbeschreibung und/oder eine Vollständigkeitsklausel (Vorbem. Art. 3–22/Rz. 24 f.), können sich im Einzelfall Probleme bei der Vertragsauslegung ergeben, wenn der Unternehmer trotz einer oder mehreren Vollständigkeitsklauseln nach dem Vertrauensprinzip von der Vollständigkeit der Leistungsbeschreibung ausgehen durfte. 9.3

Anmerkung 10

Vgl. dazu Art. 8/Rz. 4.2. 10

Anmerkung 11

Die SIA-Norm 118 spricht hier (so auch in Art. 136 Abs. 2) von «Materialqualitäten», nicht vom Material als solchem. Das Material und die Lieferung desselben sind Gegenstand von Art. 10. Hier geht es nur um Angaben zu den Eigenschaften, die das beim Bauen zu verwendende Material aufweisen soll (zu den vereinbarten Eigenschaften vgl. GWerkV Rz. 1362 ff.). Enthalten einzelne Positionen des Leistungsverzeichnisses Angaben zu den Materialqualitäten, so handelt es sich, sobald der Vertrag abgeschlossen wird, um Weisungen des Bauherrn (Art. 8/Rz. 9.2). Reicht der Unternehmer ein entsprechendes Angebot ein, so sichert er dem Bauherrn diese Eigenschaften zu (dazu sowie zur Art der Qualitätsbeschreibung vgl. GWerkV Rz. 1372). Die Qualitätsanforderungen an das Material werden in Art. 10 Abs. 2 – dort unter dem Gesichtspunkt der Lieferung – nochmals aufgegriffen. Fehlen im Leistungsverzeichnis Angaben zur Qualität, so greift Art. 136 Abs. 1 Platz. Zu Baustoffen, die der Bauherr liefert, vgl. Art. 136 Abs. 2. Zur Überprüfung der Qualität der vom Unternehmer gelieferten Baustoffe vgl. Art. 137. 11

Anmerkung 12

Der Bauherr bzw. sein Projektverfasser hat pro Position des Leistungsverzeichnisses eine Angabe über die *Menge der Einheiten* zu machen, wie sie zur Zeit der Ausschreibung erwartet wird (so Art. 39 Abs. 1). Im Einzelnen: 12.1

a) Diese Mengen sind sorgfältig zu ermitteln. Mehr- oder Mindermengen bei der Ausführung können die Erfüllungslast des Unternehmers in Bezug auf die Kosten und Fristen erheblich erschweren (Art. 8/Rz. 12.5; GWerkV Rz. 1105; zur Sorgfalt vgl. Siegentha- 12.2

LER, Mangelhafte Leistungsverzeichnisse, S. 172 f. und 178 ff.). Aufgrund der Pläne des Bauprojekts mit den dazugehörigen Werk- und Detailplänen (Art. 5/Rz. 2.1 f.) – sie bilden die Grundlage für die Erstellung der Ausschreibungspläne (Art. 4.41 SIA-Ordnung 102; Art. 5.3.41 SIA-Ordnung 103; Art. 4.41 SIA-Ordnung 108) – kann der Projektverfasser die zu erwartenden Mengen *berechnen*. Soweit Bauleistungen nicht in den Plänen dargestellt werden können oder in Bezug auf die Mengen Unsicherheiten oder Ungewissheiten bestehen (Art. 5/Rz. 2.1 f.; Art. 8/Rz. 8.5 ff.), die im Einzelfall abzuwägen sind, muss er die Mengen *schätzen*. Sind einzelne Mengen aus bautechnischen Gründen noch nicht bestimmbar, so ist Art. 86 Abs. 4 zu beachten. Aus dem Gesagten ergibt sich, dass die Mengenangaben eine gewisse Ungenauigkeit aufweisen, mit der der Unternehmer zu rechnen hat; nach SCHUMACHER (Die Vergütung, Rz. 374) liegt bei einer Mengenabweichung von 20 % die Ursache ausserhalb der wesensgemässen Ungenauigkeit der Projektierung. Deswegen kann das Leistungsverzeichnis als solches nicht generell als Prognose oder Schätzung bezeichnet werden (so SIEGENTHALER, Mangelhafte Leistungsverzeichnisse, S. 173; GWERKV Rz. 1105a). Jedenfalls rechtfertigt es sich nicht, wegen der Unsicherheiten generell *Reserven* (Mehrmengen) einzurechnen. Dies widerspricht den Regeln von Art. 5 – 8, die darauf abzielen, den Unternehmern richtige und verlässliche Angaben für die Offerteinreichung zu vermitteln. Abgesehen davon sind Mengenangaben für den Unternehmer ein wesentlicher Aspekt für seine Kalkulation (Art. 8/Rz. 12.5). Deshalb ist es abzulehnen, ungenaue Mengenangaben auszusetzen, um Spielraum für preiswirksame Projektoptimierungen zu schaffen, selbst wenn der Bauherr darüber vorgängig informiert wird (SIEGENTHALER, Mangelhafte Leistungsverzeichnisse, S. 175 und 177). Zur Spekulation des Unternehmers über die Mengen vgl. Vorbem. Art. 84 – 91/Rz. 98 ff.

12.3 b) Für die Vergütung sind nicht die in der Ausschreibung angegebenen Mengen massgeblich, sondern – je nach den Bedingungen des Werkvertrags – die tatsächlich ausgeführten Mengen (Art. 39 Abs. 1; Art. 39/Rz. 6.1) oder das plangemäss theoretische Ausmass (Art. 39 Abs. 1; Art. 141 Abs. 1). Bei Letzterem sind die «tatsächlich ausgeführten» Mengen anhand der Ausführungspläne zu ermitteln. Für schlichte Mengenabweichungen siehe Art. 86 Abs. 5 und Art. 86/Rz. 16.1 ff. Damit trägt der Einheitspreisvertrag den Unsicherheiten der Vorausmasse im Zeitpunkt der Ausschreibung Rechnung, weshalb die Vergütung nach Einheitspreisen die häufigste Preisart ist.

12.4 Dadurch, dass der Unternehmer in seinem Angebot die ihm vorgegebene Menge mit dem von ihm offerierten Einheitspreis multipliziert und diese Positionsbeträge zu einer Gesamtsumme addiert, wird weder der Betrag der jeweiligen Position noch die Gesamtsumme des Leistungsverzeichnisses zur Preisvereinbarung. Ein Multiplikations- oder Additionsfehler im Angebot hat somit keinen Einfluss auf die geschuldete Vergütung (GWERKV Rz. 931 und 1256 f.).

12.5 c) Die Mengenangaben im Leistungsverzeichnis sind für den Unternehmer ein wesentlicher Aspekt für die Kalkulation seiner Preise. Dies vor allem deswegen, weil die *indirekten Kosten* der Werkerstellung (Vorbem. Art. 84 – 91/Rz. 55), die nicht einer einzelnen Position des Leistungsverzeichnisses zugeordnet werden können (z.B. Baustellengemeinkosten [Art. 86/Rz. 4.3], Aufsicht und Führungskosten, Verwaltungs- und Geldkosten), aber auch der Anteil von Gewinn und Risiko auf die einzelnen Positionen des Leistungsverzeichnisses *verteilt bzw. umgelegt* werden (Hürlimann/Heer, Preise, Leistungsverzeichnis und Kalkulation, S. 21; Schumacher, Die Vergütung, Rz. 29 und 181). Die Änderung der Mengen hat zwangsläufig eine Über- bzw. Unterdeckung dieser umgelegten Kalkulationsfaktoren zur Folge. Der Unternehmer darf sich auf die Mengenangaben im Leistungsverzeichnis verlassen und muss sie nicht auf ihre Richtigkeit überprüfen, sofern das Leistungsverzeichnis von einem sachverständigen oder sachverständig vertretenen Bauherrn erstellt worden ist (Hürlimann/Heer, Preise, Leistungsverzeichnis und Kalkulation, S. 17; Art. 8/Rz. 8.4). Aus den unter Art. 8/Rz. 8.5 ff. und 12.2 angeführten Gründen muss er aber bei seiner Kalkulation mit gewissen Abweichungen von den Mengenangaben in der Ausschreibung rechnen.

Will der Unternehmer im Hinblick auf seine Kalkulation die Mengenangaben im Leistungsverzeichnis trotzdem durch Auswertung der Ausschreibungspläne überprüfen, so hat er der beschränkten Verlässlichkeit der Pläne (Art. 8/Rz. 12.2) Rechnung zu tragen. Kalkuliert er mit weniger oder mehr Mengen als im Leistungsverzeichnis angegeben sind und legt er diese Mengen seinen angebotenen Preisen zugrunde, so tut er dies auf eigenes Risiko (Hürlimann/Heer, Preise, Leistungsverzeichnis und Kalkulation, S. 17). Zur Kalkulation siehe Vorbem. Art. 84–91/Rz. 51 ff. 12.6

d) Zu den Folgen fehlerhafter Angaben im Leistungsverzeichnis über die zu erwartenden Mengen vgl. Art. 6/Rz. 10.1 ff. und Siegenthaler, Mangelhafte Leistungsverzeichnisse, S. 178. 12.7

Anmerkung 13

Die *objektbedingten Bestimmungen* werden in den Besonderen Bestimmungen aufgeführt und sind mit dem Leistungsverzeichnis zu *koordinieren* (Art. 7/Rz. 13.2). Die Norm sagt nicht, ob der Verweis auf die Besonderen Bestimmungen im Leistungsverzeichnis generell (z.B. im Einleitungskapitel) oder bei jeder einzelnen Position des Leistungsverzeichnisses erfolgen muss. Letzteres verlangt Schumacher (Die Vergütung, Rz. 124; ders., Vertragsgestaltung, Rz. 699) mit Verweis darauf, dass das Leistungsverzeichnis gemäss Art. 8 Abs. 1 übersichtlich und vollständig sein muss. In den meisten Fällen aber enthalten die Besonderen Bestimmungen allgemeine Aussagen zum konkreten Projekt, die nicht einer einzelnen Position des Leistungsverzeichnisses zugeordnet werden können, sondern oft eine Vielzahl von Positionen betreffen. In diesem Fall muss ein genereller Verweis (z.B. im Einleitungskapitel oder in den Vorbemerkungen zu einem Unterkapitel des Leistungsverzeichnisses) auf die Besonderen Bestimmungen genügen. Würde der Verweis bei jeder einzelnen Position angebracht, bei der ein inhaltlicher Bezug besteht oder bestehen könnte, so würde das die Übersichtlichkeit des Leistungsverzeichnisses nicht fördern. Bezieht sich eine Aussage über die Ausführung des Werks auf eine klar bestimmbare Anzahl von Positionen des Leistungsverzeichnisses, so ist ein Verweis in den einzelnen Positionen auf die Besonderen Bestimmungen jedoch erforderlich. In der Praxis geschieht dies allerdings deswegen nicht, weil der Normpositionen-Katalog bei geschlossenen Positionen einen solchen Verweis gar nicht zulässt (Art. 8/Rz. 6.7). Wird streitig, ob wegen eines fehlenden Verweises die Leistungsbeschreibung ungenügend 13 oder unklar ist, oder wird die Vertragsgeltung infrage gestellt (SCHUMACHER, Die Vergütung, Rz. 124), so ist der Streit nach dem Vertrauensprinzip zu beurteilen (GAUCH/SCHLUEP/SCHMID, OR AT, Rz. 1226 und 207 ff.; a.M. SCHUMACHER, Die Vergütung, Rz. 124). Dabei ist dem Umstand Rechnung zu tragen, dass nach der SIA-Norm 118 die Ausschreibung und der Vertrag aus mehreren, inhaltlich grundsätzlich gleichwertigen Bestandteilen bestehen und dass die Rangordnung von Art. 7 und Art. 21 (gemäss der die Besonderen Bestimmungen dem Leistungsverzeichnis vorgehen) nur bei Widersprüchen gilt. Zur Widerspruchsregel als Auslegungsregel vgl. auch GWERKV Rz. 300 ff. In jedem Fall wird man von einem Unternehmer und seinem Kalkulator verlangen dürfen, dass er die Besonderen Bestimmungen vor Ausarbeitung einer Offerte zur Kenntnis nimmt.

Anmerkung 14

14 Vgl. Art. 8/Rz. 8.6 und Art. 86/Rz. 13 ff.

Anmerkung 15

15 Das heisst, dass das Leistungsverzeichnis einzelne Positionen enthalten kann, die nicht nach Einheitspreisen zu vergüten sind. So sieht das Leistungsverzeichnis für Baustelleneinrichtungen häufig einen Global- oder Pauschalpreis vor. Deswegen wird er in Art. 42 Abs. 2 gleichwohl als ein Einheitspreisvertrag bezeichnet. Der Verweis auf Art. 38 – 42 ist nicht vollständig. Für Regiearbeiten gelten Art. 48 – 54.

Anmerkung 16

16 Der Unternehmer hat sich bei seinem Angebot an die vom Bauherrn im Leistungsverzeichnis vorgegebene Preisart zu halten. Will er dem Bauherrn eine andere Preisart vorschlagen, reicht er dieses Gegenangebot als Beilage zum Angebot gesondert ein (Art. 15 Abs. 3). Schlägt er dem Bauherrn beispielsweise statt der vorgesehenen Einheitspreise einen Global- oder Pauschalpreis vor, so ist Art. 40 Abs. 2 zu beachten. Vgl. dazu auch Art. 15/Rz. 10.

Anmerkung 17

17 Zu beachten ist Art. 15 Abs. 3. Die Bestimmung besagt nicht, dass der Unternehmer bei der Kalkulation die in den übrigen Vertragsbestandteilen enthaltenen Vorgaben und Informationen des Bauherrn ausser Acht lassen darf.

Anmerkung 18

18 Damit wird der Bauherr bzw. sein Projektverfasser angewiesen, im Leistungsverzeichnis (nicht zuletzt bei elektronischer Übermittlung) ausreichend Platz offen zu lassen, damit der Unternehmer seine Preise einsetzen kann.

Anmerkung 19

19 Damit wird lediglich der formelle Aspekt der *Eventualpositionen* umschrieben. Materiell geht es bei Eventualpositionen darum, dass der Bauherr – aus welchen Gründen auch immer (Art. 102/Rz. 1.4) – eine Leistung aussetzt, von der er selber noch nicht weiss, ob er

sie bestellen will oder nicht, sich aber im Hinblick darauf einen Preis offerieren lässt. Für Einzelheiten siehe Art. 102/Rz. 1.1 ff. und GWERKV Rz. 595 und 776. Damit ergibt sich eine Ähnlichkeit zur «Per-Position»; vgl. dazu Art. 8/Rz. 6.12 f. Zur Weisung der Bauleitung vgl. GWERKV Rz. 1927 ff.

Anmerkung 20

Mit diesem, in der Revision neu aufgenommenen Abs. 4 klärt die SIA-Norm 118 eine bislang offene Frage dahingehend, dass *Eventualpositionen* (Art. 8/Rz. 6.10 f.) nur dann bei der Ermittlung der Angebotssumme einzurechnen sind, wenn sie speziell bezeichnet sind (so auch SPIESS/HUSER, Handkommentar, N 33 zu Art. 8). Ersatzlos gestrichen wurde in Art. 102 der bislang enthaltene Hinweis, dass Eventualpositionen mit «eventuell» zu bezeichnen sind (Art. 102/Rz. 1.2). 20.1

Weil Eventualpositionen bei der Ermittlung der Angebotssumme, die in der Praxis bei der Bewertung der Angebote häufig im Vordergrund steht, nicht berücksichtigt werden, verleiten sie Unternehmer zur Spekulation. Vgl. dazu Vorbem. Art. 84–91/Rz. 98 ff. 20.2

Anmerkung 21

Wie die Position «speziell» bezeichnet werden soll, sagt die Norm nicht (vgl. dazu Art. 8/Rz. 6.10). Auch wenn nach Art. 8 der Hinweis auf eine Eventualposition im Leistungsverzeichnis anzubringen ist, schliesst dies nicht aus, dass er in einem anderen Vertragsbestandteil (z.B. in den Besonderen Bestimmungen) erfolgen kann, wenn dies nach Wortlaut und Platzierung hinreichend deutlich erfolgt. 21

1 233 Baustelleneinrichtungen [1], baustellenspezifische [2] Massnahmen und Verpflegung

Art. 9

[1] Im Leistungsverzeichnis [3] sind [4] separate Positionen für Baustelleneinrichtungen (Art. 43 und 123) [5], baustellenspezifische Schutzmassnahmen (Art. 103 [6]) sowie Massnahmen für Unterkunft und Verpflegung [7] der Arbeitnehmer aufzuführen (Art. 109 [8]). Separate Positionen sind für Fassaden- und Putzgerüste (Art. 125 Abs. 2) [9] vorzusehen.

[2] Bei Arbeiten für den Ausbau von Gebäuden sind die Kosten der in Abs. 1 aufgeführten Positionen [10] in die Einheitspreise der Arbeiten einzurechnen, wenn nicht das Leistungsverzeichnis dafür separate Positionen vorsieht. Für verschliessbare Räume, die der Bauherr zur Verfügung stellt und die der Unternehmer unentgeltlich benützen kann, werden keine Benützungskosten in die Einheitspreise eingerechnet. [11]

Art. 9 (1977/91)

[1] Im Leistungsverzeichnis sind besondere Positionen für Baustelleneinrichtungen (Art. 43, Art. 123) und Massnahmen für Unterkunft und Verpflegung der Arbeitnehmer aufzuführen (Art. 109). Bei Hochbauten sind für Fassaden- und Putzgerüste besondere Positionen vorzusehen.

[2] Betrifft die Arbeit den Ausbau einer Hochbaute (Baunebengewerbe), so sind die Kosten der Baustelleneinrichtungen und der Werkzeuge in die Einheitspreise der Arbeiten einzurechnen, es sei denn, das Leistungsverzeichnis sehe dafür besondere Positionen vor. Verschliessbare Räume, die der Bauherr zur Verfügung stellt, kann der Unternehmer unentgeltlich benützen, weshalb dafür keine Benützungskosten in die Einheitspreise eingerechnet werden.

Anmerkung 1

1 Zum Begriff der Baustelleneinrichtungen siehe Art. 123. Die Parteien und insbesondere der die Ausschreibungsunterlagen ausarbeitende Bauherr sind weitgehend frei, welche Anlagen und Einrichtungen sie als Baustelleninstallationen deklarieren wollen. Vgl. dazu Art. 9/Rz. 5.1 ff. Es empfiehlt sich vor allem dann, von dieser Freiheit Gebrauch zu machen, wenn die Baustelleneinrichtung von anderen Arbeitsmitteln abzugrenzen sind (Art. 123/Rz. 5).

Anmerkung 2

2 Mit dem in der Revision neu eingefügten Adjektiv «baustellenspezifisch» sind (in separaten Positionen auszuschreibende) Massnahmen gemäss Art. 3 Abs. 3 BauAV gemeint. Demnach handelt es sich um «Schutzmassnahmen, die von mehreren Unternehmern benützt werden wie Gerüste, Auffangnetze, Laufstege» (auch Spiess/Huser, Handkommentar, N 6 und 19 ff. zu Art. 9). Separat sind aber auch die (inhaltlich weiter gehenden) Schutzmassnahmen gemäss Art. 103 ff. auszuschreiben (Art. 9/Rz. 6.1 f.).

Anmerkung 3

3 Art. 9 bezieht sich nur auf die Leistungsbeschreibung anhand eines Leistungsverzeichnisses; hinsichtlich der Baubeschreibung vgl. Art. 12/Rz. 3.1 ff. Wenn im Leistungsverzeichnis für Baustelleneinrichtungen separate Positionen aufgeführt werden, schliesst dies nicht aus, dass auch in anderen Bestandteilen der Ausschreibung Baustelleneinrichtungen und Anlagen, die dem Inhalt nach Baustelleneinrichtungen sind, aufgeführt werden (Art. 9/Rz. 6.1 f.; Art. 52/Rz. 3).

Anmerkung 4

4.1 In Bezug auf die Frage, ob der Bauherr verpflichtet ist, die in Art. 9 Abs. 1 aufgeführten Positionen separat auszuschreiben, ist wie folgt zu differenzieren:

4.2 a) *Baustelleneinrichtungen:* Gemäss Art. 43 Abs. 1 und Art. 123 ist der Bauherr nicht verpflichtet, im Leistungsverzeichnis für Baustelleneinrichtungen separate Positionen vorzusehen. Dies steht im Einklang mit Art. 364 Abs. 3 OR, wonach es – anderweitige Vereinbarungen vorbehalten – am Unternehmer liegt, für die zur Werkausführung nötigen Hilfsmittel, Werkzeuge und Gerätschaften auf seine Kosten zu sorgen. Die SIA-Norm 118 sieht aber vor, dass der Bauherr für gewisse Baustelleneinrichtungen allein aufkommt (so gemäss Art. 129, Art. 135 Abs. 1 und 4). Zudem kann er in der Ausschreibung mitteilen, dass er gewisse Grundstücke und Rechte für die Einrichtung der Baustelle unentgeltlich zur Verfügung stellt (Art. 13 Abs. 1 i.V.m. Art. 116 Abs. 1 und 3, Art. 117 sowie Art. 133 Abs. 1). Was das längere Vorhalten (aller) Baustelleneinrichtungen anbetrifft, das die Bauleitung verlangen kann, vgl. Art. 125 Abs. 2.

Bei umfangreichen Baumeisterarbeiten sind separate Positionen für Baustelleneinrichtungen die Regel. Separate Positionen sind ohnehin in verschiedener Hinsicht empfehlenswert (Art. 9/Rz. 5.2 ff.). 4.3

Zur Rechtslage, wenn im Leistungsverzeichnis für Baustelleneinrichtungen keine separaten Positionen ausgesetzt werden, vgl. Art. 9/Rz. 5.3. 4.4

b) *Schutzmassnahmen:* siehe dazu Art. 9/Rz. 2 und 6.1 f. 4.5

c) *Unterkunft und Verpflegung* (Art. 109): Sie zählen gemäss Art. 123 zu den Baustelleneinrichtungen (Art. 123/Rz. 3), weshalb dafür keine separaten Positionen ausgesetzt werden müssen. In der Revision wurde der zweite Satz des Art. 109 Abs. 2 ersatzlos gestrichen. Damit hat man einen hilfreichen Hinweis für den Unternehmer eliminiert (wofür kein Grund ersichtlich ist). Dies kann einen Unternehmer aber nicht daran hindern, bei Fehlen einer Position für Unterkunft und Verpflegung im Leistungsverzeichnis bei der Angebotseingabe eine separate Position vorzusehen (gemäss Art. 15 Abs. 3), sofern die entsprechenden Kosten im Einheits- bzw. Global- oder Pauschalpreis nicht inbegriffen sind (Art. 9/Rz. 5.3). 4.6

d) *Fassaden- und Putzgerüste:* Für die Fassaden- und Putzgerüste – diese Begriffe passen nach Spiess/Huser, Handkommentar, N 32 zu Art. 9, nicht zur neuen Norm – sind nach dem klaren Wortlaut auch des revidierten Art. 9 Abs. 1 separate Positionen vorzusehen. Dies hat seinen guten Grund darin, dass der Unternehmer (gemeint ist damit der Baumeister) gemäss Art. 125 Abs. 2 Fassadengerüste für den Rohbau noch während zwei Monaten nach Vollendung der ausgeführten Arbeiten ohne besonderes Entgelt dem Bauherrn für seine Nebenunternehmer (Art. 30) zur Verfügung zu stellen hat (Art. 125 Abs. 2 und Art. 126 Abs. 3; a.M. Spiess/Huser, Handkommentar, N 13 zu Art. 9, die sich auf eine Aussage bei GWerkV Rz. 69 ff. stützen, welche sich aber auf das Gesetz, nicht auf die SIA-Norm 118 bezieht). 4.7

Die Fassadengerüste für den Rohbau sind so zu dimensionieren, dass darauf ohne Weiteres auch Verputzarbeiten ausgeführt werden können, weshalb hier von «Putzgerüsten» die Rede ist. Das heisst nicht, dass die Fassadengerüste innert der Zweimonatsfrist nicht auch für andere Arbeiten wie z.B. Aussenisolationsarbeiten benützt werden dürfen. 4.8

Anmerkung 5

Es gibt mehrere gute Gründe, für Baustelleneinrichtungen im Leistungsverzeichnis *separate Positionen* aufzuführen: 5.1

a) Der Hauptgrund besteht darin, dass damit Klarheit über deren Vergütung geschaffen wird. Dabei sieht die Norm folgende Grundregeln vor: Soweit das Leistungsverzeichnis separate Positionen enthält, wird dafür eine separate Vergütung festgelegt. Häufig ist dies ein Global- oder Pauschalpreis (siehe dazu aber Art. 43 Abs. 2). Es kann sich aber auch 5.2

um einen Einheitspreis handeln (so für die Pumpeneinrichtungen und die Betriebskosten bei Wasserhaltung; Art. 43 Abs. 3).

5.3 Soweit das Leistungsverzeichnis keine separaten Positionen für Baustelleneinrichtungen vorsieht, hat sie der Unternehmer in die übrigen Preise, das heisst in die Einheitspreise und/oder Pauschal- oder Globalpreise, einzurechnen (so Art. 9 Abs. 2 und Art. 52 Abs. 2, siehe auch Art. 43/Rz. 1.3). Zu der damit verbundenen Problematik vgl. Art. 86/Rz. 10.1 und Vorbem. Art. 84–91/Rz. 102 ff. Für Regiearbeiten siehe Art. 52 Abs. 1. Mit der Aufnahme separater Positionen im Leistungsverzeichnis wird der Unternehmer auf die entsprechenden Aufwendungen hingewiesen, für die er einen separaten Preis zu offerieren hat.

5.4 b) Separate Positionen für Baustelleneinrichtungen im Leistungsverzeichnis erleichtern die Vereinbarung der Vergütung bei Bestellungsänderungen (Vorbem. Art. 84–91/Rz. 102 ff.; vgl. auch Art. 88/Rz. 3.2) und bei längerem Vorhalten der Baustelleneinrichtungen (Art. 125 Abs. 2).

5.5 c) Separate Positionen für Baustelleneinrichtungen wird der Bauherr dann vorsehen, wenn er durch Weisungen (GWerkV Rz. 1927 ff.) auf einzelne Aspekte der Baustelleneinrichtungen Einfluss nehmen will, wie beispielsweise bezüglich des gewünschten Bauvorgangs, des Einsatzes von Maschinen und Geräten usw.

5.6 d) Die Norm enthält – anders als für die eigentlichen Werkleistungen (vgl. Art. 8 und Art. 12) – keine Vorschriften über die Beschreibung der Baustelleneinrichtungen. Dies deswegen, weil deren Bestimmung grundsätzlich Sache des Unternehmers ist (Art. 8/Rz. 4.2). Der Unternehmer weiss denn auch am besten, welche Baustelleneinrichtungen er benötigt. Er plant sie auch (Art. 124 Abs. 1 und 2) und hat für Abhilfe zu sorgen, falls sie sich für die Ausführung der vertraglichen Arbeiten als ungeeignet oder ungenügend erweisen (Art. 124 Abs. 3).

Anmerkung 6

6.1 Mit dem Verweis auf Art. 103 wird zum Ausdruck gebracht, dass über die «baustellenspezifischen Massnahmen» hinaus bei gegebenen Gefahren weitere Massnahmen mit separaten Positionen auszuschreiben sind. Art. 103 enthält gemäss Titelüberschrift den Grundsatz. Er wird ergänzt durch die nachfolgenden Art. 104–112, auf die allerdings nicht verwiesen wird. Eine besondere Bedeutung kommt Art. 104 zu, der sich inhaltlich mit Art. 3 Abs. 1 BauAV deckt (Schumacher, Sicheres Bauen, Rz. 343). Er erklärt die Arbeitssicherheit und den Gesundheitsschutz zur Aufgabe des Bauherrn und des Unternehmers (siehe dazu Art. 5/Rz. 15.1 ff.).

6.2 Ob Schutzmassnahmen in separaten Positionen auszuschreiben sind, hängt davon ab, welche Gefahren bei der Abklärung der örtlichen Gegebenheiten (Art. 5 Abs. 2) erkannt werden können. Siehe dazu insbesondere Art. 5/Rz. 7.1, 12, 13.1 f., 15.1 ff., 20 und 21.1 ff. Wenn es (ausnahmsweise) Aufgabe des Unternehmers sein soll, allfällige Gefahren zu ermitteln und Schutzmassnahmen festzulegen (allenfalls in Zusammenarbeit mit der Bauleitung), so ist dies in der Ausschreibung klar mitzuteilen.

Anmerkung 7

Die Unterkünfte und die Kantine für die Verpflegung der Arbeitnehmer auf der Baustelle stellen Fahrnisbauten dar. Art. 123 ordnet sie daher begrifflich den Baustelleneinrichtungen zu (Art. 123/Rz. 3). 7

Anmerkung 8

Die frühere Fassung der Norm sah vor, dass bei Arbeiten für den Ausbau einer Hochbaute die Kosten der Werkzeuge (zum Begriff vgl. Art. 123/Rz. 5; GWerkV Rz. 69 f.) bei fehlenden (separaten) Positionen im Leistungsverzeichnis in die Einheitspreise einzurechnen sind. Dieser Passus wurde in der Revision gestrichen. Spiess/Huser, Handkommentar, N 18 zu Art. 9, begründen dies damit, dass Werkzeuge, falls sie für die Ausführung einer Arbeit gebraucht werden, ohnehin in die Einheitspreise einzurechnen seien. Dem steht aber der Wortlaut der revidierten Norm entgegen. Nach dem (nicht geänderten) Art. 123 wird das Handwerkzeug nicht zu den Baustelleneinrichtungen gezählt. Gemäss Art. 9 Abs. 2 sind die Kosten der in Art. 9 Abs. 1 aufgeführten Positionen in die Einheitspreise einzurechnen. In Art. 9 Abs. 1 werden die Handwerkzeuge aber nicht aufgeführt. Die SIA-Norm 118 enthält somit keine Regel, wonach bei fehlenden Positionen im Leistungsverzeichnis die Werkzeuge in die Einheitspreise einzurechnen sind. Es greift somit bei fehlender individueller Vereinbarung Art. 364 Abs. 3 OR Platz, wonach der Unternehmer für die Werkzeuge auf seine Kosten zu sorgen hat. 8

Anmerkung 9

Siehe Art. 9/Rz. 4.7 f. 9

Anmerkung 10

Vgl. auch die Sonderregeln von Art. 135 zum Ausbau von Gebäuden, wonach der Bauherr auf seine Kosten objektspezifisch die provisorischen Stromanschlüsse sowie (ab einer bestimmten Gebäudehöhe) vertikale Transportmöglichkeiten zur Verfügung stellt und die Kosten des Verbrauchs von Strom, Gas und Wasser trägt. 10

Anmerkung 11

Der Bauherr ist aber frei, in der Ausschreibung für die verschliessbaren Räume eine andere Regelung zu treffen. 11

1 234 Materiallieferungen

Art. 10

[1] Die im Leistungsverzeichnis aufgeführten Leistungen[1] umfassen, falls nichts anderes bestimmt ist (Abs. 3), die Lieferung[2] aller erforderlichen[3] Materialien[4] (Baustoffe[5], Hilfs-[6] und Betriebsstoffe[7]) unter Einschluss elektrischer Energie[8]. Art. 135 Abs. 3 bleibt vorbehalten.

[2] Allfällige Weisungen[9] des Bauherrn betreffend Fabrikate[10] oder Lieferanten[11] sind in das Leistungsverzeichnis oder in eine andere Ausschreibungsunterlage[12] aufzunehmen. Zu beachten ist Art. 136 Abs. 2 und 4.

[3] Will der Bauherr Baustoffe selbst liefern[13] (kostenlos oder gegen Bezahlung), so vermerkt er dies im Leistungsverzeichnis[14]. Er gibt in den Ausschreibungsunterlagen an, wie[15] und gegebenenfalls zu welchem Preis[16] er dem Unternehmer liefern wird. Zu beachten ist Art. 136 Abs. 3 und 4.

Art. 10 (1977/91)

[1] Die im Leistungsverzeichnis aufgeführten Leistungen umfassen, falls nichts anderes bestimmt ist (Abs. 3), die Lieferung aller erforderlichen Materialien (Baustoffe, Hilfs- und Betriebsstoffe) unter Einschluss elektrischer Energie. Für das Baunebengewerbe ist aber Art. 135 Abs. 3 zu beachten.

[2] Allfällige Weisungen des Bauherrn betreffend Fabrikate oder Lieferanten sind in das Leistungsverzeichnis oder in eine andere Ausschreibungsunterlage aufzunehmen. Zu beachten ist Art. 136 Abs. 2 und 4.

[3] Will der Bauherr Baustoffe selbst liefern (kostenlos oder gegen Bezahlung), so vermerkt er dies im Leistungsverzeichnis. Er gibt in den Ausschreibungsunterlagen an, wie und gegebenenfalls zu welchem Preis er dem Unternehmer liefern wird. Zu beachten ist Art. 136 Abs. 3 und 4.

Anmerkung 1

1 Zum Begriff der Leistungen vgl. Art. 8/Rz. 4.2.

Anmerkung 2

2 Der Unternehmer hat nicht nur das Werk zu erstellen, sondern (in Abweichung von Art. 365 Abs. 1 OR; vgl. GWerkV Rz. 74 und 82) auch das Material zu liefern, das im erstellten Werk verbleibt (GWerkV Rz. 66 und 75). Anders ist es nur, wenn der Bauherr in der Ausschreibung gemäss Art. 10 Abs. 3 etwas anderes bestimmt. Die *Stofflieferung* geht in der Herstellungspflicht des Unternehmers auf und unterliegt ebenfalls den Regeln des Werkvertragsrechts (GWerkV Rz. 82 und 123), nicht des Kaufvertragsrechts. Dieser Tatbestand wird als Werklieferungsvertrag bezeichnet (GWerkV Rz. 82 und 121 ff.).

Anmerkung 3

3 Der Bauherr beschreibt in den Ausschreibungsunterlagen die zu erbringenden Arbeitsleistungen (Art. 8/Rz. 1.1). Er kann im Leistungsverzeichnis oder in anderen Bestandtei-

len der Ausschreibung (Art. 7 Abs. 2 Ziff. 2) auch Angaben zu den Qualitätsanforderungen der zu verwendenden Materialien (Baustoffe, Hilfs- und Betriebsstoffe), zu Fabrikaten oder Lieferanten machen (Art. 8/Rz. 9.2 und 11; siehe auch Art. 10 Abs. 2). Er ist aber nicht dazu verpflichtet und muss auch die zu verwendenden Materialien (Baustoffe, Hilfs- und Betriebsstoffe) nicht beschreiben. Fehlen Angaben in der Ausschreibung über die Materialien, so hat sie der Unternehmer gleichwohl zu liefern, wenn sie für die vertragsgemäss zu erbringenden Leistungen erforderlich sind (vgl. dazu auch Spiess/Huser, Handkommentar, N 16 zu Art. 10). Sie *gelten in dem pro Position angebotenen Preis als inbegriffen*. Der Unternehmer kann für das benötigte Material keine zusätzliche Vergütung verlangen. Bei fehlenden Vorgaben des Bauherrn ist der Unternehmer in der Wahl der Materialien frei (GWerkV Rz. 83). Indes müssen «die zu verwendenden Baustoffe von guter Beschaffenheit sein» und «den anerkannten Normen entsprechen» (Art. 136 Abs. 1; siehe Art. 136/Rz. 3.1 ff. und 4.1 ff.).

Anmerkung 4

Für die Materialien verwendet die Norm auch den Ausdruck «Baustoffe» (Art. 136 und Art. 100 Abs. 1), im OR ist vom «Stoff» die Rede (Art. 365 sowie 376 Abs. 2 und 3 OR). Die SIA-Norm 118 teilt die Materialien ein in Baustoffe, Hilfs- und Betriebsstoffe. Gemäss Art. 123 sind die Baustelleneinrichtungen und die Werkzeuge (zum Begriff vgl. Art. 123/Rz. 5 und GWerkV Rz. 70; siehe dazu auch Art. 9/Rz. 8) nicht zu den Materialien zu zählen. 4

Anmerkung 5

Das ist das «Material, aus dem ein Werk erstellt wird und das im Werk verbleibt» (GWerkV Rz. 66). Dazu gehören auch vorfabrizierte Bauelemente (GWerkV Rz. 66). Nicht zum Material zählt, was der Unternehmer als Teil (des ganzen Werks) herzustellen hat. 5

Anmerkung 6

Das ist Material, das beim Bauen «*gebraucht*» wird und nachher weiterhin (anderswo, z.B. für ein anderes Werk) verwendbar bleibt. So beispielsweise Holz, das bei Betonierarbeiten für Schalungen gedient hat oder für Gerüste verwendet worden ist. 6

Anmerkung 7

Das sind Hilfsmittel, die beim Bauen «*verbraucht*» werden, etwa Sprengstoff, Treibstoffe, Schmiermittel, Ersatzteile für Maschinen (GWerkV Rz. 70), Verschleissteile (wie Bolzen, Zylinder, Dichtungen, Ketten, Seile, Pneus, Bohreinsätze etc.). Dazu gehört auch die elektrische Energie, die die SIA-Norm 118 hier separat erwähnt (Art. 10/Rz. 8), sowie andere Arten von Energie (z.B. Gas, Wärme, Dampf und Ähnliches; GWerkV Rz. 70). Zu den Hilfsmitteln ist überdies das Wasser zu zählen. Wenn dieses hier nicht aufgeführt wird, so deswegen, weil die Zuführung von Trink- und Brauchwasser sowie die Ableitung des Abwassers Sache des Bauherrn sind, es sei denn, das Leistungsverzeichnis enthalte hierfür separate Positionen (Art. 133 Abs. 1). Für die Aufteilung der Verbrauchskosten von Was- 7 ser und Energie ist aber Art. 134, für den Ausbau von Gebäuden die Sonderregelung von Art. 135 zu beachten.

Anmerkung 8

8 Das gilt auch für die in Art. 10/Rz. 7 erwähnten anderen Arten von Energie. Für die Zuführung elektrischer Energie bis zur Abnahmestelle sorgt der Bauherr (Art. 129 Abs. 1; weitere Einzelheiten werden dort in Abs. 2–4 geregelt). Bezüglich Verbrauchskosten vgl. Art. 10/Rz. 7.

Anmerkung 9

9.1 Wie unter Art. 10/Rz. 3 gesagt, steht es dem Bauherrn frei, ob er im Leistungsverzeichnis zu den Materiallieferungen Angaben machen will oder nicht. Zu Angaben, die sich auf die Qualität der Materialien beziehen, vgl. Art. 8/Rz. 11. Kommt der Vertrag zustande, so haben die Baustoffe den in der Ausschreibung gestellten Anforderungen zu entsprechen (Art. 136 Abs. 1; Art. 136/Rz. 3.1 ff.). Zur Haftung, wenn der Bauherr den Werkstoff vorgeschrieben hat, vgl. GWerkV Rz. 2015 ff. Zur allenfalls vorvertraglichen Aufklärungspflicht bei unrichtigen Vorgaben über den zu verwendenden Stoff vgl. GWerkV Rz. 2024, 1950 und 437. Auch wenn der Bauherr in der Ausschreibung Anforderungen an das zu liefernde Material stellt, kann ihm der Unternehmer in der Beilage zur Offerte (Art. 15 Abs. 2) Varianten vorschlagen.

9.2 Zum einseitigen Bestellungsänderungsrecht betreffend Baustoffe und Fabrikate vgl. Art. 84/Rz. 6.3 und Art. 136/Rz. 7.4.

Anmerkung 10

10 Dabei handelt es sich um bestimmte Erzeugnisse eines Stoffs (z.B. von Isolationsfolien). Das vorgeschriebene Fabrikat kann nach verschiedenartigen Kriterien bestimmt sein (Art. 136/Rz. 7.2).

Anmerkung 11

11.1 Zum «vorgeschriebenen Lieferanten» siehe Art. 136/Rz. 7.3 f.

11.2 Die Vorgabe des Bauherrn, ein Material von einem bestimmten Lieferanten zu beziehen, ist nicht dem Fall gleichzusetzen, in dem der Unternehmer den Stoff als Vertreter des Bauherrn bei einem Dritten besorgt. In diesem letztgenannten Fall ist der Bauherr der Lieferant des Stoffs (GWerkV Rz. 79) und haftet bei Mängeln dementsprechend (vgl. GWerkV Rz. 2025).

11.3 Durch die Weisung entsteht – entgegen Spiess/Huser, Handkommentar, N 19 zu Art. 10 – in keinerlei Hinsicht ein Vertrag zugunsten eines Dritten. Zum einen hat der vorgeschriebene Lieferant keinen Anspruch darauf, dass der Unternehmer mit ihm einen Vertrag abschliesst. Zum andern kann der Bauherr aus dem Liefervertrag, den der Unternehmer mit dem vorgeschriebenen Lieferanten abschliesst, keine Rechte ableiten, nur weil der Unternehmer nach dem Werkvertrag verpflichtet ist, diesen Vertrag abzuschliessen. Möglich ist immerhin, dass der Liefervertrag selber vorsieht, dass dem Bauherrn direkte

Ansprüche gegen den Lieferanten zustehen; entsprechende Abreden machen den *Liefervertrag* zum Vertrag zugunsten eines Dritten (Art. 112 OR), nicht aber den Werkvertrag, der dem Unternehmer einen Lieferanten vorschreibt.

Im Übrigen verlangen Art. 8 Abs. 1 und 2 und Art. 10 Abs. 1 vom Bauherrn, dass er das Material, das der Unternehmer bei einem bestimmten Lieferanten einzukaufen hat, genau bezeichnet. In diesem Fall ist der Kaufpreis bestimmbar (Art. 212 Abs. 1 OR), weshalb der Bauherr den Preis in der Ausschreibung auch nicht bestimmen muss. Im Übrigen kann der Unternehmer den Kaufpreis im Zuge der Ausarbeitung seines Angebots ermitteln und auf den Zeitpunkt der Ausführung absichern (so SPIESS/HUSER, Handkommentar, N 22 zu Art. 10). Die von SPIESS/HUSER, Handkommentar, N 19 zu Art. 10 angeführte Aussage von GWERKV Rz. 420 bezieht sich auch nicht auf den Kaufpreis, sondern auf den Kaufgegenstand bei einer Unternehmerklausel, und hat mit den Fragen, um die es in Art. 10 geht, nichts zu tun. 11.4

Anmerkung 12

Vgl. Art. 7 Abs. 2. 12

Anmerkung 13

Behandelt wird hier der Fall des Bauherrn, der den Stoff selber liefert. In der Praxis spricht man häufig von einer «bauseitigen» und meint damit eine «bauherrenseitige» Baustofflieferung. In diesem Fall begründet der Werkvertrag eine «Nebenpflicht zum Abschluss eines künftigen Kaufvertrages (Art. 22 OR), sofern der betreffende Kaufvertrag nicht schon gleichzeitig mit dem Werkvertrag abgeschlossen wird» (GWERKV Rz. 84). 13.1

Zur Haftungslage bei Lieferung des Baustoffs durch den Bauherrn vgl. GWERKV Rz. 1978 ff. Zur Anzeigepflicht des Unternehmers, der Mängel der Stofflieferung erkennt, vgl. Art. 136 Abs. 3 und GWERKV Rz. 1986 ff. Zur Aufklärungspflicht des Unternehmers nach Vertragsabschluss, wenn er die Mangelhaftigkeit der vom Bauherrn angezeigten eigenen Werkstofflieferung schon vor Abschluss des Werkvertrags erkannt hat, und zu einer allfällig vorvertraglichen Aufklärungspflicht, vgl. GWERKV Rz. 1991. 13.2

Von diesem Tatbestand zu unterscheiden ist der Fall, in dem der Unternehmer von sich aus (ohne Auflage des Bauherrn, den Stoff bei ihm zu beziehen) den Baustoff gegen Bezahlung beim Bauherrn kauft. In diesem Fall gilt der Unternehmer und nicht der Bauherr als werkvertraglicher Stofflieferant (GWERKV Rz. 83); in der Folge haftet der Unternehmer für Mängel des Bauwerks kausal, es sei denn, er habe den Bauherrn abgemahnt. 13.3

Anmerkung 14

Der Bauherr kann die Stofflieferung durch ihn auch in einem anderen Bestandteil der Ausschreibung (z.B. in den Besonderen Bestimmungen; vgl. Art. 7 Abs. 2) vorschreiben, er hat dies aber nach Wortlaut und Platzierung für den Unternehmer hinreichend deutlich zu machen. 14

Anmerkung 15

15 Die Stofflieferung durch den Bauherrn kann auf verschiedene Art und Weise geschehen (siehe GWerkV Rz. 77).

Anmerkung 16

16 Die Angabe des Preises ist relevant, damit der Unternehmer ihn bei der Kalkulation seiner Offerte berücksichtigen kann. Fehlt diese Angabe in der Ausschreibungsunterlage, so verlangt der Unternehmer sie vom Bauherrn gemäss Art. 15 Abs. 2. Fehlende Angaben des Bauherrn in der Ausschreibung können nicht generell, sondern höchstens nach den konkreten Umständen des Einzelfalls die Vermutung begründen, der Unternehmer habe für die gelieferten Baustoffe keine Vergütung zu leisten (a.M. Spiess/Huser, Handkommentar, N 18 zu Art. 10).

1 235 Vergabe einzelner Leistungen an Dritte

Art. 11

Der Bauherr kann sich das Recht vorbehalten [1], eine im Leistungsverzeichnis [2] vorgesehene einzelne [3] Arbeit [4] auch nach Abschluss des Werkvertrages [5] durch einen Dritten [6] als Nebenunternehmer (Art. 30) ausführen zu lassen [7]. Dieser Vorbehalt ist jedoch nur dann wirksam [8], wenn er unter Angabe der betreffenden Leistung [9] in den Ausschreibungsunterlagen [10] vermerkt wird.

Art. 11 (1977/91)

Der Bauherr kann sich das Recht vorbehalten, eine im Leistungsverzeichnis vorgesehene einzelne Arbeit auch nach Abschluss des Werkvertrages durch einen Dritten als Nebenunternehmer (Art. 30) ausführen zu lassen. Dieser Vorbehalt ist jedoch nur dann wirksam, wenn er, unter Angabe der betreffenden Leistung, in den Ausschreibungsunterlagen vermerkt wird.

Anmerkung 1

1.1 Mit dem Vorbehalt in den Ausschreibungsunterlagen bedingt sich der Bauherr das Recht aus, trotz Vertragsabschlusses eine bestellte, einzelne Arbeit (Art. 11/Rz. 3.1 ff.) einem Dritten zu übertragen oder sie selbst auszuführen (Art. 11/Rz. 6). Macht der Bauherr von seinem Recht Gebrauch, so ändert er seine Bestellung. Es handelt sich dabei aber nicht um eine Bestellungsänderung im Sinne der Norm, was in Art. 84 Abs. 5 ausdrücklich gesagt wird. Das bedeutet, dass für die Auswirkungen der Auftragserteilung an einen Dritten Art. 84–90 nicht zur Anwendung gelangen. Mit dem Vorbehalt verschafft sich der Bauherr das Recht zu einem Teilrücktritt vom Vertrag (GWerkV Rz. 593). Zu den Auswirkungen vgl. Art. 11/Rz. 7.

1.2 Für diesen Vorbehalt kann der Bauherr verschiedene Gründe haben: Die vorbehaltene Arbeit erfordert spezielle Kenntnisse oder Erfahrungen, über die nicht jeder Unternehmer verfügt; der Bauherr möchte aus kommerziellen Gründen einem anderen Unternehmer einen Teilauftrag vergeben; er weiss noch nicht, ob er die vorbehaltene Arbeit selbst ausführen will usw. Auf den Grund für den Vorbehalt kommt es indes nicht an.

Für den offerierenden Unternehmer bedeutet ein solcher Vorbehalt, dass er auch die vom Bauherrn vorbehaltene Leistung zu kalkulieren und zu offerieren und, wenn der Bauherr vom vorbehaltenen Recht nicht Gebrauch macht, auszuführen hat. Deshalb empfehlen SPIESS/HUSER, Handkommentar, N 6 zu Art. 11, bei der *Kalkulation* der Preise darauf zu achten, die indirekten Kosten (Art. 8/Rz. 12.5; Vorbem. Art. 84–91/Rz. 55 ff.) nicht auf jene Arbeiten umzulagern, deren Vergabe an Dritte (Art. 11/Rz. 6) sich der Bauherr vorbehalten hat. 1.3

Der Vorbehalt kann in einer beliebigen Ausschreibungsunterlage (vgl. Art. 7 Abs. 2) angebracht werden. Vgl. dazu aber Art. 11/Rz. 9. 1.4

Anmerkung 2

Nachdem die SIA-Norm 118 für die Leistungsbeschreibung entweder ein Leistungsverzeichnis (für den Einheitspreisvertrag) oder eine Baubeschreibung (für den Gesamtpreisvertrag, siehe Art. 42 Abs. 2) vorsieht, kann sich – obwohl es hier nicht gesagt wird – der Vorbehalt der Vergabe einzelner Leistungen an Dritte auch auf eine in der Baubeschreibung aufgeführte Arbeit beziehen. 2

Anmerkung 3

Hier ist nur von *einer einzelnen* Arbeit bzw. Leistung (Singular) die Rede. So auch in Art. 84 Abs. 5. Der Titel spricht indes von einzelnen Leistungen (Plural). Nachdem es ohnehin in das Ermessen des Bauherrn gestellt ist, welche Leistungen und welchen Umfang an Leistungen er ausschreiben will, steht ihm auch das Recht zu, *mehrere Leistungen* unter den Vorbehalt zu stellen, sie an einen oder mehrere Dritte zu vergeben. Bei einer einzelnen Arbeit, deren Vergabe an Dritte er vorbehält, kann es sich um eine Teilleistung handeln, aus der sich die ausgeschriebene Arbeit zusammensetzt (vgl. Art. 8 Abs. 1), oder um ein Leistungspaket. So oder anders, in beiden Fällen muss die Leistung derart sein, dass sie ein in sich geschlossenes Ganzes darstellt und von der Leistung des Hauptunternehmers abtrennbar ist (GWERKV Rz. 592, Fn. 429) und sinnvollerweise ohne wesentlichen Nachteil für den Hauptunternehmer von einem Drittunternehmer ausgeführt werden kann. Vgl. auch Art. 11/Rz. 9. 3.1

Der Vorbehalt der Vergabe einzelner Leistungen an Dritte findet indessen seine *Grenze* am Grundsatz von Treu und Glauben. Er kann sich nicht auf eine so umfangreiche oder gewichtige Arbeit beziehen, dass bei der Realisierung des Vorbehalts das Kernstück des mit dem Hauptunternehmer abgeschlossenen Hauptvertrags ausgehöhlt wird und ihm daraus ein unzumutbarer Umsatzausfall erwächst. Sollte sich der Teilrücktritt als rechtsmissbräuchlich herausstellen, so hat der Unternehmer Anspruch auf eine teilweise Schadloshaltung gemäss Art. 184 SIA-Norm 118 bzw. Art. 377 OR (Art. 184/Rz. 6.4 und 10.1 ff.). Eine teilweise Schadloshaltung rechtfertigt sich deswegen, weil der Unternehmer (anders als bei einer Bestellungsänderung) aufgrund der ihm mitgeteilten vorbehaltenen 3.2

Drittvergabe sein Risiko kennt und trotzdem ein Angebot ohne Gegenvorbehalt oder Variante (Art. 15 Abs. 3) eingereicht hat.

3.3 Geht die vorbehaltene Vergabe einer oder mehrerer Leistungen an Dritte dem offerierenden Unternehmer zu weit, so kann er sein Angebot in der Beilage (gemäss Art. 15 Abs. 3) mit dem Gegenvorbehalt versehen, dass sein Angebot nur verbindlich sei, wenn der Vorbehalt des Bauherrn auf Vergabe einer oder mehrerer bestimmter Leistungen an Dritte ganz oder teilweise fallen gelassen werde. Untersteht der Bauherr dem öffentlichen Vergaberecht (Art. 4/Rz. 8 und 9.1 f.), so kann ein solcher Gegenvorbehalt zum Ausschluss vom Verfahren führen. Immerhin besteht im Grundsatz die Möglichkeit, einen entsprechenden Gegenvorbehalt als Variante zu formulieren.

Anmerkung 4

4 Einschliesslich der mit der Arbeit verbundenen Materiallieferungen (wie sich dies aus Art. 10 Abs. 1 ergibt) und der für die Arbeitsausführung benötigten Baustelleneinrichtungen (Art. 123).

Anmerkung 5

5 Der Bauherr hat sein vorbehaltenes Recht so rechtzeitig auszuüben, dass die Arbeiten des Hauptunternehmers nicht beeinträchtigt werden. Tut er dies nicht, so gerät er in Gläubigerverzug (Art. 91 ff. OR; GWerkV Rz. 1324 ff. und 1329 ff.), sofern der Hauptunternehmer die drohende Beeinträchtigung angezeigt (Art. 25 Abs. 1) und seine Leistung angeboten hat.

Anmerkung 6

6 Der Bauherr kann sich aber auch vorbehalten, eine einzelne Arbeit als *Eigenleistung* selber auszuführen. Für den offerierenden Unternehmer macht es keinen Unterschied, ob die vorbehaltene Arbeit durch einen Dritten oder durch den Bauherrn selbst ausgeführt wird.

Anmerkung 7

7 Trotz Teilrücktritt vom Vertrag (GWerkV Rz. 593) ist der Bauherr (in Abweichung von Art. 184 Abs. 1 SIA-Norm 118 bzw. Art. 377 OR) *von einer Schadloshaltung* des Unternehmers *befreit*. Dies ergibt sich aus Art. 84 Abs. 5 i.V.m. Art. 11 Abs. 1 und 3 (GWerkV Rz. 594, 794 und 809). Enthalten die Ausschreibungsunterlagen keinen Vorbehalt der Vergabe einzelner Leistungen an Dritte, so kann der Bauherr gleichwohl nach Vertragsabschluss und, solange das Werk nicht vollendet ist, vom Vertrag ganz oder teilweise zurücktreten.

Anmerkung 8

8 «Wirksam» bedeutet: ohne Schadloshaltung gegenüber dem Hauptunternehmer.

Anmerkung 9

Im Hinblick darauf, dass die Auftragserteilung an einen Dritten gleichzeitig einen Teilrücktritt vom Vertrag darstellt (Art. 11/Rz. 1.1), ist an die Genauigkeit der Angaben in den Ausschreibungsunterlagen in zweifacher Hinsicht ein strenger Massstab anzulegen: Es ist zum einen klar zum Ausdruck zu bringen, dass der Bauherr sich vorbehält, die betreffende Arbeit nach Vertragsabschluss einem Dritten zu übertragen. Zum andern ist die «betreffende Leistung» nach Art, Umfang und Besonderheit (vgl. Art. 6 Abs. 2) exakt zu bezeichnen. So genügt es nicht, wenn der Bauherr sich lediglich das Recht vorbehält, Art. 11 anzuwenden (BGer 2P.151/1999 vom 30. Mai 2000). Im Zweifel ist ein Vorbehalt nach der Unklarheitsregel (GWerkV Rz. 202 und 294) oder nach den übrigen für Zweifelsfälle anzuwendenden Regeln (vgl. Gauch/Schluep/Schmid, OR AT, Rz. 1231 ff.) auszulegen. Soweit der Vorbehalt unklar ist und der Bauherr die Leistung(en) an einen Dritten vergibt, schuldet er dem Unternehmer für den entzogenen Werkteil Schadenersatz nach Art. 184 Abs. 1. 9

Anmerkung 10

Vgl. dazu Art. 7 Abs. 2. 10

1 236 Baubeschreibung

Art. 12

[1] Eine Baubeschreibung [1] ist vorzusehen [2] für Gesamtpreisverträge (Art. 42 Abs. 2). Sie besteht in einem vollständigen [3], detaillierten [4] und klaren [5] Pflichtenheft [6] für den Unternehmer.

[2] Art. 10 ist sinngemäss anzuwenden.[7]

Art. 12 (1977/91)

[1] Eine Baubeschreibung ist vorzusehen für Gesamtpreisverträge (Art. 42 Abs. 2). Sie besteht in einem vollständigen, detaillierten und klaren Pflichtenheft für den Unternehmer.

[2] Art. 10 ist sinngemäss anzuwenden.

Anmerkung 1

Anstatt in einem Leistungsverzeichnis (Art. 8) kann das geschuldete Werk auch in einer Baubeschreibung festgehalten werden. Wie beim Leistungsverzeichnis steht auch die Baubeschreibung in einem Zusammenhang mit der *Art des zu vereinbarenden Preises,* nämlich eines Global- oder Pauschalpreises gemäss Art. 40 und Art. 41. Da die Vergütung für «das gesamte Werk» (Art. 40), also für die Gesamtleistung in einem «festen Geldbetrag» (Art. 40 Abs. 1) besteht, wird bei der Berechnung der «geschuldeten Vergütung nicht auf die Menge abgestellt» (Art. 40 Abs. 1). Jedenfalls unter dem Gesichtspunkt der Vergütung muss die ausgeschriebene Bauarbeit nicht in einzelne Leistungen, aus denen 1.1

sie sich zusammensetzt, aufgegliedert werden. Indes verlangt auch Art. 12 eine detaillierte Leistungsbeschreibung (Art. 12/Rz. 3.1). Die Baubeschreibung wird häufig auch für Bankkreditbewilligungen und für den Verkauf von schlüsselfertigen Bauten und Stockwerkeigentumswohnungen verwendet und dort in der Regel als Vertragsbestandteil vereinbart (vgl. Stöckli, Stockwerkeigentum ab Plan, S. 1 ff.).

1.2 In der Praxis spricht man statt von der «Baubeschreibung» häufig von einem «Baubeschrieb», so auch im Mustervertrag von «Entwicklung Schweiz», des vormaligen VSGU (Ziff. 2.1.1 und Ziff. 9 der Allgemeinen Vertragsbedingungen, in: Huber/Schwendener, Der Generalunternehmervertrag, S. 184 und 200 sowie Rz. 164 ff.).

Anmerkung 2

2 Auch wenn die Leistungsbeschreibung anhand einer Baubeschreibung für den Abschluss von *Gesamtpreisverträgen* (Art. 42 Abs. 2) vorgesehen ist, kann der Bauherr, wenn er in der Ausschreibung ein Leistungsverzeichnis verwendet hat, dennoch einen Gesamtpreisvertrag abschliessen. Vgl. dazu Art. 8/Rz. 2. Hat der Bauherr aber in der Ausschreibung eine Baubeschreibung verwendet und will er nachher auf einen Einheitspreisvertrag «umsteigen», so müssen die Parteien wegen der unterschiedlichen Leistungsbeschreibung (Art. 12/Rz. 3.1 ff.) dafür ein Leistungsverzeichnis erstellen. Nur schon wegen des damit verbundenen Aufwands wird man daher von einer solchen Änderung eher absehen.

Anmerkung 3

3.1 Auch in der Baubeschreibung sind die vom Unternehmer zu erbringenden Arbeitsleistungen (Art. 8/Rz. 4.1 f.) nach Art, Umfang und Besonderheit der Bauarbeit zu beschreiben, und zwar so vollständig, detailliert (Art. 12/Rz. 4.1 ff.) und verständlich (Art. 6/Rz. 9.1 f.), dass sich die offerierenden Unternehmer über den Inhalt des beabsichtigten Vertrags Klarheit verschaffen können, wie es Art. 6 Abs. 2 verlangt. Die Leistungsbeschreibung kann auch Vorgaben über die Art und Weise, wie die Arbeit zu verrichten ist, über den Bauvorgang (Art. 7/Rz. 16; Art. 8/Rz. 9.1) und über die Baustelleneinrichtungen (Art. 9/Rz. 4.2 ff.) enthalten. Für Fassaden- und Putzgerüste (Art. 9/Rz. 4.7 f.) müssen indes, anders als im Leistungsverzeichnis, keine separaten Positionen vorgesehen werden.

3.2 Anders als für die Erstellung des Leistungsverzeichnisses gibt es in der Schweiz (im Gegensatz etwa zu Deutschland) für die Baubeschreibung keine vorformulierten und standardisierten Ausschreibungstexte. Die Beschreibung erfolgt häufig anhand der einzelnen Arbeitsgattungen, wie sie im Baukostenplan (BKP) der CRB (Art. 6/Rz. 11) aufgelistet werden. Der Innenausbau wird mitunter mit einem Raumbuch oder einer Raumtabelle beschrieben. Darin werden die Böden, Wände, Decken und Einrichtungen aller Räume je einzeln hinsichtlich Konstruktionsweise, Materialien, Qualitätsanforderungen, Marken und Einrichtungen beschrieben. Einzelne Einrichtungsgegenstände werden hinsichtlich ihrer Leistungswerte (z.B. Lüftung, Heizung), Wärmefähigkeit, Schallisolation etc. beschrieben. Zur Baubeschreibung vgl. auch Widmer, Generalunternehmer-Vertrag, S. 121 ff.

Nicht selten trifft man Baubeschreibungen an, die nicht vollständig sind. Nach WIDMER, Generalunternehmer-Vertrag, S. 121 f., liegt die Leistungsbeschreibung häufig im Argen, was in der unterschiedlichen Interessenlage von Bauherr (der möglichst qualitativ gut) und Unternehmer (der für den Pauschalpreis möglichst billig bauen wolle) gründe; ähnlich auch HUBER/SCHWENDENER, Der Generalunternehmervertrag, Rz. 166. Sehr häufig enthalten Baubeschreibungen für einzelne Bauarbeiten oder gar für die gesamte Bauarbeit eine Vollständigkeitsklausel (siehe GWERKV Rz. 909 ff.). Gemäss Ziff. 9.2 der Allgemeinen Bedingungen von «Entwicklung Schweiz» (vormals VSGU) gelten im Baubeschrieb nicht speziell aufgeführte Nebenleistungen als eingeschlossen, sofern sie für die Erbringung der beschriebenen Leistung notwendig oder üblich sind (zit. in: HUBER/SCHWENDENER, Der Generalunternehmervertrag, S. 200). 3.3

Unvollständige und unklare Baubeschreibungen sind streitanfällig. Zu den Folgen einer mangelhaften Baubeschreibung vgl. auch Art. 6/Rz. 10.1 ff. 3.4

Anmerkung 4

Die Norm sagt nicht, *wie detailliert* die Leistungen des Unternehmers beschrieben werden müssen. So ist (anders als im Leistungsverzeichnis, vgl. Art. 8/Rz. 5.1 f.) nicht zu beschreiben, aus welchen Teilleistungen sich die Gesamtleistung zusammensetzt. Die Einzelheiten der Werkleistungen sind aber so zu beschreiben, wie Art. 6 Abs. 2 dies verlangt (Art. 12/Rz. 3.1 ff.). Eine funktionale oder kombiniert funktional-detaillierte Baubeschreibung entspricht jedenfalls nicht der SIA-Norm 118 – was nicht heisst, dass eine solche Leistungsbeschreibung unzulässig wäre (Vorbem. Art. 3 – 22/Rz. 24 f.). 4.1

Da das Charakteristikum der Baubeschreibung darin besteht, dass Mengenangaben weitgehend fehlen, kommt den Plänen eine umso grössere Bedeutung zu. Sie ergänzen die eigentliche Leistungsbeschreibung oder ersetzen sie sogar teilweise. Aus ihnen kann der Unternehmer die erforderlichen Mengen herausmessen. Dabei ist zu beachten, dass es sich bei den Ausschreibungsplänen meist erst um vorläufige Pläne, nicht um Ausführungspläne handelt (Art. 5/Rz. 2.1; Art. 7/Rz. 24; Art. 8/Rz. 8.7). 4.2

Dies alles erleichtert dem anbietenden Unternehmer die Kalkulation seines Preises nicht. Mit dem Angebot eines Global- oder Pauschalpreises übernimmt er die entsprechenden Risiken (Art. 40 Abs. 2). 4.3

Zur Prüfungspflicht des Unternehmers siehe SPIESS/HUSER, Handkommentar, N 16 zu Art. 12. 4.4

Anmerkung 5

Vgl. dazu Art. 6/Rz. 9.1 f. 5

Anmerkung 6

Mit der Bezeichnung der Baubeschreibung als «Pflichtenheft» wird zum Ausdruck gebracht, dass es sich dabei, sobald der Vertrag zustande gekommen ist, um Weisungen des Bauherrn im Sinne von Art. 369 OR handelt (vgl. dazu Art. 8/Rz. 9.2). 6

Anmerkung 7

7 Der Verweis bedeutet, dass die in der Baubeschreibung aufgeführten Leistungen auch die Lieferung aller erforderlichen Materialien umfassen (es sei denn, der Bauherr behalte sich die Lieferung derselben vor) und dass Weisungen des Bauherrn betreffend Fabrikate oder Lieferungen in der Baubeschreibung oder in einer anderen Ausschreibungsunterlage aufzuführen sind. Für Einzelheiten gilt das zu Art. 10 Angemerkte.

1 237 Grundstücke, Rechte und Verpflichtungen[1]

Art. 13

[1] In den Ausschreibungsunterlagen (Art. 7)[2] werden die Grundstücke und Rechte[3] genau[4] angegeben, die der Bauherr gemäss Art. 116 unentgeltlich[5] zur Verfügung stellt[6].

[2] Der Bauherr gibt darin alle bei der Beschaffung von Grundstücken und Rechten eingegangenen[7] oder behördlich[8] auferlegten Verpflichtungen[9], die der Unternehmer bei der Ausführung der Arbeit zu beachten hat (Art. 120), im Wortlaut[10] an.

Art. 13 (1977/91)

[1] In den Ausschreibungsunterlagen (Art. 7) werden die Grundstücke und Rechte genau angegeben, die der Bauherr gemäss Art. 116 unentgeltlich zur Verfügung stellt.

[2] Der Bauherr gibt darin alle bei der Beschaffung von Grundstücken und Rechten eingegangenen oder behördlich auferlegten Verpflichtungen, die der Unternehmer bei der Ausführung der Arbeit zu beachten hat (Art. 120), im Wortlaut an.

Anmerkung 1

1.1 Der Titel ist missverständlich. In Art. 13 geht es nicht um das Baugrundstück (dazu vgl. Art. 5 Abs. 2), sondern – wie aus dem Verweis in Abs. 1 auf Art. 116 hervorgeht – um die Grundstücke, Rechte und Verpflichtungen *für die Einrichtungen der Baustelle* (zum Begriff der Baustelleneinrichtung vgl. Art. 123), und zwar nur um diejenigen, die der Bauherr in der Ausschreibung *unentgeltlich zur Verfügung stellt.* Obwohl in Art. 116 Abs. 1 unter den Grundstücken und Rechten auch die Strassen des Bauareals, die Lager- und Deponieplätze einschliesslich gebührenpflichtiger Grund und Boden sowie Benützungsrechte wie Zufahrten, Durchleitungen und Unterfahrungen aufgeführt werden und gesagt wird, dass der Bauherr diese dem Unternehmer für die Einrichtung der Baustelle kostenlos zur Verfügung stelle, ergibt sich aus Art. 13 Abs. 1 und Art. 116 Abs. 3, dass der Bauherr dem Unternehmer nur jene Grundstücke und Rechte kostenlos zur Verfügung stellt, die er in den Ausschreibungsunterlagen «genau angegeben» hat (anders Spiess/Huser, Handkommentar, N 7 zu Art. 13). Siehe dazu Art. 13/Rz. 6.1 ff. und Art. 116/Rz. 17.

Die Beschaffung dinglicher und obligatorischer, zeitlich beschränkter oder auch zeitlich unbeschränkter Rechte, die nicht für die Baustelleneinrichtungen, sondern für die Erstellung des Bauwerks als solches benötigt werden, wie Näher-, Grenz- und Ankerrechte oder andere Arten der Inanspruchnahme nachbarlicher Grundstücke sind selbstverständlich allein Sache des Bauherrn. Dies gilt auch dann, falls sich der Bauherr aufgrund kantonaler Regeln auf das sogenannte «Hammerschlags- oder Leiterrecht» (vgl. SPIESS/HUSER, Handkommentar, N 6 zu Art. 13) berufen kann. 1.2

Anmerkung 2

Für den Fall, dass der Bauherr die Arbeiten ohne vorgängige Ausschreibung vergibt, vgl. Art. 120/Rz. 3. 2

Anmerkung 3

Es ist unerheblich, ob es sich um Grundstücke im Sinne von Art. 655 ZGB oder um dingliche oder bloss obligatorische (Benützungs-)Rechte oder Lasten handelt, ob die Grundstücke dem Bauherrn oder einem Dritten gehören. 3

Anmerkung 4

Die Angaben erfolgen anhand von Plänen und/oder Worten. Sie müssen so genau sein, dass der Unternehmer weiss, welche Grundstücke und Rechte ihm der Bauherr unentgeltlich zur Verfügung stellt und mit welchen Verpflichtungen und Einschränkungen sie belastet sind. Zu den Verpflichtungen gegenüber Dritten vgl. Art. 120 sowie Art. 6/Rz. 9.1 und Art. 13/Rz. 7. Reichen die zur Verfügung gestellten Grundstücke nicht aus, so muss der Unternehmer die entsprechenden Kosten in der Kalkulation seines Angebots mitberücksichtigen (Art. 116 Abs. 3; Art. 116/Rz. 19.1 f.) oder in seinen Bemerkungen und Vorschlägen zum Angebot (Art. 15 Abs. 3) vom Bauherrn die Erweiterung des Umfangs der Grundstücke und Rechte bzw. die Befreiung von Verpflichtungen verlangen. 4

Anmerkung 5

Das heisst, dass die mit der Inanspruchnahme von Grundstücken und Rechten verbundenen Kosten vom Bauherrn getragen werden. Das schliesst nicht aus, dass der Bauherr in der Ausschreibung diese Kosten dem Unternehmer überbindet. Diese Abweichung von der Norm hat der Bauherr aber unmissverständlich zum Ausdruck zu bringen. 5

Anmerkung 6

Gestützt auf die Ermittlung der örtlichen Gegebenheiten (Art. 5 Abs. 2 und 3 sowie Art. 7 Abs. 2 Ziff. 2) teilt der Bauherr in den Ausschreibungsunterlagen mit, welche Grundstücke und Benützungsrechte er konkret *für die Baustelleneinrichtungen* auf seine Kosten zur Verfügung stellt. Er ist indes *nicht verpflichtet, alle* erforderlichen Grundstücke und Rechte für die Baustelleneinrichtung dem Unternehmer *kostenlos* zur Verfügung zu stellen (a.M. SPIESS/HUSER, Handkommentar, N 7 und 14 zu Art. 13). Soweit der Bauherr in der Ausschreibung nicht erklärt, dass er gewisse Grundstücke und Rechte nicht zur Verfügung stellt, hat der Unternehmer sie auf eigene Kosten zu beschaffen (Art. 116 Abs. 2 6.1

und 3) bzw. die auf den Grundstücken lastenden Verpflichtungen zu übernehmen (Art. 120/Rz. 4ff.). Diese Regel zwingt den Unternehmer zur Prüfung, ob die vom Bauherrn zur Verfügung gestellten Grundstücke mit den damit verbundenen Rechten und Lasten für die Erstellung der Baustelleneinrichtungen genügen oder nicht (Art. 116/Rz. 19.2). Art. 16 verlangt denn auch vom Unternehmer, dass er in seinem Angebot die besonderen Ortsverhältnisse berücksichtigt. Sind sie dem Unternehmer nicht schon bekannt oder sind sie für ihn nicht offensichtlich (d.h. enthalten die Ausschreibungsunterlagen darüber keine oder ungenaue Angaben), so hat er die Örtlichkeiten zu besichtigen (Art. 16/Rz. 6.1f.). Dadurch wird die Grundregel, wonach sich der Unternehmer nach dem Ausschreibungsmodell der SIA-Norm 118 auf die Angaben in der Ausschreibung verlassen kann und diese nicht überprüfen muss (Art. 8/Rz. 8.4), durchbrochen (Art. 16/Rz. 6.2). Schätzt der Unternehmer die Verhältnisse unrichtig ein und erweisen sich die für die Baustelleneinrichtungen erforderlichen Grundstücke und Rechte bei der Bauausführung als unzureichend, so hat er sie auf eigene Kosten zu beschaffen (Art. 116/Rz. 19.1ff.).

6.2 Diese Risikoverschiebung vom Bauherrn auf den Unternehmer ist deswegen gerechtfertigt, weil der Unternehmer besser als der Bauherr und dessen Bauleitung weiss, welche Landflächen und Benützungsrechte er für die Baustelleneinrichtungen benötigt, zumal die Norm davon ausgeht, dass der Unternehmer diese selber plant und beistellt (Art. 9/Rz. 5.6; Art. 123/Rz. 1.1).

6.3 Je nach den örtlichen Vorschriften hat der Unternehmer für die Erstellung von Baustelleneinrichtungen wie Strassen, Lager- und Deponieplätze, Unterkünfte und Kantinen eine Baubewilligung einzuholen. Unabhängig davon wird er Dritteigentümer für die Inanspruchnahme ihrer Grundstücke allenfalls entschädigen müssen.

6.4 Zu den Zu- und Ableitungen vgl. Art. 14.

Anmerkung 7

7 Gemeint sind die gegenüber Privaten eingegangenen Verpflichtungen (Grunddienstbarkeiten, Nebenbestimmungen zu diesen oder obligatorische Verpflichtungen) bezüglich Unterhalt, Wiederherstellung des ursprünglichen Zustands, Vergütung, Nutzungsbeschränkungen, Mitbenützungsrechte Dritter usw.

Anmerkung 8

8 Dabei handelt es sich vorwiegend um Auflagen und Bedingungen, die dem Bauherrn in der Baubewilligung, in separaten Verfügungen seitens der Baubehörden (Bau-, Umwelt-, Feuer- und Gewässerschutzpolizei etc.) oder in Bewilligungen zur Inanspruchnahme öffentlichen Grunds gemacht werden. Bei gesetzlichen Verpflichtungen ist eine Bekanntgabe nicht erforderlich (Art. 120/Rz. 7).

Anmerkung 9

9 Werden die Verpflichtungen dem Unternehmer erst nach Offerteinreichung bzw. Vertragsabschluss bekannt gegeben (weil der Bauherr sie vor der Ausschreibung noch nicht

kannte oder er sie in der Ausschreibung nicht bekannt gegeben hat), so kann die nachträgliche Bekanntgabe dem Inhalt nach eine Bestellungsänderung darstellen (Art. 84/Rz. 1.2 und 2.1 f.) und eine entsprechende Anpassung des Vertrags erforderlich machen.

Anmerkung 10

Sind die zur Verfügung gestellten Grundstücke und Rechte ihrerseits mit Verpflichtungen und Einschränkungen belastet (z.B. zeitliche Limiten, Beschränkung der Nutzlast der zugelassenen Transportfahrzeuge usw.), so ist nicht nur der Wortlaut der eigentlichen Verpflichtungen, sondern auch derjenige der Nutzungsbeschränkungen bekannt zu geben. Aufgrund der Bekanntgabe soll sich der Unternehmer über den Inhalt und den Umfang der Rechte und Verpflichtungen und damit auch über die sich für ihn ergebenden Aufwendungen und Erschwernisse ins Bild setzen können. Selbstverständlich hat der Bauherr auch die mündlich eingegangenen Verpflichtungen in den Ausschreibungsunterlagen vollumfänglich bekannt zu geben. 10

1 238 Zuleitungen und Ableitungen

Art. 14

Die Ausschreibungsunterlagen (Art. 7)[1] enthalten Angaben über Zuleitungen zur Baustelle und Ableitungen nach Massgabe der Art. 129 und 133.[2]

Art. 14 (1977/91)

Die Ausschreibungsunterlagen (Art. 7) enthalten Angaben über Zuleitungen zur Baustelle und Ableitungen nach Massgabe der Art. 129 und 133.

Anmerkung 1

Die Angaben des Bauherrn über die Zu- und Ableitungen erfolgen gemäss Art. 7 Abs. 2 Ziff. 2 in den Besonderen Bestimmungen. Sie können aber auch in anderen Bestandteilen der Ausschreibungsunterlagen, wie beispielsweise im Leistungsverzeichnis (auf das in Art. 133 Abs. 1 verwiesen wird), aufgeführt werden. 1

Anmerkung 2

a) Aus dem Verweis auf die Art. 129 und Art. 133 ergibt sich, dass damit die Zuleitungen für elektrische Energie (Art. 129) und Zu- und Ableitungen von Wasser (Art. 133) gemeint sind: 2.1

- In Bezug auf die Zuleitung elektrischer Energie ist zu unterscheiden: Sorgt der Bauherr selber für die Zuführung der elektrischen Energie bis zur Stromabnahmestelle, so hat er in der Ausschreibung die entsprechenden Bedingungen und Preise anzugeben. Erfolgt die Zuführung durch einen Stromlieferanten, so hat er den Stromlieferanten und dessen Tarif anzugeben (Art. 129 Abs. 1). Zudem ist der Unternehmer bei gegebener Disponibilität auf sein Vorschlagsrecht betreffend Standort der Stromabnahme- 2.2

stelle oder der Transformatorenstation hinzuweisen bzw. bei fehlender Disponibilität ist ihm die Stromabnahmestelle bzw. der Standort der Transformatorenstation in der Ausschreibung bekannt zu geben (Art. 129 Abs. 3).

2.3 – Was die Zu- und Ableitungen von Trink- und Brauchwasser sowie die Erstellung der Abwasserleitungen und der notwendigen Kläranlage anbetrifft, so sind nur dann Angaben in den Ausschreibungsunterlagen zu machen, wenn der Bauherr nicht selbst dafür sorgt (Art. 133 Abs. 1).

2.4 b) Soweit für die Zuleitungen von elektrischer Energie und Wasser und Ableitung von Abwasser Grundstücke Dritter in Anspruch genommen werden müssen, gilt Art. 13 bzw. Art. 116 Abs. 3.

1 24 Angebot des Unternehmers

1 241 Im Allgemeinen

Art. 15

[1] Für die Ausarbeitung[1] und Einreichung[2] des Angebotes[3] gelten die Bestimmungen und Bestandteile der Ausschreibungsunterlagen (Art. 7 ff.)[4].

[2] Hält der Unternehmer für die Einreichung seines Angebotes weitere Angaben für nötig, so verlangt er diese vom Bauherrn.[5] Der Bauherr teilt seine Antwort schriftlich[6] mit, und zwar allen Bewerbern.[7]

[3] Im Leistungsverzeichnis (Art. 8) oder in der Baubeschreibung (Art. 12) selbst nimmt der Unternehmer weder Ergänzungen noch Änderungen vor.[8] Bemerkungen[9], Vorschläge und Ergänzungen zu den Ausschreibungsunterlagen sowie Unternehmervarianten[10] reicht er als Beilage zum Angebot gesondert ein[11].

[4] Mit dem Angebot werden auch die in der Ausschreibung verlangten Beilagen (Art. 6 Abs. 1) eingereicht.[12]

Art. 15 (1977/91)

[1] Für die Ausarbeitung und Einreichung des Angebotes gelten die in Art. 4 Abs. 3 erwähnten Normen und Erlasse.

[2] Hält der Unternehmer für die Einreichung seines Angebotes weitere Angaben für nötig, so verlangt er diese vom Bauherrn. Der Bauherr teilt seine Antwort schriftlich mit, und zwar allen Bewerbern.

[3] Im Leistungsverzeichnis (Art. 8) oder in der Baubeschreibung (Art. 12) selbst nimmt der Unternehmer weder Ergänzungen noch Änderungen vor. Bemerkungen, Vorschläge (z.B. Varianten) und Ergänzungen reicht er als Beilagen zum Angebot gesondert ein.

[4] Mit dem Angebot werden auch die in der Ausschreibung verlangten Beilagen (Art. 6 Abs. 1) eingereicht.

Anmerkung 1

Inhalt und Umfang der Dokumente, die der Unternehmer auszuarbeiten und dem Bauherrn zu unterbreiten hat, bestimmt der Bauherr in den Ausschreibungsunterlagen gemäss Art. 6 und Art. 7. In welcher Form und Ausgestaltung der Unternehmer das Angebot auszuarbeiten hat, lassen Art. 8 Abs. 3 (der sich zwar an den Bauherrn richtet, sich aber entsprechend auf den Unternehmer auswirkt) sowie Art. 15 Abs. 3 und 4 (sofern deren Anwendung nicht ausgeschlossen worden ist) ihrem Wortlaut nach offen. 1.1

Hat der Unternehmer nach Vertragsabschluss Ausführungsunterlagen (Spezialpläne, Studien und Werkzeichnungen) zu liefern, so ist Art. 101 zu beachten. 1.2

Anmerkung 2

Die *Einreichung des Angebots* ist rechtlich in mehrfacher Hinsicht von Bedeutung: 2.1

a) Die Einreichung des Angebots geschieht im Regelfall, von dem die Norm ausgeht, in Schriftform. Mit der Einreichung eines Angebots folgt der Unternehmer der Einladung zur Offertstellung und unterbreitet dem Bauherrn einen «Antrag zum Abschlusse eines Vertrages» im Sinne von Art. 3 OR. An diesen Antrag ist der Unternehmer bis zum Ablauf der Annahmefrist (Art. 17/Rz. 3.1 f.) gebunden. Da das Angebot in schriftlicher Form unter Abwesenden gestellt wird, entfaltet es Wirksamkeit, sobald es im Machtbereich des Ausschreibers (Bauherrn bzw. bei dem von ihm bezeichneten Vertreter) eintrifft – es sei denn, ein sich auf das Angebot beziehender Widerruf treffe beim Bauherrn vor oder mit dem Angebot ein oder der Widerruf werde dem Bauherrn vor dem Angebot zur Kenntnis gebracht (Art. 9 Abs. 1 OR). 2.2

b) In den meisten Fällen wird die Einreichungsstelle in den Ausschreibungsunterlagen ausdrücklich bezeichnet. Auf die Kenntnisnahme durch den Bauherrn kommt es nicht an (Gauch/Schluep/Schmid, OR AT, Rz. 196 ff.; Stoffel, Die Submission, S. 41). Etwas anderes gilt hingegen, wenn der Bauherr in den Ausschreibungsunterlagen einen Öffnungstermin bekannt gibt. Dazu Art. 17/Rz. 2.2. 2.3

c) Die Frist, binnen derer der Unternehmer sein Angebot dem privaten Bauherrn einzureichen hat, bestimmt dieser gemäss Art. 6 Abs. 1 nach freiem Ermessen (Art. 6/Rz. 5.1 f.); subsidiär (mangels anderer Fristfestlegung) gilt die dreissigtägige Frist von Art. 17 (Art. 17/Rz. 3.1 f.). 2.4

Anmerkung 3

Der *Hauptinhalt des Angebots* besteht in der inhaltlichen Umschreibung des beantragten Bauvertrags (Gauch, Die Submission im Bauwesen, S. 208). 3.1

a) Das Angebot ist nach dem Gesagten (Art. 15/Rz. 2.2) ein (grundsätzlich ohne Weiteres) annehmbarer Antrag im Sinne der Art. 3 ff. OR – es ist ein Versprechen des Unternehmers, die ausgeschriebenen Leistungen nach Massgabe der im Angebot enthaltenen Konkretisierungen (insbesondere Preise und sonstige Konditionen, allenfalls Änderungen oder Vorbehalte) auszuführen. Zu den Rechtswirkungen des Angebots vgl. Art. 16/Rz. 1. 3.2

3.3 b) Soweit das Angebot nicht ausdrücklich oder stillschweigend von den Vorgaben in den Ausschreibungsunterlagen abweicht, akzeptiert der Unternehmer mit dessen Einreichung die Bedingungen und Anforderungen des Bauherrn (Art. 16/Rz. 2.1; vgl. auch GAUCH, Die Submission im Bauwesen, S. 205). Weicht das Angebot von den bauherrenseitig aufgestellten Vorgaben ab, ist es grundsätzlich «ausschreibungswidrig» und es besteht die Gefahr, dass der Bauherr dieses bei der Zuschlagserteilung unberücksichtigt lässt (GAUCH, Die Submission im Bauwesen, S. 209 f.; GWERKV Rz. 460a und 484). Im öffentlichen Vergabeverfahren kann die Ausschreibungswidrigkeit zum Ausschluss aus dem Verfahren führen.

Anmerkung 4

4.1 Art. 15 Abs. 1 stellt klar, dass der Unternehmer bei der Ausarbeitung und Einreichung die Bestimmungen und die Bestandteile der Ausschreibungsunterlagen zu beachten hat.

4.2 a) *Öffentliche Bauherren* unterliegen dem Vergaberecht nach dessen Vorschriften und kraft dessen Geltung; Art. 15 Abs. 1 i.V.m. Art. 4 Abs. 4 kommt diesbezüglich also bloss deklaratorische Bedeutung zu. In diesem Zusammenhang ist zweierlei zu beachten: Erstens gehen die zwingenden Bestimmungen des öffentlichen Vergaberechts den privaten Regeln der SIA-Norm 118 und weiteren SIA-Normen stets und ausnahmslos vor. Zweitens gilt: Wo das Vergaberecht direkt oder indirekt auf Normen von Fachverbänden verweist, kommen diese – soweit sie verfahrensrechtliche Anordnungen enthalten, die dem zwingenden öffentlichen Recht nicht zuwiderlaufen – als subsidiäres (ergänzendes) öffentliches Recht (und nicht als Zivilrecht) zur Anwendung (Art. 41 VöB; BRK 1999-011 vom 9. Dezember 1999 = VPB 64.63; BRK 2004-017 vom 8. September 2005 = VPB 70.3; VGer SG B 2010/156 vom 14. Oktober 2010 E. 4.2; GALLI/MOSER/LANG/STEINER, Praxis des öffentlichen Beschaffungsrechts, Rz. 1011).

4.3 b) *Ausschreibungen privater Bauherren* sind nach dem privaten Vertragsrecht zu beurteilen. Zentral sind dabei die aus dem Gebot zum Handeln nach Treu und Glauben (Art. 2 ZGB) abgeleiteten *vorvertraglichen Treuepflichten* (insbesondere die Pflicht zu ernsthaftem Verhandeln; vgl. GAUCH, Die Submission im Bauwesen, S. 206). Von wesentlicher Bedeutung ist ferner Folgendes: Allein aufgrund einer Ausschreibung ist der Bauherr zwar nie zum Vertragsabschluss verpflichtet (auch nicht mit dem Gewinner der Ausschreibung), jedoch kann er aus culpa in contrahendo verantwortlich werden, wenn er in Verletzung seiner Treuepflichten berechtigtes Vertrauen eines Unternehmers enttäuscht.

4.4 c) Bei alledem ist zu beachten, dass das berechtigte Vertrauen im Einzelfall insbesondere durch die abgegebenen Erklärungen des Bauherrn geprägt, konkretisiert und beschränkt wird: Gibt der (private) Bauherr z.B. bekannt, die Bieter nicht gleich behandeln zu wollen, kann sich kein Unternehmer auf sein Vertrauen in die Gleichbehandlung berufen. Das gilt entsprechend, wenn der Bauherr von Anfang an bekannt gibt, an einer Ausführung gar nicht interessiert zu sein und nur Markterkundung zu betreiben. Erst recht wird das Vertrauen der Bieter zerstört durch einen Vorbehalt in der Ausschreibung, wonach der Zuschlag bzw. die Ausführung der Arbeiten unter bestimmten Bedingungen stehe. Bricht der (private) Bauherr eine Ausschreibung ab, ohne den Zuschlag zu erteilen, so liegt allein darin keine Treuepflichtverletzung, denn Vertragsverhandlungen dürfen jederzeit ohne nähere Angabe von Gründen abgebrochen werden. Eine Vertrauenshaftung greift nur dann, wenn der Bauherr im Vorfeld oder im Zusammenhang mit dem Abbruch eine Treuepflichtverletzung begeht; etwa, indem er das Verfahren erst nach unnötiger Verzögerung abbricht, wenn er für den Abbruch selber einzustehen hat oder wenn er den Abbruch schon vor der Lancierung der Ausschreibung hätte voraussehen können.

d) Eine praktisch wichtige Treuepflichtverletzung des Bauherrn liegt darin, dass dieser 4.5
den Zuschlag einem Angebot erteilt, das gegen die bekannt gegebenen Ausschreibungsbedingungen verstösst (seien dies individuell vom Bauherrn formulierte Regeln oder solche, die sich aus für anwendbar erklärten Normenwerken ergeben). Solche «ausschreibungswidrige Angebote» dürfen bei der Auftragsvergabe nicht berücksichtigt werden (vgl. einlässlich: Stoffel, Die Submission, S. 53 ff.; Gauch, Die Submission im Bauwesen, S. 209 f.; GWerkV Rz. 474).

Anmerkung 5

Der Bauherr hat in der Ausschreibung alle Angaben bekannt zu geben, die erforderlich 5.1
sind, damit sich die Bewerber über den Inhalt des beabsichtigten Vertrags Klarheit verschaffen können (Art. 6 Abs. 2). Im Einzelnen:

a) Nach der Modellvorstellung der Norm hat die Ausschreibung alle Angaben zu beinhal- 5.2
ten, welche *kalkulatorisch von Bedeutung* sind und für die Ausarbeitung des Angebots des Unternehmers benötigt werden (Art. 8). Versäumt es der Bauherr, in den Ausschreibungsunterlagen die kostenrelevanten Angaben bekannt zu geben oder entsprechen die Ausschreibungsunterlagen aus anderen Gründen nicht den Anforderungen der Norm (ohne diese Abweichungen klar zum Ausdruck zu bringen), so treffen den Bauherrn verschiedene Rechtsfolgen (Art. 6/Rz. 10.1 ff.).

b) Art. 15 Abs. 2 Satz 1 auferlegt dem Unternehmer die Obliegenheit, diejenigen Fehler 5.3
(Unklarheiten, Irrtümer, Lücken, Versäumnisse, Auslassungen etc.) in den ihm überlassenen Unterlagen, die ihm auffallen, durch Rückfrage beim Bauherrn zu klären. Verletzt er diese Obliegenheit, indem er für die Einreichung seines Angebots «nötige» (benötigte) Angaben nicht einverlangt, so haftet er zwar im Regelfall nicht für die Folgen der fraglichen Unterlassung, jedoch kann er später zumindest aus nachweisbar erkannten bzw. aus offensichtlichen Fehlern keine Vorteile für sich ableiten und muss sich unter Umständen die unterlassene Rückfrage entgegenhalten lassen. Folgende Sonderfälle bedürfen besonderer Erwähnung:

- Geht es um den häufigen Vorwurf an den Unternehmer, er habe es versäumt, den Bau- 5.4
herrn oder die Bauleitung auf Lücken im Leistungsverzeichnis hinzuweisen, so ist Zurückhaltung angezeigt, zumal der Unternehmer (selbst bei erkannten Lücken) häufig nicht mit Bestimmtheit weiss, ob der Bauherr die Ausführung einer fehlenden Leistung durch sich selbst oder durch einen Drittunternehmer vorbehalten wollte (im Einzelnen Siegenthaler, Mangelhafte Leistungsverzeichnisse, S. 169).
- Im Einzelfall kann es vorkommen, dass der Bauherr dem Unternehmer – über Art. 15 5.5
Abs. 2 Satz 1 hinaus – nicht nur die Möglichkeit zur Rückfrage einräumt, sondern ihm

bereits im Ausschreibungsstadium eine Prüfungspflicht (insbesondere für die Richtigkeit und Vollständigkeit der Ausschreibung) auferlegen will. Dies ist namentlich bei Ausschreibungen mit funktionellem Leistungsbeschrieb weit verbreitet. Die Idee ist, die nachteiligen Folgen von Fehlern, die durch eine entsprechende Prüfung erkennbar sind, beim Unternehmer anzusiedeln. Dem kann der Unternehmer entgehen, indem er in seiner Offerte einen Vorbehalt anbringt, nach dem er die Prüfungspflicht schon gar nicht übernimmt, oder auch – wenn er keinen Vorbehalt anbringen will – dadurch, dass er die mittels Prüfung erkannten Fehler zusammen mit der Offerte anzeigt. Bei der Beurteilung der Erkennbarkeit der Fehler ist auf die Umstände des Einzelfalls, namentlich auf den Sachverstand der Baubeteiligten, abzustellen; dabei schuldet der Unternehmer die Sorgfalt, die unter Beachtung der erwähnten Umstände von einem durchschnittlich sorgfältigen Unternehmer zu erwarten ist. Ob die Statuierung einer solchen Prüfpflicht, die im Ergebnis eine Überwälzung des grundsätzlich vom Bauherrn zu tragenden Risikos bezüglich der Richtigkeit und Vollständigkeit der Ausschreibungsunterlagen darstellt, im Einzelfall vor dem Kartellrecht (vgl. Art. 2/Rz. 9.4) und vor Art. 19 Abs. 2 OR standhält, ist eine offene, höchstrichterlich nicht gelöste Frage (vgl. zum Meinungsstand Schumacher, Die Vergütung, Rz. 510 ff. und für Verträge mit der öffentlichen Hand Denzler, AGB der öffentlichen Hand, S. 233 ff.; Schumacher, Vertragsgestaltung, Rz. 1793 ff.). Von vornherein keine Risikoüberwälzung zur Folge hat eine Klausel, welche das zu übernehmende «Risiko» nicht ausreichend definiert: Risiko von Mehrvergütung als Folge lückenhafter oder sonst wie mangelhafter Ausschreibung? Risiko von Mehrkosten für Planungsmängel? Oder Risiko als Folge einer zufälligen Verschlechterung oder des zufälligen Untergangs?

5.6 – Die Praxis zeigt, dass manche Bauherren sich des Risikos bezüglich Richtigkeit und Vollständigkeit der Ausschreibungsunterlagen bisweilen auch so zu entledigen versuchen, dass sie in den Unterlagen Klauseln wie etwa die folgende aufnehmen: «Die Anbieter können bis zum [Datum] Fragen zu den Ausschreibungsunterlagen stellen. Nach diesem Datum gilt ausschliesslich die Auslegung der Bauherrschaft.» Mit einer solchen Klausel sollen Auslegungsstreitigkeiten betreffend den Aussagegehalt von Formulierungen in der Ausschreibung zugunsten des Bauherrn «gelöst» werden. Ob das damit gelingt, ist in jedem Einzelfall zu analysieren: Lässt sich eine Klausel wie die zitierte im Einzelfall als Statuierung einer Prüfpflicht des Unternehmers verstehen, ist sie – im definierten Umfang – gültig und wirksam. Versteht man sie aber weiter gehend als Erklärung des Unternehmers, jegliche Auslegung der Unterlagen durch den Bauherrn (zumindest betreffend die vom Unternehmer als fehlerhaft erkannten oder erkennbaren Punkte) von vornherein zu akzeptieren und auf einen eigenen Rechtsstandpunkt insofern zu verzichten, kann darin im Einzelfall eine unzulässige, weil einseitig übermässige Bindung gemäss Art. 27 Abs. 2 ZGB liegen.

Anmerkung 6

6 Das statuierte Erfordernis der Schriftlichkeit ermöglicht bzw. erleichtert dem Bauherrn den Nachweis, dass er allen Bietern zum gleichen Zeitpunkt (Art. 15/Rz. 7) dieselben zu-

sätzlichen Informationen zur Verfügung gestellt hat. Bei nicht-schriftlicher Auskunftserteilung ist weder gänzlich beweis- noch bestreitbar, dass allen Bewerbern zeitgleich dieselben Informationen mitgeteilt wurden.

Anmerkung 7

Der Bauherr hat nach dieser Vorschrift die (im Vergleich zu den ursprünglichen Doku- 7
menten) zusätzlichen Informationen allen Bietern mitzuteilen. Damit soll gewährleistet werden, dass sämtliche Bewerber auf demselben Informationsstand sind. Andernfalls erlangen nicht deren wirtschaftliche Leistungsfähigkeit, sondern wesensfremde Aspekte Einfluss auf das Submissionsergebnis wie etwa das Informationsgefälle, was weder im Interesse des Bauherrn noch der Bewerber liegen kann.

Anmerkung 8

Es gilt ein umfassendes *Veränderungsverbot,* wobei aber die SIA-Norm 118 mit Ver- 8
stössen gegen dieses Verbot keine Konsequenzen verknüpft. Dennoch gilt: Der private Bauherr soll darauf vertrauen dürfen, dass die Angebote der Bewerber weder vom Leistungsverzeichnis (bei Einheitspreisverträgen) noch von der Baubeschreibung (bei Gesamtpreisverträgen) abweichen. Die der Ausschreibung zugrunde gelegten Dokumente sind unverändert zum Vertragsbestandteil des Angebots zu machen. Allfällige Abweichungen sind als Beilagen «gesondert» einzureichen, müssen also deutlich gekennzeichnet werden. Entsteht nach Vertragsabschluss Streit über den Inhalt des Vertrags und steht fest, dass der Unternehmer in Anwendung von Art. 15 Abs. 3 Satz 1 Änderungen oder Ergänzungen vorgenommen hat, werden diese nur (aber immer dann) Gegenstand des Vertrags, wenn der Bauherr das Angebot vorbehaltlos annimmt. Auf Änderungen oder Ergänzungen im Leistungsverzeichnis oder in der Baubeschreibung kann sich der Unternehmer allerdings nur berufen, wenn er nachweist, dass der Bauherr die Änderung oder Ergänzung bei Vertragsabschluss tatsächlich kannte. Änderungen oder Ergänzungen, die der Unternehmer gesondert (also z.B. in seinem Technischen Bericht) anbringt, hat sich der Bauherr hingegen als integrierten Vertragsbestandteil entgegenhalten zu lassen, falls er die Unternehmerofferte diesbezüglich vorbehaltlos annimmt.

Anmerkung 9

Das Erfordernis der gesonderten Einreichung gilt für sämtliche Bemerkungen, Vor- 9
schläge und Ergänzungen, welche als *Änderungen* zu den Ausschreibungsunterlagen zu qualifizieren sind und auf welche der Bauherr daher besonders aufmerksam gemacht werden soll, bevor er zur Offerte eines Unternehmers seine Zustimmung erteilt. Von Art. 15 Abs. 3 erfasst werden auch *Vorbehalte,* wie diese in Art. 16 noch speziell erwähnt werden. Unter einem «Vorbehalt» wird in der Baupraxis die Erklärung eines Unternehmers verstanden, einen oder mehrere Punkte der Ausschreibung, welche der Bauherr in den abzuschliessenden Vertrag zu integrieren gedenkt (z.B. vorbestimmte Spezifikationen bzw. Qualitätsstandards etc.), nicht oder nur teilweise (z.B. mit einer Präzisierung) zu akzeptieren oder anders offerieren zu wollen. Beispielsweise ist der Unternehmer nicht damit einverstanden, gewisse Risiken zu übernehmen oder die Verlängerung der übli-

chen Verjährungsfrist für Mängelrechte hinzunehmen, oder er macht geltend, das vom Projektverfasser verlangte Qualitätsniveau sei ihm (unter den konkreten Umständen oder überhaupt) unmöglich. Zum Umgang mit Vorbehalten und zu deren Rechtswirkungen im Einzelnen vgl. Art. 16/Rz. 4.1 ff.

Anmerkung 10

10 Eine Variante ist ein inhaltlich von den Ausschreibungsparametern abweichendes Angebot über Teile oder über die Gesamtheit des ausgeschriebenen Werks (Hürlimann, Unternehmervarianten, S. 3 ff.). Gemeinhin wird zwischen *Ausführungsvarianten* (andere Art der Ausführung der Arbeiten zur Herstellung des ausgeschriebenen Werks) und *Projektierungsvarianten* (andere Planung oder Art der Umschreibung des Werks zur Erreichung des ausgeschriebenen Ziels) unterschieden (Gauch, Die Submission im Bauwesen, S. 210), wobei die Abgrenzung nicht immer scharf ist. Ob auch Vorschläge des Unternehmers zu den zu vereinbarenden Preisarten (bspw. Pauschal- anstelle von Einheitspreisen) oder zum Zahlungsplan (andere Teilzahlungszeitpunkte bzw. -beträge) als Varianten zu qualifizieren sind, ist für öffentliche Vergaben umstritten bzw. unzulässig, wenn Art. 22a Abs. 2 VöB zur Anwendung kommt. Mit Bestimmtheit steht fest, dass jegliche Varianten separat als Beilage zum Angebot bzw. als eigenständiges Zusatzangebot einzureichen sind und nicht im Grundangebot selber enthalten sein dürfen.

Anmerkung 11

11.1 Kommt die SIA-Norm 118 für die Ausschreibungen privater Bauherren zur Anwendung, so ist die Pflicht zur gesonderten Einreichung von Vorschlägen, Ergänzungen oder Änderungen zu Leistungsverzeichnis oder Baubeschreibung («Varianten»; Art. 15/Rz. 10) formaler Natur; die Pflichtverletzung ist mit keiner Sanktion verknüpft. Dennoch tut der Unternehmer gut daran, sämtliche Ergänzungen oder Änderungen nicht im Angebot selber («Grundangebot») vorzunehmen, sondern solche Punkte «gesondert» einzureichen, will er den «Zuschlag» nicht gefährden. Das Erfordernis der gesonderten Einreichung gilt im Übrigen für sämtliche Abweichungen von den ausgeschriebenen Leistungs- und Vertragsparametern, soweit dort nicht etwas anderes bestimmt worden ist, also insbesondere auch für Vorbehalte betreffend Vertragskonditionen (dazu auch Art. 16). Im Einzelnen:

11.2 a) Die gesonderte Angabe von Ergänzungen, Änderungen und Vorschlägen erleichtert dem Bauherrn die Übersicht über den genauen Gehalt der ihm unterbreiteten Offerten und deren Vergleichbarkeit. Im Regelfall kann er davon ausgehen, dass das Angebot – soweit es keine gesonderte Eingabe gibt – vollumfänglich seinen formalen und inhaltlichen Vorgaben entspricht (Art. 15/Rz. 8). Er kann sich bei der Prüfung der einzelnen Angebote auf allfällige Zusatzdokumente beschränken, um zu klären, ob und inwiefern ein bestimmter Unternehmer von seinen Vorgaben abweichen will.

11.3 b) Aus der Pflicht zur gesonderten Einreichung von Vorschlägen lässt sich umgekehrt das Recht des Unternehmers ableiten, von den Ausschreibungsunterlagen abzuweichen. Dieses Recht folgt allerdings schon aus dem Grundsatz, dass der Bauherr zur Offertstellung einlädt, die bewerbenden Unternehmer also «Angebote» abgeben. Das Recht, von den

Ausschreibungsunterlagen abzuweichen, ist, jedenfalls bei privaten Ausschreibungen, umfassend: Der SIA-Norm 118 ist keine inhaltliche Beschränkung der Möglichkeit des Unternehmers zu entnehmen, Varianten oder sonstige Vorschläge zu formulieren. Der Unternehmer hat im Regelfall die Freiheit, von den ausgeschriebenen Parametern in beliebigem Umfang und in beliebiger Qualität abzuweichen – jedenfalls solange er dies in gesonderten Dokumenten tut; allein deswegen wird sein Angebot nicht ausschreibungswidrig (es sei denn, der Bauherr habe Strengeres bestimmt). Die Frage, ob Preisvarianten zulässige Varianten seien (Art. 15/Rz. 10), stellt sich unter dem Regime der SIA-Norm 118 bei privaten Bauherren grundsätzlich nicht, da im Regelfall jedweder Vorschlag zur Änderung der Ausschreibungs- und Vertragsparameter zulässig ist und sich die vergaberechtliche Frage, ob ein Unternehmer aufgrund eines ausschreibungswidrigen Angebots vom Verfahren auszuschliessen sei, hier nicht stellt; sekundär ist deshalb auch die Frage, ob Preisvarianten mit dem an sich leistungsbezogenen üblichen Variantenbegriff vereinbar seien (Art. 15/Rz. 10). Insbesondere dann, wenn er vorgängig verbindliche Anforderungen formuliert und daher gehalten ist, das Angebot auszuwählen, das diese Kriterien am besten erfüllt, ist der Bauherr gut beraten, die Möglichkeiten der Abweichungen von den Ausschreibungsparametern einzuschränken. Andernfalls kann er sich mitunter Probleme mit der unter den Zuschlagskriterien gebotenen Vergleichbarkeit der verschiedenen Angebote einhandeln. Entsprechend fordert Ziff. 8.1.3.1 SIA-Norm 118/198 («Allgemeine Bedingungen für Untertagbau») den Bauherrn beim Untertagbau auf, Rahmenbedingungen für Unternehmervarianten festzulegen (z.B. kann vertraglich ein «qualitativ gleichwertiges Bauwerk hinsichtlich Nutzung, Sicherheit und Gebrauchstauglichkeit» gefordert werden).

c) Gemäss Art. 16 ist danach zu unterscheiden, ob der Unternehmer in den Zusatzdoku- 11.4
menten ausdrücklich einen Vorbehalt angebracht hat oder nicht: Erklärt er explizit, bestimmte vorgesehene vertragliche Abreden nicht akzeptieren zu wollen oder bestimmte Spezifikationen und Standards nicht einhalten zu können, so schränkt er damit seine Bereitschaft ein, die vom Bauherrn in Ausschreibung und Unterlagen festgesetzten Parameter zu akzeptieren: Sein Angebot bezieht sich nicht (bzw. nicht in der ausgeschriebenen Weise) auf jene Punkte, denen sich in den Zusatzdokumenten ein Vorbehalt entnehmen lässt, ungeachtet dessen, ob diese Erklärungen nun als «Bemerkungen, Vorschläge oder Ergänzungen» zu interpretieren sind. Zu beachten ist, dass einzelne Erklärungen des Unternehmers nicht notgedrungen die Akzeptanz der vom Bauherrn vorgegebenen Projekt-, Leistungs- und Ausführungsparameter beschränken. Schlägt etwa der Unternehmer in den Zusatzdokumenten eine andere Ausführungsart vor (Ausführungsvariante; Art. 15/Rz. 10), so gilt die Vermutung (Art. 16/Rz. 3.1), dass er auch zur Übernahme der ausgeschriebenen Ausführungsart (Amtsprojekt) bereit ist. Merkt er in den Zusatzdokumenten hingegen an, dass er nur gerade die von ihm vorgeschlagene Variante ausführen wird, ist diese Erklärung häufig als ein abmahnender Vorbehalt bzw. eine eigentliche Abmahnung zu verstehen, mit welcher ein bewerbender Unternehmer Bedenken gegen die Ausführbarkeit des Amtsprojekts äussert. Ob der Unternehmer mit der blossen Einreichung einer Unternehmervariante den Anforderungen zur Abgabe eines verbindlichen Angebots genügt, hängt von den konkreten Bestimmungen der Ausschreibungsunter-

lagen ab. Selbst ohne besondere Erwähnung gilt allerdings, dass sich der Unternehmer bei der Einreichung seiner Offerte auf die Richtigkeit der bauherrenseitigen Vorgaben und Annahmen verlassen darf (Art. 167 Satz 2).

Anmerkung 12

12 Einzureichen sind nicht nur das Angebot, sondern auch die Beilagen. Art. 6 versteht unter Beilagen das Bauprogramm, die Pläne für die Baustelleneinrichtungen u.dgl. Diese Aufzählung ist nicht abschliessend, weshalb noch anderweitige Dokumente einverlangt werden können. Zu denken ist etwa an den in der Baupraxis häufig verlangten Technischen Bericht, in welchem der Unternehmer ergänzende Angaben zur Ausführung der Arbeiten (zuweilen auch mit Vorbehalten zur Ausführung oder zu sonstigen Punkten) unterbreitet.

1 242 Verhältnis zu den Ausschreibungsunterlagen

Art. 16

Durch die Einreichung des Angebotes[1] bekundet der Unternehmer[2] sein Einverständnis[3] mit den Bedingungen der Ausschreibung, soweit er in seinen Bemerkungen, Vorschlägen oder Ergänzungen (Art. 15 Abs. 3) keine Vorbehalte anbringt[4]; ausserdem bezeugt er, dass er seine Preise auf Grund der ihm klaren Ausschreibungsunterlagen (Art. 7) festgelegt[5] und die offensichtlichen oder durch Besichtigung erkennbaren besonderen Ortsverhältnisse berücksichtigt hat[6].

Art. 16 (1977/91)

Durch die Einreichung des Angebotes bekundet der Unternehmer sein Einverständnis mit den Bedingungen der Ausschreibung, soweit er in seinen Bemerkungen, Vorschlägen oder Ergänzungen (Art. 15 Abs. 3) keine Vorbehalte anbringt; ausserdem bezeugt er, dass er seine Preise auf Grund der ihm klaren Ausschreibungsunterlagen (Art. 7) festgelegt und die offensichtlichen oder durch Besichtigung erkennbaren besonderen Ortsverhältnisse berücksichtigt hat.

Anmerkung 1

1 Mit Einreichung des Angebots (Art. 15/Rz. 2.1 ff.) erklärt («bekundet») der Unternehmer dem Bauherrn seinen *endgültigen Willen zum Abschluss des von ihm beantragten Bauvertrags*, soweit seine Offerte nicht Vorbehalte enthält oder sonstwie ausdrücklich oder stillschweigend von den Ausschreibungsunterlagen abweicht (Art. 15/Rz. 3.3; Art. 16/Rz. 3.1 ff.). Mit der vorbehaltlosen Einreichung des Angebots ermächtigt der Unternehmer den Ausschreiber, den beantragten Vertrag durch einseitige Annahmeerklärung zum Abschluss zu bringen (Gauch, Die Submission im Bauwesen, S. 207 f.). Der offerierende Unternehmer unterwirft sich dem Annahmewillen des Bauherrn (Art. 15/Rz. 2.2; GWerkV Rz. 460; zum gültigen Abschlusswillen des Unternehmers vgl. etwa Stoffel, Die Submission, S. 47). Der Bauherr kann das Angebot mit einfacher Annahmeerklä-

rung, z.B. mit der Mitteilung, der Unternehmer erhalte den Zuschlag, annehmen (Art. 19), womit der Vertrag zustande kommt (Gauch, Zuschlag und Verfügung, S. 600 ff.).

Anmerkung 2

2.1 Der *Unternehmer* unterbreitet das Angebot, nicht der Bauherr. Die Ausschreibung selber ist kein Antrag (kein Angebot) im Sinne des Vertragsrechts, sondern lediglich die an interessierte Unternehmer gerichtete Einladung, ein Angebot zu unterbreiten. Die rechtliche Bedeutung der Ausschreibung (und der dazugehörigen Unterlagen) erschöpft sich dennoch nicht in einer blossen «Einladung zur Offertstellung». Vielmehr gilt gemäss Wortlaut der Norm der Grundsatz (zu einer wichtigen Ausnahme vgl. Art. 16/Rz. 3.2), dass der Unternehmer mit Einreichung eines Angebots *zugleich* sein Einverständnis zu den «Bedingungen der Ausschreibung» bekundet, also mit Ausnahme allfälliger Vorbehalte die in Ausschreibung oder Unterlagen formulierten Erklärungen (Leistungsumschreibungen, Bedingungen, Spezifikationen, Vertragsmodalitäten etc.) ohne Weiteres akzeptiert und in die Offerte inkorporiert. Oder anders gesagt: Angebote eines bewerbenden Unternehmers beziehen sich grundsätzlich auf die durch den Bauherrn festgelegten Eckwerte bezüglich Leistungserbringung und Modalitäten des Werkvertrags. Das Angebot umfasst also jeweils nicht nur die Erklärungen des Unternehmers, die noch erforderlich sind, um die durch die Ausschreibung und die Unterlagen noch offengelassenen Punkte auszufüllen, sondern zugleich die «Bedingungen der Ausschreibung». Das Verhältnis des Angebots zu den Ausschreibungsunterlagen (vgl. Titel des Art. 16) ist daher so zu verstehen, dass das Angebot die auf die Leistungserbringung bezogenen Erklärungen des Bauherrn in Ausschreibung und Unterlagen übernimmt, wie wenn der Unternehmer die fraglichen Punkte selber formuliert hätte.

2.2 Aufgrund einer Erklärung des Bauherrn in den Ausschreibungsunterlagen, sich den Abschlussbestimmungen der Art. 4 – 22 zu unterziehen, gelten diese Bestimmungen bis zur Einreichung einer Offerte vorerst einmal nur für den Bauherrn (Gauch, Die Submission im Bauwesen, S. 204; Stoffel, Die Submission, S. 86 f.) – es sei denn, der Unternehmer habe schon in einem früheren Stadium des Verfahrens seine Zustimmung dazu (ausdrücklich oder stillschweigend) erklärt (Stoffel, Die Submission, S. 89). Letzteres ist aber kaum je der Fall. Ausschreibungsbedingungen, durch welche die bisherige Rechtsstellung des Unternehmers nicht umgestaltet wird, muss sich der Unternehmer allerdings auch ohne seine Zustimmung entgegenhalten lassen (GWerkV Rz. 484).

Anmerkung 3

3.1 Soweit der Unternehmer keine Vorbehalte anbringt (Art. 16/Rz. 4.2), gilt die Einreichung des Angebots als *Zustimmung* zu den «Bedingungen der Ausschreibung». Die Norm stellt mit der gewählten Formulierung die (widerlegbare) Vermutung auf, der Unternehmer bringe mit der Einreichung des Angebots zugleich zum Ausdruck, dass er keine Änderungen oder Ergänzungen vorschlage und sich mit den Ausschreibungsbedingungen des Bauherrn einverstanden erklären könne. Im Einzelnen:

3.2 a) Das vermutete Einverständnis bezieht sich zunächst darauf, dass der Unternehmer bereit ist, die Anforderungen und Regeln, die der Bauherr zur Abwicklung des Ausschreibungsverfahrens bekannt gegeben hat (vgl. insbesondere Art. 6 Abs. 1), einzuhalten, beispielsweise die Kriterien, nach denen der Bauherr das anzunehmende Angebot auswählen will. Der Unternehmer muss sich die Vermutung des Einverständnisses allerdings nur entgegenhalten lassen, wenn er allfällige Mängel in den «Bedingungen der Ausschreibung» erkannt hat und diese Bedingungen nicht Punkte regeln, deren Bedeutung und Tragweite dem Unternehmer im fraglichen Zeitpunkt zumutbarerweise noch nicht bekannt sein mussten.

3.3 b) Das vermutete Einverständnis des Unternehmers umfasst weiter die Bereitschaft, die *Konditionen* des beabsichtigten Werkvertrags (insbesondere die Bestimmungen über Zahlungszeitpunkte, Erfüllungsgarantien, Gewährleistung, Verjährung, Ersatzvornahme, Drittvergabe etc.) gegen sich gelten zu lassen. Im Regelfall wird den bewerbenden Unternehmern mit der Ausschreibung ein Werkvertragsentwurf (Text der vorgesehenen Vertragsurkunde und häufig auch durch das Bauobjekt bedingte Besondere Bestimmungen und Allgemeine Bestimmungen) abgegeben, worauf im Übrigen auch Art. 7 Abs. 2 hinweist. Das in Art. 16 statuierte vermutete Einverständnis bewirkt in vertragsrechtlicher Hinsicht, dass mit der Angebotseinreichung des Unternehmers selbst ohne entsprechende ausdrückliche Erklärung (und soweit kein Vorbehalt formuliert wird; Art. 16/Rz. 3.1) diejenigen Vertragsabreden als offeriert und akzeptiert gelten, welche der Bauherr in den Unterlagen vorformuliert hat.

3.4 c) Das vermutete Einverständnis bezieht sich ferner darauf, dass der Unternehmer keine Einwände gegen die Angaben im *Leistungsverzeichnis* (Art. 8) oder in der *Baubeschreibung* (Art. 12) hat, worauf Art. 7 Abs. 2 Ziff. 3 hinweist. Dieses «Einverständnis» bezieht sich rechtstechnisch auf die Übernahme der entsprechenden Leistungen in den Offertumfang: Der Unternehmer erklärt sich bereit (soweit er keinen diesbezüglichen Vorbehalt abgegeben hat; Art. 16/Rz. 3.1), alle diese Leistungen erbringen zu wollen, und zwar so, wie sie vom Bauherrn umschrieben worden sind. Will der Unternehmer dagegen nur ein Teilangebot (Angebot über einen bestimmten Teil aller ausgeschriebenen Leistungen) abgeben, hat er dies aufgrund von Art. 15 Abs. 3 (Art. 15/Rz. 10) grundsätzlich in einem separaten Dokument mitzuteilen.

3.5 d) Das vermutete Einverständnis zu den Bedingungen in der Ausschreibung «bekundet» der Unternehmer mit der Einreichung des Angebots. Diese rechtsgeschäftliche Willensabgabe ist meistens – wovon auch die Norm ausgeht – eine stillschweigende Erklärung durch konkludentes Verhalten, indem die Einreichung des Angebots ohne eigene von den Ausschreibungsunterlagen abweichende «Gegenerklärungen» erfolgt (vgl. Gauch/Schluep/Schmid, OR AT, Rz. 181 f.).

3.6 Der Unternehmer übernimmt die Ausschreibungsbedingungen des Bauherrn nur so weit, als er ihnen zustimmt. Das tut er so weit nicht, als er «Bemerkungen, Vorschläge oder Ergänzungen» anbringt, welche als Änderungen zu den Ausschreibungsunterlagen zu qualifizieren sind. Auch «*Vorbehalte*» sind nichts anderes als Erklärungen des Unternehmers, gewisse Vorgaben oder Festlegungen des ausschreibenden Bauherrn nicht in sein Angebot übernehmen zu wollen (Art. 16/Rz. 4.2). Ist strittig, inwieweit der Unternehmer die Bedingungen des Bauherrn in sein Angebot übernommen hat, ist nach dem Vertrauensprinzip zu ermitteln, was Gegenstand der Offerte bildet. Dasselbe gilt auch umgekehrt: Der Bauherr bleibt gegenüber dem betreffenden Unternehmer an seine Ausschreibungsbedingungen nur so weit gebunden, als der Unternehmer diese Bedingungen seinem Angebot zugrunde gelegt hat. Vom Unternehmer geänderte und hinzugefügte Bedingungen bedürfen für deren Rechtswirksamkeit der Annahme durch den Bauherrn. Dies ist insbesondere dann von Bedeutung, wenn sich die (abweichenden) Bedingungen des Unternehmers auf das Ausschreibungsverfahren selber beziehen. Solche dürften in der Praxis allerdings selten sein. Jedenfalls gelten sie für den Bauherrn nicht, solange er ihnen nicht (ausdrücklich oder stillschweigend) zugestimmt hat. Soweit sie sich auf den Inhalt des abzuschliessenden Bauvertrags beziehen, werden sie erst mit der Annahme des Angebots verbindlich (Art. 19).

e) Das vermutete Einverständnis des Unternehmers betreffend Submissionsbedingungen, Vertragskonditionen und Leistungsumschreibung bezieht sich auf die Erklärungen und Festlegungen des Bauherrn, wie sie sich aus den Ausschreibungsunterlagen ergeben – allenfalls unter Berücksichtigung von Präzisierungen oder Erweiterungen dieser Parameter, die der Bauherr im Rahmen von Fragerunden (sogenannten *«Unternehmergesprächen»*) vorgenommen hat. Mit anderen Worten: Das Einverständnis des Unternehmers bezieht (und beschränkt) sich auf die Anordnungen des Bauherrn, wie diese im Zeitpunkt der Angebotseinreichung bekannt waren. Es enthält ohne besondere dahingehende Erklärung vermutungsweise nicht auch den Blanko-Akzept späterer, einseitig durch den Bauherrn vorgenommener Änderungen. 3.7

f) Will der Bauherr Änderungen an den Ausschreibungsparametern vornehmen, nachdem die Angebote eingegangen sind, wird er mit den Unternehmern, die für den Abschluss des Werkvertrags in Betracht kommen, *Nachverhandlungen* führen, das heisst, diesen die Änderungen bekannt geben und den eingeladenen Bewerbern Gelegenheit zur Offertanpassung («Nachofferte») geben bzw. ein Gegenangebot unterbreiten. 3.8

g) In der Regel erklärt der Bauherr in den Submissionsbedingungen ausdrücklich, welche SIA-Normen für die Ausschreibung und welche für die Ausführung anwendbar sein sollen. Zuweilen ergibt sich aus den erwähnten Dokumenten lediglich, dass der Bauherr beabsichtigt, gewisse SIA-Normen zum Vertragsbestandteil werden zu lassen. 3.9

h) Die SIA-Norm 118 stellt verschiedene Regeln (Pflichten bzw. Obliegenheiten) zulasten der Unternehmer auf, die sich auf Handlungen zu Zeitpunkten beziehen, die *vor* der Angebotseinreichung liegen – illustratives Beispiel hierfür ist Art. 15 Abs. 3. Erklärt der Bauherr in der Ausschreibung oder in den Unterlagen die SIA-Norm 118 als anwendbar, so erstreckt sich die Geltung dieser Norm vorerst nur auf den Bauherrn selber (Gauch, Die Submission im Bauwesen, S. 204; Stoffel, Die Submission, S. 86 f.). Der Bauherr hat keinerlei rechtliche Möglichkeit, die Geltung auch auf die Unternehmer auszuweiten. Folglich werden die Bestimmungen der SIA-Norm 118 für einen Unternehmer erst verbindlich, wenn dieser sein Einverständnis damit erklärt – was kraft Art. 16 in aller Regel durch (insofern vorbehaltslose; Art. 16/Rz. 3.1) Angebotseinreichung geschieht. Es spricht in- 3.10

des nichts dagegen und geschieht in seltenen Fällen auch, dass der Unternehmer schon früher eine entsprechende Erklärung abgibt, etwa des Inhalts, dass er die SIA-Norm 118 beachten wird, falls er ein Angebot tatsächlich ausarbeitet und einreicht. In den meisten Fällen aber übernimmt der Unternehmer die Regeln der SIA-Norm 118 erst im Zeitpunkt der Einreichung des Angebots.

3.11 i) Im Regelfall ist davon auszugehen, dass der Unternehmer mit der Einreichung des Angebots und mit der dadurch ggf. verbundenen Übernahme der Geltung der SIA-Norm 118 in seine Offerte gemäss Art. 16 (zumindest implizit) auch die Erklärung abgibt, jene Bestimmungen dieses Normwerks gegen sich gelten zu lassen, die sich auf die Zeit vor der Angebotseinreichung beziehen. Damit akzeptiert er eine *Rückwirkung* dieser Regeln auf eine Zeit, während der er zur Anwendbarkeit der Regeln noch keine Zustimmung erteilt hat. Ergibt sich nun, dass er einer dieser Regeln nicht nachgelebt hat, nimmt er die entsprechenden Rechtsfolgen zu seinen Lasten hin, obschon von einer Verletzung dieser Regel (streng genommen) nicht gesprochen werden kann.

Anmerkung 4

4.1 Im Rahmen von Submissionen *privater Bauherren* und bei Beachtung der in Art. 15 Abs. 3 aufgestellten Formalien (Art. 15/Rz. 9 f.) ist der anbietende Unternehmer frei, sein Angebot mit Vorbehalten zu versehen. Der Vorbehalt im hier verstandenen Sinne der Art. 15 und Art. 16 ist die Erklärung des anbietenden Unternehmers, die Ausschreibung mit Bezug auf bestimmte Parameter nicht gelten lassen zu wollen, indem er erklärt, einzelne Vorgaben und Festlegungen des Bauherrn in der Ausschreibung oder den dazugehörigen Unterlagen (sowie in allfälligen später gemachten Präzisierungen) nicht akzeptieren bzw. nicht oder anders offerieren zu wollen. Das Angebot des Unternehmers ist zwar nach der Vorschrift des Art. 15 Abs. 3 vollumfänglich ausschreibungskonform auszugestalten, jedoch ergibt sich aus dieser Bestimmung in Verbindung mit Art. 16, dass der Unternehmer in den zusätzlichen Dokumenten die Geltung seiner Offerte grundsätzlich in beliebigem Umfang wiederum beschränken darf (Art. 15/Rz. 10), sodass in vertragsrechtlicher Hinsicht schliesslich nur eine gemäss den Vorbehalten eingeschränkte Offerte vorliegt. Bei alledem ist Folgendes zu beachten:

4.2 a) Der Unternehmer hat Vorbehalte klar zu formulieren. Ratsam, aber nicht entscheidend ist, dass der Unternehmer das Wort «Vorbehalt» verwendet. Denn ein Vorbehalt des Unternehmers kann sich auch aus «Bemerkungen, Vorschlägen oder Ergänzungen» (Art. 16) in Zusatzdokumenten (Art. 15 Abs. 3) ergeben. Zwar unterscheidet Art. 16 die «Bemerkungen, Vorschläge oder Ergänzungen» ohne Vorbehalt von jenen mit einem Vorbehalt. Entscheidend aber ist, ob aus der fraglichen Erklärung des Unternehmers hervorgeht, dass er eine bestimmte Anordnung des Bauherrn nicht offeriert; dafür kommt es auf die Auslegung der Erklärung im Einzelfall an.

4.3 b) Der Vorbehalt des Unternehmers kann sich auf alles beziehen, was der Bauherr in Ausschreibung, Unterlagen und späteren Präzisierungen festgelegt hat. Damit kann der Unternehmer Vorbehalte namentlich in Bezug auf Vertragskonditionen (im engeren Sinne: Erfüllungsgarantien, Fristen, Termine, Gewährleistung, Pönalen usw.), Leistungsspezifikationen, Festlegungen zum Leistungsumfang oder auch Abläufe und Konstruktionsweisen anbringen.

c) Der Vorbehalt des Unternehmers kann auch aus einer Variante hervorgehen. Wenn die Variante im Ergebnis eine eigentliche Abmahnung beinhaltet, wonach das Ausschreibungsprojekt technisch oder aus sonstigen Gründen nicht machbar ist, dann hat der Unternehmer in den Zusatzdokumenten einen förmlichen Vorbehalt bezüglich jener Leistung bzw. Ausführungsart anzubringen, bei der er von den Vorgaben des Bauherrn abweichen will, und die vorgeschlagene Leistung bzw. Ausführung in den Zusatzdokumenten zu formulieren (Art. 15/Rz. 11.4; Hürlimann, Unternehmervarianten, S. 3 ff.). Der Unternehmer kann aus einer Variante also ein zweites Angebot machen oder (soweit zulässig) nur gerade die Variante – also die abweichende Projektierung oder Ausführung – offerieren (wobei es in beiden Fällen nicht darauf ankommt, ob die Zusatzdokumente nur die Abweichungen oder ein in sich geschlossenes, vollständiges Angebot enthalten). 4.4

Anmerkung 5

Mit der vorbehaltlosen Einreichung des Angebots verknüpft der Normtext zugleich die *Vermutung*, dass der Unternehmer die Kalkulation und Preisbildung auf der Grundlage «der ihm klaren Ausschreibungsunterlagen» festgelegt habe (auch Spiess/Huser, Handkommentar, N 22 zu Art. 16). Die unterstellte Erklärung, wonach der Unternehmer mit Abgabe der Offerte die Klarheit der Ausschreibungsunterlagen «bezeuge», ist widerlegbar und im Gesamtkontext der Norm auszulegen: Danach ist es in erster Linie Pflicht des Bauherrn, in den Ausschreibungsunterlagen alle Angaben zu vermitteln, die «erforderlich sind, damit sich [die Adressaten] über den Inhalt des beabsichtigten Vertrages Klarheit verschaffen können» (Art. 6 Abs. 2). Eine eigenständige Bedeutung kommt der Vermutung nicht zu, weil es auch von Gesetzes wegen zur allgemeinen Treuepflicht gehört, vom Bauherrn weitere Angaben zu verlangen, falls der Unternehmer dies für die Einreichung seines Angebots für nötig hält (Art. 2 ZGB; Art. 15/Rz. 5.3). Ergänzend ist Folgendes anzumerken: 5.1

a) Letztlich geht es nicht darum, ob der Unternehmer die Ausschreibungsunterlagen tatsächlich verstanden hat, sondern um die widerlegbare Vermutung, dass sie für ihn ausreichend klar waren, um im Angebot seine Preise festzulegen. Diese Vermutung soll dem Zweck von Art. 16 entsprechend dazu führen, dass sich der Unternehmer nach Einreichung des Angebots nicht darauf berufen kann, die Ausschreibungsunterlagen seien zur Preisfestlegung unklar gewesen. Dem Unternehmer kann allerdings nur verwehrt sein, gestützt auf Unklarheiten der Ausschreibungsunterlagen Nachforderungen anzumelden, wenn er schon zum Zeitpunkt der Offerteingabe nach Treu und Glauben gehalten gewesen wäre, eine Rückfrage zu stellen, nicht in den übrigen Fällen. 5.2

b) Von der mit dem Normtext verknüpften Vermutung des Einverständnisses ist nur auszugehen, wenn die Ausschreibungsunterlagen eine im Zeitpunkt der Submission bzw. der Offerteingabe nach den Massstäben von Treu und Glauben *offensichtliche Unklarheit* aufweisen, die der Unternehmer nicht durch Nachfragen beim Bauherrn zu beseitigen ver- 5.3

sucht hat. Bei der Beurteilung, ob die Pflicht des Unternehmers zur Rückfrage verletzt ist, ist namentlich auch zu berücksichtigen, wie viel Zeit dem Unternehmer für das Studium der Unterlagen im Verhältnis zu deren Umfang zur Verfügung stand (auch Spiess/Huser, Handkommentar, N 17 zu Art. 16 und N 8 zu Art. 25). In folgenden Fällen kann der Unternehmer die Vermutung widerlegen:

5.4 – Wenn der Unternehmer den Bauherrn auf eine Unklarheit aufmerksam gemacht hat, doch Letzterer (oder seine Bauleitung) die Unklarheit nicht, nicht vollständig oder nicht befriedigend beseitigt hat. Insbesondere ist hier an die Fälle zu denken, da der Bauherr auf die Nachfrage mit Floskeln reagiert.

5.5 – Wenn der Unternehmer in der Ausschreibungsphase unter Berücksichtigung der ihm zur Verfügung stehenden Informationen (wozu namentlich auch eine Besichtigung des Bauplatzes gehören kann) nach Treu und Glauben davon ausgehen durfte, die Unterlagen seien in einem bestimmten Punkt klar. In der Realisierungsphase jedoch stellt sich aufgrund der dort gewonnenen Einsichten und Erkenntnisse heraus, dass die Unterlagen eine vorher (nach Treu und Glauben) nicht erkennbare Unklarheit oder einen nicht erkennbaren Widerspruch enthalten. Denn: Die Ausschreibungsunterlagen sind in den meisten Fällen umfangreich, die Fristen für die Einreichung der Angebote eher knapp als grosszügig angesetzt, und nur zu oft stellt sich eine auf den ersten Blick klare Bestimmung oder Beschreibung einer Leistungsposition im Nachhinein und bei genauer Prüfung als unklar oder missverständlich heraus.

5.6 – Wenn der Unternehmer eine Nachforderung nicht mit einer Unklarheit oder einem Widerspruch in den Unterlagen begründet, sondern mit seinem eigenen Verständnis bestimmter darin enthaltener Anordnungen. In diesem Fall ist ausschlaggebend, ob die Auslegung des Unternehmers mit Bezug auf den Zeitpunkt der Ausschreibungsphase und die dort für den Unternehmer verfügbaren Informationen nach Treu und Glauben «richtig» bzw. zumindest vertretbar erscheint. Alsdann kann ihm der Bauherr nicht das vermutete Einverständnis von Art. 16 entgegenhalten, da dieses für solche Fälle gar nicht einschlägig ist. Denn: Darf der Unternehmer nach Treu und Glauben davon ausgehen, eine bestimmte Anordnung sei klar und trage einen bestimmten Inhalt in sich, muss er auch nicht beim Bauherrn nachfragen, ob dieser von einem abweichenden Verständnis dieser Anordnung ausgegangen sei. In diesem Fall kann dem Unternehmer auch keine Pflichtverletzung vorgeworfen werden. Nur dann, wenn die Unterlagen, ausgelegt nach Treu und Glauben, aus sich heraus unklar sind – also für die Kalkulation relevante Fragen offenlassen oder klarerweise widersprüchlich sind –, kommt die hier interessierende Regel überhaupt zur Anwendung. Die Regel ist jedoch nicht einschlägig, wenn die «Unklarheit» nur darin besteht, dass Unternehmer und Bauherr nicht zum gleichen Auslegungsergebnis kommen.

5.7 c) Bei der Abwägung, ob zum Nachteil des Unternehmers vom vermuteten Einverständnis auszugehen ist, gilt es zu bedenken, dass es in erster Linie der Bauherr ist, der für «klare» Ausschreibungsunterlagen zu sorgen hat, die inhaltlich richtig und vollständig ausgestaltet sind; nur in zweiter Linie ist es am Unternehmer, «unklare» Ausschreibungsunterlagen durch Rückfrage zu klären.

d) Die in Art. 7 aufgeführte Rangfolge kommt nur bei Widersprüchen zur Anwendung und entbindet den Unternehmer nicht davon, neben dem Offertformular auf weitere Unterlagen zurückzugreifen (BGE 109 II 333/337 E. 3c). 5.8

Anmerkung 6

Mit der Einreichung des Angebots bestätigt («bezeugt») der Unternehmer, dass er die «Ortsverhältnisse» kennt oder besichtigt hat, die er bei der Angebotsbearbeitung zur Festlegung der Preise benötigt. Der Normtext unterstellt dem Unternehmer, dass er die bei der Preisfestlegung «offensichtlichen» Ortsverhältnisse berücksichtigt hat, ferner jene, die ihm aufgrund einer Besichtigung erkennbar waren bzw. gewesen wären, wenn er diesen Augenschein nicht unterlassen hätte (vgl. BGE 109 II 333/337 E. 3c, wo der Unternehmer bei gehöriger Sorgfalt hätte erkennen können und müssen, dass die von ihm offerierten Geländer mit Handläufen z.T. eine Wendeltreppe betrafen). 6.1

Ungeachtet der Pflicht des Bauherrn, in den Ausschreibungsunterlagen die örtlichen Gegebenheiten (Grundstücke und Rechte, die unentgeltlich zur Verfügung gestellt werden) «genau anzugeben» (Art. 13), wird dem Unternehmer eine (wenn auch) beschränkte Prüfpflicht unterstellt, indem er das Baugrundstück und allenfalls die benachbarten Grundstücke, gegebenenfalls aber auch die Terrainsituation generell, in Bezug auf Lage, Ausmessungen der Baustelleneinrichtung, Transportwege etc. bei der Preisfestlegung berücksichtigen muss. Diese Prüfpflicht durchbricht die Grundregel, wonach sich der Unternehmer nach dem Ausschreibungsmodell der SIA-Norm 118 auf die Angaben in der Ausschreibung verlassen kann und diese nicht überprüfen muss. Schätzt der Unternehmer die Ortsverhältnisse zu optimistisch ein, obwohl die massgeblichen Parameter aufgrund einer Besichtigung erkennbar gewesen wären, so wird er die als Folge der unterlassenen Besichtigung entstandenen Mehrkosten nicht dem Bauherrn überwälzen dürfen (Art. 13/Rz. 6.1 f.). Umgekehrt wird sich der Unternehmer auf die Wahrnehmungen an der Besichtigung berufen können, wenn sich die Ortsverhältnisse nach Einreichung des Angebots anders als erwartet präsentieren und der Unternehmer deswegen einen Mehraufwand erleidet. 6.2

1 243 Dauer der Bindung

Art. 17

Das Angebot ist während der in der Ausschreibung angeführten Frist[1] (Art. 6 Abs. 1) verbindlich[2]. Fehlt eine solche Frist, so bleibt der Unternehmer während 30 Tagen[3] vom Ablauf der Eingabefrist[4] an gebunden.

Art. 17 (1977/91)

Das Angebot ist während der in der Ausschreibung angeführten Frist (Art. 6 Abs. 1) verbindlich. Fehlt eine solche Frist, so bleibt der Unternehmer während dreissig Tagen vom Ablauf der Eingabefrist an gebunden.

Anmerkung 1

1.1 Die Dauer der Gültigkeit (Bindungswirkung) des Angebots bestimmt sich nach den entsprechenden Vorgaben des Bauherrn in der Ausschreibung oder den dazugehörigen Unterlagen (zu denen dann auch die SIA-Norm 118 mit ihrem Art. 17 gehört), soweit der Unternehmer im Angebot nichts Abweichendes erklärt.

1.2 a) Gesteht der Unternehmer eine längere Bindefrist zu, als der Bauherr es verlangte, ist das jedenfalls unproblematisch.

1.3 b) Hat der Unternehmer im umgekehrten Fall die vom Bauherrn in der Ausschreibung verlangte Frist nur verkürzt übernommen, kann das – je nach anwendbaren Submissionsbedingungen, bei Anwendbarkeit öffentlichen Vergaberechts sogar regelmässig – zur Nichtberücksichtigung des fraglichen Angebots führen.

1.4 c) Hat der Bauherr keine Bindefrist angesetzt, sind allein die diesbezüglichen Angaben des Unternehmers massgeblich.

1.5 d) Legen weder die Ausschreibung noch die Unternehmerofferte eine Frist fest, gilt eine Bindefrist von 30 Tagen. Ist Art. 17 SIA-Norm 118 allerdings (noch) nicht anwendbar, dann beurteilt sich die Bindefrist nach Art. 4 OR (Antrag ohne Annahmefrist unter Anwesenden) oder Art. 5 OR (Antrag ohne Annahmefrist unter Abwesenden). Alsdann setzt sich die Normaldauer der Bindungswirkung aus der Übermittlungsdauer der Offerte und der Annahmeerklärung sowie aus einer angemessenen Überlegungsfrist zusammen (BGE 134 II 297/304 E. 4.3.1; BGer 4A_649/2011 vom 1. Dezember 2011 E. 3.2.3).

1.6 e) Werden mehrere Ausschreibungsbedingungen für anwendbar erklärt und enthalten diese unterschiedliche Bindefristen, beurteilt sich die massgebliche Frist nach der Widerspruchsregel von Art. 7 Abs. 3 (Art. 7/Rz. 2.1 f.).

Anmerkung 2

2.1 Die *Verbindlichkeit* heisst ein Zweifaches: Erstens ist der Bauherr berechtigt, den angebotenen Vertrag durch einseitige Annahmeerklärung, also «ohne weiteres Zutun des Submittenten zum Abschluss zu bringen» (Gauch, Die Submission im Bauwesen, S. 213). Zweitens kann der Unternehmer sein Angebot nicht mehr einseitig widerrufen oder abändern, es sei denn, er habe sich dies in der Beilage zum Angebot (Art. 15 Abs. 3) selbst vorbehalten oder es liege ein Anwendungsfall von Art. 9 OR vor bzw. der Bauherr räume in den anwendbar erklärten Ausschreibungsbedingungen dem Unternehmer ein über Art. 9 Abs. 1 OR hinausgehendes Widerrufs- oder Abänderungsrecht ein (zum Widerrufs- und Abänderungsrecht nach Art. 9 Abs. 1 OR vgl. Gauch, Die Submission im Bauwesen, S. 215 f.). Im Einzelnen:

2.2 a) Das Widerrufs-/Abänderungsrecht steht dem Unternehmer bis zum Zeitpunkt zu, an dem der Bauherr das Angebot des Unternehmers zur Kenntnis nimmt. Das ist grundsätzlich mit Eingang des Angebots beim Bauherrn der Fall, das heisst im Zeitpunkt, da das (schriftliche) Angebot beim Bauherrn eintrifft oder zumindest in seinen Machtbereich gelangt (Gauch/Schluep/Schmid, OR AT, Rz. 199). Teilt der Bauherr dem Unternehmer in den Ausschreibungsunterlagen hingegen den Zeitpunkt mit, an dem er alle Offerten öffnet (Öffnungstermin), allenfalls sogar unter Teilnahmemöglichkeit aller Bewerber und Verkündung der Angebote (Eröffnungstermin), so darf der Unternehmer darauf vertrauen, dass sein Angebot nicht vor diesem Termin zur Kenntnis genommen wird. Bis zu diesem Zeitpunkt wird der Unternehmer sein Angebot also widerrufen oder abändern dürfen. Dies gilt auch für den Fall, dass der Bauherr entgegen seiner Ankündigung vor dem Öffnungstermin vom Angebot Kenntnis nimmt (einlässlich Stoffel, Die Submission, S. 40 ff.).

b) Vom Grundsatz der Verbindlichkeit gibt es *zwei Ausnahmen:* Wenn der Bauherr wäh- 2.3
rend des Ausschreibungsverfahrens die ursprünglich angesetzte Frist (z.B. aufgrund von Rückfragen und in Abstimmung mit dem Unternehmer gemäss Art. 15 Abs. 2) erstreckt oder wenn der Unternehmer in der Beilage zum Angebot (Art. 15 Abs. 3) eine abweichende Bindefrist (= Annahmefrist gemäss Art. 3 OR) bekannt gibt. Beides hat mit ausreichender Deutlichkeit zu geschehen. Ob es daher genügt, wenn der Unternehmer seinem Angebot eigene vorformulierte Vertragsbedingungen beilegt, die eine anders lautende Bindefrist vorsehen, muss anhand des konkreten Einzelfalls beurteilt werden.

c) Obwohl insoweit ausschreibungswidrig, geht die vom Unternehmer mit dem Angebot 2.4
bekannt gegebene Bindefrist der vom Bauherrn in seinen Ausschreibungsbedingungen gesetzten Frist vor (Gauch, Die Submission im Bauwesen, S. 214). Gibt der Unternehmer in Bezug auf die Bindefrist keine abweichende Erklärung ab, unterwirft er sich damit vorbehaltlos den Ausschreibungsbedingungen des Bauherrn. «Durch die vorbehaltlose Einreichung des Angebotes macht der Submittent eine in den Submissionsbedingungen enthaltene Annahmefrist zum Bestandteil seines Angebotes. Die betreffende Frist ist dann vom Submittenten selbst angesetzt» (Gauch, Die Submission im Bauwesen, S. 214). Für die Fristansetzung vgl. Art. 6/Rz. 3.1 ff. Für die Fristberechnung gelten die Bestimmungen von Art. 76 ff. OR.

Anmerkung 3

Ist die *Dauer der verlangten Bindewirkung* in den Ausschreibungsunterlagen nicht fest- 3.1
gelegt worden, so gilt für die offerierenden Unternehmer (in Abweichung von Art. 4 OR und Art. 5 OR) im Anwendungsbereich der SIA-Norm 118 eine Bindefrist von 30 Tagen (Art. 17/Rz. 1.5).

Bei grösseren Ausschreibungen ist die Bindefrist von 30 Tagen nicht ausreichend; der 3.2
Bauherr wird daher rechtzeitig eine Erstreckung verlangen, wenn er nicht riskieren will, dass der Unternehmer sich nicht mehr an sein Angebot gebunden fühlt. Läuft die Bindefrist für das Angebot aus, ohne dass der Bauherr sich mit dem infrage kommenden Angebot eines Unternehmers vor ihrem Ablauf auf eine Erstreckung einigt, ist der entsprechende Unternehmer nicht mehr daran gebunden (Art. 3 Abs. 2 OR). Vgl. auch Art. 18/ Rz. 3.

Anmerkung 4

Der Unternehmer ist nicht erst mit Ablauf der Eingabefrist an seine Offerte gebunden, 4.1
sondern (vorbehältlich eines zulässigen Widerrufs) ab dem Zeitpunkt, in dem seine Of-

ferte dem Bauherrn zugeht (Stoffel, Die Submission, S. 41). Ein wirksamer Widerruf der Offerte vorbehalten (Art. 9 Abs. 1 OR), entfällt die Bindung erst mit Ablauf der in den Ausschreibungsunterlagen festgesetzten Frist (Art. 6/Rz. 5.1 f.; Art. 17/Rz. 2.1), die an die Eingabefrist anschliesst. Unter Umständen ist die *Bindefrist* also länger als die «in der Ausschreibung angeführte Frist».

4.2 Von der Bindefrist zu unterscheiden ist die *Eingabefrist*, für welche die Norm keine Regelung enthält. Zu beachten ist:

4.3 a) Für die Dauer der Eingabefrist ist eine vernünftige Zeitspanne anzusetzen. Selbst bei objektiv zu kurz bemessener Frist hat der Unternehmer keinerlei Ansprüche auf Erstreckung. Im Übrigen kann ein Unternehmer, der ein fristgerechtes Angebot eingereicht hat, sich nicht auf die Kürze der Frist berufen, um Fehler oder Auslassungen in seinem Angebot zu rechtfertigen, selbst wenn ein Kausalzusammenhang zwischen Frist und Fehler besteht: Soweit der Unternehmer ein Angebot einreicht, hat er sich den Ausschreibungsbedingungen unterworfen; damit hat er insbesondere die vorvertragliche Obliegenheit übernommen, die Offerte mit aller gebotenen Sorgfalt und Umsicht zu erstellen. Hält er die Frist für zu kurz, um ein den Erfordernissen genügendes Angebot auszuarbeiten, hat er von einer Teilnahme an der Ausschreibung abzusehen; alles andere wird dem Unternehmer im Regelfall als Übernahmeverschulden angelastet werden müssen.

4.4 b) Bauherren, die dem öffentlichen Vergaberecht unterstellt sind, sind bei der Fristbestimmung nicht frei: Sie dürfen insbesondere dann, wenn die einschlägigen Staatsverträge (insbesondere GPA und Bil. Abk. CH-EG) anwendbar sind, bestimmte Mindestfristen nicht unterschreiten (vgl. Art. XI Ziff. 2 und Ziff. 3 GPA).

4.5 c) Für private und für öffentliche Bauherren gilt, dass die Frist für Ausarbeitung und Einreichung der Angebote für alle Unternehmer in der Ausschreibung gleich lang sein muss. Das folgt aus dem Gebot von Treu und Glauben und dem daraus fliessenden Gleichbehandlungsgrundsatz (Art. 15/Rz. 4.1 ff.; vgl. auch Vorbem. Art. 3–22/6 f.).

1 25 Prüfung der Angebote[1]

Art. 18

[1] Der Bauherr prüft[2] die Angebote während der Zeit, in der sie verbindlich sind[3] (Art. 17).

[2] Während dieser Zeit gibt der Unternehmer dem Bauherrn auf dessen Verlangen zusätzliche Auskünfte[4]. Insbesondere legt er ihm Preisanalysen[5] einzelner wichtiger Preise[6] vor. Diese Analysen werden bei der Festlegung von Nachtragspreisen[7] (Art. 86–89)[8] mitberücksichtigt.[9]

[3] Der Bauherr darf die Angebote[10] inklusive Unternehmervarianten[11] nicht unbefugt verwenden. Er hat namentlich das Urheberrechtsgesetz, das Patentgesetz,

das Designgesetz und das Gesetz gegen den unlauteren Wettbewerb zu beachten.[12]

Art. 18 (1977/91)

[1] Der Bauherr prüft die Angebote während der Zeit, in der sie verbindlich sind (Art. 17).

[2] Während dieser Zeit gibt der Unternehmer dem Bauherrn auf dessen Verlangen zusätzliche Auskünfte. Insbesondere legt er ihm Preisanalysen einzelner wichtiger Preise vor. Diese Analysen werden bei der Festlegung von Nachtragspreisen (Art. 86 ff.) mitberücksichtigt.

Anmerkung 1

Die Phase zwischen Eingang der Angebote (Art. 15 ff.) und Annahme eines der einge- 1
reichten Angebote (Art. 19) wird verbreitet als Phase der *Offertbereinigung* bezeichnet. Im Zuge der Offertbereinigung werden die Angebote durch den Bauherrn geprüft (Art. 18 Abs. 1; Art. 18/Rz. 2.1 ff.) und offene Fragen mit den Unternehmern erörtert (Art. 18 Abs. 2; Art. 18/Rz. 4.1). Angebotsprüfung und Rückfragen können zeitlich hintereinander folgen, sich aber auch überlagern.

Anmerkung 2

Mit der Prüfung will sich der Bauherr (analog zu Art. 6 Abs. 2) Klarheit über die ihm ein- 2.1
gereichten Angebote und die Eignung der anbietenden Unternehmer verschaffen. Sie soll gleichzeitig sicherstellen, dass mit dem auszuwählenden Angebot das Werk frist- und fachgerecht erstellt werden kann und die Vergabe an jenen Unternehmer erfolgt, der das nach Auffassung des Bauherrn beste Angebot unterbreitet hat. Die SIA-Ordnungen enthalten eine detaillierte Beschreibung, was die vom Bauherrn beauftragte Bauleitung bei der Prüfung der Angebote zu beachten hat (Art. 4.41 SIA-Ordnung 102, Art. 4.3.41 SIA-Ordnung 103 und Art. 4.41 SIA-Ordnung 108). Zum Gegenstand der Prüfung vgl. auch Spiess/Huser, Handkommentar, N 9 zu Art. 18.

Im Zusammenhang mit der *Prüfung der Angebote* sind folgende Aspekte zu beachten: 2.2

a) Geprüft werden zunächst die formellen Aspekte der Angebote wie Rechtzeitigkeit und 2.3
Vollständigkeit, namentlich in Bezug auf die gewünschten Auskünfte und Beilagen (gemäss Art. 6 Abs. 1). In einem zweiten Schritt werden die Angebote inhaltlich geprüft. Massstab dafür sind die in den Ausschreibungsunterlagen (Art. 7 ff.) bekannt gegebenen Anforderungen. Ein wichtiger Bestandteil der Prüfung ist der *Vergleich der verschiedenen Offerten* in Bezug auf die vom Unternehmer verlangten Angaben und Beilagen (Art. 6 Abs. 1) und insbesondere die offerierten Preise. Zweckmässigerweise werden Rechen- und Schreibfehler schon im Hinblick auf die Vergleichbarkeit der verschiedenen Angebote korrigiert, wobei darauf zu achten ist, dass der Inhalt der Offerte nicht durch die einseitige Bereinigung verändert werden kann. Der Unternehmer hat aber keinen Anspruch darauf, dass der Bauherr nach Rechnungsfehlern sucht und diese korrigiert. Der Bauherr verstösst nicht gegen Treu und Glauben, wenn er in den Vertragsverhandlungen nicht nach Irrtümern des Gegners forscht, die dieser bei gehöriger Aufmerksamkeit selber wahrnehmen könnte. Ebenso wenig muss er Unterschieden zwischen den Einheitsprei-

sen verschiedener Positionen oder Unterschieden zwischen den Angeboten der verschiedenen Bewerber nachgehen (BGE 102 II 81/84 E. 2). Solche Vergleiche können aber für den Bauherrn sehr aufschlussreich sein. Zur rechtlichen Tragweite von Rechnungsfehlern des Unternehmers vgl. GWerkV Rz. 1249 ff.

2.4 Zu absichtlich vom Unternehmer eingebauten Rechnungsfehlern vgl. GWerkV Rz. 1257.

2.5 b) In der Phase der Bereinigung der Angebote kann der Unternehmer sein (bindendes, aber noch nicht angenommenes) Angebot nur ausnahmsweise widerrufen oder einseitig ändern, nämlich: Wenn er sich dies in seinem Angebot vorbehalten hat, die Ausschreibungsbedingungen des Bauherrn dies bis zu einem bestimmten Zeitpunkt vorsehen oder der Widerruf gemäss Art. 9 OR vor oder mit dem Angebot beim Bauherrn eintrifft oder bei späterem Eintreffen dem Bauherrn zur Kenntnis gebracht wird, bevor er vom Angebot Kenntnis genommen hat (vgl. zum Ganzen Art. 17/Rz. 2.1 ff.). Dem Bauherrn selbst ist eine einseitige Abänderung des Angebots oder der Angaben in seinen Ausschreibungsunterlagen untersagt (Art. 21/Rz. 19).

2.6 c) Der Bauherr hat die Unterlagen und Informationen, die er im Ausschreibungsverfahren erhält, vertraulich zu behandeln, allfällige Geschäfts- und Fabrikationsgeheimnisse zu wahren und Urheberrechte zu achten. Vgl. Art. 18 Abs. 3 und Art. 24, zur Preisanalyse Art. 18/Rz. 5.10.

Anmerkung 3

3 Prüft der Bauherr die Angebote nicht während der Bindefrist, so läuft die Bindung des Unternehmers an sein Angebot aus, weshalb er dann nicht mehr daran gebunden ist (Art. 3 Abs. 2 OR). Nimmt der Bauherr ein Angebot nach Ablauf der Bindefrist an, so liegt darin ein Gegenangebot (Art. 22).

Anmerkung 4

4.1 Die Prüfung der Angebote macht in den meisten Fällen *Rückfragen* an die Unternehmer erforderlich. Mit den Fragen sollen unklare oder unvollständige Angaben in der Offerte bereinigt werden. Die Fragen können mannigfaltig sein. Dies vor allem dann, wenn der Bauherr die zu erbringende Leistung nur funktional oder kombiniert funktional-detailliert beschrieben (Vorbem. Art. 3–22/Rz. 24 f.) und wenn ein Unternehmer in seinem Angebot Unternehmervarianten unterbreitet hat (Art. 167). Zudem können sich Rückfragen an den Unternehmer aufdrängen zum gewünschten Bauvorgang oder zur Baumethode (Art. 7/Rz. 16; Art. 8/Rz. 9.1 ff.), zu seinen Aussagen im technischen Bericht, zu den Maschinen (Geräteliste) und Materiallieferanten, zu den für die Baustelle vorgesehenen verantwortlichen Personen, zum Beizug von Subunternehmern, zu den Baustelleneinrichtungen (Art. 124 Abs. 2), zum Bauprogramm des Unternehmers (Art. 93), zu den Massnahmen zur Einhaltung der vorgegebenen Fristen und Termine (Art. 95) sowie zu den offerierten Preisen usw. Bei Rückfragen ist der Grundsatz der chancengleichen Behandlung aller anbietenden Unternehmer zu beachten. Die Rückfragen des Bauherrn an den Unternehmer können auch im Rahmen von *Vertragsverhandlungen* (Unternehmergesprächen) erfolgen. Das wird hier nicht gesagt, in der Praxis aber häufig so gehandhabt.

Das Ergebnis der Rückfragen und Verhandlungen kann in einer Klarstellung, Änderung oder Ergänzung einzelner Punkte der Ausschreibung und/oder des Angebots des Unternehmers bestehen. Sind sich die Parteien darüber einig, so werden sie zum Inhalt des Vertrags (Art. 21/Rz. 19; Art. 22/Rz. 7). Häufig hält der Bauherr – vor allem bei grösseren Bauvorhaben – das Ergebnis der Verhandlungen in einem schriftlichen Dokument fest, das er als «*Fragenbeantwortungen des Unternehmers*» oder als «Protokoll der Verhandlungen» bezeichnet. Dabei ist darauf zu achten, dass die vereinbarten Änderungen und Ergänzungen bei der Ausfertigung der Vertragsurkunde und der übrigen Vertragsbestandteile berücksichtigt (Art. 20/Rz. 10.1 f.) und insbesondere das Verhandlungsprotokoll zutreffend in die Rangordnung der Vertragsbestandteile eingefügt wird (Art. 20/Rz. 10.2; Art. 21/Rz. 5.6). Das Verhandlungsprotokoll wird aber nicht schon durch seine blosse Existenz und auch nicht automatisch mit der Annahme des Angebots durch den Bauherrn zum Bestandteil des Werkvertrags (so aber Spiess/Huser, Handkommentar, N 19 zu Art. 18).

Es ist eine Erfahrungstatsache, dass «Offertbereinigungen» oft ungenau und unvollständig dokumentiert werden, worauf auch Spiess/Huser, Handkommentar, N 23 zu Art. 18, verweisen. 4.2

Anmerkung 5

Der Bauherr kann vom Unternehmer die Vorlage von Preisanalysen verlangen. Sie sind in den meisten Fällen eine Voraussetzung dafür, dass gemäss Preisfortschreibung (zum Prinzip der Preisfortschreibung siehe Vorbem. Art. 84–91/Rz. 2 mit weiteren Verweisungen) die Nachtragspreise ermittelt werden können. Dazu ist im Einzelnen anzumerken: 5.1

a) Die Preisanalyse zeigt, *wie der Unternehmer* den Preis für eine Arbeitsleistung *kalkuliert* (d.h. gerechnet) hat. Aus ihr ist ersichtlich, aus welchen Kostenelementen (Lohn, Material, Inventar, Fremdleistungen, indirekte Kosten) der Preis zusammengesetzt ist und wie der Unternehmer die einzelnen Kostenelemente gewichtet bzw. den «Preis aufgebaut» hat. Aus ihr sollte ferner ersichtlich sein, wie er den Zeitaufwand für die Arbeit (Leistungswert genannt; SBV, Vorkalkulation, Ziff. 20; Bucher Jörg/Henninger, Kalkulation und Teuerungsabrechnung, S. 178; siehe auch Vorbem. Art. 84–91/Rz. 78) eingeschätzt hat. Zur Kalkulation vgl. Vorbem. Art. 84–91/Rz. 51 ff. Zur Verlässlichkeit von Preisanalysen vgl. Art. 18/Rz. 5.3 und Vorbem. Art. 84–91/Rz. 78. 5.2

b) Die Vorlage einer Preisanalyse ist eine *Auskunft* (Information) des Unternehmers an den Bauherrn darüber, wie er einen offerierten Preis kalkuliert hat. Durch die Vorlage wird sie nicht zum Inhalt des Vertrags (GWerkV Rz. 1254; Hürlimann/Heer, Preise, Leistungsverzeichnis und Kalkulation, S. 18, Fn. 43; a.M. Spiess/Huser, Handkommentar, N 17 zu Art. 18). Sie kann daher auch nicht zur Auslegung des Vertrags bzw. einer vereinbarten Leistung beigezogen werden. Dafür sind die Vertragsbestandteile (Art. 7), namentlich das Leistungsverzeichnis bzw. die Baubeschreibung, die Besonderen Bedingungen und die Pläne massgeblich. Der Unternehmer kann auch keine Preisanpassung verlangen, wenn sich seine in der Preisanalyse dokumentierte Kalkulation als fehlerhaft 5.3

herausstellen sollte (GWerkV Rz. 1254; Hürlimann/Heer, Preise, Leistungsverzeichnis und Kalkulation, S. 18). Vgl. auch Art. 18/Rz. 5.6.

5.4 c) Aufgrund von Art. 18 ist der Unternehmer verpflichtet, dem Bauherrn die Analyse «einzelner wichtiger Preise» (vgl. Art. 18/Rz. 6.1 ff.) vorzulegen. Aufgrund einer Preisanalyse will sich der Bauherr von der *Angemessenheit des angebotenen Preises* überzeugen (GWerkV Rz. 1254).

5.5 Die Norm enthält keine Aussage darüber, wie detailliert eine Preisanalyse zu sein braucht. Um ihren Zweck zu erfüllen, muss sie aber so detailliert sein, dass sie dem Bauherrn eine hinreichende Auskunft im Hinblick auf die Beurteilung des angebotenen Preises und auf die allfällig spätere Vereinbarung von Nachtragspreisen liefert. Genügt eine Preisanalyse dieser Anforderung nicht, sollte der Bauherr sie zurückweisen und detailliertere Angaben verlangen.

5.6 Der Bauherr ist indessen nicht verpflichtet, Preisanalysen zu prüfen, noch kann der Unternehmer, falls der Bauherr die Preisanalyse prüft und Rückfragen stellt, daraus Rechte ableiten. Vielmehr bleibt die Verantwortung für die Richtigkeit und Vollständigkeit der angebotenen Preise beim Unternehmer. Insbesondere trägt er das Risiko einer Fehlkalkulation (Hürlimann/Heer, Preise, Leistungsverzeichnis und Kalkulation, S. 17 ff.). Anders wäre es nur, wenn die Parteien ausnahmsweise eine Preisanalyse zum Inhalt des Vertrags erklären würden.

5.7 Der Wortlaut der Bestimmung sieht nicht vor, dass der Bauherr für sämtliche angebotenen Preise eine Analyse verlangen kann, sondern nur für einzelne, wichtige Preise (Art. 18/Rz. 6.1 ff.). Indes kann er vor allem bei Langzeitverträgen bereits in der Ausschreibung verlangen oder in den Vertragsverhandlungen vereinbaren, dass der Unternehmer im Falle einer Auftragserteilung die Kalkulation aller Preise, die er dem ursprünglichen Angebot zugrunde gelegt hat (allenfalls ergänzt bzw. korrigiert aufgrund der Offertbereinigungen), an dritter Stelle (Notar, Treuhänder, Baufachmann) hinterlegt und bei Differenzen bei der Bildung von Nachtragspreisen oder anderen Vergütungsforderungen des Unternehmers vom Bauherrn oder von Drittpersonen (Experten, Schlichter usw.) eingesehen werden können. Zur Beweislast des Unternehmers siehe Art. 84/Rz. 13.2 und Vorbem. Art. 84 – 91/Rz. 111.

5.8 Um einer Hinterlegung von nichtssagenden und damit unbrauchbaren Preisanalysen zuvorzukommen, kann vereinbart werden, dass die Tauglichkeit der zu hinterlegenden Preisanalyse vorgängig gemeinsam oder durch eine unbeteiligte Fachperson des Vertrauens einer Prüfung unterzogen wird.

5.9 d) Erweist sich eine Preisanalyse bei der Herleitung eines Nachtragspreises als unrichtig – etwa weil der Unternehmer z.B. die einzelnen Elemente der Kalkulation, wie die Kosten für Personal, Material und insbesondere die für die Arbeit vorgesehene Zeit nicht richtig eingeschätzt oder ein Element vergessen hat oder ihm ein schlichter Rechnungsfehler unterlaufen ist –, so ist dies als Irrtum im Beweggrund unbeachtlich (Art. 18/Rz. 5.2 f.). Kalkulationsfehler des Unternehmers können denn auch bei der Bildung von Nachtragspreisen nicht zulasten des Bauherrn korrigiert werden (Vorbem. Art. 84 – 91/Rz. 66).

e) Mit der Vorlage von Preisanalysen erhält der Bauherr Einsicht in *Geschäftsgeheimnisse* des Unternehmers, namentlich bei den Angaben über individuelle Beschaffungskosten, kalkulatorische Prozentansätze, Fremdleistungen, Verzinsung des investierten Kapitals, die unternehmerspezifisch sind und von ihm in der Kalkulation nach Ermessen festgelegt werden können. Nach Art. 24 Abs. 2 unterliegt der Bauherr diesbezüglich der Geheimhaltungspflicht. 5.10

Anmerkung 6

Wichtig für den Bauherrn sind die Preise etwa für Leistungen, 6.1

- die ein erhebliches Ausmass der Gesamtleistung und damit der Angebotssumme ausmachen; 6.2
- bei denen aufgrund einer Risikoanalyse anzunehmen ist, dass sich mit grosser Wahrscheinlichkeit Bestellungsänderungen ergeben könnten, weil z.B. der Baugrund solche erforderlich machen kann oder weil mit Mehrvergütungsansprüchen des Unternehmers zufolge Spekulation zu rechnen ist (Vorbem. Art. 84–91/Rz. 98 f.); 6.3
- die in der Ausschreibung nicht detailliert oder nur funktional beschrieben wurden (Vorbem. Art. 3–22/Rz. 24 f.); 6.4
- für die der Bauherr in der Ausschreibung einen Pauschal- oder Globalpreis vorgesehen hat. 6.5

Anmerkung 7

Nachtragspreise sind zu vereinbaren, wenn der Bauherr seine Bestellung gemäss Art. 84 f. ändert oder wenn der Unternehmer nach Massgabe von Art. 58 Abs. 2 Anspruch auf eine zusätzliche Vergütung hat. 7

Anmerkung 8

Der bei der Revision korrigierte Verweis ist unvollständig. Art. 90, wonach Bestellungsänderungen eine Anpassung der Fristen erforderlich machen können, wurde versehentlich nicht aufgeführt. 8

Anmerkung 9

Das ist eine Untertreibung. In Wirklichkeit sind Preisanalysen eine unabdingbare *Voraussetzung für die Bildung von Nachtragspreisen* nach den Regeln der Preisfortschreibung. Vgl. Art. 18/Rz. 5.1 ff. Zur Preisfortschreibung siehe Vorbem. Art. 84–91/Rz. 2 mit weiteren Verweisungen. 9

Anmerkung 10

Vgl. Art. 15. 10

Anmerkung 11

Vgl. Art. 15/Rz. 10, Art. 24/Rz. 5.1 f. und Art. 167. 11

Anmerkung 12

12.1 Diese Aufzählung entspricht jener, die in Art. 24 Abs. 3 enthalten ist, wo es um die vertragliche Treuepflicht geht.

12.2 Aus dem UWG ist vor allem Art. 5 zu erwähnen, nach dem die «Verwertung fremder Leistung» unlauter ist.

1 26 Annahme durch den Bauherrn

Art. 19

[1] Will[1] der Bauherr ein Angebot annehmen, so teilt er[2] dem Anbietenden mit, dass er ihm die Ausführung der ausgeschriebenen Bauarbeit gemäss dem Angebot[3] vergibt. Eine mündliche Mitteilung bestätigt er auf Verlangen des Unternehmers schriftlich[4].

[2] Mit dieser Mitteilung ist der Werkvertrag rechtsverbindlich abgeschlossen.

[3] Der Werkvertrag wird auch dadurch abgeschlossen, dass mit der Ausführung der Arbeit in beidseitigem Einvernehmen begonnen wird.[5]

[4] Die Rangordnung der Vertragsbestandteile[6] richtet sich nach Art. 21.

Art. 19 (1977/91)

[1] Will der Bauherr ein Angebot annehmen, so teilt er dem Anbietenden mit, dass er ihm die Ausführung der ausgeschriebenen Bauarbeit gemäss dem Angebot vergebe. Eine mündliche Mitteilung bestätigt er auf Verlangen des Unternehmers schriftlich.

[2] Mit dieser Mitteilung ist der Werkvertrag rechtsverbindlich abgeschlossen.

[3] Der Werkvertrag wird auch dadurch abgeschlossen, dass mit der Ausführung der Arbeit in beidseitigem Einvernehmen begonnen wird.

[4] Die Rangordnung der Vertragsbestandteile richtet sich nach Art. 21.

Anmerkung 1

1.1 Der *Bauherr* ist grundsätzlich *frei*, *ob* er überhaupt eines der Angebote annehmen will (Art. 16/Rz. 1) oder ob er bei einem unbefriedigenden Ergebnis der Ausschreibung diese wiederholen oder ganz auf die Realisierung seines Bauvorhabens verzichten will. Es steht ihm auch frei, welches Angebot er annehmen will. Dem erfolglosen Unternehmer stehen in diesen Fällen keinerlei Ansprüche gegenüber dem Bauherrn zu, es sei denn, dieser habe die Pflicht zu ernsthaftem Verhandeln verletzt oder die Arbeiten in Verletzung der für das betreffende Verfahren geltenden Regeln vergeben (GWerkV Rz. 488 und 493). Siehe dazu Vorbem. Art. 3 – 22/Rz. 3 ff. In diesen Fällen wird der Bauherr gegebenenfalls aus culpa in contrahendo schadenersatzpflichtig (vgl. GWerkV Rz. 435 ff.).

Bei privaten Ausschreibungen sind – anders als im öffentlichen Vergaberecht – die Regeln und Kriterien, nach welchen der Bauherr die Arbeiten vergeben will, häufig sehr rudimentär – wenn überhaupt Regeln und Kriterien spezifiziert werden. Meistens besteht das Vergabekriterium lediglich darin, die ausgeschriebene Bauarbeit an jenen Unternehmer zu vergeben, der das wirtschaftlich günstigste Angebot eingereicht hat. 1.2

Anmerkung 2

Die Mitteilung besteht in der *Annahme des Angebots;* rechtlich ist sie eine Willenserklärung. Dazu ist Folgendes anzumerken: 2.1

a) Bei der privaten Ausschreibung gilt nach dem Vertrauensprinzip die Mitteilung an den Unternehmer, er erhalte den Zuschlag, in aller Regel als Annahme des Angebots, womit der Vertrag zustande kommt (GWERKV Rz. 385). Anders verhält es sich im öffentlichen Vergaberecht, bei dem zwischen anfechtbarer Zuschlagsverfügung und Offertannahme zu unterscheiden ist. 2.2

b) Die Bestimmung enthält *keine Zeitangabe, bis wann* diese Mitteilung zu erfolgen hat. Soll der Vertrag zustande kommen, muss die Annahmeerklärung vor Ablauf der Bindefrist (Art. 17) beim Unternehmer eingetroffen sein (Art. 3 Abs. 2 OR). Erfolgt die Annahmeerklärung nach Ablauf der Bindefrist (beachte aber den Sonderfall von Art. 5 Abs. 3 OR), liegt darin ein Gegenangebot des Bauherrn gemäss Art. 22. 2.3

c) Die Norm verlangt *keine bestimmte Form* der Willenserklärung. Sie kann ausdrücklich (mündlich/telefonisch oder schriftlich) oder stillschweigend erfolgen (Art. 3 Abs. 1). Zur stillschweigenden Annahmeerklärung vgl. auch Art. 19/Rz. 5 und BGer 4D_76/2010 vom 5. Oktober 2010. Der Bauherr kann in den Ausschreibungsunterlagen für die Annahmeerklärung die Schriftform vorbehalten, für die sich nach Massgabe von Art. 16 Abs. 1 OR entscheidet, ob sie Gültigkeits- oder blosse Beweisform ist (Art. 3/Rz. 1). 2.4

d) Die Mitteilung, das Angebot anzunehmen, kann auch durch einen Stellvertreter des Bauherrn, insbesondere durch den mit der Ausschreibung beauftragten Planer erfolgen. Dies setzt indessen voraus, dass der Bauherr seinen Stellvertreter entsprechend ermächtigt hat. Allein gestützt auf Art. 33 Abs. 2 darf der Unternehmer nicht davon ausgehen, dass die Bauleitung berechtigt ist, den Vertrag mit Wirkung für den Bauherrn abzuschliessen (Art. 3/Rz. 6; Art. 33/Rz. 3.1 ff. und 11.1 f.). 2.5

Anmerkung 3

Gemeint ist hier das ursprüngliche Angebot gemäss Art. 15. Dieses wird indes häufig im Zusammenhang mit der Prüfung durch den Bauherrn bereinigt (Art. 18/Rz. 1 und 4.1 f.), das heisst, es wird präzisiert, ergänzt und allenfalls abgeändert. Wurde das ursprüngliche Angebot vor der Annahme in beidseitigem Einvernehmen ergänzt oder «sonstwie inhaltlich geändert» (Art. 21 Abs. 2; vgl. Art. 21/Rz. 18), so bezieht sich die Annahmeerklärung des Bauherrn auf dieses ergänzte oder inhaltlich geänderte Angebot. Durfte der Unternehmer sein Angebot ausnahmsweise einseitig ändern (Art. 17/Rz. 2.1), so bezieht sich die Annahmeerklärung auf das geänderte Angebot. Enthält die Annahmeerklärung des Bauherrn inhaltlich eine Abweichung zum ursprünglichen und/oder einvernehmlich er- 3 gänzten oder geänderten Angebot, liegt keine Annahme des Angebots vor, sondern ein Gegenangebot gemäss Art. 22.

Anmerkung 4

4 Der Vertrag kommt schon durch die *mündliche Annahmeerklärung* zustande. Die schriftliche Bestätigung stellt kein Gültigkeitserfordernis dar und hat lediglich Beweisfunktion (Art. 20/Rz. 12). Anders ist es nur, wenn die Parteien für den Vertragsabschluss eine besondere Form gemäss Art. 16 OR vorbehalten haben (Art. 3/Rz. 1). Zudem sieht die Norm in Art. 20 vor, dass der Bauherr nach Annahme des Angebots eine Vertragsurkunde ausfertigt.

Anmerkung 5

5 Der Vertrag wird somit stillschweigend durch *konkludentes (schlüssiges) Handeln* abgeschlossen (Art. 3/Rz. 4.1 f.). Eine konkludente Annahme des Angebots kann auch darin bestehen, dass der Bauherr dem Unternehmer die entsprechend ausgefertigte Vertragsurkunde (Art. 20 Abs. 1) zur Unterzeichnung zusendet oder den Unternehmer auffordert, mit den Arbeiten zu beginnen (Gauch, Die Submission im Bauwesen, S. 218).

Anmerkung 6

6 Sie ist nur dann von Bedeutung, wenn sich die verschiedenen Vertragsbestandteile widersprechen. Vgl. dazu Art. 21.

1 27 Vertragsurkunde und übrige Bestandteile des Werkvertrages

Art. 20

[1] Nach der Annahme (Art. 19)[1] fertigt[2] der Bauherr die Vertragsurkunde[3] aus, und zwar in der nötigen Anzahl von Exemplaren[4]. Aus der Urkunde hat der gesamte Vertragsinhalt[5] hervorzugehen, entweder unmittelbar oder durch Verweisung (Abs. 2)[6]. Sobald als möglich[7] übergibt der Bauherr dem Unternehmer unentgeltlich mindestens ein Exemplar mit einer Ausfertigung der übrigen Bestandteile des Werkvertrages (Abs. 2).

[2] Anstatt den ganzen Inhalt des Werkvertrages selbst wiederzugeben, kann die Vertragsurkunde auf Schriftstücke[8] verweisen, welche Bestandteile des Werkvertrages enthalten, wie:

1. Das Angebot mit den zugehörigen Beilagen (Art. 15)[9],

2. die einzelnen Ausschreibungsunterlagen[10] (Art. 7 Abs. 2 Ziff. 1–5[11]).

[3] Durch die Unterzeichnung von mindestens zwei Exemplaren der Vertragsurkunde bestätigen[12] die Vertragsparteien (oder ihre Vertreter[13]) den gemäss Art. 19 erfolgten Abschluss[14], den Inhalt[15] des Vertrages und die Vollständigkeit[16] der Urkunde[17].

[4] Hat vor der Unterzeichnung keine Annahme (Art. 19) stattgefunden, so erfolgt diese durch Unterzeichnung der Vertragsurkunde[18].

Art. 20 (1977/91)

[1] Nach der Annahme (Art. 19) fertigt der Bauherr die Vertragsurkunde aus, und zwar in der nötigen Anzahl von Exemplaren. Aus der Urkunde hat der gesamte Vertragsinhalt hervorzugehen, entweder unmittelbar oder durch Verweisung (Abs. 2). Sobald als möglich übergibt der Bauherr dem Unternehmer unentgeltlich mindestens ein Exemplar mit einer Ausfertigung der übrigen Bestandteile des Werkvertrages (Abs. 2).

[2] Anstatt den ganzen Inhalt des Werkvertrages selbst wiederzugeben, kann die Vertragsurkunde auf Schriftstücke verweisen, welche Bestandteile des Werkvertrages enthalten, nämlich:

1. Das Angebot mit den zugehörigen Beilagen (Art. 15)
2. Die einzelnen Ausschreibungsunterlagen (Art. 7 Abs. 2 Ziff. 1–5).

[3] Durch die Unterzeichnung von mindestens zwei Exemplaren der Vertragsurkunde bestätigen die Partner (oder ihre Vertreter) den gemäss Art. 19 erfolgten Abschluss, den Inhalt des Vertrages und die Vollständigkeit der Urkunde.

[4] Hat vor der Unterzeichnung keine Annahme (Art. 19) stattgefunden, so erfolgt diese durch Unterzeichnung der Vertragsurkunde.

Anmerkung 1

Auch wenn die Annahme des Angebots konkludent erfolgt (Art. 3/Rz. 4.1 f.; Art. 19/ Rz. 5), hat der Bauherr die Vertragsurkunde auszufertigen. Tut er es nicht, so ändert dies aber nichts am Zustandekommen des Vertrags (Art. 19 Abs. 2). Die Urkunde soll den Abschluss und den Inhalt des Vertrags beweisen. Allerdings kann der Vertrag formungültig sein, wenn die Parteien die Gültigkeit von der Einhaltung einer Form abhängig gemacht haben (Art. 16 OR; Art. 3/Rz. 2.1). Bei formlosem Abschluss können sich für die Parteien Beweisschwierigkeiten ergeben. 1

Anmerkung 2

Bei der Ausfertigung der Vertragsurkunde und der übrigen Bestandteile des Werkvertrags hat der Bauherr darauf zu achten, dass allfällige *Präzisierungen, Ergänzungen oder Änderungen des Angebots* aufgrund der Bereinigungen desselben (Art. 18/Rz. 4.1 f.; Art. 20/Rz. 10.1 f.) oder aufgrund eines (vom Unternehmer angenommenen) Gegenangebots des Bauherrn (gemäss Art. 22/Rz. 9) *berücksichtigt werden.* 2.1

Nimmt der Bauherr bei der Ausfertigung der Vertragsurkunde von sich aus Änderungen gegenüber dem gemäss Art. 19 zustande gekommenen Vertrag vor, indem er z.B. Ausschreibungsunterlagen ändert oder ergänzt oder neue Bestimmungen einfügt, so liegt darin ein Antrag an den Unternehmer auf Abänderung des abgeschlossenen Vertrags. Zur 2.2

Frage, unter welchen Voraussetzungen eine solche einseitige Änderung Vertragsgeltung erlangt, vgl. Art. 20/Rz. 15.1 f. und Art. 22/Rz. 4.1 ff.

2.3 Gemäss Art. 7 Abs. 2 Ziff. 1 muss der Text der Vertragsurkunde mit dem Hauptinhalt des vorgesehenen Vertrags (unter Einschluss der Vertretungsverhältnisse) bereits in der Ausschreibung den Unternehmern zur Kenntnis gebracht und darin auf die übrigen Ausschreibungsunterlagen verwiesen werden. In der Praxis wird es mitunter unterlassen, die vorgesehene Vertragsurkunde der Ausschreibung beizulegen. Selbst wenn es sich so verhält, ändert dies in Anbetracht der Regel von Art. 19 Abs. 2 nichts am Zustandekommen des Vertrags, wenn sich die Parteien über die objektiv und subjektiv wesentlichen Vertragspunkte (Art. 22/Rz. 8.2) geeinigt haben (GWerkV Rz. 380 ff.). Diese Unterlassung birgt aber die Gefahr in sich, dass bei einer nachträglichen Erstellung der Vertragsurkunde bewusst oder unbewusst Änderungen gegenüber dem bereits abgeschlossenen Vertrag vorgenommen werden (Art. 20/Rz. 15.1 f.; Art. 21/Rz. 19; Art. 22/Rz. 4.1 ff.).

Anmerkung 3

3 Vgl. Art. 7 Abs. 2 Ziff. 1 (Art. 7/Rz. 9).

Anmerkung 4

4 Gemäss Art. 20 Abs. 3 müssen es mindestens zwei Exemplare sein.

Anmerkung 5

5 Während in der Ausschreibungsphase die vorgesehene Vertragsurkunde samt den übrigen Ausschreibungsunterlagen lediglich den Hauptinhalt des vorgesehenen Vertrags enthalten soll (Art. 7 Abs. 2 Ziff. 1; Art. 7/Rz. 10.1 f.), haben die nach der Annahme des Angebots auszufertigende Vertragsurkunde und die übrigen Schriftstücke, auf die in der Vertragsurkunde verwiesen wird, den gesamten Vertragsinhalt wiederzugeben (Art. 20 Abs. 2; Art. 21/Rz. 6.1 f.). Bei dieser «Vollständigkeitsklausel» handelt es sich allerdings bloss um eine *Ordnungsvorschrift*, nicht um eine vertragliche Formvorschrift. Sie ist oft auch kaum einzuhalten und verleitet Bauherren und Planer in der Praxis dazu – sei es aus Unwissenheit, Übervorsicht oder Unsorgfalt –, alle möglichen Schriftstücke zu Vertragsbestandteilen zu erklären, deren Inhalt schon in anwendbaren Gesetzen, in der Vertragsurkunde oder in anderen Bestandteilen geregelt sind. Dies ist nicht nur unnütz, sondern auch schädlich, weil im Dickicht des Vertrags wichtige Aspekte übersehen werden oder verloren gehen (so auch Schumacher, Vertragsgestaltung, Rz. 1551; dieser spricht denn auch von einem Vollständigkeitswahn und hält fest: «Der perfekte, lückenlose Vertrag ist und bleibt eine Illusion», Schumacher, Vertragsgestaltung, Rz. 1552). Für den Fall, dass die Vertragsurkunde nicht den ganzen Inhalt des abgeschlossenen Vertrags wiedergibt, vgl. Art. 20/Rz. 16.

Anmerkung 6

6 Bei Werkverträgen für kleine und einfache Bauarbeiten wird der Bauherr den grössten Teil des abgeschlossenen Vertrags unmittelbar in der Vertragsurkunde (z.B. mit Verweis auf das Leistungsverzeichnis und die SIA-Norm 118) festhalten können. Bei grossen und

komplexen Bauarbeiten wird der grösste Teil des Vertragsinhalts in separaten Schriftstücken umschrieben sein, auf die in der Vertragsurkunde ausdrücklich verwiesen wird und die damit zum Bestandteil des Vertrags erklärt werden (Art. 20/Rz. 11).

Anmerkung 7

In der Praxis wird diese Vorschrift zu wenig ernst genommen und die Vertragsurkunde 7
mit den übrigen Bestandteilen häufig erst nach Beginn der Arbeiten, schlimmstenfalls sogar erst nach deren Beendigung kurz vor der Schlussabrechnung, ausgefertigt. Eine Sanktion für die nicht *rechtzeitige Vertragsausfertigung* und Unterzeichnung sieht die Norm nicht vor, da die Vertragsurkunde nur Bestätigungscharakter hat (Art. 20/Rz. 12), es sei denn, die Parteien hätten für den Vertragsabschluss gemäss Art. 16 OR eine besondere Form vorbehalten (Art. 3/Rz. 1 und 2.1). In diesem Fall stellt der Baubeginn bzw. die Bauaufnahme als Erfüllungshandlung ein starkes Indiz für den vollzogenen (konkludenten) Vertragsabschluss dar, womit die Vermutung von Art. 16 Abs. 1 OR widerlegt wird (Gauch/Schluep/Schmid, OR AT, Rz. 593). In jedem Fall kann sich die Unterlassung später mit Beweisschwierigkeiten rächen.

Anmerkung 8

In der Vertragsurkunde kann nicht nur auf Schriftstücke in Papierform verwiesen werden 8
(wie dies heute noch weitgehend die Regel ist), sondern auch auf elektronisch erfasste Informationen.

Anmerkung 9

Zugehörig sind diejenigen Beilagen, die der Bauherr in der Ausschreibung vom Unter- 9
nehmer verlangt (wie Bauprogramm, Pläne für Baustelleneinrichtungen, vgl. Art. 6 Abs. 1), sowie die Bemerkungen, Vorschläge und Ergänzungen, die der Unternehmer seinem Angebot als Beilage gemäss Art. 15 Abs. 3 gesondert beigelegt hat. Letztere werden allerdings nur dann zum Vertragsbestandteil, wenn und soweit der Bauherr ihnen zugestimmt bzw. sie angenommen hat. Zum Bauprogramm vgl. Art. 93 Abs. 2, zu den Plänen der Baustelleneinrichtungen vgl. Art. 124 Abs. 2. Vgl. ferner Art. 20/Rz. 10.1 f. Für den Fall, dass der Unternehmer seinem Angebot eigene Allgemeine Geschäftsbedingungen beilegt, vgl. Gauch/Schluep/Schmid, OR AT, Rz. 1130 f.

Anmerkung 10

Die Norm enthält keine Hinweise darauf, wie vorzugehen ist, wenn die Parteien in gegen- 10.1
seitigem Einvernehmen im Rahmen der Bereinigung der Offerte (Art. 18/Rz. 1 und 4.1 f.) einzelne Ausschreibungsunterlagen präzisieren, ergänzen und allenfalls abändern (Art. 21 Abs. 2). Es empfiehlt sich, bei der Vertragsausfertigung die Vertragsbestandteile entsprechend (und zwar an der konkreten Stelle, z.B. in den Positionen des Leistungsverzeichnisses, in den Ziffern der Besonderen Bestimmungen) zu korrigieren. Sind nur wenige Korrekturen vorzunehmen, können sie in der Vertragsurkunde selbst aufgeführt werden. Es lohnt sich jedenfalls, wenn sich der Bauherr bzw. seine Planer trotz bevorstehendem Baubeginn und der meist noch in Gang befindlichen Ausführungsplanung ge-

nügend Zeit für die richtige und vollständige Ausfertigung der Vertragsurkunde mit all ihren Bestandteilen nehmen. Dies ist umso ratsamer, je umfang- und zahlreicher die Vertragsbestandteile und deren Änderungen sind.

10.2 Verzichtet der Bauherr darauf, die vereinbarten Präzisierungen, Ergänzungen und Änderungen in die einzelnen Bestandteile des Vertrags einzufügen, und erklärt er stattdessen die «Fragenbeantwortung des Unternehmers» und/oder das (die) «Verhandlungsprotokoll(e)» (Art. 18/Rz. 4.1) zu einem separaten, zusätzlichen Vertragsbestandteil, so ist gleichzeitig im Hinblick auf allfällige Widersprüche dessen/deren *Rangordnung* in der Vertragsurkunde festzulegen (Art. 18/Rz. 4.1; Art. 21/Rz. 5.1 ff. und 18).

Anmerkung 11

11 Umfasst die Ausschreibung weniger oder aber zusätzliche Ausschreibungsunterlagen als die in Art. 7 Abs. 2 Ziff. 1–5 aufgeführten, werden diejenigen Schriftstücke zum Vertragsinhalt, auf die in der Ausschreibung verwiesen worden ist. Der Verweis in der Vertragsurkunde auf die einzelnen Ausschreibungsunterlagen begründet die (widerlegbare) Vermutung, dass der Vertrag keine weiteren Vertragsbestandteile enthält (Art. 20/Rz. 16; Art. 21/Rz. 6.1 f.).

Anmerkung 12

12 Die *Unterzeichnung* der Vertragsurkunde begründet eine tatsächliche Vermutung für den erfolgten Vertragsabschluss, für den Inhalt des Vertrags (wie er sich direkt oder durch Verweis aus der unterzeichneten Urkunde ergibt) und schliesslich für die Vollständigkeit der Vertragsurkunde (Art. 20/Rz. 16) in dem Sinne, dass es zwischen den Parteien keine zusätzlichen Abreden gibt. Die Vertragsurkunde hat damit bloss deklaratorische, *keine konstitutive Wirkung*, worin sie sich vom kaufmännischen Bestätigungsschreiben unterscheidet (vgl. Gauch/Schluep/Schmid, OR AT, Rz. 1162 ff.).

Anmerkung 13

13 Die Unterzeichnung der Vertragsurkunde durch einen Vertreter setzt eine entsprechende Vollmacht gemäss Art. 32 ff. OR voraus (Art. 3/Rz. 6; Vorbem. Art. 33–36/Rz. 5 ff.; Art. 33/Rz. 3.1 ff. und 11.1 f.).

Anmerkung 14

14 Wie schon aus Art. 19 Abs. 2 hervorgeht, beinhaltet die Unterzeichnung der ausgefertigten Vertragsurkunde nur die Bestätigung des bereits zustande gekommenen Vertrags; es sei denn, die Parteien hätten dafür eine besondere Form gemäss Art. 16 OR vorbehalten.

Anmerkung 15

15.1 Nimmt der Bauherr bei der Ausfertigung der Vertragsurkunde Änderungen am Inhalt des gemäss Art. 19 zustande gekommenen Vertrags vor (Art. 20/Rz. 2.2), so erlangen sie nur Vertragsgeltung, wenn diesbezüglich ein *Abänderungsvertrag* zustande kommt. Dies trifft dann zu, wenn «die Parteien die Vertragsurkunde in Kenntnis der Abweichung und mit dem Willen zur Vertragsänderung unterzeichnen. Aber auch derjenige, der die Urkunde ohne Änderungswillen unterzeichnet, muss sich (unter Vorbehalt der Irrtumsregeln, Art. 23 ff. OR) bei der Unterzeichnung behaften lassen, falls die andere Partei annimmt und in guten Treuen annehmen darf, dass er der Abweichung mit seiner Unterschrift zustimmt» (GWERKV Rz. 311). Zu verneinen ist das beispielsweise dann, wenn der Bauherr den Unternehmer auf die Änderung/Ergänzung des Vertrags nicht mit der gebotenen Deutlichkeit (womöglich gar böswillig, um den Unternehmer später beim abgeänderten Text behaften zu wollen) aufmerksam gemacht hat (GWERKV Rz. 311). Das Gesagte gilt analog, falls der Unternehmer seinerseits bei der Unterzeichnung der Vertragsurkunde darin oder in einem der zugehörigen Schriftstücke einseitige Änderungen (z.B. durch Streichen oder Ergänzen einzelner Bestimmungen) vornimmt, und zwar unabhängig davon, ob der Bauherr den Vertrag schon vor der Zustellung der ausgefertigten Vertragsurkunde unterzeichnet hat oder nicht.

Wenn eine Vertragspartei trotz unterzeichneter Vertragsurkunde nachträglich geltend 15.2
machen will, sie hätte keinen Vertrag oder einen Vertrag mit einem anderen Inhalt abgeschlossen, so trägt sie dafür die Beweislast (Art. 8 ZGB).

Anmerkung 16

Die Unterzeichnung begründet nur die tatsächliche Vermutung der Vollständigkeit der 16
Urkunde (Art. 20/Rz. 12). Es kann aber sein, dass die Vertragsurkunde tatsächlich unvollständig ist und die Parteien sich mündlich oder schriftlich auf zusätzliche, in der Vertragsurkunde oder in den Schriftstücken, auf die in der Vertragsurkunde verwiesen wird, nicht aufgeführte bzw. nicht verwiesene Punkte geeinigt haben. Wer sich aber auf die Unvollständigkeit berufen will, trägt dafür wie auch für eine vom Wortlaut der Vertragsurkunde abweichende Vereinbarung die Beweislast (Art. 8 ZGB). Kommt eine entsprechend zusätzliche Vereinbarung zwischen den Parteien nicht zustande und enthält auch das dispositive Gesetzesrecht keine Regel, so ist der Vertrag durch das Gericht zu ergänzen (GAUCH/SCHLUEP/SCHMID, OR AT, Rz. 1256 ff.). Die tatsächliche Vermutung der Vollständigkeit steht dem nicht entgegen (GAUCH/SCHLUEP/SCHMID, OR AT, Rz. 1248 ff.).

Anmerkung 17

Darunter sind auch die Schriftstücke zu verstehen, auf die in der Vertragsurkunde ver- 17
wiesen wird. Dies ergibt sich aus Abs. 1 und 2 von Art. 20, wonach aus der Urkunde der gesamte Vertragsinhalt, entweder unmittelbar oder durch Verweisungen, hervorzugehen hat.

Anmerkung 18

Stellt der Bauherr dem Unternehmer die Vertragsurkunde vorbehaltlos zur Unterzeich- 18
nung zu, so liegt nach dem Vertrauensprinzip darin eine Annahme des Angebots. Dies gilt auch dann, wenn er die Vertragsurkunde nicht unterzeichnet hat. Der in Art. 20 Abs. 3 der Unterzeichnung der Vertragsurkunde zugelegte Bestätigungscharakter gilt auch dann, wenn vor der Zustellung der Vertragsurkunde noch keine Annahme stattgefunden hat.

1 28 Rangordnung der Vertragsbestandteile[1]

Art. 21

[1] Widersprechen[2] sich einzelne Vertragsbestandteile (Art. 20; vergleiche auch Art. 21 Abs. 2)[3], so gilt folgende Rangordnung[4]:[5]

- Ist die Vertragsurkunde[6] ausgefertigt[7] und beidseitig unterzeichnet[8] (Art. 20), so geht sie allen übrigen Vertragsbestandteilen[9] vor.
- Das Angebot des Unternehmers mit den zugehörigen Beilagen[10] geht den Ausschreibungsunterlagen vor.[11]
- Widersprechen[12] sich einzelne Ausschreibungsunterlagen[13], so gilt die Rangordnung gemäss Art. 7 Abs. 3 auch dann, wenn diese Unterlagen Bestandteile des Vertrages geworden sind.[14] Somit bestimmt sich ihr Rang nach folgender Ordnung (Art. 7 Abs. 2):[15]

  1. Text der vorgesehenen Vertragsurkunde,
  2. durch das Bauobjekt bedingte, besondere Bestimmungen,
  3. Leistungsverzeichnis oder Baubeschreibung,[16]
  4. Pläne,[17]
  5. nicht durch das Bauobjekt bedingte, allgemeine Bestimmungen:[18]

     a) Die Norm SIA 118 «Allgemeine Bedingungen für Bauarbeiten»,

     b) die übrigen Normen des SIA,

     c) die Normen anderer Fachverbände.

[2] Wurden Angebot oder Ausschreibungsunterlagen vor der Annahme in beidseitigem Einvernehmen ergänzt oder sonstwie inhaltlich geändert (z.B. im Falle der Annahme einer Unternehmervariante), so ist der geänderte Inhalt dieser Bestandteile massgebend.[19]

[3] Abreden, welche nach dieser Norm in der Vertragsurkunde zu treffen sind (Art. 33 Abs. 2 und 4, Art. 93 Abs. 2, Art. 113, Art. 172 Abs. 1, Art. 190 Abs. 1), bleiben unwirksam, falls sie sich in anderen Vertragsbestandteilen finden. Solange die Vertragsurkunde nicht beidseitig unterzeichnet ist, gilt in diesem Zusammenhang der Text der vorgesehenen Vertragsurkunde (Art. 7 Abs. 2 Ziff. 1) als Vertragsurkunde[20].

Art. 21 (1977/91)

[1] Widersprechen sich einzelne Vertragsbestandteile (Art. 20; vergleiche auch Art. 21 Abs. 2), so gilt folgende Rangordnung:

- Ist die Vertragsurkunde ausgefertigt und beidseitig unterzeichnet (Art. 20), so geht sie allen übrigen Vertragsbestandteilen vor.
- Das Angebot des Unternehmers mit den zugehörigen Beilagen geht den Ausschreibungsunterlagen vor.
- Widersprechen sich einzelne Ausschreibungsunterlagen, so gilt die Rangordnung gemäss Art. 7 Abs. 3 auch dann, wenn diese Unterlagen Bestandteile des Vertrages geworden sind. Somit bestimmt sich ihr Rang nach folgender Ordnung (Art. 7 Abs. 2):
  1. Text der vorgesehenen Vertragsurkunde
  2. Durch das Bauobjekt bedingte, besondere Bestimmungen
  3. Leistungsverzeichnis oder Baubeschreibung
  4. Pläne
  5. Nicht durch das Bauobjekt bedingte, allgemeine Bestimmungen:
     a) Die Norm SIA 118 «Allgemeine Bedingungen für Bauarbeiten»
     b) Die übrigen Normen des SIA und die im Einvernehmen mit dem SIA aufgestellten Normen anderer Fachverbände (vergleiche aber Art. 144 Abs. 5 und Art. 172 Abs. 1)
     c) Die weiteren Normen anderer Fachverbände.

[2] Wurden Angebot oder Ausschreibungsunterlagen vor der Annahme in beidseitigem Einvernehmen ergänzt oder sonstwie inhaltlich geändert, so ist der geänderte Inhalt dieser Bestandteile massgebend.

[3] Abreden, welche nach dieser Norm in der Vertragsurkunde zu treffen sind (Art. 33 Abs. 2 und 4, Art. 93 Abs. 2, Art. 113, Art. 190 Abs. 1), bleiben unwirksam, falls sie sich in anderen Vertragsbestandteilen finden. Solange die Vertragsurkunde nicht beidseitig unterzeichnet ist, gilt in diesem Zusammenhang der Text der vorgesehenen Vertragsurkunde (Art. 7 Abs. 2 Ziff. 1) als Vertragsurkunde.

Anmerkung 1

Art. 21 enthält eine *Widerspruchsregel,* die auf die formelle Struktur des Vertrags abstellt 1
(Art. 21/Rz. 5.12; siehe auch Art. 7/Rz. 34.2). Ihrer Funktion nach ist sie eine Kollisionsnorm (vgl. SCHUMACHER, Vertragsgestaltung, Rz. 852) für den Fall, dass sich im Vertrag Abreden finden, die einander widersprechen. Sie gilt nur dann, wenn sie selber auch in den Vertrag übernommen wurde, was üblicherweise dadurch geschieht, dass die Parteien sich auf die Übernahme der SIA-Norm 118 verständigen, womit auch die Widerspruchsregel des Art. 21 erfasst wird. Die Bedeutung der Widerspruchsregel ist durch Auslegung zu ermitteln (Art. 21/Rz. 5.4).

Anmerkung 2

Zum Begriff des Widerspruchs Art. 21/Rz. 5.8 und Art. 7/Rz. 34.2. 2

Anmerkung 3

Strittig kann schon sein, aus welchen *Bestandteilen* sich der Vertrag zusammensetzt. Mit 3
dieser Streitfrage befasst sich Art. 21 allerdings nicht, weshalb er auch nichts zu deren Lö-

sung beitragen kann. Entgegen einem verbreiteten Missverständnis führt Art. 21 Abs. 1 nicht dazu, dass die hier aufgeführten Bestandteile automatisch zum Vertrag gehören. Vielmehr ist diese Streitfrage zu lösen, bevor für die Auflösung allfälliger Widersprüche auf Art. 21 abgestellt werden kann.

Anmerkung 4

4 Für den Fall, dass der Unternehmer ein Gegenangebot des Bauherrn angenommen hat, richtet sich die Rangordnung nach Art. 22 Abs. 4.

Anmerkung 5

5.1 a) Bauprojekte sind regelmässig komplexer Natur, was die Komplexität der Bauverträge erklärt, die mit Blick auf ihre Realisierung aufgesetzt werden. Bei der Vertragsgestaltung ist besondere Sorgfalt auf die Koordination der zumeist mehreren Vertragsbestandteile zu verwenden. Dabei ist namentlich die Widerspruchsfreiheit als Ziel anzustreben. Allerdings zeigt die Vertragspraxis: «Das Idealziel einer völligen Widerspruchslosigkeit ist [...] unrealistisch und lässt sich häufig aus verschiedenen Gründen nicht erreichen» (Schumacher, Vertragsgestaltung, Rz. 851). Dieser Realität trägt die Vertragspraxis mit Widerspruchsregeln Rechnung, die «gerade im Bauvertragsrecht weit verbreitet» (BGH VII ZR 308/99 vom 21. Juni 1990 E. 2a = BGHZ 111, S. 390) und sich nicht nur in Art. 21, sondern auch in ausländischen Bedingungswerken, die spezifisch für Bauverträge geschaffen wurden, finden: Erwähnt seien etwa § 1 Abs. 2 VOB/B (Deutschland), Ziff. 5.1.3 ÖNORM B 2110 (Österreich) und Art. 1.5 FIDIC/Red Book zur «Priority of Documents».

5.2 b) Sicher trifft es zu, dass eine «wesentliche vertragstechnische Funktion von Rangregelungen [darin besteht], den Beteiligten Überlegungen über die Notwendigkeit oder Überflüssigkeit von Einzelbestimmungen zunächst zu ersparen und Meinungsverschiedenheiten über die getroffene Regelung auf den Streitfall zu verlagern» (BGH VII ZR 110/90 vom 21. März 1991 E. II.1b). Doch hat man sich über Folgendes im Klaren zu sein: Wer es im Vertrauen auf eine Widerspruchsregel unterlässt, die Vertragsbestandteile mit der nötigen Sorgfalt zu koordinieren, geht ein erhebliches Risiko ein. Im erwähnten Entscheid des deutschen Bundesgerichtshofs wird die aus der Intransparenz resultierende Unsicherheit denn auch als «typische Folge dieser Regelungstechnik» bezeichnet.

5.3 Diese Überlegungen lassen sich tel quel auf die Schweiz übertragen. Denn auch hierzulande ist die Technik verbreitet, Bauwerkverträge aus Vorformuliertem und Eigenem zusammenzustellen, ohne ein besonderes Augenmerk darauf zu richten, die diversen Elemente aufeinander abzustimmen. Der Frage, ob sie überhaupt zusammenpassen, wird unter Verweis auf die Widerspruchsregel dann häufig nicht nachgegangen. Zwar ist es schlicht leichtfertig, im Vertrauen auf eine Widerspruchsregel das Ziel der Widerspruchsfreiheit nicht einmal mehr anzustreben und die Klärung für den Streitfall aufzuheben (vgl. GWerkV Rz. 308). Gleichzeitig ist mit Schumacher, Vertragsgestaltung, Rz. 851, zu konstatieren, dass sich Widersprüche gerade bei komplexen Bauverträgen letztlich nicht vollends vermeiden lassen. Umso wichtiger erscheint eine klare Regel für den Widerspruchsfall. Dass es dazu in der Schweiz – soweit ersichtlich – kaum einschlägige Urteile gibt, ist erstaunlich, hat aber womöglich damit zu tun, dass die Praxis im konkreten Fall anderen, minder formalistischen Lösungen den Vorzug gibt. Aus rechtlicher Sicht aber steht fest: An sich (also ohne Widerspruchsregel) gilt im Fall eines Widerspruchs keine der beteiligten, widersprüchlichen Abreden (Jäggi/Gauch/Hartmann, Zürcher Kommentar, N 475 zu Art. 18 OR; GWerkV Rz. 301), weshalb der Vertrag jetzt – da lückenhaft – nach Massgabe des dispositiven Rechts, allenfalls des hypothetischen Parteiwillens und damit im Licht von Treu und Glauben ergänzt werden muss.

c) Diesem Ergebnis, von dem die SIA-Norm 118 annimmt, es sei unerwünscht, wirkt die 5.4 Widerspruchsregel des Art. 21 entgegen. Dieser Regel zufolge hat die eine (höherrangige) Abrede gegenüber der anderen (tieferrangigen) Abrede Vorrang, verdrängt sie also im Umfang des Widerspruchs. Diese Widerspruchsregel ist allerdings selber auch wieder eine *vertragliche Abrede,* deren Sinn durch Auslegung zu ermitteln ist. Bei dieser Auslegung ist zu berücksichtigen, dass es sich (wie auch sonst bei den Regeln der SIA-Norm 118) bei Art. 21 um eine vorgeformte Vertragsbestimmung handelt, was vor allem zur Folge hat, dass individuelle Abreden ihm vorgehen (BGer 4A_106/2015 vom 27. Juli 2015 E. 5.1; BGE 135 III 225/228 E. 1.4 [Versicherungsvertrag]; siehe auch Zindel/Pulver/Schott, Basler Kommentar, N 23 Vor Art. 363–379 OR). Haben die Parteien eine eigene Widerspruchsregel individuell vereinbart, geht diese in jedem Fall vor, sodass Art. 21 überhaupt nicht oder allenfalls nur ergänzend zum Tragen kommt (vgl. GWerkV Rz. 316). Eine entsprechende, individuelle Vereinbarung kann im Sinne einer tatsächlichen Vermutung namentlich dann angenommen werden, wenn sie sich in der Vertragsurkunde findet, die von den Parteien unterzeichnet wurde.

- Abgewichen von Art. 21 wird etwa mit einer vertraglichen Abrede, nach der die vom 5.5 Bauherrn formulierten «besonderen Bestimmungen» (Art. 7/Rz. 13.1 f.) dem Angebot des Unternehmers stets vorgehen. Diese Abrede ist recht verbreitet. Zu beachten ist aber, dass die (nach dieser Abrede vorrangigen) «besonderen Bestimmungen» diesen Vorrang nur dann beanspruchen können, wenn sie Vertragsbestandteil geworden sind. Soweit der Unternehmer in seinem Angebot Bedingungen einschliesst, die von den vom Bauherrn formulierten Bedingungen abweichen (ihnen widersprechen!), gelten von vornherein nur die Bedingungen des Unternehmers, wenn der Bauherr dieses Angebot annimmt. Im Umfang der Abweichung werden die «besonderen Bestimmungen» des Bauherrn gar nicht Teil des Vertrags. Daran ändert auch die erwähnte, individuell ausgehandelte Widerspruchsregel nichts. Will der Bauherr seine eigenen Bedingungen durchsetzen, bleibt ihm nichts anderes übrig, als dem Unternehmer ein Gegenangebot zu machen (Art. 22).
- Häufig ist auch der Fall, in dem die Widerspruchsregel der SIA-Norm 118 dadurch er- 5.6 gänzt wird, dass die Parteien die Protokolle, die bei den Offertverhandlungen aufgenommen werden, zum Vertragsbestandteil erklären und diesen Protokollen einen weitgehenden Vorrang gegenüber den übrigen Vertragsbestandteilen einräumen. So soll den Verhandlungsprotokollen meist nur noch die Vertragsurkunde vorgehen, während ihnen alle übrigen Bestandteile nachgehen. Dazu folgendes Beispiel: Die Parteien verhandeln einen Punkt, der im Leistungsverzeichnis geregelt ist, und fertigen über das Verhandlungsergebnis ein Protokoll an. Aufgrund des Vorrangs, den

dieses Protokoll geniesst, geht der verhandelte Punkt alsdann den Angaben in den «besonderen Bestimmungen» vor, soweit ein Widerspruch vorliegt. Der Umstand, dass der verhandelte Punkt im sonst an sich nachrangigen Leistungsverzeichnis behandelt wird, ändert daran nichts.

5.7 d) Vor der Anwendung der Widerspruchsregel ist als Erstes zu bestimmen, ob die angeblich widersprüchlichen Angaben überhaupt Teil des Vertrags sind (dazu auch Art. 21/Rz. 1, 3 sowie 5.5). Denn es kann sein, dass nur die eine Abrede gilt, während die andere Angabe gar nicht in den Vertrag übernommen wurde, oder dass keine der beiden Angaben beachtlich ist, weil beide nicht übernommen wurden. Rechtlich zu kurz greift der Schluss, dass jedenfalls die in den Ausschreibungsunterlagen enthaltenen Bestimmungen zum Vertrag gehören, da nachher noch ohne Weiteres davon abgewichen werden kann (z.B. durch ein Angebot des Unternehmers, das abweichende Bedingungen enthält, oder im Zuge von Offertverhandlungen). Praktisch bedeutsam ist der Umgang mit Allgemeinen Geschäftsbedingungen des Unternehmers: Der Unternehmer erklärt in seinem Angebot, dass seine Bedingungen Bestandteil seines Angebots sind. In der Folge stimmt er aber einer Abrede zu, die so lautet: «Allgemeine Geschäftsbedingungen des Unternehmers gelten nur dann, wenn sie in [der Vertragsurkunde] aufgeführt sind» (Ziff. 2.2 KBOB-Dok. 34). Werden seine Bedingungen in der Urkunde nicht aufgeführt, sind sie schon gar nicht Vertragsbestandteil, weshalb Widersprüche zwischen diesen Bedingungen und den Vertragsbestandteilen von vornherein keine Rolle spielen.

5.8 e) Als Erstes sind also die Vertragsbestandteile zu bestimmen (Art. 21/Rz. 3 und 5.7). Als Zweites ist zu prüfen, ob überhaupt ein *Widerspruch* vorliegt. Denn schon ihrem Wortlaut nach ist die Widerspruchsregel nur anwendbar, wenn einzelne Vertragsbestandteile sich widersprechen (BGer 4A_581/2015 vom 19. April 2016 E. 5.3.2). Mithin setzt der Tatbestand einen Widerspruch voraus, und zwar einen Widerspruch zwischen einzelnen Abreden des Vertrags. Was ein Widerspruch ist, lässt sich praktisch nicht immer einfach entscheiden. Auf der Begriffsebene aber kann er wie folgt umschrieben werden: Ein Widerspruch liegt vor, wenn sich Vertragsabreden *ihrem Inhalt nach* gegenseitig ausschliessen, sodass nur entweder die eine oder die andere Abrede Bestand haben kann, nicht beide (Art. 7/Rz. 34.2; vgl. auch etwa INGENSTAU/KORBION/KELDUNGS, VOB, N 9 zu § 1 Abs. 2 VOB/B). Man mag den Tatbestand auch als innervertragliche Normenkollision umschreiben. In der Sache geht es um den Fall, da der Vertrag hier dies, dort das Gegenteil regelt und damit in sich nicht schlüssig ist. In der Praxis wird zuweilen vorschnell auf einen Widerspruch geschlossen und zu wenig beachtet, dass nicht jede Unklarheit schon einen Widerspruch begründet. Der Schluss auf einen Widerspruch setzt denn auch eine sorgfältige Auslegung der beteiligten Vertragsabreden voraus.

5.9 Zunächst muss also die Bedeutung (der Inhalt) der beteiligten Abreden ausgemacht werden, was *durch Auslegung* geschieht. Dabei geht es um gewöhnliche Vertragsauslegung, welche die «Feststellung des durch die Erklärungen der Parteien geäusserten Vertragswillens» (JÄGGI/GAUCH/HARTMANN, Zürcher Kommentar, N 309 zu Art. 18 OR) bezweckt. Die Vertragsauslegung, die der Anwendung der Widerspruchsregel stets vorangehen muss, nimmt keine Rücksicht auf die formelle Zugehörigkeit der auszulegenden

Erklärungen. Entsprechend ist auch belanglos, welchen Rang die Bestandteile, denen die Abreden zugehören, einnehmen (BGer 4A_581/2015 vom 19. April 2016 E. 5.3.2). Die Regeln der Vertragsauslegung werden durch die Widerspruchsregel nicht verdrängt, denn auf die Widerspruchsregel ist erst dann abzustellen, wenn die Auslegung einzig den Schluss auf einen Widerspruch zulässt (Quack, Gestaltungsmittel für Bauverträge, S. 19f. [ein «Auslegungsverbot» wäre «selbstbezüglich und damit logisch nicht widerspruchsfrei»]; auch GWerkV Rz. 302 und 306).

Zu den erwähnten Auslegungsregeln gehören die tatsächlichen (der Beweiswürdigung zugehörigen) Vermutungen, dass dem Parteiwillen zufolge die speziellere Abrede der allgemeineren und die jüngere der älteren Abrede vorgehen sollen (a.M. GWerkV Rz. 306). Im Zweifelsfall, in dem «mindestens zwei verschiedene Deutungen als ernsthaft vertretbar erscheinen» (Jäggi/Gauch/Hartmann, Zürcher Kommentar, N 486 zu Art. 18 OR), kann unter Umständen die Vermutung, dass die Parteien «etwas Vernünftiges und rechtlich Haltbares» (Jäggi/Gauch/Hartmann, Zürcher Kommentar, N 489 zu Art. 18 OR), dass sie «ihre Vereinbarungen einschliesslich der Rangklauseln als sinnvolles Ganzes gewollt haben» (BGH VII ZR 110/90 vom 21. März 1991 E. II.1), doch noch zu einem eindeutigen Auslegungsergebnis führen. Diese Vermutung geht so weit, dass ein Widerspruch zu verneinen ist, «wenn sich ein anderer vernünftiger, mit der Natur und dem Geiste des Vertrages, sowie mit dessen Wortlaut vereinbarer Sinn finden lässt» (BGE 27 II 533/543 E. 6). Solange sich den fraglichen Abreden eine Bedeutung beilegen lässt, die von der Widersprüchlichkeit wegweist, kommt die Widerspruchsregel also gar nicht zum Tragen; in diesem Sinne hat die Regel subsidiären Charakter. Wo kein Widerspruch zwischen Vertragsbestandteilen besteht, gelten beide Abreden. Für diesen Fall hat der jeweilige Rang der Vertragsbestandteile, denen sie zugehören, keinerlei Bedeutung. 5.10

Zum Sonderproblem der Subsidiärklauseln in der SIA-Norm 118, wonach die Norm nur dann gilt, wenn nicht etwas anderes vereinbart wurde, ist das Folgende zu sagen: Aus solchen Formulierungen «ergibt sich der vordergründige Schluss, dass von diesen Bestimmungen abweichende Abreden auch in einem rangtieferen Vertragsbestandteil gültig vorgesehen werden können (z.B. in einer anderen Norm des SIA). Ein solcher Schluss dürfte jedoch kaum richtig sein. Denn die Subsidiärklausel bringt für einzelne (eher zufällig ausgewählte) Bestimmungen der Norm lediglich zum Ausdruck, was für alle Norm-Bestimmungen ohnehin gilt, – dass es jedermann frei steht, etwas anderes zu vereinbaren. Wo aber diese andere Vereinbarung zu treffen ist, damit sie der Norm 118 vorgeht, das ergibt sich nicht aus der Subsidiärklausel, sondern aus den Regeln über die Widersprüche» (Gauch, Vorgeformte Baubedingungen, S. 8; anders für die VOB/B Ingenstau/Korbion/Keldungs, VOB, N 9 zu § 1 Abs. 2 VOB/B). Siehe auch Einl./Rz. 26. 5.11

f) Ergibt die Vertragsauslegung aber, dass die fraglichen Abreden in einem unlösbaren Widerspruch zueinander stehen, gilt nach Art. 21, dass die Abrede im *formell* ranghöheren Bestandteil eine Abrede, die ihr widerspricht, sich aber in einem rangmässig tieferen Bestandteil findet, verdrängt (Art. 7/Rz. 34.2). Alsdann ist allein auf die ranghöhere Abrede abzustellen, während die rangmässig tiefere Abrede unbeachtlich bleibt. Die Regel ist mithin nicht darauf angelegt, allfällige Widersprüche zwischen Abreden in verschiedenen Vertragsbestandteilen zu beseitigen, also die widersprüchlichen Abreden inhaltlich 5.12

zu harmonisieren. Das ist nicht ihr Zweck; dieser besteht lediglich darin zu verhindern, dass infolge Widersprüchlichkeit überhaupt keine der betroffenen Abreden gilt und so allenfalls eine Vertragslücke entsteht.

5.13 Die Rangordnung, die im Fall eines Widerspruchs massgebend sein soll, ist eine Rangordnung zwischen «Vertragsbestandteilen» (Art. 21/Rz. 3). Entscheidend ist damit, welchem Bestandteil die widersprüchlichen Abreden je zugehören. Fragen kann man sich, ob auf die formelle Zugehörigkeit der Abreden abzustellen ist oder ob es darauf ankommt, welchem Bestandteil sie materiell (ihrer Funktion nach) je zugehören. Argumente lassen sich für beide Betrachtungsweisen finden. Mangels anderer Anhaltspunkte ist für Art. 21 aber anzunehmen, dass die Widerspruchsregel auf das Kriterium der formellen Zugehörigkeit abstellt. Gesetzt den Fall, es finden sich Angaben zu den Ortsverhältnissen sowohl in der Vertragsurkunde als auch in den Plänen. Sofern sich die Angaben im Wege der Auslegung nicht harmonisieren lassen – sie sich also widersprechen – gehen die Angaben in der Vertragsurkunde jenen in den Plänen vor. Dass es sich der Funktion nach bei beiden Angaben um objektbedingte Bestimmungen (die in die «besonderen Bestimmungen» gehörten) handelt, spielt dabei keine Rolle. Vielmehr knüpft Art. 21 bei der formellen Zugehörigkeit einer Abrede (also: in welchem Bestandteil findet sie sich?) und nicht bei ihrer Funktion an. Eine in diesem Punkt anders gelagerte Auslegung der Widerspruchsregel könnte auf die Funktion abstellen und etwa bei Widersprüchen zwischen objektbedingten Bestimmungen ohne Rücksicht auf deren formelle Zugehörigkeit zum einen oder zum anderen Vertragsbestandteil dazu führen, dass die Widerspruchsregel versagt. Diese Auslegung, nach der die widersprüchlichen Abreden beide nicht gelten, ist aber nicht im Sinn der Widerspruchsregel, welche die Parteien durch die Übernahme der SIA-Norm 118 ihrem Werkvertrag beigeben. Vielmehr soll die Widerspruchsregel die Ungültigkeit beider Abreden verhindern, und dies durchaus um den Preis der Ungültigkeit der einen, rangtieferen Abrede.

5.14 g) Von der Widerspruchsregel des Art. 21 *nicht erfasst* wird namentlich der Fall, da zwei Abreden, die dem gleichen Vertragsbestandteil zugehören, einander widersprechen. Noch einmal ist zu betonen, dass erst dann allenfalls auf einen Widerspruch geschlossen werden kann, wenn der Vertrag ausgelegt wurde (Art. 21/Rz. 5.9). Dabei kommt namentlich die Vermutung zum Tragen, nach der die jüngere Abrede der älteren vorgehen soll (Art. 21/Rz. 5.10). Was indes diese Vermutung angeht, ist es häufig gar nicht möglich, die Abreden innerhalb des gleichen Vertragsbestandteils beweisfest zu datieren und so die Kollision anhand der zeitlichen Entfernung aufzulösen. Ergibt die Auslegung, dass ein Widerspruch vorliegt, bleibt nur die destruktive Regel, wonach «widersprüchliche Vertragsbestimmungen im Umfang des Widerspruchs unverbindlich sind» (GWerkV Rz. 301), also weder die eine noch die andere Abrede gilt. Alsdann kommt es zur Lückenfüllung, die in erster Linie auf passendes dispositives Recht zurückgreift, das sie unmittelbar oder analog anwendet (Art. 1 Abs. 1 ZGB), um sich dann – wo passende Vorgaben fehlen – am hypothetischen Parteiwillen zu orientieren.

5.15 h) Auch *Art. 7 Abs. 3* enthält eine Widerspruchsregel (Art. 7/Rz. 34.1), wobei diese Regel aber einen anderen Anwendungsbereich als Art. 21 hat (Art. 7/Rz. 34.6). Dort geht es um den Fall, da sich in den Ausschreibungsunterlagen Angaben finden, die einander widersprechen. Rechtlich stellt sich also nicht die Frage, welche vertragliche Abrede im Widerspruchsfall der anderen vorgeht. Vielmehr geht es darum festzulegen, auf welche bauseitigen Angaben der Unternehmer sich bei der Ausarbeitung seiner Offerte und der Kalkulation seiner Angebotspreise stützen durfte und musste (Art. 7/Rz. 34.2).

Anmerkung 6

Zum Inhalt der *Vertragsurkunde* siehe Art. 7 und Art. 20. Während Art. 7 Abs. 2 Ziff. 1 lediglich vom «Hauptinhalt des vorgesehenen Vertrages» spricht (dazu Art. 7/Rz. 10.1 f.), ist in Art. 20 Abs. 1 davon die Rede, dass der «gesamte Vertragsinhalt» aus der Urkunde hervorzugehen hat (Art. 20/Rz. 5). Der Unterschied erklärt sich daraus, dass die erste Regel in der Ausschreibungsphase, die zweite Regel hingegen nach Vertragsschluss und damit zu einem Zeitpunkt zum Tragen kommt, in dem jedenfalls über die (objektiv und subjektiv) wesentlichen Vertragspunkte Einigkeit erzielt wurde. Regelmässig lässt sich allerdings nicht der gesamte Vertragsinhalt gestützt auf die Vertragsurkunde erschliessen. Massgeblich ist denn auch der Werkvertrag insgesamt, der gewöhnlich über die Vertragsurkunde hinaus weitere Bestandteile umfasst, in denen sich weitere Abreden finden, und gegebenenfalls auch mündliche Vereinbarungen einschliesst. 6.1

Zur Vertragsurkunde im Sinn der Norm gehört nicht nur der sogenannte Vertragsmantel, an dessen Anfang die Parteien bezeichnet und an dessen Schluss die Unterschriften angebracht werden. Zur Vertragsurkunde sind vielmehr auch ihre Anhänge zu rechnen, auf welche die Vertragsurkunde verweist (siehe auch Art. 93/Rz. 20.2). Von Bedeutung ist dies, wenn im Streitfall zu klären ist, welchen Platz diese Anhänge in der Rangordnung einnehmen. 6.2

Anmerkung 7

Siehe Art. 20 Abs. 1. 7

Anmerkung 8

Solange die Unterschrift auch nur einer Partei fehlt, ist die Vertragsurkunde lediglich insoweit massgeblich, als sie schon Bestandteil der Ausschreibungsunterlagen war und diese «Unterlagen Bestandteile des Vertrages geworden sind» (Art. 21 Abs. 1). Sie besetzt dann auch nicht den ersten Rang, sondern gehört zu den Ausschreibungsunterlagen, die für den Fall eines Widerspruchs dem «Angebot des Unternehmers mit den zugehörigen Beilagen» zu weichen haben. Für den Sonderfall, da die nicht unterschriebene Urkunde der unterzeichneten gleichzusetzen ist, siehe Art. 21/Rz. 20.6. 8

Anmerkung 9

Die übrigen Vertragsbestandteile sind das «Angebot des Unternehmers mit den zugehörigen Beilagen» und die «Ausschreibungsunterlagen», die nachfolgend genannt werden. 9

Anmerkung 10

10.1 Das Angebot des Unternehmers kann irgendwelche Beilagen einschliessen, die diesen Rang auch dann einnehmen, wenn der Bauherr sie (in der Ausschreibung oder in den Ausschreibungsunterlagen, siehe Art. 6 Abs. 1) gar nicht verlangt hat. Hierher gehören deshalb auch Allgemeine Geschäftsbedingungen, die der Unternehmer seinem Angebot beilegt. Deren vertragliche Geltung ist indes davon abhängig, dass sie überhaupt in den Werkvertrag übernommen werden, was namentlich dann nicht der Fall ist, wenn der Bauherr keine Möglichkeit hatte, sich vom Inhalt dieser Bedingungen in zumutbarer Weise Kenntnis zu verschaffen. Dies ist ein allgemeiner Grundsatz, den es vor allem bei einer unübersichtlichen Häufung von in den Vertrag einbezogenen Allgemeinen Geschäftsbedingungen und Verbandsnormen zu beachten gilt.

10.2 In den KBOB-Musterbestimmungen zum Vergabeverfahren für Werkleistungen (KBOB-Dok. 08) kann die Auftraggeberin verschiedene Unterlagen anwählen, die vom Unternehmer einzureichen sind und «nach dem Zuschlag und einer allfälligen Bereinigung zu Vertragsbestandteilen» werden sollen. Genannt werden dort unter anderem die «durch das Bauobjekt bedingten besonderen Bestimmungen»; ein «vollständig ausgefülltes, insbesondere mit Preisen ergänztes Leistungsverzeichnis/Baubeschrieb»; das «Bauprogramm gemäss Art. 93 SIA-Norm 118»; der «Zahlungsplan»; ein «Projektqualitätsmanagementkonzept»; und ein «vertragsbezogenes Organigramm des Unternehmers mit Nennung der für die Vertragserfüllung vorgesehenen Personen und deren Funktion».

Anmerkung 11

11 Beachte Art. 22 Abs. 4, der dem Gegenangebot des Bauherrn gegenüber dem Angebot des Unternehmers den Vorrang verschafft. Mit dieser Bestimmung wird die Rangordnung, in welche die Vertragsbestandteile durch Art. 21 Abs. 1 gebracht werden, durchbrochen.

Anmerkung 12

12 Siehe Art. 21/Rz. 5.8.

Anmerkung 13

13 Siehe Art. 7.

Anmerkung 14

14 Zur Voraussetzung, dass überhaupt ein Widerspruch besteht, siehe Art. 7/Rz. 34.2. Beachtlich sind die Ausschreibungsunterlagen von vornherein nur insoweit, als sie in den Vertrag übernommen wurden (dazu Art. 21/Rz. 5.7), was nicht stets der Fall ist: Etwa kann es sein, dass der Unternehmer eine Variante vorlegt und mit ihr Bestimmungen einbringt, die z.T. von den Ausschreibungsunterlagen abweichen. Die Widerspruchsregel, auf die hier verwiesen wird, gilt also nur dann, wenn Bestandteile der Ausschreibungsunterlagen in den Vertrag übernommen wurden. Dreht sich der Auslegungsstreit aber nicht um den Vertragsinhalt, sondern um den Sinn vorvertraglicher Angaben, die der Bauherr in den Ausschreibungsunterlagen macht, ist direkt auf Art. 7 Abs. 3 abzustellen, der für

diesen Fall unabhängig davon anwendbar ist, ob die Bestandteile der Ausschreibung in den Vertrag übernommen wurden.

Anmerkung 15

Die nachfolgend aufgeführten Bestandteile werden z.T. in Art. 7 Abs. 2 näher umschrieben. Zu beachten ist der Vorbehalt vorvertraglicher Verhandlungen (in Art. 21 Abs. 2), die sich im Normalfall auf die Offerte des Unternehmers beziehen. 15

Anmerkung 16

Zum Leistungsverzeichnis vgl. Art. 8, zur Baubeschreibung Art. 12. Entgegen der Rangfolge, die hier aufgestellt wird, gehen diese Bestandteile den Plänen nach, soweit es im Zusammenhang mit Global- und Pauschalpreisen um «Mengenangaben in den Ausschreibungsunterlagen» geht. Vgl. dazu Art. 40 Abs. 2, Art. 40/Rz. 7.2, den Verweis in Art. 41 Abs. 2 und Art. 7/Rz. 35. 16

Anmerkung 17

Mit «Pläne» sind hier vor allem die Ausschreibungspläne, also die Pläne, die Bestandteil der Ausschreibung waren (Art. 7/Rz. 24), aber auch die weiteren Pläne gemeint, die bei Vertragsschluss vorlagen (z.B. als Element der Offerte) und von den Parteien als Bestandteile des Vertrags bezeichnet wurden. Sie gehen der hier geschaffenen Rangordnung zufolge dem Leistungsverzeichnis und der Baubeschreibung nach. Anders verhält es sich für Pläne, die dem Unternehmer im Zuge der Bauausführung übergeben werden (Ausführungspläne, Art. 100). Stimmen diese Pläne nicht mit den Angaben im Leistungsverzeichnis überein, so handelt es sich dabei um eine in einen Plan gekleidete Weisung, die als Bestellungsänderung (Art. 84 Abs. 1) anzusehen ist (Art. 84/Rz. 3.1). 17

Anmerkung 18

Erfasst werden auch diese hier genannten Bestimmungen nur insoweit, als der Bauherr sie (für die Zwecke der Ausschreibung) in das entsprechende Verzeichnis aufgenommen hat (Art. 7 Abs. 2 Ziff. 5) und sie «Bestandteile des Vertrages geworden sind» (Art. 21 Abs. 1 Lemma 3). Diese allgemeinen Bestimmungen werden von individuellen Abreden, die von ihnen abweichen, stets verdrängt, ohne dass es dafür auf den Rang des Vertragsbestandteils ankäme, in dem die Individualabreden getroffen werden. Dadurch wird die Rangfolge, die nach Art. 21 Abs. 1 gilt, durchbrochen (GWerkV Rz. 316). 18

Anmerkung 19

Damit wird die Widerspruchsregel für den Fall modifiziert, in dem *Offertverhandlungen* geführt wurden. Die Anwendung dieser Widerspruchsregel für den Verhandlungsfall setzt voraus, dass das Angebot des Unternehmers in vorvertraglichen Verhandlungen zwischen Bauherr und Unternehmer abgeändert wurde und alsdann der Werkvertrag mit diesen Änderungen abgeschlossen wurde. Die Modifikation der Widerspruchsregel besteht darin, dass die geänderte und damit zeitlich jüngere Version gilt, nicht das unverhandelte Angebot. Hervorzuheben ist, was die Regel selber klarstellt: Der Vorrang bezieht 19 sich nur auf jene Änderungen, die «vor der Annahme in beidseitigem Einvernehmen» vorgenommen, also vereinbart wurden. Das versteht sich für das Angebot des Unternehmers von selbst, da der Bauherr rechtlich gar keine Möglichkeit hat, dieses Angebot einseitig zu verändern. Wenn er es gleichwohl tut, läuft dies auf ein «Gegenangebot des Bauherrn» hinaus, mit dem sich Art. 22 befasst. Aus dem gleichen Grund ist es dem Bauherrn nach Offertstellung auch verwehrt, die Angaben in den Ausschreibungsunterlagen einseitig abzuändern, obschon er es war, der sie verfasst hat. Denn die Ausschreibungsunterlagen erlangen dadurch Verbindlichkeit, dass der Unternehmer sie in sein Angebot übernimmt. Die bauseitigen Angaben gehen in der Offerte des Unternehmers auf und sind rechtlich nicht mehr von ihr zu trennen. Damit ist auch klar, dass dort, wo der Unternehmer in seinem Angebot von den Angaben der Ausschreibungsunterlagen abweicht, das Angebot diesen Angaben vorgeht, wenn der Bauherr das Angebot vorbehaltlos annimmt und damit von seinen eigenen Vorstellungen abrückt (vgl. dazu Art. 15/Rz. 11.1 ff.). Wenn die SIA-Norm 118 die einvernehmliche Abänderung der Ausschreibungsunterlagen als gesonderten Fall aufführt, ist klarzustellen: Entweder gehen die Angaben, die sich dort finden, in der Offerte des Unternehmers auf oder sie werden insoweit verdrängt, als der offerierende Unternehmer von den Angaben in den Ausschreibungsunterlagen abweicht. Nimmt der Bauherr das Angebot an, kommt der Vertrag mit diesem Inhalt zustande, ohne dass es noch eine Rolle spielte, ob der Unternehmer von den Ausschreibungsunterlagen abgewichen ist.

Anmerkung 20

20.1 In der Vorauflage wurde an dieser Stelle die Meinung vertreten, bei Art. 21 Abs. 3 handle es sich «nicht um eine Widerspruchsregel, sondern um die *Vereinbarung eines Formvorbehaltes* und um dessen Rechtswirkung» (Stöckli, Kommentar SIA-118 [Voraufl.], Art. 21/Anm. 19; für einen Formvorbehalt auch Spiess/Huser, Handkommentar, N 30 zu Art. 21). Fest steht, dass dieser Regel zufolge die hier aufgeführten Abreden nur dann wirksam sein sollen, wenn sie in der Vertragsurkunde getroffen werden, und unwirksam bleiben, wenn sie sich in einem anderen Vertragsbestandteil finden.

20.2 Inhaltlich führt die SIA-Norm 118 hier nur einige wenige Abreden auf, denen sie augenscheinlich besondere Bedeutung beimisst. Im Einzelnen bezieht sich die Regel auf die Beschränkung der Vollmacht der Bauleitung, deren Umfang ansonsten in Art. 33 Abs. 2 umrissen wird; die Übertragung bestimmter Aufgaben der Bauleitung auf den Unternehmer (Art. 33 Abs. 4); die Verbindlicherklärung des Bauprogramms (Art. 93 Abs. 2); die Überwälzung gesetzlicher Haftungsfolgen (Art. 113); die Festlegung einer Rügefrist von anderer Dauer (Art. 172 Abs. 1); und schliesslich die Verlängerung oder Verkürzung der Zahlungsfrist, die der Bauherr einzuhalten hat (Art. 190 Abs. 1). Für all diese Punkte, für welche die SIA-Norm 118 an sich eine Regel bereithält, sollen Abweichungen durch Art. 21 Abs. 3 erschwert werden. Es lohnt sich kaum zu fragen, weshalb gerade diese Punkte von Art. 21 Abs. 3 erfasst werden und andere nicht. Dass diese Punkte für das Gelingen des Werkvertrags *besonders* wichtig wären (wichtiger beispielsweise als die Bestimmungen über die Bestellungsänderung), lässt sich aber offensichtlich nicht sagen.

Was nun die rechtliche Einordnung der Regel angeht, liegt es angesichts des systematischen Zusammenhangs näher, nicht einen vertraglichen Formvorbehalt, sondern eine besondere Widerspruchsregel anzunehmen (so GWerkV Rz. 314), nach der in den erfassten Punkten abweichende Vertragsabreden den Regeln der SIA-Norm 118 nur dann vorgehen, wenn sie in der Vertragsurkunde enthalten sind. Damit setzt sich die SIA-Norm 118 in diesen Punkten sozusagen zwischen die Vertragsurkunde und alle übrigen Vertragsbestandteile, denen sie im Widerspruchsfall bezüglich dieser Punkte vorgeht. Diese Einordnung bringt es allerdings auch mit sich, dass Abreden, die in enumerierten Punkten von der SIA-Norm 118 abweichen, unabhängig davon, welchem Vertragsbestandteil sie zugehören, der SIA-Norm 118 vorgehen und wirksam sind, wenn sie *individuell* vereinbart wurden (GWerkV Rz. 316). Sieht der Werkvertrag z.B. vor, dass das Bauprogramm verbindlich ist, diese Vertragsabrede aber nicht in der Vertragsurkunde angesiedelt ist, so scheint die Verbindlicherklärung an Art. 21 Abs. 3 zu scheitern, der will, dass die Abrede zu ihrer Wirksamkeit in die Vertragsurkunde aufgenommen werden muss. Zeigt sich aber, dass die Parteien die Verbindlicherklärung wollten, so gibt es keinen Grund, von der Unwirksamkeit ihrer Vereinbarung auszugehen; schliesslich sind die Parteien frei, von den Vorgaben der SIA-Norm 118 abzuweichen (sie zu derogieren), und zwar auch, was Art. 21 Abs. 3 anbelangt (siehe auch Art. 93/Rz. 1.6). 20.3

Für eine Widerspruchsregel spricht zudem der Umstand, dass sich ein vertraglicher Formvorbehalt (Art. 16 Abs. 1 OR) auf künftige Abreden richtet, während es sich bei Art. 21 Abs. 3 doch so verhält, dass die Bestimmung zeitgleich mit den übrigen Vertragsbestandteilen Vertragsgeltung erlangt und damit auf den Fall, den Art. 16 Abs. 1 OR regelt, gar nicht zugeschnitten ist. 20.4

Beizufügen bleibt ein Zweifaches: 20.5

- Als Vertragsurkunde gilt «in diesem Zusammenhang» schon der «Text der vorgesehenen Vertragsurkunde», solange die beidseitigen Unterschriften auf der Vertragsurkunde fehlen. Vorausgesetzt ist, dass die Abreden, die der Bauherr im «Text der vorgesehenen Vertragsurkunde» (einem Bestandteil der Ausschreibungsunterlagen) formuliert, in den Vertrag übernommen werden. Das ist nicht der Fall, wenn der Unternehmer in seiner Offerte gegenüber dem «Text der vorgesehenen Vertragsurkunde» Vorbehalte anbringt und der Bauherr diese Offerte mitsamt den Vorbehalten annimmt. Insoweit kommt der «Text der vorgesehenen Vertragsurkunde» gar nicht zum Tragen. 20.6
- In der SIA-Norm 118 finden sich keine weiteren Vorbehalte. Allerdings steht es den Parteien frei, die Liste der Vorbehalte abzuändern, indem sie die Liste einschränken oder die Widerspruchsregel des Art. 21 Abs. 3 auf weitere Fälle ausdehnen. Zudem bleibt es den Parteien unbenommen, Formvorbehalte im Sinne des Art. 16 Abs. 1 OR zu vereinbaren, die sich auf künftige Abänderungen ihres Werkvertrags beziehen, und sie als Gültigkeitsform auszugestalten (Gauch/Schluep/Schmid, OR AT, Rz. 585 ff.). Zu erinnern ist schliesslich daran, dass sich in Art. 27 Abs. 2 lediglich eine entsprechende Empfehlung findet, damit also noch kein Formvorbehalt begründet wird (Art. 27/Rz. 3). 20.7

1 29 Gegenangebot des Bauherrn

Art. 22

[1] Beantwortet der Bauherr das Angebot des Unternehmers mit einem Gegenangebot[1], so kommt der Werkvertrag dadurch zustande, dass der Unternehmer das Gegenangebot ausdrücklich[2] oder stillschweigend[3] (Art. 1 Abs. 2 OR) annimmt[4].

[2] Als Gegenangebot (Abs. 1) gilt insbesondere auch eine Auftragserteilung[5] des Bauherrn, die vom ursprünglichen[6] oder nachträglich abgeänderten[7] Angebot des Unternehmers inhaltlich abweicht[8].

[3] Ist der Werkvertrag durch die Annahme des Gegenangebotes zustande gekommen (Abs. 1), so fertigt der Bauherr die Vertragsurkunde aus. Art. 20 kommt sinngemäss zur Anwendung[9].

[4] Widersprechen sich einzelne Vertragsbestandteile, so gilt die Rangordnung gemäss Art. 21, jedoch mit der Besonderheit, dass sich vor das Angebot des Unternehmers das Gegenangebot des Bauherrn schiebt[10].

Art. 22 (1977/91)

[1] Beantwortet der Bauherr das Angebot des Unternehmers mit einem Gegenangebot, so kommt der Werkvertrag dadurch zustande, dass der Unternehmer das Gegenangebot ausdrücklich oder stillschweigend (Art. 1 Abs. 2 OR) annimmt.

[2] Als Gegenangebot (Abs. 1) gilt insbesondere auch eine Auftragserteilung des Bauherrn, die vom ursprünglichen oder nachträglich abgeänderten Angebot des Unternehmers inhaltlich abweicht.

[3] Ist der Werkvertrag durch die Annahme des Gegenangebotes zustande gekommen (Abs. 1), so fertigt der Bauherr die Vertragsurkunde aus. Art. 20 kommt sinngemäss zur Anwendung.

[4] Widersprechen sich einzelne Vertragsbestandteile, so gilt die Rangordnung gemäss Art. 21, jedoch mit der Besonderheit, dass sich vor das Angebot des Unternehmers das Gegenangebot des Bauherrn schiebt.

Anmerkung 1

1.1 Das Gegenangebot des Bauherrn besteht darin, dass er als Erwiderung auf das Angebot des Unternehmers diesem ein eigenes Angebot unterbreitet, das von demjenigen des Unternehmers *inhaltlich abweicht.* Die inhaltliche Abweichung bezieht sich entweder auf die Leistung, die Vergütung oder auf beides. Die Abweichung kann in einer Abänderung oder Ergänzung bestehen und bezieht sich häufig nur auf einen oder mehrere Einzelpunkte des Angebots. Wegen der Abweichung vom Angebot – so auch die Umschreibung des Gegenangebots in Art. 22 Abs. 2 – stellt es keine Annahme des Angebots im Rechtssinne dar (GAUCH/SCHLUEP/SCHMID, OR AT, Rz. 441).

1.2 Der Unternehmer, an den sich das Gegenangebot richtet, «wird von seiner Bindung an das bisherige Angebot ohne weiteres befreit. Auch steht es ihm frei, das Gegenangebot anzunehmen oder nicht. Irgendeines ‹Rücktrittes› vom Angebot bedarf es nicht» (Gauch, Die Submission im Bauwesen, S. 221, Fn. 64).

Anmerkung 2

Das heisst mündlich oder schriftlich (Art. 3 Abs. 1; Art. 3/Rz. 2.1 f. und 3). 2

Anmerkung 3

Die stillschweigende Annahme kann auch durch konkludentes Verhalten erfolgen (Art. 3/ 3
Rz. 4.1 f.; Gauch/Schluep/Schmid, OR AT, Rz. 191).

Anmerkung 4

Ohne Annahme des Gegenangebots des Bauherrn durch den Unternehmer, kommt *kein* 4.1
Vertrag zustande. Vgl. dazu auch Art. 22/Rz. 8.1 ff. Dies ist wie folgt zu präzisieren:

a) Betrifft die Abweichung des Gegenangebots des Bauherrn vom Angebot des Unterneh- 4.2
mers einen Vertragspunkt, der weder objektiv noch subjektiv wesentlich ist (Art. 22/ Rz. 8.2), so schliesst dies den Annahmecharakter der Erklärung nicht aus bzw. bildet kein Hindernis dafür, dass der Vertrag im Umfang des erreichten Konsenses zustande kommt (Gauch/Schluep/Schmid, OR AT, Rz. 442).

b) Auch wenn die Abweichung des Gegenangebots des Bauherrn einen Vertragspunkt 4.3
betrifft, der wesentlich ist (Art. 22/Rz. 8.2), so kommt der Vertrag gleichwohl zustande (und liegt kein zustimmungsbedürftiges Gegenangebot vor), wenn der Unternehmer den Bauherrn in seiner Offerte zu einer Abweichung vom Angebot in einem wesentlichen Punkt gültig ermächtigt hat. Für Einzelheiten vgl. GWerkV Rz. 465; Gauch/Schluep/ Schmid, OR AT, Rz. 443.

Anmerkung 5

Dass hier von «Auftragserteilung» (gemeint: seitens des Bauherrn) die Rede ist, spricht 5
dafür, dass der Bauherr das ursprüngliche Angebot nicht als Ganzes ablehnt. Ob das Gegenangebot des Bauherrn als Ablehnung der Offerte als Ganzes oder als Annahme unter Vorbehalt oder unter Bedingungen zu verstehen ist, hängt von der entsprechenden Willenserklärung im konkreten Einzelfall ab. Siehe Zellweger-Gutknecht/Bucher Eugen, Basler Kommentar, Rz. 23 f. zu Art. 3 OR.

Anmerkung 6

Das ist das Angebot des Unternehmers gemäss Art. 15. 6

Anmerkung 7

Haben die Parteien das Angebot im Rahmen der Bereinigung (Art. 18/Rz. 1 und 4.1 f.) 7
noch vor der Angebotsannahme «in beidseitigem Einvernehmen ergänzt oder sonstwie inhaltlich geändert» (Art. 21 Abs. 2; Art. 21/Rz. 19) – die SIA-Norm 118 bezeichnet diesen Sachverhalt als Gegenangebot – und erklärt der Bauherr, dieses so ergänzte oder geänderte Angebot anzunehmen, so liegt darin eine Annahme des Angebots (durch die der Vertrag nach Art. 19 Abs. 2 zustande kommt) und nicht ein Gegenangebot im Rechtssinne.

Anmerkung 8

8.1 Das Wesensmerkmal des Gegenangebots besteht darin, dass es vom Angebot des Unternehmers in einem objektiv oder subjektiv wesentlichen Punkt abweicht (vgl. auch Art. 22/Rz. 1.1. und 4.2).

8.2 Zur Frage, ob ein Vertragspunkt *objektiv oder subjektiv wesentlich* oder aber unwesentlich ist, vgl. GWerkV Rz. 380 ff. In der Praxis kann namentlich umstritten sein, ob ein subjektiver Vertragspunkt (zu dem auch die *Höhe der Vergütung* zählt; GWerkV Rz. 383 f.) wesentlich ist oder nicht; subjektiv wesentlich ist ein Vertragspunkt, wenn er eine conditio sine qua non für den Abschlusswillen jeder Partei oder – für die Gegenpartei erkennbar – der einen Partei ist (GWerkV Rz. 380). Ist in der Folge das Zustandekommen des Vertrags als solches aber gar nicht umstritten, dreht sich der Streit also nicht um den Abschluss, sondern um den Inhalt des Vertrags, so hat das Gericht allenfalls den Vertrag auch in einem an sich subjektiv wesentlichen Vertragspunkt zu ergänzen (Gauch/Schluep/Schmid, OR AT, Rz. 1272 f.). Dasselbe gilt nach dieser Ansicht auch bei einem Konsensstreit über einen objektiv wesentlichen Vertragspunkt, wenn die Vertragserfüllung weit fortgeschritten ist und es sich deshalb nicht rechtfertigt, den Konsens zu negieren (Gauch/Schluep/Schmid, OR AT, Rz. 1276 f.).

8.3 Nimmt der Bauherr die Offerte unter Hinzufügung eines nicht offerierten Rabatts an, so kann dies je nach Höhe des verlangten Rabatts und der Angebotssumme eine wesentliche Abweichung von der Offerte darstellen, die keine Annahme darstellt (GWerkV Rz. 385). Eine wesentliche Abweichung liegt vor, wenn der Bauherr erklärt, nur einen Teil (ein Baulos) der als Einheit ausgeschriebenen Arbeit zu vergeben oder er die ausgeschriebene Arbeit an mehrere Unternehmer gemeinsam (also an eine Arbeitsgemeinschaft; vgl. Art. 28) vergibt, obwohl jeder von ihnen die Arbeit allein angeboten hat (Gauch, Die Submission im Bauwesen, S. 220).

8.4 Die SIA-Norm 118 enthält keinen Hinweis, wie lange der Bauherr an sein Gegenangebot gebunden ist. Es gelten somit die allgemeinen Regeln von Art. 4 – 6 OR. Dasselbe gilt für den Unternehmer, der als Reaktion auf das Gegenangebot an seinem ursprünglichen Angebot festhält oder dem Bauherrn ein vom Gegenangebot abweichendes Angebot unterbreitet.

Anmerkung 9

9 Was bedeutet, dass in der Vertragsurkunde statt auf das Angebot (mit den zugehörigen Beilagen gemäss Art. 20 Abs. 2 Ziff. 1) auf das vom Unternehmer angenommene Gegenangebot verwiesen wird. Bezieht sich das Gegenangebot nur auf einzelne Punkte, siehe Art. 20/Rz. 10.1. Unterlassen es die Parteien bei der Ausfertigung der Vertragsurkunde, auf das Gegenangebot des Bauherrn zu verweisen, so gilt ungeachtet dessen der das Gegenangebot umfassende Vertrag. Haben die Parteien für den Vertragsabschluss eine besondere Form vorbehalten, so ist die (widerlegbare) Vermutung von Art. 16 Abs. 1 OR zu beachten.

Anmerkung 10

Dies unter der Voraussetzung (wovon die SIA-Norm 118 ausgeht), dass der Unternehmer 10
das Gegenangebot des Bauherrn angenommen hat.

1 3 Pflichten der Vertragsparteien

1 31 Hauptpflichten und Haftung

Art. 23

[1] Mit dem Abschluss[1] des Werkvertrages[2] werden Bauherr und Unternehmer verpflichtet[3], den Vertrag gewissenhaft[4] zu erfüllen.

[2] Für Nichterfüllung und nicht richtige Erfüllung[5] haften die Parteien nach Massgabe der einschlägigen Vertragsbestimmungen und des Gesetzes (Art. 97 ff. OR und Art. 363 ff. OR)[6].

Art. 23 (1977/91)

[1] Mit dem Abschluss des Werkvertrages werden Bauherr und Unternehmer verpflichtet, den Vertrag gewissenhaft zu erfüllen.

[2] Für Nichterfüllung und nicht richtige Erfüllung haften die Parteien nach Massgabe der einschlägigen Vertragsbestimmungen und des Gesetzes (Art. 97 ff. OR und Art. 363 ff. OR).

Anmerkung 1

Die SIA-Norm 118 geht hier davon aus, dass der Werkvertrag gültig abgeschlossen wor- 1
den ist. Dem kann etwa ein Inhaltsmangel (nach Art. 19/20 OR) oder ein Willensmangel (nach Art. 23 ff. OR) entgegenstehen, die den Werkvertrag unter Umständen ungültig machen. Die Norm regelt diese Rechtsfragen nicht; es gelten die Bestimmungen des Obligationenrechts.

Anmerkung 2

Gemeint ist ein Werkvertrag im Sinne von Art. 2 Abs. 1, mit den vereinbarten oder von 2
Gesetzes wegen geltenden Rechten und Pflichten der Vertragspartner. Die Tatsache, dass der Titel bei der Revision von «Vertragspartner» auf «Vertragsparteien» abgeändert wurde, ist juristisch nicht von Bedeutung, widerspiegelt aber allenfalls den Zeitgeist, wonach das Klima auf Baustellen heute konfrontativer ist als bei Redaktion der SIA-Norm Ausgabe 1977.

Anmerkung 3

Mit dem Austausch übereinstimmender Willenserklärungen werden beide Parteien, so- 3
fern der Werkvertrag gültig zustande gekommen ist (Art. 23/Rz. 1), an das Vereinbarte

gebunden und nach Massgabe der getroffenen Abreden berechtigt und verpflichtet (zur Bindungswirkung des Vertrags vgl. auch Art. 27/Rz. 2.1 ff.).

Anmerkung 4

4.1 Die verlangte Gewissenhaftigkeit ist als Verweis auf die Treuepflicht zu verstehen. Diese aus Art. 2 ZGB hergeleitete Pflicht hält die Parteien bei der Erfüllung des Werkvertrags zu einem Verhalten nach Treu und Glauben an (GWerkV Rz. 820; Koller Alfred, Berner Kommentar, N 274 zu Art. 363 OR). Die Treuepflicht verlangt von beiden Vertragsparteien, dass sie die berechtigten Interessen gegenseitig im gebotenen Umfang wahren (BGE 93 II 272/279 E. 5; GWerkV Rz. 820; Koller Alfred, Berner Kommentar, N 274 zu Art. 363 OR).

4.2 Die Verpflichtung, den Werkvertrag *gewissenhaft* zu erfüllen, trifft Bauherren und Unternehmer gleichermassen. Mit dem Ausdruck «gewissenhaft» bekräftigt die Norm auch den Grundsatz, dass die Vertragspartner ihre vertraglichen Verpflichtungen zu erfüllen haben («pacta sunt servanda»). Das Verhalten des Vertragspartners ist einerseits auf den Grundsatz von *Treu und Glauben* und andererseits auf die *Sorgfalt,* mit der zu erfüllen ist, auszurichten. «Gewissenhaft» bedeutet erstens, dass die Vertragsparteien bei der Erfüllung ihrer Pflichten (und auch bei der Ausübung ihrer Rechte) aus dem Vertrag zwar durchaus in erster Linie ihre Interessen verfolgen dürfen (sie also nicht zur Selbstlosigkeit verpflichtet sind), dass sie dabei aber mit den gegnerischen Interessen schonend umzugehen und nach Möglichkeit die beidseitigen Interessen zu respektieren haben. Und zweitens bedeutet «gewissenhaft», dass die Parteien sich mindestens an das vereinbarte (und mangels ausdrücklicher Vereinbarung mindestens an das übliche) Sorgfaltsniveau halten sollen, wenn sie im Rahmen des Vertrags handeln. Bezüglich der Sorgfaltspflichten verweist Art. 364 Abs. 1 OR auf den Sorgfaltsmassstab, den Art. 321a OR dem Arbeitnehmer auferlegt (BGE 129 III 604/610 f. E. 4.1; Hürlimann/Siegenthaler, Handkommentar Privatrecht, N 1 zu Art. 364 OR). Das bedeutet konkret:

4.3 a) Die Pflicht zur gewissenhaften Erfüllung des Vertrags gilt auch bei «*Meinungsverschiedenheiten*», was in Art. 37 unter dem Titel «Streitigkeiten und Gerichtsstand» ausdrücklich erwähnt wird. Beide Parteien haben «jede Nachlässigkeit zu vermeiden, welche die richtige Erfüllung dieser Pflicht oder den Vertragszweck gefährdet» (GWerkV Rz. 817; Bühler Theodor, Zürcher Kommentar, N 28 zu Art. 364 OR).

4.4 b) Zur Pflicht zur *Wahrung der Fabrikations- und Geschäftsgeheimnisse* des Vertragspartners (GWerkV Rz. 820; Zindel/Pulver/Schott, Basler Kommentar, N 25 zu Art. 364 OR; Koller Alfred, Berner Kommentar, N 276 zu Art. 363 OR; Bühler Theodor, Zürcher Kommentar, N 31 ff. zu Art. 364 OR) gehören insbesondere die Pflichten, welche die SIA-Norm 118 den Vertragsparteien in Art. 24 auferlegt.

4.5 c) *Schutzpflichten:* Sowohl der Unternehmer (z.B. Art. 103 ff. und Art. 118) als auch der Bauherr (Art. 103 ff., Art. 116 f. und Art. 129 ff.) haben in ihrem Verantwortungsbereich dafür Sorge zu tragen, dass die Rechtsgüter des Vertragspartners (namentlich Leben, Gesundheit und Eigentum) bei der Abwicklung des Werkvertrags nicht beeinträchtigt werden (Zindel/Pulver/Schott, Basler Kommentar, N 18 zu Art. 364 OR; GWerkV

Rz. 817 und 838; Koller Alfred, Berner Kommentar, N 286 ff. zu Art. 363 OR). Dazu gehört auch die Pflicht, die notwendigen Vorkehrungen zu treffen, dass ein zur Reparatur anvertrauter Gegenstand nicht verwendet wird (BGer 4C.337/2003 vom 31. März 2004 E. 2.1).

d) *Aufklärungspflichten:* Hierzu gehört beispielsweise die Pflicht des Unternehmers, dem Bauherrn die Überschreitung eines ungefähren Kostenansatzes mitzuteilen (Art. 375 OR; GWerkV Rz. 836 i.V.m. 1007; Zindel/Pulver/Schott, Basler Kommentar, N 12 zu Art. 364 OR; Bühler Theodor, Zürcher Kommentar, N 27 zu Art. 364 OR), oder die Aufklärung über den sachgemässen Gebrauch (GWerkV Rz. 836; Zindel/Pulver/Schott, Basler Kommentar, N 13 zu Art. 364 OR). Für weitere Beispiele siehe Art. 26 Abs. 2, Art. 30 Abs. 4, Art. 59 Abs. 3 und Art. 110 Abs. 2. Wichtigste Aufklärungspflicht des Unternehmers ist die Anzeige- und Abmahnungspflicht gemäss Art. 25. Den Bauherrn treffen ebenfalls gewisse Aufklärungspflichten oder Obliegenheiten bzw. die Pflicht, Informationen zur Verfügung zu stellen: z.B. Art. 111 Abs. 3, Art. 114 Abs. 2, Art. 136 Abs. 3 und Art. 173 Abs. 2. 4.6

e) *Kooperationspflichten:* Unternehmer und Bauherrn trifft die Pflicht, mit ihrem Verhalten dazu beizutragen, dem Vertragspartner die Vertragserfüllung zu ermöglichen. Wird nach der SIA-Norm 118 gebaut, sind die Parteien namentlich gehalten, bei der Vertragserfüllung mitzuwirken. Diese Pflicht zur Mitwirkung umfasst die aus den Regeln über den Annahmeverzug fliessende Pflicht, wonach ein Vertragspartner seinem Kontrahenten die Erfüllung einer Schuldpflicht durch seine Bereitschaft zur Annahme und Vornahme allenfalls erforderlicher Vorbereitungshandlungen ermöglichen muss (vgl. Art. 91 OR). Die Kooperationspflicht im Werkvertrag kann indessen weiter gehen als die im Gesetz oder in der Norm statuierten Mitwirkungspflichten (wie etwa Art. 94, Art. 99, Art. 100, Art. 116 usw.). Denn die Kooperationspflicht des einen Vertragspartners bezieht sich nicht nur auf Erfüllungshandlungen, bei denen der andere eine Leistung vornehmen soll, die der vorbereitenden Handlungen des einen bedürfen. Vielmehr beinhaltet die Kooperationspflicht auch, dass ein Vertragspartner alles in seiner Macht Stehende und ihm Zumutbare zu unternehmen hat, damit der andere bei der Vornahme seiner vertraglichen Handlungen (also auch jener, die nicht direkt der Annahme durch die Gegenseite bedürfen) nicht auf unnötige bzw. ungerechtfertigte Hindernisse stösst. Ganz besonders wird die Kooperationspflicht dort aktuell, wo der Vertrag eine spätere Einigung der Parteien voraussetzt (etwa: «[…] nach Absprache mit der Bauherrschaft»; «[…] im Einvernehmen mit dem Unternehmer» etc.) oder wo eine Vertragsklausel vorsieht, dass die Parteien bestimmte tatsächliche Verhältnisse zu einem späteren Zeitpunkt gemeinsam würdigen, woraufhin beide Parteien im Einvernehmen Entscheidungen betreffend das weitere Vorgehen zu fällen haben (vgl. Ingenstau/Korbion/Joussen/Vygen, VOB, N 23 f. zu § 9 Abs. 1 VOB/B). 4.7

Die Kooperationspflicht verlangt von den Werkvertragsparteien im Weiteren, dass diese auch – und gerade – bei Meinungsverschiedenheiten nach konstruktiven Lösungen suchen und den Streit nicht ungerechtfertigt eskalieren lassen (vgl. Art. 37). Im gleichen Sinne sind die Parteien gehalten, bei Vertragslücken und bei feststehendem Bedarf nach 4.8

einer Vertragsanpassung konstruktiv zu verhandeln und einvernehmliche Lösungen anzustreben.

4.9 f) *Weitere Pflichten:* Der Unternehmer ist ferner verpflichtet, seine eigenen Fähigkeiten und Kräfte selbstkritisch einzuschätzen und nur Arbeiten zu übernehmen, für die er die erforderlichen Kenntnisse oder Fähigkeiten besitzt (GWerkV Rz. 835 und 841; Zindel/Pulver/Schott, Basler Kommentar, N 20 zu Art. 364 OR; Bühler Theodor, Zürcher Kommentar, N 17 zu Art. 364 OR); weiter trifft den Unternehmer die Pflicht, das Werk mit angemessenem Aufwand und einer angemessenen Menge Einheiten zu erstellen (GWerkV Rz. 839 i.V.m. Rz. 928 und 964 f.; Zindel/Pulver/Schott, Basler Kommentar, N 21 zu Art. 364 OR; Bühler Theodor, Zürcher Kommentar, N 34 zu Art. 364 OR), oder etwa die Pflicht, baupolizeiliche Gesetze und Verordnungen einzuhalten (GWerkV Rz. 839; Zindel/Pulver/Schott, Basler Kommentar, N 23 zu Art. 364 OR). Im Einzelfall kann den Unternehmer sogar die «Pflicht» treffen, den Bauherrn zur rascheren Erfüllung seiner Mitwirkungsobliegenheiten zu drängen, um nicht eine Reduktion der Kündigungsentschädigung nach Art. 377 OR zu riskieren (BGer 4C.393/2006 vom 27. April 2007 E. 3.3).

4.10 g) Welches *Mass an Sorgfalt* eine «gewissenhafte» Vertragserfüllung erfordert, bestimmt sich nach den Umständen des Einzelfalls; Unzumutbares darf weder vom Unternehmer noch vom Bauherrn verlangt werden (GWerkV Rz. 841). Der Unternehmer muss zumindest diejenige Sorgfalt aufwenden, die nach der Verkehrsanschauung von einem gewissenhaften Vertragspartner unter den gegebenen Voraussetzungen (mit seiner Ausbildung und Erfahrung etc.) erwartet wird (GWerkV Rz. 841; Zindel/Pulver/Schott, Basler Kommentar, N 7 zu Art. 364 OR; Koller Alfred, Berner Kommentar, N 270 zu Art. 364 OR). Die geschuldete Sorgfalt bestimmt sich nicht nach dem subjektiven Sorgfaltsvermögen, sondern nach objektiven Kriterien (vgl. Gauch/Schluep/Emmenegger, OR AT, Rz. 2987; Koller Alfred, Berner Kommentar, N 273 zu Art. 363 OR). So hat sich ein sorgfältiger Unternehmer an «anerkannte Regeln der Technik» zu halten, wenn es solche für die Ausführung des konkret geschuldeten Werks gibt (GWerkV Rz. 842 f.; Zindel/Pulver/Schott, Basler Kommentar, N 7 zu Art. 364 OR; zum Begriff der «anerkannten Regeln der Technik» vgl. GWerkV Rz. 846 ff.; Koller Alfred, Berner Kommentar, N 271 zu Art. 363 OR; Bühler Theodor, Zürcher Kommentar, N 21 und 38 zu Art. 364 OR). Hat aber der Unternehmer vorgegeben, besondere Fähigkeiten zu besitzen, so muss er sich darauf behaften lassen und unterliegt einem entsprechend strengeren Sorgfaltsmassstab (Koller Alfred, Berner Kommentar, N 270 zu Art. 363 OR).

Anmerkung 5

5 Die hier angesprochene Nichterfüllung bzw. Schlechterfüllung kann sich auf Hauptleistungspflichten wie auch auf Nebenleistungspflichten und auf Nebenpflichten beziehen. Tatbestände der Verletzung von Leistungspflichten sind das gänzliche oder teilweise Ausbleiben der Erfüllung, aber auch die fehlerhafte und die verspätete Erfüllung. Während die fehlerhafte Erfüllung die entsprechenden Mängelrechte auslöst (Art. 169 ff.; vgl. zudem Art. 366 Abs. 2 OR, auf den Art. 183 verweist), führt das gänzliche oder teilweise

Ausbleiben bzw. die Verspätung der Erfüllung nicht zu einer Mängelhaftung des Unternehmers, sondern – sofern vereinbarte Termine trotz einer allfällig noch notwendigen Mahnung missachtet werden – ohne Weiteres zum Schuldnerverzug (vgl. Art. 102 ff. OR [bei Fixterminen nach Art. 102 Abs. 2 OR] und Art. 366 Abs. 1 OR) des Unternehmers. Dabei sieht Art. 366 Abs. 1 OR (auf den Art. 183 verweist) als werkvertragsrechtliche Sondernorm vor, dass der Bauherr dann, wenn die Termineinhaltung objektiv illusorisch geworden ist, nicht einmal den vereinbarten Erfüllungstermin abwarten muss, bevor er über die entsprechenden Rechtsbehelfe verfügen kann (insbesondere Vertragsrücktritt und Schadenersatzanspruch; vgl. Art. 107 ff. OR).

Anmerkung 6

Dass die Haftung für Nicht- und nicht richtige Erfüllung sich in erster Linie nach Mass- 6
gabe der vertraglichen Bestimmungen und erst in zweiter Linie nach Massgabe der gesetzlichen Bestimmungen richtet, ist ein Grundsatz, der von Art. 23 als selbstverständlich vorausgesetzt wird. Die Gültigkeit einer allfälligen vertraglichen Wegbedingung der Haftung beurteilt sich im Lichte von Art. 100 und 101 OR und folgt damit den allgemeinen Bestimmungen. Für den besonders wichtigen Fall der Mängelhaftung des Unternehmers vgl. die Kommentierung zu Art. 165 ff.

1 32 Treuepflicht und Urheberrecht

Art. 24

[1] Alle Akten (wie Ausschreibungs- und Ausführungsunterlagen, Pläne aller Art, Werkzeichnungen und Berechnungen) [1], welche Bauherr, Unternehmer oder deren Beauftragte (z.B. die Bauleitung) [2] einander übergeben [3], sowie alle Weisungen und Vorschläge [4] bezüglich Projektgestaltung und Bauausführung dürfen vom Empfänger nur im Rahmen des Vertrages [5] verwendet werden; er darf sie weder für eigene Zwecke [6] weiterverwenden noch an unberechtigte Dritte zur Verwendung weitergeben [7]; auch hat er dafür zu sorgen, dass die Unterlagen Dritten nicht zugänglich sind [8].

[2] Erhält eine Vertragspartei oder ein von ihr Beauftragter [9] bei der Vorbereitung oder Ausführung des Werkes Kenntnis [10] von Tatsachen [11], von denen sie oder er weiss oder nach den Umständen annehmen muss, dass die andere Vertragspartei oder ein von ihr Beauftragter sie gegenüber Dritten geheim halten will [12], so ist sie zu deren Geheimhaltung verpflichtet [13], auch nach Beendigung des Vertragsverhältnisses [14].

[3] Vorbehalten bleiben die allgemeinen Pflichten, namentlich aus dem Urheberrechtsgesetz, dem Patentgesetz, dem Designgesetz und dem Gesetz gegen den unlauteren Wettbewerb [15].

Art. 24 (1977/91)

[1] Alle Akten (wie Ausschreibungs- und Ausführungsunterlagen, Pläne aller Art, Werkzeichnungen und Berechnungen), welche Bauherr, Unternehmer oder deren Beauftragte (z.B. die Bauleitung) einander übergeben, sowie alle Weisungen und Vorschläge bezüglich Projektgestaltung und Bauausführung dürfen vom Empfänger nur im Rahmen des Vertrages verwendet werden; er darf sie weder für eigene Zwecke weiterverwenden noch an unberechtigte Dritte zur Verwendung weitergeben; auch hat er dafür zu sorgen, dass die Unterlagen Dritten nicht zugänglich sind.

[2] Erhält ein Vertragspartner oder ein Beauftragter bei der Vorbereitung oder Ausführung des Werkes Kenntnis von Tatsachen, von denen er weiss oder nach den Umständen annehmen muss, dass der andere Vertragspartner oder die Bauleitung sie gegenüber Dritten geheimhalten will, so ist er zu deren Geheimhaltung verpflichtet, auch nach Beendigung des Vertragsverhältnisses.

[3] Vorbehalten bleiben die allgemeinen Pflichten gemäss den Gesetzen über das Urheberrecht, die Erfindungspatente und den unlauteren Wettbewerb.

Anmerkung 1

1.1 Alle übergebenen Akten (Art. 24/Rz. 3) fallen unter Abs. 1, und zwar unabhängig davon, ob sie ein Geschäfts- oder Fabrikationsgeheimnis bergen (Art. 24/Rz. 11.2 f.) oder ob ein Geheimhaltungsinteresse oder ein Geheimhaltungswille besteht. Dem Unternehmer ist es verboten, erhaltene Akten ausserhalb des Vertrags zu verwenden, zu verwerten oder anderen mitzuteilen (GWerkV Rz. 820; Bühler Theodor, Zürcher Kommentar, N 33 zu Art. 364 OR; Koller Alfred, Berner Kommentar, N 275 f. zu Art. 363 OR). Ferner verstösst ein Vertragspartner nicht nur gegen die Treuepflicht, sondern ggf. auch gegen das UWG (Art. 5 lit. a UWG), wenn er Pläne (oder die darin enthaltenen Ideen) unbefugt verwertet, indem er (unter Einsparung der Planungskosten) ein «Plagiat» des Bauwerks erstellt (GWerkV Rz. 820).

1.2 Die Aufzählung («Ausschreibungs- und Ausführungsunterlagen, Pläne aller Art, Werkzeichnungen und Berechnungen») ist nicht als abschliessend, sondern lediglich als beispielhaft zu verstehen. Unter Abs. 1 können – entgegen dem zu engen Wortlaut – nicht nur «Akten», sondern *weitere Informationen* fallen, unabhängig davon, ob sie körperlich (auf Papier oder Datenträgern) festgehalten sind oder ob ein Vertragspartner von ihnen mündlich oder durch blosse Kenntnisnahme von bestimmten Schriftstücken oder Einsichtnahme in bestimmte Datenträger erfährt. Für all diese Informationen gilt Abs. 1; für (zumindest mutmasslich) geheimhaltungswürdige Informationen gilt überdies Abs. 2.

Anmerkung 2

2 Neben den Akten der Vertragsparteien sind auch die Akten der «Beauftragten» geschützt. Mit diesem Terminus werden nicht nur Drittvertragspartner des Bauherrn oder des Unternehmers bezeichnet, die rechtlich in einem Auftragsverhältnis zur fraglichen Partei des Werkvertrags stehen, sondern schlechthin alle Drittvertragspartner von Bauherr oder Unternehmer, also auch etwa Subunternehmer (Art. 29). Insoweit besteht eine Art «Drittschutz». Rechtspflichten erwachsen aus dem Werkvertrag jedoch allein den Parteien dieses Vertrags, während Art. 24 Abs. 1 den vertragsfremden Dritten (den «Beauftragten») in keiner Weise berechtigt oder verpflichtet. Mit anderen Worten: Bauherr und Unternehmer schulden sich gegenseitig treuepflichtgemässen Umgang mit Informationen,

welche von «Beauftragten» des jeweiligen Vertragspartners übergeben werden, unabhängig davon, woher die Akten stammen.

Anmerkung 3

Das heisst *mit Wissen und Willen* zukommen lassen und damit anvertrauen: Informationen gelten also nur dann als «übergeben» im Sinne von Art. 24 Abs. 1, wenn ein Vertragspartner sie dem anderen mit Wissen und Willen zugänglich macht, indem er sie ihm mündlich mitteilt, übergibt, zusendet oder zur Kenntnisnahme überlässt. Solche (nicht allgemein zugänglichen) Informationen hingegen, die nicht in diesem Sinne «übergeben» werden, sondern von denen der eine Vertragspartner ohne Wissen oder gegen den Willen des anderen Kenntnis erhält (beachte dazu auch Abs. 2), fallen vermutungsweise unter ein Verwendungs- und Weitergabeverbot, ausser der Vertragspartner könne seine Berechtigung zum Erhalt der fraglichen Information aus anderen Gründen nachweisen. 3

Anmerkung 4

Gemeint sind nur solche «Weisungen» und «Vorschläge», denen auch ausserhalb des konkreten Werkvertrags ein gewisser Informationswert zukommt, also Informationen, die in anderen Projekten oder Arbeitsgattungen von Interesse sein könnten und ohne Abschluss dieses betreffenden Werkvertrags nicht erhältlich gewesen wären. 4

Anmerkung 5

Im Rahmen des Vertrags heisst: Die Beteiligten dürfen die Informationen nur entsprechend den diesbezüglichen vertraglichen Anordnungen und Weisungen verwenden, soweit es die Vertragserfüllung erfordert. Die Erlaubnis zur Verwendung muss sich dabei nicht ausdrücklich aus dem Vertrag ergeben, sondern kann auch lediglich selbstverständliche Voraussetzung oder Folge der Vertragserfüllung sein. Nicht «im Rahmen des Vertrages verwendet» werden Informationen, wenn sie zwar anlässlich der Leistungserbringung verwendet werden, aber zu anderen Zwecken als der Erfüllung des fraglichen Werkvertrags (z.B. zur Erfüllung von mit Dritten geschlossenen Verträgen oder zur Gewinnung von Dritten als Kunden). Richtschnur ist, ob eine bestimmte Verwendung schlechthin eine Voraussetzung der Vertragserfüllung sei oder ob sie der Erfüllung des infrage stehenden Werkvertrags dient, die Erfüllung also fördert oder begünstigt. Ist das nicht der Fall, liegt unbefugte Verwendung ausserhalb des Rahmens der Vertragserfüllung vor. 5.1

Das Verwendungsverbot im Sinne von Art. 24/Rz. 5.1 gilt auch nach Erfüllung des Werkvertrags. Es handelt sich um eine nachwirkende Unterlassungspflicht (Art. 24/Rz. 14.1 ff.). 5.2

Anmerkung 6

Ob die Verwendung «für eigene Zwecke» und damit unbefugt – oder «im Rahmen des Vertrages» und damit erlaubt – erfolgt, bestimmt sich nach den in Art. 24/Rz. 5.1 aufgestellten Kriterien. Mithin gilt: Jegliche Verwendung, die nicht «im Rahmen des Vertrages» geschieht, stellt grundsätzlich eine Verletzung von Art. 24 dar. 6.1

6.2 Als unbefugte Verwendung im Sinne der Bestimmung ist alles zu betrachten, was der mit der fraglichen Information umgehenden Person oder dieser nahestehenden Dritten faktische oder rechtliche Vorteile einträgt, wobei diese Vorteile nicht (direkt) einen Vermögenswert aufweisen müssen. Konkret:

6.3 a) Ein *Unternehmer* handelt etwa dann treuwidrig (und verstösst überdies gegen Art. 5 lit. a UWG), wenn er die vom Bauherrn gelieferten Pläne oder die darin enthaltenen Ideen unbefugterweise (z.B. unter Einsparung der Planungskosten) selber verwertet (GWerkV Rz. 820; Bühler Theodor, Zürcher Kommentar, N 31 zu Art. 364 OR; Koller Alfred, Berner Kommentar, N 275 zu Art. 363 OR).

6.4 b) Umgekehrt verletzt der Bauherr seine Treuepflicht und handelt unlauter im Sinne von Art. 5 UWG, wenn er die vom Unternehmer im Rahmen einer Unternehmervariante erarbeitete Offerte unerlaubt durch einen Dritten weiterbearbeiten oder realisieren lässt (Hürlimann, Unternehmervarianten, S. 3 ff.).

6.5 c) Geltend machen kann eine Verletzung der lauterkeits- oder urheberrechtlichen Ansprüche *der Bauherr* oder der Unternehmer, ferner auch *ein Dritter*, der nach Massgabe von Art. 5 UWG lauterkeitsrechtlich geschützt ist. Der Bauherr ist durch unerlaubte Informationsverwendung seitens des Unternehmers stets in seinem Anspruch auf korrektes Verwenden aus Art. 24 verletzt. Er kann gestützt hierauf die Unterlassung der unerlaubten Verwendung verlangen, auch wenn nicht seine Urheberrechte, sondern jene von Dritten (beispielsweise seines Architekten) verletzt werden.

Anmerkung 7

7.1 Ob das Verhalten des Dritten, dem Informationen weitergegeben werden, «unberechtigt» ist – oder ob die Weitergabe an den bzw. die Verwendung durch den Dritten «im Rahmen des Vertrages» erfolgt, bestimmt sich nach den in Art. 24/Rz. 5.1 aufgestellten Kriterien.

7.2 Nach dem Wortlaut der Bestimmung ist an sich nur die Weitergabe von Informationen an Dritte «zur Verwendung» verboten; allerdings dürfte es aufgrund der Schwierigkeit des Nachweises, ob der Dritte, der die Information erhalten hat, dieselbe verwendet hat oder noch verwenden wird, in aller Regel zur Annahme der Verletzung von Art. 24 schon ausreichen, dass die Informationen an einen Dritten weitergegeben wurden, ohne dass dafür eine vertragliche Rechtfertigung vorliegt (vgl. auch Art. 24/Rz. 8).

Anmerkung 8

8 Fremde Informationen sind demnach geheim zu halten; Dokumente dürfen nicht zugänglich sein. Es sind die nach den Umständen des Einzelfalls gebotenen und zumutbaren Schutzvorkehren zu treffen. Diese betreffen einerseits eine sichere Verwahrung der Akten, andererseits eine sinnvolle Arbeitsorganisation, die sicherstellt, dass nur jene Personen in fremde Informationen eingeweiht werden, die auf dieses Wissen angewiesen sind. Ein Unternehmer hat beispielsweise darauf zu achten, dass ein Subunternehmer (Art. 29) nicht Einblick in Unterlagen aus dem Hauptvertrag erhält, die er weder zur Erarbeitung seines Angebots noch zur Vertragserfüllung benötigt.

Anmerkung 9

Ob die Vertragspartei selber oder aber einer ihrer Arbeitnehmer oder andere vertraglich an sie gebundene Personen die hier fragliche Kenntnis erhalten, ist ohne Belang. Der Beauftragte ist nicht als Partei am Werkvertrag beteiligt, sondern Auftragnehmer des Bauherrn oder des Unternehmers; der Beauftragte ist in aller Regel als Hilfsperson des Vertragspartners zu qualifizieren. Beauftragter des Bauherrn ist beispielsweise die Bauleitung (Art. 33), die sich in einem Bauleitungs- bzw. Baubetreuungsvertrag zur Leitung der Bauausführung verpflichtet hat (vgl. GWerkV Rz. 55 und 353). Beauftragte des Unternehmers sind etwa die von diesem beigezogenen Subunternehmer (Art. 29). 9

Anmerkung 10

Sichere bzw. vollständige Kenntnis ist nicht verlangt: Es ist nicht erforderlich, dass der Informationsempfänger mit Bestimmtheit weiss oder wissen muss, dass die Information so, wie er sie erfahren hat, der Geheimhaltung untersteht. 10

Anmerkung 11

Tatsachen im hier verstandenen Sinn sind spezifische Gegebenheiten, die im Geschäftsleben nicht allgemein bekannt und Dritten nicht frei zugänglich sind. Die Bestimmung meint mit «Tatsache» im Übrigen nicht nur naturwissenschaftlich gesicherte Fakten, sondern sämtliche wahrnehmbaren Informationen, also auch Spekulationen, Prognosen, Einschätzungen, Meinungen u.dgl. Es handelt sich um «Geheimnisse», die der Geheimnisherr gegenüber Dritten nicht preisgeben will. Das Geheimnis ist also ein zweigliedriger Begriff: Es betrifft erstens nicht allgemein bekannte bzw. zugängliche Tatsachen, welche der Geheimnisherr zweitens auch nicht allgemein bekannt oder zugänglich machen will. Nicht vorausgesetzt ist hingegen, dass die Tatsache von Bedeutung oder die Geheimhaltung sinnvoll sei, weshalb auch irrelevante oder für Dritte (scheinbar) uninteressante Tatsachen Geheimnisse darstellen können. Diese Geheimnisse lassen sich in verschiedene Kategorien einteilen: 11.1

a) *Geschäftsgeheimnisse* sind Informationen, die in irgendeiner Weise für die Organisation und die betriebliche Tätigkeit des Unternehmers oder des Bauherrn von Bedeutung sind, wie Lieferanten- und Kundendaten, Preiskalkulationen, Werbeplanungen, vertragliche Vereinbarungen, Firmenstrategien, Margen usw. (Rehbinder/Stöckli Jean-Fritz, Berner Kommentar, N 9 zu Art. 340 OR; Staehelin, Zürcher Kommentar, N 15 zu Art. 340 OR). 11.2

b) *Fabrikationsgeheimnisse* beziehen sich auf alle im technischen Bereich relevanten Informationen (inklusive Auswahl von Rohstoffen, Fabrikationsmethoden, Rezepturen, Know-how usw.; Rehbinder/Stöckli Jean-Fritz, Berner Kommentar, N 9 zu Art. 340 OR; Staehelin, Zürcher Kommentar, N 14 zu Art. 340 OR). Nicht erforderlich für die Qualifikation einer Information als Fabrikationsgeheimnis ist das Vorhandensein immaterialgüterrechtlichen Schutzes (insbesondere Patentschutzes). 11.3

11.4 c) *Sonstige Geheimnisse,* beispielsweise Informationen aus dem persönlichen Bereich des Vertragspartners (REHBINDER/STÖCKLI JEAN-FRITZ, Berner Kommentar, N 9 zu Art. 340 OR).

11.5 d) In jedem Fall setzt der vertragliche Geheimnisschutz voraus, dass es sich tatsächlich um vertrauliche, nicht um banale Informationen handelt (also solche, die aufgrund einfacher Überlegungen gestützt auf allgemein bekannte oder zugängliche Tatsachen ohne Weiteres gewonnen werden könnten). Für den Informationsempfänger muss ferner bekannt oder nach den Umständen bekannt sein, dass der Geheimnisherr bezüglich dieser Informationen einen Geheimhaltungswillen (Art. 24/Rz. 12.1 f.) hat. Branchenkenntnisse unterliegen genauso wenig dem Geheimnisschutz wie die erworbene Berufserfahrung (REHBINDER/STÖCKLI JEAN-FRITZ, Berner Kommentar, N 9 zu Art. 340 OR; STAEHELIN, Zürcher Kommentar, N 15 zu Art. 340 OR).

Anmerkung 12

12.1 Nach dem Wortlaut der Norm genügt es zur Begründung einer Geheimhaltungspflicht, dass ein subjektiver Geheimhaltungswille vorliegt – auf die objektive Begründetheit (auf die Frage also, ob die Geheimhaltung «vernünftig» sei) kommt es nach dem Gesagten nicht an. Unbeachtlich ist nach dem Wortlaut der Norm ferner, ob die Tatsache, auf welche der Geheimhaltungswille sich bezieht, allgemein bekannt oder zugänglich sei.

12.2 Die Norm geht davon aus, dass die Geheimhaltungsregel auch dann zum Zuge kommen soll, wenn der Geheimnisherr bezüglich einer allgemein bekannten oder zugänglichen Tatsache einen Geheimhaltungswillen hegt. Das entspricht aber nicht dem Sinn der Norm, denn am Verbot der Verwendung bzw. Weitergabe allgemein zugänglicher oder bekannter Informationen kann der «Geheimnisherr» kein vernünftiges Interesse haben.

Anmerkung 13

13.1 Geheimhaltung heisst Schweigen und Nichtweitergabe sowie Vorkehr des Möglichen und Zumutbaren, damit ein Dritter das Geheimnis nicht aus eigener Kraft erfahren kann. Die Geheimhaltungspflicht ergibt sich aus der werkvertraglichen Treuepflicht, die zwischen den Parteien besteht (BGE 93 II 272/278 E. 5). Die nach Art. 24 Abs. 2 verpflichteten Vertragspartner – Bauherr oder Unternehmer – haften auch für Fahrlässigkeit, mithin auch für unbedachte Äusserungen oder etwa die unsorgfältige Aufbewahrung von Unterlagen (Art. 24/Rz. 8).

13.2 Strafrechtlich relevant wird die Geheimnisverletzung, wenn der Unternehmer ein Fabrikations- oder Geschäftsgeheimnis im Sinne von Art. 162 StGB (NIGGLI/HAGENSTEIN, Basler Kommentar, N 2 ff. und 8 ff. zu Art. 162 StGB; TRECHSEL/JEAN-RICHARD-DIT-BRESSEL, Praxiskommentar, N 4 ff. zu Art. 162 StGB) preisgibt, wobei die Preisgabe durch mündliche oder schriftliche Mitteilungen, die Übergabe von Plänen oder auf ähnliche Weise erfolgen kann. Auch die bloss teilweise Preisgabe eines Geheimnisses ist strafrechtlich relevant (BÜHLER THEODOR, Zürcher Kommentar, N 33 zu Art. 364 OR; BGE 80 IV 22/31 E. 2c; AppGer ZH vom 3. Oktober 1967 = ZR 1969, S. 95 ff., Nr. 38; NIGGLI/HAGENSTEIN, Basler Kommentar, N 26 zu Art. 162 StGB). Das Delikt ist vollendet, wenn der

Destinatär vom Geheimnis Kenntnis erlangt (NIGGLI/HAGENSTEIN, Basler Kommentar, N 36 zu Art. 162 StGB). Dass er die erhaltenen Informationen verwendet, ist nicht vorausgesetzt. Ist das Delikt unvollendet, so ist auch der Versuch strafbar (BGE 104 IV 175/181 E. 3a; NIGGLI/HAGENSTEIN, Basler Kommentar, N 38 zu Art. 162 StGB). Wer sich den Verrat zu seinen Gunsten im Konkurrenzkampf zu Nutzen macht, ist nach den Spezialbestimmungen des UWG zu bestrafen, die jenen des StGB in ihrem Geltungsbereich vorgehen (TRECHSEL/JEAN-RICHARD-DIT-BRESSEL, Praxiskommentar, N 4 ff. zu Art. 162 StGB; vgl. aber auch NIGGLI/HAGENSTEIN, Basler Kommentar, N 51 ff. zu Art. 162 StGB).

Anmerkung 14

Die Geheimhaltungspflicht kann die Phase der Vertragserfüllung überdauern (BGE 93 II 272/278 f. E. 5; KOLLER ALFRED, Berner Kommentar, N 276 zu Art. 363 OR; MIDDENDORF, Vertragspflichten, Rz. 184 ff.). Die Geheimhaltungspflichten «verjähren» nicht: Der Verpflichtete kann sich nicht darauf berufen, zehn Jahre nach Einweihung in das Geheimnis nicht mehr länger verpflichtet zu sein. 14.1

Als Ausfluss einer nachwirkenden Treuepflicht besteht die Geheimhaltungspflicht nach Abschluss der Vertragserfüllung nur, aber immer dann, wenn und soweit für die Fortdauer der Pflicht ein rechtliches Interesse besteht (BGE 93 II 272/278 E. 5). Das trifft allgemein immer dann zu, wenn das Geheimnis losgelöst vom fraglichen Werkvertrag Bedeutung haben kann. Auch nach der Werkherstellung darf der Unternehmer Pläne, die ihm der Bauherr zur Verfügung gestellt hat, nicht eigenmächtig, das heisst ohne sein Einverständnis, weiterverwerten (KOLLER ALFRED, Berner Kommentar, N 275 zu Art. 363 OR). Das rechtliche Interesse (und damit eine gerechtfertigte Geheimhaltungspflicht) entfällt, wenn das Geheimnis weitgehend enthüllt und «gemeinfrei» geworden ist (BGE 93 II 272/278 f. E. 5). 14.2

Ob und inwieweit eine nachvertragliche Geheimhaltungspflicht besteht, hängt zum einen von den einzelnen Bestimmungen des konkreten Werkvertrags, zum andern vom Verhalten ab, das der Grundsatz von Treu und Glauben bei der Vertragserfüllung verlangt (BGE 93 II 272/280 E. 5; BÜHLER THEODOR, Zürcher Kommentar, N 29 zu Art. 364 OR). 14.3

Anmerkung 15

Vorbehalten bleiben sämtliche Gesetze, welche im Zusammenhang mit Art. 24 von Bedeutung sind. Art. 24 Abs. 3 nennt explizit das URG, das PatG, das UWG sowie das DesG. Vgl. zum Ganzen VON BÜREN/MARBACH/DUCREY, Immaterialgüter- und Wettbewerbsrecht, N 428 ff.; CARRON/BLAISE/KRAUS/KRÜSI/FÉROLLES, Das Urheberrecht der Planer, passim; SCHLUEP/WENGER BERGER, Das geistige Eigentum der Planer, Rz. 17.1 ff.; CELLI/HYZIK, DesG-Kommentar, N 41 ff. zu Art. 2 und N 18 ff. zu Art. 4 DesG. 15

1 33 Anzeige- und Abmahnungspflichten des Unternehmers

Art. 25

1 Die Aufsicht, die der Bauherr durch die Bauleitung ausüben lässt[1], enthebt den Unternehmer nicht der gesetzlichen Pflicht (Art. 365 Abs. 3 OR), Verhältnisse, die eine gehörige oder rechtzeitige Ausführung des Werkes gefährden,[2] der Bauleitung[3] ohne Verzug[4] anzuzeigen[5]. Verletzt er diese Pflicht[6], so fallen nachteilige Folgen ihm selbst zur Last[7]; es sei denn, die Bauleitung habe von den betreffenden Verhältnissen auch ohne Anzeige nachweisbar Kenntnis gehabt[8].

2 Die Anzeigen[9] sollen schriftlich[10] erfolgen; mündliche Anzeigen sind zu protokollieren[11].

3 Der Unternehmer hat die ihm übergebenen Pläne[12], den von ihm zu bearbeitenden Baugrund[13] und die bestehende Bausubstanz[14] nur dann zu prüfen[15], wenn der Bauherr weder durch eine Bauleitung vertreten[16] noch selbst sachverständig[17], noch durch einen beigezogenen Sachverständigen beraten ist[18]. Doch zeigt der Unternehmer Unstimmigkeiten[19] oder andere Mängel[20], die er bei der Ausführung[21] seiner Arbeit erkennt[22], unverzüglich gemäss Abs. 1 und 2 an[23] und macht die Bauleitung auf nachteilige Folgen aufmerksam (Abmahnung)[24].

4 Die gleiche Abmahnungspflicht[25] trifft den Unternehmer, wenn er bei der Ausführung seiner Arbeit[26] feststellt[27] oder nach den Umständen feststellen muss[28], dass ihm erteilte Weisungen[29] der Bauleitung fehlerhaft sind[30] oder ihm Verantwortungen (z.B. hinsichtlich Gefährdung Dritter)[31] auferlegen, die er glaubt, nicht übernehmen zu dürfen[32].

5 Anzeige- und Abmahnungspflichten sind namentlich auch in folgenden Bestimmungen vorgesehen: Art. 30 Abs. 4 und 5, Art. 56 Abs. 3, Art. 96 Abs. 1, Art. 110, Art. 127 Abs. 2 und Art. 136 Abs. 2 und 3.[33]

Art. 25 (1977/91)

1 Die Aufsicht, die der Bauherr durch die Bauleitung ausüben lässt, enthebt den Unternehmer nicht von der gesetzlichen Pflicht (Art. 365 Abs. 3 OR), Verhältnisse, die eine gehörige oder rechtzeitige Ausführung des Werkes gefährden, der Bauleitung ohne Verzug anzuzeigen. Verletzt er diese Pflicht, so fallen nachteilige Folgen ihm selbst zur Last; es sei denn, die Bauleitung habe von den betreffenden Verhältnissen auch ohne Anzeige nachweisbar Kenntnis gehabt.

2 Die Anzeigen sollen schriftlich erfolgen; mündliche Anzeigen sind zu protokollieren.

3 Der Unternehmer hat die ihm übergebenen Pläne und den von ihm zu bearbeitenden Baugrund nur dann zu prüfen, wenn der Bauherr weder durch eine Bauleitung vertreten noch selbst sachverständig, noch durch einen beigezogenen Sachverständigen beraten ist. Doch zeigt der Unternehmer Unstimmigkeiten oder andere Mängel, die er bei der Ausführung seiner Arbeit erkennt, unverzüglich gemäss Abs. 1 und 2 an und macht die Bauleitung auf nachteilige Folgen aufmerksam (Abmahnung).

[4] Die gleiche Abmahnungspflicht trifft den Unternehmer, wenn er bei der Ausführung seiner Arbeit feststellt oder nach den Umständen feststellen muss, dass ihm erteilte Weisungen der Bauleitung fehlerhaft sind oder ihm Verantwortungen (z.B. hinsichtlich Gefährdung Dritter) auferlegen, die er glaubt, nicht übernehmen zu dürfen.

[5] Anzeige- und Abmahnungspflichten sind namentlich auch in folgenden Bestimmungen vorgesehen: Art. 30 Abs. 4 und 5, Art. 56 Abs. 3, Art. 96 Abs. 1, Art. 110, Art. 127 Abs. 2 und Art. 136 Abs. 2 und 3.

Anmerkung 1

Gemeint ist die «Aufsicht über die Ausführung der Arbeiten», welche die vom Bauherrn eingesetzte Bauleitung im Sinne von Art. 34 Abs. 1 ausübt (Art. 34/Rz. 5). Die Bauleitung ist befugt, die Ausführung der gesamten Vertragsarbeit des Unternehmers zu überwachen (Art. 34 Abs. 2; vgl. Art. 34/Rz. 8.1). Der Bauherr ist indessen zu einer solchen Aufsicht bzw. Überwachung nicht verpflichtet; der Unternehmer hat ungeachtet einer allfälligen Aufsicht und Überwachung ein vertragskonformes Werk herzustellen und abzuliefern. Hat der Bauherr oder seine Bauleitung allerdings die Gefahr eines Werkmangels erkannt, den Unternehmer aber ohne Einspruch gewähren lassen, so ist dem Bauherrn zumindest ein beschränktes Selbstverschulden anzulasten (GWerkV Rz. 1346 und 2057). 1

Anmerkung 2

Zur *gesetzlichen Anzeigepflicht* des Unternehmers im Sinne von Art. 365 Abs. 3 OR Bühler Theodor, Zürcher Kommentar, N 64 ff. zur Art. 365 OR; GWerkV Rz. 829 ff. und 1986 ff.; Henninger, Die Anzeige- und Abmahnungspflichten des Unternehmers, S. 66 ff.; Zindel/Pulver/Schott, Basler Kommentar, N 17 ff. zu Art. 365 OR; Hürlimann/Siegenthaler, Handkommentar Privatrecht, N 4 ff. zu Art. 365 OR; Koller Alfred, Berner Kommentar, N 57 ff. zu Art. 365 OR; Schumacher, Die Vergütung, Rz. 716 ff.; Tercier/Favre/Carron Benoît, Les contrats spéciaux, Rz. 4432 ff. Die Anzeigepflicht ist Ausfluss der allgemeinen Sorgfaltspflicht, welcher der Unternehmer nachkommen muss, ungeachtet dessen, ob sich die Rechtslage nach Gesetz (Art. 364/365 Abs. 3 OR) oder nach der SIA-Norm 118 (Art. 23) beurteilt (Art. 23/Rz. 4.2). Der Unternehmer hat die berechtigten Interessen des Bauherrn in guten Treuen zu wahren (BGer 4A_321/2007 vom 3. Dezember 2007 E. 4; GWerkV Rz. 834 ff.). Eine analoge Aufklärungspflicht trifft auch den Bauherrn (BGer 4A_494/2010 vom 7. Dezember 2010 E. 4.1). Der Unternehmer erfüllt die ihm in Anwendung von Art. 25 obliegende Aufklärungspflicht insbesondere mit Anzeigen (Art. 25 Abs. 1–3) und Abmahnungen (Art. 25 Abs. 4). Im Einzelnen: 2.1

a) Anzuzeigen hat der Unternehmer *Verhältnisse,* die einen *Werkmangel* bewirken oder die Ablieferung über den vereinbarten *Termin* hinaus verzögern (können). Die im Gesetz erwähnten «Mängel an dem vom Besteller gelieferten Stoffe oder an dem angewiesenen Baugrunde» haben bloss beispielhaften Charakter (Koller Alfred, Berner Kommentar, N 70 zu Art. 365 OR). 2.2

b) Anzuzeigen hat der Unternehmer *Verhältnisse,* welche die *Vertragserfüllung* ernsthaft gefährden können oder bereits tatsächlich gefährdet haben. Der erforderliche Inhalt der 2.3

Anzeige bestimmt sich in erster Linie danach, über welchen Wissensvorsprung der Unternehmer gegenüber dem Bauherrn und/oder seiner Bauleitung verfügt. Die Anzeige soll alle wesentlichen Elemente enthalten, die erforderlich sind, damit der Bauherr gestützt auf die erhaltenen Informationen über die notwendige Handlungs- und Entscheidungsfreiheit verfügt, um den Geschehensablauf ändern zu können. Oder anders gesagt: Die Mitteilung soll dem Bauherrn die gefährdenden Verhältnisse vor Augen führen (Schumacher, Die Vergütung, Rz. 720). Dabei spielt es keine Rolle, wer – ob der Bauherr, seine Bauleitung, weitere Personen oder sogar der Unternehmer selbst – diese Verhältnisse zu vertreten hat. Es reicht aber aus, dass die warnende Mitteilung die gefährdenden Verhältnisse schildert. Es ist nicht erforderlich, dass die Anzeige des Unternehmers auch konkrete Vorschläge (z.B. korrigierende oder präventive Massnahmen) enthält oder dass sie sich zugleich darüber äussert, welche Auswirkungen in finanzieller oder terminlicher Hinsicht zu erwarten sind, wenn der Bauherr die Anzeige nicht beachtet.

2.4 c) Anzuzeigen hat der Unternehmer ausschliesslich *Verhältnisse,* welche eine gehörige oder rechtzeitige Ausführung des Werks gefährden. Darüber hinaus ist der Unternehmer im Rahmen einer laufenden Geschäftsbeziehung mit wiederholten Bestellungen des gleichen Produkts verpflichtet, den Besteller über Änderungen der Produktbeschaffenheit zu informieren (GWerkV Rz. 836; Voraussetzungen verneint in BGer 4A_626/2011 vom 7. Juni 2012 E. 2.2.3). Art. 25 begründet keine – über die gesetzliche Aufklärungspflicht des Art. 365 Abs. 3 OR hinausgehende – generelle Anzeigepflicht des Unternehmers. Namentlich folgt aus Art. 25 *keine* (das gesetzliche Werkvertragsrecht verschärfende) *generelle Anzeigepflicht,* welche der Unternehmer zur Anmeldung von Ansprüchen für eine Mehrvergütung oder für eine Bauzeitanpassung zu beachten hätte. Vielmehr gelten allenfalls weiter gehende Anzeigepflichten immer nur, wenn sie individuell vereinbart wurden. Die SIA-Norm 118 beschränkt sich weitgehend darauf, die Anwender der Norm an die bereits gemäss gesetzlichem Werkvertragsrecht geltenden Anzeigepflichten zu erinnern (siehe auch Spiess/Huser, Handkommentar, N 1 zu Art. 25). Einige wichtige Anwendungsfälle werden in Art. 25 Abs. 5 sogar explizit aufgeführt, wobei die Liste nur exemplifikatorische, nicht abschliessende Bedeutung hat. Nicht erwähnt in Absatz 5 wird etwa die Bestimmung von Art. 59 Abs. 3, welche die gemäss Art. 373 Abs. 2 OR zu beachtende Anzeigepflicht bei der Geltendmachung «ausserordentlicher Verhältnisse» in Erinnerung ruft. Im Anwendungsbereich der SIA-Norm 118 besonders zu beachten ist die Anzeigepflicht von Art. 96, wenn der Unternehmer eine Fristerstreckung beanspruchen will.

2.5 d) *Nicht* anzuzeigen hat der Unternehmer *drohende Mehrkosten oder Mehrvergütungsansprüche;* Art. 25 befasst sich mit der Vertragserfüllung und verpflichtet den Unternehmer nicht, den Besteller über Kosten oder Mehrkosten der Werkherstellung zu informieren. Keine Anzeigepflicht begründet die SIA-Norm 118 (weder in Art. 25 noch sonst wo) für Ansprüche auf Mehrvergütung, wie etwa für Bestellungsänderungen im Sinne von Art. 84 ff. (vgl. BGer 4C.16/2006 vom 17. November 2006 E. 6.3; 4C.35/2001 vom 4. März 2002 E. 3c; GWerkV Rz. 1007; Schumacher, Die Vergütung, Rz. 567). Immerhin enthält Art. 87 Abs. 1 die (allerdings nicht bindende) Empfehlung, die bei veränderten Ausführungsvoraussetzungen zu erbringende Leistung «wenn immer möglich» vor Inangriffnahme der Arbeit zu umschreiben und den dazugehörigen neuen Einheitspreis zu vereinbaren. Zur Anzeigepflicht, wenn der Unternehmer einen verabredeten ungefähren Kostenansatz ohne Zutun des Bestellers im Sinne von Art. 56 Abs. 3 SIA-Norm 118 respektive Art. 375 OR übermässig überschreitet, vgl. BGer 4C.347/2003 vom 1. April 2004 E. 4.2; 4C.99/2004 vom 28. Juni 2004 E. 4.2.

Anmerkung 3

Adressat der Anzeige ist grundsätzlich die Bauleitung als Vertreterin des Bauherrn. Dass sie solche Mitteilungen rechtsverbindlich entgegennehmen kann, ergibt sich aus Art. 33 Abs. 2. Die Bauleitung ihrerseits bezeichnet dem Unternehmer die Personen, die sie zur rechtsverbindlichen Entgegennahme von Anzeigen ermächtigt hat (Art. 35 Abs. 2). Ist keine Bauleitung eingesetzt, so meint der Verweis auf die Bauleitung den Bauherrn selbst (Art. 33 Abs. 3). Was die Modalitäten der Anzeige betrifft, ist Folgendes beizufügen: 3.1

a) Der Unternehmer ist nicht verpflichtet, neben der Anzeige an die Bauleitung zusätzlich noch den Bauherrn persönlich zu informieren, ausser er habe Grund zur Annahme, die Bauleitung leite die Mitteilung nicht an den Bauherrn weiter (GWerkV Rz. 1944). Die persönliche Benachrichtigung des Bauherrn wird indessen dann zur Pflicht, wenn sich die Anzeige gegen unzweckmässiges Verhalten der Bauleitung selbst richtet (vgl. Koller Alfred, Berner Kommentar, N 78 zu Art. 365 OR) oder wenn die Bauleitung überhaupt nicht oder falsch reagiert (analog BGer 4C.194/2005 vom 28. September 2005 E. 3.2.2). 3.2

b) Eine alleinige Anzeige an den Bauherrn ist zulässig, wirksam und ausreichend. Dem Bauherrn bleibt trotz des Wortlauts von Art. 25 Abs. 1 der Einwand verwehrt, dass der Unternehmer die Anzeige an die Bauleitung hätte richten müssen (GWerkV Rz. 1943). Anders zu halten wäre es einzig, wenn die Parteien eine unmittelbare Anzeige an den Bauherrn explizit ausgeschlossen haben oder wenn der Bauherr die Tragweite der Anzeige mangels Sachverstand nicht erfassen kann. 3.3

Anmerkung 4

«Ohne Verzug» und damit als rechtzeitig gilt eine Anzeige, wenn sie vom Unternehmer nach Kenntnis der gefährdenden Verhältnisse erfolgt, solange dem Unternehmer keine Verzögerung vorgeworfen werden kann und solange der Zeitpunkt der Mitteilung für den Bauherrn nicht Nachteile mit sich bringt. Die Anzeige dient der Bewusstseinsbildung des Bauherrn (Scherrer, Nebenunternehmer, Rz. 186). Die Anzeige soll den Bauherrn und die Bauleitung in die Lage versetzen, einen drohenden Schaden abzuwenden, andere Massnahmen zum Schutz seiner Sphäre zu ergreifen oder sich frühzeitig «auf die veränderten Umstände einzustellen» (Koller Alfred, Berner Kommentar, N 57 zu Art. 365 OR). Eine verspätet erfolgte Anzeige schadet nicht, wenn selbst eine rechtzeitige Anzeige «nichts am Geschehensablauf geändert» hätte bzw. wenn eine Anzeige deswegen unnötig ist, weil der Bauherr oder seine Bauleitung schon im Bilde ist (GWerkV Rz. 832). Dafür trägt der Unternehmer bestrittenenfalls die Beweislast. Die Anzeige setzt keine Weisung des Bestellers voraus; der Unternehmer darf auch dann mit einer Anzeige nicht zuwarten, wenn (noch) keine Weisung des Bestellers vorliegt. 4

Anmerkung 5

5 Als vertragliche Sorgfaltspflicht setzt die Anzeigepflicht einen abgeschlossenen Werkvertrag voraus (BGer 4A_321/2007 vom 3. Dezember 2007 E. 4.1; Bühler Theodor, Zürcher Kommentar, N 37 zu Art. 365 OR; GWerkV Rz. 830).

Anmerkung 6

6 Eine Verletzung der Anzeigepflicht liegt vor, wenn es der Unternehmer versäumt, seiner Sorgfaltspflicht nachzukommen, wofür er nach Massgabe von Art. 97/101 OR ersatzpflichtig werden kann. Unterlässt der Unternehmer die Anzeige ohne Verschulden, so wird er zwar nicht wegen eines Verstosses gegen Art. 97/101 OR ersatzpflichtig, er kann aber gleichwohl für Mängel zur Verantwortung gezogen werden, für welche er verschuldensunabhängig haftet (Art. 368 OR).

Anmerkung 7

7.1 a) Der Unternehmer kann als Folge einer Anzeigepflichtverletzung mit verschiedenen «nachteiligen Folgen» konfrontiert sein (vgl. die Zusammenstellung bei Zindel/Pulver/Schott, Basler Kommentar, N 34 zu Art. 365 OR; Bühler Theodor, Zürcher Kommentar, N 72 zu Art. 365 OR; Koller Alfred, Berner Kommentar, N 83 ff. und 98 zu Art. 365 OR; Schumacher, Die Vergütung, Rz. 731 ff.). Die vom Unternehmer zu vertretenden «nachteiligen Folgen» (als Folge einer Anzeige- oder Abmahnungspflichtverletzung, vgl. Art. 25/Rz. 24.1 f.) können im Einzelfall in einem *Risikotransfer* zulasten des Unternehmers bestehen, *beispielsweise* in der folgenden Weise:

7.2 – Das Risiko der Verschlechterung oder des Untergangs des Werks, das sonst der Bauherr zu tragen hat, geht ganz oder teilweise auf den Unternehmer über.

7.3 – Der Unternehmer, der eine Anzeige oder Abmahnung unterlässt, kann ganz oder teilweise gewährleistungspflichtig werden und sich nicht mit dem Einwand befreien, dass der Mangel an sich aus dem Verantwortungsbereich des Bestellers stammt (HGer ZH HG120094 vom 8. Mai 2014 E. 3.3.4; GWerkV Rz. 1988; Koller Alfred, Berner Kommentar, N 99 zu Art. 365 OR).

7.4 – Der Unternehmer kann seinen Vergütungsanspruch ganz oder teilweise verlieren, wenn die Werkvollendung nach Art. 378 Abs. 1 OR unmöglich wurde (GWerkV Rz. 739; Koller Alfred, Berner Kommentar, N 103 zu Art. 365 OR) oder das Werk nach Art. 376 Abs. 3 OR vor seiner Übergabe beschädigt wurde oder untergegangen ist (GWerkV Rz. 741 f. und 1201; Koller Alfred, Berner Kommentar, N 101 zu Art. 365 OR).

7.5 – Der Unternehmer kann auch schadenersatzpflichtig werden, wenn er den Besteller durch eine von ihm zu verantwortende Verletzung der Anzeigepflicht Schaden zufügt (GWerkV Rz. 829 i.V.m. Rz. 853 ff.; Bühler Theodor, Zürcher Kommentar, N 72 zu Art. 365 OR; Koller Alfred, Berner Kommentar, N 90 zu Art. 365 OR; Schumacher, Die Vergütung, Rz. 732), z.B. wenn der Schaden des Bauherrn bei (rechtzeitiger und inhaltlich ausreichender) Anzeige oder Abmahnung nur geringer ausgefallen wäre.

b) Bei alledem muss zwischen der Anzeigepflichtverletzung und der Gefährdung der gehörigen oder rechtzeitigen Ausführung des Werks ein adäquater Kausalzusammenhang bestehen: Eine verspätete oder eine unterbliebene Anzeige führt weder zu einem Risikotransfer noch zu einer Ersatzpflicht, wenn eine (rechtzeitige und inhaltlich ausreichende) Anzeige nichts am Geschehensablauf geändert hätte und damit nutzlos gewesen wäre (Art. 25/Rz. 8.1 ff.). Zudem muss der Bauherr sich ein allfälliges Selbstverschulden anrechnen lassen (Art. 166 Abs. 4 und Art. 170 Abs. 3), wobei sich das Mass der Entlastung des Unternehmers nach richterlichem Ermessen (Art. 44 OR) bestimmt (vgl. GWerkV Rz. 2061 ff.; Koller Alfred, Berner Kommentar, N 107 zu Art. 365 OR). 7.6

Anmerkung 8

a) Zu einer *nutzlosen Anzeige* ist der Unternehmer nicht verpflichtet (BGer 4C.99/2004 vom 28. Juni 2004 E. 4.1; GWerkV Rz. 832, 1989 und 2039; Spiess/Huser, Handkommentar, N 25 zu Art. 25; vgl. ferner BGE 92 II 328/334 E. 4). Keiner Anzeige bedarf es daher, wenn der Unternehmer den Nachweis erbringt, 8.1

- dass dem Bauherrn bzw. der Bauleitung die gefährdenden Verhältnisse ohnehin schon bekannt waren (Schumacher, Die Vergütung, Rz. 727) resp. wenn der Unternehmer in guten Treuen darauf vertrauen durfte, sie seien bekannt (Koller Alfred, Berner Kommentar, N 71 zu Art. 365 OR; Tercier/Favre/Carron Benoît, Les contrats spéciaux, Rz. 4431); 8.2
- dass dem Bauherr bzw. der Bauleitung ein Selbstverschulden anzulasten ist, z.B. weil diese selbst einen Umstand gesetzt haben, der die vertragsgemässe Erfüllung erkennbar gefährdet (Koller Alfred, Berner Kommentar, N 71 zu Art. 365 OR); 8.3
- dass sich auch bei unverzüglicher Anzeige (Art. 25/Rz. 4) der infrage stehenden Verhältnisse nichts am Geschehensablauf geändert hätte, weil der Bauherr trotzdem nicht gewillt oder nicht in der Lage gewesen wäre, korrigierend auf den Geschehensablauf einzuwirken (vgl. GWerkV Rz. 832; Schumacher, Die Vergütung, Rz. 728 ff.; Messerli, Aufklärungspflichten, S. 261 f.). 8.4

b) Bei alledem ist dem Bauherrn das Wissen und der Sachverstand seiner Hilfspersonen anzurechnen (BGer 4A.166/2008 vom 7. August 2008 E. 2.1). 8.5

Anmerkung 9

Neben den Anzeigen werden auch die *Abmahnungen* (Art. 25 Abs. 3 und 4) von der Empfehlung in Bezug auf die Form in Art. 25 Abs. 2 erfasst (GWerkV Rz. 1948; BGE 95 II 43/45 f. E. 2a). Die Anzeige erfolgt auf Initiative des erklärenden Unternehmers, während die Abmahnung eine Reaktion auf eine Weisung des Bauherrn darstellt (Bühler Theodor, Zürcher Kommentar, N 64 zu Art. 365 OR; vgl. zur Weisung Art. 25/Rz. 25.2). Sowohl die Anzeige- wie auch die Abmahnungspflicht sind Konkretisierungen der allgemeinen Sorgfaltspflicht des Unternehmers. 9

Anmerkung 10

10.1 Die Festschreibung der Anzeige in *Schriftform* wird bloss empfohlen. Dass es sich bloss um eine Empfehlung, nicht um ein vertragliches Formerfordernis handelt, ergibt sich zum einen aus dem Terminus «sollen», zum anderen daraus, dass der zweite Teilsatz von Abs. 2 die Protokollierung von mündlichen Anzeigen empfiehlt und damit die Wirksamkeit nicht schriftlicher Erklärungen implizit anerkennt (KGer SG BZ.2009.17 vom 24. Juli 2009 E. III./1.4).

10.2 Art. 25 Abs. 2 ist daher nicht als (Wirksamkeits-)Vorbehalt der Schriftform zu verstehen, sondern bloss als Empfehlung an die Parteien, die Anzeige im eigenen Interesse an der Beweissicherung (Schumacher, Die Vergütung, Rz. 724) schriftlich zu kommunizieren. Der vorsichtige Unternehmer sichert sich den Beweis durch eine gegen Quittung übergebene Anzeige, durch eingeschriebenen Brief oder durch eine protokollierte Erklärung (Schumacher, Die Vergütung, Rz. 724: «Wer schreibt, der bleibt»).

10.3 Nur dann, wenn in einem anderen Vertragsbestandteil die Abrede getroffen wurde, wonach die Schriftlichkeit der Anzeigen (und Abmahnungen; vgl. Art. 25/Rz. 9) zur Pflicht erhoben wird, ist eine bestimmte Mitteilung rechtsunwirksam, soweit sie nicht schriftlich erfolgte. Allerdings steht dem Unternehmer auch bei dieser Konstellation der Beweis offen, dass der Bauherr bzw. die Bauleitung durch konkludentes Verhalten auf die Einhaltung des Schriftformvorbehalts verzichtet hat (Schumacher, Die Vergütung, Rz. 552; Spiess/Huser, Handkommentar, N 14 zu Art. 25; differenzierend Gauch/Schluep/Schmid, OR AT, Rz. 593 f. und 611).

10.4 Eine mündliche Anzeige ist daher – grundsätzlich und vorbehältlich besonderer Abreden – zumindest mit Bezug auf ihre Form gültig und rechtswirksam (Schumacher, Die Vergütung, Rz. 725; auch Spiess/Huser, Handkommentar, N 13 zu Art. 25); allerdings muss der Nachweis erbracht werden, dass sie auch rechtzeitig erfolgte (Art. 25/Rz. 4; GWerkV Rz. 1948), um tatsächlich Wirkungen zu entfalten.

Anmerkung 11

11.1 Die SIA-Norm 118 lässt offen, wer die Anzeige zu protokollieren hat. Klar ist aber, dass die durch den Unternehmer erfolgte (und vom Bauherrn bzw. der Bauleitung nicht gegengezeichnete) *Protokollierung* einer mündlich erklärten Anzeige dann kaum eigenen Beweiswert entfaltet, wenn der Bauherr bestreitet, dass die Anzeige überhaupt erfolgt sei. Mithin liegt es primär im Interesse des Unternehmers, den Nachweis der (rechtzeitigen und inhaltlich ausreichenden) Anzeige zu sichern und in diesem Sinne auf die Protokollierung bzw. Gegenzeichnung der eigenen Protokollierung durch Bauleitung oder Bauherrschaft hinzuwirken. Weigert sich diese, ist der Unternehmer gut beraten, wenn er die Anzeige umgehend schriftlich wiederholt.

11.2 Weil auch die Protokollierung nur als Empfehlung formuliert ist (Art. 25/Rz. 10.1), bildet diese – vorbehältlich individuell getroffener gegenteiliger Abreden – keine Wirksamkeitsvoraussetzung der mündlichen Anzeige. Der Bauherr kann sich nicht auf das Fehlen einer entsprechenden Protokollierung berufen, soweit feststeht, dass die Anzeige mündlich erklärt worden ist (GWerkV Rz. 1948).

Nach Art. 4.52 SIA-Ordnung 102 erstellt der Architekt Protokolle über die Bausitzungen und führt ein Baujournal. Soweit die SIA-Ordnung 102 im Verhältnis zwischen dem Bauherrn und der Bauleitung Anwendung findet, ist die Bauleitung protokollierungspflichtig. In der Regel wird sich der Unternehmer – anderweitige spezifische Abreden in seinem Werkvertrag vorbehalten – allerdings nicht auf eine Protokollierungspflicht der Bauleitung berufen können, selbst dann nicht, wenn die SIA-Ordnung 102 zwischen Bauherr und Bauleitung gilt. 11.3

Anmerkung 12

Gemeint sind die Angaben in den Plänen, die der Bauherr bzw. die Bauleitung dem Unternehmer für die Realisierung des Bauwerks zur Verfügung stellt. Unter «Pläne» fallen sowohl die in den «Ausschreibungsunterlagen» enthaltenen Submissionspläne (Art. 7 Abs. 2 Ziff. 4) bzw. die allenfalls ergänzten Vertragspläne (die Art. 21 Abs. 1 Ziff. 4 zur Regelung der Rangordnung erwähnt) wie auch die «Ausführungspläne» (Art. 100), die dem Unternehmer im Zuge der Ausführung zur Verfügung gestellt werden. Art. 25 Abs. 3 regelt, ob und in welchen Fällen der Unternehmer die ihm übergebenen Pläne auf ihre Richtigkeit zu prüfen und Unstimmigkeiten anzuzeigen hat. Pläne sind letztlich anordnende Weisungen des Bauherrn und/oder seiner Bauleitung. Daher beurteilt sich die Frage, ob und in welchen Fällen der Unternehmer Unstimmigkeiten anzuzeigen respektive abzumahnen hat, wie auch bei sonstigen sachverständigen Angaben, die nicht in einem «Plan» enthalten sind, nach Massgabe von Art. 25 Abs. 3. Nach Abs. 4 zu beurteilen sind fehlerhafte Weisungen der Bauleitung, die der Unternehmer «bei der Ausführung seiner Arbeit» als fehlerhaft erkennt oder nach den Umständen erkennen müsste. 12

Anmerkung 13

Gemeint sind einerseits die Angaben zur Beschaffenheit des Baugrunds, die der Bauherr bzw. die Bauleitung dem Unternehmer für die Realisierung des Bauwerks zur Verfügung stellt. Gemeint ist andererseits aber auch, ungeachtet dessen, ob in der Ausschreibung Angaben zum Baugrund (z.B. in Form eines geologisch-geotechnischen Gutachtens) vorgelegt werden, der Baugrund generell, so die *«örtlichen Gegebenheiten»* (Art. 5 Abs. 2), die Sache des Bauherrn sind und (nicht nur in Bezug auf die Prüfpflicht) im Risikobereich des Bauherrn liegen (vgl. auch Art. 58 Abs. 2). 13

Anmerkung 14

Dem Baugrund gleichzustellen (in Bezug auf die Prüfpflicht) ist die bestehende «Bausubstanz». Mit der *Revision 2013* wurde diese Ergänzung explizit eingefügt. 14.1

a) Ob der Unternehmer gestützt auf die Formulierung in Art. 25 Abs. 3 – die sich an Art. 58 Abs. 2 anlehnt – nicht nur in Bezug auf den Baugrund, die Bausubstanz und die Pläne, sondern auch in Bezug auf weitere sachverständige Angaben von der Nachprüfpflicht befreit wird, lässt sich letztlich nur anhand der konkreten Umstände des Einzelfalls beantworten. Ist der Bauherr sachverständig oder sachverständig (namentlich durch eine Bauleitung) beraten, so kann es sich im Einzelfall rechtfertigen, den Unternehmer in Bezug auf sämtliche sachverständigen Angaben von einer Überprüfung zu befreien. 14.2

Denn wer mit seinen sachverständigen Angaben über kostenbildende Faktoren Vertrauen erweckt, der trägt (gestützt auf die Vertrauenshaftung) auch das Risiko, dass sich solche Angaben als falsch herausstellen. In der Lehre ist diese Meinung allerdings nicht unbestritten (vgl. zum Meinungsstand SCHUMACHER, Die Vergütung, Rz. 125 ff., 365 und 489). Im Regelfall ist es so, dass der Unternehmer gemäss Art. 25 Abs. 3 die sachverständig erteilten Angaben, insbesondere (aber nicht nur) bezogen auf den Baugrund und die Bausubstanz sowie verkörpert in Plänen, nicht zu überprüfen hat. Den Unternehmer trifft aber im Rahmen von Art. 25 Abs. 4 die Pflicht zur Abmahnung.

14.3 b) Im umgekehrten Fall (Bauherr weder sachverständig noch sachverständig beraten oder vertreten) trifft den Unternehmer – im Rahmen des Zumutbaren – eine Prüfungspflicht (Art. 25 Abs. 3), und zwar selbst dann, wenn der Bauherr Angaben gemacht hat und diese mangelhaft waren. Im Ergebnis bedeutet dies, dass der nicht sachverständig vertretene oder der nicht sachverständig beratene Bauherr, der auch selber nicht sachverständig ist, kein Baugrundrisiko trägt: Unabhängig davon, ob der Unternehmer seiner diesbezüglichen Prüfungspflicht nachkommt oder nicht, trägt im Einzelfall der Unternehmer das Risiko dafür, falls sich der Baugrund vor Ort als anders erweist als in den Ausschreibungsunterlagen angegeben war.

14.4 c) Nicht unter den Begriff des Baugrunds fällt der vom Bauherrn gelieferte Werkstoff; hier gilt Art. 136 Abs. 3. Art. 25 Abs. 3 ist auf den Werkstoff nicht anwendbar, jedoch ist eine fehlerhafte Weisung, bestimmten Werkstoff (des Bauherrn) zu verwenden, vom Unternehmer unter den gegebenen Voraussetzungen nach Massgabe von Art. 25 Abs. 4 abzumahnen.

14.5 d) Ist die bestehende Bausubstanz das Ergebnis der Arbeiten von Nebenunternehmern (Art. 30) – was anzunehmen ist, solange nicht Arbeiten aus einem früheren Projekt infrage stehen –, kommt mit Bezug auf Probleme des Baugrunds die Sondervorschrift des Art. 30 Abs. 5 zur Anwendung. Gleichwohl rechtfertigt es sich, die Regelung der Prüfungspflicht gemäss Art. 25 Abs. 3 (Prüfungspflicht nur dann, wenn weder eine Bauleitung bestellt wurde noch der Bauherr selber sachkundig ist; Art. 25/Rz. 14.3) auch im Zusammenhang mit bestehender Bausubstanz anzuwenden, sodass der Unternehmer diese Substanz nur dann besonders zu prüfen hat, wenn keine Bauleitung besteht und der Bauherr selber nicht sachverständig ist. Davon unberührt bleibt die eigentliche Abmahnungspflicht, welche sich auf all das bezieht, was der Unternehmer im Zusammenhang mit bestehender Bausubstanz auch ohne besondere Prüfung tatsächlich erkennt.

Anmerkung 15

15.1 Eine *Prüf- und Anzeigepflicht* besteht (soweit überhaupt: vgl. Art. 25/Rz. 2.1 ff. und 8.1 ff.) nur, wenn der Bauherr nicht sachverständig und auch nicht sachverständig beraten ist, und nur in dem Umfang, in dem eine Prüfung und Anzeige vom Unternehmer bei pflichtgemässer Aufmerksamkeit zu erwarten gewesen wäre. Folgende Aspekte können hier eine Rolle spielen:

15.2 a) Der Unternehmer darf grundsätzlich darauf vertrauen, dass die vom sachverständigen oder sachverständig beratenen oder vertretenen Bauherrn zur Verfügung gestellten Ausführungsunterlagen richtig, vollständig und widerspruchsfrei sind (Art. 6/Rz. 9.1 f.;

Art. 8/Rz. 8.4). Der Unternehmer ist nicht verpflichtet, Untersuchungen vorzunehmen, selbst wenn diese nur einen geringen Aufwand bedingen würden (vgl. GWerkV Rz. 2003 ff.; Bühler Theodor, Zürcher Kommentar, N 70 zu Art. 365 OR; Koller Alfred, Berner Kommentar, N 68 zu Art. 363 OR).

b) Art. 25 Abs. 3 statuiert den Grundsatz, dass sich der Unternehmer auf die Richtigkeit von gemachten Angaben zum Baugrund, zur Bausubstanz und zu den Plänen ohne Nachprüfung verlassen darf, wenn und solange der Bauherr sachverständig, sachverständig beraten oder durch eine Bauleitung vertreten ist und solange der Unternehmer vom Mangel nicht Kenntnis hat. Soweit dagegen keine Bauleitung beauftragt wurde und zudem auch der Bauherr nicht als sachverständig zu betrachten ist, trifft den Unternehmer mit Bezug auf Baugrund, Bausubstanz und Pläne eine Prüfungspflicht. Unter Vorbehalt einer anderslautenden Abrede ist der Unternehmer allerdings nicht verpflichtet, technisch anspruchsvolle, komplizierte und kostspielige Untersuchungen vorzunehmen, namentlich nicht solche, die zum Werklohn oder zum Zeitrahmen, welcher dem Unternehmer tatsächlich für die fragliche Prüfung eingeräumt wird, in keinem vernünftigen Verhältnis stehen (vgl. GWerkV Rz. 2000; Bühler Theodor, Zürcher Kommentar, N 69 zu Art. 365 OR; Koller Alfred, Berner Kommentar, N 68 zu Art. 365 OR). Ungeachtet der Frage, wie weit eine solche Prüfungspflicht reicht, hat der Unternehmer jedenfalls all jene Mängel und Unstimmigkeiten in Plänen, Baugrund und Bausubstanz, die er tatsächlich erkennt, unverzüglich und gemäss Art. 25 Abs. 1 und 2 anzuzeigen. Verletzt der Unternehmer eine Prüfungspflicht, die ihn trifft, so verletzt er damit auch seine Anzeigepflicht bezüglich jener Mängel und Unstimmigkeiten, die er bei pflichtgemässer Prüfung hätte erkennen können. Art. 25 Abs. 4 statuiert eine Anzeige- bzw. Abmahnungspflicht generell nicht nur für tatsächlich erkannte Probleme, sondern darüber hinaus auch für solche, die der Unternehmer bei pflichtgemässer Aufmerksamkeit hätte erkennen können. Das Vertrauen auf die erhaltenen Unterlagen hat nach Treu und Glauben dort seine Grenze, wo eine offensichtliche Unrichtigkeit besteht (BGer 4A_213/2015 vom 31. August 2015 E. 4.4.2). Zwar sind Pläne nichts anderes als besondere Erscheinungsformen von Weisungen (Art. 100/Rz. 1.4). Doch gilt für Pläne gemäss Art. 25 Abs. 3 nur dann eine Nachprüfpflicht, wenn bauherrenseitig der erforderliche Sachverstand nicht vorhanden war. Art. 25 Abs. 4 kommt auch für Pläne nicht zur Anwendung (Art. 25/Rz. 29). 15.3

c) Im *Vorvertragsstadium* bekundet der (potenzielle) Unternehmer gemäss Art. 16 durch Eingabe seiner Offerte, dass er bei der Ausarbeitung derselben und insbesondere bei der Preiskalkulation «die offensichtlichen oder durch Besichtigung erkennbaren besonderen Ortsverhältnisse berücksichtigt hat». Mit der insofern vorbehaltlosen Angebotseinreichung bringt der offerierende Unternehmer stillschweigend zum Ausdruck, dass er die Ortsverhältnisse im beschriebenen Umfang geprüft hat und dass er sich auf diese Verhältnisse, soweit er sie durch Augenschein erkennen konnte, nicht berufen wird, um Anpassungen in Bezug auf die Vergütung oder die Termine zu verlangen. Den Unternehmer trifft nach Art. 16 im Angebotsverfahren allerdings nur eine sehr beschränkte Prüfungspflicht mit Bezug auf die Ortsverhältnisse, nämlich zur Beurteilung der Baustelleneinrichtung insoweit, als diese Verhältnisse offensichtlich oder bei «Besichtigung» (d.h. allein durch Ansicht bei physischer Präsenz am Ort und ohne Zuhilfenahme besonderer 15.4

Forschungs- oder Analysemethoden) erkennbar waren (Art. 16/Rz. 6.1). Dass dem Unternehmer nur mit äusserster Zurückhaltung eine Prüfung der Ortsverhältnisse auferlegt werden kann, folgt nicht zuletzt auch aus Art. 25 Abs. 3, wonach der Unternehmer sich auf sachverständige Angaben zur Beschaffenheit der Bodenverhältnisse und der bestehenden Bausubstanz ohne Nachprüfung verlassen kann. Massstab für die Beurteilung der Prüfungspflicht ist das Prinzip der Arbeitsteilung. Die Aufteilung verschiedener Teilaufgaben auf Spezialisten steigert die Arbeitseffizienz. Wenn ein Spezialist in einem konkreten Fall sachverständige Angaben unterbreitet, so ist dem Unternehmer im Regelfall nicht zumutbar, Richtigkeit und Vollständigkeit dieser Angaben zu prüfen (SCHUMACHER, Die Vergütung, Rz. 436 ff.), und zwar selbst dann nicht, wenn der Bauherr eine Haftung für diese Angaben ausschliessen will (Art. 25/Rz. 17.3).

15.5 d) *Nach Vertragsabschluss* sind an die Prüfungspflichten des Unternehmers höhere Anforderungen zu stellen. Doch gilt in Bezug auf die Pläne, auf den Baugrund und die bestehende Bausubstanz die unmissverständliche Regel, dass sich der Unternehmer auf die sachverständigen Angaben des Bauherrn und/oder seiner Bauleitung ohne Nachprüfung verlassen darf. Hat der Unternehmer nach dem Inhalt des Werkvertrags die Pläne, den Baugrund oder die bestehende Bausubstanz zu untersuchen, so setzt die Prüfungspflicht vor Beginn der Arbeiten ein, frühestens jedoch mit Abschluss des Werkvertrags (GWERKV Rz. 2001).

Anmerkung 16

16 Ist der Bauherr durch eine *Bauleitung* im Sinne von Art. 33 vertreten, kommt es auf deren tatsächlichen Sachverstand nicht an. Vielmehr unterstellt und fingiert Art. 25 Abs. 3, dass bei Vertretung durch eine Bauleitung der voraussetzbare Sachverstand aufseiten des Bauherrn vorliegt und dass daher der Unternehmer von einer Prüfungspflicht befreit ist (GWERKV Rz. 1923, vgl. aber Rz. 1977; HGer ZH HG060131 vom 2. Juli 2013 E. 2.3.5a). Der durch eine Bauleitung vertretene Bauherr kann also keine Prüfungspflicht des Unternehmers mit dem Argument begründen, seine Bauleitung sei in der konkret streitigen Frage nicht sachverständig gewesen. Denn: Mit dem Einsatz einer Bauleitung begründet der Bauherr beim Unternehmer das Vertrauen, dass er bei der Abgabe seines Angebots und bei der Abwicklung des Werkvertrags vom Sachverstand dieser Hilfspersonen ausgehen durfte. Dem Bauherrn ist also nicht nur das Verhalten der Bauleitung anzurechnen (Art. 101 OR), sondern auch deren (generell vorausgesetzter) besonderer Sachverstand (BGE 130 III 591/606 E. 5.5.4; 119 II 127/130 f. E. 4a; 95 II 43/54 E. 4c; GWERKV Rz. 1923 und 1956). Ein auf die konkrete Fragestellung bezogener Sachverstand wird dagegen verlangt beim Bauherrn, der nicht durch eine Bauleitung vertreten ist, beim sachverständigen Berater (Art. 25/Rz. 17.1 ff.) sowie generell bei sachverständig erteilten Weisungen (Art. 25/Rz. 29).

Anmerkung 17

17.1 Ob beim Bauherrn *Sachverstand* vorliegt, beurteilt sich hinsichtlich der konkreten Fragestellung in Bezug auf den Plan, den Baugrund und die bestehende Bausubstanz. Ein Bauherr ist also nicht entweder sachverständig oder nicht, sondern kann mit Bezug auf eine bestimmte Frage sachverständig und zugleich hinsichtlich einer anderen Frage unkundig sein (vgl. BGer 4A_213/2015 vom 31. August 2015 E. 4.4.2). So verstanden liegt Sachverstand vor, wenn der Bauherr diejenigen Fähigkeiten und Kenntnisse hat, die es ihm ermöglichen, die fragliche Problematik in Bezug auf den Plan, den Baugrund oder die bestehende Bausubstanz erkennen zu können (GWerkV Rz. 1956 und 1977). Demgegenüber gilt eine beigezogene Bauleitung immer als sachverständig, ungeachtet der streitigen Frage (Art. 25/Rz. 16). Ergänzend ist festzuhalten:

a) Sieht eine Abrede in einem Vertragsbestandteil, welcher der SIA-Norm 118 vorgeht, vor, dass das Risiko bzw. die Haftung für die Richtigkeit und Vollständigkeit der Pläne oder für die Beschaffenheit des Baugrunds sowie der bestehenden Bausubstanz beim Unternehmer liegt, so verdrängt diese Abrede Art. 25 Abs. 3; dies hat zur Folge, dass der Unternehmer – im Rahmen des Zumutbaren – selbst dann zur Prüfung verpflichtet ist, wenn bauherrenseitig Sachverstand vorhanden ist. 17.2

b) Die Erklärung des Bauherrn, seine sachverständigen Angaben seien unverbindlich, unzuverlässig oder hätten nur «informativen Charakter», führt regelmässig nicht zu einer Haftungsbefreiung, denn nach Lehre und Rechtsprechung kann ein Vertragspartner nicht sachverständige Angaben unterbreiten, die kostenrelevant sind, und zugleich eine Haftung für die Richtigkeit ausschliessen, wenn er weiss oder davon ausgehen muss, dass die offerierenden Unternehmer sich bei der Preiskalkulation praktisch ausschliesslich auf diese Angaben abstützen werden (GWerkV Rz. 1098; Schumacher, Die Vergütung, Rz. 502; auch Art. 58/Rz. 17.6). 17.3

Anmerkung 18

Der *Sachverstand eines beigezogenen Beraters,* z.B. eines Ingenieurs oder Geologen, ist dem Bauherrn zuzurechnen (BGE 119 II 127/130f. E. 4; HGer ZH HG060131 vom 2. Juli 2013 E. 2.3.5a). Auch hier gilt, dass der angesprochene Sachverstand des Beraters in Bezug auf die konkret fragliche Unstimmigkeit, auf den Plan oder auf die bestehende Bausubstanz oder die Beschaffenheit des Baugrunds vorliegen muss (GWerkV Rz. 1956 und 1977). Doch darf dem Unternehmer bei Mitwirkung eines sachverständigen Beraters nur mit Zurückhaltung eine Prüfpflicht auferlegt werden, insbesondere wenn es für ihn nicht leicht erkennbar war, ob der sachverständige Berater nun bei der Erarbeitung der Pläne, bei der bestehenden Bausubstanz oder in Bezug auf den Baugrund über die erforderlichen fachlichen Spezialkenntnisse verfügt hat. 18

Anmerkung 19

Unter *Unstimmigkeiten* sind Fehler, Widersprüche oder Lücken in (bzw. zwischen) Plänen, aber auch fehlerhafte, widersprüchliche oder unvollständige Angaben über den Baugrund oder über die bestehende Bausubstanz zu verstehen (HGer ZH HG120094 vom 8. Mai 2014 E. 3.3.4). Keine «Unstimmigkeiten» sind Planänderungen im Sinne von Art. 84 oder Abweichungen der Mengen gegenüber dem Leistungsverzeichnis, wenn beispielsweise ein höherer oder tieferer Anteil eines schwer abzubauenden Materials anfällt als erwartet. Überhaupt ist es nicht Aufgabe des Unternehmers, das vom sachverständigen Bauherrn ermittelte (und im Leistungsverzeichnis nach Massgabe von Art. 8 Abs. 3 aus- 19 gesetzte) Vorausmass nachzuprüfen und Abweichungen anzuzeigen (OGer ZH LB130065 vom 4. Juli 2014 E. C/3.2). Zum Sonderfall bei nachträglicher Pauschalierung der Einheitspreisofferte vgl. Art. 40 Abs. 2.

Anmerkung 20

20 Die Verwendung des Worts «Mangel» im vorliegenden Zusammenhang meint *Unstimmigkeiten*, z.B. Planfehler, die der Unternehmer bei der Ausführung seiner Arbeiten feststellt. Dies kann (muss aber nicht) ein Plan- oder Ausführungsmangel im Sinne von Art. 166 sein. Angesprochen sind in Art. 25 Abs. 3 nicht in erster Linie bereits vor Bauabnahme festgestellte Mängel am Bauwerk, sondern sämtliche Unstimmigkeiten, Unklarheiten oder Ungenauigkeiten, die der Unternehmer aus einem Vergleich zwischen den Ausführungsunterlagen und den auf der Baustelle angetroffenen Verhältnissen feststellt oder nach den Umständen feststellen muss. Im Vordergrund stehen – bezogen auf die Frage der Prüfungs- und Anzeigepflicht – Unstimmigkeiten in Bezug auf die abgegebenen Pläne (Planmängel) sowie Unstimmigkeiten in Bezug auf die gemachten Angaben zur Bodenbeschaffenheit (Baugrundmangel) oder zur bestehenden Bausubstanz. Solche Unstimmigkeiten bzw. Mängel müssen, weil sie die Ausführung des Werks gefährden oder diese gar vereiteln können, dem Bauherrn und seiner Bauleitung ohne Verzug zur Kenntnis gebracht werden. Beispiele für Baugrundmängel (in Anlehnung an Ziff. 13.1 der Allgemeinen Vertragsbedingungen von «Entwicklung Schweiz») sind: Der Baugrund ist für die in Plänen und Baubeschrieb vorgesehene Fundation nicht hinreichend tragfähig; der Fels verläuft anders als prognostiziert; es tritt Grundwasser auf, obwohl dies (an dieser Stelle oder überhaupt) nicht erwartet werden musste; im Boden befinden sich Werkleitungen, unterirdische Bauten, archäologische Schätze oder Altlasten, die nicht vorhergesehen wurden.

Anmerkung 21

21 Die Prüf- und Anzeigepflicht (soweit überhaupt vgl. Art. 25/Rz. 2.1 ff. und 8.1 ff.) trifft den Unternehmer nicht erst mit der Inangriffnahme («bei») der Werkausführung, sondern bereits *ab dem Zeitpunkt des Vertragsabschlusses* (GWerkV Rz. 830; Koller Alfred, Berner Kommentar, N 81 zu Art. 365 OR): Ab diesem Zeitpunkt hat der Unternehmer «Unstimmigkeiten oder andere Mängel» umgehend anzuzeigen, die er erkennt; ungeachtet dessen, ob er die eigentlichen Bauarbeiten (die «Ausführung») schon begonnen hat oder nicht. Vor Vertragsabschluss hingegen bestehen gestützt auf Art. 25 keine vertraglichen Hinweispflichten (BGE 92 II 328/333 E. 3). Indes können sich vorvertragliche Hinweispflichten aus den allgemeinen Grundsätzen über die culpa in contrahendo ergeben (GWerkV Rz. 437 und 1991 f.; Koller Alfred, Berner Kommentar, N 81 zu Art. 365 OR).

Anmerkung 22

22.1 Die Anzeigepflicht bezieht sich nur auf Mängel, die der Unternehmer *tatsächlich* erkannt hat (Art. 25/Rz. 27). Ein Teil der Lehre geht davon aus, dass sichere Kenntnis (Gewissheit) nicht erforderlich ist (GWerkV Rz. 831 und 1966); doch widerspricht dies, zumindest im Anwendungsbereich der SIA-Norm 118, dem klaren Wortlaut von Art. 25 Abs. 3, wo von «erkennt» die Rede ist, nicht von «erkennen müsste». Dies im Unterschied zu Art. 25 Abs. 4, wo der Unternehmer nicht nur Weisungen abmahnen muss, die er als fehlerhaft «feststellt», sondern auch solche, die er «nach den Umständen [als fehlerhaft] feststellen muss». Damit eine Anzeigepflicht entstehen kann, muss der Unternehmer zwar den Sachverhalt erkennen, nicht notgedrungen jedoch dessen Qualifikation als Plan- oder Baugrundmangel im Sinne der Norm, und es muss dem Unternehmer auch klar sein, dass dieser Sachverhalt problematisch sein könnte. Der Unternehmer muss sich gestützt auf Art. 101 OR auch die Kenntnis anrechnen lassen, die seine zur Vertragserfüllung eingesetzten Hilfspersonen (wie z.B. Subunternehmer; Art. 25/Rz. 25.7 und 27) in Ausübung ihrer Arbeit erlangt haben (GWerkV Rz. 831). Haben jedoch weder der Unternehmer noch der Subunternehmer den Sachverhalt erkannt, der den Mangel darstellt bzw. einen Mangel darstellen könnte, so trifft den Unternehmer keine Anzeigepflicht (Schumacher, Die Vergütung, Rz. 723).

Die Anzeigepflicht des Unternehmers, der einen bestimmten problematischen Sachverhalt erkannt hat, besteht nach der (strengen) Rechtsprechung des Bundesgerichts ungeachtet dessen, ob der erkannte Problempunkt in seinen Aufgaben- und Verantwortlichkeitsbereich fällt oder ob er von der fraglichen Unstimmigkeit oder von einem anderen Mangel beiläufig oder gar zufällig Kenntnis erhalten hat. Aus der jüngeren bundesgerichtlichen Rechtsprechung lässt sich die Tendenz ableiten, dass die Gerichte zuweilen gestützt auf die allgemeine vertragliche Treue- und Aufklärungspflicht eine Anzeigepflicht auch ausserhalb des eigentlichen vertraglichen Zuständigkeitsbereichs von Unternehmern (und Planern) annehmen, wenn einmal feststeht, dass eine Unstimmigkeit tatsächlich erkannt wurde. Dazu BGer 4C.139/2005 vom 29. März 2006 E. 2.3: «Die Frage, ob die Kontrolle der Erstinstallation zu den vertraglichen Pflichten gehört, ist nur bedeutsam, solange der Mangel unerkannt bleibt. Sofern der Monteur beim Service Mängel erkennt, muss er diese auch dann melden, wenn eine entsprechende Kontrolle nicht Bestandteil des Vertrages ist.» Dieselbe allgemeine Aufklärungspflicht trifft auch einen Ingenieur, der erkennt, dass die vom Bauherrn in Betracht gezogene Unternehmervariante offensichtlich untauglich ist, obwohl er gestützt auf den seinerzeitig abgeschlossenen Planervertrag nach der aSIA-Ordnung 103 keinen Zusatzauftrag zur Prüfung von Unternehmervarianten erhalten hatte (BGer 4C.284/2006 vom 7. November 2006 E. 2). 22.2

Anmerkung 23

Zur Form der Anzeige siehe Art. 25/Rz. 9 und 10.1 ff. 23

Anmerkung 24

Zu den «nachteiligen Folgen», die der Unternehmer anzuzeigen hat, gehört namentlich auch die Mitteilung von Umständen, die zu Werkmängeln im Sinne von Art. 166 führen (können). Im Weiteren gehören zu den «nachteiligen Folgen» auch zu erwartende Kosten- oder Terminüberschreitungen, wenn der Unternehmer Unstimmigkeiten oder Fehler in den Plänen, in den Baugrundangaben oder den Angaben über die bestehende Bausubstanz entdeckt. 24.1

24.2 Versäumt es der Unternehmer hingegen, drohende Mehrkosten oder Mehrvergütungsansprüche anzumelden, so verletzt er damit keine Anzeigepflicht (Art. 25/Rz. 2.5).

Anmerkung 25

25.1 Art. 25 Abs. 4 befasst sich mit *fehlerhaften Weisungen der Bauleitung*. Der Hinweis, es treffe den Unternehmer bei fehlerhaften Weisungen die «gleiche Abmahnungspflicht» wie nach Art. 25 Abs. 3, ist unvollständig und erklärungsbedürftig. Gemeint ist, dass der Unternehmer, den im Einzelfall in Bezug auf eine fehlerhafte Weisung eine Abmahnungspflicht trifft, mit denselben Rechtsnachteilen rechnen muss, wie diese in Art. 25 Abs. 1 Satz 2 beschrieben werden. «Gleich» ist die Abmahnungspflicht nach Abs. 4 auch in Bezug auf die Form der Anzeige (Art. 25/Rz. 9 und 10.1 ff.). Nicht «gleich» ist die Abmahnungspflicht indessen in Bezug auf die Voraussetzungen. Folgende Besonderheiten sind zu beachten:

25.2 a) Die *Weisung* ist eine vom Unternehmer verbindlich zu befolgende Anordnung des Bauherrn oder seiner Bauleitung über die Ausführung des geschuldeten Bauwerks (vgl. Art. 369 OR; ferner Art. 99 SIA-Norm 118, der sich explizit mit den Ausführungsweisungen befasst). Durch seine Weisungen bestimmt der Bauherr, wie der Unternehmer das Bauwerk in Bezug auf Konstruktionen, zu verwendende Baustoffe und einzuhaltende Arbeitsverfahren herzustellen und abzuliefern hat (Art. 99/Rz. 2.1 f.; BGE 116 II 454/456 E. 2; GWerkV Rz. 1927 ff.; Koller Alfred, Das Nachbesserungsrecht, Rz. 53 f.). Solche Weisungen können erteilt werden im Hinblick auf den abzuschliessenden Werkvertrag (z.B. in den Ausschreibungsunterlagen; vgl. Art 7 – 14), im Werkvertrag selbst oder erst nach Vertragsabschluss (z.B. durch die Ausführungsunterlagen; vgl. Art. 99 – 101) oder durch eine Bestellungsänderung (vgl. Art. 84 – 91). Erteilt der Bauherr oder seine Bauleitung dem Unternehmer solche Weisungen, so ist der Unternehmer verpflichtet, diese Anordnung zu befolgen oder nach Weiterleitung der Weisung an den Subunternehmer für deren Befolgung besorgt zu sein, soweit er (mit oder ohne Nachprüfung) von der Richtigkeit der angeordneten Weisung ausgehen durfte.

25.3 b) Die *Abmahnung* ist eine empfehlende Mitteilung, in welcher der Unternehmer dem Bauherrn seine Bedenken bekannt gibt, weshalb nach seiner Einschätzung eine erteilte Weisung fehlerhaft ist und deren Befolgung unter Umständen einen Werkmangel oder sonstige Nachteile zur Folge hat (vgl. den Anwendungsfall in BGE 116 II 305/308 E. 2c). Die Abmahnung muss bestimmt, klar und deutlich sein und dem Bauherrn die Gefahr eines Werkmangels oder sonstiger Nachteile unmissverständlich zum Bewusstsein bringen (BGE 95 II 43/50 E. 3c). Das Bundesgericht verlangte früher, dass der Unternehmer zusammen mit der Abmahnung zugleich eine eigentliche Enthaftungserklärung abgibt (BGE 95 II 43/50 E. 3c; offengelassen in BGE 116 II 305/308 E. 2c/bb und BGer 4C.452/1999 vom 27. März 2000 E. 2a; nach GWerkV Rz. 1941 ist eine Enthaftungserklärung nicht erforderlich). Keine Abmahnung ist jedenfalls ein allgemeiner Vorbehalt des Unternehmers, er würde technisch anders vorgehen oder einen anderen Subunternehmer beiziehen (BGE 116 II 305/308 E. 2c/bb).

c) Ist eine Weisung fehlerhaft (Art. 25/Rz. 30.1) und führt dies zu einem Werkmangel oder zu einem sonstigen Nachteil, so trifft den Bauherrn ein *Selbstverschulden* (siehe Art. 166/Rz. 15.2). Bei einem Mangel wird der Unternehmer von der Mängelhaftung befreit, sofern ihm nicht eine Verletzung der Abmahnungspflicht vorzuwerfen ist (Art. 166 Abs. 4; Art. 166/Rz. 14, 15.1 und 17). In der Baupraxis ist es häufig so, dass nicht nur ein Verstoss gegen die Abmahnungspflicht vorliegt, sondern zugleich ein (beschränktes) Selbstverschulden des Bauherrn (GWerkV Rz. 2051; Trachsel, Werkmängel, Rz. 416). In diesen Fällen ist die Haftung nach dem Ermessen des Gerichts zwischen Unternehmer und Bauherrn aufzuteilen (Art. 166/Rz. 15.6). Folgende Haftungskonstellationen stehen im Vordergrund: 25.4

- Haftungsbefreiung des Unternehmers gestützt auf eine korrekte Abmahnung: Mahnt der Unternehmer eine fehlerhafte Weisung ab und beharrt der Bauherr dennoch auf der Befolgung der erteilten Weisung, so liegt nach dem Gesagten ein Selbstverschulden vor, und der Unternehmer wird von seiner Haftung befreit (Art. 166 Abs. 4; GWerkV Rz. 1938; BGE 116 II 305/308 E. 2c/bb; 116 II 454/456 ff. E. 2). Selbst wenn der abgemahnte Bauherr (bzw. dessen Vertreter) an der Weisung festhält, darf der Unternehmer jedenfalls dann die Weisung nicht befolgen, wenn diese in krasser Weise gegen die Regeln der Baukunde verstösst oder eine Gefahr für Leib und Leben begründet. 25.5
- Haftungsbefreiung des Unternehmers auch ohne Abmahnung bzw. ohne korrekte Abmahnung bei sachverständig erteilter Weisung: Wird eine Weisung des Bauherrn sachverständig erteilt, indem entweder der Bauherr hinsichtlich der Weisung selbst sachverständig oder sachverständig vertreten oder beraten ist, dann wird der Unternehmer bei Befolgung einer fehlerhaften Weisung unter Umständen sogar ohne Abmahnung befreit. Diese Haftungsbefreiung tritt dann ein, wenn der Unternehmer die Fehlerhaftigkeit der Weisung weder erkannte noch diese erkennen musste (GWerkV Rz. 1958 ff; BGE 116 II 305/309 f. E. 2c/cc; ferner 119 II 127/130 f. E. 4). Massgeblich ist, ob der Bauherr über so viel Sachverstand verfügt, dass er die Fehlerhaftigkeit der erteilten Weisung zu erkennen vermag (BGer 4A_166/2008 vom 7. August 2008 E. 2; vgl. BGE 116 II 454/456 E. 2c/aa). Pro Memoria: Haftungsbefreiung tritt auch dann ein, wenn die sachverständige Weisung in Form von (fehlerhaften) Plänen oder (fehlerhaften) Angaben zu Baugrund oder Bausubstanz erteilt wurde, weil sich der Unternehmer in diesen Fällen nach Art. 25 Abs. 3 ohne Nachprüfung auf die Richtigkeit der unterbreiteten Angaben verlassen darf (Art. 25/Rz. 15.1 ff.). 25.6
- Keine Haftungsbefreiung des Unternehmers bei fehlender Abmahnung, wenn der Unternehmer die Fehlerhaftigkeit der Weisung erkannt hat: Ungeachtet dessen, ob eine Weisung des Bauherrn sachverständig erteilt wurde oder nicht, trifft den Unternehmer an der Entstehung eines Werkmangels eine Mitverantwortung, wenn er «feststellt», das heisst erkennt, dass die ihm erteilte Weisung fehlerhaft ist oder deren Befolgung ihm (insbesondere unter dem Aspekt der Sicherheit) eine nicht akzeptable «Gefährdung Dritter» auferlegt. Als «erkennen» ist dem Unternehmer bereits anzurechnen, wenn er (oder sein Subunternehmer; Art. 25/Rz. 22.1 und 27) Bedenken äus- 25.7

sert, dass die Befolgung der Weisung allenfalls zu einem Werkmangel respektive zu einer Gefährdung führen könnte. Gewissheit ist also nicht verlangt (GWerkV Rz. 1966).

25.8 – Keine Haftungsbefreiung des Unternehmers bei fehlender Abmahnung, wenn der Unternehmer die Fehlerhaftigkeit der Weisung hätte erkennen müssen: Nach dem Wortlaut von Art. 25 Abs. 4 trifft den Unternehmer an der Entstehung eines Werkmangels auch dann eine Mitverantwortlichkeit, wenn er die Fehlerhaftigkeit der Weisung zwar allenfalls nicht festgestellt hat, aber «nach den Umständen [hätte] feststellen» müssen. Von einer solchen Mithaftung des Unternehmers ist insbesondere dann auszugehen, wenn die Fehlerhaftigkeit der Weisung offensichtlich und ohne Nachprüfung erkennbar ist (GWerkV Rz. 1969 und 1996). Ist die Fehlerhaftigkeit einer Weisung zwar nicht offenkundig, aber zumindest bei Anwendung der konkret geschuldeten Sorgfalt erkennbar, so ist der Unternehmer zu weiteren Abklärungen nur (aber immer dann) gehalten, wenn er sich im Einzelfall vertraglich (etwa im Rahmen eines QM-Systems) zur Nachprüfung von Weisungen (auch allenfalls sachverständig erteilten) verpflichtet hat oder wenn der Besteller gestützt auf eine konkrete Konstellation wegen der grossen Erfahrung des Unternehmers oder wegen seines überschiessenden Sachverstands (z.B. im Spezialtiefbau) in guten Treuen erwarten durfte, der Unternehmer werde die fragliche Weisung nachprüfen (GWerkV Rz. 1976; ähnlich Koller Alfred, Berner Kommentar, N 62 zu Art. 365 OR). Vgl. ferner zur Aufteilung der Haftungsquoten zwischen Unternehmer und bauleitendem Architekten BGer 4P.201/2001 vom 19. Dezember 2001 E. 1a.

Anmerkung 26

26 Ungeachtet der Inangriffnahme der eigentlichen Bauarbeiten trifft den Unternehmer bereits ab dem Zeitpunkt des Vertragsabschlusses eine Pflicht zur Abmahnung für erkannte fehlerhafte Weisungen. Bei vorgeschriebenen Fabrikaten oder Unterbeauftragten gilt Art. 136 Abs. 2.

Anmerkung 27

27 Gewissheit ist nicht notwendig (Art. 25/Rz. 22.1). Die Fehlerhaftigkeit einer Weisung gilt schon dann als vom Unternehmer erkannt, wenn er Bedenken hat, dass die Befolgung der Weisung zu einem Werkmangel oder zu einem sonstigen Nachteil führen könnte. Dem Unternehmer sind im Übrigen kraft Art. 101 OR auch Bedenken oder Feststellungen seiner Subunternehmer (vgl. Art. 25/Rz. 22.1 und 25.7) und sonstiger Hilfspersonen anzurechnen (GWerkV Rz. 1966).

Anmerkung 28

28 Bei offensichtlich fehlerhaften Weisungen wird unwiderlegbar vermutet, dass der Unternehmer die Fehlerhaftigkeit erkannt hat. Eine Abmahnungspflicht besteht überdies auch dann immer, wenn die Fehlerhaftigkeit einer Weisung für den Unternehmer mit dem von ihm als «tüchtigem Fachmann» zu erwartenden Sachverstand bei Aufwendung der konkret geschuldeten Sorgfalt ohne Weiteres (d.h. ohne besondere Nachprüfung) erkennbar ist (Art. 25/Rz. 25.8).

Anmerkung 29

Gemeint sind Weisungen im Sinne von Art. 369 OR und Ausführungsweisungen im Sinne von Art. 99 SIA-Norm 118, das heisst Anordnungen des Bestellers über die Ausführung des geschuldeten Werks, die der Unternehmer nach dem Inhalt des Werkvertrags befolgen muss (Art. 25/Rz. 25.2; Art. 84/Rz. 2.1; Art. 99/Rz. 2.1). Von der Abmahnungspflicht nicht erfasst werden «sachverständig erteilte Weisungen in Form von Plänen», obwohl sich Art. 25 Abs. 4 hierüber ausschweigt (GWerkV Rz. 1977), ausser wenn der Unternehmer bei der Ausführung seiner Arbeit Unstimmigkeiten oder andere Mängel erkennt. 29

Anmerkung 30

«*Fehlerhaft*» ist namentlich jene Weisung, die, wenn sie befolgt wird, dazu führt, dass das Werk nicht dem ursprünglich vereinbarten Endzustand entspricht bzw. nicht die vereinbarten oder stillschweigend vorausgesetzten Gebrauchseigenschaften aufweisen wird oder zu einer «Gefährdung» (der Baubeteiligten oder Dritter) führt. Eine Weisung ist insbesondere dann «fehlerhaft», wenn sie zu einem Werkmangel im Sinne von Art. 166 führt (GWerkV Rz. 1936). Diese Aussage ist aber nach der Terminologie der Norm insofern ungenau, da dann, wenn der Bauherr trotz korrekter Abmahnung auf seiner Weisung beharrt, der fragliche Sachverhalt gestützt auf Art. 166 Abs. 4 Satz 1 gar keinen Mangel darstellen kann. «Fehlerhaft» sind vielmehr auch jene Weisungen, die zu einem sonstigen Nachteil beim Bauherrn führen können. 30.1

Zieht der Unternehmer seine *Abmahnung* trotz «fehlerhafter» Weisung *zurück*, so kann dieser Vorgang ein Zweifaches bedeuten: Zum einen kann der Unternehmer zu besserer Einsicht gelangt sein, indem er gestützt auf die Erklärungen der Bauleitung davon ausgeht, die Befolgung der Weisung sei unbedenklich. Alsdann ist es so zu halten, wie wenn die Abmahnung nicht erfolgt bzw. durch den gegenteiligen Ratschlag des Unternehmers aufgehoben wäre. Zum anderen kann die Abmahnung auch auf Druck des Bauherrn oder seiner Bauleitung widerrufen werden, ohne dass dieses Vorgehen in der Sache gerechtfertigt war. In diesen Fällen darf dem Rückzug bzw. Widerruf nicht die Bedeutung zugemessen werden, dass in den Augen des Unternehmers der in Form der Abmahnung erfolgte Rat des Unternehmers unrichtig, die Weisung des Bauherrn hingegen fehlerfrei sei (GWerkV Rz. 1938; Henninger, Die Anzeige- und Abmahnungspflichten des Unternehmers, S. 90 f.; Rechsteiner, Abmahnung im Werkvertrag, S. 5 ff.). 30.2

Anmerkung 31

Der Unternehmer hat beispielsweise abzumahnen, wenn die Befolgung der Weisung gegen geltende Sicherheitsvorschriften verstösst und/oder unkontrollierbare Gefahren für die Baubeteiligten oder für Dritte beinhaltet. 31

Anmerkung 32

Zahlreiche Weisungen, welche gegen anerkannte Regeln der Baukunde verstossen oder Sicherheitsvorschriften verletzen, muss und darf der Unternehmer auch dann nicht ausführen, wenn der abgemahnte Bauherr daran festhält. In diesen Fällen kann sich der Unternehmer unter Umständen sogar strafbar machen, wenn er – vorsätzlich oder fahr- 32 lässig – gegen anerkannte Regeln der Baukunde verstösst und dadurch wissentlich (bzw. fahrlässig BGE 90 IV 246/249 E. 1b) Leib und Leben von Mitmenschen gefährdet (Art. 229 StGB).

Anmerkung 33

33 Die Aufzählung von Art. 25 Abs. 5 ist nicht abschliessend.

1 34 Versicherungspflicht des Unternehmers

Art. 26

[1] Der Unternehmer versichert[1] die Risiken seiner zivilrechtlichen Haftung gegenüber Dritten[2]. Auf Verlangen leistet er hierfür den Nachweis[3]. Die Versicherung hat die Haftung des Unternehmers für alle von ihm beschäftigten Personen zu umfassen[4], unter Einschluss allfälliger Regressansprüche Dritter[5]. In den Ausschreibungsunterlagen kann der Bauherr eine Mindestversicherungssumme vorschreiben[6].

[2] Bestehen nach Ansicht des Unternehmers für den Bauherrn besondere Haftungsrisiken gegenüber Dritten, namentlich als Werkeigentümer (Art. 58 OR) oder als Grundeigentümer (Art. 679 ZGB), so beantragt[7] er dem Bauherrn[8] den Abschluss einer Bauherrenhaftpflichtversicherung[9], sofern dieser[10] die Risiken nicht selbst erkennen kann[11].

Art. 26 (1977/91)

[1] Der Unternehmer versichert die Risiken seiner zivilrechtlichen Haftung gegenüber Dritten. Auf Verlangen leistet er hierfür den Nachweis. Die Versicherung hat die Haftung des Unternehmers für alle von ihm beschäftigten Personen zu umfassen, unter Einschluss allfälliger Regressansprüche Dritter. In den Ausschreibungsunterlagen kann der Bauherr eine Mindestversicherungssumme vorschreiben.

[2] Bestehen nach Ansicht des Unternehmers für den Bauherrn besondere Haftungsrisiken gegenüber Dritten, namentlich als Werkeigentümer (Art. 58 OR) oder als Grundeigentümer (Art. 679 ZGB), so beantragt er dem Bauherrn den Abschluss einer Bauherrenhaftpflichtversicherung, sofern dieser die Risiken nicht selbst erkennen kann.

Anmerkung 1

1 Die Pflicht des Unternehmers, die Risiken seiner zivilrechtlichen Haftung gegenüber Dritten zu versichern, stellt eine vertragliche Nebenleistungspflicht dar (GWerkV Rz. 814 f.; ferner Art. 23/Rz. 5). Sie entsteht erst mit dem Abschluss des Werkvertrags mit dem Bauherrn. Wenn der Bauherr den Nachweis zu einem früheren Zeitpunkt verlangt, ist im Regelfall eine provisorische Deckungszusage ausreichend, soweit nicht eine Deckung aus einer vorbestehenden Betriebshaftpflichtdeckung oder einer Generalpolice

ohnehin schon besteht. Überträgt ein Bauherr die Arbeiten eines Werkvertrags an eine Arbeitsgemeinschaft (Art. 28), ist gewöhnlich der Abschluss einer besonderen Versicherung nötig, da die allgemeine Betriebshaftpflicht Deckung für Bauleistungen in dieser Organisationsform ausschliesst.

Anmerkung 2

Kommt Art. 26 zur Anwendung, ist der Unternehmer verpflichtet, eine Betriebshaftpflichtversicherung abzuschliessen. Im Haftpflichtversicherungsvertrag verspricht der Versicherer, dem Versicherungsnehmer im Rahmen der Deckung für begründete Schadenersatzansprüche eines geschädigten Dritten aufzukommen (Freistellung) und unbegründete Ansprüche abzuwehren (passiver Rechtsschutz). Zu den «Dritten» gehört im Sinne der einschlägigen Versicherungsbedingungen auch der Bauherr. Dazu FUHRER, Versicherung von Bauschäden, S. 169 ff.; HEPPERLE, Bauversicherungen, S. 205; STÖCKLI, Versicherungen beim Bauen, S. 22 ff.; TRÜMPY/HÜRLIMANN, Die Betriebshaftpflichtversicherung für das Baugewerbe, S. 83. 2.1

Welche Risiken im Einzelnen zu versichern sind, lässt sich Art. 26 Abs. 1 nicht entnehmen (TRÜMPY/HÜRLIMANN, Die Betriebshaftpflichtversicherung für das Baugewerbe, S. 84). Die Deckung hängt von den AVB der Betriebshaftpflichtversicherung ab. Bei Abschluss einer Betriebshaftpflicht regelmässig versichert wird das sogenannte Grundrisiko, das heisst die Haftung des Versicherten aus dem in der Police bezeichneten Betrieb. Unter den Versicherungsschutz fallen häufig Personen-, Sach- und Folgeschäden aus Personen- und Sachschäden, also Vermögenseinbussen, die sich als weitere Folge aus einer Körperverletzung oder einer Sachbeschädigung ergeben (vgl. TRÜMPY/HÜRLIMANN, Die Betriebshaftpflichtversicherung für das Baugewerbe, S. 86). Hierzu zählen etwa der Nutzungsausfall, die Heilungskosten oder der Verdienstausfall des Verletzten, der Minderwert einer Sache oder die Kosten, die entstehen, weil eine sachkundige Person notwendigerweise eingeschaltet werden muss. Nicht gedeckt sind im Regelfall Folgekosten, das heisst wirtschaftliche Einbussen, die weder Folge eines versicherten Personen- noch eines dem Geschädigten zugefügten Sachschadens sind (z.B. finanzielle Nachteile, die durch Verzögerungen oder durch den Verlust von Gewährleistungsansprüchen eintreten). Solche Vermögensschäden werden von der Haftpflichtversicherung in aller Regel nicht erfasst (TRÜMPY/HÜRLIMANN, Die Betriebshaftpflichtversicherung für das Baugewerbe, S. 87). Zu den zahlreichen weiteren Deckungsausschlüssen und insbesondere zum Ausschluss des Unternehmerrisikos vgl. STÖCKLI, Versicherungen beim Bauen, S. 23 ff. 2.2

Anmerkung 3

Der Unternehmer ist nicht verpflichtet, dem Bauherrn den Versicherungsvertrag in allen Details offenzulegen. Er hat einzig nachzuweisen, dass er hinsichtlich jener Risiken, für die der Bauherr Versicherungsschutz verlangte, über die erforderliche Deckung verfügt. Dieser Nachweis lässt sich durch eine Kopie der Versicherungspolice oder durch eine entsprechende Erklärung der Versicherungsgesellschaft erbringen. 3

Anmerkung 4

4.1 Neben dem Unternehmer als Versicherungsnehmer sind zu versichern: sein Vertreter sowie die mit der Leitung und Beaufsichtigung des versicherten Betriebs betrauten Personen aus ihren dienstlichen Verrichtungen für den versicherten Betrieb (TRÜMPY/HÜRLIMANN, Die Betriebshaftpflichtversicherung für das Baugewerbe, S. 84). Zum Kreis der Personen, die versichert werden müssen, vgl. auch Art. 59 VVG.

4.2 Die übrigen Arbeitnehmer des Unternehmers sowie die anderen von ihm eingesetzten Hilfspersonen aus ihrer Tätigkeit für den versicherten Betrieb können (müssen aber nicht) mitversichert werden. Denn: Art. 26 Abs. 1 verlangt nur, dass die «Haftung des Unternehmers für alle von ihm beschäftigten Personen» versichert wird.

4.3 Nicht versichert sind Ersatzansprüche des Bauherrn, die sich direkt gegen einen Subunternehmer richten (z.B. Schadenersatzansprüche aus Art. 41/55 OR). Hingegen wird nach Massgabe des Versicherungsvertrags die Hilfspersonenhaftung des Unternehmers (Art. 101 OR) für Personen- und Sachschäden, die ein Subunternehmer in Ausübung seiner Verrichtung dem Bauherrn zufügt (siehe Art. 29/Rz. 6), im Regelfall vom Versicherungsschutz erfasst.

Anmerkung 5

5 Die Regresshaftung des Versicherungsnehmers muss mitversichert sein. Hiervon zu unterscheiden sind die Regress- und Ausgleichsansprüche gegen mitversicherte Arbeitnehmer und Hilfspersonen, die häufig vom Versicherungsschutz ausgenommen sind (HEPPERLE, Bauversicherungen, S. 207; TRÜMPY/HÜRLIMANN, Die Betriebshaftpflichtversicherung für das Baugewerbe, S. 84; kritisch STÖCKLI, Versicherungen beim Bauen, S. 24 f.).

Anmerkung 6

6 Art. 26 Abs. 1 Satz 3 wiederholt eine Selbstverständlichkeit, nämlich dass der Bauherr bei der inhaltlichen Ausgestaltung der Ausschreibungsunterlagen (nicht nur in Bezug auf die minimal verlangte Versicherungsdeckung) frei ist. Es handelt sich hierbei nicht um eine besondere Kompetenznorm, sondern lediglich um einen Hinweis. Mit derselben Berechtigung kann der Bauherr im Rahmen der Offerteinladung verlangen, dass der Unternehmer bestimmte Sonderrisiken/besondere Risiken mitversichern muss, wie etwa die zuweilen nicht in der Grunddeckung enthaltenen Schadensverhütungskosten oder eine Deckung für Bauzwischenfälle; unter den gegebenen Voraussetzungen etwa auch das Risiko von Bautenschäden infolge Planungsfehler, wenn sich die Ausschreibung an Totalunternehmer (Vorbem. Art. 28–32/Rz. 30) richtet (TRÜMPY/HÜRLIMANN, Die Betriebshaftpflichtversicherung für das Baugewerbe, S. 84). Zur sogenannten Bauplatzversicherung STÖCKLI, Versicherungen beim Bauen, S. 31 ff.; WERZ, Die Haftpflichtversicherung des Planers, S. 867 ff.; BGer 5C.31/2006 vom 10. Juli 2006.

Anmerkung 7

«Beantragt» meint *aufklären.* Die betreffende Hinweispflicht ist eine besondere Erscheinungsform der allgemeinen Informationspflicht des Unternehmers (GWerkV Rz. 837). Der Bauherr hat letztlich zu entscheiden, ob er der Empfehlung des Unternehmers Folge leisten und eine Bauherrenhaftpflichtversicherung abschliessen will oder nicht (BGE 111 II 72/75 E. 3d auferlegt dem Planer ebenfalls eine Hinweispflicht). Nach dem klaren Wortlaut der Norm bezieht sich die Hinweispflicht einzig auf den Abschluss einer Bauherrenhaftpflichtversicherung, nicht aber auf den Abschluss einer Bauwesenversicherung. Dem Unternehmer bleibt es aber unbenommen, dem Bauherrn zum Abschluss einer Bauwesenversicherung zu raten, was unter Umständen in seinem eigenen Interesse liegt. 7

Anmerkung 8

Der Hinweis kann sich auch an die Bauleitung als bevollmächtigte Vertreterin des Bauherrn richten (Art. 33/Rz. 5.1 f.). 8

Anmerkung 9

Bei der Bauherrenhaftpflichtversicherung versichert der Bauherr das Risiko der Schädigung eines Nachbarn durch Abbruch-, Erdbewegungs- oder Bauarbeiten (Hepperle, Bauversicherungen, S. 210; Trümpy/Hürlimann, Die Betriebshaftpflichtversicherung für das Baugewerbe, S. 86). Die Bauherrenhaftpflichtversicherung bietet ihm keine Deckung für Schäden, die er als Planer, Bauleiter oder Bauausführender ganz oder teilweise selber verursacht hat (Hepperle, Bauversicherungen, S. 210). Im Sinne einer Ausnahme von der vorerwähnten Deckungsbeschränkung sind jedoch Ansprüche aus Schäden an fremden Grundstücken, Gebäuden und anderen Werken häufig dann wiederum (im Rahmen der allgemeinen Haftpflichtversicherung) gedeckt, wenn ein Versicherter als Bauherr im Rahmen des versicherten Risikos solche Arbeiten ganz oder teilweise selbst ausführt und hierbei schuldhaft Schaden verursacht (Trümpy/Hürlimann, Die Betriebshaftpflichtversicherung für das Baugewerbe, S. 86). 9

Anmerkung 10

Der Bauherr, seine Bauleitung, der von ihm beigezogene Sachverständige oder sein bevollmächtigter Vertreter. 10

Anmerkung 11

Beispielsweise dann, wenn dem Bauherrn das erforderliche Fachwissen oder die notwendige Erfahrung fehlt, um die mit dem Bau verbundenen besonderen Haftungsrisiken zu erkennen (vgl. BGE 111 II 72/75 E. 3d). 11

1 35 Ergänzungen und Abänderungen des Werkvertrages

Art. 27

[1] Der abgeschlossene Werkvertrag kann nur in beidseitigem Einvernehmen ergänzt oder sonstwie abgeändert werden[1]. Die Bestimmungen über die Bestellungsänderung bleiben vorbehalten (Art. 84–91)[2].

[2] Es empfiehlt[3] sich, in der Vertragsurkunde (Art. 20)[4] zu bestimmen, dass vereinbarte Ergänzungen oder Abänderungen[5] nur gültig sind[6], wenn sie schriftlich[7] festgelegt werden.

[3] Im Folgenden wird unter «Werkvertrag» der ursprüngliche Vertrag mit Einschluss der im massgebenden Zeitpunkt geltenden Ergänzungen und Abänderungen verstanden[8].

Art. 27 (1977/91)

[1] Der abgeschlossene Werkvertrag kann nur in beidseitigem Einvernehmen ergänzt oder sonstwie abgeändert werden. Die Bestimmungen über die Bestellungsänderung bleiben vorbehalten (Art. 84 ff.).

[2] Es empfiehlt sich, in der Vertragsurkunde (Art. 20) zu bestimmen, dass vereinbarte Ergänzungen oder Abänderungen nur gültig sind, wenn sie schriftlich festgelegt werden.

[3] Im folgenden wird unter «Werkvertrag» der ursprüngliche Vertrag mit Einschluss der im massgebenden Zeitpunkt geltenden Ergänzungen und Abänderungen verstanden.

Anmerkung 1

1 Angesprochen sind die sogenannten Bindungswirkungen eines Vertrags. Die Parteien sind grundsätzlich an das gemeinsam Vereinbarte gebunden, keine Partei soll den abgeschlossenen Vertrag eigenmächtig, das heisst ohne Zustimmung der anderen, abändern können (vgl. Gauch/Schluep/Schmid, OR AT, Rz. 232), soweit nicht Äquivalenzstörungen (z.B. Mehr-, Minder- oder Schlechtleistungen eines Vertragspartners) eine Anpassung des Werkvertrags verlangen (Stöckli, Das Synallagma, Rz. 445 ff.). Die in beidseitigem Einvernehmen beschlossene Abänderung beruht auf einem Abänderungsvertrag, worin die Parteien übereinkommen, den Werkvertrag in dieser oder jener Hinsicht neu zu gestalten (vgl. GWerkV Rz. 770).

Anmerkung 2

2.1 Der *Vorbehalt* bedarf der Präzisierung und Ergänzung:

2.2 a) Die Art. 84–91 befassen sich allein mit der einseitigen Bestellungsänderung. Die zweiseitige («vertragliche») Bestellungsänderung wird in den Art. 84 ff. nicht geregelt und fällt daher unter Art. 27.

2.3 b) Ausserhalb der Art. 84–91 finden sich weitere Bestimmungen, die es dem Bauherrn ausnahmsweise gestatten, den Vertragsinhalt auch nach Vertragsabschluss einseitig zu konkretisieren oder zu ergänzen (z.B. Art. 44 Abs. 2, Art. 99 und Art. 125). Der in Art. 27 Abs. 1 Satz 2 erwähnte Vorbehalt hat bloss beispielhaften Charakter.

Anmerkung 3

Es handelt sich um einen unverbindlichen Ratschlag. Den Parteien steht es frei, ob sie den 3
Ratschlag beachten wollen oder nicht. Die Abrede eines Schriftformvorbehalts wird nicht vermutet, sondern ist nachzuweisen.

Anmerkung 4

Mit der Vertragsurkunde können die Parteien auch Allgemeine Geschäftsbedingungen 4
übernehmen. In Allgemeinen Geschäftsbedingungen übernommene Formvorschriften erlangen indessen nur Gültigkeit, wenn sich die Parteien des Formvorbehalts bewusst waren (Gauch/Schluep/Schmid, OR AT, Rz. 600; GWerkV Rz. 414).

Anmerkung 5

Die Empfehlung bezieht sich nur auf vereinbarte, das heisst einvernehmlich beschlossene 5
Ergänzungen oder Abänderungen.

Anmerkung 6

Ein vereinbarter Formvorbehalt begründet die widerlegbare Vermutung, dass die Par- 6
teien vor der Erfüllung dieser Form nicht gebunden sein wollen (Art. 16 Abs. 1 OR). Setzen sich die Parteien über den eigenen Formvorbehalt hinweg, so ist die getroffene Vereinbarung nicht in jedem Fall unverbindlich (Gauch/Schluep/Schmid, OR AT, Rz. 594).

Anmerkung 7

«Schriftlich» ist unter Vorbehalt einer anders lautenden Abrede als «einfache Schriftlich- 7
keit» im Sinne der Art. 13 – 15 OR zu verstehen (vgl. Art. 16 Abs. 2 OR). Diesfalls muss das betreffende Schriftstück die Unterschrift aller Personen tragen, die sich verpflichten (Art. 13 OR). E-Mail-Meldungen erfüllen nach heutigem Verständnis die Anforderungen von Art. 13 OR nicht. Hingegen kann die Vereinbarung von Schlüsseln zur Verwendung elektronischer Signaturverfahren («Codes») zu einer Präzisierung des vereinbarten Formvorbehalts führen, sodass anstelle der eigenhändigen Unterschrift auch eine elektronische Signatur genügen kann (Art. 14 Abs. 2bis OR; Gauch/Schluep/Schmid, OR AT, Rz. 519a ff.).

Anmerkung 8

Mit «Werkvertrag» ist nicht bloss die Vertragsurkunde, sondern stets der gesamte Ver- 8
tragsinhalt gemeint, der sich auch aus den weiteren Vertragsdokumenten und mündlichen Abreden ergibt.

14 Mehrzahl von Unternehmern

Vorbemerkungen zu Art. 28–32

1 Schon bei der Ausführung kleinerer Bauvorhaben ist regelmässig eine Mehrzahl von Unternehmern beteiligt. Diese Unternehmer stehen – je nach gewählter Einsatzform – in unterschiedlicher Rechtsbeziehung zum Bauherrn (oder zu einem anderen Besteller wie z.B. zu einem Generalunternehmer). In der schweizerischen Baupraxis haben sich zahlreiche Vertrags- und Organisationsstrukturen herausgebildet. Einzelne werden auch in der SIA-Norm 118 behandelt, andere nicht. Typisch und verbreitet ist der Einsatz von Unternehmern namentlich in folgenden Konstellationen:

2 a) *Einsatz mehrerer Unternehmer in einem Baukonsortium:* Schliessen sich mehrere Unternehmer zusammen, um im Rahmen eines Werkvertrags gemeinsam die Ausführung von Bauarbeiten zu besorgen, so ist dieser Zusammenschluss als einfache Gesellschaft im Sinne von Art. 530 ff. OR zu qualifizieren. Mit dieser Einsatzform befasst sich Art. 28. Der Gesellschaftsvertrag, mit dem sich die Mitglieder der Arbeitsgemeinschaft (des Konsortiums) intern verbinden, wird in der Baupraxis regelmässig als Gemeinschaftsvertrag (oder in Kurzform als ARGE-Vertrag) bezeichnet. Die Rechtsfragen, die sich im Zusammenhang mit Baukonsortien stellen, sind zahlreich. Sie betreffen z.B. die Qualifikation des Vertrags, das Innenverhältnis (das heisst die Rechtslage zwischen den einzelnen Konsortialen, die Organisationsstruktur, die Kompetenzordnung, die Geschäfts- und Beschlussfassungsbefugnisse, die Beitragspflichten, personelle Veränderungen innerhalb des Konsortiums etc.). Komplex sind ferner auch die Rechtsfragen, welche das Aussenverhältnis betreffen, insbesondere weil die ARGE keine Rechtspersönlichkeit hat und sich daher nicht im Handelsregister eintragen lassen kann. Eine Besonderheit des Konsortiums besteht auch in der primären, persönlichen und solidarischen Haftung eines jeden Mitglieds (Art. 544 Abs. 3 OR; Art. 28 Abs. 3 SIA-Norm 118). Von diesen und weiteren Rechtsfragen ist in der Kommentierung zu Art. 28 die Rede. Die Arbeitsgemeinschaft (oder kurz ARGE) wird in der Terminologie der Norm zuweilen auch als «Konsortium» bezeichnet. Die ARGE kommt in verschiedenen *Erscheinungsformen* vor:

3 – Das *Bieterkonsortium* (auch Bietergemeinschaft): Verschiedene Bauunternehmer schliessen sich zur Einreichung eines gemeinsamen Angebots zusammen, beispielsweise im Rahmen einer öffentlichen Ausschreibung. Zweck dieser Gemeinschaft ist es, durch Unterbreitung einer attraktiven Offerte den Zuschlag für einen gemeinsamen Bauwerkvertrag zu erhalten (vgl. BGE 116 II 707/710 E. 2; GWerkV Rz. 246).

4 – Das *Baukonsortium:* Verschiedene Unternehmer schliessen sich zur Realisierung eines Bauprojekts zusammen.

5 – Das *erzwungene Baukonsortium:* Der Bauherr erzwingt beispielsweise die Aufnahme eines einheimischen Unternehmers in die ARGE aus steuerlichen oder aus lokalpolitischen Gründen (GWerkV Rz. 252; Egli, Baukonsortien, S. 36 f., der von einem «aufgenötigten» Gesellschafter spricht). Der lokale Gesellschafter ist nach den getroffenen internen Abmachungen häufig weder am Gewinn noch am Verlust beteiligt;

selbst wenn er keine Pauschale für die Zurverfügungstellung seines Namens erhält, haftet er im Aussenverhältnis solidarisch mit.

- Das *Baukonsortium mit interner Weitervergabe:* Die Gesellschafter schliessen mit einem Konsortialen einen Subunternehmervertrag ab (Art. 29) und übertragen ihm Arbeiten, die sie gegenüber dem Bauherrn gemeinsam übernommen haben (Art. 2/Rz. 3). Der als Subunternehmer tätige Gesellschafter ist alsdann den übrigen Konsortialen aus Subunternehmervertrag verpflichtet, als Mitglied des Baukonsortiums steht er zugleich (zusammen mit den übrigen Gesellschaftern) in einem Werkvertragsverhältnis zum Bauherrn (GWerkV Rz. 253; Saxer, Der Subunternehmer, S. 12). 6
- Das *Baukonsortium als Losgemeinschaft*: Die Mitglieder der Los-ARGE erbringen je einen Teil der vom Bauherr bestellten Arbeiten in selbständiger Ausführung. Bei dieser häufig nach Arbeitsgattungen (z.B. Hochregallager mit mechanischem und elektronischem Anteil) oder nach Baulosen (Hoch-, Tiefbaulos) vorgenommenen Arbeitsteilung trägt jeder Konsortiale anteilsmässig zum gemeinsamen Zweck der ARGE bei. Die derart aufgeteilte Arbeit bildet Gegenstand der Beitragspflicht der beteiligten Unternehmer (Art. 531 OR); dementsprechend sind diese am Gewinn und Verlust der einfachen Gesellschaft beteiligt (Art. 533 OR; GWerkV Rz. 255; Egli, Baukonsortien, S. 45 f.; Saxer, Der Subunternehmer, S. 10 ff.). 7
- Das *«unechte» Baukonsortium:* Teilen die ARGE-Partner unter sich die Gesamtarbeit mit der Abrede auf, dass jeder bloss im Umfang seines Anteils verantwortlich werde, ist in der Baupraxis häufig von einem «unechten» Baukonsortium die Rede. Die Bezeichnung ist missverständlich, weil sie bei Konsortialen bisweilen den (unrichtigen) Eindruck vermittelt, die interne Beschränkung der Haftung auf den übernommenen Arbeitsteil habe auch gegenüber Dritten Bestand. Auf das externe Verhältnis mit dem Bauherrn (z.B. in Bezug auf die Solidarhaftung nach Art. 544 Abs. 3 OR; vgl. Art. 28/Rz. 10.2) hat die interne Ausgestaltung des Konsortiums – ob dies im Rahmen von Subunternehmerverträgen oder durch gesellschaftsinterne Übertragung der Baulose geschieht – jedoch keinen Einfluss. 8
- Das *Konsortium mit stiller Beteiligung*: Mindestens ein Mitglied eines Konsortiums tritt nach aussen nicht in Erscheinung. Der stille Gesellschafter ist am Werkvertrag über die Ausführung der Bauarbeiten nicht beteiligt und folglich dem Bauherrn gegenüber aus diesem Vertragsverhältnis weder berechtigt noch verpflichtet (GWerkV Rz. 258; Egli, Baukonsortien, S. 36), und zwar selbst dann nicht, wenn der Dritte (z.B. der Bauherr) Kenntnis vom Bestehen der Gesellschaft hatte, sich jedoch im Klaren war, dass der stille Gesellschafter aus Diskretionsgründen nicht nach aussen auftreten wollte (Pestalozzi/Hettich, Basler Kommentar, N 24 zu Art. 544 OR). 9

b) *Einsatz eines einzelnen Unternehmers oder mehrerer Unternehmer als Generalunternehmer mit Weitervergabe an Subunternehmer* (Art. 29): Überträgt der Bauherr einem einzelnen Unternehmer oder mehreren Unternehmern in einem einzigen Werkvertrag sämtliche Arbeiten (z.B. vom Aushub bis zum Dach), so liegt ein Generalunternehmervertrag vor. Der Generalunternehmer verpflichtet sich gegenüber dem Bauherrn zur Errichtung des Bauwerks, vergibt aber in aller Regel die übernommenen Bauarbeiten (zumindest 10 teilweise) an Subunternehmer. Vergibt der Hauptunternehmer (Generalunternehmer) Arbeiten, die er selber vom Bauherrn übernommen hat, im eigenen Namen und auf eigene Rechnung (nicht als Stellvertreter) an andere Unternehmer weiter, so liegt ein Subunternehmervertrag vor. Subunternehmer sind also Werkunternehmer, welche nicht den Bauherrn, sondern einen Hauptunternehmer zum Vertragspartner (als Besteller) haben (Art. 29/Rz. 4.1 ff.). Von diesem Subunternehmer handelt Art. 29. Hingegen ist vom Generalunternehmer in Art. 29 nicht die Rede. Nicht erwähnt in Art. 29 wird auch der Totalunternehmer, also der Generalunternehmer, der zusätzlich die ganze Projektierung übernimmt. Der Generalunternehmer wird lediglich in Art. 33 Abs. 4 im Zusammenhang mit der Zuweisung von Aufgaben und der Stellvertretung erwähnt. Die zahlreichen Rechtsfragen, die beim Bauen mit Subunternehmern zu beachten sind, werden in Art. 29 behandelt. Zu unterscheiden ist der Subunternehmer namentlich von folgenden anderen Baubeteiligten:

11 – Der *Stoff-Zulieferant* des Hauptunternehmers liefert Baustoffe oder sonstiges Material (Armierungsstahl, Zement, vorfabrizierte Elemente), meist aufgrund eines Kaufvertrags (Art. 184 ff. OR). Im Unterschied zum Subunternehmer ist er nicht zur Werkherstellung verpflichtet. Er muss den Stoff in aller Regel nicht herstellen, sondern nur beistellen (Bühler Theodor, Zürcher Kommentar, N 53 zu Art. 364 OR; GWerkV Rz. 140; Saxer, Der Subunternehmer, S. 17 f.). Der Zulieferant ist zudem, da er nicht mit Arbeit zum Bauwerk beiträgt, keine Hilfsperson im Sinne von Art. 101 OR (GWerkV Rz. 140 und 1894).

12 – Der *Akkord-Arbeiter* des Hauptunternehmers ist im Unterschied zum Subunternehmer nicht rechtlich selbständig, sondern im Einzelarbeitsverhältnis (Art. 319 ff. OR) tätig. Die Bezeichnung «Unterakkordant» wird allerdings bisweilen auch für temporär eingesetzte Arbeitnehmer verwendet (BGE 103 II 227 ff.; Thévenoz, La location de services, S. 68 ff.). Auch Leiharbeitsfirmen, die dem Unternehmer für eine gewisse Zeit Arbeitskräfte zur Verfügung stellen, sind keine Subunternehmer im Sinne von Art. 29 (GWerkV Rz. 138; Saxer, Der Subunternehmer, S. 19 f.).

13 – Der *subordinierte Nebenunternehmer* steht mit dem Bauherrn in einem direkten Werkvertragsverhältnis (vgl. Art. 30/Rz. 1), wodurch er sich von einem Subunternehmer unterscheidet. Nach den getroffenen Abreden mit dem Bauherrn unterwirft sich der subordinierte Nebenunternehmer der Leitung und/oder Aufsicht eines anderen, übergeordneten Nebenunternehmers (Gauch, Probleme von und mit Subunternehmern, S. 156; Saxer, Der Subunternehmer, S. 9).

14 – Der *Subsubunternehmer* wird von einem anderen Subunternehmer eingesetzt. Er hat einzelne oder sämtliche Arbeiten auszuführen, die sein Vertragspartner dem Hauptunternehmer schuldet (BGE 117 II 425 ff.; GWerkV Rz. 142; Saxer, Der Subunternehmer, S. 5). Die Stufung der Untervergaben lässt sich – zumindest theoretisch – beliebig weiterführen.

15 c) *Einsatz mehrerer Unternehmer als Nebenunternehmer (Teilunternehmer):* In der traditionellen Form des Bauens wählt der Bauherr für die auszuführenden Bauarbeiten ver-

schiedene Unternehmer aus und schliesst mit jedem von ihnen einen separaten Werkvertrag über einen Teil der Gesamtarbeit ab (z.B. über die Baumeisterarbeiten, über den Aushub, über die elektrischen und sanitären Installationen, über den Stahlbau etc.). Mit dieser Organisationsform befasst sich Art. 30. Diese Unternehmer sind «Teilunternehmer» mit je eigenem Werkvertrag. Nach der Terminologie der SIA-Norm 118 (vgl. Art. 30) werden sie als «Nebenunternehmer» bezeichnet. Bei diesem klassischen Einsatzmodell ist es Aufgabe des Bauherrn, für eine zweckmässige Koordination der angesetzten Unternehmer zu sorgen. Die Koordinationspflicht des Bauherrn beinhaltet zum einen die Koordination der einzelnen Werkverträge (Art. 30 Abs. 2), zum andern die Koordination der Nebenunternehmer bei der Durchführung des Bauvorhabens (Art. 34 Abs. 3).

Im Einzelnen zeichnet sich diese Organisationsform tatbeständlich durch folgende Merkmale aus: 16

- *Ein Bauwerk – mehrere Bauunternehmer*: Der Bauherr vergibt die Ausführung der Teilleistungen des Gesamtbauwerks (eine Arbeitsgattung, ein Teil- oder Fachlos), die alle Gegenstand desselben Gesamtbauwerks bilden, zwei oder mehreren Unternehmern. Jeder dieser Nebenunternehmer schuldet ein Teilwerk (GWerkV Rz. 219), weshalb sie häufig auch als Teilunternehmer bezeichnet werden (vgl. Gauch, Ein Bauwerk Mehrere Unternehmer, S. 65 ff., der das System der Nebenunternehmer mit diesem Titel treffend charakterisiert). 17
- *Separate Werkverträge* je über ein Teilwerk: Charakteristisch für das System der Nebenunternehmer ist ferner, dass die einzelnen Nebenunternehmer je aufgrund eines eigenen, separaten Werkvertragsverhältnisses mit dem Bauherrn tätig sind. Dies namentlich im Unterschied zum Einsatz eines Baukonsortiums (Art. 28), bei welchem sich mehrere Unternehmer (intern durch Gesellschaftsvertrag verbunden) in einem einzigen Werkvertrag zur gemeinsamen Erbringung der übernommenen Arbeitsleistungen verpflichten. 18
- *Selbstverantwortlichkeit jedes Teilunternehmers*: Zwischen den einzelnen Nebenunternehmern bestehen grundsätzlich keine vertraglichen Beziehungen. Jeder Teilunternehmer ist prinzipiell für seine erbrachten Arbeiten und sein sonstiges Verhalten selbstverantwortlich. Die einzelnen Nebenunternehmer haben für die geleisteten Arbeiten an ihrem Teilwerk gegenüber dem Bauherrn also nach Massgabe der anwendbaren Haftungsordnung je getrennt und unabhängig voneinander einzustehen (GWerkV Rz. 2038 ff.; Scherrer, Nebenunternehmer, Rz. 373 f.), und zwar ohne Rücksicht auf die Ursache des Mangels. Umgekehrt ist der Bauherr im Regelfall für das Fehlverhalten des einen Teilunternehmers gegenüber dem anderen nicht verantwortlich. 19

d) Soweit ein Nebenunternehmer nur das geschuldete Werk herzustellen und abzuliefern hat, ist er im Verhältnis zu den übrigen Unternehmern *keine Hilfsperson* des Bauherrn (GWerkV Rz. 1922; Bühler Theodor, Zürcher Kommentar, N 15 zu Art. 369 OR; Scherrer, Nebenunternehmer, Rz. 118 ff.). Denn dadurch, dass ein Nebenunternehmer Werkleistungen erbringt, erfüllt er in der Regel keine Pflichten des Bauherrn gegenüber den anderen Unternehmern. Der Bauherr muss sich das Verhalten bzw. das Fehlverhalten 20 des einen Nebenunternehmers gegenüber dem anderen weder nach Art. 101 OR noch nach Art. 55 OR anrechnen lassen (Gauch, Ein Bauwerk – Mehrere Unternehmer, S. 72; Scherrer, Nebenunternehmer, Rz. 119). Immerhin ist auf zwei Ausnahmefälle hinzuweisen: Der Unternehmer ist (i) Erfüllungsgehilfe, wenn der Bauherr den Unternehmer zur Erfüllung vertraglicher Pflichten gegenüber einem Nebenunternehmer beizieht (Art. 117/Rz. 9.3; Gauch, Ein Bauwerk – Mehrere Unternehmer, S. 72; Scherrer, Nebenunternehmer, Rz. 121); (ii) der Unternehmer ist Ausübungsgehilfe, wenn der Bauherr Rechte aus einem (anderen) Werkvertrag durch den Unternehmer ausüben lässt (Art. 126/Rz. 20.4; Scherrer, Nebenunternehmer, Rz. 122).

21 – *Gleiche Vergabestufe:* Nebenunternehmer stehen auf der gleichen Vergabestufe, das heisst, sie haben den gleichen Gegenkontrahenten (Scherrer, Nebenunternehmer, Rz. 85). Der Gegenkontrahent ist bald der Bauherr, bald – auf einer tieferen Vergabestufe – ein (bestellender) Hauptunternehmer. Im Verhältnis zum Hauptunternehmer (bzw. Subunternehmer) stehen auch zwei oder mehrere Subunternehmer (bzw. Subsubunternehmer) auf der gleichen Vergabestufe. Auch ein Konsortium (ARGE; Art. 28) kann als Nebenunternehmer infrage kommen, wenn dieses neben anderen Unternehmen einen Teil der Gesamtarbeiten übernommen hat.

22 – Einen Sonderfall stellt der *leitende Nebenunternehmer* dar (vgl. hierzu Scherrer, Nebenunternehmer, Rz. 104 f.; GWerkV Rz. 221). Je nach Abrede mit dem Bauherrn übernimmt der leitende Nebenunternehmer die Koordination, die Anleitung und/oder die Beaufsichtigung anderer Nebenunternehmer (Scherrer, Nebenunternehmer, Rz. 104). Meistens besorgt der leitende Unternehmer die Koordination in der Ausführungsphase (Art. 34 Abs. 3). Nur sehr selten übernimmt er die Koordination bereits bei der Ausgestaltung der Werkverträge (vgl. GWerkV Rz. 221; Scherrer, Nebenunternehmer, Rz. 107). Der Einsatz eines leitenden Unternehmers hat nur geringe Verbreitung gefunden (Gauch, Ein Bauwerk – Mehrere Unternehmer, S. 72; Scherrer, Nebenunternehmer, Rz. 107).

23 e) Der Nebenunternehmer ist abzugrenzen namentlich:

24 – vom *Materiallieferanten:* Der reine Zulieferant ist Verkäufer und leistet aufgrund eines Kaufvertrags (Art. 184 ff. OR). Deshalb ist er im Rahmen der Art. 30 f. nicht zu beachten. Hat sich der Materiallieferant verpflichtet, das Werk «aus selbst beschafftem Stoff» herzustellen (GWerkV Rz. 121), so ist das betreffende Vertragsverhältnis als Werklieferungsvertrag zu qualifizieren, der ebenfalls dem Werkvertragsrecht untersteht (BGE 117 II 273/274 E. 3a). Verpflichtet sich der Werklieferant gegenüber dem Bauherrn, so ist er Nebenunternehmer all jener Unternehmer, die auf gleicher Vergabestufe mit dem Bauherrn vertraglich verbunden sind (Scherrer, Nebenunternehmer, Rz. 110).

25 – vom *Subunternehmer:* Ein Subunternehmer arbeitet auf einer anderen Vergabestufe (vgl. Vorbem. Art. 28 – 32/Rz. 13; Art. 29/Rz. 2). Er steht nicht in einem Vertragsverhältnis zum Bauherrn. Er ist kein Nebenunternehmer im Verhältnis zu den anderen Unternehmern, die sich unmittelbar dem Bauherrn verpflichtet haben (Scherrer, Nebenunternehmer, Rz. 115). Hingegen sind Unternehmer, die von einem General-

unternehmer eingesetzt werden, (bezogen auf den Bauherrn) Subunternehmer bzw. (unter sich betrachtet) Nebenunternehmer zweiten Grades (GWerkV Rz. 224; Hürlimann, Organisation und Finanzierung der Bauausführung, Rz. 11.11; Saxer, Der Subunternehmer, S. 9).

– von der *Bauleitung*: Bezeichnet der Bauherr ein oder mehrere Personen als Bauleitung (Art. 33), so arbeiten diese auf einer anderen Vergabestufe. Die Bauleitung steht zwar in einem Vertragsverhältnis zum Bauherrn, sie ist im Verhältnis zu den eingesetzten Unternehmern aber kein weiterer Nebenunternehmer, der im Werkvertragsverhältnis tätig ist, sondern im Auftragsverhältnis nach Art. 394 ff. OR bzw. nach Massgabe der anwendbar erklärten SIA-Ordnungen 102, 103, 108 resp. der SIA-Norm 112 tätig. 26

– vom *Gerüstbauer:* Der Unternehmer bzw. Lieferant, der die Baustelleninstallation bzw. insbesondere ein Fassadengerüst beistellt, steht häufig in einem Mietvertragsverhältnis zum Bauherrn (Hürlimann, Bemerkungen zum Gerüstbauvertrag, S. 73 ff.; GWerkV Rz. 356 ff.). Vgl. allerdings den Anwendungsfall in BGE 113 II 264 ff., bei welchem das Bundesgericht die Überlassung eines Lehrgerüsts als Werkvertrag qualifiziert. Auch der Gerüstbauer ist kein Nebenunternehmer im Verhältnis zu den anderen Unternehmern, die sich unmittelbar gegenüber dem Bauherrn verpflichtet haben. 27

f) Neben diesen in der SIA-Norm 118 angesprochenen Vertrags- und Organisationsstrukturen haben sich in der Praxis *weitere Formen* ausgebildet: 28

– *Einsatz eines Unternehmers als Generalunternehmer* (erwähnt in Art. 33 Abs. 4): Überträgt der Bauherr einem einzigen Unternehmer in einem einzigen Werkvertrag sämtliche Arbeiten, so liegt ein sogenannter Generalunternehmer-Vertrag vor. Darin übernimmt der Generalunternehmer («GU») aufgrund eines vom Bauherrn bzw. dessen Planern erarbeiteten Projekts sämtliche für die Erstellung eines Bauwerks erforderlichen Bauarbeiten (BGE 114 II 53 ff.; GWerkV Rz. 223; Bühler Theodor, Zürcher Kommentar, N 118 zu Art. 363 OR; Schumacher, Bauen mit einem Generalunternehmer, S. 43 ff.; Tercier/Favre/Carron Benoît, Les contrats spéciaux, Rz. 4278 ff.). Im Unterschied zur traditionellen Vertrags- und Organisationsstruktur vergibt der Bauherr demnach die verschiedenen Arbeitsgattungen nicht in separaten Werkverträgen an je einzelne Nebenunternehmer, sondern macht vertraglich nur einen Unternehmer für die Werkausführung zu seinem Partner und schliesst einzig mit diesem einen Werkvertrag ab. In der Praxis ist es häufig so, dass der Generalunternehmer nur einen Teil der übernommenen Arbeiten selber (das heisst mit eigenen Produktionsmitteln) ausführt und die übrigen Arbeiten an Subunternehmer weitervergibt. 29

– *Einsatz eines Unternehmers als Totalunternehmer:* Überträgt der Bauherr einem einzigen Unternehmer in einem einzigen Werkvertrag nicht nur sämtliche Bauarbeiten, sondern zusätzlich die gesamte Projektierung und Planung, liegt nach verbreiteter Terminologie ein sogenannter Totalunternehmervertrag vor. Der Totalunternehmer ist mit anderen Worten nichts anderes als ein projektierender Generalunternehmer. 30

– *Einsatz mehrerer Unternehmer im Modell einer virtuellen Unternehmung:* Die virtuelle Unternehmung («VU») bietet ein juristisches Gefäss, in welchem planende und 31 ausführende Funktionen der Bauwirtschaft in einem Netzwerk verbunden werden (Hürlimann/Handschin, VU-Dokumentation Recht, passim). Die Teilnehmer der VU treten unter einer einheitlichen Bezeichnung, der sogenannten Plattformgesellschaft, gemeinsam am Markt auf und erbringen ihre Bauleistungen in unterschiedlicher, jeweils auf das Projekt abgestimmter Zusammensetzung. Im Innenverhältnis schliessen sich die Teilnehmer zu einer einfachen Gesellschaft (einem sogenannten Netzwerk) zusammen. Der Gesellschaftsvertrag legt die Rechte und Pflichten der einzelnen Gesellschafter fest. Im Aussenverhältnis treten die Teilnehmer unter einer Aktiengesellschaft oder unter einer Gesellschaft mit beschränkter Haftung auf. Die Plattformgesellschaft schliesst in ihrem Namen mit dem Bauherrn den Bauwerkvertrag ab und haftet diesem für die gehörige Erfüllung, während die einzelnen Teilnehmer vom Bauherrn nicht belangt werden können. Der Bauherr kann sich hingegen zusätzlich absichern, beispielsweise durch eine Garantieerklärung einer Bank, welche individuell die Risiken der einzelnen Projektteilnehmer abdeckt. Zur Erbringung von Planung und Leistung organisieren sich die VU-Gesellschafter (allenfalls nur ein Teil davon) in einem Projektteam. Kann eine Leistung nicht durch Mitglieder des Projektteams erbracht werden, so werden Dritte (wie alle übrigen Projektmitglieder) mittels Projektvertrag ins Projektteam integriert. Die wesentlichen Vorteile dieses Arbeitsmodells werden darin erblickt, dass einerseits die Unabhängigkeit der einzelnen Unternehmung gewahrt wird, aber gleichzeitig ermöglicht wird, unter einer gemeinsamen Plattform gegenüber Dritten aufzutreten und auf diese Weise über das einzelne Bauvorhaben hinaus eine eigentliche Unternehmensidentität aufzubauen, ohne dass die einzelnen Mitglieder ihre Selbständigkeit aufgeben müssen.

1 41 Arbeitsgemeinschaft (Konsortium)

Art. 28

[1] Eine Bauarbeit [1] kann mehreren Unternehmern, die sich zu einer Arbeitsgemeinschaft zusammenschliessen [2], durch Abschluss [3] eines gemeinsamen [4] Werkvertrages [5] vergeben werden.

[2] Die Arbeitsgemeinschaft ist eine einfache Gesellschaft [6] im Sinne der Art. 530ff. OR [7].

[3] Die Gesellschafter [8] haften [9] für die Erfüllung des Werkvertrages solidarisch [10]. Sie bezeichnen einen der Gesellschafter [11], der dem Bauherrn genehm ist [12], als federführend; dieser [13] vertritt [14] die Arbeitsgemeinschaft [15] rechtsverbindlich [16] gegenüber dem Bauherrn.

Art. 28 (1977/91)

[1] Eine Bauarbeit kann mehreren Unternehmern, die sich zu einer Arbeitsgemeinschaft zusammenschliessen, durch Abschluss eines gemeinsamen Werkvertrages vergeben werden.

[2] Die Arbeitsgemeinschaft ist eine einfache Gesellschaft im Sinne der Art. 530ff. OR.

[3] Die Gesellschafter haften für die Erfüllung des Werkvertrages solidarisch. Sie bezeichnen einen der Gesellschafter, der dem Bauherrn genehm ist, als federführend; dieser vertritt die Arbeitsgemeinschaft rechtsverbindlich gegenüber dem Bauherrn.

Anmerkung 1

Vgl. Art. 1 Abs. 1. 1

Anmerkung 2

Die Arbeitsgemeinschaft (oder kurz ARGE) wird in der Terminologie der Norm zuweilen auch als «Konsortium» bezeichnet (Vorbem. Art. 28–32/Rz. 2ff.). Die Gesellschafter der ARGE schliessen sich zu einer einfachen Gesellschaft im Sinne der Art. 530ff. OR zusammen (Art. 28/Rz. 6.1). Sachlich beschränkt sich der Zusammenschluss zum Zweck der Realisierung einer Bauarbeit meistens auf die Fertigstellung eines einzelnen Objekts (z.B. eines Bauwerks oder einer Überbauung). Zeitlich kann sich der Zusammenschluss, gerade bei der Realisierung eines Grossprojekts, indessen über Jahre hinweg erstrecken (Egli, Baukonsortien, S. 31). Was die «personelle Besetzung» eines Konsortiums anbelangt, so gibt es ARGE, die sich spontan im Hinblick auf eine Ausschreibung oder über eine gewisse Zeitspanne hinweg immer wieder in identischer oder (nur geringfügig) wechselnder Zusammensetzung bilden. Alsdann ist häufig von einer «fortgesetzten» ARGE die Rede. Zu den einzelnen Erscheinungsformen vgl. Vorbem. Art. 28–32/Rz. 2ff. 2

Anmerkung 3

Vor dem Abschluss des gemeinsamen Bauwerkvertrags bilden die Unternehmer häufig eine sogenannte *Bietergemeinschaft*. Die (erfolgreiche) Bietergemeinschaft, die vom Bauherrn die Zusage für den Vertragsabschluss erhalten hat, besteht als Ausführungs-ARGE fort. Die einfache Gesellschaft im Sinne von Art. 530ff. OR entsteht in diesen Fällen nicht erst beim Abschluss des Werkvertrags mit dem Bauherrn, sondern (als Bietergemeinschaft) bereits dann, wenn sich die Gesellschafter über den Inhalt ihres Angebots geeinigt haben (vgl. Egli, Baukonsortien, S. 34). 3

Anmerkung 4

Alle nach aussen in Erscheinung tretenden Unternehmer einer ARGE sind in einem einzigen (gemeinsamen) Werkvertrag mit dem Bauherrn verbunden. Dadurch unterscheiden sich die Gesellschafter von Nebenunternehmern, die je durch einen separaten Werkvertrag mit dem Bauherrn verbunden sind (Art. 30f.; siehe auch GWerkV Rz. 245). 4

Anmerkung 5

Der «gemeinsame» Werkvertrag ist häufig ein General- oder Totalunternehmervertrag (Vorbem. Art. 28–32/Rz. 28ff.), in dem sich die Konsortialmitglieder zur Übernahme 5 mehrerer (oder aller) Arbeitsgattungen und allenfalls darüber hinaus zur Projektierung verpflichten (GWerkV Rz. 245).

Anmerkung 6

6.1 Das Baukonsortium als einfache Gesellschaft entsteht durch Abschluss eines Gesellschaftsvertrags, worin sich zwei oder mehrere Unternehmer zur Erreichung eines gemeinsamen Zwecks (z.B. zur gemeinsamen Realisierung eines Kraftwerks) mit gemeinsamen Kräften und Mitteln (vgl. Art. 530 Abs. 1 OR) zusammentun. Der einfachen Gesellschaft kommt *keine Rechtspersönlichkeit zu.* Das heisst:

6.2 a) Alle «Sachen, dingliche Rechte oder Forderungen, die an die Gesellschaft übertragen oder für sie erworben sind, gehören den Gesellschaftern *gemeinschaftlich* nach Massgabe des Gesellschaftsvertrages» (Art. 544 Abs. 1 OR).

6.3 b) Dem Konsortium fehlen nicht nur die Rechts- und Parteifähigkeit, sondern auch Handlungs-, Prozess- und Betreibungsfähigkeit. Rechts- und handlungsfähig sind *allein die einzelnen Gesellschafter* (Handschin/Vonzun, Zürcher Kommentar, N 300 ff. zu Art. 530 OR; Fellmann/Müller Karin, Berner Kommentar, N 66 ff. zu Art. 530 OR; Spühler/Dolge/Gehri, Zivilprozessrecht, § 19 Rz. 15 f.; von Steiger, Gesellschaftsrecht, S. 446; Meier-Hayoz/Forstmoser, Schweizerisches Gesellschaftsrecht, § 12 Rz. 15; vgl. zur Rechtsfähigkeit auch Müller Karin, Arbeitsgemeinschaft, S. 4 ff.; Taormina, Innenansprüche in der einfachen Gesellschaft, Rz. 296 ff.).

6.4 c) Gegen Dritte (z.B. gegen den Bauherrn) klagen müssen *sämtliche* Gesellschafter als notwendige Streitgenossenschaft (Fellmann/Müller Karin, Berner Kommentar, N 661 zu Art. 530 OR; Hürlimann, Organisation und Finanzierung der Bauausführung, S. 461 f.). Demnach besteht (wegen fehlender Sachlegitimation) die Gefahr der Klageabweisung, wenn ein Anspruch nur im Namen der Gesellschaft bzw. lediglich von einem Gesellschafter (nicht von allen Konsortialen) geltend gemacht wird (BGer vom 14. Oktober 1996 = SemJud 1997, S. 396 ff. = BR/DC 1997, S. 138, Nr. 352).

6.5 d) Auch der Vergütungsanspruch ist eine *Gesamthandforderung* (Art. 544 Abs. 1 OR). Dieser Anspruch kann nur von allen Mitgliedern gemeinsam eingeklagt und nur dadurch mit befreiender Wirkung erfüllt werden, dass der Bauherr an alle Mitglieder des Konsortiums gemeinsam oder an einen gemeinsamen Vertreter leistet (Hürlimann, Organisation und Finanzierung der Bauausführung, S. 461 f.; GWerkV Rz. 249; von Tuhr/Escher, OR II, S. 293).

6.6 e) Im Rechtsverkehr kann das Konsortium nur unter *Nennung aller Gesellschafter* auftreten. Die ARGE kann zwar eine Kurz- oder Sammelbezeichnung als Namen führen, doch geniesst die betreffende Bezeichnung keinen Firmenschutz, sondern allein Namens- und Wettbewerbsschutz (von Steiger, Gesellschaftsrecht, S. 326; Egli, Baukonsortien, S. 55; Fellmann/Müller Karin, Berner Kommentar, N 668 zu Art. 530 OR).

Anmerkung 7

7.1 Innerhalb der Schranken der Rechtsordnung steht es den Mitgliedern eines Baukonsortiums frei, den Inhalt des Gesellschaftsvertrags in Abweichung der Art. 530 ff. OR nach ihren Bedürfnissen auszugestalten. In aller Regel stützen sich die Gesellschafter auf *Vertragsmuster* ab, das heisst auf Musterverträge (z.B. auf den ARGE-Vertrag des Schweizerischen Baumeisterverbands aus dem Jahr 2016). Die Gesetzesbestimmungen der einfachen Gesellschaft nach Art. 530 ff. OR tragen der Interessenlage sowie den wirtschaftlichen Risiken bei Baukonsortien in mancherlei Hinsicht nicht Rechnung. Individuell zu regeln sind zahlreiche Punkte (in Abweichung vom Gesetzesrecht), wie beispielsweise:

a) Die *Organisationsstruktur* (vgl. Fellmann/Müller Karin, Berner Kommentar, N 12 ff. zu Art. 535 OR; Handschin/Vonzun, Zürcher Kommentar, N 1 ff. zu Art. 534/535 OR): Die knappe Regelung in Art. 534/535 OR sieht als Organe lediglich die Versammlung aller Gesellschafter und den einzelnen Gesellschafter vor. Für die Bedürfnisse der Baubranche ist dies in der Regel nicht ausreichend. Zu regeln ist insbesondere die Geschäftsführung: Beispielsweise kann die Gesellschafterversammlung entweder einen oder mehrere, auf Sachgebiete aufgeteilte Geschäftsführer oder einen Geschäftsausschuss (Betriebsleitungs- resp. eine Baukommission) einsetzen. Zur Geschäftsführungsbefugnis siehe BGE 124 III 355 ff.; BGer 4C.16/2006 vom 17. November 2006 E. 7.2. 7.2

b) Die *Kompetenzordnung:* Zu regeln sind in diesem Zusammenhang namentlich, wem die Vertretung des Konsortiums nach aussen zusteht und wie die für die Auftragserfüllung wichtigsten Positionen (Bauchef, Projektleiter usw.) besetzt werden. In grösseren Konsortien wird häufig eine «Federführung» (FF) eingesetzt, ferner eine kaufmännische Leitung (KL) sowie eine Technische Leitung (TL), die in ihrem jeweiligen Bereich eigenständig die im ARGE-Vertrag zugewiesenen Aufgaben wahrnehmen. 7.3

c) Die *Beschlussfassung:* Art. 534 Abs. 1 OR verlangt für Beschlüsse der Gesellschaft Einstimmigkeit (Fellmann/Müller Karin, Berner Kommentar, N 10 zu Art. 534 OR). Das Einstimmigkeitsprinzip wird den Bedürfnissen der Baupraxis nicht in jedem Fall gerecht. Zwar ist für Änderungen des ARGE-Vertrags Einstimmigkeit vorauszusetzen. Im Übrigen sollte für die Beschlussfassung je nach den individuellen Bedürfnissen das Mehrheitsprinzip vereinbart werden, das nach Köpfen (Kopfstimmenprinzip), nach der Höhe der Beteiligung (in Bruchzahlen oder Prozenten), nach den Einlagen oder nach anderen Gesichtspunkten ausgestaltet werden kann (Egli, Baukonsortien, S. 42 f.). 7.4

d) *Die Gewinn- und Verlustbeteiligung:* Von Gesetzen wegen hat jeder Gesellschafter einen Betrag (sei es in Geld, Sachen, Forderungen oder Arbeit) zu leisten und zwar vorbehältlich anderer Regelung «gleiche Beträge», in der Art und in dem Umfang, wie der vereinbarte Zweck es verlangt (Art. 531 OR). Ungeachtet dessen gilt nach Gesetzesrecht, dass jeder Gesellschafter, ohne Rücksicht auf die Art und Grösse seines geleisteten Beitrags (!), gleichen Anteil an Gewinn und Verlust hat (Art. 533 Abs. 1 OR). Die gesetzliche Regelung ist bei Baukonsortien sachfremd, weil die geleisteten «Beiträge» der einzelnen Gesellschafter in Art und Grösse häufig sehr unterschiedlich sind. Die Beitragspflichten und die Gewinn- und Verlustbeteiligung sind daher vertraglich im Voraus zu regeln. Zur Frage, ob und inwiefern die Verlustbeteiligung vertraglich ausgeschlossen werden kann, vgl. Fellmann/Müller Karin, Berner Kommentar, N 45 ff zu Art. 533 OR. 7.5

e) Die *personellen Veränderungen* innerhalb des Konsortiums: Von Gesetzes wegen führen personelle Änderungen beim Konsortium zu dessen Auflösung (Art. 545 OR). Bei 7.6

Tod, Konkurs, bei der Verwertung des Liquidationsanteils im Pfändungsverfahren sowie der Bevormundung eines Gesellschafters ist das Konsortium daher aufzulösen und zu liquidieren. Das ist bei länger dauernden Bauprojekten sachfremd und im Einzelfall fatal. Personelle Wechsel sind daher vertraglich im Voraus zu regeln. Die nachträgliche Aufnahme eines Mitglieds setzt, wenn eine vertragliche Regel fehlt, das Einverständnis aller übrigen Gesellschafter voraus (Art. 542 OR; Fellmann/Müller Karin, Berner Kommentar, N 17 ff. zu Art. 542 OR; Handschin/Vonzun, Zürcher Kommentar, N 1 ff. zu Art. 542 OR; Egli, Baukonsortien, S. 52 f.). Auch für die Übertragung der Mitgliedschaft auf einen Dritten wird die Zustimmung der übrigen Konsortialen verlangt. Der alte Gesellschafter wird nach den Regeln von Art. 175 f. OR befreit (von Steiger, Gesellschaftsrecht, S. 409).

7.7 f) Die gesetzlichen Bestimmungen von Art. 530 ff. OR kommen nur zur Anwendung, sofern nicht die Voraussetzungen einer anderen durch das Gesetz geordneten Gesellschaft erfüllt sind. Besteht die ARGE ausschliesslich aus natürlichen Personen (Einzelfirmen), so ist das Konsortium ungeachtet seiner Bezeichnung häufig als Kollektivgesellschaft zu qualifizieren und unterliegt den Bestimmungen von Art. 552 ff. OR (GWerkV Rz. 259; Egli, Baukonsortien, S. 32), dies insbesondere, wenn es sich um eine fortgesetzte ARGE handelt. Im Unterschied zur einfachen Gesellschaft kann die Kollektivgesellschaft unter eigener Firma selbständig auftreten und muss ins Handelsregister eingetragen werden, wenn sie ein nach kaufmännischer Art geführtes Gewerbe betreibt, was bei einem Baukonsortium stets zutreffen wird.

Anmerkung 8

8 Gemeint sind alle nach aussen auftretenden Gesellschafter, die am gemeinsamen Werkvertrag mit dem Bauherrn beteiligt sind. Nicht erfasst wird der stille Gesellschafter (Vorbem. Art. 28 – 32/Rz. 9), der dem Bauherrn gegenüber weder berechtigt noch verpflichtet ist (GWerkV Rz. 258).

Anmerkung 9

9.1 Angesprochen wird die vertragliche Haftung der Gesellschafter gegenüber dem Bauherrn, also die Haftung *im Aussenverhältnis.* Die Gesellschafter haften dem Bauherrn solidarisch für die Erfüllung des Werkvertrags (Art. 544 Abs. 3 OR), aber auch für Vertragsverletzungen durch einen Gesellschafter, weil jeder Gesellschafter eine Hilfsperson (ein Erfüllungsgehilfe) der anderen ist (Art. 101 Abs. 1 OR; GWerkV Rz. 248; von Tuhr/Escher, OR II, S. 307 f.; Egli, Baukonsortien, S. 56). Diese Haftung der Gesellschafter im Aussenverhältnis kann durch gesellschaftsinterne Abmachungen nicht verändert werden. Im Einzelnen:

9.2 a) Der einzelne Gesellschafter haftet *persönlich,* und zwar *primär* (d.h. Haftung der Gesellschafter, nicht Haftung des Gesellschaftsvermögens), *unbeschränkt* (d.h. jeder Baukonsortiale haftet für die ganze Schuld mit seinem gesamten Vermögen) und *solidarisch* (Art. 28/Rz. 10.1), sofern mit dem Bauherrn nicht etwas anderes (z.B. eine anteilige Haftung) vereinbart wurde (Art. 544 Abs. 3 OR).

b) Nicht behandelt wird in Art. 28 Abs. 3 die *deliktische Haftung der Gesellschafter:* Hat eine gemeinsame Hilfsperson (z.B. ein Arbeitnehmer) im Sinne von Art. 55 OR ein Delikt begangen oder haben verschiedene Gesellschafter den Schaden gemeinsam im Sinne von Art. 50 OR verschuldet, so haften die Gesellschafter dem Geschädigten solidarisch (vgl. zu den Einzelheiten GWerkV Rz. 247 f.). Für Delikte eines Gesellschafters besteht indessen keine solidarische Haftung der übrigen Gesellschafter, und zwar auch dann nicht, wenn der fehlbare Gesellschafter in Ausübung seiner geschäftlichen Verrichtung gehandelt hat (BGE 90 II 501/508 E. 3; GWerkV Rz. 248). 9.3

c) Nicht behandelt wird in Art. 28 Abs. 3 ferner *das interne Haftungs- und Regressverhältnis unter den einzelnen Gesellschaftern:* Ein Gesellschafter, der vom Bauherrn in die Pflicht genommen wurde, kann intern nach den Regeln über die Aufteilung von Gewinn und Verlust (Art. 533 Abs. 1 OR) auf die übrigen Gesellschafter regressieren, sofern der Gesellschaftsvertrag keine andere Regelung vorsieht (vgl. BGE 103 II 137 ff.; von Steiger, Gesellschaftsrecht, S. 445). Zuweilen wird vereinbart, dass jeder Gesellschafter intern nur für seine Arbeitsgattung, für sein Los etc. einstehen muss. In Bezug auf den internen Regress gemäss Art. 148 Abs. 2 OR besteht keine Solidarität (BGE 103 II 137/139 f. E. 4b und d). 9.4

Anmerkung 10

Die Erfüllung des Werkvertrags stellt die eigentliche «Gesellschaftsschuld» dar. *Solidarhaftung* des einzelnen Gesellschafters bedeutet, dass der Bauherr (als Gläubiger) nach seiner Wahl von jedem Konsorten einen Teil oder das Ganze fordern kann (Art. 144 Abs. 1 OR), und zwar dergestalt, dass sämtliche Gesellschafter so lange verpflichtet bleiben, bis die gesamte Forderung getilgt ist (Art. 144 Abs. 2 OR). Im Einzelnen: 10.1

a) Die das Aussenverhältnis betreffende Solidarhaftung (für die Gesamtleistung) besteht unabhängig von internen Abmachungen z.B. hinsichtlich Aufgabenteilung oder Höhe der eingeschossenen Beiträge (siehe auch Vorbem. Art. 28–32/Rz. 8). Die solidarische Haftung trifft daher auch die Mitglieder einer Losgemeinschaft oder etwa den kleinen Regionalunternehmer, der lediglich in untergeordneter Weise bzw. überhaupt nicht an der Werkerrichtung beteiligt ist (GWerkV Rz. 247; Hürlimann, Organisation und Finanzierung der Bauausführung, S. 462 f.). 10.2

b) Die solidarische Haftung des einzelnen Gesellschafters besteht selbst dann, wenn die Gesellschaft aufgelöst oder wenn ein Gesellschafter ausgetreten oder ausgeschlossen wurde (Art. 551 OR). Die Haftung des austretenden Gesellschafters besteht also fort. 10.3

Anmerkung 11

Das heisst keinen externen Dritten, es sei denn, der Bauherr wäre einverstanden. 11

Anmerkung 12

Der Bauherr besitzt diesbezüglich kein Mitbestimmungsrecht. Die interne Organisation des Baukonsortiums obliegt den Gesellschaftern. «Genehm» zu sein hat dem Bauherrn ein Gesellschafter, gegen den er weder fachliche noch persönliche Vorbehalte hat. 12

Anmerkung 13

13 Die Geschäftsführung wird bei grösseren Projekten regelmässig in die drei Ressorts Federführung (FF), technische Leitung (TL) und kaufmännische Leitung (KL) aufgeteilt (Art. 28/Rz. 7.3). Der Aufgabenbereich des federführenden Gesellschafters richtet sich nach den getroffenen Abreden im Gesellschaftsvertrag. Zu seinen Kernaufgaben zählen in aller Regel die Organisation, Leitung und Protokollierung der Gesellschaftsversammlungen sowie die Vertretung des Konsortiums gegenüber dem Bauherrn und der Bauleitung (Egli, Baukonsortien, S. 41).

Anmerkung 14

14.1 Der Federführer tritt in der Regel als ausschliesslicher Vertreter für die ARGE auf, und zwar im Namen aller Gesellschafter oder im Namen der «Gesellschaft», sodass alle Gesellschafter berechtigt und verpflichtet werden (Art. 543 Abs. 3 OR und Art. 32 ff. OR). Die Vertretungswirkung tritt indessen nur ein, wenn der federführende Gesellschafter seine Vertretungsbefugnis nicht überschreitet (Art. 32 Abs. 1 OR), wenn ein vollmachtlos abgeschlossenes Geschäft nachträglich genehmigt wird (Art. 38 Abs. 1 OR) oder wenn der Bauherr auf die (in Tat und Wahrheit nicht vorhandene) Vertretungsmacht vertrauen durfte (Art. 33 Abs. 3 OR, Art. 34 Abs. 3 OR und Art. 543 Abs. 3 OR; von Steiger, Gesellschaftsrecht, S. 433).

14.2 Der *Umfang der Vertretungsmacht* bestimmt sich anhand der erteilten Ermächtigung (Art. 33 Abs. 2 OR) bzw. nach Massgabe der erfolgten Kundgabe. Nach Art. 543 Abs. 3 OR wird eine Ermächtigung des einzelnen Gesellschafters, die Gesellschaft oder sämtliche Gesellschafter Dritten gegenüber zu vertreten, vermutet, sobald ihm die Geschäftsführung überlassen wird. Die Vermutung in Art. 543 Abs. 3 OR ist gegenüber dem gutgläubigen Dritten unwiderlegbar (Aepli, Zur Haftung der Mitglieder einer einfachen Gesellschaft, S. 43). Die Vermutung gilt indessen auch für das Innenverhältnis, wobei sich die interne Vertretungsbefugnis des federführenden Gesellschafters auf jene Geschäfte erstreckt und erschöpft, die der gewöhnliche Betrieb der gemeinschaftlichen Geschäfte erfordert (Art. 535 Abs. 3 OR).

Anmerkung 15

15 Vertreten werden die einzelnen Gesellschafter, nicht die ARGE als solche, die keine Rechtspersönlichkeit hat (Art. 28/Rz. 6.1).

Anmerkung 16

16 Das heisst mit Wirkung für alle Gesellschafter bzw. gegenüber der Bauleitung, soweit diese den Bauherrn vertritt (Art. 33/Rz. 4).

1 42 Subunternehmer

Art. 29

[1] Subunternehmer [1] ist, wer auf Grund eines Werkvertrages [2] mit dem Unternehmer [3] einzelne oder alle der von diesem übernommenen Arbeiten auszuführen hat.

[2] Der Subunternehmer steht hinsichtlich dieser Arbeiten nur zum Unternehmer in einem Vertragsverhältnis [4]. Seine Beiziehung ist auf den Verkehr zwischen Bauherrn und Unternehmer ohne Einfluss [5]. Gegenüber dem Bauherrn hat der Unternehmer für die Arbeit des Subunternehmers wie für seine eigene einzustehen [6]; vorbehalten bleibt Abs. 5 [7].

[3] Der Unternehmer darf einen Subunternehmer dann beiziehen, wenn der Werkvertrag [8] dies allgemein oder für eine bestimmte Arbeit vorsieht [9]. Soweit der Vertrag eine Beiziehung nicht vorsieht [10], bedarf sie der ausdrücklichen Erlaubnis des Bauherrn [11]; keiner Erlaubnis bedarf die Beiziehung, wenn sie nur einen unwesentlichen Teil der Arbeiten betrifft [12] und die vertragsgemässe Ausführung nicht beeinträchtigt [13].

[4] Der Unternehmer übernimmt in seinen Vertrag mit dem Subunternehmer alle Bestimmungen seines Werkvertrages [14] mit dem Bauherrn [15], die zur Wahrung der Interessen des Bauherrn [16] erforderlich sind [17].

[5] Verlangt der Bauherr, dass der Unternehmer einen bestimmten Subunternehmer beiziehe, so bezeichnet er diesen in den ursprünglichen oder gemeinsam abgeänderten (Art. 21 Abs. 2) Ausschreibungsunterlagen [18]. Der Bauherr trägt die Folgen, falls der Subunternehmer die Arbeit mangelhaft ausführt [19] und der Unternehmer nachweist, dass er den Subunternehmer richtig eingesetzt und gehörig beaufsichtigt hat [20].

Art. 29 (1977/91)

[1] Subunternehmer ist, wer auf Grund eines Werkvertrages mit dem Unternehmer einzelne oder alle der von diesem übernommenen Arbeiten auszuführen hat.

[2] Der Subunternehmer steht hinsichtlich dieser Arbeiten nur zum Unternehmer in einem Vertragsverhältnis. Seine Beiziehung ist auf den Verkehr zwischen Bauherrn und Unternehmer ohne Einfluss. Gegenüber dem Bauherrn hat der Unternehmer für die Arbeit des Subunternehmers wie für seine eigene einzustehen; vorbehalten bleibt Abs. 5.

[3] Der Unternehmer darf einen Subunternehmer dann beiziehen, wenn der Werkvertrag dies allgemein oder für eine bestimmte Arbeit vorsieht. Soweit der Vertrag eine Beiziehung nicht vorsieht, bedarf sie der ausdrücklichen Erlaubnis des Bauherrn; keiner Erlaubnis bedarf die Beiziehung, wenn sie nur einen unwesentlichen Teil der Arbeiten betrifft und die vertragsgemässe Ausführung nicht beeinträchtigt.

[4] Der Unternehmer übernimmt in seinen Vertrag mit dem Subunternehmer alle Bestimmungen seines Werkvertrages mit dem Bauherrn, die zur Wahrung der Interessen des Bauherrn erforderlich sind.

[5] Verlangt der Bauherr, dass der Unternehmer einen bestimmten Subunternehmer beiziehe, so bezeichnet er diesen in den ursprünglichen oder gemeinsam abgeänderten (Art. 21 Abs. 2) Ausschreibungsunterlagen. Der Bauherr trägt die Folgen, falls der Subunternehmer die Arbeit mangelhaft ausführt und der Unternehmer nachweist, dass er den Subunternehmer richtig eingesetzt und gehörig beaufsichtigt hat.

Anmerkung 1

1 Zuweilen wird für Subunternehmer – sowohl in der Baupraxis wie auch im Rechtsleben – der Ausdruck «Unterakkordant» verwendet (BGE 116 II 305/308 E. 2c/aa; 107 II 172/173 Sachverhalt A; 103 II 227/227f. Regeste 3; Gautschi, Berner Kommentar, N 15a zu Art. 364 OR; Saxer, Der Subunternehmer, S. 3ff.; siehe auch Vorbem. Art. 28–32/ Rz. 12). In Deutschland wird der Subunternehmer als «*Nachunternehmer*» bezeichnet (statt vieler Ingenstau/Korbion/Oppler, VOB, N 4ff. zu § 4 Abs. 8 VOB/B).

Anmerkung 2

2 Zwischen Subunternehmer und Unternehmer (häufig als Hauptunternehmer bezeichnet, vgl. Art. 29/Rz. 3) besteht ein Werkvertragsverhältnis im Sinne der Art. 363ff. OR, in welchem sich der Subunternehmer zur vertragskonformen Erbringung und Ablieferung der im Subunternehmervertrag übernommenen Arbeiten verpflichtet. Der zwischen Subunternehmer und Unternehmer abgeschlossene Vertrag wird regelmässig als *Subunternehmervertrag* bezeichnet, während der Werkvertrag, den der Unternehmer mit dem Bauherrn (dem Erstbesteller) abschliesst, *Hauptvertrag* genannt wird (BGE 116 II 634/635 Sachverhalt A). Beide Vertragsverhältnisse sind in Bestand und Inhalt im Grundsatz *voneinander unabhängig* (BGE 136 III 14/19 E. 2.3; BGer 4A_226/2010 vom 28. Juli 2010 E. 3.1; 4C.88/2005 vom 8. Juli 2005 E. 3; GWerkV Rz. 145b; Hürlimann, Organisation und Finanzierung der Bauausführung, S. 471ff.; Saxer, Der Subunternehmer, S. 44ff.), soweit nicht ein «rechtliches Sonderverhältnis» besteht (in BGer 4A_226/2010 vom 28. Juli 2010 offengelassen, ob Drittschutzwirkung besteht; ferner BGE 120 II 112/115 E. 3b/cc, worin es konkret um das Verhältnis zwischen Hauptmietvertrag und Untermietvertrag ging). Zur inhaltlichen Abstimmung von Hauptvertrag und Subunternehmervertrag durch Überbindungs- und Verknüpfungsklauseln vgl. im Einzelnen Art. 29/Rz. 17.1ff.

Anmerkung 3

3 Zum besseren Verständnis wird der Unternehmer des Hauptvertrags (Art. 29/Rz. 2) in Lehre und Rechtsprechung zuweilen als «Hauptunternehmer» bezeichnet (GWerkV Rz. 137; Cerutti, Der Untervertrag, Rz. 17; Saxer, Der Subunternehmer, S. 6f.).

Anmerkung 4

4.1 Der Subunternehmer ist *mit dem Bauherrn vertraglich nicht verbunden* (BGE 136 III 14/19 E. 2.3; 94 II 161/166 E. 3b; BGer 4A_226/2010 vom 28. Juli 2010 E. 3.1; Gautschi, Berner Kommentar, N 22d zu Art. 364 OR; GWerkV Rz. 162ff.). Am Subunternehmervertrag ist der Bauherr nicht beteiligt. Aus diesem Vertragsverhältnis erwachsen ihm, von Ausnahmen abgesehen, weder Rechte noch Pflichten (GWerkV Rz. 162f.; Saxer, Der Subunternehmer, S. 8). Das heisst:

a) Der Bauherr verfügt weder über ein Recht, den Subunternehmer zur Leistung aufzufordern, noch über die Befugnis, ihm Weisungen zu erteilen (GWerkV Rz. 163; Gautschi, Berner Kommentar, N 22d zu Art. 364 OR). Vorbehalten bleiben drei Ausnahmen, in denen der Bauherr über eigene vertragliche Ansprüche gegenüber einem Subunternehmer verfügen kann (GWerkV Rz. 164ff.; auch Tercier/Favre/Carron Benoît, Les contrats spéciaux, Rz. 4304): 4.2

- Der Subunternehmer hat sich nicht nur gegenüber dem Hauptunternehmer, sondern auch gegenüber dem Bauherrn durch vertragliche Abrede (ausdrücklich oder stillschweigend) verpflichtet, die übernommenen Arbeiten auszuführen, und zwar termingerecht und mängelfrei (BGer 4A_226/2010 vom 28. Juli 2010 E. 3.1; GWerkV Rz. 164; Saxer, Der Subunternehmer, S. 168). 4.3
- Der Subunternehmervertrag ist von den Parteien hinsichtlich der vom Subunternehmer geschuldeten Werkleistung als echter Vertrag zugunsten eines Dritten ausgestaltet worden (Art. 112 Abs. 2 OR), nämlich zugunsten des erstbestellenden Bauherrn (BGer 4A_226/2010 vom 28. Juli 2010 E. 3.1; Cerutti, Der Untervertrag, Rz. 552ff.; GWerkV Rz. 165; Saxer, Der Subunternehmer, S. 169ff.). 4.4
- Der Subunternehmer ist als Tochtergesellschaft oder Konzernperson vom Hauptunternehmer abhängig, weshalb es in diesem Fall möglich ist, dass dem Bauherrn im Einzelfall nach Treu und Glauben (Art. 2 ZGB) ein Durchgriffsrecht (BGE 113 II 31/36f. E. 2c) auf den Subunternehmer zuzugestehen ist (GWerkV Rz. 168). 4.5

Abgesehen von diesen Ausnahmefällen stehen dem Bauherrn, wenn überhaupt, lediglich ausservertragliche Haftungsansprüche gegen den Subunternehmer zu (Cerutti, Der Untervertrag, Rz. 578ff.; Saxer, Der Subunternehmer, S. 179ff.). Zu den einzelnen Haftungsvoraussetzungen vgl. die Übersicht bei GWerkV Rz. 171f. 4.6

b) Umgekehrt hat auch der Subunternehmer – da es an einem Vertragsverhältnis fehlt – *keine vertraglichen Ansprüche gegen den Bauherrn* (GWerkV Rz. 162ff. mit weiteren Hinweisen auf die Rechtsprechung). Namentlich besitzt der Subunternehmer kein gesetzliches «Durchgriffsrecht» gegenüber dem Bauherrn (Hauptbesteller), wenn der Hauptunternehmer seinen Vergütungspflichten aus dem Subunternehmervertrag nicht oder nicht vollumfänglich nachkommt (BGE 111 III 8/11 E. 3b; KGer JU vom 15. September 1993 E. 1 = RJJ 1993, S. 167f. = BR/DC 1994, S. 51, Nr. 96, eingehend Saxer, Der Subunternehmer, S. 127ff.). 4.7

c) Der Subunternehmer verfügt (wie der Hauptunternehmer) unter den Voraussetzungen des Art. 837 Abs. 1 Ziff. 3 ZGB und Art. 839 ZGB über die Befugnis, ein *Bauhandwerkerpfandrecht* am Baugrundstück eintragen zu lassen (BGE 124 III 337/339 E. 6b/aa; 120 II 214/216 E. 3a; 116 II 533/535 E. 2a; 116 Ib 367/377 E. 6d; Schumacher, Das Bauhandwerkerpfandrecht, Rz. 244ff.). Das Recht des Subunternehmers auf Eintragung des Pfandrechts besteht unabhängig von der Vergütungsforderung und von einem allfälligen 4.8

Pfandanspruch des Hauptunternehmers und auch unabhängig davon, ob der Beizug des Subunternehmers erlaubt resp. dem Bauherrn bekannt war (BGE 105 II 264/267 E. 2; vgl. ferner OGer ZH vom 14. September 1979 = ZR 1980, S. 21, Nr. 12; Saxer, Der Subunternehmer, S. 142; zu weiteren Einzelheiten GWerkV Rz. 183 ff.).

Anmerkung 5

5 Die Leistungspflicht des Hauptunternehmers bleibt von der Weitervergabe der Arbeiten unberührt (GWerkV Rz. 177). Der Bauherr hat Mitteilungen und Willensäusserungen an den Hauptunternehmer zu richten, auch wenn die Beanstandung sich gegen eine vom Subunternehmer erbrachte Arbeit richtet (GWerkV Rz. 2145; Saxer, Der Subunternehmer, S. 68).

Anmerkung 6

6 Der Subunternehmer ist im Verhältnis zum Bauherrn ein *Erfüllungsgehilfe* (Art. 101 OR), für dessen schädigendes Verhalten der Hauptunternehmer dem Bauherrn verantwortlich bleibt (BGE 116 II 305/307 f. E. 2c; GWerkV Rz. 177; Saxer, Der Subunternehmer, S. 186 ff.). Für mangelhafte Arbeit des Subunternehmers haftet der Hauptunternehmer dem Bauherrn *kausal,* das heisst verschuldensunabhängig, soweit das Wandelungs-, Minderungs- und Nachbesserungsrecht infrage stehen (Art. 169 SIA-Norm 118/Art. 368 OR). Von Bedeutung ist die Haftung nach Art. 101 OR aber in Fällen, in denen es um den Ersatz des Mangelfolgeschadens geht (Saxer, Der Subunternehmer, S. 187). Zur Zurechnung von Kenntnissen des Subunternehmers siehe Art. 25/Rz. 22.1, 25.7 und 27); zur Versicherungsdeckung siehe Art. 26/Rz. 4.3.

Anmerkung 7

7 Zum Sonderfall des vorgeschriebenen Subunternehmers vgl. Art. 29 Abs. 5.

Anmerkung 8

8 Nach dem System der SIA-Norm 118 ist der Beizug eines Subunternehmers nur (aber immerhin) dann gestattet, wenn der Werkvertrag «dies allgemein oder für eine bestimmte Arbeit» vorsieht. Eine generelle «Erlaubnis» kann sich entweder aus der Werkvertragsurkunde oder aus sonstigen Dokumenten (unter Einschluss Allgemeiner Geschäftsbedingungen) ergeben (GWerkV Rz. 633; Saxer, Der Subunternehmer, S. 84 f.). Von Gesetzes wegen (Art. 364 Abs. 2 OR) ist der Hauptunternehmer verpflichtet, das Werk persönlich auszuführen oder unter seiner persönlichen Leitung ausführen zu lassen, mit Ausnahme der Fälle, in denen es nach der Natur des Geschäftes auf persönliche Eigenschaften des Unternehmers nicht ankommt (BGE 103 II 52/55 f. E. 5a).

Anmerkung 9

9 Stellt der Werkvertrag den Einsatz von Subunternehmern ganz ins Belieben des Hauptunternehmers, so entscheidet dieser frei (aber nach pflichtgemässem Ermessen und in Berücksichtigung von Sachverstand, Kenntnis und Erfahrungen des jeweiligen Subunternehmers), ob und welche Arbeiten er durch welche Subunternehmer ausführen lassen

will. Gerade bei grösseren Bauprojekten wird die Frage des Beizugs häufig vertraglich geregelt. Solche Beizugsklauseln kommen in unterschiedlichster Ausgestaltung vor. Sie reichen vom Beizugsverbot bis hin zur Pflicht, bestimmte («vorgeschriebene») Subunternehmer beizuziehen, wobei auch zahlreiche Zwischenformen (Beizug mit Genehmigungsvorbehalt, Beizug mit einschränkenden Vorgaben etc.) gebräuchlich sind (vgl. die Übersicht bei Hürlimann, Organisation und Finanzierung der Bauausführung, S. 469 f.). Je nach Abrede im Hauptunternehmervertrag kann die Zulässigkeit eines Subunternehmereinsatzes sachlich auf bestimmte Arbeiten und/oder personell auf bestimmte Subunternehmer beschränkt werden. Daneben kann der Einsatz auch räumlichen, zeitlichen, qualitativen oder quantitativen Schranken unterworfen sein (vgl. Saxer, Der Subunternehmer, S. 80).

Anmerkung 10

Von einem *prinzipiellen Beizugsverbot* ist auszugehen, wenn der Werkvertrag (Art. 29/ Rz. 8) weder generell noch spezifisch eine «ausdrückliche Erlaubnis» (Art. 29/Rz. 11.2) enthält, ausser es handle sich um einen «unwesentlichen Teil der Arbeiten» *und* die «vertragsgemässe Ausführung [wird] nicht beeinträchtigt» (Art. 29 Abs. 3). 10.1

Ob mit «Beiziehung» der rechtliche Beizug, also bereits der Abschluss eines Subunternehmervertrags, oder einzig der tatsächliche Einsatz, also das tatsächliche Tätigwerden eines Subunternehmers («tatsächlicher» Beizug), gemeint ist, muss individuell, anhand der Umstände im Einzelfall entschieden werden (Saxer, Der Subunternehmer, S. 84). Mangels anders lautender Hinweise ist zu vermuten, dass die Parteien einzig den Einsatz (den tatsächlichen Beizug) eines Subunternehmers regeln wollten. Hierfür spricht einerseits der Wortlaut des letzten Teilsatzes, andererseits die Erfahrung, dass in aller Regel nur der tatsächliche Beizug (wenn überhaupt) den Interessen des Bauherrn zuwiderläuft (GWerkV Rz. 639; Bühler Theodor, Zürcher Kommentar, N 68 zu Art. 364 OR; Saxer, Der Subunternehmer, S. 84). 10.2

Anmerkung 11

Die Erlaubnis muss sowohl den Beizug als solchen als auch die Person des Subunternehmers umfassen (GWerkV Rz. 634). Im Einzelnen: 11.1

a) Dass der Einsatz eines Subunternehmers stets zulässig ist, wenn der Bauherr seine Zustimmung erteilt hat, entspricht einem allgemeinen Grundsatz («volenti non fit iniuria»; Saxer, Der Subunternehmer, S. 85; Gautschi, Berner Kommentar, N 16a zu Art. 364 OR). Art. 29 Abs. 3 verlangt eine ausdrückliche Erlaubnis. «Ausdrücklich» meint nicht notgedrungen schriftlich; doch wird eine gewisse Eindeutigkeit des Erklärungsverhaltens vorausgesetzt werden dürfen (GWerkV Rz. 634; Saxer, Der Subunternehmer, S. 85). Die Erlaubnis ist vorgängig einzuholen. Es steht dem Bauherrn aber frei, den Einsatz eines unerlaubterweise beigezogenen Subunternehmers nachträglich zu genehmigen (GWerkV Rz. 638). 11.2

b) Setzt der Hauptunternehmer unerlaubterweise einen Subunternehmer ein, so verletzt er seinen Werkvertrag mit dem Bauherrn und haftet für den Schaden, der daraus entsteht 11.3

(Art. 97 und Art. 101 OR; GWerkV Rz. 640; Hürlimann, Organisation und Finanzierung der Bauausführung, S. 475 f.; Saxer, Der Subunternehmer, S. 192 f.). Dem Bauherrn stehen – neben dem Anspruch auf Schadenersatz – weitere Rechtsbehelfe zur Verfügung:

11.4 – Er kann vom Hauptunternehmer die «Wegweisung» des Subunternehmers verlangen (GWerkV Rz. 640; Saxer, Der Subunternehmer, S. 99).

11.5 – Er ist befugt, nach den Regeln über die Ersatzvornahme vorzugehen und nach Massgabe von Art. 366 Abs. 2 OR einen Drittunternehmer einzusetzen; nach BGE 103 II 52/55 E. 5 ist der Bauherr auch befugt, den Hauptunternehmer in Verzug zu setzen und den Werkvertrag aufzulösen (kritisch Cerutti, Der Untervertrag, Rz. 502 ff.; GWerkV Rz. 640a; Saxer, Der Subunternehmer, S. 100, Fn. 172).

Anmerkung 12

12 Unwesentlich ist ein «Teil der Arbeiten» dann, wenn diese «betragsmässig einen geringen Teil der vom Unternehmer übernommenen Gesamtarbeit ausmachen und überdies für das Gelingen des ganzen Werkes, das der Unternehmer schuldet, von untergeordneter Bedeutung sind» (GWerkV Rz. 636).

Anmerkung 13

13 Beeinträchtigt wird die vertragsgemässe Ausführung, wenn der Subunternehmereinsatz nicht Gewähr für eine mängelfreie und termingerechte Ausführung der vom Hauptunternehmer übernommenen Arbeiten bietet (GWerkV Rz. 637; Saxer, Der Subunternehmer, S. 86).

Anmerkung 14

14.1 Nach dieser Bestimmung trifft den Hauptunternehmer die *Pflicht zur Harmonisierung* von Haupt- und Subunternehmervertrag (Überbindungspflicht). Art. 29 Abs. 4 lässt offen, wie der Hauptunternehmer die Koordination bzw. die Verknüpfung zwischen Haupt- und Untervertrag vornehmen muss. Vorgegeben ist in der Bestimmung einzig, dass die Koordination «alle Bestimmungen» des Werkvertrags mit dem Bauherrn umfassen soll, die «zur Wahrung der Interessen des Bauherrn» erforderlich sind. Mit dieser Formulierung belastet der Bauherr den Hauptunternehmer mit dem Risiko, dass er die rechtlichen Nachteile tragen muss, die aus der unzureichenden Koordination von Haupt- und Subunternehmervertrag entstehen können. Folgende Punkte sind zu beachten:

14.2 a) Im Regelfall wird der Hauptunternehmer zur Vermeidung des Nahtstellen-Risikos die einschlägigen Bestimmungen aus dem Hauptvertrag *wörtlich* in den Subunternehmervertrag übernehmen, um damit einen inhaltlichen *Gleichlauf* zwischen Hauptvertrag und Subunternehmervertrag zu erreichen.

14.3 b) Möglich und zulässig ist es aber auch, dass der Hauptunternehmer zur Vermeidung des Nahtstellen-Risikos den Subunternehmervertrag inhaltlich adäquat auf den Hauptvertrag ausrichtet und *Reserven* in den Untervertrag einbaut, beispielsweise indem er sich vom Subunternehmer eine leicht längere Gewährleistungsfrist einräumen lässt als diejenige, zu der er gegenüber dem Bauherrn im Hauptvertrag verpflichtet ist (Hürlimann, Koordination komplexer Bauverträge, S. 210 ff.).

c) Zuweilen versucht der Hauptunternehmer, der Harmonisierungsverpflichtung von Art. 29 Abs. 4 mit einer *Pauschalklausel* bzw. mit einem *Globalverweis* auf die Regeln des Hauptvertrags und der Erklärung, diese würde integrierender Bestandteil des Subunternehmervertrags bilden, Rechnung zu tragen. Der genaue Inhalt und die Bedeutung einer solchen Pauschalklausel lassen sich im Streitfall aber kaum (vorhersehbar) bestimmen (Cerruti, Der Untervertrag, Rz. 252; Nicklisch, Rechtsfragen des Subunternehmervertrages, S. 2366; GWerkV Rz. 155; Saxer, Der Subunternehmer, S. 55 ff.). Bei pauschaler Bezugnahme auf den Hauptvertrag riskiert der Hauptunternehmer, dass sich ein Subunternehmer erfolgreich auf die Unwirksamkeit einer vermeintlich integrierten Klausel beruft und dass der Unternehmer dem Bauherrn wegen Verletzung der Koordinationspflicht im Sinne von Art. 29 Abs. 4 verantwortlich wird (Hürlimann, Koordination komplexer Bauverträge, S. 210 ff.). Der Hauptunternehmer sollte daher auf einen Globalverweis verzichten und stattdessen gezielt wichtige Bestimmungen des Hauptvertrags (unverändert oder angepasst) übernehmen und auf konkrete Regelungsteile (z.B. besondere Teile des Leistungsverzeichnisses) Bezug nehmen (Nicklisch, Rechtsfragen des Subunternehmervertrages, S. 2366; Saxer, Der Subunternehmer, S. 56 ff.). 14.4

d) Im Verhältnis zum Subunternehmervertrag ist die Überbindungsklausel ohne Rechtswirkung und ohne Einfluss auf den Subunternehmervertrag; sie ist namentlich nicht «self-executing» (GWerkV Rz. 182; Cerruti, Der Untervertrag, Rz. 241 ff.; Zindel/Pulver/Schott, Basler Kommentar, N 29 zu Art. 363 OR). Sie bedarf vielmehr der Umsetzung im Subunternehmervertrag durch vertraglichen Einbezug. Für Anwendungsbeispiele vgl. Art. 118/Rz. 19.2 (betreffend berechtigte Klagen über Arbeitnehmer) und Art. 124/Rz. 1.3 (betreffend Baustelleneinrichtungen). 14.5

Anmerkung 15

Kommt der Hauptunternehmer seiner Überbindungspflicht nicht ausreichend nach, indem er in den Subunternehmervertrag lediglich einen pauschalen, undifferenzierten Gesamtverweis einschliesst (z.B. «Im Übrigen gelten die Vorschriften des Hauptvertrags» oder «Die Regelungen des Hauptvertrags gelangen entsprechend zur Anwendung»), riskiert er eine *Verletzung* der ihm auferlegten *Koordinationspflicht*. Pauschal- oder Gesamtverweise führen in der Praxis regelmässig zu schwierigen Auslegungsproblemen, weil der allgemein gehaltene Wortlaut der Verweisung in der Regel keine verlässlichen Rückschlüsse darüber zulässt, inwieweit und auf welche Weise die Parteien die Regeln des Hauptvertrags, auf welchen verwiesen wird, anwenden wollen. Ein pauschaler Verweis genügt daher nicht für eine transparente und sachgerechte Koordinationslösung (Hürlimann, Koordination komplexer Bauverträge, S. 210 ff.; GWerkV Rz. 155; Schumacher, Vertragsgestaltung, Rz. 841 ff.). Gerade wegen des allgemein gehaltenen Erfordernisses, die Interessen des Bauherrn zu wahren, ist dem Hauptunternehmer zu empfehlen, sämtliche Vertragsklauseln in angepasster Formulierung je einzeln in den Vertrag mit dem Subunternehmer aufzunehmen (zum Ganzen grundlegend Schumacher, Vertragsge- 15 staltung, Rz. 841 ff.). Ist unsicher, was überhaupt im Interesse des Hauptbestellers im Subunternehmervertrag integriert werden muss, kann es im Einzelfall (vorbehältlich Art. 24) angezeigt sein, dem Subunternehmer zusätzlich eine Kopie des Hauptvertrags zur Verfügung zu stellen (idealerweise unter Ausklammerung der Preise) oder diesem zumindest ein Einsichtsrecht in dem Hauptvertrag einzuräumen (Hürlimann, Koordination komplexer Bauverträge, S. 213).

Anmerkung 16

16 Dass sich das Mass der geschuldeten Vertragskoordination nach den «Interessen des Bauherrn» richten soll, ist nicht in jedem Fall sachgerecht. Die verlangte Verknüpfung ist im Übrigen nicht immer machbar, namentlich dann nicht, wenn der Subunternehmer auf der Eigenständigkeit seines Vertrags beharrt und eine vertragliche Koordination, obwohl zur Wahrung der Interessen des Bauherrn geboten, verweigert. Dies ist etwa dann der Fall, wenn der Subunternehmer nicht bereit ist, für die Gebrauchstauglichkeit seines Teilwerks über die Verjährung bis zur (zeitlich fernen) Schlussabnahme (respektive darüber hinaus) Gewähr zu leisten (vgl. zum Ganzen Hürlimann, Koordination komplexer Bauverträge, S. 210 ff.). In solchen Fällen ist die Pflicht zur «Interessenwahrung des Bauherrn» des Hauptvertrags wirtschaftlich sinnvoll auszulegen, zumal der Hauptunternehmer dem Bauherrn ja ohnehin für die dem Subunternehmer übertragenen Arbeiten vollumfänglich verantwortlich bleibt, selbst wenn er als Folge der fehlenden oder ungenügenden Vertragskoordination nicht auf den Subunternehmer Rückgriff nehmen kann (Hürlimann, Koordination komplexer Bauverträge, S. 210 f.; Saxer, Der Subunternehmer, S. 54).

Anmerkung 17

17.1 Die Überbindung welcher Klauseln aus dem Hauptvertrag zur Wahrung der Interessen des Bauherrn «*erforderlich*» ist, lässt Art. 29 Abs. 4 offen. In der Baupraxis haben sich zahlreiche Verbindungs- oder Verknüpfungsklauseln herausgebildet (vgl. im Einzelnen Hürlimann, Organisation und Finanzierung der Bauausführung, S. 471 ff.; Cerutti, Der Untervertrag, Rz. 245 ff.; GWerkV Rz. 147 ff.; Saxer, Der Subunternehmer, S. 58 ff.). Dazu gehört z.B. eine Abrede im Subunternehmervertrag, die dem Bauherrn das Recht (nicht die Pflicht) verschafft, die Arbeiten des Subunternehmers zu überwachen (Art. 34/Rz. 10.1), oder auch darüber, dass er Arbeiter eines Subunternehmers, die Anlass zu berechtigten Klagen geben, von der Baustelle weisen kann (Art. 118/Rz. 19.2). Die nachstehenden Klauseln dienen in erster Linie dem Hauptunternehmer, stehen aber z.T. auch im Interesse des Bauherrn:

17.2 a) *Verbindlichkeitsklauseln,* wonach die Gültigkeit des Subunternehmervertrags vom Zustandekommen des Hauptvertrags abhängig gemacht wird. Entweder knüpft eine solche Verbindlichkeitsklausel die Wirksamkeit eines Subunternehmervertrags an die Voraussetzung, dass ein bereits abgeschlossener Hauptvertrag gültig zustande gekommen ist, dieser mithin an keinem Inhalts-, Form- oder Willensmangel leidet. Oder die Verbindlichkeit des Subunternehmervertrags hängt von der Bedingung ab, dass ein noch nicht abgeschlossener Hauptvertrag im Nachhinein (z.B. innerhalb einer bestimmten Frist oder in einem bestimmten Ausschreibungsverfahren) im Sinne einer aufschiebenden Bedingung (Art. 151 OR) gültig zustande kommen wird.

b) *Abnahme- und Verjährungsklauseln,* wonach das Werk des Subunternehmers erst als abgenommen gilt, wenn der Hauptunternehmer das von ihm geschuldete Gesamtwerk dem Bauherrn abliefern konnte, bzw. die Mängelhaftung des Subunternehmers so lange nicht verjährt, als die Haftung gegenüber dem Hauptunternehmer besteht. Solche Klauseln sind grundsätzlich wirksam, solange die wirtschaftliche Freiheit des Subunternehmers nicht in einem die Sittlichkeit verletzenden Grade beschränkt wird und die Zehnjahresfrist von Art. 127 OR nicht überschritten wird (vgl. auch BGE 118 II 142/149 E. 4; BGer 4A_211/2010 vom 12. Januar 2012 E. 3.2; GWerkV Rz. 152). 17.3

c) *Beendigungsklauseln,* wonach der Subunternehmervertrag entschädigungslos (oder zu festgelegten Konditionen) dahinfällt, wenn der Hauptvertrag vorzeitig aufgelöst wird (GWerkV Rz. 153; Cerutti, Der Untervertrag, Rz. 348 ff.; Saxer, Der Subunternehmer, S. 62). Eine weitere Möglichkeit besteht in der Vereinbarung eines speziellen Kündigungsrechts für den Fall, dass ein anderer Vertrag vor seiner ordentlichen Erfüllung aufgelöst wird (vgl. zum Ganzen Hürlimann, Koordination komplexer Bauverträge, S. 211 f.). 17.4

d) *Reduktionsklauseln,* wonach der Leistungsumfang des Subunternehmervertrags entschädigungslos (oder zu festgelegten Konditionen) reduziert werden kann, wenn der Hauptvertrag geändert wird, insbesondere wenn er durch Bestellungsänderungen im Sinne von Art. 84 einseitig vom Bauherrn reduziert wird. Mit einer solchen Reduktionsklausel kann eine flexible inhaltliche Ausrichtung des Subunternehmervertrags auf den Hauptvertrag gewährleistet werden, indem dem Hauptunternehmer das Recht eingeräumt wird, Bestellungsänderungen des Erstbestellers auch nach Abschluss des Subunternehmervertrags noch in diesen letzteren Vertrag einfliessen zu lassen (vgl. Hürlimann, Koordination komplexer Bauverträge, S. 210 ff.). 17.5

e) *Gewährleistungs- und Garantieklauseln,* wonach die Mängelhaftungsbestimmungen im Haupt- und Subunternehmervertrag (hinsichtlich Umfang, Inhalt und Dauer) aufeinander abgestimmt werden, um dem Hauptunternehmer einen allfälligen Rückgriff auf den Subunternehmer zu ermöglichen. Eine solche Parallelschaltung kann auch in Bezug auf Abnahme- und/oder Verjährungszeitpunkt erfolgen (vgl. auch Art. 29/Rz. 17.3; Art. 180/Rz. 4.3). Der Beginn der Prüfungs-, Rüge- und/oder Verjährungsfristen kann abweichend vom dispositiven Gesetzesrecht hinausgeschoben bzw. deren Dauer verlängert werden. Allerdings ist zu berücksichtigen, dass die absolute Verjährungsfrist von maximal zehn Jahren (Art. 127 OR), die zwingend mit der Ablieferung des Werks zu laufen beginnt, nicht überschritten werden darf (BGE 118 II 142/149 E. 4; BGer 4A_221/2010 vom 12. Januar 2012 E. 3.2; GWerkV Rz. 151 f.; Saxer, Der Subunternehmer, S. 66 ff.). 17.6

f) *Vergütungsklauseln,* mit welchen der Hauptunternehmer die Fälligkeit oder sonstige Zahlungsmodalitäten von seiner Bezahlung durch den Bauherrn abhängig macht (GWerkV Rz. 156 ff.; Saxer, Der Subunternehmer, S. 118 ff.; Cerutti, Der Untervertrag, Rz. 246 f.; BGE 116 II 634/635 Sachverhalt A). Ist die Vergütungsklausel als reine Fälligkeitsklausel ausgestaltet, so regelt sie den Zeitpunkt, in dem die vom Hauptunter- 17.7

nehmer geschuldete Vergütung fällig wird. Häufig wird der Eintritt der Fälligkeit hinausgeschoben und damit die Zahlungspflicht gestundet, bis die Vergütung des Bestellers beim Hauptunternehmer eingetroffen ist. Derartige Vergütungsklauseln (pay-when-paid-clause) bieten dem Hauptunternehmer den Vorteil, dass er das Cash-Flow-Problem für einen beschränkten Zeitraum auf den Subunternehmer verlagern kann. Das bedeutet aber nicht, dass der Hauptunternehmer das Recht hätte, den Eintritt der Fälligkeit durch sein Verhalten hinauszuzögern. Zahlungsverzögerungen, die vom Hauptunternehmer zu vertreten sind, können dem Subunternehmer nicht entgegengehalten werden, sofern sich aus der entsprechenden Vergütungsklausel nicht eindeutig etwas anderes ergibt. Die Werklohnforderung entsteht und besteht unabhängig davon, ob der Hauptunternehmer seinen Zahlungspflichten ganz oder teilweise oder überhaupt nicht nachkommt. Die Forderung des Subunternehmers wird auch dann fällig, wenn (und sobald) sich herausstellt, dass die massgebliche Zahlung des Erstbestellers definitiv oder auf unabsehbare Zeit ausbleibt (GWerkV Rz. 158).

17.8 Hat die Vergütungsklausel den Sinn einer Bedingung (Art. 151 OR), spricht man von sogenannten Anspruchsklauseln (pay-if-paid-clause). Mit einer *Anspruchsklausel* wird das Risiko der Nichtbezahlung (Bonitäts- und Insolvenzrisiko) vom Hauptunternehmer auf den Subunternehmer überwälzt. Dennoch können solche Anspruchsklauseln nicht von vornherein als unzulässig bezeichnet werden (für die Rechtslage nach deutschem Recht Locher Horst, AGB-Gesetz, S. 2237). Häufig aber wird eine solche Klausel vor Art. 27 Abs. 2 ZGB nicht standhalten und unwirksam bleiben. Im Einzelfall kann die Verbindlichkeit einer Klausel, wenn sie in Allgemeinen Geschäftsbedingungen enthalten ist, an der Ungewöhnlichkeitsklausel scheitern; doch ist dies nicht leichthin anzunehmen (vgl. ausführlich Hürlimann, Koordination komplexer Bauverträge, S. 210 ff.).

17.9 g) *Rechtswahl-, Gerichtsstands- und Schiedsklauseln,* mit welchen der Hauptunternehmer den prozessualen Gleichlauf in Bezug auf Zuständigkeit und Gerichtsbarkeit, ferner die Harmonisierung des anwendbaren materiellen Rechtes sicherstellt. Versäumen es die Parteien, die Rechtswahl-, Gerichtsstands- und/oder Schiedsklauseln zu harmonisieren, besteht die Gefahr, dass ein und dieselbe Rechtsfrage durch zwei oder mehrere Instanzen und allenfalls gestützt auf zwei verschiedene Rechtsordnungen unterschiedlich beurteilt wird. Dies kann unter Umständen den Rückgriff auf andere Beteiligte erschweren oder sogar verunmöglichen (vgl. Hürlimann, Koordination komplexer Bauverträge, S. 210 ff.).

Anmerkung 18

18.1 Entweder verpflichtet der Bauherr den Unternehmer bloss zum Beizug einer bestimmt bezeichneten Person (vorgeschriebener Subunternehmer mit grundsätzlich freier Vertragsgestaltung), oder der Bauherr verpflichtet den Unternehmer zugleich zur Annahme einer Offerte, die der Bauherr im Rahmen einer Vorsubmission (bei einem der Subunternehmer) eingeholt hat (GWerkV Rz. 628; Saxer, Der Subunternehmer, S. 100 ff.). Dazu und zu weiteren rechtlichen Problemen bei der Vorsubmission für Subunternehmer GWerkV Rz. 516 – 519; Saxer, Der Subunternehmer, S. 103 ff.

Nicht «vorgeschrieben» ist ein Subunternehmer, den der Bauherr lediglich «genehmigt» hat oder dessen Beizug er – im Sinne eines Wunschs oder Ratschlags – fördert resp. motiviert. Gestützt auf den Wortlaut von Art. 29 Abs. 5 ist davon auszugehen, dass lediglich Subunternehmer, welche in den ursprünglichen oder gemeinsam abgeänderten Ausschreibungsunterlagen namentlich bezeichnet werden, als «vorgeschrieben» zu qualifizieren sind. 18.2

Anmerkung 19

Die Gewährleistungspflicht des Unternehmers für Mängel, die der vorgeschriebene Subunternehmer verursacht hat, entfällt nur dann, wenn der Bauherr trotz gehöriger Abmahnung am vorgeschriebenen Subunternehmer festgehalten hat oder eine Abmahnung ausnahmsweise nicht erforderlich war. Im Einzelnen: 19.1

a) *Abmahnung:* Das Bundesgericht verlangt eine *klare und eindeutige* Abmahnung (BGE 116 II 305/308 f. E. 2c/bb). Der Unternehmer hat dem Bauherrn die Gründe anzugeben, auf denen seine Bedenken beruhen. Namentlich hat er zu begründen, weshalb der vorgeschriebene Subunternehmer seiner Ansicht nach nicht die erforderliche Gewähr für eine vertragskonforme Ausführung der Arbeiten bietet (BGE 116 II 305/309 E. 2c/bb = BR/DC 1991, S. 43 f., Nr. 65; GWerkV Rz. 2027; Saxer, Der Subunternehmer, S. 194 ff.). Relevant sind nur klar begründete, sachbezogene Bedenken. Allgemein gehaltene Vorbehalte genügen nicht (GWerkV Rz. 2027; Saxer, Der Subunternehmer, S. 196, je mit Beispielen). Die Abmahnungspflicht wird in Art. 29 Abs. 5 nicht eigens erwähnt; doch ergibt sich diese ohne Weiteres aus der gesetzlichen Bestimmung von Art. 369 OR (vgl. den Hinweis auf ergänzendes Gesetzesrecht in Art. 2 Abs. 2) sowie aus Art. 25 Abs. 4 (Art. 25/Rz. 25.1 ff.). 19.2

b) Ohne Abmahnung wird der Hauptunternehmer von der Haftung für die nicht vertragskonforme Ausführung der Arbeiten durch einen vorgeschriebenen Subunternehmer nur ausnahmsweise befreit. Ein solcher Ausnahmefall kann namentlich dann vorliegen, wenn einzig der Bauherr (gestützt auf seinen Sachverstand und seine Erfahrung), nicht aber der Unternehmer Bedenken haben musste, dass der vorgeschriebene Subunternehmer keine Gewähr für eine mängelfreie Arbeit bietet (GWerkV Rz. 2029; Saxer, Der Subunternehmer, S. 196 f.). Für unrichtige Weisungen des sachverständigen Vertreters hat der Bauherr auch ohne Abmahnung einzustehen (BGE 116 II 454/456 E. 2b); zudem ist der Hauptunternehmer nicht zu Nachforschungen darüber verpflichtet, ob der vorgeschriebene Subunternehmer die erforderliche Gewähr für eine vertragskonforme Ausführung der Arbeiten bieten würde (vgl. BGE 116 II 454/457 E. 2c/cc; GWerkV Rz. 2029; Saxer, Der Subunternehmer, S. 196). 19.3

Anmerkung 20

Eine vollständige Haftungsbefreiung setzt voraus, dass der Unternehmer den vorgeschriebenen Subunternehmer ordnungsgemäss instruiert, richtig eingesetzt und gehörig beaufsichtigt hat. Die ordnungsgemässe Instruktion wird in Art. 29 Abs. 5 nicht speziell erwähnt, zählt jedoch von Gesetzes wegen zur gehörigen Überwachung (GWerkV Rz. 2036; Saxer, Der Subunternehmer, S. 198). Einzig wenn der Subunternehmer über 20.1

Spezialkenntnisse verfügt und vom (sachverständigen) Bauherrn aus diesem Grunde vorgeschrieben wurde, reduziert sich die Instruktions- und Überwachungspflicht des Unternehmers auf jenes Mass, zu dem er aufgrund seiner allgemeinen Erfahrung und Fachkunde fähig ist (GWerkV Rz. 2031).

20.2 Trägt der Hauptunternehmer (z.B. durch nicht ordnungsgemässe Instruktion resp. unzureichende Überwachung) zum Werkmangel bei, so schliesst die Sorgfaltspflichtverletzung des Hauptunternehmers ein Selbstverschulden des Bauherrn und damit eine (vollständige) Haftungsbefreiung des Unternehmers aus (GWerkV Rz. 2031; Saxer, Der Subunternehmer, S. 196 f.). Alsdann ist durch «Gewichtung» der beidseitigen Beiträge zu prüfen, in welchem Masse die Verursachung des Werkmangels dem Bauherrn und dem Hauptunternehmer zuzurechnen ist. Die Haftung des Unternehmers reduziert sich nach Massgabe von Art. 44 Abs. 1 OR i.V.m. Art. 99 Abs. 3 OR (GWerkV Rz. 2061 ff.; Saxer, Der Subunternehmer, S. 197).

1 43 Nebenunternehmer

1 431 Im Allgemeinen

Art. 30

[1] Nebenunternehmer[1] ist, wer auf Grund eines eigenen Werkvertrages[2] mit dem Bauherrn[3] für das gleiche[4] Bauwerk[5] eine Arbeit auszuführen hat.

[2] Der Bauherr[6] sorgt durch entsprechende Gestaltung[7] der einzelnen Werkverträge dafür, dass die Arbeiten der verschiedenen Unternehmer zweckmässig[8] miteinander koordiniert sind[9]; er auferlegt den Unternehmern in den Verträgen die entsprechenden Verpflichtungen und macht ihnen in der Ausschreibung[10] die für die Koordination erforderlichen Angaben[11]. Für die Koordination während der Durchführung des Bauvorhabens gilt Art. 34 Abs. 3[12].

[3] Der Unternehmer nimmt auf Nebenunternehmer gebührend Rücksicht[13] und befolgt die entsprechenden Weisungen der Bauleitung[14].

[4] Der Unternehmer[15] unterrichtet[16] die Bauleitung zuhanden eines Nebenunternehmers, der an seine Arbeit anschliesst, über Besonderheiten seiner Arbeit[17], die der Nebenunternehmer nicht kennen kann[18], aber zur richtigen Ausführung der eigenen Arbeit kennen muss. Für die Form der Anzeige gilt Art. 25 Abs. 2[19].

[5] Erkennt[20] der Unternehmer[21] Mängel[22] oder Verzögerungen bei der Arbeit eines Nebenunternehmers, welche Einfluss auf die vertragsgemässe[23] Ausführung der eigenen Arbeit haben können[24], so macht er der Bauleitung[25] rechtzeitig[26] Anzeige; andernfalls hat er die sich für seine Arbeit ergebenden Folgen zu tragen[27]. Für die Form der Anzeige gilt Art. 25 Abs. 2[28].

Art. 30 (1977/91)

[1] Nebenunternehmer ist, wer auf Grund eines eigenen Werkvertrages mit dem Bauherrn für das gleiche Bauwerk eine Arbeit auszuführen hat.

[2] Der Bauherr sorgt durch entsprechende Gestaltung der einzelnen Werkverträge dafür, dass die Arbeiten der verschiedenen Unternehmer zweckmässig miteinander koordiniert sind; er auferlegt den Unternehmern in den Verträgen die entsprechenden Verpflichtungen und macht ihnen in der Ausschreibung die für die Koordination erforderlichen Angaben. Für die Koordination während der Durchführung des Bauvorhabens gilt Art. 34 Abs. 3.

[3] Der Unternehmer nimmt auf Nebenunternehmer gebührend Rücksicht und befolgt die entsprechenden Weisungen der Bauleitung.

[4] Der Unternehmer unterrichtet die Bauleitung zuhanden eines Nebenunternehmers, der an seine Arbeit anschliesst, über Besonderheiten seiner Arbeit, die der Nebenunternehmer nicht kennen kann, aber zur richtigen Ausführung der eigenen Arbeit kennen muss. Für die Form der Anzeige gilt Art. 25 Abs. 2.

[5] Erkennt der Unternehmer Mängel oder Verzögerungen bei der Arbeit eines Nebenunternehmers, welche Einfluss auf die vertragsgemässe Ausführung der eigenen Arbeit haben können, so macht er der Bauleitung rechtzeitig Anzeige; andernfalls hat er die sich für seine Arbeit ergebenden Folgen zu tragen. Für die Form der Anzeige gilt Art. 25 Abs. 2.

Anmerkung 1

Im Sinne von Art. 30 Abs. 1 gelten als Nebenunternehmer zwei oder mehrere Unternehmer, von denen jeder aufgrund eines separaten Werkvertrags vom gleichen Bauherrn zur Herstellung eines Teilwerks am gleichen Gesamtbauwerk verpflichtet wird (vgl. Hürlimann, Organisation und Finanzierung der Bauausführung, S. 439 ff.; Scherrer, Nebenunternehmer, Rz. 82 ff.; Tercier/Favre/Carron Benoît, Les contrats spéciaux, Rz. 4275). Im Einzelnen Vorbem. Art. 28–32/Rz. 15 ff. 1

Anmerkung 2

Werden mehrere Unternehmer nicht «auf Grund eines eigenen Werkvertrages» tätig, sondern gestützt auf einen «gemeinsamen Werkvertrag», so liegt aufseiten der (Neben-) Unternehmer ein Zusammenschluss in Form einer Arbeitsgemeinschaft vor (Art. 28). 2

Anmerkung 3

Der Ausdruck «Bauherr» umfasst im Anwendungsbereich der SIA-Norm 118 sämtliche Besteller eines Bauwerks, unabhängig davon, ob es sich um den Erstbesteller, den Zweitbesteller (weitervergebender Hauptunternehmer) oder einen Drittbesteller handelt (vgl. Scherrer, Nebenunternehmer, Rz. 35 ff.). Dieser Sprachgebrauch weicht vom sonst üblichen ab, der vom Bauherrn als «Herr des gesamten Baugeschehens, von dem das Bauvorhaben ausgeht» (GWerkV Rz. 208), spricht, ihn also mit dem Erstbesteller gleichsetzt. 3

Anmerkung 4

Ob es sich um das «gleiche» Bauwerk handelt, ist durch Auslegung der verschiedenen Werkverträge zu bestimmen. Der Begriff «gleich» hat drei Dimensionen (Hürlimann, Organisation und Finanzierung der Bauausführung, S. 440 f.): 4.1

4.2 – räumliche Dimension: Der Unternehmer und der/die Nebenunternehmer arbeiten örtlich auf der gleichen Baustelle;

4.3 – funktionelle Dimension: Der Unternehmer und der/die Nebenunternehmer arbeiten «für die gleiche Baustelle»;

4.4 – zeitliche Dimension: Unternehmer und Nebenunternehmer können gleichzeitig, das heisst als Parallelunternehmer, auf einer Baustelle tätig sein (SCHERRER, Nebenunternehmer, Rz. 97), etwa Elektriker und Sanitärinstallateur. Der Unternehmer ist als Vorunternehmer tätig, wenn an dessen Bauleistung weitere Nebenunternehmer anschliessen (SCHERRER, Nebenunternehmer, Rz. 96, 99 und 101 f.). Letztere sind dann ihrerseits Nachunternehmer (zuweilen als Nachfolge- oder Anschlussunternehmer bezeichnet; GWERKV Rz. 219). Direkte Vor- und Nachunternehmer erbringen ihre Bauwerksleistung unmittelbar nacheinander, während bei indirekten Vor- und Nachunternehmern zwischenzeitlich ein anderer Nebenunternehmer tätig ist (SCHERRER, Nebenunternehmer, Rz. 99).

Anmerkung 5

5 Zum Begriff «Bauwerk» vgl. Art. 1 Abs. 1.

Anmerkung 6

6 Der Bauherr oder seine Bauleitung (Art. 33). Meistens überträgt der Bauherr die Koordination der Arbeiten seiner Bauleitung (einem Architekten oder Ingenieur; GWERKV Rz. 221). Lässt der Bauherr die Koordination durch die Bauleitung ausüben, muss er sich deren Verhalten (Art. 101 OR) anrechnen lassen (SCHERRER, Nebenunternehmer, Rz. 121).

Anmerkung 7

7 Gemeint ist durch Gestaltung des Werkvertrags und der übrigen Ausschreibungsunterlagen. Denn in der Praxis enthalten oft bereits die Ausschreibungsunterlagen koordinierende Anweisungen und Anordnungen. Dem Bauprogramm (Art. 93) lassen sich beispielsweise ungefähre Angaben über die für einzelne Arbeitsperioden vorgesehene Zahl der eingesetzten Arbeitnehmer sowie über den einzuhaltenden Einsatzzeitplan entnehmen (Art. 93/Rz. 11).

Anmerkung 8

8.1 *Koordinationsbedarf* besteht in zeitlicher (z.B. Erstellung eines Zeitplans der verschiedenen Einsätze), räumlicher (z.B. Reihenfolge der auszuführenden Arbeiten), technischer und betrieblicher Hinsicht (SCHERRER, Nebenunternehmer, Rz. 133 f.; HÜRLIMANN, Organisation und Finanzierung der Bauausführung, S. 441 f.). Von der Koordination der Verträge zu unterscheiden ist die Koordination der Arbeiten, die in Art. 34 Abs. 3 geregelt wird.

8.2 Mit Vorteil sind Zeitpunkt und Bedeutung der fortlaufenden Werksprüfungen sowie die damit verbundene Frage der Abnahmewirkungen zu regeln. Häufig dürfte es sich auch rechtfertigen, zumindest für den Beginn der Rüge-, Gewährleistungs- und Verjährungsfristen von einem einheitlichen Zeitpunkt (nämlich der Abnahme des Gesamtbauwerks) auszugehen, selbst wenn für die Gefahrtragung auf die Arbeitsvollendung jedes Nebenunternehmers abgestellt wird (zu Koordinationsklauseln im Einzelnen Art. 29/Rz. 17.1 ff.).

Anmerkung 9

Die Koordinationspflicht des Bauherrn richtet sich in erster Linie auf ein Tun (Scherrer, Nebenunternehmer, Rz. 134). Von der Koordination der einzelnen Werkverträge (Vertragsgestaltung nach Art. 30 Abs. 2; vgl. auch Art. 117/Rz. 7) zu unterscheiden ist die Koordination der Unternehmereinsätze in der Bauausführung. Damit befasst sich Art. 34 Abs. 3. Während die Koordinationspflicht von Art. 34 Abs. 3 eine Mitwirkungspflicht des Bauherrn statuiert (Art. 94/Rz. 2.2), zählt die Pflicht zur Vertragsgestaltung nach Art. 30 Abs. 2 zu den Obliegenheiten des Bauherrn (dazu grundlegend Schumacher, Vertragsgestaltung, Rz. 883 ff.; ferner GWerkV Rz. 1328/1333; Scherrer, Nebenunternehmer, Rz. 137). Folglich kann der Unternehmer den Bauherrn nicht zur Koordination zwingen (Scherrer, Nebenunternehmer, Rz. 137). Koordinationsfehler des Bauherrn begründen aber allenfalls ein Selbstverschulden (GWerkV Rz. 2059). 9

Anmerkung 10

Zum Inhalt der Ausschreibungsunterlagen vgl. Art. 6 Abs. 1. 10

Anmerkung 11

Der Bauherr hat den Unternehmern auch alle für die Koordination (!) kostenrelevanten Angaben (auch über mögliche Behinderungen, die Folge des Nebenunternehmereinsatzes sind) zu unterbreiten, welche diese benötigen, um ihre Teilleistungen kalkulieren und ein Angebot unterbreiten zu können (Art. 6/Rz. 9.1 f.). 11

Anmerkung 12

Neben der inhaltlichen Abstimmung der einzelnen Werkverträge hat der Bauherr auch während der Ausführungsphase (z.B. durch entsprechende Weisungen etc.) für eine zweckmässige Zusammenarbeit der Nebenunternehmer zu sorgen (GWerkV Rz. 221; Scherrer, Nebenunternehmer, Rz. 132 ff.). Vgl. dazu auch Art. 34/Rz. 13.1 f. 12

Anmerkung 13

Zum Gebot der gegenseitigen Rücksichtnahme vgl. Art. 23/Rz. 4.1 ff. 13

Anmerkung 14

Befolgen muss der Unternehmer Weisungen nur insoweit, als diese nicht «fehlerhaft» sind, ausser der Bauherr oder die Bauleitung beharren auf der Ausführung gemäss fehlerhafter Weisung. Dazu und zur Abmahnungspflicht im Einzelnen vgl. Art. 25/Rz. 25.1 ff. 14

Anmerkung 15

Gemeint ist der Vorunternehmer im Verhältnis zum Nachunternehmer (Nachfolge- oder Anschlussunternehmer; Art. 30/Rz. 4.4). 15

Anmerkung 16

16 Hierbei handelt es sich um eine besondere *Anzeigepflicht* im Sinne von Art. 25. Sie stellt eine Konkretisierung der allgemeinen Sorgfaltspflicht dar, die sich aus Art. 364 Abs. 1 OR ergibt (GWerkV Rz. 822 ff., insbesondere Rz. 837; Scherrer, Nebenunternehmer, Rz. 205). Die Mitteilungen des Vorunternehmers sollen sicherstellen, dass sich die weiteren Bauarbeiten möglichst zweckmässig an die Vorarbeiten anschliessen, dass am Bauwerk (durch den Nachunternehmer) keine (weiteren) Mängel entstehen oder dass ein Untergang des Werks verhindert werden kann (Scherrer, Nebenunternehmer, Rz. 207). Anzuzeigen hat der Vorunternehmer (in Anlehnung an Art. 25 Abs. 1) sämtliche «Verhältnisse, die eine gehörige oder rechtzeitige Ausführung des Werkes gefährden»; in Anlehnung an Art. 369 OR hat er ferner anzuzeigen (abzumahnen), wenn das Risiko besteht, dass das Bauwerk wegen einer bauseitigen (fehlerhaften) Anordnung Mängel erleiden könnte (Art. 25/Rz. 24.1 f.). Den Nachunternehmer trifft umgekehrt die Pflicht, Mängel (der fremden) Vorarbeit, die sich auf seine eigene Arbeit auswirken, unverzüglich anzuzeigen, soweit er diese Mängel erkannt hat oder aufgrund des von ihm zu erwartenden Sachverstands hätte erkennen müssen (GWerkV Rz. 2039). Unterbleibt der gebotene Hinweis, so wird der Nachunternehmer schadenersatzpflichtig, wenn die Voraussetzungen von Art. 97 Abs. 1 OR/Art. 101 OR erfüllt sind (GWerkV Rz. 2046).

Anmerkung 17

17 Als «Besonderheiten seiner Arbeit» gelten beispielsweise unerwartete Auswirkungen von verwendeten Materialien, Produkte, die für die Anschlussarbeiten des Nachunternehmers bedeutsam sein können (Scherrer, Nebenunternehmer, Rz. 207 und 212 mit Beispielen), und die Anwendung einer neuen, allgemein noch unerprobten Technik (Scherrer, Nebenunternehmer, Rz. 207). Das Obergericht des Kantons Solothurn hat in einem Entscheid aus dem Jahr 1990 eine Hinweispflicht des Vorunternehmers angenommen, und zwar in Bezug auf den bei den Dachplatten verwendeten Leim, damit der Nachunternehmer seinen Arbeitsgang (Isolation) in Kenntnis der Besonderheiten der Vorarbeit (Leim mit besonderen chemischen und physikalischen Eigenschaften) anschliessen kann (OGer SO vom 18. Dezember 1990 E. 5b = SOG 1991, Nr. 8, S. 22).

Anmerkung 18

18 Erkannte indes der Nebenunternehmer diese Besonderheiten oder hätte er sie mit der gebotenen Aufmerksamkeit erkennen können (Art. 3 Abs. 2 ZGB), entfällt diese Informationspflicht.

Anmerkung 19

19 Vgl. Art. 25/Rz. 10.1 ff. und 11.

Anmerkung 20

20 Nach dem Wortlaut der Bestimmung geht es um die «Kenntnis», nicht um die Erkennbarkeit (Art. 25/Rz. 22.1).

Anmerkung 21

Gemeint ist der Nachunternehmer. 21

Anmerkung 22

Angesprochen sind Mängel, der (fremden) Vorarbeit, die seine Arbeit beeinträchtigen können (GWerkV Rz. 2040 f.). Das Mass der zumutbaren Prüfungspflicht des Unternehmers beurteilt sich nach den Umständen des Einzelfalls, insbesondere nach der Fachkenntnis und dem Sachverstand der Vertragsparteien sowie nach dem Vertragsinhalt (Scherrer, Nebenunternehmer, Rz. 214). 22

Anmerkung 23

Also nach Massgabe seines eigenen Werkvertrags, nicht nach dem Werkvertrag des Vorunternehmers. 23

Anmerkung 24

Zur Frage, welche nachteiligen «Einflüsse» der Nachunternehmer abmahnen muss, vgl. im Einzelnen Art. 25/Rz. 24.1. 24

Anmerkung 25

Die Anzeige kann nicht nur an die Bauleitung, sondern auch an den Bauherrn persönlich gerichtet werden (vgl. GWerkV Rz. 1990). Siehe dazu Art. 33 Abs. 2 i.V.m. Art. 35 Abs. 2. 25

Anmerkung 26

Ohne für den Bauherrn nachteilige Säumnis (vgl. Art. 25/Rz. 4; GWerkV Rz. 831). 26

Anmerkung 27

Der Unternehmer kann bei Verletzung seiner Anzeigepflicht mit der verzögerten Leistung in Verzug geraten, selbst wenn die Verzögerung dem Bauherrn anzulasten wäre (GWerkV Rz. 829). Geht es um einen Mangel der fremden Vorarbeit, riskiert der mit der Anzeige säumige Unternehmer ferner, aus Mängelhaftung für Mängel des eigenen Werks (selbst wenn auf fehlerhafte Vorarbeiten zurückzuführen) zur Verantwortung gezogen zu werden, falls der Bauherr wegen der fehlenden (oder verspäteten) Anzeige Schaden erleidet (GWerkV Rz. 2046; Zindel/Pulver/Schott, Basler Kommentar, N 37 zu Art. 365 OR; Scherrer, Nebenunternehmer, Rz. 200). Der Unternehmer verliert seinen Vergütungsanspruch für die untergegangene Werkleistung nach Art. 376 Abs. 3 OR bzw. für die unmöglich gewordene Leistung gemäss Art. 378 Abs. 1 OR (Scherrer, Nebenunternehmer, Rz. 201). 27.1

Eine Verletzung der Anzeigepflicht kann dem Nachunternehmer indessen nicht vorgeworfen werden, wenn er nachweist, dass sich am Geschehensablauf auch bei einer rechtzeitigen Anzeige nichts geändert hätte, weil beispielsweise der sachverständige Bauherr die betreffenden Verhältnisse aus eigener Wahrnehmung genau gekannt und die damit verbundenen Gefahren bewusst in Kauf genommen hat (GWerkV Rz. 832). 27.2

Anmerkung 28

28 Vgl. dazu im Einzelnen Art. 25/Rz. 10.1 ff. und 11.1 ff.

1 432 Gemeinsame Schadenersatzpflicht[1]

Art. 31

[1] Entsteht an einem Bauwerk, an dem mehrere Unternehmer tätig sind[2], ein Schaden[3], dessen Verursacher nicht festgestellt werden kann[4], so haben die zur Zeit des Schadenereignisses[5] am Bau tätigen Unternehmer[6] den Schaden[7] im Verhältnis der Rechnungsbeträge ihrer Arbeiten anteilmässig[8] zu tragen[9].

[2] Die Bauleitung[10] besorgt[11] für den Geschädigten[12] die Verteilung[13] und die Rechnungstellung[14]. Jedem Unternehmer steht der Beweis[15] offen, dass er und seine Hilfspersonen[16] den Schaden nicht verursacht haben[17].

Art. 31 (1977/91)

[1] Entsteht an einem Bauwerk, an dem mehrere Unternehmer tätig sind, ein Schaden, dessen Verursacher nicht festgestellt werden kann, so haben die zur Zeit des Schadenereignisses am Bau tätigen Unternehmer den Schaden im Verhältnis der Rechnungsbeträge ihrer Arbeiten anteilmässig zu tragen.

[2] Die Bauleitung besorgt für den Geschädigten die Verteilung und die Rechnungstellung. Jedem Unternehmer steht der Beweis offen, dass er und seine Hilfspersonen den Schaden nicht verursacht haben.

Anmerkung 1

1.1 Beim Einsatz von Nebenunternehmern (Art. 30) ist nicht selten der Fall, dass es im Zuge der Bauerrichtung zu *Beschädigungen* kommt, ohne dass der Geschädigte den (oder die) Verursacher feststellen kann. Unbekannt bleibt ein Verursacher häufig dann, wenn sich im fraglichen Zeitraum mehrere Handwerker und allenfalls sogar unbeteiligte Dritte auf der Baustelle aufgehalten haben. In seinem Anwendungsbereich regelt Art. 31, wie die Baubeteiligten in einer solchen Konstellation in welchem Umfang zur Schadenserledigung beigezogen werden können (Abs. 1) und wie sich ein Unternehmer gegen ungerechtfertigte «Bauschäden»-Abzüge bei der Schlussabrechnung zur Wehr setzen kann (Abs. 2).

1.2 Bei Art. 31 handelt es sich um eine vertragliche Kostentragungsregel für Beschädigungen am Bauwerk (GWerkV Rz. 1220 und 2654; Hürlimann, Organisation und Finanzierung der Bauausführung, S. 446 f.; Pichonnaz, Rabais, S. 103 ff.; Reetz, Der Bauprozess: er steht und fällt mit dem Beweis, S. 145 ff.), die allerdings in mehrfacher Hinsicht der Erläuterung und Ergänzung bedarf:

1.3 a) *Nebenunternehmerklausel:* Bei Art. 31 geht es um die vertragliche Regelung der Kostentragung zwischen dem Bauherrn einerseits und den am Bau beteiligten Nebenunternehmern andererseits. Geregelt wird in Art. 31 einzig die Kostenaufteilung unter den Vertragsparteien. Die Bestimmung vermag andere Baubeteiligte, die in keinem Vertragsverhältnis zum Bauherrn stehen (wie etwa Subunternehmer oder Lieferanten eines GU oder TU), nicht zu verpflichten. Art. 31 klammert die Bauleitung und den Bauherrn vom möglichen Kreis der unbekannten Schädiger aus. Kommt in einem konkreten Fall die SIA-Norm 118 auch auf einen GU- oder TU-Vertrag zur Anwendung, dann gilt die Kostentragungsregel von Art. 31 selbstverständlich auch im Verhältnis zwischen dem bestellenden Hauptunternehmer (GU/TU) und den einzelnen Subunternehmern.

b) *Gefahrtragungsregel:* Art. 31 ändert die gesetzlichen Bestimmungen über die Tragung der Preis- und Leistungsgefahr (Art. 376 OR) ab und ergänzt die in Art. 187–189 enthaltene Ordnung (Vorbem. Art. 187–189/Rz. 2), und zwar zugunsten des Geschädigten. Geschädigter kann der Bauherr als Besteller sein, aber (vor der Abnahme und dem Gefahrübergang) auch ein Unternehmer (Art. 31/Rz. 14.3). Einerseits entbindet Art. 31 den Geschädigten (Bauherrn oder Unternehmer) vom Nachweis, welcher der Nebenunternehmer in welchem Ausmass zur Beschädigung beigetragen hat, indem der Schaden wertmässig «im Verhältnis der Rechnungsbeiträge» aufgeteilt wird. Andererseits wird speziell der geschädigte Bauherr begünstigt, indem Art. 31 auch dann zum Zuge kommt, wenn das Teilwerk bei seiner Schädigung bereits abgenommen und daher Gefahr und Nutzen nach Massgabe von Art. 157 bereits auf den Bauherrn übergegangen sind (Gauch, Ein Bauwerk – Mehrere Unternehmer, S. 78, Fn. 29). Die beschriebene Modifikation der Gefahrtragung berührt indessen weder die Mängelhaftung noch eine Verschuldenshaftung der einzelnen Unternehmer (GWerkV Rz. 2654; Scherrer, Nebenunternehmer, Rz. 443). 1.4

Anmerkung 2

Nach der Systematik der SIA-Norm 118 handelt es sich hierbei um Nebenunternehmer (Art. 30). Auf Subunternehmer (Art. 29) oder Lieferanten (Vorbem. Art. 28–32/Rz. 11 und 24), die mit dem Bauherrn nicht vertraglich verbunden sind, findet Art. 31 keine unmittelbare Anwendung. 2

Anmerkung 3

«Schaden» meint hier Beschädigung. Projektierungs- oder Ausführungsmängel, aber auch Mangelfolgeschäden werden von der Kostentragungsregel des Art. 31 nicht erfasst (GWerkV Rz. 2654). Der «Schaden» (d.h. die Beschädigung), um den es an dieser Stelle geht, ist vom «Schaden» (als Vermögensverminderung) zu unterscheiden, wie dieser in der zweiten Satzhälfte verwendet wird (Art. 31/Rz. 7). 3.1

Art. 31 spricht von «Schäden» am Bauwerk. Gemeint sind Beschädigungen am Gesamtbauwerk, das sich aus mehreren Teilwerken zusammensetzen kann. Nicht zum Bauwerk gehören die Baustelleneinrichtungen, der noch nicht eingebaute Baustoff und die verwendeten Maschinen (Scherrer, Nebenunternehmer, Rz. 435), weshalb auf die Beschädigung dieser Objekte die Kostentragungsregel von Art. 31 nicht zur Anwendung kommt. 3.2

Anmerkung 4

4.1 Der Teilsatz («dessen Verursacher nicht festgestellt werden kann») bedarf der Präzisierung: Nach der allgemeinen Beweislastregel von Art. 8 ZGB hat der Geschädigte den Verursacher festzustellen. Bis zum Zeitpunkt der Ausgleichszahlung hat er mit dem ihm objektiv zumutbaren Aufwand nach dem Verursacher zu forschen (a.M. SCHERRER, Nebenunternehmer, Rz. 434).

4.2 Kann der Urheber des Schadens festgestellt werden, so entfällt eine gemeinsame Kostentragungspflicht der Nebenunternehmer bzw. bereits geleistete Ausgleichszahlungen sind vom Bauherrn (resp. seiner Bauleitung) zuzüglich Zins zurückzuerstatten. *Keine gemeinsame Haftpflicht* der Nebenunternehmer besteht (vgl. SCHERRER, Nebenunternehmer, Rz. 439): (i) wenn der Schaden durch höhere Gewalt verursacht wurde; (ii) wenn das Werk aus Gründen untergeht, die «den Verhältnissen des Bauherrn» entstammen (Art. 188/Rz. 8.1); (iii) wenn der Schaden einem bestimmten Nebenunternehmer (als Verursacher) zugeordnet werden kann (SCHERRER, Nebenunternehmer, Rz. 440); (iv) wenn der Schaden von einem am Bauwerk unbeteiligten Dritten (Passanten, spielende Kinder, Nachbarn) verursacht wurde.

Anmerkung 5

5 Die «Zeit des Schadenereignisses» ist der Zeitpunkt, in dem das Bauwerk beschädigt wurde. Abzustellen ist also auf die *Schadensverursachung,* nicht den Schadenseintritt. Zwischen Verursachung und Schadenseintritt kann etliche Zeit verstreichen. Würde auf den Schadenseintritt abgestellt, würden alle Unternehmer, die zu diesem Zeitpunkt nicht mehr auf der Baustelle tätig sind, von vornherein von der Ersatzpflicht ausgenommen, obschon sie als Schadensverursacher infrage kommen. Siehe KOLLER JO, Untergang, S. 129; SCHERRER, Nebenunternehmer, Rz. 449.

Anmerkung 6

6 In den Kreis der «am Bau tätigen Unternehmer» sind nicht nur Unternehmer einzubeziehen, die im Zeitpunkt des Schadensereignisses (der Schadensverursachung) tatsächlich Arbeiten auf der Baustelle ausführen, sondern auch Unternehmer, die mit der Vertragserfüllung zwar begonnen, aber ihre Arbeiten noch nicht definitiv beendet haben. Nicht entscheidend ist, ob das Unternehmerwerk in jenem Zeitpunkt bereits abgenommen war oder nicht (SCHERRER, Nebenunternehmer, Rz. 449; a.M. KOLLER JO, Untergang, S. 129, und SCHUMACHER, Untergang und Beschädigung des Werkes, S. 80). Denn ein Unternehmer kann auch nach der Ablieferung seines Werks am Bau beteiligt sein und somit als potenzieller Verursacher infrage kommen, beispielsweise wenn er Aufräumarbeiten erledigt oder Mängel behebt (SCHERRER, Nebenunternehmer, Rz. 151).

Anmerkung 7

7 Gemeint ist hier der «Schaden» des Bauherrn im Rechtssinne, das heisst die durch eine Beschädigung (Art. 31/Rz. 3.1 f.) entstandene Vermögenseinbusse, seien dies nun direkte Kosten, Folgekosten oder sonstige Auslagen.

Anmerkung 8

8 Der Anteil am Schadenersatz, den der einzelne Unternehmer zu tragen hat, berechnet sich nach dem Verhältnis seiner Werklohnforderung zu den übrigen Rechnungsbeträgen, welche die zur Zeit der Schadensverursachung am Bau tätigen Unternehmer geltend machen (SCHERRER, Nebenunternehmer, Rz. 444). Die Ermittlung der einzelnen Rechnungsbeiträge hängt von der vereinbarten Vergütungsart ab. Bei Einheitspreis- oder Aufwandpreisverträgen lassen sich die betreffenden Beiträge erst nach Abschluss der Bauarbeiten errechnen (SCHERRER, Nebenunternehmer, Rz. 171 und 444). Auch ein in die Kostentragung einbezogener Unternehmer, dessen Werkteil beschädigt wurde, partizipiert anteilsmässig an der Schadensdeckung (SCHERRER, Nebenunternehmer, Rz. 152).

Anmerkung 9

9 Die Regel von Art. 31 Abs. 1 ist nur für jene Unternehmer verbindlich, welche die SIA-Norm 118 oder zumindest Art. 31 Abs. 1 vertraglich übernommen haben. Ein Unternehmer, der die SIA-Norm 118 nicht übernommen hat, kann nicht zur anteilsmässigen Tragung des Schadens verpflichtet werden (KOLLER JO, Untergang, S. 130).

Anmerkung 10

10 Art. 31 geht davon aus, dass die «Verteilung und Rechnungstellung» eine Aufgabe der Bauleitung ist, die stellvertretend für den Bauherrn handelt (Art. 33 ff.). Der Bauherr kann indessen die «Verteilung und Rechnungstellung» persönlich vornehmen, insbesondere dann, wenn überhaupt keine Bauleitung eingesetzt war (Art. 33 Abs. 3).

Anmerkung 11

11 Durch die Bauleitung zu «besorgen» sind nicht nur die Verteilung und die Rechnungsstellung, sondern vorgängig schon die Feststellung der Beschädigung und die Suche nach dem Verursacher (Art. 31/Rz. 4.1 f.). Damit ist ein Tätigwerden der Bauleitung zugunsten des Geschädigten (Bauherr oder Unternehmer) gemeint. «Besorgt» die Bauleitung die Verteilung und Rechnungsstellung, indem sie eine Kostentragungsklausel (z.B. 0.5 % der Bausumme) in die Verträge aufnimmt, dann ist in Auslegung dieser Klausel zu prüfen, ob mit der (prozentualen) Festlegung der Schadenssumme eine summenmässige Haftungsbeschränkung bezweckt war.

Anmerkung 12

12 Geschädigter kann der Bauherr oder ein Unternehmer sein, je nachdem, ob die Abnahme bereits stattgefunden hat und damit Nutzen und Gefahr vom Unternehmer auf den Bauherrn übergegangen sind (Art. 157 Abs. 2; Art. 157/Rz. 11 und 12.1 ff.; vgl. überdies SCHERRER, Nebenunternehmer, Rz. 455).

Anmerkung 13

13 Gemeint ist der quotenmässige Anteil, den jeder am Bau tätige Nebenunternehmer vom Gesamtschaden zu tragen hat. Dieser Anteil bestimmt sich nach dem Verhältnis des erzielten Werklohns (Abrechnungssumme) zum Total der «Rechnungsbeiträge» der übri-

gen betroffenen Nebenunternehmer. Richtigerweise bilden die effektiven Kosten der «Beschädigung» (Art. 31/Rz. 3.1) die Obergrenze des proportional zu übernehmenden Anteils, und es ist mit der «Verteilung und Rechnungstellung» eine transparente Kostenzusammenstellung vorzunehmen (PICHONNAZ, Rabais, S. 104 f.).

Anmerkung 14

14.1 Die Rechnungsstellung besteht in der Aufforderung der Bauleitung zuhanden der ersatzpflichtigen Unternehmer, ihren Anteil am Gesamtschaden zu zahlen, womit die betreffende Zahlung fällig wird (auch SPIESS/HUSER, Handkommentar, N 17 zu Art. 31). Der Wortlaut von Art. 31 lässt offen, ob der Bauherr, die Bauleitung oder der Unternehmer aus einer Schädigung ersatzberechtigt werden kann. Folgende Fälle sind zu unterscheiden:

14.2 a) Ist der *Bauherr* geschädigt, stehen diesem Schadenersatzansprüche gegen alle Nebenunternehmer zu, welche vertraglich die SIA-Norm 118 oder zumindest deren Art. 31 übernommen haben. Diesbezüglich ist lediglich vorausgesetzt, dass die betroffenen Nebenunternehmer (erstens) «zur Zeit des Schadenereignisses am Bau» tätig waren und dass die Unternehmer (zweitens) den Entlastungsbeweis nicht erbracht haben (SCHERRER, Nebenunternehmer, Rz. 456; KOLLER Jo, Untergang, S. 132).

14.3 b) Ist ein *Unternehmer* geschädigt, hat der Bauherr je einen Anspruch gegen die Nebenunternehmer auf Leistung des anteilsmässig festgelegten Schadenersatzes (SCHERRER, Nebenunternehmer, Rz. 457; KOLLER Jo, Untergang, S. 131). Art. 31 Abs. 2 Satz 1 ist im Sinne eines unechten Vertrags zugunsten des geschädigten Unternehmers zu verstehen (Art. 112 Abs. 1 OR). Ob dem geschädigten Nebenunternehmer über die schlichte Empfangsbefugnis hinaus auch ein selbständiges Forderungsrecht gegen die Nebenunternehmer zusteht, beurteilt sich nach Massgabe von Art. 112 Abs. 2 OR (vgl. GWERKV Rz. 865), wonach es namentlich auf die «Willensmeinung» der Kontrahenten ankommt. Als «starkes Indiz» für eine diesbezügliche Willensmeinung gilt der Wortlaut von Art. 31 Abs. 2, wonach die Bauleitung als Vertreter des Bauherrn «für den Geschädigten die Verteilung und Rechnungstellung» besorgt (SCHERRER, Nebenunternehmer, Rz. 457; a.M. KOLLER Jo, Untergang, S. 132). Aber auch ohne Forderungsrecht des Geschädigten im Sinne von Art. 112 Abs. 2 OR bleibt zu prüfen, ob allenfalls im Rahmen des Vertragsverhältnisses zwischen dem Bauherrn und dem geschädigten Unternehmer Ersterer zur Abtretung (Art. 164 ff. OR) des Anspruchs an Letzteren verpflichtet ist (SCHERRER, Nebenunternehmer, Rz. 457).

14.4 c) Da nur Beschädigungen des Bauwerks unter Art. 31 fallen, wird die Bauleitung im Regelfall nicht geschädigt sein.

Anmerkung 15

15 Art. 31 Abs. 2 Satz 2 hat die Bedeutung einer Beweislastabrede (REETZ, Der Bauprozess: er steht und fällt mit dem Beweis, S. 145; WALTER, Berner Kommentar, N 649 ff. zu Art. 8 ZGB; SCHERRER, Nebenunternehmer, Rz. 451). Will sich ein angesprochener Nebenunternehmer von der Haftung befreien, so hat er darzulegen, dass weder er noch eine sei-

ner Hilfspersonen den Schaden verursacht hat. Der geforderte Entlastungsbeweis lässt sich namentlich auf zwei Arten erbringen (SCHERRER, Nebenunternehmer, Rz. 452): *Negativ*, indem der in Anspruch genommene Unternehmer den Nachweis führt, dass er aufgrund seiner Tätigkeit, wie sie aus dem Werkvertrag hervorgeht, weder räumlich noch funktionell noch zeitlich als Verursacher infrage kommen kann. *Positiv*, indem es dem angesprochenen Unternehmer gelingt, den Verursacher des «Schadens» nachzuweisen.

Anmerkung 16

Gemeint sind namentlich Arbeitnehmer, Subunternehmer und weitere Beauftragte. 16

Anmerkung 17

Gelingt einem Nebenunternehmer der (negative) Entlastungsbeweis, dass seine Verursachung ausgeschlossen ist, so stellt sich die Frage, ob der Rechnungsanteil der übrigen Unternehmer proportional ansteigt oder ob die weggefallene Kostenbeteiligung des befreiten Unternehmers dem Bauherrn als (ungedeckter) Schaden verbleibt. Unter Vorbehalt einer anders lautenden Abrede gilt Letzteres (KOLLER JO, Untergang, S. 132). Denn der einzelne Unternehmer hat sich zwar zur gemeinsamen Deckung des Schadens verpflichtet, wenn dessen Verursacher nicht bestimmt werden kann, aber nur im Verhältnis seines Anteils zur Summe der Rechnungsbeträge aller Nebenunternehmer (die zum Zeitpunkt des Ereignisses auf der Baustelle tätig waren), somit auch jener Unternehmer, die sich entlasten können. Die so errechnete Haftungsquote, die der einzelne Unternehmer zu tragen hat, bleibt daher konstant und erhöht sich nicht, wenn einem Nebenunternehmer der Entlastungsbeweis gelingt. In einem solchen Fall erhält der Bauherr zwar nicht den ganzen Schaden ersetzt, doch stellt die propagierte Lösung einen «vernünftigen Ausgleich zwischen den Interessen des Geschädigten und der Ersatzpflichtigen» dar (KOLLER JO, Untergang, S. 132). 17.1

Gelingt einem Nebenunternehmer der (positive) Entlastungsbeweis, dass einer der beteiligten Nebenunternehmer für die Beschädigung verantwortlich ist, dann spielt die Kostenbeteiligungsregel von Art. 31 keine Rolle mehr, auch dann nicht, wenn der Verursacher z.B. deshalb nicht haftet, weil ihn kein Verschulden trifft. 17.2

1 44 Abwerbung von Arbeitnehmern[1]

Art. 32

[1] Der Bauherr sowie die Bauleitung und die Unternehmer, die für das gleiche Bauwerk[2] tätig sind, dürfen keine an diesem Werk beschäftigten Arbeitnehmer[3] eines anderen in Dienst nehmen.[4]

[2] Das Verbot entfällt, wenn der bisherige Arbeitgeber dem Stellenwechsel schriftlich[5] zustimmt[6].

Art. 32 (1977/91)

[1] Der Bauherr sowie die Bauleitung und die Unternehmer, die für das gleiche Bauwerk tätig sind, dürfen keine an diesem Werk beschäftigten Arbeitnehmer eines anderen in Dienst nehmen.

[2] Das Verbot entfällt, wenn der bisherige Arbeitgeber dem Stellenwechsel schriftlich zustimmt.

Anmerkung 1

1 Entgegen dem missverständlichen Titel statuiert Art. 32 ein *Kontrahierungsverbot,* nicht das Verbot der Abwerbung von Arbeitnehmern. Das Kontrahierungsverbot entfaltet grundsätzlich nur Wirkungen zwischen den Parteien des Werkvertrags (also z.B. zwischen Bauherr und Unternehmer), nicht aber im Verhältnis zur Bauleitung, selbst wenn diese den Vertrag als Bauherrenvertreterin mitunterzeichnet. Im Einzelfall kann es allerdings sein, dass die Abrede als Pflicht des Bauherrn verstanden wird, die Bauleitung im Planervertrag auf ein Kontrahierungsverbot festzulegen. Das Verbot gilt auch nicht zwischen den einzelnen Unternehmern. Im Einzelfall kann es allerdings sein, dass die Abrede als Vertrag zugunsten Dritter (Art. 112 OR) auszulegen ist.

Anmerkung 2

2 Gemeint ist: für das gleiche Bauprojekt.

Anmerkung 3

3 Die Sperrklausel gilt für nach Obligationenrecht angestellte Arbeitnehmer (Einzelarbeitsvertrag, Art. 319 ff. OR).

Anmerkung 4

4.1 Mit dieser Sperrklausel will die Norm nicht nur die Betätigung, sondern auch die Beteiligung an einem Konkurrenzgeschäft verbieten. Die Zulässigkeit solcher Sperrklauseln bestimmt sich nach Art. 27 f. ZGB (BGE 95 II 532/536 E. 2; vgl. auch BGE 102 II 211/218 ff. E. 6); allenfalls nach Kartellgesetz, wobei für den Umfang der erlaubten Bindung die Vorschriften über das Konkurrenzverbot, namentlich Art. 340a OR heranzuziehen sind (vgl. Staehelin, Zürcher Kommentar, N 5 zu Art. 340a OR). Zweifel an der Verbindlichkeit des «Abwerbungsverbots» ergeben sich namentlich aus dem Umstand, dass Art. 32 keinerlei Einschränkungen in personeller und zeitlicher Hinsicht enthält. Ergänzend anzufügen bleibt:

4.2 a) Das *Kontrahierungsverbot* ist eine Vertragspflicht der beteiligten Vertragsparteien, die es diesen untersagt, mit einem Arbeitnehmer «eines anderen» zu kontrahieren. Sinnvollerweise umfasst das Kontrahierungsverbot nicht nur den Abschluss eines Arbeitsvertrags («in Dienst nehmen»), sondern sämtliche Verpflichtungen zu Arbeitsleistungen. Dieses Kontrahierungsverbot ist zu unterscheiden vom arbeitsrechtlichen Konkurrenzverbot nach Art. 340 OR, wonach dem verbotsbelasteten (ehemaligen) Arbeitnehmer die Ausübung einer bestimmten Tätigkeit untersagt wird (Bucher, Berner Kommentar, N 369 f. zu Art. 27 ZGB).

4.3 b) Verbotsbelastet und verbotsberechtigt sind ausschliesslich die in Art. 32 Abs. 1 genannten Beteiligten, die durch Werkvertrag verbunden sind. Die Arbeitnehmer sind nicht Partei der Vereinbarung. Dies bedeutet namentlich, dass Arbeitnehmer aus Art. 32 weder verpflichtet noch berechtigt werden können. Dass Bauherr und Unternehmer (Abs. 1) keine Vereinbarungen zulasten der Arbeitnehmer treffen können, ergibt sich aus den allgemeinen Rechtsregeln.

c) Beim Kontrahierungsverbot handelt es sich um eine werkvertragliche Nebenpflicht 4.4
(GWerkV Rz. 815). Im Einzelfall zu klären bleibt, ob es sich hierbei um eine unselbständige Nebenpflicht handelt, deren Verletzung letztlich einen Schadenersatzanspruch begründet, oder um eine Nebenleistungspflicht, die dem «anderen» einen klagbaren Anspruch auf Erfüllung verschafft.

Anmerkung 5

Hinsichtlich dieses Formvorbehalts ist Art. 16 OR zu beachten. Dieser Bestimmung zu- 5
folge genügt hier einfache Schriftlichkeit.

Anmerkung 6

Fehlt es an einer solchen Zustimmung und wurde die Sperrklausel verbindlich vereinbart 6
(Art. 32/Rz. 4.1), kann der bisherige Arbeitgeber auf Schadenersatz klagen, allenfalls verbunden mit einem vorsorglichen Verbot (Art. 32/Rz. 4.4).

1 5 Vertretung der Vertragsparteien

Vorbemerkungen zu Art. 33 – 36

Die Art. 33 – 36 stehen unter dem Titel «Vertretung der Vertragsparteien». Anzumerken ist: 1

a) Die Art. 33 – 36 befassen sich grösstenteils, aber nicht ausschliesslich mit der Vertre- 2
tung der Vertragsparteien. Damit Vertretungswirkungen zugunsten oder zulasten des Bauherrn eintreten, bedarf es zum einen der Rechtsmacht des Vertreters, für den Vertretenen zu handeln (z.B. eine Vollmacht); zum andern ist vorausgesetzt, dass der ermächtigte Vertreter dem Dritten gegenüber in fremdem Namen auftritt bzw. handelt (BGE 126 III 59/64 E. 1b). Neben der Vertretung des Bauherrn durch eine Bauleitung (Art. 33 – 35) und der Vertretung des Unternehmers *durch den Baustellenchef* (Art. 36 Abs. 1 und 2) befassen sich Art. 36 Abs. 3 und 4 mit dem *Rapportwesen.*

Die Vertretung wird in den Art. 33 – 36 nicht umfassend abgehandelt. In zahlreichen 3
weiteren Bestimmungen ist von weiteren Aufgaben der Bauleitung die Rede (z.B. in Art. 44 Abs. 4, Art. 45 Abs. 1, Art. 55 Abs. 1, Art. 154 Abs. 2 und 4 etc.). Die Übertragung von Aufgaben ist nach den allgemeinen Regeln der Stellvertretung als Vollmachtskundgabe (Art. 33 Abs. 3 OR) zu qualifizieren (GWerkV Rz. 783 ff.). Nach Ansicht des Bundesgerichts folgt aus Art. 33 – 36 die Kundgabe einer unbeschränkten Vollmacht hinsichtlich jener Handlungen, welche die Leitung und Überwachung der Bauausführung betreffen (Art. 33 f.). Den betreffenden Vorschriften lässt sich indessen nicht entnehmen, dass die Bauleitung den Bauherrn auch in finanzieller Hinsicht verpflichten kann (BGE 109 II 452/462 E. 5e).

4 b) Art. 33 Abs. 2 enthält eine an den Unternehmer gerichtete *externe Vollmachtskundgabe* des Bauherrn, wonach die Bauleitung den Bauherrn bei der Leitung und Überwachung der Bauausführung mit unbeschränkter Vollmacht vertrete (Schwager/Monn, Die Vollmacht des Planers, Rz. 5.71 f.; GWerkV Rz. 279). Diese Kundgabe geht über den Umfang der Vollmacht hinaus, den die SIA-Ordnung 102 dem Architekten einräumt (Schwager/Monn, Die Vollmacht des Planers, Rz. 5.71; Stierli, Die Architektenvollmacht, Rz. 744). Die vom Bauherrn als Bauleitung bezeichnete Person (Art. 33 Abs. 1) kann aus Art. 33 Abs. 2 keinerlei Vertretungsbefugnisse ableiten. Vielmehr bestimmt sich die (interne) Vertretungsmacht der Bauleitung nach Massgabe der Ermächtigung durch den Bauherrn (Stierli, Die Architektenvollmacht, Rz. 739; Gauch, Zwei Entscheide, S. 33).

5 c) Entspricht die extern kommunizierte Vollmacht der internen, der Bauleitung vom Bauherrn erteilten Vollmacht, so bestehen keinerlei Probleme. Alsdann verpflichtet und berechtigt die als Vertreterin auftretende Bauleitung unmittelbar den Bauherrn (vgl. Art. 32 Abs. 1 OR). Entspricht aber die dem Unternehmer kundgegebene Vollmacht der Bauleitung nicht der internen Bevollmächtigung, so richten sich die Rechtswirkungen nach Art. 33 Abs. 3 OR (Schwager/Monn, Die Vollmacht des Planers, Rz. 5.71). Der gutgläubige Unternehmer wird in seinem *Vertrauen auf die Kundgabe* in der Weise geschützt, dass die Vertretungswirkung trotz teilweise oder ganz fehlender (interner) Vollmacht eintritt (vgl. GWerkV Rz. 299; Schwager/Monn, Die Vollmacht des Planers, Rz. 5.71 f.; vgl. Zäch/Künzler, Berner Kommentar, N 154 zu Art. 33 OR). Im Einzelnen:

6 – Geschützt wird der «berechtigte» gute Glaube des Unternehmers in den Bestand der mitgeteilten Vollmacht, was voraussetzt, dass er im Zeitpunkt der Vertretungshandlung überhaupt von der Vollmachtskundgabe Kenntnis hat (Gauch/Schluep/Schmid, OR AT, Rz. 1392).

7 – Der Unternehmer ist gutgläubig, wenn er glaubt und nach den Umständen glauben durfte (Art. 3 ZGB), dass die Kundgabe mit der tatsächlich zwischen Bauherr und Bauleitung vereinbarten internen Vollmacht übereinstimmt (Gauch, Zwei Entscheide, S. 33).

8 – Der Unternehmer darf auf die ihm kundgegebene Vollmacht vertrauen, wenn er die fehlende interne Vollmacht der Bauleitung bei gebotener Aufmerksamkeit, wie sie von ihm verlangt werden darf, nicht erkennen konnte (vgl. Art. 3 Abs. 2 ZGB).

9 – Ob der Unternehmer bezüglich der kundgegebenen Vertretungsmacht gutgläubig ist, muss für jeden Einzelfall gesondert geklärt werden (Schwager/Monn, Die Vollmacht des Planers, Rz. 5.78). Der gute Glaube des Unternehmers in die Vertretungsmacht der Bauleitung kann auch auf anderen Tatsachen beruhen, namentlich auf einer ausdrücklichen Vollmachtskundgabe oder darauf, dass der Bauherr Vertretungshandlungen der Bauleitung duldet (Duldungsvollmacht, vgl. hierzu Gauch/Schluep/Schmid, OR AT, Rz. 1411; Stierli, Die Architektenvollmacht, Rz. 713 ff.) oder aber das Vertreterhandeln erkennen müsste und trotzdem nicht dagegen einschreitet (Anscheinsvollmacht, vgl. Gauch/Schluep/Schmid, OR AT, Rz. 1412; Stierli, Die Architektenvollmacht, Rz. 680 ff.).

d) Häufig wird die Werkvertragsurkunde, in welcher die SIA-Norm 118 als anwendbar 10
erklärt wird, nicht nur vom Bauherrn und vom Unternehmer, sondern auch vom *Planer*, der nicht Partei des Werkvertrags ist, unterzeichnet. Soweit der Planer sich in seinem Vertrag mit dem Bauherrn zur «Bauleitung» verpflichtet hat, kann die Mitunterzeichnung der Werkvertragsurkunde im Einzelfall bedeuten, dass weder der Bauherr noch der Planer einwenden können, ihnen seien die einer Bauleitung nach der SIA-Norm 118 zukommenden Kompetenzen nicht bekannt gewesen (vgl. auch SCHUMACHER, Vertragsgestaltung, Rz. 1463). Darauf wird sich auch der Unternehmer berufen können (SCHWAGER/MONN, Die Vollmacht des Planers, Rz. 5.80).

e) Art. 36 enthält verschiedene Regelungen, die sich mit der *Vertretung des Unternehmers* 11
befassen. Der Unternehmer, der nicht persönlich «auf Platz» ist, wird durch Übernahme von Art. 36 verpflichtet, einen Baustellenchef zu bezeichnen, welcher ihn dort «vertritt» (Art. 36 Abs. 1). Der Baustellenchef hat den Unternehmer nicht gegenüber dem Bauherrn zu vertreten, sondern «für richtige Ausführung der Arbeit und für Ordnung» zu sorgen (Art. 36 Abs. 2 Satz 2). Es handelt sich also um eine Vertretung des Unternehmers gegenüber dessen eigenen Mitarbeitern und Subunternehmern. Überdies gilt der Bauführer, der den Unternehmer ständig vertritt, zur Entgegennahme von Weisungen und zur Unterzeichnung von Rapporten und Bauaufnahmen befugt, ohne dass es einer diesbezüglichen Vollmachtskundgabe bedarf (Art. 36 Abs. 3). Stets gilt zu beachten, dass die SIA-Norm 118 allein die Vertragsparteien verpflichtet und vertragsfremden Dritten wie dem Bauführer und dem Baustellenchef keinerlei Rechtspflichten auferlegen kann.

1 51 Vertretung des Bauherrn durch die Bauleitung

1 511 Einsetzung und Vollmacht

Art. 33

1 Der Bauherr kann eine [1] oder mehrere Personen als Bauleitung [2] bezeichnen.[3]

2 Soweit die Vollmacht der Bauleitung in der Vertragsurkunde nicht beschränkt wird [4], vertritt die Bauleitung den Bauherrn gegenüber dem Unternehmer [5]; alle Willensäusserungen [6] der Bauleitung, die das Werk [7] betreffen, sind für den Bauherrn rechtsverbindlich [8], insbesondere [9] Weisungen [10], Bestellungen [11], Bestätigungen [12] und Planlieferungen [13]; auch nimmt die Bauleitung Mitteilungen und Willensäusserungen [14] des Unternehmers, die das Werk [15] betreffen, für den Bauherrn rechtsverbindlich entgegen [16].

3 Ist keine Bauleitung eingesetzt, so ist in den Bestimmungen dieser Norm unter Bauleitung der Bauherr selbst zu verstehen.[17]

4 Werden dem Unternehmer bestimmte Aufgaben übertragen, welche diese Norm der Bauleitung zuweist (z.B. beim Generalunternehmervertrag) [18], so muss dies in der Vertragsurkunde festgelegt werden (Art. 21 Abs. 3) [19].

Art. 33 (1977/91)

1 Der Bauherr kann eine oder mehrere Personen als Bauleitung bezeichnen.

2 Soweit der Werkvertrag in der Vertragsurkunde (Art. 21 Abs. 3) nicht ausdrücklich etwas anderes bestimmt, vertritt die Bauleitung den Bauherrn gegenüber dem Unternehmer; alle Willensäusserungen der Bauleitung, die das Werk betreffen, sind für den Bauherrn rechtsverbindlich, insbesondere Weisungen, Bestellungen, Bestätigungen und Planlieferungen; auch nimmt die Bauleitung Mitteilungen und Willensäusserungen des Unternehmers, die das Werk betreffen, für den Bauherrn rechtsverbindlich entgegen.

3 Ist keine Bauleitung eingesetzt, so ist in den Bestimmungen dieser Norm unter Bauleitung der Bauherr selbst zu verstehen.

4 Werden dem Unternehmer bestimmte Aufgaben übertragen, welche diese Norm der Bauleitung zuweist (z.B. beim Totalunternehmervertrag), so muss dies in der Vertragsurkunde festgelegt werden (Art. 21 Abs. 3).

Anmerkung 1

1 Der Bauherr ist nicht verpflichtet, eine Bauleitung zu bezeichnen. Unabhängig davon, ob der Bauherr eine Bauleitung einsetzt, versteht die Norm unter Bauleitung stets auch den (einzig vertragsbeteiligten) Bauherrn, was Art. 33 Abs. 3 allerdings nur unvollständig zum Ausdruck bringt. Auch dann, wenn er eine Bauleitung einsetzt, gelten die von der Norm der Bauleitung zugewiesenen Verpflichtungen und Befugnisse als seine eigenen.

Anmerkung 2

2 Mit der Bauleitung betraut wird in aller Regel ein Architekt resp. ein (oder mehrere) Architekten- oder Ingenieurteams. Schliessen sich Architekten und/oder Ingenieure zu einer Planergemeinschaft zusammen, so konstituieren sie sich nach Massgabe der Regeln über die einfache Gesellschaft (Art. 530 ff. OR; Gebhardt, Die Planergemeinschaft, Rz. 14.1 ff.). Die Bauleitung hat keine Parteistellung; sie ist am Werkvertrag zwischen Bauherr und Unternehmer nicht als Partei beteiligt, sondern als Vertreterin des Bauherrn tätig (GWerkV Rz. 278). Aus dem Werkvertrag erwachsen der Bauleitung weder Rechte noch Pflichten (vgl. aber Vorbem. Art. 33–36/Rz. 10).

Anmerkung 3

3.1 Die Bezeichnung als Bauleitung hat die Bedeutung einer *externen Vollmachtskundgabe* (BGE 118 II 313/316 E. 2a; KGer GR ZK2 12 4 vom 29. Juni 2012 E. 7b). Sie ist kein Rechtsgeschäft (wie die interne Bevollmächtigung des betreffenden Bauleiters), sondern eine Vorstellungsäusserung (Koller Alfred, Der gute und der böse Glaube, Rz. 218; Zäch/Künzler, Berner Kommentar, N 126 zu Art. 33 OR; Gauch/Schluep/Schmid, OR AT, Rz. 1394). Die Kundgabe der Vollmacht unterliegt unter Vorbehalt einer anders lautenden Parteiabsprache keiner Formvorschrift und kann daher auch mündlich oder gar durch Stillschweigen erfolgen (GAUCH/SCHLUEP/SCHMID, OR AT, Rz. 1394). Die Kundgabe der Vollmacht ist jederzeit widerrufbar (Art. 34 Abs. 1 OR). Der Widerruf der Ermächtigung ist mitzuteilen (Art. 34 Ab. 3 OR). Im Einzelnen gibt es Folgendes anzumerken:

a) Bezeichnet der Bauherr dem Unternehmer eine bestimmte Person als Bauleitung, so kann Letztere aus dieser Kundgabe im Verhältnis zum Bauherrn keinerlei Vertretungsbefugnisse ableiten (vgl. aber BGE 131 III 511/518 E. 3.2.1). Ob der Bauherr die als Bauleitung bezeichnete Person tatsächlich bevollmächtigt hat, lässt sich Art. 33 nicht entnehmen, sondern setzt eine an den Vertreter gerichtete Willenserklärung des Bauherrn voraus (vgl. GAUCH/SCHLUEP/SCHMID, OR AT, Rz. 1343). 3.2

b) Ist die mit der Bauleitung betraute Person ohne Ermächtigung als Vertreter des Bauherrn aufgetreten, muss sich der Bauherr gegenüber dem Unternehmer das Handeln der Bauleitung dennoch anrechnen lassen, wenn der Unternehmer auf die ihm kundgegebene Vollmacht gutgläubig vertraut hat und gutgläubig sein durfte (vgl. BGE 131 III 511/518 E. 3.2; 120 II 197/202 E. 2; 118 II 313/316 E. 2a; GAUCH/SCHLUEP/SCHMID, OR AT, Rz. 1392). Zur Duldungs- oder Anscheinsvollmacht siehe BGer 4C.12/2002 vom 14. Mai 2002 = Pra 2002, Nr. 171, S. 922 ff. 3.3

c) Keine Kundgabe einer Vollmacht (vgl. Art. 33 Abs. 3 OR) erfolgt, wenn der Bauherr bloss den Beizug eines Architekten oder Ingenieurs bekannt gibt, ohne dass er ihn als Bauleiter bezeichnet (SCHWAGER/MONN, Die Vollmacht des Planers, Rz. 5.65; eingehend STIERLI, Die Architektenvollmacht, Rz. 665 ff.). 3.4

d) Die Bauleitung wird (ausser in den Art. 33 – 36) in zahlreichen, weiteren Bestimmungen erwähnt. Die Erwähnung kann bedeuten, dass der Unternehmer in den betreffenden Angelegenheiten kein Recht auf ein persönliches Handeln des Bauherrn hat (SCHWAGER/MONN, Die Vollmacht des Planers, Rz. 5.74). Dies trifft etwa zu bei den Art. 44 Abs. 4, Art. 45 Abs. 1 und Art. 55 Abs. 1. Bei anderen Erwähnungen der Bauleitung (z.B. Art. 25 Abs. 1 oder Art. 30 Abs. 5) ist fraglich, ob die Anzeige ohne Weiteres auch an den Bauherrn gerichtet werden kann, wo die Norm als Adressatin der Anzeige ausdrücklich die Bauleitung bezeichnet. Ob darüber hinaus mit der expliziten Erwähnung der Bauleitung tatsächlich auch eine (externe) Vollmacht zum entsprechenden Handeln namens des Bauherrn kundgegeben wird, muss für jede Bestimmung gesondert geprüft werden (SCHWAGER, Architektenrecht 1995, Rz. 831; eingehend STIERLI, Die Architektenvollmacht, Rz. 748 ff.). Die interne Vertretungsmacht der mit der Bauleitung betrauten Person bestimmt sich in jedem Fall nicht nach den betreffenden Bestimmungen, sondern nach der zwischen Bauherr und Vertreter getroffenen Absprache. Auf schweizerischen Baustellen wird zwischen dem Bauherrn und seinem Vertreter regelmässig die SIA-Ordnung 102 (für Architekten), die SIA-Ordnung 103 (für Bauingenieure), die SIA-Ordnung 106 (für Geologen) oder die SIA-Ordnung 108 (für Maschinen- und Elektroingenieure/Fachingenieure für Gebäudeinstallationen) vereinbart. 3.5

Anmerkung 4

4 Nach Art. 33 Abs. 2 darf die kundgegebene Vollmacht vom Unternehmer als Befugnis der Bauleitung zur Vertretung des Bauherrn verstanden werden, «soweit die Vollmacht der Bauleitung in der Vertragsurkunde nicht beschränkt wird» (Art. 33 Abs. 2 Teilsatz 1). Ob der Unternehmer auf die kundgegebene Vollmacht vertrauen darf, bestimmt sich nach den allgemeinen Regeln des Stellvertretungsrechts (Art. 33 Abs. 3 und Art. 34 Abs. 3 OR). Der Bauherr kann die der Bauleitung erteilte Vertretungsmacht jederzeit beschränken oder entziehen (Art. 34 Abs. 1 OR). In gleicher Weise muss es ihm möglich sein, den Unternehmer über die Veränderung in rechtsverbindlicher Weise zu informieren und den Gutglaubensschutz betreffend die ursprünglich kundgegebene Vollmacht zu zerstören (vgl. Art. 34 Abs. 3 OR; siehe auch WATTER, Basler Kommentar, N 11 f. zu Art. 34 OR). Überdies gilt der allgemeine Grundsatz, wonach Individualabreden in jedem Fall Allgemeinen Vertragsbedingungen vorgehen (GAUCH/SCHLUEP/SCHMID, OR AT, Rz. 1131). Zur Tragweite des in Art. 21 Abs. 3 enthaltenen Vorbehalts, wonach Beschränkungen der Vollmacht in der Vertragsurkunde anzusiedeln sind, siehe Art. 21/Rz. 20.1 ff.

Anmerkung 5

5.1 Adressat der Vollmachtskundgabe nach Art. 33 Abs. 2 ist der Unternehmer, der sich im konkreten Vertrag gegenüber dem Bauherrn verpflichtet hat. Allein an ihn richtet sich die Bekanntgabe, dass die Bauleitung den Bauherrn rechtsverbindlich vertrete, nicht an Dritte (Subunternehmer, Lieferanten etc.). Die kundgegebene Vertretungsbefugnis erzeugt den Rechtsschein einer Vollmacht, auch wenn die Ermächtigung fehlt (STIERLI, Die Architektenvollmacht, Rz. 653).

5.2 Art. 33 Abs. 2 behandelt einzig die dem Unternehmer kundgegebene Vollmacht der Bauleitung. Ob die Bauleitung tatsächlich in diesem Umfang zur Vertretung ermächtigt ist, beurteilt sich aufgrund der *internen Bevollmächtigung* der Bauleitung durch den Bauherrn (z.B. nach Massgabe der SIA-Ordnung 102 oder 103). Die extern bekannt gemachte Vollmacht kann über die intern (d.h. vom Bauherrn der Bauleitung) erteilte Vollmacht hinausgehen oder umgekehrt sie unterschreiten (GWERKV Rz. 279; SCHWAGER/MONN, Die Vollmacht des Planers, Rz. 5.71; STIERLI, Die Architektenvollmacht, Rz. 654 ff.). Zu den Rechtsfolgen, wenn die dem Unternehmer kundgegebene Vollmacht der Bauleitung nicht von der internen Bevollmächtigung erfasst ist, vgl. Vorbem. Art. 33–36/Rz. 5 ff.

Anmerkung 6

6 Eine Willensäusserung «besteht in der Mitteilung des Willens zur Begründung, Änderung oder Beendigung eines Rechtes oder Rechtsverhältnisses» (GAUCH/SCHLUEP/SCHMID, OR AT, Rz. 168). Gemeint sind insbesondere: Weisungen (Art. 33/Rz. 10), Bestellungsänderungen (Art. 33/Rz. 11.1 f.) und Weisungen mittels Planlieferungen (Art. 33/Rz. 13).

Anmerkung 7

7.1 Mit «Werk» sind die im betreffenden Werkvertrag vereinbarten Bauarbeiten gemeint. Stets ist die Sachleistung des Unternehmers gemeint, nie das ganze Werkvertragsverhältnis (Art. 2), also insbesondere nicht die Verpflichtungen des Bauherrn (z.B. die Leistung einer Vergütung). Im Einzelnen bleibt anzumerken:

a) In jedem Einzelfall zu prüfen ist, ob und inwieweit die Bauleitung den Bauherrn gestützt auf die kundgegebene Vollmacht finanziell verpflichten kann. Nach Ansicht des Bundesgerichts lässt sich aus Art. 33 – 36 nicht ableiten, «dass die Bauleitung auch die Befugnis haben soll, den Bauherrn in finanzieller Hinsicht zu verpflichten» (BGE 109 II 452/461 f. E. 5e; Schwager/Monn, Die Vollmacht des Planers, Rz. 5.111 ff.). Nach anderer Auffassung kann die Bauleitung den Bauherrn durchaus auch finanziell belasten, sofern die betreffenden Rechtshandlungen das vom Unternehmer geschuldete *Werk* betreffen. Allein auf die Art der Rechtshandlung kommt es an. «Betrifft die vorgenommene Vertretungshandlung das vereinbarte Werk, so wird sie von der Vollmacht des Bauleiters umfasst» (Stierli, Die Architektenvollmacht, Rz. 744). 7.2

b) Mängelrügen sind Mitteilungen, die das Werk betreffen und als solche von der Vollmachtsregelung des Art. 33 Abs. 2 erfasst werden (Schwager/Monn, Die Vollmacht des Planers, Rz. 5.103; differenzierend Stierli, Die Architektenvollmacht, Rz. 792). Nach Stierli, Die Architektenvollmacht, Rz. 744, gehen für die während der Rügefrist gerügten Mängel bzw. für die Rüge der verdeckten Mängel die Art. 173 Abs. 1 und Art. 179 Abs. 2 als speziellere Normen Art. 33 Abs. 2 vor. Nach ihm ist Art. 33 Abs. 2 nur anwendbar für Rügen, welche bei der gemeinsamen Prüfung als Mängel erkannt worden sind (Art. 163 Abs. 1). 7.3

c) Die Geltendmachung des Minderungs- und Wandlungsrechts durch die Bauleitung wird von der Vollmachtskundgabe nach Art. 33 Abs. 2 nicht erfasst (Stierli, Die Architektenvollmacht, Rz. 799; Schwager/Monn, Die Vollmacht des Planers, Rz. 5.66). Denn die Ausübung des Minderungs- oder Wandelungsrechts betrifft nicht das «Werk» bzw. die Sachleistung als solche, sondern das Vertragsverhältnis als Ganzes. Einzig das Ausüben des Nachbesserungsrechts stellt eine Willensäusserung dar, «die das Werk betrifft» (Art. 33 Abs. 2), weshalb sich die Vollmachtskundgabe auch darauf bezieht (Schwager/Monn, Die Vollmacht des Planers, Rz. 5.105; Stierli, Die Architektenvollmacht, Rz. 796). 7.4

d) Die Anerkennung der Schlussrechnung oder anderer Einzelrechnungen wird nicht von der in Art. 33 Abs. 2 kundgegebenen Vollmacht erfasst, da es bei der Anerkennung von Rechnungen nicht um «das Werk» geht (Stierli, Die Architektenvollmacht, Rz. 825). Weder in Art. 33 Abs. 2 noch in Art. 154 Abs. 3 wird eine Ermächtigung der Bauleitung kundgegeben, den Abrechnungsmodus zu verändern (Stierli, Die Architektenvollmacht, Rz. 243). 7.5

e) Die Vollmachtskundgabe nach Art. 33 Abs. 2 erfasst grundsätzlich auch nicht die Befugnis des Planers, vertraglich festgelegte Fristen zu verlängern (Schwager/Monn, Die Vollmacht des Planers, Rz. 5.111 ff.; siehe aber Art. 84/Rz. 1.11). Eine Ausnahme gilt höchstens dann, wenn die Fristerstreckung im Zusammenhang mit einer Bestellungsänderung steht und nur unerhebliche Mehrkosten nach sich zieht (Art. 84/Rz. 1.11). 7.6

Anmerkung 8

8 «Für den Bauherrn rechtsverbindlich» bedeutet, dass die Willensäusserungen der Bauleitung, die sie gegenüber dem Unternehmer abgegeben hat, unmittelbar dem Bauherrn zugerechnet werden. Im zulässigen Umfang verpflichten und berechtigen diese Erklärungen den Bauherrn, wie wenn er sie selber abgegeben hätte, sofern der Vertreter im fremden Namen gehandelt hat (Art. 32 Abs. 1 OR); oder es dem Unternehmer gleichgültig war, mit wem er den Vertrag abschliesst (Art. 32 Abs. 2 OR; BGE 117 II 387/390 E. 2c; GAUCH/SCHLUEP/SCHMID, OR AT, Rz. 1333). Soweit die Bauleitung intern zur Vornahme der betreffenden Willensäusserungen und Handlungen ermächtigt ist, ergeben sich in rechtlicher Hinsicht keinerlei Probleme. Fehlt es an der internen Vollmacht, kann sich der gutgläubige Unternehmer darauf berufen, dass der Bauherr ihm in Art. 33 Abs. 2 eine weiter gehende Vollmacht der Bauleitung kundgetan hat. Zum Gutglaubensschutz vgl. Vorbem. Art. 33–36/Rz. 5 ff.

Anmerkung 9

9 Das Wort «insbesondere» stellt klar, dass die Kundgabe der Ermächtigung durch die folgende Aufzählung zwar konkretisiert, jedoch nicht abschliessend umschrieben wird (STIERLI, Die Architektenvollmacht, Rz. 742).

Anmerkung 10

10 Ausführungsweisungen (nach Art. 369 OR bzw. Art. 99 SIA-Norm 118) sind Anordnungen des Bauherrn über die Ausführung des geschuldeten Werks, die der Unternehmer nach dem Inhalt des Werkvertrags befolgen muss (GWERKV Rz. 1927; Art. 84/Rz. 2.1 ff.). Weisungen sind z.B. in den Art. 44 Abs. 3, Art. 45 Abs. 2, Art. 84 Abs. 1, Art. 99 Abs. 1 und Art. 125 Abs. 2 und 3 erfasst. Hinsichtlich der Erteilung von Weisungen enthält Art. 33 Abs. 2 die Kundgabe einer unbeschränkten Vollmacht für alle Handlungen, welche die Leitung und Überwachung der Bauausführung betreffen (BGE 109 II 452/461 E. 5e; SCHWAGER/MONN, Die Vollmacht des Planers, Rz. 5.97 f.), soweit sie nicht zu einer «formellen» Bestellungsänderung führen (STIERLI, Die Architektenvollmacht, Rz. 769). Soweit die Bauleitung als Vertreterin des Bauherrn dem Unternehmer Weisungen erteilt, ist ihr Fachwissen nach Massgabe von Art. 101 OR dem Bauherrn anzurechnen (vgl. GWERKV Rz. 1956; SCHWAGER/MONN, Die Vollmacht des Planers, Rz. 5.117).

Anmerkung 11

11.1 Art. 33 bezieht sich erst auf die Zeit *nach Abschluss des Bauwerkvertrags*. Aus Art. 33 lässt sich keine Vertretungsmacht der Bauleitung zur Vergabe bzw. zur Beauftragung von Bauleistungen an Unternehmer ableiten (GWERKV Rz. 279 und 402; SCHWAGER/MONN, Die Vollmacht des Planers, Rz. 5.71; STIERLI, Die Architektenvollmacht, Rz. 754). Auf die Bestellung des Werks selber kann sich die Bestimmung daher nicht beziehen. Mit «Bestellungen» sind nur nach Werkvertragsschluss vorgenommene «Bestellungsänderungen» im Sinne von Art. 84 Abs. 1 gemeint (Art. 84/Rz. 1.4 f.; SCHWAGER/MONN, Die Vollmacht des Planers, Rz. 5.85; STIERLI, Die Architektenvollmacht, Rz. 756 ff.) sowie – in einem untechnischen Sinne – der Abruf von vereinbarten Leistungen (z.B. von Eventualpositionen; vgl. Art. 102 mit «Zustimmung der Bauleitung»), nachdem der Werkvertrag bereits abgeschlossen wurde.

Die Befugnis zur Anordnung von Bestellungsänderungen im Sinne von Art. 84 umfasst das Recht zur Anordnung von (Ausführungs-)Weisungen und zur Änderung von Plänen; solche Anordnungen werden ebenfalls von der betreffenden Vollmachtskundgabe erfasst (Schwager/Monn, Die Vollmacht des Planers, Rz. 5.86). Den Bestellungsänderungen gleichgestellt ist die Auftragserteilung für im Werkvertrag nicht vorgesehene Regiearbeiten (Zusatzarbeiten, vgl. Art. 84 Abs. 1), welche die weitere Projektrealisation sicherstellen sollen (Schwager/Monn, Die Vollmacht des Planers, Rz. 5.93). Für solche «Bestellungen» wird in Art. 33 Abs. 2 eine «uneingeschränkte» Vollmacht der Bauleitung kundgegeben (Art. 84/Rz. 1.3 ff.; Schwager/Monn, Die Vollmacht des Planers, Rz. 5.93 ff.; Hürlimann, Die SIA-Norm 118 – Lücken und Tücken, S. 52; a.M. Stierli, Die Architektenvollmacht, Rz. 760). 11.2

Anmerkung 12

In Bestätigungen werden zuvor erfolgte Willenserklärungen schriftlich festgehalten (vgl. Gauch/Schluep/Schmid, OR AT, Rz. 1159). Bestätigungen der Bauleitung (die das Werk betreffen) werden dem Bauherrn angerechnet, wie wenn der Bauherr sie gegenüber dem Unternehmer selbst abgegeben hätte. 12

Anmerkung 13

Jegliche Planlieferungen, unabhängig davon, ob sie eine Bestellungsänderung beinhalten, werden von der Vollmacht erfasst. Die Änderung eines Plans ist lediglich eine besondere Erscheinungsform der «Weisungen» (Art. 84/Rz. 3.1). Ob der Bauherr im Einzelfall die Pläne inhaltlich korrekt, vollständig und rechtzeitig liefert, bestimmt sich danach, wie die Bauleitung diese Aufgabe wahrgenommen hat. 13

Anmerkung 14

Gestützt auf die Vollmachtskundgabe in Art. 33 Abs. 2 darf der Unternehmer von einer unbeschränkten Vollmacht der Bauleitung zur Entgegennahme von Mitteilungen und Willensäusserungen (Art. 33/Rz. 6) ausgehen. Die kundgegebene, generelle, passive Vertretungsmacht (Zäch/Künzler, Berner Kommentar, N 101 zu Art. 33 OR) der Bauleitung erfasst auch Anzeigen und Abmahnungen des Unternehmers (vgl. Stierli, Die Architektenvollmacht, Rz. 773; Schwager/Monn, Die Vollmacht des Planers, Rz. 5.100). Ebenso ist die Bauleitung zur Entgegennahme der Rechnungen des Unternehmers zuständig, nicht jedoch zu deren Anerkennung (Art. 33/Rz. 7.5). Konkretisierungen der passiven Vollmacht finden sich z.B. bei Art. 25 Abs. 3 und 4, Art. 30 Abs. 5, Art. 136 Abs. 3 usw. 14.1

Von der (blossen) Entgegennahme einer Willenserklärung zu unterscheiden ist die Anerkennung einer Forderung, die der Bauleitung kundgetan wird. Dafür lässt sich aus Art. 33 Abs. 2 keine entsprechende Vollmacht ableiten. 14.2

14.3 Der Unternehmer ist nicht verpflichtet, sämtliche Mitteilungen und Erklärungen ausschliesslich an die Bauleitung zu richten (Art. 33/Rz. 3.5). Es steht ihm nach wie vor frei, sich direkt (oder zusätzlich) an den Bauherrn zu wenden (GWerkV Rz. 1942 f.; Stierli, Die Architektenvollmacht, Rz. 733). Weist allerdings der Unternehmer in seiner Abmahnung auf Fehler hin, die der Vertreter des Bauherrn selbst begangen hat, und besteht Grund zur Annahme, dass sich der Vertreter deswegen den vorgebrachten Bedenken verschliessen werde, dann ist der Unternehmer geradezu verpflichtet, durch eine zusätzliche Abmahnung den persönlichen Entscheid des Bauherrn herbeizuführen (GWerkV Rz. 1944).

Anmerkung 15

15 Vgl. Art. 33/Rz. 7.1 ff. Willenserklärungen, die darauf ausgerichtet sind, *finanzielle Verpflichtungen* des Bauherrn zu begründen, müssen sich an diesen selbst richten, soweit sich eine Ermächtigung der Bauleitung nicht aus einer anderen Bestimmung oder aus den Umständen des Einzelfalls ergibt (Schwager/Monn, Die Vollmacht des Planers, Rz. 5.111 ff.). Für einen branchenunkundigen Bauherrn, welcher der Übernahme der SIA-Norm 118 global zugestimmt hat, können solche Klauseln, die eine finanzielle Verpflichtung begründen, im Einzelfall ungewöhnlich und daher unverbindlich sein (Art. 34/Rz. 6.2; Art. 154/Rz. 24.4; BGE 109 II 452/459 E. 5c; Schwager/Monn, Die Vollmacht des Planers, Rz. 5.114).

Anmerkung 16

16 Zur «rechtsverbindlichen» Entgegennahme gilt das unter Art. 33/Rz. 8 Gesagte sinngemäss.

Anmerkung 17

17.1 Die Bauleitung ist Vertreterin des Bauherrn und nicht Partei des Werkvertrags (GWerkV Rz. 278). Wo eine entsprechende Vertretung fehlt, ist der Bauherr selber gemeint. Alle Rechte, Pflichten und Obliegenheiten, welche die Norm der «Bauleitung» zuschreibt, sind immer, auch wenn eine Bauleitung eingesetzt wurde, Rechte, Pflichten und Obliegenheiten des Bauherrn (Gauch, Ein Bauwerk – Mehrere Unternehmer, S. 68, Fn. 8).

17.2 Setzt der Bauherr eine Bauleitung ein, dann sollte diese von ihm vertraglich verpflichtet werden, die Rechte, Pflichten und Obliegenheiten des Bauherrn nach der SIA-Norm 118 als Stellvertreter wahrzunehmen. Wenn es die Bauleitung ist, welche dem Bauherrn die Verwendung der SIA-Norm 118 vorschlägt, ist in der Regel davon auszugehen, dass sie sich damit stillschweigend gegenüber dem Bauherrn verpflichtet, die darin zulasten der Bauleitung festgelegten Pflichten zu erfüllen. Damit werden die Pflichten der Bauleitung aus dem Bauleitungsvertrag konkretisiert. Diesem Sachverhalt trägt der Bauherr häufig dadurch Rechnung, dass er die Bauleitung den auf der Basis der SIA-Norm 118 abgeschlossenen Werkvertrag mitunterschreiben lässt. Die blosse, widerspruchslose Kenntnisnahme der Bauleitung, dass der Bauherr mit einem Unternehmer einen Vertrag nach der SIA-Norm 118 bzw. nach technischen Normen der SIA abschliesst, vermag die Bauleitung allerdings nicht ohne Weiteres verpflichten.

Anmerkung 18

18 Im General- oder im Totalunternehmervertrag (Vorbem. Art. 28–32/Rz. 28 ff.) übernimmt der Unternehmer die Ausführung sämtlicher Gewerke (Arbeitsgattungen) einer Baute inklusive aller oder gewisser Planungsarbeiten, wie etwa die Ausführungsplanung (GWerkV Rz. 233 ff.). Diverse Aufgaben der Bauleitung gemäss SIA-Norm 118 können dadurch zu einer rein internen Koordinations- und Organisationsfrage des General- oder des Totalunternehmers werden. Davon zu unterscheiden ist die blosse Übertragung von Bauleitungsaufgaben auf den Unternehmer. Durch diese Überbindung der Koordination für die Ausführungsphase wird der Unternehmer zu einem «leitenden» Unternehmer (vgl. GWerkV Rz. 221).

Anmerkung 19

19 Individuelle Abreden gehen indessen in jedem Fall den Bestimmungen der SIA-Norm 118 vor, auch wenn sie nicht in der Vertragsurkunde figurieren. Siehe auch Art. 21/Rz. 20.3.

1 512 Aufgaben

Art. 34

[1] Soweit der Werkvertrag nichts anderes bestimmt, obliegen [1] der Bauleitung [2] insbesondere [3] die Beschaffung der Pläne [4], die Aufsicht über die Ausführung der Arbeiten [5] sowie die Prüfung der Rechnungen [6] und des Werkes [7].

[2] Die Bauleitung ist befugt [8], die Ausführung der gesamten Vertragsarbeit [9] des Unternehmers zu überwachen [10], dies auch ausserhalb der Baustelle [11].

[3] Die Bauleitung sorgt für die rechtzeitige Koordination der Arbeiten aller am Bauwerk beteiligten Unternehmer [12], unter Berücksichtigung der von ihnen benötigten Vorbereitungszeit.[13]

Art. 34 (1977/91)

[1] Soweit der Werkvertrag nichts anderes bestimmt, obliegen der Bauleitung insbesondere die Beschaffung der Pläne, die Aufsicht über die Ausführung der Arbeiten sowie die Prüfung der Rechnungen und des Werkes.

[2] Die Bauleitung ist befugt, die Ausführung der gesamten Vertragsarbeit des Unternehmers zu überwachen, dies auch ausserhalb der Baustelle.

[3] Die Bauleitung sorgt für die rechtzeitige Koordination der Arbeiten aller am Bauwerk beteiligten Unternehmer, unter Berücksichtigung der von ihnen benötigten Vorbereitungszeit.

Anmerkung 1

1.1 Die Formulierung ist unklar. Gemeint ist aber, dass dem Unternehmer mit Art. 34 kundgegeben wird, zu welchen Aufgaben die Bauleitung befugt ist (und ihr in diesem Sinn «obliegen») und wie weit die Vertretungsbefugnis der Bauleitung für die betreffenden Arbeiten reicht (vgl. Schwager/Monn, Die Vollmacht des Planers, Rz. 5.71; Stierli, Die Architektenvollmacht, Rz. 99; GWerkV Rz. 2058). Im Verhältnis zum Unternehmer gibt der Bauherr mit der Aufzählung der Bauleitungs-Aufgaben ferner bekannt, welche Mitwirkungspflichten die Bauherrenseite nach dem System der SIA-Norm 118 wahrnehmen muss (Spiess/Huser, Handkommentar, N 7 zu Art. 34).

1.2 Der Vorbehalt einer anders lautenden Abrede versteht sich von selbst. Damit aber eine abweichende Kundgabe Art. 34 Abs. 1 vorgeht, muss sie entweder individuell vereinbart werden oder in einem rangmässig höheren Vertragsbestandteil (Art. 21) enthalten sein (vgl. GWerkV Rz. 288 und 314). Nicht verlangt ist, dass eine abweichende Vereinbarung notwendigerweise in der Vertragsurkunde (Art. 21 Abs. 3) festgelegt wird.

Anmerkung 2

2.1 Mit Bauleitung ist jene Person oder Personengruppe gemeint, die der Bauherr nach Art. 33 Abs. 1 als solche bezeichnet hat. Die Bauleitung wird in ihrer Funktion als Stellvertreterin des Bauherrn genannt (Art. 33/Rz. 2). Was die Vertragsbeziehungen zum Unternehmer anbelangt, ist die betreffende Bestimmung so zu lesen, wie wenn anstelle von «Bauleitung» das Wort «Bauherr» stehen würde, was in Art. 33 Abs. 3 für den Fall, dass gar keine Bauleitung bestellt wurde, ausdrücklich festgehalten wird. Zu den Aufgaben der Bauleitung nach der SIA-Norm 118 siehe Locher Christoph, Die Bauleitung, Rz. 9.151.

2.2 In Art. 34 Abs. 1 werden diverse Aufgaben der Bauleitung aufgezählt, obwohl die Bauleitung am Werkvertrag zwischen Bauherr und Unternehmer gar nicht beteiligt ist. Aus diesem Vertragsverhältnis können der Bauleitung keine Pflichten erwachsen, denn es gibt keine Verträge zulasten Dritter. Die Vertragspflichten der Bauleitung bestimmen sich vielmehr nach den im Planervertrag zwischen dem Bauherrn und der Bauleitung getroffenen Abreden (Schwager/Monn, Die Vollmacht des Planers, Rz. 5.73). Die in Art. 34 Abs. 1 erwähnten Aufgaben «obliegen» daher nicht der Bauleitung, sondern verpflichten (im Verhältnis zum Unternehmer) *den Bauherrn,* der (allenfalls zusammen mit der Bauleitung als Vertreterin des Bauherrn) bei der Vertragserfüllung mitwirken muss.

Anmerkung 3

3.1 Das Wort «insbesondere» stellt klar, dass die nachfolgende Aufzählung der Mitwirkungspflichten nicht als abschliessend zu verstehen ist.

3.2 Die eigentliche Konkretisierung der Mitwirkungspflichten erfolgt allerdings nicht in Art. 34 Abs. 1, sondern aus anderen Bestimmungen der Norm, z.B. aus Art. 100 f. in Bezug auf die Planbeschaffung oder etwa aus Art. 34 Abs. 3 in Bezug auf die Koordination der Arbeiten.

Anmerkung 4

4 Nach dem System der SIA-Norm 118 ist nicht der Unternehmer für die Beschaffung der Pläne zuständig, sondern der Bauherr bzw. die ihn vertretende Bauleitung (vgl. auch Art. 100 Abs. 1). Zu den Mitwirkungspflichten des Bauherrn gehört es, neben den Plänen auch die übrigen Arbeitsunterlagen zu beschaffen, und zwar rechtzeitig, unter Beachtung der vom Unternehmer benötigten Vorbereitungszeit (Art. 94 Abs. 1; GWerkV

Rz. 1332; Hürlimann, Bauablaufstörungen, S. 817 ff.; Locher Christoph, Die Bauleitung, Rz. 9.157).

Anmerkung 5

5 Es geht hier um die allgemeine Aufsicht über die Ausführung der verschiedenen Arbeiten auf der Baustelle, nicht um eine spezifische Kontrolle der vom Unternehmer zu erbringenden Leistung. Mit Letzterer befasst sich Art. 34 Abs. 2. Zur Koordinationspflicht vgl. Art. 34 Abs. 3. Zur allgemeinen «Aufsicht» nach Art. 34 Abs. 1 zählt beispielsweise die Durchsetzung der gesetzlichen und der branchenspezifischen Ordnungs- und Sicherheitsvorschriften, die auf der Baustelle und für die Zu- und Wegfahrten relevant sind. Namentlich hat die Bauleitung für die Einhaltung der Vorschriften der BauAV besorgt zu sein, deren Inhalt sie kennen muss (BGer 6B_547/2009 vom 27. Oktober 2009 E. 4.3).

Anmerkung 6

6.1 Zu beachten gilt, dass die Norm in Art. 34 Abs. 1 bloss eine *Prüfungs-*, nicht aber eine entsprechende Genehmigungsbefugnis für Rechnungen bekannt gibt (vgl. auch Art. 33 Abs. 2). Aus Art. 34 lässt sich keine Vollmachtskundgabe zur Anerkennung von Rechnungen ableiten (Stierli, Die Architektenvollmacht, Rz. 826; Schwager/Monn, Die Vollmacht des Planers, Rz. 5.111), weder für Abschlagsrechnungen, Teuerungs- oder Regieabrechnungen noch für die Schlussabrechnung.

6.2 Hingegen bestimmt Art. 154 Abs. 3, dass die Schlussabrechnung mit dem Prüfungsentscheid der Bauleitung als beidseitig anerkannt gilt, falls sich bei der Prüfung keine Differenzen ergeben. Diese Fiktion, dass der Prüfungsbescheid der Bauleitung als Anerkennung der sich aus der Schlussrechnung ergebenden Werklohnforderung gilt, ist jedoch für den unerfahrenen Bauherrn, der die SIA-Norm 118 global übernommen hat, derart ungewöhnlich, dass die Verbindlichkeit der betreffenden Bestimmung an der Ungewöhnlichkeitsregel scheitert (Art. 2/Rz. 9.2; Art. 33/Rz. 15; Art. 154/Rz. 24.4; BGE 109 II 452/459 f. E. 5c; Schwager/Monn, Die Vollmacht des Planers, Rz. 5.114; a.M. Spiess/Huser, Handkommentar, N 23 zu Art. 34).

Anmerkung 7

7.1 Die Norm gibt dem Unternehmer in Art. 34 Abs. 1 die Vollmacht der Bauleitung kund (Art. 33 Abs. 3 OR), ihn bei Zwischenprüfungen (Art. 139) und bei der gemeinsamen Abnahmeprüfung des Werks zu vertreten (Art. 158). Diese Vollmachtskundgabe ist bedeutsam und weitreichend: Die Ermächtigung der Bauleitung geht nämlich über die eigentliche Prüfungsbefugnis hinaus. Denn mit dem Abschluss der Prüfung gilt das Werk nach Art. 159 *automatisch* als abgenommen, sofern keine Mängel festgehalten werden (Art. 159/Rz. 5; GWerkV Rz. 2613 f.).

7.2 Die Rechtswirkung tritt auch ein, wenn sich der Bauherr bei der Prüfung durch die Bauleitung vertreten lässt (vgl. Schwager/Monn, Die Vollmacht des Planers, Rz. 5.102). Der Bauherr kann Mängel, die bei der gemeinsamen Prüfung von der Bauleitung als solche erkannt, aber nicht geltend gemacht wurden, nicht mehr rügen (Art. 174/Rz. 2).

7.3 Zu beachten ist, dass die mit der SIA-Norm 118 bekannt gegebene (externe Vollmacht) häufig weiter reicht als die (intern) im Planervertrag vom Bauherrn dem Planer eingeräumte Vertretungsbefugnis. In Art. 4.53 SIA-Ordnung 102 steht, dass die Prüfung des Werks den Abnahmeentscheid des Bauherrn vorbereitet («im Hinblick auf die Annahme durch den Auftraggeber»). Mit Art. 34 gibt die SIA-Norm 118 eine Vollmacht der Bauleitung kund, die weiter geht (SCHWAGER/MONN, Die Vollmacht des Planers, Rz. 5.102).

7.4 Die in Art. 34 Abs. 1 enthaltene Vollmachtskundgabe kann einen unerfahrenen Bauherrn überraschen. Im Streitfall ist zu prüfen, ob die Kundgabe nicht an der Ungewöhnlichkeitsregel scheitert oder wegen des fehlenden guten Glaubens des Unternehmers (vgl. Art. 33 Abs. 3 OR) unwirksam bleibt (Art. 34/Rz. 6.2; SCHWAGER/MONN, Die Vollmacht des Planers, Rz. 5.113).

7.5 Der Bauherr ist nicht verpflichtet, sich bei der Prüfung tatsächlich durch die Bauleitung vertreten zu lassen. Er kann das Werk auch selber prüfen, unabhängig davon, ob er über den erforderlichen Sachverstand verfügt (Art. 158/Rz. 14; GWERKV Rz. 2607).

Anmerkung 8

8.1 Der Bauherr hat das Recht, im Regelfall aber nicht die Pflicht (GWERKV Rz. 1347 und 2058), die Werkausführung durch die Bauleitung zu überwachen. Diese Befugnis ist erforderlich, um in den Fällen des Art. 366 OR (vgl. Art. 183) frühzeitig eingreifen zu können. Der Unternehmer hat unter Vorbehalt einer anders lautenden Vereinbarung keinen Anspruch auf Überwachung (Art. 34/Rz. 10.2). Die Tatsache, dass Art. 114 Abs. 2 mit Bezug auf die Absteckungen des Unternehmers eine Kontroll*pflicht,* zumindest aber eine Obliegenheit des Bauherrn begründet (Art. 114/Rz. 12.2 f.), stützt den Umkehrschluss, dass in den übrigen Fällen eine solche Pflicht oder Obliegenheit gerade nicht besteht.

8.2 Mit dem Überwachungsrecht des Bauherrn korrespondiert eine entsprechende Duldungspflicht des Unternehmers. Letzterer verletzt eine vertragliche Nebenpflicht, wenn er eine vertragskonforme Kontrolle und Beaufsichtigung nicht zulässt.

Anmerkung 9

9 Die Überwachungsbefugnis nach Art. 34 Abs. 2 bezieht sich auf die *Vertragsarbeiten,* das heisst auf den eigentlichen Werkherstellungsvorgang. Aus dieser Bestimmung lässt sich weder ein Recht auf Einsicht in Unterlagen (im Gegensatz zu § 4 Abs. 1 VOB/B; vgl. hierzu INGENSTAU/KORBION/OPPLER, VOB, N 63 ff. zu § 4 Abs. 1 VOB/B) noch die Befugnis des Bauherrn ableiten, die Funktionstüchtigkeit oder Effizienz eines allfälligen Qualitätsmanagement-Systems des Unternehmers zu prüfen.

Anmerkung 10

10.1 Die Überwachung ist eine lediglich beobachtende, überprüfende und vergleichende Tätigkeit, welche die vertragliche Verantwortung für die Werkherstellung beim Unternehmer belässt (INGENSTAU/KORBION/OPPLER, VOB, N 58 zu § 4 Abs. 1 VOB/B; ZELTNER, Die Mitwirkung des Bauherrn, S. 54). Die Überwachungsbefugnis des Bestellers umfasst auch das Recht, den vom Unternehmer gelieferten Stoff vor seiner Verwendung zu kontrollieren (GWerkV Rz. 1346). Falls der Unternehmer einen Subunternehmer beizieht, muss er im Subunternehmervertrag vorsehen, dass dem Bauherrn gegenüber dem Subunternehmer das Recht zusteht, die Arbeiten zu überwachen (vgl. Art. 29/Rz. 17.1). Im Einzelnen:

a) Die Überwachungsbefugnis des Bauherrn beinhaltet keine Pflicht zum Tätigwerden (GWerkV Rz. 1346 und 2057). Der Unternehmer muss seine Werkleistung vielmehr selbständig erbringen und hat keinen Anspruch auf Überwachung (Zeltner, Die Mitwirkung des Bauherrn, S. 54; Zindel/Pulver/Schott, Basler Kommentar, N 4 zu Art. 369 OR). Es ist aber richtig, dass der Bauherr allenfalls an der Überwachung des Unternehmers interessiert ist (vgl. Zeltner, Die Mitwirkung des Bauherrn, S. 51). Auf diese Weise ist er in der Lage, frühzeitig zu intervenieren, wenn er bereits während der Werkherstellung erkennt, dass eine gehörige oder rechtzeitige Ausführung des Werks gefährdet ist (vgl. Art. 366 OR). 10.2

b) Eine Pflicht (nicht bloss die Befugnis), den Unternehmer zu überwachen, trifft den Bauherrn einzig bei einer entsprechenden Vereinbarung, z.B. im Zusammenhang mit einer Qualitätssicherungsabrede (GWerkV Rz. 1347 und 2058; Zeltner, Die Mitwirkung des Bauherrn, S. 55). 10.3

c) Eine Abrede zwischen Bauherr und Bauleitung, wonach Letztere die Werkausführung überwachen soll, gibt dem Unternehmer ebenfalls keinen Anspruch auf Überwachung, sondern hat allein zwischen den Vertragsparteien Geltung (GWerkV Rz. 1347 und 2058). 10.4

d) Trotz der mit Art. 34 Abs. 1 kundgegebenen Ermächtigung bleibt der Bauherr weiterhin berechtigt, die erwähnten Aufgaben, insbesondere die Aufsicht über die Ausführung der Arbeiten, selber wahrzunehmen (vgl. GWerkV Rz. 2607). 10.5

e) Weil der Bauherr nicht verpflichtet ist, den Unternehmer zu überwachen, trifft ihn kein (Selbst-)Verschulden an allfälligen Mängeln, wenn er oder die von ihm beauftragte Bauleitung die Überwachung unterlässt oder nur unzureichend leistet (GWerkV Rz. 2057). Hat aber der Bauherr (oder die ihn vertretende Bauleitung) die Gefahr tatsächlich erkannt, den Unternehmer dennoch ohne Einspruch gewähren lassen, «so trifft ihn zumindest ein beschränktes Selbstverschulden, sofern der Unternehmer selbst nicht um die Gefahr wusste» (GWerkV Rz. 2057; vgl. Ingenstau/Korbion/Oppler, VOB, N 8 zu § 4 Abs. 2 VOB/B). 10.6

Anmerkung 11

Zu Überwachungszwecken steht dem Bauherrn resp. der Bauleitung ein Recht auf Zutritt zu Baustelleneinrichtungen (Art. 123 ff.) und auch zu (Installations-)Plätzen «ausserhalb der Baustelle» zu, beispielsweise zu einer externen Betonmischanlage oder zu einer Deponie, zu Werkstätten oder Lagerräumen, in denen der Unternehmer die vertragliche Leistung oder Teile von ihr erbringt. Besitzt der Unternehmer über die betreffenden Räumlichkeiten nicht die (alleinige) Verfügungsgewalt, so hat er gegenüber Dritten dafür zu sorgen, dass der Bauherr (bzw. die Bauleitung) seine Kontrollbefugnisse dennoch wahrnehmen kann (vgl. Ingenstau/Korbion/Oppler, VOB, N 61 zu § 4 Abs. 1 VOB/B). 11.1

11.2 Erhält der Bauherr Einblick in Geschäftsgeheimnisse des Unternehmers, so trifft ihn eine Geheimhaltungspflicht (Art. 24; ZELTNER, Die Mitwirkung des Bauherrn, S. 54).

Anmerkung 12

12.1 Die Koordination mehrerer Nebenunternehmer obliegt grundsätzlich dem *Bauherrn* (Art. 30/Rz. 9; HÜRLIMANN, Organisation und Finanzierung der Bauausführung, S. 441; GWERKV Rz. 221; SCHERRER, Nebenunternehmer, Rz. 106). Er hat nicht nur die einzelnen Werkverträge inhaltlich aufeinander abzustimmen (Art. 30 Abs. 2; HÜRLIMANN, Koordination komplexer Bauverträge, S. 211 ff.), sondern muss auch auf der Baustelle während der Vorbereitungs- und der Ausführungsphase die einzelnen Arbeiten in sachlicher und zeitlicher Hinsicht koordinieren und auf diese Weise für eine zweckmässige Zusammenarbeit der Nebenunternehmer sorgen (SCHERRER, Nebenunternehmer, Rz. 132 ff.; GWERKV Rz. 221; GAUCH, Ein Bauwerk – Mehrere Unternehmer, S. 68). In aller Regel überträgt der Bauherr die Koordination der Arbeiten seiner Bauleitung (GWERKV Rz. 221). Versäumt es der Bauherr, den Einsatz der jeweiligen Nebenunternehmer richtig, zweckmässig oder überhaupt zu koordinieren, und führt dies dazu, dass ein Unternehmer seine Arbeiten erst verspätet oder unter erschwerten Bedingungen in Angriff nehmen bzw. zum Abschluss bringen kann, so können ihn verschiedene Nachteile treffen, namentlich die folgenden (vgl. HÜRLIMANN, Organisation und Finanzierung der Bauausführung, S. 442 f.; SCHERRER, Nebenunternehmer, Rz. 142 ff.):

12.2 a) *Annahmeverzug* (Art. 94 Abs. 2 SIA-Norm 118; Art 91 ff. OR): Der Nachfolgeunternehmer (in Wartestellung) kann unter den Voraussetzungen von Art. 94 Abs. 2 nach den Vorschriften von Art. 95 OR entweder vom Vertrag zurücktreten oder er kann eine Mehrvergütung bzw. eine Anpassung der Bauzeit für die aus der Verzögerung resultierenden Folgen verlangen. Die Entschädigung umfasst zum einen den Mehraufwand, der aus der Leistungsverzögerung resultiert; zum andern wird der Bauherr (bei Verschulden; vgl. Art. 97) auch weitere Verzögerungsschäden ersetzen müssen, die ursächlich auf seine Koordinationsversäumnisse zurückzuführen sind. Dazu und zur Kontroverse, ob dem Unternehmer neben der Aufwandvergütung zufolge Gläubigerverzug des Bauherrn ein Schadenersatzanspruch zusteht, vgl. Art. 96/Rz. 6.3; ferner Art. 97/Rz. 1.3 ff.; GWERKV Rz. 1340 ff.; HÜRLIMANN, Bauablaufstörungen, S. 812 ff.; SCHERRER, Nebenunternehmer, Rz. 165 ff.). Ungeachtet der Rechtsnatur des Mehrvergütungsanspruchs ist zu beachten, dass jeder Unternehmer, der nach der SIA-Norm 118 baut, nach Art. 95 zur Einhaltung der vertraglichen Fristen verpflichtet ist und die zumutbaren erforderlichen Beschleunigungsmassnahmen zur Einhaltung der vertraglichen Fristen treffen muss (Art. 95 Abs. 1). Beurteilt sich die Rechtslage nach Gesetz, muss ein Rückstand nicht aufgeholt werden (GWERKV Rz. 682).

12.3 b) *Leistungsunmöglichkeit:* Führt die nicht richtige und vor allem die nicht rechtzeitige Koordination der Arbeiten zur nachträglichen objektiven Unmöglichkeit der Werkausführung, so liegt ein Anwendungsfall von Art. 185 Satz 2 Halbsatz 2 SIA-Norm 118 bzw. von Art. 378 Abs. 2 OR (GWERKV Rz. 722 ff.; SCHERRER, Nebenunternehmer, Rz. 147 f.) vor.

c) *Untergang* des Bauwerks: Führt die Nicht- oder nicht richtige Koordinierung zum vorzeitigen Untergang des vom Unternehmer geschuldeten Werks, so finden die Art. 188 – 189 Anwendung (Scherrer, Nebenunternehmer, Rz. 149 ff.). 12.4

Anmerkung 13

Die Koordination der einzelnen Arbeitsleistungen in zeitlicher Hinsicht erfolgt häufig in der Form eines Bauprogramms (Art. 93), das als Gesamtprogramm die Ausführung eines Gesamtwerks erfasst, an dem mehrere Unternehmer als Nebenunternehmer beteiligt sind. 13.1

Zu beachten haben der Bauherr und die Bauleitung «die von den Unternehmern benötigte Vorbereitungszeit», und zwar namentlich auch bei der rechtsgültigen Erteilung der erforderlichen Weisungen (Art. 99) und der rechtzeitigen Aushändigung der (freigegebenen) Pläne und Baustofflisten (Art. 100). 13.2

1 513 Vertretung

Art. 35

[1] Die Bauleitung [1] bezeichnet [2] dem Unternehmer die Personen [3], die sie ermächtigt [4] hat, Weisungen verbindlich zu erteilen [5] und Rapporte [6] und Bauaufnahmen [7] zu unterzeichnen. Ist die Bauleitung auf der Baustelle ständig [8] durch einen Bauleiter oder Aufseher [9] vertreten, so gilt dieser als hierzu ermächtigt [10].

[2] Die Bauleitung [11] teilt dem Unternehmer ebenfalls mit, welche Personen ermächtigt sind, Mitteilungen und Willensäusserungen [12] des Unternehmers, insbesondere Anzeigen und Abmahnungen (Art. 25) [13], rechtsverbindlich entgegenzunehmen [14].

Art. 35 (1977/91)

[1] Die Bauleitung bezeichnet dem Unternehmer die Personen, die sie ermächtigt hat, Weisungen verbindlich zu erteilen und Rapporte und Bauaufnahmen zu unterzeichnen. Ist die Bauleitung auf der Baustelle ständig durch einen Bauleiter oder Aufseher vertreten, so gilt dieser als hierzu ermächtigt.

[2] Die Bauleitung teilt dem Unternehmer ebenfalls mit, welche Personen ermächtigt sind, Mitteilungen und Willensäusserungen des Unternehmers, insbesondere Anzeigen und Abmahnungen (Art. 25), rechtsverbindlich entgegenzunehmen.

Anmerkung 1

Mit der Bauleitung wird entweder eine Einzelperson oder eine Personengruppe (z.B. eine Planerfirma oder eine Planergemeinschaft) beauftragt, die der Bauherr nach Art. 33 Abs. 1 als solche bezeichnet hat. Die Bauleitung wird in ihrer Funktion als Stellvertreterin des Bauherrn tätig (Art. 33/Rz. 2). Art. 35 regelt, dass die Bauleitung dem Unternehmer die mit Vertretungskompetenzen ausgestatteten Personen zu bezeichnen hat. 1.1

1.2 Wurde keine Bauleitung bestellt, so ist unter der Bauleitung der Bauherr selbst zu verstehen (Art. 33 Abs. 3). Da die Bauleitung nicht Partei des Werkvertrags ist, erwachsen ihr unmittelbar aus Art. 35 weder Rechte noch Pflichten.

Anmerkung 2

2 Die Bezeichnung als Vertreter der Bauleitung (vgl. den bei der Revision 2013 angepassten Titel vor Art. 35) hat die Bedeutung einer externen Vollmachtskundgabe (Art. 33 Abs. 3 OR); vgl. Vorbem. Art. 33 – 36/Rz. 10.

Anmerkung 3

3 Mit «Personen» sind hier ausschliesslich natürliche Personen gemeint.

Anmerkung 4

4.1 Die von der Bauleitung bezeichneten «Personen» gelten als ermächtigt, Weisungen verbindlich zu erteilen und Rapporte sowie Bauaufnahmen zu unterzeichnen (dazu und zu den weiteren Organisationsaufgaben der Bauleitung Locher Christoph, Die Bauleitung, Rz. 9.153 ff.). Ungeachtet des Einsatzes einer Bauleitung kann auch der Bauherr selbst weitere Personen (z.B. einen Prüfingenieur oder einen Bauherrenvertreter) zu bestimmten Handlungen und Willensäusserungen ermächtigen. Davon ist allerdings weder in Art. 35 noch sonstwo die Rede. Zu ergänzen bleibt:

4.2 a) Ist die nach Art. 35 bezeichnete Person mit dem Bauherrn oder der «Bauleitung» im Sinne von Art. 33 Abs. 1 identisch oder gegebenenfalls ein Organ der mit der «Bauleitung» beauftragten Gesellschaft, so handelt es sich bei der «Ermächtigung» dieser Person lediglich um eine organisatorische Klarstellung.

4.3 b) Wird eine andere Person, namentlich ein Angestellter der beauftragten «Bauleitung», nach Art. 35 ermächtigt, so liegt eine Untervollmacht vor (vgl. Zäch/Künzler, Berner Kommentar, N 71 ff. zu Art. 33 OR; Gauch/Schluep/Schmid, OR AT, Rz. 1449 ff.). Der von der Bauleitung bezeichnete Vertreter gilt alsdann gestützt auf die Kundgaben von Art. 35 als Bevollmächtigter des Vertretenen und Hauptvollmachtgebers.

4.4 c) Der Umfang der Untervollmacht beurteilt sich nach dem Inhalt, den die vom Hauptvertreter (hier die Bauleitung) im Rahmen seiner eigenen Vollmacht erklärte Bevollmächtigung hat (Gauch/Schluep/Schmid, OR AT, Rz. 1450). Die Untervollmacht kann die Obervollmacht überdauern (vgl. Zäch/Künzler, Berner Kommentar, N 73 zu Art. 33 OR; Gauch/Schluep/Schmid, OR AT, Rz. 1450).

4.5 d) Die bevollmächtigte «Person» hat als Untervertreter im Namen des Vertretenen (d.h. des Bauherrn), nicht in jenem des Vertreters (d.h. der Bauleitung) zu handeln (vgl. Watter, Basler Kommentar, N 20 zu Art. 33 OR; Zäch/Künzler, Berner Kommentar, N 71 zu Art. 33 OR; Gauch/Schluep/Schmid, OR AT, Rz. 1449).

4.6 e) Dass im Aussenverhältnis ein Vertreter bezeichnet wird, bedeutet nicht automatisch, dass die extern kundgegebene Vollmacht im Innenverhältnis tatsächlich besteht. Letztere bestimmt sich allein nach der von der Bauleitung an den Vertreter gerichteten Erklärung. Der gutgläubige Unternehmer wird jedoch im Vertrauen auf die Kundgabe in der Weise geschützt, dass die Wirkung einer Untervollmacht trotz teilweise oder ganz fehlendem Recht zur Erteilung einer Untervollmacht eintritt (Vorbem. Art. 33–36/Rz. 5).

f) Die Untervollmacht kann sowohl vom Bauherrn (Art. 34 Abs. 1 OR) als auch von der Bauleitung widerrufen werden (vgl. ZÄCH/KÜNZLER, Berner Kommentar, N 73 zu Art. 33 OR). 4.7

Anmerkung 5

Der Umfang der nach Art. 35 kundgegebenen Vollmacht zur Erteilung von Weisungen geht inhaltlich maximal so weit wie jene in Art. 33 Abs. 2. Oder anders gesagt: Der Unternehmer darf (wenn gutgläubig) in diesem Rahmen auf die Kundgabe vertrauen, soweit er im Einzelfall nicht nach den Umständen Zweifel darüber haben muss, dass die betreffende Person mit einer entsprechenden Ermächtigung ausgestattet ist. 5

Anmerkung 6

In Bezug auf die Tagesrapporte ist namentlich auch Art. 36 Abs. 3 zu beachten; für Regierapporte die Regelung von Art. 47. 6

Anmerkung 7

Gemeint ist die Ermittlung und Anerkennung des gemeinsamen Ausmasses nach Art. 142. 7

Anmerkung 8

Eine ständige Vertretung auf der Baustelle bedeutet, dass sich während der gesamten Arbeitszeit ein Vertreter auf der Baustelle aufhält oder kurzfristig zur Verfügung steht. 8

Anmerkung 9

Als «Bauleiter oder Aufseher» gilt jede natürliche Person, die im Auftrag der Bauleitung gegenüber dem Unternehmer Kontrollfunktionen wahrnimmt. Es ist nicht erforderlich, dass diese Person ausdrücklich als Bauleiter oder Aufseher bezeichnet wird. 9

Anmerkung 10

Die Einsetzung eines ständig auf der Baustelle anwesenden Bauleiters oder Aufsehers durch die Bauleitung wird der ausdrücklichen Kundgabe einer Untervollmacht gleichgestellt. Ebenso, wenn es die Bauleitung oder der Bauherr duldet, dass eine Person (von sich aus) als ständiger Bauleiter oder Aufseher auftritt. 10

Anmerkung 11

Vgl. Art. 33 Abs. 1 und Art. 35/Rz. 1.1 f. 11

Anmerkung 12

Die Bestimmung differenziert nicht zwischen verschiedenen Arten von Mitteilungen und Willensäusserungen. Allerdings kann der Vertrauensschutz des Unternehmers in die kundgegebene *passive Untervollmacht* nicht weiter gehen als die kundgegebene passive Vollmacht der Bauleitung (Art. 33/Rz. 9 ff.). Willenserklärungen, die darauf gerichtet 12 sind, finanzielle Verpflichtungen des Bauherrn zu begründen (z.B. Nachtragsofferten nach Art. 87 Abs. 1, Art. 88 Abs. 1 oder Art. 89 Abs. 1), sind grundsätzlich an den Bauherrn selbst zu richten.

Anmerkung 13

13 Die Bestimmung bezieht sich insbesondere auf die Anzeige- und Abmahnungspflicht nach Art. 25 (vgl. auch Art. 30 Abs. 5 und Art. 136 Abs. 3). Sie gilt jedoch auch für andere Arten der Anzeige (z.B. Art. 158). Nach dem Wortlaut von Art. 35 Abs. 2 (i.V.m. Art. 25 Abs. 1) ist der Vertreter der Bauleitung folglich zur Entgegennahme einer Abmahnung ermächtigt. Das mag angesichts der Rechtswirkungen, die mit der Abmahnung verbunden sind, in Einzelfällen problematisch sein (vgl. GWerkV Rz. 1942). Nichtsdestotrotz ist die Abmahnung gültig (Art. 25/Rz. 3.1 ff.). Das Risiko, dass der Vertreter der Bauleitung die Tragweite einer Abmahnung nicht erkennt und die entsprechende Erklärung nicht weiterleitet, trägt im Verhältnis zum Unternehmer der Bauherr.

Anmerkung 14

14 Gemeint ist, dass der Zugang von Mitteilungen und Willenserklärungen bei den bezeichneten Personen als Zugang bei der Bauleitung und damit – gemäss der kundgegebenen Vollmacht (Art. 33 Abs. 2) – auch als Zugang beim Bauherrn gilt.

1 52 Vertretung des Unternehmers

Art. 36

[1] Ist der Unternehmer während der Arbeitszeit [1] nicht persönlich [2] auf dem Platze [3] anwesend, so bezeichnet er einen Baustellenchef, der ihn dort vertritt.[4] Auch bezeichnet er der Bauleitung die Personen, die er ermächtigt hat [5], Weisungen verbindlich entgegenzunehmen [6] sowie Rapporte [7] und Bauaufnahmen [8] zu unterzeichnen.

[2] Baustellenchef kann sein: ein Bauführer, Polier, Vorarbeiter oder bei kleineren Arbeiten ein Facharbeiter. Während der Arbeitszeit ist der Baustellenchef auf dem Platze zugegen [9]; er sorgt für richtige Ausführung der Arbeit [10] und für Ordnung [11].

[3] Ist der Unternehmer auf der Baustelle ständig durch einen Bauführer vertreten [12], so ist dieser [13] zur Unterzeichnung von Rapporten [14] und Bauaufnahmen [15] berechtigt [16]. Der Bauführer kann diese Kompetenz auf Untergebene übertragen [17]; er verständigt darüber die Bauleitung [18].

[4] Auf Verlangen der Bauleitung [19] gibt der Unternehmer täglich [20] einen Rapport (Tagesrapport) [21] ab mit Angaben über die Zahl der auf dem Platz beschäftigten

Arbeitnehmer[22], der für den Arbeitsfortschritt unmittelbar massgebenden Baumaschinen[23] und über die ausgeführten Arbeiten[24]. Für Regiearbeiten sind die Rapporte (Regierapporte) gemäss Art. 47 abzugeben.

Art. 36 (1977/91)

[1] Ist der Unternehmer während der Arbeitszeit nicht persönlich auf dem Platze anwesend, so bezeichnet er einen Baustellenchef, der ihn dort vertritt. Auch bezeichnet er der Bauleitung die Personen, die er ermächtigt hat, Weisungen verbindlich entgegenzunehmen sowie Rapporte und Bauaufnahmen zu unterzeichnen.

[2] Baustellenchef kann sein: ein Bauführer, Polier, Vorarbeiter oder bei kleineren Arbeiten ein Facharbeiter. Während der Arbeitszeit ist der Baustellenchef auf dem Platze zugegen; er sorgt für richtige Ausführung der Arbeit und für Ordnung.

[3] Ist der Unternehmer auf der Baustelle ständig durch einen Bauführer vertreten, so gilt dieser als zur Unterzeichnung von Rapporten und Bauaufnahmen berechtigt. Der Bauführer kann diese Kompetenz auf Untergebene übertragen; hievon verständigt er die Bauleitung.

[4] Auf Verlangen der Bauleitung gibt der Unternehmer täglich einen Rapport (Tagesrapport) ab mit Angaben über die Zahl der auf dem Platz beschäftigten Arbeitnehmer, der für den Arbeitsfortschritt unmittelbar massgebenden Baumaschinen und über die ausgeführten Arbeiten. Für Regiearbeiten sind die Rapporte (Regierapporte) gemäss Art. 47 abzugeben.

Anmerkung 1

Handelt es sich um ein arbeitsteiliges Bauprojekt, wird der Unternehmer (soweit er nicht persönlich auf der Baustelle anwesend sein wird), einen Baustellenchef bezeichnen, der ihn dort vertritt. Unter «Arbeitszeit» ist jene Zeitperiode zu verstehen, während der die Arbeitnehmer oder Subunternehmer (Art. 29) des Unternehmers auf der Baustelle tätig sind. Die Präsenzpflicht des Unternehmers bzw. seines Vertreters bezieht sich auf jene Tage, an denen seine Unternehmung selber Arbeiten ausführt, ausführen lässt oder auszuführen hätte. Inwieweit der Unternehmer während der übrigen Zeit für Dritte (z.B. für Parallelunternehmer [Art. 30/Rz. 4.4] oder Anschlussunternehmer) erreichbar sein muss, bestimmt sich nach den mit dem Bauherrn getroffenen Koordinationsabreden (Art. 34 Abs. 3). 1

Anmerkung 2

«Persönlich» anwesend ist eine natürliche Person, wenn sie auf der Baustelle selber präsent ist. Telefonische Erreichbarkeit genügt in der Regel, soweit nicht ein spezifischer Arbeitsgang oder sonstige Vorkommnisse die unmittelbare Anwesenheit des Unternehmers erfordern. Handelt es sich beim Unternehmer um eine juristische Person, entspricht die Anwesenheit eines Organs oder eines (als solchen bezeichneten) Vertreters (z.B. Baustellenchef) der persönlichen Anwesenheit im Sinne dieser Bestimmung, soweit die Parteien im Werkvertrag nicht etwas anderes abgemacht haben. 2

Anmerkung 3

Mit der Wendung «auf dem Platze» bezieht sich die Bestimmung auf die betreffende Baustelle respektive den Ort, an dem die Werkleistungen erbracht werden. 3

Anmerkung 4

4.1 Der Unternehmer hat die Pflicht, dem Bauherrn oder seiner Bauleitung einen Baustellenchef (auch Baustellenführer) als Vertreter zu bezeichnen, der bei Abwesenheit des Unternehmers in seinem Namen für die richtige Ausführung der Arbeit und für Ordnung sorgt (Art. 36 Abs. 2). Er ist verpflichtet, seine *Arbeitsorganisation* so auszugestalten, dass eine permanente Leitung und Aufsicht der Bauausführung und der Sicherheit gewährleistet ist. Im Einzelnen:

4.2 a) Der Baustellenführer hat den Unternehmer auf der Baustelle («dort») zu vertreten. Damit wird zum Ausdruck gebracht, dass der Baustellenführer den Unternehmer in erster Linie «vor Ort» gegenüber den eigenen Arbeitnehmern und Subunternehmern (Art. 29), aber auch gegenüber anderen Nebenunternehmern (Art. 30) zu vertreten hat. Dies ergibt sich insbesondere aus Art. 36 Abs. 2, wonach der Baustellenchef «für richtige Ausführung der Arbeit und für Ordnung» zu sorgen hat. Als Vertreter des Unternehmers kann der Baustellenführer die diesem aus dem jeweiligen Vertrags- oder Rechtsverhältnis zustehenden Rechte wahrnehmen.

4.3 b) Der Unternehmer kann die Vertretungsbefugnis mehreren Personen übertragen oder den oder die Vertreter während der Bauausführung auswechseln. Eine Pflicht, den Bauherrn (bzw. die Bauleitung) über entsprechende Wechsel zu informieren, besteht, unter Vorbehalt einer anders lautenden Abrede, nur dann, wenn der Baustellenchef gleichzeitig auch zur Entgegennahme von Weisungen oder zur Unterzeichnung von Rapporten oder Bauaufnahmen ermächtigt ist (Art. 36 Abs. 1 Satz 2).

4.4 Der Bauherr hat bei der Bezeichnung des Baustellenchefs kein Mitsprache- oder Ablehnungsrecht. Sein Anspruch beschränkt sich darauf, dass eine permanente Leitung der Bauausführung durch den Unternehmer oder durch dessen Stellvertreter sichergestellt ist.

Anmerkung 5

5 Der Unternehmer hat (unabhängig von seiner An- oder Abwesenheit) die vertragliche *Nebenpflicht,* gegenüber dem Bauherrn und der Bauleitung mindestens eine Person zu bezeichnen, die zur Entgegennahme von Weisungen und zur Unterzeichnung von Rapporten und Bauaufnahmen ermächtigt ist. Dies kann der Baustellenchef oder eine andere Person/Personengruppe sein. Im Unterschied zum Baustellenchef ist die nach Art. 36 Abs. 1 Satz 2 ermächtigte Person/Personengruppe und deren allfällige Auswechslung dem Bauherrn (bzw. der Bauleitung als dessen Vertreter) bekannt zu geben. Mit der Mitteilung gibt der Unternehmer dem Bauherrn eine Vollmacht kund (Art. 33 Abs. 3 OR).

Anmerkung 6

6 *Weisungen* sind Anordnungen des Bauherrn über die Ausführung des geschuldeten Werks, die der Unternehmer nach dem Inhalt des Werkvertrags befolgen muss (GWerkV Rz. 1927; Art. 84/Rz. 2.1 ff.). Von Weisungen ist unter anderem in Art. 25 Abs. 3, Art. 44 Abs. 3, Art. 45 Abs. 2, Art. 99 und Art. 125 Abs. 2 die Rede. Die kundgegebene Vollmacht erstreckt sich auf die Befugnis des Vertreters (in der Regel des Baustellenchefs), Weisun-

gen rechtsverbindlich entgegenzunehmen sowie Rapporte und Bauaufnahmen zu unterzeichnen (dazu Art. 36/Rz. 7 f.). Diese Befugnis kann der Baustellenchef – anderslautende Bestimmungen seines Arbeitsvertrags vorbehalten – auch auf den Bauführer, den Polier oder weitere «Untergebene» übertragen (Art. 36/Rz. 17). Die Einräumung weiterer Befugnisse wird in Art. 34 nicht erwähnt. Bei der Ermächtigung zur Entgegennahme von Willenserklärungen Dritter handelt es sich um eine sogenannte *passive Vollmacht* (Zäch/Künzler, Berner Kommentar, N 101 zu Art. 33 OR). Ob die kundgegebene Vollmacht im Einzelfall eine umfassende Ermächtigung ist und auch die *aktive* Vertretung des Unternehmers (z.B. zum Abschluss von Zusatzvereinbarungen, zur Erledigung von Bestellungsänderungen oder etwa zur Abwicklung des Zahlungsverkehrs) beinhaltet, lässt sich Art. 36 nicht entnehmen (a.M. Spiess/Huser, Handkommentar, N 15 zu Art. 36), sondern ist in jedem Einzelfall – anhand der im Werkvertrag mitgeteilten Kompetenzregelung (Art. 36/Rz. 4.2) – zu beurteilen. In der Regel umfasst die Bevollmächtigung zur aktiven auch die passive Vertretung, nicht aber umgekehrt (BGer 2C_1071/2012 vom 7. Mai 2013 E. 5.3). Indem Art. 36 dem Vertreter die (passive) Vollmacht zur verbindlichen Entgegennahme von Weisungen einräumt, ist diesem aber zugleich auch die (aktive) Befugnis zuzugestehen, der Weisung des Bauherrn durch eine Abmahnung zu begegnen (dazu Art. 25/Rz. 25.1 ff.).

Anmerkung 7

«Rapporte» sind hier sowohl Tagesrapporte (Art. 36 Abs. 4) als auch Regierapporte 7
(Art. 36 Abs. 3 und Art. 47). Dies zeigt sich daran, dass in Art. 36 Abs. 3 jeweils eine präzisierende Klammerbemerkung angefügt ist, wenn unter «Rapport» allein ein «Tages-» bzw. «Regierapport» verstanden wird. In BGer 4C.227/2002 vom 24. Januar 2003 E. 4 bezeichnet das Bundesgericht Regierapporte als «Zeitrapporte», welche mit der Gegenzeichnung eine tatsächliche Vermutung für den darin ausgewiesenen Aufwand begründen. Der nicht unterzeichnete Regierapport lässt nicht notgedrungen die Vergütungspflicht des Bauherrn entfallen, sondern erschwert in der Regel bloss die Beweisführung des Unternehmers.

Anmerkung 8

Gemeint ist die gemeinsame Ermittlung und Festlegung des definitiven Ausmasses 8
(Art. 142). Die Vollmacht zur Unterzeichnung von «Bauaufnahmen» umfasst regelmässig auch die Ermächtigung, im Namen des Unternehmers die Ausmasse gemeinsam mit der Bauleitung (Art. 142 Abs. 1) zu ermitteln.

Anmerkung 9

Der Unternehmer hat dafür zu sorgen, dass der Baustellenchef auf der Baustelle anwe- 9
send ist und die ihm übertragenen Aufgaben tatsächlich wahrnimmt. Aus Art. 36 Abs. 2 erwachsen dem Baustellenchef keinerlei Rechte und Pflichten. Sein «Aufgaben- und Pflichtenheft» beurteilt sich vielmehr nach dem Vertragsverhältnis, das zwischen ihm und dem Unternehmer besteht (meist ein Einzelarbeitsvertrag).

Anmerkung 10

10 Der Unternehmer bleibt dem Bauherrn «für richtige Ausführung der Arbeit» verantwortlich. Er hat dafür zu sorgen, dass während seiner Abwesenheit ein Baustellenchef die gehörige und rechtzeitige Herstellung des Werks sicherstellt.

Anmerkung 11

11.1 Der Unternehmer hat im Rahmen seiner Arbeiten auf dem Bauplatz und den Zufahrten «für Ordnung» zu sorgen (Art. 118 Abs. 1). Er hat die entsprechende Aufgabe dem Baustellenchef zu übertragen, wenn er nicht persönlich auf dem Platze anwesend ist. Ordnung halten bedeutet insbesondere (vgl. INGENSTAU/KORBION/OPPLER, VOB, N 6 ff. zu § 4 Abs. 1 VOB/B):

11.2 a) dass alle Handlungen erbracht werden, die notwendig sind, um einen ordentlichen Ablauf der Werkherstellung ohne Verzögerungen im Rahmen des dem Unternehmer erteilten Auftrags zu gewährleisten; dazu gehört die Wegschaffung des Schutts und die Räumung der Arbeitsplätze (Art. 118 Abs. 2 und 3);

11.3 b) dass alle an der Erstellung des Bauwerks beteiligten Unternehmer, Planer, der Bauherr wie auch Drittpersonen, die sich befugterweise auf dem Baugelände aufhalten, vor Schaden jeder Art bewahrt werden;

11.4 c) dass der Unternehmer «seine Baustelle» aufräumt, also örtlich überall dort für Ordnung sorgt, wo er zur Erfüllung seiner vertraglich geschuldeten Bauleistung Platz für Arbeitskräfte, Geräte- und Materiallagerungen sowie Arbeitsvorgänge beansprucht hat.

Anmerkung 12

12 Eine *«ständige Vertretung»* bedeutet nicht, dass ein Vertreter des Unternehmers ununterbrochen auf dem Platze anwesend ist. Er muss aber (mindestens) so häufig auf der Baustelle anwesend sein, dass er die Rapporte und Bauaufnahmen aus eigener Anschauung «gemeinsam, fortlaufend und zeitgerecht» unterschriftlich bestätigen kann (Art. 142 Abs. 1).

Anmerkung 13

13 Die in Art. 36 Abs. 3 enthaltene Vermutung der Unterzeichnungsbefugnis gilt nur für Bauführer, nicht aber für Poliere, Vorarbeiter oder Facharbeiter, selbst wenn diese als Baustellenchef eingesetzt werden (Art. 36 Abs. 2).

Anmerkung 14

14 Vgl. Art. 36/Rz. 7.

Anmerkung 15

15 Vgl. Art. 36/Rz. 8.

Anmerkung 16

16 Dem Bauherrn wird eine *Vollmacht* kundgetan (Art. 33 Abs. 3 OR), dass der Bauführer, der den Unternehmer auf der Baustelle ständig vertritt, ohne Weiteres zur Unterzeich-

nung von Rapporten und Bauaufnahmen berechtigt sei. Eine Vertretungsbefugnis zur Entgegennahme von Weisungen (Art. 36 Abs. 1) wird indessen nicht vermutet.

Anmerkung 17

Ob der Bauführer über diese Kompetenz zur Erteilung einer Untervollmacht verfügt, bestimmt sich nach den vertraglichen Abreden zwischen ihm und dem Unternehmer, nicht allein gestützt auf Art. 36 Abs. 3. 17

Anmerkung 18

Der Unternehmer hat seinen Bauführer zur Mitteilung an die Bauleitung bzw. an den Bauherrn anzuhalten, wenn dieser die Kompetenz zur Unterzeichnung der Rapporte und Bauaufnahmen an Untergebene delegiert. Der Bauherr muss wissen, wem er verbindlich Weisungen erteilen kann. Der Bauführer wird aus Art. 36 Abs. 3 nicht unmittelbar verpflichtet. Teilt er dem Bauherrn die zur Unterzeichnung berechtigten Personen mit, so darf der Bauherr darauf vertrauen, dass der Bauführer über die entsprechende Kompetenz verfügt und den Unternehmer verpflichtet (Art. 33 Abs. 3 OR). 18

Anmerkung 19

Zur Abgabe der Tagesrapporte ist der Unternehmer nur verpflichtet, wenn der Bauherr die Erstellung und die Abgabe mit Abschluss des Werkvertrags verlangt. Hat der Bauherr bei Vertragsabschluss auf Tagesrapporte verzichtet, so kann er nachträglich für die vergangene Zeit keine Rapporte mehr verlangen, es sei denn, der Unternehmer hat sie von sich aus ohnehin erstellt. Der Unternehmer hat die Rapporte nicht von sich aus, sondern einzig «auf Verlangen der Bauleitung» abzugeben (Art. 36 Abs. 4). Etwas anderes gilt nur, wenn die Parteien individuell oder in einem ranghöheren Vertragsbestandteil eine abweichende Vereinbarung getroffen haben (Art. 21/Rz. 5.4). 19

Anmerkung 20

Schuldet der Unternehmer die Abgabe von Tagesrapporten, so hat der Unternehmer solche täglich herzustellen und auf Verlangen täglich (Tag für Tag) abzugeben (zur täglichen Her- und Bereitstellung von Regierapporten vgl. Art. 47/Rz. 2). 20

Anmerkung 21

Der «*Tagesrapport*» dient dem Nachweis von Art und Umfang der Leistung (Arbeitskräfte, Materialien, Baustelleninstallation) sowie dem Nachweis der Erfüllung in leistungsmässiger und zeitlicher Hinsicht (vgl. Ingenstau/Korbion/Keldungs, VOB, N 6 und 8 zu § 15 Abs. 3 VOB/B). Anhand der Tagesrapporte können der Unternehmer und der Bauherr eine nach Aufwand bemessene Vergütung (vgl. Art. 374 OR) ermitteln, allenfalls auch Mehr- oder Mindervergütungen aufgrund von veränderten Ausführungsvoraussetzungen (Art. 87). Zu ergänzen bleibt: 21.1

a) Der Unternehmer kann für die Vorlage von Tagesrapporten keine Entschädigung verlangen. 21.2

21.3 b) Der Tagesrapport wird nicht notwendigerweise unter- oder gegengezeichnet. Ob der nicht beidseitig unterzeichnete Rapport eine (widerlegbare) natürliche Vermutung dafür begründen kann, dass sein Inhalt der Richtigkeit entspricht, ist in jedem Einzelfall zu ermitteln (Art. 36/Rz. 7 und den dort zitierten Entscheid des Bundesgerichts). Ungeachtet dessen können solche Dokumente die Beweisführung erheblich erleichtern, namentlich auch zum Nachweis der Arbeitsvollendung innerhalb der letzten vier Monate vor der Vormerkung eines Bauhandwerkpfandrechts im Grundbuch (Art. 837 Abs. 1 Ziff. 3 und Art. 839 Abs. 3 ZGB).

21.4 c) Der Tagesrapport ist vom Regierapport nach Art. 47 («Zeitrapport») zu unterscheiden (Art. 36/Rz. 7). Letzterer listet die Leistungen des Unternehmers auf, die gemäss Werkvertrag nach Regie vergütet werden bzw. vergütet werden dürfen (Art. 47), und zwar nach Aufwand (unterteilt nach Arbeits- und Maschinenstunden etc.).

Anmerkung 22

22 Neben der «Zahl der beschäftigten Arbeitnehmer» werden regelmässig auch die vom Unternehmer geleisteten Arbeitsstunden nach Arbeiterkategorie geordnet und festgehalten (vgl. zum Regierapport Art. 47/Rz. 7).

Anmerkung 23

23 Zur Angabe der «für den Arbeitsfortschritt unmittelbar massgebenden Baumaschinen» zählt auch die Auflistung der Benützungsstunden (vgl. zum Regierapport Art. 47/Rz. 6). Waren für die vertragsgemässe Durchführung der Arbeiten Baustelleneinrichtungen (Art. 123; auch Installationen genannt) notwendig, so hat der Tagesrapport auch über deren Errichtung und Benützungsdauer zu berichten.

Anmerkung 24

24 Die «ausgeführten Arbeiten» sind nach Art und Fortschritt festzuhalten (vgl. zum Regierapport Art. 47/Rz. 9).

16 Streitigkeiten und Gerichtsstand

Art. 37

[1] Treten Meinungsverschiedenheiten auf [1], so haben Unternehmer und Bauherr ihren vertraglichen Pflichten trotzdem gewissenhaft [2] nachzukommen.[3] Weder darf deswegen die Arbeit vertragswidrig unterbrochen [4], noch dürfen fällige Zahlungen [5] vertragswidrig verweigert [6] werden.

[2] Für allfällige Streitigkeiten können die Parteien ein Verfahren zur gütlichen Beilegung [7] und/oder ein Schiedsverfahren [8] vereinbaren [9].

[3] Sofern die Parteien nichts anderes [10] schriftlich vereinbaren [11], werden alle Streitigkeiten [12] von den ordentlichen Gerichten [13] am Wohnsitz oder Sitz der beklag-

ten Partei[14], bei deren Wohnsitz oder Sitz ausserhalb der Schweiz am Ort des Bauwerks[15] beurteilt.

Art. 37 (1977/91)

[1] Treten Meinungsverschiedenheiten auf, so haben Unternehmer und Bauherr ihren vertraglichen Pflichten trotzdem gewissenhaft nachzukommen. Weder darf deswegen die Arbeit vertragswidrig unterbrochen, noch dürfen fällige Zahlungen vertragswidrig verweigert werden.

[2] Sofern die Parteien nichts anderes vereinbaren, werden alle Streitigkeiten von den ordentlichen Gerichten beurteilt; Gerichtsstand ist der Wohnsitz der beklagten Partei, bei deren Wohnsitz im Ausland der Ort des Bauwerkes.

[3] Die Parteien können einen anderen Gerichtsstand vereinbaren oder sich auf ein Schiedsgericht einigen. Auch können sie die direkte Anrufung des Bundesgerichtes vereinbaren, wenn der Streitwert den vom Gesetz hierfür verlangten Betrag erreicht.

Anmerkung 1

«Meinungsverschiedenheiten» sind unterschiedliche Auffassungen der Parteien über einen Punkt, der in irgendeiner Weise mit der Vertragserfüllung zusammenhängt. Nicht erfasst werden Streitigkeiten über das gültige Zustandekommen des Vertrags (GWerkV Rz. 380 ff.). 1

Anmerkung 2

Mit der Aufforderung, auch bei Meinungsverschiedenheiten den Vertragspflichten «gewissenhaft», das heisst mit der gebotenen Sorgfalt nachzukommen, erinnert Art. 37 Abs. 1 an den Grundsatz der Vertragstreue, der sich aus dem Gebot von Treu und Glauben (Art. 2 Abs. 1 ZGB) ergibt und auch in Art. 23 Abs. 1 angesprochen wird. Ungeachtet ihrer Meinungsverschiedenheiten haben Unternehmer und Bauherr «jede Nachlässigkeit zu vermeiden, welche die richtige Erfüllung dieser Pflicht oder den Vertragszweck gefährdet» (GWerkV Rz. 817; Bühler Theodor, Zürcher Kommentar, N 28 zu Art. 364 OR; Koller Alfred, Berner Kommentar, N 36 ff. zu Art. 364 OR). 2

Anmerkung 3

Der erste Satz von Art. 37 Abs. 1 ist vor allem deklaratorischer Natur. Neue einklagbare Rechte und Pflichten werden nicht begründet. Allgemein zur Kooperationspflicht vgl. Art. 23/Rz. 4.7 f. sowie Art. 24 Abs. 1. 3

Anmerkung 4

«Ein vertragswidriger Arbeitsunterbruch» ist eine unbefugte Einstellung der Werksausführung (GWerkV Rz. 1280). Unzulässig ist die Unterbrechung namentlich dann, wenn der Werkvertrag dem Unternehmer jeglichen Arbeitsunterbruch ausdrücklich verbietet oder wenn der Unternehmer die Arbeit einstellt, obwohl das von ihm behauptete Auflösungs- bzw. Einstellungsrecht in Tat und Wahrheit nicht besteht. In einem solchen Fall kann der Bauherr Schadenersatz aus Nicht- oder verspäteter Vertragserfüllung geltend machen (Art. 97) oder den Vertrag nach Art. 366 Abs. 1 OR vorzeitig auflösen, falls die jeweiligen Voraussetzungen erfüllt sind. 4.1

4.2 Das aus Art. 82 OR abgeleitete Zug-um-Zug-Prinzip bzw. das Recht des Unternehmers, einzelne Arbeiten einzustellen oder die Werkausführung insgesamt zu verweigern, bis der Bauherr eine fällige Zahlung begleicht, wird (entgegen der im Baugewerbe verbreiteten Auffassung) durch Art. 37 weder tangiert noch eingeschränkt. Denn das auf Art. 82 OR abgestützte Recht auf Arbeitseinstellung stellt eine gerechtfertigte, keine «vertragswidrige» Unterbrechung dar. Zu ergänzen bleibt:

4.3 a) Das Recht des Unternehmers, seine Leistung nach Art. 82 OR zu verweigern, wenn der Bauherr mit einer fälligen Zahlung im Rückstand ist, gilt unabhängig davon, ob es sich bei der geschuldeten Zahlung um eine Abschlags- oder Teilzahlung bzw. um eine Schlusszahlung handelt (vgl. BGer 4C.77/2005 vom 20. April 2005 E. 5.1; KGer SG vom 12. Mai 2005 = GVP SG 2005, S. 236, Nr. 54 = BR/DC 2006, S. 168, Nr. 431; GWerkV Rz. 1281; Schumacher, Die Vergütung, Rz. 300).

4.4 b) Das aus Art. 82 OR abgeleitete Leistungsverweigerungsrecht darf nicht missbräuchlich (Art. 2 Abs. 2 ZGB) ausgeübt werden. Missbräuchlich und vertragswidrig wäre es, wenn die Arbeitseinstellung in keinem vernünftigen Verhältnis zur ausstehenden Vergütung stände (Art. 190/Rz. 1.1 ff.; Weber, Berner Kommentar, N 194 zu Art. 82 OR). Diese Beurteilung ist «unter Einbezug sämtlicher Nachteile, die der Bauherr aus der Arbeitseinstellung erleidet» und die für den Unternehmer im Zeitpunkt der Arbeitseinstellung erkennbar sind, vorzunehmen (GWerkV Rz. 1282).

4.5 c) Die Mehraufwendungen, die dem Unternehmer aus einer befugten Arbeitseinstellung entstehen, geben diesem einen Anspruch auf Anpassung der Vergütung und der Bauzeit, sie berechtigen ihn zudem gegebenenfalls zu Schadenersatz nach Art. 103 Abs. 1 OR (GWerkV Rz. 1280) respektive zum Ersatz des Verspätungsschadens aus Art. 97, falls die Fristüberschreitung durch den Bauherrn (oder seiner Bauleitung) «verschuldet» war (Art. 97/Rz. 2).

Anmerkung 5

5 Mit «fälligen Zahlungen» sind vom Unternehmer berechtigterweise gestellte Rechnungen gemeint, die innerhalb der Zahlungsfrist von dreissig Tagen nicht bezahlt wurden (Art. 190 Abs. 1), dies selbstverständlich unter dem Vorbehalt, dass die Parteien in der Vertragsurkunde nicht eine andere Zahlungsfrist vereinbart haben (vgl. Art. 21 Abs. 3) oder nicht eine anders lautende Individualabrede getroffen wurde (Art. 21/Rz. 18). Der Eintritt der Fälligkeit bestimmt sich für Regiezahlungen nach Art. 55 Abs. 1, für Teuerungszahlungen nach Art. 66 Abs. 4, für Abschlagszahlungen nach Art. 148 sowie für die Abrechnungsforderung der Schlussabrechnung nach Art. 155.

Anmerkung 6

6 Zahlungen werden vom Bauherrn «vertragswidrig verweigert», wenn diese trotz Fälligkeit ohne Rechtfertigungsgrund, somit unbefugterweise zurückbehalten werden. Allein vom ungerechtfertigten Rückbehalt ist in Art. 37 Abs. 1 die Rede. Zum Recht des Bestellers, eine fällige Zahlung nach Art. 82 OR zur Durchsetzung seines Nachbesserungsanspruchs zurückzubehalten, vgl. die detaillierten Ausführungen bei GWerkV Rz. 2366 ff.

Dieses gesetzliche Rückbehaltungsrecht steht dem Bauherrn (soweit die Voraussetzungen erfüllt sind) selbst dann zu, wenn er als Sicherheitsleistung eine Solidarbürgschaft oder eine Bargarantie beansprucht (Art. 181/Rz. 10.1 ff.; Art. 182/Rz. 7).

Anmerkung 7

a) Einzelne Verfahrensregeln «zur gütlichen Beilegung» von Streitigkeiten enthält etwa die neue schweizerische Zivilprozessordnung (ZPO) in den Art. 213–218 ZPO. Unter dem Titel «Mediation» wird unterschieden zwischen «Mediation statt Schlichtungsverfahren» (Art. 213 ZPO) oder «Mediation im Entscheidverfahren» (Art. 214 ZPO). In beiden Fällen setzt die Streitschlichtung einen gemeinsamen Antrag der Streitparteien voraus. Organisation und Durchführung der Mediation ist Sache der Parteien (Art. 215 ZPO). Die Mediation ist von der Schlichtungsbehörde und vom Gericht unabhängig sowie vertraulich (Art. 216 Abs. 1 ZPO). 7.1

b) Mit der VSS-Empfehlung 641 510 («Streiterledigung») steht eine Verfahrensordnung für die aussergerichtliche Konfliktlösung zur Verfügung, die bei grösseren Bauprojekten recht verbreitet ist. Diese Verfahrensregeln können im Streitfall (ad-hoc) für anwendbar erklärt werden, aber auch bereits als Vertragsbestandteil in den Werkvertrag übernommen werden, noch bevor Meinungsverschiedenheiten auftreten. Im Einzelnen: 7.2

- Wenn die Parteien vereinbart haben, sich vor der Anrufung des Gerichts einem *Streitschlichtungsverfahren* nach der VSS-Empfehlung 641 510 zu unterwerfen, dann ernennen Bauherr und Unternehmer im gemeinsamen Einverständnis bereits vor oder bei Werkvertragsabschluss («60 Tage nach Vergabe der Arbeiten») je eine mit der Materie vertraute neutrale Person und gemeinsam eine(n) Vorsitzende(n) (Ziffer 9). Nach diesem Modell ist die Schlichtungsstelle sowohl als projektbegleitende Vermittlungsinstanz (präventiv als Konfliktvermeider) eingesetzt und tätig (Ziffer 10) wie auch als Schlichtergremium zur Bereinigung der im Zuge der Projektrealisierung auftretenden Streitfragen (in Phase 2; Ziffer 11 ff.), soweit die Meinungsverschiedenheiten (in Phase 1; Ziffer 7) auf dem «Baustellenentscheidungsweg» nicht durch ein abschliessendes «Chefgespräch» erledigt werden können. 7.3
- Die Schlichter sind gehalten, den Parteien innerhalb kurzer Fristen (also vor Projektabschluss) einen Lösungsvorschlag zu unterbreiten. Die Parteien sind daran nicht gebunden, sondern können, wenn ein Vergleich nicht zustande kommt (aber erst dann), in der Folge das zuständige ordentliche Gericht oder ein vereinbartes Schiedsgericht anrufen. 7.4
- Ziel des Verfahrens ist es, Konflikte «von Baubeginn an, innert nützlicher Frist und mit minimalem Aufwand» (Ziffer 3 der VSS-Empfehlung) zu bewältigen (vgl. dazu im Einzelnen Hürlimann, Mediation bei Infrastrukturvorhaben, S. 30 f.; Hürlimann, Streiterledigung bei Grossprojekten, S. 148 ff.; Egli, Schlichtung von Baustreitigkeiten, S. 270 ff.; ders., Das Streiterledigungsmodell, S. 241 ff.; Tercier, Commissions de conciliation, S. 337 ff.). 7.5

Anmerkung 8

8.1 a) Die *Schiedsabrede* kann entweder erst bei Ausbruch einer Meinungsverschiedenheit vereinbart werden. Oder die Parteien einigen sich bereits im Werkvertrag auf eine Schiedsklausel, nach welcher sich die Parteien verpflichten, künftige Streitigkeiten aus einem bestimmten Rechtsverhältnis von einem Schiedsgericht (anstelle der ordentlichen Gerichte) beurteilen zu lassen (Spühler/Dolge/Gehri, Zivilprozessrecht, § 64 Rz. 14 ff.).

8.2 b) Die *Richtlinie für das Verfahren vor einem Schiedsgericht* des SIA (SIA-Richtlinie 150) ist nur anwendbar, wenn sie von den Parteien ausdrücklich schriftlich übernommen wurde (Art. 4 SIA-Richtlinie 150). Schiedsgerichte, die zur Erledigung von Rechtsstreitigkeiten aus den Gebieten des Architektur-, Ingenieur- und Bauwesens zuständig sind und der SIA-Richtlinie 150 unterstehen, werden von der Richtlinie als SIA-Schiedsgerichte bezeichnet (Art. 1 SIA-Richtlinie 150). Zu ergänzen bleibt:

8.3 – Was das anwendbare Verfahrensrecht für Schiedsgerichte anbelangt, so finden im *Binnenverhältnis – also* bei Sachverhalten ohne Auslandbezug – vorbehältlich vorrangiger Regeln die Art. 353 ff. ZPO Anwendung, welche die Regeln des Konkordats über die Schiedsgerichtsbarkeit (KSG) vom 27. März 1969 (AS 1969 1093) abgelöst haben.

8.4 – Bei Sachverhalten mit *Auslandbezug* sind die Verfahrensregeln der Art. 176 ff. IPRG zu beachten (vgl. Spühler/Dolge/Gehri, Zivilprozessrecht, § 63 Rz. 11 ff.), sofern das Schiedsgericht seinen Sitz in der Schweiz, mindestens eine Partei aber ihren Wohnsitz, Sitz oder gewöhnlichen Aufenthalt im Ausland hat (Art. 176 Abs. 1 IPRG) und die Parteien nicht ausdrücklich die Anwendung des zwölften Kapitels des IPRG ausgeschlossen und die ausschliessliche Anwendung der Art. 353 ff. ZPO über die Schiedsgerichtsbarkeit vereinbart haben (Art. 176 Abs. 2 IPRG).

8.5 – Die aktuelle SIA-Richtlinie 150 ist veraltet, da sie für Fälle, in denen sie das Prozessverfahren nur lückenhaft regelt, zum einen auf die Bestimmungen des Bundesgesetzes über den Bundeszivilprozess, zum andern auf das Konkordat über die Schiedsgerichtsbarkeit (AS 1969 1093) verweist (Art. 14 Abs. 3). Das Konkordat ist nicht mehr in Kraft; und statt auf die Regeln über den Bundeszivilprozess wäre heute auf die ZPO zu verweisen. Das ist nicht der einzige Grund, weshalb die Richtlinie derzeit revidiert wird.

Anmerkung 9

9 Die Schiedsvereinbarung kann sich sowohl auf eine bestehende Streitigkeit als auch auf künftige Streitigkeiten beziehen; doch ist für künftige Streitigkeiten festzuhalten, auf welches «bestimmte Rechtsverhältnis» sich die Schiedsklausel beziehen soll (Art. 357 Abs. 1 ZPO). Die Verbindlichkeit der Schiedsvereinbarung ist unabhängig vom Hauptvertrag, in dem sie verurkundet ist. Gegen die Schiedsklausel kann nicht eingewendet werden, der Hauptvertrag (z.B. der Werkvertrag) sei ungültig (Art. 357 Abs. 2 ZPO). Die Schiedsvereinbarung ist «*schriftlich*» zu vereinbaren (vgl. Art. 37 Abs. 3), wobei das Erfordernis der Schriftlichkeit nicht voraussetzt, dass die Erklärung unterzeichnet ist (vgl. Art. 37/Rz. 11.5).

Anmerkung 10

Unter Vorbehalt einer anders lautenden Parteiabsprache statuiert Art. 37 den *Vorrang der ordentlichen Gerichte* gegenüber den «Privatgerichten» (also z.B. gegenüber einem Schiedsgericht). Der Bestimmung kommt insoweit allerdings keine eigenständige Bedeutung zu. Sie gibt im Sinne einer Erinnerung lediglich bekannt, was auch ohne ausdrückliche Erwähnung gelten würde. Versäumen es die Parteien eines Werkvertrags nämlich, in ihrem Formularvertrag zwischen den Optionen «Ordentliches Gericht» oder «Schiedsgericht» zu wählen (durch entsprechendes Ankreuzen), dann sind Streitigkeiten vor den ordentlichen (staatlichen) Gerichten auszutragen. Vorbehalten bleibt selbstverständlich, dass sich die Parteien nachträglich noch auf die Bestellung eines Schiedsgerichts einigen. 10.1

Die Vereinbarung einer Gerichtsstandsklausel oder einer Schiedsvereinbarung, die sich auf Art. 37 Abs. 3 stützt oder davon abweicht, ist ein *prozessrechtlicher Vertrag* (BGE 121 III 495 ff.). Eine solche Vereinbarung ist jederzeit möglich und zulässig, soweit die ZPO (oder bei internationalen Sachverhalten das IPRG oder die Staatsverträge) eine solche Vereinbarung nicht ausschliesst oder beschränkt und soweit die Parteien ihre Willenseinigung in Bezug auf die Verfahrensart (Schiedsgericht oder ordentliches Gericht) und in Bezug auf die örtliche Zuständigkeit genügend deutlich zum Ausdruck bringen und die Forumsklausel in der verlangten Form zum Vertragsinhalt erklären. Zu beachten ist, dass die Prorogation eines Gerichts im Regelfall *nur eine Vereinbarung über die örtliche Zuständigkeit* (also z.B. Bern statt Zürich) zulässt, nicht aber eine Vereinbarung über die sachliche Zuständigkeit (z.B. nicht Handelsgericht statt Bezirksgericht). 10.2

Wenn die Parteien – vorrangig zu Art. 37 Abs. 3 – einen Gerichtsstand vereinbaren (z.B. im «Deckblatt»-Formular des Werkvertrags bzw. in der sogenannten Werkvertragsurkunde), so gilt das dort bezeichnete Gericht, sofern die gesetzlichen Anforderungen (etwa von Art. 17 ZPO) eingehalten sind und das angerufene Gericht («zweifelsfrei») seine Zuständigkeit feststellen kann (BGer 4C.292/2005 vom 23. November 2005 E 2.3.3). 10.3

Anmerkung 11

Mit dem gültigen Einbezug der SIA-Norm 118 schliessen die Parteien des Werkvertrags (sofern nichts anderes vereinbart wurde, Art. 37/Rz. 10.3) zugleich eine *Gerichtsstandsvereinbarung* ab. Im Einzelnen: 11.1

a) Zulässigkeit und Tragweite einer solchen Vereinbarung in der Schweiz bestimmen sich nach Massgabe von Art. 17 ZPO. Die ZPO ist per 1. Januar 2011 in Kraft getreten und hat im Rahmen ihres Geltungsbereiches die bisherigen Regelungen in den kantonalen Zivilprozessordnungen abgelöst. Die Regelung der sachlichen und der funktionellen Zuständigkeit verbleibt jedoch weiterhin den Kantonen sowie dem übrigen Bundesrecht (Art. 4 ZPO). Damit sind die Kantone nach wie vor befugt, für bestimmte Fachgebiete Sondergerichte einzurichten, wie namentlich Handelsgerichte (Art. 6 ZPO), die teils mit Fachrichtern aus der Planungs- und Baubranche besetzt sind. 11.2

b) Zulässigkeit und Tragweite einer Gerichtsstandsvereinbarung im internationalen Verhältnis bestimmen sich nach dem IPRG, insbesondere nach Art. 5 IPRG. Im eurointer- 11.3

nationalen Verhältnis beurteilt sich die Gültigkeit der Forumsklausel nach dem Lugano-Übereinkommen, insbesondere nach Massgabe von Art. 23 LugÜ (vgl. im Einzelnen BGE 139 III 345/347 E. 4; BERGER, Berner Kommentar, N 7 ff. und 14 ff. zu Art. 17 ZPO).

11.4 c) Bei der SIA-Norm 118 handelt es sich um Allgemeine Geschäftsbedingungen (AGB), die nur dann gültig sind, wenn sie von den Parteien in den Werkvertrag übernommen werden. Im Regelfall ist anzunehmen, dass die in Art. 37 Abs. 3 enthaltene Gerichtsstandsklausel zum verbindlichen Vertragsinhalt wird, wenn im Vertrag (z.B. in der Werkvertragsurkunde) mit ausreichender Deutlichkeit auf die SIA-Norm 118 verwiesen und der Vertragspartner vor Vertragsabschluss zumindest die Möglichkeit hat, in zumutbarer Weise von der SIA-Norm 118 Kenntnis zu nehmen (BGE 139 III 345/349 E. 4.3). Nach der bundesgerichtlichen Rechtsprechung zu Art. 23 LugÜ (BGE 139 III 345/349 E. 4.4.1 f.; zu diesem Urteil auch KRAMER/PROBST/PERRIG, AGB-Recht, Rz. 211) müssen die AGB im Zeitpunkt des Vertragsabschlusses nicht tatsächlich vorliegen; vielmehr ist es zumutbar, die fraglichen AGB auf dem Internet zu konsultieren, wenn die Parteien vor Vertragsabschluss per E-Mail kommuniziert haben – nicht zumutbar aber sei die Bestellung der AGB per Telefax. Vor diesem Hintergrund lässt sich sagen, dass es nicht zumutbar ist, die AGB zunächst käuflich zu erwerben (SPIESS/HUSER, Handkommentar, N 20 zu Art. 37).

11.5 d) In formeller Hinsicht bedarf die Gerichtsstandsvereinbarung der Schriftlichkeit. Doch muss die Vereinbarung nicht direkt in die Vertragsurkunde aufgenommen werden; sie kann auch in der SIA-Norm 118 enthalten sein, wenn in der Vertragsurkunde auf die Norm verwiesen wird. Nicht erforderlich ist, dass in der Vertragsurkunde spezifisch auf die Gerichtsstandsvereinbarung Bezug genommen wird (BGE 139 III 345/348 E. 4.1). Schriftform liegt vor, wenn sich das Einverständnis zum Gerichtsstand durch Text nachweisen lässt (BERGER, Berner Kommentar, N 34 ff. zu Art. 17 ZPO), wobei nicht vorausgesetzt ist, dass die Erklärung unterzeichnet ist. Immerhin kann die fehlende Unterzeichnung ein Anhaltspunkt dafür sein, dass in Bezug auf die Gerichtsstandsvereinbarung kein Konsens bestand. Wird die Gerichtsstandsvereinbarung mündlich vereinbart, muss sie anschliessend schriftlich bestätigt werden, damit die Formvorschrift von Art. 17 Abs. 2 ZPO eingehalten wird (BERGER, Berner Kommentar, N 42 zu Art. 17 ZPO; a.M. FÜLLEMANN, DIKE-ZPO, N 15 zu Art. 17 ZPO).

11.6 e) Der Gesetzgeber hat in Art. 17 ZPO bewusst auf die Übernahme bzw. die Bestätigung der altrechtlichen Rechtsprechung des Bundesgerichts zu Art. 59 aBV verzichtet, wonach Gerichtsstandsvereinbarungen in Formularverträgen oder Allgemeinen Geschäftsbedingungen optisch bzw. drucktechnisch speziell hervorgehoben werden müssten (in Anlehnung an BGE 118 Ia 294/297 E. 2). Unter dem neuen Regime von Art. 17 ZPO genügt es, wenn Gerichtsstandsvereinbarungen einen unmissverständlichen Wortlaut aufweisen und ihnen klar und deutlich zugestimmt worden ist (BGE 131 III 398/401 f. E. 7.1.1 = Pra 2006, Nr. 9, S. 66 f.); mehr ist nicht erforderlich (BERGER, Berner Kommentar, N 34 ff. zu Art. 17 ZPO).

Anmerkung 12

Die Gerichtsstandsklausel von Art. 37 Abs. 3 erfasst nach ihrem Wortlaut «alle Streitigkeiten», somit sämtliche Ansprüche, die sich aus dem Vertragsverhältnis ergeben oder damit in einem engen tatsächlichen Zusammenhang stehen, ferner auch die Geltendmachung konkurrierender Ansprüche aus unerlaubter Handlung und ungerechtfertigter Bereicherung, sofern sich solche Ansprüche auf den gleichen Sachverhalt abstützen wie die vertraglichen Ansprüche. 12

Anmerkung 13

«Ordentliche Gerichte» sind die *staatlichen,* also die kantonalen und eidgenössischen *Gerichtsbehörden.* Dies im Unterschied zu «Privatgerichten», zu denen die Schiedsgerichte zählen (Spühler/Dolge/Gehri, Zivilprozessrecht, § 62 Rz. 1). Zu beachten gilt, dass der Terminus «ordentliche Gerichte» mehrdeutig ist. So wird bei der Beschreibung der kantonalen Gerichtsorganisation bisweilen zwischen «ordentlichen Gerichten» und «Sondergerichten» (Arbeits-, Handels- oder Mietgerichte) unterschieden (statt aller Spühler/Dolge/Gehri, Zivilprozessrecht, § 17 Rz. 131 ff.). In dieser Bedeutung wird der betreffende Ausdruck in Art. 37 Abs. 3 nicht verwendet, weshalb die Zuständigkeit eines Sondergerichts (wie z.B. des Handelsgerichts) durch die besagte Bestimmung keineswegs ausgeschlossen wird. 13

Anmerkung 14

Allgemeiner Gerichtsstand für alle Streitigkeiten, die unter Art. 37 Abs. 3 fallen, ist der «Wohnsitz oder Sitz der beklagten Partei». Der traditionelle «Wohnsitz- und Sitzgerichtsstand» des Beklagten gälte auch nach der Auffangbestimmung von Art. 10 ZPO, soweit das Gesetz nicht etwas anderes vorsieht. Bei der Regelung von Art. 37 Abs. 3 handelt es sich um eine Gerichtsstandsvereinbarung im Sinne von Art. 17 ZPO, welche (vorbehältlich vorrangiger oder zwingender Gerichtsstände) eine *ausschliessliche Zuständigkeit* begründet (Berger, Berner Kommentar, N 50 zu Art. 17 ZPO; Füllemann, DIKE-ZPO, N 22 zu Art. 17 ZPO). In diesem Sinne handelt es sich bei Art. 37 Abs. 3 nicht um einen sogenannten «alternativen Gerichtsstand», sondern um ein ausschliessliches Forum für «alle Streitigkeiten». Ausschliesslich ist Art. 37 Abs. 3 im Verhältnis zu den Gerichtsständen am Aufenthaltsort (Art. 11 ZPO) und der Niederlassung (Art. 12 ZPO). Doch sind weitere Gerichtsstände zu beachten (und beachtlich), die nicht von Art. 37 Abs. 3 erfasst werden: 14.1

a) Für den *Erlass vorsorglicher Massnahmen* sieht die Zivilprozessordnung in Art. 13 ZPO einen zwingenden Gerichtsstand vor, und zwar am Ort, an dem «(a) die Zuständigkeit für die Hauptsache gegeben ist», oder am Ort, an dem «(b) die Massnahme vollstreckt werden soll». Diese Gerichtsstände sind insbesondere zwingend zu beachten im Zusammenhang mit der in der Baupraxis bedeutsamen *vorsorglichen Beweisführung.* Gemäss Art. 158 Abs. 2 ZPO sind die Bestimmungen über die vorsorglichen Massnahmen auch auf die vorsorgliche Beweisführung anwendbar. Dies gilt ebenso in Bezug auf die Gerichtsstände. Haben die Parteien in der Hauptsache ein Schiedsgericht abgemacht (anstelle der ordentlichen Gerichte), so gelten für den Erlass vorsorglicher Massnahmen bei einer nationalen 14.2

Schiedsgerichtssache die Regeln von Art. 374 ZPO, für den Erlass vorsorglicher Massnahmen im Bereich der internationalen Schiedsgerichtsbarkeit die Regeln von Art. 183 IPRG. Nochmals eine eigenständige Ordnung (ausserhalb der vorsorglichen Beweisführung) gilt im Arrestrecht: Für den Arrest gilt in Bezug auf die örtliche Zuständigkeit ausschliesslich Art. 272 Abs. 1 SchKG (siehe auch Art. 4 IPRG).

14.3 b) Für *dingliche Klagen, für Klagen gegen die Gemeinschaft der Stockwerkeigentümer und für Klagen auf Errichtung gesetzlicher Pfandrechte (Bauhandwerkerpfandrecht)* sieht Art. 29 Abs. 1 lit. c ZPO eine ausschliessliche Zuständigkeit vor am Gericht am Ort, an dem das Grundstück im Grundbuch aufgenommen ist oder aufzunehmen wäre. In internationalen Verhältnissen für Klagen betreffend dingliche Rechte an unbeweglichen Sachen ist in Art. 97 IPRG ein Gerichtsstand am Ort der gelegenen Sache vorgesehen und im eurointernationalen Verhältnis wird in Art. 22 Ziff. 1 LugÜ auf die Gerichte des Vertragsstaats verwiesen, in dem die unbewegliche Sache belegen ist. Im Zusammenhang mit Werklohnforderungen von Unternehmern ist insbesondere von Bedeutung, dass auch *Klagen auf Eintragung eines gesetzlichen Bauhandwerkerpfandrechts* nach Art. 837 Abs. 1 Ziff. 3 ZGB in Betracht fallen (SCHUMACHER, Das Bauhandwerkerpfandrecht, Rz. 38).

14.4 c) Für *Klagen des Unternehmers gegen die öffentliche Hand* sind – vorrangig oder ergänzend zur Gerichtsstandsklausel von Art. 37 Abs. 3 – die Bestimmung von Art. 10 Abs. 1 lit. c und d ZPO zu beachten: Dort wird nicht nur die örtliche Zuständigkeit festgelegt, sondern zugleich auch die *sachliche* Zuständigkeit, nämlich für *Klagen gegen den Bund*: das «Obergericht des Kantons Bern oder das obere Gericht des Kantons, in dem die klagende Partei ihren Wohnsitz, Sitz oder gewöhnlichen Aufenthalt hat»; für Klagen gegen einen Kanton: «ein Gericht am Kantonshauptort».

14.5 d) Für eine *Streitverkündungsklage* gelten Art. 16 und Art. 81 ZPO. Die streitverkündende Partei kann ihre Ansprüche, die sie im Falle des Unterlegens gegen die streitberufene Partei zu haben glaubt, beim Gericht, das mit der Hauptklage befasst ist, geltend machen, soweit mit der streitberufenen Partei nicht ein anderer ausschliesslicher Gerichtsstand vereinbart wurde (GÖKSU, DIKE-ZPO, N 7 zu Art. 16 ZPO). Gegen eine einfache Streitverkündung im Sinne von Art. 78 ff. ZPO wird sich der Dritte hingegen nicht auf eine abweichende Gerichtsstandsvereinbarung berufen können, weil gegen diesen keine Klage vorliegt (FREI, Basler Kommentar, N 7 zu Art. 16 ZPO).

14.6 e) Für eine *Widerklage* gilt Art. 14 Abs. 1 ZPO. Danach kann beim für die Hauptklage örtlich zuständigen Gericht auch Widerklage erhoben werden, wenn die Widerklage mit der Hauptklage in einem sachlichen Zusammenhang steht und wenn der Widerklage nicht eine Gerichtsstandsvereinbarung mit kollidierendem Forum (wie z.B. Art. 37 Abs. 3) entgegensteht (vgl. GÜNGERICH/WALPEN, Berner Kommentar, N 38 zu Art. 14 ZPO; BERGER, Berner Kommentar, N 39 ff. zu Art. 17 ZPO; HEDINGER/HOSTETTLER, ZPO Kommentar, N 29 zu Art. 17 ZPO). Illustrativ ist in diesem Zusammenhang BGE 123 III 35/46 E. 3c, in welchem das Bundesgericht in einem Garantieabrufverfahren gegen eine Versicherung die örtliche Zuständigkeit für den von der Versicherung auf dem Weg der Zession widerklageweise eingebrachten Anspruch verneint hat, weil gemäss der Forumsklausel des Werkvertrags (ausschliesslich) ein anderes ausländisches Gericht zuständig war.

Anmerkung 15

Bei Streitigkeiten, bei welchen eine Partei ihren Sitz oder Wohnsitz im Ausland hat, steht der klägerischen Partei gestützt auf die Gerichtsstandsvereinbarung von Art. 37 Abs. 3 ein Gerichtsstand zur Verfügung, und zwar «am Ort des Bauwerks». Eine solche Gerichtsstandsklausel, wonach die klägerische Partei einen Beklagten mit Sitz oder Wohnsitz im Ausland «am Ort des Bauwerks» belangen kann, beurteilt sich im eurointernationalen Verhältnis nach Art. 23 LugÜ sowie in den übrigen internationalen Streitigkeiten nach Art. 5 IPRG, wonach Gerichtsstandsvereinbarungen in Streitigkeiten über vermögensrechtliche Ansprüche grundsätzlich zulässig sind. Ob die betreffende Gerichtsstandsvereinbarung für eine Partei mit Sitz oder Wohnsitz im Ausland, die der Übernahme der SIA-Norm 118 global zugestimmt hat, verbindlich ist, beurteilt sich nach der Ungewöhnlichkeitsregel. Zu prüfen ist, ob die Klausel für die unerfahrene Partei derart ungewöhnlich ist, dass diese mit einer solchen Abrede nicht gerechnet hat und aus ihrer Sicht zur Zeit des Vertragsabschlusses auch nicht rechnen musste. Der Gerichtsstand am Ort der gelegenen Sache dürfte jedoch (zumindest in der Baubranche) in den wenigsten Fällen überraschend und ungewöhnlich sein. 15

2 Vergütung der Leistungen des Unternehmers

Vorbemerkungen zu Art. 38 – 83

1 a) Nach ihrer Überschrift befassen sich die Art. 38 – 83 mit der *Vergütung*, die der Bauherr für die Leistungen des Unternehmers schuldet. Sie behandeln die Vergütung nach festen Preisen (Art. 38 – 43; Art. 58 – 61), die Vergütung nach Aufwand (Art. 48) bei Regiearbeiten (Art. 44 – 57), die Kostengrundlage (Art. 62 f.), ausgewählte Aspekte der Teuerungsabrechnung (Art. 64 – 68) und das Bauhandwerkerpfandrecht (Art. 83).

2 b) Trotz der weitgefassten Überschrift wird das Thema der Vergütung in den Art. 38 – 83 *nicht erschöpfend abgehandelt*. So sind zahlreiche Vergütungsfragen in anderen Bestimmungen der SIA-Norm 118 geregelt. Hinzuweisen ist z.B. auf die Bestimmungen über die Auswirkungen der Bestellungsänderung (Art. 86 – 89), die Vorschriften über Ausmass, Abschlagszahlungen, Sicherheitsleistungen und Schlussabrechnung (Art. 141 – 156), die Regeln über die Minderung bei mangelhaftem Werk (Art. 169 Abs. 1 Ziff. 2), die Sicherheitsleistung nach der Abnahme (Art. 181 f.) und den Zahlungsverzug des Bauherrn (Art. 190). Auf einzelne Fragen gibt die SIA-Norm 118 überhaupt keine Antwort. Das gilt namentlich für die Verjährung der Vergütungsforderungen (Vorbem. Art. 38 – 83/Rz. 4 ff.). Sie wird in der SIA-Norm 118 (anders als die Verjährung der Mängelrechte, Art. 180) nicht geregelt. Das rührt daher, dass die Parteien die gesetzlichen Verjährungsfristen, die für Vergütungsforderungen gelten, nicht abändern können; diese Fristen sind zwingend (Art. 129 OR), weshalb eine abweichende Abrede nichtig wäre (Art. 20 OR).

3 Umgekehrt greifen die Art. 38 – 83 über das *Thema der Vergütung hinaus*. So behandeln sie z.B. auch die Voraussetzungen, unter denen dringliche Arbeiten auszuführen und zu vergüten sind (Art. 44 Abs. 2, Art. 45 Abs. 2), und befassen sich mit den Pflichten und der Haftung des Unternehmers bei Regiearbeiten (Art. 46 f. und Art. 57).

4 c) Die *Verjährung von Vergütungsforderungen* (GWerkV Rz. 1283 ff.; Tercier/Favre/Carron Benoît, Les contrats spéciaux, Rz. 4766) richtet sich nach den Art. 127 f. OR (Art. 180/Rz. 1.2). Die Verjährungsfrist beträgt grundsätzlich zehn Jahre (Art. 127 OR). Eine Besonderheit gilt für «Forderungen aus Handwerksarbeit», die nach Art. 128 Ziff. 3 OR schon in fünf (nicht erst in zehn) Jahren verjähren. Massgebend für die Anwendung der auf fünf Jahre verkürzten Verjährungsfrist (Art. 128 Ziff. 3 OR) ist einzig und allein, dass der Unternehmer sich zur Ausführung einer Handwerksarbeit im Sinn des Gesetzes verpflichtet hat (GWerkV Rz. 1287 ff.; Tercier/Favre/Carron Benoît, Les contrats spéciaux, Rz. 4767; BGE 132 III 61/62 E. 6.3; 123 III 120/123 E. 2b; 116 II 428/429 E. 1; BGer 4A_245/2010 vom 12. Oktober 2010 E. 2). Wer die Arbeit schuldet (z.B. ein überregional tätiger Unternehmer oder ein lokal tätiger Handwerker), was sie «kostet», ob sie an Subunternehmer (Art. 29) weitervergeben wird oder nicht, ist dagegen unerheblich (vgl. BGE 116 II 428/429 E. 1a; GWerkV Rz. 1294). Deshalb lassen sich auch die Vergütungsforderungen der Bauunternehmer weder generell dem Anwendungsbereich des Art. 128 Ziff. 3 OR zuschlagen noch generell davon ausnehmen (missverständlich noch BGE 109 II 112). Ebenso wenig handelt es sich bei Arbeiten des Ausbaugewer-

bes (Art. 9 Abs. 2) von vornherein um «Handwerksarbeiten», obwohl Art. 135 Abs. 1 die Unternehmer des Ausbaugewerbes als «Handwerker» bezeichnet (vgl. Art. 135/Rz. 4).

d) Im Einzelnen ist beizufügen: 5

- Von Gesetzes wegen beginnt die (zehn- oder fünfjährige) Verjährungsfrist mit der 6
Fälligkeit der Forderung (Vorbem. Art. 38 – 83/Rz. 8 ff.) zu laufen (Art. 130 Abs. 1 OR). Nach Art. 190 Abs. 1 aber steht dem Bauherrn eine Zahlungsfrist von dreissig Tagen ab Eintritt der Fälligkeit zu. Dadurch wird der Lauf der Verjährung bis zum Ablauf der Frist gehemmt (Art. 190/Rz. 4; GWerkV Rz. 1166 und 1179).
- Bei den verschiedenartigen Vergütungsforderungen aus ein und demselben Werkver- 7
trag läuft die Verjährung für jede Forderung *separat*. Das gilt insbesondere für Forderungen auf Regie-, Teuerungs- oder Abschlagszahlungen (Art. 55, Art. 66 Abs. 4 und Art. 148), für die Forderung auf Auszahlung des Rückbehalts (Art. 152) sowie die Abrechnungsforderung des Art. 155 (GWerkV Rz. 1298a). Zur Hinderung und zum Stillstand der Verjährung, zu deren Unterbrechung und zur Nachfrist bei Rückweisung der Klage siehe Art. 134 – 140 OR (Art. 180/Rz. 5.2 ff.); zum Verzicht auf die Verjährungseinrede siehe Art. 141 OR (Art. 180/Rz. 5.1).
- Einschlägige Vorschriften über den Eintritt der *Fälligkeit* finden sich in zahlreichen 8
Bestimmungen der SIA-Norm 118, insbesondere in Art. 55 Abs. 1 (für Regiezahlungen), Art. 66 Abs. 4 (für Teuerungszahlungen), Art. 148 (für Abschlagszahlungen), Art. 152 (für den Rückbehalt) und Art. 155 (für die Abrechnungsforderung der Schlussabrechnung).
- Soweit die Fälligkeit mit der Rechnungsstellung des Unternehmers eintritt (Art. 55 9
Abs. 1, Art. 66 Abs. 4 und Art. 148) oder von der Rechnungsstellung abhängt (Art. 154, Art. 155), berücksichtigt die SIA-Norm 118 zwar den Normalfall, da der Unternehmer für seine Leistungen Rechnung stellt. Auf den Sonderfall, in dem der Unternehmer nach dem Inhalt des konkreten Werkvertrags nur die Abrechnungsunterlagen einzureichen hat, während der Bauherr es übernimmt, die jeweiligen Abrechnungen (gestützt auf diese Unterlagen) selber zu erstellen, ist sie dagegen nicht zugeschnitten.

  Mit Rücksicht auf das Gesagte stellt sich die Frage, wie der Sonderfall, in dem der 10
Unternehmer nur die Abrechnungsunterlagen einzureichen hat, in die Abrechnungsordnung der SIA-Norm 118 einzupassen ist. Haben die Parteien die Frage offengelassen, muss der lückenhafte Vertrag nach Massgabe des hypothetischen Parteiwillens ergänzt werden (Jäggi/Gauch/Hartmann, Zürcher Kommentar, N 559 zu Art. 18 OR). Mangels anderer Anhaltspunkte besteht die Ergänzung darin, dass die Wirkungen, welche die SIA-Norm 118 mit der Rechnungsstellung des Unternehmers verknüpft, im erwähnten Sonderfall schon mit der Einreichung der Abrechnungsunterlagen eintreten, weshalb z.B. eine Abschlagszahlung fällig wird (Art. 148), sobald der Unternehmer die entsprechenden Unterlagen einreicht (GWerkV Rz. 1180).

e) Wie gesagt, regeln die Bestimmungen in den Art. 38 – 83 nicht alle Fragen, die sich 11
hinsichtlich der Vergütung des Unternehmers stellen (Vorbem. Art. 38 – 83/Rz. 2). Was namentlich die Berechnung von Nachtragspreisen angeht, hat man sich vorab an die Re-

geln zu halten, welche die SIA-Norm 118 im Zusammenhang mit der Bestellungsänderung aufstellt (Art. 86–89; dazu eingehend Vorbem. Art. 84–91/Rz. 40 ff.).

21 Einheits-, Global- und Pauschalpreise

211 Allgemeines

Art. 38

1 Für die Vergütung der Leistungen des Unternehmers sollen nach Möglichkeit entweder Einheitspreise[1], Globalpreise[2] oder Pauschalpreise[3] vereinbart werden.[4] Diese Preise sind unter Vorbehalt von Abs. 3 feste Preise.[5]

2 Sind Arbeitsaufwand oder Kosten[6] grösser als beim Vertragsabschluss vorgesehen, so hat der Unternehmer kein Recht auf Erhöhung des vereinbarten Einheits-, Global- oder Pauschalpreises[7]; anderseits kann er diesen Preis auch dann verlangen, wenn seine Leistung weniger Arbeit oder weniger Kosten erfordert als vorgesehen (Art. 373 Abs. 1 und 3 OR).[8]

3 Eine zusätzliche Vergütung steht dem Unternehmer jedoch bei besonderen Verhältnissen zu, soweit dies die Art. 58–61 vorsehen.[9] Für Einheits- und Globalpreise gelten ausserdem die Bestimmungen über die Teuerungsabrechnung (Art. 39 Abs. 3, Art. 40 Abs. 3, Art. 64–68).[10]

4 Der Bauherr hat nur dann Anspruch auf einen Preisnachlass (Rabatt) oder einen Abzug für fristgerechte Bezahlung (Skonto), wenn dies vereinbart ist.[11]

5 Wenn nichts anderes vereinbart ist, gilt eine allfällige Mehrwertsteuer (MWST) als nicht eingerechnet.[12]

Art. 38 (1977/91)

1 Für die Vergütung der Leistungen des Unternehmers sollen nach Möglichkeit entweder Einheitspreise, Globalpreise oder Pauschalpreise vereinbart werden. Diese Preise sind unter Vorbehalt von Abs. 3 feste Preise.

2 Sind Arbeitsaufwand oder Kosten grösser als beim Vertragsabschluss vorgesehen, so hat der Unternehmer kein Recht auf Erhöhung des vereinbarten Einheits-, Global- oder Pauschalpreises; anderseits kann er diesen Preis auch dann verlangen, wenn seine Leistung weniger Arbeit oder weniger Kosten erfordert als vorgesehen (Art. 373 Abs. 1 und 3 OR).

3 Eine zusätzliche Vergütung steht dem Unternehmer jedoch bei besonderen Verhältnissen zu, soweit dies die Art. 58–61 vorsehen. Für Einheits- und Globalpreise gelten ausserdem die Bestimmungen über die Teuerungsabrechnung (Art. 39 Abs. 3, Art. 40 Abs. 3, Art. 64 ff.).

Anmerkung 1

Zum Begriff des Einheitspreises vgl. Art. 39 Abs. 1. 1

Anmerkung 2

Zum Begriff des Globalpreises vgl. Art. 40 Abs. 1. 2

Anmerkung 3

Zum Begriff des Pauschalpreises vgl. Art. 41 Abs. 1. 3

Anmerkung 4

Dieser Satz enthält einen Ratschlag an die Adresse der Vertragsparteien, der den Parteien zu (relativer) Kostensicherheit verhelfen soll. Selber aber ist dieser Ratschlag weder dazu bestimmt noch geeignet, als Vertragsbestandteil übernommen zu werden. Er enthält also auch keine vertragliche Auffangregel, nach der sich die Preisart bestimmen liesse, wo die Parteien sie nicht individuell festgelegt haben. Vielmehr haben die Parteien selber die Einheits-, Global- und Pauschalpreise zu bestimmen, mindestens aber dafür zu sorgen, dass sie bestimmbar sind. Versäumen die Parteien es, die Preisart festzulegen, bemisst sich die Vergütung nicht nach der SIA-Norm 118, sondern wird nach Art. 374 OR und damit «nach Massgabe des Wertes der Arbeit und der Aufwendungen des Unternehmers festgesetzt». Daran ändert auch der Umstand nichts, dass die SIA-Norm 118 selber auch Regeln über die Aufwandvergütung enthält (Art. 44 ff.), da die Anwendbarkeit dieser Regeln voraussetzt, dass die Parteien im Werkvertrag vereinbaren, dass «bestimmte Arbeiten [...] in Regie auszuführen sind» (Art. 44 Abs. 1). In der vertraglichen Übernahme der SIA-Norm 118 allein liegt noch keine entsprechende Vereinbarung. 4.1

Die Beweislast für die Vertragsgeltung einer bestimmten Preisart liegt bei der Partei, die sich auf sie beruft. 4.2

Art. 8 Abs. 3 sieht vor, dass das Leistungsverzeichnis angibt, «nach welcher Preisart (Art. 38–42) die Vergütung des Unternehmers für die einzelnen Leistungen zu berechnen ist». Auch dies ist jedoch lediglich ein Ratschlag, der sich an den Ersteller des Leistungsverzeichnisses richtet. 4.3

Anmerkung 5

Die Übernahme von Bauleistungen zu Einheits-, Pauschal- oder Globalpreisen ist nach der Terminologie des Gesetzes eine «feste Übernahme» (Randtitel zu Art. 373 OR; auch BGer 4A_213/2015 vom 31. August 2015 E. 3.2), der Preis also nicht bloss *ungefähr bestimmt* (dazu Art. 374 f. OR). Im Übrigen wird das Merkmal des *festen Preises,* dessen Gegenstück die Vergütung *nach Aufwand* (Art. 48) ist, in Art. 38 Abs. 2 erläutert. 5

Anmerkung 6

Wenn die SIA-Norm 118 hier von «Arbeitsaufwand oder Kosten» spricht, bezieht sie sich damit auf die *Werkkosten,* die beim Unternehmer anfallen und die nach einer in der Schweiz gebräuchlichen Methode mittels der Kostenelemente Löhne, Material, Inventar (gemeint sind Maschinen und Geräte, Betriebsmaterial und Werkzeuge) und Fremd- 6 leistungen (z.B. Leistungen von Subunternehmern oder Entsorgungsgebühren) gegliedert werden (vgl. Bucher Jörg/Henninger, Kalkulation und Teuerungsabrechnung, S. 174ff.). Gemeint sind irgendwelche Kosten des Unternehmers, insbesondere Lohnkosten, Kosten der Baustelleneinrichtungen, Beschaffungskosten für das vom Unternehmer zu liefernde Material (Art. 10 Abs. 1) und Kosten, die durch den Einsatz von Subunternehmern (Art. 29) entstehen. Art. 373 Abs. 1 OR, an den Art. 38 sich anlehnt, spricht von «Arbeit» und «Auslagen».

Anmerkung 7

7 Diese Regel, die in Art. 58 Abs. 1 bestätigt wird, gilt selbst dann, wenn die Mehrkosten (die grösseren Arbeits- oder anderen Kosten) ergeben, dass der Unternehmer ohne Gewinn, möglicherweise sogar mit Verlust arbeiten muss (GWerkV Rz. 903; zum Festpreischarakter auch BGer 4C.90/2005 vom 22. Juni 2005 E. 3.2; KGer SG HG.2009.190 vom 25. Mai 2011 E. II./7.3c). Irrelevant ist, ob der Bauherr die Preisbildung und damit die Kostenvorstellung des Unternehmers z.B. aufgrund einverlangter Auskünfte (Art. 18 Abs. 2) kannte, sie teilte oder über keine entsprechenden Kenntnisse verfügte (GWerkV Rz. 902). Das Bundesgericht charakterisiert Festpreise als «resultatsbezogene Preisabsprache», bei welcher der «Unternehmer die Folgen von allfälligem Mehraufwand zu tragen» habe (so etwa in BGer 4C.385/2005 vom 31. Januar 2006 E. 5). Das ist allerdings nur dann zutreffend, wenn «Mehraufwand» so verstanden wird, dass sich der Aufwand für die Baumassnahme als grösser erweist, als bei Vertragsschluss vorgesehen wurde, und keiner der Fälle vorliegt, in denen der Bauherr (z.B. als Folge einer Bestellungsänderung) für diesen Mehraufwand aufzukommen hat. Eine Festpreisabrede bedeutet also nicht, dass der Unternehmer irgendwelche Leistungen zu erbringen hätte; vielmehr bezieht sich die Abrede immer nur auf eine vertraglich bestimmte Leistung (Koller Alfred, Pauschalpreisverträge, S. 765). Zudem lässt die bundesgerichtliche Definition unerwähnt, dass sich ein Festpreis auch bei Minderaufwand nicht bewegt.

Anmerkung 8

8.1 Im Grundsatz, den Art. 38 Abs. 2 aufstellt, äussert sich der *Festpreischarakter* des Einheits-, Global- und Pauschalpreises. Ihm zufolge ist die Vergütung von den tatsächlichen Werkkosten abgekoppelt und eine Veränderung (die Erhöhung oder die Herabsetzung) ausgeschlossen. Seine Geltung zieht der Grundsatz allerdings nicht etwa aus dem allgemeinen Prinzip, wonach Verträge einzuhalten sind (pacta sunt servanda), sondern schlicht daraus, dass die Parteien die Veränderung der Vergütung vertraglich ausgeschlossen haben. Darin liegt der Kern der Vereinbarung eines Festpreises.

8.2 Der Grundsatz entspricht den Regeln des Art. 373 Abs. 1 und 3 OR, worauf Art. 38 Abs. 2 ausdrücklich hinweist. Dies erlaubt es, sich bei der Auslegung des Art. 38 Abs. 2 am Sinngehalt der gesetzlichen Regeln (Art. 373 Abs. 1 und 3 OR) zu orientieren (Einl./Rz. 34). Zu Art. 373 Abs. 1 und 3 OR vgl. GWerkV Rz. 899ff.

Anmerkung 9

Der Festpreischarakter der in Art. 38 Abs. 1 erwähnten Preisarten (Art. 38 Abs. 2) ist kein absoluter, sondern wird in mancher Weise durchbrochen, was auch Art. 38 Abs. 3 zum Ausdruck bringt, indem er selber auf die Art. 58 – 61 verweist und für Einheits- und Globalpreise die Teuerungsabrechnung vorbehält. Die Aufzählung ist indessen unvollständig, indem sie nicht alle Fälle erfasst, die zu einer Mehr- oder Mindervergütung führen können (vgl. z.B. Art. 95 Abs. 3, Art. 121 Abs. 2, Art. 132 und Art. 169 Abs. 1 Ziff. 2). Vgl. dazu auch KOLLER ALFRED, Pauschalpreisverträge, S. 764 ff. 9.1

Unerwähnt bleibt hier auch die Bestellungsänderung (Art. 84 ff.), die unter Umständen die Anpassung eines Festpreises nach sich zieht. Damit hat es aber seine Richtigkeit, da eine Bestellungsänderung zu einer Leistungsänderung führt, während sich eine Festpreisabrede immer nur auf eine vertraglich bestimmte (unveränderte) Leistung bezieht (Art. 38/Rz. 7). So gesehen liegt gar keine Ausnahme vom Festpreischarakter vor, wenn der Besteller eine Bestellungsänderung anordnet und den Unternehmer etwa «im Vertrag nicht vorgesehene Leistungen ausführen» (Art. 84 Abs. 1) lässt. 9.2

Zum Umgang mit schlichten Mengenabweichungen bei Leistungen zu Einheitspreisen vgl. Art. 86 Abs. 5. 9.3

Anmerkung 10

Die «Bestimmungen über die Teuerungsabrechnung», welche die SIA-Norm 118 enthält, finden sich in ihren Art. 64 – 68. Sie betreffen zum einen die Einheits- und die Globalpreise, zum andern die Teuerungsabrechnung bei Regiearbeiten (Art. 68). Für Einheitspreise sieht Art. 39 Abs. 3, für Globalpreise Art. 40 Abs. 3 vor, dass sie der Teuerungsabrechnung unterliegen. Zu den Abrechnungsverfahren siehe Art. 65. 10.1

Die Teuerungsabrechnung kann dazu führen, dass dem Unternehmer eine Mehrvergütung zusteht, aber auch zur Folge haben, dass die Vergütung gemindert wird. Ausschlaggebend sind gemäss Art. 64 Abs. 1 die Veränderungen der «Lohnkostenansätze oder Preise gegenüber der ursprünglichen Kostengrundlage» (Art. 64 Abs. 1), was aber natürlich nur dann zutrifft, wenn überhaupt auf die ursprüngliche Kostengrundlage abzustellen ist. Das ist immer dann gerade nicht der Fall, wenn ein Indexverfahren gewählt wird (Art. 62/Rz. 19). 10.2

Anmerkung 11

Neu definiert Art. 38 Abs. 4 den Rabatt als «Preisnachlass», was sich mit dem Verständnis deckt, dass es sich bei einem Rabatt um «eine vereinbarte Ermässigung der geschuldeten Vergütung» handelt (GWERKV Rz. 1244; PICHONNAZ, Rabais, S. 100; SCHUMACHER, Die Vergütung, Rz. 302). So verstanden ist es klar, dass der Bauherr einen Rabatt nur dann beanspruchen kann, «wenn dies vereinbart ist» (Art. 38 Abs. 4), und es bei der Vergütung ohne Abzug bleibt, wenn eine entsprechende Vereinbarung fehlt. Was den Rabatt angeht, wird dies den Parteien durch die Hinweisbestimmung in Art. 38 Abs. 4 in Erinnerung gerufen, wobei die Bestimmung aber rechtlich keinen weiteren Gehalt hat, was im Übrigen auch für Art. 54 gilt (Art. 54/Rz. 5.1). Nachzutragen ist, dass ein Rabatt, der schon in der 11.1

Offerte des Unternehmers enthalten ist, nicht eine «Ermässigung der geschuldeten Vergütung» nach sich zieht, sondern es sich vielmehr so verhält, dass von vornherein nur die um den Rabatt reduzierte Vergütung geschuldet ist.

11.2 Der Skonto wird in Art. 38 Abs. 4 als «Abzug für fristgerechte Bezahlung» definiert. Das ist auch die Bedeutung, in der die Art. 54, Art. 66 Abs. 3 und Art. 190 Abs. 1 den Ausdruck verwenden. Der Bauherr ist nur dann befugt, diesen Abzug vorzunehmen, wenn er sich dazu auf eine entsprechende Vereinbarung stützen kann; das Gesetz sieht keinen Skontoabzug vor (auch nicht in Art. 81 Abs. 2 OR; siehe Art. 190/Rz. 9.2; auch GWerkV Rz. 1233). Erforderlich ist eine besondere Vereinbarung, die auch die Skontofrist und die Höhe des Skontoabzugs bestimmt und zudem festlegt, welche Zahlungen skontoberechtigt sind (GWerkV Rz. 1234). Durch eine blosse Übernahme der SIA-Norm 118 in den Vertrag entsteht die Befugnis nicht, was sich deutlich aus Art. 190 Abs. 1 ergibt, der auf einen «allfällig vereinbarten Anspruch auf Skontoabzug» Bezug nimmt, ohne aber den Anspruch zu begründen (Pichonnaz, Rabais, S. 101). Wiederum (wie schon für den Rabatt; Art. 38/Rz. 11.1) erweist sich Art. 38 Abs. 4 als womöglich willkommene Klarstellung einer praktisch wichtigen Frage, ohne aber rechtlich einen eigenen Gehalt zu haben.

Anmerkung 12

12.1 Diese Regel, in der es um das Verhältnis der Mehrwertsteuer zu Festpreisen im Sinne der SIA-Norm 118 geht, ist neu; in der früheren Fassung der Norm war sie noch nicht enthalten. Möglich ist sie, weil sich die «Überwälzung der Steuer» gemäss Art. 6 Abs. 1 MWSTG «nach privatrechtlichen Vereinbarungen» richtet, das Recht der Mehrwertsteuer die Frage also nicht regelt (vgl. BGer 2A.121/2004 vom 16. März 2005 E. 5.4; GWerkV Rz. 1229). Art. 38 Abs. 5 zufolge soll der Unternehmer dem Bauherrn eine allfällige Mehrwertsteuer zusätzlich zum vereinbarten Festpreis in Rechnung stellen können, sofern «nichts anderes vereinbart ist». Vorbehalten ist also eine abweichende Vereinbarung der Parteien. Ohne die Regel des Art. 38 Abs. 5 ist die Rechtslage klar in dem Sinne, dass ein Festpreis grundsätzlich (vorbehältlich anderer Vereinbarung) auch die Mehrwertsteuer umfasst, diese also nicht zusätzlich gefordert werden kann (GWerkV Rz. 1225). Mit Blick auf diese Rechtslage stellt sich die Frage, ob nicht schon allein damit, dass die Parteien einen Festpreis vereinbaren, die Abrede verbunden ist, nach der die Mehrwertsteuer nicht über den Festpreis hinaus beansprucht werden kann. Dieses Verständnis harmoniert mit der Rechtslage, die besteht, wenn die SIA-Norm 118 nicht übernommen wird, lässt aber Art. 38 Abs. 5 gänzlich ins Leere laufen. Gleichwohl ist sie sachgerecht. Denn ohnehin (mit oder ohne Art. 38 Abs. 5) ist die Vergütungsabrede in jedem Fall auszulegen, wenn streitig ist, ob die Mehrwertsteuer gesondert gefordert werden kann. Ergibt die Auslegung, dass der Festpreis nach der Vereinbarung die Mehrwertsteuer einschliesst, eine bestimmte Summe also den gesamten Werkpreis darstellt bzw. sich aus bestimmten Einheitspreisen der gesamte Werkpreis herleitet, so kann sie nicht gesondert gefordert werden; zu diesem Auslegungsergebnis kommt man vor allem in jenen Fällen, in denen die Parteien einen festen Betrag vereinbarten, ohne hinsichtlich der Vergütung weitere Abreden zu treffen. Gegenteilig verhält es sich, wenn die Mehrwertsteuer nach Massgabe der ausgelegten Vereinbarung im Festpreis nicht enthalten ist; so verhält es sich etwa dann, wenn der Unternehmer schon in seiner Offerte die aufzurechnende Mehrwertsteuer gesondert ausweist.

Art. 38 Abs. 5 lässt sich in diesem Streit nicht fruchtbar machen, auch nicht dadurch, dass man der Regel den Sinn beilegt, dass die Vereinbarung über den Einschluss der Mehrwertsteuer ausdrücklich (statt stillschweigend) oder eindeutig zu sein hätte. Ebenso wenig lässt sie sich so verstehen, dass sie unumstösslich fingierte, dass der Unternehmer die Mehrwertsteuer auch bei Festpreisen stets gesondert fordern kann. Dieser Fiktion steht schon der Vorbehalt der anderslautenden Vereinbarung entgegen, der sich in Art. 38 Abs. 5 selber findet. Vor allem aber ist eine Fiktion über den Inhalt einer Vereinbarung hier nicht denkbar, weil die Parteien stets frei sind, von den Regeln der SIA-Norm 118 abzuweichen. 12.2

Eine gleichlautende Regelung findet sich für Regieansätze bei Art. 49 Abs. 4. Sie erweist sich auch dort als unpassend. 12.3

Zur Mehrwertsteuer in der Baubranche allgemein siehe Honauer, Mehrwertsteuer, S. 181 ff., und die «Branchen-Info für das Baugewerbe», die von der Eidgenössischen Steuerverwaltung unter www.est.admin.ch veröffentlicht wird. Zur Frage, wie sich Art. 38 Abs. 5 zur Ungewöhnlichkeitsregel und zu Art. 8 UWG verhält, siehe Spiess/Huser, Handkommentar, N 32 ff. zu Art. 38, die sich gegen die Anwendung der Ungewöhnlichkeitsregel aussprechen und auch keinen Grund sehen, die Regel unter dem Gesichtspunkt des Art. 8 UWG zu beanstanden. Unklar ist aber, weshalb sie sich dort (bei N 39 zu Art. 38) auf Konstellationen beziehen, in denen die SIA-Norm 118 gar nicht Vertragsbestandteil ist und sich so die Frage der Anwendbarkeit des Art. 38 Abs. 5 gar nicht stellt. 12.4

2 12 Einheitspreis

Art. 39

[1] Der Einheitspreis[1] bestimmt die Vergütung für eine einzelne Leistung, die im Leistungsverzeichnis (Art. 8) als separate Position[2] vorgesehen ist.[3] Er wird je Mengeneinheit[4] festgesetzt[5], so dass sich die für die Leistung geschuldete Vergütung nach der gemäss Art. 141 festgestellten Menge ergibt.[6] Im Leistungsverzeichnis ist die zu jeder Leistung[7] gehörende Menge aufgeführt, wie sie der Bauherr[8] zur Zeit der Ausschreibung erwartet (Art. 8 Abs. 2).[9]

[2] Die auf Grund des Einheitspreises berechnete Vergütung bildet das Entgelt für die gesamte vertragsgemässe[10] Ausführung der Leistung[11], mit Einschluss des ordentlichen Unterhaltes[12] bis zur Abnahme (Art. 157–164)[13]. Falls nichts anderes vereinbart ist[14], sind auch alle Nebenleistungen eingeschlossen, wie Hilfsarbeiten, Transporte, Aufbewahrung, Unterhalt[15] und Bewachung der Geräte, Maschinen und dergleichen.[16] Für Baustelleneinrichtungen gilt Art. 43.[17]

³ Für Leistungen zu Einheitspreisen gelten die Bestimmungen über die Teuerungsabrechnung (Art. 64–68).[18]

Art. 39 (1977/91)

¹ Der Einheitspreis bestimmt die Vergütung für eine einzelne Leistung, die im Leistungsverzeichnis (Art. 8) als besondere Position vorgesehen ist. Er wird je Mengeneinheit festgesetzt, so dass sich die für die Leistung geschuldete Vergütung nach der gemäss Art. 141 festgestellten Menge ergibt. Im Leistungsverzeichnis ist die zu jeder Leistung gehörende Menge aufgeführt, wie sie der Bauherr zur Zeit der Ausschreibung erwartet (Art. 8 Abs. 2).

² Die auf Grund des Einheitspreises berechnete Vergütung bildet das Entgelt für die gesamte vertragsgemässe Ausführung der Leistung, mit Einschluss des ordentlichen Unterhaltes bis zur Abnahme (Art. 157–164). Falls nichts anderes vereinbart ist, sind auch alle Nebenleistungen eingeschlossen, wie Hilfsarbeiten, Transporte, Aufbewahrung, Unterhalt und Bewachung der Geräte, Maschinen und dergleichen. Für Baustelleneinrichtungen gilt Art. 43.

³ Für Leistungen zu Einheitspreisen gelten die Bestimmungen über die Teuerungsabrechnung (Art. 64 ff.).

Anmerkung 1

1 Der Einheitspreis ist der Preis je Mengeneinheit. Unter Vorbehalt der Teuerungsabrechnung ist er ein fester Preis (BGE 104 II 314/316 E. b; 113 II 513/516 E. 3b), wobei sich die geschuldete Vergütung aus der Multiplikation mit der festgestellten Menge ergibt (vgl. GWerkV Rz. 915 ff.).

Anmerkung 2

2.1 Die «einzelnen Leistungen, aus denen sich die ausgeschriebene Bauarbeit zusammensetzt», werden im Leistungsverzeichnis aufgeführt (Art. 8 Abs. 1). Den Ort, an dem eine einzelne Leistung im Leistungsverzeichnis umschrieben wird, bezeichnet die SIA-Norm 118 hier und an zahlreichen weiteren Stellen (z.B. Art. 8 Abs. 4, Art. 9 und Art. 86 Abs. 3) als «Position». Über den Grad der Unterteilung der Bauarbeit in «einzelne Leistungen» sagt die SIA-Norm 118 nichts. Die Parteien sind frei, eine sehr grobe Unterteilung zu wählen, doch können sie die Bauarbeit auch in all ihre Einzelteile zerlegen und das Leistungsverzeichnis aus einer Vielzahl von Positionen aufbauen.

2.2 Die «einzelnen Leistungen» können individuell umschrieben werden. In der Praxis aber werden häufig standardisierte Texte verwendet, wie sie sich dem Normpositionen-Katalog (NPK) entnehmen lassen, der eine umfangreiche Sammlung möglicher Positionen enthält und sie dem Bauablauf entsprechend anordnet (Art. 8/Rz. 6.2).

Anmerkung 3

3.1 Das Leistungsverzeichnis kann auch «separate Positionen» für Leistungen vorsehen, über die «ohne Ermittlung von Mengen abgerechnet» wird (Art. 42 Abs. 3). So wird häufig für Baustelleneinrichtungen (Art. 123) eine separate Position geschaffen (Art. 43 Abs. 1), für die das Leistungsverzeichnis einen Global- oder Pauschalpreis angibt (vgl. Art. 146). Zu beachten ist:

Ein «Werkvertrag, bei dem für alle oder für einen Teil der Leistungen Einheitspreise vereinbart sind», ist nach der Terminologie der SIA-Norm 118 ein «Einheitspreisvertrag» (Art. 42/Rz. 2). 3.2

Anmerkung 4

Ausschlaggebend ist also die Mengeneinheit einer umschriebenen *(Einzel-)Leistung* (z.B. je Laufmeter, Quadratmeter, Kubikmeter, Kilogramm oder Stück), *nicht der Aufwand.* Für die Bemessung der Vergütung kommt es auf den «output» (die Leistung), nicht auf den «input» (z.B. Lohn- und Materialkosten, aber auch Gemeinkosten) an, was den Einheitspreis von der Vergütung «nach Aufwand» unterscheidet (Art. 48/Rz. 3.2; siehe auch Koller Alfred, Werkvertragsrecht, Rz. 187) und auch erklärt, warum der Einheitspreis ein Festpreis ist. 4

Anmerkung 5

Der Einheitspreis wird nicht etwa einseitig fixiert (auch nicht im Falle einer einseitigen Bestellungsänderung, siehe Art. 86 Abs. 2), sondern durch Vereinbarung festgesetzt, und dies z.B. so, dass der Bauherr die Offerte des Unternehmers, zu der auch das ausgefüllte, um die Preise ergänzte Leistungsverzeichnis gehört (Art. 8 Abs. 3), annimmt (Art. 19 Abs. 1). 5

Anmerkung 6

Die Vergütung, die der Bauherr für die betreffende Leistung schuldet, ergibt sich aus der Menge der vom Unternehmer *geleisteten* Einheiten (z.B. aus der Menge von Laufmetern), multipliziert mit dem zugehörigen Einheitspreis (Art. 39/Rz. 1). Zur Verdeutlichung: 6.1

a) Massgeblich für die Bestimmung der geschuldeten Vergütung ist also die *ausgeführte,* nicht die voraussichtliche Menge, die das Leistungsverzeichnis enthält (Art. 8 Abs. 2 und Art. 39 Abs. 1 letzter Satz). Hat eine Bestellungsänderung des Bauherrn (Art. 84) zur Folge, dass sich die zu einem Einheitspreis gehörende Menge gegenüber der im Leistungsverzeichnis vorgesehenen Menge verändert (Art. 86), so kann dies nach Art. 86 Abs. 2 allerdings zu einer Anpassung des Einheitspreises führen. Zur «schlichten Mengenänderung», die darin besteht, dass sich «bei der Ausführung der vereinbarten Leistungen [also ohne Bestellungsänderung des Bauherrn] gegenüber den Mengenangaben im Leistungsverzeichnis Mehr- oder Mindermengen» ergeben, siehe Art. 86 Abs. 5. 6.2

b) Die ausgeführte Menge, auf die es bei der Bestimmung der geschuldeten Vergütung ankommt, wird *«entweder nach dem tatsächlichen Ausmass* ermittelt (durch Messen, Wägen oder Zählen) oder nach dem plangemässen theoretischen Ausmass» (Art. 141 Abs. 1; GWerkV Rz. 917 ff.). Die Beweislast (Art. 8 ZGB) für die Menge der zu einem Einheitspreis geleisteten Einheiten liegt beim Unternehmer, der die nach dem vereinbarten Einheitspreis berechnete Vergütung verlangt. Zur Bedeutung der «Massurkunde» siehe Art. 142, dazu Art. 142/Rz. 9.1 ff. und 11.1 f. 6.3

Vergütungspflichtig ist aber immer nur diejenige (geleistete) Menge, die bei sorgfältigem Vorgehen genügt hätte, um die geschuldete Leistung vertragsgemäss auszuführen 6.4

(BGE 96 II 58/61 E. 1; BGer 4A_183/2010 vom 27. Mai 2010 E. 3.2; GWERKV Rz. 928). Für Mehrmengen, die sich bei sorgfältigem Vorgehen hätten vermeiden lassen und damit unnötig sind, hat der Unternehmer keinen Anspruch auf Vergütung. Werden die Mengen nach plangemässem theoretischem Ausmass ermittelt, versteht sich das von selbst (GWERKV Rz. 928). Die Beweislast liegt beim Unternehmer (BGer 4A_183/2010 vom 27. Mai 2010 E. 3.2).

6.5 c) Hingegen ist es für die nach Art. 39 Abs. 1 zu bestimmende Vergütung *unerheblich,* ob das vollendete Werk *Mängel* (Art. 166/Rz. 2.1 f.) aufweist, die auf die betreffende Einheitspreis-Leistung zurückzuführen sind. Solche Mängel wirken sich auf die dem Unternehmer geschuldete Gesamtvergütung aus, und zwar dann, wenn der Bauherr vom Minderungsrecht des Art. 169 Abs. 1 Ziff. 2 Gebrauch macht (GWERKV Rz. 947; für Regiearbeiten siehe Art. 48/Rz. 2.4).

Anmerkung 7

7.1 Gemeint ist: zu jeder Leistung, die nach Einheitspreisen vergütet wird, während aber das Leistungsverzeichnis bei Einheitspreisverträgen auch Positionen enthalten kann, «über die ohne Ermittlung von Mengen abgerechnet» (Art. 42 Abs. 3) wird.

7.2 In aller Regel sind in einem Werkvertrag verschiedene Einheitspreise für verschiedene Einzelleistungen der vom Unternehmer übernommenen Gesamtleistung vereinbart (z.B. ein Einheitspreis für den Aushub, ein anderer für die Wasserhaltung und wieder ein anderer für die Maurerarbeiten). Möglich ist aber auch, dass bei kleineren Arbeiten die vereinbarte Gesamtleistung des Unternehmers (z.B. die Errichtung einer Gartenmauer) nach einem einzigen Einheitspreis (z.B. je Kubikmeter) vergütet wird.

Anmerkung 8

8 Die SIA-Norm 118 geht vom Normalfall aus, wonach im Leistungsverzeichnis der *Bauherr* (nicht der Unternehmer) die voraussichtliche (erwartete) Menge der jeweiligen Einheitspreis-Leistung angibt (Art. 8 Abs. 2). Möglich ist aber auch der umgekehrte Fall, in dem die Mengenangaben vom Unternehmer stammen. Bringt der Unternehmer nicht nur den Einheitspreis, sondern auch die Mengenangaben ins Leistungsverzeichnis ein, so kann im zugehörigen Positionsbetrag ein ungefährer Kostenansatz (Art. 375 OR) liegen (Art. 39/Rz. 9.4).

Anmerkung 9

9.1 In der Praxis ist es üblich, dass der Unternehmer im Leistungsverzeichnis die *voraussichtliche* Menge der zu leistenden Einheiten mit dem für die betreffende Leistung offerierten Einheitspreis multipliziert, das rechnerische Ergebnis in der vorgesehenen Kolonne als Positionsbetrag aussetzt und den ausgesetzten Betrag mit Positionsbeträgen anderer Einheitspreis-Leistungen (oft auch mit Pauschal- oder Globalpositionen) zu einer Gesamtsumme addiert.

9.2 a) Dass dies bereits ausgerechnet wird, erleichtert dem Bauherrn zwar bis zu einem gewissen Grad den Vergleich der verschiedenen Konkurrenzofferten. Hingegen ist der für eine Einheitspreis-Leistung errechnete Positionsbetrag *nicht Gegenstand der Vergütungsabrede.* Er hat also keinen Einfluss auf die vom Bauherrn geschuldete Vergütung, die sich trotz des Positionsbetrags nach den *geleisteten,* nicht nach den voraussichtlichen Mengen des Leistungsverzeichnisses, bemisst (Art. 39/Rz. 6.2).

b) Die Ermittlung und Aussetzung des Positionsbetrags hat aber auch *nicht die Bedeutung eines ungefähren Kostenansatzes* im Sinne des Art. 375 OR (zum Begriff GWerkV Rz. 937 und 1001). Das gilt jedenfalls dann, wenn die jeweilige (zugehörige) Mengenangabe im Leistungsverzeichnis vom Bauherrn stammt, was dem Normalfall entspricht (vgl. Art. 8 Abs. 2), und zwar so sehr, dass Art. 39 Abs. 1 nur von diesem Falle spricht. 9.3

c) Das soeben Gesagte schliesst allerdings nicht aus, dass *Leistungen zu Einheitspreisen aufgrund eines ungefähren Kostenansatzes* (eines unverbindlichen Kostenvoranschlags) vereinbart werden, und zwar namentlich dann, wenn die Angabe der voraussichtlichen Menge ausnahmsweise vom Unternehmer stammt (vgl. GWerkV Rz. 1000). Im betreffenden Kostenvoranschlag gibt der Unternehmer dann Auskunft über die mutmassliche Summe, welche die ganze Leistung (unter Zugrundelegung des festen Einheitspreises) den Bauherrn kosten wird. Dieser Fall einer Einheitspreis-Vergütung mit unverbindlichem Kostenvoranschlag ist in der Praxis jedoch so selten, dass er in der SIA-Norm 118 (auch in Art. 56) vernachlässigt wird (Art. 56/Rz. 2.5). Zur Rechtslage bei unverhältnismässiger Überschreitung des betreffenden Kostenvoranschlags siehe GWerkV Rz. 973 ff. 9.4

Anmerkung 10

«*Vertragsgemäss*» bedeutet insbesondere *mängelfrei* (Art. 165 Abs. 1 und Art. 166). Vgl. aber Art. 39/Rz. 6.5. 10

Anmerkung 11

Zur Lieferung der «erforderlichen Materialien (Baustoffe, Hilfs- und Betriebsstoffe) unter Einschluss elektrischer Energie» vgl. die Sonderbestimmung des Art. 10. Sie ist in den im Leistungsverzeichnis aufgeführten Leistungen umfasst, weshalb mit dem Einheitspreis auch sie vergütet wird. 11.1

Zum Grundsatz, nach dem auch die Aufwendungen für baustellenspezifische Schutz- und Fürsorgemassnahmen in die Einheitspreise einzurechnen sind, siehe Art. 103. Ob der Unternehmer diese Aufwendungen *tatsächlich* eingerechnet hat, spielt freilich keine Rolle; insoweit enthält der Grundsatz eine Fiktion. 11.2

Als in die Einheitspreise eingerechnet gelten aber auch Leistungen des Unternehmers, die er nach der SIA-Norm 118 «unentgeltlich» zu erbringen hat. Denn mit den einschlägigen Regeln ist nicht gemeint, dass die entsprechenden Leistungen «gratis» sind. Gemeint ist bloss, dass der Unternehmer keine zusätzliche Vergütung fordern kann, die über die vereinbarten Preise hinausgeht. Vgl. etwa Art. 137 Abs. 1, nach dem der Unternehmer für die «Überprüfung von vertraglichen Anforderungen» der von ihm zu liefernden Baustoffe «durch Qualitätsuntersuchungen [...] unentgeltlich Stoffproben zur Verfügung» zu stellen hat. 11.3

11.4 Zur Frage, ob die Kosten der Baustelleneinrichtung in die Einheitspreise einzurechnen oder ob separate Positionen vorzusehen sind, vgl. Art. 43 und Art. 9 Abs. 2.

Anmerkung 12

12 Der «ordentliche Unterhalt», der in die Einheitspreise einzurechnen ist (d.h. als eingerechnet gilt), umfasst sämtliche Massnahmen (auch Sondermassnahmen infolge ungünstiger Witterung, Art. 60 Abs. 1), die erforderlich sind, damit die ausgeführte Leistung mängelfrei abgeliefert und abgenommen (Art. 157) werden kann. Dazu gehören etwa die «Massnahmen [...] am frisch eingebrachten bzw. sich erhärtenden Beton» (Ziff. 8.0.2 SIA-Norm 118/262 [«Allgemeine Bedingungen für Betonbau»]), die vom Unternehmer zu treffen sind, «um den Beginn des Schwindens so lange zu verzögern, bis der Beton eine genügende Zugfestigkeit erreicht hat, z.B. durch: Schutz gegen zu rasches Austrocknen [oder durch] Wärmeisolierung des frisch eingebrachten Betons» (Ziff. 6.4.6.3 SIA-Norm 262). Bestätigt wird dies durch Ziff. 8.2.5 SIA-Norm 118/262, wo die «einwandfreie Verarbeitung und Nachbehandlung des Betons» unter den inbegriffenen Leistungen aufgeführt werden, allerdings mit der folgenden Einschränkung: «sofern genauere Angaben fehlen: während 5 Tagen». Diese Einschränkung in den Allgemeinen Bedingungen Bau des SIA ist indes nur dann beachtlich, wenn in der Beschränkung auf eine Dauer von 5 Tagen nicht ein Widerspruch zu Art. 39 Abs. 2 liegt, wonach ein Einheitspreis den «ordentlichen Unterhalt bis zur Abnahme» einschliesst (Art. 39/Rz. 14.1).

Anmerkung 13

13.1 Gemeint ist die *Abnahme* des vollendeten (ganzen) Werks (Art. 157 Abs. 1), das der betreffende Unternehmer ausgeführt hat (Art. 1), oder eines vollendeten Werkteils (Art. 157 Abs. 1), der die fragliche Leistung enthält. Mit der Abnahme geht das Werk oder der abgelieferte Werkteil in die Obhut des Bauherrn über, der fortan auch die Gefahr trägt (Art. 157 Abs. 2).

13.2 Mithin hat der Unternehmer über die Vollendungsanzeige (Art. 158/Rz. 7) hinaus auch während der gemeinsamen Prüfung des Werks (Art. 158) für den Unterhalt zu sorgen und kann für die entsprechenden Aufwendungen keine zusätzliche Vergütung fordern.

Anmerkung 14

14.1 Damit eine andere Abrede vorgeht, muss sie individuell vereinbart oder in einem rangmässig höheren Vertragsbestandteil enthalten sein (Einl./Rz. 26). In den Allgemeinen Bedingungen Bau des SIA finden sich Aufstellungen *inbegriffener Leistungen* und *nicht inbegriffener Leistungen,* die bei Widersprüchen zur SIA-Norm 118 indes nur dann gelten, wenn die Parteien ihnen (insgesamt oder einzelnen ihrer Abreden) einen Rang beimessen, der in der Ordnung des Art. 21 höher ist als jener der SIA-Norm 118 selber. Bedeutsam ist dies beispielsweise hinsichtlich der Regel, die sich in der SIA-Norm 118/262 («Allgemeine Bedingungen für Betonbau») findet und die beim Betonbau «besondere Vorkehrungen, um bei witterungsbedingten [...] Arbeitsunterbrüchen Verfärbungen der Betonoberflächen durch Rostwasser zu verhindern», zu jenen Leistungen schlägt, die im Angebot des Unternehmers nicht inbegriffen sind und vom Bauherrn folglich gesondert (zusätzlich) vergütet werden müssen (Ziff. 8.2.5 SIA-Norm 118/262). Für diese Regel fragt sich, ob sie nicht in Widerspruch steht zu Art. 39 Abs. 2 einerseits, zu Art. 60 Abs. 1 andererseits (Art. 60/Rz. 3).

Einen anderen Zugriff auf diese Frage bietet die folgende Umschreibung der «nicht inbegriffenen Leistungen», die sich in den SIA-ABB selber findet: «Leistung, die neben einzelnen Leistungen im Sinne von Art. 39 Abs. 1 Norm SIA 118 bzw. neben einem Werkteil oder dem gesamten Werk im Sinne von Art. 40 Abs. 1 Norm SIA 118 gesondert zu vergüten ist, sofern nichts anderes vereinbart ist» (zit. nach Ziff. 0.3 SIA-Norm 118/262). Diese ABB-eigene Umschreibung lässt sich so verstehen, dass sie selber schon den Vorbehalt etwa des Art. 60 Abs. 1 enthält, wonach der Unternehmer auch bei ungünstigen (dabei aber voraussehbaren, Art. 60/Rz. 1.2) Witterungsverhältnissen im Grundsatz keine Mehrvergütung fordern kann (Art. 60 Abs. 1). 14.2

Anmerkung 15

Gemeint ist hier der Unterhalt der Geräte, nicht der Unterhalt des Werks bzw. der Werkteile, von dem in Art. 39 Abs. 2 auch die Rede ist. Vgl. auch Art. 43 Abs. 2. 15

Anmerkung 16

Zu den Aufwendungen für Schutzmassnahmen, die in die Einheitspreise einzurechnen sind, wenn keine separaten Positionen ausgeschieden wurden, siehe Art. 103. Zu den allenfalls erforderlichen Massnahmen für Unterkunft und Verpflegung der Arbeitnehmer (Art. 109 Abs. 1) vgl. aber Art. 9 Abs. 1 und Art. 109 Abs. 2. 16

Anmerkung 17

Dies unter Einschluss von Art. 9 Abs. 2, den Art. 43 Abs. 4 ausdrücklich vorbehält. 17

Anmerkung 18

Das bedeutet, dass sich die vom Bauherrn geschuldete Vergütung (wie beim Globalpreis, Art. 40/Rz. 8.1) «um eine Mehr- oder Mindervergütung» *verändert,* wenn sich «Lohnkostenansätze oder Preise gegenüber der ursprünglichen Kostengrundlage (Art. 62 Abs. 2)» erhöhen oder vermindern (Art. 64 Abs. 1). Dadurch wird der Festpreischarakter des Einheitspreises (Art. 38 Abs. 1) durchbrochen, worauf bereits Art. 38 Abs. 3 hinweist. 18.1

Während nach der früheren SIA-Norm 118 galt, dass die Teuerungsabrechnung mangels anderer Vereinbarung nach dem «Verfahren mit Mengennachweis» (dem sogenannten Belegverfahren) erfolgte, sieht der aktuelle Art. 65 Abs. 2 zunächst die Anwendung des Produktionskostenindex-Verfahrens bzw. der Methode der Gleitpreisformel vor, um aber dann als Auffanglösung doch wieder das Mengennachweisverfahren zu bezeichnen (Art. 65/Rz. 14). 18.2

Der Vorbehalt der Teuerungsabrechnung ist kein notwendiges Merkmal eines Einheitspreises. Den Parteien ist es denn auch unbenommen, Einheitspreise zu vereinbaren und dabei die Teuerungsabrechnung wegzubedingen (Art. 59/Rz. 1.4). Das kann der Sinn einer Vertragsabrede sein, nach der die Einheitspreise bis zu einem bestimmten Termin 18.3

(oder auch einfach bis zur Abnahme) «fest sind» (vgl. Vorbem. Art. 64–68/Rz. 3). Eindeutiger noch ist eine Vereinbarung, nach der die Teuerungsabrechnung ausgeschlossen wird. In jedem Fall aber muss eine derartige Abrede entweder individuell oder aber in einem Vertragsbestandteil, welcher der SIA-Norm 118 im Rang vorgeht, getroffen werden, damit der Vorbehalt in Art. 38 Abs. 3 keine Geltung erlangt.

213 Globalpreis[1]

Art. 40

[1] Ein Globalpreis kann für eine einzelne Leistung, für einen Werkteil oder für das gesamte Werk des Unternehmers vereinbart werden.[2] Er besteht in einem festen Geldbetrag[3]; für die geschuldete Vergütung wird nicht auf die Menge abgestellt.[4]

[2] Globalpreise sollen nur auf Grund vollständiger und klarer Unterlagen (detaillierte Baubeschreibung[5], Pläne und dergleichen) vereinbart werden.[6] Der Unternehmer prüft allfällige Mengenangaben in den Ausschreibungsunterlagen auf ihre Übereinstimmung mit den Plänen.[7]

[3] Für Leistungen zu Globalpreisen gelten die Bestimmungen über die Teuerungsabrechnung (Art. 64–68).[8]

Art. 40 (1977/91)

[1] Ein Globalpreis kann für eine einzelne Leistung, für einen Werkteil oder für das gesamte Werk des Unternehmers vereinbart werden. Er besteht in einem festen Geldbetrag; für die geschuldete Vergütung wird nicht auf die Menge abgestellt.

[2] Globalpreise sollen nur auf Grund vollständiger und klarer Unterlagen (detaillierte Baubeschreibung, Pläne und dergleichen) vereinbart werden. Der Unternehmer prüft allfällige Mengenangaben in den Ausschreibungsunterlagen auf ihre Übereinstimmung mit den Plänen.

[3] Für Leistungen zu Globalpreisen gelten die Bestimmungen über die Teuerungsabrechnung (Art. 64 ff.).

Anmerkung 1

1.1 Die SIA-Norm 118 regelt den Globalpreis ausführlicher als den Pauschalpreis, der Gegenstand des Art. 41 ist. Die beiden Preisarten unterscheiden sich einzig dadurch, dass beim Globalpreis die Bestimmungen über die Teuerungsabrechnung anwendbar sind (Art. 40 Abs. 3), beim Pauschalpreis nicht (Art. 41 Abs. 1). Davon abgesehen sind die beiden Preisarten identisch (vgl. Art. 41/Rz. 5.1 ff.). Namentlich gilt für beide, dass es sich um «Höchst- und zugleich auch Mindestpreise» (GWerkV Rz. 900) handelt.

1.2 In der Praxis wird der Ausdruck Pauschalpreis nicht selten auch dort verwendet, wo gemäss Vertrag einer allfälligen Teuerung Rechnung zu tragen ist. Ausschlaggebend ist denn auch nicht die Begrifflichkeit der SIA-Norm 118, sondern der übereinstimmende Wille der Parteien (Art. 18 Abs. 1 OR).

Anmerkung 2

Dieser Satz enthält einen blossen Hinweis über die mögliche Gestaltung des Vertragsinhalts; er ist weder dazu bestimmt noch geeignet, als Vertragsbestandteil übernommen zu werden. Den Parteien stehen drei Möglichkeiten offen: 2.1

a) Zunächst können sie für eine einzige Leistung oder für einzelne Leistungen je einen Globalpreis vereinbaren, sodass es bei der Vergütung für diese Leistungen (und im Unterschied zum Einheitspreis) nicht auf die ausgeführten Mengen ankommt. Andere Leistungen werden nach anderen Preisarten vergütet, je nach Abrede etwa nach Einheitspreisen (Art. 39) oder nach Aufwand (Art. 48). Der Globalpreis ist hier also kein Gesamtpreis, sondern der Preis für einzelne Leistungen. Häufig wird für die Baustelleneinrichtungen (Art. 123) eine separate Position geschaffen (Art. 9 Abs. 1), die mit einem Globalpreis versehen wird. Weitere *Beispiele* sind die Wasserhaltung in einer zu erstellenden Baugrube, eine komplizierte Schalung für eine Betontreppe oder die Schneeräumung auf der Zufahrtsstrasse je Winter. 2.2

b) Weiter können die Parteien für einen Werkteil, also für einen Teil des vom Unternehmer geschuldeten Werks (Art. 1 Abs. 1), der sich aus mehreren Einzelleistungen zusammensetzt, einen Globalpreis vorsehen. Beispiel ist die Sanierung der Fassaden (Werkteil) im Rahmen einer umfassenden Gebäuderenovation (gesamtes Werk). Oder sie verknüpfen sämtliche Werkteile mit je einem Globalpreis, sodass ihr Vertrag überhaupt nur Globalpreise aufweist. Wiederum ist der Globalpreis kein Gesamtpreis, obschon der Vertrag im letzteren Fall als Gesamtpreisvertrag anzusprechen wäre (Art. 42 Abs. 2). 2.3

c) Oder aber die Parteien vereinbaren einen Globalpreis für das «gesamte Werk» (Art. 1 Abs. 1), mithin für sämtliche Leistungen, die der Unternehmer zur Ausführung übernommen hat. Hier passt es, den Globalpreis als Gesamtpreis und den Vertrag als Gesamtpreisvertrag zu bezeichnen. Anzumerken ist dabei, dass der Leistungsumfang mit der Einigung auf einen Globalpreis nicht ausgeweitet wird und sich die Vergütung beispielsweise verändert, wenn der Bauherr durch eine (einseitige) Bestellungsänderung «im Vertrag nicht vorgesehene Leistungen ausführen» (Art. 84 Abs. 1) lässt. Zur sogenannten Vollständigkeitsklausel vgl. Art. 2/Rz. 6.12; GWerkV Rz. 909 ff. 2.4

Anmerkung 3

Der Preis besteht in einem «festen Geldbetrag», der zum Voraus bestimmt wurde. Fest ist der Preis hier insofern, als es weder auf den Aufwand des Unternehmers noch (im Unterschied zum Einheitspreis) auf die Mengen ankommt. Letzteres wird im zweiten Teilsatz verdeutlicht. Zur Rechtslage bei (einseitigen) Bestellungsänderungen vgl. Art. 88 und Art. 89. 3

Anmerkung 4

Dieser Satz bezieht sich auf die Leistungsmenge, die beim Globalpreis unerheblich ist. Er betont den Unterschied, der zur Einheitspreis-Vergütung einer Leistung besteht, für die es auf die geleistete Menge ankommt (Art. 39/Rz. 6.2). Doch ist beizufügen: 4.1

4.2 Für die zu einem Globalpreis geschuldete Vergütung ist nicht nur die Leistungsmenge unerheblich, sondern auch (hierin gleich wie beim Einheitspreis, vgl. Art. 39/Rz. 4) der zur Ausführung der Leistung erforderliche *Aufwand* (Art. 38 Abs. 2). Dadurch unterscheidet sich diese Vergütung von der Vergütung der Regiearbeiten (Art. 48).

Anmerkung 5

5 Zur Baubeschreibung siehe Art. 12.

Anmerkung 6

6.1 Was der Unternehmer zu einem vereinbarten Globalpreis zu leisten hat, ist im Streitfall durch *Auslegung des konkreten Vertrags* zu ermitteln. Um derartige Auslegungsstreitigkeiten möglichst zu vermeiden, sollen Art. 40 Abs. 2 zufolge «Globalpreise [...] nur auf Grund vollständiger und klarer Unterlagen [...] vereinbart» werden (vgl. auch Art. 12 Abs. 1).

6.2 Zwar ist dieser Ratschlag, den Art. 40 Abs. 2 enthält, weder dazu bestimmt noch geeignet, als Vertragsbestandteil übernommen zu werden; das aber ändert nichts daran, dass gerade auch der Bauherr alles Interesse hat, sich an den Ratschlag zu halten. Denn bei unsicherem Auslegungsergebnis greift grundsätzlich die allgemeine Auslegungsregel, wonach die für den Schuldner der Leistung (hier: den Unternehmer) günstigere Auslegung vorzuziehen ist (Jäggi/Gauch/Hartmann, Zürcher Kommentar, N 495 zu Art. 18 OR; GWerkV Rz. 906). Zur Tragweite allfälliger Mengenangaben vgl. aber Art. 40/Rz. 7.1 ff.

Anmerkung 7

7.1 Dieser Satz befasst sich mit einem Teilaspekt der Frage, was der Unternehmer zum vereinbarten Globalpreis schuldet (Art. 40/Rz. 6.1). Er hält den Unternehmer dazu an, «allfällige Mengenangaben in den Ausschreibungsunterlagen auf ihre Übereinstimmung mit den Plänen» zu prüfen. Die Regel verdunkelt eher, als dass sie erhellt, worum es ihr geht. Klar ist, dass auch die Pläne an sich zu den Ausschreibungsunterlagen gehören; gemeint sind hier aber nur jene Mengenangaben, die sich irgendwo in den Unterlagen, aber nicht in den Plänen finden. Auf diese Mengenangaben darf der Unternehmer sich nicht verlassen; massgebend sind die Pläne. Ob er die in der Regel vorgesehene Überprüfung auch wirklich vorgenommen oder von ihr abgesehen hat, spielt keine Rolle. Im Einzelnen:

7.2 a) Bei der Beantwortung der eingangs gestellten Frage gehen allfällige Mengenangaben, welche die Ausschreibungsunterlagen enthalten, den in den Vertrag übernommenen Plänen nach. Für die Bestimmung der zum vereinbarten Globalpreis geschuldeten Leistung kommt es somit nicht auf die allfälligen *Mengenangaben,* sondern auf die *Pläne* an (Art. 7/Rz. 35; Art. 21/Rz. 16). Das ist der Sinn der in Art. 40 Abs. 2 enthaltenen Regel, wonach der Unternehmer «allfällige Mengenangaben in den [übrigen] Ausschreibungsunterlagen auf ihre Übereinstimmung mit den Plänen» prüft. Davon abgesehen bleibt es aber auch für die Bestimmung der zu einem Globalpreis geschuldeten Leistung bei der Rangordnung des Art. 21 Abs. 1, namentlich was die zugehörigen Einzelleistungen betrifft, die in einer Baubeschreibung (Art. 12) oder einem Leistungsverzeichnis (Art. 8) umschrieben sind.

b) Die soeben besprochene Regel des Art. 40 Abs. 2 bestätigt mittelbar den Grundsatz des Art. 40 Abs. 1, wonach «für die geschuldete Vergütung [...] nicht auf die Menge abgestellt» wird. Die Regel spielt selbst dann, wenn entsprechende Mengenangaben in einer *Baubeschreibung* (Art. 12) oder in einem *Leistungsverzeichnis* (Art. 8) enthalten sind, obwohl diese Unterlagen nach der Rangordnung des Art. 21 Abs. 1 den Plänen vorgehen (vgl. auch Art. 7 Abs. 3). Insofern wird also die Rangordnung des Art. 21 partiell durchbrochen, indem die erwähnten Mengenangaben hinter die Pläne zurücktreten, soweit diesbezüglich ein Widerspruch besteht, indem sich den Plänen einerseits und der Baubeschreibung bzw. dem Leistungsverzeichnis andererseits divergierende Mengenangaben entnehmen lassen. 7.3

Von praktischer Bedeutung ist das Letztere vor allem auch dann, wenn der Unternehmer die Ausführung einer bestimmten Leistung zwar zu Einheitspreisen (Art. 39) angeboten, schliesslich aber doch zu einem Globalpreis übernommen hat (vgl. GWerkV Rz. 932). Auch in einem solchen Fall kann sich weder der Unternehmer noch der Bauherr auf die Angabe der voraussichtlichen Mengen im Leistungsverzeichnis (Art. 8 Abs. 2) berufen, falls es zum Streit über den Umfang der zu einem Globalpreis geschuldeten Leistung kommt. 7.4

c) Das Gesagte gilt selbstverständlich nur unter dem Vorbehalt einer abweichenden Abrede, die der SIA-Norm 118 vorgeht, weil sie individuell oder in einem ranghöheren Vertragsbestandteil getroffen wurde (Einl./Rz. 26). Zum Beispiel kann der Unternehmer, der eine Leistung zu einem Globalpreis übernimmt, sich mit dem Bauherrn das Mengenrisiko teilen, indem vereinbart wird, dass die Überschreitung einer bestimmten Leistungsmenge (z.B. von verwendetem Armierungsstahl) zu einer Mehrvergütung, die Unterschreitung zu einer Mindervergütung führt. Zu beachten ist indes, dass mit einer solchen Abrede allein noch nicht geklärt ist, wie sich der Mehr- bzw. der Minderpreis gegebenenfalls bemisst. 7.5

Anmerkung 8

Somit kann sich die vom Bauherrn geschuldete Vergütung (wie beim Einheitspreis, Art. 39/Rz. 18.1) «um eine Mehr- oder Mindervergütung» verändern, wenn sich «Lohnkostenansätze oder Preise gegenüber der ursprünglichen Kostengrundlage (Art. 62 Abs. 2)» erhöhen oder vermindern (Art. 64 Abs. 1). Das ist eine Einschränkung des Festpreischarakters des Globalpreises (Art. 38 Abs. 1), was schon durch den Vorbehalt in Art. 38 Abs. 3 zum Ausdruck kommt. 8.1

Schon nach der bisherigen SIA-Norm 118 galt, dass die Teuerungsabrechnung mangels anderer Vereinbarung nach dem «Verfahren mit Mengennachweis» (dem sogenannten Belegverfahren) erfolgte; auch der neue Art. 65 Abs. 2 führt zum Mengennachweisverfahren, wenn die Parteien es nicht anders bestimmt haben (Art. 65/Rz. 14). 8.2

Dass ein Globalpreis der Teuerungsabrechnung unterliegt, entspricht seinem Begriff, wie die SIA-Norm 118 ihn bildet. Die Parteien sind aber frei, eine Vergütung festzusetzen, bei der «nicht auf die Menge abgestellt» (Art. 40 Abs. 1) und auch eine allfällige Teuerung nicht berücksichtigt wird. Alsdann hat man es aber – wenn man in der Begrifflichkeit der 8.3

SIA-Norm 118 bleibt – nicht mit einem Global-, sondern mit dem in Art. 41 geregelten *Pauschalpreis* zu tun.

2 14 Pauschalpreis[1]

Art. 41

[1] Der Pauschalpreis[2] unterscheidet sich vom Globalpreis[3] einzig dadurch, dass die Bestimmungen über die Teuerungsabrechnung (Art. 64–68) nicht anzuwenden sind[4].[5]

[2] Art. 40 Abs. 2 gilt auch für Pauschalpreise.[6]

[3] Pauschalpreise sind in den Ausschreibungsunterlagen ausdrücklich[7] als solche zu bezeichnen (Art. 6 Abs. 2[8]).[9]

Art. 41 (1977/91)

[1] Der Pauschalpreis unterscheidet sich vom Globalpreis einzig dadurch, dass die Bestimmungen über die Teuerungsabrechnung (Art. 64 ff.) nicht anzuwenden sind.

[2] Art. 40 Abs. 2 gilt auch für Pauschalpreise.

[3] Pauschalpreise sind in den Ausschreibungsunterlagen ausdrücklich als solche zu bezeichnen (Art. 6 Abs. 2).

Anmerkung 1

1 Nach der SIA-Norm 118 unterscheiden sich der Pauschal- und der Globalpreis einzig dadurch voneinander, dass nur Letzterer einem vertraglichen Teuerungsvorbehalt unterliegt (Art. 40/Rz. 1.1; Art. 41/Rz. 5.1; GWerkV Rz. 910). In der Praxis wird diese Unterscheidung nicht immer beachtet, sondern einfach von einem Pauschalpreis gesprochen, bei dem dann – je nach Vereinbarung – allenfalls auch die Teuerung zu berücksichtigen ist. Ausschlaggebend ist aber ohnehin der übereinstimmende Wille der Parteien (Art. 41/Rz. 5.2), nicht die Begrifflichkeit der SIA-Norm 118.

Anmerkung 2

2.1 Zum Festpreischarakter des Pauschalpreises vgl. Art. 38 sowie BGer 4A_213/2015 vom 31. August 2015 E. 3.2. Was der Unternehmer zu einem vereinbarten Pauschalpreis zu leisten hat, ist im Streitfall durch Auslegung des konkreten Vertrags zu ermitteln. Diesbezüglich verhält es sich gleich wie beim Globalpreis, weshalb auf Art. 40/Rz. 6.1 f. verwiesen werden kann.

2.2 Zur Rechtslage bei einseitigen Bestellungsänderungen vgl. Art. 88 und Art. 89.

Anmerkung 3

3 Zum Globalpreis vgl. Art. 40.

Anmerkung 4

Das bedeutet, dass sich die vom Bauherrn geschuldete Vergütung auch dann nicht verändert, wenn sich «Lohnkostenansätze oder Preise gegenüber der ursprünglichen Kostengrundlage (Art. 62 Abs. 2)» erhöhen oder vermindern (Art. 64 Abs. 1). Vorbehalten bleibt der (seltene) Fall, in dem die eingetretene Teuerung den Charakter eines «ausserordentlichen Umstands» hat. Alsdann greift Art. 59 zugunsten des Unternehmers ein, sofern auch die übrigen Voraussetzungen dieser Bestimmung erfüllt sind. 4

Anmerkung 5

Dieser (allerdings wichtige) Unterschied ist das *einzige Unterscheidungsmerkmal der beiden Preisarten.* Der Sache nach ist der Globalpreis (Art. 40) also nichts anderes als eine besondere Erscheinungsform des Pauschalpreises (Art. 41): ein «Pauschalpreis mit vertraglichem Teuerungsvorbehalt» (GWerkV Rz. 910; Art. 40 Abs. 3). 5.1

In der SIA-Norm 118 hingegen erscheint der «Globalpreis» (Art. 40) als Aliud zum «Pauschalpreis» (Art. 41; a.M. Spiess/Huser, Handkommentar, N 1 zu Art. 41). In der Ausgabe der SIA-Norm 118 aus dem Jahr 1962 unterlag der «Pauschalpreis» der Teuerungsabrechnung und war demzufolge ein «Globalpreis» im Sinne der jetzigen Fassung (vgl. Art. 7 f. aSIA-118 [1962]). In der Praxis schafft die Formulierung nicht selten Verwirrung: Zu merken ist, dass es nicht auf die von den Parteien gewählte Bezeichnung («Pauschalpreis»), sondern darauf ankommt, worauf sich der übereinstimmende Parteiwille tatsächlich richtete oder wie die Erklärungen nach Massgabe des Vertrauensprinzips (Art. 2 Abs. 2 ZGB) auszulegen sind. Im konkreten Fall kann es sein, dass die Parteien zwar den Ausdruck «Pauschalpreis» verwenden, darunter aber ein Preis zu verstehen ist, auf den die Bestimmungen über die Teuerungsabrechnung anzuwenden ist (Art. 64/Rz. 6.2). 5.2

Den Parteien steht es im Übrigen auch frei, für einen Teil der Leistung einen Pauschalpreis zu vereinbaren und damit die Berücksichtigung der Teuerung auszuschliessen, um für einen anderen Teil der Leistung (z.B. für Stahllieferungen) eine teuerungsbedingte Mehr- oder Mindervergütung zuzulassen (vgl. auch Art. 65/Rz. 1.1). 5.3

Anmerkung 6

Zu den beiden Aussagen, die Art. 40 Abs. 2 enthält und die auch bei einem Pauschalpreis bedeutsam sind, vgl. namentlich Art. 40/Rz. 7.1 ff. 6

Anmerkung 7

«Ausdrücklich» heisst hier lediglich «unzweideutig» und bedeutet nicht, dass in den Ausschreibungsunterlagen zwingend das Wort «Pauschalpreis» verwendet werden müsste (Art. 41/Rz. 9.1). 7

Anmerkung 8

Art. 6 Abs. 2 verweist seinerseits wieder auf Art. 41 Abs. 3. Beide Regeln beziehen sich unmittelbar auf die Ausschreibungsunterlagen, nicht auf das Angebot des Unternehmers und auch nicht auf den Vertrag. Gleichwohl kann Art. 41 Abs. 3 im Streitfall als Auslegungsregel herangezogen werden (Art. 41/Rz. 9.2). 8

Anmerkung 9

9.1 Will der Bauherr Angebote mit einem Pauschalpreis, muss aus den Ausschreibungsunterlagen (Art. 7) unzweideutig (Art. 41/Rz. 7) hervorgehen, dass es sich bei der dort vorgesehenen Preisart um einen *Pauschalpreis,* nicht um einen *Globalpreis* handelt. Trifft dies zu (weil der Preis z.B. explizit von der Teuerungsabrechnung ausgeschlossen wird), so ist das Erfordernis der «ausdrücklichen Bezeichnung» selbst dann erfüllt, wenn die Ausschreibungsunterlagen den Ausdruck «Pauschalpreis» nicht verwenden oder sogar von «Globalpreis» sprechen. Worauf es also ankommt, ist nicht die Verwendung eines bestimmten Ausdrucks, sondern die unzweideutige Information an den Unternehmer, dass bei der Vergütung eine allfällige Teuerung nicht berücksichtigt wird. Dabei bleibt der Unternehmer aber frei, dem Bauherrn ein Angebot mit einem Teuerungsvorbehalt zu machen, da ihn die Informationen in den Ausschreibungsunterlagen nur insoweit binden, als er sie in sein Angebot integriert bzw. «keine Vorbehalte anbringt» (Art. 16/Rz. 4.1 ff.).

9.2 Kommt es zwischen den Vertragsparteien zum Streit darüber, ob ein bestimmter Preis ein Pauschal- oder ein Globalpreis ist, so erlangt die erwähnte Regel die *Bedeutung einer vertraglich vereinbarten Auslegungsregel.* Der vereinbarte Preis ist alsdann als Globalpreis (nicht als Pauschalpreis) zu verstehen, wenn die zum Vertragsbestandteil gewordenen Ausschreibungsunterlagen diesbezüglich mehrdeutig sind und sich auch aus der Auslegung des gesamten Vertrags nicht eindeutig ergibt, dass ein Pauschalpreis vereinbart wurde (Art. 42 Abs. 3; Art. 42/Rz. 11.2).

9.3 Wurden die Ausschreibungsunterlagen vor Abschluss des Vertrags in beidseitigem Einverständnis geändert, so ist der geänderte Inhalt der betreffenden Unterlagen massgebend (Art. 21 Abs. 2).

2 15 Vertrag mit mehreren Preisarten; Einheitspreis- und Gesamtpreisvertrag

Art. 42

[1] In einem Werkvertrag können verschiedene Arten von Preisen vereinbart werden.[1]

[2] Als Einheitspreisvertrag[2] gilt jeder Werkvertrag, bei dem für alle oder für einen Teil[3] der Leistungen Einheitspreise[4] vereinbart sind. Als Gesamtpreisvertrag[5] gilt dagegen jeder Werkvertrag, bei dem sich die vereinbarte Vergütung unter Vorbehalt von Art. 44 Abs. 1[6] ausschliesslich nach Global- oder Pauschalpreisen[7] bestimmt.[8]

[3] Sind in einem Leistungsverzeichnis mit Einheitspreisen[9] einzelne Positionen vorgesehen, über die ohne Ermittlung von Mengen abgerechnet werden soll[10], so sind die zugehörigen Preise mangels anderer Abrede (Art. 41 Abs. 3) als Global-

preise (Art. 40) zu verstehen[11], für welche die Bestimmungen über die Teuerungsabrechnung gelten (Art. 40 Abs. 3).[12]

Art. 42 (1977/91)

1 In einem Werkvertrag können verschiedene Arten von Preisen vereinbart werden.

2 Als Einheitspreisvertrag gilt jeder Werkvertrag, bei dem für alle oder für einen Teil der Leistungen Einheitspreise vereinbart sind. Als Gesamtpreisvertrag gilt dagegen jeder Werkvertrag, bei dem sich die vereinbarte Vergütung unter Vorbehalt von Art. 44 Abs. 1 ausschliesslich nach Global- oder Pauschalpreisen bestimmt.

3 Sind in einem Leistungsverzeichnis mit Einheitspreisen einzelne Positionen vorgesehen, über die ohne Ermittlung von Mengen abgerechnet werden soll, so sind die zugehörigen Preise mangels anderer Abrede (Art. 41 Abs. 3) als Globalpreise (Art. 40) zu verstehen, für welche die Bestimmungen über die Teuerungsabrechnung gelten (Art. 40 Abs. 3).

Anmerkung 1

Die zur Ausführung eines Werks erforderliche Gesamtleistung des Unternehmers setzt sich meist aus einer grösseren oder kleineren Anzahl von Einzelleistungen zusammen (GWerkV Rz. 1030). Art. 42 Abs. 1 weist die Parteien darauf hin, dass für verschiedene Einzelleistungen in ein und demselben Werkvertrag verschiedene Preisarten (Einheits-, Global- oder Pauschalpreise, aber auch Vergütung nach Aufwand) vereinbart werden können. Die für das gesamte Werk (also die Gesamtleistung) geschuldete Vergütung entspricht dann der Summe der für die jeweiligen Einzelleistungen ermittelten Teilvergütungen. 1.1

Die Bestimmung des Art. 42 Abs. 1 enthält lediglich einen Hinweis zur Vertragsgestaltung: sie ist weder dazu bestimmt noch geeignet, Bestandteil des abgeschlossenen Vertrags zu werden. Ihr lässt sich also auch nicht entnehmen, was zu gelten hat, wenn die Parteien es versäumen, die Preisart festzulegen (Art. 38/Rz. 4.1). Zu verdeutlichen ist, dass ein Vertrag auch vorsehen kann, dass einzelne Leistungen nach Aufwand (Art. 48) vergütet werden (Art. 44 Abs. 1). Möglich ist auch, für sämtliche Leistungen eine Vergütung nach Aufwand vorzusehen, wobei ein solcher Vertrag dann weder ein Einheits- noch ein Gesamtpreisvertrag ist. Das schadet allerdings nicht: Wo die SIA-Norm 118 mit diesen Begriffen materielle Folgen verknüpft (beim Anspruch auf Abschlagszahlungen [Art. 144 und Art. 147] und bei der Frage des Rückbehalts [Art. 149 und Art. 151]), sieht sie für die Vergütung der Regiearbeiten spezifische Regeln vor (Art. 55). 1.2

Anmerkung 2

Verwendung findet der Begriff in Art. 8 Abs. 1, Art. 103, Art. 144 ff. und Art. 149 ff. Auf den ersten Blick scheint dem Begriff keine weitere Funktion zuzukommen. Doch zeigt das Beispiel des Art. 144 Abs. 1, dass es sich anders verhält und der Begriff auch eine rechtliche Bedeutung hat. Dieser Bestimmung zufolge hat der Bauherr bei einem Einheitspreisvertrag auch auf die Leistungsteile Abschlagszahlungen zu leisten, über die mit «Global- oder Pauschalpreisen» abgerechnet wird. Anders sind bei Gesamtpreisverträgen «Abschlagszahlungen durch einen Teilzahlungsplan im Werkvertrag besonders zu regeln» (Art. 147). 2

Anmerkung 3

3 Von einem Einheitspreisvertrag ist also nicht nur dann die Rede, wenn der Vertrag ausschliesslich Einheitspreise enthält. Namentlich für Baustelleneinrichtungen (Art. 123) wird häufig ein Global- oder ein Pauschalpreis vereinbart (vgl. z.B. Art. 146 Abs. 1).

Anmerkung 4

4 Zum Einheitspreis vgl. Art. 39; sein Merkmal besteht darin, dass über die ihm zugehörigen Leistungen unter «Ermittlung von Mengen abgerechnet werden soll» (Art. 39/Rz. 4), wie das auch in Art. 42 Abs. 3 zum Ausdruck kommt.

Anmerkung 5

5 Der Begriff wird in Art. 12, Art. 52 Abs. 4, Art. 84 Abs. 4, Art. 147 und Art. 151 verwendet.

Anmerkung 6

6 Nach Art. 44 Abs. 1 «kann für bestimmte Arbeiten anstelle fester Preise (Art. 38 Abs. 1) vereinbart werden, dass sie in Regie auszuführen», also «nach Aufwand» (Art. 48) zu vergüten sind. Der in Art. 42 Abs. 2 enthaltene *Vorbehalt* stellt nun klar, dass ein Gesamtpreisvertrag im Sinne der Norm auch dann vorliegt, wenn eine solche Vereinbarung getroffen wurde, die übrigen Leistungen des Vertrags aber samt und sonders nach Global- oder Pauschalpreisen zu vergüten sind.

Anmerkung 7

7 Zum Global- und zum Pauschalpreis siehe Art. 40 bzw. Art. 41.

Anmerkung 8

8 Dieser Satz *definiert,* was die SIA-Norm 118 unter Einheitspreisvertrag (Art. 42/Rz. 2) und was sie unter Gesamtpreisvertrag (Art. 42/Rz. 5) versteht. Der Begriff *Einheitspreisvertrag* wird dabei in einem weiten Sinne verstanden. Sein Begriffsmerkmal ist schon dann erfüllt, wenn von verschiedenen Leistungen nur eine einzige der Einheitspreis-Vergütung unterliegt – was allerdings ein atypischer Fall ist.

Anmerkung 9

9 Das *Leistungsverzeichnis,* das für Einheitspreisverträge (Art. 42 Abs. 2) vorzusehen ist, «führt die einzelnen Leistungen, aus denen sich die [...] Bauarbeit zusammensetzt, übersichtlich und vollständig auf» (Art. 8 Abs. 1). Keineswegs finden sich in einem Leistungsverzeichnis also notwendigerweise nur Leistungen, die zu Einheitspreisen vergütet werden.

Anmerkung 10

10 Gemeint sind somit Leistungs-Positionen, die *nicht* nach Einheitspreisen (Art. 39) vergütet werden. Die Auslegungsregel (Art. 42/Rz. 11.1 ff.) hilft nicht weiter, wenn strittig ist, ob ein Einheitspreis oder eine andere Preisart vereinbart wurde. Wie es sich damit verhält, ist nach Massgabe des Vertrags zu entscheiden. Fehlt es in einer einzelnen Position

an der Mengenangabe, kann es der Vereinbarung zufolge noch immer sein, dass die Vergütung von der ausgeführten Menge abhängt. So verhält es sich bei sogenannten *Per-Positionen* (Art. 8/Rz. 6.12).

Anmerkung 11

«Mangels anderer Abrede» sind also die zugehörigen Preise als Globalpreise (nicht als Pauschalpreise) zu verstehen. Das ist eine *Auslegungsregel,* die ihrerseits der Auslegung bedarf. Im Zusammenhang mit Art. 41 Abs. 3, auf den Art. 42 Abs. 3 explizit verweist, besagt sie, was folgt: 11.1

Streiten die Parteien darüber, ob es sich bei einem konkreten Positionspreis um einen Pauschal- oder um einen Globalpreis handelt, so gilt der vereinbarte Preis als Globalpreis, wenn das zum Vertragsbestandteil gewordene Leistungsverzeichnis diesbezüglich mehrdeutig ist und sich auch aus der Auslegung des gesamten Vertrags nicht eindeutig ergibt, dass ein Pauschalpreis vereinbart wurde (Art. 41/Rz. 9.2). Nur für diesen Streitpunkt (Global- oder Pauschalpreis) kann die Auslegungsregel herangezogen werden. 11.2

Wurde das Leistungsverzeichnis vor Abschluss des Vertrags in beidseitigem Einverständnis geändert, so ist der geänderte Inhalt des Verzeichnisses massgebend (Art. 21 Abs. 2). 11.3

Anmerkung 12

Dass «die Bestimmungen über die Teuerungsabrechnung gelten», unterscheidet den Global- vom Pauschalpreis (Art. 40 Abs. 3 und Art. 41 Abs. 1). Für beide Preise, den Global- und den Pauschalpreis, gilt aber immer auch die Regel, dass der «Unternehmer allfällige Mengenangaben in den Ausschreibungsunterlagen auf ihre Übereinstimmung mit den Plänen» prüft (vgl. Art. 40/Rz. 7.1 ff. und Art. 41/Rz. 6). 12

2 16 Baustelleneinrichtungen[1]

Art. 43

[1] Sind für Baustelleneinrichtungen (Art. 123)[2] separate Positionen vorgesehen (Art. 9)[3], so gelten in den zugehörigen Preisen[4] alle Kosten der Einrichtungen, die für die vertragsgemässe[5] Ausführung der Arbeit[6] notwendig sind, als eingerechnet.[7] Dazu gehören insbesondere[8]:

- **Antransport, betriebsfertige[9] Aufstellung[10], Vorhalten[11] (einschliesslich Amortisation) sowie Demontage und Abtransport[12],**
- **Versicherungsschutz der Baustelleneinrichtungen[13],**
- **Erd-, Fels-, Maurer- und Nebenarbeiten, die für die Baustelleneinrichtungen erforderlich sind[14],**
- **ordentliche Instandstellung des benützten Bodens und Arbeitsplatzes[15].**

[2] Bei Baustelleneinrichtungen zu Global- oder Pauschalpreisen [16] werden Betriebskosten [17], Kosten für laufende Reparaturen und für Revisionen [18] nicht in diese Preise eingerechnet, sondern in die Preise der einzelnen Arbeiten.[19]

[3] Bei Wasserhaltung werden sowohl für die Pumpeinrichtungen [20] als auch für die Betriebskosten [21] Einheitspreise nach Zeit- bzw. Leistungsaufwand [22] vereinbart [23].

[4] Art. 9 Abs. 2 bleibt vorbehalten.[24]

Art. 43 (1977/91)

[1] Sind für Baustelleneinrichtungen (Art. 123) besondere Positionen vorgesehen (Art. 9), so gelten in den zugehörigen Preisen als eingerechnet: alle Kosten der Einrichtungen, die für die fristgemässe Ausführung der Arbeit notwendig sind. Dazu gehören insbesondere:

- Antransport, betriebsfertige Aufstellung, Vorhalten (einschliesslich Amortisation) sowie Demontage und Abtransport
- Versicherungsschutz der Baustelleneinrichtungen
- Erd-, Fels-, Maurer- und Nebenarbeiten, die für die Baustelleneinrichtungen erforderlich sind
- Ordentliche Instandstellung des benützten Bodens und Arbeitsplatzes.

[2] Bei Baustelleneinrichtungen zu Global- oder Pauschalpreisen werden Betriebskosten, Kosten für laufende Reparaturen und für Revisionen nicht in diese Preise eingerechnet, sondern in die Preise der einzelnen Arbeiten.

[3] Bei Wasserhaltung werden sowohl für die Pumpeinrichtungen als auch für die Betriebskosten Einheitspreise nach Zeit- bzw. Leistungsaufwand vereinbart.

[4] Beim Baunebengewerbe gilt Art. 9 Abs. 2.

Anmerkung 1

1.1 Art. 43 handelt von den Baustelleneinrichtungen (Art. 43/Rz. 2), für die «separate Positionen vorgesehen» sind (Art. 43 Abs. 1).

1.2 a) Die in Art. 43 enthaltenen Regeln können unter anderem bedeutsam sein, wenn es um die Bildung von Nachtragspreisen (Art. 86 Abs. 3 und Art. 88) geht. Von Art. 43 abweichende Abreden sind nur wirksam, wenn sie der SIA-Norm 118 vorgehen, weil sie individuell oder in einem ranghöheren Vertragsbestandteil getroffen wurden (Einl./Rz. 26).

1.3 b) Nicht behandelt wird in Art. 43 der Fall, in dem das Leistungsverzeichnis für eine erforderliche Einrichtung, die der Unternehmer beizustellen hat, keine separate Position vorsieht. In einem solchen Fall gelten alle Kosten dieser Einrichtung als in den übrigen Preisen eingeschlossen (z.B. Art. 9 Abs. 2; Art. 9/Rz. 4.2 und 5.1 ff.). Dabei macht es keinen Unterschied, ob separate Positionen für alle oder nur für einzelne Baustelleneinrichtungen fehlen.

1.4 c) Werden Baustelleneinrichtungen für Regiearbeiten benützt, kommt Art. 52 zur Anwendung.

Anmerkung 2

Gemeint sind einzig Baustelleneinrichtungen (Baustelleninstallationen), die der *Unternehmer* beizustellen hat (dazu Art. 124). Zum Begriff der Baustelleneinrichtungen vgl. Art. 123. 2

Anmerkung 3

Separate Positionen für Baustelleneinrichtungen finden sich im Normalfall in einem *Leistungsverzeichnis* (Art. 9). Sie können aber auch in einem anderen Vertragsbestandteil enthalten sein. Art. 43 erfasst auch diesen Fall. Allerdings ist es auch möglich, dass ein Leistungsverzeichnis keine separaten Positionen ausscheidet; für diesen Fall hat der Unternehmer die entsprechenden Aufwendungen in die Preise für seine übrigen Leistungen einzurechnen. 3

Anmerkung 4

In aller Regel handelt es sich um Global- oder um Pauschalpreise (Art. 40 oder Art. 41), möglicherweise aber auch um Einheitspreise (Art. 39). Die SIA-Norm 118 lässt die Frage offen, stellt in diesem Punkt also auch keine Auslegungsregel auf. 4

Anmerkung 5

Vertragsgemäss bedeutet namentlich mängelfrei (siehe schon Art. 39/Rz. 10), aber auch fristgerecht. 5

Anmerkung 6

Gemeint ist die im ursprünglichen Werkvertrag (Art. 27 Abs. 3) vereinbarte Arbeit des Unternehmers, insbesondere ohne Berücksichtigung allfälliger Bestellungsänderungen (Art. 84 ff.) und Mehr- oder Mindermengen, die sich auf Vergütung und Bauzeit auswirken (siehe Art. 86 Abs. 5). 6

Anmerkung 7

Art. 43 besagt nicht, was der Unternehmer mit Bezug auf die Baustelleneinrichtungen alles vorzukehren hat, um seine Arbeit vertragsgemäss auszuführen. Zweck der Regel ist vielmehr klarzustellen, wie mit den entsprechenden Kosten zu verfahren ist. Sie sieht im Grundsatz vor, dass diese Kosten mit den zugehörigen Preisen abgegolten werden, der Unternehmer also keinen Anspruch auf eine Zusatzvergütung hat, und zwar unabhängig davon, ob er diese Aufwendungen bei der Kalkulation seines Festpreisangebots einbezogen hat oder nicht. Selbst wenn der Vertrag für Baustelleneinrichtungen keine separaten Positionen vorsieht, verhält es sich so, dass die Kosten als in die Preise eingerechnet gelten (für den Einheitspreis siehe Art. 39 Abs. 2). Beachte aber Art. 43 Abs. 2 sowie Art. 52. 7

Anmerkung 8

Das Wort «insbesondere» weist darauf hin, dass die nachstehende Aufzählung keinen abschliessenden Charakter hat. Zu den Aufwendungen für erforderliche Schutz- und Fürsorgemassnahmen, die der Unternehmer treffen muss, vgl. Art. 103. Zur Vorgabe, dass 8 für «baustellenspezifische Schutzmassnahmen [...] sowie Massnahmen für Unterkunft und Verpflegung der Arbeitnehmer» im Leistungsverzeichnis separate Positionen vorzusehen sind, siehe Art. 9 Abs. 1.

Anmerkung 9

9 Art. 124 Abs. 1 spricht gleichbedeutend von «betriebsbereit». Zur Bedeutung der Betriebsbereitschaft hinsichtlich des Leistungswerts bei Baustelleneinrichtungen siehe Art. 146.

Anmerkung 10

10 Gemeint ist die betriebsfertige «*Erstellung*» (Art. 124 Abs. 1), die allenfalls Montagearbeiten (Art. 125 Abs. 1) voraussetzt (vgl. Art. 125/Rz. 5).

Anmerkung 11

11.1 Bei den *Vorhaltekosten* handelt es sich um zeitabhängige Kosten (Bucher Jörg/Henninger, Kalkulation und Teuerungsabrechnung, S. 184). In der Praxis werden sie pro Zeiteinheit der Belegung (für oder wegen der übernommenen Bauarbeit) kalkuliert. Man spricht z.T. von einem «kalkulatorischen Mietansatz des Unternehmers» (z.B. pro Monat). Die «Vorhaltedauer» ergibt sich aus der «Dauer der einzelnen Arbeiten, für die eine Einrichtung bestimmt ist» (Art. 125 Abs. 1). Der Unternehmer legt seiner Kalkulation die Angaben in den Ausschreibungsunterlagen zugrunde.

11.2 a) Die betreffenden Kosten hängen, wenn es sich um *Baustelleneinrichtungen im Eigentum des Unternehmers handelt,* unter anderem von den Beschaffungskosten ab. Abgesehen von den Zuschlägen für Baustellengemeinkosten, für allgemeine Geschäftskosten und für Risiko und Gewinn sowie den gesetzlichen Abgaben, umfassen sie die folgenden Elemente: eine angemessene Amortisation im Sinne einer kalkulatorischen Abschreibung; eine marktgerechte Verzinsung des investierten Kapitals; die Stationierungskosten auf dem unternehmereigenen Werkhof in den Phasen zwischen den Einsätzen; Unterhaltskosten (Art. 124 Abs. 1); die Kosten für den Versicherungsschutz, der in Art. 43 aber gesondert genannt wird (Art. 43/Rz. 13).

11.3 b) Bei Baustelleneinrichtungen, die *nicht Eigentum des Unternehmers* sind, werden die erwähnten Kostenelemente (soweit sie nicht dennoch anfallen) durch entsprechende andere Ansätze (bei der Miete z.B. durch den vom Unternehmer aufzubringenden Mietzins; dies im Kostenelement Fremdleistungen) ersetzt. Das gilt im Grundsatz auch dann, wenn der Unternehmer die Geräte von einer Gesellschaft einmietet, mit der er über eine Konzernstruktur verbunden ist.

11.4 c) Wenn über die Baustelleneinrichtungen nicht ohnehin mit Einheitspreisen abgerechnet wird, erhält der Unternehmer für längeres Vorhalten, das die Bauleitung nach Art. 125 Abs. 2 verlangt, eine zusätzliche Vergütung, weshalb die betreffenden Kosten nicht in die Preise eingerechnet werden müssen. Ausgenommen bleiben jedoch Fassadengerüste für den Rohbau, die der Unternehmer dem Bauherrn noch während zwei Monaten nach der Arbeitsvollendung unentgeltlich zur Verfügung stellen muss (Art. 125 Abs. 2 Satz 3). Die entsprechenden Kosten sind in die Preise einzurechnen, obwohl für sie nicht gilt, dass sie «für die vertragsgemässe Ausführung der Arbeit notwendig sind». Insofern ist Art. 43 Abs. 1 zu eng formuliert.

Anmerkung 12

In der Praxis werden An- und Abtransport oftmals zur Vorhaltedauer gerechnet, während Art. 125 Abs. 1 zwischen Antransport, Montage, Vorhalten, Demontage und Abtransport als je eigene Zeitabschnitte unterscheidet, die in der Summe dann die «Benützungsdauer» ergeben (Art. 124/Rz. 5). 12

Anmerkung 13

Wenn der Unternehmer zum Schutz seiner Baustelleneinrichtungen eine *Sachversicherung* abschliesst, gelten die Kosten als eingerechnet, weshalb der Unternehmer sie nicht zusätzlich geltend machen kann (vgl. Art. 43/Rz. 11.2). Anders als Art. 26 begründet diese Bestimmung keine Vertragspflicht des Unternehmers, eine entsprechende Versicherung abzuschliessen. 13

Anmerkung 14

Hier geht es um Arbeiten, mit denen der Unternehmer die Baustelle so einrichtet, dass er die Arbeit vertragsgemäss ausführen kann. 14

Anmerkung 15

Vgl. Art. 118 Abs. 3. 15

Anmerkung 16

Art. 40 oder Art. 41. 16

Anmerkung 17

Die *Betriebskosten* umfassen auch die Kosten für laufende Reparaturen und für Revisionen, die in Art. 43 Abs. 2 aber getrennt aufgeführt werden. Offen lässt die Regel, ob auch die Bedienung (Kostenelement Lohn) zu den Betriebskosten zählt. 17

Anmerkung 18

Revisionen sind Grundüberholungen, die in grösseren Zeitabständen oder z.B. nach lang dauerndem Einsatz auf einer Grossbaustelle nötig werden. 18

Anmerkung 19

Das bedeutet, dass hier die Betriebskosten, die Kosten laufender Reparaturen und die Kosten von Revisionen mit den Preisen der einzelnen Arbeiten abgegolten sind. Für die Wasserhaltung vgl. aber Art. 43 Abs. 3. Die Regel des Art. 43 Abs. 2 spricht ausdrücklich nur von Baustelleneinrichtungen zu Global- oder Pauschalpreisen. Was aber gilt bei Baustelleneinrichtungen, deren Positionspreise Einheitspreise (Art. 39) sind? Eine Auslegung e contrario führt zum Schluss, dass die Betriebskosten, die Kosten der laufenden Reparaturen und der Revisionen als «Kosten der Einrichtungen» (Art. 43 Abs. 1) in den Ein- 19 heitspreisen der Baustelleneinrichtungen (nicht in den Arbeiten) eingeschlossen sind. Die Baupraxis allerdings neigt eher zur Auffassung, dass sich Art. 43 zu dieser Frage überhaupt nicht äussert, also offen lässt, wo die betreffenden Kosten eingerechnet sind.

Anmerkung 20

20 Das sind Pumpen unter Einschluss der zugehörigen Einrichtungen (wie Röhren, Schläuche und Kabel).

Anmerkung 21

21 Gemeint sind hier die Betriebskosten unter Einschluss der Kosten für laufende Reparaturen und für Revisionen (vgl. Art. 43/Rz. 19).

Anmerkung 22

22 Bei einfacheren Wasserhaltungen werden mobile Pumpen nach Betriebsstunde inkl. Vorhalten vergütet, bei aufwendigeren Wasserhaltungen getrennt nach Einrichten, Umstellen, Vorhalten («Zeitaufwand») und Betrieb. Für den «Leistungsaufwand» kann die Vergütung nach Betriebsstunden, nach Kilowattstunde Energieverbrauch (kWh), nach Fördermenge oder nach Zeiteinheit (z.B. Wochen) erfolgen.

Anmerkung 23

23 Mit diesen Einheitspreisen werden die Aufwendungen abgegolten, die in Art. 39 Abs. 2 aufgeführt werden.

Anmerkung 24

24 Mit diesem Vorbehalt erinnert Art. 43 an Art. 9 Abs. 2, nach dem bei «Arbeiten für den Ausbau von Gebäuden» die Kosten namentlich der Baustelleneinrichtungen in die Einheitspreise einzurechnen sind, wo nicht das Leistungsverzeichnis separate Positionen vorsieht. Das entspricht dem in Art. 43/Rz. 1.3 erwähnten Grundsatz. Zu beachten ist dabei aber, dass sich Art. 9 zwar an den Ersteller des Leistungsverzeichnisses richtet, ihn aber nicht bindet, sondern den Parteien alle Freiheit lässt, für Baustelleneinrichtungen separate Positionen auszuscheiden oder darauf zu verzichten (Art. 9/Rz. 4.2 und 5.1 ff.), sodass dann der Unternehmer die entsprechenden Aufwendungen in die Preise anderer Leistungen einrechnen kann.

2 2 Regiearbeiten

2 21 Voraussetzung

2 211 Vertrag oder Anordnung der Bauleitung

Art. 44

[1] Im Werkvertrag[1] kann für bestimmte Arbeiten[2] anstelle fester Preise (Art. 38 Abs. 1) vereinbart werden, dass sie in Regie auszuführen sind[3].[4] Die Vergütung richtet sich nach Art. 48–55.[5]

[2] Ausserdem[6] kann die Bauleitung dringliche Arbeiten zur Abwendung von Gefahr oder Schaden[7] sowie Arbeiten gemäss Art. 87 Abs. 4, Art. 88 Abs. 2 und Art. 89 Abs. 3[8] in Regie ausführen lassen.[9] Soweit überblickbar, wird der mutmassliche Umfang der Regiearbeiten im Leistungsverzeichnis[10] oder in der Baubeschreibung[11] angegeben.[12]

[3] Regiearbeiten, welche die Bauleitung anordnet[13], bezeichnet sie rechtzeitig[14] vor Beginn als Regiearbeiten.[15] Mit der Anordnung teilt die Bauleitung dem Unternehmer mit, ob der Unternehmer oder die Bauleitung die Arbeit zu leiten hat.[16] In den Fällen von Art. 87 Abs. 4, Art. 88 Abs. 2 und Art. 89 Abs. 3 steht die Leitung immer dem Unternehmer zu.[17]

[4] Leitet der Unternehmer die Regiearbeit[18], so stellt er, nach vorheriger Mitteilung an die Bauleitung[19], die für eine sachgerechte Aufsicht nötigen Poliere und Vorarbeiter während der nötigen Dauer bei.[20] Leitet die Bauleitung die Arbeit[21], so stellt der Unternehmer Poliere und Vorarbeiter nur auf Verlangen.[22]

Art. 44 (1977/91)

[1] Im Werkvertrag kann für einzelne bestimmte Arbeiten anstelle fester Preise (Art. 38 Abs. 1) vereinbart werden, dass sie in Regie auszuführen sind. Die Vergütung richtet sich nach Art. 48ff.

[2] Ausserdem kann die Bauleitung dringliche Arbeiten zur Abwendung von Gefahr oder Schaden sowie Arbeiten gemäss Art. 87 Abs. 4 und Art. 88 Abs. 2 in Regie ausführen lassen. Soweit überblickbar, wird der mutmassliche Umfang der Regiearbeiten im Leistungsverzeichnis oder in der Baubeschreibung angegeben.

[3] Regiearbeiten, welche die Bauleitung anordnet, bezeichnet sie rechtzeitig vor Beginn als Regiearbeiten. Mit der Anordnung teilt die Bauleitung dem Unternehmer mit, ob der Unternehmer oder die Bauleitung die Arbeit zu leiten hat. In den Fällen von Art. 87 Abs. 4 und Art. 88 Abs. 2 steht die Leitung immer dem Unternehmer zu.

[4] Leitet der Unternehmer die Regiearbeit, so stellt er, nach vorheriger Mitteilung an die Bauleitung, die für eine sachgerechte Aufsicht nötigen Poliere und Vorarbeiter während der nötigen Dauer bei. Leitet die Bauleitung die Arbeit, so stellt der Unternehmer Poliere und Vorarbeiter nur auf ausdrückliches Verlangen.

Anmerkung 1

1 Gemeint ist der ursprünglich abgeschlossene oder in gegenseitigem Einvernehmen geänderte *Werkvertrag* (Art. 27 Abs. 1); dies unter Ausschluss der SIA-Norm 118 in dem Sinne, dass die Norm selber keine allgemeine Regel enthält, nach der sich bei fehlender Parteiabrede entscheiden liesse, ob die Arbeiten des Unternehmers nach Festpreisen zu vergüten oder «in Regie auszuführen sind». Vorbehalten aber sind namentlich Art. 45 Abs. 2 sowie die Bestimmungen über die Bestellungsänderung, nach denen die Bauleitung befugt ist, die Ausführung von Arbeiten «in Regie» anzuordnen (Art. 87 Abs. 4, Art. 88 Abs. 2 und Art. 89 Abs. 3).

Anmerkung 2

2.1 Das sind Vertragsarbeiten, zu deren Ausführung der Unternehmer sich *im Werkvertrag* (ausserhalb der SIA-Norm 118, Art. 44/Rz. 1) verpflichtet. Es handelt sich um vereinbarte Arbeiten. Sie sind zu unterscheiden von einseitig angeordneten (Art. 44 Abs. 2) oder nach Massgabe des Art. 45 Abs. 2 auszuführenden Regiearbeiten, deren Rechtsgrundlage die SIA-Norm 118 bildet.

2.2 Obschon die SIA-Norm 118 von «bestimmten Arbeiten» spricht und damit den Eindruck erweckt, die Vergütung nach Aufwand könne nur für einzelne Arbeiten und nicht auch für die Gesamtleistung des Unternehmers vereinbart werden, steht es den Parteien frei, für irgendwelche und so auch für sämtliche Arbeiten zu vereinbaren, dass der Unternehmer nach Massgabe seines Aufwands vergütet wird (auch Art. 44/Rz. 4.2).

Anmerkung 3

3.1 Bei Arbeiten, die «in Regie auszuführen sind», handelt es sich um *Regiearbeiten.* Deren Merkmal besteht darin, dass sie nach Aufwand vergütet werden (Art. 48). Daraus folgt: Arbeiten, die nach Aufwand vergütet werden (Art. 48), sind Regiearbeiten und umgekehrt.

3.2 Die Besonderheit von Regiearbeiten, die der Unternehmer leistet, liegt somit lediglich in der Art, wie der Bauherr sie zu vergüten hat, während sie sich in anderer (etwa technischer) Hinsicht von Arbeiten, bei denen Festpreise anwendbar sind, nicht unterscheiden. Das gilt namentlich auch für die Haftung des Unternehmers (Art. 57), obschon der Titel vor Art. 167 sie zu den besonderen Fällen zählt und Art. 168 «bezüglich der Haftung für Regiearbeiten» auf Art. 57 verweist (Art. 57/Rz. 2).

Anmerkung 4

4.1 Dieser Satz enthält bloss einen *Hinweis* und erinnert die Verhandlungspartner an die Möglichkeit, «für bestimmte Arbeiten» eine Vergütung nach Aufwand (Art. 44/Rz. 3.1) zu vereinbaren; der Satz ist weder dazu bestimmt noch geeignet, Vertragsgeltung zu erlangen. Im Übrigen bleibt zu beachten:

4.2 a) Obschon Art. 44 Abs. 1 nur von «bestimmten Arbeiten» spricht, kann sich die von den Parteien getroffene Regieabrede auch auf die vereinbarte Gesamtleistung des Unternehmers beziehen, sodass sämtliche Arbeiten nach Aufwand und damit in Regie vergütet werden (Art. 48; Art. 44/Rz. 2.2). Im ersten Fall (einzelne Arbeiten) spricht man zuweilen noch von «Teil-Regie», im zweiten Fall von «Gesamtregie». Die zu enge Fassung des Art. 44 Abs. 1 entspricht dem gegenüber Regiepreisen eher skeptischen Ratschlag des Art. 38 Abs. 1, wonach «für die Vergütung der Leistungen [...] nach Möglichkeit entweder Einheitspreise, Globalpreise oder Pauschalpreise vereinbart werden» sollen (vgl. dazu Art. 38/Rz. 4.1). Dass die SIA-Norm 118 den Parteien rät, sich statt auf Regie- auf Festpreise zu verständigen, erklärt sich damit, dass Festpreise den Parteien eine höhere Kostensicherheit versprechen. Wer sich allerdings die Fälle vor Augen führt, in denen der Festpreischarakter aufgeweicht wird und der Unternehmer Anspruch auf einen Nachtragspreis hat, wird diese Einschätzung nicht ohne Weiteres teilen können. Sicher aber ist, dass Festpreise auf jene Fälle zugeschnitten sind, in denen sich der mit der geplanten Baumassnahme verbundene Aufwand bei Vertragsschluss einigermassen zuverlässig abschätzen lässt. Das gilt auch für den Einheitspreis, bei dem die Vergütung zwar mengenabhängig ist, den der Unternehmer aber auf der Grundlage jener Mengen kalkuliert, die der Bauherr im Leistungsverzeichnis angibt (Art. 8/Rz. 12.1 ff.). Erweist sich der Aufwand in der Folge als wesentlich höher, erhöht sich auch der Festpreis, gesetzlich nach Massgabe des Art. 373 Abs. 2 OR, im System der SIA-Norm 118 beispielsweise nach Art. 59. Die Herausforderung bei der Gestaltung von Verträgen mit Festpreisen besteht darin, die Abänderungsfälle und die Regeln, nach denen der Festpreis anzupassen ist, so ausreichend genau und gleichzeitig flexibel genug zu umschreiben, dass die Anpassung möglichst konfliktfrei erfolgen kann.

b) Vereinbarte Arbeiten werden nicht nur dann «in Regie ausgeführt», also nach Aufwand vergütet (Art. 48), wenn dies von den Parteien positiv verabredet wurde. Vielmehr sind *alle* vereinbarten Arbeiten nach Aufwand (somit als Regiearbeiten) zu vergüten, für die nicht eine Vergütung nach festen Preisen verabredet ist, was sich indes nicht aus der SIA-Norm 118, sondern daraus ergibt, dass die lückenhafte Vereinbarung gestützt auf Art. 374 OR ergänzt werden muss (GWerkV Rz. 946 ff.). Auch diesbezüglich ist die Formulierung des Art. 44 Abs. 1 ungenau, indem sie den Eindruck vermittelt, die Parteien müssten Regiearbeiten im Einzelnen als solche bezeichnen. Fest steht aber, dass der Unternehmer auch eine Vergütung nach Regie nicht für irgendwelche, sondern einzig für solche Arbeiten verlangen kann, die mit dem Bauherrn (und sei es durch Übernahme des Art. 45 Abs. 2) verabredet wurden. Zur Beweislastverteilung vgl. GWerkV Rz. 1011 ff. 4.3

Anmerkung 5

Die Art. 48 – 55, auf die hier verwiesen wird, regeln zahlreiche Fragen, die sich im Zusammenhang mit der Vergütung von Regiearbeiten stellen, wobei die SIA-Norm 118 auch an anderen Stellen auf die Modalitäten eingeht. Vgl. Art. 68, Art. 145 Abs. 2 und Art. 153 Abs. 2; auch Art. 190 für die Zahlungsfrist und den Zahlungsverzug des Bauherrn. 5

Anmerkung 6

Damit nimmt sich die SIA-Norm 118 in Ergänzung zu Art. 44 Abs. 1 solcher Arbeiten an, die der Unternehmer nicht von vornherein, sondern erst deshalb schuldet, weil die Bauleitung sie (als Vertreterin des Bauherrn) einseitig angeordnet hat. 6

Anmerkung 7

7.1 Gemeint sind Arbeiten, die vom Unternehmer zwar nicht von vornherein geschuldet, «zur Abwendung von Gefahr oder Schaden» aber *dringend erforderlich* sind (siehe auch Art. 45 Abs. 2). Die Gefahr oder der Schaden, die es abzuwenden gilt, können z.B. dem Werk des Unternehmers (Art. 1 Abs. 1), dem Werk eines Nebenunternehmers (Art. 30), irgendwelchen Baustelleneinrichtungen (Art. 123), den auf dem Bauplatz beschäftigten Personen, der Nachbarschaft oder der weiteren Umgebung der Baustelle drohen. Entsprechende Massnahmen kann die Bauleitung treffen, um der Gefahr eines Schadeneintritts zu begegnen oder um der Vergrösserung eines Schadens, der bereits eingetreten ist, entgegenzuwirken. Die «Abwendung», von der Art. 44 Abs. 2 spricht, bezieht sich auf beide Fälle.

7.2 Art. 44 Abs. 2 begründet die Befugnis der Bauleitung (als Vertreterin des Bauherrn), im Laufe der Bauausführung einseitig anzuordnen, dass der Unternehmer derartige (zusätzliche) Arbeiten ausführt und darüber nach Regie (also gegen Vergütung des Aufwands, Art. 48) abgerechnet wird. Beschränkt wird diese Befugnis durch die Voraussetzung, dass die Bedrohung nur durch eine rasche Anordnung und Ausführung der angeordneten Arbeiten abgewendet werden kann. Wo es an der vorausgesetzten Dringlichkeit fehlt, kann der Bauherr noch immer zur (einseitigen) Bestellungsänderung nach Art. 84 greifen, wobei sich die Auswirkungen nach Art. 86 ff. richten und nicht von vornherein feststeht, dass die Vergütung nach Aufwand erfolgt (Vorbem. Art. 84–91/Rz. 101). Klarzustellen ist, dass die Befugnis des Bauherrn, einseitig Arbeiten anzuordnen, nicht etwa von deren Dringlichkeit abhängt, sondern so weit besteht, wie sein Bestellungsänderungsrecht nach Art. 84 Abs. 1 geht; die Funktion des Art. 44 Abs. 2 liegt denn auch nur darin, für den von ihm erfassten, besonderen Fall vorzusehen, dass die entsprechenden Arbeiten nach Aufwand vergütet werden. Auch für Arbeiten, die unter diesen Umständen geleistet werden, gilt, dass sie nur insoweit zu vergüten sind, als sie erforderlich waren (Art. 48/Rz. 2.3), wobei bei der Beurteilung der Erforderlichkeit einzufliessen hat, dass die Arbeiten dringlich, also unter Zeitdruck zu erbringen waren.

Anmerkung 8

8 Diese Verweise gelten allesamt Fällen der einseitigen Bestellungsänderung im Sinne von Art. 84. Es ist denn auch so, dass die Frage, ob und inwieweit der Bauherr zur Bestellungsänderung befugt ist, nicht von Art. 44 Abs. 2, sondern in den Art. 84 ff. geregelt wird (zur Kundgabe einer entsprechenden Vollmacht der Bauleitung siehe Art. 33/Rz. 11.1 f.).

Anmerkung 9

9 Diese Aufzählung ist *abschliessend.* Den Parteien steht es aber frei, in einer individuellen Abrede oder einem ranghöheren Vertragsbestandteil, die der SIA-Norm 118 vorgehen (Einl./Rz. 26), weitere Fälle vorzusehen. Auch können sie dem Bauherrn ein vertragliches Recht einräumen, einzelne Leistungen, die zwar zu festen Preisen (namentlich zu Einheitspreisen) übernommen wurden, unter bestimmten Voraussetzungen dann doch in Regie ausführen zu lassen.

Anmerkung 10

Zum Inhalt und zur Funktionsweise des Leistungsverzeichnisses vgl. Art. 8. 10

Anmerkung 11

Zu den Eigenschaften der Baubeschreibung siehe Art. 12. 11

Anmerkung 12

Dabei handelt es sich um eine Empfehlung, die sich an den Ersteller des Leistungsverzeichnisses bzw. der Baubeschreibung richtet. Die Empfehlung bezieht sich auf sämtliche Fälle, in denen Regiearbeiten in Aussicht stehen. Fest steht aber, dass die *Angabe des mutmasslichen Umfangs* bei Arbeiten gemäss Art. 87 Abs. 4, Art. 88 Abs. 2 und Art. 89 Abs. 3 praktisch ausgeschlossen ist, weil er von vornherein nicht «überblickbar» ist. Und was die «dringlichen Arbeiten zur Abwendung von Gefahr oder Schaden» angeht, bleibt nichts anderes übrig, als auf allgemeine Erfahrungswerte abzustellen. Zu beachten ist im Übrigen, dass aus der Angabe des mutmasslichen Umfangs (oder aus deren Fehlen) weder der Unternehmer noch der Bauherr irgendwelche Rechte ableiten können. Der Unternehmer hat insbesondere keinen Anspruch darauf, dass Regiearbeiten im Umfang einer allfälligen Mutmassung auch wirklich angeordnet werden. 12

Anmerkung 13

Das betrifft die in Art. 44 Abs. 2 geregelten Fälle, also auch jene Fälle, in denen die Bauleitung Arbeiten, die sie im Wege einer Bestellungsänderung anordnet, in Regie ausführen lässt. 13

Anmerkung 14

Damit die Bezeichnung als Regiearbeiten *rechtzeitig* geschieht, genügt es, wenn sie noch vor Beginn der angeordneten Arbeiten erfolgt. Der Ausdruck «vor Beginn», den Art. 44 Abs. 2 dem Wort «rechtzeitig» beifügt, präzisiert somit nur, was «rechtzeitig» bedeutet. Der Gesamtausdruck («rechtzeitig vor Beginn») ist so zu lesen, wie wenn dort stehen würde: «rechtzeitig, d.h. vor Beginn». Der Zweck der Regel besteht darin, den Unternehmer in die Lage zu versetzen, den eigenen Aufwand in der Weise zu erfassen und zu rapportieren, wie Art. 47 dies vorsieht. 14

Anmerkung 15

Dass die Bauleitung die angeordneten Arbeiten vor deren Beginn als «Regiearbeiten» bezeichnet, versteht sich in den Fällen der Art. 87 Abs. 4, Art. 88 Abs. 2 und Art. 89 Abs. 3 von selbst. Dass Art. 44 Abs. 3 Satz 1 dieses Erfordernis ausdrücklich erwähnt, ist daher vor allem sinnvoll für «dringliche Arbeiten zur Abwendung von Gefahr oder Schaden», *die der Unternehmer zu leiten hat* (Art. 44/Rz. 16.2). Indem die Bauleitung diese «dringlichen» Arbeiten rechtzeitig (vor Arbeitsbeginn) als «Regiearbeiten» bezeichnet (zum Zeitpunkt siehe Art. 87/Rz. 17.2), stellt sie klar, dass es sich bei ihrer Anordnung nicht um eine Bestellungsänderung im Sinne der Art. 84ff. handelt und dass der Unternehmer seine Rapportpflicht nach Art. 47 zu erfüllen hat. Klarzustellen ist, dass der Unternehmer 15 dieser Rapportpflicht auch dann nachzukommen hat, wenn die Bauleitung den Unternehmer eine in Form einer Bestellungsänderung angeordnete Leistung in Regie ausführen lässt (namentlich nach Art. 87 Abs. 4); dies bedingt, dass die Arbeiten auch bei einer Bestellungsänderung «vor Beginn» entsprechend bezeichnet werden.

Anmerkung 16

16.1 Dieser Satz bezieht sich auf die «dringlichen Arbeiten zur Abwendung von Gefahr oder Schaden» (Art. 44/Rz. 7.1). Je nachdem, was die Bauleitung anordnet, werden solche Arbeiten unter der *Leitung des Unternehmers ausgeführt oder von der Bauleitung geleitet.* Das bedarf einer Erläuterung in mehrfacher Hinsicht:

16.2 a) Verlangt die Bauleitung, dass die «dringlichen Arbeiten» *vom Unternehmer geleitet* werden (Fall 1), so wird der Unternehmer gegenüber dem Bauherrn zur Ausführung der betreffenden Arbeiten (also zu einer Arbeitsleistung) verpflichtet. Rechtlich handelt es sich um zusätzliche Vertragsarbeiten, die der Unternehmer aufgrund einseitiger Anordnung schuldet. Der Sache nach bilden sie Gegenstand einer einseitigen Bestellungsänderung, die aber (unter Vorbehalt der Art. 85, Art. 90 und Art. 91) nicht unter die Bestimmungen der Art. 84 ff. fällt. Zum Ganzen beachte auch Art. 46. Inwieweit die Bauleitung im Verhältnis zum Bauherrn berechtigt ist, die Leitung auf den Unternehmer zu übertragen, bestimmt sich nach dem Planervertrag. Nach dem Planervertrag richtet sich auch die Frage, inwieweit der Planer dem Bauherrn etwa für Schäden einzustehen hat, die aus der unzureichenden Kontrolle der durch den Unternehmer geleiteten Arbeiten entstehen.

16.3 b) Teilt die Bauleitung dem Unternehmer mit, dass sie die «dringlichen Arbeiten» *selber leitet* (Fall 2), so wird der Unternehmer nicht zur Leistung von *Arbeit* verpflichtet. Vielmehr ist er lediglich dazu verpflichtet, der Bauleitung (je nach Weisung) die zur Ausführung der dringlichen Arbeiten geeigneten Arbeitskräfte, Werkzeuge, Hilfsmittel, Baustelleneinrichtungen und Materialien zur Verfügung zu stellen (Art. 46 Abs. 1). Diese Verpflichtung des Unternehmers besteht gegenüber dem Bauherrn, der die betreffenden Arbeiten durch seine Bauleitung ausführen lässt und hierfür die vom Unternehmer überlassenen Arbeitskräfte und weiteren Mittel einsetzt. Solche Arbeiten sind keine Vertragsarbeiten des Unternehmers, und zwar so wenig wie jene Arbeiten, die ein Nebenunternehmer (Art. 30) mit Arbeitskräften des Unternehmers ausführt (vgl. Art. 53 und Art. 57 Abs. 2 Halbsatz 2), was auch auf seine Haftung durchschlägt (Art. 57 Abs. 2). Offen lässt die SIA-Norm 118 hier, unter welchen Voraussetzungen die Bauleitung, welche die dringlichen Arbeiten selber leitet, dem Bauherrn für Schäden haftet, die ihm durch diese Arbeiten allenfalls entstehen. Diese Haftung richtet sich nicht nach der SIA-Norm 118, sondern nach dem Vertrag zwischen dem Bauherrn und der Bauleitung.

16.4 c) Die Absätze 2 und 3 des Art. 44 sprechen unterschiedslos von «Regiearbeiten» oder davon, dass die Bauleitung «dringliche Arbeiten zur Abwendung von Gefahr oder Schaden» in Regie ausführen lassen kann. Insofern ist die Formulierung des Art. 44 ungenau. Denn die erwähnte, undifferenzierte Ausdrucksweise passt nur auf Fall 1 (Art. 44/Rz. 16.2), nicht auch auf Fall 2 (Art. 44/Rz. 16.3). Zwar stellt sie klar, dass die Leistungen des Unternehmers auch im zweiten Fall nach Regieansätzen zu vergüten sind (vgl. Art. 53). Das aber macht «dringliche Arbeiten», die der Bauherr durch seine Bauleitung ausführen lässt, der Sache nach nicht zu Regiearbeiten des Unternehmers (zur Haftung des Unternehmers siehe Art. 57/Rz. 3).

Anmerkung 17

Ordnet die Bauleitung im Wege der Bestellungsänderung eine Leistung des Unterneh- 17
mers an, so steht die Leitung der entsprechenden Arbeiten nach dieser Regel stets dem Unternehmer zu. Das gilt allerdings generell und nicht nur dann, wenn sich die Vergütung nach dem Aufwand des Unternehmers richtet (nach Regiepreisen).

Anmerkung 18

Nach ihrer systematischen Stellung bildet die Regel des Art. 44 Abs. 4 eine Fortsetzung zu 18
Art. 44 Abs. 3. Berücksichtigt man einzig und allein diesen äusseren Zusammenhang, so ist mit der in Art. 44 Abs. 4 Satz 1 erwähnten *Regiearbeit* nur eine *von der Bauleitung angeordnete* Regiearbeit (Art. 44 Abs. 2) gemeint, die der Unternehmer nach Massgabe des Art. 44 Abs. 3 leitet. Bei zweckentsprechender Auslegung bezieht sich Art. 44 Abs. 4 Satz 1 jedoch auf *sämtliche Regiearbeiten,* die der Unternehmer leitet, was sich deshalb von selbst versteht, weil der Unternehmer überhaupt alle Mittel (einschliesslich des Führungs- und weiteren Personals) einzusetzen hat, die erforderlich sind, um die von ihm zu leitenden Arbeiten erbringen zu können. Gleichgültig ist, ob es sich bei der betreffenden Arbeit um eine Regiearbeit nach Art. 44 Abs. 1, Art. 44 Abs. 2 oder Art. 45 Abs. 2 handelt. Dass die systematische Stellung des Art. 44 Abs. 4 diesen inneren Zusammenhang mehr «verdunkelt» als erhellt, ist ein Mangel der Norm, der dazu führen kann, dass im Auslegungsstreit die Unklarheitsregel anzuwenden ist (Einl./Rz. 35 ff.).

Anmerkung 19

Diese *Mitteilung* hat sich auch über die Anzahl der beizustellenden Poliere und Vorarbei- 19.1
ter auszusprechen. Sie soll die Bauleitung, als Vertreterin des Bauherrn, in die Lage versetzen, allfällige Einwände gegen die Notwendigkeit der Beistellung zu erheben, bevor der Unternehmer die Regiearbeit aufnimmt. Unterlässt die Bauleitung es, gegen eine Beistellung von Polieren und Vorarbeitern, die ihr ordnungsgemäss angekündigt wurde, Einwände zu erheben, so ist ihr Schweigen (besondere Umstände vorbehalten) als Zustimmung zu werten (Art. 44/Rz. 20).

Im Falle des Art. 45 Abs. 2, der von Art. 44 Abs. 4 auch erfasst wird (Art. 44/Rz. 18), ist 19.2
eine «vorherige Mitteilung» zwar ausgeschlossen, soweit die sachgerechte Aufsicht der dringlichen Arbeiten eine sofortige Beistellung von Polieren und Vorarbeitern nötig macht. In diesem Falle aber hat der Unternehmer die in Art. 44 Abs. 4 verlangte Mitteilung nachzuholen, indem er sie mit der in Art. 45 Abs. 2 verlangten Meldung der begonnenen Arbeiten, die er der Bauleitung zu erstatten hat, verbindet (Art. 45/Rz. 7.2). Das wird in Art. 44 Abs. 4 nicht ausdrücklich gesagt, ergibt sich jedoch aus der Auslegung der Bestimmung, die sich an deren Zweck orientiert. Der Bauleitung steht der Einwand offen, dass die bisherige Beistellung nicht geboten gewesen und so der entsprechende

Aufwand auch nicht zu vergüten sei. Das ergibt sich aus der allgemeinen Regel, wonach dem Unternehmer für unnötigen Aufwand keine Vergütung zusteht (siehe Art. 48/Rz. 2.3).

Anmerkung 20

20 Soweit und solange die erfolgte Beistellung von Polieren und Vorarbeitern für eine sachgerechte Aufsicht erforderlich war (wofür der Unternehmer die Beweislast trägt), wird der damit verbundene Aufwand vergütet (Art. 48; vgl. auch Art. 50 Abs. 2). Dieser Vergütungsanspruch besteht jedoch nur unter der Bedingung, dass der Unternehmer seine Pflicht zur vorherigen Mitteilung an die Bauleitung (Art. 44 Abs. 4) erfüllt oder die Mitteilung im Falle des Art. 45 Abs. 2 nachgeholt hat (vgl. Art. 44/Rz. 19.2). Soweit der Unternehmer die Mitteilungspflicht erfüllt und die Bauleitung keine Einwände erhoben oder ihre Zustimmung zur Beistellung erklärt hat, ist dem Bauherrn ein späterer Einwand, die Beistellung sei unnötig gewesen, abgeschnitten (Art. 44/Rz. 19.1).

Anmerkung 21

21 Darüber entscheidet die Bauleitung, wie sich aus Art. 44 Abs. 3 ergibt (Art. 44/Rz. 16.2), woran die SIA-Norm 118 auch in Art. 46 Abs. 2 erinnert.

Anmerkung 22

22 Diese Regel, die sich von selbst versteht, gilt sinngemäss auch im Falle des Art. 53. Zur separaten Vergütung, die der Unternehmer für die Beistellung von Polieren und Vorarbeitern beanspruchen kann, vgl. Art. 50 Abs. 2.

2 212 Regiearbeiten ohne Anordnung der Bauleitung

Art. 45

[1] Regiearbeiten, die im Werkvertrag nicht vereinbart sind (Art. 44 Abs. 1)[1], darf der Unternehmer unter Vorbehalt von Abs. 2 nur mit Zustimmung der Bauleitung[2] ausführen.[3]

[2] Dringliche Arbeiten, die zur Abwendung von Gefahr oder Schaden unerlässlich sind[4], führt der Unternehmer in Regie aus, ohne eine Anordnung der Bauleitung[5] abzuwarten.[6] Er meldet sie[7] sofort[8] der Bauleitung. Die Bauleitung kann solche Arbeiten jederzeit[9] einstellen lassen.[10] Werden sie trotzdem weitergeführt, so erhält der Unternehmer dafür keine Vergütung.[11]

Art. 45 (1977/91)

[1] Regiearbeiten, die im Werkvertrag nicht vereinbart wurden (Art. 44 Abs. 1), darf der Unternehmer unter Vorbehalt von Abs. 2 nur mit Zustimmung der Bauleitung ausführen.

2 Dringliche Arbeiten, die zur Abwendung von Gefahr oder Schaden unerlässlich sind, führt der Unternehmer in Regie aus, ohne eine Anordnung der Bauleitung abzuwarten. Er meldet sie sofort der Bauleitung. Die Bauleitung kann solche Arbeiten jederzeit einstellen lassen. Werden sie trotzdem weitergeführt, so erhält der Unternehmer dafür keine Vergütung.

Anmerkung 1

Zu den im Werkvertrag vereinbarten Regiearbeiten siehe Art. 44/Rz. 1. 1

Anmerkung 2

Die Bauleitung *stimmt zu,* wenn sie dringliche Regiearbeiten nach Massgabe des Art. 44 2
Abs. 2 anordnet, wenn sie Arbeiten gemäss Art. 87 Abs. 4, Art. 88 Abs. 2 oder Art. 89 Abs. 3 in Regie ausführen lässt (Art. 44 Abs. 2), wenn sie nach einer Meldung gemäss Art. 45 Abs. 2 davon absieht, die Arbeiten einstellen zu lassen, oder wenn sie, ausgestattet mit der erforderlichen Vollmacht des Bauherrn, die Ausführung irgendwelcher Regiearbeiten mit dem Unternehmer vereinbart. Im dritten Fall allerdings gehören die betreffenden Regiearbeiten bereits zu den im Werkvertrag vereinbarten Arbeiten.

Anmerkung 3

Fehlt es an der «Zustimmung», so kommt schon hier die Regel zum Tragen, die sich in 3
Art. 45 Abs. 2 Satz 3 findet und darin besteht, dass der Unternehmer für die ohne Zustimmung erbrachten Leistungen keine Vergütung beanspruchen kann. Dies gilt indes nicht nur für Arbeiten, für die der Unternehmer eine Vergütung nach Regie geltend macht, sondern auch dann, wenn der Unternehmer unbestellte Arbeiten mit festen Preisen in Rechnung stellt.

Anmerkung 4

Diese Arbeiten zeichnen sich durch *drei Merkmale* aus: Erstens handelt es sich um unbe- 4.1
stellte (nicht im Werkvertrag vereinbarte oder durch eine Bestellungsänderung ausgelöste) Arbeiten. Zweitens sind sie von solcher Dringlichkeit, dass es zur «Abwendung von Gefahr oder Schaden» (Art. 44/Rz. 7.1) unerlässlich ist, mit den Arbeiten sofort zu beginnen, ohne zuerst eine Anordnung der Bauleitung (Art. 44 Abs. 2) abzuwarten. Und drittens werden sie unter der Leitung des Unternehmers ausgeführt, sind also Vertragsarbeiten des Unternehmers.

Ob das zweite Merkmal erfüllt ist, beurteilt sich aus der Sicht eines sachverständigen und 4.2
vorsichtigen Unternehmers, und zwar unter Berücksichtigung aller Umstände, die bei Beginn der betreffenden Arbeiten für ihn erkennbar sind. Eine Fehleinschätzung durch den Unternehmer führt nur dann, wenn sie bei diesem Massstab unentschuldbar ist, dazu, dass der Unternehmer keine Vergütung erhält.

Anmerkung 5

Möglich ist auch, dass die Bauleitung entsprechende Arbeiten von sich aus anordnet. Die- 5
ser Fall ist Gegenstand des Art. 44 Abs. 2.

Anmerkung 6

6.1 Dieser Satz enthält *zwei Aussagen:* Erstens ist der Unternehmer berechtigt und verpflichtet, die betreffenden, unbestellten Arbeiten auszuführen, ohne eine Anordnung der Bauleitung (Art. 44 Abs. 2) abzuwarten. Versäumt er dies, verletzt er den Werkvertrag und wird dem Bauherrn für den daraus entstehenden Schaden schadenersatzpflichtig, wenn auch die übrigen Haftungsvoraussetzungen erfüllt sind. Dazu gehört unter anderem, dass es dem Unternehmer zumutbar ist, die erforderlichen Massnahmen zu treffen, was etwa dann nicht der Fall ist, wenn er seine Arbeitnehmer einer Gefahr für Leib und Leben auszusetzen hätte. Und zweitens werden die Arbeiten «in Regie» (als Regiearbeiten) ausgeführt, also nach Aufwand (Art. 48) vergütet. Im Einzelnen ist zu merken:

6.2 a) Die zweite Aussage (Ausführung «in Regie»/Vergütung nach Aufwand) gilt für den Normalfall. Vorbehalten bleibt der Sonderfall, da das Leistungsverzeichnis für die betreffenden Arbeiten eine Eventualposition (Art. 102) mit Einheitspreisen enthält. Trifft dies zu, so wird nach den Einheitspreisen der Eventualposition abgerechnet. Das entspricht nicht nur der Praxis, sondern auch dem Sinngehalt des Art. 141 Abs. 2 Satz 2 (Art. 141/Rz. 11.2; GWerkV Rz. 1315).

6.3 b) Über die Beistellung von Polieren und Vorarbeitern, die für eine sachgerechte Aufsicht der Regiearbeiten nötig sind, schweigt sich Art. 45 Abs. 2 aus. Diesbezüglich kommt Art. 44 Abs. 4 Satz 1 zur Anwendung (Art. 44/Rz. 18), wobei aber folgende Besonderheit zu beachten ist:

6.4 Art. 44 Abs. 4 verlangt vom Unternehmer, der Poliere oder Vorarbeiter beistellt, eine *vorherige* Mitteilung an die Bauleitung. Im Falle des Art. 45 Abs. 2 ist eine vorherige Mitteilung zwar ausgeschlossen, soweit für die sachgerechte Aufsicht der dringlichen Arbeiten eine *sofortige* Beistellung von Polieren und Vorarbeitern nötig ist. Alsdann hat der Unternehmer die in Art. 44 Abs. 4 verlangte Mitteilung aber nachzuholen, indem er sie mit der in Art. 45 Abs. 2 verlangten Meldung der begonnenen Arbeiten verbindet (Art. 44/Rz. 19.2).

Anmerkung 7

7.1 Die vorgeschriebene Meldung soll die Bauleitung in die Lage versetzen, einen Entscheid darüber zu fällen, ob die Arbeiten fortzuführen oder aber einzustellen sind. Ihr Gegenstand sind die begonnenen Arbeiten, deren Zweck und Art vom Unternehmer exakt zu bezeichnen sind. Ausserdem muss der Unternehmer, obwohl Art. 45 Abs. 2 dies nicht ausdrücklich sagt, der Bauleitung auch die Umstände bekannt geben, die es nach seiner Ansicht unerlässlich machten, zur «Abwendung von Gefahr oder Schaden» mit den Arbeiten sofort zu beginnen (Art. 45/Rz. 4.1).

7.2 Hat der Unternehmer die begonnenen Arbeiten von Anfang an durch Poliere oder Vorarbeiter beaufsichtigen lassen, so ist er verpflichtet, die in Art. 44 Abs. 4 verlangte Mitteilung nachzuholen, indem er sie mit der Meldung der begonnenen Arbeiten verbindet (Art. 45/Rz. 6.4; vgl. auch Art. 44/Rz. 19.2).

Anmerkung 8

«Sofort» bedeutet hier, dass der Unternehmer die Meldung unverzüglich nach Arbeitsbeginn zu erstatten hat. Ihrem Inhalt nach hat sie so zu sein, dass für die sachverständige Bauleitung erkennbar ist, welche Massnahmen der Unternehmer zu welchem Zweck trifft, während nicht vorausgesetzt ist, dass der Unternehmer sämtliche Einzelleistungen aufführt. Die Meldung kann zwar formfrei erfolgen, wobei aber der Unternehmer dafür beweisbelastet ist, dass sie erfolgte. 8.1

Zur Anzeigepflicht des Unternehmers bezüglich solcher «Verhältnisse, die eine gehörige oder rechtzeitige Ausführung des Werkes gefährden», vgl. Art. 25 Abs. 1. 8.2

Anmerkung 9

Die Bauleitung ist befugt anzuordnen, dass die Arbeiten unmittelbar nach dem Eingang der Meldung oder auch später eingestellt werden. Erhält er eine entsprechende Anordnung, ist der Unternehmer nach Massgabe des Art. 25 Abs. 4 verpflichtet abzumahnen. 9

Anmerkung 10

Die Bauleitung lässt die Arbeiten einstellen, indem sie dem Unternehmer eine entsprechende Weisung erteilt. Sie kann den Unternehmer allerdings auch anweisen, die laufenden Arbeiten noch bis zu einem bestimmten Punkt voranzutreiben, ist also nicht gezwungen, die Arbeiten mit sofortiger Wirkung einstellen zu lassen. Zudem kann ihre Weisung auch dahin gehen, dass die Arbeiten zwar fortzusetzen sind, deren Leitung aber von der Bauleitung übernommen wird (dazu sinngemäss Art. 44 Abs. 3). Möglich ist auch, dass die Bauleitung den Unternehmer anweist, andere (oder auch zusätzliche) Massnahmen zu treffen als die, die der Unternehmer selber vorgesehen hatte (Art. 44 Abs. 2). 10.1

Die Bauleitung ist nicht berechtigt, die Bauarbeiten einstellen zu lassen, wenn diese zwingend erforderlich sind, um eine unmittelbare Gefährdung der am Bauwerk Beschäftigten zu beseitigen (Art. 104). Kann aber die Sicherheit auch in anderer Weise (z.B. durch die zeitweilige Einstellung der Arbeiten und den Rückzug des Baustellenpersonals) gewährleistet werden, kann die Bauleitung solche alternativen Massnahmen anordnen. Will sie in der Folge auf ihre Anordnung zurückkommen, kann sie sich dazu auf Art. 44 Abs. 2 stützen, soweit die Dringlichkeit noch immer besteht, oder eine Bestellungsänderung im Sinne des Art. 84 vornehmen. 10.2

Anmerkung 11

Weder erhält der Unternehmer eine vertragliche Vergütung, noch hat er einen Anspruch aus ungerechtfertigter Bereicherung (Art. 62ff. OR) oder aus Geschäftsführung ohne Auftrag (Art. 419ff. OR; GWerkV Rz. 1310 und 1312f.). Dies erklärt sich damit, dass diese Regel zugeschnitten ist auf den Fall, da der Unternehmer Arbeiten weiterführt, obschon die Bauleitung diese Arbeiten hat einstellen lassen. 11

2 22 Pflichten des Unternehmers

2 221 Allgemeine Pflichten

Art. 46

[1] Der Unternehmer stellt für Regiearbeiten die geeigneten Arbeitskräfte, Werkzeuge und Hilfsmittel, die Baustelleneinrichtungen [1] und die Materialien [2] zur Verfügung. [3]

[2] Die Beistellung von Polieren und Vorarbeitern richtet sich nach Art. 44 Abs. 4 und Art. 50 Abs. 2 [4].

Art. 46 (1977/91)

[1] Der Unternehmer stellt für Regiearbeiten die geeigneten Arbeitskräfte, Werkzeuge und Hilfsmittel, die Baustelleneinrichtungen und die Materialien zur Verfügung.

[2] Die Beistellung von Polieren und Vorarbeitern richtet sich nach Art. 44 Abs. 4 und Art. 50 Abs. 2.

Anmerkung 1

1 Ausgenommen bleiben: (i) Baustelleneinrichtungen (Art. 123), die vom Bauherrn (also bauseits) beigestellt wurden und für die Ausführung der betreffenden Regiearbeiten ohnehin zur Verfügung stehen; (ii) Baustelleneinrichtungen eines Nebenunternehmers (Art. 30), die der Unternehmer für die Ausführung eigener Regiearbeiten (Art. 46/Rz. 3.2) nach Massgabe des Art. 126, Art. 131 oder Art. 133 Abs. 2 benützen darf.

Anmerkung 2

2 Gemeint sind die für die Regiearbeiten erforderlichen Materialien (Baustoffe, Hilfs- und Betriebsstoffe) im Sinne des Art. 10 Abs. 1.

Anmerkung 3

3.1 a) Nach Art. 46 Abs. 1 ist der Unternehmer verpflichtet, für «Regiearbeiten die geeigneten Arbeitskräfte, Werkzeuge und Hilfsmittel, die Baustelleneinrichtungen und die Materialien zur Verfügung» zu stellen.

3.2 – Diese Regel bezieht sich vorab auf Regiearbeiten, die *unter der Leitung des Unternehmers ausgeführt* werden, also Vertragsarbeiten des Unternehmers sind (Art. 44/Rz. 16.2; Art. 57/Rz. 2). Für solche Arbeiten stellt der Unternehmer die geeigneten Arbeitskräfte, Werkzeuge usw. «zur Verfügung», indem er die geschuldeten Arbeiten mit seinen Arbeitskräften, Werkzeugen usw. ausführt. Dabei macht es keinen Unterschied, ob die betreffenden Arbeiten im Werkvertrag vereinbart (Art. 44 Abs. 1), von der Bauleitung angeordnet (Art. 44 Abs. 2) oder nach Massgabe des Art. 45 Abs. 2 erforderlich wurden.

– Überdies aber gilt Art. 46 Abs. 1 auch für den Fall, in dem die Bauleitung «Regiearbeiten», die sie anordnet (Art. 44 Abs. 2), selber leitet (Art. 44/Rz. 16.3). Für diesen Fall ist der in Art. 46 Abs. 1 verwendete Ausdruck, wonach der Unternehmer die geeigneten Arbeitskräfte, Werkzeuge usw. zur Verfügung stellt, denn auch passender als im Fall, in dem die Leitung beim Unternehmer liegt. Für den Umfang dieser Verpflichtung kommt es auf die Weisungen der Bauleitung an, die zu bestimmen hat, welche Arbeitskräfte und weiteren Mittel des Unternehmers sie braucht, um die dringlichen Arbeiten ausführen zu können. 3.3

b) Zum Sonderfall, da die Bauleitung Arbeitnehmer, Baustelleneinrichtungen oder Materialien des Unternehmers mit dessen Zustimmung einem Nebenunternehmer (Art. 30) zur Verfügung stellt (= besondere Leistungen in Regie), vgl. Art. 53 und Art. 57 Abs. 2. 3.4

c) Die Pflichten des Unternehmers, der Regiearbeiten ausführt, werden in Art. 46 nicht abschliessend umschrieben. Schon Art. 47 zeigt, dass ihn überdies eine Rapportpflicht trifft. Vor allem aber steht fest, dass der Unternehmer auch bei Regiearbeiten den Vertrag *gewissenhaft* (Art. 23 Abs. 1) und *zeitgerecht* (Art. 97 Abs. 1) zu erfüllen hat, wozu es auch gehört, dass er diese Arbeiten so zu leisten hat, dass das Werk keinen Mangel aufweist. Das versteht sich von selbst, wird aber durch Art. 57 Abs. 1 noch einmal ausdrücklich bestätigt für den Fall, da der Unternehmer die Arbeiten selber leitet. 3.5

Anmerkung 4

Art. 50 Abs. 2 handelt nicht von der *Beistellung* der Poliere und Vorarbeiter, sondern von der *Festsetzung der Vergütung*, die dem Unternehmer dafür zusteht, dass er sein Personal beistellt. 4

2 222 Rapportpflicht

Art. 47

[1] Für Regiearbeiten erstellt der Unternehmer [1] täglich [2] einen von ihm unterzeichneten Rapport [3] und hält ihn der Bauleitung in der vereinbarten Anzahl [4] zur Verfügung.[5] Im Rapport werden Arbeiterzahl, Maschinenstunden [6], Arbeitsstunden [7], Materialverbrauch usw.[8] sowie Angaben über die geleistete Arbeit [9] aufgeführt.[10]

[2] Die Bauleitung prüft jeden Rapport unverzüglich [11] und gibt dem Unternehmer die für ihn bestimmte Anzahl Exemplare [12] innert 7 Tagen [13] unterzeichnet [14] zurück.[15]

[3] Differenzen über den Inhalt des Rapportes [16] werden von der Bauleitung auf allen Exemplaren unter Angabe ihres Gegenstandes [17] vermerkt.[18] Sie sind innert Monatsfrist zu bereinigen.[19]

Art. 47 (1977/91)

[1] Für Regiearbeiten erstellt der Unternehmer täglich einen von ihm unterzeichneten Rapport und hält ihn der Bauleitung in der vereinbarten Anzahl zur Verfügung. Im Rapport werden Arbeiterzahl, Maschinenstunden, Arbeitsstunden, Materialverbrauch usw. sowie Angaben über die geleistete Arbeit aufgeführt.

[2] Die Bauleitung prüft jeden Rapport unverzüglich und gibt dem Unternehmer die für ihn bestimmte Anzahl Exemplare innert 7 Tagen unterzeichnet zurück.

[3] Differenzen über den Inhalt des Rapportes werden von der Bauleitung auf allen Exemplaren unter Angabe ihres Gegenstandes vermerkt. Sie sind innert Monatsfrist zu bereinigen.

Anmerkung 1

1 Der Unternehmer kann den Rapport auch von einem Vertreter erstellen und unterzeichnen lassen. Nach Art. 36 Abs. 1 hat der Unternehmer der Bauleitung (oder auch direkt dem Bauherrn) die zur Unterzeichnung der Rapporte ermächtigten Personen (Art. 32 OR) bekannt zu geben.

Anmerkung 2

2 Die Rapporte sind in dieser hohen zeitlichen Kadenz zu erstellen, weil sich der Aufwand schon nach kurzer Zeit nicht mehr zuverlässig rekonstruieren lässt (Schumacher, Ausmasse und Regierapporte, S. 28 f.). Das Wort «täglich» bezieht sich nicht nur auf die Erstellung des Rapports. Vielmehr hat der Unternehmer den täglich erstellten Rapport der Bauleitung auch täglich (Tag für Tag) zur Verfügung zu halten. Versäumt der Unternehmer dies, ist die Bauleitung nicht länger verpflichtet, den Rapport zu prüfen; unterlässt sie die Prüfung, kann sie den Rapport auch nicht unterzeichnen, was dazu führt, dass der Rapport keine tatsächliche Vermutung (vgl. Art. 47/Rz. 15.1) begründet und so seinen (aus Unternehmersicht) wichtigsten Zweck verfehlt. Eine Verwirkungsfolge in dem Sinn, dass der mit der Erfüllung der Rapportpflicht säumige Unternehmer seinen Aufwand überhaupt nicht mehr in Rechnung stellen dürfte, ist mit der Säumnis nicht verbunden (vgl. aber Art. 156).

Anmerkung 3

3 Dieser Rapport wird gemeinhin als *Regierapport* bezeichnet und ist vom Tagesrapport (Art. 36/Rz. 21.1) zu unterscheiden. Er besteht in einer häufig handschriftlichen Aufzeichnung, doch kann es sich auch um einen Ausdruck elektronisch erfasster Daten handeln, der alsdann vom Unternehmer (bzw. dessen Vertreter) unterzeichnet wird. In einer Abrede, die der SIA-Norm 118 vorgeht (Einl./Rz. 26), können die Parteien auch vereinbaren, dass der Rapport nicht handschriftlich unterzeichnet werden muss, sondern elektronisch und ohne Unterschrift übermittelt werden kann.

Anmerkung 4

4.1 Die massgebliche Vereinbarung kann ausdrücklich oder stillschweigend, allenfalls durch stillschweigenden Verweis auf eine bestehende Übung (vgl. Jäggi/Gauch/Hartmann, Zürcher Kommentar, N 441 zu Art. 18 OR) getroffen werden.

Falls nicht anders vereinbart, ist der Unternehmer verpflichtet, der Bauleitung mindestens *zwei* Exemplare des Rapports zur Verfügung zu halten, damit sie ein Exemplar bei sich aufbewahren und das andere (ohne eigenen Kopieraufwand) dem Unternehmer zurückgeben kann (Art. 47 Abs. 2). 4.2

Anmerkung 5

Der Unternehmer ist verpflichtet, der Bauleitung den Rapport in der erforderlichen Anzahl (Art. 47/Rz. 4.2) «zur Verfügung zu halten», was der Bauleitung laufende Kontrollen ermöglicht. 5.1

a) Die erwähnte Pflicht des Unternehmers umfasst auch die Verpflichtung zur Herausgabe. Der Unternehmer hat also den «zur Verfügung gehaltenen» Rapport der Bauleitung *herauszugeben.* Das wird in Art. 47 Abs. 1 zwar nicht ausdrücklich gesagt, ergibt sich aber aus Art. 47 Abs. 2, wonach die Bauleitung die für den Unternehmer bestimmten Exemplare des Rapports «zurückgibt». Mit der blossen Gewährung von Einsicht in den unterzeichneten Rapport kommt der Unternehmer somit seiner Verpflichtung nach Art. 47 Abs. 1 nicht nach. Doch ist zu merken: 5.2

b) Nach dem Wortlaut des Art. 47 Abs. 1 («zur Verfügung halten») ist der Unternehmer nicht verpflichtet, den Rapport (in der erforderlichen Anzahl) der Bauleitung zu bringen oder zu übersenden. Eine solche Pflicht kann sich aber aus einer ausdrücklichen oder stillschweigenden Vereinbarung (allenfalls aus einem stillschweigenden Verweis auf eine entsprechende Übung) ergeben. 5.3

Anmerkung 6

Das sind *Benützungsstunden von Maschinen.* Indem Art. 47 Abs. 1 nur von diesen «Maschinenstunden» spricht, ist er allerdings zu eng gefasst. Ihnen gleichgestellt sind Benützungsstunden von anderen Baustelleneinrichtungen des Unternehmers (Art. 123). 6

Anmerkung 7

Die Arbeitsstunden sind nach Arbeitnehmerkategorien aufzuschlüsseln. 7

Anmerkung 8

Da «Maschinenstunden, Arbeitsstunden und Materialverbrauch» nicht alle Kategorien des möglichen Aufwands abdecken, muss der Regierapport allenfalls auch über den Aufwand in weiteren Kategorien (z.B. über Aufwendungen für Strassen- oder Bahntransporte, behördliche Gebühren und Leistungen von beigezogenen Dritten) Auskunft geben. Darauf bezieht sich das Wort «usw.». 8

Anmerkung 9

Die «Angaben über die geleistete Arbeit» betreffen die Art der nach Aufwand zu vergütenden Arbeit. Sie sind lediglich dann erforderlich, wenn es sich um eine Regiearbeit handelt, die unter der Leitung des Unternehmers ausgeführt wird, nicht aber, wenn die Bauleitung die Arbeiten selber leitet. Für die Angaben können zwar Stichworte verwendet werden, die aber so detailliert sein müssen, dass die fachkundige Bauleitung nament- 9 lich zu überprüfen vermag, ob der rapportierte Aufwand in einem angemessenen Verhältnis zur geleisteten Arbeit steht. Mit bloss pauschalen Angaben lässt sich dies in keinem Fall bewerkstelligen.

Anmerkung 10

10 Der Inhalt des Rapports muss der Wahrheit entsprechen. Wer bewusst einen inhaltlich unrichtigen Rapport erstellt und aushändigt, lügt zwar, macht sich nach der Rechtsprechung des Bundesgerichts aber keiner strafrechtlich relevanten Falschbeurkundung (Art. 251 StGB) schuldig, weil der Regierapport keine Urkunde im Sinne des Strafrechts (Art. 110 Abs. 4 StGB) sei (BGE 117 IV 165/168 f. E. 2c; zu diesem Urteil eingehend RIKLIN, Urkundenqualität von Regierapporten, S. 32 ff.; siehe jetzt aber neu BGE 138 IV 130 ff. und dazu RIEDO CHRISTOF/RIEDO DONAT, Falschbeurkundung bei Rechnungsstellung, S. 10 ff.). Selbst wenn Falschbeurkundung zu verneinen ist, bleibt noch immer die Strafbarkeit wegen Betrugs (Art. 146 StGB) zu prüfen.

Anmerkung 11

11 Die Bauleitung muss den Rapport jedenfalls so rasch prüfen, dass sie in der Lage ist, den geprüften und unterzeichneten Rapport fristgerecht zurückzugeben. Verzögert sich die Rückgabe, hat dies keinen Einfluss auf die Vergütungspflicht des Bauherrn.

Anmerkung 12

12 Wie viele Exemplare des Rapports zurückzugeben sind, ist durch Vereinbarung zu bestimmen. Wurde nicht etwas anderes vereinbart, so ist mindestens *ein* Exemplar zurückzugeben.

Anmerkung 13

13.1 Die *Frist von sieben Tagen* beginnt mit dem Tag, da der vom Unternehmer unterzeichnete Rapport der Bauleitung (in den erforderlichen Exemplaren) zur Verfügung steht oder bei ihr eintrifft, falls der Unternehmer ihn zu überbringen oder zu übersenden hat (Art. 47/Rz. 5.3). In einer Abrede, die der SIA-Norm 118 vorgeht, können die Parteien auch eine andere (längere oder kürzere) Frist vereinbaren. Keine Wirkung aber hat es, wenn der Unternehmer der Bauleitung auf dem vorgedruckten Regierapport einseitig eine kürzere Rückgabefrist setzt. Zu beachten ist ausserdem, dass der Unternehmer Regiearbeiten auch dann in Rechnung stellen kann, wenn die Bauleitung mit der Rückgabe der zugehörigen Regierapporte in Rückstand geraten ist. Die Fälligkeit der entsprechenden Forderungen setzt weder die Unterschrift der Bauleitung auf dem Regierapport noch dessen fristgerechte Rückgabe voraus (Art. 55/Rz. 5), weshalb der Bauleitung auch nicht möglich ist, die Fälligkeit dadurch hinauszuschieben, dass sie die ihr vom Unternehmer fristgerecht eingereichten Regierapporte zurückhält.

13.2 Für die Berechnung der Frist wird der erste Tag nicht mitgerechnet (Art. 77 Abs. 1 Ziff. 1 OR). Ausserdem zählen nur die Werktage, was Art. 47 Abs. 2 zwar nicht ausdrücklich sagt, sich aber aus einer vernünftigen Auslegung ergibt, welche die Übung der Baubranche mitberücksichtigt.

Gibt die Bauleitung dem Unternehmer den unterzeichneten Rapport erst nach Ablauf dieser Frist zurück, hat ihre Unterschrift gleichwohl zur Folge, dass die tatsächliche Vermutung begründet wird, wonach der Rapport richtig ist (Art. 47/Rz. 15.1). Es gehört also nicht zur Vermutungsbasis, dass die Rückgabe fristgerecht («innert 7 Tagen») erfolgt. 13.3

Anmerkung 14

Indem die Bauleitung den Rapport des Unternehmers unterzeichnet, handelt sie als *Vertreterin des Bauherrn* (Art. 32 Abs. 1 OR; Einl./Rz. 17 ff.). Art. 47 Abs. 2 enthält eine Kundgabe der Vollmacht (Art. 33 Abs. 3 OR), wonach die Bauleitung befugt ist, den Rapport im Namen des Bauherrn zu unterzeichnen (vgl. Einl./Rz. 19). Ausserdem ist zu bemerken: 14.1

Statt der Bauleitung kann eine andere Person handeln, der die Bauleitung die Befugnis zur Unterzeichnung übertragen hat oder von der sie auf der Baustelle ständig vertreten wird (Art. 35 Abs. 1). Art. 35 Abs. 1 gibt dem Unternehmer kund (Art. 33 Abs. 3 OR), dass auch die ständigen «Vertreter der Bauleitung» («Bauleiter oder Aufseher») zur Unterzeichnung ermächtigt sind und die Bauleitung ausserdem befugt ist, anderen Personen eine Untervollmacht zu erteilen (vgl. Gauch/Schluep/Schmid, OR AT, Rz. 1360 und 1449 ff.). Für den zweiten Fall verlangt Art. 35 Abs. 1 von der Bauleitung, dass sie dem Unternehmer die Personen bezeichnet, «die sie ermächtigt hat». 14.2

Die Unterzeichnung hat nicht die Wirkung einer Schuldanerkennung (OGer LU vom 12. Januar 2010 E. 7.1 f. = LGVE 2010 I Nr. 19 S. 32 f. = BR/DC 2011, S. 62 f., Nr. 180) – zumal der Rapport zwar verschiedenste Angaben, aber keinen Geldbetrag enthält –, sondern begründet lediglich eine tatsächliche Vermutung, wonach der Rapport der Wahrheit entspricht (Art. 47/Rz. 15.1). 14.3

Anmerkung 15

Mit der beidseitigen Unterzeichnung wird der Rapport zur Beweisurkunde (Schumacher, Ausmasse und Regierapporte, S. 31), die eine tatsächliche *(= natürliche) Vermutung* dafür begründet, dass der Inhalt des Rapports (also der betriebene Aufwand sowie die Art der geleisteten Arbeit) der Wahrheit entspricht, also richtig ist (BGer 4C.227/2002 vom 24. Januar 2003 E. 4), und der ausgewiesene Aufwand erforderlich war (KGer GR ZK2 13 23 vom 31. August 2015 E. 3b/bb; vgl. GWerkV Rz. 1020 und 1022). Das gilt allerdings nur insoweit, als die Bauleitung keine Differenzen vermerkt hat (Art. 47 Abs. 3). 15.1

a) In der umschriebenen Vermutung, die durch die beidseitige Unterzeichnung des Rapports begründet wird, liegt die Beweisbedeutung des Regierapports. Trotz dieser Beweisbedeutung hat das Bundesgericht aber die Meinung vertreten, die Erstellung eines inhaltlich unrichtigen Rapports könne keine Falschbeurkundung im Sinne des Strafrechts sein (Art. 47/Rz. 10). 15.2

b) In einem allfälligen Rechtsstreit zwischen den Parteien kann die tatsächliche Vermutung allenfalls entkräftet werden. Da eine tatsächliche Vermutung nichts an der Beweislast ändert und so der Unternehmer für seinen Aufwand und dessen Erforderlichkeit beweisbelastet bleibt, reicht ein vom Bauherrn zu führender *Gegenbeweis* (dazu BGE 130 III 15.3

321/322 E. 2 [Versicherungsvertrag]) aus, ist also der Beweis des Gegenteils nicht erforderlich (WALTER, Berner Kommentar, N 476 zu Art. 8 ZGB; GWERKV Rz. 1020). Dieser Gegenbeweis kann darin bestehen, dass der Bauherr beim Gericht die Glaubwürdigkeit des Unternehmers erschüttert oder erhebliche Zweifel entweder an der Richtigkeit oder der Erforderlichkeit des rapportierten Aufwands weckt. In der Folge obliegt es dem Unternehmer zu beweisen, dass der rapportierte Aufwand bei sorgfältigem Vorgehen erforderlich war (BGer 4A_15/2011 vom 3. Mai 2011 E. 3.3). Kann der Bauherr erfolgreich nachweisen, dass der rapportierte Aufwand auf ein unsorgfältiges Vorgehen des Unternehmers zurückzuführen ist, gibt es keinen Raum mehr für die Beweisführung durch den Unternehmer.

15.4 c) Weigert sich die Bauleitung, einen Regierapport zu unterzeichnen, entfällt damit zwar die tatsächliche Vermutung, nicht aber die Vergütungspflicht des Bauherrn, wo es dem Unternehmer gelingt, seinen Aufwand auch ohne beidseitig unterzeichnete Regierapporte zu beweisen (BGer 4C.385/2005 vom 31. Januar 2006 E. 9). Mit einer Vertragsklausel, nach der nicht beidseitig unterzeichnete Regierapporte bei der Schlussabrechnung unberücksichtigt bleiben, ist nicht gemeint, dass die Vergütungspflicht im Belieben des Bauherrn liegt; vielmehr beschränkt sich die Klausel darauf festzuhalten, dass sich der Unternehmer dort, wo auf einem Rapport die Unterschrift der Bauleitung fehlt, nicht auf die mit der beidseitigen Unterzeichnung verbundene Beweiserleichterung (Art. 47/ Rz. 15.1) berufen kann (BGer 4C.227/2002 vom 24. Januar 2003 E. 4, wo das Bundesgericht in diesem Zusammenhang von einem sittenwidrigen Knebelungsvertrag spricht).

Anmerkung 16

16.1 «Differenzen über den Inhalt des Rapportes», welche die Bauleitung auf allen Exemplaren (bzw. auf einem Exemplar, das dann kopiert und unterzeichnet wird) vermerkt, sind Einwendungen, welche die Bauleitung gegen die Richtigkeit des Rapports oder gegen die Erforderlichkeit des im Rapport ausgewiesenen Aufwands erhebt (Art. 47/Rz. 15.1).

16.2 Die Einwendung der Unrichtigkeit kann sich auf irgendeinen der rapportierten Aufwandposten beziehen, namentlich auf die in Art. 47 Abs. 1 angeführten («Arbeiterzahl, Maschinenstunden, Arbeitsstunden, Materialverbrauch»), aber auch gegen die «Angaben über die geleistete Arbeit». Diese Kontrollaufgabe der Bauleitung wird in Art. 4.52 SIA-Ordnung 102 gespiegelt, nach dem sie sich im Verhältnis zum Bauherrn (also im Planervertrag) als Teil der Grundleistungen nicht nur zur «Anordnung», sondern auch zur «Kontrolle der Regiearbeiten und der entsprechenden Rapporte» verpflichtet (dazu LOCHER CHRISTOPH, Die Bauleitung, Rz. 9.86 ff.). Kommt die Bauleitung ihrer Vertragspflicht nicht nach, so kann der Bauherr ihr Honorar mindern (dazu EGLI/STÖCKLI, Das Planerhonorar, Rz. 7.174). Zudem wird sie dem Bauherrn allenfalls schadenersatzpflichtig. Dem Bauherrn obliegt es aber, von der Möglichkeit Gebrauch zu machen, auch gegen einen beidseitig unterzeichneten Regierapport anzugehen, indem er die tatsächliche Vermutung mittels Gegenbeweis (Art. 47/Rz. 15.3) angreift.

16.3 Der Bauherr kann Einwendungen auch zu einem späteren Zeitpunkt erheben, im Streitfall in Form des Gegenbeweises. Dass die Bauleitung den Rapport unterzeichnet hat, hindert ihn daran nicht. Vom «Gegenbeweis» wird gesagt, er gelinge bereits, «wenn er den Hauptbeweis erschüttert, nicht erst, wenn das Gericht die Gegendarstellung für wahr hält» (so WALTER, Berner Kommentar, N 67 und 476 zu Art. 8 ZGB; vgl. auch BGE 130 III 321/326 E. 3.4). Er soll also (bei Anwendung des Regelbeweismasses; dazu WALTER, Berner Kommentar, N 134 ff. zu Art. 8 ZGB) verhindern, dass das Gericht von der Richtigkeit des Rapports voll überzeugt ist. Doch kann auch der Gegenbeweis anspruchsvoll sein; zudem ist der Beweisaufwand hier nicht notwendigerweise geringer als beim Hauptbeweis. So hat der Bauherr z.B. darzulegen, dass der im Rapport ausgewiesene Materialverbrauch tatsächlich tiefer lag.

Anmerkung 17

Mit einem *allgemeinen Vorbehalt* (etwa der Floskel: «Unter Vorbehalt der Richtigkeit») ist 17
es also nicht getan. Vielmehr hat die Bauleitung anzugeben, worauf sich ihre Einwendungen (Art. 47/Rz. 16.1 ff.) im Einzelnen beziehen. Soweit der von der Bauleitung vermerkte Vorbehalt reicht, wird die den beweisbelasteten Unternehmer begünstigende Vermutung (Art. 47/Rz. 15.1) auch dann nicht begründet, wenn die Bauleitung den Regierapport unterzeichnet hat.

Anmerkung 18

Im Umfang der auf den Exemplaren vermerkten Differenzen bleibt die tatsächliche Ver- 18
mutung aus, die sich mit dem beidseitig unterzeichneten Rapport verbindet (Art. 47/Rz. 15.1). Die gleiche Wirkung hat aber auch eine sonstige Mitteilung von Differenzen, sofern sie unmittelbar mit oder nach der Rückgabe des unterzeichneten Rapports (z.B. mit separatem Schreiben) erfolgt. Der Bauherr begeht keine Vertragsverletzung, wenn seine Bauleitung davon absieht, einen nach ihrer Beurteilung unrichtigen Regierapport zu unterzeichnen. Er ist nicht verpflichtet, bei der Herstellung einer Beweisurkunde mitzuwirken, zumal der Regierapport auch dann lediglich Indiziencharakter hat und keine tatsächliche Vermutung begründet, wenn die Bauleitung sie bloss mit Vorbehalten unterzeichnet.

Anmerkung 19

Damit werden die Parteien lediglich aufgefordert, ihre Differenzen binnen nützlicher 19.1
Frist («innert Monatsfrist») zu bereinigen, wobei aber die SIA-Norm 118 für den Fall, dass die Bereinigung nicht binnen dieser Frist oder überhaupt nicht erfolgt, keine Rechtsfolge vorsieht. Die Rechtslage ist indes klar, indem der Rapport im Umfang der fortbestehenden Differenzen keine tatsächliche Vermutung (Art. 47/Rz. 15.1) begründet. Eine Partei, die sich schon dem Versuch der Differenzbereinigung verschliesst, kann nicht sanktioniert werden; selbst die Annahme einer Kooperationspflicht hilft nicht weiter, da es jedenfalls keine Rechtspflicht gibt, in Verhandlungen die eigene Position zur Disposition zu stellen.

Allerdings wird eine begründete Forderung aus Regiearbeiten auch dann fällig, wenn die 19.2
Bauleitung sich weigert, den Regierapport zu unterzeichnen oder zeitgerecht an der Bereinigung allfälliger Differenzen mitzuwirken (Art. 55/Rz. 5). Die Bauleitung hat es also

nicht in der Hand, zugunsten des Bauherrn die Fälligkeit hinauszuschieben, indem sie die Mitwirkung unterlässt.

2 23 Vergütung der Regiearbeiten

2 231 Allgemeines

Art. 48[1]

Regiearbeiten werden nach Aufwand vergütet[2], nach Massgabe der Art. 49–55[3].

Art. 48 (1977/91)

Regiearbeiten werden nach Aufwand vergütet, nach Massgabe der Art. 49–55.

Anmerkung 1

1 Art. 48 enthält zwei Aussagen: (i) Regiearbeiten werden nach Aufwand vergütet (Art. 48/Rz. 2.1); (ii) die Vergütung nach Aufwand erfolgt «nach Massgabe der Art. 49–55» (Art. 48/Rz. 3.1).

Anmerkung 2

2.1 Dass der Unternehmer nach Aufwand vergütet wird, ist das besondere *Merkmal* von Regiearbeiten (vgl. Art. 44/Rz. 3.1). Die dafür geschuldete Vergütung bestimmt sich nach dem Aufwand, den der Unternehmer zu betreiben hat (auch Art. 374 OR; GWerkV Rz. 964), nicht nach Einheits- oder anderen festen Preisen (Art. 38 Abs. 1; Art. 373 OR). Dies kommt schon in Art. 44 Abs. 1 zum Ausdruck, wonach die Ausführung in Regie «anstelle fester Preise» vereinbart wird. *Dass* für die Vergütung der Aufwand des Unternehmers massgebend ist, ergibt sich allerdings nicht aus Art. 48, sondern aus einer entsprechenden Abrede der Parteien oder daraus, dass sie die Art der Vergütung nicht regelten, weshalb dann nach Art. 374 OR auf den Aufwand abzustellen ist. Art. 48 geht (in seinem ersten Teil) also nicht über die Definition der Regiearbeiten hinaus, sondern beschränkt sich darauf, das spezifische Merkmal dieser Preisart zu umschreiben. Ob eine entsprechende Vergütungsabrede vorliegt, beurteilt sich nach deren Auslegung, die nicht entscheidend davon abhängt, ob die Parteien die Wörter «Regie» oder auch «Regiearbeiten» verwendet haben oder nicht (vgl. Art. 18 Abs. 1 OR). Im Übrigen ist zu beachten:

2.2 a) Der Aufwand des Unternehmers, auf den es für die Vergütung einer Regiearbeit ankommt, besteht im entsprechenden Personal-, Sach- und übrigen Aufwand (darunter auch im Aufwand für Fremdleistungen, namentlich von Subunternehmern), der dem Unternehmer durch die Ausführung der bestellten Bauleistungen entstanden ist (vgl. aber Art. 48/Rz. 2.3). Dieser Aufwand ist (obwohl weder Art. 48 noch die gesetzliche Bestimmung von Art. 374 OR dies ausdrücklich sagen) unter Hinzurechnung angemessener Zuschläge für Aufsicht und Führung, allgemeine Geschäftskosten sowie für Risiko und Gewinn zu vergüten (GWerkV Rz. 948; vgl. auch Art. 50 Abs. 1). Zur Mehrwertsteuer siehe Art. 49/Rz. 17.1 ff. Zur Verwendung von Regieansätzen siehe Art. 48/Rz. 3.2 und Art. 49 – 55.

b) Treibt der Unternehmer *mehr Aufwand,* als bei sorgfältigem Vorgehen für die korrekte (insbesondere mängelfreie) Ausführung der fraglichen Arbeiten erforderlich wäre, so hat er für den unnötigen Mehraufwand keinen Anspruch auf Vergütung. Insofern bestimmt sich die Vergütung nicht stets nach dem tatsächlichen Aufwand des Unternehmers, sondern nach dem Aufwand, der bei sorgfältigem Vorgehen genügt hätte (Art. 44/Rz. 7.2; BGE 96 II 58/60 E. 1; BGer 4A_577/2008 vom 31. März 2009 E. 5.2; GWerkV Rz. 964 f.). 2.3

Hingegen ist es für die nach Art. 48 zu bestimmende Vergütung unerheblich, ob das vollendete Werk *Mängel* (Art. 166/Rz. 2.1 f.) aufweist, die auf eine Regiearbeit zurückzuführen sind. Solche Mängel wirken sich auf die dem Unternehmer geschuldete Gesamtvergütung nur dann aus, wenn der Bauherr von seinem Gestaltungsrecht nach Art. 169 Abs. 1 Ziff. 2 Gebrauch und einen Abzug von der Vergütung macht (GWerkV Rz. 947; für die Vergütung nach Einheitspreisen Art. 39/Rz. 6.5). 2.4

c) Die Beweislast für den betriebenen Aufwand (Art. 48/Rz. 2.2) und für den Umstand, dass der nachgewiesene Aufwand erforderlich war (Art. 48/Rz. 2.3), trägt der Unternehmer (GWerkV Rz. 1019 f.). Diesem Nachweis dienen die beidseitig unterzeichneten Regierapporte, die zugunsten des Unternehmers eine tatsächliche Vermutung dafür begründen, dass der rapportierte Aufwand tatsächlich betrieben wurde und zudem erforderlich war (Art. 47/Rz. 15.1). Diese Vermutung kann der Bauherr durch Gegenbeweis entkräften (Walter, Berner Kommentar, N 476 zu Art. 8 ZGB), indem er sich gegen die Vermutungsfolge wendet und beim Gericht hinreichende Zweifel an der Richtigkeit oder der Erforderlichkeit des rapportierten Aufwands weckt. Alsdann obliegt es dem Unternehmer zu beweisen, dass der rapportierte Aufwand bei sorgfältigem Vorgehen erforderlich war (BGer 4A_15/2011 vom 3. Mai 2011 E. 3.3). 2.5

Anmerkung 3

Die Vergütung nach Aufwand erfolgt «nach Massgabe der Art. 49 – 55». Die erwähnten Artikel sehen unter anderem vor, dass sich die nach Aufwand geschuldete Vergütung nach Regieansätzen bemisst (Art. 49 – 52). Nicht von ihnen erfasst wird der Fall, in dem die Parteien die Leistungspflicht des Unternehmers einvernehmlich ausweiten (vereinbarte [nicht einseitige] Bestellungsänderung), ohne sich dabei auf die Bemessung der Vergütung zu verständigen; diese Lücke in dieser Vereinbarung wird nach bundesgerichtlichem Verständnis durch das Gesetz (Art. 374 OR), nicht die SIA-Norm 118 gefüllt, sodass nicht von irgendwelchen Ansätzen, sondern den effektiven Selbstkosten des Unternehmers auszugehen ist (BGer 4A_183/2010 vom 27. Mai 2010 E. 3.2; auch HGer ZH HG130039 vom 12. August 2015 E. 1.3.3.3). Vom Verständnis, dass bei einem vereinbarten Zusatzauftrag (eine entsprechende Lücke vorausgesetzt) selbst dann auf die gesetzliche Regelung (Art. 374 OR) abzustellen ist, wenn die Parteien die SIA-Norm 118 in ihren Werkvertrag übernommen hatten, ist das Bundesgericht allerdings später insoweit 3.1

wieder abgerückt, als es die «sinngemässe Anwendung der Art. 84 ff. SIA-Norm 118 auf einvernehmliche Bestellungsänderungen» nicht beanstandete (BGer 4A_234/2014 vom 8. September 2014 E. 5.1, dazu SIEGENTHALER, Bestellungsänderung bei Pauschalpreisen, S. 148 f.).

3.2 a) *Regieansätze* sind Preise für Mengeneinheiten einer bestimmten Kategorie von Aufwand. Dadurch unterscheiden sie sich von den Einheitspreisen (Art. 39), die für *Leistungseinheiten* (output), nicht für Mengeneinheiten des *Aufwands* (input) geschuldet sind (Art. 39/Rz. 4; siehe auch KOLLER ALFRED, Werkvertragsrecht, Rz. 187).

3.3 Die Einheiten, auf die sich die Regieansätze (Regiepreise) beziehen, sind zur Hauptsache (vgl. Art. 47 Abs. 1): Löhne für Arbeitsstunden (nach Arbeitnehmerkategorien), Mengeneinheiten verbrauchten Materials und Benützungsstunden eingesetzter Maschinen oder anderer Baustelleneinrichtungen. Auch hier geht es um die Werkkosten des Unternehmers, die im Einzelnen nach Löhnen, Material, Inventar und Fremdleistungen, nach den Aufwendungen für Aufsicht und Führung sowie nach den Zuschlägen für den Aufwand, der sich nicht direkt den Werkkosten zuordnen lässt, aufgeschlüsselt werden können. Die Zuschläge für «allgemeine Geschäftskosten, Risiko, Verdienst und gesetzliche Abgaben» gelten nach Art. 50 Abs. 1 als in den vertragsindividuellen Ansätzen (Art. 50/Rz. 1) für Arbeitsstunden und Material eingerechnet, weshalb der Unternehmer sie nicht zusätzlich fordern kann. Zur Mehrwertsteuer, die eine gesetzliche Abgabe ist, siehe Art. 49/Rz. 17.1 ff.

3.4 b) Bei der Abrechnung nach Regieansätzen wird nicht auf die effektiven Kosten abgestellt, die dem Unternehmer durch den von ihm geleisteten Aufwand entstanden sind; vielmehr werden die vom Bauherrn zu übernehmenden Kosten und die Zuschläge von den effektiven Kosten abgekoppelt und verobjektiviert.

3.5 Den Parteien steht es jedoch frei, in Abweichung von der SIA-Norm 118 eine *Abrechnung nach effektiven Selbstkosten* zu vereinbaren. Alsdann verpflichtet sich der Bauherr, dem Unternehmer die bei der Ausführung entstandenen (effektiven) Selbstkosten unter Hinzurechnung eines Zuschlags für allgemeine Geschäftskosten sowie für Risiko und Gewinn zu erstatten (cost plus fee oder auch: cost plus reasonable profit). Geht eine solche Vereinbarung (cost plus fee) der SIA-Norm 118 vor, weil sie individuell oder in einem ranghöheren Vertragsbestandteil getroffen wurde (Einl./Rz. 26), so verdrängt sie das von der SIA-Norm 118 vorgesehene Abrechnungssystem nach Regieansätzen.

3.6 c) Dass die SIA-Norm 118 eine Abrechnung nach *Regieansätzen* vorsieht, hat gute Gründe. Diese Gründe liegen in der Erfahrungstatsache, dass eine Vergütung des Aufwands nach Massgabe der (effektiven) Selbstkosten (cost plus fee) allzu stark auf die subjektiven Verhältnisse des Unternehmers abstellt, Manipulationen ermöglicht, den Nachweis erschwert und so in der Tendenz deutlich streitanfälliger ist. Zur Klarstellung ist aber beizufügen:

3.7 d) Die Regel, nach der nur der für die korrekte Ausführung der Arbeit erforderliche (nicht auch der unnötige) Aufwand zu vergüten ist (Art. 48/Rz. 2.3), gilt sowohl bei der Abrechnung nach effektiven Selbstkosten als auch bei der Verwendung von Regieansätzen. Ausserdem bleibt es bei der Beweislastverteilung, wie sie in Art. 48/Rz. 2.5 umschrieben wurde (siehe auch Art. 47/Rz. 15.1 ff.).

2 232 Ansätze im Allgemeinen[1]

Art. 49

[1] Legt der Werkvertrag[2] die Ansätze für die Regiearbeiten[3] fest[4], so wird nach diesen abgerechnet[5]. Die vereinbarten Ansätze bleiben während der ganzen Bauzeit unverändert.[6] Fehlende Ansätze[7] werden sinngemäss ergänzt.[8]

[2] Enthält der Werkvertrag[9] keine Ansätze[10], so gelten die im Zeitpunkt und am Ort der Arbeitsausführung massgebenden Regieansätze der Berufsverbände; fehlen solche Regieansätze[11], so werden die in diesem Zeitpunkt am Ausführungsort üblichen[12] Ansätze angewendet[13].[14]

[3] Für die Teuerungsabrechnung bei Regiearbeiten gilt Art. 68.[15] Zu beachten ist allerdings Art. 56 Abs. 4.[16]

[4] Wenn nichts anderes vereinbart ist, gilt eine allfällige MWST als nicht eingerechnet.[17]

Art. 49 (1977/91)

[1] Legt der Werkvertrag die Ansätze für die Regiearbeiten fest, so wird nach diesen abgerechnet. Die vereinbarten Ansätze bleiben während der ganzen Bauzeit unverändert. Fehlende Ansätze werden sinngemäss ergänzt, rückwirkend auf den für die ursprüngliche Kostengrundlage massgebenden Stichtag (Art. 62 Abs. 1).

[2] Enthält der Werkvertrag keine Ansätze, so gelten die im Zeitpunkt und am Ort der Arbeitsausführung massgebenden Regietarife der Berufsverbände; fehlen solche Regietarife, so werden die in diesem Zeitpunkt am Ausführungsort üblichen Ansätze angewendet.

[3] Für Regiearbeiten gelten die Bestimmungen der Art. 64–82 über die Teuerungsabrechnung, insbesondere die Art. 73 und 78. Zu beachten ist allerdings Art. 56 Abs. 4.

Anmerkung 1

Die Art. 49–53 setzen (negativ) voraus, dass die Parteien sich nicht in einer Abrede, die der SIA-Norm 118 vorgeht (Einl./Rz. 26), auf eine Vergütung der Regiearbeiten nach effektiven Selbstkosten des Unternehmers (cost plus fee) geeinigt haben (siehe Art. 48/Rz. 3.4). Unter dieser Voraussetzung befassen sie sich mit den Ansätzen, nach denen sich die Vergütung des massgeblichen Aufwands (Art. 48) bemisst, und zwar auch für den Fall, da die Parteien keine Abrede darüber getroffen haben, wie die (meist einzelnen) Arbeiten des Unternehmers zu vergüten sind und deshalb nun auf den Aufwand des Unternehmers abzustellen ist (Art. 374 OR). Die betreffenden Ansätze für die Regiearbeiten (Art. 49 Abs. 1) werden gemeinhin als «Regieansätze» bezeichnet. Ihre Eigenart besteht 1.1

darin, dass sie den Aufwand des Unternehmers verobjektivieren (SCHUMACHER, Die Vergütung, Rz. 167), es also nicht auf den effektiven Aufwand des Unternehmers ankommt. Art. 49 enthält die Grundregel, was in seinem Titel («Ansätze im Allgemeinen») zum Ausdruck kommt. Bei seiner Anwendung sind die folgenden Punkte zu bedenken:

1.2 a) Die SIA-Norm 118 enthält keine eigene Liste mit Regieansätzen. Doch bestimmt Art. 49 Abs. 2, dass die im Zeitpunkt und am Ort der Arbeitsausführung massgebenden Regieansätze der Berufsverbände oder (subsidiär) die ortsüblichen Ansätze im Zeitpunkt der Arbeitsausführung gelten. Diese Bestimmung greift allerdings nur dann, wenn der übrige Teil des Werkvertrags, soweit er der SIA-Norm 118 vorgeht (Einl./Rz. 26), keine Regieansätze enthält (vgl. Art. 49/Rz. 10.1 ff.).

1.3 b) Legt der Werkvertrag in einer Abrede, welche die Regel der SIA-Norm 118 verdrängt (Einl./Rz. 26), die massgeblichen (einzelnen) Regieansätze selber und unmittelbar fest (= vertragsindividuelle Ansätze), so gilt die Regel des Art. 49 Abs. 1. Alsdann ist vereinbarungsgemäss nach diesen Ansätzen abzurechnen, wobei fehlende Ansätze sinngemäss zu ergänzen sind (Art. 49/Rz. 8.1). Zur Anwendung kommen ausserdem die Art. 50 und Art. 51, die sich nur auf vertragsindividuelle Ansätze beziehen (Art. 50/Rz. 1; Art. 51/Rz. 2).

1.4 Die vertragsindividuellen Regieansätze finden sich oft in einer vom Bauherrn bereitgestellten «Regiepreisliste», in die der offerierende Unternehmer die Ansätze eingesetzt hat. Sie können in verschiedener Weise festgelegt sein, z.B. auch so, dass sie sich aus einem Grundansatz und einem prozentualen Zuschlag zusammensetzen. Bei Arbeiten, die an Subunternehmer weitervergeben werden (Art. 29), kann der jeweilige Grundansatz in einem Regieansatz bestehen, der (im Einverständnis mit dem Bauherrn) gegenüber dem Subunternehmer zur Anwendung kommt.

1.5 c) Weder Art. 49 Abs. 1 noch Abs. 2 befassen sich mit dem Fall, da eine ausdrückliche oder stillschweigende Parteiabrede ausserhalb der SIA-Norm 118 auf die massgebenden Regieansätze der Berufsverbände oder auf die ortsüblichen Ansätze verweist. Trifft dies zu und geht die betreffende Abrede der SIA-Norm 118 vor (Einl./Rz. 26), so gilt das Vereinbarte. Je nach Inhalt der Abrede ist nach den Verbandsansätzen oder den ortsüblichen Ansätzen abzurechnen, die entweder am Stichtag der ursprünglichen Kostengrundlage (Art. 62 Abs. 1) oder im Zeitpunkt der Vertragsausführung massgeblich sind. Im Streitfall gilt es dann allenfalls zu klären, ob diese Ansätze mitsamt jener einseitigen Festlegungen der Berufsverbände übernommen wurden, mit denen fixiert wird, was als in die Ansätze eingerechnet gilt und was nicht. Während es an sich naheliegt, von einer Übernahme auch jener Festlegungen auszugehen, ist es möglich, dass die Parteien davon abgewichen sind, was jene Partei zu beweisen hat, die sich auf die Abweichung beruft.

1.6 Das soeben Gesagte gilt auch insoweit, als die Parteien nur z.T. (z.B. nur für die Benützung von Maschinen und den Materialverbrauch) auf die massgebenden Verbandsansätze oder die Ortsübung verwiesen, im Übrigen aber vertragsindividuelle Ansätze vereinbart haben.

1.7 d) Art. 49 enthält keine Regelung für die Frage des Rabatts (vgl. namentlich Art. 54/Rz. 5.1). Er ist so formuliert, dass er leicht verständlich scheint. Der Eindruck aber täuscht.

Die Schwierigkeiten stecken im Detail, was die Einzelauslegung durch die nachfolgenden Anmerkungen zutage fördert.

Anmerkung 2

Indem die SIA-Norm 118 hier auf den Werkvertrag verweist, meint sie Abreden, die sich in irgendeinem der übrigen Vertragsbestandteile finden, einschliesslich mündlicher Vereinbarungen. Dass die Abrede einem Bestandteil zugehört, der im Sinne des Art. 21 ranghöher ist als die SIA-Norm 118, ist zwar der Normalfall, bei dieser Auslegung aber nicht vorausgesetzt. 2

Anmerkung 3

Zum Begriff der Regieansätze (Ansätze für Regiearbeiten) siehe Art. 48/Rz. 3.2. 3

Anmerkung 4

Gemeint ist hier der Fall, da der Werkvertrag (Art. 49/Rz. 2) vertragsindividuelle Vergütungsansätze für Regiearbeiten enthält (Art. 49/Rz. 1.3). 4

Anmerkung 5

Das bedeutet, dass sich die für den massgeblichen Aufwand (Art. 48/Rz. 2.3) geschuldete Vergütung nach diesen (vereinbarten) Ansätzen bemisst, was sich aufgrund der getroffenen Vereinbarung von selbst versteht. 5

Anmerkung 6

Unverändert bleiben nach Art. 49 Abs. 1 nur und gerade die Ansätze. Die nach den unveränderten Ansätzen berechnete Vergütung aber kann sich nach den Vorschriften über die Teuerungsabrechnung (Art. 64 ff., vor allem Art. 68) um den Betrag einer Mehr- oder Mindervergütung verändern (Art. 49 Abs. 3). 6.1

Dass mit der (relativen) Unabänderlichkeit der vereinbarten Ansätze keine Aussage über den zu vergütenden Aufwand verbunden ist, liegt auf der Hand. Zur Bedeutung eines Richtpreises aber siehe Art. 56. 6.2

Den Parteien bleibt es unbenommen, die Regieansätze während der Bauzeit einvernehmlich anzupassen und so von der Regel in Art. 49 Abs. 1 abzuweichen. 6.3

Anmerkung 7

Gemeint sind einzelne Ansätze, die in der von den Parteien getroffenen Abrede über die vertragsindividuellen Regieansätze (Art. 49/Rz. 4) fehlen. Das bedeutet, dass die Parteien zwar vertragsindividuelle Ansätze vereinbart haben, die Abrede aber unvollständig und damit *lückenhaft* ist, weil die vereinbarten Ansätze nicht alle Leistungskategorien erfassen, in denen der Unternehmer Aufwand betreibt. 7.1

a) Fehlen können beispielsweise Ansätze für den Materialverbrauch einer bestimmten Materialart, für die Benützung eines bestimmten Geräts oder für Arbeitsstunden einer bestimmten Arbeitnehmerkategorie (z.B. eines Spezialisten oder aber eines Facharbeiters 7.2

aus dem Bereich eines unberücksichtigten Gesamtarbeitsvertrags). Doch ist Folgendes zu beachten:

7.3 b) In der Praxis kommt es vor, dass die Parteien für einen Teil des Aufwands zwar vertragsindividuelle Ansätze vereinbart, für einen anderen Teil aber auf einschlägige Ansätze der Berufsverbände oder die Ortsübung verwiesen haben (Art. 49/Rz. 1.5). Soweit dieser Verweis wirksam ist, bleibt die in Art. 49 Abs. 1 enthaltene Regel über die Ergänzung fehlender Ansätze aus dem Spiel. Vielmehr wird insoweit auf die betreffenden Verbandsansätze oder die Ortsübung abgestellt (vgl. dazu auch Art. 49/Rz. 14.1).

Anmerkung 8

8.1 Dass «*fehlende Ansätze*» zu ergänzen seien, heisst, dass die fehlenden Ansätze (Art. 49/Rz. 7.1) in sinnvoller Ergänzung der von den Parteien getroffenen Abrede (Art. 49/Rz. 1.3) festzulegen sind. Die Parteien haben sich hierüber zu einigen und auf diese Weise eine vorhandene Vertragslücke (Art. 49/Rz. 7.1 ff.) zu schliessen. Kommt es zu keiner Einigung, so hat im Streitfall das Gericht zu entscheiden.

8.2 a) Das Wort «sinngemäss» weist die Parteien und das allenfalls angerufene Gericht auf ein Zweifaches hin: Erstens hat das Preisniveau der zu ergänzenden Ansätze dem Niveau der vereinbarten Regieansätze zu entsprechen; es ist also nicht einfach auf die Regieansätze der Berufsverbände oder die ortsüblichen Ansätze abzustellen. Und zweitens sind die fehlenden Ansätze auf der Basis der ursprünglichen Kostengrundlage (Art. 62) festzulegen, da ja auch die vertragsindividuell vereinbarten Ansätze «unverändert» (also auf dem Niveau dieser Kostengrundlage) bleiben. Die Massgeblichkeit der ursprünglichen Kostengrundlage wird in der revidierten Fassung des Art. 49 Abs. 1 nicht mehr hervorgehoben, wobei es aber dabei bleibt, dass sich die Teuerungsabrechnung (Art. 68) bei unveränderlichen Ansätzen nur mit Bezug auf diese Kostengrundlage durchführen lässt, während die weitere Möglichkeit, nach den jeweils tagesaktuellen Ansätzen abzurechnen, hier nicht besteht.

8.3 b) Die Vorschrift, dass fehlende Ansätze sinngemäss zu ergänzen sind, kann in der Praxis zu Schwierigkeiten führen. Soweit eine sinngemässe Ergänzung ausgeschlossen ist (weil Ansätze z.B. für eine ganze Kategorie von Aufwand, etwa für den gesamten Materialverbrauch, fehlen), muss auf Regieansätze der Berufsverbände oder auf ortsübliche Ansätze am Stichtag (Art. 62 Abs. 1) zurückgegriffen werden. Fehlt es auch an solchen Ansätzen (etwa für behördliche Gebühren, für Strassen- oder für Bahntransporte), bleibt als letzter Ausweg nur die Vergütung nach den effektiven Selbstkosten des Unternehmers, welche dieser (über die von ihm erbrachten Arbeiten hinaus) nachzuweisen hat, zuzüglich eines Zuschlags namentlich für Verwaltungskosten sowie Risiko und Gewinn.

Anmerkung 9

9 Dieser Bezug auf den Werkvertrag hat hier die gleiche Bedeutung wie in Abs. 1 der Bestimmung (dazu Art. 49/Rz. 2).

Anmerkung 10

Das trifft dann zu, wenn der Werkvertrag (Art. 49/Rz. 2) überhaupt keine Ansätze enthält. 10.1

Enthält der Werkvertrag jedoch Ansätze, so bleibt Art. 49 Abs. 2 aus dem Spiel. Dabei ist gleichgültig, ob der Werkvertrag die Ansätze unmittelbar und selber (vertragsindividuell) festlegt (Art. 49/Rz. 1.3) oder ob er sie mittelbar dadurch bestimmt, dass er auf Regieansätze der Berufsverbände oder die Ortsübung verweist (Art. 49/Rz. 1.5). In beiden Fällen gilt das Vereinbarte, wobei im ersten Fall die Regel des Art. 49 Abs. 1 eingreift (Art. 49/Rz. 5). 10.2

Nicht geregelt ist hier der Fall, in dem es nicht nur an einer Vereinbarung der Regieansätze, sondern schon an der Abrede darüber fehlt, dass Arbeiten in Regie auszuführen sind. In diesem Fall ist Art. 374 OR anwendbar, sodass von den effektiven Selbstkosten (GWerkV Rz. 948) des Unternehmers auszugehen ist. 10.3

Anmerkung 11

Das heisst: *Soweit* solche Ansätze, also massgebende Regieansätze der Berufsverbände, fehlen. «Massgebend» bedeutet hier nicht etwa *verbindlich,* sondern bloss *einschlägig* in dem Sinn, als sie vom herausgebenden Berufsverband für die infrage stehende Arbeit sowie den Zeitpunkt und den Ort der Arbeitsausführung fixiert und publiziert wurden. Ob der Unternehmer dem Berufsverband zugehört, spielt keine Rolle, solange er in jener Sparte tätig ist, in der auch der Berufsverband seine Aufgaben wahrnimmt. 11.1

Die frühere Fassung der SIA-Norm 118 sprach hier noch von «Regietarifen», wobei aber der Wechsel zu einer anderen Terminologie («Regieansätze») für die Anwendung der Norm bedeutungslos ist; auch eine kartellrechtliche Überprüfung würde auf die Auswirkungen der verbandsseitigen Festsetzung solcher Ansätze auf den Wettbewerb und keinen Moment auf die Bezeichnung abstellen, die von der SIA-Norm 118 und in einschlägigen Verlautbarungen von Berufsverbänden verwendet wird. Immerhin mag man hier und dort mit Tarifen die Vorstellung verbinden, sie seien in irgendeiner Weise verbindlich, was indes für «Regietarife» noch nie zugetroffen hat und auf «Regieansätze» erst recht nicht passt. 11.2

Anmerkung 12

Die Massgeblichkeit dieser Ansätze ergibt sich nicht aus dem Gesetz, sondern daraus, dass die Parteien sich durch die Übernahme der SIA-Norm 118 darauf verständigt haben für den Fall, dass ihr Werkvertrag keine Ansätze enthält. Damit haben die Parteien insoweit eine Lücke offengelassen, als bei strittiger Bemessung der Vergütung erst noch die Übung ermittelt werden muss (uneigentliche Vertragslücke, so Jäggi/Gauch/Hartmann, Zürcher Kommentar, N 555 zu Art. 18 OR). Davon zu unterscheiden ist die lückenfüllende Funktion der Verkehrsübung im Fall, da eine gesetzliche Vorschrift (z.B. Art. 394 Abs. 3 OR) auf sie verweist (vgl. Jäggi/Gauch/Hartmann, Zürcher Kommentar, N 591 ff. zu Art. 18 OR). 12

Anmerkung 13

13 Soweit auch *ortsübliche Ansätze fehlen*, bleibt nichts anderes übrig, als den entsprechenden Aufwand des Unternehmers nach Massgabe seiner effektiven Selbstkosten (unter Hinzurechnung von Zuschlägen für allgemeine Geschäftskosten, Risiko und Gewinn sowie gesetzliche Abgaben) zu vergüten. Beweispflichtig für Selbstkosten und Zuschläge ist der Unternehmer.

Anmerkung 14

14.1 Haben die Parteien in einer Abrede, die der SIA-Norm 118 vorgeht, auf die Regieansätze der Berufsverbände oder auf die ortsüblichen Ansätze verwiesen, so gilt das Vereinbarte (Art. 49/Rz. 5). Beizufügen bleibt:

14.2 a) Bezieht der vertragliche Verweis sich auf die massgeblichen Ansätze der Berufsverbände, fehlt es aber an einzelnen Ansätzen, so ist in sinnvoller Anwendung des Art. 49 Abs. 2 auf die ortsüblichen Ansätze zurückzugreifen, um die Lücke auszufüllen. Das entspricht dem hypothetischen Willen der Vertragsparteien, welche die SIA-Norm 118 übernommen haben (vgl. Jäggi/Gauch/Hartmann, Zürcher Kommentar, N 559f. zu Art. 18 OR). Massgeblich ist die Ortsübung entweder am Stichtag der ursprünglichen Kostengrundlage (Art. 62 Abs. 1) oder im Zeitpunkt der Arbeitsausführung, je nachdem, ob der Vertrag auf die in diesem oder in jenem Zeitpunkt geltenden Regieansätze verweist.

14.3 b) Beruft sich der Unternehmer darauf, dass die von ihm in Rechnung gestellten Ansätze *üblich* sind, hat er deren Üblichkeit zu beweisen. Zu beweisen hat er aber nach Art. 8 ZGB auch, dass der Werkvertrag selber keine Ansätze enthält und es überdies an anwendbaren Regieansätzen der Berufsverbände fehlt. Die Üblichkeit lässt sich nicht allein damit belegen, dass der Unternehmer auch in anderen Fällen zu diesen Ansätzen abgerechnet hat. Erforderlich ist vielmehr, dass die geltend gemachten Ansätze ihrer Grössenordnung nach dem entsprechen, was auch andere Unternehmer in einem solchen Fall verrechnen. Genaue, ziffernmässige Übereinstimmung der Ansätze darf man aber schon deshalb nicht verlangen, weil man dafür ein Preiskartell und damit ein wettbewerbsrechtlich unzulässiges Verhalten vorauszusetzen hätte (Art. 5 KG).

Anmerkung 15

15 Die neuen Regeln über die Teuerungsabrechnung sind in verschiedener Hinsicht unklar. Das gilt auch für Art. 68, dessen Abs. 1 für die «Teuerungsabrechnung bei Regiearbeiten» zwei Methoden vorsieht, von denen die Regel in Abs. 2 die zweite Methode als massgebend erklärt für den Fall, dass die Parteien «keine Regelung vereinbart» haben. Die Ausdrucksweise ist missverständlich, da die Parteien durch die Übernahme der SIA-Norm 118 direkt jene zweite Methode übernehmen, sofern sie nicht etwas anderes vereinbart haben. Näheres bei Art. 68/Rz. 7.1 ff.

Anmerkung 16

16 Vgl. Art. 56/Rz. 15.1.

Anmerkung 17

Eine gleichlautende Regel findet sich bei Art. 38 Abs. 5, wo sie im Zusammenhang mit Festpreisen steht (Art. 38/Rz. 12.1 ff.). In Art. 49 Abs. 5 will sie klären, ob die Mehrwertsteuer gesondert gefordert werden könne, wenn die Arbeiten des Unternehmers «nach Aufwand vergütet» (Art. 48) werden. Hier ist zu unterscheiden: 17.1

a) Wo es für die Vergütung auf den tatsächlichen Aufwand des Unternehmers ankommt (wie bei Art. 374 OR), ist er berechtigt, auch die Mehrwertsteuer in Rechnung zu stellen, da diese Abgabe für ihn Aufwand bedeutet (BGer 4C.21/2004 vom 12. Januar 2005 E. 4.1.2; GWerkV Rz. 948 und 1227). 17.2

b) Werden aber vertragsindividuelle Regieansätze (dazu Art. 49/Rz. 1.3 und Art. 50/Rz. 1) vereinbart, greift die Fiktion in Art. 50 Abs. 1, nach der namentlich «gesetzliche Abgaben» wie die Mehrwertsteuer als in den «Regieansätzen für Arbeitsstunden und Material» eingerechnet gelten. Diese Fiktion entfällt für die Mehrwertsteuer nur dann, wenn die Parteien übereinkommen, dass der Unternehmer über die vereinbarten Ansätze hinaus die Mehrwertsteuer in Rechnung stellen kann. Art. 49 Abs. 4 hat darauf keinen Einfluss. 17.3

c) Sind Regieansätze der Berufsverbände massgeblich oder kommt es zur Anwendung ortsüblicher Ansätze, weil der Werkvertrag keine vertragsindividuellen Ansätze enthält (Art. 49 Abs. 2), bestimmt sich nach Massgabe dieser Ansätze und nicht nach Art. 49 Abs. 4, ob die Mehrwertsteuer eingeschlossen ist (vgl. auch Art. 50/Rz. 1). 17.4

2 233 Ansätze für Arbeitsstunden und Material

Art. 50

1 In den Regieansätzen [1] für Arbeitsstunden und Material gelten als eingerechnet [2]:

- **Lohn- und Lohnnebenkosten der Arbeitnehmer [3]**
- **Kosten für persönliches Handwerkzeug [4], Magazin- und Bauplatzdienst [5]**
- **Materialkosten unter Einschluss von Verlusten bei Transporten, Ablad, Umlad und Magazinierung [6]**
- **Allgemeine Geschäftskosten, Risiko, Verdienst und gesetzliche Abgaben [7].[8]**

2 Die Beistellung von Polieren und Vorarbeitern wird mit den hierfür vorgesehenen Regieansätzen separat vergütet.[9] Bei teilweisem Einsatz wird eine anteilsmässige Vergütung mit der Bauleitung vereinbart.[10]

Art. 50 (1977/91)

1 In den Regieansätzen für Arbeitsstunden und Material gelten als eingerechnet:

- Lohn- und Lohnnebenkosten der Arbeitnehmer
- Kosten für persönliches Handwerkzeug, Magazin- und Bauplatzdienst

- Materialkosten unter Einschluss von Verlusten bei Transporten, Ablad, Umlad und Magazinierung
- Allgemeine Geschäftskosten sowie Risiko, Verdienst und Umsatzabgaben (z.B. MWST).

[2] Die Beistellung von Polieren und Vorarbeitern wird mit den hiefür vorgesehenen Regieansätzen besonders vergütet. Bei teilweisem Einsatz wird eine anteilmässige Vergütung mit der Bauleitung vereinbart.

Anmerkung 1

1 Art. 50 Abs. 1 spricht zwar ganz allgemein von «Regieansätzen». Gemeint sind aber nur *vertragsindividuelle Ansätze,* die ausserhalb der SIA-Norm 118 vereinbart wurden (Art. 49/Rz. 1.3), also nicht auch Regieansätze der Berufsverbände oder ortsübliche Ansätze. Denn: Was in den Regieansätzen der Berufsverbände oder in den ortsüblichen Ansätzen eingerechnet ist, beurteilt sich nach diesen Tarifen oder nach der Ortsübung, nicht nach der SIA-Norm 118 (vgl. auch Art. 49/Rz. 17.4). Das gilt unabhängig davon, ob die Ansätze gestützt auf Art. 49 Abs. 2 oder aber deshalb angewendet werden, weil eine werkvertragliche Abrede ausserhalb der SIA-Norm 118 darauf verweist (Art. 49/Rz. 1.5). So kann es etwa sein, dass sich in den Ansätzen eines Berufsverbands z.B. der Vermerk «In den Regieansätzen ist die MWST nicht enthalten» (aus dem Dokument Regieansätze des Schweizerischen Baumeisterverbands, Ausgabe 2015, S. 5; für das Jahr 2016 hat der Verband mit Rücksicht auf eine laufende Untersuchung des Sekretariats der Wettbewerbskommission keine Regieansätze veröffentlicht) findet, was mangels anderer Abreden (siehe Art. 49/Rz. 1.5) bedeutet, dass der Unternehmer die Mehrwertsteuer gesondert fordern kann (Art. 49/Rz. 17.4), soweit im konkreten Fall diese Ansätze massgeblich sind.

Anmerkung 2

2 Diese Fiktion bewirkt, dass die effektiven Lohn- und Materialkosten des Unternehmers unberücksichtigt bleiben. Entsprechend kann der Unternehmer diese Kosten auch nicht insoweit in Rechnung stellen, als sie von den vereinbarten, vertragsindividuellen Ansätzen nicht vollständig gedeckt werden (siehe aber Art. 51). Vorbehalten bleibt eine anderslautende Abrede, die der SIA-Norm 118 vorgeht, weil sie individuell vereinbart wurde oder sich in einem ranghöheren Vertragsbestandteil befindet (Einl./Rz. 26).

Anmerkung 3

3 Diese Kosten gelten in den vertragsindividuellen *Regieansätzen für Arbeitsstunden* als eingerechnet; dies aber unter Ausschluss von Beistellungskosten für Poliere und Vorarbeiter (Art. 50 Abs. 2) sowie der in Art. 51 erwähnten Zuschläge. Zu den Lohnansätzen vgl. auch Art. 63 Abs. 1 Ziff. 1; zu den Lohnnebenkosten vgl. Art. 63 Abs. 1 Ziff. 2, der entsprechende Kosten im Sinne von Beispielen aufführt.

Anmerkung 4

4 *Persönlich* ist jenes «Handwerkzeug» (Art. 123/Rz. 5), das zur persönlichen Ausrüstung des einzelnen Arbeitnehmers gehört, also nicht abwechslungsweise von verschiedenen Arbeitnehmern benützt wird.

Anmerkung 5

Diese Kosten können in den *Regieansätzen* für Arbeitsstunden oder in den Materialansätzen eingerechnet sein. Nach der Kalkulationslehre sind sie in den Ansätzen für Arbeitsstunden einzurechnen. 5

Anmerkung 6

Diese Kosten gelten als in den *Materialansätzen* eingerechnet. 6

Anmerkung 7

Als eingerechnet gilt nach dieser Regel auch die Mehrwertsteuer, wie noch das Beispiel in der aSIA-118 belegt hat. Siehe auch Art. 49/Rz. 17.1 ff. Zum Zuschlag für Risiko in den in Art. 53 geregelten Fällen siehe Art. 53/Rz. 4. 7

Anmerkung 8

Diese Kosten gelten sowohl in den *Regieansätzen für Arbeitsstunden* als auch in den *Materialansätzen* als eingerechnet. 8

Anmerkung 9

Vgl. dazu aber auch Art. 44/Rz. 20. 9

Anmerkung 10

Können die Parteien sich nicht einigen, so hat im Streitfall das Gericht über die anteilsmässige Vergütung zu entscheiden. 10

2 234 Zuschläge zu Ansätzen für Arbeitsstunden[1]

Art. 51

[1] Die Regieansätze[2] erhöhen sich um allfällige Zuschläge zu den Löhnen für Überstunden, Schicht-, Nacht-, Samstags- oder Sonntagsarbeit, Versetzungsentschädigung, Schlechtwetterentschädigung, für Arbeiten in Wasser oder Schlamm oder andere Leistungen an die Arbeitnehmer, soweit die Zuschläge[3] den gesetzlichen Bestimmungen oder den Gesamtarbeitsverträgen entsprechen und tatsächlich ausgerichtet wurden[4].

[2] Für Arbeiten unter besonderen Erschwernissen (z.B. im Wasser), für welche Zuschläge und Leistungen nach Abs. 1 nicht vorgesehen sind oder nicht ausreichen, werden zusätzliche Leistungen an die Arbeitnehmer[5] dem Unternehmer[6] vergütet, soweit die Bauleitung deren Ausrichtung an die Arbeitnehmer zugestimmt hat[7].

Art. 51 (1977/91)

[1] Die Regieansätze erhöhen sich um allfällige Zuschläge zu den Löhnen für Überstunden, Schicht-, Nacht- oder Sonntagsarbeit, Versetzungsentschädigung, Schlechtwetterentschädigung, für Arbeiten in Wasser oder Schlamm oder andere Leistungen an die Arbeitnehmer, soweit die Zuschläge den gesetzlichen Bestimmungen oder den Gesamtarbeitsverträgen entsprechen und tatsächlich ausgerichtet wurden.

[2] Für Arbeiten unter besonderen Erschwernissen (z.B. im Wasser), für welche Zuschläge und Leistungen nach Abs. 1 nicht vorgesehen sind oder nicht ausreichen, werden zusätzliche Leistungen an die Arbeitnehmer dem Unternehmer vergütet, soweit die Bauleitung deren Ausrichtung an die Arbeitnehmer zugestimmt hat.

Anmerkung 1

1 Das Wort «Zuschläge» wird in Art. 51 in einem zweifach verschiedenen Sinn verwendet. Im Titel zu Art. 51 handelt es sich um Zuschläge zu den entsprechenden Regieansätzen, im Text dagegen um Zuschläge zu den Arbeitslöhnen der Arbeitnehmer.

Anmerkung 2

2 Art. 51 Abs. 1 spricht zwar ganz allgemein von «Regieansätzen». Gemeint sind aber auch hier (vgl. schon Art. 50/Rz. 1) nur *vertragsindividuelle Ansätze,* die ausserhalb der SIA-Norm 118 vereinbart wurden (Art. 49/Rz. 1.3), also nicht auch Regietarife der Berufsverbände oder ortsübliche Ansätze (Art. 49 Abs. 2; Art. 49/Rz. 1.5). Was hinsichtlich der Verbandstarife und der ortsüblichen Ansätze gilt, beurteilt sich nach diesen Tarifen oder nach der Ortsübung, nicht nach der SIA-Norm 118.

Anmerkung 3

3 Mit «Zuschlag» sind hier nicht nur jene Leistungen gemeint, die etwa im Landesmantelvertrag für das schweizerische Bauhauptgewerbe 2012–2015 als «Lohnzuschläge» bezeichnet werden (siehe dort Art. 52 ff. LMV), sondern auch etwa der «Auslagenersatz für Versetzungen» (Art. 60 LMV), der im LMV nicht als Lohnzuschlag, sondern bei den «Zulagen, Auslagenersatz, Entschädigungen» figuriert. Das zeigt sich daran, dass die SIA-Norm 118 hier auch die «Versetzungsentschädigung» vorbehält. Ohnehin führt Art. 51 die «Leistungen an die Arbeitnehmer», die eine Erhöhung der Regieansätze nach sich ziehen können, nicht abschliessend, sondern bloss im Sinne von Beispielen auf.

Anmerkung 4

4.1 Der Unternehmer hat nur dann Anspruch auf eine zusätzliche Vergütung, wenn er die geltend gemachten Leistungen an die Arbeitnehmer auch wirklich ausgerichtet hat und diese Leistungen aufgrund gesetzlicher Vorschrift oder gesamtarbeitsvertraglicher Massgabe geschuldet waren; die Beweislast für beide Elemente trägt der Unternehmer. Ausserdem ist ein Zweifaches zu beachten:

4.2 a) Nach dem Wortlaut des Art. 51 Abs. 1 besteht der zusätzliche Vergütungsanspruch des Unternehmers im Umfang der an die Arbeitnehmer ausbezahlten Zuschläge. Diese Zuschläge bilden aber nur den Grundbetrag, um den sich die Regieansätze erhöhen. Hinzu kommt die Vergütung für aufgewendete Lohnnebenkosten (Art. 63 Abs. 1 Ziff. 2), allgemeine Geschäftskosten, Risiko und Gewinn sowie gesetzliche Abgaben (Art. 48/Rz. 2.2). In der Praxis wird der Gesamtbetrag, um den sich die Regieansätze in den verschiedenen Fällen erhöhen, häufig durch Vereinbarung bestimmt.

b) Der Vergütungsanspruch des Unternehmers für die ausgerichteten Zuschläge entfällt, 4.3
wenn der Unternehmer es seiner *eigenen Unsorgfalt* zuzuschreiben hat, dass die betreffenden Überstunden, Schicht-, Nacht-, Sonntagsarbeiten usw. erforderlich wurden. Das wird in Art. 51 Abs. 1 zwar nicht ausdrücklich gesagt, entspricht aber dem allgemeinen Grundsatz, nach dem der Bauherr Aufwand, der bei gehöriger Sorgfalt vermeidbar gewesen wäre, nicht zu vergüten hat (Art. 48/Rz. 2.3).

Anmerkung 5

Gemeint sind wiederum einzig zusätzliche Leistungen an die Arbeitnehmer, die «tatsäch- 5
lich ausgerichtet wurden» (Art. 51 Abs. 1).

Anmerkung 6

Was in Art. 51/Rz. 4.2 f. ausgeführt wurde, gilt hier sinngemäss. 6

Anmerkung 7

Nach dem *Wortlaut* dieser Bestimmung besteht ein Vergütungsanspruch des Unterneh- 7.1
mers nur insoweit, als die Bauleitung (als Vertreterin des Bauherrn) mit der Ausrichtung der zusätzlichen Leistungen einverstanden war und ihre *Zustimmung* dem Unternehmer gegenüber erklärt hat. Im Einzelnen ist Folgendes zu beachten:

a) Die Zustimmung der Bauleitung ist an keine besondere Form gebunden. Sie kann aus- 7.2
drücklich (mündlich, schriftlich) oder stillschweigend erklärt werden. Blosses Schweigen der Bauleitung auf eine entsprechende Anfrage hin gilt aber nicht als Zustimmung, sofern nicht besondere Umstände hinzutreten, die es dem Unternehmer nach Treu und Glauben (nach Massgabe des Vertrauensprinzips) gestatten, das Schweigen als Zustimmung zu verstehen.

b) Obwohl Art. 51 Abs. 2 es nicht ausdrücklich sagt, darf die Bauleitung ihre Zustim- 7.3
mung nicht willkürlich verweigern. Vielmehr *muss* sie zustimmen, soweit die Ausrichtung der zusätzlichen Leistungen üblich oder sonstwie gerechtfertigt ist (auch Spiess/Huser, Handkommentar, N 9 zu Art. 51). Wird die Zustimmung zu Unrecht verweigert, besteht der Vergütungsanspruch des Unternehmers auch bei fehlender Zustimmung.

c) Soweit die Bauleitung zugestimmt hat, kann der Bauherr nicht mehr einwenden, die 7.4
Ausrichtung der zusätzlichen Leistungen sei ungerechtfertigt gewesen.

2 235 Ansätze für die Benützung der Baustelleneinrichtungen

Art. 52[1]

[1] Werden Baustelleneinrichtungen (Art. 123)[2], die in separaten Positionen des Leistungsverzeichnisses enthalten sind (Art. 9)[3], zusätzlich auch für Regiearbeiten benützt, so haben die Ansätze für den Regiebetrieb einzig die durch die Regiearbeit verursachten Betriebskosten und die Kosten laufender Reparaturen[4] abzugelten.[5] Verlängert sich die vorgesehene[6] Benützungsdauer (Art. 125 Abs. 1)[7] infolge der Regiearbeiten, so haben die anzuwendenden Ansätze zusätzlich die Kosten für das längere Vorhalten[8] (einschliesslich Amortisation) zu decken.[9]

[2] Werden Baustelleneinrichtungen, die nicht in separaten Positionen enthalten, sondern in den Einheitspreisen der Arbeiten eingerechnet sind (Art. 9 Abs. 2)[10], zusätzlich auch für Regiearbeiten benützt, so haben die Ansätze für den Regiebetrieb die Kosten für das Vorhalten (einschliesslich Amortisation), für den Betrieb und die laufenden Reparaturen[11] abzugelten. Dies gilt unabhängig davon, ob die Regiearbeiten die vorgesehene Benützungsdauer verlängern oder nicht.[12]

[3] Erfordern Regiearbeiten den Einsatz von Baustelleneinrichtungen, die weder in separaten Positionen des Leistungsverzeichnisses enthalten noch in Einheitspreisen[13] eingerechnet sind[14], so haben die Ansätze für den Regiebetrieb die Kosten für das Vorhalten (einschliesslich Amortisation) sowie für den Betrieb und die laufenden Reparaturen[15] abzugelten. Die für die Baustelleneinrichtung erforderlichen Erd-, Fels-, Maurer- und Nebenarbeiten werden nach Aufwand gesondert als Regiearbeiten[16] vergütet; das Gleiche gilt für An- und Abtransport, Montage und Demontage.

[4] Erfordern Regiearbeiten bei Gesamtpreisverträgen (Art. 42 Abs. 2)[17] den Einsatz von Baustelleneinrichtungen, so kommen Abs. 1–3 sinngemäss zur Anwendung.[18]

[5] Für die Höhe der Ansätze gilt Art. 49 Abs. 1 und 2. Stehen die Amortisationen, die mit den Vorhaltekosten der Baustelleneinrichtungen zu vergüten sind[19], gesamthaft in einem Missverhältnis[20] zum Ersatzwert der betreffenden Einrichtungen[21], so ist die Vergütung angemessen herabzusetzen.[22]

Art. 52 (1977/91)

[1] Werden Baustelleneinrichtungen (Art. 123), die in besonderen Positionen des Leistungsverzeichnisses enthalten sind (Art. 9), zusätzlich auch für Regiearbeiten benützt, so haben die Ansätze für den Regiebetrieb einzig die durch die Regiearbeit verursachten Betriebskosten und die Kosten laufender Reparaturen abzugelten. Verlängert sich die vorgesehene Benützungsdauer (Art. 125 Abs. 1) infolge der Regiearbeiten, so haben die anzuwendenden Ansätze zusätzlich die Kosten für das längere Vorhalten (einschliesslich Amortisation) zu decken.

[2] Werden Baustelleneinrichtungen, die nicht in besonderen Positionen enthalten, sondern in den Einheitspreisen der Arbeiten eingerechnet sind (Art. 9 Abs. 2), zusätzlich auch für Regiearbeiten benützt, so haben die Ansätze für den Regiebetrieb die Kosten für das Vorhalten (einschliesslich Amortisation), für den Betrieb und die laufenden Reparaturen abzugelten. Dies gilt unabhängig davon, ob die Regiearbeiten die vorgesehene Benützungsdauer verlängern oder nicht.

[3] Erfordern Regiearbeiten den Einsatz von Baustelleneinrichtungen, die weder in besonderen Positionen des Leistungsverzeichnisses enthalten noch in Einheitspreisen eingerechnet sind, so haben die Ansätze für den Regiebetrieb die Kosten für das Vorhalten (einschliesslich Amortisation) sowie für den Betrieb und die laufenden Reparaturen abzugelten. Die für die Baustelleneinrichtung erforderlichen Erd-, Fels-, Maurer- und Nebenarbeiten werden nach Aufwand gesondert als Regiearbeiten vergütet; das gleiche gilt für An- und Abtransport, Montage und Demontage.

[4] Erfordern Regiearbeiten bei Gesamtpreisverträgen (Art. 42 Abs. 2) den Einsatz von Baustelleneinrichtungen, so kommen Abs. 1–3 sinngemäss zur Anwendung.

[5] Für die Höhe der Ansätze gilt Art. 49 Abs. 1 und 2. Stehen die Amortisationen, die mit den Vorhaltekosten der Baustelleneinrichtungen zu vergüten sind, gesamthaft in einem Missverhältnis zum Ersatzwert der betreffenden Einrichtungen, so ist die Vergütung angemessen herabzusetzen.

Anmerkung 1

Art. 52 regelt die *Vergütung* der für Regiearbeiten benützten Baustelleneinrichtungen (Art. 123), ohne aber selber (und entgegen seiner Überschrift) die anwendbaren Ansätze festzulegen. Die Bestimmung setzt voraus, dass die betreffenden Baustelleneinrichtungen vom Unternehmer beigestellt werden (vgl. Art. 124/Rz. 1.1) und von ihm selber für nach Aufwand zu vergütende Vertragsarbeiten (Regiearbeiten, Art. 48) genutzt werden. Die Vergütung dafür, dass der Unternehmer die Baustelleneinrichtung einem Nebenunternehmer (Art. 30) zur Verfügung stellt, ist nicht hier, sondern in Art. 53 und Art. 126 geregelt. Im Einzelnen unterscheidet Art. 52 vier Fälle: 1.1

a) Abs. 1: Die betreffenden Baustelleneinrichtungen sind in separaten Positionen (mit Global-, Pauschal- oder Einheitspreisen) enthalten. 1.2

b) Abs. 2: Die betreffenden Baustelleneinrichtungen sind nicht in separaten Positionen enthalten, sondern in den Einheitspreisen der übrigen Arbeiten eingerechnet. 1.3

c) Abs. 3: Die betreffenden Baustelleneinrichtungen sind weder in separaten Positionen enthalten noch in den Einheitspreisen der übrigen Arbeiten eingerechnet. 1.4

d) Abs. 4: Die Regiearbeiten, bei denen die betreffenden Baustelleneinrichtungen zum Einsatz kommen, werden im Rahmen eines Gesamtpreisvertrags (Art. 42 Abs. 2) ausgeführt, der begriffswesentlich keine Einheitspreise enthält. 1.5

Anmerkung 2

Zum Begriff der Baustelleneinrichtungen vgl. Art. 123. 2

Anmerkung 3

Separate Positionen für Baustelleneinrichtungen finden sich im Normalfall in einem *Leistungsverzeichnis* (Art. 9). Sie können aber auch in einem anderen Vertragsbestandteil enthalten sein. Art. 52 Abs. 1 erfasst auch diesen Fall (vgl. Art. 43/Rz. 3). 3

Anmerkung 4

4 Das gilt nicht für irgendwelche, sondern lediglich für solche Reparaturen, die gerade infolge der Regiearbeiten erforderlich werden. Den Reparaturen sind Revisionen gleichzustellen, die im Text des Art. 52 Abs. 1 fehlen (Art. 43 Abs. 2 sinngemäss). Nicht erfasst sind aber Revisionen, die ohnehin (auch ohne Regiearbeiten) anfallen.

Anmerkung 5

5 Die Beschränkung auf Betriebs-, Reparatur- und Revisionskosten erklärt sich dadurch, dass die übrigen Kosten (namentlich das Vorhalten) dort, wo separate Positionen vereinbart wurden, durch die zugehörigen Positionspreise vergütet werden (Art. 43 Abs. 1).

Anmerkung 6

6 Das Wort «vorgesehen» ist nicht nur überflüssig, sondern kann zu Missverständnissen führen. Vorzuhalten sind Baustelleneinrichtungen jedenfalls so lange, als der Unternehmer sie für seine eigenen Arbeiten benötigt (evtl. länger: siehe Art. 125). Gemeint ist hier die Benützungsdauer, die ohne die betreffenden Regiearbeiten ausgereicht hätte, um die übrigen Vertragsarbeiten zu leisten.

Anmerkung 7

7 Gemeint ist die Benützungsdauer (Art. 125/Rz. 1.1) der jeweiligen Baustelleneinrichtung.

Anmerkung 8

8 Bei den *Vorhaltekosten* handelt es sich um zeitabhängige Kosten (Bucher Jörg/Henninger, Kalkulation und Teuerungsabrechnung, S. 184). Vgl. Art. 43/Rz. 11.1.

Anmerkung 9

9.1 Das gilt insoweit, als die betreffenden (zusätzlichen) Kosten durch die zugehörigen Positionspreise nicht abgedeckt sind (Art. 43 Abs. 1). Möglich ist aber auch, dass das Leistungsverzeichnis eine Position für längeres Vorhalten enthält, für deren Anwendung es keine Rolle spielt, aus welchem Grund Baustelleneinrichtungen länger vorzuhalten sind. Alsdann rechtfertigt es sich nicht, einen Anspruch auf eine zusätzliche, nach Regieansätzen berechnete Vergütung anzunehmen.

9.2 Vom Fall, in dem Baustelleneinrichtungen, für die das Leistungsverzeichnis separate Positionen vorsieht, länger vorgehalten werden müssen, handelt auch Art. 88. Dort geht es darum, dass sich die Vorhaltezeit als Folge einer Bestellungsänderung verändert. Die Regel sieht vor, dass der «neue Preis […] im Aufbau dem vereinbarten zu entsprechen» hat, was in scheinbarem Widerspruch zu Art. 52 Abs. 1 steht. In der Sache aber verhält es sich so, dass Art. 52 Abs. 1 auch bei Bestellungsänderungen heranzuziehen ist, wenn sich die Parteien nicht auf einen Nachtragspreis zu verständigen vermögen (Art. 88 Abs. 2) und die Leistungen deshalb nach Aufwand zu vergüten sind.

Anmerkung 10

Gemeint ist, dass die Kosten für die Baustelleneinrichtungen nach Massgabe der Angaben in den Ausschreibungsunterlagen (Art. 9: im Leistungsverzeichnis) in die Einheitspreise einzurechnen waren. Darauf, ob der Unternehmer diese Kosten tatsächlich in seine Einheitspreise eingerechnet hat, kommt es nicht an. 10

Anmerkung 11

Vgl. Art. 52/Rz. 4, auch was die Revisionen betrifft. 11

Anmerkung 12

Vgl. zur Bedeutung von «vorgesehene Benützungsdauer» Art. 52/Rz. 7. 12.1

Im Unterschied zum Fall, da für Baustelleneinrichtungen separate Positionen vereinbart wurden (Art. 52 Abs. 1), soll hier (Art. 52 Abs. 2) das Vorhalten unabhängig davon, ob sich infolge der Regiearbeiten die Benützungsdauer verlängert oder nicht, nach Aufwand vergütet werden. Das ist eine sachlich verfehlte Regel insoweit, als der Unternehmer die (zeitabhängigen) Kosten des Vorhaltens von Baustelleneinrichtungen auch dann zu kalkulieren hat, wenn der Vertrag für Baustelleneinrichtungen keine separaten Positionen vorsieht und der Unternehmer deshalb die Kosten etwa in seine Einheitspreise einzurechnen hat. Wo sich die Vorhaltezeit trotz Regiearbeiten nicht verändert, bleiben die zeitabhängigen Kosten gleich, weshalb es nicht rechtfertigt, sie nun noch als zusätzlichen Aufwand vergütungswirksam werden zu lassen. 12.2

Anmerkung 13

Gemeint sind Einheitspreise der Arbeiten, deren Ausführung der Unternehmer übernommen hat. 13

Anmerkung 14

Dadurch unterscheidet sich der Fall des Art. 52 Abs. 3 von den Fällen der Art. 52 Abs. 1 und 2. Zur Anwendung kommt Art. 52 Abs. 3 vor allem auch bei Verträgen, die vorsehen, dass sämtliche Arbeiten in Regie und damit nach Aufwand vergütet werden (auch etwa: Gesamtregie-Vertrag, vgl. Art. 44/Rz. 4.2). Alsdann ist der Unternehmer für sämtliche Leistungen, die sich auf die für die Ausführung der übernommenen Arbeiten benötigten Baustelleneinrichtungen beziehen, nach Aufwand zu vergüten. Das gilt nicht nur für die in Art. 52 Abs. 3 genannten Leistungen, sondern auch für die «betriebsfertige Aufstellung», den «Versicherungsschutz der Baustelleneinrichtungen» und die «ordentliche Instandstellung des benützten Bodens und Arbeitsplatzes» (Art. 43 Abs. 1). Die anwendbaren Ansätze bestimmen sich auch hier nach Massgabe des Art. 49. 14

Anmerkung 15

Vgl. wiederum Art. 52/Rz. 4, auch was die Revisionen angeht. 15

Anmerkung 16

16 Dass die Bestimmung vorsieht, dass solche Arbeiten «nach Aufwand gesondert als Regiearbeiten vergütet» werden, ist in der Sache richtig, wobei aber die Formulierung insoweit zu Missverständnissen führen kann, als sie vorgibt, Regiearbeiten könnten auch etwas anderes sein als Arbeiten, für die sich die Vergütung nach Aufwand richtet. Klar ist, dass Regiearbeiten keine besonderen, sondern einfach solche Arbeiten sind, die nach Massgabe des Aufwands (Art. 48) und nicht nach Festpreisen vergütet werden.

Anmerkung 17

17 Zum Begriff der Gesamtpreisverträge vgl. Art. 42 Abs. 2. Es handelt sich um Verträge, die keine Einheitspreise enthalten und bei denen sich die Vergütung aus Festpreisen ergibt, deren Höhe von den ausgeführten Mengen unabhängig ist. Der Begriff schliesst aber nicht aus, dass die Parteien für einen Teil der Vertragsarbeiten eine Vergütung nach Aufwand vorsehen.

Anmerkung 18

18 Da in Gesamtpreisverträgen begriffswesentlich keine Einheitspreise vereinbart sind (Art. 42 Abs. 2), können die Regeln des Art. 52 Abs. 1–3 lediglich sinngemäss (nicht direkt) angewendet werden. In aller Regel wird dies auf eine sinngemässe Anwendung des Art. 52 Abs. 2 oder 3 hinauslaufen, weil separate Positionen für Baustelleneinrichtungen (Art. 52 Abs. 1) in Gesamtpreisverträgen selten sind. Art. 52 Abs. 2 ist dann heranzuziehen, wenn die Auslegung ergibt, dass die vereinbarten Global- oder Pauschalpreise an sich auch die Leistungen mit Bezug auf die Baustelleneinrichtungen abgelten. Alsdann kann der Unternehmer etwa den Aufwand für die betriebsfertige Aufstellung der Baustelleneinrichtungen nicht zusätzlich in Rechnung stellen, wenn er die aufgestellten Einrichtungen nun auch für Regiearbeiten verwendet, hat aber Anspruch darauf, dass die «Ansätze für den Regiebetrieb die Kosten für das Vorhalten (einschliesslich Amortisation), für den Betrieb und die laufenden Reparaturen» abgelten. Dass auch das Vorhalten abzugelten ist, erweist sich wiederum als verfehlt (Art. 52/Rz. 12.2). Ergibt die Auslegung, dass die für die Regiearbeiten erforderlichen Baustelleneinrichtungen nicht schon in einem Global- oder Pauschalpreis eingepreist sind, ist Art. 52 Abs. 3 anzuwenden, nach dem sich die Vergütung des Unternehmers auch hinsichtlich der Baustelleneinrichtungen nach Aufwand richtet, wenn der Vertrag die entsprechenden Kosten nicht schon anderweitig bepreist. Hier ist es richtig, dass auch die Vorhaltekosten nach Massgabe des Aufwands vergütet werden.

Anmerkung 19

19 Vgl. Art. 43/Rz. 11.1 f.

Anmerkung 20

20 Erforderlich ist ein krasses Missverhältnis, das nur bei einem extrem tiefen Ersatzwert vorliegen kann (z.B. bei einer kurz vor der Ausmusterung stehenden Maschine mit ent-

sprechend reduzierter Leistungsfähigkeit). Dieser Fall kann sich deshalb einstellen, weil Regieansätze keine Rücksicht auf den tatsächlichen Aufwand nehmen.

Anmerkung 21

Ausschlaggebend ist der Ersatzwert im Zeitpunkt des Regieeinsatzes. 21

Anmerkung 22

Diese Regel, wonach die nach Regieansätzen bemessene Vergütung herabgesetzt wird, 22 kommt in der Praxis kaum jemals zur Anwendung, weil es in aller Regel an deren Voraussetzungen fehlt.

2 236 Besondere Leistungen in Regie

Art. 53

Stellt die Bauleitung Arbeitnehmer, Baustelleneinrichtungen[1] oder Materialien[2] des Unternehmers mit dessen Zustimmung[3] einem Nebenunternehmer[4] (Art. 30) zur Verfügung, so berechnet der Unternehmer diese Leistungen nach Regieansätzen.[5]

Art. 53 (1977/91)

Stellt die Bauleitung Arbeitnehmer, Baustelleneinrichtungen oder Materialien des Unternehmers mit dessen Zustimmung einem Nebenunternehmer (Art. 30) zur Verfügung, so berechnet der Unternehmer diese Leistungen nach Regieansätzen.

Anmerkung 1

Zum Begriff der Baustelleneinrichtungen vgl. Art. 123. 1

Anmerkung 2

Die Aufzählung ist unvollständig, wie ein Abgleich mit Art. 46 Abs. 1 zeigt, der zudem 2 Werkzeuge und Hilfsmittel erwähnt. Zum Begriff des Materials, wie die SIA-Norm 118 ihn verwendet, vgl. Art. 10 Abs. 1. Sinngemäss gilt hier die Regel des Art. 44 Abs. 4 Satz 2, wonach der Unternehmer Poliere und Vorarbeiter nur dann beizustellen hat, wenn die Bauleitung dies ausdrücklich verlangt. Bedeutsam ist dies mit Blick auf den Umstand, dass die Beistellung von Polieren und Vorarbeitern nach Art. 50 Abs. 2 separat zu vergüten ist.

Anmerkung 3

Nicht immer ist die besondere Zustimmung des Unternehmers erforderlich. So sieht 3 Art. 126 Abs. 1 vor, dass der Unternehmer in gewissem Umfang verpflichtet ist, seine Baustelleneinrichtungen «auf Verlangen der Bauleitung auch Nebenunternehmern […] zur Verfügung» zu halten. Zum Ersatz der Betriebs- und Unterhaltskosten siehe Art. 126/ Rz. 9.1 ff.

Anmerkung 4

4 Bei den ausgeführten Arbeiten handelt es sich um Arbeiten des Nebenunternehmers (Art. 30), nicht um Vertragsarbeiten des Unternehmers. Das Haftungsrisiko des Unternehmers ist entsprechend geringer (Art. 57 Abs. 2), doch werden die Regieansätze nicht etwa um diesen Risikoanteil (Art. 50 Abs. 1) gekürzt.

Anmerkung 5

5.1 Die Rechnungsstellung erfolgt an die Bauleitung (und damit an den Bauherrn), nicht an den Nebenunternehmer (Art. 30). Zudem ist zu beachten, dass es sich bei diesen Leistungen nicht um Arbeiten des Unternehmers handelt, was unter anderem zur Folge hat, dass er «für Arbeitnehmer, die er der Bauleitung für Nebenunternehmer zur Verfügung stellt» (Art. 57 Abs. 2), nicht haftet. Eine Vertragshaftung des Unternehmers kann aber etwa dann begründet werden, wenn er der Bauleitung sorgfaltswidrig Arbeitnehmer bezeichnet, die für die vom Nebenunternehmer auszuführenden Arbeiten gar nicht geeignet sind. Der Nebenunternehmer seinerseits kann sich nicht ohne Weiteres von der Haftung befreien mit dem Einwand, der Schaden sei nicht durch seine eigenen, sondern durch Arbeitnehmer verursacht worden, die ihm durch die Bauleitung zur Verfügung gestellt worden sind; vielmehr gelten auch solche Arbeitnehmer als Hilfspersonen des Nebenunternehmers (Art. 101 Abs. 1 OR). Möglich ist aber, dass sich der Nebenunternehmer auf ein Selbstverschulden des Bauherrn berufen kann, wenn sich die zur Verfügung gestellten Arbeitnehmer als untauglich erweisen, und er so seine Haftung abzuwenden oder zu reduzieren (Art. 43 Abs. 1 OR) vermag.

5.2 Die Regel des Art. 53 gilt sinngemäss, wenn der Unternehmer die zur Ausführung «dringlicher Arbeiten» erforderlichen Arbeitskräfte unter Einschluss geeigneter Werkzeuge, Hilfsmittel, Baustelleneinrichtungen und Materialien der *Bauleitung* zur Verfügung stellt (Art. 44/Rz. 16.3). Nach der Terminologie des Art. 44 Abs. 3 handelt es sich bei solchen Arbeiten um *Regiearbeiten,* welche die Bauleitung zu leiten hat. Das mag der Grund dafür sein, dass Art. 53 den Fall unerwähnt lässt.

5.3 Zur Pflicht des Unternehmers, die Benützung seiner Gerüste durch Nebenunternehmer (Art. 30) unentgeltlich zuzulassen, siehe Art. 126/Rz. 15.1.

2 237 Preisnachlass[1]

Art. 54

Ohne anders lautende Vereinbarung gilt ein dem Bauherrn auf feste Preise (Art. 38 Abs. 1)[2] gewährter Rabatt[3] für Regiearbeiten[4] nicht.[5] Hingegen kann er einen allfällig vereinbarten Skonto[6] auch hier abziehen.[7]

Art. 54 (1977/91)

Ein dem Bauherrn gesamthaft gewährter prozentualer Preisnachlass in Form von Rabatt wird für Regiearbeiten nur insoweit berücksichtigt, als dies im Werkvertrag festgelegt ist.

Anmerkung 1

Die Regel, die auf diese Überschrift folgt, handelt sowohl vom Rabatt als auch vom Skontoabzug. In Art. 38 Abs. 4 wird das Wort «Preisnachlass» lediglich auf den Rabatt bezogen (Art. 38/Rz. 11.1). Ob «Preisnachlass» hier in weiterem Sinn zu verstehen ist und damit auch der Skontoabzug erfasst wird, spielt indes rechtlich keine Rolle. 1

Anmerkung 2

Als feste Preise gelten im System der SIA-Norm 118 der Einheits-, der Global- und der Pauschalpreis. Gemeinsam ist ihnen, dass sich die Vergütung nicht nach «Arbeitsaufwand oder Kosten» (Art. 38 Abs. 2, vgl. auch Art. 48) richtet. Der Unternehmer kann auf seine Festpreise einen Rabatt gewähren, was indes bloss bedeutet, dass der Unternehmer auf seine Festpreise einen Nachlass offeriert und der Bauherr die Offerte angenommen hat. Der Preisnachlass setzt also eine entsprechende Vereinbarung voraus, was ohne Weiteres auch für Regiearbeiten gilt. 2

Anmerkung 3

Die Regel des Art. 54 Satz 1 bezieht sich auf den *schlichten Rabatt,* der im Unterschied zum Skonto nicht an die Voraussetzung der Zahlung binnen Skontofrist geknüpft ist. 3

Anmerkung 4

In Art. 54 umfasst der Ausdruck «Regiearbeiten» auch den Fall des Art. 53 sowie «dringliche Arbeiten», welche die Bauleitung nicht unter der Leitung des Unternehmers ausführen lässt, sondern selber leitet (Art. 44/Rz. 16.3). 4

Anmerkung 5

Was für Festpreise gilt, gilt ohne Weiteres auch bei Regiearbeiten: Ein Preisnachlass muss vereinbart sein und kann vom Bauherrn nicht einseitig angeordnet werden. Diese Regel in Art. 54 erweist sich als überflüssig, was schon in ihrer Formulierung angelegt ist. Sie setzt eine Abrede voraus, nach der auf feste Preise ein Nachlass vereinbart wird. Liegt eine solche Abrede vor, versteht es sich von selbst, dass sie nicht auch Regiearbeiten erfasst; sie hat keine expansive Kraft in dem Sinne, dass sie auch einen Nachlass auf Preise begründet, die sie gar nicht erfasst. Die Streitlage, auf die Art. 54 Satz 1 sich dem Wortlaut nach bezieht, kann gar nicht entstehen. 5.1

Möglich ist aber, dass die Auslegung der Rabattabrede nicht eindeutig zu klären vermag, ob sie sich auf jeglichen Vergütungsanspruch des Unternehmers oder nur auf feste Preise bezieht. Dieser Streitlage galt Art. 54 in seiner bisherigen Fassung, indem dort noch ein dem «Bauherrn gesamthaft gewährter prozentualer Preisnachlass», der also nicht nach Preisarten differenziert, vorausgesetzt wird. Ungeachtet der Neuformulierung, die Art. 54 Satz 1 erfahren hat, wird weiterhin davon auszugehen sein, dass damit eine Auslegungsregel gemeint ist, nach der bei unklarer Rabattabrede anzunehmen ist, dass sie nicht auch für Regiearbeiten gilt. 5.2

5.3 Wurde für Regiearbeiten *eine spezielle Rabattregelung vereinbart,* gibt es keinen Grund, einen Gesamtrabatt zu berücksichtigen, da so der auf Regiearbeiten gewährte Preisnachlass noch vergrössert würde. In der Praxis werden spezielle Rabatte für Regiearbeiten vielfach individuell oder dadurch vereinbart, dass die Parteien auf einen Verbandstarif verweisen, der eine entsprechende Regelung enthält. Häufig kommt es vor, dass der Unternehmer vom Bauherrn in der Ausschreibung aufgefordert wird, einen Rabatt auf die Ansätze eines bestimmten Verbandstarifs anzubieten, wofür dann etwa der Ausdruck «wettbewerbsmässig, auf Basis von Ansätzen» verwendet wird (vgl. NPK-Kapitel 111 «Regiearbeiten»).

5.4 Umgekehrt gibt es durchaus auch Fälle, in denen die Auslegung eines «gesamthaft gewährten prozentualen Preisnachlasses» ergibt, dass sich der Nachlass auch auf Regiearbeiten bezieht. Dieser Schluss liegt etwa hinsichtlich solcher Regiearbeiten nahe, die schon von Anfang an als Vertragsarbeiten des Unternehmers vereinbart wurden. Es gibt keinen Grund, solche Arbeiten unter dem Gesichtspunkt des Rabatts a priori anders zu behandeln als Arbeiten, für die feste Preise vereinbart wurden.

Anmerkung 6

6 Als «Skonto» wird in Art. 38 Abs. 4 der «Abzug für fristgerechte Bezahlung» bezeichnet (Art. 38/Rz. 11.2). Dass ein Skontoabzug eine entsprechende Vereinbarung bedingt, welche Skontofrist und Höhe des Abzugs festsetzt, gilt auch hier.

Anmerkung 7

7 Die Regel des Art. 54, nach welcher der Bauherr einen «[...] allfällig vereinbarten Skontoabzug auch hier abziehen kann», ist missverständlich. Ergibt die Auslegung einer Skontoabrede, dass sie sich nur auf Festpreise und nicht auch auf Regiearbeiten bezieht, ist ein Skontoabzug bei Regiearbeiten offensichtlich nicht berechtigt. Ist aber der Anwendungsbereich der Abrede unklar, hält Art. 54 im Sinne einer Auslegungsregel fest, dass ein Skontoabzug auch bei Regiearbeiten vorgenommen werden kann. Schon mit Blick auf den Zweck einer Skontoabrede, mit welcher der Bauherr zu rascher (skontofristgerechter) Zahlung veranlasst werden soll, gibt es keinen Grund, Regiearbeiten in dieser Hinsicht anders zu sehen als Arbeiten, für die der Unternehmer nach festen Preisen abrechnet.

2 238 Regierechnung[1]

Art. 55

[1] Für Regiearbeiten[2] reicht der Unternehmer der Bauleitung monatlich[3] die Rechnungen ein[4], womit seine jeweilige Forderung fällig wird.[5] Für Zahlungsfrist und Verzug gilt Art. 190.[6] Der Bauherr hat kein Recht auf Rückbehalt (Art. 149 Abs. 2).[7]

[2] In Werkverträgen mit vorwiegend Regiearbeiten oder bei Regiearbeiten, welche besondere Sorgfalt erfordern, kann auch für Regierechnungen ein Rückbehalt vereinbart werden.[8]

Art. 55 (1977/91)

[1] Für Regiearbeiten reicht der Unternehmer der Bauleitung monatlich die Rechnungen ein, womit seine jeweilige Forderung fällig wird. Für Zahlungsfrist und Verzug gilt Art. 190. Der Bauherr hat kein Recht auf Rückbehalt (Art. 149 Abs. 2).

[2] In Werkverträgen mit vorwiegend Regiearbeiten oder bei Regiearbeiten, welche besondere Sorgfalt erfordern, kann auch für Regierechnungen ein Rückbehalt vereinbart werden.

Anmerkung 1

Forderungen aus Regiearbeiten macht der Unternehmer mittels Regierechnung geltend. 1
Die Rechnungsstellung erfolgt separat, also weder zusammen mit einem Begehren auf Leistung von Abschlagszahlungen (Art. 144 Abs. 2) noch im Rahmen der Schlussabrechnung (Art. 153 Abs. 2). Den Parteien steht es allerdings frei, von diesem System, das der SIA-Norm 118 eigen ist, abzuweichen und sich in einer Abrede, die der Norm vorgeht, z.B. darauf zu verständigen, dass jeweils auch Regiearbeiten in die Berechnung des Leistungswerts (Art. 145/Rz. 8) einfliessen, der nach Art. 145 Abs. 1 über die Höhe der Abschlagszahlungen entscheidet, und sie nicht gesondert vergütet werden.

Anmerkung 2

Mit «Regiearbeiten» sind hier sämtliche Fälle gemeint, in denen der Unternehmer «nach 2
Aufwand vergütet» wird, also nicht nur Arbeiten, die unter seiner Leitung erbracht werden. Erfasst sind denn auch der Fall des Art. 53 und die dringlichen Arbeiten, welche die Bauleitung nicht unter der Leitung des Unternehmers ausführen lässt, sondern selber leitet (Art. 44 Abs. 3).

Anmerkung 3

Der Unternehmer fasst jeweils die Regiearbeiten eines Monats zusammen und stellt da- 3
für Rechnung. Zugeschnitten ist die Regel auf die Fälle, in denen die vertragliche Verbindung länger anhält als einen Monat. *Wann* der Unternehmer letztlich Rechnung stellt, ist immerhin insoweit von Belang, als erst damit die Fälligkeit begründet wird und die Zahlungsfrist zu laufen beginnt. Möglich ist sogar, dass er die entsprechenden Rechnungen erst mit der Schlussabrechnung einreicht, wie sich aus Art. 153 Abs. 2 ergibt (Art. 55/Rz. 4.2).

Anmerkung 4

Die Regierechnungen basieren auf den Regierapporten (Art. 47) des betreffenden Mo- 4.1
nats, die als Belege dienen. Soweit für verschiedene Regieleistungen eine je getrennte Rechnungsstellung verlangt wird, sind mehrere Rechnungen einzureichen.

4.2 a) Wurde die Rechnungsstellung für bestimmte Regiearbeiten bis zur Schlussabrechnung unterlassen, «so ist die entsprechende Rechnung gleichzeitig mit der Schlussabrechnung einzureichen» (Art. 153 Abs. 2). Ausserdem sind die Art. 153 Abs. 3 und Art. 156 zu beachten.

4.3 b) Von den Regierechnungen zu unterscheiden sind die Zahlungsbegehren für «Abschlagszahlungen» (Art. 144 und Art. 147) und die «Teuerungsrechnungen» (Art. 66 Abs. 4).

Anmerkung 5

5 Die Fälligkeit tritt im Zeitpunkt ein, da die jeweilige Rechnung der Bauleitung zugeht. Sie kann von der Bauleitung nicht dadurch beeinflusst werden, dass sie ihr vom Unternehmer fristgerecht eingereichte Regierapporte über die in Art. 47 Abs. 2 vorgesehene Frist von 7 Tagen hinaus zurückhält (Art. 47/Rz. 13.1).

Anmerkung 6

6 Der Verweis auf Art. 190 belegt, dass sich die Besonderheit von Regiearbeiten im Wesentlichen darin erschöpft, dass für die Vergütung auf den Aufwand abzustellen ist (Art. 44/Rz. 3.2), und es keinen Grund gibt, sie auch bezüglich der weiteren Modalitäten (wie Zahlungsfrist und Verzug) anders zu behandeln als Arbeiten, für die nach festen Preisen abgerechnet wird.

Anmerkung 7

7 Dem entspricht, dass Regiearbeiten bei der Ermittlung des Leistungswerts nicht eingerechnet werden (Art. 145 Abs. 2). Indes steht es den Parteien frei, von dieser Bestimmung abzuweichen, indem sie dem Bauherrn ein vertragliches Recht auf Rückbehalt einräumen. Die betreffende Abrede muss, damit sie Art. 55 Abs. 1 vorgeht, individuell oder in einem ranghöheren Vertragsbestandteil (Art. 21) vereinbart sein (Einl./Rz. 26). Zu Art. 55 Abs. 2 vgl. Art. 55/Rz. 8.1 f.

Anmerkung 8

8.1 Käme es auf den *Wortlaut* der Art. 55 Abs. 2 und Art. 149 Abs. 2 an, so wäre die Freiheit der Parteien, dem Bauherrn in Abweichung von Art. 55 Abs. 1 ein vertragliches Rückbehaltsrecht einzuräumen (Art. 55/Rz. 7), erheblich eingeschränkt. Eine entsprechende Vereinbarung könnte wirksam nur «in Werkverträgen mit vorwiegend Regiearbeiten oder bei Regiearbeiten, welche besondere Sorgfalt erfordern», vereinbart werden.

8.2 Diese Einschränkung hat jedoch keine rechtliche Bedeutung. Denn die SIA-Norm 118 vermag die Freiheit der Parteien, den Vertragsinhalt durch eine vorrangige Abrede nach Belieben zu gestalten, in keiner Weise zu beschränken. Den Parteien steht es daher frei, in beliebigen Werkverträgen und für beliebige Regiearbeiten zugunsten des Bauherrn ein Recht auf Rückbehalt vorzusehen; dabei haben sie über den Umfang des Rückbehalts zu befinden, z.B. in der Weise, dass sie die Anwendbarkeit des Art. 150 auch auf die vom Rückbehalt betroffenen Regiearbeiten ausdehnen.

2 24 Verabredeter Richtpreis[1]

Art. 56

[1] Mit dem Richtpreis[2,3] gibt der Unternehmer die voraussichtlichen Gesamtkosten an (ungefährer Ansatz im Sinne von Art. 375 OR)[4], unter gleichzeitiger Angabe der Regieansätze[5] und der von ihm geschätzten Mengen[6].[7]

[2] Werden die angegebenen Gesamtkosten unverhältnismässig überschritten[8], so hat der Bauherr die Rechte gemäss Art. 375 Abs. 2 OR[9].[10]

[3] Erweist es sich bei der Ausführung der Arbeiten, dass die angegebenen Gesamtkosten voraussichtlich überschritten werden[11], so zeigt der Unternehmer dies dem Bauherrn[12] unverzüglich[13] gemäss Art. 25 an.[14]

[4] Der Teuerungsabrechnung unterliegen die betreffenden Arbeiten nur dann, wenn dies vorbehalten worden ist.[15]

Art. 56 (1977/91)

[1] Im Werkvertrag mit Richtpreis gibt der Unternehmer für bestimmte Regiearbeiten die voraussichtlichen Gesamtkosten an (ungefährer Ansatz im Sinne von Art. 375 OR), unter gleichzeitiger Angabe der Regieansätze und der von ihm geschätzten Mengen.

[2] Werden die angegebenen Gesamtkosten unverhältnismässig überschritten, so hat der Bauherr die Rechte gemäss Art. 375 Abs. 2 OR.

[3] Erweist es sich bei der Ausführung der Arbeiten, dass die angegebenen Gesamtkosten voraussichtlich überschritten werden, so zeigt der Unternehmer dies dem Bauherrn unverzüglich gemäss Art. 25 an.

[4] Der Teuerungsabrechnung unterliegen die betreffenden Arbeiten nur dann, wenn dies ausdrücklich vorbehalten worden ist.

Anmerkung 1

Die Bestimmung ist im Zug der jüngsten Revision zwar leicht umformuliert worden, was 1 auch für die Überschrift («Verabredeter Richtpreis» statt wie vorher «Vertrag mit Richtpreis») gilt. Unverändert aber ist sie missverständlich, indem sie vorgibt, ein Richtpreis würde vereinbart und sei in diesem Sinn ein Vertragspreis. Zutreffender wäre es, hier von «Regiearbeiten mit Richtpreis» zu sprechen und den Fall, in dem der Unternehmer eine Schätzung abgibt, zu unterscheiden vom Fall, in dem sich die Parteien auf Regiearbeiten einigen, ohne dass der Unternehmer die ungefähre Höhe der letztlich geschuldeten Vergütung schätzt.

Anmerkung 2

Bei einem «Richtpreis» handelt es sich nicht um einen Vertragspreis, sondern um eine 2.1 Kostenschätzung (Zindel/Pulver/Schott, Basler Kommentar, N 5 und 7 zu Art. 374 OR). Mit ihr gibt der Unternehmer dem Bauherrn die voraussichtlichen Kosten von Regiearbeiten kund. In der Folge wird der Vertrag auf dieser Grundlage abgeschlossen, ohne dass aber die Kostenschätzung zum Vertragsbestandteil würde. Oder es werden bei laufendem Vertrag auf der Grundlage einer Schätzung zusätzliche Regiearbeiten vereinbart. Der Vorgang unterscheidet sich in nichts vom Fall, welcher Gegenstand des Art. 375 OR ist, auf den Art. 56 denn auch verweist. Zur Rechtsprechung siehe SIEGENTHALER, Präjudizienbuch, N 1 ff. zu Art. 375 OR; eingehend auch KOLLER ALFRED, Unverhältnismässige Überschreitung, S. 303 ff. Etwas völlig anderes als die vom Unternehmer stammende Kostenschätzung ist der Kostenvoranschlag (auch: Kostenprognose), mit dem sich ein Planer zuhanden des Bauherrn über die zu erwartenden Baukosten ausspricht (eingehend SIEGENTHALER, Die Kosteninformation, Nr. 10.1 ff.).

2.2 Bei den «voraussichtlichen Gesamtkosten», die der Unternehmer veranschlagt, kann es sich um die mutmasslichen Kosten einer einzelnen Regiearbeit oder mehrerer Regiearbeiten zusammen handeln. Möglich ist auch, dass der Unternehmer für verschiedene Regiearbeiten je verschiedene Richtpreise angibt oder einen Richtpreis für eine (oder mehrere) Regiearbeit(en) veranschlagt, die er erst nach Abschluss des ursprünglichen Werkvertrags übernimmt.

2.3 Beim reinen Regievertrag (Gesamtregie-Vertrag) werden sämtliche Vertragsleistungen des Unternehmers nach Aufwand vergütet, also nach Regie ausgeführt (Art. 44/Rz. 4.2). Liegt ein solcher Vertrag vor, so kann der veranschlagte Richtpreis die voraussichtlichen Gesamtkosten aller im ursprünglichen Werkvertrag vereinbarten Arbeiten umfassen. Doch ist nicht nur dieser Werkvertrag ein «Vertrag mit Richtpreis», sondern jeder Werkvertrag, bei dem der Unternehmer mindestens für eine vereinbarte Regiearbeit einen Richtpreis veranschlagt.

2.4 Unterliegen Regiearbeiten mit Richtpreis der Teuerungsabrechnung (Art. 56 Abs. 4), so können die vom Unternehmer als Richtpreis angegebenen Gesamtkosten mit oder ohne teuerungsbedingte Mehrvergütung veranschlagt sein. Ob das eine oder das andere zutrifft, muss im Streitfall durch Auslegung der Kostenschätzung ermittelt werden. Umfasst der veranschlagte Richtpreis auch eine teuerungsbedingte Mehrvergütung, so ist bei der Frage, ob der Voranschlag überschritten wird, diese Mehrvergütung mitzurechnen. Andernfalls kann eine Mehrvergütung infolge Teuerung von vornherein nicht zu einer Überschreitung des Richtpreises führen.

2.5 Art. 56 befasst sich ausschliesslich mit Regiearbeiten, die begriffswesentlich nach Aufwand vergütet werden (Art. 48; a.M. offenbar SPIESS/HUSER, Handkommentar, N 1 zu Art. 56). Der Fall, da eine Vergütung nach *Einheitspreisen* auf der Grundlage eines unverbindlichen Kostenvoranschlags vereinbart wird (Art. 39/Rz. 9.4), ist weder in Art. 56 noch in einer anderen Bestimmung der SIA-Norm 118 geregelt. Die Rechtsprechung wendet auch auf diesen Fall Art. 375 OR an (BGer 4A_418/2012 vom 3. Dezember 2012 E. 7.3; siehe TERCIER/FAVRE/CARRON BENOÎT, Les contrats spéciaux, Rz. 4733). Diese Lösung ist sachgerecht, wenn die geschätzten Mengenangaben, die mit den Einheitspreisen multipliziert werden, vom Unternehmer stammen. Unpassend ist sie dann, wenn die Mengenangaben – wie es der Grundannahme der SIA-Norm 118 entspricht (Art. 8; Einl./Rz. 16) – vom Bauherrn stammen (auch KOLLER ALFRED, Unverhältnismässige Überschreitung, S. 307), da der Unternehmer für solche Angaben nicht einzustehen hat.

Anmerkung 3

Vom «Richtpreis» (Art. 56/Rz. 2.1) zu unterscheiden sind namentlich: 3.1

a) Ein vereinbarter *Höchst- oder Mindestpreis* für Regiearbeiten. Dieser Höchstpreis (z.T. auch: «Kostendach») oder Mindestpreis legt die Maximal- oder Minimalvergütung fest, die der Bauherr für die betreffenden Arbeiten schuldet. Im Übrigen aber ändert sich nichts am Prinzip, dass die betreffenden Arbeiten nach Aufwand vergütet werden (Art. 48). 3.2

b) Ein vereinbarter *Circa-Preis* für Regiearbeiten (GWERKV Rz. 941 f.). Er legt die nach Aufwand geschuldete Vergütung (Art. 48) zwar nicht exakt, aber doch ungefähr fest, indem er eine obere und eine untere Vergütungsgrenze bestimmt, die für die Parteien verbindlich sind. Die Vergütung bestimmt sich zwar grundsätzlich nach Aufwand. Doch schuldet der Bauherr nicht mehr und nicht weniger als eine Vergütung innerhalb der betreffenden Grenzen, die vielfach durch ausdrückliche Abrede (z.B. ±10 Prozent) festgelegt und im Streitfall durch Auslegung des Vertrags zu ermitteln sind. 3.3

c) Ein vereinbarter *Zielpreis* (Target-Price) für Regiearbeiten. Mit dessen Vereinbarung verabreden die Parteien, dass der Unternehmer und der Bauherr sich in den Betrag einer allfälligen Über- oder Unterschreitung des vereinbarten Preises teilen. Wird der betreffende Zielpreis *unterschritten,* weil die nach Aufwand berechnete Vergütung (Art. 48) tiefer liegt, so erhält der Unternehmer eine vertraglich festgelegte Prämie (z.B. die Hälfte der «Einsparung»). Wird hingegen der Zielpreis *überschritten,* so erhält der Unternehmer vom betreffenden Mehrbetrag nur einen vertraglich festgelegten Teil, also nicht den ganzen Mehrbetrag. 3.4

Anmerkung 4

Die Angabe der voraussichtlichen Gesamtkosten ist eine *unverbindliche Kostenschätzung des Unternehmers* (Art. 56/Rz. 2.1), die in Art. 375 Abs. 1 OR als «ungefährer Ansatz» bezeichnet wird. Die Unverbindlichkeit dieser Schätzung äussert sich darin, dass sich *die geschuldete Vergütung* nicht nach den veranschlagten Gesamtkosten, sondern nach dem Aufwand des Unternehmers (Art. 48) richtet, wobei aber der Bauherr bei unverhältnismässiger Überschreitung «die Rechte gemäss Art. 375 Abs. 2 OR» hat (Art. 56 Abs. 2). 4

Anmerkung 5

Bei diesen *Regieansätzen* kann es sich um eigene Ansätze des Unternehmers handeln, aber auch um Regietarife der Berufsverbände oder ortsübliche Ansätze, auf die der Unternehmer verweist (Art. 49/Rz. 1.3 und 1.5). Nimmt der Bauherr die Offerte mit diesen Ansätzen an, so wird in der Folge «nach diesen abgerechnet» (Art. 49 Abs. 1). 5

Anmerkung 6

6 Das Wort «Menge» bezieht sich hier auf den Aufwand namentlich an Arbeitsstunden und Material, nicht auf die Leistungen (Art. 48/Rz. 3.2). Diese Aufwandschätzung entfaltet keine Wirkung in dem Sinne, dass sie die Leistungspflicht des Unternehmers begrenzen würde; ihre Bedeutung liegt vielmehr darin, dass sie zur Grundlage gehört, auf die sich der Bauherr stützt, wenn er den Vertrag schliesst. Hat der Unternehmer die Schätzung unsorgfältig vorgenommen, ist dieser Umstand bei der Herabsetzung (Art. 56/Rz. 10.2) zu berücksichtigen (BGer 4A_687/2014 vom 17. März 2015 E. 2.6), was umso mehr gelten muss, wenn der Unternehmer die Mengen absichtlich tief gehalten hat, um dem Bauherrn einen scheinbar günstigen Kostenansatz vorlegen zu können.

Anmerkung 7

7 Unterlässt es der Unternehmer, die massgeblichen Regieansätze und/oder die voraussichtlichen Mengen anzugeben, so ändert dies nichts an der Anwendbarkeit der Absätze 2 – 4.

Anmerkung 8

8.1 «Unverhältnismässig» (Art. 375 Abs. 1 OR) ist eine Überschreitung, die eine gewisse Toleranzgrenze übersteigt. Die Kriterien sind dieselben wie bei der Anwendung der gesetzlichen Bestimmung, auf die Art. 56 verweist, sodass eine Überschreitung von vornherein unbeachtlich ist, insoweit sie mit dem «Zutun des Bestellers» (Art. 375 Abs. 1 OR) eingetreten ist (z.B. eine Bestellungsänderung, so BGer 4A_302/2014 vom 6. Februar 2015 E. 3.1).

8.2 Wo die Toleranzgrenze liegt, bei der eine Überschreitung noch nicht als unverhältnismässig gilt und deshalb vom Bauherrn hinzunehmen ist, kann nur im konkreten Fall entschieden werden. Massgebliches Kriterium sind Treu und Glauben im Geschäftsverkehr (Art. 24 Abs. 1 Ziff. 4 OR). Es kommt darauf an, mit welcher Überschreitung der Bauherr nach diesem Kriterium rechnen musste.

8.3 Exakte Richtwerte können hiefür zwar nicht angegeben werden. Als «Faustregel» («norme empirique») ist indessen auch in der Rechtsprechung anerkannt, dass die Grenze, die nicht überschritten werden darf, im Normalfall bei 10 % liegt (BGer 4A_302/2014 vom 6. Februar 2015 E. 3.1; 4A_15/2011 vom 3. Mai 2011 E. 3.1, dazu Stöckli, Überschreitung des Kostenansatzes, S. 190 f.), wobei es aber auch Fälle geben kann, in denen diese Grenze höher oder tiefer anzusetzen ist (BGE 115 II 460/462 E. 3c: 20 Prozent, wobei der grenzüberschreitende Betrag dann voll zulasten des Unternehmers ging, was im Urteil allerdings nicht begründet wird). Vgl. dazu und zu möglichen Sonderfällen GWerkV Rz. 985; Koller Alfred, Unverhältnismässige Überschreitung, S. 309.

8.4 Dass der Bauherr unnötigen Aufwand nicht zu vergüten hat (Art. 48/Rz. 2.3), trifft auch bei Regiearbeiten mit Richtpreis zu, weshalb ein solcher Aufwand auch nicht in den Toleranzbereich fällt.

Anmerkung 9

Art. 375 OR wird von der Rechtsprechung als Sonderbestimmung zur Regel über den Grundlagenirrtum (Art. 24 Abs. 1 Ziff. 4 OR) verstanden (BGE 115 II 460/461 E. 3; 109 II 333/335 f E. 2b; 98 II 299/304 E. 4c; BGer 4A_15/2011 vom 3. Mai 2011 E. 3.1). Nach dem Wortlaut des Art. 375 Abs. 2 OR, auf den Art. 56 Abs. 2 verweist, kann der Bauherr «eine angemessene Herabsetzung des Lohnes verlangen oder, wenn die Baute noch nicht vollendet ist, gegen billigen Ersatz der bereits ausgeführten Arbeiten dem Unternehmer die Fortführung entziehen und vom Vertrage zurücktreten» (Einzelheiten, namentlich auch zur «Angemessenheit» der Herabsetzung, bei GWerkV Rz. 973 ff. und 1003 ff.; beachte auch BGE 115 II 460 ff.). 9.1

Diese alternativen Rechtsbehelfe stehen dem Bauherrn jedoch nur insoweit zu, als die unverhältnismässige Überschreitung «ohne Zutun» des Bauherrn (oder seiner Hilfspersonen) eingetreten ist (Art. 375 Abs. 1 OR) und der Bauherr die Überschreitung weder ausdrücklich noch stillschweigend genehmigt hat (vgl. dazu GWerkV Rz. 987 ff.). Ein Verschulden des Unternehmers ist hingegen nicht vorausgesetzt (zur sonstigen Bedeutung des Verschuldens vgl. aber GWerkV Rz. 1009 f.). 9.2

Anmerkung 10

Indem Art. 56 Abs. 2 auf die Vorschrift des Art. 375 Abs. 2 OR verweist, verzichtet er auf eine selbständige Regelung der Rechtslage (Einl./Rz. 34). 10.1

a) Wird der angegebene Richtpreis unverhältnismässig überschritten (Art. 56/Rz. 8.1 ff.), so bestimmt sich die Rechtslage nach Art. 375 Abs. 2 OR. Das bietet keine Schwierigkeiten, wenn der Werkvertrag mit Richtpreis ein *reiner Regievertrag* ist (Gesamtregie-Vertrag; siehe Art. 44/Rz. 4.2 und Art. 56/Rz. 2.3) und der angegebene Richtpreis die voraussichtlichen Gesamtkosten aller im ursprünglichen Werkvertrag vereinbarten Arbeiten umfasst. Auf diesen Fall ist Art. 375 Abs. 2 OR exakt zugeschnitten, weshalb er ohne Weiteres und unmittelbar zur Anwendung kommt. Wiederum einer «Faustregel» zufolge ist bei der Herabsetzung der Betrag, der die Toleranzgrenze übersteigt, hälftig zwischen Bauherr und Unternehmer zu teilen, sodass auf den Bauherrn also nur die Hälfte der Überschreitung und die andere Hälfte auf den Unternehmer entfällt, der in diesem Umfang keinen Anspruch darauf hat, für seinen Aufwand vergütet zu werden (vgl. dazu BGE 115 II 460/462 E. 3). Nach der Rechtsprechung zu Art. 375 OR, die auch bei der Anwendung des Art. 56 zu beachten ist, hat der Bauherr seinen Anspruch binnen einer Frist von einem Jahr, die mit dem Bekanntwerden der Kostenüberschreitung zu laufen beginnt, geltend zu machen (vgl. dazu Art. 31 OR); bei dieser Frist handelt es sich um eine Verwirkungsfrist, weshalb der Anspruch erlischt, wenn der Bauherr ihn nicht fristgerecht erhebt (BGer 4A_577/2008 vom 31. März 2009 E. 3.1). 10.2

b) Anders verhält es sich, wenn ein Richtpreis nur für eine oder einzelne Regiearbeit(en) veranschlagt wurde (Art. 56/Rz. 2.3), während der Werkvertrag noch weitere Arbeiten umfasst, die nach Aufwand (Art. 48) oder nach festen Preisen (Art. 38) zu vergüten sind. Alsdann lässt sich Art. 375 Abs. 2 OR nur (aber immerhin) sinngemäss anwenden. Das bedeutet: 10.3

10.4 Der Bauherr kann, wenn der veranschlagte Richtpreis unverhältnismässig überschritten wird (Art. 56/Rz. 8.1 ff.), eine angemessene Herabsetzung der Vergütung für die zugehörigen Regiearbeiten (und nur für *sie*) verlangen oder dem Unternehmer die Fortführung *dieser* Arbeiten (durch Teil-Rücktritt) entziehen, solange *sie* noch nicht vollendet sind. Lassen sich die betreffenden Regiearbeiten allerdings nicht von den übrigen Vertragsarbeiten des Unternehmers trennen, ohne dass die Abtrennung zu unzumutbaren Nachteilen für den Bauherrn führt, so ist dieser berechtigt, den gesamten Werkvertrag aufzulösen.

10.5 c) Vorbehalten bleibt in jedem Fall ein *Vertragsrücktritt nach Art. 184,* der aber den Bauherrn (anders als Art. 375 Abs. 2 OR) zu voller Schadloshaltung des Unternehmers verpflichtet (Art. 184/Rz. 10.1).

Anmerkung 11

11.1 Dieser *Tatbestand ist erfüllt,* sobald der Unternehmer mit dem von ihm zu erwartenden Sachverstand erkennen kann, dass die angegebenen Gesamtkosten voraussichtlich überschritten werden. Die *voraussichtliche* Überschreitung ist selbstverständlich einer bereits eingetretenen Überschreitung gleichzustellen. Die Anzeigepflicht erweist sich als Ausfluss der allgemeinen Sorgfaltspflicht, die den Unternehmer trifft (Art. 23 Abs. 1 SIA-Norm 118; Art. 364 Abs. 1 OR; dazu BGer 4A_302/2014 vom 6. Februar 2015 E. 3.1; 4A_577/2008 vom 31. März 2009 E. 3.1; anders Koller Alfred, Unverhältnismässige Überschreitung, S. 306). Ausserdem sind zwei Einzelpunkte herauszuheben:

11.2 a) Im Normalfall kann der Unternehmer eine voraussichtliche Überschreitung des Richtpreises erst «bei der Ausführung der Arbeiten» erkennen. Dieser Normalfall hat sich in der Formulierung des Art. 56 niedergeschlagen. Erkennt aber der Unternehmer eine voraussichtliche Überschreitung noch vor der Arbeitsausführung, so darf er mit der Anzeige nicht bis zum Beginn der betreffenden Arbeiten warten. Vielmehr ist er bereits vorher zur Anzeige verpflichtet, was sich schon aus der allgemeinen Sorgfaltspflicht des Unternehmers ergibt.

11.3 b) Art. 56 Abs. 3 spricht nur von «*Überschreitung*», knüpft also die Anzeigepflicht nicht an die Voraussetzung, dass die erkennbare Überschreitung der angegebenen Gesamtkosten «unverhältnismässig» ist (Art. 56/Rz. 8.1 ff.). Dadurch weicht Art. 56 Abs. 3 von der allgemeinen (gesetzlichen) Rechtslage ab (vgl. GWerkV Rz. 1007). Ob die angezeigte Überschreitung sich als «unverhältnismässig» erweist, hat der Bauherr zu beurteilen. Für den Unternehmer bedeutet diese Abweichung vom Gesetz, dass er sie *früher* anzuzeigen hat als nach gesetzlicher Rechtslage.

Anmerkung 12

12.1 Die Anzeige hat sich nach dem Wortlaut des Art. 56 Abs. 3 an den «*Bauherrn*» zu richten. Sie darf aber auch an die Bauleitung gehen, sofern diese zur Entgegennahme ermächtigt ist. Hat der Bauherr dem Unternehmer eine derartige Ermächtigung kundgegeben, so wird der gutgläubige Unternehmer in seinem Vertrauen auf den Bestand der Vollmacht geschützt (Art. 33 Abs. 3 OR), was aber von vornherein nur dann von Bedeutung ist, wenn die Ermächtigung der Bauleitung tatsächlich weniger weit geht als die Kundgabe an den Unternehmer.

Durch Art. 33 Abs. 2 gibt der Bauherr dem Unternehmer zwar kund, dass die Bauleitung ermächtigt sei, «Mitteilungen und Willensäusserungen des Unternehmers, die das Werk betreffen, für den Bauherrn rechtsverbindlich» entgegenzunehmen (vgl. Einl./Rz. 17 ff.). Ob diese Kundgabe sich aber auch auf die Anzeige des Art. 56 Abs. 3 bezieht, ist deshalb zweifelhaft, weil die darin vorgeschriebene Anzeige nicht unmittelbar das Werk (sondern die Überschreitung der angegebenen Gesamtkosten) betrifft. Der Zweifel wird dadurch verstärkt, dass die SIA-Norm 118 für andere Anzeigepflichten klarstellt, dass die Bauleitung zur Entgegennahme der Anzeige bevollmächtigt ist (z.B. Art. 25 Abs. 3, Art. 30 Abs. 5 und Art. 136 Abs. 3). 12.2

Anmerkung 13

Die Anzeigepflicht entsteht zwar erst, wenn für den Unternehmer eine voraussichtliche Überschreitung erkennbar ist (Art. 56/Rz. 11.3). Dann aber hat der Unternehmer die Überschreitung *unverzüglich* (d.h. ohne schuldhaftes Zögern) anzuzeigen. 13

Anmerkung 14

Die *Anzeige* besteht in einer empfangsbedürftigen Erklärung (Art. 56/Rz. 12.1). In der Anzeige hat der Unternehmer auch das voraussichtliche Ausmass der Überschreitung möglichst genau anzugeben. Die Anzeige soll den Bauherrn in die Lage versetzen, von seinem Recht zum Rücktritt (Art. 375 Abs. 2 OR) frühzeitig Gebrauch zu machen, dem Unternehmer also die betreffende(n) Arbeit(en) zu entziehen (Art. 56/Rz. 9.1 und 10.4), wenn die angegebenen Gesamtkosten unverhältnismässig überschritten werden (Art. 56/Rz. 8.1 ff.). 14.1

Verletzt der Unternehmer seine Anzeigepflicht schuldhaft und wird der Bauherr geschädigt, weil er infolgedessen sein Rücktrittsrecht nicht frühzeitig ausüben kann, so hat der Bauherr Anspruch auf Schadenersatz. Er ist so zu stellen, wie er stehen würde, wenn der Unternehmer seine Anzeigepflicht erfüllt hätte (GWerkV Rz. 1008). Diese Schadenersatzpflicht entfällt, wenn der Unternehmer nachweist, dass der Bauherr sein Rücktrittsrecht (Recht zum Arbeitsentzug) trotz rechtzeitiger Anzeige nicht ausgeübt oder schon von sich aus Kenntnis von der zu erwartenden Überschreitung hatte. Dabei muss sich der Bauherr die Kenntnis seiner Bauleitung anrechnen lassen (vgl. Art. 25 Abs. 1 letzter Satz). 14.2

Anmerkung 15

Die Bestimmung des *Art. 56 Abs. 4* befasst sich mit der *Teuerungsabrechnung.* Dieser Regel zufolge unterliegen Regiearbeiten mit Richtpreis der Teuerungsabrechnung (Art. 64 ff.) *nicht.* Das versteht sich von selbst, wenn die Teuerung schon durch die anwendbaren Regieansätze abgedeckt wird (Art. 68/Rz. 6.2). Darauf aber ist Art. 56 Abs. 4 nicht zugeschnitten. Vielmehr befasst er sich mit den Fällen, in denen dies nicht zutrifft. In diesen Fällen steht es den Parteien frei, von der erwähnten Regel des Art. 56 Abs. 4 abzuweichen, indem sie eine Teuerungsabrechnung durch vertragliche Abrede «vorbehalten». Ein 15.1

schlichter Vorbehalt der Teuerungsabrechnung lässt offen, nach welcher Methode die Teuerungsabrechnung vorzunehmen ist. Zwar behilft sich Art. 68 in dieser Frage mit einem Verweis auf die Methoden der «Teuerungsabrechnung der Einheits- bzw. Globalpreise» (Art. 68 Abs. 1 Ziff. 1), der aber jedenfalls dann nicht weiterhilft, wenn der Werkvertrag diese Methoden nicht festlegt (vgl. dazu auch Art. 65). Als Auffangverfahren sieht Art. 65 Abs. 2 unverändert das Mengennachweisverfahren vor (Art. 65/Rz. 14).

15.2 Obwohl Art. 56 Abs. 4 sich darüber ausschweigt, muss die abweichende Abrede, damit sie der Regel des Art. 56 Abs. 4 (keine Teuerungsabrechnung) vorgeht und insofern wirksam ist, individuell oder in einem ranghöheren Vertragsbestandteil (Art. 21) vereinbart sein (Einl./Rz. 26).

2 25 Haftung für Regiearbeiten[1]

Art. 57

[1] Der Unternehmer haftet für die unter seiner Leitung ausgeführten Regiearbeiten.[2]

[2] Dagegen haftet er nicht für Arbeiten, welche die Bauleitung nicht unter seiner Leitung ausführen lässt (Art. 44 Abs. 4)[3]; ebenso nicht für Arbeitnehmer, die er der Bauleitung für Nebenunternehmer zur Verfügung stellt (Art. 53).[4]

Art. 57 (1977/91)

[1] Der Unternehmer haftet für die unter seiner Leitung ausgeführten Regiearbeiten.

[2] Dagegen haftet er nicht für Arbeiten, welche die Bauleitung nicht unter seiner Leitung ausführen lässt (Art. 44 Abs. 4); ebenso nicht für Arbeitnehmer, die er der Bauleitung für Nebenunternehmer zur Verfügung stellt (Art. 53).

Anmerkung 1

1 Art. 57 befasst sich mit der Mängelhaftung des Unternehmers (Art. 165 ff.) aus Regiearbeiten, was sich aus dem Rückverweis in Art. 168 ergibt. Dazu kommt die «allgemeine» Haftung, die den Unternehmer nach Massgabe der Art. 23 Abs. 2 und 97 gänzlich unabhängig davon trifft, ob seine Vergütung auf einer Festpreisabrede beruht oder sich nach dem Aufwand bemisst.

Anmerkung 2

2 Das versteht sich von selbst und bedarf keiner weiteren Begründung, denn bei diesen Arbeiten handelt es sich um *Vertragsarbeiten* des Unternehmers. Dass die betreffenden Arbeiten nicht zu einem Festpreis, sondern nach Aufwand vergütet werden (Art. 48), ist kein Grund, den Unternehmer von seiner Mängelhaftung (Art. 165 ff.) zu entlasten, wenn die Regiearbeiten zu einem Mangel (Art. 166) des von ihm geschuldeten Werks führen (siehe auch Art. 44/Rz. 3.2). Während also Art. 57 Abs. 1 an sich einfach bestätigt, was ohnehin gelten würde, erinnert er doch an eine Differenzierung zwischen der Haftung

des Unternehmers für Arbeiten, die «unter seiner Leitung» ausgeführt werden (Vertragsarbeiten), und der Haftung für Arbeiten, deren Leitung nicht er, sondern die «Bauleitung» (Art. 33 ff.) oder ein «Nebenunternehmer» (Art. 30) innehat.

Anmerkung 3

Auch diese Regel ist eigentlich *selbsterklärend.* Für die betreffenden Arbeiten trifft den Unternehmer von vornherein keine Mängelhaftung (Art. 165 ff.), weil es sich nicht um Vertragsarbeiten des Unternehmers handelt (vgl. Art. 44/Rz. 16.3). Präzisierend ist anzufügen, dass der Unternehmer immerhin für die Geeignetheit der «Arbeitskräfte, Werkzeuge und Hilfsmittel» sowie der Baustelleneinrichtungen und Materialien, die er zur Verfügung stellt, sowie von Polieren und Vorarbeitern, die er beistellt (siehe Art. 46), einzustehen hat. Was seine Arbeitnehmer im Besondern angeht, so hat er sie sorgfältig auszuwählen und zu instruieren. 3

Anmerkung 4

Schliesslich ist auch diese Regel *selbstverständlich.* Denn Arbeiten, die ein *Nebenunternehmer* (Art. 30) mit Arbeitnehmern des Unternehmers ausführt (Art. 53), sind Vertragsarbeiten des *Nebenunternehmers,* nicht Arbeiten des Unternehmers. Entsteht daraus ein Mangel (Art. 166) des vom Nebenunternehmer geschuldeten Werks, so haftet im Verhältnis zum Bauherrn der *Nebenunternehmer.* Ihm gegenüber hat der Bauherr die Rechte der Art. 169 ff. 4

2 3 Besondere Verhältnisse

Vorbemerkungen zu Art. 58–61

a) Die Art. 58–61 handeln von besonderen Verhältnissen. Gemeint sind damit *irgendwelche* Verhältnisse (Umstände oder Sachverhalte) tatsächlicher oder rechtlicher Art, deren *Besonderheit* darin besteht, dass sie erst nach Vertragsabschluss eintreten oder für den Unternehmer erst nach Vertragsschluss zutage treten. 1

b) Haben solche Verhältnisse zur Folge, dass die Ausführung einer zu festen Preisen (Art. 38) übernommenen Bauleistung durch Mehrkosten erschwert wird, so stellt sich die Frage, ob der Festpreis-Unternehmer einen Anspruch auf Mehrvergütung oder Vertragsauflösung hat. Diese Frage, mit der das Gesetz sich in Art. 373 Abs. 2 OR befasst, bildet den Gegenstand der Art. 58–61, durch die sie jedoch nicht abschliessend behandelt wird (vgl. z.B. Art. 64 ff. über die Teuerungsabrechnung). 2

c) Für die Berechnung einer zusätzlichen Vergütung verweist Art. 58 Abs. 2 auf die Art. 86–91, in denen es um die Vergütungsfolgen von Bestellungsänderungen geht. Diese Bestimmungen sind sinngemäss auch hier anwendbar, wenn Nachtragspreise festzusetzen sind (eingehend Vorbem. Art. 84–91/Rz. 40 ff.). Dazu kommt der Anspruch auf Fristerstreckung, der auch im Anschluss an besondere Verhältnisse bestehen kann (Art. 58/Rz. 10.2). 3

2 31 Im Allgemeinen

Art. 58

[1] Wird die Ausführung einer zu festen Preisen (Art. 38 Abs. 1) übernommenen Bauleistung durch besondere Verhältnisse[1] erschwert[2], die ohne Verschulden des Bauherrn[3] erst nach Vertragsabschluss eintreten[4] oder zutage treten[5], so hat der Unternehmer die geschuldete Leistung gleichwohl zum vereinbarten Preis zu erbringen, ohne Anspruch auf zusätzliche Vergütung.[6] Vorbehalten bleiben die Sonderfälle der Art. 59–61.[7]

[2] Bei Verschulden des Bauherrn[8] hat der Unternehmer Anspruch auf eine zusätzliche Vergütung[9], die sich nach Massgabe der sinngemäss anzuwendenden Art. 86–91 bestimmt.[10] Als Verschulden sind dem Bauherrn insbesondere mangelhafte Angaben in den Ausschreibungsunterlagen über den Baugrund und die bestehende Bausubstanz[11] (Art. 5)[12] anzurechnen[13], vorausgesetzt, dass der Bauherr durch eine Bauleitung[14] vertreten oder selbst sachverständig oder durch einen beigezogenen Sachverständigen[15] beraten war[16].[17]

Art. 58 (1977/91)

[1] Wird die Ausführung einer zu festen Preisen (Art. 38 Abs. 1) übernommenen Bauleistung durch besondere Verhältnisse erschwert, die ohne Verschulden des Bauherrn erst nach Vertragsabschluss eintreten oder zutage treten, so hat der Unternehmer die geschuldete Leistung gleichwohl zum vereinbarten Preis zu erbringen, ohne Anspruch auf zusätzliche Vergütung. Vorbehalten bleiben die Sonderfälle der Art. 59–61.

[2] Bei Verschulden des Bauherrn hat der Unternehmer Anspruch auf eine zusätzliche Vergütung, die sich nach Massgabe der sinngemäss anzuwendenden Art. 86–91 bestimmt. Als Verschulden sind dem Bauherrn insbesondere mangelhafte Angaben in den Ausschreibungsunterlagen über den Baugrund[17] (Art. 5) anzurechnen, vorausgesetzt, dass der Bauherr durch eine Bauleitung vertreten oder selbst sachverständig oder durch einen beigezogenen Sachverständigen beraten war.

Anmerkung 1

1.1 Von «Besondere[n] Verhältnisse[n]» ist schon in der Überschrift die Rede, wo namentlich auch die ausserordentlichen Umstände gemeint sind, um die es in Art. 59 geht. Art. 58 hingegen ist auf kostentreibende Umstände rechtlicher oder tatsächlicher Art (siehe Vorbem. Art. 58–61/Rz. 1) zugeschnitten, hinsichtlich derer den Bauherrn ein Verschulden trifft, ohne dass es eine Rolle spielte, ob die Umstände ausserordentlich sind oder nicht.

1.2 Von den Umständen, um die es hier geht, zu unterscheiden sind die Mitwirkungsversäumnisse des Bauherrn bzw. seiner Bauleitung, die ihm nach Art. 101 OR zuzurechnen sind (vgl. Art. 94/Rz. 2.2). Sie bestehen darin, dass der Bauherr ihm obliegende Mitwirkungshandlungen entweder ganz unterlässt oder aber mit Verspätung vornimmt, indem er z.B. den Baugrund zu spät zur Verfügung stellt, Pläne verspätet liefert oder die Nebenunternehmer unzureichend koordiniert (für Beispiele siehe Art. 94/Rz. 2.4 und auch etwa HÜRLIMANN, Nachtragsmanagement, S. 90; SCHUMACHER, Die Vergütung, Rz. 344). Solche Versäumnisse sind zwar ähnlich gelagert wie die von Art. 58 aufgegriffenen Umstände, indem auch sie dazu führen können, dass beim Unternehmer höhere Ausführungskosten anfallen (Art. 58/Rz. 2). Rechtlich handelt es sich dabei aber um Fälle des Gläubigerverzugs (Art. 91 ff. OR), um den es in der SIA-Norm 118 vor allem bei Art. 94 Abs. 2 geht. Diese Bestimmung sieht als Folge einer Mitwirkungsversäumnis allerdings nur einen Anspruch auf Fristerstreckung vor und schweigt sich darüber aus, ob der Festpreisunternehmer berechtigt sei, den aufgrund des Versäumnisses entstehenden Mehraufwand auf den Bauherrn umzulegen. Doch erweist sich in dieser Frage auch das Gesetz als lückenhaft (GWERKV Rz. 1337; SCHUMACHER, Die Vergütung, Rz. 349). Diese Lücke ist in der Weise zu füllen, dass zugunsten des Festpreisunternehmers ein Anspruch auf eine Mehrvergütung anzunehmen ist (siehe auch BGer 4A_507/2015 vom 19. Februar 2016 E. 3.4; 4C.188/1993 vom 1. Oktober 1993 E. 2c), in die über die Mehrkosten hinaus auch ein Zuschlag für Risiko und Gewinn einzurechnen ist (GWERKV Rz. 1337; vgl. auch KOLLER ALFRED, Werkvertragsrecht, Rz. 477). Ein Verschulden bzw. eine Hilfspersonenhaftung des Bauherrn ist für *diesen* Anspruch nicht vorausgesetzt (so GWERKV Rz. 1338; SCHUMACHER, Die Vergütung, Rz. 349; a.M. STAUBER, Die Rechtsfolgen, S. 307 ff., mit bedenkenswerten Überlegungen).

Anmerkung 2

Die Erschwerung, um die es in dieser Bestimmung geht, besteht darin, dass beim Unternehmer gerade durch diese Umstände verursachte Ausführungskosten anfallen, die ihm sonst nicht entstanden wären (Art. 58/Rz. 6.2). In Art. 38 Abs. 2 ist im gleichen Zusammenhang von «Arbeitsaufwand oder Kosten» die Rede. Gemeint sind auch dort die Ausführungskosten des Unternehmers. 2

Anmerkung 3

Liegt weder ein eigenes Verschulden noch eine Hilfspersonenhaftung (Art. 101 OR) des Bauherrn vor, besteht grundsätzlich kein Anspruch auf eine Mehrvergütung (Art. 58 Abs. 1); vorbehalten bleibt aber namentlich der in Art. 58 Abs. 2 ausdrücklich geregelte Fall der zwar sachverständig erteilten, dabei aber mangelhaften Angaben zum Baugrund oder zur bestehenden Bausubstanz. Zum Verschulden des Bauherrn Art. 58/Rz. 8.1 ff. 3

Anmerkung 4

Verhältnisse, die erst nach Vertragsabschluss *eintreten,* haben bei Vertragsabschluss noch nicht bestanden, was bedeutet, dass seit dem Vertragsabschluss eine Verhältnisänderung eingetreten ist. Entweder sind Verhältnisse, die bei Vertragsabschluss noch nicht bestanden haben, neu aufgetreten; oder Verhältnisse, die bestanden haben, sind weggefallen. 4

Anmerkung 5

Verhältnisse, die erst nach Vertragsabschluss *zutage treten,* haben schon vor (oder bei) Vertragsabschluss bestanden, werden vom Unternehmer aber erst *nach* Abschluss des 5

Vertrags erkannt. Als vor Vertragsschluss erkannt gelten Verhältnisse, die der Unternehmer zwar nicht tatsächlich erkannt hat, die aber ohne besondere Prüfung erkennbar gewesen wären, also offensichtlich waren (BGer 4A_213/2015 vom 31. August 2015 E. 4.4.2). Verhältnisse, die dem Unternehmer spätestens bei Vertragsabschluss bekannt waren, begründen auch dann keinen Anspruch auf Mehrvergütung, wenn der Unternehmer sie bei seiner Kalkulation vernachlässigte (siehe BGer 4A_213/2015 vom 31. August 2015 E. 4.3).

Anmerkung 6

6.1 a) Diese Regel bestätigt den *Grundsatz,* dass der Unternehmer an die getroffene Festpreisabrede (Art. 38 Abs. 1) gebunden ist (vgl. Art. 38/Rz. 7 und 9.1). Soweit der Unternehmer Bauleistungen zu Pauschal-, Global- oder Einheitspreisen übernommen hat, schuldet er diesem Grundsatz zufolge auch bei höheren Kosten die Ausführung des Werks zu den vereinbarten Preisen, also ohne Anspruch auf eine Mehrvergütung (Art. 38 Abs. 2).

6.2 Dies meint Art. 58 Abs. 1, wenn er davon spricht, dass «die Ausführung einer zu festen Preisen (Art. 38 Abs. 1) übernommenen Bauleistung durch besondere Verhältnisse *erschwert*» wird, die «erst nach Vertragsabschluss eintreten oder zutage treten». Gleichgültig ist, ob die fraglichen (kostentreibenden) Verhältnisse sich unmittelbar auf die Ausführungsarbeiten auswirken oder sonstwie zu einer Erhöhung der Ausführungskosten führen.

6.3 b) Der Grundsatz gilt jedoch *nicht* uneingeschränkt, sondern nur, wenn den Bauherrn kein Verschulden trifft (Art. 58 Abs. 2). Ausserdem bleiben die «Sonderfälle der Art. 59 – 61» vorbehalten, worauf Art. 58 Abs. 1 in seinem zweiten Satz ausdrücklich hinweist. Es handelt sich dabei um Fälle, in denen der Unternehmer allenfalls Anspruch auf eine Mehrvergütung hat, ohne dass es auf das Verschulden des Bauherrn ankommt.

6.4 Dazu kommen weitere Fälle, in denen der Unternehmer eine Mehrvergütung verlangen kann. Zu erwähnen sind vorab der Anspruch auf Mehrvergütung bei Mitwirkungsversäumnissen des Bauherrn (Art. 58/Rz. 1.2), aber auch etwa Ansprüche nach den Regeln über die Teuerungsabrechnung (Art. 64 ff.), wenn Einheits- oder Globalpreise vereinbart sind (Art. 38 Abs. 3, Art. 39 Abs. 3 und Art. 40 Abs. 3).

6.5 c) Ein besonderer Fall, der nicht in diesen Zusammenhang gehört, ist die Bestellungsänderung (Art. 84), weil sie zu einer Leistungsänderung führt, ein Festpreis sich aber immer nur auf eine bestimmte, unveränderte Leistung bezieht. Die Art. 58 – 61 befassen sich denn auch nur mit dem Fall, da die Ausführung einer unveränderten Bauleistung durch «besondere Verhältnisse» erschwert wird, und nicht mit den Folgen einer Bestellungsänderung. Zum Problem der «schlichten Mengenabweichung» bei Leistungen zu Einheitspreisen vgl. Art. 86 Abs. 5. Das Gesagte gilt auch für die nach Art. 95 Abs. 3 vom Unternehmer getroffenen zusätzlichen Vorkehren, da hier die Einwilligung der Bauleitung vorausgesetzt ist (Art. 95/Rz. 30.1 ff.).

Anmerkung 7

Vorbehalten bleiben allerdings nicht nur diese Fälle, denn die SIA-Norm 118 sieht weitere Fälle vor, in denen der Unternehmer Anspruch auf eine zusätzliche Vergütung hat. Ein erster Fall ist gerade in Art. 58 Abs. 2 geregelt. Für weitere Fälle vgl. Art. 58/Rz. 6.4. 7

Anmerkung 8

a) Das heisst: Wenn der Bauherr es *verschuldet* hat, dass «besondere Verhältnisse», welche «die Ausführung einer zu festen Preisen (Art. 38 Abs. 1) übernommenen Bauleistung» erschweren (Art. 58/Rz. 6.2), «erst nach Vertragsabschluss eintreten» oder für den Unternehmer erst dann «zutage treten» (Art. 58 Abs. 1). Zu unterscheiden sind drei Fälle: 8.1

- *Fall 1:* Nach Abschluss des Vertrags sind bestimmte Umstände eingetreten (Art. 58/Rz. 4), welche die Ausführung der Bauleistung durch Mehrkosten erschweren (Art. 58/Rz. 6.2). In diesem Fall trifft den Bauherrn ein *Verschulden* schon dann, wenn er den Eintritt bzw. den Wegfall (Art. 58/Rz. 4) der betreffenden Umstände durch sein eigenes Verhalten verursacht und dies beabsichtigt, in Kauf genommen oder nicht vermieden hat, obwohl er es bei der ihm zumutbaren Aufmerksamkeit hätte vermeiden können. Dem eigenen Verhalten des Bauherrn gleichzustellen ist das Verhalten seiner Hilfspersonen (Art. 101 OR; BGer 4A_213/2015 vom 31. August 2015 E. 4.4.2), insbesondere das Verhalten seiner Bauleitung (Art. 33 ff.). 8.2
- *Fall 2:* Bestimmte Umstände, welche die Ausführung der Bauleistung durch Mehrkosten erschweren (Art. 58/Rz. 6.2), haben zwar schon vor (oder bei) Vertragsabschluss bestanden, doch hat der Unternehmer sie erst nach Abschluss des Vertrags erkannt (Art. 58/Rz. 5). In diesem Fall trifft den Bauherrn ein *Verschulden,* wenn er den Unternehmer im Lauf der Vertragsverhandlungen (BGer 4A_213/2015 vom 31. August 2015 E. 7.2.2) – beispielsweise durch unrichtige Angaben in den Ausschreibungsunterlagen (dazu aber Art. 58/Rz. 17.1 ff.) – über das Vorliegen dieser Verhältnisse absichtlich oder fahrlässig getäuscht hat. Inwieweit den Bauherrn im Verhältnis zum Unternehmer eine Aufklärungspflicht trifft, bestimmt sich nach den konkreten Umständen (BGE 116 II 431/434 E. 3a). Der schuldhaften Täuschung durch den Bauherrn gleichzustellen ist ein täuschendes Verhalten von Hilfspersonen, für das der Bauherr nach Art. 101 OR einstehen muss. Zur sinngemässen Anwendung des Art. 101 OR auf das vorvertragliche Verhalten vgl. GWerkV Rz. 435; Gauch/Schluep/Schmid, OR AT, Rz. 973 f. 8.3
- *Fall 3:* Der Unternehmer hatte über bestimmte Umstände, die nach Vertragsabschluss eingetreten sind und die die Ausführungskosten verteuern, keine oder keine richtige Vorstellung, weil er vom Bauherrn über vorvertragliche (z.B. meteorologische) Verhältnisse oder Annahmen absichtlich oder fahrlässig getäuscht worden war. Im Irrtum über diese vorvertraglichen Verhältnisse ging der Unternehmer von einer falschen Annahme über die Zukunft (z.B. über die Witterungsbedingungen im Zeitpunkt der Arbeitsausführung) aus. Auch in diesem Falle trifft den Bauherrn ein *Verschulden,* obwohl der Wortlaut des Art. 58 Abs. 1 und Abs. 2 ihn nicht ausdrücklich erfasst. Für das täuschende Verhalten von Hilfspersonen gilt, was in Art. 58/Rz. 8.3 gesagt wurde. 8.4

8.5 b) Beim Verschulden des Bauherrn, das Art. 58 Abs. 2 voraussetzt, handelt es sich um ein Verschulden im Sinne von Fahrlässigkeit oder Absicht oder um eine Hilfspersonenhaftung (anders aber etwa SCHUMACHER, Die Vergütung, Rz. 489). Fälle, in denen es auf Mitwirkungsversäumnisse des Bauherrn zurückzuführen ist, dass beim Unternehmer höhere Ausführungskosten anfallen, sind nicht nach Art. 58 Abs. 2, sondern nach allgemeiner Regel zu lösen, wonach der Anspruch auf Mehrvergütung kein Verschulden des säumigen Gläubigers voraussetzt (Art. 58/Rz. 1.2).

8.6 Für die Fälle aber, die Art. 58 Abs. 2 verbleiben, fragt sich, wie die Beweislast für das Verschulden zu verteilen ist, soweit das Verschulden nach der Bestimmung nicht einfach fingiert wird (Art. 58/Rz. 13.1 ff. und 17.1). In den vorstehenden Fällen 2 und 3 (Art. 58/Rz. 8.3 f.) ist das Verschulden zu vermuten, wobei aber dem Bauherrn der Exkulpationsbeweis offensteht. Dies ergibt sich aus der Regel, nach der bei der Verletzung vorvertraglicher Treuepflichten (wie hier durch Täuschung des Unternehmers) auf Art. 97 Abs. 1 OR abzustellen ist (z.B. GAUCH/SCHLUEP/SCHMID, OR AT, Rz. 967). Doch rechtfertigt sich diese Lösung auch für Fall 1 (Art. 58/Rz. 8.2), dem die Verletzung der vertraglichen Pflicht zugrunde liegt, den Unternehmer in seiner Leistungserbringung nicht ungerechtfertigterweise zu stören.

8.7 c) Nicht hierher gehören (wie gesagt, siehe Art. 58/Rz. 1.2 und 8.5) die Mitwirkungsversäumnisse des Bauherrn, bei denen der Anspruch auf Mehrvergütung davon unabhängig ist, ob den Bauherrn ein Verschulden oder eine Hilfspersonenhaftung trifft.

Anmerkung 9

9.1 Vorbehalten bleibt der Fall, da der Unternehmer die Überschreitung einer Frist verschuldet hat. Für diesen Fall bestimmt Art. 97 Abs. 2, dass der Unternehmer «den Anspruch auf eine zusätzliche Vergütung» verliert, wenn ihn die besonderen Verhältnisse «bei Einhaltung der Frist nicht getroffen hätten». Dass er bei eigenem Verschulden, welches das zurechenbare Verhalten seiner Hilfspersonen (z.B. seiner Subunternehmer; Art. 29/Rz. 6) einschliesst, auch keinen Anspruch auf Fristerstreckung hat, ergibt sich aus Art. 96 Abs. 1.

9.2 Für den vorliegenden Zusammenhang, in dem auch den Bauherrn ein Verschulden trifft, vermag indes die undifferenzierte Lösung des Art. 97 Abs. 2, wonach der Unternehmer stets den *ganzen* Anspruch auf die zusätzliche Vergütung verliert, nicht zu befriedigen. Der Sache angemessen ist vielmehr eine Herabsetzung der zusätzlichen Vergütung, die sowohl dem Verschulden des Unternehmers als auch jenem des Bauherrn Rechnung trägt (Art. 44 Abs. 1 OR sinngemäss).

Anmerkung 10

10.1 Sinngemäss zur Anwendung kommen also die Bestimmungen über die *Bestellungsänderung* (Art. 86–91; Vorbem. Art. 84–91/Rz. 40 ff.). Das bedeutet zugleich, dass der Anspruch des Unternehmers auf eine zusätzliche Vergütung weder von den Voraussetzungen des Art. 59 Abs. 1 abhängt noch der umfangmässigen Beschränkung untersteht, die für den Anspruch nach Art. 59 gilt (vgl. Art. 59/Rz. 8.1). Im Einzelnen sind folgende Punkte anzufügen:

a) Art. 58 Abs. 2 spricht in seinem ersten Halbsatz zwar nur vom Anspruch auf eine zu- 10.2
sätzliche Vergütung, verweist aber im zweiten Halbsatz auf die sinngemäss anwendbaren Art. 86–91, wovon die Art. 90 und Art. 91 nicht von der Vergütung handeln. Dieser Verweis, der über die Frage der Vergütung hinausgreift, legt es nahe, jedenfalls Art. 90 über die *«Anpassung der Fristen»* entsprechend anzuwenden. Zu beachten ist allerdings, dass dies von vornherein nur dann relevant wird, wenn besondere Verhältnisse nicht nur höhere Ausführungskosten, sondern auch eine Verzögerung nach sich ziehen und der Bauherr die Verzögerung verschuldet hat oder sie nach Art. 101 OR zu vertreten hat.

b) Sind aufgrund neuer (erst nach Vertragsabschluss eingetretener oder erst nach Ver- 10.3
tragsabschluss zutage getretener) Umstände Leistungen erforderlich, die der Werkvertrag nicht vorsieht (zusätzliche Leistungen), oder bestellte Leistungen auf andere Art auszuführen als vereinbart (veränderte Leistungen), setzt die Vergütungsschuld des Bauherrn – Art. 45 Abs. 2 vorbehalten – eine Bestellungsänderung voraus (Schumacher, Die Vergütung, Rz. 711). In diesem Fall richten sich die Folgen hinsichtlich der Vergütung und der vertraglichen Fristen nach Art. 86 ff., die jetzt direkt anzuwenden sind. Ziehen die besonderen Verhältnisse eine Verzögerung nach sich, so ist für die Frage, ob der Unternehmer zu Beschleunigungsmassnahmen («zusätzliche Vorkehren zur Einhaltung der Fristen») verpflichtet und dafür zu vergüten ist, Art. 95 Abs. 3 zu beachten.

c) Durchaus möglich ist, dass im Einzelfall auch der Tatbestand des Art. 59 Abs. 1 erfüllt 10.4
ist. Alsdann beschränkt der Anspruch des Unternehmers sich nicht auf eine zusätzliche Vergütung und allenfalls die Erstreckung vertraglicher Fristen. Vielmehr kann er unter den Voraussetzungen des Art. 59 Abs. 1, statt eine Mehrvergütung einzufordern, auch auf die Auflösung des Vertrags klagen, falls eine Vertragsauflösung unter Berücksichtigung der beidseitigen Interessen angemessen ist, worüber das angerufene Gericht entscheidet (Art. 59/Rz. 2.2).

d) Vorbehalten bleibt ein Zweifaches: Erstens kann es sein, dass der Unternehmer als 10.5
Folge des schuldhaften Verhaltens des Bauherrn einen Schaden erleidet, der durch den Anspruch auf Mehrvergütung *nicht ausgeglichen* wird. Als Anspruchsgrundlage in den Fällen 2 und 3 (Art. 58/Rz. 8.3 f.) kommt die Haftung aus culpa in contrahendo infrage (allgemein dazu Gauch/Schluep/Schmid, OR AT, Rz. 962a ff.). Und zweitens kann es sein, dass der Bauherr den Unternehmer *absichtlich getäuscht* hat. Alsdann ist der Unternehmer nach Massgabe des Art. 28 OR berechtigt, den Werkvertrag aufzulösen (Gauch/Schluep/Schmid, OR AT, Rz. 853a ff.). Während Art. 58 Abs. 2 darauf nicht eingeht, schliesst er auch nicht aus, dass die gesetzliche Bestimmung greift.

Anmerkung 11

Die Sonderregel des Art. 58 Abs. 2 Satz 2 (Art. 58/Rz. 17.1 ff.), die bei gegebenen Voraus- 11.1
setzungen ein Verschulden des Bauherrn fingiert (Art. 58/Rz. 13.2), befasst sich ausdrücklich nur mit sachverständigen Angaben über den Baugrund oder die bestehende Bausubstanz (zu der auch das Vorunternehmerwerk gehört; vgl. dazu Koller Alfred, Werkvertragsrecht, Rz. 569), die sich in den Ausschreibungsunterlagen finden und sich als mangelhaft erweisen.

11.2 Eine Ausdehnung ist mit der Ausnahmeregel unvereinbar. Diesbezüglich bleibt es vielmehr beim Grundsatz, dass der Bauherr für fehlerhafte Angaben in den Ausschreibungsunterlagen nur dann einzustehen hat, wenn er den Unternehmer absichtlich oder fahrlässig getäuscht hat oder ihm nach Art. 101 OR ein entsprechendes Verhalten einer Hilfsperson zuzurechnen ist. Der für Art. 58 Abs. 2 gewählte Wortlaut ist allerdings missverständlich, indem mit dem Wort «insbesondere» eine offene Aufzählung möglicher Umstände, welche die Verschuldensfiktion begründen können, indiziert wird (vgl. SCHUMACHER, Die Vergütung, Rz. 365). Mit «insbesondere» ist aber lediglich gemeint, dass es über die genannten Fälle hinaus weitere gibt, in denen den Bauherrn ein Verschulden treffen kann, wobei das Verschulden aber für diese weiteren Fälle nicht fingiert, also nicht unwiderleglich vermutet wird (siehe zur Beweislast hinsichtlich des Verschuldens Art. 58/Rz. 8.6).

11.3 Zum Teil wird demgegenüber die Auffassung vertreten, die Verschuldensfiktion erfasse überhaupt «alle Angaben des Bauherrn über kalkulatorisch relevante und kostenbildende Faktoren» (HÜRLIMANN, Nachtragsmanagement, S. 91), und dies damit begründet, dass der Unternehmer berechtigt sei, in diese (sachverständigen) Angaben Vertrauen zu setzen (SCHUMACHER, Die Vergütung, Rz. 365; zur vertraglichen Vertrauenshaftung DERS., Die Vergütung, Rz. 436 ff.). Zu beachten ist indes, dass die Enttäuschung schützenswerten Vertrauens nach allgemeiner Regel an sich nur dann relevant ist, wenn sie schuldhaft erfolgt oder eine Hilfspersonenhaftung greift, weshalb eine durch Vertragsabrede begründete Verschuldensfiktion eng auszulegen ist.

Anmerkung 12

12.1 Nach Art. 5 Abs. 2 hat der Bauherr (insbesondere) «die Beschaffenheit des Baugrundes» (Art. 5/Rz. 7.1 ff.) und «der bestehenden Bausubstanz» (Art. 5/Rz. 8; vgl. auch Art. 25/ Rz. 14.1 ff.) «entsprechend den Anforderungen der auszuführenden Arbeit» zu ermitteln und «das Ergebnis vollumfänglich in den Ausschreibungsunterlagen» (Art. 7) festzuhalten. Dass sich Art. 5 Abs. 2 und ihm folgend Art. 58 Abs. 2 ausdrücklich auch auf die bestehende Bausubstanz beziehen, ist eine Neuerung, wobei es schon bisher vertreten wurde, sie als Teil der in Art. 5 Abs. 2 seit jeher erwähnten «örtlichen Gegebenheiten» zu verstehen. Mit der Neufassung des Art. 5 Abs. 2 ist die Frage nun geklärt.

12.2 Unter dem Gesichtspunkt der Preiskalkulation entspricht es «den Anforderungen der auszuführenden Arbeit», dass die Ermittlung sämtliche Baugrundverhältnisse (z.B. auch allfällige Verschmutzungen, unterirdische Temperaturen, Wasser- oder Gasvorkommen) und Eigenheiten der Bausubstanz erfasst, die sich auf die Ausführungskosten auswirken. Die korrekt ermittelten Verhältnisse sind in den Ausschreibungsunterlagen vollumfänglich und damit lückenlos anzugeben. Das aber bedeutet:

12.3 Werden bestimmte Baugrundverhältnisse oder Eigenheiten der Bausubstanz, die sich auf die Ausführungskosten auswirken, in den Ausschreibungsunterlagen überhaupt nicht oder nicht richtig angegeben, so sind die betreffenden Angaben grundsätzlich «mangelhaft» im Sinne des Art. 58 Abs. 2. Der Mangel besteht also darin, dass erforderliche Angaben (Art. 58/Rz. 12.2) entweder fehlen oder nicht der Wirklichkeit entsprechen. Vorbehalten aber bleiben Verhältnisse, die deshalb keiner ausdrücklichen Erwähnung in den Ausschreibungsunterlagen bedürfen, weil sie sich für den fachkundigen Unternehmer aus den Umständen klar ergeben (zu fehlenden Angaben zur Kontamination in einem Vertrag über den Abtrag einer teerhaltigen Asphaltschicht siehe BGH VII ZR 67/11 vom 22. Dezember 2011 = BauR 2012, S. 490 ff.; für ein Gegenbeispiel siehe BGH VII ZR 122/11 vom 21. März 2013 = BauR 2013, S. 1126 ff.). Müssig ist (im Verhältnis zum Unternehmer), ob die Angaben fachgerecht oder aber unsorgfältig erhoben wurden; ob also etwa einem Geologen, den der Bauherr mit der Ermittlung der Baugrundverhältnisse betraut hat, Unsorgfalt vorzuwerfen ist, spielt für die Frage, ob seine Angaben mangelhaft im Sinne des Art. 58 Abs. 2 sind, keine Rolle.

Nicht im Begriff der Mangelhaftigkeit ist der Umstand enthalten, dass die Ausführung 12.4
des Werks erschwert wird; die Erschwerung (Art. 58/Rz. 2) ist vielmehr ein zusätzliches Element, bei dessen Vorliegen der Unternehmer allenfalls Anspruch auf eine zusätzliche Vergütung hat.

Anmerkung 13

Bei gegebener Voraussetzung sind dem Bauherrn die mangelhaften Angaben über den 13.1
Baugrund oder die bestehende Bausubstanz *«als Verschulden anzurechnen»*. Mit dieser Formulierung bringt Art. 58 Abs. 2 zum Ausdruck, dass bei Mangelhaftigkeit der betreffenden Angaben ein Verschulden im Sinne des Art. 58 Abs. 2 *ohne Weiteres* anzunehmen ist, falls der Bauherr durch eine Bauleitung vertreten, selbst sachverständig oder durch einen beigezogenen Sachverständigen beraten war (vgl. Art. 58/Rz. 14 und 16.1 f.).

Das Verschulden des Bauherrn wird nach der in Art. 58 Abs. 2 Satz 2 enthaltenen Regel 13.2
fingiert, also unwiderleglich vermutet, weshalb die Frage, wo die Beweislast für das Verschulden gelegen hätte, hier keine Rolle spielt. Dass dem Bauherrn oder einer Hilfsperson, für die er einstehen muss, eine absichtliche oder fahrlässige Täuschung des Unternehmers zur Last fällt, ist nicht verlangt (vgl. demgegenüber Art. 58/Rz. 8.5). Das belastet den Bauherrn zwar mit einem erhöhten Risiko, was den Baugrund und die bestehende Bausubstanz betrifft. Wollte man die Regel aber anders auslegen, so wäre nicht einsehbar, warum Art. 58 Abs. 2 Satz 2 nur unter der darin umschriebenen Voraussetzung (bauherrenseitiger Sachverstand) gilt.

Dass Art. 58 Abs. 2 hier mit einer Verschuldensfiktion operiert, liegt auf der Linie der 13.3
auch in Art. 25 Abs. 3 getroffenen Entscheidung, wonach sich der Unternehmer (grundsätzlich) auf sachverständige Angaben zu Baugrund und Bausubstanz soll verlassen dürfen (vgl. dazu BGE 52 II 437/443 E. 2; 116 II 305/309 f. E. 2c/cc; BGer 4A_213/2015 vom 31. August 2015 E. 4.4.2). Das ist deshalb effizient, weil der Unternehmer sonst gezwungen wäre, eine eigene Nachprüfung vorzunehmen und damit unnötigen Aufwand zu betreiben (BGE 52 II 437/443 E. 2; Art. 25/Rz. 15.4; auch Reetz, Der Baugrund, S. 65).

Anmerkung 14

Der Sachverstand der Bauleitung ist dem Bauherrn zuzurechnen, weshalb es keine Rolle 14
spielt, dass er selber die Sache nicht versteht.

Anmerkung 15

15 Ein beigezogener Sachverständiger, durch den der Bauherr sich «beraten» lässt, ist insbesondere auch ein mit der Abklärung und Begutachtung des Baugrunds beauftragter Geologe. Immer aber muss die beratende Tätigkeit des Sachverständigen sich auf die betreffenden Angaben bezogen haben (Art. 58/Rz. 16.1).

Anmerkung 16

16.1 Obwohl Art. 58 Abs. 2 es nicht ausdrücklich sagt, muss der Sachverstand des Bauherrn, seiner Bauleitung (Art. 58/Rz. 14) oder des beigezogenen Sachverständigen so beschaffen sein, dass er eine *fachspezifische* Beurteilung der Sachlage erlaubt (BGer 4A_213/2015 vom 31. August 2015 E. 4.4.2). Massgeblich ist der wirkliche Sachverstand, mindestens aber jener, den der Unternehmer nach den Umständen (insbesondere nach der Ausbildung und dem Auftreten) der Beteiligten erwarten darf. Allgemeiner Sachverstand genügt nicht.

16.2 Bei fehlendem Sachverstand aufseiten des Bauherrn bleibt die Fiktion, wonach den Bauherrn für die mangelhaften Angaben ein Verschulden trifft, aus. Vor allem aber ist der Unternehmer nach Art. 25 Abs. 3 gehalten, den von ihm zu bearbeitenden Baugrund und die bestehende Bausubstanz zu prüfen, wenn erkennbar ist, dass seitens des Bauherrn fachspezifischer Sachverstand fehlt.

Anmerkung 17

17.1 a) Art. 58 Abs. 2 Satz 2 enthält eine *Sonderregel* für den Fall, dass die mangelhaften Angaben über die Beschaffenheit des Baugrunds bzw. die bestehende Bausubstanz (Art. 58/Rz. 12.3) in den Ausschreibungsunterlagen enthalten waren. Unter der *Voraussetzung,* dass der Bauherr durch eine Bauleitung vertreten, selbst sachverständig oder durch einen beigezogenen Sachverständigen beraten war (vgl. Art. 58/Rz. 14 und 16.1 f.), sind ihm die mangelhaften Angaben ohne Weiteres (Art. 58/Rz. 13.2) als Verschulden anzurechnen.

17.2 b) Der erwähnte Anspruch des Unternehmers auf eine zusätzliche Vergütung (Art. 58/Rz. 10.1) hängt nicht davon ab, ob dem Bauherrn oder einer Hilfsperson, für die er einstehen muss, eine absichtliche oder fahrlässige Täuschung zur Last fällt (Art. 58/Rz. 13.2). Ausserdem steht der Anspruch dem Unternehmer auch dann zu, wenn er die Mangelhaftigkeit der Angaben (Art. 58/Rz. 11.1) bei einer sorgfältigen Prüfung des Baugrunds bzw. der bestehenden Bausubstanz hätte erkennen können. Denn:

17.3 Nach Art. 25 Abs. 3 hat der Unternehmer den zu bearbeitenden Baugrund bzw. die bestehende Bausubstanz nur dann zu prüfen, «wenn der Bauherr weder durch eine Bauleitung vertreten noch selbst sachverständig, noch durch einen beigezogenen Sachverständigen beraten ist». Art. 25 Abs. 3 befasst sich unmittelbar zwar nur mit der Anzeigepflicht des Unternehmers, gilt in sinngemässer Ergänzung der SIA-Norm 118 aber auch im vorliegenden Zusammenhang. Vorbehalten bleiben «die offensichtlichen oder durch Besichtigung erkennbaren besonderen Ortsverhältnisse», die nach Art. 16 als von einem sachkundigen Unternehmer berücksichtigt gelten (Art. 16/Rz. 6.1).

c) In der Praxis kommt es allerdings vor, dass der Unternehmer nach den Ausschreibungsbedingungen gehalten ist, die sachverständigen Angaben des Bauherrn über den Baugrund bzw. die bestehende Bausubstanz, die sich in den Ausschreibungsunterlagen finden, nachzuprüfen und auch seine eigenen Erkenntnisse in seine Kalkulation einfliessen zu lassen. Diese Bedingung ist darauf angelegt, das Risiko für mangelhafte Angaben, das an sich den Bauherrn treffen würde (Art. 58 Abs. 2), beim Unternehmer anzusiedeln. Nach Treu und Glauben ausgelegt, hat sie alsdann zur Folge, dass der Unternehmer sich nicht auf die Mangelhaftigkeit der Angaben berufen kann, soweit er unter den gegebenen Umständen in der Lage war, die Mangelhaftigkeit durch eine sorgfältige Nachprüfung zu erkennen (BGer 4A_213/2015 vom 31. August 2015 E. 4.4.2). Zu den massgeblichen Umständen gehören vor allem auch das vom betreffenden Unternehmer zu erwartende Fachwissen, die zumutbare Art der Nachprüfung und die Frist, die dem Unternehmer bis zur Einreichung des Angebots verbleibt. Vorbehalten bleibt aber der Fall, dass der Unternehmer in seiner Offerte den Vorbehalt anbringt, wonach er mit *dieser* Bedingung der Ausschreibung nicht einverstanden ist (Art. 16/Rz. 4.1), *und* der Werkvertrag unter diesem Vorbehalt abgeschlossen wird. Häufig wird Letzteres gerade nicht der Fall sein. 17.4

d) Schliesslich entfällt der Anspruch des Unternehmers nach Art. 58 Abs. 2 Satz 2, soweit der Bauherr ihn unzweideutig auf die mögliche Unverlässlichkeit bestimmter Angaben hingewiesen hat, weil trotz sorgfältiger Abklärung der Baugrundverhältnisse bzw. der bestehenden Bausubstanz eine diesbezügliche Unsicherheit verblieben ist (auch Reetz, Der Baugrund, S. 68). Auf die Mangelhaftigkeit solcher Angaben kann der Unternehmer sich nicht berufen, um eine zusätzliche Vergütung nach Art. 58 Abs. 2 geltend zu machen. Das wird in Art. 58 Abs. 2 Satz 2 zwar nicht ausdrücklich gesagt, ergibt sich aber aus einer zweckbezogenen Auslegung der Bestimmung, deren Sinn nicht darin bestehen kann, den Festpreisunternehmer (über die Bestimmung des Art. 59 hinaus) auch vom Risiko unvermeidbarer Unsicherheiten zu befreien, auf die er unzweideutig hingewiesen wurde. Beizufügen bleibt: 17.5

Zum Erfordernis der Unzweideutigkeit gehört, dass die Erklärung des Bauherrn über die mögliche Unverlässlichkeit seiner Angaben in einer individuellen Mitteilung enthalten ist, die sich auf die konkreten Angaben bezieht. Eine im Baugrundgutachten enthaltene, vorformulierte Floskel, wonach die Angaben nur «informativen Charakter» hätten oder «bloss informatorisch» seien, vermag dieses Erfordernis nicht zu erfüllen, zumal der Hauptzweck solcher Angaben in jedem Fall gerade darin besteht, den Unternehmer über Baugrundverhältnisse und die bestehende Bausubstanz zu informieren. 17.6

2 32 Sonderfälle

2 321 Ausserordentliche Umstände

Art. 59[1]

[1] Der Unternehmer hat Anspruch auf eine zusätzliche Vergütung[2], falls ausserordentliche Umstände, welche nicht vorausgesehen werden konnten[3] oder welche nach den von beiden Vertragsparteien angenommenen Voraussetzungen ausgeschlossen waren[4], die Fertigstellung hindern oder übermässig erschweren.[5] Solche Umstände können z.B. sein: Wassereinbrüche, Erdbeben, Sturm, Gasaustritte, hohe unterirdische Temperatur, Radioaktivität, einschneidende behördliche Massnahmen, Störung des Arbeitsfriedens.[6]

[2] Über die Höhe der zusätzlichen Vergütung verständigen sich die Vertragsparteien von Fall zu Fall.[7] Zu vergüten sind aber höchstens die nachgewiesenen tatsächlichen Mehraufwendungen.[8] Kommt es zu keiner Verständigung, so setzt der Richter auf Klage des Unternehmers die zusätzliche Vergütung fest oder bewilligt die Auflösung des Vertrages (Art. 373 Abs. 2 OR).[9]

[3] Für die Anzeigepflicht des Unternehmers gilt Art. 25.[10]

Art. 59 (1977/91)

[1] Der Unternehmer hat Anspruch auf eine zusätzliche Vergütung, falls ausserordentliche Umstände, welche nicht vorausgesehen werden konnten oder welche nach den von beiden Vertragspartnern angenommenen Voraussetzungen ausgeschlossen waren, die Fertigstellung hindern oder übermässig erschweren. Solche Umstände können z.B. sein: Wassereinbrüche, Erdbeben, Sturm, Gasaustritte, hohe unterirdische Temperatur, Radioaktivität, einschneidende behördliche Massnahmen, Störung des Arbeitsfriedens.

[2] Über die Höhe der zusätzlichen Vergütung verständigen sich die Vertragspartner von Fall zu Fall: zu vergüten sind aber höchstens die nachgewiesenen tatsächlichen Mehraufwendungen. Kommt es zu keiner Verständigung, so setzt der Richter auf Klage des Unternehmers die zusätzliche Vergütung fest oder bewilligt die Auflösung des Vertrages (Art. 373 Abs. 2 OR).

[3] Für die Anzeigepflicht des Unternehmers gilt Art. 25.

Anmerkung 1

1.1 Die Regel des Art. 59 ist der gesetzlichen Vorschrift des Art. 373 Abs. 2 OR nachgebildet, wonach das Gericht «nach seinem Ermessen eine Erhöhung des Preises oder die Auflösung des Vertrages bewilligen» kann, falls «ausserordentliche Umstände, die nicht vorausgesehen werden konnten oder die nach den von beiden Beteiligten angenommenen Voraussetzungen ausgeschlossen waren, die Fertigstellung hindern oder übermässig erschweren».

Diese Gesetzesnähe des Art. 59 erlaubt es, sich bei der Auslegung der Normbestimmung am Sinngehalt des Art. 373 Abs. 2 OR zu orientieren (Einl./Rz. 34). Für Art. 373 Abs. 2 OR wird auf die Ausführungen bei GWerkV Rz. 1044 ff. (mit weiteren Zitaten), Koller Alfred, Werkvertragsrecht, Rz. 907 ff. sowie auf die einschlägige Rechtsprechung (insbesondere BGE 114 II 131/137 f. E. 1b; 113 II 513/516 E. 3b; 109 II 333 ff.; 104 II 314 ff.; 59 II 372/377 ff. E. 3; 58 II 421 ff.; BGer 4C.292/2002 vom 20. November 2003 E. 3.1) verwiesen. Doch ist zu beachten, dass die SIA-Norm 118 verschiedene Sonderbestimmungen enthält, die Art. 59 vorgehen. Zu nennen sind etwa Art. 58 Abs. 2, Art. 60, Art. 61, Art. 64 ff. und Art. 132. 1.2

Die Art. 64 ff. regeln die Teuerungsabrechnung. Danach hat der Unternehmer für Leistungen, die nach Global- oder Einheitspreisen vergütet werden, einen Anspruch auf Mehrvergütung, sofern sich Lohnkostenansätze oder Preise gegenüber der ursprünglichen Kostengrundlage (Art. 62/Rz. 18) erhöhen (Art. 64 Abs. 1, Art. 39 Abs. 3 und Art. 40 Abs. 3; siehe aber auch Art. 62/Rz. 19). Das gilt unabhängig davon, ob der Tatbestand des Art. 59 Abs. 1 erfüllt ist oder nicht. 1.3

Anders verhält es sich für Leistungen zu Pauschalpreisen. Deren Vergütung unterliegt nicht der Teuerungsabrechnung (Art. 64 Abs. 1 und Art. 41 Abs. 1). Diesbezüglich aber kann die Teuerung ein Umstand sein, der dem Unternehmer die Rechte aus Art. 59 verschafft. Entsprechendes gilt, wenn die Parteien sich zwar auf Einheitspreise verständigt, dabei aber die Teuerungsabrechnung ausgeschlossen haben (Art. 39/Rz. 18.3). 1.4

In Art. 59 wird (wie in Art. 373 Abs. 2 OR) nur an mögliche Mehrkosten, nicht auch an Fälle gedacht, in denen ausserordentliche Umstände zu einer Verminderung der Herstellungskosten führen. Damit lässt die Bestimmung eine Lücke offen, weil im Einzelfall die Verminderung so weit gehen kann, dass das Verhältnis zwischen der vom Bauherrn geschuldeten Gesamtvergütung und der Gesamtleistung des Unternehmers in einem *für den Bauherrn* unzumutbaren Ausmass gestört wird, indem zu seinen Lasten ein offenbares (krasses) Missverhältnis zwischen den Austauschleistungen des Werkvertrags entsteht. Dann aber darf der Bauherr nicht schutzlos bleiben, sondern muss in sinngemässer Anwendung des Art. 373 Abs. 2 OR berechtigt sein, vom Gericht eine angemessene Herabsetzung der Vergütung oder die Auflösung des Vertrags zu verlangen (GWerkV Rz. 1142 ff.; Koller Alfred, Werkvertragsrecht, Rz. 932). Dass der Gedanke einer allfälligen Mindervergütung auch der SIA-Norm 118 nicht von vornherein fremd ist, zeigt sich in Art. 64 Abs. 1, der die Teuerungsabrechnung beschlägt. 1.5

Anmerkung 2

Verwirklicht sich der in Art. 59 Abs. 1 umschriebene Tatbestand, so hat der Unternehmer nach dem Wortlaut dieser Bestimmung einen Anspruch auf zusätzliche Vergütung. Das bedarf einer Erläuterung in mehrfacher Hinsicht: 2.1

a) Art. 59 Abs. 1 spricht zwar nur vom Anspruch des Unternehmers auf zusätzliche Vergütung. In Wirklichkeit aber hat der Unternehmer (in Übereinstimmung mit Art. 373 Abs. 2 OR) entweder einen Anspruch auf zusätzliche Vergütung *oder* ein Recht auf Vertragsauflösung, je nachdem, welche Rechtsfolge unter Berücksichtigung der beidseitigen 2.2

Interessen die angemessene ist (vgl. GWERKV Rz. 1119). Das ergibt sich zum einen aus Art. 59 Abs. 2, wonach das im Streitfall angerufene Gericht entweder die zusätzliche Vergütung festsetzt oder die Auflösung des Vertrags bewilligt, zum andern aus Art. 60 Abs. 1 (in fine), der für den Fall ungünstiger (aber vorhersehbarer, Art. 60/Rz. 1.2) Witterungsverhältnisse das «Auflösungsrecht» nach Art. 59 ausschliesst (siehe aber Art. 59/Rz. 6.5).

2.3 b) Hat der Unternehmer die Überschreitung einer Frist verschuldet, so verliert er seinen Anspruch auf zusätzliche Vergütung oder Vertragsauflösung (Art. 59/Rz. 2.2), wenn die ausserordentlichen Umstände sich nur wegen seines Verzugs auf die Ausführungskosten auswirken konnten. Diese Regel ergibt sich schon aus einer sinngemässen Anwendung des Art. 103 OR (GWERKV Rz. 1110) und wird durch Art. 97 Abs. 2 für den Anspruch auf Mehrvergütung bestätigt.

2.4 c) Obwohl die SIA-Norm 118 sich darüber ausschweigt, entfällt der Anspruch auf Mehrvergütung oder Vertragsauflösung (Art. 59/Rz. 2.2) auch dann, wenn der Unternehmer die ausserordentlichen Umstände selber zu vertreten hat (BGE 113 II 513/516 E. 3b; 104 II 314/316 E. b), weil sie z.B. auf einem Fehlverhalten eines Subunternehmers (Art. 29; BGE 109 II 333/336 f. E. 3b) oder darauf beruhen, dass der Unternehmer in der Vorbereitung der Arbeit, in der Werkausführung oder in der Einleitung von zumutbaren Gegenmassnahmen nachlässig oder unvorsichtig war (vgl. GWERKV Rz. 1109). Dasselbe gilt, wenn der Unternehmer seine Anzeigepflicht (Art. 59 Abs. 3) verletzt hat (vgl. Art. 58/Rz. 17.3).

Anmerkung 3

3 Zu diesen Umständen vgl. GWERKV Rz. 1076 ff. und BGE 109 II 333/336 f. E. 3. Ob ein Umstand voraussehbar war, beurteilt sich «vom Standpunkt eines sachkundigen und sorgfältigen Unternehmers aus» (BGer 4C.292/2002 vom 20. November 2003 E. 3.1). Die Beweislast für den von ihm angerufenen Umstand trägt der Unternehmer (ZINDEL/PULVER/SCHOTT, Basler Kommentar, N 40 zu Art. 373 OR).

Anmerkung 4

4 Zu diesen Umständen vgl. GWERKV Rz. 1092 ff. Hat der Unternehmer bezüglich der nun eingetretenen Umstände schon bei Vertragsschluss Zweifel gehegt, ist er also den Vertrag eingegangen im Bewusstsein des Risikos, dass diese Umstände eintreten könnten, ist es ihm verwehrt, sich bei Eintritt des Risikos auf Art. 59 Abs. 1 zu berufen (KOLLER ALFRED, Pauschalpreisverträge, S. 769). Beweisbelastet für das Vorliegen von Zweifeln ist der Bauherr.

Anmerkung 5

5.1 Art. 59 Abs. 1 *setzt tatbestandsmässig voraus,* dass «ausserordentliche Umstände, welche nicht vorausgesehen werden konnten oder welche nach den von beiden Vertragsparteien angenommenen Voraussetzungen ausgeschlossen waren, die Fertigstellung hindern oder übermässig erschweren». Dieser Tatbestand ist keine Eigenheit der SIA-Norm 118, sondern entspricht exakt dem Ausnahmefall des Art. 373 Abs. 2 OR (Art. 59/Rz. 1.1), der in GWERKV Rz. 1044 ff. ausführlich (und unter Hinweis auf Literatur und Rechtsprechung) kommentiert wird. Deshalb kann auf das dort Gesagte verwiesen werden (Art. 59/Rz. 1.2). Hier seien nur die folgenden *Einzelpunkte* hervorgehoben:

a) «Ausserordentlich» im Sinne des Art. 59 Abs. 1 (und Art. 373 Abs. 2 OR) sind Umstände (Sachverhalte oder Verhältnisse), die «nicht vorausgesehen werden konnten» oder die «nach den von beiden Vertragsparteien angenommenen Voraussetzungen ausgeschlossen waren». Somit ist jeder Umstand, der «unvorhersehbar» oder nach den beidseitig «angenommenen Voraussetzungen» ausgeschlossen war, immer auch «ausserordentlich» im Sinne des Art. 59 Abs. 1. Eine darüber hinausgehende «Ausserordentlichkeit» ist nicht verlangt. 5.2

b) Die ausserordentlichen Umstände des Art. 59 Abs. 1 kommen in verschiedenen *Erscheinungsformen* vor. Es können Sachverhalte sein, die entweder erst nach Vertragsabschluss *eintreten* (z.B. Erdbeben) oder die zwar schon vorher bestanden haben (z.B. hohe unterirdische Temperatur), für den Unternehmer aber erst *nachher zutage treten*. So oder anders ist jedoch vorausgesetzt, dass es sich um Umstände handelt, die für den Unternehmer Mehraufwendungen bedeuten (Art. 59 Abs. 2) und damit Mehrkosten verursachen, weil sie die Herstellung des Werks beeinträchtigen oder sonstwie zu einer Erhöhung der Ausführungskosten führen. Zur Teuerung vgl. aber Art. 59/Rz. 1.3. 5.3

c) Damit der Tatbestand des Art. 59 Abs. 1 erfüllt ist, müssen die ausserordentlichen Umstände so beschaffen sein, dass sie *«die Fertigstellung hindern oder übermässig erschweren»*. Das trifft dann zu, wenn sie die Ausführungskosten des Werks in einem solchen Umfang erhöhen, dass zwischen der Gesamtleistung des Unternehmers und der vertraglichen Vergütung ein offenbares Missverhältnis zulasten des Unternehmers entsteht. Das Missverhältnis muss so krass (vgl. BGE 104 II 314/317 E. b) sein, dass es für den Unternehmer nach Treu und Glauben nicht zumutbar ist, das Werk zum vertraglich vereinbarten Festpreis (Einheits-, Global- oder Pauschalpreis) auszuführen. Vorausgesetzt sind entsprechende Mehrkosten, nicht technische Erschwernisse (Reetz, Der Baugrund, S. 70; Koller Alfred, Pauschalpreisverträge, S. 768). 5.4

d) Ob ausserordentliche Umstände ein derartiges Missverhältnis begründen, ist eine Ermessensfrage, die vom Gericht zu beantworten ist (Art. 4 ZGB). Massgebend ist stets das Missverhältnis zwischen der ganzen Leistung des Unternehmers und der vertraglichen *Gesamtvergütung*. Das gilt auch dann, wenn für verschiedene Einzelleistungen verschiedene Preise vereinbart wurden. Solange die durch ausserordentliche Umstände bewirkten Mehrkosten einer zu einem Festpreis übernommenen Einzelleistung (allein oder zusammen mit entsprechenden Mehrkosten einer anderen Einzelleistung) nicht zu einem offenbaren Missverhältnis zwischen der Gesamtleistung und der Gesamtvergütung führen, sind sie unter dem Gesichtspunkt des Art. 59 unerheblich. Ausserdem bleibt zu beachten: 5.5

e) Zu berücksichtigen ist ein Missverhältnis zwischen den Austauschleistungen des Werkvertrags nur insoweit, als es gerade durch die *infolge ausserordentlicher Umstände eingetretenen Mehrkosten* begründet wird. Für den Vergleich mit der vereinbarten Vergütung sind die Mehrkosten unter Ausschluss jeden Gewinns einzusetzen (BGE 104 II 314/317 E. b; 50 II 158/167 E. 4; siehe auch Art. 59/Rz. 8.3). 5.6

5.7 Ein Missverhältnis auszugleichen, das auch ohne die erwähnten Mehrkosten bestehen würde, ist nicht Zweck des Art. 59. Ebenso wenig bezweckt Art. 59, dem Unternehmer eine «lohnende» Werkausführung zu garantieren (BGE 47 II 440/457 E. 4). Die blosse Tatsache, dass die Mehrkosten den Unternehmer um einen erwarteten Gewinn bringen, reicht daher nicht aus, um das erforderliche Missverhältnis anzunehmen. Selbst wenn der Unternehmer zu einem bedeutenden Verlust kommt, braucht deswegen noch kein offenbares Missverhältnis zwischen Leistung und Gegenleistung vorzuliegen. Zum Ganzen GWerkV Rz. 1063 f.

5.8 f) Auch solche Umstände, die nach der Ausdrucksweise des Art. 59 Abs. 1 (und Art. 373 Abs. 2 OR) «die Fertigstellung hindern», bewirken eine «übermässige Erschwerung» der Fertigstellung durch Mehrkosten (Art. 59/Rz. 5.4). Es sind Umstände, welche deswegen Mehrkosten verursachen, weil sie die Herstellung des Werks beeinträchtigen (Art. 59/Rz. 5.3), indem sie die Herstellung verzögern oder anderswie erschweren. Das Bindewort «oder» («hindern *oder* übermässig erschweren») hat in Art. 59 Abs. 1 also nicht die Bedeutung von «entweder-oder» (vgl. GWerkV Rz. 1054). Vielmehr hebt es die «Hinderung» als Sonderfall der «übermässigen Erschwerung» heraus. Richtig sollte es heissen: «hindern oder sonstwie übermässig erschweren». Daraus ergibt sich:

5.9 g) *«Hinderung der Fertigstellung»* bedeutet in Art. 59 Abs. 1 nicht «Verhinderung der Werkausführung». Wird die Ausführung des Werks ganz oder teilweise *verhindert,* so liegt ein Tatbestand der Leistungsunmöglichkeit vor, der sich dem Anwendungsbereich des Art. 59 entzieht (GWerkV Rz. 1055). Zu einzelnen Fällen nachträglicher Leistungsunmöglichkeit vgl. Art. 185 und Art. 186.

Anmerkung 6

6.1 Diese Umstände, die Art. 59 Abs. 1 als *Beispiele* nennt, *können* «ausserordentliche Umstände» (Art. 59/Rz. 5.2) sein, welche «die Fertigstellung hindern oder übermässig erschweren». Ob sie es aber *tatsächlich sind,* lässt sich nur für den Einzelfall beantworten. Ausserdem ist zu beachten:

6.2 a) Bei «Wassereinbrüchen» oder «Gasaustritten» im Baugrund, bei «hohen unterirdischen Temperaturen» oder bei «Radioaktivität» des Bodens ist es möglich, dass einschlägige *Angaben der Ausschreibungsunterlagen über den Baugrund* mangelhaft (unrichtig oder unvollständig) waren (vgl. Art. 58/Rz. 12.3). Trifft dies zu, so hat der Unternehmer schon nach Massgabe des Art. 58 Abs. 2 Satz 2 einen Anspruch auf eine Mehrvergütung, sofern die übrigen Voraussetzungen dieser Bestimmung ebenfalls erfüllt sind.

6.3 b) Zu den Beispielen, die Art. 59 Abs. 1 erwähnt, gehören auch «einschneidende behördliche Massnahmen» und die «Störung des Arbeitsfriedens». Diese Ereignisse können sich in verschiedener Weise auf die Erstellungskosten auswirken. Im Einzelfall können sie auch die Marktverhältnisse stören, und zwar derart, dass der Unternehmer mangels Arbeitskräften oder des von ihm zu liefernden Materials gezwungen ist, die Baustelle vorübergehend (ganz oder teilweise) stillzulegen. Alsdann liegt ein Fall des Art. 61 vor, was bedeutet, dass der Unternehmer von vornherein nicht berechtigt ist, sich wegen der aus der Stilllegung erwachsenden Mehraufwendungen auf Art. 59 zu berufen (vgl. Art. 61/Rz. 5 und 7.1 ff.). Zur Klarstellung ist beizufügen:

Eine individuelle «Störung des Arbeitsfriedens», die gerade und nur den betreffenden Unternehmer trifft, fällt nicht in den Anwendungsbereich des Art. 61 (vgl. Art. 61/Rz. 3.1). 6.4

c) Was schliesslich den «Sturm» betrifft, der in Art. 59 Abs. 1 ebenfalls genannt wird, stellt sich die Frage nach dem Verhältnis zu Art. 60 Abs. 1. War ein aufgekommener Sturm oder dessen Heftigkeit für den Unternehmer unvorhersehbar, so fällt er nicht unter die «ungünstigen Witterungsverhältnisse» des Art. 60 Abs. 1 (vgl. Art. 60/Rz. 1.2), weshalb sich dann der Anspruch auf Mehrvergütung nach Art. 59 beurteilt. 6.5

Anders verhält es sich bei gegebener Voraussehbarkeit (Art. 60/Rz. 1.2). Alsdann kommt Art. 60 Abs. 1 zur Anwendung (vgl. Art. 60/Rz. 2), soweit es um die darin umschriebenen Mehraufwendungen geht. Das aber bedeutet, dass der Unternehmer sich in diesem Rahmen auch dann nicht auf Art. 59 berufen kann, wenn das betreffende Sturmereignis nach den von beiden Vertragsparteien angenommenen Voraussetzungen ausgeschlossen war und die übrigen Voraussetzungen des Art. 59 Abs. 1 erfüllt sind (vgl. Art. 60/Rz. 9.2). 6.6

Anmerkung 7

Dieser Satz, der den Parteien nahelegt, sich über die Folgen der ausserordentlichen Umstände aussergerichtlich zu einigen, schiebt den *Anspruch auf Mehrvergütung* in den Vordergrund. Er bedarf einer Erläuterung in zweifacher Hinsicht: 7.1

a) Erstens ist der Satz zu eng gefasst. Denn nicht nur über «die Höhe der zusätzlichen Vergütung» haben die Parteien sich zu verständigen, wenn sie den Fall durch gegenseitige Übereinkunft erledigen wollen. Vielmehr haben die Parteien sich zunächst darüber einig zu werden, ob überhaupt ein Fall des Art. 59 Abs. 1 vorliegt und ob der Vertrag deswegen aufzulösen, die Vergütung des Unternehmers zu erhöhen (bzw. bei tieferen Herstellungskosten zugunsten des Bauherrn zu verringern ist, siehe Art. 59/Rz. 1.5) oder eine andere Regelung zu treffen ist. Möglich ist beispielsweise auch, dass der Unternehmer auf seine Rechte aus Art. 59 vertraglich verzichtet. 7.2

b) Zweitens gibt Art. 59 Abs. 2 dem Unternehmer kein Recht, die Arbeiten einzustellen oder zu verlangsamen, bis eine Einigung mit dem Bauherrn erreicht oder der Fall durch das Gericht entschieden ist. Vielmehr hat er seinen vertraglichen Pflichten trotz allfälliger Meinungsverschiedenheiten mit dem Bauherrn gewissenhaft nachzukommen (Art. 37 Abs. 1). 7.3

Anmerkung 8

Der Anspruch des Unternehmers auf zusätzliche Vergütung richtet sich auf eine angemessene Mehrvergütung. Nach Art. 59 Abs. 2 sind *höchstens die nachgewiesenen tatsächlichen Mehraufwendungen* zu vergüten. Diese Höchstgrenze ist aber zu hoch angesetzt. Denn: 8.1

a) Die Mehrvergütung, auf die der Unternehmer Anspruch hat, soll lediglich die unzumutbare Leistung des Unternehmers (Art. 59/Rz. 5.4) zumutbar machen (BGE 104 II 8.2

314/317 E. b). Sie bezweckt also nicht, das «Geschäft» zu einem «gewinnbringenden» oder «verlustfreien» umzugestalten (BGE 104 II 314/317 E. b).

8.3 b) Angemessen ist somit nur (aber immerhin) eine Mehrvergütung, die das durch Mehrkosten entstandene (grobe) Missverhältnis zwischen Leistung und Gegenleistung (Art. 59/Rz. 5.4) in der Weise ausgleicht, dass die Leistung dem Unternehmer zumutbar wird. Ein Recht auf eine Mehrvergütung, die darüber hinausgeht, steht dem Unternehmer nicht zu. Folglich hat der Unternehmer kein Recht darauf, dass der Bauherr sämtliche Mehrkosten übernimmt, die durch die «ausserordentlichen Umstände» entstanden sind (GWerkV Rz. 1115; anders Schumacher, Die Vergütung, Rz. 414). Trifft den Bauherrn aber ein Verschulden (GWerkV Rz. 1116), so kommt nicht Art. 59, sondern Art. 58 Abs. 2 zur Anwendung, wo die umfangmässige Beschränkung, die Art. 59 vorsieht, nicht greift (Art. 58/Rz. 10.1).

Anmerkung 9

9.1 Der Satz, wonach das Gericht «auf Klage des Unternehmers die zusätzliche Vergütung» festsetzt oder «die Auflösung des Vertrages» bewilligt, bedarf der Erläuterung:

9.2 a) Der Satz stellt klar, dass im Streitfall das Gericht darüber zu entscheiden hat, ob dem Unternehmer eine zusätzliche Vergütung zusteht oder der Vertrag aufgelöst wird. Preiserhöhung oder Vertragsauflösung erfolgen somit durch «richterlichen Eingriff» (BGE 104 II 314/315 E. a), also durch konstitutives Urteil des Gerichts. Die zu Art. 373 Abs. 2 OR vertretene Auffassung, dass der Unternehmer berechtigt sei, den Vertrag durch aussergerichtliche Erklärung aufzulösen (so aber z.B. BGE 48 II 119/125), ist auch im Rahmen der gesetzlichen Ordnung abzulehnen (GWerkV Rz. 1123 ff.; Koller Alfred, Pauschalpreisverträge, S. 770).

9.3 b) Das angerufene Gericht trifft den Entscheid nach seinem Ermessen (Art. 4 ZGB), wobei es die beidseitigen Interessen der Parteien zu berücksichtigen hat (Art. 59/Rz. 2.2). Zum Einfluss des Bauherrn auf den Entscheid des Gerichts vgl. GWerkV Rz. 1121.

9.4 Spricht das Gericht dem Unternehmer eine zusätzliche Vergütung zu, so setzt es die angemessene Mehrvergütung (Art. 59/Rz. 8.1) fest. Bewilligt das Gericht die Auflösung des Vertrags, so liegt es auch in seinem Ermessen, die Folgen der Auflösung zu bestimmen. Insbesondere hat das Gericht über die Art der Auflösung («ex nunc» oder «ex tunc») und über einen allfälligen Schadenersatzanspruch des Bauherrn zu entscheiden (vgl. GWerkV Rz. 1117 f.).

9.5 c) Weitere Anpassungen des Vertrags sind in Art. 59 nicht vorgesehen, was in Einklang mit Art. 373 Abs. 2 OR steht. Nicht zulässig wäre namentlich eine Anpassung (Verlängerung) vertraglicher Fristen, weshalb es sein kann, dass der Unternehmer infolge ausserordentlicher Umstände in Schuldnerverzug gerät, da der Verzug nach schweizerischem Recht kein Verschulden bedingt (vgl. GWerkV Rz. 1126). Doch kann es auch bei ausserordentlichen Umständen sein, dass der Unternehmer nach Art. 96 einen Anspruch auf Fristerstreckung hat.

Anmerkung 10

Liegen «ausserordentliche Umstände» vor, welche «die Fertigstellung hindern oder übermässig erschweren» (Art. 59 Abs. 1), ist aber der Unternehmer trotz Kenntnis dieser Umstände vorbehaltlos mit der Werkausführung weitergefahren, so widerspricht es *Treu und Glauben* (Art. 2 ZGB), wenn er sich im Nachhinein gleichwohl auf Art. 59 beruft. Das aber bedeutet: 10.1

a) Der Unternehmer, der seine Rechte aus Art. 59 wahren will, ist im Sinne einer Obliegenheit gehalten, die ausserordentlichen Umstände und seine Absicht, sich auf Art. 59 zu berufen, dem Bauherrn anzuzeigen (GWERKV Rz. 1111; BGE 116 II 315/315 f. E. 3). Diese Anzeige untersteht, wie Art. 59 Abs. 3 ausdrücklich sagt, der Regel des Art. 25. 10.2

b) Die Anzeige hat zu erfolgen, sobald der Unternehmer die ausserordentlichen Umstände kennt und vernünftigerweise annehmen muss, dass sie ein offenbares Missverhältnis zwischen seiner Leistung und der vertraglichen Vergütung begründen (Art. 59/ Rz. 5.4). Solange hingegen der Unternehmer annehmen darf, dass der Tatbestand des Art. 59 Abs. 1 nicht erfüllt ist, kann von ihm keine Anzeige erwartet werden. 10.3

c) Vom Unternehmer kann aber auch nicht verlangt werden, dass er schon gleichzeitig mit der Anzeige erklärt, ob er eine Mehrvergütung verlangen oder den Vertrag auflösen will (ungenau BGE 116 II 315/315 f. E. 3). Das gilt umso mehr, als die Wahl zwischen Vertragsauflösung und Mehrvergütung ohnehin nicht im Belieben des Unternehmers, sondern in der Kompetenz des Gerichts liegt, falls die Parteien sich nicht selber darüber einigen können (Art. 59/Rz. 9.2). 10.4

d) Von der Anzeige nach Art. 59 Abs. 3 zu unterscheiden ist die Obliegenheit des Unternehmers, einen allfälligen Anspruch auf Mehrvergütung spätestens mit der Schlussabrechnung (Art. 153) geltend zu machen. Bringt der Unternehmer in der Zusammenstellung gemäss Art. 153 Abs. 3 keinen schriftlichen Vorbehalt an, so verzichtet er nach Art. 156 auf einen Anspruch, den er bis anhin nicht in Rechnung gestellt hat. 10.5

2 322 Ungünstige Witterungsverhältnisse

Art. 60

[1] Falls ungünstige Witterungsverhältnisse [1] (wie Regen, Wind, Schneefall, Eisbildung oder Frost) [2]

- **Sondermassnahmen zum Schutz bereits ausgeführter, aber nicht abgenommener Werkteile [3] oder zur Weiterführung der Arbeiten [4] erfordern,**
- **oder zur vorübergehenden Stilllegung einer Baustelle [5] führen,**
- **oder die Bodenverhältnisse [6] verschlechtern und dadurch den Fortgang der Arbeiten erschweren,**

so kann der Unternehmer wegen der ihm daraus erwachsenden Mehraufwendungen[7] nur dann eine zusätzliche Vergütung verlangen, wenn dies vereinbart ist[8]. Art. 59 ist nicht anwendbar[9]; ein Auflösungsrecht besteht nicht.[10]

[2] Hat aber der Unternehmer auf Grund eines Gesamtarbeitsvertrages[11] seinen Arbeitnehmern für witterungsbedingte Ausfälle einzelner Arbeitsstunden Entschädigungen zu leisten, die nicht durch die Arbeitslosenversicherung[12] gedeckt sind, so werden ihm diese vom Bauherrn vergütet[13], es sei denn, dass in den Ausschreibungsunterlagen ihre Einrechnung im Angebot verlangt worden war. Zu vergüten sind in diesem Falle auch die zugehörigen Lohnnebenkosten gemäss Art. 63 Abs. 1 Ziff. 2, ferner die allgemeinen Geschäftskosten und die gesetzlichen Abgaben, jedoch ohne Zuschlag für Risiko und Verdienst.

Art. 60 (1977/91)

[1] Falls ungünstige Witterungsverhältnisse (wie Regen, Wind, Schneefall, Eisbildung oder Frost)

- Sondermassnahmen zum Schutz bereits ausgeführter, aber nicht abgenommener Werkteile oder zur Weiterführung der Arbeiten erfordern,
- oder zur vorübergehenden Stilllegung einer Baustelle führen,
- oder die Bodenverhältnisse verschlechtern und dadurch den Fortgang der Arbeiten erschweren,

so kann der Unternehmer wegen der ihm daraus erwachsenden Mehraufwendungen nur dann eine zusätzliche Vergütung verlangen, wenn dies vereinbart wurde. Art. 59 ist nicht anwendbar; ein Auflösungsrecht besteht nicht.

[2] Hat aber der Unternehmer auf Grund eines Gesamtarbeitsvertrages seinen Arbeitnehmern für witterungsbedingte Ausfälle einzelner Arbeitsstunden Entschädigungen zu leisten, die nicht durch die Arbeitslosenversicherung gedeckt sind, so werden ihm diese vom Bauherrn vergütet; es sei denn, dass in den Ausschreibungsunterlagen ausdrücklich[13] ihre Einrechnung im Angebot verlangt worden war. Zu vergüten sind in diesem Falle auch die zugehörigen Lohnnebenkosten gemäss Art. 63 Abs. 1 Ziff. 2, ferner die allgemeinen Geschäftskosten und die Umsatzabgaben[14], jedoch ohne Zuschlag für Risiko und Verdienst.

Anmerkung 1

1.1 Art. 60 Abs. 1 regelt, wie mit dem Einfluss der Witterung auf die Bauarbeiten umzugehen ist. Er spricht von «ungünstigen», nicht von *irgendwelchen Witterungsverhältnissen,* was der Auslegung bedarf:

1.2 a) «Ungünstig» im Sinne des Art. 60 Abs. 1 sind Witterungsverhältnisse, die zwar für den Unternehmer nachteilig sind, sich aber am Ort und zur vertraglich vorgesehenen Jahreszeit der Arbeitsausführung *im Rahmen des Voraussehbaren* halten (vgl. GWerkV Rz. 1080). Dazu gehören vor allem die sogenannten Schlechtwettertage (z.B. mehrere «Regentage»), die dem voraussehbaren Witterungsablauf entsprechen. Ausgeklammert bleiben hingegen Witterungsverhältnisse, mit denen auch ein vorsichtiger Unternehmer nach den im Zeitpunkt des Vertragsabschlusses zur Verfügung stehenden Erfahrungswerten (für den Ort und die vorgesehene Zeit der Arbeitsausführung) nicht zu rechnen brauchte, weil sie beispielsweise im Durchschnitt nur alle 15 oder 20 Jahre auftreten.

Dazu gehören sicher Unwetterkatastrophen (wie Orkane oder Fluten), die sich (wie z.B. Erdbeben) geradezu als Ereignisse höherer Gewalt charakterisieren. Die Einflüsse unvorhersehbarer Witterungsverhältnisse beurteilen sich demnach nicht nach Art. 60, sondern nach Art. 59 (Art. 59/Rz. 6.5 f.).

Diese restriktive Auslegung dient nicht nur der Vermeidung von Härten, sondern entspricht auch einer in Deutschland anerkannten Praxis zur rechtlichen Behandlung von Witterungseinflüssen (vgl. § 6 Abs. 2 Nr. 2 VOB/B). Vor allem aber orientiert sie sich am Gedanken, dass von Art. 373 Abs. 2 OR (dem Vorbild des Art. 59) abweichende Abreden eng auszulegen sind und im Zweifel diejenige Bedeutung den Vorzug hat, die mit Art. 373 Abs. 2 OR im Einklang steht (Art. 59/Rz. 1.2). Dass es in Art. 60 nicht darum geht, dem Unternehmer alle witterungsbedingten Risiken zu überbinden, zeigt im Übrigen auch der zweite Absatz des Art. 60. 1.3

b) Sind umgekehrt die Witterungsverhältnisse günstiger als erwartet, so hat der Unternehmer bei Festpreisen gleichwohl Anspruch auf die volle Vergütung, muss sich also ungeachtet seiner Einsparungen keinen Abzug gefallen lassen (vgl. Art. 38 Abs. 2). Ist es aber so, dass einzelne Leistungen (z.B. Schutzmassnahmen), die das Leistungsverzeichnis gesondert aufführt und für die Einheitspreise vereinbart wurden, der günstigen Witterung wegen nun nicht erforderlich sind und deshalb vom Bauherrn abbestellt werden, entfällt für diese Leistungen der Vergütungsanspruch des Unternehmers. 1.4

Anmerkung 2

Die beispielhafte Aufzählung, welche der Klammerausdruck enthält, ist *nicht abschliessend.* Weitere Beispiele sind etwa Hagel, Nebel, Sturm, witterungsbedingte Helligkeit und Dunkelheit. Doch muss es sich immer um voraussehbare Witterungsverhältnisse handeln, damit sie in den Anwendungsbereich des Art. 60 fallen (Art. 60/Rz. 1.2). Das erklärt, weshalb der Sturm, da er in seinem Aufkommen oder in seiner Heftigkeit unvorhersehbar sein kann, auch unter den Beispielen des Art. 59 Abs. 1 figuriert (Art. 59/Rz. 6.5 f.). 2

Anmerkung 3

Die Aufwendungen für den «ordentlichen Unterhalt bis zur Abnahme» sind vom Unternehmer in die Einheitspreise (Art. 39 Abs. 2), aber auch in Global- und Pauschalpreise einzurechnen. Das gilt auch für die hier geregelten Massnahmen zum Schutz des Bauwerks vor ungünstigen Witterungseinflüssen. Dass die SIA-Norm 118 sie hier als «Sondermassnahmen» bezeichnet, verdeutlicht, dass der Unternehmer alles vorzukehren hat, was erforderlich ist, um die Werkteile zu schützen; mit dem gewählten Ausdruck ist aber nicht die Bedeutung verbunden, dass der Bauherr den Unternehmer für die entsprechenden Massnahmen gesondert zu vergüten hätte. Das ist namentlich (im Sinne eines Beispiels) im Umgang mit der Regel der SIA-Norm 118/262 («Allgemeine Bedingungen für Betonbau») zu beachten, die beim Betonbau «besondere Vorkehrungen, um bei witterungsbedingten […] Arbeitsunterbrüchen Verfärbungen der Betonoberflächen durch Rostwasser zu verhindern», zu jenen Leistungen schlägt, die im Angebot des Unternehmers nicht inbegriffen sind (Ziff. 8.2.5). Diese Regel widerspricht Art. 59 Abs. 1, 3 sodass sie ihr zu weichen hat, wenn die Parteien diese ABB-Regel nicht auf einen Rang heben, in dem sie der SIA-Norm vorgeht (siehe Art. 60/Rz. 10.1).

Anmerkung 4

4 Sondermassnahmen «zur Weiterführung der Arbeiten» sind auch Sondermassnahmen zum Schutze der für die Bauarbeiten eingesetzten Arbeitnehmer und Baustelleneinrichtungen.

Anmerkung 5

5 Der Ausdruck «Baustelle» ist in einem weiten Sinne zu verstehen, der auch allfällige Nebenarbeitsplätze einschliesst (Art. 61/Rz. 1). Im Übrigen macht es keinen Unterschied, ob die ungünstigen Witterungsverhältnisse zu einer gänzlichen oder zu einer nur teilweisen Stilllegung der Baustelle führen.

Anmerkung 6

6 Dazu gehören nicht nur die Verhältnisse des Baugrunds, sondern auch die bestehende Bausubstanz sowie Verhältnisse weiterer Grundstücke, die der Bauausführung dienen (Art. 116 Abs. 1), und zwar unter Einschluss allfälliger Zufahrten. Vorbehalten aber bleibt namentlich der durch Art. 58 Abs. 2 erfasste Fall, in dem der Unternehmer aufgrund bauseitiger, sachverständiger Angaben zum Baugrund nicht damit rechnen musste, dass sich die Bodenverhältnisse witterungsbedingt in der nun eingetretenen Weise verschlechtern würden (Art. 60/Rz. 9.3).

Anmerkung 7

7 Daraus «erwachsende Mehraufwendungen» sind auch Mehrkosten, die durch eine Verzögerung der Bauarbeiten entstehen.

Anmerkung 8

8 Zur betreffenden Vereinbarung vgl. Art. 60/Rz. 10.1.

Anmerkung 9

9.1 Die Bestimmung des Art. 59 kommt nicht zur Anwendung. Das bedeutet:

9.2 a) Weder kann der Unternehmer eine zusätzliche Vergütung nach Art. 59 Abs. 1 verlangen noch hat er ein Auflösungsrecht nach Art. 59 Abs. 2, was Art. 60 Abs. 1 ausdrücklich hervorhebt. Einerseits versteht sich diese Rechtslage von selbst. Weil es sich nämlich bei den «ungünstigen Witterungsverhältnissen» im Sinne des Art. 60 Abs. 1 um voraussehbare Verhältnisse handelt (Art. 60/Rz. 1.2), kann der Unternehmer sich von vornherein nicht auf «ausserordentliche Umstände, welche nicht vorausgesehen werden konnten» (Art. 59 Abs. 1), berufen (vgl. GWerkV Rz. 1080). Insofern bestätigt Art. 60 Abs. 1 die Regel des Art. 59 (und des Art. 373 Abs. 2 OR). Andererseits aber gilt die umschriebene Rechtslage (kein Anspruch auf eine zusätzliche Vergütung oder Vertragsauflösung) auch dann, wenn die eingetretenen Witterungsverhältnisse «nach den von beiden Vertragsparteien angenommenen Voraussetzungen ausgeschlossen waren» und die übrigen Voraussetzungen des Art. 59 Abs. 1 an sich erfüllt sind. Insofern (und nur insofern) ist Art. 60 Abs. 1 eine Ausnahmebestimmung zu Art. 59 (und zu Art. 373 Abs. 2 OR).

b) Art. 60 Abs. 1 schliesst einzig die Anwendung des Art. 59 aus, bezieht sich aber nicht 9.3
auch auf Art. 58 Abs. 2. Sind die Voraussetzungen des Art. 58 Abs. 2 erfüllt, so hat der Unternehmer einen Anspruch auf Mehrvergütung nach Massgabe dieser Bestimmung. Das trifft namentlich dann zu, wenn er mit den betreffenden (ungünstigen) Witterungsverhältnissen nicht gerechnet hatte, weil er vom Bauherrn über vorvertragliche Verhältnisse (namentlich über meteorologische Daten der letzten Jahre) absichtlich oder fahrlässig getäuscht worden war (vgl. Art. 58/Rz. 8.4).

Anmerkung 10

Selbstverständlich steht es den Parteien frei, *eine von Art. 60 Abs. 1 abweichende Abrede* 10.1
zu treffen. Insbesondere können sie vereinbaren, dass dem Unternehmer eine zusätzliche Vergütung für Mehraufwendungen zusteht, die ihm aus den ungünstigen Witterungsverhältnissen erwachsen. Darauf wird in Art. 60 Abs. 1 ausdrücklich hingewiesen. Doch ist zu beachten: Eine Abrede, die von Art. 60 Abs. 1 abweicht, muss individuell oder in einem ranghöheren Vertragsbestandteil vereinbart sein, damit sie der SIA-Norm 118 vorgeht und somit wirksam ist (vgl. Einl./Rz. 26). Das gilt etwa auch für eine mögliche Abrede, worin die Parteien bestimmen, dass sich die Rechtslage bei ungünstigen Witterungsverhältnissen ausschliesslich nach Art. 59 (nicht nach Art. 60) richtet. Sieht das Leistungsverzeichnis witterungsbedingte Schutzmassnahmen vor und enthält es einen zugehörigen Einheitspreis, kommt Art. 60 gar nicht zum Zug.

Ohnehin anders verhält es sich, wenn der Vertrag vorsieht, dass der Unternehmer insge- 10.2
samt «nach Aufwand» zu vergüten ist. In diesem Fall steht Art. 59 Abs. 1 der Vergütung witterungsbedingter Leistungen nicht entgegen, da er von vornherein nur Festpreis-Verträge betrifft.

Anmerkung 11

Zu Gesamtarbeitsverträgen allgemein siehe Art. 356 ff. OR. 11

Anmerkung 12

Zur Schlechtwetterentschädigung siehe Art. 42 ff. AVIG. 12

Anmerkung 13

Das gilt unabhängig davon, ob der Tatbestand des Art. 59 Abs. 1 erfüllt ist oder zugleich 13
ein Fall des Art. 60 Abs. 1 vorliegt oder nicht. Vorausgesetzt ist, dass der Unternehmer diese Zuschläge tatsächlich ausgerichtet hat.

2 323 Stilllegung von Baustellen aus marktwirtschaftlichen Gründen

Art. 61

Muss der Unternehmer seine Baustelle[1] vorübergehend stilllegen[2], weil allgemeine marktwirtschaftliche Störungen[3] einen Mangel an Arbeitskräften oder des von ihm zu liefernden Materials verursachen[4], so erhält er wegen der ihm daraus erwachsenden Mehraufwendungen[5] nur dann eine zusätzliche Vergütung, wenn dies vereinbart ist[6]. Art. 59 ist nicht anwendbar[7]; ein Auflösungsrecht besteht nicht.[8]

Art. 61 (1977/91)

Muss der Unternehmer seine Baustelle vorübergehend stilllegen, weil allgemeine marktwirtschaftliche Störungen einen Mangel an Arbeitskräften oder des von ihm zu liefernden Materials verursachen, so erhält er wegen der ihm daraus erwachsenden Mehraufwendungen nur dann eine zusätzliche Vergütung, wenn dies vereinbart wurde. Art. 59 ist nicht anwendbar; ein Auflösungsrecht besteht nicht.

Anmerkung 1

1 Der Ausdruck «Baustelle» ist wiederum in einem weiten Sinne zu verstehen, der auch allfällige Nebenarbeitsplätze einschliesst (Art. 60/Rz. 5).

Anmerkung 2

2 Ob der Unternehmer die Baustelle *ganz oder nur teilweise* stilllegen muss, macht unter dem Gesichtspunkt des Art. 61 keinen Unterschied.

Anmerkung 3

3.1 Der Ausdruck *«allgemeine marktwirtschaftliche Störungen» ist unpräzise* und auslegungsbedürftig. Gemeint sind Störungen des Markts (allenfalls auch nur des Baumarkts) durch politische, rechtliche oder andere überindividuelle Ereignisse (z.B. Naturereignisse, Krieg, Änderung der Ausländerregelung), die es dem Unternehmer zeitweilig *verunmöglichen,* sich die für die Aufrechterhaltung des normalen Baubetriebs erforderlichen Arbeitskräfte oder Materialien zu beschaffen.

3.2 Obwohl derartige Störungen auf politischen, rechtlichen oder anderen überindividuellen Ursachen beruhen, haben sie doch wirtschaftliche Konsequenzen und können insofern als «wirtschaftliche» Störungen (insbesondere der Verfügbarkeit von Ressourcen) bezeichnet werden. Das störende Ereignis kann auch in einer «Störung des Arbeitsfriedens» bestehen, jedoch unter Ausschluss betrieblicher Störungen, die gerade und nur den einzelnen Unternehmer treffen und insofern nicht den Charakter eines überindividuellen (allgemeinen) Ereignisses haben.

Anmerkung 4

Der Grund, weshalb der Unternehmer seine Baustelle (ganz oder teilweise) stilllegen muss, liegt nach der Tatbestandsumschreibung des Art. 61 in einem «Mangel an Arbeitskräften» oder einem Mangel an vom Unternehmer «zu lieferndem Material» (dazu Art. 10 Abs. 1), der seinerseits durch eine «allgemeine marktwirtschaftliche Störung» (Art. 61/Rz. 3.1) verursacht wurde. 4.1

Muss der Unternehmer die Baustelle stilllegen, weil es an Material fehlt, das der Bauherr zu liefern hat (Art. 10 Abs. 3), kommt Art. 61 nicht zur Anwendung. 4.2

Anmerkung 5

Gemeint sind «Mehraufwendungen», die dem Unternehmer aus der vorübergehenden (gänzlichen oder teilweisen) Stilllegung der Baustelle (Art. 61/Rz. 2) erwachsen. Nur solche Mehraufwendungen fallen unter die Regel des Art. 61. Sie bestehen vor allem in Mehrkosten, die durch die Arbeitsverzögerung entstehen. 5

Anmerkung 6

Zur betreffenden Vereinbarung vgl. Art. 61/Rz. 8.1 f. 6

Anmerkung 7

Die Bestimmung des Art. 59 *kommt nicht zur Anwendung.* Wegen Mehraufwendungen, die dem Unternehmer aus der Stilllegung der Baustelle erwachsen, kann dieser weder eine zusätzliche Vergütung nach Art. 59 Abs. 1 verlangen noch hat der Unternehmer deswegen ein Auflösungsrecht nach Art. 59 Abs. 2, was Art. 61 ausdrücklich hervorhebt. Möglich ist zudem, dass der Unternehmer darob in Schuldnerverzug gerät, weil der Verzug nach schweizerischem Recht kein Verschulden voraussetzt (Art. 59/Rz. 9.5). 7.1

Das Gesagte trifft auch dann zu, wenn im Einzelfall der Tatbestand des Art. 59 Abs. 1 erfüllt ist. Somit enthält Art. 61 eine *Ausnahmebestimmung zu Art. 59* (und zu Art. 373 Abs. 2 OR), für die es aber an einer inneren Rechtfertigung fehlt. Ein sachlicher Grund, weshalb im Falle des Art. 61 dem Unternehmer die Rechtsbehelfe des Art. 59 von vornherein und ausnahmslos verschlossen bleiben, ist nicht ersichtlich. Im Gegenteil: Art. 61 führt zum paradoxen Ergebnis, dass sich der Unternehmer bei einem betriebsindividuellen Streik allenfalls auf Art. 59 Abs. 1 berufen kann und so besser dasteht als bei einem Streik, der beispielsweise die gesamte Baubranche erfasst. 7.2

Von Art. 59 zu unterscheiden ist die *Bestimmung des Art. 58 Abs. 2.* Deren Anwendung wird in Art. 61 zwar nicht ausgeschlossen. Für den Fall, da allgemeine marktwirtschaftliche Störungen auftreten (Art. 61), erlangt Art. 58 Abs. 2 aber kaum jemals praktische Bedeutung. 7.3

Anmerkung 8

Selbstverständlich steht es den Parteien frei, eine von Art. 61 *abweichende Abrede* zu treffen. Namentlich können sie vereinbaren, dass dem Unternehmer eine zusätzliche Vergütung für Mehraufwendungen zusteht, die ihm aus einer vorübergehenden Stilllegung der Baustelle erwachsen. Darauf weist Art. 61 ausdrücklich hin. Zu beachten ist aber: 8.1

8.2 Eine von Art. 61 abweichende Abrede muss individuell oder in einem ranghöheren Vertragsbestandteil vereinbart sein, damit sie der SIA-Norm 118 vorgeht und somit wirksam ist (vgl. Einl./Rz. 26). Das gilt auch für eine mögliche Abrede, worin die Parteien vereinbaren, dass sich die Rechtslage in den Fällen des Art. 61 ausschliesslich nach Art. 59 (nicht nach Art. 61) richtet.

24 Kostengrundlage

Vorbemerkungen zu Art. 62 – 63

1 a) Die Art. 62 und Art. 63 befassen sich mit der Kostengrundlage im Allgemeinen. Art. 62 listet (in offener Aufzählung) deren Bestandteile auf und umreisst deren Funktion, während Art. 63 die Lohnkostenansätze als speziellen Bestandteil besonders hervorhebt.

2 b) Die *Kostengrundlage* ist eine Sammlung einzelner Faktoren (Kostenansätze, Tarife, Preise usw.), die als objektive, vom Ermessen des Unternehmers unabhängige Grundlage den Kostenaufwand und damit auch die Preiskalkulation des Unternehmers mitbestimmen. Sie gilt nur gerade für jenen Zeitpunkt, für den die Faktoren ermittelt wurden, und kann sich mit fortlaufender Zeit verändern, dies etwa wegen lohnwirksamen Vereinbarungen der Sozialpartner, wegen einer anziehenden Nachfrage nach bestimmten Baumaterialien, wegen geänderten gesetzlichen Regelungen oder neuen technischen Normen, wegen Veränderungen des allgemeinen Preisniveaus (Inflation und Deflation).

3 c) Die Kostengrundlage am Tag der Angebotseinreichung oder an einem anderen durch die Ausschreibungsunterlagen festgelegten Stichtag (Art. 62/Rz. 4.1) bezeichnet die SIA-Norm 118 als «*ursprüngliche Kostengrundlage*» (Art. 62 Abs. 2). Diese ursprüngliche Kostengrundlage dient vorab als Bezugspunkt für die Teuerungsabrechnung, soweit die Teuerungsabrechnung nach dem Mengennachweisverfahren (Art. 65 Abs. 2) vorgenommen wird (Art. 62/Rz. 20.1). Vereinfacht gesagt, führt – bei entsprechender Vereinbarung – die Veränderung der Kostengrundlage je nachdem, in welche Richtung die Veränderung ausschlägt, zu einer Mehr- oder einer Mindervergütung (vgl. Titel vor Art. 64).

4 d) Bei den Kosten, die in der Kostengrundlage dargestellt werden, handelt es sich um Faktoren, die vom Ermessen des Unternehmers unabhängig sind (Vorbem. Art. 62 – 63/ Rz. 2), weshalb sie auch nicht unbedingt den effektiven Beschaffungskosten des Unternehmers, also jenen Preisen entsprechen, die er in seinem Beschaffungsmarkt für die entsprechenden Leistungen Dritter (z.B. Materiallieferungen und Transporte) zu bezahlen hat. Etwa kann es sein, dass der Unternehmer für Material effektive Beschaffungskosten hat, die unter dem für die Kostengrundlage relevanten Marktpreis liegen.

5 e) Zu unterscheiden sind die Preise, von denen bei der Kostengrundlage die Rede ist, zudem von den Preisen, die in der SIA-Norm 118 sonst vorkommen (z.B. die Einheits- oder Globalpreise); gemeint ist dort die Vergütung, die der Bauherr dem Unternehmer nach Massgabe des Werkvertrags schuldet. Diese Preise können, müssen aber nicht mit den Beschaffungskosten korrelieren.

f) Mit *Preisänderungen infolge Teuerung* befasst sich auch eine Reihe besonderer SIA-Vertragsnormen (die SIA-Ordnung 121 und die SIA-Normen 122, 123, 124 sowie 126): Dort wird der «Ausdruck Preisänderung für die Bezeichnung der Differenz der Kosten zwischen dem Stichtag und der Leistungsperiode verwendet» (z.B. SIA-Norm 124, Vorwort). Der Ausdruck «Preisänderungen» vermittelt besser als der Ausdruck Teuerung, dass Änderungen im Preisgefüge auch zu einer Mindervergütung führen können; so gesehen wären die Termini «Preisänderungen» oder auch «Kostenänderungsrechnung» (GWERKV Rz. 913) an sich vorzuziehen. Da aber in der SIA-Norm 118 unverändert von der Teuerung die Rede ist, wird dieser Ausdruck auch in diesem Kommentar verwendet. Allenfalls unklar ist, was SIA-Teuerungsnormen unter «Kosten» verstehen. Im Vorwort zur SIA-Norm 124 ist zwar davon die Rede, dass das dort geregelte Verfahren «auf den effektiv nachgewiesenen Veränderungen der Kosten» basiere; gemeint sind damit aber gerade nicht die effektiven Beschaffungskosten des Unternehmers, sondern die Veränderungen gegenüber der ursprünglichen Kostengrundlage. 6

g) Ausserhalb der SIA-Norm 118 wird das Wort *«Kostengrundlage»* bisweilen in einem anderen (weiteren) Sinn verwendet, beispielsweise im Normpositionen-Katalog (vgl. NPK-Kapitel 102 «Besondere Bestimmungen» und NPK-Kapitel 103 «Kostengrundlagen»; dazu Vorbem. Art. 84–91/Rz. 96; STÖCKLI, Was ist mit der Vergütung los, S. 15) und in Leistungsverzeichnissen. Dort kann das Wort auch für kalkulatorische Prozentsätze stehen, deren Wahl im Ermessen des Unternehmers liegt und die als Information (im Sinn von Art. 18 Abs. 2) über die Kalkulation für den konkreten Vertrag dienen. Infrage kommen etwa Prozentsätze für die Zuschläge zur Erfassung von Magazin- und Bauplatzdienst, Baustellenaufsicht und -führung, allgemeine Geschäftskosten, Risiko und Verdienst. 7

Derartige Werte gehören nicht zur Kostengrundlage im Sinne des Art. 62, fliessen aber nach Art. 18 Abs. 2 in die Festlegung von Nachtragspreisen (Art. 86–89) ein. Sie sind Grundbestandteile von Preisanalysen, die in der Praxis gelegentlich auch als «Berechnungsgrundlagen» oder «Kalkulationsgrundlagen» bezeichnet werden. 8

2 41 Inhalt und Bedeutung

Art. 62

[1] In einem Angebot mit Einheits-, Global- oder Pauschalpreisen [1] gelten die für die Preisbildung massgebenden Kostenansätze [2] und Warenpreise [3] am Tag der Einreichung des Angebotes (Stichtag [4]) als berücksichtigt [5]. Zu dieser Kostengrundlage [6] gehören namentlich [7]:

1. **Lohnkostenansätze gemäss Art. 63 [8],**
2. **Listenpreise für Materialien [9]; soweit solche fehlen, die allgemeinen Marktpreise [10],**

3. Preise für Transporte von Personen und Materialien gemäss allgemein gültigen Richtpreislisten der Autotransportbranche [11] bzw. gemäss Tarif öffentlicher Transportanstalten [12],

4. Listenpreise für die Anschaffung von Baustelleneinrichtungen [13]; soweit solche fehlen, die allgemeinen Marktpreise [14],

5. Ansätze gesetzlicher Abgaben [15].

Die Ausschreibungsunterlagen können einen früheren Stichtag [16] festlegen; insbesondere dann, wenn die Offertstellung des Unternehmers umfangreiche Arbeiten voraussetzt [17].

² Die Kostengrundlage gemäss Abs. 1 wird als ursprüngliche Kostengrundlage [18] bezeichnet. Sie ist von Bedeutung für die Teuerungsabrechnung [19] und für die Bildung von Nachtragspreisen (Art. 86–89).[20]

³ Massgebend sind diejenigen Ansätze [21] und Preise [22] der ursprünglichen Kostengrundlage [23] (Abs. 1), die der Unternehmer für den Stichtag belegt [24]. Das gilt auch dann, wenn auf Verlangen des Bauherrn der Unternehmer einzelne Ansätze [25] im Angebot angibt; solche Angaben entheben den Unternehmer nicht der Nachweispflicht [26].

Art. 62 (1977/91)

¹ In einem Angebot mit Einheits-, Global- oder Pauschalpreisen gelten die für die Preisbildung massgebenden Kostenansätze und Warenpreise am Tag der Einreichung des Angebotes (Stichtag) als berücksichtigt. Zu dieser Kostengrundlage gehören namentlich:

1. Lohnkostenansätze gemäss Art. 63
2. Listenpreise für Materialien; soweit solche fehlen, die allgemeinen Marktpreise
3. Preise für Transporte von Personen und Materialien gemäss allgemein gültiger Richtpreislisten der Autotransportbranche bzw. gemäss Tarif öffentlicher Transportanstalten
4. Listenpreise für die Anschaffung von Baustelleneinrichtungen; soweit solche fehlen, die allgemeinen Marktpreise
5. Ansätze gesetzlicher Umsatzabgaben (z.B. MWST).

Die Ausschreibungsunterlagen können einen früheren Stichtag festlegen; insbesondere dann, wenn die Offertstellung des Unternehmers umfangreiche Arbeiten voraussetzt.

² Die Kostengrundlage gemäss Abs. 1 wird als ursprüngliche Kostengrundlage bezeichnet. Sie ist von Bedeutung für die Teuerungsabrechnung und für die Bildung von Nachtragspreisen (Art. 86ff.).

³ Für die Teuerungsabrechnung sind diejenigen Ansätze und Preise der ursprünglichen Kostengrundlage (Abs. 1) massgebend, die der Unternehmer für den Stichtag belegt. Das gilt auch dann, wenn auf Verlangen des Bauherrn der Unternehmer einzelne Ansätze im Angebot angibt; solche Angaben entheben den Unternehmer nicht der Nachweispflicht.

Anmerkung 1

Dabei handelt es sich um Festpreise. Bei Einheits- und Globalpreisen sind (im Rahmen der Teuerungsabrechnung) Veränderungen der «Kostenansätze und Warenpreise» (bzw. nach Art. 64 Abs. 1: «Lohnkostenansätze oder Preise») zu berücksichtigen, beim Pauschalpreis nicht (Art. 41/Rz. 4). 1.1

Offeriert der Unternehmer seine Leistungen nicht zu Festpreisen, sondern zu Regieansätzen, sind die Art. 50 und Art. 68 einschlägig. Richtet sich die Vergütung nicht nach Regieansätzen, sondern nach dem tatsächlichen Aufwand des Unternehmers, spielt die Festlegung keine Rolle, da eine allfällige Teuerung den Aufwand des Unternehmers und damit auch seine Vergütung mitbestimmt. 1.2

Anmerkung 2

Kostenansätze sind Kosten in Franken. In der Folge ist nur noch von den Lohnkostenansätzen die Rede, die den Preisen gegenüberstehen (siehe Art. 64 Abs. 1). 2

Anmerkung 3

Wie aus dem Wortlaut des Art. 62 Abs. 1 deutlich wird, ist der Ausdruck «Warenpreise» zu eng. Gemeint sind allgemein Preise, wie sie für den Erwerb von Material (im Sinne von Art. 10 Abs. 1) sowie für Transportleistungen gelten. Zu den Baustelleneinrichtungen und den Fremdleistungen siehe Art. 62/Rz. 7.2. 3

Anmerkung 4

Als *Stichtag* wird der Tag bezeichnet, für den die Faktoren der ursprünglichen Kostengrundlage oder – bei Indexverfahren – der massgebende Indexstand ermittelt werden. Bei Indexverfahren fällt der Stichtag allenfalls zufällig mit dem Tag zusammen, für den der massgebende Index ausgewiesen wird. Sonst aber kommt es für den massgebenden Index auf den Zeitraum an, in den der Stichtag fällt. Wird ein Index z.B. vierteljährlich ausgewiesen, so ist mangels anderer Anhaltspunkte für alle Stichtage, die in das gleiche Quartal fallen, der gleiche Index massgebend. 4.1

Damit die Angebote unter sich vergleichbar sind, muss für alle der gleiche Stichtag gelten. Dem trägt die Formulierung in Art. 62 Abs. 1 nicht Rechnung. In Ausschreibungsverfahren empfiehlt es sich deshalb, den Stichtag so zu legen, dass er auf den letzten Tag der «Eingabefrist» (siehe Art. 6 Abs. 1) fällt. Dieser Stichtag gilt in der Folge auch für Angebote, die vor diesem Tag eingereicht worden sind. Auf den Tag, an dem das Angebot eingereicht wurde, kommt es dann an, wenn der Bauherr einen oder auch mehrere Unternehmer einlud, ein Angebot abzugeben, ohne einen Termin für die Angebotseinreichung zu setzen. 4.2

Von der Regel, dass der Stichtag auf den «Tag der Einreichung des Angebots» fällt, können die Parteien mittels individueller oder aber einer Abrede in einem höherrangigen Vertragsbestandteil abweichen (für einen früheren Stichtag siehe Art. 62 Abs. 1 am Ende; Art. 62/Rz. 17). Zur Auslegung einer vertraglichen Abrede, die Teuerung sei bis zu einem bestimmten (in der Zukunft liegenden) Termin eingerechnet, siehe BGer 4A_581/2015 vom 19. April 2016 E. 3–5. 4.3

4.4 Bei der Wahl von Indexverfahren ist im Übrigen zu beachten, dass die massgebenden Indizes nicht taggenau, sondern je nachdem monatlich, quartalsweise (siehe Ziff. 2.3.1 SIA-Norm 123) oder auch nur jährlich ermittelt und publiziert werden.

Anmerkung 5

5 Im Unterschied etwa zu Art. 43 Abs. 1 und Art. 50 Abs. 1, wo davon die Rede ist, dass für bestimmte preisrelevante Faktoren anzunehmen ist, dass sie «eingerechnet» wurden, gelten hier die für die «Preisbildung massgebenden Kostenansätze und Warenpreise [...] als berücksichtigt». Ob die unterschiedliche Terminologie mit Bedacht gewählt wurde, lässt sich nicht sagen. Fest steht, dass es um unterschiedliche Funktionen geht. Art. 43 Abs. 1 und Art. 50 Abs. 1 stellen klar, welche Aufwendungen durch die vereinbarten Preise abgegolten werden, und stehen so einer Zusatzvergütung entgegen. Anders liegen die Dinge bei Art. 62, der die Basis für die künftige Teuerungsabrechnung legt und dabei fingiert, dass der Unternehmer in seinem Festpreisangebot die massgebenden Faktoren einbezogen hat. Gemeinsam ist diesen Bestimmungen, dass sie nicht darauf abstellen, ob der Unternehmer diese Faktoren tatsächlich einkalkulierte oder sie bei der Kalkulation ganz oder teilweise beiseite liess (vgl. Vorbem. Art. 62–63/Rz. 4).

Anmerkung 6

6 Art. 62 Abs. 2 bezeichnet sie als «ursprüngliche Kostengrundlage». Ihr Gehalt erschliesst sich aus Art. 62 Abs. 1 Satz 1.

Anmerkung 7

7.1 Das Wort «namentlich» bringt zum Ausdruck, dass die nachfolgende Liste nicht abschliessend ist. Neben den fünf ausdrücklich genannten Kostenarten gehört beispielsweise auch der übliche Zinssatz für bankmässige Kontokorrent-Kredite an Unternehmer zur Kostengrundlage. Zu beachten ist allerdings, dass Kapitalkosten im Mengennachweisverfahren nicht überwälzungsberechtigt sind (Ziff. 3.10 SIA-Norm 124).

7.2 Die Aufzählung ist jedoch nicht zufällig; sie umfasst jene fünf Kostenarten, auf die sich die in der aSIA-118 noch eingehend geregelte Teuerungsabrechnung nach dem «Verfahren mit Mengennachweis» beschränkte (siehe jetzt Ziff. 3.1 – 3.8 SIA-Norm 124), indem nur bezüglich dieser Kostenarten ein Anstieg oder eine Senkung des allgemeinen Preisniveaus durch eine Mehr- oder eine Mindervergütung auszugleichen war (siehe auch Spiess/Huser, Handkommmentar, N 16 zu Art. 62). Heute hält die SIA-Norm 124 (zu deren Anwendbarkeit siehe Art. 65/Rz. 4.3) für das Mengennachweisverfahren fest, dass nur «Lohn-, Material und Transportkosten» überwälzungsberechtigt sind (Ziff. 3.9 SIA-Norm 124) und die «Preisänderungen für Baustelleneinrichtungen [...] in den entsprechenden Kostenarten (Löhne, Materialien, Transporte) berücksichtigt» werden (Ziff. 3.4.1 SIA-Norm 124). Die dort überdies erwähnten «Kosten für Fremdleistungen» sind nicht zusätzliche Kosten, da Ziff. 3.6 SIA-Norm 124 klarstellt, dass die «Preisänderungen für Fremd- und Subunternehmerleistungen [...] den Leistungen des Vertragspartners gleichgestellt» werden (vgl. Art. 67), sodass auch diesbezüglich nur «Lohn-, Material- und Transportkosten» überwälzungsberechtigt sind.

Anmerkung 8

Zu den Elementen der Lohnkostenansätze vgl. Art. 63/Rz. 1. 8

Anmerkung 9

Die Listenpreise für Materialien (Baustoffe, Verbrauchs-, Verschleiss- und Betriebsmaterial sowie elektrische Energie) wären an sich allgemein erhältlichen Preislisten zu entnehmen, die von den Lieferanten herausgegeben und somit für eine Vielzahl von Kunden verwendet werden. Zwar gibt es solche Listen noch immer (siehe aber Vorbem. Art. 84–91/Rz. 72 und 91; Bucher Jörg/Henninger, Kalkulation und Teuerungsabrechnung, S. 195), was aber nicht heisst, dass sie im konkreten Fall auch zum Tragen kommen. 9

Anmerkung 10

Allgemeine Marktpreise lassen sich zumeist kaum mehr verlässlich ermitteln (Vorbem. Art. 84–91/Rz. 93; Carron Benoît/Tüscher, Le renchérissement, S. 164). Für Indexverfahren können allgemeine Marktpreise und deren prozentuale Veränderungen aus den von der KBOB in Zusammenarbeit mit dem Bundesamt für Statistik publizierten «Preisindizes ausgewählter Produkte für das Baugewerbe» abgeleitet werden, die auf der Grundlage des Preisindex Gesamtangebot (PGA; bis 1993: Grosshandelspreisindex) monatlich ermittelt werden (kritisch zur Aussagekraft dieses Index Vorbem. Art. 84–91/Rz. 94). 10

Anmerkung 11

Früher konnte etwa die Richtpreisliste des Schweizerischen Nutzfahrzeugverbandes ASTAG herangezogen werden, die es aber heute nicht mehr gibt. Bei Indexverfahren kann für Strassentransporte auf die Transportkostenindizes der KBOB abgestellt werden, die einmal jährlich berechnet werden. 11

Anmerkung 12

Öffentliche Transportanstalten sind Transportbetriebe, die der Öffentlichkeit dienen und allgemein gültige Tarife herausgeben, etwa für den Transport von Baumaterialien oder Aushub durch die Bahn. Für Indexverfahren veröffentlicht die KBOB einen Transportkostenindex, der sich unter anderem auf die «Kosten für Bahntransporte im Baugewerbe» bezieht. 12

Anmerkung 13

Mit *Listenpreisen* für die Anschaffung von Baustelleneinrichtungen sind an sich allgemein erhältliche Preislisten gemeint, die von Lieferanten einzelner Baustelleneinrichtungen (Art. 123) z.B. für Turmkrane, Betonmischanlagen, Kompressoren, Bagger, Baracken usw. herausgegeben werden, wobei sich aber fragt, ob solche Listen heute noch greifbar sind (siehe Vorbem. Art. 84–91/Rz. 72 und 91). Zu beachten ist aber, dass «Preisänderungen für Baustelleneinrichtungen» beim Mengennachweisverfahren nicht separat, sondern «in den entsprechenden Kostenarten (Löhne, Materialien, Transporte) berücksichtigt» werden (Ziff. 3.4.1 SIA-Norm 124). 13

Anmerkung 14

14 Zu den allgemeinen Marktpreisen vgl. Art. 62/Rz. 10.

Anmerkung 15

15 Im Unterschied zur aSIA-118 ist nicht mehr nur von den «Ansätzen gesetzlicher Umsatzabgaben» die Rede. Die jetzt verwendete Umschreibung *geht weiter* und umfasst neben der Mehrwertsteuer (einer Umsatzabgabe) auch andere indirekte Steuern (z.B. die Mineralölsteuer) sowie Umsatz- und Lenkungsabgaben (vgl. Ziff. 3.8 SIA-Norm 124).

Anmerkung 16

16 Früher ist der Stichtag, wenn er nicht mit dem Termin für die Einreichung der Angebote zusammenfällt (Art. 62/Rz. 4.1). An welcher Stelle in den Ausschreibungsunterlagen der ausschreibende Bauherr einen so verstandenen früheren Stichtag festlegt, spielt keine Rolle.

Anmerkung 17

17 Stichtag für die Festsetzung der ursprünglichen Kostengrundlage ist in der Regel der für die Einreichung der Angebote festgelegte Termin (Art. 62/Rz. 4.1). Das aber kann den Unternehmer in Schwierigkeiten bringen, wenn er unmittelbar vor Ablauf der Eingabefrist (Art. 6 Abs. 1) von einer Änderung der Kostengrundlage überrascht wird (z.B. einer Änderung der Preise für Bewehrungsstahl). Enthält ein abgabefertiges Angebot überaus viele Einheitspreise, so sind die entsprechenden Anpassungen nicht mehr durchführbar. Daher ist es in Fällen mit umfangreichen Angeboten zweckmässig, in den Ausschreibungsunterlagen den Stichtag gegenüber dem Eingabetermin *vorzuverlegen* (z.B. um zwei Wochen oder einen Monat), worauf Art. 62 Abs. 1 hinweist.

Anmerkung 18

18 Die ursprüngliche Kostengrundlage setzt sich aus jenen Faktoren (Kostenansätze, Tarife, Preise usw.) zusammen, die für die relevanten Kostenarten (Lohn-, Material- und Transportkosten) zum Stichtag (Art. 62/Rz. 4.1) ermittelt worden sind. Siehe auch Vorbem. Art. 84–91/Rz. 85 ff.

Anmerkung 19

19 Die ursprüngliche Kostengrundlage hat vertragliche Bedeutung; mehr noch: sie ist *Vertragsbestandteil* (vgl. dazu Art. 62/Rz. 24.1 f. und 26.1 f.), indem sie als vereinbarter Bezugspunkt «für die Teuerungsabrechnung und für die Bildung von Nachtragspreisen» (Art. 62 Abs. 2) fungiert. Von den verschiedenen Verfahren, die für die Teuerungsabrechnung zur Verfügung stehen, knüpft allerdings nur das Mengennachweisverfahren bei den Faktoren an, aus denen die ursprüngliche Kostengrundlage besteht (Vorbem. Art. 64–68/Rz. 1). Für indexgebundene Abrechnungsverfahren ist nicht die ursprüngliche Kostengrundlage, sondern grundsätzlich der Indexstand am Stichtag (vgl. aber Art. 62/Rz. 4.1) der für die Ermittlung einer allfälligen Mehr- oder Mindervergütung relevante Bezugspunkt. Vgl. Stöckli, Was ist mit der Vergütung los, S. 15.

Anmerkung 20

Sind bei Bestellungsänderungen (Art. 84) und besonderen Verhältnissen (Art. 58 Abs. 2) Nachtragspreise zu bilden, ist bei Leistungen, die der Teuerungsabrechnung nach dem Mengennachweisverfahren unterliegen, auf die ursprüngliche Kostengrundlage abzustellen, unabhängig davon, ob und in welchem Mass sich deren Daten (Kostenansätze und Preise) in der Zwischenzeit verändert haben (vgl. Art. 86 Abs. 2, Art. 87 Abs. 2, Art. 88 Abs. 1 und Art. 89 Abs. 2). Die Festsetzung eines einheitlichen Bezugspunkts für alle Leistungen – nämlich die Kostengrundlage am Stichtag – vereinfacht die Teuerungsabrechnung. Denn so sind Änderungen (z.B. die Lohnkostenänderungen pro Arbeitsstunde und Arbeiterkategorie sowie Materialpreisänderungen) für alle Leistungen, deren Preise auf der ursprünglichen Kostengrundlage beruhen, bei den periodischen Abrechnungen (Art. 66 Abs. 2) gleich gross (Art. 66/Rz. 5.2). Das ist für Indexverfahren in der SIA-Norm 118 nicht geregelt, gilt aber entsprechend. 20.1

Wie im Einzelnen zu verfahren ist, wird aus der SIA-Norm 118 allerdings nicht zureichend klar. Vgl. dazu die vertiefenden Ausführungen bei Vorbem. Art. 84–91/Rz. 73 ff. sowie Stöckli, Was ist mit der Vergütung los, S. 20. 20.2

Anmerkung 21

Für die *Ansätze* der ursprünglichen Kostengrundlage vgl. Art. 62/Rz. 2. 21

Anmerkung 22

Für die *Preise* der ursprünglichen Kostengrundlage vgl. Art. 62/Rz. 3. 22

Anmerkung 23

Zur *ursprünglichen Kostengrundlage* vgl. Vorbem. Art. 62–63/Rz. 3, Art. 62/Rz. 18 und Vorbem. Art. 84–91/Rz. 85 ff. 23

Anmerkung 24

Davon geht auch Ziff. 2.1.2 SIA-Norm 124 aus, wonach der Unternehmer «mit dem Angebot […] die Kostengrundlage mit den entsprechenden Kostenarten überprüfbar abgeben» muss. Allerdings wird in vielen Fällen – namentlich wenn die Arbeiten des Unternehmers nicht sehr umfangreich sind – die ursprüngliche Kostengrundlage mit den einzelnen Faktoren (Kostenansätze und Preise per Stichtag) nicht festgehalten. Alsdann werden die einzelnen Faktoren erst im Verlaufe der Bauarbeit und nur so weit ermittelt, als es im konkreten Fall notwendig ist; z.B. für die Teuerungsabrechnung, weil der Marktpreis für ein bestimmtes Material gestiegen oder gesunken ist, sowie bei der Bildung eines Nachtragspreises (Art. 86–89). 24.1

Die Regel, wonach der Unternehmer die «Ansätze und Preise der ursprünglichen Kostengrundlage» zu belegen hat, ist auf den Fall zugeschnitten, in dem der Unternehmer teuerungsbedingt eine Mehrvergütung geltend macht. Liegt der Fall aber so, dass der Bauherr teuerungsbedingt (Minusteuerung) die Vergütung mindern will, liegt im Streitfall die Be- 24.2

weislast für die ausschlaggebenden Faktoren nach allgemeiner Regel (Art. 8 ZGB) bei ihm.

Anmerkung 25

25 Mit *einzelnen Ansätzen* sind Kostenansätze (Art. 62/Rz. 2) und Preise (Art. 62/Rz. 3) gemeint. Siehe auch Art. 62/Rz. 24.1.

Anmerkung 26

26.1 Handelt es sich um Arbeiten grösseren Umfangs, die sich über längere Zeit erstrecken, so verlangen in der Regel die Ausschreibungsunterlagen (Art. 7), dass die Daten der ursprünglichen Kostengrundlage (Kostenansätze und Preise) vom Unternehmer im Angebot angegeben werden (z.B. indem die Ausschreibungsunterlagen entsprechend auszufüllende Formularseiten enthalten). Siehe auch Art. 62/Rz. 24.1.

26.2 Diese Daten werden in den Vertrag «übernommen», sind aber keine vereinbarten Fixwerte. Vielmehr hat der Unternehmer, wenn es verlangt wird, nach Vertragsabschluss nachzuweisen, dass die Daten zutreffen (beachte aber Art. 62/Rz. 24.2). Auch nach Vertragsabschluss lassen sie sich jederzeit aufgrund von Unterlagen, die Fachleuten zugänglich sind, ermitteln oder verifizieren.

2 42 Lohnkostenansätze

Art. 63

[1] Die Lohnkostenansätze [1] (Art. 62 Abs. 1 Ziff. 1) umfassen folgende Elemente:

1. ***Lohnansätze*[2] gemäss Gesamtarbeitsverträgen [3] am Ausführungsort; soweit gesamtarbeitsvertragliche Regelungen fehlen, gelten die am Ausführungsort üblichen Lohnansätze [4].**
2. ***Ansätze für Lohnnebenkosten*[5], die gesetzlich [6] oder gesamtarbeitsvertraglich [7] festgelegt oder als allgemein branchenübliche Leistungen zu Gunsten der Arbeitnehmer anerkannt [8] sind. Solche Lohnnebenkosten können z.B. sein [9]: [10]**
   - **13. Monatslohn [11],**
   - **Ferien,**
   - **Feiertage,**
   - **Familienausgleichskasse,**
   - **begründete Absenzen,**
   - **Ausfall infolge schlechten Wetters,**
   - **Zulagen und Spesen [12],**

- **Berufsunfallversicherung der SUVA,**
- **Haftpflichtversicherung [13],**
- **Krankentaggeldversicherung,**
- **Alters- und Hinterlassenenversicherung (AHV), Invalidenversicherung (IV), Erwerbsersatzordnung (EO) und Arbeitslosenversicherung (ALV),**
- **berufliche Vorsorge (BVG),**
- **Todesfallversicherung,**
- **branchenübliche Versicherungen.**

2 Hält der Unternehmer die Lohnkostenansätze nach Abs. 1 Ziff. 1 und 2 nicht für ausreichend, so berücksichtigt er im Angebot nach seinem Ermessen höhere Ansätze [14]. Solche Erhöhungen werden bei der Teuerungsabrechnung nicht berücksichtigt.[15]

Art. 63 (1977/91)

1 Die Lohnkostenansätze (Art. 62 Abs. 1 Ziff. 1) umfassen folgende Elemente:

1. *Lohnansätze* gemäss Gesamtarbeitsverträgen am Ausführungsort; soweit gesamtarbeitsvertragliche Regelungen fehlen, gelten die am Ausführungsort üblichen Lohnansätze.
2. *Ansätze für Lohnnebenkosten,* die gesetzlich oder gesamtarbeitsvertraglich festgelegt oder als allgemein branchenübliche Leistungen zu Gunsten der Arbeitnehmer anerkannt sind. Solche Lohnnebenkosten können z.B. sein:

- 13. Monatslohn
- Ferien
- Feiertage
- Familienausgleichskasse
- Unumgängliche Absenzen
- Ausfall infolge schlechten Wetters
- Militärdienst
- Zulagen und Spesen
- Betriebsunfallversicherung der SUVA
- Haftpflichtversicherung
- Krankentaggeldversicherung
- Alters- und Hinterlassenenversicherung, Invalidenversicherung, Erwerbsersatzordnung
- Zusatzversicherung zur Alters- und Hinterlassenenversicherung
- Todesfallversicherung
- Branchenübliche Versicherungen.

2 Hält der Unternehmer die Lohnkostenansätze nach Abs. 1 Ziff. 1 und 2 nicht für ausreichend, so berücksichtigt er im Angebot nach seinem Ermessen höhere Ansätze. Solche Erhöhungen werden bei der Teuerungsabrechnung nicht berücksichtigt.

Anmerkung 1

1.1 Bei den *Lohnkostenansätzen* ist zwischen den «Lohnansätzen» (Art. 63 Abs. 1 Ziff. 1) und den «Ansätzen für Lohnnebenkosten» (Art. 63 Abs. 1 Ziff. 2) zu unterscheiden. Erst aus diesen verschiedenartigen Ansätzen zusammen ergibt sich die Höhe der Lohnkosten pro Arbeitsstunde (Lohn mit den zugehörigen Lohnnebenkosten). Für die Preisbildung im Angebot erhöht der Unternehmer allenfalls einzelne Ansätze «nach seinem Ermessen», was aber bei der Teuerungsabrechnung unberücksichtigt bleibt (vgl. Art. 63 Abs. 2).

1.2 Relevant sind die Lohnkostenansätze, auf die sich Art. 64 Abs. 1 bezieht, für die Teuerungsabrechnung nach dem Mengennachweisverfahren, während Veränderungen des Lohngefüges bei Indexverfahren in den gewählten Index einfliessen.

Anmerkung 2

2.1 Lohnansätze sind *Löhne pro Arbeitsstunde nach Abzügen* irgendwelcher Art (z.B. für soziale Vorsorge), die zulasten des Arbeitnehmers gehen. Sie sind einzubeziehen, soweit sie entweder von einem Gesamtarbeitsvertrag vorgegeben werden oder der Übung entsprechen. Zu unterscheiden sind sie vom Grundlohn, den der Unternehmer als Betriebs-, Baustellen- oder Gruppenmittellohn (SBV, Vorkalkulation, Ziff. 5.1) berechnet und in seine Kalkulation einfliessen lässt.

2.2 Der Ausdruck «Lohnansätze» umfasst keinerlei zusätzliche Elemente. Auch Zuschläge zum Stundenlohn (z.B. für Überstunden, für Nacht- und für Sonntagsarbeit, für Arbeit im Wasser oder Schlamm oder für Untertagarbeit) werden von der Norm nicht zu den Lohnansätzen, sondern zu den Lohnnebenkosten gemäss Art. 63 Abs. 1 Ziff. 2 gezählt. Die soeben erwähnten Zuschläge gehören in der Aufzählung von Ziff. 2 zu den «Zulagen», wobei aber die Aufzählung ohnehin nicht abschliessend ist (Art. 63/Rz. 10).

Anmerkung 3

3.1 In verschiedenen Zweigen des Baugewerbes bestehen Gesamtarbeitsverträge (GAV). Diese Vertragswerke können gesamtschweizerische (z.B. Landesmantelvertrag für das Bauhauptgewerbe mit Allgemeinverbindlichkeitserklärung durch den Bundesrat) oder regionale (z.B. kantonale oder lokale) Bedeutung haben. Regional geltende Verträge können den gesamtschweizerischen Vertrag der gleichen Sparte auch nur ergänzen. Da die Norm auf die für den Ausführungsort bestimmten Gesamtarbeitsverträge abstellt, ist die Bedeutung eines GAV nicht davon abhängig, dass er allgemeinverbindlich ist.

3.2 Relevant sind hier jene *normativen Bestimmungen* der Gesamtarbeitsverträge (vgl. BGE 127 III 318/222 E. 2a), in denen es um Lohnansätze im Sinne der SIA-Norm 118 geht (vgl. Art. 63/Rz. 2.1). Die Verbände der Arbeitgeber und der Arbeitnehmer vereinbaren für umschriebene Kategorien von Arbeitnehmern (bzw. Lohnklassen, Lohnstufen) durchschnittliche Löhne pro Monat oder Stunde, die im Rahmen von Einzelarbeitsverträgen als Minimallöhne einzuhalten sind und so in einem Betrieb nicht unterschritten werden dürfen (beachte aber Art. 63/Rz. 4). Die Löhne können aber natürlich höher liegen als die Minimallöhne (vgl. Art. 63/Rz. 15).

Anmerkung 4

Gesamtarbeitsvertragliche Regelungen können fehlen: erstens, wenn es in einer bestimmten Bausparte keinen Gesamtarbeitsvertrag gibt, oder zweitens, wenn (vorübergehend) der alte Vertrag aufgehoben und ein neuer noch nicht geschlossen worden ist. 4

Anmerkung 5

Zur Abgrenzung zwischen den Ansätzen für Lohn und den Ansätzen für Lohnnebenkosten vgl. Art. 63/Rz. 2.1 f. 5

Anmerkung 6

Gesetzliche Regelungen können auf Bundesebene (z.B. Alters- und Hinterlassenenversicherung AHV, Invalidenversicherung IV, Erwerbsersatzordnung EO, Unfallversicherung durch die Suva) oder auf kantonaler Ebene (z.B. Familienausgleichskasse für Kinderzulagen) festgehalten sein. 6

Anmerkung 7

Gesamtarbeitsvertraglich sind Leistungen zugunsten der Arbeitnehmer festgelegt. Diese bestehen aus Zahlungen, die der Arbeitnehmer im Stundenlohn vom Arbeitgeber erhält (z.B. Zuschläge für Überstunden, Nachtarbeit, Arbeit im Wasser oder im Schlamm sowie für mit dem 13. Monatslohn vergleichbare Leistungen) oder aus Zahlungen des Arbeitgebers an Dritte zugunsten des Arbeitnehmers. 7

Anmerkung 8

Allgemein branchenübliche Leistungen zugunsten der Arbeitnehmer haben weder eine gesetzliche noch eine gesamtarbeitsvertragliche Grundlage. Solche Leistungen können beispielsweise von einem Arbeitgeberverband zulasten seiner Mitglieder in der Branche eingeführt worden sein. Allgemein als branchenüblich *anerkannt* sind Leistungen dann, wenn sie von den Unternehmern der betreffenden Branche in der Regel erbracht werden. 8

Anmerkung 9

Art. 63 Abs. 1 Ziff. 2 zählt *Lohnnebenkosten* auf, die für das Bauhauptgewerbe relevant sind. Die Aufzählung ist jedoch *nicht* abschliessend («z.B.»). Damit nimmt die SIA-Norm 118 Rücksicht auf den Umstand, dass im Lauf der Zeit neue Leistungen zugunsten der Arbeitnehmer hinzutreten können (wie z.B. für den flexiblen Altersrücktritt [FAR]). Soweit die SIA-Norm 124 anwendbar ist (Art. 65/Rz. 4.3), ist bei der Anwendung deren Ziff. 3.2.1 zu beachten: In dieser Aufzählung ist von «zusätzlichen festen Lohnbestandteilen» die Rede, die dann durch eine offene Aufzählung von Beispielen näher charakterisiert werden («wie 13. Monatslohn, Zulagen und Spesen [...]»). 9

Anmerkung 10

Die nachfolgende Liste des Art. 63 Abs. 1 Ziff. 2 enthält in kürzester Form lediglich Stichworte zur Bezeichnung von möglichen Kostenarten. 10

Anmerkung 11

11 *Monatslohn* ist hier nicht wörtlich gemeint. Die Rede ist von jenen Lohnnebenkosten, die gemäss Gesamtarbeitsvertrag dem Arbeitnehmer die Entsprechung zum 13. Monatslohn eines pro Monat bezahlten Arbeitnehmers bringt. Das sind 8,3 % (d.h. 1/12) der im betreffenden Kalenderjahr bezogenen massgebenden Lohnsumme.

Anmerkung 12

12 Mit *Zulagen und Spesen* sind Leistungen gemeint, die direkt vom Arbeitgeber an den Arbeitnehmer gehen (Beispiele in Art. 63/Rz. 2.2). In Gesetzen, Gesamtarbeitsverträgen oder innerhalb der Baubranche kommen auch andere Ausdrücke vor (z.B. Zuschlag, Entschädigung, Ersatzleistung und Ausgleich).

Anmerkung 13

13.1 Nach dem systematischen Zusammenhang kann es sich bei der hier erwähnten *Haftpflicht* nur um die persönliche Haftung der Arbeitnehmer handeln, die der Unternehmer in die Betriebshaftpflichtversicherung der Unternehmung einschliesst. Für die Preiskalkulation sind gewisse Vereinfachungen unumgänglich, sodass die Prämienkosten der Betriebshaftpflichtversicherung hier erfasst werden, obschon es eigentlich gerade keine Lohnnebenkosten sind. Der Grund liegt in der Berechnung der Prämie, die in Promillen der Lohnsumme (meist der AHV-pflichtigen Lohnsumme) festgesetzt wird.

13.2 Mit dem Ausdruck *Haftpflichtversicherung* trägt die Norm dieser Sachlage Rechnung und schliesst damit die Prämien für die Betriebshaftpflichtversicherung unter dem Titel «Lohnnebenkosten» in die Kostengrundlage mit ein.

Anmerkung 14

14.1 Während Art. 63 Abs. 1 vor allem als Grundlage für die Regeln über die Teuerungsabrechnung von Lohnkostenansätzen (der Art und der Höhe nach) dient, spricht Art. 63 Abs. 2 von der Bildung der Vertragspreise durch den Unternehmer im Stadium der Angebotsausarbeitung.

14.2 Selbstverständlich berechnet der Unternehmer bei der Preisbildung die Kosten im Hinblick auf den zu erwartenden Aufwand nach eigenem Ermessen. Beispielsweise berücksichtigt der Unternehmer (durch eine Erhöhung der Lohnansätze von Art. 62 Abs. 1 Ziff. 1), dass der Durchschnittswert pro Arbeitsstunde und Arbeiterkategorie (bzw. Lohnklassen, Lohnstufen), den er tatsächlich zu erwarten hat, über dem gesamtarbeitsvertraglichen Durchschnittswert liegt. Er berücksichtigt auch, dass bei erhöhten Lohnansätzen die Lohnnebenkosten ebenfalls höher ausfallen.

Anmerkung 15

15 Abzustellen ist also nicht auf die vom Unternehmer allenfalls erhöhten Lohnkostenansätze, sondern auf die Ansätze gemäss Gesetz, Gesamtarbeitsvertrag oder Branchenübung. Dass solche Erhöhungen bei der Teuerungsabrechnung nicht berücksichtigt werden, entspricht zudem der Regel in Ziff. 3.2.4 SIA-Norm 124, nach der «Gratifikationen,

Geschenke und anderweitige freiwillige Leistungen» bei der Teuerungsabrechnung (der «Abrechnung der Preisänderungen») nicht zu berücksichtigen sind.

25 Mehr- oder Mindervergütung wegen veränderter Kostengrundlage (Teuerungsabrechnung) im Allgemeinen

Vorbemerkungen zu Art. 64 – 68

a) Eine Veränderung der Faktoren, aus denen sich die ursprüngliche Kostengrundlage zusammensetzt (Art. 62 Abs. 2), hat Auswirkungen auf die Vergütung, wenn die Teuerungsabrechnung nach dem Mengennachweisverfahren vorzunehmen ist (was praktisch selten der Fall ist), während es bei Indexverfahren auf Veränderungen des Index ankommt (Art. 62/Rz. 19). Art. 64 hält (für das Mengennachweisverfahren) den Grundsatz fest, während Art. 65 auf die Verfahren eingeht: 1

b) Die *Vertragspreise* gelten (Art. 62 Abs. 1) als vom Unternehmer auf der Basis der ursprünglichen Kostengrundlage (Art. 62 Abs. 2) berechnet, das heisst auf der Basis der per Stichtag geltenden (vgl. Art. 62/Rz. 4.1) «Kostenansätze und Warenpreise» (Art. 62 Abs. 1). Ob er sich bei der Kalkulation seiner Preise tatsächlich an dieser Grundlage orientierte, spielt keine Rolle (Vorbem. Art. 62 – 63/Rz. 4). 2

c) Zwischen dem Stichtag und der Vollendung des Werks können sich solche Kostenansätze und Warenpreise bzw. die gewählten Indizes nach oben oder nach unten verschieben (z.B. wegen Änderungen des Geldwerts oder der allgemeinen Wirtschaftslage). Solche Veränderungen wirken sich gemeinhin auch auf die Kosten des Unternehmers aus. Diese Mehr- oder Minderkosten sollen durch eine Anpassung (Erhöhung oder Verminderung) der Vergütung dem Grundsatz nach ausgeglichen werden. Dem dienen die Regeln über die Teuerungsabrechnung, nach denen die vereinbarte Vergütung durch eine «Mehr- oder Mindervergütung» anzupassen (zu erhöhen oder zu reduzieren) ist. Auf diese Weise wird dem Teuerungsrisiko Rechnung getragen, das der Unternehmer sonst (mit Blick auf mögliche Kostensteigerungen) in seine Preise einzukalkulieren hätte (Carron Benoît/Tüscher, Le renchérissement, S. 165) – so wie er es im Prinzip tun wird bei den Preisen, die nicht teuerungsberechtigt sind (bei Pauschalpreisen, aber auch bei Einheitspreisen, wenn die Parteien die Teuerungsabrechnung ausgeschlossen haben; dazu Art. 39/Rz. 18.3). 3

d) Ihrem Zweck nach ist die Teuerungsabrechnung also auf *Risikoausgleich* angelegt (siehe auch Ziff. 0.2.1 SIA-Norm 124) und nicht darauf, dem Unternehmer einen zusätzlichen Gewinn zu verschaffen (HGer SG HG.2009.195 vom 25. Mai 2011 E. II./8.2; GWerkV Rz. 914). Entsprechend hält Ziff. 0.2.2 SIA-Norm 124 fest, dass «kein Anspruch auf Mehr- oder Mindervergütung besteht auf Zuschlägen für Risiko und Gewinn, welche in den Kalkulationsgrundlagen ausgewiesen sind». Gleichwohl ist nicht ausgeschlossen, dass der Unternehmer durch die Teuerungsabrechnung einen Gewinn erzielt, da für die 4

Abrechnung auf einen allgemeinen Kostenstand (ursprüngliche Kostengrundlage) abgestellt wird und es sein kann, dass die tatsächlichen Produktionskosten des Unternehmers unter diesem Kostenstand liegen – oder er im umgekehrten Fall einen Verlust einfährt.

5 e) Die SIA-Norm 118 verweist in Art. 65 Abs. 1 auf die Möglichkeit, die Teuerungsabrechnung «in einem indexgebundenen Verfahren oder nach dem Verfahren mit Mengennachweis» vorzunehmen. In Art. 65 Abs. 2 – einer redaktionell verunglückten Bestimmung – führt sie zur Anwendung des Mengennachweisverfahrens, wo die Parteien kein anderes Verfahren vereinbart haben und über die Frage, welches Verfahren nun anwendbar ist, im Streit liegen. Verweise auf die SIA-Vertragsnormen, welche sich mit der Teuerungsabrechnung befassen (SIA-Ordnung 121 sowie SIA-Normen 122, 123 und 124) enthält die SIA-Norm 118 keine, weshalb auch diese Vertragsnormen nur anwendbar sind, wenn die Parteien sie zum Bestandteil ihres Vertrags erklären. Nachdem sie – anders als die Vorgängernorm (Art. 66 – 82 aSIA-118) – keine Verfahrensregeln mehr enthält, regelt sie nicht einmal die Durchführung des (aufwendigen) Mengennachweisverfahrens, das nach Art. 65 Abs. 2 subsidiär zur Anwendung kommen soll (Art. 65/Rz. 14). Im Bereich der Teuerungsabrechnung weist damit die SIA-Norm 118 eklatante Schwächen auf.

2 51 Grundsatz[1]

Art. 64

[1] Erhöhen oder vermindern[2] sich Lohnkostenansätze[3] oder Preise[4] gegenüber der ursprünglichen Kostengrundlage (Art. 62 Abs. 2), so verändert sich die vom Bauherrn geschuldete Vergütung um eine Mehr- oder Mindervergütung[5]. Dies gilt jedoch nicht, soweit die Vergütung entweder in einem Pauschalpreis besteht (Art. 41 Abs. 1)[6] oder sie für Regiearbeiten bei verabredetem Richtpreis[7] ohne Teuerungsvorbehalt geschuldet ist (Art. 56 Abs. 4).[8]

[2] Hat der Unternehmer eine vertragliche Frist[9] schuldhaft[10] überschritten, so gilt Art. 97 Abs. 2.[11]

Art. 64 (1977/91)

[1] Erhöhen oder vermindern sich Lohnkostenansätze oder Preise gegenüber der ursprünglichen Kostengrundlage (Art. 62 Abs. 2), so verändert sich die vom Bauherrn geschuldete Vergütung um eine Mehr- oder Mindervergütung. Dies gilt jedoch nicht, soweit die Vergütung entweder in einem Pauschalpreis besteht (Art. 41 Abs. 1) oder sie für Regiearbeiten nach Vertrag mit Richtpreis ohne Teuerungsvorbehalt geschuldet ist (Art. 56 Abs. 4).

[2] Hat der Unternehmer eine vertragliche Frist schuldhaft überschritten, so gilt Art. 97 Abs. 2.

Anmerkung 1

Dieser Grundsatz wurde aus der aSIA-118 übernommen, wobei er schon dort *nicht zu allen Verfahren* passte, die für die Berechnung der Teuerung infrage kommen. Die Betrachtungsweise, nach der die auszugleichende Teuerung in der Differenz zwischen der ursprünglichen Kostengrundlage und der für den Zeitpunkt der Abrechnung nachgewiesenen Kostengrundlage besteht, passt lediglich zum heute durch die SIA-Norm 124 regulierten Mengennachweisverfahren, nicht auch zu den Indexverfahren. 1

Anmerkung 2

Gemeint sind Veränderungen (Erhöhungen oder Verminderungen), die zwischen dem Stichtag (vgl. Art. 62/Rz. 4.1) und der Vollendung des Werks (Art. 157/Rz. 2.1) eintreten. Veränderungen, die eintreten, während der Unternehmer Nachbesserungsarbeiten leistet, sind nicht zu berücksichtigen. Die entsprechenden Arbeiten unterliegen der Teuerungsabrechnung nicht. 2

Anmerkung 3

Zu den Lohnkostenansätzen vgl. Art. 63/Rz. 1.1. Die Kostenansätze, die nicht den Faktor Lohn betreffen, werden in Art. 64 Abs. 1 den Preisen zugewiesen. Die terminologische Differenz hat indes keine materielle Bedeutung. 3

Anmerkung 4

In Art. 62 Abs. 1 ist die Rede von Warenpreisen, zu denen auch etwa die Listenpreise für Materialien sowie die Transportpreise gehören (Art. 62/Rz. 3). In Art. 64 Abs. 1 ist bloss noch von Preisen die Rede, womit lediglich die Terminologie, nicht auch die Bedeutung wechselt. 4

Anmerkung 5

Zur Mehr- oder Mindervergütung vgl. Vorbem. Art. 64–68/Rz. 1 ff. 5

Anmerkung 6

Leistungen zu *Pauschalpreisen* unterliegen anders als Leistungen zu Einheitspreisen (Art. 39 Abs. 3) oder zu Globalpreisen (Art. 40 Abs. 3) nicht der Teuerungsabrechnung (Art. 41 Abs. 1 und Art. 64 Abs. 1). Im Falle einer Bestellungsänderung ist aber die Sonderregel von Art. 89 Abs. 2 bezüglich der Kostengrundlage (Art. 62) für den Mehr- oder Minderpreis (Nachtragspreis im Sinne von Art. 89) zu beachten. 6.1

Zu beachten ist, dass die Teuerungsabrechnung nicht deshalb unterbleibt, weil die Parteien einen Pauschalpreis vereinbart haben, sondern deshalb, weil sie die Teuerungsabrechnung ausgeschlossen und sich damit auf eine Preisart geeinigt haben, die im System der SIA-Norm 118 als «Pauschalpreis» bezeichnet wird. Praktisch kann es nämlich auch etwa so sein, dass die Parteien zwar den Ausdruck «Pauschalpreis» verwenden, damit aber die Vorstellung verbinden, dass die Teuerung zu berücksichtigen ist. Alsdann unterliegt der Preis der Teuerungsabrechnung unabhängig von der Bezeichnung, welche die Parteien gewählt haben, weil dies dem Parteiwillen entspricht (Art. 41/Rz. 5.2). 6.2

Anmerkung 7

7 Im *Umkehrschluss* kann daraus die Regel gezogen werden, dass Regiepreise der Teuerungsabrechnung unterliegen (siehe aber Art. 64/Rz. 8). Zum Richtpreis vgl. Art. 56/Rz. 2.1.

Anmerkung 8

8 In diesen beiden Fällen wird *keine Teuerungsabrechnung* erstellt. Aber auch sonst können die Parteien den Ausgleich der Teuerung ausschliessen, etwa *bei Einheitspreisen* (Art. 38/Rz. 18.3). Dass Art. 38 Abs. 3 vorsieht, dass bei Einheitspreisen die Teuerung abgerechnet werden könne, bindet die Parteien nur dann, wenn sie sich vertraglich dieser Regel unterziehen. Allenfalls rechnet der Unternehmer das Risiko der Teuerung dann aber mit einem Zuschlag ein, der auch dann geschuldet ist, wenn die Teuerung ausbleibt oder sich gar eine Minusteuerung ergibt, bei der der Bauherr bei entsprechender Vereinbarung eine Mindervergütung geltend machen könnte. Noch in einem anderen Fall kann die Teuerung nicht gesondert abgerechnet werden: bei Regiearbeiten, deren Vergütung sich nach den im Zeitpunkt und am Ort der Arbeitsausführung massgebenden Regieansätzen der Berufsverbände oder nach den in diesem Zeitpunkt am Ausführungsort üblichen Ansätzen richtet (Art. 49 Abs. 2). Grund dafür ist, dass Veränderungen gegenüber der ursprünglichen Kostengrundlage als in den jeweiligen Ansätzen berücksichtigt gelten. Vgl. auch Art. 68.

Anmerkung 9

9 «Vertragliche» Frist versteht sich einschliesslich allfälliger Fristerstreckungen, auf die der Unternehmer Anspruch hat (vgl. Art. 90, Art. 94 Abs. 2 und Art. 96).

Anmerkung 10

10 Siehe dazu Art. 97/Rz. 3.1.

Anmerkung 11

11 Die Teuerungsabrechnung erfährt eine Einschränkung, wenn der Unternehmer die Überschreitung einer vertraglichen Frist (Art. 93) verschuldet hat (GWerkV Rz. 666). Diese Frist ergibt sich aus dem ursprünglichen Vertrag zuzüglich allfälliger Fristerstreckungen, auf die der Unternehmer Anspruch hat (Art. 97/Rz. 2). Die nach dem Zeitpunkt der Fristüberschreitung für die verspäteten Einzelleistungen geleisteten Arbeitsstunden, die verwendeten Materialmengen sowie die ausgeführten Materialtransporte gehen in gleicher Weise in die Teuerungsabrechnung ein wie vor der Fristüberschreitung. Hingegen werden für die verspäteten Einzelleistungen jene Änderungen gegenüber der ursprünglichen Kostengrundlage (Art. 62) nicht mehr einbezogen, die nach dem Zeitpunkt der Fristüberschreitung eintreten: Es bleibt beim Stand der Kostengrundlage, der zu diesem Zeitpunkt gehört (Art. 97/Rz. 8.1).

2 52 Verfahren[1]

Art. 65

[1] Die Mehr- oder Mindervergütung wird durch die Teuerungsabrechnung[2] ermittelt. Diese kann nach einem indexgebundenen Verfahren[3] oder nach dem Mengennachweisverfahren[4] vereinbart werden.[5]

[2] Wenn kein Verfahren für die Teuerungsabrechnung vereinbart ist[6], kommen im Bauhauptgewerbe[7] das Verfahren mit dem Produktionskostenindex (PKI)[8] und im Ausbau[9] und im Bereich Zulieferung[10] zum Bauhauptgewerbe die Methode der Gleitpreisformel (GPF)[11] zur Anwendung.[12] Bei Uneinigkeit über das anzuwendende Verfahren oder über die Berechnungsgrundlage des Verfahrens erfolgt die Teuerungsabrechnung nach dem Mengennachweisverfahren (MNV)[13].[14]

Art. 65 (1977/91)

[1] Die Mehr- oder Mindervergütung wird durch die Teuerungsabrechnung ermittelt. Dies geschieht, wenn nicht etwas anderes vereinbart ist, für die Kostenarten und nach den Regeln der Art. 66–82 (Verfahren mit Mengennachweis).

[2] Als anderes Verfahren kann z.B. ein indexgebundenes Verfahren vereinbart werden (z.B. Objektindex-Verfahren nach SIA 1080 oder Verfahren mit Gleitpreisformel), welches zu prozentualen Aufschlägen oder Abschlägen auf den vereinbarten Vertragspreisen führt. In der Vereinbarung sind die einzubeziehenden Kostenarten, das Ausmass ihrer Berücksichtigung, die Indexquellen und die Berechnungsregeln zu bestimmen.

Anmerkung 1

Die Praxis hat verschiedene Verfahren entwickelt, um den Einfluss der Teuerung auf die Vergütung des Unternehmers zu ermitteln. Grob ist zwischen dem Mengennachweisverfahren und den Indexverfahren – welche die Norm als «indexgebundene Verfahren» bezeichnet – zu unterscheiden. Den Parteien steht die Wahl des Verfahrens frei. Frei steht es ihnen auch, im gleichen Werkvertrag für verschiedene Kostenarten verschiedene Verfahren vorzusehen, etwa so, dass sie einzelne Kostenarten dem Mengennachweisverfahren unterwerfen (etwa bei besonders teuerungsanfälligen Materialien), um für alle weiteren Kostenarten ein Indexverfahren zu wählen oder die Teuerungsabrechnung auszuschliessen (siehe Art. 41/Rz. 5.3). 1.1

Bei keinem Verfahren werden Veränderungen der tatsächlichen Beschaffungskosten des Unternehmers ermittelt. Abgestellt wird vielmehr auf objektive Faktoren, weshalb der Ausgleich nur annäherungsweise erfolgt (vgl. Carron Benoît/Tüscher, Le renchérissement, S. 159). Präziser als die Indexverfahren ist dabei das Mengennachweisverfahren, das praktisch allerdings kaum für ganze Verträge (allenfalls aber für ausgewählte Kostenarten, siehe Art. 65/Rz. 1.1) verwendet wird, weil es einen wesentlich höheren administrativen Aufwand nach sich zieht als die Indexverfahren (auch Tercier/Favre/Carron Benoît, Les contrats spéciaux, Rz. 4717). Von Bedeutung aber ist, dass der Unternehmer 1.2

das anwendbare Verfahren bereits im Zeitpunkt der Angebotsbearbeitung kennt, damit er dessen Vereinfachungen und Unzulänglichkeiten in seine Überlegungen einbeziehen kann.

Anmerkung 2

2 Die Teuerungsabrechnung ist ein Abrechnungsverfahren, durch das die Mehr- oder Mindervergütung ermittelt wird. Obwohl der Ausdruck missverständlich ist, kann die Teuerungsabrechnung also auch zu einer Mindervergütung führen. Diesem Missverständnis lässt sich vorbeugen, indem der Ausdruck «Preisänderung» (so z.B. die einschlägigen SIA-Vertragsnormen 121 – 124 und das NPK-Kapitel 103; Vorbem. Art. 62 – 63/Rz. 6) oder auch «Kostenänderungsrechnung» (GWerkV Rz. 913) verwendet wird, wobei aber zu bemerken ist, dass sich dieser Ausdruck auf die Beschaffungskosten, nicht auf die Vergütung des Unternehmers (also nicht auf den Werkpreis) bezieht.

Anmerkung 3

3.1 *Indexverfahren* werden vor allem deshalb vereinbart, weil sie für die Vertragsparteien mit erheblich geringerem Administrativaufwand verbunden sind als das Mengennachweisverfahren (Art. 65/Rz. 4.1; Bucher Jörg/Henninger, Kalkulation und Teuerungsabrechnung, S. 198). Sie kommen in verschiedenen Erscheinungsformen vor: in einer überschlägigen (einfacheren) Form und in einer verfeinerten (komplizierteren) Form (Art. 65/Rz. 3.4). Beide Formen unterscheiden sich vom Verfahren mit Mengennachweis hauptsächlich in zwei Beziehungen:

3.2 – Die Veränderungen von Ansätzen und Preisen (bzw. Tarifen) werden nicht in absoluten Beträgen (als Differenz in Franken) erfasst, sondern als prozentuale Abweichung gegenüber dem Indexstand am Stichtag. Diese Abweichung ergibt sich (vereinfachend) aus dem Verlauf bestimmter, vertraglich zu vereinbarender Indizes, die vor allem von der KBOB publiziert werden.

3.3 – Indexverfahren stellen nicht auf den tatsächlichen, mengenmässigen Aufwand des Unternehmers ab. Somit wird nicht wie beim Mengennachweisverfahren eine Mehr- oder Mindervergütung (ein absoluter Betrag) für bestimmte Bereiche von Kostenarten, sondern ein prozentualer Auf- oder Abschlag auf den zugehörigen Vergütungsteil ermittelt. Das setzt eine Vereinbarung darüber voraus, welcher prozentuale Anteil an der Gesamtvergütung (für das Werk) gedanklich auf die verschiedenen Kostenarten entfallen soll.

3.4 Bei der überschlägigen Form betrifft die Annahme ganze Kostenblöcke (Lohn-, Material- und Transportkosten); dazu gehören das Verfahren mit Gleitpreisformel, aber auch die Verfahren, die auf einem Produktionsindex (PKI) beruhen. Ein verfeinertes Indexverfahren ist das Objektindex-Verfahren, indem der Index mit Rücksicht auf die spezifischen Gegebenheiten des Bauprojekts festgelegt wird (Bucher Jörg/Henninger, Kalkulation und Teuerungsabrechnung, S. 199; Carron Benoît/Tüscher, Le renchérissement, S. 161 f.). Bei diesem Verfahren setzen die Parteien den prozentualen, gedanklich auf jede Kostenart entfallenden Anteil an der Gesamtvergütung fest. «Daraus ergibt sich für jede

Kostenart ein Indexanteil. Die Summe dieser Indexanteile über alle Kostenarten ergibt den gesuchten Objekt-Index» (Art. 2.1 SIA-Ordnung 121). Praktisch durchgesetzt hat sich dieses Verfahren allerdings nicht (BUCHER JÖRG/HENNINGER, Kalkulation und Teuerungsabrechnung, S. 199). Die SIA-Norm 118 erwähnt denn auch lediglich das Verfahren mit Produktionskostenindex (Art. 65/Rz. 8.1) und das Verfahren mit Gleitpreisformel (Art. 65/Rz. 11).

In der Praxis wird z.T. auf *Baupreisindizes* abgestellt, die allerdings einen anderen Gegenstand haben, indem mit einem Baupreisindex Veränderungen der für Bauleistungen gezahlten Vergütungen und nicht (wie etwa beim PKI) der Beschaffungskosten der Unternehmer gemessen werden. Zur Verwendung des für die Inflationsrate relevanten Landesindex für Konsumentenpreise (LIK), der von seiner Grundlage her weder mit den Beschaffungskosten der Unternehmer noch mit den gezahlten Vergütungen zu tun hat, CARRON BENOÎT/TÜSCHER, Le renchérissement, S. 163. 3.5

Anmerkung 4

Das *Mengennachweisverfahren,* das auch als Belegverfahren bezeichnet wird, beruht auf dem tatsächlichen mengenmässigen Aufwand des Unternehmers in den fünf Kostenbereichen des Art. 62 Abs. 1. Das Verfahren ermittelt für den tatsächlichen zeitlichen Bauablauf und für die tatsächlich aufgewendeten Mengen (Arbeitsstunden, Materialmengen, Transporte) einen *Geldbetrag* (nicht wie bei Indexverfahren einen prozentualen Auf- oder Abschlag). Errechnet wird dieser Betrag aufgrund der Kostenveränderungen, die sich aufgrund von Änderungen der «Lohnkostenansätze oder Preise» (Art. 64 Abs. 1) ergeben haben. Relevant sind also zwei Faktoren: die effektiven (und belegten) Mengen und die Veränderungen der «Lohnkostenansätze oder Preise». 4.1

Wie die Bezeichnung schon andeutet, überbindet das Verfahren mit Mengennachweis dem Unternehmer die Last, die tatsächlich aufgewendeten Mengen zu belegen. Sie sind in Teilmengen, die von gleich grosser Veränderung (eines Kostenansatzes oder Preises) gegenüber dem Stand am Stichtag (ursprüngliche Kostengrundlage) betroffen sind, zu unterteilen. 4.2

Geregelt ist das Mengennachweisverfahren heute in der SIA-Norm 124, auf die in Art. 65 Abs. 2 allerdings nicht verwiesen wird und die deshalb auch nicht schon dadurch Vertragsbestandteil wird, dass die Parteien die SIA-Norm 118 übernehmen. Die SIA-Norm 124 selber hält denn auch zutreffend fest: «Um die Rechtsverbindlichkeit der vorliegenden Norm in einem Vertrag zu erreichen, ist sie bei der Ausgestaltung des Vertrags als Vertragsbestandteil zu bezeichnen» (Ziff. 0.1.2 SIA-Norm 124), also von den Parteien zu vereinbaren. Ob anzunehmen ist, dass bei der Festlegung eines bestimmten Verfahrens eine tatsächliche Vermutung für die Anwendung der entsprechenden SIA-Vertragsnorm spricht (so SPIESS/HUSER, Handkommmentar, N 8 zu Art. 65), ist demnach zweifelhaft; eine solche Vermutung wäre darauf gerichtet, dass die Parteien mit der Festlegung des Berechnungsverfahrens auch den tatsächlichen Willen verbinden, sich vertraglich auf die entsprechende SIA-Norm festzulegen. 4.3

Anmerkung 5

5.1 Die aSIA-118 gab an dieser Stelle dem Mengennachweisverfahren noch den Vorzug, das sie selber auch eingehend regelte (Art. 64–82 aSIA-118). Deshalb musste ein Indexverfahren individuell oder in einem ranghöheren Vertragsbestandteil (Art. 21) vereinbart werden, um anwendbar zu sein. In seiner aktuellen Fassung enthält Art. 65 Abs. 1 Satz 2 lediglich einen Hinweis auf mögliche Verfahrenstypen und keine vertragliche Anordnung mehr.

5.2 Zweckmässiger wäre es gewesen, den Art. 65 Abs. 2 Satz 1 zu Abs. 1 zu ziehen und diesen Absatz wie folgt zu ergänzen: «[…] Diese kann nach einem indexgebundenen Verfahren oder nach dem Mengennachweisverfahren vereinbart werden. Bewährte indexgebundene Verfahren sind zum Beispiel das Verfahren mit Gleitpreisformel, die Verfahren mit Produktionskostenindex und das Objektindex-Verfahren.»

5.3 Für Überlegungen zur Wahl des Verfahrens siehe Carron Benoît/Tüscher, Le renchérissement, S. 164 ff.

Anmerkung 6

6 Das ist der Fall, wenn die Parteien zwar Preise vereinbart haben, für welche die «Bestimmungen über die Teuerungsabrechnung» gelten (Art. 39 Abs. 3 und Art. 40 Abs. 3), es aber unterlassen haben, das Verfahren für die Teuerungsabrechnung zu regeln. Für diesen Fall schickt sich die SIA-Norm 118 jetzt an, verbindlich zu bestimmen, welches Verfahren der Teuerungsabrechnung zum Tragen kommt. Die Regel ist zwar redaktionell verunglückt, was aber nichts daran ändert, dass sie als vertragliche Abrede konzipiert wurde – und nicht als blosse Empfehlung zuhanden der Parteien (so aber Spiess/Huser, Handkommmentar, N 5 und 7 zu Art. 65).

Anmerkung 7

7 Welche Arbeitsgattungen dem «*Bauhauptgewerbe*» zuzurechnen sind, erläutert die SIA-Norm 118 weder hier noch anderswo. Eine sichere Begriffsklärung für alle Fälle erlaubt auch der Umstand nicht, dass Art. 65 Abs. 2 dem Bauhauptgewerbe «das Verfahren mit dem Produktionskostenindex (PKI)» zuordnet. Zunächst gibt es nicht ein, sondern zwei Verfahren, die mit einem PKI operieren. Und eines dieser Verfahren ist nach der SIA-Norm 123, die das PKI-Verfahren mit NPK-Kostenmodellen regelt, «im Bereich der Baumeisterarbeiten und des Ausbaugewerbes» (Ziff. 3.1.1 SIA-Norm 123), also weder im gesamten Bauhauptgewerbe (sondern nur für Baumeisterarbeiten) noch nur bei Baumeisterarbeiten (sondern auch im Ausbaugewerbe) anwendbar ist. In der Praxis wird für die Begriffsbestimmung z.T. auf den Landesmantelvertrag für das schweizerische Bauhauptgewerbe (LMV) zurückgegriffen, dessen betrieblicher Geltungsbereich anhand des Kriteriums «Gepräge Bauhauptgewerbe» bestimmt wird (Art. 1/Rz. 9).

Anmerkung 8

8.1 Beim PKI-Verfahren wird auf Kostenindizes abgestellt, die mittels des Objektindex-Verfahrens (Bucher Jörg/Henninger, Kalkulation und Teuerungsabrechnung, S. 200) quartalsweise entweder für verschiedene standardisierte Bausparten (z.B. Mehrfamilienhaus, Einfamilienhaus, Belagsbau oder Brücke) oder für gegenwärtig 23 Kapitel des Normpositionen-Katalogs (NPK), für die im Bereich Hoch- und Tiefbau derzeit 27 Kostenmodelle bestehen, ermittelt werden (Carron Benoît/Tüscher, Le renchérissement, S. 158 ff.). Praktisch im Vordergrund steht das Verfahren PKI mit NPK-Kostenmodellen, auf das sich die SIA-Norm 123 bezieht, während das Verfahren PKI mit Bausparten zwar «vom SBV vorläufig weitergepflegt und publiziert [wird], [...] jedoch nicht genormt» ist (Ziff. 0.1.5 SIA-Norm 123). Art. 65 Abs. 2 lässt offen, welches der beiden PKI-Verfahren anwendbar ist, und erweist sich schon deshalb als untaugliche Auffangregel. Die Lage mag sich entspannen, wenn die Publikation des PKI nach Bausparten Ende 2018 eingestellt wird (dazu KBOB/SBV, Produktionskostenindex PKI, Grundlagen, Zürich 2016, S. 13) und nur das PKI-Verfahren mit NPK-Kostenmodellen übrig bleibt. Zu beachten bleibt allerdings, dass zum einen nicht für alle NPK-Kapitel Kostenmodelle vorliegen und dass zum andern für einzelne NPK-Kapitel mehrere Kostenmodelle bestehen.

Doch gilt auch hier, was schon zur SIA-Norm 124 gesagt wurde (Art. 65/Rz. 4.3): Art. 65 Abs. 2 verweist nicht auf die SIA-Norm 123, die deshalb nur Vertragsbestandteil wird, wenn die Parteien dies so vereinbaren. Das hält auch die SIA-Norm 123 so fest, wenn dort steht: «Um die Rechtsverbindlichkeit der vorliegenden Norm in einem Vertrag zu erreichen, ist sie bei der Ausgestaltung des Vertrags als Vertragsbestandteil zu bezeichnen» (Ziff. 0.1.2 SIA-Norm 123). Immerhin könnte man versucht sein, die SIA-Norm 123 mittels gerichtlicher Vertragsergänzung heranzuziehen. Dabei ist aber zu beachten, dass die Anwendung des PKI mit NPK-Kostenmodellen die «Wahl bzw. Zuordnung der Projektteile zu NPK-Kostenmodellen» bedingt (Ziff. 3.3 SIA-Norm 123), womit die gerichtliche Vertragsergänzung zu weit ginge. Ohnehin ist, was die Zulässigkeit der Vertragsergänzung angeht, zu beachten, dass Art. 65 Abs. 2 subsidiär auf das Mengennachweisverfahren verweist und insoweit gar keine Lücke offenlässt. 8.2

Anmerkung 9

Auch der Begriff des *«Ausbaus»* ist zu unscharf, als dass er hier verwendet werden dürfte. 9
Zum Teil wird angenommen, das Ausbaugewerbe sei alles, was nicht Bauhauptgewerbe ist, und für Letzteres auf den Landesmantelvertrag für das schweizerische Bauhauptgewerbe verwiesen (Art. 1/Rz. 9; Art. 65/Rz. 7). Massgeblich ist dieser Umkehrschluss dann, wenn dies dem Willen der Parteien entspricht. Wenn das nicht der Fall ist, ist zu ermitteln, welches Verständnis nach Treu und Glauben anzunehmen ist.

Anmerkung 10

Warum sich Art. 65 Abs. 2 auf den «Bereich Zulieferung zum Bauhauptgewerbe» bezieht, 10
ist unklar; klar ist nur, dass die SIA-Norm 118 nicht auf Lieferungsverträge zugeschnitten ist und sich auch nur hier auf die Zulieferung bezieht. Die Teuerung auf Material, das vom Unternehmer zu liefern ist, wird schon durch das Verfahren erfasst, das auf dessen Leistungen anwendbar ist.

Anmerkung 11

11 Dieses Verfahren wird in der SIA-Norm 122 wie folgt charakterisiert: «Der Vertragspreis P wird in die wesentlichen Kostenelemente wie Löhne, Materialien und Transporte zerlegt und die prozentuale Änderung jedes Kostenelementes mit ihrem Anteil multipliziert. Daraus ergibt sich für jedes Kostenelement ein Indexanteil. Die Summe dieser Indexanteile über alle Kostenelemente abzüglich der Ausgangsbasis 100 % ergibt die gesamte Preisänderung in %» (Ziff. 2.1.1 SIA-Norm 122). Für die Anwendung dieses Verfahrens muss von den Parteien die «prozentuale Aufteilung der Kostenelemente Lohn, Material und Transport» (Ziff. 2.1.2 SIA-Norm 122) festgelegt werden. Fehlt es an dieser Festlegung, kann das Verfahren mit Gleitpreisformel nicht verwendet werden. Deshalb ist auch dieser Verweis in Art. 65 Abs. 2 untauglich.

Anmerkung 12

12 Die in Art. 65 Abs. 2 enthaltenen Verweise führen nicht weiter, weshalb weder eines der beiden PKI-Verfahren noch das Verfahren mit Gleitpreisformel anwendbar ist, wo die Parteien das Verfahren nicht selber festgelegt haben und nun im Streit darüber liegen, welches Verfahren anzuwenden ist. Anwendbar ist vielmehr das Mengennachweisverfahren, auf das Art. 65 Abs. 2 Satz 2 verweist.

Anmerkung 13

13 Zu diesem Verfahren siehe Art. 65/Rz. 4.1 ff.

Anmerkung 14

14 Indem die Parteien mit der SIA-Norm 118 auch die Regel in Art. 65 Abs. 2 Satz 2 übernehmen, unterwerfen sie sich für die Belange der Teuerungsabrechnung dem Mengennachweisverfahren, wenn sie kein anderes Verfahren vereinbart oder zwar ein anderes Verfahren vereinbart, sich aber nicht «über die Berechnungsgrundlage des Verfahrens» verständigt haben und jetzt uneins sind. Diese Regel lässt hinsichtlich der Wahl des Verfahrens keine Lücke offen und steht damit gerichtlicher Vertragsergänzung entgegen.

26 Elemente der Teuerungsabrechnung

261 Grundlagen für die Abrechnung[1]

Art. 66

[1] Massgebend sind die Änderungen gegenüber der ursprünglichen Kostengrundlage[2] (Art. 62 Abs. 2). Dies gilt auch für Teuerungsabrechnungen für Leistungen zu Nachtragspreisen[3]; aus diesem Grunde werden Nachtragspreise für Leistungen zu Einheits- und Globalpreisen[4] auf der Basis der ursprünglichen Kostengrundlage festgesetzt[5] (Art. 86–89).

[2] Die Teuerung wird periodisch abgerechnet[6], mangels anderer Abreden[7] monatlich[8]. Für jede Periode wird die Mehr- oder Mindervergütung gesondert festgestellt, auf Grund der Differenzen zwischen den Ansätzen und Preisen der ursprünglichen Kostengrundlage einerseits und den gemäss den gleichen Regeln festgestellten Ansätzen und Preisen in der Abrechnungsperiode andererseits.[9]

[3] Die Teuerungsabrechnungen sind nicht rabattberechtigt.[10] Die Berechnung der Teuerung erfolgt immer auf dem Rechnungsnettobetrag (Rabatt abgezogen) ohne MWST.[11] Soll ein Skontoabzug auch für Teuerungsrechnungen gelten, muss dies vereinbart werden.[12] Grundlage für die Teuerungsabrechnung bildet der jeweilige Abrechnungsbetrag der Abrechnungsperiode ohne Rückbehalt.[13]

[4] Die Abrechnungen werden vom Unternehmer erstellt.[14] Für eine sich daraus ergebende Mehrvergütung stellt er dem Bauherrn Rechnung, für eine Mindervergütung erteilt er Gutschrift.[15] Alle Beträge von Rechnungen und Gutschriften erhöhen sich um die MWST. Eine Mehrvergütung wird mit dem Eingang der Rechnung bei der Bauleitung fällig.[16] Für Zahlungsfrist und Verzug gilt Art. 190; ein Rückbehalt wird nicht abgezogen[17] (Art. 149 Abs. 2).

Anmerkung 1

Unter der aSIA-118 reihte sich Art. 66 bei den Bestimmungen über die «Teuerungsabrechnung nach dem Verfahren mit Mengennachweis» ein. Dieses Verfahren ist zwar in der aktuellen Norm nicht länger enthalten, weshalb die Art. 66–82 aSIA-118 hier im Kommentar nicht abgedruckt sind. Einige Regeln des Art. 66 aber wurden (mit Modifikationen) beibehalten und sind nun von allgemeiner Tragweite in dem Sinn, dass sie unabhängig davon, auf welches Verfahren die Parteien sich geeinigt haben, zum Tragen kommen. 1

Anmerkung 2

Änderungen gegenüber der ursprünglichen Kostengrundlage sind Änderungen gegenüber dem Wert, den der Kostenansatz oder der Preis am Stichtag (Art. 62/Rz. 4.1) der ursprünglichen Kostengrundlage (Art. 62 Abs. 2) hatte. Solche Änderungen sind bedeutsam beim Mengennachweisverfahren, unbeachtlich aber bei Indexverfahren, für die es auf Änderungen des Indexstands ankommt. 2

Anmerkung 3

Von Nachtragspreisen handeln die Art. 86–89, auf die auch Art. 58 Abs. 2 verweist. 3

Anmerkung 4

Der Pauschalpreis fehlt hier, weil er seiner Definition zufolge den Bestimmungen über die Teuerungsabrechnung nicht unterliegt (vgl. Art. 41 Abs. 1). 4

Anmerkung 5

5.1 Diese Regel findet sich auch in Art. 86 Abs. 2, Art. 87 Abs. 2, Art. 88 Abs. 1 und Art. 89 Abs. 2. Nachtragspreise für Leistungen zu Einheits- und Globalpreisen werden auf der *Basis der ursprünglichen Kostengrundlage* (Art. 62 Abs. 2) vereinbart (siehe Vorbem. Art. 84–91/Rz. 85 ff.), das heisst unter der Annahme, die Kostengrundlage habe seit dem Stichtag (Art. 62/Rz. 4.1) keinerlei Änderung erfahren. Die erforderliche Korrektur der Vergütung ergibt sich dann aus der Teuerungsabrechnung, die im Rahmen ihrer Regeln Abweichungen von Kostenansätzen und Warenpreisen gegenüber der ursprünglichen Kostengrundlage erfasst.

5.2 Diese Nachtragspreisbildung verhindert Komplikationen bei der Teuerungsabrechnung (Art. 62/Rz. 20.1). Würden nämlich Nachtragspreise nicht auf der Basis der ursprünglichen Kostengrundlage gebildet, so wären im Falle veränderter Kostenansätze oder Preise andere Abweichungen als jene gegenüber der ursprünglichen Kostengrundlage massgebend. Diese Abweichungen und die davon betroffenen Mengen müssten dann (unter erheblicher Mehrarbeit) gesondert für jene Teilarbeiten ermittelt werden, für welche die Nachtragspreise gelten.

Anmerkung 6

6 Jede einzelne *Abrechnung* betrifft abschliessend eine bestimmte Zeitspanne (Abrechnungsperiode). Darin unterscheidet sich die Teuerungsabrechnung von den Abschlagszahlungen (Art. 144–148): Die Abschlagszahlungen sind Akontozahlungen (Art. 144 Abs. 1), die als bereits geleistete Anzahlungen in die Schlussabrechnung (Art. 153) eingehen. Die für die einzelnen Abrechnungsperioden erstellten Teuerungsabrechnungen haben mit der Schlussabrechnung nichts zu tun. Sie bedürfen keiner abschliessenden Gesamtprüfung und Gesamtanerkennung. Daran ändert auch der Umstand nichts, dass sie Bestandteil der Zusammenstellung gemäss Art. 153 Abs. 2 sind, die lediglich dem Überblick über sämtliche vom Unternehmer gestellte Rechnungen, einschliesslich der Schlussabrechnung, dient. Zu bedenken ist dabei aber, dass sich die Teuerungsabrechnung mit Indexverfahren erst auf der Grundlage der beidseitig anerkannten Schlussabrechnung abschliessen lässt.

Anmerkung 7

7 Eine *andere* Abrede muss, damit sie der Norm vorgeht, individuell oder in einem ranghöheren Vertragsbestandteil getroffen sein (vgl. Einl./Rz. 26).

Anmerkung 8

8 Die Zeitperiode ist mangels anderer Abrede (Art. 66/Rz. 7) ein *Monat*. Beim Verfahren mit Mengennachweis kann die Rechnung oder Gutschrift nicht schon am Ende der Zeitperiode, sondern erst erstellt werden, wenn die auf die Zeitperiode entfallenden, von den Änderungen betroffenen Mengen vorliegen.

Anmerkung 9

Diese Regel, die aus der Vorgängernorm übernommen wurde, ist auf das Verfahren mit Mengennachweis zugeschnitten und passt nicht zu Indexverfahren. Festgestellt wird, welche *Kostenansätze und Warenpreise* (Art. 62/Rz. 2 f.) nicht mehr den gleichen Stand wie in der ursprünglichen Kostengrundlage (Art. 62 Abs. 2) haben. Die Differenz ergibt sich aus der Gegenüberstellung des Stands während der Abrechnungsperiode mit jenem am Stichtag (Art. 62/Rz. 4.1). «Gemäss den gleichen Regeln» bedeutet, dass nur Gleiches mit Gleichem verglichen werden kann. So muss etwa der Warenpreis per Stichtag und jener in der Abrechnungsperiode nicht nur die gleiche Ware zum Gegenstand haben, sondern sich unter anderem auch auf die gleiche Qualität, die gleiche Liefermenge und (bei Frankolieferung) auf den gleichen Lieferort beziehen. 9

Anmerkung 10

Mit den «*Teuerungsabrechnungen*» sind hier die Rechnungen gemeint, mit denen der Unternehmer dem Bauherrn eine teuerungsbedingte Mehrvergütung in Rechnung stellt. Ein vom Unternehmer in seiner Offerte gewährter Rabatt ist für diesen Rechnungsbetrag ohne Belang, da der Zuschlag für Gewinn und Risiko bei der Teuerungsabrechnung unberücksichtigt bleibt (GWerkV Rz. 1246a). Zu beachten ist allerdings, dass bei Indexverfahren der prozentuale Auf- oder Abschlag auf dem zugehörigen Vergütungsanteil erfolgt, bei dessen Ermittlung ein allfälliger Rabatt selbstredend abzuziehen ist. Die Basis des Auf- oder Abschlags ist mithin (der Teuerungsabrechnung vorgelagert) bereits rabattbereinigt, weshalb auch der prozentuale Auf- oder Abschlag einen entsprechend geringeren Betrag ergibt. Anders verhält es sich beim Mengennachweisverfahren, bei dem die Veränderung in absoluten Beträgen dargestellt wird, die alsdann dem Bauherrn unverändert (ohne Abzug eines Rabatts) in Rechnung gestellt oder gutgeschrieben werden. 10

Anmerkung 11

Bei einem *Rabatt* in Form eines prozentualen Preisnachlasses bleibt sich das Ergebnis gleich, wenn die Teuerung auf dem Rechnungsnettobetrag (Rabatt abgezogen; siehe z.B. Ziff. 4.1.1 SIA-Norm 122: «Nettobetrag aus der Leistungsverrechnung») berechnet und kein weiterer Rabatt abgezogen wird oder wenn sie auf dem Rechnungsbruttobetrag (Rabatt nicht abgezogen) berechnet und in der Folge der Rabatt abgezogen wird (siehe KBOB, Leitfaden zur Verrechnung von Preisänderungen, Bern 2012, Ziff. 5.8). 11

Anmerkung 12

Ob der Bauherr auch bei Teuerungsrechnungen einen *Skontoabzug* vornehmen kann, hängt von der Vereinbarung ab. Die SIA-Norm 118 regelt diese Frage nicht. Sieht die Vereinbarung einen Skontoabzug vor, ohne nach Rechnungsarten zu differenzieren, ist der Abzug auch bei Teuerungsrechnungen berechtigt. Diese Auslegung rechtfertigt sich mit Blick auf den Zweck einer Skontoabrede, den Bauherrn zu prompten Zahlungen zu bewegen. 12

Anmerkung 13

13 Das ergibt sich aus ihrem Zweck, denn Rückbehalte dienen bis zur Abnahme als «Sicherheit für die Erfüllung der Verpflichtungen des Unternehmers» (Art. 149 Abs. 1), mindern aber die Vergütung nicht.

Anmerkung 14

14 Für das Erstellen der Abrechnung erhält der Unternehmer keine Vergütung. Von Bedeutung ist dies praktisch nur beim Mengennachweisverfahren, das einen erheblichen administrativen Aufwand bedingt. Bei Indexverfahren kann es im Übrigen auch sein, dass der Bauherr die Teuerungsabrechnung vornimmt.

Anmerkung 15

15 Der Rechnung wie auch der Gutschrift sind die für die Prüfung der Beträge erforderlichen Belege beizulegen. Die Gutschrift begründet eine Forderung des Bauherrn gegen den Unternehmer, die er in der Folge zur Verrechnung bringen kann.

Anmerkung 16

16 Mit der *Fälligkeit* der Mehrvergütung beginnt die Zahlungsfrist nach Art. 190 Abs. 1 zu laufen (Art. 190/Rz. 4; GWerkV Rz. 1171). Die gleiche Regel (Fälligkeit mit Rechnungsstellung) gilt sinngemäss auch für Gutschriften zugunsten des Bauherrn. Zum Eintritt der Fälligkeit im Fall, in dem der Bauherr gestützt auf Unterlagen des Unternehmers die Teuerungsabrechnung vornimmt, siehe Vorbem. 38 – 83/Rz. 10.

Anmerkung 17

17 Dass kein Rückbehalt abgezogen wird, versteht sich von selbst und ergibt sich auch aus dem in Art. 66 Abs. 2 zitierten Art. 149 Abs. 4.

2 62 Teuerungsabrechnung bei Leistungen von Subunternehmern

Art. 67

Wenn nichts anderes vereinbart ist[1], wird die Leistung eines Subunternehmers (Art. 29) in der Teuerungsabrechnung so berücksichtigt, wie wenn der Unternehmer die Leistung selbst erbracht hätte[2], gleichgültig, nach welcher Art er den Subunternehmer vergütet[3].

Anmerkung 1

1 Zu diesem Zusatz, den die SIA-Norm 118 gehäuft verwendet, siehe Einl./Rz. 26. Für spezifische Fälle, in denen sich eine Abweichung von dem in Art. 67 festgehaltenen Grundsatz aufdrängen mag, vgl. Art. 4.3 SIA-Ordnung 121.

Anmerkung 2

Im Rahmen der Teuerungsabrechnung soll demnach die «Leistung eines Subunternehmers» (Art. 29) so behandelt werden, als wären es *Leistungen des Unternehmers* selber. Der Grundsatz war schon Bestandteil von Art. 67 Abs. 1 aSIA-118 und kommt auch in Ziff. 3.6 SIA-Norm 124 zum Tragen. Die Ausdrucksweise ist indes nicht richtig. Denn Grundlage der Teuerungsabrechnung sind nicht Leistungen, sondern Kosten. Richtig wäre es deshalb zu sagen, dass Kosten, die dem Unternehmer aus dem Beizug eines Subunternehmers entstehen, unter die werkvertraglich vereinbarte Teuerungsabrechnung fallen. 2

Anmerkung 3

Diesem Nachsatz zufolge spielt es keine Rolle, ob der Subunternehmervertrag die Teuerungsabrechnung vorsieht oder nicht. Das erlaubt es dem Unternehmer, eine allfällige Mehrvergütung infolge Teuerung mit Bezug auf die Subunternehmerleistungen selbst dann zu beanspruchen, wenn er dem Subunternehmervertrag zufolge dem Subunternehmer die Teuerung nicht auszugleichen hat, weil sie dort ausgeschlossen wurde. Das mag sich mit dem Bedürfnis rechtfertigen, die Teuerungsabrechnung zu vereinfachen, ist in der Sache allerdings kaum richtig, da es nicht Zweck der Teuerungsabrechnung ist, dem Unternehmer eine Mehrvergütung zu verschaffen, wo ihn keine teuerungsbedingte Mehrbelastung trifft (Vorbem. Art. 64–68/Rz. 4). 3.1

Immerhin greift die Regel selbstverständlich auch in der umgekehrten Richtung, indem der Bauherr bei einer Minusteuerung auch dann mindern kann (Art. 65/Rz. 2; Art. 66/Rz. 15), wenn der Unternehmer die Minderung nicht an den Subunternehmer weiterreichen kann, weil der Subunternehmervertrag die Berücksichtigung der Teuerung in beiden Richtungen ausschliesst. 3.2

Unerheblich ist auch, welcher Stichtag (Art. 62/Rz. 4.1) im Verhältnis zwischen Unternehmer und Subunternehmer gilt. Es kann der gleiche Tag wie im Vertrag zwischen Unternehmer und dem Bauherrn sein (weil z.B. der Unternehmer bei seiner eigenen Preisbildung auf einem Angebot des Subunternehmers aufbaute). Vielfach ist es jedoch ein anderer (späterer) Stichtag, weil der Unternehmer den Subunternehmer erst nach Abschluss seines Vertrags mit dem Bauherrn beizog. In diesem Falle gilt für die Preise, die der Unternehmer dem Subunternehmer bezahlt, die «Kostengrundlage» gemäss dem Stand am späteren Stichtag. Die nach dem ersten Stichtag (Vertrag Unternehmer/Bauherr) bis zum späteren Stichtag (Vertrag Unternehmer/Subunternehmer) eingetretenen Veränderungen sind somit in den Preisen des Subunternehmers (zulasten des Unternehmers) bereits eingeschlossen. Den Unternehmer treffen deshalb die vollen Änderungen der ursprünglichen Kostengrundlage, die zum Stichtag seines Vertrags mit dem Bauherrn gehört. 3.3

2 63 Teuerungsabrechnung bei Regiearbeiten

2 631 Grundsatz[1]

Art. 68

[1] Für die Teuerungsabrechnung der Regiearbeiten[2] stehen zwei mögliche Regelungen zur Verfügung:[3]

1. Die Preisänderung erfolgt – basierend auf dem Regieansatz mit Stichtag der Offerte[4] – mit derselben Methode wie für die Teuerungsabrechnung der Einheits- bzw. Globalpreise.[5]

2. Die Regiearbeiten werden mit dem zum Zeitpunkt der Ausführung anwendbaren Regieansatz abgerechnet.[6]

[2] Wenn keine Regelung vereinbart ist, kommt die Regelung gemäss Abs. 1 Ziff. 2 zur Anwendung.[7]

Anmerkung 1

1 Dass auch bei Regiearbeiten grundsätzlich die Teuerungsabrechnung vorzunehmen ist, ergibt ein Umkehrschluss aus der Regel, dass sie bei einem verabredeten Richtpreis der Teuerungsabrechnung grundsätzlich nicht unterliegen (Art. 56 Abs. 4; Art. 64/Rz. 7). Doch können die Parteien unveränderliche Ansätze vereinbaren und so die Berücksichtigung einer allfälligen Teuerung ausschliessen. Durch eine vertragliche Übernahme der SIA-Norm 124 einigen sich die Parteien unter anderem darauf, dass «Preisänderungen für Regiearbeiten [...] analog der übrigen Arbeiten behandelt» werden (Ziff. 3.7 SIA-Norm 124). Damit ist wohl gemeint, dass auch bei Regiearbeiten die Teuerung in dem durch die SIA-Norm 124 geregelten Mengennachweisverfahren abzurechnen ist, was sich mit Art. 68 Abs. 1 Ziff. 1 deckt.

Anmerkung 2

2 Eine «Teuerungsabrechnung der Regiearbeiten» gibt es nicht; gemeint ist der Ausgleich teuerungsbedingter Mehr- oder Minderkosten.

Anmerkung 3

3 Während die Norm nur «zwei mögliche Regelungen» kennt, werden die Parteien dadurch in ihrer Gestaltungsfreiheit nicht eingeschränkt. Namentlich können sie die am Stichtag der Offerte massgebenden Ansätze der Berufsverbände in den Vertrag übernehmen und gleichzeitig die Teuerungsabrechnung ausschliessen.

Anmerkung 4

4 Einschlägig ist nicht die ursprüngliche Kostengrundlage gemäss Art. 62, sondern dem Wortlaut zufolge der Regieansatz, der am Stichtag (Art. 62 Abs. 1) galt. Das kann nach

Art. 49 nur ein «vertragsindividueller Ansatz» (Art. 50/Rz. 1) sein, den die Parteien vereinbaren. Werden keine Ansätze festgelegt, gilt die Auffangregel des Art. 49 Abs. 2, wonach mit den jeweils zeitlich und örtlich einschlägigen Ansätzen abzurechnen ist.

Anmerkung 5

Die für Einheits- bzw. Globalpreise vereinbarte Methode gilt für Regieansätze nur dann, wenn dies so vereinbart wurde. Etwa kann es sein, dass die Parteien auch die vereinbarten Regieansätze mit einem Index verknüpfen. Alsdann ist die Veränderung des Index massgebend und nicht auch eine allfällige Veränderung solcher Regieansätze von Berufsverbänden, die von den Parteien durch Vereinbarung für anwendbar erklärt wurden. 5

Anmerkung 6

Die Regel verweist lediglich auf den «Zeitpunkt der Ausführung» und ist damit ungenau. Für die Bestimmung der anwendbaren Regieansätze kommt es neben dem Zeitpunkt der Ausführung auch auf den Ausführungsort an. So auch die präzisere Formulierung bei Art. 49 Abs. 2. 6.1

Die Anwendung der Regel setzt voraus, dass die Parteien den fraglichen Ansatz nicht «vertragsindividuell» (Art. 50/Rz. 1) bestimmt haben. Wo eine solche Bestimmung vorgenommen wurde, gilt *dieser* Ansatz, nicht der «zum Zeitpunkt der Ausführung anwendbare Regieansatz». Wo aber der Werkvertrag keine Ansätze enthält, bestimmen sich die Ansätze nach Art. 49 Abs. 2 und damit ohnehin bereits in Abhängigkeit von «Zeitpunkt und […] Ort der Arbeitsausführung». Mit anderen Worten: Art. 68 Abs. 1 Ziff. 2 erweist sich als missverständlich, da es sich nicht um eine eigenständige Regelung handelt. Gemeint ist vielmehr, dass die für Regiearbeiten aufgewendeten Stunden und Materialmengen – wie die Art. 73 aSIA-118 bzw. Art. 78 aSIA-118 noch ausdrücklich festhielten – «nur dann in die Teuerungsabrechnung einbezogen» werden können, wenn die eingetretenen Kosten- bzw. Preisänderungen nicht schon dadurch aufgefangen werden, dass die Regiearbeiten nach den «im Zeitpunkt und am Ort der Arbeitsausführung massgebenden Regieansätzen der Berufsverbände» bzw. (bei deren Fehlen) nach den «in diesem Zeitpunkt am Ausführungsort üblichen Ansätzen» (Art. 49 Abs. 2) zu vergüten sind. 6.2

Anmerkung 7

Diese Auffangregel erweist sich als überflüssig, wie sich aus Folgendem ergibt: 7.1

Fall 1: Die Parteien haben für die Regiearbeiten jene Regieansätze für anwendbar erklärt, die zum Zeitpunkt der Ausführung am Ausführungsort massgebend sind, sodass diese Ansätze im konkreten Fall unabhängig von Art. 68 Abs. 2 verbindlich sind. 7.2

Fall 2: Die Parteien haben im Werkvertrag andere Regieansätze bestimmt und damit die Anwendbarkeit der zum Zeitpunkt der Ausführung am Ausführungsort massgebenden Regieansätze ausgeschlossen. Das gilt selbst dann, wenn der Werkvertrag die Frage der Teuerungsabrechnung nicht regelt. 7.3

Fall 3: Die Parteien haben im Werkvertrag keine Ansätze bestimmt, sodass jetzt von vornherein – ohne dass auf Art. 68 Abs. 2 abzustellen wäre – gemäss Art. 49 Abs. 2 mit jenen 7.4

Ansätzen abzurechnen ist, die «im Zeitpunkt und am Ort der Arbeitsausführung» massgeblich bzw. üblich sind.

Art. 69 bis 82

Die Artikel 69 bis 82 sind aufgehoben.[1]

Anmerkung 1

1 Die im Zuge der Revision 2013 aufgehobenen Artikel regelten die «Teuerungsabrechnung nach dem Verfahren mit Mengennachweis». Dieses Verfahren (das Mengennachweisverfahren) war schon im System der aSIA-118 jenes Verfahren, das immer dann zur Anwendung gelangen sollte, wenn die Parteien kein anderes Verfahren vereinbart hatten: «Die Mehr- oder Mindervergütung wird durch die Teuerungsabrechnung ermittelt. Dies geschieht, wenn nicht etwas anderes vereinbart ist, für die Kostenarten und nach den Regeln der Art. 66 – 82 (Verfahren mit Mengennachweis)» (Art. 65 Abs. 1 aSIA-118). Neu ist das Verfahren mit Mengennachweis in einer separaten Vertragsnorm, der SIA-Norm 124, geregelt. Die neue Vertragsnorm, deren Geltung bedingt, dass die Parteien sie in den Vertrag übernehmen (Art. 65/Rz. 4.3), kann nur zusammen mit der SIA-Norm 118 angewendet werden, da sich die ursprüngliche Kostengrundlage, bei der die Teuerungsabrechnung anknüpft, unverändert nach Art. 62 bestimmt und die SIA-Norm 124 diesen Begriff nicht selber bildet (vgl. Ziff. 0.1.1 SIA-Norm 124). Den Parteien ist es aber unbenommen, weiterhin mit den Regeln zu arbeiten, die in der aSIA-118 enthalten waren, und sich dabei auch an der Kommentierung dieser Bestimmungen von Prader zu orientieren, die sich in der Vorauflage dieses Kommentars findet (Prader, Kommentar SIA-118 [Voraufl.], Art. 66 – 82).

27 Bauhandwerkerpfandrecht

Art. 83

Der Unternehmer hat für seine Forderungen aus dem Werkvertrag Anspruch auf Errichtung eines Bauhandwerkerpfandrechtes nach Massgabe der Art. 837 ff. ZGB.[1] Vorbehalten bleiben Gesetzesbestimmungen, die das Bauhandwerkerpfandrecht für öffentliche Bauten ausschliessen.[2]

Bei Grundstücken im Verwaltungsvermögen kann ein Unternehmer, der nicht Vertragspartner des Grundeigentümers ist, anstelle des Anspruchs auf ein Baupfand unter den Voraussetzungen von Art. 839 ZGB eine gesetzliche Bürgschaft geltend machen (einfache Bürgschaft nach Art. 495 OR).[3]

Art. 83 (1977/91)

Der Unternehmer hat für seine Forderungen aus dem Werkvertrag Anspruch auf Errichtung eines Bauhandwerkerpfandrechtes nach Massgabe der Art. 837 ff. ZGB. Vorbehalten bleiben Gesetzesbestimmungen, die das Bauhandwerkerpfandrecht für öffentliche Bauten ausschliessen.

Anmerkung 1

Das Bauhandwerkerpfandrecht, das in den Bestimmungen der Art. 837 Abs. 1 Ziff. 3 ZGB und Art. 839 ff. ZGB geregelt wird, ist ein gesetzliches Grundpfandrecht, das der Sicherung des werkvertraglichen Vergütungsanspruchs dient. Art. 83 erinnert den Unternehmer an diese Realsicherheit. Selber aber bildet er *keine Rechtsgrundlage für die Errichtung* des Grundpfands, was auch für den neuen Abs. 2 der Bestimmung gilt. Vielmehr besteht der Anspruch auf Eintragung des Bauhandwerkerpfandrechts nur insoweit, als im konkreten Fall die Voraussetzungen der Art. 837 Abs. 1 Ziff. 3 ZGB und Art. 839 ZGB erfüllt sind. 1.1

Der gesetzliche Anspruch auf Errichtung des Bauhandwerkerpfandrechts besteht «für die Forderungen der Handwerker oder Unternehmer, die auf einem Grundstück zu Bauten oder anderen Werken, zu Abbrucharbeiten, zum Gerüstbau, zur Baugrubensicherung oder dergleichen Material und Arbeit oder Arbeit allein geliefert haben, an diesem Grundstück, sei es, dass sie den Grundeigentümer, einen Handwerker oder Unternehmer, einen Mieter, einen Pächter oder eine andere am Grundstück berechtigte Person zum Schuldner haben» (Art. 837 Abs. 1 Ziff. 3 ZGB), namentlich aber nicht für Forderungen von Architekten und Ingenieuren (BGE 131 III 300/303 E. 2.2). Art. 83 spricht nur vom Unternehmer, nicht auch vom *Subunternehmer* (Art. 29) *oder vom Subsubunternehmer* (Vorbem. Art. 28–32/Rz. 14). Obwohl der Vergütungsanspruch des Subunternehmers sich gegen den Unternehmer richtet (Art. 29 Abs. 2) und der Subsubunternehmer einen Anspruch gegen den Subunternehmer hat, können auch sie die Eintragung eines Bauhandwerkerpfandrechts verlangen, soweit die gesetzlichen Voraussetzungen für sie erfüllt sind (vgl. Art. 837 Abs. 1 Ziff. 3 ZGB; z.B. BGE 136 III 14/19 E. 2.3; SCHUMACHER, Ergänzungsband, Rz. 197; einschränkend aber GWERKV Rz. 185). 1.2

Nach Art. 837 Abs. 3 ZGB kann der Berechtigte auf das gesetzliche Grundpfandrecht nicht *zum Voraus Verzicht* leisten. Eine von Art. 83 abweichende Abrede im Werkvertrag vermag daher am gesetzlichen Anspruch auf Eintragung eines Bauhandwerkerpfandrechts selbst dann nichts zu ändern, wenn sie individuell vereinbart oder in einem ranghöheren Vertragsbestandteil getroffen wird (siehe dagegen Einl./Rz. 26). 1.3

Das Grundpfandrecht entsteht mit seiner Eintragung im Grundbuch, und zwar zulasten des betreffenden Grundstücks. Die Eintragung kann an sich verlangt werden, sobald sich der pfandberechtigte Unternehmer vertraglich zur Arbeitsleistung verpflichtet hat (Art. 839 Abs. 1 ZGB). Das kommt allerdings kaum vor (zu möglichen Gründen SCHUMACHER, Das Bauhandwerkerpfandrecht, Rz. 1087). In der Praxis viel häufiger ist es, dass sich ein Unternehmer kurz vor oder nach Arbeitsvollendung um den Pfandrechtsanspruch bemüht. Oft ist dann Eile geboten, da die Eintragung von Gesetzes wegen «bis spätestens vier Monate nach der Vollendung der Arbeit zu erfolgen» hat (Art. 839 Abs. 2 1.4

ZGB); anzumerken ist, dass der Unternehmer es nicht in der Hand hat, diesen Zeitpunkt damit nach hinten zu schieben, dass er seine Vollendungsanzeige (Art. 158/Rz. 7) zurückhält (siehe eingehend zum Begriff der fristauslösenden Arbeitsvollendung SCHUMACHER, Das Bauhandwerkerpfandrecht, Rz. 1100 ff.; TUOR/SCHNYDER/SCHMID, Das Schweizerische Zivilgesetzbuch, § 113 Rz. 65). Mit ungenutztem Ablauf dieser Verwirkungsfrist geht der Pfandrechtsanspruch unter. Es reicht zur Fristwahrung nicht, dass die Eintragung binnen Frist *verlangt* wird; gewahrt ist die Verwirkungsfrist aber dann, wenn die Eintragung bis zu deren Ablauf zumindest *vorläufig* erfolgt (Art. 961 Abs. 1 Ziff. 1 ZGB i.V.m. Art. 48 Abs. 2 lit. b GBV; BGE 137 III 563/566 E. 3.3; zur Eintragung im Zuge einer superprovisorischen Massnahme siehe Art. 265 ZPO; SCHUMACHER, Das Bauhandwerkerpfandrecht, Rz. 1397 ff.). Zudem darf die Eintragung «nur erfolgen, wenn die Pfandsumme vom Eigentümer anerkannt oder gerichtlich festgestellt ist, und kann nicht verlangt werden, wenn der Eigentümer für die angemeldete Forderung hinreichende Sicherheit leistet» (Art. 839 Abs. 3 ZGB).

1.5 Bei landwirtschaftlichen Liegenschaften ist die Pfandbelastungsgrenze der Art. 73 ff. BGBB zu beachten, wobei aber die vorläufige Eintragung von Bauhandwerkerpfandrechten ungeachtet der Belastungsgrenze im Grundbuch vorgemerkt werden kann (Art. 75 Abs. 2 BGBB). Spezielle Regeln finden sich auch in Art. 15 f. des Bundesgesetzes über die Verbesserung der Wohnverhältnisse in Berggebieten (VWBG).

1.6 Zum Bauhandwerkerpfandrecht stellen sich zahlreiche Fragen, mit denen sich *die Lehre* (z.B. REETZ, Bauhandwerkerpfandrecht, S. 219 ff.; SCHMID/HÜRLIMANN-KAUP, Sachenrecht, Rz. 1692 ff.; SCHUMACHER, Das Bauhandwerkerpfandrecht, passim; DERS., Ergänzungsband, passim; DERS., Handkommentar Privatrecht, N 8 ff. zu Art. 837 ZGB; TUOR/SCHNYDER/SCHMID, Das Schweizerische Zivilgesetzbuch, § 113 Rz. 38 ff.) und *eine reichhaltige Gerichtspraxis* befassen. Mit Rücksicht auf die einschlägige Literatur (namentlich die systematische Darstellung bei SCHUMACHER), die fortlaufende Veröffentlichung der sich entwickelnden Praxis in der Zeitschrift Baurecht/Droit de la Construction (BR/DC) und den Umfang des komplizierten Stoffs wird hier auf eine eingehende Erörterung verzichtet. Zu bestimmten Einzelheiten vgl. auch GWERKV Rz. 1300 ff., wo der herrschenden Meinung z.T. widersprochen wird.

Anmerkung 2

2.1 Dieser allgemeine Vorbehalt weist den Unternehmer darauf hin, dass das öffentliche Recht die Eintragung eines Bauhandwerkerpfandrechts ausschliessen kann (vgl. Art. 839 Abs. 4–6 ZGB). Von praktischer Bedeutung ist der Hinweis mit Bezug auf Arbeiten, die ein öffentlicher Bauherr (Bund, Kanton, Gemeinde oder eine andere juristische Person des öffentlichen Rechts) auf einem *Grundstück in seinem Verwaltungsvermögen* ausführen lässt, weshalb Art. 83 von «öffentlichen Bauten» spricht. Denn:

2.2 Auf einem Grundstück im *Verwaltungsvermögen* eines öffentlichen Bauherrn kann kein Bauhandwerkerpfandrecht eingetragen werden, weil das Verwaltungsvermögen unverwertbar ist (BGE 103 II 227 ff.; 108 II 305 ff.; 116 Ib 367/377 E. 6d; vgl. auch Art. 9 Abs. 1 des Bundesgesetzes über die Schuldbetreibung gegen Gemeinden und andere Körperschaften des kantonalen öffentlichen Rechts vom 4. Dezember 1947, SR 282.11). Diese Rechtslage wirkt sich vor allem zuungunsten der Subunternehmer (Art. 83/Rz. 1.2) aus, die den Schutz des gesetzlichen Pfandrechts verlieren, was z.T. als unbillig empfunden wird (z.B. Tuor/Schnyder/Schmid, Das Schweizerische Zivilgesetzbuch, § 113 Rz. 54). Das Bundesgericht aber lehnte es unter altem Recht ab, eine Gesetzeslücke (Art. 1 Abs. 2 ZGB) anzunehmen und den öffentlichen Bauherrn bei Anmeldung eines uneintragbaren Pfandrechts zu einer anderen Sicherheitsleistung zu verpflichten (BGE 103 II 227/238 f. E. 5; 108 II 305/308 f. E. 1; 116 Ib 367/377 E. 6d; 124 III 337/338 ff. E. 6). Dabei berief es sich unter anderem auf das Gebot, dass «mit privatrechtlichen Instituten im öffentlichen Interesse liegende Aufgaben des Staates in keiner Weise beeinträchtigt werden dürfen» (BGE 124 III 337/340 E. 6b/aa). Mit der ZGB-Revision 2009 nahm sich der Gesetzgeber dieser Frage an (Art. 83/Rz. 3.1 f.).

Anmerkung 3

3.1 Am 1. Januar 2012 trat mit Art. 839 Abs. 4–6 ZGB eine gesetzliche Regelung für «Grundstücke im Verwaltungsvermögen» in Kraft (eingehend u.a. Schumacher, Ergänzungsband, Rz. 296 ff.; ders., Begriff des Verwaltungsvermögens, S. 232 ff., zu BGer 5A_348/2012 vom 15. August 2012, wo die Auffassung begründet wird, dass Grundstücke im Gemeingebrauch dem Verwaltungsvermögen gleichzusetzen seien). Nach wie vor hat der direkte Vertragspartner des öffentlichen Bauherrn (meist ein Total- oder Generalunternehmer; siehe Vorbem. Art. 28–32/Rz. 28 ff.) keinen gesetzlichen Pfandrechtsanspruch, wenn das Grundstück dem Verwaltungsvermögen zugehört, was sich damit rechtfertigt, dass praktisch kein Ausfallrisiko besteht. Doch kann der Subunternehmer, dessen Vergütungsanspruch sich gegen den Hauptunternehmer, nicht gegen den öffentlichen Bauherrn richtet, das Gemeinwesen, in dessen Eigentum das Grundstück steht, «nach den Bestimmungen über die einfache Bürgschaft» haftbar machen (Art. 839 Abs. 4 ZGB i.V.m. Art. 495 OR). Vorausgesetzt ist, dass die Forderung dem Gemeinwesen gegenüber «spätestens vier Monate nach Vollendung der Arbeit schriftlich unter Hinweis auf die gesetzliche Bürgschaft geltend gemacht worden war» (Art. 839 Abs. 4 ZGB). Nach ungenutztem Ablauf der Frist erlischt der Anspruch auf die an die einfache Bürgschaft angelehnte Haftung des Gemeinwesens, nicht aber die Forderung gegen den Werklohnschuldner. Mit dem Verweis auf Art. 839 ZGB erinnert Art. 83 Abs. 2 an diese Rechtslage, ohne selber einen materiellen Anspruch zu schaffen (Art. 83/Rz. 1.1).

3.2 Die umschriebene Rechtslage gilt lediglich für Grundstücke im *Verwaltungsvermögen,* die unmittelbar der Erfüllung einer öffentlichen Aufgabe dienen und in der Verfügungsgewalt eines Gemeinwesens stehen (BGE 107 II 44 ff.; auch 120 II 321/327 E. 2f). Verhält es sich aber so, dass der Staat eine «privatwirtschaftliche Tätigkeit gesetzlich zur öffentlichen Aufgabe» macht und Leistungen anbietet, «wie sie von privater Seite zu gleichen Bedingungen erbracht werden, so kann an jenen Liegenschaften, die durch ihren Gebrauchswert der Erfüllung dieser Aufgabe unmittelbar dienen, ein Bauhandwerkerpfandrecht gültig bestellt werden», auch wenn diese Liegenschaften zum Verwaltungsvermögen gehören (BGE 120 II 321/329 f. E. 2i). Ohnehin keinen besonderen Schutz vor Bauhandwerkerpfandrechten geniessen Grundstücke, die zum *Finanzvermögen* gehören

(Art. 7 des Bundesgesetzes über die Schuldbetreibung gegen Gemeinden und andere Körperschaften des kantonalen öffentlichen Rechts vom 4. Dezember 1947, SR 282.11; BGE 103 II 227/234 E. 3; SCHUMACHER, Das Bauhandwerkerpfandrecht, Rz. 626 und 640).

3 Bestellungsänderung

Vorbemerkungen zu Art. 84 – 91

1 Diese Vorbemerkungen vermitteln zunächst einen Überblick über die Regelung der Bestellungsänderung (Vorbem. Art. 84 – 91/Rz. 3 ff.). Dem folgen Ausführungen über die Bildung von Nachtragspreisen (Vorbem. Art. 84 – 91/Rz. 40 ff.), zu der sich die SIA-Norm 118 vor allem im Zusammenhang mit der Bestellungsänderung äussert, obschon es natürlich auch in anderen Fällen dazu kommen kann, dass Nachtragspreise zu bilden sind. Ein wichtiges Beispiel ist der Anspruch auf eine Mehrvergütung gemäss Art. 58 Abs. 2, wobei aber diese Bestimmung der Norm auf die Regeln über die Bestellungsänderung verweist (Art. 58/Rz. 10.1).

2 Die Ausführungen zur Preisbildung (Vorbem. Art. 84 – 91/Rz. 40 ff.) gliedern sich wie folgt: Einleitung (Rz. 40 ff.); Kalkulation der Angebotspreise (Rz. 51 ff.); Preisfortschreibung als Hauptregel für die Nachtragspreisbildung? (Rz. 67 ff.; siehe zu dieser Thematik auch Rz. 27 f. und 113 ff.); Herleitung des Nachtragspreises im Einzelnen (Rz. 73 ff.); ursprüngliche Kostengrundlage (Rz. 85 ff.); «Kostengrundlagen» nach NPK 103/D 15 mit dem Kalkulationsschema des SBV (Rz. 96 f.); Probleme mit der Spekulation (Rz. 98 ff.); subsidiäre Regeln: Ausführung in Regie oder Vergabe an einen Dritten (Rz. 101); Besonderheiten der Nachtragspreisbildung für Baustelleneinrichtungen (Rz. 102 ff.); Besonderheiten der Nachtragspreisbildung bei Leistungen zu Global- und Pauschalpreis (Rz. 106 ff.); einvernehmliche Behelfslösungen (Rz. 110); Gang zum Gericht (Rz. 111 f.); Preisfortschreibung in Diskussion (Rz. 113 ff.).

A. Überblick über die Regelung der Bestellungsänderung

3 a) Die Art. 84 – 91 haben die *einseitige Bestellungsänderung* zum Gegenstand. Sie beruht auf dem in Art. 84 umschriebenen Gestaltungsrecht des Bauherrn, die vertragliche Leistungspflicht des Unternehmers durch eine einseitige Erklärung im gewünschten Sinne abzuändern (GWerkV Rz. 772 ff. und 791 ff.; zur Bestellungsänderung im Allgemeinen GWerkV Rz. 768 ff.). In der Praxis wird nicht selten das einseitige Recht des Bauherrn zu Bestellungsänderungen ausgeschlossen und verlangt, dass die Modalitäten und Folgen der Bestellungsänderung zu vereinbaren sind. Siehe dazu GWerkV Rz. 789c, der sie als «Vereinbarungsklauseln» bezeichnet.

4 b) Die Bestellungsänderung des Art. 84 beruht auf einer *Willenserklärung des Bauherrn*, der die Erklärung persönlich oder durch einen Vertreter abgeben kann (Art. 84/Rz. 1.1 ff.). Die Änderungserklärung des Bauherrn kann ausdrücklich oder stillschweigend erfolgen (Art. 1 Abs. 2 OR; siehe dazu auch Art. 84/Rz. 2.2; Art. 3/Rz. 4.1 f.), muss aber unzweideutig sein.

5 Die stillschweigende Bestellungsänderung kann insbesondere durch konkludentes Verhalten (Art. 3/Rz. 4.1 f.), so etwa durch die Abgabe veränderter Pläne (Art. 84/Rz. 3.1 f.) oder dadurch erfolgen, dass der Bauherr in Kenntnis der Situation eine zusätzliche oder veränderte Leistung des Unternehmers widerspruchslos geschehen lässt

(GWERKV Rz. 771 mit Verweis auf BGer 4C.189/1999 vom 19. April 2000 E. 2b; vgl. auch BGer vom 20. Juni 1994 = BR/DC 1995, S. 40, Nr. 126; BGer 4D_76/2010 vom 5. Oktober 2010 E. 4). Die Änderungserklärung kann sich auch aus dem stillschweigend mitverstandenen Inhalt einer anderen Erklärung ergeben. Beispielsweise kann eine stillschweigende Bestellungsänderung vorliegen, wenn der Bauherr bei einem Baustellengespräch zu verstehen gibt, der Unternehmer habe sich auf eine tatsächlich veränderte Situation einzustellen, was bei technisch notwendig gewordenen Änderungen bald einmal der Fall sein kann (Art. 84/Rz. 1.2 und 2.2).

6 Nicht selten vereinbaren die Parteien für die Bestellungsänderung die Schriftform (Art. 3/Rz. 2.1; Art. 84/Rz. 2.3) und verbinden damit den Vorbehalt, dass die bestellte Leistung erst nach Genehmigung der Kosten und der Termine ausgeführt werden dürfe (Vorbem. Art. 84 – 91/Rz. 109).

7 c) Das einseitige Bestellungsänderungsrecht des Bauherrn bezieht sich auf die vom Unternehmer zu erbringenden Arbeitsleistungen (Art. 8/Rz. 4.2), somit auf die Herstellung des Werks.

8 d) Keine Bestellungsänderungen sind daher:

9 – «Rechtsgeschäftliche Änderungen, welche lediglich die vom Besteller geschuldete Vergütung betreffen und dementsprechend keine Leistungsänderung auf Seiten des Unternehmers zur Folge haben. Darunter fallen auch eine nachträgliche Skonto- oder Rabattabrede sowie die schlichte Abänderung eines vereinbarten Abrechnungsmodus» (GWERKV Rz. 810a, vgl. auch Rz. 784).

10 – Einseitige Weisungen des Bauherrn, das Arbeitsprogramm zu ändern. Weder kann der Bauherr verlangen, dass der Unternehmer schneller arbeitet, als zur Einhaltung der vertraglichen Fristen (einschliesslich allfälliger Fristerstreckungen, auf die der Unternehmer Anspruch hat) oder eines verbindlich vereinbarten (Art. 93/Rz. 1.1 ff., 3.2 und 20.2) Bauprogramms erforderlich ist, noch kann er verlangen, dass der Unternehmer den Arbeitsbeginn oder die Arbeitsausführung (z.B. durch temporäre Arbeitseinstellung oder durch schlichte Verlangsamung) hinauszögert (GWERKV Rz. 792 und 596; REETZ, Baubeschleunigung, Rz. 44 und 94 f.). Art. 84 Abs. 1 schliesst ein solches Recht des Bauherrn zwar nicht aus. Indessen will Art. 90 verhindern, dass der Unternehmer infolge einer Bestellungsänderung zu einer Erhöhung des Arbeitstempos gezwungen wird. Diese Rechtslage steht im Einklang mit dem Grundsatz, dass vereinbarte Fristen (Art. 92) den Charakter von Spätestensfristen haben (Art. 92/Rz. 3.8 und 7), was dem Unternehmer die Freiheit gibt, schneller zu arbeiten, als es die Einhaltung der Fristen erfordert. Zur Anpassung des Bauprogramms zufolge einer Bestellungsänderung siehe REETZ, Baubeschleunigung, Rz. 39 ff.

11 – Eine Weisung des Bauherrn, die lediglich zum Ziel hat, den Unternehmer zur Erbringung der vertraglich geschuldeten Leistung anzuhalten (z.B. Weisungen, Werkmängel zu vermeiden; die zum Schutz des Bauherrn geschuldeten Massnahmen zu ergreifen; die anerkannten Regeln der Technik einzuhalten, GWERKV Rz. 768). Solche Weisungen ändern nicht den vereinbarten Leistungsinhalt des Vertrags, sondern bestätigen lediglich, was ohnehin geschuldet ist.

Verwandt mit dem vorgenannten Tatbestand ist die vermeintliche Bestellungsänderung («Putativänderung»). Sie besteht darin, dass der Bauherr in Verkennung der bestehenden Vertragslage eine «Bestellungsänderung» anordnet, die in Wirklichkeit keine Änderung der Bestellung ist, weil das mit der «Änderung» Gewollte schon mit der bisherigen geschuldeten Leistung übereinstimmt, also nicht davon abweicht (dazu einlässlich GWerkV Rz. 810c). 12

- Die nachträgliche Konkretisierung der vom Unternehmer geschuldeten, im Werkvertrag aber nicht abschliessend umschriebenen Leistung durch den Bauherrn. Die Konkretisierung besteht in einer Detailangabe, durch welche die im Vertrag beschriebene Leistung «nur näher bestimmt [wird], ohne sie zu verändern» (vgl. Art. 99/Rz. 2.3). So wird die Bestellung etwa nicht schon dadurch geändert, dass sich «bei einer funktionalen Leistungsbeschreibung ohne genaue Massangaben die endgültigen Masse erst aus den Ausführungsunterlagen ergeben, die auf Grund einer Entwurfsplanung hergestellt werden» (GWerkV Rz. 810b). 13

  Ob eine Bestellungsänderung oder lediglich eine nachträgliche Konkretisierung der bestellten Leistung vorliegt, ist im Einzelfall oft nur schwierig zu entscheiden. Im Streitfall muss die ursprünglich geschuldete Leistung (Ausmass, Qualität, Ausführungsvoraussetzung) mit der nachträglich vom Bauherrn geforderten Ausführung verglichen werden. Soweit die Parteien sich tatsächlich nicht richtig verstanden haben, ist bei der Bestimmung der ursprünglich geschuldeten Leistung darauf abzustellen, wie der Unternehmer die Anforderung an das Werk im ursprünglichen Vertrag verstehen durfte und musste (Vertrauensprinzip). 14
- Die mitbestellte Änderung. Sie besteht darin, dass die Parteien bereits im ursprünglichen Werkvertrag die Anpassung der geschuldeten Werkleistung an bestimmte, allfällige später eintreffende Gegebenheiten (auch technischer Natur) vereinbart haben. Dazu einlässlich GWerkV Rz. 810d. 15
- Erschwernisse bei der Arbeitsausführung stellen als solche noch nicht eine Bestellungsänderung dar, auch wenn sie auf mangelhafte Angaben in der Ausschreibung über den Baugrund und/oder eine bestehende Bausubstanz zurückzuführen sind. Eine Bestellungsänderung liegt vielmehr erst dann vor, wenn sie der Bauherr verlangt. Erst dann löst er die entsprechende Vergütungspflicht und Anpassung der Fristen, der Grundstücke und Rechte nach Art. 86 – 91 aus (Stöckli, Was ist mit der Vergütung los, S. 22 f.). Vgl. dazu Vorbem. Art. 84 – 91/Rz. 19 betreffend die SIA-Norm 118/198 («Allgemeine Bedingungen für Untertagbau»). 16
- Weisungen betreffend die Ausführung von Eventualpositionen im Leistungsverzeichnis (Art. 8 Abs. 4 und Art. 102). 17

e) Die SIA-Norm 118 enthält ausserhalb des dritten Abschnitts (Art. 84 – 91) zahlreiche Bestimmungen, die dem Bauherrn ein Änderungsrecht einräumen (Art. 11, Art. 44 Abs. 2, Art. 84 Abs. 5, Art. 95 Abs. 3, Art. 102, Art. 112 Abs. 2 Satz 2, Art. 122, Art. 125, Art. 184 etc.). Obwohl sie damit inhaltlich ebenfalls Bestellungsänderungen darstellen, finden die Art. 84 – 91 auf sie keine Anwendung; vielmehr unterliegen sie den entsprechenden speziellen Bestimmungen, was insbesondere die finanziellen Folgen solcher 18

Änderungen betrifft. Soweit sich solche «Bestellungsänderungen» auf die vertraglichen Fristen auswirken (z.B. in den Fällen von Art. 44 Abs. 2, Art. 102, Art. 112 Abs. 2 Satz 2 und Art. 122), ist Art. 96 anwendbar. Soweit sie eine Anpassung oder ein längeres Vorhalten der Baustelleneinrichtungen zur Folge haben, ist Art. 88, der seinem Wortlaut nach nur die Auswirkungen von Bestellungsänderungen regelt, analog heranzuziehen.

19 f) Die SIA-Norm 118 sieht in Art. 27 Abs. 1 vor, dass der abgeschlossene Vertrag im beidseitigen Einvernehmen «ergänzt oder sonst wie abgeändert werden» kann. Sie schliesst die zweiseitige Bestellungsänderung nicht aus. Die SIA-Norm 118 regelt aber in Art. 86–91 nur die einseitige Bestellungsänderung. Dieser Mangel der Norm (GWerkV Rz. 807) ist wohl auf ein Versehen der Normverfasser zurückzuführen. In der Praxis sind zweiseitige Bestellungsänderungen denn auch recht häufig (vgl. GWerkV Rz. 770 ff.). Die SIA-Norm 118/198 («Allgemeine Bedingungen für Untertagbau») sieht in Ziff. 8.3.1 vor, dass bei Störungen im Vortrieb Bauherr und Unternehmer die zu treffenden Massnahmen – somit auch allfällige Bestellungsänderungen – gemeinsam festlegen. Diese Bestimmung ist allerdings nur rechtsverbindlich, wenn sie nicht im Widerspruch zu anderen, vorrangigen Vertragsbestimmungen steht.

20 In BGer 4A_183/2010 vom 27. Mai 2010 E. 3.2 hat das Bundesgericht entschieden, dass sich die Mehrvergütung bei einer zweiseitigen Bestellungsänderung trotz vereinbarter SIA-Norm 118 mangels anders lautender Vereinbarung nach Art. 374 OR und nicht nach den Regeln von Art. 86 ff. berechnet (kritisch GWerkV Rz. 807a; Hürlimann/Siegenthaler, Entscheide des Bundesgerichts, S. 9; Vorbem. Art. 84–91/Rz. 111). Dieser Bundesgerichtsentscheid gab Anlass dazu, Art. 84 Abs. 2 mit einem zweiten Satz zu ergänzen (siehe dazu Art. 84/Rz. 14). In BGer 4A_234/2014 vom 8. September 2014 E. 5.1 hat jedoch das Bundesgericht ein Urteil des Handelsgerichts Bern, in dem dieses die Regeln von Art. 84 ff. über die einseitige Bestellungsänderung auch bei einer vereinbarten Bestellungsänderung angewandt hat, für bundesrechtskonform erklärt und sich – ohne es zu erwähnen – in Widerspruch zum früheren BGer 4A_183/2010 vom 27. Mai 2010 gesetzt. Zustimmend Siegenthaler, Bestellungsänderung bei Pauschalpreisen, S. 148 f. Siehe auch Art. 89/Rz. 8.

21 g) Die *Regeln über die Bildung von Nachtragspreisen* zufolge Bestellungsänderungen sind über verschiedene Artikel verstreut und zum Teil unvollständig (Vorbem. Art. 84–91/Rz. 33 ff.). Im Einzelnen besagen sie:

22 – «Wenn immer möglich» soll der Nachtragspreis *«vor Inangriffnahme der Arbeit»* vereinbart werden (Art. 87 Abs. 1; Art. 87/Rz. 3.1). Das gilt auch dann, wenn die Parteien einen Nachtragspreis für Leistungen zu einem Global- oder Pauschalpreis (Art. 89) und für die Anpassung von Baustelleneinrichtungen (Art. 88) vereinbaren, auch wenn in den Art. 88 f. davon nicht die Rede ist. Siehe auch Art. 87/Rz. 4. Hat eine Bestellungsänderung jedoch nur veränderte Mengen gemäss Art. 86 zur Folge, so wird ein Nachtragspreis frühestens vereinbart werden können, wenn die endgültige Gesamtmenge mit Bestimmtheit voraussehbar ist. Hingegen hängt weder die Gültigkeit der Preisabrede davon ab, dass sie *vor* der Inangriffnahme der Arbeit getroffen wird, noch hat der Unternehmer ein Recht, die Inangriffnahme der Arbeit so

lange zu verweigern, als keine Einigung über den Nachtragspreis gefunden ist (Art. 87/ Rz. 23).

– Häufig kommt es vor, dass der Unternehmer die bestellte Leistung erbringt, ohne dass ein Nachtragspreis vereinbart werden konnte. Nach dem klaren Wortlaut der SIA-Norm 118 (Art. 87 Abs. 1, Art. 86 Abs. 2, Art. 88 Abs. 1, Art. 89 Abs. 1 und Art. 90) sind die Parteien zu Verhandlungen über die Bildung der Nachtragspreise und zur Anpassung der Fristen verpflichtet. Die Norm lässt aber offen, wann diese Verhandlungen zu führen sind und verpflichtet die Parteien nicht – auch wenn das empfehlenswert ist – die Verhandlungen vor Inangriffnahme der Arbeiten zu führen. 23

Die Parteien haben aber die Verhandlungen ernsthaft aufzunehmen und fortzusetzen (Art. 87/Rz. 17.2). «Wer [diese] vereinbarte Pflicht verletzt, muss (falls ihn ein Verschulden oder eine Hilfspersonenhaftung nach Art. 101 OR trifft) dem andern Teil die vergeblichen Aufwendungen und den übrigen Schaden ersetzen, den dieser wegen seines Vertrauens in die Erfüllung der vereinbarten Verhandlungspflicht erleidet» (GWerkV Rz. 445). Das ist der Fall, wenn der Bauherr Verhandlungen verweigert oder sich trölerisch verhält, vorausgesetzt, der Unternehmer habe die Bestellungsänderung als solche und den damit verbundenen Mehraufwand rechtsgenüglich nachgewiesen (GWerkV Rz. 786). 24

Hat der Unternehmer mit der Offerte das Kalkulationsschema des Schweizerischen Baumeisterverbands (SBV, Vorkalkulation, Ziff. 24 ff.; vgl. Vorbem. Art. 84–91/ Rz. 96 f.) eingereicht, ist daraus ersichtlich, mit welchen Zuschlägen der Unternehmer die Geldkosten für das Umlaufvermögen, das durch das Projekt gebunden wird (nämlich nicht verrechnete Arbeiten, Debitoren, Sicherheitsleistungen gemäss Art. 149 ff.), und den Führungsaufwand kalkuliert hat. Gestützt darauf kann bei der Ermittlung des Nachtragspreises der finanzielle Schaden und ein allfälliger Feststellungsmehraufwand (Hürlimann, Bauablaufstörungen, S. 834) berechnet werden, der dem Unternehmer dadurch erwachsen ist, dass der Bauherr die Vergütung für die Bestellungsänderung nicht zeitgerecht verhandelt und bereinigt hat. 25

– Was die Bildung des Nachtragspreises anbetrifft, so enthält die SIA-Norm 118 eine Grundregel (Vorbem. Art. 84–91/Rz. 2 mit weiteren Verweisungen) und bei deren Versagen zwei subsidiäre Regeln (Vorbem. Art. 84–91/Rz. 29 und 101; Art. 87/Rz. 17.1 ff.). 26

Die Grundregel lautet: Enthält der Vertrag (das Leistungsverzeichnis) eine Position mit einer für die Bestellungsänderung «zutreffenden Beschreibung», so ist diese Position mit dem entsprechenden Preis anzuwenden (Art. 87 Abs. 1 Satz 1 e contrario). 27

Enthält der Vertrag (das Leistungsverzeichnis) keine Positionen mit zutreffender Beschreibung, so wird der Nachtragspreis – soweit die Positionen des Leistungsverzeichnisses dies gestatten – aus einer Position bzw. einem Preis für die «ähnlichste vertragliche Leistung festgesetzt» bzw. hergeleitet (Art. 87 Abs. 2). Für Einzelheiten siehe Vorbem. Art. 84–91/Rz. 73 ff. Mit diesem Prinzip wird das vereinbarte Leistungs-Vergütungs-Verhältnis beibehalten. Der neue Preis «hat im Aufbau dem vereinbarten [Preis] zu entsprechen» (Art. 88 Abs. 1). So (sinngemäss) auch BGE 113 II 513/515 E. 3a = Pra 1989, Nr. 17, S. 80 ff.; HGer SG 2009/190 vom 25. Mai 2011 E. 8.1b; 28

Bucher Jörg/Henninger, Kalkulation und Teuerungsabrechnung, S. 186; Spiess/Huser, Handkommentar, N 7 zu Art. 87. Dieses Prinzip wird auch in Deutschland und Österreich angewandt und dort als «*Preisfortschreibung*» bezeichnet. Mit der Herleitung eines Nachtragspreises aus einem Vertragspreis soll erreicht werden, dass bei einer Bestellungsänderung das vereinbarte Leistungs-Vergütungs-Verhältnis nicht geändert, sondern beibehalten wird. Genau genommen wird entgegen dem Wortlaut von Art. 86 Abs. 2, Art. 87 Abs. 1 und Art. 88 Abs. 1 kein «neuer» Vertragspreis geschaffen, sondern der Vertragspreis den durch die Bestellungsänderung modifizierten Verhältnissen angepasst. Die Bestellungsänderung gibt weder dem Bauherrn noch dem Unternehmer ein Recht, die vereinbarte Vergütung für die vertragliche Leistung von Grund auf infrage zu stellen. Weder soll die vom Unternehmer in seiner Preiskalkulation eingeplante Verdienstmarge zufolge der Bestellungsänderung geschmälert werden, noch soll der Bauherr eine Fehlkalkulation des Unternehmers ausgleichen müssen (Ingenstau/Korbion/Keldungs, VOB, N 51 zu § 2 Abs. 5 VOB/B). In Deutschland wird die Preisfortschreibung seit einiger Zeit heftig diskutiert. Neuerdings ist auch in der Schweiz die Diskussion darüber angelaufen (Stöckli, Was ist mit der Vergütung los, S. 2; kritisch auch GWerkV Rz. 796; Schumacher, Die Vergütung, Rz. 682 ff.). Vgl. dazu Vorbem. Art. 84–91/Rz. 67 ff. und 113 ff.

29 Kommt eine Vereinbarung über den Nachtragspreis vor Beginn der Arbeiten (Art. 44 Abs. 3; vgl. Art. 87/Rz. 17.2) nicht zustande, so enthält die SIA-Norm 118 in Art. 87 Abs. 4, Art. 88 Abs. 2 und Art. 89 Abs. 3 subsidiäre Regeln (Vorbem. Art. 84–91/Rz. 101). Zum Falle, dass die Bauleitung von diesem Recht nicht Gebrauch macht, siehe Art. 87/Rz. 17.3.

30 – Zur Vollmacht der Bauleitung, die Bestellung zu ändern, siehe auch Art. 84/Rz. 1.3 und 1.9 ff.

31 – Zur Vollmacht der Bauleitung, mit dem Unternehmer einen Nachtragspreis und eine Fristerstreckung zu vereinbaren, vgl. Art. 84/Rz. 1.9 ff.

32 – Der Unternehmer ist nicht verpflichtet, seine *Ansprüche auf Mehrvergütung* zufolge Bestellungsänderungen dem Bauherrn *anzukündigen* (BGer 4C.16/2006 vom 17. November 2006 E. 6.3 = Stöckli, Urteilsanmerkung, in: BR/DC 2007, S. 60, Nr. 199; GWerkV Rz. 785). Anders verhält es sich nur, wenn die Parteien dies vereinbaren. Unterlässt ein Unternehmer in diesem Fall die Ankündigung, so kann dies im Einzelfall als stillschweigender Verzicht auf die Mehrvergütung interpretiert werden. Davon zu unterscheiden ist der «Genehmigungsvorbehalt für die Mehrvergütung». Danach vereinbaren die Parteien, dass der Unternehmer nur dann Anspruch auf eine Mehrvergütung zufolge einer Bestellungsänderung hat, wenn der Bauherr die Mehrvergütung vor der Ausführung genehmigt hat. Dazu und zur allfälligen Wirkungslosigkeit eines vereinbarten Formvorbehalts einlässlich GWerkV Rz. 789a ff.

33 h) Die Art. 84 ff. über die Bestellungsänderung sind in mehrfacher Hinsicht unvollständig. So bezüglich der:

34 – zweiseitigen Bestellungsänderung (Vorbem. Art. 84–91/Rz. 19 f.), siehe dazu Art. 84/Rz. 14.

- verschuldeten Bestellungsänderung, siehe dazu GWerkV Rz. 788. 35
- Beweislast, siehe dazu Art. 84/Rz. 13.2 f. und Vorbem. Art. 84 – 91/Rz. 111. 36
- *Fälligkeit der Vergütung* für die Bestellungsänderung. Hierzu ist zu bemerken: 37

Soweit die Bauleitung die Bestellungsänderung gemäss Art. 87 Abs. 4 in Regie aus- 38
führen lässt, bestimmt sich die Fälligkeit nach Art. 55 Abs. 1. Soweit die Parteien einen Einheitspreisvertrag (Art. 42 Abs. 1) abgeschlossen haben, kann der Unternehmer – falls die Bestellungsänderung seitens des Bauherrn grundsätzlich nicht bestritten ist – Abschlagszahlungen gemäss Art. 144 verlangen. Das wird in der SIA-Norm 118 zwar nicht ausdrücklich gesagt, rechtfertigt sich aber deswegen, weil die Nachtragspreise auf der Basis der Vertragspreise berechnet werden und damit das ursprüngliche Preis-Leistungs-Verhältnis beibehalten wird (Vorbem. Art. 84 – 91/Rz. 2 mit weiteren Verweisungen) und der Unternehmer nach Art. 144 Abs. 1 grundsätzlich Anspruch auf monatliche Abschlagszahlungen hat. Zu berücksichtigen ist dabei konsequenterweise auch der Rückbehalt gemäss Art. 155. Für Abschlagszahlungen müssen aber die Voraussetzungen von Art. 144 erfüllt sein. Demzufolge hat der Unternehmer mit dem Zahlungsbegehren, häufig «Nachtragsofferte» genannt, eine überprüfbare Aufstellung der erbrachten Leistungen und darüber hinaus den Nachweis zu erbringen, dass er den Nachtragspreis nach den Regeln der SIA-Norm 118 berechnet hat (Art. 84/Rz. 13.2; GWerkV Rz. 1160).

Soweit der SIA-Norm 118 für die Fälligkeit der Vergütung bei Bestellungsänderun- 39
gen keine Regeln entnommen werden können, kommt Art. 372 OR zur Anwendung. Danach wird die Vergütung bei der Ablieferung (Abnahme, Art. 157 ff.) fällig. Soweit das Werk in Teilen zu liefern ist und es sich dabei um einen in sich geschlossenen Werkteil handelt (Art. 157/Rz. 5.2), tritt die Fälligkeit der Vergütung für die Bestellungsänderung mit der entsprechenden *Teilabnahme* ein (Art. 372 Abs. 2 OR). Dass eine Bestellungsänderung ein solches Ausmass annimmt, dürfte allerdings selten sein. Zu beachten bleibt, dass die Fälligkeit erst eintritt, wenn der Bauherr die Tatsache der Bestellungsänderung grundsätzlich anerkannt und der Unternehmer eine überprüfbare Berechnung des Nachtragspreises vorgelegt hat. Bestreitet der Bauherr das Vorliegen einer Bestellungsänderung und/oder die Richtigkeit des Nachtragspreises, kann der Unternehmer den Bauherrn nicht (durch Mahnung) in Verzug setzen oder seinen Anspruch zur Verrechnung bringen (GWerkV Rz. 1160). In diesem Falle sind die Parteien gehalten, ihre Verhandlungen fortzusetzen. Bei Verletzung dieser Pflicht schuldet der Bauherr dem Unternehmer allenfalls Schadenersatz (Vorbem. Art. 84 – 91/Rz. 24). Scheitern die Verhandlungen, bleibt den Parteien nichts anderes übrig, als das Gericht anzurufen (Vorbem. Art. 84 – 91/Rz. 111).

B. Zur Bildung von Nachtragspreisen nach den Regeln der SIA-Norm 118

1. Einleitung

Die SIA-Norm 118 enthält Regeln über die Bildung von sogenannten Nachtragspreisen 40
bei Bestellungsänderungen und für die Berechnung einer zusätzlichen Vergütung unter den Voraussetzungen von Art. 58 Abs. 2. Wenn nachfolgend der Einfachheit halber nur

vom Fall der «Bestellungsänderung» die Rede ist, gilt das Gesagte immer auch für die Bemessung der Vergütung gemäss Art. 58 Abs. 2. Siehe dazu aber die Vorbehalte zu Art. 86 Abs. 5 von Stöckli, Was ist mit der Vergütung los, S. 23. Die Regeln über die Nachtragspreisbildung sind über verschiedene Artikel verstreut, einzelne Elemente der Berechnung werden darin wiederholt aufgeführt, z.T. sind sie zu wenig präzis. Siehe Vorbem. Art. 84–91/Rz. 21 ff.

41 Die Regeln der Nachtragspreisbildung sind bei vereinbarter SIA-Norm 118 für die Parteien verbindlich. Das heisst, dass eine Partei im Streitfalle nicht auf die gesetzlichen Regeln, wonach der durch eine Bestellungsänderung verursachte Mehr- oder Minderaufwand nach Aufwand berechnet wird (GWerkV Rz. 785; BGer 4D_63/2013 vom 18. Februar 2014 E. 2.2), ausweichen kann. Zur Ausnahme siehe Vorbem. Art. 84–91/Rz. 111. Kommen die subsidiären Regeln von Art. 87 Abs. 4, Art. 88 Abs. 2 und Art. 89 Abs. 4 zur Anwendung (Vorbem. Art. 84–91/Rz. 101), so erfolgt die Bemessung der Vergütung nach Aufwand (Regie). Die Regeln der Art. 86 ff. kommen ferner dann nicht zur Anwendung, wenn sich eine Partei diesbezüglich auf die Ungewöhnlichkeits- oder die Unklarheitsregel berufen kann (Einl./Rz. 31 und 35 ff.; Vorbem. Art. 84–91/Rz. 115).

42 Während der Bauherr die Bestellungsänderung einseitig anordnen kann (Art. 84/Rz. 1.1), ist die Höhe der Vergütung dafür (Nachtragspreis genannt) von den Parteien zu vereinbaren (Art. 86 Abs. 2, Art. 87 Abs. 1, 3 und 4, Art. 88 Abs. 1 und Art. 89 Abs. 1). Dasselbe gilt für die durch eine Bestellungsänderung verursachte Anpassung der vertraglichen Fristen (Art. 90). Das schliesst nicht aus, dass die Parteien trotz übernommener SIA-Norm 118 einen Nachtragspreis individuell nach beliebigen Kriterien einvernehmlich vereinbaren können (Vorbem. Art. 84–91/Rz. 110). In jedem Falle aber sind die Parteien zu ernsthaften Verhandlungen über die Bildung von Nachtragspreisen verpflichtet (Vorbem. Art. 84–91/Rz. 24; Gauch/Schluep/Schmid, OR AT, Rz. 985; Monn, Die Verhandlungsabrede, Rz. 758 ff.).

43 Bevor die Regeln der SIA-Norm 118 über die Bildung von Nachtragspreisen im Einzelnen dargestellt werden, ist kurz zu erörtern, wie der Unternehmer seine Preise kalkuliert, was vor allem aus den Preisanalysen (Art. 18) ersichtlich ist (Vorbem. Art. 84–91/Rz. 78 und 81). Vorab sind die verwendeten Begriffe zu erläutern:

44 – Kalkulation: Art und Weise, wie der Unternehmer die Selbstkosten für sein Angebot berechnet (Angebotspreis); sie ist die Grundlage für den Angebotspreis.

45 – Vorkalkulation: Berechnung der Selbstkosten im Stadion der Ausarbeitung der Offerte.

46 – Nachkalkulation: Berechnung der dem Unternehmer tatsächlich entstandenen Kosten während oder nach Erbringung der Bauleistung.

47 – Angebotspreis: Preis, den der Unternehmer dem Bauherrn mit Einreichung seines Angebots offeriert.

48 – Vertragspreis: Preis, den die Parteien im ursprünglichen Vertrag (Art. 27 Abs. 3) und bei nachfolgenden Bestellungsänderungen vereinbaren. Wird auch als «ursprünglicher Preis» bezeichnet.

– Referenzpreis: Vertragspreis, der eine für die Bestellungsänderung zutreffende oder ähnlichste Leistungsbeschreibung enthält und aus dem der Nachtragspreis hergeleitet wird (Art. 87 Abs. 1 – 3). Der Begriff wird allerdings noch für andere Tatbestände verwendet (siehe GWERKV Rz. 1038). 49

– Nachtragspreis: Preis, der zufolge einer Bestellungsänderung vereinbart wird. Die SIA-Norm 118 bezeichnet ihn als «neuen Preis» (Art. 86 Abs. 3, Art. 87 Abs. 1 und 3, Art. 88 Abs. 1). 50

2. Die Kalkulation der Angebotspreise

Der Unternehmer ist frei, wie er die Angebotspreise kalkuliert (SCHUMACHER, Die Vergütung, Rz. 184 ff., insbesondere Rz. 187). Im Wesentlichen geht es dabei darum, dass er seine Selbstkosten für die zu erbringenden Leistungen ermittelt und sie mit den sogenannten Endzuschlägen (Vorbem. Art. 84 – 91/Rz. 59) versieht. «Die Kostenfaktoren sind zum Teil objektabhängig, zum Teil sind sie durch die Struktur der Unternehmung firmenspezifisch bedingt. Jeder Betrieb muss die entsprechenden Leistungswerte, die betriebsinternen Verrechnungssätze und die Zuschläge selbst erarbeiten» (SBV, Vorkalkulation, Ziff. 1). Der Schweizerische Baumeisterverband hat dafür die eben zitierte Wegleitung publiziert. Sie ist gemäss eigener Aussage «auf die Praxis abgestimmt» und «für alle am Bau Beteiligten und für Schulungszwecke konzipiert» (SBV, Vorkalkulation, S. 2). Sie ist auf den Einheitspreisvertrag (Art. 42 Abs. 2) zugeschnitten. Die Wegleitung wird in der Regel von den Baumeistern angewandt. Der Umstand, dass im NPK-Kapitel 103 über die Kostengrundlage (SBV, Vorkalkulation, S. 5) auf die «Vorkalkulation des SBV» verwiesen wird und der NPK Positionen zur Kalkulation des Ausbaugewerbes enthält, weist darauf hin, dass die Wegleitung des SBV auch von anderen Arbeitsgattungen als Kalkulationshilfe beigezogen werden kann. 51

Kleinere oder mittlere Unternehmungen, insbesondere des Ausbaugewerbes, kalkulieren grundsätzlich nach derselben Methode, aber dahingehend vereinfacht, dass sie auf Erfahrungs- bzw. Kennwerte (nachkalkulierter) gleicher oder ähnlicher Bauarbeiten abstellen. 52

Folgt man der Wegleitung des SBV, so sind bei der Kalkulation eines Preises folgende Kostenelemente zu berücksichtigen: 53

– Die *direkten* Kosten, die den Leistungspositionen direkt zugeordnet werden können. Es handelt sich dabei um die Kosten für Löhne (direkt produktives Personal), Material, Inventar (Maschinen, Geräte, Betriebsmaterial) und Fremdleistungen (Subunternehmer, Transporte, Mieten). 54

– Die *indirekten* Kosten, die den Leistungspositionen nicht direkt zugerechnet werden können und deshalb über Zuschläge bzw. interne Verrechnungssätze zugerechnet werden. Deswegen wird diese Methode auch als «Zuschlagskalkulation» bezeichnet (BUCHER JÖRG/HENNINGER, Kalkulation und Teuerungsabrechnung, S. 174 f.; STÖCKLI, Was ist mit der Vergütung los, S. 16, Fn. 68). Sie ist die gebräuchlichste Kalkulationsmethode. *Die indirekten Kosten ihrerseits werden weiter unterteilt* in: 55

56 Lohnnebenkosten;

57 Baustellengemeinkosten für Löhne, Material, Inventar und Fremdleistungen;

58 Kosten für Aufsicht (Poliere) und Führung der Baustelle (Bauführer, Vermessung, technische Bearbeitung, Arbeitsvorbereitung, Überwachung, Baubüro);

59 die sogenannten Endzuschläge für die Kosten der Verwaltung (die dem Unternehmer nicht durch einen bestimmten Bauauftrag, sondern durch den Betrieb als Ganzes erwachsen), für die Geldkosten sowie für Risiko und Gewinn bzw. Verlust.

60 Die Mehrwertsteuer wird zu den Angebotspreisen hinzugerechnet und offen ausgewiesen, es sei denn, die Parteien hätten vereinbart, dass sie im (Fest-)Preis inbegriffen ist (Art. 38/Rz. 12.1).

61 Die Vorkalkulation erfolgt heute weitgehend mit EDV-Unterstützung. Für Einzelheiten zur Kalkulation siehe Bucher Jörg/Henninger, Kalkulation und Teuerungsabrechnung, S. 174 ff. mit Anhang 3; SBV, Vorkalkulation, passim.

62 Will ein Bauherr sein Vorhaben mit einem Generalunternehmer realisieren (vgl. GWerkV Rz. 222 ff.), so kommt es vor, dass er den Anbietern eine Liste der Elemente, aus der sich der zu erstellende Bau zusammensetzt (die er entweder nach EKG [Elementkostenberechnung] SN 506 502/1995 oder eBKP-H [ein auf Bauelementen basierender BKP für den Hochbau] SN 506 511/2012 erstellt) mit Plänen unterschiedlichen Ausmasses (im besten Fall Bauprojektpläne mit Detailstudien) zustellt. Der Generalunternehmer berechnet den Angebotspreis aufgrund seiner abgelegten Erfahrungswerte (Kostenkennwerte, vgl. Vorbem. Art. 84–91/Rz. 93). Soweit er nicht über solche Daten verfügt, holt er mittels eines nach NPK erstellten Leistungsverzeichnisses (Art. 8) bei vorgesehenen und/oder vom Bauherrn vorgeschriebenen Subunternehmern Offerten ein. Erhält er den Zuschlag, so führt der vorsichtige Generalunternehmer bei Vorliegen der Ausführungspläne, die er selbst erstellt oder durch Dritte erstellen lässt, bei den potenziellen Subunternehmern nochmals eine Ausschreibung anhand eines detaillierten und aktualisierten Leistungsverzeichnisses (Art. 8) durch. Das ermöglicht ihm einen verlässlichen Vergleich der Offerten, schafft für alle Beteiligten Sicherheit in Bezug auf die Leistungen und deren Vergütung sowie letztlich auch für die Bildung von Nachtragspreisen bei Bestellungsänderungen (Vorbem. Art. 84–91/Rz. 73 ff.).

63 In der Praxis wird allerdings je nach Generalunternehmer unterschiedlich vorgegangen und kalkuliert. Dabei besteht sowohl bei Bauherren wie bei Generalunternehmern mitunter die Versuchung, zwecks Kosteneinsparung die unumgängliche Detailplanung der in der Vertragskette nachfolgenden Partei zuzuschieben. Dies birgt aber für alle Beteiligten in mannigfacher Hinsicht erhebliche Risiken.

64 Wenn die betriebsinterne Kalkulation der erwarteten Kosten vorliegt, nimmt der Unternehmer für das Angebot nicht selten eine *Reduktion* vor. Die Reduktion besteht entweder darin, dass er generell einen Rabatt offeriert oder dass er einzelne Positionspreise reduziert. Eine Korrektur der Vorkalkulation nimmt er weniger bei den Werkkosten (Lohn, Material, den variablen Inventarkosten, Fremdleistungen) vor als bei den fixen Inventarkosten, den betriebsinternen Verrechnungssätzen und den Endzuschlägen, die er subjek-

tiv nach freiem Ermessen festlegen kann (Hürlimann/Heer, Preise, Leistungsverzeichnis und Kalkulation, S. 24). Häufig verzichtet der Unternehmer darauf, die fixen Kosten (Amortisation, Verzinsung, Versicherungen, Stationierung [SBV, Vorkalkulation, S. 27]) voll in die Preise einzurechnen.

Die Gründe für ein Abweichen des Unternehmers von seiner Kalkulation sind vielfältig: 65
Er will die Chancen für den Zuschlag erhöhen, Konkurrenzdruck, die aktuelle Beschäftigungssituation (des eigenen Betriebs, aber auch die der wahrscheinlichen Mitbewerber), besondere Befähigung einer Unternehmung für die Arbeit, konkrete Termine, Risiken, je nachdem, ob die Vergütung zu Einheits-, Global- oder Pauschalpreisen erfolgen soll (Hürlimann/Heer, Preise, Leistungsverzeichnis und Kalkulation, S. 23).

Damit geht der Unternehmer im Hinblick auf die Berechnung der Vergütung bei einer 66
nachträglichen Bestellungsänderung und einer allfällig zusätzlichen Vergütung gemäss Art. 58 Abs. 2 ein Risiko ein, weil der Nachtragspreis meistens auf der Basis einer während der Prüfungsfrist eingeholten Preisanalyse berechnet bzw. hergeleitet und dabei das vereinbarte Preis-Leistungs-Verhältnis beibehalten wird (Vorbem. Art. 84 – 91/Rz. 28, 67 und 80).

3. Die Preisfortschreibung als Hauptregel für die Nachtragspreisbildung?

Stöckli hat ernstliche Zweifel daran geäussert, dass sich die Preisfortschreibung aus der 67
SIA-Norm 118 ergebe bzw. dass sie bei Übernahme der SIA-Norm 118 zwischen den Parteien Geltung erlangen könne (Stöckli, Was ist mit der Vergütung los, S. 2 und 10). Zum Prinzip der Preisfortschreibung siehe Vorbem. Art. 84 – 91/Rz. 2 mit weiteren Verweisungen.

Die kritischen Überlegungen von Stöckli werden im Rahmen einer künftigen Revision 68
der SIA-Norm 118 zu diskutieren sein (dazu Vorbem. Art. 84 – 91/Rz. 116).

Nach Art. 18 Abs. 2 kann der Bauherr vom Unternehmer in der Phase der Prüfung der 69
Angebote «zusätzliche Auskünfte», insbesondere die Vorlage von Preisanalysen einzelner wichtiger Preise verlangen. Gleichzeitig nennt die Norm auch den Zweck derselben: Die Analysen «werden bei der Festlegung von Nachtragspreisen (Art. 86 – 89) mitberücksichtigt». Das ist ein wichtiger Hinweis der Norm, wie der Nachtragspreis zu bilden ist bzw. auf die Preisfortschreibung. Denn aus der Preisanalyse kann der Bauherr entnehmen, wie der Unternehmer den offerierten Preis kalkuliert hat, aus welchen Kostenelementen dieser zusammengesetzt und wie er die einzelnen Kostenelemente gewichtet hat bzw. wie er «den Preis aufgebaut» hat (Art. 18/Rz. 5.3). Die Vorlage von Preisanalysen ist gerade eine Voraussetzung dafür, dass der neue Preis aus einem ursprünglichen Vertragspreis hergeleitet werden kann. Sie wäre weitgehend nutzlos, wäre der «neue Preis» nach der Hauptregel der Nachtragspreisbildung nicht aus einem bisherigen Preis herzuleiten. Für eine Vergütung nach Regie ist die Vorlage von Preisanalysen jedenfalls nicht erforderlich.

70 Hätten die Verfasser der SIA-Norm 118 die Preisfortschreibung nicht als Hauptregel für die Nachtragspreisbildung verankern wollen, so hätten sie nicht im Anschluss an Art. 87 Abs. 1–3 die Ausführung in Regie oder die Vergabe an einen Dritten als Subsidiär- bzw. Auffangregel vorgesehen (Art. 87 Abs. 4).

71 Bleibt beizufügen, dass schon die SIA-Norm 118 aus dem Jahre 1962 von der Preisfortschreibung ausging. In deren Art. 6 Abs. 3 wurden die Lohnansätze und die Preisanalysen einzelner wichtiger Positionen für die Berechnung neuer Preise für massgeblich erklärt. Bei Bestellung nicht im Leistungsverzeichnis vorgesehener Arbeiten sollten die neu festzusetzenden Preise «mit den Preisen des Leistungsverzeichnisses in sachgemässer Übereinstimmung stehen» (Art. 6 Abs. 5 aSIA-118 [1962]).

72 Basis für die Nachtragspreisbildung ist somit, wie der Unternehmer den offerierten Preis kalkuliert hat, nicht die ursprüngliche Kostengrundlage (Vorbem. Art. 84–91/Rz. 85 ff., insbesondere Rz. 90). Dies umso mehr, als es heute keine objektiven, vom Ermessen unabhängigen Kostenansätze und Preise mehr gibt; in diesem Punkt geht die SIA-Norm 118 an der wirtschaftlichen Realität vorbei (Vorbem. Art. 84–91/Rz. 86). Das Prinzip der Preisfortschreibung ist daher auch bei veränderten Mengen (Art. 86), bei den Auswirkungen einer Bestellungsänderung auf die Baustelleneinrichtungen (Art. 88; Vorbem. Art. 84–91/Rz. 102 ff.) und bei Leistungen zu Global- oder Pauschalpreisen (Art. 89; Vorbem. Art. 84–91/Rz. 106 ff.) massgebend, sofern der neue Preis aus einem Vertragspreis hergeleitet werden kann. Ansonsten greifen die subsidiären Regeln von Art. 87 Abs. 4.

4. Die Herleitung des Nachtragspreises im Einzelnen

73 Die Herleitung des Nachtragspreises erfolgt in den folgenden gedanklichen Schritten:

74 a) Liegt überhaupt eine Änderung der Bestellung vor? Vgl. dazu Vorbem. Art. 84–91/Rz. 3 ff.

75 b) Enthält der ursprüngliche Vertrag einen Referenzpreis, das heisst einen Preis mit einer auch für die Bestellungsänderung zutreffenden Leistungsbeschreibung oder einen Preis für eine der geänderten Bestellung «ähnlichsten vertraglichen Leistung»?

76 An das Erfordernis der «Ähnlichkeit» sind jedoch keine strengen Anforderungen zu stellen, will man das Grundprinzip der Preisfortschreibung (Vorbem. Art. 84–91/Rz. 67 ff.) nicht verletzen. Von verschiedenen Leistungen, die infrage kommen, ist die «ähnlichste vertragliche Leistung» auszuwählen, die nach ihrem Gesamtbild der veränderten Leistung am nächsten kommt. Die Bestimmung der massgeblichen Leistung liegt also weder im Belieben des Bauherrn noch im Belieben des Unternehmers.

77 c) Wenn der Vertrag einen Referenzpreis enthält, was ist der Unterschied zwischen der ursprünglichen (Art. 87/Rz. 2.3), «zutreffenden» bzw. «ähnlichsten» vertraglichen Leistung und der durch die nachträgliche Bestellung geänderten Leistung?

78 Um diesen Unterschied zu ermitteln, sind (detaillierte) Preisanalysen beizuziehen, die der Bauherr während der Prüfung der Angebote eingeholt hat (Art. 18/Rz. 5.1 ff.; Vorbem. Art. 84–91/Rz. 69). Preisanalysen, die erst bei Diskussionen über die Bildung von

Nachtragspreisen nachgereicht werden, bieten selbstverständlich eine verminderte Gewähr für deren Richtigkeit. Böse Zungen behaupten sogar, mit einer Preisanalyse könne (fast) jeder beliebige Preis als zutreffend nachgewiesen werden. Nachträglich erstellte Preisanalysen sind von der Bauleitung kritischer zu prüfen und zu würdigen (z.B. anhand anderer Vertragspreise). Indes darf der Bauherr eine vorgelegte Preisanalyse nicht einfach bestreiten, indem er beispielsweise lediglich auf ein günstiges Angebot eines Konkurrenzunternehmers hinweist; vielmehr hat er sich damit auseinanderzusetzen. Zu Kalkulationsfehlern vgl. Art. 18/Rz. 5.9.

d) Anhand des Vergleichs der Kostenelemente des Referenzpreises mit der nachträglich bestellten Leistung kann der neue Preis für die Bestellungsänderung berechnet werden. Eine Preisänderung ist nur insofern vorzunehmen, als die Bestellungsänderung auf mindestens ein Kostenelement durchschlägt in dem Sinne, dass die ursprüngliche Preiskalkulation des Unternehmers nicht auch für die geänderte Leistung zutrifft. Im Einzelnen ist zu beachten: 79

- Ein für den Referenzpreis vereinbarter Rabatt und/oder Skonto gilt auch für den Nachtragspreis. Dies ergibt sich aus dem Prinzip der Preisfortschreibung (Vorbem. Art. 84 – 91/Rz. 2 mit weiteren Verweisungen). So auch Spiess/Huser, Handkommentar, N 27 zu Art. 87; HGer SG HG.2009.190 vom 25. Mai 2011 E. 6; a.M. GWerkV Rz. 1246 und OGer OW vom 23. Dezember 2011 E. 13.5 = AbR 2010/11, S. 66 ff., Nr. 4. 80
- Beim Vergleich der nachträglich bestellten Leistung mit dem Referenzpreis ist zu ermitteln, ob im Vertrag für Baustelleneinrichtungen separate Positionen vorgesehen sind, worauf Art. 86 Abs. 3 bei veränderten Mengen hinweist. Ist dies nicht der Fall, so bedeutet dies zwangsläufig, dass der Unternehmer deren Kosten in die Einheits-, Global- oder Pauschalpreise eingerechnet hat (Art. 9/Rz. 5.3). Liegt keine Preisanalyse vor, so dürfte es schwierig sein, bei einer Bestellungsänderung zu eruieren, auf welche Mengen bzw. in welchem Umfang die Kosten der Baustelleneinrichtungen verlegt worden sind (Art. 86/Rz. 10.1 und 11; GWerkV Rz. 802). 81
- Ob eine Bestellungsänderung vorliegt und ob der Vertrag einen Preis «mit zutreffender Beschreibung» oder «ähnlichsten vertraglichen Leistung» enthält (Art. 87 Abs. 1 und 2), beurteilt sich nicht nur nach dem Wortlaut der entsprechenden Positionsbeschreibung, sondern nach dem gesamten Inhalt des Vertrags. Zur Auslegung sind ergänzende Angaben und Bestimmungen in anderen Vertragsbestandteilen (so in den durch das Bauobjekt bedingten Besonderen Bestimmungen und Plänen, vgl. Art. 8/Rz. 13) beizuziehen. Zu berücksichtigen sind auch allfällige Nebenleistungen, die in einer Leistungsposition inbegriffen sind (so in Art. 9 Abs. 2, Art. 39 Abs. 2, Art. 43 Abs. 1 bzw. Art. 125 Abs. l). 82
- Die Herleitung eines Nachtragspreises aus einem Vertragspreis ist ebenso wenig wie die Kalkulation des Preises exakte Mathematik. Mit den dargelegten Regeln kann meistens auch kaum mehr als eine Annäherung an den «richtigen» Preis erreicht werden. So wird man sich oftmals mit einer Plausibilisierung des Nachtragspreises be- 83

gnügen müssen. Entscheidend ist, dass beide Parteien sich von der Vertragskonformität bzw. Angemessenheit überzeugen können.

84 – Liegen verlässliche Preisanalysen zu Vertragspreisen vor, so kann ein Mehr- oder Minderaufwand des Unternehmers anhand einer baubetrieblichen Expertise ermittelt werden.

5. *Die ursprüngliche Kostengrundlage*

85 Die SIA-Norm 118 verweist wiederholt darauf, dass ein neuer Preis «auf der Basis der ursprünglichen Kostengrundlage (Art. 62 Abs. 2)» zu vereinbaren sei (Art. 86 Abs. 2, Art. 87 Abs. 2 und 3, Art. 88 Abs. 1 und Art. 89 Abs. 2).

86 a) Bei der ursprünglichen Kostengrundlage handelt es sich gemäss Art. 62 Abs. 1 um die am Tag der Angebotseinreichung (Stichtag; daher wird sie als «ursprüngliche» Kostengrundlage bezeichnet; siehe Art. 62/Rz. 4.1) massgebenden Kostenansätze, Listenpreise, Richtpreislisten für Löhne, Materialien, Transporte, Baustelleneinrichtungen und gesetzlichen Abgaben. Sofern für die Materialien und die Baustelleneinrichtungen Listenpreise fehlen, greifen die «allgemeinen Marktpreise» (Art. 62 Abs. 1 Ziff. 2 und 4; Vorbem. Art. 84–91/Rz. 93 f.) Platz. Der SIA-Norm 118 liegt die Vorstellung zugrunde, die Kostengrundlage sei eine Sammlung einzelner Faktoren, die vom Ermessen des Unternehmers (also von den Überlegungen, die der Unternehmer bei der Kalkulation anstellt) unabhängig und in diesem Sinn objektiv sind (Vorbem. Art. 62–63/Rz. 2).

87 b) Die ursprüngliche Kostengrundlage hat einen zweifachen Zweck:

88 – Sie ist für den Unternehmer die Basis, aufgrund derer er seine Angebotspreise kalkuliert. Art. 62 Abs. 1 fingiert, dass der Unternehmer in seinem Angebot mit Festpreisen «die für die Preisbildung [also für die Kalkulation seiner Preise] massgebenden Kostenansätze und Warenpreise» berücksichtigt, also nicht auf irgendwelche Fantasiepreise abstellt (Art. 62/Rz. 5).

89 – Sie ist ferner von Bedeutung für die Teuerungsabrechnung nach dem Verfahren mit Mengennachweis (Art. 62/Rz. 19; Stöckli, Was ist mit der Vergütung los, S. 14 f.). Die Teuerung wird (auch bei einem vereinbarten Globalpreis) auf der Basis der ursprünglichen Kostengrundlage am Stichtag (Art. 66 Abs. 1) separat berechnet und in die periodisch vorzunehmende Teuerungsabrechnung (Art. 66 Abs. 2) aufgenommen (GWerkV Rz. 797 und 913). Damit wird verhindert, dass die Nachtragspreisbildung bei Bestellungsänderungen und die Teuerungsabrechnung vermengt und erschwert werden (Art. 66/Rz. 5.2; Art. 62/Rz. 20.1).

90 Darin erschöpft sich der materielle Gehalt des Hinweises in Art. 62 Abs. 2 auf die Bedeutung der Kostengrundlage für die Bildung von Nachtragspreisen. Siehe dazu aber Vorbem. Art. 84–91/Rz. 72.

91 c) Die wiederholten Verweisungen in der SIA-Norm 118, dass ein neuer Preis «auf der Basis der ursprünglichen Kostengrundlage (Art. 62 Abs. 2)» zu vereinbaren sei (Vorbem. Art. 84–91/Rz. 85), lässt die Frage aufkommen, ob bei Fehlen einer ähnlichsten vertraglichen Leistung die Lohnkostenansätze und Listenpreise am Stichtag als Referenzpreise

für die Nachtragspreisbildung beizuziehen seien. Dies ist zu verneinen, weil es heute keine objektiven, vom Ermessen unabhängige Kostenansätze und Preise mehr gibt. Der verschärfte Wettbewerb und die Revision des Kartellgesetzes, das in Art. 5 KG Preisabsprachen verbietet, haben dazu geführt, dass es zwar noch Listenpreise für Materialien und Transporte gibt, die aber nicht als objektive Grundlage für den Kostenaufwand bezeichnet werden können. Denn der Preis, den der Unternehmer zu bezahlen hat, hängt (nicht erst heute) von der Menge der zu erbringenden Leistungen, von der Kundentreue, von der allgemeinen Marktlage (Konjunktur oder Rezession) und der Wettbewerbssituation, die je nach Region sehr verschieden sein können, und weiteren individuellen Umständen ab. Der eine Unternehmer kauft aufgrund der ihm gewährten Rabatte günstiger ein als der andere und er entscheidet nach seinem Ermessen, ob und in welchem Umfang er die Vergünstigung dem Bauherrn weitergibt oder nicht.

d) Auch wenn die *Lohnkostenansätze* weitgehend durch allgemeinverbindliche Gesamt- 92
arbeitsverträge vorgegeben sind, sind sie deswegen nicht objektiv, sondern bleiben subjektiv, weil die Unternehmer ihren Arbeitenden regelmässig höhere Ansätze bezahlen, wie dies Art. 63 Abs. 2 vorsieht (Art. 63/Rz. 14.2).

e) Art. 62 Abs. 1 Ziff. 2 und 4 verweisen für den Fall, dass Listenpreise für Materialien 93
und Baustelleneinrichtungen fehlen, auf die *«allgemeinen Marktpreise»*. Aus den in Vorbem. Art. 84 – 91/Rz. 91 aufgeführten Gründen ist es in den meisten Fällen schwierig, verlässliche Marktpreise zu ermitteln. Am ehesten können diese anhand von Kostenkennwerten (Erfahrungswerte, die aus Offerten, Werkverträgen oder abgerechneten Projekten gewonnen werden, über die professionelle Bauherren, Planer, Bauherrenberater, Bauökonomen, Total- oder Generalunternehmer verfügen) und als Gabelwerte festgestellt werden.

f) Ob die vom Bundesamt für Statistik publizierten «durchschnittlichen Einheitspreise in 94
der Schweiz und in den Grossregionen» (www.bap.bfs.admin.ch) als allgemeine Marktpreise betrachtet werden können (Stöckli, Was ist mit der Vergütung los, S. 19, Fn. 82), sie also mehr als eine Plausibilitätsprüfung der offerierten Nachtragspreise erlauben, wird sich weisen müssen. Das Bundesamt selbst sagt, dass es sich bei den Durchschnittspreisen um einen «regionalen Mittelwert von zum Teil sehr ausgedehnten Grossregionen» handelt, der «aufgrund der Lage grosse positive oder negative Unterschiede aufweisen» könne.

g) Dass die Realwirtschaft von den Listenpreisen Abschied genommen hat, widerspiegelt 95
sich in der SIA-Norm 124 «Preisänderungen infolge Teuerung: Verfahren mit Mengennachweis» (zu diesem Verfahren Art. 65/Rz. 4.1 ff.). Dort ist nur noch von «den effektiv nachgewiesenen Veränderungen der Kosten» (Vorwort) und von den «Preisänderungen» (Ziff. 4, Ziff. 0.2.1 und Ziff. 2.1.1 SIA-Norm 124) die Rede und davon, dass das Verfahren mit Mengennachweis eine Offenlegung der Kalkulationsgrundlagen des Unternehmers erfordert (Ziff. 0.1.4 und Ziff. 3.1.1 SIA-Norm 124 mit ihrem Anhang B, Musterbeispiel). Bedauerlich ist, dass in der revidierten SIA-Norm 118 die Definition der ursprünglichen Kostengrundlage in Art. 62 und Art. 66 nicht an die veränderten Verhältnisse angepasst wurde.

6. Die «Kostengrundlagen» nach NPK 103/D 15 mit dem Kalkulationsschema des SBV

96 Häufig und insbesondere bei Baumeisterarbeiten legt der Bauherr der Ausschreibung das NPK-Kapitel 103 mit dem Titel «Kostengrundlagen» und das Kalkulationsschema des SBV zugrunde. Dabei handelt es sich *nicht um «die ursprüngliche Kostengrundlage»* im Sinne von Art. 62 (Vorbem. Art. 62–63/Rz. 7; Vorbem. Art. 84–91/Rz. 85 ff.), sondern um gewisse Angaben des Unternehmers, wie er den angebotenen Preis kalkuliert hat. Richtigerweise müsste das NPK-Kapitel 103 mit «Kalkulationsgrundlagen» betitelt werden. Gestützt auf diese Vorgaben hat der Unternehmer Angaben zu den Lohnkosten (meistens ein Durchschnittslohn pro Gruppenstunde einer bestimmten Arbeitsleistung) mit Zuschlägen in Prozenten für die Baustellengemeinkosten für Löhne, Material, Inventar und Fremdleistungen, Aufsicht, Führung und Endzuschlag (Vorbem. Art. 84–91/Rz. 53 ff.) zu machen. Die entsprechenden Angaben sind allerdings nicht so umfassend und detailliert, dass man sich bei der Nachtragspreisbildung vollständig auf sie verlassen könnte. Die in BVGer B-5563/2012 vom 28. Februar 2013 E. 3.2.2.1 = BR/DC 2013, S. 209 ff., Nr. 279, zitierte, anderslautende Erklärung des SBV ist unzutreffend. So lässt sich der für die Nachtragsberechnung wichtige Leistungswert – also der Wert, der ausdrückt, mit wie vielen Stunden der Unternehmer z.B. für einen m^2 Schalung, einen m^3 Beton etc. gerechnet/kalkuliert hat (Zeitbedarf pro Leistungseinheit, siehe auch Art. 18/Rz. 5.2) – aus den Angaben des Unternehmers nicht ableiten. Vielmehr gilt: «Die Kunst des Kalkulators besteht darin, abzuschätzen, wie viele Stunden für eine Leistungseinheit verbraucht werden» (Bucher Jörg/Henninger, Kalkulation und Teuerungsabrechnung, S. 178); letztlich handelt es sich um Annahmen des Unternehmers, für die er auch das Risiko der richtigen Einschätzung trägt.

97 Ferner kann als Folge einer Bestellungsänderung oder mangelhafter Angaben in den Ausschreibungsunterlagen die Zusammensetzung und Anzahl der Arbeitenden pro Gruppenstunde längst nicht mehr dem angenommenen Gruppenmittellohn entsprechen. Auch können sich Bauzeit und Werkkosten so verändern, dass der Prozentzuschlag für Baustellengemeinkosten nicht mehr zutreffend ist. Weil die Baustellengemeinkosten (Art. 86/Rz. 4.3) ein erhebliches Konfliktpotenzial bei der Nachtragspreisbildung bei Bestellungsänderungen darstellt, hat der Arbeitskreis VI des fünften Deutschen Baugerichtstags (eine Tagung, an der ca. 600 Personen, die sich mit dem deutschen Baurecht befassen, alle zwei Jahre zum Erfahrungsaustausch zusammenkommen und dem Bundesjustizministerium Empfehlungen zur Gesetzgebung abgeben) am 23./24. Mai 2014 empfohlen, für die Baustellengemeinkosten eine eigenständige Vergütungsposition zu schaffen (BauR 2014, S. 1637). Zur Kontroverse in der Schweiz, Baustellengemeinkosten in Installationspauschalen oder -globalen umzulagern, siehe Tüscher/Bucher Jörg, Umlagerungen von Kosten, S. 73 ff.

7. Probleme mit der Spekulation

98 Der verschärfte Wettbewerb veranlasst einen Unternehmer oftmals, sein Angebot so darzustellen, dass er trotz eines möglichst tiefen Angebotspreises einen höheren Abrechnungspreis erzielt. Er analysiert die Ausschreibungsunterlagen, insbesondere beim Ein-

heitspreisvertrag das Leistungsverzeichnis auf Lücken und/oder Mengenangaben und offeriert einen deutlich tieferen Einzelpreis in der Hoffnung, dass die Position gar nicht oder jedenfalls nur im geringen Umfang tatsächlich realisiert wird, oder er offeriert einen deutlich zu hohen Einzelpreis in der Hoffnung, dass die Leistung in grösseren Mengen als angenommen in Wirklichkeit realisiert wird. Oftmals werden Leistungsteile von Einheitspreisen wie Lohn- oder Materialanteile auf andere Einheitspreispositionen oder in Global- oder Pauschalpreispositionen (z.B. für Baustelleneinrichtungen) *verschoben/umgelagert*, was in Bezug auf die Verlagerung in Baustelleninstallationen dazu führt, dass der Unternehmer 80 % des Preises bereits bei Erreichen der Betriebsbereitschaft bezahlt erhält (Art. 146). In der Wegleitung des SBV wird der Unternehmer aber angewiesen, «für jede Leistungsposition den effektiven Preis zu offerieren, selbst wenn er der Ansicht ist, dass gewisse Leistungen nicht oder mit anderen Mengen ausgeführt werden. Sofern es der Bauherr zulässt, kann der Unternehmer seine vom Leistungsverzeichnis abweichenden Annahmen mit einer separaten Offerte, als sogenannte Variante, einreichen» (SBV, Vorkalkulation, Ziff. 22.3). Ferner wird in Ziff. 22.3 dieser Wegleitung ausgeführt: «Es ist aber unzulässig, aus spekulativen Gründen Kosten von Leistungspositionen in die Baustelleneinrichtung umzulagern.» Zur Problematik vgl. Bucher Jörg/Henninger, Kalkulation und Teuerungsabrechnung, S. 174 mit Anhang 5; Beyeler, Umgelagert, gemischt und offeriert, S. 138 ff. und 149 ff. mit einem illustrativen Beispiel in Fn. 38 auf S. 148; ders., Der Geltungsanspruch, Rz. 2205 ff., insbesondere Rz. 2245 ff. Zu den Risiken der Umlagerung vgl. Beyeler, Der Geltungsanspruch, Rz. 2292 ff. Gauch bezeichnet dieses Vorgehen als Mischkalkulation (GWerkV Rz. 1034). Von einer Spekulationsofferte kann man sicher dann sprechen, wenn die Offerte dem Unternehmer einen Spekulationsgewinn verschaffen soll, also «eine Rentabilität über das Gesamtgeschäft erlaubt, die im Grunde zu hoch wäre, als dass damit der Zuschlag gewonnen werden könnte, weil der Auftraggeber sie nicht akzeptieren würde» (Beyeler, Der Geltungsanspruch, Rz. 2247; ders., Umgelagert, gemischt und offeriert, S. 130; Lutz, Angebotspreis, S. 296 ff.). Bauherren können aber mit einer möglichst vollständigen Leistungsbeschreibung und mit einer sorgfältigen Ermittlung der Mengen Spekulationen weitgehend vermeiden. Denn: Ein Angebot ist immer ein Echo der Ausschreibung (Duve/Richter, Mischkalkulation, S. 1660).

Abgesehen vom Risiko, dass sich die Annahmen (Spekulationen) des Unternehmers auch 99
verwirklichen, hat die Mischkalkulation eine nicht zu unterschätzende Bedeutung für die Nachtragspreisbildung bei Bestellungsänderungen. Nämlich deswegen, weil *beim Misslingen der Spekulation* der Unternehmer an den offerierten Preis gebunden bleibt und – von Sonderfällen abgesehen (vgl. Beyeler, Der Geltungsanspruch, Rz. 2388 f. und 2397) – *keinen vertraglichen Aufhebungsanspruch* hat (Beyeler, Umgelagert, gemischt und offeriert, S. 145 f.; ders., Der Geltungsanspruch, Rz. 2335 f., 2250 und 2381). Das bedeutet, dass aufgrund der Preisfortschreibung *zu tiefe, zu hohe, umgelagerte Preise* sowie Null- und Minuspreise (vgl. Beyeler, Der Geltungsanspruch, Rz. 2300; BGer 2C_782/2012 vom 10. Januar 2012) im Falle von Bestellungsänderungen *verbindlich* bleiben. So auch Spiess/Huser, Handkommentar, N 19 zu Art. 86. Hat der Unternehmer Preise umgelagert und wurde im Rahmen der Prüfung der Angebote keine detaillierte

Preisanalyse eingeholt, so dürfte es schwierig sein, bei Bestellungsänderungen einen Nachtragspreis herzuleiten.

100 Auf die Konsequenzen, die sich bei Spekulationen im Vergaberecht ergeben, wird hier nicht näher eingegangen. Vgl. dazu die unter Vorbem. Art. 84 – 91/Rz. 98 f. angegebene Literatur.

8. Subsidiäre Regeln: Ausführung in Regie oder Vergabe an einen Dritten

101 Kommt keine Vereinbarung über den Nachtragspreis zustande, so kann – muss aber nicht (Art. 87/Rz. 17.2) – die Bauleitung (Art. 84/Rz. 1.3; Art. 87/Rz. 17.1) die Arbeit in Regie ausführen lassen oder unter Schadloshaltung des Unternehmers an einen Dritten vergeben (Art. 87 Abs. 4, Art. 88 Abs. 2 und Art. 89 Abs. 3). Untergeordnete Arbeiten (Art. 87/Rz. 21.1) werden immer in Regie ausgeführt. Diese subsidiären Regeln gelten nicht nur beim Fehlen eines Referenzpreises (Vorbem. Art. 84 – 91/Rz. 49 und 75) oder bei Ausführung unter veränderten Voraussetzungen, sondern auch bei Scheitern einer Einigung über den Nachtragspreis bei Baustelleneinrichtungen (Art. 88 Abs. 2) und bei zusätzlichen Arbeiten, für welche die Parteien einen Global- oder Pauschalpreis (Art. 89 Abs. 3) vereinbart haben. Der Entscheid der Bauleitung, die Arbeiten in Regie auszuführen, duldet indes kein langes Zuwarten (Art. 87/Rz. 17.2). Zur Vergabe an einen Dritten (unter voller Schadloshaltung) vgl. Art. 87/Rz. 20.1 f., zu den Regieansätzen Art. 49 ff.

9. Besonderheiten der Nachtragspreisbildung für Baustelleneinrichtungen (Art. 88)

102 Der Bauherr ist nicht verpflichtet, für Baustelleneinrichtungen separate Positionen auszuschreiben (Art. 9/Rz. 4.3). Doch erleichtern separate Positionen die Bildung von Nachtragspreisen. Setzt der Bauherr keine separaten Positionen aus, so ist der Unternehmer gezwungen, die entsprechenden Kosten in die übrigen Preise einzurechnen (Art. 9/Rz. 5.3) Für die Nachtragspreisbildung finden somit die für die entsprechenden Preisarten geltenden Regeln Anwendung.

103 Für die Nachtragspreisbildung ist wiederum relevant, wie der Unternehmer den Preis kalkuliert hat. Die SIA-Norm 118 enthält dafür separate Regeln (Art. 43/Rz. 11.1 ff.; Art. 125/Rz. 4.1 f.). In der Praxis wird aber oftmals von diesen Regeln abgewichen, vgl. Art. 88/Rz. 3.2. So werden die Reparatur- und Revisionskosten (statt in die Preise der einzelnen Arbeiten, Art. 43/Rz. 17) in die Global- oder Pauschalpreise der Baustelleneinrichtungen eingerechnet. Siehe dazu auch Vorbem. Art. 84 – 91/Rz. 98 f. Dies erleichtert die Nachtragspreisbildung nicht (Vorbem. Art. 84 – 91/Rz. 99). Wenn die Umlagerungen nicht schon in der Phase der Angebotsprüfung offenkundig werden, wird es schwierig, einen Nachtragspreis herzuleiten.

104 Je nach Art der Bestellungsänderung sind Anlage (Art. 88/Rz. 4), Umfang (Art. 88/Rz. 5) und/oder Vorhaltezeit (Art. 88/Rz. 6.1) anzupassen. Diese sind dann Kriterium für die Preisanpassung.

105 Kommt für zusätzlich einzusetzende Baustelleneinrichtungen keine Einigung über den Nachtragspreis zustande, so gilt Art. 87/Rz. 17.1 ff. Enthält der Vertrag nicht entsprechende Ansätze (Art. 52 Abs. 3), so gilt Art. 49 Abs. 2.

10. Besonderheiten der Nachtragspreisbildung bei Leistungen zu Global- und Pauschalpreisen (Art. 89)

106 Art. 89 enthält, wenn man vom Hinweis auf die «Basis der ursprünglichen Kostengrundlage» (Vorbem. Art. 84–91/Rz. 85ff.) absieht, keine Angaben darüber, wie der Mehr- oder Minderpreis zufolge einer Bestellungsänderung zu bilden ist und verweist in Bezug auf zusätzliche Arbeiten (Art. 89/Rz. 10) auf die subsidiären Regeln (Ausführung in Regie oder Vergabe an einen Dritten; Art. 87 Abs. 4; Vorbem. Art. 84–91/Rz. 101).

107 Obwohl dies in Art. 89 nicht ausdrücklich gesagt wird, gilt nach dem Prinzip der Preisfortschreibung für die Nachtragspreisbildung die Grundregel, dass der Nachtragspreis aus einem Vertragspreis herzuleiten ist und somit das ursprüngliche Leistungs-Vergütungs-Verhältnis beibehalten wird (Vorbem. Art. 84–91/Rz. 2 mit weiteren Verweisungen).

108 Die Nachtragspreisbildung bei Leistungen zu Global- und Pauschalpreisen ist allerdings nicht einfach. Voraussetzung dafür ist in der Ausschreibung eine detaillierte Beschreibung der einzelnen Leistungen mit zugehörigen, aussagekräftigen Preisanalysen. Wenn der Unternehmer für ein zu Einheitspreisen ausgeschriebenes Werk oder einen Werkteil als Variante einen Global- oder Pauschalpreis offeriert oder die Parteien im Verlauf der Verhandlungen eine Einheitspreisofferte globalisieren bzw. pauschalieren (Art. 12/Rz. 2; GWerkV Rz. 932), kann das ausgefüllte Leistungsverzeichnis als Hilfsmittel für die Nachtragspreisbildung beigezogen werden. Vgl. im Übrigen auch Vorbem. Art. 84–91/Rz. 81 und 99.

109 In Anbetracht der Schwierigkeiten bei der Nachtragspreisbildung (vor allem bei einem Gesamtpreisvertrag, Art. 42 Abs. 2) ist es sinnvoll, wenn die Parteien präventiv im Werkvertrag für Bestellungsänderungen die Schriftform vorbehalten (siehe dazu Art. 84/Rz. 2.3) oder den Unternehmer verpflichten, eine Mehrforderung anzumelden (GWerkV Rz. 789f.) und/oder die Mehrvergütung vor der Ausführung der Bestellungsänderung vom Bauherrn genehmigen zu lassen. Das hat allerdings zur Folge, dass der Unternehmer erst nach der schriftlichen Vereinbarung der Bestellungsänderung bzw. Genehmigung des Nachtragspreises die nachträglich bestellte Leistung ausführen muss. Das kann zu einem zeitweiligen Stillstand auf der Baustelle führen. Dazu und zu den Tücken solcher Klauseln vgl. GWerkV Rz. 789b. Solche Klauseln führen nur dann zum Erfolg, wenn sich Unternehmer und Bauleitung trotz des notorischen Zeitdruckes gewissenhaft an diese halten. Das fängt damit an, dass sich die Bauleitung bei der Erteilung ihrer Weisungen an den Unternehmer darüber Rechenschaft gibt, ob diese eine Bestellungsänderung beinhalten, und mit Augenmass über eine zeitgerechte Einhaltung der vereinbarten Regeln wacht.

11. Einvernehmliche Behelfslösungen

110 Können sich die Parteien anhand der vorgenannten Regeln nicht auf einen Nachtragspreis einigen und wollen sie einen Gang zum Gericht vermeiden (Vorbem. Art. 84–91/Rz. 111), so ist bei beiden Parteien Lösungsbereitschaft gefragt. Allenfalls können sie auf der Basis einer detaillierten Nachkalkulation des Unternehmers, auf der Basis der von Mitkonkurrenten offerierten Preise oder auf der Basis bezahlter Rechnungen (des Unter-

nehmers, seines Subunternehmers und seiner Lieferanten) einen Nachtragspreis vereinbaren. Sie können, auch wenn die Bauleitung nicht rechtzeitig vom Recht Gebrauch macht, die Arbeit in Regie auszuführen (Art. 87/Rz. 17.3), die Vergütung der Arbeit nach den vereinbarten Regieansätzen berechnen.

12. Der Gang zum Gericht

111 Scheitert eine Einigung über den Nachtragspreis und übt die Bauleitung ihr nach den subsidiären Regeln zustehendes Gestaltungsrecht (Vorbem. Art. 84 – 91/Rz. 101) nicht oder nicht rechtzeitig aus und hält eine Partei an ihrer Forderung fest, so bleibt ihr nichts anderes übrig, als das Gericht anzurufen (Art. 87/Rz. 17.3). Das Gericht seinerseits hat – bei vereinbarter SIA-Norm 118 – den Nachtragspreis nach den Regeln der Norm festzusetzen (GWerkV Rz. 805). Es kann die Rechtslage nicht nach Gesetzesrecht, das heisst nach Aufwand gemäss Art. 374 OR festsetzen (GWerkV Rz. 785; siehe auch Vorbem. Art. 84 – 91/Rz. 41), es sei denn, der Nachtragspreis könne wegen des Fehlens eines Referenzpreises oder einer aussagekräftigen Preisanalyse gar nicht aus einem Vertragspreis hergeleitet werden und die klagende Partei habe für einen solchen Fall dies beantragt und entsprechend substanziiert. Das Gericht kann auch nicht eine Mehrvergütungsforderung des Unternehmers (unter analoger Anwendung von Art. 373 Abs. 2 OR) nach freiem Ermessen gutheissen, wenn der Unternehmer seine Forderung nicht hinreichend substanziiert und entsprechende Beweise zur Überprüfung der geltend gemachten Forderung beigebracht hat (GWerkV Rz. 787 unter Bezugnahme auf BGE 113 II 513/521 E. 5b [siehe aber auch E. 2 und 3a] = Pra 1998, Nr. 17, S. 80 ff.; vgl. auch Art. 84/Rz. 13.2). Gelingt dies dem Unternehmer nicht, so hat das Gericht die Klage abzuweisen (GWerkV Rz. 786 und 805). Hat der Unternehmer zwar Mehrleistungen erbracht, kann er aber deren Bestellungen nicht nachweisen, so beurteilt sich die Rechtslage nach den Regeln nicht bestellter Zusatzleistungen (GWerkV Rz. 786, Fn. 372, und Rz. 1310 ff.). Steht der Anspruch des Unternehmers auf eine Mehrvergütung dem Grundsatz nach zwar fest, ist der zu vergütende Mehraufwand aber nicht ziffernmässig nachweisbar, «so rechtfertigt es sich, Art. 42 Abs. 2 OR sinngemäss anzuwenden und es dem Gericht im Streitfall zu gestatten, den massgeblichen Mehraufwand nach seinem pflichtgemässen Ermessen abzuschätzen» (GWerkV Rz. 786).

112 Das Gesagte gilt analog für den Bauherrn, der aufgrund einer Bestellungsänderung eine Preisminderung geltend macht.

13. Preisfortschreibung in Diskussion

113 Wegen der Schwierigkeiten der Nachtragspreisbildung zufolge der seit einiger Zeit grassierenden Spekulation (Vorbem. Art. 84 – 91/Rz. 98 ff.) und wegen unbefriedigenden Formulierungen in § 2 VOB/B wird in Deutschland über die Preisfortschreibung derzeit intensiv diskutiert (Kniffka, Nachträge, S. 411 ff.; Althaus, Preisfortschreibung, S. 359 ff.; Franz, Nachkalkulation, S. 380 ff. sowie Duve/Richter, Die übliche Vergütung, S. 831 ff.). Im letztgenannten Aufsatz (S. 833) werden aus betriebswirtschaftlicher Sicht fünf in der Praxis unterschiedliche Methoden der Preisfortschreibung, die zudem in

unterschiedlichen Mischformen und Varianten vorkommen, beschrieben mit folgendem Fazit: «Angesichts dieser Vielfalt der Methoden gibt es keine anerkannten Grundsätze der Baubetriebslehre, die einheitlich sind und daher einer Üblichkeit [der Vergütung gemäss § 632 BGB] zugrunde gelegt werden könnten.»

Das deutsche Bundesministerium der Justiz hat im Januar 2010 eine Arbeitsgruppe «zur Lösung der bestehenden Probleme im Bereich des Bau- und Werkvertragsrechts» eingesetzt. In ihrem Abschlussbericht vom 18. Juni 2013 unterbreitet die Arbeitsgruppe verschiedene Vorschläge über die Preisanpassung bei Mehr- und Minderleistungen, also bei Bestellungsänderungen, mit dem Ziel, «Spekulationen einzudämmen und Streit der Parteien über die Preisanpassung weitestgehend zu vermeiden» (S. 25 des erwähnten Abschlussberichts). Insbesondere schlägt die Arbeitsgruppe – gestützt auf eine Empfehlung des deutschen Baugerichtstags vom 11./12. Mai 2012 (BauR 2014, S. 1557 f.) – vor, auf die Preisfortschreibung zu verzichten und die Vergütung bei Bestellungsänderungen nach dem im Zeitpunkt der Ausführung der Nachtragsleistung tatsächlich erforderlichen Mehr- oder Minderkosten zu ermitteln (wie dies nach Art. 374 OR geschieht; vgl. Vorbem. Art. 84–91/Rz. 41). Der Regierungsentwurf vom 11. März 2016 sieht für Bestellungsänderungen (nach dortiger Terminologie für die Ausübung des «Anordnungsrechts») eine Regelung vor, nach der die «Höhe des Vergütungsanspruchs für den infolge einer Anordnung des Bestellers nach § 650b Absatz 2 vermehrten oder verminderten Aufwand [...] nach den tatsächlich erforderlichen Kosten mit angemessenen Zuschlägen für allgemeine Geschäftskosten, Wagnis und Gewinn zu ermitteln» ist (§ 650c Abs. 1 BGB/Regierungsentwurf). Dabei kann aber der Unternehmer «zur Berechnung der Vergütung für den Nachtrag auf die Ansätze in einer vereinbarungsgemäß hinterlegten Urkalkulation zurückgreifen. Es wird vermutet, dass die auf Basis der Urkalkulation fortgeschriebene Vergütung der Vergütung nach Absatz 1 entspricht» (§ 650c Abs. 2 BGB/Regierungsentwurf). 114

Wie eingangs dargelegt, sind die Regeln der SIA-Norm 118 über die Nachtragspreisbildung nicht aus einem Guss, stellenweise sind sie zu wenig präzis und daher schwer verständlich. Sie setzen Kenntnisse über die Preiskalkulation und das Vorliegen von aussagekräftigen Preisanalysen voraus. Letztere sind längst nicht immer über alle Zweifel erhaben (Art. 18/Rz. 5.2; Vorbem. Art. 84–91/Rz. 78). Ein Einmalbauherr oder ein Kleinunternehmer kann die Regeln, falls er sie gelesen haben sollte, kaum verstehen. Es ist auch nicht davon auszugehen, dass alle Architekten und Ingenieure, die in ihren Vertragsentwürfen die Übernahme der SIA-Norm 118 vorschlagen, mit den Regeln der Nachtragspreisbildung hinreichend vertraut sind. Bei einer Globalübernahme durch eine unerfahrene Partei können sie überdies an der Ungewöhnlichkeitsregel (GWerkV Rz. 197 und 286) und/oder Unklarheitsregel scheitern (Einl./Rz. 31 und 35 ff.; GWerkV Rz. 202, 286 und 294). Es wäre interessant, in Erfahrung zu bringen, ob und wie getreu die Regeln der SIA-Norm 118 über die Nachtragspreisbildung in der Praxis angewandt werden. 115

Über die Tauglichkeit und Angemessenheit der Preisfortschreibung kann man aus gutem Grund streiten (siehe Stöckli, Was ist mit der Vergütung los, S. 2, 17 und 19). Will man ihr aus dem Weg gehen, so können die Parteien die Übernahme der entsprechenden Ar- 116 tikel der SIA-Norm 118 durch individuelle Vereinbarung ausschliessen. In Anbetracht der heute unbefriedigenden Regeln ist aber eine erneute Revision der Norm angezeigt. Dabei wäre zu prüfen, ob die Regeln der Nachtragspreisbildung nicht vereinfacht werden könnten oder ob von der Preisfortschreibung überhaupt Abschied zu nehmen sei. Will man statt der Preisfortschreibung eine Vergütung nach Aufwand ins Auge fassen, wird zu überlegen sein, wie ein *Minderwert* nach Aufwand zu berechnen ist und ob sich dabei der Streit der Parteien nicht auf die Höhe des Mehr- oder Minderaufwands verlagert. Für den Fall, dass dem Unternehmer das Wahlrecht eingeräumt werden sollte, den Nachtragspreis statt nach den tatsächlichen Kosten auf der Basis der ursprünglichen Kalkulation zu berechnen (Vorbem. Art. 84–91/Rz. 114), wird zu prüfen sein, ob damit die Preisfortschreibung nicht durch die Hintertür wieder einführt wird.

31 Änderungsrecht des Bauherrn

Art. 84

1 Der Bauherr[1] kann durch Weisungen[2] oder Änderungen von Plänen[3] verlangen, dass der Unternehmer Leistungen[4], zu denen dieser durch den Werkvertrag[5] verpflichtet ist, auf andere Art als vereinbart[6], in grösseren oder kleineren Mengen[7] oder überhaupt nicht ausführt[8]; dies jedoch nur dann, wenn dadurch der Gesamtcharakter des zur Ausführung übernommenen Werkes unberührt bleibt[9]. Unter der gleichen Voraussetzung[10] kann der Bauherr auch im Vertrag nicht vorgesehene Leistungen ausführen lassen[11]. Verzichtet der Bauherr auf die Ausführung einer einzelnen Arbeit, so darf er sie nicht durch Dritte ausführen lassen.[12]

2 Nimmt der Bauherr eine solche Bestellungsänderung[13] vor, so gelten die Bestimmungen der Art. 85–91. Dies gilt auch dann, wenn die Bestellungsänderung auf einen Vorschlag des Unternehmers zurückgeht.[14]

3 Verzichtet der Bauherr ganz oder teilweise auf die Ausführung der Leistungen, ohne hierzu nach Abs. 1 berechtigt[15] zu sein, so hält er den Unternehmer in vollem Umfang schadlos (Art. 377 OR)[16].

4 Bei Gesamtpreisverträgen (Art. 42 Abs. 2)[17] soll die Bestellung nur ausnahmsweise geändert werden;[18] in diesem Fall wird der Inhalt der Baubeschreibung[19] geändert oder ergänzt, mit oder ohne Änderung der Ausführungsvoraussetzungen.[20]

5 Keine Bestellungsänderung ist die Vergabe einer Arbeit an einen Dritten, die sich auf einen Vorbehalt gemäss Art. 11 stützt.[21]

Art. 84 (1977/91)

[1] Der Bauherr kann durch Weisungen oder Änderung von Plänen verlangen, dass der Unternehmer Leistungen, zu denen dieser durch den Werkvertrag verpflichtet ist, auf andere Art als vereinbart, in grösseren oder kleineren Mengen oder überhaupt nicht ausführt; dies jedoch nur dann, wenn dadurch der Gesamtcharakter des zur Ausführung übernommenen Werkes unberührt bleibt. Unter der gleichen Voraussetzung kann der Bauherr auch im Vertrag nicht vorgesehene Leistungen ausführen lassen. Verzichtet der Bauherr auf die Ausführung einer einzelnen Arbeit, so darf er sie nicht durch Dritte ausführen lassen.

[2] Nimmt der Bauherr eine solche Bestellungsänderung vor, so gelten die Bestimmungen der Art. 85–91.

[3] Verzichtet der Bauherr ganz oder teilweise auf die Ausführung der Leistungen, ohne hiezu nach Abs. 1 berechtigt zu sein, so hält er den Unternehmer in vollem Umfang schadlos (Art. 377 OR).

[4] Bei Gesamtpreisverträgen (Art. 42 Abs. 2) soll die Bestellung nur ausnahmsweise geändert werden; in diesem Fall wird der Inhalt der Baubeschreibung geändert oder ergänzt, mit oder ohne Änderung der Ausführungsvoraussetzungen.

[5] Keine Bestellungsänderung ist die Vergebung einer Arbeit an einen Dritten, die sich auf einen Vorbehalt gemäss Art. 11 stützt.

Anmerkung 1

Zur (einseitigen) Bestellungsänderung *berechtigt ist der Bauherr*. Bei diesem Änderungsrecht handelt es sich um ein vertragliches Gestaltungsrecht (GWerkV Rz. 772 f.), das auf der Übernahme der SIA-Norm 118 beruht (Einl./Rz. 25). Im Einzelnen sind folgende Punkte anzumerken: 1.1

a) Meistens handelt der Bauherr, der eine Bestellung ändert, *aus eigenem Antrieb*. Möglich ist aber auch, dass der bereits beauftragte Unternehmer oder ein Nebenunternehmer (Art. 30) ihm eine Änderung vorschlägt (Art. 84/Rz. 14), eine Behörde (z.B. die Baupolizei, eine Umweltschutzstelle oder die Suva) eine solche vorschreibt (beachte aber auch Art. 112) oder Umstände, die nicht vorausgesehen wurden, eine solche erforderlich machen. So oder anders kann der Bauherr die Änderungserklärung persönlich oder durch einen Stellvertreter abgeben. 1.2

b) Als *Vertreter*, der die Bestellungsänderung im Namen des Bauherrn verlangt, kommt insbesondere *die Bauleitung* infrage. Ist sie zur Anordnung der betreffenden Änderung intern bevollmächtigt (Art. 32 Abs. 1 OR und Art. 33 Abs. 2 OR), ergeben sich in rechtlicher Hinsicht keine Probleme (Art. 3/Rz. 6; Vorbem. Art. 33–36/Rz. 5 ff.; Art. 33/Rz. 3 und 8; Art. 84/Rz. 1.7 und 1.9 ff.). Soweit es hingegen an der internen Vollmacht fehlt, stellt sich die Frage, ob der gutgläubige Unternehmer sich darauf berufen kann, der Bauherr habe ihm in Art. 33 Abs. 2 eine Ermächtigung der Bauleitung zur Bestellungsänderung kundgegeben (Art. 33 Abs. 3 OR; Einl./Rz. 19; Vorbem. Art. 33–36/Rz. 5 ff.). «Soweit die Vollmacht der Bauleitung in der Vertragsurkunde [Art. 21 Abs. 3] nicht beschränkt wird» (Art. 33 Abs. 2; Art. 33/Rz. 4), ist diese Frage zu bejahen, wofür folgende Argumente sprechen: 1.3

- Art. 33 Abs. 2 hebt ausdrücklich hervor, dass «Bestellungen» der Bauleitung «für den Bauherrn rechtsverbindlich» sind, die Vertretungsbefugnis der Bauleitung sich also 1.4

auch auf «Bestellungen» bezieht. Da die Bestimmung des Art. 33 Abs. 2 nach ihrer systematischen Stellung erst auf die Zeit nach Abschluss des Werkvertrags anwendbar ist (GWerkV Rz. 279), können mit den erwähnten «Bestellungen» nur «Bestellungsänderungen» gemeint sein (Art. 33/Rz. 11). Daran ändert auch der Umstand nichts, dass Art. 84 Abs. 1 nur vom «Bauherrn» (nicht von der Bauleitung) spricht. Insbesondere kann nicht argumentiert werden, Art. 84 Abs. 1 enthalte, was die Vertretungsbefugnis der Bauleitung betrifft, eine von Art. 33 Abs. 2 abweichende Sonderbestimmung. Andernfalls hätte die dort kundgegebene Vollmacht der Bauleitung, «Bestellungen» vorzunehmen, praktisch keinen Sinn.

1.5 – Die hier vertretene Ansicht wird bestätigt durch den in Art. 84 Abs. 1 enthaltenen Hinweis, wonach die Bestellungsänderung auch durch die «Änderung von Plänen» verlangt werden kann. Im Normalfall nämlich ist nur gerade die Bauleitung in der Lage, sich dieser Form der Bestellungsänderung zu bedienen. Zumindest liegt das Ändern von Plänen im speziellen Aufgabenbereich der Bauleitung und übersteigt üblicherweise den Sachverstand des Bauherrn.

1.6 Demzufolge kann sich der gutgläubige Unternehmer auf die Kundgabebestimmung des Art. 33 Abs. 2 berufen, und er wird deshalb in seinem Vertrauen auf die Vollmacht der Bauleitung zur Anordnung von Bestellungsänderungen und damit auch von Zusatzleistungen geschützt (so auch Schwager/Monn, Die Vollmacht des Planers, Rz. 5.93; a.M. Stierli, Die Architektenvollmacht, Rz. 758). In Bezug auf die Vollmacht zur Vergabe von Zusatzleistungen ist es nach Gesetz jedoch anders (siehe Schwager/Monn, Die Vollmacht des Planers, Rz. 5.86).

1.7 c) Der Grundsatz, wonach ein gutgläubiger Unternehmer sich auf die kundgegebene Vollmacht berufen kann, gilt allerdings nicht ohne *Ausnahmen*. Vielmehr gilt er nur gegenüber einem Unternehmer, der im Zeitpunkt der Bestellungsänderung von der Normbestimmung des Art. 33 Abs. 2 überhaupt Kenntnis hat und in diesem Zeitpunkt nicht nur gutgläubig ist, sondern «bei der Aufmerksamkeit, wie sie nach den Umständen von ihm verlangt werden darf», auch gutgläubig sein kann (Art. 3 Abs. 2 ZGB). Dazu einlässlich GWerkV Rz. 299.

1.8 Die vorausgesetzte Gutgläubigkeit dürfte dem Unternehmer insbesondere dann fehlen, wenn die Bauleitung eine Bestellungsänderung vornimmt, um damit eigene Fehler zu korrigieren, und dies für den Unternehmer erkennbar ist (Stierli, Die Architektenvollmacht, Rz. 241). Das folgt aus der Erfahrungstatsache, wonach die intern erteilte Vollmacht normalerweise nicht so weit geht, dass sie auch Bestellungsänderungen zur Korrektur eigener Fehler umfasst. Ausserdem kommt Art. 33 Abs. 2 von vornherein nicht zur Anwendung, wenn er im Einzelfall an der Ungewöhnlichkeitsregel scheitert (Einl./Rz. 31). Zum Ganzen vgl. GWerkV Rz. 297 f. mit weiteren Erläuterungen. Was die vom Unternehmer verlangte «Aufmerksamkeit» betrifft, siehe GWerkV Rz. 299.

1.9 d) Auch wenn der Bauleitung die Vollmacht für Bestellungsänderungen zusteht, ist diesbezüglich für die Vereinbarung von Nachtragspreisen und einer allfälligen Fristerstreckung (Art. 90/Rz. 5.1 ff.) wie folgt zu *differenzieren:*

- Art. 33 Abs. 2 ermächtigt die Bauleitung nur zu Willensäusserungen, die das Werk als solches betreffen. Als Werk ist die «Herstellung des Werkes» (Art. 363 Abs. 1 OR; vgl. GWerkV Rz. 14 ff.), also eine Arbeitsleistung (Art. 8/Rz. 4.2) zu verstehen. Zudem fallen finanzielle Verpflichtungen nicht unter die in Art. 33 kundgegebene Vollmacht (Art. 33/Rz. 15; Schwager/Monn, Die Vollmacht des Planers, Rz. 5.86). Demnach ist die Bauleitung aufgrund von Art. 33 Abs. 2 zur rechtsverbindlichen Vereinbarung von Nachtragspreisen nicht ermächtigt, sondern bedarf hierfür einer separaten Ermächtigung. So auch Schumacher, Die Vergütung, Rz. 698. 1.10
- Die Anpassung vertraglicher Fristen aufgrund von Bestellungsänderungen betrifft die Herstellung des Werks nicht unmittelbar, kann aber den Bauherrn finanziell erheblich belasten. In Art. 33 wird nicht ausdrücklich eine Vollmacht der Bauleitung für die Anpassung vertraglicher Fristen – auf die der Unternehmer unter verschiedenen Voraussetzungen Anspruch hat; Art. 94 Abs. 2 und Art. 96 – kundgetan. Nach Art. 396 Abs. 2 OR bedarf der Planer für rechtsgeschäftliche Erklärungen im Namen des Bauherrn, die diesem erhebliche finanzielle Verpflichtungen auferlegen, einer ausdrücklichen Ermächtigung (BGE 118 II 313/315 E. 2a; 109 II 452/459 f. E. 5c; GWerkV Rz. 400; Schwager/Monn, Die Vollmacht des Planers, Rz. 520 und 585 f.; vgl. auch Art. 33/Rz. 15). Nachdem vom Gesetz abweichende Regeln eng auszulegen sind (Gauch/Schluep/Schmid, OR AT, Rz. 1230), ist die Bauleitung zur Erstreckung vertraglicher Fristen nur ermächtigt, wenn diese für den Bauherrn im Verhältnis zur Gesamtleistung des Unternehmers nur unerhebliche Mehrkosten nach sich zieht (siehe Art. 33/Rz. 7.6). 1.11
- Dies heisst allerdings nicht, dass die Bauleitung nicht ermächtigt wäre, anstelle des Bauherrn die entsprechenden Verhandlungen zu führen, zumal häufig nur sie über die entsprechenden Kenntnisse in Bezug auf die mitunter schwierige Bildung der Nachtragspreise und in Bezug auf die Fristen und Termine verfügt. Dass die Bauleitung die Vertragsverhandlungen führt, beinhaltet aber noch nicht die Ermächtigung zur Vereinbarung der Nachtragspreise (Schwager/Monn, Die Vollmacht des Planers, Rz. 566) und neuer vertraglicher Fristen. Anerkennt der Bauherr wiederholt die von der Bauleitung ausgehandelten Nachtragspreise und/oder Fristerstreckungen, so kann dies eine Kundgabe der Ermächtigung gemäss Art. 33 Abs. 3 OR bedeuten (so Schwager/Monn, Die Vollmacht des Planers, Rz. 566 bezüglich Zusatzarbeiten). 1.12

Anmerkung 2

«*Weisungen*» sind Anordnungen des Bauherrn, die der Unternehmer befolgen muss, also nicht bloss unverbindliche Vorschläge, Wünsche oder Ratschläge (GWerkV Rz. 1927 ff.). 2.1

a) Weisungen, die eine Bestellungsänderung zum Inhalt haben, können durch eine ausdrückliche (schriftliche oder mündliche) oder stillschweigende Erklärung des Bauherrn (oder seines Vertreters) erteilt werden (Vorbem. Art. 84–91/Rz. 4 ff.; Art. 84/Rz. 3.1 f.). 2.2

b) Möglich ist allerdings, dass die Parteien für Bestellungsänderungen (als einseitige Rechtsgeschäfte) eine bestimmte Form (namentlich *einfache Schriftlichkeit*) vorbehalten haben (Art. 3/Rz. 2.1 f.). Alsdann kommt Art. 16 OR sinngemäss zur Anwendung (Gauch/ 2.3

Schluep/Schmid, OR AT, Rz. 609), sodass (widerlegbar) vermutet wird, dass der Bauherr bei Nichteinhaltung der Form keine Bestellungsänderung anordnen wollte (GWerkV Rz. 772). Auf den vereinbarten Formvorbehalt kann allerdings konkludent (stillschweigend) verzichtet werden (Art. 3/Rz. 2.2). Zudem gilt die Schriftform nur dann, «wenn sich die Parteien des vereinbarten Vorbehaltes überhaupt bewusst sind, weshalb vorformulierte Vorbehalte in Allgemeinen Vertragsbedingungen» die Vermutung des Art. 16 Abs. 1 OR «nicht auszulösen vermögen, falls sie global übernommen» wurden (Gauch/Schluep/Schmid, OR AT, Rz. 600).

2.4 c) Dass sich der Bauherr (oder sein Vertreter) der Folgen einer Bestellungsänderung (Art. 85–91) nicht bewusst ist, heisst nicht, dass keine Weisung im Sinne des Art. 84 Abs. 1 vorliegt. Eine andere (von der SIA-Norm 118 nicht geregelte) Frage ist, ob der Vertreter (namentlich die Bauleitung) eine Sorgfaltsverletzung gegenüber dem Bauherrn begeht, wenn er es unterlässt, den Bauherrn über die erwähnten Folgen aufzuklären. Die Frage ist zu bejahen, wenn eine Bestellungsänderung für den Bauherrn Mehrkosten und Verspätung der Fertigstellung zur Folge haben. Dazu einlässlich Siegenthaler, Die Kosteninformation, Rz. 10.11, 10.37 und 10.47.

Anmerkung 3

3.1 Während die Bestimmung die «Änderung von Plänen» den «Weisungen» gegenüberstellt, ist die Abgabe eines zusätzlichen Plans doch nur eine besondere Erscheinungsform der «Weisungen», die eine Bestellungsänderung enthalten. «Plan» im Sinne des Art. 84 Abs. 1 kann jede Art zeichnerischer Darstellung sein, gleich welchen Detaillierungsgrads. Die Änderung von Plänen kann auch durch die Abgabe eines neuen oder eines zusätzlichen Plans erfolgen, so z.B. die Armierungspläne mit Eisenlisten (vgl. Art. 100), die erst vor der Werkausführung dem Unternehmer übergeben werden. Die Bestellungsänderung durch Abgabe eines Plans setzt voraus, dass der Plan dem Unternehmer bekannt gegeben wird, was normalerweise durch die Aushändigung des Plans bzw. Plansatzes erfolgt. Meistens handelt es sich um Ausführungspläne (Art. 100/Rz. 1.1 ff.), in Art. 4.51 SIA-Ordnung 102 «Werk- und Detailpläne» und in Art. 4.3.51 SIA-Ordnung 103 «Konstruktions- und Detailpläne» genannt (siehe dazu Art. 100/Rz. 1.2). Dies hängt damit zusammen, dass nach den SIA-Ordnungen für die Planer die detaillierten Ausführungspläne erst nach der Ausschreibung erstellt werden (Art. 4.51 SIA-Ordnung 102 und Art. 4.3.51 SIA-Ordnung 103). Siehe Art. 5/Rz. 2.1 und Art. 8/Rz. 8.7.

3.2 Bestellungsänderungen können auch durch Abgabe oder Änderung von *Stück- und Material-/Baustofflisten* erfolgen (Art. 4.1.51 SIA-Ordnung 103). Zum Begriff vgl. Art. 100/Rz. 2.1 f. Zur Abgrenzung einer Bestellungsänderung von der nachträglichen Konkretisierung vgl. Vorbem. Art. 84–91/Rz. 15.

Anmerkung 4

4 Das Änderungsrecht des Bauherrn bezieht sich auf die *einzelnen Arbeitsleistungen* (Art. 8/Rz. 4.2) des ursprünglichen Vertrags (Art. 19 und Art. 21 Abs. 2), zu denen der Unternehmer «durch den Werkvertrag verpflichtet ist». Zum Fall, da die Bestellungsänderung in einem Leistungsverzicht besteht, siehe Art. 84/Rz. 15.1 ff.

Anmerkung 5

Mit «*Werkvertrag*» ist der Werkvertrag unter Einschluss all seiner Bestandteile gemeint, also nicht nur die Vertragsurkunde (Art. 20). Wurde der ursprüngliche Werkvertrag «in beidseitigem Einvernehmen» (Art. 27 Abs. 1) oder durch eine einseitige Bestellungsänderung (Art. 84) «abgeändert», so kommt es auf den Vertrag mit dem geänderten Inhalt an. Eine Bestellungsänderung kann also auch darin liegen, dass eine bereits angeordnete Bestellungsänderung wieder abgeändert wird. Darauf nimmt der Wortlaut des Art. 84 Abs. 1 allerdings keine Rücksicht, wenn er von Leistungen spricht, die «auf andere Art als vereinbart» auszuführen sind. 5

Anmerkung 6

Der Bauherr kann Leistungen, zu denen der Unternehmer durch den Werkvertrag verpflichtet ist, *«auf andere Art als vereinbart»* ausführen lassen. Gegenstand einer entsprechenden Weisung können z.B. sein: 6.1

a) Der Bauvorgang (Art. 7 Abs. 2 Ziff. 2; Art. 7/Rz. 8 und 16; Art. 104/Rz. 12.1) und/oder die Herstellungsweise (Arbeitsverfahren, Baumethode/Konstruktion, Reihenfolge der Arbeiten). Beispiele: Anstelle des vom Unternehmer vorgesehenen (und kalkulierten) maschinellen Aushubs eines Grabens verlangt der Bauherr den Aushub von Hand. Aufgrund der Ausschreibungsunterlagen war der Unternehmer zur Annahme berechtigt, dass er seine Preise auf der Grundlage des Einsatzes von Grossflächenschalungen kalkulieren könne; nach Vertragsabschluss erhält der Unternehmer Detail- und Armierungspläne, die den Einsatz solcher Grossflächenschalungen ausschliessen (Vygen/Joussen/Lang/Rasch, Bauverzögerung und Leistungsänderung, Rz. A.478). 6.2

b) Andere Fabrikate oder Materiallieferanten (Art. 85/Rz. 6.1 ff.; Art. 136/Rz. 7.1 ff.). 6.3

c) Die Dimensionierung des Werks (Breite, Höhe, Tiefe eines Werks oder Werkteils). Beispiel: In den Ausschreibungsunterlagen werden 50 Pfeiler gleicher Grösse (Umfang und Höhe) verlangt. Der Unternehmer kalkuliert seinen Preis folgerichtig einheitlich unter Berücksichtigung der Mehrfachverwendung. Nach Vertragsabschluss erhält er die Detailpläne, die aus Gründen der Statik oder Ästhetik insgesamt 10 verschiedene Typen mit völlig unterschiedlichen Formen und Massen vorsehen (Vygen/Joussen/Lang/Rasch, Bauverzögerung und Leistungsänderung, Rz. A.477). 6.4

d) Die Ausführungsvoraussetzungen. Diese werden in Art. 87 Abs. 1 und 89 Abs. 1 zwar nur als Folge einer Bestellungsänderung behandelt. Doch liegt selbst darin eine Bestellungsänderung, wenn der Bauherr eine Vertragsleistung zwar nicht inhaltlich abändert, den Unternehmer aber (ausdrücklich oder konkludent) anweist, die Leistung unter veränderten Rahmenbedingungen oder Voraussetzungen auszuführen (a.M. Spiess/Huser, Handkommentar, N 8 und 44 zu Art. 84). Beispiel: Der Bauherr weist den Unternehmer an, eine andere Transportstrecke als vertraglich vorgesehen zu benützen oder er ordnet wegen der Arbeit oder des Verzugs eines Nebenunternehmers eine andere Reihenfolge der Arbeiten an. Gerät der Bauherr in Gläubigerverzug (GWerkV Rz. 1325 ff.), so beurteilen sich die Folgen nach den dafür massgeblichen Regeln (GWerkV Rz. 1335 ff.). 6.5

6.6 e) Räumt der Bauherr in der Ausschreibung dem Unternehmer für gewisse Vertragsleistungen die Freiheit ein, Art und Weise der Leistung selbst zu bestimmen, und beschränkt er diese Freiheit im Nachhinein, indem er Anforderungen stellt, mit denen der Unternehmer aufgrund der Ausschreibungsunterlagen nicht zu rechnen brauchte, so ist darin eine Bestellungsänderung zu erblicken.

Anmerkung 7

7 Durch die bestellte Änderung des Leistungsumfangs ändert sich die Leistungsmenge. Die Regeln der Bestellungsänderung gelten nicht nur für Leistungen zu Einheitspreisen (Art. 39), sondern auch für Leistungen, die nach einem Globalpreis (Art. 40) oder Pauschalpreis (Art. 41) vergütet werden. Siehe dazu auch Vorbem. Art. 84 – 91/Rz. 106 ff. Ob eine Bestellungsänderung vorliegt, beurteilt sich nach der Menge, die sich aus den Plänen der Ausschreibung ergibt (Art. 7/Rz. 35).

Anmerkung 8

8 Vgl. dazu Art. 84 Abs. 3 sowie Art. 84/Rz. 4 und 15.1 ff.

Anmerkung 9

9 Der «*Gesamtcharakter des zur Ausführung übernommenen Werkes*» wird tangiert, wenn die Änderung zu einer tiefgreifenden Umgestaltung der vom Unternehmer geschuldeten (Gesamt-)Bauleistung führt, der ursprüngliche Charakter des Werks beeinträchtigt wird und die zusätzliche Leistung artfremd ist (siehe auch Art. 84/Rz. 15.1 ff.). Der Gesamtcharakter wird dann nicht berührt, wenn dem Unternehmer die Reduktion der Leistung wegen ihres relativ geringen Umfangs ohne Schadloshaltung zugemutet werden kann. Dazu und zu weiteren Erläuterungen siehe GWerkV Rz. 793. Die Bestimmung schränkt somit das Recht des Bauherrn zur einseitigen Bestellungsänderung ein. Trotz unscharfer Abgrenzungskriterien führt die Einschränkung aber selten zu Streitigkeiten.

Anmerkung 10

10 Gemeint ist, dass der Gesamtcharakter des zur Ausführung übernommenen Werks unberührt bleibt (Art. 84/Rz. 9).

Anmerkung 11

11.1 Im Vertrag «nicht vorgesehen» sind entweder zusätzliche Leistungen oder Leistungen, die «vertragliche» Leistungen ersetzen.

11.2 Handelt es sich ausschliesslich um zusätzliche, im ursprünglichen Vertrag nicht vereinbarte Leistungen, so ist der Bauherr frei, sie einem Dritten (Nebenunternehmer; Art. 30) zu vergeben, ohne den Unternehmer schadlos halten zu müssen. Denn nach Art. 84 Abs. 1 «kann» der Bauherr zusätzliche Leistungen bestellen, «muss» aber nicht. Das muss er auch deswegen nicht, weil der Bauherr diese Leistungen bei Vertragsabschluss nicht vereinbart hat und der Unternehmer durch die Vergabe der Leistungen an einen Nebenunternehmer keinen Schaden erleidet (so auch Spiess/Huser, Handkommentar, N 36 zu Art. 84). Die Abgrenzung, ob die zusätzliche Leistung bereits zu den vertraglichen Leistungen gehört, ist in der Praxis nicht einfach (Vorbem. Art. 84–91/Rz. 13 ff.). Bei einer Vergabe einer zusätzlichen Leistung an einen Nebenunternehmer hat der Bauherr aber für eine zweckmässige Organisation (Art. 30 Abs. 2 und Art. 34 Abs. 3; Art. 30/Rz. 9 ff.; Art. 34/Rz. 13.1 f.) und dafür zu sorgen, dass der Unternehmer durch die Vergabe der Leistungen an einen Nebenunternehmer in seiner Arbeitsausführung nicht behindert und er selbst gegenüber dem Unternehmer nicht in Gläubigerverzug mit den damit verbundenen Nachteilen gerät (vgl. GWerkV Rz. 1328 ff.).

Handelt es sich um Leistungen, die «vertragliche Leistungen» ersetzen, so wird der Bauherr nur so weit schadenersatzpflichtig, als dadurch der Gesamtcharakter des Werks berührt wird. 11.3

Anmerkung 12

Lässt der Bauherr bei einem Verzicht auf eine einzelne Leistung (vgl. Art. 84/Rz. 4) diese durch einen Dritten ausführen, so schuldet er dem Unternehmer volle Schadloshaltung (Art. 84 Abs. 3). Dies gilt auch dann, wenn der Bauherr die Leistung selber ausführt, was sich aus einer zweckbezogenen Auslegung ergibt. Denn mit der Schadloshaltung wird der Unternehmer vollumfänglich entschädigt. Es gibt keinen sachlichen Grund dafür, dem Bauherrn darüber hinaus zu verbieten, die Leistung selber auszuführen oder durch einen Dritten ausführen zu lassen (GWerkV Rz. 794). Auch im Falle von Art. 87 Abs. 4 (wenn sich die Parteien nicht auf einen Nachtragspreis einigen können) ist die Bauleitung berechtigt, eine Arbeit (unter voller Schadloshaltung) einem Dritten zu vergeben. 12.1

Keine Schadloshaltung schuldet der Bauherr, wenn er in der Ausschreibung die Vergabe an einen Dritten oder eine Eigenleistung nach Art. 11 vorbehalten hat (Art. 84 Abs. 5; Art. 84/Rz. 21). 12.2

Anmerkung 13

Gemeint ist eine (einseitige) Bestellungsänderung im Sinne des Art. 84 Abs. 1. 13.1

Die Beweislast dafür, dass der Bauherr eine Bestellungsänderung, die für den Unternehmer einen Mehraufwand zur Folge hat, vorgenommen hat und die Beweislast für den daraus entstehenden Mehraufwand trägt nach Art. 8 ZGB der Unternehmer (GWerkV Rz. 786; Zindel/Pulver/Schott, Basler Kommentar, N 39 zu Art. 373 OR und N 19 zu Art. 374 OR). Er hat gleichzeitig nachzuweisen, dass er den Nachtragspreis nach den Regeln der SIA-Norm 118 berechnet hat, also: aus welchem Vertragspreis er den Nachtragspreis hergeleitet hat, welche Kostenelemente mit welcher Gewichtung zufolge der Bestellungsänderung anders sind und wie sich dies auf den «neuen Preis» auswirkt, all dies berechnet auf dem Kostenstand am Tag der Angebotseinreichung (Stichtag, Art. 62 Abs. 1). Siehe dazu Vorbem. Art. 84–91/Rz. 53 ff. und 72 sowie BGE 113 II 513/521 E. 5b = Pra 1989, Nr. 17, S. 80 ff., in dem das Bundesgericht mangels Substanziierung der Forderung und mangels Beweises, wie der Unternehmer den ursprünglichen Vertragspreis kalkuliert hat, die Regeln von Art. 86 f. für nicht anwendbar erklärte (vgl. dazu auch Vorbem. Art. 84–91/Rz. 111). 13.2

13.3 Die Beweislast dafür, dass der Bauherr eine Bestellungsänderung, die für den Unternehmer einen Minderaufwand zur Folge hat, vorgenommen hat, und die Beweislast für den sich daraus ergebenden Minderaufwand trägt der Bauherr. Zu den Anforderungen an diesen Beweis vgl. GWerkV Rz. 786.

Anmerkung 14

14 Dieser Nachsatz wurde in der Revision offenbar (wie aus Spiess/Huser, Handkommentar, N 10f. und 28 zu Art. 84 hervorgeht) als Reaktion auf den Bundesgerichtsentscheid 4A_183/2010 vom 27. Mai 2010 eingefügt, in dem es um die Kriterien für die Bildung von Nachtragspreisen bei einer zweiseitigen Bestellungsänderung ging. Um eine zweiseitige Bestellungsänderung geht es tatbeständlich auch beim eingefügten Nachsatz. Das bisherige Fehlen einer Regel über die zweiseitige Bestellungsänderung (Vorbem. Art. 84 – 91/Rz. 19) ist mit diesem Nachsatz nicht behoben. Zum ersten stellt sich die Frage, was der Unternehmer mit seinem Vorschlag will: Handelt es sich um eine unverbindliche Anregung im Sinne einer Meinungsäusserung oder eines Rates («man könnte» oder «sollte auch») oder um einen verbindlichen Antrag im Sinne von Art. 3 ff. OR? Dies ist eine Auslegungsfrage, bei der im Streitfall auf den «Empfängerhorizont» abzustellen ist (BGE 116 II 695/696f. E. 2b; BGer 4A_437/2007 vom 5. Februar 2008 E. 2.4.1). Ob ein *«Vorschlag» des Unternehmers* zu einer zweiseitigen Bestellungsänderung führt, hängt somit von den konkreten Umständen des Einzelfalls ab. Haben sich die Parteien über die Bestellungsänderung als solche, nicht aber die entsprechende Preisanpassung geeinigt, so kann das Gericht bei gegebenen Behauptungen diese Lücke nach dem «hypothetischen Parteiwillen» (Gauch/Schluep/Schmid, OR AT, Rz. 1256ff.) füllen, was vermutlich mangels entsprechender Behauptung im zitierten Bundesgerichtsentscheid nicht geprüft wurde. Danach wäre es naheliegend, Art. 85 – 91 sinngemäss anzuwenden. Zur Haftung des Unternehmers für selbst vorgeschlagene konstruktive Ausführungsarbeiten siehe Art. 167.

Anmerkung 15

15.1 Die Bestimmung besagt zunächst, dass das Bestellungsänderungsrecht auch in einem nachträglichen Verzicht auf vereinbarte Leistungen bestehen kann. Dieser Verzicht kann sich auf einzelne Arbeitsleistungen (womit ein Teilrücktritt vorliegt) oder auf das gesamte Bauwerk (womit ein «Vollrücktritt» vorliegt) beziehen. Die Konsequenzen sind allerdings unterschiedlich:

15.2 Verzichtet der Bauherr auf einzelne Leistungen (Art. 84/Rz. 4) und tangieren diese nicht den Gesamtcharakter des zur Ausführung übernommenen Werks (Art. 84/Rz. 9), so ist er zum Verzicht «berechtigt» und schuldet dem Unternehmer keine Schadloshaltung. Dies ergibt sich aus dem Verweis in Art. 84 Abs. 3 auf Abs. 1 desselben Artikels. Siehe dazu aber Art. 84/Rz. 15.4.

15.3 Verzichtet der Bauherr nach Vertragsabschluss bis zur Vollendung des Werks ganz auf die Ausführung desselben (wie in Art. 84 Abs. 3 gesagt wird – ohne dass auf Art. 184 Abs. 1 verwiesen würde), so schuldet der Bauherr dem Unternehmer volle Schadloshaltung. Will er dem entgehen, so muss er den Vertrag unter einer aufschiebenden oder auflösenden Bedingung abschliessen (z.B. dass der beabsichtigte Landkauf zustande kommt oder die Baubewilligung innert einer bestimmten Frist in Rechtskraft erwächst) oder eine Schadloshaltung ausdrücklich wegbedingen. Dies ist aber entweder in der Ausschreibung bekannt zu geben oder im Verlaufe der Vertragsverhandlungen mit dem Unternehmer zu vereinbaren.

Volle Schadloshaltung schuldet der Bauherr bei einem Leistungsverzicht, wenn er die Arbeit selbst ausführt oder durch Dritte ausführen lässt (Art. 84 Abs. 1; Art. 84/Rz. 12.1 f.). Vgl. auch Art. 84 Abs. 5 sowie Art. 84/Rz. 21. 15.4

Anmerkung 16

Er schuldet dem Unternehmer den Ersatz des *Erfüllungsinteresses*, namentlich des entgangenen Gewinns, nicht aber des weiteren Schadens (Art. 184/Rz. 4.1; GWerkV Rz. 547 und 550). So verhält es sich auch, wenn der Schaden gemäss Art. 184 Abs. 2 nach der sogenannten Abzugsmethode berechnet wird. Denn diese «gibt dem Unternehmer in Wirklichkeit keinen Schadenersatzanspruch (auch nicht für den weggefallenen Teil der Arbeit), sondern belässt ihm den durch die Abzüge reduzierten Anspruch auf die Vergütung für das ganze Werk» (GWerkV Rz. 552). Zum Teilrücktritt vgl. Art. 184/Rz. 6.1 ff. und GWerkV Rz. 791 ff. Dass Art. 84 Abs. 3 lediglich auf Art. 377 OR verweist, ohne Art. 184 zu erwähnen, ändert nichts daran, dass auf diese Bestimmung der Norm abzustellen ist. Verzichtet der Bauherr auf eine nicht gemäss Art. 11 in der Ausschreibung vorbehaltene Arbeit, so hat der Unternehmer den Verzicht des Bauherrn und den ihm daraus entstandenen Schaden nachzuweisen. Siehe dazu auch GWerkV Rz. 581. 16

Anmerkung 17

Zum Begriff des Gesamtpreisvertrags vgl. Art. 42 Abs. 2 sowie Art. 42/Rz. 5 f. 17

Anmerkung 18

Dieser Satz enthält keine Einschränkung des Bestellungsänderungsrechts (GWerkV Rz. 795). Auch bei einer Leistung zu einem Global- oder Pauschalpreis kann eine Bestellungsänderung einen Mehr- oder Minderaufwand beinhalten, der eine Anpassung der Vergütung und der vertraglichen Fristen nach sich ziehen kann (GWerkV Rz. 905 ff.). Dem Ratschlag der Norm liegt die Erfahrung zugrunde, dass es oftmals strittig wird, welche Leistungen mit dem Global- oder Pauschalpreis abgegolten werden, ob überhaupt eine Bestellungsänderung vorliegt und wie der Nachtragspreis zu bilden ist (Vorbem. Art. 84–91/Rz. 108 f.). 18

Anmerkung 19

Vgl. Art. 12. 19

Anmerkung 20

Vgl. Art. 84/Rz. 6.1 ff. 20

Anmerkung 21

21 Die Vergabe an einen Dritten (Art. 11) bzw. eine Eigenleistung (Art. 11/Rz. 6), die der Bauherr sich vorbehalten hat, beinhaltet gegenüber dem Unternehmer materiell eine Änderung der Bestellung. Trotzdem handelt es sich nicht um eine Bestellungsänderung im Sinne der Norm. Aus dem systematischen Zusammenhang ergibt sich nämlich, dass der Bauherr bei einer vorbehaltenen Vergabe an einen Dritten bzw. Eigenleistung von einer Schadloshaltung des Unternehmers befreit ist (GWerkV Rz. 809).

3 2 Pflichten des Bauherrn

Art. 85

1 Bestellungsänderungen werden dem Unternehmer so frühzeitig bekanntgegeben, dass sie die Vorbereitung und Ausführung der Arbeiten nicht beeinträchtigen.[1]

2 Die Bauleitung liefert dem Unternehmer Ausführungsunterlagen[2], soweit solche durch die Bestellungsänderung nötig werden.

3 Arbeiten[3], Materialbestellungen[4] und sonstige Aufwendungen[5], die vor Bekanntgabe der Bestellungsänderung vorgenommen und wegen der Änderung nutzlos werden, sind dem Unternehmer zu entschädigen[6]; die nutzlos gewordenen Arbeiten werden nach Werkvertrag vergütet.[7,8]

Art. 85 (1977/91)

1 Bestellungsänderungen werden dem Unternehmer so frühzeitig bekanntgegeben, dass sie die Vorbereitung und Ausführung der Arbeiten nicht beeinträchtigen.

2 Die Bauleitung liefert dem Unternehmer Ausführungsunterlagen, soweit solche durch die Bestellungsänderung nötig werden.

3 Arbeiten, Materialbestellungen und sonstige Aufwendungen, die vor Bekanntgabe der Bestellungsänderung vorgenommen und wegen der Änderung nutzlos werden, sind dem Unternehmer zu entschädigen; die nutzlos gewordenen Arbeiten werden nach Werkvertrag vergütet.

Anmerkung 1

1.1 Erfolgen die Bestellungsänderungen gemessen am «Fortschritt der Arbeiten» (Art. 94 Abs. 1) *verspätet*, sodass sie die Vorbereitung und Ausführung der Arbeiten erschweren, so ist der sich deswegen für den Unternehmer ergebende Mehraufwand bei der Bildung der Nachtragspreise (Vorbem. Art. 84–91/Rz. 73 ff.) sowie bei der Anpassung der Fristen (Art. 90), der Grundstücke und der Rechte (Art. 91) entsprechend zu berücksichtigen (a.M. – ohne Begründung – Spiess/Huser, Handkommentar, N 9 zu Art. 85).

1.2 Erfolgt die Bestellungsänderung, nachdem die Baustelleneinrichtungen demontiert und abtransportiert sind, und hat die Bauleitung die Entfernung der Gerüste bewilligt

(Art. 128 Abs. 3), so hat der Bauherr dem Unternehmer den Aufwand für eine allfällige neue Beistellung vollumfänglich zu vergüten.

Anmerkung 2

Die Ausführungsunterlagen in Worten und/oder Plänen hängen von der Art und dem Umfang der Bestellungsänderung ab. Sie sollen so sein, dass sich der Unternehmer über Art, Umfang (Mengen) und Besonderheit der Bauarbeiten (Art. 6 Abs. 2) ein klares Bild machen kann (vgl. Art. 94 und Art. 99 f.). Allenfalls kann dies auch die Abgabe eines separaten Leistungsverzeichnisses erforderlich machen. Aufgrund der Aufgabenteilung der SIA-Norm 118 (vgl. Art. 7 Abs. 2 Ziff. 3; Vorbem. Art. 3 – 22/Rz. 18) kann eine Bauleitung vom Unternehmer nicht verlangen, dass er ein Leistungsverzeichnis für die von ihr bestellte Änderung ausarbeitet, ausser es sei so vereinbart. 2

Anmerkung 3

Gemeint sind vom Unternehmer geschuldete und im Zeitpunkt der Bestellungsänderung *ausgeführte Arbeiten,* die zufolge der Bestellungsänderung nutzlos werden. Beispiele: Eine gemauerte Zwischenwand muss wieder abgebrochen werden; eine Aussparung in einer Betondecke wird unnötig und deshalb wieder geschlossen; ein geöffneter Leitungsgraben wird wieder geschlossen, ohne dass er dienlich war; eine in der Zimmerei des Unternehmers erstellte Schalung wird nicht gebraucht. 3.1

Nicht unter Art. 85 Abs. 3 fallen Arbeiten, die vom Unternehmer im Zeitpunkt der Bestellungsänderung zwar geschuldet, aber noch nicht ausgeführt sind und deren Ausführung zufolge der Bestellungsänderung dahinfällt (Art. 85/Rz. 6.5). 3.2

Anmerkung 4

Darunter sind (vertraglich bindende) *Materialbestellungen* zu verstehen, die vom Unternehmer im Hinblick und im Vertrauen auf die vereinbarte Werkausführung getätigt wurden, zufolge der Bestellungsänderung aber nutzlos werden, weil das bestellte Material (Art. 10 Abs. 1) für die Herstellung des Werks nicht mehr gebraucht wird. 4.1

Gleichgültig ist, ob es sich beim Vertrag, den der Unternehmer mit dem Materiallieferanten abgeschlossen hat, um einen Kauf- oder um einen Werkvertrag handelt, und ob das bestellte Material im Zeitpunkt der Bestellungsänderung bereits angeliefert ist oder nicht. Keine Materialbestellungen sind dagegen irgendwelche Verträge mit Subunternehmern (Art. 29; Art. 85/Rz. 6.6). 4.2

Anmerkung 5

Darunter sind alle *weiteren Aufwendungen* des Unternehmers zu verstehen, die vom Unternehmer im Hinblick und im Vertrauen auf die vereinbarte Werkausführung getätigt wurden, zufolge der Bestellungsänderung aber nutzlos werden. Beispiele: Nutzlose Arbeitsvorbereitungen, Ausführungsplanungen des Unternehmers (Art. 101), Bauprogramme; ein Hydraulik-Bagger, der für einen Grabenaushub auf die Baustelle gebracht wurde, wird wegen der Bestellungsänderung nicht mehr gebraucht und muss unbenutzt wieder zurückgebracht werden. 5

Anmerkung 6

6.1 Arbeiten, Materialbestellungen und sonstige Aufwendungen, die wegen der Bestellungsänderung nutzlos geworden sind, müssen dem Unternehmer *«entschädigt»* werden. Selbstverständlich hat der Bauherr die bis zur Bestellungsänderung ausgeführten Arbeiten, bestellte Materialien und sonstige Aufwendungen, die bis dahin nötig und nützlich waren, zu vergüten. Im Einzelnen ist festzuhalten:

6.2 a) Nutzlos gewordene «Arbeiten» werden nach Werkvertrag vergütet, was Art. 85 Abs. 3 im letzten Halbsatz ausdrücklich sagt (Art. 85/Rz. 7 f.).

6.3 b) Für «Materialbestellungen und sonstige Aufwendungen», die für die Werkausführung nutzlos geworden sind, hat der Unternehmer Anspruch auf Ersatz der nachgewiesenen tatsächlichen Aufwendungen, jedoch ohne Zuschlag für Risiko und Verdienst. Indes ist zu beachten:

6.4 Der Unternehmer muss sich anrechnen lassen, was er durch anderweitige Verwendung des Materials erwirbt oder treuwidrig zu erwerben unterlassen hat. Insbesondere obliegt es dem Unternehmer, «im Rahmen des Zumutbaren für eine bestmögliche Verwertung oder Veräusserung» des Materials, allenfalls für die Rücknahme durch den Lieferanten zu sorgen (GWerkV Rz. 549 und 555 f.). Für eine Einbusse auf dem Anschaffungspreis kann er nur insoweit eine Entschädigung verlangen, als sie trotz zumutbarer Vorkehren unvermeidbar war und der Bauherr sich geweigert hat, das innerhalb nützlicher Frist angebotene Material zum vollen Anschaffungspreis zu übernehmen (GWerkV Rz. 556). Zur Beweislast GWerkV Rz. 549, Fn. 323.

6.5 c) Zum Fall, dass mit der Bestellungsänderung ein *Verzicht auf bereits vereinbarte Leistungen* verbunden ist (Teilrücktritt), siehe Art. 84 Abs. 1 und 3 sowie Art. 84/Rz. 15.2.

6.6 Hat der Unternehmer die Ausführungen der Arbeiten einem *Subunternehmer* übertragen (Art. 29) und hat die Bestellungsänderung zur Folge, dass dadurch dessen Leistung reduziert wird oder gar dahinfällt, so kann der Hauptunternehmer den allenfalls dem Subunternehmer bezahlten Schadenersatz gegenüber dem Bauherrn nicht geltend machen (so aber Spiess/Huser, Handkommentar, N 18 zu Art. 85). Denn die Übertragung einer Arbeit an einen Subunternehmer liegt grundsätzlich im freien Ermessen und damit im Risikobereich des Hauptunternehmers. Für allfällige mit dem Beizug eines Subunternehmers verbundene Nachteile hat der Bauherr nicht aufzukommen. Anders ist es nur, wenn der Bauherr vom Unternehmer den Beizug eines Subunternehmers nach Art. 29 Abs. 5 verlangt hat und der Bauherr gegenüber dem Hauptunternehmer zum Leistungsverzicht gemäss Art. 84 Abs. 3 nicht berechtigt war. In diesem Fall kann der Hauptunternehmer den dem Subunternehmer bezahlten Schadenersatz nebst dem selbst erlittenen Schaden geltend machen.

6.7 Bei einem unberechtigten Leistungsverzicht kann der Hauptunternehmer den Ersatz der tatsächlichen Aufwendungen nur in dem Umfange, der entstanden wäre, wenn der Hauptunternehmer die Arbeit nicht einem Subunternehmer übertragen hätte, geltend machen. Denn bei einem sorgfältigen Vorgehen der Beteiligten, das vorausgesetzt werden kann, ist davon auszugehen, dass der Aufwand, der nutzlos geworden ist, nur einmal angefallen ist.

Anmerkung 7

Das heisst: Die Vergütung erfolgt nach den Preisen des Werkvertrags, also einschliesslich Risiko und Gewinn. Zum Zeitpunkt der Geltendmachung vgl. Art. 85/Rz. 8.1 f. 7

Anmerkung 8

Art. 85 Abs. 3 enthält keine Aufforderung an den Unternehmer, seine Ansprüche auf Entschädigung so rechtzeitig geltend zu machen, dass der Bauherr (oder die Bauleitung) die von ihm als nutzlos betrachteten Aufwendungen überprüfen kann (vgl. auch Vorbem. Art. 84–91/Rz. 32). 8.1

Eine unverzügliche Anzeige der Entschädigungsansprüche liegt jedoch im Interesse des Unternehmers, da so sein Anspruch unter Umständen rascher befriedigt wird. Ausserdem kann nach den konkreten Umständen des Einzelfalls sein nach Vertrauensprinzip ausgelegtes «Schweigen» als Verzichtserklärung aufgefasst werden. In jedem Fall sind die Art. 153 Abs. 3 und Art. 156 zu beachten. 8.2

3 3 Auswirkungen der Bestellungsänderung bei Leistungen zu Einheitspreisen

3 31 Veränderte Mengen

Art. 86

[1] Wird durch eine oder mehrere Bestellungsänderungen [1] die zu einem Einheitspreis gehörende Menge gegenüber der im Leistungsverzeichnis vorgesehenen Menge verändert [2] und beträgt die Abweichung nicht mehr als 20 % [3], so bleibt der vereinbarte Einheitspreis für die gesamte Menge massgebend.

[2] Übersteigt die endgültige Gesamtmenge 120 % der vorgesehenen Menge oder unterschreitet sie 80 %, so wird auf Verlangen einer Vertragspartei für den 120 % übersteigenden Teil [4] bzw. für die ganze 80 % nicht erreichende [5] Menge ein neuer Einheitspreis auf der Basis der ursprünglichen Kostengrundlage (Art. 62 Abs. 2) [6] vereinbart [7]; dieser Preis wird als Nachtragspreis dem Leistungsverzeichnis angefügt. [8]

[3] Der Werkvertrag [9] kann eine andere Toleranzgrenze als 20 % festlegen [10], insbesondere dann, wenn das Leistungsverzeichnis für Baustelleneinrichtungen separate Positionen vorsieht (Art. 9) [11]. Auch kann der Werkvertrag festlegen, dass nicht die Veränderung einer einzelnen Menge, sondern einer bestimmten Gruppe gleichartiger Mengen massgebend sei. [12]

[4] Sind einzelne Mengen zur Zeit der Ausschreibung aus bautechnischen Gründen noch nicht bestimmbar[13], so sind die Abs. 1–3 nicht anwendbar; der vereinbarte Einheitspreis gilt ohne Rücksicht auf die ausgeführte Menge[14]. Die entsprechenden Positionen des Leistungsverzeichnisses werden in den Ausschreibungsunterlagen als solche bezeichnet.[15]

[5] Ergeben sich bei der Ausführung der vereinbarten Leistungen gegenüber den Mengenangaben im Leistungsverzeichnis Mehr- oder Mindermengen, ohne dass eine Bestellungsänderung vorliegt[16], so gelten die Bestimmungen der Art. 86–89[17] sinngemäss.

Art. 86 (1977/91)

[1] Wird durch eine oder mehrere Bestellungsänderungen die zu einem Einheitspreis gehörende Menge gegenüber der im Leistungsverzeichnis vorgesehenen Menge verändert und beträgt die Abweichung nicht mehr als 20%, so bleibt der vereinbarte Einheitspreis für die gesamte Menge massgebend.

[2] Übersteigt die endgültige Gesamtmenge 120% der vorgesehenen Menge oder unterschreitet sie 80%, so wird auf Verlangen eines Vertragspartners für den 120% übersteigenden Teil bzw. für die ganze 80% nicht erreichende Menge ein neuer Einheitspreis auf der Basis der ursprünglichen Kostengrundlage (Art. 62 Abs. 2) vereinbart; dieser Preis wird als Nachtragspreis dem Leistungsverzeichnis angefügt.

[3] Der Werkvertrag kann eine andere Toleranzgrenze als 20% festlegen, insbesondere dann, wenn das Leistungsverzeichnis für Baustelleneinrichtungen besondere Positionen vorsieht (Art. 9). Auch kann der Werkvertrag festlegen, dass nicht die Veränderung einer einzelnen Menge, sondern einer bestimmten Gruppe gleichartiger Mengen massgebend sei.

[4] Sind einzelne Mengen zur Zeit der Ausschreibung aus bautechnischen Gründen noch nicht bestimmbar, so sind die Abs. 1–3 nicht anwendbar; der vereinbarte Einheitspreis gilt ohne Rücksicht auf die ausgeführte Menge. Die entsprechenden Positionen des Leistungsverzeichnisses werden in den Ausschreibungsunterlagen als solche bezeichnet.

Anmerkung 1

1 Die zu einem Einheitspreis gehörende Menge kann *durch eine oder mehrere Bestellungsänderungen* verändert werden (Art. 86 Abs. 3). Die tatsächlich ausgeführte Menge wird im Allgemeinen (und gerade bei mehreren Bestellungsänderungen) erst bekannt, wenn die betreffende Einheitspreis-Leistung abgeschlossen ist und die Mengen ausgemessen sind bzw. bei der Mengenbestimmung nach dem plangemässen theoretischen Ausmass die definitiven Ausführungspläne vorliegen.

Anmerkung 2

2 Die «*Veränderung*» besteht darin, dass die tatsächlich ausgeführte Menge (Art. 141 ff.) nicht mit den im Leistungsverzeichnis angegebenen «voraussichtlichen Mengen» (Art. 8 Abs. 2) übereinstimmt. Ist eine noch nicht begonnene Leistung überhaupt nicht auszuführen, sodass auch keine Mengen anfallen, bleibt Art. 86 aus dem Spiel (vgl. aber Art. 84 Abs. 3 und 5 sowie Art. 85). Ist die Leistung «auf andere Art als vereinbart» (Art. 84 Abs. 1) oder «unter veränderten Ausführungsvoraussetzungen» (Art. 87 Abs. 1) zu er-

bringen, kommt Art. 87 zur Anwendung, der Art. 86 verdrängt, was bedeutet, dass die Mengentoleranzen für die Nachtragspreisbildung nicht zu beachten sind (GWerkV Rz. 802 und 797 ff.).

Anmerkung 3

Die Norm spricht in Art. 86 Abs. 3 von einer «*Toleranzgrenze*». Dieser Begriff kann missverstanden werden. Er will besagen, dass Bauherr und Unternehmer den vereinbarten Preis bei Mengenabweichungen zufolge Bestellungsänderung im Umfange von ± 20 % zu «tolerieren» bzw. zu ertragen haben. Keinesfalls räumt die Bestimmung den Planern einen Spielraum für Mengenangaben im Leistungsverzeichnis ein (Art. 8/Rz. 12.5). Stöckli, Was ist mit der Vergütung los, S. 11, Fn. 46 und S. 19, spricht von einer «Unschärfegrenze». Zur Geschichte und Bedeutung der Toleranzgrenze sowie zur Regelung der deutschen VOB/B, die eine 10 %-Klausel für «schlichte Mengenabweichungen» (Art. 86/Rz. 16.1 ff.), jedoch für Bestellungsänderungen gar keine Mengen-Toleranzgrenze vorsieht, vgl. GWerkV Rz. 798, 801 und 804. Zur Toleranzgrenze in Österreich siehe Stöckli, Was ist mit der Vergütung los, S. 11, Fn. 46. 3.1

Ein vorsichtiger Unternehmer wird das Risiko der Mehr- oder Mindermengen in seiner Kalkulation berücksichtigen, insbesondere für den Fall von schlichten Mengenänderungen (Art. 86 Abs. 5; Stöckli, Was ist mit der Vergütung los, S. 19, Fn. 80 und S. 21). 3.2

Anmerkung 4

Ein neuer Einheitspreis kann für den *120 % übersteigenden Teil* verlangt werden. Das mengenbezogene «Risiko» des Vertragspreises (ob zulasten des Bauherrn oder des Unternehmers) bleibt bei Mehrmengen bis zu 20 % unverändert. Wird die Toleranzgrenze von 20 % jedoch überschritten, so hat dies unter Umständen zur Folge, dass für ein und dieselbe Position des Leistungsverzeichnisses nach zwei Preisen vergütet wird (Art. 86/Rz. 5). 4.1

Ob der Preis bei Mehrmengen zu *erhöhen* oder *herabzusetzen* ist, hängt von den Umständen des konkreten Falls ab. Auf das wichtigste Kriterium weist Art. 86 Abs. 3 (Art. 86/Rz. 11) hin. Es besteht darin, ob für die zugehörigen *Baustelleneinrichtungen* (Art. 123) separate Positionen (Art. 9) vorgesehen sind (Art. 43 Abs. 1) oder nicht. 4.2

Soweit separate Positionen für Baustelleneinrichtungen (Art. 9) *fehlen*, wird die Höhe des Einheitspreises davon beeinflusst, auf welche Mengen von Einheitspreisen die Kosten von Baustelleneinrichtungen in welcher Art verteilt sind. Dies ist aus der Preisanalyse ersichtlich. Zur Preisanalyse vgl. Art. 18/Rz. 5.1 ff. und Vorbem. Art. 84 – 91/Rz. 78. Wurden beispielsweise für Baustelleneinrichtungen keine separaten Positionen ausgesetzt, so ist der Unternehmer gezwungen, die entsprechenden Kosten in die Einheitspreise einzurechnen. Ergibt sich beim Ausmessen, dass der Unternehmer weit weniger Mengen ausführen konnte, so fehlen ihm die Deckungsbeiträge für die Baustelleneinrichtungen. Auch bei den Baustellengemeinkosten (Kosten, die von der konkreten Baustelle abhängen und nicht einer Leistungsposition direkt zugeordnet werden können wie Aufwendungen für Aufsicht und Führung) sowie bei den zeitabhängigen Kosten (die durch die 4.3

Dauer des Einsatzes verursacht werden) kann sich dieselbe Problematik ergeben, wenn sie in die Einheitspreise einkalkuliert werden und als Folge von Bestellungsänderungen die Einsatzdauer verlängert oder verkürzt wird, was einen Mehr- oder Minderaufwand zur Folge hat (Bucher Jörg/Henninger, Kalkulation und Teuerungsabrechnung, S. 184; SBV, Vorkalkulation, Ziff. 22.3). Siehe dazu auch Art. 86/Rz. 10.1 f.

Anmerkung 5

5 Werden die im Leistungsverzeichnis angegebenen Mengen infolge einer Bestellungsänderung (Art. 84 Abs. 1) um mehr als 20% *unterschritten*, so ist – anders als bei der Mengenüberschreitung – für die *ganze* tatsächlich zur Ausführung gelangende Menge ein «neuer Einheitspreis» zu vereinbaren. Hingegen hat der Unternehmer keinen Anspruch auf Ersatz des entgangenen Gewinns, weil die (speziellen) Vergütungsregeln dem Schadenersatzanspruch von Art. 84 Abs. 3 vorgehen. Indes hat er Anspruch auf den ganzen Mehraufwand, den die Bestellungsänderung für ihn zur Folge hat (GWerkV Rz. 785). Im Fall einer Mengenunterschreitung wird die Preisanpassung in der Regel zu einer Erhöhung des Einheitspreises führen. Das trifft dann zu, wenn die (mengenunabhängigen) Kosten der Baustelleneinrichtungen Bestandteil des Einheitspreises sind und infolge der Bestellungsänderung auf die reduzierten Mengeneinheiten umgelagert werden. Hierüber und zu weiteren Gesichtspunkten vgl. Art. 86/Rz. 4.3 und Vorbem. 84–91/Rz. 81 und 102ff.

Anmerkung 6

6.1 Vgl. dazu Vorbem. Art. 84–91/Rz. 85ff.

6.2 Wie der Nachtragspreis im Einzelnen zu bilden ist, wird in Art. 86 Abs. 2 nicht gesagt, ergibt sich aber aus dem der SIA-Norm 118 zugrunde liegenden Prinzip der Preisfortschreibung (siehe dazu Vorbem. Art. 84–91/Rz. 2 mit weiteren Verweisungen).

Anmerkung 7

7 Siehe Vorbem. Art. 84–91/Rz. 22ff.

Anmerkung 8

8 Der neue Einheitspreis wird als «Nachtragspreis» bezeichnet, und zwar auch dann, wenn bei Mindermengen ein neuer Einheitspreis für die ganze Menge gebildet und so der ursprüngliche Einheitspreis verdrängt wird. Im Übrigen aber enthält die Bestimmung eine *blosse Ordnungsvorschrift*, deren Einhaltung nicht erforderlich ist, damit eine über den Nachtragspreis getroffene Vereinbarung Gültigkeit erlangt.

Anmerkung 9

9 Mit «*Werkvertrag*» ist eine Abrede ausserhalb der SIA-Norm 118 gemeint. Damit eine solche Abrede der SIA-Norm 118 vorgeht und somit wirksam ist, muss sie individuell oder in einem ranghöheren Vertragsbestandteil (Art. 21) vereinbart sein (Einl./Rz. 26). Darauf ist deshalb hinzuweisen, weil sich vorformulierte Abweichungen von Art. 86 Abs. 2 bisweilen auch in SIA-Normen finden, die der SIA-Norm 118 nach der in Art. 21 vor-

gezeichneten Rangordnung *nachgehen* (vgl. z.B. Ziff. 8.6.3.1 SIA-Norm 118/198 [Allgemeine Bedingungen für Untertagbau]).

Anmerkung 10

10.1 In der Praxis wird die Toleranzgrenze von 20% insbesondere *von den öffentlichen Bauherren häufig wegbedungen* (Beyeler, Umgelagert, gemischt und offeriert, S. 156; so auch SBV, Vorkalkulation, Ziff. 22.3). Dies kann den Unternehmer in erheblicher Weise belasten. Werden die Toleranzgrenzen überschritten, so erwachsen dem Unternehmer entsprechend höhere direkte Kosten für Löhne, Material, Inventar und Fremdleistung. Werden die Toleranzgrenzen unterschritten, so entgeht ihm die Vergütung der indirekten Kosten (Vorbem. Art. 84–91/Rz. 55). Letzteres ist auch der Fall, wenn der Unternehmer Leistungen oder Leistungsteile von Einheitspreisen auf andere Einheitspreise oder Baustelleneinrichtungen auf Einheitspreise umlagert. Dies kann insbesondere dann zu einer übermässigen Belastung führen, wenn das Leistungsverzeichnis keine separaten Positionen für Baustelleneinrichtungen enthält (GWerkV Rz. 802 und 1105; Art. 86/Rz. 4.3 und 11). Doch ist es auch dem Bauherrn verwehrt, eine Anpassung des Einheitspreises zu verlangen und so an allfälligen Einsparungen des Unternehmers zu partizipieren. Zur spekulativen Umlagerung siehe Vorbem. Art. 84–91/Rz. 98 f.

10.2 Hat der Unternehmer einen (zu) hohen Preis offeriert, so hat dies zur Folge, dass der Bauherr bei einer Mengenüberschreitung keine Anpassung des Preises zu seinen Gunsten verlangen kann (Vorbem. Art. 84–91/Rz. 99).

Anmerkung 11

11 Aus diesem Hinweis wird deutlich, welche Bedeutung dem Umstand zukommt, dass Baustelleneinrichtungen *nicht* in den Einheitspreisen eingerechnet sind, sondern separat vergütet werden. Wird in einem solchen Fall die zu einem Preis gehörende Menge nachträglich geändert, so wird davon die ursprüngliche Preiskalkulation in viel geringerem Masse tangiert.

Anmerkung 12

12 Bei Leistungen gleicher Art (z.B. Einbringen von Armierungsstahl mit unterschiedlichen Durchmessern, von Beton unterschiedlicher Sorten [hier als Gruppen bezeichnet]), bei denen für die einzelnen Teilleistungen separate Positionen ausgesetzt und Preise vereinbart werden, können die Parteien übereinkommen, dass die einzelnen Preise nur dann angepasst werden, wenn die Gesamtmenge einer Gruppe (Armierungsstahl, Betonsorten) ±20% übersteigt bzw. unterschreitet. Das macht dann Sinn, wenn aus bautechnischen Gründen die Mengen der zu einer Gruppe gehörenden Teilleistungen noch nicht bestimmbar (Art. 86 Abs. 4), die Gesamtmenge aber bestimmbar ist.

Anmerkung 13

13 Zum Beispiel weil die Planung noch nicht so weit fortgeschritten ist (Art. 5/Rz. 2.1; Art. 8/Rz. 12.2) oder wie im Tunnelbau die Sicherungs- und Bauhilfsmassnahmen im Voraus gar nicht prognostiziert werden können.

Anmerkung 14

14 Das heisst, dass der vereinbarte Einheitspreis bestehen bleibt und keiner Anpassung unterliegt, wie sie bei Unter- oder Überschreitung der Toleranzgrenze von ± 20 % allenfalls vorzunehmen wäre.

Anmerkung 15

15 Solche Positionen werden in der Praxis selten ausdrücklich bezeichnet. Werden die entsprechenden Positionen des Leistungsverzeichnisses in der Ausschreibung nicht als solche bezeichnet und ergibt sich die Unbestimmbarkeit der Menge nicht schon aus dem Inhalt der beschriebenen Leistung (wie z.B. bei Arbeiten oder Sicherungsmassnahmen im Untertagbau) oder aus dem Umstand, dass eine Position keine Mengenangabe enthält, so ist bei einer Über- oder Unterschreitung der Toleranzgrenze der Einheitspreis anzupassen.

Anmerkung 16

16.1 Stellt sich heraus, dass der Unternehmer bei der Ausführung der vertraglichen (unveränderten) Leistung mehr oder weniger Mengen als im Leistungsverzeichnis angegeben zu erbringen hat, so spricht man gemeinhin von *«schlichten Mengenabweichungen»* (GWERKV Rz. 803). In diesem Falle liegt keine Bestellungsänderung vor, weil die Mengenangaben im Leistungsverzeichnis (Art. 8 Abs. 2) den Umfang der Leistung nicht verbindlich festlegen und die Mengenabweichung gar keine Änderung des Vertragsinhalts darstellt (GWERKV Rz. 803). Bis anhin regelte Art. 86 nur die Mengenabweichung zufolge einer Bestellungsänderung. Die aSIA-118 hat den Fall der schlichten Mengenabweichung nicht geregelt (GWERKV Rz. 804; vgl. auch EGLI, Kommentar SIA-118 [Voraufl.], Art. 86/Anm. 9). Aus diesem Grunde hat man in der Revision 2013 mit dem neu beigefügten Abs. 5 diese Lücke, die auf ein Versehen der Verfasser der aSIA-118 zurückzuführen ist, geschlossen. Indes hat die Bestimmung mit dem Titel «Auswirkungen der Bestellungsänderung bei Leistungen zu Einheitspreisen» nichts zu tun. Zu weiteren gewichtigen Einwänden gegenüber der neuen Regel siehe STÖCKLI, Was ist mit der Vergütung los, S. 21 f.

16.2 Beruht die Mengenabweichung auf unrichtigen Mengenangaben im Leistungsverzeichnis und sind sie auf Absicht oder Fahrlässigkeit des Bauherrn zurückzuführen (Art. 6/Rz. 10.11; Art. 58/Rz. 8.4 f.) oder trifft den Bauherrn eine Hilfspersonenhaftung (Art. 101 OR) und erleidet der Unternehmer über die entsprechende Preisanpassung hinaus einen Schaden, so hat der Bauherr ihm diesen zu ersetzen (siehe auch STÖCKLI, Was ist mit der Vergütung los, S. 21 f.).

16.3 Die neue Bestimmung sagt aber nicht, was zu gelten hat, wenn die Mengenangabe ausnahmsweise vom Unternehmer stammt. Bei einer zweckgerichteten Auslegung hat der Unternehmer die Folgen daraus selber zu tragen, da es nicht gerechtfertigt wäre, wenn er aus seinen unrichtigen Angaben einen Vorteil ziehen könnte. Nach STÖCKLI, Was ist mit der Vergütung los, S. 22, ist die Frage offen.

Anmerkung 17

Es fehlt der Verweis auf die wichtigen Art. 90 f. über die sich durch die Mengenabweichungen allenfalls ergebenden Anpassungen der Fristen, Grundstücke und Rechte. Dies ist vermutlich auf ein Versehen zurückzuführen. Denn wenn schlichte Mengenabweichungen von ± 20 % zur Anpassung der Vergütung für die erbrachten Leistungen gemäss Art. 86 Abs. 2 führen und eine Anpassung der Baustelleneinrichtungen zur Folge haben, so entspricht es dem Sinn und Zweck der Norm, dass der Unternehmer (Art. 90/Rz. 5.1 f.) auch Anspruch auf neue Fristen hat, wenn schlichte Mehrmengen eine längere Arbeitszeit zur Folge haben. Haben Mindermengen eine Reduktion der Vorhaltezeiten für die Baustelleneinrichtung zur Folge, so hat der Bauherr gegebenenfalls einen entsprechenden Anspruch auf Anpassung des Umfangs der Grundstücke und Rechte. 17.1

Unrichtig ist indes der Verweis auf Art. 89 betreffend Anpassung der Vergütung bei Leistungen zu Global- und Pauschalpreisen. Denn bei diesen Arten der Vergütung spielen die Mengen keine Rolle (vgl. Art. 40 f.). 17.2

3 32 Fehlen von Einheitspreisen; veränderte Ausführungsvoraussetzungen

Art. 87

[1] Erfordert die Bestellungsänderung [1] eine Leistung, für die das Leistungsverzeichnis keinen Einheitspreis mit zutreffender Beschreibung enthält, oder erfordert sie die Ausführung einer umschriebenen Leistung unter veränderten Ausführungsvoraussetzungen [2], so wird die Leistung wenn immer möglich [3] vor Inangriffnahme der Arbeit [4] umschrieben [5] und der dazugehörige neue Einheitspreis nach Massgabe von Abs. 2 und 3 [6] vereinbart [7]; dieser Preis wird als Nachtragspreis dem Leistungsverzeichnis angefügt [8].

[2] Soweit die Positionen des Leistungsverzeichnisses es gestatten [9], wird der Nachtragspreis auf Grund des Preises für die ähnlichste vertragliche Leistung festgesetzt [10], unter Berücksichtigung des Unterschiedes zwischen ihr und der erforderlichen Leistung [11] und auf der Basis der ursprünglichen Kostengrundlage (Art. 62 Abs. 2) [12].

[3] Ist nach dem Leistungsverzeichnis ein solcher Preisaufbau nicht möglich [13], so wird auf der Basis der ursprünglichen Kostengrundlage (Art. 62 Abs. 2) ein neuer Einheitspreis vereinbart [14] und ebenfalls als Nachtragspreis dem Verzeichnis angefügt [15].

⁴ Kommt keine Vereinbarung zustande [16], so kann die Bauleitung [17] die Arbeit in Regie [18] ausführen lassen oder unter voller Schadloshaltung des Unternehmers [19] an einen Dritten vergeben [20]. Untergeordnete Arbeiten [21] werden immer [22] in Regie ausgeführt [23].

Art. 87 (1977/91)

[1] Erfordert die Bestellungsänderung eine Leistung, für die das Leistungsverzeichnis keinen Einheitspreis mit zutreffender Beschreibung enthält, oder erfordert sie die Ausführung einer umschriebenen Leistung unter veränderten Ausführungsvoraussetzungen, so wird die Leistung wenn immer möglich vor Inangriffnahme der Arbeit umschrieben und der dazugehörige neue Einheitspreis nach Massgabe von Abs. 2 und 3 vereinbart; dieser Preis wird als Nachtragspreis dem Leistungsverzeichnis angefügt.

[2] Soweit die Positionen des Leistungsverzeichnisses es gestatten, wird der Nachtragspreis auf Grund des Preises für die ähnlichste vertragliche Leistung festgesetzt, unter Berücksichtigung des Unterschiedes zwischen ihr und der erforderlichen Leistung und auf der Basis der ursprünglichen Kostengrundlage (Art. 62 Abs. 2).

[3] Ist nach dem Leistungsverzeichnis ein solcher Preisaufbau nicht möglich, so wird auf der Basis der ursprünglichen Kostengrundlage (Art. 62 Abs. 2) ein neuer Einheitspreis vereinbart und ebenfalls als Nachtragspreis dem Verzeichnis angefügt.

[4] Kommt keine Vereinbarung zustande, so kann die Bauleitung die Arbeit in Regie ausführen lassen oder unter voller Schadloshaltung des Unternehmers an einen Dritten vergeben. Untergeordnete Arbeiten werden immer in Regie ausgeführt.

Anmerkung 1

1 Gemeint ist eine Bestellungsänderung im Sinne des Art. 84 Abs. 1.

Anmerkung 2

2.1 Art. 87 Abs. 1 hat nebst Art. 86 *zwei weitere Fälle von* Bestellungsänderungen zum Gegenstand:

2.2 a) Im ersten Fall «erfordert die Bestellungsänderung eine *Leistung, für die das Leistungsverzeichnis keinen Einheitspreis mit zutreffender Beschreibung enthält*». Das trifft dann zu, wenn der Bauherr eine im Vertrag überhaupt nicht vorgesehene Leistung (Art. 84/Rz. 11.1 ff.) ausführen lässt oder verlangt, dass eine bestellte Leistung «auf andere Art als vereinbart» ausgeführt wird.

2.3 Welche Leistungen (mit welchem Inhalt) ursprünglich vereinbart wurden, beurteilt sich nicht nur nach dem Wortlaut einer Positionsbeschreibung, sondern nach dem gesamten Inhalt des Vertrags. Massgebend ist eine Auslegung, die auch die erforderlichen Nebenleistungen gemäss Art. 39 Abs. 2, in einer Position inbegriffene Leistungen (Art. 8/Rz. 5.1) sowie ergänzende Angaben und Bestimmungen in anderen Vertragsbestandteilen (so in den objektbedingten Bestimmungen und Plänen; Art. 7 Abs. 2 Ziff. 2; Art. 8/Rz. 12.1 ff.) berücksichtigt.

2.4 b) Im zweiten Fall erfordert die Bestellungsänderung *«die Ausführung einer umschriebenen Leistung unter veränderten Ausführungsvoraussetzungen»*. Vgl. Art. 84/Rz. 6.5.

Anmerkung 3

«Unmöglich» kann die vorgängige *Umschreibung* der neu bestellten Leistung und *die Vereinbarung* des zugehörigen *Einheitspreises* dann sein, wenn die Parteien keine Zeit dafür finden (oder nehmen), wenn streitig ist, ob überhaupt eine Bestellungsänderung vorliegt, oder wenn sie sich nicht über den Nachtragspreis einigen können. Was die Gründe dafür sind, ist unerheblich. Letztlich besagt die Bestimmung, dass die vorgängige Einigung keine rechtsverbindliche Pflicht darstellt, sondern es sich um einen klugen Ratschlag handelt, dessen Befolgung im Interesse beider Parteien liegt (Vorbem. Art. 84–91/Rz. 22). 3.1

Was die Beschreibung der nachträglich bestellten Leistung anbetrifft, ist allerdings zu bedenken, dass deren exakte Umschreibung je nach Bestellungsänderung eine unabdingbare Voraussetzung sein kann, dass der Unternehmer überhaupt in der Lage ist, sie auszuführen. Zur Aufgabenteilung vgl. Vorbem. Art. 3–22/Rz. 18ff. und Art. 85/Rz. 2. Selbstverständlich kann der Bauherr die nähere Festlegung der auszuführenden Arbeit dem Unternehmer überlassen, hat aber die Folgen zu tragen, wenn das abgelieferte Werk nicht seinen Vorstellungen entspricht. 3.2

Anmerkung 4

Dass die nachträglich bestellte Arbeit und der zugehörige Einheitspreis *vor Inangriffnahme der Arbeit* zu umschreiben sind, stellt, wie unter Art. 87/Rz. 3.1 ausgeführt, eine Empfehlung der Norm, nicht aber eine Rechtspflicht der Parteien dar. Die Gültigkeit der Preisabrede hängt nicht davon ab, dass sie *vor* der Inangriffnahme der Arbeit getroffen wird. Doch hat der Unternehmer ein Recht, die Inangriffnahme der Arbeit so lange zu verweigern, als keine Einigung über den Nachtragspreis gefunden wurde (Art. 37 Abs. 1; vgl. auch Art. 87/Rz. 23). Ausserdem ist zu merken: Konnten sich die Parteien bis zur Schlussabrechnung über die Vergütung einer Bestellungsänderung nicht einigen, so hat der Unternehmer in der Zusammenstellung gemäss Art. 153 Abs. 3 bezüglich der noch ausstehenden Zahlungen schriftlich einen Vorbehalt anzubringen. 4

Anmerkung 5

Vgl. dazu Art. 87/Rz. 3.2. 5

Anmerkung 6

Mit dem Verweis auf die Absätze 2 und 3 sind *die Regeln über die Nachtragspreisbildung* nicht vollständig aufgeführt. Zu beachten sind auch Abs. 1 von Art 87 und Art. 88 Abs. 1. 6.1

Der Nachtragspreis ist primär aus einem im Vertrag enthaltenen Einheitspreis (nachfolgend «Referenzpreis» genannt) herzuleiten. Siehe zu diesem Prinzip der Preisfortschreibung Vorbem. Art. 84–91/Rz. 2 mit weiteren Verweisungen. 6.2

Enthält der Vertrag keinen solchen Preis, so kommen die *Subsidiärregeln* von Art. 87 Abs. 4 zur Anwendung. Siehe dazu Vorbem. Art. 84–91/Rz. 29 und 101. 6.3

Anmerkung 7

7.1 Sind die in Art. 87 Abs. 1 umschriebenen Voraussetzungen erfüllt, so hat jede Partei, die daran interessiert ist, *das Recht auf einen «neuen Einheitspreis»* für die von der Bestellungsänderung betroffene Leistung. Das gilt allerdings nur mit den Einschränkungen, die sich aus Art. 87 Abs. 4 ergeben.

7.2 a) Der «neue Einheitspreis», der hier als Nachtragspreis den bisherigen Preis ersetzt, ist von den Parteien durch *Vereinbarung* festzulegen (Vorbem. Art. 84–91/Rz. 22; Art. 87/ Rz. 17.2), mangels Einigung aber durch das angerufene Gericht zu bestimmen (Vorbem. Art. 84–91/Rz. 111 f.). Zu Vertragsbestimmungen, wonach der Unternehmer eine Mehrvergütung anzukünden hat und/oder der Nachtragspreis vor Ausführung der Bestellungsänderung vom Bauherrn zu genehmigen ist, vgl. Vorbem. Art. 84–91/Rz. 32. Zur Anpassung der Fristen, Grundstücke und Rechte vgl. Art. 90 f.

7.3 b) In der Praxis wird vielfach so verfahren, dass der Unternehmer eine Offerte für einen Nachtragspreis, meistens als «Nachtrags*offerte*» bezeichnet, samt Begründung einreicht, worüber dann die Parteien verhandeln. Zur Beweislast siehe Art. 84/Rz. 13.2 f. Häufig ziehen sich die Verhandlungen über längere Zeit hin, wofür es mannigfache Gründe geben kann.

7.4 c) Ist im Zeitpunkt der Bestellungsänderung ein Teil der Leistung bereits ausgeführt, so kommt Art. 87 nur auf den noch auszuführenden Teil zur Anwendung. Die bereits ausgeführten Leistungen werden nach Vertrag vergütet.

Anmerkung 8

8 Der neue Einheitspreis wird als «*Nachtragspreis*» bezeichnet. Im Übrigen aber enthält die Bestimmung eine *blosse Ordnungsvorschrift* (Art. 86/Rz. 8).

Anmerkung 9

9 Das trifft dann zu, wenn sich im Leistungsverzeichnis (Art. 8) ein Preis mit einer auf die Bestellungsänderung «*zutreffenden Beschreibung*» (Art. 87 Abs. 1) findet. Trifft dies zu, so ist der Nachtragspreis danach zu bilden, was relativ einfach sein sollte. Enthält das Leistungsverzeichnis keinen Preis mit zutreffender Beschreibung, so ist der Nachtragspreis aus der «*ähnlichsten* vertraglichen *Leistung*» herzuleiten.

Anmerkung 10

10 An das Erfordernis der Ähnlichkeit sind jedoch keine strengen Anforderungen zu stellen, will man das Prinzip der Preisfortschreibung nicht verletzen (Vorbem. Art. 84–91/ Rz. 76).

Anmerkung 11

11 Nur auf *diesen Unterschied* kommt es an, wenn für die «erforderliche Leistung» ein Nachtragspreis auf Grund des Referenzpreises hergeleitet wird (Vorbem. Art. 84–91/Rz. 73 ff.).

Anmerkung 12

12 Siehe Vorbem. Art. 84–91/Rz. 85 ff.

Anmerkung 13

Das trifft dann zu, wenn sich im Leistungsverzeichnis kein Preis mit einer auf die Bestellungsänderung «zutreffenden» oder «ähnlichsten» Leistung finden lässt, die (zusammen mit dem zugehörigen Einheitspreis) vergleichend beigezogen werden könnte. 13

Anmerkung 14

Die ursprüngliche Kostengrundlage (Vorbem. Art. 84–91/Rz. 85 ff.) besagt lediglich, dass der Nachtragspreis auf dem Kostenstand, der am Tag der Einreichung des Angebots (Stichtag) bestand, zu bilden ist. Siehe dazu Vorbem. Art. 84–91/Rz. 89. 14.1

Gelingt es den Parteien nicht, innerhalb einer nützlichen Frist zu einer Einigung zu gelangen, so kommt Art. 87 Abs. 4 zur Anwendung. 14.2

Anmerkung 15

Dabei handelt es sich um eine blosse Ordnungsvorschrift (vgl. Art. 86/Rz. 8). 15

Anmerkung 16

Gemeint ist, dass ein Nachtragspreis nicht aus einem Vertragspreis hergeleitet werden kann. Hat die Bestellungsänderung Mehr- oder Mindermengen (Art. 86) zum Gegenstand, so bleibt Art. 87 Abs. 4 aus dem Spiel (GWerkV Rz. 797). 16

Anmerkung 17

Die Bauleitung handelt als Vertreterin des Bauherrn (Art. 33; Einl./Rz. 17 ff.). Indem sie die Arbeit in Regie ausführen lässt oder an einen Dritten vergibt, übt sie *ein Gestaltungsrecht des Bauherrn* aus. Dieses Recht setzt nach dem Wortlaut des Art. 87 Abs. 4 voraus, dass zwischen den Parteien keine Vereinbarung zustande kommt. Das bedarf der Auslegung: 17.1

Sobald der Bauherr seine Bestellung ändert, sind die Parteien zu ernsthaften *Verhandlungen* verpflichtet (Vorbem. Art. 84–91/Rz. 24). Die Verhandlungen sind, wenn immer möglich (Art. 87 Abs. 1), unverzüglich aufzunehmen und weiterzuverfolgen. Die Bauleitung hat ihren Entscheid *rechtzeitig vor Beginn zu treffen* (a.M. Stöckli, Was ist mit der Vergütung los, S. 13; Spiess/Huser, Handkommentar, N 22 zu Art. 87). Die Subsidiärregeln gestatten in Anbetracht der für beide Parteien auf dem Spiel stehenden Interessen kein beliebiges Zuwarten. Der Unternehmer muss nur schon wegen der Rapportpflicht (Art. 47) und im Hinblick auf die Arbeitsvorbereitung wissen, ob er die Bestellungsänderung nach Regie ausführen muss oder die Bauleitung sie einem Dritten vergeben will. Die Bauleitung hat auch zu vermeiden, dass der Bauherr durch ein Zuwarten mit dem Entscheid in Gläubigerverzug (mit allen damit verbundenen Folgen) gerät. Zur Orientierungspflicht der Bauleitung gegenüber dem Bauherrn vgl. Siegenthaler, Die Kosteninformation, Nr. 10.3 ff. und 10.35 ff. Das Gestaltungsrecht fällt dahin, wenn der Bauherr sich nicht um eine Verständigung bemühte (zur Verhandlungspflicht der Parteien, siehe Stöckli, Was ist mit der Vergütung los, S. 13). 17.2

17.3 Macht die Bauleitung von ihrem Gestaltungsrecht nicht Gebrauch und führt der Unternehmer ohne Einschreiten der Bauleitung die Bestellungsänderung aus, so haben die Parteien über den Nachtragspreis weiter zu verhandeln (Vorbem. Art. 84–91/Rz. 24). Kommt keine Einigung zustande, bleibt nichts anderes übrig, als das Gericht anzurufen (Vorbem. Art. 84–91/Rz. 111).

17.4 Das in Art. 87 Abs. 4 Satz 1 umschriebene Recht besteht einseitig zugunsten des Bauherrn. Der *Unternehmer* hat also *keinen Anspruch auf Ausführung in Regie*, wenn eine fristgerechte Vereinbarung des Nachtragspreises misslingt. Ebenso wenig ist er berechtigt, die Ausführung der Arbeit zu verweigern, bis eine Vereinbarung zustande kommt (Art. 87/Rz. 23). Zum Sonderfall der «untergeordneten» Arbeiten vgl. Art. 87 Abs. 4 Satz 2.

Anmerkung 18

18 Zur Anwendung kommen die Art. 44ff. Was die Leitung der Arbeiten anbetrifft, vgl. Art. 44 Abs. 3 in fine. Die Vergütung bemisst sich nach den vertraglich vereinbarten Regieansätzen bzw. nach Art. 49 Abs. 2 und nicht nach dem tatsächlichen spezifischen Aufwand des Unternehmers (worüber man nach Stöckli, Was ist mit der Vergütung los, S. 13, streiten kann).

Anmerkung 19

19 Wie im Falle des Art. 84 Abs. 3 hat der Unternehmer auch hier Anspruch auf «volle Schadloshaltung», der den entgehenden Gewinn einschliesst. Der Anspruch richtet sich gegen den Bauherrn (den Vertragspartner des Unternehmers), nicht gegen die Bauleitung, was selbstverständlich ist, in Art. 87 Abs. 4 aber nicht deutlich zum Ausdruck kommt.

Anmerkung 20

20.1 Der Sache nach stellt die Vergabe an einen Dritten einen Teilrücktritt vom Vertrag dar (Art. 184/Rz. 7.1; Stöckli, Was ist mit der Vergütung los, S. 14).

20.2 Statt die Arbeit an einen Dritten zu vergeben, kann die Bauleitung auf deren Ausführung völlig verzichten oder deren Ausführung dem Bauherrn überlassen. Unabhängig davon hat der Unternehmer aber auch in diesen Fällen Anspruch auf volle Schadloshaltung. Vorbehalten bleiben jedoch untergeordnete Arbeiten, die immer in Regie auszuführen sind (Art. 87 Abs. 4 in fine).

Anmerkung 21

21.1 Ob eine Arbeit «untergeordnet» ist, beurteilt sich nach dem Vergütungswert der betreffenden Arbeit. Die darauf entfallende geschätzte Vergütung muss so gering sein, dass sich der Aufwand, der mit der Berechnung eines Nachtragspreises verbunden wäre, vernünftigerweise nicht lohnt. Nach dem Zweckgedanken, der Art. 87 Abs. 4 Satz 2 zugrunde liegt, soll ein derartiger Berechnungsaufwand vermieden werden, weshalb die betreffende Arbeit immer in Regie auszuführen ist (vgl. aber Art. 87/Rz. 22).

Die Frage, ob sich die Berechnung eines Nachtragspreises, verglichen mit dem Vergütungswert der Arbeit, lohnt oder nicht, ist eine Ermessensfrage, bei deren Beantwortung es auf die Betrachtungsweise vernünftig rechnender Parteien ankommt. In der Praxis kommt es darüber zwar selten zum Streit, was aber mögliche Streitfälle nicht ausschliesst (Art. 87/Rz. 23). 21.2

Anmerkung 22

Ausgenommen bleibt der Fall, da die Arbeit dem Unternehmer gegen volle Schadloshaltung entzogen und allenfalls einem Dritten vergeben wird (Art. 87/Rz. 20.1). 22

Anmerkung 23

Eine «untergeordnete» Arbeit *muss* die Bauleitung *in Regie* ausführen lassen (vgl. aber Art. 87/Rz. 22). Der Unternehmer darf sie auch dann ausführen, wenn die Bauleitung die entsprechende Anordnung (noch) nicht getroffen hat, sofern durch die Ausführung der Bauablauf nicht gestört wird. Der mögliche Streit darüber, ob eine solche Arbeit vorliegt (Art. 87/Rz. 21.1), bildet jedoch keinen Grund, der es dem Unternehmer gestattet, die Ausführung der Arbeit zu verweigern (Art. 37 Abs. 1). Doch wird der Unternehmer, wenn er im Hinblick auf eine spätere Streiterledigung vernünftig handelt, tägliche Regierapporte erstellen und sie der Bauleitung zur Prüfung und Unterzeichnung übergeben (Art. 47). Umgekehrt wird eine vernünftige Bauleitung die Rapporte prüfen, jedoch nur mit dem Vorbehalt unterzeichnen, dass sie die Arbeit nicht als Regiearbeit anerkennt. 23

3 4 Auswirkungen der Bestellungsänderung bei anderen Leistungen

3 41 Baustelleneinrichtungen

Art. 88 [1]

[1] Sind für Baustelleneinrichtungen [2] im Leistungsverzeichnis separate Positionen vorgesehen (Art. 9) [3] und müssen als Folge einer Bestellungsänderung Anlage [4], Umfang [5] oder Vorhaltezeit [6] dieser Einrichtungen geändert werden [7], so ändern die Vertragsparteien den für die betreffende Position vereinbarten Preis [8,9] entsprechend. [10] Der neue Preis hat im Aufbau dem vereinbarten zu entsprechen. [11] Er wird auf der Basis der ursprünglichen Kostengrundlage (Art. 62 Abs. 2) [12] bestimmt und als Nachtragspreis dem Leistungsverzeichnis angefügt [13]. Für zusätzlich einzusetzende Baustelleneinrichtungen ist den veränderten Beschaffungskosten Rechnung zu tragen. [14]

[2] Kommt keine Vereinbarung über diese Nachtragspreise zustande und ist die Ausführung in Regie möglich, so gilt Art. 87 Abs. 4. [15]

Art. 88 (1977/91)

[1] Sind für Baustelleneinrichtungen im Leistungsverzeichnis besondere Positionen vorgesehen (Art. 9) und müssen als Folge einer Bestellungsänderung Anlage, Umfang oder Vorhaltezeit dieser Einrichtungen geändert werden, so ändern die Vertragspartner den für die betreffende Position vereinbarten Preis entsprechend. Der neue Preis hat im Aufbau dem vereinbarten zu entsprechen. Er wird auf der Basis der ursprünglichen Kostengrundlage (Art. 62 Abs. 2) bestimmt und als Nachtragspreis dem Leistungsverzeichnis angefügt. Für zusätzlich einzusetzende Baustelleneinrichtungen ist den veränderten Beschaffungskosten Rechnung zu tragen (Art. 81 Abs. 1).

[2] Kommt keine Vereinbarung über diese Nachtragspreise zustande und ist die Ausführung in Regie möglich, so gilt Art. 87 Abs. 4.

Anmerkung 1

1.1 Art. 88 bezieht sich auf den *Einheitspreisvertrag* (Art. 42 Abs. 2; Art. 42/Rz. 4), was sich aus seiner Bezugnahme auf das Leistungsverzeichnis (Art. 88 Abs. 1) ergibt (vgl. Art. 8 Abs. 1). Das schliesst nicht aus, dass die Regeln über die Nachtragspreisbildung *auch bei Leistungen zu einem Global- oder Pauschalpreis* anzuwenden sind (vgl. Vorbem. Art. 84–91/Rz. 72 und 108).

1.2 Art. 88 enthält keine Aussage darüber, wie es sich verhält, wenn Baustelleneinrichtungen, für die im Leistungsverzeichnis *keine separaten Positionen* ausgesetzt sind, als Folge einer Bestellungsänderung geändert werden müssen. Nach Art. 9 Abs. 2 (Art. 9/Rz. 5.3) hat der Unternehmer die entsprechenden Kosten in die Einheitspreise (oder in Global- oder Pauschalpreise) einzurechnen. Wenn nicht entsprechende aussagekräftige Preisanalysen vorliegen, wird es schwierig sein, einen Nachtragspreis nach den Regeln der Preisfortschreibung (siehe Vorbem. Art. 84–91/Rz. 2 mit weiteren Verweisungen) zu vereinbaren. Vgl. auch Art. 88/Rz. 11.2 f.

Anmerkung 2

2 Zum Begriff der Baustelleneinrichtungen vgl. Art. 123.

Anmerkung 3

3.1 Die zu den *separaten Positionen* gehörenden Preise sind bei Baustelleneinrichtungen meistens Global- oder Pauschalpreise (Art. 40 oder Art. 41), bisweilen aber auch Einheitspreise (Art. 39). Letzteres z.B. bei den Pumpeinrichtungen und Betriebskosten der Wasserhaltung (Art. 43 Abs. 3). Zur Frage, welche Kosten der Baustelleneinrichtungen in den Preisen der separaten Positionen als eingerechnet gelten, vgl. Art. 43 Abs. 1 und 2.

3.2 Die Kalkulationspraxis weicht von den Regeln in Art. 43 Abs. 2 oftmals ab. So werden die (variablen) Reparatur- und Revisionskosten in die Global- oder Pauschalpreise der Baustelleinrichtungen eingerechnet (siehe Vorbem. Art. 84–91/Rz. 103). Dies erschwert allerdings die Nachtragspreisbildung (vgl. Vorbem. Art. 84–91/Rz. 98 f.).

3.3 Bezüglich der Wasserhaltung ist die Sonderbestimmung von Art. 43 Abs. 3 zu beachten.

Anmerkung 4

Gemeint sind *die Art, der Aufbau und die örtliche Platzierung* der einzelnen Baustelleneinrichtung, wie der Vertrag sie in Wort und Plan (z.B. Installationsplan) umschreibt. 4

Anmerkung 5

Gemeint sind die Grösse, Dimensionierung, Leistungskapazität und allenfalls die Anzahl der Baustelleneinrichtungen. 5

Anmerkung 6

Die *Vorhaltezeit* der einzelnen Baustelleneinrichtungen ist ein Zeitabschnitt ihrer (ordentlichen) Benützungsdauer (Art. 125/Rz. 1.1). Die Änderung der Vorhaltezeit kann in deren Verlängerung (bei einzelnen Baustelleneinrichtungen auch in deren Verkürzung) bestehen. 6.1

a) Vielfach macht die Bestellungsänderung ein längeres Vorhalten erforderlich (z.B. von Baggern und Pneufahrzeugen wegen grösser auszuhebender Baugrube). Je nach Charakter der Bestellungsänderung kann sich aber nicht bloss die reine Vorhaltezeit, sondern auch ein anderer Abschnitt der Benützungsdauer verlängern (so z.B. die Zeit der Montage und Demontage, wenn ein Turmkran umplatziert und deshalb demontiert und wieder neu montiert werden muss; siehe Art. 125 Abs. 1, Art. 43 Abs. 1 und Art. 52 Abs. 3; Art. 125/Rz. 5). Auch eine solche Verlängerung ist bei der Bildung des Nachtragspreises zu berücksichtigen. 6.2

b) Die Vorhaltezeit der einzelnen Einrichtung (wie überhaupt die ganze Benützungsdauer des Art. 125 Abs. 1) wird vom Unternehmer bei der Kalkulation seiner Offerte (Art. 43/Rz. 11.1 ff.; Art. 125/Rz. 4.1) aufgrund seiner eigenen Überlegungen über den zeitlichen Bauablauf, unter Berücksichtigung zeitlicher Vorgaben in den Ausschreibungsunterlagen (Art. 7 Abs. 2 Ziff. 2) eingeschätzt. Die Vorstellung des Unternehmers über den Arbeitsplan, die sich aus dieser Einschätzung ergibt, ist aus dem Bauprogramm (Art. 6 Abs. 1 und Art. 93) ersichtlich. Deshalb ist das Bauprogramm das primäre Hilfsmittel, um die Änderung (Verlängerung oder Verkürzung) der Vorhaltezeit festzustellen (Art. 125/Rz. 2 und 4.1). Subsidiäre Hilfsmittel sind ursprüngliche (Art. 18 Abs. 2; Art. 18/Rz. 5.2 ff.) oder nachgereichte Preisanalysen (Vorbem. Art. 84–91/Rz. 78). 6.3

c) Hat der Unternehmer seinen Zeitbedarf unrichtig eingeschätzt und benötigt er deshalb eine längere Vorhaltezeit als ursprünglich geplant, so bildet die Bestellungsänderung keinen Grund, der es rechtfertigen würde, die finanziellen Nachteile der falschen Einschätzung auszugleichen. 6.4

Ist aber der Unternehmer zeitlich im Vorsprung, ohne dass dies auf eine Bestellungsänderung zurückzuführen ist, so steht der daraus erwachsende Vorteil dem Unternehmer zu, da er ja berechtigt ist, die vereinbarten Arbeiten vor Ablauf der vertraglichen Fristen abzuschliessen (Vorbem. Art. 84–91/Rz. 10). Deshalb darf die durch schnelleres Arbeiten eingesparte Vorhaltezeit nicht in Abzug kommen, wenn es die durch eine Bestellungsänderung erforderliche Verlängerung zu berechnen gilt. 6.5

6.6 d) Schliesslich ist die allenfalls geänderte Vorhaltezeit (Art. 88 Abs. 1) einer einzelnen Baustelleneinrichtung zu unterscheiden von der Anpassung der vertraglichen Fristen (Art. 90). Nicht jede Verlängerung der Vorhaltezeit gibt dem Unternehmer Anspruch darauf, dass die vertraglichen Fristen entsprechend erstreckt werden. Vielmehr hängt dies davon ab, ob die Verlängerung der Vorhaltezeit auf dem «kritischen Weg» liegt oder nicht. Auf dem kritischen Weg liegen alle jene Arbeitsvorgänge, die zeitlich nicht verschoben werden können, ohne dass sich nicht auch die gesamte Ausführungszeit verändert (siehe SCHUMACHER, Kommentar SIA-118 [Voraufl.], Art. 93/Anm. 1 lit. g); demnach gibt es auf dem kritischen Weg keine Pufferzeiten.

Anmerkung 7

7 Nur mit dem Fall, da die erforderliche Änderung der Baustelleneinrichtungen *die Folge einer Bestellungsänderung* ist, befasst sich Art. 88. Dadurch unterscheidet sich diese Bestimmung von der Regel des Art. 124 Abs. 3 (Art. 124/Rz. 13.3).

Anmerkung 8

8 Zur Kalkulation dieses Preises siehe Art. 43 und Art. 125 Abs. 1 sowie Art. 125/Rz. 4.1.

Anmerkung 9

9 Die Änderung der Baustelleneinrichtung zufolge Bestellungsänderungen kann die Anpassung des vereinbarten Preises und allenfalls des Umfangs der Grundstücke und Rechte (Art. 88/Rz. 6.6) erforderlich machen. Dies wird hier nicht erwähnt, ergibt sich aber aus Art. 90 f.

Anmerkung 10

10.1 Sind die in Art. 88 Abs. 1 umschriebenen Voraussetzungen erfüllt, so hat jede Partei, die daran interessiert ist, das *Recht, dass der Preis den «Folgen der Bestellungsänderung»* angepasst und insofern ein «neuer» Preis festgesetzt wird. Das gilt allerdings nur unter dem Vorbehalt der Subsidiärregeln von Art. 88 Abs. 2.

10.2 Der «neue» Preis (Nachtragspreis) ist von den Parteien durch *Vereinbarung* (Vorbem. Art. 84–91/Rz. 21 ff. und 42) festzulegen, mangels Einigung aber durch das angerufene *Gericht* zu bestimmen (Vorbem. Art. 84–91/Rz. 111), soweit nicht Art. 88 Abs. 2 zum Zuge kommt.

Anmerkung 11

11.1 Zu den Regeln, wie der Nachtragspreis zu bilden ist, vgl. Vorbem. Art. 84–91/Rz. 2 mit weiteren Verweisungen.

11.2 Die Nachtragspreisbildung ist dann *schwierig*, wenn zufolge einer Bestellungsänderung Art und Umfang der Baustelleneinrichtung geändert werden oder wenn der Unternehmer Mengen und/oder Gestehungskosten von Einheitspreisen in Global- oder Pauschalpreisen für Baustelleneinrichtungen (Art. 88/Rz. 3.1 ff.) oder mehrere unterschiedliche Baustelleneinrichtungen in einer Position zusammengefasst (Art. 88/Rz. 1.2; Vorbem.

Art. 84–91/Rz. 98 f.) und der Bauherr dafür bei der Prüfung der Angebote keine Preisanalyse verlangt hat (Art. 18).

Liegt keine Preisanalyse für die Baustelleneinrichtungen vor, so kann die Vergütung für das längere oder (für einzelne Teile der Baustelleneinrichtung) kürzere Vorhalten aufgrund der Differenz zwischen dem Vertragspreis und der einmaligen Kosten, dividiert durch die geplante Vorhaltezeit ermittelt werden. 11.3

Die SIA-Norm 118/198 («Allgemeine Bedingungen für Untertagbau») enthält in Ziff. 8.6 spezielle Regeln für längeres oder kürzeres Vorhalten. 11.4

Anmerkung 12

Siehe dazu Vorbem. Art. 84–91/Rz. 72 und 85 ff. Zum Falle, dass es sich um einen Pauschalpreis handelt, ist auf den Zeitpunkt der Bestellungsänderung abzustellen (Art. 89/Rz. 9.1). 12

Anmerkung 13

Dies ist eine blosse *Ordnungsvorschrift* (vgl. Art. 86/Rz. 8). 13

Anmerkung 14

Das heisst, dass auf die Beschaffungskosten im Zeitpunkt der Bestellungsänderung abzustellen ist. 14

Anmerkung 15

Die Bestimmung des *Art. 87 Abs. 4* wurde in Art. 87/Rz. 16 ff. kommentiert. Nach dem Inhalt des *Art. 88 Abs. 2* ist Art. 87 Abs. 4 sinngemäss anzuwenden, wenn keine Einigung über den Nachtragspreis zustande kommt und «die Ausführung in Regie möglich» ist. 15.1

a) Ist die Anpassung der Baustelleneinrichtung *technisch nicht möglich*, so erübrigt sich die Vereinbarung eines Nachtragspreises. 15.2

b) Sind die *Änderungen von untergeordneter Natur*, so werden sie «immer in Regie ausgeführt» (Art. 87 Abs. 4). Diese Regel wird in Art. 88 Abs. 2 zwar nicht ausdrücklich wiederholt, aber mit Rücksicht auf den Zweckgedanken, welcher der Regel zugrunde liegt (Art. 87/Rz. 21.1 f.), als selbstverständlich vorausgesetzt. 15.3

c) Da die erwähnten Änderungen in eine Baustelleneinrichtung des Unternehmers eingreifen, braucht der Unternehmer es nicht zu dulden, dass sie durch einen anderen als ihn selbst vorgenommen werden. Deshalb entfällt hier das Recht des Bauherrn, sie unter voller Schadloshaltung des Unternehmers an einen Dritten zu vergeben (vgl. demgegenüber Art. 87/Rz. 20.1 f.). 15.4

3 42 Bestellungsänderung bei Leistungen zu Global- oder Pauschalpreisen

Art. 89 [1]

[1] Führt eine Bestellungsänderung [2] zur Änderung einer global [3] oder pauschal [4] zu vergütenden Leistung oder zur Änderung ihrer Ausführungsvoraussetzungen [5], so wird für diese Leistung ein Mehr- oder Minderpreis als Nachtragspreis vereinbart [6].

[2] Bei Leistungen zu Globalpreisen wird dieser Nachtragspreis auf der Basis der ursprünglichen Kostengrundlage (Art. 62 Abs. 2) [7] vereinbart [8]; bei Leistungen zu Pauschalpreisen auf der Basis jener Kostengrundlage, die im Zeitpunkt der Bestellungsänderung gültig ist [9].

[3] Kommmt bei zusätzlichen Arbeiten [10] keine Einigung über den Nachtragspreis zustande, so gilt Art. 87 Abs. 4.[11]

Art. 89 (1977/91)

[1] Führt eine Bestellungsänderung zur Änderung einer global oder pauschal zu vergütenden Leistung oder zur Änderung ihrer Ausführungsvoraussetzungen, so wird für diese Leistung ein Mehr- oder Minderpreis als Nachtragspreis vereinbart.

[2] Bei Leistungen zu Globalpreisen wird dieser Nachtragspreis auf der Basis der ursprünglichen Kostengrundlage (Art. 62 Abs. 2) vereinbart; bei Leistungen zu Pauschalpreisen auf der Basis jener Kostengrundlage, die im Zeitpunkt der Bestellungsänderung gültig ist.

[3] Kommt bei zusätzlichen Arbeiten keine Einigung über den Nachtragspreis zustande, so gilt Art. 87 Abs. 4.

Anmerkung 1

1 Art. 89 bezieht sich auf den *Gesamtpreisvertrag* (Art. 42 Abs. 2), aber auch auf den *Einheitspreisvertrag* (Art. 42 Abs. 2), sofern einzelne Leistungen dieses Vertrags global oder pauschal zu vergüten sind. Soweit jedoch der Tatbestand des Art. 88 erfüllt ist, geht Art. 88 als Spezialregelung der Regel des Art. 89 vor.

Anmerkung 2

2.1 Art. 89 befasst sich mit dem Fall, da eine *Bestellungsänderung* (im Sinne des Art. 84) «zur Änderung einer global oder pauschal zu vergütenden Leistung oder zur Änderung ihrer Ausführungsvoraussetzungen» führt.

2.2 a) Fehlt es an der vorausgesetzten Bestellungsänderung, so findet Art. 89 keine Anwendung, selbst wenn die Ausführung der geschuldeten Leistung höhere oder geringere Ausführungskosten verursacht als vorgesehen war. Vielmehr bleibt hier der vereinbarte Global- oder Pauschalpreis für beide Parteien unverändert gültig (Art. 38 Abs. 2 und Art. 58 Abs. 1), soweit nicht eine Ausnahmebestimmung ausserhalb der Regeln über die Bestellungsänderung eingreift (z.B. Art. 58 Abs. 2, Art. 59, Art. 60 Abs. 2 oder Art. 64).

b) Das soeben Gesagte gilt auch dann, wenn für die Ausführung der vereinbarten Leistung grössere oder kleinere Mengen erforderlich sind, als der Unternehmer gerechnet hat. Denn zum Wesen eines Global- oder Pauschalpreises gehört gerade, dass es für die geschuldete Vergütung unter Vorbehalt einer Bestellungsänderung nicht auf die Menge ankommt (Art. 40 Abs. 1 und Art. 41 Abs. 1). Ändert sich dagegen die Leistungsmenge infolge einer Bestellungsänderung, so greift Art. 89 ein. Das trifft beispielsweise dann zu, wenn ein Bauherr verlangt, dass eine Stützmauer länger, höher oder breiter ausgeführt wird, als vereinbart war. Um diese Änderung festzustellen, ist auf die Menge abzustellen, die sich aus den Plänen der Ausschreibung ergibt (Art. 7/Rz. 35). 2.3

c) Im Einzelfall kann zwischen den Parteien streitig sein, ob eine erteilte Weisung den Charakter einer Bestellungsänderung hat oder nur darauf abzielt, den Unternehmer zur Erfüllung der zu einem Pauschal- oder Globalpreis übernommenen Leistung anzuhalten (Vorbem. Art. 84–91/Rz. 8 und 11 ff.). Alsdann ist durch Auslegung des Vertrags zu ermitteln, was zur Leistung gehört, deren Ausführung der Unternehmer zum erwähnten Preis übernommen hat (Art. 40 Abs. 1; Art. 40/Rz. 6.1). Zum Verhältnis zwischen Mengenangaben und Plänen vgl. Art. 40 Abs. 2 und Art. 41 Abs. 2; Art. 40/Rz. 7.1 ff. und Art. 41/Rz. 6. 2.4

Anmerkung 3

Vgl. Art. 40. 3

Anmerkung 4

Vgl. Art. 41. 4

Anmerkung 5

Was lediglich eine hier besonders erwähnte Art der Bestellungsänderung ist (Art. 84/Rz. 6.5). 5

Anmerkung 6

Sind die in Art. 89 Abs. 1 umschriebenen Voraussetzungen erfüllt, so hat jede Partei, die daran interessiert ist, das *Recht auf die Festsetzung eines Nachtragspreises* für die von der Bestellungsänderung betroffene Leistung. Das gilt allerdings nur mit den Einschränkungen, die sich aus Art. 89 Abs. 3 ergeben. 6.1

Der Nachtragspreis nach Art. 89 besteht in einem «Mehr- oder Minderpreis» (Art. 89 Abs. 1), weshalb er den bisherigen Preis nicht «ersetzt» (vgl. demgegenüber Art. 87 f.). Dieser «Mehr- oder Minderpreis» ist von den Parteien durch *Vereinbarung* festzulegen (Vorbem. Art. 84–91/Rz. 42), mangels Einigung aber durch das angerufene Gericht zu bestimmen (Vorbem. Art. 84–91/Rz. 111), soweit nicht Art. 89 Abs. 3 zum Zuge kommt. Zur Anpassung der Fristen, Grundstücke und Rechte vgl. Art. 90 f. 6.2

Anmerkung 7

7 Bei Leistungen zu einem Globalpreis ist der Nachtragspreis auf dem Kostenstand, der am Tag der Einreichung des Angebots bestand (Art. 62 Abs. 3) bzw. auf der Basis, wie der Unternehmer seinen offerierten Preis kalkuliert hat (Vorbem. Art. 84 – 91/Rz. 72) zu berechnen.

Anmerkung 8

8 Art. 89 Abs. 2 enthält im Übrigen keine Anleitung, wie der Nachtragspreis zu bilden ist; diese ergibt sich jedoch aus dem Prinzip der Preisfortschreibung (siehe dazu Vorbem. Art. 84 – 91/Rz. 2 mit weiteren Verweisungen). Eine interessante, aber nicht der SIA-Norm 118 entsprechende Berechnung hat das Handelsgericht des Kantons Bern im Falle eines Minderpreises bei einem vereinbarten Pauschalpreis beschritten. Siehe dazu Vorbem. Art. 84 – 91/Rz. 20. Für Leistungen zu einem Pauschalpreis siehe Art. 89/Rz. 9.1 f.

Anmerkung 9

9.1 Bei *Leistungen zu* Pauschalpreisen (Art. 41) unterliegt die Bestimmung des Nachtragspreises (des «Mehr- oder Minderpreises») grundsätzlich den gleichen Regeln wie bei global zu vergütenden Leistungen (Art. 89/Rz. 8). Da jedoch der Pauschalpreis nicht der Teuerungsabrechnung unterliegt (Art. 41 Abs. 1), ist der Nachtragspreis nach dem Wortlaut des Art. 89 Abs. 2 *«auf der Basis jener Kostengrundlage [festzusetzen], die im Zeitpunkt der Bestellungsänderung gültig ist»*. Das bedeutet: Für die Bestimmung des «Mehr- oder Minderpreises» ist auf die allgemeinen Marktpreise im Zeitpunkt, da der Bauherr die Bestellung ändert, abzustellen, soweit diese eruiert werden können. Weil es eine Bestellungsänderung ist, soll somit für die Bildung des Mehr- oder Minderpreises – und nur bei ihnen – die seit Vertragsabschluss eingetretene Teuerung berücksichtigt werden. Siehe auch Art. 89 Abs. 3.

9.2 Da der Nachtragspreis wiederum ein Pauschalpreis ist, bleibt eine nach der Bestellungsänderung eintretende Teuerung unberücksichtigt.

Anmerkung 10

10 Zum Begriff der «zusätzlichen» Arbeiten vgl. Art. 89/Rz. 11.2. Zu beachten ist, dass die Bauleitung nur bei zusätzlichen Arbeiten diese in Regie ausführen lassen oder sie an einen Dritten vergeben kann.

Anmerkung 11

11.1 Nach dem Inhalt des Art. 89 Abs. 4 ist Art. 87 Abs. 4 hier sinngemäss anzuwenden, wenn bei «zusätzlichen Arbeiten» keine Einigung über den Nachtragspreis zustande kommt.

11.2 a) Der Begriff der «zusätzlichen» Arbeiten ist restriktiv auszulegen (a.M. Spiess/Huser, Handkommentar, N 14 zu Art. 89). Gemeint sind zusätzlich bestellte Arbeiten, die zur vereinbarten Leistung hinzutreten, ohne auf die Ausführung dieser Leistung einen Einfluss zu haben. Für solche Arbeiten gilt Art. 87 Abs. 4, wenn die Parteien sich über den erforderlichen Nachtragspreis nicht innerhalb nützlicher Frist einigen (Art. 87/Rz. 17.2). Ist dies nicht der Fall, kann der verwiesenen Bestimmung zufolge die Bauleitung die «zusätzlichen» Arbeiten, nicht aber die übrigen Leistungen in Regie ausführen lassen oder die Arbeit unter voller Schadloshaltung des Unternehmers an einen Dritten vergeben.

b) Handelt es sich bei den «zusätzlichen» Arbeiten um «untergeordnete» Arbeiten, so werden sie «immer in Regie ausgeführt» (Art. 87 Abs. 4). Diese Regel wird in Art. 89 Abs. 4 zwar nicht ausdrücklich wiederholt, aber mit Rücksicht auf den Zweckgedanken, welcher der Regel zugrunde liegt (Art. 87/Rz. 21.1 f.), als selbstverständlich vorausgesetzt. 11.3

c) Die SIA-Norm 118 enthält keine ausdrückliche Anleitung, wie ein Minderpreis zu bilden ist, wenn der Unternehmer zufolge einer Bestellungsänderung weniger Arbeiten auszuführen hat. In diesem Fall gilt das unter Art. 89/Rz. 8 Gesagte analog. 11.4

3 5 Anpassung der Fristen

Art. 90 [1]

Erfordert [2] eine Bestellungsänderung [3] die Anpassung vertraglicher Fristen (Art. 92) [4], so hat der Unternehmer [5] Anspruch auf angemessene neue Fristen [6]. Die Vertragsparteien setzen die neue Frist durch Vereinbarung fest. [7]

Art. 90 (1977/91)

Erfordert eine Bestellungsänderung die Anpassung vertraglicher Fristen (Art. 92), so hat der Unternehmer Anspruch auf angemessene neue Fristen. Die Vertragspartner setzen die neue Frist durch Vereinbarung fest.

Anmerkung 1

1 Art. 90 handelt von der Anpassung der vertraglichen Fristen (Art. 92), und zwar *zugunsten des Unternehmers*, was auf eine Fristverlängerung hinausläuft (Art. 90/Rz. 5.1 f.). Trotz der Fristverlängerung bleibt der Unternehmer aber frei, die Arbeiten vorzeitig zu vollenden (Vorbem. Art. 84–91/Rz. 10; Reetz, Baubeschleunigung, Rz. 35).

Anmerkung 2

2.1 Die Bestellungsänderung (Art. 84) «*erfordert*» die Anpassung (Verlängerung) vertraglicher Fristen (Art. 92) unter einer zweifachen Voraussetzung:

2.2 a) *Erstens* muss die Bestellungsänderung eine *Verzögerung im Bauablauf* zur Folge haben. Das trifft dann zu, wenn die ursprünglichen Arbeiten sich auf dem *kritischen Weg* (Art. 88/Rz. 6.6) befinden und wegen der Bestellungsänderung nicht verschoben werden können. Der kritische Weg ist allenfalls aus dem Bauprogramm (Art. 93) ersichtlich, insbesondere wenn dafür die Darstellungsform eines Netzplans gewählt worden ist.

2.3 b) *Zweitens* müssen die *Auswirkungen* so *erheblich* sein, dass die Einhaltung der vertraglichen Fristen für den Unternehmer unmöglich oder unzumutbar ist. Ob dies nach den Umständen des Einzelfalls zutrifft, ist unter Rücksichtnahme auf den durch die Bestellungsänderung betroffenen Unternehmer mit einer gewissen Grosszügigkeit zu beurteilen (Art. 90/Rz. 6.2).

Anmerkung 3

3 Gemeint ist eine *Bestellungsänderung im Sinne des Art. 84 Abs. 1.* Nebst dieser Bestellungsänderung gibt es verschiedene andere Umstände, die sich ebenfalls auf die Vertragsfristen auswirken, aber nicht in Art. 90 behandelt werden (vgl. dazu Art. 94–96). Art. 90 geht als Spezialbestimmung Art. 96 vor (Art. 96/Rz. 2.2). Zum Fall mehrerer Bestellungsänderungen vgl. Art. 90/Rz. 6.3.

Anmerkung 4

4 Gemeint sind die vertraglichen Fristen, nicht der zeitliche Fortschritt der Arbeiten innerhalb dieser Fristen (vgl. GWerkV Rz. 655 f. und 671). Ist das Bauprogramm allerdings verbindlicher Bestandteil des Vertrags (Art. 93 Abs. 2) und hat eine Bestellungsänderung Auswirkungen auf die im Bauprogramm enthaltenen Einzelfristen (Zwischenfristen), so sind auch sie anzupassen (vgl. dazu Reetz, Baubeschleunigung, Rz. 39 ff.).

Anmerkung 5

5.1 Ein Anspruch auf Fristanpassung steht nach dem klaren Wortlaut des Art. 90 nur dem *Unternehmer* zu, nicht auch dem Bauherrn. Bei einer Bestellungsänderung, die nach ihren Auswirkungen eine wesentliche Zeiteinsparung erlaubt, kann es jedoch rechtsmissbräuchlich (Art. 2 Abs. 2 ZGB) sein, wenn der Unternehmer auf der Ausschöpfung der vertraglichen Fristen beharrt. Ausserdem bleibt zu beachten:

5.2 a) Den *Parteien* steht es selbstverständlich frei, in Abweichung von Art. 90 auch dem Bauherrn einen Anspruch auf Fristanpassung einzuräumen. Die entsprechende *Abrede* muss aber, damit sie der SIA-Norm 118 vorgeht und deshalb wirksam ist, individuell oder in einem ranghöheren Vertragsbestandteil (Art. 21) vereinbart sein. Darauf ist deshalb hinzuweisen, weil z.B. die SIA-Norm 118/198 («Allgemeine Bedingungen für Untertagbau»), die in Ziff. 8.6.2 sinngemäss dem Bauherrn einen Anspruch auf Fristanpassung einräumt, gemäss der in Art. 21 aufgestellten Rangordnung der SIA-Norm 118 nachgeht. Demgemäss sieht Ziff. 0.2 vor, dass der Rangvortritt der SIA-Norm 118/198 in der Vertragsurkunde zu vereinbaren ist.

5.3 b) Wiederum eine andere Frage ist, ob und inwieweit eine durch Bestellungsänderung ermöglichte Zeiteinsparung die Voraussetzungen beeinflusst, unter denen dem Unternehmer ein allenfalls vereinbarter *Prämienanspruch für Fristunterschreitungen* (Art. 98 Abs. 1) zusteht. Diese Frage ist durch Auslegung der getroffenen Prämienabrede, allenfalls durch ihre sinngemässe Ergänzung nach dem «hypothetischen Parteiwillen» (Gauch/Schluep/Schmid, OR AT, Rz. 1257 ff.; Jäggi/Gauch/Hartmann, Zürcher Kommentar, N 559 zu Art. 18 OR) zu entscheiden. Zum Prämienanspruch für vorzeitige Erfüllung vgl. Art. 98 Abs. 1 sowie GWerkV Rz. 717. Zum Ganzen vgl. auch Hürlimann, Bonus und Malus in Bauverträgen, passim.

Anmerkung 6

Sind die Voraussetzung des Art. 90 erfüllt, so hat der Unternehmer ein *Recht auf «angemessene neue Fristen»*. Diese Fristen sind durch Vereinbarung zu bestimmen (Vorbem. Art. 84–91/Rz. 23). Im Einzelnen ist zu bemerken: 6.1

a) «Angemessen» ist eine Verlängerung der Fristen, die dem Unternehmer bei grundsätzlicher Respektierung des ursprünglichen Leistungs-Fristen-Verhältnisses ausreichend Zeit einräumt, um die Arbeiten unter den durch die Bestellungsänderung eingetretenen Verhältnissen termingerecht auszuführen. Bei der Bemessung der angepassten («neuen») Fristen ist einerseits eine gewisse Grosszügigkeit am Platz, da die Bestellungsänderung mit ihren Folgen vom Bauherrn angeordnet wurde (Art. 84). Andererseits kann der Unternehmer keine Fristverlängerung beanspruchen, die zugleich auch dazu dient, eine falsche Zeiteinschätzung oder frühere Versäumnisse auszugleichen. 6.2

b) Bei mehreren Bestellungsänderungen können die Fristen mehrfach verlängert werden. Folgt auf eine oder mehrere Verlängerung(en) eine Bestellungsänderung, die eine Verkürzung der verlängerten Frist erlauben würde, so hat der Unternehmer sich eine entsprechende Verkürzung anrechnen zu lassen, soweit er sich in seinen Dispositionen nicht bereits auf die Verlängerung eingestellt hat. 6.3

c) Können die Parteien sich über die angemessene Fristanpassung nicht einigen, so entbindet dies weder den Bauherrn noch den Unternehmer von der Pflicht zur gewissenhaften Erfüllung des Vertrags (Art. 37 Abs. 1). Insbesondere ist der Unternehmer nicht befugt, die Arbeiten bis zu einer allfälligen Einigung einzustellen. Kommt es dann später zu einem Prozess, für dessen Ausgang die Frage der Fristanpassung erheblich ist, so hat das Gericht darüber zu entscheiden (BGer 4A_141/2008 vom 8. Dezember 2009 E. 7.1). Das kann etwa dann der Fall sein, wenn die Parteien über das Rücktrittsrecht des Art. 96 Abs. 4, eine Schadenersatzforderung nach Art. 97 Abs. 1, den Verfall einer vereinbarten Konventionalstrafe oder den Anspruch des Unternehmers auf eine vereinbarte Prämie (Art. 98 Abs. 1) streiten. 6.4

Anmerkung 7

Vgl. Art. 90/Rz. 6.1 ff. 7

36 Grundstücke und Rechte

Art. 91

Bei Bestellungsänderungen[1] verändert der Bauherr soweit nötig den Umfang der Grundstücke und Rechte, die er dem Unternehmer zur Verfügung stellt (Art. 116).[2]

Art. 91 (1977/91)

Bei Bestellungsänderungen verändert der Bauherr soweit nötig den Umfang der Grundstücke und Rechte, die er dem Unternehmer zur Verfügung stellt (Art. 116).

Anmerkung 1

1 Gemeint sind Bestellungsänderungen im Sinne des Art. 84 Abs. 1.

Anmerkung 2

2.1 Art. 91 bezieht sich zunächst auf die «Grundstücke und Rechte», für die der Bauherr in der Ausschreibung erklärt, dass er sie dem Unternehmer kostenlos zur Verfügung stellt (Art. 13 Abs. 1). In dem Umfang, in dem der Unternehmer solche Grundstücke und Rechte *infolge von Bestellungsänderungen* benötigt, um das Werk auszuführen, trifft den Bauherrn nach Art. 91 auch die Pflicht, sie dem Unternehmer zur Verfügung zu stellen. Dies deswegen und so weit, als die Grundstücke und Rechte wegen der Bestellungsänderung des Bauherrn notwendig geworden sind. Dadurch wird die Regel des Art. 116 Abs. 3 präzisiert. Art. 116 Abs. 2 kommt sinngemäss zur Anwendung.

2.2 Welche «Grundstücke und Rechte» unter die soeben erwähnte Verpflichtung des Bauherrn fallen, beurteilt sich nach den Umständen des Einzelfalls. In keinem Falle jedoch erstreckt sich die Verpflichtung des Bauherrn auf solche «Grundstücke und Rechte», die der Unternehmer ohnehin (auch ohne Bestellungsänderung) auf eigene Kosten beschaffen müsste (Art. 116 Abs. 3). Bestellungsänderungen sind insbesondere kein Grund, um diesbezügliche Kalkulationsfehler des Unternehmers auszugleichen.

4 Bauausführung

4 1 Fristen

4 11 Festlegung[1]

Art. 92

Der Werkvertrag[2] legt die Fristen[3] fest[4], bis zu deren Ablauf[5] die übernommenen Arbeiten[6] ausgeführt sein müssen[7]. Termin[8] ist der Endpunkt einer solchen Frist.

Art. 92 (1977/91)

Der Werkvertrag legt die Fristen fest, bis zu deren Ablauf die übernommenen Arbeiten ausgeführt sein müssen. Termin ist der Endpunkt einer solchen Frist.

Anmerkung 1

Mit dem Titel «*Festlegung*» wird vorweggenommen, dass die im Text von Art. 92 beschriebenen Fristen durch die Parteien «festgelegt», das heisst verbindlich vereinbart werden sollen. Der Titel enthält insofern eine Handlungsanweisung, welche befolgt werden soll, aber nicht befolgt werden muss: Den Parteien steht es frei, hinsichtlich des Themas «*Fristen*» keine Regelungen im Werkvertrag zu treffen, was allerdings in der Regel nicht empfehlenswert ist. 1.1

Sehen die Parteien von einer Fristenregelung im Werkvertrag ab, so gelten die dispositiven gesetzlichen Bestimmungen, insbesondere Art. 75 OR, wonach – sofern sich nicht aus der Natur des Rechtsverhältnisses etwas anderes ergibt – die Erfüllung sogleich geleistet und gefordert werden kann. Diesfalls ist dem Unternehmer eine angemessene Erfüllungsfrist, also eine solche Frist zuzugestehen, die ein versierter Fachmann für die Ausführung der entsprechenden Arbeiten benötigt, wenn er *sogleich* (vgl. Art. 75 OR) damit beginnt. 1.2

Durch die «Festlegung» wird der Werkvertrag in zeitlicher Hinsicht mit Fristbestimmungen versehen, wobei Art. 92 durch die Definition in dessen Satz 2 stillschweigend davon ausgeht, dass der Werkvertrag anstelle oder zusätzlich zu *Fristbestimmungen* auch *Terminbestimmungen* enthalten kann. In der Praxis sind denn auch Terminbestimmungen (seien dies blosse *Fälligkeitstermine* im Sinne von Art. 102 Abs. 1 OR, Verfalltage im Sinne von Art. 102 Abs. 2 OR oder *Fixtermine* im Sinne von Art. 108 OR, welche wiederum alle konventionalstrafenbewehrt sein können oder nicht) sehr häufig anzutreffen. 1.3

Soweit im Werkvertrag nichts anderes geregelt ist, sind die *gesetzlichen* Regeln über die Fristen anwendbar (insbesondere Art. 75 – 81 OR betreffend die Erfüllungszeit); vgl. zudem auch das Europäische Übereinkommen vom 16. Mai 1972 über die Berechnung von Fristen (SR 0.221.122.3), dessen Bedeutung allerdings aufgrund der beschränkten Anzahl 1.4

Staaten, welche das Übereinkommen ratifiziert haben (Schweiz, Österreich, Liechtenstein, Luxemburg), gering ist.

Anmerkung 2

2.1 Mit dem «Werkvertrag» ist nicht bloss die (Werk-)Vertragsurkunde, sondern sind vielmehr sämtliche Vertragsbestandteile gemeint, demzufolge also insbesondere die Bestandteile/Anhänge des Werkvertrags; auch dort können Fristen vereinbart sein (auch SPIESS/HUSER, Handkommentar, N 5 zu Art. 90). Eine Fristenregelung wird in der Praxis häufig im sogenannten «Bauprogramm» vereinbart, das nach der Konzeption der SIA-Norm 118 eine Beilage zum Angebot des Unternehmers bildet (Art. 93 Abs. 1 i.V.m. Art. 6 Abs. 1) und später häufig Teil des Werkvertrags wird (siehe dazu allerdings Art. 92/Rz. 3.6 und Art. 93/Rz. 1.1 ff.).

2.2 Aus Art. 92 ergibt sich folglich, dass *Fristen in der (Werk-)Vertragsurkunde selbst oder in einem Bestandteil bzw. Anhang des Vertrags* (z.B. in Allgemeinen Bedingungen des Bauherrn) vereinbart sein müssen, um Gültigkeit zu haben (denn zum Werkvertrag im Sinne von Art. 92 Satz 1 gehören auch dessen Bestandteile bzw. Anhänge, vgl. REETZ, Baubeschleunigung, Rz. 6). Dies bedeutet namentlich, dass Fristen (und Termine), welche z.B. in Allgemeinen Bedingungen vereinbart wurden, welche in der werkvertraglichen Rangreihenfolge (weit) unter der Vertragsurkunde selbst stehen (z.B. im 5. Rang oder noch weiter unten «versteckt»), ebenso verbindlich sind wie Fristen (und Termine), welche prominent und allenfalls sogar grafisch hervorgehoben in der Vertragsurkunde selbst (z.B. in Ziff. 6 des Werkvertrags, d.h. der Werkvertragsurkunde) stehen (vgl. REETZ, Baubeschleunigung, Rz. 7).

2.3 Bei der Prüfung der Frage, wie lange die vereinbarten Fristen effektiv dauern, ist stets zu berücksichtigen, dass der Unternehmer insbesondere bei Mitwirkungspflichtverletzungen des Bauherrn zu einer *angemessenen Fristerstreckung* berechtigt ist (Art. 94 Abs. 2; Gleiches gilt bei Bestellungsänderungen, vgl. Art. 90). Was als angemessen zu gelten hat, bestimmt sich dabei nicht nach den subjektiven Bedürfnissen des Unternehmers, sondern nach den *objektiven Umständen* (sinngemäss auch Art. 96 Abs. 1 Satz 1). Massgebend für die Bemessung der Fristerstreckung ist diejenige Zeitdauer, welche ein versierter, aber auch anderweitig ausgelasteter Unternehmer an «Mehrzeit» benötigt, wenn er das geschuldete Werk trotz der Mitwirkungspflichtverletzung (oder der Bestellungsänderung) des Bauherrn sorgfältig fertigstellen will (vgl. REETZ, Baubeschleunigung, Rz. 56).

2.4 In der Regel werden Vereinbarungen über Fristen in derselben Form getroffen wie der Werkvertrag (meistens ist dies die Form der Schriftlichkeit). Wie alle Vereinbarungen können jedoch Vereinbarungen über Fristen auch *mündlich* abgeschlossen werden, wobei eine mündliche Abrede allerdings bei ansonsten ausschliesslich schriftlichen Werkvertragsverhältnissen nicht leichthin anzunehmen ist. Ohne anderslautende klare Indizien kann insbesondere ein «Nichtabmahnen» einer Fristüberschreitung, das heisst die blosse Untätigkeit des Bauherrn trotz festgestellter Fristüberschreitung des Unternehmers, nicht als stillschweigendes Einverständnis mit der Fristüberschreitung des Unternehmers gewertet werden.

Anmerkung 3

Die «*Frist*» ist der Zeitraum, innerhalb dessen (resp. bis zu dessen Ablauf, vgl. Art. 92) der Unternehmer die von ihm übernommenen Arbeiten zu Ende zu bringen hat. Insofern definiert sich die Frist primär durch einen *Endtermin* («bis zu deren Ablauf», vgl. Art. 92 Satz 1). In der Vertragspraxis ist Bestandteil einer Fristvereinbarung jedoch oft auch ein sogenannter Anfangstermin («Starttermin»), der je nach Parteivereinbarung die Bedeutung haben kann, dass der Unternehmer vor diesem Termin nicht berechtigt ist, mit der Ausführung seiner Arbeiten zu beginnen (sogenannter *Frühestenstermin,* z.B. um die Baustelle bis zum Starttermin für andere Unternehmer freihalten zu können), oder aber bedeuten kann, dass der Unternehmer *spätestens* zum Zeitpunkt des Starttermins mit seinen Arbeiten beginnen muss (sogenannter *Spätestenstermin*). 3.1

Rechtstechnisch unterscheidet sich die «*Frist*» vom «*Termin*»; eine Frist ist ein *Zeitraum,* während ein Termin einen *Zeitpunkt* bezeichnet. Der durch einen Termin bezeichnete Zeitpunkt kann beispielsweise ein Starttermin, ein Zwischentermin oder ein Endtermin sein (wenngleich Art. 92 Satz 2 nur vom Endtermin spricht, vgl. Wortlaut «*Endpunkt*»). Die Art. 92–98 enthalten primär ein detailliertes Regime ganz allgemein der «*Fristen*» (vgl. Titel vor Art. 92–98: «Fristen»), aber auch weiter gehend von «*Terminen*». In der Praxis ist es bei grösseren Bauvorhaben, welche regelmässig einen erheblichen Abstimmungsbedarf mit den anderen Baubeteiligten aufweisen, eher selten, dass der Werkvertrag eigentliche Ausführungsfristen (z.B. drei Jahre) vorsieht; vielmehr ist die dem Unternehmer zur Verfügung stehende Zeitdauer in der Regel dadurch definiert, dass der Unternehmer seine Arbeiten bis zu einem bestimmten *Termin* abgeschlossen haben muss (vgl. Art. 92 Satz 2; Reetz, Baubeschleunigung, Rz. 5). 3.2

Art. 92 spricht nicht bloss von einer «*Frist*», sondern von den «*Fristen*». Im Zusammenhang mit der Wendung «bis zu deren Ablauf» wird damit auf den Umstand Bezug genommen, dass in üblichen Werkverträgen nicht nur eine *Vollendungsfrist,* sondern auch *Zwischenfristen* vereinbart werden. In der Praxis werden derartige (verschiedenartige) Fristen regelmässig in der Form von *Vollendungsterminen (Endtermine)* und *Zwischenterminen («Meilensteine»)* geregelt, was die Dinge insofern vereinfacht, als sich Termine kalendermässig bestimmen lassen, währenddem Fristen zunächst noch ausgerechnet werden müssen. 3.3

Zwischenfristen resp. *Zwischentermine* werden üblicherweise dann vereinbart, wenn es für den Besteller von Bedeutung ist, dass der Unternehmer gewisse (aber noch nicht alle) seiner Arbeiten innerhalb eines bestimmten Zeitraums (bis zum Ablauf einer Zwischenfrist) resp. bis zu einem bestimmten Zeitpunkt (Zwischentermin) erbringt. Dies ist in der Regel dann der Fall, wenn gewisse Arbeiten des Unternehmers als Vorarbeiten für die Arbeit eines anderen Unternehmers (Nebenunternehmer; Art. 30) erforderlich sind, weil sichergestellt sein muss, dass der andere Unternehmer (Nebenunternehmer) zu einem bestimmten Zeitpunkt (Ablauf der Zwischenfrist, Erreichen des Zwischentermins) mit seiner Arbeit beginnen kann (Art. 30/Rz. 9). Der Unternehmer kann dabei nach Massgabe von Art. 157 Abs. 1 und Art. 158 Abs. 1 einen Werkteil auch unabhängig von der Einhaltung eines Zwischentermins zur Abnahme bringen; in der Praxis werden jedoch 3.4

entsprechende *Teilabnahmen* häufig im Zeitpunkt der Erreichung entsprechender Zwischentermine durchgeführt. Weitere Gründe für die Vereinbarung entsprechender Zwischenfristen resp. Zwischentermine *(Meilensteine)* sind etwa die folgenden: (i) (vorzeitige) Übergabe bestimmter Teile des Bauwerks an Nutzer (während andere Teile des Bauwerks vom Unternehmer noch fertigzustellen sind), so z.B. bei der Rohbaumiete, (ii) Sicherstellung einer auf die Bedürfnisse der Nutzer abgestimmten und terminierten Bauweise bei einem Umbauvorhaben oder Renovationsprojekt, (iii) Bedürfnis nach baulichen Kontrollen (Zwischenkontrollen) zu präzise vorbestimmten Zeitpunkten (weil solche Kontrollen wie etwa teilweise im Anlagenbau einen grossen logistischen Aufwand erfordern oder weil sie etwa aus Witterungsgründen nur zu einem bestimmten Zeitpunkt vorgenommen werden können) oder z.B. (iv) Überwachungs- und Kontrollfunktion des Bauherrn bei einer überragenden Bedeutung der Vollendungsfrist resp. des Endtermins (wenn etwa eine Konventionalstrafe den infolge der Überschreitung einer Vollendungsfrist resp. eines Endtermins entstehenden Schaden nicht angemessen abdeckt).

3.5 Bei Werkverträgen mit geringem Bauvolumen wird demgegenüber häufig nur eine einzige Frist (Vollendungsfrist) vereinbart, innert welcher dann sämtliche vom Unternehmer übernommenen Arbeiten ausgeführt werden müssen (Art. 92 Satz 1).

3.6 Frist- und Terminbestimmungen in jeglichen Dokumenten vertraglicher Natur sind grundsätzlich verbindlich (da vereinbart). Im Sinne einer Ausnahme ist demgegenüber schon hier festzuhalten, dass aus den Angaben eines Bauprogramms (grundsätzlich) weder der Unternehmer noch der Bauherr irgendwelche eigenen Rechte (oder Pflichten des Vertragspartners) ableiten können; ein *Bauprogramm* ist demnach *unverbindlich* (Art. 93 Abs. 2 Satz 3; Art. 93/Rz. 1.5 und 20.2; Reetz, Baubeschleunigung, Rz. 10, mit Verweis auf GWerkV Rz. 656).

3.7 Dem Unternehmer steht es – auch bei Abgabe eines (unverbindlichen) Bauprogramms – frei, innerhalb der übrigen vertraglich vereinbarten (verbindlichen) Fristen schneller oder langsamer als gemäss dem (unverbindlichen) Bauprogramm vorgesehen zu arbeiten, die Arbeiten früher oder später zu beginnen, die Arbeiten zu beschleunigen (indes ohne dass deswegen ein Anspruch auf eine zusätzliche Vergütung entstehen würde) oder auch zu unterbrechen (Schumacher, Kommentar SIA-118 [Voraufl.], Art. 92/Anm. 3 lit. d; Reetz, Baubeschleunigung, Rz. 37). Schadenersatzpflichtig macht sich der Unternehmer deswegen nicht, wobei er aber auch nicht verlangen kann, dass sich der Bauherr seinem Arbeitstempo anpasst (vgl. Reetz, Baubeschleunigung, Rz. 37). Insofern geniesst der Unternehmer im Rahmen der vertraglichen Fristen eine relativ weitgehende Autonomie, welche insbesondere durch ein (nicht verbindliches) Bauprogramm nicht eingeschränkt werden kann. Der Unternehmer ist daher befugt, seinen Personal-, Arbeits- und Zeiteinsatz insoweit nach seinen eigenen Bedürfnissen zu optimieren, als sichergestellt ist, dass die vertraglich vereinbarten Fristen, wozu insbesondere die Spätestensfristen (Maximalfristen) zählen, eingehalten werden. Will der Bauherr demgegenüber sicherstellen, dass der Unternehmer nicht vor einem bestimmten Termin mit den Arbeiten beginnt oder nicht vor einem bestimmten Termin mit bestimmten Arbeiten fertig ist, so hat er dies mit dem Unternehmer speziell zu vereinbaren, was etwa dadurch erfolgen kann, dass die Parteien entsprechende Starttermine oder Abschlusstermine im Sinne von *Frühestensterminen* vereinbaren (SCHUMACHER, Kommentar SIA-118 [Voraufl.], Art. 92/Anm. 3 lit. e Lemma 1).

Innerhalb der massgeblichen Vertragsfristen (welche als Spätestensfristen zu qualifizieren sind, vgl. dazu Art. 92/Rz. 7) und sofern nichts anderes verabredet worden ist, ist der Unternehmer also frei, den Startzeitpunkt seiner Arbeiten sowie sein Arbeitstempo selbst zu bestimmen, das heisst etwa schneller oder langsamer zu bauen, als ein durchschnittlicher Unternehmer baut (GAUCH, Fristen und Termine, S. 9; HENNINGER, Bauverzögerungen und ihre Folgen, S. 242; REETZ, Baubeschleunigung, Rz. 44). Der Bauherr kann dem Unternehmer diesbezüglich keine Vorgaben machen – und zwar insbesondere auch nicht durch Weisungen während der Bauarbeiten; daran vermag auch Art. 30 Abs. 3 nichts zu ändern, denn dort wird vom Unternehmer nur eine «gebührende» Rücksichtnahme (auf Nebenunternehmer) verlangt, welche aber nicht die berechtigten Interessen des Unternehmers an einer eigenständigen Festlegung seines Arbeitstempos übersteuern kann (REETZ, Baubeschleunigung, Rz. 44). Der Unternehmer kann demnach etwa seine Arbeiten so beschleunigen, dass er dem Bauherrn das Werk vor Eintritt eines vereinbarten Ablieferungstermins abliefert; der Bauherr hat es diesfalls zu dulden, dass die Vergütung früher fällig wird (Art. 372 Abs. 1 OR) und dass die Vergütungsgefahr früher auf den Bauherrn übergeht (Art. 376 Abs. 1 OR; GAUCH, Fristen und Termine, S. 9; HENNINGER, Bauverzögerungen und ihre Folgen, S. 241; KOLLER ALFRED, Berner Kommentar, N 694 zu Art. 366 OR; REETZ, Baubeschleunigung, Rz. 44). Ein Anspruch auf Vergütung solcher Beschleunigungsmassnahmen steht dem Unternehmer diesfalls jedoch nicht zu (REETZ, Baubeschleunigung, Rz. 44). 3.8

Der Unternehmer, der seine Bauarbeiten rascher ausführt, als dies der Bauherr nach Massgabe der vereinbarten Fristen erwartet, ist verpflichtet, den Bauherrn über die Beschleunigung resp. das raschere Voranschreiten der Arbeiten möglichst frühzeitig zu *informieren*, soweit die Beschleunigung dem Bauherrn nicht ohnehin bekannt ist, sodass der Bauherr seinen Mitwirkungspflichten gehörig (d.h. also möglichst zeitgerecht) nachkommen kann (SCHUMACHER, Kommentar SIA-118 [Voraufl.], Art. 92/Anm. 3 lit. e Lemma 3, welcher zudem – entgegen der hier vertretenen Auffassung – die Informationspflicht des Unternehmers auch bei blosser Offensichtlichkeit der Beschleunigung entfallen lässt; vgl. dazu Art. 93/Rz. 16.2). Damit eine solche Information als *rechtzeitig* erfolgt zu betrachten ist, hat sich der Unternehmer Rechenschaft darüber zu geben, welche Vorbereitungszeit der Bauherr benötigt, um seinen Mitwirkungspflichten zeitgerecht nachkommen zu können (SCHUMACHER, Kommentar SIA-118 [Voraufl.], Art. 92/Anm. 3 lit. e Lemma 3). 3.9

Anmerkung 4

Art. 92 geht vom Fall aus, in dem in der Werkvertragsurkunde oder in den Bestandteilen/Anhängen des Werkvertrags entsprechende Vereinbarungen hinsichtlich der Fristen enthalten sind, wenngleich die Parteien auch davon absehen können, entsprechende vertragliche Fristenregelungen zu treffen (Art. 92/Rz. 1.1). Art. 92 hat jedoch die Funktion einer 4.1

Empfehlung zuhanden der Parteien, vertragliche Regelungen hinsichtlich der Fristen zu treffen. Hinsichtlich der konkreten Ausgestaltung der vertraglichen Vereinbarungen sind verschiedene Möglichkeiten denkbar (vgl. SCHUMACHER, Kommentar SIA-118 [Voraufl.], Art. 92/Anm. 4 lit. a):

4.2 Die Parteien bestimmen die Frist durch die Festlegung einer Anzahl von Tagen, Wochen, Monaten oder Jahren, oftmals verbunden mit einem Starttermin (dies a quo), von dem an die Frist zu berechnen ist (z.B. 4 Monate ab dem 15. September 2014, 6 Wochen nach Vollendung der Baumeisterarbeiten oder 3 Tage nach der Vertragsunterzeichnung). Im Streit über die Berechnung von Fristen und mangels entsprechender vertraglicher Regelung, wie die Frist zu berechnen ist, gelten ergänzend die Bestimmungen von Art. 75 – 81 OR (und nicht diejenigen von Art. 142 ff. ZPO), da es sich bei werkvertraglichen Schuldverhältnissen um materielles und nicht um formelles Recht handelt. Bei einer Fristberechnung nach Tagen (z.B. Frist von 28 Tagen) hat die Fristberechnung nach der hier vertretenen Auffassung (a.M. SCHUMACHER, Kommentar SIA-118 [Voraufl.], Art. 92/Anm. 4 lit. a in fine) allerdings *nach Kalendertagen* und nicht nach den effektiven Arbeitstagen zu erfolgen, da dies (i) der Regelung in – soweit ersichtlich – allen einschlägigen prozessualen Gesetzgebungen entspricht, weshalb es zumindest als *üblich* betrachtet werden kann, dass Tagesfristen (wo diese zu berechnen sind) grundsätzlich nach Kalendertagen zu berechnen sind (nachdem das OR diesbezüglich keine Regelung enthält), (ii) dem Umstand Rechnung trägt, dass sich der Bauherr nicht darum kümmern muss, wann der Unternehmer effektiv arbeitet oder welches die effektiven (oder üblichen) Arbeitstage des Unternehmers sind und da dies (iii) schliesslich auch der gelebten Bauwirklichkeit entspricht. Auch rechnerisch ist es wesentlich einfacher, auf die Kalendertage abzustellen, was sich namentlich daran zeigt, dass eine Ausrichtung der Fristberechnung an den effektiven Arbeitstagen des Unternehmers gerade bei kantonal unterschiedlichen Feiertagen zu erheblichen Auslegungsproblemen führen würde.

Anmerkung 5

5 Fristen laufen wesensgemäss zu einem bestimmten Zeitpunkt, nämlich am Ende der Frist, ab. Der Zeitpunkt des Ablaufs der Frist wird in Art. 92 Satz 2 als Endpunkt der Frist bezeichnet, wobei sich dieser *Endpunkt* wiederum als *Termin* qualifiziert.

Anmerkung 6

6 Als *«übernommene Arbeiten»* gelten diejenigen Arbeiten, zu deren Erbringung sich der Unternehmer werkvertraglich verpflichtet hat. Diese vertraglich geschuldete Leistung ist vom Unternehmer bis zum Ablauf der Frist zu erbringen.

Anmerkung 7

7 Indem Art. 92 Satz 1 statuiert, dass die übernommenen Arbeiten bis zum Ablauf der Fristen ausgeführt sein *müssen,* wird klargestellt, dass es sich bei den in Art. 92 angesprochenen Fristen um sogenannte *Spätestensfristen,* also *Maximalfristen* (untechnisch auch «Ablauffristen» genannt), handelt (vgl. auch SCHUMACHER, Kommentar SIA-118 [Voraufl.], Art. 92/Anm. 3 lit. c und 7). Dementsprechend will Art. 92 Satz 1 klarstellen, dass

die vom Unternehmer (vertraglich) übernommenen (fristgebundenen) Arbeiten bis zum Ablauf der Fristen im Sinne einer echten Vertragspflicht *ausgeführt werden müssen.* Implizit wird durch diesen Wortlaut auch ausgedrückt, dass eine Überschreitung der vereinbarten Frist (Spätestensfrist, Maximalfrist) eine Vertragsverletzung darstellt.

Anmerkung 8

Der letzte Tag der im Werkvertrag bestimmten *Spätestensfrist* ist der Endpunkt dieser 8
Frist und damit ein *Termin.* Bis spätestens zu diesem Zeitpunkt (d.h. dem Tag des Fristablaufs) müssen die vom Unternehmer werkvertraglich übernommenen Arbeiten, denen der Termin gilt, abgeschlossen sein. Der entsprechende Zeitpunkt ist folglich ebenfalls ein *Spätestenstermin* (Schumacher, Kommentar SIA-118 [Voraufl.], Art. 92/Anm. 8), welcher als *Fälligkeitstermin* im Sinne von Art. 102 Abs. 1 OR, als *Verfalltag* im Sinne von Art. 102 Abs. 2 OR oder als Fixtermin im Sinne von Art. 108 OR ausgestaltet sein kann (Art. 92/Rz. 1.3).

4 12 Bauprogramm

Art. 93

[1] Das Bauprogramm [1], das der Unternehmer [2] auf Verlangen [3] des Bauherrn [4] eingereicht hat (Art. 6 Abs. 1) [5], enthält ungefähre Angaben [6] über:

- **Den zeitlichen Fortschritt [7] der Arbeiten [8] innerhalb der vertraglichen Fristen [9],**
- **die für einzelne Arbeitsperioden [10] vorgesehene Zahl der eingesetzten Arbeitnehmer [11],**
- **den vorgesehenen Einsatz [12] der hauptsächlichsten [13] Geräte [14].**

[2] Das Bauprogramm [15] dient der Information [16] der Bauleitung [17] über den Arbeitsplan [18] des Unternehmers. Es entbindet den Unternehmer nicht von der Einhaltung der vertraglichen Fristen.[19] Aus seinen Angaben können Unternehmer und Bauherr nur insoweit Rechte ableiten, als dies die Vertragsurkunde vorsieht (Art. 21 Abs. 3).[20]

Art. 93 (1977/91)

[1] Das Bauprogramm, das der Unternehmer auf Verlangen des Bauherrn eingereicht hat (Art. 6 Abs. 1), enthält ungefähre Angaben über:

- Den zeitlichen Fortschritt der Arbeiten innerhalb der vertraglichen Fristen
- Die für einzelne Arbeitsperioden vorgesehene Zahl der eingesetzten Arbeitnehmer
- Den vorgesehenen Einsatz der hauptsächlichsten Geräte.

2 Das Bauprogramm dient der Information der Bauleitung über den Arbeitsplan des Unternehmers. Es entbindet den Unternehmer nicht von der Einhaltung der vertraglichen Fristen. Aus seinen Angaben können Unternehmer und Bauherr nur insoweit Rechte ableiten, als dies die Vertragsurkunde vorsieht (Art. 21 Abs. 3).

Anmerkung 1

1.1 Art. 93 handelt vom «*Bauprogramm*». Ein solches besteht in einer (i) schriftlichen (d.h. durch Worte erläuterten), (ii) grafischen (d.h. EDV-mässig oder zeichnerisch visualisierten) oder (iii) kombiniert schriftlich-grafischen Darstellung der Bauabläufe und gibt Auskunft darüber, wer wann (resp. von wann bis wann) welche (planerischen oder ausführenden) Bauleistungen (in welchem Tempo) zu erbringen hat. Ein Bauprogramm kann sehr einfach gehalten sein (A4-Seite) oder aus zahlreichen, miteinander verlinkten Excel-Tabellen und Diagrammen (Balken-/Linien-/Netzplan) bestehen und wird gelegentlich auch als *Terminprogramm, Terminplan, Bauzeitenplan* oder *Bauablaufplan* etc. bezeichnet (vgl. Gauch, Fristen und Termine, S. 10; Henninger, Bauverzögerungen und ihre Folgen, S. 242).

1.2 Das Bauprogramm, für welches der Bauherr im Übrigen mangels anderer Abrede *keine besondere Vergütung* zu leisten hat, hat sich an die Fristen und Termine zu halten, welche in der Werkvertragsurkunde (sowie in anderen Bestandteilen bzw. Anhängen des Werkvertrags) vorgegeben sind (vgl. Schumacher, Kommentar SIA-118 [Voraufl.], Art. 93/Anm. 3 lit. b i.V.m. Anm. 10 und 4 lit. c).

1.3 Ein *Bauprogramm* ist nicht zwingend; so werden bei Werkverträgen mit einem geringen Bauvolumen (z.B. beim Einbau einer Küche für ein Einfamilienhaus) häufig keine Bauprogramme angefertigt.

1.4 Das Bauprogramm weist *keinen «Rechte- und Pflichten-Charakter»* auf (vgl. dazu im Einzelnen Reetz, Baubeschleunigung, Rz. 10 ff.). Hierzu ist ein Vierfaches zu präzisieren:

1.5 a) Aus den Angaben eines Bauprogramms können grundsätzlich weder der Unternehmer noch der Bauherr irgendwelche eigenen Rechte (oder Pflichten des Vertragspartners) ableiten; es ist demnach *unverbindlich* (Art. 93 Abs. 2 Satz 3). Die rechtliche Unverbindlichkeit des Bauprogramms (vgl. GWerkV Rz. 656) folgt dabei direkt aus Art. 93 Abs. 2 Satz 3 und nicht etwa daraus, dass das Bauprogramm nur «ungefähre Angaben» (so explizit Art. 93 Abs. 1) enthält. Konzeptionell folgt die Unverbindlichkeit des Bauprogramms aus dem Umstand, dass dieses nach der SIA-Norm 118 bloss eine Beilage zum Angebot des Unternehmers bildet (Art. 93 Abs. 1 i.V.m. Art. 6 Abs. 1); bei einer entsprechenden Vereinbarung kann jedoch das im Angebot des Unternehmers enthaltene Bauprogramm Verbindlichkeit erlangen (Art. 21 Abs. 1 und 3).

1.6 b) Anders verhält es sich demzufolge (Art. 93/Rz. 1.5) – nur (aber immerhin) – dann, wenn das *Bauprogramm* von den Parteien zum *Vertragsinhalt* erhoben wurde («Verbindlicherklärung»), was (i) entweder im Hauptvertragsdokument (Werkvertragsurkunde) selbst oder (ii) in anderen Bestandteilen/Anhängen des Vertrags so vorgesehen sein muss. Ist diese «Verbindlicherklärung» des Bauprogramms in anderen Bestandteilen/Anhängen des Vertrags (also nicht in der Vertragsurkunde) enthalten, so ist allerdings vorausgesetzt, dass der entsprechende Bestandteil bzw. Anhang des Vertrags der *SIA-Norm 118 rangmässig vorgeht,* und zwar aus folgendem Grund: Gemäss Art. 93 Abs. 2 Satz 3 hat die Verbindlicherklärung eines Bauprogramms in der Vertragsurkunde selbst zu erfolgen, wobei auf Art. 21 Abs. 3 verwiesen wird. Gemäss Art. 21 Abs. 3 ist eine entsprechende Abrede, welche in der Vertragsurkunde zu treffen ist – also auch eine Verbindlicherklärung des Bauprogramms – unwirksam, falls sie sich in einem anderen Vertragsbestandteil (als der Vertragsurkunde selbst) befindet. Nach der hier vertretenen Auffassung ist die Bestimmung von Art. 21 Abs. 3 jedoch *einschränkend auszulegen,* und zwar dergestalt, dass die Parteien jedenfalls frei sind, den Vorbehalt von Art. 93 Abs. 2 Satz 3 i.V.m. Art. 21 Abs. 3 in einer vertraglichen Bestimmung zu derogieren bzw. aufzuheben, welche *rangmässig der SIA-Norm 118 vorgeht.* Daraus folgt: Es ist zulässig, dass die Parteien ein Bauprogramm in einer gegenüber der SIA-Norm 118 ranghöheren Vertragsbestimmung als verbindlich erklären, was in der Praxis relativ oft geschieht und von den Parteien diesfalls regelmässig explizit so gewollt (und bedacht) ist. Ob eine Vertragsbestimmung gegenüber der SIA-Norm 118 ranghöher ist oder nicht, bestimmt sich grundsätzlich nach Art. 21 Abs. 1, sofern die Parteien nicht – was allerdings in der Praxis die Regel ist – eine vertragliche Rangreihenfolge hinsichtlich sämtlicher Vertragsbestandteile und -anhänge getroffen haben (Art. 21/Rz. 5.4).

c) Nach der hier vertretenen Auffassung genügt es für die Verbindlichkeit des Bauprogramms, wenn dieses *zum Vertragsinhalt erhoben* wurde, wodurch es automatisch auch Bestandteil des Vertrags wird (siehe demgegenüber GWerkV Rz. 655, wonach selbst dann, wenn ein Bauprogramm Bestandteil des konkreten Werkvertrags ist [womit es zu dessen Vertragsinhalt geworden ist], die Verbindlichkeit der in einem Bauprogramm enthaltenen Zeitangaben nur mit Zurückhaltung zu bejahen sei [«unverbindliche Richtlinien»]; ebenso Gauch, Fristen und Termine, S. 10; Werz, Delay in Construction Contracts, S. 240 und 242; Henninger, Bauverzögerungen und ihre Folgen, S. 242). Dies ergibt sich aus den allgemeinen Regeln (Art. 1 Abs. 1 OR) und kann nicht bloss deswegen anders sein, weil in der Praxis gelegentlich das Bedürfnis (einer Partei) vorherrschen mag, dass ein Vertragsbestandteil gewordenes Bauprogramm doch nicht verbindlich ist, zumal ein solches Bedürfnis je nach konkreter Ausgestaltung des fraglichen Bauprogramms wiederum – je nach Partei (Bauherr oder Unternehmer) – unterschiedlich ausgestaltet wäre. Freilich ist es denkbar, dass die Parteien ein Bauprogramm zum Vertragsinhalt erheben, jedoch übereinstimmend der Auffassung sind, dass dessen Nichteinhaltung sanktionslos bleiben soll. Dies ist jedoch nicht zu vermuten und (als Abweichung von den allgemeinen Regeln) im Streitfall von derjenigen Partei zu beweisen, welche sich darauf beruft (Art. 8 ZGB). 1.7

d) Ist ein Bauprogramm verbindlich, so stellt sich freilich jeweils die Frage nach der *Bedeutung dieser Verbindlichkeit.* Ist damit gemeint, dass nur die Endtermine verbindlich sind, oder sind auch die Anfangstermine und die konkreten Ausführungszeiten verbindlich? Was genau gilt, ist letztlich eine Auslegungsfrage, wobei nach der hier vertretenen Auffassung alle Angaben in einem Bauprogramm verbindlich sind (d.h. also nebst den Endterminen insbesondere auch die Anfangstermine, die Zwischentermine und die Aus- 1.8

führungszeiten/Bauzeiten). Auch dies ergibt sich aus Art. 1 Abs. 1 OR. Parteien, welche ein solches (unter Umständen sehr striktes) Regime nicht wünschen, sind daher gehalten, das Bauprogramm nicht (oder nur in bestimmten Punkten) zum Vertragsinhalt zu erheben.

1.9 e) Zusammenfassend ist Folgendes festzuhalten: (i) Ein vom Unternehmer dem Bauherrn abgegebenes Bauprogramm gilt (mangels anderer Abrede) als blosse Information, das heisst, es ist rechtlich nicht verbindlich. (ii) Eine entsprechende Abrede, mit welcher das Bauprogramm vereinbart (d.h. zum Vertragsinhalt erhoben) und damit rechtlich verbindlich wird, hat gegebenenfalls entweder in der Vertragsurkunde oder aber in einem Bestandteil/Anhang des Vertrags zu erfolgen, welcher der SIA-Norm 118 rangmässig vorgeht.

Anmerkung 2

2 In aller Regel wird das Bauprogramm *vom Unternehmer selbst* ausgearbeitet; Art. 93 Abs. 1 erwähnt einzig diese Konstellation. Denkbar ist jedoch auch, dass die *Bauleitung oder der Bauherr selbst als Stellvertreter des Unternehmers* das Bauprogramm ausarbeitet (vgl. SCHUMACHER, Kommentar SIA-118 [Voraufl.], Art. 93/Anm. 3 lit. a). In der Praxis nicht selten anzutreffen ist schliesslich der Fall, in dem das Bauprogramm von einem *Subunternehmer* oder einem *durch den Unternehmer beauftragten Planer* ausgearbeitet wird.

Anmerkung 3

3.1 Art. 93 Abs. 1 geht davon aus, dass ein Bauprogramm dem Bauherrn vom Unternehmer nur *«auf Verlangen»* eingereicht wird; selbst in diesem Fall wird es nur *«eingereicht»*. Anstelle des Bauherrn kann auch die Bauleitung als dazu bevollmächtigte Vertreterin des Bauherrn das Bauprogramm vom Unternehmer verlangen, wobei ohne solches Verlangen keine Pflicht des Unternehmers besteht, dem Bauherrn ein Bauprogramm einzureichen, jedoch ein Recht des Unternehmers, dem Bauherrn das Bauprogramm unaufgefordert einzureichen (SCHUMACHER, Kommentar SIA-118 [Voraufl.], Art. 93/Anm. 4 lit. a und b). Ohne abweichende Vereinbarung steht dem Unternehmer für die Ausarbeitung eines Bauprogramms *keine zusätzliche Vergütung* zu (SCHUMACHER, Kommentar SIA-118 [Voraufl.], Art. 93/Anm. 4 lit. c).

3.2 Aus dem Wortlaut *«eingereicht»* ergibt sich, dass die SIA-Norm 118 einem Bauprogramm im Ergebnis die *Vertragsqualität* grundsätzlich abspricht, wenn nichts anderes in der Vertragsurkunde (bzw. in deren gegenüber der SIA-Norm 118 rangmässig vorgehenden Bestandteilen/Anhängen) vorgesehen ist (Art. 93 Abs. 2 Satz 3). Daraus, und nur daraus, das heisst aus der *fehlenden Vertragsqualität von Bauprogrammen,* ergibt sich deren grundsätzliche Unverbindlichkeit mit Bezug auf Fristen/Termine (Art. 93/Rz. 1.5 und 20.2).

Anmerkung 4

4.1 Art. 93 Abs. 1 geht davon aus, dass das Bauprogramm vom *Bauherrn* einverlangt wird (wobei sich dieser dabei freilich durch Dritte, so namentlich die Bauleitung, vertreten lassen kann, vgl. Art. 93/Rz. 3.1). Eine entsprechende *Aufforderung zur Einreichung des Bauprogramms* kann der Bauherr jederzeit aussprechen, so z.B. schon im Rahmen der Ausschreibung (Art. 6 Abs. 1), aber auch erst während der Bauausführung (nicht mehr aber im Zeitpunkt der Abnahme, da dannzumal die Abgabe eines Bauprogramms nutzlos wäre und ein entsprechendes Verlangen des Bauherrn daher rechtsmissbräuchlich im Sinne von Art. 2 Abs. 2 ZGB wäre).

Arbeitet der Unternehmer schneller als im (ursprünglichen) Bauprogramm vorgesehen und ist der Bauherr deshalb nicht in der Lage, seine Mitwirkungspflichten zeitgerecht zu erfüllen, so ist der Bauherr nicht verpflichtet, seine Mitwirkung dem gegenüber dem (ursprünglichen) Bauprogramm schnelleren Baufortschritt des Unternehmers anzupassen (vgl. Reetz, Baubeschleunigung, Rz. 38 und 49). Beabsichtigt der Bauherr, dies dennoch zu tun, so kann er dies davon abhängig machen, dass ihm der *Unternehmer vorgängig ein revidiertes Bauprogramm vorlegt;* auch dies, ohne dass der Unternehmer Anspruch auf eine zusätzliche Vergütung hätte (Schumacher, Kommentar SIA-118 [Voraufl.], Art. 93/Anm. 6 lit. c). Ein *revidiertes Bauprogramm* kann der Bauherr ferner auch dann verlangen, wenn der (ursprüngliche) Werkvertrag im Rahmen von Bestellungsänderungen ergänzt oder abgeändert worden ist (vgl. Schumacher, Kommentar SIA-118 [Voraufl.], Art. 93/Anm. 9); auch diesfalls schuldet der Bauherr dem Unternehmer keine zusätzliche Vergütung für das revidierte Bauprogramm, da die Vergütung bereits im zusätzlichen Werkpreis für die Bestellungsänderungen inkludiert ist. 4.2

Anmerkung 5

Der *Verweis auf Art. 6 Abs. 1* macht deutlich, dass der Bauherr im Regelfall in der Ausschreibung ein Bauprogramm als Beilage zum Angebot verlangt. Kommt der Unternehmer dieser Aufforderung nach, erhält der Bauherr das Bauprogramm bereits vor dem Vertragsabschluss; häufig verhält es sich jedoch auch so, dass der Bauherr das Bauprogramm im Zuge der Prüfung der Angebote als zusätzliche Auskunft im Sinne von Art. 18 Abs. 2 Satz 1 oder auch erst nach Vertragsschluss verlangt (Schumacher, Kommentar SIA-118 [Voraufl.], Art. 93/Anm. 6). Siehe zudem Art. 93/Rz. 4.1. 5

Anmerkung 6

Nach dem Wortlaut von Art. 93 Abs. 1 genügt es, wenn das Bauprogramm «*ungefähre Angaben*» enthält. Dies ist in zweierlei Hinsicht zu verdeutlichen: Einerseits ist es denkbar (und häufig), dass ein Bauprogramm nicht nur ungefähre Angaben, sondern *sehr detaillierte Angaben* über den geplanten Baufortschritt des Unternehmers enthält, indem beispielsweise Anfang und Ende eines bestimmten Arbeitsvorgangs auf den Tag oder die Stunde genau bezeichnet werden (vgl. Schumacher, Kommentar SIA-118 [Voraufl.], Art. 93/Anm. 7). Andererseits ist ein Bauprogramm nur auf Verlangen einzureichen (Art. 93/Rz. 3.1), was nicht nur heisst, dass der Bauherr auf ein Bauprogramm überhaupt verzichten kann, sondern auch, dass sich der Bauherr u.U. mit einem nicht einmal ungefähre Angaben enthaltenden Bauprogramm (z.B. mit einer rudimentären Schätzung) begnügen kann. Immerhin kann der Bauherr im letzteren Fall bis zur Abnahme (Art. 93/Rz. 4.1) verlangen, dass ihm der Unternehmer ein Bauprogramm, welches zumindest un- 6.1

gefähre Angaben enthält, ohne Anspruch auf zusätzliche Vergütung nachliefert (vgl. Art. 93/Rz. 3.1 und 4.2).

6.2 In den nachfolgenden drei Lemmata von Art. 93 Abs. 1 sind diejenigen (ungefähren) Angaben aufgeführt, welche das Bauprogramm, wenn es vom Bauherrn einverlangt wird, mindestens enthalten muss. Die entsprechenden Angaben können dabei schriftlich, grafisch oder kombiniert schriftlich-grafisch gemacht werden (Art. 93/Rz. 1.1). In allen Fällen müssen sie nur annäherungsweise zutreffend sein *(«ungefähre Angaben»)* und diejenigen Angaben enthalten, welche es dem Bauherrn ermöglichen, seinen Mitwirkungspflichten nachzukommen (Art. 93/Rz. 16.1 f.). Ebenso erleichtern verschiedene Angaben des Bauprogramms dem Bauherrn die Kontrolle der vom Unternehmer ausgeführten Arbeiten – freilich ohne, dass der Bauherr zu einer solchen Kontrolle verpflichtet wäre.

Anmerkung 7

7 Das Bauprogramm muss zunächst den *«zeitlichen Fortschritt»* der Arbeiten darstellen, also (ungefähr) angeben, wann welcher Arbeitsvorgang beginnt und wann welcher Arbeitsvorgang endet.

Anmerkung 8

8 Mit dem Begriff *«Arbeiten»* sind diejenigen Arbeiten gemeint, zu deren Erbringung sich der Unternehmer werkvertraglich verpflichtet hat (Art. 92/Rz. 6). Ist der Werkvertrag durch Bestellungsänderungen ergänzt oder abgeändert worden und verlangt der Bauherr vom Unternehmer ein revidiertes Bauprogramm, so hat der Unternehmer auch die im Rahmen der Bestellungsänderungen zusätzlich übernommenen resp. abgeänderten Arbeiten abzubilden (vgl. SCHUMACHER, Kommentar SIA-118 [Voraufl.], Art. 93/Anm. 9).

Anmerkung 9

9 Die im Bauprogramm abgebildeten Arbeiten sind in jedem Fall *innerhalb der vertraglichen Fristen* zu erbringen. Diese vertraglichen Fristen bleiben verbindlich und werden durch ein Bauprogramm nicht abgeändert; das Bauprogramm hat sich vielmehr den vertraglichen Fristen unterzuordnen (vgl. Art. 93 Abs. 2 Satz 2; Art. 93/Rz. 19).

Anmerkung 10

10 Der Begriff *«Arbeitsperioden»* meint die Zeitdauer zwischen dem Anfang und dem Ende einer bestimmten Arbeit oder – allenfalls – von mehreren bestimmten Arbeiten. Was sachgemäss ist, bestimmt der Unternehmer, der diesbezüglich jedoch die Bedürfnisse des Bauherrn (welche dadurch gekennzeichnet sind, dass dem Bauherrn ermöglicht werden soll, seinen Mitwirkungspflichten nachzukommen, vgl. Art. 93/Rz. 16.1 f.) zu berücksichtigen hat.

Anmerkung 11

11 Der Unternehmer hat dem Bauherrn im Bauprogramm auch mitzuteilen, welches die für eine einzelne Arbeitsperiode (Art. 93/Rz. 10) *«vorgesehene Zahl der eingesetzten Arbeitnehmer»* ist. Zum einen erleichtert es diese Angabe der Bauleitung, entsprechende Tages-

rapporte zu kontrollieren (Art. 36 Abs. 1 Satz 2 i.V.m. Art. 36 Abs. 4 Satz 1; SCHUMACHER, Kommentar SIA-118 [Voraufl.], Art. 93/Anm. 12 lit. a). Zum andern kann diese Angabe für den Bauherrn etwa insofern von Bedeutung sein, als er mithilfe dieser Information ganz allgemein die Baustelle besser organisieren kann, indem sich etwa die Planer (und gegebenenfalls auch Nebenunternehmer) im Rahmen der Erbringung ihrer eigenen Arbeitsleistungen darauf einstellen können. Schliesslich ermöglicht es die Kenntnis der vorgesehenen Zahl der eingesetzten Arbeitnehmer dem Bauherrn, die entsprechend notwendigen Massnahmen hinsichtlich der Baustellensicherheit (Sicherheitsvorschriften i.e.S., ferner aber u.U. auch bezüglich Arbeitszeiten und -pausen) bestmöglich umzusetzen. Vor dem Hintergrund dieser verschiedenartigen Zwecke wird deutlich, dass der Unternehmer dem Bauherrn auch mitteilen muss, wie sich die vorgesehene Zahl der eingesetzten Arbeitnehmer zusammensetzt, das heisst, welche hierarchische Position sie innehaben (vgl. SCHUMACHER, Kommentar SIA-118 [Voraufl.], Art. 93/Anm. 12) und welchen Berufsgattungen die einzelnen Arbeitnehmer angehören.

Anmerkung 12

Der *«vorgesehene Einsatz der hauptsächlichsten Geräte»* soll dem Bauherrn Aufschluss darüber geben, welche Baumaschinen (z.B. Tunnelbohrmaschine, Bagger), Geräte (z.B. Baugerüst), (wesentlichen) Materialien (z.B. Beton) und Baustelleneinrichtungen wann und inwiefern (in welcher Weise), das heisst für welche Arbeit (oder auch Arbeitsperiode, Art. 93/Rz. 10), zum Einsatz gelangen. 12

Anmerkung 13

Anzugeben sind nicht alle Geräte, sondern nur die *«hauptsächlichsten» Geräte.* Diese Beschränkung erfolgt vor dem Hintergrund, dass die Angabe des vorgesehenen Einsatzes sämtlicher Geräte (d.h. Baumaschinen, Geräte, wesentliche Materialien und Baustelleneinrichtungen, vgl. Art. 93/Rz. 12) einerseits sehr aufwendig für den Unternehmer wäre, andererseits aber dem Bauherrn nur einen beschränkten Nutzen bringen würde. Als «hauptsächlich» sind dabei diejenigen Geräte (d.h. Baumaschinen, Geräte, wesentliche Materialien und Baustelleneinrichtungen, Art. 93/Rz. 12) zu bezeichnen, deren Kenntnis für den Bauherrn insofern relevant ist, als die Erfüllung seiner Mitwirkungspflichten (Art. 93/Rz. 16.1 f.) davon beeinflusst wird (vgl. ferner auch Art. 126 Abs. 1). Auf den Preis oder die Verfügbarkeit eines entsprechenden Geräts kommt es demgegenüber höchstens sekundär an (anders wohl SCHUMACHER, Kommentar SIA-118 [Voraufl.], Art. 93/Anm. 14). 13

Anmerkung 14

Unter den Begriff *«Geräte»* fallen *Baumaschinen* (z.B. Tunnelbohrmaschine, Bagger), *Geräte i.e.S.* (z.B. Baugerüst) und (wesentliche) *Materialien* (Art. 93/Rz. 12). Zudem fallen darunter auch *Baustelleneinrichtungen* jeglicher Art (SCHUMACHER, Kommentar SIA-118 [Voraufl.], Art. 93/Anm. 15). Auch diese Angabe hilft der Bauleitung, die entsprechenden Tagesrapporte zu kontrollieren (Art. 36 Abs. 1 Satz 2 i.V.m. Art. 36 Abs. 4 Satz 1; SCHUMACHER, Kommentar SIA-118 [Voraufl.], Art. 93/Anm. 15). Ebenfalls wird dem Bau- 14 herrn dadurch die Organisation der Baustelle sowie die Umsetzung von Massnahmen hinsichtlich der Baustellensicherheit erleichtert (vgl. Art. 93/Rz. 11).

Anmerkung 15

15 Siehe Art. 93/Rz. 1.1 ff.

Anmerkung 16

16.1 Das Bauprogramm bezweckt primär die *«Information der Bauleitung über den Arbeitsplan des Unternehmers»* (Art. 93 Abs. 2 Satz 1); fehlt es an einer Bauleitung, so dient das Bauprogramm zur Information des Bauherrn selbst (Art. 93/Rz. 17). Das Bauprogramm ist demzufolge ein Instrument, welches dem Bauherrn die Wahrnehmung anderer Aufgaben (z.B. die Koordination der von anderen Unternehmern zu erbringenden [Anschluss-] Bauarbeiten) erleichtert und welches – ganz generell – dem Bauherrn die zeitgerechte Wahrnehmung seiner Mitwirkungspflichten (genauer: Mitwirkungsobliegenheiten) ermöglichen soll (vgl. Schumacher, Kommentar SIA-118 [Voraufl.], Art. 93/Anm. 17 lit. a).

16.2 Reicht der Unternehmer kein Bauprogramm ein, so entbindet ihn dies nicht davon, den *Bauherrn dennoch über das Fortschreiten seiner Arbeiten zu informieren.* Dies ergibt sich nicht nur aus Treu und Glauben (Art. 2 Abs. 1 ZGB) sowie daraus, dass der Bauherr ohne entsprechende Informationen durch den Unternehmer kaum in der Lage ist, seine Mitwirkungspflichten gehörig zu erfüllen, sondern vor allem auch daraus, dass gemäss Art. 93 Abs. 1 der Bauherr die Einreichung eines Bauprogramms (und damit eine entsprechende Information) durch den Unternehmer *verlangen* kann (vgl. Schumacher, Kommentar SIA-118 [Voraufl.], Art. 93/Anm. 6 lit. b). Auf eine entsprechende Information des Bauherrn verzichten kann der Unternehmer demzufolge nur dann, wenn der Bauherr den Arbeitsfortschritt des Unternehmers *kennt;* die blosse «Offensichtlichkeit» des entsprechenden Arbeitsfortschritts genügt demgegenüber nicht (a.M. Schumacher, Kommentar SIA-118 [Voraufl.], Art. 93/Anm. 4 lit. d): Dies deshalb nicht, da es nach dem Gesagten (i) eine Pflicht des Unternehmers ist, den Bauherrn zu informieren (dies umso mehr, wenn er kein Bauprogramm eingereicht hat) und da es (ii) auch keine Grundlage in der SIA-Norm 118 gibt, welche den Entfall einer Informationspflicht an die blosse Offensichtlichkeit des Arbeitsfortschritts für den Bauherrn knüpfen würde – und zwar mit gutem Grund, zumal das Werkvertragsrecht keine Pflicht des Bestellers vorsieht, den Unternehmer zu überwachen. Die Informationspflicht des Unternehmers hat sodann zur Folge, dass er den Bauherrn unaufgefordert auch über Abweichungen in seinem Arbeitsfortschritt vom Bauprogramm orientieren muss.

16.3 Der Bauherr verfügt über keinen Schadenersatzanspruch dem Unternehmer gegenüber, wenn dieser das (nicht verbindliche) Bauprogramm (weil er langsamer [oder schneller] baut) nicht einhält: Sofern das Bauprogramm (wie üblich) nicht Vertragsinhalt ist, kann dessen Nichteinhaltung durch den Unternehmer dem Bauherrn – mangels Vertragsverletzung durch den Unternehmer – auch keinen Anspruch auf Schadenersatz verschaffen. Vgl. Reetz, Baubeschleunigung, Rz. 17 f.

Obwohl der Unternehmer nicht zur Einhaltung des Bauprogramms verpflichtet ist, steht es ihm selbstverständlich frei (und tut er regelmässig gut daran), sich an das Bauprogramm zu halten. *Unterschreitet der Unternehmer* hingegen die *Fristen/Termine,* welche im (nicht verbindlichen) Bauprogramm vorgesehen sind, so steht dem Unternehmer *kein Anspruch auf eine Zusatzvergütung* zu. Dies folgt daraus, dass der Bauherr keine (vertraglichen) Verpflichtungen im Gegenzug zur Einhaltung des Bauprogramms durch den Unternehmer eingegangen ist, weshalb er dem Unternehmer bei Unterschreitung der im Bauprogramm vorgesehenen Fristen/Termine erst recht keine zusätzliche Vergütung zu bezahlen hat. Vgl. REETZ, Baubeschleunigung, Rz. 19f. 16.4

Der *Bauherr* hat sich bei einer Unterschreitung des (nicht verbindlichen) Bauprogramms durch den Unternehmer auch *nicht dem schneller bauenden Unternehmer anzupassen.* Unterschreitet der Unternehmer die Fristen/Termine, welche im (nicht verbindlichen) Bauprogramm vorgesehen sind, so bedeutet dies zudem auch nicht, dass sich der Bauherr anderweitig darauf einstellen müsste: Diesfalls ist der Bauherr z.B. nicht verpflichtet, andere Unternehmer (Neben- bzw. häufig Folgeunternehmer) ihre Arbeiten früher ausführen zu lassen, nur damit der erste Unternehmer, welcher dem (nicht verbindlichen) Bauprogramm voraus ist, eine allfällige zweite, (später) von ihm auszuführende Bauetappe früher in Angriff nehmen kann. Ebenso wenig ist der Bauherr gehalten, ihm obliegende Mitwirkungspflichten (namentlich etwa Planlieferungen) früher als im (nicht verbindlichen) Bauprogramm vorgesehen wahrzunehmen, nur damit der Unternehmer, welcher dem Bauprogramm voraus ist, seinen «Vorsprung» auf das Bauprogramm aufrecht erhalten kann (a.M. SCHUMACHER, Kommentar SIA-118 [Voraufl.], Art. 94/Anm. 9 lit. b). Vielmehr steht es dem Bauherrn frei, sich an das ihm ursprünglich vom Unternehmer abgegebene (nicht verbindliche) Bauprogramm zu halten und die Nebenunternehmerleistungen dann auszulösen sowie seine Mitwirkungspflichten dann zu erfüllen (richtigerweise geht es freilich um die Beachtung von blossen Mitwirkungsobliegenheiten, vgl. Art. 94/Rz. 2.2), wenn der entsprechende Zeitpunkt dafür gemäss dem (nicht verbindlichen) Bauprogramm gekommen ist; insofern rechtfertigt es sich, von einem gewissen (d.h. beschränkten) *«Vertrauensschutz»* für den Bauherrn zu sprechen (so zu Recht GWERKV Rz. 656). Vgl. REETZ, Baubeschleunigung, Rz. 21f. 16.5

Weiter gilt Folgendes: *Hält sich der Bauherr an das* ihm vom Unternehmer ursprünglich abgegebene *(nicht verbindliche) Bauprogramm,* das heisst, erfüllt der Bauherr seine Mitwirkungspflichten zu den im Bauprogramm vorgesehenen Zeitpunkten, so ist es von vornherein *ausgeschlossen,* dass der Unternehmer gegenüber dem Bauherrn *Ansprüche auf Zusatzvergütung aus Baubeschleunigungsmassnahmen* geltend machen kann, welche vom Unternehmer (spezifisch) mit zeitlichen Verletzungen von Mitwirkungspflichten durch den Bauherrn begründet werden: Diesfalls liegt nämlich nicht nur keine Vertragsverletzung des Bauherrn vor (das nicht verbindliche Bauprogramm weist nämlich infolge Fehlens einer anderen Abrede ohnehin keinen Vertragscharakter auf, siehe Art. 93/Rz. 1.4f. und 20.2), sondern es fehlt überhaupt und von vornherein auch an Mitwirkungspflichtverletzungen des Bauherrn, welche ein auf zeitliche Momente gestütztes Vertrauen des Unternehmers enttäuschen könnten. Zur Verdeutlichung: Reicht der Unter- 16.6

nehmer dem Bauherrn ein Bauprogramm ein und widerspricht der Bauherr nicht, so entsteht allein dadurch zwar keine vertragliche Bindung zwischen Bauherr und Unternehmer in Bezug auf das Bauprogramm (vgl. Art. 93 Abs. 2 Satz 3). Indes schafft der ausbleibende Widerspruch des Bauherrn beim Unternehmer das berechtigte Vertrauen, dass der Bauherr seinen Mitwirkungspflichten zu den im (nicht verbindlichen) Bauprogramm vorgesehenen Zeitpunkten auch tatsächlich nachkommt. Erfüllt nun der Bauherr seine Mitwirkungspflichten zu den im (nicht verbindlichen) Bauprogramm (vom Unternehmer selbst) vorgesehenen Zeitpunkten, so kann ein entsprechendes Vertrauen des Unternehmers, dass der Bauherr gewisse Handlungen zu bestimmten Zeitpunkten vornimmt, nicht zerstört sein. Mit Mitwirkungspflichtverletzungen des Bauherrn begründete Ansprüche des Unternehmers aus Baubeschleunigungsmassnahmen scheiden daher diesfalls aus. Vgl. Reetz, Baubeschleunigung, Rz. 23 ff.

16.7 Verletzt der Bauherr das (nicht verbindliche) Bauprogramm, so hat der Unternehmer einen Anspruch auf Mehrvergütung, nicht aber einen solchen auf Schadenersatz: Nach dem Gesagten (Art. 93/Rz. 16.6) schafft ein dem Bauherrn vom Unternehmer abgegebenes (nicht verbindliches) Bauprogramm beim Unternehmer immerhin das berechtigte *Vertrauen,* dass der Bauherr zu den im (nicht verbindlichen) Bauprogramm vorgesehenen Terminen die ihm obliegenden Mitwirkungspflichten erfüllt. Wollte man dies anders sehen, so liefe das im Ergebnis darauf hinaus, dass dem Bauprogramm rechtlich überhaupt keine Relevanz mehr zukommt, was aber Art. 93 Abs. 2 Satz 1 zuwiderläuft. Die dort statuierte Bedeutung des Bauprogramms (Information der Bauleitung über den Arbeitsplan des Unternehmers) macht nämlich vor dem Hintergrund der Tatsache, dass sich der Unternehmer anschickt, für den Bauherrn und zu dessen erleichterter Mitwirkung ein (abgabefähiges, wenn auch nicht vertraglich verbindliches) Bauprogramm auszuarbeiten, nur dann Sinn, wenn diese Information als gegenseitig bzw. als *für die Vertragsabwicklung vertrauensbildende Massnahme* verstanden wird. Dies bedeutet, dass nicht nur der Bauherr auf die Informationen des Unternehmers vertrauen darf (vgl. aber Art. 93/Rz. 16.3; siehe ferner Art. 93/Rz. 16.6), sondern es bedeutet auch, dass der Unternehmer die dem Bauherrn obliegenden Mitwirkungshandlungen zu den im (nicht verbindlichen) Bauprogramm vorgesehenen Zeitpunkten erwarten darf, um seine eigenen (Unternehmer-)Leistungen zeitgerecht erfüllen zu können. Zur Verdeutlichung: Erfüllt der Bauherr seine Mitwirkungspflichten nicht zu den im (nicht verbindlichen) Bauprogramm vorgesehenen Zeitpunkten, so berechtigt dies den Unternehmer gegebenenfalls zu einer *Zusatzvergütung* (so z.B. bei verspäteter Planlieferung des Bauherrn). Umgekehrt hat eine Verletzung des (nicht verbindlichen) Bauprogramms durch den Bauherrn nicht zur Folge, dass sich der Bauherr deswegen gegenüber dem Unternehmer schadenersatzpflichtig macht; dies schon deshalb nicht, da das (nicht verbindliche) Bauprogramm gerade keinen Vertragscharakter aufweist (siehe Art. 93/Rz. 1.4 f. und 20.2). Das Gesagte ergibt sich aber auch daraus, dass sich bereits der Unternehmer, welcher sich nicht an das Bauprogramm hält, dem Bauherrn gegenüber nicht schadenersatzpflichtig macht (vgl. Art. 93/Rz. 16.3), weshalb sich – spiegelbildlich – auch der Bauherr nicht schadenersatzpflichtig machen kann, wenn er sich nicht an das Bauprogramm hält. Vorbehalten bleibt freilich der Fall von Art. 97 Abs. 1, wo es jedoch um *Vertragsverletzungen* geht (SCHUMACHER, Kommentar SIA-118 [Voraufl.], Art. 97/Anm. 1 lit. a), welche im vorliegenden Zusammenhang gerade nicht vorliegen. Vgl. REETZ, Baubeschleunigung, Rz. 26 ff.

Werden Angaben, welche im Bauprogramm enthalten sind, in der Vertragsurkunde oder in deren Bestandteilen/Anhängen (sofern diese der SIA-Norm 118 rangmässig vorgehen, vgl. Art. 93/Rz. 1.6) wiederholt, so werden diese Angaben *rechtsverbindlich*. Es ist also nicht so, dass diese Angaben, nur weil sie gleichzeitig auch noch im (nicht verbindlichen) Bauprogramm stehen, rechtlich unverbindlich wären. Das Gesagte gilt auch im umgekehrten Fall: Werden Fristen/Termine, welche in der Vertragsurkunde oder in deren Bestandteilen/Anhängen (welche der SIA-Norm 118 rangmässig vorgehen, vgl. Art. 93/Rz. 1.6) enthalten sind, im Bauprogramm wiederholt, so bedeutet dies nicht, dass sie infolge dieser Wiederholung unverbindlich würden. Vielmehr bleiben sie *rechtsverbindlich* (vgl. SCHUMACHER, Kommentar SIA-118 [Voraufl.], Art. 93/Anm. 12 lit. b, 14 und 21 lit. a). 16.8

Anmerkung 17

Durch das Bauprogramm wird die «*Bauleitung*» über den Arbeitsplan des Unternehmers informiert. Fehlt eine Bauleitung, so dient das Bauprogramm unmittelbar der Information des Bauherrn selbst (vgl. auch Art. 93/Rz. 3.1). 17

Anmerkung 18

Gegenstand der Information im Bauprogramm ist der «*Arbeitsplan*» des Unternehmers. Der Arbeitsplan besteht aus den in den drei Lemmata von Art. 93 Abs. 1 erwähnten Themen (Art. 93/Rz. 7 ff.), hinsichtlich welcher das Bauprogramm ungefähre Angaben (Art. 93/Rz. 6.1 f.) zu enthalten hat (vgl. SCHUMACHER, Kommentar SIA-118 [Voraufl.], Art. 93/Anm. 19, der von «Programmpunkten» spricht). 18

Anmerkung 19

Aus Art. 93 Abs. 2 Satz 2 folgt, dass der Unternehmer aufgrund der Abgabe eines (nicht verbindlichen) Bauprogramms (selbstverständlich) nicht davon entbunden ist, die *vertraglichen Fristen einzuhalten;* insofern unterscheiden sich gemäss Art. 93 Abs. 2 Satz 2 die (verbindlichen) vertraglichen Fristen vom Bauprogramm (vgl. Art. 93/Rz. 16.3). 19

Anmerkung 20

Vgl. zunächst Art. 93/Rz. 1.4 ff. Folgendes ist zur Verdeutlichung beizufügen: 20.1

a) Nach Art. 93 Abs. 2 Satz 3 können aus dem Bauprogramm nur insoweit Rechte abgeleitet werden, als dies in der *Vertragsurkunde – oder aber in deren Bestandteilen/Anhängen* (welche der SIA-Norm 118 rangmässig vorgehen müssen, vgl. Art. 93/Rz. 1.6) – *vorgesehen* ist. Dies bedeutet: Ist die Verbindlichkeit eines Bauprogramms in der Vertragsurkunde selbst oder in einem Bestandteil/Anhang der Vertragsurkunde (welcher der SIA-Norm 118 rangmässig vorgeht) vorgesehen, so sind die im Bauprogramm enthaltenen Fristen/Termine in gleicher Weise verbindlich, wie wenn solche Fristen/Termine in der Hauptvertragsurkunde selbst (d.h. im Werkvertragsdokument selbst) enthalten gewesen 20.2

wären. Dies wird in der Praxis nicht selten übersehen, wenn generell davon ausgegangen wird, dass ein Bauprogramm, dessen Verbindlichkeit nicht in der Vertragsurkunde selbst vorgesehen ist, «unverbindlich» sei. Der Grund für diese Regelung in Art. 93 Abs. 2 (grundsätzliche «Unverbindlichkeit» in Satz 3 sowie blosser Informationscharakter des Bauprogramms in Satz 2) liegt darin, dass ein Bauprogramm dem Bauherrn vom Unternehmer nur «eingereicht» wird (Art. 93/Rz. 3.2) und auch dies nur «auf Verlangen» (Art. 93 Abs. 1; Art. 93/Rz. 1.4 ff. und 3.1 f.). Das heisst, dass Art. 93 einem Bauprogramm im Ergebnis die Vertragsqualität grundsätzlich abspricht, wenn nichts anderes in der Vertragsurkunde (bzw. in deren gegenüber der SIA-Norm 118 rangmässig vorgehenden Bestandteilen/Anhängen) vorgesehen ist (Art. 93 Abs. 2 Satz 3).

20.3 b) Die Regelung in Art. 93 Abs. 2 Satz 3 ist demnach sinnvoll, denn aus Informationen, welche keinen Vertragscharakter haben, sollen auch keine vertraglichen Ansprüche abgeleitet werden können (Art. 93 Abs. 2 Satz 3 e contrario). Es steht einem Bauherrn denn auch frei, im Einverständnis mit dem Unternehmer die Verbindlichkeit eines Bauprogramms in der Vertragsurkunde oder in einem (gegenüber der SIA-Norm 118 vorrangigen) Bestandteil/Anhang der Vertragsurkunde vorzusehen, wenn er den im Bauprogramm enthaltenen Fristen/Terminen Verbindlichkeit zumessen will bzw. wenn er an deren Nichteinhaltung vertragsrechtliche Sanktionen (insbesondere Schadenersatz) knüpfen will. Soweit dies nicht erfolgt, greifen solche Sanktionen nicht.

20.4 c) Zur rechtlichen Einordnung der in Art. 21 Abs. 3 enthaltenen Regel siehe Art. 21/Rz. 20.3.

413 Einhaltung der Fristen[1]

4131 Pflichten der Bauleitung[2]

Art. 94

[1] Die Bauleitung[3] stellt dem Unternehmer[4] die Ausführungsunterlagen (Art. 99–101)[5] und die erforderlichen Grundstücke und Rechte (Art. 116)[6] so frühzeitig zur Verfügung[7], dass dieser die vertraglichen Fristen einhalten kann.[8] Sie berücksichtigt hierbei den Fortschritt der Arbeiten[9] und die vom Unternehmer benötigte Vorbereitungszeit[10].

[2] Ist die Bauleitung säumig[11], so hat der Unternehmer das Recht auf eine angemessene Erstreckung[12] der betreffenden Fristen[13].[14] Diese werden neu vereinbart.[15] Stimmt die Bauleitung[16] einer angemessenen Erstreckung nicht zu[17] oder ist sie immer wieder säumig[18], so kann der Unternehmer den Vertrag nach den Vorschriften über den Gläubigerverzug auflösen (Art. 95 OR)[19].

Art. 94 (1977/91)

1 Die Bauleitung stellt dem Unternehmer die Ausführungsunterlagen (Art. 99ff.) und die erforderlichen Grundstücke und Rechte (Art. 116) so frühzeitig zur Verfügung, dass dieser die vertraglichen Fristen einhalten kann. Sie berücksichtigt hiebei den Fortschritt der Arbeiten und die vom Unternehmer benötigte Vorbereitungszeit.

2 Ist die Bauleitung säumig, so hat der Unternehmer das Recht auf eine angemessene Erstreckung der betreffenden Fristen. Diese werden neu vereinbart. Stimmt die Bauleitung einer angemessenen Erstreckung nicht zu oder ist sie immer wieder säumig, so kann der Unternehmer den Vertrag nach den Vorschriften über den Gläubigerverzug auflösen (Art. 95 OR).

Anmerkung 1

Art. 94 und Art. 95 stehen unter dem Titel *«Einhaltung der Fristen»*, wobei Art. 94 die Pflichten der Bauleitung (gemeint: die Pflichten des Bauherrn) und Art. 95 die Pflichten des Unternehmers regelt. Insofern bilden die Art. 94 und Art. 95 eine systematische Untereinheit im Kapitel *«Fristen»*, welches in den Art. 92–98 geregelt ist. In der Praxis geben naturgemäss nicht die Fälle der Einhaltung, sondern vielmehr die Fälle der Nichteinhaltung der (vereinbarten) Fristen zu Problemen Anlass. 1.1

Gemeint sind sämtliche *«Fristen»* und *«Termine»*, welche die Parteien vereinbart haben (Art. 92/Rz. 3.1ff.). Art. 94 normiert in diesem Zusammenhang einerseits die entsprechenden Pflichten resp. Obliegenheiten des Bauherrn (Art. 94 Abs. 1) und regelt andererseits die Rechtsfolgen bei Pflicht- resp. Obliegenheitsverletzungen des Bauherrn (Art. 94 Abs. 2). 1.2

Mit Bezug auf die Frage der «Einhaltung der Fristen» stets zu prüfen ist die Frage, ob der Unternehmer *Anspruch auf eine Fristerstreckung* hat und auf welche Zeitspanne diese zu bemessen ist (Art. 94 Abs. 2 Satz 1 und Art. 96). 1.3

Anmerkung 2

Art. 94 handelt von den *«Pflichten der Bauleitung»*, währenddem sich Art. 95 mit den «Pflichten des Unternehmers» befasst (Art. 94/Rz. 1.1). Der Begriff «Pflichten der Bauleitung» meint jedoch in Wirklichkeit die «Pflichten des Bauherrn», nachdem der Unternehmer nur mit dem Bauherrn – nicht aber mit der Bauleitung – in einem Vertragsverhältnis steht. Im Einzelnen: 2.1

a) Der Sache nach geht es bei den *Mitwirkungspflichten* des Bauherrn um *Obliegenheiten* und nicht um Pflichten im Rechtssinne, da der Bauherr bei Nichteinhaltung der entsprechenden «Pflichten» primär eigene Rechtsnachteile zu gewärtigen hat, währenddem die entsprechenden «Pflichten» grundsätzlich nicht eingeklagt werden können und den Bauherrn bei Verletzung derselben auch nicht schadenersatzpflichtig werden lassen. Im konkreten Vertrag können die entsprechenden Mitwirkungspflichten freilich nicht bloss als Obliegenheiten, sondern als Pflichten im Rechtssinne ausgestaltet sein. Die entsprechenden Mitwirkungspflichten erfüllt der Bauherr persönlich oder er lässt diese (was die Regel ist) durch die von ihm eingesetzte Bauleitung erfüllen (vgl. SCHUMACHER, Kommentar SIA-118 [Voraufl.], Art. 94/Anm. 2). 2.2

2.3 b) Die so (Art. 94/Rz. 2.2) umschriebenen *Pflichten des Bauherrn sind dabei verschiedenartiger Natur,* wobei Art. 94 Abs. 1 nicht alle den Bauherrn treffenden Pflichten nennt, sondern lediglich die Pflicht, die Ausführungsunterlagen (insbesondere Ausführungspläne) (Art. 99 – 101) und die erforderlichen Grundstücke (Art. 116) rechtzeitig zur Verfügung zu stellen, erwähnt.

2.4 c) Über diese Pflichten (Art. 94/Rz. 2.3) hinaus treffen den Bauherrn insbesondere die folgenden Pflichten resp. Mitwirkungspflichten (Schumacher, Kommentar SIA-118 [Vorauf l.], Art. 94/Anm. 2 lit. a–d): (i) die *Koordinationspflicht* gemäss Art. 34 Abs. 3, wonach die Bauleitung «für die rechtzeitige Koordination der Arbeiten aller am Bauwerk beteiligten Unternehmer, unter Berücksichtigung der von ihnen benötigten Vorbereitungszeit» zu sorgen hat; (ii) die verschiedenen *Beschaffungspflichten,* wozu – nebst der Pflicht, dem Unternehmer die Ausführungsunterlagen (Art. 99 – 101) und die erforderlichen Grundstücke und Rechte (Art. 116) zur Verfügung zu stellen – die Pflichten gehören, dem Unternehmer die erforderliche elektrische Energie zur Verfügung zu stellen (Art. 129 Abs. 1), die Zuführung von Trink- und Brauchwasser und die Ableitung des Abwassers sicherzustellen (Art. 133 Abs. 1) sowie beim Ausbau von Gebäuden die provisorischen Stromanschlüsse zu installieren (Art. 135 Abs. 1); (iii) die Pflicht, dem Unternehmer den *Baugrund* und/oder das *Bauobjekt* (d.h. die *Baustelle*) zur Verfügung zu stellen sowie (iv) die allfällig übernommene Pflicht, dem Unternehmer *Baustoffe* zu liefern (Art. 10 Abs. 3).

2.5 d) Ein Katalog von Mitwirkungspflichten des Bauherrn findet sich bei GWerkV Rz. 1330 ff. sowie bei Henninger, Bauverzögerungen und ihre Folgen, S. 249 f. Die *Verletzung von Mitwirkungspflichten* durch den Bauherrn kann (muss aber nicht) zu *Bauverzögerungen* führen; ist dies der Fall, so hat der Bauherr dafür einzustehen (Art. 94/Rz. 8.2; Werner/Pastor, Der Bauprozess, Rz. 2329).

Anmerkung 3

3 Die «*Bauleitung*» handelt für den Bauherrn, weshalb hier rechtlich der «Bauherr» gemeint ist. Die Norm spricht indes deshalb von der «Bauleitung», da der Bauherr zur Erfüllung seiner Mitwirkungspflichten regelmässig eine Bauleitung beizieht (Art. 94/Rz. 2.2). Dies schliesst nicht aus, dass der Bauherr – kumulativ oder alternativ zur Bauleitung – auch noch persönlich entsprechende Mitwirkungspflichten erfüllt (vgl. Schumacher, Kommentar SIA-118 [Voraufl.], Art. 94/Anm. 3).

Anmerkung 4

4 Die entsprechenden Ausführungsunterlagen (Art. 99 – 101) und die erforderlichen Grundstücke und Rechte sind dem «*Unternehmer*» zur Verfügung zu stellen, wobei sich der Unternehmer seinerseits vertreten lassen kann, so insbesondere etwa auch durch einen Subunternehmer (Art. 29) oder einen Subsubunternehmer (Vorbem. Art. 28 – 32/Rz. 14).

Anmerkung 5

5 Worum es sich bei den «*Ausführungsunterlagen*» handelt, ist in den Art. 99 – 101 geregelt. Dazu gehören Weisungen (Art. 99), *Ausführungspläne und Baustofflisten* (Art. 100 Abs. 1) sowie *Spezialpläne, Studien* und *Werkzeichnungen* (Art. 101 Abs. 1 Satz 2). Diese Ausführungsunterlagen sind dem Unternehmer rechtzeitig, das heisst so frühzeitig zur Verfügung zu stellen, dass dieser die vertraglichen Fristen (und Termine) einhalten kann (Art. 94 Abs. 1 Satz 1). Indem die Bauleitung dem Unternehmer die entsprechenden Ausführungsunterlagen zur Verfügung stellt, erfüllt sie eine Mitwirkungspflicht des Bauherrn (Art. 94/Rz. 2.2 f.), welche dieser jedoch auch selber erfüllen kann (Art. 94/Rz. 3).

Anmerkung 6

6 Was mit «*Grundstücken und Rechten*» gemeint ist, ergibt sich aus Art. 116. Dabei geht es um diejenigen *Grundstücke*, welche für die Einrichtung der Baustelle notwendig sind, die Strassen des Bauareals sowie die Lager- und Deponieplätze (einschliesslich des öffentlichen und gebührenpflichtigen Grundes und Bodens), sodann um die notwendigen *Benützungsrechte* wie namentlich für Zufahrten, Durchleitungen und Unterfahrungen (Art. 116 Abs. 1). Auch diese Grundstücke und Rechte sind dem Unternehmer – ebenso wie die Ausführungsunterlagen (Art. 94/Rz. 5) – rechtzeitig, das heisst so frühzeitig zur Verfügung zu stellen, dass dieser die vertraglichen Fristen (und Termine) einhalten kann (Art. 94 Abs. 1 Satz 1). Auch dadurch erfüllt die Bauleitung (resp. der Bauherr, vgl. Art. 94/Rz. 3) eine Mitwirkungspflicht (Art. 94/Rz. 2.2 f.).

Anmerkung 7

7 Siehe Art. 99 f. und Art. 116.

Anmerkung 8

8.1 Stellt der Bauherr dem Unternehmer die *Ausführungsunterlagen* (Art. 94/Rz. 5) *nicht rechtzeitig* zur Verfügung (Art. 94 Abs. 1), so begeht der Bauherr dadurch eine *Mitwirkungspflichtverletzung;* dies ist namentlich der Fall, wenn der Bauherr dem Unternehmer die Ausführungspläne zu spät übergibt («Planlieferverzug»). Eine andere Mitwirkungspflichtverletzung des Bauherrn liegt vor, wenn der Bauherr dem Unternehmer notwendige Grundstücke und Rechte nicht rechtzeitig zur Verfügung stellt (Art. 94 Abs. 1), was etwa dann der Fall sein kann, wenn der Bauherr ihm obliegende (z.B. von einem Nebenunternehmer zu erbringende) Rückbauarbeiten nicht rechtzeitig beendet hat (BÜHLER THEODOR, Zürcher Kommentar, N 31 zu Art. 366 OR). Eine Mitwirkungspflichtverletzung kann aber beispielsweise auch darin bestehen, dass der Bauherr eine Baubewilligung, für deren Einholung er besorgt zu sein hatte, nicht rechtzeitig beibringt (vgl. BGH VII ZR 139/71 vom 21. März 1974 = BGH NJW 1974, S. 1080 f.).

8.2 Die Bauleitung (Art. 94/Rz. 3) hat die Mitwirkungspflichten rechtzeitig zu erfüllen, das heisst in zeitlicher Hinsicht derart («frühzeitig», vgl. Wortlaut von Art. 94 Abs. 1 Satz 1), dass der Unternehmer die vertraglichen Fristen (und Termine) einhalten kann (Art. 94 Abs. 1 Satz 1; vgl. SCHUMACHER, Kommentar SIA-118 [Voraufl.], Art. 94/Anm. 8). *Mitwirkungspflichtverletzungen* (Art. 94/Rz. 8.1) des Bauherrn können dabei (müssen aber nicht) zur Folge haben, dass der Unternehmer an der rechtzeitigen Erfüllung seiner (eigenen) Pflichten gehindert wird und – in der Konsequenz – wegen der Mitwirkungspflichtverletzung des Bauherrn die vertraglichen Fristen (und Termine) nicht mehr einhalten kann (Art. 94 Abs. 1 Satz 1), wofür alsdann der Bauherr einzustehen hat (Art. 94/Rz. 2.5). Die rechtzeitige Erfüllung seiner Mitwirkungspflichten ist daher für den Bauherrn von grosser Bedeutung. Der Bauherr hat indes die Erfüllung seiner Mitwirkungspflichten nicht dem (effektiven) tatsächlichen Arbeitsfortschritt des Unternehmers – wie immer dieser konkret gerade ausfällt – anzupassen; vielmehr sind hierfür andere, *objektive Kriterien* massgeblich (siehe dazu im Einzelnen Art. 94/Rz. 9.1 ff.; a.M. SCHUMACHER, Kommentar SIA-118 [Voraufl.], Art. 94/Anm. 8 lit. a und b sowie 9 lit. a).

Anmerkung 9

9.1 Siehe vorab Art. 93/Rz. 16.1 ff. In diesem Zusammenhang stellt sich zunächst die Frage, welche Bedeutung die Vorgabe hat, dass die Bauleitung den *«Fortschritt der Arbeiten»* berücksichtigen muss. Insbesondere ist von Bedeutung, unter welchen Voraussetzungen von einem verspäteten Handeln bzw. von einem «Versäumnis» des Bauherrn auszugehen ist. Nach der in der Vorauflage geäusserten Auffassung (SCHUMACHER, Kommentar SIA-118 [Voraufl.], Art. 94/Anm. 8 lit. a) soll dies bereits dann der Fall sein, wenn der Unternehmer rascher arbeitet, als es die Einhaltung der vertraglichen Frist(en) (und Termine) erfordert, der Bauherr dies erkennt, aber die Vornahme seiner Mitwirkungspflichten nicht an das raschere Arbeiten des Unternehmers bzw. an den *effektiven* Fortschritt der Bauarbeiten anpasst. Dieser Auffassung kann nicht gefolgt werden:

9.2 a) Grundsätzlich hat nämlich der Bauherr seine Mitwirkungspflichten nur (aber immerhin) so rechtzeitig zu erfüllen, dass der Unternehmer die vertraglichen Fristen einhalten kann (Art. 94 Abs. 1 Satz 1). Ein darüber hinausgehendes «Mehr» bzw. ein noch rascheres Tempo in der Erfüllung seiner Mitwirkungspflichten kann indes vom Bauherrn nicht verlangt werden, und zwar auch nicht mit der Begründung, dass gemäss Art. 94 Abs. 1 Satz 2 der «Fortschritt der Arbeiten» zu berücksichtigen sei. Diese Bestimmung kann nämlich nach einer die Bedürfnisse *beider* Parteien berücksichtigenden Auslegung nicht die Bedeutung haben, dass der Bauherr – je nach *tatsächlichem* Fortschreiten der Arbeiten des Unternehmers – die ihm obliegenden Mitwirkungspflichten quasi «auf Abruf» bzw. immer gerade dann zu erfüllen hätte, wenn es sich aufgrund des (vom Bauherrn nicht beeinflussbaren) tatsächlichen Arbeitsfortschritts des Unternehmers ergibt. Diesbezüglich ist denn auch darauf hinzuweisen, dass es dem Bauherrn kaum möglich sein dürfte, die Erbringung eigener Mitwirkungshandlungen (z.B. Planlieferungen, Nebenunternehmerleistungen etc.) mit den jeweiligen Leistungserbringern (Architekten, Ingenieure, Nebenunternehmer) quasi «auf Abruf» zu vereinbaren. Eine solche Auslegung der SIA-Norm 118 wäre auch wertungsmässig unangemessen, ist es doch kaum denkbar, dass die SIA-Norm 118 den einen Unternehmer berechtigen wollte, jederzeit (bzw. nach *tatsächlichem* Baufortschritt) vom Bauherrn die diesem obliegende entsprechende Mitwirkung zu verlangen, während ein anderer Unternehmer (Nebenunternehmer) in seinem tatsächlichen Baufortschritt von vornherein massiv behindert wäre, indem er quasi «auf Abruf» zu leisten hätte.

b) Aus diesen Gründen (Art. 94/Rz. 9.2) kann Art. 94 Abs. 1 Satz 2 einzig den Sinngehalt haben, dass sich der Bauherr an einem *objektiv angezeigten und üblichen Baufortschritt des Unternehmers* orientieren darf (aber auch muss) – und demnach seine Mitwirkungspflichten entsprechend diesem (objektiv angezeigten und üblichen) Baufortschritt erfüllen darf (und muss) –, ohne mehr oder weniger willkürlich dem *tatsächlichen* Baufortschritt des Unternehmers «ausgeliefert» zu sein. Die hier vertretene Auffassung entspricht zudem dem Wortlaut von Art. 94 Abs. 1 Satz 2, wonach einzig der Fortschritt der Arbeiten des Unternehmers vom Bauherrn zu berücksichtigen ist, ohne aber dass in dieser Bestimmung gesagt würde, ob damit der tatsächliche oder aber der (richtigerweise massgebende) objektiv angezeigte und übliche Baufortschritt des Unternehmers (der freilich häufig mit dem tatsächlichen Baufortschritt des Unternehmers übereinstimmt) gemeint ist (vgl. dazu Reetz, Baubeschleunigung, Rz. 48 f.). 9.3

c) Das Gesagte (Art. 94/Rz. 9.2 f.) gilt – in entsprechender Weise – auch im Zusammenhang mit (nicht verbindlichen) *Bauprogrammen:* Der Bauherr darf auf die Angaben des Unternehmers im (nicht verbindlichen) Bauprogramm vertrauen (Art. 93/Rz. 16.5). Dies hat zur Folge, dass der Bauherr seine Mitwirkungspflichten dann (und nicht später, aber auch nicht früher) zu erfüllen hat bzw. erfüllen darf, wenn der dafür sich aus dem Bauprogramm ergebende Zeitpunkt eingetreten ist. Nach der hier vertretenen Auffassung nicht zutreffend ist daher die Ansicht, dass dies nur so lange gelte, als der Bauherr nicht erkenne oder erkennen müsse, dass der Unternehmer vom (nicht verbindlichen) Bauprogramm abweiche (Schumacher, Kommentar SIA-118 [Vorauf.], Art. 94/Anm. 9 lit. b). Wollte man dieser Auffassung folgen, liefe dies nämlich darauf hinaus, dass das (nicht verbindliche) Bauprogramm nicht nur keine vertragliche, sondern schlicht überhaupt keine Bedeutung hätte, könnte doch so der Unternehmer zwar mehr oder weniger zu beliebigen Zeitpunkten leisten, wobei er umgekehrt vom Bauherrn grundsätzlich jederzeit die Vornahme der diesem obliegenden Mitwirkungshandlungen erwarten dürfte. Dass dies nicht sein kann, liegt auf der Hand. Vielmehr ist es so, dass ein Bauprogramm, wenngleich es keine vertraglichen Rechte und Pflichten begründet, dennoch beidseitig schützenswertes Vertrauen erzeugt (Art. 93/Rz. 16.5 ff.). Der Umstand, dass der Bauherr erkennt oder erkennen muss, dass der Unternehmer von einem (nicht verbindlichen) Bauprogramm abweicht, kann demzufolge nicht dazu führen, dass der Bauherr die Vornahme seiner Mitwirkungspflichten in zeitlicher Hinsicht nunmehr an den tatsächlichen Arbeitsfortschritt des Unternehmers anzupassen hätte. 9.4

Anmerkung 10

Dass die Bauleitung auch die vom Unternehmer *«benötigte Vorbereitungszeit»* berücksichtigen muss, ist eine notwendige Konsequenz des Umstands, dass die Bauleitung den Fortschritt der Arbeiten (Art. 94/Rz. 9.1 ff.) berücksichtigen muss. Die Berücksichtigung des Fortschritts der Arbeiten bringt es automatisch mit sich, dass auch die nötigen Vorbereitungszeiten einkalkuliert und dem Unternehmer gewährt werden müssen. 10

Anmerkung 11

11.1 Der Passus «*ist die Bauleitung säumig*» meint den Fall, in dem – rechtlich betrachtet – der Bauherr säumig ist (Art. 94/Rz. 3). Der Fall der «Säumigkeit» handelt folglich von der Situation, in welcher der *Bauherr Mitwirkungspflichten verletzt resp. verletzt hat* (Beispiele: verspätetes Zurverfügungstellen von Ausführungsunterlagen oder von erforderlichen Grundstücken und Rechten, vgl. Art. 94 Abs. 1 Satz 1). Diesfalls gilt Folgendes:

11.2 a) Hat der *Bauherr eine Mitwirkungspflicht verletzt,* indem er diese nicht rechtzeitig erfüllt hat, so stehen dem Unternehmer verschiedene Rechte zu, von denen im Folgenden (Art. 94/Rz. 12 ff.) die Rede sein wird (unbestritten ist dabei, dass der Unternehmer trotz einer Mitwirkungspflichtverletzung des Bauherrn nicht von seiner vertraglichen Leistungspflicht befreit wird, vgl. BGE 115 II 50/55 ff. E. 2 f.; GWerkV Rz. 682; Bühler Theodor, Zürcher Kommentar, N 31 zu Art. 366 OR; Henninger, Bauverzögerungen und ihre Folgen, S. 254). In jedem Fall vorausgesetzt für die Entstehung dieser Rechte ist jedoch, dass der Unternehmer den Bauherrn über dessen Mitwirkungspflichtverletzung sofort informiert und dabei die Ursache und die Dauer (Letzteres aber nur, sofern der Unternehmer um die entsprechende Dauer überhaupt wissen kann) der nunmehr beim Unternehmer eintretenden Verzögerung konkret umschreibt (Schumacher, Kommentar SIA-118 [Voraufl.], Art. 94/Anm. 11 lit. c).

11.3 b) Indes dürfen an diese Konkretisierung nicht bereits *ähnlich hohe Anforderungen wie im Rahmen der prozessualen Substanziierungspflichten* gestellt werden; vielmehr ist diesbezüglich eine nicht unerhebliche Milde gegenüber dem Unternehmer angezeigt, denn nicht er, sondern der Bauherr hat seine Mitwirkungspflichten verletzt (Hürlimann, Bauablaufstörungen, S. 822, erwähnt demgegenüber nur die sofortige Information des Bauherrn [«Behinderungsanzeige»], nicht aber deren Konkretisierung, verlangt dann aber auf S. 828, dass der Unternehmer in einem allfälligen Gerichtsverfahren die Auswirkungen der Verletzung der Mitwirkungspflicht auf den Bauablauf nachprüfbar quantifiziert und dokumentiert und im Rahmen des Möglichen und Zumutbaren den direkten Beweis erbringt). Der so verstandene Inhalt dieser *Informationspflicht des Unternehmers* ergibt sich aus deren Zweck, welcher darin besteht, dem Bauherrn gegebenenfalls zu ermöglichen, nachteilige Folgen seiner entsprechenden Mitwirkungspflichtverletzung zu vermeiden resp. zumindest zu mildern. Die entsprechende Informationspflicht des Unternehmers ergibt sich aus Art. 365 Abs. 3 OR, aus Art. 25 Abs. 1 SIA-Norm 118, (sinngemäss) aus Art. 96 Abs. 1 Satz 2 SIA-Norm 118 und allgemein aus Art. 2 Abs. 1 ZGB, geht aber nicht so weit, dass der Unternehmer den Bauherrn auch bereits sofort über die konkreten, von ihm (Unternehmer) nunmehr geltend zu machenden Ansprüche zu informieren (oder gar zu dokumentieren) hat. Eine entsprechende Rechtsgrundlage dafür existiert nicht.

11.4 c) Nach den allgemeinen Regeln besteht dann keine Anzeige- resp. Informationspflicht des Unternehmers, wenn sich der Bauherr der begangenen *Mitwirkungspflichtverletzung* sowie der *beim Unternehmer nunmehr eintretenden Verzögerung* bewusst ist (Schumacher, Kommentar SIA-118 [Voraufl.], Art. 94/Anm. 11 lit. c).

d) In *zeitlicher Hinsicht* ist davon auszugehen, dass sich der Unternehmer erst dann auf die Mitwirkungspflichtverletzung des Bauherrn berufen kann, wenn er diese dem Bauherrn entsprechend angezeigt (d.h. den Bauherrn informiert) hat (SCHUMACHER, Kommentar SIA-118 [Voraufl.], Art. 94/Anm. 11 lit. c). Dies bedeutet, dass bis zum Zeitpunkt der entsprechenden Anzeige an den Bauherrn durch den Unternehmer von einer rechtzeitigen Mitwirkung des Bauherrn auszugehen ist, was namentlich bei der Bemessung des dem Unternehmer zustehenden Anspruchs auf (angemessene) Fristerstreckung (Art. 94 Abs. 2 Satz 1) zu berücksichtigen ist: Diesbezüglich bleibt folglich die *Zeit bis zur entsprechenden Anzeige ausser Betracht,* das heisst, die Frist verlängert sich nicht um die entsprechende, ohne Anzeige verflossene Zeitperiode. 11.5

e) Ergänzend ist beizufügen, dass die Rechtsfolgen von Art. 94 Abs. 2 auch dann eintreten, wenn kein Fall der «Säumigkeit» im (engeren) Sinn von Art. 94 Abs. 2 (= Verletzung von Mitwirkungspflichten durch den Bauherrn, namentlich – aber nicht nur – die in Art. 94 Abs. 1 genannten) gegeben ist, aber *andere Umstände* vorliegen, welche zu Verzögerungen in der Arbeit des Unternehmers führen und im Verantwortungsbereich des Bauherrn liegen (z.B. Säumnis eines Nebenunternehmers, vgl. Art. 96 Abs. 1 Satz 2). 11.6

Anmerkung 12

Bei Säumigkeit des Bauherrn hat der Unternehmer das Recht auf eine *«angemessene Erstreckung»* der betreffenden Fristen. Was als angemessen zu gelten hat, bestimmt sich nicht nach den subjektiven Bedürfnissen des Unternehmers, sondern nach den *objektiven Umständen* (Gleiches ist auch die Meinung von Art. 96 Abs. 1 Satz 1). Massgebend für die Bemessung der Fristerstreckung ist grundsätzlich diejenige Zeitdauer, welche ein versierter, aber auch anderweitig ausgelasteter Unternehmer an *«Mehrzeit»* benötigt, wenn er das geschuldete Werk trotz der Mitwirkungspflichtverletzung des Bauherrn sorgfältig fertigstellen will. 12.1

Ein *«Regelzeitmass»,* nach welchem sich die Fristerstreckung zu bemessen hat – etwa in der Weise, dass sich die entsprechenden Fristen um die Dauer der Verzögerung (allenfalls mit einem gewissen «Zuschlag») «nach hinten verschieben» (= Verzögerungsdauer wird am Ende der geplanten Arbeitsdauer angehängt) –, besteht dabei nicht (Art. 94/Rz. 12.3 in fine), und zwar auch nicht bei Werkverträgen mit geringem Arbeitsvolumen oder bei einfachen Verhältnissen. Vielmehr ist bei der Bemessung der angemessenen Dauer, um welche sich die Frist erstreckt, stets *sämtlichen Umständen des konkreten Einzelfalls* Rechnung zu tragen. 12.2

Verletzt der Bauherr seine Mitwirkungspflichten (ist er also «säumig» im Sinne von Art. 94 Abs. 2 Satz 1), so kann dies demnach eine Verzögerung der Leistungen des Unternehmers zur Folge haben. Dies kann – über die in Art. 94 Abs. 1 explizit erwähnten Fälle hinaus (Art. 94/Rz. 11.6) – etwa auch dann der Fall sein, wenn der Bauherr dem Unternehmer den Baugrund nicht rechtzeitig bzw. nicht zum vertraglich vereinbarten Zeitpunkt (Termin) zur Verfügung stellt (so etwa, wenn der Bauherr schlicht den Baustart verschiebt). Diesfalls (und auch sonst) gibt es insbesondere auch *keine block- und bündelweise Verschiebung der vertraglich vereinbarten Termine* (wenn es mehrere solcher Ter- 12.3

mine gibt) *um die Verzögerungsdauer*. Zur Begründung ist (nebst den in Art. 94/Rz. 12.1 f. genannten Gründen) auf Folgendes hinzuweisen: Liegt eine Mitwirkungspflichtverletzung des Bauherrn vor, so hat es der Bauherr zu vertreten, dass der Unternehmer seine Arbeiten nicht rechtzeitig aufnehmen (oder allenfalls nicht rechtzeitig fortsetzen) kann. Diese Verantwortung des Bauherrn bringt es mit sich, dass auch sämtliche Folgen einer solchen Mitwirkungspflichtverletzung dem Bauherrn anzulasten sind, der Bauherr also verantwortlich ist dafür, dass der vertraglich vereinbarte Zeitplan durcheinandergerät. Würde diesfalls dem Bauherrn das Recht zustehen, vom Unternehmer dieselben (ursprünglich vereinbarten vertraglichen) Leistungen innert derselben (ursprünglich vereinbarten vertraglichen) Fristen, aber mit einem anderen Startzeitpunkt (und demzufolge also einfach mit um die Dauer der vom Bauherrn zu vertretenden Verzögerung nach hinten verschobenen Terminen) zu verlangen, so liefe dies auf das unbillige Ergebnis hinaus, dass der Bauherr vom Unternehmer quasi «Arbeit auf Abruf» fordern könnte – und dies erst noch, obwohl es der Bauherr ist, der die entsprechende Mitwirkungspflichtverletzung zu verantworten hat. Zusammenfassend ist demnach festzuhalten, dass sich die ursprünglich vereinbarten vertraglichen Termine bei einer Mitwirkungspflichtverletzung des Bauherrn nicht einfach block- und bündelweise um die Verzögerungsdauer nach hinten verschieben (so auch HGer ZH vom 8. Juli 1976 E. III = ZR 1977, S. 72 f., Nr. 40: «[…] so verschiebt sich nicht einfach der Endtermin um die Dauer der Verzögerung […]»).

12.4 Mit Bezug auf die Bemessung der *Dauer einer angemessenen Fristerstreckung* ist Folgendes festzuhalten: Kommt zwischen den Parteien, welche beide den Werkvertrag erfüllen wollen (oder diesen bereits – allenfalls teilweise – erfüllt haben), keine Einigung über die neuen Fristen und Termine zustande, so hat später das Gericht zu bestimmen, ob überhaupt und, wenn ja, welche neuen Fristen und Termine vernünftige und redliche Parteien im Lichte aller Umstände seinerzeit neu vereinbart hätten (vgl. BGer 4A_141/2008 vom 8. Dezember 2009 E. 7.1). Bei diesem Entscheid hat das Gericht unter anderem die folgenden Kriterien zu berücksichtigen: (i) Art, *Dauer und Schwere («Intensität»)* der Mitwirkungspflichtverletzung des Bauherrn; (ii) *Grad des Verschuldens des Bauherrn* hinsichtlich der Mitwirkungspflichtverletzung (Art. 99 Abs. 3 OR i.V.m. Art. 43 Abs. 1 OR analog); (iii) *Auswirkung der Mitwirkungspflichtverletzung des Bauherrn* auf die Dispositionsfreiheit des Unternehmers; (iv) konkrete *betriebliche Situation des Unternehmers* inkl. anderweitige Auslastung; (v) hypothetische *Leistungskadenz*, zu welcher sich der erfüllungswillige Unternehmer im Lichte der damaligen (also nicht der heutigen) Umstände vernünftigerweise bereit zu erklären hatte. Bei der Bemessung der Dauer der angemessenen Fristerstreckung darf jedoch nicht davon ausgegangen werden, der Unternehmer hätte die Mitwirkungspflichtverletzung des Bauherrn durch Beschleunigungsmassnahmen auf eigene Kosten ausgleichen müssen, denn zu Beschleunigungsmassnahmen auf eigene Kosten ist der Unternehmer bereits aufgrund seiner fehlenden Verantwortung für die Mitwirkungspflichtverletzung des Bauherrn nicht verpflichtet (Art. 94/Rz. 14). In dieser fehlenden Verantwortung des Unternehmers liegt auch der Grund dafür, dass der *Unternehmer generell grosszügig zu behandeln* ist, denn letztlich ist dessen (nunmehr enttäuschtes) Vertrauen in ein bestehendes (nicht verbindliches) Bauprogramm (bzw. – erst recht – der Umstand, dass vertraglich vereinbarte Fristen und Termine *durch den Bauherrn* missachtet worden sind) höher zu gewichten als der mögliche Bedarf des Bauherrn, im Nachgang zu einer von ihm begangenen Mitwirkungspflichtverletzung den Unternehmer zur Vertragserfüllung gemäss den ihm (dem Bauherrn) im Lichte einer optimalen Verwirklichung des Bauprojekts am besten konvenierenden Fristen/Terminen zu verhalten. Solange sich die Parteien nicht über neue Fristen und Termine geeinigt haben, herrscht ein entsprechender *Schwebezustand*. Dies bedeutet, dass die Parteien bis zum späteren Entscheid des Gerichts im Ungewissen darüber sind, welche vertraglichen Fristen und Termine tatsächlich gelten, was die beidseitigen Handlungsmöglichkeiten massiv einschränken kann. Aus dem Gesagten folgt, dass das *Gericht die Ungewissheit der Parteien* hinsichtlich der Frage, was nun mit Bezug auf die vertraglichen Fristen und Termine effektiv gilt, bei seinem späteren Entscheid über die Bemessung der Dauer der angemessenen Fristerstreckung gebührend zu berücksichtigen hat. Insbesondere bei *Mitwirkungspflichtverletzungen des Bauherrn,* welche unter Berücksichtigung des gesamten Vertragswerks ein *grösseres Ausmass* aufweisen (so z.B. bei einer Verschiebung des Starttermins um mehrere Monate), führt der Umstand, dass sich die Parteien nicht über neue Fristen und Termine geeinigt haben, dazu, dass jedenfalls ein *Verzug des Unternehmers ausgeschlossen* ist; dies aufgrund der Überlegung, dass Terminvereinbarungen nicht nur dem Bauherrn Gewissheit geben sollen, dass der Unternehmer zur festgelegten Zeit zur Verfügung steht, sondern auch dem Unternehmer Gewissheit darüber geben sollen, wann er eine bestimmte Arbeit auszuführen hat und wann er dementsprechend andere Verpflichtungen eingehen kann (so zu Recht HGer ZH vom 8. Juli 1976 E. III = ZR 1977, S. 72 f., Nr. 40; Bühler Theodor, Zürcher Kommentar, N 31 zu Art. 366 OR; a.M. GWerkV Rz. 682; auch Gauch, Fristen und Termine, S. 5, weist allerdings auf die besondere Bedeutung der Bauzeit für die Kalkulation und Dispositionsfreiheit des Unternehmers hin; dass die faktische Bauzeit von ausschlaggebender wirtschaftlicher Bedeutung für den Unternehmer ist, hält zutreffend auch Henninger, Bauverzögerungen und ihre Folgen, S. 240, fest).

Zum Anspruch auf Mehrvergütung, der sich aus der Verletzung bauherrenseitiger Mitwirkungspflichten ergibt, siehe BGer 4A_507/2015 vom 19. Februar 2016 E. 3.4. In jedem Fall gilt, dass der *Bauherr nicht zur Vergütung von allfälligen Beschleunigungsmassnahmen,* welche der Unternehmer (von sich aus) ergreift, *verpflichtet* ist, es sei denn, dies sei anders verabredet bzw. der Bauherr habe entsprechende Beschleunigungsmassnahmen des Unternehmers (gegen Vergütung) bestellt. Dies folgt daraus, dass der Unternehmer bei Mitwirkungspflichtverletzungen des Bauherrn auch gar nicht zur Ergreifung von Beschleunigungsmassnahmen verpflichtet ist (GWerkV Rz. 682; Henninger, Bauverzögerungen und ihre Folgen, S. 258; Werz, Delay in Construction Contracts, S. 106; Bühler Theodor, Zürcher Kommentar, N 31 zu Art. 366 OR; Zindel/Pulver/Schott, Basler Kommentar, N 18 zu Art. 366 OR; BGH VII ZR 262/63 vom 13. Januar 1966 Ziff. V.3a = BGH NJW 1966, S. 971 ff.; Werner/Pastor, Der Bauprozess, Rz. 2343; a.M. Koller Alfred, Berner Kommentar, N 106 zu Art. 365 OR); weder von sich aus noch auf Weisung des Bauherrn hin. Der Unternehmer kann daher nur dann eine Vergütung 12.5

für Beschleunigungsmassnahmen vom Bauherrn verlangen, wenn der Bauherr sowohl die entsprechenden Beschleunigungsmassnahmen genehmigt als auch – was besonders hervorzuheben ist – eine Vergütungspflicht für die entsprechenden Beschleunigungsmassnahmen anerkannt hat.

Anmerkung 13

13 Mit «*Fristen*» sind die vertraglich vereinbarten Fristen, aber auch die vertraglich vereinbarten Termine gemeint (wobei diese wie auch jene allenfalls schon einmal – oder gar mehrfach – erstreckt worden sein können, vgl. auch SCHUMACHER, Kommentar SIA-118 [Voraufl.], Art. 94/Anm. 13). Der Nachweis, dass die entsprechenden vertraglichen Fristen und vertraglichen Termine (welche angemessen zu erstrecken sind) durch die Mitwirkungspflichtverletzung zudem unmittelbar oder mittelbar (d.h. konkret) betroffen sind, ist demgegenüber – da im Normtext von Art. 94 nicht vorgesehen – nicht erforderlich (a.M. SCHUMACHER, Kommentar SIA-118 [Voraufl.], Art. 94/Anm. 13).

Anmerkung 14

14 «Ist die Bauleitung säumig, so hat der Unternehmer das Recht auf eine angemessene Erstreckung der betreffenden Fristen» (Art. 94 Abs. 2 Satz 1). Dementsprechend ist der Unternehmer nicht zur Vornahme von Beschleunigungsmassnahmen auf eigene Kosten verpflichtet (Art. 94/Rz. 12.4; SCHUMACHER, Kommentar SIA-118 [Voraufl.], Art. 94/Anm. 14). Aus dem Umstand, dass der *Bauherr* die Mitwirkungspflichtverletzung zu vertreten hat, ergibt sich denn auch als sachgerechte Folge, dass dieser diesfalls nicht berechtigt ist, vom Unternehmer (gegen dessen Willen) Baubeschleunigungsmassnahmen zu verlangen. Indes steht es den Parteien frei, Baubeschleunigungsmassnahmen (und deren Vergütung) einvernehmlich zu vereinbaren.

Anmerkung 15

15.1 Die Fristen (und Termine), auf deren angemessene Erstreckung der Unternehmer bei Säumigkeit des Bauherrn Anspruch hat, werden (regelmässig in einem Nachtrag zum Werkvertrag) «*neu vereinbart*» (Art. 94 Abs. 2 Satz 2). Bis zur entsprechenden Einigung sind beide Parteien (Bauherr und Unternehmer) verpflichtet, ihren vertraglichen Pflichten (soweit diese unbestritten sind) trotzdem gewissenhaft nachzukommen; namentlich darf der Unternehmer deswegen seine Arbeiten nicht (vertragswidrig) unterbrechen resp. einstellen (Art. 37 Abs. 1; BGer 4A_141/2008 vom 8. Dezember 2009 E. 7.1; SCHUMACHER, Kommentar SIA-118 [Voraufl.], Art. 94/Anm. 15 lit. a).

15.2 Immerhin ist der Unternehmer berechtigt, den *spezifisch wegen der Nichtvereinbarung neuer Fristen entstandenen Schaden* (z.B. ein Schaden, welcher konkret durch den Verlust an Planungssicherheit entstanden ist und – unter Vorbehalt von Art. 85 ZPO sowie Art. 42 Abs. 2 OR i.V.m. Art. 99 Abs. 3 OR – auch bezifferbar sein muss) beim Bauherrn geltend zu machen.

15.3 Der Anspruch des Unternehmers auf Fristerstreckung (wegen Säumnis des Bauherrn) hängt nicht davon ab, dass eine entsprechende Vereinbarung über die neuen Fristen (und

Termine) zustande kommt (SCHUMACHER, Kommentar SIA-118 [Voraufl.], Art. 94/ Anm. 15 lit. c), hätte es doch der Bauherr andernfalls in der Hand, den Anspruch des Unternehmers durch Verweigerung des Abschlusses einer entsprechenden Vereinbarung zu vereiteln. Vgl. im Übrigen Art. 94/Rz. 12.4.

Anmerkung 16

Gemeint ist wiederum der Bauherr, der durch die Bauleitung vertreten wird (Art. 94/ 16
Rz. 3).

Anmerkung 17

«Stimmt die Bauleitung [Art. 94/Rz. 16] einer angemessenen Erstreckung nicht zu», so ist 17.1
der Unternehmer zur Auflösung des Vertrags nach den Vorschriften über den Gläubigerverzug (Art. 95 OR) berechtigt. Vorausgesetzt für die Ausübung dieses *Rücktrittsrechts* ist demnach, dass der Unternehmer überhaupt eine angemessene Fristerstreckung verlangt hat (SCHUMACHER, Kommentar SIA-118 [Voraufl.], Art. 94/Anm. 17) und dass ihm der Bauherr im Ergebnis keine angemessene Fristerstreckung gewährt hat. Indes muss der Unternehmer ein solches Begehren um eine angemessene Fristerstreckung nicht bereits dann stellen, wenn es ihm zumutbar ist (a.M. SCHUMACHER, Kommentar SIA-118 [Voraufl.], Art. 94/Anm. 17), denn die entsprechende Informationspflicht des Unternehmers bezieht sich auf die Mitwirkungspflichtverletzung des Bauherrn (Art. 94/Rz. 11.2) und nicht auf allfällige Rechte des Unternehmers wie dessen Recht auf eine angemessene Erstreckung der betreffenden Fristen (Art. 94 Abs. 2 Satz 1).

Voraussetzung für den Anspruch des Unternehmers auf Auflösung des Vertrags ist dem- 17.2
nach ein Dreifaches: (i) Begehren des Unternehmers um eine angemessene Fristerstreckung; (ii) Berechtigung eines solchen Begehrens; (iii) Nichtzustimmung des Bauherrn. Mit Bezug auf die praktische Handhabung ist dem Unternehmer, der den Vertrag auflösen will, Folgendes zu empfehlen:

a) Der Unternehmer hat sicherzustellen, dass er *beweisen* kann, dass er dem Bauherrn ein 17.3
Begehren um angemessene Fristerstreckung effektiv *unterbreitet* hat, wofür regelmässig ein eingeschriebener Brief erforderlich sein dürfte und insbesondere eine bloss mündliche Anfrage (da oft nicht nachweisbar) nicht zu empfehlen ist.

b) Der Unternehmer hat weiter – was in der Praxis oft vergessen geht – auch die *grund-* 17.4
sätzliche Berechtigung seines Fristerstreckungsbegehrens nachzuweisen. Dies ist auch deshalb zu betonen, da nicht jede Mitwirkungspflichtverletzung des Bauherrn automatisch einen Anspruch des Unternehmers auf Fristerstreckung begründet (Art. 94/Rz. 12.1 f.). Konkret hat der Unternehmer (i) sowohl die *Mitwirkungspflichtverletzung des Bauherrn* als auch (ii) die bei ihm (Unternehmer) eingetretene *Verzögerung inkl. deren Dauer* sowie (iii) einen entsprechenden *Kausalzusammenhang* zwischen der Mitwirkungspflichtverletzung des Bauherrn und der beim Unternehmer eingetretenen Verzögerungsdauer zu beweisen.

c) Der Unternehmer hat ferner sicherzustellen, dass die *Dauer der von ihm anbegehrten* 17.5
Fristerstreckung angemessen ist, da nur die Ablehnung eines Begehrens um eine angemes-

sene Fristerstreckung dem Unternehmer ein Rücktrittsrecht verschafft. Im Zweifel hat daher der Unternehmer dafür zu sorgen, dass sein Fristerstreckungsbegehren eher knapp bemessen ist, da er sich sonst möglicherweise mit dem Einwand des Bauherrn konfrontiert sieht, das Fristerstreckungsbegehren des Unternehmers sei zu weitgehend gewesen und sei deshalb abgelehnt worden. Freilich hat der Unternehmer sicherzustellen, dass er die ihm obliegenden Arbeiten (für den Fall des Einverständnisses des Bauherrn mit seinem Fristerstreckungsbegehren) dann auch tatsächlich innerhalb der von ihm anbegehrten Frist erfüllen kann. Dies bedeutet, dass der Unternehmer die Dauer der anbegehrten Fristerstreckung so bemessen sollte, dass er (Unternehmer) die Arbeiten zwar (wenn auch mit gewissen Anstrengungen) noch innerhalb der anbegehrten Frist erfüllen könnte, er aber keine Gefahr läuft, vom Bauherrn später mit dem Einwand konfrontiert zu werden, er (Unternehmer) habe ein überlanges Fristerstreckungsbegehren (welches deshalb abgelehnt worden sei) gestellt. Zu einem diesbezüglichen Beispiel vgl. Reetz, Baubeschleunigung, Rz. 83 f.

17.6 d) Der Unternehmer hat schliesslich dafür zu sorgen, dass er auch die *Nichtzustimmung des Bauherrn* zu seinem Begehren um angemessene Fristerstreckung *nachweisen* kann. Mangels Rechtsgrundlage nicht erforderlich ist demgegenüber, dass der Unternehmer dem Bauherrn, welcher bereits (einmal) nicht zugestimmt hat, noch einmal eine Nachfrist setzt, um seine Nichtzustimmung zu wiederholen.

Anmerkung 18

18.1 «*Immer wieder säumig*» ist der Bauherr nach der hier vertretenen Auffassung nicht erst dann, wenn es für den Unternehmer unzumutbar wird, am Vertrag festzuhalten, sodass ein wichtiger Grund für eine Auflösung des Vertrags durch den Unternehmer entsteht (so aber Schumacher, Kommentar SIA-118 [Voraufl.], Art. 94/Anm. 18). Dieser Auffassung ist schon deshalb nicht zuzustimmen, da ein Rücktrittsrecht des Unternehmers bei Unzumutbarkeit der Fortdauer des Werkvertrags bzw. bei einem wichtigen Grund ohnehin – im Rahmen jedes Vertragsverhältnisses – besteht, wobei aber nicht anzunehmen ist, dass Art. 94 Abs. 2 Satz 3 bloss ohnehin Geltendes festhalten wollte. Vielmehr ist davon auszugehen, dass die Schwelle, welche den Unternehmer zum Rücktritt berechtigt, (in Übereinstimmung mit dem Wortlaut von Art. 94 Abs. 2 Satz 3: «immer wieder säumig») tiefer anzusetzen ist; es genügt also, dass der Bauherr wiederholt (also nicht bloss zwei bis drei Mal, aber auch nicht dutzende Male) säumig ist, wobei es für die Frage, ob der Unternehmer zu einem Rücktritt berechtigt ist oder nicht, entscheidend darauf ankommt, (i) *wie viele Male der Bauherr säumig war* und (ii) *welche Schwere diese Säumnisse* aufwiesen bzw. welche Nachteile sie dem Unternehmer zufügten. So können etwa wenige, aber sehr schwerwiegende (wiederholte) Säumnisse den Unternehmer u.U. eher zum Rücktritt berechtigen als mehrere, in ihren Auswirkungen jedoch geringfügige Mitwirkungspflichtverletzungen des Bauherrn; entscheidend ist das *Gesamtbild*.

18.2 Präzisierend ist darauf hinzuweisen, dass der Unternehmer im Fall, dass der Bauherr «immer wieder säumig» ist, auch dann zum Rücktritt berechtigt ist, wenn der Bauherr bereit wäre, einem Begehren des Unternehmers um angemessene Fristerstreckung zuzustimmen. Dies ergibt sich aus dem Wortlaut von Art. 94 Abs. 2 Satz 3, welcher die beiden Varianten (Nichtzustimmung zu einem Begehren um angemessene Fristerstreckung und fortgesetzte Säumigkeit) als voneinander unabhängige Alternativen ausweist.

In diesem Zusammenhang ist zu beachten, dass der Bauherr ohne entsprechende Anzeige 18.3
des Unternehmers nicht säumig werden kann (Art. 94/Rz. 11.2 ff.). Wiederholte Säumigkeit des Bauherrn setzt daher *wiederholte Anzeigen des Unternehmers* zwingend voraus.

Anmerkung 19

Das Auflösungsrecht, welches in Art. 94 Abs. 2 Satz 3 am Ende angesprochen wird und in 19.1
Art. 95 OR konkretisiert wird, ist ein *Rücktrittsrecht,* welches den Unternehmer bei Erfüllung der entsprechenden Tatbestandsvoraussetzungen (Art. 94/Rz. 17.1 ff. und 18.1 ff.) dazu berechtigt, nach den Bestimmungen über den Verzug des Schuldners (Bauherr) vom Werkvertrag zurückzutreten (vgl. Art. 95 OR).

Art. 95 OR spricht von einem Rücktrittsrecht. Hat indes die *Vertragsabwicklung bereits* 19.2
begonnen, was bei einer Mitwirkungspflichtverletzung des Bauherrn meistens der Fall ist, so ist richtigerweise nicht von einem Vertragsrücktritt, sondern von einer *Kündigung* des Vertrags auszugehen. Dies hat namentlich zur Folge, dass der Bauherr das Werk, soweit dieses bereits ausgeführt ist, behalten kann, währenddem umgekehrt dem Unternehmer die bereits erbrachten Leistungen zu vergüten sind (Schumacher, Kommentar SIA-118 [Voraufl.], Art. 94/Anm. 19 lit. b).

Der rücktritts- resp. kündigungswillige Unternehmer hat sich jeweils gut zu überlegen, ob 19.3
er den Werkvertrag tatsächlich auflösen und das entsprechende *Prozessrisiko* in Kauf nehmen will. Konkret muss der Unternehmer jeweils damit rechnen, dass ihm nachträglich (mit der Konsequenz einer entsprechenden Schadenersatzpflicht) vom Gericht die Berechtigung zur Vertragsauflösung abgesprochen wird, z.B. weil ihm vorgehalten wird, sein Begehren um Fristerstreckung hätte eine zu lange Frist enthalten (vgl. Art. 94/Rz. 17.5) oder der Bauherr sei zwar mehrfach säumig, aber dennoch nicht «immer wieder säumig» im Sinne der strengen Voraussetzungen von Art. 94 Abs. 2 Satz 3 gewesen. In der Praxis sind daher entsprechende Vertragsauflösungen durch den Unternehmer äusserst selten.

4 132 Pflichten des Unternehmers

Art. 95

[1] Der Unternehmer trifft[1] alle erforderlichen Massnahmen[2] zur Einhaltung[3] der vertraglichen Fristen[4].

[2] Zeigt es sich[5] bei der Ausführung der Arbeit[6], dass vertragliche Fristen[7] ohne zusätzliche Vorkehren[8] nicht eingehalten werden können[9], so trifft[10] der Unternehmer[11] rechtzeitig[12] und von sich aus[13], jedoch unter Anzeige[14] an die Bauleitung[15], alle zusätzlich notwendigen Vorkehren[16], die zumutbar[17] sind; zum

Beispiel[18] passt er die Baustelleneinrichtungen zweckmässig an[19], erhöht die Zahl der Arbeiter[20] oder arbeitet mit zusätzlichen Schichten[21]. Die Mehrkosten[22] trägt der Unternehmer.[23]

3 Werden indessen[24] zusätzliche Vorkehren[25] zur Einhaltung[26] der Fristen[27] ohne Verschulden des Unternehmers[28] erforderlich, so trifft[29] er sie nur mit Einwilligung der Bauleitung[30]. In diesem Falle trägt der Bauherr die nachgewiesenen Mehrkosten[31]. Verweigert[32] die Bauleitung[33] die Einwilligung, so ist der Unternehmer zur Vornahme der Vorkehren nicht verpflichtet.[34]

Art. 95 (1977/91)

1 Der Unternehmer trifft alle erforderlichen Massnahmen zur Einhaltung der vertraglichen Fristen.

2 Zeigt es sich bei der Ausführung der Arbeit, dass vertragliche Fristen ohne zusätzliche Vorkehren nicht eingehalten werden können, so trifft der Unternehmer rechtzeitig und von sich aus, jedoch unter Anzeige an die Bauleitung, alle zusätzlich notwendigen Vorkehren, die zumutbar sind; zum Beispiel passt er die Baustelleneinrichtungen zweckmässig an, erhöht die Zahl der Arbeiter oder arbeitet mit zusätzlichen Schichten. Die Mehrkosten trägt der Unternehmer.

3 Werden indessen zusätzliche Vorkehren zur Einhaltung der Fristen ohne Verschulden des Unternehmers erforderlich, so trifft er sie nur mit Einwilligung der Bauleitung. In diesem Falle trägt der Bauherr die nachgewiesenen Mehrkosten. Verweigert die Bauleitung die Einwilligung, so ist der Unternehmer zur Vornahme der Vorkehren nicht verpflichtet.

Anmerkung 1

1 Der Unternehmer «*trifft*» – im Sinne einer Rechtspflicht (Art. 95/Rz. 10) – alle erforderlichen Massnahmen zur Einhaltung der vertraglichen Fristen. Dieses «Treffen» von Massnahmen ist in der Regel ein aktives Tun, kann jedoch im Einzelfall auch ein Dulden oder ein Unterlassen des Unternehmers sein. Die Norm betont hier die Pflicht des Unternehmers, das Erforderliche vorzukehren, um den Werkvertrag in zeitlicher Hinsicht korrekt zu erfüllen. Die in zeitlicher Hinsicht korrekte Erfüllung des Werkvertrags gehört zu den zentralen Pflichten des Unternehmers (nebst der Pflicht zur Ablieferung eines mängelfreien Werks).

Anmerkung 2

2.1 Der Unternehmer hat zwecks Einhaltung der vertraglichen Fristen «*alle erforderlichen Massnahmen*» zu treffen. Die Beantwortung der Frage, welche Massnahmen *erforderlich* sind und welche einzelnen Massnahmen zu ergreifen sind, damit *alle* (erforderlichen) Massnahmen in die Wege geleitet worden sind, obliegt dabei dem Unternehmer. Zu den erforderlichen Massnahmen ist zu präzisieren, was folgt:

2.2 a) Gemeint sind mit diesen Massnahmen einzig solche, welche von einem kundigen Unternehmer, welcher einen Werkvertrag wie den konkret infrage stehenden abgeschlossen hat, *nach Treu und Glauben* (Art. 2 Abs. 1 ZGB) zu ergreifen sind, damit der fragliche Werkvertrag vollständig und gehörig (d.h. namentlich in zeitlicher Hinsicht richtig) erfüllt werden kann. Entsprechende Massnahmen gehören daher stets zum originären Aufgabenbereich des Unternehmers; Massnahmen, welche vom Bauherrn (resp. von der Bauleitung) oder von anderen Unternehmern (Nebenunternehmer) zu ergreifen sind, gehören folglich nicht dazu (SCHUMACHER, Kommentar SIA-118 [Voraufl.], Art. 95/ Anm. 2).

b) Zu entsprechenden Massnahmen gehören dabei zwar primär *Arbeits- und Dienstleistungen* (Art. 95 Abs. 2 Satz 1). Unter Umständen kann jedoch der Unternehmer auch gehalten sein, entsprechende *Rechtshandlungen* vorzunehmen; namentlich kann der Unternehmer (im Sinne einer Obliegenheit) verpflichtet sein, dem Bauherrn (resp. der Bauleitung) oder allenfalls auch Nebenunternehmern eine Anzeige zu machen, wenn deren Verhalten ursächlich dafür ist, dass der Unternehmer in der Einhaltung der vertraglichen Fristen seines Werkvertrags behindert ist (SCHUMACHER, Kommentar SIA-118 [Voraufl.], Art. 95/Anm. 2). 2.3

c) Zu den *erforderlichen Massnahmen,* welche der Unternehmer zwecks Einhaltung der vertraglichen Fristen ergreifen muss, gehören auch die sogenannten *zusätzlichen Vorkehren,* zu denen der Unternehmer gemäss Art. 95 Abs. 2 (für den Fall eines Verschuldens des Unternehmers) und Art. 95 Abs. 3 (für den Fall, dass den Unternehmer kein Verschulden trifft) verpflichtet ist (SCHUMACHER, Kommentar SIA-118 [Voraufl.], Art. 95/ Anm. 2). Die Wendungen «alle erforderlichen Massnahmen» (Art. 95 Abs. 1) und «alle zusätzlich notwendigen Vorkehren» (Art. 95 Abs. 2) sind dabei synonym zu verstehen, währenddem die (blosse) Wendung «zusätzliche Vorkehren» (ohne den Zusatz «alle notwendigen») in Art. 95 Abs. 3 dem Umstand Rechnung trägt, dass für solche zusätzlichen Vorkehren nach Massgabe von Art. 95 Abs. 3 die Einwilligung des Bauherrn (resp. der Bauleitung) erforderlich ist (weshalb der Unternehmer – anders als im Fall von Art. 95 Abs. 2 – nicht von sich aus alle zusätzlich notwendigen Vorkehren zu ergreifen hat). Auf jeden Fall sind die Begriffe *«Massnahmen»* (Art. 95 Abs. 1) und *«Vorkehren»* (Art. 95 Abs. 2 und 3) gleichbedeutend (SCHUMACHER, Kommentar SIA-118 [Voraufl.], Art. 95/ Anm. 2). 2.4

Anmerkung 3

Der Unternehmer hat nur diejenigen Massnahmen zu treffen, welche zur *«Einhaltung»* der vertraglichen Fristen notwendig sind; diese Massnahmen sind die «erforderlichen» Massnahmen im Sinne von Art. 95 Abs. 1. Anders ausgedrückt: Massnahmen, welche ebenfalls nützlich, zur Einhaltung der vertraglichen Fristen allerdings nicht notwendig sind (oder über das dafür Notwendige hinausgehen), sind nicht erforderlich und müssen vom Unternehmer nicht ergriffen werden. «Eingehalten» sind die vertraglichen Fristen, wenn die übernommenen Arbeiten bis zum Ablauf der Fristen ausgeführt sind (vgl. Art. 92 Satz 1). Dies bedeutet, dass die vom Unternehmer (vertraglich) übernommenen Arbeiten bis zum Ablauf der Fristen ausgeführt werden müssen (Art. 92/Rz. 7). 3.1

Der *Bauherr ist nicht zur Vergütung von allfälligen Beschleunigungsmassnahmen* (Art. 95/ Rz. 8.2), welche der Unternehmer (von sich aus) ergreift, *verpflichtet,* es sei denn, dies sei (im Werkvertrag oder in einem eigens dazu abgeschlossenen Vertragsnachtrag) anders verabredet bzw. der Bauherr habe entsprechende Beschleunigungsmassnahmen des Un- 3.2

ternehmers (gegen Vergütung) bestellt. Dies folgt daraus, dass der Unternehmer bei Mitwirkungspflichtverletzungen des Bauherrn auch gar nicht zur Ergreifung von Beschleunigungsmassnahmen verpflichtet ist (GWerkV Rz. 682; Henninger, Bauverzögerungen und ihre Folgen, S. 258; Werz, Delay in Construction Contracts, S. 106; Bühler Theodor, Zürcher Kommentar, N 31 zu Art. 366 OR; Zindel/Pulver/Schott, Basler Kommentar, N 18 zu Art. 366 OR; BGH VII ZR 262/63 vom 13. Januar 1966 Ziff. V.3a = BGH NJW 1966, S. 971 ff.; Werner/Pastor, Der Bauprozess, Rz. 2343; a.M. Koller Alfred, Berner Kommentar, N 106 zu Art. 365 OR); weder von sich aus noch auf Weisung des Bauherrn hin. Der Unternehmer kann daher nur dann eine Vergütung für Beschleunigungsmassnahmen vom Bauherrn verlangen, wenn der Bauherr sowohl die entsprechenden Beschleunigungsmassnahmen genehmigt als auch – was besonders hervorzuheben ist – eine *Vergütungspflicht* für die entsprechenden Beschleunigungsmassnahmen *anerkannt* hat. Die blosse Mitteilung des Bauherrn, dass er mit der Ergreifung von Beschleunigungsmassnahmen durch den Unternehmer einverstanden sei, begründet daher in keinem Falle eine Anerkennung einer entsprechenden Vergütungspflicht durch den Bauherrn, was sich schon daraus ergibt, dass der Unternehmer *von sich aus* alle erforderlichen Massnahmen zur Einhaltung der vertraglichen Fristen zu treffen hat (Art. 95 Abs. 1 und 2; Art. 95/Rz. 13.1).

3.3 Der Bauherr ist umgekehrt nicht berechtigt, vom Unternehmer Beschleunigungsmassnahmen zu verlangen, um die vertraglichen Fristen zu unterschreiten (Schumacher, Kommentar SIA-118 [Vorauf l.], Art. 95/Anm. 3; siehe ferner GWerkV Rz. 650, wonach der Besteller generell nicht berechtigt ist, den Ablieferungstermin einseitig zu bestimmen oder zu verändern; BGer 4C.457/1999 vom 14. Juni 2000 E. 1b). Ein solches Recht ergibt sich insbesondere auch nicht aus dem Bestellungsänderungsrecht des Bauherrn; der Bauherr kann gestützt darauf kein schnelleres Arbeiten des Unternehmers als gemäss den vertraglichen Fristen erforderlich verlangen (Vorbem. Art. 84–91/Rz. 10; Schumacher, Die Vergütung, Rz. 584, Fn. 718; Gauch, Fristen und Termine, S. 13; Henninger, Bauverzögerungen und ihre Folgen, S. 252). Zur Sicht der Unternehmers vgl. Art. 92/Rz. 3.7 ff.

3.4 Ändert jedoch der Bauherr den Startzeitpunkt oder die Zeitdauer der vom Unternehmer zu erbringenden Arbeiten, so hat der *Unternehmer* nach der Rechtsprechung *unverzüglich zu reagieren,* wenn er damit *nicht einverstanden* ist (BGE 113 II 513/517 E. 4b). Nach der hier vertretenen Auffassung ist diese Rechtsprechung allerdings abzulehnen, da sie gegen Art. 6 OR – wonach Schweigen grundsätzlich Ablehnung bedeutet – verstösst.

Anmerkung 4

4 Mit den «*vertraglichen Fristen*» sind sämtliche vertraglichen Fristen, insbesondere aber auch sämtliche vertraglichen Termine gemeint.

Anmerkung 5

5.1 Dass vertragliche Fristen und/oder vertragliche Termine ohne zusätzliche Vorkehren nicht eingehalten werden können, zeigt sich dann, wenn aus Sicht eines *objektiv urteilenden* und *verständigen* Unternehmers aufgrund der gegebenen Umstände damit gerechnet werden muss, dass die vertraglichen Fristen/Termine nur (noch) dann eingehalten werden können, wenn entsprechende zusätzliche Vorkehren ergriffen werden. Dieser Fall liegt dann vor, wenn bei Unterlassung entsprechender zusätzlicher Vorkehren eine Frist- resp. Terminüberschreitung aus Sicht des Unternehmers *ernsthaft droht;* eine entsprechende Gewissheit ist nicht erforderlich (SCHUMACHER, Kommentar SIA-118 [Voraufl.], Art. 95/Anm. 5).

Seine entsprechende Erkenntnis kann der Unternehmer aufgrund eigener Erfahrungen gewonnen haben (z.B. aufgrund von erkanntermassen ungenügendem Arbeitsfortschritt etwa bei Personal- oder Maschinenausfällen); denkbar ist aber ebenso, dass der Unternehmer von Dritten (z.B. Subunternehmer, Lieferanten) auf die entsprechende terminkritische Situation hingewiesen wird (z.B. bei Lieferengpässen) oder dass die Bauleitung resp. der Bauherr eine Verspätung (etwa bei einer ausstehenden Baubewilligung) anzeigt (vgl. SCHUMACHER, Kommentar SIA-118 [Voraufl.], Art. 95/Anm. 5 lit. a und b). 5.2

Anmerkung 6

Mit der Wendung *«bei der Ausführung der Arbeit»* sind nicht bloss Arbeitsleistungen des Unternehmers im eigentlichen Sinne, sondern jegliche Leistungen des Unternehmers, welche dieser gemäss dem Werkvertrag schuldet, gemeint. Dazu gehören namentlich auch Dienstleistungen. 6.1

In zeitlicher Hinsicht ist zudem nicht erforderlich, dass sich die Notwendigkeit zusätzlicher Vorkehren erst während der Phase der eigentlichen Leistungserbringung zeigt (vgl. auch Art. 95 Abs. 3, wo der Passus «bei der Ausführung der Arbeit» im Gegensatz zu Art. 95 Abs. 2 nicht enthalten ist). Vielmehr besteht die Pflicht des Unternehmers, alle zusätzlich notwendigen Vorkehren zu treffen, bei gegebenen Voraussetzungen bereits ab Vertragsschluss. 6.2

Anmerkung 7

Mit den *«vertraglichen Fristen»* sind nicht nur die vertraglichen Fristen, sondern auch die vertraglichen Termine gemeint (Art. 95/Rz. 4). Entgegen dem insofern nicht ganz präzisen Wortlaut ist dabei nicht erforderlich, dass (mehrere) vertragliche Fristen (resp. Termine) ohne zusätzliche Vorkehren nicht eingehalten werden können. Vielmehr entsteht die Pflicht des Unternehmers, alle zusätzlich notwendigen Vorkehren zu treffen, bereits dann, wenn auch nur eine einzige Frist resp. nur ein einziger Termin allenfalls (Art. 95/Rz. 5.1) nicht eingehalten werden kann. 7

Anmerkung 8

«Zusätzliche Vorkehren» sind Massnahmen (Art. 95 Abs. 1), welche vom Unternehmer ursprünglich nicht eingeplant waren, sich nun aber infolge der terminkritischen Situation als notwendig erweisen und zu den ursprünglich eingeplanten Massnahmen hinzutreten. Welche Massnahmen der Unternehmer ursprünglich eingeplant hat und welche nicht, ergibt sich dabei regelmässig aus dem Werkvertrag inkl. all seiner Bestandteile; indes kann der Unternehmer auch weitere (sich nunmehr als nicht genügend erweisende) Massnah- 8.1

men eingeplant haben, welche sich aus den vertraglichen Grundlagen nicht ableiten lassen.

8.2 Mit den «zusätzlichen Vorkehren» sind *Beschleunigungsmassnahmen* (Art. 95/Rz. 3.2) gemeint. Diese Beschleunigungsmassnahmen sind vertraglich geschuldet; der Besteller hat gegen den Unternehmer also einen vertraglichen Anspruch auf Vornahme der entsprechenden Beschleunigungsmassnahmen (vgl. dazu Reetz, Baubeschleunigung, Rz. 101 f.).

Anmerkung 9

9.1 Der Unternehmer ist zu entsprechenden zusätzlichen Vorkehren (Beschleunigungsmassnahmen) nur dann verpflichtet, wenn deren Vornahme zwecks Einhaltung der Fristen (und Termine) *aufgrund eines Verschuldens des Unternehmers* erforderlich geworden ist; vgl. Art. 95 Abs. 3: «Werden indessen zusätzliche Vorkehren zur Einhaltung der Fristen ohne Verschulden des Unternehmers erforderlich [...]». Daraus ergibt sich per Umkehrschluss, dass Art. 95 Abs. 2 den tatbestandsmässig gleichen Fall wie Art. 95 Abs. 3 meint, welcher aber aufgrund eines Verschuldens des Unternehmers eingetreten ist. Ein «Verschulden» des Unternehmers liegt dabei dann vor, wenn entweder die Voraussetzungen von Art. 97 OR oder jene von Art. 101 OR (Hilfspersonenhaftung) erfüllt sind.

9.2 Als *Beispiele* kommen etwa die folgenden Konstellationen in Betracht (vgl. Schumacher, Kommentar SIA-118 [Voraufl.], Art. 95/Anm. 9 lit. a und b): Der Unternehmer hat zu wenig Personal, zu wenig Arbeitsgeräte oder zu wenig Maschinen eingeplant; der Unternehmer hat falsches Personal, falsche Arbeitsgeräte oder falsche Maschinen eingesetzt; der Unternehmer hat die erforderliche Zeitdauer für die von ihm werkvertraglich geschuldete Leistung unterschätzt; der Unternehmer hat Mängel verursacht, deren Behebung zusätzliche Zeit in Anspruch nimmt; Hilfspersonen des Unternehmers (Subunternehmer; Art. 29/Rz. 6) sind mit ihren eigenen Leistungen in Verzug usw.

Anmerkung 10

10 Der Unternehmer «*trifft*» rechtzeitig und von sich aus, jedoch unter Anzeige an die Bauleitung (Art. 95/Rz. 14.1 ff.), alle zusätzlich notwendigen Vorkehren, die zumutbar sind.

Anmerkung 11

11.1 Die entsprechenden zusätzlich notwendigen (zumutbaren) Vorkehren (Beschleunigungsmassnahmen) hat der «*Unternehmer*» zu treffen. Häufig trifft er diese persönlich; indes steht es dem Unternehmer nach den allgemeinen Regeln frei, entsprechende Massnahmen durch Hilfspersonen im Sinne von Art. 101 OR (namentlich Subunternehmer; Art. 29/Rz. 6) treffen zu lassen.

11.2 Der Unternehmer hat gegebenenfalls durch entsprechende Klauseln in den Subunternehmerverträgen (Koordinationsklauseln) dafür zu sorgen, dass er diejenigen Massnahmen, die er gemäss Art. 95 Abs. 2 gegenüber dem Bauherrn schuldet, bei Bedarf auch von seinen Subunternehmern einverlangen kann (vgl. Schumacher, Kommentar SIA-118 [Voraufl.], Art. 95/Anm. 11).

Anmerkung 12

Die entsprechenden zusätzlich notwendigen (zumutbaren) Vorkehren (Beschleunigungsmassnahmen) sind durch den Unternehmer *«rechtzeitig»* zu treffen. Entscheidend ist dabei nicht so sehr der Entscheid (selbst), nunmehr Beschleunigungsmassnahmen zu ergreifen, sondern vielmehr deren zeitliche Umsetzung: Konkret hat der Unternehmer die entsprechenden Beschleunigungsmassnahmen zeitlich nur so rasch umzusetzen, dass die *vertraglichen Fristen (und Termine) eingehalten werden können* (Art. 95 Abs. 2 Satz 1 Satzteil 1). Soweit ihm dies gelingt, verhält er sich vertragskonform, auch wenn er entsprechende Beschleunigungsmassnahmen nicht sofort (aber eben dennoch rechtzeitig) trifft. Hinsichtlich der Frage, wann genau der Unternehmer (welche) entsprechenden Beschleunigungsmassnahmen zu ergreifen hat, verfügt der Unternehmer über ein *weitreichendes Ermessen.* 12

Anmerkung 13

Der Unternehmer hat die entsprechenden zusätzlich notwendigen (zumutbaren) Vorkehren (Beschleunigungsmassnahmen) *«von sich aus»*, also unaufgefordert (resp. ohne «Mahnung» durch den Bauherrn) und aus eigenem Antrieb zu treffen. Der Unternehmer darf demnach weder eine Aufforderung (Mahnung) des Bauherrn abwarten noch bedarf er dessen Zustimmung zur Ergreifung entsprechender Beschleunigungsmassnahmen (SCHUMACHER, Kommentar SIA-118 [Voraufl.], Art. 95/Anm. 13). 13.1

Der Unternehmer hat dabei keinen Anspruch darauf, dass ihn der Bauherr bei der Umsetzung der Beschleunigungsmassnahmen unterstützt: Insbesondere hat der Unternehmer – da diesem ein Verschulden vorzuwerfen ist (Art. 95/Rz. 9.1 f.) – *keinen Anspruch* darauf, dass der Bauherr Planänderungen vornimmt oder etwa ergänzende Gesuche an die Baubewilligungsbehörde stellt (anders SCHUMACHER, Kommentar SIA-118 [Voraufl.], Art. 95/Anm. 13). Höchstens im *Einzelfall* können sich aus Treu und Glauben (Art. 2 Abs. 1 ZGB) entsprechende (neue) Mitwirkungspflichten des Bauherrn ergeben; ist dies der Fall, so hat der Unternehmer (da diesem ein Verschulden vorzuwerfen ist) dem Bauherrn den diesem deswegen zusätzlich entstehenden Aufwand allerdings zu entschädigen. 13.2

Anmerkung 14

Der Unternehmer hat dem Bauherrn anzuzeigen *(«unter Anzeige»)*, dass er nun alle zusätzlich notwendigen (zumutbaren) Vorkehren (Beschleunigungsmassnahmen) trifft, da die Vornahme solcher Beschleunigungsmassnahmen regelmässig einen Einfluss auf den Bauablauf und damit auch auf die Stellung des Bauherrn hat. Die entsprechende Anzeige kann mündlich gemacht werden, soll aber – aufgrund ihrer Wichtigkeit – nach Möglichkeit in Schriftform (und damit einfach nachweisbar) erfolgen (Art. 25 Abs. 2; Art. 95/Rz. 14.2 f.). Die Pflicht, dem Bauherrn gegenüber eine entsprechende Anzeige zu machen, stellt eine Rechtspflicht (und nicht bloss eine Obliegenheit) dar; versäumt der Unternehmer die entsprechende Anzeige, kann er sich dem Bauherrn gegenüber schadenersatzpflichtig machen. Damit der Unternehmer seiner *Anzeigepflicht* genügen kann, trifft ihn vorgängig eine entsprechende *Beobachtungspflicht* (vgl. REETZ, Baubeschleunigung, Rz. 98). 14.1

14.2 Art. 95 Abs. 2 Satz 1 stellt eine Präzisierung von Art. 25 Abs. 1 und von Art. 365 Abs. 3 OR dar; bereits nach Art. 25 Abs. 1 und Art. 365 Abs. 3 OR ist der Unternehmer verpflichtet, Verhältnisse, die eine gehörige oder rechtzeitige Ausführung des Werks gefährden, dem Bauherrn ohne Verzug anzuzeigen. Aus der ergänzenden Geltung von Art. 25 Abs. 1 und von Art. 365 Abs. 3 OR ergibt sich einerseits, dass der Unternehmer dem Bauherrn gegenüber den *Grund* für die (vom Unternehmer verschuldete) Verzögerung zu nennen hat, und andererseits, dass die Anzeige *ohne Verzug* zu erfolgen hat (SCHUMACHER, Kommentar SIA-118 [Voraufl.], Art. 95/Anm. 14 lit. a; REETZ, Baubeschleunigung, Rz. 98). Indes ist der Unternehmer – mangels Rechtsgrundlage – grundsätzlich nicht dazu verpflichtet, dem Bauherrn mitzuteilen, welche einzelnen Beschleunigungsmassnahmen er wann genau ergreift (vgl. REETZ, Baubeschleunigung, Rz. 99; a.M. SCHUMACHER, Kommentar SIA-118 [Voraufl.], Art. 95/Anm. 14 lit. b); eine Information des Bauherrn über die konkret zu ergreifenden Beschleunigungsmassnahmen ist im Fall von Art. 95 Abs. 2 (zum Fall von Art. 95 Abs. 3 siehe Art. 95/Rz. 24.3 und im Speziellen Art. 95/Rz. 30.1 und 30.5) nur (aber immerhin) insoweit erforderlich, als sich die Ergreifung von Beschleunigungsmassnahmen auf die Rechtsstellung des Bauherrn auswirken kann (was insbesondere dann der Fall ist, wenn sich zufolge der Ergreifung von Beschleunigungsmassnahmen die Situation auf der Baustelle – etwa durch den Einsatz von zusätzlichen Arbeitern/Maschinen – verändert).

14.3 Im Übrigen ist für die Frage der Modalitäten der Anzeige auf Art. 25 (insbesondere auf dessen Absätze 1 und 2) zu verweisen.

14.4 Eine entsprechende Anzeige des Unternehmers, dass er nun Beschleunigungsmassnahmen treffe, hat *nicht* zur Folge, dass sich der Bauherr (quasi «auf Abruf») dazu bereit erklären müsste, die Vornahme seiner Mitwirkungspflichten in zeitlicher Hinsicht nunmehr in Abweichung von den ursprünglichen vertraglichen Abmachungen oder vom (nicht verbindlichen) Bauprogramm vorzunehmen (Art. 95/Rz. 13.2).

14.5 Zur Frage, welchen Inhalt die Anzeige des Unternehmers aufweisen muss, wenn er zusätzliche Vorkehren (Beschleunigungsmassnahmen) als *unzumutbar* erachtet, vgl. Art. 95/Rz. 17.6.

Anmerkung 15

15 Die «*Bauleitung*» ist die Vertreterin des Bauherrn (Einl./Rz. 17 ff.).

Anmerkung 16

16 Zum Begriff der «*zusätzlich notwendigen Vorkehren*» vgl. Art. 95/Rz. 8.1 f. Im Übrigen ist vorausgesetzt, dass die (zur Einhaltung der vertraglichen Fristen und Termine notwendigen) Beschleunigungsmassnahmen dem Unternehmer *zumutbar* sind (Art. 95/Rz. 17.1 ff.).

Anmerkung 17

17.1 Der Unternehmer ist – in Abweichung vom Grundsatz von Art. 95 Abs. 1, wonach er alle erforderlichen Massnahmen zur Einhaltung der vertraglichen Fristen (und Termine) zu treffen hat – nur dann verpflichtet, entsprechende (notwendige) zusätzliche Vorkehren (Beschleunigungsmassnahmen) zu treffen, wenn ihm deren Vornahme (auch) *«zumutbar»* ist. Ob dies der Fall ist oder nicht, bestimmt sich grundsätzlich nach Art. 4 ZGB, wobei das Gericht bei seinem Entscheid alle Umstände des Einzelfalls, insbesondere aber das bereits bestehende werkvertragliche Gefüge, zu berücksichtigen hat. Im Besonderen fallen etwa folgende Umstände in Betracht:

Die Zumutbarkeit von Beschleunigungsmassnahmen darf nicht leichthin verneint werden (ebenso Schumacher, Kommentar SIA-118 [Voraufl.], Art. 95/Anm. 17 lit. a Lemma 1), was sich schon daraus ergibt, dass Art. 95 Abs. 2 *im Tatbestand ein Verschulden des Unternehmers* voraussetzt (Art. 95/Rz. 9.1 f.). Die sich aus dem Unternehmerverschulden ergebenden nachteiligen Folgen hat also grundsätzlich der Unternehmer zu tragen. 17.2

Die Vornahme von Beschleunigungsmassnahmen ist für den Unternehmer insbesondere dann unzumutbar, wenn dies *unverhältnismässig* wäre, also die Vorteile, die dem Bauherrn durch die Umsetzung der Beschleunigungsmassnahmen – das heisst konkret durch die Einhaltung der vertraglichen Fristen – entstehen würden, in einem Missverhältnis zu den *Nachteilen* stehen würden, die der Unternehmer zufolge der Vornahme der Beschleunigungsmassnahmen auf sich zu nehmen hätte (Schumacher, Kommentar SIA-118 [Voraufl.], Art. 95/Anm. 17 lit. a Lemma 2). Im Rahmen dieser Interessenabwägung sind insbesondere zu berücksichtigen: 17.3

- Als *Nachteile* im Sinne von Art. 95/Rz. 17.3, welche zugunsten des Unternehmers zu berücksichtigen sind, gelten primär die *Mehrkosten,* welche dem Unternehmer durch die Vornahme der Beschleunigungsmassnahmen entstehen würden (Art. 95 Abs. 2 Satz 2). Sind diese im Verhältnis zum wirtschaftlichen Nutzen, welchen der Bauherr aus der Einhaltung der vertraglichen Fristen ziehen würde, für den Unternehmer nicht mehr hinnehmbar (d.h. unzumutbar), so ist der Unternehmer zur Vornahme der entsprechenden Beschleunigungsmassnahmen nicht verpflichtet. Eine entsprechende Unzumutbarkeit darf indes nicht bereits dann angenommen werden, wenn die Mehrkosten des Unternehmers für die Vornahme der Beschleunigungsmassnahmen wesentlich höher sind als der wirtschaftliche Nutzen des Bauherrn aus der Einhaltung der vertraglichen Fristen; Unzumutbarkeit im Sinne von Art. 95 Abs. 2 Satz 1 ist vielmehr erst dann anzunehmen, wenn ein grob störendes Ungleichgewicht zwischen diesen beiden Werten, welches unter Billigkeitsgesichtspunkten schlechterdings nicht mehr vertretbar ist, vorliegt. Damit ist als Grundsatz festzuhalten, dass die Vornahme von Beschleunigungsmassnahmen dem Unternehmer in aller Regel zumutbar ist, währenddem ausnahmsweise eine Unzumutbarkeit vorliegen kann (etwa, wenn der Zeitpunkt der Vollendung des Werks für den Bauherrn irrelevant ist, der Unternehmer jedoch im Verhältnis zum Werkpreis hohe Kosten für die Umsetzung der Beschleunigungsmassnahmen auf sich zu nehmen hätte). 17.4
- Ebenfalls zu berücksichtigen im Rahmen der entsprechenden Interessenabwägung (Art. 95/Rz. 17.3) ist sodann auch der Grad des Verschuldens des Unternehmers (Art. 95/Rz. 17.2): So dürfte namentlich bei grobem Verschulden des Unternehmers 17.5

die Vornahme von entsprechenden Beschleunigungsmassnahmen zwecks Einhaltung der vertraglichen Fristen kaum je unzumutbar sein (vgl. auch SCHUMACHER, Kommentar SIA-118 [Voraufl.], Art. 95/Anm. 17 lit. e).

17.6 Ist der Unternehmer der Auffassung, die Vornahme von Beschleunigungsmassnahmen sei *unzumutbar,* so entbindet ihn dies nicht davon, die vorgeschriebene Anzeige an den Bauherrn zu machen (Art. 95/Rz. 14). Die entsprechende Anzeige muss diesfalls die *Mitteilung* enthalten, die Vornahme von Beschleunigungsmassnahmen sei unzumutbar (noch anders REETZ, Baubeschleunigung, Rz. 99), was – um dem Grundsatz von Art. 95 Abs. 2 Satz 1, wonach dem Unternehmer die Vornahme von Beschleunigungsmassnahmen in aller Regel zuzumuten ist (Art. 95/Rz. 17.4), zweckgerichtet zu entsprechen – seitens des Unternehmers zu *begründen* ist (vgl. SCHUMACHER, Kommentar SIA-118 [Voraufl.], Art. 95/Anm. 17 lit. g). Ist die Vornahme von Beschleunigungsmassnahmen – unabhängig von der subjektiven Auffassung des Unternehmers – objektiv betrachtet unzumutbar, so besteht keine Pflicht des Unternehmers zur Vornahme von Beschleunigungsmassnahmen und auch kein Recht des Bauherrn, solche anzuordnen. Unterlässt der Unternehmer die entsprechende Mitteilung der Unzumutbarkeit der Vornahme von Beschleunigungsmassnahmen oder begründet er sie nicht, hat er keinen Anspruch auf Fristerstreckung gemäss Art. 96 Abs. 1 (Art. 96/Rz. 2.3).

Anmerkung 18

18 Art. 95 Abs. 2 Satz 1 listet im letzten Halbsatz drei «*Beispiele*» entsprechender Beschleunigungsmassnahmen auf: (i) Anpassung der Baustelleneinrichtungen; (ii) Erhöhung der Zahl der Arbeiter oder (iii) Arbeit mit zusätzlichen Schichten. Indem von Beispielen gesprochen wird, wird ausgedrückt, dass andere Beschleunigungsmassnahmen ebenfalls infrage kommen.

Anmerkung 19

19.1 Zum Begriff der «*Baustelleneinrichtungen*» (auch «Baustelleninstallationen» genannt) vgl. Art. 123. Diese Baustelleneinrichtungen sind *durch den Unternehmer* zu erstellen und zu unterhalten (Art. 124 Abs. 1). Wenn nötig, sind diese Baustelleneinrichtungen *zweckmässig* anzupassen; beispielsweise sind mehr oder andere Fahrzeuge oder Geräte einzusetzen – immer mit dem Zweck, dass die vertraglichen Fristen dadurch nunmehr eingehalten werden können (was impliziert, dass durch die Vorkehr der Arbeitsfortgang beschleunigt werden muss). Darüber hinaus kann es zweckmässig sein, die Baustelleneinrichtungen umzubauen oder örtlich zu verschieben etc. (vgl. SCHUMACHER, Kommentar SIA-118 [Voraufl.], Art. 95/Anm. 19 Ingress und lit. a).

19.2 Art. 95 Abs. 2 Satz 1 ist lex specialis zu Art. 124 Abs. 3 (Art. 124/Rz. 13.2); nach letzterer Bestimmung ist der Unternehmer – ganz allgemein – gehalten, für Abhilfe zu sorgen, wenn sich die Baustelleneinrichtungen ganz oder z.T. als für die Ausführung der vertraglichen Arbeiten ungeeignet oder ungenügend erweisen (Art. 124/Rz. 13.1 ff.). Art. 95 Abs. 2 Satz 1 hat dabei den Sonderfall im Auge, dass sich die (ursprünglich vorgesehenen) Baustelleneinrichtungen als ungeeignet oder ungenügend erweisen, um die vertraglichen

Arbeiten *in zeitlicher Hinsicht* korrekt, das heisst innert der vertraglichen Fristen, auszuführen.

Anmerkung 20

Ebenfalls kann es erforderlich werden, dass der Unternehmer die «*Zahl der Arbeiter erhöht*», um (dadurch) die vertraglichen Fristen einhalten zu können. Damit nennt Art. 95 Abs. 2 Satz 1 einen weiteren, in der Praxis sehr wichtigen Weg, welcher dem Unternehmer helfen kann, das Ziel der Einhaltung der vertraglichen Fristen sicherzustellen. 20.1

Ungeachtet des Umstands, dass der Unternehmer im Bauprogramm ungefähre Angaben über die für die einzelnen Arbeitsperioden vorgesehene Zahl der eingesetzten Arbeitnehmer gemacht hat (Art. 93/Rz. 11), ist er gemäss Art. 95 Abs. 2 Satz 1 verpflichtet, die Zahl der Arbeiter zu erhöhen, wenn sich die gemäss Bauprogramm vorgesehene Zahl der Arbeiter als unzureichend erweist (vgl. SCHUMACHER, Kommentar SIA-118 [Voraufl.], Art. 95/Anm. 20). 20.2

Statt einer Erhöhung der Zahl der Arbeiter kann es (entgegen dem Wortlaut von Art. 95 Abs. 2 Satz 1, aber in Berücksichtigung des Umstands, dass die dortige Aufzählung nur beispielhaften Charakter hat) im Einzelfall auch angezeigt sein, dass einzelne Arbeiter durch andere ausgetauscht werden (bei gleichbleibender oder evtl. sogar sinkender Anzahl Arbeiter), oder auch, dass gewisse Arbeiter (teilweise) durch Maschinen ersetzt werden, wenn es technisch möglich ist, dass die entsprechende menschliche Arbeit durch Maschinen substituiert wird. 20.3

Anmerkung 21

Eine weitere Handlungsoption für den Unternehmer besteht darin, dass er «*mit zusätzlichen Schichten arbeitet*». Damit ist gemeint, dass der Unternehmer beispielsweise statt einer Schicht neu zwei Schichten, statt zwei Schichten drei Schichten oder zusätzliche Wochenendschichten vorsieht. Dass sich der Unternehmer dabei an die öffentlich-rechtlichen (namentlich arbeitsgesetzlichen) Vorgaben zu halten hat, versteht sich von selbst. 21

Anmerkung 22

Die «*Mehrkosten*» der entsprechenden zusätzlich notwendigen (zumutbaren) Vorkehren (Beschleunigungsmassnahmen) hat der Unternehmer zu tragen. Solche Mehrkosten, welche durch die Vornahme der Beschleunigungsmassnahmen anfallen, sind etwa zusätzliche Baustelleninstallationskosten, höhere Lohnkosten oder höhere Maschinenkosten (Unterhalt, Amortisation etc.) als ursprünglich kalkuliert. 22

Anmerkung 23

Entsprechende Mehrkosten «*trägt der Unternehmer*» (Art. 95 Abs. 2 Satz 2). Damit ist gemeint, dass der Unternehmer für die Vornahme der Beschleunigungsmassnahmen kein zusätzliches Entgelt vom Besteller erhält. Dies ist vor dem Hintergrund, dass Art. 95 Abs. 2 den Fall regelt, in dem den Unternehmer ein Verschulden (für die zeitkritische Situation und die dadurch notwendig gewordene Ergreifung von Beschleunigungsmassnahmen) trifft (Art. 95/Rz. 9.1 f.), sachgerecht. 23.1

23.2 *Trifft nicht nur den Unternehmer, sondern auch den Bauherrn ein Verschulden* an der Notwendigkeit der Ergreifung von Beschleunigungsmassnahmen durch den Unternehmer, so sind die entsprechenden Mehrkosten (wenn die Vornahme von Beschleunigungsmassnahmen nicht unzumutbar ist, vgl. Art. 95/Rz. 17.3 ff.) *anteilsmässig* vom Unternehmer und vom Bauherrn zu tragen. Die jeweiligen Anteile haben sich diesfalls am jeweiligen Grad des Verschuldens von Unternehmer und Bauherr zu orientieren. Zum Fall des alleinigen Bauherrenverschuldens vgl. Art. 95/Rz. 28.1.

Anmerkung 24

24.1 Mit dem Terminus «*indessen*» zeigt Art. 95 Abs. 3 bereits einleitend an, dass es hier (im Anwendungsbereich von Art. 95 Abs. 3) um einen anderen Fall geht als in Art. 95 Abs. 2. Dies trifft auch zu, spricht doch der weitere Wortlaut von Art. 95 Abs. 3 davon, dass zusätzliche Vorkehren (Beschleunigungsmassnahmen) zur Einhaltung der Fristen *ohne Verschulden des Unternehmers* erforderlich werden (währenddem gemäss Art. 95 Abs. 2 ein Verschulden des Unternehmers vorausgesetzt ist, vgl. Art. 95/Rz. 9.1 f.).

24.2 Art. 95 Abs. 3 regelt somit den Fall, in welchem der Unternehmer zur Vornahme von (wie im Fall von Art. 95 Abs. 2 *zumutbaren*) Beschleunigungsmassnahmen zwecks Einhaltung der vertraglichen Fristen verpflichtet ist, *ohne dass den Unternehmer an der Verzögerung ein Verschulden trifft;* dies allerdings nur dann, wenn der Bauherr in die entsprechenden Beschleunigungsmassnahmen einwilligt. Die übrigen nach Massgabe von Art. 95 Abs. 2 geltenden Voraussetzungen (nämlich: es zeigt sich bei der Ausführung der Arbeit, dass vertragliche Fristen ohne zusätzliche Vorkehren nicht eingehalten werden können) gelten indes auch im Anwendungsbereich von Art. 95 Abs. 3; umgekehrt hat der Unternehmer die entsprechenden Beschleunigungsmassnahmen auch im Anwendungsbereich von Art. 95 Abs. 3 *rechtzeitig* zu treffen – das heisst der Unternehmer hat diese zeitlich nur (aber immerhin) so umzusetzen, dass die vertraglichen Fristen resp. Termine eingehalten werden können (Art. 95/Rz. 12).

24.3 Insbesondere hat der Unternehmer auch im Anwendungsbereich von Art. 95 Abs. 3 einer entsprechenden *Anzeigepflicht* nachzukommen; dass der Unternehmer im Anwendungsbereich von Art. 95 Abs. 3 die Notwendigkeit von Beschleunigungsmassnahmen nicht verschuldet resp. nicht zu verantworten hat, ändert am Bestand dieser Anzeigepflicht nichts; vgl. dazu (insbesondere auch bezüglich Anzeigeinhalt) die Ausführungen in Art. 95/Rz. 14.1 ff. und im Speziellen Art. 95/Rz. 30.1 und 30.5. Beizufügen ist, dass dies auch sachgerecht ist, da der Unternehmer (regelmässig) wesentlich besser als der Bauherr erkennen kann, ob die Einhaltung der vertraglichen Fristen – welches Ziel beide Parteien gleichermassen verfolgen – gefährdet ist.

Anmerkung 25

25.1 «*Zusätzliche Vorkehren*» sind Beschleunigungsmassnahmen (Art. 95/Rz. 8.1 f. und 16).

25.2 Auch im Anwendungsbereich von Art. 95 Abs. 3 hat der Unternehmer nur *zumutbare zusätzliche Vorkehren, das heisst nur zumutbare Beschleunigungsmassnahmen*, zu treffen (vgl. Art. 95/Rz. 17.1 ff.). In der Vorauflage (Schumacher, Kommentar SIA-118 [Voraufl.], Art. 95/Anm. 24) wurde einerseits die Auffassung vertreten, dass die Zumutbarkeit im Anwendungsbereich von Art. 95 Abs. 3 eher zu bejahen sei als im Anwendungsbereich von Art. 95 Abs. 2, weil im Anwendungsbereich von Art. 95 Abs. 3 die Mehrkosten zulasten des Bauherrn gehen würden; andererseits wurde dort ausgeführt, dass wegen der beschränkten Vergütungspflicht des Bauherrn (nur nachgewiesene tatsächliche Mehrkosten ohne Zuschlag für Risiko und Gewinn, vgl. Art. 95/Rz. 31.1 f.) Beschleunigungsmassnahmen für den Unternehmer immer dann unzumutbar seien, sobald den Bauherrn ein Verschulden (resp. eine Verantwortung im Sinne einer Hilfspersonenhaftung gemäss Art. 101 OR) treffe. Dazu ist wie folgt Stellung zu nehmen: (i) Der *Begriff der Zumutbarkeit* muss *im Anwendungsbereich von Art. 95 Abs. 3 derselbe* sein *wie im Anwendungsbereich von Art. 95 Abs. 2,* denn gerade deshalb, weil der Unternehmer im Anwendungsbereich von Art. 95 Abs. 3 keinen Zuschlag für Risiko und Gewinn erhält, bringt ihm die Vornahme von Beschleunigungsmassnahmen im Anwendungsbereich von Art. 95 Abs. 3 keinen wirtschaftlichen Nutzen, obwohl er die Notwendigkeit der Vornahme von Beschleunigungsmassnahmen nicht verschuldet hat. Vor diesem Hintergrund erscheint es nicht angängig, die Schwelle für zumutbare Massnahmen im Anwendungsbereich von Art. 95 Abs. 3 gegenüber Art. 95 Abs. 2 herabzusetzen. (ii) Umgekehrt trifft es zu, dass *Beschleunigungsmassnahmen* für den Unternehmer stets und bereits dann *unzumutbar* sind, wenn den *Bauherrn* an der Notwendigkeit von Beschleunigungsmassnahmen ein *(alleiniges) Verschulden resp. eine (alleinige) Verantwortung* trifft (Art. 95/Rz. 28.1; zum Fall des beidseitigen Verschuldens vgl. Art. 95/Rz. 23.2). Dies ergibt sich aus dem allgemeinen Grundsatz, dass der Bauherr (wie jeder redliche Vertragspartner) aus seinem Verschulden bzw. aus seiner Verantwortung keinen Vorteil ziehen darf, und zwar im Besonderen nicht den Vorteil, dass der Unternehmer Beschleunigungsmassnahmen, welche ihm unter Umständen gar nicht gelegen kommen, nur zu den nachgewiesenen tatsächlichen Mehrkosten (ohne Zuschlag für Risiko und Gewinn) zu erbringen hätte (so zu Recht SCHUMACHER, Kommentar SIA-118 [Voraufl.], Art. 95/Anm. 24). Demzufolge besteht diesfalls (mangels Zumutbarkeit) überhaupt keine Pflicht des Unternehmers zur Vornahme von Beschleunigungsmassnahmen und auch kein Recht des Bauherrn, solche anzuordnen.

In allen Fällen vorbehalten bleibt der *Anspruch des Unternehmers auf eine angemessene Fristerstreckung* gemäss Art. 94 Abs. 2, sofern die entsprechenden Voraussetzungen erfüllt sind. 25.3

Anmerkung 26

Vgl. Art. 95/Rz. 3.1. 26

Anmerkung 27

Art. 95 Abs. 3 erwähnt nur «*Fristen*», meint damit aber die *vertraglichen* Fristen (wie auch die vertraglichen Termine), vgl. Art. 95 Abs. 1 und 2 sowie Art. 95/Rz. 4 und 7. 27

Anmerkung 28

28.1 Art. 95 Abs. 3 regelt den Fall, dass Beschleunigungsmassnahmen zur Einhaltung der Fristen *«ohne Verschulden des Unternehmers»* erforderlich werden. Insofern unterscheidet sich Art. 95 Abs. 3 vom in Art. 95 Abs. 2 geregelten Sachverhalt, der ein Verschulden des Unternehmers voraussetzt (Art. 95/Rz. 9.1 f.). Vorausgesetzt für die Anwendbarkeit von Art. 95 Abs. 3 ist dabei nur, dass den Unternehmer kein Verschulden trifft. Ob daneben den Bauherrn ein Verschulden trifft oder nicht, würde an sich für die Anwendbarkeit von Art. 95 Abs. 3 – ginge man allein von dessen Wortlaut aus – keine Rolle spielen. Indes sind Beschleunigungsmassnahmen für den Unternehmer unzumutbar, wenn den Bauherrn an der Notwendigkeit von Beschleunigungsmassnahmen ein (alleiniges) Verschulden resp. eine (alleinige) Verantwortung trifft, weshalb der Unternehmer diesfalls nicht zur Vornahme von Beschleunigungsmassnahmen verpflichtet ist und Art. 95 Abs. 3 insofern aus dem Spiel bleibt (Art. 95/Rz. 25.2). Vgl. dazu auch Art. 95/Rz. 28.3.

28.2 Von einem fehlenden Verschulden des Unternehmers (und gleichzeitiger Anwendbarkeit von Art. 95 Abs. 3) ist demnach insbesondere dann auszugehen, wenn die *drohende Frist- resp. Terminüberschreitung* (Art. 95/Rz. 5.1) von keiner der beiden Vertragsparteien zu vertreten ist, was namentlich bei Vorliegen höherer Gewalt der Fall ist.

28.3 Ist der Bauherr säumig, indem er Mitwirkungspflichten verletzt respektive verletzt hat (Art. 94/Rz. 11.1 ff.), so greifen die Rechtsfolgen gemäss Art. 94 Abs. 2, wonach der Unternehmer insbesondere das Recht auf eine angemessene Erstreckung der betreffenden Fristen hat.

Anmerkung 29

29 Der Unternehmer *«trifft»* die entsprechenden zusätzlichen Vorkehren (Beschleunigungsmassnahmen), welche zumutbar sind. Zur Vornahme dieser Beschleunigungsmassnahmen ist der Unternehmer *verpflichtet,* wenn die Tatbestandsvoraussetzungen von Art. 95 Abs. 3 erfüllt sind, das heisst, wenn insbesondere die Einwilligung des Bauherrn vorliegt (vgl. SCHUMACHER, Kommentar SIA-118 [Voraufl.], Art. 95/Anm. 29). Dies bedeutet, dass der Bauherr diesfalls (d.h. nachdem er eingewilligt hat) (zumutbare) Beschleunigungsmassnahmen des Unternehmers anordnen kann, wenn sich bei der Ausführung der Arbeit zeigt, dass die vertraglichen Fristen resp. Termine ohne Beschleunigungsmassnahmen nicht eingehalten werden können.

Anmerkung 30

30.1 Der Unternehmer ist vor der Vornahme von zusätzlichen Vorkehren (Beschleunigungsmassnahmen) verpflichtet, die *«Einwilligung des Bauherrn»* zu denselben *einzuholen.* Nur (aber immerhin) wenn eine solche Einwilligung vorliegt, trägt der Bauherr die nachgewiesenen Mehrkosten (Art. 95 Abs. 3 Sätze 1 und 2). Da der Bauherr wissen muss, wozu genau er seine Einwilligung erteilt bzw. welche Kosten er wird übernehmen müssen, ist es notwendig, dass der Unternehmer mit der an den Bauherrn gerichteten Aufforderung zur Erteilung der Einwilligung auch erklärt, welche Beschleunigungsmassnahmen zu ergreifen sein werden, und dass der Bauherr (sofern er einwilligt) die entsprechenden nachgewiesenen Mehrkosten (ohne Zuschlag für Risiko und Gewinn) zu übernehmen haben wird (Art. 95/Rz. 30.5).

Versäumt es der *Unternehmer,* die entsprechende *Einwilligung des Bauherrn einzuholen,* hat der Unternehmer – wenn er entsprechende Beschleunigungsmassnahmen dennoch trifft – die ihm daraus entstehenden Kosten selbst zu tragen. Das Gleiche gilt, wenn der Unternehmer den Bauherrn zwar um eine entsprechende Einwilligung ersucht, der Bauherr die entsprechende Einwilligung jedoch nicht erteilt (Art. 95 Abs. 3 Satz 3: «verweigert»); diesfalls ist nämlich der Unternehmer zur Vornahme entsprechender Beschleunigungsmassnahmen gar nicht verpflichtet (Art. 95 Abs. 3 Satz 3), weshalb er – wenn er solche trotzdem (d.h. trotz verweigerter Einwilligung des Bauherrn) ergreift – auch keine Vergütung dafür vom Bauherrn verlangen kann (siehe zu einem Fallbeispiel Reetz, Baubeschleunigung, Rz. 114, Fn. 112). 30.2

Bei verweigerter Einwilligung des Bauherrn zu Beschleunigungsmassnahmen des Unternehmers steht dem Unternehmer jedoch ein *Anspruch auf eine angemessene Fristerstreckung* nach Massgabe von Art. 96 Abs. 1 Satz 1 zu (ebenso Spiess, Bauablaufstörungen, S. 120). 30.3

Eine *stillschweigende Einwilligung des Bauherrn* ist zwar denkbar, doch darf eine solche im Lichte von Art. 6 OR nicht leichthin vermutet werden (anders Schumacher, Die Vergütung, Rz. 542). Insbesondere ist aus dem Umstand, dass der Bauherr gegen die Vornahme von Beschleunigungsmassnahmen durch den Unternehmer nicht protestiert (selbst wenn der Unternehmer den Bauherrn explizit darauf hinweist, dass er nun Beschleunigungsmassnahmen treffe), noch nicht auf eine Einwilligung des Bauherrn zu schliessen, denn die Einwilligung des Bauherrn bezieht sich auf die *Übernahme der Kosten (nachgewiesene Mehrkosten) der Beschleunigungsmassnahmen* und nicht auf die Vornahme der Beschleunigungsmassnahmen an sich (vgl. Art. 95 Abs. 3; a.M. Schumacher, Kommentar SIA-118 [Voraufl.], Art. 95/Anm. 30 lit. b). Dies ergibt sich schon daraus, dass der Unternehmer ohnehin immer zur Ergreifung von Beschleunigungsmassnahmen berechtigt ist; sachlogisch kann sich daher die Einwilligung des Bauherrn einzig auf die Übernahme der Kosten (und nicht auf die Vornahme von Beschleunigungsmassnahmen an sich) beziehen. Ergreift also der Unternehmer von sich aus und ohne (nachweisbare) Einwilligung des Bauherrn in eine Kostenübernahme Beschleunigungsmassnahmen, so ist der Bauherr nicht zu deren Vergütung verpflichtet. 30.4

Der Unternehmer hat die Einwilligung des Bauherrn (resp. der Bauleitung) *von sich aus* und *rechtzeitig,* das heisst sobald er die ernsthafte Gefahr einer Frist- resp. Terminüberschreitung erkennt oder erkennen muss, einzuholen und den Bauherrn unter *Angabe des Grunds für die Verzögerung über die zu ergreifenden Beschleunigungsmassnahmen zu informieren* (Schumacher, Kommentar SIA-118 [Voraufl.], Art. 95/Anm. 30 lit. a); Letzteres ist im Fall von Art. 95 Abs. 3 (zum Fall von Art. 95 Abs. 2 vgl. Art. 95/Rz. 14.2) sachgerecht, da der Bauherr – welcher die entsprechenden Kosten (nachgewiesene Mehrkosten) zu übernehmen hat (Art. 95 Abs. 3 Satz 2) – nur so eine vernünftige Grundlage hat, um über die Übernahme der Kosten (und damit über die Erteilung der Einwilligung, vgl. Art. 95/Rz. 30.4) entscheiden zu können. Ebenfalls hat der Unternehmer den Bau- 30.5

herrn darüber *zu orientieren, dass der Bauherr (sofern er einwilligt) die entsprechenden nachgewiesenen Mehrkosten (ohne Zuschlag für Risiko und Gewinn) zu übernehmen haben wird* (Art. 95/Rz. 30.1).

Anmerkung 31

31.1 Erteilt der Bauherr seine Einwilligung, so trägt er die «*nachgewiesenen Mehrkosten*», welche die vom Unternehmer zu ergreifenden (zumutbaren) Beschleunigungsmassnahmen verursachen. Die nachgewiesenen Mehrkosten sind die *tatsächlichen Mehrkosten,* also die Mehraufwendungen des Unternehmers ohne Zuschlag für Risiko und Gewinn (Schumacher, Kommentar SIA-118 [Voraufl.], Art. 95/Anm. 31 lit. a).

31.2 Der *Nachweis* dieser Mehrkosten, den der Unternehmer zu erbringen hat, setzt in der Regel prüfbare Dokumente (d.h. aussagekräftige und klare Kostenabrechnungen) voraus. Daraus muss insbesondere hervorgehen, welches Mehr an Leistungen der Unternehmer aufgrund der drohenden Frist- resp. Terminüberschreitung zu erbringen hat.

Anmerkung 32

32 Die «*Verweigerung*» der Einwilligung durch den Bauherrn hat zur Folge, dass der Unternehmer nicht zur Vornahme entsprechender (zumutbarer) Beschleunigungsmassnahmen verpflichtet ist (vgl. Art. 95/Rz. 30.2). Da in den Fällen des Art. 95 Abs. 3 naturgemäss Zeitknappheit besteht, ist der Unternehmer berechtigt, dem Bauherrn eine Frist anzusetzen, innert welcher dieser zu erklären hat, ob er seine Einwilligung erteilt oder nicht, wobei diesfalls bei unbenütztem Ablauf der Frist die Einwilligung als verweigert gilt (Schumacher, Kommentar SIA-118 [Voraufl.], Art. 95/Anm. 32).

Anmerkung 33

33 Mit der «*Bauleitung*» ist wiederum der Bauherr gemeint, da die Bauleitung den Bauherrn vertritt.

Anmerkung 34

34.1 Verweigert der Bauherr die Einwilligung, so ist der Unternehmer nicht zur Vornahme entsprechender (zumutbarer) Beschleunigungsmassnahmen verpflichtet (Art. 95/Rz. 32). Da jedoch der Unternehmer ohnehin immer zur Ergreifung von Beschleunigungsmassnahmen berechtigt ist (Art. 95/Rz. 30.4), kann er diesfalls gleichwohl Beschleunigungsmassnahmen ergreifen, hat jedoch die entsprechenden Kosten selbst zu tragen. Ein solcher Fall kann sich etwa dann ergeben, wenn der Bauherr nicht der Meinung ist, dass Beschleunigungsmassnahmen zur Einhaltung der Fristen erforderlich sind, der Unternehmer jedoch solche vorsorglich ergreifen will, da er (der Unternehmer) in Sorge ist, dass die vertraglichen Fristen mit für ihn nachteiligen Folgen (Schadenersatz, Konventionalstrafe etc.) möglicherweise nicht eingehalten werden können.

34.2 Bei verweigerter Einwilligung des Bauherrn zu Beschleunigungsmassnahmen des Unternehmers steht dem Unternehmer jedoch ein *Anspruch auf eine angemessene Fristerstreckung* nach Massgabe von Art. 96 Abs. 1 Satz 1 zu (ebenso Spiess, Bauablaufstörungen, S. 120).

414 Fristerstreckung

Art. 96

[1] Verzögert sich die Ausführung des Werkes[1] ohne Verschulden des Unternehmers[2], obwohl dieser die zusätzlichen Vorkehren getroffen hat, zu denen er nach Art. 95 verpflichtet war[3], so werden die vertraglichen Fristen[4] angemessen[5] erstreckt[6]. Der Anspruch auf Erstreckung besteht aber nur dann, wenn der Unternehmer die Verzögerung[7] und deren Ursache[8] (wie z.B. Natureinflüsse[9], Störung des Arbeitsfriedens[10], Lieferstörungen[11], Säumnis eines Nebenunternehmers[12], behördliche Massnahmen[13]) ohne Verzug[14] der Bauleitung[15] gemäss Art. 25 angezeigt hat[16], es sei denn, die Bauleitung[17] habe die Verzögerung[18] und deren Ursache[19] nachweisbar auch ohne Anzeige gekannt[20].

[2] Änderungen im Bauvorgang[21], fehlerhafte Lieferung[22] oder andere Verzögerungen[23], die auf ein Verschulden des Unternehmers[24] zurückzuführen sind, berechtigen nicht zu einer Fristerstreckung.[25]

[3] Für die Erstreckung von Fristen im Falle von Bestellungsänderungen gilt Art. 90.[26] Ausserdem ist Art. 94 Abs. 2 zu beachten.[27]

[4] Hat der Unternehmer kein Recht auf Fristerstreckung,[28] so bleibt das Rücktrittsrecht des Bauherrn nach Art. 366 Abs. 1 OR vorbehalten.[29] Für die Ansetzung der Nachfrist und den Anspruch des Bauherrn auf Schadenersatz gelten die Art. 107–109 OR[30].[31]

Art. 96 (1977/91)

[1] Verzögert sich die Ausführung des Werkes ohne Verschulden des Unternehmers, obwohl dieser die zusätzlichen Vorkehren getroffen hat, zu denen er nach Art. 95 verpflichtet war, so werden die vertraglichen Fristen angemessen erstreckt. Der Anspruch auf Erstreckung besteht aber nur dann, wenn der Unternehmer die Verzögerung und deren Ursache (wie z.B. Natureinflüsse, Störung des Arbeitsfriedens, Lieferstörungen, Säumnis eines Nebenunternehmers, behördliche Massnahmen) ohne Verzug der Bauleitung gemäss Art. 25 angezeigt hat; es sei denn, die Bauleitung habe die Verzögerung und deren Ursache nachweisbar auch ohne Anzeige gekannt.

[2] Änderungen im Bauvorgang, fehlerhafte Lieferung oder andere Verzögerungen, die auf ein Verschulden des Unternehmers zurückzuführen sind, berechtigen nicht zu einer Fristerstreckung.

[3] Für die Erstreckung von Fristen im Falle von Bestellungsänderungen gilt Art. 90. Ausserdem ist Art. 94 Abs. 2 zu beachten.

[4] Hat der Unternehmer kein Recht auf Fristerstreckung, so bleibt das Rücktrittsrecht des Bauherrn nach Art. 366 Abs. 1 OR vorbehalten. Für die Ansetzung der Nachfrist und den Anspruch des Bauherrn auf Schadenersatz gelten die Art. 107–109 OR.

Anmerkung 1

1 Die *Ausführung des Werks verzögert sich* dann im Sinne von Art. 96 Abs. 1, wenn die vertraglichen Fristen resp. Termine trotz Ergreifung der erforderlichen Beschleunigungsmassnahmen im Sinne von Art. 95 (immer noch) nicht eingehalten werden können. Diesfalls werden – da die Ergreifung anderer bzw. weiterer Beschleunigungsmassnahmen (als diejenigen, welche gemäss Art. 95 vorgesehen, vertraglich geschuldet und erbracht worden sind) nicht geschuldet ist – die vertraglichen Fristen angemessen erstreckt.

Anmerkung 2

2.1 Voraussetzung für diesen Anspruch auf Fristerstreckung (Art. 96/Rz. 1) ist dabei zunächst, dass den Unternehmer kein Verschulden (resp. keine Verantwortung im Sinne von Art. 101 OR) an der verzögerten Ausführung des Werks trifft. Das Verschulden des Unternehmers wird dabei vermutet (Art. 97 Abs. 1 OR). Der Passus «*ohne Verschulden des Unternehmers*» ist dabei ein negatives Tatbestandsmerkmal; das heisst, es darf kein Verschulden (resp. keine Verantwortung im Sinne von Art. 101 OR) des Unternehmers vorliegen.

2.2 Der Anspruch auf Fristerstreckung gemäss Art. 96 Abs. 1 besteht nach Massgabe der in dieser Bestimmung aufgestellten Voraussetzungen. Darüber hinaus ist zu beachten, dass ein Anspruch auf Fristerstreckung auch nach Massgabe der Voraussetzungen von Art. 90 (Bestellungsänderung) oder von Art. 94 Abs. 2 (Säumigkeit des Bauherrn) bestehen kann. Diesfalls gehen Art. 90 und Art. 94 Abs. 2 vor und Art. 96 Abs. 1 ist nicht anwendbar (so Art. 96 Abs. 3, und zwar in Art. 96 Abs. 3 Satz 1 explizit mit Bezug auf Bestellungsänderungen gemäss Art. 90 und sinngemäss für den Fall der Säumigkeit des Bauherrn gemäss Art. 94 Abs. 2 in Art. 96 Abs. 3 Satz 2). Vgl. Art. 96/Rz. 26 f.

2.3 Ein Sonderfall liegt vor, wenn der Unternehmer Beschleunigungsmassnahmen deshalb unterlassen hat, weil diese für ihn *unzumutbar* waren (Art. 95/Rz. 17.1 ff. und 25.1 ff.). Diesfalls war nämlich der Unternehmer zur Ergreifung entsprechender Beschleunigungsmassnahmen gar nicht verpflichtet (Art. 95/Rz. 17.6 und 25.2), weshalb er (dogmatisch betrachtet) dennoch sämtliche Beschleunigungsmassnahmen ergriffen hat, zu denen er nach Art. 95 verpflichtet war (Art. 96 Abs. 1 Satz 1). Folglich steht ihm auch in diesem Fall (unzumutbare Beschleunigungsmassnahmen) ein *Anspruch auf Fristerstreckung* im Sinne von Art. 96 Abs. 1 Satz 1 zu. Dies gilt selbst im Fall von Art. 95 Abs. 2, das heisst, wenn ein Verschulden des Unternehmers (Art. 95/Rz. 9.1 f.) vorliegt (SCHUMACHER, Kommentar SIA-118 [Voraufl.], Art. 96/Anm. 2 lit. b), denn auch diesfalls ist der Unternehmer nicht verpflichtet, unzumutbare Beschleunigungsmassnahmen zu ergreifen (Art. 95/Rz. 17.6), was notwendigerweise impliziert, dass er vom Anspruch auf Fristerstreckung, den ihm Art. 96 Abs. 1 Satz 1 gewährt, Gebrauch machen darf. Insofern kann gesagt werden, dass Art. 96 Abs. 1 Satz 1 gegenüber Art. 95 Abs. 2 vorrangig ist.

Anmerkung 3

3.1 Vorausgesetzt für den Anspruch des Unternehmers auf Fristerstreckung ist weiter, dass der Unternehmer «*die zusätzlichen Vorkehren getroffen hat, zu denen er nach Art. 95 verpflichtet war*» (siehe immerhin Art. 95/Rz. 2.3). Dies bedeutet, dass der Unternehmer diejenigen Massnahmen (inkl. Beschleunigungsmassnahmen) ergriffen haben muss, zu denen er nach Art. 95 verpflichtet war (Art. 95/Rz. 2.1 ff., 8.1 f. und 25.1 ff.), ansonsten er keinen Anspruch auf Fristerstreckung gemäss Art. 96 Abs. 1 Satz 1 geltend machen kann.

Die zusätzlichen Vorkehren, zu denen er nach Art. 95 verpflichtet war, *nicht* getroffen hat der Unternehmer in folgenden Fällen: (i) wenn er die erforderlichen Massnahmen zur Einhaltung der vertraglichen Fristen gemäss Art. 95 Abs. 1 nicht getroffen hat; (ii) wenn er die ihm obliegenden Beschleunigungsmassnahmen gemäss Art. 95 Abs. 2 und 3 nicht (oder nicht rechtzeitig) getroffen hat oder (iii) wenn er im Fall von Art. 95 Abs. 3 die Einwilligung des Bauherrn nicht (rechtzeitig) eingeholt hat (Schumacher, Kommentar SIA-118 [Voraufl.], Art. 96/Anm. 3 Abs. 2). In diesen Fällen hat der Unternehmer folglich keinen Anspruch auf Fristerstreckung. 3.2

Bei verweigerter Einwilligung des Bauherrn zu Beschleunigungsmassnahmen des Unternehmers gemäss Art. 95 Abs. 3 (vgl. auch Schumacher, Kommentar SIA-118 [Voraufl.], Art. 96/Anm. 3 lit. b) steht dem Unternehmer jedoch ein *Anspruch auf eine angemessene Fristerstreckung nach Massgabe von Art. 96 Abs. 1 Satz 1* zu (ebenso Spiess, Bauablaufstörungen, S. 120). Vgl. Art. 95/Rz. 30.3 und 34.2. 3.3

Anmerkung 4

Zum Begriff der «*vertraglichen Fristen*» vgl. Art. 92/Rz. 3.1 ff. 4

Anmerkung 5

Die vertraglichen Fristen werden nur «*angemessen*» erstreckt (vgl. dazu im Einzelnen Art. 94/Rz. 12.1 ff.; die entsprechenden Ausführungen gelten im Anwendungsbereich von Art. 96 Abs. 1 Satz 1 analog). Massgebend ist jeweils die Situation im konkreten Einzelfall (Art. 4 ZGB); der Unternehmer muss ausreichend Zeit erhalten, um die vertraglichen Fristen resp. Termine (nunmehr) einhalten zu können (vgl. Schumacher, Kommentar SIA-118 [Voraufl.], Art. 96/Anm. 5). 5.1

Massgebend sind etwa die folgenden Kriterien: (i) *Art* und *Dauer* der Verzögerung (resp. von deren Ursache); (ii) allfälliges *Verschulden des Bauherrn* und (bejahendenfalls) dessen *Schwere*; (iii) konkrete Auswirkung der Verzögerung auf die *Dispositionsfreiheit des Unternehmers*; (iv) konkrete *betriebliche Situation des Unternehmers* inkl. anderweitige Auslastung; (v) hypothetische *Leistungskadenz*, zu welcher sich der erfüllungswillige Unternehmer vernünftigerweise bereit zu erklären hat (vgl. auch Hürlimann, Bauablaufstörungen, S. 824). 5.2

Einen «Puffer» («float»; allgemein auch als «Zeitreserve» bezeichnet), welchen sich der Unternehmer durch schnelleres Arbeiten (wozu er berechtigt ist) erschaffen hat, darf der Unternehmer für sich behalten. Dies bedeutet, dass die dem Unternehmer gemäss Art. 96 Abs. 1 Satz 1 zuzugestehende Fristerstreckung nicht um diejenige Zeit gekürzt werden darf, welche der Unternehmer durch (freiwilliges) schnelleres Arbeiten eingespart hat; der entsprechende Vorsprung verbleibt also beim Unternehmer (ebenso Schumacher, Kommentar SIA-118 [Voraufl.], Art. 96/Anm. 5 lit. e; Hürlimann, Bauablaufstörungen, S. 824). 5.3

Anmerkung 6

6.1 Die Rechtsfolge von Art. 96 Abs. 1 Satz 1 besteht darin, dass die vertraglichen Fristen angemessen «*erstreckt*» werden. Können sich die Parteien nicht auf eine entsprechende Fristerstreckungsdauer einigen, so entscheidet darüber das Gericht (vgl. Art. 94/Rz. 12.4). Anders als im Fall von Art. 94 Abs. 2 Satz 3 verfügt jedoch der Unternehmer im Fall von Art. 96 Abs. 1 nicht über ein Rücktrittsrecht, und zwar auch dann nicht, wenn der Bauherr einem berechtigten Begehren des Unternehmers um angemessene Fristerstreckung nicht zustimmt (Schumacher, Kommentar SIA-118 [Voraufl.], Art. 96/Anm. 6 lit. a). Im Einzelnen:

6.2 a) Dass die Frist erstreckt wird, hat zur Folge, dass sich der Unternehmer vertragskonform verhält, sofern er seine Leistungen innerhalb der erstreckten Frist erbringt.

6.3 b) Eine andere Frage ist, ob der Unternehmer für den Mehraufwand, der ihm aufgrund der längeren Vertragsdauer entsteht, einen Anspruch auf Vergütung hat oder nicht. Die Beantwortung dieser Frage richtet sich danach, ob die SIA-Norm 118 oder das gesetzliche Werkvertragsrecht (inkl. richterlicher Rechtsfortbildung im Sinne von Art. 1 Abs. 2 ZGB) im konkreten Fall eine Bestimmung enthält, welche dem Unternehmer (aufgrund des konkreten Grunds der Verzögerung) einen Anspruch auf Vergütung verschafft (z.B. Art. 58 Abs. 2, Art. 59 Abs. 1 und 2 sowie Art. 373 Abs. 2 OR); vgl. zu weiteren Anwendungsfällen Schumacher, Kommentar SIA-118 (Voraufl.), Art. 96/Anm. 6 lit. c. Ohne explizite Bestimmung in der SIA-Norm 118 oder im gesetzlichen Werkvertragsrecht (inkl. richterlicher Rechtsfortbildung im Sinne von Art. 1 Abs. 2 ZGB) hat dabei der Unternehmer keinen Anspruch auf eine zusätzliche Vergütung; es gibt also Fälle, in denen der Unternehmer (nach Massgabe von Art. 96 Abs. 1) einen Anspruch auf eine angemessene Fristerstreckung, nicht aber einen Anspruch auf eine zusätzliche Vergütung hat (Schumacher, Kommentar SIA-118 [Voraufl.], Art. 96/Anm. 6 lit. c). Siehe im Übrigen die Kommentierung zu Art. 97 Abs. 1 (Verspätungsschaden).

Anmerkung 7

7 Gegenüber dem Bauherrn anzuzeigen, das heisst konkret zu umschreiben, ist seitens des Unternehmers sowohl die beim Unternehmer eintretende «*Verzögerung*» als solche als auch deren mutmassliche *Dauer* (Letzteres immerhin nur, sofern der Unternehmer um die entsprechende Dauer überhaupt wissen kann; vgl. auch Art. 94/Rz. 11.2; Schumacher, Kommentar SIA-118 [Voraufl.], Art. 96/Anm. 7).

Anmerkung 8

8.1 Der Unternehmer hat gegenüber dem Bauherrn ferner auch die «*Ursache*» der Verzögerung anzuzeigen, das heisst konkret zu umschreiben. Art. 96 Abs. 1 Satz 2 nennt als mögliche Ursachen «Natureinflüsse, Störung des Arbeitsfriedens, Lieferstörungen, Säumnis eines Nebenunternehmers und behördliche Massnahmen», wobei diese Aufzählung (wie Art. 96 Abs. 1 Satz 2 durch den Passus «wie z.B.» anzeigt) nur beispielhaft resp. nicht abschliessend ist.

Ob die entsprechende Ursache im Einzelfall tatsächlich zu einer Verzögerung führt und den Unternehmer – wenn auch die übrigen Voraussetzungen von Art. 96 Abs. 1 erfüllt sind (vgl. dazu insbesondere Art. 96/Rz. 2.1 ff. und 3.1 ff.) – zu einer angemessenen Fristerstreckung berechtigt, ist in jedem Einzelfall separat zu prüfen. Mit Bezug auf die in Art. 96 Abs. 1 Satz 2 explizit erwähnten (beispielhaften) Ursachen im Besonderen («Natureinflüsse, Störung des Arbeitsfriedens, Lieferstörungen, Säumnis eines Nebenunternehmers und behördliche Massnahmen») ist dabei festzuhalten, dass solche Ursachen (welche nicht in jedem Fall ohne Verschulden des Unternehmers eintreten) zwar durchaus häufig Verzögerungen bewirken, dies aber keineswegs in jedem Einzelfall zutrifft. 8.2

Anmerkung 9

«*Natureinflüsse*» sind Vorkommnisse in der Natur, welche von den Parteien regelmässig 9
nicht beeinflusst werden können. Sie können dem Unternehmer nach Massgabe der Voraussetzungen von Art. 96 Abs. 1 einen Anspruch auf Fristerstreckung verschaffen. Vorbehalten bleibt der Fall, in dem der Unternehmer vertraglich für den Fall, dass Natureinflüsse auftreten, auf eine Fristerstreckung verzichtet hat, was namentlich in TU- und GU-Verträgen (zumindest für gewisse Natureinflüsse) häufig so vereinbart wird.

Anmerkung 10

Mit «*Störung des Arbeitsfriedens*» ist als Regelfall (aber nicht nur) der sogenannte *Streik* 10
gemeint – sei dieser gewerkschaftlich organisiert oder nicht. Auch diesbezüglich ist zu beachten, dass der Unternehmer namentlich in TU- und GU-Verträgen das Risiko für Streiks häufig übernimmt, und zwar dergestalt, dass er in entsprechenden (Streik-)Konstellationen keinen Anspruch auf eine Fristerstreckung hat. Fehlt es an einer solchen vertraglichen Risikoübernahme durch den Unternehmer, hat der Unternehmer im Fall eines Streiks gleichwohl dann keinen Anspruch auf eine Fristerstreckung, wenn ihn am Streik ein Verschulden trifft (vgl. Art. 96/Rz. 2.1 ff.), wobei allerdings ein solches Verschulden des Unternehmers nur bei erwiesenen Vertragsverletzungen des Unternehmers gegenüber seinen Arbeitnehmern angenommen werden darf.

Anmerkung 11

Auch «*Lieferstörungen*» können dem Unternehmer (wiederum nur bei auch im Übrigen 11
gegebenen Voraussetzungen nach Massgabe von Art. 96 Abs. 1) einen Anspruch auf Fristerstreckung verschaffen; dieser Fall liegt dann vor, wenn ein Lieferant (gelegentlich auch Zulieferant oder Zulieferer genannt) des Unternehmers mit der Lieferung in Verzug ist. Auch mit Bezug auf Lieferstörungen übernimmt der Unternehmer nicht selten vertraglich das Risiko, indem er für diesen Fall auf einen entsprechenden Fristerstreckungsanspruch verzichtet. Für den Fall, dass keine vertragliche Regelung besteht, ist festzuhalten, dass den Unternehmer an Lieferstörungen eines Lieferanten grundsätzlich kein Verschulden trifft (eine Ausnahme liegt etwa bei einer zu späten Bestellung des Unternehmers vor), denn (blosse) Lieferanten sind (im Gegensatz zu Subunternehmern, welche ebenfalls Material liefern; Art. 29/Rz. 6) keine Hilfspersonen des Unternehmers im Sinne von Art. 101 OR. Folglich ist der Anspruch des Unternehmers auf Fristerstreckung

(zufolge eines Verschuldens des Unternehmers) nur dann ausgeschlossen, wenn (liefernde) Subunternehmer eine Lieferverzögerung verursacht haben; indes besteht ein solcher Anspruch auf Fristerstreckung immer dann, wenn die Lieferverzögerung im Verhalten eines (blossen) Lieferanten gründet.

Anmerkung 12

12.1 Auch *«Säumnis eines Nebenunternehmers»*, also die Säumnis eines anderen Unternehmers (Art. 30), kann einen Grund darstellen, welcher den Unternehmer zu einer Fristerstreckung berechtigt. Dies ist sachgerecht, denn die Verantwortung für die rechtzeitige Erbringung der Leistungen der anderen Unternehmer liegt beim Bauherrn und nicht beim Unternehmer. Entsprechend trifft den Unternehmer an der Säumnis eines Nebenunternehmers grundsätzlich auch kein Verschulden, weshalb der Tatbestand von Art. 96 Abs. 1 Satz 1 («ohne Verschulden des Unternehmers», vgl. Art. 96/Rz. 2.1) bei Säumnis eines Nebenunternehmers regelmässig erfüllt ist. Ausnahmsweise kann jedoch den Unternehmer an der Säumnis eines Nebenunternehmers auch ein Verschulden treffen, dies etwa dann, wenn der Unternehmer den Nebenunternehmer an der rechtzeitigen Erbringung von dessen Leistung hindert. Diesfalls hat der Unternehmer keinen Anspruch auf Fristerstreckung.

12.2 Eine andere Auffassung vertritt SCHUMACHER, Kommentar SIA-118 (Voraufl.), Art. 96/Anm. 12, der für den Fall der Säumnis eines Nebenunternehmers Art. 94 Abs. 2 als anwendbar erachtet. Dieser Auffassung kann jedoch aus einem doppelten Grund nicht gefolgt werden: Zum einen handelt Art. 94 Abs. 2 von der Säumigkeit des Bauherrn, was eine Mitwirkungspflichtverletzung des Bauherrn voraussetzt (Art. 94/Rz. 11.1 ff.); «Säumnis eines Nebenunternehmers» kann jedoch auch dann vorliegen, wenn der Bauherr selbst keine Mitwirkungspflicht verletzt hat, sondern der Nebenunternehmer aus einem bei diesem selbst liegenden Grund säumig ist. Zum andern wäre es auch wertungsmässig nicht sachgerecht, dem Unternehmer bei einer Säumnis eines Nebenunternehmers (zumal wenn diese nicht auf eine Mitwirkungspflichtverletzung des Bauherrn zurückzuführen ist) ein Rücktrittsrecht (nach Massgabe der Voraussetzungen von Art. 94 Abs. 2) zu gewähren, und zwar auch dann nicht, wenn der Bauherr einem berechtigten Begehren des Unternehmers um angemessene Fristerstreckung nicht zustimmt (Art. 96/Rz. 6.1).

Anmerkung 13

13.1 *«Behördliche Massnahmen»* kommen ebenfalls als Grund für einen Anspruch des Unternehmers auf Fristerstreckung infrage. Behördliche Massnahmen stellen regelmässig einen Umstand dar, der von keiner der beiden Parteien zu vertreten ist; denkbar und namentlich in TU- und GU-Verträgen häufig anzutreffen ist zudem eine Regelung, wonach der Unternehmer das Risiko für Verzögerungen durch behördliche Massnahmen übernimmt.

13.2 Ausnahmsweise sind behördliche Massnahmen von einer der beiden Parteien verschuldet; so etwa, wenn die für die Einholung der Baubewilligung zuständige Vertragspartei (dies ist zumeist der Bauherr, gelegentlich aber auch der Unternehmer) ohne Baubewilligung baut oder gegen diese verstösst oder wenn die für die Arbeitssicherheit zuständige Partei (zumeist ist dies der Unternehmer) Arbeitssicherheitsvorschriften missachtet (vgl. SCHUMACHER, Kommentar SIA-118 [Voraufl.], Art. 96/Anm. 13). Trifft den Unternehmer ein Verschulden an den behördlichen Massnahmen, so steht ihm kein Anspruch auf Fristerstreckung zu (vgl. das Tatbestandsmerkmal «ohne Verschulden des Unternehmers» in Art. 96 Abs. 1 Satz 1; Art. 96/Rz. 2.1).

Anmerkung 14

«Ohne Verzug» bedeutet «sofort», wobei dem Unternehmer eine *angemessene Reaktionszeit* (welche – vorbehältlich ganz besonderer Umstände – einige Tage betragen dürfte) zuzugestehen ist. 14

Anmerkung 15

Die *«Bauleitung»* handelt für den Bauherrn, weshalb hier rechtlich der «Bauherr» gemeint ist (Art. 33 Abs. 2 und Art. 35 Abs. 2; Einl./Rz. 17 ff.). 15

Anmerkung 16

Erforderlich für den Anspruch des Unternehmers auf Erstreckung der Fristen und Termine ist, dass der Unternehmer die Verzögerung (Art. 96/Rz. 7) und deren Ursache (Art. 96/Rz. 8.1 f.) ohne Verzug (Art. 96/Rz. 14) der Bauleitung (d.h. dem Bauherrn) (Art. 96/Rz. 15) gemäss Art. 25 angezeigt hat, womit die *Anzeigepflicht* des Unternehmers angesprochen ist (vgl. auch Art. 30 Abs. 5). 16.1

Aus dem Verweis auf Art. 25 ergibt sich insbesondere auch die Geltung von Art. 25 Abs. 1 Satz 2, wonach der Unternehmer, der seine *Anzeigepflicht verletzt*, die nachteiligen Folgen grundsätzlich (vgl. aber Art. 96/Rz. 20) selbst zu tragen hat. Mit anderen Worten steht dem Unternehmer, der keine Anzeige macht, auch kein Anspruch auf Fristerstreckung zu. Demgegenüber hat der Unternehmer bei einer lediglich *verspäteten Anzeige* nur die Folgen der Verspätung der Anzeige zu tragen; die Frage, welches die Folgen der Verspätung der Anzeige sind, beantwortet sich danach, welche Verspätungsfolgen der Bauherr bei einer rechtzeitigen Anzeige durch den Unternehmer hätte vermeiden können und auch vermieden hätte (z.B. durch Einwilligung zu Beschleunigungsmassnahmen gemäss Art. 95 Abs. 3; vgl. SCHUMACHER, Kommentar SIA-118 [Voraufl.], Art. 96/Anm. 16). 16.2

Anmerkung 17

Das Wissen der Bauleitung gilt rechtlich als Wissen des Bauherrn. Wissen des Bauherrn selbst erfüllt dieses Tatbestandsmerkmal umso mehr. 17

Anmerkung 18

Vgl. Art. 96/Rz. 7. 18

Anmerkung 19

Vgl. Art. 96/Rz. 8.1 f. 19

Anmerkung 20

20 Die Erfüllung der Anzeigepflicht ist dann nicht notwendig, wenn die Bauleitung (d.h. in rechtlicher Hinsicht der Bauherr, vgl. Art. 96/Rz. 17) die Verzögerung und deren Ursache *«nachweisbar auch ohne Anzeige gekannt»* hat. Genau dies steht bereits in Art. 25 Abs. 1 am Ende (Art. 94/Rz. 11.4) und bedeutet, dass diesfalls der Unternehmer keine Anzeige machen muss, aber dennoch einen Anspruch auf Fristerstreckung hat. Die Kenntnis der Bauleitung (von Verzögerung und Ursache) ist dabei durch den Unternehmer zu beweisen.

Anmerkung 21

21 *«Änderungen im Bauvorgang»* können ebenfalls ein Grund für die Verzögerung der Ausführung des Werks (Art. 96 Abs. 1 Satz 1) sein. Änderungen im Bauvorgang sind dabei ein Beispiel für die in Art. 96 Abs. 2 erwähnten Verzögerungen. Vgl. im Übrigen Art. 96/Rz. 23ff.

Anmerkung 22

22 Auch *«fehlerhafte Lieferungen»* können einen Grund für die Verzögerung der Ausführung des Werks (Art. 96 Abs. 1 Satz 1) darstellen. Fehlerhafte Lieferungen sind ebenfalls ein Beispiel für die in Art. 96 Abs. 2 erwähnten Verzögerungen. Vgl. im Übrigen Art. 96/Rz. 23ff.

Anmerkung 23

23 *«Andere Verzögerungen»* ist ein Sammelbegriff, welcher andere Ursachen (als Änderungen im Bauvorgang [Art. 96/Rz. 21] und fehlerhafte Lieferungen [Art. 96/Rz. 22]) für eine Verzögerung der Ausführung des Werks (Art. 96 Abs. 1 Satz 1) umfasst. Die «Änderungen im Bauvorgang» und «fehlerhafte Lieferungen» sind demnach nur als Beispiele von möglichen Ursachen für die verzögerte Ausführung des Werks zu verstehen (vgl. Schumacher, Kommentar SIA-118 [Voraufl.], Art. 96/Anm. 23).

Anmerkung 24

24 Art. 96 Abs. 2 setzt im Tatbestand ein *«Verschulden des Unternehmers»* voraus. Immer dann, wenn eine Verzögerung der Ausführung des Werks (gleichgültig, welche Ursache sie hat, vgl. Art. 96/Rz. 21 ff.) auf ein Verschulden (resp. eine Verantwortung im Sinne von Art. 101 OR) des Unternehmers zurückzuführen ist, hat der Unternehmer *keinen Anspruch auf eine Fristerstreckung.*

Anmerkung 25

25 Siehe vorab Art. 96/Rz. 24. Art. 96 Abs. 2 stellt das notwendige Korrelat zu Art. 96 Abs. 1 dar: Währenddem Art. 96 Abs. 1 vorsieht, dass bei fehlendem Verschulden des Unternehmers ein Anspruch auf Fristerstreckung des Unternehmers besteht, ordnet Art. 96 Abs. 2 (umgekehrt) an, dass bei einem Verschulden des Unternehmers dieser eben gerade *keinen Anspruch auf Fristerstreckung* hat.

Anmerkung 26

Ein Anspruch auf Fristerstreckung besteht auch nach Massgabe der Voraussetzungen von Art. 90 (Bestellungsänderung). Diesfalls geht Art. 90 vor und Art. 96 Abs. 1 ist nicht anwendbar (Art. 96 Abs. 3 Satz 1). 26

Anmerkung 27

Ferner kann ein Anspruch auf Fristerstreckung auch nach Massgabe der Voraussetzungen von Art. 94 Abs. 2 (Säumigkeit des Bauherrn) bestehen. In diesem Fall geht Art. 94 Abs. 2 vor und Art. 96 Abs. 1 ist nicht anwendbar (Art. 96 Abs. 3 Satz 2; vgl. ferner Art. 96/Rz. 6.1). 27

Anmerkung 28

Dass der «*Unternehmer kein Recht auf Fristerstreckung*» hat, meint, dass der Unternehmer nach Massgabe der Voraussetzungen von Art. 96 Abs. 1 und 2 keinen Anspruch auf eine Fristerstreckung hat. 28

Anmerkung 29

Hat der Unternehmer kein Recht auf Fristerstreckung – das heisst sind die Voraussetzungen von Art. 96 Abs. 1 nicht erfüllt –, so *«bleibt das Rücktrittsrecht des Bauherrn nach Art. 366 Abs. 1 OR vorbehalten»* (Art. 96 Abs. 4 Satz 1); demnach ist der Bauherr zum Rücktritt vom Werkvertrag berechtigt, wenn die (strengen) Voraussetzungen von Art. 366 Abs. 1 OR erfüllt sind. Art. 366 Abs. 1 OR setzt dabei voraus, dass der Unternehmer das Werk nicht rechtzeitig beginnt oder die Ausführung in vertragswidriger Weise verzögert oder damit ohne Schuld des Bauherrn so sehr im Rückstand ist, dass die rechtzeitige Vollendung nicht mehr vorauszusehen ist. Diesfalls kann der Bauherr, ohne den Lieferungstermin abzuwarten, vom Werkvertrag zurücktreten resp. – nach begonnener Werkausführung – den Werkvertrag kündigen (BGE 116 II 450/452 E. 2a/aa; zur Beschränkung des Rechts zum Gesamtverzicht BGE 141 III 106). 29

Anmerkung 30

«Für die Ansetzung der Nachfrist und den Anspruch des Bauherrn auf Schadenersatz gelten die Art. 107 – 109 OR» (Art. 96 Abs. 4 Satz 2). Die Norm weist hier darauf hin, dass Art. 366 Abs. 1 OR (welcher nach Art. 96 Abs. 4 Satz 1 bei fehlendem Anspruch des Unternehmers auf eine Fristerstreckung zur Anwendung kommt) unvollständig ist und durch das allgemeine Verzugsrecht (also Art. 107 – 109 OR) ergänzt werden muss. 30

Anmerkung 31

Mit Bezug auf Art. 96 Abs. 4 sind ergänzend die folgenden beiden Hinweise zu machen (vgl. Schumacher, Kommentar SIA-118 [Voraufl.], Art. 96/Anm. 31): (i) Art. 366 Abs. 1 OR ist nur vor dem Ablieferungstermin massgebend; *nach dem Ablieferungstermin* bestimmen sich die Verzugsfolgen (einschliesslich des Rücktrittsrechts des Bauherrn) allein nach Art. 102 – 109 OR. (ii) Art. 96 Abs. 4 Satz 1 verweist auf Art. 366 Abs. 1 OR (Art. 96/Rz. 29), wobei Art. 366 Abs. 1 OR wiederum durch die Art. 107 – 109 OR er- 31 gänzt wird (Art. 96/Rz. 30). Dies bedeutet, dass der Bauherr – statt vom Werkvertrag zurückzutreten resp. diesen zu kündigen – auch im Anwendungsbereich von Art. 366 Abs. 1 OR (nach Massgabe der Voraussetzungen von Art. 107 Abs. 2 OR) Ersatz des aus der Nichterfüllung entstandenen Schadens (Erfüllungsinteresse; sogenanntes positives Vertragsinteresse) verlangen kann (wobei diesfalls der Werkvertrag aufrechterhalten bleibt).

4 15 Haftung aus Fristüberschreitungen[1]

Art. 97

[1] Bauherr und Unternehmer haften gegenseitig für Schäden aus Fristüberschreitungen[2], die sie verschuldet[3] haben.

[2] Verschuldet der Unternehmer die Überschreitung einer Frist,[4] so verliert er seinen Anspruch auf die Teuerung gemäss Art. 64–68[5] für die nach Ablauf der Frist[6] gegenüber der ursprünglichen Kostengrundlage[7] eintretenden Änderungen[8]; ebenso[9] verliert er den Anspruch auf eine zusätzliche Vergütung infolge besonderer Verhältnisse (Art. 58 und 59)[10], die ihn bei Einhaltung der Frist nicht getroffen hätten[11].

[3] Für den zufälligen Untergang des Werkes vor seiner Abnahme ist Art. 187 Abs. 4 und 5 zu beachten.[12]

Art. 97 (1977/91)

[1] Bauherr und Unternehmer haften gegenseitig für Schäden aus Fristüberschreitungen, die sie verschuldet haben.

[2] Verschuldet der Unternehmer die Überschreitung einer Frist, so verliert er seinen Anspruch auf Erhöhung der Vergütung gemäss Art. 64–82 für die nach Ablauf der Frist gegenüber der ursprünglichen Kostengrundlage eintretenden Änderungen; ebenso verliert er den Anspruch auf eine zusätzliche Vergütung infolge besonderer Verhältnisse (Art. 58f.), die ihn bei Einhaltung der Frist nicht getroffen hätten.

[3] Für den zufälligen Untergang des Werkes vor seiner Abnahme ist Art. 187 Abs. 4 und 5 zu beachten.

Anmerkung 1

1.1 Die *Haftung für Schäden aus Fristüberschreitungen* trifft sowohl den Bauherrn als auch den Unternehmer; dies allerdings nur unter der Voraussetzung, dass den Bauherrn oder den Unternehmer ein *Verschulden* trifft (Art. 97 Abs. 1). Indem Art. 97 Abs. 1 anzeigt, dass es um Fristüberschreitungen geht, wird deutlich, dass es um die Haftung für Schäden geht, welche aus Verspätungen entstehen (sogenannte Verspätungsschäden). Dieser Verspätungsschaden besteht häufig in entgangenem Gewinn (z.B. entgangener Mietzins oder

Produktionsausfälle des Bauherrn), kann jedoch auch in einem schlichten Mehraufwand bestehen (z.B. Personalmehraufwand des Unternehmers).

Dabei ist Folgendes hervorzuheben: Soweit es im Anwendungsbereich der SIA-Norm 118 um Fristüberschreitungen geht, kommt es für die Frage, ob der Bauherr oder der Unternehmer einen Anspruch auf Schadenersatz haben kann, nicht darauf an, ob eine konkrete Mitwirkungspflichtverletzung (des Unternehmers oder des Bauherrn) nur eine Obliegenheitsverletzung ist oder den Charakter einer eigenständigen Vertragspflichtverletzung aufweist (Gauch, Fristen und Termine, S. 25; Schumacher, Kommentar SIA-118 [Voraufl.], Art. 97/Anm. 2 lit. e; Henninger, Bauverzögerungen und ihre Folgen, S. 266). Vorausgesetzt für einen Schadenersatzanspruch des Bauherrn oder des Unternehmers nach Massgabe von Art. 97 ist nur, dass ein durch eine Fristüberschreitung adäquat kausal verursachter *Schaden* (des Bauherrn oder des Unternehmers) vorliegt und dass sich der Unternehmer oder der Bauherr *nicht exkulpieren* kann. Zur Verdeutlichung: 1.2

Der aus Art. 97 resultierende Schadenersatzanspruch aus Fristüberschreitungen qualifiziert sich somit als *Anspruch aus Vertragsverletzung* (ebenso Schumacher, Kommentar SIA-118 [Voraufl.], Art. 97/Anm. 1 lit. a), auf welchen die vertragsrechtlichen Schadenersatzregeln zur Anwendung kommen. Dies gilt auch dann, wenn der Grund für die Fristüberschreitung eine (blosse) Mitwirkungspflichtverletzung (des Unternehmers oder des Bauherrn) ist, welche (ihrer Natur nach) an sich nur eine Obliegenheitsverletzung (und keine Verletzung einer Vertragspflicht) wäre: Im Anwendungsbereich von Art. 97 gilt nämlich auch eine Obliegenheitsverletzung als Verletzung einer Vertragspflicht, sofern sie zu einer Fristüberschreitung führt. 1.3

Die Anwendung des vertraglichen Schadenersatzrechts hat insbesondere zur Folge, dass die Art. 97 ff. OR ergänzend anwendbar sind, soweit die SIA-Norm 118 keine eigenständige Regelung enthält. Zufolge des Verweises in Art. 99 Abs. 3 OR sind für das Mass der Haftung die Art. 42 ff. OR (insbesondere Art. 42–44 OR) anwendbar. 1.4

Die Beweislastverteilung folgt den üblichen Regeln: Den Schaden, die Fristüberschreitung und den natürlichen Kausalzusammenhang zwischen der Fristüberschreitung und dem Schaden hat die anspruchstellende Partei zu beweisen, während der Gegenpartei der Exkulpationsbeweis offensteht. 1.5

Denkbar ist, dass dem Unternehmer – über den Schadenersatzanspruch nach Massgabe von Art. 97 hinaus – ein Anspruch auf eine *zusätzliche Vergütung* zusteht (Schumacher, Kommentar SIA-118 [Voraufl.], Art. 97/Anm. 1 lit. c). Hierfür bedarf es jedoch einer zusätzlichen, expliziten Anspruchsgrundlage in der SIA-Norm 118 oder im gesetzlichen Werkvertragsrecht (Art. 96/Rz. 6.3). 1.6

Anmerkung 2

Eine «*Fristüberschreitung*» des Unternehmers liegt dann vor, wenn die vertraglichen Fristen (und Termine) abgelaufen (resp. eingetreten) sind, der Unternehmer seine Leistungen jedoch noch nicht vollständig erbracht hat. Hat der Unternehmer Anspruch auf eine Fristerstreckung, sind die entsprechenden vertraglichen Fristen (und Termine) zu verlängern (resp. auf einen späteren Zeitpunkt festzusetzen). Umgekehrt liegt eine «Fristüber- 2 schreitung» des Bauherrn nicht erst dann vor, wenn (auch) die zusätzliche Frist, auf welche der Unternehmer gegebenenfalls Anspruch hat, abgelaufen ist, denn der Anspruch des Unternehmers auf Fristerstreckung ist ein Privileg, das nur ihm (dem Unternehmer), nicht aber auch dem Bauherrn zusteht. Mit anderen Worten kann sich der Bauherr, welcher eine Schadenersatzforderung des Unternehmers wegen Fristüberschreitung abwehren will, nicht darauf berufen, die Frist sei noch gar nicht abgelaufen, da ja der Unternehmer einen Anspruch auf Fristerstreckung habe (vgl. SCHUMACHER, Kommentar SIA-118 [Voraufl.], Art. 97/Anm. 2 lit. a). Dies bedeutet, dass sich der Bauherr hinsichtlich der Frage, ob er eine Fristüberschreitung zu verantworten hat, auf der ursprünglichen Frist behaften lassen muss.

Anmerkung 3

3.1 Die Haftung für Schäden aus Fristüberschreitungen besteht nur unter der Voraussetzung, dass die entsprechenden Fristüberschreitungen von der schadensverursachenden Partei *verschuldet* worden sind. Dem Verschulden gleichgestellt ist die Haftung für Hilfspersonen im Sinne von Art. 101 OR.

3.2 Bei *Bestellungsänderungen* des Bauherrn nach Art. 84 hat der Unternehmer einen Anspruch auf Fristerstreckung nach Massgabe von Art. 90; insofern ist es nicht möglich, dass *aufgrund einer Bestellungsänderung* eine Fristüberschreitung resultiert. Deshalb kann den Bauherrn, welcher von seinem Bestellungsänderungsrecht (und damit von einem ihm vertraglich zustehenden Recht) Gebrauch macht, allein deswegen auch kein Verschulden an einer «Fristüberschreitung» treffen (im Ergebnis, nicht aber in der Begründung, ebenso SCHUMACHER, Kommentar SIA-118 [Voraufl.], Art. 97/Anm. 2 lit. c).

Anmerkung 4

4 Hat der *Unternehmer* die Überschreitung einer Frist (oder eines Termins) verschuldet, so greifen (nebst der Schadenersatzpflicht gemäss Art. 97 Abs. 1) weitere Rechtsfolgen, welche in Art. 97 Abs. 2 aufgelistet sind: *Erstens* verliert der Unternehmer seinen Anspruch auf die Teuerung gemäss Art. 64 – 68 für die nach Ablauf der Frist gegenüber der ursprünglichen Kostengrundlage eintretenden Änderungen, und *zweitens* verliert der Unternehmer den Anspruch auf eine zusätzliche Vergütung infolge besonderer Verhältnisse (Art. 58 f.), welche ihn bei Einhaltung der Frist nicht getroffen hätten.

Anmerkung 5

5.1 Die aSIA-118 hatte folgenden Wortlaut: «so verliert er seinen Anspruch auf Erhöhung der Vergütung gemäss Art. 64 – 82», währenddem die aktuelle SIA-Norm 118 neu den Wortlaut «so verliert er seinen Anspruch auf die Teuerung gemäss Art. 64 – 68» aufweist. Diese Änderung ist folgerichtig, denn die Art. 69 – 82 aSIA-118 existieren in der aktuellen SIA-Norm 118 nicht mehr (weshalb auf diese Bestimmungen auch nicht mehr verwiesen werden kann; Art. 69 – 82/Rz. 1), wobei die Teuerungsabrechnung (welche auf der Teuerung – in der aSIA-118 noch «Erhöhung der Vergütung» genannt – basiert) neu (abschliessend) in den Art. 64 – 68 geregelt ist. In Art. 64 Abs. 2 wird im Übrigen pro memoria auf Art. 97 Abs. 2 hingewiesen.

Verschuldet der Unternehmer die Überschreitung der Frist, so verliert er seinen Anspruch auf die Teuerung (gemäss Art. 64–68) für die nach Ablauf der (vereinbarten) Frist gegenüber der ursprünglichen Kostengrundlage eintretenden Änderungen (Art. 97/Rz. 6 ff.). Dies gilt unabhängig davon, welches konkrete Teuerungsabrechnungsverfahren die Parteien vereinbart haben (Art. 65 Abs. 1). 5.2

Anmerkung 6

Gemeint ist die «*Frist*», welche dem Unternehmer nach den vertraglichen Vereinbarungen (unter Einbezug eines allfälligen Anspruchs des Unternehmers auf Fristerstreckung) zusteht, die der Unternehmer jedoch schuldhaft überschritten hat (Art. 97/Rz. 3.1 f. und 4). 6

Anmerkung 7

Die «*ursprüngliche Kostengrundlage*» ergibt sich aus Art. 62, dessen Marginalie besagt, dass Art. 62 Regeln über Inhalt und Bedeutung der (ursprünglichen, vgl. Art. 62 Abs. 2) Kostengrundlage enthält (Art. 62/Rz. 18). 7

Anmerkung 8

Im ersten Halbsatz von Art. 97 Abs. 2 wird normiert, dass der Unternehmer, der die Überschreitung einer Frist verschuldet hat, keinen Teuerungszuschlag (Teuerungsausgleich) für die nach Ablauf der (vereinbarten) Frist gegenüber der ursprünglichen Kostengrundlage sich ergebenden Mehrkosten («Änderungen») geltend machen kann. Wird also die Ausführung der Unternehmerleistungen, welche der Unternehmer (aufgrund einer von ihm verschuldeten Fristüberschreitung) erst nach Ablauf der Frist erbringt, aufgrund einer dannzumal eintretenden Teuerung teurer, so kann der Unternehmer dafür vom Bauherrn keinen Teuerungszuschlag fordern (Art. 97/Rz. 3.1). 8.1

Trifft den Bauherrn ein *Mitverschulden* an der Fristüberschreitung, so hat der Bauherr entsprechend den allgemeinen Regeln (Art. 99 Abs. 3 OR i.V.m. Art. 44 Abs. 1 OR) denjenigen Anteil des Teuerungszuschlags zu übernehmen, der dem Anteil seines Verschuldens entspricht (SCHUMACHER, Kommentar SIA-118 [Voraufl.], Art. 97/Anm. 7). 8.2

Anmerkung 9

Mit dem Ausdruck «*ebenso*» bringt die SIA-Norm 118 zum Ausdruck, dass die Voraussetzungen des ersten Halbsatzes von Art. 97 Abs. 2 auch im Anwendungsbereich des zweiten Halbsatzes von Art. 97 Abs. 2 gelten. Dies bedeutet insbesondere, dass der im zweiten Halbsatz von Art. 97 Abs. 2 geregelte Verlust des Anspruchs des Unternehmers auf eine zusätzliche Vergütung infolge besonderer Verhältnisse (Art. 58 f.), welche den Unternehmer bei Einhaltung der Frist nicht getroffen hätten, nur dann zum Zuge kommt, wenn der *Unternehmer die Überschreitung der Frist verschuldet hat.* 9

Anmerkung 10

Verschuldet der Unternehmer die Überschreitung der Frist, so verliert er seinen «*Anspruch auf eine zusätzliche Vergütung infolge besonderer Verhältnisse*» (Art. 58 f.), welche 10 den Unternehmer bei Einhaltung der Frist nicht getroffen hätten. Über die Ansprüche gemäss Art. 58 Abs. 2 und Art. 59 hinaus verliert der Unternehmer diesfalls auch einen allfälligen Anspruch gemäss Art. 60 Abs. 2, was sich aus einer teleologischen Auslegung von Art. 97 Abs. 2 Halbsatz 2 ergibt (ebenso SCHUMACHER, Kommentar SIA-118 [Voraufl.], Art. 97/Anm. 9).

Anmerkung 11

11.1 Die (sinngemässe) Wendung *«welche den Unternehmer bei Einhaltung der Frist nicht getroffen hätten»* besagt, dass die besonderen Verhältnisse nur deshalb eingetreten sind – und zu Mehrkosten für den Unternehmer geführt haben –, weil der Unternehmer die Frist nicht eingehalten hat.

11.2 Ebenfalls nicht berechtigt ist der Unternehmer diesfalls, den Vertrag nach Art. 59 aufzulösen. Art. 97 Abs. 2 hält dies nicht explizit fest, da dies als selbstverständlich vorausgesetzt wird (SCHUMACHER, Kommentar SIA-118 [Voraufl.], Art. 97/Anm. 10 lit. a).

Anmerkung 12

12 Art. 97 Abs. 3 weist darauf hin, dass für den *«zufälligen Untergang des Werkes vor seiner Abnahme»* Art. 187 Abs. 4 und 5 zu beachten sind. Bei teilweisem (zufälligem) Untergang des Werks ist überdies (worauf Art. 97 Abs. 3 nicht explizit hinweist) Art. 187 Abs. 6 zu beachten.

4 16 Konventionalstrafen[1] und Prämien[2]

Art. 98

[1] Für die Überschreitung[3] vertraglicher Fristen[4] können[5] im Werkvertrag[6] angemessene[7] Konventionalstrafen[8], für deren Unterschreitung[9] Prämien[10] vereinbart werden.[11]

[2] Die Konventionalstrafe ist nicht geschuldet, soweit[12] der Unternehmer Anspruch auf Fristerstreckung hat (Art. 94 Abs. 2, Art. 96)[13].[14]

[3] Die Zahlung[15] der Konventionalstrafe befreit nicht von den anderen vertraglichen Verpflichtungen[16], wird aber auf einen zu leistenden Schadenersatz[17] angerechnet[18].

Art. 98 (1977/91)

[1] Für die Überschreitung vertraglicher Fristen können im Werkvertrag angemessene Konventionalstrafen, für deren Unterschreitung Prämien vereinbart werden.

[2] Die Konventionalstrafe ist nicht geschuldet, wenn der Unternehmer Anspruch auf Fristerstreckung hat (Art. 94 Abs. 2, Art. 96).

[3] Die Zahlung der Konventionalstrafe befreit nicht von den andern vertraglichen Verpflichtungen, wird aber auf einen zu leistenden Schadenersatz angerechnet.

Anmerkung 1

Mit Bezug auf die in Art. 98 geregelte «*Konventionalstrafe*» (auch *Vertragsstrafe*, *Strafabrede* oder *Pönale* genannt) ist Folgendes anzumerken: 1.1

a) Ist das Leistungsversprechen des Schuldners (Unternehmer) vom Eintritt der ungewissen Tatsache abhängig, dass dieser die *Hauptleistung nicht, schlecht oder zu spät erbringt*, handelt es sich dabei um eine Konventionalstrafe (BGE 122 III 420/422 E. 2a). Die Funktion eines solchermassen (aufschiebend) *bedingten Leistungsversprechens* besteht primär darin, das Interesse des Gläubigers (Bauherr) an der Vertragsdurchführung zu sichern. Eine Konventionalstrafe soll also bewirken, dass der Schuldner (Unternehmer) in verstärktem Masse zur Vertragstreue angehalten wird. Darüber hinaus verbessert die Konventionalstrafe die Rechtsstellung des Gläubigers (Bauherr) insofern, als dieser *vom Schadensnachweis befreit* wird, denn die Konventionalstrafe ist ohne gegenteilige Abrede auch dann verfallen resp. geschuldet, wenn dem *Gläubiger* (Bauherr) *kein (Verspätungs-)Schaden entstanden* ist (Art. 161 Abs. 1 OR; BGE 122 III 420/422 E. 2a). Vgl. zum Ganzen BGE 135 III 433/436f. E. 3.1. 1.2

b) Nach Art. 160 Abs. 1 OR wird die Konventionalstrafe für den Fall der Nichterfüllung oder der nicht richtigen Erfüllung eines Vertrags versprochen, wobei der Gläubiger mangels anderer Abrede nur berechtigt ist, entweder die Erfüllung oder die Strafe zu fordern (sogenannte *Alternativität*; vgl. BGer 4A_174/2011 vom 17. Oktober 2011 E. 4.1). Art. 160 Abs. 2 OR sieht für den Sonderfall (der nicht richtigen Erfüllung), in dem die Konventionalstrafe für die *Nichteinhaltung der Erfüllungszeit* (Fristüberschreitung) oder des Erfüllungsorts versprochen wurde, vor, dass die Konventionalstrafe nebst der (d.h. zusätzlich zur) Erfüllung des Vertrags gefordert werden kann (sogenannte *Kumulation*), solange der Gläubiger nicht ausdrücklich Verzicht leistet oder die Erfüllung vorbehaltlos annimmt (Art. 98/Rz. 14.1 ff.). 1.3

c) Art. 98 hat dabei einzig den Fall der (seitens des Unternehmers) *verspäteten Leistung* (Überschreitung vertraglicher Fristen, vgl. Art. 98 Abs. 1) im Auge; das heisst, die Vereinbarung einer Konventionalstrafe im Sinne von Art. 98 ist ein Anwendungsfall von Art. 160 Abs. 2 OR (und nicht von Art. 160 Abs. 1 OR). Daraus folgt zunächst, dass im Fall von Art. 98 (in Übereinstimmung mit Art. 160 Abs. 2 OR) eine Kumulation möglich ist; so kann der Bauherr bei einer Überschreitung einer vertraglichen Frist durch den Unternehmer sowohl die vereinbarte Konventionalstrafe als auch die Erfüllung des Vertrags fordern (Art. 160 Abs. 2 OR). Die Norm hält dies in Art. 98 Abs. 3 fest, indem dort angeordnet wird, dass die Zahlung der Konventionalstrafe nicht von den anderen vertraglichen Verpflichtungen (d.h. von der Verpflichtung zur Erfüllung des Vertrags) befreit (Art. 98/Rz. 16). 1.4

d) Vorausgesetzt für die Anwendbarkeit von Art. 98 ist, dass die Parteien für den *Fall der Überschreitung einer vertraglichen Frist durch den Unternehmer* vorgesehen haben, dass der Unternehmer dem Bauherrn eine *Konventionalstrafe zu entrichten* hat. Die entspre- 1.5

chende Abrede (Vereinbarung einer Pönale; auch Konventionalstrafenabrede, Konventionalstrafenklausel oder Strafklausel genannt) unterliegt dabei keiner Formvorschrift (insbesondere auch keinem Schriftlichkeitserfordernis); zu beachten sind allerdings Art. 8 UWG und die Regeln über Allgemeine Geschäftsbedingungen. Vgl. ferner Art. 98/Rz. 6.2.

1.6 e) Der Anspruch des Bauherrn auf die Konventionalstrafe setzt zwar keinen Schaden (Art. 98/Rz. 1.2), wohl aber ein Verschulden (resp. eine Verantwortlichkeit im Sinne von Art. 101 OR) des Unternehmers voraus, der entsprechende Anspruch ist also *verschuldensabhängig* (vgl. Art. 163 Abs. 2 OR). Das Verschulden wird dabei allerdings vermutet, weshalb der Unternehmer zu behaupten und zu beweisen hat, dass ihn an der Überschreitung der vertraglichen Frist (resp. des vertraglichen Termins) kein Verschulden trifft (BGer 4A_174/2011 vom 17. Oktober 2011 E. 4.1; a.M. Schumacher, Kommentar SIA-118 [Voraufl.], Art. 98/Anm. 1 lit. c, wonach es auf ein Verschulden des Unternehmers nicht ankommen soll).

1.7 f) Die *wesentliche Erleichterung für den Bauherrn* im Falle der Vereinbarung einer Konventionalstrafe nach Massgabe von Art. 98 (d.h. für den Fall einer Fristüberschreitung durch den Unternehmer) besteht somit darin, dass der Bauherr die Konventionalstrafe beim Unternehmer einfordern kann, sofern und sobald dieser – in zu verantwortender Weise (Art. 97 OR resp. Art. 101 OR, vgl. Art. 98/Rz. 1.6) – die entsprechende vertragliche Frist (welche «pönalisiert» worden ist) überschreitet, und zwar *ohne dass der Bauherr einen Schaden beweisen oder auch nur behaupten muss.* Angesichts dieser Erleichterungen für den Bauherrn ist es evident, dass die Vereinbarung einer Konventionalstrafe eine erhebliche *präventive Wirkung* zeitigt (dazu BGE 116 II 302/304 E. 3), indem der Unternehmer oftmals ungewöhnlich grosse Anstrengungen unternimmt, um den Verfall einer Konventionalstrafe zu vermeiden.

Anmerkung 2

2.1 Die «*Prämie*» ist das Gegenstück zur Konventionalstrafe. Eine Prämie wird nicht selten für den Fall vereinbart, dass der Unternehmer die vertraglichen Fristen (resp. eine bestimmte vertragliche Frist) unterschreitet; es geht also um den Fall, in dem der Unternehmer seine Leistungen früher als nach Massgabe der vertraglichen Vereinbarungen vollendet:

2.2 a) Art. 98 Abs. 1 Halbsatz 2 hält in diesem Zusammenhang fest, dass für die Unterschreitung vertraglicher Fristen (durch den Unternehmer) Prämien vorgesehen werden *können*. Liegt eine entsprechende Vereinbarung im Sinne von Art. 98 Abs. 1 vor, so bedeutet dies, dass der Bauherr dem Unternehmer die Prämie unter der *Bedingung* zu entrichten hat, dass der Unternehmer eine vertragliche («prämierte») Frist (resp. einen vertraglichen Termin) unterschreitet. Insofern handelt es sich auch bei der *Prämienabrede* (wie bei der Vereinbarung einer Konventionalstrafe, vgl. Art. 98/Rz. 1.2) um ein (aufschiebend) *bedingtes Leistungsversprechen*. Während jedoch die Konventionalstrafenabrede ein Leistungsversprechen des Unternehmers darstellt (Art. 98/Rz. 1.1 ff.), handelt es sich bei der Prämienabrede um ein Leistungsversprechen des Bauherrn.

b) Die Vereinbarung einer *Prämienabrede* berechtigt den Unternehmer, schneller zu arbeiten als vertraglich vorgesehen, um sich dadurch die Prämie zu verdienen. Verpflichtet dazu ist er allerdings nicht (vgl. SCHUMACHER, Kommentar SIA-118 [Voraufl.] Art. 98/Anm. 2). 2.3

Anmerkung 3

3 «*Überschreitung*» vertraglicher Fristen meint den Fall, dass der *Unternehmer* vertragliche Fristen überschreitet resp. *nicht einhält*. Dies ergibt sich daraus, dass in Art. 98 Abs. 1 geregelt wird, dass für den Fall der Überschreitung vertraglicher Fristen im Werkvertrag angemessene Konventionalstrafen vereinbart werden können, wozu Art. 98 Abs. 2 ergänzend festhält, dass die Konventionalstrafe nicht geschuldet ist, soweit der *Unternehmer* Anspruch auf Fristerstreckung hat.

Anmerkung 4

4.1 Siehe zunächst Art. 92/Rz. 3.1 ff. und 7. Die «*vertraglichen Fristen*» sind diejenigen Fristen, bei deren Überschreitung der Unternehmer dem Bauherrn die vereinbarte Konventionalstrafe zu entrichten hat. Da es im Rahmen von Art. 98 Abs. 1 um eine *Überschreitung* geht, wird zugleich klargestellt, dass die Fristen (resp. Termine), welche überschritten werden, sogenannte *Spätestensfristen* sind.

4.2 Bei den entsprechenden Fristen kann es sich um Vollendungsfristen (resp. Vollendungstermine, Endtermine) oder um Zwischenfristen (resp. Zwischentermine) handeln (Art. 92/Rz. 3.3).

4.3 Ist die Konventionalstrafe bei *Überschreitung eines bestimmten Termins* durch den Unternehmer geschuldet, so genügt es für den Verfall der Konventionalstrafe, wenn dieser Termin überschritten ist, ohne dass der Unternehmer die ihm obliegenden, für diesen Zeitpunkt geschuldeten Leistungen bis zu diesem Zeitpunkt vollständig erbracht hat. Eine (zusätzliche) Mahnung ist dabei nicht erforderlich, denn die Vereinbarung eines mit einer Konventionalstrafe belegten Termins stellt regelmässig eine *Verfalltagsabrede* im Sinne von Art. 102 Abs. 2 OR dar. Im Ergebnis ebenso SCHUMACHER, Kommentar SIA-118 (Voraufl.), Art. 98/Anm. 4 lit. a.

Anmerkung 5

5.1 Die Überschreitung vertraglicher Fristen *kann* (muss aber nicht) pönalisiert werden. Fehlt es an einer entsprechenden Vereinbarung, so ist keine Konventionalstrafe geschuldet; das heisst, die Vereinbarung der SIA-Norm 118 als solche hat nicht zur Folge, dass bei Überschreitung vertraglicher Fristen (resp. Termine) durch den Unternehmer (automatisch) eine Konventionalstrafe geschuldet wäre.

5.2 Das Gleiche (Art. 98/Rz. 5.1) gilt für die Vereinbarung von Prämien bei Unterschreitung vertraglicher Fristen. Eine solche Vereinbarung kann, muss aber nicht getroffen werden; die Vereinbarung der SIA-Norm 118 hat als solche nicht zur Folge, dass bei Unterschreitung vertraglicher Fristen durch den Unternehmer (automatisch) eine Prämie geschuldet wäre.

5.3 Weiter hat die Vereinbarung einer Konventionalstrafe bei Überschreitung einer vertraglichen Frist (resp. eines vertraglichen Termins) nicht die Bedeutung, dass damit gleichzeitig (resp. automatisch) auch eine entsprechende Prämie bei Unterschreitung der entsprechenden vertraglichen Frist (resp. des entsprechenden vertraglichen Termins) vereinbart wäre (vgl. HÜRLIMANN, Bonus und Malus in Bauverträgen, S. 202).

5.4 In der Praxis ist die Vereinbarung von Konventionalstrafen weitaus häufiger anzutreffen als die Vereinbarung von Prämien (ebenso HÜRLIMANN, Bonus und Malus in Bauverträgen, S. 202).

Anmerkung 6

6.1 Unter dem Begriff «*Werkvertrag*», in welchem gemäss Art. 98 Abs. 1 Konventionalstrafen und Prämien vereinbart werden können, sind sämtliche Vertragsbestandteile zu verstehen, nicht jedoch die SIA-Norm 118, denn in dieser werden gerade keine Konventionalstrafen und Prämien vereinbart (Art. 98/Rz. 5.1 f.); vielmehr wird in Art. 98 Abs. 1 nur auf die Möglichkeit hingewiesen, dies tun zu können (vgl. SCHUMACHER, Kommentar SIA-118 [Voraufl.], Art. 98/Anm. 6).

6.2 Die entsprechenden Vereinbarungen können in jedem Vertragsbestandteil getroffen werden (HÜRLIMANN, Bonus und Malus in Bauverträgen, S. 204; vgl. dazu auch Art. 98/Rz. 1.5). In der Praxis werden Konventionalstrafen und Prämien *praktisch durchwegs schriftlich vereinbart*. Indes ist darauf hinzuweisen, dass auch eine entsprechende mündliche Abrede gültig wäre; weder das Obligationenrecht noch die SIA-Norm 118 sehen diesbezüglich ein Schriftformerfordernis vor: Im Besonderen darf der Umstand, dass Art. 98 Abs. 1 darauf hinweist, dass Konventionalstrafen und Prämien *im Werkvertrag* vereinbart werden können, nicht dahingehend missverstanden werden, dass bei Vereinbarung der SIA-Norm 118 mündliche Konventionalstrafen- und Prämienabreden ungültig wären.

Anmerkung 7

7.1 Art. 98 Abs. 1 hält fest, dass die vereinbarten Konventionalstrafen «*angemessen*» sein sollen. Damit erinnert Art. 98 Abs. 1 daran, dass das Gericht nach Art. 163 Abs. 3 OR die Befugnis hat, «übermässig hohe Konventionalstrafen [...] nach seinem Ermessen herabzusetzen».

7.2 Art. 163 Abs. 3 OR ist dabei zwingender Natur; das heisst, die Bestimmung ist (unter Vorbehalt der sich aus der Verhandlungs- und der Dispositionsmaxime gemäss Art. 55 Abs. 1 ZPO und Art. 58 Abs. 1 ZPO ergebenden Grundsätze, vgl. dazu BGE 109 II 120/121 E. 2) auch dann anzuwenden, wenn sich der Schuldner (Unternehmer) nicht darauf beruft resp. nicht ausdrücklich eine Herabsetzung der Konventionalstrafe verlangt.

Anmerkung 8

8.1 In aller Regel wird unter einer «*Konventionalstrafe*» (vgl. dazu schon Art. 98/Rz. 1.1 ff.) die (bedingte) Verpflichtung des Unternehmers zur Zahlung einer Geldsumme (für den Fall der Überschreitung vertraglicher Fristen resp. Termine) verstanden. Dabei bestehen beispielsweise die folgenden Ausgestaltungsmöglichkeiten:

a) Verpflichtung zur Bezahlung eines (einmaligen) festen (fixen) Geldbetrags, welcher in CHF (z.B. CHF 500 000.–), in einer anderen Währung (z.B. EUR 1 Mio.) oder in Prozenten einer bestimmten oder bestimmbaren Grösse (z.B. 10 % der Werkvertragssumme) festgelegt sein kann und im Falle der Fristüberschreitung sofort (gesamthaft) geschuldet ist. 8.2

b) Verpflichtung zur Bezahlung eines Geldbetrags, welcher sich – was in der Praxis wohl der häufigere Fall ist – *nach Massgabe der entstandenen Verspätung* richtet; beispielsweise ein bestimmter CHF-Betrag pro Tag, pro Woche oder pro Monat Verspätung (z.B. CHF 25 000.– pro Tag Verspätung) oder ein bestimmter Prozentbetrag pro Tag, pro Woche oder pro Monat Verspätung (z.B. 1 % der Werkvertragssumme pro Woche Verspätung), was bei fortdauernder Verspätung ein kontinuierliches Anwachsen der geschuldeten Summe zur Folge hat. Die entsprechende Konventionalstrafe wird dabei in der Praxis zuweilen noch weiter aufgeschlüsselt, indem diese z.B. pro Tag, Woche oder Monat und betroffenes Grundstück, betroffenes Haus oder betroffene Hausseite (Letzteres z.B. bei Fassadenarbeiten) geschuldet sein kann, wodurch sich (bei kumulativen Verspätungen) auch ein entsprechender finanzieller Kumulationseffekt ergibt (was alsdann wiederum eine Prüfung im Lichte von Art. 163 Abs. 3 OR erfordert, vgl. Art. 98/Rz. 7.1 f.). 8.3

Sofern sich die Höhe der Konventionalstrafe nach Massgabe der entstandenen Verspätung richtet (Art. 98/Rz. 8.3), so wird – um eine (antizipiert betrachtet) möglicherweise *«ewig weiter wachsende»* Konventionalstrafe und die sich dadurch aufgrund von Art. 163 Abs. 3 OR ergebenden Restriktionen (Art. 98/Rz. 7.1 f.) von vornherein zu vermeiden – zusätzlich oftmals eine betragliche Obergrenze (entweder durch einen fixen Geldbetrag oder durch einen Prozentbetrag, z.B. maximal CHF 5 000 000.– oder maximal 10 % der Werkvertragssumme) der Konventionalstrafe festgelegt (sogenannter «Cap» = Höchstbetrag resp. Maximalsumme der Konventionalstrafe). 8.4

Weitere Fragen bei Festlegung der Höhe der Konventionalstrafe nach Massgabe der entstandenen Verspätung (Art. 98/Rz. 8.3) sind die folgenden: (i) Wie bemisst sich bei Fehlen einer expliziten vertraglichen Regelung die Anzahl Tage der Verspätung? Sind diesfalls nur Arbeitstage (mangels anderer vertraglicher Vereinbarung Montag bis Freitag), Werktage (Montag bis Samstag, vgl. dazu BGE 112 IV 41 ff.) oder die Kalendertage (Montag bis Sonntag inkl. Feiertage) gemeint? Nach der hier vertretenen Auffassung sind diesfalls (mangels anderer vertraglicher Abrede) die *Kalendertage*, also Montag bis Sonntag, gemeint. Allein diese Regelung harmoniert mit Art. 77 ff. OR und sie entspricht auch dem üblichen Sprachgebrauch (z.B. meint «14 Tage» die Periode von zwei Wochen einschliesslich zwei Samstage und zwei Sonntage); demgegenüber ist eine (stillschweigende) abweichende Parteivereinbarung nicht leichthin anzunehmen. (ii) Zählt bei Fehlen einer expliziten vertraglichen Regelung ein angefangener Tag als ganzer Tag, eine angefangene Woche als ganze Woche und ein angefangener Monat als ganzer Monat? Oder ist diesfalls nur eine anteilsmässige (oder sogar überhaupt keine) Berücksichtigung statthaft? Nach der hier vertretenen Auffassung ist diesfalls die objektivste und neutralste Lösung zu suchen, was dazu führt, dass diesfalls eine *anteilsmässige Berücksichtigung* stattzufinden hat, zumal diese Lösung auch der tatsächlichen Verzögerung präzise (und daher best- 8.5

möglich) entspricht (anders dagegen Schumacher, Kommentar SIA-118 [Voraufl.], Art. 98/Anm. 8 lit. d, welcher auf die für den Unternehmer günstigste Lösung abstellen will).

8.6 c) Als Konventionalstrafe kann sowohl eine *positive Leistung* (insbesondere eine *Geldleistung*) als auch ein *Rechtsverlust* vereinbart werden (BGE 135 III 433/436 E. 3). Als Rechtsverlust kommt dabei insbesondere der Verzicht des Unternehmers auf einen Teil der Werklohnforderung in Betracht – so etwa, wenn der Unternehmer beispielsweise erklärt, für den Fall der Fristüberschreitung nur 90 % des vereinbarten Werklohns beanspruchen zu wollen oder wenn sich der Werklohnanspruch des Unternehmers pro Woche Verspätung um 1 % verringert. Diesfalls sind ebenfalls die Regeln über Konventionalstrafen anwendbar (BGE 135 III 433/436 ff. E. 3).

Anmerkung 9

9.1 Eine «*Unterschreitung*» im Sinne von Art. 98 Abs. 1 liegt vor, wenn vertragliche Fristen (resp. Termine) unterschritten werden, wenn also der Unternehmer seine Leistungen früher als gemäss Vertrag geschuldet vollendet hat (vgl. Art. 98/Rz. 2.1 ff.).

9.2 Prämien können für die frühere Vollendung sämtlicher Unternehmerleistungen oder auch nur für die frühere Vollendung eines Teils der vom Unternehmer (insgesamt) geschuldeten Leistungen vereinbart werden (vgl. Schumacher, Kommentar SIA-118 [Voraufl.], Art. 98/Anm. 9).

9.3 Art. 98 Abs. 2 sieht vor, dass die Konventionalstrafe nicht geschuldet ist, soweit der Unternehmer Anspruch auf Fristerstreckung hat (Art. 98/Rz. 12 ff.). Mit Bezug auf *Prämien* (welche gleichermassen in Art. 98 geregelt werden, vgl. die Marginalie zu Art. 98: «*Konventionalstrafen und Prämien*») fehlt in Art. 98 eine entsprechende Regelung. Daher stellt sich die Frage, was mit Bezug auf den Anspruch auf vereinbarte Prämien gilt, wenn der Unternehmer Anspruch auf eine Fristerstreckung hat. Nach der hier vertretenen Auffassung ist – in Analogie zu Art. 98 Abs. 2 – mit Bezug auf die Frage, wann von einer «*Unterschreitung*» vertraglicher Fristen (resp. Termine) durch den Unternehmer auszugehen ist, dafür zu halten, dass der Anspruch des Unternehmers auf Fristerstreckung (zu den Gründen für eine Fristerstreckung vgl. Art. 98/Rz. 13) mitberücksichtigt werden muss (sofern keine gegenteilige Vereinbarung getroffen wurde). Dies bedeutet z.B., dass bei einem Anspruch des Unternehmers auf Fristerstreckung im Umfang von einem Monat vom Datum der effektiven Vollendung der Unternehmerleistungen ein Monat abzuziehen ist, um dann – ausgehend von diesem so errechneten hypothetischen Vollendungsdatum – zu prüfen, ob (und in welchem Umfang) die Prämie verdient gewesen wäre, wenn die Unternehmerleistungen bereits an diesem Datum (dem hypothetischen Vollendungsdatum) vollendet gewesen wären. Je nach Resultat dieser Prüfung ist der Bauherr alsdann zu einer entsprechenden Prämienzahlung an den Unternehmer verpflichtet (ebenso Schumacher, Kommentar SIA-118 [Voraufl.], Art. 98/Anm. 9).

Anmerkung 10

Unter einer «*Prämie*» (Art. 98/Rz. 2.1 ff.) wird die (bedingte) Verpflichtung des Bauherrn zur Zahlung einer Geldsumme (für den Fall der Unterschreitung vertraglicher Fristen resp. Termine durch den Unternehmer) verstanden; es handelt sich dabei um eine zusätzliche Vergütung. Statt des Begriffs «Prämie» wird häufig auch der Begriff «Bonus» verwendet (vgl. HÜRLIMANN, Bonus und Malus in Bauverträgen, passim). Die in Art. 98/Rz. 8.1 ff. zur Konventionalstrafe gemachten Ausführungen gelten dabei analog auch für die Prämie. 10.1

Da es sich um eine (zusätzliche) Vergütung für die Leistungen des Unternehmers handelt, gilt Art. 38 und insbesondere dessen Abs. 5, was bedeutet, dass – mangels anderer Vereinbarung – eine entsprechende Prämie exkl. Mehrwertsteuer (MWST) zu verstehen ist, diese also hinzuzurechnen ist. 10.2

Statt in einer Geldleistung kann die Prämie auch in einer anderen Leistung des Bauherrn bestehen, so beispielsweise in einer Sachleistung (z.B. Warenlieferung) oder etwa auch in der Vergabe eines anderen, zusätzlichen Auftrags. 10.3

Anmerkung 11

Nach Art. 98 Abs. 1 können *Konventionalstrafen und Prämien vereinbart werden*. Das heisst, es können nur Konventionalstrafen, nur Prämien oder Konventionalstrafen und Prämien vereinbart werden. Indes können die Parteien auch auf jegliche Vereinbarungen (bezüglich Konventionalstrafen und Prämien) verzichten. 11

Anmerkung 12

Nach Art. 98 Abs. 2 ist die Konventionalstrafe nicht geschuldet, «*soweit*» der Unternehmer Anspruch auf Fristerstreckung hat (die aSIA-118 sah diesbezüglich noch vor, dass die Konventionalstrafe dann nicht geschuldet sei, «*wenn*» der Unternehmer Anspruch auf Fristerstreckung hat). Die neue Fassung von Art. 98 Abs. 2 soll diesbezüglich klarstellen, dass die Konventionalstrafe nicht bereits dann entfällt, *wenn* der Unternehmer einen Anspruch auf Fristerstreckung hat, denn eine nur auf diesen Wortlaut abstellende Auslegung könnte zum (Fehl-)Schluss verleiten, dass die Konventionalstrafe bereits bei einem Anspruch des Unternehmers auf eine äusserst geringfügige Fristerstreckung (z.B. um nur einen Tag) nicht mehr geschuldet wäre (was freilich nicht Sinn und Zweck der Fassung von Art. 98 Abs. 2 aSIA-118 entspricht). Der neue Wortlaut von Art. 98 Abs. 2 sieht daher vor, dass die Konventionalstrafe nur insofern und insoweit nicht geschuldet ist, als resp. *soweit* der Unternehmer Anspruch auf Fristerstreckung hat. Dies bedeutet im *Grundsatz*, dass eine Konventionalstrafe so lange nicht geschuldet ist, als die Fristerstreckung, auf die der Unternehmer Anspruch hat, andauert; sobald hingegen die entsprechende Fristerstreckungsdauer, auf welche der Unternehmer Anspruch hat, abgelaufen ist, besteht alsdann (im Grundsatz) der Anspruch des Bauherrn auf die Konventionalstrafe jedoch (wieder), sofern der Unternehmer bis zu diesem Zeitpunkt (d.h. bis zum Ablauf der zusätzlichen Zeit, auf welche der Unternehmer Anspruch hat) seine Leistungen nicht vollständig erbracht hat (BGer 4A_141/2008 vom 8. Dezember 2009 E. 7.1). Das Gesagte 12 resp. der erwähnte *Grundsatz* ist dabei in mehrfacher Hinsicht zu verdeutlichen und zu präzisieren, wozu auf die Ausführungen bei Reetz, Baubeschleunigung, Rz. 71 ff., verwiesen wird.

Anmerkung 13

13 Die in der Klammer erwähnten Bestimmungen (Art. 94 Abs. 2 und Art. 96) sind nicht als abschliessend zu verstehen; vielmehr sind sie *Beispiele* für Fälle, in welchen der Unternehmer einen Anspruch auf Fristerstreckung hat. Ein entsprechender Anspruch des Unternehmers auf Fristerstreckung besteht demgemäss auch in anderen Fällen, so etwa nach Massgabe von Art. 90 oder von Art. 58 Abs. 2.

Anmerkung 14

14.1 Art. 98 Abs. 2 handelt von den Rechtsfolgen, soweit der Unternehmer Anspruch auf Fristerstreckung hat. Durch Art. 98 Abs. 2 (und auch durch Art. 98 Abs. 1 und 3) nicht geregelt wird jedoch die in Art. 160 Abs. 2 OR geregelte Konstellation, in welcher der Gläubiger (Bauherr) die *Erfüllung (der Unternehmerleistungen) vorbehaltlos annimmt*, was alsdann zur Folge hat, dass der Anspruch des Bauherrn auf die Konventionalstrafe infolge Verwirkung verloren geht. Dieser einschneidenden Rechtsfolge sind sich viele Bauherren nicht bewusst, nicht zuletzt wohl auch deshalb, weil die SIA-Norm 118 (in deren Anwendungsbereich Art. 160 Abs. 2 OR ebenfalls gilt, vgl. BGer 4C.267/2001 vom 19. Dezember 2001 E. 3c) diesen wichtigen Fall mit keinem Wort erwähnt. Im Einzelnen ist Folgendes festzuhalten:

14.2 a) Irrelevant ist zunächst, ob der Bauherr weiss oder wissen muss, dass er (i) einen Anspruch auf eine Konventionalstrafe hat und dass er (ii) diesen Anspruch durch eine vorbehaltlose Annahme (im Sinne von Art. 160 Abs. 2 OR) verliert; unerheblich ist auch, ob der Bauherr (iii) auf seinen Anspruch auf die Konventionalstrafe verzichten will oder nicht. Die entsprechende Rechtsfolge tritt von Gesetzes wegen ein, ohne dass Wissen (oder Wissenmüssen) aufseiten des Bauherrn eine Relevanz hätte; die entsprechende Vermutung, welche Art. 160 Abs. 2 OR stipuliert, ist dabei unwiderlegbar und daher als (rechtliche) Fiktion (des Verlusts des Anspruchs auf die Konventionalstrafe) zu qualifizieren (BGE 97 II 350/352 E. 2a).

14.3 b) Im Vordergrund steht dabei die *vorbehaltlose Annahme der Erfüllung im Rahmen der Abnahme*. Konkret bedeutet dies, dass der Bauherr, welcher *anlässlich (d.h. spätestens bis zum Abschluss) der Abnahme der Unternehmerleistungen* (vgl. dazu Art. 157 ff.) die Konventionalstrafe nicht einfordert und auch keinen Vorbehalt anbringt, dass er sich die Geltendmachung der Konventionalstrafe für einen späteren Zeitpunkt offenhalten wolle, seinen Anspruch auf die Konventionalstrafe (unwiederbringlich) verliert resp. verwirkt (vgl. BGE 97 II 350 ff.). Im Rahmen der Abnahme hat also der *Bauherr wachsam zu sein und Art. 160 Abs. 2 OR im Auge zu behalten*. In diesem Zusammenhang ist darauf hinzuweisen, dass bei einem bauherrenseitigen Beizug eines Spezialisten (z.B. Architekt, Ingenieur, Bauleiter, Bauherrenberater etc.) zur Abnahme (vgl. Art. 158 Abs. 2 und Art. 163 Abs. 1, wo der Beizug der Bauleitung zur Abnahme vorgesehen ist) der entsprechende Spezialist die Obliegenheit gemäss Art. 160 Abs. 2 OR wahrzunehmen (und das Vorliegen eines entsprechenden Konventionalstrafentatbestands abzuklären resp. sich nach dem Vorliegen eines solchen zu erkundigen) hat; entsprechend hat er dafür zu sorgen, dass der Bauherr einen allfälligen Anspruch auf die Konventionalstrafe nicht verwirkt. Versäumt es der Spezialist, die Vorgaben von Art. 160 Abs. 2 OR zu beachten, so ist er dem Bauherrn gegenüber für entsprechende Rechtsnachteile haftbar (gl.M. SCHUMACHER, Kommentar SIA-118 [Voraufl.], Art. 98/Anm. 12 lit. d).

c) Die gemäss Art. 160 Abs. 2 OR geforderte Handlung besteht in der Einforderung der Konventionalstrafe oder darin, dass sie zumindest vorbehalten wird (Art. 98/Rz. 14.3). Die *entsprechende Handlung gilt dabei als rechtzeitig*, wenn sie *spätestens* bis zu folgenden *Zeitpunkten* vorgenommen wird: (i) Bei einer Abnahme mit gemeinsamer Prüfung (Art. 158 Abs. 2): bis spätestens zum Abschluss der gemeinsamen Prüfung (z.B. im Rahmen des – regelmässig erstellten – Prüfungsprotokolls, vgl. Art. 158 Abs. 3); (ii) bei einer fiktiven Abnahme im Sinne von Art. 164: bis spätestens zum Ablauf der Monatsfrist gemäss Art. 164 Abs. 1 (wobei die Monatsfrist gemäss Art. 164 Abs. 1 nicht nur durch eine Vollendungsanzeige [Art. 158 Abs. 1 Satz 1], sondern auch durch eine Ingebrauchnahme des vollendeten ganzen Werks [Art. 158 Abs. 1 Satz 3] in Gang gesetzt wird). 14.4

d) Findet nur *eine Abnahme des gesamten (vollendeten) Werks* statt, so genügt es, wenn der Anspruch auf die Konventionalstrafe (resp. sämtliche Ansprüche auf sämtliche vereinbarte Konventionalstrafen) erst dann – resp. spätestens dann – geltend gemacht wird (werden). Dies gilt auch dann, wenn es konventionalstrafenbewehrte (d.h. pönalisierte) Zwischenfristen (resp. Zwischentermine) gab, welche vom Unternehmer überschritten worden sind. Der massgebliche Zeitpunkt für die Wahrung der Obliegenheit gemäss Art. 160 Abs. 2 OR ist somit die (einzige) Abnahme. 14.5

e) Anders verhält es sich, wenn *Teilabnahmen* (Art. 157 Abs. 1) durchgeführt werden. Im Falle solcher Teilabnahmen sind im Rahmen jeder Teilabnahme die bis dahin (d.h. bis zum Zeitpunkt des Abschlusses der jeweiligen Teilabnahme) entstandenen Ansprüche auf Konventionalstrafen (welche aufgrund der Überschreitung von Zwischenfristen resp. von Zwischenterminen durch den Unternehmer entstanden sind) einzufordern oder vorzubehalten, wenn eine entsprechende Anspruchsverwirkung vermieden werden soll (Art. 98/Rz. 14.3; gl.M. SCHUMACHER, Kommentar SIA-118 [Voraufl.], Art. 98/Anm. 12 lit. b Lemma 4). 14.6

f) Hat der Bauherr *bereits vor der Abnahme (resp. bereits vor der Teilabnahme) erklärt*, die entsprechende Konventionalstrafe einzufordern oder sich das Recht vorzubehalten, diese später noch geltend zu machen, so *bleibt die entsprechende Erklärung grundsätzlich auch dann rechtswirksam*, wenn sie anlässlich der Abnahme (resp. anlässlich der Teilabnahme) nicht noch einmal wiederholt (resp. erneuert) wird. Nur diese Lösung harmoniert mit Art. 160 Abs. 2 OR, denn Art. 160 Abs. 2 OR verlangt nur, dass keine vorbehaltlose Annahme erfolgt, sagt aber nichts zum Zeitpunkt, in welchem die entsprechende Rechtsausübung (Einforderung der Konventionalstrafe oder Vorbehalt der späteren Geltendmachung derselben) zu erfolgen hat. Als Ausnahme vom genannten Grundsatz ist der Fall zu nennen, in welchem der Bauherr zwar bereits vor der Abnahme (resp. bereits vor der Teilabnahme) erklärt hat, die Konventionalstrafe einzufordern oder sich das Recht 14.7

vorzubehalten, diese später noch geltend zu machen, in dem er dann aber anlässlich der Abnahme (resp. anlässlich der Teilabnahme) doch auf die Konventionalstrafe verzichtet. Ein solcher Verzicht ist allerdings nur in seltenen Ausnahmefällen anzunehmen und vom Unternehmer zu behaupten und zu beweisen; blosses Stillschweigen ist (bei einer entsprechenden vorgängigen Erklärung) kein solcher Verzicht (vgl. Art. 6 OR; gl.M. SCHUMACHER, Kommentar SIA-118 [Voraufl.], Art. 98/Anm. 12 lit. c).

14.8 g) Der *Bauherr* hat zu behaupten und zu *beweisen*, dass er die Konventionalstrafe *rechtzeitig* eingefordert oder sich *rechtzeitig* das Recht vorbehalten hat, diese später noch geltend zu machen.

14.9 h) Auch im Fall, in dem der Bauherr den Anspruch auf die Konventionalstrafe zufolge Verwirkung im Sinne von Art. 160 Abs. 2 OR verloren hat, ist er nach wie vor berechtigt, einen allfälligen Schadenersatzanspruch (insbesondere einen allfälligen Anspruch auf Ersatz des Verspätungsschadens, vgl. Art. 97 Abs. 1; Art. 98/Rz. 17.1) gegenüber dem Unternehmer geltend zu machen (SCHUMACHER, Kommentar SIA-118 [Voraufl.], Art. 98/Anm. 12 lit. f).

14.10 i) Zulässig und namentlich in TU- und GU-Verträgen häufig anzutreffen ist die Klausel, wonach (in Abänderung von Art. 160 Abs. 2 OR) die Konventionalstrafe trotz vorbehaltloser Abnahme geschuldet bleibt. Art. 160 Abs. 2 OR ist demnach dispositiver Natur (gl.M. SCHUMACHER, Kommentar SIA-118 [Voraufl.], Art. 98/Anm. 12 lit. g).

Anmerkung 15

15 Unter «*Zahlung*» ist jeder Vorgang zu verstehen, mit welchem der Unternehmer seine Schuldpflicht gegenüber dem Bauherrn in rechtlich zulässiger Weise erfüllt. Insbesondere gilt dabei auch eine *Verrechnung* als Zahlung (Tilgung der Forderung des Bauherrn auf Bezahlung der Konventionalstrafe durch Verzicht des Unternehmers auf einen Teil seiner Vergütungsforderung), sofern dem kein Verrechnungsverzicht des Unternehmers (Art. 126 OR) entgegensteht (missverständlich SCHUMACHER, Kommentar SIA-118 [Voraufl.], Art. 98/Anm. 15).

Anmerkung 16

16 Die Bezahlung der Konventionalstrafe «*befreit nicht von den anderen vertraglichen Verpflichtungen*» (Art. 98 Abs. 3). Mit dieser Aussage stellt Art. 98 Abs. 3 klar, dass im Bereich der SIA-Norm 118 das gleiche Regime gilt, welches auch Art. 160 Abs. 2 OR für die Nichteinhaltung der Erfüllungszeit (= Überschreitung vertraglicher Fristen im Sinne von Art. 98 Abs. 1) vorsieht. Entsprechend kann die Konventionalstrafe nebst der (d.h. zusätzlich zur) Erfüllung des Vertrags gefordert werden (sogenannte *Kumulation*, vgl. Art. 98/Rz. 1.3); sämtliche übrigen vertraglichen Verpflichtungen sind weiterhin (und ungeachtet des Verfalls der Konventionalstrafe) zu erfüllen. Dies bedeutet etwa, dass dem Bauherrn – unabhängig von der Vereinbarung einer Konventionalstrafe – gegebenenfalls zusätzlich auch die Möglichkeiten gemäss Art. 107 Abs. 2 OR (wozu insbesondere auch die Auflösung des Vertragsverhältnisses gehört) offenstehen (vgl. BGer 4A_232/2014 vom 30. März 2015 E. 13).

Anmerkung 17

Unter dem zu leistenden «*Schadenersatz*» ist der Ersatz des *Verspätungsschadens* (Art. 97 Abs. 1) zu verstehen. Mangels anderer Vereinbarung (vgl. Art. 160 Abs. 3 OR) ist der Bauherr berechtigt, nebst der Bezahlung der Konventionalstrafe und nebst der Erfüllung sämtlicher übrigen Verpflichtungen des Unternehmers (Art. 160 Abs. 2 OR, vgl. Art. 98/Rz. 1.3 und 16) *auch den Ersatz des Verspätungsschadens durch den Unternehmer* zu fordern, *soweit dieser den Betrag der Konventionalstrafe übersteigt* (Art. 161 Abs. 2 OR; Art. 98/Rz. 18.1). Der Bauherr kann indes diesfalls den Mehrbetrag (Betrag, um den die Höhe des Verspätungsschadens die Höhe der Konventionalstrafe übersteigt) nur so weit einfordern, als er (in Abweichung von Art. 97 Abs. 1 OR) ein *Verschulden* des Unternehmers *nachweist* (Art. 161 Abs. 2 OR; vgl. SCHUMACHER, Kommentar SIA-118 [Voraufl.], Art. 98/Anm. 17). 17.1

Der Bauherr, welcher den Mehrbetrag (d.h. den Betrag, um den die Höhe des Verspätungsschadens die Höhe der Konventionalstrafe übersteigt) einfordern will, hat dabei den *ganzen Verspätungsschaden* zu behaupten und zu beweisen; das bedeutet insbesondere, dass der Schadensnachweis diesfalls auch insoweit zu führen ist, als der Schadensbetrag der Höhe der Konventionalstrafe entspricht resp. durch diese «*gedeckt*» ist (gl.M. SCHUMACHER, Kommentar SIA-118 [Voraufl.], Art. 98/Anm. 18). 17.2

Auch im Fall, in dem der Bauherr den Anspruch auf die Konventionalstrafe zufolge Verwirkung im Sinne von Art. 160 Abs. 2 OR verloren hat, ist er nach wie vor berechtigt, einen allfälligen Schadenersatzanspruch (insbesondere einen allfälligen Anspruch auf Ersatz des Verspätungsschadens, vgl. Art. 97 Abs. 1; Art. 98/Rz. 17.1) gegenüber dem Unternehmer geltend zu machen (SCHUMACHER, Kommentar SIA-118 [Voraufl.], Art. 98/Anm. 12 lit. f). 17.3

Anmerkung 18

Art. 98 Abs. 3 ordnet weiter an, dass die (bezahlte) Konventionalstrafe auf den zu leistenden Schadenersatz «*angerechnet*» wird. Dies bedeutet zwar einerseits, dass sowohl die Konventionalstrafe als auch Schadenersatz gefordert werden kann, womit – was die Forderungsarten anbelangt – zwei verschiedene Forderungen gleichzeitig geltend gemacht werden können (weshalb insofern durchaus von einer «Kumulation» gesprochen werden kann, begrifflich teilweise anders SCHUMACHER, Kommentar SIA-118 [Voraufl.], Art. 98/Anm. 18). Andererseits bedeutet das Prinzip der *Anrechnung* aber eben auch, dass *nicht* beide Forderungsarten (Konventionalstrafe und Schadenersatz) *in voller Höhe gleichzeitig geltend gemacht werden können*; vielmehr kann Schadenersatz nur in demjenigen Umfang geltend gemacht werden, in dem er die Höhe der Konventionalstrafe *übersteigt* (Prinzip der Anrechnung gemäss Art. 98 Abs. 3), weshalb insofern keine Kumulation möglich ist. Dieses Prinzip der Anrechnung *entspricht dabei auch der Gesetzeslage* (vgl. Art. 161 Abs. 2 OR, wonach ebenfalls nur der Mehrbetrag – also derjenige Schadenersatzbetrag, welcher den Betrag der Konventionalstrafe übersteigt – geltend gemacht werden kann). 18.1

18.2 Hat der Unternehmer auf der Konventionalstrafe *Verzugszins* zu bezahlen (Art. 104 OR), so ist dieser (in analoger Weise) auf einen allfälligen Schadenszins anzurechnen (SCHUMACHER, Kommentar SIA-118 [Voraufl.], Art. 98/Anm. 18).

18.3 Den Parteien steht es frei, in Abweichung von Art. 98 Abs. 3 (und damit auch in Abweichung von Art. 161 Abs. 2 OR, vgl. Art. 98/Rz. 18.1) vorzusehen, dass die Bezahlung der Konventionalstrafe nicht auf einen allfälligen Schadenersatzanspruch angerechnet wird. Durch eine solche *«Nichtanrechenbarkeitsklausel»* wird die Rechtsstellung des Bauherrn erheblich gestärkt, da dieser diesfalls Schadenersatz (Verspätungsschaden) in voller Höhe zusätzlich (d.h. kumulativ) zur Konventionalstrafe geltend machen kann (womit dann jedoch Art. 163 Abs. 3 OR umso mehr an Bedeutung gewinnt).

4 2 Ausführungsunterlagen[1]

4 21 Weisungen[2]

Art. 99

Der Unternehmer[3] erhält[4] von der Bauleitung[5] rechtzeitig[6], entsprechend dem Fortschreiten der Arbeiten[7] und unter Berücksichtigung der von ihm benötigten Vorbereitungszeit[8], die erforderlichen[9] Weisungen[10]. Stellt er das Fehlen von Weisungen fest, so holt er diese bei der Bauleitung ein.[11]

Art. 99 (1977/91)

Der Unternehmer erhält von der Bauleitung rechtzeitig, entsprechend dem Fortschreiten der Arbeiten und unter Berücksichtigung der von ihm benötigten Vorbereitungszeit, die erforderlichen Weisungen. Stellt er das Fehlen von Weisungen fest, so holt er diese bei der Bauleitung ein.

Anmerkung 1

1 Diese Überschrift handelt von den *«Ausführungsunterlagen»*, worunter sowohl die Ausführungsunterlagen des Bauherrn fallen, die erforderlich sind zur Ausführung des Bauwerks (Art. 100), als auch solche des Unternehmers, mit denen sich Art. 101 befasst. Der Begriff «Ausführungsunterlagen» ist insofern zu eng gefasst, als neben Unterlagen auch (mündliche) Weisungen des Bauherrn oder von dessen Bauleitung unter dem Zwischentitel behandelt werden (Art. 99 und Art. 102).

Anmerkung 2

2.1 Bei den Weisungen, um die es hier geht, handelt es sich um *Ausführungsweisungen.* Das sind besondere Anordnungen, die im Zusammenhang mit der Bauausführung stehen und die der Bauherr (oder eine diesen vertretende Bauleitung) dem Unternehmer in den Phasen der Bauausführung oder bei deren Vorbereitung sowie bei der Leistung von Garantiearbeiten, jedenfalls aber nach Abschluss des Werkvertrags, erteilt. Ihrer *Natur* nach sind es einseitige Willenserklärungen des Bauherrn, die der Unternehmer befolgen muss (Art. 36 Abs. 1 Satz 2). Sie setzen ein entsprechendes Weisungsrecht voraus, weshalb eine Anordnung ohne entsprechendes Recht für den Unternehmer unverbindlich bleibt. Sie können mündlich oder schriftlich und etwa auch in Form von Ausführungsplänen (Art. 100/Rz. 1.1) oder Baustofflisten (Art. 100/Rz. 2.1) erteilt werden (vgl. zum Ganzen GWerkV Rz. 1927 und 1933 f.; Bühler Theodor, Zürcher Kommentar, N 27 und 30 zu Art. 369 OR).

a) Der *Inhalt* solcher Ausführungsweisungen kann sehr verschieden sein. So können sie sich auf die Konstruktion (BGE 116 II 454/456 E. 2b; 95 II 43/44) oder die Gestaltung, die Arbeitsorganisation, das Bauverfahren, den Ablauf oder die Reihenfolge der Arbeiten, den Werkstoff und dessen Qualität, die Arbeitsstelle, die Arbeitssicherheit, die Koordination mit Nebenunternehmern (Art. 30/Rz. 9; Scherrer, Nebenunternehmer, Rz. 40 ff.), den Beizug von Subunternehmern (BGE 116 II 305/308 f. E. 2c/bb) usw. beziehen (Art. 24 Abs. 1: «[…] Weisungen […] bezüglich Projektgestaltung und Bauausführung»; Art. 4.52 SIA-Ordnung 102: «Angabe der in den Ausführungsunterlagen nicht festlegbaren Gestaltungselemente auf der Baustelle»; Bühler Theodor, Zürcher Kommentar, N 27 zu Art. 369 OR; GWerkV Rz. 1928). Zum Inhalt ist Folgendes hervorzuheben: 2.2

- Durch Ausführungsweisungen legt der Bauherr (in der Regel vertreten durch seine Bauleitung) fest, wie der Unternehmer in dieser oder jener Hinsicht bei der Ausführung des vereinbarten Werks vorzugehen hat. Sie dienen damit vornehmlich der nachträglichen Konkretisierung der vom Unternehmer geschuldeten Bauleistung, soweit sie im Werkvertrag nicht abschliessend umschrieben ist. Dadurch wird die vertraglich umschriebene Werkleistung nicht verändert, sondern nur näher bestimmt (Vorbem. Art. 84–91/Rz. 13 f.; GWerkV Rz. 810b und 382). 2.3
- Art, Anzahl und Ausführlichkeit der Weisungen hängen von den Umständen des Einzelfalls, insbesondere von der Art des Bauwerks oder den gewählten Baumethoden ab. Einzelne Arbeitsmethoden (z.B. Taktverfahren von Anker- und Betonarbeiten für eine Stützmauer usw.) erfordern laufende Ausführungsweisungen. 2.4
- Dem Weisungsrecht des Bauherrn (und damit auch der Befolgungspflicht des Unternehmers) sind Schranken gesetzt. Weisungen dürfen das Persönlichkeitsrecht des Unternehmers nicht verletzen (Art. 27 Abs. 2 ZGB; vgl. GWerkV Rz. 382). Sie dürfen weder einen widerrechtlichen noch einen sittenwidrigen Inhalt haben, und sie haben sich am Grundsatz von Treu und Glauben (Art. 2 Abs. 1 ZGB; Gebot der schonenden Rechtsausübung, vgl. dazu Middendorf/Grob, Handkommentar Privatrecht, N 6 zu Art. 2 ZGB) zu orientieren. So darf der Bauherr dem Unternehmer etwa keine unsinnigen und schikanösen Arbeitsabläufe vorschreiben oder von ihm gar verlangen, Sicherheitsvorschriften nicht einzuhalten. 2.5

b) Zu den *Rechtsfolgen* der Ausführungsweisungen ist Folgendes anzumerken: 2.6

- Das Weisungsrecht des Bauherrn korreliert mit der Befolgungspflicht des Unternehmers. Erteilt der Bauherr eine Weisung, hat diese *verbindlichen Charakter* und ist vom Unternehmer zu befolgen (Art. 36 Abs. 1; Art. 36/Rz. 6). Setzt der Unternehmer die 2.7

Weisung nicht oder nicht gehörig um, treffen ihn mangels anderer Vereinbarung dieselben Folgen, welche für die Nichterfüllung von Verbindlichkeiten im Allgemeinen vorgesehen sind (Art. 97 ff. OR), sofern die Verletzung der Befolgungspflicht nicht in einen Werkmangel mündet. Bewirkt die Missachtung der Weisung einen Werkmangel, ist Art. 165 Abs. 2 zu beachten, wonach der Unternehmer für diesen Mangel unabhängig von dessen Ursache (z.B. «eigenmächtiges Abweichen von Plänen und Vorschriften der Bauleitung») kausal haftet.

2.8 – Stellt der Unternehmer fest, dass ihm *erteilte Weisungen fehlerhaft* sind oder «ihm Verantwortungen (z.B. hinsichtlich Gefährdung Dritter) auferlegen, die er glaubt, nicht übernehmen zu dürfen», hat er dies dem Bauherrn unverzüglich anzuzeigen und nachteilige Folgen der Weisung abzumahnen (Art. 25 Abs. 4 i.V.m. Abs. 3).

2.9 – Führt die *Befolgung einer fehlerhaft erteilten Ausführungsweisung* zu einem Werkmangel, so trifft den Bauherrn ein Selbstverschulden, das den Unternehmer von der Mängelhaftung befreit, sofern dieser den Bauherrn gehörig abgemahnt hat (vgl. Art. 166 Abs. 4; Art. 166/Rz. 14 ff.; beachte auch Art. 369 OR; GWERKV Rz. 1937 ff.). Bei Verletzung der Abmahnungspflicht kann den Bauherrn immer noch ein beschränktes Selbstverschulden treffen, das nach dem Ermessen des Gerichts zu einer Reduktion der Haftung führt (vgl. Art. 166 Abs. 4; Art. 166/Rz. 15.2 und 17).

2.10 – Wird allerdings eine Weisung *nicht rechtzeitig* (Art. 99/Rz. 6.1 f.) erteilt, ist Art. 94 Abs. 2 zu beachten (vgl. Art. 94 Abs. 2; Art. 94/Rz. 11.1 und 12.1 ff.).

2.11 c) Von den Ausführungsweisungen, die hier geregelt werden, sind *zu unterscheiden:*

2.12 – *Allgemeine Anordnungen*, die der Bauherr im Unterschied zu den besonderen, für den Einzelfall vorgesehenen Ausführungsanweisungen in generell-abstrakter Weise für eine Mehrzahl von Fällen und/oder eine Mehrzahl von Unternehmern erteilt (z.B. Anweisungen zur Arbeitssicherheit, zur Baustellenordnung, zur Regelung des Verkehrs auf der Baustelle, zur Sicherung von Besuchern oder zum Schutz benachbarter Sachen).

2.13 – Weisungen, die eine *Bestellungsänderung* zum Inhalt haben (Art. 84/Rz. 2.2). Sie unterliegen den Bestimmungen der Art. 84 ff. (vgl. GWERKV Rz. 810b).

2.14 – Unverbindliche *Vorschläge, Wünsche oder Ratschläge* des Bauherrn, womit der Bauherr eine Ausführung anregt, es aber dem Unternehmer überlässt, ob er sie übernehmen will oder nicht. Ist es im Einzelfall streitig, ob der Bauherr eine verbindliche Weisung erteilt oder eine blosse Anregung geäussert hat, ist nach dem Vertrauensprinzip zu entscheiden, wie der Unternehmer den Bauherrn verstehen durfte und musste (vgl. GWERKV Rz. 1929).

2.15 – *Ausführungsvorschläge* des Unternehmers, unabhängig davon, ob diese in der Form von Projektvarianten, Unternehmerplänen, Produktevorschlägen etc. unterbreitet werden. Sie setzen eine dem Vorschlag entsprechende Vereinbarung voraus, um eine Rechtswirkung zu entfalten.

- *Gesetzliche Anordnungen oder behördliche Vorschriften*, die der Unternehmer unabhängig einer entsprechenden Weisung des Bauherrn zu befolgen hat. Diesbezüglich kann der Unternehmer sich nicht darauf berufen, der Bauherr habe entsprechende Anordnungen nicht rechtzeitig oder nur fehlerhaft erteilt (vgl. GWerkV Rz. 1930). 2.16
- Keine Weisungen im hier verstandenen Sinn sind sodann *Ausschreibungsanordnungen*, welche der Bauherr vor Vertragsabschluss beispielsweise in die Ausschreibungsunterlangen (vgl. Art. 7 ff., insbesondere Art. 7 Abs. 2 Ziff. 2: «die durch das Bauobjekt bedingten, besonderen Bestimmungen [...], die sich namentlich ergeben aus der Lage des Bauobjektes, der Beschaffenheit des Baugrundes und der bestehenden Bausubstanz, dem gewünschten Bauvorgang, den speziellen Anforderungen an die Qualität, an die Organisation und an die Arbeitsabläufe [...]») aufnimmt und die mit Vertragsabschluss übernommen werden. Durch den Austausch übereinstimmender gegenseitiger Willensäusserungen werden diese Anordnungen des Bauherrn zu vertraglichen Pflichten des Unternehmers. Es handelt sich gerade nicht mehr um einseitige Anordnungen, womit ihnen das Wesensmerkmal der Weisung abgeht. 2.17

Anmerkung 3

Gemäss Art. 36 Abs. 1 Satz 2 bezeichnet der *Unternehmer* der Bauleitung die Personen, die er ermächtigt hat, Weisungen verbindlich entgegenzunehmen. Zu diesen Personen kann der Baustellenchef oder -leiter gehören (vgl. Art. 36 Abs. 1 Satz 1; Art. 36/Rz. 6). 3.1

Erteilt der Bauherr oder die Bauleitung eine Weisung an eine Person, die weder Unternehmer noch eine von diesem bezeichnete Hilfsperson oder Vertretung ist, entfaltet sie selbstredend keine Wirkungen (Art. 99/Rz. 2.1), da die Weisung als Willenserklärung des Bauherrn empfangsbedürftig ist (vgl. Gauch/Schluep/Schmid, OR AT, Rz. 195 ff.). 3.2

Anmerkung 4

In welcher *Form* der Unternehmer die Weisungen «erhält», wird in Art. 99 nicht gesagt. Weisungen können mündlich oder schriftlich erteilt werden, auch in Form von Ausführungsplänen (Art. 100/Rz. 1.1) oder Baustofflisten (Art. 100/Rz. 2.1) gemäss Art. 100 Abs. 1 (GWerkV Rz. 1934; Art. 100/Rz. 1 f.). Sie können vom Bauherrn selbst oder einer von ihm bevollmächtigten Hilfsperson angeordnet werden (Art. 99/Rz. 5; vgl. Art. 33/Rz. 10; Art. 35/Rz. 5). Bauherr und Unternehmer besitzen allerdings ein offenkundiges Interesse, sich den Beweis für die Erteilung wichtiger Weisungen durch die Verwendung der Schriftform (Pläne, Schreiben, Sitzungsprotokolle usw.) zu sichern (vgl. Ziff. 2.2.6 SIA-Norm 400, worin zum Planaustausch empfohlen wird, dass mit jedem Datentausch ein Datenlieferschein zu erstellen ist). 4

Anmerkung 5

Hat der Bauherr eine *Bauleitung* bezeichnet, vertritt sie den Bauherrn im Umfang der eingeräumten Bevollmächtigung (Einl./Rz. 19; vgl. auch Art. 33 Abs. 2; Art. 33/Rz. 10). Indem die Bauleitung Ausführungsweisungen erteilt, handelt sie für den Bauherrn und 5 erfüllt dessen Mitwirkungspflichten (Art. 94 Abs. 1; Art. 94/Rz. 2.1 ff. und 5). Beachte im Übrigen den Titel «1 51 Vertretung des Bauherrn durch die Bauleitung» bzw. Art. 33 ff.

Anmerkung 6

6.1 Das Erfordernis der *Rechtzeitigkeit* wird in Art. 99 näher bestimmt, indem die Bauleitung (als Vertreterin des Bauherrn) sowohl den (tatsächlichen) Fortschritt der Bauarbeiten (Art. 99/Rz. 7.1 ff.) als auch die vom Unternehmer benötigte Vorbereitungszeit (Art. 99/Rz. 8) zu berücksichtigen hat. Erteilt die Bauleitung die Ausführungsweisungen nicht rechtzeitig, wird sie säumig, was dem Unternehmer Ansprüche nach Massgabe des Art. 94 Abs. 2 verschafft (Art. 94/Rz. 11.1 ff. und 12.1 ff.; GWerkV Rz. 1335 ff.).

6.2 Beachte zum Thema der Rechtzeitigkeit auch Art. 94 Abs. 1, der von den Mitwirkungspflichten im Allgemeinen handelt (Art. 94/Rz.12.1 ff.); Art. 34 Abs. 3 betreffend die Koordination aller am Bauwerk Beteiligten (Art. 34/Rz. 13.1 f.) und Art. 100 Abs. 1, der die Übergabe von Ausführungsplänen und Baustofflisten zum Gegenstand hat.

Anmerkung 7

7.1 Nach Art. 99 hat die Bauleitung ihre Weisungen auf das (tatsächliche) «Fortschreiten der Arbeiten» abzustimmen. Hervorzuheben sind die folgenden Punkte:

7.2 a) Diese Regel schützt einerseits den Bauherrn. Seine Bauleitung muss die erforderlichen Weisungen *nicht früher erteilen, als der tatsächliche Baufortschritt dies erfordert* (Art. 94/Rz. 9.2). Das gilt auch dann, wenn der Unternehmer im Rückstand ist, allenfalls so sehr, dass eine vertragliche Frist nicht mehr eingehalten werden kann oder sogar schon überschritten wurde (vgl. dazu auch die Ausführungen von Schumacher, Kommentar SIA-118 [Voraufl.], Art. 94/Anm. 8 lit. b).

7.3 b) Umgekehrt bedeutet die Regel aber auch, dass die Bauleitung (oder der Bauherr selber) früher mitwirken muss, wenn der Unternehmer seine Arbeiten schneller ausführt, als die Einhaltung einer vertraglichen Frist es erfordert und dies dem objektiv angezeigten und üblichen Baufortschritt des Unternehmers entspricht (Art. 94/Rz. 9.3). Denn nach dem Grundsatz, dass der Unternehmer innerhalb einer vertraglich vereinbarten Frist sein *Arbeitstempo grundsätzlich selbst bestimmen* darf (Gauch, Fristen und Termine, S. 9), ist der Unternehmer innerhalb der vertraglich vereinbarten Fristen frei, seine Ausführung zu beschleunigen; der Bauherr kann vom Unternehmer grundsätzlich nicht verlangen, dass er den Arbeitsbeginn oder die begonnene Werkausführung hinauszögert. Das Recht, ein solches Retardierungsbegehren zu stellen, hat der Bauherr nur dann, wenn dies vertraglich vereinbart wurde (GWerkV Rz. 596; Bühler Theodor, Zürcher Kommentar, N 27 zu Art. 377; siehe auch Vorbem. Art. 84–91/Rz. 10; Art. 184/Rz. 6.7).

7.4 c) Immerhin darf der Bauherr sich auf *Angaben des Bauprogramms* über «den zeitlichen Fortschritt der Arbeiten» (Art. 93 Abs. 1) so lange verlassen, als er weder erkennt noch erkennen muss, dass der Unternehmer davon abweicht (Art. 94/Rz. 9.3). Soweit der Bauherr oder seine Bauleitung eine Beschleunigung nicht von sich aus (rechtzeitig) erkennen kann, obliegt es dem Unternehmer, das berechtigte Vertrauen der Bauleitung in den Informationsgehalt des Bauprogramms durch eine entsprechende Mitteilung zu zerstören

(Art. 94/Rz. 9.3). Bei der Erfüllung dieser Mitteilungspflicht hat der Unternehmer darauf Rücksicht zu nehmen, dass dem Bauherrn für die erforderliche Weisung eine angemessene Vorbereitungszeit zur Verfügung steht (Art. 93 Abs. 2). Siehe auch Art. 99/Rz. 11.1 ff. zum Einholen von Weisungen.

d) Hat der Unternehmer *kein Bauprogramm* eingereicht, aus dem sich der planmässige Fortschritt innerhalb der vertraglichen Fristen ergibt, so bedeutet dies nicht notwendigerweise, dass er von jeglicher Informationspflicht befreit ist. Führt er die Arbeiten rascher aus, als der Bauherr oder seine Bauleitung nach Massgabe der vereinbarten Fristen erwarten kann oder muss, so hat der Unternehmer die Bauleitung über die betreffende Beschleunigung zu informieren, soweit die Beschleunigung für die Bauleitung nicht offensichtlich oder ohnehin bekannt ist (Art. 92/Rz. 3.7 ff.; Art. 93/Rz. 4.1 f.). 7.5

Anmerkung 8

Die Bauleitung (oder der Bauherr selbst) hat bei der Erteilung der Weisungen die vom Unternehmer *benötigte Vorbereitungszeit* zu berücksichtigen (siehe auch Art. 34 Abs. 3, Art. 94 Abs. 1 und Art. 100 Abs. 1). Durch dieses Erfordernis wird die Grundregel, wonach der «Fortschritt der Bauarbeiten» berücksichtigt werden muss (Art. 99/Rz. 6.1), ergänzt und präzisiert. Die «benötigte» Vorbereitungszeit ist eine «angemessene» Zeit, was Art. 100 Abs. 1 im Unterschied zu Art. 99 ausdrücklich hervorhebt. Die Ausführungsweisungen müssen dem Unternehmer so frühzeitig erteilt werden, dass es einem sorgfältigen Unternehmer beim Stand der Vorbereitungen, welche von ihm nach den konkreten Umständen erwartet werden dürfen, möglich ist, die betreffenden Arbeiten ungehindert und ohne Unterbruch fortzusetzen (Art. 94/Rz. 10). Erkennt der Unternehmer eine mögliche Störung, hat er den Bauherrn abzumahnen (Art. 25 Abs. 3). 8

Anmerkung 9

«*Erforderlich*» sind diejenigen Ausführungsweisungen, ohne die der Unternehmer die übernommenen Bauarbeiten (Art. 92/Rz. 6) nicht beginnen oder ungestört fortsetzen kann, etwa wenn ihm notwendige Informationen (Ausführungsdetails usw.) fehlen. 9

Anmerkung 10

Zum Begriff der (Ausführungs-)Weisungen siehe Art. 99/Rz. 2.1 ff. 10.1

Leistungen, welche der Unternehmer in Befolgung von Ausführungsweisungen erbringt, berechtigen den Unternehmer *nicht zu einer zusätzlichen Vergütung*, weil sie nur den (bereits früher vereinbarten) Vertragsinhalt konkretisieren (Art. 99/Rz. 2.1 ff.). Die vertragsgemässe Vergütung deckt also auch den Aufwand ab, den die Ausführungsweisungen verursachen. Dadurch unterscheiden sich die Weisungen des Art. 99 einerseits von einseitigen Anordnungen, die Bestellungsänderungen zum Inhalt haben (Art. 84/Rz. 2.1 ff.), und andererseits von solchen, mit denen der Bauherr Eventualpositionen abruft (vgl. Art. 102). 10.2

Anmerkung 11

11.1 Nur und erst, wenn der Bauherr oder seine Bauleitung mit der Erteilung von erforderlichen (Art. 99/Rz. 9) Ausführungsweisungen säumig ist (vgl. zur Rechtzeitigkeit Art. 99/Rz. 6.1 f.) und der Unternehmer dies feststellt, hat der Unternehmer diese einzuholen. Dabei ist ein Dreifaches hervorzuheben:

11.2 a) Soweit der Unternehmer das *Fehlen* von Ausführungsweisungen bei gehöriger Aufmerksamkeit (Art. 3 Abs. 2 ZGB) hätte *erkennen* können, kann er sich nicht darauf berufen, dass er ihr Fehlen tatsächlich nicht festgestellt hat.

11.3 b) Dass der Unternehmer von sich aus den Bauherrn aufzufordern hat, die fehlenden Weisungen zu erteilen, ist eine *Konkretisierung der (allgemeinen) Anzeigepflicht* gemäss Art. 25 Abs. 1. Holt der Unternehmer die fehlenden Weisungen überhaupt nicht oder nicht «unverzüglich» (Art. 25 Abs. 1 Satz 1) ein, fallen ihm die nachteiligen Folgen seines Versäumnisses selber zur Last, es sei denn, die Bauleitung habe vom Fehlen der erforderlichen Weisungen auch ohne die Anzeige des Unternehmers nachweisbar Kenntnis gehabt (Art. 25 Abs. 1 Satz 2). Als nachteilige Folge des Versäumnisses verliert der Unternehmer etwa Ansprüche gemäss Art. 94 Abs. 2, die ihm bei rechtzeitiger Anzeige zustünden.

11.4 c) Der *Grund*, weshalb der Unternehmer im massgebenden Zeitpunkt die erforderlichen Ausführungsweisungen noch nicht erhalten hat, kann im Einzelfall auch bei ihm selber liegen, nämlich dann, wenn er die Arbeiten innerhalb der vertraglichen Fristen oder im Verhältnis zum Bauprogramm beschleunigt hat, ohne den Bauherrn, dem dies weder bekannt noch erkennbar war, darüber zu informieren. Zur Rechtslage in diesem Fall vgl. Art. 93 Abs. 2 und Art. 94 Abs. 2 sowie Art. 99/Rz. 7.3 f.

4 22 Ausführungspläne[1] und Baustofflisten[2]

Art. 100

[1] Der Unternehmer[3] erhält[4] von der Bauleitung[5] die nötige Anzahl[6] Pläne[7] und Baustofflisten[8] unentgeltlich[9] und rechtzeitig[10], entsprechend dem Fortschreiten der Arbeiten[11] und unter Berücksichtigung der benötigten angemessenen Vorbereitungszeit[12]. Zusätzliche Exemplare werden ihm zu den Selbstkosten[13] abgegeben.[14] Stellt der Unternehmer das Fehlen von Plänen[15] fest, so fordert er diese bei der Bauleitung an.[16]

[2] Der Unternehmer hält einen vollständigen Plansatz[17] auf der Baustelle[18] zur Verfügung[19].

Art. 100 (1977/91)

[1] Der Unternehmer erhält von der Bauleitung unentgeltlich und rechtzeitig, entsprechend dem Fortschreiten der Arbeiten und unter Berücksichtigung der benötigten angemessenen Vorbereitungszeit, die Pläne und die Baustofflisten. Mangels anderer Vereinbarung erhält er die Pläne in drei, die Baustofflisten in vier Exemplaren. Zusätzliche Exemplare werden ihm zu den Selbstkosten abgegeben. Stellt der Unternehmer das Fehlen von Plänen fest, so fordert er diese bei der Bauleitung an.

[2] Der Unternehmer hält einen vollständigen Plansatz auf der Baustelle zur Verfügung.

Anmerkung 1

Bei den «*Ausführungsplänen*» gemäss Art. 100 handelt es sich um zweidimensionale zeichnerische und massstäbliche Darstellungen von dreidimensionalen Körpern. Sie werden durch zusätzliche Angaben wie Masse und Koten, Hinweise etwa auf Referenzpläne, Bezeichnungen zu Vermassung und Farben, Kurzzeichen über Baustoffe, Stahlbau, Holzbau oder zur Gebäudetechnik etc. ergänzt und können auf Papier (i.d.R. auf definierten Planformaten) oder elektronisch mittels CAD (computer-aided design; vgl. dazu SIA-Merkblatt 2014) abgebildet sein (vgl. zum Ganzen SIA-Norm 400 «Planbearbeitung im Hochbau»). 1.1

Erscheinungsformen der Ausführungspläne sind beispielsweise die Detailpläne (auch definitive Werkpläne) des Architekten, die sich auf die Konstruktion, den Ausbau und die Einrichtung beziehen (SIA-Norm 400, S. 10 [«Planpakete des Architekten] und S. 71 [«Detailpläne Architekt»]), die Schalungs-, Bewehrungs-, System- und Detailpläne der Bauingenieure, die sich zur fachgerechten Herstellung und Montage der tragenden Bauteile in Beton, Mauerwerk, Stahl und Holz äussern (SIA-Norm 400, S. 11 [«Planpaket des Bauingenieurs bei Hochbauten»] und S. 79 [«Ausführungspläne Bauingenieur»]) sowie Leitungsführungs- und Schemapläne der Gebäudetechnik-Ingenieure, welche erforderliche Angaben zur Ausführung der Gebäudetechnik-Anlagen enthalten (SIA-Norm 400, S. 12 [«Planpakete der Gebäudetechnik-Ingenieure bei Hochbauten»] und S. 85 [«Pläne Gebäudetechnik»]). 1.2

Zu den Ausführungsplänen im Sinne des Art. 100 sind sodann die folgenden Punkte hervorzuheben: 1.3

a) Die Ausführungspläne sind besondere Erscheinungsformen der Ausführungsweisungen (Art. 99/Rz. 2.1). Es handelt sich stets um *definitive Pläne,* die dem Unternehmer nach Vertragsabschluss (in den Phasen der Bauausführung, deren Vorbereitung und allenfalls auch im Rahmen der Leistung von Garantiearbeiten) ausgehändigt werden und grundsätzlich alle Angaben enthalten, die für die Ausführung erforderlich sind. Sie dienen vornehmlich der nachträglichen Konkretisierung der vom Unternehmer geschuldeten Bauleistungen (Art. 99/Rz. 2.3), wobei sie häufig die Pläne der Ausschreibungsunterlagen (vgl. Art. 7 Abs. 2 Ziff. 4 und Art. 21 Abs. 1 Ziff. 4) ergänzen und präzisieren. Als definitive Pläne zeichnen sich die Ausführungspläne in aller Regel durch einen hohen Konkretisierungsgrad aus (Tausky, Verträge über die Planung von Bauwerken, S. 54 f.), der von den Bedürfnissen des konkreten Bauobjekts abhängt (Tausky, Verträge über die Planung von Bauwerken, S. 56). Der Genauigkeits- bzw. Konkretisierungsgrad der Aus- 1.4

führungspläne wird durch den Bauherrn oder typischerweise durch eine diesen vertretende Bauleitung im Rahmen der Planbearbeitung (vgl. SIA-Norm 400, Ziff. 2.1 ff.) bestimmt.

1.5 b) Da der Bauherr mittels Plänen Ausführungsweisungen erteilt, hat er dem Unternehmer klare, unmissverständliche Pläne zu übergeben. Wie alle Willenserklärungen sind auch Pläne *nach den allgemeinen Regeln,* insbesondere nach dem Vertrauensprinzip, *auszulegen* (vgl. Gauch/Schluep/Schmid, OR AT, Rz. 207 ff.), sofern der Unternehmer den Bauherrn nicht tatsächlich richtig verstanden hat. Dabei kommt der Verkehrsübung (vgl. Jäggi/Gauch/Hartmann, Zürcher Kommentar, N 423 ff. zu Art. 18 OR) besonderes Gewicht zu, da der Unternehmer die in einem Plan verwendeten Darstellungsformen, Bezeichnungen, Farben, Kurzzeichen usw. in guten Treuen so verstehen darf, wie sie in der Baubranche üblicherweise verwendet werden (vgl. SIA-Norm 400).

1.6 c) Was die *Rechtsfolgen* der Weisungen angeht, die mittels Ausführungsplänen erteilt werden, kann auf Art. 99/Rz. 2.6 ff. verwiesen werden. Zu beachten ist auch Art. 25 Abs. 3, der den Umfang der Pflicht des Unternehmers regelt, übergebene Ausführungspläne zu prüfen und allenfalls abzumahnen.

1.7 d) Die Ausführungspläne des Art. 100 sind von anderen Plänen zu *unterscheiden,* etwa:

1.8 – Pläne, die bereits zu den Vertragsbestandteilen gehören (Art. 21 Abs. 1 Ziff. 4);

1.9 – Pläne, durch deren Aushändigung der Bauherr eine Bestellungsänderung (Art. 84) verlangt;

1.10 – Pläne des Unternehmers wie beispielsweise detaillierte Konstruktionszeichnungen, Werkstatt- oder auch Vorfabrikationspläne (SIA-Norm 400, S. 13), von denen Art. 101 unter der Überschrift «Ausführungspläne des Unternehmers» handelt.

1.11 e) Die Ausführungspläne sind auch in Art. 100 Abs. 2 mitgemeint (Art. 100/Rz. 17).

Anmerkung 2

2.1 Bei den «*Baustofflisten*» handelt es sich um Listen von Baumaterialien (unter Einschluss vorfabrizierter Bestandteile oder Apparate), die der Unternehmer zu beschaffen und einzubauen hat. Solche Listen werden in der Praxis auch als Stücklisten oder Materiallisten bezeichnet (vgl. SIA-Norm 400, S. 11 und 13).

2.2 Die umschriebenen Baustofflisten enthalten im Regelfall *ergänzende Angaben* des Architekten oder der Fachplaner zu deren (definitiven) Ausführungsplänen. Bekanntes Beispiel sind die Betonstahl- oder Eisenlisten, die aufgrund der Armierungspläne (Ausführungspläne) erstellt werden und Durchmesser, Schnittlänge, Biegeform und Stückzahl der in den Plänen vorkommenden Armierungspositionen angeben (Tausky, Verträge über die Planung von Bauwerken, S. 59). Im Übrigen vgl. auch Art. 4.3.51 SIA-Ordnung 103: «Erstellen von Absteckungs-, Materialbewirtschaftungs-, Konstruktions- und Detailplänen sowie der zugehörigen Stück- und Materiallisten als Grundlage für die Ausführung.»

2.3 Siehe zu den *Qualitätsanforderungen* an Baustoffe Art. 136 ff. und zur Lieferpflicht Art. 10.

Anmerkung 3

Gemäss Art. 36 Abs. 1 Satz 2 bezeichnet der *Unternehmer* der Bauleitung die Personen, die er ermächtigt hat, Weisungen verbindlich entgegenzunehmen. Zu diesen Personen kann der Baustellenchef oder -leiter gehören (Art. 36 Abs. 1 Satz 1; Art. 36/Rz. 6). 3

Anmerkung 4

Der Unternehmer erhält die Ausführungspläne und Baustofflisten *unaufgefordert* (Art. 100 Abs. 1 Satz 4). Sie gehen mangels anderer Vereinbarung in sein Eigentum über, was bedeutet, dass er sie nicht zurückzugeben hat. Zu beachten ist aber Art. 24 Abs. 1, wonach die Pläne und Listen nur im Rahmen des Vertrags verwendet werden dürfen, und Abs. 3, worin immaterialgüterrechtliche Bestimmungen «vorbehalten» bleiben. Speziell hinzuweisen ist in diesem Zusammenhang auf Art. 5 UWG, der die unbefugte Verwertung fremder Leistungen wie etwa Berechnungen oder Pläne verbietet. 4.1

Art. 100 aSIA-118 hielt den Bauherrn an, dem Unternehmer die Ausführungspläne in drei und Baustofflisten in vier Exemplaren abzugeben (vgl. dazu Schumacher, Kommentar SIA-118 [Voraufl.], Art. 100/Anm. 11 f.), während der Unternehmer in der aktuellen Fassung (2013) «die nötige Anzahl» (Art. 100/Rz. 6.1) «unentgeltlich» (Art. 100/Rz. 9) erhalten soll. Sowohl die alte wie die aktuelle Fassung gehen somit davon aus, dass die Pläne und Listen mangels anderer Vereinbarung *physisch und damit typischerweise in Papierform* zu übergeben sind. Entsprechendes gilt gemäss bundesgerichtlicher Rechtsprechung (BGer 4C.371/2006 vom 19. Januar 2007 E. 7) und neu auch nach Art. 1.2.8 SIA-Ordnungen 102, 103, 105 und 108 für jene Pläne, welche ein Planer dem Bauherrn abzugeben hat. Bei der Revision der Norm wurde vernachlässigt, dass der Datenaustausch heute in vielen Fällen elektronisch und oft auch über sogenannte internetbasierte, virtuelle Projekträume (auch Projekt-Kommunikations-Management-System, PKM oder PKMS) erfolgt (beachte dazu auch die SIA-Merkblätter 2014 «CAD-Layerorganisation», 2035 «CAD Datenaustauch – Strategische Aspekte», und 2036 «CAD Datenaustausch – Organisatorische Aspekte»). 4.2

Anmerkung 5

Vgl. zur Bauleitung Art. 99/Rz. 5. 5.1

Durch die (rechtzeitige) Übergabe der (definitiven) Ausführungspläne und Baustofflisten erfüllt die Bauleitung eine *Mitwirkungspflicht* des Bauherrn (Art. 94/Rz. 2.2 ff. und 5). Insofern ist Art. 100 Abs. 1 ein Anwendungsfall des Art. 34 Abs. 1, wonach der Bauleitung «insbesondere die Beschaffung der Pläne» obliegt, wenn der Werkvertrag nichts anderes bestimmt. Vgl. auch Art. 85 Abs. 2, wonach die Bauleitung dem Unternehmer Ausführungsunterlagen liefert, soweit solche durch eine Bestellungsänderung (Art. 84 Abs. 1) nötig werden. 5.2

Anmerkung 6

Der Bauherr hat dem Unternehmer die Ausführungspläne und Baustofflisten *in der nötigen Anzahl* abzugeben. Wie viele Exemplare nötig sind, hängt von den konkreten Umständen des Einzelfalls ab. In der aSIA-118 war vorgesehen, dass der Unternehmer die 6.1

Pläne in drei und die Baustofflisten in vier Exemplaren abzugeben hatte. Diese Vorgaben beruhten auf den Erfahrungen im Querschnitt der verschiedenen Branchen (Arbeitsgattungen).

6.2 Die *Bedürfnisse des Unternehmers* nach der nötigen Anzahl Pläne werden etwa dadurch bestimmt, dass er einen Plansatz auf der Baustelle zur Verfügung halten muss (Art. 100 Abs. 2) und die Pläne ausserdem zur Bestimmung des plangemässen theoretischen Ausmasses dienen können (Art. 141 Abs. 1 und Art. 143 Abs. 1). Betreffend die Baustofflisten ist sodann daran zu denken, dass ein Exemplar zur Weitergabe an den entsprechenden Baustofflieferanten bestimmt ist. Es bildet regelmässig Grundlage für den Materialeinkauf des Unternehmers (z.B. bei einer Stahlfirma).

6.3 Die Frage nach der richtigen Anzahl an Ausführungsplänen und Baustofflisten, die dem Unternehmer abzugeben sind, wird dann relativiert, wenn ihm diese Ausführungsunterlagen *in virtuellen Projekträumen zugänglich* gemacht werden (Art. 100/Rz. 4.2).

Anmerkung 7

7 Mit den *Plänen* sind die Ausführungspläne gemeint (Art. 100/Rz. 1.1 ff.).

Anmerkung 8

8 Zum Begriff der *Baustofflisten* vgl. Art. 100/Rz. 2.1 ff.

Anmerkung 9

9 *Unentgeltlich* bedeutet, dass der Unternehmer dem Bauherrn keine Entschädigung für die Pläne und Baustofflisten schuldet, die er in der massgeblichen Anzahl (Art. 100/Rz. 6.1 ff.) oder virtuell (Art. 100/Rz. 4.2) erhält. Die Kosten, die im Zusammenhang mit Erstellung, Druck und Abgabe entstehen, sind vom Bauherrn zu tragen.

Anmerkung 10

10.1 Die Ausführungspläne und Baustofflisten müssen dem Unternehmer *rechtzeitig*, entsprechend dem Fortschreiten der Arbeiten und unter Berücksichtigung der benötigten, angemessenen Vorbereitungszeit übergeben werden. Damit wiederholt und präzisiert Art. 100 das Erfordernis der Rechtzeitigkeit, das nach Art. 99 für die Weisungen im Allgemeinen gilt, weshalb auf das zu Art. 99 Gesagte verwiesen werden kann (Art. 99/Rz. 6.1 f.). Ausserdem sind folgende Punkte beizufügen:

10.2 a) Das Erfordernis der Rechtzeitigkeit bezieht sich auf die *Übergabe der definitiven* und damit *verbindlichen Ausführungspläne und Baustofflisten*. Blosse Vorabzüge oder Pläne, die noch nicht zur Ausführung freigegeben, sondern z.B. mit dem Vorbehalt «provisorisch» versehen sind, erfüllen diese Voraussetzung nicht (vgl. Vygen/Joussen/Lang/Rasch, Bauverzögerung und Leistungsänderung, Rz. B.25 und B.118). Selbst wenn später an vorläufigen Plänen nichts mehr geändert wird, hat dies keine «Rückwirkung» zur Folge, weil der Unternehmer in der Zwischenzeit nicht mit der uneingeschränkten Freigabe rechnen durfte.

b) Erhält der Unternehmer Ausführungspläne und Baustofflisten nicht rechtzeitig, so *«ist die Bauleitung säumig»* (Art. 94 Abs. 2) und gerät der Bauherr – nach allenfalls vorausgesetzter Mahnung – in Gläubigerverzug (zu den Rechtsfolgen vgl. Art. 94/Rz. 12.1 ff.). 10.3

Anmerkung 11

Vgl. zur *Rechtzeitigkeit entsprechend dem Stand der Arbeiten* Art. 99/Rz. 7.1 f. 11

Anmerkung 12

Vgl. zur Berücksichtigung der benötigten *angemessenen Vorbereitungszeit* Art. 99/Rz. 8. Zu ergänzen ist, dass der Bauherr unter dem Gesichtspunkt der Rechtzeitigkeit der Übergabe von Plänen und Baustofflisten den Umstand zu berücksichtigen hat, dass der Unternehmer für die Beschaffung der Baustoffe an die Fristen der Lieferanten gebunden ist. Folglich hat der Bauherr bei der Bemessung der Vorbereitungszeit, die der Unternehmer benötigt, marktgerechte Lieferfristen einzurechnen. 12

Anmerkung 13

Unter den *Selbstkosten* sind die effektiven Herstellungskosten zusätzlicher Exemplare zu verstehen, die dem Bauherrn anfallen, also ohne Zuschlag für Risiko und Gewinn auf den eigenen Kosten. 13

Anmerkung 14

Die Bestimmung (Abgabe zusätzlicher Exemplare zu den Selbstkosten) dürfte von keiner oder nur *geringer praktischer Bedeutung* sein. Sie war bereits in der aSIA-118 enthalten und stammt aus einer Zeit, in der die Reproduktion, insbesondere von Plänen, aufwendig war. Mit Blick auf Planbearbeitungen mit CAD (vgl. Art. 100/Rz. 1.1), dem möglichen Datenaustausch über virtuelle Projekträume (Art. 100/Rz. 4.2) und immer günstiger werdende Druck- oder Kopierkosten hätte bei der Revision der SIA-Norm 118 darauf verzichtet werden können, zumal auch die Abgrenzung zwischen der «nötigen Anzahl» Pläne und Baustofflisten (Art. 100/Rz. 6.1 ff.) und «zusätzlichen Exemplaren» im Streitfall nicht einfach zu entscheiden sein wird. 14

Anmerkung 15

Bei den *fehlenden Plänen* handelt es sich um definitive Ausführungspläne (vgl. Art. 100/Rz. 1.4), die für die Ausführung der Bauarbeiten erforderlich sind (vgl. Art. 99, worin ausdrücklich von den «erforderlichen» Weisungen gesprochen wird; vgl. Art. 99/Rz. 9). 15.1

Indem der letzte Satz des Art. 100 Abs. 1 nur von den «Plänen», nicht auch von den Baustofflisten spricht, ist er zu eng gefasst. Die darin enthaltene Regel gilt über den Wortlaut hinaus auch für fehlende Baustofflisten. 15.2

Anmerkung 16

Nur und erst, wenn der Bauherr oder seine Bauleitung sich mit der Abgabe von Ausführungsplänen oder Baustofflisten verspätet und der Unternehmer deren Fehlen feststellt, hat er diese bei der Bauleitung *anzufordern.* Da die Regel in Bezug auf die Ausführungs- 16 pläne und Baustofflisten den zweiten Satz des Art. 99 wiederholt, kann auf das dort Gesagte verwiesen werden (Art. 99/Rz. 10.1 f.).

Anmerkung 17

17 Liest man Art. 100 Abs. 2 in seinem systematischen Zusammenhang, so liegt es nahe, das Wort «Plansatz» nur auf die Ausführungspläne zu beziehen (vgl. auch den Titel zu Art. 100). Das aber ist nicht der Sinn des Art. 100 Abs. 2. Vielmehr umfasst der *vollständige Plansatz* sämtliche Pläne, welche für die Bauausführung erforderlich sind. Dazu gehören namentlich auch: Pläne, die zu den Vertragsbestandteilen gehören (Art. 21 Abs. 1 Ziff. 4); Pläne, die Bestellungsänderungen zum Inhalt haben (Art. 84 Abs. 1); Pläne, welche der Unternehmer selber hergestellt hat (z.B. gemäss Art. 101 Abs. 1 und 2); Pläne der Baustelleneinrichtungen (Art. 124/Rz. 9.1). Nur dieses weite Verständnis des Worts «Plansatz», das sich auch im Ausdruck «vollständig» niedergeschlagen hat, ist mit dem Zweck der Bestimmung (Art. 100/Rz. 19.1) vereinbar.

Anmerkung 18

18.1 Dass der Unternehmer einen vollständigen Plansatz auf der *«Baustelle»* zur Verfügung halten muss, bedeutet üblicherweise, dass die Pläne während der Arbeitszeit auf der Baustelle, beispielsweise im Baubüro des Unternehmers, eingesehen werden können. Mangels anderer Abrede kann vom Unternehmer nicht verlangt werden, dass er den Plansatz auf dem Arbeitsplatz (vgl. Art. 105/Rz. 3; Art. 118/Rz. 17), der unter Umständen vom Baubüro des Unternehmers weit entfernt ist (z.B. bei Tunnel- und Stollenbauten), zur Verfügung hält.

18.2 Die Frage, ob der *Plansatz physisch bereitzuhalten* ist oder ob es ausreicht, wenn der Unternehmer Zugang zu den Planunterlagen über einen virtuellen Projektraum (Art. 100/Rz. 4.2) schafft, beantwortet die Bestimmung nicht. Im Streitfall ist diese Frage durch Auslegung des Vertrags unter Berücksichtigung der konkreten Umstände des Einzelfalls zu entscheiden. Dabei ist aufgrund des Erfordernisses, dass der Bauherr dem Unternehmer die Ausführungspläne mangels anderer Vereinbarung seinerseits physisch abzugeben hat (Art. 100/Rz. 4.2), im Zweifelsfall davon auszugehen, dass auch der Plansatz des Unternehmers physisch auf der Baustelle bereitstehen muss.

Anmerkung 19

19.1 Obwohl dies in Art. 100 Abs. 1 nicht erwähnt wird, hat der Unternehmer den vollständigen Plansatz dem Bauherrn (oder dessen Bauleitung) zur Verfügung zu halten, jedoch zur (blossen) *Einsichtnahme.* Damit wird es dem Bauherrn (oder seiner Bauleitung) erleichtert, seine Pflichten (insbesondere Mitwirkungspflichten) und Rechte zu erfüllen bzw. auszuüben. Der vollständige Plansatz auf der Baustelle kann insbesondere den folgenden Zwecken dienlich sein: Baukontrolle bei Baustellenbesuchen, Vergleich der Bauarbeiten (Ist-Zustand) mit den Plänen (Soll-Zustand), Besprechungen mit dem Unternehmer selber (z.B. bei der Mitteilung von Weisungen und Rügen durch die Bauleitung oder bei der Entgegennahme von Abmahnungen und anderen Anzeigen des Unternehmers), Bestandesaufnahmen (Art. 142) und Koordination der Bauarbeiten mit Nebenunternehmern (Art. 34 Abs. 3; Art. 30/Rz. 9).

Der Unternehmer kann allenfalls verpflichtet sein, die Pläne gegenüber Dritten, zu denen 19.2 auch Nebenunternehmer (Art. 30) gehören, *geheim* zu halten (Art. 24). In diesem Falle hat der Unternehmer Vorkehren zu treffen, dass der Plansatz auf der Baustelle nicht von unbefugten Dritten (Nebenunternehmern, Besuchern usw.) eingesehen werden kann.

4 23 Ausführungspläne des Unternehmers[1]

Art. 101

[1] Die üblichen Zeichnungen[2] liefert der Unternehmer[3] auf seine Kosten[4]. Spezialpläne, Studien und Werkzeichnungen, die gemäss Art. 100 Abs. 1 durch die Bauleitung[5] zu beschaffen wären,[6] liefert er nur dann unentgeltlich, wenn der Werkvertrag dies vorsieht[7].

[2] Für weitere vom Bauherrn oder von der Bauleitung bestellte Studien, Pläne und dergleichen[8] hat der Unternehmer Anspruch auf angemessene Vergütung[9].

[3] Die Pläne[10] unterliegen der Genehmigung durch die Bauleitung.[11] Sie sind dieser rechtzeitig, unter Berücksichtigung der nötigen Kontrollzeit,[12] einzureichen.[13]

Art. 101 (1977/91)

[1] Die üblichen Zeichnungen liefert der Unternehmer auf seine Kosten. Spezialpläne, Studien und Werkzeichnungen, die gemäss Art. 100 Abs. 1 durch die Bauleitung zu beschaffen wären, liefert er nur dann unentgeltlich, wenn der Werkvertrag dies vorsieht.

[2] Für weitere vom Bauherrn oder von der Bauleitung bestellte Studien, Pläne und dergleichen hat der Unternehmer Anspruch auf angemessene Vergütung.

[3] Die Pläne unterliegen der Genehmigung durch die Bauleitung. Sie sind dieser rechtzeitig, unter Berücksichtigung der nötigen Kontrollzeit, einzureichen.

Anmerkung 1

a) Art. 101 befasst sich unter der Überschrift «Ausführungspläne des Unternehmers» mit 1.1 drei unterschiedlichen Kategorien von Ausführungsplänen bzw. -unterlagen (Art. 101/Rz. 1.2ff.). Gemeinsam ist ihnen, dass sie vom Unternehmer geliefert werden und sich schon deshalb von den Ausführungsunterlagen des Bauherrn oder dessen Bauleitung (Art. 100/Rz. 1.1 ff.) unterscheiden. Als Unterlagen des Unternehmers enthalten sie auch keine Ausführungsweisungen, da es sich bei diesen Weisungen um einseitige Willenserklärungen des Bauherrn an die Adresse des Unternehmers handelt (Art. 99/Rz. 1).

- Eine erste Kategorie von Ausführungsunterlagen nach Art. 101 stellen die *«üblichen* 1.2 *Zeichnungen»* des Unternehmers (Art. 101/Rz. 2.1 f.) dar, von denen Abs. 1 Satz 1 handelt. Die üblichen Zeichnungen erscheinen etwa in der Form von Werkstattskizzen, detaillierten Konstruktionszeichnungen oder Vorfabrikationsplänen (vgl. SIA-Norm 400, S. 13). Sie können die Ausführungspläne des Bauherrn ersetzen oder diese weiter präzisieren.

1.3 – Als zweite Kategorie werden in Art. 101 Abs. 1 Satz 2 «Spezialpläne, Studien und Werkzeichnungen» (Art. 101/Rz. 6) erwähnt, bei denen es sich um Ausführungsunterlagen des Bauherrn (vgl. Art. 100/Rz. 1.1 ff.) handelt und die vornehmlich der Konkretisierung der Leistung dienen (vgl. Art. 100/Rz. 1.4). Im «Normalfall», der in Art. 100 Abs. 1 geregelt ist, erhält der Unternehmer diese Unterlagen vom Bauherrn oder von dessen Bauleitung. Art. 101 Abs. 1 Satz 2 behandelt dagegen den «Ausnahmefall», da der Bauherr diese Planungsarbeiten werkvertraglich auf den Unternehmer überträgt.

1.4 – Zur dritten Kategorie gehören nach Art. 101 Abs. 2 die «weitere[n] *vom Bauherrn [...] bestellte[n] Studien, Pläne und dergleichen*». Bei dieser Kategorie handelt es sich weder um Ausführungsunterlagen des Unternehmers, die üblicherweise vom Unternehmer geschuldet sind (Art. 101/Rz. 1.2), noch um solche, die normalerweise vom Bauherrn abzugeben sind (Art. 101/Rz. 1.3). Sie werden vom Bauherrn aus welchen Gründen auch immer (z.B. im Zusammenhang mit Bestellungsänderungen oder als Ausführungsunterlagen für Nebenunternehmer) bestellt und sind besonders zu vergüten.

1.5 b) Im so verstandenen Sinn bietet die Auslegung von Art. 101 wenig Schwierigkeiten (vgl. dagegen SCHUMACHER, Kommentar SIA-118 [Voraufl.], Art. 101/Anm. 1 f.). Zu ergänzen ist, dass die Überschrift «Ausführungspläne des Unternehmers» zu eng gefasst ist. Art. 101 handelt nicht nur von Plänen (vgl. zum Planbegriff Art. 100/Rz. 1.1 ff.), die der Unternehmer schuldet, sondern umfasst alle Arten von Ausführungsunterlagen, die vom Unternehmer zur Ausführung des Bauwerks benötigt oder vom Bauherrn speziell bestellt werden.

Anmerkung 2

2.1 Bei den üblichen Zeichnungen (Art. 101/Rz. 1.2), welche der Unternehmer nach Art. 101 Abs. 1 Satz 1 zu liefern hat, handelt es sich um Ausführungsunterlagen, welche die definitive Ausführungsplanung des Bauherrn oder von dessen Bauleitung oder Fachplaner präzisieren, ergänzen oder ersetzen. Es können detaillierte Konstruktionszeichnungen, Werkstatt- oder Vorfabrikationspläne sein (vgl. SIA-Norm 400, S. 13).

2.2 Ob und allenfalls welche und in welchem Umfang der Unternehmer im Einzelfall Ausführungsunterlagen abliefern muss, hängt mangels entsprechender Vereinbarung von der *Verkehrsübung* ab, auf die Art. 101 Abs. 1 verweist. Die Feststellung einer entsprechenden Usanz oder Branchenübung ist eine Tatfrage (JÄGGI/GAUCH/HARTMANN, Zürcher Kommentar, N 430 zu Art. 18 OR); im Streitfall liegt die Beweislast beim Bauherrn (vgl. JÄGGI/GAUCH/HARTMANN, Zürcher Kommentar, N 431 zu Art. 18 OR).

Anmerkung 3

Gemäss Art. 36 Abs. 1 Satz 2 bezeichnet der *Unternehmer* der Bauleitung die Personen, die er ermächtigt hat, Weisungen verbindlich entgegenzunehmen. Zu diesen Personen kann der Baustellenchef oder -leiter gehören (vgl. Art. 36 Abs. 1 Satz 1; Art. 36/Rz. 6). 3

Anmerkung 4

Der Unternehmer hat dem Bauherrn die üblichen Ausführungsunterlagen auf seine Kosten zu liefern. Das bedeutet, dass er sie nicht separat in Rechnung stellen darf. Der Aufwand, der dem Unternehmer im Zusammenhang mit der üblichen Ausführungsplanung entsteht, gilt in dem für die Werkausführung vereinbarten Preis als eingeschlossen. Überträgt aber der Bauherr Planungsleistungen auf den Unternehmer, die den Umfang des Üblichen sprengen (Art. 101/Rz. 9) oder normalerweise von ihm bzw. seiner Bauleitung selbst zu erbringen wären (Art. 101/Rz. 7.1 ff.), steht dem Unternehmer mangels anderer Vereinbarung eine Vergütung zu. 4

Anmerkung 5

Vgl. Art. 35/Rz. 1.1 f. 5

Anmerkung 6

Bei den *«Spezialplänen, Studien und Werkzeichnungen»* (Art. 101/Rz. 1.3), mit denen sich Satz 2 von Abs. 1 befasst, handelt es sich um Ausführungsunterlagen des Bauherrn (Art. 100/Rz. 1.1 ff.), was sich aus dem Verweis auf Art. 100 Abs. 1 ergibt. Sie sind notwendig zur Ausführung des Bauwerks (Art. 100/Rz. 1.4) und wären im «Normalfall» vom Bauherrn oder von dessen Bauleitung zu beschaffen. Art. 101 Abs. 1 Satz 2 behandelt den «Ausnahmefall», da der Bauherr diese Planungsarbeiten werkvertraglich auf den Unternehmer überträgt. Dass die Bestimmung von «Spezialplänen, Studien und Werkzeichnungen» spricht, kann mit der Vorstellung erklärt werden, dass sich entsprechende Vereinbarungen im Allgemeinen auf derartige Ausführungsunterlagen beziehen. 6

Anmerkung 7

Übernimmt der Unternehmer *Leistungen der Ausführungsplanung* für den Bauherrn bzw. für eine diesen vertretende Bauleitung, sind diese Planungsleistungen *grundsätzlich zu vergüten*. Eine Ausnahme besteht dann, wenn dies besonders vereinbart ist. Das ist sachrichtig, da nicht anzunehmen ist, der Unternehmer erbringe im Rahmen seiner Berufsausübung unentgeltliche Planungsleistungen (vgl. für den Planervertrag Gauch/Middendorf, Von den Planerverträgen, Rz. 1.14). Anzumerken sind sodann die folgenden Punkte: 7.1

a) Die *Bemessung des Vergütungsanspruchs* richtet sich mangels anderer Vereinbarung nach den Grundsätzen des Art. 374 OR. Nicht ausgeschlossen ist selbstverständlich, dass die Parteien Unentgeltlichkeit explizit vereinbaren. 7.2

b) Einen allfälligen Vergütungsanspruch hat der Unternehmer spätestens mit der Schlussabrechnung (Art. 153 Abs. 1) geltend zu machen. Bringt er in der Zusammenstellung ge- 7.3

mäss Art. 153 Abs. 3 keinen schriftlichen Vorbehalt an, so verzichtet er nach Art. 156 auf einen Vergütungsanspruch, den er bis anhin nicht in Rechnung gestellt hat.

Anmerkung 8

8 Bei den «*Studien, Pläne[n] und dergleichen*» (Art. 101/Rz. 1.4), die in Art. 101 Abs. 2 angesprochen werden, handelt es sich weder um Unterlagen des Unternehmers, die von diesem im Rahmen des Üblichen zu leisten sind (Art. 101 Abs. 1 Satz 1), noch um solche, die normalerweise vom Bauherrn beschafft werden müssen (Art. 101 Abs. 1 Satz 2). Sie können somit als unübliche Unterlagen bezeichnet werden, die den Rahmen der übernommenen Bauaufgabe sprengen. Der Unternehmer erbringt die entsprechende Planungsleistung auf (ausdrückliche oder konkludente) Bestellung des Bauherrn oder dessen Bauleitung hin. Die Arbeitsresultate können beispielsweise Studien zur Vorbereitung von Bestellungsänderungen (Art. 84) oder Ausführungsunterlagen sein, die für einen Nebenunternehmer (Art. 30) bestimmt sind.

Anmerkung 9

9 Zum Anspruch auf *angemessene Vergütung*, den der Unternehmer für Planungsleistungen nach Art. 101 Abs. 2 hat, vgl. Art. 101/Rz. 7.1 ff.

Anmerkung 10

10 Unter den *Plänen* sind alle Ausführungsunterlagen zu verstehen, welche der Unternehmer nach Massgabe des Art. 101 liefert.

Anmerkung 11

11.1 Dass die vom Unternehmer gelieferten Ausführungsunterlagen (Art. 101/Rz. 1.1) «*der Genehmigung durch die Bauleitung*» unterliegen, erfordert die folgenden Präzisierungen:

11.2 a) Der Genehmigung durch die Bauleitung (als Vertreterin des Bauherrn) bedürfen alle Unterlagen, die der Unternehmer nach Massgabe des Art. 101 zu liefern hat. Kein Genehmigungsvorbehalt besteht hingegen für solche Unterlagen, die der Unternehmer beispielsweise für seine eigenen Arbeitnehmer, für Subunternehmer (Art. 29) oder für Zulieferanten (vgl. GWerkV Rz. 120 f.) ausarbeitet.

11.3 b) Auf der einen Seite bezweckt der Genehmigungsvorbehalt des Art. 101 Abs. 3 die *Vermittlung von Kenntnissen*, welche die Bauleitung zur Erfüllung ihrer baubezogenen Aufgaben, namentlich im Zusammenhang mit der Bauaufsicht (Art. 34 Abs. 1 und 2) und der Koordinationstätigkeit (Art. 34 Abs. 3) und damit für die Erfüllung der Mitwirkungspflichten des Bauherrn (Art. 94 Abs. 1) benötigt. Auf der anderen Seite darf der Unternehmer aus einer Genehmigung schliessen, dass die Bauleitung die Informationen, welche die von ihm vorgelegten Ausführungsunterlagen enthalten, auch zur Kenntnis genommen hat. Davon kann etwa die Rechtzeitigkeit einer Ausführungsweisung (Art. 99/Rz. 6.1 f.) abhängen, die der Bauherr oder dessen Bauleitung zu erteilen hat.

11.4 c) Die Genehmigung ist an keine besondere Form gebunden und kann auch konkludent erklärt werden, z.B. indem die Bauleitung gestützt auf die Unternehmerpläne Nebenunternehmer (Art. 30) koordiniert. Indes liegt es im Interesse des Unternehmers, sich den schriftlichen Beweis der Genehmigung zu sichern (z.B. durch eine Visierung der Ausführungspläne, durch ein besonderes Schreiben der Bauleitung oder durch eine protokollierte Erklärung).

d) Erst *nach* erfolgter Genehmigung durch die Bauleitung darf der Unternehmer Bauarbeiten gemäss seinen eigenen Ausführungsunterlagen ausführen. Um den Vorgang zu beschleunigen, ist der Unternehmer berechtigt (aber nicht verpflichtet), der Bauleitung eine angemessene Genehmigungsfrist anzusetzen. 11.5

e) Erteilt die Bauleitung die Genehmigung nicht innerhalb der ihr zustehenden Kontrollzeit (vgl. Art. 101 Abs. 3 Satz 2; Art. 101/Rz. 12.1 f.), obwohl der Unternehmer rechtzeitig, das heisst durch rechtzeitige Einreichung, darum ersucht hat, so wird der Bauherr säumig und gerät in Gläubigerverzug (Art. 94/Rz. 11.4). 11.6

f) Die erteilte Genehmigung befreit den Unternehmer nicht von seiner *Verantwortung für die von ihm vorgelegten Ausführungsunterlagen* (vgl. Art. 25 Abs. 1 und Art. 124 Abs. 2 sinngemäss; so auch Spiess/Huser, Handkommentar, N 18 zu Art. 101). Insbesondere haftet der Unternehmer trotz der Genehmigung für Werkmängel (Art. 165), die sich aus der Fehlerhaftigkeit seiner Ausführungsunterlagen ergeben. Die Genehmigung ist somit grundsätzlich kein Umstand, der ein Selbstverschulden des Bauherrn begründet. Hat die Bauleitung aber ausnahmsweise die Ausführungsunterlagen des Unternehmers vorbehaltlos genehmigt, ohne den Unternehmer auf Fehler aufmerksam zu machen, die sie tatsächlich erkannt hat oder hätte erkennen müssen, trifft den Bauherrn zumindest ein Mitverschulden (Art. 166/Rz. 16; vgl. GWerkV Rz. 2060). 11.7

Anmerkung 12

Das Erfordernis der *Rechtzeitigkeit* ist dann erfüllt, wenn der Unternehmer die Ausführungspläne so frühzeitig einreicht, dass seine Bauarbeiten unter Berücksichtigung der erforderlichen Kontrollzeit aufseiten der Bauleitung nicht verzögert werden. Dabei hat der Unternehmer auch die Übermittlungszeiten sowie die Möglichkeit zu berücksichtigen, dass er bei verweigerter Genehmigung die Ausführungsunterlagen allenfalls abändern und nochmals zur Genehmigung einreichen muss. Was die benötigte Kontrollzeit angeht, so kann der Unternehmer davon ausgehen, dass die Bauleitung die gewünschten Kontrollen mit tunlicher Beschleunigung vornimmt und darauf nicht mehr Zeit verwendet, als unter den gegebenen Umständen und mit dem bei ihr vorausgesetzten Sachverstand erforderlich ist, um diese Aufgabe sorgfältig zu erledigen (vgl. Art. 114 Abs. 2). 12.1

Obwohl hier von Kontrollzeit die Rede ist, besitzt der Unternehmer grundsätzlich *keinen Anspruch auf Kontrolle* der von ihm eingereichten Ausführungspläne (vgl. GWerkV Rz. 1346 f., 2057 und 2743), sondern nur auf Genehmigung (Art. 101/Rz. 11.1 ff.). 12.2

Anmerkung 13

Der zweite Satz des Art. 101 Abs. 3 präzisiert, dass der Unternehmer der Bauleitung seine Ausführungsunterlagen *einzureichen* hat; sie sind folglich zur Genehmigung herauszugeben. Reicht der Unternehmer seine Ausführungsunterlagen nicht rechtzeitig ein, so hat 13 er die Folgen der Verspätung zu tragen und besitzt insbesondere keinen Anspruch auf eine entsprechende Fristerstreckung (Art. 96/Rz. 2.1).

4 24 Eventualpositionen[1]

Art. 102

Leistungen zu den Eventualpositionen[2] (Art. 8 Abs. 4)[3] dürfen nur auf Weisung[4] der Bauleitung[5] ausgeführt werden.[6]

Art. 102 (1977/91)

Positionen, die im Leistungsverzeichnis mit «eventuell» bezeichnet sind, dürfen nur mit Zustimmung der Bauleitung ausgeführt werden.

Anmerkung 1

1.1 Art. 102 befasst sich mit «Eventualpositionen». Dazu sind die folgenden Punkte hervorzuheben:

1.2 a) *Eventualpositionen* umschreiben einzelne zusätzliche oder alternative Leistungen des Unternehmers, die «nur auf Weisung» (Art. 8 Abs. 4 und Art. 102; Art. 8/Rz. 6.10) des Bauherrn oder dessen Bauleitung ausgeführt werden dürfen. Sie sind ihrem Wesen nach bedingt bestellt (vgl. GWerkV Rz. 809) und werden im Leistungsverzeichnis (Art. 8) üblicherweise «mit ‹eventuell› bezeichnet» (Fassung von Art. 102 in der aSIA-118; siehe Art. 8/Rz. 20.1). Wird das Leistungsverzeichnis mittels des Normpositionen-Katalogs (NPK) erstellt, der keine Positionen mit der Bezeichnung «eventuell» vorsieht, werden die Eventualpositionen in der Regel als R-Positionen eingesetzt und mit «eventuell» gekennzeichnet (Art. 8/Rz. 6.8; Siegenthaler, Mangelhafte Leistungsverzeichnisse, S. 166). Dass für die Bezeichnung einer Eventualposition das Wort «eventuell» verwendet wird, ist aber nicht erforderlich. Worauf es ankommt, ist der durch Auslegung zu ermittelnde Wille der Parteien, dass es sich bei der betreffenden Position der Sache nach um eine Eventualposition handelt. Im Streit darüber, ob eine bestimmte Position als Eventualposition auszulegen sei, trägt diejenige Partei die Beweislast, die sich darauf beruft (Art. 8 ZGB).

1.3 b) Durch die Vereinbarung einer Eventualposition wird dem Bauherrn das *Gestaltungsrecht* eingeräumt, durch Weisung (Art. 102/Rz. 3.1; vgl. auch Art. 99/Rz. 1), das heisst durch einseitige Willenserklärung, vom Unternehmer die Ausführung der in der Eventualposition umschriebenen Leistung zu verlangen. Ohne entsprechende Weisung ist der Unternehmer weder verpflichtet noch berechtigt, die in der Eventualposition ausgesetzte Leistung zu erbringen und dafür vergütet zu werden.

1.4 c) Eventualpositionen sind in verschiedenen *Erscheinungsformen* anzutreffen und können vielfältigen Zwecken dienen. Es können zusätzliche Leistungen sein, welche die übrigen Werkleistungen ergänzen, oder es können Alternativpositionen sein, deren Besonderheit darin besteht, dass sie (falls sie zur Ausführung gelangen) andere (vereinbarte)

Positionen (sogenannte «Grundpositionen») ersetzen. Eventualpositionen können aus Gründen der Bautechnik, der Arbeitssicherheit usw., aber auch aus anderen Gründen vereinbart sein (z.B. um dem Bauherrn eine grössere Gestaltungsfreiheit einzuräumen oder um ihm eine bessere oder billigere Ausführung zu ermöglichen, je nach seinen finanziellen Verhältnissen im Zeitpunkt, bis zu welchem er spätestens seinen Entscheid zu treffen hat). Sie können dem Bauherrn auch erlauben, Massnahmen anzuordnen, um vertragliche Fristen (Art. 92) zu unterschreiten. Es kommt deshalb auch vor, dass Eventualpositionen zusätzliche Baustelleneinrichtungen, zusätzliche Arbeitsequipen usw. betreffen.

d) Der in Art. 102 enthaltene Verweis auf Art. 8 legt den Schluss nahe, dass Eventualpositionen nur im *Leistungsverzeichnis* vereinbart werden können. Dies trifft aber nicht zu: 1.5

- Art. 102 ist i.V.m. Art. 8 Abs. 4 zwar auf den Einheitspreisvertrag (Art. 42 Abs. 2 Satz 1) ausgerichtet. Eventualpositionen können jedoch auch in einem Gesamtpreisvertrag (Art. 42 Abs. 2 Satz 2) oder in einem Vertrag mit Gesamtregie (Art. 44 Abs. 1; Art. 44/Rz. 4.2) vereinbart werden. 1.6
- Auch in einem Einheitspreisvertrag (Art. 42 Abs. 2 Satz 1) können Eventualpositionen in einem anderen Vertragsbestandsteil als dem Leistungsverzeichnis (Art. 21 Abs. 1 Ziff. 3) vereinbart werden, z.B. in der Vertragsurkunde (Art. 20 Abs. 1) oder in den durch das Bauobjekt bedingten, besonderen Bestimmungen (Art. 21 Abs. 1 Ziff. 2). Das Leistungsverzeichnis ist jedoch die Ausschreibungsunterlage bzw. der Vertragsbestandteil, in dem sich Eventualpositionen typischerweise finden. 1.7

e) Art. 8 Abs. 4 bestimmt, dass Eventualpositionen nur dann bei der Ermittlung der Angebotssumme zu berücksichtigen sind, wenn dies speziell ausgewiesen ist. Enthalten das Leistungsverzeichnis oder die anderen Ausschreibungsunterlagen keine entsprechende Anordnung, so kann es den *Vergleich der Offerten* erschweren, wenn die Submittenten die Eventualpositionen teils addieren, teils davon absehen. Zu möglichen Margenspekulationen beachte BEYELER, Umgelagert, gemischt und offeriert, S. 135. 1.8

f) Von den Eventualpositionen im Sinne des Art. 102 zu *unterscheiden* sind: 1.9

- der allfällige Vorbehalt des Bauherrn, eine im Leistungsverzeichnis vorgesehene einzelne Arbeit nach Abschluss des Werkvertrags durch einen Nebenunternehmer (Art. 30) ausführen zu lassen (Art. 11); 1.10
- das Änderungsrecht des Bauherrn (Art. 84), im Rahmen einer (zulässigen) Bestellungsänderung Leistungen auf andere Art, in grösseren oder kleineren Mengen oder überhaupt nicht ausführen zu lassen, wobei er diese Positionen jedoch mangels anderer Abrede nicht durch Dritte ausführen lassen darf (Art. 84 Abs. 1). 1.11

Anmerkung 2

Die *Leistung*, welche der Unternehmer auf entsprechende Weisung auszuführen hat, ist unter der Eventualposition (Art. 102/Rz. 1.1 ff.) umschrieben. Weist der Bauherr die Ausführung der Leistung an, ist der Unternehmer verpflichtet, sie gemäss dem dort enthaltenen Beschrieb auszuführen. Die Formulierung «Leistungen zu den Eventualpositionen», 2 welche Art. 102 in der revidierten Norm von 2013 verwendet, ist insofern missverständlich, was die sprachliche Neufassung im Verhältnis zum alten Ausdruck (in der aSIA-118 wurde von «Positionen, die im Leistungsverzeichnis mit ‹eventuell› bezeichnet sind» gesprochen) wenig nachvollziehbar bzw. unnötig erscheinen lässt.

Anmerkung 3

3.1 *Art. 8 Abs. 4,* auf den Art. 102 verweist, umschreibt im ersten Satz, dass es sich bei «Positionen, die nur auf Weisung der Bauleitung ausgeführt werden dürfen», um Eventualpositionen handelt (Art. 8/Rz. 6.10). Art. 102 ist insofern präziser, als der Fokus auf die Leistung gerichtet ist, welche der Unternehmer auf Weisung hin zu erbringen hat. Denn letztlich wird nicht die Position ausgeführt, sondern die darin umschriebene Leistung (Art. 102/Rz. 1.2). Durch den Verweis auf Art. 8 Abs. 4 wird sodann ein Zweifaches deutlich:

3.2 a) Die Norm geht davon aus, dass Eventualpositionen in einem Leistungsverzeichnis enthalten sind (vgl. Titel zu Art. 8). Dies ist aber nicht zwingend der Fall. Eventualpositionen können auch in anderen Vertragsbestandteilen vereinbart sein (Art. 102/Rz. 1.7).

3.3 b) Zudem sieht die Norm vor, dass für die unter einer Eventualposition umschriebene Leistung ein Einheitspreis vereinbart wird (vgl. Art. 8 Abs. 1). Ob dem Unternehmer für die Ausführung einer Eventualposition aber ein Vergütungsanspruch zusteht und wie der Anspruch sich bemisst, bestimmt sich nach der getroffenen Vereinbarung (Art. 102/Rz. 6.2).

Anmerkung 4

4.1 Leistungen gemäss Eventualpositionen sind dadurch charakterisiert, dass sie erst und nur dann zum vertraglichen Leistungsumfang hinzukommen, wenn der Bauherr deren Ausführung anweist (GWerkV Rz. 595; vgl. auch Spiess/Huser, Handkommentar, N 15 ff. zu Art 102). Die *Weisung* (Art. 99/Rz. 2.1 ff.) begründet eine Leistungspflicht und ist insofern eine Gestaltungserklärung, die auf einem vereinbarten Gestaltungsrecht beruht (Art. 102/Rz. 1.3).

4.2 Im Unterschied zu Art. 99 verpflichtet Art. 102 den Unternehmer nicht, die Weisung von der Bauleitung einzuholen (vgl. auch Art. 100 Abs. 1), wenn er feststellt, dass die Wahl einer bestimmten Eventualposition spätestens bis zu einem gewissen Zeitpunkt getroffen und mitgeteilt sein sollte.

Anmerkung 5

5 Vgl. Art. 35/Rz. 1.1 f.

Anmerkung 6

6.1 Zu den *Rechten des Unternehmers,* die in Art. 102 nicht erwähnt werden, ist Folgendes anzumerken:

6.2 a) Welcher *Vergütungsanspruch* dem Unternehmer für die Ausführung einer Eventualposition zusteht, bestimmt sich nach der getroffenen Vereinbarung. Je nachdem wird der

Unternehmer nach einem vereinbarten Festpreis (Global-, Pauschal- oder Einheitspreis) oder nach Aufwand (also in Regie) vergütet. Haben die Parteien die für die Eventualposition geschuldete Vergütung nicht vereinbart, so ist die Leistung nach Aufwand und somit als Regiearbeit zu vergüten (Art. 44/Rz. 4.3). Möglich ist indes auch, dass eine von den Parteien für sämtliche Werkleistungen getroffene Fest- oder Höchstpreisabrede auch eine Vergütung für allfällig zur Ausführung gelangte Eventualpositionen einschliesst. Dann kann der Unternehmer trotz zusätzlicher oder anderer Leistung keine zusätzliche Vergütung verlangen. Eine solche Fest- oder Höchstpreisabrede muss aber hinreichend klar vereinbart sein; sie ist nicht zu vermuten (vgl. GWerkV Rz. 1036b).

b) Die Leistung, welche die auszuführende Eventualposition umfasst, kann eine *längere Arbeitszeit* nach sich ziehen. Erfordert die Ausführung der Eventualposition eine Anpassung der Fristen und haben die Parteien diesbezüglich keine Vereinbarung getroffen, rechtfertigt sich eine Ergänzung in analoger Anwendung von Art. 90, der dem Unternehmer einen Anspruch auf eine angemessene Fristanpassung einräumt. Denn obwohl Leistungen gemäss Eventualpositionen keine Bestellungsänderungen im Sinne der Norm (Art. 84 ff.) sind, haben sie mit diesen doch gemein, dass ihr Abruf im Verhältnis zu den vereinbarten Grundleistungen zu zusätzlichen oder anderen Leistungen führen kann (Art. 102/Rz. 1.2). Dagegen ist ein Anspruch auf Fristerstreckung nach Art. 96 (so Schumacher, Kommentar SIA-118 [Voraufl.], Art. 102/Anm. 7 lit. b) abhängig davon, dass der Unternehmer u.U. zusätzliche Vorkehren zur Einhaltung der vertraglichen Fristen nach Art. 95 getroffen hat (Art. 96/Rz. 3.1 ff.). Dies ist aber nicht sachgerecht, da Art. 95 vom Unternehmer zu ergreifende Beschleunigungsmassnahmen behandelt, die zur Einhaltung der vertraglichen Fristen zur Erfüllung des Grundleistungsumfangs notwendig werden. 6.3

c) Mangels anderer Vereinbarung rechtfertigt sich mit Blick auf Art. 85 Abs. 1 und 3, dass der Bauherr dem Unternehmer *nutzlose Aufwendungen* ersetzt, wenn er seine Weisung (Art. 102/Rz. 4.1) derart spät ausübt, dass die Vorbereitung und Ausführung der Arbeiten des Unternehmers beeinträchtigt werden. Davon ausgenommen ist der Fall, in dem eine verspätete oder unterlassene Anzeige oder Abmahnung, zu welcher der Unternehmer allenfalls verpflichtet war (Art. 25), die Verzögerung der Weisung der Bauleitung verursacht hat. 6.4

d) Lässt der Bauherr eine Eventualposition nicht oder durch einen Dritten ausführen oder führt er sie selbst aus, so besitzt der Unternehmer deswegen *keinen Entschädigungsanspruch,* auch nicht nach Art. 184 Abs. 2. Denn es entspricht gerade dem Sinn einer Eventualposition, dem Bauherrn die Freiheit einzuräumen, die betreffende Position durch den Unternehmer ausführen zu lassen oder eben nicht. Erst durch entsprechende Erklärung (Weisung) wird die in einer Eventualposition umschriebene Leistung zum werkvertraglichen Leistungsgegenstand. Fehlt eine Weisung, ist die Leistung nicht geschuldet, und sie braucht auch nicht «abbestellt» werden (GWerkV Rz. 595). Einschränkend ist jedoch beizufügen: 6.5

- Sobald vom Unternehmer die Ausführung einer Eventualposition verlangt wurde, entfällt die umschriebene Freiheit des Bauherrn. Eine nachträgliche Erklärung, der 6.6

Unternehmer habe die Position nun doch nicht auszuführen, ist eine Bestellungsänderung und untersteht den Regeln der Art. 84 ff., insbesondere auch dem Verbot, die Arbeit, auf deren Ausführung der Bauherr verzichtet, durch einen Dritten ausführen zu lassen (Art. 84 Abs. 1). Ein Verstoss gegen dieses Verbot macht den Bauherrn nach Art. 84 Abs. 3 schadenersatzpflichtig (Art. 84 Abs. 3; Art. 84/Rz. 15.1 ff.).

6.7 – Entsprechendes gilt, wenn bei einer vereinbarten Alternativposition (Art. 102/Rz. 1.4) der Bauherr auf die Ausführung der ursprünglichen Position (Grundposition) verzichtet, ohne dem Unternehmer die Ausführung der Alternativposition zu übertragen. Auch in diesem Fall liegt eine Bestellungsänderung vor, wobei das Verbot, die Arbeit durch einen Dritten ausführen zu lassen, sich bei sinnvoller Auslegung des Art. 84 Abs. 1 nicht nur auf die ursprüngliche Position (Grundposition), sondern auch auf die alternative Position bezieht. Der Bauherr, der also auf die Ausführung der ursprünglichen Position (Grundposition) verzichtet, wird dem Unternehmer nach Art. 84 Abs. 3 zu Schadenersatz verpflichtet, wenn er diese Position oder die zugehörige Alternativposition (Ersatzposition) durch einen Dritten ausführen lässt.

6.8 e) Erbringt der Unternehmer eine in einer Eventualposition enthaltene Leistung *ohne* entsprechende *Weisung* (Art. 102/Rz. 1.3), steht ihm mangels anderer Abrede *kein Vergütungsanspruch* zu. Nicht bestellte Zusatzleistungen sind auch nicht nach Art. 374 OR zu entschädigen. Dem Unternehmer kann aber ein Ausgleichsanspruch nach den Regeln der ungerechtfertigten Bereicherung (Art. 62 ff. OR) oder der Geschäftsführung ohne Auftrag (Art. 419 ff. OR) oder ein sachenrechtlicher Ausgleichsanspruch (Art. 672 ZGB) zustehen (zum Ganzen GWerkV Rz. 1310, m.w.H. auch zum sachenrechtlichen Ausgleichsanspruch; vgl. BGE 99 II 131 ff.).

4 3 Schutz- und Fürsorgemassnahmen

Vorbemerkungen zu Art. 103 – 113

1 Unter dem Zwischentitel «4 3 Schutz- und Fürsorgemassnahmen» enthalten die Art. 103 – 113 Bestimmungen «zum Schutze von Personen und deren Gesundheit sowie von Eigentum des Bauherrn und Dritter» (Art. 103). Schutz ist (präventive) Vorsorge, während Fürsorge die Sorge für das Wohl von Mitmenschen ist. Art. 103 ist im Sinne einer Generalklausel («Grundsatz») allgemein gehalten, während die übrigen Artikel sich spezifischen Problemen wie der Arbeitssicherheit (Art. 104), der Verhütung von Bränden und Explosionen (Art. 105), der Sicherung der Arbeitsstellen und ihrer Zugänge (Art. 106) oder etwa der Besucher (Art. 107) annehmen. Schwerpunkte der Bestimmungen sind die *Sicherheit auf der Baustelle* (Art. 103 – 107) und die Verhütung schädlicher Auswirkungen der Bauarbeiten *ausserhalb der Baustelle* (Art. 110 – 112). Hinzu kommen weitere Massnahmen zugunsten der Arbeitnehmer (Art. 108 f.).

2 Zu den Schutz- und Fürsorgemassnahmen sind sodann die folgenden Punkte festzuhalten:

a) Die Schutz- und Fürsorgemassnahmen dienen dem *Rechtsgüterschutz* und damit dem *Integritätsinteresse* sowohl des Vertragspartners als auch der weiteren Baubeteiligten sowie anderer Dritter. Dazu hat der Schuldner diejenigen zumutbaren Anstrengungen zu unternehmen und technischen Mittel und Fertigkeiten einzusetzen, welche von ihm unter Berücksichtigung des aktuellen Stands von Wissenschaft und Technik verlangt werden können (vgl. Middendorf, Vertragspflichten, Rz. 166; siehe auch Art. 82 Abs. 1 UVG und Art. 6 Abs. 1 ArG). 3

b) Die Schutz- und Fürsorgemassnahmen sind auf die *Phase der Bauausführung* ausgerichtet, was sich auch aus ihrer systematischen Stellung unter dem Kapitel 4 «Bauausführung» und auch aus Art. 103 Satz 1 ergibt, wonach der Unternehmer Schutzvorkehren «bis zur Abnahme» zu treffen hat. Über diese einschränkende Systematik und den Wortlaut hinaus hat der Unternehmer aber auch dann die gebotenen Sicherheitsvorkehren zu treffen, wenn er nach der Abnahme Nachbesserungsarbeiten zur Behebung von Mängeln zu leisten hat (Art. 103/Rz. 2). Dagegen befassen sich die Schutz- und Fürsorgemassnahmen nicht mit der Sicherheit des vollendeten Bauwerks oder mit der Gesundheitsvorsorge für dessen Benutzer (vgl. Schumacher, Sicheres Bauen, Rz. 303). 4

c) Die Art. 103 – 113 regeln ausschliesslich *das vertragliche Verhältnis zwischen Bauherr und Unternehmer* (einlässlich dazu Art. 103/Rz. 1.2 ff.; vgl. OGer ZH UE120033 vom 8. Januar 2013 E. 3.4). Sie verteilen Pflichten und Rechte im (Innen-)Verhältnis der Werkvertragsparteien. Dies wirkt sich insbesondere auf die folgenden Bereiche aus: 5

- Die Art. 103 ff. verleihen einer Partei einen vertraglichen Anspruch darauf, dass die Gegenpartei die in diesen Bestimmungen vorgesehenen Massnahmen trifft. Deren Unterlassung oder Schlechtleistung kann eine Vertragshaftung gegenüber der anderen Vertragspartei auslösen (Art. 23 Abs. 2), wenn die entsprechenden Voraussetzungen erfüllt sind (Art. 97 ff. OR). Dies ist vor allem für den Bauherrn bedeutsam: Vielfach begründen gesetzliche Bestimmungen (privat- und öffentlich-rechtliche Normen) eine Haftung des Bauherrn (als Nachbar und Grundeigentümer). Wird der Bauherr gegenüber einem Dritten schadenersatzpflichtig (Vorbem. Art. 103 – 113/Rz. 10 ff.), kann er ein Rückgriffsrecht auf den Unternehmer besitzen, falls dieser eine der in den Art. 103 ff. umschriebenen Pflichten verletzt hat und der Bauherr gegenüber dem Dritten nicht haften würde, wenn der Unternehmer seine Pflichten richtig erfüllt hätte. Aber auch im umgekehrten Verhältnis gilt, dass der Unternehmer ein Rückgriffsrecht auf den Bauherrn besitzt, wenn dieser eine ihm gemäss den Art. 103 ff. obliegende Pflicht vernachlässigt hat. 6
- Die Art. 103 ff. regeln die Frage der Entgeltlichkeit und enthalten entsprechend Bestimmungen für die *Vergütung* des Aufwands, den Schutz- und Fürsorgemassnahmen gemäss Art. 103 ff. verursachen (vgl. die Grundsatzregel des Art. 103 Satz 2 sowie die Ausnahmeregel des Art. 112 Abs. 2). 7
- Obwohl in den Art. 103 ff. nicht ausdrücklich erwähnt, hat der Unternehmer den Zeitbedarf der ihm obliegenden Schutz- und Fürsorgemassnahmen bei seiner Zeitplanung derart einzurechnen, als dies zur Wahrung der vertraglichen Fristen (Art. 92) erforderlich ist. Kalkuliert er die dafür erforderliche Zeit nicht oder unsorgfältig, ist 8

eine entsprechende Fristüberschreitung von ihm verschuldet und berechtigt ihn nicht zu einer Fristerstreckung (Art. 96 Abs. 2). Allerdings hat die Bauleitung, wenn sie Mitwirkungspflichten des Bauherrn erfüllt, die vom Unternehmer benötigte *Vorbereitungszeit* zu berücksichtigen (Art. 94 Abs. 1 Satz 2, Art. 99 und Art. 100 Abs. 1 Satz 1). Dem Unternehmer ist somit auch genügend Zeit zur Vorbereitung von Schutz- und Fürsorgemassnahmen einzuräumen.

9 – Zwar dienen die Schutz- und Fürsorgemassnahmen der Art. 103 ff. dem Rechtsgüterschutz (Vorbem. Art. 103 – 113/Rz. 3) sämtlicher am Bau Baubeteiligten und insbesondere auch dem Schutz der *Arbeitnehmer des Unternehmers* (vgl. Titel zu Art. 108 f.: «Massnahmen zu Gunsten der Arbeitnehmer»). Als werkvertragliche Pflichten zwischen Bauherrn und Unternehmer verleihen sie diesen Arbeitnehmern aber keinen Anspruch, den sie gegenüber dem Unternehmer (oder auch gegenüber dem Bauherrn) durchsetzen könnten.

10 d) Dem Gesagten zufolge befassen sich die Schutz- und Fürsorgemassnahmen nach Art. 103 ff. mit vertraglichen Ansprüchen zwischen Unternehmer und Bauherr. Dagegen handeln sie *nicht von der deliktischen (ausservertraglichen) Haftung*, die eine Partei gegenüber der anderen oder gegenüber Dritten treffen kann (vgl. dazu Gauch, Deliktshaftung, S. 1 ff.; Geisseler, Haftung für Bauunfälle, S. 27 ff.; ders., Haftung für Bauunfälle [Fortsetzung, S. 52 ff.]; Schumacher, Sicheres Bauen, Rz. 196 ff.). Die (privatrechtliche) *Deliktshaftung* wird im OR, im ZGB und in verschiedenen Spezialgesetzen geregelt. Sie ist grundsätzlich eine Verschuldenshaftung, die ein Verschulden des Haftpflichtigen voraussetzt (Art. 41 OR). Daneben aber gibt es zahlreiche Haftungsnormen, die eine verschuldensunabhängige Deliktshaftung vorsehen. Zum Beispiel:

11 – Die *Geschäftsherrenhaftung* gemäss Art. 55 OR. Vgl. zur Kasuistik die gesammelten Urteilssätze von Göksu, Präjudizienbuch, N 1 ff. zu Art. 55 OR.

12 – Die *Werkeigentümerhaftung* nach Art. 58 OR. Werkeigentümer im Sinne des Art. 58 OR kann auch ein Unternehmer sein, etwa als Eigentümer eines Gerüsts (BGE 106 II 201/203 f. E. 3a; 96 II 355/359 E. II.1). Zur Haftung des Werkeigentümers für Schäden aus einem im Bau oder Umbau befindlichen Werk vgl. BGE 108 II 184/186 E. 1b; 94 II 151/154 f. E. 4; Gauch, Deliktshaftung, S. 20 f. Vgl. im Übrigen zur Kasuistik die gesammelten Urteilssätze von Göksu, Präjudizienbuch, N 1 zu Art. 58 OR.

13 – Die *Grundeigentümerhaftung* gemäss Art. 679, 679a, 684 sowie 685 ZGB, wobei insbesondere auf den neu kodifizierten und auf 1. Januar 2012 in Kraft gesetzten Art. 679a ZBG hinzuweisen ist. Art. 679a ZGB regelt die Schadenersatzpflicht des bauenden Grundeigentümers, der einem Nachbarn vorübergehend übermässige und unvermeidliche Nachteile zufügt und dadurch einen Schaden verursacht (vgl. dazu Göksu, Handkommentar Privatrecht, N 2 zu Art. 679a ZGB; Rey/Strebel, Basler Kommentar, N 4 ff. zu Art. 679a ZGB). Die Kodifikation geht auf die bundesgerichtliche Rechtsprechung zu Art. 679 ZGB zurück, etwa auf BGE 114 II 230 ff., wonach ein Geschäftsinhaber den bauenden Grundeigentümer trotz der Pflicht, unvermeidbare Bauimmissionen zu dulden, dennoch auf Schadenersatz wegen Umsatzeinbussen belangen kann, wenn die Einwirkungen ihrer Art, Stärke und Dauer nach ausserge-

wöhnlich sind (vgl. BGE 114 II 230 ff. = GAUCH, Urteilsanmerkungen [insbesondere Anm. 7], in: BR/DC 1989, S. 96, Nr. 118; BGE 113 I a 353 ff.; 91 II 100 ff.; BGer vom 14. November 1986 = Semjud 1987, S. 145 ff.; TERCIER, La protection contre les nuisances, S. 82 ff.).

Den öffentlichen Bauherrn trifft bei gegebenen Voraussetzungen ebenfalls eine Entschädigungspflicht, wobei zu unterscheiden ist, ob das betroffene Grundstück zum Finanzvermögen oder zum Verwaltungsvermögen gehört. Für übermässige Immissionen, die von Grundstücken im Finanzvermögen ausgehen, finden die privatrechtlichen Vorschriften zur Grundeigentümerhaftung Anwendung. Bei Grundstücken im Finanzvermögen gilt dies nur, soweit es sich bei den Immissionen nicht «um unausweichliche, unvermeidbare Folgen der Erfüllung öffentlicher Aufgaben handelt» (HÄNNI/SCHMID, Bauimmissionen, S. 67 f.). 14

– Die *Gefährdungshaftungen*, beispielsweise nach dem Sprengstoff- oder dem Strassenverkehrsgesetz. Zur Anwendung der Art. 58 ff. SVG auf Unfälle mit Motorfahrzeugen auf Baustellen vgl. GAUCH, Deliktshaftung, S. 21 f.; GEISSELER, Haftung für Bauunfälle, S. 54. 15

e) Obwohl die Art. 103 ff. ausschliesslich das vertragliche Verhältnis zwischen dem Bauherrn und dem Unternehmer regeln (Vorbem. Art. 103 – 113/Rz. 5 ff.) und sich nicht mit der Deliktshaftung befassen (Vorbem. Art. 103 – 113/Rz. 10 ff.), kann die Verteilung von Pflichten und Rechten in einem Fall ausservertraglicher Haftung gleichwohl relevant sein, weil die Verteilung ein *Verschulden* einer Partei *indizieren* kann. Ob dies im Einzelfall zutrifft, hängt auch von den einschlägigen Deliktsnormen und insbesondere davon ab, ob und inwieweit ein Verschulden relevant ist. 16

f) Gegen die Folgen der Haftung für Bauarbeiten sind der Unternehmer (Art. 26 Abs. 1) und der Bauherr (Art. 26 Abs. 2) häufig versichert. In diesem Zusammenhang ist pro memoria darauf hinzuweisen, dass unterlassene Sicherheitsmassnahmen dazu führen können, dass die *Leistungen aus einer vereinbarten Haftpflichtversicherung gekürzt* werden. So ist der Versicherer nach Art. 14 Abs. 2 VVG berechtigt, bei grobfahrlässiger Herbeiführung des Ereignisses durch den Versicherungsnehmer oder Anspruchsberechtigten seine Leistungen in einem dem Grade des Verschuldens entsprechenden Verhältnis zu kürzen (zur schuldhaften Herbeiführung des Versicherungsfalls vgl. KUHN, Privatversicherungsrecht, Rz. 799 ff.). Wer bei der Wahl einer Baumethode in Kauf nimmt oder gar sicher ist, dass Schäden verursacht werden (z.B. Senkungen oder Risse infolge von Unterfangungen, Grabungen oder Sprengungen), muss mit der Kürzung der Versicherungsleistungen rechnen (vgl. zur Haftpflichtversicherung des Planers WERZ, Die Haftpflichtversicherung des Planers, S. 823 ff.). 17

g) Von der vertraglichen Haftung (Vorbem. Art. 103 – 113/Rz. 5 ff.) zu unterscheiden ist des Weiteren die *strafrechtliche Verantwortlichkeit,* mit der sich die Art. 103 – 113 ebenfalls nicht befassen. Im Vordergrund steht der bauspezifische Straftatbestand der Gefährdung durch Verletzung der Regeln der Baukunde (Art. 229 StGB). Wer Schutzmassnahmen verletzt, kann sich gegebenenfalls auch der fahrlässigen Tötung (Art. 117 StGB) und der fahrlässigen Körperverletzung (Art. 125 StGB) schuldig machen. Sodann kann auf 18 die mit den erwähnten Bestimmungen konkurrenzierenden Gefährdungsstraftatbestände in den Art. 222 StGB (fahrlässige Verursachung einer Feuersbrunst), Art. 223 StGB (Verursachung einer Explosion), Art. 225 StGB (fahrlässige Gefährdung durch Sprengstoffe und giftige Gase), Art. 227 StGB (Verursachen einer Überschwemmung oder eines Einsturzes), Art. 228 StGB (Beschädigung von elektrischen Anlagen, Wasserbauten und Schutzvorrichtungen) und Art. 230 StGB (Beseitigung oder Nichtanbringung von Sicherheitsvorrichtungen) verwiesen werden (vgl. einlässlich RIKLIN, Die strafrechtlichen Risiken beim Bauen, S. 1 ff.; DERS., Die strafrechtliche Verantwortung des Planers, passim; SCHUMACHER, Sicheres Bauen, Rz. 220 ff.).

19 Seit der per 1. Januar 2007 in Kraft getretenen Revision des Strafgesetzbuchs geht das Gesetz in Art. 11 StGB (wie früher bereits Rechtsprechung und Lehre) davon aus, dass ein Straftatbestand auch durch ein pflichtwidriges Unterlassen begangen werden kann (Art. 11 Abs. 1 StGB). Ein Untätigbleiben ist dann pflichtwidrig, wenn der Nichthandelnde eine *Garantenstellung* inne hat und damit aufgrund seiner Rechtsstellung dazu verpflichtet ist, die Gefährdung oder Verletzung eines geschützten Rechtsguts abzuwenden (Art. 11 Abs. 2 StGB). Eine derartige Verpflichtung zur Gefahrenabwehr kann auf Gesetz, Vertrag, einer freiwillig eingegangenen Gefahrengemeinschaft oder auf Ingerenz, also dem allgemeinen Gefahrensatz, beruhen (Art. 11 Abs. 2 StGB; vgl. zum Ganzen RIKLIN, Die strafrechtliche Verantwortung des Planers, Rz. 19.28). Dazu sind die folgenden Punkte anzumerken:

20 – Eine Garantenstellung aus Ingerenz bzw. nach dem allgemeinen Gefahrensatz hat inne, wer im Rahmen der Leitung oder Ausführung eines Bauwerks eine Gefahrenlage schafft oder vergrössert. Ist das der Fall, hat er alles Zumutbare zu unternehmen, um die Verletzung fremder Rechtsgüter zu vermeiden (vgl. BGer 6B_543/2012 vom 11. April 2013 E. 1.4.1; 6B_1016/2009 vom 11. Februar 2010 E. 5.1 f.; OGer ZH UE120033 vom 8. Januar 2013 E. 3.5).

21 – Wer mit der Leitung oder Ausführung eines Bauwerks betraut ist, kann nicht für sämtliche Missachtungen von Vorschriften auf einer Baustelle strafrechtlich zur Verantwortung gezogen werden. Vielmehr ist in jedem Einzelfall abzuklären, wie weit der Aufgabenkreis und somit der Verantwortungsbereich der Beteiligten reichen (vgl. BGer 6B_543/2012 vom 11. April 2013 E. 1.3.3).

22 – Eine Garantenstellung kann nach Art. 11 Abs. 2 lit. b StGB auch auf Vertrag beruhen. Soweit ersichtlich wurde aber bislang die Frage, ob aus Art. 103 ff. eine vertragliche Garantenstellung des Unternehmers oder des Bauherrn folgt, gerichtlich nicht entschieden (vgl. BGer 6B_543/2012 vom 11. April 2013 E. 1.4.1; 6B_566/2011 vom 13. März 2012 E. 2.4.1; 6B_1016/2009 vom 11. Februar 2010 E. 4.4; OGer ZH UE120033 vom 8. Januar 2013 E. 3.4; SPIESS/HUSER, Handkommentar, N 19 zu Art. 104). Eine entsprechende strafrechtliche Verantwortlichkeit aus vertraglicher Garantenstellung des bauleitenden Planers kann aus den Bestimmungen der SIA-Norm 118 grundsätzlich aber nicht abgeleitet werden, da die Norm für ihn mangels Übernahme keine vertragliche Bindungswirkung entfaltet. Dies anzumerken ist deshalb wichtig, weil in der zitierten bundesgerichtlichen Rechtsprechung danach gefragt wird, ob Art. 104 eine

vertragliche Garantenstellung des Bauleiters begründet (beachte aber Art. 1.2.5 SIA-Ordnungen 102, 103, 105 und 108). Eine Ausnahme mag dann bestehen, wenn der Bauleiter die entsprechenden Bestimmungen der SIA-Norm 118 ausnahmsweise vertraglich übernommen hat.

4 31 Grundsatz[1]

Art. 103

Bis zur Abnahme (Art. 157 – 164)[2] trifft[3] der Unternehmer[4] zum Schutze von Personen[5] und deren Gesundheit[6] sowie von Eigentum des Bauherrn und Dritter[7] die vereinbarten[8], die gesetzlich vorgeschriebenen[9] und[10] die erfahrungsgemäss gebotenen[11] Vorkehren. Die Aufwendungen[12] werden beim Einheitspreisvertrag[13] in die vereinbarten Preise[14] eingerechnet[15], sofern dafür nicht separate Positionen vorgesehen wurden (Art. 9)[16].[17]

Art. 103 (1977/91)

Bis zur Abnahme (Art. 157 ff.) trifft der Unternehmer zum Schutze von Personen und deren Gesundheit sowie von Eigentum des Bauherrn und Dritter die gesetzlich vorgeschriebenen und erfahrungsgemäss gebotenen Vorkehren. Die Aufwendungen werden beim Einheitspreisvertrag in die Positionen der Baustelleneinrichtung eingerechnet (Art. 9), sofern sie nicht in anderen Positionen enthalten sind.

Anmerkung 1

Art. 103 ist im Sinne einer *Generalklausel* (Grundsatz) allgemein gehalten, während sich die übrigen Artikel unter der Überschrift «Schutz- und Fürsorgemassnahmen» spezifischen Problemen annehmen. Art. 103 dient dem *Rechtsgüterschutz* und damit dem *Integritätsinteresse* sowohl des Vertragspartners als auch der weiteren Baubeteiligten sowie anderer Dritter (Vorbem. Art. 103 – 113/Rz. 3). 1.1

Als *vertragliche Bestimmung zwischen Unternehmer und Bauherr* verleiht die Grundsatzbestimmung des Art. 103 nur den Vertragsparteien einen vertraglichen Anspruch darauf, dass die Gegenpartei die in diesen Bestimmungen erwähnten Vorkehren trifft. Die Verletzung dieser Vertragspflichten kann eine Vertragshaftung gegenüber der anderen Vertragspartei auslösen (Art. 23 Abs. 2), wenn die entsprechenden Voraussetzungen erfüllt sind (Vorbem. Art. 103 – 113/Rz. 5 ff.; Art. 120/Rz. 6). Sie regeln damit die Rechtslage zwischen Bauherr und Unternehmer (OGer ZH UE120033 vom 8. Januar 2013 E. 3.4). Dies ist wie folgt zu präzisieren: 1.2

a) Zahlreiche Schutz- und Fürsorgemassnahmen, zu deren Vornahme der Unternehmer oder der Bauherr sich nach Massgabe der Art. 103 – 113 gegenüber der anderen Partei verpflichtet, sind schon *«gesetzlich vorgeschrieben»*. Die vertragliche Übernahme der Art. 103 – 113 bewirkt nun, dass die in den betreffenden Gesetzesvorschriften enthaltenen Verhaltensanweisungen *zugleich Vertragspflichten* werden. 1.3

1.4 b) *Dritten* hingegen verleihen die Art. 103 – 113 *keine selbständigen Ansprüche*, vom Unternehmer oder vom Bauherrn die Einhaltung der Verpflichtungen zu verlangen, die diese gegenseitig eingegangen sind, weil es hierfür an der Voraussetzung des Art. 112 Abs. 2 OR fehlt. Weder lässt sich ein Wille der Parteien, einen (echten) Vertrag zugunsten Dritter abzuschliessen (Art. 112 Abs. 2 OR), aus Art. 103 – 113 herauslesen, noch besteht diesbezüglich eine einschlägige Übung (ebenso Art. 120/Rz. 8 sinngemäss).

1.5 c) Das soeben Gesagte schliesst selbstverständlich nicht aus, dass Dritte, die infolge der Bauarbeiten geschädigt werden, einen *ausservertraglichen Deliktsanspruch* gegenüber dem Unternehmer oder dem Bauherrn haben. Ein derartiger Anspruch gründet aber nicht in der SIA-Norm 118, sondern im *gesetzlichen Haftpflichtrecht*, das im OR (Art. 41 ff.), im ZGB (z.B. Art. 679) oder in einem Spezialgesetz (z.B. Sprengstoffgesetz) geregelt ist (Vorbem. Art. 103 – 113/Rz. 10 ff.).

Anmerkung 2

2 Die Art. 103 – 113 befassen sich mit den Schutz- und Fürsorgemassnahmen, die dem Wortlaut nach «*bis zur Abnahme*» durchzuführen sind und zum Zweck haben, die Sicherheit von Leib und Gut der Baubeteiligten oder von anderen Personen, die mit dem Baubetrieb gewollt oder ungewollt irgendwie in Berührung kommen, zu gewährleisten (Vorbem. Art. 103 – 113/Rz. 4). Zum Begriff und zur Durchführung der *Abnahme* vgl. die Kommentierung zu Art. 157 ff. Die Einschränkung, welche Art. 103 in zeitlicher Hinsicht vornimmt und die sich auch aus der systematischen Stellung der Art. 103 – 113 im Kapitel 4 «Bauausführung» ergibt, ist allerdings *zu eng gefasst*. Denn auch während der Leistung von Garantiearbeiten haben die Parteien Schutz- und Fürsorgemassnahmen vorzukehren (vgl. Spiess/Huser, Handkommentar, N 22 zu Art. 103).

Anmerkung 3

3 Dass der Unternehmer Schutzmassnahmen (Vorkehren) «*trifft*», bedeutet, dass er gegenüber dem Bauherrn (Art. 103/Rz. 1.1 ff.) *verpflichtet* ist, die erforderlichen Massnahmen zu ergreifen, und zwar grundsätzlich von sich aus, ohne Aufforderung durch den Bauherrn oder dessen Bauleitung (vgl. hingegen Art. 112 Abs. 2; zur Planung der erforderlichen Schutzmassnahmen nach Art. 3 Abs. 2 BauAV siehe Schumacher, Sicheres Bauen, Rz. 343 ff., insbesondere Rz. 345).

Anmerkung 4

4.1 Art. 103 befasst sich seinem Wortlaut nach nur mit den Schutz- und Fürsorgemassnahmen, zu deren Durchführung sich der *Unternehmer* gegenüber dem Bauherrn verpflichtet hat, nicht auch mit den einschlägigen (vertraglichen) Pflichten des Bauherrn gegenüber dem Unternehmer. Insofern ist diese Grundsatzklausel zu eng (vgl. demgegenüber z.B. Art. 104), da Schutz- und Fürsorgemassnahmen auch von der Bauherrschaft und einer diese vertretende Bauleitung zu ergreifen sind (vgl. OGer ZH UE120033 vom 8. Januar 2013 E. 3.4), was sich aus den «besonderen Sicherheitsmassnahmen», die in den Art. 104 – 107 geregelt sind, ergibt.

4.2 Zur *strafrechtlichen Verantwortlichkeit* vgl. Vorbem. Art. 103 – 113/Rz. 18 ff.

Anmerkung 5

Gemeint sind *alle Personen,* die mit dem Baubetrieb irgendwie in Berührung kommen, also nicht nur *Baubeteiligte* (z.B. Bauherr, Architekt, Ingenieure, Bauleiter, Nebenunternehmer, Subunternehmer, Baustofflieferanten, Transportunternehmer und deren Arbeitnehmer), sondern auch *weitere Personen* wie etwa Nachbarn, Besucher oder Passanten. Zu den *Besuchern* vgl. die Sonderbestimmungen in Art. 107. Zu den allfälligen Haftungsansprüchen *Dritter* vgl. Art. 103/Rz. 1.5; ferner Vorbem. Art. 103–113/Rz. 10 ff. Beachte des Weiteren Art. 26 Abs. 1 betreffend die Pflicht des Unternehmers, die Risiken der zivilrechtlichen Haftung gegenüber Dritten zu versichern. 5

Anmerkung 6

Die «*Gesundheit*» im hier verstandenen (weiten) Sinne umfasst die geistige und körperliche Unversehrtheit (vgl. Art. 104; zum Umweltschutz vgl. Art. 112). Es sollen sowohl *Bauunfälle* als auch *Berufskrankheiten* (z.B. infolge gefährlicher Bauverfahren oder Baustoffe) vermieden werden (zur Vorsorge gegen Berufskrankheiten vgl. Art. 104/Rz. 18; vgl. auch Schumacher, Sicheres Bauen, Rz. 174 ff.). Der Unfallverhütung und dem Gesundheitsschutz sind zahlreiche gesetzliche Schutzvorschriften gewidmet. Hervorzuheben ist Art. 6 Abs. 1 Arbeitsgesetz (ArG), wonach der Arbeitgeber verpflichtet ist, «zum Schutz der Gesundheit der Arbeitnehmer alle Massnahmen zu treffen, die nach der Erfahrung notwendig, nach dem Stande der Technik anwendbar und den Verhältnissen des Betriebes angemessen sind» (entsprechend auch Art. 82 Abs. 1 Bundesgesetz über die Unfallversicherung [UVG]). 6

Anmerkung 7

Beim «*Eigentum des Bauherrn und Dritter*» handelt es sich um Sachen, die dem Bauherrn oder Dritten als Grund- oder Fahrniseigentümer gehören, z.B. auch die auf dem Grundstück des Bauherrn bereits ausgeführte Vorarbeit eines Nebenunternehmers (Art. 30). 7

Anmerkung 8

Zu den *vereinbarten Schutz- und Fürsorgemassnahmen* gehören zunächst jene, welche die Norm unter dem Titel «4 3 Schutz- und Fürsorgemassnahmen» selbst bereithält, wobei selbstredend vorausgesetzt ist, dass die Parteien die entsprechenden Bestimmungen übernommen haben (Einl./Rz. 24). Vereinbart sind aber auch «gesetzlich vorgeschriebene» Vorkehren (Art. 103/Rz. 10), auf welche die Parteien vertraglich verweisen (Art. 103/Rz. 1.3). Entsprechendes gilt für die «erfahrungsgemäss gebotenen Vorkehren» (Art. 103/Rz. 11.1 ff.). Die Parteien können zu ergreifende Schutz- und Fürsorgemassnahmen aber auch in der Werkvertragsurkunde selbst oder in anderen Vertragsbestandteilen regeln. Ob und in welchem Umfang die Parteien eine entsprechende Regelung getroffen haben, bestimmt sich durch Auslegung des Vertrags. 8.1

Im Zusammenhang mit den vereinbarten Schutz- und Fürsorgemassnahmen ist auf *Art. 3 Bauarbeitenverordnung (BauAV)* hinzuweisen, wonach Bauarbeiten so geplant werden müssen, «dass das Risiko von Berufsunfällen, Berufskrankheiten oder Gesundheitsbeeinträchtigungen möglichst klein ist und die notwendigen Sicherheitsmassnah- 8.2

men, namentlich bei der Verwendung von Arbeitsmitteln, eingehalten werden können» (Art. 3 Abs. 1 BauAV). Art. 3 Abs. 2 BauAV bestimmt, dass *baustellenspezifische Schutz- und Fürsorgemassnahmen in den Werkvertrag* aufzunehmen und zu spezifizieren sind. Gemäss Abs. 3 gelten etwa Gerüste, Auffangnetze, Laufstege sowie Sicherungsmassnahmen in Gräben und Baugruben und Hohlraumsicherungsmassnahmen im Untertagbau zu den zu vereinbarenden Schutzmassnahmen. Spezifiziert werden solche Massnahmen nach dem Konzept der Norm im Leistungsverzeichnis (Art. 9), worauf auch Art. 103 Satz 2 hinweist (Art. 103/Rz. 15.1 f. und 16).

Anmerkung 9

9.1 *«Gesetzlich vorgeschriebene» Vorkehren* sind solche, die ein Gesetz des Bunds oder des zuständigen Kantons oder der Gemeinde vorschreibt, unabhängig davon, ob es sich beim einschlägigen Erlass um ein Gesetz im formellen Sinne, um eine Verordnung oder um eine andere verbindliche Rechtsquelle handelt. Die sich aus den entsprechenden öffentlich-rechtlichen Vorschriften ableitenden Schutz- und Fürsorgemassnahmen haben zwingenden Charakter, weshalb die Parteien sie vertraglich nicht wegbedingen oder aufweichen können (vgl. Spiess/Huser, Handkommentar, N 19 zu Art. 102).

9.2 Ein wichtiges *Beispiel* einer Rechtsquelle ist das *Bundesgesetz über die Unfallversicherung (UVG)* vom 20. März 1981, welches sich in den Art. 81 ff. UVG mit der «Verhütung von Berufsunfällen und Berufskrankheiten» befasst. Gestützt auf das UVG wurden etwa die Verordnung über die Unfallverhütung (VUV) und die Bauarbeitenverordnung (BauAV, vgl. dazu Schumacher, Sicheres Bauen, Rz. 323 ff.; ders., Arbeitssicherheit und Gesundheitsschutz, S. 200 ff.) erlassen. Für eine Übersicht über die gestützt auf das UVG erlassenen Verordnungen siehe Andres, Arbeitssicherheit, Rz. 245 ff.

9.3 Massgebend sind die *«gesetzlich vorgeschriebenen» Vorkehren*, die *im Zeitpunkt der Bauausführung* gelten, also nicht im Zeitpunkt des Vertragsabschlusses oder der richterlichen Urteilsfindung. Ändern sich die Vorschriften zwischen Vertragsabschluss und Bauausführung, so beurteilt sich ein zusätzlicher Vergütungsanspruch des Unternehmers nach Art. 58 f.

9.4 Den gesetzlich vorgeschriebenen Vorkehren gleichzusetzen sind *behördliche Anordnungen* zur Unfallverhütung und zum Gesundheitsschutz sowie zum Schutz von Eigentum Dritter.

Anmerkung 10

10 Das Wort *«und»* bezieht sich auf den Normalfall, in dem die «erfahrungsgemäss gebotenen» Vorkehren die «gesetzlich vorgeschriebenen» *ergänzen*. Möglich ist aber auch, dass einschlägige Gesetzesvorschriften ganz oder teilweise fehlen oder sich aufgrund der Erfahrung als falsch oder ungenügend herausgestellt haben. Alsdann sind nur die «erfahrungsgemäss gebotenen» Vorkehren zu treffen.

Anmerkung 11

«*Erfahrungsgemäss gebotene Vorkehren*» sind aufgrund der Erfahrung notwendig, nach dem Stand der Technik anwendbar und unter den gegebenen Verhältnissen angemessen (Art. 82 Abs. 1 UVG; ebenso Art. 6 Abs. 1 ArG). Dies ist wie folgt zu präzisieren: 11.1

a) Zu beachten sind die *allgemeinen Erfahrungen* auf dem Gebiete der Arbeitssicherheit (Art. 104 ff.), des Schutzes benachbarter Grundstücke, Gebäude und Anlagen (Art. 110 Abs. 1) usw. Es sind dies Erfahrungen, die Wissenschaftler oder Fachleute einer Branche gesammelt und die in die Praxis Eingang gefunden haben. Solche Erfahrungen sind bei der Planung und Durchführung von Schutzmassnahmen zu berücksichtigen, wenn sie allgemein sind, das heisst in den einschlägigen Fachkreisen als richtig anerkannt und mit Erfolg angewendet werden und insofern üblich sind (vgl. Gauch/Middendorf, Von den Planerverträgen, Rz. 1.95). Wem die Kenntnissätze der allgemeinen Erfahrungen fehlen, der hat sie sich durch Information zu beschaffen, etwa indem er die Empfehlungen von zuständigen Stellen einholt (vgl. Art. 105 Satz 2) oder sich von erfahrenen Fachleuten beraten lässt. 11.2

b) Auch die *besonderen, eigenen Erfahrungen* des Unternehmers können spezielle Sicherheitsmassnahmen erfordern. Seine bisherigen Erfahrungen können bestimmte Gefahrenquellen aufgezeigt haben. Dabei kann es sich auch um Erfahrungen handeln, die er gerade auf der betreffenden Baustelle gesammelt hat. Wählt der Unternehmer eine neuartige Baumethode, für die noch wenige oder überhaupt keine Erfahrungen gesammelt werden konnten, ist besondere Vorsicht (z.B. eine erhöhte Sicherheitsreserve) geboten. 11.3

c) Die erfahrungsgemäss gebotenen Vorkehren und das in deren Zusammenhang aufzubringende Mass an Sorgfalt orientieren sich am Stand der Technik bzw. an den anerkannten Regeln der Baukunde. Anerkannt sind die Regeln dann, wenn sie sich als theoretisch richtig erwiesen und sich praktisch bewährt haben (vgl. GWerkV Rz. 843 und 846). 11.4

Anmerkung 12

Die «*Aufwendungen*» des Unternehmers sind die Kosten, die ihm die Durchführung vereinbarter (Art. 103/Rz. 8.1 f.), gesetzlich vorgeschriebener (Art. 103/Rz. 9.1 ff.) oder erfahrungsgemäss gebotener (Art. 103/Rz. 11.1 ff.) Vorkehren verursacht. Sie umfassen beispielsweise einen entsprechenden Mietaufwand (etwa für die Miete von Verkehrssicherungsanlagen) oder Kosten, die dem Unternehmer durch den Einsatz besonderer Arbeitsmethoden, durch verlangsamtes Arbeiten oder infolge von Arbeitsunterbrüchen entstehen. 12

Anmerkung 13

Der «*Einheitspreisvertrag*» ist in Art. 42 Abs. 2 Satz 1 definiert. 13

Anmerkung 14

Mit den «*vereinbarten Preisen*» sind die Einheitspreise gemäss Art. 39 gemeint. 14

Anmerkung 15

15.1 Die Kosten, die dem Unternehmer für das Vorkehren geeigneter Schutzmassnahmen entstehen, hat dieser mangels anderer Vereinbarung (z.B. in der Form separater Positionen im Leistungsverzeichnis, vgl. Art. 9 Abs. 1; Art. 9/Rz. 6.1 f.) in die Einheitspreise einzurechnen. Häufig werden sie bei den «*Positionen der Baustelleneinrichtungen*» (Art. 43 und Art. 123 – 128) aufgeführt. Diese sind, wie etwa Baumaschinen, Gerüste usw., oft mit besonderen Gefahrenquellen behaftet und weisen deshalb häufig Sicherheitsvorrichtungen auf, die weder beschädigt, noch «überbrückt» oder gar entfernt werden dürfen (vgl. Art. 230 StGB betreffend die Strafbarkeit der Beseitigung oder Nichtanbringung von Sicherheitsvorrichtungen; vgl. auch Art. 124 betreffend Erstellung und Unterhalt der Baustelleneinrichtungen «unter Einhaltung der geltenden Vorschriften»). Möglich ist aber auch, dass die Aufwendungen für Schutz- und Fürsorgemassnahmen in andere Positionen eingerechnet werden.

15.2 Die Aufforderung, die Kosten in die Einheitspreise einzurechnen, bedeutet, dass der Unternehmer für die erforderlichen Schutzmassnahmen *keine separate Vergütung* verlangen kann, sofern dafür keine separaten Positionen vorgesehen sind. Wenn allerdings besondere Verhältnisse eintreten oder zutage treten, ist es möglich, dass der Unternehmer Anspruch auf eine zusätzliche Vergütung nach Massgabe der Art. 58 Abs. 2 oder Art. 59 hat (vgl. Schumacher, Kommentar SIA-118 [Voraufl.], Art. 103/Anm. 10 lit. c).

Anmerkung 16

16 Sind im Leistungsverzeichnis *separate Positionen für baustellenspezifische Schutz- und Fürsorgemassnahmen* vorgesehen (Art. 9/Rz. 5.3 und 6.2), hat der Unternehmer die damit einhergehenden Aufwendungen in diese Positionen einzurechnen.

Anmerkung 17

17.1 Nach seinem Wortlaut bezieht sich der zweite Satz des Art. 103 zwar nur auf den *Einheitspreisvertrag* (Art. 42 Abs. 2 Satz 1). Doch muss die darin enthaltene Regel bei sinnvoller Ergänzung der SIA-Norm 118 mit entsprechendem Inhalt auch gelten, wenn der infrage stehende Werkvertrag ein *Gesamtpreisvertrag* (Art. 42 Abs. 2 Satz 2) ist. Mangels separater Positionen gelten hier die Schutzaufwendungen im Festpreis als eingeschlossen, weshalb der Unternehmer hierfür keine besondere Vergütung verlangen kann.

17.2 In jedem Fall, also unabhängig von der Vertragsart, hat der Unternehmer den *Zeitbedarf* für die gebotenen Vorkehren derart zu kalkulieren, dass er die vertraglichen Fristen (Art. 92) einhalten kann (Vorbem. Art. 103 – 113/Rz. 5 ff.).

4 32 Besondere Sicherheitsmassnahmen[1]

4 321 Sicherheit der am Bauwerk Beschäftigten[2]

Art. 104[3]

Unternehmer[4] und Bauleitung[5] sind bei der Erfüllung ihrer Aufgaben[6] verpflichtet[7], die Sicherheit der am Bauwerk Beschäftigten[8] zu gewährleisten[9]. Auf die Sicherheit ist Rücksicht zu nehmen[10]: schon bei der Projektierung und bei der Vertragsgestaltung[11], dann bei der Festlegung des Bauvorganges[12], insbesondere der Reihenfolge der Arbeitsabläufe[13], und schliesslich bei der Ausführung der Arbeiten[14]. Der Unternehmer[15] trifft die notwendigen[16] Schutzmassnahmen zur Unfallverhütung[17] und Gesundheitsvorsorge[18]. Er wird dabei von der Bauleitung unterstützt.[19]

Art. 104 (1977/91)

Unternehmer und Bauleitung sind bei der Erfüllung ihrer Aufgaben verpflichtet, die Sicherheit der am Bauwerk Beschäftigten zu gewährleisten. Auf die Sicherheit ist Rücksicht zu nehmen: schon bei der Projektierung, dann bei der Festlegung des Bauvorganges, insbesondere der Reihenfolge der Arbeitsabläufe, und schliesslich bei der Ausführung der Arbeiten. Der Unternehmer trifft die notwendigen Schutzmassnahmen zur Unfallverhütung und Gesundheitsvorsorge; er wird hiebei von der Bauleitung unterstützt.

Anmerkung 1

Die Art. 104 – 107 regeln «*Besondere Sicherheitsmassnahmen*» und damit konkrete Anwendungsfälle von «Schutz- und Fürsorgemassnahmen» (Zwischentitel 4 3). Mit Bestimmungen zur Arbeitssicherheit (Art. 104), zur Verhütung von Bränden und Explosionen (Art. 105), zur Sicherung der Arbeitsstellen und ihrer Zugänge (Art. 106) und zur Sicherheit der Besucher (Art. 107) konkretisieren und ergänzen sie die Grundsatzbestimmung des Art. 103. Folglich kann, insbesondere was den vertraglichen Charakter der in den Art. 104 – 107 geregelten Pflichten angeht, auf die Vorbem. Art. 103 – 113/Rz. 5 ff. und Art. 103/Rz. 1.1 ff. verwiesen werden. 1

Anmerkung 2

Art. 104 handelt von der «*Sicherheit der am Bauwerk Beschäftigten*» (Art. 104/Rz. 8) und betrifft damit die *Arbeitssicherheit* aller Personen, die aufgrund irgendeiner vertraglichen Beziehung zum Unternehmer, zum Bauherrn oder zu den jeweiligen Hilfspersonen der Werkvertragsparteien (z.B. Subunternehmer, Lieferanten, Architekten und Fachplaner) «am Bauwerk» beschäftigt sind. Dagegen sieht Art. 104 keine Sicherheitsmassnahmen vor, die zugunsten von Dritten, die aus anderen Gründen auf der Baustelle sind, zu ergreifen sind. Massnahmen zu deren Sicherheit werden etwa in den Spezialbestimmungen von Art. 105 – 107 sowie auch im Generaltatbestand von Art. 103 aufgeführt. 2

Anmerkung 3

3.1 Art. 104 regelt nur die *vertragliche Rechtslage zwischen dem Unternehmer und dem Bauherrn* (vgl. OGer ZH UE120033 vom 8. Januar 2013 E. 3.4). Diese Bestimmung gibt jeder Partei einen vertraglichen Anspruch darauf, dass die Gegenpartei die in Art. 104 erwähnten Verpflichtungen erfüllt. Folglich gehört die Einhaltung des Art. 104 zu den vertraglichen Pflichten jeder Vertragspartei, deren Verletzung eine Vertragshaftung gegenüber der anderen Vertragspartei auslösen kann (Art. 23 Abs. 2), wenn die entsprechenden Voraussetzungen erfüllt sind (vgl. ausführlich Vorbem. Art. 103 – 113/Rz. 5 ff.; Art. 103/ Rz. 1.1 ff.).

3.2 Zu möglichen *Deliktsansprüchen* Dritter vgl. Vorbem. Art. 103 – 113/Rz. 10 ff.; Art. 103/ Rz. 1.5.

Anmerkung 4

4 Der Unternehmer haftet dem Bauherrn für die Erfüllung der in Art. 104 umschriebenen Verpflichtungen aus Vertrag (Art. 104/Rz. 3.1). Daran ändert sich auch dann nichts, wenn er die erforderlichen Schutzmassnahmen durch Hilfspersonen, beispielsweise durch Subunternehmer (Art. 29), durchführen lässt. Gemäss Art. 36 Abs. 1 Satz 2 bezeichnet der Unternehmer der Bauleitung die Personen, die er ermächtigt hat, Weisungen verbindlich entgegenzunehmen.

Anmerkung 5

5.1 Art. 104 spricht von der «*Bauleitung*». Gemeint ist aber der *Bauherr* (als Vertragspartner des Unternehmers), für den die Bauleitung nach der Vorstellung der Norm handelt (Einl./ Rz. 17 ff.). Nur der Bauherr selber, nicht auch die Bauleitung, ist Vertragspartner des Unternehmers, weshalb die Bauleitung keine eigenen Vertragspflichten gegenüber dem Unternehmer hat (Art. 103/Rz. 1.1 ff.).

5.2 Hat der Bauherr eine Bauleitung bezeichnet, vertritt sie den Bauherrn im Umfang der eingeräumten Bevollmächtigung (Einl./Rz. 19; vgl. auch Art. 33 Abs. 2). Indem die Bauleitung Sicherheitsmassnahmen vorkehrt, weil sie etwa entsprechende Ausführungsweisungen (Art. 99/Rz. 2.1 ff.) erteilt, handelt sie für den Bauherrn und erfüllt dessen Mitwirkungspflichten (Art. 94/Rz. 2.1 ff. und 5). Ebenso verhält es sich, wenn der Bauherr die notwendigen Schutzmassnahmen (Art. 104/Rz. 15) durch Nebenunternehmer (Art. 30) erfüllen lässt (vgl. Art. 30 Abs. 2 betreffend die Koordination bei der Gestaltung der einzelnen Werkverträge und Art. 34 Abs. 3 betreffend die Koordination während der Bauausführung).

5.3 Zur *strafrechtlichen Verantwortlichkeit* vgl. Vorbem. Art. 103 – 113/Rz. 22.

Anmerkung 6

6 Gemeint sind sämtliche «*Aufgaben*», die es seitens des Unternehmers und des Bauherrn bei der Vorbereitung und Durchführung der Bauarbeiten zu erfüllen gilt. Präzisiert werden die Aufgaben in Art. 103 Satz 2, der von der «Projektierung» und «Vertragsgestaltung» und weiter von «der Festlegung des Bauvorganges, insbesondere der Reihenfolge der Arbeitsabläufe, und schliesslich bei der Ausführung der Arbeiten» spricht.

Anmerkung 7

Durch Art. 104 sind Bauherr (an dessen Stelle die Bauleitung genannt wird, Art. 104/Rz. 5.1) und Unternehmer (Art. 104/Rz. 4) gegenseitig *vertraglich verpflichtet* (Art. 104/Rz. 3.1), Sicherheitsmassnahmen zum Schutz des Vertragspartners und der weiteren am Bauwerk Beschäftigten (Art. 104/Rz. 8) zu ergreifen. Was Art. 104 für beide Vertragsparteien explizit festhält, gilt auch für den in Art. 103 enthaltenen Grundsatz, der seinem Wortlaut nach das Vorkehren von Schutz- und Fürsorgemassnahmen nur dem Unternehmer auferlegt (Art. 103/Rz. 4). 7

Anmerkung 8

Siehe Art. 103/Rz. 5 sowie Art. 105 – 107 und Art. 112. 8

Anmerkung 9

Die «*Gewährleistung*» *der Arbeitssicherheit* unterliegt den Regeln zur Verhütung von Berufsunfällen und Berufskrankheiten, die gesetzlich vorgeschrieben oder erfahrungsgemäss geboten sind (Art. 103; Art. 103/Rz. 9.1 ff. und 11.1 ff.). Durch diese Regeln werden die gegenseitigen Vertragspflichten des Bauherrn und des Unternehmers, die Arbeitssicherheit zu gewährleisten (Art. 104/Rz. 3.1), konkretisiert. Auf Folgendes ist hinzuweisen: 9.1

a) Die *Gesetzgebung* zur Verhütung von Berufsunfällen und Berufskrankheiten ist sehr umfangreich und dicht (für eine systematische Übersicht siehe Andres, Arbeitssicherheit, passim). Der Arbeitgeber ist generell verpflichtet, zur Verhütung von Berufsunfällen und Berufskrankheiten alle Massnahmen zu treffen, die nach der Erfahrung notwendig, nach dem Stand der Technik anwendbar und den gegebenen Verhältnissen angemessen sind (Art. 82 Abs. 1 UVG; vgl. Art. 6 Abs. 1 ArG). Vgl. auch Erlasse des Bundesrats nach Art. 83 UVG und Art. 40 ArG über technische, medizinische und andere Massnahmen zur Verhütung von Berufsunfällen und Berufskrankheiten, etwa die Verordnung über die Unfallverhütung (VUV) und die Bauarbeitenverordnung (BauAV; beachte zu Art. 3 der BauAV Schumacher, Sicheres Bauen, Rz. 323 ff.; siehe auch ders., Arbeitssicherheit und Gesundheitsschutz, S. 200 ff.). 9.2

b) Als zentrale Informations- und Koordinationsstelle für Sicherheit und Gesundheitsschutz am Arbeitsplatz hat der Bundesrat die Eidgenössische Koordinationskommission für Arbeitssicherheit EKAS definiert (www.ekas.admin.ch; vgl. Andres, Arbeitssicherheit, Rz. 122 ff.). Deren «*Online-Wegleitung durch die Arbeitssicherheit*» (www.wegleitung.ekas.ch) bietet eine übersichtliche Orientierung über die zahlreichen Bundesgesetze, Verordnungen und Merkblätter betreffend Schutz- und Fürsorgemassnahmen. Besonders zu erwähnen sind die *EKAS-Richtlinien,* welche die EKAS gestützt auf Art.11b und 52a VUV erlässt und womit sie eine einheitliche und sachgerechte Anwendung der Vorschriften über die Arbeitssicherheit bezweckt (einlässlich Andres, Arbeitssicherheit, Rz. 254 ff.). Diese sind nicht zwingend anwendbar; so kann ein Arbeitgeber «die Vorschriften über die Arbeitssicherheit auf andere Weise erfüllen, als dies die Richtlinien vorsehen, wenn er nachweist, dass die Sicherheit der Arbeitnehmer gleichermassen gewährleistet ist» (Art. 52a Abs. 3 VUV). Doch wird gemäss Art. 52a Abs. 2 VUV vermutet, dass ein Arbeitgeber, der die Richtlinien befolgt, die darin konkretisierten Vorschriften über die Arbeits- 9.3

sicherheit erfüllt. Zur rechtlichen Bedeutung dieser Vermutung siehe ANDRES, Arbeitssicherheit, Rz. 499 ff.

9.4 c) Die SIA-Norm 118 enthält weitere Bestimmungen zur Arbeitssicherheit, z.B. in Art. 105 betreffend die Verhütung von Bränden und Explosionen sowie in Art. 106 betreffend die hinreichende Beleuchtung von Arbeitsstellen und Zugängen, die ihrerseits wiederum auf spezialgesetzliche Bestimmungen verweisen.

9.5 d) Die Nichteinhaltung von Bestimmungen zur Arbeitssicherheit kann unlauter sein im Sinne von Art. 7 UWG (BAUDENBACHER/GLÖCKNER, UWG-Kommentar, N 8 zu Art. 7 UWG), was unter anderem auch eine Klageberechtigung von Berufs- und Wirtschaftsverbänden auszulösen vermag (Art. 10 UWG).

Anmerkung 10

10 Dass Unternehmer (Art. 104/Rz. 4) und Bauherr (Art. 104/Rz. 5.1 f.) auf *«die Sicherheit [...] Rücksicht zu nehmen»* haben, wiederholt lediglich die Kernaussage des ersten Satzes von Art. 104, wonach sie die Arbeitssicherheit gewährleisten (Art. 104/Rz. 9.1 ff.) müssen. Unternehmer und Bauherr müssen sich der gesundheitlichen Gefahren der Bauarbeiten bewusst sein und die notwendigen Schutzmassnahmen bei all ihren Aufgaben treffen (vgl. Art. 104 Satz 3), die im Folgenden näher umschrieben werden (vgl. Art. 104/Rz. 6).

Anmerkung 11

11.1 Art. 104 Satz 2 bestimmt, dass Bauherr und Unternehmer bereits bei der Erfüllung ihrer Aufgaben (Art. 104/Rz. 6) während der *«Projektierung» und «Vertragsgestaltung»* auf die Arbeitssicherheit Rücksicht zu nehmen haben. Damit wird ein Zeitraum vor Abschluss des Werkvertrags avisiert, weshalb eine Übernahme der Bestimmung in den Vertrag noch gar nicht infrage kommt. In der Phase der Projektierung und Vertragsgestaltung erhält die Forderung, die Arbeitssicherheit zu gewährleisten, rechtliche Bindung unter den späteren Vertragsparteien nur dann, wenn die Bestimmung schon in der Verhandlungsphase von der einen oder anderen Partei für anwendbar erklärt wird. Ist das der Fall, bindet sie die erklärende Partei und bei entsprechender Zustimmung auch den Verhandlungspartner (GWERKV Rz. 295 ff.; vgl. GAUCH/MIDDENDORF, Von den Planerverträgen, Rz. 1.111).

11.2 Der Hinweis auf die *Vertragsgestaltung* wurde erst mit der Revision 2013 in Art. 104 aufgenommen. Damit wollte man *Art. 3 BauAV («Planung von Bauarbeiten»)* Rechnung tragen (vgl. SPIESS/HUSER, Handkommentar, N 18 zu Art. 103 und N 7 zu Art. 104). Diese Bestimmung will von der Projektierung (Planung) von Bauarbeiten und der Vertragsgestaltung im Bauwesen bis in den Bereich der Gestaltung der Subunternehmerverträge eingreifen (vgl. SCHUMACHER, Sicheres Bauen, Rz. 333). Art. 3 Abs. 1 BauAV verlangt, dass Bauarbeiten so geplant werden müssen, «dass das Risiko von Berufsunfällen, Berufskrankheiten oder Gesundheitsbeeinträchtigungen möglichst klein ist und die notwendigen Sicherheitsmassnahmen [...] eingehalten werden können». Art. 3 Abs. 2 Satz 2 BauAV bestimmt, dass baustellenspezifische Sicherheitsmassnahmen (vgl. dazu Art. 3

Abs. 3 BauAV; Art. 103/Rz. 8.1 f.) in den Werkvertrag aufzunehmen und in der gleichen Form zu spezifizieren sind, wie die übrigen Inhalte des Werkvertrags. Wer aber die notwendigen Schutzmassnahmen zu planen oder den Vertrag zu gestalten hat, beantwortet Art. 3 BauAV ebenso wenig wie Art. 104, weshalb im Einzelfall aufgrund der konkreten Arbeitsteilung zu entscheiden ist, wer die Gefahren zu ermitteln, konkrete Sicherungsmassnahmen zu planen und entsprechende vertragliche Regeln vorzusehen hat (SCHUMACHER, Sicheres Bauen, Rz. 345 und 351; beachte Art. 5 Abs. 2, wonach der Bauherr vor der Ausschreibung die örtlichen Begebenheiten unter Hinweis auf Gefahren und erkannte Vorschriften zu ermitteln hat).

Anmerkung 12

Unter «*Festlegung des Bauvorganges*» ist das gesamte Geschehen auf der Baustelle zu verstehen, wozu nicht nur die eigentlichen Bauarbeiten (Ausführung der übernommenen Arbeiten; vgl. Art. 92/Rz. 6) gehören, sondern auch alle (Hilfs-)Tätigkeiten. Die Festlegung des Bauvorgangs kann etwa in der Bestimmung von Ort und Zeitpunkt der Montage von Baustelleneinrichtungen (Art. 123 ff.), in der Anlage von Lager- und Deponieplätzen (vgl. Art. 116 Abs. 1), im Bau von Abschrankungen (Art. 106 Abs. 1), in der Ordnung auf dem Bauplatz und den Zufahrten (Art. 118), in der Regelung des Baustellenverkehrs oder in der Planung von Reihenfolge und Abhängigkeiten der Arbeitsabläufe der baubeteiligten Unternehmer bestehen. Bei der Erfüllung all dieser Aufgaben ist auf die Sicherheit Rücksicht zu nehmen. 12.1

Die Pflicht, die Arbeitssicherheit und den Gesundheitsschutz bei der Festlegung des Bauvorgangs zu beachten, kann dem Bauherrn (vertreten durch die Bauleitung, vgl Art. 104/Rz. 5.1) obliegen (z.B. im Rahmen der Baukoordination gemäss Art. 34 Abs. 3) oder dem Unternehmer (Art. 104/Rz. 4), was durch Auslegung des konkreten Werkvertrags zu ermitteln ist. 12.2

a) In den *Verantwortungsbereich des Unternehmers* fallen typischerweise die Risiken des eigenen Bauablaufs sowie die Schnittstellen zu Nebenunternehmern (Art. 30). Vgl. Art. 9 Abs. 1 VUV: «Sind an einem Arbeitsplatz Arbeitnehmer mehrerer Betriebe tätig, so haben deren Arbeitgeber die zur Wahrung der Arbeitssicherheit erforderlichen Absprachen zu treffen und die notwendigen Massnahmen anzuordnen. Sie haben sich gegenseitig und ihre jeweiligen Arbeitnehmer über die Gefahren und die Massnahmen zu deren Behebung zu informieren.» Siehe auch SPIESS/HUSER, Handkommentar, N 14 zu Art. 104 sowie die Plattform www.sicuro.ch, die der Schweizerische Baumeisterverband in Zusammenarbeit mit Arbeitnehmerverbänden für die Arbeitssicherheit und den Gesundheitsschutz für das Bauhauptgewerbe geschaffen hat. 12.3

b) Dagegen hat der *Bauherr bzw. eine diesen vertretende Bauleitung* bei der Festlegung des Bauvorgangs insbesondere durch eine entsprechende Baukoordination (Art. 34 Abs. 3) Rücksicht auf die Anliegen der Arbeitssicherheit zu nehmen. Die Bauleitung überwacht sodann die Einhaltung der einzelnen Sicherheitsmassnahmen der Unternehmer und hält diese nötigenfalls an, ihre jeweiligen Schutzpflichten zu erfüllen (vgl. SPIESS/HUSER, Handkommentar, N 15 zu Art. 104). 12.4

Anmerkung 13

13 Die «*Reihenfolge der Arbeitsabläufe*» betrifft sowohl die Arbeiten *aller* Unternehmer (also auch der Nebenunternehmer; Art. 30) insgesamt als auch die Bauausführung der übernommenen Arbeiten durch den *einzelnen* Unternehmer. Die Festlegung der Reihenfolge der Arbeitsabläufe ist ein Teil der «*Festlegung des Bauvorganges*» (Art. 104/Rz. 12.1 ff.). Sowohl bei der Koordination der Arbeiten der verschiedenen Nebenunternehmer (Art. 30) als auch bei der Bestimmung der Reihenfolge der Arbeitsvorgänge der Werkleistung in Erfüllung eines konkreten Werkvertrags ist auf die Arbeitssicherheit Rücksicht zu nehmen.

Anmerkung 14

14 «*Bei der Ausführung der Arbeiten*» sind die erforderlichen Sicherheitsmassnahmen nicht nur rechtzeitig und in der festgelegten Reihenfolge (Art. 104/Rz. 13) zu treffen, sondern auch zu kontrollieren, sooft es die Bedürfnisse der Arbeitssicherheit erfordern, und allenfalls zu verbessern (Art. 104/Rz. 12.1 ff.). In zeitlicher Hinsicht ist die Ausführung der Arbeiten in einem weiten Sinn zu verstehen und nicht auf die Phase der Bauausführung zu beschränken. Unternehmer und Bauherr haben auch dann die gebotenen Sicherheitsvorkehren zu treffen, wenn der Unternehmer Nachbesserungsarbeiten zur Behebung von Mängeln leistet (Art. 103/Rz. 2).

Anmerkung 15

15 Gemäss Art. 104 Satz 3 hat nur der *Unternehmer* die notwendigen Schutzmassnahmen zur Unfallverhütung und Gesundheitsvorsorge zu treffen. Dabei handelt es sich um einzelne, konkrete Vorkehren, die über die generelle Rücksichtnahme auf die Interessen der Arbeitssicherheit (Art. 104/Rz. 10) hinausgehen. Nach der konkreten Gestaltung der verschiedenen Werkverträge (Art. 30 Abs. 2) hat häufig nur ein *einzelner,* bestimmter Unternehmer unter mehreren Nebenunternehmern (Art. 30) einzelne notwendige Schutzmassnahmen zu treffen.

Anmerkung 16

16 Die «*notwendigen*» Schutzmassnahmen sind die «gesetzlich vorgeschriebenen und die erfahrungsgemäss gebotenen Vorkehren» (Art. 103/Rz. 9.1 ff. und 11.1 ff.). Bezüglich der Kosten- und Zeitfolgen der notwendigen Schutzmassnahmen vgl. Vorbem. Art. 103 – 113/Rz. 5 ff. sowie Art. 103/Rz. 14.

Anmerkung 17

17 Die Arbeitssicherheit (Art. 104/Rz. 9.1 ff.) umfasst namentlich auch «Schutzmassnahmen zur *Unfallverhütung*». Vgl. zur diesbezüglichen Gesetzgebung Art. 103/Rz. 9.1 ff.

Anmerkung 18

18 Der Unternehmer ist gegenüber dem Bauherrn vertraglich verpflichtet (Art. 104/Rz. 3), die notwendigen Massnahmen zum Schutze der Gesundheit der am Bauwerk Beschäftigten zu ergreifen. Die «*Gesundheitsvorsorge*», die in Art. 104 speziell (neben der Unfallver-

hütung) genannt wird, dient insbesondere der Verhütung von Berufskrankheiten. Diesbezüglich werden die Verpflichtungen des Unternehmers namentlich durch das Arbeitsgesetz (ArG) konkretisiert (Art. 103/Rz. 9.1 ff.).

Anmerkung 19

Die Bauleitung (Art. 104/Rz. 5.1 ff.) unterstützt den Unternehmer bei den durch diesen 19
zu treffenden Vorkehren zur Unfallverhütung und Gesundheitsvorsorge (Art. 103). Dieser (letzte) Satz des Art. 104 bringt zum Ausdruck, dass der Unternehmer zwar zur Vornahme der «notwendigen Schutzmassnahmen» (Art. 104/Rz. 16) verpflichtet ist, er gegenüber dem Bauherrn aber einen *vertraglichen Anspruch auf Unterstützung* durch dessen Bauleitung besitzt. Demgemäss hat der Unternehmer einen Anspruch auf *alle Unterstützung*, die er unter den gegebenen (konkreten) Umständen nach Treu und Glauben (Art. 2 ZGB) erwarten darf. Vor allem darf er damit rechnen, dass er auf erforderliche Schutzvorkehren hingewiesen wird, deren Notwendigkeit er selber übersehen, die Bauleitung hingegen erkannt hat oder hätte erkennen müssen.

4 322 Verhütung von Bränden und Explosionen[1]

Art. 105

Der Unternehmer[2] trifft auf seinen Arbeitsplätzen und in seinen Baustelleneinrichtungen[3] die gesetzlich vorgeschriebenen und erfahrungsgemäss gebotenen Massnahmen[4] zur Verhütung und Bekämpfung von Bränden und Explosionen[5]. Im Zweifelsfalle[6] holt er die Empfehlungen[7] der zuständigen Stellen[8] ein, besonders wenn gesetzliche Vorschriften fehlen[9].

Art. 105 (1977/91)

Der Unternehmer trifft auf seinen Arbeitsplätzen und in seinen Baustelleneinrichtungen die gesetzlich vorgeschriebenen und erfahrungsgemäss gebotenen Massnahmen zur Verhütung und Bekämpfung von Bränden und Explosionen. Im Zweifelsfalle holt er die Empfehlungen der zuständigen Stellen ein, besonders wenn gesetzliche Vorschriften fehlen.

Anmerkung 1

Art. 105 handelt vom Brandschutz auf der Baustelle. Er gehört zu den Bestimmungen 1
über die «Besonderen Sicherheitsmassnahmen» (Art. 104–107), welche die Parteien des Werkvertrags dazu anhalten, die zum Schutz von Personen und deren Eigentum gebotenen Vorkehren zu treffen. Damit beschlägt Art. 105 das *vertragliche Verhältnis* zwischen dem Unternehmer und dem Bauherrn. In Konkretisierung und Ergänzung der Grundsatznorm von Art. 103 gibt er dem Bauherrn einen *vertraglichen Anspruch* darauf, dass der Unternehmer sich bei der Ausführung der Bauarbeiten an die Regeln zum Brandschutz hält. Folglich kann, insbesondere was den vertraglichen Charakter der in den Art. 104–107 geregelten Pflichten angeht, auf Vorbem. Art. 103–113/Rz. 5 ff. und Art. 103 verwiesen werden.

Anmerkung 2

2 Die Pflicht, Massnahmen zur Verhütung und Bekämpfung von Bränden und Explosionen zu treffen, belastet nach dem Wortlaut von Art. 105 nur den *Unternehmer.* Daran ändert sich auch dann nichts, wenn er die erforderlichen Schutzmassnahmen durch Hilfspersonen, zum Bespiel durch Subunternehmer (Art. 29), durchführen lässt (zur Hilfspersonenhaftung vgl. Art. 101 OR). Da die Verhütung und Bekämpfung von Bränden und Explosionen z.T. aber auch in den Bereich der *Arbeitssicherheit* gehört, mit der sich schon Art. 104 befasst, kann in dessen Rahmen auch der *Bauherr* gegenüber dem Unternehmer zur Anordnung und Durchführung von Massnahmen im Sinne des Art. 105 (z.B. zum Erlass eines generellen Rauchverbots in der Nähe von leicht entzündbaren oder explodierbaren Stoffen) verpflichtet sein (Art. 103/Rz. 4.1; Art. 106/Rz. 2.1 f.). In diesem Zusammenhang ist zu beachten, dass sich die Abklärung der «örtlichen Gegebenheiten», die dem Bauherrn obliegt (Art. 5 Abs. 2 und 3), beispielsweise auf natürliche Gasvorkommen (Erdgase, namentlich Methangas) oder auf Rohrleitungen bezieht, die leicht entzündbare oder explodierbare Stoffe transportieren.

Anmerkung 3

3 Der Unternehmer hat Brandschutzmassnahmen «auf *seinen Arbeitsplätzen und in seinen Baustelleneinrichtungen*» vorzukehren. Darunter fallen nicht nur die Arbeitsstellen, Baustofflager usw. des Unternehmers auf der Baustelle, sondern auch Arbeitsplätze ausserhalb der Baustelle, beispielsweise der Werkplatz oder die Fabrik des Unternehmers, wo Bauteile (z.B. Fenster, Türen, Fassadenelemente) vorfabriziert und anschliessend zum (blossen) Einbau auf die Baustelle transportiert werden. Der Bauherr hat einen Anspruch, dass auch ausserhalb der Baustelle Sicherheitsmassnahmen getroffen werden, damit die Bauarbeiten nicht durch dortige Brände oder Explosionen gefährdet oder verzögert werden. Vgl. auch Art. 124 Abs. 1, wonach der Unternehmer seine «*Baustelleneinrichtungen*» (Art. 123) «unter Einhaltung der geltenden Vorschriften» zu erstellen und zu unterhalten hat (Art. 124/Rz. 4.1 ff., 9.2 und 14.1 f.).

Anmerkung 4

4.1 Die «*gesetzlich vorgeschriebenen und erfahrungsgemäss gebotenen Massnahmen*» (vgl. zu Begriff und Umfang Art. 103/Rz. 9.1 ff. und 11.1 ff.), die der Unternehmer zum Brandschutz zu treffen hat, können *je nach Arbeitsgattung und Arbeitsphase unterschiedlich* sein. Insbesondere dann, wenn er feuergefährliche Arbeiten ausführt (z.B. Arbeiten mit Funkenwurf, Schweissen, Löten, Wärmen, Abbrennen von Farben oder Lacken, Verarbeitung von Teer- und bituminösen Produkten, Klebearbeiten mit lösungsmittelhaltigen Baustoffen oder Arbeiten mit Farben und Lacken, Verbrennen von Abfällen usw.), wird er besondere Vorkehren zu treffen haben. Auch können Bauteile, die von Vorunternehmern oder von früheren Bauarbeiten stammen, das heisst die Arbeitsumgebung, brandanfällig sein (z.B. Holzbauten).

4.2 Unter den gesetzlich gebotenen Massnahmen sind die *schweizerischen Brandschutzvorschriften* zu beachten, die von der Vereinigung Kantonaler Feuerversicherungen (VKF) im Auftrag der Kantone für die ganze Schweiz verbindlich erlassen werden (vgl. BGer

1C_303/2010 vom 28. September 2010 E. 2.1; PONT, Les distances de sécurité, S. 20f.; beachte auch FÜEG, Brandschutzvorschriften der VKF, S. 70f., in kritischer Auseinandersetzung mit BGer 2C_720/2012 vom 1. Februar 2013, worin das Bundesgericht in widersprüchlicher Rechtsprechung zu BGer 1C_303/2010 vom 28. September 2010 E. 2.1, die Brandschutznormen der VKF als blosse Regelungen einer privatrechtlichen Vereinigung sieht; SPIESS/HUSER, Handkommentar, N 2f. und 7 sowie Fn. 1 zu Art. 105). Die Brandschutzvorschriften bestehen aus der Brandschutznorm und den Brandschutzrichtlinien, wobei die Norm Grundsätze für den baulichen, technischen und betrieblichen Brandschutz enthält und die Richtlinien einzelne Massnahmen im Rahmen der Brandschutznorm regeln. Besonders zu beachten ist dabei im vorliegenden Kontext die VKF-Brandschutzrichtlinie «Brandverhütung Sicherheit in Betrieben und auf Baustellen» (Version 11–03d).

Anmerkung 5

Nach Art. 105 hat der Unternehmer Massnahmen *«zur Verhütung und Bekämpfung von Bränden und Explosionen»* vorzukehren, womit die Bestimmung den Schutz von Personen, Tieren und Sachen vor den Gefahren und negativen Auswirkungen von Bränden und Explosionen bezweckt. Während die *«Verhütung»* von Bränden und Explosionen präventiven Charakter hat, bestehen Massnahmen zur *«Bekämpfung»* in einem Abwehrdispositiv, das es erlaubt, Brände und Explosionen wirksam zu bekämpfen, falls sie sich doch ereignen. Erfordern es die konkreten Brandgefahren, die Personenbelegung, Art oder Grösse von Bauten, Anlagen oder Betrieben, sind Sicherheitsbeauftragte zu bestimmen, die insbesondere für die Einhaltung und Überwachung des baulichen, technischen und betrieblichen Brandschutzes verantwortlich sind (Art. 6 VKF-Brandschutzrichtlinie «Brandverhütung Sicherheit in Betrieben und auf Baustellen»). Nach Art. 23 Abs. 1 BauAV sind Arbeiten mit Brandgefahr so zu planen und auszuführen, dass die Arbeitsplätze im Brandfall gefahrlos verlassen werden können. Ausserdem müssen Löschmittel und Löscheinrichtungen, die den möglichen Brandstoffen angepasst sind, in unmittelbarer Nähe zur Verfügung stehen (Art. 23 Abs. 2 BauAV) und explosionsgefährdete Bereiche sind abzusperren (Art. 23 Abs. 3 BauAV). Für Untertagbauarbeiten und bei Arbeiten in Rohrleitungen sind besondere Vorschriften vorgesehen (Art. 66 BauAV und Art. 83 BauAV). 5.1

Weitere Brandschutzmassnahmen enthalten auch die *EKAS-Richtlinien* (Art. 104/Rz. 9.3), etwa in Art. 4.2 der Richtlinie Nr. 6509 zum «Schweissen, Schneiden und verwandte Verfahren zum Bearbeiten metallischer Werkstoffe». 5.2

Anmerkung 6

Bestehen im Zusammenhang mit der Bauausführung oder der dazu notwendigen Einrichtungen Unsicherheiten hinsichtlich Risiko und mögliche Folgen für die Gesundheit und das Eigentum der am Bauwerk Beteiligten und Dritter, liegt ein *Zweifelsfall* vor, der den Unternehmer veranlassen muss, Abklärungen zur Brandverhütung zu treffen und dazu die zuständigen Stellen (Art. 105/Rz. 8) einzubeziehen. 6

Anmerkung 7

7 «*Empfehlungen*» können generelle Weisungen oder individuelle Ratschläge der zuständigen Stellen sein. Im Übrigen hat der zweifelnde Unternehmer nicht nur bei Brand- oder Explosionsgefahr Empfehlungen der zuständigen Stellen einzuholen, sondern in allen Sicherheitsfragen (Art. 103/Rz. 11.2).

Anmerkung 8

8 Für objektbezogene Auskünfte betreffend die Verhütung und Bekämpfung von Bränden sind in erster Linie die *kantonalen Brandschutzbehörden (Feuerpolizei)* zuständig. Eine breite Wissensplattform bietet auch die VKF (Art. 105/Rz. 4.2), die Interessierte insbesondere über die Anforderungen der Schweizerischen Brandschutzvorschriften berät.

Anmerkung 9

9 Das *Fehlen von gesetzlichen Vorschriften* unter Einschluss von Empfehlungen und Merkblättern (Art. 105/Rz. 4.1 f. und 5.1 f.) schafft Unsicherheit und muss den Unternehmer veranlassen, *individuelle* Empfehlungen der zuständigen Stellen (Art. 105/Rz. 8) einzuholen. Das Gleiche gilt, wenn entsprechende Vorschriften als veraltet erscheinen.

4 323 Sicherung der Arbeitsstellen und ihrer Zugänge[1]

Art. 106

[1] Der Unternehmer[2] schrankt Baustellen[3] nach behördlicher Vorschrift[4] und in geeigneter Weise[5] ab[6]. Er verbietet Unbefugten[7] den Zutritt durch Anschlag[8].[9]

[2] Er[10] sorgt für hinreichende Beleuchtung[11] von Arbeitsstellen und Zugängen[12].

[3] Arbeitsstellen im Bereiche öffentlicher Strassen[13] werden nach den Vorschriften über den Strassenverkehr[14] und den Anweisungen der Polizeiorgane[15] signalisiert und gesichert[16].[17]

Art. 106 (1977/91)

[1] Der Unternehmer schrankt Baustellen nach behördlicher Vorschrift und in geeigneter Weise ab. Er verbietet Unbefugten den Zutritt durch Anschlag.

[2] Er sorgt für hinreichende Beleuchtung von Arbeitsstellen und Zugängen.

[3] Arbeitsstellen im Bereiche öffentlicher Strassen werden nach den Vorschriften über den Strassenverkehr und den Anweisungen der Polizeiorgane signalisiert und gesichert.

Anmerkung 1

1 Art. 106 befasst sich mit der «Sicherung der Arbeitsstellen und ihrer Zugänge». Als Sonderbestimmung zur Grundsatznorm des Art. 103 regelt er wie die weiteren «Besonderen Sicherheitsmassnahmen» der Art. 104–107 das *vertragliche Verhältnis* zwischen dem Unternehmer und dem Bauherrn. Er bezweckt die Sicherung der Baustelle nach aussen

(und damit den Schutz von Dritten) durch geeignete Abschrankungen und Signalisationen sowie nach innen (und damit den Schutz der am Bauwerk Beschäftigten und von Besuchern) durch hinreichende Beleuchtung und Sicherung vor Verkehr auf öffentlichen Strassen. Art. 106 verleiht dem Bauherrn einen *vertraglichen Anspruch* darauf, dass der Unternehmer die darin erwähnten Verpflichtungen bei der Ausführung der Bauarbeiten erfüllt (Vorbem. Art. 103–113/Rz. 5ff.; Art. 103/Rz. 1.2).

Anmerkung 2

Der *Unternehmer* haftet dem Bauherrn für die Erfüllung der in Art. 106 umschriebenen 2.1
Verpflichtungen aus Vertrag (Art. 106/Rz. 1). Daran ändert sich auch dann nichts, wenn er die erforderlichen Schutzmassnahmen durch Hilfspersonen, z.B. durch Subunternehmer (Art. 29), durchführen lässt (zur Hilfspersonenhaftung vgl. Art. 101 OR). Der Unternehmer ist dazu angehalten, für die Abschrankung und Sicherung seiner eigenen Arbeitsstellen (Art. 106/Rz. 3) besorgt zu sein, sofern und soweit dies nötig ist. Nach der konkreten Gestaltung der verschiedenen Werkverträge (Art. 30 Abs. 2) ist aber regelmässig nur ein einzelner, bestimmter Unternehmer von mehreren Nebenunternehmern (Art. 30) zur Abschrankung der Gesamtbaustelle verpflichtet.

Die Sicherung der Arbeitsstelle und ihrer Zugänge beschlägt z.T. auch den Bereich der 2.2
Arbeitssicherheit, womit sich Art. 104 befasst. Folglich kann in dessen Rahmen auch der *Bauherr,* der gegebenenfalls durch eine Bauleitung vertreten wird, verpflichtet sein, geeignete Massnahmen zur Sicherung der Arbeitsstellen im Sinne von Art. 106 anzuordnen (z.B. durch Anordnung eines Verkehrskonzepts auf der Baustelle). Beachte auch Art. 5 Abs. 2, wonach der Bauherr oder eine diesen vertretende Bauleitung bereits vor der Ausschreibung die örtlichen Gegebenheiten abzuklären und auf erkannte Vorschriften und Gefahren auch im Zusammenhang mit Verkehrsanlagen (Art. 5 Abs. 3) hinzuweisen hat (vgl. auch Art. 103/Rz. 4.1 f.; Art. 105/Rz. 2).

Anmerkung 3

Im Unterschied zu den Begriffen «Bauwerk» in Art. 104 oder der «Arbeitsplätze und Bau- 3
stelleneinrichtungen» in Art. 105 (Art. 105/Rz. 3), welche jeweils von einem weiten Sinn ausgehen und etwa auch Betriebseinrichtungen des Unternehmers (Werkstätten, Produktionsanlagen etc.) umfassen, ist die *«Baustelle»* nach Art. 106 in einem engeren Sinn zu verstehen (in der Terminologie gerade anders, aber ohne Blick auf Art. 104 f.: Spiess/Huser, Handkommentar, N 5 zu Art. 106). Gemeint ist der *Ort, wo gebaut wird,* mithin das Baugrundstück (inkl. Zufahrten und allfällige Anschlüsse für Strom, Wasser oder Abwasser, die auch ausserhalb des Baugrundstücks liegen können) oder allenfalls (z.B. bei Renovationsarbeiten oder Leistungen in einer einzelnen Stockwerkeigentümereinheit) nur die Wohnung oder das Zimmer, wo die konkreten Bauarbeiten ausgeführt werden.

Anmerkung 4

Zu den *«behördlichen Vorschriften»* zählen alle einschlägigen Gesetze und gesetzesähn- 4
lichen Erlasse des Bundes, der Kantone und der Gemeinden sowie behördliche Anordnungen (insbesondere Auflagen in der Baubewilligung oder etwa die Anordnung von

Massnahmen im Rahmen einer Baukontrolle, vgl. dazu § 327 Abs. 2 Zürcher Planungs- und Baugesetz [PBG-ZH]), die sich auf derartige Erlasse stützen (Art. 103/Rz. 9.1 f.; Art. 106/Rz. 15). Nach dem Wortlaut von Art. 106 Abs. 1 Satz 1 richtet der Unternehmer seine Sicherungsmassnahmen nach den behördlichen Vorschriften, woraus geschlossen werden könnte, dass solche Vorschriften nur ihn betreffen. Insofern ist die Bestimmung aber zu eng gefasst, da auch der Bauherr sich den bestehenden Vorschriften gemäss zu verhalten und gegebenenfalls geeignete Massnahmen zur Sicherung der Arbeitsstellen anzuordnen hat (Art. 106/Rz. 2.1 f.). Vgl. zur Ermittlung der örtlichen Gegebenheiten unter Hinweis auf erkannte Vorschriften und Gefahren Art. 5 Abs. 2.

Anmerkung 5

5 Die *«geeignete Weise»* ergibt sich vielfach schon aus einer behördlichen Vorschrift (Art. 106/Rz. 4). Doch hat der Unternehmer darüber hinaus auch diejenigen Vorkehren zu treffen, die zur Sicherung der Arbeitsstellen und ihrer Zugänge «erfahrungsgemäss geboten» sind (Art. 103; Art. 103/Rz. 11.1 ff.). Dies gilt auch dann, wenn sich aus einer gesetzlichen Vorschrift behördliche Prüf- oder Kontrollpflichten (baupolizeiliche Kontrollen) ergeben, wie dies etwa in § 327 PBG-ZH vorgesehen ist (vgl. dazu Fritsche/Bösch/Wipf, Zürcher Planungs- und Baurecht, S. 392 ff.). Derartige behördlich vorgesehene Kontrollen entlasten den Unternehmer nicht davon, alle angezeigten Sicherheitsmassnahmen zu treffen, wobei das Mass der von ihm anzuwendenden Sorgfalt sich an den Anforderungen der konkreten Baustelle, den Erfahrungen des Unternehmers und auch an den anerkannten Regeln der Baukunde orientiert.

Anmerkung 6

6 Der Unternehmer hat die Baustelle (Art. 106/Rz. 3) in geeigneter Weise (Art. 106/Rz. 5) abzuschranken. *Abschrankungen und Geländer* können entweder den Zutritt oder den Durchgang *sperren* oder gegen Sturzgefahr etc. *sichern.* Als Sperren dienen sie insbesondere dazu, unbefugte Personen (Art. 106/Rz. 7) von der Baustelle fernzuhalten. Als Sicherungen verhindern sie den Absturz von Personen, Sachen und Fahrzeugen durch Fenster, Wand- und Bodenöffnungen, von nichtumwandeten Treppen, Podesten, Galerien, Brücken, Laufstegen, Plattformen, hochliegenden Arbeitsplätzen sowie den Sturz in offene Kanäle, Behälter und dergleichen (vgl. Art. 21 VUV; EKAS-Wegleitung durch die Arbeitssicherheit, Rz. 1318.8 «Temporäre Abschrankungen bzw. Absturzsicherungen» und Rz. 334.7 «Explosionsgefahr durch explosionsgefährliche Stoffe (Explosivstoffe)» zu Art. 36 Abs. 1 VUV, wonach gefährliche Betriebsteile, in denen mit explosionsgefährlichen Stoffen hantiert wird, zu «umzäunen» sind).

Anmerkung 7

7 *«Unbefugte»*, welchen der Zutritt auf die Baustelle zu verbieten ist, sind Personen, deren Betreten der Baustelle oder des konkreten Arbeitsplatzes nicht durch die Beschäftigung am oder mit dem Bauwerk erforderlich ist und die somit nichts mit dem Bau zu tun haben, es sei denn, es handle sich um zugelassene Besucher (vgl. Art. 107).

Anmerkung 8

Damit ein «*Anschlag*» (z.B. eine Tafel, ein Schild oder ein Plakat) seinen Zweck, Unbefugte (Art. 106/Rz. 7) vom Zutritt zur Baustelle abzuhalten, erfüllen kann, muss er an geeigneter, deutlich sichtbarer Stelle angebracht werden und auch während des Baufortschritts gut sichtbar bleiben. Er darf also nicht durch Bauteile, Baustelleneinrichtungen, gelagerte Baustoffe oder sonstwie verdeckt werden. Je nach den konkreten Umständen auf der Baustelle, insbesondere bei grossen Baustellen, hat der Unternehmer *mehrere* Anschläge anzubringen. Der Inhalt des jeweiligen Anschlags muss Unbefugten deutlich, das heisst unmissverständlich und klar verbieten, die Baustelle zu betreten. In vielen Fällen genügen jedoch blosse Anschläge nicht, um Unbefugte, insbesondere auch Kinder, vom Betreten der Baustelle abzuhalten, wie die Erfahrung, die Unfallstatistik und auch Gerichtsurteile belegen. Deshalb kann es notwendig sein, die Baustelle auch durch Abschrankungen in angemessener Art und Weise zu sperren (vgl. Art. 106/Rz. 6). 8

Anmerkung 9

Art. 106 Abs. 1 Satz 2 begründet die vertragliche Verpflichtung des Unternehmers, auf jeder Baustelle Unbefugten den *Zutritt durch Anschlag* zu *verbieten*. Dass der Zutritt Unbefugten zu untersagen ist, kann sich im Übrigen schon aus behördlichen Vorschriften ergeben (Art. 106/Rz. 4; z.B. EKAS-Wegleitung durch die Arbeitssicherheit, Rz. 334.7 «Explosionsgefahr durch explosionsgefährliche Stoffe (Explosivstoffe)» zu Art. 36 Abs. 1 VUV). Nach der konkreten Gestaltung der verschiedenen Werkverträge (Art. 30 Abs. 2) ist häufig nur ein *einzelner*, bestimmter Unternehmer (z.B. der Baumeister) von mehreren Nebenunternehmern (Art. 30) verpflichtet, Anschläge anzubringen, die Unbefugten den Zutritt zur Gesamtbaustelle verbieten (Art. 106/Rz. 2.1 sinngemäss). 9.1

Zu den möglichen *Gründen*, Unbefugten den Zutritt zur Baustelle durch Anschlag zu verbieten oder sie durch eine Absperrung am Zutritt zu hindern (Art. 106/Rz. 6 und 8), gehört neben dem Schutz von unbefugten Dritten (Art. 106/Rz. 7) vor Unfällen durch den Bauablauf oder ungenügend gesicherte Baustellen (Art. 106/Rz. 3) und der Vermeidung von Störungen des Bauablaufs oder der Verursachung von Schäden am Bauwerk oder anderen Sachen (z.B. Baustelleneinrichtungen, Materialvorräten) etwa auch die Verminderung von *Haftungsrisiken* des Bauherrn und der Unternehmer. Zur möglichen Deliktshaftung ist darauf hinzuweisen (Vorbem. Art. 103–113/Rz. 10 ff.), dass ein solcher Anspruch seine Grundlage aber nicht in der Verletzung von Art. 106 findet. Vielmehr gründet er im gesetzlichen Haftpflichtrecht. Im Vordergrund stehen dabei eine Haftung des Bauherrn als Werkeigentümer (Art. 58 OR) sowie eine Verantwortlichkeit des Unternehmers wegen Verletzung einer Schutznorm oder aus Ingerenz (Vorbem. Art. 103–113/Rz. 18 ff.), was Widerrechtlichkeit und damit eine Haftung nach Art. 41 OR begründet. Zur deliktischen Unternehmerhaftung und der Haftung des Gemeinwesens (ebenfalls aus Art. 58 OR) wegen mangelhaftem Strassenunterhalt (unterlassene Kontrollen und Reinigungen) siehe OGer ZH LB110010 vom 18. Januar 2012. 9.2

Der Wortlaut eines konkreten Anschlags (Art. 106/Rz. 8) lehnt häufig jede Haftung für Unfälle bei Missachtung des Zutrittsverbots ab. In welchem Umfang allerdings ein sol- 9.3

cher *Haftungsausschluss*, der ja eine entsprechende Vereinbarung voraussetzt, für einen Unbefugten rechtswirksam ist, beurteilt sich nach den Umständen des Einzelfalls (zur beschränkten Wirksamkeit einer solchen Haftungsausschlussklausel vgl. GAUCH, Deliktshaftung, S. 15 f.; WIEGAND, Basler Kommentar, N 3 zu Art. 100 OR).

9.4 Das *Fehlen eines Anschlags* bedeutet nicht ohne Weiteres eine Deliktshaftung des Unternehmers oder des Bauherrn gegenüber einem Dritten, der auf der Baustelle verunfallt. Denn jedermann, der die Unfertigkeit eines Bauwerks mit durchschnittlicher Aufmerksamkeit äusserlich erkennen kann, muss den sich daraus ergebenden, offensichtlichen Gefahren aus dem Weg gehen, sofern und soweit ihm das Werk nicht zum Gebrauch überlassen ist (vgl. BGE 94 II 151/154 f. E. 4).

Anmerkung 10

10 Gemeint ist der Unternehmer, weshalb auf die Ausführungen unter Art. 106/Rz. 2.1 f. verwiesen werden kann. Nach der konkreten Gestaltung der einzelnen Werkverträge (Art. 30 Abs. 2) ist von verschiedenen Nebenunternehmern (Art. 30) häufig nur ein einzelner (bestimmter) Unternehmer zur hinreichenden Beleuchtung der *Gesamtbaustelle* verpflichtet. Aber auch in einem solchen Fall bleiben die übrigen Unternehmer zur Beleuchtung ihrer eigenen *Arbeitsstellen* verpflichtet, soweit dies zur Gewährleistung der Arbeitssicherheit noch erforderlich ist.

Anmerkung 11

11.1 Um «*hinreichend*» zu sein, muss die Beleuchtung zwei verschiedene Zwecke erfüllen, die unter Umständen unterschiedliche Lichtstärken erfordern (vgl. EKAS-Wegleitung durch die Arbeitssicherheit, Rz. 333.2 «Grundsätzliches Schutzziel ‹Beleuchtung›»):

11.2 a) Die Beleuchtung dient der Vermeidung von Arbeitsunfällen (z.B. durch Abstürze) sowohl der eigenen Arbeitnehmer als auch der übrigen Personen, die am Bauwerk beschäftigt sind (Nebenunternehmer, Bauleitung usw.). Erfordert es die Sicherheit der Baubeteiligten, ist eine netzunabhängige Notbeleuchtung vorzukehren (vgl. Art. 35 VUV; Art. 63 BauAV; EKAS-Wegleitung durch die Arbeitssicherheit, 333.10 «Notbeleuchtung»).

11.3 b) Die Beleuchtung muss der Sehaufgabe der Arbeitnehmer bei der Arbeitsausführung angepasst sein. Sie darf nicht Ursache für vorzeitige Ermüdung während der Arbeit sein, sodass Konzentrations- und Leistungsfähigkeit aufrechterhalten bleiben und letztlich auch die Sicherheit gewahrt bleibt.

Anmerkung 12

12 Zu beleuchten sind nicht nur die eigentlichen «*Arbeitsstellen und Zugänge*», sondern alle Kommunikationsflächen der Baustelle mit Einschluss der bereits erstellten Bauteile (z.B. im Rohbau erstellte Geschosse). Sind an einem Bauwerk verschiedene Nebenunternehmer (Art. 30) beschäftigt, so ist die Beleuchtungspflicht nach der konkreten Gestaltung der einzelnen Werkverträge (Art. 30 Abs. 2) häufig nur einem einzigen, bestimmten Unternehmer von mehreren Nebenunternehmern (Art. 30) überbunden.

Anmerkung 13

Zum Begriff der «*öffentlichen Strassen*» vgl. Art. 1 Verkehrsregelnverordnung (VRV). Zu signalisieren und zu sichern sind Arbeitsstellen sowohl im Strassengebiet selber als auch unmittelbar neben der Strasse. Nach Massgabe des Art. 104 sind auch die (nicht öffentlichen) Verkehrswege innerhalb der Baustelle zu sichern und zu signalisieren (vgl. EKAS-Wegleitung durch die Arbeitssicherheit, 1316.16 «Markieren und Signalisieren von Verkehrswegen»). 13

Anmerkung 14

Von den «*Vorschriften für den Strassenverkehr*» sind insbesondere zu beachten: Die Verkehrsregelnverordnung (VRV), die Signalisationsverordnung (SSV) sowie die VSS-Norm 640 886 «Temporäre Signalisation auf Haupt- und Nebenstrassen» (in der Fassung vom Oktober 2001), die als Weisung des UVEK im Sinne von Art. 115 Abs. 2 SSV gilt. 14.1

Arbeitsstellen im Bereich öffentlicher Strassen sind nicht nur zu Beginn der Bauarbeiten zu signalisieren und zu sichern. Vielmehr sind diese Massnahmen auch zu *überwachen,* weil sie beispielsweise durch starken Wind, Unfälle oder mutwillige Zerstörung, aber auch durch die Bauarbeiten selber verändert werden können. Ziff. 5 VSS-Norm 640 886 schreibt tägliche Kontrollen bei Arbeitsbeginn und nach Arbeitsende vor. 14.2

Anmerkung 15

Häufig ist es erforderlich, dass die «*Polizeiorgane*» beigezogen werden, insbesondere für Bauarbeiten an einer öffentlichen Strasse, wenn ein Teil des Strassenareals vorübergehend für Bauarbeiten oder Baustelleneinrichtungen (etwa Gerüste) benutzt wird. Dabei darf sich der Unternehmer nicht auf die Anweisungen der Polizeiorgane allein verlassen. Er muss vielmehr selbständig prüfen, ob die behördlich angeordneten oder gebilligten Sicherungs- und Signalisationsmassnahmen zur Gefahrenabwehr geeignet und genügend sind (Art. 103/Rz. 10 sinngemäss). 15

Anmerkung 16

Die *Signalisation*, zu der auch eine genügende Beleuchtung während der Nacht gehört, bezweckt die Warnung der Strassenbenützer und will insbesondere eine rechtzeitige Reaktion erreichen. Eine ungenügende Signalisation im Bereich der öffentlichen Strassen kann strafbar sein (vgl. z.B. BGE 116 IV 306 ff. betreffend fahrlässige Tötung zufolge mangelhafter Signalisation einer Baustelle). Die *Sicherung* (insbesondere Abschrankungen) erfolgt, um Unfälle (z.B. durch Sturz eines Passanten in eine Baugrube) zu verhindern. 16

Anmerkung 17

Obwohl der *Unternehmer* in Art. 106 Abs. 3 nicht erwähnt wird, geht aus dem systematischen Zusammenhang mit Abs. 1 und Abs. 2 dieser Bestimmung hervor, dass er gegenüber dem Bauherrn vertraglich verpflichtet ist, Arbeitsstellen im Bereiche öffentlicher Strassen zu signalisieren und zu sichern. Nach der konkreten Gestaltung der verschiedenen Werkverträge (Art. 30 Abs. 2) ist häufig nur ein einziger Unternehmer unter ver- 17 schiedenen Nebenunternehmern (Art. 30) gegenüber dem Bauherrn dazu verpflichtet (Art. 106/Rz. 2.1 sinngemäss).

4 324 Besucher[1]

Art. 107

Über die Zulassung[2] von Besuchern[3] und deren Versicherung gegen Unfälle[4] vereinbaren sich Bauherr und Unternehmer.[5] Sie bestimmen, wer für die Führung im Einzelfall verantwortlich ist.[6]

Art. 107 (1977/91)

Über die Zulassung von Besuchern und deren Versicherung gegen Unfälle vereinbaren sich Bauherr und Unternehmer. Sie bestimmen, wer für die Führung im Einzelfall verantwortlich ist.

Anmerkung 1

1.1 Art. 107 befasst sich mit der *Zulassung, Führung und Versicherung von Besuchern* auf der Baustelle. Wie die Grundsatznorm in Art. 103 und die anderen «besonderen Sicherheitsmassnahmen» (Art. 104/Rz. 1) in den Art. 104 – 106 bezieht er sich auf das Verhältnis zwischen Bauherr und Unternehmer. Im Unterschied zu diesen «Schutz- und Fürsorgemassnahmen» (Vorbem. Art. 103 – 113/Rz. 5) enthält Art. 107 aber keine Inhaltsbestimmung, die festlegt, was zwischen den Parteien durch den Vertragsabschluss gilt. Vielmehr weist Art. 107 sowohl in Satz 1 wie auch in Satz 2 darauf hin, dass die Parteien des Werkvertrags sich sowohl über die Zulassung und Versicherung (Satz 1) als auch über die Verantwortung für (und bei) Führungen verständigen («sich vereinbaren») sollen.

1.2 Als *Hinweisbestimmung* findet Art. 107 somit nur dadurch eine Berücksichtigung, dass die Parteien eine entsprechende Vereinbarung treffen (GWerkV Rz. 289; vgl. Gauch/Middendorf, Von den Planerverträgen, Rz. 1.112). Unterlassen sie dies, kommen die Grundsatzregelung des Art. 103 und auch Art. 106, insbesondere Art. 106 Abs. 1 betreffend Abschrankungen und Art. 106 Abs. 2 betreffend Beleuchtung zur Anwendung.

1.3 Je nach den konkreten Verhältnissen der Baustelle, insbesondere auch im Hinblick auf die erwarteten Besucher, können *besondere Sicherheitsmassnahmen* für die *geführten Besuche* erforderlich sein. Richtschnur für die Vereinbarung von Massnahmen sind die berechtigten Sicherheitserwartungen der Besucher und damit auch die Aufmerksamkeit, die von ihnen erwartet werden darf. Das bedeutet, dass sich zum Schutze von «baufremden» Baustellenbesuchern allenfalls strengere Massnahmen aufdrängen als zur Sicherheit jener Personen, die mit den üblichen Gefahren und Gegebenheiten einer Baustelle vertraut sind (Gauch, Deliktshaftung, S. 17, Fn. 99; vgl. Art. 106/Rz. 9.2). Ergänzend ist auf zwei Punkte hinzuweisen:

1.4 a) Für die Tragung der *Kosten* vereinbarter Sicherheitsvorkehren zugunsten von Besuchern vgl. Art. 103 Satz 2 sowie Art. 103/Rz. 15.1.

b) Kommt ein Besucher auf der Baustelle zu Schaden und liegen die entsprechenden Haftungsvoraussetzungen vor, stellt sich mit Blick auf die Haftungsfolgen die Frage, wie das *Verhältnis, in welches Besucher und Bauherr, Besucher und Bauleiter oder Besucher und Unternehmer traten,* zu qualifizieren ist. Handelt es sich um ein Vertragsverhältnis (vgl. Spiess/Huser, Handkommentar, N 2 zu Art. 107, die offenbar ausschliesslich von einem «Veranstaltungsvertrag» ausgehen), führt die Verletzung eines Besuchers im Rahmen der Vertragsabwicklung zu einer vertraglichen Haftung. Dagegen greift eine ausservertragliche Haftpflicht (gegebenenfalls mit den Besonderheiten einer Gefälligkeitshaftung, vgl. GWerkV Rz. 319 f.; Hürlimann-Kaup, Die privatrechtliche Gefälligkeit, Rz. 356), wenn etwa mangels Abschlusswillens kein Vertrag zustande kam. 1.5

Anmerkung 2

Bauherr und Unternehmer «vereinbaren sich» über die «*Zulassung*» von Besuchern. Dies setzt voraus, dass sie sich über die Fragen verständigen (Art. 107/Rz. 5.1 ff.), ob Besucher überhaupt zugelassen werden und falls ja, welche Personen zugelassen und ob, durch wen und wie sie geführt werden. Ein ungeführter Besuch bedeutet ein Sicherheitsrisiko sowohl für die Besucher als auch für die am Bauwerk Beschäftigten (Art. 104/Rz. 2 und 8), was aber nach dem in Art. 103 geregelten Grundsatz (Art. 103/Rz. 1.1) nur im Einzelfall zu verantworten wäre (beachte auch Art. 106). 2.1

Obwohl Art. 107 dies nicht speziell erwähnt, ist doch klar, dass die Bestimmung auf eine Regelung der Zulassung und Führung von Besuchern *auf der Baustelle* hinweist. 2.2

Anmerkung 3

«*Besucher*» kann irgendeine natürliche Person sein, wobei der typische Besucher keine berufliche Beziehung zu den Bauarbeiten hat, sondern durch andere Motive (z.B. Neugier, Weiterbildung) zum Besuch veranlasst wird. Daneben gibt es Personen, die zwar nicht am Bauwerk beschäftigt sind, jedoch die Baustelle zur Erfüllung einer beruflichen Aufgabe aufsuchen (z.B. Behörden, Experten, Rechtsanwälte usw.). Je nach den konkreten Umständen müssen auch für derartige Besucher besondere Vorsichtsmassnahmen getroffen werden. 3.1

Von den geführten Besuchern zu unterscheiden sind *Zuschauer,* welche den Baustellenbetrieb, z.B. von einem abgeschrankten Zuschauerpodest aus, beobachten. Der Bauherr kann entsprechende Einrichtungen im Werkvertrag vorschreiben oder durch eine Bestellungsänderung (Art. 84) verlangen. Unter Umständen genügt eine geeignete Abschrankung (Art. 106 Abs. 1) zum Schutz der Zuschauer. Sofern nicht eine Bestellungsänderung vorliegt, die gemäss Art. 86 ff. zu vergüten ist, richtet sich die Kostentragung für entsprechende Sicherheitsmassnahmen nach Art. 103 Satz 2 (Art. 103/Rz. 15.1). 3.2

Anmerkung 4

Die Haftung für Besucherschäden ist häufig durch eine *normale Haftpflichtversicherung* gedeckt (Bauherrenhaftpflichtversicherung oder Betriebshaftpflichtversicherung des Unternehmers), doch kann auch eine *spezielle Besucher-Unfallversicherung* abgeschlossen werden. 4

Anmerkung 5

5.1 In Art. 107 Satz 1 werden sowohl die Zulassung von Besuchern als auch deren Versicherung einer *besonderen Vereinbarung* zwischen Bauherr und Unternehmer vorbehalten:

5.2 a) *Die Zulassung von Besuchern:* Die diesbezüglichen Interessen der Parteien können bald übereinstimmen, bald auseinandergehen. So ist etwa möglich, dass eine Partei (z.B. aus Gründen der Öffentlichkeitsarbeit) an der Zulassung möglichst vieler Besucher interessiert ist, während die andere (z.B. aus Gründen der Geheimhaltung oder der Arbeitsökonomie) dazu tendiert, bestimmte oder alle Besucher fernzuhalten oder die Zahl der Besucher zumindest einzuschränken.

5.3 Zur Wahrung der gegenseitigen Interessen ist keine Partei berechtigt, Besucher ohne Zustimmung der Gegenpartei zuzulassen. Die *erforderliche Zustimmung* kann in einer Vereinbarung (z.B. in einem Besucherkonzept) enthalten sein, welche die Besucherfrage generell regelt. Oder Bauherr und Unternehmer verständigen sich von Fall zu Fall. Auch ist es möglich, dass der Bauherr oder der Unternehmer seine Zustimmung stillschweigend erteilt, was mangels anderer Anhaltspunkte im Umfang einer bestehenden Übung (z.B. für Besuche Angehöriger des Bauherrn bei der Errichtung eines Einfamilienhauses) anzunehmen ist.

5.4 Bei der Regelung der Zulassung von Besuchern ist dem Interesse des Unternehmers an einem *ungestörten Bauablauf* Rechnung zu tragen.

5.5 b) *Die Versicherung gegen Unfälle:* Bauherr und Unternehmer haben sich nach Massgabe des Art. 107 Satz 1, auch über die Frage, wer von den Parteien welche *Versicherung für allfällige Unfälle von Besuchern* abzuschliessen hat, durch Vereinbarung zu verständigen. In diesem Zusammenhang ist Art. 26 Abs. 2 betreffend die Pflicht des Unternehmers, dem Bauherrn den Abschluss einer Bauherrenhaftpflichtversicherung zu beantragen, zu berücksichtigen. Treffen die Parteien keine spezielle Vereinbarung über die Versicherung von Besuchern, muss der Unternehmer mögliche Risiken aufgrund seiner allgemeinen Versicherungspflicht (Art. 26) versichern lassen.

Anmerkung 6

6 Obwohl hier von «*Verantwortlichkeit*» für die (vereinbarte) Führung die Rede ist, bleiben die (vertraglichen oder deliktischen) Haftungsansprüche eines verunfallten Besuchers gegenüber dem Bauherrn oder Unternehmer vorbehalten. Die Vereinbarung der Parteien über die *Führung* von Besuchern vermag jedoch ein Verschulden derjenigen Partei, welche die Führung übernommen hat, zu indizieren (Vorbem. Art. 103–113/Rz. 16).

4 33 Massnahmen zu Gunsten der Arbeitnehmer[1]

4 331 Unfall- und Krankenversicherung

Art. 108

Der Unternehmer[2] versichert[3] seine Arbeitnehmer[4] gegen Unfälle[5] und Berufskrankheiten[6] gemäss den gesetzlichen Vorschriften[7]. Für die Versicherung gegen die Folgen anderer Krankheiten sorgt er, soweit Gesetz oder Gesamtarbeitsvertrag[8] dies vorschreiben.[9]

Art. 108 (1977/91)

Der Unternehmer versichert seine Arbeitnehmer gegen Unfälle und Berufskrankheiten gemäss Bundesgesetz über die Kranken- und Unfallversicherung (KUVG) und allfälligen weiteren gesetzlichen Vorschriften. Für die Versicherung gegen die Folgen anderer Krankheiten sorgt er, soweit Gesetz oder Gesamtarbeitsvertrag dies vorschreiben.

Anmerkung 1

Die Bestimmungen der Art. 108 f. befassen sich mit «*Massnahmen zu Gunsten der Arbeitnehmer*». Behandelt werden darin aber nur die Unfall- und Krankenversicherungen (Art. 108) sowie die Beschaffung von Unterkunft und Verpflegung (Art. 109). Demgegenüber geht es z.B. in Art. 104 um Massnahmen, die der Unternehmer zum Schutze der Arbeitssicherheit zu ergreifen hat, welche wiederum in den Art. 105 (Verhütung von Bränden und Explosionen) und Art. 106 (Sicherung der Arbeitsstellen und ihrer Zugänge) präzisiert werden. Damit enthalten auch die Art. 104 – 107 Massnahmen zugunsten der Arbeitnehmer, was die Überschriften zu den Art. 104 – 107 und zu den Art. 108 – 109 als eher zufällig gewählt erscheinen lässt. 1

Anmerkung 2

Art. 108 handelt von der Versicherung, die der *Unternehmer* zugunsten seiner Arbeitnehmer abschliessen muss. Dass allenfalls auch der Bauherr von Gesetzes wegen verpflichtet ist, seine eigenen Arbeitnehmer zu versichern, versteht sich von selbst, auch wenn Art. 108 sich darüber ausschweigt. Allerdings hat der Unternehmer gegenüber dem Bauherrn keinen vertraglichen Anspruch auf Versicherung von dessen Arbeitnehmern (vgl. dagegen Art. 108/Rz. 3). Nicht geregelt ist hier (und auch in Art. 26 Abs. 1 nicht) die Versicherung der Arbeitnehmer bei *Haftpflichtansprüchen*, die z.B. daraus entstehen können, dass sie in grobfahrlässiger Weise einem anderen Arbeitnehmer einen Personenschaden zufügen. Arbeitnehmer gehören zwar zu den durch die Betriebshaftpflichtversicherung des Unternehmers versicherten Personen. Doch gerade in diesen Fällen ist die Deckung unzureichend, indem namentlich Regressansprüche Dritter (insbesondere der Suva) von der Deckung ausgeschlossen sind (vgl. dazu STÖCKLI, Suva-Klausel, S. 373 ff.). 2

Anmerkung 3

3 Durch die Übernahme des Art. 108 wird die *(zwingende) gesetzliche Pflicht* des Unternehmers, seine Arbeitnehmer gegen Unfälle und Berufskrankheiten zu versichern, auch zu einer *vertraglichen Pflicht des Unternehmers* gegenüber dem Bauherrn (Art. 103/Rz. 1.2 f.; widersprüchlich dagegen Spiess/Huser, Handkommentar, N 1 zu Art. 108, Art. 108 sei eine Hinweisbestimmung [vgl. dazu Art. 107/Rz. 1.1 ff.], während sie in Spiess/Huser, Handkommentar, N 6 zu Art. 108, ebenfalls von einer «Wirkung im Werkvertrag» ausgehen). Die praktische Bedeutung des Art. 108 dürfte für den Bauherrn allerdings gering sein. Zwar hat er einen vertraglichen Erfüllungsanspruch auf Abschluss der entsprechenden Versicherungen durch den Unternehmer. Verletzt der Unternehmer aber seine Versicherungspflicht, erbringt die Ersatzkasse der Versicherer die gesetzlichen Versicherungsleistungen an verunfallte Arbeitnehmer, sofern für deren Versicherung nicht die Suva zuständig ist. Die Ersatzkasse zieht vom säumigen Arbeitgeber die geschuldeten Ersatzprämien ein (vgl. Art. 72 ff. UVG, insbesondere Art. 73 Abs. 1 UVG).

Anmerkung 4

4 «Arbeitnehmer» ist, wer mit dem Unternehmer einen *Einzelarbeitsvertrag* im Sinne der Art. 319 ff. OR abgeschlossen hat sowie diejenigen Arbeitnehmer, die der Unternehmer als Einsatzbetrieb über einen Personalverleiher beschäftigt (vgl. Art. 12 ff. Arbeitsvermittlungsgesetz [AVG]).

Anmerkung 5

5 Als *«Unfall»* gilt die plötzliche, nicht beabsichtigte schädigende Einwirkung eines ungewöhnlichen äusseren Faktors auf den menschlichen Körper (Art. 9 Abs. 1 UVV). Gemäss UVG und UVV sind auch Nichtbetriebsunfälle und unfallähnliche Körperschäden versichert (Art. 6 Abs. 2 UVG; Art. 9 Abs. 2 UVV).

Anmerkung 6

6 Als *«Berufskrankheiten»* gelten Krankheiten, die bei der beruflichen Tätigkeit ausschliesslich oder vorwiegend durch schädigende Stoffe oder bestimmte Arbeiten verursacht worden sind (Art. 9 Abs. 1 UVG), sowie andere Krankheiten, von denen nachgewiesen wird, dass sie ausschliesslich oder stark überwiegend durch berufliche Tätigkeit verursacht worden sind (Art. 9 Abs. 2 UVG). Vgl. die Liste der schädigenden Stoffe und der arbeitsbedingten Erkrankungen gemäss Art. 14 UVV im Anhang 1 zur UVV.

Anmerkung 7

7.1 *Gesetzliche Vorschriften,* gestützt auf welche der Unternehmer seine Arbeitnehmer gegen Unfälle und Berufskrankheiten zu versichern hat, finden sich insbesondere im UVG und in der UVV. Der Hinweis auf das alte Bundesgesetz vom 13. Juni 1911 über die Kranken- und Unfallversicherung (KUVG), welches durch das Bundesgesetz vom 20. März 1981 über die Unfallversicherung (UVG) aufgehoben wurde (Art. 116 Abs. 1 lit. a UVG), wurde mit der Revision der Norm 2013 aus Art. 108 gestrichen.

Für Arbeitnehmer, die ein Arbeitgeber mit Wohnsitz oder Sitz im Ausland in die Schweiz entsendet, ist das *Entsendegesetz* (EntsG) zu beachten, welches die minimalen Arbeits- und Lohnbedingungen für entsandte Arbeitnehmer regelt (Art. 2 EntsG). 7.2

Anmerkung 8

Gesetze und Gesamtarbeitsverträge (Art. 356ff. OR) können den Unternehmer verpflichten, seine Arbeitnehmer auch gegen die Folgen anderer Krankheiten (als Berufskrankheiten) zu versichern. Hinsichtlich Gesamtarbeitsverträge gilt dies, wenn der Unternehmer dem betreffenden Gesamtarbeitsvertrag beigetreten ist oder wenn dieser als allgemeinverbindlich erklärt worden ist (vgl. Bundesgesetz über die Allgemeinverbindlicherklärung von Gesamtarbeitsverträgen [AVEG]). 8

Anmerkung 9

Auch Art. 108 Satz 2 gibt dem Bauherrn einen *vertraglichen Anspruch* darauf, dass der Unternehmer die darin umschriebenen Versicherungen abschliesst. Wiederum ist er im Verhältnis zwischen Bauherr und Unternehmer nur von geringer praktischer Bedeutung (vgl. Art. 108/Rz. 3). 9

4 332 Unterkunft und Verpflegung[1]

Art. 109

[1] Fehlen annehmbare Bedingungen[2] für Unterkunft und Verpflegung der Arbeitnehmer[3], so sorgt[4] der Unternehmer[5] für die Erstellung und den Betrieb[6] der geeigneten[7] und gegebenenfalls der behördlich vorgeschriebenen[8] Einrichtungen[9]. Auf Verlangen legt er die Projekte der Bauleitung zur Genehmigung vor.[10]

[2] Der Unternehmer stellt seinen Arbeitnehmern diese Unterkunft und Verpflegung zu den Selbstkosten[11] zur Verfügung.[12]

Art. 109 (1977/91)

[1] Fehlen annehmbare Bedingungen für Unterkunft und Verpflegung der Arbeitnehmer, so sorgt der Unternehmer für die Erstellung und den Betrieb der geeigneten und gegebenenfalls der behördlich vorgeschriebenen Einrichtungen. Auf Verlangen legt er die Projekte der Bauleitung zur Genehmigung vor.

[2] Der Unternehmer stellt seinen Arbeitnehmern diese Unterkunft und Verpflegung zu den Selbstkosten zur Verfügung. Ist für solche Einrichtungen im Leistungsverzeichnis keine zutreffende Position vorhanden, so reicht der Unternehmer bei der Angebotseingabe in Ergänzung zum Leistungsverzeichnis entsprechende Positionen ein (Art. 15 Abs. 3), sofern diese Kosten in den Einheits- bzw. Global- oder Pauschalpreisen nicht inbegriffen sind.

Anmerkung 1

1 Art. 109 handelt von der *«Unterkunft und Verpflegung»*, die der Unternehmer für seine Arbeitnehmer in geeigneter Weise (Abs. 1; Art. 109/Rz. 7) und zu seinen Selbstkosten (Abs. 2) zur Verfügung zu stellen hat. Als Einrichtungen, «die der Unternehmer für die vertragsgemässe Durchführung seiner Arbeit benötigt» (Art. 123), werden die Vorkehren zu den Baustelleneinrichtungen gezählt. Es können Pausen- oder Aufenthaltsräume, Schlafräume, Wohnungen, Kantinen oder eigene Kochplätze und insbesondere sanitäre Anlagen wie WCs, Lavabos und Duschen sein, die der Unternehmer in Baracken, Containern oder Bauwagen zur Verfügung stellt. Als besondere Schutz- und Fürsorgemassnahme ist Art. 109 auf die Interessen der Arbeitnehmer des Unternehmers ausgerichtet (Vorbem. Art. 103 – 113/Rz. 3; vgl. Art. 328 OR); er betrifft aber das *vertragliche Verhältnis* zwischen Bauherr und Unternehmer, weshalb er dem Bauherrn einen vertraglichen Anspruch einräumt, dass der Unternehmer die geeigneten Massnahmen vorkehrt (Vorbem. Art. 103 – 113/Rz. 5 ff.; Art. 103/Rz. 1.2).

Anmerkung 2

2 Ob *«annehmbare Bedingungen»* für Unterkunft und Verpflegung fehlen, beurteilt sich nach den konkreten Umständen des Einzelfalls. Sie können vor allem für eine abgelegene Baustelle fehlen, aber auch für Baustellen in einer Stadt oder in der Nähe einer solchen, wenn zahlreiche Beschäftigte auswärts wohnen, insbesondere wenn ausländische Arbeiter auf der Baustelle beschäftigt sind und diese weder in eigenen Personalwohnhäusern des Unternehmers noch sonst wie in der Nähe untergebracht und verpflegt werden können. Umgekehrt können die Bedingungen im konkreten Fall *annehmbar* sein, weil dem Unternehmer Wohnbaracken und Kantine eines Nebenunternehmers (Art. 30) auch für seine eigenen Arbeitnehmer (Art. 109/Rz. 3) zur Verfügung stehen, sei es nach Massgabe des Art. 126 Abs. 1 und 2 (Art. 109/Rz. 4), oder sei es, weil der Bauherr nach der konkreten Gestaltung der verschiedenen Werkverträge (Art. 30 Abs. 2) einen einzigen Nebenunternehmer dazu verpflichtet hat (Art. 109/Rz. 5).

Anmerkung 3

3 Unter *Arbeitnehmer* sind die eigenen Arbeitnehmer des Unternehmers gemeint, die durch einen Einzelarbeitsvertrag im Sinne der Art. 319 ff. OR mit dem Unternehmer verbunden sind, wie auch Leiharbeiter, welche der Unternehmer als Einsatzbetrieb über einen Personalverleiher beschäftigt (vgl. Art. 12 ff. Arbeitsvermittlungsgesetz [AVG]). Da Art. 109 das Vertragsverhältnis zwischen Unternehmer und Bauherr (Art. 109/Rz. 1) betrifft, nicht aber jenes zwischen Unternehmer und Arbeitnehmer, kann Letzterer sich nicht auf Art. 109, wohl aber auf seinen Arbeitsvertrag mit dem Unternehmer und dort auf den einseitig zwingenden Art. 328 OR berufen. Vgl. etwa auch Landesmantelvertrag für das schweizerische Bauhauptgewerbe in Anhang 6 (Zusatzvereinbarung über die Unterkünfte der Arbeitnehmenden und die Hygiene und Ordnung auf Baustellen, «Unterkunftsvereinbarung»).

Anmerkung 4

Art. 109 Abs. 1 gibt dem Bauherrn einen vertraglichen Anspruch darauf, dass der Unternehmer bei gegebenen Voraussetzungen die darin umschriebenen Einrichtungen erstellt und betreibt (Vorbem. Art. 103 – 113/Rz. 5 ff.; Art. 103/Rz. 1.2; Art. 109/Rz. 1). Zur allfälligen Pflicht des Unternehmers, seine Einrichtungen auch Nebenunternehmern (Art. 30) zur Benützung durch deren Arbeitnehmer zur Verfügung zu halten, vgl. Art. 126 Abs. 1 und 2. Die in Art. 126 Abs. 1 enthaltene Einschränkung, wonach die «eigenen Arbeiten [des Unternehmers] nicht beeinträchtigt werden» dürfen, ist im vorliegenden Zusammenhang allerdings sinngemäss zu verstehen. Hier kommt es darauf an, dass die Einrichtungen des Unternehmers überhaupt genügend Platz für eine Mitbenützung bieten und der Betrieb für die eigenen Arbeitnehmer durch die Mitbenützung nicht gestört wird. 4

Anmerkung 5

Nach der konkreten Gestaltung der verschiedenen Werkverträge (Art. 30 Abs. 2) ist regelmässig nur ein einzelner, bestimmter *Unternehmer* von mehreren Nebenunternehmern (Art. 30) dazu verpflichtet, die Gesamtbaustelle mit Unterkunft und Verpflegung zu versorgen. In diesem Fall hat der betreffende Unternehmer solche Einrichtungen für Unterkunft und Verpflegung zu betreiben, die nicht nur für seine eigenen Arbeitnehmer, sondern auch für diejenigen der Nebenunternehmer genügend leistungsfähig sind. Davon zu unterscheiden ist die allfällige Pflicht des Unternehmers, seine Einrichtungen nur, aber immerhin, nach Massgabe des Art. 126 Abs. 1 und 2 auch Nebenunternehmern zur Benützung durch deren Arbeitnehmer zur Verfügung zu stellen (vgl. Art. 126 Abs. 1 und 2; Art. 109/Rz. 2). 5

Anmerkung 6

Der Unternehmer muss die für Unterkunft und Verpflegung seiner Arbeitnehmer geeigneten (Art. 109/Rz. 7) Einrichtungen rechtzeitig *erstellen und betreiben.* Zum Betrieb zählt neben einer regelmässigen Reinigung und allenfalls dem Erlass von Betriebs- oder Hausordnungen (vgl. Art. 9 und 15 Unterkunftsvereinbarung gemäss Anhang 6 des Landesmantelvertrags für das schweizerische Bauhauptgewerbe) auch der notwendige Unterhalt während der Benützungsdauer (vgl. Art. 124 Abs. 1). Zu den *Erstellungs- und Betriebskosten* vgl. Art. 109/Rz. 11.1 f. und 12. 6

Anmerkung 7

«*Geeignet*» sind die Einrichtungen, falls sie die Unterkunft oder Verpflegung der Arbeitnehmer unter «annehmbaren Bedingungen» (Art. 109/Rz. 2) erlauben. 7

Anmerkung 8

Zu den *behördlichen Vorschriften* zählen einerseits alle einschlägigen Erlasse von Bund, Kantonen und Gemeinden und andererseits auch behördliche Anordnungen (Art. 103/Rz. 9.1 ff.; Art. 106/Rz. 4). Sie können den Unternehmer gesetzlich verpflichten, unter bestimmten Voraussetzungen bestimmte Einrichtungen für Unterkunft und Verpflegung zu errichten und/oder in bestimmter Weise zu betreiben. Darüber hinaus können behörd- 8 liche Vorschriften aber auch in anderer Hinsicht bedeutsam sein, z.B. was den baupolizeilichen Aspekt wie die Bewilligung zur Führung einer Kantine oder den Anschluss von Abortanlagen unter Einhaltung der Abwasservorschriften an eine Kanalisation etc. angeht.

Anmerkung 9

9 Die «*Einrichtungen*» für Unterkunft und Verpflegung bestehen in den hierfür erforderlichen Anlagen unter Einschluss von Nebenräumen (Toiletten, Waschanlagen, Vorratsräumen usw.). Häufig werden auf Grossbaustellen transportierbare Container eingesetzt, die entweder dem Unternehmer oder einem Vermieter gehören. Immer aber hat der Unternehmer auch für die notwendigen Erschliessungsinstallationen (Energie, Wasser und Abwasser) zu sorgen, wenn auch unter Vorbehalt der Art. 129 ff.

Anmerkung 10

10 Die Einrichtungen für Unterkunft und Verpflegung gehören zu den *Baustelleneinrichtungen* (Art. 109/Rz. 1; Art. 123/Rz. 3; vgl. auch Art. 9 Abs. 1). Gemäss der allgemeinen Regel des Art. 124 Abs. 2 hat der Unternehmer die Pläne seiner Baustelleneinrichtungen und, wenn nötig, die zugehörigen Berechnungen der Bauleitung auf Verlangen vorzulegen. Diese (blosse) Vorlagepflicht des Unternehmers dient der Information der Bauleitung (Art. 124/Rz. 9.2). Im Unterschied zu Art. 124 Abs. 2 sieht Art. 109 Abs. 1 Satz 2 eine «*Genehmigung*» der Einrichtungen für Unterkunft und Verpflegung durch die Bauleitung (als Vertreterin des Bauherrn) vor. Zur rechtlichen Tragweite der allfälligen Genehmigung vgl. Art. 101 Abs. 3 sinngemäss (Art. 101/Rz. 11.3 ff.), allerdings mit dem Unterschied, dass die Projekte der Einrichtungen für Unterkunft und Verpflegung nur dann genehmigungsbedürftig sind, wenn dies die Bauleitung im Einzelfall verlangt.

Anmerkung 11

11.1 Unter den «*Selbstkosten*» sind die effektiven Betriebskosten ohne Zuschlag für Risiko und Gewinn zu verstehen. Doch ist zu beachten: In der Praxis kommt es häufig vor, dass der Betrieb (namentlich die Kantine) einem Dritten (z.B. Pächter) übertragen wird, was für die Arbeitnehmer keineswegs teurer zu sein braucht, obwohl der Dritte einen Gewinn erzielen will. Dieser Fall wird in Art. 109 Abs. 2 Satz 1 zwar nicht berücksichtigt, aber auch nicht ausgeschlossen. Zweckentsprechend angewendet bedeutet dann die Beschränkung auf die «*Selbstkosten*», dass der Unternehmer aus dem Vertrag mit dem Dritten keinen Gewinn erzielen darf.

11.2 Ob hingegen die Arbeitnehmer (Art. 109/Rz. 3) tatsächlich nur die Selbstkosten des Betriebs zu bezahlen haben, ist für den Bauherrn schwierig zu überprüfen und wird von diesem meistens auch nicht kontrolliert. Der Unternehmer besitzt jedoch das eigene Interesse, mit möglichst guten Bedingungen genügendes und qualifiziertes Personal anzuwerben und zu behalten. Zudem können sich die Regeln über die Selbstkostentragung durch den Arbeitnehmer etwa auch aus arbeitsvertraglich anwendbaren Bestimmungen ergeben. So hält Art. 10 Unterkunftsvereinbarung gemäss Anhang 6 des Landesmantelvertrags für das schweizerische Bauhauptgewerbe (vgl. Art. 109/Rz. 3) etwa fest, dass die

Logiskosten des Arbeitnehmers unter Berücksichtigung der Anlage- und Betriebskosten sowie des Komforts festzusetzen und grundsätzlich kostendeckend sein sollen.

Anmerkung 12

Im *vertraglichen Verhältnis zwischen Bauherr und Unternehmer* (Art. 109/Rz. 1) bedeutet die Verpflichtung des Unternehmers, seinen Arbeitnehmern Unterkunft und Verpflegung zu den Selbstkosten zur Verfügung zu stellen, dass der Bauherr im Unterschied zu den Kosten der «Erstellung» *keine Betriebskosten* zu tragen hat. Was die *Erstellungskosten* angeht, gelten diese Kosten beim *Einheitspreisvertrag* (Art. 42 Abs. 2 Satz 1) als in den übrigen Festpreisen eingerechnet, wenn für sie keine separaten Positionen vereinbart wurden. Dies ergibt sich neu aus dem Grundsatz von Art. 103 Satz 2, während Art. 109 aSIA-118 noch eine eigene Regelung vorsah, wonach vom anbietenden Unternehmer als Ergänzung zum Leistungsverzeichnis (Art. 15 Abs. 3) eigene Positionen für Einrichtungen für Unterkunft und Verpflegung vorzusehen waren, sofern in der Ausschreibung keine entsprechenden Positionen vorhanden waren und er die Kosten nicht in die Festpreise einrechnete. Dieser Zusatz wurde mit der Revision 2013 ersatzlos gestrichen. 12

4 34 Schutz benachbarter Sachen[1]

4 341 Sorgfaltspflichten des Unternehmers[2]

Art. 110

1 Der Unternehmer[3] sorgt[4] dafür, dass benachbarte[5] Bauwerke[6], Anlagen[7], Leitungen[8], Grundwasservorkommen[9] und Quellen[10] durch seine Arbeiten nicht beeinträchtigt[11] werden, und gibt hierfür die erforderlichen Weisungen[12]. Er darf sich dabei auf die in den Ausschreibungsunterlagen[13] enthaltenen Angaben[14] verlassen[15], hat aber mit der gebotenen Sorgfalt vorzugehen[16]. Im Übrigen gilt Art. 25.[17]

2 Festgestellte Schäden[18] (wie z.B. Undichtigkeiten[19], Korrosionen) meldet[20] er der Bauleitung[21] ohne Verzug[22].

Art. 110 (1977/91)

1 Der Unternehmer sorgt dafür, dass benachbarte Bauwerke, Anlagen, Leitungen, Grundwasservorkommen und Quellen durch seine Arbeiten nicht beeinträchtigt werden, und gibt hiefür die erforderlichen Weisungen. Er darf sich dabei auf die in den Ausschreibungsunterlagen enthaltenen Angaben verlassen, hat aber mit der gebotenen Sorgfalt vorzugehen. Im übrigen gilt Art. 25.

2 Festgestellte Schäden (wie z.B. Undichtigkeiten, Korrosionen) meldet er der Bauleitung ohne Verzug.

Anmerkung 1

1 Die Art. 110f. handeln vom «*Schutz benachbarter Sachen*». Dazu werden in erster Linie dem Unternehmer Sorgfaltspflichten auferlegt (Art. 110), während der Bauherr, allenfalls vertreten durch seine Bauleitung, zu Beweiszwecken die angezeigten Zustandsaufnahmen macht und die Auswirkungen der Bauarbeiten beobachtet und festhält (Art. 111). Als besondere Schutz- und Fürsorgemassnahmen (Vorbem. Art. 103 – 113/Rz. 3) haben sie alle Sachen Dritter im Einflussbereich der Bauarbeiten (Art. 110/Rz. 5) zum Schutzobjekt. Einen vertraglichen Anspruch auf richtige Erfüllung räumen die Art. 110f. aber nicht den Dritten, sondern nur den Parteien des Werkvertrags ein (Vorbem. Art. 103 – 113/Rz. 5ff.; Art. 103/Rz. 1.2ff.). Insbesondere befassen sich Art. 110f. nicht mit allfälligen Deliktsansprüchen, die geschädigten Dritten gegenüber dem Bauherrn oder dem Unternehmer zustehen (Vorbem. Art. 103 – 113/Rz. 10ff.; Art. 103/Rz. 1.5).

Anmerkung 2

2 Mit Art. 110 verpflichtet sich der Unternehmer gegenüber dem Bauherrn vertraglich, benachbarte Sachen Dritter gegen Beeinträchtigungen zu schützen (Abs. 1) und festgestellte Schäden der Bauleitung unverzüglich zu melden (Abs. 2). Der Bauherr hat einen *vertraglichen Anspruch* darauf, dass der Unternehmer sich an diese Verpflichtungen hält. Dritte hingegen können aus Art. 110 keinerlei Ansprüche ableiten (Art. 110/Rz. 1; zum Verhältnis zu Art. 112 siehe Art. 112/Rz. 1.3 und 17.3).

Anmerkung 3

3 Der *Unternehmer* haftet dem Bauherrn für die Erfüllung der in Art. 110 umschriebenen Sorgfaltspflichten aus Vertrag (Art. 110/Rz. 1). Daran ändert sich auch dann nichts, wenn er die erforderlichen Massnahmen zum Schutz benachbarter Sachen durch Hilfspersonen, z.B. durch Subunternehmer (Art. 29), durchführen lässt (zur Hilfspersonenhaftung vgl. Art. 101 OR).

Anmerkung 4

4.1 Die *Sorgfaltspflichten,* welche Art. 110 zum Schutz benachbarter Sachen vorsieht, werden dem Unternehmer auferlegt und verpflichten diesen vertraglich gegenüber dem Bauherrn (Art. 110/Rz. 2). Art. 110 erwähnt aber nicht, wer die *Kosten* des allfälligen zusätzlichen Aufwands für die Erfüllung dieser Sorgfaltspflichten zu tragen hat. Somit ist auf die *allgemeine Kostenregelung* gemäss Art. 103 Satz 2 abzustellen, wonach die Kosten beim Einheitspreisvertrag (Art. 42 Abs. 2 Satz 1) als in den übrigen Festpreisen eingerechnet gelten, wenn für sie keine separaten Positionen vereinbart wurden.

4.2 Einen allfälligen zusätzlichen *Zeitbedarf* für die Erfüllung der Sorgfaltspflichten hat der Unternehmer bei seiner Zeitplanung derart einzurechnen, dass er die vertraglichen Fristen (Art. 92) einhalten kann (Vorbem. Art. 103 – 113/Rz. 8).

Anmerkung 5

5 «*Benachbart*» sind nicht nur die unmittelbar angrenzenden, sondern alle Sachen wie Bauwerke, Anlagen usw., die im möglichen *Einflussbereich* (Art. 111 Abs. 1) der Bauarbeiten,

der Lager- und Deponieplätze (Art. 116 Abs. 1) usw. liegen. Die Nachbarschaft kann *horizontal* und *vertikal* sein (z.B. Grundstücke oberhalb eines Tunnels oder verschiedene Stockwerkeinheiten in einer Stockwerkeigentümergemeinschaft).

Anmerkung 6

Die benachbarten «*Bauwerke*», insbesondere Gebäude und Strassen, sind unter Einschluss der Grundstücke zu verstehen, auf denen sie sich befinden. Obwohl Art. 110 Abs. 1 es nicht ausdrücklich sagt, fallen auch benachbarte Grundstücke als solche (ohne Bauwerke) in den Anwendungsbereich des Art. 110 Abs. 1, was sich aus einer zweckentsprechenden Auslegung ergibt, die über den Wortlaut hinausgeht (vgl. die analoge Auslegung des Begriffs «*Gebäude*» des Art. 219 Abs. 3 OR, dazu z.B. SCHUMACHER/RÜEGG, Haftung des Grundstückverkäufers, Rz. 303). 6.1

Benachbarte Bauwerke können insbesondere auch durch Hangrutschungen beschädigt werden (vgl. BGE 111 II 72 ff.). Nach Art. 685 Abs. 1 ZGB, der das *gesetzliche Nachbarrecht* betrifft, dürfen bei Grabungen und Bauten die nachbarlichen Grundstücke nicht dadurch beschädigt werden, dass ihr Erdreich in Bewegung gebracht oder gefährdet oder vorhandene Vorrichtungen beeinträchtigt werden. 6.2

Anmerkung 7

Unter «*Anlagen*» sind andere als bauliche Anlagen auf benachbarten Grundstücken zu verstehen (z.B. maschinelle Anlagen, EDV-Anlagen). 7

Anmerkung 8

Gemeint sind irgendwelche (ober- oder unterirdische) «*Leitungen*» (z.B. für Elektrizität, Telefon, Radio und Fernsehen, Wasser, Abwasser, Fernheizung, Gas, Erdöl, Erdsonden). Sie können durch Aushub- und Grabarbeiten, mittelbar aber auch durch dadurch ausgelöste Erschütterungen, Hangrutschungen usw. beeinträchtigt werden. 8.1

Deliktsrechtlich (Vorbem. Art. 103–113/Rz. 10 ff.) stellt sich bei Leitungen die in Art. 110 Abs. 1 nicht behandelte Frage, ob und inwieweit der durch Leitungsbrüche (namentlich Kabelbrüche) geschädigte Abnehmer von Energie einen ausservertraglichen Schadenersatzanspruch gegen den Schädiger hat. Zu dieser Frage vgl. BGE 101 Ib 252 ff.; 102 II 85 ff.; GWERKV Rz. 858; GAUCH, Deliktshaftung, S. 9 ff.; GAUCH/SWEET, Deliktshaftung für reinen Vermögensschaden, S. 117 ff. 8.2

Anmerkung 9

«*Grundwasservorkommen*» sind meistens *öffentliche Sachen* (vgl. Art. 664 ZGB). Sie stehen auch unter dem Schutz des öffentlichen Rechts. Einschlägig ist diesbezüglich v.a. das Umweltschutzrecht des Bundes, insbesondere das Gewässerschutzgesetz (GSchG; vgl. Art. 112/Rz. 5.2). 9

Anmerkung 10

Eine «*Quelle*» ist das auf einem Grundstück aus dem Erdinnern regelmässig bzw. dauernd austretende Grundwasser, unabhängig davon, ob es natürlich an die Erdoberfläche tritt 10 oder künstlich gefasst ist (Göksu, Handkommentar Privatrecht, N 2 zu Art. 704 ZGB). Nach der *deliktsrechtlichen Norm des Art. 706 Abs. 1 ZGB,* die von Art. 110 Abs. 1 SIA-Norm 118 unberührt bleibt, kann Schadenersatz verlangt werden, wenn Quellen und Brunnen durch Bauten, Anlagen oder Vorkehrungen anderer Art abgegraben, beeinträchtigt oder verunreinigt werden. Soweit dies überhaupt möglich ist, kann die Wiederherstellung des früheren Zustands verlangt werden, wenn die Quelle oder der Brunnen unentbehrlich ist oder besondere Umstände eine Wiederherstellung rechtfertigen (Art. 707 ZGB).

Anmerkung 11

11.1 Benachbarte Sachen können auf vielfältige Weise durch Bauarbeiten *«beeinträchtigt»* werden. Mögliche Beeinträchtigungen sind beispielsweise Injektionen des Baugrunds, Risse zufolge Erschütterungen, Setzungen zufolge Entzug oder Ableitung von Wasser (insbesondere durch Grundwasserabsenkungen), Brände, Explosionen, Hangrutschungen, Tageinbrüche beim Tunnelbau, (Ab-)Sturz von Bauteilen (etwa von mangelhaft montierten Fassadeplatten) oder von Baustelleneinrichtungen (etwa von Gerüstteilen oder Kränen), unbefugte Benutzung von Nachbargrundstücken (z.B. durch unerlaubtes Befahren, unerlaubte Deponien, provisorische oder definitive Anker).

11.2 Obwohl dies in Art. 110 Abs. 1 nicht ausdrücklich gesagt wird, ist hier nur die *unerlaubte* und damit *widerrechtliche* Beeinträchtigung benachbarter Sachen verstanden. Die (vorübergehende oder definitive) Veränderung und Benutzung benachbarter Grundstücke kann in gewissen Fällen erlaubt sein, sei es aufgrund von Vereinbarungen des Bauherrn mit Dritten, etwa für das Bohren und Spannen von Ankern (z.B. mittels Grunddienstbarkeiten oder Personalservituten; vgl. auch Art. 116 Abs. 1, wonach der Bauherr dem Unternehmer die notwendigen Grundstücke und Rechte sowie die notwendigen Benützungsrechte zur Verfügung zu stellen hat), oder sei es aufgrund des gesetzlichen Nachbarrechts (vgl. Art. 685 und 695 ZGB; § 229 PBG-ZH; BGE 104 II 166ff.; dazu Schnyder, Das Hammerschlags- oder Leiterrecht, S. 265ff.; Steinauer, La mise à contribution du fonds voisin, S. 31ff.; KassGer ZH AA100002 vom 22. Oktober 2010 E. 3b). Solche Legalservitute können das Betreten, die Ablagerung von Baumaterialien und das Errichten eines Baugerüsts auf einem schmalen Streifen zulasten benachbarter Grundstücke vorübergehend gestatten (BGE 104 II 166/169 E. 3c).

Anmerkung 12

12 Der Unternehmer erteilt aufgrund der vom Bauherrn erhaltenen Angaben oder allenfalls gestützt auf eigene Erhebungen sowie aufgrund seiner besonderen Fachkenntnisse und Erfahrungen zweckdienliche *Weisungen* für die Arbeitsausführung (vgl. BGE 93 II 317/324 E. 2e/bb betreffend Injektionen ohne Massnahmen zum Schutz einer Abflussleitung). Weisungsempfänger können alle Hilfspersonen des Unternehmers, neben den eigenen Arbeitnehmern auch allenfalls beigezogene Subunternehmer sein (beachte Art. 29 Abs. 4). Dagegen hat der Unternehmer gegenüber dem Bauherrn, seiner Bauleitung und Nebenunternehmern kein Weisungsrecht. Macht es der Schutz benachbarter Sachen notwendig, dass vom Unternehmer unabhängige Personen geeignete Massnah-

men treffen, hat er der Bauleitung davon Anzeige zu machen (vgl. Art. 25; SPIESS/HUSER, Handkommentar, N 12 zu Art. 110).

Anmerkung 13

Zu den «*Ausschreibungsunterlagen*» vgl. Art. 7 ff. Indem Art. 110 Abs. 1 Satz 2 nur auf die Angaben des Bauherrn in den Ausschreibungsunterlagen verweist, ist der Wortlaut der Norm zu eng. Vielmehr muss der Unternehmer sich auch auf Angaben des Bauherrn oder der Bauleitung in den Ausführungsunterlagen (Art. 99/Rz. 1) sowie auf deren Weisungen (Art. 99/Rz. 2.1 ff.; beachte auch Art. 100/Rz. 1.1 ff. und 2.1 ff.) verlassen dürfen, zu deren Befolgung er verpflichtet ist. Stellt er aber fest, dass eine ihm erteilte Ausführungsanweisung fehlerhaft ist und zu einer Beeinträchtigung benachbarter Sachen führen könnte, hat er dies dem Bauherrn unverzüglich anzuzeigen und auf nachteilige Folgen der Weisung aufmerksam zu machen (Art. 25 Abs. 4 i.V.m. Abs. 3). 13

Anmerkung 14

Ob die betreffenden «*Angaben*» in Plänen enthalten sind oder anderswie mitgeteilt werden, macht unter dem Gesichtspunkt des Art. 110 Abs. 1 keinen Unterschied. 14

Anmerkung 15

Nach Art. 110 Abs. 1 darf der Unternehmer sich im Verhältnis zum Bauherrn auf die betreffenden Angaben in den Ausschreibungsunterlagen (Art. 110/Rz. 13) «*verlassen*», also bei der Planung und Durchführung der zum Schutz benachbarter Sachen erforderlichen Vorkehren von der Richtigkeit der Angaben ausgehen. Aufgrund des generellen Verweises auf Art. 25 in Art. 110 Abs. 1 Satz 3 ist jedoch vorausgesetzt, dass der Bauherr durch eine Bauleitung vertreten, selber sachverständig oder durch einen beigezogenen Sachverständigen beraten war (vgl. Art. 25 Abs. 3, wo dies mit Bezug auf Pläne ausdrücklich festgehalten wird). 15.1

Soweit der Unternehmer keine Angaben erhält, hat er sich die erforderlichen Kenntnisse *selber* zu beschaffen, sei es beim Bauherrn oder sei es bei Dritten. 15.2

Anmerkung 16

Zwar darf der Unternehmer sich auf die Angaben der Ausschreibungsunterlagen verlassen, wird im Übrigen aber nicht von seiner Sorgfaltspflicht befreit, zum Schutz benachbarter Sachen die geeigneten Massnahmen vorzukehren. Dabei hat er, was Art. 110 Abs. 1 ausdrücklich hervorhebt, «*mit der gebotenen Sorgfalt*» vorzugehen. Er ist verpflichtet, «die gesetzlich vorgeschriebenen und die erfahrungsgemäss gebotenen Vorkehren» im Sinne von Art. 103 zu treffen. Beispiele: 16.1

Mittels Sonderschlitzen ist die Situation und die Höhenlage von Leitungen im Erdboden zu erforschen. Sicherheitsreserven (Toleranzen) sind zu kalkulieren. Im Bereich von Leitungen ist besondere Sorgfalt im Umgang mit Baumaschinen geboten oder muss allenfalls von Hand ausgehoben werden. Freigelegte Leitungen usw. bedürfen der umgehenden Sicherung (z.B. Abstützung), auch des Schutzes vor Beschädigungen durch die folgenden Bauarbeiten. 16.2

Anmerkung 17

17 Art. 25, der hier generell vorbehalten wird, befasst sich mit den *Anzeige- und Abmahnungspflichten* des Unternehmers. Eine besondere Art von Meldepflicht sieht Art. 110 Abs. 2 vor.

Anmerkung 18

18.1 Gemeint sind «*Schäden*» an benachbarten Bauwerken, Anlagen, Leitungen und anderen Sachen, die im möglichen Einflussbereich der Arbeiten liegen (Art. 111 Abs. 1) und vom Unternehmer oder seinen Hilfspersonen (vor allem von allfälligen Subunternehmern) (Art. 29 Abs. 4) bei der Ausführung der Arbeiten festgestellt werden. Gleichgültig ist, ob es sich um vorbestehende Schäden handelt oder um solche, welche durch die vom Unternehmer (oder seiner Hilfsperson) ausgeführten Arbeiten selber verursacht wurden.

18.2 Aus der Systematik (Art. 110/Rz. 1; Art. 111/Rz. 5.2) ergibt sich, dass sich Art. 110 Abs. 2 nur mit Schäden an Sachen befasst, die nicht dem Bauherrn selber gehören. Mit Bezug auf Sachen des Bauherrn besteht eine Meldepflicht des Unternehmers jedoch schon gestützt auf seine allgemeine Sorgfalts- und Treuepflicht (Art. 364 Abs. 1 OR; GWerkV Rz. 817 ff.), allenfalls auch nach Massgabe des Art. 23 Abs. 1.

Anmerkung 19

19 Beispielsweise kann die «*Undichtigkeit*» einer freigelegten Leitung festgestellt werden. Es ist auch möglich, dass Wasseraustritte in eine Baugrube, aus einem angeschnittenen Hang usw. auf die Undichtigkeit einer nahe gelegenen, jedoch verborgenen Leitung schliessen lassen.

Anmerkung 20

20.1 *Gegenstand der Meldepflicht* bilden die festgestellten Schäden unabhängig davon, ob sie vom Unternehmer verursacht sind oder nicht (Art. 110/Rz. 18.1 f.). Die Meldung kann mangels anderer Abrede in irgendeiner Form, also auch mündlich erfolgen, wobei aus Beweisgründen und mit Blick auf Art. 25 Abs. 2, auf welchen in Abs. 1 generell verwiesen wird, Schriftform vorzuziehen ist. Bei pflichtwidrig unterlassener Meldung wird der Unternehmer dem Bauherrn gegenüber schadenersatzpflichtig, wenn dieser infolge der Unterlassung einen Schaden erleidet.

20.2 Eine rechtzeitige (Art. 110/Rz. 22) Meldung ermöglicht es dem Bauherrn einerseits, entsprechende, ihm obliegende Sicherheitsmassnahmen anzuordnen oder mit Dritten eine entsprechende Vereinbarung zu treffen (Art. 110/Rz. 11.2), und andererseits, spätere ungerechtfertigte Ansprüche abzuwehren (z.B. durch den Beweis vorbestandener Schäden, vgl. Art. 111/Rz. 16).

Anmerkung 21

21 Mit der *Bauleitung* ist im Sinne der Norm immer auch der Bauherr gemeint, sofern keine Bauleitung eingesetzt ist (Art. 33 Abs. 3). Hat der Bauherr eine Bauleitung bezeichnet, vertritt sie den Bauherrn im Umfang der eingeräumten Bevollmächtigung (Einl./Rz. 19; vgl. auch Art. 33 Abs. 2).

Anmerkung 22

22 *«Ohne Verzug»* bedeutet: ohne vorwerfbares Zögern ab dem Zeitpunkt der Feststellung eines Schadens.

4 342 Beweissicherung[1]

Art. 111[2]

[1] Soweit es angezeigt ist[3], hält der Bauherr auf seine Kosten[4] den Bestand und Zustand fremder Sachen[5] (wie z.B. Grundstücke, Bauten, Verkehrswege, Leitungen, Grundwasservorkommen, Quellen)[6], die im möglichen Einflussbereich[7] der Arbeiten[8] liegen, noch vor deren Beginn[9] zur Beweissicherung[10] fest.[11] Er beschafft sich die erforderlichen Beweismittel.[12]

[2] Während der Bauzeit[13] beobachtet[14] die Bauleitung[15] Einflüsse und Veränderungen[16] wie Erschütterungen[17], Lage- und Zustandsänderungen[18], Veränderungen der Grundwasser- und Quellverhältnisse[19] und hält sie durch Messungen fest[20]. Die Messpunkte sowie die Art und den Zeitpunkt der Messungen legt sie im Einvernehmen mit dem Unternehmer fest[21]; sie lädt ihn zu den Zustandsaufnahmen rechtzeitig ein[22].

[3] Die Ergebnisse der ersten Aufnahmen[23], der laufenden Beobachtungen[24] und der periodischen Messungen[25] hält die Bauleitung dem Unternehmer jederzeit zur Verfügung[26]; sie ermöglicht ihm die Kopienahme[27].

Art. 111 (1977/91)

[1] Soweit es angezeigt ist, hält der Bauherr auf seine Kosten den Bestand und Zustand fremder Sachen (wie z.B. Grundstücke, Bauten, Verkehrswege, Leitungen, Grundwasservorkommen, Quellen), die im möglichen Einflussbereich der Arbeiten liegen, noch vor deren Beginn zur Beweissicherung fest. Er beschafft sich die erforderlichen Beweismittel.

[2] Während der Bauzeit beobachtet die Bauleitung Einflüsse und Veränderungen wie Erschütterungen, Lage- und Zustandsänderungen, Veränderungen der Grundwasser- und Quellverhältnisse und hält sie durch Messungen fest. Die Messpunkte sowie die Art und den Zeitpunkt der Messungen legt sie im Einvernehmen mit dem Unternehmer fest; sie lädt ihn zu den Zustandsaufnahmen rechtzeitig ein.

[3] Die Ergebnisse der ersten Aufnahmen, der laufenden Beobachtungen und der periodischen Messungen hält die Bauleitung dem Unternehmer jederzeit zur Verfügung; sie ermöglicht ihm die Kopienahme.

Anmerkung 1

1.1 Die *Pflicht zur Beschaffung der erforderlichen Beweismittel* über Bestand und Zustand fremder (benachbarter) Sachen, welche Art. 111 dem Bauherrn auferlegt, beruht auf der Erfahrungstatsache, dass Bauarbeiten oftmals ein Risiko für benachbarte Grundstücke,

Bauwerke und Anlagen bergen. Weil der Bauherr und/oder der Unternehmer deshalb mit Haftpflichtansprüchen Dritter infolge einer angeblichen oder wirklichen Beschädigung dieser Sachen rechnen müssen, sind beide Parteien daran interessiert, dass Bestand und Zustand fremder Sachen, die im möglichen Einflussbereich der Arbeiten liegen, sowohl vor Arbeitsbeginn als auch während der Arbeitsausführung zum Zwecke der Beweissicherung aufgenommen werden. Im Übrigen sind einleitend die folgenden Punkte anzumerken:

1.2 a) Zwar obliegt es in einem allfälligen Prozess dem Dritten, die Voraussetzungen für seinen Schadenersatzanspruch zu beweisen (Art. 8 ZGB). Er gilt damit als beweisbelastet, weshalb er das Gericht vom Vorhandensein der für seinen Anspruch vorausgesetzten Tatsachen zu überzeugen hat bzw. den *Hauptbeweis* führen muss. Dies schliesst auch den Nachweis der angeblichen Veränderung bzw. Beschädigung der fremden Sache in sich. Kann der volle Beweis nicht erbracht werden, ist das Gericht auf *Wahrscheinlichkeitsbeweise* angewiesen, bei dem zum rechtsgenüglichen Nachweis einer bestimmten Tatsache bloss eine überwiegende Wahrscheinlichkeit ausreicht (vgl. BGE 130 III 321/322 E. 2; Reetz, Der Bauprozess: er steht und fällt mit dem Beweis, S. 134 f.; zum *Beweismass* im Allgemeinen: Pasquier, Die Schätzung nach gerichtlichem Ermessen, Rz. 42 ff., insbesondere Rz. 47 ff.; Staehelin Adrian/Staehelin Daniel/Grolimund, ZPO, § 18 Rz. 37 ff.; Leu, DIKE-ZPO, N 45 ff. zu Art. 157 ZPO). Dabei spielt die Berücksichtigung von Erfahrungssätzen wie etwa der Schluss vom festgestellten späteren Zustand (z.B. Rutschungen, Senkungen oder Risse) auf typische und damit wahrscheinliche Ursachen wie Grabungen, Ramm- oder Sprengarbeiten (vgl. Schumacher, Beweisprobleme, S. 177 ff.) eine wichtige Rolle (Reetz, Der Bauprozess: er steht und fällt mit dem Beweis, S. 135, Fn. 39).

1.3 b) Eine rechtzeitige und taugliche Beweissicherung erleichtert dem Bauherrn den *Gegenbeweis* gegen eine vom allfällig geschädigten und hauptbeweisbelasteten Dritten vorgebrachte Behauptung. Mit dem Gegenbeweis kann der Bauherr beim Gericht Zweifel an der Richtigkeit des Hauptbeweises schüren (vgl. Reetz, Der Bauprozess: er steht und fällt mit dem Beweis, S. 152; Staehelin Adrian/Staehelin Daniel/Grolimund, ZPO, § 18 Rz. 19). Dies ist notwendig, da das Gericht im Zivilprozess seine Überzeugung nur innerhalb der ihm zur Verfügung gestellten Beweismittel bildet. Auf nicht vorgetragene Tatsachen und nicht beantragte Beweise stellt es grundsätzlich nicht ab (Leu, DIKE-ZPO, N 18 f. zu Art. 157 ZPO). Tritt eine Partei nicht selber den Gegenbeweis an, riskiert sie deshalb, dass das Gericht gestützt auf die einseitigen Beweismittel der Gegenpartei den Beweis als erbracht erachtet. Deshalb ist dem Gegenbeweis die gleiche Aufmerksamkeit zu schenken wie dem Hauptbeweis (vgl. Schumacher, Beweisprobleme, S. 196; Meier, Das Beweismass, S. 62 f.). Durch Art. 111 Abs. 1 und 2 wird der Bauherr zu einer entsprechenden «prozessualen Vorsorge» verpflichtet.

1.4 c) Als *Methoden der Beweissicherung* stehen dem Bauherrn insbesondere die vorsorgliche Beweisführung nach Art. 158 ZPO (Art. 111/Rz. 10.2), die amtliche Befundaufnahme (Art. 111/Rz. 10.3) und private Beweissicherungsmassnahmen (Art. 111/Rz. 10.4) zur Verfügung.

Anmerkung 2

Art. 111 dient der *Schaffung klarer Verhältnisse* und damit der *Prozessvermeidung* und schliesslich dem *Rechtsfrieden.* Die vorsorglich erhobenen Beweismittel schaffen häufig derart klare Verhältnisse, dass Dritte keine Ansprüche stellen oder Ansprüche Dritter ohne Weiteres als berechtigt anerkannt werden. Dabei liegt die Beweissicherung nicht nur im Interesse des Bauherrn, sondern auch in demjenigen des Unternehmers: Zunächst ermöglicht die Beweissicherung dem Bauherrn die Abwehr ungerechtfertigter Ansprüche Dritter, weshalb auch Regressansprüche des Bauherrn gegen den Unternehmer zufolge nicht entkräfteter Hauptbeweise des Dritten entfallen. Sollte es sodann gleichwohl zu einem Prozess um angebliche Regressansprüche des Bauherrn kommen, kann der Unternehmer die Beweismittel gegen den Bauherrn verwenden. Und schliesslich können die vom Bauherrn gesammelten Beweismittel dem Unternehmer auch dazu dienen, um seinerseits direkte Deliktsansprüche Dritter gegen ihn abzuwehren. 2.1

Art. 111 Abs. 1 und 2 verpflichten den Bauherrn gegenüber dem Unternehmer zur Beschaffung der erforderlichen Beweismittel (Gegenbeweismittel) über Bestand und Zustand fremder Sachen. Damit erhält der Unternehmer einen *vertraglichen Anspruch* (Vorbem. Art. 103 – 113/Rz. 5 ff.; Art. 103/Rz. 1.2) darauf, dass der Bauherr die in Art. 111 umschriebenen Massnahmen zur Beweissicherung trifft, und zwar von sich aus, ohne dass der Unternehmer ihn hierzu auffordern muss. 2.2

Anmerkung 3

«Angezeigt» ist die Beweissicherung insoweit, als nach den konkreten Umständen vernünftigerweise, insbesondere aufgrund von Erfahrungen, damit gerechnet werden muss, dass fremde Sachen durch die Bauarbeiten beschädigt oder Beeinträchtigungen zumindest behauptet werden. Ein derartiges Bedürfnis nach Beweissicherung kann im Einzelfall etwa aufgrund der örtlichen Verhältnisse oder der gewählten Baumethode bestehen (z.B. Rutschgebiet, Bau steiler Böschungen, Tunnel und Stollenbau in bewohnten Gebieten mit geringer Überdeckung, Rammarbeiten, Sprengarbeiten, Pfählungen, Vorbelastung des Baugrunds). Beachte auch Art. 111/Rz. 11.1 f. zu den erforderlichen Beweismitteln. 3.1

Ob konkrete Bauarbeiten ein Risiko zur Schädigung benachbarter Sachen bergen und damit eine präventive Beweissicherung notwendig machen, hat der Bauherr oder seine Bauleitung *im Zweifelsfall mit dem Unternehmer abzuklären.* Dies wird in Art. 111 Abs. 1 zwar nicht erwähnt, ergibt sich aber aus Abs. 2, wonach der Bauherr Ort, Art und Zeit von Zustandsmessungen «während der Bauzeit» «im Einvernehmen mit dem Unternehmer» festlegt (vgl. Art. 111/Rz. 21.1 ff.). Denn um den Einfluss der Bauarbeiten während der Bauzeit zu beobachten, ist vorausgesetzt, dass die Messpunkte und -methoden bereits vor Beginn der Arbeiten in Abstimmung mit dem Unternehmer gesetzt und gewählt werden. Den Unternehmer trifft folglich eine entsprechende Mitwirkungspflicht (Art. 111/Rz. 21.4). Der frühzeitige Einbezug des Unternehmers ist auch deshalb angezeigt, weil es der Unternehmer ist, der um allfällige spezielle Gefahren, die von seinen Bauarbeiten ausgehen können, weiss und der deshalb auch die gebotenen Vorkehren zum Schutz von Personen und Sachen Dritter und des Bauherrn zu ergreifen hat (Art. 103/Rz. 11.3). 3.2

Anmerkung 4

4 Die «*Kosten*» gehen *zulasten des Bauherrn,* der hierfür vom Unternehmer keine Vergütung verlangen kann. Dabei macht es keinen Unterschied, um was für Kosten es sich handelt. Zulasten des Bauherrn geht folglich auch der Vergütungsaufwand für Dritte (z.B. für die Bauleitung, für speziell beigezogene Ingenieure, Gerichtsexperten oder Behörden), die mit der Feststellung von Bestand oder Zustand fremder Sachen beauftragt werden.

Anmerkung 5

5.1 Die Beweissicherungspflicht des Art. 111 ist auf «*fremde Sachen*» beschränkt. Dazu ist ein Dreifaches anzumerken:

5.2 a) Bei den fremden Sachen, über deren Bestand und Zustand der Bauherr nach Art. 111 die erforderlichen Beweismittel (Art. 111/Rz. 11.1 f.) zu beschaffen hat, handelt es sich um *benachbarte Sachen.* Dies ergibt sich aus der systematischen Stellung unter der Überschrift «4.34 Schutz benachbarter Sachen», unter dem die Art. 110 f. stehen. *Benachbart* sind nicht nur unmittelbar angrenzende Sachen, sondern alle Grundstücke, Bauten, Strassen, Leitungen etc., welche «im möglichen Einflussbereich der Arbeiten» (Art. 111 Satz 2) liegen (Art. 110/Rz. 5).

5.3 b) Nur wenn und soweit Sachen *Dritter* Gefahr droht, ist Art. 111 anwendbar, somit nicht bei der Gefährdung von Sachen des Bauherrn (z.B. Altbauten) oder des Unternehmers selber (z.B. Baustelleneinrichtungen). Es kann jedoch sinnvoll sein, dass der Zustand beispielsweise von Altbauten des Bauherrn festgehalten wird. Art. 111 verpflichtet jedoch den Bauherrn nicht dazu, doch ist auch diese Beweissicherung für den Bauherrn von Vorteil, der allfällige schädigende Einwirkungen der Bauarbeiten auf seine Sachen im Streitfall wird beweisen müssen.

5.4 c) Die *Gesundheit* Dritter ist nicht Gegenstand des Art. 111. Die Beweissicherung kann zwar auch im Bereiche des Schutzes der Gesundheit Dritter sinnvoll und zweckmässig sein, wenn Unfallgefahren bestehen oder die Gesundheit bedrohende Immissionen befürchtet werden. Art. 111 befasst sich jedoch nicht damit. Allerdings können die Auswirkungen ein und derselben Bauarbeit (z.B. die in Art. 111 Abs. 2 und Art. 112 Abs. 1 erwähnten Erschütterungen) sowohl fremde Sachen als auch die Gesundheit Dritter gefährden.

Anmerkung 6

6 Zu diesen *Beispielen* vgl. auch Art. 110 Abs. 1.

Anmerkung 7

7 Der *mögliche Einflussbereich von Bauarbeiten* ist abhängig von der Art der Bauarbeiten und von den Verhältnissen der Umgebung (z.B. geologische und geotechnische Verhältnisse). Im möglichen Einflussbereich können nicht nur unmittelbar benachbarte, sondern auch *entfernte* Sachen liegen (Art. 110/Rz. 5; Art. 111/Rz. 3.1 f.).

Anmerkung 8

Gemeint sind die vom betreffenden Unternehmer *übernommenen Arbeiten*, und zwar gleichgültig, ob er sie selber ausführt oder durch beigezogene Subunternehmer (Art. 29) ausführen lässt. 8

Anmerkung 9

Die Beweissicherung ist «*vor Beginn*» derjenigen Einzelarbeiten, in deren möglichem Einflussbereich die fremden Sachen liegen, zu machen. Dabei hat der Bauherr die benötigte Vorbereitungszeit für die betreffenden Arbeiten zu berücksichtigen (Art. 94 Abs. 1 Satz 2 sinngemäss). Insbesondere sollen die Massnahmen zur Beweissicherung so frühzeitig durchgeführt werden, dass der Unternehmer in der Ausführung seiner Arbeiten nicht behindert wird. Gelegentlich ist es angezeigt, die Beweissicherung bereits vor der Ausschreibung durchzuführen (Art. 5 Abs. 2 und 3), um die Ergebnisse in den Ausschreibungsunterlagen (Art. 7) zu berücksichtigen. 9

Anmerkung 10

Beweissicherung ist die Beschaffung von Beweismitteln. Dazu stehen dem Bauherrn insbesondere die folgenden Methoden zur Verfügung (vgl. zum Ganzen REETZ, Der Bauprozess: er steht und fällt mit dem Beweis, S. 125 ff.): 10.1

a) *Vorsorgliche Beweisführung* nach Art. 158 ZPO (ehemals vorsorgliche Beweissicherung oder -aufnahme): Nach Art. 158 ZPO nimmt das Gericht in Anwendung der Bestimmungen über die vorsorglichen Massnahmen (Abs. 2) jederzeit Beweis ab, wenn das Gesetz einen entsprechenden Anspruch gewährt (Abs. 1 lit. a) oder die gesuchstellende Partei eine Gefährdung der Beweismittel oder ein schutzwürdiges Interesse glaubhaft macht (Abs. 1 lit. b). Da mit der SIA-Norm 118 kein gesetzlicher Anspruch zur vorsorglichen Beweisführung konstituiert wird, beurteilt sich die Zulässigkeit einer vorsorglichen Beweisführung danach, ob im konkreten Einzelfall eine Beweisgefährdung oder ein schutzwürdiges Interesse glaubhaft gemacht werden kann (im Einzelnen REETZ, Vorsorgliche Beweisführung, S. 139 ff.; DERS., Der Bauprozess: er steht und fällt mit dem Beweis, S. 126 ff.; DERS., Der neue Bauprozess, S. 78 f.; DERS., Neues zur vorsorglichen Beweisführung, S. 80 ff.; zur Kostenverteilung BGE 140 III 30/31 ff. E. 3; vgl. auch HÜRLIMANN, Bau-Expertisen, S. 203). 10.2

b) *Amtliche Befundaufnahme:* Ein amtlicher Befund ist eine protokollarische Aufnahme eines objektiv feststellbaren Sachverhalts nach kantonalem Recht (vgl. HAUSER/SCHWERI/LIEBER, GOG, N 1 zu § 143 GOG-ZH). Soweit keine besonderen Fachkenntnisse zur Zustandsaufnahme notwendig sind (§ 143 Abs. 1 GOG-ZH), ist es im Vergleich zur vorsorglichen Beweisführung (Art. 111/Rz. 10.2) das einfachere Verfahren. Namentlich ist weder eine Beweisgefährdung noch ein besonderes schutzwürdiges Interesse vorausgesetzt. Im Rahmen der Beweiswürdigung kommt einem amtlichen Befund die Beweiskraft einer öffentlichen Urkunde zu (vgl. Art. 9 ZGB und Art. 179 ZPO), was bedeutet, dass die im amtlichen Befund festgestellten Tatsachen bis zum Beweis des Gegenteils grundsätzlich als erwiesen gelten (zum Ganzen REETZ, Der Bauprozess: er steht und fällt mit dem 10.3

Beweis, S. 132 f.). Die amtliche Befundaufnahme eignet sich insbesondere zur Beweissicherung minder komplexer Tatsachen. Zu denken ist etwa an die Aufnahme von Rissprotokollen in benachbarten Liegenschaften.

10.4 c) *Private Beweissicherungsmassnahmen:* Beweise können auch privat, sei es durch den Beizug eines Parteigutachters, sei es durch eigenhändige Sicherungsmassnahmen wie z.B. dem Fotografieren einer Situation, gesichert werden. Insbesondere *Parteigutachter* dürften häufig eingesetzt werden, da sie i.d.R. schneller und günstiger als ein vom Gericht im Rahmen einer vorsorglichen Beweisführung eingesetzter Gutachter beauftragt werden oder im Unterschied zu einem staatlichen Beamten bei einer amtlichen Befundaufnahme auch komplexe Sachverhalte aufnehmen können. Nachteilig ist, dass Privatgutachten in einem späteren Prozess nur die *Bedeutung einer Parteibehauptung* (BGE 140 III 16/24 E. 2.5; 132 III 83/87 f. E. 3.4) zukommt, doch dürfte auch ein bestrittenes Parteigutachten vom Gericht im Rahmen der Beweiswürdigung zumindest als Indiz für die von der Partei aufgestellte Tatsachenbehauptung betrachtet werden (Reetz, Der Bauprozess: er steht und fällt mit dem Beweis, S. 130 f.). Allenfalls kann sich ein Parteigutachter als sachverständiger Zeuge zur Würdigung des Sachverhalts äussern (vgl. Hürlimann, Bau-Expertisen, S. 205; kritisch Müller Heinrich A., DIKE-ZPO, N 12 zu Art. 175 ZPO).

Anmerkung 11

11.1 Die *Feststellung von Bestand und Zustand* fremder Sachen dient dem Zwecke der Beweissicherung (Art. 111/Rz. 10.1 ff.). Der Bauherr beschafft sich «die erforderlichen Beweismittel» (Art. 111/Rz. 12.1 ff.), damit später Bestand und Zustand fremder Sachen, wie er vor Arbeitsbeginn (Art. 111/Rz. 9) war, bewiesen werden können. Die Beweismittel sollen dem Bauherrn oder dem Unternehmer den Gegenbeweis (Art. 111/Rz. 1.3) erleichtern, wenn ein Dritter in einem allfälligen Schadenersatzprozess zu Unrecht behauptet, dass die Bauarbeiten Bestand oder Zustand einer ihm gehörenden Sache geändert und damit beschädigt hätten. Die vor Arbeitsbeginn beschafften Beweismittel gestatten einen Vergleich des ursprünglichen Zustands (vor Arbeitsbeginn) mit dem späteren, angeblich veränderten Zustand. Dagegen erlauben sie keinen Rückschluss auf die Kausalität zwischen einem neu eingetretenen Zustand und den Bauarbeiten.

11.2 Der Bauherr hält sowohl den Bestand, also die Existenz, als auch den Zustand der betreffenden Sachen fest. Zu Letzterem gehören die *relevanten Sacheigenschaften.* Sie können in der örtlichen Lage oder in anderen Eigenschaften bestehen (z.B. Risse an benachbarten Bauten oder Leitungen, Ergiebigkeit und Qualität einer Quelle). Die entsprechenden Feststellungen sind *«die Ergebnisse der ersten Aufnahmen»* im Sinne von Art. 111 Abs. 3.

Anmerkung 12

12.1 Der Bauherr beschafft sich die *«erforderlichen Beweismittel»,* um den vor Arbeitsbeginn festgestellten Bestand und Zustand fremder Sachen zu beweisen und mit einem späteren Zustand vergleichen zu können. Durch den Zweck der Beweissicherung unterscheidet sich Art. 111 Abs. 1 von Art. 5 Abs. 2, wonach der Bauherr die örtlichen Gegebenheiten abklärt und in den Ausschreibungsunterlagen festhält. Im Weitern sind die folgenden Punkte hervorzuheben:

a) Die *Beweismittel* müssen *beweistauglich* und *zulässig* (vgl. Art. 168 ZPO) sein. Dabei stehen zu Sicherungszwecken der Urkundenbeweis z.B. durch Fotos, Zeichnungen, Pläne, Filme oder Messprotokolle etwa über die Ergiebigkeit und Qualität einer Quelle oder des Wasserstands eines Flusses oder Bachs (vgl. Art. 177 ff. ZPO) und Gutachten (vgl. Art. 183 ff. ZPO) im Vordergrund. 12.2

b) Je nach den konkreten Umständen kann es angezeigt sein, die Beweiserhebungen *neutralen Personen (Experten)* zu übertragen, um dadurch die Beweiswürdigung positiv zu beeinflussen (vgl. Art. 111/Rz. 10.4; zu Bau-Experten im Allgemeinen vgl. Hürlimann, Bau-Expertisen, S. 195 ff.). Mit dem gleichen Ziel mag es sich rechtfertigen, den Eigentümer einer gefährdeten Sache die Richtigkeit der Erhebungen (Messungen usw.) unterschriftlich bestätigen zu lassen. 12.3

c) Die Beschaffung der erforderlichen Beweismittel setzt häufig das *Einverständnis Dritter* voraus (z.B. zum Betreten einer Liegenschaft zwecks fotografischer Aufnahmen, zum Anbringen von Vermessungspunkten oder zur Versiegelung bereits bestehender Risse). Im Regelfall bietet dies keine Schwierigkeit, da es auch im Interesse des (beweisbelasteten) Eigentümers einer gefährdeten Sache (z.B. ein benachbarter Grundeigentümer) ist, die Beweise vor Baubeginn zu sichern. Weigert sich dagegen ein Eigentümer, eine Beweisaufnahme zu dulden, stehen dem Bauherrn bei gegebenen Voraussetzungen die gesetzlichen Beweissicherungsmassnahmen der vorsorglichen Beweisführung nach Art. 158 ZPO (Art. 111/Rz. 10.2) und in einigen Kantonen auch die Aufnahme eines amtlichen Befunds (Art. 111/Rz. 10.3) zur Verfügung. 12.4

Anmerkung 13

«*Während der Bauzeit*» bedeutet: Während der Dauer jener Bauarbeiten, in deren möglichem Einflussbereich (Art. 111/Rz. 7) die fremden Sachen liegen. Je nach den Umständen des konkreten Einzelfalls sind die Beobachtungen laufend oder periodisch in bestimmten Abständen durchzuführen. 13

Anmerkung 14

Die Bauleitung hat während der Bauzeit allfällige Einflüsse und Veränderungen der Bauarbeiten auf fremde Sachen zu *beobachten und festzuhalten*. Nicht nur die Ergebnisse der ersten Aufnahmen (Art. 111 Abs. 1 und 3), sondern auch die laufenden Beobachtungen bzw. Messungen sind in Zustandsaufnahmen (Art. 111 Abs. 2 in fine) festzuhalten und Beweise über den status quo oder über mögliche Veränderungen dadurch zu sichern (Art. 111/Rz. 20). Zur dauerhaften oder periodischen Beobachtung ist der Bauherr gegenüber dem Unternehmer vertraglich verpflichtet (Art. 111/Rz. 2.2). 14

Anmerkung 15

Die «*Bauleitung*», von der hier die Rede ist, handelt anstelle des Bauherrn (Einl./Rz. 17), dem die vertragliche Beobachtungspflicht des Art. 111 Abs. 2 obliegt. Die Kosten gehen 15 zulasten des Bauherrn (Art. 111 Abs. 1; Art. 111/Rz. 4). Das gilt auch dann, wenn im Einzelfall besondere Spezialisten beigezogen werden müssen.

Anmerkung 16

16 Die «*Einflüsse*», denen die betreffenden Sachen ausgesetzt sind, und die «*Veränderungen*», welche die fremden Sachen zufolge dieser Einflüsse erfahren, sind zum Zwecke der Beweissicherung (Art. 111/Rz. 10.1 ff.) zu beobachten und festzuhalten. Die entsprechenden Zustandsaufnahmen ermöglichen den Vergleich mit der aufgenommenen Situation vor Beginn der Arbeiten (Art. 111 Abs. 1). Der Vergleich kann allenfalls dazu führen, besondere Sicherungmassnahmen zu ergreifen (Art. 103), Baumethoden abzuändern oder andere Baustoffe zu wählen, um Schäden überhaupt bzw. weitere Schäden zu vermeiden.

Anmerkung 17

17 «*Erschütterungen*» oder Vibrationen können sowohl an der Quelle als auch in ihren Auswirkungen auf benachbarte Sachen beobachtet und gemessen werden (z.B. neue Risse oder grössere alte Risse; vgl. auch Art. 112/Rz. 9).

Anmerkung 18

18 Die *Lage* und der *Zustand* benachbarter Sachen können sich beispielsweise durch Senkungen (etwa zufolge Grundwasserabsenkungen) oder durch Verschiebungen (etwa zufolge einer Hangrutschung) verändern.

Anmerkung 19

19 «Grundwasservorkommen» und «Quellen» können sich sowohl in Bezug auf das Volumen (z.B. Ergiebigkeit einer Quelle) als auch bezüglich der Wasserqualität verändern.

Anmerkung 20

20 Der Bauherr misst die Einflüsse und Veränderungen und hält das Ergebnis der *Messungen zur Beweissicherung* (Art. 111/Rz. 10.1 ff.) fest. Zu diesem Zweck kann er auch unabhängige, spezialisierte Fachleute beiziehen. Möglich ist, dass der Unternehmer aufgrund seiner allgemeinen Treue- und Sorgfaltspflicht (Art. 23 Abs. 1; GWerkV Rz. 817 ff.) zur *Mitwirkung* verpflichtet ist (Art. 111/Rz. 21.4).

Anmerkung 21

21.1 Art. 111 Abs. 2 Satz 2 verpflichtet den Bauherrn, allenfalls vertreten durch die Bauleitung (Einl./Rz. 17), die Messpunkte sowie die Art und den Zeitpunkt der Messungen «*im Einvernehmen mit dem Unternehmer festzulegen*». Dies ist wie folgt zu präzisieren:

21.2 a) Der Bauherr ist verpflichtet, die Beweissicherung, soweit sie angezeigt ist (Art. 111/Rz. 3.1 f.), von sich aus und auf eigene Kosten durchzuführen (Art. 111/Rz. 4). Das erforderliche Einvernehmen des Unternehmers besteht deshalb im Wesentlichen darin, dass er *seine eigenen Interessen wahren* kann. Einerseits kann er Vorschläge betreffend Ort, Art und Zeitpunkt (und damit auch betreffend den Rhythmus) der Beweiserhebungen unterbreiten und damit verhindern, dass Messpunkte, Messungen usw. seine Bauarbeiten behindern. Andererseits kann er seine eigenen, berechtigten Beweisbedürfnisse (Art. 111/Rz. 2.1 f.) geltend machen.

b) Das «*Einvernehmen*» des Unternehmers setzt voraus, dass er vorgängig über die vom Bauherrn bzw. von dessen Bauleitung vorgesehenen Beweissicherungsmassnahmen (Messungen) orientiert wird. Art. 111 Abs. 2 Satz 2 enthält keine Regelung für den Fall, dass sich mit dem Unternehmer kein Einvernehmen erzielen lässt. In diesem Fall ist diese Bestimmung auslegungsbedürftig, wobei insbesondere der Zweck der Beweissicherung zu berücksichtigen ist (vgl. Jäggi/Gauch/Hartmann, Zürcher Kommentar, N 402 ff. zu Art. 18 OR) und ferner der Umstand, dass deren Kosten der Bauherr trägt (Art. 111/Rz. 4). Die Auslegung mag in einem solchen Falle häufig zum Ergebnis führen, dass der Bauherr (oder seine Bauleitung) auch gegen den Willen des Unternehmers entscheiden kann. 21.3

c) Die sinnvolle Bestimmung von Ort, Zeit und Art der Messungen bedingen gelegentlich die *Mitwirkung des Unternehmers,* indem dieser beispielsweise Bauteile für das Anbringen von Messpunkten freilegt oder Löcher bohrt. Erfolgt dies aufgrund einer Bestellungsänderung, besitzt er Anspruch auf eine zusätzliche Vergütung nach Massgabe der Art. 86 ff. Der Unternehmer hat die Messpunkte, Messeinrichtungen usw. sorgfältig zu behandeln, insbesondere nicht zu beschädigen. Über Art. 111 Abs. 2 Satz 2 hinaus kann der Unternehmer aufgrund seiner allgemeinen Treue- und Sorgfaltspflicht (Art. 23 Abs. 1; GWerkV Rz. 817 ff.) zu weiterer Mitwirkung gehalten sein, z.B. indem er den Bauherrn bei der Wahl der Messmethoden unterstützt oder die Ergebnisse eigener Messungen (wie etwa Rammprotokolle) zur Verfügung stellt. 21.4

d) Damit allfällige Veränderungen (Art. 111/Rz. 16) während der Bauzeit (Art. 111/Rz. 13) festgestellt werden können, sind bereits vor Beginn (Art. 111/Rz. 9) der fraglichen Bauarbeiten Messpunkte festzulegen und erste Aufnahmen im Einvernehmen mit dem Unternehmer durchzuführen. 21.5

Anmerkung 22

Die *rechtzeitige Einladung* soll den Unternehmer in die Lage versetzen, sein Mitspracherecht (Art. 111/Rz. 21.2) auszuüben, indem er die Vorschläge überdenkt, einen geeigneten Arbeitnehmer delegiert, ihn instruiert usw. *Rechtzeitig* ist die Einladung dann, wenn sie dem Unternehmer die benötigte angemessene Vorbereitungszeit einräumt (analog Art. 94 Abs. 1 Satz 2; vgl. auch Art. 100 Abs. 1). 22

Anmerkung 23

Mit den «*Ergebnissen der ersten Aufnahmen*» sind die Feststellungen vor Beginn der fraglichen Arbeiten gemäss Art. 111 Abs. 1 gemeint. 23

Anmerkung 24

Mit den «*laufenden Beobachtungen*» sind die Beobachtungen nach Art. 111 Abs. 2 Satz 1 (Art. 111/Rz. 14) gemeint. 24

Anmerkung 25

25 Mit den *«periodischen Messungen»* sind die Messungen nach Massgabe von Art. 111 Abs. 2 Satz 1 und 2 (Art. 111/Rz. 20) gemeint.

Anmerkung 26

26 Der Unternehmer hat das Recht auf *jederzeitige Einsichtnahme,* die ihm unverzüglich, das heisst ohne vorwerfbares Zögern, gewährt werden muss. Hingegen hat der Unternehmer nach Art. 111 Abs. 3 keinen Anspruch darauf, dass ihm die Ergebnisse zugestellt werden.

Anmerkung 27

27 Der Unternehmer ist nicht nur zur Einsichtnahme berechtigt, sondern darf sich auch *Kopien* von den Ergebnissen *anfertigen.* Wenn der Bauherr dem Unternehmer die Ergebnisse nicht (vorübergehend oder definitiv) herausgibt und ihm damit verunmöglicht, für sich selber Kopien anzufertigen, ist er verpflichtet, dem Unternehmer auf dessen Kosten Kopien herzustellen.

4 35 Schutz gegen Immissionen[1]

Art. 112

[1] Der Unternehmer[2] trifft auf eigene Kosten[3] nicht nur die vereinbarten[4], sondern auch die gesetzlich vorgeschriebenen Massnahmen[5] zum Schutze Dritter[6] gegen Immissionen[7] (wie z.B. Lärm[8], Erschütterungen[9], Rauch[10]), die durch seine Arbeit erzeugt werden[11].

[2] Schreibt jedoch der Bauherr[12] diejenigen Massnahmen, die gegen bestimmte Immissionen[13] zu treffen sind, im Werkvertrag[14] nach Art und Umfang[15] vor, so trägt der Unternehmer hinsichtlich dieser Immissionen[16] nur die Kosten der vorgeschriebenen Massnahmen.[17] Zusätzliche Massnahmen[18], welche die Bauleitung[19] gegen die betreffenden Immissionen[20] nachträglich anordnet[21] (z.B. auf Einsprache Dritter hin oder gemäss behördlicher Vorschrift)[22], gehen zu Lasten des Bauherrn[23], auch wenn sie gesetzlich vorgeschrieben sind[24].

Art. 112 (1977/91)

[1] Der Unternehmer trifft auf eigene Kosten nicht nur die vereinbarten, sondern auch die gesetzlich gebotenen Massnahmen zum Schutze Dritter gegen Immissionen (wie z.B. Lärm, Erschütterungen, Rauch), die durch seine Arbeit erzeugt werden.

[2] Schreibt jedoch der Bauherr diejenigen Massnahmen, die gegen bestimmte Immissionen zu treffen sind, im Werkvertrag nach Art und Umfang vor, so trägt der Unternehmer hinsichtlich dieser Immissionen nur die Kosten der vorgeschriebenen Massnahmen. Zusätzliche Massnahmen, welche die Bauleitung gegen die betreffenden Immissionen nachträglich anordnet (z.B. auf Einsprache Dritter

hin oder gemäss behördlicher Vorschrift), gehen zu Lasten des Bauherrn, auch wenn sie gesetzlich geboten sind.

Anmerkung 1

Art. 112 befasst sich mit dem *Schutz Dritter gegen Immissionen,* die durch die Bauarbeit des Unternehmers verursacht werden. Er regelt ausschliesslich das *vertragliche Verhältnis* zwischen Unternehmer und Bauherr, also nicht auch allfällige Abwehr- oder Deliktsansprüche Dritter (Vorbem. Art. 103–113/Rz. 5 ff.; Art. 103/Rz. 1.2 ff.). Im Einzelnen sind vorab die folgenden Punkte anzumerken: 1.1

a) *Der Begriff der Immission* wird in Art. 112 nicht definiert, hat aber grundsätzlich den gleichen Sinngehalt wie im öffentlichen oder privaten Gesetzesrecht. Somit handelt es sich bei den Immissionen um schädliche oder lästige Einwirkungen durch Störfaktoren wie Luftverunreinigungen (etwa durch Rauch, Russ, Staub, Gase, Aerosole, Dämpfe, Geruch oder Abwärme), Lärm, Erschütterungen, Strahlen, Gewässerverunreinigungen, Entzug von Tageslicht usw. (vgl. Art. 7 USG und Art. 684 Abs. 2 ZGB). 1.2

b) Art. 112 bezweckt den *Schutz Dritter* (Art. 112/Rz. 6 f.) vor Bauimmissionen. Nicht zu den Schutzobjekten zählen dagegen der Bauherr selbst oder sein Eigentum und die am Bauwerk Beschäftigten sowie benachbarte Sachen. Das ergibt sich betreffend den Bauherrn bereits daraus, dass er nicht Dritter ist. Für die am Bauwerk Beschäftigten steht mit Art. 104 sodann eine spezielle Regel zur Verfügung, die Art. 112 vorgeht. Und was schliesslich die benachbarten Sachen angeht, ergibt sich der Ausschluss aus einer systematischen Auslegung, die berücksichtigt, dass die Art. 110 f. einerseits und Art. 112 andererseits je unter einem eigenen Zwischentitel (*«Schutz benachbarter Sachen»* und *«Schutz gegen Immissionen»*) stehen. Zu einer entsprechenden Anwendung des Art. 112 Abs. 2 auch im Anwendungsbereich des Art. 110 vgl. Art. 112/Rz. 17.3. 1.3

c) Art. 112 zerfällt in zwei Absätze. Der erste Absatz enthält den *Grundsatz.* Danach ist der Unternehmer gegenüber dem Bauherrn verpflichtet, nicht nur die vereinbarten, sondern auch die gesetzlich vorgeschriebenen Schutzmassnahmen gegen Immissionen auf eigene Kosten zu treffen. Diese Kosten wird der Unternehmer in seine Preise einrechnen. Der Grundsatz wird, was die Kostentragung angeht, durch Art. 112 Abs. 2 *partiell durchbrochen.* Danach wird die Kostentragungspflicht des Unternehmers auf «nach Art und Umfang» definierte Massnahmen hinsichtlich «bestimmter Immissionen» eingeschränkt. Verlangt der Bauherr dagegen andere Massnahmen gegen «die betreffenden Immissionen», hat er die entstehenden Kosten selbst zu tragen. Dies ist gerechtfertigt, weil sich der Bauherr mit der Beschränkung auf vertraglich definierte Massnahmen die Chance der Kostenersparnis gewahrt hat und damit auch ein entsprechendes Kostenrisiko eingegangen ist. 1.4

Anmerkung 2

Der Unternehmer haftet dem Bauherrn für die Erfüllung der in Art. 112 umschriebenen *Verpflichtung aus Vertrag* (Art. 112/Rz. 1.1). Nach Art. 112 Abs. 1 ist der Unternehmer gegenüber dem Bauherrn nicht nur zur Vornahme der vereinbarten, sondern auch der 2 gesetzlich gebotenen Schutzmassnahmen verpflichtet. Der Bauherr hat also einen vertraglichen Anspruch darauf, dass der Unternehmer auch die gesetzlich vorgeschriebenen Massnahmen zum Schutze Dritter gegen Immissionen von sich aus trifft (Art. 103/ Rz. 1.3). Daran ändert sich auch dann nichts, wenn er die erforderlichen Schutzmassnahmen durch Hilfspersonen, z.B. durch Subunternehmer (Art. 29), durchführen lässt (zur Hilfspersonenhaftung vgl. Art. 101 OR).

Anmerkung 3

3.1 Sowohl die vereinbarten als auch die gesetzlich gebotenen Massnahmen gehen *auf Kosten des Unternehmers,* was bedeutet, dass die betreffenden Kosten *in den festen Vertragspreisen als eingerechnet* gelten, dem Unternehmer also keinen Anspruch auf zusätzliche Vergütung geben. Soweit allerdings Regiearbeiten infrage stehen, gehören die Schutzmassnahmen des Art. 112 Abs. 1 zum Aufwand, der nach Art. 48 vergütet wird, und zwar nach Massgabe der Art. 49 – 55, soweit die Norm diesbezüglich zur Anwendung kommt.

3.2 Beachte zur Einschränkung des Grundsatzes der Kostentragung durch den Unternehmer Abs. 2, wonach nachträglich angeordnete (zusätzliche) Massnahmen für im Werkvertrag bestimmte Immissionen zulasten des Bauherrn gehen (Art. 112 Abs. 2).

Anmerkung 4

4 Welche Massnahmen im Einzelfall *«vereinbart»* sind, ist durch Auslegung des jeweiligen Vertrags zu ermitteln, wobei es nicht darauf ankommt, in welchem Vertragsbestandteil (vgl. Art. 21 Abs. 1) die Vereinbarung getroffen wurde. Eine Vereinbarung betreffend Schutzmassnahmen gegen Immissionen kann aus verschiedenen Gründen infrage kommen, beispielsweise hat der Bauherr eine privatrechtliche Absprache mit einem Nachbarn oder eine besondere Auflage der Baubewilligung zu erfüllen, oder der Bauherr verlangt vom Unternehmer mehr als das gesetzlich Vorgeschriebene, um das Risiko von Immissionsklagen mit ungewissen Folgen (wie etwa einen Baustopp) möglichst auszuschliessen. Zur Unterscheidung von den «im Werkvertrag nach Art und Umfang» definierten Massnahmen nach Art. 112 Abs. 2 beachte Art. 112 Abs. 2.

Anmerkung 5

5.1 Die *«gesetzlich vorgeschriebenen Massnahmen»* (in der aSIA-118 war von «gesetzlich *gebotenen* Massnahmen» die Rede, wobei sich der Grund der Neufassung hier nicht erschliesst; Spiess/Huser, Handkommentar, N 8 zu Art. 112, stellen eine Revision wohl irrtümlich in Abrede), die der Unternehmer von sich aus zu treffen hat und auf deren Ausführung der Bauherr einen vertraglichen Anspruch hat (Art. 112/Rz. 2), können sich aus Gesetzen oder gesetzesähnlichen Erlassen des öffentlichen oder des privaten Rechts ergeben. Ihnen gleichzusetzen sind behördliche Anordnungen. Bei den betreffenden *«Massnahmen»* kann es sich um verschiedenartige Vorkehren handeln, z.B. um Lärmschutzmassnahmen, Vorgaben zum Einsatz von Partikelfiltern für den Einsatz von dieselbetriebenen Baumaschinen, Anwendung einer erschütterungsarmen Sprengtechnik, Beobachtung von Ruhezeiten.

a) Einschlägige Bestimmungen des *öffentlichen Rechts* sind in verschiedenen Erlassen enthalten. Zu nennen sind insbesondere: Das Umweltschutzgesetz (USG), die Luftreinhalte-Verordnung (LRV), die Lärmschutz-Verordnung (LSV), die Abfallverordnung (VVEA) und das Gewässerschutzgesetz (GSchG) mit den zugehörigen Ausführungsvorschriften. Das öffentliche Umweltschutzrecht ist heute weitgehend *Bundesrecht.* Neben den Erlassen des Bundes sind aber auch die einschlägigen Vorschriften des kantonalen und kommunalen Rechts zu beachten, soweit sie nicht vom Bundesrecht derogiert wurden (vgl. dazu BGE 116 Ia 491/492 f. E. 3). 5.2

b) *Privatrechtlichen Charakter* hat die nachbarrechtliche Bestimmung des *Art. 684 ZGB.* Unter Immissionen im Sinne dieser Bestimmung können sowohl körperliche Immissionen verstanden werden (z.B. die in Art. 684 Abs. 2 ZGB angeführten «Luftverunreinigungen, üblen Geruch, Lärm, Schall, Erschütterungen, Strahlung») als auch ideelle, moralische oder immaterielle Einwirkungen oder negative Immissionen wie etwa Lichtentzug (so jetzt auch in Art. 684 Abs. 2 ZGB; BGE 126 III 452/455 f. E. 2c; siehe zur weiteren Kasuistik Göksu, Handkommentar Privatrecht, N 3 ff. zu Art. 684 ZGB). Was die *unvermeidbaren Bauimmissionen* anbelangt, die zu einer Umsatzeinbusse benachbarter Geschäftsbetriebe führen, sind die einschlägigen Ausführungen in Vorbem. Art. 103–113/Rz. 13 zu beachten. 5.3

Anmerkung 6

Die *«Dritten»*, um deren Schutz es in Art. 112 Abs. 1 geht, sind nicht nur benachbarte Grundeigentümer, sondern namentlich auch benachbarte Mieter oder Pächter, ja überhaupt alle Personen, die in den Schutzbereich der vereinbarten oder gesetzlich gebotenen Immissionsmassnahmen fallen, jedoch nicht der Bauherr selber oder die am Bauwerk Beschäftigten (Art. 112/Rz. 1.3). 6

Anmerkung 7

Zum Begriff der *«Immissionen»* vgl. Art. 112/Rz. 1.2. Da Art. 112 sich nicht mit dem Schutz benachbarter Sachen (Art. 110) befasst (Art. 112/Rz. 1.3), geht es hier stets um Immissionen, welche Dritte in anderer Weise als durch Verletzung ihres Eigentums beeinträchtigen. Diese Beeinträchtigung kann z.B. in einer blossen Belästigung, aber auch in einer Verletzung der Gesundheit oder in der Zufügung von reinem Vermögensschaden bestehen (vgl. die Ausführungen zu den *unvermeidbaren Bauimmissionen* in Vorbem. Art. 103–113/Rz. 13). 7

Anmerkung 8

Beim *«Lärm»*, der hier als Beispiel einer Immission aufgeführt wird, geht es um den Baulärm unter Einschluss des Lärms, den der Baustellenverkehr (auch der zusätzliche Verkehr auf öffentlichen Strassen) erzeugt. Es handelt sich um unerwünschten, störenden oder gesundheitsschädigenden Schall, wobei «unerwünscht» und «störend» subjektive Wertungen sind, während die Schädigung der Gesundheit im Falle eines Hörverlusts objektiv nachweisbar ist (EKAS-Wegleitung durch die Arbeitssicherheit, Rz. 331.1 «Begriff ‹Lärm›»). Zu beachten sind insbesondere die Vorschriften der LSV (Art. 112/Rz. 5.2). 8

Anmerkung 9

9 Bei *«Erschütterungen»* oder Vibrationen (Art. 111/Rz. 17) handelt es sich um mechanische Schwingungen eines Objekts, die insbesondere durch Rammen (von Pfählen, Rühlwänden, Spundwänden usw.), durch Sprengungen oder durch den Einsatz schwerer Baumaschinen erzeugt werden.

Anmerkung 10

10 *«Rauch»* ist ein Gemisch aus festen und/oder flüssigen Schwebeteilchen und Luft (Gas), das in der Regel durch Verbrennungsprozesse entsteht. Vorschriften zur Rauchbekämpfung enthält z.B. die LRV (Art. 112/Rz. 5.2).

Anmerkung 11

11 Die Immissionen werden *durch die Bauarbeiten verursacht,* wobei gleichgültig ist, ob der *Unternehmer* die Arbeit selber ausführt oder sie (ganz oder teilweise) an Subunternehmer (Art. 29) weitervergeben hat. Immissionsintensive Arbeiten können etwa sein: Rückbauarbeiten, Bohrungen oder Sprengungen.

Anmerkung 12

12 Dass der *Bauherr* Massnahmen im Werkvertrag *«vorschreibt»*, bedeutet, dass diese (vom Unternehmer zu treffenden) Massnahmen werkvertraglich vereinbart werden. In aller Regel sind die betreffenden Massnahmen bereits in den Unterlagen der Ausschreibung (Art. 7) enthalten.

Anmerkung 13

13 Im Unterschied zu den «Immissionen» nach Art. 112 Abs. 1 (Art. 112/Rz. 7) sind mit den *«bestimmten Immissionen»* nach Abs. 2 nicht irgendwelche Immissionen gemeint, sondern solche, die werkvertraglich genau bezeichnet sind. Dieses Verständnis wird bestätigt im zweiten Teilsatz von Abs. 2, wo auf «*diese* Immissionen» Bezug genommen wird, wie auch im zweiten Satz von Abs. 2, in welchem auf «*die betreffenden* Immissionen» referenziert wird.

Anmerkung 14

14 Mit *«Werkvertrag»* sind irgendwelche Abreden der Parteien gemeint. Vorschriften im Sinne des Art. 112 Abs. 2 können demzufolge in irgendeinem Vertragsbestandteil (vgl. Art. 21) enthalten oder auch mündlich vereinbart sein.

Anmerkung 15

15 Die zu treffenden Massnahmen werden im Werkvertrag *«nach Art und Umfang»* beschrieben. Das bedeutet, dass der Werkvertrag den Unternehmer nicht nur verpflichtet, Massnahmen gegen die genau bezeichneten Immissionen (Art. 112/Rz. 13) durchzuführen, sondern zudem auch die zu treffenden Massnahmen *genau* (nach Art und Umfang) umschreibt. Bauherr und Unternehmer vereinbaren *konkret*, was der Unternehmer gegen die bestimmt bezeichneten Immissionen zu tun hat. Die derart *konkretisierten Massnah-*

men hinsichtlich einer bestimmten Immission können beispielsweise eine bestimmte Teilarbeit, eine bestimmte Baumethode oder eine bestimmte Baumaschine betreffen. Sie können bezwecken, dass eine Immission überhaupt vermieden wird (z.B. Ableitung von schon geklärtem Abwasser) oder dass die bestimmte Immission (etwa Lärm zufolge Pfählarbeiten) z.B. auf ein gesetzlich zulässiges Mass beschränkt wird.

Anmerkung 16

Die besondere Kostenregelung des Art. 112 Abs. 2 ist auf die konkret vereinbarten Massnahmen gegen die *bestimmt bezeichneten Immissionen* (Art. 112/Rz. 13) beschränkt, die die Parteien im Werkvertrag definieren. Bezüglich der Kosten für die übrigen Immissionen gilt die ordentliche Regelung gemäss Art. 112 Abs. 1 (Art. 112/Rz. 3.1 f.). 16

Anmerkung 17

Sind die im ersten Halbsatz dieser Regel umschriebenen Voraussetzungen im Einzelfall erfüllt (nämlich kumulativ: Präzisierung der vorzunehmenden Massnahmen «nach Art und Umfang» und genaue Bestimmung der Immissionen, bezüglich welcher die Massnahmen vorzunehmen sind), so trägt der Unternehmer hinsichtlich der bestimmt bezeichneten Immissionen (Art. 112/Rz. 13) *nur die Kosten der vertraglich vereinbarten Massnahmen,* auch wenn von Gesetzes wegen andere oder zusätzliche Massnahmen geboten sind. Dadurch wird die Regel des Art. 112 Abs. 1 eingeschränkt, soweit es um die Kostentragung geht (vgl. insbesondere Art. 112/Rz. 3.1 f.). 17.1

Ob die im ersten Halbsatz dieser Regel umschriebenen Voraussetzungen im Einzelfall erfüllt sind, kann unter den Parteien streitig sein und ist durch Auslegung des konkreten Einzelvertrags zu ermitteln. Um spätere Auslegungsschwierigkeiten zu vermeiden, können die Parteien bereits bei Abschluss des Werkvertrags (Art. 112/Rz. 14) klarstellen, für welche Massnahmen gegen bestimmt bezeichnete Immissionen die Bestimmung des Art. 112 Abs. 2 zur Anwendung kommt. Möglich ist selbstverständlich auch, dass die Parteien trotz Übernahme der SIA-Norm 118 die Anwendung von Art. 112 Abs. 2 werkvertraglich anpassen oder ausschliessen. 17.2

Art. 112 befasst sich nach seiner systematischen Stellung nicht mit dem «Schutz benachbarter Sachen», der in Art. 110 besonders geregelt wird. Schreibt jedoch der Bauherr diejenigen Massnahmen, die gegen bestimmte Beeinträchtigungen benachbarter Sachen zu treffen sind, im Werkvertrag nach Art und Umfang vor, so muss die Regel des Art. 112 Abs. 2 auch diesbezüglich (sinngemäss) gelten. Das entspricht im Regelfall schon einer zweckentsprechenden Auslegung der betreffenden Vertragsbestimmung, jedenfalls aber dem «hypothetischen Parteiwillen», auf den das Gericht bei einer allfälligen Vertragsergänzung abzustellen hat (Jäggi/Gauch/Hartmann, Zürcher Kommentar, N 559 zu Art. 18 OR). 17.3

Anmerkung 18

«Zusätzliche Massnahmen» sind solche, welche die genau vorgeschriebenen bzw. vertraglich konkretisierten Massnahmen (Art. 112/Rz. 15) korrigieren oder ergänzen. 18

Anmerkung 19

19 Dass im zweiten Satz des Art. 112 Abs. 2 im Unterschied zum ersten Satz von der *Bauleitung* (als Vertreterin des Bauherrn; Einl./Rz. 17) die Rede ist, lässt sich mit der Annahme der Norm erklären, dass zusätzliche Massnahmen während der Bauausführung erforderlich werden und dass in dieser Phase der Bauherr regelmässig durch eine Bauleitung vertreten ist (Art. 33). Indem die Bauleitung zusätzliche Massnahmen anordnet, handelt sie für den Bauherrn (Art. 94/Rz. 2.1 ff. und 5).

Anmerkung 20

20 Die *«betreffenden Immissionen»* sind die bestimmt bezeichneten Immissionen (Art. 112/Rz. 13 und 16), die werkvertraglich genau umschrieben werden.

Anmerkung 21

21 Wenn der Bauherr, allenfalls vertreten durch die Bauleitung (Art. 112/Rz. 19), zusätzliche Massnahmen (Art. 112/Rz. 18 und 23) gegen die bestimmt bezeichneten Immissionen (Art. 112/Rz. 13, 16 und 20) *nachträglich anordnet,* ist der Unternehmer verpflichtet, diese Massnahmen auszuführen, auch wenn er gesetzlich nicht dazu verpflichtet wäre. Nachträglich bedeutet, dass die zusätzlichen Massnahmen zum Zeitpunkt des Abschlusses des Werkvertrags nicht definiert wurden.

Anmerkung 22

22.1 Der Bauherr (allenfalls vertreten durch die Bauleitung) kann zusätzliche Massnahmen (Art. 112/Rz. 18 und 23) aus irgendeinem Grund anordnen. Infrage kommen insbesondere die folgenden Gründe:

22.2 a) Die Bauleitung handelt auf *«Einsprache Dritter»* hin. Unter Einsprachen sind sowohl Einsprachen und Beschwerden, welche das entsprechende Verwaltungsrechtspflegegesetz (Baugesetz, Bauordnung usw.) zur Verfügung stellt, als auch (vorsorgliche) Verfügungen usw. in einem zivilprozessualen Verfahren zu verstehen. Zu Einsprachen und auch Beschwerden können nicht nur einzelne Dritte (wie z.B. Nachbarn, Mieter, Pächter) im Einflussbereich der Baustelle legitimiert sein, sondern etwa auch Umweltschutzorganisationen.

22.3 b) Eine *«behördliche Vorschrift»* verlangt zusätzliche Massnahmen. Es kann sich um generelle behördliche Vorschriften handeln (gesetzliche und gesetzesähnliche Vorschriften usw.), aber auch um individuelle behördliche Verfügungen (z.B. Baueinstellungsverfügung oder Androhung einer solchen). Der Unternehmer hat auch dann, wenn die Voraussetzungen des Art. 112 Abs. 2 Satz 1 erfüllt sind, nicht nur die vorgeschriebenen, sondern auch weitere Massnahmen durchzuführen, sofern solche gesetzlich geboten sind. Der Bauherr hat in diesem Falle auch die zusätzlichen Kosten solcher gesetzlicher Massnahmen zu tragen (Art. 112/Rz. 24). Eine Vorschrift des Bauherrn, gesetzlich gebotene Massnahmen zu unterlassen, wäre nichtig bzw. teilnichtig (Art. 20 OR).

c) Unter Umständen werden zusätzliche Immissionsschutzmassnahmen *vom Bauherrn angeordnet,* auch wenn eine Einsprache von Dritten oder eine behördliche Intervention (gesetzlich) nicht erfolgt oder unbegründet ist, der Bauherr jedoch die entstehenden Mehrkosten in Kauf nimmt und er sie etwa einer Bauverzögerung (z.B. wegen einer drohenden Baueinstellungsverfügung und der mutmasslichen Dauer des anschliessenden verwaltungsrechtlichen Verfahrens) vorzieht. 22.4

d) Zusätzliche Massnahmen können auch angeordnet werden, um den *Bauherrn* selber gegen unerwünschte Immissionen zu schützen (zu Art. 112 Abs. 1 siehe dagegen Art. 112/Rz. 1.3 und 6). 22.5

Anmerkung 23

Ordnet die Bauleitung zusätzliche Massnahmen im Sinne von Art. 112 Abs. 2 Satz 2 an, gehen die dadurch verursachten finanziellen Folgen *«zu Lasten des Bauherrn»*. Art. 112 Abs. 2 Satz 2 ist damit eine Sonderbestimmung, die von der Bestellungsänderung im (engen) Sinne des Art. 84 Abs. 1 zu unterscheiden ist. Doch liegt der Sache nach eine *besondere Art von Bestellungsänderung* vor (Vorbem. Art. 84–91/Rz. 18). Der Unternehmer besitzt schon deshalb einen Anspruch auf zusätzliche Vergütung inklusive Zuschlag für Risiko und Gewinn (auch Spiess/Huser, Handkommentar, N 18 zu Art. 112). Dies ist gerechtfertigt, weil der Bauherr mit der Beschränkung auf genaue Vorschriften (im Sinne von Art. 112 Abs. 2) sich die Chance der Kostenersparnis gewahrt hat und damit auch ein entsprechendes Kostenrisiko eingegangen ist. 23

Anmerkung 24

Zusätzliche Massnahmen gehen selbst dann zulasten des Bauherrn, wenn sie für die bestimmt bezeichneten Immissionen (Art. 112/Rz. 13, 16 und 20) von Anfang an *«gesetzlich vorgeschrieben»* gewesen wären (vgl. Art. 112/Rz. 22.3), was im Rechtsalltag häufig der Fall sein dürfte. Damit wird bestätigt, dass der Bauherr mit der Beschränkung auf genaue konkretisierte Massnahmen (Art. 112/Rz. 15) gegen bestimmte Immissionen das *Risiko zusätzlicher Massnahmen* eingeht (Art. 112/Rz. 23; auch Spiess/Huser, Handkommentar, N 17 zu Art. 112). Dies ist oft, wenn auch nicht immer, ein erlaubtes Risiko, weil sich bei Abschluss des Werkvertrags gelegentlich nicht voraussehen lässt, ob die betreffenden Bauarbeiten tatsächlich unzulässige Immissionen verursachen werden. 24

4 36 Überwälzung von Haftungsfolgen[1]

Art. 113

Abreden, welche die Folgen einer gesetzlichen Haftung[2] gegenüber Dritten[3] von einer Vertragspartei auf die andere[4] überwälzen[5], können wirksam[6] nur in der Vertragsurkunde getroffen werden (Art. 21 Abs. 3)[7].

Art. 113 (1977/91)

Abreden, welche die Folgen einer gesetzlichen Haftung gegenüber Dritten von einem Vertragspartner auf den andern überwälzen, können wirksam nur in der Vertragsurkunde getroffen werden (Art. 21 Abs. 3).

Anmerkung 1

1 In Art. 113 geht es gemäss seinem Titel um die «Überwälzung von Haftungsfolgen». Durch die (blosse) Übernahme der SIA-Norm 118 werden jedoch keine Haftungsfolgen von einer Vertragspartei auf die andere überwälzt. Vielmehr handelt es sich bei Art. 113 um eine Hinweisbestimmung und damit um einen rein deklaratorischen Satz, der die Parteien des Werkvertrags auf eine mögliche Vereinbarung aufmerksam macht (vgl. Gauch/Middendorf, Von den Planerverträgen, Rz. 1.112; siehe auch Art. 107/Rz. 1.1 ff.). Wirkung entfaltet Art. 113 höchstens insoweit, als die Parteien eine entsprechende Haftungsüberwälzungsabrede getroffen haben (Art. 113/Rz. 6 f.).

Anmerkung 2

2.1 a) Bei den *«Folgen einer gesetzlichen Haftung»* bzw. *«Haftungsfolgen»* handelt es sich um die Rechtsansprüche von Dritten (Art. 113/Rz. 3.1 ff.), in erster Linie um *Ansprüche auf Schadenersatz und Genugtuung* beipielsweise infolge Sachbeschädigung, Körperverletzung oder Tötung. Zum Schaden gehören auch die Kosten von allfälligen Schadenverhütungs- und Schadensminderungsmassnahmen, die unter Umständen dem Bauherrn, dem Unternehmer, einem Subunternehmer (Art. 29) oder einem Nebenunternehmer (Art. 30) erwachsen.

2.2 b) Welche *«gesetzliche Haftung gegenüber Dritten»* von der konkreten Überwälzungsabrede der Parteien (Art. 113/Rz. 5.1 f.) erfasst wird, ergibt sich aus der betreffenden Vereinbarung, die allenfalls der Auslegung bedarf. Infrage kommen die folgenden gesetzlichen Haftungen:

2.3 – Es kann sich um eine *privatrechtliche* Deliktshaftung (ausservertragliche Haftung) handeln (Vorbem. Art. 103–113/Rz. 10 ff.). Diese kann eine Verschuldenshaftung, eine gewöhnliche Kausalhaftung (z.B. Grundeigentümerhaftung) oder eine Gefährdungshaftung sein.

2.4 – Es können auch die Folgen einer *öffentlich-rechtlichen* gesetzlichen Haftung überwälzt werden (z.B. die Haftung wegen Gewässerverschmutzung).

- Von der «*gesetzlichen* Haftung gegenüber Dritten» ist die *Vertragshaftung* einer Partei gegenüber Dritten *zu unterscheiden,* etwa die Vertragshaftung des Bauherrn gegenüber einem Nebenunternehmer (Art. 30) oder diejenige des Unternehmers gegenüber seinem Subunternehmer (Art. 29). Auch wenn Art. 113 auf die Überwälzung von «Folgen einer gesetzlichen Haftung» beschränkt ist, sind die Parteien selbstverständlich frei, im Rahmen des Gesetzes auch die Folgen einer Vertragshaftung gegenüber Dritten auf den Vertragspartner zu überwälzen. 2.5

c) Häufig sind die Parteien gegen die Folgen einer gesetzlichen Haftung *versichert* (vgl. Art. 26 Abs. 1 betreffend die Versicherungspflicht des Unternehmers und Art. 26 Abs. 2 betreffend die Bauherrenhaftpflichtversicherung). Im Einzelfall kann es eine Auslegungsfrage sein, ob nur der Vertragspartner persönlich durch die betreffende Haftungsüberwälzungsklausel begünstigt wird und lediglich unversicherte Haftungsfolgen überwälzt werden (z.B. soweit die begünstigte Partei einen Selbstbehalt selber zu tragen hat oder ein Deckungsausschluss besteht), oder ob auch die Haftpflichtversicherungsgesellschaft der begünstigten Partei den Ersatz ihrer Leistungen vom anderen Vertragspartner, der die Haftungsfolgen übernommen hat, fordern kann. 2.6

Anmerkung 3

«*Dritter*» ist jeder, der nicht Vertragspartei ist. Es kann eine Person des Privatrechts oder ein Gemeinwesen sein. Zur *Rechtslage* des Dritten ist Folgendes anzumerken: 3.1

a) Die Haftungsüberwälzungsabrede (Art. 113/Rz. 5.1 f.) kann, muss aber nicht zu einem *externen* Schuldübernahmevertrag mit dem Dritten führen (vgl. Art. 176 OR). Ohne eine externe Schuldübernahme kann der Dritte seine Deliktsansprüche gegenüber der aus der Haftungsüberwälzung begünstigten Partei geltend machen. Diese kann im Prozess etwa ihre Passivlegitimation nicht unter Hinweis auf die Haftungsüberwälzungsklausel bestreiten. 3.2

b) Eine Haftungsüberwälzungsabrede kann, muss aber nicht die Vereinbarung der Parteien (im Sinne von Art. 112 Abs. 2 OR) enthalten, dass der Dritte selbständig die Erfüllung gegenüber demjenigen Vertragspartner fordern darf, auf den die Folgen der betreffenden gesetzlichen Haftung überwälzt worden sind. Ohne eine entsprechende Willensäusserung der Parteien besitzt der Dritte keinen selbständigen Anspruch gegenüber derjenigen Vertragspartei, auf welche die gesetzlichen Haftungsfolgen überwälzt worden sind. 3.3

c) Möglich ist ein selbständiger und direkter Haftungsanspruch des Dritten auch gegenüber derjenigen Partei, auf welche die gesetzlichen Haftungsfolgen überwälzt worden sind. Beispiel: Ein Dritter kann einen Haftungsanspruch gegenüber dem Unternehmer haben, etwa weil der Bauherr die Folgen einer (kausalen) Grundeigentümerhaftung (Art. 679 ZGB) mit einem Direktanspruch auf diesen überwälzt hat, sowie einen Anspruch aus Verschuldenshaftung auf Ersatz des gleichen Schadens gegen denselben Unternehmer (Art. 41 ff. OR). 3.4

Anmerkung 4

4 Haftungsfolgen können vom Bauherrn auf den Unternehmer oder umgekehrt überwälzt werden.

Anmerkung 5

5.1 Eine Abrede, «welche die Folgen einer gesetzlichen Haftung gegenüber Dritten von einer Vertragspartei auf die andere überwälzt», ist als interner *Schuldübernahmevertrag* zu qualifizieren (vgl. Art. 175 OR). In der Haftungsüberwälzungsabrede verspricht die eine Vertragspartei der anderen, deren Schuld aus einer gesetzlichen Haftung gegenüber einem Dritten zu übernehmen. Diese «Schuldbefreiung» kann darin bestehen, dass die Vertragspartei, auf die die Haftungsfolgen überwälzt werden, den Dritten (Art. 113/Rz. 3.1 ff.) direkt befriedigt oder der anderen Vertragspartei deren Leistungen an den Dritten ersetzt (Art. 113/Rz. 3.3 f.).

5.2 Eine Abrede im Sinne von Art. 113 enthält ein *bedingtes* Schuldbefreiungsversprechen. Die aufschiebende Bedingung besteht in einer allfälligen (zukünftigen) gesetzlichen Haftung (Art. 113/Rz. 2.1 ff.) der begünstigten Partei gegenüber einem Dritten (Art. 113/Rz. 3.1 ff.). Die begünstigte Partei hat zu beweisen, dass die Bedingung eingetreten ist (z.B. mittels eines Gerichtsurteils oder eines gerichtlichen Vergleichs). In einem Prozess mit dem Dritten empfiehlt es sich, dass die begünstigte Partei der anderen den Streit verkündet oder vor Abschluss eines (gerichtlichen oder aussergerichtlichen) Vergleichs deren vorgängige Zustimmung einholt.

Anmerkung 6

6 Als Hinweisbestimmung (Art. 113/Rz. 1) entfaltet Art. 113 höchstens dann *Wirkung*, wenn die Parteien eine entsprechende Abrede getroffen haben (vgl. auch Art. 107/Rz. 1.2). Darüber hinaus sind Haftungsüberwälzungsabreden nur in den Schranken des Gesetzes wirksam. Eine derartige Klausel kann im Einzelfall eine übermässige Bindung der Partei, welche die Haftungsfolgen übernimmt, bewirken und deshalb nichtig sein (Art. 27 Abs. 2 ZGB).

Anmerkung 7

7 Damit eine Abrede, welche die Folgen einer gesetzlichen Haftung gegenüber Dritten von einer auf die andere Vertragspartei überwälzt, wirksam ist, muss sie nach dem Wortlaut des Art. 113 in der *«Vertragsurkunde»* getroffen werden. Wird eine solche Vereinbarung in einem anderen Vertragsbestandteil (also nicht in der Vertragsurkunde) getroffen, so bleibt sie nach Art. 21 Abs. 3, auf den hier ausdrücklich verwiesen wird, *unwirksam*. Zur Tragweite des in Art. 21 Abs. 3 enthaltenen Vorbehalts siehe Art. 21/Rz. 20.1 ff.

4 4 Die Bauausführung im Einzelnen

4 41 Absteckung[1]

4 411 Durch die Bauleitung

Art. 114

[1] Die Bauleitung[2] nimmt die erste Vermessung[3] der Hauptachsen[4], Polygonzüge[5], Triangulationen[6], Baulinien[7], Grenzabstände[8] vor sowie die Markierung der Nivellierungsfixpunkte[9] und deren Einmessung[10] auf feste Punkte[11].

[2] Sie kontrolliert[12] mit dem Fortschreiten der Arbeiten[13] die Absteckung der Hauptachsen und gibt dem Unternehmer das Ergebnis möglichst bald[14] bekannt.[15]

[3] Sie nimmt bei den Vermessungsarbeiten[16] Rücksicht auf den Baubetrieb.[17]

Art. 114 (1977/91)

[1] Die Bauleitung nimmt die erste Vermessung der Hauptachsen, Polygonzüge, Triangulationen, Baulinien, Grenzabstände vor sowie die Markierung der Nivellierungsfixpunkte und deren Einmessung auf feste Punkte.

[2] Sie kontrolliert mit dem Fortschreiten der Arbeiten die Absteckung der Hauptachsen und gibt dem Unternehmer das Ergebnis möglichst bald bekannt.

[3] Sie nimmt bei den Vermessungsarbeiten Rücksicht auf den Baubetrieb.

Anmerkung 1

Die Absteckung stellt eine unabdingbare Voraussetzung dafür dar, dass eine Baute plangemäss errichtet werden kann. Dafür muss der *verlangte Standort der Baute* (im Grundriss und nach der Höhenlage) *sowie die geometrische Form* durch körperliche Fixpunkte (sei es im Gelände, an bereits bestehenden Bauten oder Bauteilen) markiert werden. Dies obliegt z.T. der Bauleitung (die «erste Vermessung» nach Art. 114 Abs. 1), z.T. dem Unternehmer (die «weiteren Absteckungen» nach Art. 115 Abs. 1). 1.1

Die «Absteckung» im Titel zu den Art. 114 und Art. 115 zielt sowohl auf die Absteckungstätigkeit als auch auf deren Ergebnis ab: 1.2

a) Mit der *Absteckungstätigkeit* werden die geometrischen Grössen aus einem Plan mit Mitteln der Vermessungstechnik ins Gelände übertragen (zum Fall des Geometers, der für die Terrainvermessung die unrichtigen Messwerte im Situationsplan einzeichnet, vgl. BGE 109 II 34 ff. = BR/DC 1984, S. 14, Nr. 6; siehe auch GWerkV Rz. 1472). Auf dem Gelände errichtet die Bauleitung körperliche Fixpunkte, um die Absteckung zu markieren. Sie kann die Absteckung aber auch an bereits bestehenden Bauten oder Bauteilen anbringen. 1.3

1.4 b) Das *Ergebnis* besteht in ebendiesen körperlichen Fixpunkten (Absteckungsfixpunkten), welche die Bauleitung im Gelände, an Bauten oder an Bauteilen festsetzt. Sie kann den genauen Markierungspunkt auf Steinen, Betonsockeln, Holzpflöcken oder Metallbolzen anbringen.

Anmerkung 2

2 Zur Bauleitung im Allgemeinen vgl. Einl./Rz. 17 ff. sowie Art. 33/Rz. 2.

Anmerkung 3

3.1 Es gibt verschiedene Arten der Vermessung (Erd-, Landes- und Grundbuchvermessung, topografische Vermessung und Ingenieurvermessung, vgl. Spiess/Huser, Handkommentar, N 4 zu Art. 114). Im Rahmen von Art. 114 interessiert aber allein die *Ingenieurvermessung*, bei der es sich um die Detailvermessung handelt, die für die Aufnahme des Geländes sowie die Errichtung von Bauten und Bauteilen notwendig ist.

3.2 Nach Art. 114 Abs. 1 obliegt es der Bauleitung (und damit dem Bauherrn), die *erste Vermessung* sowie die zugehörige Bestimmung und Markierung von Absteckungsfixpunkten (Art. 114/Rz. 1.1 ff.) vorzunehmen. Der Bauherr kann die Vermessung entweder durch die Bauleitung ausführen lassen, einem Dritten (namentlich einem beigezogenen Geometer) übertragen oder durch eine vorgeschriebene (öffentliche) Stelle vornehmen lassen. Diese erste Vermessung gehört zu den Obliegenheiten des Bauherrn (GWerkV Rz. 1331), der in Gläubigerverzug gerät, wenn er diese Obliegenheit nicht erfüllt (GWerkV Rz. 1328 i.V.m. 1325 und 1327). Hindert der Gläubigerverzug den Unternehmer daran, sein Werk wie geplant auszuführen (insbesondere: gemäss Art. 115 Abs. 1 Satz 1 «auf eigene Kosten alle weiteren Absteckungen [...]» zu erstellen), hat er Anspruch auf eine Fristerstreckung. Ausserdem muss ihn der Bauherr für allfälligen Mehraufwand entschädigen.

3.3 Auf der Grundlage dieser ersten Vermessung durch die Bauleitung im Sinne von Art. 114 Abs. 1 erstellt der Unternehmer auf eigene Kosten die weiteren Absteckungen (Art. 115/Rz. 2.1 ff.). Zur Mitwirkung des Unternehmers vgl. Art. 115 Abs. 4.

Anmerkung 4

4.1 a) *Hauptachsen* sind durch den Projektplan definierte Achsen des Bauwerks. Hierbei ist zu unterscheiden:

4.2 – Unter die langgestreckten Bauten fallen insbesondere ober- und unterirdische Verkehrswege (Strassen, Bahnlinien, Brücken, Tunnel) oder Leitungsbauten (Rohrleitungen oder elektrische Leitungen). Sie weisen als Hauptachse(n) in der Regel eine Längsachse oder mehrere aneinandergefügte Längsachsen auf.

4.3 – Der Grundriss anderer Bauten (z.B. von Büro- oder Hallenbauten, Behältern, Maschinenfundamenten) ist durch ein Achssystem gekennzeichnet (z.B. durch zwei zueinander stehende Hauptachsen, gegebenenfalls mit zugehörigem orthogonalem Raster).

4.4 b) Wo das Bauwerk nicht durch Hauptachsen gekennzeichnet ist, hat die Bauleitung *andere Linien*, die der Projektplan enthält, in hinreichendem Masse durch Fixpunkte zu markieren, damit der Unternehmer für seine Bauabsteckung (Art. 115/Rz. 2.1 ff.) darauf abstellen kann. Andere Linien sind z.B. Baulinien, Grenzabstandslinien, Fassadenlinien und Niveaulinien. Einzelne davon werden in Art. 114 Abs. 1 aufgezählt. Die Aufzählung ist aber unvollständig. Und ausserdem verwendet Art. 114 Abs. 1 das Wort «Grenzabstand» statt «Grenzabstandslinie» (vgl. dazu Art. 114/Rz. 8.1).

Anmerkung 5

Die Erstellung und Vermessung von *Polygonzügen* oder *Triangulationen* (in der Regel «Kleintriangulationen») kann (im Sinne eines Hilfsmittels) erforderlich sein, damit die Bauleitung in der Lage ist, gewisse Absteckungsfixpunkte (Art. 114/Rz. 1.4) zu erstellen. Deshalb spricht Art. 114 Abs. 1 auch von der ersten Vermessung von Polygonzügen und Triangulationen. 5

Anmerkung 6

Vgl. Art. 114/Rz. 5. 6

Anmerkung 7

Baulinien sind im öffentlichen Baurecht (also auf kantonaler Ebene) geregelt. Sie «begrenzen die Bebauung und dienen insbesondere der Sicherung bestehender und geplanter Anlagen und Flächen sowie der baulichen Gestaltung» (IVHB/Anhang 1, Ziff. 7.3). 7

Anmerkung 8

Die Formulierung in Art. 114 Abs. 1 ist ungenau: Gemeint sind nicht die Grenzabstände, sondern die *Grenzabstandslinien*, die entlang der Grenzabstände verlaufen. 8.1

Im öffentlichen Recht der Kantone und Gemeinden sind allein die Grenzabstände (und nicht die Grenzabstandslinien) definiert. Grenzabstand «ist die Entfernung zwischen der projizierten Fassadenlinie und der Parzellengrenze» (IVHB/Anhang 1, Ziff. 7.1). 8.2

Anmerkung 9

Art. 114 Abs. 1 auferlegt der Bauleitung, bei der ersten Vermessung die erforderlichen *Nivellierungspunkte* (also die Höhenfixpunkte) zu markieren. Denn bei der Markierung müssen immer auch die zugehörigen Höhen (z.B. Meter über Meer) bestimmt und angegeben werden. Darauf stellt dann der Unternehmer für seine Bauabsteckung (Art. 115/Rz. 2.1 ff.) ab. 9

Anmerkung 10

Durch das *Einmessen* der Nivellierungsfixpunkte (Art. 114/Rz. 9) auf feste Punkte wird die Himmelsrichtung (Azimut) der Visurlinie bestimmt. Auf diese Richtungsangaben stellt der Unternehmer ab, wenn er bei seiner Bauabsteckung (Art. 115/Rz. 2.1 ff.) bestimmte andere Richtungen aus dem Projektplan in das Gelände übertragen muss (z.B. beim Strassen-, Eisenbahn-, Tunnel- und Leitungsbau). 10

Anmerkung 11

11 Als *feste Punkte,* auf welche die Nivellierungsfixpunkte eingemessen werden (Art. 114/Rz. 9 f.), dienen wenn immer möglich Vermessungspunkte der Schweizerischen Landesvermessung, die vom Nivellierungsfixpunkt aus sichtbar sind und als Zielpunkte mit dem Theodoliten anvisiert werden können.

Anmerkung 12

12.1 a) Während Art. 114 Abs. 1 von der ersten Vermessung durch die Bauleitung spricht, geht es in Art. 114 Abs. 2 um die *Kontrolle,* welche die Bauleitung über die weitere Absteckung der Hauptachsen durch den Unternehmer ausübt (dazu allgemein Art. 34 Abs. 2). Die Kontrolle geschieht durch eine Kontrollvermessung, welche die Bauleitung vornimmt oder durch einen Dritten (einen beigezogenen Geometer) vornehmen lässt. Der Unternehmer hat diese Kontrolle zu dulden (GWerkV Rz. 1346). Im Einzelnen:

12.2 – Die Kontrolle des Unternehmers durch die Bauleitung (vgl. Einl./Rz. 17 ff.) nach Art. 114 Abs. 2 bezieht sich bloss auf die weitere Absteckung der Hauptachsen durch den Unternehmer (a.M. wohl Spiess/Huser, Handkommentar, N 9 zu Art. 115). Der Bauleitung obliegt es nach Art. 114 Abs. 2, diese zu überprüfen und das Ergebnis dem Unternehmer möglichst bald mitzuteilen. Das ist eine Besonderheit, die sich daraus erklärt, dass Fehler in der Absteckung der Hauptachsen sich über lange Strecken fortpflanzen können (Fehlerfortpflanzungsgesetz der Vermessungskunde). Zur Auswirkung auf die Mängelhaftung vgl. Art. 166/Rz. 15.4 f.

12.3 – Die Überwachung der Absteckungen des Unternehmers (sowohl der weiteren Absteckung der Hauptachsen nach Art. 114 Abs. 2 als auch der anderen, darüber hinausgehenden Absteckungen nach Art. 115 Abs. 1) bildet Bestandteil der Aufsicht, welche die Bauleitung für den Bauherrn ausübt (Art. 34 Abs. 1 und 2). Die Kontrolltätigkeit der Bauleitung nach Art. 114 Abs. 2 bezieht sich aber bloss auf die weitere Absteckung der Hauptachsen durch den Unternehmer (Art. 114/Rz. 12.2). Zur Kontrolle der Absteckungen im Sinne von Art. 115 Abs. 1 ist im Verhältnis zum Unternehmer weder der Bauherr noch die Bauleitung verpflichtet, da der Unternehmer grundsätzlich keinen Anspruch auf Überwachung hat (GWerkV Rz. 1346 f.). Überwacht die Bauleitung den Unternehmer dennoch oder lässt ihn überwachen, so tut sie dies im Interesse des Bauherrn (vgl. dazu auch BGer 4C.20/2003 vom 21. März 2003 E. 2.3).

12.4 b) Die Kontrolle obliegt zwar der Bauleitung. Für die *Erhaltung* sämtlicher Absteckungsfixpunkte ist jedoch der Unternehmer zuständig, unabhängig davon, ob es sich um Absteckungsfixpunkte der Bauleitung nach Art. 114 Abs. 1, des Unternehmers nach Art. 114 Abs. 2 und Art. 115 Abs. 1 oder eines Nebenunternehmers im Sinne von Art. 30 handelt (Art. 115/Rz. 8.1 ff. und 9.1 ff.).

Anmerkung 13

13 Die Formulierung *«mit dem Fortschreiten der Arbeiten»* bringt zum Ausdruck, dass die Bauleitung ihre Kontrolltätigkeit (Art. 114/Rz. 12.1 ff.) auf den Absteckungsrhythmus des Unternehmers (vgl. auch Art. 115 Abs. 1) ausrichtet. Entsprechend diesem Rhythmus

nimmt sie immer wieder Kontrollen vor. Die Kontrollen bezwecken die rasche Korrektur allfälliger Absteckungsfehler (vgl. dazu auch Art. 114/Rz. 12.2 und 14). Die Abstände, in denen die Kontrollen vorgenommen werden, sind deshalb so zu bemessen, dass dieser Kontrollzweck erfüllt wird.

Anmerkung 14

Die Bauleitung muss dem Unternehmer das Ergebnis der Kontrolle «*möglichst bald*» be- 14
kannt geben. Das bedeutet: Die Bauleitung gibt dem Unternehmer das Ergebnis der Kontrolle bekannt, sobald es bei zügiger Arbeit möglich ist, die konkrete Messung sachverständig und sorgfältig auszuwerten und das Ergebnis vorzulegen.

Anmerkung 15

Art. 114 Abs. 2 sagt nicht, in welcher *Form* das Kontrollergebnis bekannt zu geben sei. 15
Insbesondere verlangt Art. 114 Abs. 2 nicht, dass die Bauleitung das Ergebnis der Kontrolle schriftlich mitteilt, obwohl eine schriftliche Bekanntgabe im Bauwesen üblich ist.

Anmerkung 16

Mit den *Vermessungsarbeiten* sind vor allem die Kontrollvermessungen gemeint, welche 16
die Bauleitung nach Art. 114 Abs. 2 vornimmt. Die «erste Vermessung» nach Art. 114 Abs. 1 kann praktisch kaum zu einer Störung des Baubetriebs führen, weil sie in der Regel der Aufnahme des ordentlichen Baubetriebs vorgelagert ist.

Anmerkung 17

Falls erhebliche Nachteile zulasten des Unternehmers nicht anders vermeidbar sind, ver- 17
langt die gebotene *Rücksichtnahme,* dass die Bauleitung die Vermessungsarbeiten (genauer: die Kontrollvermessungen nach Art. 114 Abs. 2, vgl. Art. 114/Rz. 12.1 ff.) ausserhalb der Arbeitszeit der Baustelle durchführt oder durchführen lässt (vgl. Art. 137/Rz. 7; Art. 139/Rz. 4.2). Das versteht sich schon im Hinblick auf Art. 115 Abs. 4, wonach der Unternehmer für Störungen oder Unterbrechungen, die durch die Kontrollvermessungen der Bauleitung verursacht werden, keine Entschädigung beanspruchen kann (vgl. auch Art. 115/Rz. 19.1; Art. 139/Rz. 4.2).

4 412 Durch den Unternehmer

Art. 115

[1] Der Unternehmer erstellt auf eigene Kosten[1] alle weiteren Absteckungen[2], die zur vertragsgemässen Ausführung[3] notwendig sind. Die Bauleitung kann Absteckungsarbeiten, die dem Unternehmer obliegen[4], auf dessen Kosten ausführen,[5] wenn er sie trotz Aufforderung[6] nicht rechtzeitig[7] vornimmt.

[2] Der Unternehmer ist für die Erhaltung der festgelegten Absteckungsfixpunkte[8] verantwortlich.[9] Bei sämtlichen Arbeiten, das Einrichten der Baustelle inbegriffen[10], ist auf die Bauabsteckung Rücksicht zu nehmen.[11]

3 Müssen Marksteine [12], Polygonsteine [13], Absteckungsfixpunkte [14] beseitigt oder versetzt werden, so ist dies der Bauleitung rechtzeitig [15] mitzuteilen. Deren Weisungen sind zu befolgen.[16]

4 Der Unternehmer stellt die für die Überprüfung seiner Absteckungen [17] erforderlichen Hilfsmittel und Hilfskräfte in normalem [18] Umfang kostenlos [19] zur Verfügung.[20] Er kann für die durch die Kontrolle verursachten Störungen oder Unterbrechungen seiner Arbeiten keine Entschädigungen beanspruchen.[21]

Art. 115 (1977/91)

1 Der Unternehmer erstellt auf eigene Kosten alle weiteren Absteckungen, Schnurgerüste, Profilierungen, Schablonen usw., die zur planmässigen Ausführung notwendig sind. Die Bauleitung kann Absteckungsarbeiten, die dem Unternehmer obliegen, auf dessen Kosten ausführen, wenn er sie trotz Aufforderung nicht rechtzeitig vornimmt.

2 Der Unternehmer ist für die Erhaltung der festgelegten Absteckungsfixpunkte verantwortlich. Bei sämtlichen Arbeiten, das Einrichten der Baustelle inbegriffen, ist auf die Bauabsteckung Rücksicht zu nehmen.

3 Müssen Marksteine, Polygonsteine, Absteckungsfixpunkte beseitigt oder versetzt werden, so ist dies der Bauleitung rechtzeitig mitzuteilen. Deren Weisungen sind zu befolgen.

4 Der Unternehmer stellt die für die Überprüfung seiner Absteckungen erforderlichen Hilfsmittel und Hilfskräfte in normalem Umfang kostenlos zur Verfügung. Er kann für die durch die Kontrolle verursachten Störungen oder Unterbrechungen seiner Arbeiten keine Entschädigungen beanspruchen.

Anmerkung 1

1.1 Dass der Unternehmer alle weiteren Absteckungen *auf eigene Kosten* erstellt, heisst Folgendes: Die Kosten, die dem Unternehmer aus der notwendigen Erstellung der «weiteren Absteckungen» entstehen, gelten in den für die Ausführung des Werks vereinbarten Preisen (Global-, Pauschal- oder Einheitspreisen) als eingerechnet. Sie geben dem Unternehmer keinen Anspruch auf besondere Vergütung.

1.2 Wird der Unternehmer für die Ausführung des Werks *nach Aufwand vergütet* (Art. 374 OR; Art. 48 SIA-Norm 118), so liegt ein Sonderfall vor, den Art. 115 Abs. 1 nicht berücksichtigt: Alsdann gehören die (in Art. 115 Abs. 1 erwähnten) Kosten zum Aufwand, nach dem sich die vom Bauherrn geschuldete Vergütung bestimmt (Art. 48), und zwar (wenn die Norm auch diesbezüglich zur Anwendung kommt) nach Massgabe der Art. 49 – 55.

Anmerkung 2

2.1 Mit den *weiteren Absteckungen*, die der Unternehmer auf eigene Kosten erstellt, sind alle Absteckungen (Art. 114/Rz. 1.1 ff.) gemeint, die über die erste Vermessung der Bauleitung im Sinne von Art. 114 Abs. 1 (Art. 114/Rz. 3.2) hinaus erforderlich sind, um das vom Unternehmer geschuldete Werk plangemäss zu erstellen. Diese weiteren Absteckungen werden kurz auch als Bauabsteckung bezeichnet. Der Unternehmer erstellt sie auf der Grundlage der ersten Vermessung der Hauptachsen durch die Bauleitung (Art. 114/Rz. 3.3).

Bei Bauten, für die eine Absteckung der Hauptachsen notwendig ist (vgl. 114/Rz. 4.1 ff.), kann namentlich auch die *weitere Absteckung dieser Hauptachsen* dazugehören (sei es das Setzen zusätzlicher Zwischenpunkte oder die Markierung weiterer Punkte in der plangemässen Verlängerung der Hauptachse, z.B. beim Tunnelbau). Sie wird durch die Bauleitung nach Massgabe des Art. 114 Abs. 2 kontrolliert (Art. 114/Rz. 12.1 ff.). 2.2

In Art. 115 Abs. 1 aSIA-118 waren den weiteren Absteckungen noch «*[...] Schnurgerüste, Profilierungen Schablonen usw.*» zur Seite gestellt. Diese «Schnurgerüste, Profilierungen, Schablonen usw.» markieren Resultate der Absteckungen im Gelände oder am Bau (Art. 114/Rz. 1.4). Sie dienen dem Unternehmer (oder seinen Subunternehmern, Art. 29) als Hilfsmittel, indem sie bestimmte Richtungslinien, Höhen oder Neigungen für die Ausführung der konkreten Bauarbeit an Ort und Stelle anzeigen. Diese Funktion erfüllen sie auch noch heute; sie wurden im Rahmen der Revision nur deshalb gestrichen, weil sie in der Erstellung der «weiteren Absteckungen» mitenthalten sind. 2.3

Anmerkung 3

In Art. 115 Abs. 1 aSIA-118 war noch nicht von *vertragsgemässer*, sondern von «planmässige[r]» Ausführung die Rede. Im Rahmen der Revision wurde die planmässige durch die vertragsgemässe Ausführung ersetzt (zur Vertragsabweichung als Begriffsmerkmal des Werkmangels vgl. GWerkV Rz. 1356 ff., 1427, 1475 und 2133 ff.). Denn der Begriff der vertragsgemässen Ausführung ist weiter als jener der planmässigen, da sich die vertragsgemässe Ausführung auf alle Vertragsbestandteile (und nicht bloss auf die Pläne) bezieht (Spiess/Huser, Handkommentar, N 3 zu Art. 115). 3

Anmerkung 4

Das Wort *obliegen* hat hier den Sinn einer echten Verpflichtung, nicht einer blossen Obliegenheit. 4

Anmerkung 5

Das Recht, die Absteckungsarbeiten, die dem Unternehmer obliegen, auf dessen Kosten auszuführen oder ausführen zu lassen *(Ersatzvornahme)*, steht – entgegen dem Wortlaut des Art. 115 Abs. 1 Satz 2 – nicht der Bauleitung, sondern dem *Bauherrn* zu. Denn der Bauherr ist Vertragspartner des Unternehmers (nicht die Bauleitung, vgl. Einl./Rz. 17 ff.). Die Bauleitung hat gegenüber dem Unternehmer keine eigenen Vertragsrechte. Vielmehr übt sie, wenn sie die Absteckungsarbeiten an Stelle des Unternehmers ausführt oder ausführen lässt, ein Recht des Bauherrn aus. Insofern handelt sie als Ausübungsgehilfin (Art. 101 OR) des Bauherrn (ebenso im Zusammenhang mit der Pflicht zu Ordnung, Reinlichkeit und Hygiene auf dem Bauplatz und auf den Zufahrten, vgl. Art. 118/Rz. 8). Dieser Anspruch auf Ersatzvornahme bedarf der näheren Erklärung: 5.1

a) Die Ersatzvornahme geschieht *auf Kosten des Unternehmers*. Das bedeutet: Der Bauherr hat gegenüber dem Unternehmer einen Anspruch auf Ersatz der Kosten, die ihm aus der Ersatzvornahme entstehen. Die Bauleitung, welche die Absteckungsarbeiten ausführt oder ausführen lässt, hat gegenüber dem Unternehmer keinerlei Ersatzansprüche (Art. 115/Rz. 5.1). Ihre Ansprüche richten sich einzig gegen den Bauherrn, der sich dann 5.2

wiederum an den Unternehmer zu halten hat. Welche Ansprüche die Bauleitung gegenüber dem Bauherrn hat, beurteilt sich nach ihrem Vertragsverhältnis zum Bauherrn, nicht nach der SIA-Norm 118.

5.3 b) Lässt der Bauherr die Absteckungsarbeiten nicht durch seine Bauleitung, sondern *durch einen Dritten ausführen* (oder führt er sie selber aus), so ändert dies nichts an seinem Ersatzanspruch gegenüber dem Unternehmer, weil es ja um Absteckungsarbeiten geht, die der Unternehmer hätte ausführen sollen. Dies gilt, obwohl Art. 115 Abs. 1 sich darüber ausschweigt.

5.4 c) Der Anspruch des Bauherrn auf Kostenersatz ist *ein Aufwendungs-, kein Schadenersatzanspruch* (BGE 126 III 230/233 E. 7a/aa; GWERKV Rz. 870ff., 886a, 1809ff., 1819ff. und 1829ff.). Er hängt nicht vom Verschulden des Unternehmers ab. Wird der Unternehmer nach Aufwand vergütet (Art. 115/Rz. 1.2), so reduziert sich der Ersatzanspruch des Bauherrn um einen allfälligen Betrag, den er bei der Vergütung des Unternehmers einspart (zum Ganzen vgl. auch Art. 118/Rz. 10). Der Bauherr darf nicht Ersatz höherer Kosten verlangen, als nach pflichtgemässem Ermessen erforderlich waren, um die Absteckungsarbeiten an Stelle des Unternehmers vorzunehmen oder vornehmen zu lassen (Ersatzanspruch nur in den Schranken von Treu und Glauben, Art. 2 ZGB, vgl. GWERKV Rz. 871).

Anmerkung 6

6 Das Recht des Bauherrn zur Ersatzvornahme (Art. 115/Rz. 5.1ff.) besteht nur für solche Absteckungsarbeiten, die der Unternehmer «trotz *Aufforderung* nicht rechtzeitig vornimmt». Diese Aufforderung muss keine Androhung der Ersatzvornahme enthalten (vgl. demgegenüber Art. 366 Abs. 2 OR; GWERKV Rz. 882ff.). Es genügt, wenn der Bauherr (oder ein Vertreter des Bauherrn, namentlich die hierzu bevollmächtigte Bauleitung) eine angemessene Frist zur Abhilfe ansetzt. In dieser Fristansetzung besteht die Aufforderung nach Art. 115 Abs. 1 Satz 2.

Anmerkung 7

7 Der Unternehmer muss die ihm obliegenden Absteckungsarbeiten so *rechtzeitig* vornehmen, dass sich die Ausführung seines Werks nicht in vertragswidriger Weise verzögert (zum Begriff der Rechtzeitigkeit im Rahmen von Art. 366 Abs. 1 OR vgl. GWERKV Rz. 894a).

Anmerkung 8

8.1 Obwohl Art. 115 unter dem Titel «Absteckung durch den Unternehmer» steht, sind in Art. 115 Abs. 2 Satz 1 *sämtliche Absteckungsfixpunkte* gemeint. Gleichgültig ist, ob es sich um Absteckungsfixpunkte des Unternehmers (Art. 115 Abs. 1), der Bauleitung (Art. 114 Abs. 1) oder eines Nebenunternehmers (Art. 30) handelt. Der Unternehmer ist für die Erhaltung sämtlicher Absteckungsfixpunkte verantwortlich.

8.2 Vgl. demgegenüber *Art. 115 Abs. 3,* wo mit den Absteckungsfixpunkten allein jene der Bauleitung gemeint sind (Art. 115/Rz. 14.1).

Anmerkung 9

Der Unternehmer ist gegenüber dem Bauherrn (seinem Vertragspartner) verpflichtet («verantwortlich»), die erforderlichen Massnahmen zu treffen, damit sämtliche Absteckungsfixpunkte (Art. 115/Rz. 8.1) unbeschädigt erhalten bleiben. Ergänzend ist anzufügen: 9.1

a) Die Verpflichtung des Unternehmers, die erforderlichen Massnahmen zu treffen, damit sämtliche Absteckungsfixpunkte unbeschädigt bleiben, besteht, *solange* die Absteckungsfixpunkte für die Bauausführung oder für Kontrollzwecke *erforderlich* sind. Soweit die Absteckungsfixpunkte mit dem Fortschreiten der Arbeiten zwangsläufig untergehen, erlischt selbstverständlich auch die Erhaltungspflicht des Unternehmers. 9.2

b) Für die *eigenen Absteckungsfixpunkte* trägt der Unternehmer im Verhältnis zum Bauherrn auch das Risiko einer zufälligen Verschiebung oder Zerstörung. Deshalb hat der Unternehmer die daraus entstehenden Wiederherstellungsarbeiten zu leisten, ohne dass der Bauherr verpflichtet ist, die entsprechenden Kosten zu vergüten. Vorbehalten bleibt der Fall, da sich die Vergütung des Unternehmers nach Aufwand richtet (Art. 374 OR; Art. 48 SIA-Norm 118). Das Gesagte gilt auch dann, wenn die betreffenden Absteckungsfixpunkte im Zuge einer Ersatzvornahme festgelegt wurden (Art. 115/Rz. 5.1 ff.). 9.3

c) Anders verhält sich die Rechtslage mit Bezug auf die *Absteckungsfixpunkte der ersten Vermessung,* welche die Bauleitung nach Art. 114 Abs. 1 erstellt hat. Deren Wiederherstellung ist nicht Sache des Unternehmers. Für die Kosten, die dem Bauherrn aus der Wiederherstellung erwachsen, haftet der Unternehmer nur dann, wenn ihn an der Zerstörung oder Verschiebung ein Verschulden (Art. 23 Abs. 2 SIA-Norm 118 i.V.m. Art. 97 Abs. 1 OR und 364 Abs. 1 OR) trifft oder er hierfür nach Art. 101 OR (gestützt auf eine Hilfspersonenhaftung, z.B. für einen Subunternehmer) einzustehen hat. Müssen Absteckungsfixpunkte der Bauleitung beseitigt oder versetzt werden, so sieht Art. 115 Abs. 3 dafür eine Sonderregel vor. 9.4

Anmerkung 10

Zum *Einrichten der Baustelle* gehören insbesondere die Anordnung und der Aufbau von Baustelleneinrichtungen (Art. 123, vgl. auch GWerkV Rz. 71). 10

Anmerkung 11

Gemäss Art. 115 Abs. 2 Satz 2 hat der Unternehmer bei sämtlichen Arbeiten (inklusive dem Einrichten der Baustelle) auf die Bauabsteckung *Rücksicht* zu nehmen. Die in Art. 115 Abs. 2 geforderte Rücksicht auf die Bauabsteckung verlangt, dass der Unternehmer seine Dispositionen so trifft, dass er seine Absteckungsarbeit in der erforderlichen Genauigkeit durchführen kann. 11

Anmerkung 12

Marksteine markieren die Parzellengrenzen. In den von der Grundbuchvermessung erfassten Gebieten handelt es sich um Steine der Grundbuchvermessung. 12

Anmerkung 13

13.1 *Polygonsteine* sind Steine von Polygonzügen (vgl. Art. 114/Rz. 5). Polygonzüge sind wichtige Messlinien für terrestrische Detailvermessungen.

13.2 Den Polygonsteinen sind *Steine von Triangulationsnetzen* gleichzustellen (vgl. Art. 114/Rz. 5 f.). Dass Art. 115 Abs. 3 diese Triangulationssteine nicht aufführt, ist eine Lücke, die es in der erwähnten Weise auszufüllen gilt.

Anmerkung 14

14.1 Obwohl Art. 115 unter dem Titel «Absteckung durch den Unternehmer» steht, handelt es sich bei den Absteckungsfixpunkten des Art. 115 Abs. 3 *nur um solche der Bauleitung* (Art. 114 Abs. 1). Art. 115 Abs. 3 ist diesbezüglich zu allgemein und deshalb ungenau formuliert (vgl. demgegenüber noch Art. 15 aSIA-118 [1962]).

14.2 Die Absteckungsfixpunkte des Art. 115 Abs. 3 sind klar von den Absteckungsfixpunkten des *Art. 115 Abs. 2* zu trennen: Mit Letzteren sind nämlich nicht bloss die Absteckungsfixpunkte der Bauleitung, sondern auch jene des Unternehmers und eines allfälligen Nebenunternehmers gemeint (Art. 115/Rz. 8.1).

Anmerkung 15

15 Der Unternehmer hat dies der Bauleitung so *rechtzeitig* mitzuteilen, dass es ihm möglich ist, deren Weisungen in Bezug auf die Beseitigung oder Versetzung der Mark-, Polygon- und Triangulationssteine sowie die Absteckungsfixpunkte angemessen zu berücksichtigen.

Anmerkung 16

16 Es ist zwar am Unternehmer, Mark-, Polygon- und Triangulationssteine sowie Absteckungsfixpunkte zu beseitigen oder zu versetzen. Die Beseitigung oder Versetzung hat jedoch *gemäss den Weisungen der Bauleitung* zu erfolgen: Die Bauleitung bestimmt, wer die Steine oder Fixpunkte wie beseitigt und wiederherstellt oder versetzt (umplatziert). Unter Umständen müssen die Fixpunkte auch neu eingemessen werden. Die Kosten für die Beseitigung oder Versetzung und für eine allfällige neue Einmessung trägt der Bauherr.

Anmerkung 17

17 Mit den Absteckungen in Art. 115 Abs. 4 sind *alle Absteckungen nach Art. 115 Abs. 1* gemeint, die über die erste Vermessung der Bauleitung (Art. 114 Abs. 1) hinausgehen (vgl. dazu auch Art. 115/Rz. 2.1 ff.). Diese Absteckungen schliessen die weitere Absteckung der Hauptachsen (Art. 115/Rz. 2.2), zu deren Überprüfung die Bauleitung nach Massgabe des Art. 114 Abs. 2 verpflichtet ist (vgl. Art. 114/Rz. 12.1 ff., insbesondere 12.3), mit ein. Sie beschränken sich aber nicht darauf, sondern umfassen ganz allgemein alle Absteckungen nach Art. 115 Abs. 1, die über die erste Vermessung der Bauleitung (Art. 114 Abs. 1) hinausgehen.

Anmerkung 18

Normal ist der Umfang, der in der entsprechenden Bausparte üblich ist. 18

Anmerkung 19

Die Hilfskräfte und Hilfsmittel, die erforderlich sind, damit die Absteckungen des Unternehmers überprüft werden können, stellt der Unternehmer *kostenlos* zur Verfügung (vgl. auch Art. 116/Rz. 5). Kostenlos heisst: ohne dass der Unternehmer hierfür eine besondere Vergütung verlangen kann. Vorbehalten bleibt aber der in Art. 115 Abs. 3 unberücksichtigte Fall, dass der Unternehmer nach Aufwand vergütet wird, vgl. Art. 115/Rz. 1.2 sinngemäss. Zur Vergütung des Unternehmers nach Aufwand siehe auch Art. 116/Rz. 19.3. 19.1

Diese Pflicht des Unternehmers, der Bauleitung die erforderlichen Hilfskräfte und -mittel zur Überprüfung der Absteckungen kostenlos zur Verfügung zu stellen, konstituiert das Korrelat zur Pflicht der Bauleitung, bei ihren Vermessungsarbeiten *Rücksicht* auf den Baubetrieb zu nehmen (Art. 114 Abs. 3; Art. 114/Rz. 17; vgl. auch Spiess/Huser, Handkommentar, N 10 zu Art. 115). 19.2

Anmerkung 20

Die Bauleitung überprüft sämtliche Absteckungsfixpunkte (Art. 115 Abs. 1; vgl. auch Art. 115/Rz. 17), darf dabei aber die vom Unternehmer in normalem Umfang kostenlos zur Verfügung gestellten Hilfsmittel und Hilfskräfte benutzen. 20

Anmerkung 21

Erschweren oder unterbrechen die Kontrollen, welche die Bauleitung ausführt, die Arbeiten des Unternehmers, so kann dieser dafür grundsätzlich *keine Entschädigung* verlangen (Art. 139/Rz. 4.2). Vorausgesetzt aber ist, dass die Bauleitung ihre Kontrollen mit der gebotenen Rücksichtnahme auf den Baubetrieb durchführt (vgl. Art. 114 Abs. 3; Art. 114/Rz. 17; Art. 137/Rz. 7; Art. 139/Rz. 4.2). Zur Kostenlosigkeit vgl. auch Art. 13/Rz. 5, Art.115/Rz. 19.1 f. sowie Art. 116/Rz. 2.1 f. und 5. 21

4 42 Bauplatz und Zufahrt

4 421 Grundstücke und Rechte[1]

Art. 116

[1] Der Bauherr stellt dem Unternehmer die für die Einrichtung der Baustelle notwendigen Grundstücke[2], die Strassen des Bauareals und die Lager-[3] und Deponieplätze[4], einschliesslich öffentlichen und gebührenpflichtigen Grundes und Bodens, kostenlos[5] zur Verfügung[6]; ebenso die notwendigen Benützungsrechte, namentlich für Zufahrten[7], Durchleitungen[8] und Unterfahrungen[9] (Art. 13[10], 91[11], 94[12]).[13]

[2] Der Unternehmer benachrichtigt die Bauleitung rechtzeitig [14] von der bevorstehenden Beanspruchung von Grundstücken und Rechten [15] unter Angabe des Zeitpunktes [16].

[3] Grundstücke und Rechte, die im Werkvertrag nicht bezeichnet sind (Art. 13) [17], beschafft der Unternehmer, wenn er sie für notwendig erachtet [18], auf eigene Kosten [19]. Wenn Nebenunternehmer (Art. 30) solche Grundstücke und Rechte mitbenutzen, so beteiligen sie sich an den Kosten.[20]

Art. 116 (1977/91)

[1] Der Bauherr stellt dem Unternehmer die für die Einrichtung der Baustelle notwendigen Grundstücke, die Strassen des Bauareals und die Lager- und Deponieplätze, einschliesslich öffentlichen und gebührenpflichtigen Grund und Boden, kostenlos zur Verfügung; ebenso die notwendigen Benützungsrechte, namentlich für Zufahrten, Durchleitungen und Unterfahrungen (Art. 13, Art. 91, Art. 94).

[2] Der Unternehmer benachrichtigt die Bauleitung rechtzeitig von der bevorstehenden Beanspruchung von Grundstücken und Rechten unter Angabe des Zeitpunktes.

[3] Grundstücke und Rechte, die im Werkvertrag nicht bezeichnet sind (Art. 13), beschafft der Unternehmer, wenn er sie für notwendig erachtet, auf eigene Kosten. Wenn Nebenunternehmer (Art. 30) solche Grundstücke und Rechte mitbenützen, so beteiligen sie sich an den Kosten.

Anmerkung 1

1.1 Art. 116 befasst sich mit den für die Bauausführung erforderlichen *Grundstücken und Rechten*, die entweder der Bauherr dem Unternehmer kostenlos zur Verfügung stellt (Art. 116 Abs. 1 und 2) oder die vom Unternehmer selber zu beschaffen sind (Art. 116 Abs. 3).

1.2 Für die Zuführung elektrischer Energie und die Zuführung von Trink- und Brauchwasser beachte aber Art. 129 Abs. 1 und Art. 133 Abs. 1.

Anmerkung 2

2.1 Art. 116 Abs. 1 ist *missverständlich formuliert.* Denn für sich allein erweckt er den falschen Eindruck, der Bauherr habe dem Unternehmer alle erforderlichen Grundstücke und Rechte kostenlos zur Verfügung zu stellen. Gemeint sind jedoch nur die Grundstücke und Rechte, deren unentgeltliche Verschaffung er dem Unternehmer (ausserhalb der SIA-Norm 118) *vertraglich zugesichert* hat (vgl. Art. 13 Abs. 1 und Art. 116 Abs. 3). In Bezug auf jene Grundstücke und Rechte, die im Werkvertrag nicht bezeichnet sind, hält Art. 116 Abs. 3 ausdrücklich fest, dass der Unternehmer sie auf eigene Kosten zu beschaffen hat, falls er sie für notwendig erachtet (Art. 13 Abs. 1 und Art. 116 Abs. 3, vgl. insbesondere Art. 116/Rz. 17).

2.2 *«Die für die Einrichtung der Baustelle notwendigen Grundstücke»* sind jene Grundstücksflächen, die vom Unternehmer für die zweckmässige Aufstellung und Benutzung von Baustelleneinrichtungen (Art. 123), für die Einrichtung von Arbeitsplätzen, von allfälligen Personalunterkünften und gegebenenfalls auch der Kantine benötigt werden

(Art. 109). Deshalb hat der Bauherr sie dem Unternehmer vertraglich (ausserhalb der SIA-Norm 118) zugesichert (Art. 116/Rz. 2.1, vgl. auch Art. 13 Abs. 1 und Art. 116 Abs. 3). In Anwendung von Art. 13 Abs. 1 muss der Bauherr die Grundstücke und Rechte, die er gemäss Art. 116 Abs. 1 unentgeltlich zur Verfügung stellt, in den Ausschreibungsunterlagen genau angeben (vgl. BÜHLER THEODOR, Zürcher Kommentar, N 58 zu Art. 365 OR).

Anmerkung 3

Die *Lagerplätze* befinden sich meistens auf dem Bauplatz. Sie dienen dem Unternehmer 3
insbesondere zur Lagerung von Materialien (Art. 10 Abs. 1) unter Einschluss angelieferter Bauteile, von Baustelleneinrichtungen (Art. 123) und Handwerkszeug, aber auch zur Zwischenlagerung von Aushub- und Rückbaumaterial (Art. 121). Soweit vom Unternehmer benötigt, errichtet er darauf seine Lagerbaracken.

Anmerkung 4

Die *Deponieplätze* befinden sich häufig ausserhalb der Baustelle, bisweilen in grösserer 4
Distanz davon entfernt (vgl. Art. 118/Rz. 13; Art. 121/Rz. 5.3 f. und 6). Sie dienen insbesondere der Endlagerung von Aushub- und Rückbaumaterialien (Art. 121/Rz. 2.1 ff., vgl. auch Art. 3 lit. f und k Abfallverordnung [VVEA], siehe überdies GWERKV Rz. 1150).

Anmerkung 5

Das heisst *unentgeltlich* (vgl. Art. 13 Abs. 1; Art. 115/Rz. 19.1). 5

Anmerkung 6

Das *Zurverfügungstellen* der für die Einrichtung der Baustelle notwendigen Grundstücke, 6
einschliesslich des öffentlichen und gebührenpflichtigen Grundes und Bodens, heisst: Der Bauherr sorgt dafür, dass der Unternehmer die betreffenden Grundstücke für die Erfüllung seines Werkvertrags benützen kann; bei öffentlichem Grund und Boden sorgt er für das Vorliegen einer notwendigen Erlaubnis.

Anmerkung 7

Im Zusammenhang mit den *Zufahrten* ist auch der Verkehr auf öffentlichen Strassen und 7
auf Privatstrassen von Interesse, vgl. Art. 119.

Anmerkung 8

Bezüglich der *Durchleitungen* kann es sich um offen oder unterirdisch verlegte Leitungen 8
(Rohre oder Kabel) oder um Überführungen (z.B. Aufhängungen oder selbststehende Hilfskonstruktionen) handeln.

Anmerkung 9

Unterfahrungen sind unterirdisch angelegte Verkehrswege (Unterführungen oder Tun- 9
nels).

Anmerkung 10

10 Der Verweis auf *Art. 13* erinnert daran, dass die Grundstücke und Rechte, die der Bauherr dem Unternehmer gemäss Art. 116 Abs. 1 kostenlos zur Verfügung stellt, in den Ausschreibungsunterlagen genau angegeben werden (Art. 13 Abs. 1). Vgl. auch Art. 116 Abs. 3.

Anmerkung 11

11 Der Verweis auf *Art. 91* macht darauf aufmerksam, dass der Bauherr bei Bestellungsänderungen (Art. 84) verpflichtet ist, den Umfang der Grundstücke und Rechte, die er dem Unternehmer zur Verfügung stellt, soweit nötig zu verändern. Zum Fall einer Fristerstreckung vgl. Art. 96/Rz. 6.1 ff.

Anmerkung 12

12 Mit dem Verweis auf *Art. 94* wird in Erinnerung gerufen, dass der Bauherr die erforderlichen Grundstücke und Rechte so frühzeitig zur Verfügung stellen muss, dass der Unternehmer die vertraglichen Fristen einhalten kann. Die Bestimmung des Art. 94 wird durch Art. 116 Abs. 2 ergänzt.

Anmerkung 13

13 Die *«Benützungsrechte […] für Zufahrten, Durchleitungen und Unterfahrungen»*, die in Art. 116 Abs. 1 genannt werden, können sich auf bereits bestehende Einrichtungen beziehen oder es dem Unternehmer gestatten, auf fremdem (öffentlichem oder privatem) Boden Zufahrten, Durchleitungen oder Unterfahrungen als Baustelleneinrichtungen (Art. 123) herzurichten.

Anmerkung 14

14 Dass der Unternehmer die Bauleitung *rechtzeitig* von einer bevorstehenden Beanspruchung von Grundstücken und Rechten benachrichtigen muss, bedeutet: Der Unternehmer muss eine angemessene Frist einhalten, die es einem sorgfältigen Bauherrn (beim Stand der Vorbereitungen, die von ihm nach den konkreten Umständen erwartet werden dürfen) ermöglicht, die beanspruchten Grundstücke und Rechte auf den angegebenen Zeitpunkt zur Verfügung zu stellen. Wurde eine bestimmte Frist vertraglich ausbedungen, so ist darauf abzustellen.

Anmerkung 15

15 Mit den *Grundstücken und Benutzungsrechten* im Sinne von Art. 116 Abs. 2 sind jene gemeint, die der Unternehmer zur zweckmässigen Aufstellung und Benutzung der Baustelleneinrichtung benötigt, weshalb der Bauherr dem Unternehmer vertraglich zugesichert hat, ihm diese Grundstücke und Benutzungsrechte zur Verfügung zu stellen (vgl. Art. 116 Abs. 1; Art. 116/Rz. 2.1).

Anmerkung 16

Der Unternehmer hat der Bauleitung jenen *Zeitpunkt* zu nennen, von dem an er die beanspruchten Grundstücke oder Rechte benötigt, um die vertraglichen Fristen einhalten zu können (Art. 94 Abs. 1). Auf diesen Zeitpunkt, der in der Benachrichtigung anzugeben ist, muss der Bauherr die betreffenden Grundstücke oder Rechte zur Verfügung stellen. Ansonsten greift die Säumnisfolge des Art. 94 Abs. 2 ein: Der Unternehmer erhält einen Anspruch auf angemessene Fristerstreckung. Hat der Unternehmer es allerdings unterlassen, die Bauleitung über die bevorstehende Beanspruchung rechtzeitig zu benachrichtigen, so wird der massgebende Zeitpunkt entsprechend hinausgeschoben. Zum Begriff der Rechtzeitigkeit vgl. auch Art. 94 Abs. 1, Art. 99 und Art. 100 Abs. 1. 16

Anmerkung 17

Mit den «*Grundstücke[n] und Rechte[n], die im Werkvertrag nicht bezeichnet sind*», zielt der Normtext auf alle Grundstücke und Benützungsrechte ab, für die es an einer vertraglich übernommenen Pflicht des Bauherrn fehlt, sie dem Unternehmer kostenlos (unentgeltlich) zur Verfügung zu stellen. Die Formulierung in Art. 116 Abs. 3 nimmt Bezug auf Art. 13 Abs. 1, wonach «die Grundstücke und Rechte», «die der Bauherr gemäss Art. 116 Abs. 1 unentgeltlich zur Verfügung stellt», «in den Ausschreibungsunterlagen (Art. 7) genau angegeben werden». Zu den Grundstücken und Rechten, die im Werkvertrag bezeichnet sind, vgl. Art. 116/Rz. 2.1 f. 17

Anmerkung 18

Die Formulierung, wonach der Unternehmer die Grundstücke und Rechte, die im Werkvertrag nicht bezeichnet sind, auf eigene Kosten «beschafft [...], *wenn er sie für notwendig erachtet*», stellt zwar darauf ab, was der Unternehmer subjektiv als notwendig erachtet. Doch befreit diese Formulierung den Unternehmer nicht von seiner Beschaffungspflicht, falls sich im Zuge der Bauausführung herausstellt, dass Grundstücke und Rechte, die er ursprünglich nicht für notwendig erachtet hat, in Wirklichkeit doch erforderlich sind, um die ursprünglich vereinbarten Arbeiten (vertragsgemäss, insbesondere rechtzeitig) auszuführen oder um erhöhten Aufwand zu vermeiden. 18

Anmerkung 19

Dass der Unternehmer die im Werkvertrag nicht bezeichneten Grundstücke und Rechte *auf eigene Kosten* beschafft, wenn er sie für notwendig hält, heisst Folgendes: Die entsprechenden Beschaffungskosten für Grundstücke und Rechte, die im Werkvertrag nicht bezeichnet sind (Art. 13 Abs. 1), gelten in den für die Ausführung des Werks vereinbarten Preisen (Global-, Pauschal- oder Einheitspreisen) als eingerechnet. Sie geben dem Unternehmer keinen Anspruch auf besondere Vergütung. 19.1

Die Regel, wonach der Unternehmer Grundstücke und Rechte, die im Werkvertrag nicht bezeichnet sind (Art. 13), auf eigene Kosten zu beschaffen hat, verweist auf folgende *Kehrseite*: Der Bauherr kann den Umfang der Grundstücke und Benützungsrechte, die er dem Unternehmer kostenlos (unentgeltlich) zur Verfügung stellen will, in der Ausschreibung beschränken. Alsdann hat der Unternehmer zu prüfen, ob Grundstücke und Benüt- 19.2

zungsrechte in diesem Umfang ausreichen (Art. 13/Rz. 6.1). Kommt er zum Schluss, dass der Umfang nicht ausreicht, sieht er von einem Angebot ab, bringt in seinem Angebot einen Vorbehalt an oder kalkuliert die Kosten, die mit der Beschaffung weiterer Grundstücke oder Rechte verbunden sind, in seinen Angebotspreis ein.

19.3 Ein von Art. 116 Abs. 3 unberücksichtigter Sonderfall liegt allerdings dann vor, wenn der Unternehmer für die Ausführung seines Werks *nach Aufwand vergütet* wird (Art. 374 OR bzw. Art. 48 SIA-Norm 118). Alsdann gehören die betreffenden Kosten zum Aufwand, nach dem sich die vom Bauherrn geschuldete Vergütung bestimmt und der (wenn die SIA-Norm 118 auch diesbezüglich zur Anwendung kommt) nach Massgabe der Art. 49 – 55 vergütet wird (Art. 48). Siehe auch Art. 115/Rz. 19.1.

Anmerkung 20

20.1 Art. 116 Abs. 3 Satz 2 stellt klar, dass der Unternehmer *nicht verpflichtet* ist, seinen Nebenunternehmern (Art. 30) die unentgeltliche Mitbenützung der Grundstücke und Rechte zu gestatten. Im Übrigen sind zwei Fälle zu unterscheiden:

20.2 a) Der Unternehmer gestattet *von sich aus* die Mitbenützung. Alsdann liegt es an ihm, eine Kostenbeteiligung mit den betreffenden Nebenunternehmern auszuhandeln und zu vereinbaren. Der Bauherr schuldet ihm nichts (vgl. auch Art. 126/Rz. 9.3).

20.3 b) Der Unternehmer gestattet die Mitbenützung *«auf Verlangen der Bauleitung»* (Art. 126 Abs. 1). Alsdann kommt Art. 126 Abs. 1 zur Anwendung, was zugleich bedeutet, dass die daraus entstehenden Kosten zulasten des Bauherrn (nicht zulasten der Nebenunternehmer) gehen (Art. 126/Rz. 9.4).

4 422 Herrichten der Zufahrten

Art. 117

[1] Stellt der Bauherr[1] Zufahrten[2] zur Verfügung (Art. 116), so sorgt er auf eigene Kosten vor Inangriffnahme der Arbeiten[3] für erforderliche[4] Verbesserungen[5] und in der Folge für den ordentlichen Unterhalt[6]; es sei denn, der Werkvertrag sehe etwas anderes vor.[7]

[2] Die Reinigung[8] obliegt dem Verursacher[9]; dieser trägt auch die Folgen unsachgemässer Benützung.[10]

Art. 117 (1977/91)

[1] Stellt der Bauherr Zufahrten zur Verfügung (Art. 116), so sorgt er auf eigene Kosten vor Inangriffnahme der Arbeiten für erforderliche Verbesserungen und in der Folge für den ordentlichen Unterhalt; es sei denn, der Werkvertrag sehe etwas anderes vor.

[2] Die Reinigung obliegt dem Verursacher; dieser trägt auch die Folgen unsachgemässer Benützung.

Anmerkung 1

Der Bauherr braucht die Verbesserungen der Zufahrten, die er dem Unternehmer zur Verfügung stellt, nicht selber auszuführen, sondern nur *dafür besorgt* zu sein, dass sie zeitgerecht vorgenommen werden. 1

Anmerkung 2

Mit den *Zufahrten* sind sowohl eigene Zufahrten als auch Benutzungsrechte an fremden Zufahrten gemeint (vgl. Art. 118/Rz. 4; Art. 123/Rz. 1.1). 2

Anmerkung 3

Der Bauherr muss die Zufahrten, soweit erforderlich, verbessern und unterhalten (lassen), bevor der Unternehmer die Bauarbeiten in Angriff nimmt. Mit den Arbeiten sind gerade und *nur diejenigen Arbeiten* gemeint, für deren Ausführung der Unternehmer die betreffenden Zufahrten nach Massgabe des Baufortschritts benötigt. Der Bauherr muss mit den erforderlichen Verbesserungen der Zufahrten (Art. 117/Rz. 4.1 f. und 5) so frühzeitig beginnen, dass sie den Baubetrieb des Unternehmers nicht beeinträchtigen: Sie müssen abgeschlossen sein, sobald der Unternehmer Anspruch auf die Benützung der Zufahrten hat (Art. 94 Abs. 1 und 116 Abs. 2). 3.1

Zu den Arbeiten im Sinne von Art. 117 Abs. 1 gehörten nicht bloss die Arbeiten des Unternehmers, sondern auch jene seiner *Subunternehmer* (Art. 29). 3.2

Anmerkung 4

Erforderlich sind alle Reparaturen und sonstigen Verbesserungen der Zufahrten (Art. 117/Rz. 5), die der Unternehmer vernünftigerweise erwarten darf, damit die (eigenen und fremden) Fahrzeuge, die seinem Baubetrieb (z.B. auch durch Zu- und Abtransporte) dienen, sicher und ohne ungewöhnliche Erschwernisse verkehren können (Art. 117/Rz. 6.1). Zum Baubetrieb des Unternehmers gehört auch derjenige seiner Subunternehmer (Art. 29). 4.1

Wurden Art und Ausmass der Verbesserungen der Zufahrten *vertraglich festgelegt*, so ist darauf abzustellen. 4.2

Anmerkung 5

Notwendige *Verbesserungen* können beispielsweise Verbreiterungen, Kurvenausbau oder die Verstärkung von Brücken sein. Bei fremden Zufahrten, die einem Dritten gehören, hat der Bauherr vor allem auch dafür zu sorgen, dass der Dritte mit den Verbesserungen einverstanden ist. 5

Anmerkung 6

Der Bauherr muss dafür sorgen, dass die Zufahrten in *ordnungsgemässem Zustand erhalten* bleiben, damit die Fahrzeuge, die dem Baubetrieb des Unternehmers dienen, sicher und ohne ungewöhnliche Erschwernisse verkehren können (Art. 117/Rz. 4.1). Winters gehört auch die Schneeräumung zum ordentlichen Unterhalt. Erfolgt die Zufahrt über eine private Strasse oder über eine öffentliche Strasse, die aber Verkehrsbeschränkungen unterliegt, so hat der Bauherr um die entsprechenden Ausnahmebewilligungen besorgt 6.1

zu sein. Der Unternehmer hat einen unentgeltlichen Anspruch darauf, dass der Bauherr seine Unterhaltspflicht erfüllt.

6.2 Zum Unterhalt, den der Bauherr dem Unternehmer schuldet, gehört grundsätzlich auch die *Reinigung* der Zufahrten (Art. 117/Rz. 8 und 9.1 ff.). Das gilt jedoch bloss für die Reinigung von gewöhnlichen Verunreinigungen (Art. 117/Rz. 9.1 ff.). Für aussergewöhnliche Verunreinigungen (Art. 117/Rz. 8), die der Unternehmer verursacht, gilt hingegen die Sonderregel des Art. 117 Abs. 2 (Haftung des Verursachers).

Anmerkung 7

7 Gemeint ist eine werkvertragliche *Abrede, die der SIA-Norm 118 vorgeht,* weil sie individuell oder in einem rangmässig höheren Vertragsbestandteil (Art. 21) vereinbart wurde (vgl. Einl./Rz. 26; GWerkV Rz. 313 ff.). Solche Abreden beziehen sich häufig auf den Unterhalt der Zufahrt; vielfach überbinden sie den Unterhalt jenem Unternehmer, der die Zufahrt am intensivsten benutzt. Nach Art. 30 Abs. 2 ist es Sache des Bauherrn, die werkvertraglichen Verpflichtungen verschiedener Nebenunternehmer so zu gestalten, dass deren Arbeiten zweckmässig miteinander koordiniert sind.

Anmerkung 8

8 Mit der Reinigung der Zufahrten nach Art. 117 Abs. 2 ist bloss die Beseitigung *aussergewöhnlicher Verunreinigungen* gemeint. Die Beseitigung der üblichen Verunreinigungen hingegen, die sich zwangsläufig aus der Benützung der Zufahrten ergibt, gehört zum ordentlichen Unterhalt und obliegt dem Bauherrn (Art. 117/Rz. 6.2).

Anmerkung 9

9.1 Der ordentliche Unterhalt der Zufahrten obliegt dem Bauherrn (Art. 117 Abs. 1). Das *Verursacherprinzip* des Art. 117 Abs. 2 greift bloss im Zusammenhang mit Verunreinigungen, die das normale Mass übersteigen und in diesem Sinn aussergewöhnlich sind. Für den Unternehmer bedeutet dies, dass er gegenüber dem Bauherrn verpflichtet ist, die von ihm verursachten aussergewöhnlichen Verunreinigungen (Art. 117/Rz. 6.2 und 8) zu beseitigen. Diese Verpflichtung entspricht der Regel des Art. 118 Abs. 1, die auch im Übrigen (hinsichtlich der Kosten und der Ersatzvornahme) zur Anwendung kommt. Für die Kosten gilt sinngemäss das in Art. 118/Rz. 2.1 f. Gesagte.

9.2 Die Verunreinigungen gelten dann als *vom Unternehmer verursacht*, wenn sie auf seinen Baubetrieb zurückzuführen sind. Zu denken ist etwa an Fahrzeuge, die lehmiges oder anderes Material auf die Zufahrt verschleppen oder die Ladung verlieren und die Zufahrt dadurch verschmutzen. Zum Baubetrieb des Unternehmers gehört auch der Einsatz seiner Subunternehmer (Art. 29).

9.3 Der Unternehmer, der die Verunreinigung verursacht, ist *nur gegenüber dem Bauherrn zur Reinigung verpflichtet.* Diese Reinigungspflicht des Unternehmers gegenüber dem Bauherrn ändert aber nichts am Reinigungsanspruch nach Art. 117 Abs. 1, den die Nebenunternehmer gegenüber dem Bauherrn haben, wenn die SIA-Norm 118 auch von ihnen übernommen wurde (Art. 117/Rz. 3.2 und 6.1 f.). Indem der Verursacher (in concreto: der Unternehmer) die Zufahrt reinigt, handelt er den Nebenunternehmern gegenüber als Hilfsperson des Bauherrn (Art. 101 OR; Vorbem. Art. 28 – 32/Rz. 20).

Anmerkung 10

Dass der Verursacher die *Folgen unsachgemässer Benützung* zu tragen hat, bedeutet ein Doppeltes: Der Unternehmer, der die Zufahrten, die der Bauherr zur Verfügung stellt (Art. 117 Abs. 1), unsachgemäss benützt, hat den Schaden zu ersetzen, der dem Bauherrn daraus entsteht. Und der Unternehmer kann vom Bauherrn keinen Schadenersatz fordern, wenn er infolge der unsachgemässen Benützung der Zufahrten selber geschädigt wird. 10.1

Bezüglich der unsachgemässen Benützung der Zufahrten steht insbesondere die unsachgemässe Benützung durch *Fahrzeuge* im Vordergrund. Sie wird dem Unternehmer zugerechnet, da die betreffenden Fahrzeuge dessen Baubetrieb dienen (Art. 117/Rz. 4.1 und 9.2). 10.2

4 423 Ordnung auf dem Bauplatz und den Zufahrten

Art. 118

[1] Im Rahmen seiner Arbeiten sorgt der Unternehmer[1] auf seine Kosten[2] für Ordnung, Reinlichkeit und Hygiene auf Bauplatz[3] und Zufahrten[4] und kommt den einschlägigen Weisungen der Behörden[5] und der Bauleitung nach.[6] Verletzt der Unternehmer trotz Ermahnung diese Pflicht[7], so trifft die Bauleitung[8] die erforderlichen Massnahmen[9] auf dessen Kosten[10].

[2] Der Unternehmer schafft den von seinen Arbeiten herrührenden Schutt und Abfall[11] rechtzeitig[12] weg[13] oder lagert ihn nach Weisung der Bauleitung auf dem Platze ab[14]. Er trägt die Kosten[15], soweit es sich nicht um Regiearbeiten handelt.[16]

[3] Der Unternehmer schliesst seine Arbeiten dadurch ab, dass er die Arbeitsplätze[17] räumt und sie in ordnungsgemässen Zustand versetzt.[18]

[4] Arbeitnehmer[19], die zu berechtigten Klagen[20] Anlass geben, darf der Unternehmer auf der Baustelle nicht weiter beschäftigen, sofern die Bauleitung dies verlangt.[21]

Art. 118 (1977/91)

[1] Im Rahmen seiner Arbeiten sorgt der Unternehmer auf seine Kosten für Ordnung, Reinlichkeit und Hygiene auf Bauplatz und Zufahrten und kommt den einschlägigen Weisungen der Behörden und der Bauleitung nach. Verletzt der Unternehmer trotz Ermahnung diese Pflicht, so trifft die Bauleitung die erforderlichen Massnahmen auf dessen Kosten.

[2] Der Unternehmer schafft den von seinen Arbeiten herrührenden Schutt und Abfall rechtzeitig weg oder lagert ihn nach Weisung der Bauleitung auf dem Platze ab. Er trägt die Kosten, soweit es sich nicht um Regiearbeiten handelt.

[3] Der Unternehmer schliesst seine Arbeiten dadurch ab, dass er die Arbeitsplätze räumt und sie in ordnungsgemässen Zustand versetzt.

[4] Arbeitnehmer, die zu berechtigten Klagen Anlass geben, darf der Unternehmer auf der Baustelle nicht weiter beschäftigen, sofern die Bauleitung dies verlangt.

Anmerkung 1

1 Der Ausdruck, dass der Unternehmer im Rahmen seiner Arbeiten für Ordnung, Reinlichkeit und Hygiene auf dem Bauplatz und den Zufahrten zu sorgen hat, schränkt die in Art. 118 Abs. 1 umschriebene Pflicht des Unternehmers ein: Gemeint sind die *Vertragsarbeiten des Unternehmers,* gleichgültig, ob er sie selber ausführt oder an Subunternehmer (Art. 29) weitervergeben hat. Damit ist auch gesagt, dass der Unternehmer für die Ordnung, Reinlichkeit und Hygiene der Nebenunternehmer (Art. 30) nicht verantwortlich ist. Das ist bedeutsam, wenn gleichzeitig verschiedene Nebenunternehmer auf dem Bauplatz tätig sind. Zur Koordinationspflicht des Bauherrn in diesem Fall vgl. Art. 30 Abs. 2.

Anmerkung 2

2.1 Diese *Kosten* gelten als in den für die Werkausführung vereinbarten Preisen (Global-, Pauschal- oder Einheitspreisen) eingeschlossen; sie geben dem Unternehmer keinen Anspruch auf besondere Vergütung.

2.2 Ein von Art. 118 Abs. 1 unberücksichtigter Sonderfall liegt allerdings dann vor, wenn sich die Vergütung des Unternehmers *nach Aufwand richtet* (Art. 374 OR und Art. 48 SIA-Norm 118). Alsdann gehören die betreffenden Kosten zum Aufwand, nach dem sich die vom Bauherrn geschuldete Vergütung bestimmt und der (wenn die SIA-Norm 118 auch diesbezüglich zur Anwendung kommt) nach Massgabe der Art. 49 ff. vergütet wird (Art. 48). Bei Anwendung des Art. 50 gehört die Aufrechterhaltung von Ordnung, Reinlichkeit und Hygiene zum «Bauplatzdienst», dessen Kosten in den «Regieansätzen für Arbeitsstunden und Material» als eingerechnet gelten (Art. 50/Rz. 5). In dieselbe Richtung auch Art. 115/Rz. 1.2, 9.3 und 19.1, Art. 116/Rz. 19.3 sowie Art. 118/Rz. 10 und 16.

Anmerkung 3

3 Bezüglich der Abwasserleitungen vgl. aber Art. 133.

Anmerkung 4

4 Die *Zufahrten* gehören zu den Baustelleneinrichtungen (Art. 123/Rz. 1.1; vgl. auch Art. 117/Rz. 2). Stellt der Bauherr dem Unternehmer die Zufahrten zur Verfügung (Art. 116 Abs. 1), so hat er (der Bauherr) die üblichen Verunreinigungen zu beseitigen (Art. 117 Abs. 1; Art. 117/Rz. 6.2). Wo die Zufahrten aber ausserordentlich verunreinigt werden, hat der Verursacher – infrage kommen der Unternehmer, der auch für seine Subunternehmer (Art. 29/Rz. 6) und Lieferanten einzustehen hat, oder der Bauherr, dem Verunreinigungen durch Nebenunternehmer zuzurechnen sind (siehe Vorbem. Art. 28–32/Rz. 20) – für Ordnung zu sorgen (Art. 117 Abs. 2; Art. 117/Rz. 6.2, 8 und 9.1 ff.).

Anmerkung 5

5 Der Ausdruck «*Weisungen der Behörden*», denen der Unternehmer nachzukommen hat, ist in einem weiten Sinn zu verstehen: Darin sind auch einschlägige Gesetzes- und Verordnungsvorschriften eingeschlossen (Art. 120/Rz. 7).

Anmerkung 6

6 Sind *mehrere Nebenunternehmer* auf dem Bauplatz tätig, so ist es am Bauherrn, für die Koordination der verschiedenen Massnahmen zur Gewährleistung von Ordnung, Reinlichkeit und Hygiene zu sorgen (Art. 30 Abs. 2).

Anmerkung 7

7 Verletzt der Unternehmer seine Pflicht, so hat die Bauleitung ihn zu ermahnen. Eine *einmalige Aufforderung,* mit der die Bauleitung dem Unternehmer eine angemessene Frist zur Abhilfe setzt (Art. 366 Abs. 2 OR sinngemäss, vgl. GWerkV Rz. 868 ff.), genügt.

Anmerkung 8

8 Die Bauleitung trifft die erforderlichen Massnahmen auf Kosten des Unternehmers, falls dieser seine Pflicht, für Ordnung, Reinlichkeit und Hygiene auf Bauplatz und Zufahrten zu sorgen, trotz Ermahnung weiter verletzt. Gemeint ist hier *die Bauleitung als Vertreterin des Bauherrn* (Art. 33 ff.; Einl./Rz. 17 ff.). Das Recht, die erforderlichen Massnahmen auf Kosten des säumigen Unternehmers zu treffen, ist ein Recht auf Ersatzvornahme, das nur dem Bauherrn (dem Vertragspartner des Unternehmers) zusteht, nicht der Bauleitung persönlich, die ihn vertritt (ebenso bei der Ersatzvornahme in Bezug auf die Absteckungsarbeiten, vgl. Art. 115/Rz. 5.1). Die Formulierung des Art. 118 Abs. 1 beruht auf der Annahme, dass die Bauleitung über eine entsprechende Ermächtigung des Bauherrn verfügt.

Anmerkung 9

9 Die *Massnahmen,* welche die Bauleitung trifft (Art. 118/Rz. 8), können darin bestehen, dass sie die vom Unternehmer vernachlässigte Aufgabe selber wahrnimmt oder sie einem Dritten (z.B. einem Nebenunternehmer des säumigen Unternehmers) überträgt. Beides geschieht auf Rechnung des Bauherrn, dem der Unternehmer die Kosten der Ersatzvornahme (Art. 118/Rz. 10) zu ersetzen hat.

Anmerkung 10

10 Da die Ersatzvornahme *auf Kosten des Unternehmers* geht, ist der säumige Unternehmer verpflichtet, dem Bauherrn die Kosten der Ersatzvornahme zu ersetzen. Wird der Unternehmer nach Aufwand vergütet (Art. 118/Rz. 2.2), so reduziert sich der Ersatzanspruch des Bauherrn um den Betrag, den er bei der Vergütung des Unternehmers einspart. Der Anspruch auf Kostenersatz, der sich gegen den Unternehmer richtet, ist dem Gesagten zufolge ein Anspruch des Bauherrn; die Bauleitung oder ein Dritter, dem die erforderlichen Handlungen übertragen wurden (Art. 118/Rz. 9), hat keinen Anspruch gegenüber dem säumigen Unternehmer. Zum Ganzen vgl. Art. 115/Rz. 5.4.

Anmerkung 11

11 Art. 118 Abs. 2 befasst sich mit *«Schutt und Abfall»*, der nicht zum Aushub- und Rückbaumaterial des Art. 121 (vgl. dazu Art. 121/Rz. 2.1 ff.) gehört. Im Wesentlichen handelt es sich um Überreste von Material (Baustoffe, Hilfs- und Betriebsstoffe; Art. 10 Abs. 1), das vom Unternehmer für seine Arbeiten verwendet wurde (z.B. um Holzabfälle oder um Reste von Bausteinen, Mörtel, Beton oder Armierungseisen). Auch das Verpackungsmaterial gehört dazu. Ausserdem fallen die Abfälle aus Unterkünften und Kantine (Art. 109) darunter, obwohl der Zusammenhang mit den Arbeiten des Unternehmers hier nur mittelbar ist.

Anmerkung 12

12 Das Erfordernis der *Rechtzeitigkeit* wird in Art. 118 Abs. 2 zwar nicht näher präzisiert. Aus einer zweckentsprechenden Auslegung aber ergibt sich: Schutt und Abfall sind so rasch wegzuschaffen, dass weder jemand gefährdet noch der Baubetrieb gestört oder die Hygiene auf dem Bauplatz und den Zufahrten beeinträchtigt wird.

Anmerkung 13

13 Die *Wegschaffung* erfolgt durch Abtransport, wodurch der Schutt und Abfall auf einen vom Unternehmer bestimmten Platz ausserhalb des Bauplatzes verbracht wird. Soweit es die Art des Stoffs zulässt, benützt der Unternehmer üblicherweise den gleichen Deponieplatz, auf dem er (wenn überhaupt) Aushub- und Rückbaumaterial (Art. 121) ablagert (vgl. Art. 116/Rz. 4; Art. 121/Rz. 5.3 f. sowie 6; siehe auch Art. 3 lit. k VVEA). Diese Benützung darf aber nicht dazu führen, dass einschlägige Gesetzesvorschriften über die Entsorgung und die Ablagerung von umweltgefährlichen Stoffen verletzt werden (vgl. Art. 120).

Anmerkung 14

14 Ob Schutt und Abfall *wegzuschaffen* (Art. 118/Rz. 13) *oder* im Rahmen eines Mehrmuldenkonzepts *auf dem Bauplatz abzulagern* sind, entscheidet sich nach dem Inhalt des konkreten Werkvertrags. Ist im Werkvertrag nicht etwas anderes vorgesehen (wie häufig im Ausbaugewerbe, Art. 9 Abs. 2), so umfasst die vom Unternehmer geschuldete Leistung lediglich die (weisungsgemässe) Ablagerung auf dem Bauplatz, also nicht die Wegschaffung durch Abtransport (Art. 118/Rz. 13; Art. 121/Rz. 5.3). Zu berücksichtigen ist überdies, dass Art. 17 VVEA die Trennung von Bauabfällen zwingend vorschreibt (vgl. dazu auch Art. 121/Rz. 2.1 und 6).

Anmerkung 15

15 Die *Kosten von Wegschaffung oder Ablagerung* trägt der Unternehmer. Sie gelten in den für die Arbeiten vereinbarten Preisen als eingeschlossen, weshalb der Unternehmer hierfür keine besondere Vergütung verlangen kann. Vorbehalten bleibt der Fall von Regiearbeiten (Art. 118/Rz. 2.2 und 16).

Anmerkung 16

Soweit es sich um *Regiearbeiten* handelt, gehören die Kosten zum Aufwand, nach dem diese Arbeiten vergütet werden (Art. 48, vgl. auch Art. 118/Rz. 2.2 und 15). 16

Anmerkung 17

Zu den *Arbeitsplätzen* gehört auch der Boden, den der Unternehmer ausserhalb seiner eigentlichen Arbeitsstellen belegt und benutzt hat. Andere Bestimmungen sprechen ausführlicher von «Boden und Arbeitsplatz» (vgl. Art. 43 Abs. 1 und Art. 146). 17

Anmerkung 18

Der Unternehmer muss *die Arbeitsplätze räumen und sie in ordnungsgemässen Zustand versetzen.* Insbesondere hat er den noch vorhandenen Schutt und Abfall wegzuschaffen oder weisungsgemäss abzulagern (Art. 118 Abs. 2). 18.1

Zur Räumung gehören auch *die Demontage und der Abtransport der Baustelleneinrichtungen* (beachte aber Art. 125 Abs. 2), und zwar so, dass alle zugehörigen Teile (z.B. Fundamente, eingegrabene Rohrleitungen oder Kabel) ebenfalls entfernt werden. Mangels einer anderen Vereinbarung, die der SIA-Norm 118 vorgeht (Einl./Rz. 26), muss der Bauherr den Verbleib von Teilen, die zu Baustelleneinrichtungen gehörten oder ihnen dienten, selbst dann nicht dulden, wenn sie im Grundstück verdeckt sind. 18.2

Die Formulierung, wonach der Unternehmer seine Arbeiten dadurch abschliesst, dass er die Arbeitsplätze räumt und sie in ordnungsgemässen Zustand versetzt, bringt zum Ausdruck, dass die Aufräumarbeiten grundsätzlich auch *zur Vollendung des Werks gehören,* die unter anderem eine Voraussetzung für die Abnahme bildet (Art. 157/Rz. 2.4). 18.3

Anmerkung 19

Mit den *Arbeitnehmern* sind die Arbeitnehmer des Unternehmers gemeint. 19.1

Der Fall, in dem Arbeitnehmer eines Subunternehmers (Art. 29) zu Klagen Anlass geben, ist in Art. 118 Abs. 4 nicht geregelt, löst sich aber über Art. 29 Abs. 4. Denn: Nach Massgabe von Art. 118 Abs. 4 i.V.m. Art. 29 Abs. 4 hat der Unternehmer seinen Vertrag mit dem Subunternehmer so zu gestalten, dass er in der Lage ist, die Weiterbeschäftigung von Arbeitnehmern, die zu Klagen Anlass geben, zu unterbinden, wenn die Bauleitung es verlangt. 19.2

Anmerkung 20

Mit *Klage* sind Beschwerden des Bauherrn oder der Bauleitung gemeint, nicht Klagen oder Beschwerden im zivil- oder strafprozessualen Sinn. Anlass zu einer so verstandenen Klage kann auch die Reklamation eines Nebenunternehmers sein. 20.1

Berechtigt sind die Klagen nur dann, wenn sie objektiv begründet sind und ein Verhalten des Arbeitnehmers betreffen, das die ordnungsgemässe Abwicklung des konkreten Werkvertrags ernsthaft infrage stellt. Dazu sind zwei Präzisierungen anzufügen: 20.2

a) Nicht auf Sympathie und Antipathie kommt es an, sondern darauf, ob so *wichtige Gründe* vorliegen, dass sich der erhebliche Eingriff auch in das Arbeitsleben des Betroffe- 20.3

nen rechtfertigt. Solche Gründe können allerdings verschiedenartig sein. Beispiele: Der Arbeitnehmer gefährdet durch sein Verhalten die rechtzeitige und mängelfreie Herstellung des Werks; er gefährdet Leib, Leben und Sachen der am Bau Beteiligten (z.B. durch Verstoss gegen eine Weisung des Bauherrn betreffend Alkoholverbot); er versucht, z.B. bei Erstellung von Regierapporten (Art. 47) oder beim Ausmessen (Art. 142) den Bauherrn zu benachteiligen. Schliesslich darf die Bauleitung vom Unternehmer auch verlangen, dass er jene Arbeitnehmer nicht mehr weiter auf der Baustelle beschäftigt, die unter Verletzung der arbeitsbezogenen Melde- und Bewilligungspflichten des Sozialversicherungs-, Ausländer- und Steuerrechts, namentlich des Quellensteuerrechts, angestellt worden sind (vgl. dazu auch das Bundesgesetz gegen die Schwarzarbeit [BGSA]).

20.4 b) Mit den Anforderungen an das Weiterbeschäftigungsverbot darf es nicht leicht genommen werden. Denn es sind immer auch die *schutzwürdigen Interessen* einerseits des Arbeitnehmers und andererseits des Unternehmers (z.B. punkto Organisationsfreiheit) zu berücksichtigen. Je wichtiger der Arbeitnehmer (z.B. ein Kadermann der Baustelle) für den kontinuierlichen und erfolgreichen Bauablauf ist, desto höher sind die Anforderungen zu schrauben, damit die Bauleitung eine Weiterbeschäftigung des Arbeitnehmers auf der Baustelle verbieten kann.

Anmerkung 21

21 Sind die Klagen über den oder die Arbeitnehmer berechtigt und *weigert sich der Unternehmer* dennoch, dem Begehren der Bauleitung nachzukommen, diese Arbeitnehmer nicht mehr weiter zu beschäftigen, so kann im Einzelfall der Tatbestand des Art. 366 Abs. 2 OR erfüllt sein: Diesfalls ist es dem Bauherrn nach fruchtloser Fristansetzung erlaubt, die Fertigstellung des Werks auf Gefahr und Kosten des Unternehmers einem Dritten zu übertragen (vgl. dazu GWerkV Rz. 868 ff. und 877 f.).

4 424 Verkehrsvorschriften

Art. 119 [1]

Auf öffentlichen Strassen [2] dürfen ohne Sonderbewilligung [3] nur die nach der Strassenverkehrsgesetzgebung [4] für die betreffenden Strassenkategorien zugelassenen Fahrzeuge verkehren. Dies gilt auch für Privatstrassen [5], wenn in den Ausschreibungsunterlagen [6] nichts anderes festgelegt ist.

Art. 119 (1977/91)

Auf öffentlichen Strassen dürfen ohne Sonderbewilligung nur die nach der Strassenverkehrsgesetzgebung für die betreffenden Strassenkategorien zugelassenen Fahrzeuge verkehren. Dies gilt auch für Privatstrassen, wenn in den Ausschreibungsunterlagen nichts anderes festgelegt ist.

Anmerkung 1

Die Bestimmung des Art. 119 behandelt *die Benützung von öffentlichen* (Art. 119/Rz. 2) *und privaten Strassen* (Art. 119/Rz. 5) für den Baubetrieb des Unternehmers. Sie hat insofern vertragliche Bedeutung, als sie die Einhaltung der darin erwähnten Beschränkungen auch zu einer Vertragspflicht des Unternehmers gegenüber dem Bauherrn macht. 1

Anmerkung 2

Gemeint sind *öffentliche Strassen* im Sinne von Art. 1 Strassenverkehrsgesetz (SVG). Nach Art. 1 Abs. 2 Verkehrsregelnverordnung (VRV) handelt es sich um «Strassen, die nicht ausschliesslich privatem Gebrauch dienen». 2

Anmerkung 3

Fahrzeuge, die wegen der Ladung den Vorschriften über Masse und Gewichte nicht entsprechen, sowie Ausnahmefahrzeuge (Art. 25 der Verordnung über die technischen Anforderungen an Strassenfahrzeuge [VTS]) dürfen auf öffentlichen Strassen nur aufgrund einer *schriftlichen Bewilligung* verkehren (Art. 78 Abs. 1 Satz 1 VRV). Für eine oder mehrere bestimmte Fahrten werden Einzelbewilligungen und für beliebig häufige Fahrten Dauerbewilligungen erteilt (Art. 78 Abs. 1 Satz 2 VRV). Für die Bewilligungen für Export- und Binnenfahrten ist der Standortkanton oder der Kanton, in dem die bewilligungspflichtige Fahrt beginnt, zuständig (Art. 79 Abs. 1 VRV; vgl. Art. 9 Abs. 3 und Art. 20 SVG). Die Beschaffung der Sonderbewilligungen obliegt dem Unternehmer. 3

Anmerkung 4

Mit der *Strassenverkehrsgesetzgebung* ist das Strassenverkehrsgesetz (SVG) mit den zugehörigen Verordnungen gemeint. 4

Anmerkung 5

Bei der Benützung von *Privatstrassen,* die der Bauherr dem Unternehmer «zur Verfügung stellt» (Art. 13 Abs. 1 und Art. 116 Abs. 1), muss dieser sich an die für öffentliche Strassen geltenden Beschränkungen halten, es sei denn, er erlange vom privaten Eigentümer eine erweiterte Erlaubnis. 5

Anmerkung 6

Gemeint sind die *Ausschreibungsunterlagen* (Art. 7), soweit sie Vertragsbestandteil geworden sind (Art. 20 f.). Ihnen stehen andere Vertragsbestandteile gleich. Widersprechen sich verschiedene Vertragsbestandteile, so gilt die Rangordnung nach Art. 21. Individuelle Abreden gehen Allgemeinen Vertragsbedingungen aber immer vor (vgl. Art. 21/Rz. 5.4). 6

4 425 Verpflichtungen gegenüber Dritten

Art. 120[1]

Der Unternehmer hält die vom Bauherrn[2] bekanntgegebenen[3] Verpflichtungen[4] gegenüber Dritten[5] mit Bezug auf Grundstücke und Rechte ein (Art. 13 Abs. 2).[6] Dasselbe gilt für Verpflichtungen, die von Gesetzes wegen[7] bestehen.[8]

Art. 120 (1977/91)

Der Unternehmer hält die vom Bauherrn bekanntgegebenen Verpflichtungen gegenüber Dritten mit Bezug auf Grundstücke und Rechte ein (Art. 13 Abs. 2). Dasselbe gilt für Verpflichtungen, die von Gesetzes wegen bestehen.

Anmerkung 1

1 Ähnliche Bestimmungen wie in Art. 120 finden sich beispielsweise in den Art. 103 ff. (Schutz- und Fürsorgemassnahmen), in Art. 112 (Schutz gegen Immissionen) und in Art. 124 Abs. 1 (Vorschriften, die bei der Erstellung von Baustelleneinrichtungen einzuhalten sind).

Anmerkung 2

2 Der Unternehmer hat die gesetzlichen Verpflichtungen mit Bezug auf Grundstücke und Rechte zu kennen (Art. 120 Satz 2). Das kann aber nicht für jene Verpflichtungen gelten, die *dem Bauherrn behördlich auferlegt* worden sind (z.B. in der Baubewilligung). Diese kennt der Unternehmer nur, wenn der Bauherr ihn darüber informiert. Deshalb weist Art. 13 Abs. 2 den Bauherrn an, alle bei der Beschaffung von Grundstücken und Rechten eingegangenen oder behördlich auferlegten Verpflichtungen, die der Unternehmer bei der Ausführung der Arbeit zu beachten hat (Art. 120), im Wortlaut anzugeben.

Anmerkung 3

3 Der Bauherr macht die Verpflichtungen mit Bezug auf Grundstücke und Rechte *in den Ausschreibungsunterlagen* (Art. 7) *bekannt* (Art. 13 Abs. 2, auf den Art. 120 verweist). Das allerdings bedingt, dass es überhaupt eine Ausschreibung der Bauarbeiten gibt (Art. 4 i.V.m. Art. 7). Vergibt der Bauherr die Arbeiten ohne vorgängige Ausschreibung, so genügt es, wenn die Bekanntgabe noch vor Vertragsabschluss auf andere Weise geschieht (vgl. Art. 4 Abs. 3).

Anmerkung 4

4 Gemeint sind *nicht jedwelche Verpflichtungen* des Bauherrn, sondern bloss jene, die der Bauherr bei der Beschaffung von Grundstücken und Rechten für sich eingegangen ist oder die ihm behördlich auferlegt wurden (Art. 13 Abs. 2).

Anmerkung 5

Ob der jeweilige *Dritte*, gegenüber dem der Bauherr sich verpflichtet hat, eine Privatper- 5
son oder ein Gemeinwesen ist, macht keinen Unterschied. Gleichgültig ist auch, ob es sich um eine privatrechtliche oder eine öffentlich-rechtliche Verpflichtung handelt.

Anmerkung 6

Art. 120 Satz 1 gibt dem Bauherrn einen *vertraglichen Anspruch* darauf, dass der Unter- 6
nehmer sich bei der Ausführung seiner Arbeiten an die «bekanntgegebenen Verpflichtungen» (Art. 120/Rz. 3 f.), die den Bauherrn binden, hält. Verletzt der Unternehmer diese Verpflichtung, so löst er damit eine Vertragshaftung gegenüber dem Bauherrn aus (Art. 23 Abs. 2).

Anmerkung 7

Auch *gesetzliche Verpflichtungen*, denen der Bauherr unterliegt, hat der Unternehmer zu 7
respektieren. Vom Unternehmer wird erwartet, dass er sie kennt und einhält (vgl. auch Art. 118/Rz. 5). Der Bauherr hat mithin allgemein einen vertraglichen Anspruch darauf, dass der Unternehmer die gesetzlichen Verpflichtungen, denen der Bauherr untersteht, einhält (Art. 112 Abs. 1; Art. 112/Rz. 2; Art. 124/Rz. 4.1 ff.), ohne dass der Bauherr ihm diese Verpflichtungen bekannt geben muss. Zu den Verkehrsvorschriften vgl. die Sonderbestimmung des Art. 119.

Anmerkung 8

Art. 120 regelt *das Verhältnis zwischen dem Unternehmer und dem Bauherrn.* Der betrof- 8
fene Dritte hat keinen selbständigen Anspruch gegen den Unternehmer. Hierfür fehlt es an der Voraussetzung des Art. 112 Abs. 2 OR, der bestimmt: «Der Dritte oder sein Rechtsnachfolger kann selbständig die Erfüllung [eines Vertrages zugunsten eines Dritten] fordern, wenn es die Willensmeinung der beiden andern war, oder wenn es der Übung entspricht.» Eine entsprechende Willensmeinung der Parteien lässt sich weder aus Art. 120 herauslesen noch besteht eine einschlägige Übung.

4 426 Aushub- und Rückbaumaterial, Entsorgung

Art. 121[1]

1 Aushub- und Rückbaumaterialien[2] gehören, unter Vorbehalt der Rechte Dritter[3], dem Bauherrn.[4] Wird ihr Abtransport[5] auf eine Deponie[6] des Unternehmers vereinbart[7], so geht das Eigentum[8] des Bauherrn daran, mangels anderer Abrede[9], ohne Entschädigung[10] auf den Unternehmer über.[11]

2 Hat der Unternehmer[12] Aushub- und Rückbaumaterialien, die mit Abfällen oder Schadstoffen belastet sind,[13] zu entsorgen[14], so hat er Anspruch auf eine zusätzliche Vergütung,[15] sofern nichts anderes vereinbart ist[16].

Art. 121 (1977/91)

Aushub- und Abbruchmaterialien (wie z.B. Erde, Steine, Kies, Sand) gehören, unter Vorbehalt der Rechte Dritter, dem Bauherrn. Wird ihr Abtransport auf eine Deponie des Unternehmers vereinbart, so geht das Eigentum des Bauherrn daran, mangels anderer Abrede, ohne Entschädigung auf den Unternehmer über.

Anmerkung 1

1 Art. 121 aSIA-118 befasste sich allein mit den Eigentumsverhältnissen an Aushub- und Abbruchmaterialien. Seit der Revision der SIA-Norm 118 sind die *Eigentumsverhältnisse* an Aushub- und Rückbaumaterialien in Art. 121 Abs. 1 geregelt, während Art. 121 Abs. 2 die *Vergütung für die Entsorgung* von Aushub- und Rückbaumaterialien normiert, die mit Abfällen oder Schadstoffen belastet sind.

Anmerkung 2

2.1 *Aushub- und Rückbaumaterialien* gelten als Bauabfall im Sinne von Art. 3 lit. e Abfallverordnung (VVEA) i.V.m. Art. 19 VVEA. Die Entsorgung von Bauabfall ist in den Art. 16 ff. VVEA geregelt, wo unter anderem vorgeschrieben ist, dass Bauabfälle zu trennen (Art. 17 VVEA, vgl. dazu auch Ziff. 5.1 SIA-Empfehlung 430 über die Entsorgung von Bauabfällen bei Neubau-, Umbau- und Abbrucharbeiten) und wenn möglich zu verwerten (Art. 18 ff. VVEA) sind. Dem Bauherrn obliegt es, im Rahmen der Baubewilligung bei der für die Baubewilligung zuständigen Behörde ein Entsorgungskonzept nach Art. 16 Abs. 1 VVEA einzureichen, wenn voraussichtlich mehr als 200 m^3 Bauabfälle anfallen oder wenn Bauabfälle mit umwelt- oder gesundheitsgefährdenden Stoffen zu erwarten sind (zum Entsorgungskonzept vgl. auch Ziff. 1.1, 7.1 und 7.2 SIA-Empfehlung 430). Zu präzisieren ist ein Dreifaches:

2.2 a) Beim *Aushub* (im fachtechnisch-engen Sinne) wird Lockergestein (Erde, Steine, Kies, Sand) abgebaut (vgl. auch Ziff. 1.2 SIA-Empfehlung 430). Art. 121 aSIA-118 hat die in Klammer genannten Materialien noch explizit aufgelistet. Anlässlich der Revision von Art. 121 wurde auf diese Aufzählung verzichtet, da sie ohnehin unvollständig war. Denn Art. 121 verwendet den Ausdruck Aushub in einem weiteren (untechnischen) Sinne, der auch den *Ausbruch* (will heissen den Abbau von Fels) einschliesst.

2.3 b) *Rückbaumaterial* entsteht beim Rückbau bestehender Bauwerke oder Bauwerk-Teile (vgl. auch die Begriffsbestimmung in Ziff. 1.1 und 1.2 SIA-Empfehlung 430). In Art. 121 aSIA-118 war noch von Abbruchmaterialien die Rede. Die neue Terminologie unterstreicht, dass Bauwerke heute nicht mehr einfach abgerissen, sondern unter Trennung verschiedener Materialien sorgfältig zurückgebaut werden (auch Spiess/Huser, Handkommentar, N 8 zu Art. 121).

2.4 c) Aushub- und Rückbaumaterialien sind zu unterscheiden vom *Schutt und Abfall des Art. 118 Abs. 2* (vgl. Art. 118/Rz. 11). Unter Letzteres fallen Überreste von Material, das vom Unternehmer für seine Arbeiten verwendet wurde (beispielsweise Holzabfälle, Reste von Mörtel, Verpackungsmaterial etc.).

Anmerkung 3

«Rechte Dritter» an den Aushub- und Rückbaumaterialien liegen unter anderem dann vor, wenn ein Dritter (und nicht der Bauherr) Eigentümer des Baugrunds oder Abbruchobjekts ist. In diesem Fall fällt auch das Eigentum an den Aushub- und Rückbaumaterialien dem Dritten zu. 3.1

Für *Schätze und wissenschaftliche Gegenstände* gelten die Vorschriften der Art. 723 f. ZGB: Schätze fallen grundsätzlich an den Eigentümer des Grundstücks, in dem sie aufgefunden werden (Art. 723 Abs. 2 ZGB). Herrenlose Körper jedoch oder Altertümer von wissenschaftlichem Wert sind Eigentum des Kantons, in dessen Gebiet sie gefunden werden (Art. 724 Abs. 1 ZGB). Beachte auch Art. 122 der Norm. 3.2

Anmerkung 4

Da Aushub- und Rückbaumaterialien grundsätzlich dem Bauherrn gehören, hat der Unternehmer kein Recht, darüber zu verfügen. 4

Anmerkung 5

In Art. 121 ist zwar von *Abtransport* die Rede, jedoch nur in Bezug auf die Eigentumsverhältnisse an den Aushub- und Rückbaumaterialien (Art. 121 Abs. 1 Satz 2; Art. 121/Rz. 8). Mit der Frage, ob der Unternehmer überhaupt zum Abtransport der Aushub- oder Rückbaumaterialien verpflichtet ist, befasst sich aber weder Art. 121 noch eine andere Bestimmung der SIA-Norm 118. Diesbezüglich gilt, was folgt: 5.1

a) Der Unternehmer hat die Aushub- und Rückbaumaterialien mangels anderer Vereinbarung (Art. 121/Rz. 5.3) *nicht wegzuschaffen.* Er kann sich vielmehr damit begnügen, sie weisungsgemäss auf dem Bauplatz abzulagern (vgl. Art. 118/Rz. 14). 5.2

b) Der Unternehmer ist nur dann zum *Abtransport* der Aushub- und Rückbaumaterialien verpflichtet, wenn er diese Pflicht ausserhalb der SIA-Norm 118 (namentlich im Leistungsverzeichnis, Art. 8) übernommen hat (vgl. auch Art. 118/Rz. 13f.; Art. 121/Rz. 7.1ff.). Ist dies der Fall, so hat er auch einen Deponieplatz zu organisieren, sofern nicht vereinbart ist, dass der Bauherr den Deponieplatz zur Verfügung stellt (vgl. Art. 116/Rz. 4; Art. 118/Rz. 13). Wurde Letzteres vereinbart, so schuldet der Unternehmer den Abtransport auf den Deponieplatz des Bauherrn (GWerkV Rz. 1333). Vgl. zu alledem auch GWerkV Rz. 1150. 5.3

c) Vorbehalten bleibt stets die Möglichkeit einer *Bestellungsänderung* (Art. 84, vgl. auch GWerkV Rz. 768ff.), mit welcher der Bauherr z.B. verlangt, dass der Unternehmer bestimmte Aushub- und Rückbaumaterialien abtransportiert, statt sie auf dem Platze abzulagern, oder sie nicht auf den vereinbarten Deponieplatz, sondern anderswohin führt. 5.4

Anmerkung 6

Art. 3 lit. k VVEA definiert *Deponien* als Abfallanlagen, in denen Abfälle kontrolliert abgelagert werden. Vgl. auch Art. 116/Rz. 4 und Art. 118/Rz. 13 sowie die Begriffsbestimmung in Ziff. 1.1 SIA-Empfehlung 430. Der Bauherr hat einen vertraglichen Anspruch 6 darauf, dass die vom Unternehmer verwendete Deponie den gesetzlichen Anforderungen entspricht.

Anmerkung 7

7.1 Ob der Abtransport auf eine Deponie des Unternehmers *vereinbart* ist, beurteilt sich nach dem Inhalt des konkreten Werkvertrags. Die Vereinbarung umfasst zwei Elemente, die beide erfüllt sein müssen, damit das Eigentum nach Massgabe des Art. 121 auf den Unternehmer übergeht:

7.2 a) Erstens muss der *Abtransport* durch den Unternehmer vereinbart, der Unternehmer also vertraglich verpflichtet sein, die betreffenden Aushub- und Rückbaumaterialien wegzuschaffen, nicht nur auf dem Platz abzulagern (vgl. Art. 121/Rz. 5.3 f.).

7.3 b) Und zweitens muss der Abtransport *auf eine Deponie des Unternehmers* vereinbart sein. Das trifft dann zu, wenn nach dem Inhalt des Vertrags der Unternehmer für die Möglichkeit der Deponie (auf eigenem oder fremdem Boden) zu sorgen hat, der Deponieplatz also nicht vom Bauherrn zur Verfügung gestellt wird (vgl. Art. 121/Rz. 5.3).

Anmerkung 8

8 Die Eigentumsübertragung (vom Bauherrn auf den Unternehmer) vollzieht sich schon *mit der Lostrennung des Materials* (Art. 187 Abs. 2 OR sinngemäss), also z.B. nicht erst mit der Ablagerung auf einem Deponieplatz, der dem Unternehmer gehört (vgl. auch Art. 121/Rz. 15.2).

Anmerkung 9

9 Eine *Abrede*, wonach der Unternehmer dem Bauherrn eine «Entschädigung» (eine Vergütung) zu leisten hat, ist nur wirksam, wenn sie der SIA-Norm 118 vorgeht, weil sie individuell oder in einem rangmässig höheren Vertragsbestandteil (Art. 21) getroffen wurde (vgl. Einl./Rz. 26). Liegt eine solche Abrede vor, hat der Bauherr gegen den Unternehmer eine entsprechende Forderung, die er allenfalls zur Verrechnung bringen kann, während aber das Eigentum unabhängig davon mit der Lostrennung des Materials auf dem Bauplatz auf den Unternehmer übergeht.

Anmerkung 10

10 Der Unternehmer schuldet dem Bauherrn (mangels anderer Abrede, Art. 121/Rz. 9) auch dann *keine Entschädigung*, wenn er die Aushub- oder Rückbaumaterialien verkauft oder sich deren Ablagerung von Dritten bezahlen lässt (vgl. Art. 121/Rz. 11). Umgekehrt hat der Unternehmer keinen Anspruch auf eine zusätzliche Vergütung, wenn er in seiner Erwartung, das Material verkaufen oder gegen Entgelt ablagern zu können, enttäuscht wird. Vorbehalten bleibt Art. 58 Abs. 2.

Anmerkung 11

11 Als Eigentümer kann der Unternehmer über das Aushub- und Rückbaumaterial «in den Schranken der Rechtsordnung [...] nach seinem Belieben verfügen» (Art. 641 Abs. 1 ZGB). Art. 121 enthält keine vertragliche Beschränkung dieser Freiheit. So steht es dem

Unternehmer auch gegenüber dem Bauherrn frei, ob er das Material irgendwo (allenfalls gegen Entgelt) ablagern oder direkt ab Bauplatz verkaufen will. Lässt er das Material durch einen Käufer vom Bauplatz abtransportieren, so handelt dieser (was die Wegschaffungspflicht betrifft) als Erfüllungsgehilfe des Unternehmers (Art. 101 OR).

Anmerkung 12

Wie aus Art. 121 Abs. 1 hervorgeht, gehören die Aushub- und Rückbaumaterialien grundsätzlich dem Bauherrn, der deshalb auch für ihre Entsorgung zuständig ist (vgl. auch Art. 31c USG und Art. 32 USG, wonach die Kosten der Entsorgung schadstoffbelasteten Aushubs vom Abfallinhaber zu tragen sind). Der *Unternehmer* kann jedoch aus zweierlei Gründen verpflichtet sein, diese Materialien zu entsorgen: entweder aufgrund entsprechender vertraglicher Vereinbarung mit dem Bauherrn (Art. 121/Rz. 5.3 und 7.1 ff.) oder wegen einer Bestellungsänderung (Art. 121/Rz. 5.4). 12

Anmerkung 13

Zur Beantwortung der Frage, ob Aushub- und Rückbaumaterialien *mit Abfällen oder Schadstoffen belastet* sind, ist auf die Begriffe der Umwelt- und Baugesetzgebung abzustellen (vgl. BGer 4C.301/2004 vom 9. Dezember 2004 E. 2.2, wo das Bundesgericht das «Argument der Klägerin, im allgemeinen Sprachgebrauch werde der Begriff der ‹Altlast› anders verstanden als nach der Definition von Art. 2 Abs. 3 AltlV, [...] [als] nicht überzeugend» qualifizierte). 13

Anmerkung 14

Mit *Entsorgen* ist nicht bloss der Abtransport gemeint, sondern die fachgerechte Entsorgung unter Einhaltung der einschlägigen öffentlich-rechtlichen (insbesondere: umweltrechtlichen) Bestimmungen. Grundsätzlich hat der Abfallinhaber die Kosten der Entsorgung zu tragen (Art. 31c USG und Art. 32 USG). Die Aushub- und Rückbaumaterialien gehören mangels anderslautender Vereinbarung dem Bauherrn (Art. 121/Rz. 4), weshalb er die Kosten zu tragen hat. Oft wird aber vereinbart, dass der Unternehmer das Aushub- und Rückbaumaterial auf eine Deponie des Unternehmers abzutransportieren hat (Art. 121/Rz. 5.3 und 7.1 ff.), womit das Eigentum daran (und damit auch die Verantwortung mit den entsprechenden Folgekosten für eine sachgerechte und gesetzeskonforme Entsorgung) vom Bauherrn auf den Unternehmer übergeht. 14

Anmerkung 15

Die *aSIA-118* sah für den Fall, da Aushub- oder Abbruchmaterialien kontaminiert und deshalb auf einer Sonderdeponie abzulagern oder sonstwie zu entsorgen sind, keine Bestimmung vor. Art. 121 Abs. 2 wurde erst anlässlich der Revision der SIA-Norm eingeführt. Diese Neuerung ist von grosser Bedeutung, da die Entsorgung abfall- oder schadstoffbelasteter Materialien mit beträchtlichen Kosten verbunden ist. Im Einzelnen: 15.1

a) Vereinbaren Bauherr und Unternehmer, dass der Unternehmer die Aushub- und Rückbaumaterialien auf eine Deponie des Unternehmers abzutransportieren habe, so geht das *Eigentum* daran vom Bauherrn auf den Unternehmer über, und zwar nicht erst mit der 15.2

Ablagerung auf dem Deponieplatz, sondern bereits mit der Lostrennung des Materials auf dem Bauplatz (Art. 187 Abs. 2 OR sinngemäss, siehe auch Art. 121/Rz. 8). Damit geht auch die Verantwortung für eine sachgerechte und gesetzeskonforme Entsorgung vom Bauherrn auf den Unternehmer über (Art. 31c USG und Art. 32 USG; Art. 121/Rz. 12). Das entsprach der Rechtslage nach Art. 121 aSIA-118 und gilt auch weiter unter der Ägide von Art. 121 Abs. 1.

15.3 b) Gemäss Art. 121 aSIA-118 hatte der Bauherr dem Unternehmer *keine Vergütung* zu leisten, wenn die Aushub- und Rückbaumaterialien mit Abfällen oder Schadstoffen belastet waren. Das konnte für den Unternehmer weitreichende Kostenfolgen haben (Art. 121/Rz. 15.2). Hatte der Unternehmer den Abtransport zu festen Preisen (Art. 38) übernommen, so blieb ihm bloss die Berufung auf die besonderen Verhältnisse der Art. 58 f., um allenfalls eine zusätzliche Vergütung für die Mehrkosten der Entsorgung zu erhalten (zur Voraussehbarkeit einer allfälligen Kontamination der Aushub- und Rückbaumaterialien vgl. Huber/Schwendener, Der Generalunternehmervertrag, Rz. 231; BGH VII ZR 67/11 vom 22.12.2011 E. 2 = NZBau 2012, S. 102 ff.). Dabei ist vor allem Art. 58 Abs. 2 Satz 2 von Bedeutung, wonach mangelhafte (falsche oder unvollständige) Bodenangaben in den Ausschreibungsunterlagen dem Bauherrn ohne Weiteres als Verschulden anzurechnen sind, falls dieser durch eine Bauleitung vertreten oder selber sachverständig oder durch einen Sachverständigen beraten ist.

15.4 c) Art. 121 Abs. 2 stellt den Unternehmer nun besser, indem er neu (ausdrücklich) vorsieht, dass der Bauherr dem Unternehmer eine *zusätzliche Vergütung* leisten muss, falls Letzterer Aushub- und Rückbaumaterialien zu entsorgen hat, die mit Abfällen oder Schadstoffen belastet sind. Das gilt nicht nur für jene Fälle, in denen Bauherr und Unternehmer einen Abtransport auf die Baustelle des Unternehmers vereinbart haben (das Eigentum an den Aushub- und Rückbaumaterialien mithin auf den Unternehmer übergeht), sondern auch dann, wenn das Eigentum an den Aushub- und Rückbaumaterialien beim Bauherrn verbleibt. Die Vergütung bemisst sich nach den zusätzlichen Kosten und nach dem Aufwand, den der Unternehmer tätigen muss, um die mit Abfällen und Schadstoffen belasteten Aushub- und Rückbaumaterialien fachgerecht zu entsorgen. Dazu kommt ein angemessener Zuschlag für Risiko und Gewinn (vgl. auch Spiess/Huser, Handkommentar, N 12 zu Art. 121). Einschränkend bleibt anzufügen, dass diese zusätzliche Vergütung bei Aushub- und Rückbaumaterialien, die mit Abfällen oder Schadstoffen belastet sind, nicht automatisch greift. Vielmehr ist als Vorfrage immer abzuklären, ob die Parteien die Kosten für die Entsorgung der kontaminierten Materialien nicht bereits werkvertraglich geregelt und im Preis für die Entsorgung eingeschlossen haben (Art. 121/Rz. 16). In eine ganz andere Richtung geht jedoch Ziff. 7.52.1 SIA-Empfehlung 430, wonach «Mehraufwendungen infolge einer Störung der Entsorgung» dem Unternehmer immer zu entschädigen seien, sofern er sie nicht selber verursacht habe, selbst dann, wenn die Störung Entsorgungsleistungen betreffe, die pauschal oder global vergütet würden. Vgl. zu all dem auch Ziff. 13.1 f. AVB (Mustervertrag von «Entwicklung Schweiz» [vormals VSGU]) sowie dazu Huber/Schwendener, Der Generalunternehmervertrag, Rz. 227 ff.

Anmerkung 16

16 Der *Vorbehalt anderer Vereinbarung* hat hier keine andere Bedeutung als in den übrigen Teilen der Norm, indem die Bestimmungen der SIA-Norm 118 ohnehin immer nur unter dem Vorbehalt gelten, dass die Parteien sie in den Vertrag übernommen und nicht gültig etwas anderes vereinbart haben. Hier dient er immerhin als nützlicher Hinweis darauf, dass der Preis, der vertraglich für den Abtransport von Aushub- und Rückbaumaterialien vereinbart wird, allenfalls auch deren Entsorgung für den Fall einschliesst, dass die Materialien mit Abfällen oder Schadstoffen belastet sind (Art. 121/Rz. 15.4). In diesem Fall kann sich aus Art. 58 Abs. 2 oder aus Art. 59 ein Anspruch auf zusätzliche Vergütung ergeben, nicht aber aus Art. 121 Abs. 2, der ins Leere läuft.

4 427 Funde

Art. 122

[1] Werden im Laufe von Rückbau- oder anderen Bauarbeiten [1] bemerkenswerte [2] natürliche oder künstliche Gegenstände (wie z.B. Findlinge, Versteinerungen, seltene Mineralien, Altertümer, Münzen, Gebeine) [3] gefunden [4], so sind sie vor Beschädigung und Wegnahme zu schützen [5]. An der Fundstelle werden die Arbeiten sofort [6] und so lange eingestellt, bis die Bauleitung, welche ohne Verzug zu benachrichtigen ist [7], Weisungen für das weitere Vorgehen erteilt hat [8]. Der Bauherr ersetzt dem Unternehmer dadurch entstehende Kosten. [9]

[2] Für das Eigentum an den Fundgegenständen und die Entschädigung des Finders gelten die gesetzlichen Vorschriften [10], insbesondere Art. 724 ZGB [11].

[3] Der Unternehmer macht die Arbeitnehmer auf ihre Anzeigepflicht aufmerksam. [12]

Art. 122 (1977/91)

[1] Werden im Laufe von Abbruch- oder andern Bauarbeiten bemerkenswerte natürliche oder künstliche Gegenstände (wie z.B. Findlinge, Versteinerungen, seltene Mineralien, Altertümer, Münzen, Gebeine) gefunden, so sind sie vor Beschädigung und Wegnahme zu schützen. An der Fundstelle werden die Arbeiten sofort und so lange eingestellt, bis die Bauleitung, welche ohne Verzug zu benachrichtigen ist, Weisungen für das weitere Vorgehen erteilt hat. Der Bauherr ersetzt dem Unternehmer dadurch entstehende Kosten.

[2] Für das Eigentum an den Fundgegenständen und die Entschädigung des Finders gelten die gesetzlichen Vorschriften, insbesondere Art. 724 ZGB.

[3] Der Unternehmer macht die Arbeitnehmer auf ihre Anzeigepflicht aufmerksam.

Anmerkung 1

1 Auf die *Art der Bauarbeit* kommt es an sich nicht an. Doch ist die Wahrscheinlichkeit, auf Funde zu stossen, bei Rückbau- und bei Bauarbeiten, die im Aushub für Fundamente, Gräben, Baugruben und Schächte, Tunnels oder Stollen bestehen, höher als bei anderen Bauarbeiten.

Anmerkung 2

2.1 a) Der Ausdruck *bemerkenswert* vermittelt keine klare Vorstellung, auf welche (natürlichen oder künstlichen) Gegenstände Art. 122 sich bezieht. Mit Rücksicht auf die Pflicht des Unternehmers, die Arbeiten am Fundort bemerkenswerter Gegenstände sofort einzustellen, muss es sich um Gegenstände handeln, die nach allgemeiner Verkehrsanschauung oder Gesetz unbeschädigt zu erhalten sind. Dazu gehören:

2.2 – Gegenstände, die einen erheblichen *Altertums-, Kunst- oder wissenschaftlichen Wert* verkörpern (vgl. Art. 724 ZGB).

2.3 – Gegenstände, die unter *öffentlich-rechtliche Schutzbestimmungen* von Bund, Kanton oder Gemeinde fallen (Art. 702 ZGB, vgl. auch Art. 122/Rz. 8.2 und 10). Diese Schutzbestimmungen greifen oft in die Eigentumssphäre ein, wie etwa die Vorschriften über die Raumplanung, die Enteignung, den Natur- und Heimatschutz, den Gewässerschutz, den Wald, den Umweltschutz etc. (Rey/Strebel, Basler Kommentar, N 2 zu Art. 702 ZGB; Schmid/Hürlimann-Kaup, Sachenrecht, Rz. 934; Tuor/Schnyder/Schmid, Das Schweizerische Zivilgesetzbuch, § 102 Rz. 22).

2.4 – *Schätze* (Art. 723 Abs. 1 ZGB) und andere Wertgegenstände, die zu keiner der erwähnten Kategorien (Art. 122/Rz. 2.2 f.) gehören.

2.5 b) Anzumerken ist, dass den Unternehmer auch in Bezug auf Gegenstände, die *nicht im Sinne des Art. 122 Abs. 1 bemerkenswert* sind, Schutzpflichten treffen können, wenn der Bauherr sich deren Schutz vor Beschädigung und Wegnahme vertraglich ausbedungen hat (vgl. auch Art. 122/Rz. 5).

Anmerkung 3

3 *Natürliche oder künstliche Gegenstände* des Art. 122 Abs. 1 können bewegliche, aber auch unbewegliche Sachen und Bestandteile solcher Sachen sein. Der Klammerausdruck enthält Beispiele von natürlichen oder künstlichen Gegenständen, die bemerkenswert (Art. 122/Rz. 2.1 ff.) sein können. Doch gibt es bemerkenswerte Gegenstände, die nicht unter den Beispielen figurieren, etwa Urkunden, Textilien, Waffen, Tiere und Pflanzen. Bauteile von historischem Wert, aber auch Wandgemälde, Inschriften und eingebaute Möbel fallen ebenfalls darunter. Auch Objekte von lokalem oder regionalem Erkenntnis- oder Ausbildungswert gehören dazu (vgl. zu all dem auch Schwander, Basler Kommentar, N 2 zu Art. 724 ZGB; Tuor/Schnyder/Schmid, Das Schweizerische Zivilgesetzbuch, § 103 Rz. 32). Ob sie einen Eigentümer haben (und je einen gehabt haben) oder nicht, macht keinen Unterschied. Umgekehrt sind die aufgezählten Gegenstände nicht in jedem Falle bemerkenswert. Das Letztere gilt namentlich für Findlinge: Ihre Zerkleinerung und Wegschaffung wird dem Aushubunternehmer oft sogar mit einem Preiszuschlag vergütet. Zu den nicht bemerkenswerten, aber dennoch schutzwürdigen Gegenständen vgl. Art. 122/Rz. 2.5 und 5.

Anmerkung 4

4 «*Gefunden*» heisst hier schlicht «entdeckt». Auf den Begriff des Funds, den das Gesetz in Art. 720 ff. ZGB verwendet, kommt es nicht an.

Anmerkung 5

Der *Schutz* der bemerkenswerten natürlichen oder künstlichen Gegenstände vor Beschädigung und Wegnahme meint Folgendes: Der gefundene Gegenstand darf nicht weiter freigelegt, aus seiner Lage gebracht oder sonstwie (etwa durch Zerstückelung) verändert werden. Dieses vertragliche Verbot kann mit einer Schutzvorschrift des öffentlichen Rechts zusammenfallen, die eine Veränderung des entdeckten Gegenstands untersagt (vgl. Art. 122/Rz. 2.3 und 10). In sinngemässer Ergänzung des Art. 122 Abs. 1 gilt diese Schutzpflicht auch für solche Gegenstände, die zwar nicht bemerkenswert sind, deren Schutz der Bauherr sich aber vertraglich ausbedungen hat (Art. 122/Rz. 2.5). 5

Anmerkung 6

An der Fundstelle werden *die Arbeiten sofort eingestellt.* Das heisst: Die Arbeiten sind einzustellen, sobald der Unternehmer annehmen darf und muss, dass ein bemerkenswerter Gegenstand (Art. 122/Rz. 2.1 ff.) gefunden wurde. Die Kenntnisse seiner Hilfspersonen sind dem Unternehmer anzurechnen (Art. 101 OR; vgl. auch Art. 122/Rz. 12). Gewissheit darüber, dass tatsächlich ein bemerkenswerter Gegenstand gefunden wurde, wird nicht verlangt. Die Beantwortung der Frage, ob sich die Arbeitseinstellung im Einzelfall kostenmässig auszahlt oder nicht, liegt nicht im Ermessen des Unternehmers. Mit der Pflicht zur sofortigen Arbeitseinstellung geht auch das Verbot einher, den gefundenen Gegenstand weiter freizulegen, wegzunehmen und zu beschädigen (Art. 122/Rz. 5). Vorbehalten bleiben dringliche Arbeiten, die zur Abwendung von Gefahr und Schaden unerlässlich sind (Art. 45 Abs. 2). 6

Anmerkung 7

Die Bauleitung ist ohne Verzug zu benachrichtigen, sobald der Unternehmer die Arbeiten einstellen muss, weil er davon auszugehen hat, einen bemerkenswerten natürlichen oder künstlichen Gegenstand gefunden zu haben; er darf nicht zuwarten, bis er darüber Gewissheit hat (Art. 122/Rz. 6). Mit Rücksicht auf die sofortige Arbeitseinstellung erfolgt die Benachrichtigung der Bauleitung durch den Baustellenchef (Art. 36 Abs. 2). 7

Anmerkung 8

Die *Weisungen der Bauleitung* (Art. 99) beziehen sich auf die Frage, ob, wann und wie die Arbeiten fortzusetzen sind. Die Bauleitung kann z.B. Hand- statt Maschinenaushub anordnen oder die Leitung einem Archäologen übertragen. Nach Treu und Glauben (Art. 2 ZGB) hat der Unternehmer Anspruch darauf, dass er die Weisungen in möglichst kurzer Zeit erhält. Werden sie ungerechtfertigterweise verzögert, wird die Bauleitung säumig, dies mit den Folgen gemäss Art. 94 Abs. 2. 8.1

Oft ist aber die Freiheit der Bauleitung (und damit auch des Bauherrn), über das weitere Vorgehen zu befinden, durch *einschlägige Gesetzesvorschriften* beschränkt (vgl. auch Art. 122/Rz. 2.3 und 10). So verpflichtet z.B. Art. 724 Abs. 2 ZGB den Eigentümer, in dessen Grundstück herrenlose Naturkörper oder Altertümer von wissenschaftlichem Wert aufgefunden werden, dem Kanton die Ausgrabung (gegen Ersatz des dadurch verursachten Schadens) zu gestatten (Schwander, Basler Kommentar, N 6 zu Art. 724 ZGB). Und 8.2

einschlägige Schutzbestimmungen des öffentlichen Rechts (Art. 122/Rz. 2.3 und 10) können dem Eigentümer «sowohl Leistungspflichten (Erhaltung und Restauration) als auch Unterlassungspflichten [...] (Verbot der Beschädigung, Veränderung, Entfernung, Verbauung)» auferlegen (LIVER, Das Eigentum, S. 368; vgl. auch JUNGO, Droits et obligations du propriétaire, S. 87 ff.; TUOR/SCHNYDER/SCHMID, Das Schweizerische Zivilgesetzbuch, § 103 Rz. 32).

Anmerkung 9

9 Der Bauherr hat *alle tatsächlichen Mehrkosten* (ohne Zuschlag für Risiko und Verdienst) zu ersetzen, die dem Unternehmer aus der Arbeitseinstellung und aus der Befolgung der ihm erteilten Weisungen (punkto Sicherung des gefundenen bemerkenswerten natürlichen oder künstlichen Gegenstands und Sondierung des Fundorts) entstehen. Bezüglich der Fristen gelten die Art. 95 Abs. 3 und 96 Abs. 1; bei Säumnis der Bauleitung greift Art. 94 Abs. 2.

Anmerkung 10

10 Zu den *gesetzlichen Vorschriften* zählen auch die einschlägigen Schutzbestimmungen des öffentlichen Rechts (Art. 122/Rz. 2.3). «Sie befassen sich auch mit dem Erwerb des Eigentums und können [...] den ‹Kauf›, ‹Vorkauf› und ‹Rückkauf› von geschützten Objekten als öffentlich-rechtliches Erwerbsrecht vorsehen und ausgestalten» (LIVER, Das Eigentum, S. 368). Erwähnt sei hier auch das Kulturgütertransfergesetz (KGTG), weil es das Kulturgut im Sinne des Kulturgütertransfergesetzes definiert (Art. 2 Abs. 1 KGTG) und jenen eine Strafe androht, die sich Grabungsorte im Sinne von Art. 724 ZGB aneignen (Art. 24 Abs. 1 lit. b KGTG).

Anmerkung 11

11 Art. 724 ZGB betrifft den Fund herrenloser Naturkörper oder Altertümer von wissenschaftlichem Wert. Sie gelangen in das Eigentum des Kantons, in dessen Gebiet sie gefunden worden sind (Art. 724 Abs. 1 ZGB; vgl. auch BGer 1A.215/2000 vom 16. Dezember 2000 E. 4b; AMMANN, Das Fundrecht, S. 92; SCHWANDER, Basler Kommentar, N 3 zu Art. 724 ZGB; TUOR/SCHNYDER/SCHMID, Das Schweizerische Zivilgesetzbuch, § 103 Rz. 32). Gleichgültig ist, ob sie nie einen Eigentümer hatten oder so lange vergraben oder verborgen waren, dass ein Eigentümer nicht mehr feststellbar ist (Art. 723 ZGB; vgl. auch SCHWANDER, Basler Kommentar, N 2 zu Art. 723 ZGB; TUOR/SCHNYDER/SCHMID, Das Schweizerische Zivilgesetzbuch, § 103 Rz. 33).

Anmerkung 12

12 Der Unternehmer macht seine *Arbeitnehmer* darauf aufmerksam, dass sie ihren Vorgesetzten das Auffinden von bemerkenswerten natürlichen oder künstlichen Gegenständen unverzüglich zu melden haben. An einer solchen Meldung hat der Unternehmer ein eigenes Interesse, da es bei der Frage, ob die Arbeit rechtzeitig eingestellt und die Bauleitung unverzüglich informiert wurde, auch auf die Kenntnisse seiner Hilfspersonen ankommt (vgl. auch Art. 122/Rz. 6 f.). Mit Rücksicht darauf hat der Unternehmer eine ana-

loge Meldepflicht seinen *Subunternehmern* zu überbinden, was sich auch aus Art. 29 Abs. 4 ergibt.

4 43 Baustelleneinrichtungen

4 431 Begriff

Art. 123

Baustelleneinrichtungen (sog. Baustelleninstallationen)[1] sind sämtliche Einrichtungen, die der Unternehmer für die vertragsgemässe Ausführung seiner Arbeit benötigt,[2] wie z.B. Fahrnisbauten[3], Gerüste[4], Einwandungen, Abschrankungen, Maschinen, Fahrzeuge, Geräte (ohne Handwerkzeug[5]), Zufahrten und Plätze, provisorische Verbindungswege, Leitungen aller Art[6]. Dazu gehören auch alle im Leistungsverzeichnis[7] unter Baustelleneinrichtungen aufgeführten Anlagen (Art. 9).[8]

Art. 123 (1977/91)

Baustelleneinrichtungen (sog. Baustelleninstallationen) sind sämtliche Einrichtungen, die der Unternehmer für die vertragsgemässe Durchführung seiner Arbeit benötigt, wie z.B. Fahrnisbauten, Gerüste, Einwandungen, Abschrankungen, Maschinen, Fahrzeuge, Geräte (ohne Handwerkzeug), Zufahrten und Plätze, provisorische Verbindungswege, Leitungen aller Art. Dazu gehören auch alle im Leistungsverzeichnis unter Baustelleneinrichtungen aufgeführten Anlagen (Art. 9).

Anmerkung 1

Gemäss Art. 364 Abs. 3 OR ist es grundsätzlich am *Unternehmer*, die Arbeitsmittel zu beschaffen, die für die Ausführung des Werks notwendig sind (GWerkV Rz. 71 und 606). Dazu gehören auch die Baustelleneinrichtungen (GWerkV Rz. 71), die in Art. 123 definiert werden. Diese Definition ist so weit gehalten, dass sie auch Einrichtungen ausserhalb der Baustelle umfasst, z.B. die in Art. 123 ausdrücklich erwähnten Zufahrten (Art. 116 ff.; vgl. auch Art. 117/Rz. 2; Art. 118/Rz. 4) sowie Zu- und Ableitungen (Art. 129 ff.). 1.1

Art. 123 zählt die Vielzahl verschiedener *Arten von Baustelleneinrichtungen* beispielhaft auf. Dazu gehören weiter Schutzmassnahmen wie z.B. Anker oder spezielle Fundationen. Gleichzeitig sind die Baustelleneinrichtungen negativ abzugrenzen gegenüber anderen Arbeitsmitteln wie dem Handwerkzeug (Art. 123/Rz. 5) sowie den Hilfs- und Betriebsstoffen, die Art. 10 Abs. 1 zu den Materialien zählt. 1.2

Baustelleneinrichtungen, die nicht der Unternehmer beschafft, sondern die der *Bauherr* dem Unternehmer zur Verfügung stellt, hat der Unternehmer mit der gleichen Sorgfalt zu behandeln wie den vom Bauherrn gelieferten Stoff (Art. 365 Abs. 2 OR; GWerkV Rz. 825). 1.3

Anmerkung 2

2 Gleichgültig ist, wo die einzelne Einrichtung benötigt wird, ob *auf der Baustelle oder ausserhalb* (z.B. auf einem Deponieplatz).

Anmerkung 3

3 Mit *Fahrnisbauten* sind die Kantine, Büro- und Lagercontainer, unter Umständen auch feste Bauten wie Stützmauern, Unterkünfte für die Mannschaft und dergl. gemeint. Sie weisen keine feste Verbindung mit dem Boden auf und werden zu einem bloss vorübergehenden Zweck errichtet (ohne Absicht bleibender Verbindung), vgl. auch Art. 677 Abs. 1 ZGB sowie GWERKV Rz. 2243. Sie unterliegen nicht dem sachenrechtlichen Akzessionsprinzip, werden also vom Grundeigentum nicht erfasst (Art. 667 Abs. 2 ZGB) und nicht ins Grundbuch eingetragen (Art. 677 Abs. 2 ZGB), sondern behalten ihren besonderen Eigentümer (Art. 677 Abs. 1 ZGB). Dies kann der Unternehmer oder auch ein Dritter sein, der die Fahrnisbauten vermietet (Art. 253 ff. OR).

Anmerkung 4

4.1 Soweit der Unternehmer zur Ausführung der von ihm übernommenen Bauarbeiten ein *Gerüst* als Arbeitsmittel (Art. 364 Abs. 3 OR) beizustellen und vorzuhalten hat, liegt kein selbständiger Gerüstbauvertrag vor. Das Beistellen und Vorhalten des Gerüsts geht vielmehr in der werkvertraglichen Gesamtverpflichtung des Unternehmers auf (GWERKV Rz. 69 i.V.m. Rz. 360).

4.2 Fassadengerüste für den Rohbau werden jedoch nur noch selten vom Unternehmer selbst aufgestellt – viel häufiger wird diese Arbeit *separat vergeben* (vgl. auch Art. 125/Rz. 18.2). Dafür schliesst der Bauherr mit einem Gerüstbauer einen Gerüstbauvertrag ab (GWERKV Rz. 356; HÜRLIMANN, Bemerkungen zum Gerüstbauvertrag, S. 74 f.; LOCHER HORST, Der Gerüstvertrag, S. 348 f.). Zu diesem Vertrag siehe die einschlägige SIA-Norm 118/222 («Allgemeine Bedingungen für Gerüstbau»). Zu Aspekten der Arbeitsssicherheit im Zusammenhang mit Gerüsten vgl. u.a. Art. 37 ff. BauAV.

Anmerkung 5

5 Was zum *Handwerkzeug* gehört (vgl. auch Art. 50 Abs. 1 Lemma 2), wird in der SIA-Norm 118 nicht gesagt, sondern als bekannt vorausgesetzt, obwohl der Begriff nicht eindeutig ist. Nach dem heutigen Sprachgebrauch der Baupraxis werden unter Handwerkzeug solche Werkzeuge verstanden, die man bei der Arbeit aus eigener Kraft hält oder trägt (z.B. Pickel, Hammer, Karrette, Handbohrmaschinen), unabhängig davon, ob sie maschinell angetrieben sind oder nicht. Ausgenommen bleiben Werkzeuge, die Zugehör oder Bestandteile eigentlicher Baugeräte oder Maschinen sind (z.B. Pressluftwerkzeuge eines Kompressors).

Anmerkung 6

6 Den *Leitungen aller Art* werden auch Telekommunikationsleitungen und bei grösseren Baustellen Internetleitungen zugeschlagen. Für die Zuleitung von Trink- und Brauchwasser sowie für die Ableitung des Abwassers vgl. die Sonderregelung in Art. 133.

Anmerkung 7

Art. 123 Satz 2 spricht nur vom *Leistungsverzeichnis* (Art. 8). Damit erfasst er den Hauptfall, schliesst aber nicht aus, dass eine Anlage auch in einem anderen Vertragsbestandteil den Baustelleneinrichtungen zugeordnet werden kann. 7

Anmerkung 8

Art. 123 Satz 2 ist von Bedeutung, weil sich zahlreiche (und wichtige) Bestimmungen der SIA-Norm 118 auf Baustelleneinrichtungen beziehen (z.B. Art. 6 Abs. 1, Art. 9, Art. 39 Abs. 2 i.V.m. Art. 43, Art. 46 Abs. 1, Art. 52 f., Art. 62 Abs. 1 Ziff. 4, Art. 86 Abs. 3, Art. 88, Art. 95 Abs. 2, Art. 105, Art. 123–128, Art. 144 Abs. 2, Art. 145 Abs. 2 i.V.m. Art. 146, Art. 186 Abs. 2 und 3). Für bestimmte Werkzeuge, Gerätschaften oder Anlagen kann *unklar sein, ob sie in die Kategorie der Baustelleneinrichtungen fallen* oder zu den eigentlichen Bauleistungen gehören. Das ist entscheidend, weil der Unternehmer die Baustelleneinrichtungen in die Einheitspreise einzurechnen hat, wenn das Leistungsverzeichnis dafür keine separaten Positionen aufführt (Art. 9). Im Rahmen der Vergütung nach Aufwand sind die Kosten der Baustelleneinrichtungen grundsätzlich in die Regiepreise einzurechnen (Art. 52). Unklarheiten lassen sich vermeiden, wenn die Parteien Werkzeuge, Gerätschaften und Anlagen einzelvertraglich den Baustelleneinrichtungen zuordnen. 8.1

Art. 123 Satz 2 kann leicht missverstanden werden, weshalb hier zu klären ist: Er besagt *nicht,* dass als Baustelleneinrichtungen nur solche Anlagen gelten, die das Leistungsverzeichnis ausdrücklich unter dieser Bezeichnung aufführt. Aber er besagt immerhin, dass alle jene Anlagen, die im Leistungsverzeichnis unter Baustelleneinrichtungen aufgeführt werden, *auch* zu den Baustelleneinrichtungen gehören (vgl. auch Art. 124/Rz. 1.1). Welche Anlagen die Parteien den Baustelleneinrichtungen zuschlagen (z.B. Stahlschalung für eine grosse Anzahl von Betonieretappen), ist ihnen überlassen. 8.2

Der Bauherr kann verlangen, dass der Unternehmer (oder sein Rechtsnachfolger) ihm die Baustelleneinrichtungen gegen vertragsgemässe Vergütung überlässt (Art. 186 Abs. 2 und 3; vgl. auch GWerkV Rz. 766). 8.3

4 432 Erstellung und Unterhalt

Art. 124

[1] Der Unternehmer [1] erstellt [2] die Baustelleneinrichtungen betriebsbereit [3] unter Einhaltung der geltenden Vorschriften [4]; er unterhält sie während der Benützungsdauer [5] für seine Arbeiten [6].

[2] Auf Verlangen der Bauleitung [7] legt der Unternehmer Pläne seiner Baustelleneinrichtungen und wenn nötig [8] die zugehörigen Berechnungen vor.[9] Er wird damit [10] nicht von seiner Verantwortung für die Baustelleneinrichtungen befreit.[11]

[3] Erweisen sich die Baustelleneinrichtungen ganz oder zum Teil [12] als für die Ausführung der vertraglichen Arbeiten ungeeignet oder ungenügend [13], so sorgt der

Unternehmer für Abhilfe.[14] Er trägt die Kosten[15], sofern der Mangel[16] weder durch die Ausschreibungsunterlagen verursacht[17] noch sonst vom Bauherrn zu vertreten[18] ist.[19]

Art. 124 (1977/91)

1 Der Unternehmer erstellt die Baustelleneinrichtungen betriebsbereit unter Einhaltung der geltenden Vorschriften; er unterhält sie während der Benützungsdauer für seine Arbeiten.

2 Auf Verlangen der Bauleitung legt der Unternehmer Pläne seiner Baustelleneinrichtungen und wenn nötig die zugehörigen Berechnungen vor. Er wird damit nicht von seiner Verantwortung für die Baustelleneinrichtungen befreit.

3 Erweisen sich die Baustelleneinrichtungen ganz oder zum Teil als für die Ausführung der vertraglichen Arbeiten ungeeignet oder ungenügend, so sorgt der Unternehmer für Abhilfe. Er trägt die Kosten, sofern der Mangel weder durch die Ausschreibungsunterlagen verursacht noch sonst vom Bauherrn zu vertreten ist.

Anmerkung 1

1.1 Art. 124 befasst sich mit Baustelleneinrichtungen, die der *Unternehmer* (nicht der Bauherr) beizustellen hat. Es entspricht dem Normalfall, dass der Unternehmer die für seine Arbeiten benötigten Einrichtungen beschafft (vgl. auch Art. 124/Rz. 3.2), unter Umständen auch durch Subunternehmer, die eigene Einrichtungen zum Einsatz bringen. Das kommt in Art. 9 SIA-Norm 118 sowie in Art. 364 Abs. 3 OR zum Ausdruck. Zu den Baustelleneinrichtungen, die der Unternehmer beizustellen hat, «gehören auch alle im Leistungsverzeichnis unter Baustelleneinrichtungen aufgeführten Anlagen» (Art. 123 Satz 2; Art. 123/Rz. 8.2).

1.2 Die Parteien können jedoch auch vereinbaren, dass der *Bauherr* einzelne (oder alle) Baustelleneinrichtungen (z.B. Zufahrten, Art. 117) zu stellen hat (vgl. z.B. Art. 13 Abs. 1 und Art. 116 Abs. 1). Vereinzelt sieht die SIA-Norm 118 sogar explizit vor, dass der Bauherr gewisse Baustelleneinrichtungen beistellen müsse (z.B. Art. 129, Art. 133 Abs. 1 sowie Art. 135 Abs. 1 und 4), die der Unternehmer mit der gleichen Sorgfalt zu behandeln hat wie den vom Bauherrn gelieferten Stoff (Art. 365 Abs. 2 OR; GWERKV Rz. 825).

1.3 Die Art. 124–128 regeln allein *das Verhältnis zwischen Bauherr und Unternehmer*. Sie geben dem Bauherrn keine vertraglichen Ansprüche gegenüber Subunternehmern (vgl. Art. 29 Abs. 2). Selbst wo Differenzen wegen Baustelleneinrichtungen eines Subunternehmers aufbrechen, hat der Bauherr sich nicht an den Subunternehmer, sondern an den Unternehmer zu halten. Der Unternehmer hat die Subunternehmerverträge (Art. 29 Abs. 4) so zu gestalten, dass er seine diesbezüglichen Verpflichtungen gegenüber dem Bauherrn zu erfüllen vermag (CERUTTI, Der Untervertrag, Rz. 241 ff.). Dies gilt insbesondere für die Verpflichtung des Unternehmers, auf Verlangen der Bauleitung die Einrichtungspläne vorzulegen (Art. 124 Abs. 2), die Einrichtungen länger vorzuhalten (Art. 125 Abs. 2) oder Nebenunternehmern (Art. 30) zur Verfügung zu stellen (Art. 126 Abs. 1).

Anmerkung 2

Art. 124 Abs. 1 versteht das Wort «*erstellen*» im weiten Sinne von «bereitstellen». Das bedingt allenfalls die Montage einer Baustelleneinrichtung. 2

Anmerkung 3

Der Unternehmer hat seine Baustelleneinrichtungen *betriebsbereit* zu erstellen («bereitzustellen», vgl. Art. 124/Rz. 2). Dem ist ein Vierfaches beizufügen: 3.1

a) Das Erstellen respektive Bereitstellen (inkl. Montage, Art. 124/Rz. 2) der eigenen Baustelleneinrichtungen gehört zu den *Leistungen des Unternehmers* (Art. 124/Rz. 1.1). Soweit der Vertrag nicht etwas anderes (z.B. ein entsprechendes Weisungsrecht des Bauherrn) vorsieht, bestimmt der Unternehmer Art, Umfang und Anlage (Platzierung und Aufbau) der einzelnen Baustelleneinrichtung (beachte aber Art. 115 Abs. 2 und Art. 124 Abs. 3). 3.2

b) Sind in einem Leistungsverzeichnis (Art. 8) für die Baustelleneinrichtungen separate Positionen mit Global- oder Pauschalpreisen enthalten (Art. 9), so ist die Betriebsbereitschaft auch für den *Leistungswert* bedeutsam, der für diese Positionen in die monatlichen Zahlungsbegehren für Abschlagszahlungen (Art. 144) eingesetzt werden darf (Art. 145 Abs. 2 i.V.m. Art. 146). 3.3

c) Mit ihrer Betriebsbereitschaft ist die einzelne Baustelleneinrichtung *einsatzbereit.* Art. 43 Abs. 1 Lemma 1 spricht gleichbedeutend von «betriebsfertig». 3.4

d) Sache des Unternehmers ist nicht nur das Erstellen respektive Bereitstellen der Betriebsbereitschaft, sondern auch der *Betrieb* seiner Baustelleneinrichtungen (vgl. Art. 43), obwohl Art. 124 sich darüber ausschweigt. 3.5

Anmerkung 4

Der Unternehmer erstellt die Baustelleneinrichtungen unter Einhaltung der geltenden *gesetzlichen, behördlichen und vertraglichen Vorschriften*, soweit sie (mittelbar oder unmittelbar) einschlägig sind. 4.1

a) Zu beachten hat der Unternehmer insbesondere die Normbestimmungen über «*Schutz- und Fürsorgemassnahmen*» (Art. 103 ff.), die z.T. auf gesetzliche Vorschriften weiterverweisen. Hinsichtlich der Verhütung von Bränden und Explosionen gilt z.B. Art. 105 mit der darin statuierten Pflicht des Unternehmers, «im Zweifelsfalle […] die Empfehlungen der zuständigen Stellen» einzuholen. Was die Arbeitssicherheit betrifft (Art. 104), sind vorab die Bestimmungen der Bauarbeitenverordnung und die Weisungen der Suva von Belang (für eine Untersuchung der diversen Normen der Arbeitssicherheit siehe ANDRES, Arbeitssicherheit, passim). 4.2

b) Art. 124 Abs. 1 gibt dem Bauherrn einen *vertraglichen Anspruch* darauf, dass der Unternehmer nicht nur die vereinbarten, sondern auch die gesetzlichen und behördlichen Vorschriften einhält (vgl. Art. 120/Rz. 7; beachte aber auch Art. 112 Abs. 1 und Art. 112/Rz. 2.1 ff.). Dazu gehört insbesondere auch das Einholen der erforderlichen behördlichen Bewilligungen und Genehmigungen (SPIESS/HUSER, Handkommentar, N 6 zu Art. 124). 4.3

Anmerkung 5

5 Die *Benützungsdauer* einer Baustelleneinrichtung (Art. 124 Abs. 1) besteht in der Zeitdauer, während der eine Baustelleneinrichtung für oder wegen der zugehörigen Arbeiten (betriebsbereit) vorgehalten wird. Somit hat das Wort in Art. 124 Abs. 1 einen anderen Sinn als in Art. 125 Abs. 1, wo die Benützungsdauer der Baustelleneinrichtung zusätzlich die Zeit für den Antransport, die Montage, die Demontage und den Abtransport umfasst, vgl. dazu auch Art. 125/Rz. 1.1.

Anmerkung 6

6.1 Der Unternehmer unterhält die Baustelleneinrichtungen so weit und so lange, als dies für seine *Vertragsarbeiten* (unter Mitberücksichtigung von Bestellungsänderungen, ebenso Art. 125/Rz. 20; anders gelagert aber Art. 125/Rz. 6) erforderlich ist. Ob er diese Arbeiten selber ausführt oder an Subunternehmer (Art. 29) weitervergibt, macht keinen Unterschied. Zur Ordnung auf den Zufahrten vgl. auch Art. 118 Abs. 1.

6.2 Muss der Unternehmer die Einrichtungen gemäss Art. 125 Abs. 2 *länger vorhalten, als seine Arbeiten es erfordern*, so ist er während der verlängerten Vorhaltezeit nicht auch zum Unterhalt verpflichtet. Das erhellt aus verschiedenen Stellen der SIA-Norm 118, unter anderem aus Art. 124 Abs. 1 Teilsatz 2, wonach der Unternehmer die Baustelleneinrichtungen bloss während der Benützungsdauer für seine Arbeiten unterhalten muss. In eine ähnliche Richtung zielt Art. 126 Abs. 1: Solange (und eben nur so lange) der Unternehmer seine Baustelleneinrichtungen für eigene Arbeiten benötigt, stellt er sie auf Verlangen der Bauleitung auch Nebenunternehmern zur Verfügung. Der Bauherr hat dem Unternehmer aber daraus entstehende Betriebs- und Unterhaltskosten zu ersetzen.

6.3 Zur Benützung durch *Nebenunternehmer* (Art. 30) vgl. Art. 126 Abs. 1 und 3.

Anmerkung 7

7 Gemeint ist *die Bauleitung als Vertreterin des Bauherrn* (Art. 33 ff.; vgl. auch Einl./Rz. 17 ff.). Die Bauleitung, welche die Vorlage der Baustelleneinrichtungspläne und der zugehörigen Berechnungen verlangt, übt ein vertragliches Recht des Bauherrn aus.

Anmerkung 8

8 Vgl. dazu Art. 124/Rz. 9.2 f.

Anmerkung 9

9.1 Die Vorlagepflicht des Unternehmers umfasst auch die Pflicht, die verlangten Pläne und Berechnungen der Bauleitung (auf deren Wunsch hin) *zum Studium herauszugeben*, sei es im Original oder in Kopie. Mit der blossen Gewährung von Einsicht ist es also nicht getan. Doch ist zu merken:

9.2 a) Die Vorlage der verlangten Pläne und Berechnungen dient der *Information der Bauleitung*. Bezweckt wird die Vermittlung von Kenntnissen, welche die Bauleitung zur Erfüllung ihrer baubezogenen Aufgabe – namentlich im Zusammenhang mit der Bauaufsicht (Art. 34 Abs. 1 und 2) und ihrer Koordinationstätigkeit (Art. 34 Abs. 3) – benötigt (vgl.

auch Art. 124/Rz. 10.3). Die erforderlichen Kenntnisse betreffen etwa die geplante Anordnung der Einrichtungen auf dem verfügbaren Grund und Boden, die Zweckmässigkeit ihres Einsatzes, die Leistungsfähigkeit, die Tauglichkeit für die Einhaltung der Fristen und die unter dem Sicherheitsaspekt erheblichen Merkmale. Je früher die Vorlage verlangt wird und erfolgt, desto eher ist die Bauleitung in der Lage, ihre Aufsichtsfunktion auszuüben.

b) Pläne und Berechnungen, welche die Bauleitung nicht zur Erfüllung ihrer baubezogenen Aufgabe (Art. 124/Rz. 9.2 und 10.3) benötigt, sondern z.B. aus *persönlichem Interesse* verlangt, braucht der Unternehmer nicht vorzulegen. Insofern ist die Vorlagepflicht des Unternehmers beschränkt. Hinsichtlich der Berechnungen wird dies durch den in Art. 124 Abs. 2 verwendeten Ausdruck «wenn nötig» besonders hervorgehoben. Das gilt aber nicht nur für die Berechnungen, sondern auch für die Pläne. 9.3

c) Falls der Bauherr oder die Bauleitung Pläne oder Berechnungen, die ihnen vom Unternehmer anvertraut wurden, *unbefugt verwerten,* betreiben sie unlauteren Wettbewerb (Art. 5 lit. a UWG). Das gilt auch für einen Dritten (z.B. einen Nebenunternehmer), der die betreffenden Dokumente verwertet, obwohl er wissen muss, dass sie ihm von der Bauleitung oder vom Bauherrn unbefugterweise überlassen oder zugänglich gemacht worden sind (Art. 5 lit. b UWG). Im Übrigen vgl. auch Art. 24. 9.4

Anmerkung 10

Das Wort «*damit*» bezieht sich (sprachlogisch) zwar nur auf die Vorlage der Pläne und Berechnungen. Auf Art. 124 Abs. 2 Satz 2 gemünzt heisst das: Der Unternehmer wird mit der Vorlage der Pläne und Berechnungen nicht von seiner Verantwortung für die Baustelleneinrichtungen befreit. Nach dem Sinn der Bestimmung ändert sich an der Verantwortung des Unternehmers aber auch dann nichts, wenn die vorgelegten Pläne (samt Berechnungen) von der Bauleitung kontrolliert und ohne Beanstandung (allenfalls mit dem Vermerk «genehmigt») zurückgesandt werden – selbst dann bleibt der Unternehmer für die Baustelleneinrichtungen verantwortlich. 10.1

Anders verhält es sich nur dann, wenn die Bauleitung Mängel zwar entdeckt, sie aber dem Unternehmer *verschweigt*. Die nachteiligen Folgen eines solchen (treuwidrigen) Verschweigens hat der Bauherr zu tragen, der für das Verhalten seiner Bauleitung nach Art. 101 OR einstehen muss. 10.2

Der Vollständigkeit halber ist anzufügen, dass die Vorlage der Pläne nicht nur wegen einer etwaigen Verantwortung für die Baustelleneinrichtungen von Bedeutung ist. Die Vorlage ist für die Bauleitung auch deshalb wichtig, weil ihr die rechtzeitige *Koordination* der Arbeiten aller am Bauwerk beteiligten Unternehmer obliegt (Art. 34/Rz. 13.1 f.; vgl. auch Art. 124/Rz. 9.2) 10.3

Anmerkung 11

Wie ausgeführt (Art. 124/Rz. 9.1 ff.), hat der Unternehmer der Bauleitung die Pläne und Berechnungen vorzulegen, damit diese sich informieren und ihrer Bauaufsicht und Koordinationsaufgabe nachkommen kann. Diesem Zweck entspricht auch die Regel des 11.1

Art. 124 Abs. 2 Satz 2, wonach die Vorlage der Pläne und Berechnungen den Unternehmer nicht von seiner *Verantwortung für die Baustelleneinrichtungen* befreien soll (Art. 124/Rz. 10.1 und 18.2). Daraus ergibt sich ein Mehrfaches:

11.2 a) Die Vorlage der Pläne (samt Berechnungen) befreit den Unternehmer nicht von der *Pflicht, auf eigene Kosten für Abhilfe zu sorgen*, wenn sich seine Baustelleneinrichtungen im Nachhinein als ungeeignet oder ungenügend erweisen (Art. 124 Abs. 3). Ebenso wenig wird der Unternehmer von der Gefahrentragung nach Art. 127 Abs. 1 befreit.

11.3 b) Haben eingesetzte Baustelleneinrichtungen *Bauzeitverzögerungen* (vgl. Art. 97) oder *Werkmängel* (vgl. Art. 166) zur Folge, so bleibt es trotz der vorgelegten Pläne und Berechnungen bei der Haftung des Unternehmers (Art. 97 und Art. 165 ff.; wichtig dazu auch Art. 124/Rz. 10.1 und 18.2).

11.4 c) Die erfolgte Vorlage gibt dem Unternehmer *kein vertragliches Rückgriffsrecht auf den Bauherrn*, falls er gegenüber Dritten, die durch seine Baustelleneinrichtungen geschädigt werden, für den entstandenen Schaden einstehen muss.

Anmerkung 12

12 Gleichgültig ist also, ob eine bestimmte Baustelleneinrichtung *insgesamt* (als Ganzes gesehen) oder nur unter einem *Teilaspekt* (z.B. hinsichtlich der Schutzvorrichtungen, des Antriebs usw.) ungeeignet oder ungenügend ist für die Ausführung der vertraglichen Arbeiten.

Anmerkung 13

13.1 «Für die Ausführung der vertraglichen Arbeiten *ungeeignet oder ungenügend*» sind Baustelleneinrichtungen insbesondere dann, wenn sie die ihr zugedachte Aufgabe überhaupt nicht erfüllen können, wenn sie eine mängelfreie oder rechtzeitige Ausführung des vom Unternehmer geschuldeten Werks gefährden oder wenn sie den nach Art. 124 Abs. 1 einzuhaltenden Vorschriften (Art. 124/Rz. 4.1 ff.) widersprechen. Im Einzelnen ist jedoch zu beachten:

13.2 a) Wird eine zweckmässige Anpassung der Baustelleneinrichtung erforderlich, um die *Einhaltung vertraglicher Fristen* zu ermöglichen, so greift die Bestimmung des Art. 95 ein. Insoweit bleibt Art. 124 Abs. 3 aus dem Spiel. Vgl. dazu auch Art. 95/Rz. 19.2.

13.3 b) Wird eine Anpassung der Baustelleneinrichtung infolge einer (einseitigen) *Bestellungsänderung* des Bauherrn (Art. 84) notwendig, so kommen die Art. 85 ff. (nicht Art. 124 Abs. 3) zur Anwendung. Beachte insbesondere Art. 88 und Art. 88/Rz. 7.

Anmerkung 14

14.1 Die *Massnahmen*, die der Unternehmer trifft, können z.B. darin bestehen, dass er die ungeeigneten oder ungenügenden Baustelleneinrichtungen umbaut, örtlich verschiebt, mit erforderlichen Schutzmassnahmen versieht, sonstwie verbessert, zahlenmässig oder anders ergänzt oder gegen andere auswechselt.

Unterlässt der Unternehmer es, für die gebotene Abhilfe zu sorgen, so ist der Bauherr berechtigt, «die Fortführung des Werkes auf Gefahr und Kosten des Unternehmers *einem Dritten [zu] übertragen*», falls die Voraussetzungen des Art. 366 Abs. 2 OR erfüllt sind (GWerkV Rz. 868 ff. und 886 ff.). 14.2

Anmerkung 15

Grundsätzlich trägt der Unternehmer die *Kosten* der Massnahmen, die er zu treffen hat. Wären die Kosten allerdings dem Bauherrn auch bei ursprünglich mängelfreier Baustelleneinrichtung entstanden, so gehen sie zulasten des Bauherrn (vgl. auch Art. 124/Rz. 19.1). Das ist namentlich dann bedeutsam, wenn der Unternehmer nach Aufwand vergütet wird (Art. 48 ff. SIA-Norm 118; Art. 374 OR). Was den Schutz gegen Immissionen betrifft, ist ausserdem Art. 112 zu beachten (insbesondere die Einschränkung in Art. 112 Abs. 2): Grundsätzlich hat der Unternehmer nicht nur die vereinbarten, sondern auch die gesetzlich vorgeschriebenen Massnahmen zum Schutze Dritter gegen Immissionen, die durch seine Arbeit erzeugt werden, zu tragen (Art. 112 Abs. 1). Schreibt der Bauherr jedoch die Massnahmen, die gegen bestimmte Immissionen zu treffen sind, nach Art und Umfang im Werkvertrag vor, so trägt der Unternehmer hinsichtlich dieser Immissionen nur die Kosten der vorgeschriebenen Massnahmen (vgl. die Einschränkung des Art. 112 Abs. 2). 15

Anmerkung 16

Der Mangel, den der Unternehmer auf eigene Kosten beseitigen muss, besteht darin, dass die Baustelleneinrichtungen sich als ungeeignet oder ungenügend (Art. 124/Rz. 13.1) für die Ausführung der vertraglichen Arbeiten erweisen. 16

Anmerkung 17

Im Zusammenhang mit den Baustelleneinrichtungen, deren Mangelhaftigkeit durch die *Ausschreibungsunterlagen* verursacht ist, sind jene Fälle gemeint, in denen 17.1

a) der Mangel (Art. 124/Rz. 16) die Folge unvollständiger oder unrichtiger Angaben in den Ausschreibungsunterlagen ist (vgl. Art. 5 Abs. 2, Art. 6 Abs. 2 und Art. 7 Abs. 1); oder 17.2

b) der Mangel (Art. 124/Rz. 16) seine Ursache darin hat, dass die Ausschreibungsunterlagen Anforderungen an die Baustelleneinrichtungen enthielten, die sich später als unzweckmässig erweisen. Solche Anforderungen können sich mittelbar auch aus dem durch die Ausschreibungsunterlagen festgelegten («gewünschten») Bauvorgang ergeben (Art. 7 Abs. 2 Ziff. 2). 17.3

Anmerkung 18

Vom Bauherrn *«sonst [...] zu vertreten»* ist der Mangel der Baustelleneinrichtung (Art. 124/Rz. 16) beispielsweise dann, wenn er auf einer unrichtigen Weisung der Bauleitung beruht, es sei denn, der Unternehmer habe eine gebotene Abmahnung unterlassen (vgl. Art. 25 Abs. 4). 18.1

18.2 Der blosse Umstand, dass der Unternehmer die Pläne der Baustelleneinrichtungen mit dem Angebot eingereicht (Art. 6 Abs. 1 und Art. 15 Abs. 3) oder auf späteres Verlangen der Bauleitung (Art. 124 Abs. 2) vorgelegt hat, befreit ihn (den Unternehmer) dagegen nicht von der Kostentragungspflicht für ungeeignete oder ungenügende Baustelleneinrichtungen (vgl. auch Art. 124/Rz. 10.1 und 11.1 ff.).

Anmerkung 19

19.1 *Hat der Bauherr den Mangel zu vertreten*, so gehen die Kosten zu seinen Lasten, was bedeutet, dass er sie dem Unternehmer zu vergüten hat. Ausgenommen bleiben solche Kosten, die dem Unternehmer auch bei ursprünglich mängelfreier Baustelleneinrichtung entstanden wären (Art. 124/Rz. 15).

19.2 Für die *Bestellungsänderung* und deren Auswirkungen gelten die besonderen Bestimmungen der Art. 84 ff. Zur Zerstörung oder Beschädigung einer Baustelleneinrichtung vgl. Art. 127.

4 433 Benützungsdauer, Vorhalten

Art. 125

[1] Die Benützungsdauer [1] wird in Übereinstimmung mit dem Bauprogramm (Art. 93) [2] für die einzelnen Baustelleneinrichtungen gesondert [3] festgelegt.[4] Sie setzt sich zusammen aus den Zeitabschnitten für den Antransport, die Montage,[5] das erforderliche Vorhalten für die Dauer der einzelnen Arbeiten,[6] für die eine Einrichtung bestimmt ist,[7] die Demontage [8] und den Abtransport.[9]

[2] Die Bauleitung [10] kann, wenn sie es rechtzeitig [11] mitteilt [12], verlangen, dass Baustelleneinrichtungen [13] länger [14] vorgehalten werden, als die Arbeiten des Unternehmers [15] es erfordern.[16] Der Unternehmer hat alsdann Anspruch auf eine zu vereinbarende zusätzliche Vergütung.[17] Fassadengerüste für den Rohbau [18] jedoch stehen dem Bauherrn [19] noch während zwei Monaten nach Vollendung der vom Unternehmer auf ihnen ausgeführten Arbeiten [20] ohne besonderes Entgelt [21] zur Verfügung.[22]

[3] Nach der ersten Abschlagszahlung (Art. 144) [23] darf der Unternehmer über stationäre Baustelleneinrichtungen [24], die in separaten Positionen enthalten sind (Art. 9), nur noch mit Zustimmung der Bauleitung [25] verfügen.[26] Insbesondere darf er nach diesem Zeitpunkt weder die Einrichtungen veräussern noch sonst irgendwelche Verpflichtungen eingehen, ohne sich das für die Vollendung der Arbeit notwendige Gebrauchsrecht vorzubehalten [27].

Art. 125 (1977/91)

1 Die Benützungsdauer wird in Übereinstimmung mit dem Bauprogramm (Art. 93) für die einzelnen Baustelleneinrichtungen gesondert festgelegt. Sie setzt sich zusammen aus den Zeitabschnitten für den Antransport, die Montage, das erforderliche Vorhalten für die Dauer der einzelnen Arbeiten, für die eine Einrichtung bestimmt ist, die Demontage und den Abtransport.

2 Die Bauleitung kann, wenn sie es rechtzeitig mitteilt, verlangen, dass Baustelleneinrichtungen länger vorgehalten werden, als die Arbeiten des Unternehmers es erfordern. Der Unternehmer hat alsdann Anspruch auf eine zu vereinbarende zusätzliche Vergütung. Fassadengerüste für den Rohbau jedoch stehen dem Bauherrn noch während zwei Monaten nach Vollendung der vom Unternehmer auf ihnen ausgeführten Arbeiten ohne besonderes Entgelt zur Verfügung.

3 Nach der ersten Abschlagszahlung (Art. 144) darf der Unternehmer über stationäre Baustelleneinrichtungen, die in besonderen Positionen enthalten sind (Art. 9), nur noch mit Zustimmung der Bauleitung verfügen. Insbesondere darf er nach diesem Zeitpunkt weder die Einrichtungen veräussern noch sonst irgendwelche Verpflichtungen eingehen, ohne sich das für die Vollendung der Arbeit notwendige Gebrauchsrecht vorzubehalten.

Anmerkung 1

In Art. 125 Abs. 1 ist die Rede von der (ordentlichen) *Benützungsdauer* der einzelnen Baustelleneinrichtungen. Sie setzt sich zusammen aus den in Art. 125 Abs. 1 Satz 2 erwähnten Zeitabschnitten für den Antransport, die Montage, das erforderliche Vorhalten für die Dauer der einzelnen Arbeiten, für die eine Einrichtung bestimmt ist, sowie die Demontage und den Abtransport. Bestellungsänderungen (Art. 84) sind in der ordentlichen Benützungsdauer aber nicht berücksichtigt; die längere Vorhaltezeit nach Art. 125 Abs. 2 ist ebenfalls ausgeschlossen. 1.1

Die ordentliche Benützungsdauer nach Art. 125 Abs. 1 ist zu unterscheiden von der *Benützungsdauer des Art. 124 Abs. 1,* wo es allein auf die Zeitdauer ankommt, während der eine Baustelleneinrichtung für oder wegen der zugehörigen Arbeiten (betriebsbereit) vorgehalten wird. Die Zeit für Antransport, Montage, Demontage und Abtransport spielt für die Benützungsdauer des Art. 124 Abs. 1 keine Rolle (Art. 124/Rz. 5). 1.2

Anmerkung 2

Die Benützungsdauer der einzelnen Baustelleneinrichtungen wird in Übereinstimmung mit dem *Bauprogramm* festgelegt. Das Bauprogramm (Art. 93) enthält den geplanten Bauablauf (Art. 93/Rz. 1.1). Dieser kann beispielsweise durch eine Bestellungsänderung ins Stocken geraten; meist muss der Unternehmer die Baustelleneinrichtungen dann auch länger vorhalten. 2

Anmerkung 3

Die Benützungsdauer wird für jede einzelne Baustelleneinrichtung *gesondert* festgesetzt. 3

Anmerkung 4

Art. 125 Abs. 1 Satz 1 ist nur schwer verständlich und auslegungsbedürftig. Richtig verstanden, bezieht sich diese Bestimmung auf die *Angebotskalkulation des Unternehmers.* Der Unternehmer muss bei der Kalkulation seiner Angebotspreise die voraussichtliche 4.1

(ordentliche) Benützungsdauer (Art. 125/Rz. 1.1) jeder Einrichtung berücksichtigen, und zwar so, dass er sie in Übereinstimmung mit dem Bauprogramm (Art. 125/Rz. 2) festlegt. Das ist rechtlich bedeutsam, indem die SIA-Norm 118 unterstellt (soweit es darauf ankommt), der Unternehmer habe die voraussichtliche Benützungsdauer der Baustelleneinrichtungen in der erwähnten Weise berücksichtigt. Müssen im Anschluss an eine Bestellungsänderung Anlage, Umfang oder Vorhaltezeit der Baustelleneinrichtungen geändert werden, so kann sich der Unternehmer nicht mehr an die ursprünglich vereinbarte Benützungsdauer, die in Übereinstimmung mit dem Bauprogramm festgelegt worden ist, halten. Die Parteien haben deshalb auch den für die betreffenden Baustelleneinrichtungen vereinbarten Preis entsprechend zu ändern (vgl. Art. 88 Abs. 1).

4.2 Hinsichtlich der Fassadengerüste für den Rohbau greift ausserdem die Sonderregel des Art. 125 Abs. 2 Satz 3.

Anmerkung 5

5 Der Zeitabschnitt für die *Montage* spielt selbstredend nur bei jenen Baustelleneinrichtungen eine Rolle, die einer Montage bedürfen, um sie betriebsbereit zu machen (Art. 125/Rz. 9). Das ist dann der Fall, wenn sie in zerlegtem Zustand antransportiert und alsdann zusammengesetzt werden oder wenn sie ein zu bauendes Fundament, ein Traggerüst oder ähnliche Hilfsinstallationen benötigen.

Anmerkung 6

6 Das erforderliche *Vorhalten für die Dauer der einzelnen Arbeiten* umfasst die Zeit, während der die Betriebsbereitschaft einer Baustelleneinrichtung für die Arbeiten des Unternehmers gewährleistet sein muss. Mit den Arbeiten des Unternehmers sind die vereinbarten Arbeiten des betreffenden Unternehmers gemeint, ohne Berücksichtigung von Bestellungsänderungen, da es dem Unternehmer nicht möglich ist, allfällige Bestellungsänderungen des Bauherrn in die Preiskalkulation (vgl. Art. 125/Rz. 4.1) antizipierend zu berücksichtigen (vgl. aber zu anders gelagerten Fällen Art. 124/Rz. 6.1 und Art. 125/Rz. 20). Ob der Unternehmer die Arbeiten selber ausführt oder an Subunternehmer (Art. 29) weitervergibt, spielt keine Rolle.

Anmerkung 7

7 Vgl. Art. 125/Rz. 3: Die Benützungsdauer wird für jede einzelne Baustelleneinrichtung gesondert festgesetzt. Zur Benützungsdauer im Allgemeinen Art. 125/Rz. 1.1.

Anmerkung 8

8 Zur *Demontage* einzelner Baustelleneinrichtungen gehört gegebenenfalls auch der Rückbau von zugehörigen Fundamenten, Traggerüsten oder anderen Installationen, die wegen der Baustelleneinrichtungen gebaut wurden. Die Demontage der Baustelleneinrichtungen gehört zu den Aufräumungsarbeiten. Dies ist von Bedeutung, weil ein Werk oder Werkteil erst als vollendet im Sinne von Art. 157 Abs. 1 gilt, wenn sämtliche Vertragsarbeiten inklusive die Aufräumungsarbeiten, die dieses Werk oder diesen Werkteil betreffen, ausgeführt sind (Art. 157/Rz. 2.4; GWerkV Rz. 2645). Das wiederum ist bedeutsam,

weil nur das vollendete Werk bzw. ein in sich geschlossener vollendeter Werkteil Gegenstand der Abnahme sein kann (Art. 157/Rz. 2.1 ff.; GWERKV Rz. 2594).

Anmerkung 9

An diesen *fünf Zeitabschnitten* – Antransport (1.), Montage (2.), Vorhalten (3.), Demontage (4.) sowie Abtransport (5.) – orientieren sich die einschlägigen Preisanalysen, die vom Unternehmer auf Verlangen des Bauherrn vorgelegt und bei der Festlegung von Nachtragspreisen (Art. 86 ff.) mitberücksichtigt werden (Art. 18 Abs. 2). Am längsten fällt in aller Regel der Abschnitt des «für die Dauer der einzelnen Arbeiten erforderlichen Vorhaltens» (Art. 125/Rz. 6) aus. Für bestimmte Baustelleneinrichtungen (v.a. Fahrzeuge) kann sich die Zahl der Zeitabschnitte reduzieren, z.B. weil eine Montage und Demontage nicht erforderlich sind (Art. 125/Rz. 5). 9

Anmerkung 10

Gemeint ist die Bauleitung als Vertreterin des Bauherrn (Art. 33 ff.; Einl./Rz. 17 ff.). 10

Anmerkung 11

Das Erfordernis der Rechtzeitigkeit verlangt, dass der Unternehmer die Mitteilung erhält, bevor er anderweitige Vorausdispositionen für den weiteren Einsatz seiner Einrichtungen trifft und (in seinem wohlverstandenen Interesse) vernünftigerweise treffen muss (zur Rechtzeitigkeit im Rahmen von Art. 99 vgl. Art. 99/Rz. 6.1 f.). Erfolgt die Mitteilung zu spät, so darf der Unternehmer das Begehren der Bauleitung ablehnen (vgl. auch Art. 85/Rz. 1.2). 11

Anmerkung 12

Die Mitteilung, mit der die Bauleitung verlangt, dass die Baustelleneinrichtungen länger vorgehalten werden, muss sich an den Unternehmer richten. Die Bauleitung hat den Unternehmer über die vorgesehene Dauer der längeren Vorhaltezeit zu orientieren. Gegen eine ungerechtfertigt lange Dauer (Art. 125/Rz. 14) hat der Unternehmer unverzüglich zu protestieren (Art. 125/Rz. 16), widrigenfalls er diesen Einwand verliert. 12

Anmerkung 13

Zu den Baustelleneinrichtungen (vgl. dazu die Definition in Art. 123/Rz. 1.1 ff.) «gehören auch alle im Leistungsverzeichnis unter Baustelleneinrichtungen aufgeführten Anlagen» (Art. 123 Satz 2; vgl. auch Art. 123/Rz. 7 und 8.1 ff.). Zu den Baustelleneinrichtungen von Subunternehmern vgl. Art. 124/Rz. 1.3. 13.1

Bedürfen die Baustelleneinrichtungen, die länger vorzuhalten sind, einer *Bedienung*, so hat der Unternehmer die Einrichtungen samt Bedienungspersonal vorzuhalten. Und in jedem Fall kann er darauf bestehen, dass die betreffenden Einrichtungen nur durch dieses Personal bedient werden (vgl. auch Art. 126/Rz. 5.3 und 9.2). 13.2

Anmerkung 14

14 *Für wie lange* die Baustelleneinrichtungen vorzuhalten sind, sagt Art. 125 Abs. 2 nicht. Doch kann vom Unternehmer nicht verlangt werden, dass er die Baustelleneinrichtungen länger vorhält, als es bei einer zweckmässigen Organisation des Baubetriebs im sachlich begründeten Interesse des Bauherrn liegt. Siehe überdies Art. 125/Rz. 12 und 16.

Anmerkung 15

15 Mit den *Arbeiten des Unternehmers* sind die tatsächlichen Vertragsarbeiten des Unternehmers (unter Berücksichtigung allfälliger Bestellungsänderungen) gemeint, gleichgültig, ob der Unternehmer die Arbeiten selber ausführt oder an Subunternehmer (Art. 29) weitervergibt. Vgl. auch Art. 125/Rz. 20. Zur Abgrenzung des Anwendungsbereichs von Art. 125 Abs. 2 und Art. 126 Abs. 1 vgl. Art. 126/Rz. 2.2.

Anmerkung 16

16 Obwohl der Wortlaut des Art. 125 Abs. 2 Satz 1 keine Ausnahme vorsieht, kann die Regel (wonach die Bauleitung bei rechtzeitiger Mitteilung verlangen kann, dass der Unternehmer die Baustelleneinrichtungen länger vorhält, als seine Arbeiten es erfordern), *nicht ausnahmslos gelten,* wenn sie nach Treu und Glauben (Art. 2 ZGB) ausgelegt wird. Vielmehr darf der Unternehmer, wenn er es unverzüglich erklärt, das Verlängerungsbegehren der Bauleitung ablehnen, sofern das längere Vorhalten für ihn eine Härte zur Folge hätte, die durch die Interessen des Bauherrn nicht gerechtfertigt wäre (Art. 125/Rz. 12). Art. 125 Abs. 2 Satz 1 ist in diesem Sinne zu ergänzen. Überdies ist in Bezug auf die Dauer festzuhalten, dass der Unternehmer die Baustelleneinrichtungen nicht länger vorzuhalten hat, als es bei einer zweckmässigen Organisation des Baubetriebs im sachlich begründeten Interesse des Bauherrn liegt (vgl. Art. 125/Rz. 14).

Anmerkung 17

17.1 Zu Art. 125 Abs. 2 Satz 2, wonach der Unternehmer Anspruch auf eine zu vereinbarende *zusätzliche Vergütung* hat, wenn er die Baustelleneinrichtungen länger vorhält, als seine Arbeiten es erfordern, ist ein Dreifaches zu präzisieren:

17.2 a) Vergütungspflichtig ist der *Bauherr,* nicht etwa der Nebenunternehmer (Art. 30), für den die Baustelleneinrichtungen länger vorgehalten werden.

17.3 b) Als Grundregel für den Vergütungsanspruch des Unternehmers greift nicht Art. 125 Abs. 2 Satz 2, sondern *Art. 53,* der die Berechnung besonderer Leistungen in Regie regelt. Dies gilt sinngemäss auch dann, wenn die Bauleitung die länger vorgehaltenen Einrichtungen nicht Nebenunternehmern (Art. 30) zur Verfügung stellt, sondern für Arbeiten verwendet, die sie selber leitet (Art. 125/Rz. 19). Ausserdem gelangt die Regel des Art. 53 auch dann analog zur Anwendung, wenn es der Unternehmer ist, welcher der Bauleitung die zur Bauausführung erforderlichen Arbeitskräfte, Werkzeuge, Hilfsmittel, Baustelleneinrichtungen und Materialien zur Verfügung stellt (Art. 53/Rz. 5.2). Siehe aber Art. 125/Rz. 22.1 ff.

c) Nur wo die Parteien von der Regel des Art. 53 (Berechnung besonderer Leistungen in Regie) abweichen wollen, kommt *Art. 125 Abs. 2 Satz 2* zum Zug. Denn nach dem Wortlaut des Art. 125 Abs. 2 Satz 2 ist die zusätzliche Vergütung «zu vereinbaren». 17.4

Anmerkung 18

Gemeint sind *nur Fassadengerüste, die dem Rohbau dienen* – nicht auch andere. Während des Rohbaus kommt den Fassadengerüsten insbesondere die Funktion zu, den Zugang zum Bauwerk und zu den verschiedenen Gerüsteabschnitten sowie die Arbeitssicherheit zu gewährleisten. In einem späteren Zeitpunkt hingegen dienen die Fassadengerüste dazu, die Ausbauarbeiten (Fenster, Isolation, Verputzarbeiten etc.) zu ermöglichen. 18.1

Gleichzeitig ist anzumerken, dass die Fassadengerüste für den Rohbau heutzutage *multifunktional* sind und zudem nur noch selten vom Unternehmer selbst aufgestellt werden – diese Arbeit wird oft separat an spezialisierte Gerüstbauunternehmer vergeben (Art. 123/Rz. 4.2). Vgl. dazu auch die einschlägige SIA-Norm 118/222 («Allgemeine Bedingungen für Gerüstbau»). 18.2

Anmerkung 19

Ob der Bauherr die Gerüste selber benützen oder sie einem Nebenunternehmer (Art. 30) zur Verfügung stellen will, macht keinen Unterschied (Art. 125/Rz. 17.3). 19

Anmerkung 20

Mit den *«vom Unternehmer [...] ausgeführten Arbeiten»* sind Vertragsarbeiten des Unternehmers gemeint, unter Mitberücksichtigung allfälliger Bestellungsänderungen (ebenso Art. 124/Rz. 6.1; anders gelagert aber Art. 125/Rz. 6), gleichgültig, ob der Unternehmer die Arbeiten selber ausgeführt oder an Subunternehmer (Art. 29) weitervergeben hat (Art. 125/Rz. 15). 20

Anmerkung 21

Die Regel, wonach der Unternehmer *keinen Anspruch auf ein besonderes Entgelt* hat, bezieht sich auf den Fall, da der Einsatz der betreffenden Fassadengerüste für den Rohbau durch eine Festpreis-Vergütung (Art. 38 Abs. 1) abgegolten wird (allenfalls in festen Preisen für bestimmte Arbeiten eingerechnet ist). In einem solchen Fall bleibt auch Art. 53 (Berechnung besonderer Leistungen in Regie) aus dem Spiel (vgl. aber Art. 125/Rz. 17.3). 21

Anmerkung 22

Diese *Sonderregel* beruht auf der Erfahrung, dass bei den betroffenen Fassadengerüsten ein verlängertes Vorhalten von bis zu zwei Monaten dem *Normalfall* entspricht. Deshalb dispensiert Art. 125 Abs. 2 Satz 3 den Bauherrn für zwei Monate von der Vergütungspflicht. Dem Unternehmer bleibt es unbenommen, die entsprechenden Kosten schon bei seiner Preisbildung zu berücksichtigen. Im Einzelnen sind drei Punkte beizufügen: 22.1

a) Die Sonderregel gilt nach dem klaren Wortlaut des Art. 125 Abs. 2 Satz 1 nur gegenüber dem Unternehmer, der die betreffenden Fassadengerüste für seine Vertragsarbeiten benötigt. Sie gilt also *nicht gegenüber dem reinen Gerüstebauer* (Art. 125/Rz. 18.2); auch 22.2

Ziff. 2.4 SIA-Norm 118/222 («Allgemeine Bedingungen für Gerüstbau») sieht keine Art. 125 Abs. 2 Satz 3 entsprechende zweimonatige Vorhaltefrist vor.

22.3 b) Die Sonderregel dispensiert den Bauherrn zwar von der Vergütungspflicht, beseitigt aber nicht auch *das Erfordernis der rechtzeitigen Mitteilung*, dass die Baustelleneinrichtungen länger vorzuhalten seien, als die Arbeiten des Unternehmers es erfordern (Art. 125 Abs. 2 Satz 1). Der Bauherr hat also nur dann einen Anspruch auf längeres Vorhalten der Fassadengerüste für den Rohbau, wenn eine rechtzeitige Mitteilung an den Unternehmer erfolgt ist. Zum Erfordernis der Rechtzeitigkeit vgl. auch Art. 125/Rz. 11.

22.4 c) Reichen die zwei Monate nicht aus, so greift wieder die allgemeine Regel. Die Bauleitung kann also, wenn sie es rechtzeitig mitteilt, *ein noch längeres Vorhalten* verlangen (Art. 125 Abs. 2 Satz 1). Für dieses «überlange» Vorhalten (das zwei Monate übersteigt) hat dann der Unternehmer Anspruch auf eine zusätzliche Vergütung (Art. 125 Abs. 2 Satz 2).

Anmerkung 23

23 Gemeint ist die *erste Abschlagszahlung*, in welcher die jeweilige stationäre Baustelleneinrichtung (zum Begriff der stationären Baustelleneinrichtung vgl. Art. 125/Rz. 24.1) vorkommt (zu den Abschlagszahlungen in Bezug auf Baustelleneinrichtungen im Allgemeinen vgl. Art. 144 Abs. 2 und Art. 146).

Anmerkung 24

24.1 *Stationäre Baustelleneinrichtungen* im Sinne dieser Bestimmung sind an einen festen Platz gebunden. Dazu gehören beispielsweise Fahrnisbauten, Gerüste, Einwandungen, Betonanlagen, Turmkrane auf Fundamenten oder Geleisen. Stationäre Baustelleneinrichtungen sind auch im Rahmen von Art. 128 Abs. 2 bedeutsam (Art. 128/Rz. 2.3), wobei aber Art. 125 Abs. 3 vorgeht.

24.2 Nicht stationär sind dagegen Autokrane, Hydraulikbagger oder andere Einrichtungen, die selbstfahrend oder als Anhänger fahrtauglich sind. Das gilt namentlich für Einrichtungen im «Pendeleinsatz», die wiederholt für einzelne befristete Einsätze auf die Baustelle gebracht und in der Zwischenzeit andernorts (im Rahmen anderer Werkverträge) eingesetzt werden.

Anmerkung 25

25.1 Gemeint ist die Bauleitung als Vertreterin des Bauherrn (Art. 33 ff.; vgl. auch Einl./Rz. 17 ff.).

25.2 Der Umstand, dass der Unternehmer *nur noch mit Zustimmung der Bauleitung* (als Vertreterin des Bauherrn) über die stationären Baustelleneinrichtungen verfügen darf, mag auf den ersten Blick erstaunen, weil ja der Unternehmer grundsätzlich die Baustelleneinrichtungen beschafft (Art. 124/Rz. 1.1). Der Grund dafür liegt darin, dass der Bauherr die Baustelleneinrichtungen bereits mit der ersten Abschlagszahlung zu 80 % vergüten muss (Art. 146). Da der Bauherr damit bereits sehr früh den grössten Teil der Vergütung für die stationären Baustelleneinrichtungen leistet, darf der Unternehmer darüber nach Erhalt der ersten Abschlagszahlung nur noch mit Zustimmung der Bauleitung (als Vertreterin des Bauherrn) verfügen. Das Zustimmungserfordernis soll verhindern, dass der Unternehmer nach Erhalt der ersten Abschlagszahlung (und damit von 80 % des Vergütungswerts) die Baustelleneinrichtungen vorzeitig abmontiert und andernorts gegen Entgelt wieder aufbaut (Spiess/Huser, Handkommentar, N 13 zu Art. 125).

Anmerkung 26

Art. 125 Abs. 3 Satz 1 gilt *nur für Einheitspreisverträge* (Art. 42 Abs. 2), was sich aus dem Verweis auf Art. 144 und aus den vorausgesetzten «separaten Positionen» (Art. 8 f.) ergibt. 26.1

a) Bei den erwähnten Einheitspreisverträgen kann bereits die *erste Abschlagszahlung*, die auf eine bestimmte stationäre Baustelleneinrichtung geleistet wird (Art. 125/Rz. 24.1), einen beträchtlichen Anteil der für sie geschuldeten Vergütung enthalten (vgl. die «80 %-Regel» in Art. 146), was dem Bauherrn ein gesteigertes Interesse an dieser Einrichtung gibt. Das Erfordernis der Zustimmung soll nun verhindern, dass der bestimmungsgemässe Gebrauch dieser Einrichtung durch «Verfügungsgeschäfte» des Unternehmers gefährdet wird (vgl. Art. 125/Rz. 25.2). Droht keine derartige Gefahr, so darf die Bauleitung (als Vertreterin des Bauherrn) die Zustimmung nicht verweigern (vgl. auch Art. 125/Rz. 27). 26.2

b) Die Bestimmung verwendet zwar das Wort *«verfügen»*. Damit sind aber nicht nur Verfügungsgeschäfte im juristisch-technischen Sinne (etwa Eigentumsübertragungen) gemeint, sondern auch blosse Verpflichtungsgeschäfte (etwa der Abschluss eines Kauf- oder Mietvertrags). Das ergibt sich aus Art. 125 Abs. 3 Satz 2. 26.3

c) *Wie lange* der Unternehmer einer Zustimmung bedarf, wird in Art. 125 Abs. 3 nicht gesagt. Die Frage beurteilt sich für jede Baustelleneinrichtung gesondert. Dem Zweck der Bestimmung entspricht es, dass das Erfordernis entfällt, sobald der Unternehmer die Einrichtung demontieren und abtransportieren darf. 26.4

d) Einem *vertragsfremden Dritten* (z.B. einem Erwerber der Baustelleneinrichtungen), mit dem der Unternehmer das Geschäft ohne die erforderliche Zustimmung der Bauleitung abschliesst, kann Art. 125 Abs. 3 nicht entgegengehalten werden. Hat der Dritte aber den Unternehmer vorsätzlich zu einem Vertragsbruch verleitet, so kann er unter Umständen gegenüber dem geschädigten Bauherrn schadenersatzpflichtig werden (vgl. Gauch/Schluep/Schmid, OR AT, Rz. 725 ff.). 26.5

Anmerkung 27

Ein solcher Vorbehalt des für die Vollendung der Arbeit notwendigen Gebrauchsrechts dispensiert den Unternehmer zwar nicht von seiner Verpflichtung, die Zustimmung des Bauherrn einzuholen. Umgekehrt darf aber der Bauherr die Zustimmung nicht verweigern, wenn der Vertrag, den der Unternehmer mit dem Dritten abschliessen will, den verlangten Vorbehalt enthält (Art. 125/Rz. 26.2 in fine). Dass die Bestimmung lediglich auf die «Vollendung der Arbeit» abstellt, ist systemwidrig, weil Baustelleneinrichtungen häufig länger (über die Vollendung der vom Unternehmer geschuldeten Arbeiten hinaus) vorzuhalten sind (Art. 125 Abs. 2). 27

4 434 Benützung durch Nebenunternehmer

Art. 126[1]

[1] Solange der Unternehmer seine Baustelleneinrichtungen für eigene Arbeiten benötigt,[2] hält er sie auf Verlangen der Bauleitung[3] auch Nebenunternehmern[4] (Art. 30) zur Verfügung[5], jedoch nur soweit[6] dadurch die eigenen Arbeiten[7] nicht beeinträchtigt werden[8]. Daraus entstehende Betriebs- und Unterhaltskosten sind dem Unternehmer zu vergüten[9].

[2] Müssen Baustelleneinrichtungen für die Benützung durch Nebenunternehmer ergänzt oder abgeändert werden, so bedarf dies der Einwilligung des Unternehmers.[10] Zusätzliche Kosten[11] sind dem Unternehmer zu vergüten[12].

[3] Nebenunternehmer[13] dürfen vorhandene Gerüste[14] des Unternehmers unentgeltlich[15] benützen[16]. Sie haften für den aus unsachgemässer Benützung[17] entstehenden Schaden[18] und sind für den Unterhalt des Gerüstes verantwortlich[19]. Abänderungen und Ergänzungen der Gerüste dürfen sie nur im Einvernehmen mit dem Unternehmer und der Bauleitung vornehmen.[20] Erwachsen dem Unternehmer daraus Nachteile[21], so sind sie ihm auszugleichen.[22]

Art. 126 (1977/91)

[1] Solange der Unternehmer seine Baustelleneinrichtungen für eigene Arbeiten benötigt, hält er sie auf Verlangen der Bauleitung auch Nebenunternehmern (Art. 30) zur Verfügung, jedoch nur soweit dadurch die eigenen Arbeiten nicht beeinträchtigt werden. Daraus entstehende Betriebs- und Unterhaltskosten sind dem Unternehmer zu vergüten.

[2] Müssen Baustelleneinrichtungen für die Benützung durch Nebenunternehmer ergänzt oder abgeändert werden, so bedarf dies der Einwilligung des Unternehmers. Zusätzliche Kosten sind dem Unternehmer zu vergüten.

[3] Nebenunternehmer dürfen vorhandene Gerüste des Unternehmers unentgeltlich benützen. Sie haften für den aus unsachgemässer Benützung entstehenden Schaden und sind für den Unterhalt des Gerüstes verantwortlich. Abänderungen und Ergänzungen der Gerüste dürfen sie nur im Einvernehmen mit dem Unternehmer und der Bauleitung vornehmen. Erwachsen dem Unternehmer daraus Nachteile, so sind sie ihm auszugleichen.

Anmerkung 1

1 In Anwendung von Art. 126 ist der Unternehmer gegenüber der Bauleitung (als Vertreterin des Bauherrn, Art. 33 ff.; Einl./Rz. 17 ff.) verpflichtet, seine Baustelleneinrichtungen unter bestimmten Voraussetzungen *auch durch Nebenunternehmer* (Art. 30) benützen zu lassen (zu den Baustelleneinrichtungen von Subunternehmern vgl. Art. 124/Rz. 1.3). Art. 126 Abs. 1 und 2 enthalten die Grundregel, Art. 126 Abs. 3 eine Sonderregel für Gerüste. Weitere Sonderregeln finden sich in Art. 131, Art. 133 Abs. 2 und Art. 134 Abs. 2.

Anmerkung 2

Eigene Arbeiten des Unternehmers sind auch Vertragsarbeiten (unter Berücksichtigung von Bestellungsänderungen), die der Unternehmer an Subunternehmer (Art. 29) weitervergeben hat (vgl. auch Art. 126/Rz. 7). 2.1

Der Unternehmer (oder einer seiner Subunternehmer, Art. 126/Rz. 2.1) benötigt die Baustelleneinrichtungen nicht nur dann für eigene Arbeiten, wenn er (oder einer seiner Subunternehmer) sie tatsächlich gebraucht, sondern auch, wenn er sie für einen späteren Einsatz *betriebsbereit auf der Baustelle behält.* Sobald der Unternehmer eine bestimmte Baustelleneinrichtung nicht mehr für eigene Arbeiten benötigt, fällt sie aus dem Anwendungsbereich des Art. 126 Abs. 1. Diesfalls kann die Bauleitung nach Art. 125 Abs. 2 verlangen, dass die Einrichtung länger vorgehalten wird, als die Arbeiten des Unternehmers es erfordern. Zur Anwendung kommt dann Art. 125 Abs. 1, nicht Art. 126 Abs. 1. 2.2

Anmerkung 3

Die vertragliche Verpflichtung des Unternehmers, auch die Nebenunternehmer (Art. 30) seine Baustelleneinrichtungen benützen zu lassen, entsteht grundsätzlich *nur auf Verlangen der Bauleitung,* ist also (suspensiv) bedingt (Art. 151 OR). Ausnahmsweise (für Gerüste: Art. 126 Abs. 3) besteht diese Verpflichtung von vornherein, auch ohne dass die Bauleitung die Gebrauchsüberlassung verlangt (Art. 126/Rz. 16.1; ebenso Art. 131/Rz. 1.2). 3.1

Soweit die Bauleitung den Unternehmer dazu (schriftlich oder mündlich) auffordert, ist dieser im Rahmen des Art. 126 Abs. 1 verpflichtet, seine Baustelleneinrichtungen auch Nebenunternehmern zur Verfügung zu halten. Die an den Unternehmer gerichtete Aufforderung der Bauleitung hat genau zu bestimmen, *welche Baustelleneinrichtungen welchen Nebenunternehmern* zur Verfügung zu halten sind. Zu den Baustelleneinrichtungen von Subunternehmern vgl. Art. 124/Rz. 1.3. 3.2

Anmerkung 4

Mit den Nebenunternehmern in Art. 126 Abs. 1 sind nur *die von der Bauleitung bezeichneten Nebenunternehmer* gemeint (und nicht sämtliche Nebenunternehmer des Unternehmers wie in Art. 126 Abs. 3, vgl. auch Art. 126/Rz. 13.2). 4

Anmerkung 5

a) Der Unternehmer hält die Baustelleneinrichtungen auch Nebenunternehmern *zur Verfügung,* was bedeutet: Der Unternehmer überlässt die Baustelleneinrichtungen den Nebenunternehmern zur Benützung (vgl. Art. 126/Rz. 1). Dabei hängt es von den Umständen des Einzelfalls ab, ob der jeweilige Nebenunternehmer die zur Verfügung gehaltene Einrichtung allein oder zusammen mit anderen benützt (Art. 126/Rz. 3.2). 5.1

- In der *Praxis* verhält es sich meistens so, dass die zur Verfügung gehaltene Baustelleneinrichtung vom Unternehmer und von seinem Nebenunternehmer gleichzeitig oder abwechslungsweise benützt wird; doch kann es vorkommen, dass der Nebenunternehmer die Baustelleneinrichtung allein benützt, weil der Unternehmer sie für seine eigenen Arbeiten vorübergehend nicht gebraucht (Art. 126/Rz. 2.1). Auch ist mög- 5.2

lich, ja sogar häufig, dass der Unternehmer auf entsprechende Aufforderung hin die gleiche Einrichtung gleichzeitig mehreren Nebenunternehmern zur Benützung überlässt (Art. 126/Rz. 3.2).

5.3 – Bedarf die Baustelleneinrichtung einer Bedienung, so hat der Unternehmer die Einrichtung samt *Bedienungspersonal* zur Verfügung zu halten. Und in jedem Fall kann er darauf bestehen, dass die betreffende Einrichtung nur durch dieses Personal bedient wird (Art. 125/Rz. 13.2; Art. 126/Rz. 9.2).

5.4 – Der Nebenunternehmer darf die Baustelleneinrichtungen, die ihm der Unternehmer zur Verfügung hält, für die Ausführung der *von ihm geschuldeten Vertragsarbeiten* (unter Mitberücksichtigung von Bestellungsänderungen) benützen. Er kann sie entweder selber benützen oder durch beigezogene Subunternehmer (Art. 29) benützen lassen.

5.5 b) Die Verpflichtung des Unternehmers begünstigt die von der Bauleitung bezeichneten Nebenunternehmer (Art. 126/Rz. 4), die aber *kein eigenes Forderungsrecht* im Sinn des Art. 112 Abs. 2 OR (vgl. ebenso Art. 126/Rz. 16.3 ff.; Art. 131/Rz. 1.5; Art. 133/Rz. 5.3) besitzen. Forderungsberechtigter Gläubiger ist einzig der Bauherr (vgl. auch Art. 126/Rz. 9.7 und 16.4). Etwas anderes lässt sich der Bestimmung des Art. 126 nicht entnehmen (a.M. SPIESS/HUSER, Handkommentar, N 5 f. zu Art. 126).

5.6 c) Der Vollständigkeit halber ist festzuhalten, dass es Unternehmer und Nebenunternehmer freisteht, die Benützung der Baustelleneinrichtungen mit entsprechender *Vergütungsabrede* vertraglich zu regeln. Die Benützung von Kranen z.B. wird in der Regel separat verrechnet.

Anmerkung 6

6 Der Ausdruck *«soweit»* hat in Art. 126 Abs. 1 auch den Sinn von «solange». Der Unternehmer kann also einem Nebenunternehmer die weitere (ursprünglich gestattete) Benützung seiner Baustelleneinrichtungen verwehren, sobald diese beginnt, die eigenen Arbeiten (Art. 126/Rz. 2.1 und 7) zu beeinträchtigen (vgl. auch Art. 126/Rz. 19.2). Das Gebot zur Rücksichtnahme (Art. 30 Abs. 3) verlangt allerdings, dass der Nebenunternehmer unter Einhaltung einer angemessenen Frist im Voraus benachrichtigt wird (sei es direkt durch den Unternehmer oder über die Bauleitung). Vgl. ebenso Art. 131/Rz. 5 und Art. 133/Rz. 7.

Anmerkung 7

7 Der Ausdruck der eigenen Arbeiten des Unternehmers wird in Art. 126 Abs. 1 zwei Mal verwendet, beide Male im gleichen Sinne. Vgl. die Erklärung dazu in Art. 126/Rz. 2.1.

Anmerkung 8

8.1 Durch den *Vorbehalt*, dass die Arbeiten des Unternehmers nicht beeinträchtigt werden dürfen, wird die Verpflichtung des Unternehmers eingeschränkt. Dazu ist zu präzisieren:

8.2 a) Damit der Vorbehalt greift, muss die Beeinträchtigung der Arbeiten des Unternehmers *erheblich* sein, und zwar so erheblich, dass vom Unternehmer nach Treu und Glauben

(Art. 2 Abs. 1 ZGB) nicht erwartet werden kann, dass er dem Verlangen der Bauleitung Folge leistet. Das wird in Art. 126 Abs. 1 zwar nicht ausdrücklich gesagt, ergibt sich aber aus einer zweckentsprechenden Auslegung der Bestimmung.

b) Im Übrigen macht es keinen Unterschied, worin die Beeinträchtigung der Arbeiten besteht. *Jede nachteilige Auswirkung auf die Arbeiten des Unternehmers* (sei es in zeitlicher, kostenmässiger oder anderer Hinsicht) kann also eine erhebliche Beeinträchtigung sein. Ausser Betracht fallen jedoch erhöhte Betriebs- und Unterhaltskosten: Sie sind dem Unternehmer nach Art. 126 Abs. 1 Satz 2 zu vergüten (Art. 126/Rz. 9.1 ff.) und können deshalb nicht zusätzlich als erhebliche Beeinträchtigung der Arbeiten des Unternehmers nach Art. 126 Abs. 1 Satz 1 in Anschlag gebracht werden. 8.3

c) Ist mit einer (erheblichen) Beeinträchtigung (Art. 126/Rz. 8.2 f.) der Arbeiten des Unternehmers ernsthaft zu rechnen, so darf der Unternehmer das Begehren der Bauleitung, seine Baustelleneinrichtungen auch Nebenunternehmern zur Verfügung zu halten, (ganz oder teilweise) *abweisen*. Tut er es nicht, so hat er die Folgen selber zu tragen. Insbesondere wird der Unternehmer nicht berechtigt, vom Bauherrn Ersatz für allfällige Nachteile zu verlangen oder die erhebliche Beeinträchtigung seiner Arbeiten als Entschuldigungsgrund für Fristüberschreitungen (Art. 97) vorzubringen. Zur späteren Verweigerung der ursprünglich gestatteten Benützung vgl. Art. 126/Rz. 6. 8.4

Anmerkung 9

a) Somit gilt das Prinzip, dass der Unternehmer Anspruch auf eine Vergütung hat (anderslautende Sonderbestimmungen: Art. 126 Abs. 3, Art. 131 und Art. 133 Abs. 2). Zu vergüten sind die in Art. 126 Abs. 1 Satz 2 erwähnten *Betriebs- und Unterhaltskosten*, und zwar nach Regieansätzen (Art. 53). Hierzu ist ein Dreifaches zu ergänzen: 9.1

- Art. 126 Abs. 1 Satz 2 zielt auf *zusätzliche* Betriebs- und Unterhaltskosten ab, die dem Unternehmer daraus entstehen, dass er seine Baustelleneinrichtungen auf Verlangen der Bauleitung auch Nebenunternehmern zur Verfügung hält. Zu denken ist unter anderem an die Kosten für Benzin oder für die Instandhaltung der Baustelleneinrichtungen. Hält der Unternehmer die Einrichtung samt Bedienungspersonal zur Verfügung (Art. 125/Rz. 13.2; Art. 126/Rz. 5.3), so gehören zu den Betriebskosten auch die Kosten des Personals. 9.2
- Der Vergütungsanspruch setzt voraus, dass der Unternehmer *auf Verlangen der Bauleitung* gehandelt hat (Art. 116/Rz. 20.3; Art. 126/Rz. 3.1). Für Baustelleneinrichtungen, die der Unternehmer seinen Nebenunternehmern von sich aus zur Verfügung hält, trifft den Bauherrn keine Vergütungspflicht (vgl. Art. 116/Rz. 20.2). 9.3
- Vergütungspflichtig ist der *Bauherr* als Vertragspartner des Unternehmers (Art. 116/Rz. 20.3; Art. 126/Rz. 12). Ob und wie sich der Bauherr mit den begünstigten Nebenunternehmern (Art. 126/Rz. 4) auseinandersetzt, ist seine Sache. Die Nebenunternehmer trifft jedenfalls keine Vergütungspflicht gegenüber dem Unternehmer, die sich auf Art. 126 Abs. 1 abstützen liesse (vgl. auch Art. 126/Rz. 22 in Bezug auf den Vergütungsanspruch des Unternehmers für zur Verfügung gehaltene Gerüste). 9.4

9.5 b) Von den Betriebs- und Unterhaltskosten zu unterscheiden ist der mögliche *Schaden,* den der Unternehmer dadurch erleidet, dass ein begünstigter Nebenunternehmer die pflichtgemäss überlassenen Baustelleneinrichtungen beschädigt. Art. 126 Abs. 1 schweigt sich darüber aus (vgl. demgegenüber Art. 126 Abs. 3). In Bezug auf eine etwaige Schadenersatzpflicht des Nebenunternehmers oder des Bauherrn gegenüber dem Unternehmer ist Folgendes festzuhalten:

9.6 – Der *Nebenunternehmer* haftet dem geschädigten Unternehmer aus unerlaubter Handlung (Art. 41 ff. OR), sofern die Voraussetzungen der ausservertraglichen Haftung erfüllt sind. Eine Haftung aus Vertragsverletzung (Art. 97 ff. OR) trifft ihn aber nicht, weil es an einer einschlägigen Vertragsbeziehung zwischen ihm (dem Nebenunternehmer) und dem geschädigten Unternehmer fehlt. Infrage käme höchstens eine vertragsähnliche Haftung. Dafür spricht die Überlegung, dass das Benutzungsverhältnis zwischen dem Nebenunternehmer und dem Unternehmer den Charakter einer vertragsähnlichen Leistungsbeziehung hat, weshalb es sich rechtfertigen könnte, den Nebenunternehmer gegenüber dem Unternehmer in analoger Anwendung vertragsrechtlicher Grundsätze haften zu lassen (vgl. zu all dem auch Art. 126/Rz. 18.2).

9.7 – Von der Haftung des Nebenunternehmers (Art. 126/Rz. 9.6) zu unterscheiden ist die Schadenersatzhaftung des *Bauherrn* gegenüber dem Unternehmer. Indem ein begünstigter Nebenunternehmer die Baustelleneinrichtungen des Unternehmers benützt, übt er ein vertragliches Recht des forderungsberechtigten Bauherrn (Art. 126/Rz. 5.5 und 16.4) aus. Für den Schaden, den er dabei dem Unternehmer anrichtet, haftet der Bauherr dem Unternehmer unter den Voraussetzungen und nach Massgabe des Art. 101 OR (vgl. auch Art. 126/Rz. 18.4).

Anmerkung 10

10 Dem Unternehmer steht es frei, in die Ergänzung oder Abänderung seiner Baustelleneinrichtungen *einzuwilligen* oder nicht (vgl. auch Art. 126/Rz. 17). Bei seinem Entscheid wird er in Anschlag bringen, ob er durch die Ergänzung oder Abänderung seiner Baustelleneinrichtungen Nachteile (vgl. Art. 126/Rz. 6 und 8.1 ff.) erleidet, auch im Hinblick auf eine spätere Wiederverwendung. Der Unternehmer kann die Einwilligung ablehnen, ohne dass er dies begründen muss. Überdies kann er die Einwilligung an bestimmte Bedingungen knüpfen oder z.B. auch nur in beschränktem Umfang gestatten (vgl. auch Art. 126/Rz. 20.2). In vielen Fällen wird der Unternehmer der verlangten Ergänzung oder Abänderung der Baustelleneinrichtungen zwar zustimmen, aber darauf bestehen, sie auf Kosten des Bauherrn selber auszuführen. Dies entspricht einer verbreiteten Übung im Bauwesen.

Anmerkung 11

11 Mit den zusätzlichen Kosten sind *finanzielle Nachteile* gemeint, die dem Unternehmer aus der Modifikation (Ergänzung oder Abänderung) der Baustelleneinrichtungen entstehen. Vgl. Art. 126 Abs. 3 Satz 4 und Art. 126/Rz. 21), der (was die Modifikation des Gerüsts angeht) nur von «Nachteilen» spricht.

Anmerkung 12

Vergütungspflichtig ist der *Bauherr* als Vertragspartner des Unternehmers (vgl. Art. 126/ Rz. 9.4). 12

Anmerkung 13

Die Nebenunternehmer können die Gerüste für die Ausführung ihrer Vertragsarbeiten selber benützen oder durch beigezogene Subunternehmer (Art. 29) benützen lassen. 13.1

In Art. 126 Abs. 3 sind *sämtliche Nebenunternehmer* (Art. 30) des Unternehmers gemeint (anders als in Art. 126 Abs. 1, der nur auf die von der Bauleitung bezeichneten Nebenunternehmer abzielt; vgl. dazu Art. 126/Rz. 4). 13.2

Anmerkung 14

Vorhanden sind die Gerüste, die der Unternehmer aufgestellt hat oder hat aufstellen lassen, solange er sie für seine eigenen Vertragsarbeiten benötigt (Art. 126/Rz. 2.1). Dabei spielt keine Rolle, ob der Unternehmer die betreffenden Arbeiten selber ausführt oder durch Subunternehmer (Art. 29) ausführen lässt. 14

Anmerkung 15

Gemäss Art. 126 Abs. 3 Satz 1 dürfen die Nebenunternehmer die vorhandenen Gerüste des Unternehmers *unentgeltlich* benützen. Das heisst: Der Unternehmer hat weder gegenüber dem Bauherrn noch gegenüber dem Nebenunternehmer einen Vergütungsanspruch. *Art. 53 kommt nicht zur Anwendung.* Für Nachteile, die dem Unternehmer aus einer Abänderung oder Ergänzung des Gerüsts entstehen, vgl. aber Art. 126 Abs. 3 Satz 4: Der Bauherr hat dem Unternehmer die Nachteile auszugleichen. 15.1

In der Praxis benützen die Nebenunternehmer – des Art. 126 Abs. 3 Satz 1 ungeachtet – die Gerüste dennoch oft nicht unentgeltlich, weil sie anderslautende Vereinbarungen mit dem Unternehmer abschliessen. 15.2

Anmerkung 16

a) Die Verpflichtung des Unternehmers, den Nebenunternehmern die vorhandenen Gerüste unentgeltlich zur Benützung zu überlassen, besteht schon *von vornherein* (ebenso Art. 131 und Art. 131/Rz. 1.2). Sie entsteht also nicht erst auf Verlangen der Bauleitung (vgl. demgegenüber Art. 126 Abs. 1; Art. 126/Rz. 3.1) und besteht *für so lange, als der Unternehmer die Gerüste für seine eigenen Vertragsarbeiten benötigt* (Art. 126/Rz. 2.1). Für die Zeit danach gilt die Regel des Art. 125 Abs. 2, insbesondere was die Fassadengerüste für den Rohbau betrifft (Art. 125 Abs. 2 Satz 3; vgl. zu alldem auch Art. 126/Rz. 2.2). 16.1

b) Die Verpflichtung des Unternehmers nach Art. 126 Abs. 3 Satz 1 unterliegt dem in Art. 126 Abs. 1 formulierten *Vorbehalt,* wonach die eigenen Arbeiten des Unternehmers nicht beeinträchtigt werden dürfen (Art. 126/Rz. 2.1 und 8.1 ff.). Nur unter diesem Vorbehalt ist der Unternehmer (gegenüber dem Bauherrn) verpflichtet, die vorhandenen Gerüste auch durch seine Nebenunternehmer benützen zu lassen. Das wird in Art. 126 Abs. 3 zwar nicht ausdrücklich wiederholt, ergibt sich aber aus einer systematischen und zweckbezogenen Auslegung der Bestimmung. 16.2

16.3 c) Entgegen dem Anschein, den die Formulierung des Art. 126 Abs. 3 Satz 1 erwecken könnte, haben die Nebenunternehmer (Art. 126/Rz. 13.2) *kein eigenes Forderungsrecht* (Art. 112 Abs. 2 OR) gegenüber dem Unternehmer (vgl. auch Art. 126/Rz. 5.5; Art. 131/Rz. 1.5; Art. 133/Rz. 5.3). Im Einzelnen:

16.4 – *Forderungsberechtigter Gläubiger* ist einzig der *Bauherr.* Ihm gegenüber ist der Unternehmer verpflichtet, die vorhandenen Gerüste (Art. 126/Rz. 14) auch durch seine Nebenunternehmer (Art. 30) benützen zu lassen (vgl. dazu auch Art. 126/Rz. 5.5 analog). Begünstigt sind sämtliche Nebenunternehmer des Unternehmers (Art. 126/Rz. 13.2). Zu den Gerüsten der Subunternehmer vgl. Art. 124/Rz. 1.3.

16.5 – An der Tatsache, dass die Nebenunternehmer kein eigenes Forderungsrecht gegenüber dem Unternehmer haben (Art. 126/Rz. 16.3), ändert sich selbst dann nichts, wenn Art. 126 Abs. 3 auch in die *Nebenunternehmer-Verträge* (will heissen in die Werkverträge zwischen den Nebenunternehmern und dem Bauherrn) übernommen wurde (vgl. auch Art. 131/Rz. 1.6). Als Bestandteil eines Nebenunternehmer-Vertrags hat Art. 126 Abs. 3 Satz 1 jedoch die Bedeutung einer vom Bauherrn abgegebenen Vertragserklärung, mit der er dem betreffenden Nebenunternehmer garantiert (Art. 111 OR), dass der Unternehmer ihm das Gerüst (im Rahmen des Art. 126 Abs. 3) zum unentgeltlichen Gebrauch überlassen werde (vgl. auch Art. 126/Rz. 18.3 f.; Art. 131/Rz. 1.6).

Anmerkung 17

17 Zur *unsachgemässen Benützung* gehört auch eine Abänderung oder Ergänzung des Gerüsts, die von den Nebenunternehmern ohne Einwilligung des Unternehmers (Art. 126/Rz. 10) oder unsorgfältig vorgenommen wird.

Anmerkung 18

18.1 Art. 126 Abs. 3 Satz 2 befasst sich mit dem *Schaden, der dem Unternehmer (nicht Dritten) entsteht.* Was seine rechtliche Bedeutung betrifft, ist Folgendes festzuhalten:

18.2 a) Der *Werkvertrag zwischen dem Bauherrn und dem Unternehmer,* dessen Bestandteil die SIA-Norm 118 bildet, kann keine Schadenersatzpflicht zulasten des vertragsfremden Nebenunternehmers begründen. Der aus unsachgemässer Benützung geschädigte Unternehmer kann sich daher nicht auf Art. 126 Abs. 3 stützen, wenn er gegen den schädigenden Nebenunternehmer vorgehen will. Selbst wenn Art. 126 Abs. 3 in den Werkvertrag zwischen Bauherr und Unternehmer übernommen wird, verschafft er dem Unternehmer keinen vertraglichen Schadenersatzanspruch gegenüber dem Nebenunternehmer. Für den Schaden, der aus unsachgemässer Benützung der Gerüste entsteht, haftet der Nebenunternehmer dem Unternehmer nur dann, wenn ein *Haftungsgrund ausserhalb des Art. 126 Abs. 3* erfüllt ist. Infrage kommt eine Haftung aus unerlaubter Handlung (Art. 41 ff. OR), allenfalls auch eine vertragsähnliche Haftung (vgl. Art. 126/Rz. 9.6).

18.3 b) Ein häufiger Sonderfall liegt allerdings dann vor, wenn Art. 126 Abs. 3 auch in den *Nebenunternehmer-Vertrag* (den Werkvertrag zwischen dem Bauherrn und dem Nebenunternehmer) übernommen wurde (vgl. auch Art. 126/Rz. 16.5; Art. 131/Rz. 1.6). Alsdann hat sich der Nebenunternehmer gegenüber dem Bauherrn vertraglich verpflichtet, dem Unternehmer den Schaden, der aus unsachgemässer Benützung der Gerüste entsteht, zu ersetzen. Gestützt auf diese Verpflichtung kann der *Bauherr* fordern, dass der Nebenunternehmer den geschädigten Unternehmer schadlos halte (Art. 112 Abs. 1 OR). Ein selbständiges Forderungsrecht nach Art. 112 Abs. 2 OR steht dem Unternehmer jedoch mangels Erfüllung der entsprechenden Voraussetzungen nicht zu. Weder besteht eine entsprechende Übung im Bauwesen noch lässt der blosse Umstand, dass Art. 126 Abs. 3 in den Werkvertrag mit dem Nebenunternehmer übernommen wurde, auf eine entsprechende Willensmeinung zwischen dem Bauherrn und dem Nebenunternehmer schliessen.

c) Von der Haftung der Nebenunternehmer ist die *Schadenersatzhaftung des Bauherrn* zu unterscheiden. Was sie betrifft, kann zunächst auf die in Art. 126/Rz. 9.7 erwähnte Hilfspersonenhaftung (Art. 101 OR) verwiesen werden. Ausserdem hat die Schadenersatzregel des Art. 126 Abs. 3 im Verhältnis Bauherr/Unternehmer die Bedeutung einer vom Bauherrn abgegebenen Garantieerklärung (Art. 111 OR), dass die Nebenunternehmer dem Unternehmer den aus unsachgemässer Benützung entstandenen Schaden ersetzen. 18.4

Anmerkung 19

Das Wort *«verantwortlich»* indiziert, dass sich Art. 126 Abs. 3 Satz 2 Teilsatz 2 mit dem für die Sicherheit erforderlichen Unterhalt des Gerüsts befasst. Es ist mithin Sache der Nebenunternehmer, die das Gerüst benützen, für sicherheitsbedingte Unterhaltsarbeiten besorgt zu sein, die für oder durch diese Benützung anfallen. Zu den betreffenden Unterhaltsarbeiten gehört auch die Überwachung des Gerüsts. Im Einzelnen bleibt indessen anzufügen: 19.1

a) Art. 126 Abs. 3 verschafft – als Bestandteil des Werkvertrags zwischen dem Bauherrn und dem Unternehmer – dem Unternehmer *keine vertraglichen Unterhaltsansprüche* gegen seine Nebenunternehmer (vgl. Art. 126/Rz. 18.2). Doch muss es dem Unternehmer (in sinnvoller Ergänzung des Art. 126 Abs. 3) gestattet sein, die Weiterbenützung durch einen Nebenunternehmer zu untersagen, sobald dieser seine Unterhaltspflicht vernachlässigt (vgl. Art. 126/Rz. 6). 19.2

b) Dem *Bauherrn* gegenüber ist der einzelne Nebenunternehmer nur (aber immerhin) dann zum Unterhalt des von ihm benützten Gerüsts vertraglich verpflichtet, wenn er dies mit dem Bauherrn vereinbart hat. Für die Annahme einer solchen Vereinbarung genügt es, dass Art. 126 Abs. 3 auch in den Nebenunternehmer-Vertrag (den Werkvertrag zwischen dem Bauherrn und dem jeweiligen Nebenunternehmer) übernommen wurde. Dazu kommt, dass sich schon aus Art. 104 (falls er Bestandteil des Nebenunternehmer-Vertrags bildet) eine vertragliche Verpflichtung des Nebenunternehmers zur Vornahme der notwendigen Schutzmassnahmen ergibt. 19.3

c) Wird das Gerüst gleichzeitig von *mehreren* (vom Unternehmer und einem oder verschiedenen Nebenunternehmern) benützt (was dem Normalfall entspricht), so erweist es sich in aller Regel als impraktikabel, die erforderlichen Unterhaltsarbeiten auf die verschiedenen Benützer zu verteilen. In einem solchen Fall obliegt es den Benützern, sich 19.4

über die Zuteilung der Arbeiten und deren Kostentragung zu einigen. Gelingt ihnen das nicht, so hat die Bauleitung (als Vertreterin des Bauherrn) im Rahmen der Koordinationspflicht (Art. 34 Abs. 3) einzugreifen (Art. 126/Rz. 20.5). Ist den Nebenunternehmern auch nach der Intervention der Bauleitung keine Einigung möglich, hat die Bauleitung die Unterhaltsarbeiten durch Bestellungsänderung (Art. 84) einem Benützer allein zu übertragen.

19.5 d) Wer für die Sicherheit des Gerüsts *deliktisch haftbar* ist, beurteilt sich nach den Regeln über die unerlaubte Handlung (Art. 41 ff. OR). Insbesondere ist daran zu erinnern, dass das Baugerüst ein Werk im Sinne des Art. 58 OR darstellt (BGE 96 II 355/359 E II.1), weshalb der Eigentümer nach Massgabe dieser Bestimmung haftet, wenn ein anderer «infolge von fehlerhafter Anlage oder Herstellung oder von mangelhafter Unterhaltung» des Gerüsts widerrechtlich (vgl. Art. 41 OR) geschädigt wird.

Anmerkung 20

20.1 a) Die Regel des Art. 126 Abs. 3 Satz 2 richtet sich *sowohl an den Unternehmer als auch an die Nebenunternehmer.* Dementsprechend hat sie eine zweifach verschiedene Bedeutung:

20.2 – Im *Verhältnis Bauherr/Unternehmer* stellt die Regel klar, dass der Unternehmer, der sein Gerüst zum unentgeltlichen Gebrauch überlassen muss (Art. 126/Rz. 1 und 15.1), nicht auch verpflichtet ist, Abänderungen oder Ergänzungen durch die Nebenunternehmer zu dulden. Vielmehr darf der Unternehmer eine Modifikation überhaupt ablehnen, von bestimmten Bedingungen abhängig machen oder z.B. nur in beschränktem Umfang gestatten (vgl. Art. 126/Rz. 10).

20.3 – Im *Verhältnis Bauherr/Nebenunternehmer* gilt die Regel, soweit sie auch in den jeweiligen Werkvertrag zwischen dem Bauherrn und dem Nebenunternehmer (den Nebenunternehmervertrag) übernommen wurde. Insoweit begründet sie eine vertragliche Unterlassungspflicht (Art. 98 Abs. 2 OR). Die betreffenden Nebenunternehmer sind gegenüber dem Bauherrn vertraglich verpflichtet, eine Abänderung oder Ergänzung des Gerüsts zu unterlassen, sofern es an der erforderlichen Einwilligung des Unternehmers oder der Bauleitung fehlt.

20.4 b) Art. 126 Abs. 3 Satz 2 geht davon aus, dass Abänderungen und Ergänzungen des Gerüsts – wenn überhaupt – durch einen oder mehrere Nebenunternehmer (deshalb im Normtext: «sie», die Nebenunternehmer) vorgenommen werden. Möglich ist aber auch, dass der *Bauherr* (der in aller Regel durch die Bauleitung handelt) das Gerüst selber abändern oder ergänzen will. In beiden Fällen dürfen die Abänderungen oder Ergänzungen nur im Einvernehmen mit dem Unternehmer und der Bauleitung (gemeint ist die Bauleitung als Vertreterin des Bauherrn, vgl. Art. 33 ff.; Einl./Rz. 17 ff.) erfolgen.

20.5 c) Dass Art. 126 Abs. 3 auch eine Einwilligung der Bauleitung (als Vertreterin des Bauherrn, vgl. Art. 33 ff.; Einl./Rz. 17 ff.) verlangt, versteht sich schon im Hinblick auf deren Aufgabenbereich: Dazu gehört die *Koordination* der Bauarbeiten (Art. 30 Abs. 2 und Art. 34 Abs. 3), die durch eine Abänderung oder Ergänzung der Gerüste beeinträchtigt werden kann (Art. 126/Rz. 19.4).

Anmerkung 21

Gemeint sind *finanzielle Nachteile,* die dem Unternehmer aus der Modifikation (Abänderung oder Ergänzung) des Gerüsts entstehen, vgl. auch Art. 126 Abs. 2 Satz 2 und Art. 126/ Rz. 11. 21

Anmerkung 22

Der Anspruch des Unternehmers auf Ausgleichung seiner finanziellen Nachteile richtet sich *gegen den Bauherrn,* seinen Vertragspartner. Ob und wie sich der Bauherr mit den Nebenunternehmern auseinandersetzt, ist seine Sache. Gegenüber dem Unternehmer trifft die Nebenunternehmer jedenfalls keine Leistungspflicht, die sich auf Art. 126 Abs. 3 abstützen lässt. Vgl. Art. 126/Rz. 9.4 in Bezug auf den Vergütungsanspruch des Unternehmers für zur Verfügung gehaltene Baustelleneinrichtungen. 22

4 435 Zerstörung oder Beschädigung

Art. 127

[1] Wird eine Baustelleneinrichtung [1] durch Zufall [2] zerstört oder beschädigt, so sorgt der Unternehmer auf seine Kosten [3] für den Ersatz oder die Reparatur.

[2] Ist die Ursache des Schadens auf eine Weisung der Bauleitung zurückzuführen [4] und hat diese trotz Abmahnung durch den Unternehmer (Art. 25) [5] auf ihrer Weisung bestanden, so haftet der Bauherr. [6]

Art. 127 (1977/91)

[1] Wird eine Baustelleneinrichtung durch Zufall zerstört oder beschädigt, so sorgt der Unternehmer auf seine Kosten für den Ersatz oder die Reparatur.

[2] Ist die Ursache des Schadens auf eine Weisung der Bauleitung zurückzuführen und hat diese trotz Abmahnung durch den Unternehmer (Art. 25) auf ihrer Weisung bestanden, so haftet der Bauherr.

Anmerkung 1

Gemeint ist eine Baustelleneinrichtung, die *der Unternehmer* beigestellt hat (vgl. Art. 123/ Rz. 1.1). Wird eine durch den Bauherrn gestellte Einrichtung vom Zufall getroffen, so hat der Bauherr auf seine Kosten für den Ersatz oder die Reparatur zu sorgen (vgl. Art. 187/ Rz. 16.6; GWerkV Rz. 1189). 1

Anmerkung 2

Zufällig ist jede Beschädigung oder Zerstörung, die *weder der Bauherr noch der Unternehmer zu vertreten* hat. Dazu gehören auch (aber nicht nur) Beschädigungen oder Zerstörungen, die auf höherer Gewalt beruhen (vgl. Art. 187/Rz. 4.1). Nicht zufällig sind dagegen schädliche Einwirkungen (etwa durch ungünstige Witterungsverhältnisse), die ein vorsichtiger Unternehmer durch zumutbare Schutzmassnahmen hätte verhindern können – diese schädlichen Einwirkungen sind dem Unternehmer anzurechnen. 2.1

2.2 Der Zufall kann auch im *Verhalten eines Dritten* (z.B. in Brandstiftungen, mutwilligen oder anderen Sachbeschädigungen) bestehen, für das weder der Bauherr noch der Unternehmer verantwortlich ist (Art. 187/Rz. 4.1). Zu den Dritten gehören grundsätzlich auch die Nebenunternehmer des Unternehmers (Art. 30). Soweit sie allerdings eine Baustelleneinrichtung oder ein Gerüst des Unternehmers nach Massgabe des Art. 126 Abs. 1 oder 3 benützen, handeln sie als Ausübungsgehilfen des Bauherrn (Art. 101 OR) und nicht als Dritte (vgl. Art. 126/Rz. 9.7 und 18.4; nicht differenzierend Spiess/Huser, Handkommentar, N 5 zu Art. 127, die Nebenunternehmer im Rahmen von Art. 127 pauschal als Dritte [und nicht als Hilfspersonen] qualifizieren). Dasselbe gilt, soweit der Bauherr bestimmte Nebenunternehmer eine länger vorgehaltene Einrichtung des Unternehmers benützen lässt (vgl. Art. 125 Abs. 2). Zerstören oder beschädigen sie als Hilfsperson eine Baustelleneinrichtung, so gelangt Art. 127 Abs. 1 nicht zur Anwendung. Denn Hilfspersonen des Bauherrn oder des Unternehmers gelten nicht als Dritte; die Beschädigung oder Zerstörung der Baustelleinrichtung durch Hilfspersonen wird mithin nicht dem Zufall zugeschlagen. Auch die Bauleitung wird z.B. als Hilfsperson des Bauherrn (im Verhältnis zum Unternehmer) qualifiziert, wenn sie in Ausübung ihrer Verrichtungen gegenüber dem Unternehmer tätig wird (vgl. Art. 127 Abs. 2, eingehender dazu Art. 127/Rz. 6).

2.3 Wie bereits ausgeführt befasst sich die Regel des Art. 127 Abs. 1 nur mit der zufälligen Beschädigung oder Zerstörung der Baustelleneinrichtung (Art. 127/Rz. 2.1). Sie gilt aber umso mehr, wenn der *Unternehmer* die Beschädigung oder Zerstörung selber zu verantworten hat. Selbstredend gelangt auch das Umgekehrte zur Anwendung: Der Unternehmer hat einen vertraglichen Anspruch auf Schadenersatz, wenn der *Bauherr* durch schuldhafte Verletzung seiner Sorgfaltspflichten (Art. 23 SIA-Norm 118; Art. 97 Abs. 1 OR) eine Baustelleneinrichtung zerstört oder beschädigt oder wenn ihn eine entsprechende Hilfspersonenhaftung (Art. 101 OR) trifft (Art. 127/Rz. 2.2). Ein Anwendungsfall dieser vertraglichen Schadenersatzhaftung ist in Art. 127 Abs. 2 geregelt.

Anmerkung 3

3 Dass der Unternehmer auf seine Kosten für Ersatz oder Reparatur der zerstörten oder beschädigten Baustelleneinrichtung zu sorgen hat, bedeutet nur, dass der Unternehmer vom Bauherrn *keinerlei Entschädigung* (weder Schadenersatz noch Mehrvergütung) verlangen kann. Art. 127 Abs. 1 regelt aber nicht auch die Rechtslage zwischen dem Unternehmer und einem allfälligen Drittschädiger oder einem geschädigten Dritteigentümer (z.B. Vermieter) der Baustelleneinrichtung.

Anmerkung 4

4.1 *Weisungen* der Bauleitung sind Anordnungen, die der Unternehmer nach dem Inhalt des Werkvertrags befolgen muss. Unverbindliche Vorschläge, Wünsche oder Ratschläge fallen nicht darunter.

4.2 Art. 127 Abs. 2 meint stets *befolgte* Weisungen. Führt die Tatsache, dass der Unternehmer eine ihm erteilte Weisung befolgt, zur Zerstörung oder zur Beschädigung einer Baustelleneinrichtung, so ist sie im vorliegenden Zusammenhang fehlerhaft.

Anmerkung 5

Das *Erfordernis der erfolgten Abmahnung* entfällt, wenn eine Abmahnungspflicht des 5
Unternehmers nicht bestanden hat. Das trifft insbesondere dann zu, wenn der Unternehmer die Fehlerhaftigkeit der Weisung (Art. 127/Rz. 4.2) weder erkannt hat noch nach den Umständen erkennen musste (Art. 25 Abs. 4). Der Bauherr kann sich auch dann nicht auf die unterlassene Abmahnung berufen, falls der Unternehmer beweist, dass die Bauleitung von der Fehlerhaftigkeit ihrer Weisung trotz unterbliebener Abmahnung Kenntnis hatte. Diese Rechtslage ergibt sich aus dem letzten Satz des Art. 25 Abs. 1, auf den Art. 25 Abs. 3 Satz 2 zurückverweist, weshalb er sinngemäss auch für die Abmahnung (Art. 25 Abs. 3 und 4) gilt.

Anmerkung 6

Der Bauherr, der nach Art. 127 Abs. 2 haftet, muss im Rahmen der Art. 43 OR und 6
Art. 44 OR (i.V.m. Art. 99 Abs. 3 OR) den Schaden ersetzen, der dem Unternehmer durch die Zerstörung oder Beschädigung der Baustelleneinrichtung entstanden ist. Die Bauleitung, die auf der fehlerhaften Weisung – der Abmahnung des Unternehmers ungeachtet – bestanden hat, agierte *als Hilfsperson des Bauherrn im Sinne des Art. 101 OR*. Deshalb sind die Voraussetzungen dieser Bestimmung ergänzend beizuziehen. Soweit die Zerstörung oder Beschädigung der Baustelleneinrichtung eine Fristüberschreitung zur Folge hat, richtet sich die Haftung nach Art. 97 Abs. 1.

4 436 Verkauf, Demontage und Abtransport

Art. 128

[1] Unternehmer und Bauleitung verständigen sich rechtzeitig über die Zeitpunkte für Demontage und Abtransport der Baustelleneinrichtungen.[1]

[2] Eine zu den Baustelleneinrichtungen gehörende Fahrnisbaute[2] darf nur nach vorheriger Benachrichtigung der Bauleitung[3] an den Eigentümer des Bodens[4] verkauft werden.

[3] Gerüste[5] dürfen nur mit Bewilligung[6] der Bauleitung entfernt werden.

Art. 128 (1977/91)

[1] Unternehmer und Bauleitung verständigen sich rechtzeitig über die Zeitpunkte für Demontage und Abtransport der Baustelleneinrichtungen.

[2] Eine zu den Baustelleneinrichtungen gehörende Fahrnisbaute darf nur nach vorheriger Benachrichtigung der Bauleitung an den Eigentümer des Bodens verkauft werden.

[3] Gerüste dürfen nur mit Bewilligung der Bauleitung entfernt werden.

Anmerkung 1

1.1 Art. 128 normiert die Demontage, den Abtransport und den Verkauf von Baustelleneinrichtungen des Unternehmers (Art. 123/Rz. 1.1 ff.; Art. 124/Rz. 1.1) respektive seiner Subunternehmer (Art. 124/Rz. 1.3). Art. 128 Abs. 1 sind drei Präzisierungen anzufügen:

1.2 a) Auch wenn der Unternehmer zur Demontage und zum Abtransport einer Baustelleneinrichtung befugt ist, soll er dies nach Art. 128 Abs. 1 nicht überraschend und ohne Voranzeige tun. Vielmehr hat er der Bauleitung, die für die Koordination der Bauarbeiten zuständig ist (Art. 34 Abs. 3), *seine Absicht im Voraus bekannt zu geben* und sich mit ihr auf einen Zeitpunkt zu verständigen, an dem das übrige Baugeschehen (bei angemessener Wahrung der eigenen Interessen) möglichst wenig gestört wird.

1.3 b) Die Verständigung muss so *rechtzeitig* erfolgen, dass die Bauleitung in der Lage ist, die anderen Baubeteiligten zu orientieren und allenfalls erforderliche Weisungen zu erteilen. Das entspricht schon dem Gebot der Rücksichtnahme, das den Unternehmer namentlich auch im Verhältnis zu seinen Nebenunternehmern trifft (Art. 30 Abs. 3).

1.4 c) Einschränkend bleibt zu bemerken, dass die rechtzeitige Verständigung über die Zeitpunkte für die Demontage und den Abtransport nur dort von Bedeutung ist, wo diese Zeitpunkte nicht bereits im *Bauprogramm* festgelegt wurden.

Anmerkung 2

2.1 *Fahrnisbauten* sind «Hütten, Buden, Baracken u. dgl. […], wenn sie ohne Absicht bleibender Verbindung auf fremdem Boden aufgerichtet sind» (Art. 677 ZGB). Auch Baucontainer fallen darunter.

2.2 Im Rahmen von Art. 128 Abs. 2 geht es um den Verkauf von Fahrnisbauten, die zu den Baustelleneinrichtungen gehören. Dabei spielt bloss der Verkauf von *aufgestellten (nicht auf der Grundlage einer Verständigung nach Art. 128 Abs. 1 demontierten) Fahrnisbauten* eine Rolle. Ein Verkauf, der erst nach der Demontage erfolgt, fällt nicht unter Art. 128 Abs. 2.

2.3 Da es sich bei Fahrnisbauten um stationäre Baustelleneinrichtungen (Art. 125/Rz. 24.1) handelt, fallen sie bei gegebenen Voraussetzungen unter die weiter gehende Vorschrift des *Art. 125 Abs. 3:* Nach der ersten Abschlagszahlung darf der Unternehmer darüber, sofern sie in separaten Positionen enthalten sind, nur noch mit Zustimmung der Bauleitung verfügen. Nach diesem Zeitpunkt darf er insbesondere weder die Einrichtung veräussern noch sonst irgendwelche Verpflichtungen eingehen, ohne sich das für die Vollendung der Arbeit notwendige Gebrauchsrecht vorzubehalten (vgl. Art. 125/Rz. 27). Dadurch wird die praktische Bedeutung des Art. 128 Abs. 2 herabgemindert.

Anmerkung 3

3.1 Mit der *vorherigen Benachrichtigung* wird verlangt, dass die Benachrichtigung vor Abschluss des geplanten Kaufvertrags betreffend die Fahrnisbaute (Art. 184 OR) zu erfolgen hat. Dabei genügt eine Benachrichtigung, es bedarf also keiner Zustimmung der Bauleitung. Das Erfordernis einer Zustimmung kann sich jedoch aus Art. 125 Abs. 3 ergeben (Art. 125/Rz. 25.2).

Die verlangte Benachrichtigung hat den Charakter einer *Orientierung* (vgl. Art. 128/Rz. 1.2). Sie ermöglicht dem Bauherrn, den Unternehmer abzumahnen, wenn der geplante Verkauf mit dem vom Käufer angestrebten Verwendungszweck gegen Art. 120 verstösst, weil z.B. eine behördliche Verpflichtung zur Beseitigung der nicht mehr benötigten Einrichtung besteht. Ausserdem versetzt sie den Bauherrn in die Lage, sein eigenes Kaufsinteresse an der Fahrnisbaute anzumelden und sich mit dem Unternehmer über einen allfälligen Ankauf zu einigen, bevor die Baute an den Eigentümer des Bodens veräussert wird. Der Bauherr hat aber kein Vorkaufsrecht, das sich auf Art. 128 Abs. 2 abstützen liesse. 3.2

Anmerkung 4

Die Pflicht des Unternehmers, die Bauleitung zu benachrichtigen, setzt voraus, dass die Fahrnisbaute an den *Eigentümer des Bodens* verkauft wird und dieser nicht der Bauherr selber ist. Darin spiegelt sich die Erfahrung, dass Fahrnisbauten häufig an den Bodeneigentümer veräussert statt demontiert und abtransportiert werden. Der mögliche (aber seltenere) Fall, dass der Unternehmer eine Fahrnisbaute an einen Dritten veräussert, der nicht Eigentümer des Bodens ist, wird in Art. 128 Abs. 2 vernachlässigt. Da aber die Bauleitung in jedem Fall ein Interesse daran hat, über einen allfälligen Verkauf einer zu den Baustelleneinrichtungen gehörenden Fahrnisbaute benachrichtigt zu werden, greift Art. 128 Abs. 2 unabhängig davon, ob die Fahrnisbaute an den Eigentümer des Bodens oder an einen Dritten verkauft wird. 4

Anmerkung 5

Gemeint sind *Gerüste irgendwelcher Art,* also nicht nur Fassadengerüste für den Rohbau (Art. 125 Abs. 2 Satz 3). Zu den Gerüsten von Subunternehmern vgl. Art. 124/Rz. 1.3. 5

Anmerkung 6

Diese *Bewilligungspflicht* soll sicherstellen, dass der Unternehmer die Gerüste nicht vorzeitig (insbesondere nicht vor Ablauf einer nach Art. 125 Abs. 2 verlängerten Vorhaltezeit) entfernt. Daraus folgt zugleich, dass die Bewilligung nicht verweigert werden darf, sobald der Unternehmer zur Entfernung der Gerüste berechtigt ist. 6.1

Der umschriebene Zweck, dem die Bewilligungspflicht des Art. 128 Abs. 3 dient, wird im praktischen Ergebnis schon durch die Regel des Art. 128 Abs. 1 erreicht. Dass Art. 128 Abs. 3 dennoch (und zusätzlich) Eingang in die SIA-Norm 118 gefunden hat, erklärt sich aus der besonderen Bedeutung, welche die Gerüste für das Baugeschehen haben. 6.2

4 44 Energie, Wasser und Abwasser

4 441 Zuführung elektrischer Energie im Allgemeinen

Art. 129

1 Der Bauherr sorgt dafür, dass dem Unternehmer bis zur Stromabnahmestelle [1] die für die Ausführung der vertraglichen Arbeiten [2] benötigte elektrische Energie zu den im Werkvertrag oder, beim Fehlen entsprechender Vertragsbestimmungen, zu den im massgebenden Tarif des Stromlieferanten aufgeführten Bedingungen und Preisen geliefert wird.[3]

2 Der Unternehmer bezeichnet im Angebot die für ihn zu installierende Leistung.[4] Wenn nötig erstellt und unterhält der Bauherr auf eigene Kosten die Hochspannungsleitung [5] und die Transformatorenstation hochspannungs- und niederspannungsseitig [6] bis und mit den Niederspannungs-Hauptsicherungen.[7] Der Zugang zu diesen Sicherungen ist dem Unternehmer offenzuhalten.[8]

3 Der Bauherr gibt dem Unternehmer Gelegenheit zu Vorschlägen hinsichtlich der Stromabnahmestellen oder des Standortes der Transformatorenstation.[9] Ist dies nicht möglich, so gibt er Abnahmestellen und den Standort der Transformatorenstation in den Ausschreibungsunterlagen bekannt.[10] Mangels Abrede muss sich die Stromabnahmestelle auf dem Bauplatz befinden.[11]

4 Bau und Betrieb der elektrischen Installationen ab Abnahmestelle oder ab Transformator sekundärseitig sind Sache des Unternehmers.[12]

Art. 129 (1977/91)

1 Der Bauherr sorgt dafür, dass dem Unternehmer bis zur Stromabnahmestelle die für die Ausführung der vertraglichen Arbeiten benötigte elektrische Energie für Beleuchtung, Kraft und Wärme zu den im Werkvertrag oder, beim Fehlen entsprechender Vertragsbestimmungen, zu den im massgebenden Tarif des Stromlieferanten aufgeführten Bedingungen und Preisen geliefert wird.

2 Der Unternehmer bezeichnet im Angebot die für ihn zu installierende Leistung. Wenn nötig erstellt und unterhält der Bauherr auf eigene Kosten die Hochspannungsleitung und die Transformatorenstation hochspannungs- und niederspannungsseitig bis und mit den Niederspannungs-Hauptsicherungen. Der Zugang zu diesen Sicherungen ist dem Unternehmer offenzuhalten.

3 Der Bauherr gibt dem Unternehmer Gelegenheit zu Vorschlägen hinsichtlich der Stromabnahmestellen oder des Standortes der Transformatorenstation. Ist dies nicht möglich, so gibt er Abnahmestellen und den Standort der Transformatorenstation in den Ausschreibungsunterlagen bekannt. Mangels Abrede befindet sich die Stromabnahmestelle auf dem Bauplatz.

4 Bau und Betrieb der elektrischen Installationen ab Abnahmestelle oder ab Transformator sekundärseitig sind Sache des Unternehmers.

Anmerkung 1

Die *Stromabnahmestelle* im Sinne von Art. 129 Abs. 1 ist das Ende der Speiseleitung, an die der Unternehmer entweder sein eigenes (temporäres) Verteilnetz (die Sekundärleitungen) oder unmittelbar seine Stromverbraucher (Motoren, Heizkörper usw.) anschliesst. Sie ist seine Strom- und Spannungsquelle, ausgestattet mit den erforderlichen Hauptsicherungen (vgl. Art. 129 Abs. 2). Häufig befindet sich die Niederspannungsseite des Transformators (Art. 129 Abs. 2) ebenfalls auf der Baustelle, wodurch sie Teil der Stromabnahmestelle im Sinne von Art. 129 Abs. 1 wird (Art. 129/Rz. 6 und 11.1). 1

Anmerkung 2

Vertragliche Arbeiten des Unternehmers sind auch Vertragsarbeiten, die der Unternehmer durch beigezogene Subunternehmer (Art. 29) ausführen lässt. 2

Anmerkung 3

Ergeben sich die Bedingungen und der Preis des Stroms nicht aus dem Werkvertrag, so hat *der Bauherr* in den Ausschreibungsunterlagen zumindest den Stromlieferanten anzugeben respektive auf dessen Tarife zu verweisen, damit der Unternehmer sich über den Inhalt des Vertrags Klarheit verschaffen kann (Art. 6 Abs. 2 sowie Art. 7 Abs. 1). Die Eidgenössische Elektrizitätskommission ElCom gibt auf ihrer Homepage einen Überblick über die kantonalen Strompreise. Beachte in diesem Zusammenhang aber auch Art. 135 Abs. 3, wonach die Kosten des verbrauchten Stroms für den Ausbau von Gebäuden zulasten des Bauherrn gehen. 3.1

Während die Norm davon ausgeht, dass der Bauherr die Stromtarife aushandelt, ist es aber auch möglich, dass *der Unternehmer* selber die Bedingungen und Preise mit dem Stromlieferanten festsetzt. Die Parteien können noch weiter gehen und vereinbaren, dass der Bauherr bauseits gar keine Medienerschliessung zur Verfügung stelle, sondern dass die erforderlichen Zu- und Ableitungen, Betriebskosten sowie die notwendigen Anlagen auf der Baustelle Sache des Unternehmers und in der Bauinstallation eingerechnet seien (zur Frage des Vorrangs einer abweichenden Vereinbarung siehe Einl./Rz. 26). 3.2

Anmerkung 4

Gemeint ist die für den Unternehmer zu installierende *elektrische Leistung*, und zwar die Spitzenleistung (in Kilowatt oder in PS angegeben), die der Unternehmer an der Stromabnahmestelle beziehen wird. Diese Leistung muss der Unternehmer im Angebot (Art. 6 Abs. 1) bezeichnen, damit der Bauherr in die Lage kommt, die Speiseleitung (und nötigenfalls auch den Hochspannungstransformator) zweckmässig zu dimensionieren oder die Eignung bereits vorhandener Einrichtungen zu beurteilen. Zum Fall des Auseinanderklaffens der im Angebot bezeichneten von der tatsächlich installierten Leistung vgl. Art. 131/Rz. 6. 4

Anmerkung 5

Hochspannung bedeutet: Die Betriebsspannung liegt über tausend Volt. 5

Anmerkung 6

6 Häufig befindet sich die mit Hauptsicherungen ausgestattete *Niederspannungsseite des Transformators* (in aller Regel Normalspannung von 380/220 Volt) auf der Baustelle. Alsdann ist sie der Sache nach eine Stromabnahmestelle im Sinne von Art. 129 Abs. 1 (Art. 129/Rz. 1 und 11.1), obwohl sie in Art. 129 Abs. 2 nicht als solche bezeichnet wird. Niederspannungsseitig im Sinne von Art. 129 Abs. 2 ist gleichbedeutend mit sekundärseitig im Sinne von Art. 129 Abs. 4, vgl. Art. 129/Rz. 12.1.

Anmerkung 7

7 Diese Art der Stromversorgung (mit Speisung über eine Hochspannungsleitung und einen Transformator für die Umwandlung in die benötigte Niederspannung) kann aus verschiedenen Gründen nötig sein, namentlich wegen der Abgelegenheit des Orts oder wegen einer entsprechend hohen Leistung, die zu installieren ist (Art. 129/Rz. 4). Bei Grossbaustellen können auch mehrere Transformatoren (allenfalls an verschiedenen Standorten) erforderlich sein. Art. 130 Satz 2 spricht denn auch von «Transformatorenstationen» in der Mehrzahl.

Anmerkung 8

8 Der Unternehmer soll in der Lage sein, Sicherungsausfälle zur Vermeidung nachteiliger Betriebsunterbrüche unverzüglich zu beheben oder seine Verteilanlage ohne Verzug spannungslos zu machen, falls dies (für den Unterhalt, für Änderungen oder aus Sicherheitsgründen) erforderlich ist. Mit Rücksicht darauf ist *ihm der Zugang zu den Sicherungen offenzuhalten,* was praktisch voraussetzt, dass er jederzeit über die nötigen Schlüssel verfügt. Dabei ist aber Art. 130 zu beachten, wonach elektrische Installationen jeder Art nur von jenen Personen erstellt werden dürfen, welche die Bedingungen des Energielieferanten erfüllen (Art. 130 Satz 1), und Reparaturen in den Transformatorenstationen nur von den dazu berechtigten Personen und im Einvernehmen mit dem Lieferwerk ausgeführt werden dürfen (Art. 130 Satz 2). Gleichzeitig ist einschränkend festzuhalten, dass der Ersatz von Hauptsicherungen (niederspannungsseitig) nicht als Reparatur im Sinne von Art. 130 qualifiziert wird (Art. 130/Rz. 3).

Anmerkung 9

9 Erhält der Unternehmer vor Vertragsabschluss die Gelegenheit, *Vorschläge hinsichtlich der Stromabnahmestellen oder des Standorts der Transformatorenstation* zu machen, so fügt er seine Vorschläge normalerweise in eine Angebotsbeilage (Art. 15 Abs. 3 und 4) ein, die rechtlich Bestandteil seines Angebots bildet (vgl. Art. 21 Abs. 1). Die betreffende Beilage ist häufig ein vom Unternehmer eingereichter Plan über die Baustelleneinrichtungen (Art. 6 Abs. 1). Wird das Angebot mit der zugehörigen Beilage angenommen, so ist der Bauherr an die Vorschläge gebunden (vgl. Art. 21). Spätere Vorschläge des Unternehmers sind hingegen einseitige Wünsche, die den Bauherrn nur binden, wenn er sie durch eine nachträgliche Vertragserklärung akzeptiert.

Anmerkung 10

Zum Inhalt der Ausschreibung und den Ausschreibungsunterlagen siehe Art. 6 Abs. 2 und Art. 7 Abs. 1. 10

Anmerkung 11

Zur Definition der Stromabnahmestelle vgl. Art. 129/Rz. 1. Zur Stromabnahmestelle gehört sachlich und im Sinne dieser Bestimmung auch die Anschlussstelle des Unternehmers an einen Transformator (Art. 129 Abs. 2; vgl. auch Art. 129/Rz. 6). 11.1

Die Stromabnahmestelle muss sich grundsätzlich auf dem *Bauplatz* selbst oder an dessen Rand befinden. Bauherr und Unternehmer können jedoch vertraglich vereinbaren, dass sie andernorts zu erstellen sei. Damit eine solche Abrede wirksam ist, muss sie individuell oder in einem Vertragsbestandteil vereinbart sein, welcher der SIA-Norm 118 rangmässig (Art. 21) vorgeht (vgl. Einl./Rz. 26). Ebenso für die Zuleitung des Trink- und Brauchwassers, vgl. Art. 133/Rz. 1.2. 11.2

Anmerkung 12

Für die elektrische Energie bis zur Stromabnahmestelle ist der Bauherr verantwortlich (Art. 129 Abs. 1; Art. 129/Rz. 1). Ab der Abnahmestelle oder ab dem Transformator sekundärseitig (sekundärseitig im Sinne von Art. 129 Abs. 4 ist gleichbedeutend mit niederspannungsseitig in Art. 129 Abs. 2, vgl. Art. 129/Rz. 6) ist jedoch *der Unternehmer* dafür zuständig, die elektrischen Installationen zu bauen und zu betreiben, wobei Art. 130 einschränkend in Anschlag zu bringen ist. 12.1

Zum *Entgelt des Unternehmers* für Bau und Betrieb der elektrischen Installationen ist festzuhalten, was folgt: Bei Vergütung nach festen Preisen (Art. 38 Abs. 1) ist das Entgelt für den Bau und den Betrieb der in Art. 129 Abs. 4 erwähnten elektrischen Installationen in den Vertragspreisen inbegriffen. Besteht ein Leistungsverzeichnis mit besonderen Positionen für die Baustelleneinrichtungen (Art. 9 Abs. 1), so sind die Kosten für den Bau in den Einrichtungspositionen für das elektrische Verteilnetz (Art. 43 Abs. 1) eingeschlossen. Die Betriebskosten hingegen sind in den Preisen der einzelnen Arbeiten inbegriffen (vgl. Art. 43 Abs. 2; Art. 43/Rz. 19). 12.2

4 442 Elektrische Installationen

Art. 130

Elektrische Installationen jeder Art dürfen nur von Personen erstellt werden, welche die Bedingungen des Energielieferanten erfüllen.[1] Reparaturen in den Transformatorenstationen dürfen nur von den dazu berechtigten Personen und im Einvernehmen mit dem Lieferwerk[2] ausgeführt werden.[3]

Art. 130 (1977/91)

Elektrische Installationen jeder Art dürfen nur von Personen erstellt werden, welche die Bedingungen des Energielieferanten erfüllen. Reparaturen in den Transformatorenstationen dürfen nur von den dazu berechtigten Personen und im Einvernehmen mit dem Lieferwerk ausgeführt werden.

Anmerkung 1

1.1 Mit den *elektrischen Installationen* sind sowohl jene des Unternehmers als auch jene des Bauherrn gemeint.

1.2 Art. 130 gibt dem Bauherrn und dem Unternehmer einen *vertraglichen Anspruch* darauf, dass die Gegenseite sich an die darin umschriebenen Regeln hält (a.M. Spiess/Huser, Handkommentar, N 5 zu Art. 130). Dabei setzt Art. 130 Satz 1 stillschweigend und als selbstverständlich voraus, dass die zu respektierenden Bedingungen des Energielieferanten den gesetzlichen Vorschriften (unter anderem dem Elektrizitätsgesetz, der Starkstromverordnung und der Schwachstromverordnung) entsprechen. Art. 130 regelt mithin das Verhältnis zwischen Unternehmer und Bauherrn, nicht aber das Verhältnis zwischen den Vertragsparteien und Dritten (dem Energielieferanten oder dem Lieferwerk).

1.3 Der *Energielieferant* ist der Betreiber der Transformatorenstationen (vgl. auch Art. 130 Satz 2; Art. 130/Rz. 2).

Anmerkung 2

2 Mit dem *Lieferwerk* sind die Betreiber der Transformatorenstationen respektive die Energielieferanten gemeint (vgl. auch Art. 130 Satz 1; Art. 130/Rz. 1.3).

Anmerkung 3

3 Wer dazu berechtigt ist, *Reparaturen in den Transformatorenstationen* durchzuführen, bestimmen Gesetz und Stromlieferant. Nur die vom Stromlieferanten ermächtigten Personen, die auch die gesetzlichen Voraussetzungen erfüllen, dürfen Reparaturen vornehmen, womit dem Unternehmer ein eigenmächtiger Eingriff in die Transformatorenstationen untersagt wird. Keine Reparatur im Sinne von Art. 130 ist der Ersatz von Hauptsicherungen (niederspannungsseitig, Art. 129/Rz. 6 und 12.1), zu denen der Unternehmer nach Art. 129 Abs. 2 Zugang hat (Art. 129/Rz. 8). Zu den einschlägigen Gesetzesbestimmungen vgl. die EKAS-Wegleitung durch die Arbeitssicherheit (siehe dazu Art. 104/Rz. 9.3 sowie Andres, Arbeitssicherheit, Rz. 252 f.).

4 443 Benützung elektrischer Sekundärleitungen durch Nebenunternehmer

Art. 131

Der Unternehmer gestattet den Nebenunternehmern[1] unentgeltlich[2] den Anschluss an seine Sekundärleitungen[3], solange er diese für eigene Zwecke benötigt[4] und soweit[5] die vorhandenen Leitungsquerschnitte es zulassen[6].

Art. 131 (1977/91)

Der Unternehmer gestattet den Nebenunternehmern unentgeltlich den Anschluss an seine Sekundärleitungen, solange er diese für eigene Zwecke benötigt und soweit die vorhandenen Leitungsquerschnitte es zulassen.

Anmerkung 1

a) Art. 131 meint *Nebenunternehmer* im Sinne des Art. 30 (vgl. aber die Einschränkung in der Sonderregel des Art. 135 Abs. 1 für den Ausbau von Gebäuden). 1.1

b) Die Verpflichtung des Unternehmers, den Nebenunternehmern unentgeltlich den Anschluss an seine elektrischen Sekundärleitungen zu gestatten, besteht *von vornherein* (ebenso in Bezug auf die Verpflichtung des Unternehmers, den Nebenunternehmern vorhandene Gerüste zur Verfügung zu halten, Art. 126/Rz. 16.1, und den Anschluss an die Zuleitung des Trink- und Brauchwassers zu gestatten, Art. 133/Rz. 5.4), entsteht also nicht erst auf Verlangen der Bauleitung (vgl. demgegenüber Art. 126 Abs. 1; Art. 126/Rz. 3.1). 1.2

c) Der Unternehmer ist im Rahmen und unter den Voraussetzungen des Art. 131 *gegenüber dem Bauherrn verpflichtet,* die Nebenunternehmer (Art. 30) an seine Sekundärleitungen anschliessen zu lassen. Die Verpflichtung besteht also nicht unmittelbar zwischen dem Unternehmer und den Nebenunternehmern. Hierzu ist ein Dreifaches zu präzisieren: 1.3

- *Begünstigt sind sämtliche Nebenunternehmer* des verpflichteten Unternehmers. Zur Haftungslage, wenn der Unternehmer durch einen begünstigten Nebenunternehmer geschädigt wird, vgl. Art. 126/Rz. 9.5 ff.: Der Nebenunternehmer haftet dem geschädigten Unternehmer aus unerlaubter Handlung (Art. 41 OR), sofern die entsprechenden Voraussetzungen erfüllt sind. Der Bauherr hingegen haftet dem Unternehmer nach Art. 101 OR (Hilfspersonenhaftung) für den Schaden, den die Nebenunternehmer anrichten. 1.4
- Die begünstigten Nebenunternehmer haben gegenüber dem verpflichteten Unternehmer *kein eigenes Forderungsrecht* im Sinne des Art. 112 Abs. 2 OR (vgl. ebenso Art. 126/Rz. 5.5 und 16.3 ff.; Art. 133/Rz. 5.3). Etwas anderes lässt sich weder der Bestimmung des Art. 131 entnehmen noch gibt es in der Baubranche eine abweichende Übung (vgl. Art. 126 Abs. 3; Art. 126/Rz. 18.2). 1.5

1.6 – An der Tatsache, dass die Nebenunternehmer kein eigenes Forderungsrecht gegenüber dem Unternehmer haben (Art. 131/Rz. 1.5), ändert sich selbst dann nichts, wenn Art. 131 auch in ihre Werkverträge mit dem Bauherrn (die *Nebenunternehmer-Verträge*) übernommen wurde (vgl. auch Art. 126/Rz. 16.5). Als Bestandteil eines Nebenunternehmer-Vertrags hat Art. 131 jedoch die Bedeutung einer vom Bauherrn abgegebenen Vertragserklärung, worin der Bauherr dem betreffenden Nebenunternehmer garantiert (Art. 111 OR), dass der Unternehmer ihm den Anschluss an die Sekundärleitungen gestatten werde (vgl. Art. 126/Rz. 16.5 und 18.3 f.).

Anmerkung 2

2 Der Unternehmer hat *weder gegenüber dem Bauherrn noch gegenüber dem jeweiligen Nebenunternehmer einen Vergütungsanspruch* dafür, dass seine Leitungen mitbenützt werden (ebenso Art. 133 Abs. 2, vgl. demgegenüber Art. 126 Abs. 1 Satz 2). Art. 53 kommt nicht zur Anwendung. Für die bauliche Erstellung des Anschlusses und für den Stromkonsum muss aber der jeweilige Nebenunternehmer aufkommen (Art. 134 Abs. 2; vgl. auch Art. 133/Rz. 5.2).

Anmerkung 3

3 Diese elektrischen *Sekundärleitungen* umfassen sämtliche Leitungen des Verteilnetzes (in Art. 134 Abs. 2 wird kurz von «Netz» gesprochen), das der Unternehmer von der Stromabnahmestelle aus erstellt hat. Zur Stromabnahmestelle vgl. Art. 129 Abs. 1 und 2. Zum (seltenen) Fall, da Sekundärleitungen von einem Subunternehmer des Unternehmers erstellt werden, vgl. Art. 124/Rz. 1.3.

Anmerkung 4

4 Sobald der Unternehmer die Sekundärleitungen *nicht mehr für eigene Zwecke benötigt*, gilt die Regel von Art. 125 Abs. 2, wonach die Bauleitung – wenn sie es rechtzeitig mitteilt – verlangen kann, dass Baustelleneinrichtungen (in casu: die Sekundärleitungen) länger vorgehalten werden (vgl. Art. 133/Rz. 6). Merke ausserdem: Die einzelnen Leitungen des Verteilnetzes (Art. 131/Rz. 3) speisen vielfach verschiedene Baustelleneinrichtungen und können dementsprechend unterschiedlich lange benötigt werden. Wie lange der Unternehmer die Mitbenützung unentgeltlich gestatten muss, beurteilt sich für jede Leitung separat.

Anmerkung 5

5 Das Wort «*soweit*», wie es in Art. 131 verwendet wird, beinhaltet auch das Wort «solange». Der Unternehmer kann also einem Nebenunternehmer die weitere (ursprünglich gestattete) Mitbenützung seiner Leitungen verwehren, sobald die Leitungsquerschnitte von Sekundärleitungen oder die tatsächlich installierte Leistung seiner Baustelleneinrichtungen einen Strombezug durch den Nebenunternehmer nicht mehr zulassen (vgl. Art. 131/Rz. 6). Das Gebot zur Rücksichtnahme (Art. 30 Abs. 3) verlangt allerdings, dass der Nebenunternehmer unter Einhaltung einer angemessenen Frist im Voraus benachrichtigt wird. Zum Ganzen vgl. ebenfalls Art. 126 Abs. 1 Satz 1 und Art. 126/Rz. 6 sowie Art. 133/Rz. 7.

Anmerkung 6

Die vorhandenen Leitungsquerschnitte lassen den Anschluss an die Sekundärleitung nicht mehr zu, soweit der Strombezug durch einen Nebenunternehmer zur Folge hat, dass die vorschriftsgemässe maximale Stromstärke (wie sie zur Leiter- und Verlegungsart gehören) in einer *Leitung* überschritten oder der Spannungsabfall zu gross wird. Aber nicht nur auf die (in Art. 131 genannten) Leitungsquerschnitte kommt es an. Ein weiteres Kriterium bildet vielmehr auch die für den Unternehmer installierte *Leistung* an der Stromabnahmestelle. Auch sie muss den Anschluss zulassen. Besteht die Möglichkeit einer Überlastung, so entfällt die Pflicht des Unternehmers, den Anschluss (und damit den Strombezug) zu gestatten, was in Art. 131 zwar nicht gesagt wird, sich aber bei einer sinnvollen Ergänzung von selbst versteht. Massgebend ist dabei nicht die im Angebot bezeichnete (Art. 129 Abs. 2; Art. 129/Rz. 4), sondern die vom Unternehmer tatsächlich installierte Leistung. 6

4 444 Stromunterbrechungen und -einschränkungen

Art. 132

Wird die Stromlieferung unterbrochen oder eingeschränkt[1] und dauert die Störung im Einzelfall länger als zwei Stunden,[2] so hat der Unternehmer Anspruch auf eine zusätzliche Vergütung nach Art. 59 Abs. 2.[3]

Art. 132 (1977/91)

Wird die Stromlieferung unterbrochen oder eingeschränkt und dauert die Störung im Einzelfall länger als zwei Stunden, so hat der Unternehmer Anspruch auf eine zusätzliche Vergütung nach Art. 59 Abs. 2.

Anmerkung 1

a) Die Bestimmung des Art. 132 befasst sich mit der praktisch wichtigen Frage, ob der Unternehmer Anspruch auf eine zusätzliche Vergütung hat, wenn (und weil) die Stromlieferung unterbrochen oder eingeschränkt wird. Die Regel, die sie enthält, beruht auf *zwei Voraussetzungen,* die in Art. 132 zwar nicht ausdrücklich genannt, aber für dessen Anwendung bedeutsam sind: 1.1

- Erstens setzt Art. 132 voraus, dass die Störung *weder vom Bauherrn noch vom Unternehmer zu vertreten* ist (falls diese Voraussetzung nicht erfüllt ist, vgl. Art. 132/Rz. 3.5 ff.). 1.2
- Zweitens ist vorausgesetzt, dass die von der Störung betroffenen Arbeiten *zu festen Preisen* (Art. 38 Abs. 1) auszuführen sind, was sich schon aus dem Verweis auf Art. 59 Abs. 2 ergibt. Handelt es sich um Regiearbeiten (Art. 44 ff.), so wird der durch die Störung verursachte Mehraufwand nach Massgabe der Art. 48 ff. und unabhängig davon vergütet, wie lange die Störung im Einzelfall dauert. 1.3

1.4 b) Zur Terminologie sind zwei Erläuterungen anzufügen:

1.5 – Bei einem *Unterbruch* der Stromlieferung steht die Stromabnahmestelle (Art. 129 Abs. 1), an die der Unternehmer angeschlossen hat, trotz intakter Hauptsicherungen nicht unter Spannung.

1.6 – Die *Einschränkung* der Stromlieferung äussert sich darin, dass die Stromabnahmestelle (Art. 129 Abs. 1) während einer gewissen Dauer nur mit einem Teil der für den Unternehmer vertragskonform (Art. 129 Abs. 2) installierten Leistung belastet werden darf oder kann (z.B. weil sonst die Netzspannung zu stark unterschritten würde).

Anmerkung 2

2.1 Dauert die Störung im Einzelfall *nur zwei Stunden oder weniger,* so hat der Unternehmer für die betreffende Störung keinen Anspruch auf Mehrvergütung. Dies ergibt sich durch Umkehrschluss aus Art. 132. Das gilt selbst dann, wenn die einzelne Störung auf einen ausserordentlichen Umstand im Sinne des Art. 59 Abs. 1 zurückzuführen ist. Vgl. aber auch Art. 132/Rz. 2.3 f. zum Sonderfall, da sich Störungen häufen.

2.2 Es kommt auf die Störung *im Einzelfall* an. Das bedeutet: Bestand und Umfang eines zusätzlichen Vergütungsanspruchs werden für jeden einzelnen Störungsfall separat beurteilt.

2.3 Treten während der Arbeitsausführung verschiedene (voneinander unabhängige) Störungen auf, so werden *die Störungszeiten nicht zusammengerechnet* (vgl. Art. 132/Rz. 2.2; a.M. Spiess/Huser, Handkommentar, N 6 zu Art. 132). Somit kann es vorkommen, dass die Gesamtdauer aller Störungen zwei Stunden um ein Vielfaches überschreitet, der Unternehmer aber dennoch keinen zusätzlichen Vergütungsanspruch aus Art. 132 hat. Doch ist beizufügen:

2.4 Der Unternehmer erhält einen Vergütungsanspruch aus Art. 59 Abs. 1 (und nicht aus Art. 132), wenn die Häufigkeit der Störungen ein solches Ausmass annimmt, dass in der häufigen Wiederholung (und nicht in der Störung selbst) ein *ausserordentlicher Umstand im Sinne des Art. 59 Abs. 1* liegt. Trifft dies zu und sind die übrigen Voraussetzungen des Art. 59 Abs. 1 ebenfalls erfüllt, so greift Art. 59 zum Schutz des Unternehmers ein und gibt ihm einen Anspruch auf eine zusätzliche Vergütung.

Anmerkung 3

3.1 a) Der Anspruch auf *zusätzliche Vergütung* nach Art. 59 Abs. 2 besteht für störungsbedingte Mehraufwendungen, die dem Unternehmer daraus erwachsen, dass die Ausführung seiner Arbeiten durch den Unterbruch oder die Einschränkung der Stromlieferung behindert (verzögert oder sonstwie erschwert) wird. Dann aber besteht der Anspruch, ohne dass die Voraussetzungen des Art. 59 Abs. 1 erfüllt sein müssen. Im Einzelnen sind drei Punkte hervorzuheben:

3.2 – Nach Art. 59 Abs. 2, auf den Art. 132 verweist, sind dem Unternehmer *«höchstens die nachgewiesenen tatsächlichen Mehraufwendungen»* zu vergüten. Im Anwendungsbereich des Art. 132 bildet jedoch der Betrag der Mehraufwendungen (also der Betrag der tatsächlichen Mehrkosten) nicht bloss den Höchst-, sondern zugleich auch den

Mindestbetrag der vom Bauherrn geschuldeten Mehrvergütung. Denn der zusätzliche Vergütungsanspruch des Art. 132 richtet sich (bei zweckbezogener Auslegung der Bestimmung) auf *vollen Ausgleich der Mehrkosten*, nicht nur darauf, eine unzumutbare Leistung des Unternehmers zumutbar zu machen. Immer aber geht es um die Mehrkosten infolge behinderter Arbeitsausführung, z.B. nicht um den Ersatz von Schaden, den der Unternehmer durch Zerstörung oder Beschädigung seiner Baustelleneinrichtungen erleidet (darüber siehe Art. 127).

- Können sich die Parteien über die Höhe der im Einzelfall geschuldeten Vergütung nicht einigen, so hat das *Gericht* zu entscheiden. Nach Art. 59 Abs. 2 «setzt der Richter auf Klage des Unternehmers die zusätzliche Vergütung fest oder bewilligt die Auflösung des Vertrages». Art. 132 hingegen ist so auszulegen, dass es in seinem Anwendungsbereich beim Anspruch des Unternehmers auf Mehrvergütung bleibt, also keine Möglichkeit zur richterlichen Vertragsauflösung gibt. Anders verhält es sich, wenn wegen der Häufigkeit von Störungen die Voraussetzungen des Art. 59 Abs. 1 erfüllt sind (Art. 132/Rz. 2.4) und der Unternehmer sich darauf beruft. 3.3
- Führt der Unterbruch oder die Einschränkung der Stromlieferung zwar zu störungsbedingten Mehraufwendungen, die ihren *Grund aber nicht in einer Behinderung der Arbeitsausführung* haben, so bleibt Art. 132 aus dem Spiel. Die Rechtslage beurteilt sich dann ausschliesslich nach Art. 58 f. 3.4

b) Die Regel des Art. 132 setzt voraus, dass weder der Bauherr noch der Unternehmer die Störung verschuldet oder sonstwie (nach Massgabe des Art. 101 OR) zu vertreten hat (Art. 132/Rz. 1.2). *Fehlt es an dieser (unausgesprochenen) Voraussetzung*, so findet Art. 132 keine Anwendung. Vielmehr gilt alsdann, was folgt: 3.5

- Hat der *Bauherr* die Störung (z.B. infolge unsorgfältiger Installation seiner Zuleitungen) zu vertreten, so schuldet er eine zusätzliche Vergütung nach Art. 58 Abs. 2 und muss (bei adäquatem Kausalzusammenhang) auch den Schaden ersetzen (Art. 23 Abs. 2), der dem Unternehmer (etwa an seinen Baustelleneinrichtungen) entsteht. 3.6
- Hat dagegen der *Unternehmer* die Störung zu vertreten, so entfällt grundsätzlich jeder Anspruch gegenüber dem Bauherrn. 3.7
- Verteilt sich die Verantwortung aber auf *beide Seiten*, so bleiben dem Unternehmer die Ansprüche gemäss Art. 132/Rz. 3.2, die sich jedoch in sinngemässer Anwendung des Art. 44 OR reduzieren. 3.8

4 445 Zuführung von Trink- und Brauchwasser, Ableitung des Abwassers

Art. 133

[1] Die Zuleitung des Trink- und Brauchwassers bis zur Baustelle [1], das Erstellen der Abwasserleitungen [2] von der Baustelle bis zum Anschluss an die Kanalisation und der Bau der notwendigen Kläranlagen sind Sache des Bauherrn, es sei denn, das Leistungsverzeichnis enthalte hierfür separate Positionen [3].

[2] Erstellt der Unternehmer die Zuleitung [4], so gestattet er den Nebenunternehmern unentgeltlich den Anschluss,[5] solange er die Zuleitung für eigene Zwecke benötigt [6] und soweit [7] die Leitungsquerschnitte und die Wassermenge es zulassen.[8]

Art. 133 (1977/91)

[1] Die Zuleitung des Trink- und Brauchwassers bis zur Baustelle, das Erstellen der Abwasserleitungen von der Baustelle bis zum Anschluss an die Kanalisation und der Bau der notwendigen Kläranlagen sind Sache des Bauherrn, es sei denn, das Leistungsverzeichnis enthalte hiefür besondere Positionen.

[2] Erstellt der Unternehmer die Zuleitung, so gestattet er den Nebenunternehmern unentgeltlich den Anschluss, solange er die Zuleitung für eigene Zwecke benötigt und soweit die Leitungsquerschnitte und die Wassermenge es zulassen.

Anmerkung 1

1.1 Gemeint ist die *Zuleitung des Trink- und Brauchwassers* bis zur Baustelle, unabhängig davon, ob das Recht zur Benützung des weiter davon entfernten Bezugsortes vom Bauherrn oder vom Unternehmer beschafft wurde. Für die Mitbenützung anderer Wasserleitungen gelten die Bestimmungen des Art. 126 Abs. 1 und 2.

1.2 Die *Baustelle* ist der Bauplatz (Art. 129 Abs. 3 Satz 3). Das Ende der Zuleitung muss sich auf dem Bauplatz oder an dessen Rand befinden. Es bildet die Anschlussstelle für das Wasserverteilungsnetz des Unternehmers. Vorbehalten bleiben selbstverständlich, wie in Art. 129 Abs. 3 Satz 3, andere Abreden, soweit sie vorgehen (vgl. Art. 129/Rz. 11.2).

Anmerkung 2

2 Die Abwasserleitungen werden meistens für Meteor- und Schmutzwasser getrennt. Für die Entwässerung von Baustellen ist die SIA-Empfehlung 431 einschlägig.

Anmerkung 3

3 Ein *Leistungsverzeichnis* im Sinne der Norm gibt es nur bei Einheitspreisverträgen (Art. 8 Abs. 1). Der Vollständigkeit halber ist aber festzuhalten, dass die Parteien selbstverständlich auch in anderer Weise (und auch bei anderen als bei Einheitspreisverträgen) eine abweichende Regelung treffen können, die Art. 133 Abs. 1 vorgeht (zur Frage des Vorrangs siehe Einl./Rz. 26), z.B. dahingehend, dass der Bauherr bauseits gar keine Medienerschliessung zur Verfügung stelle, sondern dass diese vielmehr Sache des Unternehmers sei.

Anmerkung 4

Zum Begriff der Zuleitung vgl. Art. 133/Rz. 1.1. Abwasserleitungen fallen nicht darunter. 4.1

Zum (seltenen) Fall, da *die Zuleitung durch den Subunternehmer eines Unternehmers erstellt* wird, vgl. Art. 124/Rz. 1.3 sinngemäss: Der Bauherr hat keine vertraglichen Ansprüche gegenüber den Subunternehmern des Unternehmers. Allfällige vertraglichen Ansprüche des Bauherrn bezüglich der Zuleitung des Subunternehmers richten sich also gegen den Unternehmer (und nicht gegen den Subunternehmer). Es obliegt dem Unternehmer, durch entsprechende Gestaltung der Subunternehmerverträge (Art. 29 Abs. 4) dafür zu sorgen, dass er in der Lage ist, die diesbezüglichen Verpflichtungen gegenüber dem Bauherrn zu erfüllen (vgl. CERUTTI, Der Untervertrag, S. 61), gerade auch im Hinblick auf die in Art. 133 Abs. 2 statuierte Pflicht, den Nebenunternehmern (Art. 30) unentgeltlich den Anschluss an seine Zuleitung zu gestatten. 4.2

Anmerkung 5

Gemeint sind *Nebenunternehmer* im Sinne des Art. 30. Ob sie die Arbeiten, für die das Wasser benötigt wird, selber ausführen oder durch beigezogene Subunternehmer (Art. 29) ausführen lassen, macht keinen Unterschied. 5.1

Der Unternehmer gestattet den Nebenunternehmern den Anschluss *unentgeltlich*. Der Unternehmer hat also weder gegenüber dem Bauherrn noch gegenüber dem jeweiligen Nebenunternehmer einen Vergütungsanspruch dafür, dass seine Zuleitung mitbenutzt wird. Art. 53 kommt nicht zur Anwendung (vgl. demgegenüber Art. 126 Abs. 1 Satz 2, wo dem Unternehmer im Zusammenhang mit der Benutzung von Baustelleneinrichtungen durch Nebenunternehmer die anfallenden Betriebs- und Unterhaltskosten zu vergüten sind). Für die bauliche Erstellung des Anschlusses und für den Wasserkonsum (Art. 134 Abs. 2) muss aber der jeweilige Nebenunternehmer aufkommen. Vgl. auch Art. 131/Rz. 2. 5.2

Die Nebenunternehmer haben gegenüber dem verpflichteten Unternehmer *kein eigenes Forderungsrecht* im Sinne des Art. 112 Abs. 2 OR (vgl. ebenso Art. 126/Rz. 5.5 und 16.3 ff.; Art. 131/Rz. 1.5). 5.3

Die Verpflichtung des Unternehmers, den Nebenunternehmern den Anschluss an seine Zuleitung des Trink- und Brauchwassers zu gestatten, *besteht von vornherein*, ebenso die Verpflichtung des Unternehmers, den Nebenunternehmern vorhandene Gerüste zur Verfügung zu halten (Art. 126/Rz. 16.1) sowie Anschluss an seine elektrischen Sekundärleitungen zu gestatten (Art. 131/Rz. 1.2). Die Baustelleneinrichtungen hingegen muss der Unternehmer den Nebenunternehmern bloss auf Verlangen der Bauleitung zur Verfügung halten (Art. 126 Abs. 1; Art. 126/Rz. 3.1). 5.4

Im Übrigen ist zwischen *einem direkten und einem indirekten Anschluss* zu unterscheiden, je nachdem, ob der jeweilige Nebenunternehmer unmittelbar an der Zuleitung des Unternehmers anschliesst oder irgendwo am Wasserverteilnetz, das der Unternehmer vom Ende der Zuleitung aus eingerichtet hat. Sofern dem Unternehmer keine Nachteile entstehen, hat er den Nebenunternehmern, die es wünschen, auch den indirekten Anschluss zu gestatten. 5.5

Anmerkung 6

6 Sobald der Unternehmer die Zuleitung also *nicht mehr für eigene Zwecke benötigt*, gilt die Regel von Art. 125 Abs. 2: Die Bauleitung kann – wenn sie es rechtzeitig mitteilt – verlangen, dass der Unternehmer die Zuleitung länger vorhält (vgl. Art. 131/Rz. 4). Der Unternehmer hat alsdann Anspruch auf eine zu vereinbarende zusätzliche Vergütung.

Anmerkung 7

7 Das Wort «*soweit*», wie es in Art. 133 Abs. 2 verwendet wird, beinhaltet auch das Wort «solange». Der Unternehmer kann also einem Nebenunternehmer die weitere (ursprünglich gestattete) Mitbenützung seiner Zuleitung verwehren, sobald Leitungsquerschnitt oder Wassermenge diese Mitbenützung (z.B. infolge gesteigerten Eigenbedarfs) nicht mehr zulässt. Das Gebot zur Rücksichtnahme (Art. 30 Abs. 3) verlangt allerdings, dass der Nebenunternehmer unter Einhaltung einer angemessenen Frist im Voraus benachrichtigt wird. Auch gehen direkte Vereinbarungen zwischen Unternehmer und Nebenunternehmer selbstverständlich vor. Zum Ganzen vgl. bereits Art. 126/Rz. 6 und Art. 131/Rz. 5.

Anmerkung 8

8.1 Die *Leitungsquerschnitte* lassen den Anschluss nicht mehr zu, soweit der Wasserbezug durch Nebenunternehmer zu einem so grossen Druckabfall in den Leitungen führt, dass der Unternehmer in seinen eigenen Arbeiten beeinträchtigt wird (Art. 126 Abs. 1; Art. 126/Rz. 8.1 ff.).

8.2 An der Voraussetzung, dass die *Wassermenge* es zulässt, fehlt es, soweit die tatsächlich zugeleitete Wassermenge nicht ausreicht, um ohne Beeinträchtigung der eigenen Arbeiten (Art. 126 Abs. 1; Art. 126/Rz. 8.1 ff.) einen Wasserbezug durch Nebenunternehmer zu gestatten. Dasselbe gilt, wenn allfällige Limitierungen, an die der Unternehmer rechtlich (namentlich durch Vertrag) gebunden ist, durch den fremden Wasserbezug überschritten werden. Auf die Art der Limitierung (z.B. Liter pro Sekunde oder m^3 pro Tag) kommt es nicht an.

4 446 Rechnungstellung für Verbrauchskosten

Art. 134

[1] Schliessen mehrere Unternehmer an den von der Bauleitung zur Verfügung gestellten Anschlussstellen an,[1] so bestimmt[2] und berechnet[3] die Bauleitung die Kostenanteile der verschiedenen Unternehmer für ihren Verbrauch[4] von Energie und Wasser.

[2] Schliessen Nebenunternehmer an das Netz des Unternehmers an,[5] so verständigen sie sich mit dem Unternehmer über die Vergütung[6] ihres Konsums[7] an Wasser und Energie. Auf Verlangen des Unternehmers bringen sie eigene geeichte Zähler an.[8]

Art. 134 (1977/91)

1 Schliessen mehrere Unternehmer an den von der Bauleitung zur Verfügung gestellten Anschlussstellen an, so bestimmt und berechnet die Bauleitung die Kostenanteile der verschiedenen Unternehmer für ihren Verbrauch von Energie und Wasser.

2 Schliessen Nebenunternehmer an das Netz des Unternehmers an, so verständigen sie sich mit dem Unternehmer über die Vergütung ihres Konsums an Wasser und Energie. Auf Verlangen des Unternehmers bringen sie eigene geeichte Zähler an.

Anmerkung 1

Genau genommen werden die Anschlussstellen nicht von der Bauleitung zur Verfügung gestellt, sondern vom *Bauherrn*. Er ist der Vertragspartner des Unternehmers, wird aber durch die Bauleitung vertreten (Art. 33 ff.). 1.1

Mit *Anschlussstellen* sind die Stromabnahmestellen (Art. 129 Abs. 1 und 2; Art. 129/Rz. 1) sowie die Abnahmestellen für Wasser gemeint (Art. 133 Abs. 1; Art. 133/Rz. 1.1). Vgl. auch Art. 134/Rz. 5. 1.2

Anmerkung 2

Der Verbrauch von Energie oder Wasser wird für die angeschlossenen Unternehmer mithilfe je individueller Stromzähler (Kilowattstunden-Stromzähler) oder Wasseruhren *bestimmt*. Auf den Einsatz individueller Messgeräte kann allerdings verzichtet werden, wenn die Beteiligten sich darauf geeinigt haben, dass der durch die Bauleitung festgestellte Gesamtverbrauch nach Massgabe eines vereinbarten Schlüssels auf die angeschlossenen Unternehmer zu verteilen sei. 2

Anmerkung 3

Berechnet heisst hier, dass die von der Bauleitung bestimmten Kostenanteile den betreffenden Unternehmern in Rechnung gestellt werden. Jeder Unternehmer schuldet die Bezahlung nur seines Kostenanteils. Die Unternehmer haften für die Verbrauchskosten also *nicht solidarisch* (Art. 143 OR). Eine Rechnungsstellung hat selbstverständlich zu unterbleiben, soweit die Verbrauchskosten zulasten des Bauherrn gehen, wie z.B. beim Ausbau von Gebäuden (vgl. Art. 135 Abs. 3). Eine Rechnungsstellung hat ebenso zu unterbleiben, wenn der Lieferant die Verbraucherkosten dem einzelnen Unternehmer direkt fakturiert. 3

Anmerkung 4

Art. 134 regelt bloss die Verteilung der Kostenanteile für den *Verbrauch* von Energie und Wasser (vgl. auch Art. 134/Rz. 7); zu den Kosten für Erstellung und Betrieb des Verteilnetzes (Art. 134/Rz. 5) sowie die Anschlüsse daran vgl. Art. 129 ff. Zu den Verbrauchskosten im Sinne von Art. 134 gehören überdies die Abwassergebühren und die Kosten für die Massnahmen zur Vorbeugung einer allfälligen Grundwasserabsenkung. 4

Anmerkung 5

Mit dem *Netz* sind sämtliche Leitungen des Verteilnetzes gemeint. Der Unternehmer hat den Nebenunternehmern (Art. 30) den Anschluss an seine elektrischen Sekundärleitun- 5 gen (Art. 131) und an die Zuleitung des Trink- und Brauchwassers (Art. 133 Abs. 2) zu gestatten. Für die Stromabnahmestellen siehe Art. 129/Rz. 1; für die Abnahmestellen für Wasser Art. 133/Rz. 1.1.

Anmerkung 6

6 Die vereinbarte *Vergütung* kann in einem Pauschalpreis bestehen oder sich nach dem tatsächlichen Verbrauch (in kWh oder m^3) bestimmen. Bevor eine Einigung erzielt ist, braucht der Unternehmer, wenn er die Verhandlungen auf einer fairen Basis führt, den Anschluss nicht zu gestatten.

Anmerkung 7

7 *Konsum* nach Art. 134 Abs. 2 bedeutet Verbrauch im Sinne von Art. 134 Abs. 1 (Art. 134/Rz. 4).

Anmerkung 8

8 Das Anbringen geeichter *Zähler* durch die Nebenunternehmer spielt nur dort eine Rolle, wo Unternehmer und Nebenunternehmer nicht eine Pauschalvergütung (Art. 134/Rz. 6) vereinbart haben.

4 447 Ausbau von Gebäuden

Art. 135

[1] Beim Ausbau von Gebäuden [1] installiert der Bauherr auf seine Kosten objektspezifisch (z.B. stockwerkweise) [2] die provisorischen Stromanschlüsse [3] und stellt sie den verschiedenen Handwerkern [4] rechtzeitig [5] zur Verfügung.

[2] Während der Bauzeit werden diese Anlagen von den beteiligten Unternehmern gehörig geschützt [6] und unterhalten [7].

[3] Die Kosten des Verbrauchs von Strom, Gas und Wasser für den Ausbau von Gebäuden [8] trägt der Bauherr.

[4] Der Bauherr stellt Unternehmern, die am Ausbau von Gebäuden [9] mit mehr als fünf Geschossen oder über 15 m Höhe beschäftigt sind, geeignete vertikale Transportmöglichkeiten [10] für Leute und Material sowie zweckmässige sanitäre Einrichtungen [11] kostenlos zur Verfügung. Geschosse und Höhe berechnen sich ab Bauzugang [12].

Art. 135 (1977/91)

[1] Im Hochbau installiert der Bauherr auf seine Kosten stockwerkweise die provisorischen Stromanschlüsse und stellt sie den verschiedenen Handwerkern rechtzeitig zur Verfügung.

[2] Während der Bauzeit werden diese Anlagen von den beteiligten Unternehmern gehörig geschützt und unterhalten.

[3] Die Kosten des Verbrauchs von Strom, Gas und Wasser für den Ausbau von Hochbauten trägt der Bauherr.

[4] Der Bauherr stellt Unternehmern, die am Ausbau von Gebäuden mit mehr als fünf Geschossen oder über 15 m Höhe beschäftigt sind, geeignete vertikale Transportmöglichkeiten für Leute und Material sowie zweckmässige sanitäre Einrichtungen kostenlos zur Verfügung. Geschosse und Höhe berechnen sich ab Bauzugang.

Anmerkung 1

In der aSIA-118 war vom «Hochbau» die Rede. Dieser Begriff ist missverständlich, da er auch das Bauhauptgewerbe (und nicht bloss das Ausbaugewerbe) im Hochbau abdeckt (SPIESS/HUSER, Handkommentar, N 3 zu Art. 135). Mit dem neuen Ausdruck *«Ausbau von Gebäuden»* (ebenso in Art. 135 Abs. 3 und 4) wird ein Dreifaches klargestellt: 1.1

a) In Art. 135 geht es um den *Ausbau* von Gebäuden. Dieser ist erst möglich, wenn der Rohbau erstellt ist. Das ist dann der Fall, wenn die Aussenwände, die tragenden Innenwände, die Böden und das Dach fertiggestellt sind (SPIESS/HUSER, Handkommentar, N 5 zu Art. 135). Diese phasenweise Abgrenzung (der Rohbau- von der Ausbauphase) ist neu. Beim Ausbau von Gebäuden geht es um Arbeiten, die früher als Baunebengewerbe bezeichnet wurden. 1.2

b) Mit dem Ausdruck *Gebäude* ist auch gesagt, dass Art. 135 den Ausbau von Hochbauten zum Gegenstand hat. Obwohl in Art. 135 nicht mehr explizit von Hochbau die Rede ist, spielt die Unterscheidung zwischen Hoch- und Tiefbau also nach wie vor eine wichtige Rolle (einschlägig dazu TAUSKY, Verträge über die Planung von Bauwerken, S. 5 f.). Zu den Gebäuden des Art. 135 Abs. 1 gehören nicht nur Gebäude im Sinne des üblichen Sprachgebrauchs, sondern auch andere Bauwerke (z.B. Aussichtstürme, Hochkamine und Silos), die sich durch ihre Höhe auszeichnen (TAUSKY, Verträge über die Planung von Bauwerken, S. 5 f.). Selbst Tiefgaragen gehören den Gebäuden im Sinne von Art. 135 Abs. 1 zu. 1.3

c) Damit ist auch klargestellt, dass *Tiefbauten* nicht in den Anwendungsbereich von Art. 135 fallen. Dabei handelt es sich um Bauwerke, deren «prägende Eigenschaften sich weniger aus der Erscheinung eines eigenständigen Gebildes herleiten als aus einem Eingriff in die natürliche Erdoberfläche» (z.B. Strassen, Bahnlinien, Dämme, Staumauern, Tunnels, Kavernen, Kanäle, Brücken). Hochbauten, die funktional einem Tiefbau zugeordnet sind (wie z.B. das Pförtnerhaus dem Werkhof oder die Überdachung einer Verladerampe dem unterirdischen Tanklager), werden gewöhnlich ebenfalls zum Tiefbau gezählt (TAUSKY, Verträge über die Planung von Bauwerken, S. 5). Im Rahmen von Art. 135 verhält es sich aber gerade umgekehrt: Hochbauten, die funktional einem Tiefbau dienen, werden dem Hochbau zugeschlagen. 1.4

Anmerkung 2

2 *Stockwerkweise* heisst: Je Stockwerk (ober- oder unterirdisch) muss mindestens ein provisorischer Stromanschluss installiert werden; bei grossen Stockwerksflächen können mehrere Anschlüsse erforderlich sein.

Anmerkung 3

3.1 *Provisorische Stromanschlüsse* sind örtliche Stromabnahmestellen im Gebäude, die nur temporär, bis zu einem gewissen Baustadium, bestehen. Der Bauherr installiert diese Anschlüsse und – was Art. 135 Abs. 1 als selbstverständlich voraussetzt – die zugehörigen Zuleitungen.

3.2 Art. 135 Abs. 1 normiert die Pflicht des Bauherrn, die Anschlüsse objektspezifisch zu installieren, nur in Bezug auf den Strom. Die Installation der Anschlüsse für Gas und Wasser regelt er nicht, obwohl in Art. 135 Abs. 3 von den Kosten des Verbrauchs für Strom, Gas und Wasser die Rede ist (a.M. Spiess/Huser, Handkommentar, N 7 zu Art. 135).

Anmerkung 4

4 Damit sind *alle beim Ausbau des Gebäudes tätigen Unternehmer* gemeint, auch solche Unternehmer (Art. 2 Abs. 1), die weder Handwerker im Sinne einer Gesetzesbestimmung (z.B. Art. 837 Abs. 1 Ziff. 3 ZGB) oder des täglichen Sprachgebrauchs sind noch eine Handwerksarbeit im Sinne des Gesetzes (Art. 128 Ziff. 3 OR) ausführen. Der Grund, weshalb Art. 135 Abs. 1 den Ausdruck «Handwerker» (statt «Unternehmer») verwendet, ist umso weniger ersichtlich, als der gleiche Artikel in seinen nachfolgenden Absätzen wiederum von Unternehmern spricht.

Anmerkung 5

5 *Rechtzeitig* zur Verfügung stellen heisst: so frühzeitig, dass die Unternehmer die vertraglichen Fristen einhalten können (siehe auch Art. 94/Rz. 8.1 f.).

Anmerkung 6

6 Diese *Schutzpflicht* ergibt sich schon aus der allgemeinen Sorgfaltspflicht des Unternehmers (Art. 364 Abs. 1 OR). Jeder einzelne Unternehmer ist verpflichtet, bei der Ausführung seiner Arbeit (allenfalls durch zweckdienliche Massnahmen) dafür zu sorgen, dass die Anlagen des Bauherrn nicht beeinträchtigt werden. Verletzt der Unternehmer diese Pflicht und erleidet der Bauherr einen Schaden, so wird er diesem nach Massgabe der einschlägigen Bestimmungen (Art. 97 ff. OR i.V.m. Art. 364 Abs. 1 OR) schadenersatzpflichtig. Art. 31 (über die gemeinsame Schadenersatzpflicht mehrerer Unternehmer bezüglich Schäden am Bauwerk) findet keine Anwendung, da die provisorischen Stromanschlüsse nicht zum Bauwerk gehören.

Anmerkung 7

7 Die *Unterhaltsregel* des Art. 135 Abs. 1 verpflichtet jeden einzelnen Unternehmer, der sie in seinen Werkvertrag übernommen hat, im Rahmen seiner Arbeit für den erforderlichen Unterhalt der provisorischen Stromanschlüsse zu sorgen. Werden aber die glei-

chen Anlagen gleichzeitig von mehreren Unternehmern benützt (was dem Normalfall entspricht), so erweist sich die Aufteilung der erforderlichen Unterhaltsarbeiten auf verschiedene Unternehmer als unpraktikabel. Mit Rücksicht darauf sind die mit den Unternehmern abgeschlossenen Werkverträge häufig (und sinnvollerweise) so gestaltet (Art. 30 Abs. 2), dass der erforderliche Gesamtunterhalt einem einzigen Unternehmer übertragen ist. Fehlt es an einer solchen (koordinierten) Vertragsgestaltung, obliegt es den Unternehmern, sich über die Gesamtzuteilung der Arbeiten und die Kostentragung ins Einvernehmen zu setzen. Gelingt dies nicht, so hat die Bauleitung (als Vertreterin des Bauherrn) im Rahmen der Koordinationspflicht (Art. 34 Abs. 3) einzugreifen und die Aufgabe (wenn es nicht anders geht) durch Bestellungsänderung (Art. 84) einem Unternehmer allein zu übertragen.

Anmerkung 8

Der Bauherr trägt die Kosten des Verbrauchs von Strom, Gas und Wasser *nur für den «Ausbau von Gebäuden»*, also soweit es um das Ausbaugewerbe geht (Art. 135/Rz. 1.2), nicht aber für den Rohbau. Das geht deutlich aus Art. 10 Abs. 1 Satz 2 hervor, der Art. 135 Abs. 3 explizit vorbehält und damit die «Kosten des Verbrauchs von Strom, Gas und Wasser für den Ausbau von Gebäuden» aus der «Lieferung aller erforderlichen Materialien (Baustoffe, Hilfs- und Betriebsstoffe) unter Einschluss elektrischer Energie» im Sinne von Art. 10 Abs. 1 Satz 1 ausnimmt. 8

Anmerkung 9

Vgl. Art. 135/Rz. 1.1 ff. 9

Anmerkung 10

Mit den *geeigneten vertikalen Transportmöglichkeiten* sind beispielsweise Lifte, Baulifte, Bauaufzüge und Krane gemeint. 10

Anmerkung 11

Die *sanitären Einrichtungen* müssen so platziert sein, dass sie von den Arbeitsplätzen leicht und auf kurzem Weg erreichbar sind (was in der Praxis oft heisst: auf jedem Geschoss). 11

Anmerkung 12

Der *Bauzugang* bezeichnet das Niveau, von dem aus Personen und (oder) Material vertikal transportiert werden müssen. 12

4 45 Baustoffe

4 451 Qualitätsanforderungen

Art. 136

[1] Die zu verwendenden Baustoffe [1] müssen von guter Beschaffenheit [2] sein und insbesondere den in den Ausschreibungsunterlagen gestellten Anforderungen [3] oder, soweit solche fehlen, den anerkannten Normen entsprechen [4]. Ungeeignete Baustoffe sind vom Bauplatz zu entfernen.[5] Auf Verlangen der Bauleitung gibt der Unternehmer die Bezugsquellen der von ihm gelieferten Baustoffe an.[6]

[2] Hat der Bauherr bestimmte Fabrikate oder Lieferanten vorgeschrieben (Art. 10 Abs. 2),[7] kann aber der Unternehmer die Verantwortung für deren Eignung nicht übernehmen,[8] so mahnt er die Bauleitung unverzüglich gemäss Art. 25 ab.[9] Hält der Bauherr an seiner Weisung fest, so trägt er die daraus entstehenden Nachteile.[10]

[3] Die vom Bauherrn gelieferten Baustoffe (Art. 10 Abs. 3) müssen den gleichen Qualitätsbedingungen entsprechen, die bei der Lieferung durch den Unternehmer gelten würden.[11] Auf Verlangen des Unternehmers belegt der Bauherr dies durch Qualitätsuntersuchungen.[12] Stellt der Unternehmer bei der Ausführung Mängel des Baustoffes fest,[13] so zeigt er dies der Bauleitung unverzüglich gemäss Art. 25 an;[14] beharrt der Bauherr auf der Verwendung, so trägt er die Folgen.[15]

[4] Weder Vorschriften des Bauherrn bezüglich Fabrikaten oder Lieferanten noch die Lieferung durch den Bauherrn befreien den Unternehmer von der Pflicht zur sorgfältigen Arbeitsausführung.[16]

Art. 136 (1977/91)

[1] Die zu verwendenden Baustoffe müssen von guter Beschaffenheit sein und insbesondere den in den Ausschreibungsunterlagen gestellten Anforderungen oder, soweit solche fehlen, den anerkannten Normen entsprechen. Ungeeignete Baustoffe sind vom Bauplatz zu entfernen. Auf Verlangen der Bauleitung gibt der Unternehmer die Bezugsquellen der von ihm gelieferten Baustoffe an.

[2] Hat der Bauherr bestimmte Fabrikate oder Lieferanten vorgeschrieben (Art. 10 Abs. 2), kann aber der Unternehmer die Verantwortung für deren Eignung nicht übernehmen, so mahnt er die Bauleitung unverzüglich gemäss Art. 25 ab. Hält der Bauherr an seiner Weisung fest, so trägt er die daraus entstehenden Nachteile.

[3] Die vom Bauherrn gelieferten Baustoffe (Art. 10 Abs. 3) müssen den gleichen Qualitätsbedingungen entsprechen, die bei der Lieferung durch den Unternehmer gelten würden. Auf Verlangen des Unternehmers belegt der Bauherr dies durch Qualitätsuntersuchungen. Stellt der Unternehmer bei der Ausführung Mängel des Baustoffes fest, so zeigt er dies der Bauleitung unverzüglich gemäss Art. 25 an; beharrt der Bauherr auf der Verwendung, so trägt er die Folgen.

[4] Weder Vorschriften des Bauherrn bezüglich Fabrikate oder Lieferanten noch die Lieferung durch den Bauherrn befreien den Unternehmer von der Pflicht zur sorgfältigen Arbeitsausführung.

Anmerkung 1

Baustoffe sind Materialien (unter Einschluss vorfabrizierter Bauteile sowie elektrischer und mechanischer Teile), aus denen das Bauwerk (Art. 1 Abs. 1) erstellt wird und die im Werk verbleiben. Beispiele sind Zement, Backsteine, Eisenträger, Fenster, Waschbecken, Maschinen oder Heizungskörper (GWerkV Nr. 66f.). Vom Werkstoff im Allgemeinen unterscheidet der Baustoff sich nur dadurch, dass er für das Bauwerk eines Unternehmers verwendet wird. Er besteht überwiegend in körperlichen Sachen (wie z.B. Zement oder Holz). Immer häufiger umfasst er aber auch Softwarekomponenten (z.B. für Lift- oder Kühlanlagen). 1.1

In Art. 136 Abs. 1 und 2 sind Baustoffe gemeint, die *der Unternehmer liefert* («beistellt»). Mit den vom Bauherrn gelieferten («beigestellten») Baustoffen hingegen befasst sich Art. 136 Abs. 3. Zur Verwendung unerprobter Baustoffe vgl. Gauch, Sanierung, Reparatur und Umbau, S 17. 1.2

Anmerkung 2

a) Das Erfordernis der *guten Beschaffenheit* knüpft an Art. 365 Abs. 1 OR an, wonach der Unternehmer dem Besteller für die Güte seines Stoffs haftet (darüber GWerkV Rz. 1406ff. und 1477ff.; vgl. auch Art. 165 Abs. 2; Art. 165/Rz. 5.1f.). 2.1

- Das Erfordernis ist nur dann erfüllt, wenn der Baustoff sich eignet, ein Werk mit den *vertraglich geforderten* (vereinbarten oder nach Treu und Glauben vorausgesetzten) *Eigenschaften* herzustellen (vgl. Art. 166 Abs. 1 und 2). Andernfalls fehlt es an der «guten Beschaffenheit», und zwar gleichgültig, ob der Baustoff schon seiner Art nach ungeeignet ist (z.B. Verputz einer Dusche mit Kalk, «unfit for purpose», Art. 136/Rz. 8.2; GWerkV Rz. 1982 und 2018) oder ob er an einem individuellen Qualitätsfehler leidet (wie z.B. verunreinigter Sand, zu kurz gebrannte Ziegel, «bad quality», Art. 136/Rz. 8.3 und 10.2; GWerkV Rz. 1983 und 2020), der ihn zur Herstellung eines Werks mit den erwähnten Eigenschaften untauglich macht (GWerkV Rz. 1477 und 1981ff.; vgl. auch Art. 165 Abs. 2; Art. 165/Rz. 5.2). 2.2
- Stehen bei einem bestimmten Baustoff (z.B. bei Stahl, Beton, Holz) verschiedene Qualitätsstufen zur Verfügung, so muss der Unternehmer mindestens jene Qualität verwenden, die den Stoff zur Herstellung eines vertragsgemässen Werks (mit den geschuldeten Eigenschaften) tauglich macht. Ergibt sich aus dem Vertrag nicht etwas anderes, so genügt *mittlere Qualität* (Art. 71 Abs. 2 OR sinngemäss; BGer 4A_428/2007 vom 2. Dezember 2008 E. 4.1). Diese wird nach Verkehrssitte, den anerkannten Regeln der Technik und der Branchenüblichkeit unter Berücksichtigung von Treu und Glauben bestimmt (GWerkV Rz. 1411; Leu, Basler Kommentar, N 6 zu Art. 71 OR; Weber, Berner Kommentar, N 77 zu Art. 71 OR). 2.3

b) Art. 136 Abs. 1 Satz 1 enthält die Grundregel (Art. 136/Rz. 2.2). Sie wird ergänzt durch die Bestimmung, dass der Baustoff den Anforderungen der Ausschreibungsunterlagen (Art. 136/Rz. 3.1ff.) oder (subsidiär) den anerkannten Normen (Art. 136/Rz. 4.1ff.) zu entsprechen hat. Diese Ergänzung beruht auf der Vorstellung, dass Baustoff von guter Beschaffenheit ist, soweit er den Anforderungen der Ausschreibungsunterlagen oder den 2.4

subsidiär massgeblichen (anerkannten) Normen entspricht. Im Einzelfall ist nun aber möglich, dass eine bestimmte Werkeigenschaft (z.B. eine bestimmte Schallundurchlässigkeit) vertraglich gefordert (vereinbart oder nach Treu und Glauben vorausgesetzt) ist (Art. 166 Abs. 2), die *sich mit einem bestimmten Stoff nicht herstellen lässt*, obwohl dieser Stoff den Ausschreibungsunterlagen oder den subsidiär massgeblichen Normen entspricht. Das führt zu einem Dilemma, das sich auf der Ebene der Mängelhaftung löst: Fehlt dem Werk eine vertraglich geforderte Eigenschaft, weil die Beschaffenheit eines verwendeten Baustoffs den Anforderungen der Ausschreibungsunterlagen oder den subsidiär massgeblichen Normen entspricht, so entfällt die Mängelhaftung des Unternehmers nach Massgabe und unter den Voraussetzungen des Art. 166 Abs. 4. Zur darin umschriebenen «Anzeige- oder Abmahnungspflicht» des Unternehmers vgl. Art. 166/Rz. 17.

Anmerkung 3

3.1 Die zu verwendenden Baustoffe müssen insbesondere *die in den Ausschreibungsunterlagen gestellten Anforderungen* erfüllen (zum Sonderfall, da der Baustoff nicht von guter Beschaffenheit ist, obwohl er den Ausschreibungsunterlagen entspricht, vgl. Art. 136/Rz. 2.4). Handelt es sich um Minimalanforderungen (z.B. Zugfestigkeit von Stahl), was im Streitfall durch Auslegung zu ermitteln ist, so darf der Unternehmer sie auch übererfüllen: Leistet er qualitativ besser, als was vertraglich als Minimum vereinbart worden ist, so stellt das für sich genommen keinen Werkmangel dar (da dem Werk eben gerade keine vertraglich vereinbarte Eigenschaft fehlt, eingehender dazu GWerkV Rz. 1401). Im Einzelnen ist beizufügen:

3.2 a) Die in den Ausschreibungsunterlagen gestellten Anforderungen können sich auf alle Baustoffe oder nur auf einen Teil davon beziehen. Durch diese Anforderungen wird dem Unternehmer die *vertraglich geforderte Eigenschaft* des jeweils betroffenen Baustoffs (ganz oder teilweise) vorgeschrieben: sei es unmittelbar oder sei es durch Verweis auf ein anderes Schriftstück (z.B. eine «technische Norm»), das entsprechende Anforderungen enthält. Die Anforderungen in den Ausschreibungsunterlagen können auch so formuliert sein, dass sie innerhalb gewisser Toleranzgrenzen zu erfüllen sind, dem Bauherrn die Auswahl bestimmter Eigenschaften überlassen (Art. 138 Abs. 1) oder die geforderte Eigenschaft durch ein angegebenes Prüfverfahren (vgl. auch Art. 137/Rz. 9.4; Art. 139/Rz. 3.2) näher definieren (z.B. Betondruckfestigkeit nach 28 Tagen: 30 N/mm^2 an Probewürfeln bei bestimmter Belastungsgeschwindigkeit; zur Bedeutung vgl. GWerkV Rz. 1402).

3.3 b) Art. 136 Abs. 1 spricht nur von den Anforderungen, die in den Ausschreibungsunterlagen (Art. 7) gestellt werden, wodurch er zu eng formuliert ist. Anforderungen an die zu verwendenden Baustoffe können auch in *anderen Vertragsbestandteilen* umschrieben werden, z.B. in der beiderseitig unterzeichneten Vertragsurkunde (Art. 21), oder sich aus einer nachträglichen (vereinbarten oder einseitigen, Art. 84) Bestellungsänderung ergeben. Solche Anforderungen sind den Anforderungen der Ausschreibungsunterlagen gleichzustellen. Widersprechen sich die Anforderungen verschiedener Vertragsbestandteile, so gilt die Rangordnung nach Art. 21 (vgl. Einl./Rz. 14). Individuelle Abreden aber gehen Allgemeinen Vertragsbedingungen schlechthin vor (Einl./Rz. 30).

Anmerkung 4

Soweit Anforderungen an die Beschaffenheit der zu verwendenden Baustoffe in den Ausschreibungsunterlagen fehlen, haben die zu verwendenden Baustoffe *den anerkannten Normen zu entsprechen.* Das bedeutet, dass Art. 136 Abs. 1 den Unternehmer subsidiär darauf verpflichtet, die anerkannten Normen einzuhalten (zum Sonderfall, da der Baustoff nicht von guter Beschaffenheit ist, obwohl er den anerkannten Normen entspricht, vgl. Art. 136/Rz. 2.4). Die Formulierung des Art. 136 Abs. 1 ist jedoch erklärungsbedürftig: 4.1

a) Erstens ist der Ausdruck «*fehlen*», den Art. 136 Abs. 1 verwendet, ungenau. Denn nach dem Sinn der Bestimmung sind die anerkannten Normen auch (und schon) dann massgeblich, wenn sich aus den Anforderungen der Ausschreibungsunterlagen nicht etwas anderes ergibt. Nicht vorausgesetzt ist somit ein «komplettes» Fehlen, sondern nur ein *Fehlen abweichender Anforderungen.* 4.2

b) Zweitens können Anforderungen an die Beschaffenheit des Baustoffs nicht nur in den Ausschreibungsunterlagen, sondern *auch in anderen Vertragsbestandteilen enthalten* sein oder sich aus einer nachträglichen Bestellungsänderung ergeben (Art. 136/Rz. 3.3). Derartige Anforderungen gehen den anerkannten Normen vor, was Art. 136 Abs. 1 zwar nicht ausdrücklich sagt, sich aber aus einer sinnvollen Auslegung der Bestimmung ergibt. 4.3

c) Drittens sind anerkannte Normen im Sinne des Art. 136 Abs. 1 *allgemein anerkannte Regeln der Technik* (BGE 37 II 197/200 E. 1; GWerkV Rz. 842 ff.; Krejci, Die Bedeutung der Regeln der Technik, S. 435 ff.; Reichelt, Abschied vom technischen Standard anerkannte Regeln, S. 1483 ff.). Sie beeinflussen nicht bloss die Soll-Beschaffenheit des Baustoffs, sondern die gesamte Vertragsabwicklung, insbesondere auch den Umgang mit dem Baustoff (GWerkV Rz. 843). Die Regeln der Technik können entweder von der Wissenschaft oder aufgrund von praktischer Erfahrung in einschlägigen Fachkreisen als richtig erkannt werden (GWerkV Rz. 846). Sie können (müssen aber nicht) in technischen Regelwerken, z.B. in publizierten Normheften des SIA, VSS, VSM oder des SEV, enthalten sein (BGH VII ZR 184/97 vom 14. Mai 1998 = BauR 1998, S. 872 f.; GWerkV Rz. 850). Wurden die technischen Regelwerke unter repräsentativer Mitwirkung führender Fachleute ausgearbeitet, spricht zwar eine tatsächliche Vermutung dafür, dass ihre technischen Normen anerkannte Regeln der Technik sind. Diese tatsächliche Vermutung kann aber unter gewissen Umständen entfallen oder durch blossen Gegenbeweis entkräftet werden (eingehender dazu GWerkV Rz. 851; siehe auch Walter, Berner Kommentar, N 66 zu Art. 8 ZGB). 4.4

d) Zusammenfassend haben die zu verwendenden Baustoffe den anerkannten Normen zu entsprechen, soweit sich weder aus den vertraglich umschriebenen Qualitätsanforderungen noch aus einer Bestellungsänderung etwas anderes ergibt (Art. 136/Rz. 2.3). 4.5

Anmerkung 5

Die Pflicht, ungeeignete Baustoffe vom Bauplatz zu entfernen, ist eine *Sorgfaltspflicht*, deren Wahrung zur gewissenhaften Vertragserfüllung durch den Unternehmer (Art. 23 5

Abs. 1) gehört. Diese Pflicht basiert auf der allgemeinen Lebenserfahrung, dass eine Gefahr für die vertragsgemässe Ausführung der Arbeit entsteht, wenn ungeeignete Baustoffe auf dem Bauplatz belassen werden (GWerkV Rz. 839, 876 und 890; Heinrich, BGB-Bauvertrag, S. 233 f.). Verletzt der Unternehmer seine Pflicht, kann der Bauherr zur Ersatzvornahme (Art. 366 Abs. 2 OR) schreiten (zu den Voraussetzungen des Art. 366 Abs. 2 OR vgl. GWerkV Rz. 872 ff.; zur Rechtslage bei erfüllten Voraussetzungen GWerkV Rz. 886 ff.).

Anmerkung 6

6 Die Angabe des Baustoff-Lieferanten durch den Unternehmer erleichtert die Aufsichtstätigkeit der Bauleitung (Art. 34 Abs. 1 und 2). Gestützt darauf kann die Bauleitung insbesondere die Art und die Anzahl der Qualitätskontrollen (Art. 137) nach früheren Erfahrungen mit dem betreffenden Zulieferanten ausrichten.

Anmerkung 7

7.1 a) Zum vorgeschriebenen Baustoff im Allgemeinen vgl. GWerkV Rz. 2015 ff. In Bezug auf die in Art. 136 Abs. 2 Satz 1 erwähnten Fabrikate und Lieferanten ist die folgende Erklärung anzufügen:

7.2 – *Fabrikate* im Sinne von Art. 136 Abs. 2 Satz 1 sind Erzeugnisse eines Stoffs (z.B. von Isolationsfolien). Das vorgeschriebene Fabrikat kann nach verschiedenartigen Kriterien bestimmt sein (z.B. Typ, Marke, Hersteller, Herkunftsland oder Herstellungszeitraum). Der Bauherr kann auch bestimmte Eigenschaften des vorgeschriebenen Fabrikats festlegen.

7.3 – Der vorgeschriebene *Lieferant* (z.B. von Beton oder einer Abdichtung) kann der Hersteller oder ein anderer Zulieferant (z.B. ein Importeur oder ein Zwischenhändler) sein. Möglich ist, dass der Bauherr sowohl das Fabrikat als auch den Lieferanten vorschreibt.

7.4 b) Schreibt der Bauherr bestimmte Fabrikate oder Lieferanten vor (Art. 10 Abs. 2), so handelt es sich dabei um eine verbindliche Weisung, an die sich der Unternehmer zu halten hat, also nicht bloss um einen Wunsch, Vor- oder Ratschlag (GWerkV Rz. 1928 ff. und 2023). Der Bauherr kann Leistungen (unter anderem auch Fabrikate oder Materialien), zu denen der Unternehmer sich durch den Werkvertrag verpflichtet hat, auch auf andere Art als vereinbart ausführen lassen (vgl. auch Art. 85/Rz. 6.1 ff.). In der Vorauflage (Gauch/Prader, Kommentar SIA-118 [Voraufl.], Art. 136/Rz. 13) wurde die Auffassung vertreten, dass der Bauherr nur dann zu einer *(einseitigen) Bestellungsänderung* betreffend bestimmte Fabrikate oder Lieferanten berechtigt sei, wenn er sich dieses Recht in der Ausschreibung vorbehalten habe, wenn er nach Art. 136 Abs. 2 abgemahnt worden sei oder wenn er die fehlende Eignung vorgeschriebener Fabrikate oder Lieferanten von sich aus erkannt habe. So auch GWerkV Rz. 84, jedoch nur bezüglich des Vorbehalts. Diese Einschränkung ist nicht gerechtfertigt. Das Bestellungsänderungsrecht des Bauherrn ist in Art. 84 weit gefasst. Es wird lediglich dadurch eingeschränkt, dass der Gesamtcharakter des zur Ausführung übernommenen Werks nicht berührt werden darf (Art. 84 Abs. 1;

Art. 84/Rz. 9). Dass das Bestellungsänderungsrecht in Bezug auf bestimmte Fabrikate oder Lieferanten nicht gelten soll, kann der Norm nicht entnommen werden. Art. 10 Abs. 2 selbst enthält keine Einschränkung in Bezug auf spätere Bestellungsänderungen. Einschränkungen des Bestellungsänderungsrechts finden sich denn auch in keiner Bestimmung der Norm (Art. 84 Abs. 1 ausgenommen). Generell gilt vielmehr, dass der Bauherr bzw. seine Bauleitung nach Vertragsabschluss dem Unternehmer Weisungen erteilen kann, und dies auch in Bezug auf den zu verwendenden Baustoff (Art. 99 f.; GWerkV Rz. 1928 und 2015 ff.). Wenn alle möglichen Arten von Bestellungsänderungen unter dem genannten Vorbehalt (dass der Gesamtcharakter dadurch unberührt bleibe) zulässig sind, so ist kein stichhaltiger Grund ersichtlich, weshalb dies in Bezug auf Fabrikate und Lieferanten anders sein sollte. Wie bei jeder anderen Bestellungsänderung hat der Unternehmer bzw. der Bauherr denn auch Anspruch auf eine Anpassung der vereinbarten Vergütung. Für nutzlos gewordene Aufwendungen steht dem Unternehmer ein Ersatzanspruch nach Art. 85 Abs. 3 zu.

Anmerkung 8

Der Unternehmer kann die Verantwortung für die Eignung der vom Bauherrn bestimmten Fabrikate oder Lieferanten in den folgenden Fällen nicht übernehmen: 8.1

a) Wenn ein vorgeschriebenes Fabrikat oder der Stoff eines vorgeschriebenen Lieferanten schon *seiner Art nach ungeeignet* ist, um ein vertragsgemässes Werk herzustellen («unfit for purpose», vgl. Art. 136/Rz. 2.2 und GWerkV Rz. 1982 und 2018). 8.2

b) Oder wenn nach den Umständen (namentlich nach einschlägigen Erfahrungen) zu befürchten ist, dass dem vorgeschriebenen Fabrikat oder dem Stoff des vorgeschriebenen Lieferanten individuelle *Fabrikations- oder andere Qualitätsfehler* anhaften (Beispiele: zu kurz gebrannte Ziegel oder vorfabrizierte Bauelemente mit Herstellungsfehlern), die eine vertragsgemässe Ausführung des Werks ausschliessen (vgl. Art. 136/Rz. 2.2 und 10.2; «bad quality», GWerkV Rz. 1983 und 2020). Zu Nachforschungen über die diesbezügliche Zuverlässigkeit des vorgeschriebenen Fabrikats oder Zulieferanten ist der Unternehmer aber nicht verpflichtet (GWerkV Rz. 2019 i.V.m. 1975 f.). 8.3

Anmerkung 9

Die Regel, wonach der Unternehmer die Bauleitung unverzüglich *abzumahnen* hat, falls er die Verantwortung für die Eignung der vom Bauherrn bestimmten Fabrikate oder Lieferanten nicht übernehmen kann, betrifft den Normalfall, in dem eine Abmahnungspflicht des Unternehmers besteht (Art. 166 Abs. 4 Satz 2 i.V.m. Art. 25). Davon aber gibt es Ausnahmen (vgl. Art. 166/Rz. 17; Art. 25/Rz. 2.1 ff. und 15.1 ff.; BGE 116 II 454/456 E. 2b). 9

Anmerkung 10

Die Regel des Art. 136 Abs. 2 Satz 2, wonach der Bauherr die Nachteile zu tragen hat, wenn er – der Abmahnung des Unternehmers ungeachtet – an seiner Weisung festhält, ist vor allem mit Bezug auf die *Mängelhaftung* (Art. 165 ff.) bedeutsam: Der Unternehmer, der sich nach erfolgloser Abmahnung an die Weisung des Bauherrn hält, ist von seiner 10.1

Haftung befreit, soweit die befolgte Weisung zu einem vertragswidrigen Zustand des Werks führt. Dies entspricht der Vorschrift des Art. 166 Abs. 4 Satz 1 (Art. 369 OR), wonach ein Selbstverschulden des Bauherrn die Mängelhaftung des Unternehmers beseitigt. Die Regel bedarf aber einer dreifachen Präzisierung:

10.2 a) Die erste Präzisierung betrifft den Fall, da der vertragswidrige Zustand des Werks auf einem individuellen *Fabrikations- oder einem anderen Qualitätsfehler* des weisungsgemäss verwendeten Stoffs beruht («bad quality», Art. 136/Rz. 2.2 und 8.3). Eine erfolglose Abmahnung wegen befürchteter Qualitätsfehler (Art. 136/Rz. 8.3) reicht hier nicht aus, damit die Haftungsbefreiung eintritt (BGer 4A_166/2008 vom 7. August 2008 E. 3.3). Zusätzlich vorausgesetzt ist vielmehr, dass der Unternehmer den konkreten Fehler trotz sorgfältiger Prüfung des Stoffs nicht erkennen konnte (vgl. GWerkV Rz. 2019 i.V.m. 1975).

10.3 b) Die zweite Präzisierung betrifft das *Erfordernis der Abmahnung*. War der Unternehmer ausnahmsweise nicht zur Abmahnung verpflichtet (Art. 136/Rz. 9), so entfällt seine Mängelhaftung auch ohne Abmahnung (vgl. BGE 116 II 454/456 E. 2c/aa), obwohl Art. 136 Abs. 2 sich darüber ausschweigt. Hat der Unternehmer dagegen eine bestehende Abmahnungspflicht verletzt, so trifft den Bauherrn zwar kein Selbstverschulden (Art. 166 Abs. 4), das zu einer völligen Haftungsbefreiung des Unternehmers führen würde; möglich ist aber ein «Mitverschulden» (ein beschränktes Selbstverschulden) des Bauherrn, das eine Reduktion der Haftung rechtfertigen kann (BGE 116 II 454/458 E. 3b; Art. 166 Abs. 4; Art. 25; GWerkV Rz. 2051).

10.4 c) Die dritte Präzisierung betrifft die *Nachteile*, die der Bauherr gemäss Art. 136 Abs. 2 Satz 2 zu tragen hat, wenn er – der Abmahnung des Unternehmers ungeachtet – an seiner Weisung festhält. Dazu gehört auch die Tragung der Kosten, die mit der Entnahme und Untersuchung von Stoffproben (Art. 137 Abs. 2 Satz 3) zusammenhängen, wenn sich bei der Qualitätsprüfung im Sinne des Art. 137 Abs. 1 herausstellt, dass der weisungsgemäss verwendete Stoff einen Fabrikations- oder Qualitätsfehler aufweist, den der Unternehmer bei sorgfältiger Prüfung nicht erkennen konnte. Vgl. dazu auch Art. 137/Rz. 14.2.

Anmerkung 11

11.1 Zu den *Qualitätsanforderungen* an die (vom Unternehmer oder vom Bauherrn gelieferten) Baustoffe vgl. Art. 136 Abs. 1.

11.2 Der Bauherr kann die Baustoffe *kostenlos oder gegen Bezahlung* liefern (vgl. Art. 10 Abs. 3).

Anmerkung 12

12 Der Bauherr hat durch *Qualitätsuntersuchungen* (gemeint sind Untersuchungsergebnisse) zu belegen, dass seine gelieferten Baustoffe den Qualitätsanforderungen nach Art. 136 Abs. 1 zu genügen vermögen (GWerkV Rz. 2006). Der Unternehmer kann diese Untersuchungsergebnisse (in vernünftigem Umfang) jederzeit verlangen, auch nach der Verarbeitung des Stoffs. Er darf sich, soweit es um die Frage von Qualitätsfehlern geht, auf die präsentierten Untersuchungsergebnisse verlassen (muss den Stoff des Bauherrn also

nicht selber prüfen). Doch gebietet es die Sorgfaltspflicht, dass der Unternehmer den Qualitätsnachweis beim Bauherrn tatsächlich einholt, sobald er begründeten Anlass hat, an der Qualität des Baustoffs zu zweifeln. Zum Ganzen GWerkV Rz. 2006.

Anmerkung 13

Offensichtliche Mängel *muss* der Unternehmer erkennen (GWerkV Rz. 831, 1966 und 1996). Dasselbe gilt für Mängel, die der Unternehmer erkennen kann, wenn er sich pflichtgemäss um einen Qualitätsnachweis durch den Bauherrn bemüht (Art. 136/Rz. 12) und das ihm vorgelegte Untersuchungsergebnis mit dem von ihm zu erwartenden Sachverstand studiert. 13

Anmerkung 14

Auf eine *Verletzung dieser Anzeigepflicht* kann der Bauherr sich nicht berufen, wenn der Unternehmer nachweist, dass der Bauherr (oder die ihn vertretende Bauleitung) an der Verwendung des betreffenden Stoffs auch bei pflichtgemässer Anzeige festgehalten hätte (GWerkV Rz. 832). Nach Art. 25 Abs. 1 Satz 2 genügt hierfür schon der Nachweis, dass die Bauleitung von der Mangelhaftigkeit des Stoffs auch ohne Anzeige Kenntnis gehabt hat. Vgl. dazu Art. 166/Rz. 17. 14

Anmerkung 15

Ein vertragswidriger Zustand des Werks, der aus der Mangelhaftigkeit des verwendeten Stoffs entsteht, ist hier – will heissen, wo der Bauherr (der Abmahnung des Unternehmers ungeachtet) auf der Verwendung der mangelhaften Baustoffe beharrt – *vom Bauherrn selbstverschuldet,* weshalb die Mängelhaftung des Unternehmers nach Art. 166 Abs. 4 Satz 1 entfällt. Zu einem möglichen «Mitverschulden» des Bauherrn, wenn der Unternehmer die Anzeigepflicht verletzt hat, vgl. Art. 136/Rz. 10.3. 15

Anmerkung 16

Art. 136 Abs. 4 bestätigt die Bestimmung des Art. 23 Abs. 1, wonach der Unternehmer den Werkvertrag gewissenhaft zu erfüllen hat. 16.1

Für den Fall, da der Bauherr dem Unternehmer bestimmte Fabrikate oder Lieferanten vorgeschrieben hat, vgl. Art. 136 Abs. 2. 16.2

Liefert der Bauherr die Baustoffe, gelangt Art. 136 Abs. 3 zur Anwendung. 16.3

4 452 Proben

Art. 137

[1] Für die Überprüfung von vertraglichen Anforderungen [1] durch Qualitätsuntersuchungen [2] stellt der Unternehmer unentgeltlich [3] Stoffproben [4] zur Verfügung [5].

[2] Solche Proben kann die Bauleitung [6] von allen im Bauwerk verbleibenden Baustoffen jederzeit [7], auch nach der Verarbeitung [8], entnehmen und untersuchen lassen.[9] Die Prüfungsergebnisse [10] gibt sie dem Unternehmer unverzüglich [11] bekannt [12]. Genügen die untersuchten Proben den vertraglichen Anforderungen, so trägt der Bauherr die Kosten [13], andernfalls der Unternehmer [14]. Die reinen Stoffkosten trägt der Unternehmer unabhängig vom Prüfungsergebnis.[15]

Art. 137 (1977/91)

[1] Für die Überprüfung von vertraglichen Anforderungen durch Qualitätsuntersuchungen stellt der Unternehmer unentgeltlich Stoffproben zur Verfügung.

[2] Solche Proben kann die Bauleitung von allen im Bauwerk verbleibenden Baustoffen jederzeit, auch nach der Verarbeitung, entnehmen und untersuchen lassen. Die Prüfungsergebnisse gibt sie dem Unternehmer unverzüglich bekannt. Genügen die untersuchten Proben den vertraglichen Anforderungen, so trägt der Bauherr die Kosten, andernfalls der Unternehmer. Die reinen Stoffkosten trägt der Unternehmer unabhängig vom Prüfungsergebnis.

Anmerkung 1

1 Art. 137 befasst sich mit dem *vom Unternehmer gelieferten Baustoff* (Art. 136/Rz. 1.1 f.) und der Prüfung seiner Qualität durch die Bauleitung (für die Funktionsprüfung von Einrichtungen elektrischer und mechanischer Art siehe Art. 139 Abs. 2). Dass Art. 137 sich nur mit dem vom Unternehmer gelieferten Baustoff befasst, erklärt sich aus einem doppelten Grund: Erstens bildet eine Stofflieferung durch den Bauherrn den Ausnahmefall (Art. 136 Abs. 3 und Art. 10 Abs. 3). Und zweitens hat der Bauherr es in der Hand, den von ihm selbst gelieferten Stoff noch vor der Auslieferung zu prüfen. In sinnvoller Ergänzung des Art. 137 muss der Bauherr aber berechtigt sein, den von ihm gelieferten Stoff auch nach der Auslieferung (namentlich während und nach der Verarbeitung) zu untersuchen, auch ohne dass der Unternehmer dies (nach Art. 136 Abs. 3) verlangt. Die Regeln des Art. 137 über die Kostentragung sind dabei nur entsprechend (mutatis mutandis) anzuwenden.

Anmerkung 2

2 Solche Qualitätsuntersuchungen des vom Unternehmer gelieferten Stoffs (Art. 137/Rz. 1) gehören zur *Aufsicht,* welche die Bauleitung über die Ausführung der Arbeiten ausübt (Art. 34 Abs. 1 und 2). Der Unternehmer hat jedoch keinen Anspruch darauf, dass die Untersuchungen überhaupt oder sorgfältig durchgeführt werden (vgl. auch Art. 139/Rz. 3.2; GWerkV Rz. 2057 f.; a.M. Spiess/Huser, Handkommentar, N 9 zu Art. 137).

Anmerkung 3

Das Prinzip der *Unentgeltlichkeit* wird in Art. 137 Abs. 2 Satz 3 relativiert, wonach die Kosten für die Überprüfung der Stoffproben je nach Prüfungsergebnis verteilt werden (vgl. dazu auch Art. 137/Rz. 15). Das gilt, wie aus Art. 137 Abs. 1 klar hervorgeht, nur für Stoffproben, die dem Zwecke der Qualitätsuntersuchung dienen. 3

Anmerkung 4

Stoffproben sind *Proben des vom Unternehmer gelieferten Stoffs* (Art. 137/Rz. 1). Sie bestehen in Prüfkörpern, Prüfstücken (z.B. aus Metall, Beton, Holz, Kunststoffen) oder (z.B. bei Zement oder Sand) in einer Teilmenge, die Gegenstand der Untersuchung bildet. 4

Anmerkung 5

Der Ausdruck, wonach der Unternehmer die Stoffproben «*zur Verfügung stellt*», bedarf der Erklärung: Der Unternehmer hat es zwar zuzulassen, dass die Proben entnommen werden. Er ist aber nicht verpflichtet, die einzelnen Proben auch auszuwählen, zu entnehmen und zu übergeben (Art. 137/Rz. 6 und 9.1 ff.; a.M. Spiess/Huser, Handkommentar, N 7 zu Art. 137). 5

Anmerkung 6

Es ist also an der *Bauleitung* (und nicht am Unternehmer), die Stoffproben entnehmen und untersuchen zu lassen (vgl. auch Art. 137/Rz. 5 mit der Präzisierung und Einschränkung in Art. 137/Rz. 9.1 ff.). 6

Anmerkung 7

«*Jederzeit*» bedeutet: Grundsätzlich wann und so oft die Bauleitung will, jedoch nur in vernünftigem Umfang und unter gebührender Rücksichtnahme auf den Baubetrieb (vgl. Art. 114/Rz. 17; Art. 139/Rz. 4.2). 7

Anmerkung 8

Das ist bedeutsam. Denn Proben, die während oder *nach der Verarbeitung entnommen* werden, erlauben es der Bauleitung, zugleich auch die *Qualität der Verarbeitung* in die Untersuchung einzubeziehen. Ist der verarbeitete Stoff in dem bereits ausgeführten Teil des Werks integriert und erfolgt die Entnahme (z.B. von Bohrkernen) aus diesem Werkteil, so gibt die Untersuchung einen vorzeitigen Aufschluss über allfällige Werkmängel (Art. 166), beispielsweise über ungenügende Druckfestigkeit des Betons am Bauwerk (zur Druckfestigkeit von Beton vgl. Art. 136/Rz. 3.2; GWerkV Rz. 1402). 8

Anmerkung 9

Der *Bauleitung* (als Vertreterin des Bauherrn) ist es nach der SIA-Norm 118 zwar nicht verwehrt, die Proben *selber* (allenfalls durch eigene Mitarbeiter) zu entnehmen und zu untersuchen (dazu und zum Folgenden vgl. auch Art. 139/Rz. 3.3 und 5 f.). Hingegen ist zu merken: 9.1

9.2 a) Im praktisch häufigsten Fall, auf den die Formulierung des Art. 137 Abs. 2 abzielt, wird die Untersuchung der Proben *einem unabhängigen Dritten* (z.B. der EMPA) übertragen, den die Bauleitung (im Namen des Bauherrn) mit dieser Aufgabe betraut. Bisweilen erfolgt schon die Entnahme des Stoffs durch einen beigezogenen Dritten; dies namentlich dann, wenn das Prüfungsergebnis auch von der Art abhängt, wie man den Stoff entnimmt. Der Beizug eines sachverständigen Dritten dient der Streitvermeidung. Kommt es dennoch zum Streit, so hat der Prüfungsbefund, auf den sich eine Partei im Prozess beruft, zwar nur den Charakter einer Parteibehauptung, nicht die rechtliche Bedeutung eines Beweismittels (vgl. BGE 132 III 83/87f. E. 3.4; Weibel/Walz, ZPO Kommentar, N 4 zu Art. 168 ZPO). Das aber schliesst nicht aus, dass diese Parteibehauptung das Gericht in seiner Beweiswürdigung zu beeinflussen vermag, namentlich, wenn der Befund von einem unabhängigen Sachverständigen stammt.

9.3 b) Oftmals teilt die Bauleitung dem Unternehmer mit, *welche Prüfstelle* sie mit der Untersuchung der Proben betrauen will. Damit erhält der Unternehmer Gelegenheit, allfällige Bedenken gegen die vorgesehene Stelle zu äussern. Macht er davon keinen Gebrauch oder erklärt er sich mit der bekannt gegebenen Stelle sogar einverstanden, so bedeutet dies aber nicht, dass er von vornherein auch die Richtigkeit des Prüfungsbefunds anerkennt. Für die Parteien verbindlich kann der Prüfungsbefund nur dann sein, wenn er den Charakter eines Schiedsgutachtens hat, auf dessen Einholung die Parteien sich geeinigt haben.

9.4 c) Ist die geforderte Eigenschaft des Baustoffs durch ein vorgeschriebenes *Prüfverfahren* näher definiert (vgl. Art. 136/Rz. 3.2; Art. 139/Rz. 3.2), so kann sie naturgemäss nur durch dieses Verfahren festgestellt werden.

Anmerkung 10

10 Mit den Prüfungsergebnissen sind *sämtliche Ergebnisse* gemeint, unabhängig davon, ob die untersuchten Proben den vertraglichen Anforderungen genügen oder nicht.

Anmerkung 11

11 «*Unverzüglich*» heisst: ohne vorwerfbares Zögern.

Anmerkung 12

12 Art. 137 Abs. 2 sieht zwar keine bestimmte *Form* vor, wie die Bauleitung dem Unternehmer die Prüfungsergebnisse bekannt zu geben habe. Nach dem Zweck der Bekanntgabe muss sie aber in einer Form erfolgen, die deren Nachweis durch Text, Bild oder in anderer Weise gestattet.

Anmerkung 13

13 Genügen die untersuchten Proben den vertraglichen Anforderungen, so trägt der *Bauherr* alle Kosten, die mit der Entnahme und Untersuchung zusammenhängen, jedoch unter Ausschluss von reinen Stoffkosten (Art. 137 Abs. 2 Satz 3). Zulasten des Bauherrn gehen deshalb nicht nur die Kosten der Entnahme und Untersuchung, sondern z.B. auch die Transportkosten für entnommene Proben und die Kosten, die damit verbunden sind,

dass die Entnahmestelle am Werk wieder geschlossen wird. Für die verursachten Störungen oder Unterbrechungen seiner Arbeiten kann aber der Unternehmer keine Entschädigung beanspruchen (Art. 115 Abs. 4 sinngemäss).

Anmerkung 14

Wenn die untersuchten Proben den vertraglichen Anforderungen nicht genügen, trägt der *Unternehmer* alle Kosten, die mit der Entnahme und Untersuchung der Stoffproben zusammenhängen (Art. 137/Rz. 13 e contrario). Diese Regel gilt auch für den Fall, da es an der erforderlichen Qualität der Verarbeitung fehlt (vgl. Art. 137/Rz. 8). Ergänzend ist ein Zweifaches beizufügen: 14.1

a) Die erwähnte Regel (Kostentragung durch den Unternehmer) greift nur dann, wenn der Unternehmer (also nicht der Bauherr) *für das negative Prüfungsergebnis verantwortlich* ist. In der analogen Bestimmung des Art. 139 Abs. 3 wird dies ausdrücklich gesagt (Art. 139/Rz. 10.2), in Art. 137 Abs. 2 stillschweigend vorausgesetzt. Das Letztere ist bedeutsam für den Fall, dass der Bauherr eine bestimmte Verarbeitungsweise, ein bestimmtes Fabrikat oder einen bestimmten Lieferanten (Art. 136 Abs. 2) vorgeschrieben hat. So gehört zu den Nachteilen, die der Bauherr gemäss Art. 136 Abs. 2 Satz 2 zu tragen hat, z.B. auch die Kostentragungspflicht, wenn sich bei der Qualitätsprüfung herausstellt, dass der weisungsgemäss verwendete Stoff einen Fabrikations- oder Qualitätsfehler aufweist, den der Unternehmer bei sorgfältiger Prüfung nicht erkennen konnte (siehe dazu auch Art. 136/Rz. 10.4). 14.2

b) Obwohl in Art. 137 Abs. 2 ein entsprechender Hinweis fehlt, stehen dem Bauherrn bei gegebenen Voraussetzungen auch *die Rechte aus Art. 366 Abs. 2 OR* zu (zu den drei Voraussetzungen des Art. 366 Abs. 2 OR vgl. GWerkV Rz. 868 ff.; siehe auch Art. 2 Abs. 2). Art. 139, der die «Belastungsproben und andere[n] Prüfungen am Bauwerk» inhaltlich normiert, ist diesbezüglich klarer formuliert, indem er die Rechte des Bauherrn aus Art. 366 Abs. 2 OR ausdrücklich vorbehält (Art. 139 Abs. 2 Satz 3; vgl. dazu auch Art. 139/Rz. 11). 14.3

Anmerkung 15

Dass der Unternehmer die «reinen Stoffkosten» unabhängig vom Prüfungsergebnis trägt, bedeutet, dass der Unternehmer für die reinen Stoffkosten *keine besondere Vergütung* verlangen kann. Deshalb hat er die betreffenden Kosten in seine Preise einzurechnen. Diese Regel konkretisiert das Prinzip, wonach der Unternehmer für die Qualitätsuntersuchungen unentgeltlich Stoffproben zur Verfügung zu stellen habe (Art. 139 Abs. 1 mit der Relativierung in Art. 137 Abs. 2 Satz 3; vgl. auch Art. 137/Rz. 3), vernachlässigt aber den Fall, da die zugehörigen Arbeiten des Unternehmers nach Aufwand vergütet werden (Art. 48; vgl. auch Art. 374 OR). Alsdann gehören die fraglichen Stoffkosten zum Aufwand, nach dem sich die vom Bauherrn geschuldete Vergütung bestimmt, und zwar (falls die Norm auch diesbezüglich zur Anwendung kommt) nach Massgabe des Art. 48 i.V.m. Art. 49 ff. 15

4 453 Muster

Art. 138

[1] Überlässt der Werkvertrag dem Bauherrn die Auswahl [1] bestimmter Eigenschaften von Baustoffen in verarbeitetem oder unverarbeitetem Zustand (wie Oberflächenstruktur [2] oder Farbton [3]) [4], so erstellt oder liefert der Unternehmer auf Verlangen der Bauleitung entsprechende Muster [5] zur Auswahl.

[2] Gewählte Muster sind für die einschlägigen Arbeiten massgebend.[6] Soweit die Bereitstellung [7] von Mustern das übliche Mass überschreitet und dem Unternehmer erhebliche [8] Kosten verursacht, werden diese vom Bauherrn vergütet [9].

Art. 138 (1977/91)

[1] Überlässt der Werkvertrag dem Bauherrn die Auswahl bestimmter Eigenschaften von Baustoffen in verarbeitetem oder unverarbeitetem Zustand (wie Oberflächenstruktur oder Farbton), so erstellt oder liefert der Unternehmer auf Verlangen der Bauleitung entsprechende Muster zur Auswahl.

[2] Gewählte Muster sind für die einschlägigen Arbeiten massgebend. Soweit die Bereitstellung von Mustern das übliche Mass überschreitet und dem Unternehmer erhebliche Kosten verursacht, werden diese vom Bauherrn vergütet.

Anmerkung 1

1 Die Parteien können die Möglichkeiten, die dem Bauherrn zur *Auswahl* offenstehen, *vertraglich beschränken* und die zugehörigen Preise von vornherein bestimmen.

Anmerkung 2

2 Beispielsweise die Struktur eines Verputzes.

Anmerkung 3

3 Zu denken ist dabei z.B. an den Farbton eines Hausanstrichs.

Anmerkung 4

4 Die Aufzählung in der Klammer ist bloss beispielhaft. Gegenstand eines Musters können auch weitere Eigenschaften sein, die vom Menschen mittels Seh-, Geruchs-, Geschmacks- und Tastsinn wahrnehmbar sind (Spiess/Huser, Handkommentar, N 5 zu Art. 138).

Anmerkung 5

5 Ob die Muster am Bauwerk selbst zu erstellen (also am Werk anzubringen) sind, entscheidet (in Vertretung des Bauherrn) ebenfalls die Bauleitung (vgl. Art. 138/Rz. 7).

Anmerkung 6

6 *Weichen die Arbeiten vom gewählten Muster ab*, so fehlt dem Werk eine vereinbarte Eigenschaft (Art. 166/Rz. 6.1 ff.). Zur Frage der Beweislastverteilung siehe Art. 222 OR, der sinngemäss zur Anwendung kommt.

Anmerkung 7

Zur *Bereitstellung* der Muster kann auch deren Beseitigung (Wiederentfernung) gehören, 7 für den Fall, dass der Unternehmer die Muster auf Verlangen der Bauleitung am Bauwerk angebracht hat (z.B. in Form von Verkleidungsplatten oder Farbanstrichen).

Anmerkung 8

Ob die Zusatzkosten, die das Bereitstellen der Muster verursacht, für den Unternehmer 8 *erheblich* sind, beurteilt sich nach ihrem Verhältnis zur Vergütung, die der Bauherr für die einschlägigen Arbeiten schuldet. Nur jene Kosten, die gemessen an dieser Vergütung vernünftigerweise ins Gewicht fallen, sind vom Bauherrn zu vergüten. Die Beweislast dafür, dass das übliche Mass überschritten wird und die Kosten erheblich sind, liegt beim Unternehmer (Art. 8 ZGB).

Anmerkung 9

Zu vergüten sind höchstens die nachgewiesenen Zusatzkosten ohne Zuschlag für Risiko 9 und Gewinn.

4 46 Belastungsproben und andere Prüfungen am Bauwerk

Art. 139

[1] Die Bauleitung kann schon während der Ausführung der Arbeit[1] Belastungsproben, Messungen oder andere Prüfungen am Bauwerk[2] anordnen[3]. Die Kosten werden vom Bauherrn getragen.[4]

[2] Die Funktionstauglichkeit[5] von Einrichtungen elektrischer[6] und mechanischer Art wie Heizungen, Lüftungen oder Aufzüge wird durch die Inbetriebnahme nachgewiesen[7]. Besondere Versuche nimmt der Unternehmer nur dann auf seine Kosten vor, wenn sie vertraglich nach Art, Zeitpunkt und Umfang vereinbart sind.[8]

[3] Das Ergebnis einer Prüfung oder eines Versuches wird protokolliert.[9] Genügt es den vertraglichen Anforderungen nicht und ist der Unternehmer hiefür verantwortlich, so trägt er in jedem Falle die Prüfungskosten.[10] Die Rechte des Bauherrn aus Art. 366 Abs. 2 OR bleiben vorbehalten.[11]

[4] Sofern der Werkvertrag nichts anderes vorsieht, gelten Prüfungen und Belastungsproben am Bauwerk nicht als Abnahme nach Art. 157–164.[12]

Art. 139 (1977/91)

[1] Die Bauleitung kann schon während der Ausführung der Arbeit Belastungsproben, Messungen oder andere Prüfungen am Bauwerk anordnen. Die Kosten werden vom Bauherrn getragen.

[2] Die Funktionstauglichkeit von Einrichtungen elektrischer und mechanischer Art wie Heizungen, Lüftungen oder Aufzüge wird durch die Inbetriebnahme nachgewiesen. Besondere Versuche nimmt der Unternehmer nur dann auf seine Kosten vor, wenn sie vertraglich nach Art, Zeitpunkt und Umfang vereinbart sind.

[3] Das Ergebnis einer Prüfung oder eines Versuches wird protokolliert. Genügt es den vertraglichen Anforderungen nicht und ist der Unternehmer hiefür verantwortlich, so trägt er in jedem Falle die Prüfungskosten. Die Rechte des Bauherrn aus Art 366 Abs. 2 OR bleiben vorbehalten.

Anmerkung 1

1 Art. 139 Abs. 1 hält ausdrücklich fest, dass die Bauleitung schon *während der Ausführung der Arbeit* Belastungsproben, Messungen oder andere Prüfungen am Bauwerk anordnen kann. Damit stellt Art. 139 Abs. 1 klar, dass die Bauleitung auch schon vor Vollendung des Werks oder eines Werkteils Prüfungen am Werk anordnen kann, nicht erst im Zuge der Abnahmeprüfung (Art. 158 Abs. 2). Doch kann die Bauleitung, wie Art. 158 Abs. 2 ausdrücklich sagt, Belastungsproben und andere Prüfungen nach Art. 139 Abs. 1 und 2 auch im Rahmen der Abnahmeprüfung anordnen (Art. 158/Rz. 18.3 und 22), die das ganze vollendete Werk oder einen in sich geschlossenen vollendeten Werkteil zum Gegenstand hat (vgl. dazu Art. 157 f.). Finden die Prüfungen am Werk mithin vor Vollendung des Werks oder eines Werkteils statt, so gelangt Art. 139 Abs. 1 zur Anwendung; Prüfungen nach der Anzeige der Vollendung des Werks oder eines Werkteils hingegen fallen in den Anwendungsbereich des Art. 158 Abs. 2.

Anmerkung 2

2.1 Mit den «Belastungsproben, Messungen oder anderen Prüfungen am Bauwerk» sind Proben, Messungen und Prüfungen *am Werk des Unternehmers* (Art. 1 Abs. 1) gemeint. Hierzu ist Folgendes zu präzisieren:

2.2 a) In aller Regel findet die Prüfung *auf der Baustelle* statt. Doch ist die Bauleitung frei, eine Prüfung auch an einem (vorfabrizierten) Werkteil anzuordnen, der sich noch ausserhalb der Baustelle (Art. 34 Abs. 2) befindet.

2.3 b) Art. 139 Abs. 1 spricht zwar vom *Bauwerk.* Das aber hat nicht den Sinn, den möglichen Prüfungsgegenstand auf den Bereich der Bautechnik zu beschränken. Die Prüfung am Bauwerk kann sich z.B. auch auf sanitäre Installationen (Art. 1 Abs. 1) oder auf elektrische und mechanische Anlagen (Art. 139 Abs. 2) beziehen.

2.4 c) Als Veranschaulichung für die Proben, Messungen und anderen Prüfungen am Bauwerk dienen die folgenden Beispiele:

2.5 – Als Beispiel für eine *Belastungsprobe* kann eine Probebelastung von Pfählen angeführt werden.

2.6 – Im Zusammenhang mit *Messungen* ist an das Messen des Verdichtungsgrads einer Aufschüttung zu denken.

2.7 – *Andere Prüfungen* am Bauwerk sind beispielsweise Prüfungen einzelner Bauteile mit Ultraschall und die in Art. 139 Abs. 2 normierte Funktionsprüfung elektrischer und mechanischer Einrichtungen.

Anmerkung 3

Die Anordnung solcher Prüfungen gehört zur *Aufsichtstätigkeit der Bauleitung* (Art. 34 Abs. 1 und 2). 3.1

a) Nach der SIA-Norm 118 hat der Unternehmer zwar keinen Anspruch darauf, dass Prüfungen überhaupt oder sorgfältig durchgeführt werden (vgl. auch Art. 137/Rz. 2; GWerkV Rz. 2057 f.; a.M. Spiess/Huser, Handkommentar, N 9 zu Art. 137). In vielen Werkverträgen finden sich aber Bestimmungen, durch die (zumindest) das anzuwendende *Prüfverfahren* (Art. 136/Rz. 3.2; Art. 137/Rz. 9.4) festgelegt wird. Insbesondere kommt es häufig vor, dass einschlägige Prüfungsnormen des SIA oder anderer Fachverbände Bestandteil des Vertrags bilden. 3.2

b) *Wer* die Prüfung vornimmt, wird durch die Bauleitung bestimmt. Die Bauleitung kann (soweit nicht etwas anderes vereinbart wurde) die Prüfung entweder selber durchführen, einem Dritten übertragen (diesfalls gilt das in 137/Rz. 9.1 ff. Gesagte sinngemäss) oder sogar den Unternehmer damit betrauen. Dass auch der Unternehmer in die Prüfungstätigkeit einbezogen wird, entspricht schon deshalb einer verbreiteten Übung, weil die Prüfung in aller Regel auf der Baustelle stattfindet (vgl. Art. 139/Rz. 2.2). 3.3

Anmerkung 4

Der Grundsatz, wonach die Kosten der Belastungsproben, Messungen oder anderen Prüfungen vom Bauherrn getragen werden, gilt aber nicht ohne *Ausnahme*. Der Ausnahmefall ist in *Art. 139 Abs. 3 Satz 2* umschrieben. Ausserdem bleibt zu beachten: 4.1

Für Störungen und Unterbrechungen der Arbeiten des Unternehmers, die durch Belastungsproben, Messungen oder andere Prüfungen am Bauwerk verursacht werden, kann er *keine Entschädigungen* beanspruchen (vgl. Art. 115/Rz. 21). Doch hat der Unternehmer Anspruch darauf, dass bei der Anordnung und Durchführung der Prüfungen Rücksicht auf seinen Baubetrieb genommen wird (vgl. Art. 115/Rz. 21; Art. 137/Rz. 7). Falls erhebliche Nachteile zulasten des Unternehmers sich nicht anders vermeiden lassen und es mit dem Prüfungszweck vereinbar ist, verlangt die gebotene Rücksichtnahme, dass die Prüfungen ausserhalb der Arbeitszeit durchgeführt werden. 4.2

Anmerkung 5

Die *Funktionstauglichkeit* von Einrichtungen elektrischer und elektronischer Art gehört zur Gebrauchstauglichkeit des Werks (BGer 4C.149/2001 vom 19. Dezember 2001 E. 3; zur Funktionstauglichkeit eines Feuerlöschers vgl. BGE 139 II 534/539 E. 4). Konkrete Anforderungen (oft Spezifikationen genannt), denen die Einrichtungen unter dem Gesichtspunkt der Funktionstauglichkeit zu genügen haben (z.B. bestimmte Leistungswerte), können im Werkvertrag (allenfalls durch Verweis auf einschlägige Normen) vereinbart sein. Unter Vorbehalt einer gegenteiligen Abrede darf der Bauherr in guten Treuen erwarten, dass die infrage stehenden Einrichtungen so funktionieren, dass sie für den vertraglich vorausgesetzten oder üblichen Gebrauch tauglich sind (vgl. Art. 166 Abs. 2 und GWerkV Rz. 1413 ff.). 5

Anmerkung 6

6 Zu den *Einrichtungen elektrischer Art* gehören auch elektronische Einrichtungen.

Anmerkung 7

7.1 Durch die *Inbetriebnahme* werden die betreffenden Einrichtungen auf ihre Funktionstauglichkeit geprüft, was gewöhnlich (und auch in Art. 139 Abs. 2 Satz 2) als «Versuch» bezeichnet wird (zu den «besonderen Versuchen» vgl. aber Art. 139/Rz. 8.1 ff.). Die Prüfung durch Inbetriebnahme setzt häufig, aber nicht durchwegs voraus, dass die zu prüfende Einrichtung schon völlig fertiggestellt ist. Bei elektrischen und mechanischen Einrichtungen bildet sie die nächstliegende Prüfungsmethode, weshalb Art. 139 Abs. 2 Satz 1 ausdrücklich darauf Bezug nimmt. Das bedeutet aber nicht, dass andere Prüfungsmethoden (soweit es sie gibt) dadurch ausgeschlossen würden.

7.2 Die Prüfung durch Inbetriebnahme soll dem Bauherrn die Gewissheit verschaffen, dass die geprüften Einrichtungen funktionstauglich sind. Darin besteht der *Nachweis* der Funktionstauglichkeit. Indem Art. 139 Abs. 2 Satz 1 dieses aus dem Beweisrecht stammende Wort («nachgewiesen») verwendet, regelt er aber weder die Beweislastverteilung für einen allfälligen Prozess, noch schränkt er die im Prozess zulässigen Beweismittel ein.

Anmerkung 8

8.1 a) *Besondere Versuche* sind Testversuche, die (im Unterschied zur Inbetriebnahme) darauf abzielen, bestimmte Eigenschaften nur und gerade einzelner Teile der in Art. 139 Abs. 2 Satz 1 erwähnten Einrichtungen nachzuweisen (z.B. des Thermostats, der elektronischen Steuerung oder des Antriebs). Diese Versuche sind aber zu unterscheiden von Probeläufen, die der Vorbereitung der Inbetriebnahme dienen.

8.2 b) Nach der SIA-Norm 118 ist *der Unternehmer nicht verpflichtet,* besondere Versuche von sich aus und auf eigene Kosten vorzunehmen. Vielmehr hat er derartige Versuche nur auf Anordnung der Bauleitung und auf Kosten des Bauherrn durchzuführen (Art. 139 Abs. 2), Letzteres allerdings unter Vorbehalt von Art. 139 Abs. 3. Präzisierend ist festzuhalten:

8.3 – Eine Verpflichtung des Unternehmers, besondere Versuche von sich aus und auf eigene Kosten vorzunehmen, kann sich jedoch aus einer *vertraglichen Abrede* ergeben, die ausserhalb der SIA-Norm 118 getroffen wurde. Damit eine solche Abrede wirksam ist, muss sie individuell oder in einem ranghöheren Vertragsbestandteil (Art. 21) vereinbart sein (Einl./Rz. 26).

8.4 – Art. 139 Abs. 2 verlangt ausserdem, dass die betreffenden Versuche *«nach Art, Zeitpunkt und Umfang vereinbart sind»*. Bei richtiger Auslegung wird damit aber nur auf das allgemeine Erfordernis der genügenden Bestimmtheit verwiesen, dem alle Abreden unterliegen. Das Erfordernis ist erfüllt, wenn nach dem Inhalt der sinnvoll ausgelegten Vereinbarung bestimmt oder bestimmbar ist, was für einen Versuch der Unternehmer im Einzelnen vorzunehmen hat. Der massgebliche Zeitpunkt kann sich mittelbar auch aus der Art und dem Umfang des vereinbarten Versuchs ergeben.

Anmerkung 9

Bei Belastungsproben und anderen Prüfungen, welche die Bauleitung nicht während der Ausführung der Arbeit, sondern im Rahmen einer *Abnahmeprüfung* (Art. 139/Rz. 1 i.V.m. Art. 158/Rz. 18.1 ff.) anordnet, gilt jedoch Art. 158 Abs. 3, wonach das Ergebnis «in der Regel» protokolliert wird (Art. 158/Rz. 24). Diese Bestimmung, die in ihrem Anwendungsbereich der Protokollregel des Art. 139 Abs. 3 vorgeht, stellt klar, dass keine Partei verpflichtet ist, ein Protokoll über die Abnahmeprüfung aufzunehmen und zu unterzeichnen, was der Beschleunigung der Abnahme dient (vgl. Art. 158 Abs. 3). 9

Anmerkung 10

Das Ergebnis *genügt den vertraglichen Anforderungen nicht,* wenn ein durchgeführter Versuch oder eine andere Prüfung ergibt, dass den geprüften Arbeiten oder Einrichtungen eine Eigenschaft fehlt, die sie in diesem Zeitpunkt haben müssten, damit das Werk bei seiner späteren Vollendung den vertragsgemässen Zustand aufweist (Art. 166; vgl. GWerkV Rz. 873 ff.). 10.1

Der Unternehmer ist *nicht dafür verantwortlich,* dass das Ergebnis einer Prüfung oder eines Versuchs nicht den vertraglichen Anforderungen entspricht, wenn den Bauherrn (der auch für seine Hilfspersonen einzustehen hat) ein Selbstverschulden trifft (vgl. Art. 166 Abs. 4). Was bei blossem Mitverschulden (beschränktem Selbstverschulden) des Bauherrn gilt, wird in Art. 139 Abs. 3 zwar nicht gesagt; in sinnvoller Ergänzung der darin enthaltenen Regel dürfte es sich aber rechtfertigen, die Kosten entsprechend der Mitverantwortung des Bauherrn auf beide Vertragsparteien zu verteilen. Zum Selbstverschulden des Bauherrn und zum Mitverschulden vgl. Art. 166 Abs. 4; GWerkV Rz. 1914 ff. und 2050 ff.; BGE 116 II 454/458 E. 3b. Vgl. auch Art. 137 Abs. 2 Satz 3, wo die Verantwortung des Unternehmers zwar nicht genannt, aber stillschweigend vorausgesetzt wird (Art. 137/Rz. 14.2). 10.2

Sind die Voraussetzungen von Art. 139 Abs. 3 Satz 2 erfüllt, so *trägt der Unternehmer in jedem Falle die Prüfungskosten,* also auch dann, wenn es sich nicht um einen besonderen Versuch (Art. 139 Abs. 2 Satz 2) handelt, den der Unternehmer von vornherein auf seine Kosten ausführen musste. 10.3

Anmerkung 11

In Art. 139 Abs. 3 letzter Satz wird (anders als in Art. 137 Abs. 2; vgl. Art. 137/Rz. 14.3) ausdrücklich gesagt, dass dem Bauherrn bei gegebenen Voraussetzungen die *Rechte aus Art. 366 Abs. 2 OR* zustehen (zu den drei Voraussetzungen des Art. 366 Abs. 2 OR siehe GWerkV Rz. 868 ff.; vgl. auch Art. 2 Abs. 2). Das wäre auch ohne ausdrückliche Erwähnung der Fall, der Vorbehalt dient hier der Verdeutlichung. 11

Anmerkung 12

Dass *Prüfungen an sich* nicht als Abnahme gelten können, versteht sich von selbst (vgl. auch Art. 139/Rz. 1 und 9). Klar ist auch, dass Prüfungen am Bauwerk, die schon während der Ausführung der Arbeit vorgenommen werden, nicht Bestandteil der Abnahmeprüfung sind, da die Arbeiten noch nicht vollendet sind (Art. 157/Rz. 2.1 ff.) und damit 12 auch noch keine Vollendungsanzeige (Art. 158 Abs. 1) vorliegt. Art. 139 Abs. 4, der anlässlich der Revision eingeführt worden ist, hat lediglich die Funktion, diese Dinge festzuhalten, ohne die Rechtslage zu beeinflussen. Obwohl anderslautende vertragliche Vereinbarungen ausdrücklich vorbehalten werden, ist nicht davon auszugehen, dass der Bauherr ein Interesse daran hat, Prüfungen und Belastungsproben am Bauwerk während der Ausführung der Arbeit als der Abnahme vorgelagerte Prüfung im Sinne von Art. 158 Abs. 2 qualifiziert zu wissen, zumal an die Abnahme weitreichende Folgen anknüpfen (Art. 157 Abs. 2).

4 47 Materialvorräte

Art. 140

[1] Die Bauleitung ist berechtigt, vom Unternehmer die Anlage grösserer Vorräte an Materialien (Art. 10 Abs. 1) zu verlangen, als es dem vertragsgemässen Arbeitsfortschritt angemessen ist.[1]

[2] Der Bauherr bevorschusst den Kaufpreis[2] und übernimmt nachgewiesene zusätzliche Lagerungskosten[3] des Unternehmers.[4] Mit der Entgegennahme des Vorschusses verpflichtet sich der Unternehmer, die Vorräte ausschliesslich für die Erfüllung des Werkvertrages bereitzuhalten[5] und sie auf Verlangen dem Bauherrn zu Eigentum zu übertragen[6]. Der Vorschuss wird rückerstattet oder verrechnet[7] nach Massgabe der Verwendung des Vorrates für das Werk.

[3] Die Vorschussleistung des Bauherrn wird fällig mit der Rechnungstellung des Unternehmers und wird diesem innerhalb von 30 Tagen ohne Rückbehalt bezahlt.[8]

Art. 140 (1977/91)

[1] Die Bauleitung ist berechtigt, vom Unternehmer die Anlage grösserer Vorräte an Materialien (Art. 10 Abs. 1) zu verlangen, als es dem vertragsgemässen Arbeitsfortschritt angemessen ist. Zur Hinweispflicht des Unternehmers siehe Art. 79.

[2] Der Bauherr bevorschusst den Kaufpreis und übernimmt nachgewiesene zusätzliche Lagerungskosten des Unternehmers. Mit der Entgegennahme des Vorschusses verpflichtet sich der Unternehmer, die Vorräte ausschliesslich für die Erfüllung des Werkvertrages bereitzuhalten und sie auf Verlangen dem Bauherrn zu Eigentum zu übertragen. Der Vorschuss wird rückerstattet oder verrechnet nach Massgabe der Verwendung des Vorrates für das Werk.

[3] Die Vorschussleistung des Bauherrn wird fällig mit der Rechnungstellung des Unternehmers und wird diesem innerhalb von 30 Tagen ohne Rückbehalt bezahlt.

Anmerkung 1

1.1 Art. 140 bezieht sich nur auf den *Vorrat an Materialien (Art. 10 Abs. 1), die der Unternehmer (nicht der Bauherr) zu liefern («beizustellen») hat.* Das ergibt sich eindeutig aus der Bestimmung des Art. 140 Abs. 2. Somit verschafft Art. 140 dem Bauherrn keinen Anspruch darauf, dass der Unternehmer grössere Vorräte (als angemessen) auch an solchen Materialien anlegt, die er (der Bauherr) selber (kostenlos oder gegen Bezahlung) liefert (Art. 10 Abs. 3). Wünscht der Bauherr vom Unternehmer die Anlage derartiger Vorräte, so hat er sich mit ihm ins Einvernehmen zu setzen, namentlich auch, was die Vergütung der Lagerungskosten und (bei Lieferung gegen Bezahlung) den Zahlungsmodus betrifft. Vorbehalten bleibt eine einschlägige Vertragsabrede, die zum Voraus getroffen wurde.

Grössere Vorräte können *von allen vorratsfähigen Materialien* (Art. 10 Abs. 1) verlangt 1.2
werden, also nicht nur von Bau-, sondern auch von Hilfs- und Betriebsstoffen. Insofern ist das in Art. 140 Abs. 1 vorgesehene Recht sachlich unbeschränkt. Immer aber handelt es sich um Materialien (und nur um Materialien), von denen der Bauherr die Anlage eines grösseren Vorrats verlangen kann. Dazu gehören nicht auch Werkteile und andere Sachen, die der Unternehmer durch Subunternehmer (Art. 29) herstellen lässt (vgl. auch Art. 140/Rz. 2.4). Zur Abgrenzung Subunternehmer/Zulieferant vgl. GWerkV Rz. 140.

Angemessen ist ein Vorrat, der im Zeitpunkt, da die Bauleitung ihr Begehren stellt, sowohl 1.3
ausreicht als auch erforderlich ist, um den «vertragsgemässen Arbeitsfortschritt» (Art. 140 Abs. 1) und damit die Einhaltung der vertraglichen Fristen (Art. 92 ff.) zu gewährleisten. Insbesondere muss der Vorrat ausreichen, um die Diskrepanz zwischen dem (schwankenden) Verbrauch auf der Baustelle und den schubweise auf der Baustelle eintreffenden Lieferungen zu überbrücken und gelegentliche Verzögerungen (z.B. infolge von Witterungseinflüssen) auszugleichen, mit denen im Normalfall (je nach Lage der Baustelle) zu rechnen ist.

Auf die *Gründe,* warum die Bauleitung grössere Vorräte verlangt, kommt es nicht an. In 1.4
aller Regel beabsichtigt der durch die Bauleitung vertretene Bauherr (Art. 33), mit der Anlage grösserer Vorräte ungünstigen Entwicklungen zuvorzukommen. Beispielsweise soll eine Verteuerung des Werks infolge erwarteter Materialpreis-Erhöhungen oder eine verzögerte Ausführung des Werks infolge befürchteter Lieferstörungen (Art. 96 Abs. 1) vermieden werden.

Anmerkung 2

Die Formulierung, wonach der Bauherr *den Kaufpreis «bevorschusst»,* ist nicht im juris- 2.1
tisch-technischen Sinne zu verstehen.

a) Vielmehr handelt es sich bei der Vorschussleistung, auf die der Unternehmer Anspruch 2.2
hat, um ein (zinsloses) *Darlehen* (Art. 312 OR, vgl. auch Art. 140/Rz. 2.3 und 8.2; a.M. Spiess/Huser, Handkommentar, N 6 zu Art. 140), das nach Massgabe des Art. 140 Abs. 2 dem Bauherrn zurückzuleisten ist, sei es in bar oder sei es durch Verrechnung mit Forderungen des Unternehmers. Die Besonderheit dieses Darlehens besteht in seiner Zweckgebundenheit. Der Unternehmer darf und muss es zur Finanzierung des zusätzlichen Vorrats verwenden, weshalb sich die Darlehenssumme nach dem Kaufpreis des zu erwerbenden Materials bestimmt. In diesem Sinne wird der Kaufpreis «bevorschusst».

b) Indem Art. 140 Abs. 2 von *«Bevorschussung»* spricht, macht er aber auch klar, dass der 2.3
Unternehmer berechtigt ist, die Auszahlung der Darlehenssumme noch vor dem Erwerb

des zusätzlichen Materials zu verlangen. Soweit er das Darlehen nicht erhalten hat, darf er mit dem Erwerb des zusätzlichen Materials zuwarten.

2.4 c) Der Ausdruck «*Kaufpreis*» umfasst (über seinen Wortlaut hinaus) auch den «Werkpreis», soweit der Unternehmer das betreffende Material vom Zulieferanten nicht käuflich erwirbt (Art. 184 OR), sondern im Werkvertrag (Art. 363 OR) herstellen lässt (vgl. GWerkV Rz. 140). Dass Art. 140 sich aber nicht auch auf Leistungen von Subunternehmern (Art. 29) bezieht, wurde bereits gesagt (vgl. Art. 140/Rz. 1.2).

Anmerkung 3

3.1 a) Die «*zusätzlichen Lagerungskosten*» sind in einem weiten Sinne zu verstehen. Sie umfassen nicht nur die Kosten der Lagerung selbst, sondern vielmehr alle zusätzlichen Kosten, die dem Unternehmer (über die reinen Erwerbskosten hinaus) durch die Anlage und Haltung der grösseren Vorräte entstehen. Demnach können die Kostenarten sehr verschieden sein:

3.2 – Die zusätzlichen Kosten können etwa entstehen durch: die notwendige Zumiete von Lagerplatz, wenn die ohnehin verfügbaren Plätze nicht ausreichen; das Herrichten der Lagerungsmöglichkeit (z.B. auch Aufstellen von Silos); Schutzmassnahmen für die zusätzlich gelagerte Ware; verlängerte Transportwege; zusätzlichen Ablad und Auflad, einschliesslich zusätzlich entstehender Materialverluste.

3.3 – Immer aber beschränkt sich der Anspruch des Unternehmers auf die Vergütung der *effektiven Zusatzkosten* ohne Zuschlag für Risiko und Verdienst. Die Bestimmungen der Art. 84–91 (über die Bestellungsänderung) finden keine Anwendung, sondern treten hinter den so ausgelegten Art. 140 Abs. 2 zurück.

3.4 b) Die *Beweislast* für die zusätzlichen Kosten liegt beim Unternehmer (Art. 8 ZGB).

Anmerkung 4

4 Die Ansprüche des Unternehmers auf Bevorschussung des Kaufpreises und auf Vergütung zusätzlicher Lagerungskosten setzen voraus, dass der Unternehmer *auf Verlangen der Bauleitung* (Art. 140 Abs. 1) handelt. Handelt er eigenmächtig, so ist der Bauherr weder zur Bevorschussung des Kaufpreises noch zur Vergütung zusätzlicher Lagerungskosten verpflichtet.

Anmerkung 5

5 Dem Unternehmer ist jede andere Verwendung (namentlich die Veräusserung) des betreffenden Materials untersagt. Verletzt er diese *Unterlassungspflicht*, so haftet er dem Bauherrn für den daraus entstehenden Schaden nach Massgabe und unter den Voraussetzungen des Art. 98 Abs. 2 OR. Ausserdem kann er für materialpreisbedingte Mehrkosten, die bei vertragsgemässem Verhalten ausgeblieben wären, keine Teuerungsvergütung verlangen. Und schliesslich wird der erhaltene Vorschuss (Art. 140/Rz. 2.1 ff.), soweit das infrage stehende Material für die Erfüllung des Werkvertrags nicht mehr zur Verfügung steht, sogleich (Art. 75 OR) zur Rückzahlung fällig.

Anmerkung 6

Diese *Eigentumsübertragung* hat den Charakter einer Sicherungsübereignung. Sie geschieht durch blosse Erklärung, wenn der Unternehmer das erworbene Material als (unselbständiger) Besitzer zurückbehält, um es später für die Erfüllung des Werkvertrags zu verwenden (vgl. TUOR/SCHNYDER/SCHMID, Das Schweizerische Zivilgesetzbuch, § 103 N 7). Das führt dann zur Frage, ob der Eigentumsübergang auch Dritten gegenüber wirksam ist oder im Verhältnis zu Dritten an Art. 717 ZGB scheitert (BGE 119 II 326/327f. E. 2a; SCHMID/HÜRLIMANN-KAUP, Sachenrecht, Rz. 2012ff.; TUOR/SCHNYDER/SCHMID, Das Schweizerische Zivilgesetzbuch, § 103 N 7). In jedem Fall besser gestellt wäre der Bauherr, wenn er sich z.B. durch eine Bankgarantie (Art. 111 OR) absichern liesse, worauf er aber nach Art. 140 keinen Anspruch hat. Die soeben erwähnte Frage stellt sich nicht, wenn die Eigentumsübertragung durch Sachübergabe erfolgt, indem das Material beispielsweise auf einem Platz, in einer Halle oder in einem Haus des Bauherrn abgelagert wird. 6

Anmerkung 7

Verrechnet wird die jeweils fällige Forderung des Bauherrn auf Rückerstattung, und zwar (meistens) *mit einer Vergütungsforderung des Unternehmers*, namentlich einer Forderung auf Abschlagszahlung (Art. 144). Das Wort «verrechnet» ist also im Sinne des Art. 120 OR verstanden und hat nicht etwa die Bedeutung von «in Rechnung stellen». 7

Anmerkung 8

Zur *30-tägigen Frist* des Bauherrn für die Bevorschussung des Kaufpreises (Art. 140 Abs. 2) vgl. Art. 190 Abs. 1. 8.1

Dass vom Vorschuss des Bauherrn (Art. 140 Abs. 2) *kein Rückbehalt* (Art. 149) abgezogen wird, versteht sich von selbst. Denn beim Vorschuss handelt es sich nicht um eine Vergütungsleistung des Bauherrn, sondern um ein Darlehen zur Finanzierung des zusätzlichen Vorrats (Art. 140/Rz. 2.2f.), worauf weder der Zweck des Rückbehalts (Art. 149) noch die Voraussetzungen für seine Auszahlung (Art. 152) passen. 8.2

5 Ausmass, Abschlagszahlungen, Sicherheitsleistungen und Schlussabrechnung

Vorbemerkungen zu Art. 141 – 156

1 a) Die Pflicht zur Leistung einer *Vergütung ist die Hauptpflicht* des Bauherrn (GWerkV Rz. 896 f.). Die Art. 141 – 156 regeln verschiedene Modalitäten der Vergütung. Sie sind wie folgt gegliedert: Ermittlung der tatsächlichen Bauleistungen beim Einheitspreisvertrag (Art. 141 – 143); Abschlagszahlungen (Art. 144 – 148); Sicherheitsleistung des Unternehmers bis zur Abnahme (Art. 149 – 152); Schlussabrechnung und deren Fälligkeit (Art. 153 – 156).

2 b) Das Thema der *Vergütung* ist in den Art. 141 – 156 nicht umfassend abgehandelt. Zahlreiche und wichtige Vergütungsfragen sind in Art. 38 – 83 sowie in anderen Vorschriften der Norm geregelt (vgl. einlässlich Vorbem. Art. 38 – 83/Rz. 1 ff.). Zur *Verjährung* der Vergütungsforderungen beachte Vorbem. Art. 38 – 83/Rz. 4 ff.

5 1 Ausmass bei Arbeiten zu Einheitspreisen

5 11 Grundsatz

Art. 141

[1] Die Mengen der zu Einheitspreisen [1] erbrachten Leistungen [2] werden je nach den Bedingungen des Werkvertrages [3] entweder nach dem tatsächlichen Ausmass [4] ermittelt (durch Messen [5], Wägen [6] oder Zählen [7]) oder nach dem plangemässen theoretischen Ausmass (Art. 143) [8].[9]

[2] Ermittelt wird das Ausmass aller vereinbarten und gelieferten Mengen.[10] Über den Werkvertrag und allfällige Bestellungsänderungen hinausgehende Leistungen werden nur ausgemessen, soweit sie für die vertragsgemässe Ausführung des Werkes erforderlich waren.[11]

Art. 141 (1977/91)

[1] Die Mengen der zu Einheitspreisen erbrachten Leistungen werden je nach den Bedingungen des Werkvertrages entweder nach dem tatsächlichen Ausmass ermittelt (durch Messen, Wägen oder Zählen) oder nach dem plangemässen theoretischen Ausmass (Art. 143).

[2] Ermittelt wird das Ausmass aller vereinbarten und gelieferten Mengen. Über den Werkvertrag und allfällige Bestellungsänderungen hinausgehende Leistungen werden nur ausgemessen, soweit sie für die vertragsgemässe Ausführung des Werkes erforderlich waren.

Anmerkung 1

Zum «Einheitspreis» vgl. Art. 39 und GWerkV Rz. 915 ff. Das Merkmal des Einheitspreises besteht darin, dass er je *Mengeneinheit* (z.B. je Laufmeter, Quadratmeter, Kubikmeter, Kilogramm oder Stück) einer bestimmten (Einzel-)Leistung (z.B. Aushub der Baugrube, Pflasterung des Dorfplatzes) vereinbart ist (Art. 39/Rz. 4). 1

Anmerkung 2

Zu «*Einheitspreisen erbrachte Leistungen*» sind ausgeführte Leistungen, deren Vergütung sich nach Einheitspreisen bestimmt (Art. 39). Die Vergütung, die der Bauherr für solche Leistungen schuldet, ergibt sich aus der Anzahl der vom Unternehmer geleisteten Mengeneinheiten (Art. 141/Rz. 1), multipliziert mit dem zugehörigen Einheitspreis (Art. 39/Rz. 6.1 ff.). Für jede Einheitspreis-Leistung muss daher die *Menge der geleisteten Einheiten* ermittelt werden, damit sich die dafür geschuldete Vergütung errechnen lässt. Die Mengeneinheit (z.B. Laufmeter, Kubikmeter oder Kilo), auf die es dabei ankommt, ergibt sich aus der getroffenen Preisabrede. Wie viel jede Einheit kosten soll, wird regelmässig im *Leistungsverzeichnis* (Art. 39 Abs. 1 Satz 2) festgelegt. Im Einzelnen sind zwei Punkte zu beachten: 2.1

a) Die *Beweislast* (Art. 8 ZGB) für die Menge der zu einem Einheitspreis geleisteten Einheiten obliegt dem Unternehmer (BGer vom 27. Juli 1994 = Semjud 1995, S. 82 ff. = BR/DC 1995, S. 39 f., Nr. 124; Bühler Alfred, Von der Beweislast, S. 311). Vergütungspflichtig ist aber immer nur diejenige (geleistete) Menge, die bei sorgfältigem Vorgehen genügt hätte, um die geschuldete Leistung vertragsgemäss auszuführen (vgl. BGE 96 II 58/61 E. 1 betreffend den Streit um die Menge Ton-Gel-Mischung zur Abdämmung einer Spundwand und zur Festigung und Abdichtung des anschliessenden Bodens; ferner BGer 4C.88/2005 vom 8. Juli 2005 E. 2). Das versteht sich von selbst, soweit das zu viel Geleistete – beispielsweise der effektive Verbrauch von Umhüllungsbeton zum Bau einer Entwässerungsleitung (Bucher Jörg/Henninger, Kalkulation und Teuerungsabrechnung, S. 178) – das planmässige theoretische Ausmass (Art. 141/Rz. 8) überschreitet, denn das zu viel Geleistete bleibt hier, weil nicht plangemäss, schon bei der Ermittlung des Ausmasses unberücksichtigt. Die beschriebene Regel gilt jedoch auch, wenn sich die Menge nach dem tatsächlichen Ausmass (Art. 141/Rz. 4) bestimmt (Art. 39/Rz. 6.3; GWerkV Rz. 928). Im Streitfall hat der Unternehmer die (anspruchsbegründende) Tatsache zu beweisen, dass die geleistete Menge nötig war, um das Werk vertragsgemäss herzustellen (Art. 8 ZGB; GWerkV Rz. 928; Bühler Alfred, Von der Beweislast, S. 311; a.M. Spiess/Huser, Handkommentar, N 19 zu Art. 141). 2.2

b) In aller Regel vereinbaren die Parteien im Werkvertrag *je eigene Einheitspreise* für die einzelnen Leistungen, aus denen sich die vom Unternehmer übernommene Bauarbeit zusammensetzt. Bei kleineren Arbeiten kann die vereinbarte Gesamtleistung des Unternehmers mitunter auch nach einem *einzigen* Einheitspreis (z.B. je Kubikmeter) vergütet werden (Art. 39/Rz. 7.2). 2.3

Anmerkung 3

3 Zu den «*Bedingungen des Werkvertrages*» vgl. Art. 141/Rz. 9.2.

Anmerkung 4

4 Beim «*tatsächlichen Ausmass*» kommt es auf die vom Unternehmer tatsächlich erbrachten Einheiten an, die «am Objekt» gemessen, «in natura» gewogen oder gezählt werden. Bei diesen Einheiten kann es sich um blosse Masseinheiten (z.B. für Baumaterial) oder um eigentliche Leistungseinheiten (z.B. für einen bestimmten Arbeitsschritt) handeln. Zur fortlaufenden Ermittlung des Ausmasses vgl. Art. 142.

Anmerkung 5

5 *Gemessen* werden Einheiten wie Laufmeter, Quadratmeter oder Kubikmeter. Da Einheitspreise überwiegend nach derartigen (messbaren) Einheiten festgesetzt sind, steht das Messen so sehr im Vordergrund, dass sich daraus die Oberbegriffe «*Ausmass*» und «*Ausmessen*» für den ganzen Vorgang gebildet haben.

Anmerkung 6

6 *Gewogen* werden Einheiten, die in einer bestimmten Gewichtseinheit (etwa von Baustoffen oder Aushub) bestehen. Das gemeinsame (Art. 142 Abs. 1; Art. 142/Rz. 4.1 ff.) Wägen erfolgt oftmals ausserhalb der Baustelle. Es kann sich erübrigen, wenn eine Bescheinigung über die Feststellung der Masse mittels einer amtlich geeichten Waage («Waagschein») zur Verfügung steht.

Anmerkung 7

7 *Gezählt* werden Einheiten, wenn die massgebliche Einheit in einem bestimmten Stück (z.B. einem Fenster, einer Tür, einem Lavabo, einer Pflanze usw.) besteht.

Anmerkung 8

8 Das «*plangemässe theoretische Ausmass*» bestimmt sich aufgrund der in den Plänen eingetragenen Masse sowie der vor Baubeginn erstellten ursprünglichen Geländeaufnahmen (Art. 143 Abs. 1 Satz 1). Wird der Materialverbrauch nach dem plangemässen theoretischen Ausmass abgerechnet, wie beispielsweise beim Umhüllungsbeton einer Entwässerungsleitung, muss der Kalkulator den effektiven Materialverbrauch also zum Voraus abschätzen (Bucher Jörg/Henninger, Kalkulation und Teuerungsabrechnung, S. 178). Dadurch unterscheidet sich das plangemässe theoretische Ausmass vom tatsächlichen Ausmass, bei dem die geleisteten Mengeneinheiten «am Objekt» gemessen, in «natura» gewogen oder gezählt werden (Art. 141/Rz. 4).

Anmerkung 9

9.1 Die geleistete Menge, nach der sich die Vergütung der Einheitspreis-Leistungen bestimmt (Art. 141/Rz. 2.1), wird «*entweder nach dem tatsächlichen [...] oder nach dem plangemässen theoretischen Ausmass*» ermittelt.

a) Ob es im Einzelfall auf dieses oder jenes Ausmass ankommt, beurteilt sich nach den *«Bedingungen des Werkvertrages»*. Gemeint sind damit Abreden, welche die Parteien ausserhalb der SIA-Norm 118 getroffen haben. Beispielsweise kann das Leistungsverzeichnis für einzelne Positionen angeben, dass die entsprechenden Leistungen nach dem plangemässen theoretischen Ausmass zu ermitteln sind. Es kann innerhalb des gleichen Werkvertrags für gewisse Leistungen das plangemässe theoretische Ausmass und für andere das tatsächliche Ausmass vereinbart sein. Entsprechende Abreden können die Parteien auch in vorformulierten und übernommenen Allgemeinen Geschäftsbedingungen treffen (vgl. z.B. Ziff. 8.5.1.1 SIA-Norm 118/198 [«Allgemeine Bedingungen für Untertagbau»]: «Falls im Werkvertrag nicht anders geregelt, wird der Ausbruch nach theoretischem Ausmass vergütet»). 9.2

Soweit die Parteien weder ausdrücklich noch stillschweigend (z.B. durch stillschweigenden Verweis auf eine einschlägige Übung) etwas anderes vereinbart haben, ist die Menge nach dem *tatsächlichen Ausmass* zu ermitteln. In diesem Sinne spricht eine natürliche Vermutung dafür, dass die Parteien das tatsächliche Ausmass vereinbart haben (OGer ZH LB130065 vom 4. Juli 2014 E. C/1.1; Reetz, Der Bauprozess: er steht und fällt mit dem Beweis, S. 154). Die Beweislast für eine anders lautende Abrede (plangemässes theoretisches Ausmass) trägt die Partei, die sich darauf beruft (Art. 8 ZGB). Zum Ganzen vgl. GWerkV Rz. 927; Bühler Alfred, Von der Beweislast, S. 311. 9.3

b) *Für die Ermittlung der Menge* (nach dem tatsächlichen oder dem plangemässen Ausmass) hat die Praxis zahlreiche Einzelregeln entwickelt, die durch Übernahme in den konkreten Vertrag – und nur auf diese Weise (BGE 118 II 295/296 f. E. 2a = Gauch, Urteilsanmerkung, in: BR/DC 1993, S. 103 f., Nr. 216; vgl. auch BGer 4C.261/2005 vom 9. Dezember 2005 E. 2.3 = Gauch, Urteilsanmerkung, in: BR/DC 2006, S. 67, Nr. 213; Spiess/Huser, Handkommentar, N 8 f. zu Art. 141) – verbindlich werden (GWerkV Rz. 918 f.). Solche Regeln sind beispielsweise in verschiedenen Normen des SIA (z.B. in Ziff. 8.5 SIA-Norm 118/262 [«Allgemeine Bedingungen für Betonbau»]) und des VSM bzw. SWISSMEM oder im Normpositionen-Katalog (vgl. z.B. das NPK-Merkblatt Nr. 4 der CRB) vorformuliert (vgl. die Zusammenstellung bei Blumer, Bauführung, S. 244). Sie können unter anderem auch *Toleranzen* für Mehr- oder Mindermengen, *Mengenzuschläge* zu den effektiven Ausmassen (z.B. für Tür- oder Fensterstürze oder für das Ausbilden von Kanten) oder *Abzüge* (etwa für Öffnungen) im Mauerwerk festlegen (vgl. Blumer, Bauführung, S. 244). 9.4

Anmerkung 10

Diese Regel fusst auf der *Zweckvorstellung*, dass bei den zu Einheitspreisen erbrachten Leistungen (Art. 141 Abs. 1) das Ausmass der jeweiligen Menge ermittelt wird, damit sich die geschuldete Vergütung errechnen lässt (Art. 141/Rz. 2). 10.1

a) Dass unter diesem Gesichtspunkt nur «gelieferte» (also geleistete) Mengen «ausgemessen» werden, versteht sich von selbst, da für nicht geleistete Mengeneinheiten von vornherein keine Vergütung geschuldet wird (Art. 141/Rz. 2.1 f.). Vorbehalten bleiben allfällig 10.2

vereinbarte Mengenzuschläge zu den effektiven Ausmassen (Art. 141/Rz. 9.4) sowie das Mengenrisiko beim plangemässen theoretischen Ausmass (Art. 143/Rz. 1.3).

10.3 b) Schwierigkeiten bereitet hingegen der Passus, wonach das Ausmass *«aller vereinbarten Mengen»* ermittelt wird. Diese ungenaue Formulierung reflektiert den Grundsatz, wonach eine Vergütung nach Einheitspreisen nur im Umfang des vereinbarten Leistungsumfangs geschuldet ist.

10.4 Der Grundsatz gilt jedoch bloss im Rahmen allfällig vereinbarter *Mengentoleranzen* (Art. 141/Rz. 9.4) sowie unter Vorbehalt von *Bestellungsänderungen* (Art. 84ff.). Ausserdem ist daran zu erinnern, dass vergütungspflichtig immer nur diejenige (geleistete) Menge ist, die bei *sorgfältigem* Vorgehen genügt hätte, um die geschuldete Leistung vertragsgemäss auszuführen (Art. 141/Rz. 2.2).

Anmerkung 11

11.1 *«Über den Werkvertrag und allfällige Bestellungsänderungen hinausgehende Leistungen»* sind *unbestellte* Leistungen. Für sie schuldet der Bauherr grundsätzlich keine Vertragsvergütung, auch nicht nach Einheitspreisen, weshalb sich ein Ausmessen erübrigt.

11.2 Von diesem Grundsatz gibt es eine Ausnahme. Sie betrifft *dringliche* Arbeiten, für die erstens ein Vergütungsanspruch des Unternehmers nach Art. 45 Abs. 2 besteht und zweitens das Leistungsverzeichnis eine *Eventualposition* mit Einheitspreisen enthält (GWERKV Rz. 1314f.; HGer ZH HE140074 vom 26. Mai 2014 E. 3.2.1). Solche Arbeiten werden nach den Einheitspreisen der Eventualposition (nicht nach Regieansätzen) abgerechnet (Art. 45/Rz. 6.2), weshalb die erbrachte Leistung auszumessen ist. Das entspricht nicht nur der Praxis, sondern auch dem Sinngehalt der unklar formulierten Ausnahmeregel, wonach «über den Werkvertrag und allfällige Bestellungsänderungen hinausgehende Leistungen [...] nur ausgemessen [werden], soweit sie für die vertragsgemässe Ausführung des Werkes erforderlich waren» (Art. 141 Abs. 2; vgl. GWERKV Rz. 1315).

5 12 Massurkunde

Art. 142

[1] Bauleitung [1] und Unternehmer [2] ermitteln [3] gemeinsam [4], fortlaufend [5] und zeitgerecht [6], möglichst innert Monatsfrist [7], die Ausmasse [8] und anerkennen [9] sie gegenseitig [10] in den Massurkunden [11].

[2] Ausmasse, die nach dem Fortschreiten des Baues nicht mehr festgestellt werden können [12], sind sofort [13] aufzunehmen. Der Unternehmer benachrichtigt [14] die Bauleitung [15] rechtzeitig [16].

[3] Wird der für die gemeinsame Aufnahme [17] des Ausmasses vereinbarte Termin [18] von einer Seite [19] nicht eingehalten [20], so hat der Säumige das Aufnahmeergebnis

des anderen[21] als endgültig anzuerkennen[22], sofern die Aufnahme nicht nachgeholt werden kann[23] oder[24] er ein zweites Mal säumig wird[25].

[4] Ist nichts anderes vereinbart[26], so stellt der Unternehmer die für die Ermittlung des Ausmasses erforderlichen Arbeitskräfte[27] und Geräte[28] unentgeltlich[29] zur Verfügung.

Art. 142 (1977/91)

[1] Bauleitung und Unternehmer ermitteln gemeinsam, fortlaufend und zeitgerecht, möglichst innert Monatsfrist, die Ausmasse und anerkennen sie gegenseitig in den Massurkunden.

[2] Ausmasse, die nach dem Fortschreiten des Baues nicht mehr festgestellt werden können, sind sofort aufzunehmen. Der Unternehmer benachrichtigt die Bauleitung rechtzeitig.

[3] Wird der für die gemeinsame Aufnahme des Ausmasses vereinbarte Termin von einer Seite nicht eingehalten, so hat der Säumige das Aufnahmeergebnis des andern als endgültig anzuerkennen, sofern die Aufnahme nicht nachgeholt werden kann oder er ein zweites Mal säumig wird.

[4] Ist nichts anderes vereinbart, so stellt der Unternehmer die für die Ermittlung des Ausmasses erforderlichen Arbeitskräfte und Geräte unentgeltlich zur Verfügung.

Anmerkung 1

Die «Bauleitung» handelt anstelle des Bauherrn. Denn die Zusammenarbeit beim Ausmessen ist eine *Mitwirkungsobliegenheit* des Bauherrn (Art. 94/Rz. 2.1 f.), gehört aber intern zum Aufgabenbereich der Bauleitung. Im Einzelnen sind die folgenden Punkte zu beachten: 1.1

a) Anstelle der Bauleitung kann auch eine andere Person handeln, der die Bauleitung die Mitwirkung beim Ausmessen übertragen hat (Art. 35). Ausserdem ist es möglich, dass der Bauherr schon von vornherein andere Personen (z.B. einen Bauingenieur oder einen Ingenieur für Haustechnik) damit beauftragt, anstelle der Bauleitung beim Ausmessen aller oder eines Teils der Leistungen des Unternehmers mitzuwirken (vgl. Art. 4.52 SIA-Ordnung 102: «Ausmassarbeiten» als Grundleistungen bei der Ausführung; Art. 4.3.52 SIA-Ordnung 103: «Ermitteln von Ausmassen gemeinsam mit dem Unternehmer»; Art. 4.52 SIA-Ordnung 108: «Organisation und Kontrolle der Ausmassarbeiten»). 1.2

b) Die Bauleitung *haftet* gegenüber dem Bauherrn, wenn sie sich beim Ausmessen *pflichtwidrig* verhält, z.B. weil sie säumig oder unaufmerksam ist oder bei einer Arbeitsteilung (Art. 142/Rz. 4.2 f.) den Unternehmer nicht gehörig kontrolliert. So hat die Bauleitung dem Bauherrn den Schaden zu ersetzen, der diesem durch eine Entkräftung von Ausmassurkunden im Prozess erwächst und der ihm nicht entstanden wäre, wenn die Bauleitung beim Ausmessen pflichtgemäss mitgewirkt hätte. Die Bauleitung hat freilich nicht nur für geschuldete Sorgfalt einzustehen. Sie haftet auch, falls sie die Ausmasse absichtlich falsch ermittelt oder böswillig manipuliert. Zu denken ist an den Fall, da die Bauleitung Regiearbeiten des Unternehmers in Mengeneinheiten «umrechnet», um Planungsfehler oder einen Koordinationsfehler der Bauleitung gegenüber dem Bauherrn zu vertuschen. Ein weiteres Beispiel betrifft unbestellte Leistungen des Unternehmers, welche die Bauleitung zugunsten des Unternehmers in der Massurkunde «unterbringt», ob- 1.3

wohl der Bauherr diese Leistungen gar nicht bezahlen müsste. Derartige Verhaltensweisen können als Betrug (Art. 146 StGB) strafbar sein, wenn der Bauherr irregeführt und zu einer Vermögensverfügung veranlasst wird. Auch macht sich die Bauleitung mitunter wegen Urkundenfälschung (Art. 251 StGB) strafbar, soweit die manipulierte Massurkunde in die Rechnungsstellung einfliesst («zusammengesetzte Urkunde») und die Rechnung verfälscht (vgl. zum ähnlichen Fall inhaltlich falscher Regierapporte RIEDO CHRISTOF/RIEDO DONAT, Falschbeurkundung bei Rechnungsstellung, S. 13 f.). Soweit er das strafbare Verhalten der Bauleitung in Kauf nimmt und kein Fall von Art. 172ter StGB vorliegt, macht sich als Gehilfe im Sinne von Art. 25 StGB auch der Unternehmer strafbar, selbst wenn er im Hinblick auf zukünftige Aufträge unter starkem wirtschaftlichem Druck stehen mag.

1.4 c) Entzieht der Bauherr der Bauleitung den Auftrag mit der Folge, dass diese beim Ausmessen nicht mitwirken kann, und wirkt er selbst nicht mit oder verbietet er dem Unternehmer sogar, die Baustelle zu betreten, um dessen alleiniges Ausmessen (Art. 142 Abs. 3) zu verhindern, so muss er damit rechnen, dass das Gericht dem Unternehmer im Streitfall Beweiserleichterungen zubilligt und die Verweigerung der Mitwirkung des Bauherrn bei der Beweiswürdigung zu dessen Nachteil in die Waagschale wirft (vgl. SCHUMACHER, Beweisprobleme, S. 167 und 175).

Anmerkung 2

2 Der *«Unternehmer»*, der grundsätzlich durch seinen Baustellenchef vertreten wird (Art. 36 Abs. 1 Satz 1), kann weitere Personen bezeichnen, die er dazu ermächtigt hat, auszumessen und Bauaufnahmen zu unterzeichnen (Art. 36 Abs. 1 Satz 2).

Anmerkung 3

3 Unter *«Ermitteln»* ist das *tatsächliche Ausmessen* zu verstehen. Soweit die Abrechnung nach dem tatsächlichen Ausmass erfolgt (Art. 141/Rz. 9.2 f. und 11.2), werden die erbrachten Mengeneinheiten «am Objekt» gemessen, «in natura» gewogen oder gezählt (OGer LU 1B 11 9 vom 11. Oktober 2011 E. 4.4.2 = LGVE 2011 I Nr. 24 S. 52 f., vgl. auch Art. 141/Rz. 4).

Anmerkung 4

4.1 Bauleitung und Unternehmer haben die Ermittlungen *«gemeinsam»* durchzuführen, was im Regelfall ihre gleichzeitige Anwesenheit und damit auch voraussetzt, dass sie vorgängig einen Ausmasstermin vereinbaren (OGer LU 1B 11 9 vom 11. Oktober 2011 E. 4.4.2 = LGVE 2011 I Nr. 24 S. 52 f.; vgl. Art. 142/Rz. 7.2 f. und 16). Das gemeinsame Ausmessen wird gelegentlich auch als «kontradiktorische Massaufnahme» bezeichnet.

4.2 Dass gemeinsam auszumessen ist, schliesst eine *Arbeitsteilung* zwischen Bauleitung und Unternehmer nicht aus, z.B. indem die Bauleitung misst und der Unternehmer aufschreibt oder umgekehrt. Doch erfordert auch diese Art der Zusammenarbeit von beiden Seiten eine pflichtgemässe Aufmerksamkeit bzw. sogar eine Kontrolle (z.B. durch Stichproben). Denn das Ausmessen birgt – als Folge blosser Versehen oder aufgrund von Manipulationen – verschiedene Fehlerquellen in sich (unrichtiges Ablesen, fehlerhafte Übermittlung, falsches Aufschreiben usw.). Die Aufmerksamkeit, welche die Bauleitung und der Unternehmer je schulden, bestimmt sich nach den konkreten Umständen.

Oft werden vom Vertreter des Unternehmers auf der Baustelle (Bauführer oder Polier) 4.3
laufend *Ausmassnotizen* erstellt, die anlässlich des nächsten «offiziellen» gemeinsamen Ausmasstermins in die eigentliche Ausmassurkunde übertragen werden (vgl. Blumer, Bauführung, S. 244). Die Bauleitung hat sorgfältig zu prüfen, wie weit sie derartigen «Vorermittlungen» Vertrauen schenken darf (OGer LU 1B 11 9 vom 11. Oktober 2011 E. 4.4.2 = LGVE 2011 I Nr. 24 S. 52 f.; Schumacher, Ausmasse und Regierapporte, S. 32).

Anmerkung 5

«Fortlaufend» bedeutet, dass die Ausmasse während der Bauausführung öfters ermittelt 5.1
werden, meistens in regelmässigen und, wenn nötig, in kurzen Zeitabständen. Die massgeblichen Zeitabstände können im Einzelfall durch eine einschlägige *Branchenübung* mitbestimmt sein.

Mit der vereinbarten Pflicht zur kontinuierlichen Ermittlung der tatsächlichen Ausmasse 5.2
(und mit der Rapportpflicht für Regiearbeiten nach Art. 47) übernehmen die Parteien ein baubegleitendes Leistungserfassungssystem als Beweissicherungssystem. Es handelt sich um einen Beweissicherungsvertrag (auch Beweisbeschaffungsvertrag genannt), in welchem sich die Parteien zur gemeinsamen (Art. 142/Rz. 4.1 ff.) und raschen (Art. 142/Rz. 6) Beschaffung von Beweisurkunden verpflichten und die Modalitäten der gemeinsamen Beschaffung regeln, ohne für den Streitfall auf die Beibringung weiterer Urkunden oder anderer Beweismittel zu verzichten (Schumacher, Ausmasse und Regierapporte, S. 29 f.; siehe auch OGer LU 11 09 58 vom 12. Januar 2010 E. 7.2 = LGVE 2010 I Nr. 19 S. 32 f. = Stöckli, Urteilsanmerkung, in: BR/DC 2011, S. 62, Nr. 180).

Auch die zeitgerechte Erstellung und Einreichung der Schlussabrechnung (Art. 154 5.3
Abs. 1; Art. 154/Rz. 2) erfordert häufig ein laufendes Ausmessen (vgl. Blumer, Bauführung, S. 248). Gewisse Arbeitsgattungen (z.B. Ausbauarbeiten im Hochbau) werden in der Praxis bisweilen nur ein einziges Mal nach Arbeitsvollendung ausgemessen, falls dies ökonomisch sinnvoll ist und alle Ausmasse auch dann noch festgestellt werden können (Art. 142/Rz. 12).

Anmerkung 6

Dass die Ausmasse *«zeitgerecht»* zu ermitteln sind, bedeutet, dass allerspätestens auszu- 6
messen ist, bevor der Baufortschritt die Ermittlung des tatsächlichen Arbeitsumfangs verunmöglicht (Art. 142/Rz. 12). Dies erfordert häufig das Ausmessen vor dem nächsten Arbeitsvorgang (z.B. das Ausmessen der Kanalisationsleitungen vor dem Auffüllen des Grabens). Für das *«sofortige»* Ausmessen ist Art. 142 Abs. 2 zu beachten. Andererseits gibt es Ausmasse, die auch nach Bauvollendung noch ermittelt werden können (Art. 142/Rz. 5.3). Auf jeden Fall ist derart rechtzeitig auszumessen, dass die Schlussabrechnung spätestens zwei Monate nach der Abnahme eingereicht werden kann (Art. 154 Abs. 1; Art. 154/Rz. 2).

Anmerkung 7

7.1 Die Regel, wonach die Ausmasse *«möglichst innert Monatsfrist»* ermittelt und anerkannt werden sollen, ist auf den üblichen Rhythmus der monatlichen Abschlagszahlungen ausgerichtet (Art. 144 Abs. 1). Denn solche Ausmasse bilden die Grundlage für die monatlichen Abschlagsrechnungen (Art. 144 Abs. 2). Art. 142 Abs. 1 begründet aber keine eigentliche Pflicht zur monatlichen Aufnahme (a.M. Spiess/Huser, Handkommentar, N 4 zu Art. 142). Denn Abschlagszahlungen können auch aufgrund vorläufiger Ausmasse (Art. 144 Abs. 3) verlangt werden.

7.2 In der Praxis pflegt der *Unternehmer* auf einen bestimmten Termin zum Ausmessen einzuladen. In erster Linie ist er es, der an der Massaufnahme interessiert ist, um den mengenmässigen Umfang seiner Leistungen beweisen (vgl. auch Art. 142/Rz. 9.3) und Abschlagsrechnungen mit dem Nachweis des Leistungswerts stellen zu können (Art. 145 Abs. 2).

7.3 Der Ausmasstermin kann gemeinsam abgesprochen werden. Andernfalls hat diejenige Partei, die zum Ausmessen einlädt (meistens der Unternehmer), der anderen eine angemessene Reaktions- und Vorbereitungszeit einzuräumen. Der Termin, zu dem der Unternehmer einlädt und dem die Bauleitung nicht sofort und aus einem triftigen Grund widerspricht, gilt als vereinbarter Termin (vgl. analog BGE 105 II 28/34 E. 3b). Das Gleiche gilt sinngemäss, wenn die Bauleitung zu einer Massaufnahme einlädt. Dies dürfte insbesondere dann infrage kommen, wenn der Unternehmer eine Massaufnahme als unnötig erachtet (Art. 142/Rz. 20).

Anmerkung 8

8.1 Die *«Ausmasse»* sind die ermittelten Mengen der geleisteten Einheiten (Art. 141 Abs. 1). Die Menge muss für jede Einheitspreis-Leistung separat ermittelt werden, damit sich die dafür geschuldete Vergütung errechnen lässt (Art. 141/Rz. 2.1). Kommt es auf das *tatsächliche* Ausmass an, so werden die erbrachten Einheiten durch Messen, Wägen oder Zählen ermittelt (Art. 141/Rz. 4 ff.).

8.2 Das Ausmessen im Sinne von Art. 142 dient ausschliesslich der Ermittlung von geleisteten Mengeneinheiten (Schwager/Monn, Die Vollmacht des Planers, Rz. 5.108; vgl. auch Art. 141/Rz. 2.1). Es *unterscheidet* sich deshalb von Messungen und anderen Prüfungen, welche die Bauleitung (als Vertreterin des Bauherrn; Einl./Rz. 17 ff.) allenfalls anordnet, um qualitative Eigenschaften des Werks (z.B. seine Funktionstauglichkeit) zu kontrollieren (Art. 139 Abs. 1; Art. 158 Abs. 2 Satz 3).

Anmerkung 9

9.1 Zur Regel des Art. 142 Abs. 1, wonach Bauleitung und Unternehmer die Ausmasse nicht nur ermitteln, sondern auch «anerkennen», ist Folgendes anzumerken:

9.2 a) Art. 142 Abs. 1 enthält eine *Kundgabe der Vollmacht* (Art. 33 Abs. 3 OR), wonach die Bauleitung befugt ist, die Ausmasse im Namen des Bauherrn anzuerkennen und Ausmassurkunden zu unterzeichnen (vgl. dazu Einl./Rz. 19; Gauch/Schluep/Schmid, OR AT, Rz. 1396 ff.; Schwager/Monn, Die Vollmacht des Planers, Rz. 5.62 ff.). Anstelle der Bauleitung und des Unternehmers können auch andere Personen handeln, denen die Befugnis zur Anerkennung übertragen worden ist (vgl. insbesondere Art. 35 Abs. 1 sowie Art. 36 Abs. 1 und 3). Bezüglich dieser weiteren Personen enthält Art. 142 Abs. 1 jedoch keine Vollmachtskundgabe; diese beschränkt sich auf die Bauleitung.

b) Die Bedeutung des Worts «*anerkennen*» ergibt sich aus dem Objekt der Anerkennung. Es können Tatsachen oder (Rechts-)Pflichten anerkannt werden. *Tatsachen* werden als richtig, *Pflichten* als verbindlich anerkannt. In Art. 142 Abs. 1 ist die erste Bedeutung des Worts gemeint, nämlich die Anerkennung (Bestätigung) von *Tatsachen,* das heisst des Ausmasses der tatsächlich gelieferten Einheiten, allenfalls «korrigiert» um Toleranzen, Zuschläge und Abzüge (Art. 141/Rz. 9.4). Die Anerkennung ist somit eine *gemeinsame Vorstellungsäusserung* über den (gemeinsam ermittelten) Umfang der tatsächlich ausgeführten Bauleistungen (GWerkV Rz. 921; Schumacher, Ausmasse und Regierapporte, S. 32). Die gemeinsame Anerkennung eignet sich im Falle einer gerichtlichen Auseinandersetzung für beide Seiten als Beweismittel: Einerseits ist sie für den Unternehmer eine *Quittung* für erbrachte Mass- oder Leistungseinheiten; sie ist deshalb geeignet, dem Unternehmer den Beweis der gelieferten Einheiten zu erleichtern (vgl. Art. 141/Rz. 2.2). Andererseits taugt die gemeinsame Anerkennung zugunsten des Bauherrn als Beweismittel dafür, dass der Unternehmer *nicht mehr* Einheiten geleistet hat, als in der Ausmassurkunde in Bezug auf eine bestimmte Einzelleistung (z.B. eine einzelne Position des Leistungsverzeichnisses) festgestellt wird. 9.3

c) Die Anerkennung der Ausmasse begründet eine natürliche (tatsächliche) *Vermutung* (Walter, Berner Kommentar, N 473 zu Art. 8 ZGB) dafür, dass der Inhalt der Massurkunde der Wahrheit entspricht (vgl. Art. 47 Abs. 2; Art. 47/Rz. 15.1 ff.; GWerkV Rz. 921; Bühler Alfred, Von der Beweislast, S. 312; Reetz, Der Bauprozess: er steht und fällt mit dem Beweis, S. 153 f.; BGer vom 27. Juli 1994 E. 3b/aa = Semjud 1995, S. 83 = BR/DC 1995, S. 39 f., Nr. 124; OGer ZH LB130065 vom 4. Juli 2014 E. C/1.1; KGer VS vom 20. Dezember 1999 E. 6b/bb = ZWR 2000, S. 277 ff. = BR/DC 2001, S. 80, Nr. 260; OGer ZH vom 21. Februar 1989 = ZR 1990, Nr. 37, S. 65 = BR/DC 1991, S. 98, Nr. 158 und BR/DC 1992, S. 45, Nr. 91; vgl. auch OGer AG vom 21. Dezember 1984 = AGVE 1985, Nr. 16, S. 65 = BR/DC 1987, S. 17 f., Nr. 9). Darin äussert sich die *Beweiseignung* der anerkannten Masse. Hingegen eignet sich die gemeinsame Anerkennung weder als Beweis für einen Verzicht des Unternehmers auf Abgeltung nicht erfasster Mengeneinheiten noch als Beweis für eine Schuldanerkennung des Bauherrn (GWerkV Rz. 921). 9.4

d) Die (tatsächliche) Vermutung, dass die anerkannten Ausmasse richtig sind (Art. 142/Rz. 9.4), kann in einem Rechtsstreit *entkräftet* werden, und zwar durch blossen *Gegenbeweis* (Walter, Berner Kommentar, N 476 zu Art. 8 ZGB). Für dessen Gelingen genügt nach der Rechtsprechung der Beweis von konkreten Umständen, die beim Gericht Zweifel an der Richtigkeit der Gegenstand des Hauptbeweises bildenden Sachbehauptungen wachhalten und insoweit den Hauptbeweis erschüttern, ohne dass das Gericht von der Schlüssigkeit der Gegendarstellung überzeugt zu werden braucht (BGE 133 III 81/89 E. 4.2.2; 120 II 393/397 E. 4b; 115 II 305). Der Beweis des Gegenteils, der seinerseits ein Hauptbeweis ist (BGE 120 II 393/397 E. 4b), ist also nicht erforderlich, um die tatsäch- 9.5

liche Vermutung zu entkräften, dass die anerkannten Ausmasse richtig sind (GWerkV Rz. 921; Schwager/Monn, Die Vollmacht des Planers, Rz. 5.108; Kummer, Berner Kommentar, N 363 zu Art. 8 ZGB; BGer vom 27. Juli 1994 E. 3b/aa = Semjud 1995, S. 83 = BR/DC 1995, S. 39 f.; KGer VS vom 20. Dezember 1999 E. 6b/bb = ZWR 2000, S. 277 ff. = BR/DC 2001, S. 80, Nr. 260; OGer ZH vom 21. Februar 1989 = ZR 1990, Nr. 37, S. 65 = BR/DC 1991, S. 98, Nr. 158; vgl. auch Art. 47/Rz. 15.3). Freilich vermag nicht jeder beliebige Einwand die Vermutung zu entkräften. Auf Einwände, die als blosse Ausflüchte oder sonst als völlig unglaubwürdig erscheinen (z.B. auf den bloss theoretischen Einwand von möglichen Fehlerquellen), wird ein Gericht im Streitfall von vornherein nicht eintreten. Ebenso wenig genügt es, alle Ausmasse einfach summarisch zu bestreiten (vgl. analog BGE 136 III 322/328 E. 3.4.4; 117 II 113 ff.). Die Einwendungen müssen sich vielmehr auf den konkreten Einzelfall beziehen, substanziiert sein und bewiesen werden (KGer GR ZK2 11 4 vom 16. August 2011 E. 4c; vgl. auch Schumacher, Beweisprobleme, S. 181 ff. betreffend die Entkräftung des Wahrscheinlichkeitsbeweises).

9.6 Wird die Vermutung der Richtigkeit verurkundeter Ausmasse im Prozess entkräftet, obliegt es grundsätzlich dem *Unternehmer*, den von ihm behaupteten Leistungsumfang mit anderen Mitteln zu beweisen, die ihm die Zivilprozessordnung zur Verfügung stellt (GWerkV Rz. 923). Alsdann befindet sich der Unternehmer in der gleichen Situation, wie wenn die Ausmassurkunde nie anerkannt worden wäre. Gleich verhält es sich, wenn das einseitig ermittelte Ausmass nach Massgabe von Art. 142 Abs. 3 als von der säumigen Partei anerkannt gilt (Art. 142/Rz. 22).

9.7 e) Jede Seite (Bauleitung oder Unternehmer) kann die *Anerkennung verweigern*, sodass dann die Vermutung der Richtigkeit ausbleibt. Insbesondere steht es jeder Seite frei, einen *Vorbehalt* anzubringen, auch in einer Massurkunde selbst (OGer LU 1B 11 9 vom 11. Oktober 2011 E. 4.4.2 = LGVE 2011 I Nr. 24 S. 52 f.; vgl. analog Art. 47 Abs. 3). Ein derartiger Vorbehalt muss jedoch substanziiert sein, indem er sich beispielsweise unter Angabe eines anderen Ausmasses auf ein einzelnes Ausmass bezieht. Der Gegenpartei bleibt es unbenommen, rechtzeitig andere bzw. zusätzliche Beweismittel zu beschaffen, die Modalitäten des Ausmessens zu ändern und/oder die Bauarbeiten einzustellen (Schumacher, Ausmasse und Regierapporte, S. 32). Blosse Floskeln wie etwa «unter Vorbehalt der Richtigkeit» genügen nicht, um die Vermutung der Richtigkeit zu verhindern. Dasselbe gilt für Vorbehalte betreffend die Vergütungspflicht des Bauherrn oder den Einwand unnötiger Mehrmengen (Art. 141/Rz. 2.2), weil sich solche Vorbehalte gar nicht auf das Ausmass beziehen. Ist die Bauleitung der Auffassung, dass die Ausmassurkunden anders erstellt werden sollten, hat sie dies unverzüglich zu rügen, auf Abhilfe zu drängen und bis zur gewünschten Abhilfe die Anerkennung bzw. Unterschrift zu verweigern. Mit einem blossen Stillschweigen, das sich der Bauherr anrechnen lassen muss, erweckt die Bauleitung das Vertrauen des Unternehmers in die Korrektheit der Erstellung der Beweisurkunden. In diesem Vertrauen ist der Unternehmer zu schützen, und der Bauherr kann nicht im Nachhinein einzelne Modalitäten der Erstellung der Beweisurkunden beanstanden (OGer LU 1B 11 9 vom 11. Oktober 2011 E. 4.4.2 = LGVE 2011 I Nr. 24 S. 52 f.; Schumacher, Ausmasse und Regierapporte, S. 34).

Anmerkung 10

Inhalt und Form der gegenseitigen Anerkennungserklärungen werden von Art. 142 Abs. 1 offengelassen. Normalerweise geschieht die gegenseitige Anerkennung dadurch, dass die Massurkunde beidseitig, das heisst sowohl von der Bauleitung als auch vom Unternehmer *unterzeichnet* wird (vgl. BLUMER, Bauführung, S. 244). Schriftlichkeit im Sinne von Art. 12 ff. OR ist aber nicht vorausgesetzt. Vielmehr genügt es, dass der Aussteller des Schriftstücks aus der Urkunde selbst erkennbar ist. Entsprechend sind neben der beidseitigen Unterzeichnung in der Praxis auch andere Arten der Anerkennung üblich, insbesondere das Visum mit Initialen, das blosse Abhaken und die Nieder- oder Abschrift durch eine Partei. Auch «Sammelanerkennungen» sind weit verbreitet und erfüllen Art. 142 Abs. 1 (eingehend SCHUMACHER, Ausmasse und Regierapporte, S. 30). Als Sammelanerkennung hat die Praxis beispielsweise eine unterzeichnete Schlussabrechnung mit ausdrücklichem und abgehaktem Verweis auf die Ausmassprotokolle qualifiziert (KGer GR ZK2 11 4 vom 16. August 2011 E. 4b und c). 10

Anmerkung 11

In der *Massurkunde* (z.B. auch in einem Ausmassbuch, Ausmassblatt oder Ausmassprotokoll) wird das Aufnahmeergebnis festgehalten. Die Anerkennung geschieht regelmässig durch *Unterzeichnung* (Art. 142/Rz. 10). 11.1

Wer die jeweilige Massurkunde *aufzubewahren* hat, ist in der Norm nicht geregelt. Die Bauleitung benötigt die Ausmassurkunden jedenfalls, um die Begehren des Unternehmers um Abschlagszahlungen (Art. 144 Abs. 2) und die Schlussabrechnung (Art. 154 Abs. 2) zu überprüfen. In der Praxis bewahrt allerdings meistens der Unternehmer die Urkunde auf. Ist das der Fall, so ist der Unternehmer verpflichtet, die Urkunde der Bauleitung auf Verlangen zur Verfügung zu stellen, sei es im Original, sei es in einer Fotokopie, sei es in einer anderen lesbaren Form. Insbesondere können die Ausmasse auch durch EDV erfasst werden (vgl. BLUMER, Bauführung, S. 261 f.). Gelegentlich übernimmt der Bauherr bzw. seine Bauleitung eine derartige Erfassung (vgl. auch Art. 148/Rz. 4.2; Art. 153/Rz. 2; Art. 154/Rz. 5). 11.2

Anmerkung 12

Dass Ausmasse *«nach dem Fortschreiten des Baues nicht mehr festgestellt werden können»*, ist regelmässig dadurch bedingt, dass die auszumessenden Bauarbeiten durch die nächstfolgenden Arbeitsvorgänge des Unternehmers oder durch Bauarbeiten von Nebenunternehmern (Art. 30) *verdeckt* – überbaut – werden und danach nicht mehr sicht- und messbar sind. 12

Anmerkung 13

Art. 142 Abs. 2 Satz 1 verlangt, dass Ausmasse, die nach dem Fortschreiten des Bauens nicht mehr festgestellt werden können, *sofort* aufzunehmen sind. «Sofort» bedeutet ohne Aufschub. Auch hierzu müssen die Parteien einen (möglichst zeitnahen) Termin vereinbaren (Art. 142/Rz. 4.1 und 7.2 f.). Überdies ist der Bauleitung eine Vorbereitungszeit einzuräumen. Deren Dauer beurteilt sich nach den Umständen des Einzelfalls, insbeson- 13 dere auch unter Wahrung des Grundsatzes der Verhältnismässigkeit. Jedenfalls aber soll das Ausmessen durchgeführt werden, bevor die auszumessenden Leistungen durch anschliessende Bauarbeiten verdeckt werden (Art. 142/Rz. 6 und 12). Art. 142 Abs. 3 räumt dem ungestörten Fortschreiten der Bauarbeiten den *Vorrang* vor dem gemeinsamen Ausmessen ein (vgl. auch Art. 142/Rz. 23). Aufgrund des Bauprogramms (Art. 93) und des Baufortschritts sind viele «sofortige» Massaufnahmen für die Bauleitung auch bezüglich des Zeitpunkts voraussehbar. Es gibt jedoch auch unvorhersehbare Massaufnahmen (Beispiel: beim Aushub angetroffener Findling, der rasch gesprengt werden muss; vgl. Blumer, Bauführung, S. 244).

Anmerkung 14

14.1 Im Anwendungsbereich von Art. 142 Abs. 2 ist es der *«Unternehmer»*, der die Initiative ergreifen und die Bauleitung zur sofortigen Massaufnahme einladen muss. Im Unterschied dazu lässt Art. 142 Abs. 1 offen, wer die «gewöhnlichen» (nicht dringlichen) Massaufnahmen organisiert. In der Praxis pflegt der Unternehmer die Bauleitung auch zu diesen Massaufnahmen einzuladen (Art. 142/Rz. 7.2).

14.2 Die *Benachrichtigung* kann formlos erfolgen, insbesondere dann, wenn die Bauleitung (mittels eines Repräsentanten) auf der Baustelle ständig vertreten ist (Art. 35 Abs. 1). Grosse Bauprojekte erfordern häufig eine ununterbrochene Präsenz des Vertreters der Bauleitung (Art. 35) auf der Baustelle (vgl. Blumer, Bauführung, S. 244).

14.3 Für den Fall, dass der Einladung nicht Folge geleistet wird, sichert sich der Unternehmer mit Vorteil den Beweis der Einladung, beispielsweise durch die Feststellung der erfolglosen Einladung in einem Brief oder in einer anderen schriftlichen Erklärung (z.B. E-Mail) oder mittels einer protokollierten Erklärung anlässlich der nächsten Baustellensitzung. Auf diese Weise erleichtert er sich für den Fall eines Streits den Nachweis, dass die Bauleitung nach Massgabe von Art. 142 Abs. 3 säumig geworden ist, mit der Rechtsfolge, dass er der Bauleitung die allein ermittelten Ausmasse entgegenhalten kann (Art. 142/Rz. 21).

Anmerkung 15

15 Der Unternehmer benachrichtigt die *«Bauleitung»* bzw. deren Vertreter (vgl. Art. 142/Rz. 1.2 und 14.2).

Anmerkung 16

16 *«Rechtzeitig»* bedeutet, dass der Unternehmer (Art. 142/Rz. 14.1 f.) die Bauleitung so frühzeitig einlädt, dass ausgemessen werden kann, solange die auszumessenden Leistungen nicht durch nachfolgende Arbeitsvorgänge verdeckt werden (Art. 142/Rz. 12). Der Termin, auf den der Unternehmer einlädt und dem die Bauleitung nicht umgehend sowie aus einem triftigen Grund widerspricht, gilt als vereinbart (vgl. analog BGE 105 II 28/34 E. 3b; anders Spiess/Huser, Handkommentar, N 7 zu Art. 142, nach deren Ansicht es der Bauleitung obliegt, sich nach der Anzeige des Unternehmers zu richten).

Anmerkung 17

Zur *«gemeinsamen Aufnahme»* vgl. Art. 142/Rz. 4.1 ff. Die Regel des Art. 142 Abs. 3 gilt unabhängig davon, ob zeitgerecht (im Sinne des Art. 142 Abs. 1) oder sofort (nach Massgabe des Art. 142 Abs. 2) auszumessen ist. 17

Anmerkung 18

Zur *Vereinbarung* des Termins vgl. Art. 142/Rz. 7.1 ff. und 13. 18

Anmerkung 19

Bisweilen ist es nicht die Bauleitung, die der gemeinsamen Aufnahme der Ausmasse fernbleibt, sondern der Unternehmer, z.B. weil er den Termin vergessen hat oder die Mitwirkung beim Ausmessen ablehnt (Art. 142/Rz. 20). 19

Anmerkung 20

Aus welchem Grund der vereinbarte Termin von einer Seite *«nicht eingehalten»* wird, ist unerheblich. Die Ursache kann in reiner Nachlässigkeit, Vergesslichkeit usw., aber auch in einer absichtlichen Weigerung liegen. *Beispiele:* Die Bauleitung bestreitet die Pflicht des Bauherrn, die betreffenden Bauarbeiten überhaupt zu vergüten. Oder eine Partei macht geltend, die betreffenden Bauarbeiten seien nicht zu Einheitspreisen, sondern zu einem Gesamtpreis (Pauschal- oder Globalpreis; Art. 40 f.) oder in Regie (Art. 44 ff.) zu vergüten. Auch kann eine Partei geltend machen, das plangemässe theoretische Ausmass (Art. 143 Abs. 1) bestimme im konkreten Einzelfall die vergütungspflichtigen Mengeneinheiten. Schliesslich ist an den Fall zu denken, da sich der Unternehmer gegenüber dem Subunternehmer mit dem Hinweis entlasten will, es sei noch die Mitwirkung der Bauleitung des Erstbestellers erforderlich (KGer VS C1 12 258 vom 6. September 2013 E. 3.1.3 = SIEGENTHALER, Urteilsanmerkung, in: BR/DC 2014, S. 129 f., Nr. 241). 20

Anmerkung 21

Mit dem *«Aufnahmeergebnis des anderen»* ist das Ausmass gemeint, das die nicht säumige Partei *allein* – beispielsweise nach zweimaliger unbeantworteter Einladung (BGer vom 27. Juli 1994 E. 3b/bb = Semjud 1995, S. 83 = BR/DC 1995, S. 39 f., Nr. 124; vgl. Art. 142/Rz. 25) – ermittelt hat. 21

Anmerkung 22

Mit dieser etwas unglücklichen Formulierung bringt Art. 142 Abs. 3 zum Ausdruck, dass es gegenüber der säumigen Partei so zu halten ist, wie wenn sie das Aufnahmeergebnis der anderen Partei (Art. 142/Rz. 21) *anerkannt* hätte (so auch BGer vom 27. Juli 1994 E. 3b/aa = Semjud 1995, S. 82 f. = BR/DC 1995, S. 39 f., Nr. 124). Oder anders ausgedrückt: Das Ergebnis, nämlich das einseitig ermittelte Ausmass (Art. 142/Rz. 21), *gilt* als von der säumigen Partei anerkannt. Die Rechtslage ist die gleiche, wie wenn das Ausmass tatsächlich von beiden Seiten gemeinsam ermittelt und anerkannt worden wäre (zur Rechtslage vgl. vorne Art. 142/Rz. 9.1 ff.; so auch GWERKV Rz. 923; KGer VS C1 12 258 22 vom 6. September 2013 E. 3.1.3 = Siegenthaler, Urteilsanmerkung, in: BR/DC 2014, S. 129 f., Nr. 241).

Anmerkung 23

23 Die erste von zwei alternativen (Art. 142/Rz. 24) Voraussetzungen verlangt, dass *«die Massaufnahme nicht nachgeholt werden kann»*. Sie ist erfüllt, wenn aufgrund des Baufortschritts weitere Bauarbeiten die auszumessenden Bauleistungen verdecken (Art. 142/Rz. 12). Art. 142 Abs. 3 räumt dem ungehinderten Fortschreiten der Bauarbeiten also den *Vorrang* vor dem gemeinsamen Ausmessen ein (Art. 142/Rz. 13). Kann die (gemeinsame) Massaufnahme ohnehin nicht nachgeholt werden, besteht von vornherein keine Obliegenheit, die säumige Partei zu einer zweiten Massaufnahme einzuladen (Art. 142/Rz. 24 f.).

Anmerkung 24

24 Das Wort *«oder»* weist darauf hin, dass die beiden Voraussetzungen des letzten Halbsatzes von Art. 142 Abs. 3 *alternativer* Natur sind. Vorausgesetzt ist also entweder, dass die (gemeinsame) Aufnahme nicht nachgeholt werden kann (Art. 142/Rz. 23), oder dass der Säumige ein zweites Mal säumig wird (Art. 142/Rz. 25).

Anmerkung 25

25 Dass eine Partei *«ein zweites Mal säumig»* wird, setzt eine zweite Einladung der anderen Partei voraus, sofern davon nicht abgesehen werden kann (Art. 142/Rz. 23). Die einladende Partei tut gut daran, sich den Beweis der zweimaligen erfolglosen Einladung zu sichern (Art. 142/Rz. 14.3). Auch der zweite Termin gilt als vereinbart, wenn ihm von der säumigen Partei nicht umgehend und aus einem triftigen Grunde widersprochen wird (BGE 105 II 28/34 E. 3b analog). Ist ausnahmsweise die Partei, die zum zweiten Mal einlädt, ihrerseits und damit erstmals säumig, muss ein dritter Termin vereinbart werden.

Anmerkung 26

26 Der Vorbehalt einer anderen Vereinbarung im Werkvertrag ist selbstverständlich. Doch muss eine Abrede, die von Art. 142 abweicht, entweder individuell getroffen oder in einem rangmässig höheren Vertragsbestandteil (Art. 21) enthalten sein, damit sie der SIA-Norm 118 vorgeht (Einl./Rz. 26).

Anmerkung 27

27 Der Zeitaufwand (inkl. allfällige Reisezeit und Spesen) des *Unternehmers* oder seines Vertreters (Art. 142/Rz. 2) und allfälliger weiterer Hilfspersonen geht zu seinen eigenen Lasten (Art. 142/Rz. 29). Obwohl dies die Norm nicht erwähnt, hat der *Bauherr* seinerseits für den Aufwand aufzukommen, der seiner Bauleitung oder deren Vertreter (Art. 142/Rz. 1.1 f.) für das Ausmessen entsteht. Häufig wird er diesen Aufwand nach Massgabe einer SIA-Honorarordnung abgelten, welche die Bauleitung verpflichtet, beim Ausmessen mitzuwirken (vgl. Art. 142/Rz. 1.2).

Anmerkung 28

Bei diesen «*Geräten*» handelt es sich um Messgeräte, die erforderlich und ausreichend sind, um das Ausmass mit genügender Präzision zu ermitteln (vgl. Art. 142/Rz. 8.1 f.). 28.1

Sofern die Parteien keine Vereinbarung getroffen haben (z.B. durch Übernahme einer einschlägigen Norm), ist bezüglich der erforderlichen Eignung der Messgeräte auf die einschlägige Übung abzustellen. 28.2

Anmerkung 29

Dass der Unternehmer Arbeitskräfte und Geräte «*unentgeltlich*» zur Verfügung zu stellen hat, bedeutet, dass der Aufwand in den für die Ausführung des Werks vereinbarten Preisen als eingerechnet gilt. Dieser Aufwand gibt dem Unternehmer deshalb keinen Anspruch auf eine besondere Vergütung. 29

5 13 Bestimmung nach dem plangemässen theoretischen Ausmass[1]

Art. 143

[1] Das plangemässe theoretische[2] Ausmass bestimmt sich auf Grund der in den Plänen[3] eingetragenen Masse sowie der vor Baubeginn[4] erstellten ursprünglichen Geländeaufnahmen[5]. Allfällige während der Bauausführung an diesen Unterlagen notwendig gewordene Massänderungen[6] werden gemeinsam festgestellt[7] und sind bei der Bestimmung der massgebenden Menge zu berücksichtigen.

[2] Die Bauleitung legt die von ihr vorgenommenen[8] Aufnahmen des ursprünglichen Geländezustandes[9] dem Unternehmer rechtzeitig[10], vor Veränderung des Terrains[11], zur Kontrolle[12] vor. Erhebt dieser innert angemessener Frist[13] nicht Einsprache[14], so gelten die Aufnahmen als anerkannt und ausreichend[15].

Art. 143 (1977/91)

[1] Das plangemässe theoretische Ausmass bestimmt sich auf Grund der in den Plänen eingetragenen Masse sowie der vor Baubeginn erstellten ursprünglichen Geländeaufnahmen. Allfällige während der Bauausführung an diesen Unterlagen notwendig gewordene Massänderungen werden gemeinsam festgestellt und sind bei der Bestimmung der massgebenden Menge zu berücksichtigen.

[2] Die Bauleitung legt die von ihr vorgenommenen Aufnahmen des ursprünglichen Geländezustandes dem Unternehmer rechtzeitig, vor Veränderung des Terrains, zur Kontrolle vor. Erhebt dieser innert angemessener Frist nicht Einsprache, so gelten die Aufnahmen als anerkannt und ausreichend.

Anmerkung 1

Die «*Bestimmung*» (Ermittlung) der geleisteten Menge (Art. 141/Rz. 2.1 ff.) nach dem «*plangemässen theoretischen Ausmass*» setzt eine entsprechende Abrede der Parteien vor- 1.1

aus (Art. 141/Rz. 9.2). Zu Einzelregeln, die sich in der Praxis entwickelt haben, vgl. Art. 141/Rz. 9.4. Im Übrigen ist beizufügen:

1.2 a) Die Bezeichnung *«plangemäss»* weist darauf hin, dass sich das Ausmass bei dieser Methode aufgrund der in den *Plänen* eingetragenen Masse sowie der vor Baubeginn erstellten ursprünglichen Geländeaufnahmen bestimmt (Art. 143 Abs. 1). Darin liegt der Unterschied zum *tatsächlichen* Ausmass (Art. 141 Abs. 1 und Art. 142), bei dem die geleisteten Mengeneinheiten *«am Objekt gemessen»*, *«in natura»* gewogen oder gezählt werden (Art. 141/Rz. 4).

1.3 b) *«Theoretisch»* ist das plangemässe Ausmass, weil die plangemäss ermittelte Menge von der tatsächlichen Leistungsmenge abweichen kann. Das *Vergütungsrisiko* für eine nichtplangemässe *Mehrmenge* trägt der Unternehmer, dasjenige für eine nichtplangemässe *Mindermenge* der Bauherr. Mit Rücksicht auf diese Risikoverteilung ist praktisch von grosser Tragweite, ob die geleistete Menge plangemäss (theoretisch) oder tatsächlich ermittelt wird (GWerkV Rz. 926 mit Beispiel). Zur Frage der Mängelhaftung vgl. Art. 39/Rz. 6.5.

Anmerkung 2

2 Zur Doppelbezeichnung *«plangemäss theoretisch»* vgl. Art. 143/Rz. 1.1 ff.

Anmerkung 3

3 Bei den *«Plänen»*, nach denen sich das plangemässe theoretische Ausmass bestimmt, handelt es sich um die zur Ausführung freigegebenen Pläne, die der Unternehmer von der Bauleitung erhält (Art. 100 Abs. 1). Diesen Plänen gleichzustellen sind aber auch *andere Ausführungsunterlagen* (z.B. Baustofflisten, vgl. Art. 100/Rz. 2.1 f.), anhand derer sich die geplante Menge der für einen bestimmten Einheitspreis massgeblichen Einheiten (Art. 141/Rz. 2.1 ff.) *«theoretisch»* bestimmen lässt.

Anmerkung 4

4 *«Vor Baubeginn»* bedeutet vor der Veränderung des Terrains (Art. 143 Abs. 2), somit vor Beginn derjenigen Arbeiten, die den früheren Zustand des Geländes verändern.

Anmerkung 5

5 Die Menge, nach der sich die Einheitspreis-Vergütung bestimmt (Art. 143/Rz. 3), hängt bei gewissen Leistungen (etwa bei Aushubarbeiten) auch vom ursprünglichen Geländezustand (Art. 143 Abs. 1) ab. In diesen Fällen genügt es für die Ermittlung des plangemässen theoretischen Ausmasses nicht, auf die in den Plänen eingetragenen Masse abzustellen. Vielmehr müssen ausserdem die *Aufnahmen des ursprünglichen Geländes* beigezogen werden, die den «vor Baubeginn» (Art. 143/Rz. 4) vermessenen Geländezustand (horizontale Ausdehnung und Höhenkoten) wiedergeben. Wird ein bestehendes Bauwerk umgebaut, gilt dessen Zustand vor der Ausführung als Grundlage (Spiess/Huser, Handkommentar, N 6 zu Art. 143), wobei in diesem Fall nicht von einer Geländeaufnahme im eigentlichen Sinn gesprochen werden kann.

Anmerkung 6

Während der Bauausführung können «*Massänderungen*» zufolge einseitiger Bestellungsänderungen (Art. 84 ff.) *notwendig* werden. Solche Bestellungsänderungen können es im Einzelfall auch erfordern, dass zusätzliche Geländeaufnahmen erstellt oder frühere Aufnahmen ergänzt werden (z.B. wenn die Bauarbeiten eine grössere als die ursprünglich vorgesehene Fläche beanspruchen). 6

Anmerkung 7

Die notwendigen Massänderungen (Art. 143/Rz. 6) sind «*gemeinsam festzustellen*». Dies erfordert grundsätzlich, dass sich Bauleitung und Unternehmer über die erforderlichen Massänderungen einig werden. Die «Feststellung» besteht darin, dass z.B. ein entsprechender Ausführungsplan von einer Partei mit Zustimmung der anderen abgeändert wird. Das kann dazu führen, dass die Bauleitung einen revidierten Ausführungsplan erstellt und dem Unternehmer übergibt. Eine «Feststellung» entfällt, soweit die Massänderungen schon in den (neuen) Plänen enthalten sind, durch deren Abgabe die einseitige Bestellungsänderung erfolgt ist. Die Norm enthält keine Regelung für den Fall, dass der Unternehmer diesen Massänderungen nicht zustimmen will oder sich mit der Bauleitung aus anderen Gründen nicht über die notwendig gewordenen Massänderungen einigen kann. Soweit die Parteien diesen Fall nicht selbst geregelt haben, bietet sich zur Ergänzung des Vertrags nach ihrem mutmasslichen Willen Art. 87 Abs. 4 an: Die Bauleitung kann die fraglichen Arbeiten in Regie ausführen lassen oder unter voller Schadloshaltung des Unternehmers an einen Dritten vergeben. 7

Anmerkung 8

Indem die *Bauleitung* Geländeaufnahmen durchführt oder durchführen lässt (z.B. durch einen Geometer), erfüllt sie eine *Mitwirkungspflicht* des Bauherrn (Art. 94 Abs. 1; Art. 94/Rz. 2.1 ff.). Dieser hat ohnehin die örtlichen Gegebenheiten abzuklären (Art. 5 Abs. 2). Der Unternehmer hat – gegenüber dem Bauherrn – einen *vertraglichen* Anspruch darauf, dass die Bauleitung, die für den Bauherrn handelt (Einl./Rz. 17 ff.), Geländeaufnahmen erstellt und ihm vorlegt (anders Spiess/Huser, Handkommentar, N 9 zu Art. 143, die von einer blossen Obliegenheit der Bauleitung ausgehen). 8

Anmerkung 9

Zu den «*Aufnahmen des ursprünglichen Geländezustandes*» vgl. Art. 143/Rz. 5. 9

Anmerkung 10

Die Bauleitung hat dem Unternehmer die Geländeaufnahmen nicht erst unmittelbar vor der Veränderung des Terrains, sondern derart «*rechtzeitig*» vorzulegen, dass ihm genügend Zeit bleibt, die Geländeaufnahmen vor der Veränderung zu kontrollieren (Art. 143/Rz. 12.1 f.) und allenfalls Einsprache zu erheben (Art. 143/Rz. 14). 10

Anmerkung 11

11 Unter einer «Veränderung des Terrains» ist jeder Eingriff in das Gelände (z.B. Aushub, Sprengung, Abtragung) zu verstehen, der eine spätere Kontrolle der Geländeaufnahme (vgl. auch Art. 143/Rz. 12.1 f.) verunmöglicht. Sinngemäss fallen darunter auch Veränderungen an bestehenden Strukturen, die umgebaut oder erweitert werden sollen (Art. 143/Rz. 5).

Anmerkung 12

12.1 Es obliegt dem Unternehmer, die Geländeaufnahmen daraufhin zu *kontrollieren,* ob sie den Geländeverlauf richtig wiedergeben und ausreichen, um den Umfang der betreffenden Bauleistung des Unternehmers zu bestimmen. Unterlässt er dies, so trägt er das Vergütungsrisiko, das heisst, er läuft Gefahr, dass ihm eine tatsächlich geleistete Mehrmenge nicht vergütet wird (Art. 143/Rz. 1.3).

12.2 Die Kontrolle erstreckt sich jedoch nur darauf, ob die Geländeaufnahmen zur *Leistungsermittlung* richtig und genügend sind. Andere Angaben, die der Geländeaufnahmeplan allenfalls enthält, hat der Unternehmer gemäss Art. 25 Abs. 3 nur zu überprüfen, falls der Bauherr weder durch eine Bauleitung vertreten noch selbst sachverständig und auch nicht durch einen beigezogenen Sachverständigen beraten ist.

Anmerkung 13

13 Die *«angemessene Frist»* zur Einsprache setzt sich aus einer angemessenen Kontrollfrist und der Reaktionszeit zusammen. Der Unternehmer hat die Kontrolle so rasch vorzunehmen, als es ihm nach den Umständen (z.B. unter den gegebenen Witterungsverhältnissen wie etwa Schnee) möglich und zumutbar ist (Kontrollfrist). Alsdann hat er seine allfällige Einsprache unverzüglich zu erheben (Reaktionszeit). Die Einsprachefrist läuft längstens bis zum Ausführungsbeginn; verunmöglicht der Unternehmer die Feststellung des ursprünglichen Zustands durch eigene Eingriffe in das Gelände oder in ein bestehendes Bauwerk, so hat er die Aufnahmen der Bauleitung gegen sich gelten zu lassen (Art. 143/Rz. 15.1 f.; vgl. Spiess/Huser, Handkommentar, N 11 zu Art. 143).

Anmerkung 14

14 Die *«Einsprache»* besteht in einer substanziierten Erklärung des Unternehmers, mit der er im Einzelnen darzutun hat, in welcher Hinsicht er die Geländeaufnahme für den Zweck der Leistungsermittlung (Art. 143/Rz. 12.1 f.) als unrichtig oder unzureichend erachtet. Allein mit pauschalen Vorbehalten vermag der Unternehmer die Massgeblichkeit der Aufnahmen der Bauleitung nicht zu verhindern.

Anmerkung 15

15.1 Als *«anerkannt und ausreichend»* gelten die Aufnahmen der Bauleitung zum einen, wenn der Unternehmer durch sein *Stillschweigen* zum Ausdruck bringt, dass er die betreffende Geländeaufnahme als richtig und als für die Leistungsermittlung ausreichend anerkennt. Vor allem aber ist diese Anerkennungswirkung auch für den Fall vereinbart, dass die Einsprache des Unternehmers verspätet erfolgt (Art. 143/Rz. 13) oder ungenügend substanziiert ist (Art. 143/Rz. 14).

Gilt die Geländeaufnahme der Bauleitung im beschriebenen Sinne als anerkannt, so spricht eine tatsächliche (natürliche) *Vermutung* dafür, dass sie der Wirklichkeit entspricht. Dies kann von Bedeutung sein, wenn die Aufnahme des tatsächlichen Ausmasses nicht oder nicht mehr möglich ist (vgl. auch Spiess/Huser, Handkommentar, N 16 zu Art. 142 und N 5 zu Art. 143). In einem allfälligen Rechtsstreit der Parteien kann diese Vermutung durch blossen Gegenbeweis entkräftet werden. Der Beweis des Gegenteils ist nicht erforderlich (Art. 142/Rz. 9.5 sinngemäss; anders Spiess/Huser, Handkommentar, N 13 zu Art. 143). 15.2

5 2 Abschlagszahlungen

Vorbemerkungen zu Art. 144 – 148

a) *Abschlagszahlungen* im Sinne der Norm sind Vergütungszahlungen des Bauherrn für Festpreisleistungen des Unternehmers. Ihr Merkmal besteht darin, dass sie nach Massgabe bereits erbrachter Unternehmerleistungen (BGer 4C.129/2002 vom 3. September 2002 E. 3.3) noch *vor der Abnahme* des Werks fällig werden und nur *vorläufigen Charakter* haben, indem sie in Anrechnung an den ganzen Vergütungsanspruch des Unternehmers erfolgen (GWerkV Rz. 1163; KGer GR ZFE 96 3 vom 28. September 1998 E. 4c = PKG 1999 Nr. 2 S. 15; BGE 134 III 591/595 E. 5.2.3 sinngemäss; 126 III 119/120 E. 2). Durch diesen vorläufigen Charakter unterscheiden sie sich von endgültigen *Teilzahlungen* (z.B. im Sinne des Art. 372 Abs. 2 OR; vgl. GWerkV Rz. 1157 und 1163). Die beschriebene vorläufige Natur der Abschlagszahlungen bringt es mit sich, dass der Unternehmer diese Zahlungen unabhängig davon fordern kann, ob er seine Leistung vertragsgemäss erbringt, insbesondere das Werk mängelfrei erstellt. Der Sicherung der Ansprüche des Bauherrn aus allfälligen Mängeln wie auch der Vertragserfüllung überhaupt dient für die Zeit bis zur Abnahme des Werks der Anspruch auf den Rückbehalt nach Art. 149 – 152 und für die Zeit danach die Sicherheitsleistung nach Art. 181 oder Art. 182 (vgl. Lenzlinger Gadient, Mängel- und Sicherungsrechte des Bauherrn, S. 181 f.; anders KGer SG vom 17. August 2011 E. 4b/dd = GVP SG 2011 Nr. 47 S. 172, wonach der Besteller auch unter dem «Regime» von Art. 144 – 148 nicht zur Vergütung von Leistungen für ein Werk verpflichtet ist, dessen Mangelhaftigkeit schon vor der Ablieferung feststeht). 1

b) *Von Gesetzes wegen* hat der Unternehmer *keinen* Anspruch auf Abschlagszahlungen (GWerkV Rz. 1154). Ebenso wenig kann von einer eigentlichen Übung gesprochen werden, Abschlagszahlungen zu vereinbaren (HGer ZH HG090303 vom 4. September 2012 E. 3.3.2.5b; GWerkV Rz. 1163). Anders verhält es sich hingegen nach der Norm. Sie gewährt dem Unternehmer im *Einheitspreisvertrag* (Art. 42 Abs. 2 Satz 1) einen solchen Anspruch, der in den Art. 144 – 146 ausführlich geregelt ist. Was den *Gesamtpreisvertrag* 2

(Art. 42 Abs. 2 Satz 2) anbelangt, überlässt die Norm es der konkreten Vereinbarung der Parteien, ob Abschlagszahlungen zu leisten sind oder nicht (Art. 147).

3 c) Von den Abschlagszahlungen zu unterscheiden sind *Regie- und Teuerungszahlungen,* mit denen sich Art. 48 ff. und Art. 64 ff. befassen. Gemäss Art. 55 Abs. 1 kann für *Regiearbeiten* monatlich Rechnung gestellt werden. Auch *Teuerungszuschläge* können monatlich gefordert werden (Art. 66 Abs. 2). Bei den Regie- und Teuerungszahlungen handelt es sich um endgültige *Teilzahlungen* (Art. 153/Rz. 10; GWerkV Rz. 1168 und 1171).

5 21 Bei Einheitspreisverträgen[1]

5 211 Grundsatz

Art. 144

[1] Sofern der Werkvertrag nicht etwas anderes bestimmt[2], hat der Unternehmer Anspruch[3] auf monatliche[4] Abschlagszahlungen[5]. Er macht den Anspruch mit einem Zahlungsbegehren[6] geltend[7].

[2] Jedes Zahlungsbegehren gibt den Betrag[8] der verlangten Abschlagszahlung an. Es ist begleitet[9] von einer überprüfbaren Aufstellung[10] aller seit Arbeitsbeginn[11] bis zum Ende des Rechnungsmonates[12] erbrachten[13] Leistungen[14] des Unternehmers; bei Leistungen zu Einheitspreisen sind die endgültigen Ausmasse[15] anzugeben, bei Baustelleneinrichtungen zu Global- oder Pauschalpreisen der erreichte Stand gemäss Art. 146[16], bei den übrigen Leistungen zu Global- oder Pauschalpreisen der erreichte Stand in Prozenten ihres vorgesehenen Gesamtumfanges[17].

[3] Soweit bei Leistungen zu Einheitspreisen noch keine endgültigen Ausmasse vorliegen[18], sind vorläufige (nicht vollständig durch Massurkunden belegte) Ausmasse[19] anzugeben. Sie sind vom Unternehmer unter Mitwirkung der Bauleitung[20] in geeigneter Weise[21] festzustellen. Diese Feststellungen werden weder durch die Zahlungsbegehren des Unternehmers noch durch die Abschlagszahlungen des Bauherrn als verbindlich anerkannt.[22]

[4] Sollen statt Abschlagszahlungen Teilzahlungen geleistet werden (z.B. nach festem Zahlungsplan), so ist dies zusammen mit den Modalitäten im Werkvertrag festzulegen.[23]

Art. 144 (1977/91)

[1] Sofern der Werkvertrag nicht etwas anderes bestimmt, hat der Unternehmer Anspruch auf monatliche Abschlagszahlungen (Akontozahlungen). Er macht den Anspruch mit einem Zahlungsbegehren geltend.

[2] Jedes Zahlungsbegehren gibt den Betrag der verlangten Abschlagszahlung an. Es ist begleitet von einer überprüfbaren Aufstellung aller seit Arbeitsbeginn bis zum Ende des Rechnungsmonates erbrachten Leistungen des Unternehmers; bei Leistungen zu Einheitspreisen sind die endgültigen Ausmasse anzugeben, bei Baustelleneinrichtungen zu Global- oder Pauschalpreisen der erreichte Stand gemäss Art. 146, bei den übrigen Leistungen zu Global- oder Pauschalpreisen der erreichte Stand in Prozenten ihres vorgesehenen Gesamtumfanges.

[3] Soweit bei Leistungen zu Einheitspreisen noch keine endgültigen Ausmasse vorliegen, sind vorläufige (nicht vollständig durch Massurkunden belegte) Ausmasse anzugeben. Sie sind vom Unternehmer unter Mitwirkung der Bauleitung in geeigneter Weise festzustellen. Diese Feststellungen werden weder durch die Zahlungsbegehren des Unternehmers noch durch die Abschlagszahlungen des Bauherrn als verbindlich anerkannt.

[4] Sollen statt Abschlagszahlungen Teilzahlungen geleistet werden (z.B. nach festem Zahlungsplan), so ist dies zusammen mit den Modalitäten im Werkvertrag festzulegen.

[5] Andere Normen des SIA (z.B. Norm 136, 144, 320), die Bestandteil des Werkvertrages bilden (Art. 21), gehen der Norm SIA 118 insoweit vor, als sie ein abweichendes Zahlungssystem vorsehen.

Anmerkung 1

Die Art. 144 – 146 gelten für den Fall, dass die Parteien einen «*Einheitspreisvertrag*» abgeschlossen haben. Das ist ein Werkvertrag, bei dem für alle oder für einen Teil der Leistungen Einheitspreise vereinbart sind (Art. 42 Abs. 2 Satz 1). 1

Anmerkung 2

Der Vorbehalt einer *anderen Abrede* im Werkvertrag versteht sich von selbst. Doch muss eine Abrede, die von Art. 144 Abs. 1 abweicht, entweder individuell getroffen oder in einem rangmässig höheren Vertragsbestandteil (Art. 21) enthalten sein, damit sie der SIA-Norm 118 vorgeht (vgl. Einl./Rz. 26; zum Ganzen GWerkV Rz. 309 ff.). 2.1

Auch andere Normen des SIA sind nur dann verbindlich, wenn sie als Bestandteile eines einzelnen Vertrags übernommen wurden (Einl./Rz. 24; GWerkV Rz. 193 ff.; siehe auch Schumacher, Kommentar SIA-118 [Voraufl.], Art. 144/Anm. 27). Nach Art. 144 Abs. 5 aSIA-118 gingen solche anderen Normen der SIA-Norm 118 insoweit vor, als sie ein Zahlungssystem vorsahen, das von den Regeln der SIA-Norm 118 über die Abschlagszahlungen (in irgendeiner Weise) abwich. Dabei kam es nicht darauf an, ob die betreffenden Normen des SIA im Zeitpunkt ihrer Übernahme noch «in Kraft» oder «veraltet» waren (Schumacher, Kommentar SIA-118 [Voraufl.], Art. 144/Anm. 26 ff.; GWerkV Rz. 315). Mit der ersatzlosen Streichung von Absatz 5 in der SIA-Norm 118 von 2013 entfällt die teilweise Durchbrechung der rangmässigen Einordnung der SIA-Norm 118 (Art. 21 Abs. 1), die der frühere Art. 144 Abs. 5 aSIA-118 bedeutete (Schumacher, Kommentar SIA-118 [Voraufl.], Art. 144/Anm. 29; GWerkV Rz. 315). Fortan gehen abweichende Zahlungssysteme anderer Normen des SIA der SIA-Norm 118 nur dann vor, wenn die Parteien sie zum Gegenstand einer individuellen Abrede machen oder in einem rangmässig höheren Vertragsbestandteil (Art. 21) vereinbaren (vgl. GWerkV Rz. 315 f.). 2.2

Anmerkung 3

3 Unter Vorbehalt einer abweichenden Abrede (Art. 144/Rz. 2.1) verschafft die übernommene SIA-Norm 118 dem Unternehmer im Einheitspreisvertrag einen vertraglichen «*Anspruch*» auf Abschlagszahlungen (vgl. Vorbem. Art. 144 – 148/Rz. 2).

Anmerkung 4

4 Art. 144 Abs. 1 berechtigt den Unternehmer zu «*monatlichen*» Abschlagszahlungen. Das bedeutet, dass der Unternehmer in monatlichen Zeitabständen für die Leistungen, die er bis Ende des vorangegangenen Monats (vgl. Art. 144/Rz. 12 f.) erbracht hat, jeweils eine Abschlagsrechnung stellen darf. Dazu ist er jedoch nicht verpflichtet. Er kann auch in grösseren Abständen Abschlagszahlungen fordern.

Anmerkung 5

5 Zum Begriff der «*Abschlagszahlungen*» vgl. Vorbem. Art. 144 – 148/Rz. 1. In Art. 144 Abs. 1 aSIA-118 war dem Ausdruck «Abschlagszahlungen» in Klammern derjenige der «Akontozahlungen» angefügt. Zu Recht ist diese Ergänzung in der Ausgabe 2013 gestrichen worden, denn der Begriff der Akontozahlungen erfasst auch die vorläufigen Vorauszahlungen, die der Besteller leistet, bevor der Unternehmer eine entsprechende Gegenleistung erbringt (GWerkV Rz. 1163; anders OGer LU 11 09 58 vom 12. Januar 2010 = LGVE 2006 I Nr. 9 S. 14).

Anmerkung 6

6 Dieses «*Zahlungsbegehren*» wird kurz *Abschlagsrechnung* genannt. Seine Modalitäten werden in Art. 144 Abs. 2 und 3 eingehend geregelt.

Anmerkung 7

7.1 Der Bauherr ist nicht verpflichtet, von sich aus Abschlagszahlungen zu leisten, sondern nur auf Rechnungsstellung des Unternehmers hin. Die einzelne Abschlagsrechnung löst die sofortige *Fälligkeit* der betreffenden Abschlagszahlung aus (Art. 148).

7.2 Die Abschlagsrechnung ist der Bauleitung einzureichen (Art. 148/Rz. 4.1 f.). Denn regelmässig ist nur die Bauleitung in der Lage, die Abschlagsrechnung samt beigeschlossener Aufstellung (Art. 144/Rz. 10.1 ff.) zu kontrollieren, wozu sie im internen Verhältnis zum Bauherrn im Regelfall auch verpflichtet ist (vgl. z.B. Art. 4.52 SIA-Ordnung 102, Art. 4.3.52 SIA-Ordnung 103, Art. 4.52 SIA-Ordnung 108).

Anmerkung 8

8 Der «*Betrag*» der einzelnen Abschlagszahlung, der vom Unternehmer verlangt werden kann, ergibt sich aus Art. 144 – 146 und Art. 150.

Anmerkung 9

9 Die Abschlagsrechnung kann auch in der Weise von einer überprüfbaren Aufstellung des Leistungswerts «*begleitet*» sein, dass die Abschlagsrechnung selbst die Aufstellung (Art. 144/Rz. 10.1 ff.) enthält (Dokumenteneinheit). Art. 144 Abs. 2 verlangt nicht, dass

der Unternehmer für die Abschlagsrechnung und die Aufstellung des Leistungswerts zwei verschiedene Urkunden erstellt.

Anmerkung 10

In der «*überprüfbaren Aufstellung*» (häufig auch «*Situationsrechnung*» genannt, vgl. BLUMER, Bauführung, S. 247) rechnet der Unternehmer den «Betrag der verlangten Abschlagszahlung» aus. Die Aufstellung erleichtert der Bauleitung die Kontrolle der jeweiligen Abschlagsrechnung, gleichzeitig aber auch die Kostenüberwachung. Damit sie «*überprüfbar*» ist, hat der Unternehmer in der Regel wie folgt vorzugehen: 10.1

a) Zuerst hat der Unternehmer den *Umfang* der seit Arbeitsbeginn (Art. 144/Rz. 11) bis zum Stichtag (Art. 144/Rz. 12) erbrachten Leistungen festzustellen, für die er die betreffende Abschlagszahlung stellt. Die Überprüfbarkeit erfordert eine Gliederung der Aufstellung nach dem *Leistungsverzeichnis* (Art. 8 und Art. 39 Abs. 1). Der erreichte Leistungsstand ist wie folgt zu ermitteln: 10.2

- für *Leistungen zu Einheitspreisen* gemäss Art. 144 Abs. 2 und 3 sowie Art. 145; 10.3
- für *Baustelleneinrichtungen zu Global- oder Pauschalpreisen* nach Massgabe von Art. 146; 10.4
- für die *übrigen Leistungen zu Global- oder Pauschalpreisen* gemäss Art. 144 Abs. 2 in fine (Art. 144/Rz. 17.1 f.) und Art. 150 Abs. 2. 10.5

b) Der ermittelte Leistungsumfang ist zu den massgebenden Einheits-, Global- oder Pauschalpreisen zu berechnen, was den *Leistungswert* ergibt (Art. 145/Rz. 8). Dabei ist auch ein allenfalls vereinbarter Rabatt zu berücksichtigen (Art. 145/Rz. 15.1). 10.6

c) Vom Leistungswert (Art. 144/Rz. 10.6) ist der *Rückbehalt* abzuziehen (Art. 145 Abs. 1 und Art. 150). 10.7

Anmerkung 11

Der «*Arbeitsbeginn*» bildet den zeitlichen Ausgangspunkt für die Ermittlung jeder einzelnen Abschlagsrechnung. Der gesamte Umfang der massgeblichen Leistungen, berechnet ab Arbeitsbeginn bis zum Stichtag (Art. 144/Rz. 12), bildet die Grundlage jeder Abschlagsrechnung (zu den Baustelleneinrichtungen zu Global- oder Pauschalpreisen beachte aber Art. 146). Dadurch unterscheidet sich die Abschlagsrechnung z.B. von der Teuerungsabrechnung. Jede einzelne Teuerungsabrechnung betrifft abschliessend eine bestimmte Zeitspanne, das heisst eine bestimmte Abrechnungsperiode (Art. 66/Rz. 6). Gleich verhält es sich mit der Regierechnung (Art. 55/Rz. 3). 11

Anmerkung 12

Das «*Ende des Rechnungsmonates*» ist der Stichtag für die betreffende Abschlagsrechnung und damit auch für die «überprüfbare Aufstellung» (Art. 144/Rz. 10.1 ff.). Darunter wird üblicherweise der letzte Arbeitstag eines Kalendermonats verstanden. In der Praxis wird oft aus administrativen Gründen ein anderer Stichtag vereinbart. 12

Anmerkung 13

13 Hat der Unternehmer eine Leistung bis zum Stichtag (Art. 144/Rz. 12) zwar *erbracht*, diese Leistung bei der Ermittlung des Leistungsumfangs aus irgendeinem Grund aber (noch) nicht erfasst (z.B. aus Versehen oder wegen eines fehlenden Ausmasses), so verliert er den diesbezüglichen Vergütungsanspruch nicht. Denn sowohl die Abschlagsrechnungen als auch die Abschlagszahlungen haben nur *vorläufigen* Charakter (Vorbem. Art. 144 – 148/Rz. 1). Noch nicht erfasste Leistungen kann der Unternehmer in der nächsten Abschlagsrechnung berücksichtigen. Spätestens die Schlussabrechnung (Art. 153 Abs. 1) erfasst alle Leistungen des Unternehmers zu Einheits-, Global- oder Pauschalpreisen, unabhängig davon, ob für sie Abschlagsrechnungen gestellt worden sind oder nicht (Art. 153/Rz. 1.1).

Anmerkung 14

14 Gemeint sind «*Leistungen*» des Unternehmers, die nach Einheits-, Global- oder Pauschalpreisen (Art. 38 Abs. 1) vergütet werden und den Unternehmer zu Abschlagszahlungen berechtigen (Art. 144/Rz. 10.2 ff.).

Anmerkung 15

15 «*Endgültige Ausmasse*» sind sowohl *tatsächliche* Ausmasse, die gemäss Art. 142 Abs. 1 anerkannt sind oder nach Massgabe des Art. 142 Abs. 3 als anerkannt gelten, als auch *plangemässe theoretische* Ausmasse gemäss Art. 143 Abs. 1. Fehlen endgültige Ausmasse, gilt die Regel des Art. 144 Abs. 3, wonach den Abschlagsrechnungen auch *vorläufige* Ausmasse (Art. 144/Rz. 21.1 f.) zugrunde gelegt werden können.

Anmerkung 16

16 Art. 146, auf den hier verwiesen wird, regelt nicht nur die Ermittlung des «*erreichten Stands*» der Baustelleneinrichtungen zu Global- oder Pauschalpreisen, sondern auch die Berechnung von deren Leistungswert.

Anmerkung 17

17.1 Bei den «*übrigen Leistungen zu Global- oder Pauschalpreisen*» (ohne die Baustelleneinrichtungen zu Global- oder Pauschalpreisen, Art. 144/Rz. 16) ist der «*erreichte Stand in Prozenten ihres vorgesehenen Gesamtumfanges*» anzugeben. Dieser Prozentsatz gibt das Verhältnis zwischen dem «*erreichten Stand*» und dem vorgesehenen gesamten Leistungsumfang der betreffenden Position des Leistungsverzeichnisses (Art. 8) wieder. Der «erreichte Stand» kann aufgrund einer detaillierten Leistungsaufstellung oder durch eine grobe Schätzung ermittelt werden, was sich auf die Höhe des Rückbehalts auswirkt (Art. 150 Abs. 1 und 2).

17.2 Der erreichte Leistungsumfang ist zu diesem Prozentsatz des zugehörigen Global- oder Pauschalpreises zu berechnen, was den *Leistungswert* für die betreffende Leistungsposition ergibt (Art. 145 Abs. 2; Art. 145/Rz. 13.3). Unerwähnt bleibt in Art. 144 Abs. 2 die Selbstverständlichkeit, dass einer Abschlagsrechnung der volle Pauschal- oder Globalpreis zugrunde gelegt werden darf, wenn die durch ihn zu vergütende einzelne Leistungsposition bereits vollständig erbracht worden ist.

Anmerkung 18

Art. 144 Abs. 3 bezieht sich auf Einheitspreis-Leistungen, die nach dem tatsächlichen Ausmass (Art. 142) vergütet werden. Bei solchen Leistungen kann es im Zeitpunkt, in dem eine Abschlagsrechnung gestellt wird, an endgültigen Ausmassen fehlen, weshalb auf «*vorläufige Ausmasse*» abzustellen ist. 18.1

Endgültige (tatsächliche) Ausmasse sind (im Unterschied zu den vorläufigen Ausmassen) durch Massurkunden (Art. 142) «*belegt*», soweit sie gegenseitig anerkannt wurden (Art. 142 Abs. 1; Art. 142/Rz. 9.1 ff.) oder als gegenseitig anerkannt gelten (Art. 142 Abs. 3; Art. 142/Rz. 22). Weshalb im konkreten Fall «*noch keine endgültigen Ausmasse vorliegen*», ist für die Anwendung von Art. 144 Abs. 3 nicht von Belang. Der Grund hierfür kann in einer blossen Nachlässigkeit oder beispielsweise darin bestehen, dass die Parteien zur Vermeidung unverhältnismässigen Aufwands auf ein monatliches Ausmessen verzichten. 18.2

Anmerkung 19

Im Unterschied zu den endgültigen Ausmassen sind die vom Unternehmer zu ermittelnden (Art. 144/Rz. 20.1) «*vorläufigen Ausmasse*» nicht durch Massurkunden belegt (Art. 144/Rz. 18.2; siehe auch Art. 142/Rz. 7.1). Vom vorläufigen Ausmass zu unterscheiden ist die «grobe Schätzung» im Sinne von Art. 150 Abs. 2, mit der ein Teil des Leistungswerts in Abweichung von Art. 144 Abs. 2 und 3 sowie bei Leistungen zu Global- oder Pauschalpreisen ermittelt werden kann (Art. 150/Rz. 5 und 6.1 ff.). 19

Anmerkung 20

Die vorläufigen Ausmasse werden zwar vom Unternehmer festgestellt, dies jedoch «*unter Mitwirkung der Bauleitung*». Bei dieser Mitwirkung handelt es sich um eine beratende Mithilfe der Bauleitung; deren Zustimmung ist nicht erforderlich. Dadurch wird einerseits eine Patt-Situation vermieden; andererseits sind mit dieser bloss einseitigen Feststellung der Ausmasse nicht die Wirkungen von Massurkunden verknüpft, in denen Bauleitung und Unternehmer die Ausmasse anerkennen (Art. 142/Rz. 9.1 ff.) oder deren Inhalt nach Massgabe von Art. 142 Abs. 3 als endgültig anerkannt gilt (Art. 142/Rz. 22). 20.1

Davon abgesehen kann die Bauleitung dem Bauherrn empfehlen, das betreffende Zahlungsbegehren nur teilweise zu erfüllen, wenn die Ausmasse nicht in geeigneter Weise (Art. 144/Rz. 21.1) festgestellt wurden. In einem späteren Streitfall hat dann das Gericht zu entscheiden, in welcher Höhe die betreffende Abschlagsrechnung berechtigt war und nach Massgabe von Art. 148 fällig wurde. 20.2

Anmerkung 21

«*Geeignet*» ist jede Feststellungsmethode, die es erlaubt, die vorläufigen Ausmasse im Rahmen der naturgemäss gegebenen Unsicherheit möglichst genau zu bestimmen. Welche Methode dafür geeignet ist, beurteilt sich nach den Umständen des Einzelfalls, allen- 21.1

falls nach einer einschlägigen Übung, wobei es immer auch den Grundsatz der *Verhältnismässigkeit* zwischen Aufwand und Nutzen zu beachten gilt, zumal vorläufige Ausmasse die Höhe der endgültig geschuldeten Vergütung nicht präjudizieren (Art. 144/Rz. 20.1; anders SPIESS/HUSER, Handkommentar, N 1 zu Art. 144, die in strikter Weise eine Methode fordern, anhand derer sich die vorläufigen Ausmasse mit einer Genauigkeit von ± 20 % ermitteln lassen, andernfalls eine «grobe Schätzung» im Sinne von Art. 150 Abs. 2 vorliege).

21.2 Gelegentlich ist die Festlegung vorläufiger Ausmasse nach dem plangemässen theoretischen Ausmass eine geeignete Methode, auch wenn sie von den Parteien nicht vereinbart wurde und deshalb keine endgültige Leistungsbestimmung darstellt (vgl. Art. 141/Rz. 9.2 f.).

Anmerkung 22

22 Ein nur vorläufiges Ausmass wird weder durch das Zahlungsbegehren des Unternehmers noch durch die Abschlagszahlung des Bauherrn «*als verbindlich anerkannt*». Das bedeutet, dass weder Zahlungsbegehren noch Abschlagszahlungen eine Vermutung für deren Berechtigung und für die Richtigkeit des vorläufigen Ausmasses begründen (vgl. demgegenüber Art. 142 Abs. 1; Art. 142/Rz. 9.4). Ausserdem ist daran zu erinnern, dass Abschlagszahlungen immer nur einen vorläufigen Charakter haben (Vorbem. Art. 144–148/ Rz. 1).

Anmerkung 23

23.1 Diese Bestimmung weist die Parteien auf die (selbstverständliche) Möglichkeit hin, statt Abschlagszahlungen «*Teilzahlungen*» zu vereinbaren (zur Unterscheidung siehe Vorbem. Art. 144–148/Rz. 1). Ebenso selbstverständlich ist, dass eine allfällige Vereinbarung vertraglichen Charakter hat und demzufolge «*im Werkvertrag*» festzulegen ist, und zwar zusammen mit den Modalitäten, aus denen sich Umfang und Fälligkeit der einzelnen Teilzahlungen ergeben. Im Übrigen ist Folgendes anzumerken:

23.2 a) Vereinbarungen, die Teilzahlungen statt Abschlagszahlungen vorsehen, widersprechen der Regel des Art. 144 Abs. 1. Damit sie dieser Bestimmung vorgehen und von daher wirksam sind, müssen sie individuell vereinbart oder in einem rangmässig höheren Vertragsbestandteil (Art. 21) enthalten sein (vgl. Einl./Rz. 26; GWERKV Rz. 315 f.).

23.3 b) Teilzahlungen werden häufig in Form eines «*festen Zahlungsplanes*» vereinbart, der die Höhe der einzelnen Teilzahlungen (in Geldsummen oder in Prozenten der voraussichtlichen Gesamtvergütung zu Einheits-, Global- und Pauschalpreisen) sowie deren Fälligkeit festlegt. Die vereinbarte Fälligkeit der einzelnen Zahlungen kann auch vom Ablauf einer Frist abhängen, die ab einem bestimmten Ereignis (z.B. ab Baubeginn) zu laufen beginnt. Einen festen Zahlungsplan enthält namentlich die SIA-Norm 118/263 («Allgemeine Bedingungen für Stahlbau»). Die dort in Ziff. 8.4.2.2 enthaltene Regel, wonach bei Aufträgen über CHF 50 000.– die erste Teilzahlung mit Vertragsschluss fällig wird, ist allerdings auf Pauschal- und Globalpreise zugeschnitten (Art. 147/Rz. 3.2). Denn im Einheitspreisvertrag lässt sich die geschuldete Vergütung nicht ermitteln, solange noch gar keine Arbeiten geleistet wurden (siehe zum Ganzen STÖCKLI, Private Baunormung, S. 21).

5 212 Umfang

Art. 145

[1] Der Betrag[1] der einzelnen Abschlagszahlung[2], die der Bauherr schuldet[3], entspricht dem Leistungswert[4] am Ende des jeweiligen Rechnungsmonates[5] (Abs. 2), unter Abzug aller früher fällig gewordener (geleisteter oder nicht geleisteter) Abschlagszahlungen[6] und des Rückbehaltes gemäss Art. 149–152.[7]

[2] Der Leistungswert[8] am Ende des Rechnungsmonates[9] entspricht dem Wert der ab Arbeitsbeginn[10] bis zu diesem Zeitpunkt[11] erbrachten Leistungen des Unternehmers[12], berechnet[13] auf Grund der massgebenden[14] Einheits-, Global- oder Pauschalpreise[15]. Regiearbeiten werden nicht berücksichtigt, da für sie nach Art. 55 separat Rechnung gestellt wird.[16] Für Baustelleneinrichtungen ist Art. 146 zu beachten.[17]

Art. 145 (1977/91)

[1] Der Betrag der einzelnen Abschlagszahlung, die der Bauherr schuldet, entspricht dem Leistungswert am Ende des jeweiligen Rechnungsmonates (Abs. 2), unter Abzug aller früher fällig gewordener (geleisteter oder nicht geleisteter) Abschlagszahlungen und des Rückbehaltes gemäss Art. 149ff.

[2] Der Leistungswert am Ende des Rechnungsmonates entspricht dem Wert der ab Arbeitsbeginn bis zu diesem Zeitpunkt erbrachten Leistungen des Unternehmers, berechnet auf Grund der massgebenden Einheits-, Global- oder Pauschalpreise. Regiearbeiten werden nicht berücksichtigt, da für sie nach Art. 55 separat Rechnung gestellt wird. Für Baustelleneinrichtungen ist Art. 146 zu beachten.

Anmerkung 1

Zur Ermittlung des «*Betrages*» der verlangten, einzelnen Abschlagszahlung vgl. auch Art. 144/Rz. 10.1 ff. 1

Anmerkung 2

Zum Begriff der «*Abschlagszahlung*» vgl. Vorbem. Art. 144–148/Rz. 1. 2

Anmerkung 3

Im Einheitspreisvertrag (Art. 42 Abs. 2) besitzt der Unternehmer nach Art. 144 Abs. 1 einen *vertraglichen Anspruch* auf Abschlagszahlungen (Art. 144/Rz. 3). Die Fälligkeit dieses Anspruchs setzt nach Art. 148 ein ordnungsgemäss abgefasstes Zahlungsbegehren (Abschlagsrechnung) des Unternehmers voraus (Art. 148/Rz. 3.1 f.). 3

Anmerkung 4

Zum Begriff des «*Leistungswertes*», wie die SIA-Norm 118 ihn verwendet, siehe Art. 145/Rz. 8. Er ist nach Massgabe von Art. 145 Abs. 2 und aufgrund weiterer Bestimmungen zu berechnen, auf die dort teilweise verwiesen wird. 4

Anmerkung 5

5 Zum «*Ende des jeweiligen Rechnungsmonates*» vgl. Art. 144/Rz. 12.

Anmerkung 6

6.1 Dass vom Leistungswert am Ende des jeweiligen Rechnungsmonats *alle früher fällig gewordenen (geleisteten oder nicht geleisteten) Abschlagszahlungen* abzuziehen sind, ist «systemgerecht»:

6.2 – Der Leistungswert erfasst alle ab Arbeitsbeginn bis am Ende des Rechnungsmonats erbrachten Leistungen des Unternehmers (die zu Einheits-, Global- oder Pauschalpreisen vergütet werden), also nicht bloss diejenigen Leistungen, die durch die letzte Abschlagsrechnung noch nicht erfasst wurden.

6.3 – Jede Abschlagsrechnung wird für sich allein fällig (Art. 148). Entsprechend kann der Bauherr für jede einzelne Abschlagszahlung in Verzug geraten mit der Folge, dass er den Verzugszins je ab Eintritt des Verzugs mit der betreffenden Abschlagszahlung zu entrichten hat (Art. 148/Rz. 5.1 ff. und 6; Art. 190). Somit ist jede einzelne Abschlagsrechnung separat zu behandeln.

6.4 – Aus dem Gesagten folgt, dass «alle früher fällig gewordenen (geleisteten oder nicht geleisteten) Abschlagszahlungen» nicht nur vom Leistungswert abzuziehen sind, welcher der betreffenden Abschlagsrechnung zugrunde liegt, sondern auch von der Schlussabrechnungssumme (Art. 153 Abs. 1; Art. 153/Rz. 9.3).

Anmerkung 7

7 Abzuziehen ist nebst den früher fällig gewordenen Abschlagszahlungen (Art. 145/Rz. 6.1 ff.) auch der «*Rückbehalt*» (Art. 149 – 152), soweit er abgezogen werden kann. Zu beachten sind die maximalen Beträge gemäss Art. 150 Abs. 1 und 3. Zum Abzug von Rabatt und Skonto, sofern diese vereinbart sind, vgl. Art. 145/Rz. 15.1 f.

Anmerkung 8

8 Der «*Leistungswert*», wie die SIA-Norm 118 ihn versteht, ist ein *geldwerter* Faktor. Er bildet die Grundlage der einzelnen Abschlagsrechnung (Art. 145 Abs. 1; vgl. auch Art. 144/Rz. 10.6) und ergibt sich aus der Berechnung des (bisherigen) Leistungsumfangs (Art. 145/Rz. 12.1 ff.) zu den massgebenden Einheits-, Global- oder Pauschalpreisen (Art. 145 Abs. 2). Im baubetrieblichen Zusammenhang ist mit Leistungswert etwas anderes gemeint: Dort wird damit der «Zeitbedarf pro Leistungseinheit, z.B. h/m^3 oder h/to», also ein Verhältnis beschrieben, das sich auf das Kostenelement Lohn bezieht (SBV, Vorkalkulation, S. 50); dieser Wert ist vor allem bei der Kalkulation, aber auch bei der Herleitung von Nachträgen bedeutsam. Weiter kann der Leistungswert auch die Nutzleistung einer Maschine ausdrücken (Leistungseinheit pro Zeiteinheit, also beispielsweise m^3/h).

Anmerkung 9

9 Zur Bedeutung des «*Endes des Rechnungsmonates*» vgl. Art. 144/Rz. 12.

Anmerkung 10

Zur Bedeutung des «*Arbeitsbeginns*» vgl. Art. 144/Rz. 11. 10

Anmerkung 11

Dieser «*Zeitpunkt*» ist das Ende des Rechnungsmonats (Art. 144/Rz. 12). 11

Anmerkung 12

Der *Umfang* der «*erbrachten Leistungen des Unternehmers*» ist wie folgt zu ermitteln: 12.1

a) für Leistungen zu *Einheitspreisen* aus der Anzahl der vom Unternehmer bereits geleisteten Mengeneinheiten (aufgrund endgültiger oder vorläufiger Ausmasse, vgl. Art. 144 Abs. 2 und 3); 12.2

b) für Leistungen zu *Global- oder Pauschalpreisen* nach dem erreichten Stand in Prozenten ihres vorgesehenen Gesamtumfangs (Art. 144 Abs. 2 in fine; Art. 144/Rz. 17.1 f.) bzw. aufgrund einer groben Schätzung (Art. 150 Abs. 2; Art. 150/Rz. 6.1ff.); für *Baustelleneinrichtungen* zu Global- oder Pauschalpreisen vgl. die Sonderregel des Art. 146. 12.3

Anmerkung 13

Je nach der massgebenden Preisart (Art. 145/Rz. 14 und 15.1 f.) wird der Leistungswert wie folgt *berechnet:* 13.1

a) Bei Leistungen zu *Einheitspreisen* ergibt sich der Leistungswert aus der Menge der vom Unternehmer bereits geleisteten Einheiten (Art. 145/Rz. 12.2), multipliziert mit dem dazugehörigen Einheitspreis (Art. 39 Abs. 1; Art. 39/Rz. 6.1 ff.; vgl. auch Art. 141/Rz. 2.1 ff.). 13.2

b) Bei Leistungen zu *Global- oder Pauschalpreisen* ist der Leistungswert derjenige Anteil am Preis, der dem Verhältnis zwischen dem erreichten Stand bzw. der groben Schätzung und dem vorgesehenen Gesamtumfang der Leistung entspricht (Art. 145/Rz. 12.3). Für *Baustelleneinrichtungen,* die zu Global- oder Pauschalpreisen vergütet werden, gilt die Sonderregel des Art. 146. 13.3

Anmerkung 14

«*Massgebend*» für die Ermittlung des Leistungswerts sind die vereinbarten Preise, jedoch unter Berücksichtigung allfälliger *Änderungen,* die sich aus den Regeln über die Bestellungsänderung (Art. 86 ff.) oder daraus ergeben können, dass dem Unternehmer ein Anspruch auf Mehrvergütung beispielsweise nach Massgabe von Art. 58 Abs. 2 oder Art. 59 zusteht. Teuerungsbedingte Mehr- oder Mindervergütungen (Art. 64 Abs. 1) bleiben jedoch unberücksichtigt, da über die Teuerung separat abgerechnet wird (Art. 66 Abs. 4), gleich wie über die Regiearbeiten (Art. 145/Rz. 16). 14

Anmerkung 15

Bei der Berechnung des Leistungswerts ist von den massgebenden Einheits-, Global- und Pauschalpreisen auch ein allenfalls vereinbarter *Rabatt* abzuziehen, auf den der Bauherr im konkreten Fall Anspruch hat. Der Rabatt ist ein Preisnachlass, der ohne Rücksicht auf 15.1

den Zeitpunkt der Zahlung gewährt wird, weshalb er zu einer Reduktion der zugehörigen Vergütung führt (vgl. GWerkV Rz. 1244 ff.).

15.2 Hingegen erfolgt ein allenfalls vereinbarter *Skontoabzug* auf den einzelnen Abschlagszahlungen (zur Frage des Skontoabzugs siehe im Einzelnen Art. 190 Abs. 1 sowie Art. 190/Rz. 8.1 f., 9.1 ff. und 10.1 f. sowie GWerkV Rz. 1233 ff.).

Anmerkung 16

16 Für Regiearbeiten (Art. 44 ff.) reicht der Unternehmer der Bauleitung monatlich die Rechnungen (Regierechnungen) ein, womit seine jeweilige Forderung fällig wird (Art. 55 Abs. 1). Auch Teuerungsabrechnungen (Art. 64 ff.) werden separat und periodisch gestellt (Art. 66 Abs. 4). Deshalb bleiben sowohl Regierechnungen als auch Teuerungsabrechnungen bei der Ermittlung des Leistungswerts unberücksichtigt (vgl. auch Art. 144/Rz. 11).

Anmerkung 17

17 Nur für *«Baustelleneinrichtungen» zu Global- oder Pauschalpreisen* gelten die in Art. 146 enthaltenen Regeln, worauf auch (und dort präzis) in Art. 144 Abs. 2 hingewiesen wird. Für solche Baustelleneinrichtungen regelt Art. 146 sowohl die Ermittlung des Leistungsumfangs als auch die Berechnung des Leistungswerts. Zu den übrigen Leistungen zu Global- und Pauschalpreisen vgl. Art. 144/Rz. 17.1 f. sowie Art. 145/Rz. 13.3.

5 213 Leistungswert für Baustelleneinrichtungen

Art. 146

Bei der Berechnung des Leistungswertes (Art. 145 Abs. 2) [1] sind für Baustelleneinrichtungen [2] zu Global- oder Pauschalpreisen [3] folgende Beträge einzusetzen:

80 % der einzelnen Positionspreise [4] nach Erreichen der vollständigen Betriebsbereitschaft.[5] Ist die Bereitschaft noch nicht erreicht, so vermindert sich der einzusetzende Betrag mangels anderer Vereinbarung [6] im Verhältnis des Neuwertes [7] der betriebsbereiten und als angemessenen Vorrats auf der Baustelle [8] bereitstehenden Einrichtungen [9] zum Neuwert aller vom Global- oder Pauschalpreis erfassten Einrichtungen.[10]

100 % der einzelnen Positionspreise nach erfolgter Demontage [11] und dem Abtransport [12] der dazugehörenden Baustelleneinrichtungen und ordnungsgemässer Aufräumung und Instandstellung des für die betreffenden Einrichtungen benützten Bodens und Arbeitsplatzes (Art. 43 Abs. 1) [13].

Art. 146 (1977/91)

Bei der Berechnung des Leistungswertes (Art. 145 Abs. 2) sind für Baustelleneinrichtungen zu Global- oder Pauschalpreisen folgende Beträge einzusetzen:

80 % der einzelnen Positionspreise nach Erreichen der vollständigen Betriebsbereitschaft. Ist die Bereitschaft noch nicht erreicht, so vermindert sich der einzusetzende Betrag mangels anderer Vereinbarung im Verhältnis des Neuwertes der betriebsbereiten und als angemessener Vorrat auf der Baustelle bereitstehenden Einrichtungen zum Neuwert aller vom Global- oder Pauschalpreis erfassten Einrichtungen.

100 % der einzelnen Positionspreise nach erfolgter Demontage und dem Abtransport der dazugehörenden Baustelleneinrichtungen und ordnungsgemässer Aufräumung und Instandstellung des für die betreffenden Einrichtungen benützten Bodens und Arbeitsplatzes (Art. 43 Abs. 1).

Anmerkung 1

Art. 146 enthält Sonderregeln für die «*Berechnung des Leistungswertes*» (Art. 145 Abs. 2) für «*Baustelleneinrichtungen*», die dem Unternehmer im *Einheitspreisvertrag* (Art. 42 Abs. 2 Satz 1) zu «*Global- oder Pauschalpreisen*» vergütet werden. 1

Anmerkung 2

Zum Begriff der «*Baustelleneinrichtungen*» vgl. Art. 123, insbesondere auch den darin enthaltenen Satz, wonach zu den Baustelleneinrichtungen «auch alle im Leistungsverzeichnis unter Baustelleneinrichtungen aufgeführten Anlagen» gehören (Art. 123/Rz. 7). 2.1

Von den Bestimmungen der Art. 123 ff., die sich auf die Baustelleneinrichtungen beziehen, ist namentlich Art. 125 Abs. 3 zu beachten, wonach der Unternehmer über *stationäre* Baustelleneinrichtungen, die in separaten Positionen enthalten sind, nach der ersten Abschlagszahlung nur noch mit Zustimmung der Bauleitung verfügen darf (Art. 125/Rz. 25.2). 2.2

Anmerkung 3

Im Einheitspreisvertrag (Art. 42 Abs. 2 Satz 1; Art. 144/Rz. 1), insbesondere im Leistungsverzeichnis (Art. 8), können für Baustelleneinrichtungen separate Positionen vorgesehen sein (Art. 9 Abs. 1 und Art. 43 Abs. 1 – 3). In aller Regel handelt es sich um *Global-* oder um *Pauschalpreise* (Art. 40 oder Art. 41; vgl. Art. 43/Rz. 4). Sind solche Preise für Baustelleneinrichtungen vereinbart, ist Art. 146 anwendbar (Art. 146/Rz. 1). Sind die Baustelleneinrichtungen hingegen nach Massgabe von Art. 9 Abs. 2 in die Einheitspreise der Arbeiten eingerechnet (vgl. auch den Vorbehalt in Art. 43 Abs. 4), so findet Art. 146 keine Anwendung (Spiess/Huser, Handkommentar, N 6 zu Art. 146). 3

Anmerkung 4

Bei den «*einzelnen Positionspreisen*» handelt es sich um Global- oder Pauschalpreise (Art. 40 oder Art. 41), die für Baustelleneinrichtungen (Art. 146/Rz. 2.1 f.) im Einheitspreisvertrag in separaten Positionen vereinbart sind (Art. 146/Rz. 3). 4

Anmerkung 5

5.1 Für jede einzelne Baustelleneinrichtung mit vereinbartem Global- oder Pauschalpreis sind nach Erreichen ihrer «vollständigen Betriebsbereitschaft» 80 % dieses Positionspreises einzusetzen.

5.2 a) Die *«vollständige Betriebsbereitschaft»* einer Baustelleneinrichtung ist erreicht, wenn die Einrichtung unter Einhaltung der geltenden Vorschriften betriebsfertig erstellt (Art. 43 Abs. 1 und Art. 124 Abs. 1) und damit zum Einsatz für die ihr zugedachte Aufgabe bereit ist (Art. 124/Rz. 3.4). Die betriebsfertige Erstellung kann eine Montage voraussetzen, muss dies aber nicht (vgl. Art. 43/Rz. 10; Art. 125/Rz. 5).

5.3 b) Solange die *«vollständige Betriebsbereitschaft»* einer Baustelleneinrichtung noch *nicht erreicht* ist, bleibt die betreffende Einrichtung bei der Berechnung des Leistungswerts (Art. 145 Abs. 2) unberücksichtigt. Vorbehalten bleiben die im nachfolgenden Satz des Artikels behandelten *Sonderfälle* (Art. 146/Rz. 10.1 ff.).

5.4 c) Weil der Bauherr nach Erreichen der *«vollständigen Betriebsbereitschaft»*, das heisst in der Regel zu Beginn der Bauarbeiten, bereits 80 % des offerierten Global- oder Pauschalpreises schuldet (Art. 146 i.V.m. Art. 145 Abs. 2), führt eine Umlagerung sachfremder Einheitspreise in diese Position zu einer Kreditgewährung und zu Zinsverlusten beim Auftraggeber. Überdies verunmöglicht eine solche Verschiebung eine korrekte Analyse der Offerte sowie deren Vergleich mit anderen Angeboten. Im Rahmen einer öffentlichen Beschaffung kann sie daher den Ausschluss des Angebots zur Folge haben (BGer 2P.164/2002 vom 27. November 2002 E. 3.3.2; vgl. auch VGer ZH VB.2003.00256 vom 3. Dezember 2003 E. 4; Bass, Verschieben von Einheitspreisen, S. 23).

Anmerkung 6

6.1 Der Vorbehalt einer *«anderen Vereinbarung»* im Werkvertrag versteht sich von selbst. Doch muss eine Abrede, die von Art. 146 abweicht, entweder individuell vereinbart werden oder in einem rangmässig höheren Vertragsbestandteil (Art. 21) enthalten sein, damit sie der SIA-Norm 118 vorgeht und wirksam ist (Einl./Rz. 26).

6.2 In der Praxis wird für umfangreiche Baustelleneinrichtungen auf Grossbaustellen manchmal ein spezieller Zahlungsplan vereinbart.

Anmerkung 7

7 Für die Bestimmung des *«Neuwertes»* ist auf die einschlägigen Listenpreise oder, falls solche fehlen, auf die Marktpreise abzustellen (Art. 62 Abs. 1 Ziff. 2 sinngemäss). Massgeblich sind die Preise am Stichtag der ursprünglichen Kostengrundlage (Art. 62/Rz. 4.1 ff.).

Anmerkung 8

8 Der eigentlichen *«Baustelle»* gleichzustellen sind Nebenarbeitsplätze (z.B. Deponieplätze; vgl. Art. 116/Rz. 4), auf denen die betreffenden Einrichtungen zum Einsatz kommen sollen.

Anmerkung 9

Das Wort «*Einrichtungen*» hat hier, wie sich aus der korrekten Auslegung des ganzen Satzes (Art. 146/Rz. 10) ergibt, eine doppelte Bedeutung. Entweder handelt es sich um betriebsbereite Baustelleneinrichtungen einer «*Sammelposition*» (Art. 146/Rz. 10.2) oder um den betriebsbereiten Teil einer «*wachsenden*» Baustelleneinrichtung samt angemessenem Vorrat (Art. 146/Rz. 10.4). 9

Anmerkung 10

Dieser Satz ist *schwer verständlich und grammatikalisch falsch* («angemessenen Vorrats»; 10.1
richtig noch aSIA-118 «angemessener Vorrat»). Sein Zusammenhang mit dem vorangehenden Satz erweckt den Anschein, als beziehe er sich auf alle Baustelleneinrichtungen. In Wirklichkeit aber befasst er sich nur mit zwei *Sonderfällen*, für die er folgende Regel enthält:

a) Im *ersten Sonderfall* ist eine Mehrzahl von (gleich- oder verschiedenartigen) Baustel- 10.2
leneinrichtungen (z.B. mehrere Krane; mehrere Fahrzeuge; oder ein Kran, eine Fahrnisbaute und ein Gerüst) in einer bestimmten einzelnen Position *(«Sammelposition»)* zu einer Gesamtheit zusammengefasst, indem für diese Einrichtungen insgesamt ein (einziger) Global- oder Pauschalpreis vereinbart wurde. In einem solchen Fall ist es möglich, dass eine oder mehrere der vom (gleichen) gesamten Preis erfassten Einrichtungen vollständig betriebsbereit sind (Art. 146/Rz. 5.3), andere dagegen noch nicht. In einer solchen Konstellation gilt nach Art. 146 die folgende Regel:

Bei der Berechnung des Leistungswerts sind 80 % des betreffenden Positionspreises 10.3
einzusetzen, jedoch vermindert im Verhältnis des Neuwerts (Art. 146/Rz. 7) der betriebsbereiten zum Neuwert aller vom (gleichen) Gesamtpreis erfassten Einrichtungen. Macht z.B. der Neuwert der betriebsbereiten Einrichtungen die Hälfte des Neuwerts aus, den alle vom betreffenden Positionspreis erfassten Einrichtungen haben, so beträgt der einzusetzende Betrag 40 % des zugehörigen Positionspreises.

b) Im *zweiten Sonderfall* geht es um «*wachsende*» Baustelleneinrichtungen (etwa um ein 10.4
sich stetig verlängerndes Förderband zum Abtransport des Tunnelaushubs). Das besondere Merkmal dieser Einrichtungen besteht darin, dass sie entsprechend dem Fortschreiten der Arbeiten zu erweitern (zu verlängern, zu vergrössern oder sonst wie auszubauen) sind, um ihre Betriebsfunktion nach Massgabe des Arbeitsfortschritts zu erfüllen.

Sobald und solange eine solche Baustelleneinrichtung zwar betriebsbereit, künftig aber 10.5
noch zu erweitern ist, sind bei der Berechnung des Leistungswerts 80 % ihres Positionspreises einzusetzen, jedoch vermindert im Verhältnis ihres Neuwerts (Art. 146/Rz. 7) im derzeitigen Ausbaustadium zum Neuwert, den sie im vollständig ausgebauten Zustand hat. Stehen auf der Baustelle (Art. 146/Rz. 8) Konstruktionsteile oder andere Sachen, die der bevorstehenden Erweiterung der Baustelleneinrichtung dienen, auf «*Vorrat*» bereit, so wird auch deren Neuwert in die Verhältnisrechnung einbezogen, indem er zum Neuwert hinzukommt, den die Baustelleneinrichtung im derzeitigen Ausbaustadium aufweist. Vorausgesetzt ist allerdings, dass die Bereitstellung im massgeblichen Zeitpunkt erforderlich war, um eine dem Arbeitsfortschritt entsprechende (reibungslose) Erweiterung

sicherzustellen, was Art. 146 Abs. 2 mit der Wendung «*angemessener Vorrat*» zum Ausdruck bringt.

Anmerkung 11

11 Soweit eine «*Demontage*» erforderlich ist, die betriebsbereite Erstellung der betreffenden Baustelleneinrichtung also eine Montage vorausgesetzt hat, vgl. Art. 43/Rz. 10.

Anmerkung 12

12 Zum «*Abtransport*» vgl. auch Art. 43 Abs. 1 und Art. 125 Abs. 1.

Anmerkung 13

13 Zur «*ordnungsgemässen Aufräumung und Instandstellung des für die betreffenden Einrichtungen benützten Bodens und Arbeitsplatzes*» ist nicht nur Art. 43 Abs. 1, sondern auch Art. 118 Abs. 3 zu beachten. Nur *stationäre* Baustelleneinrichtungen (Art. 125/Rz. 24.1 f.) erfordern in der Regel ein Aufräumen und Instandstellen. Dazu gehört auch das Entfernen von Fundamenten, (offenen oder eingegrabenen) Rohrleitungen oder Kabeln (Art. 118 Abs. 3; Art. 118/Rz. 18.2). Räumen und instand stellen muss der Unternehmer nur diejenigen Bereiche, die für die Einrichtungen der betreffenden (einzelnen) Global- oder Pauschalpreisposition beansprucht wurden. Dass 100 % des betreffenden Positionspreises als Leistungswert eingesetzt werden dürfen, setzt nicht voraus, dass schon alle Arbeitsplätze des Unternehmers gemäss Art. 118 aufgeräumt und instand gestellt sind.

5 22 Bei Gesamtpreisverträgen

Art. 147

In Gesamtpreisverträgen (Art. 42 Abs. 2)[1] sind die Abschlagszahlungen[2] durch einen Teilzahlungsplan[3] im Werkvertrag besonders zu regeln.[4] Zu den Sicherheiten siehe Art. 151.

Art. 147 (1977/91)

In Gesamtpreisverträgen (Art. 42 Abs. 2) sind die Abschlagszahlungen durch einen Teilzahlungsplan im Werkvertrag besonders zu regeln. Zu den Sicherheiten siehe Art. 151.

Anmerkung 1

1 Als «*Gesamtpreisvertrag*» gilt jeder Werkvertrag, bei dem sich die vereinbarte Vergütung – mit Ausnahme von Regiearbeiten – ausschliesslich nach *Global- oder Pauschalpreisen* bestimmt (Art. 42 Abs. 2).

Anmerkung 2

2 Zum Begriff der «*Abschlagszahlungen*» vgl. Vorbem. Art. 144 – 148/Rz. 1.

Anmerkung 3

Unter dem «*Teilzahlungsplan*» ist die von den Parteien vereinbarte Zahlungsordnung für die vorgesehenen Zahlungen zu verstehen. Diese Zahlungsordnung bestimmt regelmässig die Höhe und die Fälligkeit der einzelnen Zahlungen (Art. 144/Rz. 23.3). 3.1

Einen besonderen Zahlungsplan, der vom Zahlungssystem der SIA-Norm 118 abweicht, enthält die SIA-Norm 118/263 («Allgemeine Bedingungen für Stahlbau»). Deren Ziff. 8.4.2.2 lässt die Fälligkeit einer prozentual bestimmten ersten Teilzahlung schon mit Vertragsschluss eintreten. In gleicher Weise sehen Ziff. 5.2.2 SIA-Norm 118/370 («Allgemeine Bedingungen für Aufzüge, Fahrtreppen und Fahrsteige») und Ziff. 5.3.2 SIA-Norm 118/241 («Allgemeine Bedingungen für Schreinerarbeiten») vor, dass 30 % des Werkpreises «bei Bestellung» fällig werden. Derartige Zahlungsmodalitäten sind auf Pauschal- und Globalpreise zugeschnitten, zumal sich die Vergütung nach Einheitspreisen erst anhand geleisteter Arbeiten bestimmen lässt (Art. 144/Rz. 23.3). Soweit Teilzahlungen aber schon bei Vertragsschluss fällig werden, steht der Zahlungspflicht des Bauherrn noch gar keine Leistung des Unternehmers gegenüber. Darin liegt ein wesentlicher Unterschied zur SIA-Norm 118, die auf der Vorleistungspflicht des Unternehmers fusst und ihm lediglich Abschlagszahlungen «nach Massgabe bereits erbrachter Leistungen» (GWerkV Rz. 1163) zugesteht (ausführlich Stöckli, Private Baunormung, S. 21 f., auch zum Passus, wonach Teilzahlungen nur «in der Regel» nach Massgabe des Zahlungsplans fällig werden [S. 22]). 3.2

Zwar sieht die Norm den Teilzahlungsplan nur bei Gesamtpreisverträgen vor. Die Parteien sind freilich nicht daran gehindert, auch in einem Einheitspreisvertrag einen Teilzahlungsplan zu vereinbaren. Beispielsweise können sie die Höhe und die Fälligkeit einzelner Zahlungen in Abweichung von den Modalitäten der Abschlagszahlungen (Art. 144 Abs. 1 Satz 1) von bestimmten Leistungswerten abhängig machen (Art. 147/Rz. 4.3). 3.3

Anmerkung 4

Der erste Satz des Art. 147 hat einen zweifachen Inhalt: 4.1

a) Erstens besagt der Satz, dass Abschlagszahlungen in Gesamtpreisverträgen (Art. 147/Rz. 1) nur insoweit geschuldet sind, als die Parteien dies ausserhalb der SIA-Norm 118 (das heisst im übrigen «*Werkvertrag*») vereinbaren. Die Norm selbst räumt dem Unternehmer im Gesamtpreisvertrag keinen Anspruch auf Abschlagszahlungen ein (vgl. auch Vorbem. Art. 144–148/Rz. 2). Der Ausdruck «Teilzahlungsplan» ist insofern ungenau, als Teilzahlungen nach gängigem Verständnis endgültiger Natur sind, also nicht auf Anrechnung an den umfangmässig erst später zu ermittelnden (gesamten) Vergütungsanspruch des Unternehmers erfolgen (Vorbem. Art. 144–148/Rz. 1). Diese Terminologie schliesst indes nicht aus, dass der Besteller die im Zahlungsplan vorgesehenen Betreffnisse im Sinne von Akontozahlungen, das heisst «unter Vorbehalt einer definitiven Abrechnung» (GWerkV Rz. 1163) schuldet. Wie es sich damit verhält, ist durch Auslegung der konkreten Vereinbarungen zu ermitteln. 4.2

b) Zweitens weist der Satz die Parteien darauf hin, dass sie in einer allfälligen Vereinbarung nicht nur das Prinzip (den Anspruch des Unternehmers), sondern auch die Moda- 4.3

litäten der Zahlungen zu regeln haben. Das gilt auch für die Frage, ob die vereinbarten Zahlungen zeitabhängig sind, indem der Besteller sie einfach zu festen Zahlungsterminen leisten muss (z.B. bei Vertragsabschluss), oder ob sie im Sinne von Abschlagszahlungen «nach Massgabe bereits erbrachter Leistungen» (GWerkV Rz. 1163), etwa nach Beendigung der Montage oder bei Lieferung auf die Baustelle anfallen sollen (anders Spiess/Huser, Handkommentar, N 7 zu Art. 147). Im letzteren Fall bedarf es auch einer Vereinbarung darüber, wie die Zahlungspflicht vom Leistungswert der Gesamtpreisposition abhängig sein soll (vgl. auch die Beispiele bei Spiess/Huser, Handkommentar, N 8 zu Art. 147 und N 8 f. zu Art. 151). Möglich ist schliesslich auch eine Zahlungsmodalität, die zeitliche Elemente mit leistungsbezogenen Elementen kombiniert. Vgl. Ziff. 5.2.2 der erwähnten SIA-Norm 118/370, wonach 30 % des Werkpreises «bei Meldung der Versandbereitschaft des Materials gemäss Terminplan» fällig werden (vgl. auch Spiess/Huser, Handkommentar, N 9 zu Art. 151).

5 23 Fälligkeit

Art. 148 [1]

Die Abschlagszahlungen werden fällig [2], sobald das ordnungsgemäss [3] abgefasste Zahlungsbegehren bei der Bauleitung eingeht [4]. Für Zahlungsfrist [5] und Verzug [6] gilt Art. 190 [7].

Art. 148 (1977/91)

Die Abschlagszahlungen werden fällig, sobald das ordnungsgemäss abgefasste Zahlungsbegehren bei der Bauleitung eingeht. Für Zahlungsfrist und Verzug gilt Art. 190.

Anmerkung 1

1 Art. 148 befasst sich mit der *Fälligkeit von Abschlagszahlungen,* und zwar unabhängig davon, ob diese gestützt auf Art. 144 Abs. 1 (Einheitspreisvertrag) oder aufgrund einer besonderen Vereinbarung (Gesamtpreisvertrag; vgl. Art. 147) geschuldet sind (anders Spiess/Huser, Handkommentar, N 7 zu Art. 148, nach deren Auffassung Art. 148 für die Teilzahlungen im Sinne von Art. 147 «analog» anzuwenden ist). Freilich bestimmt der Zahlungsplan, der in Gesamtpreisverträgen besonders zu vereinbaren ist, in aller Regel auch die Fälligkeit der einzelnen Zahlungen (Art. 147/Rz. 3.1 ff.). Diese spezielle Abrede geht Art. 148 vor (Art. 21 Abs. 1).

Anmerkung 2

2 Mit der *«Fälligkeit»* beginnt die Zahlungsfrist (BGer 4A_306/2008 vom 9. September 2008 E. 4.1.1; vgl. Art. 148/Rz. 5.1 ff.).

Anmerkung 3

«Ordnungsgemäss» abgefasst ist ein Zahlungsbegehren (eine Abschlagsrechnung), wenn es den anwendbaren Bestimmungen des Werkvertrags entspricht. 3.1

Beim *Einheitspreisvertrag* hat das Zahlungsbegehren insbesondere die Anforderungen gemäss Art. 144 Abs. 2 zu erfüllen. Diese Bestimmung verlangt unter anderem, dass das Zahlungsbegehren von einer überprüfbaren Aufstellung der erbrachten Leistungen begleitet ist (Art. 144/Rz. 10.1 ff.). 3.2

Anmerkung 4

Art. 148 stellt für den Eintritt der Fälligkeit auf den Eingang des Zahlungsbegehrens bei der *Bauleitung* ab, weil Abschlagsrechnungen regelmässig der Bauleitung eingereicht und von dieser zuhanden des Bauherrn überprüft werden (Art. 144/Rz. 7.2). Bei zweckgemässer Auslegung der Bestimmung muss es allerdings genügen, dass das Zahlungsbegehren dem *Bauherrn persönlich* zugeht. Für den Fall, dass der Bauherr nicht durch eine Bauleitung vertreten ist, ergibt sich dies schon aus Art. 33 Abs. 3. 4.1

Zum Sonderfall, da der Unternehmer nach dem Inhalt des konkreten Werkvertrags nur die Abrechnungsunterlagen einzureichen hat, während der Bauherr (oder seine Bauleitung) es übernimmt, die jeweiligen Abrechnungen selbst zu erstellen, vgl. Vorbem. Art. 38–83/Rz. 9 f. und GWerkV Rz. 1180. 4.2

Anmerkung 5

Zur rechtlichen Bedeutung der *«Zahlungsfrist»*, die mit der Fälligkeit zu laufen beginnt, vgl. Art. 190 Abs. 1. Hervorzuheben sind an dieser Stelle zwei Punkte: 5.1

a) Die Zahlungsfrist schiebt die Fälligkeit nicht hinaus. Der Bauherr ist aber berechtigt, eine an sich fällige Zahlung einredeweise zu verweigern, solange die Zahlungsfrist nicht abgelaufen ist (BGer 4A_306/2008 vom 9. September 2008 E. 4.1.1). Ebenso wird der Beginn der Verjährung bis zum Ablauf der Zahlungsfrist verzögert (Art. 190/Rz. 4; GWerkV Rz. 1179; anders Pichonnaz, Le temps qui passe, S. 68 f.). 5.2

b) Die Verjährungsfrist beginnt *separat* für jede einzelne Abschlagszahlung zu laufen, sofern die Voraussetzungen dafür erfüllt sind. Zur besonderen Problematik der *Verjährung* entsprechender Forderungen siehe GWerkV Rz. 1298b. 5.3

Anmerkung 6

Der Unternehmer kann den Bauherrn für jede einzelne Abschlagszahlung gemäss den Regeln des Art. 190 (Art. 102 ff. OR) in *Verzug* setzen. Art. 190 Abs. 1 sieht ausdrücklich vor, dass eine Inverzugsetzung des Bauherrn erst nach Ablauf der Zahlungsfrist zulässig ist (GWerkV Rz. 1179; Art. 190/Rz. 14.1 f.). Die Folgen des Verzugs richten sich nach Art. 190. 6

Anmerkung 7

Weder Art. 190 noch eine andere Normbestimmung beschränkt das Recht des Unternehmers, seine Leistung vorläufig zu verweigern und die *Arbeit einzustellen*, bis eine verzö- 7 gerte Zahlung eingeht. Zu diesem Recht, das sich aus Art. 82 OR ergibt und auch bei verzögerten Abschlagszahlungen besteht (BGer 4C.77/2005 vom 20. April 2005 E. 5.1; KGer SG vom 17. August 2011 E. 4b/dd = GVP SG 2011 S. 172 Nr. 47; KGer SG vom 12. Mai 2005 E. 3a = GVP SG 2005 S. 237 Nr. 54 = GAUCH, Urteilsanmerkung, in: BR/DC 2006, S. 168, Nr. 431; GWERKV Rz. 1280 ff.), vgl. ausführlich Art. 190/Rz. 1.1 ff.; ferner WEBER, Berner Kommentar, N 89 zu Art. 82 OR.

5 3 Sicherheitsleistung des Unternehmers bis zur Abnahme

5 31 Bei Einheitspreisverträgen[1]

5 311 Rückbehalt; allfällige zusätzliche Sicherheit

Art. 149

[1] Der Rückbehalt[2], der nach Art. 145 Abs. 1 zum Abzug gelangt[3], dient dem Bauherrn als Sicherheit[4] für die Erfüllung der Verpflichtungen des Unternehmers[5] bis zur Abnahme des Werkes oder eines Werkteils (Art. 157–164)[6].

[2] Von Teuerungsabrechnungen wird kein Rückbehalt abgezogen;[7] desgleichen nicht von Rechnungen für Regiearbeiten[8], ausgenommen im Falle des Art. 55 Abs. 2[9].

[3] Der Werkvertrag[10] kann vorsehen, dass der Unternehmer vor Fälligkeit der ersten Abschlagszahlung für die im Werkvertrag vorgesehene Dauer eine zusätzliche Sicherheit[11] leistet.

Art. 149 (1977/91)

[1] Der Rückbehalt, der nach Art. 145 Abs. 1 zum Abzug gelangt, dient dem Bauherrn als Sicherheit für die Erfüllung der Verpflichtungen des Unternehmers bis zur Abnahme des Werkes oder eines Werkteils (Art. 157 ff.).

[2] Von Teuerungsabrechnungen wird kein Rückbehalt abgezogen; desgleichen nicht von Rechnungen für Regiearbeiten, ausgenommen im Falle des Art. 55 Abs. 2.

[3] Der Werkvertrag kann vorsehen, dass der Unternehmer vor Fälligkeit der ersten Abschlagszahlung für die im Werkvertrag vorgesehene Dauer eine zusätzliche Sicherheit (z.B. Solidarbürgschaft) leistet.

Anmerkung 1

1 Die Art. 149–152 gelten nur für den Fall, dass die Parteien einen *«Einheitspreisvertrag»* abgeschlossen haben, das heisst einen Werkvertrag, in welchem für alle oder für einen Teil der Leistungen Einheitspreise vereinbart sind (Art. 42 Abs. 2 Satz 1).

Anmerkung 2

Der «*Rückbehalt*» ist ein Betrag, der vom jeweiligen Leistungswert abgezogen (Art. 145/Rz. 7) und deshalb nicht als Abschlagszahlung geschuldet wird. Sein Umfang bestimmt sich nach Art. 150. Seiner Rechtsnatur und seinem Zweck (Sicherheit; Art. 149/Rz. 4) nach ist er von einem allfälligen Stehbetrag zu unterscheiden. 2.1

Beim *Stehbetrag* verzichtet der Unternehmer auf die Auszahlung von Abschlags- oder anderen Zahlungen, um dem Bauherrn den entsprechenden Betrag als *Darlehen* (Art. 312 ff. OR) zu überlassen, und zwar meistens eine geraume Zeit über die Abnahme des Werks (Art. 157 ff.) hinaus. Dieses Darlehen hat nicht Sicherungs-, sondern Baukredit-Funktion. Die Fälligkeit seiner Rückzahlung beurteilt sich nach der konkreten Vereinbarung, nicht nach den Regeln der Norm über die Fälligkeit des Rückbehalts. 2.2

Anmerkung 3

Gemäss Art. 145 Abs. 1, auf den hier verwiesen wird, ist unter anderem auch der Rückbehalt vom Leistungswert (Art. 145 Abs. 2) abzuziehen. Der Rückbehalt gehört deshalb nicht zur Abschlagsrechnung (Art. 145/Rz. 7). Entsprechend wird er nicht gemäss Art. 148, sondern gemäss Art. 152 zur Zahlung fällig. 3

Anmerkung 4

Der Rückbehalt im Sinne der Art. 149 ff. ist eine besondere Art der *Realsicherheit:* Die Sicherheit ist von Beginn an direkt in der Hand des Bauherrn; tritt der «Garantiefall» ein, braucht der Bauherr anders als bei einer Bürgschaft oder Garantie gar nicht erst aktiv zu werden (Gebert, Stolpersteine im Beschaffungsablauf, S. 348). Trotz dieser Sicherheit bleibt das gesetzliche Rückbehaltungsrecht des Bauherrn gemäss Art. 82 OR vorbehalten (Art. 181/Rz. 10.1 ff. sinngemäss; anders Lenzlinger Gadient, Mängel- und Sicherungsrechte des Bauherrn, S. 181 f.). Davon zu unterscheiden ist das Verhältnis zwischen Art. 82 OR und den Sicherheiten nach Art. 181 f. (Art. 152/Rz. 7.3; vgl. auch Art. 181/Rz. 10.1 ff.; Art. 182/Rz. 7). 4

Anmerkung 5

Verschiedene «*Verpflichtungen des Unternehmers*» fallen in Betracht, um durch den Rückbehalt *gesichert* zu werden. Im Vordergrund steht die Erfüllungspflicht, das heisst die Pflicht zur Vollendung des Werks. Der Bauherr kann den Rückbehalt zur Deckung der Kosten verwenden, die ihm infolge der Nichterfüllung entstehen. Insbesondere kann er damit eine Ersatzvornahme (Art. 98 OR) finanzieren (vgl. z.B. Art. 115, Art. 118 Abs. 1 und Art. 154 Abs. 1). Weitere Verpflichtungen, deren Sicherung der Rückbehalt dienen kann, sind die Pflichten zur Leistung von Schadenersatz oder Konventionalstrafen (vgl. Couchepin, La clause pénale, S. 346 ff.), Regresspflichten zufolge der Ablösung von Bauhandwerkerpfandrechten (Art. 837 ff. ZGB), die zugunsten von Subunternehmern (Art. 29) eingetragen wurden, usw. Zur Sicherung der Verpflichtungen, die dem Unternehmer aus der Haftung wegen Mängeln erwachsen (Art. 165 ff.), dient hingegen nicht der Rückbehalt im Sinne von Art. 149, sondern die «Sicherheitsleistung des Unternehmers nach der Abnahme» (Art. 181 f.; Art. 152/Rz. 7.1). 5

Anmerkung 6

6 Der Passus, wonach der Rückbehalt als Sicherheit «*bis zur Abnahme des Werkes oder eines Werkteils (Art. 157 – 164)*» dient, ist ungenau, weil der Rückbehalt in jedem Fall erst nach der Abnahme zur Auszahlung fällig wird. Zu dieser und den weiteren Voraussetzungen der Fälligkeit des Rückbehalts vgl. Art. 152 Abs. 1.

Anmerkung 7

7 Die Norm wiederholt hier nur die Regel des letzten Halbsatzes des Art. 66 Abs. 6, wonach von *Teuerungsabrechnungen* kein Rückbehalt abgezogen wird.

Anmerkung 8

8 Art. 149 Abs. 2 Halbsatz 2 wiederholt lediglich die Regelung des Art. 55 Abs. 1 Satz 3, wonach von *Regierechnungen* kein Rückbehalt abzuziehen ist (vgl. jedoch Art. 149/Rz. 9).

Anmerkung 9

9 Art. 55 Abs. 2 verweist seinerseits auf die Möglichkeit, auch für *Regierechnungen* einen Rückbehalt zu vereinbaren. Zum Wortlaut dieser Bestimmung vgl. die Kritik in Art. 55/Rz. 8.1 f.

Anmerkung 10

10 Mit dem «*Werkvertrag*» sind alle Abreden gemeint, welche die Parteien ausserhalb der SIA-Norm 118 (in irgendeinem Vertragsbestandteil) getroffen haben. Dabei kommt es weder auf den Rang des Vertragsbestandteils noch darauf an, ob die Abrede individuell getroffen wurde oder in anderen (global übernommenen) Allgemeinen Geschäftsbedingungen enthalten ist. Denn Art. 149 Abs. 3 ist eine blosse Hinweisbestimmung, welche die Parteien darauf aufmerksam macht, dass sie eine zusätzliche Sicherheit vereinbaren können (vgl. GWerkV Rz. 289).

Anmerkung 11

11.1 Verschiedene Gründe können das Bedürfnis nach einer zusätzlichen Sicherheit wecken (Art. 149/Rz. 5). Folgendes ist anzumerken:

11.2 a) Die zusätzliche Sicherheit kann z.B. in einer Bürgschaft (Art. 492 ff. OR), allenfalls – wie Art. 149 Abs. 3 aSIA-118 noch erwähnte – in einer Solidarbürgschaft (Art. 496 OR) oder in einer Bank- oder Versicherungsgarantie (Art. 111 OR) bestehen (vgl. zum Ganzen SIA-Merkblatt 2020 «Sicherheitsleistungen des Unternehmers im Werkvertrag»; Aepli, Garantien und Bürgschaften, S. 89 ff., insbesondere S. 108 ff.; Dohm, Les garanties bancaires, S. 3 ff.). Der SIA empfiehlt, die Sicherheit in Form eines vom ermittelten Risiko abhängigen Geldbetrags zu vereinbaren, wobei sich die Höhe dieses Betrags in der Regel bei 5 – 15 % der Totalsumme aller Vergütungen bewege (Ziff. 3.3 SIA-Merkblatt 2020).

11.3 b) Wann und für wie lange die zusätzliche Sicherheit zu leisten ist, bestimmt sich nach dem Inhalt der konkreten Abrede (Art. 149/Rz. 10). Bauherr und Unternehmer sind diesbezüglich in keiner Weise an Art. 149 Abs. 3 gebunden. Vielmehr steht es ihnen frei, von Art. 149 Abs. 3 abzuweichen, was den Zeitpunkt der Sicherheitsleistung und deren Fälligkeit angeht. Mangels besonderer Umstände oder Vereinbarungen sind in analoger Anwendung von Art. 152 aber auch die zusätzlichen Sicherheiten, die den Zeitraum bis zur Abnahme betreffen, mit der Leistung einer Sicherheit nach Art. 181 und gegebenenfalls nach Art. 182 hinfällig (Art. 152/Rz. 7.1), sodass ein Drittverpflichteter, etwa ein Bürge oder ein Garant, seine Befreiung verlangen kann (Aepli, Garantien und Bürgschaften, S. 109). Anders verhält es sich, wenn die Parteien die Sicherheit des Drittverpflichteten nicht «zusätzlich», sondern «anstelle» des in der Norm vorgesehenen Rückbehalts vereinbaren, indem der Bauherr auf die Ausübung seines Rückbehaltsrechts verzichtet, wenn ihm der Unternehmer eine Solidarbürgschaft einer Bank oder einer Versicherung verschafft (vgl. Fuhrer, Versicherung von Bauschäden, S. 190 f.; Ziff. 3.3 SIA-Merkblatt 2020, wo darauf hingewiesen wird, dass eine solche Sicherheit «in Sonderfällen» auf die Mängelhaftung nach Abnahme ausgedehnt werden und die Sicherheitsleistung nach Art. 181 ersetzen kann).

c) Ist die Sicherheit «zusätzlich», so bedeutet dies, dass sie neben dem Recht auf Rückbehalt bestehen soll, was im Ergebnis vom Zeitpunkt des Rückbehalts an zu einer doppelten Absicherung des Bestellers führt. Die doppelte Sicherung entfällt freilich, wenn die «zusätzliche Sicherheit» nur bis zum Zeitpunkt der ersten Abschlagszahlung gelten soll und dann durch das Recht auf Rückbehalt abgelöst wird (Aepli, Garantien und Bürgschaften, S. 111). 11.4

d) Im Übrigen bleibt es den Parteien unbenommen, das Sicherungssystem der SIA-Norm 118 auch in jenen Punkten durch zusätzliche Sicherheiten abzuändern oder zu ergänzen, die nicht ausdrücklich auf die Möglichkeit einer solchen Vereinbarung hinweisen. Verweisen sie aber auf Art. 181, indem sie beispielsweise eine «Sicherheit gemäss Art. 181 SIA-Norm 118» vereinbaren, so impliziert dies eine Solidarbürgschaft (Aepli, Garantien und Bürgschaften, S. 108). 11.5

5 312 Umfang des Rückbehaltes

Art. 150

[1] Der Rückbehalt [1] beträgt 10 % des Leistungswertes [2] am Ende des Rechnungsmonates [3] (Art. 145 und 146). Übersteigt der Leistungswert jedoch CHF 500 000.–, so beträgt der Rückbehalt 5 % des Wertes, mindestens aber CHF 50 000.–.[4] Dies gilt auch für Fälle nach Art. 144 Abs. 3.[5]

[2] Wird in Abweichung von Art. 144 Abs. 2 und 3 sowie bei Leistungen zu Global- oder Pauschalpreisen ein Teil des Leistungswertes durch eine grobe Schätzung von Leistungen ermittelt,[6] so bemisst sich der Rückbehalt von diesem Teil zu 20 %, und zwar unabhängig von der Höhe des ganzen Leistungswertes.[7]

[3] Ist nichts anderes vereinbart,[8] so beschränkt sich der Rückbehalt auf den Maximalbetrag von CHF 2 000 000.–.[9]

Art. 150 (1977/91)

¹ Der Rückbehalt beträgt 10 % des Leistungswertes am Ende des Rechnungsmonates (Art. 145, Art. 146). Übersteigt der Leistungswert jedoch Fr. 300 000.–, so betragt der Rückbehalt 5 % des Wertes, mindestens aber Fr. 30 000.–.

² Wird allerdings ein Teil des Leistungswertes durch eine grobe Schätzung von Leistungen zu Global- oder Pauschalpreisen (ohne detaillierte Leistungsaufstellung) ermittelt, so bemisst sich der Rückbehalt von diesem Teil zu 20 %, und zwar unabhängig von der Höhe des ganzen Leistungswertes.

³ Ist nichts anderes vereinbart, so beschränkt sich der Rückbehalt auf den Maximalbetrag von Fr. 1 000 000.–.

Anmerkung 1

1 Zum Begriff des «*Rückbehaltes*» vgl. Art. 149/Rz. 2.1 f.; zum Recht des Bauherrn auf einen Rückbehalt vgl. Art. 145 Abs. 1 und Art. 149 Abs. 1.

Anmerkung 2

2 Der «*Leistungswert*» ist gemäss Art. 145 Abs. 2 und Art. 146 zu berechnen (Art. 145/ Rz. 8).

Anmerkung 3

3 Zum «*Ende des Rechnungsmonates*» als Stichtag zur Berechnung des Leistungswerts vgl. Art. 144/Rz. 12. Der Leistungswert ist für jede einzelne Abschlagsrechnung «*seit Arbeitsbeginn*» (Art. 144/Rz. 11) neu zu berechnen. Entsprechend dem ab Arbeitsbeginn erzielten Baufortschritt ist der Leistungswert jedes Mal grösser. Auch der Rückbehalt «*wächst*» dauernd (unter Vorbehalt der Limiten gemäss Art. 150 Abs. 1 Satz 2 und Art. 150 Abs. 3). Jeder höhere Rückbehalt ersetzt den vorhergehenden. Der zuletzt berechnete Rückbehalt (Art. 152/Rz. 1.1 ff.) wird nach Massgabe von Art. 152 Abs. 1 zur Zahlung durch den Bauherrn fällig (vgl. aber Art. 152 Abs. 2).

Anmerkung 4

4.1 Massgeblich für den *Prozentsatz* des Rückbehalts (10 % oder 5 %) ist der Leistungswert (Art. 150/Rz. 2) am Stichtag der betreffenden Abschlagsrechnung, nicht der voraussichtliche Leistungswert für alle Bauarbeiten des Werkvertrags, die zu Einheits-, Global- oder Pauschalpreisen vergütet werden (Art. 39/Rz. 9.1 ff.). Mit der Revision der SIA-Norm 118 im Jahr 2013 wurden die Grenzbeträge für den Rückbehalt und für den Leistungswert von CHF 30 000.– auf CHF 50 000.– bzw. von CHF 300 000.– auf CHF 500 000.– erhöht. Trotz dieser Anpassung an die Teuerung seit 1977 (siehe Präambel) bleibt es dabei, dass der Prozentsatz des Rückbehaltes *degressiv* ist:

4.2 – In jedem Fall, das heisst unabhängig von der voraussichtlichen Gesamtsumme der Einheits-, Global- und Pauschalpreise (Art. 39/Rz. 9.1 ff.) dürfen anfänglich 10 % des jeweiligen Leistungswerts abgezogen werden, bis der Rückbehalt den Betrag von CHF 50 000.– erreicht.

4.3 – Von Abschlagsrechnungen, die auf Leistungswerten von CHF 500 000.01 bis CHF 1 000 000.– beruhen, darf kein zusätzlicher Rückbehalt abgezogen werden, weil der Rückbehalt für diese Leistungswerte auf 5 % begrenzt und mit dem bereits zurückbehaltenen Betrag von CHF 50 000.– bereits erreicht ist.

- Ab einem Leistungswert von CHF 1 000 000.01 beträgt der Rückbehalt 5 % des jeweiligen Leistungswerts, unter Vorbehalt der Höchstgrenze von CHF 2 000 000.– gemäss Art. 150 Abs. 3. 4.4

Zu den *unterschiedlichen* Limiten gemäss Art. 150 Abs. 1 und Art. 181 Abs. 2 beachte Art. 152/Rz. 7.2 sowie Art. 181/Rz. 13 f. 4.5

Anmerkung 5

Die revidierte Fassung von Art. 150 Abs. 1 stellt in Satz 3 klar, dass die in Art. 150/Rz. 4.1 ff. beschriebene Ermittlung des Rückbehalts auch dann zur Anwendung gelangt, wenn der Umfang von Leistungen zu Einheitspreisen durch *vorläufige Ausmasse* angegeben wird (Art. 144 Abs. 3). Vorläufige Ausmasse sind also nicht mit einer «groben Schätzung von Leistungen» im Sinne von Art. 150 Abs. 2 gleichzusetzen (Art. 144/Rz. 19). 5

Anmerkung 6

Art. 150 Abs. 2 gestattet es, den Leistungswert (Art. 145 Abs. 2) durch eine *«grobe Schätzung»* zu berechnen. Dazu ist im Einzelnen Folgendes anzumerken: 6.1

a) Mit dem Hinweis auf die *«Abweichung von Art. 144 Abs. 2 und 3»* ermöglicht die revidierte Fassung von Art. 150 Abs. 2 neu eine grobe Schätzung des Leistungswerts auch bei Leistungen zu Einheitspreisen in denjenigen Fällen, in denen weder endgültige (Art. 144 Abs. 2) noch vorläufige (Art. 144 Abs. 3) Ausmasse angegeben wurden. Grob geschätzt wird die Anzahl der bisher geleisteten Mengeneinheiten (z.B. geschätzte 23 Kubikmeter Aushub). Zur Ermittlung des Leistungswerts ist die geschätzte Anzahl Einheiten mit dem dazugehörigen Einheitspreis zu multiplizieren (Art. 141/Rz. 2.1 ff.). 6.2

b) Mit den *«Leistungen zu Global- oder Pauschalpreisen»* sind die «übrigen Leistungen zu Global- oder Pauschalpreisen» am Schluss von Art. 144 Abs. 2 gemeint, also unter Ausschluss der Baustelleneinrichtungen zu Global- oder Pauschalpreisen. Für diese gilt die Sonderregel von Art. 146. Grob geschätzt wird der prozentuale Anteil der bisher erbrachten Leistungen am vorgesehenen Gesamtumfang der Leistungen der betreffenden (einzelnen) Global- oder Pauschalpreisposition (z.B. 35 % des Aushubs). Als Leistungswert sind die ermittelten Prozente des betreffenden Positionspreises einzusetzen. 6.3

c) Die Fassung von Art. 150 Abs. 2 aSIA-118 definierte die grobe Schätzung von Leistungen zu Global- oder Pauschalpreisen noch negativ durch das *Fehlen einer detaillierten Leistungsaufstellung*, die den erreichten Leistungsumfang in überprüfbarer Weise bis ins Einzelne beschreibt (Schumacher, Kommentar SIA-118 [Voraufl.], Art. 150/Anm. 5 lit. c und d). Der neue Art. 150 Abs. 2 lässt eine grobe Schätzung auch bei Leistungen zu Einheitspreisen zu (Art. 150/Rz. 6.2). Entsprechend ist der Hinweis auf die detaillierte Leistungsaufstellung im ersten Halbsatz von Art. 150 Abs. 2 weggefallen, da er sich einzig auf die Schätzung von Global- oder Pauschalpreispositionen bezog. 6.4

d) Im Übrigen definiert die Norm nicht, wann ein Leistungswert «grob geschätzt» ist. In der Lehre findet sich die Meinung, dies sei immer dann der Fall, wenn die Ungenauigkeit, 6.5

namentlich diejenige bei der Aufnahme des vorläufigen Ausmasses (Art. 144 Abs. 3), *erfahrungsgemäss mehr als 20 %* beträgt (Spiess/Huser, Handkommentar, N 13 zu Art. 144 und N 8 zu Art. 150). Eine solche «Faustregel» kann als Ausgangspunkt für die Beurteilung von Nutzen sein, jedoch keine absolute Geltung beanspruchen. Es verhält sich hier nicht anders als mit der Toleranzgrenze, von der an die Überschreitung eines ungefähren Kostenansatzes (Art. 375 Abs. 1 OR) als übermässig zu gelten hat: Ein «mathematisch starrer Schematismus» (BGE 115 II 460/462 E. 3b) ist abzulehnen, zumal die «grobe Schätzung» im konkreten Einzelfall auch eine Position betreffen kann, für welche die Leistungserfassung besonders schwierig oder besonders einfach ist, oder bei der erfahrungsgemäss mit einem grösseren Ungenauigkeitsgrad als 20 % gerechnet werden muss (GWerkV Rz. 985 sinngemäss).

6.6 e) Im Unterschied zur Ermittlung der endgültigen Ausmasse (Art. 142) und der vorläufigen Ausmasse (Art. 144 Abs. 3 Satz 2) enthält die Norm keine Regel bezüglich der Frage, wer für die «grobe Schätzung» zuständig ist. In sinnvoller Ergänzung, die auf den hypothetischen Parteiwillen abstellt (Jäggi/Gauch/Hartmann, Zürcher Kommentar, N 559 zu Art. 18 OR), ist Art. 144 Abs. 3 Satz 2 hier analog anzuwenden. Die Bauleitung ist somit zur Mitwirkung berechtigt (Art. 144/Rz. 20.1 sinngemäss). Stellt der Unternehmer den Leistungswert im Sinne von Art. 144 Abs. 3 Satz 3 «unter Mitwirkung der Bauleitung in geeigneter Weise», jedoch ohne endgültige oder vorläufige Ausmasse (bei Einheitspreispositionen) bzw. ohne detaillierte Leistungsaufstellung (bei Global- oder Pauschalpreispositionen) fest, so verhält er sich widersprüchlich bzw. treuwidrig, wenn er den Rückbehalt in der Höhe von 20 % nicht akzeptieren will. Denn unter diesen Umständen darf die Bauleitung darauf vertrauen, der Unternehmer habe sich mit einer «groben Schätzung» zufriedengegeben (a.M. Spiess/Huser, Handkommentar, N 8 und 12 zu Art. 150).

Anmerkung 7

7 Nach der Regel von Art. 150 Abs. 2 ist der (spezielle) Rückbehalt von *20 %* einerseits nur auf dem durch grobe Schätzung ermittelten Leistungswert zu berechnen. Andererseits aber bemisst sich der Rückbehalt von diesem Teil des Leistungswerts auch dann mit 20 %, wenn der ganze Leistungswert CHF 500 000.– übersteigt. Dementsprechend wird die Regel des Art. 150 Abs. 1 teilweise durchbrochen.

Anmerkung 8

8 Der Vorbehalt einer *anderen Vereinbarung* im Werkvertrag versteht sich von selbst. Doch muss eine Abrede, die von Art. 150 abweicht, entweder individuell getroffen werden oder in einem rangmässig höheren Vertragsbestandteil (Art. 21) enthalten sein, damit sie der SIA-Norm 118 vorgeht und wirksam ist (Einl./Rz. 26).

Anmerkung 9

9 Die Beschränkung des Rückbehalts *«auf den Maximalbetrag von CHF 2 000 000.–»* gilt unabhängig davon, ob der Rückbehalt nach Abs. 1 oder Abs. 2 (oder nach beiden Absätzen) des Art. 150 berechnet wird. Das bedeutet, dass von einem Leistungswert, der

CHF 40 000 000.– übersteigt, kein zusätzlicher Rückbehalt mehr in Abzug gebracht werden kann.

5 32 Bei Gesamtpreisverträgen

Art. 151

In Gesamtpreisverträgen (Art. 42 Abs. 2) [1] ist das Recht des Bauherrn auf Rückbehalt [2] und auf allfällige zusätzliche Sicherheiten [3] besonders zu regeln.

Art. 151 (1977/91)

In Gesamtpreisverträgen (Art. 42 Abs. 2) ist das Recht des Bauherrn auf Rückbehalt und auf allfällige zusätzliche Sicherheiten besonders zu regeln.

Anmerkung 1

Als «*Gesamtpreisvertrag*» gilt jeder Werkvertrag, bei dem sich die vereinbarte Vergütung 1
(unter Vorbehalt von Art. 44 Abs. 1) ausschliesslich nach einem oder mehreren *Global- oder Pauschalpreisen* bestimmt (Art. 42 Abs. 2 Satz 2).

Anmerkung 2

Art. 151 ist bezüglich des (allfälligen) Rechts des Bauherrn auf Rückbehalt eine blosse 2.1
Hinweisklausel (GWerkV Rz. 289). Die Abrede eines Rückbehalts setzt voraus, dass die Parteien «*besonders*», das heisst ausserhalb der SIA-Norm 118, Abschlagszahlungen vereinbart haben. Denn die Norm selbst gewährt dem Bauherrn, der einen Gesamtpreisvertrag abgeschlossen hat, keinen Anspruch auf Abschlagszahlungen (Art. 147/Rz. 4.1 ff.), und auch von Gesetzes wegen besteht kein Anspruch darauf (GWerkV Rz. 1154; Vorbem. Art. 144 – 148/Rz. 2).

Möglich ist im Übrigen, dass die Abschlagszahlungen gemäss einem allfälligen «*Teilzah-* 2.2
lungsplan» (Art. 147/Rz. 3.1 ff.) derart bemessen sind, dass sie das Sicherheitsbedürfnis des Bauherrn (Art. 149/Rz. 5) bereits (indirekt) berücksichtigen und deshalb kein («direkter») Rückbehalt vereinbart wird (vgl. Huber/Schwendener, Der Generalunternehmervertrag, Rz. 567).

Anmerkung 3

Nicht nur im Gesamtpreisvertrag, sondern auch im Einheitspreisvertrag ist ein allfälliger 3
Anspruch des Bauherrn auf «*zusätzliche Sicherheiten*» besonders, das heisst ausserhalb der SIA-Norm 118, zu regeln (Art. 149 Abs. 3; Art. 149/Rz. 10). Dies kann auch dadurch geschehen, dass die Parteien ihre Geschäftsbeziehung anderen Normenwerken des SIA unterstellen, denen zufolge der Unternehmer «eine entsprechende Sicherheit» zu leisten hat (so Ziff. 8.4.2.1 SIA-Norm 118/263 [«Allgemeine Bedingungen für Stahlbau»]; dazu und zur Problematik einer nach Art und Höhe unbestimmten Sicherheit siehe Stöckli,

Private Baunormung, S. 21 f.). «Zusätzlich» im Sinne von Art. 151 bedeutet mangels abweichender Anhaltspunkte, dass die Sicherheit neben dem vereinbarten Rückbehalt als doppelte Absicherung des Bestellers gilt (Aepli, Garantien und Bürgschaften, S. 111; vgl. zum Ganzen Art. 149 Abs. 3 sowie Art. 149/Rz. 11.1 ff.).

5 33 Fälligkeit des Rückbehaltes und Zinspflicht

Art. 152

[1] Der rückbehaltene Betrag [1] wird zur Zahlung fällig [2], wenn die drei folgenden Voraussetzungen [3] erfüllt sind:

- **Abnahme des Werkes (Art. 157–164) [4],**
- **Übergabe der Schlussabrechnung (Art. 154 Abs. 1) [5] und Ablauf der Prüfungsfrist nach Art. 154 Abs. 2 bzw. Art. 155 Abs. 2 [6],**
- **Leistung der Sicherheit gemäss Art. 181 [7].**

[2] Bei Abnahme nur eines Werkteils (Art. 157) [8] wird ein entsprechender Teil [9] des Rückbehaltes fällig [10], sobald auch ein entsprechender Teil [11] der Sicherheit gemäss Art. 181 geleistet ist [12].

[3] Bis zur Fälligkeit ist der Rückbehalt nicht zu verzinsen. [13]

Art. 152 (1977/91)

[1] Der rückbehaltene Betrag wird zur Zahlung fällig, wenn die drei folgenden Voraussetzungen erfüllt sind:

- Abnahme des Werkes (Art. 157 ff.)
- Übergabe der Schlussabrechnung (Art. 154 Abs. 1) und Ablauf der Prüfungsfrist nach Art. 154 Abs. 2 bzw. Art. 155 Abs. 2
- Leistung der Sicherheit gemäss Art. 181.

[2] Bei Abnahme nur eines Werkteils (Art. 157 ff.) wird ein entsprechender Teil des Rückbehaltes fällig, sobald auch ein entsprechender Teil der Sicherheit gemäss Art. 181 geleistet ist.

[3] Bis zur Fälligkeit ist der Rückbehalt nicht zu verzinsen.

Anmerkung 1

1.1 Der *«rückbehaltene Betrag»* wird nach Massgabe von Art. 150 berechnet. Dazu ist Folgendes anzumerken:

1.2 a) Wenn der Unternehmer mehrere Abschlagsrechnungen gestellt hat, handelt es sich um den Rückbehalt, der bei der Ermittlung der *letzten* Abschlagsrechnung vom Leistungswert abgezogen worden ist (Art. 145/Rz. 7). Denn für jede Abschlagsrechnung wird der Leistungswert ab Arbeitsbeginn bis zum Stichtag der betreffenden Abzahlungsrechnung

(Art. 145 Abs. 2) und deshalb auch der Rückbehalt jeweils neu berechnet. Somit kann auch der Rückbehalt von Abschlagsrechnung zu Abschlagsrechnung «wachsen» (Art. 150/Rz. 3). Das «Wachstum» kann jedoch durch die Limiten des Art. 150 gehemmt (Abs. 1) oder beendet (Abs. 3) werden. Hat der Unternehmer nur eine einzige Abschlagsrechnung gestellt, wurde auch der Rückbehalt nur ein einziges Mal berechnet.

b) Die Höhe des Rückbehalts ist unabhängig davon, ob der Bauherr die Abschlagsrechnungen bezahlt hat. Letztere werden separat und unter anderen Voraussetzungen fällig (Art. 148). 1.3

c) Der *«Rückbehalt»* macht einen Teil der in Art. 153 Abs. 1 umschriebenen Abrechnungsforderung des Unternehmers aus (Art. 153/Rz. 9.5). Er unterliegt aber einer anderen Fälligkeitsregel (Art. 152 Abs. 1) als der übrige Teil der Abrechnungsforderung (Art. 155 Abs. 1 und 2). Auch bringt Art. 152 Abs. 1 es mit sich, dass der Rückbehalt erst deutlich nach dem Abnahmetermin zur Zahlung fällig wird (Hürlimann, Werkabnahme gemäss SIA-Norm 118, S. 152). 1.4

Anmerkung 2

Der Rückbehalt wird selbständig *«zur Zahlung fällig»*, das heisst unabhängig von der Fälligkeit der Abschlagszahlungen (Art. 148) und auch unabhängig von der Fälligkeit des übrigen Teils der Abrechnungsforderung (Art. 155/Rz. 9.1 f.). Zur rechtlichen Bedeutung der *Zahlungsfrist,* die mit der Fälligkeit zu laufen beginnt, vgl. Art. 190 Abs. 1. Hervorzuheben sind zwei Punkte: 2.1

a) Die Zahlungsfrist schiebt die Fälligkeit nicht hinaus, berechtigt aber den Bauherrn, eine an sich fällige Zahlung einredeweise zu verweigern, was auch den Verjährungsbeginn bis zum Ablauf der Zahlungsfrist verzögert (Art. 190/Rz. 4; GWerkV Rz. 1179). 2.2

b) Die Verjährungsfrist beginnt *separat* für den Rückbehalt zu laufen, sofern die Voraussetzungen dafür erfüllt sind. Für den Rückbehalt und für den übrigen Teil der Schlussabrechnungssumme können die Verjährungsfristen somit zu verschiedenen Zeitpunkten beginnen. 2.3

Anmerkung 3

Diese Voraussetzungen (Art. 152 Abs. 1) müssen *kumulativ* erfüllt sein. 3

Anmerkung 4

In Abweichung von der gesetzlichen Ordnung, welche die Fälligkeit der Werklohnforderung an den Ablieferungsvorgang knüpft (Art. 372 OR), ist die *«Abnahme des Werkes (Art. 157 – 164)»*, die sich wiederum von der Abnahme im Sinne des gesetzlichen Werkvertragsrechts unterscheidet (siehe Art. 157 – 164), nur eine von drei Voraussetzungen für die Fälligkeit des Rückbehalts (zur Abnahme nur eines Werkteils vgl. Art. 152 Abs. 2). Obwohl die Norm dies nicht ausdrücklich sagt, ist die Abnahme auch eine Voraussetzung dafür, dass der übrige Teil der Abrechnungsforderung fällig wird (Art. 154/Rz. 3). 4

Anmerkung 5

5 Die *«Übergabe der Schlussabrechnung (Art. 154 Abs. 1)»* ist eine weitere Voraussetzung für die Fälligkeit sowohl des Rückbehalts als auch des übrigen Teils der Abrechnungsforderung. Von diesem Erfordernis kann allerdings abgesehen werden, wenn die Abrechnung von der Bauleitung erstellt wird (Art. 154 Abs. 1; Vorbem. Art. 38–83/Rz. 9 f.).

Anmerkung 6

6 Hier ist nur vom *«Ablauf der Prüfungsfrist»* als Voraussetzung der Fälligkeit des Rückbehalts die Rede. Hingegen fällt auf, dass Art. 152 Abs. 1 ausdrücklich auf die Bestimmungen des Art. 154 Abs. 2 und des Art. 155 Abs. 2 verweist. Daraus folgt, dass bei sinngemässer Auslegung von Art. 152 Abs. 1 der Rückbehalt erst fällig wird, wenn der Unternehmer den *Prüfungsbescheid* der Bauleitung erhält (Art. 155 Abs. 1) oder eine *Nachfrist* nach Massgabe des Art. 155 Abs. 2 ergebnislos abgelaufen ist. Diese Auslegung rechtfertigt sich auch mit Rücksicht darauf, dass der Rückbehalt ein Teil der in Art. 155 Abs. 1 umschriebenen Abrechnungsforderung ist (Art. 152/Rz. 1.4).

Anmerkung 7

7.1 Durch diese letzte Voraussetzung *(«Leistung der Sicherheit gemäss Art. 181»)* unterscheidet sich die Fälligkeitsregel des Art. 152 Abs. 1 von den Regeln, die nach Art. 155 Abs. 1 und 2 für den übrigen Teil der Abrechnungsforderung gelten. Die Unterscheidung ist sachlich begründet, da der Rückbehalt dem Bauherrn als Sicherheit dient (Art. 149 Abs. 1), die «nahtlos» durch eine neue Sicherheit, nämlich diejenige gemäss Art. 181, abgelöst wird (vgl. auch Art. 181/Rz. 1.2). Hervorzuheben sind folgende Punkte:

7.2 a) Die Sicherheit gemäss Art. 181 lautet regelmässig auf einen anderen Betrag als die Höhe des Rückbehalts. Dies folgt schon daraus, dass sich der Haftungsbetrag gemäss Art. 181 Abs. 2 *«nach der Totalsumme der vom Bauherrn für das gesamte Werk zu leistenden Vergütungen jeder Art»* bemisst, während es bei der Berechnung des Rückbehalts nur auf den Wert der Leistungen zu Einheits-, Global- und Pauschalpreisen ankommt. Zudem weichen die Limiten des Art. 181 Abs. 2 von denjenigen des Art. 150 Abs. 1 ab (zu diesem eigenartigen Unterschied vgl. Art. 181/Rz. 13 f.).

7.3 b) Ob und gegebenenfalls in welchem Umfang trotz der Sicherheitsleistung im Sinne von Art. 181 das gesetzliche Rückbehaltungsrecht des Bauherrn gemäss Art. 82 OR vorbehalten bleibt, ist eine Frage der Auslegung (GWerkV Rz. 2410; Art. 181/Rz. 10.1 ff.; anders Lenzlinger Gadient, Mängel- und Sicherungsrechte des Bauherrn, S. 176 f., sowie Koller Alfred, Das Nachbesserungsrecht, Rz. 334, Fn. 379). In einem nicht publizierten Entscheid betont das Bundesgericht allerdings, das gesetzliche Rückbehaltungsrecht dürfe im Umfang der Sicherheitsleistungen gemäss Art. 181 f. aSIA-118 vorbehältlich einer ausdrücklichen gegenteiligen Vereinbarung nicht zu einer doppelten Absicherung des Bestellers führen (BGer 4C.136/1989 vom 28. Mai 1990 E. 2a; ähnlich BGE 89 II 232/237 E. 4c und mit Bezug auf die Bargarantie Art. 182/Rz. 7 sowie GWerkV Rz. 2404 und Huber/Schwendener, Der Generalunternehmervertrag, Rz. 571).

c) Art. 152 verweist nur auf die «Sicherheit gemäss Art. 181», nicht aber auf die Bargarantie, die gemäss Art. 182 «ausnahmsweise» anstelle der Solidarbürgschaft (Art. 181) als Sicherheit vereinbart werden kann. In welchem Umfang und für wie lange der bisherige Rückbehalt zur Bargarantie («Garantierückbehalt») für die Mängelrechte des Bauherrn wird, bestimmt sich nach der konkreten Vereinbarung (GWERKV Rz. 1177). Soweit der «rückbehaltene Betrag» im Sinne von Art. 152 Abs. 1 die vereinbarte Bargarantie aber übersteigt, ist nicht ersichtlich, warum der Unternehmer die Auszahlung des Rückbehalts unter den Voraussetzungen von Art. 152 Abs. 1 nicht auch soll verlangen können, wenn er die vereinbarte Bargarantie stellt (vgl. AEPLI, Garantien und Bürgschaften, S. 109; anders wohl SPIESS/HUSER, Handkommentar, N 9 zu Art. 152). 7.4

Anmerkung 8

Zur *Abnahme «eines in sich geschlossenen vollendeten Werkteils»* im Sinne von Art. 157 vgl. Art. 157/Rz. 5.2. Art. 158 Abs. 1 stellt es ganz in das Belieben des Unternehmers, ob er die Abnahme eines «in sich geschlossenen» Werkteils einleiten will oder nicht (Art. 158/Rz. 6). 8

Anmerkung 9

Art. 152 Abs. 2 gibt keine genaue Auskunft darüber, wie sich der *«entsprechende Teil des Rückbehaltes»* bemisst, der bei einer Teilabnahme fällig wird. Sicher ist jedoch, dass bei der Berechnung dieses Teils vom Gesamtbetrag auszugehen ist, der bis zum Zeitpunkt der betreffenden Teilabnahme zurückbehalten wurde. Zu diesem Gesamtbetrag muss der fällig werdende Teilbetrag des Rückbehalts im gleichen Verhältnis stehen wie der Wert des abgenommenen Werkteils zum Wert aller bisher ausgeführten Leistungen. Bei der Berechnung der erwähnten Werte sind die erbrachten Leistungen jedoch nur so weit zu berücksichtigen, als sie zu Festpreisen vergütet werden (Art. 145 Abs. 2 sinngemäss). 9

Anmerkung 10

Zur *«Fälligkeit»* vgl. Art. 152/Rz. 2.1 ff. Im Falle der Teilabnahme hängt die Fälligkeit eines Teils des Rückbehalts von zwei Voraussetzungen ab, nämlich von der *Teilabnahme* des betreffenden Werkteils und von der Leistung eines entsprechenden Teils der *Sicherheit* gemäss Art. 181 (Art. 152/Rz. 11 f.). 10

Anmerkung 11

Zur Ermittlung des *«entsprechenden Teils der Sicherheit gemäss Art. 181»* vgl. Art. 181/Rz. 15.1 ff. 11

Anmerkung 12

Erst wenn *«ein entsprechender Teil der Sicherheit gemäss Art. 181»* (Art. 152/Rz. 11) geleistet ist, wird der auf die Teilabnahme entfallende Teil des Rückbehalts (Art. 152/Rz. 9) zur Zahlung fällig (Art. 152/Rz. 10). Dies erfordert, dass der Bauherr (oder seine Bauleitung) im Besitz der schriftlichen Erklärung (Art. 493 Abs. 1 OR) des Solidarbürgen für einen genügenden Haftungsbetrag ist. Mit Bezug auf die Möglichkeit, dass die Parteien 12 anstelle der Solidarbürgschaft (Art. 181) eine Bargarantie (Art. 182) vereinbaren, muss das in Art. 152/Rz. 7.4 Gesagte für Art. 152 Abs. 2 sinngemäss gelten.

Anmerkung 13

13 Art. 152 Abs. 3 stellt klar, dass bis zur Fälligkeit des Rückbehalts gerade *keine Zinspflicht* besteht. Nach Eintritt der Fälligkeit kann der Unternehmer aber einen *Verzugszins* verlangen, sofern die Voraussetzungen des Art. 190 Abs. 1 erfüllt sind. Regelmässig erfordert dies eine Mahnung des Gläubigers (Art. 102 Abs. 1 OR).

5 4 Schlussabrechnung

Vorbemerkungen zu Art. 153 – 156

1 a) Die SIA-Norm 118 kennt die folgenden *Rechnungsarten* mit je eigenen Fälligkeitsregeln (zum Abrechnungssystem der SIA-Norm 118 vgl. einlässlich GWerkV Rz. 1167 ff.):

2 – Regierechnungen (Fälligkeitsregel in Art. 55 Abs. 1);

3 – Teuerungsabrechnungen (Fälligkeitsregel in Art. 66 Abs. 4);

4 – Abschlagsrechnungen (Fälligkeitsregel in Art. 148);

5 – Schlussabrechnung (Fälligkeitsregeln in Art. 152 und Art. 155).

6 b) Die in Art. 153 – 156 enthaltenen Regeln betreffen nicht ausschliesslich die Schlussabrechnung. Zu beachten ist Folgendes:

7 – Die *Schlussabrechnung* erfasst alle Leistungen, die zu Einheits-, Pauschal- oder Globalpreisen vergütet werden, also auch diejenigen, für die allenfalls Abschlagsrechnungen gestellt worden sind (Art. 153/Rz. 8 und 9.1 ff.).

8 – Der zweite Satz des Art. 153 Abs. 2 bestimmt einen Spätestenstermin für die Einreichung von *Regie- und Teuerungsrechnungen* (Art. 153/Rz. 13).

9 – Die *Zusammenstellung* gemäss Art. 153 Abs. 3 hat alle gestellten Rechnungen zu erfassen (Art 153/Rz. 17.1).

10 – Art. 156, wo es um den *Verzicht auf weitere Ansprüche* geht, ist auf alle Rechnungsarten (mit Ausnahme der Abschlagsrechnungen) anwendbar (Art. 156/Rz. 8).

5 41 Begriff und Gegenstand

Art. 153

[1] Die Schlussabrechnung im Sinne dieser Norm [1] ist jene Abrechnung des Unternehmers [2], die den Teil der Vergütung [3] feststellt [4], der sich nach den vereinbarten Einheits-, Global- und Pauschalpreisen [5] bestimmt (Schlussabrechnungssumme [6]). Bei Leistungen zu Einheitspreisen erfolgt die Feststellung auf Grund der endgültigen Ausmasse [7]. Wurden Abschlagszahlungen geleistet [8], so bestimmt die Schlussabrechnung ausserdem den zugehörigen Saldo (Schlussabrechnungssumme abzüglich früher fällig gewordener, geleisteter oder nicht geleisteter Abschlagszahlungen).[9]

[2] Sowohl die Rechnungstellung für Regiearbeiten als auch die Teuerungsabrechnung erfolgen laufend (Art. 55, Art. 66 Abs. 2) und werden daher von der Schlussabrechnung nicht erfasst.[10] Wurde jedoch die Rechnungstellung für bestimmte Regiearbeiten oder wurde eine Teuerungsabrechnung für eine bestimmte Periode [11] unterlassen [12], so ist die entsprechende Rechnung gleichzeitig mit der Schlussabrechnung einzureichen [13].

[3] Der Schlussabrechnung fügt [14] der Unternehmer eine Zusammenstellung [15] bei, die einen Überblick [16] gibt über sämtliche vom Unternehmer gestellten Rechnungen (einschliesslich der Schlussabrechnung) [17] sowie über die bis zum Tag der Schlussabrechnung erhaltenen [18] und die noch ausstehenden [19] Zahlungen des Bauherrn.[20]

Art. 153 (1977/91)

[1] Die Schlussabrechnung im Sinne dieser Norm ist jene Abrechnung des Unternehmers, die den Teil der Vergütung feststellt, der sich nach den vereinbarten Einheits-, Global- und Pauschalpreisen bestimmt (Schlussabrechnungssumme). Bei Leistungen zu Einheitspreisen erfolgt die Feststellung auf Grund der endgültigen Ausmasse. Wurden Abschlagszahlungen geleistet, so bestimmt die Schlussabrechnung ausserdem den zugehörigen Saldo (Schlussabrechnungssumme abzüglich früher fällig gewordener, geleisteter oder nicht geleisteter Abschlagszahlungen).

[2] Sowohl die Rechnungstellung für Regiearbeiten als auch die Teuerungsabrechnung erfolgen laufend (Art. 55, Art. 66 Abs. 4) und werden daher von der Schlussabrechnung nicht erfasst. Wurde jedoch die Rechnungstellung für bestimmte Regiearbeiten oder wurde eine Teuerungsabrechnung für eine bestimmte Periode unterlassen, so ist die entsprechende Rechnung gleichzeitig mit der Schlussabrechnung einzureichen.

[3] Der Schlussabrechnung fügt der Unternehmer eine Zusammenstellung bei, die einen Überblick gibt über sämtliche vom Unternehmer gestellten Rechnungen (einschliesslich der Schlussabrechnung) sowie über die bis zum Tag der Schlussabrechnung erhaltenen und die noch ausstehenden Zahlungen des Bauherrn.

Anmerkung 1

1.1 *«Die Schlussabrechnung im Sinne dieser Norm»* hat eine besondere, enge Bedeutung. Sie wird in Abs. 1 und Abs. 2 von Art. 153 definiert und abgegrenzt. Danach erfasst die Schlussabrechnung alle Leistungen des Unternehmers, die zu *Einheits-, Global- und Pauschalpreisen* (Art. 153/Rz. 5.1) vergütet werden, und zwar unabhängig davon, ob für solche Leistungen Abschlagsrechnungen gestellt worden sind. Derartige Rechnungen haben nur vorläufigen Charakter (Vorbem. Art. 144 – 148/Rz. 1).

1.2 Die Schlussabrechnung ist somit eine *Gesamtabrechnung* nur über die Leistungen zu *festen Preisen.* Hingegen umfasst sie nicht auch die Regie- und Teuerungsrechnungen (Art. 153 Abs. 2 Satz 1). Auf das Ganze bezogen ist sie somit keine Gesamtabrechnung (vgl. GWerkV Rz. 1174 und 1176; KGer GR ZK2 09 67 vom 5. April 2011 E. 3a = BR/DC 2012, S. 245, Nr. 414).

1.3 Zur Frage, ob die Bestimmung ein Verrechnungsverbot enthalte, siehe BGer 4A_221/2015 vom 23. November 2015 E. 6.3 (verneinend).

Anmerkung 2

2 Die Art. 153 ff. sind auf den Fall zugeschnitten, da der *Unternehmer* die Schlussabrechnung und alle weiteren Rechnungen (inkl. Abschlagsrechnungen) stellt. Bei grösseren Bauvorhaben kann allerdings vereinbart sein, dass der Unternehmer nur die Abrechnungsunterlagen einzureichen hat, während der Bauherr die Abrechnungen erstellt (Vorbem. Art. 38 – 83/Rz. 9 f.; GWerkV Rz. 1180).

Anmerkung 3

3 Nach der Definition der Norm (Art. 153/Rz. 1.1 f.) stellt die Schlussabrechnung nur einen *«Teil der Vergütung»* fest. Regie- und Teuerungsrechnungen werden von ihr nicht erfasst (Art. 153 Abs. 2 Satz 1). Möglich ist allerdings, dass im konkreten Fall nur Leistungen zu Festpreisen vereinbart wurden und der Vergütungsanspruch des Unternehmers keine Teuerungsabrechnung umfasst. In einem solchen Fall erfasst die Schlussabrechnung den gesamten Vergütungsanspruch des Unternehmers.

Anmerkung 4

4 Art. 153 Abs. 1 schweigt sich über die *Form der Schlussabrechnung* aus; verlangt ist lediglich eine «Feststellung». Aus Art. 154 Abs. 1, wonach der Unternehmer die Schlussabrechnung *einzureichen* hat, und aus Art. 153 Abs. 3, der den Unternehmer verpflichtet, eine Zusammenstellung *beizufügen,* ergibt sich, dass die Norm eine schriftliche Erstellung der Schlussabrechnung (wie auch der übrigen Rechnungsarten) als selbstverständlich erachtet. Dies entspricht auch der Praxis, schliesst aber nicht aus, dass die schriftliche Schlussabrechnung elektronisch erstellt und eingereicht wird.

Anmerkung 5

5.1 Der Teil der Vergütung, der in der Schlussabrechnung festgestellt wird, bestimmt sich *«nach den vereinbarten Einheits-, Global- und Pauschalpreisen».* Art. 153 Abs. 1 gilt sowohl für *Einheitspreisverträge* als auch für *Gesamtpreisverträge* (vgl. die Definitionen in Art. 42 Abs. 2). Folgendes ist anzumerken:

a) Die Schlussabrechnung erfasst nur Leistungen zu *festen Preisen*. Nur für diese Leistungen stellt sie die geschuldete Gesamtsumme (= Schlussabrechnungssumme; Art. 153/Rz. 6) fest, jedoch ohne Berücksichtigung einer Mehr- oder Mindervergütung gemäss Teuerungsabrechnungen (GWerkV Rz. 1174). 5.2

b) *Massgebend* für die Ermittlung der Schlussabrechnungssumme (Art. 153/Rz. 6) sind die *vereinbarten* Preise (Festpreise), jedoch unter Berücksichtigung allfälliger *Änderungen*. Diese können sich aus den Regeln über die Bestellungsänderung (Art. 86 ff.; Vorbem. Art. 84 – 91/Rz. 21 ff.) oder daraus ergeben, dass dem Unternehmer ein (zu festen Preisen abzurechnender) Anspruch auf Mehrvergütung etwa nach Massgabe der Art. 58 Abs. 2 und Art. 59 zusteht. Teuerungsbedingte Mehr- oder Mindervergütungen bleiben jedoch unberücksichtigt, da über die Teuerung separat abgerechnet wird (Art. 66 Abs. 2 und 4; vgl. Art. 144/Rz. 11 betreffend Abschlagszahlungen). 5.3

c) Soweit der Bauherr einen vertraglichen Anspruch auf *Rabatt* hat, wird auch dieser Anspruch für die Ermittlung der Schlussabrechnungssumme (Art. 153/Rz. 6) berücksichtigt. Ein allenfalls vereinbarter *Skonto* ist demgegenüber von der Zahlung abzuziehen, die der Bauherr aufgrund der Schlussabrechnung gegebenenfalls dem Unternehmer noch schuldet (vgl. Art. 145/Rz. 15.2 betreffend Abschlagszahlungen). 5.4

Anmerkung 6

Die «*Schlussabrechnungssumme*» ist die Gesamtvergütung der Leistungen zu festen Preisen (Art. 153/Rz. 5.2 f.), jedoch ohne Berücksichtigung der Erhöhung oder Minderung der Festpreise gemäss einer allfälligen Teuerungsabrechnung (GWerkV Rz. 1174; siehe auch Art. 153/Rz. 5.3). 6

Anmerkung 7

Bei Leistungen zu Einheitspreisen (Art. 39) erfolgt die «*Feststellung*» (in der Schlussabrechnung) «*auf Grund der endgültigen Ausmasse*». Endgültige Ausmasse (Art. 144 Abs. 3; Art. 144/Rz. 18.2) sind *tatsächliche* Ausmasse, die entweder in einer Massurkunde beidseitig anerkannt sind (Art. 142 Abs. 1; Art. 142/Rz. 9.1 ff.) oder als anerkannt gelten (Art. 142 Abs. 3; Art. 142/Rz. 22). Den endgültigen (tatsächlichen) Ausmassen gleichgestellt sind die *plangemässen theoretischen Ausmasse* (Art. 143 Abs. 1), soweit die geleisteten Mengen nach dem plangemässen theoretischen Ausmass zu ermitteln sind (Art. 141/Rz. 9.2). 7.1

Die Norm enthält keine Regelung für den Fall, dass *vorläufige* Ausmasse (Art. 144 Abs. 3; Art. 144/Rz. 19) bis zur Schlussabrechnung noch nicht bereinigt und durch endgültige Ausmasse ersetzt worden sind. Soweit dies zutrifft, bleibt dem Unternehmer nichts anderes übrig, als seiner Schlussabrechnung *vorläufige* Ausmasse zugrunde zu legen. Allfällige Ausmassdifferenzen haben die Parteien alsdann gemäss Art. 154 Abs. 3 Satz 3 zu bereinigen. Falls sie auch dannzumal keine Einigung erzielen können, muss das Gericht entscheiden (Art. 154/Rz. 31). Will der Unternehmer allerdings mit Rücksicht auf die Vor- 7.2

läufigkeit der Ausmasse eine allfällige Zusatzforderung vorbehalten, hat er Art. 153 Abs. 3 und Art. 156 zu beachten.

Anmerkung 8

8 Anstatt «*Wurden Abschlagszahlungen geleistet [...]*» sollte es heissen: «*Waren Abschlagszahlungen zu leisten [...]*». Denn gemäss der in Klammern gesetzten Präzisierung am Schluss von Art. 153 Abs. 1 Satz 3 sind auch *nicht geleistete* Abschlagszahlungen abzuziehen, sofern sie in einem früheren Zeitpunkt zur Zahlung fällig wurden (HGer ZH HG070308 vom 8. Juli 2011 E. 5.3a).

Anmerkung 9

9.1 Die in Art. 153 Abs. 1 Satz 3 enthaltene Aussage, wonach die Schlussabrechnung «*ausserdem den zugehörigen Saldo (Schlussabrechnungssumme abzüglich früher fällig gewordener, geleisteter oder nicht geleisteter Abschlagszahlungen)*» bestimmen soll, ist etwas unglücklich formuliert und bedarf der folgenden systematischen Erläuterungen:

9.2 a) Zuerst ist die *Schlussabrechnungssumme* (Art. 153/Rz. 6) zu errechnen. Sie erfasst alle Leistungen des Unternehmers zu Festpreisen (Art. 153/Rz. 5.2 ff.), einschliesslich der Leistungen, für die Abschlagsrechnungen gestellt worden sind.

9.3 b) Von der Schlussabrechnungssumme ist der Betrag aller *Abschlagszahlungen* abzuziehen, die früher fällig geworden sind, gleichgültig, ob der Bauherr sie bereits geleistet hat oder nicht. Die Abschlagszahlungen unterliegen einer eigenen Fälligkeitsregel (Art. 148). Auf die *frühere Fälligkeit* von Abschlagszahlungen weist die Norm hier ausdrücklich hin *(«früher fällig»)*.

9.4 c) Hat eine *Teilabnahme* stattgefunden, so ist auch ein entsprechender Teil des Rückbehalts abzuziehen, dessen Auszahlung nach Massgabe von Art. 152 Abs. 2 fällig wurde. Dies wird zwar in Art. 153 Abs. 1 Satz 3 nicht ausdrücklich gesagt, versteht sich jedoch von selbst aufgrund der besonderen Fälligkeitsregel, die nach Art. 152 Abs. 2 für den erwähnten Teil des Rückbehalts gilt (Art. 152 Abs. 2).

9.5 d) Nach diesen Subtraktionen (Art. 153/Rz. 9.3 f.) ergibt sich ein Differenzbetrag, den die Norm als «*Saldo*» bezeichnet. Dieser Saldo ist in aller Regel die vertragliche Abrechnungsforderung des *Unternehmers*. Sie besteht aus dem *Rückbehalt* und der *restlichen* Forderung, die getrennt nach Art. 152 Abs. 1 (Rückbehalt) und Art. 155 Abs. 1 und 2 (Restforderung) fällig werden. Der Saldo kann ausnahmsweise auch zugunsten des Bauherrn lauten (Art. 155 Abs. 3).

Anmerkung 10

10 Im Unterschied zu den (provisorischen) Abschlagsrechnungen sind die *Regierechnungen* und die *Teuerungsabrechnungen* definitive Rechnungen für die Periode, die sie betreffen. Sie unterliegen eigenen Fälligkeitsregeln (Art. 55 Abs. 1 und Art. 66 Abs. 4). Bezahlt der Bauherr solche Forderungen, so leistet er *Teilzahlungen* und nicht blosse Abschlagszahlungen (GWerkV Rz. 1168 und 1171). Nach dem Abrechnungssystem der SIA-Norm 118 (vgl. GWerkV Rz. 1167 ff.) werden sie deshalb von der Schlussabrechnung nicht erfasst,

was die Norm hier ausdrücklich festhält (vgl. KGer GR ZK2 09 67 vom 5. April 2011 E. 3b = BR/DC 2012, S. 245, Nr. 414; siehe auch Vorbem. Art. 144 – 148/Rz. 3).

Anmerkung 11

Im Unterschied zu den Abschlagsrechnungen (Art. 145/Rz. 6.1 ff.) erfasst jede einzelne Regie- oder Teuerungsrechnung abschliessend eine bestimmte Zeitspanne, das heisst eine bestimmte Abrechnungsperiode (Art. 66 Abs. 2; Art. 66/Rz. 6). 11

Anmerkung 12

Die (frühere) *Unterlassung* der Fakturierung bewirkt keinen Rechtsverlust (vgl. Art. 144/ Rz. 13; auch Spiess/Huser, Handkommentar, N 14 zu Art. 153). Ausserdem entspricht es dem praktischen Baugeschehen, dass häufig auch noch für die allerletzte Phase Regie- und Teuerungsrechnungen zu stellen sind. 12

Anmerkung 13

Der Unternehmer ist gegenüber dem Bauherrn vertraglich verpflichtet, Regie- und Teuerungsrechnungen *«gleichzeitig mit der Schlussabrechnung einzureichen»*. Das bedeutet, dass auch für diese Rechnungen die Spätestensfrist des Art. 154 Abs. 1 *(«spätestens zwei Monate nach der Abnahme [Art. 157 – 164]»)* gilt. 13

Anmerkung 14

Der Unternehmer kann die Zusammenstellung der Schlussabrechnung auch in der Weise *«beifügen»*, dass er sie in das gleiche Dokument integriert, das die Schlussabrechnung enthält (Dokumenteneinheit). Art. 153 Abs. 3 verlangt nicht, dass der Unternehmer für die Schlussabrechnung und die Zusammenstellung zwei verschiedene Urkunden erstellt (siehe auch HGer ZH HG070308 vom 8. Juli 2011 E. 5.3c; KGer GR ZK2 09 67 vom 5. April 2011 E. 3b). Vorbehalten bleibt eine andere Übung, die nach Art. 154 Abs. 1 zu beachten wäre (vgl. Art. 154/Rz. 7). 14.1

Aus Art. 154 Abs. 1 ergibt sich, dass der Unternehmer auch die Zusammenstellung spätestens innert zwei Monaten nach der Abnahme einzureichen hat. 14.2

Anmerkung 15

Diese *«Zusammenstellung»* ist eine Besonderheit der Norm. Abgesehen von der Verzichtsregel des Art. 156 hat die Zusammenstellung grundsätzlich eine rein *informative,* also keine rechtliche Bedeutung. Sie ist eine Pro-Memoria-Liste, die dem Bauherrn einen Überblick verschaffen soll (Art. 153/Rz. 16). Auch bildet sie nicht Gegenstand der Prüfung oder Anerkennung durch die Bauleitung (vgl. KGer GR ZK2 09 67 vom 5. April 2011 E. 3a = BR/DC 2012, S. 245, Nr. 414). Das Gesagte erfährt insofern eine Einschränkung, als der Besteller mitunter eine Pflicht zur Leistung noch ausstehender Abschlagszahlungen anerkennt, indem er die Zusammenstellung ausdrücklich als richtig akzeptiert (GWerkV Rz. 1298b; a.M. Spiess/Huser, Handkommentar, N 16 zu Art. 153). Schliesslich ist daran zu erinnern, dass die verschiedenen Rechnungsarten unterschiedlichen Fälligkeitsregeln unterliegen (vgl. die Übersicht in den Vorbem. Art. 153 – 156/Rz. 1 ff.). 15

Anmerkung 16

16 Die Verschaffung eines «*Überblicks*» ist der Zweck der Zusammenstellung. Namentlich bei grösseren Arbeiten hat der Bauherr ein erhebliches Interesse an einer derartigen umfassenden Orientierung (vgl. Art. 156/Rz. 4).

Anmerkung 17

17.1 In der Zusammenstellung hat der Unternehmer sämtliche gestellten *Rechnungen* zu erfassen, auch solche, die er gleichzeitig mit der Schlussabrechnung einreicht (Art. 153/Rz. 12f.), und sogar die Schlussabrechnung selbst. Aufzuführen sind auch Regie-, Teuerungs- und Abschlagsrechnungen, ferner allfällige weitere Rechnungen des Unternehmers (z.B. für eine Prämie im Sinne von Art. 98 Abs. 1 oder für einen Schadenersatzanspruch des Unternehmers gemäss Art. 97 Abs. 1). Der Begriff der «*Rechnungen*» ist also umfassend auszulegen (HGer ZH HG070308 vom 8. Juli 2011 E. 5.3b).

17.2 Mit Bezug auf Rechnungen, die der Unternehmer bis und mit Einreichung der Zusammenstellung noch nicht stellt, gilt die Verzichtsregel des Art. 156 (vgl. insbesondere Art. 156/Rz. 7f. betreffend den Vorbehalt weiterer Ansprüche bzw. Rechnungen in der Zusammenstellung).

Anmerkung 18

18 Der Unternehmer hat in der Zusammenstellung alle «*bis zum Tag der Schlussabrechnung erhaltenen*» Zahlungen des Bauherrn aufzuführen. Darunter fallen auch die Zahlungen für Regiearbeiten und bezahlte Teuerungsrechnungen. Gleich wie Zahlungen sind allfällige *Gutschriften* zugunsten des Bauherrn zu behandeln. Dazu zählt auch eine Konventionalstrafe, von der feststeht, dass der Unternehmer sie schuldet (vgl. Art. 98 Abs. 3; Art. 98/Rz. 15). Konventionalstrafen, die nur erst geltend gemacht bzw. umstritten sind, braucht der Unternehmer hingegen nicht in die Schlussabrechnung aufzunehmen (vgl. Couchepin, La clause pénale, S. 343). Rechnungen, die der Unternehmer bis zur Einreichung der Zusammenstellung oder gleichzeitig mit ihr stellt, werden von der Verzichtsregel des Art. 156 nicht erfasst (Art. 156/Rz. 10.2), und dies unabhängig davon, ob sie in der Zusammenstellung aufgeführt sind oder nicht. Dies schränkt die Bedeutung der Zusammenstellung ein.

Anmerkung 19

19 Meistens ergeben sich die «*ausstehenden Zahlungen*» bereits aus der Gegenüberstellung der Rechnungen mit den Zahlungen.

Anmerkung 20

20.1 Ein Differenzbetrag, den die Zusammenstellung allenfalls ermittelt, kann, muss aber nicht in jedem Fall mit dem gesamten Guthaben des Unternehmers identisch sein. Möglich ist auch, dass der Unternehmer noch nicht alle Rechnungen gestellt hat. Für diesen Fall ist jedoch Art. 156 zu beachten.

Ausserdem ist anzumerken, dass ein allenfalls errechneter Differenzbetrag nichts daran ändert, dass die verschiedenen Rechnungen des Unternehmers je eigenen Fälligkeitsregeln folgen (vgl. die Übersicht in Vorbem. Art. 153–156/Rz. 1 ff.). 20.2

5 42 Einreichung und Prüfung

Art. 154

[1] Der Unternehmer reicht die Schlussabrechnung [1] spätestens zwei Monate [2] nach der Abnahme [3] (Art. 157–164) der Bauleitung [4] ein [5], und zwar, wenn der Werkvertrag nichts anderes bestimmt,[6] in der üblichen Form [7] und in vier Exemplaren [8]. Unterlässt er die ordnungsgemässe Einreichung [9] trotz Mahnung [10], so kann die Bauleitung [11] die Abrechnung [12] auf seine Kosten [13] erstellen.

[2] Die Bauleitung prüft [14] die Schlussabrechnung [15] innert Monatsfrist [16] und gibt dem Unternehmer unverzüglich [17] über das Ergebnis Bescheid [18]. Bei umfangreichen oder besonderen Arbeiten kann der Werkvertrag eine verlängerte Prüfungsfrist von bis zu drei Monaten festsetzen.[19] Zur Nachfristansetzung siehe Art. 155 Abs. 2.[20]

[3] Ergeben sich bei der Prüfung keine Differenzen [21], so gilt die Schlussabrechnung [22] mit dem Prüfungsbescheid [23] der Bauleitung [24] als beidseitig anerkannt [25]. Differenzen [26] teilt die Bauleitung dem Unternehmer unverzüglich [27] nach ihrer Feststellung [28] mit und begründet sie [29]. Sie sind möglichst rasch [30] zu bereinigen.[31]

Art. 154 (1977/91)

[1] Der Unternehmer reicht die Schlussabrechnung spätestens zwei Monate nach der Abnahme (Art. 157 ff.) der Bauleitung ein, und zwar, wenn der Werkvertrag nichts anderes bestimmt, in der üblichen Form und in vier Exemplaren. Unterlässt er die ordnungsgemässe Einreichung trotz Mahnung, so kann die Bauleitung die Abrechnung auf seine Kosten erstellen.

[2] Die Bauleitung prüft die Schlussabrechnung innert Monatsfrist und gibt dem Unternehmer unverzüglich über das Ergebnis Bescheid. Bei umfangreichen oder besonderen Arbeiten kann der Werkvertrag eine verlängerte Prüfungsfrist bis zu drei Monaten festsetzen. Zur Nachfristansetzung siehe Art. 155 Abs. 2.

[3] Ergeben sich bei der Prüfung keine Differenzen, so gilt die Schlussabrechnung mit dem Prüfungsbescheid der Bauleitung als beidseitig anerkannt. Differenzen teilt die Bauleitung dem Unternehmer unverzüglich nach ihrer Feststellung mit und begründet sie. Sie sind möglichst rasch zu bereinigen.

Anmerkung 1

1 Art. 154 (wie auch Art. 155) befasst sich ausschliesslich mit der «*Schlussabrechnung*». Zum (engen) Begriff der Schlussabrechnung im Sinne der Norm vgl. Art. 153 Abs. 1 und 2 (Art. 153/Rz. 1.1).

Anmerkung 2

2 Der Unternehmer ist verpflichtet, die Schlussabrechnung «*spätestens zwei Monate*», gerechnet ab der Abnahme (Art. 154/Rz. 3), einzureichen. Diese Frist berechnet sich nach Art. 77 Abs. 1 Ziff. 3 OR. Diese zwei Monate können eine relativ kurze Zeit sein, insbesondere bei umfangreichen, komplexen Bauarbeiten. Deshalb schreibt die Norm für Einheitspreisverträge das *fortlaufende* Ausmessen vor (Art. 142 Abs. 1; Art. 142/Rz. 5.1 ff. und 6). Mit der *Folge* einer allfälligen Säumnis des Unternehmers befasst sich Art. 154 Abs. 1 Satz 2.

Anmerkung 3

3 Nach Art. 154 Abs. 1 reicht der Unternehmer die Schlussabrechnung «*spätestens zwei Monate nach der Abnahme*» ein. Damit wird dem Unternehmer zwar nicht untersagt, die Schlussabrechnung schon vor der Abnahme einzureichen. Das ändert aber nichts daran, dass die Prüfungsfrist nach Art. 154 Abs. 2 frühestens mit der Abnahme zu laufen beginnt. Das wird in Art. 154 Abs. 1 zwar nicht ausdrücklich gesagt, versteht sich aber von selbst: Es kann nicht in das Belieben des Unternehmers gestellt sein, den Fälligkeitstermin für eine allfällige Abrechnungsforderung (Art. 155 Abs. 1 und 2) vorzuverschieben. Zum gleichen Ergebnis führt auch die Überlegung, dass die Fälligkeit des Rückbehalts, der einen Teil der Abrechnungsforderung ausmacht (Art. 155/Rz. 9.1), die erfolgte Abnahme in Art. 152 Abs. 1 explizit voraussetzt. Haben im Einzelfall eine oder mehrere *Teilabnahmen* stattgefunden, so ist unter der Abnahme des Art. 154 Abs. 1 die *letzte* Teilabnahme zu verstehen.

Anmerkung 4

4 Art. 154 Abs. 1 verlangt nach seinem Wortlaut, dass die Schlussabrechnung der «*Bauleitung*» eingereicht wird. Das erklärt sich aus Art. 154 Abs. 2, wonach die Schlussabrechnung von der Bauleitung geprüft wird (Art. 154/Rz. 14.1 f.). Gleichwohl muss es bei sinnvoller Auslegung dieser Bestimmung auch genügen, dass die Schlussabrechnung dem *Bauherrn persönlich* zugeht. Für den Fall, dass der Bauherr nicht durch eine Bauleitung vertreten ist, ergibt sich dies aus Art. 33 Abs. 3.

Anmerkung 5

5 Zum Sonderfall, da der Unternehmer nach dem Inhalt des Werkvertrags nur die Abrechnungsunterlagen einzureichen hat, während es der Bauherr (oder seine Bauleitung) übernimmt, die jeweiligen Abrechnungen selbst zu erstellen, vgl. Vorbem. Art. 38 – 83/Rz. 9 f.; GWerkV Rz. 1180.

Anmerkung 6

6 Der Vorbehalt einer *anderen Vereinbarung im Werkvertrag* ist selbstverständlich. Doch muss eine solche Abrede, die von Art. 154 Abs. 1 abweicht, individuell getroffen werden oder in einem rangmässig höheren Vertragsbestandteil (Art. 21) enthalten sein, damit sie der SIA-Norm 118 vorgeht und wirksam ist (Einl./Rz. 26).

Anmerkung 7

7 Welche Form im Sinne von Art. 154 Abs. 1 *«üblich»* ist, bestimmt sich nach den Gepflogenheiten in der betroffenen Branche, die zu beachten sind (zur Verkehrsübung vgl. Jäggi/Gauch/Hartmann, Zürcher Kommentar, N 430 ff. zu Art. 18 OR; anders Spiess/Huser, Handkommentar, N 5 zu Art. 154, denen zufolge es in der Bauwirtschaft keine diesbezügliche Usanz gibt).

Anmerkung 8

8 Dass der Unternehmer die Schlussabrechnung *«in vier Exemplaren»* einzureichen hat, ist heutzutage, da im Geschäftsverkehr viele Dokumente nur noch in digitaler Form verschickt werden und jedermann mit geringem Aufwand beliebig viele Kopien anfertigen kann, eine *veraltete* Vorschrift, an die sich die Praxis häufig nicht hält. Für die übrigen Rechnungsarten enthält die Norm keine analoge Vorschrift (vgl. Art. 55 Abs. 1, Art. 66 Abs. 4 und Art. 144 Abs. 1). Auch bezüglich der Zusammenstellung fehlt eine entsprechende Vorschrift (Art. 153 Abs. 3). Dies unterstreicht die geringe Bedeutung dieser Bestimmung (anders Spiess/Huser, Handkommentar, N 8 zu Art. 154).

Anmerkung 9

9.1 *Ordnungsgemäss eingereicht* wird die Schlussabrechnung, wenn sie *fristgerecht,* das heisst «spätestens zwei Monate nach der Abnahme» (Art. 154/Rz. 2) eingereicht wird. Ausserdem muss auch die *Abrechnung selbst ordnungsgemäss* sein, indem sie den einschlägigen Bestimmungen des Werkvertrags (Art. 154/Rz. 6) oder der Verkehrsübung (Art. 154/Rz. 7) entspricht und für die Bauleitung *überprüfbar* ist.

9.2 a) Beim Einheitspreisvertrag (Art. 42 Abs. 2 Satz 1) setzt die Überprüfbarkeit voraus, dass die Aufstellung nach dem *Leistungsverzeichnis* gegliedert ist (Art. 8 und Art. 39 Abs. 1). Die Überprüfung durch die Bauleitung erfordert meistens auch den Vergleich der Schlussabrechnung mit den *Ausmassurkunden,* die der Unternehmer der Bauleitung spätestens zusammen mit der Schlussabrechnung zur Verfügung stellen muss, wenn dies nicht bereits früher geschehen ist (Art. 142/Rz. 11.2). Zur Abgrenzung der Festpreise (Einheits-, Global- und Pauschalpreise) von den Regierechnungen ist häufig erforderlich, dass der Bauleitung nicht nur die Schlussabrechnung samt Ausmassurkunden, sondern auch die Regierechnungen vorliegen (Art. 153 Abs. 2; Art. 153/Rz. 13, wonach Regie- und Teuerungsrechnungen spätestens gleichzeitig mit der Schlussabrechnung und damit spätestens zwei Monate nach der Abnahme einzureichen sind; siehe auch KGer GR ZK2 09 67 vom 5. April 2011 E. 3b).

9.3 b) Reicht der Unternehmer die Schlussabrechnung nicht in vier Exemplaren ein (Art. 154/Rz. 8), kann die Bauleitung die fehlenden Kopien theoretisch auf Kosten des Unternehmers herstellen lassen (Art. 154/Rz. 13). Angesichts des heutigen Stands von Datenverarbeitungs- und Kommunikationstechnologie dürfte sich die Bauleitung aber dem Vorwurf der Engherzigkeit aussetzen, wenn sie stur auf der Erfüllung dieser (veralteten) Vertragspflicht des Unternehmers beharrt (Art. 154/Rz. 8).

Anmerkung 10

10 Diese «*Mahnung*» besteht in einer an den säumigen Unternehmer gerichteten Aufforderung, die Schlussabrechnung ordnungsgemäss (Art. 154/Rz. 9.1 ff.) einzureichen. Hierzu ist dem Unternehmer, auch wenn die Norm dies nicht ausdrücklich erwähnt, eine angemessene Nachfrist anzusetzen (vgl. Art. 107 Abs. 1 OR; Spiess/Huser, Handkommentar, N 11 zu Art. 154).

Anmerkung 11

11 Die «*Bauleitung*» (als Vertreterin des Bauherrn; Einl./Rz. 17 ff.) kann in diesem Fall die Schlussabrechnung selbst erstellen oder durch einen Dritten erstellen lassen, auch wenn sie dies dem Unternehmer vorgängig nicht noch einmal angedroht hat.

Anmerkung 12

12 Unter der «*Abrechnung*» ist die Schlussabrechnung (im engen Sinne von Art. 153 Abs. 1 und 2; Art. 153/Rz. 1.1) zu verstehen.

Anmerkung 13

13 Die «*Kosten*», die ihm wegen der Erstellung der Schlussabrechnung durch die Bauleitung oder durch Dritte (Art. 154/Rz. 11) allenfalls erwachsen, kann der Bauherr mit einem allfälligen Restguthaben des Unternehmers verrechnen, falls die Verrechnungsvoraussetzungen erfüllt sind (vgl. Aepli, Zürcher Kommentar, N 8 ff. zu Art. 120 OR sowie N 10 und 18 ff. zu Art. 124 OR).

Anmerkung 14

14.1 «*Die Bauleitung prüft*» die Schlussabrechnung für den Bauherrn. Dazu ist sie gegenüber dem Bauherrn in aller Regel nach Massgabe ihres eigenen Vertrags verpflichtet (Art. 4.52 SIA-Ordnung 102: «Kontrolle von Leistungsaufstellungen und Rechnungen»; Art. 4.3.52 SIA-Ordnung 103: «Aufstellen, Nachprüfen und Bereinigen der Schlussabrechnung [...]»; Art. 4.52 SIA-Ordnung 108: «Kontrolle von Leistungsaufstellungen und Rechnungen»).

14.2 Hingegen hat der Unternehmer gegenüber dem Bauherrn keinen vertraglichen Anspruch darauf, dass seine Schlussabrechnung auch dahingehend geprüft wird, ob ihm Fehler zu seinen Ungunsten unterlaufen sind. Erkennt jedoch die Bauleitung derartige Fehler, so gebietet es die allgemeine Treue- und Sorgfaltspflicht (Art. 23 Abs. 1), dass die Bauleitung den Unternehmer darauf aufmerksam macht.

Anmerkung 15

Die Prüfung bezieht sich *nur* auf die *Schlussabrechnung* (im engen Sinne von Art. 153 Abs. 1 und 2), nicht auch auf die Zusammenstellung im Sinne des Art. 153 Abs. 3 (anders Spiess/Huser, Handkommentar, N 10 zu Art. 154). 15

Anmerkung 16

Die «*Monatsfrist*» beginnt mit dem Empfang der Schlussabrechnung zu laufen, die der Unternehmer spätestens zwei Monate nach der Abnahme und nach Ablauf einer allfälligen Nachfrist (Art. 154/Rz. 10) einreichen muss (Art. 154 Abs. 1). Zur Berechnung einer Monatsfrist vgl. Art. 77 Abs. 1 Ziff. 3 OR. Lässt die Bauleitung die Schlussabrechnung auf Kosten des Unternehmers erstellen (Art. 154/Rz. 11), so beginnt die Monatsfrist zu laufen, sobald die Schlussabrechnung vorliegt. 16

Anmerkung 17

«*Unverzüglich*» heisst ohne vorwerfbares Zögern. Da die Bauleitung die Prüfung binnen Monatsfrist abschliessen muss, hat sie den Prüfungsbescheid spätestens unverzüglich nach Ablauf dieser Frist dem Unternehmer zu eröffnen, das heisst an ihn zu versenden. Damit ist die Monatsfrist für den Unternehmer berechenbar, was in Art. 155 Abs. 2 vorausgesetzt wird. 17

Anmerkung 18

Der «*Bescheid über das Ergebnis*» der Prüfung der Schlussabrechnung wird *Prüfungsbescheid* genannt (vgl. Art. 154 Abs. 3 und Art. 155 Abs. 1). In ihm gibt die Bauleitung dem Unternehmer ihre Ansicht über die Richtigkeit der Schlussabrechnung bekannt, allenfalls unter Mitteilung von «*Differenzen*» (Art. 154 Abs. 3; Art. 154/Rz. 21 und 26), die noch nicht bereinigt wurden (OGer ZH LB130065 vom 4. Juli 2014 E. C/2.2). Die Norm sieht für den Prüfungsbescheid keine spezielle Form vor. So kann die Mitteilung auch per E-Mail erfolgen (so KGer GR ZK2 12 4 vom 29. Juni 2012 E. 7c). 18

Anmerkung 19

In Art. 154 Abs. 2 Satz 2 weist die Norm die Parteien auf die Möglichkeit hin, «*bei umfangreichen oder besonderen Arbeiten*» *im Werkvertrag* «*eine verlängerte Prüfungsfrist von bis zu drei Monaten*» festzusetzen. Dazu ist Folgendes anzumerken: 19.1

a) Die Parteien sind selbstverständlich frei, eine längere Prüfungsfrist zu vereinbaren, und zwar in jedem Fall, nicht nur bei umfangreichen oder besonderen Arbeiten. Die besonders vereinbarte Frist kann auch länger als drei Monate sein. Die SIA-Norm 118 schränkt die Vertragsfreiheit, die auch die Inhaltsfreiheit umfasst, nicht ein (vgl. Einl./Rz. 26). 19.2

b) Der Vorbehalt der Vereinbarung «*einer verlängerten Prüfungsfrist*» im «*Werkvertrag*» versteht sich von selbst. Doch muss eine Abrede, welche die Monatsfrist nach Art. 154 Abs. 2 Satz 1 abändert, individuell vereinbart werden oder in einem rangmässig höheren Vertragsbestandteil (Art. 21) enthalten sein, damit sie der SIA-Norm 118 vorgeht und wirksam ist (Einl./Rz. 26). 19.3

19.4 c) Eine verlängerte Prüfungsfrist *benachteiligt den Unternehmer,* weil mit einem späteren Ablauf der Prüfungsfrist auch die Fälligkeit des Guthabens hinausgeschoben wird, das aus der Schlussabrechnung regelmässig zugunsten des Unternehmers resultiert (vgl. Art. 155 Abs. 1 und 2). Damit läuft der Unternehmer Gefahr, dass er eine allfällige Zahlungsunfähigkeit oder -unwilligkeit des Bauherrn erst (lange) nach Ablauf der Viermonatsfrist von Art. 839 Abs. 2 ZGB erkennt, binnen welcher Bauhandwerkerpfandrechte spätestens im Grundbuch einzutragen bzw. vorzumerken sind. Diese Gefahr besteht für ihn ohnehin bereits aufgrund der in Art. 154 f. festgelegten Fristen und auch deswegen, weil nach dem Abnahmesystem der SIA-Norm 118 (Art. 157–164) eine geraume Zeit von der Vollendung bis zur Abnahme verstreichen kann, die ihrerseits die Fristen gemäss Art. 154 f. auslöst bzw. beeinflusst.

Anmerkung 20

20 Für den Fall, dass die Bauleitung (die für den Bauherrn handelt; Einl./Rz. 17 ff.) bezüglich des Prüfungsbescheids *säumig* wird, regelt Art. 155 Abs. 2 auch die Rechtsfolge dieser Säumnis. Die blosse Verweisung auf die «*Nachfristansetzung*» ist deshalb unvollständig.

Anmerkung 21

21 Unter «*Differenzen*» sind Einwendungen zu verstehen, mit denen die Bauleitung die Schlussabrechnung in bestimmter Hinsicht als unrichtig bezeichnet. In der Praxis werden Korrekturen, welche die Bauleitung verlangt, vom Unternehmer oft anerkannt, z.B. weil ihm ein Rechnungsfehler unterlaufen ist oder weil er einen vereinbarten Abzug (etwa für die Baustellenreklame oder für die Baureinigung; Art. 154/Rz. 26) vergessen hat.

Anmerkung 22

22.1 Nur die «*Schlussabrechnung*» (inkl. Rückbehalt) wird nach Massgabe des Art. 154 Abs. 3 Satz 1 anerkannt. Für die übrigen Rechnungen des Unternehmers und auch für die Zusammenstellung (Art. 153 Abs. 3) fehlt eine entsprechende Bestimmung der Norm (a.M. Spiess/Huser, Handkommentar, N 26 zu Art. 154). Das bedeutet:

22.2 a) Die Anerkennung der Schlussabrechnung beinhaltet keine Schuldanerkennung des Bestellers für noch ausstehende Abschlagszahlungen, weshalb sie für deren Verjährung keine unterbrechende Wirkung hat (GWerkV Rz. 1298b; a.M. Spiess/Huser, Handkommentar, N 11 zu Art. 148 und N 16 zu Art. 153). Vorbehalten bleibt der Fall, da sich der Unternehmer widersprüchlich verhält, indem er sich einerseits auf die Schuldanerkennung beruft und andererseits einen in der Anerkennung ausgewiesenen Punkt nicht gelten lassen will (vgl. KGer GR ZK2 12 4 vom 29. Juni 2012 E. 9b betreffend den Einwand, der Skonto von 2 % sei nur von einer bestimmten Abschlagszahlung abzuziehen, weil nur diese fristgerecht erfolgt sei).

22.3 b) Die Schlussabrechnung erfasst nur die Leistungen zu festen Preisen; sie ist keine Gesamtabrechnung (Art. 153 Abs. 1 und 2; Art. 153/Rz. 1.2, 6 und 10). Entsprechend erstreckt sich die allein mit dem Prüfungsbescheid verbundene Anerkennung (Art. 154/Rz. 24.1 ff.) auch nicht auf offene Rechnungen für Regiearbeiten oder unterlassene Teuerungsabrechnungen, die der Unternehmer gemäss Art. 153 Abs. 2 «gleichzeitig» mit der Schlussabrechnung einreicht (a.M. Spiess/Huser, Handkommentar, N 26 zu Art. 154). Anders verhält es sich, wenn die Bauleitung gestützt auf eine Schlussabrechnung, die um Rechnungen für Regiearbeiten ergänzt ist, einen «Kontoabschluss» erstellt und so den Gesamtsaldo ermittelt. In diesem Fall darf der Unternehmer darauf vertrauen, dass die Bauleitung als Vertreterin des Bestellers auch die Rechnungen für die Regiearbeiten akzeptiert hat (KGer GE ACJC/1224/2013 vom 18. Oktober 2013 E. 2.2 = BR/DC 2014, S. 148, Nr. 252). Die Kundgabe der Vollmacht (Art. 33 Abs. 3 OR) fusst diesfalls aber nicht auf Art. 154 Abs. 3 Satz 1, sondern im Umstand, dass die Bauleitung den Kontoabschluss erstellt, was einer (selbständigen) Anerkennung der Rechnungen für Regiearbeiten gleichkommt (KGer GE ACJC/1224/2013 vom 18. Oktober 2013 E. 2.2.2 = BR/DC 2014, S. 148, Nr. 252).

Anmerkung 23

Zum «*Prüfungsbescheid*» der Bauleitung vgl. Art. 154/Rz. 18. 23

Anmerkung 24

Gemäss Art. 154 Abs. 3 ist der Prüfungsbescheid der Bauleitung (Art. 154/Rz. 18) als Erklärung auszulegen, wonach die Bauleitung die Schlussabrechnung (unter Vorbehalt von Differenzen, Art. 154/Rz. 21 und 26) als für den Bauherrn *verbindlich anerkennt* (vgl. auch BGE 119 IV 54/58 f. E. 2d [bestätigt in BGE 123 IV 61/67 E. 5c/bb], wonach sich die Bauleitung mit der Genehmigung inhaltlich falscher Unternehmerrechnungen der Falschbeurkundung gemäss Art. 251 Ziff. 1 Abs. 2 StGB strafbar macht; dazu Riklin, Falsche Unternehmerrechnungen, S. 69 ff.). Die Bauleitung gilt nach Art. 154 Abs. 3 zu dieser Anerkennungserklärung gegenüber dem Unternehmer, der gutgläubig ist (dazu Art. 154/Rz. 24.5), als *bevollmächtigt*. Es handelt sich um eine externe Kundgabe der Vollmacht im Sinne von Art. 33 Abs. 3 OR (vgl. Einl./Rz. 19; ferner KGer GR RB 23/89 vom 10. Oktober 1989 = PKG 1989, S. 138 f., Nr. 32 = BR/DC 1991, S. 41 f., Nr. 58, worauf das Bundesgericht in BGE 118 II 313/315 f. E. 2a = BR/DC 1993, S. 100, Nr. 209 Bezug nimmt). Dazu ist im Einzelnen Folgendes anzumerken: 24.1

a) Die in Art. 154 Abs. 3 enthaltene (externe) Kundgabe der Anerkennungsvollmacht stimmt häufig nicht mit der Vollmacht überein, die der Bauherr seiner Bauleitung *intern* (z.B. in einer Honorarordnung des SIA) erteilt hat (GWerkV Rz. 1268a; Schwager/Monn, Die Vollmacht des Planers, Rz. 5.113 f.; Einl./Rz. 19). So räumen insbesondere Art. 1.2.3 SIA-Ordnung 102 und Art. 1.2.3 SIA-Ordnung 103 der Bauleitung keine Vollmacht ein, die es ihr gestatten würde, Rechnungen des Unternehmers anzuerkennen (vgl. GWerkV Rz. 1268 und 401). Im Leistungsbeschrieb der SIA-Honorarordnungen wird die Bauleitung nämlich nur zur Kontrolle von Unternehmerrechnungen verpflichtet, jedoch nicht zu deren Genehmigung bevollmächtigt (vgl. Art. 154/Rz. 14.1 mit Verweisungen auf entsprechende Bestimmungen in SIA-Honorarordnungen). Ziff. 5.2 der Allgemeinen Vertragsbedingungen der KBOB für Planerleistungen (KBOB-Dok. 30) soll der Gefahr, das sich die Ermächtigung (interne Vollmacht) und die Kundgabe der Vollmacht nicht decken, entgegenwirken; und zwar muss die Bauleitung in Werkverträge, die sie im 24.2

Auftrag des Bauherrn redigiert, den Passus aufnehmen, wonach sich der Bauherr unter anderem die Genehmigung der Schlussrechnung «in jedem Fall ausdrücklich» vorbehält (vgl. zur Fassung aus dem Jahr 2006 Pedrazzini Franco, KBOB, S. 203 f.; Schwager/Monn, Die Vollmacht des Planers, Rz. 5.54 ff.).

24.3 b) Darauf, dass der Bauherr Art. 154 Abs. 3 als Kundgabe der Anerkennungsvollmacht hätte verstehen müssen, kann sich der Unternehmer im Streitfall nur dann berufen, wenn er selbst die Bestimmung tatsächlich so verstanden hat. Ist dies nicht der Fall (oder wollte der Unternehmer die Regel erst im Nachhinein), besteht kein Grund, Art. 154 Abs. 3 über die Köpfe der Parteien hinweg Vertragsgeltung zu verschaffen (BGer 4A_538/2011 vom 9. März 2012 E. 2 = Stöckli, Urteilsanmerkung, in: BR/DC 2012, S. 59 f., Nr. 168). Denn die Auslegung von Willenserklärungen nach dem Vertrauensprinzip kann nicht zu einem normativen Konsens führen, der so von *keiner* der Parteien gewollt ist. Immerhin ist im Sinne einer natürlichen Vermutung anzunehmen, dass sich die objektivierte Auslegung, auf die sich eine Partei beruft, mit dem tatsächlichen Verständnis dieser Partei deckt (Stöckli, Urteilsanmerkung, in: BR/DC 2012, S. 59 f., Nr. 168).

24.4 c) Die Vertragsgeltung dieser externen Kundgabe der Anerkennungsvollmacht kann im Einzelfall an der *Ungewöhnlichkeitsregel* scheitern (vgl. dazu Art. 2/Rz. 9.2 und Art. 34/Rz. 6.2; und zudem GWerkV Rz. 297 und 1268a; Schwager/Monn, Die Vollmacht des Planers, Rz. 5.113 f.; Einl./Rz. 31; allgemein zu dieser Regel Kramer/Probst/Perrig, AGB-Recht, Rz. 173 ff.). In BGE 109 II 452/457 ff. E. 5 hält das Bundesgericht fest, diese besondere Regelung (und auch Art. 155 Abs. 1) sei für einen branchenfremden «einmaligen» Bauherrn ungewöhnlich. In anderen Entscheiden wird die Ungewöhnlichkeitsregel je nach den konkreten Umständen teils bejaht, teils verneint (vgl. z.B. BGer vom 24. November 1988 = ZR 1988, S. 318 f., Nr. 135 = Gauch, Urteilsanmerkung, in: BR/DC 1989, S. 93 f., Nr. 113 [als Antwort auf OGer ZH vom 29. Januar 1988 = ZR 1988, S. 317 f., Nr. 135]; OGer TG vom 25. Oktober 1996 = RB TG 1996, S. 92 ff., Nr. 6 = Aepli, Urteilsanmerkung, in: BR/DC 1997, S. 127, Nr. 318; OGer SO vom 24. September 1991 = SOG (SO) 1991 Nr. 5 S. 11 ff.).

24.5 d) Abgesehen von den vorstehenden Vorbehalten (Art. 154/Rz. 24.3 f.) ist immer auch zu beachten, dass der Unternehmer in seinem guten Glauben an den Bestand der kundgegebenen Vollmacht nur dann geschützt wird, wenn er im Zeitpunkt der Anerkennung bei pflichtgemässer Aufmerksamkeit (Art. 3 Abs. 2 ZGB) überhaupt *gutgläubig* sein konnte. Wusste der Unternehmer, dass die Bauleitung im internen Verhältnis nicht zur Anerkennung bevollmächtigt ist, oder hätte er dies wissen müssen, so kann er sich nicht auf seinen guten Glauben berufen (Vorbem. Art. 33 – 36/Rz. 5 ff.; Gauch, Urteilsanmerkung, in: BR/DC 1989, S. 93 f., Nr. 113; vgl. auch Gauch, Urteilsanmerkung, in: BR/DC 1991, S. 41 f., Nr. 58). Die Frage der Vertretungsvollmacht der Bauleitung zur Anerkennung von Unternehmerrechnungen wird in einschlägigen Fachkreisen und Fachzeitschriften seit vielen Jahren diskutiert. Zudem ist das Wissen über den Inhalt der einschlägigen Bestimmungen der SIA-Honorarordnungen auch in Unternehmerkreisen weit verbreitet. Deshalb stellt sich mitunter die Frage, ob der gute Glaube des Unternehmers nicht schon aufgrund seines einschlägigen allgemeinen Wissens *zerstört* ist.

e) Die *Bauleitung*, die zur Anerkennung der Unternehmer-Rechnungen tatsächlich *nicht bevollmächtigt* ist (z.B. bei Übernahme einer SIA-Honorarordnung; vgl. Art. 154/Rz. 24.2), ist (gegenüber dem Bauherrn) verpflichtet, den (allfälligen) guten Glauben des Unternehmers durch einen entsprechenden *Vorbehalt* im Prüfungsbescheid zu zerstören. 24.6

f) Der *Bauherr* kann Rechnungen des Unternehmers selbst anerkennen. Ob die vorbehaltlose Bezahlung der Unternehmerrechnung eine Genehmigung derselben durch konkludentes Verhalten beinhaltet, ist nach den konkreten Umständen des Einzelfalls zu entscheiden (vgl. GWerkV Rz. 2082). Unabhängig davon, ob die Bauleitung oder der Bauherr selbst eine Unternehmerrechnung anerkennt, unterliegt eine derartige Willenserklärung den Anfechtungsmöglichkeiten wegen *Erklärungsirrtums* gemäss Art. 23 ff. OR. Im Einzelfall kann die Anerkennung die Bedeutung eines Vergleichs haben (GWerkV Rz. 922 sinngemäss) und somit wie ein Vergleich angefochten werden, wenn die Voraussetzungen erfüllt sind (vgl. Gauch, Der aussergerichtliche Vergleich, S. 3 ff., insbesondere S. 19 ff.). 24.7

Anmerkung 25

Zur Regel, dass die Schlussabrechnung mit dem Prüfungsbescheid der Bauleitung «als beidseitig anerkannt» gilt, ist Folgendes anzumerken: 25.1

a) Die Anerkennung der Schlussabrechnung ist von der Anerkennung der Richtigkeit von ermittelten Ausmassen (Art. 142/Rz. 9.1 ff.) oder von Regierapporten (Art. 47/Rz. 15.1 ff.) zu unterscheiden (GWerkV Rz. 1265). Gemäss Art. 155 Abs. 1 wird durch die Schlussabrechnung eine «Forderung des Unternehmers» ermittelt, soweit sie nicht ausnahmsweise einen *«Saldo zu Gunsten des Bauherrn»* ergibt (Art. 155 Abs. 3). Allein daraus folgt aber nicht, dass sich die kundgegebene Vollmacht auch auf die rechtsgeschäftliche Willenserklärung des Bestellers erstreckt, sich im Umfang der anerkannten Schlussabrechnung zu verpflichten. Nachdem Art. 154 Abs. 3 Satz 1 mitunter von der internen Vollmachtslage abweicht und potenziell ungewöhnlich ist (Art. 154/Rz. 24.2 ff.), rechtfertigt es sich, die Klausel grundsätzlich restriktiv, das heisst so auszulegen, dass sich die darin kundgegebene Vollmacht nur auf eine deklaratorische (nicht konstitutive) Schuldanerkennung bezieht (GWerkV Rz. 1265 und 1268a; ähnlich Schwager/Monn, Die Vollmacht des Planers, Rz. 5.114). Ob die Bauleitung mit dem Prüfungsbescheid die sich daraus ergebende Werklohnforderung namens des Bestellers trotzdem anerkennen wollte, ist also im Einzelfall zu prüfen (vgl. KGer GR ZK2 12 4 vom 29. Juni 2012 E. 7). 25.2

b) Die Anerkennung bezieht sich nur auf die *Schlussabrechnung* (inkl. Rückbehalt als Teil der Schlussabrechnungssumme), jedoch nicht auf andere Rechnungen des Unternehmers (Art. 154/Rz. 22.1 ff.). 25.3

c) Von der Anerkennung ausgenommen sind *Differenzen* (Art. 154/Rz. 21 und 26), die bis zum Prüfungsbescheid der Bauleitung nicht bereinigt werden konnten (siehe OGer ZH LB130065 vom 4. Juli 2014 E. C/2.2). Stehen solche Differenzen im Raum, so anerkennt der Bauherr mit der Schlussabrechnung weder umstrittene Vergütungsansprüche des Unternehmers, noch verzichtet der Unternehmer auf deren weitere Geltendmachung. 25.4

25.5 d) Abgesehen von den nicht bereinigten Differenzen (Art. 154/Rz. 25.4) entfaltet der Prüfungsbescheid für *beide* Parteien Bindungswirkung. Vorbehalten bleibt die Anfechtungsmöglichkeit wegen Erklärungsirrtums gemäss Art. 23 ff. OR, die beiden Parteien zusteht (SCHWAGER/MONN, Die Vollmacht des Planers, Rz. 5.114; Art. 154/Rz. 24.7). Beispielsweise darf der Unternehmer seine Schlussabrechnung nachträglich nicht erhöhen, es sei denn, er habe seine eigene Willenserklärung erfolgreich wegen Erklärungsirrtums angefochten. Das Festhalten an nicht bereinigten Differenzen stellt keine Erhöhung dar, da die Differenzen von der Anerkennung ausgenommen sind (Art. 154/Rz. 25.4). Hingegen richtet sich der (allfällige) Verzicht des Unternehmers auf zusätzliche Rechnungen nicht nach Art. 154 Abs. 3, sondern nach Art. 156.

Anmerkung 26

26 Solche «*Differenzen*» (Art. 154/Rz. 21) betreffen nur die Schlussabrechnung (ungenau KGer GR ZK2 09 67 vom 5. April 2011 E. 4, wo Art. 154 Abs. 3 bei Differenzen betreffend Regiearbeiten ins Spiel gebracht wird). Es kann sich beispielsweise um Nachtragspreise handeln, die für Bestellungsänderungen noch nicht vereinbart worden sind (vgl. Art. 86 Abs. 2; EGLI, Kommentar SIA-118 [Voraufl.], Art. 86/Anm. 7 lit. b), um Abzüge (etwa für Bauschäden, Baureinigung, Wasser und Strom, Reklametafel oder Bauwesenversicherung) oder um einen Rabatt.

Anmerkung 27

27 *Unverzüglich* bedeutet: ohne vorwerfbares Zögern.

Anmerkung 28

28 Differenzen sind somit nicht erst mit dem Prüfungsbescheid innert Monatsfrist (Art. 154 Abs. 2) mitzuteilen, sondern unverzüglich *nach ihrer Feststellung* durch die Bauleitung. Damit soll das Abrechnungsverfahren beschleunigt und insbesondere erreicht werden, dass Differenzen *vor* dem Prüfungsbescheid bereinigt werden können.

Anmerkung 29

29 Die Bauleitung hat allfällige Differenzen zu «*begründen*», das heisst die beanstandeten Positionen genau zu bezeichnen und ihre Beanstandung zu erläutern (vgl. analog BGE 117 II 113/113 f. E. 2). Die Bauleitung muss also konkret dartun, worin die Differenzen bestehen (vgl. KGer GR ZK2 09 67 vom 5. April 2011 E. 4; beachte aber den Hinweis zu diesem Urteil in Art. 154/Rz. 26). Dies soll eine möglichst rasche Bereinigung der Differenzen ermöglichen. Eine pauschale Bestreitung der ordnungsgemäss gestellten Schlussabrechnung genügt nicht (vgl. analog BGE 117 II 113/113 f. E. 2). Trotzdem stellt auch eine pauschale Bestreitung einen Bescheid dar, der gemäss Art. 155 Abs. 1 die Fälligkeit der Abrechnungsforderung auslöst (vgl. Art. 155/Rz. 5.1 f., 7.1 f. und 8).

Anmerkung 30

30 «*Möglichst rasch*» bedeutet hier: wenn möglich noch vor dem Prüfungsbescheid gemäss Art. 154 Abs. 2 Satz 1.

Anmerkung 31

Eine «*Bereinigung*» der Differenzen setzt voraus, dass sich die Parteien über die Differenzen einigen. Eine Einigung lässt sich freilich nicht erzwingen. Art. 154 Abs. 3 Satz 3 ist deshalb nur (aber immerhin) im Sinne einer Verhandlungsabrede zu verstehen: Die Parteien sind vertraglich verpflichtet, ernsthaft über die Bereinigung der Differenzen zu verhandeln, und in erhöhtem Masse gehalten, einander über diesbezüglich erhebliche Umstände zu informieren (siehe zum Inhalt vertraglicher Verhandlungspflichten Monn, Die Verhandlungsabrede, insbesondere S. 287 ff.). Eine misslungene Bereinigung ist kein Grund dafür, dass die Bauleitung den Prüfungsbescheid zurückstellen dürfte und die Monatsfrist des Art. 154 Abs. 2 nicht wahren müsste. Dies ergibt sich aus Art. 155 Abs. 1, wonach mit dem Prüfungsbescheid auch solche Beträge fällig werden, «die nach dem Prüfungsbescheid noch bestritten sind, sofern sie sich nachträglich als geschuldet erweisen sollten» (vgl. Spiess/Huser, Handkommentar, N 19 zu Art. 154). Verweigert die Bauleitung die Einhaltung der Monatsfrist trotzdem mit dem Hinweis auf Differenzen, ist der Unternehmer berechtigt, gemäss Art. 155 Abs. 2 vorzugehen. Nicht bereinigte Differenzen sind allenfalls von einem Gericht zu entscheiden (vgl. Monn, Die Verhandlungsabrede, S. 591 ff.). 31

5 43 Fälligkeit der Abrechnungsforderung; Zahlungsfrist

Art. 155

1 Die durch die Schlussabrechnung ermittelte Forderung [1] des Unternehmers [2] wird mit dem Prüfungsbescheid (Art. 154 Abs. 2) [3] der Bauleitung [4] fällig [5] und ist innert 30 Tagen zu bezahlen (Art. 190) [6]; fällig werden auch solche Beträge, die nach dem Prüfungsbescheid noch bestritten [7] sind, sofern sie sich nachträglich als geschuldet erweisen sollten [8]. Vorbehalten bleibt aber die Bestimmung des Art. 152 für denjenigen Teil der Forderung, der den Rückbehalt des Bauherrn ausmacht.[9]

2 Hält die Bauleitung die Prüfungsfrist nach Art. 154 Abs. 2 [10] nicht ein, so kann der Unternehmer eine Nachfrist von einem Monat ansetzen [11], mit deren Ablauf seine Forderung auch ohne Bescheid [12] der Bauleitung fällig wird.[13]

3 Ergibt die Schlussabrechnung [14] ausnahmsweise [15] einen Saldo [16] zu Gunsten des Bauherrn [17], so gelten die Bestimmungen der vorstehenden Absätze sinngemäss [18].

Art. 155 (1977/91)

1 Die durch die Schlussabrechnung ermittelte Forderung des Unternehmers wird mit dem Prüfungsbescheid (Art. 154 Abs. 2) der Bauleitung fällig und ist innert 30 Tagen zu bezahlen (Art. 190); fällig werden auch solche Beträge, die nach dem Prüfungsbescheid noch bestritten sind, sofern sie

sich nachträglich als geschuldet erweisen sollten. Vorbehalten bleibt aber die Bestimmung des Art. 152 für denjenigen Teil der Forderung, der den Rückbehalt des Bauherrn ausmacht.

[2] Hält die Bauleitung die Prüfungsfrist nach Art. 154 Abs. 2 nicht ein, so kann der Unternehmer eine Nachfrist von einem Monat ansetzen, mit deren Ablauf seine Forderung auch ohne Bescheid der Bauleitung fällig wird.

[3] Ergibt die Schlussabrechnung ausnahmsweise einen Saldo zu Gunsten des Bauherrn, so gelten die Bestimmungen der vorstehenden Absätze sinngemäss.

Anmerkung 1

1 Die «*durch die Schlussabrechnung ermittelte Forderung*» ist die Abrechnungsforderung des Unternehmers, also der «*Saldo*», der sich nach Massgabe von Art. 155 Abs. 1 zugunsten des Unternehmers ergibt (vgl. Art. 153/Rz. 9.1 ff.). Nur auf diese Abrechnungsforderung des Unternehmers beziehen sich die Fälligkeitsregeln gemäss Art. 155 Abs. 1 und 2, und erst noch auf bloss einen Teil dieser Forderung, nämlich soweit diese nicht im Rückbehalt des Unternehmers besteht (Art. 155/Rz. 9.1 f.).

Anmerkung 2

2 Nur für den Fall, dass die Schlussabrechnung eine Forderung des *Unternehmers* ergibt (Art. 155/Rz. 1), sind die Fälligkeitsregeln gemäss Art. 155 Abs. 1 und 2 unmittelbar anwendbar. Zum Ausnahmefall eines Saldos zugunsten des *Bauherrn* vgl. Art. 155 Abs. 3.

Anmerkung 3

3 Zum «*Prüfungsbescheid*» vgl. Art. 154/Rz. 18 und 29.

Anmerkung 4

4 Die Schlussabrechnung wird regelmässig der *Bauleitung* eingereicht und von dieser zuhanden des Bauherrn überprüft (Art. 154/Rz. 4 und 14.1 f.). Deshalb gibt in aller Regel die Bauleitung nach Art. 154 Abs. 2 dem Unternehmer den Prüfungsbescheid bekannt. Bei zweckgemässer Auslegung dieser Bestimmung muss es aber auch genügen, dass der *Bauherr persönlich* den Prüfungsbescheid mitteilt. Für den Fall, dass der Bauherr nicht durch eine Bauleitung vertreten ist, ergibt sich dies schon aus Art. 33 Abs. 3.

Anmerkung 5

5.1 Dass die Abrechnungsforderung des Unternehmers «*mit dem Prüfungsbescheid (Art. 154 Abs. 2) der Bauleitung fällig*» wird, bedeutet, dass die blosse Mitteilung des Prüfungsbescheids die Fälligkeit auslöst. Auf den Inhalt des Prüfungsbescheids kommt es hierfür nicht an, ebenso wenig darauf, ob die Abrechnungsforderung des Unternehmers nach Massgabe von Art. 154 Abs. 3 als beidseitig anerkannt gilt oder nicht (Art. 154/Rz. 25.1 ff. und 29; OGer ZH LB130065 vom 4. Juli 2014 E. C/2.2).

5.2 Indirekt hängt die Fälligkeit der Abrechnungsforderung von weiteren Voraussetzungen ab (Art. 154 Abs. 1), insbesondere von der *Abnahme* des Werks (Art. 154/Rz. 3).

Anmerkung 6

Zur rechtlichen Bedeutung der *Zahlungsfrist von 30 Tagen,* die mit der Fälligkeit zu laufen beginnt, vgl. Art. 190/Rz. 7. Hervorzuheben sind zwei Punkte: 6.1

a) Die Zahlungsfrist schiebt die Fälligkeit nicht hinaus, berechtigt aber den Bauherrn, eine an sich fällige Zahlung einredeweise zu verweigern, was auch den Verjährungsbeginn bis zum Ablauf der Zahlungsfrist verzögert (Art. 190/Rz. 4; GWerkV Rz. 1179). 6.2

b) Die Verjährungsfrist beginnt *separat* für die Abrechnungsforderung (exkl. Rückbehalt) zu laufen, sofern die entsprechenden Voraussetzungen erfüllt sind. Für den Rückbehalt und für den übrigen Teil der Abrechnungsforderung des Unternehmers können somit auch die Verjährungsfristen zu verschiedenen Zeitpunkten beginnen. 6.3

Anmerkung 7

Art. 155 Abs. 1 enthält auch eine Fälligkeitsregel für *«Beträge, die nach dem Prüfungsbescheid noch bestritten sind»,* was voraussetzt, dass der Unternehmer die bestrittenen Beträge bereits mit der Schlussabrechnung geltend gemacht hat. Der Inhalt des Prüfungsbescheids hat somit keinen Einfluss auf die Fälligkeit. 7.1

Möglich ist auch, dass der Unternehmer für gewisse Leistungen (zu Einheits-, Global- oder Pauschalpreisen) noch gar nicht Rechnung gestellt hat, z.B. weil die Schlussabrechnung teilweise auf vorläufigen Ausmassurkunden beruht und der Unternehmer sich vorbehält, eine geleistete Mehrmenge später noch in Rechnung zu stellen (Art. 153/Rz. 7.1 f.). Die Fälligkeit setzt jedoch eine entsprechende Rechnungsstellung voraus (Art. 153 Abs. 1). In zweckgemässer Auslegung der Norm sind die Regeln gemäss Art. 153 Abs. 1 und 2 sowie Art. 155 Abs. 1 und 2 auch auf *nachträgliche* Rechnungen des Unternehmers anwendbar. Auch für sie hat die Bauleitung dem Unternehmer binnen Monatsfrist nach Erhalt der betreffenden Rechnung einen Prüfungsbescheid zu liefern, womit auch eine solche Rechnung fällig wird, soweit sie tatsächlich geschuldet ist. Erlässt die Bauleitung keinen solchen Prüfungsbescheid, kann der Unternehmer ebenfalls gemäss Art. 155 Abs. 2 vorgehen und die Fälligkeit seiner nachträglichen Rechnung herbeiführen. 7.2

Bezüglich nachträglicher Rechnungen sind jedoch Art. 153 Abs. 3 (Vorbehalt in der Zusammenstellung) und Art. 156 (betreffend Verzicht auf nachträgliche Rechnungen) zu beachten. 7.3

Anmerkung 8

Selbstverständlich wird die Abrechnungsforderung nur insoweit fällig, als sie geschuldet ist. Das kann sich erst nachträglich, das heisst erst nach dem Prüfungsbescheid der Bauleitung erweisen, allenfalls erst durch ein richterliches Urteil. Darauf wird in diesem Halbsatz des Art. 155 Abs. 1 hingewiesen. Dementsprechend ist der Inhalt des Prüfungsbescheids der Bauleitung ohne Einfluss auf die Fälligkeit. 8

Anmerkung 9

Der *«Rückbehalt»* (Art. 149/Rz. 2.1 f.; Art. 152/Rz. 1.1 ff.) ist ein *Teil* der Abrechnungsforderung des Unternehmers (Art. 153/Rz. 9.5). Seine Zahlung unterliegt jedoch den selb- 9.1

ständigen Fälligkeitsregeln nach Art. 152 Abs. 1 und 2, während sich nur die Fälligkeit des übrigen Teils der Abrechnungsforderung nach Art. 155 Abs. 1 und 2 richtet. Darauf wird im letzten Satz des Art. 155 Abs. 1 ausdrücklich hingewiesen.

9.2 Der *einzige Unterschied* zwischen der Fälligkeitsregel nach Art. 152 und derjenigen gemäss Art. 155 besteht darin, dass die Fälligkeit des Rückbehalts zusätzlich die Ablösung durch eine *Sicherheit* gemäss Art. 181 voraussetzt (Art. 152/Rz. 7.1 ff. und 12). Deshalb kann der Rückbehalt später als der übrige Teil der Abrechnungsforderung fällig werden. In der Baupraxis leistet der Unternehmer die Sicherheit gemäss Art. 181 häufig in demjenigen Zeitpunkt, in welchem er auch die Schlussabrechnung einreicht, indem er der Schlussabrechnung den sogenannten «Garantieschein» (kritisch zu diesem Ausdruck Huber/Schwendener, Der Generalunternehmervertrag, Rz. 568) beilegt. In einem solchen Fall werden der Rückbehalt und der übrige Teil der Schlussabrechnung gleichzeitig fällig. Soweit die Sicherheit gemäss Art. 181 in zeitlicher Hinsicht nicht die gesamte Rügefrist abdeckt, ist sie ungenügend (Art. 181 Abs. 3; Art. 181/Rz. 17.1 ff.) und vermag sie auch die Fälligkeit des Rückbehalts (Art. 152 Abs. 1 Lemma 3) nicht auszulösen.

Anmerkung 10

10 Die *Prüfungsfrist* des Art. 154 Abs. 2 beträgt einen Monat (Art. 154/Rz. 16), sofern die Parteien keine andere Prüfungsfrist vereinbart haben (Art. 154/Rz. 19.1 ff.).

Anmerkung 11

11 Die Nachfrist von (mindestens) einem Monat kann *formfrei* angesetzt werden. Zu seinem eigenen Vorteil sichert sich der Unternehmer den Beweis des Zeitpunkts dieser Fristansetzung, beispielsweise indem er die Bauleitung mit eingeschriebenem Brief auffordert, den Prüfungsbescheid spätestens binnen eines Monats vorzulegen. Zur Berechnung der Monatsfrist vgl. Art. 77 Abs. 1 Ziff. 3 OR.

Anmerkung 12

12 Art. 155 Abs. 2 erwähnt nur den Fall, da die einmonatige Nachfrist *«ohne Bescheid der Bauleitung»* abläuft. Möglich ist jedoch auch, dass die Bauleitung zwar nach Ablauf der Frist des Art. 154 Abs. 2, jedoch noch vor Ablauf einer angesetzten Nachfrist ihren Prüfungsbescheid dem Unternehmer bekannt gibt. In diesem Fall wird die Abrechnungsforderung des Unternehmers mit der Mitteilung des Prüfungsbescheids (Art. 155 Abs. 1) und nicht erst mit dem Ablauf der Nachfrist fällig.

Anmerkung 13

13 Art. 155 Abs. 2 ermöglicht es dem Unternehmer, trotz Säumnis der Bauleitung die Fälligkeit der Abrechnungsforderung (Art. 155/Rz. 1) herbeizuführen. Läuft die Nachfrist von einem Monat ergebnislos ab, wird die Abrechnungsforderung des Unternehmers auch ohne Prüfungsbescheid der Bauleitung *im Zeitpunkt des ergebnislosen Fristablaufs fällig*, soweit die Abrechnungsforderung geschuldet ist; eine Anerkennung der Forderung ist damit nicht verbunden (OGer ZH LB130065 vom 4. Juli 2014 E. C/2.2).

Anmerkung 14

Gemeint ist die «*Schlussabrechnung*» im engen Sinne der Norm gemäss der Definition nach Art. 153 Abs. 1 und 2 (Art. 153/Rz. 1.1 ff.). 14

Anmerkung 15

In aller Regel besteht der Saldo der Schlussabrechnung (Art. 153/Rz. 9.1 ff.) in einer Forderung (Abrechnungsforderung) des Unternehmers. Ein Saldo zugunsten des Bauherrn ist eine seltene *Ausnahme,* was die Norm hier hervorhebt. 15

Anmerkung 16

Gemeint ist der «*Saldo*» im Sinne von Art. 153 Abs. 1 Satz 3 (Art. 153/Rz. 9.1 ff.). 16

Anmerkung 17

Weil das Abrechnungssystem der SIA-Norm 118 die Regie- und Teuerungsrechnungen von der Schlussabrechnung ausnimmt (Art. 153 Abs. 2 Satz 1), kann sich ein «*Saldo zu Gunsten des Bauherrn*» nur dann ergeben, wenn der Unternehmer mit Absicht oder aus Versehen zu hohe Abschlagszahlungen in Rechnung gestellt hat, unabhängig davon, ob die geschuldeten Abschlagszahlungen vom Bauherrn bezahlt worden sind oder nicht (Art. 153/Rz. 9.3). 17

Anmerkung 18

Unter den «*Bestimmungen der vorstehenden Absätze*», die im Falle eines Saldos zugunsten des Bauherrn «sinngemäss gelten», sind alle Bestimmungen der SIA-Norm 118 gemeint, die sich direkt oder indirekt mit der Fälligkeit der Abrechnungsforderung (zu Einheits-, Global- und Pauschalpreisen) befassen. 18.1

Die Fälligkeit setzt allerdings voraus, dass der Bauherr über einen Rückforderungsanspruch verfügt. Dieser ist ein *vertraglicher* Anspruch (KGer GR ZF 43/89 vom 8. Januar 1990 = BR/DC 1992, S. 38, Nr. 72; vgl. auch GWerkV Rz. 1270). Möglich ist, dass der Bauherr die übersetzten Abschlagsrechnungen des Unternehmers überhaupt nicht oder nur teilweise bezahlt hat, sodass er keine Rückerstattung fordern kann. Des Weiteren ist an den Fall zu denken, da dem Saldo (zugunsten des Bauherrn aus der Schlussabrechnung) Forderungen des Unternehmers aus Regie- und/oder Teuerungsrechnungen gegenüberstehen. 18.2

Durch die Weiterverweisung in Art. 155 Abs. 1 sind auch die Bestimmungen des Art. 190 (Art. 155/Rz. 6.1 ff.) auf eine Forderung des Bauherrn gegenüber dem Unternehmer sinngemäss anwendbar. Der Unternehmer hat die Forderung des Bauherrn binnen 30 Tagen zu bezahlen. Danach kann ihn der Bauherr durch Mahnung in Verzug setzen und Verzugszinsen fordern. Auch der Bauherr, der allenfalls kein Kaufmann (im Sinne von Art. 104 Abs. 3 OR) ist, gelangt somit in den Genuss des Zinssatzes für bankmässige Kontokorrentkredite an Unternehmer (Art. 190 Abs. 1 Satz 5). 18.3

5 44 Verzicht auf weitere Ansprüche

Art. 156

Bringt der Unternehmer in[1] der Zusammenstellung gemäss Art. 153 Abs. 3[2] keinen schriftlichen[3] Vorbehalt[4] an, so erklärt[5] er mit deren Einreichung[6], dass er keine weiteren Rechnungen[7] stellen wird und auf jeden weiteren Vergütungsanspruch für Leistungen[8] verzichtet, die er bis dahin[9] nicht in Rechnung gestellt hat.[10] Vorbehalten bleiben Zinsansprüche[11] nach Art. 190.

Art. 156 (1977/91)

Bringt der Unternehmer in der Zusammenstellung gemäss Art. 153 Abs. 3 keinen schriftlichen Vorbehalt an, so erklärt er mit deren Einreichung, dass er keine weiteren Rechnungen stellen wird und auf jeden weiteren Vergütungsanspruch für Leistungen verzichtet, die er bis dahin nicht in Rechnung gestellt hat. Vorbehalten bleiben Zinsansprüche[12] nach Art. 190.

Anmerkung 1

1 Zur *Formvorschrift,* dass der Unternehmer einen allfälligen Vorbehalt (Art. 156/Rz. 4) schriftlich «in» der Zusammenstellung (Art. 156/Rz. 2) anzubringen hat, vgl. Art. 156/Rz. 3.

Anmerkung 2

2 Gemäss Art. 153 Abs. 3 ist der Unternehmer verpflichtet, der Schlussabrechnung eine «*Zusammenstellung*» beizufügen, die dem Bauherrn unter anderem einen Überblick über sämtliche bereits gestellten Rechnungen verschafft (Art. 153/Rz. 15).

Anmerkung 3

3 Für den Vorbehalt (Art. 156/Rz. 4) sieht Art. 156 in formeller Hinsicht ein Doppeltes vor: Der Unternehmer muss den Vorbehalt «*schriftlich*» und zudem «*in der Zusammenstellung gemäss Art. 153 Abs. 3*» anbringen (anders Spiess/Huser, Handkommentar, N 7 zu Art. 156). Diese Vorgabe erfasst nur den Vorbehalt des Unternehmers, während die in Art. 156 enthaltene Auslegungsregel (Art. 156/Rz. 5 und 10.1 ff.) auch dann greift, wenn nicht der Unternehmer, sondern der Bauherr die Schlussabrechnung und Zusammenstellung erstellt und sie dem Unternehmer zur Prüfung vorgelegt hat (KGer GR ZFE 96 3 vom 28. September 1998 E. 4c/aa = PKG 1999 S. 16).

Anmerkung 4

4 Der «*Vorbehalt*» besteht in einer Erklärung des Unternehmers zuhanden des Bauherrn, in der er die Geltendmachung von Ansprüchen, für die er vor und bei Einreichung der Zusammenstellung noch keine Rechnungen gestellt hat, als sicher oder bloss möglich hinstellt. Damit wird der Bauherr darüber orientiert, dass er mindestens mit der Möglichkeit weiterer Forderungen des Unternehmers zu rechnen hat.

Anmerkung 5

Art. 156 stellt fest, dass der Unternehmer bei gegebenen Voraussetzungen eine *Erklärung* von bestimmtem Inhalt abgibt. Diese Feststellung des Art. 156 hat die Bedeutung einer vereinbarten *Auslegungsregel* (vgl. im Einzelnen Art. 156/Rz. 10.1 ff.). 5

Anmerkung 6

Gemeint ist die «*Einreichung*» der Zusammenstellung gemäss Art. 153 Abs. 3 (Art. 156/Rz. 2). 6

Anmerkung 7

Gemeint sind «*Rechnungen*» für «weitere Ansprüche» (vgl. Zwischentitel «5 44 Verzicht auf weitere Ansprüche») des Unternehmers, die im Zusammenhang mit dem konkreten Werkvertrag der Parteien stehen und die der Unternehmer bis und mit der Einreichung der Zusammenstellung (Art. 153 Abs. 3) nicht gestellt hat (Art. 153/Rz. 17.1 f.). 7

Anmerkung 8

Für sich allein betrachtet erweckt der Passus, wonach der Unternehmer «*auf jeden weiteren Vergütungsanspruch für Leistungen verzichtet*», den Eindruck, dass die Verzichtsregel des Art. 156 auf Vergütungsansprüche für Leistungen eingeschränkt werde. Die Regel erfasst jedoch *Ansprüche irgendwelcher Art,* sofern sie im Zusammenhang mit dem betreffenden Werkvertrag stehen, z.B. auch einen Anspruch auf Ersatz eines allfälligen Verspätungsschadens gemäss Art. 97 Abs. 1 oder einen solchen auf eine Konventionalstrafe. Dies entspricht einer zweckgemässen Auslegung des Art. 156 und berücksichtigt auch die umfassenden Wendungen «*Verzicht auf weitere Ansprüche*» (Zwischentitel 5 44) und «*keine weiteren Rechnungen*» (dazu Art. 156/Rz. 7). 8

Anmerkung 9

«*Bis dahin*» bedeutet: bis zum Zeitpunkt, in welchem die Zusammenstellung eingereicht wird (Art. 153 Abs. 3; Art. 153/Rz. 14.2). 9

Anmerkung 10

Soweit der Unternehmer in der Zusammenstellung (Art. 153 Abs. 3) keinen schriftlichen Vorbehalt anbringt, gilt dies als stillschweigende Erklärung, dass der Unternehmer auf weitere Ansprüche (Art. 156/Rz. 8) *verzichtet,* die er bis dahin nicht in Rechnung gestellt hat. Art. 156 Satz 1 stellt jedoch keine Fiktion auf, sondern enthält lediglich eine *Auslegungsregel,* die verkürzt als «Verzichtsregel» bezeichnet werden kann. Diese Regel berücksichtigt die berechtigten Interessen des Bauherrn an einer raschen Kenntnis des gesamten Forderungsstands, hat jedoch eine beschränkte Tragweite. Denn: 10.1

a) Erstens bezieht sich die Verzichtsregel nur auf Ansprüche, die bis zur Einreichung der Zusammenstellung nicht in Rechnung gestellt und in der Zusammenstellung auch nicht vorbehalten wurden (Art. 153/Rz. 18). Ausserdem bleiben «Zinsansprüche nach Art. 190» ausgeklammert, worauf Art. 156 Satz 2 hinweist (Art. 156/Rz. 11.1 f.). 10.2

10.3 b) Zweitens kann sich der Bauherr nicht auf die Verzichtsregel des Art. 156 berufen, soweit er tatsächlich erkannte oder nach Treu und Glauben (Vertrauensprinzip) erkennen musste, dass der Unternehmer gar keine Verzichtserklärung abgeben wollte (GWERKV Rz. 1263; HGer ZH HG070308 vom 8. Juli 2011 E. 5.3d). Diese Einschränkung ist insbesondere dann von Bedeutung, wenn der Unternehmer einen entsprechenden Vorbehalt zwar gemacht, diesen aber nicht in der Zusammenstellung selbst angebracht hat.

10.4 c) Drittens untersteht die Verzichtserklärung nach Art. 156 den gesetzlichen Bestimmungen über den *Erklärungsirrtum* (Art. 23 ff. OR; GWERKV Rz. 1263). Sind die Voraussetzungen eines wesentlichen Erklärungsirrtums erfüllt (GAUCH/SCHLUEP/SCHMID, OR AT, Rz. 808 ff. und 820 ff.), so ist der Unternehmer in den Schranken von Art. 25 OR und Art. 31 OR berechtigt, sich auf die Unverbindlichkeit (Art. 23 OR) der Verzichtserklärung zu berufen. Der Beweis für den Erklärungsirrtum obliegt dem Unternehmer, der sich darauf beruft.

10.5 d) Viertens setzt die Auslegungsregel des Art. 156 voraus, dass der Unternehmer sich pflichtgemäss verhalten und seiner Schlussabrechnung eine *Zusammenstellung* gemäss Art. 153 Abs. 3 *beigefügt* hat (Art. 156/Rz. 2; vgl. aber Art. 156/Rz. 3). Fehlt es an einer solchen Zusammenstellung, so kommt Art. 156 zwar nicht zur Anwendung (Urteil des HGer ZH HG070308 vom 8. Juli 2011 E. 5.3c; a.M. SPIESS/HUSER, Handkommentar, N 5 zu Art. 156). Dem Gericht bleibt es im Streitfall aber unbenommen, das Verhalten des betreffenden Unternehmers als stillschweigenden Verzicht auf Ansprüche auszulegen, die er bis zur Einreichung der Schlussabrechnung nicht geltend gemacht hat. Ob sich eine derartige Auslegung rechtfertigt, beurteilt sich nach dem Vertrauensprinzip, das darauf abstellt, wie der Bauherr das Verhalten des Unternehmers in guten Treuen (unter Würdigung aller ihm erkennbaren Umstände) verstehen durfte und musste (GAUCH/SCHLUEP/SCHMID, OR AT, Rz. 207 ff.).

10.6 Dem ist anzufügen: Im schweizerischen Baugewerbe mag es zwar verbreitet sein, dass der Unternehmer mit der Rechnungsstellung «problematischer» Nachtragspositionen bis zur Schlussabrechnung und damit bis zum Zeitpunkt zuwartet, da der Bauherr mit einem mängelfreien und termingerecht abgelieferten Bauwerk zufriedengestellt ist (HÜRLIMANN, Die SIA-Norm 118 – Lücken und Tücken, S. 61). Trotzdem besteht nach der bundesgerichtlichen Rechtsprechung der Sinn von Art. 156 nicht darin, dass der Unternehmer mit der Geltendmachung von Zusatzforderungen regelmässig bis zur Schlussabrechnung zuwarten dürfte (BGer 4C.205/1992 vom 19. April 1994 E. 5b; zum Ganzen HÜRLIMANN, Die SIA-Norm 118 – Lücken und Tücken, S. 61).

Anmerkung 11

11.1 Im zweiten Satz des Art. 156 werden «*Zinsansprüche nach Art. 190*» von der Verzichtsregel des ersten Satzes ausgenommen, selbst wenn der Unternehmer keinen Vorbehalt angebracht hat. Unter den Zinsansprüchen nach Art. 190 sind Ansprüche auf *Verzugszinsen* zu verstehen (zur Begründung und Höhe solcher Ansprüche vgl. Art. 190; insbesondere Art. 190/Rz. 14.1 f. und 16.1 ff.).

Zwar nicht erwähnt, aber selbstverständlich ist, dass es sich nur um Zinsansprüche für Ansprüche handelt, die nicht von der Verzichtsregel des ersten Satzes des Art. 156 erfasst werden (Akzessorietät). Hingegen ist die Art der Forderung, für die Verzugszins verlangt wird, unmassgeblich (vgl. den Überblick über die Rechnungsarten nach dem Abrechnungssystem der Norm in Vorbem. Art. 153 – 156/Rz. 1 ff.). 11.2

6 Abnahme des Werkes und Haftung für Mängel

6 1 Abnahme

Vorbemerkungen zu Art. 157 – 164

1 a) Die Abnahme nach der SIA-Norm 118 ist ein rechtlicher Sachverhalt, der bestimmte Rechtswirkungen auslöst (Art. 157 Abs. 2; systematisch dargestellt bei GWERKV Rz. 2592 ff.; TRÜMPY, Die Abnahme, S. 47 ff.). Doch ist die Abnahme weder ein Vertrag (Art. 1 OR) noch ein einseitiges Rechtsgeschäft. Insbesondere muss sie unterschieden werden von der *Genehmigung* (der Billigung) des Werks, mit der ein Bauherr erklärt, das Werk als vertragsgemäss erstellt und damit als mängelfrei gelten zu lassen (vgl. BGE 115 II 456/459 E. 4; BGer 4A_252/2010 vom 25. November 2010 E. 5.3; GWERKV Rz. 99 und 2070; beachte auch Art. 163). Zu unterscheiden ist sie aber auch von der Abnahme*prüfung* (Art. 158 Abs. 2), die der Abnahme vorausgeht. Das alles wird hier betont, weil in der Umgangssprache das Wort *Abnahme* oftmals einen anderen (und nicht immer den gleichen) Sinngehalt hat, was zu Missverständnissen führen kann. So wird das Wort z.B. auch im Zusammenhang mit behördlichen Bauabnahmen verwendet, mit der aber die Abnahme im Sinne der SIA-Norm 118 nichts gemein hat.

2 b) Die Abnahmeordnung der SIA-Norm 118 (Art. 157 – 164) weicht in verschiedener Hinsicht vom Gesetz ab. Anders als das Gesetz sieht die SIA-Norm 118 auch die Möglichkeit einer Teilabnahme vor (Abnahme eines in sich geschlossenen Werkteils, siehe Art. 157 Abs. 1). Ausserdem erfolgt die Prüfung des Werks (oder Werkteils) grundsätzlich schon vor der Abnahme (Art. 159 ff.; vgl. aber Art. 164 Abs. 1) und gemeinsam mit dem Unternehmer (Art. 158 Abs. 2; Art. 164 Abs. 2), während von Gesetzes wegen (Art. 367 Abs. 1 OR) der Bauherr das Werk allein zu prüfen hat, und zwar erst nach der Abnahme (Ablieferung) des Werks.

6 11 Gegenstand und Wirkung

Art. 157

[1] Gegenstand der Abnahme [1] kann das vollendete [2] Werk [3] (Art. 1) sein oder, falls sich aus dem Werkvertrag nichts anderes ergibt [4], auch ein in sich geschlossener [5] vollendeter [6] Werkteil [7].[8]

[2] Mit der Abnahme ist das Werk (oder der Werkteil [9]) abgeliefert [10]. Es geht in die Obhut des Bauherrn über [11]; dieser trägt fortan die Gefahr [12]. Sowohl die Rüge- [13] als auch die Verjährungsfrist [14] für Mängelrechte [15] des Bauherrn beginnen zu laufen (Art. 172 Abs. 2, Art. 180 Abs. 1).[16]

Art. 157 (1977/91)

[1] Gegenstand der Abnahme kann das vollendete Werk (Art. 1) sein oder, falls sich aus dem Werkvertrag nicht etwas anderes ergibt, auch ein in sich geschlossener vollendeter Werkteil.

[2] Mit der Abnahme ist das Werk (oder der Werkteil) abgeliefert. Es geht in die Obhut des Bauherrn über, dieser trägt fortan die Gefahr. Sowohl die Garantie- als auch die Verjährungsfrist für Mängelrechte des Bauherrn beginnen zu laufen (Art. 172 Abs. 2, Art. 180 Abs. 1).

Anmerkung 1

Über das Verhältnis der «Abnahme» zur «Ablieferung» vgl. Art. 157/Rz. 10. 1

Anmerkung 2

«Vollendet» ist das Werk, sobald sämtliche Arbeiten, die der betreffende Unternehmer schuldet, ausgeführt sind (BGE 115 II 456/458 E. 4; 113 II 264/267 E. 2b; 94 II 161/164 E. 2c; 48 II 49/50 f.; BGer 4A_625/2015 vom 29. Juni 2016 E. 4.2 [zur Publikation vorgesehen]; 4A_252/2010 vom 25. November 2010 E. 5.3; Einzelheiten bei GWerkV Rz. 2598 und 101 ff.). Zur Erläuterung und Präzisierung ist das Folgende beizufügen: 2.1

a) Auf die *Mängelfreiheit* des Werks kommt es für die Vollendung nicht an. Vielmehr kann das Werk mangelhaft (Art. 166) und dennoch vollendet (und damit abnahmereif, Art. 157/Rz. 8.1) sein (BGE 129 III 738/748 E. 7.2; 115 II 456/458 E. 4; 113 II 264/267 E. 2b; BGer 4A_625/2015 vom 29. Juni 2016 E. 4.2 [zur Publikation vorgesehen]; 4A_252/2010 vom 25. November 2010 E. 5.4.2). Erst durch die Prüfung des vollendeten Werks (Art. 158) soll festgestellt werden, ob (wesentliche oder unwesentliche) Werkmängel vorliegen oder nicht (Art. 159 ff.). 2.2

b) Welche Arbeiten im Einzelfall geschuldet (und deshalb zur Vollendung des Werks auszuführen) sind, bestimmt sich nach dem Inhalt des Werkvertrags. Zu berücksichtigen sind dabei auch allfällige Vertragsänderungen (Art. 27), namentlich einseitige Bestellungsänderungen (Art. 84 ff.). Hingegen gehören Nachbesserungsarbeiten, die der Beseitigung von Werkmängeln dienen (Art. 169 Abs. 1), nicht zu den erforderlichen Vollendungsarbeiten, da die Mangelhaftigkeit des Werks kein Hindernis für dessen Vollendung ist (Art. 157/Rz. 2.2). 2.3

c) Schwierigkeiten bieten können die *Aufräumarbeiten,* die der Unternehmer im Einzelfall schuldet. *Grundsätzlich* verlangt die Vollendung des Werks, dass auch sie ausgeführt sind, was hinsichtlich der benutzten Arbeitsplätze in der Formulierung des Art. 118 Abs. 3 zum Ausdruck kommt (Art. 118/Rz. 18.1 ff.). Insbesondere muss der Unternehmer den von seinen Arbeiten herrührenden Schutt und Abfall weggeschafft oder nach Weisung der Bauleitung auf dem Platz abgelagert haben (Art. 118 Abs. 2). *Baustelleneinrichtungen* (Art. 123) müssen demontiert und abtransportiert, die hierfür benutzten Grundstückflächen und Arbeitsplätze in ordnungsgemässen Zustand gebracht sein (Art. 146). Werden die betreffenden Grundstücksflächen und Arbeitsplätze von Nebenunternehmern (Art. 30) weiterbenutzt, so genügt es unter dem Gesichtspunkt der Vollendung, dass sie zu diesem Zweck in Ordnung gestellt sind. 2.4

2.5 Vom soeben erwähnten Grundsatz gibt es *Ausnahmen*. So ist möglich, dass einzelne Baustelleneinrichtungen für die Prüfung des Werks (Art. 158 Abs. 2) benötigt, für die Beseitigung bereits festgestellter Werkmängel (Art. 169 Abs. 1) gebraucht oder auf Verlangen der Bauleitung länger vorgehalten werden, als die eigentlichen Herstellungsarbeiten es erfordern (Art. 125 Abs. 2; für Gerüste vgl. auch Art. 128 Abs. 3). Die Demontage dieser Einrichtungen gehört nicht zur Vollendung des Werks, die nach Art. 157 Abs. 1 eine Voraussetzung der Abnahme ist. Dasselbe gilt für solche Baustelleneinrichtungen, die der Unternehmer von sich aus einem Nebenunternehmer (Art. 30) zur Weiterbenützung überlässt oder deren Demontage in gegenseitigem Einverständnis (Art. 128 Abs. 1) auf einen Zeitpunkt verlegt wird, der erst nach Vollendung der übrigen Arbeiten eintritt.

Anmerkung 3

3 «Werk» ist das vom betreffenden (einzelnen) Unternehmer (nach Massgabe *seines* Werkvertrags) geschuldete Werk (Art. 1), also nicht das gesamte Bauwerk (z.B. ein Hochhaus), wenn der einzelne Unternehmer (z.B. ein Rohbauunternehmer, Dachdecker, Spengler, Elektroinstallateur oder Bauschreiner) von diesem nur einen Teil herzustellen hat. Teilen sich mehrere Nebenunternehmer (Art. 30) in die Errichtung einer Baute, so wird der Beitrag (das Werk) jedes einzelnen Unternehmers separat abgenommen. Der jeweilige Unternehmer muss, was die Abnahme *seines* Werks (z.B. eines Rohbaus oder einer eingebauten Heizungsanlage) betrifft, nicht zuwarten, bis die *gesamte* Baute vollendet ist. Es verhält sich gleich wie nach Gesetz (BGE 115 II 456/459 E. 4).

Anmerkung 4

4 Wenn also die Parteien des Werkvertrags die Teilabnahme nicht vertraglich ausgeschlossen haben; eine solche Vereinbarung ist allerdings nur wirksam, wenn sie der SIA-Norm 118 *vorgeht*, weil sie individuell oder in einem rangmässig übergeordneten Vertragsbestandteil (Art. 21) getroffen wurde (Einl./Rz. 26).

Anmerkung 5

5.1 Der Begriff des «in sich geschlossenen Werkteils» wurde der deutschen VOB/B «entlehnt», die von «in sich abgeschlossenen Teilen der Leistung» spricht (§ 12 Abs. 2 VOB/B).

5.2 In Anknüpfung an die zur VOB/B entwickelte Lehre und Rechtsprechung liegt ein «in sich geschlossener [...] Werkteil» (Art. 157 Abs. 1) vor, wenn der Teil nach der Verkehrsanschauung «selbständig» und von den übrigen Werkteilen des Unternehmers «unabhängig» ist (Ingenstau/Korbion/Oppler, VOB, N 6 zu § 12 Abs. 2 VOB/B). Nach GWerkV Rz. 2642 trifft dies zu auf einen «Werkteil, der üblicherweise auch für sich allein Gegenstand eines Werkvertrages bildet und ausserdem die folgenden Eigenschaften aufweist: Er ist nach der Art seiner Aufgabe dazu bestimmt, innerhalb des vom Unternehmer geschuldeten Werks [Art. 1] eine eigenständige Funktion zu erfüllen; er ist so beschaffen, dass sich seine Gebrauchstauglichkeit vernünftigerweise auch getrennt von den übrigen Werkteilen prüfen lässt; und schliesslich bildet er keine Voraussetzung für den Weiterbau durch den betreffenden Unternehmer. Beispiele: Eingebaute Heiz- und Liftanlage, auch wenn der Unternehmer noch weitere Arbeiten auszuführen hat; ferner Brücke oder

Strasse eines Strassenbauloses; Wehr oder Stollen im Kraftwerkbau. *Nicht* teilabnahmefähig sind dagegen: einzelne Teile einer Treppenkonstruktion, eines zu errichtenden Strassenstücks oder eines Rohbaues, etwa eine Betondecke oder ein Stockwerk» (siehe auch HGer ZH HG120094 vom 8. Mai 2014 E. 5.1).

Die Unbestimmtheit des Begriffs kann in der Praxis zu Schwierigkeiten führen. Um Streitigkeiten zu vermeiden, steht es jedoch den Parteien frei, jene Werkteile, bei denen eine Teilabnahme zulässig sein soll, durch Vereinbarung zu bezeichnen. Haben die Parteien in dieser Weise einzelne Teile als abnahmefähig bezeichnet, so ist durch Auslegung zu ermitteln, ob die betreffende Aufzählung abschliessend oder bloss beispielhaft ist. Jedenfalls aber gelten die bezeichneten Teile als «in sich geschlossene Werkteile» im Sinn der Norm. Hingegen reicht der blosse Umstand, dass der Unternehmer einen Teil der von ihm übernommenen Arbeiten einem Subunternehmer (Art. 29) übertragen hat, für sich allein nicht aus, damit der übertragene Teil als in sich geschlossener Werkteil gilt (zum Ganzen GWerkV Rz. 2643). 5.3

Anmerkung 6

Damit ein «in sich geschlossener Werkteil» (Art. 157/Rz. 5.2) abgenommen werden kann (also abnahmereif ist; Art. 157/Rz. 8.1), muss er «vollendet» sein (Art. 157/Rz. 8.1). Was über die Vollendung des (ganzen) Werks (in Art. 157/Rz. 2.1 ff.) gesagt wurde, gilt entsprechend auch für den Werkteil. «Vollendet» (im Sinne des Art. 157 Abs. 1) ist ein Werkteil, wenn die geschuldeten Vertragsarbeiten, auch Aufräumungsarbeiten (nicht aber Nachbesserungsarbeiten), die *diesen* Teil betreffen, ausgeführt sind (GWerkV Rz. 2645). 6.1

Für die Demontage von Baustelleneinrichtungen (Art. 123) sind allerdings die in Art. 157/Rz. 2.5 erwähnten Ausnahmefälle zu beachten. Von selbst versteht sich, dass die Vollendung eines bestimmten Werkteils nicht auch die Demontage solcher Baustelleneinrichtungen voraussetzt, die vom Unternehmer für die Ausführung seiner weiteren Herstellungsarbeiten benötigt werden. Schutt und Abfall muss aus dem Bereich des betreffenden Werkteils entfernt sein, während eine endgültige Wegschaffung bis zu den Aufräumungsarbeiten des letzten Werkteils aufgeschoben werden kann, falls sich aus den Umständen des Einzelfalls nicht etwas anderes ergibt. 6.2

Anmerkung 7

Dies in Abweichung vom gesetzlichen Werkvertragsrecht, das keine Teilabnahme (Abnahme nur eines Werkteils) vorsieht, eine gegenteilige Abrede aber auch nicht ausschliesst (GWerkV Rz. 103). Ob die Abnahme eines in sich geschlossenen vollendeten Werkteils stattfinden soll oder nicht, stellt die SIA-Norm 118 – vorbehältlich anderer Abrede im Werkvertrag (Art. 157/Rz. 4) – in das Belieben des Unternehmers (Art. 158/Rz. 6). 7

Anmerkung 8

Die *Vollendung* des Werks oder Werkteils (Art. 157/Rz. 2.1) bildet die erste Voraussetzung der Abnahme; erst *sie* macht das Werk zur Abnahme reif. Das bedeutet, dass ohne Vollendung eine Abnahme nicht stattfinden kann (weder nach Art. 159 ff. noch nach Art. 164; Brändli, Die Nachbesserung, Rz. 166). Insofern stimmt die SIA-Norm 118 8.1

überein mit der Rechtslage nach Gesetz (BGE 129 III 738/748 E. 7.2; 118 II 142/149 E. 4; 115 II 456/458 E. 4; 113 II 264/267 E. 2b; BGer 4A_252/2010 vom 25. November 2010 E. 5.3; GWerkV Rz. 101 ff.), das allerdings eine blosse Teilabnahme (Abnahme eines vollendeten Werkteils) nicht kennt (Art. 157/Rz. 7). Doch ist beizufügen:

8.2 Häufig fehlen zur Vollendung nur noch ganz unbedeutende, völlig nebensächliche Arbeiten. Diese Restarbeiten können im Verhältnis zum ganzen Werk (oder Werkteil) so geringfügig sein, dass eine Bestreitung der Ablieferung wegen Nichtvollendung gegen das Rechtsmissbrauchsverbot (Art. 2 Abs. 2 ZGB) verstösst (z.B. die Verweigerung der Abnahme, weil in einem Neubau die Montage eines Lichtschalters aussteht, vgl. dazu und zum Folgenden GWerkV Rz. 104; KGer SG HG.2009.190 vom 25. Mai 2011 E. II./9c). Deshalb ist es unter dem Gesichtspunkt der Abnahme so zu halten, wie wenn das Werk (oder der Werkteil) vollendet wäre, was aber nichts daran ändert, dass der Unternehmer die ausstehenden Arbeiten noch zu erbringen hat. Dem Bauherrn ist der Einwand der Nichtvollendung erst recht verwehrt, wenn und nachdem er durch ausdrückliche Erklärung oder durch sein sonstiges Verhalten (z.B. durch Bezahlung der geschuldeten Vergütung oder durch die Ausübung des Nachbesserungs- oder Minderungsrechts für einen Werkmangel) das berechtigte Vertrauen des Unternehmers begründet hat, dass er das Werk als vollendet gelten lässt (GWerkV Rz. 104). Ob beim Unternehmer entsprechendes (und berechtigtes) Vertrauen auch dadurch begründet werden kann, dass der Bauherr auf eine Vollendungsanzeige hin schweigt, obschon das Werk offensichtlich unvollendet ist, hängt von den Umständen ab, ist aber im Regelfall nicht anzunehmen (siehe auch Koller Alfred, Das Nachbesserungsrecht, Rz. 70).

8.3 Der Sonderfall schliesslich, in dem der Unternehmer einen für die Mängelfreiheit des geschuldeten Werks erforderlichen Arbeitsgang ausgelassen hat, sodass das Werk infolgedessen an einem Mangel leidet, fällt unter die Regeln über die Mängelhaftung, obwohl feststeht, dass nicht sämtliche Arbeiten ausgeführt wurden, die der Unternehmer geschuldet hat (GWerkV Rz. 1449 i.V.m. 105).

Anmerkung 9

9 Die Teilabnahme entfaltet die gleichen Wirkungen wie die Abnahme eines ganzen Werks (GWerkV Rz. 2644, vgl. auch Rz. 2596), wobei diese Wirkungen (Art. 157 Abs. 2) aber auf den abgenommenen Werkteil beschränkt sind. Zu beachten ist, dass eine Teilabnahme nicht in jedem Fall möglich ist (Art. 157/Rz. 4). Vgl. auch Art. 187/Rz. 44.

Anmerkung 10

10 Damit wird klargestellt, dass Abnahme und Ablieferung auch nach der SIA-Norm 118 *korrelative Begriffe* sind (GWerkV Rz. 97 und 2592). Der Abnahme entspricht, vom Unternehmer aus gesehen, die Ablieferung (gleich wie nach Gesetz: BGE 115 II 456/458 f. E. 4; 113 II 264/267 E. 2b; 89 II 405/409 E. 2b). In den übrigen Bestimmungen verwendet die Norm nur das Wort «Abnahme». Die Wirkungen, die mit der Abnahme verbunden sind, treten ohne Weiteres ein; namentlich bedarf es keiner Annahmeerklärung seitens des Bauherrn. Immerhin kann eine Erklärung des Bauherrn, er akzeptiere das Werk, bedeuten, dass er damit das Werk im Sinne des Art. 163 Abs. 1 genehmigt (Art. 163/Rz. 6).

Anmerkung 11

Von jetzt an obliegt es dem Bauherrn, die zum Schutz des Werks (oder Werkteils) gebotenen Vorkehren zu treffen. 11

Anmerkung 12

Die Gefahr, die der Bauherr fortan trägt, umfasst: 12.1

a) Die Gefahr *des zufälligen (ganzen oder teilweisen) Untergangs.* Zur Gefahrtragung durch den Unternehmer bis zur Abnahme vgl. Art. 187; dort auch zum zentralen Begriff des Zufalls (Art. 187/Rz. 4.1). 12.2

b) Die Gefahr einer *zufälligen Verschlechterung,* wodurch eine vertraglich geforderte Eigenschaft des Werks entfällt und ein Werkmangel (Art. 166) entsteht (Art. 187/Rz. 40.2). Auch diese Gefahr belastet den Unternehmer bis zur Abnahme, aber nicht darüber hinaus (vgl. BGE 107 II 437). Zu den anders gelagerten Fällen, in denen sich ein im Zeitpunkt der Abnahme bestehender Mangel im Nachhinein vergrössert, erst später zum Vorschein kommt oder nachträglich zu einem weiteren Mangel (einem *Sekundärmangel)* führt, vgl. jedoch Art. 166/Rz. 5.1. 12.3

Anmerkung 13

Gemeint ist die *zweijährige Rügefrist* (Art. 172). Diese Frist, die von der Verjährungsfrist zu unterscheiden ist, beginnt mit dem Tag der Abnahme zu laufen (Art. 157 Abs. 2 und Art. 172 Abs. 2). Der Tag der Abnahme wird bei der Berechnung der Frist nicht mitgerechnet (Art. 132 Abs. 1 OR analog), weshalb die Frist an jenem Tag des zweiten Jahres abläuft, der durch seine Zahl dem Tag der Werkabnahme entspricht (Art. 77 Abs. 1 Ziff. 3 OR i.V.m. Art. 132 OR analog). Anders als die Verjährungsfrist (Art. 157/Rz. 14) kann diese Rügefrist nicht unterbrochen werden. 13

Anmerkung 14

Auch die *Verjährungsfrist* für Mängelrechte (Art. 180), die von der Rügefrist zu unterscheiden ist, beginnt mit dem Tag der Abnahme zu laufen (Art. 157 Abs. 2 und Art. 180 Abs. 1), also nicht schon mit der Vollendung des Werks (bzw. Werkteils) oder mit der Vollendungsanzeige. Wiederum (vgl. Art. 157/Rz. 13) ist der Tag der Abnahme nicht mitzurechnen, sodass die Frist – eine wirksame Unterbrechung vorbehalten – an jenem Tag des fünften Jahres abläuft, der durch seine Zahl dem Tag der Werkabnahme entspricht (Art. 77 Abs. 1 Ziff. 3 OR i.V.m. Art. 132 OR). Vgl. dazu Art. 180/Rz. 4.1. 14

Anmerkung 15

Zu den Mängelrechten des Bauherrn siehe Art. 169 – 171. 15

Anmerkung 16

Neben Art. 157 Abs. 2 sind, was die Wirkungen der Abnahme betrifft, auch Art. 152 Abs. 1 und Art. 154 Abs. 1 zu beachten. Nach Art. 152 Abs. 1 gehört die Abnahme zu den Voraussetzungen dafür, dass der Rückbehalt (Art. 149 ff.) zur Zahlung fällig wird. Und 16 nach Art. 154 Abs. 1 soll der Unternehmer die Schlussabrechnung spätestens zwei Monate nach der Abnahme einreichen.

6 12 Anzeige der Vollendung; gemeinsame Prüfung

Art. 158

[1] Der Unternehmer leitet die Abnahme dadurch ein[1], dass er[2] der Bauleitung[3] die Vollendung[4] des Werkes oder eines in sich geschlossenen[5] Werkteils (Art. 157 Abs. 1) anzeigt.[6] Die Anzeige[7] erfolgt mündlich oder schriftlich.[8] Nimmt indessen der Bauherr ein vollendetes ganzes Werk[9] von sich aus[10] in Gebrauch (z.B. zum Weiterbau)[11], so wird es gleich gehalten, wie wenn die Anzeige in diesem Zeitpunkt erfolgt wäre[12].

[2] Auf die Anzeige hin wird das Werk (oder der Werkteil[13]) von der Bauleitung[14] gemeinsam[15] mit dem Unternehmer[16] innert Monatsfrist[17] geprüft[18]. Der Unternehmer nimmt an der Prüfung teil und gibt die erforderlichen Auskünfte.[19] Die Bauleitung kann Belastungsproben[20] und andere Prüfungen[21] nach Art. 139 Abs. 1 und 2 anordnen[22].

[3] Über das Ergebnis[23] der Prüfung wird in der Regel[24] ein Protokoll aufgenommen und sowohl von der Bauleitung als auch vom Unternehmer durch Unterzeichnung anerkannt[25]. Das Protokoll hält den Zeitpunkt fest, an dem die Prüfung abgeschlossen wurde[26].

[4] Sofern der Werkvertrag nichts anderes vorsieht, gilt eine gesetzlich vorgeschriebene Prüfung des Werkes nicht als gemeinsame Prüfung im Sinne von Art. 158 Abs. 2.[27]

Art. 158 (1977/91)

[1] Der Unternehmer leitet die Abnahme dadurch ein, dass er der Bauleitung die Vollendung des Werkes oder eines in sich geschlossenen Werkteils (Art. 157 Abs. 1) anzeigt. Die Anzeige erfolgt mündlich oder schriftlich. Nimmt indessen der Bauherr ein vollendetes ganzes Werk von sich aus in Gebrauch (z.B. zum Weiterbau), so wird es gleich gehalten, wie wenn die Anzeige in diesem Zeitpunkt erfolgt wäre.

[2] Auf die Anzeige hin wird das Werk (oder der Werkteil) von der Bauleitung gemeinsam mit dem Unternehmer innert Monatsfrist geprüft. Der Unternehmer nimmt an der Prüfung teil und gibt die erforderlichen Auskünfte. Die Bauleitung kann Belastungsproben und andere Prüfungen nach Art. 139 Abs. 1 und 2 anordnen.

[3] Über das Ergebnis der Prüfung wird in der Regel ein Protokoll aufgenommen und sowohl von der Bauleitung als auch vom Unternehmer durch Unterzeichnung anerkannt. Das Protokoll hält den Zeitpunkt fest, an dem die Prüfung abgeschlossen wurde.

Anmerkung 1

Die Vollendungsanzeige leitet die Abnahme ein (Art. 157/Rz. 8.1). Das bedeutet ein Zweifaches: 1.1

a) Die Vollendungsanzeige ist eine Voraussetzung der Abnahme. Diese Regel (keine Abnahme ohne Vollendungsanzeige) gilt allerdings nicht ohne *Ausnahmen.* Vorbehalten bleibt erstens der in Art. 158 Abs. 1 Satz 3 umschriebene Fall (Ingebrauchnahme des vollendeten ganzen Werks durch den Bauherrn). Zweitens kann ein Bauherr, der sich (persönlich oder durch seine Bauleitung) auf die gemeinsame Prüfung (Art. 158 Abs. 2) eingelassen hat, nicht mehr einwenden, für die Abnahme fehle es an der vorausgesetzten Anzeige der Vollendung (GWerkV Rz. 2612). 1.2

b) Die Anzeige bewirkt zwar, dass die einmonatige Prüfungsfrist nach Art. 158 Abs. 2 zu laufen beginnt. Anders als nach Gesetz (GWerkV Rz. 92 f.; BGE 129 III 738/748 E. 7.2; 115 II 456/458 f. E. 4; 113 II 264/267 E. 2b; BGer 4C.469/2004 vom 17. März 2005 E. 2.2) ist die Abnahme aber keine unmittelbare Folge der Vollendungsanzeige. Zum Zeitpunkt der Abnahme vgl. vielmehr die Art. 159 – 164. 1.3

Anmerkung 2

Der Unternehmer kann sich dabei auch vertreten lassen. 2

Anmerkung 3

Dass die Vollendungsanzeige an die Bauleitung gerichtet werden kann, ergibt sich schon aus Art. 33 Abs. 2, wonach die «Bauleitung Mitteilungen [...] des Unternehmers, die das Werk betreffen, für den Bauherrn rechtsverbindlich» entgegennimmt. Doch kann sich die Anzeige auch an den Bauherrn richten, selbst wenn dieser durch eine zur Entgegennahme der Anzeige bevollmächtigte Bauleitung vertreten ist (GWerkV Rz. 2600). 3

Anmerkung 4

Zur Vollendung vgl. Art. 157/Rz. 2.1 ff. 4

Anmerkung 5

Damit erinnert die Norm an die Regel des Art. 157 Abs. 1, wonach Werkteile nur abgenommen werden können, wenn sie «in sich geschlossen» sind (vgl. Art. 157/Rz. 5.2). 5

Anmerkung 6

Art. 158 Abs. 1 stellt es in das *Belieben des Unternehmers*, ob er eine Teilabnahme (also die Abnahme eines in sich geschlossenen Werkteils) einleiten will oder nicht (Art. 157/Rz. 7). Die Wahl zwischen Teil- und Ganzabnahme liegt nach dieser Normbestimmung also ganz beim Unternehmer, was seinen Interessen weit entgegenkommt. Ein Bauherr, der keine Teilabnahme wünscht, muss sie durch eine Abrede ausschliessen, die der SIA-Norm 118 vorgeht, indem sie individuell oder in einem rangmässig höheren Vertragsbestandteil (Einl./Rz. 26) getroffen wird (vgl. GWerkV Rz. 309 ff.). 6

Anmerkung 7

7 Die Vollendungsanzeige besteht in der Mitteilung, dass das Werk oder ein bestimmter (in sich geschlossener) Werkteil vollendet ist.

Anmerkung 8

8.1 Teilt der Unternehmer die Vollendung bloss *mündlich* mit, so hat er dabei zu bedenken, dass die Beweislast dafür, dass die Anzeige erfolgte, bei ihm liegt. Die *schriftliche* Anzeige braucht die gesetzlichen Erfordernisse der einfachen Schriftlichkeit (Art. 13 OR) nicht zu erfüllen, weshalb die Unterschrift durchaus fehlen darf. Entsprechend ist eine Anzeige per E-Mail auch dann wirksam, wenn sie ohne qualifizierte elektronische Signatur (vgl. Art. 14 Abs. 2bis OR) erfolgt (GWerkV Rz. 2601 f.). Dies versteht sich schon deshalb, weil nach Art. 158 Abs. 1 sogar eine mündliche Anzeige ausreicht.

8.2 Auch kann die Anzeige (als stillschweigend mitverstandener Inhalt) in einer anderen Erklärung (z.B. in der Aufforderung zur Abnahmeprüfung oder in der Zustellung der Schlussabrechnung) enthalten sein (HGer ZH HG120015 vom 18. Juni 2013 E. 4.4.3.1). Ob dies im konkreten Fall zutrifft, ist durch Auslegung zu ermitteln (vgl. GWerkV Rz. 2601). Zur Schlussabrechnung vgl. GWerkV Rz. 96, mit Hinweisen auf die Rechtsprechung. Keine Anzeige aber stellt ein bloss konkludentes Verhalten (z.B. das Räumen der Baustelle) dar; entsprechendem Verhalten gehen die Wirkungen einer Vollendungsanzeige ab.

Anmerkung 9

9 Das «vollendete ganze Werk» ist zu unterscheiden vom blossen *Werkteil.* Art. 158 Abs. 1 Satz 3 erwähnt den Werkteil nicht. Ist das ganze Werk noch nicht vollendet, setzt die Ingebrauchnahme eines Werkteils (die z.B. im Weiterbau bestehen kann) die Abnahme nicht in Gang (Brändli, Die Nachbesserung, Rz. 171), und dies selbst dann nicht, wenn ein in sich geschlossener Werkteil in Gebrauch genommen wird. Die Teilabnahme (Art. 157/Rz. 7) setzt demnach immer eine Vollendungsanzeige des Unternehmers voraus. Klarzustellen ist, dass (etwa beim Bau eines Einfamilienhauses) das ganze Werk nicht unbedingt dem Einfamilienhaus entspricht (Art. 157/Rz. 3). Vielmehr kommt es darauf an, welche Leistungen der Unternehmer nach Massgabe seines Werkvertrags übernommen hat; sie sind das Werk im Sinne der SIA-Norm 118.

Anmerkung 10

10 Das heisst: Ohne dass der Unternehmer zunächst die Vollendung angezeigt hat.

Anmerkung 11

11 Dass einer Ingebrauchnahme nur dann die Wirkung einer Anzeige zukommt, wenn das *ganze* Werk vollendet ist, gilt auch für den Weiterbau. Im Übrigen ist der Weiterbau (vgl. BGE 115 II 456/459 E. 4) zwar ein praktisch wichtiges, aber nicht das einzige Beispiel einer Ingebrauchnahme. Ein anderes Beispiel ist der Einzug des Bauherrn (vgl. BGer 4A_275/2009 vom 12. August 2009 E. 3) oder von Mietern in ein vollendetes Haus. Dazu GWerkV Rz. 93. Die Gefahr des zufälligen Untergangs geht nicht schon mit der In-

gebrauchnahme, sondern erst mit der Abnahme auf den Bauherrn über (Art. 161/Rz. 6.4); Verschlechterungen des Werks, die auf den Werkgebrauch durch den Bauherrn zurückzuführen sind, hat sich der Bauherr indes anrechnen zu lassen, weil sie nicht zufällig sind.

Anmerkung 12

Mit der Ingebrauchnahme beginnt die Monatsfrist des Art. 158 Abs. 2 zu laufen. Ein Zweifaches ist zu präzisieren: 12.1

a) Wie bereits in Art. 158/Rz. 9 erwähnt, setzt nur die Ingebrauchnahme eines vollendeten ganzen Werks die Abnahme in Gang. Nimmt der Bauherr bloss einen – wenn auch unter Umständen in sich abgeschlossenen – Werkteil in Gebrauch, so leitet er damit die Abnahme nicht ein, solange das Werk als Ganzes nicht vollendet ist (sogenanntes Vollendungsprinzip; zum Vollendungsprinzip im Werkvertragsrecht des OR vgl. auch GWerkV Rz. 101 und 103). 12.2

b) Ist das Werk als Ganzes vollendet, nimmt der Bauherr aber nur einen Teil davon in Gebrauch, so setzt auch diese Ingebrauchnahme eines Werkteils das Abnahmeverfahren in Gang (selbst wenn der Unternehmer die Vollendung nicht angezeigt hat). Teilt der Unternehmer im Nachhinein die Vollendung des Werks doch noch mit, so ändert dies weder etwas am begonnenen Fristenlauf, noch wird der Fristenlauf dadurch unterbrochen. 12.3

Anmerkung 13

Der Werkteil, dessen Vollendung angezeigt wurde (Art. 158 Abs. 1). 13

Anmerkung 14

Im Verhältnis zum Unternehmer ist die Vornahme einer Abnahmeprüfung eine Obliegenheit des Bauherrn, während der Unternehmer vertraglich verpflichtet ist, daran teilzunehmen. Die Obliegenheit trifft den Bauherrn unabhängig davon, ob er vom Unternehmer (mit der Vollendungsanzeige oder später) zur Prüfung aufgefordert wird oder nicht. Art. 158 Abs. 2 geht davon aus, dass sich der Bauherr bei der Abnahmeprüfung durch seine *Bauleitung* (Art. 33 ff.) vertreten lässt (Art. 34/Rz. 7.1; GWerkV Rz. 2607), was mit Art. 34 Abs. 1 harmoniert, nach dem der Bauleitung auch die «Prüfung [...] des Werkes» obliegt, und überdies der Aufgabenzuweisung entspricht, wie Art. 4.53 SIA-Ordnung 102 sie vornimmt. Anstelle der Bauleitung kann aber auch ein anderer Vertreter des Bauherrn oder der Bauherr selbst die Prüfung vornehmen (Art. 34/Rz. 7.5; Art. 163/ Rz. 1.3). Dies gilt namentlich, wenn überhaupt keine Bauleitung eingesetzt wurde (Art. 33 Abs. 3). Nimmt ein fachunkundiger Bauherr die Prüfung selber (ohne sachverständige Bauleitung) vor, so muss er zwar über die Kenntnisse verfügen, die ihm eine «ordnungsmässige Prüfung» (Art. 370 Abs. 1 OR; vgl. BGE 76 II 221/223 f. E. 2 sowie GWerkV Rz. 2122) überhaupt erst ermöglichen; für die Sorgfalt aber, die von einer sachverständigen Bauleitung zu erwarten wäre, hat er nur dann einzustehen, wenn er dem Unternehmer eine fachmännische Prüfung zugesagt hat (dazu GWerkV Rz. 2122). Art. 158 Abs. 2 enthält keine entsprechende Zusage. 14

Anmerkung 15

15 Die gemeinsame Prüfung ist nur hier, nicht auch im Gesetz vorgesehen, nach dem die Prüfung allein dem Bauherrn obliegt (GWerkV Rz. 2467). Nach der SIA-Norm 118 ist der Unternehmer verpflichtet, an der Werkprüfung teilzunehmen. Unterbleibt die Prüfung, weil der Unternehmer seine Mitwirkung pflichtwidrig unterlässt, wird die Abnahme hinausgeschoben (vgl. Art. 164/Rz. 16.1).

Anmerkung 16

16 Zu den Pflichten des Unternehmers Art. 158/Rz. 19.1 ff.

Anmerkung 17

17 Die *Monatsfrist* beginnt mit dem Zugang der Vollendungsanzeige (bzw. mit der Ingebrauchnahme des ganzen Werks, Art. 158 Abs. 1 Satz 3) zu laufen. Sie ist gewahrt, wenn mit der Prüfung vor Ablauf der Monatsfrist *begonnen* wird (Art. 164/Rz. 2; GWerkV Rz. 2609; Brändli, Die Nachbesserung, Rz. 172). Weitere Erläuterungen finden sich in Art. 164/Rz. 11. Zum Fall, in dem die gemeinsame Prüfung innert Monatsfrist unterbleibt, siehe Art. 164.

Anmerkung 18

18.1 Bei dieser Prüfung handelt es sich um die *Abnahmeprüfung.*

18.2 Die Abnahmeprüfung ist zu unterscheiden von blossen Zwischenprüfungen (Art. 139), die nicht im Hinblick auf die Abnahme erfolgen (Art. 139/Rz. 12).

18.3 Zu unterscheiden ist die Abnahmeprüfung aber auch von der sachverständigen Prüfung des Werks nach Massgabe des Art. 367 Abs. 2 OR (vgl. Art. 250 lit. b Ziff. 4 ZPO; eingehend GWerkV Rz. 1516 ff.). Art. 158 schliesst das gesetzliche Recht einer Partei nicht aus, eine solche Prüfung und die Beurkundung des Prüfungsbefunds zu verlangen. Nach Art. 367 OR besteht dieses Recht zwar erst nach der Ablieferung des Werks (Art. 367 Abs. 1 OR). Vollzieht sich die Abnahme jedoch nach der SIA-Norm 118, so muss bei zweckentsprechender Anwendung des Gesetzes schon die erfolgte Vollendungsanzeige (Art. 158 Abs. 1) genügen. Schon vor der Vollendung (aber auch nachher noch) kann der Bauherr eine vorsorgliche Beweisführung verlangen, wenn die Voraussetzungen dafür erfüllt sind (dazu Art. 158 ZPO).

Anmerkung 19

19.1 Wozu der Unternehmer bei der gemeinsamen Prüfung (der Abnahmeprüfung) verpflichtet ist (Art. 158/Rz. 14), wird in Art. 158 Abs. 2 Satz 2 und 3 präzisiert. Der Unternehmer hat nach dieser Bestimmung nicht generell mitzu*prüfen*, sondern an der Prüfung teilzunehmen; dabei hat er die (für eine ordnungsgemässe Prüfung) erforderlichen Auskünfte zu geben; und auf Anordnung hin hat er Belastungsproben oder andere Prüfungen (Versuche) im Sinne des Art. 139 vorzunehmen (GWerkV Rz. 2608). Das schliesst nicht aus, dass die Mitwirkung des Unternehmers noch umfangreicher ist, was in der Praxis sogar häufig vorkommt. Zu beachten ist ausserdem:

a) Der Unternehmer ist zwar verpflichtet, bei der Abnahmeprüfung mitzuwirken; doch trifft ihn weder nach Gesetz noch nach der SIA-Norm 118 eine allgemeine Pflicht, Mängel aufzudecken (GWerkV Rz. 2090). In gewissem Umfang ist der Unternehmer aber dennoch verpflichtet, die Bauleitung zuhanden des Bauherrn (oder den Bauherrn persönlich) über (Werk-)Mängel (Art. 166), die ihm bekannt sind, aufzuklären. Das sagt die SIA-Norm 118 jedoch nur indirekt, und zwar dadurch, dass sie in verschiedenen Bestimmungen nachteilige Folgen zulasten des Unternehmers eintreten lässt, wenn dieser einen Mangel absichtlich verschweigt (vgl. Art. 179 Abs. 3 und 4 sowie Art. 180 Abs. 2; siehe auch Art. 163/Rz. 11). 19.2

b) Unter *absichtlichem Verschweigen* ist in Übereinstimmung mit dem richtig ausgelegten Art. 370 Abs. 1 OR eine «arglistige» Verschweigung zu verstehen (GWerkV Rz. 2090). Die Beweislast liegt beim Bauherrn (BGer 4A_97/2014 vom 26. Juni 2014 E. 4.1), und zwar in mehrfacher Hinsicht (siehe auch Trachsel, Verschweigen von Mängeln, passim): Erstens, dass der Mangel dem Bauherrn unbekannt ist, weil sich ein Mangel, den der Bauherr kennt, gar nicht verschweigen lässt. Zweitens, dass dem Unternehmer der Mangel bekannt ist, wobei dies auch dann der Fall sein kann, wenn er nicht in allen Einzelheiten Bescheid weiss, oder der Unternehmer sich entsprechender Erkenntnis bewusst verschliesst (BGer 4A_97/2014 vom 26. Juni 2014 E. 4.1; 4A_622/2012 vom 18. Januar 2013 E. 3.2). Drittens, dass der Unternehmer dem Bauherrn den Mangel bewusst, zumindest aber eventualvorsätzlich (und nicht bloss aus Nachlässigkeit) verschweigt (BGE 89 II 405/409 E. 2b). Und viertens, dass das Verschweigen des Unternehmers gegen Treu und Glauben (Art. 2 Abs. 1 ZGB) verstösst (BGE 66 II 132/140 E. 6; BGer 4A_619/2013 vom 20. Mai 2014 E. 5.3.3; GWerkV Rz. 820 und 2093 ff.; eingehender dazu Art. 158/Rz. 19.4). 19.3

c) Gegen *Treu und Glauben* verstösst das Verschweigen schon dann, wenn der Unternehmer nach den konkreten Umständen annehmen muss, der Bauherr werde den Mangel oder dessen Tragweite (zunächst) nicht erkennen (BGE 66 II 132/139 f. E. 6; GWerkV Rz. 2093). Überdies muss sich der Unternehmer auch dann Arglist vorhalten lassen, wenn er weiss, dass sich der Bauherr aufgrund eines besonderen Vertrauensverhältnisses darauf verlässt, vom Unternehmer über allfällige Mängel aufgeklärt zu werden (GWerkV Rz. 2094). Besonders treuwidrig handelt der Unternehmer, wenn er durch zusätzliche Vorkehren (etwa durch das Überstreichen schadhafter Stellen), durch falsche Auskünfte oder bei der Vornahme angeordneter Versuche bewusst darauf hinwirkt, dass die Entdeckung des Mangels zunächst erschwert oder gar verhindert wird (GWerkV Rz. 2094). Auf die Motive des Verschweigens (Schädigungsabsicht, das Erreichen eigener Vorteile oder andere Gründe) kommt es dabei nicht an (GWerkV Rz. 2092). 19.4

d) Erkennt die Bauleitung (als Vertreterin des Bauherrn) den Mangel von sich aus oder wird sie vom Unternehmer darüber aufgeklärt, so darf der Unternehmer mangels anderer Anhaltspunkte darauf vertrauen, dass die Bauleitung den Bauherrn rechtzeitig informiert; im Normalfall kann deshalb eine (direkte) Mitteilung des Unternehmers an den Bauherrn persönlich unterbleiben. Besteht aber Grund zur Annahme, dass die Bauleitung den Bauherrn nicht informiert (z.B. weil sie mitverantwortlich ist), so hat der Unter- 19.5

nehmer die Pflicht, den Bauherrn persönlich aufzuklären. Eine bewusste Verletzung dieser persönlichen Aufklärungspflicht ist (falls die übrigen Voraussetzungen vorliegen) ebenfalls ein arglistiges Verschweigen. Zu Besonderheiten, die sich aus der üblichen arbeitsteiligen Herstellung und Ablieferung des Werks ergeben, namentlich zu Fällen, in denen der Mangel von einer Hilfsperson des Unternehmers verschwiegen wird, GWerkV Rz. 2096 ff.

Anmerkung 20

20 Beispielsweise die Probebelastung von Pfählen.

Anmerkung 21

21 Zum Beispiel Messungen (Art. 139 Abs. 1) oder Versuche zum Nachweis der Funktionstauglichkeit elektrischer oder mechanischer Einrichtungen (Art. 139 Abs. 2).

Anmerkung 22

22 Welche Proben und Prüfungen vorzunehmen sind, ist bei Werkverträgen über grössere Bauwerke häufig schon durch Vereinbarung im Einzelnen bestimmt. Soweit die Kostentragung nicht speziell geregelt ist, ist auf Art. 139 abzustellen, wonach die Kosten vom Bauherrn zu tragen sind (Art. 139/Rz. 4.1 f.).

Anmerkung 23

23 Das Ergebnis kann darin bestehen, dass das Werk mängelfrei ist, bloss unwesentliche Mängel oder aber wesentliche Mängel aufweist. Je nach Ergebnis fällt die Abnahme mit der Unterzeichnung des Prüfungsprotokolls zusammen oder sie erfolgt trotz Unterzeichnung des Protokolls noch nicht.

Anmerkung 24

24 Der Ausdruck *in der Regel* stellt klar, dass keine Partei *verpflichtet* ist, ein Prüfungsprotokoll aufzunehmen und zu unterzeichnen (Art. 139/Rz. 9). Dementsprechend hängen der Abschluss der Prüfung und die damit verbundene Rechtslage (Art. 159 – 163) nicht von der Aufnahme oder Unterzeichnung des Prüfungsprotokolls ab. Wird kein Protokoll aufgenommen, kann die Genehmigungsvermutung nach Art. 163 Abs. 2 nicht greifen, weil es schon an einem Element der Vermutungsbasis fehlt (Art. 163/Rz. 15).

Anmerkung 25

25 Für erkannte Mängel, die das Prüfungsprotokoll *nicht* aufführt, gilt die Vermutung des Art. 163 Abs. 2 Satz 1. Für Mängel, die das Protokoll ohne gegenteilige Angaben *aufführt*, spricht eine tatsächliche Vermutung (Walter, Berner Kommentar, N 473 ff. zu Art. 8 ZGB) dafür, dass sie spätestens bei der Unterzeichnung des Protokolls geltend gemacht (also gerügt) wurden (Art. 163/Rz. 18.2).

Anmerkung 26

Diese Zeitangabe dient zur Sicherung des Beweises, dass die Prüfung im betreffenden Zeitpunkt abgeschlossen wurde. Das unterzeichnete Protokoll begründet eine tatsächliche Vermutung (Walter, Berner Kommentar, N 473 ff. zu Art. 8 ZGB) für die Richtigkeit des protokollierten Zeitpunkts. Dazu kommt, dass sich keine Partei auf die Unrichtigkeit der Zeitangabe berufen kann, wenn sie nicht nachzuweisen vermag, dass sie sich bei der Unterzeichnung des Protokolls im Irrtum befand. Wem die Unrichtigkeit der Zeitangabe bei der Unterzeichnung bewusst war (oder wer an der Richtigkeit zweifelte), dem bleibt der spätere Einwand der Unrichtigkeit nach Treu und Glauben (Art. 2 ZGB) verschlossen. Zum Eintritt der Abnahme siehe Art. 159/Rz. 4. 26

Anmerkung 27

Insoweit eine gesetzlich (oder durch eine Verordnung) vorgeschriebene Prüfung nicht die Vertragskonformität zum Gegenstand hat, ist sie von vornherein keine Abnahmeprüfung. Deckt sich der Gegenstand der gesetzlichen Prüfung mit dem Gegenstand einer Abnahmeprüfung und sind beide Parteien an dieser Prüfung beteiligt, dann ist sie gleichzeitig eine gemeinsame Prüfung. Es kann aber auch sein, dass ein Werk nach dem Vertrag gerade so beschaffen sein muss, dass es den gesetzlichen Vorgaben entspricht – auch hier ist die gesetzliche Prüfung eine Abnahmeprüfung, wenn sich beide Parteien daran beteiligen. Von vornherein keine gemeinsame Prüfung ist eine gesetzliche Prüfung, die vor der Vollendung des Werks erfolgt, selbst wenn beide Parteien bei der Prüfung zugegen sind. Nach Art. 139 Abs. 4 gelten «Prüfungen und Belastungsproben am Bauwerk nicht als Abnahme nach Art. 157 – 164», sofern nichts anderes vereinbart wurde. Diese Regel ist insofern ungenau formuliert, da die Abnahme auf die Prüfung folgt und nicht mit ihr zusammenfällt. Gemeint ist, dass solche Prüfungen und Proben «während der Ausführung der Arbeit» (Art. 139 Abs. 1) nicht von der gemeinsamen Prüfung dispensieren, die sich an die Vollendung anschliesst (siehe auch Art. 139/Rz. 12). 27

6 13 Abnahme des geprüften Werkes

Vorbemerkungen zu Art. 159 – 163

a) Die SIA-Norm 118 unterscheidet zwischen der Abnahme des *geprüften* Werks (Normalfall, Art. 159 – 163) und dem Fall, in dem die Abnahme *ohne* Prüfung erfolgt (Ausnahmefall, Art. 164). 1

b) Für die Abnahme des geprüften Werks, um die es in den Art. 159 – 163 geht, sind wiederum verschiedene Fälle zu unterscheiden: Das Werk weist entweder *keine* Mängel (Art. 159), nur *unwesentliche* (Art. 160) oder (auch) *wesentliche* Mängel (Art. 161 f.) auf. Bei einem wesentlichen Mangel wird die Abnahme grundsätzlich zurückgestellt (Art. 161), es sei denn, es liege ein Fall nach Art. 162 oder ein Verzicht nach Art. 163 vor. Mit dem Verzicht auf die Geltendmachung von Mängeln geht die Genehmigung des Mangels einher, auf dessen Geltendmachung der Bauherr verzichtet hat. Zu beachten ist, 2 dass der Verzicht (und damit die Genehmigung) unter Umständen fingiert wird, wie sich aus Art. 163 Abs. 2 ergibt. Die Genehmigung wirkt sich in der Weise aus, dass die Haftung des Unternehmers im Umfang der Genehmigung ausgeschlossen ist, wie Art. 174 Abs. 1 bestätigt.

3 c) Die Abnahme *ohne Prüfung* unterscheidet sich in ihren Wirkungen kaum von einer Abnahme nach gemeinsamer Prüfung. Namentlich löst auch sie den Lauf der Prüfungs- und der Verjährungsfrist für Mängelrechte aus (Art. 157 Abs. 2). Hinzuweisen aber ist darauf, dass bei einer Abnahme ohne Prüfung Art. 163 nicht anwendbar ist, weshalb eine fingierte Genehmigung nach Art. 163 Abs. 2 hier nicht greifen kann, was für den Bauherrn günstig ist. Umgekehrt schliesst Art. 179 Abs. 3 die Haftung für verdeckte Mängel aus, wenn der Bauherr (bzw. seine Bauleitung) die Mängel durch eine Prüfung des Werks während laufender Rügefrist hätte erkennen können.

6 131 Abnahme des mängelfreien Werkes

Art. 159

Zeigen sich bei der gemeinsamen Prüfung (Art. 158 Abs. 2) keine Mängel[1] (Art. 166)[2], so ist das Werk (oder der Werkteil[3]) mit Abschluss der Prüfung[4] abgenommen[5].

Art. 159 (1977/91)

Zeigen sich bei der gemeinsamen Prüfung (Art. 158 Abs. 2) keine Mängel (Art. 166), so ist das Werk (oder der Werkteil) mit Abschluss der Prüfung abgenommen.

Anmerkung 1

1 Zu den Fällen, in denen die Abnahme eintritt, obschon sich bei der gemeinsamen Prüfung Mängel zeigen, siehe Art. 160, Art. 162 und Art. 163.

Anmerkung 2

2 Was unter einem Mangel im Sinne der Norm zu verstehen ist, wird in Art. 166 umschrieben (Art. 166/Rz. 2.1 f.).

Anmerkung 3

3 Dieser Klammerausdruck bezieht sich einzig auf den Fall, in dem ein in sich geschlossener vollendeter Werkteil (Art. 157/Rz. 5.2), auf entsprechende Anzeige durch den Unternehmer hin (Art. 158/Rz. 7), Gegenstand einer *separaten* Abnahmeprüfung bildet (Art. 158 Abs. 2). Wird dagegen das ganze Werk des Unternehmers (Art. 157/Rz. 3) geprüft (Art. 158 Abs. 2), so kommt es auch dann nicht zur Teilabnahme, wenn einzelne Teile dieses Werks mängelfrei sind (Art. 159) oder nur unwesentliche Mängel aufweisen (Art. 160). Vielmehr kommt es entweder zur Abnahme des ganzen Werks oder die Abnahme unterbleibt.

Anmerkung 4

Mit *Abschluss der Prüfung*, also nicht erst mit Unterzeichnung eines allfälligen Prüfungs- 4
protokolls (Art. 158 Abs. 3). Zur rechtlichen Bedeutung, welche die in einem Prüfungsprotokoll enthaltene Zeitangabe hat, siehe Art. 158/Rz. 26.

Anmerkung 5

Die Abnahme im Zeitpunkt des Prüfungsabschlusses geschieht *ohne Weiteres*, ohne dass 5
es dafür einer entsprechenden Erklärung des Bauherrn (oder seiner Bauleitung) bedarf. Auf den Willen des Bauherrn kommt es dabei überhaupt nicht an (vgl. BGE 115 II 456/459 E. 4), weshalb dieser die Abnahme auch nicht «verweigern» kann (GWERKV Rz. 2614). So verhält es sich auch, wenn die Prüfung wesentliche Mängel ergibt: Die Abnahme wird ohne Weiteres zurückgestellt, ohne dass es einer entsprechenden Erklärung bedarf (Art. 161/Rz. 4.1). Werden nach der Abnahme wesentliche Mängel (Art. 161) entdeckt, die bei der Prüfung nicht erkannt wurden, ändert dies nichts am Eintritt der Abnahme. Zur Haftung für diese Mängel siehe Art. 165 ff.; zur Rügefrist und zur Rechtslage nach deren Ablauf: Art. 172 ff. und Art. 178 f.

6 132 Abnahme bei unwesentlichen Mängeln

Art. 160

Zeigen sich bei der gemeinsamen Prüfung (Art. 158 Abs. 2) Mängel [1], die im Verhältnis zum ganzen Werk (oder Werkteil) [2] unwesentlich [3] sind, so findet die Abnahme [4] gleichwohl mit Abschluss der gemeinsamen Prüfung [5] statt [6]; doch hat der Unternehmer die festgestellten Mängel innert angemessener Frist, die der Bauherr ansetzt [7], zu beheben (Art. 169) [8].

Art. 160 (1977/91)

Zeigen sich bei der gemeinsamen Prüfung (Art. 158 Abs. 2) Mängel, die im Verhältnis zum ganzen Werk (oder Werkteil) unwesentlich sind, so findet die Abnahme gleichwohl mit Abschluss der gemeinsamen Prüfung statt; doch hat der Unternehmer die festgestellten Mängel innert angemessener Frist, die der Bauherr ansetzt, zu beheben (Art. 169).

Anmerkung 1

Zum Begriff des Mangels siehe Art. 166/Rz. 2.1 f. Die Bestimmung des Art. 160 spricht 1
von «Mängeln» in der Mehrzahl, findet aber auch dann Anwendung, wenn sich nur ein einziger Mangel zeigt, der ausserdem unwesentlich ist.

Anmerkung 2

Dieser Klammerausdruck bezieht sich auf den Fall, in dem – auf entsprechende Anzeige 2
hin (Art. 158/Rz. 7) – ein «in sich geschlossener vollendeter Werkteil» (Art. 157/Rz. 5.2) Gegenstand der Abnahmeprüfung ist. Die Abnahme ist alsdann eine Teilabnahme, deren Wirkungen sich auf den abgenommenen Werkteil beschränken (Art. 157/Rz. 9).

Anmerkung 3

3 Die Unterscheidung zwischen «unwesentlichen» und «wesentlichen» Mängeln, welche die Norm trifft (Art. 160 und Art. 161 Abs. 1), stimmt nicht überein mit der gesetzlichen Unterscheidung zwischen voll erheblichen Mängeln (Wandelungsmängeln; dazu Art. 169/Rz. 24) und solchen, die minder erheblich sind (Art. 368 Abs. 1 und 2 OR, vgl. dazu auch GWERKV Rz. 1468 f.). Ein minder erheblicher Mangel im Sinne des Art. 368 Abs. 2 OR kann durchaus ein wesentlicher Mangel im Sinne von Art. 161 sein (siehe dazu GWERKV Rz. 2618). An dieser Stelle genügt die blosse Feststellung, dass zu den unwesentlichen Mängeln im Sinne der Norm all jene Mängel gehören, die nicht als wesentlich zu qualifizieren sind. Zum Begriff der wesentlichen Mängel siehe Art. 161/Rz. 2.1 f. Klarzustellen ist, dass unwesentliche Mängel zwar der Abnahme nicht entgegenstehen, der Unternehmer sie aber gleichwohl zu beheben hat, wenn der Bauherr dies verlangt.

Anmerkung 4

4 *Gemeint* ist: Die Abnahme des gesamten Werks oder eines Werkteils, der separat zur Abnahmeprüfung gestellt wurde (Art. 160/Rz. 2).

Anmerkung 5

5 Zur gemeinsamen Prüfung siehe Art. 158/Rz. 18.1 ff.; zur Frage, wann die Prüfung abgeschlossen wird, siehe Art. 158/Rz. 26.

Anmerkung 6

6 Die Abnahme *tritt* auch hier *automatisch* ein (vgl. Art. 159/Rz. 5). Werden später wesentliche Mängel (Art. 161 Abs. 1) entdeckt, die bei der Prüfung nicht erkannt wurden, ändert dies nichts am Eintritt der Abnahme (GWERKV Rz. 2614). Zur Haftung für diese Mängel siehe Art. 165 ff.; zur Rügefrist und zur Rechtslage nach deren Ablauf: Art. 172 ff. und Art. 178 f. Beachte aber auch Art. 163 Abs. 2 Halbsatz 2. Vgl. zudem Art. 159/Rz. 5.

Anmerkung 7

7 Vgl. Art. 169 Abs. 1, insbesondere zur «Angemessenheit» der Verbesserungsfrist (Art. 169/Rz. 5.1 ff.). Die Ansetzung einer zu kurzen Frist setzt eine angemessene (längere) Frist in Gang. Immerhin *gilt* die Frist (obschon an sich zu kurz) gleichwohl als angemessen, wenn der Unternehmer es unterlässt, umgehend gegen die zu kurze Dauer zu protestieren (Art. 169/Rz. 5.6; vgl. BGE 116 II 436/440 E. 2a; 105 II 28/34 E. 3b; 91 II 344/351 E. 3b; BGer 4A_603/2009 vom 9. Juni 2010 E. 2.3; GWERKV Rz. 667). Selbstverständlich kann der Bauherr auf die Behebung verzichten; verzichtet er auf die Nachbesserung (siehe aber Art. 169/Rz. 7.1), kann er nur dann die Vergütung mindern oder vom Vertrag zurücktreten, wenn die Voraussetzungen des Art. 169 Abs. 2 erfüllt sind.

Anmerkung 8

8.1 Auf festgestellte Mängel, die noch vor der Abnahme (und damit vor Beginn der Rügefrist, Art. 172 Abs. 2) gerügt wurden, kommt die Bestimmung des Art. 176 sinngemäss zur Anwendung (vgl. Art. 176/Rz. 2). Merke ausserdem:

a) Das Werk (oder der Werkteil) bleibt nach Art. 160 selbst dann «abgenommen», wenn der Unternehmer es versäumt, die Mängel innerhalb der angesetzten (angemessenen) Frist zu beseitigen. Soweit aber die Mängel innerhalb der Verbesserungsfrist nicht behoben sind, steht dem Bauherrn *das Wahlrecht* des Art. 169 Abs. 1 Ziff. 1 – 3 zu. Für den Fall, dass der Unternehmer die Verbesserung ausdrücklich verweigert, er offensichtlich zur Verbesserung nicht imstande ist oder sich der Mangel objektiv nicht beseitigen lässt, gilt die Regel des Art. 169 Abs. 2 (Wahlrecht schon vor Ablauf der Verbesserungsfrist; vgl. Art. 169/Rz. 34). 8.2

b) Obwohl Art. 160 in seinem letzten Satz nur auf Art. 169 verweist, kommen auch die Art. 170 f. zur Anwendung. Für die Verjährung gilt Art. 180. 8.3

c) Hat die Bauleitung (oder der Bauherr selbst) auf die Geltendmachung eines Mangels verzichtet, so ist der Unternehmer von der Haftung für diesen Mangel nach Massgabe des *Art. 163* befreit (dazu Art. 163/Rz. 11). Zur Anwendung kommt auch Art. 163 Abs. 2, wobei die erkannten Mängel den «offensichtlichen» Mängeln gleichzustellen sind (vgl. Art. 163/Rz. 15). 8.4

6 133 Zurückstellung bei wesentlichen Mängeln

Art. 161

[1] Zeigen sich bei der gemeinsamen Prüfung[1] (Art. 158 Abs. 2) wesentliche[2] Mängel[3], so wird die Abnahme zurückgestellt[4]. Trotz der Zurückstellung kann das Werk (oder der Werkteil[5]) dem Bauherrn in gegenseitigem Einverständnis zum Weiterbau oder zur Ingebrauchnahme überlassen werden.[6]

[2] Der Bauherr setzt dem Unternehmer ohne Versäumnis[7] eine angemessene Frist zur Behebung der Mängel[8].

[3] Der Unternehmer beseitigt die Mängel innerhalb der angesetzten Frist[9] und zeigt dem Bauherrn den Abschluss der Verbesserung unverzüglich an. Darauf werden die beanstandeten Bauteile innert Monatsfrist[10] nochmals gemeinsam geprüft[11]. Zeigen sich keine wesentlichen Mängel mehr, so ist das Werk (oder der Werkteil) mit Abschluss dieser Prüfung abgenommen[12].

Art. 161 (1977/91)

[1] Zeigen sich bei der gemeinsamen Prüfung (Art. 158 Abs. 2) wesentliche Mängel, so wird die Abnahme zurückgestellt. Trotz der Zurückstellung kann das Werk (oder der Werkteil) dem Bauherrn in gegenseitigem Einverständnis zum Weiterbau oder zur Ingebrauchnahme überlassen werden.

[2] Der Bauherr setzt dem Unternehmer ohne Versäumnis eine angemessene Frist zur Behebung der Mängel.

3 Der Unternehmer beseitigt die Mängel innerhalb der angesetzten Frist und zeigt dem Bauherrn den Abschluss der Verbesserung unverzüglich an. Darauf werden die beanstandeten Bauteile innert Monatsfrist nochmals gemeinsam geprüft. Zeigen sich keine wesentlichen Mängel mehr, so ist das Werk (oder der Werkteil) mit Abschluss dieser Prüfung abgenommen.

Anmerkung 1

1 Gemeint ist die *gemeinsame Prüfung* des ganzen Werks oder eines in sich geschlossenen Werkteils (Art. 157/Rz. 5.2), der separat zur Abnahme gestellt wurde (Art. 157 Abs. 1 sowie Art. 158 Abs. 1 und 2).

Anmerkung 2

2.1 Die schwierige *Unterscheidung* zwischen «wesentlichen» (Art. 161) und «unwesentlichen» Mängeln (vgl. Art. 160/Rz. 3) stellt die Praktikabilität des Art. 161 infrage. Bei der Auslegung dieser Regel ist Folgendes zu berücksichtigen: Die Zurückstellung des Werks (Art. 161/Rz. 4.1), also der Aufschub der Abnahme bei wesentlichen Mängeln, weicht von der gesetzlichen Konzeption ab; nach dieser Konzeption setzt die Abnahme zwar die Vollendung, nicht aber die Mängelfreiheit voraus und tritt deshalb auch dann ein, wenn das Werk erhebliche Mängel aufweist (vgl. GWerkV Rz. 605). Da die Regel demnach vom dispositiven Recht abweicht, dabei aber Zweifel offenlässt, ist sie eng auszulegen (vgl. BGE 115 II 474/479 E. 2d).

2.2 Ausgehend von den Nachteilen, die für den Unternehmer mit der Zurückstellung der Abnahme verbunden sind, und mit Blick auf den Druck, der dadurch auf dem Unternehmer lastet, kommt GWerkV Rz. 2618 ff. kurz gesagt zu folgenden Ergebnissen: *Wesentlich* im Sinne der Norm sind Mängel, an deren raschen und reibungslosen Behebung der Bauherr ein besonders ausgeprägtes Interesse hat, das es rechtfertigt, den Unternehmer mit den Nachteilen der Zurückstellung zu belasten (siehe auch Brändli, Die Nachbesserung, Rz. 176, Fn. 118). Ob ein derartiges Beseitigungsinteresse besteht, entscheidet sich nach objektiver Betrachtung. Massgebend sind die allgemeine Verkehrsanschauung und das Verhältnis des Mangels zum Gebrauchszweck des konkreten Werks. Das Letztere ergibt ein *Umkehrschluss* aus Art. 160, der verlangt, dass der Mangel im Verhältnis zum ganzen Werk (oder bei Teilabnahme: im Verhältnis zum Werkteil) unwesentlich ist. Zu den wesentlichen Mängeln gehören namentlich Mängel, welche die Tauglichkeit des Werks zum üblichen oder vertraglich vorausgesetzten Gebrauch (Art. 166/Rz. 9) unmittelbar und erheblich beeinträchtigen; sicher auch Mängel, von denen eine Gefährdung von Leib und Leben ausgeht; ferner Mängel, die als Ursache für einen beachtlichen Mangelfolgeschaden (Art. 171) in Betracht kommen. Auch ästhetische Mängel können wesentlich sein, so nämlich dann, wenn die Ästhetik einen wesentlichen Einfluss auf die Gebrauchstauglichkeit des Werks hat (siehe Art. 169/Rz. 13).

Anmerkung 3

3 Was ein Mangel im Sinne der SIA-Norm 118 ist, ergibt sich aus Art. 166 (Art. 166/Rz. 2.1 f.). Die Bestimmung spricht von «Mängeln» in der Mehrzahl, findet aber auch dann Anwendung, wenn sich nur *ein* wesentlicher Mangel zeigt (allein oder zusammen mit unwesentlichen Mängeln).

Anmerkung 4

Die Abnahme wird ohne Zutun des Bauherrn (automatisch) und allenfalls auch gegen den Willen des Unternehmers zurückgestellt, und zwar so lange, bis eine erneute (zweite, dritte, ...) Prüfung ergibt, dass das Werk keinen wesentlichen Mangel mehr aufweist (Art. 161 Abs. 3; GWerkV Rz. 2615). Die erneute Prüfung leitet der Unternehmer dadurch ein, dass er dem Bauherrn die Vollendung seiner auf die Behebung des Mangels gerichteten Arbeiten anzeigt. 4.1

Die Regel, wonach die Abnahme zurückgestellt wird, gilt nicht ohne Ausnahme. Ausnahmen ergeben sich aus Art. 162 f. Zu merken ist insbesondere, dass offensichtliche Mängel bei der gemeinsamen Prüfung gerügt werden müssen, da sonst das Werk für die betreffenden Mängel unwiderlegbar als genehmigt gilt (vgl. Art. 163 Abs. 2). 4.2

Anmerkung 5

Dieser Klammerausdruck bezieht sich auf den Fall, in dem, auf entsprechende Anzeige hin (Art. 158 Abs. 1), ein in sich geschlossener vollendeter Werkteil Gegenstand der Abnahmeprüfung ist (Art. 158 Abs. 2). 5

Anmerkung 6

Diese Bestimmung unterscheidet, ob das Werk (oder der Werkteil) dem Bauherrn «zum Weiterbau» oder «zur Ingebrauchnahme» überlassen wird, obwohl die Ingebrauchnahme gerade auch durch den Weiterbau geschehen kann (vgl. Art. 158 Abs. 1). Im Einzelnen ist beizufügen: 6.1

a) Implizit stellt die Bestimmung immerhin klar, dass die einverständliche Gebrauchsüberlassung *keine Abnahme* des an einem wesentlichen Mangel leidenden Werks (oder Werkteils) bewirkt. 6.2

b) Dieselbe Rechtslage besteht nach der SIA-Norm 118 aber auch im Fall, da der Bauherr das Werk (oder den Werkteil) *ohne Einverständnis* des Unternehmers (zum Weiterbau oder sonstwie) in Gebrauch nimmt. Auch die eigenmächtige Ingebrauchnahme durch den Bauherrn bewirkt keine Abnahme. Das harmoniert mit der Regel in Art. 158 Abs. 1, wo die Ingebrauchnahme noch *vor* der Vollendungsanzeige und *vor* der Abnahmeprüfung erfolgt (Art. 158/Rz. 12.1). Zur Vermeidung innerer Widersprüche muss es sich gleich verhalten, wenn die eigenmächtige Ingebrauchnahme erst *nach* der Abnahmeprüfung erfolgt, obschon Art. 161 Abs. 1 nur von einer einverständlichen Gebrauchsüberlassung spricht. Wäre dem anders, würden die beiden Sachverhalte ohne Grund unterschiedlich behandelt. 6.3

c) Für beide Fälle gilt: Bedeutsam ist die Regel, nach der die Ingebrauchnahme keine Abnahme nach sich zieht, unter anderem für die Gefahrtragung, da die Gefahr erst mit der Abnahme auf den Bauherrn übergeht (Art. 157 Abs. 2; Art. 158/Rz. 11). Falls das Werk infolge der Ingebrauchnahme ganz oder teilweise untergeht (GWerkV Rz. 2617), gelangt Art. 188 zur Anwendung. 6.4

Anmerkung 7

7 Zur Rechtslage, die entsteht, wenn der Bauherr mit der Fristansetzung säumig ist, siehe Art. 162 (Fall 1; Abnahme trotz wesentlicher Mängel). Zum Ausdruck «ohne Versäumnis» siehe Art. 162/Rz. 4. Zu beachten hat der Bauherr, dass er zudem eine Frist zur Behebung sämtlicher wesentlicher Mängel ansetzt; setzt er die Frist bloss zur Behebung einzelner (nicht aller) wesentlicher Mängel an, wird die Abnahme nicht zurückgestellt, sondern erfolgt mit dem Abschluss der Prüfung (Art. 162/Rz. 5.1).

Anmerkung 8

8 Vgl. Art. 169 Abs. 1 (insbesondere zur Angemessenheit der Frist und zum Einwand übermässiger Kosten, den der Unternehmer schon hier erheben kann). Die Ansetzung einer zu kurzen Frist setzt eine angemessene (längere) Frist in Gang. Allerdings *gilt* die Frist gleichwohl als angemessen, wenn der Unternehmer es unterlässt, umgehend gegen die zu kurze Dauer zu protestieren (vgl. Art. 160/Rz. 7; BGE 116 II 436/440 E. 2a; 105 II 28/34 E. 3a; 91 II 344/351 E. 3b; BGer 4A_603/2009 vom 9. Juni 2010 E. 2.3; GWerkV Rz. 667).

Anmerkung 9

9 Die Frist muss angemessen sein oder zumindest als angemessen gelten (Art. 161/Rz. 8). Wird der Unternehmer säumig, indem er einen oder mehrere der wesentlichen Mängel nicht binnen der angesetzten Frist beseitigt, ist der Bauherr ohne Weiteres zur Ersatzvornahme berechtigt (Art. 169/Rz. 17.1), wobei hier die Besonderheit besteht, dass die Abnahme bis zum Abschluss der Ersatzvornahme zurückgestellt bleibt.

Anmerkung 10

10 Die Monatsfrist beginnt mit dem Zugang der Anzeige. Sie ist gewahrt, wenn mit der Prüfung vor Ablauf der Frist *begonnen* wird (Art. 164/Rz. 2). Ist dies nicht der Fall, so kommt, was die Abnahme betrifft, Art. 164 Abs. 3 zur Anwendung. Beachte aber auch Art. 162 (Fall 3).

Anmerkung 11

11 Vgl. Art. 158 Abs. 2 (gemeinsame Prüfung), Art. 158 Abs. 3 (Prüfungsprotokoll) und Art. 163 (Verzicht auf die Geltendmachung von Mängeln).

Anmerkung 12

12 Zeigen sich immer noch wesentliche Mängel, so wird die Abnahme erneut zurückgestellt, falls der Bauherr «ohne Versäumnis» (Art. 162, Fall 2) und zu Recht (Art. 169 Abs. 1 Ziff. 1) auf deren Verbesserung beharrt; und es spielt wiederum Art. 161 Abs. 3 (siehe Art. 162/Rz. 14). Im Übrigen beachte Art. 162 (Fälle 2 und 3) sowie Art. 163. Dies gilt allerdings nur bezüglich der «beanstandeten Bauteile», weshalb die Abnahme im Fall, in dem bei der nochmaligen Prüfung wesentliche Mängel an *anderen* Bauteilen entdeckt werden, nicht zurückgestellt wird (vgl. Art. 162, Fall 1).

6 134 Abnahme trotz wesentlicher Mängel[1]

Art. 162

Trotz wesentlicher[2] Mängel erfolgt die Abnahme:

[Fall 1]

- **Wenn der Bauherr nach Abschluss der gemeinsamen Prüfung[3] (Art. 158 Abs. 2) nicht ohne Versäumnis[4] Frist zur Behebung der festgestellten wesentlichen Mängel ansetzt (Art. 161 Abs. 2)[5]; alsdann gilt das Werk (oder der Werkteil[6]) trotz dieser Mängel mit Abschluss der Prüfung als abgenommen[7]; der Bauherr bleibt aber berechtigt, die Beseitigung der Mängel zu verlangen[8] und gegebenenfalls[9] die übrigen Mängelrechte gemäss Art. 169 und 171 geltend zu machen[10],**

[Fall 2]

- **wenn sich bei der nochmaligen Prüfung[11] nach Ablauf der gemäss Art. 161 Abs. 2 angesetzten Verbesserungsfrist immer noch wesentliche Mängel zeigen und der Bauherr nicht ohne Versäumnis[12], gestützt auf Art. 169[13], entweder weiterhin auf der Verbesserung beharrt[14] oder vom Vertrag zurücktritt[15]; alsdann[16] gilt das Werk (oder der Werkteil[17]) trotz dieser Mängel mit Abschluss der nochmaligen Prüfung (Art. 161 Abs. 3) als abgenommen[18], jedoch unbeschadet der Mängelrechte des Bauherrn[19] (Art. 169 und 171)[20],**

[Fall 3]

- **wenn der Bauherr sein Minderungsrecht gemäss Art. 169 Abs. 1 Ziff. 2 ausübt[21]; alsdann wird das Werk (oder der Werkteil[22]) zugleich mit der Minderungserklärung[23] abgenommen, sofern die Abnahme nicht schon früher[24] stattgefunden hat.[25]**

Art. 162 (1977/91)

Trotz wesentlicher Mängel erfolgt die Abnahme:

- wenn der Bauherr nach Abschluss der gemeinsamen Prüfung (Art. 158 Abs. 2) nicht ohne Versäumnis Frist zur Behebung der festgestellten wesentlichen Mängel ansetzt (Art. 161 Abs. 2); alsdann gilt das Werk (oder der Werkteil) trotz dieser Mängel mit Abschluss der Prüfung als abgenommen; der Bauherr bleibt aber berechtigt, die Beseitigung der Mängel zu verlangen und gegebenenfalls die übrigen Mängelrechte gemäss Art. 169 und Art. 171 geltend zu machen
- wenn sich bei der nochmaligen Prüfung nach Ablauf der gemäss Art. 161 Abs. 2 angesetzten Verbesserungsfrist immer noch wesentliche Mängel zeigen und der Bauherr nicht ohne Versäumnis, gestützt auf Art. 169, entweder weiterhin auf der Verbesserung beharrt oder vom Vertrag zurücktritt; alsdann gilt das Werk (oder der Werkteil) trotz dieser Mängel mit Abschluss der nochmaligen Prüfung (Art. 161 Abs. 3) als abgenommen, jedoch unbeschadet der Mängelrechte des Bauherrn (Art. 169, Art. 171)

– wenn der Bauherr sein Minderungsrecht gemäss Art. 169 Abs. 1 Ziff. 2 ausübt; alsdann wird das Werk (oder der Werkteil) zugleich mit der Minderungserklärung abgenommen, sofern die Abnahme nicht schon früher stattgefunden hat.

Anmerkung 1

1.1 Art. 162 umschreibt – durch Aufzählungsstriche voneinander getrennt – *drei Ausnahmefälle,* in denen die Abnahme trotz wesentlicher Mängel eintritt (vgl. demgegenüber den Grundsatz in Art. 161/Rz. 4.1 f.). Die Bezeichnung der einzelnen Fälle (z.B. «Fall 1») wurde für diese Kommentierung hinzugefügt; sie ist im Originaltext der Norm nicht enthalten.

1.2 Die beiden ersten Ausnahmefälle beruhen auf dem Zweckgedanken, dass der Eintritt der Abnahme im Interesse des Unternehmers beschleunigt und der Unternehmer vor willkürlichen Verzögerungen durch den Bauherrn geschützt werden soll.

1.3 *Weitere Ausnahmen* (Abnahme trotz wesentlicher Mängel) ergeben sich aus Art. 163 f.; dazu auch GWerkV Rz. 2616.

Anmerkung 2

2 Zur schwierigen, hier aber bedeutsamen Unterscheidung zwischen wesentlichen und unwesentlichen Mängeln siehe Art. 160/Rz. 3, Art. 161/Rz. 2.1 f. sowie GWerkV Rz. 2618. Bei unwesentlichen Mängeln wird die Abnahme ohnehin nicht zurückgestellt (Art. 160).

Anmerkung 3

3 Gemeint ist hier die *erste,* nicht eine nochmalige (Art. 161 Abs. 3) Prüfung. Mit der nochmaligen Prüfung befasst sich Fall 2.

Anmerkung 4

4 *Ohne Versäumnis* heisst ohne vorwerfbares Zögern. Der Bauherr soll, wenn er die Abnahme verhindern will, mit tunlicher Beschleunigung handeln; er hat eine nur kurze Überlegungsfrist, die nicht länger dauert, als ein sorgfältiger Bauherr braucht, um sich für die Aufforderung zur Mängelbehebung (Art. 169 Abs. 1) zu entscheiden.

Anmerkung 5

5.1 Die zeitgerechte Fristansetzung hat sich (wenn die Abnahme verhindert werden soll) auf *alle* «wesentlichen Mängel» (die festgestellt wurden) zu beziehen (Art. 161/Rz. 7), aber nur auf *diese,* nicht auch auf unwesentliche Mängel. Beachte aber auch Art. 163.

5.2 Zur Unterscheidung zwischen wesentlichen und unwesentlichen Mängeln siehe Art. 160/Rz. 3 und Art. 161/Rz. 2.1 f.

Anmerkung 6

6 Falls der Werkteil (Art. 157/Rz. 5.2) separat zur Abnahme gestellt wurde (Art. 157 Abs. 1 sowie Art. 158 Abs. 1 und 2).

Anmerkung 7

Es verhält sich diesbezüglich gleich, wie wenn überhaupt keine oder nur unwesentliche Mängel festgestellt worden wären (Art. 159f.). Die Abnahme tritt automatisch ein (Art. 159/Rz. 5); ihre Wirkungen treten mit dem Zeitpunkt ein, an dem die gemeinsame Prüfung abgeschlossen wurde. Dass die Abnahme zunächst zurückgestellt wurde und der Bauherr über eine (wenn auch nur kurze) Überlegungsfrist verfügte (Art. 162/Rz. 4), die mit dem Abschluss der gemeinsamen Prüfung zu laufen begann, spielt somit keine Rolle mehr. 7.1

Zur Bedeutung der in einem Prüfungsprotokoll enthaltenen Zeitangabe vgl. Art. 158/ Rz. 26. 7.2

Anmerkung 8

Gemeint ist das Recht auf Verbesserung gemäss Art. 169 Abs. 1, gegen das der Unternehmer gegebenenfalls den Einwand übermässiger Kosten erheben kann (Art. 169/Rz. 14.1 ff., 15 und 16.1 ff.). 8

Anmerkung 9

«Gegebenenfalls» bedeutet hier: soweit die in Art. 169 und Art. 171 umschriebenen Voraussetzungen der jeweiligen Mängelrechte erfüllt sind. Abgesehen von den in Art. 169 Abs. 2 geregelten Ausnahmen setzt das Wahlrecht des Art. 169 Abs. 1 Ziff. 1 – 3 unter anderem voraus, dass dem Unternehmer zunächst eine (angemessene, Art. 169/Rz. 5.1 ff.) Frist zur Beseitigung des Mangels angesetzt wurde (Art. 169/Rz. 7.1). 9

Anmerkung 10

Für Mängel, die bei der gemeinsamen Prüfung festgestellt, aber nicht geltend gemacht wurden, wird jedoch unwiderleglich vermutet, dass der Bauherr auf deren Geltendmachung verzichtet hat. Zur Anwendung kommt Art. 163 Abs. 2, der diesbezüglich zwar nur von offensichtlichen Mängeln spricht, denen aber die erkannten Mängel gleichzustellen sind (vgl. Art. 163/Rz. 16.3). 10.1

Für die betreffenden Mängel entfällt die Haftung des Unternehmers (Art. 163 Abs. 1); die entsprechenden Mängelrechte des Bauherrn (auch das Recht auf Behebung des Mangels und das Recht auf Schadenersatz) sind verwirkt (Art. 163/Rz. 11). 10.2

Anmerkung 11

Gemeint ist die Prüfung der beanstandeten Bauteile nach Art. 161 Abs. 3. 11

Anmerkung 12

Vgl. Art. 162/Rz. 4. 12

Anmerkung 13

Die in Art. 169 Abs. 1 Ziff. 1 oder 3 genannten Voraussetzungen müssen erfüllt sein. 13

Anmerkung 14

14 Beharrt er «ohne Versäumnis» und zu Recht (Art. 169 Abs. 1 Ziff. 1) auf der Nachbesserung, so wird die Abnahme erneut zurückgestellt, und es spielt wiederum Art. 161 Abs. 3.

Anmerkung 15

15 Tritt er «ohne Versäumnis» und zu Recht (Art. 169 Abs. 1 Ziff. 3) vom Vertrag zurück, so findet im Fall 2 des Art. 162 überhaupt *keine Abnahme* statt. Die Verjährung der Mängelrechte (Art. 180) beginnt alsdann im Zeitpunkt des Rücktritts zu laufen. Das sagt Art. 180 nicht ausdrücklich, ergibt sich aber aus einer sinngemässen Ergänzung der Bestimmung. Dieser Verjährung unterstehen das Schadenersatzrecht nach Art. 171 sowie das Rückforderungsrecht des Bauherrn für bereits bezahlte Vergütungen (Art. 169 Abs. 1 Ziff. 3; Art. 169/Rz. 25.1 f.; Art. 180/Rz. 4.5).

Anmerkung 16

16 Das bezieht sich auf den Fall, in dem der Bauherr nicht «ohne Versäumnis» handelt. Alsdann gilt das Werk als abgenommen. Im Fall aber, da der Bauherr, der zeitgerecht die Beseitigung des Mangels verlangt, angesichts der pflichtwidrigen Säumnis des Unternehmers zur Ersatzvornahme (Art. 169 Abs. 1 Ziff. 1) greift, bleibt die Abnahme bis zum Abschluss der Ersatzvornahme zurückgestellt (Art. 161/Rz. 9).

Anmerkung 17

17 Falls der Werkteil separat zur Abnahme gestellt wurde (Art. 157 Abs. 1 sowie Art. 158 Abs. 1 und 2).

Anmerkung 18

18 Es verhält sich diesbezüglich gleich, wie wenn bei der nochmaligen Prüfung keine wesentlichen Mängel mehr festgestellt worden wären (Art. 161 Abs. 3). Im Übrigen vgl. Art. 162/Rz. 7.1 sowie GWerkV Rz. 2613 f.

Anmerkung 19

19 Soweit die einzelnen Mängelrechte dem Bauherrn nach den in Art. 169 und 171 umschriebenen Voraussetzungen zustehen; dazu auch GWerkV Rz. 2657 ff.

Anmerkung 20

20 Zu den Mängelrechten, welche die Abnahme überdauern, gehört auch das Recht des Bauherrn, auf der Nachbesserung zu beharren (Art. 169 Abs. 1 Ziff. 1). Der Umstand, dass der Bauherr dieses Recht nicht «ohne Versäumnis» ausgeübt hat, ist kein Grund, aus dem der Nachbesserungsanspruch erlöschen würde. Wird der betreffende Mangel behoben, so kommt Art. 176 sinngemäss zur Anwendung (vgl. Art. 176 Abs. 1).

Anmerkung 21

21 Und zwar gleichgültig, ob der Bauherr das Minderungsrecht für einen oder für mehrere (wesentliche oder unwesentliche) Mängel ausübt. Allerdings setzt das Minderungsrecht

auch hier voraus, dass der Bauherr den Unternehmer zunächst zur Beseitigung des Mangels anhält, soweit er nicht nach Art. 169 Abs. 2 davon entbunden ist (Art. 169/Rz. 34).

Anmerkung 22

Falls der Werkteil (Art. 157/Rz. 5.2) separat zur Abnahme gestellt wurde (Art. 157 Abs. 1; 22
Art. 158 Abs. 1 und 2; GWerkV Rz. 2641 ff.). Das ist der Fall, in dem der Bauherr einen Abzug von der Vergütung macht, der jenem Minderwert des Werks entspricht, der auf den mangelhaften Werkteil zurückzuführen ist (siehe Art. 169/Rz. 18.9).

Anmerkung 23

Das heisst: mit dem Zugang der Erklärung beim Unternehmer. 23

Anmerkung 24

Beispielsweise mit Abschluss der nochmaligen Prüfung, weil der zweite Ausnahmefall 24
(Fall 2) vorliegt.

Anmerkung 25

Die Regel, wonach das Werk mit der Minderungserklärung abgenommen wird, greift nur, 25
wenn die Abnahme nicht schon früher erfolgt ist, und ist in diesem Sinn subsidiär.

6 135 Abnahme bei Verzicht auf die Geltendmachung von Mängeln

Art. 163

[1] Hat die Bauleitung[1] bei der gemeinsamen Prüfung (Art. 158 Abs. 2)[2] einen Mangel zwar erkannt[3], auf dessen Geltendmachung[4] aber ausdrücklich oder stillschweigend[5] verzichtet[6], so gilt das Werk (oder der Werkteil[7]) für den Mangel, soweit er erkannt wurde, als genehmigt[8]. Der betreffende Mangel hindert in keinem Falle[9], dass die Abnahme mit Abschluss der Prüfung[10] eintritt; für ihn entfällt die Haftung des Unternehmers[11] in dem Umfang, als der Mangel von der Bauleitung erkannt wurde[12].

[2] Stillschweigender[13] Verzicht wird vermutet für erkannte Mängel[14], die ein allfälliges Prüfungsprotokoll (Art. 158 Abs. 3) nicht aufführt[15]; ferner für Mängel, die bei der gemeinsamen Prüfung offensichtlich[16] waren, jedoch nicht geltend gemacht wurden[17]. Im zweiten Falle[18] ist die Vermutung unwiderleglich[19].

Art. 163 (1977/91)

[1] Hat die Bauleitung bei der gemeinsamen Prüfung (Art. 158 Abs. 2) einen Mangel zwar erkannt, auf dessen Geltendmachung aber ausdrücklich oder stillschweigend verzichtet, so gilt das Werk (oder der Werkteil) für den Mangel, soweit er erkannt wurde, als genehmigt. Der betreffende Mangel hindert in keinem Falle, dass die Abnahme mit Abschluss der Prüfung eintritt; für ihn entfällt die Haftung des Unternehmers in dem Umfang, als der Mangel von der Bauleitung erkannt wurde.

[2] Stillschweigender Verzicht wird vermutet für erkannte Mängel, die ein allfälliges Prüfungsprotokoll (Art. 158 Abs. 3) nicht aufführt; ferner für Mängel, die bei der gemeinsamen Prüfung offensichtlich waren, jedoch nicht geltend gemacht wurden. Im zweiten Falle ist die Vermutung unwiderleglich.

Anmerkung 1

1.1 Art. 163 geht davon aus, dass der Bauherr sich bei der gemeinsamen Prüfung von seiner *Bauleitung* (Art. 33 ff.) vertreten lässt (vgl. Art. 158/Rz. 14).

1.2 a) Für diesen Fall enthält Art. 163 die externe *Kundgabe einer Vollmacht* (Art. 33/Rz. 3.1). Der Bauherr teilt dem Unternehmer mit, dass seine Bauleitung, die an der gemeinsamen Prüfung teilnimmt, zur Abgabe der darin umschriebenen Verzichtserklärung ermächtigt sei (GWerkV Rz. 2634). Nach Art. 33 Abs. 3 OR hat diese Kundgabe zur Folge, dass der gutgläubige Unternehmer in seinem Vertrauen auf den Bestand der kundgegebenen Vollmacht auch dann geschützt wird, wenn der Bauherr seiner Bauleitung eine entsprechende Vollmacht in Wirklichkeit nicht erteilt hat. Vorausgesetzt ist allerdings, dass der Unternehmer nicht nur gutgläubig ist, sondern «bei der Aufmerksamkeit, wie sie nach den Umständen von ihm erwartet werden darf», auch gutgläubig sein kann (Art. 3 Abs. 2 ZGB). An letztere Voraussetzung sind hohe Anforderungen geknüpft, weil eine Vollmacht, auf die Geltendmachung von Mängeln zu verzichten, für das interne Verhältnis zwischen Bauherr und Bauleitung atypisch ist (vgl. GWerkV Rz. 2070; Schwager/Monn, Die Vollmacht des Planers, Rz. 5.78). Insbesondere kann der Unternehmer sich nicht auf seinen guten Glauben berufen (Art. 3 Abs. 2 ZGB), wenn er an der Richtigkeit der Kundgabe zweifelt, oder wenn er weiss oder nach den Umständen annehmen muss, dass der Bauherr die Bestimmung des Art. 163 nur global (also ohne Kenntnis oder Verständnis ihres Inhalts) übernommen hat (GWerkV Rz. 299). Bei nur globaler Übernahme ist sogar möglich, dass die Berufung des Unternehmers auf Art. 163 schon an der Ungewöhnlichkeitsregel (Einl./Rz. 31) scheitert (vgl. GWerkV Rz. 297; Schwager/Monn, Die Vollmacht des Planers, Rz. 5.79; siehe auch BGE 109 II 452/459 E. 5b, wo die Ermächtigung des bauleitenden Architekten zur Vornahme von Handlungen, welche die eigentliche Bauleitung betreffen, als geschäftstypisch, die Ermächtigung der Bauleitung hingegen, zulasten des Bauherrn erhebliche finanzielle Verpflichtungen einzugehen, als geschäftsfremd qualifiziert wurde).

1.3 b) Prüft der *Bauherr* das Werk *persönlich* (vgl. Art. 34/Rz. 7.5; Art. 158/Rz. 14), so ist die Bestimmung des Art. 163 so zu lesen, wie wenn Bauherr an Stelle von Bauleitung stünde (GWerkV Rz. 2634; vgl. auch Art. 33 Abs. 3).

Anmerkung 2

2 Gemeint ist sowohl die erstmalige als auch eine erneute (zweite, dritte, ...) Prüfung (Art. 158 Abs. 2 und Art. 161 Abs. 3).

Anmerkung 3

3.1 *Kenntnis* des Mangels setzt voraus, dass die Bauleitung sowohl die *Beschaffenheit* des vom betreffenden Unternehmer hergestellten Werks (oder Werkteils) als auch den Umstand erkannt hat, dass diese Beschaffenheit (z.B. ein Mauerriss) *vertragswidrig* ist (Art. 166 Abs. 1 und 3; BGE 117 II 425/427 E. 2; vgl. auch GWerkV Rz. 2182; Trümpy, Die Abnahme, S. 58). Solange es an dieser (doppelten) Voraussetzung fehlt, ist der Mangel nicht erkannt. Namentlich genügt es nicht, dass der Mangel für die Bauleitung erkennbar gewesen wäre, wenn er nicht tatsächlich erkannt wurde (einschränkend für den Fall eines offensichtlichen Mangels aber Art. 163/Rz. 16.1 ff.). Beizufügen bleibt:

Im Unterschied zum Gesetz (Art. 368 OR und Art. 369 OR) verneint die SIA-Norm 118 in Art. 166 Abs. 4 bereits das *Vorliegen* eines Mangels (nicht erst die Mängelhaftung), wenn der Bauherr den vertragswidrigen Zustand des Werks selbst verschuldet hat (vgl. Art. 166 Abs. 4). Mit Rücksicht auf diese Besonderheit der Norm stellt sich hier die Auslegungsfrage, ob zur Kenntnis des Mangels (im Sinne des Art. 163) auch die Gewissheit gehört, dass den Bauherrn *kein* Selbstverschulden (Art. 166 Abs. 4) trifft. Die Frage ist zu verneinen. Denn in seinem materiellen Gehalt stimmt Art. 166 Abs. 4 mit Art. 369 OR überein (Art. 166/Rz. 15.1). Er will nur klarstellen, dass ein Selbstverschulden des Bauherrn die Mängelhaftung des Unternehmers (Art. 165) ausschliesst, nicht aber die Voraussetzungen für die Genehmigung des Werks (Art. 163) erschweren. Zum Begriff des Selbstverschuldens Art. 166/Rz. 15.1 ff. 3.2

Anmerkung 4

Mit der Geltendmachung eines Mangels ist eine *Mängelrüge* gemeint, die sich an den Unternehmer (oder an dessen bevollmächtigten Vertreter) zu richten hat, auch wenn die Arbeiten durch einen Subunternehmer (Art. 29) ausgeführt wurden. Die Mängelrüge hat (wenn sie nicht schon vorher erhoben wurde) sofort nach Abschluss der Prüfung zu erfolgen, während es den Ansprüchen des Bauherrn nicht schadet, wenn er dem Unternehmer (bei zeitgerechter Mängelrüge) erst später eine Frist zur Mängelbehebung ansetzt (zur Abnahme vgl. aber Art. 162/Rz. 7.1 f.). 4.1

Über die Anforderungen an den *Inhalt* einer wirksamen Mängelrüge enthält die Norm keine Bestimmung, weshalb diesbezüglich auf die Grundsätze zurückzugreifen ist, die auch für die gesetzliche Mängelhaftung gelten (Art. 2 Abs. 2; BGE 107 II 172/175 E. 1a; BGer 4A_511/2014 vom 4. März 2015 E. 4.3; KGer GR ZK2 11 25 vom 22. Juni 2011 E. 4d). Dazu Art. 173/Rz. 5. 4.2

Anmerkung 5

Zum stillschweigenden Verzicht vgl. die Vermutung in Art. 163 Abs. 2. Siehe dazu auch GWerkV Rz. 2633 und 2635. 5

Anmerkung 6

Der Verzicht auf die Geltendmachung des Mangels geschieht durch die (ausdrückliche oder stillschweigende) Erklärung des Willens, das Werk (oder den Werkteil) trotz des erkannten Mangels als vertragsgemäss erstellt (und insofern als mängelfrei) gelten zu lassen. 6

Anmerkung 7

7 Falls der Werkteil (Art. 157/Rz. 5.2) Gegenstand einer separaten Abnahmeprüfung bildet (Art. 157 Abs. 1 sowie Art. 158 Abs. 1 und 2).

Anmerkung 8

8 Zur Bedeutung dieser *Genehmigung* siehe Art. 163/Rz. 11. Vgl. auch Art. 174 Abs. 1, wonach «Mängel, für die das Werk (oder der Werkteil) gemäss Art. 163 als genehmigt gilt», von der Haftung des Unternehmers ausgenommen sind.

Anmerkung 9

9 Also auch dann nicht, wenn es sich um einen wesentlichen Mangel (Art. 161) handelt.

Anmerkung 10

10 Mit *Abschluss der Prüfung* (wie nach Art. 159), also nicht erst mit Unterzeichnung eines allfälligen Prüfungsprotokolls (Art. 158 Abs. 3). Zur rechtlichen Bedeutung, welche der in einem Prüfungsprotokoll enthaltenen Zeitangabe zukommt, siehe Art. 158/Rz. 26.

Anmerkung 11

11 Mit dem *Wegfall der Haftung* (Art. 165) sind die Mängelrechte des Bauherrn (Art. 169 – 171) für diesen Mangel erloschen, also verwirkt. Das gilt auch für das Recht des Bauherrn auf Ersatz eines Mangelfolgeschadens (Art. 171), der erst später eintritt. Die Verwirkung ist unabhängig davon, ob der Unternehmer den Mangel verschuldet hat oder nicht. Vorbehalten bleiben Mängel, die vom Unternehmer «absichtlich verschwiegen» (Art. 158/Rz. 19.3) wurden. Für solche Mängel haftet der Unternehmer unbekümmert darum, ob das Werk oder der Werkteil für sie als genehmigt gilt; das ergibt sich zwar nicht aus Art. 163 Abs. 1, wohl aber aus Art. 370 Abs. 1 OR, der ergänzend eingreift (Art. 2 Abs. 2).

Anmerkung 12

12 Diese umständliche Formulierung besagt, dass die Haftung immer nur *für den erkannten Mangel als solchen* entfällt (a.M. Spiess/Huser, Handkommentar, N 11 zu Art. 163). Das ist deshalb von Bedeutung, weil ein erkannter Mangel (z.B. ein Mangel im Betonfundament), auf dessen Geltendmachung verzichtet wurde, die Ursache dafür sein kann, dass in der Folge ein weiterer (zusätzlicher) Mangel (z.B. ein Mauerriss) entsteht. Für diesen zusätzlichen Mangel (Sekundärmangel; vgl. BGer 4A_109/2014 vom 21. Mai 2014 E. 3.3.1) entfällt die Haftung des Unternehmers nicht schon deshalb, weil das Werk (oder der Werkteil) hinsichtlich des primären Mangels als genehmigt gilt. Zum Sekundärmangel Art. 166/Rz. 5.2.

Anmerkung 13

13 Gemeint ist: stillschweigender Verzicht *auf die Geltendmachung des Mangels* (Art. 163 Abs. 1).

Anmerkung 14

Zur Frage, unter welcher Voraussetzung ein Mangel «erkannt» ist, siehe Art. 163/Rz. 3.1. 14

Anmerkung 15

Für die Elemente der Vermutungsbasis (Mangel wurde erkannt, im Prüfungsprotokoll aber nicht aufgeführt) trägt der Unternehmer die Beweislast, der die Vermutung anruft. Die Vermutung kann vom Bauherrn durch den Beweis des Gegenteils widerlegt werden, z.B. indem er nachweist, dass der Mangel gerügt oder dessen Behebung tatsächlich verlangt wurde. Da ein erkannter Mangel einem offensichtlichen Mangel gleichzustellen ist (Art. 163/Rz. 16.3), wird der Verzicht unwiderlegbar vermutet (also fingiert), falls der (erkannte und/oder offensichtliche) Mangel «bei der gemeinsamen Prüfung» nicht «geltend gemacht», also nicht gerügt wurde (Art. 163 Abs. 2 letzter Satz; Art. 163/Rz. 17.1 ff.). Wurde gar kein Prüfungsprotokoll aufgenommen (dazu Art. 158 Abs. 3: «in der Regel»), so entfällt diese Vermutung von vornherein, weil es an einem Element der Vermutungsbasis fehlt. 15

Anmerkung 16

«Offensichtliche» Mängel liegen klar zutage, weshalb sie für die an der Prüfung beteiligte Bauleitung (Art. 163/Rz. 1.1) ohne Weiteres (gewissermassen auf den ersten Blick) erkennbar sind (HGer ZH HG120094 vom 8. Mai 2014 E. 5.2.3). Im Einzelnen: 16.1

a) Offensichtlich müssen sowohl die tatsächliche *Beschaffenheit* des Werks (oder Werkteils) als auch der Umstand sein, dass diese Beschaffenheit (z.B. ein Mauerriss) *vertragswidrig* ist (Art. 166 Abs. 1 und 3). Sind beide Voraussetzungen erfüllt, so ist ein Mangel (trotz Art. 166 Abs. 4) auch dann offensichtlich im Sinn des Art. 163 Abs. 2, wenn Ungewissheit darüber besteht, ob den Bauherrn ein Selbstverschulden trifft (vgl. Art. 163/Rz. 3.2; Art. 166/Rz. 15.1 ff.). 16.2

b) Den offensichtlichen Mängeln sind solche Werkmängel *gleichzustellen*, welche die Bauleitung während der Prüfung, an der sie teilnahm, tatsächlich erkannt hatte (Art. 163/Rz. 3.1) oder die ihr schon vorher bekannt waren: erkannte Mängel sind mehr als nur offensichtlich (GWerkV Rz. 2635). 16.3

c) Unerkannte Mängel, die bei der gemeinsamen Prüfung zwar nicht offensichtlich, für die Bauleitung aber dennoch *erkennbar* waren, fallen nicht in den Anwendungsbereich des Art. 163 Abs. 2. Für sie gilt die Regel des Art. 179 Abs. 3. 16.4

d) Für den Fall, dass sich der Bauherr nicht durch eine Bauleitung vertreten lässt, vgl. Art. 163/Rz. 1.3. Alsdann kommt es darauf an, ob ein Mangel für den Bauherrn offensichtlich war, was auch vor dem Hintergrund von dessen (möglicherweise beschränkter) Fachkunde zu beurteilen ist (Art. 158/Rz. 14). 16.5

Anmerkung 17

Offensichtliche Mängel müssen somit bei der gemeinsamen Prüfung durch eine Mängelrüge geltend gemacht (d.h. gerügt) werden, da sonst ein stillschweigender Verzicht auf deren Geltendmachung vermutet wird (zur Mängelrüge vgl. Art. 163/Rz. 4.1). Diese 17.1

Vermutung ist nach dem letzten Satz des Art. 163 Abs. 2 unwiderleglich (also eine Fiktion).

17.2 a) Die soeben erwähnte Rechtslage gilt nach Art. 163 Abs. 2 auch für offensichtliche Mängel, die von der Bauleitung tatsächlich *nicht erkannt* wurden. Insofern greift Art. 163 Abs. 2 über Art. 163 Abs. 1 hinaus, der nur von erkannten Mängeln spricht. Umgekehrt aber sind den offensichtlichen Mängeln, wie bereits gesagt, die *erkannten* Mängel gleichzustellen (Art. 163/Rz. 16.3).

17.3 b) Das Erfordernis, wonach die offensichtlichen und die erkannten Mängel «bei der gemeinsamen Prüfung» zu rügen sind, darf nicht so verstanden werden, dass die Mängelrüge noch vor dem Abschluss der Prüfung zu erfolgen hätte. Vielmehr muss es genügen, wenn die Mängel *sofort nach Abschluss der Prüfung* gerügt werden. Wird unverzüglich ein Prüfungsprotokoll aufgenommen und unterzeichnet (Art. 158 Abs. 3), kann eine rechtzeitige Rüge noch mit der Unterzeichnung erfolgen. Eine andere Auslegung des Art. 163 Abs. 2 liesse sich weder mit Treu und Glauben (Art. 2 Abs. 1 ZGB) noch mit den Bedürfnissen des praktischen Verkehrs vereinbaren.

Anmerkung 18

18.1 Behauptet der Unternehmer, dass ein solcher Fall vorliegt, also ein offensichtlicher oder erkannter Mangel «bei der gemeinsamen Prüfung» *nicht* (durch Mängelrüge) geltend gemacht wurde, so stellt sich die Frage nach der *Beweislastverteilung*. Der Beweis dafür, dass der betreffende Mangel bei der Prüfung offensichtlich (oder erkannt) war, obliegt dem Unternehmer.

18.2 Dagegen hat der Bauherr zu beweisen, dass und wann der Mangel gerügt wurde. Handelt es sich um einen Mangel, den ein beiderseitig unterzeichnetes Prüfungsprotokoll (Art. 158 Abs. 3) ohne gegenteilige Angaben aufführt, so spricht eine tatsächliche Vermutung (Walter, Berner Kommentar, N 473 ff. zu Art. 8 ZGB) dafür, dass er spätestens bei der Unterzeichnung des Protokolls gerügt wurde. Ist die Rüge und deren Zeitpunkt nachgewiesen, so obliegt der Beweis, dass diese Mängelrüge zu spät erfolgte (Art. 163/Rz. 17.3), wiederum dem Unternehmer. Zum Ganzen vgl. GWerkV Rz. 2169 ff.

Anmerkung 19

19 Da die Vermutung «unwiderleglich» ist, handelt es sich um eine Fiktion, die auch durch den Beweis des Gegenteils nicht beseitigt werden kann (GWerkV Rz. 2635). Allerdings ist zu beachten, dass das zu beweisende Gegenteil ohnehin darin bestehen müsste, dass der Bauherr nicht verzichtet, sondern den Mangel geltend gemacht, also gerügt hat. Dieser Nachweis steht dem Bauherrn indes offen, da er die Vermutungsbasis betrifft (zu dieser Beweislastverteilung Art. 163/Rz. 18.1 f.).

6 14 Abnahme ohne Prüfung[1]

Art. 164

[1] Unterbleibt[2] nach Anzeige der Vollendung (Art. 158 Abs. 1)[3] die gemeinsame Prüfung[4] innert Monatsfrist[5,6] deswegen, weil entweder keine der Parteien die Prüfung verlangt[7] oder vonseiten des Bauherrn die Mitwirkung[8] unterlassen wird[9], so gilt das Werk (oder der Werkteil[10]) mit Ablauf dieser Frist[11] dennoch als abgenommen.[12]

[2] Keine Abnahme findet jedoch statt[13], solange die gemeinsame Prüfung[14] deswegen unterbleibt, weil der Unternehmer die Mitwirkung unterlässt[15].[16]

[3] Unterbleibt[17] nach Anzeige der Verbesserung (Art. 161 Abs. 3) die nochmalige Prüfung des Werkes (oder des Werkteils) innert Monatsfrist[18], so gelten Abs. 1 und 2 sinngemäss.

Art. 164 (1977/91)

[1] Unterbleibt nach Anzeige der Vollendung (Art. 158 Abs. 1) die gemeinsame Prüfung innert Monatsfrist deswegen, weil entweder keine der Parteien die Prüfung verlangt oder von seiten des Bauherrn die Mitwirkung unterlassen wird, so gilt das Werk (oder der Werkteil) mit Ablauf dieser Frist dennoch als abgenommen.

[2] Keine Abnahme findet jedoch statt, solange die gemeinsame Prüfung deswegen unterbleibt, weil der Unternehmer die Mitwirkung unterlässt.

[3] Unterbleibt nach Anzeige der Verbesserung (Art. 161 Abs. 3) die nochmalige Prüfung des Werkes (oder des Werkteils) innert Monatsfrist, so gelten Abs. 1 und 2 sinngemäss.

Anmerkung 1

Die Abnahme ohne gemeinsame Prüfung (Art. 164 Abs. 1 und 3) ist im System der SIA-Norm 118 ein *Ausnahmefall* (vgl. Art. 158 Abs. 2 und Art. 159–163): 1.1

a) Die Ausnahmebestimmung dient dem Interesse des Unternehmers, woraus sich die in Art. 164 Abs. 2 enthaltene Ausnahme von der Ausnahme erklärt. Indes entbindet Art. 164 den Unternehmer nicht von der Pflicht, den Bauherrn über (Werk-)Mängel (Art. 166) zu informieren, die weder offensichtlich noch dem Bauherrn bekannt sind, soweit der Unternehmer die Mängel kennt und deren Verschweigung gegen Treu und Glauben verstösst (vgl. Art. 158/Rz. 19.4). Die Verschweigung eines solchen Mangels ist ein absichtliches Verschweigen im Sinn der Norm (vgl. Art. 179 Abs. 4 und Art. 180 Abs. 2). 1.2

b) Erfolgt die Abnahme ohne gemeinsame Prüfung, so kommt die Vorschrift des Art. 179 Abs. 4 ins Spiel, wonach es dem Bauherrn obliegt, das abgenommene Werk (oder den separat abgenommenen Werkteil) während der Rügefrist selbständig zu prüfen (vgl. Art. 179/Rz. 18). 1.3

Anmerkung 2

2 Die Prüfung «unterbleibt» innert Monatsfrist, wenn vor deren Ablauf mit der Prüfung nicht *begonnen* wird (Art. 158/Rz. 17; GWerkV Rz. 2609). Nur diese Auslegung, die nicht auf den *Abschluss* der Prüfung abstellt, führt zu einem sachgerechten Ergebnis. Müsste nämlich die Prüfung bis zum Ablauf der Monatsfrist *abgeschlossen* sein, so gerieten die Parteien (namentlich bei grösseren Bauwerken) oftmals in Zeitnot; und es käme ausserdem häufig vor, dass die Abnahme nach Art. 164 Abs. 1 noch während der laufenden Prüfung einträte, was nicht dem Sinn der Bestimmung entsprechen kann.

Anmerkung 3

3 Der Vollendungsanzeige steht die Ingebrauchnahme des vollendeten *ganzen* Werks gleich (Art. 158/Rz. 11).

Anmerkung 4

4 Gemeint ist die gemeinsame Prüfung nach Art. 158 Abs. 2.

Anmerkung 5

5 Zur Monatsfrist vgl. Art. 158 Abs. 2; über den Beginn des Fristenlaufs und über die Fristberechnung siehe die Art. 158/Rz. 17. Beachte auch Art. 164/Rz. 6.1.

Anmerkung 6

6.1 Kommen die Parteien überein, mit der Prüfung erst *nach* Ablauf der Monatsfrist zu beginnen, so gilt eine verlängerte Frist, deren Dauer sich entweder durch Auslegung der getroffenen Abrede oder (wenn die Parteien darüber nichts vereinbart haben) durch Vertragsergänzung bestimmt.

6.2 Die Ergänzung der getroffenen Abrede, die auf den hypothetischen Parteiwillen abstellt (Jäggi/Gauch/Hartmann, Zürcher Kommentar, N 559 zu Art. 18 OR; Gauch/Schluep/Schmid, OR AT, Rz. 1257 ff.), hat alle Umstände des Einzelfalls (namentlich auch das schützenswerte Interesse des Unternehmers an einer raschen Abnahme) zu berücksichtigen. Soweit die Umstände nicht etwas anderes ergeben, rechtfertigt es sich, die Frist (in Anlehnung an die Art. 158 Abs. 2 und 161 Abs. 3) um maximal einen Monat zu verlängern. Diese Ergänzung entspricht auch dem Gebot, möglichst klare Abnahmeverhältnisse zu schaffen. Doch gilt auch hier (siehe Art. 158/Rz. 17 und Art. 164/Rz. 2), dass die Frist eingehalten ist, wenn binnen Frist mit der Prüfung begonnen wird.

Anmerkung 7

7 Indem die Bestimmung den Fall regelt, da «keine der Parteien die Prüfung verlangt», leistet sie dem Missverständnis Vorschub, die Prüfung müsse verlangt werden. Das trifft nicht zu. Richtig ist vielmehr, dass den Bauherrn die Obliegenheit trifft, das Werk nach der Vollendungsanzeige zu prüfen, ohne dass er dazu vom Unternehmer aufgefordert werden muss. Der Unternehmer seinerseits ist verpflichtet, an der Prüfung mitzuwirken (vgl. Art. 158/Rz. 14), sobald er von der Bauleitung zur Teilnahme aufgefordert wird. Die entsprechende Aufforderung muss insofern *rechtzeitig* erfolgen, als es nach den Umstän-

den möglich und dem Unternehmer zumutbar sein muss, noch vor Ablauf der Frist an der verlangten Prüfung mitzuwirken oder sich dabei vertreten zu lassen (Art. 158/Rz. 2). Erfolgt die Aufforderung nach diesen Kriterien verspätet, ist es so zu halten, als wäre keine Aufforderung erfolgt (anders aber GWerkV Rz. 2625).

Anmerkung 8

Gemeint ist, dass die Bauleitung den Unternehmer nicht rechtzeitig (Art. 164/Rz. 7) zur Teilnahme aufforderte oder aber auf die unternehmerseitige Aufforderung, die Abnahmeprüfung an die Hand zu nehmen, nicht fristgerecht eintrat. 8

Anmerkung 9

Hier liegt es am Bauherrn, und nur an ihm, dass die verlangte (gemeinsame) Prüfung innert der Monatsfrist unterbleibt. Der Umstand, dass der Bauherr die Mitwirkung unterlässt, bildet den Grund, der die Einhaltung der Frist verunmöglicht. Der Ausdruck «vonseiten des Bauherrn» verdeutlicht, dass dem Bauherrn auch das Verhalten seiner Bauleitung (Art. 33 ff.) angerechnet wird. 9.1

Dass der Bauherr (oder sein Vertreter) die Mitwirkung ausdrücklich verweigert, ist nicht erforderlich. Schlichte Untätigkeit genügt (GWerkV Rz. 2626). Gleichgültig ist auch, ob ein entschuldbarer Hinderungsgrund vorliegt oder nicht. So oder anders widerspräche es den schutzwürdigen Interessen des Unternehmers, die Abnahme auf ungewisse Zeit hinauszuschieben, weshalb die Abnahmeregel des Art. 164 Abs. 1 eingreift. 9.2

Anmerkung 10

Falls der Werkteil (Art. 157/Rz. 5.2) zu separater Abnahme gestellt wurde (Art. 157 Abs. 1 sowie Art. 158 Abs. 1 und 2). 10

Anmerkung 11

Die Frist läuft mit dem letzten Tag der Frist ab. Zum Beginn des Fristenlaufs siehe Art. 158/Rz. 17. Für die Fristberechnung sind die Art. 77 Abs. 1 Ziff. 3 OR und Art. 78 OR sinngemäss anzuwenden (GWerkV Rz. 2624). 11

Anmerkung 12

Die Abnahme tritt mit Ablauf der Monatsfrist ohne Weiteres ein, obwohl mit der gemeinsamen Prüfung (Art. 158 Abs. 2) noch nicht begonnen wurde. Doch ist ein Dreifaches zu beachten: 12.1

a) Auch die Abnahmeregel des Art. 164 Abs. 1 setzt voraus, dass das Werk (oder der Werkteil), um dessen Abnahme es geht, tatsächlich *vollendet* ist (vgl. Art. 157/Rz. 2.1 ff.; vgl. auch GWerkV Rz. 2623), mithin sämtliche Arbeiten, die der Unternehmer schuldet, ausgeführt sind (Art. 157/Rz. 2.1). 12.2

b) Vorbehalten bleibt ausserdem der in Art. 164 Abs. 1 nicht geregelte (seltene) Fall, in dem der Bauherr bis zum Ablauf der Monatsfrist keinen Zutritt zum vollendeten Werk (oder Werkteil) hat und der Grund dafür beim Unternehmer liegt. In einem solchen Fall 12.3

wird die Abnahme über die Monatsfrist hinaus so lange verschoben, als dem Bauherrn der Zutritt und damit die Ausübung der tatsächlichen Gewalt (namentlich auch die Möglichkeit zur Prüfung des Werks) verwehrt bleiben (GWERKV Rz. 93).

12.4 c) Art. 174 Abs. 1 nimmt jene «Mängel, für die das Werk (oder der Werkteil) gemäss Art. 163 als genehmigt gilt», von der Mängelhaftung des Unternehmers aus, was sich von selbst erklärt, da die Genehmigung gerade jener Vorgang ist, durch den die Haftung des Unternehmers entfällt (Art. 163/Rz. 11). Da Art. 163 die Genehmigung für bestimmte Fälle vermutet, kann es für den Bauherrn günstiger sein, auf die gemeinsame Prüfung zu verzichten und es in Kauf zu nehmen, dass nach Art. 164 die Abnahme ohne Prüfung eintritt (vgl. auch BRÄNDLI, Die Nachbesserung, Rz. 194). Der Verzicht auf eine gemeinsame Prüfung hindert den Bauherrn nicht daran, das Werk eingehend zu prüfen und vom Unternehmer die Beseitigung vorhandener Mängel zu verlangen. Nur wird die Abnahme auch bei Vorliegen wesentlicher Mängel nicht zurückgestellt.

Anmerkung 13

13 Vorbehalten bleibt Art. 162 (Fall 3).

Anmerkung 14

14 Gemeint ist eine gemeinsame Prüfung (Art. 158 Abs. 2), die von der Bauleitung rechtzeitig (Art. 164/Rz. 7) verlangt wurde.

Anmerkung 15

15 Dass der Unternehmer die Mitwirkung ausdrücklich verweigert, ist nicht vorausgesetzt. Schlichte Untätigkeit des Unternehmers genügt.

Anmerkung 16

16.1 Diese Regel bezweckt, den Unternehmer zur Teilnahme an der gemeinsamen Prüfung anzuhalten, zu der er nach Art. 158 Abs. 2 verpflichtet ist (Art. 158/Rz. 14). Verletzt er die Pflicht, indem er die Mitwirkung unterlässt, wird die Abnahme zu seinem Nachteil hinausgeschoben. Anders als nach Art. 164 Abs. 1 tritt deshalb keine Abnahme durch Fristablauf ein. Vielmehr bleibt es auch nach Ablauf der Monatsfrist (Art. 158 Abs. 2) bei den Bestimmungen der Art. 159 ff., die für die Abnahme eine gemeinsame Prüfung voraussetzen. Beizufügen ist aber ein Zweifaches:

16.2 a) Bei einer Auslegung, die sich am Zweck dieser Regel orientiert, passt Art. 164 Abs. 2 nicht auf den Fall, da der Unternehmer durch *unverschuldete Hinderungsgründe* von der Mitwirkung abgehalten wird. Da die Norm sich darüber ausschweigt, was in einem solchen Fall gilt, bleibt nichts anderes übrig, als die Abnahmeordnung der SIA-Norm 118 sinnvoll zu ergänzen. Richtigerweise wird auf Art. 164 Abs. 1 zurückgegriffen und in Anlehnung an diese Bestimmung angenommen, dass die Abnahme einen Monat nach der erfolgten Vollendungsanzeige eintritt.

16.3 b) Die Norm schweigt sich auch darüber aus, was dann gilt, wenn es nicht *an einer Partei allein*, sondern an *beiden* Parteien liegt, dass die (rechtzeitig) verlangte Prüfung innert

Monatsfrist unterbleibt. Auch für diesen Fall bedarf die Abnahmeordnung der SIA-Norm 118 einer sinnvollen Ergänzung, wobei es wiederum richtig ist, die Abnahme (analog zu Art. 164 Abs. 1) mit Ablauf der Monatsfrist eintreten zu lassen. Das entspricht der Regel, die Platz greift, wenn die Prüfung von keiner der Parteien (rechtzeitig) verlangt wurde. Sind die Parteien allerdings übereingekommen, mit der gemeinsamen Prüfung erst nach Ablauf der Monatsfrist zu beginnen, so gilt das in Art. 164/Rz. 6.1 f. Gesagte.

Anmerkung 17

Vgl. dazu Art. 164/Rz. 2. 17

Anmerkung 18

Vgl. Art. 161 Abs. 3. Zum Fall, da die Parteien vereinbaren, den Prüfungsbeginn über die Monatsfrist hinaus zu verschieben, vgl. Art. 164/Rz. 6.1 f. Zur Fristberechnung siehe Art. 164/Rz. 11; zum Fristbeginn vgl. Art. 158/Rz. 17. 18

6 2 Haftung für Mängel

Vorbemerkungen zu Art. 165 – 171

a) Wie nach Gesetz (Art. 367 – 371 OR), so haftet der Unternehmer auch nach der SIA-Norm 118 für die Mängel seines Werks (Art. 165). Diese Haftung äussert sich darin, dass dem Bauherrn bei Vorliegen eines Werkmangels (Art. 166) bestimmte Rechte (Art. 169 – 171) zustehen. Eine systematische Darstellung findet sich bei GWerkV Rz. 2647 ff. 1

b) Die in der SIA-Norm 118 (Art. 165 – 171) geregelte Mängelhaftung stimmt weitgehend (aber nicht vollständig) mit der dispositiven gesetzlichen Haftung für Werkmängel (Art. 367 ff. OR) überein (siehe auch Tercier/Favre/Carron Benoît, Les contrats spéciaux, Rz. 4562). Sie ist eine *vertragliche Haftung*. Mit einer allfälligen Haftung des Unternehmers aus unerlaubter Handlung (aus Art. 41 ff. OR und weiteren Bestimmungen [z.B. des PrHG]; GWerkV Rz. 2341 ff.) befasst die SIA-Norm 118 sich nicht. Zur gesetzlichen Mängelhaftung aus Werkvertrag eingehend GWerkV Rz. 1348 ff.; Koller Alfred, Werkvertragsrecht, Rz. 486 ff.; Schmid/Stöckli/Krauskopf, OR BT, Rz. 1728 ff.; Tercier/Favre/Carron Benoît, Les contrats spéciaux, Rz. 4457 ff. 2

c) Vertragliche Abreden, welche die Mängelhaftung des Unternehmers ausschliessen oder einschränken (etwa das Schadenersatzrecht des Art. 171 wegbedingen), sind zum vornherein nur in den Schranken der Rechtsordnung (Art. 19 Abs. 1 und Art. 20 OR) wirksam (GWerkV Rz. 2572 ff.). Ausserdem müssen sie den Bestimmungen der SIA-Norm 118 vorgehen, indem sie individuell oder in einem ranghöheren Vertragsbestandteil (Art. 21) vereinbart sind (vgl. Einl./Rz. 26). 3

d) Lässt sich schon «während der Ausführung des Werkes» eine «mangelhafte […] Erstellung durch Verschulden des Unternehmers bestimmt voraussehen», so kann ihm der 4

Bauherr nach Massgabe des Art. 366 Abs. 2 OR «eine angemessene Frist zur Abhilfe ansetzen oder ansetzen lassen mit der Androhung, dass im Unterlassungsfalle die Verbesserung oder die Fortführung des Werkes auf Gefahr und Kosten des Unternehmers einem Dritten übertragen werde» (vgl. dazu GWerkV Rz. 872 ff. und 2419 ff.; Tercier/Favre/Carron Benoît, Les contrats spéciaux, Rz. 4450 ff.; auch Art. 169/Rz. 17.1). Mit diesem Recht auf Ersatzvornahme, das dem Bauherrn auch im Anwendungsbereich der SIA-Norm 118 zusteht (Art. 2 Abs. 2 und Art. 139 Abs. 3), befassen sich die Art. 165 ff. nicht. «Durch Verschulden» des Unternehmers heisst hier, dass den Bauherrn kein Selbstverschulden (Art. 369 OR und Art. 166 Abs. 4) trifft (GWerkV Rz. 880).

5 e) Während es in Art. 165 – 171 um den Inhalt der Mängelhaftung geht, befassen sich die Art. 172 – 177 mit der Rechtslage während der zweijährigen Rügefrist, die Art. 178 f. mit der Rechtslage nach Ablauf dieser Rügefrist und Art. 180 mit der Verjährung.

6 21 Grundsatz

Art. 165

[1] Der Unternehmer[1] haftet dafür, dass sein Werk (Art. 1) keine Mängel im Sinne von Art. 166 aufweist[2].

[2] Er haftet ohne Rücksicht auf die Ursache des Mangels[3] (z.B. unsorgfältige Arbeit[4], Verwendung untauglichen Materials[5], eigenmächtiges Abweichen von Plänen und Vorschriften der Bauleitung)[6] und unabhängig vom Verschulden[7]. Vorbehalten bleiben Art. 166 Abs. 4 (Verschulden des Bauherrn oder der Bauleitung)[8] und Art. 171 Abs. 2 (Schadenersatzpflicht des Unternehmers nur bei Verschulden)[9].

Art. 165 (1977/91)

[1] Der Unternehmer haftet dafür, dass sein Werk (Art. 1) keine Mängel im Sinne von Art. 166 aufweist.

[2] Er haftet ohne Rücksicht auf die Ursache des Mangels (z.B. unsorgfältige Arbeit, Verwendung untauglichen Materials, eigenmächtiges Abweichen von Plänen und Vorschriften der Bauleitung) und unabhängig vom Verschulden. Vorbehalten bleiben Art. 166 Abs. 4 (Verschulden des Bauherrn oder der Bauleitung) und Art. 171 Abs. 2 (Schadenersatzpflicht des Unternehmers nur bei Verschulden).

Anmerkung 1

1 Der Unternehmer kann namentlich ein Totalunternehmer sein, der die gesamte Ausführung eines Bauwerks übernimmt und hierfür auch die Planungsarbeiten (einschliesslich der Projektierungsarbeiten) leistet (Vorbem. Art. 28 – 32/Rz. 10 und 30). Sein Vertrag mit dem Bauherrn ist ebenfalls ein Werkvertrag (vgl. BGE 117 II 273/274 E. 3a; 114 II 53/57 E. 3c; BGer 4C.91/2003 vom 25. August 2003 E. 4.3.1; Vorbem. Art. 28 – 32/Rz. 30).

Anmerkung 2

Diese (Mängel-)Haftung äussert sich in den *Mängelrechten*, die dem Bauherrn nach Massgabe der Art. 169–171 zustehen. Sie greift auch dann, wenn die Herstellung eines *mängelfreien* Werks von Anfang an (objektiv) unmöglich war oder später (objektiv) unmöglich geworden ist. Denn die Regeln über die Mängelhaftung gehen (in ihrem Anwendungsbereich) den Bestimmungen über die Leistungsunmöglichkeit vor. Das gilt für die vereinbarten Regeln über die Mängelhaftung ebenso wie für die gesetzlichen. Um eine Leistungsunmöglichkeit, die sich nach den allgemeinen Regeln richtet, handelt es sich aber dann, wenn sich die Unmöglichkeit auf die Herstellung an sich (und nicht bloss auf die mängelfreie Herstellung) bezieht (Art. 185/Rz. 5.1 f.; GWerkV Rz. 721). Überdies unterscheiden die Regeln über die Mängelhaftung nicht zwischen behebbaren und unbehebbaren Mängeln. In Bezug auf Letztere hat der Bauherr zwar kein Nachbesserungsrecht, doch verfügt er gegebenenfalls über die übrigen Mängelrechte, zu denen auch das Recht auf Neuherstellung des Werks zählt. Zum Ganzen vgl. GWerkV Rz. 2323 f. und 2334 ff. 2

Anmerkung 3

Zum Begriff des Mangels im Sinne der SIA-Norm 118 siehe Art. 166/Rz. 2.1 f. Zu möglichen Ursachen von Mängeln GWerkV Rz. 1465 ff.; Tercier/Favre/Carron Benoît, Les contrats spéciaux, Rz. 4484. 3

Anmerkung 4

Selbst *sorgfältige* Arbeit kann zu einem Mangel des Werks (Art. 166) führen, für den der Unternehmer im Rahmen seiner verschuldensunabhängigen Haftung einzustehen hat. In diesem Sinne trifft den Unternehmer eine Kausalhaftung (Art. 165/Rz. 7), wobei aber einzuräumen ist, dass der nachbessernde Unternehmer an sich einfach seinen Vertrag erfüllt, der sich auf die Herstellung eines mängelfreien Werks richtet. Insofern trifft es zu, dass der Unternehmer von seiner Pflicht, den Vertrag richtig zu erfüllen, nicht dadurch befreit wird, dass ihn an der Schlechterfüllung kein Verschulden trifft. 4

Anmerkung 5

Zum Material gehört unter anderem (und vor allem) der vom Unternehmer gelieferte und verwendete *Baustoff* (Art. 10/Rz. 5; Art. 136/Rz. 1.1 f.). Art. 165 Abs. 2 stellt somit klar, dass der Unternehmer auch für Werkmängel, für welche die Untauglichkeit seines Baustoffs ursächlich ist, nach den werkvertraglichen Bestimmungen der Art. 165–180 einstehen muss. Das liegt ganz auf der Linie der heute herrschenden Lehre und Rechtsprechung zum gesetzlichen Werkvertragsrecht, wonach der Unternehmer ungeachtet der missverständlichen Formulierung in Art. 365 Abs. 1 OR auch für jene Mängel seines Werks, die sich aus der Mangelhaftigkeit seines Werkstoffs ergeben, nach den Regeln des Werkvertragsrechts (und nicht des Kaufvertragsrechts) haftet (vgl. BGE 117 II 425/428 E. 3; BGer 4A_235/2008 vom 23. Juli 2008 E. 5.1; 4C.130/2006 vom 8. Mai 2007 E. 3.1; GWerkV Rz. 1477). 5.1

5.2 Ob der vom Unternehmer verwendete Stoff für die Herstellung eines mängelfreien Werks schon seiner Art nach oder nur deshalb *untauglich* war, weil er einen Qualitätsfehler (z.B. verunreinigter Sand oder nicht ausreichend lang gebrannte Ziegel) aufwies, macht für die Mängelhaftung des Unternehmers (Art. 165) keinen Unterschied (vgl. dazu Art. 136/ Rz. 2.2; GWerkV Rz. 1983). Für Arbeiten mit vom Bauherrn vorgeschriebenen Baustoffen gilt aber Art. 136 Abs. 2; für die vom Bauherrn gelieferten Stoffe vgl. Art. 136 Abs. 3 und Art. 168/Rz. 4.

Anmerkung 6

6 Die Beispiele sind nicht abschliessend. Der Mangel kann insbesondere auch durch Dritteinwirkung, z.B. durch Einwirkung eines Nebenunternehmers (Art. 30) oder eines am Bau unbeteiligten Dritten, verursacht worden sein. Zudem haftet ein Totalunternehmer (Art. 165/Rz. 1) auch für Mängel des ausgeführten Bauwerks, die ihre Ursache in der Fehlerhaftigkeit der eigenen Planung haben. Zur Haftung für Subunternehmer (Art. 29) vgl. Art. 168 und Art. 29/Rz. 6.

Anmerkung 7

7 Diesbezüglich erweist sich die Mängelhaftung des Unternehmers als Kausalhaftung (vgl. Art. 165/Rz. 4 und eingehend GWerkV Rz. 1503ff. und 2653f.). Diese verschuldensunabhängige Haftung bezieht sich allerdings nur auf die Mängelrechte des Art. 169; *diese* Mängelrechte (Nachbesserung, Minderung und Wandelung) setzen kein Verschulden des Unternehmers (und auch keine Hilfspersonenhaftung) voraus (beachte aber Art. 166 Abs. 4). Anders verhält es sich für den Anspruch des Bauherrn auf Ersatz von Mangelfolgeschaden (Art. 171/Rz. 10), worauf der Schlusssatz des Art. 165 Abs. 2 ausdrücklich verweist.

Anmerkung 8

8 Vgl. Art. 166 Abs. 4.

Anmerkung 9

9 Vgl. im Einzelnen Art. 171 Abs. 2. Beachte auch die dort erwähnte Hilfspersonenhaftung des Unternehmers (Art. 101 OR), die Art. 165 Abs. 2 unterschlägt.

6 22 Begriff des Mangels

Art. 166

[1] Mangel des Werkes im Sinne dieser Norm ist nur [1] eine Abweichung des Werkes vom Vertrag [2] (sei es ein «Mangel» oder eine «sonstige Abweichung vom Vertrag» [3] gemäss Art. 368 OR) [4].[5]

[2] Der Mangel besteht entweder darin, dass das Werk eine zugesicherte oder sonstwie vereinbarte Eigenschaft nicht aufweist [6], oder darin, dass ihm eine Eigenschaft fehlt, die der Bauherr auch ohne besondere Vereinbarung in guten Treuen erwarten durfte [7] (z.B. Tauglichkeit des Werkes [8] für den vertraglich vorausgesetzten oder üblichen Gebrauch [9]).

[3] Wird ein vollendeter Werkteil gesondert abgenommen (Art. 157 Abs. 1), so gilt als Mangel jede Abweichung dieses Teils vom Vertrag.[10]

[4] Kein Mangel ist ein vertragswidriger Zustand des Werkes (oder Werkteils), den ausschliesslich [11] der Bauherr oder eine Hilfsperson [12] des Bauherrn (z.B. die Bauleitung [13]) verschuldet hat [14] (Selbstverschulden, Art. 369 OR) [15], insbesondere ein Zustand, der auf einen Fehler in den Ausführungsunterlagen (Art. 99 ff.) [16] zurückzuführen ist. Kein Selbstverschulden des Bauherrn liegt vor, wenn der Unternehmer seine Anzeige- oder Abmahnungspflicht (Art. 25) verletzt hat.[17]

Art. 166 (1977/91)

[1] Mangel des Werkes im Sinne dieser Norm ist nur eine Abweichung des Werkes vom Vertrag (sei es ein «Mangel» oder eine «sonstige Abweichung vom Vertrag» gemäss Art. 368 OR).

[2] Der Mangel besteht entweder darin, dass das Werk eine zugesicherte oder sonstwie vereinbarte Eigenschaft nicht aufweist; oder darin, dass ihm eine Eigenschaft fehlt, die der Bauherr auch ohne besondere Vereinbarung in guten Treuen erwarten durfte (z.B. Tauglichkeit des Werkes für den vertraglich vorausgesetzten oder üblichen Gebrauch).

[3] Wird ein vollendeter Werkteil gesondert abgenommen (Art. 157 Abs. 1), so gilt als Mangel jede Abweichung dieses Teils vom Vertrag.

[4] Kein Mangel ist ein vertragswidriger Zustand des Werkes (oder Werkteils), den ausschliesslich der Bauherr oder eine Hilfsperson des Bauherrn (z.B. die Bauleitung) verschuldet hat (Selbstverschulden, Art. 369 OR), insbesondere ein Zustand, der auf einen Fehler in den Ausführungsunterlagen (Art. 99 ff.) zurückzuführen ist. Kein Selbstverschulden des Bauherrn liegt vor, wenn der Unternehmer seine Anzeige- oder Abmahnungspflicht (Art. 25) verletzt hat.

Anmerkung 1

Damit wird der Mangelbegriff vom Fall der Nichtvollendung abgegrenzt (vgl. Art. 166/Rz. 4; zur Vollendung Art. 157/Rz. 2.1 ff.). 1

Anmerkung 2

2.1 Nach dem Mangelbegriff der SIA-Norm 118, der mit dem gesetzlichen Begriff im Wesentlichen (siehe aber Art. 166 Abs. 4) übereinstimmt (BGer 4A_109/2014 vom 21. Mai 2014 E. 3.3.1; 4A_460/2009 vom 4. Dezember 2009 E. 3.1.1), handelt es sich bei einem (Werk-)Mangel um einen *vertragswidrigen Zustand des Werks* (vgl. Art. 166 Abs. 4; BGE 114 II 239/244 E. 5a/aa). Der Mangel besteht also darin, dass dem Werk eine vertraglich geforderte Eigenschaft (z.B. die geforderte Undurchlässigkeit) fehlt, was umgekehrt bedeutet: Das Werk weist eine Eigenschaft (z.B. Durchlässigkeit) auf, die es nach dem Vertrag nicht haben darf (vgl. Art. 166 Abs. 2 und allgemein: GWerkV Rz. 1355 ff.).

2.2 Der so verstandene Mangel, der sich in der Beschaffenheit des vom Unternehmer geschuldeten Werks und damit im geschuldeten Arbeitsergebnis äussert (GWerkV Rz. 1357 ff.), wird in Art. 166 Abs. 2 näher umschrieben. Aus dieser Umschreibung ergibt sich, dass der Mangel erstens ein relativer Tatbestand ist, der vom konkreten Inhalt des jeweiligen Werkvertrags abhängt (vgl. BGE 114 II 239/244 E. 5a/aa; GWerkV Rz. 1360), und zweitens mit der Einhaltung der Fristen (Art. 94 ff.) nichts zu tun hat. Die verzögerte (zu späte) Ablieferung ist denn auch kein Mangel des Werks, sondern fällt unter die Regeln über den Schuldnerverzug (GWerkV Rz. 2651).

Anmerkung 3

3 Die Gegenüberstellung von «Mangel» und «sonstige[r] Abweichung[en] vom Vertrag», die sich auch in Art. 368 Abs. 1 OR findet, belegt, dass ein Mangel in einer Abweichung vom Vertrag besteht; sie hat weder klassifikatorische noch rechtliche Bedeutung (BGE 100 II 30/32 E. 2), siehe GWerkV Rz. 1438 ff. Stets geht es bei einem Mangel um eine Beschaffenheit des Werks, die nicht der vertraglich geschuldeten Beschaffenheit entspricht, sondern von dieser abweicht.

Anmerkung 4

4 Damit übernimmt die Norm grundsätzlich (vgl. aber Art. 166 Abs. 4) den *gesetzlichen Begriff* des Mangels (BGer 4A_109/2014 vom 21. Mai 2014 E. 3.3.1; KGer GR ZK2 14 7 vom 15. Juli 2014 E. 4b), der ein rechtlicher (kein technischer; BGer 4A_460/2009 vom 4. Dezember 2009 E. 3.1.1) Begriff ist (ausführlich: GWerkV Rz. 1352 ff., zu den Erscheinungsformen Rz. 1458 ff., zu Abgrenzungen Rz. 1442 ff.; zum Verhältnis zur Deliktshaftung Rz. 2345; auch BGer 4A_261/2015 vom 30. Oktober 2015 E. 4.3; zur Haftung für Mängel des Baustoffs GWerkV Rz. 1477, Zindel/Pulver/Schott, Basler Kommentar, N 26 ff. zu Art. 365 OR; Chaix, Commentaire romand, N 9 zu Art. 365 OR). Dieser Mangel (wie ihn Gesetz und Norm übereinstimmend verstehen) unterscheidet sich von der Nichtvollendung des Werks (BGE 116 II 450/453 E. 2b/aa), was Art. 166 Abs. 1 mit dem Wort «nur» auszudrücken scheint (zur bisweilen schwierigen Unterscheidung GWerkV Rz. 1446 ff.). Zur Vollendung des Werks vgl. Art. 157/Rz. 2.1 ff.

Anmerkung 5

5.1 Beizufügen ist, dass eine *Verschlechterung* des Werks (oder Werkteils) *nach bereits erfolgter Abnahme* grundsätzlich keinen Mangel im Sinne der Mängelhaftung begründet, auch wenn die Verschlechterung bewirkt, dass eine zugesicherte oder vorausgesetzte Eigenschaft (Art. 166 Abs. 2) nachträglich entfällt. Insbesondere entsteht kein Mangel, wenn das abgenommene Werk durch sachgemässen Gebrauch normal abgenützt, durch unsachgemässen Gebrauch beeinträchtigt oder durch Zufall beschädigt wird (GWerkV Rz. 2651). Letzteres ergibt sich aus dem Umstand, dass die Gefahr für zufälligen Untergang oder zufällige Verschlechterung mit der Abnahme des Werks vom Unternehmer auf den Bauherrn übergeht (Art. 157 Abs. 2). Zur zufälligen Verschlechterung vgl. bereits Art. 157/Rz. 12.3.

Der erwähnte Grundsatz gilt allerdings nicht uneingeschränkt. Vorbehalten bleiben die *Sonderfälle*, in denen ein ursprünglicher Werkmangel (der also schon bei der Abnahme zumindest im Keime vorhanden ist) im Nachhinein sich entweder vergrössert, sich erst später zu einer wahrnehmbaren Vertragsabweichung entwickelt oder zur Folge hat, dass nach der Abnahme ein zusätzlicher Mangel im Werk des Unternehmers (ein sogenannter Sekundärmangel) entsteht, der mit dem ursprünglichen Mangel (dem «Primärmangel») ursächlich zusammenhängt (dazu BGer 4A_109/2014 vom 21. Mai 2014 E. 3.3.1; auch BGer 4C.321/2006 vom 1. Mai 2007 E. 4.3.1; KGer GR ZK2 14 7 vom 15. Juli 2014 E. 5a). In solchen Fällen hat der Unternehmer für den vergrösserten, den nachträglich zum Vorschein gekommenen oder den sekundären Mangel nach den Regeln über die Mängelhaftung einzustehen (GWerkV Rz. 1453 ff.). 5.2

Anmerkung 6

Zum *Fehlen einer vereinbarten Eigenschaft* siehe GWerkV Rz. 1361 ff. Die Eigenschaftsvereinbarung besteht in einer Vertragsabrede, worin die Parteien (ausdrücklich oder stillschweigend) übereinkommen, dass das geschuldete Werk eine bestimmte (durch die Abrede festgelegte) Eigenschaft aufweisen müsse. Ob sie die Vereinbarung schon bei Vertragsschluss oder erst im Nachhinein treffen, ist unter dem Gesichtspunkt der Mangelhaftigkeit ohne Belang. Zudem gilt, dass Eigenschaften, die das Werk aufgrund einer einseitigen (Art. 84/Rz. 1) oder auch vereinbarten (Vorbem. Art. 84–91/Rz. 19) Bestellungsänderung aufweisen muss, unter dem Gesichtspunkt der Mangelhaftigkeit den vereinbarten Eigenschaften des Werks gleichzustellen sind, obschon dies weder in Art. 166 noch in einer anderen Bestimmung der Norm gesagt wird. Im Übrigen ist zu merken: 6.1

a) Jede Eigenschaftsvereinbarung beruht auf den (tatsächlich oder normativ) übereinstimmenden Willenserklärungen der Parteien (Art. 1 Abs. 1 OR). Dabei steht die Erklärung des beteiligten Unternehmers so sehr im Vordergrund, dass sie einen eigenen Namen hat und als *Zusicherung* bezeichnet wird (GWerkV Rz. 1370). Diese Zusicherung enthält die vertraglich bindende Zusage einer bestimmten Werkeigenschaft durch den Unternehmer (reine Zusicherung; siehe z.B. OGer TG RBOG 2009 S. 87/89 [Nr. 9] E. 2c). Bisweilen verbindet der Unternehmer die Zusicherung mit der zusätzlichen Erklärung, er übernehme für die zugesicherte Eigenschaft die Haftung (qualifizierte Zusicherung, oft als Garantieerklärung bezeichnet). Zu beachten ist aber, dass eine solche Haftungserklärung keine Voraussetzung dafür ist, dass der Unternehmer für das Fehlen der zugesicherten Eigenschaft einstehen muss (Art. 166), weshalb ihn bei reiner und bei qualifizierter Zusicherung die gleiche Haftung trifft. Im Einzelnen siehe GWerkV Rz. 1370 ff. 6.2

6.3 b) Dem Gesagten zufolge ist also die Zusicherung einer Werkeigenschaft nichts anderes als eine Eigenschaftsvereinbarung, vom Unternehmer aus betrachtet. Demgegenüber unterscheidet Art. 166 Abs. 2 zwischen zugesicherten und *sonst wie vereinbarten* Eigenschaften. Dadurch engt er den (allgemeinen) Begriff der Zusicherung sprachlich ein, indem er ihn nur für gewisse vereinbarte Eigenschaften (nicht für alle) verwendet. Mit den sonst wie vereinbarten Eigenschaften sind wohl besondere Merkmale des Werks gemeint (z.B. eine bestimmte Mindest-Druckfestigkeit von Beton, eine bestimmte Heizwirkung, eine bestimmte Schalldichtigkeit), durch deren Vereinbarung das allgemein bestimmte Werk näher umschrieben wird. Jedenfalls aber ist die Unterscheidung rechtlich bedeutungslos, weshalb sie mehr verwirrt als klärt. Siehe GWerkV Rz. 1374 und 1364.

6.4 c) Die Zusicherung einer Werkeigenschaft (Art. 166/Rz. 6.3) kann auch ein *Zeitelement* umfassen, indem der Unternehmer eine bestimmte Werkeigenschaft für eine bestimmte Zeit (z.B. Wasserundurchlässigkeit für fünf Jahre oder tadelloses Funktionieren für drei Jahre) zusagt (vgl. GWerkV Rz. 1386 f.). Damit verspricht er ein Werk von solcher Beschaffenheit, dass es unter bestimmten Anwendungsbedingungen die zugesicherte Eigenschaft aufweisen und behalten wird (Haltbarkeitsgarantie). Stellt sich dann heraus, dass das Werk nicht so beschaffen ist, wie es versprochen war (indem es z.B. vor Ablauf der garantierten Zeit wasserdurchlässig wird), so liegt ein (Werk-)Mangel vor. Bezieht sich die Haltbarkeitsgarantie auf die Funktionsfähigkeit des Werks oder einzelner Werkteile, so spricht man von Funktionsgarantie (oder auch Zuverlässigkeitsgarantie, GWerkV Rz. 1388). Zur Auswirkung auf die Verjährung Art. 180/Rz. 3.5.

6.5 d) Von der Zusicherung einer Werkeigenschaft zu unterscheiden ist das *selbständige Erfolgsversprechen* des Unternehmers (oft auch als selbständige Garantie oder als selbständiges Garantieversprechen bezeichnet, vgl. GWerkV Rz. 1395 ff.). Es bezieht sich auf einen bestimmten (meist wirtschaftlichen) Erfolg (wie Umsatz oder Rendite), der über die vertragsgemässe Beschaffenheit des Werks hinausgeht (indem er noch von anderen Faktoren abhängt wie beispielsweise der Absatzgelegenheit, dem Kundenkreis, der Konjunktur etc.), also nicht Gegenstand der vom Unternehmer geschuldeten Werkleistung ist. Indem der Unternehmer vertraglich einen solchen Erfolg garantiert, übernimmt er (ausdrücklich oder stillschweigend) eine Schadenersatzpflicht für den Fall, dass der Erfolg ausbleibt. Bleibt der Erfolg tatsächlich aus, so ist das Werk deswegen nicht mangelhaft (GWerkV Rz. 1397). Somit bleiben die Regeln über die Mängelhaftung (Art. 165 – 180) aus dem Spiel, was auch für die Verjährung gilt, die sich nach Art. 127 OR, nicht nach Art. 180 der Norm und auch nicht nach Art. 371 OR richtet. Gleichwohl kann der Bauherr verlangen, dass der Unternehmer in Erfüllung seines Versprechens Schadenersatz leistet. Indes ist dieser Anspruch auf Schadenersatz nicht ein (verschuldensabhängiger) Anspruch aus Schlechterfüllung des Vertrags, sondern ein (verschuldensunabhängiger) Erfüllungsanspruch.

Anmerkung 7

7 Solche Eigenschaften, die der Bauherr auch ohne dahin gehende Vereinbarung in guten Treuen erwarten darf, kommen in verschiedenen Erscheinungsformen vor. So schuldet

der Unternehmer mangels anderer Abrede ein Werk, das eine normale Beschaffenheit aufweist (BGer 4C.149/2001 vom 19. Dezember 2001 E. 3; HGer ZH HG060131 vom 2. Juli 2012 E. 2.3.5e), indem es namentlich auch in technischer Hinsicht einwandfrei erstellt ist (ausführlich GWerkV Rz. 1409 ff.). Ausserdem darf der Bauherr mangels anderer Vereinbarung erwarten, dass das Werk so beschaffen ist, dass es zum Gebrauch tauglich ist (vgl. GWerkV Rz. 1413 ff. und 1417 ff.), worauf sich Art. 166 Abs. 2 im Beispiel bezieht. Schliessen sich Normalbeschaffenheit und Gebrauchstauglichkeit gegenseitig aus, hat die Gebrauchstauglichkeit den Vorrang (bezüglich der anerkannten Regeln der Technik vgl. GWerkV Rz. 1429 f.). Weicht eine vereinbarte Eigenschaft von der Normalbeschaffenheit ab oder beeinträchtigt sie die Gebrauchstauglichkeit, kommt es auf die vereinbarte Eigenschaft an.

Anmerkung 8

8 Auch die (bloss) *verminderte* Tauglichkeit (nicht nur die gänzliche Untauglichkeit) begründet (mangels anderer Vereinbarung) einen Werkmangel. Im Übrigen siehe Art. 166/Rz. 7 und 9.

Anmerkung 9

9 Vgl. Art. 166/Rz. 7. Die nach Art. 166 Abs. 2 geforderte Gebrauchstauglichkeit des Werks bestimmt sich primär nach dem vorausgesetzten (d.h. ausdrücklich oder stillschweigend vereinbarten) Gebrauchszweck des Werks, sekundär nach dem Gebrauch, der üblicherweise (für gewöhnlich) von einem solchen Werk gemacht wird. Ein vorausgesetzter (vereinbarter) Gebrauchszweck geht vor. Vgl. dazu GWerkV Rz. 1419 ff. Merke: Ein Werk kann nach den anerkannten Regeln der Technik erstellt und trotzdem mangelhaft sein, wenn es zum massgebenden Gebrauch nicht oder nur vermindert tauglich ist (GWerkV Rz. 1429 f.). Zur Abweichung von Vorschriften des öffentlichen Rechts vgl. GWerkV Rz. 1432 und KGer FR vom 20. September 1988 = Extraits 1988, S. 16 ff. (Gebrauchsuntauglichkeit eines Cheminées, das nicht benutzt werden darf, weil es den feuerpolizeilichen Vorschriften nicht entspricht).

Anmerkung 10

10 Dies ist ein Ausfluss daraus, dass die SIA-Norm 118 der Abnahme in sich geschlossener vollendeter Werkteile (Art. 157/Rz. 5.2) mit Bezug auf diese Teile die gleichen Wirkungen beilegt wie der Abnahme des vollendeten ganzen Werks (Art. 157/Rz. 9).

Anmerkung 11

11 Vgl. Art. 166/Rz. 15.2.

Anmerkung 12

12.1 Zu den Hilfspersonen zählt Art. 166 Abs. 4 die *Bauleitung*, die sogar als einziges Beispiel erwähnt wird. In der Tat trifft es zu, dass die Bauleitung (Art. 33 ff.) bei vielen Verrichtungen (z.B. bei der Erteilung von Weisungen, bei der Planung und Koordinierung von Bauarbeiten), die sie gegenüber dem Unternehmer ausübt, als Hilfsperson des Bauherrn tätig ist (GWerkV Rz. 1922; zur Koordination der Arbeiten GWerkV Rz. 2059). Insoweit sind das Verhalten der Bauleitung und deren Sachverstand dem Bauherrn anzurechnen (Art. 166/Rz. 15.3).

12.2 Anders verhält es sich für das Verhalten von *Nebenunternehmern* (Art. 30). Soweit ein Nebenunternehmer nur sein geschuldetes Werk herzustellen und abzuliefern hat, z.B. also keine Leitungsfunktionen ausübt (GWerkV Rz. 221), ist er im Verhältnis zum Unternehmer keine Hilfsperson des Bauherrn. Deshalb kann sich der Unternehmer grundsätzlich nicht auf ein Selbstverschulden des Bauherrn berufen, wenn sein Werk noch vor der Abnahme durch einen Nebenunternehmer verschlechtert (namentlich beschädigt) und darum mangelhaft wurde. Zum Fall der mangelhaften Vorarbeit vgl. aber GWerkV Rz. 2038 ff.

Anmerkung 13

13 Vgl. Art. 166/Rz. 15.4 ff.

Anmerkung 14

14 Die Beweislast für das Selbstverschulden des Bauherrn trifft den Unternehmer, der gestützt darauf seine Haftung bestreitet (KGer SG BZ.2009.17 vom 24. Juli 2009 E. III./1.4).

Anmerkung 15

15.1 Diese Regel (GWerkV Rz. 2672 ff.) stimmt hinsichtlich seines materiellen Gehalts mit Art. 369 OR überein, wonach die Mängelhaftung des Unternehmers für (Werk-)Mängel, die der Besteller selbstverschuldet hat, vollständig entfällt (vgl. BGE 114 II 239/245 E. 5a/bb; GWerkV Rz. 1914 ff.). Konstruktiv allerdings weicht die Regel des Art. 166 Abs. 4 insofern vom Gesetz (Art. 369 OR) ab, als sie nicht erst die Mängel*haftung*, sondern schon das *Vorliegen eines Mangels* verneint, wenn den Bauherrn ein Selbstverschulden (ein *ausschliessliches* Verschulden) an einem vertragswidrigen Zustand des Werks trifft. Am Ergebnis aber ändert dies nichts: Der Unternehmer ist von seiner Haftung völlig befreit (vgl. dazu auch Art. 163/Rz. 3.2). Im Einzelnen sind folgende Punkte anzumerken:

15.2 a) Was den *Begriff* und die *Erscheinungsformen* des Selbstverschuldens betrifft, sei auf die detaillierten Ausführungen in GWerkV Rz. 1912 ff. und 2672 ff. verwiesen (vgl. auch die Abgrenzungen in Rz. 2052 ff.). Kurz gesagt: Den Bauherrn trifft ein Selbstverschulden, wenn er an der Entstehung des vertragswidrigen Zustands mit einer (adäquat kausalen, GWerkV Rz. 1917) Ursache beteiligt ist, die er (erstens) zu vertreten hat und die sich (zweitens) als allein massgebende Ursache dieses Zustands darstellt (GWerkV Rz. 1916 ff.), worauf das Wort «ausschliesslich» in Art. 166 Abs. 4 hinweist. Die betreffende Ursache kann ein Fehlverhalten des Bauherrn oder ein anderer Umstand (z.B. Untauglichkeit des Baugrundes) sein, der ihm (dem Bauherrn) zuzurechnen ist (respektive für den er das Risiko trägt). Dass der Bauherr eine Vertragspflicht verletzt, ist nicht vorausgesetzt. Zur Bedeutung eines Mitverschuldens Art. 166/Rz. 15.6.

15.3 b) Ob den Bauherrn ein Selbstverschulden am vertragswidrigen Zustand des Werks (oder Werkteils) trifft, ist unter Einbezug auch seiner Hilfspersonen (Art. 101 OR) zu beurteilen, die in Ausübung ihrer Verrichtungen gegenüber dem Unternehmer tätig waren (vgl. BGE 125 III 223/224 E. 6b; 119 II 127/130 E. 4a; GWerkV Rz. 1921 f.; Ott, Der Architekt als Hilfsperson des Bauherrn, S. 287). Nach der Formulierung, die Art. 166 Abs. 4 verwendet, gilt diesbezüglich das ausschliessliche Verschulden einer Hilfsperson als Selbstverschulden des Bauherrn. Diese Formulierung, die auf das eigene Verschulden der Hilfsperson abstellt, ist ungeschickt, wird aber mit der folgenden Präzisierung verständlich: Bei einer Interpretation, die sich am Sinngehalt des Art. 101 OR orientiert (dazu Gauch/Schluep/Emmenegger, OR AT, Rz. 3039 ff.), kommt es im vorliegenden Zusammenhang nicht auf das Verschulden der Hilfsperson an. Vielmehr ist erforderlich und genügend, dass dem Bauherrn ein ausschliessliches Verschulden vorzuwerfen wäre, wenn er (im Sinne einer Hypothese) gleich gehandelt hätte wie seine Hilfsperson. Den Sachverstand seiner Hilfsperson muss er sich bei dieser Beurteilung anrechnen lassen (GWerkV Rz. 1921 ff.).

c) Die *Beaufsichtigung* der Bauarbeiten gehört grundsätzlich weder zu den (echten) Pflichten noch zu den Obliegenheiten des Bauherrn, weshalb eine ungenügende oder fehlerhafte Bauaufsicht (durch den Bauherrn oder dessen Bauleitung) weder ein Selbst- noch ein Mitverschulden des Bauherrn begründet (GWerkV Rz. 2057 ff.). Daran ändert sich auch dann nichts, wenn sich der Bauherr das Recht zur Überwachung (wie z.B. in Art. 34 Abs. 2) ausdrücklich einräumen liess. 15.4

Anders verhält es sich nur, wenn der Bauherr (was nur selten vorkommt) durch vertragliche Vereinbarung geradezu eine Pflicht zur Beaufsichtigung übernommen hat, sodass der Unternehmer gewissermassen einen Anspruch auf Überwachung hat (vgl. BGE 16 379/386; GWerkV Rz. 2058). In Art. 34 Abs. 1 ist zwar ausdrücklich davon die Rede, dass der Bauleitung unter anderem die «Aufsicht über die Ausführung der Arbeiten» obliege. Daraus entsteht indes im Verhältnis zum Unternehmer keine Belastung des Bauherrn, nicht einmal im Sinne einer Obliegenheit. Vielmehr ist die Bestimmung in der Weise auszulegen, dass sie dem Unternehmer die interne Zuständigkeit der Bauleitung zur Beaufsichtigung kundgibt (Art. 34/Rz. 1.1). Hat aber die Bauleitung im Rahmen ihrer Aufsichtstätigkeit die Gefahr eines Werkmangels erkannt, den Unternehmer aber in Verletzung ihrer vertraglichen Treuepflicht ohne Einspruch gewähren lassen, trifft den Bauherrn aus diesem Grund zumindest ein Mitverschulden, sofern der Unternehmer nicht schon von sich aus um die Gefahr wusste (GWerkV Rz. 2057). Die Haftung der Bauleitung für ungenügende Bauaufsicht ist unabhängig davon, ob der Bauherr im Verhältnis zum Unternehmer zur Bauaufsicht bloss befugt oder geradezu verpflichtet war. Vgl. schliesslich Art. 114 Abs. 2, der eine *Obliegenheit* (Art. 114/Rz. 12.2) des Bauherrn begründet, «mit dem Fortschreiten der Arbeiten die Absteckung der Hauptachsen» zu kontrollieren und «dem Unternehmer das Ergebnis möglichst bald bekannt zu geben». Dass Art. 114 von der «Bauleitung» statt vom Bauherrn spricht, vermag daran nichts zu ändern (Einl./Rz. 18). 15.5

d) Vom Selbstverschulden, das im Ergebnis zu einer völligen Haftungsbefreiung des Unternehmers führt, ist nach der Terminologie der Norm das *Mitverschulden* zu unterscheiden (Art. 169 Abs. 1 Ziff. 2 und Art. 170 Abs. 3). Es handelt sich dabei um ein be- 15.6

schränktes Selbstverschulden, bei dem die Mangelursache, die der Bauherr zu vertreten hat, nicht die allein massgebende Ursache des Mangels bildet (vgl. GWerkV Rz. 2050 f.). Dieses Mitverschulden fällt nicht unter die Bestimmung des Art. 166 Abs. 4, weshalb das Vorliegen eines Mangels zwar zu bejahen, die Mängelhaftung aber allenfalls herabzusetzen ist (BGE 116 II 454/458 E. 3b; BGer 4A_213/2015 vom 31. August 2015 E. 7.2.2; GWerkV Rz. 2675 ff.; vgl. dazu Art. 169 Abs. 1 Ziff. 2 und Art. 170 Abs. 3; Art. 166/Rz. 17; Art. 169/Rz. 29.1 f.; Art. 171/Rz. 13.2).

Anmerkung 16

16 Gemeint sind Weisungen, Ausführungspläne und Baustofflisten, die der Unternehmer nach Massgabe des Art. 99 f. von der Bauleitung erhält. Ist ein vertragswidriger Zustand des Werks auf diese Unterlagen zurückzuführen, so sind die Unterlagen immer auch fehlerhaft (vgl. GWerkV Rz. 1936 in fine), weshalb das Wort «Fehler» in Art. 166 Abs. 4 überflüssig ist. Dass der Unternehmer für die Fehlerhaftigkeit seiner eigenen Ausführungspläne (Art. 101) nicht den *Bauherrn* verantwortlich machen kann, versteht sich von selbst, ist aber deshalb hervorzuheben, weil in der Formulierung des Art. 166 Abs. 4 (namentlich im Verweis auf Art. 99 ff., der auch Art. 101 erfasst) diese Unterlagen ebenfalls eingeschlossen sind. Entsprechend haftet der Unternehmer ungeachtet einer Genehmigung für Werkmängel (Art. 165), die sich aus der Fehlerhaftigkeit seiner Ausführungspläne ergeben (dazu Art. 101/Rz. 11.7). Beizufügen ist aber, dass den Bauherrn zumindest ein Mitverschulden (Art. 166/Rz. 15.6) trifft, wenn seine Bauleitung die Ausführungsunterlagen des Unternehmers genehmigt (Art. 101 Abs. 3), ohne den Unternehmer auf Fehler aufmerksam zu machen, die sie tatsächlich erkannt hat, dem Unternehmer aber unbekannt sind (GWerkV Rz. 2060). Dass die Bauleitung den Fehler nicht erkannt hat, ihn aber hätte erkennen können, ist nur dann bedeutsam, wenn der Bauherr vertraglich verpflichtet ist, die zur Genehmigung vorgelegten Ausführungspläne des Unternehmers zu prüfen.

Anmerkung 17

17 Den Bauherrn trifft kein Selbstverschulden (Art. 166/Rz. 15.2), wenn der Unternehmer seine *Anzeige- oder Abmahnungspflicht* (Art. 25/Rz. 25.7 f.) verletzt hat (KGer SG BZ.2009.17 vom 24. Juli 2009 E. III./1.4). Nach diesem allgemeinen Vorbehalt ist die Verletzung einer einschlägigen Anzeige- oder Abmahnungspflicht durch den Unternehmer ein Grund, der ein Selbstverschulden des Bauherrn ausschliesst. In der Praxis kommt dem Vorbehalt erhebliche Bedeutung zu. Für Näheres sei aber auf die Kommentierung zu Art. 25 verwiesen. Hier ist lediglich festzuhalten: Hat der Unternehmer seine Anzeige- oder Abmahnungspflicht verletzt, so liegt zwar kein *Selbstverschulden* des Bauherrn vor, das nach Art. 166 Abs. 4 zu einer völligen Befreiung des Unternehmers von der Mängelhaftung führen würde (BGE 116 II 353/458 E. 2c/cc). Möglich ist aber ein Mitverschulden des Bauherrn, das eine Reduktion der Haftung rechtfertigen kann (Art. 166/Rz. 15.6; GWerkV Rz. 2051).

6 23 Haftung des Unternehmers in besonderen Fällen

6 231 Selbst vorgeschlagene und berechnete Konstruktionen oder Ausführungsarten

Art. 167

Der Unternehmer haftet namentlich auch für Mängel seines Werkes (Art. 1), die verursacht sind durch von ihm vorgeschlagene Konstruktionen oder Ausführungsarten sowie durch seine statische Berechnung und konstruktive Bearbeitung [1]. Dagegen haftet er nicht für die Richtigkeit der durch den Bauherrn bekanntgegebenen Anforderungen [2], Gegebenheiten [3] und Annahmen [4].[5]

Art. 167 (1977/91)

Der Unternehmer haftet namentlich auch für Mängel seines Werkes (Art. 1), die verursacht sind durch von ihm vorgeschlagene Konstruktionen oder Ausführungsarten sowie durch seine statische Berechnung und konstruktive Bearbeitung. Dagegen haftet er nicht für die Richtigkeit der durch den Bauherrn bekanntgegebenen Anforderungen, Gegebenheiten und Annahmen.

Anmerkung 1

Das versteht sich von selbst, da der Unternehmer (abgesehen von Art. 166 Abs. 4) «ohne Rücksicht auf die Ursache des Mangels» haftet (Art. 165 Abs. 2). Hervorzuheben ist in diesem Zusammenhang, dass der Unternehmer auch für Mängel einstehen muss, die sich aus der Ausführung einer eingereichten Projekt- oder Herstellungsvariante (GWerkV Rz. 460a) ergeben. Zum Totalunternehmer vgl. Art. 165/Rz. 1 und 6. Zur Frage, ob der Architekt oder Ingenieur dem Bauherrn die Überprüfung solcher Arbeitsergebnisse schuldet, siehe Art. 1.2.7 SIA-Ordnung 102 bzw. Art. 1.2.7 SIA-Ordnung 103. Zum Fall, da die Mängel solcher Arbeitsergebnisse für den Planer offensichtlich sind, siehe BGer 4C.284/2006 vom 7. November 2006 E. 2.3. 1

Anmerkung 2

Beispielsweise Anforderungen an die Tragfähigkeit (siehe z.B. HGer ZH HG 060131 vom 2. Juli 2013 E. 2.3.3a). 2

Anmerkung 3

Zum Beispiel die Art des Baugrunds, der Zustand der bestehenden Bausubstanz, Wasserstände von Fluss- und Grundwasser. Zu den Folgen mangelhafter Angaben über Baugrund oder bestehende Bausubstanz siehe Art. 58 Abs. 2. 3

Anmerkung 4

Beispielsweise boden- und felsmechanische Kennwerte. 4

Anmerkung 5

5.1 Der Unternehmer haftet also nicht für einen vertragswidrigen Zustand des Werks (Art. 166 Abs. 1), der seine Ursache in der Unrichtigkeit der durch den Bauherrn bekannt gegebenen Anforderungen, Gegebenheiten und Annahmen hat. Ein solcher Zustand ist vom Bauherrn selbstverschuldet und deshalb kein Mangel im Sinne der Norm (Art. 166 Abs. 4).

5.2 Das Gesagte gilt allerdings nicht ausnahmslos: Vorbehalten bleibt stets der Fall, da der Unternehmer eine bestehende Anzeige- oder Abmahnungspflicht (Art. 25) verletzt hat (vgl. dazu auch GWerkV Rz. 1937 ff., 1986 ff. und 2673). Dieser Vorbehalt wird in Art. 167 zwar nicht ausdrücklich erwähnt, ergibt sich aber schon aus Art. 166 Abs. 4 (im Einzelnen vgl. Art. 166/Rz. 17; HGer ZH HG 060131 vom 2. Juli 2013 E. 2.3.5a). Eine Prüfungspflicht trifft den Unternehmer nicht, soweit der Bauherr, dessen Bauleitung oder Berater über den erforderlichen Sachverstand verfügt, um beurteilen zu können, ob die infrage stehenden Anforderungen, Gegebenheiten und Annahmen richtig sind (vgl. Art. 25/Rz. 15.1).

6 232 Arbeiten von Subunternehmern, Regiearbeiten und Arbeiten mit vorgeschriebenen Baustoffen

Art. 168

Für Arbeiten seiner Subunternehmer[1] haftet der Unternehmer gemäss Art. 29 Abs. 2 und 5.[2] Bezüglich der Haftung für Regiearbeiten gilt Art. 57.[3] Für Arbeiten mit vorgeschriebenen Baustoffen gilt Art. 136 Abs. 2.[4]

Art. 168 (1977/91)

Für Arbeiten seiner Subunternehmer haftet der Unternehmer gemäss Art. 29 Abs. 2 und 5. Bezüglich der Haftung für Regiearbeiten gilt Art. 57. Für Arbeiten mit vorgeschriebenen Baustoffen gilt Art. 136 Abs. 2.

Anmerkung 1

1 *Subunternehmer* ist, «wer auf Grund eines Werkvertrages mit dem Unternehmer einzelne oder alle der von diesem übernommenen Arbeiten auszuführen hat» (Art. 29 Abs. 1; vgl. GWerkV Rz. 138 ff.). Im Verhältnis zum Bauherrn sind solche Subunternehmer Hilfspersonen des Unternehmers (Art. 29/Rz. 6; Art. 101 OR).

Anmerkung 2

2 Soweit die *Mängelrechte des Art. 169* (Nachbesserung, Minderung, Wandelung) infrage stehen, ergibt sich die Haftung des Unternehmers für die mangelhafte Arbeit seines Subunternehmers schon aus dem Grundsatz, dass es bezüglich der erwähnten Rechte weder auf die Ursache des Mangels noch auf ein Verschulden des Unternehmers ankommt (Art. 165); bei einem Selbstverschulden des Bauherrn liegt nach der Begrifflichkeit der

Norm (Art. 166 Abs. 4) schon gar kein Mangel vor. Diese Kausalhaftung des Unternehmers (Art. 165/Rz. 7; GWerkV Rz. 1504) erstreckt sich auch auf solche Mängel, die von einem Subunternehmer verursacht werden (vgl. BGE 116 II 305/308 E. 2c), ohne dass sich der Unternehmer nach Massgabe des Art. 101 OR entlasten kann (GWerkV Rz. 178 und 1504). Demgegenüber hat der Unternehmer für einen Mangelfolgeschaden, der auf Arbeiten eines Subunternehmers zurückzuführen ist, nicht kausal, sondern nach Massgabe des Art. 101 OR einzustehen (Art. 29/Rz. 6). Von dieser Haftung (nach Art. 101 OR) kann sich der Unternehmer befreien, wenn ihm der Nachweis gelingt, dass ihm selber, hätte er sich verhalten wie sein Subunternehmer, kein Verschulden vorgeworfen werden könnte (vgl. Art. 171/Rz. 12.1). Zur Haftung des Unternehmers für seinen Subunternehmer vgl. Art. 29/Rz. 6, für seine Haftung nach Art. 29 Abs. 5 siehe Art. 29/Rz. 19.1 ff. und 20.1 f.

Anmerkung 3

Nach Art. 57 Abs. 1 haftet der Unternehmer für die «unter seiner Leitung ausgeführten Regiearbeiten». Bei solchen Regiearbeiten handelt es sich um Vertragsarbeiten des Unternehmers, die nach Aufwand vergütet werden (Art. 48). Was sie betrifft, bestehen im Rahmen der Mängelhaftung (Art. 165) keinerlei Besonderheiten, und zwar gleichgültig, ob das ganze Werk des Unternehmers in Regie ausgeführt wurde oder nur ein Teil davon. 3.1

Anders verhält es sich mit den Arbeiten, «welche die Bauleitung nicht unter seiner Leitung [gemeint ist die Leitung des Unternehmers] ausführen lässt» (Art. 57 Abs. 2 und Art. 44 Abs. 4 Satz 2). Für diese Arbeiten trifft den Unternehmer schon deshalb keine Mängelhaftung (Art. 57 Abs. 2), weil es sich dabei gar nicht um Vertragsarbeiten des Unternehmers handelt (Art. 57/Rz. 3; GWerkV Rz. 2674). Das Gleiche gilt mit Bezug auf die Arbeit von Arbeitnehmern, die der Unternehmer der «Bauleitung für Nebenunternehmer zur Verfügung stellt» (Art. 57/Rz. 4 und Art. 53). 3.2

Anmerkung 4

Vorbehalten wird hier der Fall, in dem der Bauherr dem Unternehmer die Verwendung bestimmter Fabrikate (so Art. 136 Abs. 2; siehe Art. 136/Rz. 10.1 ff.) vorschreibt. Zum Fall, in dem der Bauherr den Baustoff liefert und den Art. 168 nicht eigens erwähnt, siehe Art. 136 Abs. 3 und GWerkV Rz. 1978 ff. 4

6 24 Rechte des Bauherrn bei Mängeln (Mängelrechte)

Vorbemerkungen zu Art. 169 – 171

a) In den Mängelrechten des Bauherrn, die in den Art. 169 – 171 geregelt sind, äussert sich die *vertragliche* Mängelhaftung des Unternehmers (Art. 165 Abs. 1). Mit einer allfälligen Haftung des Unternehmers aus unerlaubter Handlung (aus Art. 41 ff. OR und weiteren Bestimmungen [z.B. PrHG]; vgl. GWerkV Rz. 2341 ff.) befasst sich die SIA-Norm 118 nicht. 1

2 b) Alle Mängelrechte setzen voraus, dass das Werk des Unternehmers (oder ein Werkteil, der gemäss Art. 157 Abs. 1/Art. 158 Abs. 1 und 2 separat zur Abnahme gestellt wurde) *mangelhaft* ist, also an einem Werkmangel leidet (Art. 166). Doch unterscheidet die SIA-Norm 118, was die Mängelrechte des Bauherrn betrifft, nicht zwischen wesentlichen und unwesentlichen Mängeln im Sinne der Art. 160f. Ebenso wenig unterscheidet sie zwischen Mängeln, die schon im Laufe einer gemeinsamen Prüfung (Art. 158 Abs. 2, Art. 160 und Art. 161) entdeckt und gerügt worden sind, und solchen, die der Bauherr erst während der zweijährigen Rügefrist oder sogar noch später gerügt hat (vgl. Art. 174 Abs. 2 und Art. 179 Abs. 2).

3 c) Die Mängelrechte der Art. 169 ff. richten sich gegen den Vertragspartner des Bauherrn, also den Unternehmer (zu Sonderfällen: GWerkV Rz. 1493 ff.). Sie treten an die Stelle der auf mängelfreie Ausführung des Werks gerichteten Forderung, wodurch sich diese ursprüngliche Forderung des Bauherrn entsprechend umwandelt.

4 d) Während aber die soeben erwähnte Umwandlung nach Gesetz erst mit der Abnahme (Ablieferung) des mangelhaften Werks eintritt (GWerkV Rz. 1351 und 2368), lässt die SIA-Norm 118 die Mängelrechte schon früher entstehen (deutlich: Art. 161 Abs. 2 und Art. 162 [Fall 3]). Massgebend ist der *Zeitpunkt*, in dem die Abnahme (des Werks oder Werkteils) durch Vollendungsanzeige oder Ingebrauchnahme des ganzen Werks eingeleitet wird (Art. 158). Im Ergebnis allerdings stimmt dies insofern mit der gesetzlichen Ordnung überein, als das Gesetz die Abnahme unbeweglicher Werke (im Unterschied zur SIA-Norm 118) bereits an die Vollendungsanzeige knüpft und kein gesondertes Prüfverfahren vorsieht, das sich zwischen die Vollendungsanzeige und die Abnahme schiebt (vgl. GWerkV Rz. 92 f.; BGE 129 III 738/748 E. 7.2).

6 241 Recht auf Verbesserung, Minderung und Rücktritt [1]

Art. 169

[1] Bei jedem Mangel [2] hat der Bauherr (abgesehen vom Schadenersatzrecht nach Art. 171 [3]) zunächst einzig das Recht, vom Unternehmer die Beseitigung des Mangels [4] innerhalb angemessener Frist [5] zu verlangen [6] (Recht auf Verbesserung, Art. 160, Art. 161 Abs. 2, Art. 162, Art. 174 Abs. 2, Art. 179 Abs. 2) [7]. Soweit der Unternehmer Mängel innerhalb der vom Bauherrn angesetzten Frist [8] nicht behebt [9], ist der Bauherr berechtigt [10], nach seiner Wahl [11]:

1. Entweder weiterhin auf der Verbesserung zu beharren [12]; dies jedoch nur dann, wenn die Verbesserung im Verhältnis zu seinem Interesse [13] an der Mängelbeseitigung nicht übermässige [14] Kosten [15] verursacht (Art. 368 Abs. 2 OR) [16]. Der Bauherr kann die Verbesserung statt durch den Unternehmer auch durch einen Dritten ausführen lassen oder sie selbst vornehmen, beides auf Kosten des Unternehmers (Art. 170) [17],

2. oder einen dem Minderwert des Werkes entsprechenden Abzug von der Vergütung zu machen (Minderung, Art. 368 Abs. 2 OR)[18]. Hat der Bauherr (oder eine Hilfsperson des Bauherrn) den Mangel mitverschuldet[19], so ist der Abzug entsprechend zu verringern[20],

3. oder vom Vertrag zurückzutreten[21]; dies jedoch nur dann[22], wenn die Entfernung des Werkes nicht mit unverhältnismässigen Nachteilen für den Unternehmer verbunden ist[23] und die Annahme dem Bauherrn nicht zugemutet werden kann (Art. 368 Abs. 1 und 3 OR)[24]. Mit dem Rücktritt wird der Bauherr von der Pflicht zur Leistung einer Vergütung befreit; bereits bezahlte Vergütungen kann er zurückfordern[25]. Das Werk steht dem Unternehmer zur Verfügung[26]; es kann vom Bauherrn aus dem Grundstück entfernt werden[27], und zwar auf Kosten des Unternehmers, wenn dieser die Entfernung nicht innerhalb einer angemessenen Frist[28] selbst vornimmt.[29]

[2] Hat sich der Unternehmer[30] geweigert[31], eine Verbesserung vorzunehmen[32], oder ist er hierzu offensichtlich nicht imstande[33], so stehen dem Bauherrn die Mängelrechte gemäss Abs. 1 Ziff. 1–3 schon vor Ablauf der Verbesserungsfrist zu[34].

Art. 169 (1977/91)

[1] Bei jedem Mangel hat der Bauherr (abgesehen vom Schadenersatzrecht nach Art. 171) zunächst einzig das Recht, vom Unternehmer die Beseitigung des Mangels innerhalb angemessener Frist zu erlangen (Recht auf Verbesserung, Art. 160, Art. 161 Abs. 2, Art. 162, Art. 174 Abs. 2, Art. 179 Abs. 2). Soweit der Unternehmer Mängel innerhalb der vom Bauherrn angesetzten Frist nicht behebt, ist der Bauherr berechtigt, nach seiner Wahl:

1. entweder weiterhin auf der Verbesserung zu beharren; dies jedoch nur dann, wenn die Verbesserung im Verhältnis zu seinem Interesse an der Mängelbeseitigung nicht übermässige Kosten verursacht (Art. 368 Abs. 2 OR). Der Bauherr kann die Verbesserung statt durch den Unternehmer auch durch einen Dritten ausführen lassen oder sie selbst vornehmen, beides auf Kosten des Unternehmers (Art. 170)
2. oder einen dem Minderwert des Werkes entsprechenden Abzug von der Vergütung zu machen (Minderung, Art. 368 Abs. 2 OR). Hat der Bauherr (oder eine Hilfsperson des Bauherrn) den Mangel mitverschuldet, so ist der Abzug entsprechend zu verringern
3. oder vom Vertrag zurückzutreten; dies jedoch nur dann, wenn die Entfernung des Werkes nicht mit unverhältnismässigen Nachteilen für den Unternehmer verbunden ist und die Annahme dem Bauherrn nicht zugemutet werden kann (Art. 368 Abs. 1 und 3 OR). Mit dem Rücktritt wird der Bauherr von der Pflicht zur Leistung einer Vergütung befreit; bereits bezahlte Vergütungen kann er zurückfordern. Das Werk steht dem Unternehmer zur Verfügung; es kann vom Bauherrn aus dem Grundstück entfernt werden, und zwar auf Kosten des Unternehmers, wenn dieser die Entfernung nicht innerhalb einer angemessenen Frist selbst vornimmt.

[2] Hat sich der Unternehmer ausdrücklich geweigert, eine Verbesserung vorzunehmen oder ist er hiezu offensichtlich nicht imstande, so stehen dem Bauherrn die Mängelrechte gemäss Abs. 1 Ziff. 1–3 schon vor Ablauf der Verbesserungsfrist zu.

Anmerkung 1

1 Die in Art. 169 geregelten Mängelrechte haben gemeinsam, dass sie (anders als der Anspruch auf Ersatz des Mangelfolgeschadens nach Art. 171) weder ein Verschulden des Unternehmers voraussetzen noch bedingen, dass den Unternehmer eine Hilfspersonenhaftung nach Art. 101 OR trifft (Art. 165/Rz. 7; beachte aber Art. 166 Abs. 4). Ausserdem handelt es sich bei ihnen um Gestaltungsrechte (GWerkV Rz. 1530, 1611 und 1702; zum Minderungsrecht als Gestaltungsrecht vgl. auch BGE 127 III 543/545 E. 2a in fine; anders für das Nachbesserungsrecht nach der SIA-Norm 118 Koller Alfred, Das Nachbesserungsrecht, Rz. 240; ders., Werkvertragsrecht, Rz. 620), während der verschuldensabhängige (bzw. von einer Hilfspersonenhaftung nach Art. 101 OR abhängige) Schadenersatzanspruch des Art. 171 eine Forderung ist (Art. 169/Rz. 3). Dass namentlich das Nachbesserungsrecht ein Gestaltungsrecht ist, bedeutet, dass die Pflicht des Unternehmers zur Mängelbeseitigung (und die ihr entsprechende Forderung des Bauherrn) erst dadurch entsteht, dass der Bauherr die Nachbesserung verlangt (Art. 169/Rz. 6). Das gilt auch für Art. 169 Abs. 1, was deshalb zu betonen ist, weil dort dem Bauherrn (unter Vorbehalt von Art. 169 Abs. 2) zunächst einmal überhaupt nur der Anspruch auf Nachbesserung zusteht, während die Gestaltungsrechte, die sich auf Minderung und Rücktritt richten, nachrangig sind (Art. 169/Rz. 7.1). Vgl. BGE 136 III 273/274 E. 2.2; 107 III 106/108 E. 2; BGer 4C.347/2005 vom 13. Februar 2006 E. 4; Koller Alfred, Werkvertragliche Mängelrechte, S. 66; GWerkV Rz. 1702, 1698 und 1490. Diese Erklärung, mit welcher der Bauherr die Nachbesserung verlangt, kann formlos erfolgen, bedarf zu ihrer Wirksamkeit also keiner Schriftlichkeit, wo nicht der Vertrag etwas anderes vorsieht.

Anmerkung 2

2 Zum Begriff des (Werk-)Mangels siehe Art. 166 sowie GWerkV Rz. 1352 ff. Die *Beweislast* für das Vorliegen eines Mangels trifft grundsätzlich den Bauherrn, der daraus ein Recht ableitet (GWerkV Rz. 1506 ff.). Das Selbstverschulden des Bauherrn, das den Mangel nach Art. 166 Abs. 4 ausschliesst, hat allerdings der Unternehmer zu beweisen (Art. 166/Rz. 14). Ausserdem ist die Besonderheit des Art. 174 Abs. 3 zu beachten, wo die Beweislast für während der Rügefrist gerügte Mängel umgekehrt und so dem Unternehmer zugewiesen wird, der alsdann nachzuweisen hat, dass kein Mangel vorliegt (Art. 174/Rz. 9.2).

Anmerkung 3

3 Das Schadenersatzrecht nach Art. 171 ist eine Forderung (Art. 169/Rz. 1), die sich auf Ersatz eines Mangelfolgeschadens (Art. 171/Rz. 2) bezieht; es kann sofort geltend gemacht werden, sofern ein entsprechender Schaden bereits eingetreten ist. Der Grundsatz des Vorrangs der Nachbesserung, den die Norm statuiert (Art. 169/Rz. 7.1; Koller Alfred, Das Nachbesserungsrecht, Rz. 238 f.), bezieht sich demnach nur auf die Gestaltungsrechte, nicht auch auf den Schadenersatzanspruch. Der Ersatzanspruch kann kumulativ geltend gemacht werden, nicht aber (alternativ) an die Stelle der übrigen Mängelrechte treten (BGer 4C.106/2005 vom 7. Oktober 2005 E. 3.1; Zindel/Pulver/Schott, Basler Kommentar, N 6 und 68 zu Art. 368 OR).

Anmerkung 4

Die Beseitigung des Mangels durch den Unternehmer wird als *Nachbesserung* oder *Verbesserung* des Werks bezeichnet (vgl. auch den Titel zu Art. 169). Mit ihr kommt der Unternehmer seiner Pflicht nach, ein mängelfreies Werk herzustellen (KGer SG BZ.2009.17 vom 24. Juli 2009 E. III./2.3). Sie umfasst nicht nur die eigentliche Mängelbeseitigung, sondern darüber hinaus auch sämtliche Vorbereitungs- und Wiederherstellungsarbeiten, die im Zusammenhang mit der Verbesserung erforderlich sind (Art. 170/Rz. 1.2; BGE 111 II 173/174 E. 5; GWerkV Rz. 1721 ff.). Über das Nachbesserungsrecht im Allgemeinen siehe GWerkV Rz. 1698 ff.; Koller Alfred, Werkvertragsrecht, Rz. 697 ff. Zu den Kosten der Verbesserung vgl. Art. 170. Anzumerken bleibt: 4.1

Das Nachbesserungsrecht des Bauherrn richtet sich auf die «Beseitigung des Mangels» (auf Verbesserung des bestehenden, mangelhaften Werks) und nur unter bestimmten Voraussetzungen auf die *Herstellung eines neuen Werks* (Art. 169/Rz. 33.5; dazu BGer 4A_151/2016 vom 21. Juni 2016 E. 3.4.1; 4A_511/2014 vom 4. März 2015 E. 5.5; 4C.258/2001 vom 5. September 2002; GWerkV Rz. 1775 und 1779; Brändli, Die Nachbesserung, Rz. 392 ff. und 494 ff.). Doch stellen der blosse Ersatz fehlerhafter Bauelemente (GWerkV Rz. 1776) und die erneute Ausführung nur eines Werkteils (GWerkV Rz. 1777) keine Neuherstellung in diesem Sinne dar, sondern sind blosse Verbesserungen, auf die der Bauherr auch dann Anspruch hat, wenn ein Werkteil (Art. 157/Rz. 5.2) separat zur Abnahme gestellt wurde (Art. 157 Abs. 1 sowie Art. 158 Abs. 1 und 2). Ausserdem bleibt es dem Unternehmer freigestellt, statt einer verlangten Verbesserung ein neues Werk herzustellen, falls dadurch keine berechtigten Interessen des Bauherrn beeinträchtigt werden (BGer 4C.80/2000 vom 4. April 2001 E. 3a, bestätigt in BGer 4C.258/2001 vom 5. September 2002 E. 4.1.4; GWerkV Rz. 1778). Überhaupt kann der Unternehmer (in den Schranken des Vertrags) frei entscheiden, auf welche Weise er den Mangel beseitigen will, ohne dass er diesbezügliche Anordnungen des Bauherrn zu befolgen hätte. Zum Ganzen GWerkV Rz. 1773 ff. 4.2

Anmerkung 5

Diese Frist ist vom Bauherrn anzusetzen, was sich erst aus Art. 169 Abs. 1 Satz 2 deutlich ergibt. «Angemessen» bedeutet *nicht grosszügig* bemessen. Vielmehr hat der Bauherr ein schutzwürdiges Interesse an einer unverzüglichen Mängelbeseitigung. Diesem Interesse ist bei der Frage, ob eine Frist als «angemessen» gilt, Rechnung zu tragen. Das ist umso bedeutsamer, als nach Art. 169 Abs. 1 der Bauherr weder die Vergütung mindern noch vom Vertrag zurücktreten kann, bevor er dem Unternehmer Gelegenheit zur Nachbesserung gegeben hat (Art. 169/Rz. 7.1; beachte aber Art. 169 Abs. 2). Doch muss die angesetzte Frist im Grundsatz ausreichen, damit eine ordnungsgemässe Mängelbeseitigung objektiv möglich ist. 5.1

a) Angemessen ist im *Normalfall* eine Verbesserungsfrist, die ein versierter Unternehmer erfahrungsgemäss benötigt, um unter den gegebenen Umständen eine ordnungsgemässe Mängelbeseitigung der betreffenden Art (unter Einschluss der Vorbereitungsarbeiten) auszuführen, sofern er mit den Arbeiten sofort beginnt (Art. 75 OR) und sie zügig zu 5.2

Ende führt (vgl. GWerkV Rz. 1783). Auf die Belange des Unternehmers (z.B. auf dessen betriebliche Organisation, dessen Auftragslage, Ausrüstung oder örtliche Entfernung vom Bauobjekt) braucht der Bauherr bei der Fristbemessung keine Rücksicht zu nehmen.

5.3 b) In *Sonderfällen* kann eine verlängerte oder verkürzte Frist angemessen sein:

5.4 – Eine angemessene Verlängerung (über das Normalmass hinaus) rechtfertigt sich dann, wenn die tatsächliche Ausführung der Verbesserungsarbeiten eine Ermittlung unbekannter Mängelursachen voraussetzt (unter Umständen unter Beizug eines Sachverständigen) oder von äusseren Bedingungen (z.B. von bestimmten Witterungsverhältnissen, dem Abtrocknen vorangegangener Arbeiten usw.) abhängt, die im Zeitpunkt der Fristansetzung noch nicht erfüllt sind (GWerkV Rz. 1786). Diesfalls beginnt die Verbesserungsfrist nicht zu laufen, bis die entsprechenden Bedingungen erfüllt sind. Gleich verhält es sich, wenn der Bauherr (z.B. dann, wenn ihn ein Mitverschulden trifft, s. Art. 170 Abs. 3) einen Zuschuss an die Verbesserungskosten zu leisten hat, den er auf ein entsprechendes Begehren des Unternehmers hin angemessen sicherstellen oder vorleisten muss: Auch hier darf der Unternehmer mit der Nachbesserung warten, bis der Bauherr die anbegehrte Sicherheit oder den Zuschuss geleistet hat (GWerkV Rz. 1787; zur Sicherstellungspflicht des Bestellers auch Trachsel, Werkmängel, S. 272 ff.).

5.5 – Umgekehrt gibt es Fälle, in denen eine beschleunigte Mängelbeseitigung erforderlich ist, um eine Gefährdung Dritter oder weitere Nachteile des Bauherrn (namentlich den Eintritt oder die Vergrösserung eines Mangelfolgeschadens, Art. 171) abzuwenden. In solchen Fällen ist es dem Unternehmer zuzumuten, dass er (im Rahmen des objektiv Möglichen) ausserordentliche Massnahmen zur nötigen Beschleunigung ergreift, wodurch sich die angemessene Dauer der Verbesserungsfrist entsprechend verkürzt. Das Letztere gilt auch dann, wenn Nebenunternehmer (Art. 30) ihre eigenen Arbeiten deshalb nicht in Angriff nehmen oder fortsetzen können, weil das Werk des Unternehmers mangelhaft ist. Zum Ganzen vgl. auch GWerkV Rz. 1784; Ingenstau/Korbion/Oppler, VOB, N 43 zu § 4 Abs. 7 VOB/B; Ingenstau/Korbion/Wirth, VOB, N 134 zu § 13 Abs. 5 VOB/B.

5.6 c) Die Ansetzung einer zu kurzen Verbesserungsfrist setzt den Lauf einer angemessenen, längeren Frist in Gang (BGE 91 II 344/351 E. 3b). Allerdings muss der Unternehmer die zu kurze Frist als angemessen gelten lassen, falls er sich nicht umgehend gegen die zu kurze Dauer der angesetzten Frist verwahrt (vgl. BGE 116 II 436/440 E. 2b; 105 II 28/34 E. 3b; 91 II 344/351 E. 3b; BGer 4A_610/2014 vom 30. März 2015 E. 12.2.2; 4C.216/2000 vom 11. Dezember 2000 E. 4a; GWerkV Rz. 667; Brändli, Die Nachbesserung, Rz. 718). Ist die Frist allerdings so kurz, dass eine fristgerechte Mängelbeseitigung unter keinen Umständen möglich ist, gilt diese Frist auch dann nicht, wenn der Unternehmer es unterlassen hat zu protestieren (offengelassen in BGer 4A_610/2014 vom 30. März 2015 E. 12.2.2).

5.7 d) Die Ansetzung der Frist kann formlos (also auch mündlich) erfolgen, wobei sich aus Beweisgründen die Schriftlichkeit empfiehlt.

Anmerkung 6

Wohl als Folge eines Versehens wurde in einem Teil der Auflage der aktuellen SIA-Norm 118 an dieser Stelle das Wort «erlangen» abgedruckt, in einem anderen Teil der Auflage aber das Wort «verlangen». Der richtige Sinn kommt im Wort «verlangen» zum Ausdruck, weshalb dieses Wort auch im Normtext dieses Kommentars verwendet wird. Abgesehen davon ist hier auszuführen: Sobald der Bauherr die Nachbesserung verlangt (Art. 169/Rz. 1), entsteht eine *Nachbesserungsschuld*, die den Unternehmer verpflichtet, die verlangte Mängelbeseitigung vorzunehmen. Dieser Schuld entspricht eine Forderung des Bauherrn auf Nachbesserung (vgl. GWerkV Rz. 1701 f.). Das soeben Gesagte gilt auch dann, wenn der Bauherr es unterlassen hat, dem Unternehmer (gleichzeitig mit der Aufforderung zur Mängelbeseitigung) eine Verbesserungsfrist anzusetzen. Die Ansetzung einer angemessenen Frist kann noch später erfolgen. Die Forderung ist im Grundsatz sogleich erfüllbar, weshalb der Bauherr in Gläubigerverzug gerät, wenn er den Unternehmer daran hindert, die Verbesserungsarbeiten auszuführen. Allerdings kann es auch sein, dass die Erfüllbarkeit erst dann eintritt, wenn der Bauherr dem Unternehmer eine Verbesserungsfrist ansetzt. So verhält es sich etwa dann, wenn die Verbesserungsarbeiten die Koordination mit Nebenunternehmern (Art. 30) bedingen. 6

Anmerkung 7

Die Nachbesserung, deren Kosten grundsätzlich vom Unternehmer zu tragen sind (vgl. zu den Ausnahmen Art. 170 Abs. 2 und 3 sowie Art. 173 Abs. 2), hat somit *Vorrang*, wodurch die gesetzliche Freiheit des Bauherrn, bei gegebenen Voraussetzungen zwischen Nachbesserung, Minderung und Rücktritt (Wandelung) zu wählen (Art. 368 OR), eingeschränkt wird (BGE 116 II 450/453 E. 2b/aa; BGer 4A_151/2016 vom 21. Juni 2016 E. 3.1; 4A_511/2014 vom 4. März 2015 E. 5.1; Zindel/Pulver/Schott, Basler Kommentar, N 88 zu Art. 368 OR). Das bedeutet: 7.1

a) Nach Art. 169 Abs. 1 muss der Bauherr seinem Unternehmer Gelegenheit zur Nachbesserung geben, bevor er eines der in Ziff. 1–3 erwähnten Rechte ausüben kann (BGE 116 II 450/453 f. E. 2b/bb; 110 II 52/53 E. 4; beachte aber den Vorbehalt in Art. 169 Abs. 2). Das gilt selbst dann, wenn die Mängelbeseitigung «übermässige Kosten» (Art. 169/Rz. 14.1 ff.) verursacht, da es dem Unternehmer freisteht, auf die entsprechende Einwendung zu verzichten und die Verbesserung ungeachtet an sich übermässiger Kosten vorzunehmen. Diese Abrede, die den Vorrang der Nachbesserung statuiert, ist in der Praxis bedeutsam. Denn: 7.2

b) Ein Bauherr, der die Regel des Art. 169 Abs. 1 missachtet, indem er einen Mangel selber beseitigt oder durch einen Dritten beseitigen lässt, ohne dem Unternehmer zunächst eine angemessene Frist anzusetzen und deren Ablauf abzuwarten, handelt auf eigene Kosten und Gefahr (BGE 116 II 450/453 f. E. 2b/bb; 110 II 52/53 E. 4; HGer ZH HG060131 vom 2. Juli 2013 E. 2.4.2). Weder hat er einen Anspruch auf Kostenersatz (Art. 169 Abs. 1 Ziff. 1), noch kann er wegen des betreffenden Mangels die Vergütung mindern (Art. 169 Abs. 1 Ziff. 2; BGE 116 II 305/311 f. E. 3a; 110 II 52/53 E. 4) oder vom Vertrag zurücktreten (Art. 169 Abs. 1 Ziff. 3; BGE 116 II 305/311 f. E. 3a); denn diese nachgelagerten Rechte (auf Minderung oder Rücktritt) sind verwirkt (BGE 116 II 450/453 E. 2b/bb; 7.3

HGer ZH HG060131 vom 2. Juli 2013 E. 2.4.4). Alsdann ist der Unternehmer nicht einmal verpflichtet, dem Bauherrn herauszugeben, was er dadurch eingespart hat, dass seine Nachbesserungspflicht erloschen ist (offengelassen aber in BGE 110 II 52/53 E. 4). Eingehend GWerkV Rz. 2501 ff., 2659 f. und 2666; kritisch Merz, Die privatrechtliche Rechtsprechung, S. 176; Koller Alfred, Werkvertragsrecht, Rz. 758, Fn. 562. Zum grundsätzlichen Vorrang des Anspruchs auf Nacherfüllung im deutschen Recht vgl. § 636 i.V.m. § 323 Abs. 1 BGB (für das Rücktrittsrecht) und § 281 Abs. 1 BGB (für den Anspruch auf Schadenersatz). Immerhin ist vorstellbar, dass diese Regel angesichts ihrer weitreichenden negativen Folgen für den Bauherrn an der Ungewöhnlichkeitsregel (Einl./Rz. 31) scheitern könnte.

7.4 c) Hat der Bauherr die Unmöglichkeit der Nachbesserung zu verantworten, ist er nicht berechtigt, sich nun auf die gegenüber der Nachbesserung nachrangigen Mängelrechte (Minderung oder Wandelung) zu verlegen (Brändli, Die Nachbesserung, Rz. 389, der aber dort überdies ausführt, der Unternehmer müsse sich im Umfang der Einsparungen einen Abzug am Lohn gefallen lassen; dazu Art. 169/Rz. 7.3).

7.5 d) Unbeachtlich ist der vereinbarte Vorrang des Nachbesserungsrechts bei Mängeln, die der Unternehmer absichtlich oder grobfahrlässig verursacht hat, da hier Art. 100 Abs. 1 OR der Abänderbarkeit der gesetzlichen Haftungsordnung Grenzen setzt (Koller Alfred, Werkvertragsrecht, Rz. 860).

Anmerkung 8

8 Gemeint ist eine angesetzte Frist, die das Erfordernis der Angemessenheit erfüllt (Art. 169/Rz. 5.2).

Anmerkung 9

9 Keinen Unterschied macht es, ob der Unternehmer den Mangel überhaupt nicht oder nur unvollständig behoben hat. Insbesondere hat der Bauherr sich weder mit einem Flickwerk noch mit einer blossen Behelfslösung zufriedenzugeben (BGE 116 II 305/312 E. 3c; GWerkV Rz. 1724 und 1770 f.). Die Säumnis ist allerdings nur dann beachtlich, wenn sie pflichtwidrig ist, was sie z.B. dann nicht ist, wenn der Bauherr die Nachbesserungsarbeiten verhindert und damit in Gläubigerverzug gerät (Koller Alfred, Das Nachbesserungsrecht, Rz. 245).

Anmerkung 10

10.1 Soweit Mängel innerhalb der angesetzten Frist (Art. 169/Rz. 8) nicht behoben werden (Art. 169/Rz. 9), ist der Bauherr berechtigt, zwischen den in Art. 169 Abs. 1 Ziff. 1 – 3 aufgezählten Rechtsbehelfen zu *wählen* (Art. 169/Rz. 11.1), soweit ihre jeweiligen Voraussetzungen erfüllt sind.

10.2 a) Dieses Recht des Bauherrn besteht unabhängig davon, ob den Unternehmer an der Nichteinhaltung der Frist ein Verschulden trifft oder nicht. Und es besteht *auch dann,* wenn die Ursache einer Verzögerung in vorübergehenden Leistungshindernissen (z.B. ungünstigen Witterungsverhältnissen, Streik, Ausfall von Maschinen oder verspätetem Eintreffen von gekauftem Material) liegt; oder wenn der Unternehmer dem Bauherrn eine andere Leistung als die verlangte Mängelbeseitigung (z.B. eine Geldleistung oder die Leistung von Wartungsarbeiten) angeboten oder sich bereit erklärt hat, die Frist für die Verjährung der Mängelrechte (Art. 180) vertraglich zu verlängern (vgl. BGE 116 II 305/312 f. E. 3c).

b) Verzögerungen, die seinem *eigenen Risikobereich* entstammen, hat der Bauherr allerdings selber zu vertreten, weshalb er sie dem Unternehmer nicht entgegenhalten kann, um das Wahlrecht auszuüben. Das gilt namentlich für solche Verzögerungen, die durch Gläubigerverzug des Bauherrn (Art. 91 OR) entstanden oder dadurch gerechtfertigt sind, dass der Bauherr einen Zug um Zug zu leistenden Zuschuss an die Verbesserungskosten (z.B. bei Vorliegen eines Mitverschuldens, bei Sowieso-Kosten oder im Falle übermässiger Kosten; im Einzelnen Brändli, Die Nachbesserung, Rz. 508 ff.; Laube, Die Tragung der Nachbesserungskosten, Rz. 167 ff. und 294 ff.) oder eine entsprechende Sicherheit (Art. 170/Rz. 2.3) nicht rechtzeitig geleistet oder angeboten hat. 10.3

In Gläubigerverzug gerät der Bauherr, falls er die verlangte Nachbesserung verhindert, etwa indem er dem Unternehmer den Zugang zum mangelhaften Werk verwehrt. Vorbehalten bleibt der Fall, da der Unternehmer die Mängelbeseitigung zu einer Zeit vornehmen will, die für den Bauherrn unzumutbar ist. 10.4

Anmerkung 11

Die in Art. 169 Abs. 1 Ziff. 1 – 3 aufgezählten Rechtsbehelfe, zwischen denen der Bauherr wählen kann, stehen in *elektiver Konkurrenz*. Das bedeutet: 11.1

a) Der Bauherr muss sich bei jedem Mangel für das eine oder für das andere Recht entscheiden. Zwar kann er für den einen Mangel auf der Verbesserung beharren (Ziff. 1) und für einen anderen das Minderungsrecht ausüben (Ziff. 2). Ausgeschlossen ist dagegen, dass er für den gleichen Mangel sowohl auf der Verbesserung besteht als auch die Vergütung mindert. Tritt er wegen eines Mangels vom Vertrag zurück (Ziff. 3), so verliert er das Nachbesserungs- und das Minderungsrecht für sämtliche Mängel, weshalb sich auch sagen lässt, dass der Rücktritt die übrigen Gestaltungsrechte (nicht aber das Recht auf Schadenersatz, Art. 171/Rz. 6) verdrängt. 11.2

b) Hat der Bauherr eines der Rechte ausgeübt, so ist die Wahl an sich endgültig (GWerkV Rz. 1581 ff., 1688 ff. und 1835 ff.), was sich mit dem Grundsatz deckt, dass die Ausübung von Gestaltungsrechten unwiderruflich ist (vgl. Gauch/Schluep/Schmid, OR AT, Rz. 156 f.). Doch sind zwei Präzisierungen anzubringen: Erstens kann der durch Wandelung aufgehobene Werkvertrag durch Vereinbarung der Parteien wiederhergestellt werden (GWerkV Rz. 1590, 1696 und 1844). Und zweitens muss sich der Unternehmer, der das Wandelungsrecht des Bauherrn oder dessen wirksame Ausübung aus irgendeinem Grund bestreitet, bei seiner Bestreitung behaften lassen. Macht der Bauherr in der Folge das Nachbesserungs- oder das Minderungsrecht geltend, so kann der Unternehmer ihm nicht entgegenhalten, dieses Recht sei wegen der Wandelung des Vertrags erloschen (GWerkV Rz. 1591, 1697 und 1845; allgemein zum Fall, in dem der Schuldner den Schutz, der mit dem Grundsatz der Selbstbindung geschaffen wird, nicht braucht Gauch/Schluep/Schmid, OR AT, Rz. 157). Beachte auch Art. 169/Rz. 12. 11.3

Anmerkung 12

12 Beharrt der Bauherr (zu Recht) auf der Verbesserung, indem er dies dem Unternehmer mitteilt, so bleibt der Unternehmer weiterhin zur Verbesserung verpflichtet. Unterlässt der Unternehmer es erneut, den Mangel innerhalb angemessener Frist (vollständig) zu beseitigen, so lebt das Wahlrecht des Bauherrn (Art. 169/Rz. 11.1) wieder auf.

Anmerkung 13

13 Das «Interesse» an der Mängelbeseitigung besteht im wirtschaftlichen und/oder nichtwirtschaftlichen, immateriellen Nutzen, den die Beseitigung des Mangels dem Bauherrn bringt (BGE 111 II 173/173 f. E. 5; HGer ZH HG120094 vom 8. Mai 2014 E. 7.1; vgl. GWerkV Rz. 1758 ff.; Koller Alfred, Werkvertragsrecht, Rz. 706). Was namentlich ästhetische Mängel anbelangt, verhält es sich keineswegs so, dass hier das Interesse des Bauherrn a priori geringer zu veranschlagen wäre als bei technisch-funktional relevanten Mängeln (siehe auch Art. 161/Rz. 2.2). Diese Meinung ist zwar verbreitet, was etwa darin zum Ausdruck kommt, dass von blossen Schönheitsfehlern die Rede ist. Doch ist zu beachten, dass die Ästhetik insbesondere dann eine bedeutsame Rolle spielen kann, wenn der Bauherr aufgrund gesteigerter Ansprüche (z.B. an die ästhetische Qualität des Sichtbetons) eine Vergütung leistet, die höher ist als jene bei Arbeiten, die mit geringerem Aufwand verbunden sind, aus technisch-funktionaler Sicht aber vollends ausreichten (vgl. dazu auch Art. 161/Rz. 2.2 und Art. 169/Rz. 14.1). Bei der Beantwortung der Frage, wie hoch der konkrete Nutzen des Bauherrn (im Vergleich zu den Verbesserungskosten des Unternehmers) zu bewerten ist, spielen auch die jeweils vorherrschenden Anschauungen in der Gesellschaft eine bedeutsame Rolle. Lebensqualität und Wohnkomfort gelten dieser Tage als besonders hohe Güter, weshalb z.B. die Beseitigung von Schallschutzmängeln ein entsprechendes Gewicht hat (vgl. GWerkV Rz. 1760).

Anmerkung 14

14.1 *Übermässig* sind die Kosten (die auf den Unternehmer entfallen) schon dann, wenn das Interesse, das der Bauherr an der Mängelbeseitigung und mithin an einem mängelfreien Werk hat, die Kosten der Nachbesserung nach Treu und Glauben nicht zu rechtfertigen vermag (BGE 111 II 173/174 E. 5; BGer 4A_307/2010 vom 14. Oktober 2010 E. 2; GWerkV Rz. 1749 ff., insbesondere Rz. 1758). Ein *grobes* Missverhältnis zwischen Kosten und Interesse ist nicht verlangt. Unerheblich ist aber auch das Verhältnis zwischen den Nachbesserungskosten und dem Werkpreis (BGE 111 II 173/174 E. 5; BGer 4A_307/2010 vom 14. Oktober 2010 E. 2). Immer aber ist das Interesse an der Mängelfreiheit gerade jenes Werks zu messen, das Gegenstand des Werkvertrags ist, während es keine Rolle spielt, in welchen (z.B. besonders luxuriösen) Gesamtrahmen die entsprechenden Arbeiten sich einfügen (vgl. BGer 4A_307/2010 vom 14. Oktober 2010 E. 2). Die Beweislast für die Umstände, die auf ein Übermass schliessen lassen, liegt beim Unternehmer (HGer ZH HG110257 vom 20. August 2012 E. IV./2.3; BGer 4C.265/2003 vom 24. Februar 2004 E. 3.2).

14.2 Ob die Kosten (im umschriebenen Sinne) «übermässig» sind, hat das Gericht im Streitfall im Licht von Treu und Glauben zu entscheiden. *In keinem Falle übermässig* sind die Kosten jedoch: (i) wenn sie geringer sind als der durch den betreffenden Mangel verursachte Minderwert des Werks (GWerkV Rz. 1759); (ii) wenn die Mängelbeseitigung nicht *mehr* kostet, als was der Unternehmer durch die mangelhafte Herstellung des Werks (oder Werkteils) eingespart hat; (iii) wenn der Mangel behoben werden muss, um einen gesetzeswidrigen Zustand des Werks oder eine Gefahr für Leib und Leben (des Bauherrn oder Dritter; vgl. GWerkV Rz. 1423) zu beseitigen (GWerkV Rz. 1760).

Zur Sonderfrage, ob und wie eine billigere Behelfslösung, die der Unternehmer vorgeschlagen hat, in die Entscheidung einzubeziehen ist, siehe GWerkV Rz. 1770 ff. Weigert sich der Unternehmer, den Mangel zu beseitigen, um stattdessen eine (für ihn weniger kostenträchtige, also günstigere) Behelfslösung vorzuschlagen, so darf der Bauherr diese ablehnen, ohne in Gläubigerverzug zu geraten oder gar den Vertrag zu verletzen (vgl. BGE 116 II 305/312 E. 3c; siehe auch GWerkV Rz. 1771). Gleichzeitig hat der Bauherr jedoch hinzunehmen, dass die vorgeschlagene Alternativlösung des Unternehmers im Rahmen der Frage, ob die Kosten der vertragsgemässen Verbesserung im Verhältnis zum Nutzen des Bauherrn übermässig sind, berücksichtigt wird. Vermag das Interesse des Bauherrn an der vertragsgemässen Mängelbeseitigung die Kostendifferenz zur Behelfslösung vernünftigerweise nicht zu rechtfertigen, so ist es ihm nach Treu und Glauben zumutbar, dass «ein vom Vertrag abweichender Zustand geschaffen» und ein allfällig verbleibender Minderwert durch Reduktion der Vergütung ausgeglichen wird (BGE 105 II 99/103 E. 4b; vgl. GWerkV Rz. 1772). Was die angesprochene Minderung angeht, ist allerdings zu beachten, dass in solchen Fällen gar nicht immer ein Minderwert nachweisbar ist, weshalb dann auch der Anspruch auf Minderung entfällt. Zudem ist es so, dass die mit der Behelfslösung allenfalls verbundene Einsparung nun nicht einfach im Weg der Minderung von der Vergütung abgezogen werden kann, wo kein entsprechender Minderwert besteht. 14.3

Anmerkung 15

Gemeint sind die *Kosten* der Verbesserung, die auf den Unternehmer entfallen. Diese Kosten sind ohne Unternehmergewinn anzusetzen. Muss der Bauherr einen Teil der Kosten selber tragen (vgl. Art. 170 Abs. 2 und 3 sowie Art. 173 Abs. 2), so kommt der betreffende Teil in Abzug. Das gilt auch dann, wenn der Bauherr von sich aus bereit ist, einen Teil der Kosten zu übernehmen, damit die Verbesserungskosten für den Unternehmer nicht «übermässig» sind (Brändli, Die Nachbesserung, Rz. 412). Unberücksichtigt bleiben jedoch allfällige Nachteile, die dem Unternehmer daraus erwachsen, dass er durch die verlangten Nachbesserungsarbeiten in seiner sonstigen Betriebstätigkeit beeinträchtigt wird, weshalb es etwa keine Rolle spielt, dass die Nachbesserungsarbeiten seine Kapazitäten so binden, dass er mit anderen Arbeiten (für andere Bauherren) in Schuldnerverzug gerät. Vgl. zum Ganzen BGE 111 II 173/174 E. 5; GWerkV Rz. 1755 f. 15

Anmerkung 16

Verursacht die Mängelbeseitigung übermässige Kosten, so hat der Bauherr keinen Anspruch auf Nachbesserung des Werks (GWerkV Rz. 1767; Koller Alfred, Das Nachbesserungsrecht, Rz. 243; ders., Werkvertragsrecht, Rz. 700; a.M. Laube, Leistungsverweige- 16.1

rungsrecht bei übermässigen Nachbesserungskosten, S. 110 ff.; unter Bezug auf BRÄNDLI, Die Nachbesserung, Rz. 399 ff.; auch SPIESS/HUSER, Handkommentar, N 14 zu Art. 169).

16.2 a) Doch ist der Bauherr berechtigt, auf der Verbesserung zu beharren, wenn er bereit ist, sich in dem Umfang an den (sonst übermässigen) Nachbesserungskosten zu *beteiligen,* dass die auf den Unternehmer entfallenden Kosten nicht mehr als übermässig gelten (BRÄNDLI, Die Nachbesserung, Rz. 412). Für den Zuschussbetrag (einschliesslich Zins) hat der Bauherr dem Unternehmer hinreichende Sicherheit zu leisten, da es sonst dem Unternehmer nach Treu und Glauben (Art. 2 ZGB) nicht zumutbar ist, die Verbesserungskosten vorzufinanzieren. Einen Vorschuss aber kann der Unternehmer vom Bauherrn nicht verlangen.

16.3 b) Lässt sich der Unternehmer *vorbehaltlos* auf die Nachbesserung ein, kann er den Einwand übermässiger Kosten in der Folge nicht mehr erheben. Auch sonst kann die Weigerung des Unternehmers unstatthaft sein, weil sie nach den konkreten Umständen Treu und Glauben (Art. 2 ZGB) zuwiderläuft, etwa weil der Unternehmer den infrage stehenden Mangel grobfahrlässig verursacht hat (OGer ZH vom 12. September 1980 E. 2 = ZR 1980, Nr. 129, S. 279 f.). Vgl. zum Ganzen GWERKV Rz. 1767 ff. Verhält es sich so, dass der Unternehmer es schlicht unterlässt, die nach wie vor verlangte Verbesserung innerhalb angemessener Frist ausdrücklich abzulehnen, entsteht daraus keine Nachbesserungsschuld, wo nicht vorher schon eine war.

16.4 c) Das Nachbesserungsrecht besteht nur dann, wenn die Kosten nicht übermässig sind. Stellt sich der Unternehmer auf den Standpunkt, die Kosten seien übermässig, trägt er für die entsprechenden Umstände die Beweislast (BGer 4C.265/2003 vom 24. Februar 2004 E. 3.2; HGer ZH HG110257 vom 20. August 2012 E. IV./2.3), da er sich mit dem Einwand übermässiger Kosten auf eine rechtshindernde Tatsache beruft (GAUCH, Übermässige Nachbesserungskosten, passim; allgemein WALTER, Berner Kommentar, N 288 ff. zu Art. 8 ZGB). Um die mutmasslichen Nachbesserungskosten zu ermitteln, ist gegebenenfalls ein Gutachten einzuholen.

Anmerkung 17

17.1 Danach hat der Bauherr ein *Recht auf Ersatzvornahme,* ohne dass er dafür eine richterliche Ermächtigung einzuholen hätte (BGE 141 III 257/259 E. 3.3; BGer 4C.286/2001 vom 22. Januar 2002 E. 3d; HGer ZH HG120158 vom 26. November 2014 E. 6.3.3; NIQUILLE-EBERLE, Probleme rund um die Ersatzvornahme, S. 69) oder gehalten wäre, dem Unternehmer die Ersatzvornahme zunächst anzudrohen (KOLLER ALFRED, Das Nachbesserungsrecht, Rz. 293). Damit liegt die Norm auf der Linie der auf eine analoge Anwendung von Art. 366 Abs. 2 OR gestützten Rechtsprechung, wonach der Bauherr bei einer Nachbesserung nach Art. 368 Abs. 2 OR auch ohne richterliche Ermächtigung zur Ersatzvornahme schreiten kann, wenn die weiteren Voraussetzungen erfüllt sind (grundlegend BGE 107 II 50/55 E. 3; 141 III 257/259 E. 3.3; NIQUILLE-EBERLE, Probleme rund um die Ersatzvornahme, S. 69 ff.; kritisch GWERKV Rz. 1819 ff.; ZINDEL/PULVER/SCHOTT, Basler Kommentar, N 59 zu Art. 368 OR). Ist der Unternehmer berechtigt, die Nachbesserung zu verweigern (z.B. deshalb, weil deren Kosten übermässig sind [Art. 169/Rz. 14.1], oder weil der Bauherr, den ein Mitverschulden trifft, es ablehnt, sich an den Kosten der Verbesserung zu beteiligen [Art. 170/Rz. 8]), so kann sie ihm auch nicht über den Umweg der Ersatzvornahme aufgezwungen werden (BGer 4A_511/2014 vom 4. März 2015 E. 5.5). Doch auch dann, wenn der Bauherr den Vorrang der Nachbesserung nicht beachtet hat, können die Kosten der Ersatzvornahme nicht auf den Unternehmer abgewälzt werden (BGer 4C.91/2006 vom 29. Mai 2006 E. 4). Abgesehen davon sind die folgenden Punkte hervorzuheben:

a) Lässt der Bauherr die Verbesserung berechtigterweise durch einen Dritten ausführen 17.2 oder nimmt er sie selber vor, so ist er berechtigt, die daraus entstehenden Kosten beim Unternehmer einzufordern. Dieser *Anspruch auf Kostenersatz* ist ein Aufwendungs-, nicht ein Schadenersatzanspruch, weshalb er auch nicht davon abhängt, ob den Unternehmer ein Verschulden oder eine Hilfspersonenhaftung trifft.

b) Der erwähnte Anspruch auf Aufwendungsersatz richtet sich auf Ersatz der Kosten, die 17.3 der Bauherr nach pflichtgemässem Ermessen auf sich nimmt, um den vertragskonformen, also mängelfreien Zustand des Werks selber herbeizuführen oder durch einen Dritten herbeiführen zu lassen (HGer ZH HG120094 vom 8. Mai 2014 E. 7.1; dazu und zum Folgenden auch GWerkV Rz. 1809 ff.). Diese Kosten hat der Unternehmer selbst dann zu ersetzen, wenn der angestrebte Erfolg (Beseitigung des Werkmangels) verfehlt wird, sofern nicht gerade der Bauherr für den Misserfolg verantwortlich ist (GWerkV Rz. 1810). In Abzug kommt ein allfälliger Kostenanteil, den der Bauherr auch bei einer Verbesserung durch den Unternehmer tragen müsste (vgl. dazu Art. 170/Rz. 6.1 ff. und 8; Art. 173/ Rz. 7; siehe auch GWerkV Rz. 1811). Das Risiko von *Mehrkosten*, die sich aus der Ersatzvornahme ergeben können (weil z.B. der Dritte unwirtschaftlich arbeitet), belastet aber den Unternehmer (GWerkV Rz. 1815). Auch bestimmt sich die Höhe der Verbesserungskosten, die der Unternehmer zu ersetzen hat, *unabhängig vom Herabsetzungsbetrag*, um den die Vergütung bei Ausübung des Minderungsrechts gekürzt würde (Art. 169/ Rz. 18.4 f.; anders Gautschi, Berner Kommentar, N 16g zu Art. 368 OR), da Nachbesserungs- und Minderungsrecht je verschiedene Ziele verfolgen.

c) Dem Bauherrn ist es nach Treu und Glauben (Art. 2 ZGB) nicht zuzumuten, die Ver- 17.4 besserungskosten vorzufinanzieren (BGE 136 III 273/275 f. E. 2.4; GWerkV Rz. 1816); deshalb hat der Unternehmer ihm auf entsprechendes Begehren hin (das unter Umständen mit einer Leistungsklage durchzusetzen ist) die Kosten der Ersatzvornahme zu *bevorschussen* (grundlegend BGE 128 III 416 E. 4; 141 III 257/259 E. 3.3; Niquille-Eberle, Probleme rund um die Ersatzvornahme, S. 75 ff.); die SIA-Norm 118 schweigt sich dazu aus, weshalb die allgemeine Regel zum Tragen kommt (vgl. HGer ZH HG110257 vom 20. August 2012 E. IV./2.1; OGer ZH NE110012 vom 8. Mai 2012 E. 3.1). Da der Anspruch des Bauherrn auf eine Vorschussleistung eine zweckgebundene Geldforderung darstellt, ist es sowohl dem Unternehmer als auch dem Bauherrn verwehrt, die Vorschussforderung gegen den Willen der anderen Partei mit einer Vergütungs- oder einer sonstigen Geldforderung des Unternehmers zu verrechnen (zur kontroversen Diskussion vgl. GWerkV Rz. 1817, Fn. 634 sowie Rz. 871a, Fn. 603; Niquille-Eberle, Probleme rund um die Ersatzvornahme, S. 88 ff.). Nach Abschluss der Nachbesserungsarbeiten hat der Bauherr über die Kosten abzurechnen und dem Unternehmer einen allfälligen Überschuss mitsamt Zins herauszugeben. Umgekehrt hat er gegen den Unternehmer einen Anspruch auf eine zusätzliche Leistung, wenn die Abrechnung ergibt, dass der Vorschussbetrag nicht ausreichte, um die Kosten der Nachbesserung zu decken (anders HGer ZH HG130129 vom 12. November 2014 E. 3.1; wie hier BGE 141 III 257/258 E. 3). Beseitigt der Bauherr den Mangel nicht innert angemessener Frist (respektive lässt er den Mangel nicht innert angemessener Frist beseitigen), so hat der Unternehmer Anspruch auf Rückerstattung des ganzen (vorgeschossenen) Betrags (BGE 128 III 416/418 E. 4.2.2 = BR/DC 2003, S. 73, Nr. 248; GWerkV Rz. 1818a) mitsamt Zins.

17.5 d) Sofern der Bauherr das Werk *selber* (nicht durch einen Dritten) verbessert, sind seine eigenen Arbeitsleistungen ohne Zuschlag für Gewinn und Gemeinkosten in Anschlag zu bringen, und für verwendete Materialien sind die Einstandspreise zu verrechnen (GWerkV Rz. 1812). Überträgt der Bauherr die Verbesserung einem *Dritten*, so hat er (in den Schranken von Treu und Glauben) das Recht, einen Fachmann seines Vertrauens beizuziehen, auch wenn ein anderer die Verbesserungsarbeiten billiger ausführen würde (GWerkV Rz. 1813). Der beigezogene Dritte tritt nur mit dem Bauherrn (nicht mit dem Unternehmer) in ein Vertragsverhältnis; sein Vergütungsanspruch richtet sich also einzig an den Bauherrn, der sich seinerseits wiederum an den Unternehmer halten kann (GWerkV Rz. 1814).

17.6 e) Die Mängelbeseitigung durch den Bauherrn oder einen Dritten geht nicht nur auf Kosten, sondern auch auf *Gefahr* des Unternehmers, obwohl Art. 169 Abs. 1 Ziff. 1 dies nicht ausdrücklich sagt. Deshalb hat der Unternehmer die Verbesserungskosten selbst dann zu ersetzen, wenn der Erfolg ohne Verschulden des Bauherrn ausbleibt (GWerkV Rz. 1810). Doch muss sich der Bauherr bei erfolgloser Mängelbeseitigung durch einen Dritten zunächst an diesen halten.

Anmerkung 18

18.1 Dieses Recht entspricht dem *gesetzlichen* Minderungsrecht des Bauherrn (Art. 368 Abs. 2 OR). Es setzt voraus, dass der Mangel, für den es ausgeübt wird (der Minderungsmangel), den Wert des Werks effektiv vermindert, aber auch nicht gerade dazu führt, dass das Werk völlig wertlos ist (HGer ZH HG100148 vom 19. September 2013 E. 4.1; für die Einzelheiten GWerkV Rz. 1611 ff.; allgemein zur Minderung Wäger, Das Minderungsrecht, passim). Hervorzuheben sind hier die folgenden Punkte:

18.2 a) Das Minderungsrecht gibt dem Bauherrn die *Befugnis*, die Vergütung *entsprechend dem Minderwert des Werks* (durch einseitige Erklärung) herabzusetzen und, wenn er schon mehr geleistet hat, als der herabgesetzte Betrag ausmacht, den geleisteten Mehrbetrag zurückzufordern (Minderungsforderung). Dabei ist zu beachten:

18.3 Der Minderwert, auf den es ankommt, besteht darin, dass das mangelhafte Werk (wegen seines Mangels) zum Zeitpunkt der Abnahme objektiv weniger wert ist als das mängelfrei gedachte Werk. Er gründet in der Mangelhaftigkeit des Werks selbst. Ausser Betracht bleibt eine Verminderung des Verkaufswerts, die trotz tadelloser Mängelbeseitigung deshalb zurückbleibt, weil der frühere Mangel dazu führt, dass das Werk im Geschäftsverkehr geringer bewertet wird als bei einer von vornherein vertragsgemässen Ausführung. Bei diesem *merkantilen Minderwert* handelt es sich um einen Mangelfolgeschaden (Art. 171/Rz. 1.4), für den der Unternehmer nach Massgabe des Art. 171 einzustehen hat (GWerkV Rz. 1633 ff.; Zindel/Pulver/Schott, Basler Kommentar, N 38 zu Art. 368 OR; vgl. für eine andere Auffassung BGH VII ZR 181/00 vom 9. Januar 2003 E. II/2/f).

b) Der *Umfang der Minderung* bestimmt sich nach der relativen Methode (vgl. BGE 116 II 305/313 E. 4a; 111 II 162/163 E. 3; 105 II 99/101 E. 4a; BGer 4C.231/2004 vom 8. Oktober 2004 E. 3.1; GWerkV Rz. 1669 ff.; anders z.B. Schenker, Gedanken zur «relativen» Minderungsmethode, S. 89 ff. sowie Trachsel, Werkmängel, S. 52 ff.). 18.4

Nach der relativen Methode ist die volle Vergütung (die Vergütung für das ganze Werk; GWerkV Rz. 1648 ff.) in dem Verhältnis zu kürzen, in dem der Wert des mängelfrei gedachten Werks zum Wert des mangelhaften Werks steht. Oder anders ausgedrückt: Die Vergütung wird um so viel Prozente herabgesetzt, als das Werk *prozentual* weniger wert ist. Macht der Minderwert z.B. 20 % vom Wert des mängelfrei gedachten Werks aus, so ist der Bauherr berechtigt, die (volle) Vergütung um 20 % (und damit entsprechend dem Minderwert) zu reduzieren. Da eine derart komplizierte Berechnung häufig zu Schwierigkeiten führt, wird in der Praxis oft ein anderes Vorgehen gewählt, indem die geschuldete Vergütung einfach um den Betrag der Verbesserungskosten reduziert wird. Operiert wird dabei mit den zwei tatsächlichen (der Beweiswürdigung zugehörigen, dem Gegenbeweis zugänglichen) Vermutungen, nach denen erstens der Wert des mängelfrei gedachten Werts sich mit der vollen Vergütung deckt und zweitens die Verbesserungskosten dem Minderwert des mangelhaften Werks entsprechen (vgl. GWerkV Rz. 1681 ff.; BGE 116 II 305/313 f. E. 4a; BGer 4A_65/2012 vom 21. Mai 2012 E. 12.6). 18.5

c) Bei der Berechnung des Minderwerts sind bereits *ausgeführte Arbeiten des Unternehmers zur Beseitigung des Minderungsmangels* mitzuberücksichtigen, wenn sie zu einer Erhöhung oder (umgekehrt) zu einer zusätzlichen Verminderung des Werts geführt haben (GWerkV Rz. 1797). Im Übrigen vgl. auch Art. 173/Rz. 7. 18.6

d) Die *Minderungsforderung,* die aus der Ausübung des Minderungsrechts entstehen kann, setzt voraus, dass der Bauherr bereits mehr geleistet hat, als der herabgesetzte Betrag ausmacht. Sie richtet sich auf Rückleistung des zu viel bezahlten Vergütungsbetrags, ist aber kein Anspruch aus ungerechtfertigter Bereicherung (Art. 62 ff. OR), sondern knüpft unmittelbar an die Minderungserklärung des Bauherrn an und ist vertraglicher Natur (GWerkV Rz. 1618; ähnlich BGE 130 III 504/513 E. 6.5). Der Unternehmer hat den betreffenden Betrag nebst *Zinsen* zurückzuerstatten (BGE 116 II 305/315 E. 7). Der Zinsfuss bestimmt sich nach Art. 73 OR, beträgt also 5 %, soweit sich weder aus dem Vertrag noch aus der Übung etwas anderes ergibt. 18.7

Die erwähnte Zinspflicht des Unternehmers beginnt im Zeitpunkt, da er die zurückzuerstattende Vergütung erhalten hat (BGE 116 II 305/315 E. 7). Wurde die Vergütung durch mehrere Zahlungen (z.B. auch Abschlags-, Teuerungs- und Regiezahlungen) geleistet, so schuldet der Unternehmer den Zins ab der zeitlich ersten Vergütungsleistung, welche den herabgesetzten Betrag (Art. 169/Rz. 18.4 f.) überstieg. Für diese Leistung und die späteren Zahlungen beginnt die Zinspflicht separat zu laufen, und zwar jeweils in dem Zeitpunkt, da dem Unternehmer die betreffende Zahlung geleistet wurde. 18.8

18.9 e) Auch in Art. 162 (Fall 3) ist die Rede vom Minderungsrecht, das dort zum einen mit dem Werk, zum andern mit einem Werkteil in einen Zusammenhang gebracht wird (Art. 162/Rz. 21 f.). Zu beachten ist, dass sich der Minderwert immer auf das gesamte Werk, nicht auf einen Werkteil bezieht, auch wenn es sein kann, dass der Minderwert gerade deshalb entsteht, weil ein in sich geschlossener Werkteil mangelhaft ist. Die Unterscheidung zwischen dem Werk einerseits und einem Werkteil andererseits ist denn auch nur bei der Abnahme bedeutsam, indem es nach der SIA-Norm 118 allenfalls möglich ist, einen «in sich geschlossenen vollendeten Werkteil» gesondert vom Rest abzunehmen (vgl. Art. 157/Rz. 5.2).

Anmerkung 19

19.1 Das *Mitverschulden* des Bauherrn (GWerkV Rz. 2675) ist ein beschränktes Selbstverschulden (Art. 166/Rz. 15.6; GWerkV Rz. 2049 ff.). Das bedeutet:

19.2 a) Der Bauherr hat zwar eine Ursache des infrage stehenden (Werk-)Mangels (für den hier die Minderung verlangt wird) zu vertreten; diese Ursache, für die der Bauherr einstehen muss, ist aber nicht die allein massgebende Ursache des Mangels. Andernfalls würde eine Haftung des Unternehmers gänzlich entfallen, da es schon am vorausgesetzten Mangel fehlt (Art. 166 Abs. 4).

19.3 b) Auch unter dem Gesichtspunkt des Mitverschuldens hat der Bauherr sich das Verhalten seiner Hilfspersonen und deren Sachverstand anrechnen zu lassen (vgl. Art. 166/Rz. 15.2 f.). Dies wird durch den eingefügten Klammerausdruck «(oder eine Hilfsperson des Bauherrn)» klargestellt.

19.4 c) Zur mangelhaften Beaufsichtigung der Bauarbeiten siehe Art. 166/Rz. 15.5.

19.5 d) Zum beschränkten Selbstverschulden (Mitverschulden) im Sinne von Art. 169 Abs. 1 Ziff. 2 einerseits und zum Selbstverschulden im Sinne von Art. 369 OR andererseits vgl. GWerkV Rz. 2050.

Anmerkung 20

20 Art. 44 Abs. 1 OR kommt sinngemäss zur Anwendung; in welchem Mass der Minderwertabzug zu verringern ist, liegt im richterlichen Ermessen (BGer 4A_213/2015 vom 31. August 2015 E. 7.2.2; BGE 116 II 454/458 E. 3b = BR/DC 1991, S. 97, Nr. 155; GWerkV Rz. 2062 ff. und 2068).

Anmerkung 21

21.1 Das *Rücktrittsrecht* des Art. 169 Abs. 1 Ziff. 3 entspricht dem *Wandelungsrecht* des Art. 368 Abs. 1 und 3 OR. Es gibt dem Bauherrn die Macht, den Werkvertrag *mit rückwirkender Kraft* aufzuheben, was die gegenseitigen Leistungspflichten der Parteien erlöschen und einen Anspruch jeder Partei auf Rückgabe des bereits Geleisteten (= «Wandelungsforderungen») entstehen lässt. Dabei handelt es sich um vertragliche, nicht etwa um bereicherungsrechtliche Ansprüche (auch Zindel/Pulver/Schott, Basler Kommentar, N 28 zu Art. 368 OR; Chaix, Commentaire romand, N 24 zu Art. 368 OR). Eingehend zur Wandelung und zu ihren Folgen GWerkV Rz. 1528 ff. Nur drei Punkte sind hier hervorzuheben:

a) Der Rücktritt bezieht sich stets auf den *ganzen* Werkvertrag. Der Bauherr hat also kein Recht, den Werkvertrag bloss für einzelne (mangelhafte) Werkteile aufzuheben (vgl. BGE 24 II 536/548 E. 6), auch wenn diese zur Teilabnahme gestellt wurden (Art. 157 Abs. 1 sowie Art. 158 Abs. 1 und 2). Zum Sonderfall, da sich der Unternehmer in einem einzigen Werkvertrag zur Ausführung verschiedener Projekte verpflichtet hat, die nicht bloss Teile eines vom Unternehmer geschuldeten Gesamtwerks sind (wie z.B. ein Spitalkomplex mit mehreren Häusern oder ein Wohnhaus mit Zufahrtsweg und bebautem Garten), weshalb sich eine analoge Anwendung von Art. 209 Abs. 1 OR rechtfertigen kann, siehe GWerkV Rz. 1547. 21.2

b) Der Bauherr kann das Rücktrittsrecht, das ihm zusteht, unter Umständen *verwirken.* Verschiedene Fälle sind möglich, namentlich die folgenden: Untergang des Werks mit Verantwortung des Bauherrn; Veräusserung oder Umgestaltung des Werks durch den Bauherrn; Gebrauch des mangelhaften Werks trotz Kenntnis der Mängel. Vgl. dazu GWerkV Rz. 1592 ff. 21.3

c) Zur Zulässigkeit eines Gesamtverzichts und der Einschränkung des Rücktrittsrechts (in casu nach Art. 366 Abs. 1 OR) BGE 141 III 106 E. 16, kritisch Siegenthaler/Stöckli, Herstellungsverzug, S. 328 ff. 21.4

Anmerkung 22

Der einschränkende Satz «dies jedoch nur dann, wenn [...]» übernimmt (in umgekehrter Reihenfolge) die besonderen Voraussetzungen des Wandelungsrechts (insbesondere die Unzumutbarkeit der Annahme), die in Art. 368 Abs. 1 und 3 OR umschrieben sind. 22

Anmerkung 23

Diese Voraussetzung des Rücktrittsrechts (keine unverhältnismässigen Nachteile für den Unternehmer; GWerkV Rz. 1573 ff.) gilt nach Art. 368 Abs. 3 OR nur für Werke, «die auf dem Grund und Boden des Bestellers» oder eines Dritten errichtet sind. Zu denken ist z.B. an den vom Unternehmer beigezogenen Subunternehmer, der das vom Unternehmer bestellte Werk auf dem Grundstück des Erstbestellers baut (GWerkV Rz. 1574). Weil die SIA-Norm 118 ohnehin für Werkverträge, die Werke «auf Grund und Boden» zum Gegenstand haben (vgl. Präambel und Art. 1 der Norm), konzipiert wurde, konnte darauf verzichtet werden, diese Einschränkung in Art. 169 Abs. 1 Ziff. 3 zu erwähnen. 23

Anmerkung 24

Unzumutbar ist die Annahme, wenn dem Bauherrn nach Recht und Billigkeit (Art. 4 ZGB) nicht zugemutet werden kann, das mangelhafte Werk zu behalten. Der Grund kann (muss aber nicht) in der (gänzlichen und definitiven) Unbrauchbarkeit des Werks liegen, die in Art. 368 Abs. 1 OR speziell hervorgehoben wird (vgl. GWerkV Rz. 1555 ff.). 24

Anmerkung 25

25.1 Der Unternehmer muss die Vergütung nebst *Zinsen* zurückbezahlen (Art. 208 Abs. 2 OR sinngemäss). Die Höhe des Zinses bestimmt sich nach Art. 73 OR; danach beträgt der Zinssatz 5 %, sofern sich weder aus dem Vertrag noch aus der Übung etwas anderes ergibt.

25.2 Die Zinspflicht des Unternehmers beginnt im Zeitpunkt, da er die zurückzuerstattende Vergütung erhalten hat (BGE 116 II 315/316 E. 3 sinngemäss). Wurde die Vergütung durch mehrere Zahlungen (z.B. auch Abschlags-, Teuerungs- und Regiezahlungen) geleistet, so beginnt die Zinspflicht für jeden bezahlten (und rückzahlbaren) Vergütungsteil separat zu laufen, und zwar in dem Zeitpunkt, da dem Unternehmer die betreffende Zahlung geleistet wurde.

Anmerkung 26

26.1 Darin äussert sich der *Rückgabeanspruch* des Unternehmers (Art. 169/Rz. 21.1). Der Unternehmer ist berechtigt, nicht aber verpflichtet (BGE 98 II 118/123 E. 4), das Werk aus dem Grundstück zu entfernen und mitzunehmen, was davon (nach der Entfernung) übrigbleibt (GWerkV Rz. 1544). Dieser Anspruch ist vertraglicher, nicht dinglicher Natur, was der Umwandlungstheorie entspricht (BGer 4C.60/2002 vom 16.05.2002 E. 1.3; GWerkV Rz. 1539).

26.2 Der Bauherr muss dem Unternehmer aber nicht nur das Werk, sondern auch den inzwischen bezogenen Nutzen herausgeben. Umgekehrt hat er jedoch Anspruch auf Ersatz von Verwendungen (z.B. in Form von Versicherungs-, Reparatur- und Unterhaltskosten), die er auf das Werk gemacht hat; und ausserdem kann er wertmässigen Ersatz des von ihm (unentgeltlich) gelieferten Materials (das eingebaut wurde) verlangen, ohne dass dieser Anspruch ein Verschulden des Unternehmers voraussetzt. Vgl. GWerkV Rz. 1535 f.

Anmerkung 27

27 Vgl. dazu auch BGE 98 II 118/123 E. 4; BGer 4C.347/2005 vom 13. Februar 2006 E. 4.

Anmerkung 28

28 In Abweichung von dem, was von Gesetzes wegen gilt (GWerkV Rz. 1544 f.; BGE 98 II 118/123 E. 4), muss der Bauherr dem Unternehmer eine angemessene Frist zur Entfernung des Werks ansetzen. Erst wenn der Unternehmer das Werk nicht binnen Frist entfernt, darf der Bauherr es auf Kosten des Unternehmers entfernen oder durch einen Dritten entfernen lassen; eine gerichtliche Genehmigung braucht der Bauherr nicht einzuholen. Die Kosten hat der Unternehmer zu tragen; was die Vorschussleistung angeht, verhält es sich hier gleich wie bei der Nachbesserung im Weg der Ersatzvornahme (Art. 169/Rz. 17.4).

Anmerkung 29

29.1 Der mögliche Fall, dass den Bauherrn ein *Mitverschulden* an der Mangelhaftigkeit des Werks trifft (Art. 169/Rz. 19.1), kommt in Art. 169 Abs. 1 Ziff. 3 nicht zur Sprache. Das aber hindert nicht, ein gegebenes Mitverschulden (beschränktes Selbstverschulden) in die Wertung einzubeziehen, wenn es um die Frage geht, ob dem Bauherrn die Annahme des Werks zugemutet werden darf oder nicht.

Und ausserdem kann das Mitverschulden auch ein Grund sein, der es rechtfertigt, dem Unternehmer trotz der Wandelung einen angemessenen Teil der Vergütung (oder des Vergütungsanspruchs) zu belassen (vgl. GWerkV Rz. 2066). Dass sich Art. 169 Abs. 1 Ziff. 3 hierüber ausschweigt, vermag diesbezüglich nichts zu ändern; das Schweigen ist kein qualifiziertes. 29.2

Anmerkung 30

Massgebend ist immer nur die Weigerung des Unternehmers. Auf das Verhalten seiner Subunternehmer (Art. 29), mit denen der Bauherr in keiner Vertragsbeziehung steht, kommt es nicht an. So kann der Unternehmer, der seine eigene Haftung bestritten hat, dem Bauherrn auch nicht entgegenhalten, sein Subunternehmer sei zur Mängelbeseitigung bereit gewesen (offengelassen in BGE 116 II 305/313 E. 3c). 30

Anmerkung 31

Relevant ist eine Weigerung dann, wenn der Mangel gerügt wurde (BGer 4A_511/2014 vom 4. März 2015 E. 5.4.1) und sie innerhalb der vom Bauherrn angesetzten Frist erfolgt; nach Ablauf der Frist ist der Bauherr auch berechtigt, seine weiteren Mängelrechte geltend zu machen. Solange der Bauherr keine Frist setzt, liegt in der Untätigkeit des Unternehmers (seinem Stillschweigen, siehe BGer 4A_511/2014 vom 4. März 2015 E. 5.4.2) an sich keine Weigerung; dabei kann aber die Untätigkeit im Zusammenspiel mit weiteren Sachverhaltselementen darauf schliessen lassen, dass der Unternehmer die Nachbesserung verweigert (BGer 4A_151/2016 vom 21. Juni 2016 E. 3.2.3). Weiter kann die Weigerung auch antizipiert erfolgen, z.B. in Form einer ablehnenden Reaktion des Unternehmers auf eine blosse Mängelrüge, mit welcher der Bauherr noch gar kein Begehren verbindet, der Unternehmer habe nachzubessern. Was die Bestimmtheit der Weigerung angeht, verlangte Art. 169 Abs. 2 aSIA-118 nicht bloss eine Weigerung, sondern eine ausdrückliche Weigerung des Unternehmers, eine Verbesserung vorzunehmen. Auch für die revidierte SIA-Norm 118 gilt, was in der Vorauflage dieses Kommentars zur aSIA-118 (Gauch, Kommentar SIA-118 [Voraufl.], Art. 169/Anm. 34) festgehalten wurde: Art. 169 Abs. 2 SIA-Norm 118 setzt eine *deutliche* und *entschiedene* Weigerung voraus. Sie kann mündlich oder schriftlich und auch in der Weise erfolgen, dass der Unternehmer das Vorliegen eines Werkmangels oder seine Haftung für den Mangel endgültig bestreitet. 31

Anmerkung 32

Nicht erforderlich ist, dass der Unternehmer die Verbesserung überhaupt ablehnt. Vielmehr genügt es, wenn er sich weigert, die Verbesserung sachgerecht (BGE 116 II 305/312 E. 3c) oder *innerhalb angemessener Frist* (Art. 169/Rz. 5.2) vorzunehmen oder sie *auf seine Kosten* auszuführen (Art. 170), soweit er die Kosten zu tragen hat (Art. 170/Rz. 1.1 ff.). Das ergibt sich aus einer zweckentsprechenden Auslegung des Art. 169 Abs. 2, die nicht am Buchstaben haften bleibt. Die Weigerung des Unternehmers, einen Mangel 32.1

zu beseitigen, setzt aber stets voraus, dass der Bauherr den betreffenden Mangel überhaupt gerügt hat (BGer 4A_511/2014 vom 4. März 2015 E. 5.4.1).

32.2 Ist der Bauherr ausnahmsweise verpflichtet, einen Zuschuss an die Verbesserungskosten zu leisten (Art. 170/Rz. 8), so muss der Unternehmer die Nachbesserung nur Zug um Zug gegen Zahlung des auf den Bauherrn entfallenden Kostenanteils (oder allenfalls gegen ausreichende Sicherheitsleistung) vornehmen (Art. 170/Rz. 2.3). Art. 169 Abs. 2 kommt deshalb nicht zur Anwendung, wenn der Unternehmer die verlangte Verbesserung nur verweigert, bis der Zuschuss (oder die Sicherheit) geleistet oder die Leistung angeboten wird (Art. 82 OR).

Anmerkung 33

33.1 Zur Verbesserung «offensichtlich nicht imstande» ist der Unternehmer, wenn klar ist, dass er unfähig ist, einen bestimmten Mangel überhaupt, sachgerecht oder innerhalb angemessener Frist (Art. 169/Rz. 5.2) zu beheben. Dieser Schluss ist gegebenenfalls schon berechtigt, bevor der Unternehmer irgendwelche Arbeiten zur Behebung des Mangels in Angriff nimmt. Möglich ist aber auch, dass der Schluss erst dadurch begründet wird, dass es dem Unternehmer trotz eines zeitgerecht unternommenen Nachbesserungsversuchs nicht gelingt, den Mangel zu beheben. Dass Art. 169 Abs. 2 auch die Unfähigkeit des Unternehmers zu einer *sach-* oder *fristgerechten* Verbesserung erfasst, ergibt sich wiederum aus einer zweckentsprechenden Auslegung (vgl. Art. 169/Rz. 32.1).

33.2 a) Der *Grund*, weshalb der Unternehmer ausserstande ist, den Mangel (überhaupt, sach- oder fristgerecht) zu beheben, ist unter dem Gesichtspunkt des Art. 169 Abs. 2 unerheblich. Er kann beispielsweise in mangelhaften Kenntnissen, fehlender Erfahrung, fehlenden Einrichtungen, Krankheit oder darin liegen, dass der Unternehmer über kein geeignetes Personal verfügt.

33.3 Ob eine offensichtliche Unfähigkeit des Unternehmers vorliegt, beurteilt sich aber immer auch unter Einbezug von Subunternehmern (Art. 29), die an den Herstellungsarbeiten befugterweise (Art. 29 Abs. 3) mitbeteiligt waren und bereit sind, bei der Beseitigung eines Mangels mitzuwirken. Auf neue Subunternehmer, die der Unternehmer gerade für die Mängelbeseitigung beiziehen könnte und dürfte (Art. 29 Abs. 3), kommt es nur insoweit an, als deren Beizug zweifelsfrei gesichert ist.

33.4 b) Dem umschriebenen (subjektiven) Unvermögen des Unternehmers zur Mängelbeseitigung gleichzustellen ist der in Art. 169 Abs. 2 ungeregelte Fall, da eine Verbesserung sich als *objektiv unmöglich* erweist, also auch von einem beliebigen Dritten nicht vorgenommen werden könnte (vgl. dazu GWerkV Rz. 2659). Trifft dies zu, so hat der Bauherr von vornherein kein Recht auf Nachbesserung, weshalb er unmittelbar (ohne Fristansetzung) das Minderungs- oder Rücktrittsrecht ausüben kann, sofern deren (besondere) Voraussetzungen erfüllt sind und nicht er es ist, der die Unmöglichkeit zu verantworten hat (Brändli, Die Nachbesserung, Rz. 389; siehe auch Art. 169/Rz. 7.4). Ausserdem ist zu merken:

33.5 c) Bei objektiver Unmöglichkeit der Verbesserung (und nur dann) ist der Bauherr, obwohl Gesetz und Norm sich darüber ausschweigen, auch berechtigt, die Erstellung eines *neuen,* mängelfreien Werks zu verlangen, wenn dies dem Unternehmer keine «übermässigen Kosten» (siehe Art. 169/Rz. 14.1) verursacht (zu denken ist z.B. an den Farbanstrich, der vertragswidrig mit gesundheitsgefährdender Farbe aufgetragen wurde; siehe dazu GWerkV Rz. 1779 ff. und 2659; vgl. z.B. BGer 4A_151/2016 vom 21. Juni 2016 E. 3.4.1; 4A_511/2014 vom 4. März 2015 E. 5.5; 4C.258/2001 vom 5. September 2002 E. 4.1.4). Die Gelegenheit hierzu braucht der Bauherr dem Unternehmer aber nicht zu geben, da die Einschränkung seines Wahlrechts (Art. 169 Abs. 1) nach einer engen Auslegung ruft (GWerkV Rz. 2659). Auch bleibt daran zu erinnern, dass der blosse Ersatz fehlerhafter Bauelemente und die erneute Ausführung nur eines Werkteils keine Neuherstellung, sondern blosse Verbesserungen darstellen (Art. 169/Rz. 4.2).

d) Von Art. 169 Abs. 2 nicht aufgeführt wird der Fall, da dem Bauherrn die Nachbesserung durch gerade *diesen* Unternehmer *nicht zugemutet* werden kann. Und doch ist auch er ein Grund dafür, vom Grundsatz abzuweichen, dass die Nachbesserung Vorrang hat, sodass der Bauherr direkt etwa zur Ersatzvornahme schreiten oder Minderung geltend machen kann. Doch ist Unzumutbarkeit hier nur in besonderen Fällen zu bejahen, etwa dann, wenn der Unternehmer durch sein eigenes, krass vertragswidriges Verhalten das Vertrauen des Bauherrn in einem unüberwindbar hohen Masse zerstört hat. 33.6

Anmerkung 34

Bei gegebenen Voraussetzungen kann der Bauherr die Mängelrechte gemäss Art. 169 Abs. 1 Ziff. 1–3 noch vor Ablauf einer angemessenen Verbesserungsfrist (Art. 169/Rz. 5.2) ausüben. Hat der Unternehmer die Verbesserung von vornherein verweigert (Art. 169/Rz. 32.1) oder ist seine Unfähigkeit zur Verbesserung (Art. 169/Rz. 33.1) von Anfang an offensichtlich, so stehen dem Bauherrn die erwähnten Mängelrechte sogleich (ohne Fristansetzung) zu (BGer 4A_151/2016 vom 21. Juni 2016 E. 3.3). Das Letztere ist namentlich dann von praktischer Bedeutung, wenn eine beschleunigte Mängelbeseitigung erforderlich und der Unternehmer offensichtlich ausserstande ist, eine angemessen verkürzte Verbesserungsfrist einzuhalten (vgl. Art. 169/Rz. 5.5; Art. 169/Rz. 33.1). Zum Fall der objektiv unmöglichen Mängelbeseitigung vgl. Art. 169/Rz. 33.4 f. 34

6 242 Kosten der Verbesserung

Art. 170

1 Die Kosten einer Verbesserung[1] (Art. 169) trägt der Unternehmer[2]; eingeschlossen sind die Kosten zur Beseitigung aller Schäden, die an anderen Arbeiten wegen der Mängelbeseitigung entstehen[3], sowie allfällige Mehrkosten der Bauleitung[4].

2 Kosten, die dem Bauherrn auch bei ursprünglich mängelfreier Ausführung entstanden wären[5], trägt der Bauherr[6].

[3] Hat der Bauherr (oder eine Hilfsperson des Bauherrn) einen Mangel mitverschuldet[7], so sind die Verbesserungskosten zwischen Unternehmer und Bauherrn angemessen zu verteilen[8].

Art. 170 (1977/91)

[1] Die Kosten einer Verbesserung (Art. 169) trägt der Unternehmer; eingeschlossen sind die Kosten zur Beseitigung aller Schäden, die an andern Arbeiten wegen der Mängelbeseitigung entstehen, sowie allfällige Mehrkosten der Bauleitung.

[2] Kosten, die dem Bauherrn auch bei ursprünglich mängelfreier Ausführung entstanden wären, trägt der Bauherr.

[3] Hat der Bauherr (oder eine Hilfsperson des Bauherrn) einen Mangel mitverschuldet, so sind die Verbesserungskosten zwischen Unternehmer und Bauherrn angemessen zu verteilen.

Anmerkung 1

1.1 Diese Kosten sind vom Unternehmer zu tragen (Art. 170/Rz. 2.1), da sich das Recht des Bauherrn auf Verbesserung des Werks (Art. 169 Abs. 1) darauf richtet, dass die Mängelbeseitigung *unentgeltlich* erfolgt; davon handelt auch Art. 368 Abs. 2 OR, wenn dort die Nachbesserungsschuld als die Pflicht zur «unentgeltlichen Verbesserung des Werkes» umschrieben wird. Vom Unternehmer zu tragen sind *nicht nur die Arbeits-, sondern auch die Material- sowie die weiteren Kosten der Mängelbeseitigung.* Im Einzelnen:

1.2 a) Der Unternehmer hat für die Kosten von Vorbereitungs- und Wiederherstellungsarbeiten (Art. 169/Rz. 4.1), die im Zuge der Nachbesserung zwangsläufig entstehen, ohne Weiteres aufzukommen (BGE 136 III 273/277 E. 2.6; 111 II 173/174 E. 5), selbst wenn diese *Begleitkosten* bedeutend höher sind als die Kosten der eigentlichen Mängelbeseitigung (GWerkV Rz. 1721 ff.).

1.3 b) Wurde das Werk (ganz oder teilweise) aus unentgeltlich geliefertem Stoff des Bauherrn hergestellt, so gilt, was die *Materialkosten* betrifft, eine ungeschriebene Sonderregel: Benötigt der Unternehmer für seine Mängelbeseitigung erneut vom betreffenden Stoff, so hat der Bauherr den benötigten Stoff auf seine eigenen Kosten nachzuliefern und kann dafür nur unter den Voraussetzungen und nach Massgabe des Art. 171 Schadenersatz verlangen (vgl. GWerkV Rz. 1743). Diese Sonderregel schränkt die Kostentragungspflicht des Unternehmers (Art. 170 Abs. 1) ein, obwohl sie in der SIA-Norm 118 nicht ausdrücklich erwähnt wird. Die Norm schweigt sich darüber wohl deshalb aus, weil der Baustoff üblicherweise durch den Bauunternehmer geliefert wird (vgl. Art. 10 Abs. 1 und Art. 12 Abs. 2).

1.4 c) Zu den *Verbesserungskosten* im Sinne des Art. 170 Abs. 1 zählen auch die Kosten, die dem Bauherrn aus einer notwendigen «Ausquartierung und anderweitigen Unterbringung von Hausbewohnern» entstehen (BGE 111 II 173/174 E. 5; GWerkV Rz. 1725), was namentlich bedeutsam ist, weil diese Kosten vom Unternehmer alsdann auch ohne Verschulden zu tragen sind (a.M. Brändli, Die Nachbesserung, Rz. 506, der diese Kosten dem Mangelfolgeschaden zuordnet, der nur bei Verschulden zu ersetzen ist; Koller Alfred, Werkvertragsrecht, Rz. 724 ff.; Laube, Die Tragung der Nachbesserungskosten,

Rz. 151 ff.). Nicht Teil der Verbesserungskosten, sondern Mangelfolgeschaden (Art. 171) ist ein allfälliger Gewinnverlust, den der Bauherr infolge der Nachbesserungsarbeiten erleidet (z.B. deshalb, weil sein Betrieb vorübergehend geschlossen werden muss, dazu Art. 171/Rz. 1.4).

d) Der Unternehmer hat die Kosten grundsätzlich auch dann zu tragen, wenn sie ihn erheblich belasten oder sogar dazu führen, dass er einen Verlust erleidet. Immerhin steht ihm allenfalls der Einwand übermässiger Kosten offen, die (wenn der Einwand begründet ist) der Entstehung des Nachbesserungsrechts entgegenstehen (vgl. Art. 169/Rz. 14.1). 1.5

Anmerkung 2

Diese Kostentragungspflicht des Unternehmers ist ein unmittelbarer Ausfluss seiner Nachbesserungsschuld (Art. 170/Rz. 1.1). Sie setzt kein Verschulden des Unternehmers voraus und ist zu unterscheiden von der Schadenersatzpflicht des Art. 171 (Art. 171/Rz. 1.4). Der Unternehmer hat grundsätzlich alle Kosten der Verbesserung zu tragen (Art. 170 Abs. 1). Zulasten des Unternehmers gehen auch Kostensteigerungen, die auf ausserordentlichen Umständen (Art. 373 Abs. 2 OR) oder auf der Teuerung beruhen. 2.1

Doch gibt es *Ausnahmefälle*, in denen der Unternehmer nicht sämtliche Verbesserungskosten tragen muss und der Bauherr deshalb verpflichtet ist, einen Zuschuss an die Verbesserungskosten zu leisten (vgl. die Aufzählung in GWerkV Rz. 1733 ff.). Die drei wichtigsten Ausnahmefälle werden in Art. 170 Abs. 2 und 3 sowie in Art. 173 Abs. 2 Satz 2 erwähnt. Ein weiterer Ausnahmefall liegt vor, wenn der Bauherr sich bereit erklärt hat, einen Teil der Verbesserungskosten zu übernehmen, damit die Kosten für den Unternehmer nicht übermässig im Sinne des Art. 169 Abs. 1 Ziff. 1 sind (vgl. Art. 169/Rz. 15). 2.2

In den soeben erwähnten Ausnahmefällen (Art. 170/Rz. 2.2) muss der Unternehmer die Nachbesserung nur Zug um Zug gegen Zahlung des auf den Bauherrn entfallenden Kostenanteils (Art. 82 OR) oder, wenn die Höhe umstritten ist, gegen ausreichende Sicherheitsleistung (dazu Laube, Die Tragung der Nachbesserungskosten, Rz. 181 ff.), vornehmen (GWerkV Rz. 1740 ff.). 2.3

Anmerkung 3

Das ergibt sich schon aus dem Grundsatz, wonach auch die aus den Vorbereitungs- und Wiederherstellungsarbeiten fliessenden Begleitkosten der Mängelbeseitigung zulasten des Unternehmers gehen (Art. 170/Rz. 1.2). Der Unternehmer muss alle Nachbesserungsspuren und sonstigen Beschädigungen, die infolge der Mängelbeseitigung an den Arbeiten anderer Unternehmer entstehen, auf eigene Kosten beseitigen. 3

Anmerkung 4

Gemeint sind Mehrkosten, die dem *Bauherrn* dadurch entstehen, dass die Mängelbeseitigung den Einsatz der Bauleitung (für Planungs-, Aufsichts- und andere Leistungen) erfordert. Solche Mehrkosten gehen als Verbesserungskosten ebenfalls zulasten des Unternehmers, der sie dem Bauherrn zu ersetzen hat (GWerkV Rz. 1719 f.). Die SIA-Ordnung 102 schlägt die «Leitung der Garantiearbeiten» zu den Grundleistungen (siehe Art. 4.53 4

SIA-Ordnung 102), die bei einer Honorarberechnung nach Baukosten durch das vereinbarte Honorar erfasst werden, also vom Bauherrn nicht gesondert vergütet werden müssen (vgl. Art. 7.1.1 SIA-Ordnung 102). Alsdann stellt sich die Frage, ob der Unternehmer dem Bauherrn diese Aufwendungen als Verbesserungskosten zu ersetzen hat. Sicher ist, dass der Architekt keinen entsprechenden Direktanspruch gegen den Unternehmer hat. Was aber den Bauherrn selber betrifft, ist es richtig, diese Kosten als Verbesserungskosten zu qualifizieren, da die Leistungen der Bauleitung, die diese Kosten verursachen, auf vom Unternehmer zu vertretende Baumängel zurückzuführen sind. Dass der Bauherr bereits mit dem Abschluss des Planervertrags dafür gesorgt hat, dass der Architekt ihn bei allfälligen Garantiearbeiten zu unterstützen hat, darf ihm nicht schaden. Ohnehin so liegen die Dinge für die SIA-Ordnung 103, welche die Leistungen für die «Mängelbehebung nach Inbetriebnahme» nicht unter den Grundleistungen, sondern unter den besonders zu vereinbarenden Leistungen aufführt, die im Kostenhonorar nicht eingeschlossen, sondern vom Bauherrn gesondert zu bestellen und zu vergüten sind (Art. 4.3.53 SIA-Ordnung 103). Zum Kostenhonorar allgemein siehe Egli/Stöckli, Das Planerhonorar, Rz. 7.95 ff.

Anmerkung 5

5 Bei diesen Kosten handelt es sich nach verbreiteter Ausdrucksweise um sogenannte *Sowieso-Kosten* oder auch Ohnehin-Kosten (GWerkV Rz. 1728; auch Brändli, Die Nachbesserung, Rz. 513 ff.; Laube, Die Tragung der Nachbesserungskosten, Rz. 294 ff.).

Anmerkung 6

6.1 a) Diese Bestimmung beruht auf dem *Gedanken*, dass der Bauherr durch die Nachbesserung nicht besser gestellt werden soll, als er stände, wenn das Werk von vornherein mängelfrei gewesen wäre (vgl. GWerkV Rz. 1728). Deshalb hat er die Nachbesserungsarbeiten insoweit zu vergüten, als ihn bei ursprünglich mängelfreier Leistung eine erhöhte Vergütungspflicht getroffen hätte. So etwa ist bei einer Vergütung nach Einheitspreisen der Unternehmer für zusätzliche Mengen zu vergüten, wenn diese Mengen ohnehin (und nicht bloss deshalb, weil der Unternehmer ein zunächst mangelhaftes Werk herstellte) angefallen wären. Beweisbelastet ist der Unternehmer, der im Umfang dieser Kosten seine Pflicht bestreitet, für die Kosten der Verbesserung aufkommen zu müssen. Eine zwischenzeitlich eingetretene Teuerung geht aber auch dann zulasten des Unternehmers, wenn die vereinbarten Preise der Teuerungsabrechnung unterliegen.

6.2 b) Die Frage, ob der Bauherr auch einen Ausgleich für *indirekte Vorteile* (wie z.B. die Ersparnis von Unterhaltskosten, die verlängerte Lebensdauer des Werks oder der Fall, da der Unternehmer mit der von ihm verlangten Mängelbeseitigung zwangsläufig auch einen anderen Mangel beseitigt) schuldet, die ihm aus der Nachbesserung erwachsen, ist in der SIA-Norm 118 nicht geregelt (dazu und zum Folgenden vgl. GWerkV Rz. 1730 ff.). Ihre Beantwortung hängt davon ab, ob ein Vorteilsausgleich dem Bauherrn einerseits zumutbar ist und den Unternehmer andererseits nicht unangemessen entlastet (nach dem Prinzip von Treu und Glauben des Art. 2 ZGB):

- Grundsätzlich schuldet der Bauherr keinen Ausgleich für vermiedene Unterhaltskosten oder eine längere Lebensdauer des Werks, selbst wenn er das Werk bis zur Mängelbeseitigung benutzt oder sogar abgenutzt hat (GWerkV Rz. 1731). Denn das vertragliche Recht des Bauherrn auf ein mängelfreies Werk darf nicht dadurch geschmälert werden, dass der Unternehmer den vertragsgemässen Zustand erst im Nachhinein erstellt (KGer SG BZ.2009.17 vom 24. Juli 2009 E. III./2.3). Davon ausgenommen bleibt der Fall, da sich ein Mangel kaum oder erst nach längerer Zeit zum Nachteil des Bauherrn auswirkt: Diesfalls hat der Bauherr für die durch die Nachbesserung (oder gar Neuherstellung) verlängerte Lebensdauer des Werks oder für die ersparten Unterhaltskosten eine angemessene Ausgleichsleistung zu entrichten (GWerkV Rz. 1731a; KGer SG BZ.2009.17 vom 24. Juli 2009 E. III./2.3). 6.3
- Wo der Unternehmer mit der von ihm verlangten Mängelbeseitigung zwangsläufig auch einen anderen Mangel beseitigt, ist dem Bauherrn ein Vorteilsausgleich ebenfalls nur mit Zurückhaltung und höchstens dann zuzumuten, wenn er ein finanziell messbares Interesse an der Beseitigung auch des anderen Mangels hat (was nicht der Fall ist, wenn dem Bauherrn in Bezug auf diesen Mangel ein Gewährleistungsanspruch zusteht, der ausserdem noch unverjährbar ist, vgl. dazu auch GWerkV Rz. 1732). 6.4

Anmerkung 7

Über das Mitverschulden, das nicht nur eigenes Verhalten, sondern auch das Verhalten von Hilfspersonen einschliesst (Art. 101 OR), und seine Abgrenzung vom Selbstverschulden siehe Art. 166/Rz. 15.2; Art. 169/Rz. 19.1 ff.; GWerkV Rz. 2049 ff. 7

Anmerkung 8

Diese Regel entspricht einer analogen Anwendung des Art. 44 Abs. 1 OR (BGer 4A_213/2015 vom 31. August 2015 E. 7.2.2), der es zulässt, dass bei einem Mitverschulden des Geschädigten die Ersatzpflicht herabgesetzt wird (a.M. Trachsel, Werkmängel, S. 261 ff.). Hier wird der Unternehmer von der Pflicht, die Nachbesserungskosten zu tragen, in dem Masse befreit, in dem der Bauherr durch sein Mitverschulden eine Ursache für den Mangel gesetzt hat. Die Verteilung bedingt eine Gewichtung der jeweiligen Ursachen (GWerkV Rz. 2068), was im richterlichen Ermessen liegt (BGE 116 II 454/458 E. 3b = BR/DC 1991, S. 97, Nr. 155); aus ihr lässt sich dann ableiten, welchen Anteil an den Verbesserungskosten der Bauherr zu übernehmen hat (GWerkV Rz. 2065 und 2068). Massgebend sind die tatsächlichen Kosten, die dem Unternehmer bei verzögerungsfreier Nachbesserung und unter Aufwendung der gebotenen Sorgfalt entstehen; auf die vereinbarte Vergütung oder die üblichen Preise kommt es nicht an (GWerkV Rz. 2065). Wenn der Unternehmer dies verlangt, hat der Bauherr ihm hinreichende Sicherheit für die Kostenbeteiligung zu leisten; massgebend für deren Bemessung sind die mutmasslichen Kosten, die auf den Zeitpunkt der Nachbesserung zu schätzen sind. Während Art. 44 Abs. 1 OR, an dem Art. 170 Abs. 3 sich orientiert, an sich eine vollständige Haftungsbefreiung auch bei blossem Mitverschulden zuliesse, wird der Unternehmer nach Art. 166 Abs. 4 nur bei (ausschliesslichem) Selbstverschulden des Bauherrn befreit (GWerkV Rz. 2068). 8

6 243 Weiteres Mängelrecht: Recht auf Schadenersatz

Art. 171

[1] Ist wegen eines Mangels[1] ein Schaden[2] entstanden[3] (z.B. Brandschaden oder Schaden infolge Betriebsstörung[4]), so hat der Bauherr[5] neben und ausser den Rechten nach Art. 169[6] das Recht auf Schadenersatz[7] nach Massgabe der Art. 368 und 97 ff. OR[8]. Jedoch hat er kein Recht, Schadenersatz gemäss Art. 97 ff. OR anstelle der Mängelrechte nach Art. 169 geltend zu machen.[9]

[2] Der Unternehmer ist von der Ersatzpflicht befreit, wenn er nachweist, dass ihn kein Verschulden trifft (Art. 97 OR).[10] Für Schaden, den seine Hilfspersonen[11] verursacht haben, haftet er, wie wenn er ihn selbst verursacht hätte (Art. 101 OR).[12] Der Umfang der Ersatzpflicht bestimmt sich nach Art. 99 OR.[13]

Art. 171 (1977/91)

[1] Ist wegen eines Mangels ein Schaden entstanden (z.B. Brandschaden oder Schaden infolge Betriebsstörung), so hat der Bauherr neben und ausser den Rechten nach Art. 169 das Recht auf Schadenersatz nach Massgabe der Art. 368 und 97 ff. OR. Jedoch hat er kein Recht, Schadenersatz gemäss Art. 97 ff. OR anstelle der Mängelrechte nach Art. 169 geltend zu machen.

[2] Der Unternehmer ist von der Ersatzpflicht befreit, wenn er nachweist, dass ihn kein Verschulden trifft (Art. 97 OR). Für Schaden, den seine Hilfspersonen verursacht haben, haftet er, wie wenn er ihn selbst verursacht hätte (Art. 101 OR). Der Umfang der Ersatzpflicht bestimmt sich nach Art. 99 OR.

Anmerkung 1

1.1 Der Schaden, auf dessen Ersatz sich Art. 171 bezieht, ist «wegen eines Mangels» entstanden (vgl. GWerkV Rz. 1855 ff.). Zu beachten ist, dass es nach Art. 166 Abs. 4 am Mangel fehlt, wenn der vertragswidrige Zustand des Werks (oder Werkteils) vom Bauherrn (ausschliesslich) selbstverschuldet ist, und der Ersatzanspruch wie auch die übrigen Mängelrechte insoweit ganz entfallen. Zur Reduktion infolge Mitverschuldens des Bauherrn vgl. Art. 171/Rz. 13.2. Anzumerken ist überdies:

1.2 a) Bei einem Schaden, der wegen eines Mangels entstanden ist, handelt es sich immer um einen Mangelfolgeschaden, der (wie die in Art. 171 Abs. 1 erwähnten Beispiele zeigen) als *weitere* Folge des Mangels (gewissermassen *ausserhalb* des Mangels) eintritt und der dem Bauherrn trotz tadelloser Nachbesserung, trotz Minderung oder Rücktritt verbleibt (Art. 171/Rz. 6) oder (wenn der Ersatzanspruch nicht wäre) verbleiben würde, weil er eben gerade nicht durch die erwähnten Mängelrechte abgedeckt ist (GWerkV Rz. 1864; vgl. auch BGE 117 II 550/553 E. 4b/cc = BR/DC 1993, S. 46 f., Nr. 105; 45 II 660/662; BGer 4C.126/2002 vom 19. August 2002 E. 3.2; allgemein über Merkmale und Erscheinungsformen des Mangelfolgeschadens siehe GWerkV Rz. 1853 ff. und Tercier/Favre/Carron Benoît, Les contrats spéciaux, Rz. 4619 ff.). Das ist der Grund, weshalb dem Bauherrn dieser Ersatzanspruch «neben und ausser den Rechten nach Art. 169» (Art. 171

Abs. 1) und selbst dann zusteht, wenn er von seinen übrigen Mängelrechten keinen Gebrauch macht.

b) Die Bestimmung unterscheidet nicht zwischen unmittelbar verursachtem und weiterem Schaden. Diese Unterscheidung, die sich in Art. 208 OR für den Kaufvertrag findet, spielt weder im gesetzlichen Werkvertragsrecht (BGE 64 II 254/256 E. I.2; GWerkV Rz. 1890; Zindel/Pulver/Schott, Basler Kommentar, N 71 zu Art. 368 OR; unentschieden Tercier/Favre/Carron Benoît, Les contrats spéciaux, Rz. 4633) noch hier eine Rolle (Art. 180/Rz. 1.1), zumindest dann nicht, wenn man sie so versteht wie das Bundesgericht (BGE 133 III 257). Abzugrenzen sind vom Mangelfolgeschaden indes die *anderen Schäden*, für die der Unternehmer bei gegebenen Voraussetzungen zwar ebenfalls einzustehen hat, wobei sich aber seine Haftung nicht nach den Regeln über die Mängelhaftung (Art. 165 – 182) richtet und namentlich nicht deren Verjährung (Art. 180) unterliegt. Zu diesen anderen Schäden des Bauherrn gehören z.B. (GWerkV Rz. 1856 ff.): ein Verspätungsschaden (Art. 103 Abs. 1 OR) infolge von Fristüberschreitungen, die der Unternehmer verschuldet hat (Art. 97 Abs. 1); der Schaden, den der Bauherr erleidet, weil der Unternehmer es in Verletzung seiner Sorgfaltspflicht (Art. 364 Abs. 1 OR) unterlassen hat, ihn über den sachgemässen Gebrauch des Werks aufzuklären (vgl. BGE 94 II 157/160 E. 5; GWerkV Rz. 836); der Begleitschaden, den der Unternehmer (oder eine Hilfsperson des Unternehmers, Art. 101 OR) anlässlich der Herstellung (BGE 111 II 170/171 f. E. 2) oder der Verbesserung des Werks stiftet. Merke aber: 1.3

c) Die in Art. 170 Abs. 1 erwähnten Kosten gehen als Verbesserungskosten von vornherein zulasten des Unternehmers, der die verlangte Mängelbeseitigung (Art. 169 Abs. 1) vornimmt. Diese Kostentragungspflicht des Unternehmers ergibt sich aus dem Inhalt seiner Nachbesserungsschuld und fällt schon deshalb nicht unter Art. 171 (Art. 170/Rz. 2.1). Hingegen ist der Gewinn, der dem Bauherrn infolge der Verbesserungsarbeiten (namentlich durch Betriebsstörungen) entgeht, ein Mangelfolgeschaden im Sinne des Art. 171 (Art. 170/Rz. 1.4). Dasselbe gilt für den merkantilen Minderwert, der trotz tadelloser Mängelbeseitigung deshalb zurückbleibt, weil das reparierte Werk wegen seiner früheren Mangelhaftigkeit im Geschäftsverkehr geringer bewertet wird (Art. 169/Rz. 18.3; siehe auch Zindel/Pulver/Schott, Basler Kommentar, N 38 zu Art. 368 OR). 1.4

d) Das Gesagte bedarf einer Präzisierung mit Bezug auf den *Sekundärmangel*. Dieser Mangel hat seine Ursache zwar in einem anderen (primären) Mangel des Werks (eingehender Art. 163/Rz. 12; Art. 166/Rz. 5.2). Eine Entwertung des Werks, die mit dem Sekundärmangel allenfalls einhergeht, gilt aber nicht als Mangelfolgeschaden. Vielmehr bildet der Sekundärmangel einen separaten Rechtsgrund für die Mängelhaftung des Unternehmers. Der Bauherr hat für den Sekundärmangel die Mängelrechte des Art. 169; ein Schadenersatzrecht nach Art. 171 hat er höchstens dann, wenn aus diesem Sekundärmangel ein weiterer Schaden (ausserhalb des Mangels; Art. 171/Rz. 1.2) entsteht (vgl. GWerkV Rz. 1865). 1.5

Anmerkung 2

2 Der «Schaden» (Mangelfolgeschaden), um den es hier geht, ist Schaden im Rechtssinn, also vorab Vermögensschaden. Doch ist auch möglich, dass er sich als normativer Schaden manifestiert. Mangelfolgeschaden kann deshalb auch etwa ein *Haushaltschaden* sein, den der Bauherr als Teil eines wegen eines Mangels entstandenen Personenschadens erleidet (vgl. Gauch/Schluep/Emmenegger, OR AT, Rz. 2854; zur Rechtsprechung siehe Göksu, Präjudizienbuch, N 9 ff. zu Art. 46 OR), nicht aber ein sonstiger Kommerzialisierungsschaden (HGer ZG HG100148 vom 19. September 2013 E. 7.3.2). Zum Ersatz *immateriellen* Schadens durch Leistung von Genugtuung vgl. aber Art. 171/Rz. 13.3.

Anmerkung 3

3 Dem Unternehmer zugerechnet werden nur Schäden, für die der konkrete Werkmangel eine *adäquate Ursache* bildet, indem er nach dem gewöhnlichen Lauf der Dinge und der allgemeinen Lebenserfahrung geeignet ist, einen Schaden der eingetretenen Art hervorzurufen (vgl. BGE 108 II 51/53 E. 3). Fehlt es an der so verstandenen Adäquanz, so trifft den Unternehmer keine Haftung.

Anmerkung 4

4 Gemeint sind auch Störungen des Betriebs durch die Vornahme der verlangten Mängelbeseitigung (Art. 169 Abs. 1; vgl. Art. 171/Rz. 1.3). Dabei handelt es sich um ein Beispiel. Ein weiteres Beispiel sind die Kosten eines Privatgutachtens, soweit der Bauherr nach den konkreten Umständen ernsthafte Gründe hatte, die Begutachtung zu veranlassen, um seine Rechte aus dem betreffenden Mangel wahrnehmen zu können (HGer ZH HG120094 vom 8. Mai 2014 E.8.2; HG100148 vom 19. September 2013 E. 7.4.2).

Anmerkung 5

5 Ein geschädigter Dritter hat nur in Ausnahmefällen einen vertraglichen Ersatzanspruch gegen den Unternehmer (vgl. GWerkV Rz. 1902 ff.). Nicht selten aber ist es, dass der Bauherr wegen eines Mangels einem Dritten ersatzpflichtig wird; die Ersatzleistung lässt sich im Verhältnis zum Unternehmer als Mangelfolgeschaden verstehen, den der Unternehmer dem Bauherrn nach Massgabe des Art. 171 zu ersetzen hat. So etwa, wenn ein mangelhaft ausgebautes Ladenlokal dem Mieter erst mit Verspätung zur Nutzung überlassen werden kann und der Mieter dadurch eine Umsatzeinbusse erleidet, die ihm vom Bauherrn (dem Vermieter) zu ersetzen ist.

Anmerkung 6

6 Geregelt ist dort das «Recht auf Verbesserung, Minderung und Rücktritt». Während diese Rechtsbehelfe zueinander in *elektiver Konkurrenz* stehen (Art. 169/Rz. 11.1), tritt das Recht auf Schadenersatz als weiteres Mängelrecht hinzu (vgl. Titel zu Art. 171). Das gilt auch für den Fall, da der Bauherr aufgrund eines Mangels vom Vertrag zurücktritt: Während der Vertragsrücktritt wegen des einen Mangels ausschliesst, dass der Bauherr wegen eines anderen Mangels Nachbesserung oder Minderung verlangt, kann er noch immer Schadenersatz fordern, wenn die Voraussetzungen erfüllt sind.

Anmerkung 7

Gemeint ist das Recht auf Ersatz des *Mangelfolgeschadens* (Art. 171/Rz. 1.1), für den der Unternehmer nur einstehen muss, wenn ihn ein Verschulden (Art. 368 OR) oder eine Hilfspersonenhaftung (Art. 101 OR) trifft (vgl. Art. 165 Abs. 2 und Art. 171 Abs. 2). Zur Wegbedingung der Haftung vgl. Vorbem. Art. 165–171/Rz. 3. 7

Anmerkung 8

Zu diesem Recht auf Ersatz des Mangelfolgeschadens (Art. 171/Rz. 1.1), das *kumulativ* zu den übrigen Mängelrechten (Art. 169) hinzutritt (also «neben und ausser den Rechten nach Art. 169» besteht), siehe im Einzelnen GWerkV Rz. 1848 ff.; Zindel/Pulver/Schott, Basler Kommentar, N 6 und 68 zu Art. 368 OR. Zu einer Einschränkung: Art. 173 Abs. 2 Satz 2 (Art. 173/Rz. 7 f.). 8.1

Indem Art. 171 Abs. 1 auf Art. 368 OR verweist, stellt er klar, dass das hier geregelte Recht auf Schadenersatz dem in Art. 368 Abs. 1 und 2 OR vorgesehenen Schadenersatzrecht entspricht. Der zusätzliche Verweis auf die Art. 97 ff. OR macht deutlich, dass die allgemeinen Regeln über die vertragliche Schadenersatzpflicht (z.B. auch die Regeln der Art. 100 OR sowie Art. 101 Abs. 2 und 3 OR über die Wegbedingung der Haftung) ergänzend eingreifen, soweit sich aus den Regeln über die Mängelhaftung nicht etwas anderes ergibt (vgl. GWerkV Rz. 1877 ff.). 8.2

Insbesondere umfasst der Schadenersatzanspruch des Bauherrn auch den Anspruch auf Schadenszins, den der Unternehmer ab Eintritt des Mangelfolgeschadens (auf den zur Schadensdeckung geschuldeten Betrag) zu leisten hat (BGE 116 II 305/315 E. 7). Nach der Rechtsprechung wird der Zinsfuss in Analogie zu Art. 73 OR bei 5 % festgesetzt (BGE 131 III 12/24 E. 9.4), wobei aber dem Bauherrn der Nachweis offensteht, dass sein Schaden dadurch nicht gedeckt ist (Gauch/Schluep/Emmenegger, OR AT, Rz. 2910; vgl. auch BGE 122 III 53/54 E. 4b). 8.3

Anmerkung 9

Das steht in Einklang mit der Rechtsprechung des Bundesgerichts zu Art. 368 OR (BGE 136 III 273/274 E. 2.2; 117 II 550/552 E. 4b/cc; 100 II 30/32 E. 2; BGer 4A_387/2014 vom 27. Oktober 2014 E. 4.2). Gemeint sind die in Art. 169 geregelten Gestaltungsrechte (dazu Art. 169/Rz. 1), die sich auf «Verbesserung, Minderung und Rücktritt» richten und (wie schon nach Gesetz) eine abschliessende Ordnung vertraglicher Haftungsfolgen bilden. Schadenersatz aus Art. 97 Abs. 1 OR oder Art. 101 OR (der im Verweis auf Art. 97 ff. OR selbstverständlich mitenthalten ist) stellt mithin keine Alternative zur Ausübung dieser Gestaltungsrechte dar, was im Übrigen auch dann gilt, wenn Gestaltungsrechte und Ersatzanspruch infolge versäumter Mängelrüge untergegangen sind. Klarzustellen ist noch, dass auch der Anspruch auf Ersatz des Mangelfolgeschadens nicht an die Stelle der Gestaltungsrechte treten kann, was Art. 171 Abs. 1 dadurch zum Ausdruck bringt, dass der Ersatzanspruch «neben [...] den Rechten nach Art. 169» steht. Zur Frage, ob der Bauherr den Unternehmer bei Sekundärmängeln oder bei *weiterfressenden* Mängeln aus Deliktsrecht (Art. 41 ff. OR) belangen könne, vgl. GWerkV Rz. 2345; Bieri, Die Delikts- 9 haftung des Werkunternehmers, S. 100 ff.; HGer ZH HG080288 vom 19. Juli 2011 E. IV/B/2. Zur Haftung des Unternehmers aus Produktehaftpflichtgesetz (PrHG) siehe GWERKV Rz. 2354 ff.; FELLMANN/KOTTMANN, Schweizerisches Haftpflichtrecht, Bd. I, Rz. 1079 ff. (zur Produkteeigenschaft von Bauteilen und -stoffen Rz. 1135). Diese Haftung setzt neben den übrigen Erfordernissen auch voraus, dass der Unternehmer als Hersteller im Sinne von Art. 2 PrHG anzusehen ist. Soweit die Haftungsvoraussetzungen erfüllt sind, besteht der Anspruch unabhängig vom werkvertraglichen Rügeerfordernis (siehe z.B. Art. 178/Rz. 4) und unterliegt einer eigenen Verjährungsregel (Art. 9 PrHG; vgl. auch Art. 180/Rz. 1.2). Zur Haftung aus Produktesicherheitsgesetz (PrSG) FELLMANN, Produktesicherheitsgesetz, S. 103 ff.

Anmerkung 10

10 Die Haftung des Unternehmers für Mangelfolgeschaden (Art. 171/Rz. 1.1) ist also eine *Verschuldenshaftung* (Art. 171 Abs. 2 Satz 1), während die Mängelrechte des Art. 169 dem Bauherrn auch ohne Verschulden des Unternehmers zustehen (vgl. Art. 165 Abs. 2; Art. 169/Rz. 10.2). Das Verschuldensprinzip gilt allerdings nicht ausnahmslos, da den Unternehmer auch eine Hilfspersonenhaftung (Art. 101 OR) treffen kann, die gerade anschliessend (in Art. 171 Abs. 2 Satz 2) geregelt ist (Art. 171/Rz. 11 und 12.1 ff.). Das Verschulden des Unternehmers wird vermutet, wobei ihm aber der Exkulpationsbeweis offensteht. Damit orientiert sich die Bestimmung an der gesetzlichen Lage, wie sie sich aus Art. 368 OR i.V.m. Art. 97 Abs. 1 OR ergibt. Die Exkulpation kann namentlich darin bestehen, dass der Unternehmer nachweist, dass der Mangel auf ein (ausschliessliches) Selbstverschulden des Bauherrn zurückzuführen ist. Indes ist dann nach dem normeigenen (vom Gesetz abweichenden) Mangelbegriff schon der Mangel selber zu verneinen (Art. 166/Rz. 15.1). Zum Exkulpationsbeweis eingehend GWERKV Rz. 1891 f.

Anmerkung 11

11 Zu den *Hilfspersonen* (Erfüllungsgehilfen) des Unternehmers (Art. 101 OR) gehören insbesondere seine Arbeitnehmer und Subunternehmer (Art. 29; vgl. Art. 168/Rz. 1 f.; siehe auch Art. 187/Rz. 7.1 f.; BGE 116 II 305/307 f. E. 2c). *Keine Hilfspersonen des Unternehmers* aber sind namentlich die Nebenunternehmer (Art. 30); ferner Architekten oder Ingenieure des Bauherrn, Zulieferanten von Baustoffen und auch Drittpersonen, von denen der Unternehmer die zur Ausführung des Werks benötigten Arbeitsmittel (Baustelleneinrichtungen, Hilfsmittel, Werkzeuge und Gerätschaften) bezieht (GWERKV Rz. 140 f. und 1894; VON TUHR/ESCHER, OR II, S. 125 f.; anders SPIRO, Die Haftung für Erfüllungsgehilfen, S. 189 ff.). Das bedeutet, dass den Unternehmer hinsichtlich dieser Personen keine Hilfspersonenhaftung trifft. Hat der Unternehmer aber beispielsweise zugelieferte Baustoffe oder Arbeitsmittel nicht gehörig auf ihre Tauglichkeit hin geprüft, haftet er unter Umständen für dieses Versäumnis. Doch braucht diese Haftung nicht unbedingt eine Verschuldenshaftung (Art. 97 Abs. 1 OR) zu sein, sondern kann auch eine Hilfspersonenhaftung sein. Dann nämlich, wenn die Prüfung von einem Erfüllungsgehilfen des Unternehmers unterlassen wurde, dessen Verhalten dem Unternehmer nach Massgabe des Art. 101 OR zuzurechnen ist.

Anmerkung 12

Damit nimmt Art. 171 Abs. 2 auf die *Hilfspersonenhaftung* Bezug, die in Art. 101 OR geregelt ist. Diese Haftung durchbricht das Verschuldensprinzip (Art. 171/Rz. 10). Für Mangelfolgeschaden aus einem Mangel, den eine Hilfsperson «in Ausübung ihrer Verrichtungen» (Art. 101 Abs. 1 OR) verursacht, haftet der Unternehmer auch ohne eigenes Verschulden. Doch kann er sich von dieser Haftung durch den Nachweis befreien, dass ihm selber, hätte er sich gleich verhalten wie seine Hilfsperson, kein Verschulden vorgeworfen werden könnte; zu seiner Entlastung hat der Unternehmer also darzulegen, dass die Hilfsperson bei ihren Erfüllungshandlungen jene Sorgfalt walten liess, zu der er (der Unternehmer) selber verpflichtet war (zum Haftungsgrund der hypothetischen Vorwerfbarkeit siehe z.B. BGE 130 III 591/605 E. 5.5.4). Ergänzend ist ein Zweifaches beizufügen: 12.1

a) Die Möglichkeit, den soeben erwähnten Entlastungsbeweis anzutreten, wird in Art. 171 Abs. 2 zwar nicht ausdrücklich erwähnt; sie ergibt sich aber aus der Lehre und Rechtsprechung zu Art. 101 OR (auf den die Bestimmung Bezug nimmt) und indirekt auch aus dem Satz, dass der Unternehmer für den Schaden so haftet, «wie wenn er ihn selbst verursacht hätte». Nur wenn der Entlastungsbeweis gelingt, entfällt die Hilfspersonenhaftung des Unternehmers für den Mangelfolgeschaden. Hat aber der Unternehmer die betreffende Hilfsperson (z.B. einen Subunternehmer) *unerlaubterweise* beigezogen (vgl. Art. 29 Abs. 3) und schon *dadurch* den Vertrag verletzt, haftet er für die Folgen allenfalls aus Verschuldenshaftung (Art. 97 Abs. 1 OR; GWerkV Rz. 177, 640 und 1893). 12.2

b) Für den Fall, dass die mangelhafte Arbeit durch einen *vorgeschriebenen* (nicht nur genehmigten) Subunternehmer ausgeführt wurde, ist an die (in Art. 168 speziell erwähnte) Sonderbestimmung des Art. 29 Abs. 5 zu erinnern, wonach die Mängelhaftung des Unternehmers und damit auch die Schadenersatzpflicht des Art. 171 grundsätzlich entfällt, wenn der Unternehmer «nachweist, dass er den Subunternehmer richtig eingesetzt und gehörig beaufsichtigt hat» (vgl. dazu Art. 29/Rz. 19.1 ff. und 20.1 f.). 12.3

Anmerkung 13

Zur Anwendung kommen insbesondere die Art. 42 ff. OR, auf die Art. 99 Abs. 3 OR weiterverweist (vgl. dazu im Einzelnen GWerkV Rz. 1897 ff.; Brunner, Die Anwendung deliktsrechtlicher Regeln, passim). Zwei Punkte sind hervorzuheben: 13.1

a) Nach Art. 44 Abs. 1 OR kann das Gericht die Ersatzpflicht des Unternehmers unter bestimmten Voraussetzungen ermässigen, namentlich auch deswegen, weil den Bauherrn im konkreten Fall ein *Mitverschulden* (Art. 169/Rz. 19.1) am Werkmangel trifft (GWerkV Rz. 1900 und 2061; BGE 116 II 454/458 E. 3). Zum Selbstverschulden (ausschliessliches Verschulden) des Bauherrn, bei dem der Mangel und damit auch die entsprechende Haftung des Unternehmers entfällt, vgl. Art. 166 Abs. 4. 13.2

b) Der Weiterverweis des Art. 99 Abs. 3 OR erstreckt sich auch auf die in den Art. 47 OR und Art. 49 OR enthaltenen Gesetzesbestimmungen über die *Genugtuung* (vgl. Koller Jürg, Genugtuung aus Vertragsverletzung, Rz. 74 ff.). Erleidet der Bauherr infolge des Werkmangels einen immateriellen Schaden (seelische Unbill, tort moral), so hat er unter den Voraussetzungen dieser Bestimmungen einen vertraglichen Genugtuungsanspruch, 13.3

der zu einem allfälligen Recht auf Ersatz des Mangelfolgeschadens hinzutritt, bezüglich Verwirkung (Mängelrüge) und Verjährung aber den gleichen Regeln unterliegt (vgl. BGE 126 III 388/394 E. 11b [Genugtuung im Zusammenhang mit einem Architektenvertrag]; BGer 4A_109/2014 vom 21. Mai 2014 E. 4.3; GWerkV Rz. 1868 und 1878).

6 3 Rügefrist

Vorbemerkungen zu Art. 172 – 177

1 a) Die zweijährige Rügefrist der Art. 172 ff. entspricht in Funktion und Dauer einer im Bauwesen bewährten Tradition. In der aSIA-118 war noch von der *Garantiefrist* die Rede, was zuweilen falsch verstanden wurde und mit der Verjährungsfrist verwechselt wurde. Deshalb wurde dem Ausdruck Garantiefrist im Jahr 1991 in Klammern der Ausdruck *Rügefrist* beigefügt, «um zu vermeiden, dass die Garantiefrist mit der Verjährungsfrist (Art. 180) verwechselt wird», wie in einer Fussnote erläutert wurde. Die aktuelle SIA-Norm 118 verwendet den Ausdruck Garantiefrist nicht mehr, sondern spricht durchgehend von der Rügefrist, wo sie die Mängelrügefrist meint. Vgl. aber für weitere Funktionen der Rügefrist Art. 172/Rz. 2.

2 b) Mit der zweijährigen Rügefrist der SIA-Norm 118 bleibt dem Bauherrn zwar wesentlich mehr Zeit, um einen Werkmangel zu rügen als nach Gesetz (siehe Art. 367 Abs. 1 OR [z.B. BGer 4A_55/2012 vom 31. Juli 2012 E. 6.1] und Art. 370 Abs. 3 OR [BGer 4A_336/2007 vom 31. Oktober 2007 E. 4.4]). Doch gilt das nicht uneingeschränkt. Zu beachten ist vor allem das Folgende: Nach Art. 163 Abs. 2 wird der Verzicht auf die Geltendmachung eines Mangels – also dessen Genehmigung – fingiert, wenn der Mangel bei der gemeinsamen Abnahmeprüfung offensichtlich war, jedoch vom Bauherrn oder seiner Bauleitung nicht geltend gemacht wurde. Damit wird für Mängel, die bei der Abnahmeprüfung ohne Weiteres erkennbar waren, eine Rechtslage geschaffen, die sich in ihren praktischen Wirkungen mit jener deckt, die auch nach Art. 367 OR besteht.

3 c) Die zweijährige Rügefrist der SIA-Norm 118 entspricht zwar einer bewährten Tradition, wobei die Frist aber nicht sakrosankt ist. So bringt schon Art. 172 Abs. 1 selber den Vorbehalt an, dass andere Vertragsnormen eine andere Rügefrist vorsehen. Viel relevanter als dieser Vorbehalt sind allerdings individuelle oder ranghöhere Vertragsabreden der Parteien, mit der sie die Frist verlängern oder verkürzen. Vor allem die Verlängerung ist nicht selten anzutreffen, wobei als obere, noch zulässige Grenze zehn Jahre nicht überschritten werden können.

6 31 Bestand und Dauer

Art. 172

[1] Ist nichts anderes vereinbart[1], so besteht eine Rügefrist[2] von zwei Jahren[3]. Sehen Normen des SIA oder anderer Fachverbände eine andere Dauer der Rügefrist vor, wird diese nur wirksam, wenn sie in der Vertragsurkunde festgehalten ist (Art. 21 Abs. 3).[4]

[2] Die Rügefrist beginnt für das Werk oder einzelne Werkteile[5] mit dem Tag der Abnahme[6] zu laufen.[7]

Art. 172 (1977/91)

[1] Ist nicht etwas anderes vereinbart, so besteht eine Garantiefrist (Rügefrist) von zwei Jahren. Hinsichtlich der Dauer der Garantiefrist (Rügefrist) gehen andere Normen des SIA oder im Einvernehmen mit dem SIA aufgestellte Normen anderer Fachverbände vor, wenn sie Vertragsbestandteil sind (Art. 21).

[2] Die Garantiefrist (Rügefrist) beginnt für das Werk oder einzelne Werkteile mit dem Tag der Abnahme zu laufen.

Anmerkung 1

Eine andere Vereinbarung, durch welche die Dauer der Rügefrist verlängert oder verkürzt wird, ist nur wirksam, wenn sie der SIA-Norm 118 *vorgeht*, weil sie individuell oder in einem rangmässig höheren Vertragsbestandteil (Art. 21) getroffen wurde (vgl. Einl./Rz. 26; Art. 21; GWerkV Rz. 315 f.). 1.1

a) Individuelle Abreden gehen der SIA-Norm 118 auch hinsichtlich der Rügefrist vor (GWerkV Rz. 316); das gilt auch für vorformulierte Vertragsbedingungen, die bei Vertragsabschluss individuell ausgehandelt (nicht nur vorgelesen und erläutert) werden (vgl. Einl./Rz. 30). 1.2

b) Zur Geltung abweichender Regeln zur Rügefrist, die in anderen Normen des SIA oder anderer Fachverbände enthalten sind, vgl. Art. 172/Rz. 4.1 ff. 1.3

Anmerkung 2

Ursprünglich (in der Ausgabe 1977) war hier nur von *Garantiefrist* die Rede, was dann 1991 durch den Klammerausdruck «(Rügefrist)» ergänzt wurde, «um zu vermeiden, dass die Garantiefrist mit der Verjährungsfrist (Art. 180) verwechselt wird», wie es eine Sternfussnote zum Titel «6 3 Garantiefrist (Rügefrist)» formulierte (siehe auch Zindel/Pulver/Schott, Basler Kommentar, N 30 zu Art. 367 OR). Jetzt verwendet die Norm einzig noch den Ausdruck *Rügefrist,* um jene zweijährige Frist zu bezeichnen, binnen welcher der Bauherr «Mängel aller Art jederzeit rügen» kann (Art. 173/Rz. 4). Diese Funktion der zweijährigen Frist steht so sehr im Vordergrund, dass es zweckmässig ist, sie als Rügefrist anzusprechen (a.M. Spiess/Huser, Handkommentar, N 8 zu Art. 172). Allerdings trifft es zu, dass die Frist weitere Funktionen hat (Trümpy, Die Abnahme, 2

S. 65 f.), so mit Bezug auf die Beweislast (Art. 174 Abs. 3 und Art. 179 Abs. 5), das Besichtigungsrecht (Art. 175) und die Sicherheitsleistung des Unternehmers (Art. 181). Zudem gilt es, auch nach Ablauf der zweijährigen Frist eine Rügefrist zu beachten, die in diesem Teil der Gewährleistungsphase eine *Sofortfrist* ist (Art. 179/Rz. 10.1 f.) und damit der gesetzlichen Rügefrist entspricht (vgl. Art. 370 Abs. 3 OR).

Anmerkung 3

3 Zur Berechnung und zum Lauf der Rügefrist vgl. Art. 157/Rz. 13. Für verdeckte Mängel – also für Mängel, die der «Bauherr erst nach Ablauf der Rügefrist (Art. 172) entdeckt» (Art. 179 Abs. 1) – ist die zweijährige Rügefrist ohne Belang. Sie ist mithin keine absolute Frist (Bieger, Die Mängelrüge, Rz. 485).

Anmerkung 4

4.1 Art. 172 Abs. 1 setzt stillschweigend voraus, dass die entsprechenden Normen überhaupt Bestandteile des Werkvertrags sind; ist das nicht der Fall, kommt den in ihnen enthaltenen Regeln keinerlei rechtliche Bedeutung zu, auch nicht, was die Rügefrist anbelangt. Soweit sie aber Vertragsbestandteil sind, gilt es, hinsichtlich dieser Normen das Folgende anzumerken:

4.2 a) Bestimmungen über die Dauer der Rügefrist, die sich in solchen Normen finden, gelten also nicht schon kraft Art. 172 Abs. 1, sondern nur dann, wenn die dort abweichend von der SIA-Norm 118 geregelte Rügefrist «in der Vertragsurkunde festgehalten ist». Art. 172 Abs. 1 geht demnach davon aus, dass es nicht ausreicht, dass eine solche Norm zum Vertragsbestandteil erklärt wird. Zur rechtlichen Tragweite des in Art. 21 Abs. 3 enthaltenen Vorbehalts siehe im Übrigen Art. 21/Rz. 20.1 ff.

4.3 b) Während die Norm diesen Vorbehalt nur auf die Dauer der Rügefrist bezieht, ist die Regel ihrem Zweck nach so auszulegen, dass auch normmässige Abweichungen von Art. 172 Abs. 2, wo es um den Beginn der Rügefrist oder um deren Wirkungen (dazu Art. 173 Abs. 1) geht, zu ihrem Vorrang der Aufnahme in die Vertragsurkunde bedürfen.

4.4 c) Die Tragweite, die dem Vorbehalt der Aufnahme in die Vertragsurkunde zukommt, ist indes zu relativieren: Zunächst erweist sich der Vorbehalt insoweit als unnötig, als «die übrigen Normen des SIA» und «die Normen anderer Fachverbände» ohnehin nach der SIA-Norm 118 rangieren, wenn man sich an die Widerspruchsregel des Art. 21 Abs. 1 hält (vgl. Art. 21/Rz. 18). Zudem gilt, dass eine von der SIA-Norm 118 abweichende Regel einer anderen Norm dem Art. 172 ohne Weiteres vorgeht, wenn sie individuell übernommen wurde. Aber auch dann, wenn mittels individueller Abrede der ganzen Norm, der die abweichende Regel zugehört, Vorrang gegenüber der SIA-Norm 118 eingeräumt wurde, ist der Vorbehalt der Aufnahme in die Vertragsurkunde unbeachtlich. Schliesslich stösst der Vorbehalt auch dann ins Leere, wenn in einem vorrangigen Vertragsbestandteil eine abweichende Rügefrist vereinbart wurde, ohne dass dabei auf eine andere Vertragsnorm abgestellt wurde, mag sich die Rügefrist ihrer Dauer nach auch mit der Regel decken, die sich in einer anderen Vertragsnorm findet.

Anmerkung 5

Sofern einzelne (in sich geschlossene) Werkteile separat abgenommen wurden (Art. 157 Abs. 1 sowie Art. 158 Abs. 1 und 2). 5

Anmerkung 6

Zum Zeitpunkt der Abnahme vgl. Art. 159 – 164. 6

Anmerkung 7

Beachte auch Art. 176 über den Neubeginn des Fristenlaufs nach der Verbesserung eines gerügten Mangels und der Abnahme des instand gestellten Teils. 7

6 32 Bedeutung

6 321 Recht zu jederzeitiger Mängelrüge

Art. 173

1 Während der Rügefrist[1] kann der Bauherr in Abweichung vom Gesetz (Art. 367 und 370 OR)[2] Mängel aller Art[3] jederzeit[4] rügen[5].

2 Dieses Recht zur jederzeitigen Mängelrüge besteht auch für Mängel, die zur Vermeidung weiteren Schadens unverzüglich behoben werden müssen. Doch hat der Bauherr, der einen solchen Mangel nicht sofort nach der Entdeckung[6] rügt, den weiteren Schaden[7] selbst zu tragen, der bei unverzüglicher Behebung des entdeckten Mangels hätte vermieden werden können.[8]

Art. 173 (1977/91)

1 Während der Garantiefrist (Rügefrist) kann der Bauherr in Abweichung vom Gesetz (Art. 367 und Art. 370 OR) Mängel aller Art jederzeit rügen.

2 Dieses Recht zur jederzeitigen Mängelrüge besteht auch für Mängel, die zur Vermeidung weiteren Schadens unverzüglich behoben werden müssen. Doch hat der Bauherr, der einen solchen Mangel nicht sofort nach der Entdeckung rügt, den weiteren Schaden selbst zu tragen, der bei unverzüglicher Behebung des entdeckten Mangels hätte vermieden werden können.

Anmerkung 1

Diese Frist ist zu unterscheiden von der Verjährungsfrist für die Mängelrechte (Art. 180; vgl. dazu auch HGer ZH vom 4. Juli 1991 E. 1 = ZR 1991, S. 49 ff., Nr. 14; GWerkV Rz. 2694 und 2724 ff.). Zum Beginn und zur Dauer der Rügefrist Art. 172 sowie Art. 157/ Rz. 13. 1

Anmerkung 2

2 Die gesetzliche Rügeobliegenheit des Bauherrn ist in Art. 367 Abs. 1 OR i.V.m. Art. 370 Abs. 3 OR umschrieben (dazu und zum Folgenden vgl. GWerkV Rz. 2179 ff.). Der Bauherr hat nach Ablieferung des Werks, «sobald es nach dem üblichen Geschäftsgange tunlich ist, dessen Beschaffenheit zu prüfen und den Unternehmer von allfälligen Mängeln in Kenntnis zu setzen» (Art. 367 Abs. 1 OR). Das Bundesgericht verlangt, dass der Bauherr erkannte Mängel «unverzüglich» nach ihrer Entdeckung anzeigt (BGE 107 II 172/175 E. 1a; BGer 4A_53/2012 vom 31. Juli 2012 E. 5.1; HGer ZH HG080288 vom 19. Juli 2011 E. 3.5.4.2). Die Erklärungsfrist, innerhalb der er den Entschluss zur Mängelrüge fassen und ausführen muss, wird zwar auf Grund der Umstände des Einzelfalls bestimmt, ist jedoch kurz bemessen: Das Bundesgericht erachtet es als ausreichend, wenn ein Mangel innerhalb von drei, *«à la rigueur»* von sieben Arbeitstagen nach seiner Entdeckung gerügt wird (BGer 4C.130/2006 vom 8. Mai 2007 E. 4.2.2; in BGer 4A_252/2010 vom 25. November 2010 E. 6.4 bestätigte das Bundesgericht, dass es «grundsätzlich eine siebentägige Rügefrist für angemessen hält»). Diese Prüfungs- und Anzeigepflicht stellt eine Obliegenheit des Bauherrn dar – kommt er ihr nicht nach, so wird eine stillschweigende Genehmigung vermutet (Art. 370 Abs. 2 OR). Der Bauherr verliert seine Mängelrechte aus dem nicht gerügten Mangel (durch Verwirkung, GWerkV Rz. 2185 ff.). Das stellt einen massiven Eingriff in die Rechtsstellung des Bauherrn dar (GWerkV Rz. 2175). Dies erstaunt umso mehr, als es einer weit verbreiteten Rechtsauffassung entspricht, dass der Bauherr nicht leichthin um seine Rechte gebracht werden darf und deshalb auch Rücksicht verdient (GWerkV Rz. 2176). Dem trägt die zweijährige Rügefrist des Art. 172 Rechnung.

Anmerkung 3

3 Auch erkennbare Mängel, welche die Bauleitung bei der gemeinsamen Prüfung (Art. 158 Abs. 2 und Art. 159 ff.) nicht erkannt hat. Und bei der Abnahme ohne gemeinsame Prüfung (Art. 164): auch Mängel, welche die Bauleitung vor der Abnahme erkannt hat oder hätte erkennen können, wenn das Werk gemeinsam geprüft worden wäre (GWerkV Rz. 2685 f.). Beachte aber die *Einschränkung* in Art. 174 Abs. 1 Satz 2.

Anmerkung 4

4 Der Bauherr braucht den erkannten Mangel in Abweichung von der gesetzlichen Ordnung (Art. 173/Rz. 2) *nicht sofort* zu rügen, sondern darf mit der Mängelrüge bis kurz vor Ablauf der Rügefrist zuwarten (BGer 4A_511/2014 vom 4. März 2015 E. 4.3; 4C.258/2001 vom 5. September 2002 E. 2.2; KGer GR ZK2 11 25 vom 22. Juni 2011 E. 4b; BezGer Sierre [VS] vom 9. Juni 1983 E. 3 = ZWR 1983, S. 282; GWerkV Rz. 2683 ff.; Tercier/Favre/Carron Benoît, Les contrats spéciaux, Rz. 4523). Grundsätzlich haftet der Unternehmer für alle Mängel, die vor Ablauf der Rügefrist gerügt werden (Art. 174 Abs. 1 Satz 1; vgl. aber auch Satz 2 sowie GWerkV Rz. 2689), und unabhängig davon, wann der Bauherr (oder dessen Bauleitung) den gerügten Mangel entdeckt hat (vgl. BGer 4C.346/2003 vom 26. Oktober 2004 E. 4.1.1; 4C.258/2001 vom 5. September 2002 E. 2.2). Mit Ablauf der Rügefrist aber erlischt das Recht des Bauherrn, «vorher entdeckte Mängel zu rügen»

(Art. 178 Abs. 1), wobei den Bauherrn weniger der Verlust des Rügerechts, als vielmehr die damit verbundene Verwirkung der Mängelrechte schmerzt.

Anmerkung 5

Die Rügefrist zeichnet sich dadurch aus, dass der Bauherr sämtliche Mängel, die er vor Fristablauf erkennt, während laufender Rügefrist zu einem beliebigen Zeitpunkt (irgendwann) wirksam rügen kann. Zum *Inhalt der Mängelrüge* enthält die Norm keine Angaben, weshalb nach Art. 2 Abs. 2 auf die Grundsätze zurückzugreifen ist, die auch für die gesetzliche Mängelhaftung gelten (BGer 4A_511/2014 vom 4. März 2015 E. 4.3; 4C.258/2001 vom 5. September 2002 E. 3.1). Danach muss die Mängelrüge in jedem Fall die Anzeige des erkannten Mangels (Art. 367 Abs. 1 OR) sowie die (ausdrückliche oder stillschweigende) Kundgabe des Willens enthalten, das Werk (oder den Werkteil) aufgrund des mitgeteilten Mangels nicht als vertragsgemäss anzuerkennen und den Unternehmer haftbar zu machen (vgl. BGE 107 II 172/175 E. 1a; KGer GR ZK2 11 25 vom 22. Juni 2011 E. 4d; Chaix, Commentaire romand, N 25 ff. zu Art. 367 OR; Zindel/Pulver/Schott, Basler Kommentar, N 18 zu Art. 367 OR). Eine nur allgemeine Erklärung, das Werk sei mangelhaft (es entspreche nicht dem Vertrag; es sei unbefriedigend) stellt keine wirksame Mängelrüge dar (vgl. BGer 4C.395/2001 vom 28. Mai 2002 E. 2.1.1), weil sich der Erklärung nicht entnehmen lässt, worin nach Auffassung des Bauherrn die Vertragswidrigkeit zu erblicken ist. Unabdingbar ist also eine sachgerechte Substanziierung (BGE 107 II 172/175 E. 1a): Jeder Mangel, der gerügt werden soll, ist genau anzugeben (BGE 107 II 172/175 E. 1a; BGer 4C.231/2004 vom 8. Oktober 2004 E. 2.1) und so zu bezeichnen (z.B. nach der Erscheinungsform: Risse in der Hausmauer; oder nach seiner Lage: Südfront), dass der Unternehmer erkennen kann, was an seinem Werk beanstandet wird (vgl. BGE 22 498/503 E. 2; BGer 4A_51/2007 vom 11. September 2007 E. 4.5). Doch muss sich der rügende Bauherr nicht einer technischen Sprache bedienen (BGer 4C.130/2006 vom 8. Mai 2007 E. 4.2.1); es genügt, wenn er den Mangel so beschreibt, wie er ihn selber sieht und mit seinen Worten zu beschreiben vermag (GWerkV Rz. 2131). Auch die Mitteilung der Mängel*ursache* gehört nicht zum notwendigen Inhalt der Mängelrüge (BGer vom 10. Juli 1991 E. 1a = SemJud 114/1992, S. 103/105), selbst dann nicht, wenn der Bauherr fachkundig ist (missverständlich jedoch BGer 4C.130/2006 vom 8. Mai 2007 E. 4.2.1). Dasselbe gilt für das Begehren des Bauherrn, die Mängel seien zu beseitigen (Art. 169 Abs. 1); die Beseitigung eines gerügten Mangels etwa kann auch später noch verlangt werden. Beachte aber Art. 173 Abs. 2 und, was die Abnahme betrifft, Art. 162 (Fall 1 und Fall 2). Im Einzelnen zum Inhalt einer Mängelrüge und mit weiteren Hinweisen, auch auf die Rechtsprechung GWerkV Rz. 2128 ff. 5

Anmerkung 6

Der Ausdruck «sofort nach der Entdeckung» wurde aus Art. 370 Abs. 3 OR übernommen. Er ist hier nicht anders auszulegen als dort: 6.1

a) *Entdeckt* ist ein Mangel, wenn der Bauherr über dessen Vorliegen Gewissheit erlangt hat und der Mangel in diesem Sinne erkannt ist («zweifelsfreie Feststellung», vgl. dazu auch BGE 131 III 145/150 E. 7.2; 118 II 142/148 E. 3b; 107 II 172/175 E. 1a; BGer 6.2

4C.130/2006 vom 8. Mai 2007 E. 4.1; HGer ZH HG080288 vom 19. Juli 2011 E. 3.5.4.2; dazu und zum Folgenden vgl. auch GWERKV Rz. 2182). Das setzt voraus, dass der Bauherr sowohl die Beschaffenheit des vom konkreten Unternehmer hergestellten Werks (oder Werkteils) kennt als auch den Umstand, dass diese Beschaffenheit (z.B. ein Mauerriss) *vertragswidrig* ist (Art. 166/Rz. 2.1; BGE 117 II 425/427 E. 2; BGer 4A_82/2008 vom 29. April 2009 E. 7.5). Haben sich mehrere Nebenunternehmer durch ihre eigenen Werkleistungen an der Errichtung eines Gesamtwerks beteiligt, so genügt nicht, dass der Bauherr einen Fehler des Gesamtwerks kennt – vielmehr muss er wissen, welcher Nebenunternehmer mangelhaft geleistet hat (GWERKV Rz. 2182). Nicht erforderlich (und zwar trotz Art. 166 Abs. 4) ist jedoch die Gewissheit, dass den Bauherrn kein Selbstverschulden trifft (vgl. Art. 163/Rz. 3.2 sinngemäss).

6.3 b) «Sofort» heisst *unverzüglich* (BGE 107 II 172/175 E. 1a; BGer 4A_53/2012 vom 31. Juli 2012 E. 5.1; HGer ZH HG080288 vom 19. Juli 2011 E. 3.5.4.2): innerhalb einer kurzen Erklärungsfrist, die der Bauherr braucht, um den Entschluss zur Mängelrüge mit tunlicher Beschleunigung zu fassen und dann rasch auszuführen (vgl. GWERKV Rz. 2141 und 2180).

6.4 c) Zur Behauptungs- und Beweislast bezüglich der Frage, ob ein Mangel wirksam gerügt wurde, siehe GWERKV Rz. 2190 ff. Diese Frage stellt sich auch bei der SIA-Norm 118, wobei ihre Bedeutung aber durch die Rügefrist (Art. 172 Abs. 1) etwas vermindert ist, da die Rechtzeitigkeit der Rüge stets gegeben ist, wenn sie irgendwann binnen der zweijährigen Frist erfolgt. Zur Beweislast bei der Rüge verdeckter Mängel Art. 179/Rz. 8.

Anmerkung 7

7 Der «weitere Schaden» kann in einem Mangelfolgeschaden (Art. 171/Rz. 1.2) oder darin bestehen, dass die Kosten der Mängelbeseitigung sich infolge der (durch den Bauherrn verursachten) Verzögerung (namentlich durch Erweiterung eines Mangels, der sich weitergefressen hat) erhöht haben (vgl. GWERKV Rz. 2687; zu den erhöhten Verbesserungskosten siehe Art. 170/Rz. 1.2). Im ersten Fall reduziert sich der Ersatzanspruch des Bauherrn gegen den Unternehmer (Art. 44 Abs. 1 OR sinngemäss); im zweiten Fall hat sich der Bauherr an den Kosten der Nachbesserung zu beteiligen. Auch ist, wenn sich infolge der Verzögerung ein Mangel vergrössert und der Wert des Werks dadurch verringert hat, bei einer allfälligen Minderung (Art. 169 Abs. 1 Ziff. 2) von dem Wert auszugehen, den das Werk ohne diese Vergrösserung hätte (Art. 169/Rz. 18.6; vgl. GWERKV Rz. 1656).

Anmerkung 8

8 Diese Regel muss sinngemäss auch dann gelten, wenn der Bauherr den Mangel zwar sofort rügt, mit der Fristansetzung zur Nachbesserung (Art. 169 Abs. 1 und Art. 174 Abs. 2) aber zuwartet (GWERKV Rz. 2687, vgl. auch Rz. 1739). Indem Art. 173 Abs. 2 sich hierüber ausschweigt, ist er lückenhaft und bedarf entsprechender Ergänzung. Ebenso wenig Beachtung findet in der Norm der Fall, in dem der Bauherr zwar nicht sofort rügt und der Schaden sich vergrössert, es aber feststeht, dass der Unternehmer den Mangel auch dann nicht unverzüglich beseitigt hätte, wenn die Mängelrüge «sofort nach der Entdeckung»

des Mangels erfolgt wäre. Wo es am Kausalzusammenhang zwischen der Säumnis und der Vergrösserung des Schadens fehlt, gibt es keinen Grund, den Schaden vom Bauherrn tragen zu lassen. In keinem Fall hat der Bauherr für Schaden einzustehen, der durch ein früheres Tätigwerden des Unternehmers während der ihm angesetzten, angemessenen Frist hätte vermieden oder gemindert werden können.

6 322 Haftung des Unternehmers

Art. 174

[1] Der Unternehmer haftet für alle Mängel (Art. 166), die der Bauherr während der Rügefrist rügt[1] (Art. 173). Von der Haftung ausgenommen sind einzig Mängel, für die das Werk (oder der Werkteil) gemäss Art. 163 als genehmigt gilt.[2]

[2] Der Bauherr setzt dem Unternehmer eine angemessene Frist[3] zur Verbesserung eines gerügten Mangels an.[4] Die Art. 169–171[5] sind anzuwenden.

[3] Wird streitig, ob ein behaupteter[6] Mangel wirklich eine Vertragsabweichung[7] darstellt und daher ein Mangel im Sinne dieser Norm ist[8], so liegt die Beweislast beim Unternehmer.[9]

Art. 174 (1977/91)

[1] Der Unternehmer haftet für alle Mängel (Art. 166), die der Bauherr während der Garantiefrist (Rügefrist) rügt (Art. 173). Von der Haftung ausgenommen sind einzig Mängel, für die das Werk (oder der Werkteil) gemäss Art. 163 als genehmigt gilt.

[2] Der Bauherr setzt dem Unternehmer eine angemessene Frist zur Verbesserung eines gerügten Mangels an. Die Art. 169–171 sind anzuwenden.

[3] Wird streitig, ob ein behaupteter Mangel wirklich eine Vertragsabweichung darstellt und daher ein Mangel im Sinne dieser Norm ist, so liegt die Beweislast beim Unternehmer.

Anmerkung 1

Vorausgesetzt ist, dass der gerügte Mangel in Wirklichkeit besteht. Die Mängelhaftung des Unternehmers (Art. 165) knüpft unmittelbar an den bestehenden Mangel (Art. 166) an, ist also nicht die Folge der Mängelrüge. Fehlt es am vorausgesetzten Mangel, so trifft den Unternehmer auch dann keine Haftung, wenn er auf die ungerechtfertigte Rüge hin schweigt (vgl. Art. 179/Rz. 7). 1.1

Zum erforderlichen Inhalt der Mängelrüge vgl. Art. 173/Rz. 5. Zur Mängelhaftung nach Ablauf der Rügefrist, die nun eine sofortige Rüge bedingt, siehe Art. 178 f. 1.2

Anmerkung 2

Gemeint sind alle Fälle, die in Art. 163 geregelt werden, mithin auch der Fall, da die Bauleitung ausdrücklich darauf verzichtet, einen Mangel geltend zu machen, und den Unternehmer mit dieser Erklärung (und für den entsprechenden Mangel) aus seiner Haftung 2 entlässt. Vorbehalten aber bleiben «absichtlich verschwiegene» Mängel, für welche die Haftung des Unternehmers trotz der Genehmigung nach Art. 163 nicht erlischt (Art. 163/Rz. 11; vgl. auch GWerkV Rz. 2089 ff.). Zur Erinnerung sei beigefügt, dass die Abnahme des Werks nicht mit dessen Genehmigung gleichzusetzen, sondern von dieser zu unterscheiden ist (Vorbem. Art. 157 – 164/Rz. 1).

Anmerkung 3

3 Zum Erfordernis der *Angemessenheit* siehe Art. 169/Rz. 5.1 f. Innerhalb der angesetzten (angemessenen) Frist muss der Mangel beseitigt sein (GWerkV Rz. 1783), und zwar auch dann, wenn die angesetzte Frist vor der Rügefrist abläuft. Die Rügefrist hat also nicht auch die Bedeutung, dass der Unternehmer sich mit der Nachbesserung bis zum Ablauf der Rügefrist Zeit lassen darf.

Anmerkung 4

4.1 Damit nimmt Art. 174 Abs. 2 Bezug auf Art. 169 Abs. 1 und den darin statuierten Vorrang der Nachbesserung (vgl. Art. 169/Rz. 7.1).

4.2 Für den Fall, dass der Unternehmer die Verbesserung ausdrücklich verweigert oder hierzu offensichtlich ausserstande ist (oder der Mangel sich objektiv nicht beseitigen lässt), gilt die Regel des Art. 169 Abs. 2 (Wahlrecht schon vor Ablauf der Verbesserungsfrist; vgl. im Einzelnen Art. 169/Rz. 34).

Anmerkung 5

5 Geregelt sind dort die «Rechte des Bauherrn bei Mängeln». Art. 174 Abs. 2 nimmt bloss auf, was sich schon aus Art. 169 ergibt, und hat damit keinen eigenen Regelungsgehalt.

Anmerkung 6

6 Vorausgesetzt ist, dass der Bauherr den Mangel rechtswirksam (also namentlich binnen der zweijährigen Rügefrist) gerügt hat. Nur für solche Mängel wird die Beweislast umgekehrt. Zur Beweislast für Mängel, die der Bauherr erst nach Ablauf der Rügefrist rügt, siehe Art. 179/Rz. 22.

Anmerkung 7

7 Jeder Mangel besteht in einem vertragswidrigen Zustand des Werks (oder Werkteils) und damit in einer Vertragsabweichung (Art. 166 Abs. 1 und dazu Art. 166/Rz. 2.1 f.; vgl. auch BGE 114 II 239/244 E. 5a/aa; GWerkV Rz. 1355 ff.). Die Beweislastregel des Art. 174 Abs. 3 bezieht sich auf den Fall, da streitig ist, ob ein bestimmter Zustand des Werks (z.B. eine bestimmte Wasser- oder Schalldurchlässigkeit) eine solche Vertragsabweichung darstellt.

Anmerkung 8

8 Vgl. Art. 166 Abs. 1.

Anmerkung 9

Diese *Beweislastabrede* (dazu auch Brändli, Die Nachbesserung, Rz. 239 ff., zur Anwendung der Ungewöhnlichkeitsregel Rz. 241) bezieht sich auf jeden Mangel, der während der zweijährigen Rügefrist gerügt wird, selbst wenn der Streit die Rügefrist überdauert oder erst nach deren Ablauf entsteht. Sie durchbricht (partiell) den Grundsatz, wonach die Beweislast für das Vorliegen eines Mangels beim Bauherrn liegt, der daraus Rechte ableitet (Art. 8 ZGB; vgl. Art. 169/Rz. 2; siehe auch BGer 4A_424/2009 vom 17. November 2009 E. 4.1 und zu Art. 174 Abs. 3 KGer SG vom 12. August 1992 = GVP SG 1992, Nr. 19, S. 53 ff. = Gauch, Urteilsanmerkung, in: BR/DC 1993, S. 102 f., Nr. 215; zudem GWerkV Rz. 2696 ff.; Zindel/Pulver/Schott, Basler Kommentar, N 34 zu Art. 367 OR), und verschafft so dem Bauherrn eine günstigere Position im Prozess (allgemein Walter, Berner Kommentar, N 650 f. zu Art. 8 ZGB). Im Einzelnen: 9.1

a) Der Bauherr trägt zwar nach wie vor die Beweislast für die *Beschaffenheit*, von der er behauptet, dass sie mangelhaft sei (KGer GR ZK2 14 7 vom 15. Juli 2014 E. 5b). Diesbezüglich steht dem Unternehmer der Gegenbeweis offen, der «beim Gericht erhebliche Zweifel an der Richtigkeit der Gegenstand des Hauptbeweises bildenden Sachbehauptungen wach halten und diesen dadurch vereiteln» soll (BGE 130 III 321/326 E. 3.4; Walter, Berner Kommentar, N 66 zu Art. 8 ZGB). Bestreitet aber der Unternehmer, dass es sich bei diesem Zustand (z.B. einer undichten Stelle im Dach, einem Riss in einer Mauer, einer beanstandeten Schallisolation) um eine *Vertragsabweichung* (Art. 166 Abs. 1) und damit um einen Mangel handelt, so obliegt ihm dafür (dass also keine Vertragsabweichung vorliege) der Beweis. Beispielsweise hat er zu beweisen, dass der angebliche Mangel die Folge normaler Abnutzung oder unsachgemässen Gebrauchs des mängelfrei erstellten Werks sei (vgl. BGer 4A_424/2009 vom 17. November 2009 E. 4.1; GWerkV Rz. 2696). Nach Massgabe des Art. 175 hat der Unternehmer während der Rügefrist ein Besichtigungsrecht, was ihm bei der Beweisführung entgegenkommt. Nach Ablauf der Rügefrist hat er dieses Recht nicht mehr; in der gerichtlichen Auseinandersetzung bleibt der Augenschein (Art. 181 f. ZPO). 9.2

b) Weil die Beweislastabrede des Art. 174 Abs. 3 von der allgemeinen Regel (Art. 8 ZGB) abweicht (Art. 169/Rz. 2), ist sie eng auszulegen; sie bezieht sich nicht auf den möglichen Streit, ob eine Eigenschaft des Werks (oder Werkteils), deren Fehlen vom Bauherrn als Mangel gerügt wird, nach dem Inhalt des Werkvertrags überhaupt geschuldet ist. Zudem entbindet sie den Bauherrn nicht davon, alle ihm bekannten Sachumstände, die auf eine Vertragsabweichung schliessen lassen, darzulegen und so seinen Anspruch ausreichend zu substanziieren, da sonst die Beweislastverteilung zulasten des Unternehmers gar nicht zum Tragen kommt (Reetz, Der Bauprozess: er steht und fällt mit dem Beweis, S. 145; HGer ZH HG120094 vom 8. Mai 2014 E. 3.1.5; zum beschränkten praktischen Nutzen auch Spiess/Huser, Handkommentar, N 20 zu Art. 174). Umgekehrt ändert sie aber auch nichts am Prinzip, wonach die Beweislast für ein Selbstverschulden des Bauherrn, das den Mangel nach Art. 166 Abs. 4 ausschliesst, beim Unternehmer liegt (Art. 166/Rz. 14; GWerkV Rz. 2697). 9.3

9.4 c) Bei Mängeln, die nach Art. 163 als genehmigt gelten, entfällt die Haftpflicht des Unternehmers (Art. 163/Rz. 12; Art. 174/Rz. 2), weshalb hier auch die Beweislastumkehr keine Rolle spielt.

6 323 Besichtigungsrecht des Unternehmers

Art. 175

Der Unternehmer ist berechtigt, das Werk während der Rügefrist[1] nach jeweiliger Vereinbarung[2] zu besichtigen[3].[4]

Art. 175 (1977/91)

Der Unternehmer ist berechtigt, das Werk während der Garantiefrist (Rügefrist) nach jeweiliger Vereinbarung zu besichtigen.

Anmerkung 1

1 Allgemein zur Rügefrist vgl. Art. 172.

Anmerkung 2

2 Zu vereinbaren ist nicht das Recht auf Besichtigung selber – dieses Recht fliesst bereits aus Art. 175. Zu vereinbaren ist jedoch der jeweilige Besichtigungstermin, denn die Besichtigung soll nicht unangemeldet, sondern nur zu einem vereinbarten Zeitpunkt erfolgen. Unternehmer und Bauherr haben sich darüber also ins Einvernehmen zu setzen, wobei sie nach Treu und Glauben (Art. 2 ZGB) gehalten sind, auf die beiderseitigen Interessen gebührend Rücksicht zu nehmen (so, wie es sich für vernünftige und korrekte Vertragspartner geziemt).

Anmerkung 3

3 «Besichtigen» bedeutet nicht auch untersuchen oder gar verändern. Das Besichtigungsrecht muss so ausgeübt werden, dass die damit verbundenen Störungen für den Bauherrn möglichst gering sind.

Anmerkung 4

4.1 Das Besichtigungsrecht (GWerkV Rz. 2699 f.) steht im *Zusammenhang* mit der Beweislastregel des Art. 174 Abs. 3 (vgl. insbesondere Art. 174/Rz. 6 und 9.1 ff.). Es soll dem Unternehmer ermöglichen, im Hinblick auf einen allfälligen Streitfall Beweise zu sichern (z.B. für einen unsachgemässen Gebrauch des Werks durch den Bauherrn). Nicht vorausgesetzt ist, dass der Bauherr bereits eine Mängelrüge erhoben hat; es reicht aus, dass der Unternehmer begründeten Anlass dazu hat, mit einer entsprechenden Vorkehr des Bauherrn rechnen zu müssen. Vom Zweck des Besichtigungsrechts nicht gedeckt ist aber etwa der Wunsch des Unternehmers, das Werk seinen prospektiven Kunden als Referenzobjekt vorweisen zu können.

Verweigert der Bauherr die Besichtigung oder wird der Unternehmer bei der Ausübung des Rechts ungebührlich behindert, so kann das Gericht dies im Rahmen der (freien) Beweiswürdigung berücksichtigen. In keinem Fall aber ist der Unternehmer befugt, sich den Zugang zum Werk gegen den Willen des Bauherrn zu verschaffen. 4.2

Zu unterscheiden vom Fall, den Art. 175 regelt, ist die Begehung des Werks durch den Unternehmer, der binnen der ihm vom Bauherrn angesetzten Frist (Art. 169 Abs. 1 und Art. 174 Abs. 2) seiner Nachbesserungspflicht nachkommen will. Auch hier hat er sich vorgängig mit dem Bauherrn über den genauen Termin zu verständigen, wobei der Bauherr in Gläubigerverzug gerät, wenn er dem Unternehmer den Zutritt ungerechtfertigterweise verweigert. 4.3

6 33 Neubeginn des Fristenlaufes

Art. 176

[1] Nach Behebung [1] eines während der Rügefrist gerügten Mangels [2] findet für den instand gestellten Teil auf Anzeige des Unternehmers [3] eine Prüfung [4] und Abnahme [5] nach Massgabe der Art. 157 – 171 [6] statt.

[2] Mit dem Tag der Abnahme [7] beginnt die Rügefrist [8] für den instand gestellten Teil [9] neu zu laufen. [10] Unwesentliche [11] Mängel unterbrechen die Rügefrist nicht. [12]

Art. 176 (1977/91)

[1] Nach Behebung eines während der Garantiefrist (Rügefrist) gerügten Mangels findet für den instandgestellten Teil auf Anzeige des Unternehmers eine Prüfung und Abnahme nach Massgabe der Art. 157 ff. statt.

[2] Mit dem Tag der Abnahme beginnt die Garantiefrist (Rügefrist) für den instandgestellten Teil neu zu laufen. Unwesentliche Mängel unterbrechen die Garantiefrist (Rügefrist) nicht.

Anmerkung 1

Genauer: nach Vollendung der Arbeiten, die der Unternehmer zur Mängelbeseitigung leistete. Denn ob der Mangel tatsächlich und vollständig behoben wurde, soll durch die Prüfung nach Art. 176 Abs. 1 gerade festgestellt werden (Art. 176/Rz. 4). 1

Anmerkung 2

Seinem Wortlaut nach bezieht sich Art. 176 nur auf Mängel, die «während der Rügefrist» gerügt wurden. Nun ist es aber möglich, dass ein Mangel noch vor Beginn der Rügefrist (also vor dem Tag der Werkabnahme, Art. 157 Abs. 2 und Art. 172 Abs. 2) gerügt, aber erst nachher behoben wird (vgl. Art. 160; Art. 162/Rz. 20). Auf solche Mängel ist Art. 176 sinngemäss anwendbar (Art. 160/Rz. 8.1); diese sinngemässe Anwendung schliesst eine Regelungslücke der Norm, indem sie Art. 176 nach Massgabe des hypothetischen Parteiwillens ergänzt (vgl. Jäggi/Gauch/Hartmann, Zürcher Kommentar, N 559 zu Art. 18 OR). 2

Anmerkung 3

3 Gemeint ist die Anzeige des Unternehmers, dass der Mangel behoben sei.

Anmerkung 4

4 Durch diese Prüfung soll lediglich festgestellt werden, ob der Mangel tatsächlich und vollständig behoben wurde (GWerkV Rz. 2680). Sie hat insoweit einen anderen Gehalt als die gemeinsame Prüfung nach Art. 158 Abs. 2. Sonst aber gilt das zu dieser gemeinsamen Prüfung Gesagte (vgl. Art. 158/Rz. 14).

Anmerkung 5

5 Diese Abnahme bezieht sich auf den «instand gestellten Teil», ist also zu unterscheiden von der vorangegangenen Abnahme des Werks (oder Werkteils), die in den Art. 157 ff. geregelt wird.

Anmerkung 6

6 Der Verweis auf die Art. 157–171 bedeutet zunächst, dass die Bestimmungen über die Abnahme (Art. 157 ff.) sinngemäss anwendbar sind. Das betrifft z.B. die Monatsfrist (Art. 158 Abs. 2), den Verzicht auf die Geltendmachung eines Mangels (Art. 163) und die Abnahme ohne gemeinsame Prüfung (Art. 164; GWerkV Rz. 2680). In diesem Verweis enthalten sind aber in der aktuellen Norm (die sich darin von ihrer Vorgängerin unterscheidet) ausdrücklich auch die Art. 165–171, in denen es aber gar nicht um Prüfung und Abnahme, sondern um die Mängelhaftung geht. Damit ist der Verweis zu weit geraten. Richtig ist aber, dass den Unternehmer die volle Mängelhaftung trifft, wenn sich zeigt, dass der Mangel nicht oder nur unvollständig behoben wurde. Richtig ist auch, dass der Bauherr während der neuen Rügefrist wiederum jederzeit rügen (Art. 173 Abs. 1) kann, der Mangel bestehe nach wie vor.

Anmerkung 7

7 Gemeint ist die Abnahme des «instand gestellten Teils» (Art. 176 Abs. 1). Der Tag der Abnahme ist bei der Fristberechnung allerdings nicht mitzurechnen; siehe im Übrigen Art. 157/Rz. 13.

Anmerkung 8

8 Die *Rügefrist* beginnt neu zu laufen (Art. 176/Rz. 9), *nicht aber die Verjährung* der Mängelrechte (Art. 180) für den betreffenden Mangel (GWerkV Rz. 2681a; Trümpy, Die Abnahme, S. 69). Im Regelfall wird die *Verjährungsfrist* allerdings schon dadurch unterbrochen (Art. 135 OR; Art. 180/Rz. 5.3), dass der Unternehmer mit der verlangten Mängelbeseitigung beginnt oder sich bereit erklärt, die verlangte Mängelbeseitigung vorzunehmen (Art. 180/Rz. 5.5). Denn damit anerkennt der Unternehmer seine Mängelhaftung (Art. 135 Ziff. 1 OR; GWerkV Rz. 2266), es sei denn, er verwahre sich gegen eine solche Deutung seines Verhaltens, indem er die Haftung ausdrücklich bestreitet (Merz, Berner Kommentar, N 455 zu Art. 2 ZGB).

Anmerkung 9

Dass die Rügefrist «für den instand gestellten Teil» neu zu laufen beginnt, darf nicht missverstanden werden. Gemeint ist einzig, dass mit Bezug auf den infrage stehenden (nicht unwesentlichen, vgl. dazu Art. 176 Abs. 2 Satz 2; Art. 176/Rz. 12) Mangel eine neue Rügefrist läuft. Auf andere Mängel schlägt der Neubeginn der Rügefrist nicht durch, auch nicht auf Sekundärmängel, deren Ursache in einem Mangel liegt, für den die Rügefrist nach Art. 176 unterbrochen wurde. 9

Anmerkung 10

Die Rügefrist für den instand gestellten Teil beginnt selbst dann mit dem Tag der Abnahme zu laufen, wenn die Abnahme des instand gestellten Teils erst nach Ablauf der ursprünglichen Rügefrist erfolgt (auch Spiess/Huser, Handkommentar, N 8 zu Art. 176). Gleich verhält es sich, wenn der Unternehmer den fraglichen Mangel erst nach Ablauf der ursprünglichen Rügefrist nachbessert. Vorausgesetzt ist dabei nur, dass der Mangel während der Rügefrist *gerügt* wurde. Insofern ist die Formulierung, wonach die Rügefrist unterbrochen wird (Art. 176 Abs. 2 Satz 2), ungenau (GWerkV Rz. 2681, Fn. 433). 10.1

Die erneute Rügefrist dauert so lange wie die ursprüngliche, und zwar zwei Jahre (BGer 4A_258/2007 vom 18. Oktober 2007 E. 2), wenn für die ursprüngliche Rügefrist nicht etwas anderes gilt (Art. 172; vgl. auch GWerkV Rz. 2681). Während der erneuten Rügefrist hat der Bauherr das Recht, jederzeit zu rügen, dass nach wie vor ein Mangel besteht (Art. 173 Abs. 1), weil die Verbesserung nicht oder nicht vollständig ausgeführt wurde. Dabei sind aber auch die Art. 173 Abs. 2 Satz 2 und Art. 174 Abs. 1 Satz 2 sinngemäss zu beachten. Zur sinngemässen Anwendung des Art. 163 (Verzicht auf die Geltendmachung eines Mangels) vgl. Art. 176/Rz. 6. 10.2

Anmerkung 11

Die Unterscheidung zwischen *unwesentlichen und wesentlichen* Mängeln ist hier die gleiche wie in Art. 160 ff. Vgl. dazu Art. 160/Rz. 3 sowie Art. 161/Rz. 2.1 f. 11

Anmerkung 12

Gemeint ist: Wenn sich die Verbesserung auf einen *unwesentlichen* Mangel (Art. 176/Rz. 11) bezog, beginnt die Rügefrist für diesen Mangel *nicht* neu zu laufen (GWerkV Rz. 2681). Zeigt sich nach Ablauf der Rügefrist, dass ein unwesentlicher Mangel nicht behoben wurde, ist dieser Mangel «sofort nach der Entdeckung» (Art. 179 Abs. 2) zu rügen, wird also behandelt wie ein verdeckter Mangel. Mit Art. 178 Abs. 1 ist nicht die Bedeutung verbunden, dass ein Mangel, an dem der Unternehmer auf entsprechende Rüge hin einen Nachbesserungsversuch unternahm, nun fortan als entdeckt gilt, wenn er sich erneut manifestiert. 12

6 34 Schlussprüfung[1]

Art. 177

Auf Verlangen der einen oder der anderen Seite[2] ist vor Ablauf der Rügefrist der Zustand des Werkes[3] zur Beweissicherung[4] gemeinsam festzustellen. Über diese Schlussprüfung wird ein Protokoll[5] aufgenommen und von den Beteiligten unterschriftlich anerkannt[6].[7]

Art. 177 (1977/91)

Auf Verlangen der einen oder der anderen Seite ist vor Ablauf der Garantiefrist (Rügefrist) der Zustand des Werkes zur Beweissicherung gemeinsam festzustellen. Über diese Schlussprüfung wird ein Protokoll aufgenommen und von den Beteiligten unterschriftlich anerkannt.

Anmerkung 1

1 In der Praxis wird die Schlussprüfung bisweilen als *definitive Abnahme* oder auch als *Garantieabnahme* bezeichnet. Das ist, bezogen auf die SIA-Norm 118, in mehrfacher Hinsicht ungenau. Zunächst ist die Prüfung des Werks ein Verfahren und als solches von seiner Abnahme zu unterscheiden, fällt also nicht mit ihr zusammen. Ausserdem kennt die SIA-Norm 118 nur eine Abnahme des Werks (oder Werkteils): jene nach Art. 159 – 164, die von vornherein definitiv ist. Dazu kommt allenfalls noch die Abnahme «eines instand gestellten Teils» nach Art. 176. Die Unterscheidung zwischen provisorischer und definitiver Abnahme ist der SIA-Norm 118 jedoch fremd. Die Schlussprüfung läuft also gar nicht auf eine wie auch immer geartete Abnahme des Werks hinaus, weshalb es auch falsch wäre anzunehmen, dass mit ihrem Abschluss notwendigerweise der Ablauf der Rügefrist zusammenfallen oder die Verjährung unterbrochen würde. Die Schlussprüfung bezweckt einzig die Beweissicherung, wie Art. 177 das im Übrigen treffend festhält.

Anmerkung 2

2 Das Wort «Seite» bezieht sich hier auf die Vertragsparteien. Die Schlussprüfung kann also vom Unternehmer oder vom Bauherrn verlangt werden. Der Bauherr lässt sich dabei häufig von der Bauleitung vertreten, die ihm gegenüber jedenfalls dann vertraglich zur Organisation der Schlussprüfung verpflichtet ist, wenn sie die «Leitung der Garantiearbeiten» (Art. 4.53 SIA-Ordnung 102) übernommen hat. Zum Beizug eines Privatgutachters vgl. Hürlimann, Der Planer als Sachverständiger, Rz. 13.23.

Anmerkung 3

3 Das kann auch ein einzelner Werkteil sein, der separat abgenommen wurde (Art. 157 Abs. 1 und Art. 158 Abs. 1 und 2); für jeden separat abgenommenen Werkteil läuft eine besondere Rügefrist (Art. 172 Abs. 2). Für den Bauherrn im Vordergrund steht die protokollmässige Dokumentation von Baumängeln, wobei aber das Protokoll nach Art. 177 nicht Mängel aufzulisten, sondern den tatsächlichen Zustand des Werks zu beschreiben hat, aus dem sich dann allenfalls auf Mängel schliessen lässt.

Anmerkung 4

Der Beweissicherung dient vor allem das Protokoll, das über die gemeinsame Schlussprüfung aufgenommen wird und über den Zustand des Werks zum Zeitpunkt der Prüfung Aufschluss gibt. 4

Anmerkung 5

Dieses Protokoll, das der Beweissicherung dient, ist zu unterscheiden vom «Abnahmeprotokoll» nach Art. 158 Abs. 3. Die Regel des Art. 163 Abs. 2 findet auf das Schlussprüfungsprotokoll des Art. 177 keine Anwendung, weshalb es keine Verwirkungsfolge nach sich zieht, wenn ein bestehender Mangel im Schlussprotokoll nicht erwähnt wird (Art. 177/Rz. 6). 5

Anmerkung 6

Soweit das Protokoll einen (Werk-)Mangel (Art. 166) dokumentiert, steht fest, dass der Bauherr den Mangel vor Ablauf der Rügefrist erkannt hat. Gleichzeitig ist nach der allgemeinen Lebenserfahrung (also tatsächlich, siehe Walter, Berner Kommentar, N 473 ff. zu Art. 8 ZGB) zu vermuten, dass der protokollierte Mangel auch gerügt wurde (GWerkV Rz. 2712). Wird ein behaupteter Mangel im Protokoll nicht erwähnt, so ist (wiederum) tatsächlich zu vermuten, dass er weder entdeckt wurde noch offensichtlich war. Das alles ist bedeutsam mit Blick auf Art. 178 Abs. 1. 6

Anmerkung 7

Art. 177 geht zwar von einer gemeinsamen Schlussprüfung aus, wobei die SIA-Norm 118 aber weder hier noch anderswo eine Sanktion vorsieht für den Fall, dass der Bauherr oder der Unternehmer sich weigert, an der Schlussprüfung teilzunehmen oder das Protokoll zu unterzeichnen. Insbesondere führt die Säumnis des Unternehmers nicht zu einer Verlängerung der Rügefrist (GWerkV Rz. 2713). Umgekehrt ist die Unterzeichnung des Protokolls durch den Unternehmer nicht ohne Weiteres so zu deuten, dass er damit allfällige Mängelansprüche des Bauherrn anerkennt. Namentlich steht ihm trotz Unterschrift der Nachweis darüber offen, dass gar keine Vertragsabweichung vorliege (zu dieser Beweislastverteilung Art. 174/Rz. 9.2). 7

6 4 Rechtslage nach Ablauf der Rügefrist

Vorbemerkungen zu Art. 178 – 179

a) Art. 178 behandelt die Wirkungen, die sich nach der SIA-Norm 118 mit dem Ablauf der Rügefrist verbinden. Art. 179 regelt die Haftung für verdeckte Mängel, die der Bauherr erst nach Ablauf der Rügefrist entdeckt. Eine systematische Darstellung zu diesen Bestimmungen findet sich bei GWerkV Rz. 2706 ff. und 2715 ff. 1

b) Die beiden Bestimmungen (Art. 178 und Art. 179) umschreiben verschiedene Fälle, in denen der Bauherr seine Mängelrechte (Art. 169 – 171) für einen nicht rechtzeitig gerüg- 2 ten Mangel verwirkt. Diese Verwirkungsfolge bezieht sich aber immer nur auf den betreffenden Mangel als solchen, nicht auch auf allfällige *Sekundärmängel,* die daraus entstehen (Art. 163/Rz. 12; zum Begriff des Sekundärmangels GWERKV Rz. 1470 f.). Bloss dann, wenn der Sekundärmangel selber nicht rechtzeitig gerügt wird, erlischt die Haftung des Unternehmers auch für ihn (vgl. GWERKV Rz. 2159, 2161 und 2186).

3 c) Was im Besonderen die Beweislast für den Mangel angeht, so fällt sie nach Ablauf der Rügefrist wieder beim Bauherrn an (Art. 179 Abs. 5), der nicht länger von der Regel begünstigt wird, nach der die Beweislast während laufender Rügefrist beim Unternehmer liegt (Art. 174 Abs. 3).

6 41 Wirkung des Fristablaufes

Art. 178

[1] Mit Ablauf der Rügefrist[1] erlischt das Recht des Bauherrn, vorher entdeckte[2] Mängel[3] zu rügen.[4] Hingegen bleiben die Rechte des Bauherrn[5] aus bereits gerügten Mängeln unter Vorbehalt der Verjährung (Art. 180)[6] fortbestehen.

[2] Mängel, die schon während der Rügefrist offensichtlich[7] waren, gelten unwiderleglich als vor deren Ablauf entdeckt[8], weshalb sie nach Ablauf der Rügefrist nicht mehr gerügt werden können.[9]

Art. 178 (1977/91)

[1] Mit Ablauf der Garantiefrist (Rügefrist) erlischt das Recht des Bauherrn, vorher entdeckte Mängel zu rügen. Hingegen bleiben die Rechte des Bauherrn aus bereits gerügten Mängeln unter Vorbehalt der Verjährung (Art. 180) fortbestehen.

[2] Mängel, die schon während der Garantiefrist (Rügefrist) offensichtlich waren, gelten unwiderleglich als vor deren Ablauf entdeckt, weshalb sie nach Ablauf der Garantiefrist (Rügefrist) nicht mehr gerügt werden können.

Anmerkung 1

1 Mit dem Beginn und der Dauer der Rügefrist befasst sich Art. 172 Abs. 2 (vgl. insbesondere Art. 172/Rz. 3 i.V.m. Art. 157/Rz. 13).

Anmerkung 2

2 Zur Entdeckung eines Mangels, wofür auf das Kriterium der zweifelsfreien Kenntnis abzustellen ist, siehe Art. 173/Rz. 6.2.

Anmerkung 3

3 Zum Begriff des Mangels siehe Art. 166/Rz. 2.1 f.

Anmerkung 4

Die SIA-Norm 118 spricht hier vom Recht des Bauherrn, einen Mangel zu rügen, also von einem Rügerecht. Angesichts verbreiteter Vertragspraxis, diesen Ausdruck zu verwenden, ist zu betonen, dass es sich dabei um eine Obliegenheit (Art. 173/Rz. 2) und nicht um einen abtretbaren Anspruch gegen den Unternehmer handelt. Gemeint ist hier denn auch einzig, dass der Bauherr mit Ablauf der Rügefrist seine Mängelrechte (Art. 169 – 171) für diejenigen Mängel verwirkt, die er vor Ablauf der Frist zwar entdeckt, aber nicht gerügt hat (GWerkV Rz. 2691 und 2708; zum erforderlichen Inhalt der Mängelrüge vgl. Art. 173/Rz. 5). Für diese Mängel verwirkt der Bauherr *alle* Mängelrechte, auch das Schadenersatzrecht des Art. 171, gleichgültig, ob ein Mangelfolgeschaden (Art. 171/Rz. 2) bereits entstanden ist oder später noch entsteht. Das bedeutet, dass der Unternehmer von seiner Haftung (Art. 165) für die infrage stehenden Mängel vollständig befreit wird. Beizufügen ist, dass die Rechte für absichtlich verschwiegene Mängel (Art. 158/Rz. 19.3 f.; Art. 164/Rz. 1.2) von der Verwirkung ausgenommen sind, weshalb die Verwirkung nicht eintritt, wenn solche Mängel nicht fristgerecht gerügt wurden. Das ergibt sich aus Art. 370 Abs. 1 OR (GWerkV Rz. 2691 i.V.m. Rz. 2709; zum arglistigen Verschweigen nach Art. 370 Abs. 1 OR vgl. auch GWerkV Rz. 2162 i.V.m. Rz. 2089 ff.), der die Regel des Art. 178 Abs. 1 diesbezüglich ergänzt (vgl. Art. 2 Abs. 2). Denn der Unternehmer, der den Mangel absichtlich (respektive arglistig) verschweigt, verdient den Schutz, den das Gesetz ihm sonst mit der Prüfungs- und Rügeobliegenheit gewährt, schlechterdings nicht (Art. 180/Rz. 7; GWerkV Rz. 2162). Von der Verwirkungsfolge ausgenommen bleibt auch die Haftung für sogenannte Sekundärmängel, die der Bauherr selbständig rügt (vgl. Vorbem. Art. 178 – 179/Rz. 2; zum Begriff des Sekundärmangels vgl. auch GWerkV Rz. 1470 f.). 4

Anmerkung 5

Gemeint sind die Mängelrechte nach Art. 169 – 171. Klarzustellen ist aber, dass der Bauherr seine Gestaltungsrechte, die an einen rechtzeitig (binnen Frist) und auch sonst wirksam gerügten Mangel anschliessen, auch nach Ablauf der Rügefrist ausüben kann; er ist also nicht gehalten, während laufender Rügefrist zu rügen *und* seine Gestaltungsrechte auszuüben (vgl. aber Art. 178/Rz. 6). Für den Anspruch auf Ersatz des Mangelfolgeschadens versteht sich das von selbst. 5

Anmerkung 6

Der «Vorbehalt der Verjährung» bringt zum Ausdruck, dass die fortbestehenden Rechte der Verjährung (Art. 180) unterliegen. Die Formulierung ist aber unglücklich gewählt, weil der Verjährungseintritt die Mängelrechte nicht *beseitigt*, sondern dem Unternehmer bloss eine Verjährungseinrede verschafft, mit der sich deren gerichtliche Durchsetzung verhindern lässt (vgl. Art. 180/Rz. 2.2). 6

Anmerkung 7

«Offensichtlich» sind Mängel, die klar zutage liegen, weshalb sie für den Bauherrn ohne Weiteres (gewissermassen auf den ersten Blick) erkennbar sind (vgl. Art. 163/Rz. 16.1 ff.; 7

KGer GR ZK2 11 25 vom 22. Juni 2011 E. 4b). Gleichgültig ist, wann innerhalb der Rügefrist ein Mangel offensichtlich wurde (vgl. GWerkV Rz. 2711).

Anmerkung 8

8 Das ist eine Tatsachenvermutung, die, weil unwiderleglich, auch durch den Beweis des Gegenteils nicht beseitigt werden kann. Folglich handelt es sich um eine Fiktion (dazu Walter, Berner Kommentar, N 438 ff. zu Art. 8 ZGB).

Anmerkung 9

9 Hinsichtlich der offensichtlichen Mängel, auf die sich Art. 178 Abs. 2 bezieht, gilt das Gleiche wie für die entdeckten, aber ungerügten Mängel nach Art. 178 Abs. 1 (vgl. dazu Art. 178/Rz. 4): Die Mängel, die schon während der Rügefrist offensichtlich sind, müssen in jedem Falle bis zum Fristablauf gerügt werden, widrigenfalls die Haftung des Unternehmers für diese Mängel entfällt (es sei denn, der Unternehmer habe sie absichtlich respektive arglistig verschwiegen; vgl. auch GWerkV Rz. 2711).

6 42 Haftung für verdeckte Mängel

Art. 179

[1] Verdeckte Mängel [1] im Sinne dieser Norm [2] sind solche Mängel, die der Bauherr erst nach Ablauf der Rügefrist (Art. 172) [3] entdeckt [4].[5]

[2] Der Unternehmer haftet [6] für verdeckte Mängel, sofern [7] sie vom Bauherrn sofort nach der Entdeckung [8] gerügt werden (vgl. aber Art. 178 Abs. 2 und Art. 179 Abs. 3 und 4) [9].[10] Der Bauherr setzt dem Unternehmer eine angemessene [11] Frist zur Beseitigung der Mängel an.[12] Die Art. 169–171 [13] sind anzuwenden.

[3] Der Unternehmer haftet indessen nicht für verdeckte Mängel (Abs. 1), welche die Bauleitung [14] schon bei der gemeinsamen Prüfung (Art. 158 Abs. 2) hätte erkennen können [15]; es sei denn, er habe die Mängel absichtlich verschwiegen [16].

[4] Im Falle einer Abnahme ohne Prüfung (Art. 164) [17] haftet der Unternehmer nicht für verdeckte Mängel (Abs. 1), die der Bauherr durch Prüfung [18] des abgenommenen Werkes (oder Werkteils) noch vor Ablauf der Rügefrist [19] hätte erkennen können [20]; es sei denn, der Unternehmer habe die Mängel absichtlich verschwiegen [21].

[5] Wird streitig, ob ein behaupteter verdeckter Mangel wirklich eine Vertragsabweichung darstellt und daher ein Mangel im Sinne dieser Norm ist, so liegt die Beweislast beim Bauherrn.[22]

Art. 179 (1977/91)

[1] Verdeckte Mängel im Sinne dieser Norm sind solche Mängel, die der Bauherr erst nach Ablauf der Garantiefrist (Rügefrist) (Art. 172 ff.) entdeckt.

[2] Der Unternehmer haftet für verdeckte Mängel, sofern sie vom Bauherrn sofort nach der Entdeckung gerügt werden (vgl. aber Art. 178 Abs. 2 und Art. 179 Abs. 3 und 4). Der Bauherr setzt dem Unternehmer eine angemessene Frist zur Beseitigung der Mängel an. Die Art. 169–171 sind anzuwenden.

[3] Der Unternehmer haftet indessen nicht für verdeckte Mängel (Abs. 1), welche die Bauleitung schon bei der gemeinsamen Prüfung (Art. 158 Abs. 2) hätte erkennen können; es sei denn, er habe die Mängel absichtlich verschwiegen.

[4] Im Falle einer Abnahme ohne Prüfung (Art. 164) haftet der Unternehmer nicht für verdeckte Mängel (Abs. 1), die der Bauherr durch Prüfung des abgenommenen Werkes (oder Werkteils) noch vor Ablauf der Garantiefrist (Rügefrist) hätte erkennen können; es sei denn, der Unternehmer habe die Mängel absichtlich verschwiegen.

[5] Wird streitig, ob ein behaupteter verdeckter Mangel wirklich eine Vertragsabweichung darstellt und daher ein Mangel im Sinne dieser Norm ist, so liegt die Beweislast beim Bauherrn.

Anmerkung 1

Zum Begriff des Mangels siehe Art. 166/Rz. 2.1 f. 1

Anmerkung 2

Die SIA-Norm 118 definiert in Art. 179 Abs. 1 selber, was sie unter *verdeckten* Mängeln 2
versteht (vgl. Art. 179/Rz. 5).

Anmerkung 3

Zur Berechnung und zum Lauf der Rügefrist vgl. Art. 172/Rz. 3 i.V.m. Art. 157/Rz. 13. Zu 3
denken ist hier auch an die in Art. 176 geregelte Möglichkeit eines «Neubeginns des Fristenlaufs».

Anmerkung 4

Zur Entdeckung eines Mangels siehe Art. 173/Rz. 6.2. 4

Anmerkung 5

Ob ein Mangel *verdeckt* im Sinn der Norm ist, entscheidet sich mithin einzig nach dem 5
Zeitpunkt, in dem der Mangel vom Bauherrn entdeckt wird. Verdeckt sind alle Mängel (und nur solche), «die der Bauherr erst nach Ablauf der Rügefrist (Art. 172) entdeckt» (vgl. auch GWerkV Rz. 2715), wobei nach Art. 178 Abs. 2 bei offensichtlichen Mängeln die Entdeckung fingiert wird (Art. 178/Rz. 8). Die Unterscheidung zwischen offenen und geheimen Mängeln, wie sie im Anwendungsbereich der gesetzlichen Mängelhaftung getroffen wird (GWerkV Rz. 2073 ff.), ist hier nicht einschlägig (siehe auch GWerkV Rz. 2079; Zindel/Pulver/Schott, Basler Kommentar, N 8 zu Art. 370 OR). Einschränkend ist anzumerken, (i) dass Mängel, die schon während der zweijährigen Rügefrist des Art. 172 Abs. 1 offensichtlich waren, unwiderleglich als vor deren Ablauf entdeckt gelten

(Art. 178 Abs. 2) und (ii) dass in den in Art. 163 umrissenen Fällen zu vermuten ist, dass die Haftung des Unternehmers schon vor Beginn der Rügefrist entfällt.

Anmerkung 6

6 Zur Haftung des Unternehmers im Allgemeinen vgl. Art. 165.

Anmerkung 7

7 Also *nur dann!* Allerdings knüpft die Mängelhaftung des Unternehmers (Art. 165) unmittelbar an den bestehenden Mangel (Art. 166) an, ist also nicht die Rechtsfolge der Mängelrüge. Für gerügte Mängel, die in Wirklichkeit nicht bestehen, haftet der Unternehmer auch dann nicht, wenn er auf die ungerechtfertigte Rüge hin schweigt (vgl. Art. 174/Rz. 1). Zum erforderlichen Inhalt der Mängelrüge vgl. Art. 173/Rz. 5.

Anmerkung 8

8 Zum Ausdruck «sofort nach der Entdeckung» siehe Art. 173/Rz. 6.3. Zur Behauptungs- und zur Beweislast eingehend GWerkV Rz. 2190 ff., wo ausgeführt wird, dass der Bauherr zwar dafür beweisbelastet ist, «dass und wann er den fraglichen Mangel gerügt hat», der die Rechtzeitigkeit bestreitende Unternehmer aber die Beweislast dafür trägt, dass die Mängelrüge nicht sofort nach der Entdeckung erhoben wurde; auch Reetz, Der Bauprozess: er steht und fällt mit dem Beweis, S. 150; anders aber BGE 118 II 142/147 E. 3a; Koller Alfred, Werkvertragsrecht, Rz. 877 ff.; siehe auch KGer SG HG.2009.30 vom 24. August 2010 E. III/3).

Anmerkung 9

9 Die in Klammern gesetzten Verweise erinnern an drei Ausnahmefälle, in denen der Unternehmer nicht haftet, obwohl der Bauherr einen Mangel, den er erst nach Ablauf der Rügefrist entdeckt hat, sofort rügt: erstens an den Fall des Mangels, der schon während der Rügefrist offensichtlich war (Art. 178 Abs. 2); zweitens an den Fall des verdeckten Mangels, den die Bauleitung schon bei der gemeinsamen Prüfung hätte erkennen können (Art. 179 Abs. 3); und drittens an den Fall des verdeckten Mangels anlässlich einer Abnahme ohne Prüfung, den der Bauherr durch Prüfung des abgenommenen Werks (oder Werkteils) noch vor Ablauf der Rügefrist hätte erkennen können (Art. 179 Abs. 4).

Anmerkung 10

10.1 Somit muss der Bauherr einen verdeckten Mangel sofort nach der Entdeckung (GWerkV Rz. 2182) rügen. Unterlässt er die sofortige Rüge, so *verwirkt* er für den betreffenden Mangel sämtliche Mängelrechte (Art. 169–171; vgl. dazu auch GWerkV Rz. 2718): auch das Schadenersatzrecht nach Art. 171, und zwar gleichgültig, ob ein Mangelfolgeschaden (Art. 171/Rz. 2) bereits entstanden ist oder erst später entsteht. Insoweit wird der Unternehmer von seiner Mängelhaftung (Art. 165) befreit.

10.2 In dieser Regel des Art. 179 Abs. 2 lebt die gesetzlich verankerte Obliegenheit zur *sofortigen* Rüge (Art. 367 Abs. 1 OR und 370 Abs. 3 OR) wieder auf (GWerkV Rz. 2718), nachdem sie während der zweijährigen Rügefrist der SIA-Norm 118 eben gerade nicht bestanden hat (vgl. Art. 173 Abs. 1; GWerkV Rz. 2683). Nach Massgabe des Art. 2 Abs. 2 ist die Regel in Anwendung des Art. 370 Abs. 1 OR dahin zu ergänzen, dass die Rechte des Bauherrn für absichtlich verschwiegene Mängel von der Verwirkung ausgenommen bleiben (vgl. GWerkV Rz. 2718; siehe auch Rz. 2275 und 2186). Der Vorbehalt absichtlich verschwiegener Mängel, wie ihn Art. 179 in Abs. 3 und 4 enthält, hat demnach keine abschliessende Bedeutung, sondern gelangt unter anderem auch im Rahmen von Art. 179 Abs. 2 zur Anwendung. Zur absichtlichen Verschweigung eines Mangels vgl. Art. 158/ Rz. 19.3 f. sowie Art. 164/Rz. 1.2.

Zu den Sekundärmängeln beachte Vorbem. Art. 178 – 179/Rz. 2; auch Art. 178/Rz. 4. 10.3

Anmerkung 11

Zur Angemessenheit der Frist siehe Art. 169/Rz. 5.1 f. 11

Anmerkung 12

Vgl. den diesbezüglich gleichlautenden Art. 174 Abs. 2 und dazu Art. 174/Rz. 3. Die 12
Fristansetzung braucht nicht gleichzeitig mit der sofortigen Mängelrüge zu erfolgen. Wird aber die Frist erst später angesetzt, so hat der Bauherr im Grundsatz «den weiteren Schaden selbst zu tragen, der bei unverzüglicher Behebung des entdeckten Mangels hätte vermieden werden können» (Art. 173 Abs. 2 sinngemäss; vgl. auch Art. 173/Rz. 8). Mit der Behebung des Mangels geht hier kein «Neubeginn des Fristenlaufes» einher, wie Art. 176 ihn für Mängel vorsieht, die während der Rügefrist gerügt wurden. Zeigt sich aber, dass der Mangel gar nicht beseitigt wurde, ist der Bauherr erneut berechtigt, vom Unternehmer Nachbesserung zu verlangen, wenn er wiederum sofort gerügt hat. Vorbehalten bleibt der Eintritt der Verjährung (genauer: die Verjährungseinrede des Unternehmers), wobei aber die vorbehaltlose Nachbesserung eines Mangels als unternehmerseitige Anerkennungshandlung die Verjährung für diesen Mangel unterbricht (Art. 135 Ziff. 1 OR).

Anmerkung 13

Die Art. 169 – 171 regeln die «Rechte des Bauherrn bei Mängeln». Mit diesem Verweis, 13
der sich auch bei Art. 174 Abs. 2 findet, stellt die SIA-Norm 118 unter anderem klar, dass der Bauherr auch bei verdeckten Mängeln den Vorrang des Nachbesserungsrechts zu beachten hat, zunächst also «einzig das Recht hat, vom Unternehmer die Beseitigung des Mangels […] zu verlangen» (Art. 169/Rz. 7.1).

Anmerkung 14

Die SIA-Norm 118 geht davon aus, dass sich der Bauherr bei der Abnahmeprüfung durch 14
seine *Bauleitung* (Art. 33 ff.) vertreten lässt (Art. 158/Rz. 14). Hat statt der Bauleitung der Bauherr selbst an der Prüfung teilgenommen (Art. 158/Rz. 14), so gilt Art. 179 Abs. 3 sinngemäss, insbesondere dann, wenn überhaupt keine Bauleitung eingesetzt war (Art. 33 Abs. 3 und dazu Art. 33/Rz. 17.1).

Anmerkung 15

15.1 Mängel, die bei der gemeinsamen Abnahmeprüfung (Art. 158 Abs. 2) *erkennbar* waren, aber von der Bauleitung nicht erkannt wurden, müssen somit *spätestens bis zum Ablauf der Rügefrist erkannt und gerügt sein.* Sind sie bis zum Ablauf der Rügefrist nicht gerügt, so entfallen für sie sämtliche Mängelrechte des Bauherrn (Art. 169 – 171) und damit die Haftung des Unternehmers (Art. 165; GWerkV Rz. 2720; zu den Sekundärmängeln vgl. aber Vorbem. Art. 178 – 179/Rz. 2). Im Einzelnen:

15.2 a) Bei der gemeinsamen Prüfung *erkennbar* sind (Werk-)Mängel, die eine Bauleitung erkennen könnte, wenn sie das Werk (oder den Werkteil) mit dem von ihr erwarteten Sachverstand und der gebotenen Sorgfalt prüft. Beteiligt sich der Bauherr selber (nicht dessen Bauleitung) an der gemeinsamen Prüfung (vgl. Art. 179/Rz. 14), so kommt es auf die Erkennbarkeit für den Bauherrn an (zum erforderlichen Sachverstand: Art. 158/Rz. 14).

15.3 b) Erkennbar muss sowohl der vertragswidrige *Zustand* des Werks (oder Werkteils) als auch der Umstand sein, dass es sich bei diesem Zustand (z.B. einem Mauerriss) um eine *Vertragsabweichung* (also um einen Mangel) handelt (Art. 166 Abs. 1 und 3). Ob dagegen auch erkennbar ist, dass den Bauherrn kein Selbstverschulden trifft, ist (trotz Art. 166 Abs. 4) ohne Belang (vgl. Art. 163/Rz. 3.2).

15.4 c) Für Mängel, die bei der gemeinsamen Prüfung geradezu offensichtlich waren, jedoch nicht geltend gemacht wurden, gilt die Regel des Art. 163 Abs. 2 (Vermutung des stillschweigenden Verzichts auf die Geltendmachung der Mängel). Art. 179 Abs. 3 wird durch diese Regel verdrängt.

Anmerkung 16

16 Siehe Art. 179/Rz. 21. Die Bedeutung ist hier wie dort (und in Art. 180 Abs. 2; dazu Art. 180/Rz. 6) die gleiche.

Anmerkung 17

17 Art. 179 Abs. 4 bezieht sich mithin nur auf den Fall, in dem das Werk (oder ein Werkteil) ohne gemeinsame Prüfung abgenommen wurde (vgl. Art. 164). Die Regel hat einen überschiessenden Gehalt, indem sie sich nicht auf Mängel beschränkt, die der Bauherr (oder seine Bauleitung) bei einer gemeinsamen Prüfung hätte erkennen können, sondern die Haftung des Unternehmers auch für solche Mängel ausschliesst, die der Bauherr während laufender Rügefrist durch eine Prüfung des Werks (oder des Werkteils) hätte entdecken können. Gerade in diesem Fall kommt dem Bauherrn die in Art. 177 vorgesehene gemeinsame Schlussprüfung entgegen (Art. 179/Rz. 18). Für Mängel, die schon während der Rügefrist offensichtlich (und damit auch ohne Prüfung ohne Weiteres erkennbar) waren, vom Bauherrn aber nicht tatsächlich entdeckt wurden, wird in Art. 178 Abs. 2 deren Entdeckung fingiert, weshalb sie nicht als verdeckte Mängel gelten.

Anmerkung 18

18 Gemeint ist eine selbständige, einmalige, aber sorgfältige Prüfung durch den Bauherrn, und zwar innerhalb der Rügefrist (vgl. Art. 164/Rz. 1.3). In Abweichung von Art. 367

Abs. 1 OR und Art. 370 Abs. 3 OR kann der Bauherr mit der Prüfung so lange zuwarten, als ihm die Möglichkeit verbleibt, festgestellte Mängel noch vor Ablauf der Rügefrist zu rügen. Findet vor Ablauf der Rügefrist eine gemeinsame Schlussprüfung statt (Art. 177), so ersetzt sie die selbständige Prüfung durch den Bauherrn (zum Ganzen GWerkV Rz. 2722).

Anmerkung 19

Im Fall der Abnahme des Werks (oder Werkteils) ohne gemeinsame Prüfung müssen Mängel des abgenommenen Werks (oder Werkteils), die der Bauherr durch Vornahme einer Prüfung (Art. 179/Rz. 17) erkennen kann, bis zum Ablauf der Rügefrist *gerügt* sein, ansonsten (unter Vorbehalt des absichtlichen Verschweigens) sämtliche Mängelrechte des Bauherrn (Art. 169 – 171) und damit die Haftung des Unternehmers (Art. 165) für diese Mängel entfallen (GWerkV Rz. 2721). Zur «Erkennbarkeit» eines Mangels vgl. Art. 179/Rz. 15.3; zu den Sekundärmängeln siehe Vorbem. Art. 178 – 179/Rz. 2. Beachte zudem: Bei Mängeln, die während der Rügefrist geradezu offensichtlich waren, greift schon die Regel des Art. 178 Abs. 2. 19

Anmerkung 20

Diese Bestimmung überbindet dem Bauherrn die *Obliegenheit*, das ohne gemeinsame Prüfung abgenommene Werk (oder den ohne gemeinsame Prüfung abgenommenen Werkteil) nach der Abnahme zu prüfen. 20.1

a) Ob der Bauherr die gebotene Prüfung (Art. 179/Rz. 17) überhaupt unterlassen oder den verdeckten Mangel (Art. 179 Abs. 1) nur deshalb nicht vor Ablauf der Rügefrist entdeckt hat, weil er die Prüfung unsorgfältig vornahm, macht für die Anwendung des Art. 179 Abs. 4 keinen Unterschied. Immer aber muss es sich um einen Mangel handeln, der bei (sorgfältiger) Prüfung erkennbar gewesen wäre. 20.2

b) Hat der Bauherr das Werk (oder den Werkteil) – z.B. auch unmittelbar nach Eingang der Vollendungsanzeige (Art. 158/Rz. 7) – sorgfältig geprüft, ohne den Mangel erkennen zu können, so bleibt Art. 179 Abs. 4 aus dem Spiel, auch wenn der betreffende Mangel bei einer später wiederholten Prüfung doch noch innerhalb der Rügefrist erkennbar gewesen wäre. Deshalb kann es dem Bauherrn, der diese Prüfung vorgenommen hat, auch nicht schaden, wenn er davon absieht, eine gemeinsame Schlussprüfung nach Art. 177 zu verlangen. Der Unternehmer kann sich hier deshalb seiner Haftung nicht mit dem Argument entschlagen, dass der fragliche Mangel durch die Schlussprüfung hätte entdeckt werden können. 20.3

Anmerkung 21

In Übereinstimmung mit dem Gesetz (Art. 370 Abs. 1 OR) ist unter *absichtlichem Verschweigen* ein arglistiges Verschweigen zu verstehen; zum absichtlichen Verschweigen vgl. Art. 158/Rz. 19.3; siehe auch Art. 164/Rz. 1.2; Art. 180/Rz. 6; GWerkV Rz. 2723. Dem absichtlichen Verschweigen bei der Abnahme wird das nachträglich bewusste Verschweigen eines Mangels gleichgesetzt, wenn der Unternehmer zur nachträglichen Aufklärung 21 des Bestellers verpflichtet war (Art. 370 Abs. 1 OR analog, vgl. auch GWerkV Rz. 2723; siehe überdies GWerkV Rz. 821a, 1716, 2187 sowie 2709).

Anmerkung 22

22 Damit wird klargestellt, dass die Beweislastumkehr, die Art. 174 Abs. 3 vorsieht, nicht auch für verdeckte Mängel (Art. 179 Abs. 1) gilt. Während die Beweislast für den Mangel jetzt beim Bauherrn liegt (Art. 8 ZGB), trifft den Unternehmer nach Art. 160 ZPO eine Mitwirkungspflicht. Wiederum beweisbelastet ist der Unternehmer für jene Umstände, die nach Art. 179 Abs. 3 und 4 eine Ausnahme von seiner Haftung begründen.

6 5 Verjährung

Art. 180

[1] Die Mängelrechte [1] des Bauherrn verjähren [2] fünf Jahre [3] nach Abnahme [4] des Werkes oder Werkteils.[5]

[2] Die Rechte aus Mängeln, die der Unternehmer absichtlich verschwiegen hat,[6] verjähren dagegen in 10 Jahren.[7]

Art. 180 (1977/91)

[1] Die Mängelrechte des Bauherrn verjähren fünf Jahre nach Abnahme des Werkes oder Werkteils.

[2] Die Rechte aus Mängeln, die der Unternehmer absichtlich verschwiegen hat, verjähren dagegen in 10 Jahren.

Anmerkung 1

1.1 Erfasst werden sämtliche *Mängelrechte*, die dem Bauherrn nach Art. 169 – 171 zustehen, also auch das Recht auf Ersatz eines Mangelfolgeschadens nach Art. 171 (BGer 4A_109/2014 vom 21. Mai 2014 E. 4.3; Zindel/Pulver/Schott, Basler Kommentar, N 5 zu Art. 371 OR), und zwar gleichgültig, ob es sich um einen unmittelbaren oder einen entfernteren Folgeschaden handelt, da diese Unterscheidung weder hier noch in der gesetzlichen Ausgestaltung des Anspruchs überhaupt eine Rolle spielt (Art. 171/Rz. 1.3; anders bei Art. 208 Abs. 2 und 3 OR für den Kaufvertrag). Zum Gegenstand der Verjährung beim Nachbesserungs-, Minderungs- und Wandelungsrecht siehe Art. 180/Rz. 2.3. Erfasst von dieser Verjährungsregel wird aber auch der Anspruch auf Leistung einer Genugtuung, der insofern (und auch hinsichtlich der Verwirkung) dem Anspruch auf Schadenersatz folgt (BGer 4A_109/2014 vom 21. Mai 2014 E. 4.3).

1.2 Rechte des Bauherrn, die *keine* Mängelrechte sind, fallen dagegen nicht in den Anwendungsbereich des Art. 180. Das gilt z.B. für den Schadenersatzanspruch des Bauherrn, der sich aus einem selbständigen Erfolgsversprechen des Unternehmers herleitet (Art. 166/Rz. 6.5), oder für das Recht auf Ersatz eines Schadens, der zwar durch Vertragsverletzung des Unternehmers entstanden, jedoch kein Mangelfolgeschaden ist (Art. 171/

Rz. 1.3). Diese Schadenersatzrechte verjähren nach Massgabe des Art. 127 OR «mit Ablauf von zehn Jahren» (vgl. BGE 113 II 264/267 E. 2b; 111 II 170/172 E. 2) oder nach Art. 60 OR, sofern zugleich die Voraussetzungen einer ausservertraglichen Haftung (Deliktshaftung) erfüllt sind (GWerkV Rz. 2348 ff.; Zindel/Pulver/Schott, Basler Kommentar, N 7 zu Art. 371 OR). Was die ausservertragliche Haftung anbelangt, ist zu beachten, dass im Werkmangel an sich noch keine Eigentumsverletzung liegt (BGer 4A_261/2015 vom 30. Oktober 2015 E. 4.3; GWerkV Rz. 2345), weshalb auch die deliktsrechtliche Verjährungsfrist aus dem Spiel bleibt. Einer eigenen Verjährungsfrist (Art. 9 PrHG; zur Verwirkung: Art. 10 PrHG) unterliegen auch Ersatzansprüche, für die sich der Bauherr auf das Produktehaftpflichtgesetz stützen kann, wenn der Unternehmer als Hersteller für den Fehler eines Produkts einzustehen hat (vgl. Art. 171/Rz. 9; GWerkV Rz. 2354 ff.). Auch der Anspruch des Unternehmers auf Leistung der Vergütung fällt nicht unter Art. 180, sondern unter die allgemeinen Verjährungsregeln des Obligationenrechts (Art. 127 f. OR; Vorbem. Art. 38 – 83/Rz. 4 ff.; Tercier/Favre/Carron Benoît, Les contrats spéciaux, Rz. 4765 ff.).

Anmerkung 2

Über die *Wirkung der eingetretenen Verjährung* schweigt sich die SIA-Norm 118 aus. 2.1
Diesbezüglich ist festzuhalten:

a) Der Eintritt der Verjährung führt zwar – anders als die Verwirkung infolge unwirksa- 2.2
mer Mängelrüge, die den Bestand der Mängelrechte beschlägt (vgl. GWerkV Rz. 2195) – nicht zum Untergang der Mängelrechte. Doch sie verhindert deren Klagbarkeit, falls der beklagte Unternehmer die Verjährung durch Einrede geltend macht und die verjährten Rechte dadurch zu Naturalobligationen werden (vgl. BGE 114 II 239/245 E. 5a/bb). Vorausgesetzt ist also eine Einrede, was sich auch daraus ergibt, dass das Gericht die Verjährung nicht von Amtes wegen beachten darf (Art. 142 OR). Für den Schadenersatzanspruch des Art. 171, der eine Forderung ist, versteht sich dies von selbst.

b) Für das *Nachbesserungs-, das Minderungs- und das Rücktrittsrecht* (Art. 169 Abs. 1) gilt 2.3
hingegen eine Besonderheit: Als Gestaltungsrechte (Art. 169/Rz. 1) sind diese Mängelrechte (an sich) unverjährbar. Gegenstand der Verjährungswirkung bilden denn auch nicht die Gestaltungsrechte, sondern die Forderungen, die aus ihrer Ausübung entstehen oder bei Eintritt der Verjährung schon entstanden sind. Dazu gehören:

- Die Forderung auf Vornahme der nach Art. 169 Abs. 1 verlangten Mängelbeseitigung 2.4
(Art. 169/Rz. 6), auf welcher der Bauherr nach Massgabe des Art. 169 Abs. 1 Ziff. 1 beharren kann;
- die Forderung auf Ersatz der Verbesserungskosten bei Ersatzvornahme, also bei 2.5
Eigenverbesserung (Dritt- oder Selbstverbesserung) des Werks (Art. 169 Abs. 1 Ziff. 1);
- eine allfällige Minderungs- oder Wandelungsforderung des Bauherrn, die aus der 2.6
Ausübung des Minderungs- oder Rücktrittsrechts (Art. 169 Abs. 1 Ziff. 2 und 3) fliesst (vgl. Art. 169/Rz. 18.2 und 21.1; zur Wandelungsforderung auch BGE 114 II 335 ff. = Pra 1989, Nr. 229, S. 802 ff.);

2.7 – aber auch die Forderung des Unternehmers auf Rückgabe des Werks, die mit der Ausübung des Wandelungsrechts durch den Bauherrn entsteht und die kein dinglicher, sondern ein vertraglicher Anspruch ist (Art. 169/Rz. 26.1).

2.8 Alle diese Forderungen können, wenn die Verjährung eingetreten ist, auf dem Klageweg nur noch dann durchgesetzt werden, wenn der Schuldner die Verjährungseinrede unterlässt. Zum Verzicht des Unternehmers auf die Verjährungseinrede nach vollendeter Verjährung respektive zur vereinbarten Verlängerung der Verjährungsfrist vgl. Art. 180/Rz. 5.1 sowie GWerkV Rz. 2284 f.

2.9 c) Der Vollständigkeit halber ist aber festzuhalten, dass der Unternehmer darauf *verzichten* kann, die eingetretene Verjährung oder die bereits erlaufene Verjährungszeit geltend zu machen. Eingehender dazu Art. 180/Rz. 5.1.

2.10 d) Zur Verjährung der Mängelrechte *nach Gesetz* (Art. 371 OR) siehe GWerkV Rz. 2195 ff. Abgesehen davon, dass die bloss zweijährige Verjährungsfrist des Art. 371 Abs. 1 OR keinen Eingang in die SIA-Norm 118 gefunden hat (Art. 180/Rz. 3.2) und sich der Zeitpunkt der fristauslösenden Abnahme anders als nach Gesetz bestimmt (Art. 158/Rz. 1.3), haben die dortigen Ausführungen ihre Gültigkeit auch im Anwendungsbereich der Norm.

Anmerkung 3

3.1 Nach Art. 180 gilt also (abgesehen von Art. 180 Abs. 2) immer eine *fünfjährige Verjährungsfrist*, berechnet ab dem Zeitpunkt der Abnahme (Art. 157 Abs. 2 und Art. 159 – 164; insbesondere Art. 157/Rz. 14; vgl. auch GWerkV Rz. 2724).

3.2 a) Gleichgültig ist somit, ob ein *unbewegliches Werk* im Sinne des Art. 371 Abs. 2 OR infrage steht oder aber ein Werk, für das Art. 371 Abs. 1 OR eine zweijährige Frist vorsieht. Die mitunter schwierige Unterscheidung zwischen den Werken des Art. 371 Abs. 1 OR und jenen des Art. 371 Abs. 2 OR (GWerkV Rz. 2213 ff.) erübrigt sich deshalb im Anwendungsbereich der SIA-Norm 118 (BGE 120 II 214/220 f. E. 3d; Tercier/Favre/Carron Benoît, Les contrats spéciaux, Rz. 4553; Zindel/Pulver/Schott, Basler Kommentar, N 42 zu Art. 371 OR).

3.3 b) Unerheblich ist auch, wann das Nachbesserungs-, Minderungs- und Rücktrittsrecht (Wandelungsrecht) durch Gestaltungserklärung ausgeübt wurde. Verlangt der Bauherr Nachbesserung, Minderung oder Wandelung noch vor Ablauf der fünfjährigen Frist, so verjährt die daraus fliessende Forderung (Art. 180/Rz. 2.3) dennoch in fünf Jahren seit der Abnahme, da die Gestaltungserklärung für sich allein genommen die Verjährung nicht unterbricht. Macht er sein Recht erst nach Ablauf der fünfjährigen Frist geltend, so ist die daraus fliessende Forderung von vornherein (von ihrer Entstehung an) verjährt. Vorbehalten bleiben immer Art. 180 Abs. 2 und eine allfällige Hemmung oder Unterbrechung der Verjährung (Art. 180/Rz. 5.3). Zudem kann der Bauherr, der sein Gestaltungsrecht erst nach Eintritt der Verjährung ausübt, sich noch immer einredeweise auf die so gestaltete Rechtslage berufen (Art. 180/Rz. 5.8 ff.).

3.4 c) Den Parteien steht es frei, eine von Art. 180 Abs. 1 abweichende (längere oder kürzere) Verjährungsfrist zu vereinbaren. Damit die von Art. 180 Abs. 1 abweichende Vereinbarung aber wirksam ist, muss sie in einer individuellen Abrede oder in einem ranghöheren Vertragsbestandteil getroffen werden (vgl. Einl./Rz. 26). Auch kann eine Verlängerung nicht so weit gehen, dass die Verjährungsfrist mehr als zehn Jahre (Art. 127 OR) beträgt (BGE 132 III 226/240 E. 3.3.8; 99 II 185/189 E. 2b in fine; BGer 4A_221/2010 vom 12. Januar 2012 E. 3; GWERKV Rz. 2490). Eine Verkürzung ist nur insoweit gültig, als sie die Rechtsverfolgung nicht in unbilliger Weise erschwert (BGE 108 II 194/196 E. 4b = BR/DC 1983, S. 54f., Nr. 37; BGer vom 21. Dezember 1988 = Pra 1989, Nr. 229, S. 803; GWERKV Rz. 2494). Zudem ist bei der Verkürzung die Untergrenze von zwei Jahren zu beachten, die sich aus der in Art. 371 Abs. 3 OR angeordneten, sinngemässen Anwendung des Art. 210 Abs. 4 OR für Fälle ergibt, in denen das Werk für den persönlichen oder familiären Gebrauch des Käufers bestimmt ist und der Unternehmer im Rahmen seiner beruflichen oder gewerblichen Tätigkeit handelt (KOLLER ALFRED, Werkvertragsrecht, Rz. 779; ZINDEL/PULVER/SCHOTT, Basler Kommentar, N 40 zu Art. 371 OR).

Wird eine Werkeigenschaft für eine bestimmte Zeit zugesichert, die über die Verjährungsfrist des Art. 180 Abs. 1 hinausgeht (z.B. «garantiert zehn Jahre wasserdicht»), so verlängert sich die Verjährungsfrist für Haltbarkeitsmängel, die darin bestehen, dass das Werk die zugesicherte Eigenschaft während der angegebenen Zeit eben gerade nicht aufweist und behält, bis zum Ablauf der angegebenen Zeit (ausführlich Art. 166/Rz. 6.4; siehe auch GWERKV Rz. 2492; BGer 4C.258/2001 vom 5. September 2002 E. 4.1.2). 3.5

Anmerkung 4

Die fünfjährige *Verjährungsfrist beginnt* nach Art. 180 mit der erfolgten *Abnahme* des Werks (oder Werkteils) zu laufen (Art. 157/Rz. 14), was der gesetzlichen Verjährungsordnung des Art. 371 Abs. 2 OR entspricht (zur Fristberechnung vgl. Art. 132 OR i.V.m. Art. 77 Abs. 1 Ziff. 3 OR; zu einem Sonderfall siehe Art. 162/Rz. 15). Bei der Berechnung der Frist wird der Tag der Abnahme nicht mitgezählt. Die Frist läuft mithin an jenem Tag des fünften Jahrs ab, der durch seine Zahl dem Tag nach der Werkabnahme entspricht (Art. 77 Abs. 1 Ziff. 3 OR i.V.m. Art. 132 OR analog). Zur Fristberechnung vgl. Art. 132 OR analog sowie Art. 157/Rz. 14. 4.1

a) Indem Art. 180 den Beginn des Fristenlaufs an die Abnahme knüpft, nimmt er keine Rücksicht auf die Besonderheit, dass dem Bauherrn die Mängelrechte der SIA-Norm 118 schon dann zustehen, wenn die Abnahme (durch Vollendungsanzeige oder durch Ingebrauchnahme des Werks) erst *eingeleitet* wurde (Art. 158 Abs. 1; vgl. Vorbem. Art. 169–171/Rz. 4). Da zwischen der Einleitung der Abnahme (Art. 158 Abs. 1) und dem Zeitpunkt, zu dem die Abnahme erfolgt (Art. 159–164), nach dem System der SIA-Norm 118 immer ein gewisser Zeitraum liegt, hat dies zur Folge, dass die Verjährung im Ergebnis über fünf Jahre hinaus verlängert wird (a.M. KOLLER ALFRED, Das Nachbesserungsrecht, Rz. 473). 4.2

b) Das Gesetz schreibt den Zeitpunkt der Abnahme nicht zwingend vor (BGE 118 II 142/149 E. 4), weshalb es zulässig ist, dass die SIA-Norm 118 einen vom Gesetz abweichenden Zeitpunkt wählt (vgl. Art. 159). Den Parteien ist es aber auch unbenommen, den Zeitpunkt der Abnahme abweichend von der SIA-Norm 118 oder überhaupt einen ande- 4.3

ren Zeitpunkt (nicht jenen der Abnahme) zu bestimmen, der die Verjährung in Gang setzt. Praktisch wird davon etwa Gebrauch gemacht, um Verträge verschiedener Nebenunternehmer (Art. 30) oder den Hauptvertrag mit Subunternehmerverträgen (Art. 29/Rz. 17.6) in verjährungsrechtlicher Hinsicht zu koordinieren (vgl. Hürlimann, Koordination komplexer Bauverträge, S. 215 f.). Die Gültigkeit einer entsprechenden Abrede setzt zunächst voraus, dass sie individuell oder aber in einem Vertragsbestandteil erfolgt, der ranghöher ist als die SIA-Norm 118 (Einl./Rz. 26). Eingeschränkt wird diese «Freiheit, den Beginn der Verjährung abzuändern», durch die Regel, wonach «das Ende der Verjährung nicht mehr als 10 Jahre nach dem im Gesetz vorgesehenen Zeitpunkt» eintreten darf (BGer 4A_221/2010 vom 12. Januar 2012 E. 3.2). Zu beachten ist aber auch die Ungewöhnlichkeitsregel, wenn eine AGB-förmige Abrede zu beurteilen ist, die sich beispielsweise in einem Vertrag zwischen einem General- und einem Subunternehmer findet und nach der die Verjährungsfrist «nicht bereits mit Abnahme des (Teil-)Werks, sondern erst mit der Abnahme des von der Generalunternehmung hergestellten Werkes durch den Bauherrn beginnt» (HGer ZH HG120015 vom 18. Juni 2013 E. 4.4.1, vgl. auch E. 4.4.2.2, wo eine solche Abrede als «geschäftsfremd und sowohl objektiv als auch subjektiv als ungewöhnlich» qualifiziert wurde).

4.4 c) Art. 180 bestätigt die gesetzliche Regel, dass es für den Fristenlauf nicht darauf ankommt, wann der Bauherr (oder seine Bauleitung) einen Mangel entdeckt, weshalb die Verjährung schon eintreten kann, noch bevor der Mangel vom Bauherrn erkannt wurde (so für das Kaufvertragsrecht Art. 210 Abs. 1 OR, auf den sich auch BGE 130 III 362/366 E. 4.2 stützt). Zu Fällen, in denen ein Sekundärmangel (Art. 163/Rz. 12 und Art. 166/Rz. 5.2) oder ein Mangelfolgeschaden (Art. 171/Rz. 2) erst nach Ablauf der Frist entsteht (und die daraus fliessenden Rechte mithin vor Entstehung des Mangels respektive vor Eintritt des Schadens verjähren), vgl. aber GWerkV Rz. 2255 und 2259 ff.; siehe auch BGE 130 III 362/366 E. 4.2 (zu den Ansprüchen aus einem Sekundärmangel, die vor der Entdeckung des Mangels verjähren); BGE 106 II 134/138 f. E. 2c (zum Anspruch auf Ersatz des Mangelfolgeschadens, der vor dem Eintritt des Schadens verjährt). Zur Frage, ob die Verjährungsfrist stillstehe, solange der Schaden noch nicht eingetreten ist, siehe Zindel/Pulver/Schott, Basler Kommentar, N 15 zu Art. 371 OR bejahend; ablehnend BGE 130 III 362/366 E. 4.2; GWerkV Rz. 2259 ff.

4.5 d) Tritt der Bauherr in dem (neben anderen) in Art. 162 geregelten Fall 2 vom Vertrag zurück, löst nicht die Abnahme, sondern der Rücktritt vom Vertrag den Lauf der fünfjährigen Verjährungsfrist aus (auch Spiess/Huser, Handkommentar, N 12 zu Art. 180). Gegenstand der Verjährung sind hier die Forderungen des Bauherrn auf Schadenersatz und Rückerstattung bereits bezahlter Vergütungen (Art. 162/Rz. 15). Auch bei einer vorzeitigen Vertragsbeendigung nach Art. 184 Abs. 1 wird die Verjährungsfrist mit Bezug auf die Mängelrechte mit der Rücktrittserklärung (vgl. Art. 184/Rz. 7.6) ausgelöst, was auch der Rechtslage nach Gesetz entspricht (BGE 130 III 362/366 E. 4.2).

4.6 e) Das Verjährungsrecht ist nicht zuletzt deshalb in Bewegung geraten, weil es Schäden gibt, die erst nach Ablauf der Verjährungsfrist eintreten, sodass die Ersatzansprüche verjährt sind, bevor sie (mit Schadenseintritt) entstehen. Die Diskussion kreist um Spätschäden – gesundheitliche Beeinträchtigung mit langer Latenzzeit und entsprechend zeitlich aufgeschobenem Schadenseintritt – in Fällen, in denen Arbeitnehmer ohne die erforderliche Schutzausrüstung Asbeststaub ausgesetzt waren und viele Jahre später daran erkranken (vgl. z.B. BGE 142 I 42; 137 III 16). Sie ist nicht abgeschlossen, doch steht fest, dass auch die Verjährung von Ansprüchen aus Mangelfolgeschäden davon erfasst wird; für sie gilt zwar von Gesetzes wegen eine gegenüber der allgemeinen, zehnjährigen Verjährungsfrist (Art. 127 OR) abgekürzte Verjährung, was aber gerade kein Grund ist, solche Ansprüche anders zu behandeln als Ansprüche aus Vertragsverletzungen, die heute nach Art. 127 OR verjähren. Im Gegenteil: Bei kürzeren Verjährungsfristen ist es noch häufiger als bei der Regelverjährung, dass die Verjährungsfrist vor Eintritt des (Spät-)Schadens abläuft. Die an sich naheliegende Lösung, die Verjährung nicht schon mit der Vertragsverletzung, sondern erst mit dem Schadenseintritt in Gang zu setzen, wird zwar diskutiert, vom Bundesgericht aber nicht praktiziert (siehe BGE 137 III 16/19 E. 2.3); das Gericht spricht in diesem Zusammenhang nicht zu Unrecht davon, dass diese Lösung das «Institut der Verjährung aushöhlen» würde (BGE 137 III 16/21 E. 2.4.1). Dazu kommt, dass dieser Lösung für die werkvertragliche Mängelhaftung auch das Gesetz entgegensteht, nach dem die Verjährung mit der «Abnahme des Werkes» (und eben nicht mit der Vertragsverletzung) zu laufen beginnt (Art. 371 Abs. 1 und 2 OR). Die Frage ist hier nicht weiter zu vertiefen; hinzuweisen ist bloss noch auf ein neueres Urteil, in dem es das Bundsegericht ablehnt, seine neue Praxis zum Umgang mit Spätschäden auf einen Fall auszudehnen, in dem es um einen mangelbedingten Sachschaden (also einen Mangelfolgeschaden) einer juristischen Person ging (BGer 4A_261/2015 vom 30. Oktober 2015 E. 3).

Anmerkung 5

Der Unternehmer kann aber darauf *verzichten*, die eingetretene Verjährung geltend zu machen. Ein solcher Verzicht ist nach Art. 141 OR jedoch (was sehr umstritten ist) nicht schon *vor*, sondern erst *nach* Eintritt der Verjährung möglich (GWerkV Rz. 2284; Koller Alfred, OR AT, § 71 Nr. 13). Wird der Verzicht vor Eintritt der Verjährung erklärt, so ist er unwirksam, auch im Anwendungsbereich des Art. 371 OR (*anders jedoch* BGE 132 III 226ff.; 112 II 231/233 E. 3e/bb; 99 II 185/191f. E. 2b). Nach Eintritt der Verjährung steht es dem Unternehmer jedoch frei, rechtsgeschäftlich auf die Ausübung des durch Verjährungseintritt erworbenen Einrederechts Verzicht zu leisten (entweder durch einseitige Erklärung oder durch Verzichtsabrede mit dem Bauherrn; zum Lehrstreit hierüber vgl. GWerkV Rz. 2284). Doch kann selbst ein solcher (an sich zulässiger) Verzicht nicht für eine Dauer geleistet werden, die über die Regelverjährung von zehn Jahren (Art. 127 OR) hinausgeht (BGE 132 III 226/236ff. E. 3.3.8; BGer 4A_221/2010 vom 12. Januar 2012 E. 3; GWerkV Rz. 2490). 5.1

Ausserdem gibt es verschiedene *Gesetzesbestimmungen*, die durch Art. 180 nicht derogiert sind und ergänzend eingreifen (Koller Alfred, Das Nachbesserungsrecht, Rz. 469ff.). Auch im Anwendungsbereich des Art. 180 gilt Folgendes: 5.2

5.3 a) Der Lauf der Verjährungsfrist kann nach Art. 134 OR vorübergehend gehemmt sein (siehe ZINDEL/PULVER/SCHOTT, Basler Kommentar, N 15 zu Art. 371 OR, die im Anschluss an eine früher von GAUCH vertretene Meinung [heute: GWERKV Rz. 2257 ff.; so auch CHAIX, Commentaire romand, N 16 zu Art. 371 OR] dafür eintreten, dass die Verjährungsfrist bei Forderungen aus Sekundärmängeln und Ersatzansprüchen so lange gehemmt wird, «als der Mangel oder Schaden noch nicht eingetreten ist»). Auch kann die Verjährung nach Art. 135 ff. OR unterbrochen werden. Zudem gilt nach Art. 138 Abs. 1 OR auch für sie, dass sie immer dann, wenn sie «durch Schlichtungsgesuch, Klage oder Einrede unterbrochen» wurde, «von Neuem zu laufen» beginnt, «wenn der Rechtsstreit vor der befassten Instanz abgeschlossen ist». Konkretisierend sei festgehalten:

5.4 – Von praktischer Bedeutung ist vor allem die Unterbrechung der Verjährung (zu den Gründen siehe Art. 135 OR; vgl. darüber BGE 116 II 305/313 E. 3c; 114 II 261/262 f.; 114 II 335/336 ff. E. 3a = Pra 1989, Nr. 229, S. 804 f.; BGer 4A_109/2014 vom 21. Mai 2014 E. 4.1; GWERKV Rz. 2265 ff.). Zu den Unterbrechungsgründen gehören namentlich Schuldbetreibung, Schlichtungsgesuch und Klage (Art. 135 Ziff. 2 OR). Geht es um eine Forderung auf Nachbesserung, ist zu beachten, dass die Verjährung sich nicht mittels Schuldbetreibung unterbrechen lässt, da sich diese Forderung nicht auf Geld oder Sicherheitsleistung richtet (Art. 38 Abs. 1 SchKG) und so auf dem Betreibungsweg nicht durchgesetzt werden kann (BGer 4C.258/2001 vom 5. September 2002 E. 4.1.2; KOLLER ALFRED, Das Nachbesserungsrecht, Rz. 427). Eine Sonderfrage geht dahin, wie bei sachlicher Zuständigkeit eines Handelsgerichts zu unterbrechen ist, da das Schlichtungsverfahren hier entfällt (Art. 198 lit. f ZPO; dazu BERGAMIN, Unterbrechung der Verjährung, Rz. 213 ff.; REETZ, Der neue Bauprozess, S. 79 f.; zur Praxis des Zürcher Handelsgerichts HGer ZH HG160160 vom 2. August 2016 E.3 = ZR 2016, S. 176 f., Nr. 39).

5.5 – Unterbrochen wird die Verjährung auch durch Schuldanerkennung (Art. 135 Ziff. 1 OR). Anerkennt der Unternehmer, für einen bestimmten Werkmangel zu haften (HGer ZH vom 4. Juli 1991 E. 3 = ZR 1991, S. 54, Nr. 14 = BR/DC 1992, S. 39, Nr. 76), so beginnt für die Mängelrechte aus diesem Mangel die Verjährungsfrist neu zu laufen (Art. 137 Abs. 1 OR; vgl. BGE 116 II 305/312 f. E. 3c; dazu und zum Folgenden eingehend GWERKV Rz. 2266). Es bedarf dazu weder einer auf Unterbrechung der Verjährung gerichteten Erklärung des Unternehmers (BGE 134 III 591/593 E. 5.2.1) noch einer besonderen Form (konkludentes Verhalten des Unternehmers, das vom Bauherrn nach Treu und Glauben als Bestätigung der Haftung aufgefasst werden darf, reicht also aus, vgl. BGE 134 III 591/594 E. 5.2.1; BGer 4A_109/2014 vom 21. Mai 2014 E. 4.1; HGer ZH vom 4. Juli 1991 E. 3 = ZR 1991, S. 54, Nr. 14 = BR/DC 1992, S. 39, Nr. 76). Doch muss die Anerkennung durch den Unternehmer selbst oder seinen Vertreter erfolgen; der Subunternehmer (Art. 29) kann die Haftung des Unternehmers – eine entsprechende Vollmacht vorbehalten – nicht anerkennen (jedoch offengelassen in BGE 116 II 305/313 E. 3c). Überdies muss die Anerkennung deutlich geschehen, indem der Unternehmer dem Bauherrn z.B. mündlich oder schriftlich mitteilt, dass er sich der Haftung bewusst sei bzw. die Konsequenzen aus dem Mangel übernehme. Als Anerkennung gilt auch, wenn der Unternehmer sich gegenüber dem Bauherrn, der sein Nachbesserungsrecht ausgeübt hat, bereit erklärt, die von ihm verlangte Beseitigung des Mangels vorzunehmen, oder wenn er sogleich damit beginnt (BGE 121 III 270/272 E. 3c; BGer 4C.258/2001 vom 5. September 2002 E. 4.1.2). Unterbrochen wird die Verjährung zudem dadurch, dass der Unternehmer erklärt, «unter gewissen Voraussetzungen» zur Nachbesserung «bereit zu sein» und «somit das Bestehen einer Restschuld nicht ausschliesst» (BGE 134 III 591/594 E. 5.2.1). Anerkennt er jedoch seine Haftung nur hinsichtlich bestimmter Mängelrechte, wirkt dies mit Bezug auf die übrigen Mängelrechte nicht verjährungsunterbrechend (GWerkV Rz. 2272; Koller Alfred, Werkvertragsrecht, Rz. 764). Hat er seine Haftung bezüglich eines Sekundärmangels anerkannt, wirkt die Anerkennung nicht auch bezüglich eines Primärmängels, von dem er keine Kenntnis hatte (BGer 4A_109/2014 vom 21. Mai 2014 E. 4.1). Erklärt der Unternehmer schliesslich, den Mangel bloss aus Gründen der Kulanz oder zur Vermeidung einer Auseinandersetzung zu beseitigen, so liegt in der tatsächlichen Vornahme der Nachbesserung keine verjährungsunterbrechende Anerkennung einer Nachbesserungsschuld.

- Ob die Verjährung unterbrochen wurde, ist für jeden einzelnen Werkmangel separat zu beurteilen. Was aber die Mängelrechte aus ein und demselben Mangel angeht, gilt Folgendes: Wird die Verjährung für eines der verschiedenen Mängelrechte (z.B. für das Nachbesserungs- oder für das Minderungsrecht) unterbrochen, so wird damit die Verjährung auch hinsichtlich der übrigen Mängelrechte (z.B. für den Schadenersatzanspruch) unterbrochen (BGE 96 II 181/185 E. 3b; GWerkV Rz. 2272, der von übergreifender Unterbrechung spricht; auch Koller Alfred, Werkvertragsrecht, Rz. 764; a.M. Bergamin, Unterbrechung der Verjährung, Rz. 289). 5.6
- Bei jedem Unterbruch beginnt die Verjährungsfrist neu zu laufen. Die neue Verjährungsfrist beträgt wiederum fünf Jahre (vgl. auch GWerkV Rz. 2273). Wurden die Mängelrechte oder die aus ihrer Ausübung fliessenden Forderungen vom Unternehmer jedoch durch Ausstellung einer Urkunde anerkannt oder durch richterliches Urteil festgestellt, so beträgt die neue Frist zehn Jahre (Art. 137 OR; GWerkV Rz. 2273 f.). 5.7

b) In sinngemässer Anwendung des Art. 210 Abs. 5 OR bleiben «Einreden [...] wegen vorhandener Mängel» trotz eingetretener Verjährung fortbestehen, soweit die Mängelrechte bis dahin nicht erloschen sind (vgl. Art. 163, Art. 178 und Art. 179 Abs. 2–4) und der Bauherr die Mängel spätestens bis zum Ablauf der Verjährungsfrist gerügt hat (BGE 107 II 50/55 E. 2 = BR/DC 1982, S. 18, Nr. 17). Das Wort *Einrede* ist dabei in einem untechnisch-weiten Sinn zu verstehen, der auch die *Einwendung* erfasst (GWerkV Rz. 2288 ff. und 2295). Das Recht des Bauherrn, die verjährten (aber nicht verwirkten) Mängelrechte einredeweise geltend zu machen, mildert die strenge Verjährungsordnung (GWerkV Rz. 2289 i.V.m. Rz. 2197). Denn: 5.8

- Der Bauherr kann die Zahlung der vom Unternehmer verlangten Vergütung insoweit verweigern, als er aufgrund der Wandelung oder Minderung hierzu befugt ist (GWerkV Rz. 2290). 5.9

5.10 – Der Bauherr kann die Geldforderung, die er aus seinen Mängelrechten hat, trotz eingetretener Verjährung zur Verrechnung bringen (Art. 120 Abs. 3 OR i.V.m. Art. 210 Abs. 5 OR; dazu und zum Folgenden siehe auch GWERKV Rz. 2291). Als einschlägige Verrechnungsforderungen kommen insbesondere in Betracht: der Anspruch auf Ersatz eines Mangelfolgeschadens (BGE 107 II 50/55 E. 2 = BR/DC 1982, S. 18 f., Nr. 17), die Wandelungs- und Minderungsforderung auf Rückerstattung der Vergütung sowie die Forderung auf Schadenersatz wegen Nichterfüllung der Nachbesserungsschuld (BGE 107 II 50/55 E. 2 = BR/DC 1982, S. 18 f., Nr. 17) und auf Ersatz der Verbesserungskosten bei Eigenverbesserung.

5.11 – Der Bauherr, dem der Unternehmer die Nachbesserung schuldet, kann der Vergütungsforderung des Unternehmers die (auf seinen Nachbesserungsanspruch gestützte) Einrede des nicht erfüllten Vertrags (Art. 82 OR; vgl. dazu auch GWERKV Rz. 2366 ff.) entgegensetzen, obwohl der Anspruch auf Nachbesserung verjährt ist (GWERKV Rz. 2293). Die Einrede des nicht erfüllten Vertrags wird demnach Art. 210 Abs. 5 OR unterstellt, obwohl es sich dabei nicht um eine Einrede «wegen vorhandener Mängel» handelt (GWERKV Rz. 2293).

5.12 c) Schliesslich kann die Verjährungseinrede des Unternehmers im konkreten Einzelfall rechtsmissbräuchlich (Art. 2 Abs. 2 ZGB) und deshalb unbeachtlich sein (GWERKV Rz. 2287).

Anmerkung 6

6 Das *absichtliche Verschweigen* eines (Werk-)Mangels hat hier die gleiche Bedeutung wie in Art. 179 (Art. 179/Rz. 16 und 21) und wie der gesetzliche Vorbehalt in Art. 370 Abs. 1 OR (BGer 4A_109/2014 vom 21. Mai 2014 E. 5.1). Siehe Art. 158/Rz. 19.3 f. sowie Art. 164/Rz. 1.2.

Anmerkung 7

7 Dass bei absichtlich verschwiegenem Mangel (Art. 180/Rz. 6) die Verjährungsfrist *zehn* Jahre (vgl. auch Art. 127 OR) seit der Abnahme beträgt, entspricht herrschender Lehre und Rechtsprechung zu Art. 371 OR (vgl. GWERKV Rz. 2275 ff.; TERCIER/FAVRE/CARRON BENOÎT, Les contrats spéciaux, Rz. 4550; ZINDEL/PULVER/SCHOTT, Basler Kommentar, N 42a zu Art. 371 OR; BGE 107 II 231/232 E. 3a; BGer 4A_109/2014 vom 21. Mai 2014 E. 5.1; 4A_301/2010 vom 7. September 2010 E. 3.2). Dieser verjährungsrechtlichen Sonderregel liegt der Gedanke zugrunde, dass ein Unternehmer, der einen Mangel bei der Ablieferung arglistig verschweigt, den Schutz einer verkürzten Verjährungsfrist nicht verdient (Art. 178/Rz. 4). Dies gilt auch dann, wenn der Unternehmer einen Mangel *nach* erfolgter Ablieferung bewusst und pflichtwidrig verschweigt, obwohl er zur nachträglichen Aufklärung des Bauherrn verpflichtet wäre (eingehend dazu GWERKV Rz. 2278).

6 6 Sicherheitsleistung des Unternehmers nach der Abnahme

6 61 Solidarbürgschaft

Art. 181

[1] Der Unternehmer leistet vor Auszahlung des Rückbehaltes (Art. 152)[1] Sicherheit für seine Haftung wegen Mängeln[2], die bei der gemeinsamen Prüfung[3] oder während der Rügefrist[4] gerügt werden.[5] Die Sicherheit besteht in der Solidarbürgschaft[6] einer namhaften[7] Bank, Versicherungsgesellschaft[8] oder mit Zustimmung des Bauherrn auch einer gewerblichen Organisation[9].[10]

[2] Der Haftungsbetrag des Bürgen[11] bemisst sich nach der Totalsumme der vom Bauherrn für das gesamte Werk zu leistenden Vergütungen jeder Art[12]. Er beläuft sich auf 10 % dieser Summe; übersteigt aber die Summe CHF 300 000.–,[13] so beläuft er sich auf 5 % der ganzen Summe, jedoch mindestens auf CHF 30 000.–[14] und höchstens auf CHF 2 000 000.–.[15]

[3] Die Solidarbürgschaft (Art. 496 OR) ist für die Dauer der Rügefrist (Art. 172)[16] zu leisten.[17] Sind vor Ablauf der Rügefrist gerügte Mängel[18] noch nicht behoben, ist die Solidarbürgschaft für die Dauer bis zur vollständigen Behebung dieser Mängel zu verlängern[19].[20] Vorbehalten bleibt der Eintritt der Verjährung.[21]

Art. 181 (1977/91)

[1] Der Unternehmer leistet vor Auszahlung des Rückbehaltes (Art. 152) Sicherheit für seine Haftung wegen Mängeln, die bei der gemeinsamen Prüfung oder während der Garantiefrist (Rügefrist) gerügt werden. Die Sicherheit besteht in der Solidarbürgschaft einer namhaften Bank oder Versicherungsgesellschaft.

[2] Der Haftungsbetrag des Bürgen bemisst sich nach der Totalsumme der vom Bauherrn für das gesamte Werk zu leistenden Vergütungen jeder Art. Er beläuft sich auf 10 % dieser Summe; übersteigt aber die Summe Fr. 200 000.–, so beläuft er sich auf 5 % der ganzen Summe, jedoch mindestens auf Fr. 20 000.– und höchstens auf Fr. 1 000 000.–.

[3] Die Bürgschaft ist für so lange zu leisten, bis alle zu verbürgenden Mängelrechte erloschen sind. Sind bis zum Ablauf der Garantiefrist (Rügefrist) keine Mängel gerügt worden, so kann der Unternehmer vom Bauherrn verlangen, dass dieser den Solidarbürgen sofort befreie. Ferner hat er Anspruch darauf, dass ihm der Bauherr zuhanden der Bürgen das Erlöschen allfälliger Mängelrechte schriftlich bestätige.

Anmerkung 1

Gemeint ist der Rückbehalt, der dem Bauherrn als Sicherheit bis zur Abnahme des Werks 1.1
oder Werkteils dient (Art. 149 ff.). Ein solcher Rückbehalt wird nach Massgabe der SIA-Norm 118 zwar nur auf Abschlagszahlungen vorgenommen (Art. 145 Abs. 1 und Art. 149

Abs. 1). Doch können die Parteien etwas Abweichendes vereinbaren und gestützt auf die getroffene Vereinbarung einen Rückbehalt beispielsweise auch von Teuerungs- oder Regierechnungen in Abzug bringen. So oder anders gilt:

1.2 Die Sicherheitsleistung gemäss Art. 181 zählt zu den Voraussetzungen dafür, dass der nach Art. 145 Abs. 1 rückbehaltene Betrag zur Zahlung fällig wird (Art. 152; zur Zahlungsfrist Art. 190 Abs. 1). E contrario bedeutet dies, dass der Bauherr den Rückbehalt des Art. 145 Abs. 1 nicht auszahlen muss, solange und soweit der Unternehmer keine Solidarbürgschaft geleistet hat, die den Anforderungen des Art. 181 genügt (vgl. aber Art. 181/Rz. 7, wonach unter Umständen auch ein Garantievertrag diese Anforderungen erfüllen kann).

Anmerkung 2

2 Dies bezieht sich auf die Mängelhaftung des Unternehmers (Art. 165), die sich in den Mängelrechten der Art. 169 – 171 äussert (Art. 165/Rz. 2).

Anmerkung 3

3 Art. 158 Abs. 2 und Art. 159 ff. Die Sicherheit gilt für sämtliche Mängel, also gleichermassen für wesentliche und unwesentliche Mängel, die während der Prüfung gerügt werden.

Anmerkung 4

4 Zur zweijährigen Rügefrist, die von der Sofort-Rügefrist (Art. 179 Abs. 2) und der Verjährungsfrist (Art. 180) zu unterscheiden ist, siehe Art. 172.

Anmerkung 5

5 Der Unternehmer leistet also keine Sicherheit für verdeckte Mängel, die der Bauherr erst nach Ablauf der Rügefrist rügt (Art. 179 Abs. 1 und 2). Zum Fall der Teilabnahme siehe Art. 181/Rz. 15.1 ff. Bietet der Bürge dem Bauherrn eine Bürgschaft an, nach der er lediglich für künftige Mängel (zu dieser Praxis Hürlimann, Werkabnahme gemäss SIA-Norm 118, S. 159) und nicht auch für Mängel, die vor Abschluss des Bürgschaftsvertrags gerügt werden, einzustehen hat, steht es dem Bauherrn zwar frei, das Angebot anzunehmen und diesen Bürgschaftsvertrag einzugehen. Allerdings entspricht eine solche Bürgschaft nicht dem nach Art. 181 Abs. 1 Geschuldeten. Entsprechend kann der Bauherr es ablehnen, das Angebot des Bürgen anzunehmen, und weiterhin auf der Leistung einer Bürgschaft für Mängel, «die bei der gemeinsamen Prüfung oder während der Rügefrist gerügt» (Art. 181 Abs. 1) wurden, bestehen. Dabei hat er sich aber nicht an den Bürgen, sondern an den Unternehmer zu halten, der durch Art. 181 zu einer bestimmten Art der Sicherheitsleistung verpflichtet wird.

Anmerkung 6

6 Zur Bürgschaft im Allgemeinen siehe Art. 492 ff. OR; zur *Solidarbürgschaft* im Besonderen beachte Art. 496 OR. Nach Art. 496 Abs. 1 OR kann, wer sich als Solidarbürge verpflichtet, «vor dem Hauptschuldner und vor der Verwertung der Grundpfänder belangt

werden, sofern der Hauptschuldner mit seiner Leistung im Rückstand und erfolglos gemahnt worden oder seine Zahlungsunfähigkeit offenkundig ist». Allerdings ist auch eine Solidarbürgschaft akzessorisch, was sich etwa darin äussert, dass der Solidarbürge berechtigt und verpflichtet ist, dem Bauherrn die «Einreden entgegenzusetzen, die dem Hauptschuldner [also dem Unternehmer] [...] zustehen» (Art. 502 Abs. 1 OR). Vom Bürgschaftsvertrag zu unterscheiden ist der von der SIA-Norm 118 nicht angesprochene Garantievertrag (siehe z.B. BGE 131 III 511/524 E. 4.2; zur Abgrenzung etwa BGE 128 III 295/303 E. 2d/bb), der je nach seiner konkreten Ausgestaltung dem Bauherrn eine höhere Sicherheit bietet als eine Solidarbürgschaft. Ist dies der Fall, wird es meist rechtsmissbräuchlich sein, wenn der Bauherr die angebotene Sicherheitsleistung ablehnt, um in wörtlicher Anwendung des Art. 181 Abs. 1 darauf zu beharren, dass der Unternehmer ihm einen Solidarbürgen stellt (Lenzlinger Gadient, Mängel- und Sicherungsrechte des Bauherrn, S. 172).

Anmerkung 7

«Namhaft» im Sinn der SIA-Norm 118 ist jede Bank oder Versicherungsgesellschaft, welche über eine behördliche Bewilligung verfügt, ihre Geschäfte in der Schweiz betreiben zu dürfen. Doch können auch Unternehmen, die nur im Ausland tätig sind, namhaft sein, sofern sie dort als vertrauenswürdige Institute bekannt sind. Das ist insbesondere von Bedeutung, wenn die SIA-Norm 118 von einem ausländischen Bauherrn verwendet wird. 7

Anmerkung 8

Damit steht fest, dass der Bauherr die Sicherheitsleistung auch dann als vertragskonform anzunehmen hat, wenn sich ihm gegenüber nicht eine Bank, sondern eine Versicherungsgesellschaft dazu verpflichten will, als Bürgin «für die Erfüllung der Schuld einzustehen» (Art. 492 Abs. 1 OR). Die Wahl der bürgenden Bank oder Versicherungsgesellschaft ist nach der SIA-Norm 118 dem Unternehmer überlassen, wobei es den Parteien aber freisteht, eine davon abweichende Vereinbarung zu treffen und eine bestimmte Bank oder Versicherungsgesellschaft zu bezeichnen. 8

Anmerkung 9

Die SIA-Norm 118 lässt offen, was unter einer «gewerblichen Organisation» zu verstehen ist. Weil aber ohnehin die Zustimmung des Bauherrn erforderlich ist, wenn der Unternehmer die Bürgschaft einer gewerblichen Organisation beibringen will, schadet dies nicht. Die Bedeutung des Zustimmungserfordernisses liegt darin, dass der Unternehmer die Bürgschaftserklärung einer Bank oder einer Versicherung (dies nach seiner Wahl) beizubringen hat, wenn der Bauherr die Bürgschaft einer gewerblichen Organisation aus irgendwelchen Gründen oder auch ohne Angabe von Gründen ablehnt. Möglich ist aber, dass die Parteien die gewerbliche Organisation, die alsdann als Bürgin fungieren soll, schon bei Vertragsschluss bezeichnen. Diese Vereinbarung geht Art. 181 vor, wenn sie individuell ist oder sich in einem Vertragsbestandteil findet, welcher der SIA-Norm 118 rangmässig vorgeht (Einl./Rz. 26). Sie bewirkt allerdings nicht, dass die bezeichnete Organisation nun gezwungen wäre, einen Bürgschaftsvertrag einzugehen, denn Bauherr 9 und Unternehmer können keine Verträge zu deren Lasten schliessen. Lehnt die bezeichnete gewerbliche Organisation es in der Folge ab, mit dem Bauherrn einen Bürgschaftsvertrag einzugehen, ist der Unternehmer verpflichtet, die Solidarbürgschaft einer namhaften Bank oder Versicherungsgesellschaft beizubringen. Von Bürgschaftsorganisationen ist im Übrigen auch im Bundesgesetz über die Finanzhilfen an gewerbeorientierte Bürgschaftsorganisationen vom 6. Oktober 2006 (SR 951.25) die Rede, wobei aber diese gesetzliche Regelung für Art. 181 keine Bedeutung hat.

Anmerkung 10

10.1 Unter Vorbehalt anderer Vereinbarung bleibt der Bauherr trotz der Sicherheitsleistung in Form einer Solidarbürgschaft befugt, sein *gesetzliches Rückbehaltungsrecht nach Art. 82 OR* auszuüben, sofern er die Beseitigung eines Werkmangels (Art. 169 Abs. 1) verlangt oder verlangt hat (eingehend GWerkV Rz. 2377 ff.; auch Weber, Berner Kommentar, N 179 zu Art. 82 OR). Zwar setzt die Fälligkeit der Vergütung nicht voraus, dass das Werk mängelfrei ist (BGE 129 III 738/748 E. 7.2; GWerkV Rz. 1155). Doch ist der Bauherr berechtigt, den noch offenen Vergütungsbetrag gestützt auf die Einrede des nichterfüllten Vertrags (Art. 82 OR) zurückzubehalten, bis die verlangte Verbesserung ausgeführt und damit die Verbesserungsschuld des Unternehmers erfüllt ist. Dieses Recht, das dem Bauherrn auch bei einer Teilabnahme zusteht (GWerkV Rz. 2401 f.), ergänzt dessen Nachbesserungsrecht, indem es der *Durchsetzung* der verlangten Verbesserung dient (BGE 89 II 232/235 E. 4a).

10.2 a) Der Grundsatz, wonach der Bauherr die ganze noch ausstehende Vergütung zurückbehalten kann, unterliegt indes dem Gebot von Treu und Glauben (Art. 2 Abs. 1 ZGB). Diesem Gebot lassen sich zwar keine quantitativen Kriterien abgewinnen. Fest steht aber, dass der Bauherr berechtigt ist, von der noch geschuldeten Vergütung lediglich so viel zurückzuhalten, als erforderlich ist, um seinen Verbesserungsanspruch ausgiebig zu sichern und darüber hinaus angemessenen Druck auszuüben, damit der Unternehmer die verlangte Verbesserung fristgerecht vornimmt.

10.3 b) Mit Rücksicht auf die Druckfunktion darf der Betrag die Verbesserungskosten, die der Unternehmer zu tragen hat (Art. 170), auch deutlich übersteigen (OGer AG vom 6. September 1985 E. 6 = AGVE 1985, S. 34/37). Als brauchbarer Richtwert gilt das Zwei- bis Dreifache der erwarteten Verbesserungskosten, wobei die Umstände des Einzelfalles einen höheren oder geringeren Betrag rechtfertigen können. Bei der Bemessung des Rückbehalts ist auch die Solidarbürgschaft, die dem Bauherrn geleistet wird, einzubeziehen, da sie ihm Sicherheit gewährt. Da von der Solidarbürgschaft aber (anders als vom Rückbehalt) keinerlei Druck auf den Unternehmer ausgeht, vermag sie den Rückbehalt nicht zu verdrängen.

Anmerkung 11

11 Das ist der zahlenmässig bestimmte Höchstbetrag, für den der Bürge haften soll (Art. 493 Abs. 1 OR und Art. 499 Abs. 1 OR).

Anmerkung 12

Eingeschlossen sind die Vergütungen für Regiearbeiten (Art. 44ff.) und allfällige Mehrvergütungen infolge Teuerung (Art. 64ff.), aber auch die Mehrwertsteuer. Hat der Bauherr ein bestehendes Minderungsrecht (Art. 169 Abs. 1 Ziff. 2) bereits ausgeübt, so ist die herabgesetzte Vergütung massgeblich, jedoch erhöht um den Betrag einer allfälligen (noch offenen) Minderungsforderung auf Rückzahlung des zu viel Geleisteten (Art. 169/Rz. 18.2). 12

Anmerkung 13

Bereits in der Vorauflage wurde auf den eigenartigen Unterschied zwischen Art. 181 aSIA-118 einerseits und Art. 150 aSIA-118 andererseits hingewiesen: Art. 181 Abs. 2 aSIA-118 setzte die Grenze für die Berechnung des Rückbehalts bei CHF 200 000.– fest, während Art. 150 Abs. 1 aSIA-118 sie bei CHF 300 000.– limitierte. Auch in der aktuellen SIA-Norm 118 wird an dieser Differenzierung festgehalten: Art. 181 Abs. 2 legt die Limite für die Berechnung des Rückbehalts bei CHF 300 000.–; Art. 150 Abs. 1 hingegen bei CHF 500 000.–. 13

Anmerkung 14

Daraus ergibt sich, dass in einem Vergütungsbereich zwischen CHF 300 000.– und CHF 600 000.– der Haftungsbetrag unverändert bleibt, indem er stets CHF 30 000.– beträgt. 14

Anmerkung 15

a) Wie es sich mit der Bürgschaft und mit dem Haftungsbetrag bei *Abnahme eines Werkteils* (Art. 157 Abs. 1 sowie Art. 158 Abs. 1 und 2) verhält, wird in Art. 181 Abs. 2 nicht gesagt. Aus Art. 152 Abs. 2 ergibt sich jedoch, dass in diesem Fall «ein entsprechender Teil der Sicherheit» zu leisten ist. Das bedeutet: 15.1

- Bei jeder Teilabnahme ist für den infrage stehenden Werkteil eine separate Bürgschaft zu leisten. Der vorgeschriebene Haftungsbetrag dieser Bürgschaft entspricht einem Bruchteil des nach Art. 181 Abs. 2 zu berechnenden Totalbetrags. Er steht zum Totalbetrag (dem Haftungsbetrag für das ganze Werk) im gleichen Verhältnis wie die auf den Werkteil entfallende Vergütung zur Gesamtvergütung des Werks. Soweit die massgeblichen Vergütungsbeträge im Zeitpunkt der Teilabnahme nicht ziffernmässig feststehen, bleibt nichts anderes übrig, als sie möglichst genau abzuschätzen. Die Haftungsbeträge für die Bürgschaften, die auf die einzelnen Werkteile entfallen, sind so zu bemessen, dass sie zusammen nicht mehr ausmachen wie der Totalbetrag des Art. 181 Abs. 2. 15.2
- Diese komplizierte Regelung hat für den Bauherrn zur Folge, dass er nach der Abnahme aller Werkteile über mehrere Bürgschaften verfügt, also nicht über eine einzige Bürgschaft, die ihm Sicherheit unabhängig davon bietet, welcher Werkteil mangelhaft ist. Dadurch wird der Bauherr zweifellos benachteiligt. Umso mehr fällt ins Gewicht, dass Art. 158 Abs. 1 es ganz in das Belieben des Unternehmers stellt, ob er die Abnahme eines in sich geschlossenen Werkteils einleiten will oder nicht (Art. 158/Rz. 6). 15.3

15.4 b) Zu verbürgen sind die Mängelrechte (Art. 169–171) nur für solche Werkmängel (Art. 166/Rz. 2.1 f.), «die während der gemeinsamen Prüfung oder während der Rügefrist gerügt werden» (Art. 181 Abs. 1). In diesem Sinne ist die Bürgschaft, die der Unternehmer zu stellen hat, sachlich beschränkt.

Anmerkung 16

16.1 Damit führt Art. 181 neben der summenmässigen Begrenzung (Art. 181 Abs. 2) zwei weitere Beschränkungen der dem Bauherrn zustehenden Sicherheitsleistung ein, eine sachliche und eine zeitliche:

16.2 a) Die sachliche Beschränkung entspringt Art. 181 Abs. 1, wonach bloss jene Mängel (Art. 166) zu verbürgen sind, «die bei der gemeinsamen Prüfung oder während der Rügefrist gerügt werden» (Art. 181 Abs. 1). Diese Begrenzung war schon der früheren SIA-Norm 118 eigen und bedeutet, dass die Haftung des Unternehmers für verdeckte Mängel (Art. 179) von der Solidarbürgschaft nicht erfasst wird. Selbstredend nicht beschränkt wird dadurch die Mängelhaftung des Unternehmers an sich.

16.3 b) Die zeitliche Befristung ist in dieser Form neu. Sie resultiert aus dem Bezug auf die zweijährige Rügefrist (dazu vgl. Art. 172), deren Dauer nun auch für die Laufzeit der Solidarbürgschaft massgebend sein soll. Darin liegt eine Schwächung der Sicherheitsleistung gegenüber der früheren Fassung der SIA-Norm 118. Neu kommt es nicht nur darauf an, wann der Mangel gerügt wurde (sachliche Begrenzung), sondern auch darauf, wann der Bauherr seine Rechte aus diesem Mangel verfolgt. Im Grundsatz erlischt die Bürgschaft mit Ablauf von zwei Jahren und vier Wochen (vgl. Art. 181/Rz. 17.2), weshalb es (wohl nicht selten) dazu kommen kann, dass keine Sicherheit mehr besteht, obschon der Bauherr seine Forderung zwar nach Ablauf der Rügefrist, aber noch binnen der fünfjährigen Verjährungsfrist (Art. 180) geltend macht. Vorbehalten bleibt die in der SIA-Norm 118 vorgesehene, in der Sache aber problematische Verlängerung der Bürgschaft (Art. 181/Rz. 20).

Anmerkung 17

17.1 Art. 181 Abs. 3 aSIA-118 (insbesondere dessen zeitliche Beschränkung) war lange Zeit umstritten (vgl. dazu insbesondere Gauch, Kommentar SIA-118 [Voraufl.], Art. 181/Anm. 16; GWerkV Rz. 2702). Über die sachliche Beschränkung der verlangten Bürgschaft (Art. 181/Rz. 3 und 16.2) herrschte zwar Einigkeit. Die Kontroverse aber betraf *die zeitliche Begrenzung*. So war nach Schumacher, Solidarbürgschaft gemäss Art. 181, S. 106 ff., die Bürgschaft auf unbestimmte Zeit zu stellen. Pfiffner, Zum Art. 181 SIA-Norm 118, S. 10 f., zufolge beschränkte sich die Bürgschaft auf die Dauer der zweijährigen Rügefrist des Art. 172 (die damals noch als Garantiefrist bezeichnet wurde), während sich nach Fischer, Barrückbehalt und Garantiescheine, S. 833, die Begrenzung aus der fünfjährigen Verjährungsfrist des Art. 180 Abs. 1 ergab. Die Vorauflage dieses SIA-Kommentars (Gauch, Kommentar SIA-118 [Voraufl.], Art. 181/Anm. 16) setzte sich eingehend mit diesem Lehrstreit auseinander, um sich schliesslich der Meinung von Fischer anzuschliessen (Begrenzung der Bürgschaft auf die Dauer der fünfjährigen Verjährungsfrist). Mit der Revision der SIA-Norm 118 im Jahre 2013 wollte man hier Klarheit schaffen, indem die Regel neu gefasst wurde und jetzt ausdrücklich eine Solidarbürgschaft für die «Dauer der Rügefrist (Art. 172)» verlangt. Damit sind allerdings neue Schwierigkeiten geschaffen worden, wie die nachfolgenden Anmerkungen zeigen. Was zunächst die Befristung der Solidarbürgschaft auf zwei Jahre anbelangt, ist festzuhalten:

a) Die Solidarbürgschaft der SIA-Norm 118 ist eine sogenannte Bürgschaft auf Zeit, bei der nach Massgabe des zwingenden Art. 510 Abs. 3 OR (dazu BGE 127 III 559/566 E. 5; 125 III 322 ff.) die «Verpflichtung des Bürgen» erlischt, «wenn der Gläubiger nicht binnen vier Wochen nach Ablauf der Frist seine Forderung rechtlich geltend macht und den Rechtsweg ohne erhebliche Unterbrechung verfolgt». 17.2

b) Binnen der Vier-Wochen-Frist hat der Bauherr die Bürgschaftsforderung mittels Betreibung, Klage oder Eingabe im Konkurs geltend zu machen (BGer 4C.114/2003 vom 15. Oktober 2003 E. 2.3); nur ausnahmsweise reicht eine blosse Anzeige an den Solidarbürgen aus (BGer 4C.114/2003 vom 15. Oktober 2003 E. 3.3). 17.3

Anmerkung 18

Gemeint sind vor oder nach Beginn der Rügefrist, aber jedenfalls vor deren Ablauf gerügte Mängel (zu dieser gegenständlichen Beschränkung Art. 181/Rz. 16.2). 18

Anmerkung 19

Die gewählte Formulierung, nach der die Solidarbürgschaft «für die Dauer bis zur vollständigen Behebung dieser Mängel zu verlängern» ist, ist irreführend, da es einzig bei der Nachbesserung um die Behebung von Mängeln geht, bei den anderen Mängelrechten des Bauherrn nicht. Diese Unstimmigkeit fand sich bereits in der Fussnote zu Art. 181 Abs. 3 aSIA-118 (vgl. Gauch, Zur SIA-Norm 118, S. 48). Die Solidarbürgschaft besichert aber auch die Ansprüche des Bauherrn aus Minderung und Wandelung und zudem seinen Anspruch auf Ersatz eines Mangelfolgeschadens. Richtig ausgelegt, ist die Verlängerung mithin vorzusehen, bis alle zu besichernden Mängelrechte erloschen sind, was auch den Eintritt der Verjährung einschliesst. Umgekehrt ist die Verlängerung ausgeschlossen, wenn die Mängel, die vor Ablauf der Rügefrist gerügt wurden, zwar nicht behoben wurden, ihnen aber etwa durch einen entsprechenden Abzug von der Vergütung (Minderung; Art. 169/Rz. 18.2) Rechnung getragen wurde und dem Bauherrn ein allfälliger Mangelfolgeschaden ersetzt wurde. 19

Anmerkung 20

Die Verlängerung der Solidarbürgschaft setzt die Bereitschaft des Bürgen voraus, sich für eine längere Zeit dazu zu verpflichten, «für die Erfüllung der Schuld einzustehen» (Art. 492 Abs. 1 OR), worauf dann entweder der bestehende Bürgschaftsvertrag verlängert oder ein neuer Bürgschaftsvertrag abgeschlossen wird. Die Verlängerung soll «für die Dauer bis zur vollständigen Behebung dieser Mängel» erfolgen (Art. 181 Abs. 3), zeitlich also nicht fest begrenzt sein, woran auch der Vorbehalt der Verjährung (Art. 181/Rz. 21) nichts ändert. Allerdings können weder der Bauherr noch der Unternehmer den 20

Solidarbürgen dazu zwingen, einer Verlängerung bzw. dem Abschluss eines neuen Bürgschaftsvertrags zuzustimmen. Praktisch dürfte es denn auch häufiger so sein, dass der Solidarbürge die Verlängerung verweigert, da die Wahrscheinlichkeit, dass die Bürgschaft beansprucht wird, eher gestiegen ist. Eine offene Frage ist, ob Art. 181 Abs. 3 allenfalls so auszulegen ist, dass eine Solidarbürgschaft, die ihre bedingte, automatische Verlängerung *nicht von Anfang an* vorsieht, den Anforderungen an die vom Unternehmer geschuldete Sicherheitsleistung überhaupt genügt. Sicher aber ist es weiterhin zulässig, die Solidarbürgschaft von Anfang an auf fünf Jahre zu befristen. Das sorgt für einen Gleichlauf mit der fünfjährigen Verjährungsfrist (Art. 180) und vermeidet die Schwierigkeiten, die mit der nachträglichen Verlängerung einer Solidarbürgschaft verbunden sind.

Anmerkung 21

21 Es ist unklar, welche Bedeutung diesem Vorbehalt zukommt. Sachgerecht ausgelegt bedeutet er, dass der Bauherr keinen Anspruch auf eine Verlängerung hat, die über die fünfjährige Verjährungsfrist des Art. 181 hinausgeht, wofür auch die Kosten sprechen, die mit einer (längeren) Sicherheitsleistung anfielen. Bei einer anderen Auslegung begrenzt der Vorbehalt nicht die maximale Verlängerung der Solidarbürgschaft, sondern erweckt den irrigen Eindruck, dass die Forderungen aus Mängelhaftung (und mit ihnen die akzessorische Verpflichtung des Solidarbürgen) mit Eintritt der Verjährung untergehen. Mit der Verjährung verhält es sich indes vielmehr so, dass sie die Forderungen lediglich entkräftet, indem sie dem Unternehmer das Recht gibt, die Leistung – obwohl geschuldet – durch Einrede zu verweigern (Gauch/Schluep/Emmenegger, OR AT, Rz. 3276). Richtig ist jedoch, dass der Bürge die eingetretene Verjährung der verbürgten Mängelrechte einredeweise geltend machen kann (Art. 502 Abs. 1 OR). Mehr noch: Der Bürge kann unter Umständen sogar verpflichtet sein, die Verjährungseinrede zu erheben, widrigenfalls er sein Rückgriffsrecht gegen den Schuldner verliert (Art. 502 Abs. 1 und 3 OR; vgl. zu all dem auch Gauch, Zur SIA-Norm 118, S. 48).

6 62 Bargarantie[1]

Art. 182

Ausnahmsweise[2] kann anstelle[3] der Solidarbürgschaft eine Bargarantie[4] mit angemessener Verzinsung[5] als Sicherheit vereinbart[6] werden.[7] Auf Verlangen des Unternehmers stellt der Bauherr das Guthaben des Unternehmers aus Bargarantie sicher.[8]

Art. 182 (1977/91)

Ausnahmsweise kann anstelle der Solidarbürgschaft eine Bargarantie mit angemessener Verzinsung als Sicherheit vereinbart werden. Auf Verlangen des Unternehmers stellt der Bauherr das Guthaben des Unternehmers aus Bargarantie sicher.

Anmerkung 1

Die Bestimmung des Art. 182 ist sehr kurz und rudimentär gehalten, was nach einer konkreten Ausgestaltung der Bargarantie durch die *Vereinbarung* der Parteien ruft. Das gilt insbesondere mit Bezug auf die Höhe des Vergütungsbetrags, den der Bauherr als Bargarantie einbehalten darf, und hinsichtlich des Termins, an dem dieser Betrag zur Auszahlung an den Unternehmer fällig wird (Art. 182/Rz. 4). 1

Anmerkung 2

Das Wort «ausnahmsweise» ist verwirrend. Es bringt lediglich zum Ausdruck, dass die SIA-Norm 118 selber eine Solidarbürgschaft (Art. 181/Rz. 6), nicht eine «Bargarantie», vorsieht. Doch braucht kein irgendwie gearteter Ausnahmefall vorzuliegen, damit die Parteien eine Bargarantie (anstelle der Solidarbürgschaft) vereinbaren können. 2

Anmerkung 3

Auch *zusätzlich* zur Solidarbürgschaft kann eine Bargarantie vereinbart werden. 3.1

Vor allem ist festzuhalten, dass der Gegenstand der Sicherung gleich bleibt. Abgesichert werden also die Ansprüche des Bauherrn «wegen Mängeln, die bei der gemeinsamen Prüfung oder während der Rügefrist gerügt werden» (Art. 181/Rz. 16.2; Lenzlinger Gadient, Mängel- und Sicherungsrechte des Bauherrn, S. 167). 3.2

Anmerkung 4

Die Bargarantie ist ein Garantierückbehalt, durch dessen Vereinbarung der Bauherr berechtigt wird, einen durch Abrede festgelegten Teil der geschuldeten Vergütung bis zu einem späteren (in der Vereinbarung zu bestimmenden) Fälligkeitstermin einzubehalten (zur Zahlungsfrist nach Eintritt der Fälligkeit siehe Art. 190 Abs. 1; zu zahlreichen Einzelfragen GWerkV Rz. 2403 ff.). 4

Anmerkung 5

Die Höhe der Verzinsung bleibt der Vereinbarung und damit dem Belieben der Parteien überlassen. Mangels anderer Abrede oder Übung beträgt der Zinsfuss 5 %, was der Regel des Art. 73 OR entspricht und deshalb auch im Anwendungsbereich des Art. 182 als «angemessen» gelten kann. 5

Anmerkung 6

Durch die *Vereinbarung einer Bargarantie* (anstelle der Solidarbürgschaft) weichen die Parteien von der Regel des Art. 181 Abs. 1 (Solidarbürgschaft; Art. 181/Rz. 6) ab. Damit die Vereinbarung wirksam ist, muss sie daher individuell oder in einem rangmässig höheren Vertragsbestandteil (Art. 21) getroffen werden (vgl. Einl./Rz. 26). 6.1

Durch eine wirksame Vereinbarung, die Art. 181 vorgeht, können die Parteien (anstelle der Solidarbürgschaft) selbstverständlich auch eine andere Sicherheit (keine Bargarantie, sondern z.B. eine Leistungsgarantie einer Bank- oder Versicherungsgesellschaft) verabreden oder sich schlicht darauf einigen, dass die vorformulierte Pflicht zur Leistung einer Solidarbürgschaft (Art. 181) ersatzlos entfällt. 6.2

Anmerkung 7

7 Unter Vorbehalt einer anderen Abrede schliesst die vereinbarte Bargarantie das gesetzliche Rückbehaltungsrecht des Bauherrn (Art. 82 OR) für den übrigen Teil der noch geschuldeten Vergütung nicht aus (Art. 181/Rz. 10.1). Doch ist die vereinbarte Garantiesumme in die Berechnung des Betrags einzubeziehen, den der Bauherr nach Art. 82 OR vom übrigen Vergütungsteil zurückbehalten darf (vgl. Art. 181/Rz. 10.3). Zum Ganzen GWerkV Rz. 2404.

Anmerkung 8

8 Der Bauherr schuldet dem Unternehmer für den Rückbehalt nur dann eine Sicherheit, wenn dies so vereinbart wurde. Dass die SIA-Norm 118 eine Sicherstellung vorsieht, die der Bauherr auf «Verlangen des Unternehmers» zu leisten hat, bedeutet nicht, dass der Unternehmer immer dann, wenn eine Bargarantie vereinbart wurde, einen Anspruch auf eine entsprechende Sicherstellung hätte. Damit liegt es auch an den Parteien, sich über die Art der zu leistenden Sicherheit zu verständigen. Keinen Einfluss hat ihre Abrede auf den Anspruch des Unternehmers auf Errichtung eines Bauhandwerkerpfandrechts (Art. 837 ff. ZGB; Art. 83).

7 Vorzeitige Beendigung des Werkvertrages und Zahlungsverzug des Bauherrn

Vorbemerkungen zu Art. 183 – 190

a) Die *Art. 183 – 190* befassen sich zum einen mit der vorzeitigen Beendigung des Werkvertrags, zum anderen mit dem Zahlungsverzug des Bauherrn, der seinerseits zur vorzeitigen Vertragsbeendigung führen kann. Die darin enthaltene Beendigungsordnung ist jedoch nicht vollständig, was Art. 183 und die Überschrift zu den Art. 184 – 189 zum Ausdruck bringen. Umgekehrt greifen die Regeln der Art. 183 – 190 über das Gebiet der Vertragsbeendigung hinaus, und zwar nicht nur beim Zahlungsverzug des Bauherrn (Art. 190), sondern auch in den Bestimmungen über den Untergang des Werks (Art. 187 – 189). 1

b) Wirkt die vorzeitige Beendigung des Werkvertrags *ex nunc* (also für die Zukunft), so hat der Bauherr, wenn mit der Ausführung des Werks bereits begonnen wurde, Anspruch auf das begonnene Werk und schuldet hierfür eine entsprechende Vergütung (vgl. z.B. Art. 184/Rz. 7.4; Art. 185/Rz. 7). Trifft dies zu, so stellt sich unter anderem die Frage nach der Mängelhaftung (vgl. BGE 130 III 362/366 E. 4.2; 116 II 450/451 ff. E. 2; GWerkV Rz. 2432 ff.). Zwar bildet der blosse Umstand, dass das begonnene Werk noch unvollendet ist, keinen Werkmangel (BGE 116 II 450/453 E. 2b/aa). Doch kann das unvollendete Werk deshalb mangelhaft sein, weil ihm eine Eigenschaft fehlt, die es bei diesem Stand der Werkausführung haben sollte (Art. 184/Rz. 7.6; GWerkV Rz. 2433; vgl. BGE 116 II 450/453 E. 2b/aa; BGer 4C.241/2003 vom 11. November 2003 E. 3.3). Alsdann fragt sich, ob und nach welchen Regeln der Unternehmer hierfür einstehen muss. 2

c) Auf die erwähnte Frage geben weder das Gesetz noch die SIA-Norm 118 eine unmittelbare Antwort. Haben die Parteien die Rechtslage nicht ausserhalb der SIA-Norm 118 geregelt, liegt eine Vertragslücke vor, die zweckmässigerweise durch eine Anwendung jener Regeln gefüllt wird, die beim betreffenden Vertrag für die ordentliche Abnahme und die Mängelhaftung gelten würden. Wären es die gesetzlichen Regeln, würden die Art. 367 – 371 OR analog zur Anwendung kommen (GWerkV Rz. 2434; BGE 116 II 450/453 E. 2b/aa). Gehört aber die SIA-Norm 118 zum vereinbarten Vertragsinhalt, so sind die Normbestimmungen der Art. 157 – 182 entsprechend anzuwenden, soweit nicht individuell oder in einem ranghöheren Vertragsbestandteil vereinbarte Bestimmungen vorgehen (vgl. Einl./Rz. 26). Das bedeutet, dass das unvollendete Werk wie ein «in sich geschlossener vollendeter» Werkteil abgenommen wird (Art. 157 ff.), wobei an die Stelle der Vollendungsanzeige, die den Lauf der Prüfungsfrist auslöst (Art. 158 Abs. 2), die vorzeitige Auflösung des Vertrags tritt. Für die Mangelhaftigkeit des unvollendeten Werks (Vorbem. Art. 183 – 190/Rz. 2) haftet der Unternehmer nach Massgabe der analog anwendbaren Art. 165 ff., was dem Bauherrn beispielsweise die Vorteile der Rügefrist (Art. 172 ff.) sichert, ihn aber umgekehrt auch mit dem (grundsätzlichen) Vorrang der Nachbesserung (Art. 169/Rz. 7.1) belastet (BGE 116 II 450/453 E. 2b/bb). Waren schon 3 vor der Vertragsauflösung einzelne Werkteile abgenommen worden (Art. 157 Abs. 1), so gilt das Gesagte für den nicht abgenommenen Rest der Arbeiten.

7 1 Grundsatz[1]

Art. 183

Für die vorzeitige[2] Beendigung des Werkvertrages gelten, soweit diese Norm[3] nichts anderes vorsieht[4], die gesetzlichen Bestimmungen (z.B. Art. 97, 107, 119 und 366 OR)[5].

Art. 183 (1977/91)

Für die vorzeitige Beendigung des Werkvertrages gelten, soweit diese Norm nichts anderes vorsieht, die gesetzlichen Bestimmungen (z.B. Art. 97, Art. 107, Art. 119 und Art. 366 OR).

Anmerkung 1

1.1 Art. 183 bringt einerseits zum Ausdruck, dass die vorzeitige Beendigung des Werkvertrags in der SIA-Norm 118 nicht abschliessend geregelt ist. Und andererseits erinnert er daran, dass subsidiär die gesetzlichen Bestimmungen eingreifen (vgl. schon Art. 2 Abs. 2). Zu beachten ist aber, dass es entgegen dem Wortlaut des Art. 183 selbstverständlich auch sein kann, dass sich eine gesetzesverdrängende Regel zur vorzeitigen Beendigung in einem weiteren Vertragsbestandteil (und nicht in der SIA-Norm 118) findet (Art. 183/Rz. 4.1).

1.2 Für eine systematische Darstellung der Beendigungsordnung nach Gesetz und SIA-Norm 118 vgl. Trümpy-Jäger, Vorzeitige Beendigung von Bauwerkverträgen, S. 47 ff.

Anmerkung 2

2 «Vorzeitig» heisst: vor der Abnahme des ganzen Werks oder aller Werkteile (Art. 157 ff.).

Anmerkung 3

3 Die SIA-Norm 118, welche die vorzeitige Beendigung schwergewichtig (aber nicht abschliessend, vgl. z.B. Art. 59 Abs. 2 oder Art. 96 Abs. 4) in den Art. 183 – 190 regelt.

Anmerkung 4

4.1 Gemeint sind hier also Vertragsabreden innerhalb der SIA-Norm 118, die etwas anderes als die gesetzlichen Bestimmungen vorsehen. Entsprechende Vertragsabreden können jedoch nicht nur innerhalb, sondern *auch ausserhalb* der SIA-Norm 118 wirksam vereinbart werden. Art. 183 sagt das nicht ausdrücklich, da es selbstverständlich ist. Hierbei ist ein Zweifaches zu unterscheiden: erstens die Abreden, die zwar vom Gesetze (z.B. von Art. 119 OR) abweichen, der SIA-Norm 118 aber nicht widersprechen; sie sind auch ohne individuelle Vereinbarung und in einem rangtieferen Vertragsbestandteil wirksam. Und zweitens die Abreden, die nicht nur vom Gesetz abweichen, sondern auch der SIA-

Norm 118 widersprechen: Sie sind bloss wirksam, wenn sie individuell oder in einem ranghöheren Vertragsbestandteil vereinbart werden (Einl./Rz. 26).

Teilweise sind SIA-Norm 118 und Gesetz deckungsgleich, so beispielsweise, was das Recht des Bauherrn zum jederzeitigen Rücktritt anbelangt (Art. 184 Abs. 1; Art. 377 OR). 4.2

Anmerkung 5

Der Verweis auf die subsidiäre Geltung der gesetzlichen Bestimmungen hat nicht den Zweck, die betreffenden Gesetzesbestimmungen zum Bestandteil der SIA-Norm 118 zu machen. Gleiches gilt auch etwa für den normeigenen Verweis auf das «Rücktrittsrecht des Bauherrn nach Art. 366 Abs. 1 OR», der sich in Art. 96 Abs. 4 findet. 5

7 2 Einzelne Fälle vorzeitiger Beendigung

7 21 Allgemeines Rücktrittsrecht des Bauherrn[1]

Art. 184

[1] Solange das Werk unvollendet ist[2], kann der Bauherr gegen[3] volle Schadloshaltung[4] des Unternehmers jederzeit[5] vom Vertrag[6] zurücktreten[7] (Art. 377 OR).[8]

[2] Die Schadloshaltung entspricht der Vergütung, die der Unternehmer bei Ausführung der vereinbarten Arbeiten hätte beanspruchen können, abzüglich der Aufwendungen, die er wegen des Rücktritts des Bauherrn ersparen konnte[9].[10]

Art. 184 (1977/91)

[1] Solange das Werk unvollendet ist, kann der Bauherr gegen volle Schadloshaltung des Unternehmers jederzeit vom Vertrag zurücktreten (Art. 377 OR).

[2] Die Schadloshaltung entspricht der Vergütung, die der Unternehmer bei Ausführung der vereinbarten Arbeiten hätte beanspruchen können, abzüglich der Aufwendungen, die er wegen des Rücktritts des Bauherrn ersparen konnte.

Anmerkung 1

Art. 184 gewährt dem Bauherrn das Recht, den Werkvertrag vorzeitig zu beenden, und stellt damit die tatsächliche Ausführung des vereinbarten Werks ganz in dessen Belieben (GWerkV Rz. 521). Dieses Recht, das in Art. 184 als Rücktrittsrecht bezeichnet wird, ist in Tat und Wahrheit ein Kündigungsrecht (Art. 184/Rz. 7.3), da der Werkvertrag nicht rückwirkend, sondern bloss mit Wirkung ex nunc aufgelöst wird, wenn der Bauherr von seinem Gestaltungsrecht Gebrauch macht (BGE 130 III 362/366 E. 4.2; 129 III 738/748 E. 7.3; 117 II 273/276 E. 4a). Dieses Recht ist insoweit allgemein, als es an keine besonderen Voraussetzungen geknüpft ist (BGE 129 III 738/748 E. 7.2). Äusserlich zerfällt Art. 184 in zwei Absätze mit je einer Regel: 1.1

1.2 a) Die Regel des Art. 184 Abs. 1 ist der gesetzlichen Vorschrift des Art. 377 OR (Rücktritt des Bestellers gegen Schadloshaltung) nachgebildet (BGer 4A_551/2015 vom 14. April 2016 E. 6). Dies erlaubt es, sich bei der Auslegung des Art. 184 Abs. 1 am Sinngehalt des Art. 377 OR zu orientieren (Einl./Rz. 34). Ausführlich zu Art. 377 OR: Gauch, Der Rücktritt des Bestellers, S. 35 ff.; GWerkV Rz. 522 ff.; Krauskopf, Die Kündigung von Bauverträgen, S. 29 ff.

1.3 Das in Art. 377 OR hervorgehobene Element, dass der Unternehmer Anspruch auf Vergütung der bereits geleisteten Arbeit hat, findet sich in der Normbestimmung des Art. 184 zwar nicht explizit wiederholt. Das aber erklärt sich aus der in Art. 184 Abs. 2 gewählten *Abzugsmethode,* nach welcher der Vergütungsanspruch im Schadenersatzanspruch aufgeht (vgl. dazu Art. 184/Rz. 10.1).

1.4 b) Die Regel des Art. 184 Abs. 2 führt die Bestimmung des ersten Absatzes fort; sie legt die Methode fest, nach der sich der Schadenersatz berechnet, den der Bauherr dem Unternehmer schuldet, falls er nach Art. 184 Abs. 1 vom Vertrag zurücktritt.

Anmerkung 2

2.1 Das Rücktrittsrecht erlischt mit der «Vollendung» des Werks (Art. 157/Rz. 2.1; vgl. auch BGer 4C.387/2001 vom 10. September 2002 E. 6.2; GWerkV Rz. 524); es erlischt also nicht früher (selbst wenn der Bauherr die Vollendung verhindert hat; BGE 98 II 113/116 E. 3), aber auch nicht später (z.B. nicht erst mit der Vollendungsanzeige durch den Unternehmer, Art. 158 Abs. 1; Bühler Theodor, Zürcher Kommentar, N 22 zu Art. 377 OR). Ob das vollendete Werk mängelfrei ist oder nicht, macht keinen Unterschied, da es für die Vollendung nicht auf die Mängelfreiheit ankommt (Art. 157/Rz. 2.2; BGer 4A_96/2014 vom 2. September 2014 E. 4.1; anders jedoch Brändli, Die Nachbesserung, Rz. 572, der postuliert, dass Art. 377 OR auch dann anzuwenden sei, wenn das Werk zwar vollendet ist, aber noch Nachbesserungsarbeiten ausstehen). Beizufügen bleibt jedoch:

2.2 Das Beendigungsrecht nach Art. 184 Abs. 1 entfällt (was sich von selbst versteht), sobald der Werkvertrag aus einem anderen Grund (z.B. infolge eingetretener Unmöglichkeit) erloschen ist (GWerkV Rz. 524 i.V.m. 718 ff.). Ein bereits erloschener Vertrag kann nicht nochmals, durch Kündigung (Art. 184/Rz. 1.1 und 7.3), aufgehoben werden.

Anmerkung 3

3 Das Wort «gegen» bringt nur zum Ausdruck, dass die Schadenersatzpflicht des Bauherrn eine Rechtsfolge seines Rücktritts ist. Weder setzt die Wirksamkeit des Rücktritts voraus, dass der Bauherr dem Unternehmer eine Schadenersatzleistung *anbietet* (vgl. BGE 98 II 113/115 E. 3; 96 II 192/195 E. 3), noch hängt die Schadenersatzpflicht von einem solchen Angebot ab. Vielmehr entsteht sie als unmittelbare Folge der wirksamen Rücktrittserklärung. Da der Rücktritt nach Art. 184 Abs. 1 rechtmässig erfolgt, liegt der Ersatzpflicht auch keine Vertragsverletzung (anders z.B. Gautschi, Berner Kommentar, N 4b zu Art. 377 OR), sondern vielmehr die Idee zugrunde, dass der Bauherr zwar einseitig auf die Herstellung des bestellten Werks verzichten, sich damit aber nicht auch von seiner Vergütungspflicht befreien kann.

Anmerkung 4

Die «volle Schadloshaltung» richtet sich auf Ersatz des Erfüllungsinteresses, also des positiven Vertragsinteresses, zu dem auch ein allfälliger Gewinn gehört (BGer 4A_551/2015 vom 14. April 2016 E. 7.3). Die Berechnung der Ersatzleistung richtet sich nach Art. 184 Abs. 2, der von Art. 377 OR abweicht (Art. 184/Rz. 4.2 und 10.1). Einschränkend ist anzufügen, dass der Bauherr im Rahmen von Art. 377 OR von seiner Pflicht zur Schadloshaltung (ganz oder teilweise) befreit sein kann, wenn er den Vertrag aus wichtigem Grund auflöst, der ihm die Vertragsfortsetzung unzumutbar macht (GWerkV Rz. 567 ff.; zur Auflösung eines Werkvertrags aus wichtigem Grund BGer 4C.393/2006 vom 27. April 2007 E. 3.3.3; Koller Alfred, Werkvertragsrecht, Rz. 1062 ff.; zur Auflösung des Werkvertrags infolge vorwerfbaren Verhaltens des Unternehmers BGer 4A_551/2015 vom 14. April 2016 E. 7.3; 4A_96/2014 vom 2. September 2014 E. 4.1). Die gleiche Rechtslage besteht auch im Anwendungsbereich des Art. 184 Abs. 1, der diesbezüglich nichts Abweichendes bestimmt. Doch ist ein Zweifaches zu beachten: 4.1

a) Art. 377 OR unterscheidet zwischen der «Vergütung der bereits geleisteten Arbeit» und der «vollen Schadloshaltung» (Additionsmethode); demgegenüber wird in Art. 184 Abs. 2 die Vergütung des Geleisteten in die Schadloshaltung einbezogen (Abzugsmethode; vgl. Art. 184/Rz. 10.1 ff.; zu diesen Methoden BGE 96 II 192/197 E. 6; BGer 4A_96/2014 vom 2. September 2014 E. 4.1; 4C.120/1999 vom 25. April 2000 E. 5a; GWerkV Rz. 546 und 551; Zindel/Pulver/Schott, Basler Kommentar, N 16 f. zu Art. 377 OR; Chaix, Commentaire romand, N 15 f. zu Art. 377 OR). Dieser Unterschied ist im vorliegenden Zusammenhang deshalb bemerkenswert, weil die Befreiung des Bauherrn grundsätzlich nicht so weit gehen kann, dass sie auch die Vergütung des bereits Geleisteten erfasst. Vorbehalten bleiben höchstens Fälle, in denen der «wichtige Grund» in einem vorwerfbaren Verhalten des Unternehmers besteht und der bereits ausgeführte Werkteil für den Bauherrn unbrauchbar ist (vgl. GWerkV Rz. 572). 4.2

b) *Kein* wichtiger Grund, der eine Befreiung von der Schadloshaltung rechtfertigt, ist der blosse Umstand, dass der Bauherr für das bestellte Werk *keine Verwendung* mehr hat. Das gilt zumindest im Normalfall. Eine abweichende Lösung wäre für Sonderfälle denkbar, in denen die Verwendungsmöglichkeit durch eine tiefgreifende Änderung der Sozialexistenz (z.B. durch Krieg, schwere Naturkatastrophen usw.) beeinträchtigt wird (vgl. Jäggi/Gauch/Hartmann, Zürcher Kommentar, N 730 zu Art. 18 OR). 4.3

Anmerkung 5

Zum Beispiel auch vor Beginn der Arbeiten (BGer 4C.387/2001 vom 10. September 2002 E. 6.2) oder kurz vor der Vollendung des Werks (vgl. BGE 117 II 273/276 E. 4a; siehe auch GWerkV Rz. 525). Zum Rücktritt aus wichtigem Grund vgl. aber Art. 184/Rz. 4.1 ff. 5

Anmerkung 6

Wie Art. 377 OR, so regelt auch Art. 184 Abs. 1 nur den Rücktritt vom *ganzen* Vertrag. Der *Teilrücktritt,* bei dem der Bauherr nur auf einen Teil der noch ausstehenden Leistungen verzichtet, der Werkvertrag im Übrigen aber andauert, ist nicht Gegenstand dieser 6.1

Bestimmung. Doch kann der Teilrücktritt vom Besteller in Form einer *Bestellungsänderung* ausgeübt werden. So sieht Art. 84 Abs. 1 vor, dass sich eine Bestellungsänderung auch darauf richten kann, dass der «Unternehmer Leistungen, zu denen dieser durch den Werkvertrag verpflichtet ist, [...] überhaupt nicht ausführt». Das aber ist der Sache nach nichts anderes als ein Teilrücktritt, also eine partielle Auflösung des Vertrags. Was diesen Teilrücktritt nach Art. 84 Abs. 1 angeht, ist zu beachten:

6.2 a) Auch ein Teilrücktritt kann nur so lange ausgeübt werden, als das Werk unvollendet ist. Das ergibt sich nicht aus den Bestimmungen über die Bestellungsänderung, sondern daraus, dass auch ein Teilrücktritt nur für die Zukunft wirkt (ex nunc; Art. 184/Rz. 1.1 und 7.3) und dadurch ein Verzicht auf Leistungen, die der Unternehmer schon erbracht hat, ausgeschlossen ist. Entsprechend zieht ein Teilrücktritt auch keine Rückabwicklung nach sich.

6.3 b) Was die Folgen angeht, so kommen die einschlägigen Normbestimmungen der Art. 85–91 (also weder Art. 184 noch Art. 377 OR) zur Anwendung. Eine Pflicht, den Unternehmer in vollem Umfang schadlos zu halten, besteht bei einem berechtigten Teilrücktritt nicht.

6.4 c) Ist der Teilrücktritt indes unberechtigt, trifft den Bauherrn die Pflicht zur vollen Schadloshaltung. Das ist dann der Fall, wenn sein Teilrücktritt die in Art. 84 Abs. 1 aufgestellten Voraussetzungen nicht erfüllt. Nicht erfüllt sind diese Voraussetzungen zum einen dann, wenn durch den Teilrücktritt der «Gesamtcharakter des zur Ausführung übernommenen Werkes» berührt wird. Das ist sicher dann zu bejahen, wenn vom Teilrücktritt nur untergeordnete Leistungsteile nicht erfasst werden und er damit im Wesentlichen so wirkt wie eine vorzeitige Auflösung des Werkvertrags nach Art. 184 Abs. 1. Nicht erfüllt sind die Voraussetzungen aber auch dann, wenn der Bauherr die dem Unternehmer durch einen Teilrücktritt entzogenen Leistungsteile durch Dritte ausführen lässt. Dass den Bauherrn eine Pflicht zur Schadloshaltung trifft, heisst nicht, dass der Teilrücktritt unberechtigt ist. Dies lässt sich auch aus Art. 84 Abs. 3 nicht herauslesen, da hier lediglich davon die Rede ist, dass der Bauherr nicht «nach Abs. 1 berechtigt» ist, den Vertrag partiell aufzulösen. Vielmehr entspricht die Rechtslage jetzt jener, die auch besteht, wenn der Unternehmer nach Art. 184 Abs. 1 auf alle noch ausstehenden Leistungen verzichtet.

6.5 d) Für die Fälle, in denen der Bauherr den Unternehmer schadlos zu halten hat, verweist Art. 84 Abs. 3 in Klammern ausdrücklich auf Art. 377 OR. Die Auslegungsfrage, die sich stellt, geht dahin, ob damit die Schadensberechnung nach gesetzlicher Methode (Additionsmethode) zu erfolgen hat oder ob noch immer jene Methode anzuwenden ist, die Art. 184 Abs. 2 vorsieht (Abzugsmethode). Sie lässt sich nicht in Anlehnung an Art. 184 Abs. 1 lösen, obschon hier ebenfalls in Klammern auf Art. 377 OR verwiesen wird, da es hier nicht um die Schadloshaltung, sondern um das Rücktrittsrecht geht. Sofern die Parteien nichts Gegenteiliges wirksam vereinbart haben, ist mit Blick auf das Gebot der gesamtheitlichen Auslegung (dazu Jäggi/Gauch/Hartmann, Zürcher Kommentar, N 472 ff. zu Art. 18 OR) jene Lösung vorzuziehen, bei der sich die Schadloshaltung auch nach einem Teilrücktritt nach Art. 184 Abs. 2 richtet.

e) Weder eine Bestellungsänderung im Sinne der Norm (Art. 84 Abs. 5) noch ein Grund, der den Bauherrn zu Schadenersatz verpflichtet, ist die Vergabe von Arbeiten an einen Dritten, bei der sich der Bauherr auf einen Vorbehalt gemäss Art. 11 stützt. 6.6

f) Kein Teilrücktritt ist schliesslich das blosse *Retardierungsbegehren*, womit der Bauherr den Unternehmer anweist, den Arbeitsbeginn oder die Werkausführung (z.B. durch temporäre Arbeitseinstellung oder durch schlichte Verlangsamung) hinauszuzögern (GWerkV Rz. 596). Ein Recht zu einer solchen Retardierung steht dem Bauherrn weder nach Art. 377 OR noch nach den Bestimmungen der SIA-Norm 118 (auch nicht nach Art. 84 Abs. 1; vgl. Vorbem. Art. 84–91/Rz. 10; Art. 99/Rz. 7.3) zu, sondern bloss aufgrund einer entsprechenden Vereinbarung. Verzögert der Bauherr den Beginn oder die Fortsetzung der Werkausführung, ohne hierzu aufgrund einer besonderen Abrede befugt zu sein, so gerät er in Gläubigerverzug, wenn sein Verhalten nicht durch objektive Umstände gerechtfertigt ist (Art. 91 ff. OR; vgl. auch Art. 94 Abs. 2 und Art. 97 Abs. 1). 6.7

Anmerkung 7

Der *Rücktritt* nach Art. 184 Abs. 1 kann vom Bauherrn ausdrücklich oder stillschweigend (namentlich durch konkludentes Verhalten, beispielsweise dadurch, dass der Bauherr dem Unternehmer den Zutritt zur Baustelle verwehrt oder indem er die noch ausstehenden Arbeiten – für den Unternehmer erkennbar – an einen Dritten überträgt oder selbst ausführt, ohne dass er ein Recht zur Ersatzvornahme hätte) erklärt werden; die Gestaltungserklärung bedarf zu ihrer Wirksamkeit keiner besonderen Form (vgl. BGE 129 III 738/748 E. 7.2; GWerkV Rz. 525 f.). Die Erklärung muss sich an den Unternehmer richten und wird erst wirksam, wenn sie dem Unternehmer zugegangen ist. Im Einzelnen ist hervorzuheben: 7.1

a) Auf die *Gründe*, aus denen der Bauherr zurücktritt, kommt es nicht an (vgl. BGE 69 II 139/142 E. 4a); auch hat der Unternehmer keinen Anspruch darauf, dass ihm Gründe eröffnet werden oder ihm eine Schadenersatzleistung (Art. 184/Rz. 3) angeboten wird (BGE 98 II 113/115 E. 3; 96 II 192/195 E. 3). Doch darf die Erklärung an keine Bedingung geknüpft sein (Gautschi, Berner Kommentar, N 8 zu Art. 377 OR), ausser es entstehe trotz der Bedingung keine Ungewissheit für den Unternehmer, weil z.B. der Eintritt der Bedingung allein von seinem Willen abhängt (BGE 128 III 129/135 E. 2a; GWerkV Rz. 527). 7.2

b) Der erklärte Rücktritt ist unwiderruflich, wobei es den Parteien aber selbstredend frei steht, die einseitige Auflösung des Werkvertrags durch Vereinbarung rückgängig zu machen (GWerkV Rz. 527). Der Rücktritt *bewirkt* die fristlose Auflösung des Werkvertrags, sobald die Rücktrittserklärung dem Unternehmer zugeht. Aufgelöst wird der Vertrag für die Zukunft (ex nunc, nicht ex tunc), eine Rückabwicklung bleibt aus (BGE 130 III 362/366 E. 4.2; 129 III 738/748 E. 7.3; vgl. auch den französischen Wortlaut des Art. 377 OR: «Résiliation»). Beim Rücktritt handelt es sich also in Tat und Wahrheit um eine *Kündigung:* Der Unternehmer wird von der Pflicht zur Ausführung der noch ausstehenden Herstellungsarbeiten befreit, verliert aber für diese Arbeiten (nicht auch für die schon geleisteten) auch seinen Vergütungsanspruch (Art. 184/Rz. 1.1). 7.3

7.4 c) Da der Werkvertrag nur für die *Zukunft* aufgelöst wird, hat der Bauherr Anspruch auf den ausgeführten Teil des Werks; zur Mängelhaftung Vorbem. Art. 183–190/Rz. 2 f.; GWerkV Rz. 2432 ff.; BGE 130 III 362/366 E. 4.2; 116 II 450/453 E. 2a/aa. Umgekehrt aber ist er zur «Vergütung der bereits geleisteten Arbeit» verpflichtet (vgl. Art. 377 OR; GWerkV Rz. 535 ff.). Diese Vergütungspflicht bleibt in Art. 184 deshalb unerwähnt, weil sie nach der in Art. 184 Abs. 2 gewählten Berechnungsmethode (Abzugsmethode) in der Schadenersatzpflicht des Bauherrn aufgeht (vgl. Art. 184/Rz. 10.1).

7.5 d) Vom Rücktritt nach Art. 184 *zu unterscheiden* ist die Vertragsauflösung durch gegenseitige Übereinkunft, also durch eine Abrede zwischen den Parteien. Die Folgen eines solchen Aufhebungsvertrags beurteilen sich nicht nach Art. 184, sondern nach dem Inhalt der Übereinkunft (GWerkV Rz. 564 ff.). Erweist sich die Übereinkunft, was die Folgen der Aufhebung angeht, als lückenhaft, ist bei der Lückenfüllung auch in Betracht zu ziehen, wer den Vertrag nach welchen Regeln allenfalls einseitig hätte aufheben können. Auch mit einer Ersatzvornahme nach Art. 98 Abs. 1 OR (dazu BGE 142 III 321 ff.) oder Art. 366 Abs. 2 OR geht kein Vertragsrücktritt einher, auch kein stillschweigender. Schliesslich ist der Rücktritt nach Art. 184 vom Erlöschen des Werkvertrags zu unterscheiden, das in Art. 185 geregelt ist: Hier wird der Vertrag aufgelöst, wenn die Vollendung des Werks aus Verhältnissen des Bestellers unmöglich wird (auch Art. 378 OR), ohne dass es einer entsprechenden Erklärung bedürfte (Art. 185/Rz. 7).

7.6 e) Mit dem Rücktritt wird der Unternehmer von der Verpflichtung befreit, das Werk herzustellen bzw. das schon angefangene Werk zu vollenden. Zu beachten sind aber namentlich auch die folgenden Wirkungen: Die Rücktrittserklärung des Bauherrn ersetzt die Vollendungsanzeige des Unternehmers und leitet die Abnahme ein, was sich aus einer sinngemässen Anwendung des Art. 158 Abs. 1 ergibt (Vorbem. Art. 183–190/Rz. 3); die zweijährige Rügefrist und die Verjährungsfrist, welche die dem Bauherrn nach der SIA-Norm 118 zustehenden gewährleistungsrechtlichen Ansprüche beschränken, werden auch bei vorzeitiger Beendigung durch die Abnahme in Gang gesetzt (anders Spiess/Huser, Handkommentar, N 18 zu Art. 184). Mangelhaft ist das unvollendete Werk nicht schon deshalb, weil es unvollendet ist; mangelhaft aber ist es, wenn ihm eine Eigenschaft fehlt, die es in diesem «Stadium der Ausführung haben sollte» (GWerkV Rz. 2433; BGE 116 II 450/453 E. 2b/aa; BGer 4C.241/2003 vom 11. November 2003 E. 3.3). Die Fälligkeit des Rückbehalts und des Anspruchs auf volle Schadloshaltung richten sich nach Art. 152 bzw. Art. 155. Keine Rolle spielt, wann diese Forderungen fällig geworden wären, hätte der Bauherr den Vertrag nicht vorzeitig beendet (siehe auch BGE 129 III 738/749 E. 7.3; anders noch BGE 117 II 273/278 E. 4c).

Anmerkung 8

8.1 Dieses Rücktrittsrecht des Bauherrn kann durch eine individuell oder in einem rangmässig höheren Vertragsbestandteil getroffene Abrede beschränkt oder ausgeschlossen werden (vgl. Einl./Rz. 26; GWerkV Rz. 314 ff.). Ein solcher *Ausschluss* scheitert auch nicht an der gesetzlichen Bestimmung des Art. 377 OR, weil das darin vorgesehene Rücktrittsrecht des Bestellers nur dispositiven Charakter hat, also nicht zwingend ist (GWerkV

Rz. 582 ff.; Leuenberger, Dienstleistungsverträge, S. 71; anders z.B. Gautschi, Berner Kommentar, N 10 zu Art. 377 OR; offengelassen in BGE 117 II 273/276 E. 4a).

Dem Gesagten zufolge sind die Parteien also frei, das Rücktrittsrecht des Bauherrn wegzubedingen, an bestimmte Voraussetzungen zu knüpfen, dessen Ausübung zu erschweren oder die Rücktrittsfolgen abweichend von SIA-Norm 118 und Gesetz festzulegen. Eine solche Vereinbarung ist aber, was sich von selbst versteht, nur insoweit gültig, als sie nicht gegen *das Persönlichkeitsrecht des Bauherrn* verstösst (Art. 27 Abs. 2 ZGB i.V.m. Art. 19 Abs. 1 OR). Insbesondere muss der Bauherr immer und uneingeschränkt berechtigt sein, den Werkvertrag aus einem wichtigen Grund, der ihm die Fortsetzung des Vertrags unzumutbar macht, aufzulösen (vgl. KGer SG BZ.2008.31 vom 1. Dezember 2008 E. 3 = BR/DC 2009, S. 156, Nr. 163; GWerkV Rz. 583; auch BGE 89 II 30/35 f. E. 5). 8.2

Soweit das Rücktrittsrecht des Bauherrn durch wirksame Vereinbarung ausgeschlossen ist, hat der Unternehmer einen vertraglichen Anspruch auf die *tatsächliche Ausführung* des Werks, woran er aus verschiedenen Gründen interessiert sein kann (vgl. GWerkV Rz. 585; Tercier, L'extinction prématurée du contrat, Rz. 1198). 8.3

Anmerkung 9

Indem Art. 184 Abs. 2 nur vom *Abzug der ersparten Aufwendungen* spricht, ist er zu eng gefasst. In Abzug kommt nämlich auch, was der Unternehmer durch anderweitige Verwendung seiner Kräfte tatsächlich erworben (BGE 34 II 258/265 E. 6) oder in treuwidriger Weise zu erwerben unterlassen hat (vgl. auch Art. 185/Rz. 12.3; überdies Gauch, Der Rücktritt des Bestellers, S. 39; GWerkV Rz. 555): 9.1

a) Was der Unternehmer durch anderweitige Verwendung seiner Kräfte (namentlich durch Verwendung freigewordener Arbeitskräfte und Maschinen) *tatsächlich erwirbt*, verringert seinen Schaden. Der anderweitige Erwerb führt schon deshalb zu einer Verminderung des Ersatzanspruchs, und zwar nach den Grundsätzen der Vorteilsanrechnung (allgemein dazu BGer 4A_227/2007 vom 26. September 2007 E. 3.6.3). Vorausgesetzt ist allerdings, dass dem Unternehmer dieser Erwerb gerade und nur wegen der vorzeitigen Vertragsauflösung ermöglicht wurde, sodass zwischen dem anderweitigen Erwerb des Unternehmers und dem Rücktritt des Bauherrn ein ursächlicher Zusammenhang besteht. 9.2

b) Der treuwidrig *unterlassene Erwerb* rechtfertigt eine Reduktion des Schadenersatzanspruchs, weil der Unternehmer nach Treu und Glauben (Art. 2 Abs. 1 ZGB) gehalten ist, die zumutbaren Massnahmen zur Verringerung seines Schadens zu ergreifen. Verletzt er diese Obliegenheit zur Schadensminderung, indem er die durch Vertragsrücktritt des Bauherrn freigewordenen Kräfte, obwohl möglich und zumutbar, nicht anderweitig einsetzt, so kann das Gericht die Ersatzpflicht des Bauherrn entsprechend ermässigen (BGer 4A_96/2014 vom 2. September 2014 E. 4.1). Art. 44 Abs. 1 OR, der die Herabsetzungsbefugnis des Gerichts im Deliktsrecht regelt, kommt hier sinngemäss zur Anwendung (GWerkV Rz. 554; ebenso Koller Alfred, Berner Kommentar, N 330 zu Art. 366 OR; Zindel/Pulver/Schott, Basler Kommentar, N 18 zu Art. 377 OR; abgelehnt in BGE 96 II 192/199 E. 8, weil die Ersatzpflicht des Bauherrn nach Art. 377 OR we- 9.3

der eine Vertragsverletzung noch ein Verschulden voraussetze; offengelassen in BGE 117 II 273/277 E. 4b; für einen Mietvertrag aber bejaht in BGE 117 II 156/158 E. 3a).

Anmerkung 10

10.1 Art. 184 Abs. 2 folgt, was die Berechnung des geschuldeten Schadenersatzes betrifft, der *Abzugsmethode,* die im Unterschied zur Additionsmethode des Art. 377 OR mit der vollen Schadloshaltung zugleich auch die Vergütung der bereits geleisteten Arbeit abgilt (Art. 184/Rz. 4.2; vgl. auch BGer 4A_96/2014 vom 2. September 2014 E. 4.1). Die Abzugsmethode verpflichtet also den Bauherrn zur Bezahlung der vollen (für das ganze Werk geschuldeten) Vergütung, von der jedoch Ersparnisse sowie ein anderweitig erlangter oder absichtlich unterlassener Erwerb abzuziehen sind (BGE 96 II 192/196 E. 5a; BGer 4C.120/1999 vom 25. April 2000 E. 5a). Darin besteht eine *Abweichung von Art. 377 OR,* der zwischen der Vergütung des Geleisteten und der Schadloshaltung unterscheidet, sodass die Schadloshaltung zur Vergütung hinzutritt (Additionsmethode; BGE 96 II 192/196 E. 5b). Über die beiden Methoden und ihre Unterschiede siehe GWerkV Rz. 546 ff.; Gauch, Der Rücktritt des Bestellers, S. 38 ff.; Koller Alfred, Werkvertragsrecht, Rz. 1056; Pedrazzini Mario, SPR VII/1, S. 549; BGer 4A_96/2014 vom 2. September 2014 E. 4.1.

10.2 Die Abzugsmethode, die Art. 184 Abs. 2 zugrunde liegt, führt nicht notwendigerweise zum gleichen Gesamtergebnis wie die Additionsmethode (vgl. aber BGE 96 II 192/197 E. 5: «pratiquement aux mêmes résultats»; auch BGer 4A_96/2014 vom 2. September 2014 E. 4.1). Die Erfahrung in Deutschland, wo die Abzugsmethode in § 649 BGB und § 8 Abs. 1 Nr. 2 VOB/B verankert ist, lehrt, dass diese Abrechnungsmethode «in allen Abrechnungsfällen dieser Art hoch streitig» ist (Gross, Das Wagnis in der Kündigungsvergütung, S. 631). Dies ist wohl mit ein Grund, weshalb sich die deutsche Rechtsprechung zu § 649 BGB in neuerer Zeit mit Überlegungen beholfen hat, die der Additionsmethode zugehören (grundlegend BGH VII ZR 227/93 vom 4. Juli 1996 E. 3b/aa = BauR 1996, S. 846 ff., wo der Bundesgerichtshof völlig zutreffend ausführt, dass die «Abrechnung nach der vereinbarten Vergütung unter Abzug der Ersparnisse usw. [...] sich nämlich nur auf den noch nicht vollendeten Teil seiner Leistung beziehen» kann; vgl. auch GWerkV Rz. 553). Ausserdem begründet die Abzugsmethode eine *Umkehr der Beweislast,* indem der Bauherr die vom Unternehmer ersparten Beträge nachzuweisen hat, wenn er Abzüge geltend machen will, welche die vom Unternehmer anerkannten Ersparnisse übersteigen (BGer 4C.216/2003 vom 20. Oktober 2003 E. 2.6; zum Beweismass BGer 4C.288/2001 vom 16. Januar 2002 E. 4c); anders hat bei der Additionsmethode der Unternehmer nicht nur die auf die bereits geleistete Arbeit entfallende Vergütung (BGer 4A_183/2011 vom 16. Juni 2011 E. 3.2), sondern auch den Schaden (namentlich einen entgangenen Gewinn) zu beweisen, der ihm vom Bauherrn im Zuge der vollen Schadloshaltung zu ersetzen ist. Beiden Methoden gemeinsam ist immerhin, dass die Leistungspflicht des Bauherrn gegen oben durch den Betrag begrenzt ist, den der Unternehmer hätte fordern können, wäre der Werkvertrag nicht vorzeitig beendet worden.

Angesichts der Schwierigkeit, die bei der Anwendung der Abzugsmethode in Rechnung zu stellenden Ersparnisse zu ermitteln, wäre es zulässig, vertraglich eine Pauschale zu vereinbaren, um einer Auseinandersetzung über das Ausmass der Abzüge vorzubeugen. In diese Richtung geht die gesetzliche Lösung in Deutschland, wo nach § 649 Abs. 2 BGB (widerlegbar) zu vermuten ist, dass dem «Unternehmer 5 vom Hundert der auf den noch nicht erbrachten Teil der Werkleistung entfallenden vereinbarten Vergütung zustehen». Diese Pauschalierung ist in Art. 184 nicht angelegt, sondern muss (wenn überhaupt) vertraglich begründet werden. 10.3

7 22 Unmöglichkeit der Erfüllung aus Verhältnissen des Bauherrn[1]

Art. 185

Wird die vertragsgemässe[2] Vollendung des Werkes durch einen beim Bauherrn[3] eingetretenen Zufall[4] unmöglich[5] (z.B. wegen Enteignung oder Bauverbotes[6]), so erlischt der Werkvertrag (Art. 378 OR).[7] Der Unternehmer hat Anspruch auf Vergütung der erbrachten Leistungen nach Massgabe des Vertrages[8]; bei Verschulden[9] des Bauherrn an der Unmöglichkeit hat er überdies[10] Anspruch auf angemessenen[11] Ersatz des ihm wegen der Beendigung des Vertrages entgehenden Gewinnes und des sonstigen Schadens.[12]

Art. 185 (1977/91)

Wird die vertragsgemässe Vollendung des Werkes durch einen beim Bauherrn eingetretenen Zufall unmöglich (z.B. wegen Enteignung oder Bauverbotes), so erlischt der Werkvertrag (Art. 378 OR). Der Unternehmer hat Anspruch auf Vergütung der erbrachten Leistungen nach Massgabe des Vertrages; bei Verschulden des Bauherrn an der Unmöglichkeit hat er überdies Anspruch auf angemessenen Ersatz des ihm wegen der Beendigung des Vertrages entgehenden Gewinnes und des sonstigen Schadens.

Anmerkung 1

a) Art. 185 entspricht der gesetzlichen Bestimmung des Art. 378 OR, dessen Text und Randtitel er weitgehend (wenn auch nicht wortgetreu) übernimmt. Bei seiner Auslegung kann daher vom Sinngehalt der gesetzlichen Bestimmung (dazu GWerkV Rz. 722 ff.) ausgegangen werden (vgl. Einl./Rz. 34), was es rechtfertigt, die Kommentierung auf ausgewählte Punkte zu beschränken. Vorauszuschicken ist: 1.1

- «Aus Verhältnissen des Bauherrn» wird die Erfüllung (die Vollendung des Werks) dann unmöglich, wenn der Grund der Unmöglichkeit im «vertraglichen Risikobereich» des Bauherrn (namentlich in seiner Person, seinem Betrieb, seinem Verhalten, dem Verhalten seiner Hilfspersonen) liegt (GWerkV Rz. 724 f.; BGer 4A_101/2015 vom 21. Juli 2015 E. 4.3). Der so verstandene Risikobereich des Bauherrn ist also nicht 1.2

auf dessen Mitwirkungshandlungen beschränkt, sondern geht darüber hinaus (vgl. diesbezüglich aber BGE 69 II 139/141 E. 3). Doch entzieht er sich einer abstrakten Definition, weil er sich nach der jeweiligen vertraglichen Vereinbarung bestimmt, zu deren Auslegung namentlich auch auf die Verkehrsanschauung abzustellen ist. Anhand einiger typischer Beispiele lässt sich veranschaulichen, worum es geht (dazu und zum Folgenden vgl. GWERKV Rz. 725): Unmöglichkeit der Vollendung des Werks wegen eines Mangels des Stoffs, den der Bauherr geliefert hat; wegen des Baugrunds, der sich im Eigentum des Bauherrn befindet; weil das Grundstück, das bebaut werden soll, mit einem Bauverbot belegt oder enteignet wird; weil die zu reparierende Sache des Bauherrn vernichtet oder sonst wie unreparierbar wird.

1.3 – Je nachdem, ob es sich beim Grund der Unmöglichkeit um einen Zufall handelt oder aber den Bauherrn ein Verschulden bzw. eine Hilfspersonenhaftung trifft, ist die Rechtslage verschieden. Die Verschiedenheit beschränkt sich auf die Schadenersatzpflicht, die nur bei Verschulden bzw. einer Hilfspersonenhaftung nach Art. 101 OR (nicht aber bei Zufall) besteht, während der Werkvertrag aber so oder anders erlischt.

1.4 – Art. 185 beruht (gleich wie Art. 378 OR) auf der Voraussetzung, dass am Eintritt der Unmöglichkeit keine Umstände mitgewirkt haben, die (auch) der Unternehmer vertreten muss (vgl. GWERKV Rz. 724). Deshalb entfällt seine Anwendbarkeit etwa dann, wenn der Unternehmer es in Verletzung einer bestehenden Anzeigepflicht (Art. 25) unterlassen hat, den Bauherrn rechtzeitig auf die Gefahr des später eingetretenen Leistungshindernisses aufmerksam zu machen (z.B. BGer 4A_101/2015 vom 21. Juli 2015 E. 4.3). Diesfalls fallen dem Unternehmer die nachteiligen Folgen selbst zur Last (vgl. Art. 25/Rz. 7.4; Art. 166/Rz. 17), was unter anderem bedeuten kann, dass er dem Bauherrn nach Massgabe der Art. 97 Abs. 1 OR oder Art. 101 Abs. 1 OR den aus der Unmöglichkeit entstandenen Schaden zu ersetzen hat.

1.5 b) Art. 185 befasst sich einzig mit der *Unmöglichkeit der Werkvollendung,* nicht auch mit dem Untergang der bereits erbrachten Leistungen. Ist durch den Zufall beim Bauherrn oder durch dessen Verschulden das bereits ausgeführte Werk untergegangen und dadurch die Werkvollendung unmöglich geworden, so beurteilt sich die Rechtslage nach Art. 187 oder Art. 188. Art. 187 kommt zur Anwendung, soweit der Untergang auf einem Zufall beruht, der zwar beim Bauherrn eingetreten ist, aber nicht in den Anwendungsbereich des Art. 188 fällt (Art. 188/Rz. 7.1).

Anmerkung 2

2 Das Wort «vertragsgemäss» wurde in Art. 185 eingeschoben, obwohl das gesetzliche Vorbild (Art. 378 Abs. 1 OR) nur von der Vollendung (nicht von der «vertragsgemässen» Vollendung) spricht. Der Einschub stellt zwar klar, dass die Arbeiten, deren Ausführung zur Vollendung des Werks gehören, sich nach dem Inhalt des konkreten Werkvertrags (einschliesslich allfälliger Bestellungsänderungen) bestimmen. Doch ist er missverständlich, weil er den falschen Eindruck erwecken kann, Art. 185 komme auch dann zur Anwendung, wenn bloss die mängelfreie oder die rechtzeitige Vollendung des Werks unmöglich wird, was nicht zutrifft (vgl. hierzu Art. 185/Rz. 5.2).

Anmerkung 3

Zu den Verhältnissen des Bauherrn, welche die Unmöglichkeit verursacht haben, vgl. Art. 185/Rz. 1.2. 3

Anmerkung 4

Hier verzichtet die SIA-Norm 118 auf eine erklärende Umschreibung des Zufalls, doch kann insoweit Art. 187 Abs. 1 herangezogen werden: «ohne Verschulden einer Vertragspartei oder deren Hilfspersonen», wobei präzisierend anzufügen wäre, dass es nach aktuellem Verständnis der Hilfspersonenhaftung nicht auf das Verschulden der Hilfsperson, sondern darauf ankommt, dass deren Verhalten dem Bauherrn zum Verschulden gereichen würde (hypothetische Vorwerfbarkeit). 4

Anmerkung 5

Im Sinne des Art. 185 «unmöglich» wird entweder die Herstellung des noch nicht begonnenen Werks (Ganzunmöglichkeit) oder die Fertigstellung des bereits begonnenen Werks (quantitative Teilunmöglichkeit). Beides ist im Ausdruck «Unmöglichkeit der Vollendung» sowie im Titel «Unmöglichkeit der Erfüllung» eingeschlossen, die Art. 185 verwendet. Gemeint ist zudem eine *nachträgliche* Unmöglichkeit, was die Bestimmung mit dem Wort «wird» signalisiert und auch mit ihrem gesetzlichen Vorbild (Art. 378 OR) in Einklang steht. Die Unmöglichkeit kann eine rechtliche (z.B. infolge eines von Art. 185 erwähnten Bauverbots) oder eine tatsächliche sein (BGer 4A_477/2008 vom 19. Mai 2009 E. 3.1.2); sicher aber muss die Erfüllung *objektiv* unmöglich geworden sein, indem die Unmöglichkeit nicht bloss für den betreffenden Unternehmer, sondern für jedermann bestehen muss, was vom Unternehmer zu beweisen ist (BGer 4A_477/2008 vom 19. Mai 2009 E. 3.1.3), der sich auf die Unmöglichkeit beruft und vom Bauherrn eine Teilvergütung und allenfalls Schadenersatz verlangt. Zudem muss die objektive Unmöglichkeit *dauernd* sein, was dann zu beachten ist, wenn sich der Unmöglichkeit durch eine geeignete Bestellungsänderung, die sich beispielsweise auf eine andere Ausführungsart bezieht, entgegenwirken lässt. Die Unmöglichkeit tritt hier erst dann ein, wenn klar ist, dass der Bauherr die Bestellungsänderung nicht anordnen wird und die Unmöglichkeit damit dauernd ist, weshalb der Werkvertrag auch erst jetzt erlischt. Im Übrigen ist zu beachten: 5.1

a) Wird nur die mängelfreie oder die rechtzeitige Herstellung des Werks unmöglich, so liegt kein Unmöglichkeitsfall im Sinne des Art. 185 (oder des Art. 378 Abs. 1 OR) vor. Im ersten Fall beurteilt sich die Rechtslage nach den Bestimmungen über die Mängelhaftung (Art. 165 ff.; vgl. Art. 165/Rz. 2; beachte aber auch GWerkV Rz. 2422 ff.); im zweiten Fall richtet sie sich nach den einschlägigen Vorschriften über die Fristen (Art. 94 ff.). 5.2

b) Zudem gilt Art. 185 lediglich der Unmöglichkeit der Werkvollendung (vgl. die Überschrift: «Unmöglichkeit der Erfüllung [...]»), nicht auch dem Untergang der bereits erbrachten Leistungen (Art. 185/Rz. 1.5). 5.3

c) Was gilt, wenn sich der Unternehmer bei Eintritt des Zufalls im Schuldnerverzug befindet, ist in Art. 185 nicht geregelt. Diesfalls greift Art. 103 Abs. 1 OR ergänzend ein, wo- 5.4

nach der Unternehmer auch für den Zufall haftet (unter Vorbehalt von Abs. 2 dieser gesetzlichen Bestimmung). Der Unternehmer hat dem Bauherrn also Ersatz zu leisten für den Schaden, der diesem aus der Unmöglichkeit entstanden ist. Ist der bereits ausgeführte Teil für den Bauherrn unbrauchbar, so darf er die Vergütung des Geleisteten unter Ablehnung des ausgeführten Werkteils verweigern (Art. 379 Abs. 2 OR sinngemäss; siehe zu all dem GWerkV Rz. 739 i.V.m. 661 f. und 675). Gelingt dem Unternehmer der Entlastungsbeweis nach Art. 103 Abs. 2 OR, so bleibt es bei der Regelung des Art. 185 (bzw. Art. 378 OR).

Anmerkung 6

6 Die Beispiele dürfen nicht absolut verstanden werden in dem Sinne, dass diese Ereignisse in jedem Fall in den Risikobereich des Bauherrn fallen würden. Was das *Bauverbot* angeht, kann es vom Unternehmer verursacht sein, was die Anwendung des Art. 185 ausschliesst (vgl. Art. 185/Rz. 1.4). Doch liegt ein Verschulden des Bauherrn vor, wenn dieser es unterlassen hat, sich gegen ein offensichtlich rechtswidriges Bauverbot zur Wehr zu setzen, obschon dies zumutbar gewesen wäre (GWerkV Rz. 736; Koller Jo, Untergang, S. 69; Pedrazzini Mario, SPR VII/1, S. 548; Zindel/Pulver/Schott, Basler Kommentar, N 20 zu Art. 378 OR).

Anmerkung 7

7 Das entspricht der Rechtslage nach Art. 378 OR (ausführlich: GWerkV Rz. 732 f.), obwohl Art. 378 OR nicht ausdrücklich vom «Erlöschen» des Vertrags spricht. Der Werkvertrag erlischt für die Zukunft (BGE 25 II 396/400 E. 2; vgl. Art. 184/Rz. 7.3), ohne dass es hierfür einer Erklärung des Bauherrn (anders bei Art. 184, dazu Art. 184/Rz. 7.1) oder des Unternehmers bedarf. Soweit das Werk bereits ausgeführt ist, hat der Bauherr Anspruch auf das Werk, was sich daraus ergibt, dass der Bauherr die entsprechenden Arbeiten zu vergüten hat (Art. 378 Abs. 1 OR). Hinsichtlich der noch nicht ausgeführten Arbeiten jedoch erlöschen die gegenseitigen Ansprüche der Parteien. Zur Mängelhaftung vgl. Vorbem. Art. 183 – 190/Rz. 2 f.

Anmerkung 8

8.1 Dieser Anspruch auf Teilvergütung besteht unabhängig davon, ob die bereits erbrachten Leistungen für den Bauherrn brauchbar oder nutzlos sind.

8.2 Zu berechnen ist die Teilvergütung «nach Massgabe des Vertrages», weshalb die vertraglichen Preisabreden (namentlich vereinbarte Einheits- oder Pauschalpreise) auch bei der Anwendung des Art. 185 zu beachten sind (GWerkV Rz. 730). Bestimmt sich die Vergütung nach Einheitspreisen, so kommt es für die Vergütung auf die ausgemessenen Mengen an. Hat der Unternehmer eine Leistung, für die ein Pauschalpreis vereinbart worden ist, bloss teilweise ausgeführt, so schuldet der Bauherr dem Unternehmer «einen der tatsächlichen Ausführung entsprechenden Teilbetrag, der zum vereinbarten Pauschalpreis im gleichen Verhältnis steht wie der Wert der erbrachten Teilleistung zum Wert der ganzen Leistung» (GWerkV Rz. 730 in fine).

Hat der Unternehmer bis zum Eintritt der Unmöglichkeit keine Leistungen erbracht und auch sonst keinen Aufwand im Hinblick auf die Werkausführung betrieben, entfällt die Vergütungspflicht des Bauherrn gänzlich (GWerkV Rz. 731). Hat der Unternehmer aber schon Aufwand betrieben, muss der Bauherr ihm diesen nunmehr nutzlosen Aufwand ersetzen; davon ist zwar in Art. 185 nicht die Rede, doch ergibt sich der Anspruch aus Art. 378 OR, nach dem der Unternehmer «Anspruch auf Vergütung […] der im Preise nicht inbegriffenen Auslagen» hat. Möglich ist auch, dass der Unternehmer vor Eintritt der Unmöglichkeit bereits eine höhere Vergütung erhalten hat, als ihm nach Art. 185 zusteht. In diesem Fall hat der Bauherr einen vertraglichen Anspruch auf Rückleistung des Mehrbetrags. 8.3

Anmerkung 9

Nicht jeder Umstand, der dem Risikobereich des Bauherrn zuzurechnen ist und zur Unmöglichkeit der Erfüllung führt, gereicht dem Bauherrn zugleich zum Verschulden, ansonsten die in Art. 185 getroffene Unterscheidung zwischen Zufall und Verschulden keinen Sinn hätte. Von einem Verschulden ist sicher dann auszugehen, wenn der Bauherr mit Absicht oder doch durch unsorgfältiges Verhalten auf die Unmöglichkeit hingewirkt hat. Ein Verschulden im technischen Sinne aber ist nicht vorausgesetzt, weshalb ein Verschulden beispielsweise auch dann vorliegen kann, wenn der Bauherr sich leichtfertig über eine Anzeige hinwegsetzt, mit der ihn der Unternehmer spezifisch über die drohende Gefahr der Unmöglichkeit aufmerksam macht. Vgl. zum Verschulden, das bei der Anwendung des Art. 185 in Übereinstimmung mit der gesetzlichen Bestimmung des Art. 378 Abs. 2 OR zu verstehen ist, ausführlich GWerkV Rz. 734 ff. 9

Anmerkung 10

Der Anspruch besteht neben dem «Anspruch auf Vergütung der erbrachten Leistungen», kommt also hinzu. 10

Anmerkung 11

«Angemessen» bedeutet hier nicht etwa nach Billigkeit (Art. 187 Abs. 3); vgl. vielmehr Art. 185/Rz. 12.3. 11

Anmerkung 12

Die *Formulierung* weicht von Art. 378 Abs. 2 OR ab, wo kurz und bündig gesagt wird: «so kann der Unternehmer überdies Schadenersatz fordern». 12.1

Mit dem «entgehenden Gewinn und dem sonstigen Schaden» ist das Vergütungsinteresse des Unternehmers (das positive Vertragsinteresse) gemeint. Der Bauherr, der die Unmöglichkeit zu verantworten hat, muss den Unternehmer vermögensmässig so stellen, wie wenn der Vertrag erfüllt worden wäre, um ihm auf diese Weise den Vermögensnachteil zu ersetzen, der ihm aus dem Wegfall der noch nicht ausgeführten Arbeiten entsteht. Ist die vereinbarte Vergütung nicht (oder nur und gerade) kostendeckend, so entgeht dem Unternehmer zwar kein Gewinn. Er kann aber dennoch geschädigt werden, wenn er aufgrund der vorzeitigen Vertragsbeendigung einen Verlust erleidet, den er bei entgeltlicher 12.2

Vollendung des Werks in geringerem Umfang oder überhaupt nicht erlitten hätte (vgl. GWerkV Rz. 548). Zu beachten ist, dass hier (wie bei Art. 184 Abs. 2 SIA-Norm 118 und Art. 377 OR) nur das Vergütungsinteresse des Unternehmers geschützt wird, während die Bestimmung zwar auch vom «Ersatz [...] des sonstigen Schadens» spricht, den Ersatz von Vermögensnachteilen, die in keinem Zusammenhang mit der Vergütung stehen, aber nicht vorsieht (GWerkV Rz. 550). Dies rührt daher, dass der Bauherr den Vertrag auch dann nicht verletzt, wenn er den Grund der Unmöglichkeit zu vertreten hat, ihn also ein Verschulden trifft.

12.3 Bei der Berechnung des vom Bauherrn geschuldeten Schadenersatzes muss der Unternehmer sich *anrechnen lassen*, was er durch anderweitige Verwendung seiner (frei gewordenen) Kräfte erworben (Vorteilsanrechung, vgl. BGE 34 II 258/265 E. 6; allgemein BGer 4A_227/2007 vom 26. September 2007 E. 3.6.3) oder treuwidrig zu erwerben unterlassen hat (Art. 44 Abs. 1 OR sinngemäss; siehe auch Art. 184/Rz. 9.3; GWerkV Rz. 549). Die Beweislast hierfür (sowohl in Bezug auf den Erwerb respektive dessen treuwidrige Unterlassung als auch auf die Höhe) liegt beim Besteller, der sich auf diese Umstände beruft. Das Erfordernis dieser Anrechnung (vgl. auch Art. 184/Rz. 9.2 f.) kommt im Wort «angemessen» zum Ausdruck (siehe Art. 185/Rz. 11), das Art. 185 (nicht aber Art. 378 Abs. 2 OR) verwendet.

12.4 Die Pflicht des Bauherrn zur Teilvergütung (Art. 185/Rz. 8.2) und die Schadenersatzpflicht, die bei Verschulden des Bauherrn hinzutritt, entsprechen der *Vergütungs- und Schadenersatzpflicht* nach Art. 377 OR. Art. 185 sieht jedoch davon ab, für die Berechnung der gesamten Leistungspflicht die Abzugsmethode vorzuschreiben, wodurch er sich von Art. 184 Abs. 2 unterscheidet (zur Abzugsmethode vgl. Art. 184/Rz. 10.1), ohne dass für diesen Unterschied aber ein sachlicher Grund besteht. Das sollte nun aber nicht im Sinne einer Lücke gedeutet werden, die im Lichte des Art. 184 Abs. 2 zu füllen wäre (a.M. Spiess/Huser, Handkommentar, N 16 zu Art. 185). Angezeigt (und im Interesse einer einheitlichen Rechtsanwendung geboten) wäre an sich vielmehr, von der in Art. 184 geregelten Abzugsmethode abzurücken und die Additionsmethode anzuwenden, die auch bei der Schadloshaltung nach Art. 377 OR zum Zuge kommt (zur Additionsmethode siehe Art. 184/Rz. 10.1).

7 23 Besondere Umstände seitens des Unternehmers

Art. 186

[1] Gerät der Unternehmer ausserstande [1] (z.B. infolge Todes oder Invalidität), die übernommenen Arbeiten weiterzuführen [2], und ist die vertragsgemässe Weiterführung nicht durch Rechtsnachfolger und [3] Hilfspersonen gesichert, so kann der Bauherr den Werkvertrag durch Rücktritt beenden.[4] War der Vertrag mit Rücksicht auf die persönlichen Eigenschaften des Unternehmers eingegangen worden [5], so tritt die Beendigung ohne weiteres [6] ein (Art. 379 Abs. 1 OR).[7]

[2] Trotz der Beendigung bleibt der Unternehmer oder dessen Rechtsnachfolger verpflichtet, dem Bauherrn auf Verlangen die von ihm selbst erstellten Ausführungspläne (Art. 101) sowie die Baustelleneinrichtungen [8] zur Vollendung des Werkes ganz oder teilweise zu überlassen.[9]

[3] Der Bauherr vergütet nach Werkvertrag [10] die bereits erbrachten Leistungen, soweit sie für ihn brauchbar [11] sind [12]; ferner im Falle des Abs. 2 die Baustelleneinrichtungen und Ausführungspläne [13]. Für den Gewinn, der dem Unternehmer entgeht, schuldet er keinen Ersatz.[14] Liegt aufseiten des Unternehmers ein Verschulden vor, so hat der Bauherr Anspruch auf Schadenersatz.[15]

Art. 186 (1977/91)

[1] Gerät der Unternehmer ausserstande (z.B. infolge Todes oder Invalidität), die übernommenen Arbeiten weiterzuführen und ist die vertragsgemässe Weiterführung nicht durch Rechtsnachfolger und Hilfspersonen gesichert, so kann der Bauherr den Werkvertrag durch Rücktritt beenden. War der Vertrag mit Rücksicht auf die persönlichen Eigenschaften des Unternehmers eingegangen worden, so tritt die Beendigung ohne weiteres ein (Art. 379 Abs. 1 OR).

[2] Trotz der Beendigung bleibt der Unternehmer oder dessen Rechtsnachfolger verpflichtet, dem Bauherrn auf Verlangen die von ihm selbst erstellten Ausführungspläne (Art. 101) sowie die Baustelleneinrichtungen zur Vollendung des Werkes ganz oder teilweise zu überlassen.

[3] Der Bauherr vergütet nach Werkvertrag die bereits erbrachten Leistungen, soweit sie für ihn brauchbar sind; ferner im Falle des Abs. 2 die Baustelleneinrichtungen und Ausführungspläne. Für den Gewinn, der dem Unternehmer entgeht, schuldet er keinen Ersatz. Liegt auf seiten des Unternehmers ein Verschulden vor, so hat der Bauherr Anspruch auf Schadenersatz.

Anmerkung 1

Gemeint ist eine *subjektive* (und zwar dauernde, nicht nur vorübergehende) *Unfähigkeit des Unternehmers*, «die übernommenen Arbeiten weiterzuführen». Sie tritt nach Vertragsabschluss ein und kann auf irgendeinem Grund beruhen (GWerkV Rz. 756). Fehlt es dem Unternehmer allerdings nur am Geld, um den Vertrag zu erfüllen, bleibt Art. 186 aus dem Spiel (GWerkV Rz. 758). Fällt der Unternehmer in Konkurs, so wird die Forderung des Bauherrn, die nicht eine Geldzahlung zum Gegenstand hat, nach Art. 211 Abs. 1 1

SchKG in eine Geldforderung von entsprechendem Wert umgewandelt. Die Konkursverwaltung hat jedoch das Recht (nicht die Pflicht, BGer 4A_630/2010 vom 27. Januar 2011 E. 3.2.2), den Werkvertrag anstelle des Werkunternehmers zu erfüllen (Art. 211 Abs. 2 SchKG), sofern der Werkvertrag nicht mit Rücksicht auf die persönlichen Eigenschaften des Unternehmers eingegangen worden ist. Der Bauherr seinerseits kann sich nach Massgabe des Art. 83 OR absichern und allenfalls den Werkvertrag auch auflösen. Zum Ganzen vgl. GWerkV Rz. 759 f.; Hunkeler, Wirkungen der Konkurseröffnung, S. 58 ff.

Anmerkung 2

2 Im Wort «weiterführen» steckt die Idee, dass mit der Ausführung bereits begonnen wurde. Doch gilt in sinnvoller Auslegung des Art. 186 die darin umschriebene Rechtslage auch dann, wenn der Unternehmer nach Vertragsabschluss ausserstande gerät (also unfähig wird), das ganze (noch nicht begonnene) Werk auszuführen, ja sogar dann, wenn der Unternehmer von Anfang an nicht dazu in der Lage war, die werkvertraglichen Leistungen zu erbringen.

Anmerkung 3

3 «Rechtsnachfolger» und «Hilfspersonen» sind hier Alternativen, weshalb eigentlich *oder*, nicht *und* stehen sollte. Ist die vertragsgemässe Weiterführung durch Hilfspersonen gesichert, bleibt der Unternehmer weiterhin zur Werkherstellung verpflichtet. Das ist ein Ausfluss der Regel, wonach dem Bauherrn in diesem Fall kein Beendigungsrecht zusteht.

Anmerkung 4

4.1 Dieses Recht des Bauherrn, den Vertrag durch «*Rücktritt*» zu beenden, ist eine originelle Schöpfung der SIA-Norm 118. Es setzt weder voraus, dass der Unternehmer sich im Schuldnerverzug befindet (Art. 96 Abs. 4), noch beurteilen sich die Folgen des Rücktritts nach Art. 184. Nach Treu und Glauben (Art. 2 ZGB) muss das Recht aber unverzüglich (ohne schuldhaftes Zögern) ausgeübt werden (Art. 107 Abs. 2 OR sinngemäss), sobald der Bauherr sichere Kenntnis von der eingetretenen Unfähigkeit (Art. 186/Rz. 1) des Unternehmers hat. Mit dieser Schöpfung geht Art. 186 deutlich über Art. 379 OR hinaus, der den Werkvertrag (allenfalls mit den Erben des Unternehmers) grundsätzlich fortdauern lässt; dem Bauherrn bleibt nach gesetzlicher Rechtslage allenfalls ein Vorgehen nach den Regeln über den Schuldnerverzug.

4.2 Macht der Bauherr von seinem Beendigungsrecht Gebrauch, so erlischt der Werkvertrag in gleicher Weise, wie wenn der Vertrag «mit Rücksicht auf die persönlichen Eigenschaften des Unternehmers eingegangen worden» (Art. 379 Abs. 1 OR) wäre (Art. 186 Abs 1; vgl. dazu Art. 186/Rz. 7.2). Eine Schadenersatzpflicht trifft den Bauherrn nicht. *Brauchbare Leistungen* hat der Bauherr anzunehmen (Art. 379 Abs. 2 OR) und nach Art. 186 Abs. 3 zu vergüten, während der Unternehmer für unbrauchbare Leistungen nicht nur keine Vergütung erhält, sondern sie zudem auf eigene Kosten zu entfernen hat. Sind überhaupt keine der bisher erbrachten Leistungen brauchbar, wirkt die Beendigung ex tunc, was bedeutet, dass sie eine vollständige Rückabwicklung des Werkvertrags nach sich zieht.

Anmerkung 5

5 Das trifft dann zu, wenn der Unternehmer verpflichtet ist, das Werk «persönlich», in eigener Person, «auszuführen oder unter seiner persönlichen Leitung ausführen zu lassen» (Art. 364 Abs. 2 OR; vgl. BGE 103 II 52/55 ff. E. 3 f.; GWerkV Rz. 609 ff. und 753 f.). Seinem Wortlaut nach ist Art. 186 Abs. 1 auf natürliche Personen zugeschnitten (ebenso GWerkV Rz. 761, in Bezug auf Art. 379 OR). Dennoch ist er auch auf Unternehmer anwendbar, die keine natürlichen, sondern juristische Personen, rechtsfähige Personengesellschaften oder Arbeitsgemeinschaften (Art. 28) sind. Zwar entfällt hier die Ausführung in eigener Person, wobei aber die persönliche Leitung möglich ist und darin besteht, dass die Arbeiten durch die *hiefür zuständigen Stellen* (GWerkV Rz. 611), die der Organisation zugehören, geleitet werden. Diese Zuständigkeit kann im Verlauf der Vertragserfüllung auch gewechselt werden, weshalb der Ausfall eines mit der Leitung der Arbeiten betrauten Mitarbeiters den Werkvertrag grundsätzlich nicht erlöschen lässt. Eine Ausnahme kann dann vorliegen, wenn der Unternehmer verpflichtet ist, einen im Werkvertrag spezifisch bezeichneten Mitarbeiter mit der Leitung zu betrauen. Verhält es sich beispielsweise so, dass dieser Mitarbeiter in der Folge die Unternehmung verlässt, stellt sich die Auslegungsfrage, ob der Werkvertrag «ohne weiteres» (Art. 186/Rz. 6) beendet wird oder aber die Beendigung ausbleibt und der Unternehmer die Leitungsfunktion auf einen anderen Mitarbeiter mit gleichen Fähigkeiten zu übertragen hat. Im Regelfall trägt es den Interessen der Parteien besser Rechnung, wenn die Beendigung ausbleibt und der Unternehmer die Leitungsfunktion auf einen anderen Mitarbeiter überträgt. In singulären Fällen aber kann es sein, dass es so sehr auf den im Werkvertrag spezifisch bezeichneten Mitarbeiter ankommt, dass mit dessen Abgang der Werkvertrag erlischt.

Anmerkung 6

6 Das heisst: sofort und ohne dass es einer Erklärung der einen oder anderen Partei bedarf.

Anmerkung 7

7.1 Das entspricht der Regel des Art. 379 Abs. 1 OR, weshalb man sich bei der Auslegung am Sinngehalt der gesetzlichen Bestimmung (vgl. GWerkV Rz. 752 ff.) zu orientieren hat (vgl. Einl./Rz. 34). Hervorzuheben sind die folgenden Punkte:

- 7.2 Mit der *Beendigung des Werkvertrags* gehen die beiderseitigen Ansprüche der Vertragsparteien (der Anspruch auf Herstellung und der Anspruch auf Vergütung) hinsichtlich der noch nicht ausgeführten Werkarbeit unter. Wurde ein Teil des Werks bereits ausgeführt, so greift diesbezüglich die Bestimmung des Art. 186 Abs. 3.
- 7.3 Die Beendigung tritt «ohne weiteres» ein (Art. 186/Rz. 6). Das setzt voraus, dass der Unternehmer zur persönlichen Ausführung oder zur persönlichen Leitung verpflichtet ist (vgl. Art. 364 Abs. 2 OR; auch Art. 186/Rz. 5) und sich die eingetretene Unfähigkeit des Unternehmers (Art. 186/Rz. 1) auch auf die persönliche Leitung erstreckt (vgl. BGE 103 II 52/57 E. 5c). Obwohl die Unfähigkeit das Leistungsvermögen des Unternehmers beschlägt, liegt unter dieser Voraussetzung zugleich eine objektive Unmöglichkeit zur Erfüllung des Vertrags vor, da kein anderer in der Lage ist, die per-

sönliche Pflicht des Unternehmers zu erfüllen. Das bildet den Grund für das *automatische* Erlöschen des Vertrags. Präzisierend ist allerdings anzufügen, dass der Unternehmer seiner Pflicht zur persönlichen Leitung auch dann nachkommt, wenn er für die Leitung eine Stelle in seinem Betrieb bezeichnet (z.B. einen Baustellenchef, Art. 36 Abs. 2), welche die Arbeiten leitet. Vorbehalten bleiben abweichende Vertragsabreden, die diese Möglichkeit ausschliessen. Zum Ganzen: GWERKV Rz. 611.

7.4 – Ob den Unternehmer ein Verschulden an der eingetretenen Unfähigkeit trifft oder nicht, spielt für das Erlöschen keine Rolle. Dasselbe gilt schon im Anwendungsbereich des Art. 379 Abs. 1 OR (BGE 103 II 52/58 E. 5d; GWERKV Rz. 757), obwohl der Wortlaut des Gesetzes verlangt, dass die Unfähigkeit des Unternehmers «ohne seine Schuld» eintritt. Das Verschulden wird erst mit Bezug auf die Schadenersatzpflicht des Unternehmers bedeutsam (Art. 186 Abs. 3 letzter Satz). Anderer Ansicht jedoch CHAIX, Commentaire romand, N 11 zu Art. 379 OR; ZINDEL/PULVER/SCHOTT, Basler Kommentar, N 6 zu Art. 379 OR sowie TERCIER/FAVRE/CARRON BENOÎT, Les contrats spéciaux, Rz. 4849, die den Fall der durch Verschulden des Unternehmers verursachten Unfähigkeit ausschliesslich nach Art. 97 Abs. 1 OR behandeln wollen, der sich allerdings nicht mit dem Erlöschen ganzer Vertragsverhältnisse befasst (vgl. GWERKV Rz. 757).

Anmerkung 8

8 Gemeint sind Baustelleneinrichtungen (Art. 123), die bereits aufgestellt sind oder sich zumindest auf der Baustelle befinden.

Anmerkung 9

9.1 Diese Pflicht besteht nur so weit, als die bereits erbrachten Leistungen für den Bauherrn *brauchbar* (Art. 186/Rz. 11) sind, was vor allem dann der Fall ist, wenn sie sich als Ausgangspunkt für den Weiterbau eignen, mit dem der Bauherr allenfalls einen anderen Unternehmer (z.B. einen bisherigen Subunternehmer) betraut. Brauchbarkeit liegt aber auch dann vor, wenn der Bauherr selber auf die Weiterführung der Baumassnahme verzichtet, das Baugrundstück aber zum Weiterbau veräussern kann.

9.2 Der Bauherr hat die Überlassung der Baustelleneinrichtungen ohne ungerechtfertigte Verzögerung zu verlangen, andernfalls ist der Unternehmer berechtigt, die Baustelleneinrichtungen abzuziehen. Das entsprechende Begehren muss sich nicht auf die gesamten Baustelleneinrichtungen, sondern kann sich auch nur auf einzelne Elemente beziehen.

Anmerkung 10

10 Damit stellt Art. 186 klar, dass auch hier die Vergütung der erbrachten Leistungen *nach Massgabe des Vertrags* zu erfolgen hat (vgl. Art. 185/Rz. 8.2). Die Höhe der geschuldeten Vergütung richtet sich also nicht nach dem Wert, den die angefangene Baute für den Bauherrn objektiv hat, sondern nach der werkvertraglichen Vergütungsabrede. So sind bei Einheitspreisen die ausgemessenen Einheiten zu vergüten, während bei einem Pauschalpreis der Bauherr dem Unternehmer einen der tatsächlichen Ausführung entsprechen-

den Teilbetrag schuldet, der «zum vereinbarten Pauschalpreis im gleichen Verhältnis steht wie der Wert der erbrachten Teilleistung zum Wert der ganzen Leistung» (GWerkV Rz. 730 in fine; für die Anwendung von «Minderungsgrundsätzen» Koller Alfred, Werkvertragsrecht, Rz. 385).

Anmerkung 11

Für die Brauchbarkeit kommt es auf die Interessenlage des Bauherrn an; sie ist vor allem dann gegeben, wenn sich «die bereits erbrachten Leistungen» als Ausgangspunkt für den Weiterbau eignen. Relevant ist eine Unbrauchbarkeit aber nur gerade insoweit, als sie ihren Grund in der Nichtvollendung des Werks durch den betreffenden Unternehmer und nicht etwa in einem Planungsfehler hat (GWerkV Rz. 763). 11

Anmerkung 12

Bereits erbrachte Leistungen, die der Bauherr zu vergüten hat, darf er behalten. Überhaupt ist der Bauherr berechtigt, den ausgeführten Werkteil gegen Vergütung zu übernehmen, ohne dass sich der Unternehmer auf die Unbrauchbarkeit berufen könnte (GWerkV Rz. 766). Zur Mängelhaftung des Unternehmers vgl. Vorbem. Art. 183–190/Rz. 2 f. 12

Anmerkung 13

Es ist nicht so, dass in dem in Art. 186 geregelten Fall Ausführungspläne ungeachtet ihrer Art vom Bauherrn zu vergüten wären. Bei der Anwendung der Regel ist vielmehr Art. 101 zu beachten, der unter dem Titel «Ausführungspläne des Unternehmers» vorsieht, dass der Unternehmer die üblichen Zeichnungen auf seine Kosten zu liefern hat. Unentgeltlich bleiben nach Massgabe des Art. 101 Abs. 1 auch die weiteren dort aufgeführten Unterlagen. 13

Anmerkung 14

Der Bauherr schuldet dem Unternehmer also keine volle Schadloshaltung (keinen Ersatz des positiven Vertragsinteresses des Unternehmers), da die Vertragsbeendigung hier eine Folge von «Umständen seitens des Unternehmers» ist. 14

Anmerkung 15

Die Beweislast ist hinsichtlich des Verschuldens gegenüber Art. 8 ZGB umgekehrt, weil hier eine Vertragsverletzung in Frage steht. So hat der Unternehmer, der seiner vertraglichen Haftung entgehen will, nachzuweisen, dass ihn für die Umstände, die zur Vertragsbeendigung geführt haben, kein Verschulden trifft (siehe Art. 97 Abs. 1 OR). Dem Verschulden des Unternehmers gleichzusetzen ist (wie sonst auch) das Verhalten einer Hilfsperson des Unternehmers (Art. 101 OR), soweit es dem Unternehmer als Verschulden anzurechnen wäre, wenn er gleich gehandelt hätte wie sie. 15.1

Diese Ersatzpflicht geht auf Ersatz des positiven Vertragsinteresses des Bauherrn. Für Art. 379 OR, der sich zur Ersatzpflicht ausschweigt, ist der Anspruch auf Art. 97 Abs. 1 OR und Art. 103 Abs. 1 OR abzustützen, die dort sinngemäss anwendbar sind (GWerkV 15.2

Rz. 757). Diese Bestimmungen braucht man hier nicht heranzuziehen, weil Art. 186 Abs. 3 die Frage ausdrücklich regelt.

7 24 Untergang des Werkes

Vorbemerkungen zu Art. 187–189

1 a) Gesetzlich ist der Untergang des vom Unternehmer geschuldeten Werks (Art. 1) in Art. 376 OR geregelt, in der SIA-Norm 118 ist er Gegenstand der Art. 187–189. Die beiden ersten Bestimmungen (Art. 187 und Art. 188) unterscheiden zwischen dem zufälligen Untergang des Werks und dem vom Bauherrn verursachten Untergang; sie folgen darin der Vorschrift des Art. 376 OR, die sie aber weiter ausführen und z.T. modifizieren (zu Art. 376 OR: GWerkV Rz. 1183 ff.; Koller Alfred, Werkvertragsrecht, Rz. 1019 ff.). Die dritte Bestimmung (Art. 189) behandelt Fragen im Zusammenhang mit Versicherungsleistungen bei Untergang, die im Gesetz überhaupt nicht geregelt sind.

2 b) Die durch die Art. 187–189 geschaffene Ordnung ist nicht abschliessend. Ergänzt wird sie durch Art. 31 über die «gemeinsame Schadenersatzpflicht» bei einem Bauwerk, an dem mehrere Unternehmer tätig sind.

7 241 Zufälliger Untergang[1]

Art. 187

[1] Geht das Werk[2] vor seiner Abnahme (Art. 157)[3] durch Zufall[4] zugrunde[5] (also ohne Verschulden einer Vertragspartei[6] oder deren Hilfspersonen[7]), so erlischt der Werkvertrag ohne weiteres[8], wenn die Ausführung des Werkes durch den Untergang unmöglich[9] wird.[10] Bleibt die Ausführung möglich, so kann jede Vertragspartei[11] den Vertrag auflösen, sofern für sie eine Wiederherstellung unzumutbar ist.[12] Macht sie von diesem Auflösungsrecht Gebrauch oder erlischt der Vertrag ohne weiteres, so schuldet unter Vorbehalt von Abs. 4 und 5 keine Partei der anderen Ersatz des entgehenden Gewinnes oder sonstigen Schadens infolge vorzeitiger Beendigung des Vertrages.[13]

[2] Für die bereits erbrachten Leistungen kann der Unternehmer auch bei Fortführung des Vertrages nur dann die vertragsgemässe Vergütung fordern und die empfangenen Zahlungen[14] behalten, wenn dies im Werkvertrag verabredet[15] worden ist.[16] Für das vom Bauherrn kostenlos[17] gelieferte Material[18] schuldet er keinen Ersatz.[19]

[3] Beruht der Zufall auf höherer Gewalt (z.B. Krieg, Aufruhr, Naturkatastrophe)[20], so hat der Unternehmer auch ohne Abrede Anspruch darauf, dass ihm die vor dem

Untergang erbrachten Leistungen nach Billigkeit[21] ganz oder teilweise vergütet werden.[22] Im Streitfall entscheidet der Richter nach seinem Ermessen.[23]

[4] Hat der Zufall das Werk nur deswegen noch vor der Abnahme getroffen, weil der Bauherr oder die Bauleitung[24] die Vollendung[25] ungerechtfertigterweise[26] hinausgezögert[27] hat[28], so schuldet der Bauherr die volle Vergütung für die vor dem Untergang erbrachten Leistungen.[29] Bei Beendigung des Vertrages gemäss Abs. 1[30] schuldet er dem Unternehmer ausserdem Ersatz des entgehenden Gewinnes oder sonstigen Schadens infolge vorzeitiger Vertragsbeendigung.[31]

[5] Hat umgekehrt der Zufall das Werk nur deswegen noch vor der Abnahme getroffen, weil vom Unternehmer eine vertragliche Frist schuldhaft[32] überschritten wurde[33], so hat der Unternehmer in keinem Falle[34] einen Vergütungsanspruch gemäss Abs. 3.[35] Für das vom Bauherrn kostenlos gelieferte Material[36] schuldet er Ersatz.[37] Bei Beendigung des Vertrages gemäss Abs. 1 schuldet er dem Bauherrn ausserdem Ersatz des entgehenden Gewinnes und sonstigen Schadens infolge vorzeitiger Vertragsbeendigung[38].[39]

[6] Bei teilweisem Untergang des Werkes[40] gelten die vorstehenden Bestimmungen (Abs. 1–5) sinngemäss.[41] Für die vom Untergang nicht betroffenen Leistungen hat indessen der Unternehmer Anspruch auf vertragsgemässe Vergütung; dies jedoch nur insoweit, als die betreffenden Leistungen für den Bauherrn brauchbar sind[42], es sei denn, es liege ein Fall nach Abs. 4 vor[43].

[7] Bei Abnahme eines Werkteils (Art. 157 Abs. 1) trägt der Bauherr die volle Gefahr für den zufälligen Untergang des abgenommenen Teils.[44]

Art. 187 (1977/91)

[1] Geht das Werk vor seiner Abnahme (Art. 157 ff.) durch Zufall zugrunde (also ohne Verschulden eines Vertragspartners oder seiner Hilfspersonen), so erlischt der Werkvertrag ohne weiteres, wenn die Ausführung des Werkes durch den Untergang unmöglich wird. Bleibt die Ausführung möglich, so kann jeder Vertragspartner den Vertrag auflösen, sofern für ihn eine Wiederherstellung unzumutbar ist. Macht er von diesem Auflösungsrecht Gebrauch oder erlischt der Vertrag ohne weiteres, so schuldet unter Vorbehalt von Abs. 4 und 5 kein Partner dem andern Ersatz des entgehenden Gewinnes oder sonstigen Schadens infolge vorzeitiger Beendigung des Vertrages.

[2] Für die bereits erbrachten Leistungen kann der Unternehmer auch bei Fortführung des Vertrages nur dann die vertragsgemässe Vergütung fordern und die empfangenen Zahlungen behalten, wenn dies im Werkvertrag verabredet worden ist. Für das vom Bauherrn kostenlos gelieferte Material schuldet er keinen Ersatz.

[3] Beruht der Zufall auf höherer Gewalt (z.B. Krieg, Aufruhr, Naturkatastrophe), so hat der Unternehmer auch ohne Abrede Anspruch darauf, dass ihm die vor dem Untergang erbrachten Leistungen nach Billigkeit ganz oder teilweise vergütet werden. Im Streitfall entscheidet der Richter nach seinem Ermessen.

[4] Hat der Zufall das Werk nur deswegen noch vor der Abnahme getroffen, weil der Bauherr oder die Bauleitung die Vollendung ungerechtfertigterweise hinausgezögert hat, so schuldet der Bauherr die volle Vergütung für die vor dem Untergang erbrachten Leistungen. Bei Beendigung des Vertrages gemäss Abs. 1 schuldet er dem Unternehmer ausserdem Ersatz des entgehenden Gewinnes oder sonstigen Schadens infolge vorzeitiger Vertragsbeendigung.

[5] Hat umgekehrt der Zufall das Werk nur deswegen noch vor der Abnahme getroffen, weil vom Unternehmer eine vertragliche Frist schuldhaft überschritten wurde, so hat der Unternehmer in keinem Falle einen Vergütungsanspruch gemäss Abs. 3. Für das vom Bauherrn kostenlos gelieferte Material schuldet er Ersatz. Bei Beendigung des Vertrages gemäss Abs. 1 schuldet er dem Bauherrn ausserdem Ersatz des entgehenden Gewinnes und sonstigen Schadens infolge vorzeitiger Vertragsbeendigung.

[6] Bei teilweisem Untergang des Werkes gelten die vorstehenden Bestimmungen (Abs. 1–5) sinngemäss. Für die vom Untergang nicht betroffenen Leistungen hat indessen der Unternehmer Anspruch auf vertragsgemässe Vergütung; dies jedoch nur insoweit, als die betreffenden Leistungen für den Bauherrn brauchbar sind, es sei denn, es liege ein Fall nach Abs. 4 vor.

[7] Bei Abnahme eines Werkteils (Art. 157 Abs. 1) trägt der Bauherr die volle Gefahr für den zufälligen Untergang des abgenommenen Teils.

Anmerkung 1

1.1 Art. 187, der unter dem Titel «Zufälliger Untergang» steht, betrifft den gleichen Sachverhalt, den das Gesetz in Art. 376 Abs. 1 und 2 OR regelt, während Art. 188 auf Art. 376 Abs. 3 OR beruht (Art. 188/Rz. 1.1). Der Titel ist allerdings missverständlich, weil auch Art. 188 bestimmte Fälle erfasst, in denen das Werk durch Zufall untergeht (vgl. Art. 188/Rz. 1.2 und 7.1). Eingehend zu Art. 187: Koller Jo, Untergang, S. 111 ff.

1.2 Die Normbestimmung des Art. 187 ist wesentlich ausführlicher als Art. 376 Abs. 1 und 2 OR. Das hängt vor allem damit zusammen, dass Art. 187 nicht nur die *Vergütungsgefahr* (die Frage nach dem Vergütungsanspruch für das untergegangene Werk), sondern eingehend auch die *Leistungsgefahr* (die Frage, ob der Unternehmer das untergegangene Werk wiederherstellen muss) regelt.

Anmerkung 2

2 Gemeint ist das *begonnene,* allenfalls aber auch *bereits vollendete* Werk, das der Unternehmer schuldet (Art. 1), und zwar gleichgültig, in wessen Eigentum das Werk steht. Das Werk geht, soweit es ausgeführt wurde, vollständig unter. Auf den Fall, da das (unvollendete oder vollendete) Werk nur teilweise untergeht, nimmt Art. 187 Abs. 6 Bezug.

Anmerkung 3

3.1 Mit der Abnahme des Werks (Art. 159 – 164) geht die *Gefahr* des zufälligen Untergangs des Werks auf den Bauherrn über (Art. 157 Abs. 2), weshalb Art. 187 nur dann Anwendung findet, wenn das Werk *vor seiner Abnahme* zugrunde geht. Zu beachten ist, dass die Abnahme im System der SIA-Norm 118 von der Vollendung, aber auch von der Vollendungsanzeige zu unterscheiden ist und die Abnahme insbesondere auch nicht dadurch bewirkt wird, dass der Bauherr ein vollendetes ganzes Werk von sich aus in Gebrauch nimmt (Art. 158/Rz. 1.3 und 12.1).

Wird der Werkvertrag vorzeitig und mit Wirkung ex nunc aufgelöst, so findet nach dem, was bereits gesagt wurde (Vorbem. Art. 183–190/Rz. 3; Art. 184/Rz. 7.6), ebenfalls eine Abnahme statt. Für den Übergang der Gefahr kommt es alsdann auf diese (vorzeitige) Abnahme an. 3.2

Anmerkung 4

Auf Zufall beruht der Untergang des Werks dann, wenn das Werk ohne Verschulden eines Vertragspartners oder seiner Hilfspersonen zugrunde geht. Der so verstandene (und so im Klammerausdruck des Art. 187 Abs. 1 umschriebene) Zufall deckt sich mit dem Zufallsbegriff in Art. 376 Abs. 1 OR (dazu GWerkV Rz. 1187) und schliesst auch den Fall ein, da der Untergang auf die Einwirkung höherer Gewalt («vis maior») zurückzuführen ist. Der Zufall kann auch im Verhalten eines Dritten (z.B. eines Nebenunternehmers, Art. 30) bestehen, für den weder die eine noch die andere Vertragspartei verantwortlich ist. Beruht er jedoch auf höherer Gewalt, so ist nicht Abs. 1, sondern Abs. 3 des Art. 187 einschlägig, der für diese Fälle eine den Unternehmer favorisierende (BGE 123 III 183/184 f. E. 3a) Sonderregel schafft, aber ohne Weiteres annimmt, dass auch höhere Gewalt dem Zufall zuzurechnen ist. Ausserdem ist anzumerken: 4.1

Hat der Unternehmer durch die Verletzung einer Anzeigepflicht (Art. 25) in dem Sinne zum Untergang des Werks beigetragen, dass die Gefahr des Untergangs bei pflichtgemässer (und insbesondere rechtzeitiger) Anzeige hätte gebannt werden können, so fallen die nachteiligen Folgen dem Unternehmer zur Last (Art. 25/Rz. 7.4). Für die Anwendung des Art. 187 (dem im Unterschied zu Art. 188 Abs. 3 diesbezüglich eine einschlägige Regel abgeht) fehlt es bei einer Anzeigepflichtverletzung am vorausgesetzten Zufall. Die Beweislast dafür, dass sich die Anzeige nicht auf den Geschehensablauf ausgewirkt hätte, liegt beim Unternehmer (GWerkV Rz. 832). 4.2

Anmerkung 5

Diese Voraussetzung (zufälliger Untergang des Werks vor seiner Abnahme) entspricht dem *Tatbestand des Art. 376 Abs. 1 OR*, wenn auch mit der Besonderheit, dass Art. 187 Abs. 1 von der «Abnahme» (statt von der Übergabe des Werks) spricht und sich der Zeitpunkt der Abnahme nach der SIA-Norm 118 anders bestimmt (nämlich später eintritt, vgl. Art. 159–164) als nach Gesetz (wo die Abnahme eine unmittelbare Folge der Vollendungsanzeige ist, Art. 158/Rz. 1.3). 5

Anmerkung 6

Also des Unternehmers oder des Bauherrn. Zum Verschulden des Bauherrn siehe Art. 188 Abs. 2 Satz 2 (Art. 188/Rz. 1.4 und 19); zum Verschulden des Bestellers im Rahmen von Art. 376 OR vgl. auch GWerkV Rz. 1210 ff. 6

Anmerkung 7

Gemeint ist, dass den Vertragspartner selber kein Verschulden treffen würde, wenn er gleich gehandelt hätte wie seine Hilfsperson (Art. 101 OR; Koller Jo, Untergang, S. 112). 7.1

7.2 Eine Hilfsperson des Bauherrn (im Verhältnis zum Unternehmer) ist namentlich seine Bauleitung (Art. 33 ff.). Soweit es allerdings nur um die Beaufsichtigung der Bauarbeiten geht, handelt die Bauleitung gegenüber dem Unternehmer grundsätzlich nicht als Hilfsperson des Bauherrn (vgl. Art. 166/Rz. 15.4). Hilfspersonen des Unternehmers sind etwa seine Arbeitnehmer, Subunternehmer (Art. 29), nicht aber Nebenunternehmer (Art. 30), Stofflieferanten oder Lieferanten von Baustelleneinrichtungen (vgl. Art. 171/Rz. 11).

Anmerkung 8

8 Der Werkvertrag wird automatisch beendet, ohne dass eine entsprechende Erklärung des Bauherrn oder des Unternehmers erforderlich wäre (anders als nach Art. 184, dazu Art. 184/Rz. 7.1 sinngemäss); zur Mängelhaftung vgl. Vorbem. Art. 183 – 190/Rz. 2 f. Mit der Beendigung erlischt die Pflicht des Unternehmers, das Werk vertragsgemäss zu vollenden. Ob der Unternehmer für die bereits erbrachten Leistungen zu vergüten und überdies schadlos zu halten ist, wird nicht durch Art. 187 Abs. 1, sondern in den nachfolgenden Absätzen geregelt.

Anmerkung 9

9 Gemeint ist eine *objektive, dauernde Leistungsunmöglichkeit* (die für jedermann besteht, vgl. Gauch/Schluep/Emmenegger, OR AT, Rz. 2526 und 2558 ff.), nicht nur ein subjektives Unvermögen des Unternehmers, das unter die Regeln über den Schuldnerverzug fällt (vgl. Gauch/Schluep/Emmenegger, OR AT, Rz. 2573 ff.; vgl. auch GWerkV Rz. 719). Geregelt wird hier der Fall, da die Ausführung als Folge des zufälligen Untergangs des Werks unmöglich wird, und nicht auch der Fall, da die Werkleistung durch Zufall unmöglich wird (dazu Art. 185/Rz. 5.3; GWerkV Rz. 1182).

Anmerkung 10

10 Das versteht sich von selbst, entspricht der Grundregel in Art. 119 Abs. 1 OR und ist auch im Anwendungsbereich des Art. 376 Abs. 1 OR unbestritten (GWerkV Rz. 1203; Koller Jo, Untergang, S. 80). Über das Verhältnis zu Art. 185 («Unmöglichkeit der Erfüllung aus Verhältnissen des Bauherrn») vgl. Art. 185/Rz. 5.3.

Anmerkung 11

11 Sowohl dem Bauherrn als auch dem Unternehmer steht bei gegebenen Voraussetzungen ein entsprechendes Beendigungsrecht zu. Für den Bauherrn bedeutet dies regelmässig, dass er nicht auf das freie Rücktrittsrecht des Art. 184 angewiesen ist, dessen Ausübung ihn zu *voller Schadloshaltung* des Unternehmers verpflichtet (Art. 184/Rz. 4.1). Zu beachten ist allerdings, dass Art. 187 Abs. 4 einen Fall regelt, in dem die volle Schadloshaltung auch bei zufälligem Untergang des Werks geschuldet ist (Art. 187/Rz. 31).

Anmerkung 12

12.1 *Grundsätzlich* bleibt also der Unternehmer weiterhin zur Leistung und damit auch zur Wiederherstellung des untergangenen Werks verpflichtet, wie dies auch der Rechtslage nach Gesetz entspricht (GWerkV Rz. 1203 ff.; Koller Jo, Untergang, S. 75 ff. und 113).

Vom Grundsatz gibt es (abgesehen vom Fall der eingetretenen Unmöglichkeit) zwei Ausnahmen:

- Die *erste Ausnahme* ist in Art. 187 Abs. 1 nicht erwähnt. Sie betrifft den Fall, da zugleich der Tatbestand des Art. 59 Abs. 1 erfüllt ist, indem die Fertigstellung durch ausserordentliche Umstände verhindert oder übermässig erschwert wird und das vom Unternehmer angerufene Gericht nach Art. 59 Abs. 2 die «Auflösung des Vertrages» bewilligt (Art. 59/Rz. 9.2). Die ausserordentlichen Umstände des Art. 59 Abs. 1 können durchaus im zufälligen Untergang des Werks bestehen (vgl. GWerkV Rz. 1205; vgl. überdies Rz. 1072 in fine). 12.2
- Die *zweite Ausnahme* findet sich in Art. 187 Abs. 1. Sie betrifft den Fall, in dem die Wiederherstellung des Werks (und damit die Fortführung des Werkvertrags) für den Bauherrn oder für den Unternehmer unzumutbar ist und der Werkvertrag deshalb von der betroffenen Partei durch einseitige Erklärung aufgelöst wird. Eine mit der Wiederherstellung verbundene Verzögerung allein begründet für den Bauherrn noch keine Unzumutbarkeit; doch kann es sein, dass sich infolge der Verzögerung das mit dem Werk verfolgte wirtschaftliche Interesse nicht mehr realisieren lässt und vor diesem Hintergrund die Weiterführung des Werkvertrags dem Bauherrn nach Treu und Glauben nicht zumutbar ist. Mehrkosten allein berechtigen den Unternehmer aber nicht zu einer solchen Vertragsauflösung nach Art. 187 Abs. 1, sondern allenfalls zu einem Vorgehen nach Art. 59 (vgl. GWerkV Rz. 1205; anders Koller Jo, Untergang, S. 82 f.). Gegen die Unzumutbarkeit spricht auch der Umstand, dass der Bauherr die Wiederherstellungskosten übernimmt. Unzumutbarkeit aber ist zu bejahen, wenn das Werk des Unternehmers im Zeitpunkt des Untergangs bereits vollendet (oder praktisch vollendet) war (auch Art. 188/Rz. 13). 12.3

Für die Frage, ob die Weiterführung des Werkvertrags zumutbar sei, ist auch zu berücksichtigen, welche Vermögensfolgen eine vorzeitige Beendigung hätte. So etwa ist dem Bauherrn das Beendigungsrecht sicher dann zuzugestehen, wenn er in der Folge den Unternehmer voll schadlos zu halten hat, wie Art. 187 Abs. 4 dies vorsieht. Es gibt keinen Grund, dem Bauherrn in diesem Fall das Beendigungsrecht nach Art. 187 Abs. 1 zu verweigern, ganz abgesehen davon, dass er – wenn man es ihm denn verweigerte – den Vertrag mit gleichen Vermögensfolgen ohne Weiteres nach Art. 184 auflösen könnte. 12.4

Anmerkung 13

Vgl. demgegenüber Art. 184, Art. 185 Satz 2 Halbsatz 2 und Art. 188 Abs. 2 Satz 2 für Fälle, in denen der Unternehmer Anspruch auf Schadloshaltung hat. Zur Vergütung bereits erbrachter Leistungen vgl. Art. 187 Abs. 2 und 3. 13

Anmerkung 14

Zum Beispiel: Abschlagszahlungen (Art. 144 ff.), teuerungsbedingte Mehrvergütungen (Art. 64 ff.) oder Zahlungen für Regiearbeiten (Art. 44 ff.). Darf der Unternehmer diese Zahlungen im konkreten Fall nicht behalten, so hat er sie dem Bauherrn nach vertraglichen Regeln zurückzuerstatten. 14

Anmerkung 15

15 Gemeint ist eine werkvertragliche Abrede ausserhalb der SIA-Norm 118. Diese Abrede braucht nicht in der Vertragsurkunde enthalten zu sein. Damit sie aber wirksam ist, muss sie individuell oder in einem Vertragsbestandteil vereinbart werden, welcher der SIA-Norm 118 rangmässig vorgeht (dazu Einl./Rz. 26).

Anmerkung 16

16.1 Nach der Regel des Art. 187 Abs. 2, die nur unter dem selbstverständlichen Vorbehalt einer anderen (wirksamen) Abrede gilt, hat der Unternehmer also *keinen Anspruch auf Vergütung* der bereits erbrachten Leistungen (auch nicht für das von ihm gelieferte und verwendete Material). Er hat umsonst gearbeitet. Diese Regel, die dem Unternehmer die *Vergütungsgefahr* (Art. 187/Rz. 1.2) überbindet, gilt unabhängig davon, ob der Werkvertrag gemäss Art. 187 Abs. 1 automatisch erlischt, von einer Partei aufgelöst oder aber fortgeführt wird.

16.2 Für den (Normal-)Fall, in dem der Vertrag fortbesteht, bedeutet diese Regel: Der Unternehmer, der zur vereinbarten Werkleistung (und damit auch zur Wiederherstellung des Werks) verpflichtet bleibt, hat für die Ausführung des geschuldeten Werks Anspruch auf die vertragsgemässe Vergütung. Doch hat der Unternehmer *keinen Anspruch auf Entschädigung* für den (durch den Untergang) notwendig gewordenen Mehraufwand, da ihm für die untergegangenen Leistungen (auch wenn sie in Regie ausgeführt wurden) keine Vergütung zusteht (GWerkV Rz. 1204; Koller Jo, Untergang, S. 19). Das alles bedarf der Präzisierung:

16.3 a) Soweit die vereinbarte Vergütung dem *Teuerungsausgleich* unterliegt, hat der Unternehmer Anspruch auf die vertragliche Mehrvergütung infolge Teuerung. Soweit die konkrete Teuerungsabrede dies nicht ausschliesst, besteht dieser Anspruch auch insoweit, als sich die teuerungsbedingte Änderung der Herstellungskosten nur infolge des zufälligen Untergangs ergeben hat (GWerkV Rz. 1204; Koller Jo, Untergang, S. 92 f.). Weder die SIA-Norm 118 selbst (vgl. Art. 64 ff.) noch die einschlägigen SIA-Preisänderungsnormen (Vorbem. Art. 62 – 63/Rz. 6) enthalten eine Bestimmung, die etwas anderes vorsieht.

16.4 b) Der zufällige Untergang des Werks kann ein «ausserordentlicher Umstand» im Sinne des Art. 59 Abs. 1 sein (vgl. Art. 187/Rz. 12.2). Trifft dies zu, so ist möglich, dass der Unternehmer (bei Fortführung des Werkvertrags) einen Anspruch auf eine zusätzliche Vergütung nach Massgabe dieser Bestimmung hat (Art. 59/Rz. 8.1). Ein solcher Anspruch wird durch Art. 187 Abs. 2 nicht ausgeschlossen.

16.5 c) Ist mit dem zufälligen Untergang des Werks auch *Material* zerstört worden (unbrauchbar geworden), das der Bauherr kostenlos geliefert hatte (Art. 10 Abs. 3), so geht der Verlust zulasten des Bauherrn; der Unternehmer schuldet dafür keinen Ersatz (Art. 187/Rz. 19.1). Zudem muss der Bauherr das zerstörte Material, das bei der Fortführung des Werkvertrags benötigt wird, unentgeltlich nachliefern (GWerkV Rz. 1204).

d) Wurde eine *Baustelleneinrichtung* (Art. 123) des Bauherrn durch den Zufall zerstört oder beschädigt, so hat der Bauherr auf seine Kosten für den Ersatz oder die Reparatur zu sorgen. Die gegenteilige Regel des Art. 127 Abs. 1 bezieht sich nur auf den Fall, in dem die betreffende Einrichtung vom Unternehmer (nicht vom Bauherrn) beigestellt worden ist (Art. 127/Rz. 1). 16.6

e) Was die dem Bauherrn obliegenden Mitwirkungshandlungen angeht, so hat der Bauherr sie auf eigene Kosten vorzunehmen; er hat keinen Anspruch darauf, dass der Unternehmer sich an einem allfälligen Mehraufwand beteiligt (GWerkV Rz. 1204). 16.7

Anmerkung 17

«Kostenlos» bedeutet: ohne Bezahlung. Siehe Art. 10 Abs. 3. 17

Anmerkung 18

Gemeint ist alles *Material* (Art. 10 Abs. 1), das der Bauherr kostenlos geliefert hat, nicht nur der kostenlos gelieferte Werkstoff, um den es in Art. 376 Abs. 2 OR geht. Der Verlust solchen Materials (namentlich der Verlust von zugrunde gegangenem Baustoff) trifft den Bauherrn; der Unternehmer schuldet keinen Ersatz. Ob das Material bereits eingebaut (oder sonstwie verwendet) war oder nicht, macht keinen Unterschied. 18.1

Hatte der Bauherr das betreffende Material gegen Bezahlung (also nicht kostenlos) geliefert (Art. 10 Abs. 3), so trifft der Verlust den Unternehmer (auch Art. 187/Rz. 36.2). Er kann die Bezahlung weder verweigern noch zurückfordern. Das wird in Art. 187 Abs. 2 zwar nicht ausdrücklich gesagt, ergibt sich aber aus Art. 376 Abs. 2 OR, wonach der Verlust des zugrunde gegangenen Stoffs jene Vertragspartei trifft, die ihn geliefert hat (vgl. Art. 187/Rz. 19.1). 18.2

Anmerkung 19

Diese Vorschrift entspricht der gesetzlichen Regel des Art. 376 Abs. 2 OR, wonach der Besteller den Verlust des von ihm gelieferten (zugrunde gegangenen) Stoffs trägt (GWerkV Rz. 1189). Hat der Unternehmer den Stoff zwar vom Bauherrn bezogen, aber nicht kostenlos, sondern gegen Bezahlung (vgl. Art. 10 Abs. 3), so ist dieser Stoff im Sinne des gesetzlichen Werkvertragsrechts vom Unternehmer (nicht vom Besteller) geliefert (vgl. GWerkV Rz. 83; Koller Jo, Untergang, S. 116). Das erklärt, weshalb Art. 376 Abs. 2 OR (im Unterschied zu Art. 187 Abs. 2) auf das Wort «kostenlos» verzichtet. 19.1

Eine andere Frage ist, wie es sich mit dem *Baugrund, mit bestehender Bausubstanz* und mit den *Baustelleneinrichtungen* (Art. 123) verhält. Obwohl Art. 187 Abs. 2 es nicht ausdrücklich sagt, schuldet der Unternehmer auch dann keinen Ersatz, wenn der vom Bauherrn angewiesene Baugrund bzw. die bestehende Bausubstanz (Art. 5 Abs. 2) oder Baustelleneinrichtungen (Art. 123) des Bauherrn durch den Zufall zerstört oder beschädigt wurden (GWerkV Rz. 1189). 19.2

Anmerkung 20

20 *Höhere Gewalt* (vis maior, force majeure) ist ein unvorhersehbares, aussergewöhnliches Ereignis, das nicht mit dem Betrieb des Unternehmers zusammenhängt und mit unabwendbarer Gewalt von aussen hereinbricht (vgl. BGE 102 Ib 257/262 E. 5; 111 II 429/433 E. 1b). Dass nicht jeder Zufall auf höherer Gewalt beruht, ergibt sich schon aus seiner Umschreibung in Art. 187 Abs. 1 und wird durch die Beispiele in Art. 187 Abs. 3 bekräftigt. Aus dem Umstand, dass hier auch «Naturkatastrophen» unter den Beispielen für Fälle höherer Gewalt figurieren, lässt sich schliessen, dass ein heftiger, aber nicht aussergewöhnlicher Herbststurm noch keine höhere Gewalt darstellt (BGE 123 III 183/185 E. 3b). Umgekehrt sind die erwähnten Beispiele nicht absolut zu verstehen. Waren «Krieg», «Aufruhr» oder «Naturkatastrophe» voraussehbar, so fehlt es an einem Merkmal der höheren Gewalt.

Anmerkung 21

21.1 Der Ausdruck «nach Billigkeit» verlangt einen Entscheid, der sich daran orientiert, was nach den konkreten Umständen des Einzelfalls angemessen ist. Anders als für den Fall des Art. 187 Abs. 2 ist hier eine besondere Abrede im Werkvertrag nicht vorausgesetzt, sondern lässt sich der Anspruch auf eine die vereinbarte Vergütung übersteigende Mehrvergütung direkt auf die Bestimmung stützen.

21.2 Ob von diesem Billigkeitsentscheid aber nur der *Umfang* («ganz oder teilweise») oder auch der *Bestand* des Vergütungsanspruchs abhängt, lässt sich dem Wortlaut des Art. 187 Abs. 3 nicht eindeutig entnehmen. Da Art. 187 Abs. 3 jedoch von der gesetzlichen Ordnung abweicht (Art. 187/Rz. 22.1), rechtfertigt sich eine restriktive Auslegung (BGE 119 II 368/372 E. 4b; Jäggi/Gauch/Hartmann, Zürcher Kommentar, N 492 zu Art. 18 OR); danach ist es richtig, nicht nur den Umfang, sondern schon den Bestand des Vergütungsanspruchs an die Voraussetzung zu knüpfen, dass er der «Billigkeit» entspricht (anders Koller Jo, Untergang, S. 116).

21.3 Die Billigkeitsgründe, die eine Mehrvergütung nach Art. 187 Abs. 3 rechtfertigen, sind rechtserzeugende Tatsachen, weshalb nach Art. 8 ZGB der Unternehmer sie zu behaupten und zu beweisen hat (BGE 123 III 183/187 E. 3d).

Anmerkung 22

22.1 Darin besteht eine *Abweichung* von der gesetzlichen Regel des Art. 376 Abs. 1 und 2 OR, die *jeden* Zufall unter Einschluss der höheren Gewalt gleich behandelt. Wird der Vertrag fortgeführt (Art. 187 Abs. 2), bedeutet die Bestimmung des Art. 187 Abs. 3, dass der Unternehmer Anspruch auf eine Mehrvergütung hat, sofern und soweit dies der Billigkeit entspricht. Das schliesst nicht aus, dass sich ein Anspruch des Unternehmers auf zusätzliche Vergütung schon aus Art. 59 Abs. 1 ergeben kann. Vorbehalten bleibt in jedem Fall Art. 189 Abs. 4.

22.2 Art. 187 Abs. 3 wurde nach seiner Einführung z.T. kritisiert, weil er den Unternehmer ungerechtfertigt bevorteile. Zu dieser Auseinandersetzung vgl. GWerkV Rz. 1219. Festzuhalten ist, dass die Parteien frei sind, die Bestimmung wegzubedingen.

Anmerkung 23

23 Dass das Gericht nach «seinem Ermessen» entscheidet, versteht sich von selbst, da es sich ja um einen Entscheid nach «Billigkeit» handelt (GWerkV Rz. 1218), was aber nicht heisst, dass die Entscheidung nach subjektivem Empfinden des Gerichts erfolgen dürfte (vgl. BGE 131 III 26/31 E. 12.2.2). Vielmehr hat das Gericht unter Berücksichtigung aller erheblichen Umstände des Einzelfalls abzuwägen, ob und in welchem Umfang eine Vergütung der bereits erbrachten Leistungen (bzw. eine Mehrvergütung bei fortgesetztem Werkvertrag) sachlich angemessen ist (vgl. Art. 187/Rz. 21.1). Für Leistungen, die auf Grund und Boden des Bauherrn erbracht und dort durch höhere Gewalt zerstört wurden, ist eine (ganze oder teilweise) Vergütung jedenfalls dann angemessen, wenn keine besonderen Umstände dagegen sprechen. Die deutsche VOB/B geht sogar so weit, dass sie die Vergütungsgefahr ohne jede Einschränkung dem Bauherrn überbindet, wenn «die ganz oder teilweise ausgeführte Leistung vor der Abnahme durch höhere Gewalt, Krieg, Aufruhr oder andere objektiv unabwendbare vom Auftragnehmer nicht zu vertretende Umstände beschädigt oder zerstört» wird (§ 7 Abs. 1 VOB/B), indem die «ausgeführten Leistungen nach den Vertragspreisen abzurechnen und außerdem die Kosten zu vergüten [sind], die dem Auftragnehmer bereits entstanden und in den Vertragspreisen des nicht ausgeführten Teils der Leistung enthalten sind» (§ 6 Abs. 5 VOB/B).

Anmerkung 24

24 Oder eine andere Hilfsperson, für die der Bauherr nach Art. 101 OR einzustehen hat.

Anmerkung 25

25 Der Fall, da der Bauherr (oder die Bauleitung) nicht die Vollendung des Werks, sondern erst die *Abnahme des vollendeten* Werks ungerechtfertigterweise hinauszögert, bleibt in Art. 187 Abs. 4 unberücksichtigt. Indes schliesst Art. 164 Abs. 1 es praktisch aus, dass nach Vollendung des Werks der Bauherr oder die Bauleitung die Abnahme ungerechtfertigt verzögert (vgl. Koller Jo, Untergang, S. 118).

Anmerkung 26

26.1 Das Wort «ungerechtfertigterweise» stammt aus der Bestimmung des Art. 91 OR über den Gläubigerverzug.

26.2 Gemeint ist, dass keine objektiven Gründe vorliegen, die das Verhalten des Bauherrn (oder seiner Bauleitung) sachlich rechtfertigen (vgl. Weber, Berner Kommentar, N 155 zu Art. 91 OR). Gerechtfertigt sind beispielsweise Verzögerungen, die auf erlaubten Bestellungsänderungen (Art. 84 ff.) oder darauf beruhen, dass der Bauherr (gestützt auf Art. 366 Abs. 2 OR) schon während der Bauausführung eine Verbesserung des mangelhaften Werks verlangt.

26.3 Auf das *Verschulden* des Bauherrn kommt es dabei nach Art. 187 Abs. 4 allerdings nicht an (weder für die Vergütungs- noch für die Schadenersatzpflicht), was den Bauherrn schlechter stellt als den Unternehmer (Art. 187 Abs. 5). Aus Art. 97 Abs. 3 (der auch auf Art. 187 Abs. 4 verweist) lässt sich nichts anderes ableiten, obwohl er sich in der Bestimmung über *schuldhafte* Fristüberschreitungen befindet.

Anmerkung 27

27 Eine Verzögerung ist dem Bauherrn etwa dann zuzurechnen, wenn er oder seine Bauleitung mit der Vornahme erforderlicher Mitwirkungshandlungen säumig wird (Art. 94 Abs. 2) oder die verschiedenen Baubeteiligten nicht rechtzeitig koordiniert werden (Art. 30 Abs. 2 und Art. 34 Abs. 3).

Anmerkung 28

28 Diese Voraussetzung beruht auf einer Hypothese. Sie ist erfüllt, wenn es überwiegend wahrscheinlich ist, dass der betreffende Zufall das Werk ohne die (ungerechtfertigte) Verzögerung überhaupt nicht oder erst nach der Abnahme getroffen (und zerstört) hätte.

Anmerkung 29

29 Diese Bestimmung konkretisiert die gesetzliche Ausnahmeregel, die den Unternehmer schon *vor der Abnahme* des Werks von der Vergütungsgefahr befreit, wenn der Besteller sich im Gläubigerverzug befindet (Art. 376 Abs. 1 OR; darüber GWerkV Rz. 1191). Sie rechtfertigt sich, wo es dem Bauherrn zuzurechnen ist, dass sich die Abnahme verzögert; es wäre nicht sachgerecht, damit auch den Gefahrübergang, der nach Art. 157 Abs. 2 an sich mit der Abnahme zusammenfällt, hinauszuzögern.

Anmerkung 30

30 Gleichgültig, ob der Vertrag automatisch erlischt (Art. 187/Rz. 8) oder durch eine der Vertragsparteien aufgelöst wird (Art. 187/Rz. 12.3).

Anmerkung 31

31 Danach hat der Unternehmer Anspruch auf Ersatz des Erfüllungsinteresses, also des positiven Vertragsinteresses. Er ist mithin so zu stellen, wie wenn der Vertrag richtig erfüllt worden wäre (BGer 4A_434/2007 vom 22. Februar 2008 E. 2.2.2; 4C.471/2004 vom 24. Juni 2005 E. 3.2.1; Gauch/Schluep/Emmenegger, OR AT, Rz. 2898). Insoweit verhält es sich hier gleich wie bei einem freien Rücktritt nach Art. 184 (Art. 184/Rz. 4.1). Auf die Billigkeit kommt es hier (anders als bei Art. 187 Abs. 3, dazu Art. 187/Rz. 21.1) nicht an, weshalb hier auch kein Raum für gerichtliches Ermessen besteht. Ein Verschulden des Bauherrn ist auch für die Schadenersatzpflicht nicht vorausgesetzt (Art. 187/Rz. 26.3).

Anmerkung 32

32 Vorausgesetzt ist, dass den Unternehmer ein Verschulden trifft, oder dass er (was dem Verschulden gleichzusetzen ist) nach Massgabe des Art. 101 OR für eine Hilfsperson einzustehen hat, deren Verhalten ihm (hätte er gleich gehandelt wie die Hilfsperson) als Verschulden anzurechnen wäre (hypothetische Vorwerfbarkeit, vgl. BGE 130 III 591/605 E. 5.5.4; Gauch/Schluep/Emmenegger, OR AT, Rz. 3039 ff.). Dass er ohne Verschulden in Verzug geraten ist, reicht also nicht aus. Zum Umstand, dass Art. 187 Abs. 4 für den umgekehrten Fall kein Verschulden bedingt, vgl. Art. 187/Rz. 26.3.

Anmerkung 33

Vgl. Art. 97. Eine Fristerstreckung ist nach Art. 96 ausgeschlossen, wenn den Unternehmer ein Verschulden trifft. 33

Anmerkung 34

Vorbehalten bleibt aber eine anderslautende Abrede, die individuell oder in einem ranghöheren Vertragsbestandteil getroffen wurde (vgl. Einl./Rz. 26). 34

Anmerkung 35

Damit wird die Geltung der in Art. 187 Abs. 3 enthaltenen Ausnahmebestimmung eingeschränkt und die Rechtslage auf das zurückgeführt, was nach Art. 187 Abs. 1 und 2 (für den Normalfall) gilt. Ob aber eine Abrede, die in Art. 187 Abs. 2 vorausgesetzt ist, auch den Fall erfasst, da der Unternehmer schuldhaft in Verzug geraten ist, bleibt durch Auslegung zu ermitteln, ist aber für den Regelfall nicht anzunehmen. 35

Anmerkung 36

Gleichgültig, ob es sich um Baustoff oder um anderes Material handelt. 36.1

Den Verlust von Material, das der Bauherr gegen Bezahlung geliefert hat (Art. 10 Abs. 3), muss der Unternehmer auch ohne Fristüberschreitung tragen (Art. 187/Rz. 18.2), weshalb er die Bezahlung weder verweigern noch zurückfordern kann. 36.2

Anmerkung 37

Das Gleiche gilt für Baustelleneinrichtungen (Art. 123) des Bauherrn, die zerstört oder beschädigt wurden. 37

Anmerkung 38

Danach hat der Bauherr Anspruch auf Ersatz des Erfüllungsinteresses. Vgl. Art. 185/Rz. 12.2. 38

Anmerkung 39

Art. 187 Abs. 5 beruht auf der Grundidee des Art. 103 OR, die er aber nur unvollständig wiedergibt. Obwohl Art. 187 Abs. 5 es nicht ausdrücklich sagt, bleibt die darin enthaltene Regel aus dem Spiel, wenn der Unternehmer beweist, dass der betreffende Zufall (z.B. ein Erdbeben) auch ohne Fristüberschreitung eingetreten wäre und das Werk zwar erst nach der Abnahme, aber zum Nachteil des Bauherrn zerstört hätte (Art. 103 Abs. 2 OR sinngemäss). Gelingt dem Unternehmer dieser Entlastungsbeweis, so beurteilt sich die Rechtslage nach Art. 187 Abs. 1–3. 39

Anmerkung 40

Bei nur «teilweisem Untergang» geht nicht das ganze (begonnene oder bereits vollendete) Werk zugrunde, sondern nur ein Teil davon (BGE 123 III 183/186 E. 3c, wo in diesem Zusammenhang von einem «durch ein quantitatives Kriterium bestimmte[n] Sachverhalt» die Rede ist). 40.1

40.2 Das wiederum ist zu unterscheiden von der Verschlechterung des Werks, die zu einem (Werk-)Mangel (Art. 166) führt. Diese Verschlechterung fällt nicht unter die Bestimmung des Art. 187 (anders KOLLER JO, Untergang, S. 121); vielmehr beurteilt sich die Rechtslage nach den Vorschriften über die Mängelhaftung (Art. 165 ff.; Art. 157/Rz. 12.3; Art. 166/Rz. 5.1; vgl. GWERKV Rz. 2411 ff.; offengelassen in BGE 123 III 183/186 E. 3c).

Anmerkung 41

41.1 In sinngemässer Anwendung dieser Bestimmungen entscheidet sich insbesondere:

41.2 – ob der Vertrag mit Bezug auf den untergegangenen Werkteil erlischt oder von einer der Vertragsparteien infolge Unzumutbarkeit aufgelöst werden kann (Art. 187 Abs. 1);

41.3 – ob aus der Beendigung ein Schadenersatzanspruch der einen oder anderen Partei entsteht (Art. 187 Abs. 1, 4 und 5);

41.4 – ob der Unternehmer für den untergegangenen Teil eine Vergütung erhält (Art. 187 Abs. 2 – 5) und ob er dem Bauherrn Ersatz für kostenlos geliefertes (aber untergegangenes) Material leisten muss (Art. 187 Abs. 2 und 5).

41.5 Bewirkt der teilweise Untergang, dass die Ausführung des ganzen Werks unmöglich wird, so erlischt der ganze Werkvertrag; ebenso kann ein Vertragspartner, für den die Ausführung des ganzen Werks unzumutbar wird, den ganzen Vertrag auflösen.

Anmerkung 42

42 Von Bedeutung ist dies, wenn der Vertrag aufgelöst wird. Wird der Vertrag fortgeführt, so steht ohnehin ausser Frage, dass die vom Untergang nicht betroffenen Leistungen vertragsgemäss zu vergüten sind.

Anmerkung 43

43 In einem Fall des Art. 187 Abs. 4 hat der Unternehmer auch dann Anspruch auf die volle Vergütung, wenn die vom Untergang nicht betroffenen Leistungen für den Bauherrn unbrauchbar sind.

Anmerkung 44

44 Das ist ein ganz erheblicher Vorteil, der sich für den Unternehmer aus der Teilabnahme ergibt (vgl. bereits Art. 157/Rz. 9). Die gleiche Rechtslage besteht (unausgesprochen) auch im Anwendungsbereich des Art. 376 OR, wenn man auf den Zweckgedanken der gesetzlichen Bestimmung abstellt (GWERKV Rz. 1186).

7 242 Vom Bauherrn verursachter Untergang[1]

Art. 188

[1] **Geht das Werk[2] vor seiner Abnahme (Art. 157–164)[3] wegen eines Mangels des vom Bauherrn angewiesenen Baugrundes[4] oder des von ihm gelieferten Materials[5] oder der von ihm vorgeschriebenen Art der Ausführung[6] zugrunde[7] (Art. 376 Abs. 3 OR)[8], so erlischt der Werkvertrag ohne weiteres[9], wenn die Ausführung des Werkes durch den Untergang unmöglich[10] wird.[11] Bleibt die Ausführung möglich, so kann der Unternehmer[12] den Werkvertrag auflösen, sofern ihm eine Wiederherstellung unzumutbar[13] ist.[14] Macht der Unternehmer von diesem Auflösungsrecht Gebrauch oder erlischt der Vertrag ohne weiteres, so hat der Bauherr keinen Anspruch auf Ersatz des entgehenden Gewinnes oder sonstigen Schadens infolge vorzeitiger Beendigung des Vertrages.[15]**

[2] **Für die bis zum Untergang erbrachten Leistungen hat der Unternehmer Anspruch auf vertragsgemässe Vergütung.[16,17] Bei Beendigung des Vertrages gemäss Abs. 1 hat er, sofern den Bauherrn ein Verschulden[18] trifft[19], überdies[20] Anspruch auf Ersatz des entgehenden Gewinnes und sonstigen Schadens infolge vorzeitiger Vertragsbeendigung.[21]**

[3] **Die Rechte des Unternehmers gemäss Abs. 1 und 2 entfallen[22], wenn dieser eine entsprechende Anzeigepflicht[23] (Art. 25) verletzt hat.[24]**

[4] **Bei nur teilweisem Untergang des Werkes[25] gelten Abs. 1–3 sinngemäss[26]. Für die vom Untergang nicht betroffenen Leistungen hat der Unternehmer Anspruch auf Ersatz[27], bei Verletzung einer Anzeigepflicht[28] jedoch nur insoweit, als diese Leistungen für den Bauherrn brauchbar sind.[29]**

[5] **Beruht der Untergang des Werkes sowohl auf einem Mangel gemäss Abs. 1 als auch auf einer Verletzung der Sorgfaltspflicht[30] des Unternehmers bei Ausführung des Werkes, so kommen die vorstehenden Bestimmungen (Abs. 1–4)[31] zur Anwendung; dies jedoch mit der Besonderheit, dass die Ansprüche des Unternehmers seinem Verschulden entsprechend herabgesetzt werden.[32]**

Art. 188 (1977/91)

[1] Geht das Werk vor seiner Abnahme (Art. 157 ff.) wegen eines Mangels des vom Bauherrn angewiesenen Baugrundes oder des von ihm gelieferten Materials oder der von ihm vorgeschriebenen Art der Ausführung zugrunde (Art. 376 Abs. 3 OR), so erlischt der Werkvertrag ohne weiteres, wenn die Ausführung des Werkes durch den Untergang unmöglich wird. Bleibt die Ausführung möglich, so kann der Unternehmer den Werkvertrag auflösen, sofern ihm eine Wiederherstellung unzumutbar ist. Macht der Unternehmer von diesem Auflösungsrecht Gebrauch oder erlischt der Vertrag ohne weiteres, so hat der Bauherr keinen Anspruch auf Ersatz des entgehenden Gewinnes oder sonstigen Schadens infolge vorzeitiger Beendigung des Vertrages.

[2] Für die bis zum Untergang erbrachten Leistungen hat der Unternehmer Anspruch auf vertragsgemässe Vergütung. Bei Beendigung des Vertrages gemäss Abs. 1 hat er, sofern den Bauherrn ein Verschulden trifft, überdies Anspruch auf Ersatz des entgehenden Gewinnes und sonstigen Schadens infolge vorzeitiger Vertragsbeendigung.

[3] Die Rechte des Unternehmers gemäss Abs. 1 und 2 entfallen, wenn dieser eine entsprechende Anzeigepflicht (Art. 25) verletzt hat.

[4] Bei nur teilweisem Untergang des Werkes gelten Abs. 1–3 sinngemäss. Für die vom Untergang nicht betroffenen Leistungen hat der Unternehmer Anspruch auf Ersatz, bei Verletzung einer Anzeigepflicht jedoch nur insoweit, als diese Leistungen für den Bauherrn brauchbar sind.

[5] Beruht der Untergang des Werkes sowohl auf einem Mangel gemäss Abs. 1 als auch auf einer Verletzung der Sorgfaltspflicht des Unternehmers bei Ausführung des Werkes, so kommen die vorstehenden Bestimmungen (Abs. 1–4) zur Anwendung; dies jedoch mit der Besonderheit, dass die Ansprüche des Unternehmers seinem Verschulden entsprechend herabgesetzt werden.

Anmerkung 1

1.1 Art. 188 basiert auf der Bestimmung des Art. 376 Abs. 3 OR (BGE 119 II 127/130 E. 4; vgl. den eingehenden Kommentar bei Koller Jo, Untergang, S. 122 ff.), während Art. 187 auf Art. 376 Abs. 1 und 2 OR beruht (Art. 187/Rz. 1.1).

1.2 Wie Art. 376 Abs. 3 OR, so erfasst auch Art. 188 sowohl Fälle, in denen der «vom Bauherrn verursachte Untergang» auf *Zufall* (Art. 187 Abs. 1) beruht (Art. 188/Rz. 7.1), als auch solche, in denen den Bauherrn ein Verschulden trifft (Art. 188/Rz. 1.4). Je nachdem enthält Art. 188 eine Sonderbestimmung zu Art. 187 oder greift (bei Verschulden des Bauherrn) über den zufälligen Untergang des Werks hinaus.

1.3 Die Sonderbestimmung (für die zufällige Verursachung des Untergangs durch den Bauherrn), die sich namentlich auf die Zuweisung der Vergütungsgefahr (Art. 188 Abs. 2 Satz 1) auswirkt, rechtfertigt sich (wie jene des Gesetzes) aus Gründen der Billigkeit (GWerkV Rz. 1197). Die Fälle, in denen sie zu tragen kommt, werden in Art. 188 Abs. 1 aufgezählt, sind aber einer gewissen Erweiterung durch Vertragsergänzung zugänglich (vgl. Art. 161/Rz. 6.4; Art. 188/Rz. 8.2).

1.4 Ein Verschulden (Art. 188 Abs. 2), das den Zufall ausschliesst, trifft den Bauherrn (der nach Art. 101 OR auch das Verhalten seiner Bauleitung und anderer Hilfspersonen vertreten muss), wenn er den Untergang des nicht abgenommenen Werks (adäquat) verursacht und dies beabsichtigt, in Kauf genommen oder (obwohl voraussehbar und vermeidbar) nicht vorausgesehen oder nicht vermieden hat. Als Verschulden anzurechnen sind dem Bauherrn beispielsweise die bewusste Lieferung von mangelhaftem Material, die Anweisung eines mangelhaften Baugrundes bzw. einer mangelhaften Bausubstanz oder der Umstand, dass er sich über eine vom Unternehmer zu Recht angezeigte Gefahr (Art. 25) hinwegsetzt. Eine Vertragsverletzung ist nicht vorausgesetzt, weshalb die Beweislast beim Unternehmer liegt und sich nicht nach Art. 97 Abs. 1 OR richtet. Zum Ganzen GWerkV Rz. 1210 ff.; Zindel/Pulver/Schott, Basler Kommentar, N 23 zu Art. 376 OR.

1.5 Hat der Unternehmer zum Untergang des Werks durch die *Verletzung einer Anzeige- oder einer andern Sorgfaltspflicht* beigetragen, so liegt ein weiterer Fall vor, in dem der Untergang des Werks nicht auf Zufall beruht. Auch dieser Fall wird in Art. 188, und zwar in Abs. 3 und 5, geregelt. Zur Verletzung der Anzeigepflicht vgl. Art. 166/Rz. 17.

Anmerkung 2

Gemeint ist das *begonnene* oder bereits *vollendete* Werk, das der betreffende Unternehmer schuldet (Art. 1). Das Werk geht, soweit es ausgeführt wurde, vollständig unter. Für den *teilweisen* Untergang des bereits ausgeführten (vollendeten oder unvollendeten) Werks gilt Art. 188 Abs. 4 (vgl. Art. 188/Rz. 26.1 ff.). 2

Anmerkung 3

Mit der Abnahme des Werks (Art. 159 – 164) geht die *Gefahr* des zufälligen Untergangs des Werks auf den Bauherrn über (Art. 157 Abs. 2), weshalb Art. 188 nur dann Anwendung findet, wenn das Werk *vor seiner Abnahme* zugrunde geht (siehe auch Art. 187/Rz. 3.1). 3.1

Wird der Werkvertrag vorzeitig und mit Wirkung ex nunc aufgelöst, so kommt es ebenfalls zur Abnahme (Vorbem. Art. 183 – 190/Rz. 3). Bei der Anwendung des Art. 188 ist sodann auf diese Abnahme abzustellen. 3.2

Anmerkung 4

«Mangelhaft» im Sinne des Art. 188 Abs. 1 ist der angewiesene *Baugrund* (Art. 5 Abs. 2), wenn seine Beschaffenheit zum Untergang des Werks führt (auch Spiess/Huser, Handkommentar, N 8 zu Art. 188). Nicht erwähnt wird hier die bestehende Bausubstanz (Art. 5/Rz. 8), die bei der letzten Revision der SIA-Norm 118 z.B. bei Art. 58 Abs. 2 eingefügt wurde. Sie ist indes auch hier dem Baugrund gleichzustellen. 4

Anmerkung 5

Das Material im Sinn des Art. 188 Abs. 1 umfasst mehr als den blossen «Stoff» (Werkstoff), von dem Art. 376 Abs. 3 OR spricht (vgl. Art. 10 Abs. 1). Führt seine Beschaffenheit zum Untergang des Werks, ist es im Sinn des Art. 188 Abs. 1 «mangelhaft». Ob es kostenlos oder gegen Bezahlung geliefert wurde (Art. 10 Abs. 3), spielt für die Anwendung des Art. 188 Abs. 1 keine Rolle. 5

Anmerkung 6

Mit der «vorgeschriebenen Art der Ausführung» sind Ausführungsweisungen gemeint, die der Bauherr selber oder durch einen Vertreter (namentlich durch die Bauleitung) erteilt hat. Ihrem Wesen nach handelt es sich um die gleichen Weisungen wie in Art. 369 OR (vgl. dazu GWerkV Rz. 1927 ff.). «Mangelhaft» im Sinn des Art. 188 Abs. 1 sind sie dann, wenn deren Befolgung zum Untergang des Werks führt. Unerheblich ist, ob die Weisung zu Beginn oder nachträglich in Form einer Bestellungsänderung erteilt wurde. Unerheblich ist auch, ob sie vom Bauherrn direkt oder von seiner Bauleitung stammt, deren Weisungen dem Bauherrn zuzurechnen sind (Art. 101 OR). Es spielt aber eine Rolle, ob der Unternehmer seine Abmahnungspflicht erfüllt oder aber sie verletzt hat, woran Art. 188 Abs. 3 erinnert (vgl. auch Art. 187/Rz. 4.2). 6

Anmerkung 7

7.1 Wenn den Bauherrn kein Verschulden (Art. 188/Rz. 1.3) trifft und der Unternehmer keine Anzeigepflicht verletzt hat (Art. 188 Abs. 3), geht das Werk (wie in Art. 187) durch *Zufall* zugrunde (vgl. Art. 188/Rz. 1.2). Insoweit enthält Art. 188 eine Sonderbestimmung, die Art. 187 vorgeht und dessen Anwendbarkeit hinsichtlich der Zuweisung der Vergütungsgefahr (Art. 188 Abs. 2 Satz 1) einschränkt (Art. 188/Rz. 1.3). Doch bleibt zu beachten:

7.2 Art. 188 ist insofern lückenhaft, als er die in Art. 187 Abs. 5 enthaltene Regel nicht wiederholt, obwohl sie bei richtiger Auslegung (vgl. Art. 187/Rz. 39) auch im Anwendungsbereich des Art. 188 passt. Dem Rechtsanwendenden bleibt nichts anderes übrig, als diese Lücke durch sinngemässe Anwendung des Art. 187 Abs. 5 zu schliessen, wenn die Voraussetzungen erfüllt sind.

Anmerkung 8

8.1 Der Tatbestand des Art. 188 Abs. 1 deckt sich mit jenem des Art. 376 Abs. 3 OR, auf den die Bestimmung verweist (bezüglich des «Materials» vgl. aber Art. 188/Rz. 5). Die Untergangsgründe (Mangel des Baugrunds [dem auch bestehende Bausubstanz zuzurechnen ist], des Materials oder der vorgeschriebenen Art der Ausführung), die darin umschrieben werden, haben gemeinsam, dass sie «aus Verhältnissen des Bauherrn» stammen (Art. 185 sinngemäss), weshalb der Untergang «vom Bauherrn verursacht» ist (Titel zu Art. 188).

8.2 Ob weitere (in Art. 188 Abs. 1 nicht erwähnte) Untergangsgründe, die beim Bauherrn liegen, gleich zu behandeln sind, ist eine Frage der *Vertragsergänzung*. Der Verweis auf die gesetzliche Bestimmung des Art. 376 Abs. 3 OR, die eine gewisse Erweiterung auf analoge Fälle gestattet (GWerkV Rz. 1199, mit Beispielen), legt es nahe, eine entsprechende Ergänzung auch für Art. 188 Abs. 1 zuzulassen. Die Erweiterung darf aber nicht so weit gehen, dass sie jeden «beim Bauherrn eingetretenen Zufall» (Art. 185) einbezieht (GWerkV Rz. 1197 sinngemäss), was sich schon daraus ergibt, dass auch Art. 187 Fälle regelt, in denen das Werk durch einen beim Bauherrn eingetretenen Zufall untergeht. Als weiterer Fall infrage kommen mangelhafte Arbeiten eines vom Bauherrn beigezogenen Ingenieurs, für die der Bauherr nach Art. 101 OR einzustehen hat (BGE 119 II 127/130 E. 4a).

Anmerkung 9

9 Zum Erlöschen des Werkvertrags siehe Art. 187/Rz. 8.

Anmerkung 10

10 Gemeint ist eine *objektive, dauernde Leistungsunmöglichkeit,* nicht nur ein subjektives Unvermögen des Unternehmers (vgl. Art. 187/Rz. 9).

Anmerkung 11

11 Das entspricht im Ergebnis der Regel des Art. 187 Abs. 1 Satz 1 (vgl. Art. 187/Rz. 10). Zum Verhältnis zu Art. 185 vgl. Art. 185/Rz. 1.5.

Anmerkung 12

Nur der *Unternehmer*, nicht auch der Bauherr, hat das besondere Auflösungsrecht des Art. 188 Abs. 1 (anders bei Art. 187, siehe Art. 187/Rz. 11). Der Bauherr, der den Vertrag auflösen will, bleibt, wenn er im Sinne des Art. 188 den Untergang verursacht hat, auf Art. 184 angewiesen. 12

Anmerkung 13

Das Auflösungsrecht des Unternehmers setzt nach Art. 188 Abs. 1 voraus, dass die Wiederherstellung des Werks und damit die Fortführung des Werkvertrags für den Unternehmer nach Treu und Glauben nicht mehr zumutbar sind. Da der Bauherr den Untergang verursacht hat, sind an diese Unzumutbarkeit keine allzu strengen Anforderungen zu stellen. Insbesondere ist sie zu bejahen, wenn das Werk des Unternehmers im Zeitpunkt des Untergangs bereits vollendet (oder praktisch vollendet) war (auch Art. 187/Rz. 12.3). 13

Anmerkung 14

Diese Regel weicht erheblich von dem ab, was im Anwendungsbereich des Art. 376 Abs. 3 OR gilt. Der gesetzlichen Regel zufolge liegt die Vergütungsgefahr beim Bauherrn und geht der Werkvertrag grundsätzlich zu Ende, wenn der Bauherr zudem die Leistungsgefahr trägt (GWerkV Rz. 1206). Die in Art. 188 Abs. 1 angelegte Abweichung liegt darin, dass die Beendigung des Vertrags nicht von der Tragung der Leistungsgefahr, sondern davon abhängt, dass die Fortführung für den Unternehmer unzumutbar ist und er dann von seinem Auflösungsrecht Gebrauch macht. 14

Anmerkung 15

Die Ansprüche des Unternehmers gegen den Bauherrn sind Gegenstand von Art. 188 Abs. 2 und des Vorbehalts, den Art. 188 Abs. 3 formuliert. 15

Anmerkung 16

Die *Vergütungsgefahr* (Art. 187/Rz. 1.2) liegt also, im Unterschied zu Art. 187 Abs. 2, beim Bauherrn. Auch wenn den Bauherrn kein Verschulden trifft (zum Verschulden gleich nachfolgend im Text des Art. 188 Abs. 2), bleibt er dazu verpflichtet, die bereits erbrachten Leistungen nach Massgabe des Vertrags zu vergüten. Bei Fortführung des Vertrags schuldet der Bauherr die volle und vertragsgemässe Vergütung für das Werk nebst der vertraglichen Vergütung für die untergegangenen Leistungen. Vorbehalten bleibt Art. 189 Abs. 4. 16

Anmerkung 17

Für den Verlust des vom Bauherrn kostenlos gelieferten Materials schuldet der Unternehmer keinen Ersatz (Art. 187 Abs. 2), was so selbstverständlich ist, dass Art. 188 Abs. 2 auf eine Wiederholung dieser Regel verzichtet. Auch ist der Unternehmer nicht zur Leistung von Schadenersatz verpflichtet, wenn der vom Bauherrn angewiesene Baugrund, beste- 17.1

hende Bausubstanz oder Baustelleneinrichtungen (Art. 123) des Bauherrn zerstört oder beschädigt wurden.

17.2 Bei Fortführung des Vertrags hat der Bauherr kostenlos geliefertes Material, das mit dem untergegangenen Werk zugrunde ging, unentgeltlich nachzuliefern (vgl. Art. 187/Rz. 16.5). Auch muss er zerstörte oder beschädigte Baustelleneinrichtungen, die er selber gestellt hatte, auf eigene Kosten ersetzen oder reparieren. Die Regel des Art. 127 Abs. 1 bezieht sich nur auf den Fall, da die betreffende Einrichtung vom Unternehmer (nicht vom Bauherrn) gestellt worden war.

Anmerkung 18

18.1 Zum Verschulden des Bauherrn siehe Art. 188/Rz. 1.4.

18.2 Trifft den Bauherrn kein Verschulden – was auch dann der Fall ist, wenn der Unternehmer das Verschulden nicht zu beweisen vermag –, so beschränkt sich der Anspruch des Unternehmers auf die vertragsgemässe Vergütung der bis zum Untergang erbrachten Leistungen. Vorbehalten bleibt der Fall, in dem das Werk nur deshalb vor der Abnahme zugrunde gegangen ist, «weil der Bauherr oder die Bauleitung die Vollendung ungerechtfertigterweise hinausgezögert hat» (Art. 187 Abs. 4; Art. 187/Rz. 26.1 ff. und 28). Dieser Sonderfall wird in Art. 188 Abs. 2 zwar nicht ausdrücklich geregelt, was aber eine Lücke darstellt, die in sinngemässer Anwendung des Art. 187 Abs. 4 Satz 2 zu schliessen ist. Entsprechend hat der säumige Bauherr dem Unternehmer auch nach Art. 188 Abs. 2 das positive Vertragsinteresse zu ersetzen.

Anmerkung 19

19 Indem Art. 188 Abs. 2 den vom Bauherr verschuldeten Untergang des Werks in die Regelung einbezieht, verlässt er (wie die entsprechende Bestimmung in Art. 376 Abs. 3 OR) das Gebiet des *zufälligen* Untergangs (Art. 188/Rz. 7.1).

Anmerkung 20

20 Dieser Anspruch tritt also zu jenem Anspruch auf vertragsgemässe Vergütung der bereits erbrachten (aber untergegangenen) Leistungen hinzu. Dass dem Unternehmer der Vergütungsanspruch für diese Leistungen verbleibt (vgl. aber Art. 189 Abs. 4), versteht sich beim Untergang des Werks, den der Bauherr verschuldet hat, von selbst und ist keine Frage der Gefahrtragung.

Anmerkung 21

21 Dieser *Schadenersatzanspruch* entspricht der Schadenersatzforderung des Unternehmers nach Art. 376 Abs. 3 OR (GWerkV Rz. 1212) und richtet sich auf volle Schadloshaltung (Art. 377 OR), also auf Ersatz des positiven Vertragsinteresses. Zur identischen Schadenersatzregel im Fall der Unmöglichkeit siehe Art. 185/Art. 12.1 ff.

Anmerkung 22

22.1 Rechte, die nach dieser Regel entfallen, sind das Recht des Unternehmers zur Vertragsauflösung (Art. 188 Abs. 1) und der Anspruch des Unternehmers auf Vergütung der erbrachten Leistungen (Art. 188 Abs. 2). Was den Schadenersatzanspruch infolge vorzeitiger Vertragsbeendigung (Art. 188 Abs. 2) angeht, ist Folgendes anzumerken:

Dieser Anspruch setzt nach Art. 188 Abs. 2 ein Verschulden des Bauherrn voraus. Trifft aber den Bauherrn ein Verschulden, so kommt, wenn der Unternehmer eine entsprechende Anzeigepflicht verletzt hat, nicht Art. 188 Abs. 3, sondern Art. 188 Abs. 5 zur Anwendung (Art. 188/Rz. 24.1). Daraus folgt, dass zu den Rechten, die nach Art. 188 Abs. 3 entfallen, nicht auch der Schadenersatzanspruch gehören kann. 22.2

Anmerkung 23

Gemeint ist die allenfalls bestehende Pflicht des Unternehmers (vgl. Art. 25), die dem Werk drohenden Gefahren dem Bauherrn rechtzeitig anzuzeigen (Art. 376 Abs. 3 OR), was namentlich auch die Pflicht einschliesst, ihn angesichts fehlerhafter Weisungen über die Art der Ausführung (Art. 188 Abs. 1) abzumahnen. 23

Anmerkung 24

Diese Bestimmung gilt nur für den Fall, da den Bauherrn *kein Verschulden* trifft (anders Koller Jo, Untergang, S. 125). Trifft den Bauherrn ein Verschulden (Art. 188 Abs. 2 Satz 2), so kommt bei Verletzung der Anzeigepflicht die Regel des Art. 188 Abs. 5 zur Anwendung (vgl. Art. 188/Rz. 32.3). Ausserdem ist auf Folgendes hinzuweisen: 24.1

a) Art. 188 Abs. 3 setzt voraus, dass der Unternehmer durch die Verletzung seiner vertraglichen Anzeigepflicht (die eine Sorgfaltspflicht ist) zum Untergang des Werks beigetragen hat, der Untergang also nicht auf Zufall (Art. 187 Abs. 1) beruht. Das vertragswidrige Verhalten durch den Unternehmer bewirkt, dass die «nachteiligen Folgen ihm selbst zur Last fallen» (Art. 25 Abs. 1), indem er die Rechte gemäss Art. 188 Abs. 1 und 2 verliert. Dadurch wird seine Vertragsverletzung (die Verletzung seiner Anzeigepflicht) sanktioniert. Nicht immer aber verletzt der Unternehmer, der nicht anzeigt oder nicht abmahnt, seine vertragliche Sorgfaltspflicht. So etwa ist dem Bauherrn der Einwand der fehlenden Abmahnung abgeschnitten, wenn eine Abmahnung gar nicht geschuldet ist, weil dem Bauherrn die Fachkunde eines Ingenieurs zuzurechnen ist (BGE 119 II 127/130 E. 4a). In diesem Fall ist Art. 188 Abs. 3 nicht anwendbar. 24.2

b) Geht mit dem Werk auch kostenlos geliefertes Material des Bauherrn zugrunde oder erleidet dieser einen anderen Schaden – z.B. der angewiesene Baugrund oder bestehende Bausubstanz beschädigt, eine Baustelleneinrichtung des Bauherrn zerstört oder die Werkausführung unmöglich wird –, so hat der Unternehmer nach den Grundsätzen der Art. 97 ff. OR und 364 Abs. 1 OR Schadenersatz zu leisten (Art. 23 Abs. 2; GWerkV Rz. 1201). Diese zusätzliche Sanktion der Anzeigepflichtverletzung bleibt in Art. 188 Abs. 3 unerwähnt. 24.3

c) Art. 188 Abs. 3 spricht nur von der Verletzung einer Anzeigepflicht. Bei sinnvoller Auslegung des Art. 188, die innere Widersprüche vermeiden soll, muss die gleiche Regel aber auch dann gelten, wenn der Unternehmer durch Verletzung einer anderen Sorgfaltspflicht zum Untergang des Werks beigetragen hat (vgl. Art. 188/Rz. 32.2). 24.4

Anmerkung 25

25 Zum nur teilweisen Untergang des Werks siehe schon Art. 187/Rz. 40.1.

Anmerkung 26

26.1 a) In *sinngemässer* Anwendung jener Regeln (Art. 188 Abs. 1 – 3) entscheidet sich insbesondere:

26.2 – ob der Vertrag mit Bezug auf den untergegangenen Werkteil erlischt, ob der Unternehmer ein Beendigungsrecht hat und ob aus dem Erlöschen ein Schadenersatzanspruch der einen oder anderen Partei entsteht (Art. 188 Abs. 1 – 3);

26.3 – ob der Unternehmer für den untergegangenen Teil eine Vergütung erhält (Art. 188 Abs. 2 und 3).

26.4 b) Bewirkt der teilweise Untergang, dass die Ausführung des ganzen Werks unmöglich wird, so erlischt der ganze Werkvertrag (Art. 188 Abs. 1, beachte aber Art 188 Abs. 3).

Anmerkung 27

27 Der «Ersatz» besteht in der vertragsgemässen Vergütung dieser Leistungen (vgl. Art. 187 Abs. 6); es geht dabei also nicht um einen Schadenersatzanspruch.

Anmerkung 28

28 Auf die Verletzung von Anzeigepflichten nimmt auch Art. 188 Abs. 3 Bezug.

Anmerkung 29

29 Somit fallen dem Unternehmer die nachteiligen Folgen seiner Anzeigepflichtverletzung insoweit nicht zur Last, als seine Leistungen für den Bauherrn brauchbar sind. Zum Kriterium der Brauchbarkeit vgl. schon Art. 186/Rz. 11.

Anmerkung 30

30 Die *Sorgfaltspflicht* des Unternehmers (Art. 364 Abs. 1 OR) konkretisiert sich in verschiedenen Einzelpflichten (darüber GWerkV Rz. 822 ff.). Dazu gehört an sich auch die *Anzeigepflicht* des Unternehmers (Art. 25 und Art. 188 Abs. 3). Der Fall der Verletzung einer Anzeigepflicht wird indes schon in Art. 188 Abs. 3 und dort abschliessend geregelt. Gegenstand des Art. 188 Abs. 5 sind Fälle, in denen der Unternehmer durch seine sonstige Unsorgfalt zum Untergang des Werks beigetragen hat.

Anmerkung 31

31 Der Verweis auf die «Abs. 1 – 4» ist zu weit, da Art. 188 Abs. 3 in einem Fall beidseitiger Verantwortlichkeit von der Regel in Abs. 5 verdrängt wird, also gerade nicht zur Anwendung kommt.

Anmerkung 32

32.1 Art. 188 Abs. 5 regelt einen Fragenkomplex, der (abgesehen von der Verletzung der Anzeigepflicht) in Art. 376 OR nicht geordnet ist. Da im Falle des Art. 188 Abs. 5 der Untergang des Werks (auch) auf einer Sorgfaltspflichtverletzung des Unternehmers beruht, liegt in diesem Fall *kein* zufälliger Untergang des Werks vor (vgl. Art. 187 Abs. 1). Für die Anwendung der Bestimmung ist zu unterscheiden:

a) Trifft den Bauherrn kein Verschulden und hat der Unternehmer durch Verletzung seiner Anzeigepflicht zum Untergang des Werks beigetragen, so gilt die Bestimmung des Art. 188 Abs. 3. Art. 188 Abs. 5 bleibt aus dem Spiel (anders KOLLER JO, Untergang, S. 127). Bei einer sinnvollen Auslegung des Art. 188, die innere Widersprüche vermeiden soll, muss das Gleiche gelten, wenn der Unternehmer durch Verletzung einer anderen Sorgfaltspflicht (nicht der Anzeigepflicht) zum Untergang des Werks beigetragen hat. 32.2

b) Trifft den Bauherrn dagegen ein Verschulden, so kommt Art. 188 Abs. 5 zur Anwendung, und zwar auch bei einer schuldhaften Verletzung der Anzeigepflicht durch den Unternehmer (anders KOLLER JO, Untergang, S. 127). Sie gestattet es, eine dem Einzelfall angemessene Lösung (unter Berücksichtigung der beidseitigen Beiträge zum Untergang) zu finden, die z.B. darin bestehen kann, dass sowohl der Vergütungsanspruch als auch die Schadenersatzpflicht des Unternehmers, die ihn als Folge der Sorgfaltspflichtverletzung ebenfalls treffen kann, reduziert werden (vgl. auch GWERKV Rz. 1214). 32.3

7 243 Versicherungsleistungen bei Untergang

Art. 189 [1]

[1] Soweit der Unternehmer für die vom Untergang betroffenen Leistungen [2] keine volle Vergütung [3] und keine Deckung durch eigene Versicherung [4] erhält [5], zediert ihm der Bauherr allfällige Ansprüche auf Versicherungsleistungen, die wegen des Unterganges entstehen [6], jedoch nur gegen Ersatz [7] der für das Werk aufgewendeten entsprechenden Prämien [8] und nur in dem Umfange, als diese Ansprüche den Betrag einer von ihm geschuldeten Teilvergütung [9] übersteigen [10].[11]

[2] Hat der Bauherr eine gesetzliche Versicherungspflicht [12] nicht erfüllt, so ersetzt er dem Unternehmer den deswegen entstehenden Ausfall [13].

[3] Der Bauherr, den keine gesetzliche Versicherungspflicht trifft [14], teilt in den Ausschreibungsunterlagen [15] mit, ob und welche Versicherungen [16] er mit Bezug auf das Werk abschliesst [17].[18]

[4] Insoweit als [19] der Unternehmer für die vom Untergang betroffenen Leistungen durch Versicherungsleistungen gedeckt ist [20], hat er zum vornherein gegenüber dem Bauherrn keinen Anspruch auf Vergütung für diese Leistung [21].

Art. 189 (1977/91)

[1] Soweit der Unternehmer für die vom Untergang betroffenen Leistungen keine volle Vergütung und keine Deckung durch eigene Versicherung erhält, zediert ihm der Bauherr allfällige Ansprüche auf Versicherungsleistungen, die wegen des Unterganges entstehen, jedoch nur gegen Ersatz der für das Werk aufgewendeten entsprechenden Prämien und nur in dem Umfange, als diese Ansprüche den Betrag einer von ihm geschuldeten Teilvergütung übersteigen.

[2] Hat der Bauherr eine gesetzliche Versicherungspflicht nicht erfüllt, so ersetzt er dem Unternehmer den deswegen entstehenden Ausfall.

[3] Der Bauherr, den keine gesetzliche Versicherungspflicht trifft, teilt in den Ausschreibungsunterlagen ausdrücklich mit, ob und welche Versicherungen er mit Bezug auf das im Bau befindliche Werk abschliesst.

[4] Insoweit als der Unternehmer für die vom Untergang betroffenen Leistungen durch Versicherungsleistungen gedeckt ist, hat er zum vornherein gegenüber dem Bauherrn keinen Anspruch auf Vergütung für diese Leistung.

Anmerkung 1

1 Art. 189 ergänzt die Bestimmungen der Art. 187 und Art. 188. Über die in der Schweiz gebräuchlichen Bauversicherungen vgl. FUHRER, Versicherung von Bauschäden, S. 169 ff.; STÖCKLI, Versicherungen beim Bauen, S. 1 ff.; zur Bauwesenversicherung BRUNNER, Bauwesenversicherung, S. 129 ff.; zur Bauplatzversicherung SPICHER, Die Bauplatz-Versicherung, S. 49 ff.

Anmerkung 2

2 Die vom «Untergang betroffenen Leistungen» sind Bauleistungen des Unternehmers. Sie sind unter Ausschluss von zerstörtem Material zu verstehen, das der Bauherr kostenlos (nicht gegen Bezahlung) geliefert hatte. Versicherungsansprüche für solches Material fallen so wenig unter die Abtretungspflicht des Bauherrn wie allfällige Ansprüche aus zerstörten Baustelleneinrichtungen oder aus einer Beschädigung des angewiesenen Grundstücks.

Anmerkung 3

3.1 «Keine volle Vergütung» erhält der Unternehmer dann, wenn der Bauherr die untergegangenen Leistungen nach Massgabe des konkreten Vertrags überhaupt nicht oder nicht voll zu vergüten hat. Im Einzelnen sind zwei Punkte hervorzuheben:

3.2 a) Weshalb der Unternehmer «keine volle Vergütung» erhält, ist unter dem Gesichtspunkt des Art. 189 Abs. 1 unerheblich. Der Grund kann auch darin bestehen, dass der Unternehmer eine Anzeigepflicht (Art. 25) oder eine andere Sorgfaltspflicht verletzt hat (vgl. Art. 188 Abs. 3 und 5; Art. 187/Rz. 4.2).

3.3 b) Soweit ein grundsätzlich bestehender Vergütungsanspruch des Unternehmers durch eine Versicherungsdeckung kompensiert wird (Art. 189 Abs. 1), entfällt der Abtretungsanspruch des Unternehmers deswegen, weil dieser eine «Deckung durch eigene Versicherung erhält» (Art. 189 Abs. 1).

Anmerkung 4

Der Ausdruck «eigene Versicherung» ist missverständlich, da er so verstanden werden könnte, wie wenn der Unternehmer zugleich auch der Versicherungsnehmer sein müsste (Versicherung für eigene Rechnung). 4.1

In Wirklichkeit aber genügt es für die Annahme einer «eigenen Versicherung» (Art. 189 Abs. 1), dass der Unternehmer bei Eintritt des Versicherungsfalls selber *anspruchsberechtigt* ist. Ob der betreffende Versicherungsvertrag (z.B. eine Bauwesenversicherung, dazu Brunner, Bauwesenversicherung, S. 129 ff.; Fuhrer, Versicherung von Bauschäden, S. 175 ff.) vom Unternehmer oder von einem anderen Versicherungsnehmer (als eine Versicherung für fremde Rechnung, Art. 16 Abs. 1 VVG) abgeschlossen wurde, macht somit keinen Unterschied. 4.2

Versicherter Gegenstand in der soeben erwähnten *Bauwesenversicherung* sind vor allem «Bauleistungen einschliesslich aller zugehörigen Baustoffe und Bauteile» (Art. 1.1 SVV-Musterbedingungen 2010 für die Bauwesenversicherung). Versicherungsnehmer kann zwar der Unternehmer, der Bauherr oder ein Dritter (z.B. ein Architekt) sein. Nach einer geläufigen Versicherungsklausel, welche die versicherten Interessen umschreibt, sind aber immer auch Schäden versichert, die «nach den SIA-Normen zu Lasten [...] aller am Bauwerk beteiligten Unternehmer und Subunternehmer gehen» (Art. 3.1 SVV-Musterbedingungen 2010 für die Bauwesenversicherung). Das bedeutet im vorliegenden Zusammenhang: 4.3

a) Für Bauleistungen, die durch eine versicherte Gefahr (namentlich durch einen «Bauunfall», also ein «plötzliches und unvorhergesehenes Ereignis») getroffen werden, ist der Unternehmer unter einer zweifachen Voraussetzung versichert: *Erstens* muss er einen Schaden erleiden, weil er für die untergegangenen Leistungen keine oder nicht die volle Vergütung erhält. Und *zweitens* muss diese Rechtslage den Regeln der SIA-Norm 118 entsprechen. Massgeblich ist also stets die Vergütungslage, die nach der SIA-Norm 118 besteht oder bestände, falls die einschlägigen Regeln dieser Norm zur Anwendung kämen. Das Letztere gilt, obwohl die zitierte Versicherungsklausel (Art. 189/Rz. 4.3) auf die «SIA-Normen» in der Mehrzahl verweist; denn mit diesem Verweis wird auch auf die Widerspruchsregel des Art. 21 Abs. 1 Bezug genommen, wonach die «übrigen Normen des SIA» der SIA-Norm 118 nachgehen. Im Einzelfall allerdings kann die Auslegung des Versicherungsvertrags (z.B. aufgrund der Unklarheitsregel) zu einem anderen Ergebnis führen. 4.4

b) Im Umfang der erwähnten Versicherung hat der Unternehmer *grundsätzlich* auch dann einen *eigenen Versicherungsanspruch* gegenüber dem Bauwesenversicherer (und damit eine «eigene Versicherung» im Sinne des Art. 189 Abs. 1), wenn der Versicherungsvertrag von einem anderen (z.B. vom Bauherrn) abgeschlossen wurde. 4.5

Vom Grundsatz gibt es zwar Ausnahmen (vgl. Art. 17 Abs. 2 VVG). Keine Ausnahme begründet jedoch die in Allgemeinen Versicherungsbedingungen anzutreffende Bestimmung, wonach «[b]ei Versicherung für fremde Rechnung [...] der Schaden zwischen dem Versicherungsnehmer und der Gesellschaft ermittelt» (Art. 17.1 SVV-Musterbedingungen 2010 für die Bauwesenversicherung) wird. Denn diese (nur schwer verständliche) 4.6

Bestimmung äussert sich einzig zur Ermittlung des Schadens, nicht aber zur Frage, wer anspruchsberechtigt ist (Brunner, Bauwesenversicherung, S. 131). In der Praxis ist die Anspruchsberechtigung des Unternehmers unbestritten.

4.7 c) Der Anspruch gegen die Bauwesenversicherung «bei Beschädigungen oder Zerstörungen» von versicherten Bauleistungen besteht nach einer gebräuchlichen Umschreibung im Ersatz der «Kosten für die Wiederherstellung der versicherten Bauleistungen in den Zustand unmittelbar vor dem Schadenereignis aufgrund der vorzulegenden Rechnungen» (Art. 5.2.1 SVV-Musterbedingungen 2010 für die Bauwesenversicherung). Diese Wiederherstellungskosten decken sich aber nicht unbedingt mit dem Anspruch des Unternehmers auf Vergütung für die nunmehr untergegangenen Bauleistungen (Brunner, Bauwesenversicherung, S. 131).

Anmerkung 5

5 Soweit der Unternehmer durch eine «eigene Versicherung» gedeckt ist, hat er weder einen Anspruch auf Abtretung (Art. 189 Abs. 1) noch einen Vergütungsanspruch gegenüber dem Bauherrn (Art. 189 Abs. 4).

Anmerkung 6

6 Gemeint sind Ansprüche, die der *Bauherr als Anspruchsberechtigter* erwirbt. Unter den Voraussetzungen und im Rahmen des Art. 189 Abs. 1 hat der Unternehmer ein Recht auf Abtretung der betreffenden Ansprüche. Dieses Recht des Unternehmers bezieht sich aber immer nur auf Versicherungsansprüche, die ihren Grund im Untergang der von ihm (dem Unternehmer) erbrachten Leistungen haben (vgl. Art. 189/Rz. 2).

Anmerkung 7

7 Der Unternehmer hat den Ersatz *Zug um Zug* gegen die Abtretung zu leisten (Art. 82 OR). Diese Ersatzleistung ist aber keine Schadenersatzleistung, sondern eine Form des Auslagenersatzes.

Anmerkung 8

8 Gemeint sind die *für das Werk des betreffenden Unternehmers* (Art. 1) aufgewendeten Prämien (auch Spiess/Huser, Handkommentar, N 19 zu Art. 189). Das ist bedeutsam, wenn der versicherte Gegenstand über die vom Unternehmer geschuldeten Bauleistungen hinausgeht (indem z.B. auch Bauleistungen von Nebenunternehmern mitversichert sind). In diesem Fall schuldet der Unternehmer Ersatz nur eines angemessenen Prämien*anteils*, was durch das Wort «entsprechend» noch besonders betont wird.

Anmerkung 9

9.1 Weshalb der Bauherr für die untergegangenen Leistungen lediglich eine *Teilvergütung* schuldet (vgl. z.B. Art. 187 Abs. 3), ist unerheblich. Der Grund kann unter anderem auch darin bestehen, dass ein grundsätzlich voller Vergütungsanspruch des Unternehmers nach Massgabe des Art. 189 Abs. 4 reduziert wird, weil der Unternehmer eine teilweise Versicherungsdeckung hat.

Als Teilvergütung einzurechnen ist auch eine zusätzliche Vergütung, die der Bauherr (bei gegebenen Voraussetzungen) nach der Regel des Art. 59 Abs. 1 schuldet (vgl. Art. 187/ Rz. 16.4 und 22.1). 9.2

Anmerkung 10

Die Regel, wonach der Bauherr seine Versicherungsansprüche nur in dem Umfang zedieren muss, als sie eine allenfalls geschuldete Teilvergütung übersteigen, *schränkt den Abtretungsanspruch des Unternehmers ein.* Implizit besagt sie aber auch, dass der Bauherr zur Leistung der geschuldeten Teilvergütung verpflichtet bleibt. Im Einzelnen ist beizufügen: 10.1

- Der Bauherr hat die geschuldete Teilvergütung zu bezahlen. Von dieser Schuld kann er sich auch nicht dadurch befreien, dass er dem Unternehmer Versicherungsansprüche abtritt, die er nicht zedieren muss. Vorbehalten bleibt eine anderslautende Abrede mit dem Unternehmer, wonach die Abtretung an Erfüllungs statt erfolgt. 10.2
- Hat der Bauherr, weil er eine Teilvergütung schuldet, nur einen Teil seines Versicherungsanspruchs abzutreten, so muss ihm der Unternehmer (umgekehrt) nur einen verhältnismässigen Teil derjenigen Prämien ersetzen, die für sein Werk aufgewendet wurden (Art. 189/Rz. 8). Das wird in Art. 189 Abs. 1 zwar nicht ausdrücklich erwähnt, versteht sich aber von selbst (Spiess/Huser, Handkommentar, N 20 zu Art. 189). 10.3
- Ohne Einfluss auf den Umfang des Abtretungsanspruchs bleibt der mögliche Umstand, dass kostenlos geliefertes Material des Bauherrn, dessen Baustelleneinrichtungen, der angewiesene Baugrund oder bestehende Bausubstanz zerstört oder beschädigt wurden. Dasselbe gilt für eine allfällige Pflicht des Bauherrn, vom Untergang nicht betroffene Leistungen zu vergüten (Art. 187 Abs. 6 und Art. 188 Abs. 4) oder den Schaden zu ersetzen, den der Unternehmer infolge einer vorzeitigen Vertragsbeendigung erleidet (Art. 187 Abs. 4 und Art. 188 Abs. 2). 10.4

Anmerkung 11

Der Fall eines vereinbarten oder gesetzlichen *Abtretungsverbots* wird in Art. 189 Abs. 1 nicht ausdrücklich geregelt. In diesem Fall ist der Bauherr verpflichtet, dem Unternehmer den entsprechenden Betrag der *erhaltenen* Versicherungsleistung herauszugeben. Das ergibt sich schon aus einer sinnvollen Ergänzung des Art. 189 Abs. 1, die dem hypothetischen Parteiwillen entspricht (Jäggi/Gauch/Hartmann, Zürcher Kommentar, N 559 und 588 zu Art. 18 OR). 11

Anmerkung 12

Infrage kommt eine obligatorische Bauzeitversicherung, die Feuer- und Elementarschäden deckt. Bei Hochbauten werden gewisse Feuer- und Elementarschäden, die in der Bauzeitversicherung nicht versichert sind, mit dem Abschluss einer privaten Bauwesenversicherung mitgedeckt. 12

Anmerkung 13

13.1 Obwohl die verletzte Pflicht auf dem öffentlichen Recht beruht und der Bauherr keine Vertragspflicht gegenüber dem Unternehmer verletzt hat, ist er dem Unternehmer zum *Ersatz* eines Ausfalls verpflichtet. Die Ersatzpflicht ergibt sich unmittelbar aus Art. 189 Abs. 2.

13.2 Der mögliche «Ausfall» besteht in einem *Vermögensnachteil des Unternehmers.* Und zwar besteht er im Nachteil, den der Unternehmer dadurch erleidet, dass seine Versicherungsdeckung oder seine Forderung auf Abtretung von Versicherungsansprüchen (Art. 189 Abs. 1), die bei gesetzeskonformer Versicherung des Bauherrn zu seinen Gunsten bestehen würden, mangels dieser Versicherung entfallen. Praktisch wird es wohl immer um den Wegfall eines Abtretungsanspruchs gehen, weil eine Versicherung (namentlich eine obligatorische Bauzeitversicherung), die der Bauherr von Gesetzes wegen abzuschliessen hat, dem Unternehmer normalerweise keine eigenen Versicherungsansprüche (und damit keine eigene Deckung) verschafft.

13.3 Wenn und soweit der Unternehmer den vertraglichen Vergütungsanspruch für die untergegangenen Leistungen behält, erleidet er keinen Vermögensnachteil und folglich auch keinen «Ausfall» im Sinne des Art. 189 Abs. 2.

Anmerkung 14

14.1 Auch diese *Formulierung ist missverständlich.* Bei wörtlicher Auslegung könnte sie so verstanden werden, wie wenn der Bauherr von *jeder* Mitteilung dispensiert wäre, sobald eine gesetzliche Versicherungspflicht besteht. Gemeint ist aber etwas anderes, und zwar:

14.2 Obligatorische Versicherungen gehören nicht zum Inhalt der vorgeschriebenen Mitteilung. Über den Bestand und den Umfang einer gesetzlichen Versicherungspflicht kann und soll der Unternehmer sich selber informieren. Hingegen bleibt der Bauherr verpflichtet, dem Unternehmer mitzuteilen, ob und welche Versicherungen er über die gesetzliche Versicherungspflicht hinaus abschliesst. Darin eingeschlossen ist auch die Mitteilung, wenn der Bauherr keine zusätzlichen Versicherungen abschliesst.

Anmerkung 15

15 «Ausschreibungsunterlagen» (Art. 7) setzen voraus, dass die Bauarbeiten überhaupt ausgeschrieben (Art. 4) werden. Vergibt der Bauherr die betreffenden Arbeiten ohne vorgängige Ausschreibung, so hat die Mitteilung (noch vor Vertragsabschluss) auf andere Weise zu erfolgen (vgl. Art. 4 Abs. 3).

Anmerkung 16

16.1 Art. 189 Abs. 3 spricht von «Versicherungen» in der Mehrzahl. Infrage kommen vor allem eine private Bauwesenversicherung (Art. 189/Rz. 4.3) sowie eine Feuer- und Elementarschadenversicherung, soweit deren Abschluss nicht ohnehin obligatorisch ist, aber auch eine Bauplatzversicherung (Spicher, Die Bauplatz-Versicherung, S. 49 ff.), zu deren festen Bausteinen auch die Bauwesenversicherung gehört.

Schliesst der Bauherr eine bestimmte Versicherung ab, so hat er auch den Gegenstand der Versicherung, die versicherten Gefahren, die massgebliche Versicherungssumme und die Einschränkungen des Versicherungsumfangs ausdrücklich (klar und deutlich) mitzuteilen. Das ist erforderlich, damit der Unternehmer weiss, welche Versicherung der Bauherr abschliesst. Nicht zwingend, aber sinnvoll ist es, dem Unternehmer direkt die Versicherungsbedingungen zur Verfügung zu stellen oder sie ihm zur Einsicht vorzuhalten. 16.2

Anmerkung 17

Die Formulierung des Art. 189 Abs. 3 geht davon aus, dass die betreffenden Versicherungen im Zeitpunkt der Mitteilung noch nicht abgeschlossen sind. Hat der Bauherr eine *Versicherung bereits abgeschlossen*, so erfasst die Mitteilungspflicht auch die abgeschlossene Versicherung. 17

Anmerkung 18

Über die Folgen, die sich aus der *Verletzung der Mitteilungspflicht* ergeben, schweigt Art. 189 Abs. 3 sich aus. Insofern ist die Bestimmung unvollständig und ergänzungsbedürftig. Zwei Fälle sind zu unterscheiden: 18.1

a) Der Bauherr schliesst eine einschlägige Versicherung ab, unterlässt aber die vorgeschriebene Mitteilung (oder hat dem Unternehmer sogar das Gegenteil mitgeteilt). In diesem Fall kommen die Regeln des Art. 189 Abs. 1 und 4 dennoch zur Anwendung. Dass die Mitteilungspflicht verletzt worden ist, vermag daran nichts zu ändern, selbst wenn der Unternehmer das vom Bauherrn versicherte Risiko (gestützt auf die damalige Informationslage) in die Kalkulation seiner Preise einbezog. Das Gleiche gilt, wenn der Bauherr die Mitteilung deshalb unterliess, weil er sich zum Abschluss des Versicherungsvertrags erst nach dem Zustandekommen des Werkvertrags entschloss, weshalb genau genommen von einer Verletzung der Mitteilungspflicht nicht gesprochen werden kann. 18.2

b) Der Bauherr unterlässt es, die mitgeteilte Versicherung überhaupt oder mitteilungskonform abzuschliessen. In diesem Fall muss er den Schaden ersetzen, der dem Unternehmer entsteht, weil dieser auf die Mitteilung vertraut hat. Das entspricht den allgemeinen Grundsätzen, die für eine unrichtige Auskunftserteilung gelten (vgl. BGE 124 III 363/369 E. II.5b). Der Vertrauensschaden, der zu ersetzen ist, besteht im Ausfall, den der Unternehmer dadurch erleidet, dass die Versicherung überhaupt nicht oder nicht mitteilungskonform abgeschlossen wurde (Art. 189 Abs. 2 sinngemäss). 18.3

Anmerkung 19

«Insoweit als» heisst hier: sofern und in dem Umfange als. 19

Anmerkung 20

Eine Deckung in diesem Sinne besteht, soweit der Unternehmer Anspruch auf Versicherungsleistungen hat, also *selber anspruchsberechtigt* ist. Somit geht es um eine Deckung durch *eigene Versicherung* im Sinne des Art. 189 Abs. 1 (vgl. Art. 189/Rz. 4.1 ff.). Von wem die Versicherung abgeschlossen wurde, spielt dagegen keine Rolle. 20.1

20.2 Wurde die Versicherung vom *Bauherrn* abgeschlossen, so stellt sich die Frage, ob der versicherte Unternehmer bei Eintritt der versicherten Gefahr verpflichtet ist, dem Bauherrn «Ersatz der für das Werk aufgewendeten entsprechenden Prämien» (Art. 189 Abs. 1) zu leisten. Eine solche Ersatzpflicht ist in Art. 189 nicht ausdrücklich vorgesehen. Die entsprechende Regel des Art. 189 Abs. 1 bezieht sich nur auf den Fall, da ein anspruchsberechtigter Bauherr verpflichtet ist, allfällige Versicherungsansprüche abzutreten. Die Frage kommt in jenen Fällen nicht auf, in denen nach dem Werkvertrag für Versicherungsprämien ein Abzug von der Vergütung vereinbart wird, der Unternehmer sich also an der Prämienlast zu beteiligen hat.

Anmerkung 21

21.1 Das heisst, dass ein allfälliger Vergütungsanspruch, den der Unternehmer für die untergegangenen Leistungen hat, im Umfang seiner Versicherungsdeckung entfällt. Bei zweckentsprechender Auslegung des Art. 189 Abs. 4 gilt die gleiche Regel auch mit Bezug auf einen Anspruch auf zusätzliche Vergütung, der dem Unternehmer nach Massgabe des Art. 59 Abs. 1 zustehen kann (vgl. Art. 187/Rz. 16.4 und 22.1).

21.2 Bei der Regel des Art. 189 Abs. 4 bleibt es auch dann, wenn der Versicherungsanspruch verjährt ist oder der Unternehmer den Anspruch aus Gründen (z.B. infolge einer Anzeigepflichtverletzung) verliert, die er selber zu verantworten hat.

7 3 Zahlungsverzug des Bauherrn[1]

Art. 190

[1] Der Bauherr leistet[2] fällige Zahlungen[3] innerhalb von 30 Tagen[4], sofern nicht in der Vertragsurkunde eine andere Zahlungsfrist vereinbart ist (Art. 21 Abs. 3[5])[6]. Nach Ablauf dieser Frist[7] verliert er für die betreffende Zahlung[8] einen allfällig vereinbarten[9] Anspruch auf Skontoabzug[10].[11] Ausserdem kann ihn der Unternehmer durch Mahnung[12] in Verzug setzen[13] (Art. 102 Abs. 1 OR)[14]. Von diesem Zeitpunkt an[15] schuldet er Verzugszins. Massgebend ist der am Zahlungsort übliche Zinssatz für bankmässige Kontokorrent-Kredite an Unternehmer[16].

[2] Der Unternehmer kann dem Bauherrn, der im Verzug ist, eine angemessene Nachfrist ansetzen (Art. 107 Abs. 1 OR)[17]. Läuft diese ab, ohne dass der Bauherr Zahlung geleistet hat, so kann der Unternehmer, wenn er dies unverzüglich[18] erklärt[19], den Vertrag auflösen[20]. In diesem Falle hat er das Werk nicht zu vollenden; er hat Anspruch auf Vergütung der erbrachten Leistung[21] gemäss Werkvertrag[22], samt Verzugszins[23]; bei Verschulden des Bauherrn[24] hat der Unternehmer ausserdem Anspruch auf Ersatz des wegen der vorzeitigen Beendigung entgehenden Gewinnes.[25]

[3] Die Ansetzung einer Nachfrist ist in den Fällen von Art. 108 OR nicht erforderlich, namentlich dann nicht, wenn aus dem Verhalten des Bauherrn hervorgeht, dass sie sich als nutzlos erweisen würde[26].

Art. 190 (1977/91)

[1] Der Bauherr leistet fällige Zahlungen innerhalb von dreissig Tagen, sofern nicht in der Vertragsurkunde eine andere Zahlungsfrist vereinbart ist (Art. 21 Abs. 3). Nach Ablauf dieser Frist verliert er für die betreffende Zahlung einen allfällig vereinbarten Anspruch auf Skontoabzug. Ausserdem kann ihn der Unternehmer durch Mahnung in Verzug setzen (Art. 102 Abs. 1 OR). Von diesem Zeitpunkt an schuldet er Verzugszins. Massgebend ist der am Zahlungsort übliche Zinssatz für bankmässige Kontokorrent-Kredite an Unternehmer.

[2] Der Unternehmer kann dem Bauherrn, der im Verzug ist, eine angemessene Nachfrist ansetzen (Art. 107 Abs. 1 OR). Läuft diese ab, ohne dass der Bauherr Zahlung geleistet hat, so kann der Unternehmer, wenn er dies unverzüglich erklärt, den Vertrag auflösen. In diesem Falle hat er das Werk nicht zu vollenden; er hat Anspruch auf Vergütung der erbrachten Leistung gemäss Werkvertrag, samt Verzugszins; bei Verschulden des Bauherrn hat der Unternehmer ausserdem Anspruch auf Ersatz des wegen der vorzeitigen Beendigung entgehenden Gewinnes.

[3] Die Ansetzung einer Nachfrist ist in den Fällen von Art. 108 OR nicht erforderlich, namentlich dann nicht, wenn aus dem Verhalten des Bauherrn hervorgeht, dass sie sich als nutzlos erweisen würde.

Anmerkung 1

Unter dem Titel «Zahlungsverzug des Bauherrn» werden in Art. 190 verschiedene Rechtsfragen geregelt, nämlich: die Zahlungsfrist für fällige Zahlungen, die Skontofrist, der Schuldnerverzug des Bauherrn und dessen Folgen. 1.1

Nicht geregelt (weder in Art. 190 noch in einer anderen Normbestimmung) wird das Recht des Unternehmers, die Arbeit einzustellen, bis eine verzögerte Zahlung (z.B. auch eine verzögerte Abschlagszahlung) eingeht. Dieses Recht ergibt sich jedoch aus Art. 82 OR (GWerkV Rz. 1280). Ihm steht auch Art. 37 Abs. 1 nicht entgegen, da diese Normbestimmung lediglich eine vertragswidrige (also unbefugte) Unterbrechung der Arbeit verbietet (Art. 37/Rz. 4.1), während eine auf Art. 82 OR gestützte Unterbrechung rechtens ist (Art. 37/Rz. 4.2 ff.). 1.2

Indes darf das Recht, die Arbeit einzustellen, nicht rechtsmissbräuchlich ausgeübt werden, weshalb es entfällt, wenn die Arbeitseinstellung im Verhältnis zum ausstehenden Vergütungsbetrag eine völlig unverhältnismässige Massnahme ist (vgl. Weber, Berner Kommentar, N 194 zu Art. 82 OR). Der Schaden, den der Unternehmer aus der berechtigten Arbeitseinstellung erleidet, ist ein Verzugsschaden, den der Bauherr bei verschuldetem oder aus Art. 101 OR zu vertretendem Verzug zu ersetzen hat (Art. 103 Abs. 1 OR). 1.3

Anmerkung 2

Bei den Schulden des Bauherrn handelt es sich um Geldschulden, die nach Art. 74 Abs. 1 Ziff. 1 OR Bringschulden sind. Im bargeldlosen Zahlungsverkehr muss eine Zahlung nach bundesgerichtlicher Rechtsprechung vor Ablauf der Frist auf dem Konto des Unter- 2 nehmers gutgeschrieben sein, um rechtzeitig zu sein (BGE 124 III 112/117 E. 2a), weshalb es z.B. nicht genügt, dass der Bauherr bis zum Fristablauf erst den Auftrag zur Überweisung des geschuldeten Betrags auf das Bank- oder Postcheckkonto des Unternehmers erteilt hat. Zum Zeitpunkt der Erfüllung bei bargeldloser Überweisung siehe im Einzelnen Gauch/Schluep/Emmenegger, OR AT, Rz. 2319 ff., insbesondere Rz. 2324: Danach kommt es bei den heute gebräuchlichen Kettenüberweisungen, bei denen Bauherr und Unternehmer ein Girokonto bei verschiedenen Banken führen, für die Rechtzeitigkeit auf den Zeitpunkt der Abbuchung vom Konto der Schuldnerbank durch die Clearingstelle an.

Anmerkung 3

3.1 Über den Zeitpunkt der Fälligkeit (Art. 75 OR) schweigt Art. 190 Abs. 1 sich aus. Einschlägige Vorschriften finden sich aber in anderen Normbestimmungen: Art. 55 Abs. 1 für Regiezahlungen; Art. 66 Abs. 4 für Teuerungsabrechnungen; Art. 148 für Abschlagszahlungen; Art. 155 für die Abrechnungsforderung der Schlussabrechnung.

3.2 Soweit die Fälligkeit mit der Rechnungsstellung des Unternehmers eintritt (Art. 55, Art. 66 Abs. 4 und Art. 148) oder von der Rechnungsstellung abhängt (Art. 154 f.), berücksichtigt die SIA-Norm 118 zwar den Normalfall, da der Unternehmer für seine Leistungen Rechnung stellt. Auf den Sonderfall, da der Unternehmer nach Massgabe des Werkvertrags nur die Abrechnungsunterlagen einzureichen hat, während der Bauherr es übernimmt, die jeweiligen Abrechnungen (gestützt auf diese Unterlagen) selber zu erstellen, ist sie dagegen nicht zugeschnitten. Deshalb stellt sich die Frage, wie dieser Fall in die Abrechnungsordnung der SIA-Norm 118 einzupassen ist. Haben die Parteien darüber keine Abrede getroffen, bleibt nichts anderes übrig, als den Vertrag sinnvoll (nach dem hypothetischen Parteiwillen) zu ergänzen (Jäggi/Gauch/Hartmann, Zürcher Kommentar, N 559 und 588 zu Art. 18 OR). Eine solche Ergänzung führt mangels anderer Anhaltspunkte zum Ergebnis, dass die Wirkungen, welche die SIA-Norm 118 mit der Rechnungsstellung verknüpft, mit der Einreichung der Abrechnungsunterlagen eintreten, weshalb z.B. eine Teuerungsabrechnung fällig wird (Art. 148), sobald der Unternehmer die entsprechenden Unterlagen einreicht (GWerkV Rz. 1180).

Anmerkung 4

4 Diese Zahlungsfrist beginnt mit der Fälligkeit der jeweiligen Forderung zu laufen (zur Berechnung der Frist vgl. Art. 77 f. OR). Die laufende Frist schiebt die Fälligkeit nicht hinaus, berechtigt aber den Bauherrn, eine an sich fällige Zahlung einredeweise zu verweigern (pactum de non petendo in tempus), was den Lauf der Verjährung bis zum Ablauf der Frist hemmt (vgl. GWerkV Rz. 1166, auch Rz. 1165b zur fälligkeitsüberschreitenden Zahlungsfrist).

Anmerkung 5

5 Wird die abweichende Vereinbarung in einem anderen Vertragsbestandteil (also nicht in der Vertragsurkunde) getroffen, so soll sie nach Art. 21 Abs. 3 unwirksam bleiben (Art. 21/Rz. 20.1 ff.). Dazu ist allerdings Folgendes anzumerken: Individuelle Abreden

gehen der SIA-Norm 118 schlechthin vor, gleichgültig, ob sie mündlich oder schriftlich getroffen werden und zu welchem Vertragsbestandteil sie gehören (Einl./Rz. 30). Anders aber verhält es sich, wenn eine andere (längere oder kürzere) Zahlungsfrist ausserhalb der SIA-Norm 118 vereinbart und damit ein Widerspruch zu Art. 190 Abs. 1 geschaffen wird. Selbst wenn der Vertragsbestandteil, in dem sich die Abrede findet, in Art. 21 Abs. 1 höher rangiert wird als die SIA-Norm 118, hat die Abrede Art. 190 Abs. 1 zu weichen, da der Widerspruch insoweit nicht nach Art. 21 Abs. 1, sondern nach Art. 21 Abs. 3 aufzulösen ist, wonach hinsichtlich der hier aufgeführten Abreden einzig die Vertragsurkunde der SIA-Norm 118 vorgeht (Art. 21/Rz. 20.3). Werden Zahlungsfristen durch AGB vereinbart, können sie (z.B. bei übermässig langen Zahlungsfristen in Subunternehmerverträgen) unter dem Gesichtspunkt der Ungewöhnlichkeitsregel, bei Einmalbauherren auch im Licht des Art. 8 UWG überprüft werden (Art. 2/Rz. 4.5).

Anmerkung 6

Beachte Art. 37 Abs. 1, wonach der Bauherr trotz Meinungsverschiedenheiten nicht berechtigt ist, fällige Zahlungen vertragswidrig zu verweigern (Art. 37/Rz. 6). Insbesondere ist er nicht berechtigt, den ausstehenden Werklohn zurückzuhalten und sich dazu auf die Mangelhaftigkeit des Werks zu berufen (GWerkV Rz. 2369; offengelassen in BGer 4C.469/2004 vom 17. März 2005 E. 3.2; zum zulässigen Rückbehalt fälliger Zahlungen zur Durchsetzung der Nachbesserungsforderung vgl. GWerkV Rz. 2377 ff.). 6

Anmerkung 7

Die Zahlungsfrist ist also zugleich eine *Skontofrist*. Den Parteien steht es allerdings frei, eine Skontofrist zu vereinbaren, die kürzer ist als die Zahlungsfrist. So oder so verliert der Bauherr für fällige Zahlungen (z.B. Abschlagszahlungen), die bis zum Ablauf der Skontofrist nicht geleistet sind (Art. 190/Rz. 2), sondern erst nach Fristablauf geleistet werden, seinen (vereinbarten) Anspruch auf Skontoabzug. Und zwar verliert er den Anspruch für den *ganzen* (fälligen) Betrag, auch wenn ein Teil davon fristgerecht geleistet wurde, es sei denn, der Rest werde befugterweise einbehalten (GWerkV Rz. 1242). 7

Anmerkung 8

Nur gerade für «die betreffende Zahlung» verliert der Bauherr den vereinbarten Anspruch auf Skontoabzug. Das gilt auch für Abschlagszahlungen (Art. 144 ff.). Deshalb darf der Bauherr den vereinbarten Skontoabzug für jede fristgerechte Abschlagszahlung vornehmen, selbst wenn er die Zahlungsfrist (Skontofrist) für die spätere Schlusszahlung (Art. 155) verpasst. Umgekehrt kann der Bauherr den vereinbarten Skontoabzug bei fristgerechter Schlusszahlung (soweit sie über die Abschlagszahlungen hinausgeht) auch dann vornehmen, wenn er die Skontofrist für die Abschlagszahlungen nicht eingehalten hat (vgl. GWerkV Rz. 1241). Beizufügen ist: 8.1

Haben die Parteien nicht etwas anderes vereinbart, kann der Skonto unmittelbar bei den einzelnen Zahlungen abgezogen werden, also nicht erst im Rahmen der Schlusszahlung (GWerkV Rz. 1241). Möglich ist aber auch, dass der Bauherr den berechtigten Abzug erst am Schluss und damit gesamthaft vornimmt; das Recht auf Skontoabzug ist also nicht 8.2

verwirkt, nur weil der Abzug nicht schon mit der jeweiligen (fristgerechten) Zahlung vorgenommen wird.

Anmerkung 9

9.1 Art. 190 Abs. 1 spricht von einem «allfällig vereinbarten Anspruch auf Skontoabzug». Damit wird ein Zweifaches klargestellt: dass erstens der Bauherr ohne Vereinbarung keinen Anspruch auf Skontoabzug hat und dass zweitens Art. 190 Abs. 1 einen solchen Anspruch nicht gewährt, sondern nur die Skontofrist (Art. 190/Rz. 7) für den Fall bestimmt, in dem der Anspruch ausserhalb der SIA-Norm 118 vereinbart wurde. Folglich genügt die blosse Übernahme der SIA-Norm 118 nicht, um dem Bauherrn einen Anspruch auf Skontoabzug zu verschaffen. Im Einzelnen ist beizufügen:

9.2 a) Mangels anderer Abrede hat der Bauherr nicht einmal das Recht, einen Diskonto (also einen Zwischenzins) abzuziehen, wenn er Zahlungen vor Fälligkeit leistet (siehe auch Art. 38/Rz. 11.2). Vorbehalten bleibt nach Art. 81 Abs. 2 OR der Fall, dass eine einschlägige Übung diesen Abzug gestattet (GWerkV Rz. 1233), wobei aber im Bauwesen (soweit ersichtlich) keine entsprechende Übung besteht.

9.3 b) Die Skontoabrede, die dem Bauherrn einen Anspruch auf Skontoabzug gewährt, hat auch die Höhe des Skontos zu bestimmen. Sie kann in irgendeinem Vertragsbestandteil getroffen werden, selbst wenn dieser der SIA-Norm 118 rangmässig (Art. 21 Abs. 1) nachgeht. Soweit allerdings die Skontofrist infrage steht, muss eine von Art. 190 Abs. 1 abweichende Abrede individuell oder in einem rangmässig höheren Vertragsbestandteil vereinbart werden, damit sie der Bestimmung des Art. 190 Abs. 1 (Zahlungsfrist = Skontofrist) vorgeht (vgl. Einl./Rz. 26). Keine Anwendung findet hier die Regel, wonach eine von Art. 190 Abs. 1 abweichende Zahlungsfrist in der Vertragsurkunde zu vereinbaren ist, da es hier um die Skonto-, nicht um die Zahlungsfrist geht. Von praktischer Bedeutung ist das allerdings nur dann, wenn die Parteien die Skontofrist festlegen und sich nicht darauf beschränken, eine Skontoabrede zu treffen, um für die Bemessung der Skontofrist auf Art. 190 Abs. 1 abzustellen, der sie mit der Zahlungsfrist gleichsetzt. Bestimmen die Parteien die Skontofrist nicht, fällt sie mit der Zahlungsfrist zusammen, bei deren Festsetzung Art. 21 Abs. 3 zu beachten ist.

9.4 c) Haben die Parteien eine Skontoabrede getroffen, so beurteilt sich nach deren Inhalt, welche Zahlungen des Bauherrn dem vereinbarten Skontoabzug unterliegen. Bei der Auslegung der Abrede ist im Zweifel zu vermuten, dass diese sich auf sämtliche Zahlungen bezieht. In der SIA-Norm 118 finden sich dazu nur zwei Vorgaben: Erstens sieht Art. 54 vor, dass der Bauherr bei Regierechnungen einen allfällig vereinbarten Skonto auch hier abziehen könne (Art. 54/Rz. 7). Zweitens soll nach Art. 66 Abs. 3 bei der Teuerungsabrechnung ein Skontoabzug nur dann berechtigt sein, wenn dies vereinbart wurde (Art. 66/Rz. 12). Zu beachten ist, dass es in beiden Fällen darauf ankommt, wie die Skontoabrede auszulegen ist. Das gilt auch bei Art. 54, der keinen Automatismus schafft, sondern lediglich eine Auslegungsregel bereithält.

9.5 d) Die dargestellte Rechtslage gilt auch für Verträge mit öffentlichen Bauherren. Insbesondere beurteilt es sich auch hier nach dem Inhalt des Werkvertrags, ob und bei welchen

Zahlungen der Bauherr zu einem Skontoabzug berechtigt ist. Verwaltungsinterne Weisungen, wonach Skontoabzüge vorzunehmen sind, können daran nichts ändern. Für das vertragliche Verhältnis zwischen den Parteien ist eine solche Weisung nur dann massgeblich, wenn die Vertragsparteien sie durch Vereinbarung in den Vertrag übernommen und damit zum Vertragsbestandteil gemacht haben.

Anmerkung 10

Der Skonto besteht in einem prozentualen Abzug vom Vergütungsbetrag, den der Unternehmer für pünktliche Zahlung gewährt (BGE 118 II 63/64 E. 4a; GWerkV Rz. 1233; Schumacher, Die Vergütung, Rz. 305). Er ist zu unterscheiden vom (schlichten) Rabatt (Art. 38, Art. 54 und Art. 66 Abs. 3), der ohne Rücksicht auf den Zeitpunkt der Zahlung gewährt wird. 10.1

Da für *Skonto* bisweilen der Ausdruck *Rabatt* verwendet wird – und umgekehrt –, kann zwischen den Parteien streitig werden, was mit einem vereinbarten Skonto oder Rabatt tatsächlich gemeint ist. Der Streit muss durch Auslegung der getroffenen Vereinbarung entschieden werden (BGE 118 II 63/64 E. 4a; Jäggi/Gauch/Hartmann, Zürcher Kommentar, N 379 zu Art. 18 OR). Unrichtig und weder mit dem allgemeinen noch dem spezifischen Sprachgebrauch der Baubranche vereinbar wäre eine Ansicht, das Wort «Skonto» habe in Bauwerkverträgen grundsätzlich die Bedeutung eines Rabatts. 10.2

Anmerkung 11

Vorbehalten bleibt der Fall, da der Unternehmer sich in Gläubigerverzug befindet (Art. 91 OR) oder sich die Zahlungsverzögerung nach Massgabe der Art. 82 OR oder Art. 83 OR gefallen lassen muss. Gläubigerverzug des Unternehmers schliesst den Schuldnerverzug des Bauherrn zwar aus (BGer 4C.277/2005 vom 17. Januar 2006 E. 5), wobei aber der Fall in der Praxis selten eintreten dürfte. Zum weit häufigeren Fall, da der Bauherr eine an sich fällige Zahlung gestützt auf Art. 82 OR zurückhält, um einen solchen Nachbesserungsanspruch durchzusetzen, GWerkV Rz. 2377 ff.; Brändli, Die Nachbesserung, Rz. 953 ff.; Koller Alfred, Werkvertragsrecht, Rz. 712 f. 11

Anmerkung 12

Die Mahnung (Art. 102 Abs. 1 OR) ist eine unmissverständliche Aufforderung des Gläubigers an den Schuldner, die geschuldete Leistung ohne weitere Säumnis zu erbringen (BGE 130 III 591/597 E. 3; 129 III 535/541 E. 3.2.2). Dabei muss keine bestimmte Form eingehalten werden (BGE 41 II 245/249 E. 3). 12

Anmerkung 13

Der Eintritt des Verzugs setzt grundsätzlich eine Mahnung voraus (für eine der Ausnahmen: Art. 102 Abs. 2 OR; vgl. auch Gauch/Schluep/Emmenegger, OR AT, Rz. 2721 ff.); zudem sind die in Art. 190/Rz. 11 erwähnten Vorbehalte zu beachten. 13

Anmerkung 14

14.1 Der Bauherr kann somit erst nach Ablauf der Zahlungsfrist in Schuldnerverzug (Art. 102 ff. OR) geraten. Und der Verzugseintritt setzt eine Mahnung (Art. 190/Rz. 12) voraus, was Art. 190 Abs. 1 hervorhebt, der damit klarstellt, dass der letzte Tag der Zahlungsfrist nicht etwa ein Verfalltag (Art. 102 Abs. 2 OR) ist (auch Spiess/Huser, Handkommentar, N 19 zu Art. 190).

14.2 Art. 190 Abs. 1 ist so formuliert, dass auch die vorausgesetzte Mahnung in die Zeit nach Ablauf der Zahlungsfrist fällt. Eine nochmalige Mahnung nach Ablauf der Frist kann aber unterbleiben, wenn der Unternehmer den Bauherrn schon vor Fristablauf gemahnt und ihn unmissverständlich aufgefordert hat, die geschuldete Zahlung mit Ablauf der Frist oder zu einem späteren Zeitpunkt zu leisten. Die Rechtsprechung des Bundesgerichts (BGE 103 II 102/105 E. 1a; BGer 4C.1/2000 vom 27. März 2000 E. 3b) und ein Teil der Lehre (Schenker, Schuldnerverzug, Rz. 160 f.) gestatten es dem Gläubiger sogar, den Schuldner noch vor Eintritt der Fälligkeit zu mahnen, falls der Fälligkeitstermin feststeht.

Anmerkung 15

15.1 Das heisst: *vom Eintritt des Verzuges an*. Hat der Unternehmer den Bauherrn schon vor Ablauf der Zahlungsfrist gemahnt (Art. 190/Rz. 14.2) oder ihm in seiner Mahnung eine weitere Frist gesetzt, so tritt der Verzug zeitlich erst nach der Mahnung ein (Schenker, Schuldnerverzug, Rz. 129 f.).

15.2 Aber auch abgesehen davon fällt der Verzugseintritt nicht unmittelbar mit der Mahnung zusammen, da dem Bauherrn eine gewisse Reaktionszeit zuzugestehen ist (Schenker, Schuldnerverzug, Rz. 93 ff. und 106 ff.; Weber, Berner Kommentar, N 106 zu Art. 102 OR). Mit Rücksicht auf die Zahlungsfrist, welche die SIA-Norm 118 dem Bauherrn einräumt, muss aber diese Reaktionszeit auf jeden Fall äusserst kurz bemessen sein.

Anmerkung 16

16.1 Mit dieser Bestimmung weicht die SIA-Norm 118 von Art. 104 OR ab, was aber angeht, weil die gesetzliche Regel dispositiver Natur ist (BGE 117 V 349/349 E. 3b). Nach Art. 104 OR beträgt der Zinsfuss grundsätzlich 5 % (Art. 104 Abs. 1 OR); unter Kaufleuten aber können, wenn der übliche Bankdiskonto am Zahlungsort den Satz von 5 % übersteigt, die Verzugszinse zu diesem höheren Zinsfuss berechnet werden (Art. 104 Abs. 3 OR). Der übliche Bankdiskonto, auf den nach dieser gesetzlichen Vorschrift abzustellen ist, entspricht nicht dem Zinssatz für Kontokorrentkredite, sondern dem Zinssatz, den private Bankinstitute dem Kunden berechnen, wenn dieser bei den Banken erstklassige Wechsel diskontiert (BGE 116 II 140/141 E. 5), auch wenn dieser Referenzpunkt heute praktisch keine Bedeutung mehr hat (Weber, Berner Kommentar, N 80 zu Art. 104 OR).

16.2 Nach Art. 190 Abs. 1 hingegen berechnet sich der Zinsfuss nach dem am Zahlungsort üblichen Zinssatz für Kontokorrentkredite, die an Unternehmer gewährt werden. Diese Regel beruht auf der Überlegung, dass der Unternehmer sich die ausstehenden Beträge normalerweise zum betreffenden Zinssatz beschaffen muss. Sie kommt in jedem Fall zur Anwendung: unter Kaufleuten und unter Nichtkaufleuten, gegenüber privaten und öffentlichen Bauherren und unabhängig davon, ob der Unternehmer eine günstigere Finanzierungsquelle hat. Dabei bleibt es auch dann, wenn der Zinssatz für die Kontokorrentkredite höher oder geringer ist als der Zinsfuss, der nach Art. 104 OR massgeblich wäre.

Erleidet der Unternehmer einen grösseren Schaden, als ihm durch den Verzugszins des Art. 190 Abs. 1 vergütet wird, so ist der Bauherr auch zum Ersatz dieses Schadens verpflichtet, wenn er nicht beweist, dass ihn kein Verschulden trifft. Das wird in Art. 190 Abs. 1 zwar nicht ausdrücklich gesagt, ergibt sich aber aus Art. 106 Abs. 1 OR, der ergänzend eingreift. Der grössere (durch den Verzugszins nicht gedeckte) Schaden kann namentlich darin bestehen, dass der Unternehmer, wenn er infolge der verzögerten Vergütungsleistung tatsächlich zur Aufnahme eines Kontokorrentkredits gezwungen ist, eine Kommission (oder Provision) zu bezahlen hat, die ihm die Bank zusätzlich zum üblichen Zins berechnet. Solche Kommissionen sind kein Zins und haben deshalb (mögen sie auch üblich sein) keinen Einfluss auf den vom Bauherrn geschuldeten Verzugszins, der sich nach dem am Zahlungsort üblichen Zinssatz für Kontokorrentkredite richtet. 16.3

Anmerkung 17

Die Nachfrist darf kurz bemessen sein, da die Leistung des Bauherrn leicht zu erbringen ist (BGE 105 II 28/33 E. 3a; BGer 4A_603/2009 vom 9. Juni 2010 E. 2.3). Gegen eine allzu kurze Frist hat sich der Bauherr jedoch zu verwahren, da sonst anzunehmen ist, er füge sich der ihm gesetzten Frist (BGE 116 II 436/440 E. 2a; 46 II 248/251 E. 3). 17.1

Die Ansetzung der Nachfrist kann bereits mit der Mahnung verbunden werden (BGE 103 II 102/105 E. 1a; BGer 4C.1/2000 vom 27. März 2000 E. 3b; Schenker, Schuldnerverzug, Rz. 481 f.), was Art. 190 Abs. 2 nicht ausschliesst, da er (wie Art. 107 OR, auf den er verweist) lediglich den Normalfall umschreibt, in dem zuerst gemahnt und dann die Nachfrist angesetzt wird. Der Unternehmer kann davon absehen, eine Nachfrist anzusetzen, wenn es sich als zwecklos erweisen würde, weil der Bauherr seine Leistung kategorisch verweigert (BGer 4A_691/2014 vom 1. April 2015 E. 3). 17.2

Anmerkung 18

Erfolgt die Erklärung nicht unverzüglich (vgl. Gauch/Schluep/Emmenegger, OR AT, Rz. 2760), so kann der Unternehmer den Vertrag erst auflösen, nachdem er eine weitere Nachfrist angesetzt hat und diese ergebnislos abgelaufen ist. 18

Anmerkung 19

Die Erklärung kann mit Blick darauf, dass die Frist womöglich fruchtlos abläuft, schon mit der Nachfristansetzung verbunden werden (BGE 103 II 102/106 E. 1b). 19

Anmerkung 20

Diese Vertragsauflösung entspricht dem Rücktritt nach Art. 107 Abs. 2 OR und Art. 109 OR, wirkt aber ex nunc (nicht ex tunc), wenn der Unternehmer mit der Ausführung des 20

Werks schon begonnen hat. Alsdann kann der Unternehmer die vertragsgemässe Vergütung der erbrachten Leistung gegen Überlassung des bereits hergestellten Werkteils verlangen (vgl. den nachfolgenden Text der Normbestimmung). Der Vertrag wird also (juristisch gesprochen) durch *Kündigung* beendet, was sich auch sachlich rechtfertigt, sobald der Unternehmer mit der Erfüllung des Vertrags begonnen hat (vgl. GWerkV Rz. 1275). Schuldet der Bauherr dem Unternehmer aber eine Zahlung, bevor Letzterer mit der Ausführung des Werks begonnen hat, so kann der Unternehmer bei Zahlungsverzug des Bauherrn den Werkvertrag nur mit Wirkung ex tunc, also durch Rücktritt auflösen.

Anmerkung 21

21 Die erbrachte Leistung, die dem Unternehmer zu vergüten ist, bleibt dem Bauherrn. Zur Mängelhaftung vgl. Vorbem. Art. 183 – 190/Rz. 2f.

Anmerkung 22

22 Vgl. Art. 185 (Art. 185/Rz. 8.2) und Art. 186 Abs. 3 (Art. 186/Rz. 10). Der Vergütungsanspruch besteht unabhängig davon, ob der Bauherr für die erbrachten Leistungen eine Verwendung hat oder nicht, da der Grund für die Vertragsbeendigung von ihm gesetzt wurde (GWerkV Rz. 1275). Dazu kommt ein Anspruch auf Ersatz nutzlos gewordener Aufwendungen, die durch die vertragsgemässe Vergütung nicht erfasst werden, weil die entsprechenden Werkleistungen noch nicht erbracht worden sind.

Anmerkung 23

23 Dessen Höhe richtet sich nach Art. 190 Abs. 1 (Art. 190/Rz. 16.1 f.).

Anmerkung 24

24 Dem Verschulden gleichzusetzen ist der Fall, da der Bauherr nach Massgabe des Art. 101 OR (Hilfspersonenhaftung) für seinen Schuldnerverzug einzustehen hat.

Anmerkung 25

25 Der Schadenersatzanspruch richtet sich demnach auf Ersatz des Erfüllungsinteresses, was eine weitere Abweichung von Art. 109 OR darstellt, wonach nur das negative Vertragsinteresse geschuldet ist (Art. 109 Abs. 2 OR; Schenker, Schuldnerverzug, Rz. 741 ff.). Dieser Anspruch besteht allerdings nur dann, wenn der Vertrag durch Kündigung aufgelöst wird. Hingegen bleibt es bei der gesetzlichen Regelung und damit auch beim Anspruch auf das negative Vertragsinteresse (BGE 123 III 16/22 E. 4b; BGer 4C.286/2005 vom 18. Januar 2006 E. 2.4), wenn die Auflösung durch Rücktritt erfolgt (Art. 190/Rz. 20).

Anmerkung 26

26 Die *Nutzlosigkeit,* für die hier der Unternehmer die Beweislast trägt, ist nicht allein schon deshalb gegeben, weil der Bauherr vom Unternehmer eine Erstreckung der Zahlungsfrist verlangt oder Zweifel daran äussert, dass die Vergütungsforderung berechtigt ist (vgl. BGE 110 II 141/144 E. 1b).

Ausgewählte Bestimmungen aus dem Schweizerischen Zivilgesetzbuch (ZGB) und aus dem Obligationenrecht (OR)

Vorbemerkungen

a) Nachstehend findet sich eine Auswahl gesetzlicher Bestimmungen, die dem ZGB und dem OR entnommen wurden. Die einen stehen in einem engen Bezug zur SIA-Norm 118, weil die Norm sie integriert oder sich jedenfalls eng an ihnen orientiert hat (etwa Art. 368 OR, dazu Art. 169 und Art. 171 SIA-Norm 118). 1

b) Andere Bestimmungen, die in die Auswahl aufgenommen wurden, kommen zum Tragen, weil die Norm selber keine eigene Regel enthält (z.B. Art. 366 OR, dazu Art. 183/Rz. 5; und Art. 837 ff. ZGB, dazu Art. 83/Rz. 1.1). Für diesen Fall verweist Art. 2 Abs. 2 SIA-Norm 118 zwar auf die «Bestimmungen der Art. 363 – 379 OR», also die Bestimmungen des Obligationenrechts über den Werkvertrag. Das heisst aber keineswegs, dass eine Lücke der Norm stets nur mit diesen Bestimmungen gefüllt werden dürfte. Das wäre denn auch gar nicht möglich, weil selbst das gesetzliche Werkvertragsrecht die Verhältnisse bei Bauwerkverträgen nicht abschliessend regelt (siehe Art. 2/Rz. 8.1 ff.). So sind die Bestimmungen des Allgemeinen Teils des OR auch auf Bauwerkverträge anwendbar, beispielsweise die gesetzlichen Regeln über die Verjährung (Art. 127 ff. OR, siehe Art. 180/Rz. 5.2 ff.). Zudem verweisen die werkvertragsrechtlichen Bestimmungen bisweilen auf weitere im OR geregelte Vertragstypen; dies ist etwa der Fall bei Art. 365 Abs. 1 OR und Art. 371 Abs. 3 OR, die Verweise auf das Kaufvertragsrecht enthalten. 2

c) Schliesslich enthält die Auswahl auch Bestimmungen zum Deliktsrecht, also Regeln aus dem Bereich der ausservertraglichen Haftung (Art. 41 ff. OR, aber auch Art. 679 f. ZGB). Diese Haftung, die im Gegensatz zur Vertragshaftung steht, wird durch die SIA-Norm 118 nicht geregelt. Sie ist in der Praxis freilich wichtig. Denn im konkreten Fall kann es durchaus sein, dass sich ein Schadenersatzanspruch sowohl aus einer Vertragsverletzung als auch aus einem Delikt ableiten lässt, sodass der Anspruch auf beide Grundlagen abgestützt werden kann (sogenannte Anspruchskonkurrenz, dazu z.B. Gauch/Schluep/Emmenegger, OR AT, Rz. 2938 ff.). Wichtig ist die Unterscheidung, weil die Modalitäten der Vertragshaftung nicht in allen Teilen mit jenen der Deliktshaftung übereinstimmen. Ein bedeutsamer Unterschied liegt z.B. darin, dass ein deliktsrechtlicher Schadenersatzanspruch keine wirksame Mängelrüge voraussetzt, dies im Gegensatz zum vertraglichen Anspruch auf Ersatz eines Mangelfolgeschadens, der im Regelfall verwirkt (also erlischt), wenn der Mangel, der den Schaden verursacht hat, nicht wirksam (insbesondere nicht rechtzeitig) gerügt wurde. 3

d) Im Streitfall sind zahlreiche weitere gesetzliche Bestimmungen zu beachten, die in der Auswahl fehlen – so etwa die Regeln über den Zivilprozess, die sich in der Schweizerischen Zivilprozessordnung (ZPO) finden. Sie beschlägt die Verfahren vor staatlichen Gerichten, enthält aber auch Bestimmungen zum Schiedsgerichtsverfahren. 4

Schweizerisches Zivilgesetzbuch (ZGB)*

Stand am 1. April 2016

*Vierter Teil: Das Sachenrecht***

Art. 679 ZGB

A. Inhalt/V. Verantwortlichkeit des Grundeigentümers/1. Bei Überschreitung des Eigentumsrechts

1 Wird jemand dadurch, dass ein Grundeigentümer sein Eigentumsrecht überschreitet, geschädigt oder mit Schaden bedroht, so kann er auf Beseitigung der Schädigung oder auf Schutz gegen drohenden Schaden und auf Schadenersatz klagen.

2 Entzieht eine Baute oder eine Einrichtung einem Nachbargrundstück bestimmte Eigenschaften, so bestehen die vorstehend genannten Ansprüche nur, wenn bei der Erstellung der Baute oder Einrichtung die damals geltenden Vorschriften nicht eingehalten wurden.

Art. 679a ZGB

A. Inhalt/V. Verantwortlichkeit des Grundeigentümers/2. Bei rechtmässiger Bewirtschaftung des Grundstücks

Fügt ein Grundeigentümer bei rechtmässiger Bewirtschaftung seines Grundstücks, namentlich beim Bauen, einem Nachbarn vorübergehend übermässige und unvermeidliche Nachteile zu und verursacht er dadurch einen Schaden, so kann der Nachbar vom Grundeigentümer lediglich Schadenersatz verlangen.

Art. 685 ZGB

B. Beschränkungen/III. Nachbarrecht/2. Graben und Bauen/a. Regel

1 Bei Grabungen und Bauten darf der Eigentümer die nachbarlichen Grundstücke nicht dadurch schädigen, dass er ihr Erdreich in Bewegung bringt oder gefährdet oder vorhandene Vorrichtungen beeinträchtigt.

2 Auf Bauten, die den Vorschriften des Nachbarrechtes zuwiderlaufen, finden die Bestimmungen betreffend überragende Bauten Anwendung.

Art. 837 ZGB

D. Gesetzliches Grundpfandrecht/II. Des Bundesprivatrechts/1. Fälle

1 Der Anspruch auf Errichtung eines gesetzlichen Grundpfandrechtes besteht:

1. für die Forderung des Verkäufers an dem verkauften Grundstück;
2. für die Forderung der Miterben und Gemeinder aus Teilung an den Grundstücken, die der Gemeinschaft gehörten;

---

* Dies ist keine amtliche Veröffentlichung. Massgebend ist allein die Veröffentlichung durch die Bundeskanzlei.

** Ausgewählte Bestimmungen.

3. für die Forderungen der Handwerker oder Unternehmer, die auf einem Grundstück zu Bauten oder anderen Werken, zu Abbrucharbeiten, zum Gerüstbau, zur Baugrubensicherung oder dergleichen Material und Arbeit oder Arbeit allein geliefert haben, an diesem Grundstück, sei es, dass sie den Grundeigentümer, einen Handwerker oder Unternehmer, einen Mieter, einen Pächter oder eine andere am Grundstück berechtigte Person zum Schuldner haben.

[2] Ist ein Mieter, ein Pächter oder eine andere am Grundstück berechtigte Person Schuldner von Forderungen der Handwerker oder Unternehmer, so besteht der Anspruch nur, wenn der Grundeigentümer seine Zustimmung zur Ausführung der Arbeiten erteilt hat.

[3] Auf gesetzliche Grundpfandrechte nach diesem Artikel kann der Berechtigte nicht zum Voraus verzichten.

Art. 839 ZGB

D. Gesetzliches Grundpfandrecht/II. Des Bundesprivatrechts/3. Handwerker und Unternehmer/a. Eintragung

[1] Das Pfandrecht der Handwerker und Unternehmer kann von dem Zeitpunkte an, da sie sich zur Arbeitsleistung verpflichtet haben, in das Grundbuch eingetragen werden.

[2] Die Eintragung hat bis spätestens vier Monate nach der Vollendung der Arbeit zu erfolgen.

[3] Sie darf nur erfolgen, wenn die Pfandsumme vom Eigentümer anerkannt oder gerichtlich festgestellt ist, und kann nicht verlangt werden, wenn der Eigentümer für die angemeldete Forderung hinreichende Sicherheit leistet.

[4] Handelt es sich beim Grundstück unbestrittenermassen um Verwaltungsvermögen und ergibt sich die Schuldpflicht des Eigentümers nicht aus vertraglichen Verpflichtungen, so haftet er den Handwerkern oder Unternehmern für die anerkannten oder gerichtlich festgestellten Forderungen nach den Bestimmungen über die einfache Bürgschaft, sofern die Forderung ihm gegenüber spätestens vier Monate nach Vollendung der Arbeit schriftlich unter Hinweis auf die gesetzliche Bürgschaft geltend gemacht worden war.

[5] Ist strittig, ob es sich um ein Grundstück im Verwaltungsvermögen handelt, so kann der Handwerker oder Unternehmer bis spätestens vier Monate nach der Vollendung seiner Arbeit eine vorläufige Eintragung des Pfandrechts im Grundbuch verlangen.

[6] Steht aufgrund eines Urteils fest, dass das Grundstück zum Verwaltungsvermögen gehört, so ist die vorläufige Eintragung des Pfandrechts zu löschen. An seine Stelle tritt die gesetzliche Bürgschaft, sofern die Voraussetzungen nach Absatz 4 erfüllt sind. Die Frist gilt mit der vorläufigen Eintragung des Pfandrechts als gewahrt.

Art. 840 ZGB

D. Gesetzliches Grundpfandrecht/II. Des Bundesprivatrechts/3. Handwerker und Unternehmer/b. Rang

Gelangen mehrere gesetzliche Pfandrechte der Handwerker und Unternehmer zur Eintragung, so haben sie, auch wenn sie von verschiedenem Datum sind, untereinander den gleichen Anspruch auf Befriedigung aus dem Pfande.

Art. 841 ZGB

D. Gesetzliches Grundpfandrecht/II. Des Bundesprivatrechts/3. Handwerker und Unternehmer/c. Vorrecht

1 Kommen die Forderungen der Handwerker und Unternehmer bei der Pfandverwertung zu Verlust, so ist der Ausfall aus dem den Wert des Bodens übersteigenden Verwertungsanteil der vorgehenden Pfandgläubiger zu ersetzen, sofern das Grundstück durch ihre Pfandrechte in einer für sie erkennbaren Weise zum Nachteil der Handwerker und Unternehmer belastet worden ist.

2 Veräussert der vorgehende Pfandgläubiger seinen Pfandtitel, so hat er den Handwerkern und Unternehmern für dasjenige, was ihnen dadurch entzogen wird, Ersatz zu leisten.

3 Sobald der Beginn des Werkes auf Anzeige eines Berechtigten im Grundbuch angemerkt ist, dürfen bis zum Ablauf der Eintragungsfrist Pfandrechte nur als Grundpfandverschreibungen eingetragen werden.

Obligationenrecht (OR)*

Stand am 1. Juli 2016

*Erste Abteilung: Allgemeine Bestimmungen***

Erster Titel: Die Entstehung der Obligationen

Art. 1 OR

Erster Abschnitt: Die Entstehung durch Vertrag/A. Abschluss des Vertrages/I. Übereinstimmende Willensäusserung/1. Im Allgemeinen

1 Zum Abschlusse eines Vertrages ist die übereinstimmende gegenseitige Willensäusserung der Parteien erforderlich.

2 Sie kann eine ausdrückliche oder eine stillschweigende sein.

Art. 41 OR

Zweiter Abschnitt: Die Entstehung durch unerlaubte Handlungen/A. Haftung im Allgemeinen/I. Voraussetzungen der Haftung

1 Wer einem andern widerrechtlich Schaden zufügt, sei es mit Absicht, sei es aus Fahrlässigkeit, wird ihm zum Ersatze verpflichtet.

2 Ebenso ist zum Ersatze verpflichtet, wer einem andern in einer gegen die guten Sitten verstossenden Weise absichtlich Schaden zufügt.

---

* Dies ist keine amtliche Veröffentlichung. Massgebend ist allein die Veröffentlichung durch die Bundeskanzlei.

** Ausgewählte Bestimmungen.

Art. 55 OR

Zweiter Abschnitt: Die Entstehung durch unerlaubte Handlungen/C. Haftung des Geschäftsherrn

1 Der Geschäftsherr haftet für den Schaden, den seine Arbeitnehmer oder andere Hilfspersonen in Ausübung ihrer dienstlichen oder geschäftlichen Verrichtungen verursacht haben, wenn er nicht nachweist, dass er alle nach den Umständen gebotene Sorgfalt angewendet hat, um einen Schaden dieser Art zu verhüten, oder dass der Schaden auch bei Anwendung dieser Sorgfalt eingetreten wäre.

2 Der Geschäftsherr kann auf denjenigen, der den Schaden gestiftet hat, insoweit Rückgriff nehmen, als dieser selbst schadenersatzpflichtig ist.

Art. 58 OR

Zweiter Abschnitt: Die Entstehung durch unerlaubte Handlungen/E. Haftung des Werkeigentümers/ I. Ersatzpflicht

1 Der Eigentümer eines Gebäudes oder eines andern Werkes hat den Schaden zu ersetzen, den diese infolge von fehlerhafter Anlage oder Herstellung oder von mangelhafter Unterhaltung verursachen.

2 Vorbehalten bleibt ihm der Rückgriff auf andere, die ihm hierfür verantwortlich sind.

Zweiter Titel: Die Wirkung der Obligationen

Art. 91 OR

Erster Abschnitt: Die Erfüllung der Obligationen/E. Verzug des Gläubigers/I. Voraussetzung

Der Gläubiger kommt in Verzug, wenn er die Annahme der gehörig angebotenen Leistung oder die Vornahme der ihm obliegenden Vorbereitungshandlungen, ohne die der Schuldner zu erfüllen nicht imstande ist, ungerechtfertigterweise verweigert.

Art. 95 OR

Erster Abschnitt: Die Erfüllung der Obligationen/E. Verzug des Gläubigers/II. Wirkung/2. Bei andern Leistungen

Handelt es sich um die Verpflichtung zu einer andern als einer Sachleistung, so kann der Schuldner beim Verzug des Gläubigers nach den Bestimmungen über den Verzug des Schuldners vom Vertrage zurücktreten.

Art. 97 OR

Zweiter Abschnitt: Die Folgen der Nichterfüllung/A. Ausbleiben der Erfüllung/I. Ersatzpflicht des Schuldners/1. Im Allgemeinen

1 Kann die Erfüllung der Verbindlichkeit überhaupt nicht oder nicht gehörig bewirkt werden, so hat der Schuldner für den daraus entstehenden Schaden Ersatz zu leisten, sofern er nicht beweist, dass ihm keinerlei Verschulden zur Last falle.

2 Für die Vollstreckung gelten die Bestimmungen des Bundesgesetzes vom 11. April 1889 über Schuldbetreibung und Konkurs sowie der Zivilprozessordnung vom 19. Dezember 2008 (ZPO).

Art. 98 OR

Zweiter Abschnitt: Die Folgen der Nichterfüllung/A. Ausbleiben der Erfüllung/I. Ersatzpflicht des Schuldners/2. Bei Verbindlichkeit zu einem Tun oder Nichttun

1 Ist der Schuldner zu einem Tun verpflichtet, so kann sich der Gläubiger, unter Vorbehalt seiner Ansprüche auf Schadenersatz, ermächtigen lassen, die Leistung auf Kosten des Schuldners vorzunehmen.

2 Ist der Schuldner verpflichtet, etwas nicht zu tun, so hat er schon bei blossem Zuwiderhandeln den Schaden zu ersetzen.

3 Überdies kann der Gläubiger die Beseitigung des rechtswidrigen Zustandes verlangen und sich ermächtigen lassen, diesen auf Kosten des Schuldners zu beseitigen.

Art. 99 OR

Zweiter Abschnitt: Die Folgen der Nichterfüllung/A. Ausbleiben der Erfüllung/II. Mass der Haftung und Umfang des Schadenersatzes/1. Im Allgemeinen

1 Der Schuldner haftet im Allgemeinen für jedes Verschulden.

2 Das Mass der Haftung richtet sich nach der besonderen Natur des Geschäftes und wird insbesondere milder beurteilt, wenn das Geschäft für den Schuldner keinerlei Vorteil bezweckt.

3 Im übrigen finden die Bestimmungen über das Mass der Haftung bei unerlaubten Handlungen auf das vertragswidrige Verhalten entsprechende Anwendung.

Art. 101 OR

Zweiter Abschnitt: Die Folgen der Nichterfüllung/A. Ausbleiben der Erfüllung/II. Mass der Haftung und Umfang des Schadenersatzes/3. Haftung für Hilfspersonen

1 Wer die Erfüllung einer Schuldpflicht oder die Ausübung eines Rechtes aus einem Schuldverhältnis, wenn auch befugterweise, durch eine Hilfsperson, wie Hausgenossen oder Arbeitnehmer vornehmen lässt, hat dem andern den Schaden zu ersetzen, den die Hilfsperson in Ausübung ihrer Verrichtungen verursacht.

2 Diese Haftung kann durch eine zum voraus getroffene Verabredung beschränkt oder aufgehoben werden.

3 Steht aber der Verzichtende im Dienst des andern oder folgt die Verantwortlichkeit aus dem Betriebe eines obrigkeitlich konzessionierten Gewerbes, so darf die Haftung höchstens für leichtes Verschulden wegbedungen werden.

Art. 102 OR

Zweiter Abschnitt: Die Folgen der Nichterfüllung/B. Verzug des Schuldners/I. Voraussetzung

[1] Ist eine Verbindlichkeit fällig, so wird der Schuldner durch Mahnung des Gläubigers in Verzug gesetzt.

[2] Wurde für die Erfüllung ein bestimmter Verfalltag verabredet, oder ergibt sich ein solcher infolge einer vorbehaltenen und gehörig vorgenommenen Kündigung, so kommt der Schuldner schon mit Ablauf dieses Tages in Verzug.

Art. 107 OR

Zweiter Abschnitt: Die Folgen der Nichterfüllung/B. Verzug des Schuldners/II. Wirkung/4. Rücktritt und Schadenersatz/a. Unter Fristansetzung

[1] Wenn sich ein Schuldner bei zweiseitigen Verträgen im Verzuge befindet, so ist der Gläubiger berechtigt, ihm eine angemessene Frist zur nachträglichen Erfüllung anzusetzen oder durch die zuständige Behörde ansetzen zu lassen.

[2] Wird auch bis zum Ablaufe dieser Frist nicht erfüllt, so kann der Gläubiger immer noch auf Erfüllung nebst Schadenersatz wegen Verspätung klagen, statt dessen aber auch, wenn er es unverzüglich erklärt, auf die nachträgliche Leistung verzichten und entweder Ersatz des aus der Nichterfüllung entstandenen Schadens verlangen oder vom Vertrage zurücktreten.

Art. 108 OR

Zweiter Abschnitt: Die Folgen der Nichterfüllung/B. Verzug des Schuldners/II. Wirkung/4. Rücktritt und Schadenersatz/b. Ohne Fristansetzung

Die Ansetzung einer Frist zur nachträglichen Erfüllung ist nicht erforderlich:

1. wenn aus dem Verhalten des Schuldners hervorgeht, dass sie sich als unnütz erweisen würde;
2. wenn infolge Verzuges des Schuldners die Leistung für den Gläubiger nutzlos geworden ist;
3. wenn sich aus dem Vertrage die Absicht der Parteien ergibt, dass die Leistung genau zu einer bestimmten oder bis zu einer bestimmten Zeit erfolgen soll.

Art. 109 OR

Zweiter Abschnitt: Die Folgen der Nichterfüllung/B. Verzug des Schuldners/II. Wirkung/4. Rücktritt und Schadenersatz/c. Wirkung des Rücktritts

[1] Wer vom Vertrage zurücktritt, kann die versprochene Gegenleistung verweigern und das Geleistete zurückfordern.

[2] Überdies hat er Anspruch auf Ersatz des aus dem Dahinfallen des Vertrages erwachsenen Schadens, sofern der Schuldner nicht nachweist, dass ihm keinerlei Verschulden zur Last falle.

Dritter Titel: Das Erlöschen der Obligationen

Art. 119 OR

E. Unmöglichwerden einer Leistung

1 Soweit durch Umstände, die der Schuldner nicht zu verantworten hat, seine Leistung unmöglich geworden ist, gilt die Forderung als erloschen.

2 Bei zweiseitigen Verträgen haftet der hienach freigewordene Schuldner für die bereits empfangene Gegenleistung aus ungerechtfertigter Bereicherung und verliert die noch nicht erfüllte Gegenforderung.

3 Ausgenommen sind die Fälle, in denen die Gefahr nach Gesetzesvorschrift oder nach dem Inhalt des Vertrages vor der Erfüllung auf den Gläubiger übergeht.

Art. 127 OR

G. Verjährung/I. Fristen/1. Zehn Jahre

Mit Ablauf von zehn Jahren verjähren alle Forderungen, für die das Bundeszivilrecht nicht etwas anderes bestimmt.

Art. 128 OR

G. Verjährung/I. Fristen/2. Fünf Jahre

Mit Ablauf von fünf Jahren verjähren die Forderungen:

1. für Miet-, Pacht- und Kapitalzinse sowie für andere periodische Leistungen;
2. aus Lieferung von Lebensmitteln, für Beköstigung und für Wirtsschulden;
3. aus Handwerksarbeit, Kleinverkauf von Waren, ärztlicher Besorgung, Berufsarbeiten von Anwälten, Rechtsagenten, Prokuratoren und Notaren sowie aus dem Arbeitsverhältnis von Arbeitnehmern.

*Zweite Abteilung: Die einzelnen Vertragsverhältnisse**

Art. 210 OR

Zweiter Abschnitt: Der Fahrniskauf/B. Verpflichtungen des Verkäufers/III. Gewährleistung wegen Mängel der Kaufsache/9. Verjährung

1 Die Klagen auf Gewährleistung wegen Mängel der Sache verjähren mit Ablauf von zwei Jahren nach deren Ablieferung an den Käufer, selbst wenn dieser die Mängel erst später entdeckt, es sei denn, dass der Verkäufer eine Haftung auf längere Zeit übernommen hat.

2 Die Frist beträgt fünf Jahre, soweit Mängel einer Sache, die bestimmungsgemäss in ein unbewegliches Werk integriert worden ist, die Mangelhaftigkeit des Werkes verursacht haben.

---

* Ausgewählte Bestimmungen.

3 Für Kulturgüter im Sinne von Artikel 2 Absatz 1 des Kulturgütertransfergesetzes vom 20. Juni 2003 verjährt die Klage ein Jahr, nachdem der Käufer den Mangel entdeckt hat, in jedem Fall jedoch 30 Jahre nach dem Vertragsabschluss.

4 Eine Vereinbarung über die Verkürzung der Verjährungsfrist ist ungültig, wenn:

a. sie die Verjährungsfrist auf weniger als zwei Jahre, bei gebrauchten Sachen auf weniger als ein Jahr verkürzt;

b. die Sache für den persönlichen oder familiären Gebrauch des Käufers bestimmt ist; und

c. der Verkäufer im Rahmen seiner beruflichen oder gewerblichen Tätigkeit handelt.

5 Die Einreden des Käufers wegen vorhandener Mängel bleiben bestehen, wenn innerhalb der Verjährungsfrist die vorgeschriebene Anzeige an den Verkäufer gemacht worden ist.

6 Der Verkäufer kann die Verjährung nicht geltend machen, wenn ihm eine absichtliche Täuschung des Käufers nachgewiesen wird. Dies gilt nicht für die 30-jährige Frist gemäss Absatz 3.

Art. 219 OR

Dritter Abschnitt: Der Grundstückkauf/D. Gewährleistung

1 Der Verkäufer eines Grundstückes hat unter Vorbehalt anderweitiger Abrede dem Käufer Ersatz zu leisten, wenn das Grundstück nicht das Mass besitzt, das im Kaufvertrag angegeben ist.

2 Besitzt ein Grundstück nicht das im Grundbuch auf Grund amtlicher Vermessung angegebene Mass, so hat der Verkäufer dem Käufer nur dann Ersatz zu leisten, wenn er die Gewährleistung hiefür ausdrücklich übernommen hat.

3 Die Pflicht zur Gewährleistung für die Mängel eines Gebäudes verjährt mit dem Ablauf von fünf Jahren, vom Erwerb des Eigentums an gerechnet.

Elfter Titel: Der Werkvertrag

Art. 363 OR

A. Begriff

Durch den Werkvertrag verpflichtet sich der Unternehmer zur Herstellung eines Werkes und der Besteller zur Leistung einer Vergütung.

Art. 364 OR

B. Wirkungen/I. Pflichten des Unternehmers/1. Im Allgemeinen

1 Der Unternehmer haftet im Allgemeinen für die gleiche Sorgfalt wie der Arbeitnehmer im Arbeitsverhältnis.

2 Er ist verpflichtet, das Werk persönlich auszuführen oder unter seiner persönlichen Leitung ausführen zu lassen, mit Ausnahme der Fälle, in denen es nach der Natur des Geschäftes auf persönliche Eigenschaften des Unternehmers nicht ankommt.

3 Er hat in Ermangelung anderweitiger Verabredung oder Übung für die zur Ausführung des Werkes nötigen Hilfsmittel, Werkzeuge und Gerätschaften auf seine Kosten zu sorgen.

Art. 365 OR

B. Wirkungen/I. Pflichten des Unternehmers/2. Betreffend den Stoff

1 Soweit der Unternehmer die Lieferung des Stoffes übernommen hat, haftet er dem Besteller für die Güte desselben und hat Gewähr zu leisten wie ein Verkäufer.

2 Den vom Besteller gelieferten Stoff hat der Unternehmer mit aller Sorgfalt zu behandeln, über dessen Verwendung Rechenschaft abzulegen und einen allfälligen Rest dem Besteller zurückzugeben.

3 Zeigen sich bei der Ausführung des Werkes Mängel an dem vom Besteller gelieferten Stoffe oder an dem angewiesenen Baugrunde, oder ergeben sich sonst Verhältnisse, die eine gehörige oder rechtzeitige Ausführung des Werkes gefährden, so hat der Unternehmer dem Besteller ohne Verzug davon Anzeige zu machen, widrigenfalls die nachteiligen Folgen ihm selbst zur Last fallen.

Art. 366 OR

B. Wirkungen/I. Pflichten des Unternehmers/3. Rechtzeitige Vornahme und vertragsgemässe Ausführung der Arbeit

1 Beginnt der Unternehmer das Werk nicht rechtzeitig oder verzögert er die Ausführung in vertragswidriger Weise oder ist er damit ohne Schuld des Bestellers so sehr im Rückstande, dass die rechtzeitige Vollendung nicht mehr vorauszusehen ist, so kann der Besteller, ohne den Lieferungstermin abzuwarten, vom Vertrage zurücktreten.

2 Lässt sich während der Ausführung des Werkes eine mangelhafte oder sonst vertragswidrige Erstellung durch Verschulden des Unternehmers bestimmt voraussehen, so kann ihm der Besteller eine angemessene Frist zur Abhilfe ansetzen oder ansetzen lassen mit der Androhung, dass im Unterlassungsfalle die Verbesserung oder die Fortführung des Werkes auf Gefahr und Kosten des Unternehmers einem Dritten übertragen werde.

Art. 367 OR

B. Wirkungen/I. Pflichten des Unternehmers/4. Haftung für Mängel/a. Feststellung der Mängel

1 Nach Ablieferung des Werkes hat der Besteller, sobald es nach dem üblichen Geschäftsgange tunlich ist, dessen Beschaffenheit zu prüfen und den Unternehmer von allfälligen Mängeln in Kenntnis zu setzen.

2 Jeder Teil ist berechtigt, auf seine Kosten eine Prüfung des Werkes durch Sachverständige und die Beurkundung des Befundes zu verlangen.

Art. 368 OR

B. Wirkungen/I. Pflichten des Unternehmers/4. Haftung für Mängel/b. Recht des Bestellers bei Mängeln

1 Leidet das Werk an so erheblichen Mängeln oder weicht es sonst so sehr vom Vertrage ab, dass es für den Besteller unbrauchbar ist oder dass ihm die Annahme billigerweise nicht zugemutet werden kann, so darf er diese verweigern und bei Verschulden des Unternehmers Schadenersatz fordern.

2 Sind die Mängel oder die Abweichungen vom Vertrage minder erheblich, so kann der Besteller einen dem Minderwerte des Werkes entsprechenden Abzug am Lohne machen oder auch, sofern dieses dem Unternehmer nicht übermässige Kosten verursacht, die unentgeltliche Verbesserung des Werkes und bei Verschulden Schadenersatz verlangen.

3 Bei Werken, die auf dem Grund und Boden des Bestellers errichtet sind und ihrer Natur nach nur mit unverhältnismässigen Nachteilen entfernt werden können, stehen dem Besteller nur die im zweiten Absatz dieses Artikels genannten Rechte zu.

Art. 369 OR

B. Wirkungen/I. Pflichten des Unternehmers/4. Haftung für Mängel/c. Verantwortlichkeit des Bestellers

Die dem Besteller bei Mangelhaftigkeit des Werkes gegebenen Rechte fallen dahin, wenn er durch Weisungen, die er entgegen den ausdrücklichen Abmahnungen des Unternehmers über die Ausführung erteilte, oder auf andere Weise die Mängel selbst verschuldet hat.

Art. 370 OR

B. Wirkungen/I. Pflichten des Unternehmers/4. Haftung für Mängel/d. Genehmigung des Werkes

1 Wird das abgelieferte Werk vom Besteller ausdrücklich oder stillschweigend genehmigt, so ist der Unternehmer von seiner Haftpflicht befreit, soweit es sich nicht um Mängel handelt, die bei der Abnahme und ordnungsmässigen Prüfung nicht erkennbar waren oder vom Unternehmer absichtlich verschwiegen wurden.

2 Stillschweigende Genehmigung wird angenommen, wenn der Besteller die gesetzlich vorgesehene Prüfung und Anzeige unterlässt.

3 Treten die Mängel erst später zu Tage, so muss die Anzeige sofort nach der Entdeckung erfolgen, widrigenfalls das Werk auch rücksichtlich dieser Mängel als genehmigt gilt.

Art. 371 OR

B. Wirkungen/I. Pflichten des Unternehmers/4. Haftung für Mängel/e. Verjährung

1 Die Ansprüche des Bestellers wegen Mängel des Werkes verjähren mit Ablauf von zwei Jahren nach der Abnahme des Werkes. Soweit jedoch Mängel eines beweglichen Werkes, das bestimmungsgemäss in ein unbewegliches Werk integriert worden ist, die Mangelhaftigkeit des Werkes verursacht haben, beträgt die Verjährungsfrist fünf Jahre.

2 Die Ansprüche des Bestellers eines unbeweglichen Werkes wegen allfälliger Mängel des Werkes verjähren gegen den Unternehmer sowie gegen den Architekten oder den Ingenieur, die zum Zwecke der Erstellung Dienste geleistet haben, mit Ablauf von fünf Jahren seit der Abnahme des Werkes.

3 Im Übrigen kommen die Regeln für die Verjährung der entsprechenden Ansprüche des Käufers sinngemäss zur Anwendung.

Art. 372 OR

B. Wirkungen/II. Pflichten des Bestellers/1. Fälligkeit der Vergütung

1 Der Besteller hat die Vergütung bei der Ablieferung des Werkes zu zahlen.

2 Ist das Werk in Teilen zu liefern und die Vergütung nach Teilen bestimmt, so hat Zahlung für jeden Teil bei dessen Ablieferung zu erfolgen.

Art. 373 OR

B. Wirkungen/II. Pflichten des Bestellers/2. Höhe der Vergütung/a. Feste Übernahme

1 Wurde die Vergütung zum voraus genau bestimmt, so ist der Unternehmer verpflichtet, das Werk um diese Summe fertigzustellen, und darf keine Erhöhung fordern, selbst wenn er mehr Arbeit oder grössere Auslagen gehabt hat, als vorgesehen war.

2 Falls jedoch ausserordentliche Umstände, die nicht vorausgesehen werden konnten oder die nach den von beiden Beteiligten angenommenen Voraussetzungen ausgeschlossen waren, die Fertigstellung hindern oder übermässig erschweren, so kann der Richter nach seinem Ermessen eine Erhöhung des Preises oder die Auflösung des Vertrages bewilligen.

3 Der Besteller hat auch dann den vollen Preis zu bezahlen, wenn die Fertigstellung des Werkes weniger Arbeit verursacht, als vorgesehen war.

Art. 374 OR

B. Wirkungen/II. Pflichten des Bestellers/2. Höhe der Vergütung/b. Festsetzung nach dem Wert der Arbeit

Ist der Preis zum voraus entweder gar nicht oder nur ungefähr bestimmt worden, so wird er nach Massgabe des Wertes der Arbeit und der Aufwendungen des Unternehmers festgesetzt.

Art. 375 OR

C. Beendigung/I. Rücktritt wegen Überschreitung des Kostenansatzes

1 Wird ein mit dem Unternehmer verabredeter ungefährer Ansatz ohne Zutun des Bestellers unverhältnismässig überschritten, so hat dieser sowohl während als nach der Ausführung des Werkes das Recht, vom Vertrag zurückzutreten.

2 Bei Bauten, die auf Grund und Boden des Bestellers errichtet werden, kann dieser eine angemessene Herabsetzung des Lohnes verlangen oder, wenn die Baute noch nicht vollendet ist, gegen billigen Ersatz der bereits ausgeführten Arbeiten dem Unternehmer die Fortführung entziehen und vom Vertrage zurücktreten.

Art. 376 OR

C. Beendigung/II. Untergang des Werkes

1 Geht das Werk vor seiner Übergabe durch Zufall zugrunde, so kann der Unternehmer weder Lohn für seine Arbeit noch Vergütung seiner Auslagen verlangen, ausser wenn der Besteller sich mit der Annahme im Verzug befindet.

2 Der Verlust des zugrunde gegangenen Stoffes trifft in diesem Falle den Teil, der ihn geliefert hat.

3 Ist das Werk wegen eines Mangels des vom Besteller gelieferten Stoffes oder des angewiesenen Baugrundes oder infolge der von ihm vorgeschriebenen Art der Ausführung zugrunde gegangen, so kann der Unternehmer, wenn er den Besteller auf diese Gefahren rechtzeitig aufmerksam gemacht hat, die Vergütung der bereits geleisteten Arbeit und der im Lohne nicht eingeschlossenen Auslagen und, falls den Besteller ein Verschulden trifft, überdies Schadenersatz verlangen.

Art. 377 OR

C. Beendigung/III. Rücktritt des Bestellers gegen Schadloshaltung

Solange das Werk unvollendet ist, kann der Besteller gegen Vergütung der bereits geleisteten Arbeit und gegen volle Schadloshaltung des Unternehmers jederzeit vom Vertrag zurücktreten.

Art. 378 OR

C. Beendigung/IV. Unmöglichkeit der Erfüllung aus Verhältnissen des Bestellers

1 Wird die Vollendung des Werkes durch einen beim Besteller eingetretenen Zufall unmöglich, so hat der Unternehmer Anspruch auf Vergütung der geleisteten Arbeit und der im Preise nicht inbegriffenen Auslagen.

2 Hat der Besteller die Unmöglichkeit der Ausführung verschuldet, so kann der Unternehmer überdies Schadenersatz fordern.

Art. 379 OR

C. Beendigung/V. Tod und Unfähigkeit des Unternehmers

1 Stirbt der Unternehmer oder wird er ohne seine Schuld zur Vollendung des Werkes unfähig, so erlischt der Werkvertrag, wenn er mit Rücksicht auf die persönlichen Eigenschaften des Unternehmers eingegangen war.

2 Der Besteller ist verpflichtet, den bereits ausgeführten Teil des Werkes, soweit dieser für ihn brauchbar ist, anzunehmen und zu bezahlen.

Englische Übersetzung der SIA-Norm 118 (Ausgabe 2013)

Vorbemerkungen

a) Die SIA-Norm 118 lag bislang in deutscher, in französischer und in italienischer Sprache vor. Neu ist auch eine *englischsprachige Version* verfügbar, die vom Institut für Schweizerisches und Internationales Baurecht der Universität Freiburg veranlasst wurde. Besorgt wurde die Übersetzung von HAL WYNER (MLaw), Zürich; die kritische Nachkontrolle übernahm DANIELA GMÜNDER PERRIG (Rechtsanwältin, LL.M.), St. Gallen. Die Übersetzung wird nachstehend zum ersten Mal abgedruckt, doch stellt das Institut für Baurecht sie auch dem SIA zur Verfügung, der sie voraussichtlich in seinen «SIA-Reader» aufnehmen wird. 1

b) Zum gegenseitigen Verhältnis der verschiedenen Sprachversionen und weiteren Aspekten siehe Einl./Rz. 41 ff. 2

General terms and conditions for construction works

Table of Contents

Preamble

SIA Norm 118 (1977/1991) was prepared by the Swiss Society of Engineers and Architects in collaboration with

- the Swiss Contractors Association *[Schweizerischer Baumeisterverband]*,
- the Swiss Industry Association *[Schweizerischer Gewerbeverband]*,
- the Swiss Institute of Steel Construction *[Schweizerische Zentralstelle für Stahlbau]*,
- the Swiss Association of Road and Transportation Experts *[Vereinigung Schweizerischer Strassenfachleute]*,
- public construction procurement authorities, including the *Schweizerische Baudirektoren-Konferenz*.

It was revised between 2006 and 2012 by the Swiss Society of Engineers and Architects in collaboration with

- the Swiss Contractors Association *[Schweizerischer Baumeisterverband (SVB)]*,
- the Swiss Industry Association *[Schweizerischer Gewerbeverband (SGV)]*,
- the Swiss Institute of Steel Construction *[Schweizerische Zentralstelle für Stahlbau (SZS)]*,
- the Swiss Association of Road and Transportation Experts *[Vereinigung Schweizerischer Strassenfachleute (VSS)]*,
- the Swiss Federal Railway Company *[Schweizerische Bundesbahn (SBB) AG]*,
- the Coordination Conference of the Building and Construction Boards of the Public Construction Procurement Authorities [*Koordinationskonferenz der Bau- und Liegenschaftsorgane der* öffentlichen *Bauherren (KBOB)*],
- the Swiss Conference of Construction, Planning, and Environmental Authorities *[Schweizerische Bau-, Planungs- und Umweltdirektoren-Konferenz (BPUK)]*,
- the Interest Group of Private Construction Procurement Professionals *[Interessengemeinschaft privater, professioneller Bauherren (IPB)]*,
- the Association of Swiss General Contractors *[Verband Schweizerischer Generalunternehmer (VSGU)]*.

Content and purpose of the Norm

The Norm provides rules for the formation, terms, and performance of contractual agreements for construction works. It clarifies the terminology commonly used in such contracts, recapitulates the relevant legal issues and, on the basis of past experience, furnishes practical suggestions for resolving them in a reasonable manner, taking into account the interests of all parties. Where the Norm describes rights and obligations, it becomes legally binding on the parties insofar as they designate it as a constituting integral part of their agreement. Rules that already apply by operation of law are indicated in the Norm by a reference to the applicable statutory provision.

The Norm is intended to facilitate the formation and drafting of contractual agreements. It is also intended to encourage, insofar as possible, the use of uniform contractual terms and conditions in the construction industry. In this way it serves to promote greater efficiency in construction.

The Norm is applicable to all construction works. Technical provisions for the execution of construction works are established in the standards published by professional associations.

Principal changes as compared to SIA Norm 118 (1977/1991)

- numerous editorial changes (with regard to German usage, e.g., *Rückbau* rather than *Abbruch* for demolition, etc.),
- clarifications in respect of public procurement law,
- for price changes, the procedure based on documentation of quantities has been replaced by the price index method as the default procedure. Articles 69–82 have accordingly been deleted (while the numbering has remained unchanged),
- the Norm consistently uses the term "defects notification period" in lieu of "warranty period". This merely incorporates the relevant footnote from the 1991 version of the Norm into the body of the text,
- hence, unless otherwise agreed, the stated prices are understood as not including VAT (the customary practice in the construction industry, for which hitherto, however, there was no express provision),
- the rules on jurisdiction are in accordance with the terms of the new Civil Procedure Code,
- express provision stating that verification and load tests do not constitute acceptance, unless it has been so agreed,
- total retained payment amounts (5 % and 10 %) have been adjusted for inflation since 1977.

1 Contractor agreements in general

1 1 Basic terms

1 11 Projects

Art. 1

1 A party that performs construction work carries out a project within the meaning of art. 363 of the Swiss Code of Obligations (CO); that project may be either a complete construction project (building or civil engineering) or only a part of a construction project (e.g., masonry, plaster works, sanitary facilities).

2 A project may also consist solely of refurbishment, alteration, or demolition work.

1 12 Independent contractor agreements

Art. 2

1 Construction work on behalf of another party in return for consideration is performed under the terms of an independent contractor agreement. The employer is the party that orders the work; the party that performs the work is the contractor, within the meaning of CO art. 363.

2 Their contract shall be governed by the provisions set forth in CO arts. 363–379, unless otherwise agreed by the contracting parties through adoption of this Norm or conclusion of other agreements.

1 2 Formation of contractor agreements

1 21 Methods of contract formation

Art. 3

1 A contractor agreement may be concluded in writing, orally, or by implicit conduct (e.g., art. 19, para. 3) (CO art. 1).

2 For more sizeable construction projects, the following procedure is advisable: the employer shall issue an invitation to tender (arts. 4 et seq.), upon which the contractors shall submit their tenders (offers) (art. 15). The employer shall then review the tenders (art. 18). Where it wishes to accept a tender, it shall declare its acceptance by announcing the award of the works (art. 19).

3 The employer may appoint a construction manager to represent it (arts. 33–35).

1 22 Invitations to tender – general provisions

1 221 Definition, types, and procedure

Art. 4

[1] In issuing an invitation to tender, the employer simultaneously invites a number of contractors to submit to it a tender (art. 15) for the performance of construction work based on certain specifications (arts. 7 et seq.).

[2] An invitation to tender may also be issued publicly (by published advertisement).

[3] Where an invitation is issued to a single contractor, the provisions governing invitations to tender, as set forth in this Norm, shall apply mutatis mutandis.

[4] Where the employer is subject to the laws governing public procurement, those provisions shall apply.

1 222 Preparation

Art. 5

[1] An invitation to tender is predicated on the existence of a sufficiently well-defined project plan.

[2] Prior to issuing an invitation, the employer shall investigate the local conditions, in particular the characteristics of the site ground and any existing structures, in respect of what is required for the work to be performed; the investigation results shall be set out in full in the tender invitation documents (art. 7), including a reference to any applicable regulations or risks identified. On the verification duties of the contractor, see art. 25, para. 3.

[3] The local conditions to be investigated by the employer shall also include any neighbouring construction works, traffic facilities or other installations, contaminated ground material or hazardous waste deposits, groundwater and springs, above ground and underground utility lines (e.g., for high and low voltage power supply, gas and water, petroleum products), insofar as such factors may be an impediment to the planned construction work or themselves be endangered by that work.

1 223 Content

Art. 6

[1] In the invitation to tender, the employer shall make known to the contractors the eligibility requirements for tenders, including such matters as the submission deadline, the effective date for the cost base, the period of validity for tenders, such required attachments as the construction schedule, designs for construction site installations, and the like (art. 7).

[2] The employer shall furnish the addressees of the tender invitation with all information they may require in order to obtain a clear conception of the terms of the proposed con-

tract, including, in particular, the nature, scale, and special features of the project, and the pricing method to be used. Flat-rate prices are to be indicated as such (art. 41, para. 3).

1 23 Tender invitation documents

1 231 Essential elements and priority ranking

Art. 7

1 The employer shall provide the requisite information pursuant to art. 6 in the tender invitation documents. It shall deliver the documents to the addressees; where the documents are too voluminous, it shall deliver a selection, accompanied by a list of the additional documents available for consultation at its premises.

2 The tender invitation documents shall include the following elements:

1. The text of the draft contract document, in which the main terms of the proposed contract, including the designation of agents by whom the employer is to be represented, are set forth, and express reference to the remaining tendering documents (points 2 et seq.),
2. project-specific special provisions; these are provisions made necessary, in particular, by the specific location of the project, the characteristics of the site ground, the desired construction procedures, particular demands in terms of quality, organisation, and workflows (quality management), and the intended purpose for which the project is designed; further, e.g., information on local conditions (art. 5), the date for commencement of construction operations and any pre-established performance periods, insofar as these are not stipulated in the contract document, and information concerning the available properties and rights (art. 13) and the incoming and outgoing utility connections (art. 14),
3. schedule of services (art. 8) or project specification (art. 12),
4. designs,
5. list of general provisions, not specific to the individual construction project, to which the tender and the proposed contract shall be subject. These may include, in particular:
   a) SIA Norm 118 “General terms and conditions for construction works”,
   b) other standards issued by the SIA,
   c) standards issued by other trade associations.

3 Insofar as any discrepancies may exist between these documents, they shall be ranked in priority in accordance with the foregoing points 1–5; specifically, the schedule of services or project specifications shall prevail over the designs.

1 232 Schedule of services

Art. 8

1 Where the contract is a unit price agreement, a schedule of services shall be prepared (art. 42, para. 2). It shall contain a clear and complete itemised list of the services comprised in the construction works for which tenders have been invited.

2 The schedule shall provide a description of each service, indicating the qualities and estimated quantities of materials needed; it shall further refer to the existence of any project-specific provisions concerning performance (art. 7, para. 2 [2]). The terms of art. 86, para. 4, shall apply.

3 The schedule shall indicate the pricing method (arts. 38–42) to be used in calculating the consideration due to the contractor for the individual services listed. It shall be prepared in such manner that contractors need only quote the prices they are offering on the schedule of services provided.

4 Specified services that may be performed only at the instruction of the construction manager shall be referred to as contingencies. Contingency items that are to be taken into account in determining the tender amount are to be specially designated as such.

1 233 Construction site installations, site-specific measures, and accommodation

Art. 9

1 The schedule of services shall itemise separately all site construction installations (arts. 43 and 123), site-specific safety measures (art. 103), and employee accommodation and food services (art. 109). Scaffolding for the facade and for cleaning purposes are to be itemised separately (art. 125, para. 2).

2 For works for the fitting out of buildings, the costs for the items set forth in para. 1 are to be included in the unit prices for the work, unless the schedule of services provides for their separate itemisation. For closable spaces made available by the employer for use by the contractor, free of charge, no usage costs shall be factored into the unit prices.

1 234 Supply of materials

Art. 10

1 The services listed in the schedule of services shall include, unless otherwise stipulated (para. 3), the supply of all requisite materials (building materials, consumables, and operating fuel), including the supply of electricity. The terms of art. 135, para. 3, shall prevail.

2 Any instructions on the part of the employer concerning products or suppliers to be used shall be set forth either in the schedule of services or in another tender invitation document. The terms of art. 136, paras. 2 and 4, shall apply.

3 Where the employer intends to supply the building materials itself (free of charge or for consideration), it shall make note thereof in the schedule of services. It shall state in the tender invitation documents in what manner and, as the case may be, at what price it will deliver the supplies to the contractor. The terms of art. 136, paras. 3 and 4, shall apply.

1 235 Awarding of contracts to third parties for individual services

Art. 11

The employer may reserve the right to award contracts for the performance of individual items on the schedule of services, also following conclusion of the main contractor agreement, to third parties as additional primary contractors (art. 30). Such reservation shall be effective, however, only where it has been noted in the tender invitation documents in connection with the service in question.

1 236 Project specifications

Art. 12

1 Where the contract is a fixed price agreement, a project specification shall be prepared (art. 42, para. 2). It shall comprise a complete, detailed, and clear statement of the terms of reference for the contractor.

2 Art. 10 shall apply mutatis mutandis.

1 237 Properties, rights and obligations

Art. 13

1 The tender invitation documents (art. 7) shall include a precise description of the properties and rights that the employer is placing at the contractor's disposal without consideration, pursuant to the terms of art. 116.

2 In so doing, the employer shall cite verbatim the terms of all obligations, either assumed upon acquisition of the properties and rights, or imposed by the authorities, that are to be taken into account by the contractor in carrying out the work (art. 120).

1 238 Incoming and outgoing utility connections

Art. 14

The tender invitation documents (art. 7) shall include information concerning the incoming and outgoing utility connections in place at the construction site, pursuant to the terms of arts. 129 and 133.

1 24 Tenders

1 241 In general

Art. 15

[1] For the preparation and submission of tenders, the provisions and terms governing the elements of the tender invitation documents shall apply (arts. 7 et seq.).

[2] Where the contractor considers that further information is required for the submission of its tender, it shall request that information from the employer. The employer shall give its response in writing, a copy of which shall be sent to all tenderers.

[3] The contractor shall make no additions or changes to the schedule of services (art. 8) or project specification (art. 12) of its own accord. Any comments, suggestions, or additions to the tender invitation documents, along with any contractor variations, shall be submitted by the contractor as an attachment to its tender.

[4] To be submitted with the tender are also those attachments requested in the invitation to tender (art. 6, para. 1).

1 242 Applicability of tendering conditions

Art. 16

By submitting a tender, the contractor expresses its acceptance of the terms and conditions of the invitation to tender, subject to any reservations it may set forth in its remarks, suggestions, or additions (art. 15, para. 3); further, it thereby warrants that it has established its prices on the basis of the clearly understood terms of the tender invitation documents (art. 7) and that it has taken into account the particular site conditions that are manifest or discoverable upon visual inspection.

1 243 Tender validity period

Art. 17

Tenders submitted shall be considered binding for the period stipulated in the invitation to tender (art. 6, para. 1). Where a validity period has not been stipulated, the contractor shall be bound by its tender for a period of 30 days following expiry of the submission deadline.

1 25 Review of tenders

Art. 18

[1] The employer shall review the tenders during the period of their validity (art. 17).

[2] During that period, the contractor shall provide the employer with additional information at the latter's request. In particular, it shall produce price analyses for individual key prices. These analyses shall be taken into account for establishing the prices for additional services (arts. 86–89).

[3] The employer shall not make unauthorised use of any tenders or contractor variations submitted. It shall maintain compliance, in particular, with the federal acts governing copyright, patents, design protection, and unfair competition.

1 26 Employer acceptance

Art. 19

[1] Where the employer wishes to accept a tender, it shall notify the tenderer of its intention to award it the contract for execution of the construction work for which tenders were called, in keeping with the terms of the tender submitted. Oral notification shall be confirmed in writing at the contractor's request.

[2] Such notification shall constitute the formation of a legally binding contractor agreement.

[3] A contractor agreement shall also be deemed to have been concluded where performance of the work has commenced by mutual accord.

[4] The priority ranking of the integral parts of the agreement shall be determined pursuant to art. 21.

1 27 Contract document and other integral parts of contractor agreements

Art. 20

[1] Following acceptance (art. 19), the employer shall prepare the contract document in the requisite number of copies. The document shall contain the full terms of the agreement, either expressly or by reference (para. 2).The employer shall deliver to the contractor, as expeditiously as possible and free of charge, at least one copy of the contract document, together with a copy of the other integral parts of the contractor agreement (para. 2).

[2] In lieu of a reiteration of the full terms of the contractor agreement in the contract document itself, reference may be made to those documents that contain integral parts of the agreement, including:

1. the tender and its attachments (art. 15),
2. the individual tender invitation documents (art. 7, para. 2 [1–5]).

[3] By affixing their signatures to no less than two copies of the contract document, the contracting parties (or their agents) confirm the formation of an agreement pursuant to art. 19, as well as the terms of the agreement and the completeness of the contract document.

[4] Where, prior to such signing, notification of acceptance has not yet been made (art. 19), it shall be deemed to have occurred simultaneously with the signing of the contract document.

1 28 Priority ranking of agreement parts

Art. 21

[1] Where discrepancies exist between the individual integral parts of the agreement (art. 20; cf. also art. 21, para. 2), the following priority ranking shall apply:

- Where the contract document has been prepared and signed by both parties (art. 20), it shall prevail over all other parts of the agreement.
- The tender submitted by the contractor, with its attachments, shall prevail over the tender invitation documents.
- Where discrepancies exist between the individual tender invitation documents, the priority ranking set forth in art. 7, para. 3, shall apply even where those documents have been made integral parts of the agreement. They shall thus be ranked in the following order of priority (art. 7, para. 2):
  1. the text of the draft contract document,
  2. project-specific special provisions,
  3. schedule of services or project specification,
  4. designs,
  5. general provisions not specific to the individual project:
     a) SIA Norm 118 "General terms and conditions for construction works",
     b) other standards issued by the SIA,
     c) standards issued by other trade associations.

[2] Where additions or other changes have been made to the terms of the tender or the tender invitation documents prior to their mutual acceptance (e.g., where a contractor variation is accepted), the amended terms of those contract parts shall prevail.

[3] Agreements that, pursuant to the terms of this Norm, are to be included in the terms of the contract document (art. 33, paras. 2 and 4; art. 93, para. 2; art. 113; art. 172, para. 1; art. 190, para. 1) shall be without effect where they are contained in other integral parts of the agreement. Until such time as the final contract document has been signed by both parties, the text of the draft contract document (art. 7, para. 2 [1]) shall, in this regard, be considered as the valid contract document.

1 29 Counter-offer by the employer

Art. 22

1 Where the employer responds to the contractor's tender with a counter-offer, a contractor agreement shall be deemed to have been formed where the contractor expressly or implicitly (CO art. 1, para. 2) accepts the counter-offer.

2 As a counter-offer (para. 1) shall be considered, in particular, also the issuance by the employer of instructions whose terms diverge from the initial or subsequently modified tender submitted by the contractor.

3 Where a contractor agreement has been formed through the acceptance of a counter-offer (para. 1), the contract document shall be prepared by the employer. Art. 20 shall apply mutatis mutandis.

4 Where there exist discrepancies between the individual integral parts of the agreement, the priority ranking pursuant to art. 21 shall apply, subject, however, to the exception that the counter-offer of the employer shall have priority over the contractor's tender.

1 3 Duties of the contracting parties

1 31 Primary duties and liability

Art. 23

1 Upon conclusion of a contractor agreement, the employer and the contractor shall have a duty to perform the agreement in a conscientious manner.

2 The liability of the parties for non-performance and for defective performance shall be determined by the relevant provisions of the agreement and by the law (CO arts. 97 et seq. and CO arts. 363 et seq.).

1 32 Duty of loyalty and intellectual property rights

Art. 24

1 All documents (including, among others, tender invitation and project execution documents, designs of all kinds, technical drawings and calculations) delivered by the employer, the contractor, or their agents (e.g., the construction manager) to one another, as well as all instructions and suggestions concerning project planning and execution of construction, may be used by the recipients only within the framework of the agreement; they shall be entitled neither to make further use of them for their own purposes nor to make them available for use by unauthorised third parties; they shall take care, in addition, to ensure that the documents are not accessible to third parties.

[2] Where, in the course of preparing or executing the project, a contracting party, or one of its agents, obtains knowledge of facts, with regard to which it is aware, or must under the circumstances assume, that the other contracting party or one of its agents wishes to keep confidential from third parties, it shall have a duty to maintain the confidentiality thereof also following termination of the contractual relationship.

[3] Legal provisions imposing general statutory duties, as set forth, in particular, in the federal acts governing copyright, patents, design protection and unfair competition, shall apply.

1 33 Contractor's duties to advise and warn

Art. 25

[1] Supervision conducted by the construction manager at the employer's instruction does not discharge the contractor of its statutory duty (CO art. 365, para. 3) to advise the construction manager without delay of any circumstances that endanger the proper or timely execution of the project. Where the contractor is in breach of this duty, it shall bear itself any negative consequences resulting therefrom; this subject to the proviso that the construction manager was not demonstrably aware of those circumstances even in the absence of such advice.

[2] Advice shall be provided in writing; a record shall be kept of any advice provided orally.

[3] It shall not be incumbent upon the contractor to examine the designs delivered to it, the site designated for the construction, and the state of any existing structures, except in cases where the employer is not represented by a construction manager, is not itself in possession of professional expertise, or has not engaged a professional consultant. This notwithstanding, the contractor shall advise the construction manager without delay, in keeping with the provisions of the foregoing paragraphs 1 and 2, of any incongruities or other defects it may discover in the course of performance of the works, and shall draw the attention of the construction manager to the potentially negative consequences thereof (warning).

[4] This same duty to warn shall be incumbent upon the contractor where it discovers in the course of performance of the works, or must conclude based on the circumstances, that instructions given to it by the construction manager are defective or that they impose upon it liability (e.g., for the endangerment of third parties) that it does not believe it is permitted to assume.

[5] Duties to advise and to warn are also expressly foreseen in the following provisions: art. 30, paras. 4 and 5; art. 56, para. 3; art. 96, para. 1; art. 110; art. 127, para. 2; and art. 136, paras. 2 and 3.

1 34 Contractor's insurance duties

Art. 26

1 The contractor shall obtain insurance against its civil liability risks vis-a-vis third parties. It shall produce documentation thereof upon request. The insurance shall cover the liability of the contractor for all persons in its employ, including any third party contribution claims. The employer may stipulate a minimum insurance coverage requirement in the tender invitation documents.

2 Where the contractor esteems that there exist particular liability risks vis-a-vis third parties to which the employer is exposed in its capacity as building owner (CO art. 58) or land owner (CC art. 679), and which the employer is not itself in a position to discover, the contractor shall recommend to the employer that it purchase owner's liability insurance.

1 35 Additions and modifications to the contractor agreement

Art. 27

1 Following conclusion of a contractor agreement, additions or other modifications thereto shall be made only by mutual consent. The provisions governing variations shall prevail (arts. 84–91).

2 It is advisable to stipulate in the contract document (art. 20) that agreements on additions or changes shall be valid only where they have been set down in writing.

3 In the following, the term "contractor agreement" shall be used to refer to the original agreement together with any additions and modifications as may be in effect at the time in question.

1 4 Multiple contractors

1 41 Joint undertakings (consortiums)

Art. 28

1 A construction project may be awarded to multiple contractors who have established a consortium by concluding with them a contractor agreement to be performed as a joint undertaking.

2 A consortium constitutes an unincorporated association within the meaning of CO arts. 530 et seq.

3 The members of the consortium shall bear joint and several liability for performance of the contractor agreement. They shall designate one member, who is acceptable to the em-

ployer, as their spokesperson; that member shall act as the consortium's agent vis-a-vis the employer.

1 42 Subcontractors

Art. 29

1 A subcontractor is a party obliged under the terms of a contractor agreement with a primary contractor to carry out individual elements or all of the works promised by the latter.

2 In respect of such works, the subcontractor has a contractual relationship only with the primary contractor. That relationship shall be without effect on dealings between the employer and the primary contractor. The primary contractor shall be liable vis-a-vis the employer for the work of subcontractors as for its own work; para. 5 shall nevertheless apply.

3 The primary contractor shall be entitled to engage a subcontractor where the contractor agreement makes provision therefor, either in general or for specific works. Where the agreement does not make provision for the engagement of subcontractors, such engagement shall require the express permission of the employer; no permission shall be required for engaging subcontractors for non-essential elements of the works, provided this does not hinder performance in keeping with the terms of the agreement.

4 The primary contractor shall incorporate into its agreements with subcontractors all provisions of the contractor agreement with the employer as are required for safeguarding of the employer's interests.

5 Where the employer requires that a primary contractor engage a specific subcontractor, it shall nominate that subcontractor in the tender invitation documents, whether in their original form or as modified by mutual consent (art. 21, para. 2). In such case, the employer shall bear the consequences of any defective performance of the work on the part of the subcontractor, subject to demonstration by the primary contractor that it made correct use of the subcontractor, with due supervision.

1 43 Additional primary contractors

1 431 In general

Art. 30

1 An additional primary contractor is a party obliged under the terms of a separate independent contractor agreement with the employer to carry out works on the same construction project.

2 The employer shall take care that the terms of the individual contractor agreements are formulated in such manner that the works performed by the various primary contractors can be coordinated with one another in an expedient fashion; in those agreements, it shall

distribute the assignment of responsibilities between the contractors as appropriate and shall furnish them, in the invitation to tender, with the information needed for coordination of the works. For the coordination in the course of executing the construction project, art. 34, para. 3, shall apply.

3 Primary contractors shall show due regard for any additional primary contractors and shall follow the instructions of the construction manager in respect thereof.

4 The contractor shall inform the construction manager, for the information of any additional primary contractor whose work is connected with their own, as to any particular features of their work of which the additional primary contractors cannot have knowledge, but must be made aware of in order to properly carry out their own work. For the form of such advice, art. 25, para. 2, shall apply.

5 Where the contractor discovers defects or delays in the work of an additional primary contractor that could have an influence on the performance of its own work pursuant to to its own contractor agreement, it shall advise the construction manager thereof in good time; where it fails to do so, it shall bear the consequences that ensue for its own work. For the form of such advice art. 25, para. 2, shall apply.

1 432 Joint liability for damages

Art. 31

1 Where a construction project on which multiple primary contractors are involved sustains damage for which the party at fault cannot be identified, the contractors involved in the construction at the time of the damaging event shall bear several liability for the damage in proportion with the invoice value of their works.

2 The construction manager shall be responsible for the allocation and billing of the damages on behalf of the injured party. All contractors shall be entitled to present evidence demonstrating that neither they nor their vicarious agents contributed in any way to the damage.

1 44 Solicitation of employees

Art. 32

1 Neither the employer, nor the construction manager or the contractors involved in the same construction project shall hire on their own behalf any employee working on that project in the employ of another.

2 This prohibition shall not apply where the prior employer gives its written consent to the change of employment.

1 5 Representation of the contracting parties

1 51 Representation of the employer by a construction manager

1 511 Appointment and powers

Art. 33

1 The employer may designate one or more persons to perform construction management.

2 Where no limitation on the powers of the construction manager has been stipulated in the contract document, the construction manager shall represent the employer vis-a-vis the contractor; all expressions of intent on the part of the construction manager concerning the project, including, in particular, instructions, orders, confirmations, and deliveries of designs, shall be legally binding on the employer; in addition, the construction manager shall take legal delivery, on the employer's behalf, of all communications and expressions of intent on the part of the contractor concerning the project.

3 Where no construction manager has been appointed, the term construction manager, as used in the provisions of this Norm, shall be understood as referring to the employer.

4 Where responsibilities delegated to the construction manager under the terms of this Norm have been assigned to the contractor (e.g., in a general contractor agreement), this shall be stipulated in the contract document (art. 21, para. 3).

1 512 Responsibilities

Art. 34

1 Unless otherwise stipulated in the contractor agreement, the construction manager shall be responsible, in particular, for procuring the designs, supervising execution of the works, verification of invoices, and inspection of the project.

2 The construction manager shall be authorised to supervise the execution of all works performed by the contractor pursuant to the contractor agreement, including works performed off-site.

3 The construction manager shall make certain that the works performed by all contractors involved in the project are coordinated in good time, taking into consideration the amount of time needed by them for preparations.

1 513 Representation

Art. 35

1 The construction manager shall inform the contractor as to the persons who have been authorised to issue binding instructions and sign for reports and survey drawings. Where

the construction manager is represented by a full-time site manager or supervisor, the latter shall be considered to have been so authorised.

2 The construction manager shall also inform the contractor as to the persons who have been authorised to take legal delivery of communications and expressions of intent on the part of the contractor, including, in particular, advice and warnings (art. 25).

1 52 Contractor's representative

Art. 36

1 Where the contractor is not personally present on site during working hours, it shall appoint a site representative to represent it there. It shall also inform the construction manager as to the persons it has authorised to take binding delivery of instructions, reports, and survey drawings.

2 As site representative may serve a site supervisor, a construction foreman, a working foreman or, for smaller jobs, a skilled worker. During working hours, the site representative shall be personally present at the construction site; he shall ensure that the works are properly executed and that order is maintained.

3 Where the contractor is represented full-time by a site supervisor, the latter shall be authorised to sign for reports and survey drawings. The site supervisor may delegate this authority to subordinates; in such case, he shall inform the construction manager.

4 At the request of the construction manager, the contractor shall deliver on a daily basis a report (daily report) indicating the size of the workforce employed at the site, the construction equipment immediately essential to the works in progress, and the works that have been carried out. For time and material jobs, the reports (time and material reports) shall be prepared pursuant to the terms of art. 47.

1 6 Disputes and jurisdiction

Art. 37

1 Where differences of opinion arise, the contractor and the employer shall continue notwithstanding to make conscientious performance of their contractual obligations. It shall not be permitted, on such grounds, to discontinue the work in violation of the terms of the agreement or to withhold any payments due under the agreement.

2 Where disputes arise, the parties may agree to initiate proceedings for an amicable settlement and/or arbitration proceedings.

3 Unless otherwise agreed by the parties in writing, all disputes shall be adjudicated by the public courts at the place of domicile or registered office of the defending party or, in the event that such place of domicile or registered office is not in Switzerland, at the place where the construction site is located.

2 Consideration for contractor services

2 1 Unit pricing, lump sums, and flat-rate pricing

2 11 In general

Art. 38

[1] As consideration for the services performed by the contractor, prices should be agreed, insofar as possible, either as unit prices, lump sums, or at a flat-rate. These prices shall be considered as fixed prices, subject, however, to the terms of para. 3.

[2] Where labour performed or costs incurred exceed those foreseen at the time the contract was formed, the contractor shall not be entitled to any increase in the agreed unit prices, lump sum, or flat-rate price; conversely, it shall be entitled to claim those prices even where performance is made at a lower expenditure of labour or with lower costs than were originally anticipated (CO art. 373, paras. 1 and 3).

[3] The contractor shall, however, be entitled to additional consideration under special circumstances, insofar as provided for in arts. 58–61. Further, in the case of unit prices and lump sums, the provisions governing price adjustments (art. 39, para. 3; art. 40, para. 3; arts. 64–68) shall apply.

[4] The employer shall be entitled to a price reduction (discount) or to an allowance for timely payment (prompt-payment discount) only where this has been agreed between the parties.

[5] Unless otherwise agreed, prices shall be considered as being exclusive of any value added tax (VAT).

2 12 Unit prices

Art. 39

[1] Unit prices determine the consideration for individual services that are listed as separate items in the schedule of services (art. 8). They are defined for the individual units of quantity, so that the consideration owed for a service is computed in accordance with quantities determined pursuant to the terms of art. 141. The schedule of services shall state for each itemised service the respective quantities anticipated by the employer at the time of the invitation to tender (art. 8, para. 2).

[2] The amount calculated on the basis of the unit price constitutes the consideration due for complete performance of the service, in conformity with the terms of the agreement, including proper maintenance up to the time of acceptance of the project (arts. 157–164). Unless otherwise agreed, this shall also include all ancillary services, including costs for unskilled labour, transport, storage, and maintenance and security for equipment, machines, and the like. With regard to construction site installations, art. 43 shall apply.

[3] For services subject to unit prices, the provisions governing price adjustments (arts. 64–68) shall apply.

2 13 Lump sums

Art. 40

[1] A lump sum may be agreed for individual services, for a part of the project, or for the whole of the project carried out by the contractor. It shall consist in a fixed amount of money; the amount of consideration owed shall not be contingent upon quantities.

[2] Agreement on lump sum payments should be made only on the basis of complete and clear documentation (detailed project specification, designs, and the like). The contractor shall verify that any quantities stated in the tender invitation documents are in accordance with the designs.

[3] For services subject to a lump sum payment, the provisions governing price adjustments (arts. 64–68) shall apply.

2 14 Flat-rate prices

Art. 41

[1] Flat-rate prices differ from lump sum payments solely in that they are not subject to the provisions governing price adjustments (arts. 64–68).

[2] Art. 40, para. 2, shall also apply to flat-rate prices.

[3] Flat-rate prices shall be expressly designated as such in the tender invitation documents (art. 6, para. 2).

2 15 Contracts with multiple pricing methods; unit price and fixed price agreements

Art. 42

[1] Contractor agreements may stipulate that multiple pricing methods are to be employed.

[2] As a unit price agreement shall be contractor any contractor agreement under which unit prices have been stipulated for all or for any portion of the services. Conversely, as a fixed price agreement shall be considered any contractor agreement under which the agreed consideration has been stipulated based exclusively on lump sum or flat-rate prices, whereby, art. 44, para. 1, shall apply.

3 Where a schedule of services based on unit prices also foresees individual services for which the price is not contingent upon a determination of quantities, those prices shall be presumed, in the absence of any agreement to the contrary (art. 41, para. 3) to be lump sums, to which the provisions governing price adjustments shall apply (art. 40, para. 3).

2 16 Construction site installations

Art. 43

1 Where construction site installations (art. 123) are itemised separately (art. 9), the respective prices shall be considered as being inclusive of all costs for such installations as are necessary for execution of the works in conformity with the terms of the agreement. These shall include, in particular, costs for:

- delivery, operational assembly, standby availability (including depreciation), disassembly and removal of equipment,
- insurance coverage for construction site installations,
- earthworks, rock, masonry and ancillary works required for the construction site installations,
- orderly rehabilitation of grounds and worksite used.

2 For construction site installations for which a lump sum or a flat-rate price has been agreed, operating costs and costs for routine repairs and maintenance shall be considered as having been included not in those prices, but in the prices for the individual works.

3 For water control, unit prices for both pumping equipment and operating expenses shall be stipulated based on time and labour costs, respectively.

4 Art. 9, para. 2, shall apply.

2 2 Time and materials works

2 21 Conditions

2 211 By agreement or by order of the construction manager

Art. 44

1 A contractor agreement may stipulate that certain works are to be performed on a time and materials basis, rather than at a fixed price (art. 38, para. 1). The amount due shall be determined as set forth in arts. 48–55.

[2] In addition, the construction manager may instruct the execution of works required urgently to avert a risk or to prevent damage, or works as foreseen in art. 87, para. 4, art. 88, para. 2, and art. 89, para. 3, on a time and materials basis. To the extent possible, the anticipated scope of works to be performed on a time and materials basis shall be indicated in the schedule of services or the project specification.

[3] Works ordered by the construction manager on a time and materials basis shall be designated in good time as time and materials works, prior to commencement of the works. When issuing the order, the construction manager shall inform the contractor whether direction of the works is to be assumed by the contractor or by the construction manager. For all works pursuant to art. 87, para. 4, art. 88, para. 2, and art. 89, para. 3, the contractor shall be entitled to assume the direction.

[4] Where the contractor is in charge of directing time and materials works, it shall furnish, after first informing the construction manager, construction foremen and working foremen as needed for professional supervision throughout the period during which those works are to be performed. Where the construction manager directs the works, the contractor shall furnish construction foremen and working foremen only when so requested.

2 212 Time and materials works not ordered by the construction manager

Art. 45

[1] Time and materials works not foreseen in the contractor agreement (art. 44, para. 1) shall be performed by the contractor only with the consent of the construction manager, subject, however, to the proviso set forth in para. 2.

[2] Urgent works essential for averting a risk or preventing damage shall be performed by the contractor on a time and materials basis, without awaiting instructions from the construction manager. It shall make immediate report thereof to the construction manager. The construction manager may order the cessation of such works at any time. Where the contractor continues to carry them out despite such order, it shall not be entitled to consideration therefor.

2 22 Duties of the contractor

2 221 General duties

Art. 46

[1] The contractor shall supply the manpower, tools and equipment, construction site installations and materials required for performance of the time and materials works.

[2] The furnishing of construction foremen and working foremen shall be governed by the provisions of art. 44, para. 4, and art. 50, para. 2.

2 222 Reporting duty

Art. 47

[1] For time and materials works, the contractor shall prepare daily a signed report and make that report available to the construction manager in the agreed number of copies. The report shall indicate the size of the workforce, machine hours, man hours, the quantities of materials consumed, etc., and provide information as to the works performed.

[2] The construction manager shall review each report without delay and return to the contractor, within seven days, the copies designated for it, in the agreed number, duly signed.

[3] Any differences as to the content of reports shall be noted by the construction manager on all copies, with an indication of the subject of those differences. They are to be reconciled within a period of one month.

2 23 Consideration for time and materials works

2 231 In general

Art. 48

Consideration for time and materials works is to be paid based on expenses incurred, pursuant to the terms of arts. 49–55.

2 232 Rates in general

Art. 49

[1] Where the contractor agreement stipulates rates for time and materials works, payment shall be made in accordance therewith. The agreed rates shall remain unchanged throughout the period of construction. Rates not stipulated shall be calculated analogously.

[2] Where the contractor agreement does not stipulate any rates, the standard time and materials rates used by the trade associations at the time and the place where the works are performed shall apply; where no such standard rates exist, the rates customary at that time in the place of performance shall apply.

[3] Price adjustments for time and materials works shall be subject to the terms of art. 68. Attention is drawn, however, to the terms of art. 56, para. 4.

[4] Unless otherwise agreed, prices shall be considered as being exclusive of any value added tax (VAT).

2 233 Rates for labour hours and materials

Art. 50

1 The rates for labour hours and materials charged on a time and materials basis shall be considered as inclusive of:

- wage and non-wage labour costs,
- costs of personal hand tools, and on-call warehouse and construction grounds personnel,
- materials costs, including losses in transport, unloading, reloading and warehousing,
- overhead costs, risk coverage, profit, and statutory charges.

2 The furnishing of construction foremen and working foremen shall be charged separately, at the respective time and materials rates stipulated therefor. Where the appointment is on a part-time basis, a prorated price shall be agreed with the construction manager.

2 234 Premium pay

Art. 51

1 Time and materials rates shall be increased by any premium pay due for overtime, shiftwork, nightwork, Saturday or Sunday work, transfer allowances, works carried out in inclement weather, or works in water or mud, or by other payments due to employees, provided that such premiums are in accordance with the applicable statutory provisions or terms of collective bargaining agreements and have, in actual fact, been paid.

2 For performance of works impeded by particularly difficult conditions (e.g., in water), for which premiums and services pursuant to para. 1 have not been stipulated or are insufficient, the contractor shall be compensated for premium payments made to employees, provided that those payments to the employees were approved by the construction manager.

2 235 Construction site installation use rates

Art. 52

1 Where construction site installations (art. 123) that are itemised separately in the schedule of services (art. 9) are also used for time and materials works, the rates stipulated for time and materials operations shall constitute consideration only for the operating costs and routine repair costs engendered by the time and materials works. Where the anticipated period of usage (art. 125, para. 1) is exceeded as a result of time and materials works, the applicable rates shall be sufficient to also cover the costs of extended standby availability (including depreciation).

2 Where construction site installations that are not separately itemised, but have instead been included in the unit prices of the works (art. 9, para. 2), are used also for time and materials works, the rates for time and materials operations shall be made sufficient to

also cover standby availability (including depreciation), operating costs, and routine repair costs. This shall apply irrespective of whether or not the time and materials works cause the anticipated period of usage to be exceeded.

3 Where time and materials works require the use of construction site installations that have neither been separately itemised in the schedule of services, nor factored into the unit prices, the rates for time and materials operations shall be sufficient to cover standby availability (including depreciation) as well as operating costs and routine repair costs. Payment for the earthworks, rock, masonry and ancillary works required for the construction site installations shall be made separately, on a cost basis, as time and materials works; this shall also apply to the costs for equipment delivery and removal, assembly and disassembly.

4 Where time and materials works carried out under a fixed price agreement (art. 42, para. 2) make necessary the use of construction site installations, paras. 1–3 shall apply mutatis mutandis.

5 The stipulated rates shall be subject to the terms of art. 49, paras. 1 and 2. Where depreciation costs for which payment is to be included in the standby availability costs for construction site installations total to an amount that is disproportionate to the replacement costs of the installations in question, the consideration due shall be reduced accordingly.

2 236 Special time and materials services

Art. 53

Where the construction manager, with the consent of the contractor, places employees, construction site installations, or materials belonging to that contractor at the disposal of an additional primary contractor (art. 30), the contractor shall charge for those services at time and materials rates.

2 237 Discounts

Art. 54

Unless otherwise agreed, any discounts granted to the employer on fixed prices (art. 38, para. 1) shall not apply to time and materials works. At the same time, however, the employer may deduct any prompt-payment discounts that have been agreed also here.

2 238 Time and materials invoicing

Art. 55

1 The contractor shall submit to the construction manager a monthly invoice for time and materials works, upon which its respective claims shall be payable. With regard to payment deadlines and default, art. 190 shall apply. The employer shall not be entitled to retentions (art. 149, para. 2).

[2] Where a construction agreement is predominantly for time and materials works, or where time and materials works are subject to an enhanced duty of care, stipulation may be made for retentions also on time and materials invoices.

2 24 Contractor's quotation

Art. 56

[1] The quotation provided by the contractor shall indicate the anticipated total costs (approximate estimate within the meaning of CO art. 375), and shall be accompanied by a schedule of time and materials rates and estimated quantities.

[2] Where the total costs quoted are exceeded in a manner that is disproportionate, the employer shall be entitled to exercise the rights foreseen in CO art. 375, para. 2.

[3] Where in the course of executing the works it emerges that the quoted total costs are likely to be exceeded, the contractor shall advise the employer thereof without delay in accordance with the terms set forth in art. 25.

[4] The works in question shall be subject to price adjustments only where stipulation to that effect has been made.

2 25 Liability for time and materials works

Art. 57

[1] The contractor shall bear liability for time and materials works executed under its direction.

[2] Conversely, it shall not bear liability for works executed not under its direction at the order of the construction manager (art. 44, para. 4); nor for employees that it places at the disposal of the construction manager for use by other primary contractors (art. 53).

2 3 Special circumstances

2 31 In general

Art. 58

[1] Where performance of a construction service promised at a fixed price (art. 38, para. 1) is impeded by special circumstances that, without any fault on the part of the employer, arise or become apparent only after formation of the agreement, the contractor shall nevertheless have an obligation to perform the promised service at the agreed price and shall not be entitled to additional consideration. The terms governing special cases, as set forth in arts. 59–61, shall apply.

2 Where the employer is at fault, the contractor shall be entitled to additional consideration, the amount of which shall be determined in accordance with the terms of arts. 86–91, to be applied mutatis mutandis. As constituting a fault attributable to the employer shall be considered, in particular, deficient information in the tender invitation documents concerning the construction ground and existing structures (art. 5), provided that the employer is represented by a construction manager, is itself in possession of professional expertise, or has been advised by a professional consultant.

2 32 Special cases

2 321 Extraordinary circumstances

Art. 59

1 The contractor shall be entitled to additional consideration where extraordinary circumstances that could not have been foreseen, or the possibility of which was excluded under the assumptions shared by both parties, impede or render excessively difficult completion of the works. Such circumstances may include, by way of example: water ingress, earthquakes, storms, gas leaks, excessive underground temperatures, radioactivity, drastic official measures, and disruptions of labour relations.

2 The amount of the additional consideration shall be determined by mutual agreement between the contracting parties on a case-by-case basis. However, the consideration shall not exceed the documented actual additional costs incurred. Where no agreement can be reached, the court shall determine, upon application by the contractor, the amount of the additional consideration or shall approve rescission of the agreement (CO art. 373, para. 2).

3 The terms of art. 25, concerning the contractor's duty to advise, shall apply.

2 322 Inclement weather

Art. 60

1 Where inclement weather (including rain, wind, snow, ice formation, or frost) has any of the following effects:

- renders necessary special measures, either for the protection of portions of the project already completed but not yet accepted, or for continuation of the works,
- or causes the temporary shutdown of a construction site,
- or causes a deterioration of ground conditions and thereby impedes progress on the works,

the contractor shall not be entitled to demand additional consideration for the added expenses engendered thereby unless this has been so agreed. Art. 59 shall not apply; a right to terminate the agreement shall not accrue.

[2] Where the contractor has an obligation under a collective bargaining agreement to compensate its employees for individual work hours lost due to adverse weather conditions where such compensation is not covered by unemployment insurance, it shall be reimbursed therefor by the employer, other than where the tender invitation documents stated that such costs were to be factored into the tender. Subject to reimbursement in such cases shall also be the respective non-wage labour costs, pursuant to art. 63, para. 1 [2], as well as general overhead expenses and statutory charges; however, no additional amount for risk or profit shall be owed.

2 323 Shutdown of construction sites due to economic conditions

Art. 61

Where the contractor is obliged to temporarily shut down a construction site as a result of general economic disruptions creating a shortage of manpower or of the materials it is required to supply, it shall be entitled to additional consideration for the added expenses incurred by it as a result thereof only where this has been so stipulated. Art. 59 shall not apply; a right to terminate the agreement shall not accrue.

2 4 Cost base

2 41 Content and purpose

Art. 62

[1] Any tender that includes an offer for unit prices, lump sums or flat-rate prices, shall be considered as having taken into account the applicable rates and list prices for goods and services in effect at the time of submission of the tender (effective date). This cost base shall include, specifically:

1. labour rates pursuant to art. 63,
2. list prices for materials; where not available, prevailing market prices,
3. prices for the transport of persons and materials in accordance with the standard prices currently in effect in the motor vehicle transport industry or with the standard price schedules for public transport,
4. list prices for the procurement of construction site installations; where not available, prevailing market prices,
5. rates in effect for statutory charges.

The tender invitation documents may establish an earlier effective date; this is particularly the case where the amount of work required for the preparation of tenders by contractors is appreciable.

[2] The cost base as defined in para. 1 shall be designated as the initial cost base. It shall be taken into account in the calculation of price adjustments and the establishment of prices for additional services (arts. 86–89).

[3] Applicable shall be those rates and prices as set forth in the initial cost base (para. 1) for which the contractor provides documentation for the effective date. This shall also hold in cases where the contractor, at the employer's request, indicates individual rates in its tender; such individual rate indications shall not dispense the contractor from its obligation to produce documentation.

2 42 Labour rates

Art. 63

[1] Labour rates (art. 62, para. 1 [1]) shall comprise the following elements:

1. *Wage labour rates* pursuant to the terms of collective bargaining agreements at the place of performance; in the absence of collective bargaining provisions, the customary wage labour rates at the place of performance shall apply.
2. *Non-wage labour costs,* as imposed by statute or collective bargaining agreement, or as generally recognised in the industry as benefits owed to employees. Such non-wage labour costs may include, e.g.:
   - 13th month pay,
   - vacations,
   - holidays,
   - family compensation fund benefits,
   - justified absences,
   - absences due to inclement weather,
   - allowances and expenses,
   - work accident insurance with the Swiss Accident Insurance Fund *[Schweizerische Unfallversicherungsanstalt (SUVA)],*
   - liability insurance,
   - sick leave insurance,
   - Retirement and Dependent Benefits Insurance *[Alters- und Hinterlassenenversicherung (AHV)],* Disability Insurance *[Invalidenversicherung (IV)],* Loss of Income Insurance *[Erwerbsersatzordnung (EO)],* Unemployment Insurance *[Arbeitslosenversicherung (ALV)],*
   - occupational pension funds *[Berufliche Vorsorge (BVG)],*
   - life insurance,
   - industry-standard insurance coverage.

[2] Where the contractor considers the labour rates pursuant to para. 1 [1] and [2] to be inadequate, it shall factor into its tender higher rates at its own discretion. Such rate increases shall not be taken into account in the calculation of price adjustments.

2 5 Increase or decrease in consideration resulting from changes in the cost base (price adjustments) in general

2 51 General principle

Art. 64

[1] Where labour rates or prices undergo an increase or decrease as compared to the initial cost base (art. 62, para. 2), the consideration owed by the employer shall similarly be subject to an increase or a decrease. This shall not apply, however, where the consideration was fixed as a flat-rate price (art. 41, para. 1) or is owed for time and materials works subject to an agreed quotation where no reservation for price adjustments was stipulated (art. 56, para. 4).

[2] Where the contractor is at fault for having exceeded a contractually agreed performance period, art. 97, para. 2, shall apply.

2 52 Procedure

Art. 65

[1] The amount of the consideration increase or decrease shall be determined in accordance with the agreed procedure for price adjustments. This may consist either in an index-linked procedure or in the procedure based on documentation of quantities.

[2] Where no procedure for price adjustments has been stipulated, for agreements for construction works proper the procedure based on the production cost index (PCI) shall apply; for agreements for construction-related works and for the delivery of supplies for construction works proper the procedure based on a sliding scale formula shall apply. Where differences arise as to the procedure to be used, or as to the calculation base for the agreed procedure, price adjustments shall be made using the procedure based on documentation of quantities.

2 6 Price adjustment calculation

2 61 Calculation basis for adjustments

Art. 66

1 The determinant factor shall be changes in costs as compared with the initial cost base (art. 62, para. 2). This shall also apply with regard to calculation of price adjustments for services subject to the additional services price schedule; for this reason, the additional service prices for services performed at unit prices or lump-sum prices are to be set on the basis of the initial cost base (arts. 86–89).

2 Statements of adjustments shall be prepared at regular intervals; unless otherwise agreed, on a monthly basis. The consideration increase or decrease shall be calculated separately for each statement period, based on the difference between the rates and prices set forth in the initial cost base, on the one hand, and the rates and prices, determined using the same rules, as were in effect during the statement period, on the other hand.

3 There shall be no entitlement to a discount on price adjustments. Calculation of adjustments shall be made in all cases on the net invoice amount (discount deducted) exclusive of VAT. Where a prompt payment deduction is to be applied also to price adjustments, this shall be stipulated by mutual agreement. The basis for the statement of adjustments shall be the settlement amount for the statement period, with no retentions.

4 The statements shall be prepared by the contractor. Where a consideration increase is owed, the contractor shall invoice it to the employer; for a consideration decrease it shall issue a credit. To all invoice and credit amounts the applicable VAT shall be added. Consideration increases shall be payable upon receipt of the invoice by the construction manager. With regard to payment deadlines and default, art. 190 shall apply; no retentions shall be deducted (art. 149, para. 2).

2 62 Price adjustment for subcontractor services

Art. 67

Unless otherwise agreed, performance of services by a subcontractor (art. 29) shall be accounted for in the calculation of price adjustments as if those services had been performed by the contractor itself, irrespective of the manner in which the subcontractor receives payment.

2 63 Price adjustment for time and materials works

2 631 General principle

Art. 68

[1] For the calculation of price adjustments for time and materials works, two alternatives are available:

1. Price adjustments are calculated – based on the time and materials rates effective as of the date of the tender – by the same method as used in calculating the price adjustments for unit or lump-sum prices.
2. Time and materials works are settled at the time and materials rates in effect at the time of performance.

[2] Where no stipulation in this regard has been made, the alternative set forth in para. 1 (2) shall apply.

Arts. 69 through 82

Articles 69 through 82 are abrogated.

2 7 Builders' liens

Art. 83

The contractor shall be entitled to record builders' liens to secure its claims arising out of the contractor agreement, pursuant to CC arts. 837 et seq. The statutory provisions excluding the recording of builders' liens against public buildings shall apply.

For properties qualified as administrative assets, the contractor who does not have a contractual relationship with the property owner may, in lieu of claiming entitlement to the recording of a builder's lien, assert pursuant to the terms of CC art. 839 the existence of a statutory suretyship (simple suretyship pursuant to CO art. 495).

3 Variations

3 1 Employer's right to instruct variations

Art. 84

1 The employer may, by issuing instructions or by making changes to designs, order that services promised by the contractor under the contractor agreement be performed in a different manner than was originally agreed, in greater or lesser quantities, or not at all; the employer may make such demand, however, only where the overall character of the project whose execution has been undertaken remains unchanged. Subject to the same condition, the employer may also order the performance of services not contemplated in the agreement. Where the employer waives performance of an individual work, it shall not be entitled to order performance thereof by a third party.

2 Where the employer instructs such a variation, the provisions set forth in arts. 85–91 shall apply. This shall also be the case where the variation is instructed in accordance with a suggestion by the contractor.

3 Where the employer waives performance of services in full or in part, without being so entitled under the terms of para. 1, it shall indemnify the contractor in full (CO art. 377).

4 In the case of fixed price agreements (art. 42, para. 2), variations shall be made only by way of exception; in such event, the terms of the project specification shall be altered or supplemented, with or without a change in the conditions for execution.

5 Shall not be considered as a variation the awarding of works to a third party in exercise of rights reserved pursuant to the terms of art. 11.

3 2 Employer duties

Art. 85

1 Notice of variations shall be given to the contractor in such good time as to not create any impediment to the preparation and execution of the works.

2 The construction manager shall furnish the contractor with execution documents insofar as this is rendered necessary by any variation.

3 For work, orders for materials, and other expenses incurred prior to notification of a variation and rendered useless by that variation, the contractor shall be entitled to indemnification; consideration for works rendered useless shall be paid pursuant to the terms of the contractor agreement.

3 3 Consequences of variations in unit price service items

3 31 Quantity variations

Art. 86

1 Where one or more variations cause a change in the quantity of a service item charged at a unit price, as compared to the quantity foreseen in the schedule of services, and where the deviation does not exceed 20 %, the stipulated unit price shall remain in effect for the full quantity.

2 Where the final total quantity exceeds 120 % of the originally anticipated quantity, or where it falls below 80 %, a new unit price for the portion in excess of 120 %, or for the entire quantity that falls below 80 %, shall be stipulated, at the request of either party, on the basis of the initial cost base (art. 62, para. 2); the new price shall be appended to the schedule of services as an additional service price.

3 The contractor agreement may establish a margin of tolerance other than 20 %, in particular, in cases where construction site installations are itemised separately in the schedule of services (art. 9). Similarly, the contractor agreement may stipulate that the determining factor shall be not a variation in a single quantity but that of a certain group of similar quantities.

4 Where individual quantities are, for technical construction reasons, not yet capable of being determined at the time the invitation to tender is issued, paras. 1–3 shall not apply; the agreed unit price shall apply irrespective of the quantities indicated. The respective items on the schedule of services shall be designated as such in the tender invitation documents.

5 Where, in the course of performance of the agreed services, increases or decreases in quantities emerge, as compared to the quantities indicated in the schedule of services, without having been occasioned by a variation, the provisions set forth in arts. 86–89 shall apply mutatis mutandis.

3 32 Omissions of unit prices; altered conditions of execution

Art. 87

1 Where a variation makes necessary performance of a service for which the schedule of services does not contain a unit price with an apt description, or where it makes necessary the performance of a described service under altered conditions of execution, a description of that service, together with the new unit price therefor, shall, wherever possible, be stipulated prior to commencement of the work, pursuant to the terms of paras. 2 and 3; that price shall be added to the schedule of services as an additional service price.

2 To the extent allowed by the itemisation contained in the schedule of services, the additional service price shall be determined on the basis of the price indicated for the

most similar contractually agreed service, having regard for the divergence between that service and the newly demanded service, and on the basis of the initial cost base (art. 62, para. 2).

3 Where the schedule of services does not allow for a price determination in this manner, a new unit price shall be agreed on the basis of the initial cost base (art. 62, para. 2) and shall also be added to the schedule as an additional service price.

4 Where no agreement is reached, the construction manager may order execution of the work on a time and materials basis or award it to a third party subject to full indemnification of the contractor. Minor works shall in all cases be performed on a time and materials basis.

3 4 Consequences of variations in other service items

3 41 Construction site installations

Art. 88

1 Where construction site installations have been separately itemised in the schedule of services (art. 9), and where a variation makes necessary a change in the disposition, size or standby availability period of those installations, the parties shall modify the stipulated price for the item in question accordingly. The new price shall be structured in the same manner as the previously agreed price. It shall be determined on the basis of the initial cost base (art. 62, para. 2) and added to the schedule of services as an additional service price. Where additional construction site installations are required, changes in the procurement costs shall be taken into account.

2 Where no agreement on these additional service prices can be reached, and performance thereof on a time and materials basis is possible, art. 87, para. 4, shall apply.

3 42 Variations in lump-sum or flat-rate service items

Art. 89

1 Where a variation makes necessary a change in an item for which consideration is paid as a lump sum or at a flat rate, or to a change in the conditions of the execution thereof, a consideration increase or decrease shall be stipulated as an additional service price.

2 For lump-sum items, the additional service price shall be determined on the basis of the initial cost base (art. 62, para. 2); for flat-rate items, it shall be determined on the basis of the cost base that is in effect at the time the variation is instructed.

3 Where no agreement on the additional service price for the additional works can be reached, art. 87, para. 4, shall apply.

3 5 Adjustment of performance periods

Art. 90

Where a variation makes necessary the adjustment of contractually agreed performance periods (art. 92), the contractor shall be entitled to the stipulation of reasonable new deadlines. The contracting parties shall establish the new deadlines by mutual agreement.

3 6 Properties and rights

Art. 91

Where variations are instructed, the employer shall modify as necessary the extent of the properties and rights placed at the contractor's disposal (art. 116).

4 Project execution

4 1 Performance periods

4 11 Establishment

Art. 92

The contractor agreement shall establish periods for performance, at the expiry of which the works undertaken are required to have been completed. The deadline shall be the final date of such a performance period.

4 12 Construction schedule

Art. 93

1 The construction schedule to be submitted by the contractor at the employer's request (art. 6, para. 1) shall contain approximate indications as to:

- progress of the works over time in accordance with the contractually stipulated performance periods,
- the anticipated size of the workforce to be deployed for the individual works phases,
- the anticipated deployment of the major pieces of equipment.

2 The construction schedule shall serve to inform the construction manager as to the contractor's time plan for carrying out the works. It does not release the contractor from its obligation to adhere to the contractual performance periods. The contractor and the employer may derive rights from such indications only to such extent as has been foreseen in the contract document (art. 21, para. 3).

4 13 Adherence to performance periods

4 131 Duties of the construction manager

Art. 94

1 The construction manager shall place at the contractor's disposal the project execution documents (arts. 99–101) and the requisite properties and rights (art. 116) in such a good time as to permit the contractor to adhere to the contractually stipulated performance periods. In doing so, it shall have due regard for the progress of the works and the preparation time required by the contractor.

2 Where the construction manager fails in this duty, the contractor shall be entitled to a reasonable extension of the performance periods in question. These shall be subject to a new agreement. Where the construction manager refuses consent to a reasonable extension, or is repeatedly in breach of its duty, the contractor shall be entitled to terminate the agreement pursuant to the provisions governing creditor breach (CO art. 95).

4 132 Duties of the contractor

Art. 95

1 The contractor shall take all necessary measures to assure its adherence to the contractually stipulated performance periods.

2 Where it becomes apparent in the course of executing the works, that it will not be possible to meet the contractual performance periods without further preliminary arrangements, the contractor shall, in good time and of its own accord, but simultaneously advising the construction manager thereof, make all such necessary further arrangements as may reasonably be expected of it; it shall, for example, make the requisite adjustments to the construction site installations, increase the size of the workforce, or put on additional workshifts for performance of the work. The additional costs shall be borne by the contractor.

3 Conversely, where, through no fault of the contractor, adherence to the performance periods requires that additional arrangements be made, the contractor shall do so only with the consent of the construction manager. In such case, the employer shall bear any documented additional costs. Where the construction manager refuses its content, the contractor shall not have an obligation to make such arrangements.

4 14 Extension of performance periods

Art. 96

1 Where execution of the project is delayed, with no fault on the part of the contractor, despite the fact that it has made the additional arrangements incumbent upon it pursuant to art. 95, the contractual performance periods shall be extended for a reasonable period. The right to such extension shall accrue, however, only provided that the contractor has advised the construction manager thereof, pursuant to the terms of art. 25, promptly, and with an indication of the cause of the delay (such as, e.g., acts of nature, disruptions of labour relations, disruptions of supplies, failure of performance on the part of an additional primary contractor, acts of public authorities), unless it can be demonstrated that the construction manager was aware of the delay and its cause even in the absence of such advice.

2 Changes to construction procedures, faulty supplies, or other causes of delay attributable to fault on the part of the contractor, shall not give rise to an entitlement to extension of any performance periods.

3 In respect of the extension of performance periods in the event of variations, art. 90 shall apply. Attention is further drawn to art. 94, para. 2.

[4] Where the contractor is not entitled to an extension of performance periods, the provisions of CO art. 366, para. 1, foreseeing a right of withdrawal on the part of the employer, shall apply. On the granting of a grace period and the employer's entitlement to compensatory damages, CO arts. 107–109 shall apply.

4 15 Liability for exceeded performance periods

Art. 97

[1] Employer and contractor be liable to one another for damage resulting from the exceeding of performance periods, where they are at fault.

[2] Where the contractor is at fault for exceeding a performance period, it shall forfeit its right to a price increase pursuant to arts. 64–68 for any changes in prices over the initial cost base that may have occurred subsequent to the expiry of the performance period; it shall similarly forfeit its right to additional consideration due to any special circumstances (arts. 58 and 59) by which it would not have been affected had it adhered to the performance period.

[3] In respect of the fortuitous loss or destruction of the project before acceptance, attention is drawn to art. 187, paras. 4 and 5.

4 16 Penalty clauses and premiums

Art. 98

[1] For cases in which contractual performance periods are exceeded, the contractor agreement may make stipulation for reasonable penalties; for performance delivered in advance of such performance periods, premium payments may be foreseen.

[2] The stipulated penalties shall not be owed where the contractor is entitled to an extension of performance periods (art. 94, para. 2, art. 96).

[3] Payment of the contractually stipulated penalty shall not constitute a release from remaining contractual obligations, but shall be accounted towards the payment of any damages owed.

4 2 Project execution documents

4 21 Instructions

Art. 99

The contractor shall receive from the construction manager in good time, in accordance with the progress of the works and having regard for the time needed by the contractor for preparations, the instructions it requires. Where the contractor discovers that instructions are lacking, it shall seek them from the construction manager.

4 22 Construction designs and materials lists

Art. 100

1 The contractor shall receive from the construction manager, free of charge and in good time, the requisite number of designs and materials lists, in accordance with the progress of the works and having regard for the reasonable amount of time needed for preparations. Additional copies shall be provided to the contractor at cost. Where the contractor discovers that designs are lacking, it shall seek them from the construction manager.

2 The contractor shall keep a full set of the designs on hand at the construction site.

4 23 Contractor's construction designs

Art. 101

1 The contractor shall provide the customary drawings at its own expense. Special designs, studies, and project drawings, the procurement of which, pursuant to art. 100, para. 1, would be incumbent upon the construction manager, shall be delivered by the contractor free of charge only where so stipulated in the contractor agreement.

2 For further studies, designs, and the like, as may be ordered by the employer or by the construction manager, the contractor shall be entitled to reasonable consideration.

3 Designs shall be subject to approval by the construction manager. They are to be submitted to the latter in good time, having due regard for the amount of time needed for verification.

4 24 Contingency items

Art. 102

Performance of services listed as contingency items (art. 8, para. 4) shall be made only at the instruction of the construction manager.

4 3 Safety and welfare measures

4 31 General principle

Art. 103

Until the time of acceptance of the project (arts. 157–164), the contractor shall take all precautions as have been agreed, are prescribed by law, or are called for on the basis of experience, for the safety of persons and protection of their health, and for the protection of property belonging to the employer or to third parties. The costs thereof, where not itemised separately, shall be factored into the prices stipulated in a unit price agreement (art. 9).

4 32 Special safety measures

4 321 Safety of construction project personnel

Art. 104

The contractor and the construction manager shall have a duty, in the performance of their tasks, to ensure the safety of those employed on the construction project. Due regard for safety shall be shown at all times: in the planning of the project and in the drafting of the agreement; later, in determining construction procedures and, in particular, the order in which works are to be performed; and, lastly, in the execution of the works. The contractor shall take the necessary safety measures for the prevention of accidents and for health protection. It shall be assisted therein by the construction manager.

4 322 Fire and explosion prevention

Art. 105

The contractor shall take measures at its workplaces and construction installations, as prescribed by law and as called for on the basis of experience, for the prevention and control of fires and explosions. When in doubt, it shall seek the recommendations of the responsible authorities, in particular, where statutory provisions are lacking.

4 323 Workplace safety and site access

Art. 106

[1] The contractor shall close off the site perimeter in accordance with public regulations and in an appropriate manner. It shall post signs prohibiting unauthorised access.

[2] It shall ensure that all workplaces and site access points are adequately lit.

[3] Workplaces located in the vicinity of public roadways shall be outfitted with traffic signals and secured in keeping with road traffic regulations and the instructions of police authorities.

4 324 Visitors

Art. 107

With regard to the granting of access to visitors and insurance against visitor accidents, agreement shall be reached between the employer and the contractor. They shall determine in each case who is to be responsible for serving as guide.

4 33 Measures for the benefit of employees

4 331 Accident and health insurance

Art. 108

The contractor shall insure its employees against accidents and occupational illnesses in accordance with the applicable statutory provisions. It shall provide insurance against the effects of other illnesses to the extent prescribed by law or collective bargaining agreement.

4 332 Accommodation and food service

Art. 109

[1] Where acceptable conditions for providing accommodation and food services for employees are not on hand, the contractor shall be responsible for the establishment and operation of such facilities as are appropriate and, as the case may be, prescribed by the public authorities. Upon request, it shall submit the plans to the construction manager for approval.

[2] The contractor shall make such accommodation and food services available to its employees at cost.

4 34 Protection of neighbouring properties

4 341 Contractor's duties of care

Art. 110

1 The contractor shall take care to ensure that neighbouring structures, facilities, utility lines, groundwater resources and springs are not infringed upon by its works and shall issue such instructions to that effect as may be needed. It shall be entitled to rely upon the information contained in the tender invitation documents, but shall proceed with all due care. Further, art. 25 shall apply.

2 Upon discovery of any damage (such as, e.g., leaks or corrosion) it shall make report thereof to the construction manager without delay.

4 342 Securing of evidence

Art. 111

1 To the extent called for by the circumstances, the employer shall, at its own expense, make an inventory of the existence and condition of property belonging to other parties (including, e.g., land, buildings, roadways, utility lines, groundwater resources, and springs) and located within the potential area of impact of the works, before execution of those works has begun, for evidentiary purposes. It shall procure such pieces of evidence as are necessary.

2 During the period of construction, the construction manager shall monitor impacts and changes, such as vibrations, changes in position and condition, changes in groundwater resource and spring conditions, and shall document them by taking measurements. It shall determine the points of measurement, and the type and timing of measurements, in consultation with the contractor, and shall invite the contractor, in good time, to be present at the documentation of conditions.

3 The construction manager shall keep the documentation of the initial surveys, of running observations, and of periodic measurements available for consultation by the contractor at any time; the contractor shall be given the opportunity to make copies thereof.

4 35 Nuisance prevention

Art. 112

1 The contractor shall, at its own expense, take not only those measures that have been stipulated in the agreement, but also those required by law for the protection of third parties against nuisances (such as, amongst others, noise, vibration, and smoke) generated by its work.

2 However, where the employer provides instructions in the contractor agreement as to the nature and scope of the measures to be taken to prevent specific nuisances, the contractor shall bear, with regard to those specific nuisances, only the costs of the measures that were instructed. The costs of additional measures subsequently ordered by the construction manager to prevent the nuisances in question (e.g., in response to objections from third parties or to orders from a public authority) shall be borne by the employer, even in those cases where they are required by law.

4 36 Shifting of liability

Art. 113

Agreements under which the consequences of statutory liability vis-a-vis third parties are shifted from one contracting party to the other shall be valid only where stipulated in the contract document (art. 21, para. 3).

4 4 Execution of construction – specific operations

4 41 Site demarcation

4 411 By the construction manager

Art. 114

1 The construction manager shall carry out the initial survey of the principal axes, traverses, triangulation, building lines, and setback lines, as well as the fixation of the levelling benchmarks and their measurement against fixed markers.

2 It shall verify the demarcation of the principal axes as the works progress and shall inform the contractor of the survey results as expeditiously as possible.

3 It shall show due consideration for ongoing construction operations when carrying out survey work.

4 412 By the contractor

Art. 115

1 The contractor shall carry out, at its own expense, all further demarcation works required for performance in accordance with the terms of the agreement. The construction manager may order substitute performance of demarcation works incumbent upon the contractor, at the latter's expense, where the contractor, despite having been so directed, fails to do so in a timely manner.

2 The contractor shall be responsible for the preservation of the designated demarcation markers. The demarcation is to be respected in the execution of all works, including the setting up of the construction site.

3 Where it is necessary to remove or displace milestones, boundary stones, or demarcation markers, the construction manager is to be informed thereof in good time. Its instructions are to be followed.

4 The contractor shall make available, free of charge, within the customary limits, the requisite equipment and personnel needed for assistance in verifying demarcations. It shall not be entitled to compensation for any disruptions or interruptions of its work as may be caused by the verification procedures.

4 42 Construction grounds and access roads

4 421 Properties and rights

Art. 116

1 The employer shall make available for the contractor's use, free of charge, such properties, roadways in the construction area, and storage and disposal sites, as are needed for the setting up of the construction site; included therein shall be also property and grounds in the public domain whose use is subject to a fee; further, the requisite permits for the use of access roads, passageways and underpasses (arts. 13, 91, 94).

2 The contractor shall inform the construction manager in good time as to any use it intends to make of such properties and rights, and shall provide an indication of the anticipated date of such use.

3 Properties and rights not designated in the contractor agreement (art. 13) shall be procured by the contractor at its own expense, where it considers them to be necessary. Where additional primary contractors (art. 30) also make use of such properties and rights, they shall also share the expense.

4 422 Preparation of access roads

Art. 117

1 Where the employer places access roads at the disposal of the contractor (art. 116), the employer shall, at its own expense and prior to commencement of the works, take measures to ensure the performance of any necessary remediation and, subsequently, of proper maintenance thereof; this subject to the proviso that the contractor agreement does not stipulate otherwise.

2 Clean-up work shall be incumbent upon the polluter; the latter shall also bear the consequences of any inappropriate use.

4 423 Maintenance of order on construction grounds and access roads

Art. 118

[1] In the performance of the works, the contractor shall take measures, at its own expense, to maintain order, cleanliness and hygiene on the construction grounds and the access roads, and shall maintain compliance with the relevant instructions of the public authorities and the construction manager. Where the contractor, despite having been given warning notice, is in breach of this duty, the construction manager shall take the necessary measures at the contractor's expense.

[2] The contractor shall remove, in good time, debris and waste generated by performance of its works, or shall store them at the site pursuant to the instructions of the construction manager. The costs shall be borne by the contractor, except in cases where these are time and materials works.

[3] The contractor shall conclude his works by vacating the workplaces and leaving them in an orderly condition.

[4] Employees whose conduct gives occasion for justified complaint may no longer be employed by the contractor at the construction site, should the construction manager so demand.

4 424 Traffic regulations

Art. 119

On public roadways, it shall be permitted to operate without a special permit only such vehicles as are licensed for the respective road categories under the applicable road traffic regulations. This shall apply also on private roads, unless otherwise stipulated in the tender invitation documents.

4 425 Obligations towards third parties

Art. 120

The contractor shall honour all obligations towards third parties in respect of such properties and rights as have been made known by the employer (art. 13, para. 2). This shall also apply for obligations imposed by operation of law.

4 426 Excavation and demolition material, removal

Art. 121

[1] Excavation and demolition material shall be the property of the employer, subject to the rights of third parties. Where removal thereof to a disposal site belonging to the contractor has been stipulated, the employer's title thereto shall, unless otherwise agreed, pass to the contractor without consideration.

[2] Where the contractor is required to dispose of excavation and demolition material contaminated by waste or hazardous substances, he shall, unless otherwise agreed, be entitled to additional consideration.

4 427 Found objects

Art. 122

[1] Where, in the course of demolition or other construction works, noteworthy natural or artificial objects (including, e.g., glacial erratics, fossils, rare minerals, antiquities, coins, bones) are found, they are to be protected against damage and removal. At the location of the find, works shall be suspended immediately and until such time as the construction manager, which is to be notified without delay, has issued instructions as to how to proceed. The employer shall indemnify the contractor for any costs arising therefrom.

[2] With regard to the rights of title to the found objects and the compensation of the finder, the statutory provisions shall apply, in particular CC art. 724.

[3] The contractor shall draw the attention of its employees to their duty to advise it of such finds.

4 43 Construction site installations

4 431 Definition

Art. 123

Construction site installations (or construction site facilities) include all installations required by the contractor for the performance of its work pursuant to the terms of the agreement, such as, e.g., temporary structures, scaffolding, fencing, barricades, machines, vehicles, equipment (not including hand tools), access roads and open spaces, temporary passageways, utility lines of all kinds. Also included therein are all facilities itemised in the schedule of services under construction site installations (art. 9).

4 432 Erection and maintenance

Art. 124

[1] The contractor shall erect the construction site installations in such manner that they are fully operational, in compliance with the applicable regulations; it shall attend to their maintenance throughout the period where they are in use for the execution of its works.

[2] At the request of the construction manager, the contractor shall submit the designs for its construction site installations and, where necessary, the relevant calculations. This shall not, however, discharge it of its responsibility for the construction site installations.

3 Where it emerges that site installations are fully or partially unsuited or inadequate for the execution of the contractually agreed works, the contractor shall remedy the situation. It shall bear the costs therefor, provided that the defect is neither attributable to the tender invitation documents, nor otherwise imputable to the employer.

4 433 Period of use, standby availability

Art. 125

1 The period of use shall be determined separately for the individual construction site installations in accordance with the construction schedule (art. 93). It shall comprise the time periods required for delivery, assembly, requisite standby availability until completion of the individual works for which use of the installation is intended, disassembly, and removal.

2 The construction manager may, where it gives notice thereof in good time, demand that the standby availability of construction site installations be extended beyond the time demanded by the contractor's works. The contractor shall then be entitled to additional consideration in an amount to be agreed. However, facade scaffolding for the building shell shall remain at the disposal of the employer, without special consideration, for an additional two months following completion of the works for whose execution they were used by the contractor.

3 After the first payment on account (art. 144), the contractor may dispose of separately itemised stationary construction site installations (art. 9) only with the consent of the construction manager. In particular, it may, thereafter, neither sell such installations nor undertake any other obligations without reserving for itself the necessary right of use until such time as the work has been completed.

4 434 Use by additional primary contractors

Art. 126

1 For as long as the contractor has need of construction site installations it has installed for its own works, it shall, at the request of the construction manager, hold them available for use also by additional primary contractors (art. 30); this, however, only insofar as doing so does not impinge upon its own works. The operating and maintenance costs arising therefrom shall be credited to the installing contractor.

2 Where construction site installations require additions or changes for use by additional primary contractors, this shall be subject to the consent of the installing contractor. Additional costs are to be credited to the installing contractor.

3 Additional primary contractors shall be authorised to use, free of charge, scaffolding installed by another contractor. They shall bear liability for any damage caused by improper use and shall be responsible for maintenance of the scaffolding. Changes and additions to the scaffolding may be made only with the consent of the installing contractor and the construction manager. Where this is done to the prejudice of the installing contractor, it shall be compensated accordingly.

4 435 Destruction or damage

Art. 127

[1] Where a construction site installation is destroyed or damaged as the result of an accident, the contractor shall, at its own expense, take measures for its replacement or repair.

[2] Where the cause of the damage is attributable to instructions issued by the construction manager, and where the latter insisted thereupon, despite having been warned by the contractor (art. 25), liability shall lie with the employer.

4 436 Sale, disassembly, and removal

Art. 128

[1] The contractor and the construction manager shall come to an agreement in good time on the scheduling of disassembly and removal of construction site installations.

[2] A temporary structure that is part of the construction site installations may be sold to the owner of the land only where the construction manager has been informed thereof in advance.

[3] Scaffolding may be removed only with the authorisation of the construction manager.

4 44 Power, water and wastewater

4 441 Supply of electricity in general

Art. 129

[1] The employer shall take measures to ensure that the contractor is supplied at the electricity delivery point with the electrical power required for execution of the contractually agreed works at the conditions and prices stipulated in the contractor agreement or, in the absence of contractual stipulations in that regard, at the applicable conditions and prices as set forth in the power supplier's rate schedule.

[2] The contractor shall indicate in its tender the power supply to be installed on its behalf. Where necessary, the employer shall install and maintain at its own expense the high voltage transmission line, and the high and low voltage substation, up to and including the main low voltage circuit breakers. Access to those circuit breakers shall remain open to the contractor.

[3] The employer shall give the contractor an opportunity to submit proposals concerning the power delivery points or the location of the substation. Where this is not possible, the employer shall make known the delivery points and the location of the substation in the tender invitation documents. In the absence of an agreement, the power delivery point shall be located on the construction grounds.

4 Construction and operation of the electrical installations on the secondary side, beginning at the delivery point or at the substation, shall be the responsibility of the contractor.

4 442 Electrical installations

Art. 130

Electrical installations of all kinds may be installed only by persons who satisfy the conditions of the power supplier. Repairs to substations may be carried out only by persons authorised to do so and with the consent of the supplier.

4 443 Use of secondary electric lines by additional primary contractors

Art. 131

The contractor that has installed secondary lines shall permit additional primary contractors to connect to those lines without charge, as long as the installing contractor requires those lines for its own purposes, and to the extent that the existing cable cross-sections allow.

4 444 Power interruptions and restrictions

Art. 132

Where the power supply is interrupted or restricted, and the disruption in any individual instance continues for a period of more than two hours, the contractor shall be entitled to additional consideration pursuant to the terms of art. 59, para. 2.

4 445 Supply of drinking and service water, wastewater disposal

Art. 133

1 The incoming lines for drinking and service water up to the construction site, the installation of wastewater lines from the construction site up to the point of connection to the sewage system, and the construction of the requisite wastewater treatment plants shall be the responsibility of the employer, unless the schedule of services includes separate items for this purpose.

2 Where the contractor installs the incoming lines, it shall allow additional contractors to connect thereto, free of charge, as long as it requires those lines for its own purposes, and to the extent that the line cross-sections and water quantities allow.

4 446 Billing of consumption costs

Art. 134

[1] Where multiple contractors are connected to delivery points provided by the construction manager, the construction manager shall determine and compute the share of the various contractors in the costs for their consumption of power and water.

[2] Where additional primary contractors connect to a network installed by the contractor, they shall reach an agreement with that contractor concerning payment for their consumption of water and power. At the request of the installing contractor, they shall install their own certified calibrated metres.

4 447 Fitting out of buildings

Art. 135

[1] For the fitting out of buildings, the employer shall install, at its own expense, temporary, property-specific (e.g., on a floor-by-floor basis) electrical connections and place them at the disposal of the various craftsmen in good time.

[2] During the construction period, those installations shall be properly protected and maintained by the participating contractors.

[3] The consumption costs for electricity, gas, and water, for the fitting out of buildings shall be borne by the employer.

[4] The employer shall place at the disposal of contractors hired for the fitting out of buildings of more than five storeys, or of a height of greater than 15 metres, appropriate vertical transport means for persons and materials, along with the requisite sanitary facilities, free of charge. The number of storeys and height shall be reckoned from the level of access to the structure.

4 45 Construction materials

4 451 Quality standards

Art. 136

[1] The construction materials used shall be of good quality and, in particular, in conformity with the standards set forth in the tender invitation documents or, in the absence thereof, with recognised standards. Unsuitable construction materials shall be removed from the construction grounds. At the request of the construction manager, the contractor shall disclose the identity of the sources from which it procured the construction materials it has supplied.

[2] Where the employer has instructed the use of specified products or suppliers (art. 10, para. 2), and the contractor is unable to assume responsibility for their suitability, it shall

warn the construction manager without delay, as foreseen in art. 25. Where the employer maintains its instructions in effect, it shall bear any prejudice resulting therefrom.

3 Construction materials supplied by the employer (art. 10, para. 3) shall meet the same quality standards as would apply were they to be delivered by the contractor. At the request of the contractor, the employer shall document this by conducting quality testing. Where the contractor discovers in the course of execution defects to the construction materials, it shall advise the construction manager thereof without delay, as set forth in art. 25; where the employer insists upon their use, it shall bear the consequences thereof.

4 Neither the instructions of the employer concerning products or suppliers to be used, nor their supply by the employer, shall relieve the contractor of its duty of care in the execution of the works.

4 452 Specimens

Art. 137

1 For purposes of quality testing for verification of adherence to contractually stipulated standards, the contractor shall furnish specimens of materials free of charge.

2 The construction manager shall be authorised to take such specimens, at any time, even after they have undergone processing, of any construction materials remaining in the construction, and have them tested. It shall make the test results known to the contractor without delay. Where the specimens tested meet the contractually stipulated standards, the costs shall be borne by the employer; otherwise, by the contractor. The purely material costs shall be borne by the contractor irrespective of the test results.

4 453 Samples

Art. 138

1 Where the contractor agreement leaves to the employer the choice of specific qualities to be exhibited by the construction materials in their processed or unprocessed state (such as surface structure or colour), the contractor shall, at the request of the construction manager, prepare or deliver the respective samples for selection.

2 The samples chosen shall be considered as having definitive effect for the works in question. Where the preparation of samples goes beyond the scope of what is customary, engendering thereby substantial costs to the contractor, those costs shall be reimbursed by the employer.

4 46 Load testing and other tests of construction works

Art. 139

1 The construction manager may order, even while the works are in the course of being carried out, the performance of load tests, the taking of measurements, or other tests of the construction works. The costs shall be borne by the construction manager.

2 The functional testing of installations of an electrical or mechanical nature, such as heating and ventilation systems or lifts, shall be conducted by putting them into operation. Special trials shall be conducted by the contractor at its own expense only where the nature, timing, and scope thereof have been contractually stipulated.

3 The results of a test or of a trial shall be documented. Where the contractually stipulated standards are not met, and the responsibility therefor shall lie with the contractor; it shall, in all cases, bear the testing costs. The provisions of CO art. 366, para. 2, governing the rights of the employer, shall apply.

4 Unless otherwise provided by the contractor agreement, the performance of tests and load testing on the construction project shall not be considered as constituting acceptance within the meaning of arts. 157–164.

4 47 Reserve stocks of materials

Art. 140

1 The construction manager shall be entitled to demand that the contractor maintain reserve stocks of materials (art. 10, para. 1) in quantities greater than are needed for progress on the works as foreseen by the agreement.

2 The employer shall provide an advance on the purchase price and shall assume any documented additional storage costs incurred by the contractor. By accepting payment of the advance, the contractor undertakes to maintain the reserve stocks on hand exclusively for performance of the contractor agreement, and to transfer title to those stocks to the employer upon request. The advance shall be refunded or set off in proportion with the use of the stocks for the project.

3 The advance payment incumbent upon the employer shall be due upon receipt of invoice from the contractor and shall be paid to the latter within 30 days; it shall not be subject to retention.

5 Measurement of quantities, payments on account, performance security, and final settlement

5 1 Measurement of unit price works

5 11 General principle

Art. 141

1 The quantities of services performed at unit prices shall be determined, depending on the terms of the contractor agreement, in accordance either with their actual measure (by measurement, weighing, or counting) or with their theoretical measure based on the designs (art. 143).

2 Measure shall be taken of all contractually stipulated and delivered quantities. The measure of services beyond those called for by the contractor agreement and any variations instructed shall be taken only insofar as those services were necessary for execution of the project in conformity with the terms of the agreement.

5 12 Record of measurements

Art. 142

1 The construction manager and the contractor shall take the measurements jointly, on an ongoing and timely basis, where possible, within a one-month period, and shall indicate their mutual acknowledgement thereof in the measurement records.

2 Quantities that it will not be possible to determine after the construction has progressed shall be measured immediately. The contractor shall notify the construction manager in good time.

3 Where either of the parties fails to appear at the appointed meeting time for the joint taking of measurements, the absent party shall acknowledge the results recorded by the other party as final, where such taking of measurements cannot be repeated or where the absent party also fails to appear a second time.

4 Unless otherwise agreed, the contractor shall furnish, free of charge, the necessary personnel and equipment for the taking of measurements.

5 13 Determination in accordance with measurements foreseen in designs

Art. 143

1 Theoretical measurements based on the designs shall be determined on the basis of the measurements as indicated on the design drawings and on the original topographic surveys made prior to commencement of construction. Any changes in the measurements indicated on those documents as may become necessary during the course of executing the project shall be determined jointly, and shall be taken into account when establishing the determinant quantities.

2 The construction manager shall submit in good time to the contractor, prior to any changes to the terrain, the topographic surveys it has made of the site ground in its original state, for purposes of verification. Where the contractor fails to voice any objection within a reasonable time limit, the surveys shall be considered as having been acknowledged and as adequate.

5 2 Payments on account

5 21 Under unit price agreements

5 211 General principle

Art. 144

1 Unless otherwise stipulated in the contractor agreement, the contractor shall be entitled to monthly payments on account. It shall assert its claim by submitting a payment request.

2 Each payment request shall indicate the amount of the requested payment on account. It shall be accompanied by a verifiable list of all services performed by the contractor from the commencement of work to the end of the billing month; for services charged at unit prices, the final quantity measurements are to be indicated; for construction site installations paid on a lump-sum or flat-rate basis, the current status pursuant to art. 146 is to be indicated; for all other services paid on a lump-sum or flat-rate basis, the current status as a percentage of the planned total scope is to be indicated.

3 Where no final measurements are available for services charged at unit prices, provisional measurements (not fully documented by measurement records) shall be indicated. They shall be determined in an appropriate manner by the contractor in cooperation with the construction manager. Neither the submission of payment requests by the contractor nor the making of payments on account by the employer shall be considered to constitute binding acknowledgement of those determinations.

4 Where, in lieu of payments on account, regular instalment payments are to be made (e.g., based on a fixed payment schedule), this shall be stipulated, together with the terms, in the contractor agreement.

5 212 Scope

Art. 145

1 The amount of an individual payment on account owed by the employer shall be equivalent to the value of performance as of the end of the respective billing month (para. 2), deduction being made for all previous payments on account as have fallen due (whether paid or not), and for retentions pursuant to arts. 149–152.

2 The value of performance at the end of the billing month shall correspond to the value of services performed by the contractor from the commencement of work up to that time, calculated on the basis of the applicable unit, lump-sum, or flat-rate prices. Works performed on a time and materials basis shall not be taken into account, as these are to be invoiced separately pursuant to the terms of art. 55. With regard to construction site installations, art. 146 shall apply.

5 213 Performance value for construction site installations

Art. 146

For the calculation of the value of performance (art. 145, para. 2) for construction site installations at a lump sum or at flat-rate prices, the following rates shall apply:

80 % of the individual item prices, once full operational readiness has been attained. Where readiness has not yet been attained, the applicable figure shall be reduced, unless otherwise agreed, to the ratio of the replacement value of installations present at the construction site in operational readiness and as adequate stocks on hand as against the replacement value of all installations included in the lump sum or the flat-rate price.

100 % of the individual item prices following completion of disassembly and removal of the respective construction site installations and proper cleaning and rehabilitation of the grounds and workplace used for those installations (art. 43, para. 1).

5 22 Under fixed price agreements

Art. 147

Under fixed price agreements (art. 42, para. 2), the contractor agreement shall include for payments on account a separate clause in the form of a payment schedule. On security for performance, see art. 151.

5 23 Payability

Art. 148

Payments on account shall be payable upon receipt by the construction manager of a duly executed request for payment. With regard to payment deadlines and default, art. 190 shall apply.

5 3 Security for contractor performance up to acceptance

5 31 Under unit price agreements

5 311 Retentions; discretionary additional security

Art. 149

1 Retentions for which deductions are made pursuant to art. 145, para. 1, shall serve the employer as security for the performance of the contractor's obligations until acceptance of the project or a part of the project (arts. 157–164).

2 No retentions shall be deducted from price adjustments; nor shall they be deducted from invoices for time and materials works, exception being made for the cases foreseen in art. 55, para. 2.

3 The contractor agreement may provide that, prior to the date on which the first payment on account falls due, additional security is to be furnished by the contractor for the period stipulated in the agreement.

5 312 Retention amount

Art. 150

1 Retentions shall amount to 10% of the performance value as of the end of the billing month (arts. 145 and 146). However, where the performance value exceeds CHF 500,000.00, the amount retained shall be 5% of that value, but in no case less than CHF 50,000.00. This shall also apply in the cases foreseen in art. 144, para. 3.

2 Where, contrary to the terms of art. 144, paras. 2 and 3, and for services at a lump sum or at flat-rate prices, a portion of the performance value is determined by a rough estimate of the services performed, the retention for that portion shall be in the amount of 20%, and this irrespective of the total performance value.

3 Unless otherwise agreed, retention shall be limited to a maximum amount of CHF 2,000,000.00.

5 32 Under fixed price agreements

Art. 151

Fixed price agreements (art. 42, para. 2) shall include a separate clause concerning the right of the employer to retentions and to any additional security as may have been given.

5 33 Payment of retentions; interest

Art. 152

1 Retentions shall become payable upon fulfilment of the following three conditions:

- acceptance of the project (arts. 157–164),
- delivery of the final settlement statement (art. 154, para. 1) and expiry of the verification period pursuant to art. 154, para. 2, or to art. 155, para. 2,
- provision of a surety bond pursuant to art. 181.

2 Upon acceptance of only a part of the project (art. 157) a corresponding portion of the retention shall become payable, subject to the provision of a surety bond in a corresponding amount pursuant to art. 181.

3 For the period prior to the date on which retentions become payable, they shall not be subject to interest.

5 4 Final settlement statement

5 41 Definition and content

Art. 153

1 The final settlement statement, within the meaning of this Norm, is the statement issued by the contractor establishing that portion of the consideration that is determined on the basis of the agreed unit, lump-sum, and flat-rate prices (final settlement amount). For services at unit prices, the determination is made on the basis of the final measurements. Where payments on account have been made, the final settlement statement shall also establish the remaining balance due (final settlement amount with deduction of paid or unpaid payments on account theretofore payable).

2 Time and materials billing and the calculation of price adjustments shall be carried out on an ongoing basis (art. 55; art. 66, para. 2); those sums shall accordingly not be included in the final settlement statement. However, where the billing of specific time and materials works, or the settlement of price adjustments for a given period did not occur, the respective invoices shall be submitted simultaneously with the final settlement statement.

3 In attachment to the final settlement statement, the contractor shall submit a list providing an overview of all invoices that were submitted by the contractor (including the final settlement statement) and of all received or outstanding employer payments as of the date of the final settlement statement.

5 42 Submission and verification

Art. 154

1 The contractor shall submit the final settlement statement to the construction manager no later than two months following acceptance (arts. 157–164), and this, unless otherwise provided in the contractor agreement, in the customary form, and in quadruplicate. Where it fails to make proper submission, despite having been given notice, the construction manager shall be authorised to prepare the statement at the contractor's expense.

2 The construction manager shall verify the final settlement statement within a time limit of one month and shall notify the contractor of the results without delay. For works of an extensive or special nature, the contractor agreement may stipulate an extended time limit of up to three months for verification. On the granting of a grace period, see art. 155, para. 2.

3 Where the verification procedure does not reveal any discrepancies, the final settlement statement and the construction manager's notice of verification, shall be considered to have been mutually acknowledged. Any discrepancies shall be notified by the construction manager to the contractor immediately following the discovery thereof, together with substantiation. They are to be reconciled as expeditiously as possible.

5 43 Payment of final settlement; payment deadline

Art. 155

1 The contractor's claim, as determined by the final settlement statement, shall become payable upon notice of verification (art. 154, para. 2) by the construction manager, with payment due within 30 days (art. 190); also payable shall be such amounts as remain contested following verification notice, insofar as is subsequently demonstrated that they are owed. The provisions of art. 152 shall, however, apply to that part of the claim that is equal to the amount retained by the employer.

2 Where the construction manager fails to honour the verification time limit pursuant to art. 154, para. 2, the contractor may grant a grace period of one month, upon the expiry of which payment of its claim shall fall due, also without further notice on the part of the construction manager.

3 In the exceptional event that the final settlement statement shows a balance in favour of the employer, the foregoing provisions shall apply mutatis mutandis.

5 44 Waiver of further claims

Art. 156

Where the contractor makes no express written reservation of rights in relation to the overview prepared pursuant to art. 153, para. 3, submission thereof shall constitute a statement to the effect that the contractor will not issue any further invoices and that it waives any further claims for payment of services for which no invoice has hitherto been presented. The provisions on interest claims, as set forth in art. 190, shall apply.

6 Project acceptance and defects liability

6 1 Acceptance

6 11 Subject matter and effects

Art. 157

1 Acceptance may be given for a completed whole project (art. 1) or, unless otherwise foreseen in the contractor agreement, a completed, self-contained part of the project.

2 Upon such acceptance, the project (or part of the project) shall be considered to have been delivered. Custody thereof passes to the employer, with whom, from that point onwards, the risk shall lie. Both the defects notification period and the limitation period for the employer's defect warranty rights shall begin to run at that time (art. 172, para. 2; art. 180, para. 1).

6 12 Advice of completion; joint inspection

Art. 158

1 The contractor shall instigate the acceptance process by advising the construction manager of the completion of the project or of a self-contained part of the project (art. 157, para. 1). Advice may be made orally or in writing. However, where the employer, of its own accord, commences use of a completed whole project (e.g., for further construction work), the status thereof shall be held to be the same as it would have been had advice of completion been made at that time.

2 Following advice of completion, the project (or part of the project) shall, within a time limit of one month, be inspected by the construction manager jointly with the contractor. The contractor shall take part in the inspection and provide the requisite information. The construction manager may order the performance of load testing and other tests pursuant to art. 139, paras. 1 and 2.

3 The test results shall, as a rule, be recorded and acknowledged by both the construction manager and the contractor by their signatures. The record shall indicate the time at which the inspection was concluded.

4 Unless otherwise provided in the contractor agreement, a statutorily prescribed inspection of the project shall not be considered as constituting a joint inspection within the meaning of art. 158, para. 2.

6 13 Acceptance of the inspected project

6 131 Acceptance of projects free of defects

Art. 159

Where the joint inspection (art. 158, para. 2) does not reveal any defects (art. 166), the project (or a part of the project) shall be considered to have been accepted upon conclusion of the inspection.

6 132 Acceptance in the presence of non-essential defects

Art. 160

Where the joint inspection (art. 158, para. 2) reveals defects that are non-essential in proportion to the project (or part of the project) as a whole, acceptance shall occur, notwithstanding, upon conclusion of the joint inspection; however, the contractor shall nevertheless have an obligation to remedy the discovered defects within a reasonable time limit to be established by the employer (art. 169).

6 133 Postponement in the presence of essential defects

Art. 161

1 Where the joint inspection (art. 158, para. 2) reveals the existence of essential defects, acceptance shall be postponed. Notwithstanding the postponement, the project (or part of the project) may be turned over to the employer, by mutual consent, for purposes of further construction work or operational use.

2 The employer shall, without undue delay, establish a reasonable time limit for the contractor to remedy the defects.

3 The contractor shall rectify the defects within the designated time limit and shall advise the employer, without delay of the conclusion of the remediation works. Within one month thereafter, a second joint inspection shall then be conducted of the parts of the project that were found to be deficient. Where no essential defects are found to remain, the project (or part of the project) shall be considered to have been accepted upon conclusion of that inspection.

6 134 Acceptance despite the presence of essential defects

Art. 162

Notwithstanding the presence of essential defects, acceptance shall occur:

- where the employer, following conclusion of the joint inspection (art. 158, para. 2) fails to establish without undue delay a time limit for remediation of the essential defects discovered (art. 161, para. 2); the project (or part of the project) shall thereupon be considered as having been accepted notwithstanding those defects upon the conclusion of the inspection; the employer shall nevertheless be entitled to demand the rectification of the defects and, as the case may be, to assert the remaining defect warranty rights pursuant to arts. 169 and 171,
- where the second inspection, conducted upon expiry of the remediation period established pursuant to art. 161, para. 2, reveals the continued presence of essential defects and the employer fails without undue delay, in reliance upon art. 169, either to renew its insistence upon remediation, or to rescind the agreement; the project (or part of the project) shall thereupon be considered as having been accepted notwithstanding those defects upon the conclusion of the second inspection (art. 161, para. 3), without prejudice, however, to the employer's defect warranty rights (arts. 169 and 171),
- where the employer exercises its right to a price deduction pursuant to art. 169, para. 1 (2); the project (or part of the project) shall thereupon be considered to have been accepted simultaneously with the reduction declaration, where acceptance has not already taken place prior thereto.

6 135 Acceptance with waiver of defect claims

Art. 163

1 Where the construction manager, notwithstanding the discovery of a defect at the joint inspection (art. 158, para. 2), expressly or tacitly waives assertion of a claim based thereon, the project (or part of the project) shall be considered as having been approved notwithstanding the defect, to the extent that it was discovered. The respective defect shall under no circumstances frustrate the occurrence of acceptance upon conclusion of the inspection; the contractor shall be discharged of liability for that defect to the extent that it was discovered by the construction manager.

2 Tacit waiver of claims shall be presumed in respect of discovered defects that are not listed on any inspection record (art. 158, para. 3) as may have been made; and further, for defects that were manifest at the joint inspection and, this notwithstanding, were not asserted. In the latter case, the presumption shall not be subject to rebuttal.

6 14 Acceptance without inspection

Art. 164

1 Where following advice of completion (art. 158, para. 1) the joint inspection fails to take place within a period of one month, either because neither party has requested such inspection, or due to a failure on the part of the employer to take part therein, the project (or part of the project) shall nevertheless be considered to have been accepted upon expiry of that time limit.

2 Acceptance shall not occur, however, where the joint inspection fails to take place by reason of the contractor's failure to take part therein.

3 Where following advice of remediation (art. 161, para. 3) a second inspection of the project (or part of the project) fails to take place within one month, paras. 1 and 2 shall apply mutatis mutandis.

6 2 Liability for defects

6 21 General principle

Art. 165

1 The contractor shall be liable for ensuring that the project it has carried out (art. 1) is free of defects, within the meaning of art. 166.

2 It shall bear such liability irrespective of the cause of the defect (e.g., negligent workmanship, use of unfit materials, unauthorised deviation from designs and instructions of the construction manager), and independently of fault. Art. 166, para. 4 (fault on the part of the employer or of the construction manager), and art. 171, para. 2 (liability of contractor for damages only where at fault) shall apply.

6 22 Definition of the term defect

Art. 166

1 As a project defect within the meaning of this Norm shall be considered only a departure in the project from the terms of the agreement (whether qualified as a "defect" or as an "other departure from the contract" pursuant to CO art. 368).

2 The defect shall consist either in a failure of the project to exhibit a quality either promised or otherwise agreed, or in the absence of a quality that the employer was entitled in good faith to expect even in the absence of a specific agreement (e.g., fitness of the project for the purpose underlying the agreement or for customary use).

3 Where a completed part of the project is accepted separately (art. 157, para. 1), shall be considered as a defect any deviation of that part from the terms of the agreement.

[4] Shall not be considered as a defect a non-conformity of the project (or part of the project) with the agreement for which the fault lies exclusively with the employer or with a vicarious agent of the employer (e.g., the construction manager) (contributory fault, CO art. 369), in particular, a state of affairs attributable to an error in the project execution documents (arts. 99 et seq.). No contributory fault shall be imputable to the employer where the contractor has failed in its duties to advise and to warn (art. 25).

6 23 Contractor's liability in particular cases

6 231 Designs or building procedures proposed and engineered by the contractor

Art. 167

The contractor shall also be liable for defects to the project it has carried out (art. 1), in particular, where such defects were caused by designs or building procedures proposed by the contractor itself, or by its static analysis and construction modelling. Conversely, it shall not bear liability for the accuracy of the requirements, conditions, and assumptions enunciated by the employer.

6 232 Works by subcontractors, time and materials works, and works using prescribed construction materials

Art. 168

For works performed by its subcontractors, the contractor shall bear liability pursuant to art. 29, paras. 2 and 5. With regard to liability for time and materials works, art. 57 shall apply. For works carried out with prescribed construction materials, art. 136, para. 2, shall apply.

6 24 Rights of the employer in the presence of defects (defect warranty rights)

6 241 Right of remediation, deduction, and rescission

Art. 169

[1] For each defect, the employer shall be entitled initially (aside from its entitlement to damages pursuant to art. 171) only to obtain from the contractor rectification of the defect within a reasonable time (right of remediation, art. 160; art. 161, para. 2; art. 162; art. 174, para. 2; art. 179, para. 2). Where the contractor fails to repair the defect

within the time limit set by the employer, the employer shall be entitled, at its own discretion:

1. Either to maintain its insistence upon remediation; this, however, only on condition that the remediation works do not engender excessive costs in proportion to the employer's interest in rectification of the defect (CO 368, para. 2). The employer may have the remediation works carried out by a third party, in the place of the contractor, or carry them out itself, in either case at the expense of the contractor (art. 170),
2. or make a deduction from the consideration equivalent to the reduction in the value of the project (deduction, CO art. 368, para. 2). Where contributory fault for the defect may be imputed to the employer (or to a vicarious agent of the employer), the deduction shall be reduced accordingly,
3. or rescind the agreement; this, however, only on condition that removal of the project does not entail the imposition of a disproportionate burden on the contractor and that acceptance cannot reasonably be expected of the employer (CO art. 368, paras. 1 and 3). Upon rescission the employer shall be discharged of the obligation to make payment of consideration; it may seek recovery of any consideration already paid. The project shall be at the contractor's disposal; it may be removed from the property by the employer, and this at the contractor's expense, where the latter fails to carry out removal within a reasonable time limit.

2 Where the contractor has refused to make remediation, or is manifestly not capable of doing so, the employer shall be entitled to exercise the defect warranty rights as set forth in the foregoing para. 1, points 1–3, also prior to expiry of the remediation period.

6 242 Costs of remediation

Art. 170

1 The costs of remedying a defect (art. 169) shall be borne by the contractor; included therein shall be the costs of rectifying all damage caused to other works due to the defect rectification works, as well as any additional costs to the construction manager.

2 Costs that would have arisen to the employer even if initial execution had been free of defects, shall be borne by the employer.

3 Where contributory fault for a defect may be imputed to the employer (or to a vicarious agent of the employer), the remediation costs shall be divided between the contractor and the employer accordingly.

6 243 Additional defect warranty right: entitlement to damages

Art. 171

1 Where damage has occurred due to a defect (e.g., fire damage or interruption of operations), the employer shall be entitled, aside from and in addition to the rights provided for in art. 169, to seek compensatory damages pursuant to CO arts. 368 and 97 et seq.

Conversely, it shall not be entitled to seek damages under the terms of CO arts. 97 et seq. in lieu of asserting its defect warranty rights pursuant to art. 169.

2 The contractor shall be discharged of its obligation to pay damages where it demonstrates that no fault may be imputed to it (CO art. 97). For damage caused by its vicarious agents, it shall be held liable to the same degree as it would if it had caused the damage itself (CO art. 101). The extent of its obligation to pay damages shall be determined pursuant to CO art. 99.

6 3 Defects notification period

6 31 Applicability and duration

Art. 172

1 Unless otherwise agreed, a defects notification period of two years shall apply. Where norms issued by the SIA or other professional associations provide for a defects notification period of a different duration, the latter shall apply only where this has been stipulated in the contract document (art. 21, para. 3).

2 The notification period for defects to the project or to individual parts of the project shall begin to run on the date on which delivery thereof is accepted.

6 32 Effects

6 321 Right to notify defects at any time

Art. 173

1 Throughout the duration of the defects notification period, the employer shall be entitled, in derogation of the statutory provisions (CO arts. 367 and 370), to notify at any time the presence of defects of any kind.

2 This right to notify defects at any time shall also apply to defects of which immediate repair is required in order to prevent further damage. This notwithstanding, an employer who fails to notify such defect immediately upon discovery thereof shall itself bear the consequences of any further damage which could have been avoided by prompt repair of the discovered defect.

6 322 Contractor's liability

Art. 174

1 The contractor shall be liable for all defects (art. 166) notified by the employer within the defects notification period (art. 173). Exempted from such liability shall be only those defects notwithstanding which approval of the project (or part of the project) is considered, pursuant to art. 163, to have been given.

2 The employer shall set the contractor a reasonable deadline for the remediation of a notified defect. Arts. 169–171 shall apply.

3 Where dispute arises as to whether a claimed defect is in fact a deviation from the agreement, and thus to be qualified as a defect within the meaning of this Norm, the burden of proof shall lie with the contractor.

6 323 Contractor's right of inspection

Art. 175

The contractor shall be entitled to inspect the project throughout the defects notification period, subject to prior appointment.

6 33 Recommencement of notification period

Art. 176

1 Following the repair of a defect notified during the defects notification period, upon the contractor's advice of completion, inspection and acceptance of the repaired part shall take place pursuant to the terms of arts. 157–171.

2 The defects notification period for the repaired part shall begin to run again on the date of acceptance thereof. Non-essential defects shall not give rise to any interruption of the notification period.

6 34 Final inspection

Art. 177

At the request of either party, prior to expiry of the defects notification period, the condition of the project shall be jointly established for evidentiary purposes. The results of the final inspection shall be recorded, and acknowledged by signature by the parties in attendance.

6 4 Legal status upon expiry of the defects notification period

6 41 Effects of expiry

Art. 178

[1] Upon expiry of the defects notification period, the right of the employer to notify previously discovered defects shall expire. Conversely, the defect warranty rights of the employer for defects already notified shall remain in effect, subject to the applicable limitation period (art. 180).

[2] Defects that were already manifest during the defects notification period shall be considered conclusively as having been discovered prior to the expiry thereof, for which reason their notification following expiry of the defects notification period shall no longer be admitted.

6 42 Liability for hidden defects

Art. 179

[1] Hidden defects, within the meaning of this Norm, shall be defined as defects discovered by the employer only following expiry of the defects notification period (art. 172).

[2] The contractor shall bear liability for hidden defects, provided that they are notified by the employer immediately upon discovery thereof (cf., however, art. 178, para. 2, and art. 179, paras. 3 and 4). The employer shall set the contractor a reasonable time limit for rectification of the defects. Arts. 169–171 shall apply.

[3] The contractor shall not, however, be held liable for hidden defects (para. 1) of which the construction manager could already have made discovery at the joint inspection (art. 158, para. 2); this subject to the condition that the defects were not deliberately concealed by the contractor.

[4] Where acceptance has occurred without inspection (art. 164), the contractor shall not be held liable for hidden defects (para. 1) that the employer could still have discovered prior to expiry of the defects notification period through inspection of the accepted project (or part of the project); this subject to the condition that the defects were not deliberately concealed by the contractor.

[5] Where dispute arises as to whether a claimed hidden defect is in fact a deviation from the agreement, and thus to be qualified as a defect within the meaning of this Norm, the burden of proof shall lie with the employer.

6 5 Limitation period

Art. 180

1 The employer's defect warranty rights shall be subject to a limitation period of five years following acceptance of the project or a part of the project.

2 Rights deriving from defects deliberately concealed by the contractor shall, in contradistinction thereto, be subject to a limitation period of 10 years.

6 6 Provision of security by the contractor following acceptance

6 61 Joint and several surety bond

Art. 181

1 The contractor shall, prior to payment of the retention (art. 152) provide security against its liability for defects that were notified at the joint inspection or during the defects notification period. Such security shall be provided in the form of a joint and several surety bond issued by a reputable bank or insurance company or, with the consent of the employer, by another commercial entity.

2 The amount of the bond provided by the surety shall be determined in proportion with the total sum of all consideration of any kind to be paid by the employer for the entirety of the project. The bond shall be in the amount of 10% of that sum; however, where the respective sum is greater than CHF 300,000.00, it shall be in the amount of 5% of the total, whereby that amount shall not be less than CHF 30,000.00 or exceed a maximum of CHF 2,000,000.00.

3 The joint and several surety bond (CO art. 496) shall be issued for a term equal to the length of the defects notification period (art. 172). Where notified defects have not yet been repaired before expiry of the defects notification period, the term of the suretyship is to be extended until full repair has been made. The foregoing shall be subject to expiry of the applicable limitation period.

6 62 Cash bond

Art. 182

By way of exception, agreement may be reached for the provision of a cash bond, at a reasonable rate of interest, in lieu of a joint and several surety bond. At the request of the contractor the employer shall provide security for the balance due to the contractor from the cash bond.

7 Premature termination of the contractor agreement and default of payment by the employer

7 1 General principle

Art. 183

Premature termination of the contractor agreement shall, unless otherwise provided in this Norm, be governed by the applicable statutory provisions (e.g., CO arts. 97, 107, 119 and 366).

7 2 Particular cases of premature termination

7 21 Employer's general right of rescission

Art. 184

1 For as long as the project has not been completed, the employer may rescind the agreement at any time in exchange for full indemnification of the contractor (CO art. 377).

2 The indemnification shall be equivalent to the consideration to which the contractor would have been entitled for execution of the agreed works, deduction being made for expenses saved by the contractor as a result of the employer's rescission.

7 22 Impossibility of performance due to circumstances of the employer

Art. 185

Where completion of the project in conformity with the terms of the agreement is rendered impossible due to the occurrence of a fortuitous event affecting the employer (e.g., due to expropriation or a prohibition of construction), the contractor agreement shall expire (CO art. 378). The contractor shall be entitled to consideration for services performed in accordance with the terms of the agreement; where fault may be imputed to the employer for the impossibility, the contractor shall further be entitled to reasonable compensation for the loss of profit and other harm incurred due to the termination of the agreement.

7 23 Particular circumstances affecting the contractor

Art. 186

1 Where the contractor is rendered unable (e.g., due to death or disability) to continue carrying out the works undertaken, and where continuation in conformity with the terms of the agreement cannot be assured by the contractor's legal successor and vicarious agents, the employer shall be entitled to terminate the contractor agreement by rescission. Where the agreement was entered into in reliance upon the personal qualities of the contractor, termination shall be automatic (CO art. 379, para. 1).

2 Notwithstanding termination, the contractor or its legal successor shall remain under obligation to leave in the employer's possession, at the latter's request, in full or in part, construction designs prepared by the contractor (art. 101), as well as construcion site installations, as needed for completion of the project.

3 The employer shall make payment of consideration, in conformity with the terms of the contractor agreement, for services already performed, insofar as such services are of use to it; this shall further apply in respect of construcion site installations and construction designs, in such cases as foreseen in para. 2. For loss of profit incurred by the contractor, no compensation shall be owed by the employer. Where fault is imputable to the contractor, the employer shall be entitled to seek compensatory damages.

7 24 Loss or destruction of the project

7 241 Fortuitous loss or destruction

Art. 187

1 Where the project has been lost or destroyed due to a fortuitous event (i.e., with no fault on the part of either contracting party or of their vicarious agents) prior to acceptance (art. 157), the contractor agreement shall expire automatically where the loss or destruction has rendered execution of the project impossible. In the event that execution remains possible, either contracting party shall be entitled to dissolve the agreement where reconstruction of the project cannot reasonably be expected of it. Where such right of rescission is exercised, or where the agreement expires automatically, subject to the terms of paras. 4 and 5, neither party shall owe to the other any compensation for loss of profit or other harm incurred as a result of the premature termination of the agreement.

2 For services already performed, the contractor shall be entitled to claim the contractually agreed consideration and retain payments received, even where the contract is maintained in effect, only where this has been so stipulated in the contractor agreement. For materials supplied by the employer free of cost, the contractor shall owe no compensation.

3 Where the fortuitous event is the result of force majeure (e.g., war, civil unrest, natural disaster), the contractor shall be entitled, even in the absence of such stipulation, to full

or partial equitable consideration for services performed prior to the loss or destruction. Where dispute arises, the court shall decide at its discretion.

4 Where the fortuitous loss or destruction of the project occurred prior to acceptance only as a result of unwarranted delaying of completion by the employer or by the construction manager, the employer shall owe full consideration for the services performed prior to loss or destruction. In the event of termination of the agreement pursuant to the terms of para. 1, it shall further owe the contractor compensation for loss of profit or other harm incurred as a result of premature termination of the agreement.

5 Conversely, where the fortuitous loss or destruction of the project occurred prior to acceptance due only to the exceeding of a contractually agreed performance period by the contractor through its own fault, the contractor shall under no circumstances be entitled to claim consideration pursuant to the terms of para. 3. For materials supplied by the employer free of cost, the contractor shall owe payment of compensation. In the event of termination of the agreement pursuant to the terms of para. 1, it shall further owe the employer compensation for loss of profit or other harm incurred as a result of premature termination of the agreement.

6 In the event of partial loss or destruction of the project, the foregoing provisions (paras. 1–5) shall apply mutatis mutandis. For services not affected by the loss or destruction, however, the contractor shall be entitled to consideration in conformity with the terms of the agreement; this, however, only to such extent as the services in question are of use to the employer, exception being made for such cases as foreseen in para. 4.

7 Upon acceptance of a part of the project (art. 157, para. 1), the employer shall bear the full risk for the fortuitous loss or destruction of the accepted part.

7 242 Loss or destruction caused by the employer

Art. 188

1 Where the project suffers loss or destruction prior to acceptance (arts. 157–164) due to a defect in the construction ground designated by the employer or to material supplied by the employer or to the manner of execution prescribed by the employer (CO art. 376, para. 3), the contractor agreement shall expire automatically where execution of the project has been rendered impossible by the loss or destruction. In the event that execution remains possible, the contractor shall nevertheless be entitled to dissolve the contractor agreement, where reconstruction may not reasonably be expected of it. Where the contractor exercises such right to dissolve the contract, or where the contract expires automatically, the employer shall not be entitled to compensation for loss of profit or other harm incurred as a result of premature termination of the agreement.

2 For services performed prior to the loss or destruction, the contractor shall be entitled to consideration in conformity with the terms of the agreement. In the event of termination of the agreement pursuant to the terms of para. 1, where fault may be imputed to the employer, the contractor shall further be entitled to compensation for loss of profit and other harm incurred as a result of the premature termination of the contract.

3 The rights of the contractor pursuant to paras. 1 and 2 shall be forfeited where the contractor has committed a breach of its duty to advise (art. 25).

4 In the event of only partial loss or destruction of the project, paras. 1–3 shall apply mutatis mutandis. For services not affected by the loss or destruction, the contractor shall be entitled to consideration; where it has committed a breach of its duty to report, however, this only to such extent as those services are of use to the employer.

5 Where the loss or destruction of the project was due both to a defect as set forth in para. 1, and to a breach of the duty of care on the part of the contractor in the execution of the project, the foregoing provisions (paras. 1–4) shall apply; this, however, with the proviso that deduction shall be made to the claims of the contractor in proportion with the fault attributable to it.

7 243 Insurance claims in the event of loss or destruction

Art. 189

1 To the extent that the contractor does not receive full consideration for the services affected by the loss or destruction and does not obtain full compensation thereof from its own insurance, the employer shall assign to the contractor any claims the employer may hold to insurance benefits arising out of the loss or destruction; this, however, only in exchange for indemnification of the respective premiums paid for insuring the project and only to such extent as those claims exceed the amount owed by the employer as partial consideration.

2 Where the employer has failed to fulfil a statutory insurance duty, it shall indemnify the contractor for any loss resulting to it therefrom.

3 Where an employer is not subject to any statutory insurance duty, it shall state in the tender invitation documents whether it has purchased insurance coverage for the project, and the nature of such coverage.

4 To the extent that the contractor has insurance coverage for the services affected by the loss or destruction, it shall have no a priori claim against the employer for the payment of consideration for those services.

7 3 Default of payment by the employer

Art. 190

1 The employer shall make payment within 30 days of payments that have fallen due, where no other payment deadline has been stipulated in the contract document (art. 21, para. 3). Following expiry of the payment deadline, it shall no longer be entitled to deduct from the payment in question any prompt payment discount as may have been agreed. In addition, the contractor shall be entitled to serve notice on the employer declaring it to be in default (CO art. 102, para. 1). From that time onwards, the employer shall owe default interest. The rate thereof shall be determined in accordance with the customary interest rate charged by banks at the place of payment for revolving credit facilities granted to commercial clients.

[2] The contractor may grant the employer that is in default a reasonable period of grace (CO art. 107, para. 1). Upon expiry thereof, where the employer has failed to make payment, the contractor shall be entitled to rescind the agreement, on condition that it makes immediate declaration to that effect. In such case, it shall not be obliged to complete the project; it shall be entitled to consideration for services performed pursuant to the terms of the contractor agreement, including default interest; where fault may be imputed to the employer, the contractor shall further be entitled to compensation of any loss of profit incurred as a result of premature termination.

[3] The granting of a grace period shall not be required in cases for which provision is made in CO art. 108, in particular, in instances where it may be inferred from the conduct of the employer that this would be of no avail.

Gesetzes- und Normenregister

Das Gesetzes- und Normenregister ist in zwei Teile gegliedert: Gesetze und andere Erlasse befinden sich in Teil 1 (S. 1071 ff.), Normen und Musterbedingungen in Teil 2 (S. 1082 ff.), jeweils in alphabetischer Ordnung. Im Register nicht enthalten ist die SIA-Norm 118, die im umfangreichen Sachregister aufgeschlüsselt wird.

Die Verweise sind wie folgt aufgebaut: Die erste Ziffer verweist auf den Artikel der SIA-Norm 118, die zweite Ziffer auf die einschlägige Kommentarstelle (Randziffer) zu diesem Artikel. So bezeichnet der Verweis «8/12.2» die Randziffer 12.2 zu Art. 8 SIA-Norm 118. Auf Passagen in der Einleitung wird mit «Einl.» und der betreffenden Randziffer, auf Kommentarstellen in Vorbemerkungen mit «Vb.» und den Artikeln, auf die sich die Vorbemerkungen beziehen, sowie der betreffenden Randziffer verwiesen (z.B. Vb. 3–22/18). Befindet sich die Fundstelle im Normtext der SIA-Norm 118, wird dies mit der Klammerbemerkung «NT» angezeigt (z.B. Art. 183 [NT]).

1. Gesetze und andere Erlasse

PatG (Patentgesetz)

	Fundstellen
	Art. 18 Abs. 3 (NT); Art. 24 Abs. 3 (NT); 24/15

PBG-ZH (Planungs- und Baugesetz; Zürich)

§	*Fundstellen*
229	110/11.2
327	106/5
327 Abs. 2	106/4

PrHG (Produktehaftpflichtgesetz)

Art.	*Fundstellen*
	Vb. 165 – 171/2; Vb. 169 – 171/1
2	171/9
9	171/9; 180/1.2
10	180/1.2

PrSG (Bundesgesetz über die Produktesicherheit)

	Fundstelle
	171/9

PublG (Publikationsgesetz)

Art.	*Fundstelle*
14 Abs. 1	Einl./42

RPG (Raumplanungsgesetz)

Art.	*Fundstelle*
22 Abs. 1	5/19

SchKG (Bundesgesetz über Schuldbetreibung und Konkurs)

Art.	*Fundstellen*
38 Abs. 1	180/5.4
211 Abs. 1	186/1
211 Abs. 2	186/1
272 Abs. 1	37/14.2

SSV (Signalisationsverordnung)

Art.	*Fundstelle*
115 Abs. 2	106/14.1

StGB (Schweizerisches Strafgesetzbuch)

Art.	*Fundstellen*
11 Abs. 1	Vb. 103 – 113/19
11 Abs. 2	Vb. 103 – 113/19 und 22
25	142/1.3
110 Abs. 4	47/10
117	Vb. 103 – 113/18
125	Vb. 103 – 113/18
146	47/10; 142/1.3
162	24/13.2
172ter	142/1.3
222	Vb. 103 – 113/18
223	Vb. 103 – 113/18
225	Vb. 103 – 113/18
227	Vb. 103 – 113/18
228	Vb. 103 – 113/18
229	25/32; Vb. 103 – 113/18
230	Vb. 103 – 113/18; 103/15.1
251	47/10; 142/1.3
251 Ziff. 1	154/24.1

SVG (Strassenverkehrsgesetz)

Art.	*Fundstellen*
	119/4
1	119/2
9 Abs. 3	119/3
20	119/3
58 ff.	Vb. 103 – 113/15

URG (Urheberrechtsgesetz)

	Fundstellen
	Art. 18 Abs. 3 (NT); Art. 24 Abs. 3 (NT); 24/15

USG (Umweltschutzgesetz)

Art.	*Fundstellen*
	112/5.2
7	112/1.2
7 Abs. 4bis	5/20
7 Abs. 7	5/19
31c	5/21.3; 121/12, 14 und 15.2
32	121/12, 14 und 15.2

UVG (Bundesgesetz über die Unfallversicherung)

Art.	*Fundstellen*
6 Abs. 2	108/5
9 Abs. 1	108/6
9 Abs. 2	108/6
72 ff.	108/3
73 Abs. 1	108/3
81 ff.	103/9.2
82 Abs. 1	Vb. 103–113/3; 103/6 und 11.1; 104/9.2
83	104/9.2
116 Abs. 1	108/7.1

UVV (Verordnung über die Unfallversicherung)

Art.	*Fundstellen*
	108/7.1
9 Abs. 1	108/5
9 Abs. 2	108/5
Anhang 1, Art. 14	108/6

UWG (Bundesgesetz gegen den unlauteren Wettbewerb)

Art.	*Fundstellen*
	Vb. 3–22/6; Art. 18 Abs. 3 (NT); Art. 24 Abs. 3 (NT); 24/13.2 und 15
2	Einl./32
5	18/12.2; 24/6.4 f.; 100/4.1
5 lit. a	24/1.1 und 6.3; 124/9.4
5 lit. b	124/9.4
7	104/9.5
8	Einl./32; 2/4.5 und 9.3; 38/12.4; 98/1.5; 190/5
10	104/9.5

VOB/B (Vergabe- und Vertragsordnung für Bauleistungen, Teil B; Deutschland)

§	*Fundstellen*
	86/3.1; 157/5.2
1 Abs. 2	21/5.1
2	Vb. 84–91/113
4 Abs. 1	34/9
6 Abs. 2	60/1.3
6 Abs. 5	187/23
7 Abs. 1	187/23
8 Abs. 1	184/10.2
12 Abs. 2	157/5.1

VöB (Verordnung über das öffentliche Beschaffungswesen)

Art.	*Fundstellen*
22a Abs. 2	15/10
41	15/4.2
Anhang 5	7/3

VRV (Verkehrsregelnverordnung)

Art.	*Fundstellen*
	106/14.1
1	106/13
1 Abs. 2	119/2
78 Abs. 1	119/3
79 Abs. 1	119/3

VTS (Verordnung über die technischen Anforderungen an Strassenfahrzeuge)

Art.	*Fundstelle*
25	119/3

ZPO (Zivilprozessordnung)

2. Normen und Musterbedingungen

SIA-Richtlinie 150 (Ausgabe 1977)

Art.	*Fundstellen*
1	37/8.2
4	37/8.2
14 Abs. 3	37/8.5

SIA-Wegleitung r73/2 (Ausgabe 2009)

	Fundstelle
	8/6.17

SVV-Musterbedingungen für die Bauwesenversicherung (Ausgabe 2010)

Art.	*Fundstellen*
1.1	189/4.3
3.1	189/4.3
5.2.1	189/4.7
17.1	189/4.6

VSS-Empfehlung 641 510

Ziff.	*Fundstellen*
	37/7.2
3	37/7.5
7	37/7.3
9	37/7.3
10	37/7.3
11 ff.	37/7.3

VSS-Norm 640 886

Ziff.	*Fundstellen*
	106/14.1
5	106/14.2

Sachregister

Das nachstehende Sachregister bildet nicht nur den Text der SIA-Norm 118, sondern auch und vor allem den Kommentartext ab, wobei aber einzelne Stichwörter dem normeigenen Sachregister entnommen wurden.

Die Verweise sind wie folgt aufgebaut: Die erste Ziffer verweist auf den Artikel der SIA-Norm 118, die zweite Ziffer auf die einschlägige Kommentarstelle (Randziffer) zu diesem Artikel. So bezeichnet der Verweis «8/12.2» die Randziffer 12.2 zu Art. 8 SIA-Norm 118. Auf Passagen in der Einleitung wird mit «Einl.» und der betreffenden Randziffer, auf Kommentarstellen in Vorbemerkungen mit «Vb.» und den Artikeln, auf die sich die Vorbemerkungen beziehen, sowie der betreffenden Randziffer verwiesen (z.B. Vb. 3–22/18).

A

B

C

D

E

F

G

K

N

O

P

Q

R

S

T

U

V

W

Z